2012

鄭州年鑑

ZHENG ZHOU YEAR BOOK

郑州市人民政府主办

中州古籍出版社

郑州市政区图

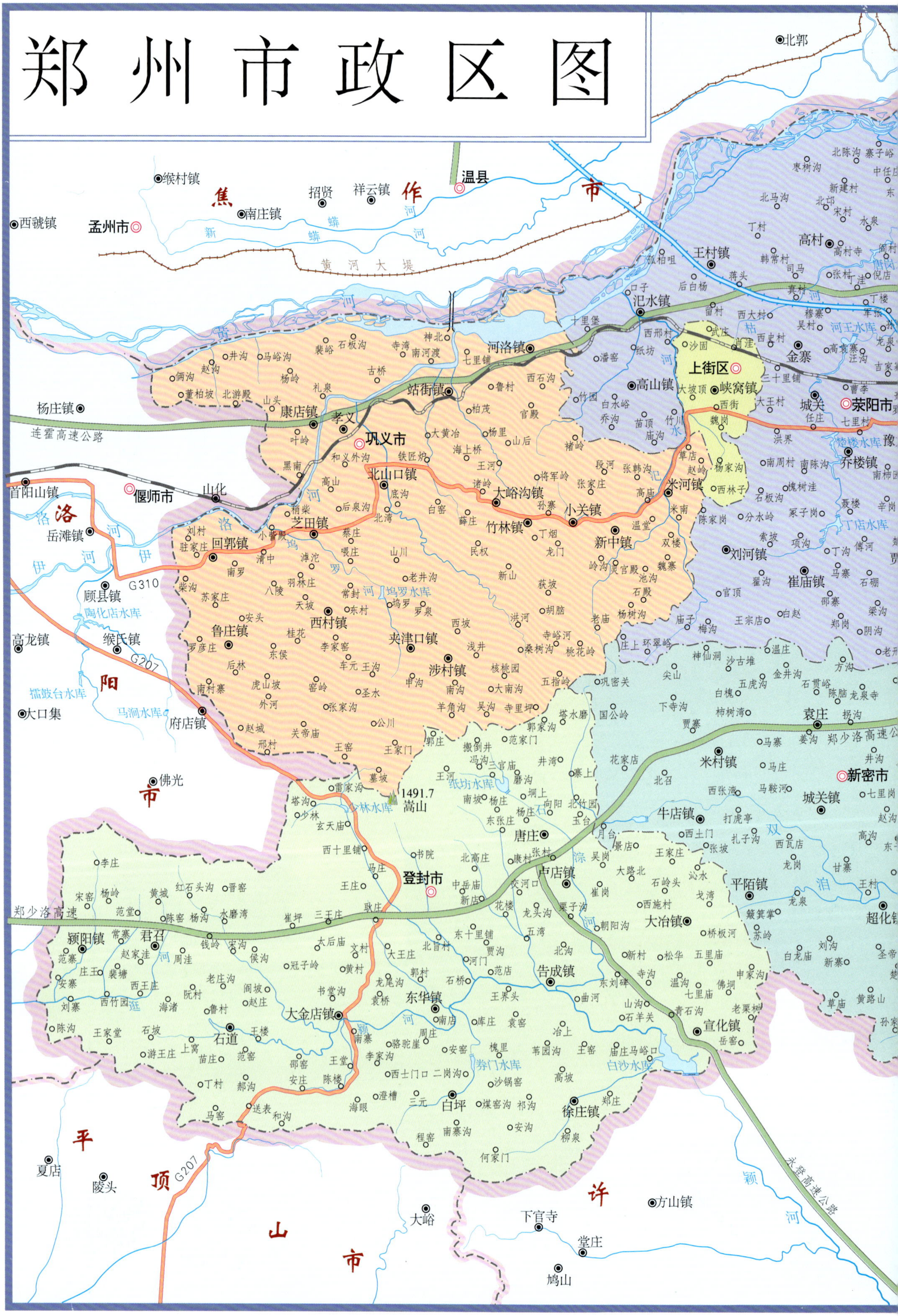

焦作市
温县
缑村镇
招贤
祥云镇
南庄镇
西虢镇
孟州市
新蟒河
黄河大堤
北郭
王村镇
高村
汜水镇
上街区
峡窝镇
高山镇
荥阳市
金寨
城关
乔楼镇
河王水库
楼水库
丁店水库
刘河镇
崔庙镇
河洛镇
站街镇
康店镇
孝义
巩义市
杨庄镇
连霍高速公路
首阳山镇
偃师市
山化
北山口镇
大峪沟镇
小关镇
米河镇
竹林镇
新中镇
芝田镇
回郭镇
岳滩镇
洛河
伊河
G310
顾县镇
陶化店水库
高龙镇
缑氏镇
G207
鲁庄镇
西村镇
夹津口镇
涉村镇
坞罗水库
摇鼓台水库
马涧水库
大口集
府店镇
洛阳市
佛光
1491.7
嵩山
少林水库
纸坊水库
唐庄
卢店镇
登封市
袁庄
米村镇
新密市
牛店镇
城关镇
平陌镇
超化镇
大冶镇
郑少洛高速
颍阳镇
君召
告成镇
东华镇
大金店镇
石道
宣化镇
白坪
徐庄镇
券门水库
白沙水库
永登高速公路
颍河
双洎河
平顶山市
夏店
陵头
大峪
下官寺
方山镇
堂庄
鸠山
许昌市

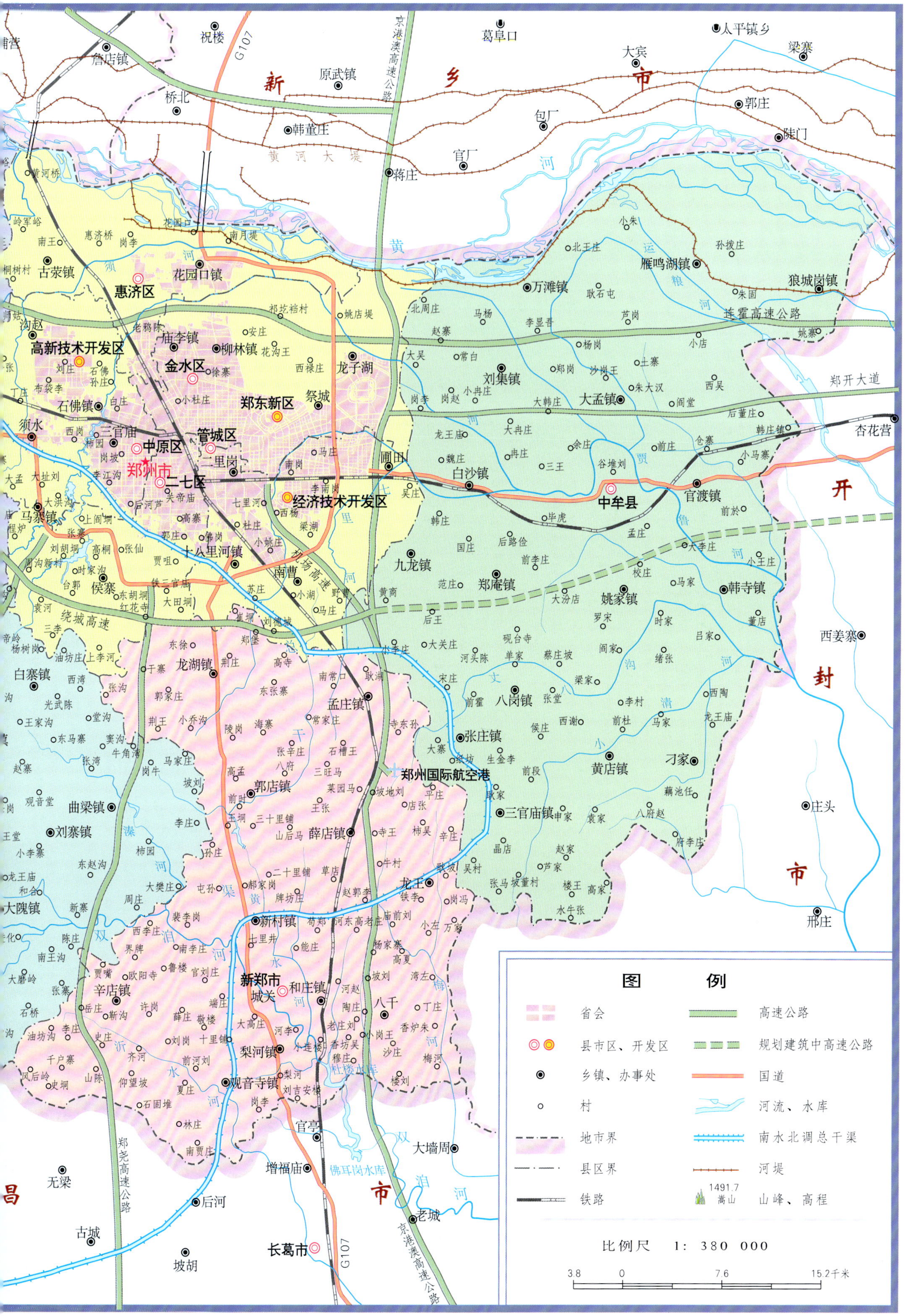

新
乡
市
开
封
市
昌
市
郑州市
惠济区
高新技术开发区
金水区
郑东新区
中原区
管城区
二七区
经济技术开发区
中牟县
新郑市
长葛市
郑州国际航空港
古荥镇
花园口镇
庙李镇
柳林镇
龙子湖
祭城
石佛镇
须水
三官庙
二里岗
圃田
白沙镇
十八里河镇
南曹
侯寨
马寨镇
九龙镇
郑庵镇
姚家镇
韩寺镇
官渡镇
大孟镇
刘集镇
万滩镇
雁鸣湖镇
狼城岗镇
龙湖镇
孟庄镇
郭店镇
薛店镇
龙王
新村镇
和庄镇
梨河镇
观音寺镇
八千
辛店镇
张庄镇
八岗镇
黄店镇
三官庙镇
刁家
白寨镇
曲梁镇
刘寨镇
大隗镇
官亭
大墙周
增福庙
后河
老城
杏花营
原武镇
詹店镇
韩董庄
蒋庄
官厂
郭庄
陡门
祝楼
葛皋口
太平镇乡
大宾
梁寨
包厂
桥北
西姜寨
庄头
邢庄
无梁
古城
坡胡
黄河大堤
黄河
运粮河
贾鲁河
七里河
连霍高速公路
郑开大道
绕城高速
机场高速
京港澳高速公路
郑尧高速公路
G107
佛耳岗水库
杜楼水库
双洎河
图例
省会
县市区、开发区
乡镇、办事处
村
地市界
县区界
铁路
高速公路
规划建筑中高速公路
国道
河流、水库
南水北调总干渠
河堤
1491.7
嵩山
山峰、高程
比例尺 1：380 000
3.8
0
7.6
15.2千米

郑州市城区图

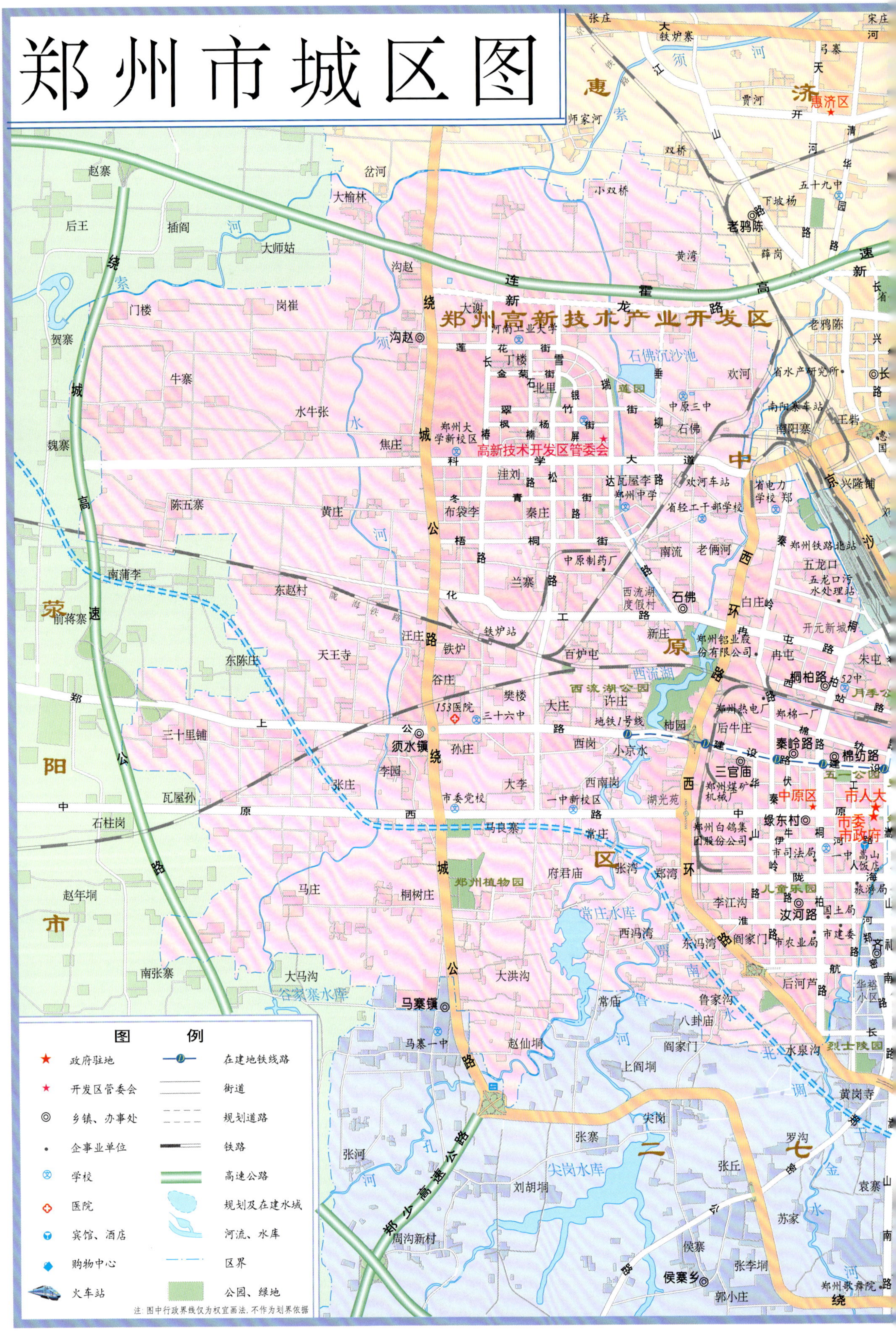

图例
政府驻地
开发区管委会
乡镇、办事处
企事业单位
学校
医院
宾馆、酒店
购物中心
火车站
在建地铁线路
街道
规划道路
铁路
高速公路
规划及在建水域
河流、水库
区界
公园、绿地
注：图中行政界线仅为权宜画法，不作为划界依据
郑州高新技术产业开发区
高新技术开发区管委会
惠济区
中原区
二七区
荥阳市
市人大
市委
市政府
连霍高速公路
绕城高速公路
绕城公路
郑少高速公路
西环路
中原西路
郑上路
须水镇
沟赵
马寨镇
侯寨乡
石佛
郑州植物园
西流湖公园
常庄水库
尖岗水库
谷家寨水库
石佛沉沙池
碧沙岗公园
五一公园
儿童乐园
烈士陵园
地铁1号线
南水北调
须水河
索须河
贾鲁河
金水河
郑州大学新校区
河南工业大学
郑州铝业股份有限公司
郑州煤矿机械厂
郑州白鸽集团股份有限公司
郑州热电厂
郑州歌舞院

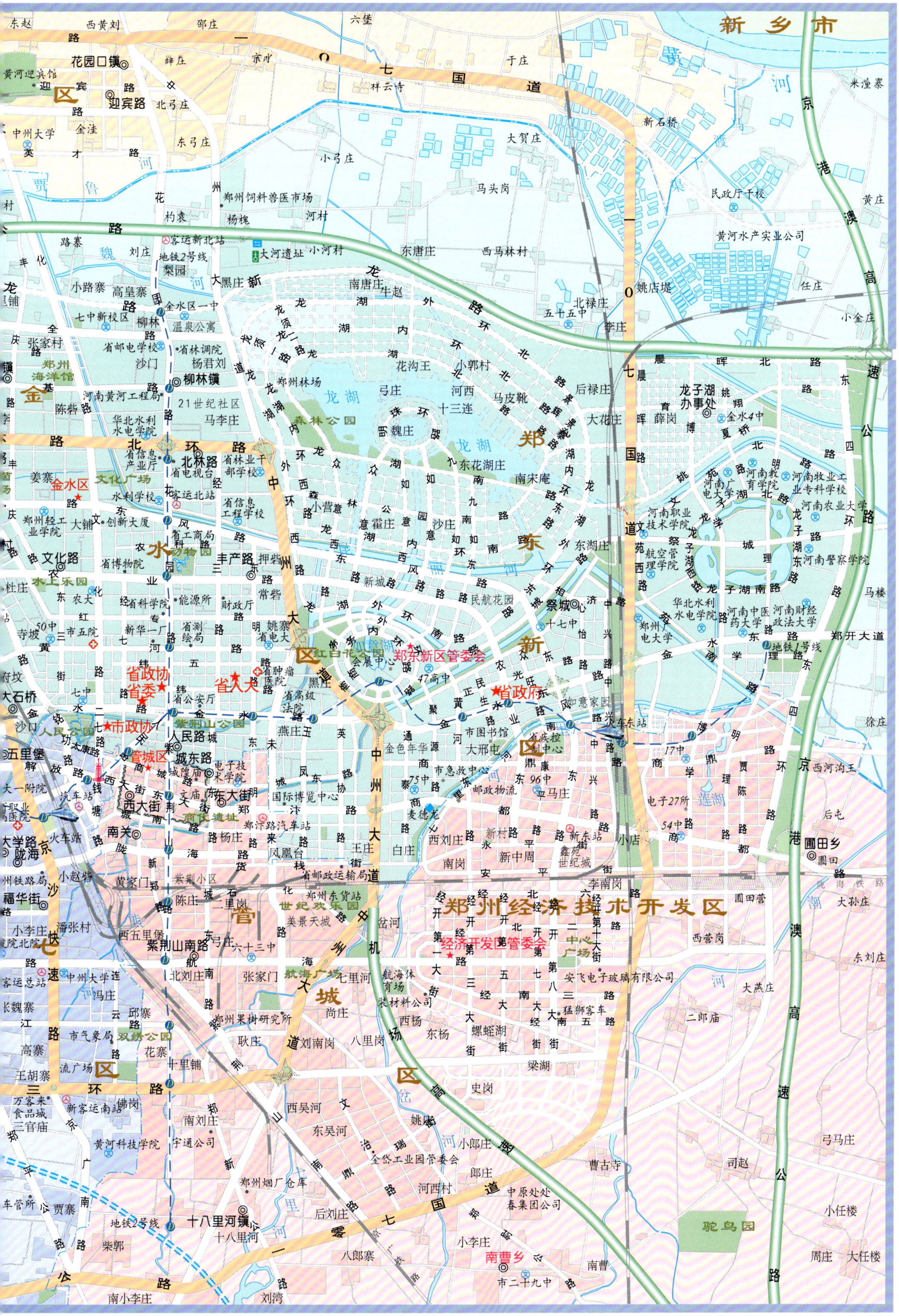

新乡市
黄河
一〇七国道
京港澳高速公路
花园口镇
迎宾路
黄河迎宾馆
中州大学
大贺庄
小弓庄
马头岗
民政厅干校
黄河水产实业公司
郑州饲料兽医市场
杨槐
河村
客运新北站
地铁2号线
大河遗址
小河村
东唐庄
西马林村
南唐庄
姚店堤
北绿庄
五十五中
李庄
金水区一中
温泉公寓
七中新校区
柳林
省邮电学校
省林调院
杨君刘
柳林镇
郑州海洋馆
河南黄河工程局
21世纪社区
马李庄
华北水利水电学院
郑州林场
龙湖
森林公园
花沟王
小郭村
弓庄
河西
十三连
马皮靴
魏庄
东花湖庄
南宋庵
后禄庄
大花庄
龙子湖办事处
薛岗
金水4中
河南牧业工业专科学校
河南农业大学
河南职业技术学院
航空管理学院
东湖庄
河南警察学院
华北水利水电学院
河南中医药大学
河南财经政法大学
郑州电大
郑开大道
地铁1号线
北环路
省信息产业厅
省电视台
省林业干部学校
客运北站
姜寨
金水区
文化广场
水利学校
省信息工程学校
郑州轻工业学院
大铺
创新大厦
省工商局
动物园
丰产路
押营
省博物院
文化路
水上乐园
省科学院
能源所
财政厅
常砦
市五院
新华一厂
省测绘局
省电大
姚寨
郑东新区
郑东新区管委会
如意湖
会展中心
省肿瘤医院
省高级法院
黑庄
省政协
省委
省人大
47高中
省政府
如意家园
火车东站
大石桥
七中
省公安厅
紫荆山公园
人民公园
市政协
人民路
燕庄
英
市图书馆
大邢屯
省疾控中心
17中
五里堡
管城区
城东路
电子技术学院
东大街
国际博览中心
金色年华源
市急救中心
邮政物流
96中
马庄
电子27所
西河沟王
西大街
商代遗址
郑汴路汽车站
75中
麦德龙
西刘庄
新村路
新东站
新中周
鑫苑世纪城
54中
圃田乡
火车站
南关
凤凰台
王庄
白庄
南岗
小店
黄家门
紫荆小区
二里岗
邮政运输局
郑州东货站
世纪欢乐园
美景天城
李南岗
圃田营
大孙庄
郑州经济技术开发区
经济开发区管委会
中心广场
西营岗
东刘庄
福华街
潘张村
西五里堡
紫荆山南路
六十三中
航海体育场
航海广场
七里河
安飞电子玻璃有限公司
大燕庄
中州大学
冯庄
邱寨
张家门
北刘庄
管城区
装材料公司
猛狮客车
二郎庙
市气象局
双秀公园
花寨
郑州果树研究所
耿庄
刘南岗
八里岗
西杨
东杨
螺蛭湖
十里铺
梁湖
王胡寨
史岗
万客来食品城
新客运南站
二官庙
西吴河
南刘庄
东吴河
姚砦
黄河科技学院
宇通公司
全省工业园管委会
小郎庄
郎庄
曹古寺
弓马庄
司赵
郑州烟厂仓库
河西村
中原处处春集团公司
后刘庄
十八里河镇
十八里河
地铁2号线
八郎寨
小李庄
南曹乡
南曹
驼鸟园
小任楼
周庄
大任楼
市二十九中
南小李庄
刘湾

郑州市交通图

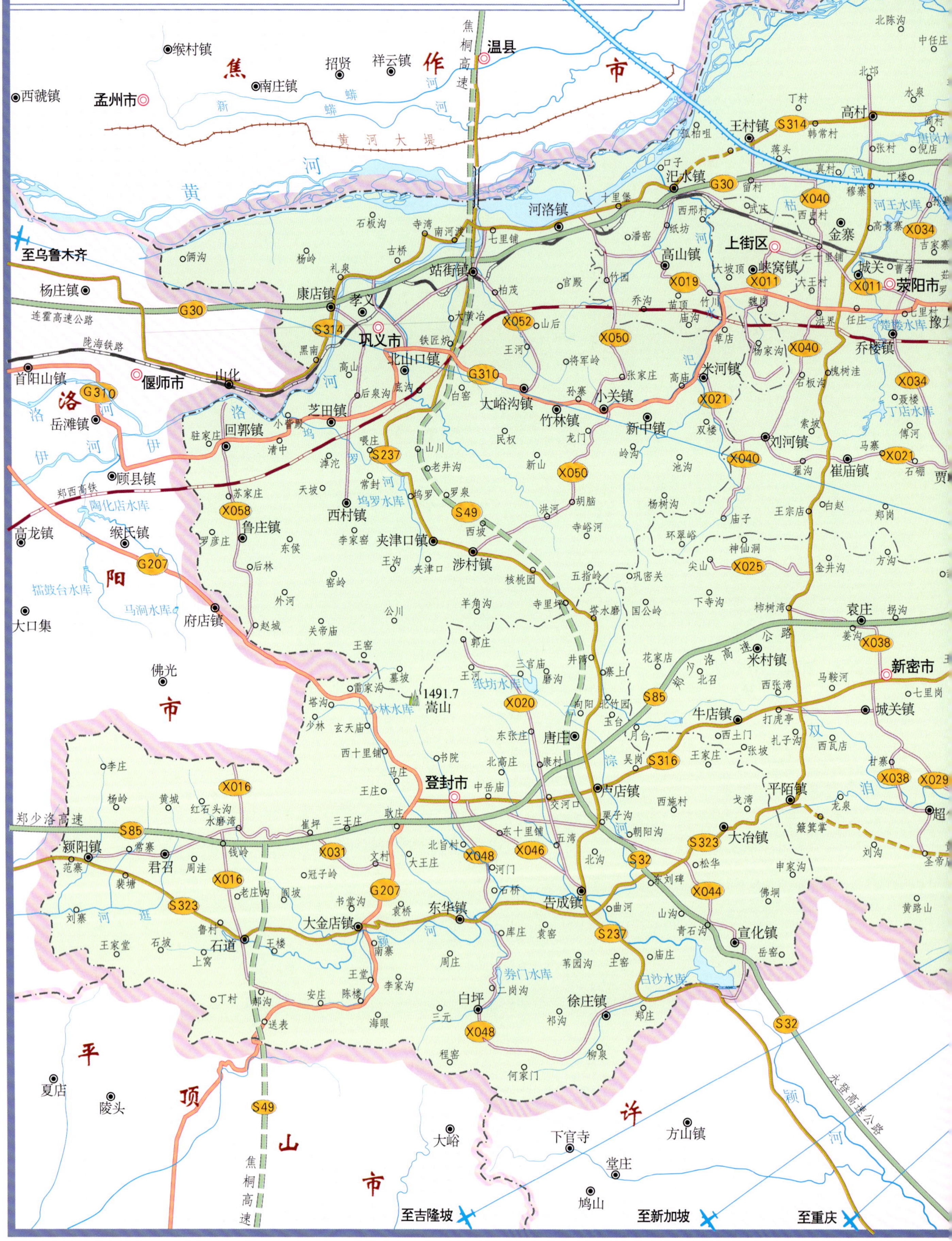
3.8 0 7.6 15.2千米
焦作市
温县
孟州市
缑村镇
西虢镇
南庄镇
招贤
祥云镇
新蟒河
黄河大堤
黄河
焦桐高速
北郭
北陈沟
中任庄
北邙
丁村
高村
水泉
王村镇
S314
韩常村
孤柏咀
蒋头
张村
倪店
口子
汜水镇
G30
留村
真村
丁楼
穆寨
河王水库
X040
X034
武庄
西邢村
纸坊
西史村
金寨
十里堡
河洛镇
石板沟
寺湾
南河渡
七里铺
古桥
俩沟
杨岭
礼泉
至乌鲁木齐
杨庄镇
上街区
潘窑
高山镇
峡窝镇
大坡顶
三十里铺
城关
曹寨
吉家寨
站街镇
竹园
官殿
X019
X011
大王村
荥阳市
康店镇
孝义
柏茂
乔沟
苗顶
竹川
魏岗
庙沟
七里村
连霍高速公路
G30
大黄冶
X052
山后
洪界
任庄
楚楼水库
豫龙
S314
巩义市
铁匠炉
X050
草店
王河
X040
乔楼镇
陇海铁路
黑南
北山口镇
将军岭
杨家沟
首阳山镇
偃师市
山化
高山
G310
张家庄
汜河
槐树洼
G310
后泉沟
底沟
大峪沟镇
孙寨
米河镇
石板沟
X034
洛河
芝田镇
白窑
小关镇
高庄
聂楼
岳滩镇
小訾殿
竹林镇
X021
丁店水库
伊河
驻家庄
回郭镇
清中
喂庄
民权
龙门
新中镇
双楼
索坡
刘河镇
马寨
傅河
顾县镇
S237
山川
郑西高铁
淳沱
老井沟
新山
X050
岭沟
池沟
X040
X021
崔庙镇
石硼
贾
陶化店水库
苏家庄
天坡
常封
坞罗水库
罗泉
坞罗
胡脑
杨树沟
白赵
高龙镇
X058
西村镇
S49
洪沟
王宗店
郑岗
缑氏镇
罗彦庄
鲁庄镇
东侯
李家窑
夹津口镇
西坡
寺峪河
环翠峪
庙子
G207
后林
王沟
涉村镇
神仙洞
尖山
X025
金井沟
方沟
摇鼓台水库
马涧水库
阳
夹津口
核桃园
五指岭
巩密关
窑岭
外河
羊角沟
下寺沟
大口集
府店镇
公川
寺里坪
塔水磨
国公岭
柿树湾
袁庄
拐沟
赵城
关帝庙
姜沟
X038
郭庄
花家店
郑少洛高速公路
米村镇
王窑
井湾
佛光
王河
三官庙
寨上
北召
新密市
雷家沟
墓坡
纸坊水库
磨沟
西张湾
马鞍河
七里岗
1491.7
嵩山
X020
向阳
北竹园
S85
塔沟
少林水库
少林
玉台
牛店镇
城关镇
玄天庙
东张庄
唐庄
打虎亭
月台
西土门
李庄
西十里铺
书院
北高庄
康村
吴岗
S316
王家庄
张坡
扎子沟
双洎河
西瓦店
杨岭
黄城
X016
马庄
甘寨
X038
X029
王庄
登封市
中岳庙
卢店镇
平陌镇
红石头沟
交河口
西施村
戈湾
龙泉
郑少洛高速
水磨湾
三王庄
粟子沟
超
S85
崔坪
耿庄
东十里铺
朝阳沟
簸箕掌
颍阳镇
常寨
钱岭
X031
北皆村
X046
五湾
S323
大冶镇
范寨
君召
周洼
文村
大王庄
X048
北沟
S32
松华
申家沟
刘沟
圣帝
冠子岭
河门
东刘碑
裴塘
X016
老庄沟
阎坡
G207
石桥
X044
佛垌
书堂沟
告成镇
曲河
刘寨
颍河
S323
袁桥
东华镇
山沟
黄路山
鲁村
大金店镇
青石沟
宣化镇
王家堂
石坡
石道
王楼
南寨
库庄
袁窑
S237
庙庄
上窝
周庄
苇园沟
王岔
岳窑
王堂
券门水库
白沙水库
丁村
郜沟
李家沟
白坪
上岗沟
安庄
陈楼
徐庄镇
平
送表
三元
郑庄
海眼
祁沟
S32
X048
程窑
柳泉
夏店
陵头
何家门
顶
S49
许
永登高速公路
大峪
下官寺
方山镇
山
颍河
焦桐高速
市
堂庄
鸠山
至吉隆坡
至新加坡
至重庆

至北京
至天津
太平镇乡
至哈尔滨
祝楼
葛屋口
大宾
梁寨
詹店镇
原武镇
新
乡
市
G107
桥北
郭庄
至首尔
包厂
韩董庄
陡门
黄河大堤
官厂
黄河桥
蒋庄
G4
河
岭军峪
小朱
岗李
花园口
黄
孙拨庄
古荥镇
花园口镇
北王庄
雁鸣湖镇
桐树村
惠济区
万滩镇
狼城岗镇
祁圪垱村
姚店堤
苗岗
连霍高速
沟赵
庙李镇
安庄
G107
赵寨
马场
G30
杨寨
S314
高新技术开发区
柳林镇
小店
郑徐高铁
金水区
西禄庄
龙子湖
大吴
X005
刘集镇
郑岗
S223
土寨
西吴
石佛
布袋李
小杜庄
X006
郑开大道
石佛
郑东新区
祭城
岗李
大韩庄
大孟镇
物流大道
后董庄
须水
柿园
中原区
管城区
大冉庄
龙王庙
前庄
仓寨
陇海铁路
杏花营
三官庙
岗坡
二里岗
马庄
魏庄
三王
谷堆刘
小马寨
郑州市
二七区
南岗
白沙镇
G220
大扯刘
后河芦
关帝庙
七里河
李南岗
经济技术开发区
吴庄
G310
中牟县
官渡镇
开
马寨镇
上闸洞
郭庄
佛岗
梁湖
韩庄
毕虎
前於
孟庄
郑民高速
刘胡垌
张寨
张仙
S1
九龙镇
国庄
后路佐
大李庄
小王庄
侯寨
十八里河镇
南曹
郑庵镇
X013
姚家镇
马家
韩寺镇
台郭
苏庄
范庄
G3001
X022
铁三官庙
黄商
S82
大汾店
西姜寨
帝岭
红花寺
马庄
罗宋
绕城高速
上李河
东徐
大关庄
吕家
白寨镇
于寨
龙湖镇
荆庄
S102
单家
绪张
光武陈
张沟
X023
东张寨
曹古口
耿湖
八岗镇
梁家
封
S316
郭家庄
孟庄镇
前霍
西陶
王家沟
X026
S88
小乔沟
常家庄
X023
X006
S223
李村
X004
窦沟
陵岗
寺东孙
大寨
西谢
马家
石村镇
张湾
G107
张辛庄
石槽王
张庄镇
生金李
刁家
岗牛
郑州国际航空港
X023
黄店镇
观音堂
坡刘
郭店镇
蒋园马
前段
藕池任
曲梁镇
S321
庄头
三十里铺
S102
三官庙镇
袁家
李庄
柿吴
刘寨镇
薛店镇
晶店
府李庄
小李寨
柿园
孙庄
井村
芦家
X028
东赵沟
X014
二十里铺
草店
吴村
市
老寨
郝家岗
龙王
S102
楼王
大隗镇
周庄
郭李
岗冯
裴李岗
X029
新村镇
苟郑
万家
至台北
至上海
邢庄
西李庄
十里井
南王沟
S323
南李庄
高夏
官刘庄
新郑市
坡刘
323
张寨
欧阳寺
城关
X033
石桥
岳庄
辛店镇
端庄
和庄镇
S323
薛庄
八千
大高庄
油坊沟
河李
小岗王
X035
史庄
齐河
梨河镇
小连楼
梅河
千户寨
S88
观音寺镇
穆庄
夏庄
S103
岗李
林庄
官亭
大墙周
南贾庄
无梁
增福庄
后河
京港澳高速公路
石武高铁
京广铁路
古城
老城
武西高速公路
长葛市
G4
坡胡
至香港
至广州
图例
省会
县市区、开发区
乡镇、办事处
村
地市界
县区界
铁路
客运专线
G4
高速公路及编号
规划及在建高速
G310
国道及编号
规划国道
S102
省道及编号
规划省道
X014
县市道路及编号
机场及航线
河流、水库
南水北调总干渠
河堤
1491.7
嵩山
山峰、高程
比例尺 1: 380 000

郑州市地势图

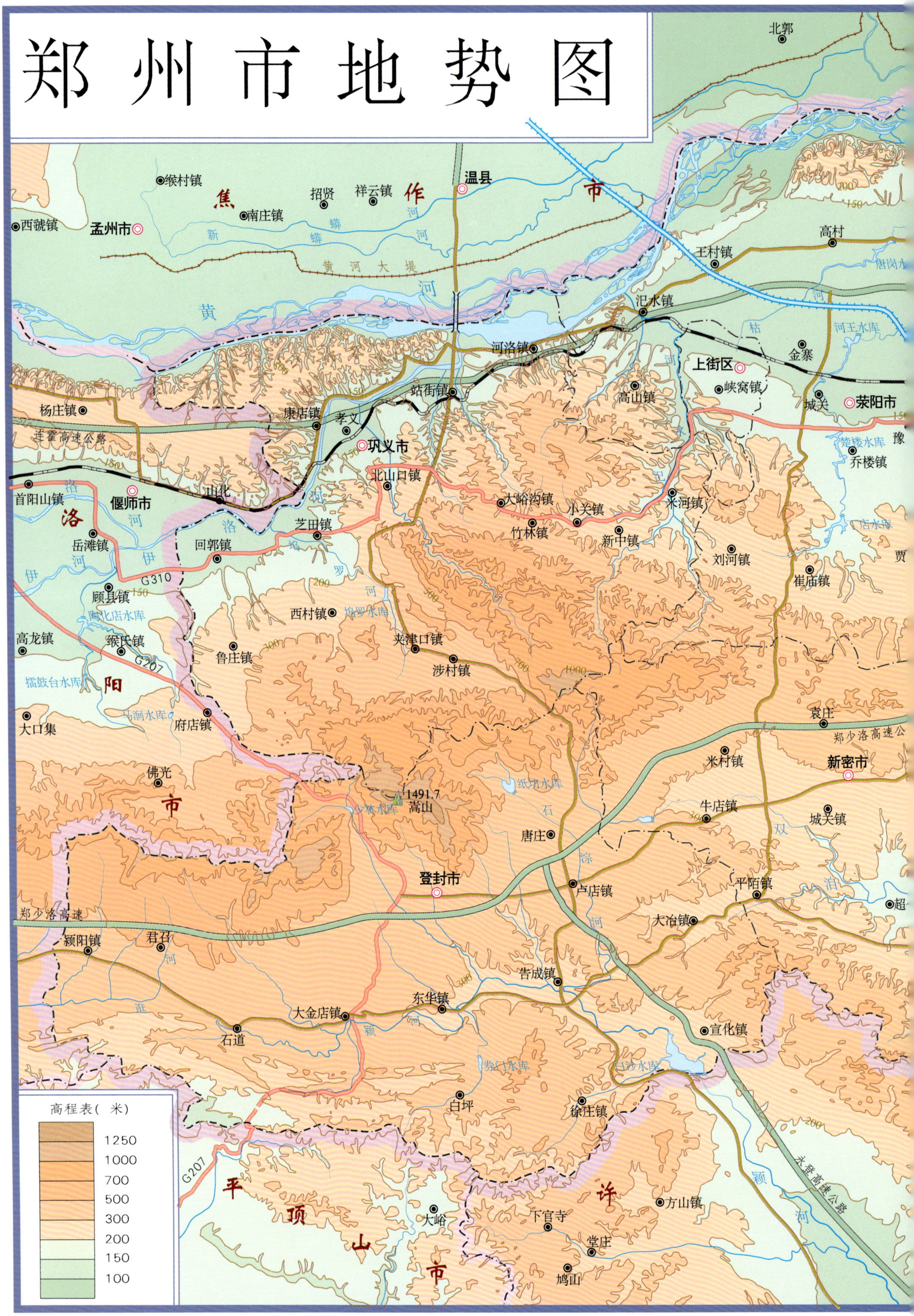

焦作市
温县
孟州市
西虢镇
缑村镇
南庄镇
招贤
祥云镇
北郭
高村
王村镇
黄河大堤
黄河
新蟒河
汜水镇
河洛镇
上街区
峡窝镇
金寨
城关
荥阳市
高山镇
站街镇
康店镇
孝义
巩义市
杨庄镇
连霍高速公路
首阳山镇
偃师市
山化
北山口镇
大峪沟镇
小关镇
竹林镇
新中镇
米河镇
刘河镇
崔庙镇
乔楼镇
豫
贾
洛阳市
岳滩镇
回郭镇
芝田镇
G310
顾县镇
陆浑水库
伊河
洛河
坞罗水库
西村镇
夹津口镇
涉村镇
鲁庄镇
高龙镇
缑氏镇
G207
擂鼓台水库
大口集
府店镇
袁庄
郑少洛高速公路
米村镇
新密市
佛光
1491.7
嵩山
少林水库
纸坊水库
牛店镇
城关镇
唐庄
登封市
卢店镇
平陌镇
双洎河
超
郑少洛高速
颍阳镇
君召
大冶镇
告成镇
东华镇
大金店镇
石道
宣化镇
白沙水库
白坪
徐庄镇
平顶山市
许昌市
大峪
下官寺
方山镇
堂庄
鸠山
永登高速公路
颍河
高程表（米）
1250
1000
700
500
300
200
150
100

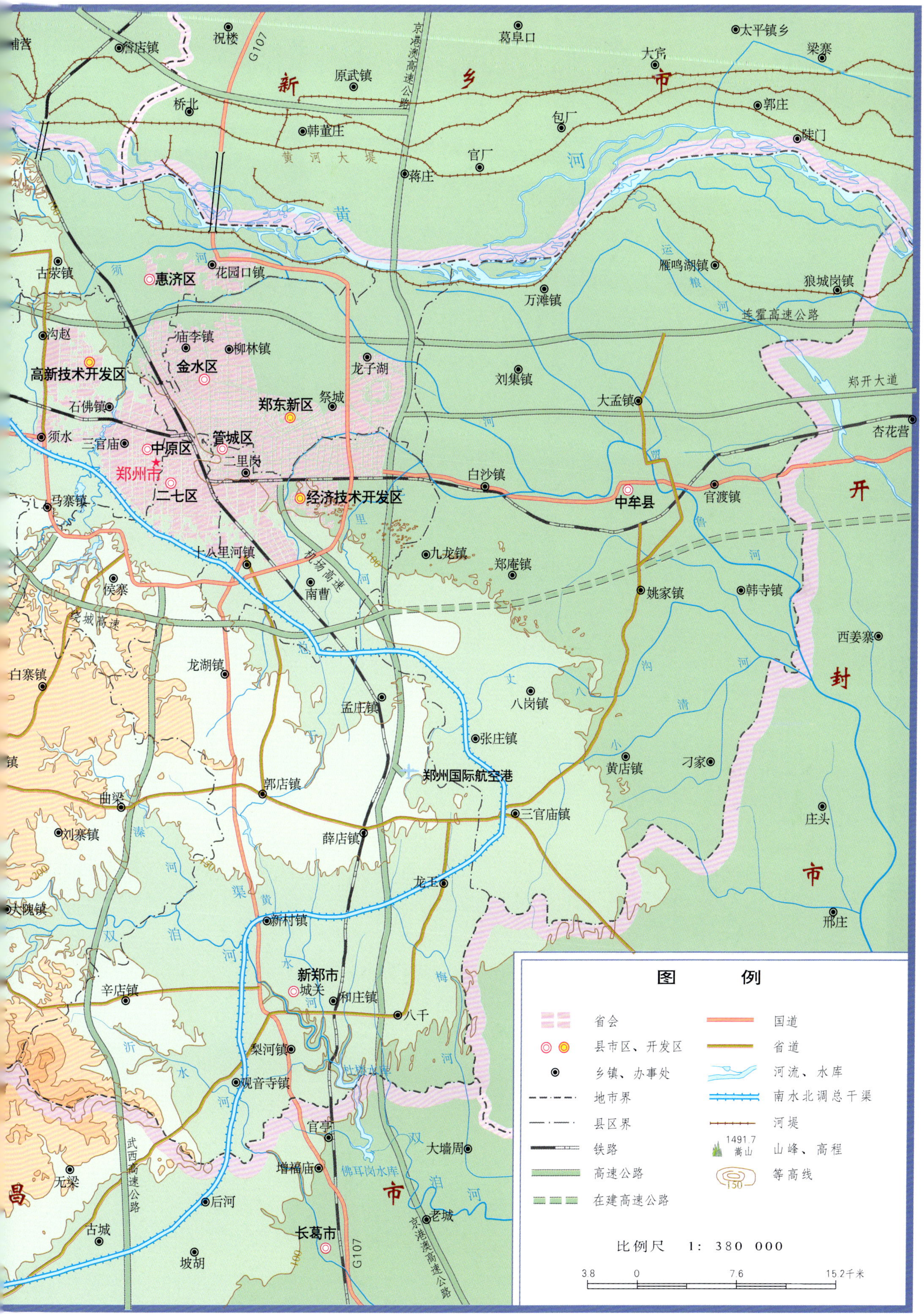

新
乡
市
开
封
市
昌
市
郑州市
惠济区
金水区
高新技术开发区
郑东新区
管城区
中原区
二七区
经济技术开发区
中牟县
新郑市
城关
长葛市
郑州国际航空港
黄河大堤
黄
河
连霍高速公路
郑开大道
京港澳高速公路
机场高速
武西高速公路
G107
祝楼
詹店镇
原武镇
葛阜口
太平镇乡
大宾
梁寨
桥北
韩董庄
包厂
郭庄
陡门
官厂
蒋庄
古荥镇
花园口镇
雁鸣湖镇
狼城岗镇
万滩镇
沟赵
庙李镇
柳林镇
龙子湖
刘集镇
大孟镇
杏花营
祭城
石佛镇
须水
三官庙
二里岗
白沙镇
官渡镇
郑州市
马寨镇
九龙镇
郑庵镇
十八里河镇
侯寨
南曹
姚家镇
韩寺镇
西姜寨
白寨镇
龙湖镇
孟庄镇
八岗镇
张庄镇
黄店镇
刁家
郭店镇
曲梁
三官庙镇
庄头
刘寨镇
薛店镇
龙王
大隗镇
新村镇
邢庄
辛店镇
和庄镇
八千
梨河镇
观音寺镇
官亭
大墙周
增福庙
佛耳岗水库
无梁
后河
老城
古城
坡胡
图例
省会
县市区、开发区
乡镇、办事处
地市界
县区界
铁路
高速公路
在建高速公路
国道
省道
河流、水库
南水北调总干渠
河堤
1491.7
嵩山
山峰、高程
等高线
150
比例尺 1: 380 000
3.8
0
7.6
15.2千米

领导人在郑州

1月5日，省人民政府与国家开发银行开发性金融支持中原经济区建设合作备忘录签字仪式在郑州举行。省长郭庚茂出席签字仪式，国家开发银行党委副书记、行长蒋超良，省委常委、常务副省长李克分别代表双方在备忘录上签字。

1月9日，武警总部原司令员吴双战为团长，国务院原副总理吴桂贤、军事科学院原政委张序三、中国科协原党组书记高潮为副团长一行近60人代表团到郑州参加"情聚中原给力中原经济区"高峰论坛。

1月10日，省委书记、省人大常委会主任卢展工，省委副书记、省长郭庚茂等在郑州会见司法部党组书记、部长吴爱英一行。

1月11日，国家文物局局长单霁翔在文化部办公厅副主任周广莲、省文物局局长陈爱兰等陪同下，考察郑州片区大遗址保护工作。

1月13日，全国总工会副主席、书记处书记张鸣起率领全国总工会慰问团，深入郑州困难企业，看望和慰问劳动模范、困难职工。

2月14日，河南省委书记、省人大常委会主任卢展工，省长郭庚茂在郑州会见交通运输部部长李盛霖一行。

2月14日，交通运输部党组书记、部长李盛霖一行到郑州市调研抗旱浇麦工作。

2月15日，省委书记、省人大常委会主任卢展工在郑州会见中央电视台总编辑罗明一行。

4月4日，辛卯年黄帝故里拜祖大典组委会在郑州国际会展中心举行欢迎晚宴，中国侨联副主席李祖沛、全国台联会长梁国扬、中央台办副主任叶克冬，中央和国家有关部委负责人，世界各地华商领袖，港澳台侨知名人士出席晚宴。

4月5日，全国人大常委会副委员长、农工党中央主席桑国卫，全国政协副主席、民革中央常务副主席厉无畏，十届全国人大常委会副委员长、中华炎黄文化研究会会长许嘉璐，中国侨联副主席李祖沛、中华全国台湾同胞联谊会会长梁国扬、中华炎黄文化研究会常务副会长赵德润等主办单位领导，中台办、国台办副主任叶克冬，中国入世首席谈判代表、原国家外经贸部副部长龙永图出席辛卯年黄帝故里拜祖大典。省领导卢展工、郭庚茂等参加大典。

4月6日，十届全国人大常委会副委员长、中华炎黄文化研究会会长许嘉璐及有关专家学者出席主题为"从中原到中原崛起"的中原经济区论坛并发表演讲。省委书记、省人大常委会主任卢展工，省长郭庚茂等省领导出席论坛。论坛由中国加入世贸组织首席谈判代表、原国家外经贸部副部长龙永图主持。

4月7日，全国政协副主席、中共中央统战部部长杜青林到郑州市调研宗教工作。

4月7日，国家发改委副主任、国务院医改办主任孙志刚一行莅临郑州，视察河南省基层医疗卫生机构基本药物采购和郑州市基层卫生机构建设工作。

4月13至15日，国务院南水北调办公室主任鄂竟平考察南水北调郑州段工程。

4月25日，中华全国供销合作总社党组书记、理事会主任李成玉到郑州市调研重点工程建设和职业教育工作。

4月25至26日，全国政协副主席、农工党中央常务副主席陈宗兴率队就"加强和统筹城乡流动人口及其计划生育服务管理"主题到郑州市调研。

5月6日，由全国人大常委会副委员长、九三学社中央主席韩启德率领的九三学社中央常委考察团莅临郑州市，就城市规划建设等情况进行考察调研。随后，韩启德一行还到宇通公司考察企业生产经营情况。

5月9日，中共中央宣传部副部长、中共中央对外宣传办公室主任、国务院新闻办公室主任王晨一行视察少林寺。

5月11日，省委书记、省人大常委会主任卢展工，省长郭庚茂会见以台湾海基会董事长江丙坤为团长的海基会媒体访问团一行。

5月11日，省长郭庚茂在郑州会见UPS(美国联合包裹公司)亚太区总裁德瑞克·伍德沃德一行。

5月13日，省长郭庚茂在郑州会见东风汽车公司董事长徐平一行。

5月15至17日，全国人大常委会副委员长陈昌智一行在河南省视察工作，在郑期间，视察了民建河南省委机关等地。

5月17日，河南省委书记、省人大常委会主任卢展工在郑州会见中国联通集团公司总经理陆益民一行。

5月26日，全国人大常委会副委员长陈至立深入郑州市二七区嵩山路街道办事处亚星社区，考察郑州市妇女工作开展情况。全国妇联副主席陈秀榕一同考察。

6月13至14日，中共中央政治局常委、中央政法委书记周永康到新郑，深入农村、社区、企业和基层政法单位，就社会管理创新和"发扬传统、坚定信念、执法为民"主题教育实践活动深入调研。

中央政法委秘书长周本顺，司法部部长吴爱英，公安部副部长李东生，最高人民法院副院长江必新，最高人民检察院副检察长孙谦随同调研；省委书记、省人大常委会主任卢展工，省委副书记、省长郭庚茂，省委副书记、省政协主席叶冬松，省委常委、政法委书记李新民，省委常委、秘书长刘春良，省委常委、郑州市委书记连维良，副省长秦玉海陪同调研。

6月14日，省长郭庚茂在郑州会见中共中央台湾工作办公室、国务院台湾事务办公室主任王毅。

6月16日，全国安全生产万里行活动出发仪式在郑州举行。国务院安委会副主任、国家安全生产监督管理总局局长骆琳宣布安全生产万里行活动出发并讲话，省长郭庚茂出席仪式并致辞。

6月16日，省长郭庚茂，国家安全生产监督管理总局局长骆琳分别代表河南省人民政府、国家安全生产监督管理总局签署共建河南理工大学协议。

6月17日，中原经济区建设调研交换意见会在郑州国际会展中心举行。省委书记、省人大常委会主任卢展工，国家部委联合调研组组长、国家发改委副主任杜鹰出席会议并讲话。

7月21日，河南省人民政府与国家自然科学基金委员会人才培养联合基金签约仪式在郑州举行。省长郭庚茂，国家自然科学基金委员会主任陈宜瑜出席签约仪式，副省长徐济超、国家自然科学基金委员会副主任孙家广分别代表双方签约。

7月31日至8月1日，中国人民银行分支行行长座谈会在河南郑州召开，中国人民银行行长周小川作工作报告和会议总结。

8月5日，省长郭庚茂在郑州会见南航集团总经理、南航股份公司董事长司献民一行。

8月8日，省委书记、省人大常委会主任卢展工、省长郭庚茂在郑州会见富士康总裁郭台铭。

8月10日，省长郭庚茂在郑州会见国家电网公司副总经理舒印彪一行。

8月10日，省长郭庚茂在郑州会见奇瑞汽车公司董事长尹同跃一行。

8月13日，省长郭庚茂在郑州会见前来河南访问的莫桑比克总统格布扎一行。

8月15日，省委书记、省人大常委会主任卢展工，省长郭庚茂在郑州会见国家林业局局长贾治邦。

8月15至19日，全国人大常委会副委员长路甬祥率全国人大常委会《劳动合同法》执法检查组到河南省检查工作。先后到郑州市郑交公司和开封市、驻马店市等地调研。

8月18至21日，全国人大常委会副委员长、农工党中央主席、中国工程院院士桑国卫一行在河南省调研国家基本药物制度基层实施情况。

8月24日，省长郭庚茂在郑州会见委内瑞拉玻利瓦尔州州长弗朗西斯科·兰赫尔·戈麦斯一行。

8月25日，豫粤经贸合作交流见面会在郑州国际会展中心轩辕堂举行。河南省省长郭庚茂出席见面会并发表讲话。

9月4日，省长郭庚茂在郑州会见以巨人股份有限公司董事长刘国昭为团长的台北市进出口商业同业公会大陆经贸考察团一行。

9月4至5日，全国政协副主席陈宗兴在郑州市视察工作。陈宗兴一行考察了新郑好想你枣业股份有限公司，随后又参观了巩义市康百万庄园和杜甫故里。

9月14日，省长郭庚茂陪同四川省省长蒋巨峰率领的四川省党政代表团在河南考察访问。

9月18日，省长郭庚茂在郑州会见几内亚共和国总统阿尔法·孔戴一行。

9月22日，中共中央政治局委员、北京市委书记刘淇，北京市委副书记、市长郭金龙率北京市党政代表团来豫考察。北京市党政代表团一行在河南省领导的陪同下，视察了荥阳市南水北调穿黄工程。

10月12至14日，全国政协副主席孙家正一行5人在郑州视察。

10月23至24日，全国政协副主席陈奎元莅临巩义市竹林镇视察。

11月1日，交通运输部部长李盛霖与河南省委书记、省人大常委会主任卢展工、省长郭庚茂等就贯彻落实国务院《关于支持河南省加快建设中原经济区的指导意见》、加快推进河南交通运输科学发展举行会谈并签署会谈纪要。

11月4日，“黄金叶”品牌培育座谈会在郑州召开。国家烟草专卖局局长姜成康，副局长张保振、何泽华出席座谈会并讲话。

11月4日，海关总署署长于广洲、河南省省长郭庚茂在郑州出席郑州新郑综合保税区封关运行暨郑州新郑综合保税区管委会、海关、检验检疫局揭牌仪式。

11月12日，由工业和信息化部、河南省政府共同主办的第二届中国郑州产业转移系列对接活动在郑东新区国际会展中心拉开大幕。省长郭庚茂、工业和信息化部部长苗圩共同启动开幕装置。在签约仪式上，209个关联度高、辐射力大、带动性强的龙头型、基地型项目成功签约。同日，苗圩到郑州经济技术开发区调研，视察了郑州日产第二工厂。

11月12日，“对话中原——建设中原经济区院士行座谈会”在郑州举行。省长郭庚茂，工业和信息化部党组成员、总工程师朱宏任分别代表河南省政府和工信部作主题发言。

11月18至19日，国务委员、公安部部长孟建柱一行深入郑州等地，看望慰问公安干警。

荣誉郑州

2011年，郑州市获得全国文明城市称号。

2011年，郑州市获得全国科技进步先进市称号。

2011年，郑州市被国家民政部表彰为全国第二批实施惠民殡葬政策的先行地区。

2011年，河南省电力公司郑州供电公司、河南中烟工业有限公司新郑卷烟厂获得全国“五一劳动奖状”。

2011年，郑州交通运输集团有限责任公司客运总公司一分公司郑开城际公交班组、郑州人民医院呼吸内科、郑州市地方税务局宣传教育处、郑州宇通客车股份有限公司底盘车间、郑州市公共交通总公司快速公交公司获得全国“工人先锋号”集体称号。

2011年，郑州市人口和计划生育委员会被评为全国人口和计划生育工作先进集体、全国计划生育协会宣传工作先进单位、全国新闻报道先进单位。

2011年，郑州市统计局获全国第六次人口普查先进集体、全国R＆D资源清查工作先进集体、全国统计“五五”普法先进单位称号。

2011年，郑州市工商局被评为全国工商系统法制工作先进集体。

2011年，郑州市邮政局被集团公司评为“2010年度全国邮政用户满意企业”，紫荆山路邮政营业处被评为“全国五一巾帼标兵岗”。

2011年，郑州市残联获得“十一五”全国残联专门协会工作优秀奖。

2011年，郑州市成为全国第一个造血干细胞捐献人数突破100例的省会城市，连续6年在全国省会城市中排名第一；新郑市造血干细胞捐献者达10位，列全国县级城市之首。

2011年，郑州北站连续第三次被中央文明委授予全国文明单位称号，连续第五年被评为全国“安康杯”竞赛优胜单位。

2011年，郑州车站工会被铁道部评为全国铁路“模范职工之家”。

2011年，郑州市联通公司机场VIP俱乐部被共青团中央授予“青年文明号”荣誉称号。

2011年，郑州新郑国际机场获得全国文明机场和全国文明单位称号。

2011年，郑州市社会福利院和救助管理站被国家民政部命名为全国民政系统行风建设示范单位，市军队离退休干部第二和第四休养所被国家民政部授予全国“和谐军休家园”称号。

2011年，郑州市热力总公司获全国总工会“五一”巾帼标兵岗、中国海员建设工会全国委员会全国交通建设系统工人先锋号称号。

2011年，新郑市、登封市、荥阳市3个国家卫生城市，巩义市北山口镇、竹林镇、小关镇、新郑市薛店镇、二七区马寨镇5个国家卫生城镇，全部通过复审被重新命名。

2011年，巩义市获全国科技进步先进区称号。

2011年，新密市获全国农机化示范县（市）、国农机科技科普标兵县（市）等称号，新密市审计局获审计署全国地方政府性债务审计工作先进公务员集体称号。

2011年，登封市被国家发改委确定为全国唯一绿色照明示范城市，被评为全国矿业权实地核查工作先进集体。

2011年，新郑市被授予全国平安建设先进县（市）、全国社会管理创新典型培育县（市）等称号，新郑市政府网站——“黄帝故里·中国新郑”首次跻身全国县区级政府网站前10名，获2011年度中国政府网站领先奖。

2011年，荥阳市实施的“爱在慈善城情暖夕阳红”——困难老人帮扶项目入围民政部举办的2011年“中华慈善奖”评选活动——最具影响力慈善项目奖项。

2011年，中牟县被评为全国人口和计划生育优质服务先进县、全国科技进步县，中牟县冷藏保鲜协会等3个协会获全国科普惠农先进集体称号。

2011年，金水区获全国养老服务示范城区、全国社会工作人才队伍建设试点示范区、全国计划生育优质服务先进区、全国社会治安综合治理先进集体、全国法治区创建活动先进单位称号，连续12年被评为全国科技进步先进区，金水区机关事务管理局获全国文明单位称号，庙李镇获全国文明村镇称号，金水文化创意园被评为2010年中国创意产业最佳园区。

2011年，二七区获中国最具爱心城区、中国承接产业转移投资环境十佳县（市）区、全国科技进步先进区、全国法治县（市）区创建活动先进单位、中国绿色名区等称号。

2011年，管城回族区获全国残疾人工作先进区、全国残疾人社区康复示范区、全国白内障无障碍区、全国计划生育优质服务先进区、全国民族团结进步模范单位、全国安全生产监管监察先进单位、全国安全生产监管监察先进单位称号，连续五次被评为全国科技进步先进区，北下街街道办事处获全国和谐社区建设示范街道称号，紫光社区获全国侨务工作明星社区称号。

2011年，中原区获全国科技进步先进区称号，中原区法院被最高人民法院授予全国无执行积案先进法院称号。

2011年，惠济区被农业部、国家旅游局联合命名为首批全国休闲农业与乡村旅游示范区，被确定为国家新型农村合作医疗试点区，邙山水土保持科技示范园获国家级水土保持科技示范园区称号。

2011年，上街区获全国基层中医药工作先进单位称号。

数字郑州

总面积：7446.2平方公里
建成区面积：354.7平方公里
年末常住人口：885.7万人
市区人口：437.4万人
地区生产总值：4912.7亿元
第一产业：131.7亿元
第二产业：2898.4亿元
工业：2590.3亿元
建筑业：1547.6亿元
第三产业：1882.6亿元
第一、二、三产业构成：2.7 : 59.0 : 38.3
人均地区生产总值：56086元
地方财政一般预算收入：502.3亿元
地方财政一般预算支出：565.3亿元
全社会固定资产投资：3002.5亿元
社会消费品零售总额：1987.1亿元
直接进出口总值：160.0亿美元
直接进口总值：63.6亿美元
实际使用外资：31亿美元
商品房屋施工面积：7472万平方米
商品房销售面积：1563万平方米
货物运输量：24413万吨
旅客运输量：33759万人

海内外游客：5464.1万人次
旅游业总收入：589.9亿元
重大科技成果：213项
专利申请量：10997件
专利授权量：6141件
普通本专科学校：51所
中等职业技术教育学校：128所
卫生职业机构床位：52750张
卫生技术人员：56891人
供电销售总量：390亿千瓦时
城市供水总量：35785万立方米
城市建成区绿化面积：12458公顷
城市建成区绿化覆盖率：35.1%
铺装道路面积：3363万平方米
人民币存款余额：8964.9亿元
人民币贷款余额：6112.8亿元
城乡居民储蓄存款余额：3252.1亿元
在岗职工年平均工资：35541元
城市居民年人均可支配收入：22477元
农民人均纯收入：11050元
城镇居民人均住房面积：29.5平方米
农村居民人均住房面积：54.9平方米

惠民“十大实事”

一、郑州市2011年“十大实事”完成情况

2011年，郑州市“十大实事”共确定10个方面52项任务，全年市财政共投入“十大实事”办理资金49.3亿元，较上年同期增支9.1亿元，增长22.6%。截至12月20日，今年的“十大实事”52件实事已全部完成，其中超额完成19件。

一是进一步做好就业再就业。全年计划发放创业小额担保贷款10亿元，实际发放14.97亿元；共完成创业培训6843人、再就业培训3.4万人、职业技能培训72951人，分别是目标任务的124%、113% 和146%。实现农村富余劳动力转移就业12万人，新增城镇就业再就业13.6万人，其中“4050”就业困难人员1.7万人；并帮助7803名残疾人实现就业。

二是稳步提高社会保障和救助水平。对城乡低保对象、低收入家庭重病患者、重度残疾人和农村“五保”对象实施大病救助，不设起付线、不设定病种，标准由每人每年最高5000元提高到1万元；免费为全市30万城乡妇女进行了宫颈癌、乳腺癌检查；免费为7.6万名高风险孕妇增补了复合营养素；首次将加强精神卫生健康服务作为实事任务，全年累计排查确诊重性精神病人5449名，参与心理咨询和心理危机干预8.6万人次。

三是着力提升城乡居民生活水平。继续大力实施“菜篮子”工程，全年计划新增设施农业面积8000亩，目前已开工14906亩，建成11469亩；按计划建成了社区便利店266家，新建了3个蔬菜批发市场和15个农贸市场，设立了23个蔬菜早市和735个流动早餐车；全年共解决了43.9万人的饮水安全问题；新建、改建了农村公路500公里，是省定任务151.5公里的3.3倍；扶贫搬迁工作计划搬迁1800户6500人，实际完成搬迁2149户8159人。

四是加快实施以“畅通郑州”工程为重点的城市基础设施建设。改善城市交通状况，是今年我市一项重要工作（12月16日，市政府专门召开新闻发布会，向全市人民通报了今年“畅通郑州”工作的完成情况）。目前，轨道交通、京沙快速路、三环快速路等一批重大基础设施项目相继实施；按计划打通了市区26条支线道路；全年新建成停车场79个、停车泊位25102个，超额完成了新建1万个以上停车位的目标。全年还号召企、事业单位和家属院对外开放停车泊位37836个；继续对智能交通管理系统进行了完善，实现了市区主次干道信号的协调控制，新建视频监控600多处，基本实现了市区主干道无缝隙覆盖；大力发展公共交通，新开公交线路27条、调整优化线路50条，使中心城区，主干线路公交平均发车间隔为3–5分钟，市内一般不超过500米就能坐上公交车。今年市财政全额出资3.66亿元，新购置公交车500台，加上社会捐赠到位的448台，年度实际新增公交车948台；新建、改造自来水主管网50.3公里；新建供热管网37.6公里、新增供热面积105万平方米，分别是原计划的3.7倍和1.5倍。

五是优质教育资源倍增工程扎实推进。全年新增优质教育学位2.09万个，比原计划多增6900个；新建、改扩建中小学校33所，比原计划多建8所，建成后预计增加小学和初中教学班1030个、学位4.7万个以上；开工建设幼儿园115所，比计划多建18所，建成后预计增加教学班1341个、学位4万个；“班班通”工程顺利完成，实现了全市中小学班级“班班通”设施全覆盖。

六是大力发展医疗卫生事业。实施优质医疗资源倍增工程，对市二院、市三院、市九院、市十院、郑州儿童医院、郑州人民医院国际医疗保健中心等6所优质医疗机构进行了新建和改扩建。全年计划扩增床位2000张，实际完成2070张；新增“片医”负责制单位6个，使全市的“片医”负责制单位达到56个，可为城区316.5万名居民提供服务。

七是完善公共文化体育服务体系。深入实施文化惠民工程，全市按计划新建、改建社区文化活动中心100个，农村文化大院200个，新建农家书屋750个，免费培训文化管理员1000名。开展送舞台艺术进乡村、进社区活动，免费演出戏曲（剧）1000场、电影27024场；更新、维修全民健身器材3308件。

八是加强保障性住房建设。今年，省政府要求我市建设保障性住房54429套，我市实际新开工55716套。其中，经济适用住房28307套、公共租赁住房23580套、廉租住房2856套。廉租房租赁补贴标准由每月每平方米6元提高到8元。

九是加强生态建设和环境保护工作。新增绿地500万平方米和新植乔木50万株，并在省博物馆原址新建成绿地公园1座；生态水系建设取得新的进展，常（庄）西（流）湖生态公园开工建设；新建镇、村地埋式垃圾中转站611座，为8.6万个农户实施了厕所无害化改造，超额完成全年计划任务。

十是重视和加强公共安全和社会管理。为全市1920所学校食堂配备了留样柜，并多次对全市食品和药品生产及流通环节进行了全面的排查、整治；在二七区马寨选址新建餐厨废弃物处理厂一座，目前一期工程已开始实施，征地拆迁工作已完成；为全市99个社区1200多个居民楼院、197个公交站点、159个游园广场、120条背街小巷安装了视频监控设施、设备，为98所中小学校、幼儿园安装了视频技防监控设施；今年我市大力实施“全民消防宣传教育计划”，对全市近60万人进行了自救互助、避险逃生技能培训。

郑州市2012年民生“十大实事”

（一）进一步做好就业再就业工作（4项）。

（二）稳步提高社会保障和救助水平（8项）。

（三）持续改善城乡居民生活生产条件（10项）。

（四）加快“畅通郑州”建设（7项）。

（五）优先发展教育事业（4项）。

（六）加快发展医疗卫生事业（4项）。

（七）完善公共文化旅游服务体系（5项）。

（八）加强保障性住房建设（3项）。

（九）加强生态建设和环境保护工作（7项）。

（十）加强公共安全和社会管理（8项）。

郑东新区建设新貌

河南艺术中心

（照片提供：市城科会）

中原福塔（高380米）

黄河湿地

郑州会展宾馆（高280米）

郑州动物园及周边景观

（照片提供：市城科会）

连接京珠、连霍高速的刘江立交桥

北环立交桥

解放路跨铁路线立交桥

金水路中州大道立交桥

（照片提供：市城科会）

紫荆山公园

郑州西部绿化建设

世纪欢乐园

绿色生态住宅区

京广快速路全线开通

地铁建设

亚洲最大的列车编组站郑州北站

国家高速铁路枢纽站郑州东站

（照片提供：市城科会）

中共中央政治局常委、十一届全国人大常委会委员长吴邦国在郑州高新技术开发区视察

中共中央政治局常委、中央政法委书记周永康在新郑市新华路领秀社区服务站调研

全国人大常委会副委员长、全国妇联主席陈至立视察二七区“妇女之家”创建工作

全国人大常委会副委员长周铁农在巩义市河洛康家视察

全国政协副主席黄孟复在登封市视察

全国政协副主席陈宗兴在新郑市调研

国务委员、公安部部长孟建柱在郑州市公安局调研

工业和信息化部部长苗圩在郑州日产第二工厂调研

交通运输部部长李盛霖在郑州市调研交通重点项目建设情况

司法部部长吴爱英在郑州市调研司法行政工作

国家林业局局长贾治邦视察郑州林业工作

国家文物局局长单霁翔考察郑州片区大遗址保护工作

海关总署署长于广洲在郑州出口加工区视察

国务院南水北调办公室主任鄂竟平在郑州视察南水北调中线工程

国家发改委副主任、国务院深化医药卫生改革领导小组主任孙志刚在郑州市金水区调研医疗设施建设工作

国土资源部副部长汪民在荥阳市调研抗旱情况

卫生部副部长刘谦视察新农合补助服务中心建设工作

民政部副部长窦玉沛与荥阳市福利中心的老人亲切交谈

黄河防总副总指挥、黄委会主任陈小江夜查调水调沙一线值守情况

公安部消防局局长陈伟明在郑州市中原区调研消防工作

省委书记、省人大常委会主任卢展工在郑州市调研

省委书记、省人大常委会主任卢展工视察郑州市公安工作

省委书记、省人大常委会主任卢展工在荥阳市调研南水北调工程建设情况

省长郭庚茂在高铁新客站调研

省长郭庚茂在中牟县调研汽车工业

省长郭庚茂视察新密市耐材基地建设工作

省委常委、市委书记连维良在上街区工业企业视察

省委常委、市委书记连维良视察二七区“畅通郑州”工程建设情况

省委常委、市委书记连维良调研新郑市社会管理创新工作

省委常委、代市长吴天君调研中牟县生态廊道建设工作

省委常委、代市长吴天君调研CBD交通整治工作

省委常委、代市长吴天君调研公安工作

市长赵建才在高铁新客站调研

市长赵建才在荥阳市崔庙镇调研抗旱工作

市长赵建才在北大清真寺与群众共度开斋节

代市长马懿调研管城区新商城组团建设工作

代市长马懿在二七区走访慰问

代市长马懿在金水区察看节日市场供应和食品安全情况

郑 州 新 区

市委常委、郑州新区党工委书记赵瑞东在郑东新区调研

副市长、郑州新区管委会主任李公乐在经开区调研

郑州市中牟产业园区刘集安置小区奠基仪式

郑州东风李尔泰新汽车座椅有限公司项目开工奠基仪式

宇通重工宇通环保新工业园区奠基仪式

宇通客车节能与新能源基地奠基仪式

管理委员会

大韩贸易投资振兴公社郑州韩国贸易馆开馆仪式

河南（郑州）新加坡国际物流产业园奠基暨首批入驻项目开工仪式

河南（郑州）新加坡国际物流产业园揭牌仪式

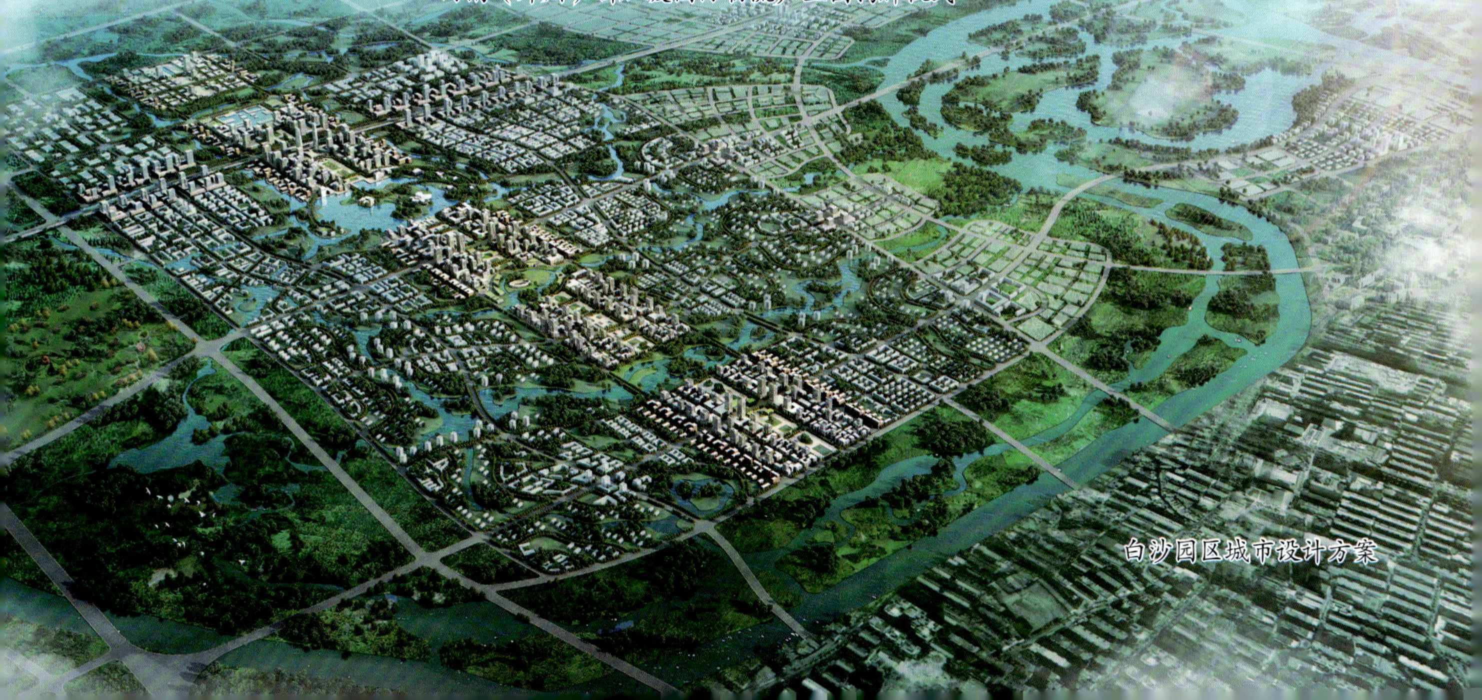

白沙园区城市设计方案

郑州新郑综合保税区（郑

省委书记、省人大常委会主任卢展工，副省长张大卫视察航空港区社区

省长郭庚茂率领全省18个省辖市市委书记和部分厅、局长观摩中航电动车项目

省政协主席叶冬松与省委常委、市委书记连维良，副省长赵建才视察富士康厂区建设工地并慰问建筑工人

省委常委、市委书记连维良实地察看富士康社区建设工地

省委常委、统战部部长史济春出席郑州新郑综合保税区一期通过国家十部委联合验收授牌仪式

省委常委、代市长吴天君调研富士康郑州科技园生产情况

副省长张大卫察看郑州新郑综合保税区验收准备工作

副省长赵建才视察富士康郑州科技园建设工地

州航空港区）管理委员会

郑州新郑综合保税区（郑州航空港区）管委会与中国银行深化战略合作签约仪式

富士康社区豫康新城生活区

富士康郑州科技园厂区

中州第一门

郑州新郑综合保税区海关主卡口

郑州新郑综合保税区申报大厅

中共巩义市委

全国人大常委会副委员长周铁农在巩义市河洛康家视察

全国政协副主席陈奎元出席巩义市长寿山第四届红叶节

常务副省长李克、郑州市代市长吴天君视察巩义市产业集聚区建设

郑州市代市长吴天君视察巩义市恒星科技公司

郑州市委常委、巩义市委书记舒庆检查养老保险工作

郑州市委常委、巩义市委书记舒庆，市长张春阳等领导看望驻巩官兵

巩义市人民政府

郑州市委常委、巩义市委书记舒庆在巩义市城乡就业春季招聘会视察

巩义市市长张春阳巡察高考情况

巩义市市长张春阳看望贫困户

郑州成功财经学院挂牌仪式

巩义市万洋国际商城项目开工仪式

河南鑫泰铝业有限公司年产30万吨铝精深加工项目奠基仪式

巩义市杜甫故里开馆仪式

广厦千万绘新城

新密市人民政府

省长郭庚茂视察新密产业集聚区建设

省委常委、郑州市代市长吴天君在新密视察新型城镇化建设

新密市委书记王铁良视察溱水路大桥工程

新密市市长蒿铁群检查煤矿井下安全生产工作

郑州裕中电厂二期2×100万千瓦机组扩建工程

新密市煤矿安全监控系统

郑州浦发纸业有限公司年产百万吨造纸建设项目奠基

省重点项目—郑州瑞泰耐火科技有限公司年产10万吨环境友好碱性耐火材料生产线开工奠基

新密市人民政府
新型城镇化建设

河南特色“三化”协调科学发展高层论坛在新密市召开

超化镇新区建设

社区健身广场

来集镇王堂祥和社区

建设中的岳村镇五星社区

新密市生态廊道建设

登封市人民政府

全国政协副主席杜青林视察登封

全国政协副主席黄孟复视察登封

副省长刘满仓在送表矿区管委会慰问贵州省地矿局一一四地质大队工程人员

郑州市政府常务副市长胡荃一行在登封市调研

登封市与河南良基通用航空合作签约仪式

国家发改委与登封市政府文化旅游培训示范基地项目签约仪式

登封市人民政府

庆祝“天地之中”申遗成功一周年评选登封市十大文化符号

庆祝“天地之中”申遗一周年嵩山文化与国学讲坛

庆祝“天地之中”申遗成功一周年文艺晚会

中国共产党登封市第四次代表大会胜利召开

纪念“天地之中”历史建筑群申遗成功一周年少室阙保护工程开工奠基仪式

“天地之中”摄影大赛开幕

嵩山文明与中国早期文明暨纪念“天地之中”历史建筑群申遗成功一周年学术研讨会在登封举行

登封市召开少林景区暨全市旅游环境综合整治活动动员大会

登封市政府与江西正邦集团签订投资协议

新郑市人民政府

中共中央政治局常委、中央政法委书记周永康在新郑市调研

全国政协副主席陈宗兴在新郑市调研

省长郭庚茂调研郭店移民新村建设情况

省委常委、郑州市委书记连维良调研新郑市社会管理创新工作

郑州市代市长吴天君在宏业纺织调研

辛卯年拜祖大典盛况

新郑市人民政府

新郑市委书记吴忠华看望老党员

新郑市市长王广国带队调研重点项目进展情况

快速建设中的新郑市中心城区

新郑市赵家寨煤矿

新郑市民生110服务中心

宽敞明亮的新港产业集聚区办事大厅

新郑市郑国车马坑景区

新郑市常刘中心社区

荥阳市人民政府

省委书记、省人大常委会主任卢展工在荥阳市调研南水北调工程建设情况

副省长刘满仓在荥阳市丹江口库区丹阳移民新村调研

民政部副部长窦玉沛与荥阳市福利中心的老人亲切交谈

国土资源部副部长汪民在荥阳市调研抗旱工作

全省医改现场会在荥阳市召开

荥阳市创建省级文明城市工作汇报会

荥阳市人民政府

荥阳市集中供热一期工程点火仪式

郑州优质医疗卫生资源倍增工程首批入驻宜居健康城“三院一校”项目开工奠基仪式

荥阳市组织创作的戏曲音乐剧《人民的焦裕禄》晋京演出

荥阳市开展的孤儿帮扶项目荣获第六届中华慈善奖最具影响力慈善项目

荥阳市重点项目中原利达轨道有限公司全自动弹条生产线

荥阳市文博中心

中牟县人民政府

省长郭庚茂调研中牟汽车工业

省委常委、郑州市委书记连维良调研中牟农业生产

副省长刘满仓调研万邦蔬菜公司

副市长、郑州新区管委会主任李公乐在中牟农业示范区调研

副市长张学军慰问刘集镇后湾后洼移民村贫困群众

县委书记杨福平在新联学院调研

中牟县人民政府

县委书记杨福平在中牟汽车工业园调研

县委书记杨福平在十一次党代会上作报告

县委书记杨福平在刘集镇调研南水北调中线工程丹江口水库移民村建设工作

代县长徐相锋在春节期间慰问贫困群众

代县长徐相锋在党代会上

雁鸣湖景区“一湖二路”工程奠基

第七届河南中牟西瓜节暨大蒜洽谈会开幕式

姚家现代农业示范区项目动工

郑州市金水

省委书记、省人大常委会主任卢展工春节期间在金水区慰问基层群众

省委书记、省人大常委会主任卢展工在经八路省委社区慰问

国家发改委副主任、国务院深化医药卫生改革领导小组主任孙志刚在金水区调研医疗设施建设工作

省委组织部部长邓凯在金水区调研基层党建工作及创先争优活动

金水区黄河渔场

区人民政府

代市长吴天君在金水区调研

市人大常委会主任白红战在刘庄蔬菜批发市场调研

常务副市长胡荃在金水区视察开发项目建设工作

金水区生态长廊

郑 州 市 二 七

全国人大常委会副委员长、全国妇联主席陈至立视察二七区“妇女之家”创建活动

省委常委、省委统战部部长刘怀廉在长江路小学参加“红领巾心向党”活动

省委常委、市委书记连维良在郑州飞机装备制造有限公司调研

省委常委、市委书记连维良视察二七区“畅通郑州”工程建设情况

省委常委、代市长吴天君在二七区调研

区委书记朱是西陪同省委常委、代市长吴天君在新大方重工科技有限公司调研

区委书记蔡红在马寨产业集聚区调研

区委书记蔡红调研重点工程建设情况

区人民政府

二七万达广场奠基仪式

区长王鹏检查辖区内消防安全工作

丰富多彩的文化活动

社区美景

区内四通八达的交通网络

郑 州 市 管 城 回

国家文物局局长单霁翔在管城区调研文物工作

省委副书记、省政协主席叶冬松在管城区党史馆调研

省委常委、代市长吴天君视察管城区征兵工作

省委常委、代市长吴天君在管城区调研

族　区　人　民　政　府

副省长赵建才视察北大清真寺

中组部领导参观管城区党史馆

市政协主席李秀奇视察管城区创建工作

代区长高建军在北大清真寺慰问民族宗教界人士

世纪欢乐园过山车

郑 州 市 中 原

公安部消防局局长陈伟明在中原区调研消防工作

区委书记赵书贤慰问贫困群众

区长王东亮调研恒天重工新纺机项目

郑州纺织服装产业园污水处理厂

区人民政府

中原区赵仙垌“合村并城”项目启动仪式

中原区矛盾纠纷排查调解处理中心揭牌

中原区第三届群众广场文化活动文艺演出

郑州市中原区周末蔬菜直销进社区启动仪式

郑州金马凯旋家居
CBD项目主大门效果图

中原万达广场

罗庄村城中村改造安置区开工仪式

郑州市惠济

国家林业局局长贾治邦视察惠济区生态建设

省、市五大班子领导到惠济区花园口镇石桥村黄河滩区义务植树

省委常委、市委书记连维良在惠济区调研生态水系、河道治理工作

省委常委、市委书记连维良视察实验中学建设工作

副省长刘满仓察看陈寨双桥花卉市场

水利部水土保持司巡视员张学俭等在郑州邙山生态园检查指导工作

区人民政府

市人大常委会主任白红战视察魏河截污治理工作

区委书记常继红察看湿地公园奠基场地

区委书记常继红视察薰衣草庄园、双桥花卉基地

代区长黄钫在思念工业园考察调研

郑州黄河国家湿地公园示范园开工仪式

河南青年黄河流域植树活动启动仪式

惠济区秋日广场

郑州市上街

省委常委、市委书记连维良视察区属工业企业

代市长吴天君调研区属工业企业

区委书记黄卿视察新材料园区工作

代区长宋洁调研道北新型社区建设

中国中部机电产业总部基地项目签约仪式

年产30万千瓦电动机制造和配套电器控制柜项目签约仪式

区人民政府

上街欧凯龙国际城市广场奠基典礼

上街新农贸市场
奠基仪式

郑州华祥冶金炉料有限公司
年产15万吨高端耐火材料项目开
工奠基仪式

上街区新型城镇化建设宜居职
教城合村并城项目开工启动典礼

河南省首届动力伞
精英邀请赛

郑东新区

省委书记、省人大常委会主任卢展工在高铁新客站工程建设现场调研

省长郭庚茂在高铁新客站工程建设现场调研

省委常委、市委书记连维良在儿童医院工程现场调研

省委常委、市委书记连维良在龙湖工程现场调研

省委常委、代市长吴天君调研CBD交通整治工作

省委常委、代市长吴天君在高铁新客站工程建设现场调研

省委常委、代市长吴天君调研龙湖工程

省委常委、代市长吴天君在阿卡迪亚社区调研

管 理 委 员 会

副市长、郑州新区管委会主任李公乐在郑东新区举办的招聘会上调研

副市长、郑州新区管委会主任李公乐在华丰钢铁公司调研

湿地公园

艺术中心夜景

昆丽河

郑东新区新貌

郑州高新技术产业

中共中央政治局常委、十一届全国人大常委会委员长、党组书记吴邦国在郑州高新区视察

省委书记、省人大常委会主任卢展工在格力产业园调研

省长郭庚茂在格力产业园调研

省长郭庚茂在保绿集团调研

代市长吴天君在高新区小樱桃动漫基地调研

开发区管理委员会

郑州高新区管委会与深圳华强集团
高新服务业基地项目签约仪式

中国银行河南省分行与高新区
签定战略合作协议

重点实验室揭牌仪式

IT产业园效果图

郑州经济技术开

省长郭庚茂陪同四川省党政考察团在中铁隧道装备制造有限公司生产车间视察

国家工业和信息化部部长苗圩在东风日产汽车公司郑州第二工厂调研

省委常委、代市长吴天君在河南龙工机械制造有限公司调研

副市长、郑州新区管委会主任李公乐在经开区调研

副市长马健在郑州煤矿机械集团股份有限公司调研科技创新工作

河南保税物流中心

发区管理委员会

河南龙工机械制造有限公司厂区

郑州经开区工作会议

中国龙工集团中原工程机械生产基地开工奠基仪式

郑州煤机有限公司高端产业园投产仪式

中铁隧道装备制造有限公司

中铁隧道装备制造有限公司厂区

河南郑州出口

省长郭庚茂在出口加工区调研

海关总署署长于广洲视察郑州出口加工区

省委常委、统战部部长史济春调研出口加工区台资企业

副省长张大卫在出口加工区调研企业员工生活

副省长赵建才视察郑州出口加工区富士康项目建设工地

加工区管理委员会

郑州出口加工区党委扎实开展党建活动

郑州出口加工区综合办公楼

郑州朝歌纺纱有限公司

出口加工区大型物流装卸设备作业

郑州硕达钻石有限公司

富士康员工公寓效果图

郑州市白沙园

省委书记、省人大常委会主任卢展工视察中牟产业集聚区

省长郭庚茂出席华强文化科技产业基地奠基仪式

省委常委、省纪委书记尹晋华出席河南省社会科学研究基地奠基仪式

省委常委、市委书记连维良出席白沙—绿博组团城市设计说明会

省委常委、市委书记连维良在白沙组团现场办公

省委常委、市委书记连维良视察中原文化艺术学院建设工作

区管理委员会

市委常委、郑州新区党工委书记赵瑞东视察郑州华强文化科技产业基地

优德大厦总部基地奠基仪式

郑开马拉松赛

万方科技学院科技文化艺术节

绿博园一角

河南财税高等专科学校一角

郑开大道

中牟产业园区行政执法暨优化环境动员大会

东风渠两岸绿化景观

淮河流域最大的污水处理厂——郑州王新庄污水处理厂

宜居生态住宅小区

保障性住房建设

城中村改造典范曼哈顿高层住宅群

（照片提供：市城科会）

多元化的生态居住区

郑州年鉴编纂委员会

郑州年鉴编辑部

主　　编	马斐颖
常务副主编	梁豫生
副 主 编	范鹏飞
编　　辑	贾建英　蒋晓娜　刘　恒
彩页编辑	吕根尚
装帧设计	白欢欢

本卷编校人员

范鹏飞	第三、十三、十六、十八、二十、二十一、三十篇
贾建英	第二、十七、十九、二十六、二十七、二十八、二十九篇
蒋晓娜	第一、四、五、六、七、八、九、十、十一、十二、三十篇
刘　恒	第十四、十五、二十二、二十三、二十四、二十五篇

郑州年鉴各县（市）区编辑组

巩义市

组　长　贺传伟（副市长）
副组长　郅笃威（市史志办主任）
组　员　魏小艳　刘伟娟

新密市

组　长　刘月楼（市委常委、市委办主任）
副组长　王西林（市委史志办主任）
组　员　朱中华

登封市

组　长　赵华敏（市委常委、常务副市长）
副组长　吕宏军（市史志办主任）
组　员　闫新松

新郑市

组　长　孙淑芳（市委常委、常务副市长）
副组长　李俊鹏（市政府办主任）
组　员　刘占军　左留根　王　昱

荥阳市

组　长　王和祥（副市长）
副组长　杨瑞敏（市政府办副主任、市史志办主任）
组　员　李建民　刘朝阳　袁　磊

中牟县

组　长　王洪波（副县长）
副组长　董国政（县政府办副主任）
组　员　雍　超　李旭旭　徐　园

金水区

组　长　许广佑（区委常委、常务副区长）
副组长　孔之见（区政府办副主任）
组　员　赵　阳

二七区

组　长　刘　利（副区长）
副组长　郭法章（区史志办主任）
组　员　胡　雷

管城回族区

组　长　罗国君（区委常委、常务副区长）
副组长　周遂枝（区史志办主任）
组　员　崔　涛　王　忠　何　蕾

中原区

组　长　杨　洋（副区长）
副组长　王冬梅（区政府办副主任、区史志办主任）
组　员　赵志平　尹园园　赵文煜

惠济区

组　长　万永生（区委常委、常务副区长）
副组长　刘建新
组　员　张路燕　徐玲玲

上街区

组　长　杨金军（区委常委、常务副区长）
副组长　周伟杰（区政府办主任）
组　员　朱昌伟　周昱宏

编辑说明

一、《郑州年鉴》是郑州市人民政府主办、郑州市地方史志办公室承办的地方综合年鉴。该鉴旨在按年度全面系统地记载郑州市经济社会发展的主要情况，为机关、企事业单位等组织及外来投资者和社会各界人士了解郑州、研究郑州、建设郑州提供丰富翔实的地情资料。本版年鉴是1985年创刊以来连续出版的第28部年鉴。

二、《郑州年鉴》采用条目体和分类编辑法，辑录内容按篇目、类目、条目三个层次排列。条目是全书的基本单位，以黑体字外加【 】排版显示。

三、为方便读者检索，《郑州年鉴》除在正文前设置目录外，还在附录后设置了主题词索引，索引标目按汉语拼音声母音序分类排列。

四、2012卷《郑州年鉴》共设三十篇，分别是：特载、大事记、特色郑州、市情概要、中国共产党、人民代表大会、人民政府、人民政协、民主党派与工商联、群众团体、人民武装、法制建设、非公有制经济、农业水利、工业经济、商贸流通、交通邮电、银行保险、旅游业、城乡建设与管理、经济监督与管理、科学技术、教育事业、文化事业、卫生体育、社会民生、开发区建设、县（市）区概况、荣誉榜、附录。全书除文字内容外，还收录了反映领导活动、部门工作、行业发展、城乡新貌、重要成绩等方面的彩色图片。

五、《郑州年鉴》所辑录的内容由市直各部、委、办、局，各县(市)、区及部分驻郑单位组织提供，资料真实可靠。有些统计数据由于统计方法、统计口径、资料来源及使用角度的不同可能不尽一致，在引用本书的有关数据时，应以附录中的“统计资料”为准。

六、《郑州年鉴》在组稿、编撰、印刷、发行过程中得到各有关部门和领导的大力支持，资料收集和初稿撰写人员付出了艰辛努力，在此一并谢忱。本卷《郑州年鉴》中的疏漏和错误之处，敬请专家和读者批评指正。

总　目

目 录

第一篇 特 载

第二篇 大事记

2011年郑州大事记

第三篇 特色郑州

郑州都市区建设

创建全国文明城市

辛卯年黄帝故里拜祖大典

网络行政

第四篇 市情概要

自然环境

行政区划

人口状况

发展综述

组织机构

第五篇 中国共产党

市委全局工作

纪检监察工作

组织工作

宣传工作

统战工作

编制管理

老干部工作

党史工作

党校工作

第六篇 人民代表大会

人大全会

人大常委会会议

人大常委会主任会议

工作及活动

第七篇 人民政府

市政府全局工作

人力资源和社会保障工作

外事侨务工作

对台工作

信访工作

机关事务工作

投资促进工作

第八篇 人民政协

政协全会

政协常委会议

工作及活动

第九篇 民主党派与工商联

综 述

民革郑州市委员会

民盟郑州市委员会

民建郑州市委员会

民进郑州市委员会

农工党郑州市委员会

九三学社郑州市委员会

工商联

第十篇 群众团体

工会工作

共青团工作

妇联工作

第十一篇 人民武装

郑州警备区

武警郑州市支队

人民防空

第十二篇 法制建设

政法工作

公安工作

检察工作

法院工作

司法行政工作

仲裁工作

政法大事及典型案例

第十三篇 非公有制经济

综 述

非公经济管理

非公经济发展

第十四篇 农业、水利

农业综述

扶贫开发

种植业

水产业

畜牧业

林 业

农业机械化

水利建设

黄河治理

第十五篇 工业经济

工业综述

电力工业

食品工业

煤炭工业

烟草工业

第十六篇 商贸流通

商业贸易

供销合作

粮油购销

第十七篇 交通、邮电

铁 路

郑州铁路局

郑州铁路办事处

郑州车站

郑州东站

郑州北站

郑州客运段

公路

综述

交通基础设施建设

公路养护

道路运输

城市公共交通

行业管理

民航

新郑国际机场

南航河南分公司

工商银行

农业银行

建设银行

中国银行

郑州银行

中国人寿财产保险

太平洋人寿保险

泰康人寿保险

第十九篇 旅游业

旅游管理

旅游活动

第二十篇 城乡建设与管理

建设行业管理

城建综述

建筑业管理

建筑节能

勘察设计业管理

城乡规划与管理

城乡规划设计

城乡规划管理

市政建设与管理

综　述

市政设施养护

市容环境卫生

数字化城市管理

城市供水

城市燃气

集中供热

污水处理

城市环境雕塑建设

火车站地区管理

园林绿化建设与管理

住房保障和房地产管理

国土资源管理

城乡环境保护

第二十一篇 经济监督与管理

发展计划管理

财政管理

国税管理

地税管理

工商行政管理

审计监督

物价管理

质量技术监督管理

安全生产监督管理

国有资产监督管理

食品药品监督管理

统计工作

海关工作

第二十二篇 科学技术

科技综述

科技活动

气象服务

地震预防

社会科学

第二十三篇 教育事业

综 述

义务教育

普通高中教育

职业教育

高等教育

成人教育和社区教育

民办教育

办学条件

教师队伍

教育管理

第二十四篇 文化事业

社会文化

文物管理

新闻出版

广播电视

市属媒体

文学艺术

档案工作

地方史志工作

图书发行

第二十五篇 卫生、体育

卫 生

体 育

第二十六篇 社会民生

城乡居民生活

爱国卫生工作

人口和计划生育

民族与宗教

民政工作

慈善事业

红十字事业

残疾人事业

第二十七篇 开发区建设

郑州新区

郑州新郑综合保税区（郑州航空港区）

郑东新区

郑州高新技术产业开发区

郑州经济技术开发区

河南郑州出口加工区

郑州国际物流园区

郑州市白沙园区

第二十八篇 县（市）区概况

巩义市

新密市

登封市

新郑市

荥阳市

中牟县

金水区

二七区

管城回族区

中原区

惠济区

上街区

第二十九篇 荣誉榜

2011年全国“五一劳动奖章”获得者

2011年全国“五一劳动奖状”获得单位

2011年全国“工人先锋号”获得集体

2011年河南省“五一劳动奖章”获得者名单

2011年河南省“五一劳动奖状”获得单位名单

2011年河南省“工人先锋号”获得集体名单

第三十篇 附录

法　规

专　文

统计资料

重要文件目录

持续求进 积极作为 努力在中原经济区建设中挑大梁走前头

——在市委经济工作会议上的讲话

市委书记 连维良

（2011年12月28日）

同志们：

这次会议的主要任务是，学习贯彻中央经济工作会议和省委经济工作会议精神，深入分析经济形势，安排部署明年经济工作，动员全市上下全面加快郑州都市区建设，以优异成绩迎接党的十八大胜利召开。下面，根据市委常委会研究的意见，我讲五个方面的问题。

一、2011年发展成效来之不易，应当倍加珍惜

今年的发展成效主要表现在以下几个方面：

（一）主要经济指标实现新突破

预计全年生产总值达到4900亿元以上，增长13%左右。全口径地方财政收入达到1300亿元，增长32.7%；地方财政总收入达到820亿元，增长27.5%；地方财政一般预算收入突破500亿元大关，增长30%左右。规模以上工业增加值达到2340亿元，增长21.5%。全社会固定资产投资达到3000亿元，增长25%左右；全市外贸进出口总值完成150亿美元，同比增长230%，其中出口95亿美元，同比增长187%；全市实际利用外资25.5亿美元，同比增长34.2%；引进市外境内资金920亿元，增长27.6%。城镇居民人均可支配收入达到21500元，增长14%；农民人均纯收入达到10500元，增长13.8%，均实现历史性突破。

（二）重点项目建设实现新突破

全年在建投资额10亿元以上项目115个，50亿元以上项目23个，100亿元以上项目14个。谋划“四进”项目679个。一些大项目的相继开工、建成或投产对郑州产业升级具有里程碑意义。

工业方面，富士康科技园完成基建投资47亿元，设备投资66亿元，产值突破270亿元，前11个月进出口总额达到76亿美元，已确定7个重点合作项目和28家配套厂商合作项目；格力电器产业园已累计完成投资31亿元，入驻企业18家，已有15家企业具备量产条件，11月18日首台空调成功下线。东风日产郑州60万台发动机工厂奠基、20万辆产能扩建完成暨第10万辆整车下线。郑州宇通新能源客车生产基地、河南龙工工业园、河南明泰铝业年产15万吨铝深加工项目、华润电力登封有限公司2×60万千瓦发电机组、新密电厂二期2×100万千瓦发电机组等一批投资50亿元以上项目开工

建设。

服务业方面，新加坡国际物流产业园首批9个项目入驻，总投资81亿元。郑州华强文化科技产业基地项目加快建设。中原万达广场隆重开业，进一步提升了郑州商业档次。

农业方面，开工建设22座小Ⅰ型水库除险加固项目；中小河流治理、引黄提灌龙湖调蓄工程等项目顺利推进；完成合村并城、新型农村社区建设项目131个；新建农村公路578公里，新增造林18.2万亩，解决了农村43.9万人安全饮水问题，扶贫搬迁1.67万人。

基础设施方面，航空综合交通枢纽建设加快推进，郑州新郑国际机场二期扩建获得国家正式批复，总投资136亿元，将于年底前开工建设。以郑州东站为核心的综合交通枢纽工程加快建设，郑州至开封、郑州至机场、郑州至焦作轨道交通建设相继开工。京沙快速通道整体工程已接近完工。地铁1号线一期全线洞通。

（三）民生实事实现新突破

“倍增”和“生态”两个民生关键词付诸实践。“畅通郑州”工程持续推进，三环快速化工程正式动工，新增16座绕城高速互通式立交已开工7座，新购公交车辆948台。郑州绕城高速免费通行，高峰时绕行车辆每天达到19560辆。优质教育资源倍增工程、优质医疗资源倍增工程、“菜篮子”工程持续推进，新增优质学位2.09万个，市属医疗机构新增床位2070个，新增设施蔬菜生产面积9000多亩，开发建设新菜田3.64万亩。就业再就业工程、保障性住房建设积极推进，新增城镇就业13.6万人，农村劳动力转移就业12.1万人，开工建设保障性住房5.57万套。全市已发放小额担保贷款15亿元。生态建设卓有成效，人民广场建成开园。二七广场公共绿地建设有序推进。郑州滨黄河森林公园示范园、郑州森林健康步道示范工程、郑州黄河国家湿地公园示范园、郑州苗木花卉博览园示范工程等生态示范工程开工建设。东风渠上游、潮河上游、贾鲁河等河道治理工程相继展开，“水通、水清、水美”的生态水系初步形成。

（四）城市形象提升实现新突破

经过全市上下艰苦卓绝的努力，我市入选全国文明城市。2011年，我市还被授予国家首批电子商务示范城市、国家级两化融合试验区、国家农产品流通综合试点城市、国家标准化菜市场建设试点城市、入选全国首批创建国家公共文化服务体系示范区申报城市，被第四届中国EMBA年度观点大会授予“中国2010年EMBA最具投资价值城市”，连续第三次荣获“全国‘五五’普法先进城市”称号，连续第五次荣获“全国科技进步先进市”称号。文化建设硕果累累，《水月洛神》获得舞蹈界最高奖“荷花奖”金奖第一名，并获得5个单项奖；《斗笠县令》获得中国戏剧节最高奖项；新郑望京楼夏商城址获全国十大考古新发现；黄帝故里拜祖大典被誉为“中国最具影响力公祭（拜祖）大典”。公民道德建设再上新台阶，成为国内捐献造血干细胞100例的首个省会城市，彰显大爱无疆；送水哥李老发，三年来坚持免费为农民工送水近2万桶；我市涌现出了一个又一个感人至深的先进模范典型，共有21名个人、2个集体入选“中国好人榜”，彰显了“三平精神”和河南人“八种形象”。

（五）改革创新实现新突破

郑州新郑综合保税区成为我国中部地区第一个封关运行的综合保税区，标志着我市对外开放水平迈上新台阶，标志着郑州真正成为名副其实的内陆开放城市。破解土地瓶颈取得重大进展，中心城区新增建设用地9平方公里。销售收入超100亿元企业集团达到9家，上市企业达到35家，河南中烟、郑煤集团、豫联集团、宇通集团等4家企业进入2011年中国企业500强。探索推进新农合“管办分离”模式取得良好效果，中央领导同志给予充分肯定。加强和创新社会管理工作成效显著，新郑市创新社会管理的试点经验得到中央政法委主要领导同志的高度评价。网络行政受到全国关注，《人民日报》、新华社等多家中央媒体给予了重点报道。体制机制建设取得新成效，以“十定”规范政府部门职责和职能，有效推进政府职能管理的细化、量化和标准化，得到中央编办和省编办的充分肯定。研究制定了“四位一体”绩效考核办法和干部优先选用条件办法，坚持正确的用人导向。建立日例会、首席服务官、评优评差等工作推进机制，在推动工作落实中发挥了积极作用。

（六）发展谋划实现新突破

市第十次党代会审议通过了《中原经济区郑州都市区建设纲要》，明确了“两核六城十组团”的发展格局。《郑州都市区空间发展战略规划》中期成果通过专家评审；郑州都市区环城苗木花卉产业发展规划、郑州都市区森林公园体系总体规划、郑州汽车城总体规划、郑州产业集聚区发展规划纲要等产业发展规划编制完成并通过专家评审，一大批具有带动性的基础设施项目陆续启动，郑州都市区建设进入实质性推进阶段。

过去一年取得的成绩，是省委、省政府正确领导的结果，是中央、省属驻郑单位和社会各界大力支持的结果，是全市上下共同努力的结果，是许多单位、许多同志超常付出、超负荷工作换来的，我们由衷地向大家表示感谢！

二、新一年发展形势十分严峻，应当保持高度的清醒忧患

我们要对当前经济社会发展中的问题和风险保持清醒的认识。

（一）世界经济形势异常严峻

其表现：一是增长动力明显减弱。全球经济处于螺旋式下降通道，三季度，美国、欧元区经济分别预计增长2%和0.2%，均低于去年同期2.5%和0.4%的增速，巴西、印度等新兴经济体增速也低于去年同期水平。主要发达经济体失业率居高不下，美国、欧元区的失业率分别为8.6%和10.3%，对消费和投资增长形成制约。据联合国预测，今明两年世界经济分别增长2.8%和2.6%，比2010年低1.2和1.4个百分点。世界经济正常增幅一般在4%左右，下滑超过1个百分点是非常严重的。二是欧洲主权债务危机日趋恶化。集中表现为“两个扩散”：从欧元区边缘国家向核心国家扩散，从公共财政领域向银行扩散，金融危机转化为财政危机。三是全球大宗商品和金融市场震荡加剧。国际市场大部分商品价格在波动中整体走高。1-11月份，小麦、玉米、大豆期货价格同比分别上涨29%、66.4%和30.6%。今年以来，全球股市持续低迷，资金撤出股市、商品市场，进入贵金属市场等寻求避险。四是贸易和投资保护主义进一步抬头。在传统保护主义手段被滥用的同时，技术、环境、劳工、安全等新的手段层出不穷。我国是出口大国，也是贸易和投资保护主义的最大受害国。

（二）国内经济运行存在下行压力

一是出口和消费增长趋缓。出口增速由3月份的35.8%回落到11月份的13.8%，12月上旬仅增长7.1%。自希腊金融危机爆发以来，我国对欧盟的出口增速从2010年1月的46%大幅下降到2011年11月的27.7%，对美国的出口增速也从2010年1月的56.6%下降到2011年11月的25.1%。明年出口企业可能面临订单不足、成本升高、摩擦增多等困难。带动力强的汽车、住房消费低速增长。2010年，全国限额以上企业商品零售中汽车零售额的增幅为42.7%，而今年1-11月份仅为15.2%。前11个月汽车产量增速回落至年内新低2%，销量增速也首次回落到3%以下。今年1-11月，全国房地产开发投资同比增长29.9%，商品房销售面积同比增长8.5%，住宅销售面积同比增长7.5%，销售额同比增长16.0%，均比去年同期有大幅回落。新的消费热点短期内难以形成，居民收入保持较快增长的难度加大，明年消费增速趋缓态势明显。二是物价上涨压力较大。劳动力、土地、能源等要素价格上涨呈长期化趋势，成本推动价格上涨的压力持续存在，农产品供求的结构性矛盾突出，物价面临持续上涨压力。三是节能减排形势严峻。前三季度，全国单位国内生产总值能耗同比仅下降1.6%，明显低于3.5%的全年目标。污染物减排形势不容乐观，氨氮排放量仅下降0.9%，氮氧化物排放量不降反升7.2%，环境污染事故呈多发态势。四是一些领域风险逐步显现。受成本上升、需求下降、融资困难等因素影响，部分行业产能过剩问题突出，一批小微企业经营困难加大。前三季度，全国规模以上工业亏损企业同比增长51.7%。一些建设项目因资金紧张处于停工半停工状态，有的在建项目存在资金链断裂的潜在风险。我市产业多处于产业链的上游，经济下行的压力是从下游向上游传递，具有一定的滞后性，目前反映在我们的经济指标上还不明显，但从11月、12月份的统计报表看，一些工业企业已经出现了负增长。我们一定要对全国经济下

行给我市产业发展带来的潜在影响有充分的思想准备和预案准备。

（三）生产要素制约加剧

一是土地制约加剧。建设用地规模指标紧缺，占补平衡困难，土地报批周期较长。2011年全市建设用地缺口达13万亩，预计明年土地缺口将进一步扩大。经过多年快速发展，我市土地后备资源基本枯竭，可用于盘活的存量土地十分有限。同时，我市已经没有占补平衡指标，所有的占补平衡指标都要向外部购买，而购买外部占补平衡指标的成本在大幅度提高，难度在不断加大。二是资金制约加剧。融资工作遇到了前所未有的困难。2009年市属融资平台公司融资160亿元左右，2010年下降至50亿元，2011年1-11月仅融资5亿元。2011年前11个月，全市信贷融资增幅仅6.8%，居全省第15位，新增贷款仅完成全年目标的65.7%。三是环境制约加剧。“十二五”时期，国家对环境保护和污染减排的要求越来越严，在化学需氧量和二氧化硫两项主要污染物的基础上，增加氨氮和氮氧化物两项主要污染物，对机动车实行尾气氮氧化物排放控制。新增的两项减排指标需大量资金和政策支持，减排难度增大。尤其是以PM2.5监测试行为标志，环保标准和要求达到了一个新高度，我们将从“不能为经济增长牺牲环保”进入“为环保必须牺牲经济增长”的阶段。四是电力供应紧张。受煤电价格倒挂、市区变电站落地难、煤炭企业兼并重组和关停等因素影响，国家将出台能源消费总量控制实施方案，实行强度和总量双控制，加大差别电价、惩罚性电价实施力度，开展节能量交易试点，这将使我们的电力供应更加紧张。这将是一个巨大的历史性转变，是发展方式最具实质意义的转变。

（四）周边城市竞争加剧

周边省会城市都在加快转型、竞相发展，围绕市场、资金、资源、人才的竞争日趋激烈。前11个月，全市固定资产投资完成2553.4亿元，同比增长25%，增速在中部六省省会城市中排第3位，社会消费品零售总额增速排第4位，全市一般预算收入增速排第6位。我们与周边区域城市在发展速度上存在明显差距。

（五）自身存在问题较多

一是服务业发展慢。预计全年第三产业实现增加值1880亿元，增长7.6%，低于GDP增速5.4个百分点。前11个月，社会消费品零售总额同比增长18.4%，与去年同期以及周边城市相比增长较慢。我市作为省会城市，又是交通枢纽，具有发展服务业的良好基础。在强调发展工业经济、实体经济的同时，必须把服务业作为我市今后一个时期的发展重点。二是自主创新能力弱。去年全社会研发经费支出仅占GDP的1.5%左右，低于全国1.75%的平均水平；缺少自主研发的核心技术和有影响力的品牌；科技领军人才不足；前11个月，全市专利授权量为5800件，低于西安（8037件）、武汉（10165件）、济南（9593件）、长沙（6209件），仅为广州的37%、宁波的25%、苏州的17%、深圳的16%。三是农业底子薄。受农业投入不足、耕地和水资源制约、环境污染、基础设施和装备落后、生产方式落后、农村改革发展滞后、科技创新能力低、劳动者素质低、防灾抗灾能力弱等因素制约，农业现代化水平还比较低。特别是应对风险的能力还比较弱，今年先后出现芹菜滞销、萝卜滞销现象。四是公共服务保障能力差。长期以来城市建设和管理投入不足，17%的市管道路存在毁损，1/5的城市供水管网老化严重，供热普及率仅为23%，污水处理厂及雨污水管网建设滞后，每天有25万吨污水未经处理直接排放。五是党政机关服务意识、服务效率、服务质量仍有待改善。突出表现在主动服务的意识不强，具体说就是主动上门、主动沟通、主动反馈的意识不强，主动发现问题、主动解决问题的意识不强，主动纠正过错、主动改进工作的意识不强。明年提升服务水平的关键词是“主动”，希望市直各单位、各县（市）区对此高度重视，采取有针对性措施加快解决工作中“不主动”的问题。

三、善于从严峻形势中发现机遇，形势严峻更需用好机遇

发现机遇和抢抓机遇是各级领导干部的基本功。越是形势严峻越有机遇。敏锐地发现机遇，及时地抓住机遇，科学地用好机遇，是摆在每一个领导者，特别是从事经济一线工作同志面前的紧迫任务。

（一）要善于发现和用好国家宏观调控的政策机遇

中央敏锐把握明年经济形势的严峻性，未雨绸缪，出台了很多政策措施。每一个政策措施都是含金量很高的机遇。但这些措施的受益面是有限的，不是普惠制，谁敏锐、谁主动，谁才能抓住机遇。

（1）争取中央财政资金的机遇。2012年，中央将继续实施积极的财政政策，加大对“三农”、保障性住房、社会事业和社会管理等领域的投入。明年中央预算内将投资4026亿元，比今年增加200亿元；发行地方政府债券2500亿元，比今年增加500亿元。我们要多方争取中央及省预算资金和各种补助资金。

（2）争取银行贷款的机遇。今年全国信贷投放量有可能达到7.5万亿元，明年的盘子应该不低于8万亿元。一季度是银行放贷比较宽松的时期，我们要提前着手，千方百计争取信贷资金。

（3）扩大消费需求的机遇。中央提出“稳中求进”，最可靠的途径就是扩大内需，特别是消费需求。为培育消费热点，我国将完善鼓励节能、节水、环保产品的消费政策及首套自住普通商品住房贷款优惠政策，促进文化、旅游、健身、家政和养老等服务消费。我市有866万人口，扩大内需的潜力很大。在扩大消费方面，减税措施明年会发挥比较好的效果。比如，个人所得税减除费用标准提高到3500元/月，我市将有25万纳税人不再交纳个人所得税；随着个体户增值税、营业税起征点提高，个体工商户个人所得税附征率下调，中小企业和居民税负减轻，将进一步增强居民的购买力。

（4）加快农业发展的机遇。2012年，中央将再解决6000万农村人口的饮水安全问题，新建、改建农村公路20万公里。进一步提高小麦和稻谷最低收购价。新的国家扶贫标准调整到农民人均纯收入2300元，全国扶贫对象增加到1.28亿人，全省扶贫对象增加到1150万人，全市对应的扶贫对象由9.7万人增加到40.3万人，财政专项扶贫资金增幅将达到20%以上。

（5）加快中小企业发展的机遇。国务院常务会议决定提高小型企业的增值税营业税起征点；将减半征收企业所得税延长至2015年底并扩大范围；适当提高对小型企业贷款不良率的容忍度等一系列措施。中国银行、建设银行、农业银行等陆续作出承诺，保证小企业贷款增速要高于贷款平均增速，并公布了具体的操作方法。11月18日，财政部、国家发改委又联合发文，宣布自2012年起至2014年底，对小微企业免征22项行政收费项目，这为广大中小企业发展创造了难得的机遇。

（6）开展各种试点带来的机遇。国务院《指导意见》赋予我们许多先行先试权。如，农村金融改革试验区，开展农村金融综合改革创新试点；开展保险资金投资基础设施试点；服务业综合改革试点，启动郑州国家电子商务示范城市建设；新型农村社区建设试点；“千村整治”试点，城乡建设用地增减挂钩试点；适时试点开放低空空域政策；物流企业营业税差额纳税试点；环境容量研究及应用试点，优化环境容量资源配置；建设排污权、碳排放交易中心，探索建立排污权有偿使用和排污权、碳排放交易机制；建设循环经济重点工程和示范城市、园区、企业；落实农村义务教育阶段家庭困难寄宿生生活费补助政策，扩大边远艰苦地区学校农村教师周转宿舍建设试点范围；利用住房公积金贷款支持保障性住房建设试点；扩大互助资金、连片开发、彩票公益金扶贫、科技扶贫等试点；加快农村土地管理制度改革试点，建立城乡统一的土地市场；探索开展城乡之间、地区之间人地挂钩政策试点；稳步推进电价改革，开展大用户直供电试点；支持地方性银行、保险等金融机构发展，规范股权投资企业发展、完善备案管理工作试点，等等。

（7）加快教育事业发展的机遇。按照财政性教育经费支出占国内生产总值比例达到4%的要求，2012年省本级教育支出将达到89.3亿元，比今年增加21.3亿元，占公共财政支出比例达到17%，同比增长31.3%；市财政教育支出需新增29亿元，达到95亿元，占公共财政支出的19%，同比增长43.9%，增幅是历史少有的。

（8）加快文化发展的机遇。党的十七届六中全会确定了建设文化强国的战略机遇，制定出台了一系列支持文化建设的重要政策。特别提出要大力实施文化惠民工程，支持市级图书馆、群艺馆、博物馆和县级体育场建设。郑州市作为河南省唯一代表城市，获国家文化部批准于今年开始创建全国公共文化服务体系示范区。2012年，我市将进一步加强全市文化基础设施建设，打造城区“十五分钟文化圈”和农村“十里文化圈”。到2012年底，实现县（市）区有国家三级以上的图书馆、文化馆（其中80%达到国家二级以上），乡镇（街道）有达标的综合文化站，社区（行政村）有达标的社区文化活动中心（文化大院），20户以下自然村户户通广播电视等目标。

（9）改善民生的机遇。中央经济工作会议提出：“牢牢把握保障和改善民生这一根本目的，加大财政投入力度，切实办好涉及民生的大事要事，注重提高发展的包容性。”2011年，中央财政预算安排用于保障改善民生的支出约占中央财政支出的2/3，2012年将进一步加大投资力度。省委经济工作会议提出：2012年，我省将安排“十项重点民生工程”资金1000亿元（其中财政投入900亿元）；新增转移就业农村劳动力100万人；建立健全最低工资标准、职工工资、退休人员基本养老金、城乡低保标准的正常调整机制；基本实现新农保和城镇居民社会养老保险制度全覆盖，继续增加企业退休人员基本养老金，平均增长10%以上；全年新开工各类保障性住房40万套。

（二）要善于发现和用好市场机遇

（1）人民币升值的机遇。随着我国国民经济综合实力的显著增长，人民币已经进入到一个持续升值的阶段。人民币升值，受益来自三个方面：第一，进口成本下降，需要进口设备、原材料的行业如纸业、铜和钢铁业等将从中受益；第二，外汇汇兑收益，持有外债的企业将减少实际偿还额而受益；第三，人民币资产升值，持有人民币资产经营的企业财富效应明显，如房地产业、银行业，这些企业还将受到外资的追捧。当然，人民币升值，一些出口行业将会受到较大影响，如纺织、服装、汽车、机械、家电等。

（2）承接产业转移的机遇。近年来，沿海地区受到了外需下滑和土地、劳动力、能源等生产要素成本持续上升的双重挤压，向中西部地区产业转移步伐加快。11月下旬，《中国经济时报》记者走访了外向型企业比较集中的几个沿海省市，各地企业普遍反映用工难成为困扰企业发展的最主要原因之一。其中，用工成本上升快、招工难、员工流动性大是三个反映最集中的问题。据调查，深圳市70%以上的中小企业反映“招工难”，东莞市48.93%的中小企业劳动力缺口在10%以上。而随着中西部地区城市基础设施不断完善，承接产业转移的吸引力正在逐渐增强。

（3）郑州优势产业开拓市场的机遇。郑州的优势产业中，生物产业已成为国家授牌的24个行业性国家高技术（生物）产业基地之一；郑州冷冻食品占全国市场份额40%以上；郑州女裤产业市场份额达到全国一半以上；宇通集团是亚洲最大的客车制造企业；郑纺机主导产品占全国产销量的70%；郑煤机液压支架连续多年居国内第一；荥阳、上街的工业阀门占全国市场的40%以上。这些优势产业都要善于捕捉市场机遇，积极开拓市场。为了保障校车行驶的安全性，国家拟定将在未来三年内完全淘汰非专用校车。我国有中小学生2.3亿多人，预计未来或将形成200万辆专业校车的市场空间，有可能撑起“千亿”市场大蛋糕。我市是国内客车生产主要城市，相关企业可以把生产校车作为今后企业的发展方向之一。

（4）国家开展PM2.5监测带来的机遇。中央决定，明年起直辖市及省会城市将开展PM2.5和臭氧监测，给相关汽车产业、空气净化及监测行业带来商机。一是环保产业。治理PM2.5或将形成一个新兴产业，敏感的化工企业可以抓住商机，从控制、减排到吸附的全过程，形成一个新的产业链，脱硝、脱硫和除尘等环保治理和设备制造行业都有巨大商机。二是汽车产业。PM2.5的元凶是汽车尾气，在其他替代能源尚未成熟的情况下，汽车产业唯一的出路就是增加混合动力和电动汽车的比例，将促使国内民营车厂积极研发先进的环保技术，不断提高国际竞争力。三是房地产业。公布城市监测数据更有利于郊区楼盘的销售。

（5）房地产业发展面临的机遇。目前，房地产市场逐渐降温，土地及房地产交易量日益下降，随之而来的是地价和房地产原材料价格的下降，如22毫米螺纹钢的价格已从1月份的

4670元/吨下降到12月份的4250元/吨，6.5毫米线材的价格已经从1月份的4650元/吨下降到12月份的4450元/吨，5毫米浮法平板玻璃的价格已经从21.5元/平方米下降到16元/平方米。在成本较低时买地建房，待价格回升时再投放市场，正是投资房地产业的好时机。此时对政府背景的房地产企业和保障房建设也是一个重大发展机遇。同时，随着郑州都市区“六城十组团”建设步伐加快，县域房地产市场也将加快发展，未来将有更多的旅游地产、商业地产、养老地产、工业地产等复合性项目落户于县区。

（6）加快新能源产业发展的机遇。新能源产业是国家重点扶持的七大战略性新兴产业之一，我国即将出台《新能源产业发展规划》，力争到2020年非化石能源占一次能源消费总量的比重达到15%左右，规划所涉及的累计直接增加投资额为5万亿元，将直接拉动相关行业的快速发展。太阳能发电成本明显降低，其中光伏发电的成本比三年前降低了50%，发电价格在不考虑土地成本的情况下已降到了每千瓦时1元以下，其中光伏发电价格已降到0.73元。

（7）加快旅游业发展的机遇。由国家旅游局牵头拟定的《国民旅游休闲纲要》预计明年年初出台，相关配套产业政策也将陆续出台。郑州旅游资源丰富独特，人均GDP已超4000美元，休闲产业的市场潜力巨大。在政策指引下，明年我市旅游及相关产业将迎来新的发展机遇。

（8）谋划建设航空大都市/航空经济示范区的机遇。当前，我市正处在工业化、信息化、城镇化、市场化、国际化深入发展阶段，发展民航的市场潜力十分巨大。省委、省政府正在加紧谋划建设郑州航空大都市和国家首个航空经济示范区，着眼于整合区域资源，争取国家相关部门在人流、物流、资金流、信息流自由流动方面给予重大支持，形成覆盖内陆市场的网络体系，打造中国内陆最大的复合型枢纽，参与全国供应链和产业分工。未来几年，我市将以2-3亿部智能手机生产和配送为基础，着力引进台湾、韩国华南地区3G产品整机和零组件生产企业，建立亚太地区最大的电子电器生产基地和零配件展示交易中心，同时，整合与航空关联度高的生物、医药、冷链、网上购物及配送、奢侈品销售等产业链，将为做强做大相关产业创造重大的机遇。

（9）综合保税区封关运营带来的机遇。初步预计，2012年综合保税区出口总额将超过240亿美元。综合保税区封关运营后，将形成以综保区为龙头，出口加工区、保税物流中心为两翼，全省外贸出口企业为支撑的外贸出口大框架，进一步完善对外贸易体系。综合保税区所具备的离岸结算功能，将极大地方便企业开展全球贸易结算，为大型跨国企业在郑建设国际结算中心提供可能。综合保税区作为货物的出口地和离境地，大批货物将在郑州分拨流转，带动相关配套产业的快速发展，尤其是物流业的全面提升。

（10）富士康项目建设带来的市场机遇。按照生产计划，到2012年底，富士康将形成年产手机2亿部的产能，入住员工28万人。富士康项目的入驻，将带动我市相关产业加快发展。一是带动服务业快速发展。富士康在郑员工平均工资超过2000元，按50万人的规模，仅每月工资发放就会形成10亿元的现金流，如果一半用于港区本地的消费，每月将有5亿元的消费额，按13%的税率计算，每年可以为港区服务业增加7.8亿元的消费税收收入。按1：0.7的服务从业人员计算，新增就业岗位将达到35万个。二是推动航空物流业大幅增长。到2012年，富士康仅手机一项就可以形成5.1万吨的货运量。加之富士康原材料80%-90%从国外进口，一年可带动郑州机场约10万吨的进出口总量。仅富士康手机进出口就可使郑州机场物流吞吐量从目前全国排名第21位上升至第11位。三是带动上下游企业入驻。与富士康生产手机配套的玻璃面板、接线板、手机外壳、机芯等主要零部件需求巨大。按照富士康集团24小时内供货要求，大量上下游相关企业必须在航空港区周边建设厂房。目前，直接与富士康签约的供应链厂商已有53家明确表示要到综保区落户，超过100家上下游企业正在洽谈，其中不乏世界500强企业和国内500强企业。这将为我市加快产业结构调整、完善产业链、加快相关企业发展带来市场机遇。

（三）要善于发现和用好中原经济区建设的机遇

今年9月28日，国务院出

台的《国务院关于支持河南省加快建设中原经济区的指导意见》（以下简称《指导意见》）明确：

“三农”方面，要支持郑州商品交易所增加期货品种，建成全国农产品期货交易中心、价格中心和信息中心。

工业方面，要建设“六个基地”。直接针对郑州市的有：建设郑州汽车制造基地，推进整车及零部件产业发展；建设郑州电子信息产业基地，支持新型显示、信息家电、新一代信息通信产品等发展；建设郑州生物产业基地。针对全省的有：建设现代装备制造基地；建设具有国际竞争力的精品原材料基地；培育一批战略性新兴产业示范基地。

城镇化建设方面，要深入实施城乡建设三年大提升行动计划，全面推进城市新区、中心城区和县域城镇城市、垃圾污水处理、供热、供电、供气、生态等基础设施建设；要全面完成省辖市集中连片棚户区改造，城中村改造60%以上；要加快中心城市组团式发展，分批开展城市组团认定，实施26个组团与中心城市之间快速通道建设；要积极稳妥开展新型农村社区建设，重点推进城中村和城市近郊村、城市新区、产业集聚区新型农村社区建设。全年开工600个左右，建成500个左右，完成投资1000亿元以上。《指导意见》提出，要支持市辖区规划建设一批特色商务区，积极发展商贸流通、特色农产品批发交易、文化旅游街区等服务业，培育城区经济发展的新引擎。支持大型房地产企业在城市新区、城市组团和城市中心商务区（街）开发商业地产和城市综合体，这为我市发展城区经济提供了新的载体。

交通建设方面，要加快打造全国重要的现代综合交通枢纽和物流中心。要进一步加快航空建设，突出抓好郑州国内大型航空枢纽建设，开工建设郑州机场二期工程，促进航空大都市建设；国家民航总局把郑州新郑国际机场确定为“十二五”期间唯一的综合交通枢纽建设试点。要进一步加快铁路建设，明年争取完成郑开、郑焦城际铁路线下工程，掀起郑州至机场城际铁路施工高潮。要进一步加快公路建设，全年新增高速公路830公里，实现所有县（市）20分钟上高速。

科技创新和信息化建设方面，要推动郑州成为具有重要影响力的产业创新中心，构筑区域性自主创新体系。强调要提升郑州信息集散中心和通信网络交换枢纽地位。

产业集聚区建设方面，要重点建设“两区一基地”：支持设立承接产业转移示范区，支持符合条件的省级开发区升级为国家级开发区，建设一批国家新型工业化产业示范基地。

省委、省政府从2012年起将鼓励城市区规划建设新的城市组团和特色商务区、特色商业街发展，并将采取一定的组织管理形式加以推进。这是省委、省政府支持城区经济发展的一项新举措。我们一定要抢抓这个新机遇，提前研究、率先行动、赢取先机。

我们要充分利用国务院《指导意见》赋予的先行先试权，积极探索建立工农城乡利益协调机制、土地节约集约利用机制、农村人口有序转移机制，在投融资体制、流动人口管理机制、行政管理体制、资源型产品价格改革等方面大胆创新，制定具体改革方案加以推进。

2012年，善识机遇者，识全局；善抓机遇者，赢全局。

四、逆势求进，逆势提速，突出大项目、大投资，实现大发展

综合以上形势分析，结合中央经济工作会议和省委经济工作会议精神，2012年我市经济工作总的要求是：抢抓机遇，持续求进，突出提升，务实发展，创新惠民，积极作为。

主要预期目标是：生产总值增长13%左右；地方财政一般预算收入增长15%以上；全社会固定资产投资增长25%；进出口总额增长30%以上；实际利用外商直接投资增长16%；城镇居民人均可支配收入实际增长10%左右；农民人均纯收入实际增长10%左右；居民消费价格涨幅4%左右；节能减排完成省定任务。

明年经济工作要突出一个中心词，就是“中原经济区郑州都市区建设”，这是我们奋斗的目标、努力的方向，也是我们必须向历史和人民交好的一份最重要的答卷。

明年经济工作要突出一个关键词，就是“投资”，展开一点讲就是“项目、投资”，再展开一点讲就是“组团、项

目、投资”，即“围绕组团上项目、围绕项目增投资、依靠投资促发展”。

明年经济工作要做好三篇文章，一是做好新型城镇化引领的文章，在合村并城、新型农村社区建设上实现重大突破；二是做好房地产发展的文章，在调控中引导健康发展上实现重大突破；三是做好都市区组团建设的文章，在城市扩张与优化、土地争取与增值升效、规划布局与提升上实现重大突破。

围绕以上工作要求和发展预期目标，明年重点要抓好以下九个方面的工作：

（一）牢牢抓住项目投资这个总牵引、总抓手、总动力，确保固定资产投资大幅度增长

就郑州而言，2012年经济增长主要靠投资。要抓好以下增加投资的关键：一是重点项目。从今年的数据看，省、市重点项目投资占全社会固定资产投资的60%以上，是拉动投资的主要力量。二是“六城十组团”和产业集聚区建设。新组团和产业集聚区内的基础设施和合村并城必须成为投资的热点。三是以合村并城和新型农村社区建设为重点的新型城镇化建设。四是房地产项目。加快保障性住房和限价房建设。五是重大基础设施建设项目。基础设施建设既能够形成有效投资，又有利于带动土地升值。六是民生改善项目。抓住当前建设成本较低的机遇，让早晚必须实施的民生工程早启动、早建设，一方面是低成本改善民生的需要，另一方面也是拉动消费的需要。围绕以上投资，我们要高智商抢抓机遇、高起点谋划项目、高效率推进项目、高水平运作资金、高增速拉升投资，高效益科学发展。

（1）抓住时机加快推进项目“四进”。坚持每周有一名市级领导驻京衔接项目制度。

（2）千方百计扩大项目融资。全年融资增长20%以上。要充分利用好一季度信贷投放相对宽松的机会，争取贷款规模；要努力解决郑州作为省会城市信贷机构管理体制不顺的问题，实行市级领导分包，一个市级领导分包一家银行，逐家银行做工作，争取每一家银行都能够在郑州设立分支机构；要继续落实市直部门联系金融机构制度，市直部门要切实担负起联系金融机构的责任，积极主动做好服务协调工作，建立良好的合作关系；要发挥好政府性资金开户的激励作用；要加快融资平台建设，对现有政府融资平台要加快重组整合，通过国债、规费、土地、存量、税收返还等方式，充实资本金，提高融资能力；要大力开展直接融资，支持企业通过上市融资、债券融资、信托融资、融资租赁等形式解决建设资金问题；要鼓励民间投资，进一步研究放宽民间投资的措施，注重规范民间投资行为，引导民间资金更多投向实体经济和项目。

（3）多策并举加快项目建设。要进一步向项目建设倾斜领导力量，形成主要领导抓项目、领导用主要精力抓项目的机制。坚持重大项目周例会、联审联批日例会、土地规划日例会、首席服务官等行之有效的制度；要进一步优化项目建设环境。下大气力解决好强买强卖、强行装卸、强行施工等阻工干扰现象，下大气力解决好拆迁安置问题，下大气力解决好与失地农民利益密切相关的问题；要进一步健全和完善工作推进机制：一个季度进行一次重大项目观摩（现场观摩或多媒体观摩）；一个月通过《郑州日报》公布一次1亿元和10亿元以上新开工、新竣工项目；每两周举行一次重大项目集中开式仪式，用重大项目集中开工倒逼手续办理、倒逼资金到位、倒逼环境改善；一个月内部进行一次项目备案、项目土地报批，项目环保核准的排序通报；每周公布一次阻工、拆迁受阻、审批受阻的问责情况；一个月进行一次联审联批日例会、土地规划日例会主持人绩效评优评差；每个季度进行一次首席服务官表彰通报和撤换通报；每个季度至少提拔或重用一名为项目建设作出突出贡献的有功干部。

（二）牢牢把握新型城镇化引领这一路径，全面加快郑州都市区建设

以新型城镇化为引领，是以中心城市为带动、以农村为切入点的城镇化。具体到我们郑州，就是要加快郑州都市区建设。我们一定要抓住郑州都市区建设的要点、要务、要件、要害，确保建设提速提质提效。

抓要点，一是要在“六城十组团”和产业集聚区范围内进行新型农村社区建设，

也就是合村并城。新型农村社区建设不可能在所有农村同步展开，我们要首先在“六城十组团”推进。二是要以合村并城、合村并镇、城中村改造的方式实施新型农村社区建设。三是要以主导产业和市区关联基础设施外迁、重大基础设施建设、重大公益性设施建设、限价房建设为重点带动外围组团起步。目前，“六城十组团”的建设布局已经确定，当务之急是要加快起步。新一轮组团多是外围组团，处于边缘地带，基础设施尚不完善，外来投资者去这些地方的意愿不高，而且提出的条件也很苛刻。同时，受经济形势不好的影响，招商引资的难度进一步加大。在这种情况下，我们靠什么启动组团建设？首先，要靠合村并城，组团内所有村庄都要合村并城。其次，靠市区内一些关联产业外迁。如通过市区医疗机构的扩张、迁建带动宜居健康城起步；通过市管职业技术学校的迁建带动宜居职教城发展，同时腾出来的地方发展中、小学教育；政府性的基础设施也要往外迁，鼓励水厂、污水处理厂、热力公司、公交公司等到外围组团进行项目布局和建设。最后，要靠限价房。要大力支持在“六城十组团”区域内建限价房，尤其要鼓励和支持政府性房地产企业到“六城十组团”搞开发。我们要用这些措施让组团先起步，带动土地增值增效后再招商引资，这是明年“六城十组团”组织实施的基本方略。

抓要务，就是要抓好提升规划和完善基础设施这两个当务之急。关于规划，一定要切实提高规划的水平和进度，做到总体规划、修建性详规和区域城市设计“三规并行”、交错推进。一定要尽快理顺规划工作机制，落实区级规划部门双重管理，下放规划编审权限，在确保规划质量的前提下，切实加快规划编制的进度。一定要提高规划针对性，各县（市）区党政主要领导同志要直接、反复参与研究，注重加强与专家的结合，在研究的过程中理清思路，科学布局，在符合规划的前提下同步推进相关项目建设。我们目前最担心的是“六城十组团”规划的低水平。大家不能认为面向国际招标就会有高水平，要认识到现在越来越多面向国际招标作出的规划是“套餐”，是“速成食品”。如果自己不介入，不与高水平的专家反复沟通交流，很难编制出高水平的规划。我们现在正在进行“六城十组团”规划展览，所有县（市）区都要组织所有副县级以上领导去观看，市直部门一把手也都要去观看。我们要通过一定形式对观看情况进行抽查，请市规划局做好组织工作。关于基础设施建设，要按照“两环十五放射”的布局，加快三环路快速通道及配套项目建设、跨南水北调总干渠桥梁工程建设进度，开工建设京沙快速通道南三环—四环工程、陇海路西延、西三环北延、新龙路等快速路网项目，尽快启动金水路西延、花园路、紫荆山路综合整治和中州大道下穿隧道项目，积极推进沈庄路、丰庆路、金河路、新村路等16条断头路打通工作。加快推进城市轨道1号线一期、2号线一期建设，开工4号、5号线和1号线二期工程。加快“六城十组团”路网体系和生态廊道建设，全面启动10条快速通道、16个出入市口互通立交建设，加快推进郑汴物流通道、南三环东段新建等16条一级公路续建工程。大力支持南水北调工程、加快南水北调带状公园、滨黄河公园、环城苗木花卉产业带等城市绿地建设，抓好城市生态水系建设。新组团建设一定要做到基础设施先行、绿地先行，不能再有先低价吸引开发商、后完善基础设施的短期行为、操之过急行为。我们明年衡量各组团的发展主要看基础设施建设情况，看合村并城、承接市区关联产业外迁、限价房建设等规定动作的推进情况。

抓要件，就是要解决好“钱从哪里来”的问题。除贷款融资外，关键要在土地和规划运作上下功夫。在确保群众利益的基础上，从客观存在的土地升值中获取收益，并将收益用于公共设施建设和民生改善，这是良性的土地财政，是可做、可为的土地财政。如何运作？一要靠规划布局来带动土地升值。规划不仅是开发和建设的前置条件，也是城市的愿景展示和形象宣传，大规划、大升值，小规划、小升值。在城市外围布局组团，多点开发，向心发展，必然间接带动组团与中心城区之间区域升值。二要靠项目带动土地升值。注重利用政府性投资项目、基础设施投资项目、生态绿地、市区内市场外迁、重点商贸项目带动土地升值。三要靠谋划运作带动土地升值。（1）要把能挣钱的项目布局到值钱的地方。在黄金地带布局能够取得较高土地收益的项目。（2）要把政府性、政策性项目布局到不值钱的地方，更好地发挥对周边的带动作用。（3）要让升值的地方有可开发的土地，或者能够置换出可开发的土地。（4）要善于运用政府性投资项目、绿地等公共资源来带动土地升值。要统筹谋划，既要先行实施建设，又要提前做好土地控制和储备。（5）要组建和用好若干个政府性公司带动土地升值。各级都要成立投融资公司、房产公司和土地储备中心或分支机构，既要善于推动土地增值，又要能够取得效益。

抓要害，重点是要在创新和加强城市管理上下功夫。一是进一步理顺管理机制。确立城区政府在城市管理中的主体地位，形成“决策考核以市为主、组织实施以区为主、日常检查以街道为主、市民动员以社区为主”的管理体制。二是进一步深入开展整治提升活动，突出抓好重点整治，特别是小广告、户外广告、路面维护、占道经营、河道水系景观等专项治理工作，坚持和完善日查周例会制度，确保取得实效。三是进一步研究改进城市管理问题有偿整改制度，对新出现的影响市容市貌现象严管重罚，实行有偿整改。四是进一步完善“早修早养、小修小养、勤修勤养、精修精养”的市政设施养护常态制度，最大限度地降低设施养护对城市交通和市民生活的影响。五是进一步完善有利于农民就近转移的市民化待遇和有利于人口合理布局的差别化户籍制度、公共资源配用制度，引导人口合理有序流转。六是高度重视执法队伍建设，提高文明执法、依法行政水平，不能因为严管重罚引发新的社会问题。

（三）牢牢把握高成长性区域、高成长性产业、高成长性企业的“三高”带动，加快壮大和提升以工业经济为重点的实体经济

实体经济是发展的基础。没有实体做支撑的经济发展是不可持续的。我们要始终把实体经济特别是符合“三高”要求的实体经济抓在手中，依托实体经济的整体提升，带动产业结构的优化升级。一是加快以产业集聚区为重点的高成长区域发展。要科学编制和严格实施产业布局规划，完善支持产业集聚区主营业务发展的政策措施，38个产业集聚区都要有差别化、有明确指向性的产业发展扶持政策，引导相关产业的适度集中发展。要完善“飞地”经济发展规划，通过异地捆绑发展、优惠政策共享、投资税收分享等措施，拓展经开区、高新区、金水区发展空间，充分发挥其带动作用。要建立健全考评体系，建立完善财政激励、税收优惠、用地指标优先保障等机制，增强产业集聚区的吸引力和创新活力。要围绕产城整合、产业优化、土地节约和承接产业转移，加快基础设施、公共设施、标准化厂房建设，提高产业集聚区的承载产业和人口转移的能力。二是加快以战略支撑产业为重点的高成长产业发展。汽车及装备制造业力争开工建设东风日产28万台整车扩能、宇通商务车及中重卡、恒天载货汽车等12个重点项目；继续推进海马汽车新产品研发、中航电动车1万套动力总成等16个项目建设，力争宇通1万台新能源客车、海马第三工厂等7个项目建成投产；争取郑州日产20万台新工厂及其他整车项目签约落地；力争开建恒天重工年产8600套重型机械、中国航天科工集团郑州产业基地等13个装备制造项目；确保海马年产15万台发动机、河南龙工工业园（一期）、恒天重工新纺机工程等62个重大产业项目竣工投产，以项目增量带动产业转型升级。电子信息产业力争开建中国联通“中原数据基地”、中国移动河南数据中心及调度指挥中心、汉威电子“河南物联网科技产业园”等8个项目；继续推进富士康郑州基地、格力电器郑州产业园项目二期、友旺手机项目等5个在建重点项目；做好中兴通讯产业基地、榕基软件研发中心等项目开工前的准备工作；积极谋划微软教育云计算产业园项目、安久云计算研发中心在我市落地。传统产业优化升级方面，开建河南鑫泰铝业公司30万吨铝深加工等8个铝精深加工项目；开建郑州中国家具CBD工业园、新密波司登产业园等8个纺织服装项目。三是加快以“百高百强”企业为重点的高成长企业发展。要进一步调整和完善扶优扶强政策，

建立扶优扶强企业的动态管理机制，鼓励和支持龙头企业依托品牌、资金、市场等优势进行兼并重组，提高综合竞争力，力争超百亿元企业达到10家，新增超500亿元企业1家、超300亿元企业4家。同时，要加强企业节能监测和执法力度，建立完善市、县两级工业耗能企业核查机制，严格执行淘汰落后产能的相关政策，利用节能减排的倒逼机制推动高耗能、高污染企业产业转型和工艺改进。

（四）着力突破服务业薄弱环节，大力发展服务业

今年以来，我市服务业发展一直较为滞后，不仅与全年目标有不小差距，而且一直低于全省平均水平。虽然有物价上涨、消费不足、金融业和房地产业增速回落的影响，但这是共性的问题。我们作为重要的区域性中心城市、作为人口快速增长的城市，服务业增速低于全省平均水平是不正常的。因此，提速服务业发展是我们明年经济工作的重中之重。总的思路是：以国家服务业综合改革试点为契机，以建设“四中心一名城”（即国际物流中心、全国重要的现代商贸中心、中部会展中心城市、区域性金融中心和国际旅游名城）为目标，强力实施服务业提速工程，着力营造服务业发展氛围，着力扶持和引进龙头企业，着力推进实施服务业重大项目建设，着力引导服务业集聚发展，着力创新服务业管理体制机制，力争服务业投资高于全社会固定资产投资增速，确保2012年服务业增加值增速达到10%以上。重点抓好以下9个行业的发展：（1）加快推进国际物流中心建设。实施“2-3-10”重大物流工程，即加快建设2大物流核心区（国际物流区、航空港物流区）、3大物流组团（西部物流区、南部物流区、北部物流区），突出发展10大重点物流行业（粮食物流、农副产品与农资物流、汽车及装备制造物流、电子信息产品物流、食品冷链物流、钢铁物流、煤炭物流、商贸物流、邮政快递物流、会展物流）。2012年，全市物流业增幅要达到30%左右。（2）加快建设全国重要的现代商贸中心。引进、建设一批大型商业综合体和五星级酒店，加快大型商品交易市场和批发市场向三环以外搬迁和集聚布局发展。（3）加快会展业发展。加快论证会展中心二期建设。建立完善国际、国家大型流动展会项目库，力争有1个以上国际展会、2个以上国家级大型流动展会在我市举办。巩固并提升郑交会、汽车后市场博览会、汽车展等自办品牌展会。（4）加快旅游业规范提升。（5）建设区域性金融中心。抓住国家支持郑东新区建设区域性金融中心的机遇，大力引进中外资金融总部、金融后援中心、基金、投资公司落户我市，打造金融总部集聚区、财富管理机构集聚区、金融后台服务和金融服务外包集聚区。（6）加快推进信息化产业发展。争取国家级云计算中心落户郑州，大力发展物联网产业，积极发展新一代通信网络产业，培育网络通信领域的增长点。（7）加快文化创意基地建设。重点抓好郑州嵩山文化产业园、国家动漫产业发展基地（河南基地）、郑州信息创意产业园（郑州市动漫产业基地）、郑州华强文化科技产业园、商城遗址公园等5大文化创意产业基地的建设。（8）健全完善社区服务业。（9）规范发展中介服务业。进一步优化中介服务业市场准入环境，大力吸引国内外知名中介机构入驻，带动中介服务业态提升。

（五）牢牢抓住中原经济区建设、产业转移的机遇，高层次招商引资，高水平承接产业转移

要强化“招商引强”的意识，把承接产业转移与调整结构、培育集群、构建现代产业体系和引才引智相结合，善于抓住中原经济区建设的政策机遇招商，善于利用综合保税区的优惠政策选商，善于利用产业集聚区和现有项目、现有标准化厂房、现有土地选商，争取引进更多的像富士康科技、格力电器这样的高科技、成规模的项目。要强化“务实招商”的意识，落实好重点领域、重大项目、派小分队等一系列招商措施，实事求是，讲求实效，切实克服形式主义。要强化“避险重诺”的意识，既要坚持在政策范围内进行承诺，做到有诺必兑，又要善于利用合同规避一切风险，确保招商引资的到位率。各县（市）区党政主要领导必须有足够的精力关心关注项目建设和招商引资工作，领导班子中必须有足够数量的人员专职负责项目建设和招商引资工作，每个领导班子成员必须有足够的精力研究分管业务范围内的项目谋划、管理和争取工作，各县（市）区专职副书记要分管项目建设和招商引资。要畅通各个岗位干部向项目建设、招商引资岗位流动的渠道，把那些有经验、有办法、有激情、有能力的人员充实到招商引资和项目建设一线，并在招商引资和项目建设一线和关键岗位上锻炼干部、发现干部和使用干部。

（六）牢牢把握民生需求，抓住当前生产要素成本相对偏低的机遇，加大改善民生工作力度

（1）要以小额贷款扶持为重点，实施积极的就业创业政策，切实解决好“就业难”和“招工难”。全面落实各项创业扶持政策，力争发放小额担保贷款20亿元，引导更多的高校毕业生和返乡农民工自主创业，形成以创业带就业的倍增效应，新增城镇就业再就业13万人。完善农村务工人员就业服务体系，研究促进就近就地转移就业的措施和办法，大力开展有针对性的定向、定岗和订单式培训，积极为承接产业转移做好人力资源保障服务工作，实现农村劳动力转移就业10万人以上。结合提高城市化管理水平，以市场化运作为手段，大力开发政府公益性岗位，着力解决好困难群体就业问题，确保“零就业家庭”动态为零。

（2）要以优质教育资源倍增工程为重点，促进各类教育均衡发展。市区中小学新建、改扩建30所，增加学位3万个以上。新建、改扩建幼儿园100所，帮助扶持不少于200所的民办幼儿园实现达标升级。深入推进学区制，促进基础教育均衡发展。高度重视高等教育发展，以宜居职教城、宜居教育城等为重点，加快发展职业教育和高中阶段教育，原则上中心城区不再设高中，现有的高中也必须逐步外迁，腾出的教育设施用于义务阶段教育。

（3）要以优质医疗资源倍增工程为重点，提高医疗卫生保障能力。积极争取上级资金，加大各级政府投入，完成64所乡（镇）卫生院、75所社区卫生服务中心、54所社区卫生服务站达标建设，加快推进城乡片医服务全覆盖。着力提高新农合保障水平，新农合人均筹资标准提高到290元以上，参合率保持在97%以上。加强重大医疗卫生机构基础设施建设，对列入倍增计划的儿童医院东区项目、市三院迁建、市十院迁建等项目和宜居健康城医疗卫生建设项目要克服困难，加快进度。

（4）要以完善路网建设、提升管理水平为重点，加快推进畅通郑州工程建设。城市拥堵是发展中的问题，也是我们需要持续不断加大力度加以解决的问题。一是加快出入市口互通立交、三环快速化工程、支线路网等工程建设，尽量压缩各工程工期和施工占道，最大限度地减少施工对交通的影响。二是要持续开展交通违章和特种车辆、重点区域、交通安全隐患、占道经营等专项治理。各区要切实担负起对非机动车违章和机动车违法营运的辖区协管责任。三是要加快智能交通管理系统建设，提高交通管理的科学化、数字化、智能化水平。四是要继续大力开展交通志愿者活动。五是要完善城区停车场规划布局，落实好差别化停车收费政策、停车场建设鼓励政策等，以地下停车场、立体停车场为重点加大建设力度。停车场建设要以县（市）区为主，确保明年新增5万个停车位。

（5）以确保供应、稳定物价为重点，做好“菜篮子”工程。要进一步加大对设施农业的扶持力度，积极开展蔬菜标准园创建活动，强力推进蔬菜生产基地建设，2012年新建标准化新菜田4万亩，蔬菜设施面积8000亩。要加快推进蔬菜流通体系建设，继续推进社区便利店建设、蔬菜批发市场、农贸市场建设，大力推行周末直销菜市场模式，减少农副产品的中间流通环节。要密切关注农产品市场供应销售信息，建立蔬菜保护价制度，既要防止价贱伤农，又要防止价高伤民。

（6）以优化服务、落实政策为重点，完善社会保障体系。要加大养老、医疗、失业、工伤和生育等保险的扩面征缴工作，探索城镇职工与城乡居民养老保险制度衔接办法，实现参保人员制度之内和地区之间的无障碍转移。研究建立企业退休人员最低基本养老金制度。积极开展医保付费方式改革。加快建立预防、补偿、康复三位一体的工伤保险制度；高度重视和切实做好被征地农民社会保障工作；以试点制度（新农保、城镇居民养老）全覆盖为契机，着力推进城乡居民养老保险工作；做好城乡最低生活保障和特困救助工作，落实好社会救助和保障标准与物价上涨挂钩联动机制，妥善安排低收入群众生活，不断提高社会保障能力和救助水平。

（7）**要以开发式扶贫、移民式扶贫搬迁为重点，加大扶贫开发力度。**把更多低收入人口纳入扶贫范围，充分体现了中央执政为民的理念。我们要以更大的力度贯彻落实扶贫政策，大幅度提高财政扶贫投入，并建立财政专项扶贫资金稳定增长的长效机制，2012年要新增财政专项扶贫资金5750万元。要把易地扶贫搬迁与新型农村社区建设相结合，按照产城融合发展的原则，以产业集聚区为重点，以就业为带动，与新型农村社区统一规划、统一建设，合村并城，重点倾斜，让贫困人口既能搬得出，又能稳得住、能发展、可致富。2012年要实现2000户7200人的易地搬迁。要充分利用社会资源参与扶贫开发，进一步完善市级领导、市直机关和骨干企业联系帮扶贫困村制度，发挥驻郑部队、老促会、扶贫开发协会、群团组织的扶贫作用，继续推行市直机关干部、后备干部到贫困村任职锻炼制度，形成在扶贫一线发现干部、历练干部、使用干部的用人导向。要进一步加大劳务输出、产业扶持、科技扶持等工作力度，加快贫困人口的脱贫致富步伐，确保贫困地区农民人均纯收入增长幅度高于全市平均水平。

（8）**以保障房供应、提升社区物业管理为重点，着力改善群众居住条件。**围绕产城整合，以新组团和产业集聚区为重点区域，加快保障性住房建设，新建保障性安居工程4.9万套，其中，廉租住房4000套，经济适用房2万套，公共租赁住房2.27万套，棚户区改造2318套。高度重视和切实加强社区物业管理，完善物业管理服务功能，实施500个老旧小区物业基础设施改造工程，完善物业公司信用评价、服务质量评价、达标晋级和末位淘汰机制，积极推进物业服务向新型农村社区延伸，全面提升物业服务水平。各个县（市）区2012年社区建设的一个关键词就是“物业”，要确保实现物业全覆盖。对未完成目标的进行财政扣款。实行财政扣款是一种倒逼机制，今后在民生问题上就要用这种硬办法确保工作到位。

（七）着力突破土地及生产要素发展瓶颈，抓好生产要素的稳定供应和安全保障，强化经济运行调节

（1）**要持续做好土地指标争取和土地审批工作。**要继续坚持和不断深化以往的有效做法，重点做好增减挂钩、清理闲置土地、违法占地整顿、节约集约用地等工作，持续争取项目列入省重点，既要做足争取的文章，又要做足挖潜的文章。

（2）**做好煤电油运等要素保障工作。**加快煤炭资源整合矿井复产，建立煤炭储备制度，完善电煤供应机制，搞好产运需衔接。加快推进城乡电网改造升级和热电项目建设。完善铁路、公路运输协调服务机制，保障重点企业产品和重点物资运输，合理配置电煤运力，重点要做好“迎峰度夏”和“保电度冬”“保暖度冬”等工作。要强化对企业的服务力度，建立企业发现反映问题机制，切实帮助企业解决好生产经营中遇到的问题和困难。

（3）**做好阶段性受挫产业的引导扶持工作。**受市场诸多因素的影响，不同产业在不同阶段都会出现阶段性市场波动和冲击。市场的波动和冲击，其实质是对产业的重组和调整，渡过了难关，就会赢得更大的市场、更高的利润，实现更快的发展。当前，较为突出的就是铝工业、电力行业和光伏产业，各级政府和有关职能部门要对这些行业逐一研究具体的政策措施，帮助企业渡过难关。

（八）深入研究财税政策、税源建设、总部经济和政府主导投资企业发展，努力增加财税收入

明年中央财政政策将继续完善结构性减税政策，推进营业税改征增值税和房产税改革试点，进一步调整消费税范围和税率结构，全面改革资源税制度。对此我们一定要认真研究，坚持开源节流并重，确保财税收入稳定增长。一是切实加强对总部经济税收增长的研究。协商推进总部经济管理模式转变，进一步优化税源分配方式和比例。二是认真研究税源基数和税收政策。要分行业、分税种深入研究如何扩大纳税主体、合理提高纳税税率和提高纳税税基，充分挖掘增收潜力。三是完善重点税源跟踪服务制度和激励表彰机制。定期对税收增加重点企业、征管先进单位和协税先进单位进行表彰奖励。四是加强综合治

税力度。突出政府主导作用，建立市、县（市）区、乡镇（街道）三级社会综合治税组织领导体系；进一步完善市级税源例会制度，形成财政、工商、税务和市直各主管部门为一体的税收征管联动机制；进一步研究和加强有潜力的行业和领域的税收征管工作。同时，据财税部门初步测算，利用POS机刷卡信息加强商业税收管理可增加税收约2亿元以上；加强民间借贷行为个人所得税的征管，可增加至少1亿元的税收；等等。类似行业和领域，我们要逐一研究，加大挖潜力度。五是做大做强做好政府主导投资企业。政府主导投资企业发展好了，可以承担很多政府性职能。政府可以通过向政府性企业购买服务的办法解决公共服务问题，可以通过政府性企业实现土地增值和收益。要遵循现代企业制度，完善法人治理机构，建立健全政府主导投资企业高效运行机制、规范化的决策机制、制度化重组整合机制、有利于人才集聚和流动的干部使用管理机制，切实增强企业活力。要依托政府公共资源，以资产经营为纽带，以市场运作为导向，充分发挥政府主导投资企业在民生领域、资源配置、政府公益性项目建设等方面的主渠道作用。政府主导投资企业要积极把握国家宏观调控的机遇，不断扩大投资规模，提高资产增值能力；要主动抓住中原经济区郑州都市区建设的机遇，抓住政府公益性设施外迁的机遇，抓住限价房、保障房建设机遇，抓住当前低地价、低成本的机遇，依托快速通道和生态资源，探索多种开发模式，积极在都市区外围组团规划建设优质项目，加大综合开发力度，加快发展步伐。要改进和加强对政府主导投资企业的干部管理，干部级别要与业绩挂钩，并建立企业干部能进能出的动态管理机制，这样既有利于调动企业领导干部的积极性，也有利于吸引优秀人才。

（九）深入研究社会管理创新，强化基层基础建设，确保社会大局和谐稳定

稳定是发展的基础。没有和谐稳定的环境，什么事也办不成。我们要始终绷紧安全稳定这根弦，始终高度重视基层基础建设，始终做到防患于未然。

（1）**进一步健全源头预防的矛盾排查化解体系**。落实好社会稳定风险评估，完善“大调解”工作机制，把大量矛盾纠纷化解在行业、系统内部。继续坚持信访稳定日例会制度，切实落实好领导干部接访、下访、包案、第一时间到现场、群众诉求交办等制度，畅通群众诉求渠道，从源头预防和减少社会矛盾的发生。

（2）**进一步加快推进社区建设**。按照“千平方、全覆盖”的要求，完善社区服务中心建设，充实人员编制，积极推行县（市）区直管社区体制试点，完善社区服务功能。积极开展社区“十星级”创建和评优评差活动，统筹推进社区综合创建活动。加强“两新组织”建设，做好流动人口和特殊人群服务管理，夯实社会稳定基础。

（3）**健全社会治安防控体系**。继续完善“一网四级、一级多格、一格多点”的治安防控网络，按照网格化的布局，将社会治安防控的触角拓展到出租房屋、实有人口、内部单位等最小的社会单元，形成责任明确、程序规范、反应迅速的群防群治体系。进一步加大技防投入，推进技防网络化，确保网络有效运行，进一步增强群众的安全感。

（4）**健全反应快捷的突发事件应急体系**。针对自然灾害、事故灾难、公共卫生事件、社会安全事件，制定和完善应急预案，完善日例会制度，落实一线工作法，建立党委领导、政府组织、有关方面参加的处置重大突发事件联合指挥机制，有效处置突发群体性事件、个人极端事件，把问题处置在肇始。

（5）**高度重视当前重点领域的安全稳定防范工作**。一是高度重视校车安全、校园安全以及公众场所安全管理，各相关部门要全面落实辖区政府校车安全责任制，把校车司机纳入交警、交通委、教育局重点管理对象，认真研究对校车司机直接管理的科学机制；市委、市政府要研究制定校车配备的扶持政策，鼓励社会力量购买校车；要做好校园安全工作，建立校园社区安全联合责任小组和联合工作小组，形成政府牵头、社会参与、齐抓共管的校园安全管理格局。二是高度重视农民工工资兑付工作。劳动人事、公安、法院等部门要加大联合执法力度，保持对欠薪违法行为的高压态势。三是要切实加强煤矿和非

煤矿山安全生产监管。狠抓安全生产和监管责任制的落实，深入开展安全隐患排查和整改。密切关注非煤矿山的生产，严格打击违法开采现象。四是高度重视消防安全。各级各部门要配合消防部门、安监部门开展冬季消防安全排查活动，对存在的消防隐患，坚决采取强硬措施。五是继续做好担保公司的风险化解和稳定工作。六是开展好“双节”期间市场调节和供应工作，确保市场供应充足、物价稳定。七是要着力做好食品安全工作。要立即组成食品安全暗访组，“双节”期间不间断进行暗访抽查，同时加大宣传力度，弘扬社会公德，形成良好的食品安全生产和警示氛围。八是深入开展“送温暖”活动。市直机关工委要提前着手，统一安排，组织机关干部深入基层、深入困难群众，帮助解决生活中的实际困难。

五、务实重做，负责任地、高效率地、有技巧地、依法依规地把事做好

（一）要研究用干部资源、人力资源配置推动工作

要让重点工作有人做、有高素质的人做，有高素质的人带着激情做。要让发展出干部，用好干部促发展。

（二）要研究规划运作、土地运作、项目运作、资金运作、政府性企业运作

运作能否取得实效，不仅靠激情，更靠智慧、靠方法、靠技巧。把政策研究透，才会有争取支持的主动权；把主要矛盾研究透，才会找到解决问题的路径和办法；把法律法规研究透，才会减少工作的失误和被动；把各种资源优化配置研究透，才会实现运作效果的最大化。

（三）要研究如何提升

要提升项目报批的工作水平，提升联审联批的工作水平，提升组织规划编制、规划论证、规划实施、规划变更、规划管理、规划动态调整的水平。要让我们的项目进入国家、部委、省和央企的规划，项目首先要符合国家产业政策和投资政策，是有质量、有效益、有影响的项目。我们强调联审联批、先“路条”后手续，但不能违法违规，是依法依规前提下的高速高效审批，是在政策允许范围内的并联审批、前置审批、交叉审批。我们许多已确定的将要进入省重点的项目，完全可以先行开展前期工作，提前把我们本级应履行的手续做到位，一旦列入省重点就可以马上实施，不能因为我们的工作滞后而影响项目的报批和落地。要提升城市建设水平，要出精品。要提升城市管理的水平，巩固深化文明城市创建成果。全国文明城市是荣誉，更是压力和动力，我们必须向更高水平的文明城市迈进。

（四）要研究如何解难题破瓶颈

国家对土地、资金、环保容量的控制将会越来越严格。解决好这些瓶颈问题将会成为我们常态化的一项工作，必须建立一套常态化的工作机制来推进。要加强和完善领导机制，坚持向克难攻坚岗位倾斜领导力量、机构编制和干部导向；要加强和完善工作推进机制，坚持领导分包、首席服务官、联审联批日例会、重大项目周例会、土地规划日例会、经济运行和公共管理日例会等机制，加大协调力度，确保问题的及时协调、及时解决。

（五）要研究如何凝聚合力

凝聚合力，关键是要提升领导班子和干部队伍建设水平。干部调整受各方面条件限制，一些局部的方案不可能尽善尽美。对不完美的地方，如何解决呢？两句话：调整方案的不完美，要靠干部素质的完美来弥补；一次调整的不完美，需要多次调整来完美。关于下一步的干部工作，我们一定要着力树立导向。一是注重业绩，注重公论，注重群众基础，优先使用推荐集中、持续推荐集中、基本不受拉票干扰的推荐集中的干部。二是注重阅历，注重艰苦、综合岗位的阅历，注重通过交流增加干部的阅历，在艰苦岗位工作，只要表现好，不需太长时间就要调整重用，让干部愿意到这种艰苦的岗位、责任大的岗位、没有实权的岗位工作，改变依靠简单经历、安逸岗位求进步的导向，改变干部在一个单位向前挪位置的局面。三是注重统筹，注重调动各方面的积极性，副市厅级干部既要从县（市）区委书记中出，也要从市直部门中出；县（市）区委书记既要从县（市）区长中出，也要从市直部门综合、艰苦岗位中出；县（市）区长既要从县（市）区优秀后备干部中出，也要从市直部门正职年轻干部当中出。四是注重团

结，注重合力，注重结构的导向。注重干部队伍年轻化、注重梯次配备、事业为重的干部使用导向。

关于团结问题，强调五句话，希望各个班子都能够领会做到：第一，能够正常交流而无戒备之心；第二，能够通力合作而无后顾之忧；第三，能够探讨工作而无防范之意；第四，困难面前能够争先恐后；第五，机遇面前能够互相关照。

在县（市）区班子团结中，书记与县（市）区长的团结至关重要。书记和县（市）区长要分别做到的八个方面：(1)书记要做到什么样的县（市）区长都能带得住，县（市）区长要做到在什么样的书记领导下都能够干好工作。(2)书记要强化两个一把手意识，县（市）区长要强化一个一把手意识。(3)书记要强化商量意识，县（市）区长要强化汇报意识。(4)书记要强化尊重意识，县（市）区长要强化服从意识。(5)书记要防范私心膨胀，县（市）区长要防范“野心”膨胀。(6)书记要防止越位，县（市）区长要防止错位。(7)书记要防止独断，县（市）区长要防止单断。(8)书记要强化放手意识，县（市）区长要强化承受意识。书记和县（市）区长要共同做到的八个方面：(1)要多直接通话，少间接传话。(2)要多信任包容，少猜忌生疑。(3)要多补台，少拆台。(4)要多揽过，少揽功。(5)要多自我批评，少自我表扬。(6)要多一点理解支持，少一点埋怨指责。(7)要有承认不同认识的客观态度，又要增强达成共识的能力。(8)要有洞察问题复杂性的敏锐眼光，又要有复杂问题简单化的能力。

（六）要研究如何健全和坚持长效、管用、低成本的机制

工作机制建设具有根本性、全局性、稳定性和长期性，要切切实实把工作机制设计好、运作好、落实好。我们要持续落实和健全工作提速提效的工作机制，坚持提高“三个效率”，坚持七项机制，落实好“十个不允许”，推动工作不断提速提质提效。我们要持续落实和健全抓城市管理的工作机制，坚持密评重罚、日看夜查、重拳问责、媒体曝光、绩效考核、评优评差和周测评、月模拟等工作机制，不断提高城市品位和管理水平。我们要持续落实和健全改善民生的长效机制，坚持实施重大民生工程，办好民生实事，切实解决好柴米油盐酱醋茶、衣食住行教医保等关系群众切身利益的实际问题。要持续落实和健全督查工作机制，坚持运用日询问、周报、承诺书、述职报告、平时考察、暗访、评优评差评慢评错进行督查，善于运用人大代表视察、政协委员调研、群众评议、网媒督查等办法推进部门的工作。工作机制既是静态的也是动态的，既是需要全面落实的也是需要不断健全完善的。有的表现在制度的设计上不科学，有的表现在程序的实施上不规范，有的表现在难以落实。我们在实践的过程中，要及时发现问题、及时健全完善。各级各部门要在回顾总结以往经验、借鉴拿来外地先进做法的基础上，进一步探索做得成、做得快、做得好的方法，找到更多低成本、易操作、可持续、干部和群众能接受的办法，形成一系列“任务明确、职责清晰、运转高效、协调有力”的长效落实机制。

（七）要研究如何统筹

经济工作不是孤立的，与政治建设、文化建设、社会建设是互为一体的。只有统筹兼顾，才会协调发展。因此，在工作中我们一定要把握好以下三个方面的问题：一是始终把加强法制、道德、廉政、诚信建设贯彻到各个领域，贯彻到所有从政行为中，切实提高依法行政的水平、社会道德文明水平、廉洁自律建设水平、社会诚信水平，让这些软实力成为郑州的品牌，成为助推经济发展的强大动力和保障支撑。现阶段法治的问题、道德的问题、诚信的问题是重大的社会问题，如果做不好，党委、政府的任何一项工作的成本就会提高；如果大家都依法行政，都讲道德、讲诚信、讲廉洁，很多工作就很容易落实。二是始终把安全生产、社会稳定、质量保证、民生保障作为坚守的底线，对这些事关民生、事关群众生命安全、事关社会大局稳定的工作始终抓在手上，在制定思路、安排工作、组织协调中都要摆在首位，优先考虑，充分考虑，过足考虑，还是那句老话：一定要见微知著，宁可花大钱排查，不要花大钱处置；宁可早动干戈不出事，不要大动干戈不顶事；一

定要第一时间到现场，宁可到场没有工作量，不要事大到场处置来不及；一定要第一时间报告，宁可虚惊一场，不要亡羊补牢；一定要加大投入，加强治安防范体系建设，确保社会大局稳定。这是对领导干部的低标准要求，如果在机遇把握、改革发展上没有做好，叫不优秀；如果在安全稳定方面做不好，就是不称职。三是始终把防范和纠正偏差作为工作的基本原则。我们制定的许多政策都是好的，工作方向也是对的，但在落实中走偏了，在具体的执行中运作错了。如，在城中村改造、合村并城、新型农村社区建设中一定要从实际出发，一定要尊重群众意愿，一定要做好群众的引导工作，绝对不能赶任务、搞行政命令、工作简单化，要求进度的同时更要求质量，要求速度的同时更要求效益。再如，经济指标问题，我们希望发展能快些，但绝对不能弄虚作假，我们不会因为追求速度易导致弄虚作假而放弃目标追求、放弃绩效考核，但在绩效考核当中必须防范弄虚作假、虚报浮夸，等等。如何防范和纠正偏差？关键要形成自下而上发现问题、反映问题、解决问题的机制和行动自觉。各级各部门要建立发现和反映问题的机制，注意从基层反映的问题中发现工作中的偏差和不足，并及时纠正和克服，提高各项工作的正确性、科学性和有效性。

同志们，新的一年，我们既面临着严峻的形势，又面临着许多新的机遇，省委、省政府要求我们在中原经济区建设中“挑大梁，走前头”，广大人民群众对我们各级领导干部有着更高的期望和要求。我们要紧紧抓住中原经济区建设的重大历史机遇，团结奋进、开拓创新，努力为中原经济区建设作出省会城市应有的更大的贡献！

政府工作报告

2012年2月1日在郑州市第十三届人民代表大会第四次会议上

代市长 马 懿

各位代表：

现在，我代表市人民政府，向大会作《政府工作报告》，请予审议，并请各位政协委员提出意见。

一、2011年工作回顾

2011年是我市全面实施“十二五”规划的开局之年，是郑州都市区建设的起步之年。一年来，在省委、省政府和市委的正确领导下，我们紧紧抓住中原经济区上升为国家战略的重大机遇，谋划并实施了郑州都市区发展战略，明确了中原经济区核心增长区、全国重要的区域性中心城市和最佳宜居环境城市的战略定位，绘就了郑州未来发展的宏伟蓝图，激发了广大人民群众干事创业的热情，开启了郑州发展的新篇章。全市上下深入贯彻落实科学发展观，坚持“四个重在”实践要领，以郑州都市区建设为载体，按照“提速度、破瓶颈、抓统筹、上档次”的要求，团结拼搏，克难攻坚，顺利完成了市十三届人大三次会议确定的各项目标任务，实现了“十二五”发展的良好开局。初步统计，全市实现生产总值4912.7亿元，增长13.2%，分别高于全省、全国1.5个和4个百分点。全口径财政收入达到1305亿元，增长32.9%；地方财政总收入完成820亿元，增长27.6%；地方财政一般预算收入达到502亿元，增长30%。规模以上工业增加值完成2340亿元，增长22%。全社会固定资产投资完成3002.5亿元，增长24.3%。社会消费品零售总额完成1987亿元，增长18.4%。城镇居民人均可支配收入达到21612元，增长14.4%；农民人均纯收入达到11050元，增长19.8%。

郑州都市区建设开局良好。郑州都市区空间发展战略规划中期成果通过专家评审，土地开发利用、综合交通体系、产业布局等各类专项规划加快编制。制定实施了郑州都市区建设行动计划，郑州新区建设成效显著，中心城区功能得到提升；航空城、新郑新城、中牟新城、巩义新城、新密（曲梁）新城、登封新城融城发展进展顺利；宜居教育城、宜居健康城、宜居职教城等城市组团总体规划方案初步确定，基础设施和部分项目建设已经启动。坚持交通道路建设先行，积极构建郑州都市区路网骨架，中心城区连接“六城十组团”快速通道建设加快实施，完成出入市口征地拆迁110万平方米，绿化251万平方米。“六城十组团”建设完成固定资产投资950亿元。

产业结构调整成效明显。战略性支撑产业持续壮大。汽车及装备制造业快速发展，东风日产郑州60万台发动机工厂、宇通商务车和校车等项目加快推进，全年汽车整车产量达到35.5万辆，郑煤机高端产业园、中铁盾构、新大方重工等项目建设提升了装备制造业的层次和水平。物流商贸业快速发展，新加坡国际物流产业园、郑州新郑综合保税区物流园等物流基础设施项目建设步伐加快，中原万达广场等城市综合体丰富了商贸业态。电子信息产业不断壮大，富士康电子、格力电器等投资规模大、科技含量高的龙头企业带动作用凸显。文化创意旅游业发展迅速，国家动漫产业发展基地（河南基地）、郑州信息创意产业园等项目建设进展顺利，全市实现旅游总收入590亿元，增长15.7%。战略性新兴产业粗具规模。新一代信息技术、生物医药、节能环保和新能源客车等产业加快发展，战略性新兴产业产值突破1000亿元，成为新的经济增长点。传统优势产业持续提升。铝及铝加工、纺织服装、食品、建材耐材等产业改造步伐加快，产业技术和产品档次显著提高。金融、会展、房地产业稳步发展。四方达、好想你、明泰铝业等6家企业顺利上市，上市企业达到35家。成功引进东亚银行，郑东新区金融集聚核心功能区建设加快推进。举办大型展会141场，展览面积达到155.3万平方米。房地产业在调控中健康发展，全市商品房实现销售额887.9亿元，增长14.9%。产业集聚区加快发展。全市产业集聚区营业收入完成5150亿元，增长40%；固定资产投资完成1033.5亿元，增长62%。

改革开放迈出新步伐。各项改革进一步深化。国有企业改制工作稳步推进，战略重组工作取得实质性进展。郑州银行、百瑞信托实现增资扩股。行政审批制度改革加快，企业投资项目备案权限下放到所有县（市）区和省级产业集聚区。政府机构改革顺利完成，事业单位分类改革有序展开，文化、教育、科技等领域改革继续深化。认真落实鼓励、支持和引导非公有制经济发展的政策措施，民营经济规模不断壮大。招商引资和对外开放成果丰硕。郑州新郑综合保税区、河南保税物流中心和出口加工区等对外开放平台建设取得重大成效。全年实际利用外商直接投资31亿美元，增长63%；引进市外境内资金941.6亿元，增长30.5%。市属及以下进出口总额完成153.6亿美元，增长239.5%，其中出口94.1亿美元，增长182.9%。积极承接产业转移，全年新开工外来投资项目152个，投资总额1454亿元。

城市形象显著提升。文明城市创建结出硕果。全市动员，全民参与，经过10年坚持不懈的努力拼搏，市民文明素质和城市文明程度得到显著提升，我市跨入全国文明城市行列，充分展示了郑州新的城市形象。郑州新区品牌形象凸显。郑州新东站综合交通枢纽工程加快建设，郑州新郑综合保税区热源厂一期工程投入运营，龙湖引黄调蓄工程全面启动。郑州新区完成基础设施投资160亿元，成为展示河南和郑州形象的窗口，成为承接产业转移的平台，成为宜居宜业宜商的福地。“畅通郑州”工程扎实推进。轨道交通1号线一期顺利铺轨，2号线一期开工建设，京沙快速通道部分路段、郑民高速郑州段建成通车。出入市口互通立交、三环快速化工程、南水北调跨线桥梁等一批重大项目开工建设。新增公共停车泊位2.5万个，新购置公交车953辆，郑州绕城高速免费通行。深入开展占道经营、交通秩序等专项整治活动，城市管理取得明显成效。综合交通枢纽地位不断强化。郑焦、郑汴城际铁路加快建设，郑州黄河公铁两用桥主体、火车站西广场等重点工程基本完工。郑州机场旅客吞吐量突破1000万人次。城市承载能力不断增强。刘湾水厂开工建设，实施五龙口、马头岗污水处理厂升级改造，城市供热、供气、供水等公共管网进一步完善。加快推进“数字郑州”建设，城市基础地理信息数据库基本建成。生态环境明显改善，常西湖生态公园等项目顺利实施，人民广场建成开园，市区新建绿地622万平方米，完成造林23.7万亩，新建林业生态乡（镇）8个、林业生态村100个。扎实开展截污攻坚工作，实施东风渠上游、潮河上游等河道治理工程，河道水质明显改善。节能减排力度加大。全年单位生产总值能耗下降3.7%，二氧化硫排放量和化学需氧量分别控制在10.18万吨和10.62万吨以下。城市集中饮用水源地水质达标率为100%，城区空气质量优良天数达到318天。

农村经济稳步发展。农业综合生产水平显著提高。粮食生产连续9年喜获丰收，总产量达到166.7万吨。畜牧业综合生产能力持续提高。大力实施“菜篮子”工程，完成新菜田建设3.6万亩。农村生产生活条件持续改善。实施异地扶贫搬迁和整村推进扶贫，1.67万人实现脱贫。实施自来水村村通工程，解决了43.9万人农村饮水安全问题。改造中低产田20万亩，升级改造农田灌溉机井8700眼。新建、改造农村道路578公里，新增农村户用沼气1万座，新建镇、村地埋式垃圾中转站611座，实施厕所无害化改造8.6万户。

民生保障水平持续提升。加大财政投入，较好地完成了省、市民生实事，解决了一大批群众关心的热点、难点问题。就业工作取得明显成效。全年新增城镇就业再就业13.8万人，农村劳动力转移就业12.6万人。发放小额担保贷款15.5亿元，促进了就业和再就业。社会保障体系不断完善。覆盖城乡的基本养老制度基本建立，城乡居民社会养老保险参保人数达到247万人。城镇居民基本医疗保险参保人数达到262万人，新农合参合人数达到417.4万人，参合率达到98.3%。调高了最低工资标准。物价上涨势头得到初步遏制。保障性住房建设进展顺利。优先安排土地供应，着力保障资金需求，强力推进项目建设，开工保障性住房5.57万套。

各项社会事业全面推进。自主创新能力不断提升。新建各级各类研发中心225家，其中国家级7家、省级57家。高新技术产业产值达到2806.7亿元，增长33.9%；增加值达到859.8亿元，增长29.2%。专利授权量6300件，增长11%，科技进步对经济增长的贡献率达到56%。连续5次荣获"全国科技进步先进城市"称号，建立了首个国家级知识产权创意产业试点园区。优质教育、医疗资源促进计划扎实推进。新建、改扩建中小学校33所、幼儿园119所，新增优质中小学招生学位2.1万个，为全市所有中小学校开通了现代远程教育"班班通"学习站点。新建、改扩建优质医疗机构10家，新增床位2250个。文化、体育等事业发展取得新成效。郑州市图书馆新馆、郑州商都遗址公园等项目建设顺利。新建农村文化大院200个、农家书屋750个。《水月洛神》荣获第八届中国舞蹈艺术最高奖"荷花奖"金奖第一名，《斗笠县令》获得中国戏剧节最高奖项。全民健身运动蓬勃发展，竞技体育水平不断提高，在第七届全国城市运动会上再创佳绩。人口与计划生育工作稳步推进，"双提高"工程深入开展，低生育水平持续稳定，荣获"全国人口和计划生育先进单位"称号。妇女儿童事业、老龄事业和残疾人事业取得新进展。

民主法制和社会管理不断加强。主动接受人大及其常委会监督，支持政协履行职能，加强与各民主党派、工商联和无党派代表人士的联系沟通。办理人大代表建议581件，政协委员提案658件，办结率均为100%，满意率均达到98.5%。积极推进依法治市工作，制定政府规章9件，提请市人大常委会审议地方性法规草案3件。全面实施"六五"法制宣传教育和依法治理工作规划。认真落实党风廉政建设责任制，廉政建设取得新成效。积极推行网络行政，创新了政府管理模式。完善社会管理体制，整合社会管理资源，认真开展"社区建设年"活动，有效解决影响社会和谐稳定的突出问题。建立健全食品安全监管机制，集中开展食品、药品安全专项整治。深入推进"两基三体系"建设，强化责任落实，安全生产形势总体平稳。加强和创新社会管理，深化"四严一创""两打一清"等专项行动，深化社会治安综合治理，扎实推进平安郑州建设，社会大局和谐稳定。

国防教育和国防后备力量建设取得新成效。大力支持军队建设，认真落实军队转业干部安置、征兵工作等政策措施，积极推进军民融合式发展，军政军民团结进一步巩固。顺利完成第六次人口普查。统计、审计、侨务、对台事务、民族宗教、社会科学、地方志、档案、气象和地震监测、人民防空等工作取得新成绩。对口支援新疆哈密工作进展顺利。

一年来，我们集中力量谋划了一批事关长远发展的大事。郑州都市区建设整体启动，新型城镇化建设全面铺开，环城苗木花卉产业发展规划、森林公园体系总体规划、郑州汽车城总体规划等重大发展规划编制完成并通过专家评审。集中力量推进了一批增强发展后劲的要事。富士康、格力电器、东风日产等一批重大产业项目强力推进，轨道交通1号线、京沙快速通道、三环快速化等"畅通郑州"工程取得重大进展，常西湖生态公园、滨黄河森林公园等一批生态项目扎实推进。集中力量解决了一批事关当前发展的急事。城市管理综合整治活动深入开展，城乡面貌取得明显改观；煤炭企业兼并重组基本完成，产业集中度进一步提升；南水北调工程郑州段全线开工建设，丹江口库区移民安置"四年任务、两年完成"。集中力量办成了一批事关城市竞争力的盛事。文明城市创建"十年梦圆"，喜获"全国文明城市"荣誉称号；郑州新郑综合保税区正式运营，成为我国中部地区首个封关运行的综合保税区；郑州机场二期扩建工程获国家批准，在建设国内大型航空枢纽机场方面取得了重大突破。

各位代表！

在复杂严峻的形势下能取得这些成绩，确属不易。这是我市全面贯彻落实科学发展观的结果，是省委、省政府和市委正确领导的结果，是市人大、市政协监督支持的结果，是全市人民群策群力、务实重做的结果。在此，我代表市人民政府，向辛勤工作在各条战线上的广大工人、农民、知识分子、干部、人民解放军指战员、武警官兵、公安民警以及社会各界人士表示崇高的敬意和衷心的感谢！

回顾过去一年的工作，我们也清醒地认识到经济社会发展中存在的困难和问题：经济结构性矛盾还比较突出，城乡发展还不够协调，农业基础薄弱，土地、资金和环境资源制约依然突出；城市承载能力还需要进一步提升，市政基础设施建设滞后，城区交通等问题仍然比较突出；服务业发展缓慢，在三次产业中所占的比重下降；社会管理工作难度加大，社会稳定、安全生产等形势还依然严峻；政府自身建设有待进一步加强，行政效率还需进一步提高。我们将正视问题，着力从基层基础做起，从体制机制入手，认真研究解决。

二、2012年工作总体要求和主要目标

今年是实施"十二五"规划承上启下的重要一年，是全面贯彻省、市党代会精神，推进郑州都市区建设的关键之年，做好全年工作意义重大。从总体上看，我们既面临着极为复杂的国内外经济形势挑战，也面临着重大机遇。对我们来说，最大的机遇在于中原经济区上升为国家战略，国家和省支持我市在重点领域和关键环节的改革上先行先试，郑州都市区建设将形成新的投资热点；最大的挑战在于世界经济持续低迷，国内经济下行压力加大，周边省会城市围绕市场、资金、资源、人才等竞争将更加激烈。因此，我们既要正视困难和挑战，始终保持清醒忧患，更要看到机遇和优势，增强必胜信心，以邓小平理论和"三个代表"重要思想为指导，深入贯彻落实科学发展观，全面贯彻党的十七大和十七届三中、四中、五中、六中全会及中央、省委、市委经济工作会议精神，推动经济社会发展取得新的更大的成绩。

今年政府工作的总体要求：以科学发展为主题，以加快转变经济发展方式为主线，以新型城镇化引领"三化"协调科学发展为路径，以中原经济区郑州都市区建设为载体，以富民强市为中心任务，坚持"四个重在"实践要领，抢抓机遇，持续求进，突出提升，务实发展，创新惠民，积极作为，以优异成绩迎接党的十八大胜利召开。

今年经济社会发展的主要预期目标：生产总值增长13%左右，公共财政预算收入增长15%，规模以上工业增加值增长17%，固定资产投资增长25%，社会消费品零售总额增长17%，市属及以下进出口总额增长50%，实际利用外商直接投资增长15%，居民消费价格涨幅4%左右，城镇居民人均可支配收入和农民人均纯收入均增长10.5%，人口自然增长率控制在6.5‰以内，节能减排完成省定目标任务。

实现今年的要求和目标，必须抢抓机遇，突出重点，牢牢把握经济发展的主动权，充分发挥龙头、重心和示范带动作用，努力在中原经济区建设中"挑大梁、走前头"。紧紧围绕持续求进，破瓶颈、增投资。坚持解放思想，与时俱进，开拓进取，继续保持经济社会发展好的趋势、好的态势和好的气势。统筹协调各方力量，在依法依规的前提下，着力破解土地、资金等要素保障制约。把项目投资作为总抓手，按照"持续求进"的要求，逆势提速，突出抓好组团、项目和投资，围绕组团上项目，围绕项目增投资，增加投资促发展，增强发展的后劲和潜力。紧紧围绕突出提升，重运作、提效率。不断探索发展规律，持续创新发展理念，加快转变发展方式，在转变中提升，在创新中提升，在开放中提升，主动在中原经济区建设中先行先试，敢于打破常规，着力在提高运作能力上下功夫，在运作中找机遇、求发展、提效率，努力走出一条以新型城镇化为引领的"三化"协调科学发展之路。紧紧围绕务实发展，转作风、优环境。树立务实重做的形象，把务实作为一种追求，作为一种品格，作为一种责任，转变作风，善抓落实，努力建设"最佳投资环境、最佳就业创业环境、最佳人居环境、最佳旅游环境"城市，创新工作机制，不断优化发展环境，真正

使郑州成为宜居之城、宜业之城、宜商之城和宜游之城。紧紧围绕创新惠民，办实事、促和谐。始终坚持以人为本，着力解决人民群众最直接、最关心、最现实的利益问题，逐步提高社会保障能力和水平，逐步提高城乡居民收入水平，把推动经济发展、保障和改善民生、促进社会和谐更好地结合起来，让人民群众更多地享受改革发展成果。

三、2012年工作安排

今年，我们将围绕中原经济区郑州都市区建设，重点抓好以下工作。

（一）充分发挥新型城镇化引领作用，提升郑州都市区建设发展水平

建设郑州都市区必须坚持组团发展的理念，按照“城乡统筹、城乡一体、产城互动、节约集约、生态宜居、和谐发展”的要求，以新型城镇化为引领，以交通道路建设、生态廊道建设、新型社区建设、城市组团起步区建设、中心城区功能提升和产业集聚区建设等六项工作为切入点，统筹推进“两核六城十组团”规划建设，构建郑州都市区空间发展格局。坚持规划先行，加快编制郑州都市区总体规划、产业规划和土地利用规划，统筹推进各专项规划、控制性详规和重点地区城市设计，实现都市区规划全覆盖。突出中心城区和郑州新区核心带动作用，按照各组团的发展方向、产业定位，加快推进综合交通、现代产业、生态环境、基础设施等支撑体系建设。以复合城市建设理念，加快推进“六城”向中心城区融城发展，按照中心城区标准规划建设航空城、新郑新城、中牟新城、巩义新城、新密（曲梁）新城、登封新城，依托产业集聚区建设，充分发挥区位和资源优势，加快建设主导功能突出的现代化宜居新城区。加快“十组团”建设，优先布局生态性、公益性项目，带动环境提升和人气提升。加快中心城区连接“六城十组团”的快速通道建设，打造生态廊道和水系景观。依托新城和组团建设，大力发展县域经济，为县域经济发展注入新的活力。按照政府主导的拆迁安置模式，有序开展城中村改造和旧城改造。坚持试点先行、逐步推开的原则，实施城郊村合村并城。坚持“分类指导、科学规划、群众自愿、就业为本、量力而行、尽力而为”的原则，积极稳妥地推进新型农村社区建设，实行集中连片开发，为组团和产业集聚区发展拓展更大空间。

（二）强化新型工业化主导地位，提升郑州都市区产业支撑能力

按照“科技含量高、信息化涵盖广、经济效益好、资源消耗低、环境污染少、人力资源优势得到充分发挥”的标准，牢牢把握实体经济这一基础，坚持做大总量和优化结构并重，强化新型工业化主导地位，为郑州都市区建设提供产业支撑。加快汽车、装备制造和电子信息等战略性支撑产业发展。实施汽车城规划，加快东风日产、宇通客车、郑州海马等企业扩能升级项目建设，力争全市汽车产量达到50万辆，销售收入达到800亿元；加快装备制造业基地建设，实现恒天重工新纺机等项目竣工投产，装备制造业销售收入突破1800亿元；实施电子电器城规划，推进富士康郑州基地、格力郑州产业园等重点项目建设，电子信息产业销售收入突破1000亿元。加快战略性新兴产业发展。培育壮大新材料、新能源、生物医药、节能环保、物联网等产业，巩固新材料产业优势，推进新能源汽车产业化，推动郑州国家生物产业基地建设，引导光伏产业有序发展，加快建设“国家传感网创新示范区”，力争在重大关键性技术上实现新突破。加快传统优势产业改造提升。建设全国铝精深加工基地、现代食品工业基地、纺织服装基地，力争建材耐材产业销售收入突破2000亿元、煤电能源产业销售收入达到1200亿元。开展国家级“两化”融合试验区建设，推进数字城市建设，支持中兴通讯产业基地、微软教育云计算产业园等项目建设。加快产业集聚发展。按照“四集一转”的要求，调整产业集聚区布局，加快产业集聚区整合提升。强化主导产业培育，综合运用规划、土地利用、项目审批、财税调节等手段，推动同类和关联项目集中布局。推动对外连接通道、环保、供电、生活等基础设施建设，提升集聚区综合服务能力。积极争取省专项资金支持，加快省级产业集聚区投融资平台建设。力争销售收入超200亿元的产业集聚区达到10个，其中超500

亿元达到3个。依托产业集聚区，积极培育装备制造、电子信息、建材耐材、煤电能源4个千亿级产业；力争年销售收入超100亿元企业达到10个，其中超300亿元企业4个、超500亿元企业1个。加快民营经济和中小企业发展。制定进一步促进民营经济和中小企业发展的具体措施，发展壮大民营经济，支持小微企业健康发展。激活民间投资，鼓励和引导民营企业参与国有企业重组。完善民营经济和中小企业项目对接、人才培训等服务体系。采取有效措施，引导担保机构规范发展。积极推进节能减排。抓好钢铁、化工、建材、电力、铝等行业节能降耗，加大淘汰落后产能力度，提高企业资源综合利用水平。积极推行清洁生产，推进污水处理、电力行业脱硫脱硝等减排项目建设，削减污染物存量。

（三）加快推进现代服务业，提升郑州都市区发展活力

坚持服务业优先理念，在薄弱环节上求突破、在发展方式上求创新、在规模总量上求扩张，积极培育现代服务业，提升郑州都市区产业发展层次。不断优化服务业发展布局。加大政策扶持力度，用足用活服务业发展引导资金，支持服务业关键领域、薄弱环节发展和品牌建设，提升综合服务功能。规划建设物流、金融、文化、旅游产业集聚区，加快形成一批主导产业突出、各具特色、功能互补的现代服务业集聚区。支持中心城区高端服务业发展，不断壮大以总部经济、楼宇经济为主的城区经济规模。加快推进国际物流中心建设。充分发挥铁路港、公路港、航空港、物流港资源优势，支持新加坡国际物流产业园和华南城物流园等重大物流项目建设，优化物流功能区布局。大力促进商贸业发展。以开拓市场、丰富业态、扩大消费为主线，促进商贸业发展。引进和建设一批大型城市商业综合体，加快大型商品交易市场、批发市场向三环以外搬迁，改造提升一批特色商业街区。积极推进“万村千乡”市场工程，加快蔬菜流通体系建设，扩大社区便利店覆盖范围。加快区域性金融中心建设。推进郑东新区金融集聚核心功能区建设，打造金融总部、财富管理机构、金融后台服务和金融服务外包集聚区。加强与各类金融机构的战略合作，吸引金融机构后台服务中心入驻。大力发展证券、保险、基金等业务，支持地方金融机构跨区域发展。加快会展和旅游业发展。发挥会展资源优势，开发高档次的精品展和特色展，巩固提升郑交会、汽车后市场博览会等自办品牌展会，筹办好第十八届郑州全国商品交易会、第四届中国郑州农业博览会。提高旅游产业发展质量和水平，以嵩山少林、黄帝文化、沿黄生态为重点，推进旅游资源和旅游产品开发，建设一批国际国内知名的旅游集聚区。促进房地产业健康发展。落实国家房地产调控政策，增加普通商品房供给，鼓励“六城十组团”开发建设大型居住社区，满足居民自住和改善性购房需求。

（四）大力发展都市型现代农业，提升郑州都市区发展基础地位

积极发展高产、优质、高效、生态、安全的都市型现代农业，夯实郑州都市区发展的基础。加快农业结构调整。重点扶持蔬菜、水果、花卉等作物设施化生产，推进现代农业示范区建设。抓好“菜篮子”工程，新建标准化菜田6万亩。积极促进现代畜牧业发展，重点推进标准化规模养殖，建立完善畜禽养殖环保体系。积极实施旅游富民工程，大力发展休闲观光农业，推动休闲农业示范点提档升级。推进大宗食品检测和肉类食品溯源体系建设，加快建设乡镇农产品质量安全监管公共服务机构，提高农产品质量水平。大力推进农业产业化经营，支持农业龙头企业发展。增强农业综合生产能力。加大农田水利基础设施建设力度，推进新一轮小型水库除险加固、中小河流治理、水土保持等项目建设。加大农业综合开发力度，改造中低产田20万亩，治理水土流失面积80平方公里，继续实施农用机井升级改造工程，新增有效灌溉面积3万亩。实施新型农机具和新技术的推广及示范工程，进一步提高农业机械化水平。推动农产品物流市场建设，建立农产品信息发布制度。加强农业气象服务，增强农村防灾减灾能力。认真落实强农惠农政策，财政支出重点向农业农村倾斜。改善农村生产生活条件。加强农村水、电、路等基础设施建设，推进城乡公共服务均等化。用上自来水的农村群众新增40万人，加快新一轮农村电网改造升级步伐，新修、改建农村道路400公里。结合新型农村社区建设，因地制宜配建小型污水集中处理设施，做到同步设计、同步施工、同步投入使用。实施农村环境连片整治和生态乡村创建活动，改善农村村容村貌。加快新农村现代流通服务网络工程建设，优化农村购物环境。对居住在深山区的2000户贫困人口进行异地扶贫搬迁。配合做好南水北调工程建设工作，加快配套工程建设步伐，认真落实移民后期扶持政策。加强农业科技创新。继续推进基层农业技术推广服务体系建设，大力实施沃土工程，发展节水灌溉。健全农作物病虫害预警体系，逐步实现农作物病虫害专业化统防统治。建立新品种新技术示范田，积极发展现代种业。加强农业科技成果转化、科技企业孵化等工作。

（五）加强城市建设和管理，提升郑州都市区综合承载能力

按照适度超前的原则，以现代基础设施建设为重点，不断构筑功能完备、协调配套、高效便捷、支撑有力的郑州都市区基础设施网络。加快推进郑州新区建设。重点推进龙湖、龙子湖、综合交通枢纽、绿博－白沙组团等重点区域开发建设。加强基础设施建设，开工建设项目143项，完成投资110亿元。支持高校园区和职教园区建设，引进更多技术性、经营性高端人才，建设人力资源高地，为郑州都市区发展提供人才支撑。不断完善中心城区服务功能。优化中心城区形态布局，实施城市重点片区的更新改造。加快新力热电厂等热源项目建设，新增供热面积100万平方米。加快城市新区、产业集聚区电网建设和老城区电网改造。推进刘湾等4个自来水厂建设。新建改造市区燃气管网60公里，新增居民用户8万户。加快推进马头岗污水处理厂二期工程等项目建设。切实加强城市道路等市政设施维护与更新。加强现代综合交通枢纽建设。抓好大型航空枢纽建设，开工建设郑州机场二期工程，积极引进基地航空公司，保持客货运稳定增长。启动上街机场改扩建工程的前期工作。配合推进干线铁路建设，力争石武客专郑州段上半年建成投用、郑徐客专开工建设，积极推进郑渝铁路、郑济铁路前期工作，争取完成郑开、郑焦城际铁路线下工程，加快郑州至机场城际铁路施工建设。配合做好连霍、京港澳高速升级改造工作。持续加快“畅通郑州”建设。坚持公交优先，推进“公交都市”建设，开辟公交线路10条以上，新购置公交车500辆。强力推进“两环十五放射”道路建设，加快城市出入市口互通立交、京沙快速通道、三环快速化等重点工程建设，加快轨道交通1号线一期、2号线一期建设，开工建设1号线二期和4号线部分工程，做好其他线路前期工作。优化城市路网结构，解决金水路、花园路等城市主干道的拥堵问题，优化连接中心城区、郑州新区的支线路网，推进道路微循环和路口渠化工作，新增停车泊位5万个，理顺停车场管理体制，实行差别化收费，加快城市智能交通指挥调度体系建设，提升城市交通畅通水平。改善城市生态环境。推进常西湖生态公园、滨黄河森林公园、南水北调带状公园建设，规划建设郑州第二植物园、第二动物园等大型公园绿地，市区新增绿地700万平方米，新植乔木50万株。启动国家森林城市创建工作，加强造林绿化工作，抓好生态廊道、苗木花卉产业带、森林公园体系和森林组团改造提升等工程建设，完成造林19万亩，创建6个林业生态乡（镇）和100个林业生态村。实施生态水系工程，打好生态水系截污攻坚战，打造滨水生态景观。加强空气质量和水环境治理，城区空气质量优良天数达到310天以上，城市集中饮用水源地水质达标率达到98%以上。开展PM2.5监测和分析研究治理工作。强化城市管理。按照权责一致、重心下移的原则，确立城市区在城市管理中的主体地位，理顺城市管理体制。健全精修精养、应急服务、有偿整改等城市管理机制，提升城市管理效能。持续推进城市管理综合整治活动。切实加强城管执法队伍建设，提高依法行政、文明执法水平。

（六）继续推进改革开放，提升郑州都市区建设原动力

深化改革开放，实施开放创新双驱动战略，加快形成全方位、多层次、宽领域的开放新格局和自主创新体系。持续深化改革。主动加强与国家和省有关部门的沟通衔接，争取政策支持，在重点领域和关键

环节改革方面先行先试。深化投融资体制改革，加快政府融资平台整合步伐，重点培育2至3家大型投融资企业集团；鼓励大型企业和城投企业发行债券，支持信托融资，积极发展融资租赁、股权投资和风险投资；大力支持企业上市，培育一批高成长性上市后备企业。深化国企改革重组，加快建立现代企业制度。深化行政管理体制改革，开展城市组团、产业集聚区和经济发达镇管理体制改革试点。深化农村改革，推动集体建设用地有序流转，引导促进农村土地承包经营权流转，开展农村集体林权、农村房屋抵押贷款试点，推进农业政策性保险工作。深化文化、教育、医疗卫生、财税等重点领域的改革。大力发展开放型经济。充分发挥综合保税区、保税物流中心、出口加工区 “三大平台”和航空、铁路、公路“三大口岸”的作用，高标准规划建设郑州国际陆港，打造内陆开放高地。积极承接国内外产业转移，深度参与国内外产业链分工调整。持续实施“走出去”战略，鼓励和引导优势行业开展对外合作，支持优势企业承揽大型境外工程项目并带动设备和技术出口，提高对外经济技术合作的质量和水平。加快引进一批国内外知名的服务外包企业，培育一批具有自主知识产权和自主品牌的本地服务外包骨干企业，积极申报“中国服务外包示范城市”。持续开展大招商活动。把招商引资作为开放工作的重中之重，围绕重大产业项目、企业总部、高端人才、研发检测平台等方面，按照产业发展规划，策划开展一系列招商活动，引进一批重大项目。重点做好280个在建、签约、在谈项目的推进落实工作，确保项目早建设、早投产、早见效，提升招商引资工作实效。加强自主创新体系建设。以建设创新型试点城市为载体，实施重大科技专项和科技工程。加大财政科技投入力度，加强研发平台建设，与国内外知名大学或科研院所建立战略合作关系，支持国家级重点实验室建设，促进产学研合作。加强科技创新服务体系建设，完善科技成果转化公共服务平台，重视创新型科技人才的培养。力争全市专利授权量突破8000件，高新技术产业产值达到3300亿元，科技进步贡献率达到57%。

（七）切实加强文化建设，提升郑州都市区软实力

发挥古都优势，加快建设华夏历史文明传承创新核心区，提升城市文化软实力。进一步提升全国文明城市建设水平。建立健全长效机制，巩固文明城市创建成果。扎实开展“道德讲堂”和志愿者活动，持续提升市民文明素质。实施城市公共文明指数测评，不断创新内容、创新载体、创新机制，推动郑州向更高水平的文明城市迈进。大力繁荣文化事业。完成国家公共文化服务体系示范区创建任务，深入推进文化惠民工程，各项指标达到或超过国家要求的中部地区标准。加快各级各类文化基础设施建设，建成郑州市图书馆新馆，推进郑州群艺馆东区新馆等重点项目建设。实施文化精品创作工程，推出一批在全国有较强影响力的精品力作。提升公共文化服务水平，支持各类企事业单位参与公共文化服务。加快发展文化产业。实施项目、科技和品牌带动，扶持影视动漫、演艺娱乐、出版发行等文化产业。规划建设一批文化产业园区、特色文化街区，加快郑州华强文化科技产业基地、国家动漫产业发展基地（河南基地）、郑州信息创意产业园等文化产业集聚区建设。扶持小樱桃、小小说等优势品牌加快发展。继续举办好黄帝故里拜祖大典、郑州国际少林武术节等活动。推进优秀历史文化传承创新。编制《大遗址郑州片区建设总体规划》，加快建设郑州大河村遗址、郑韩故城、西山古城等一批大遗址公园，加快建设郑州商都遗址博物院、郑州博物馆新馆等一批博物馆。加大登封“天地之中”历史建筑群保护管理和宣传推广。

（八）着力民生事业发展，提升郑州都市区保障能力

保障和改善民生，是政府工作的出发点和落脚点，也是打造郑州都市区和谐环境的重要抓手。强力推进民生工程。围绕与百姓生活息息相关的“柴米油盐酱醋茶、衣食住行医教保”，加大投入，办好省、市民生实事。千方百计扩大就业。发放小额担保贷款16亿元，促进以创业带动就业。新增农村劳动力转移就业10万人、城镇就业再就业13万人，城镇“零就业家庭”动态为零。大力开发劳动就业岗位，帮助

高校毕业生、失业人员、进城务工人员等重点群体实现就业再就业。稳步增加居民收入。深化工资收入分配制度改革，促进形成合理有序的工资收入分配格局。落实好增加群众收入的政策措施，确保城乡居民人均收入两位数增长。完善机关事业单位工资和津补贴制度，加大奖励性绩效工资落实力度。落实最低工资标准，做好工资集体协商工作，促进职工收入与企业收入同步增长。认真落实国家和省政策规定，继续为企业退休人员增加基本养老金。着力加强社会保障体系建设。提高社会保险统筹层次，继续扩大社会保险覆盖面。深入开展城乡居民养老保险和职工工伤保险工作，做好被征地农民社会保障工作。完善基本养老金、城乡居民低保标准正常调整机制。推进残疾人保障体系和服务体系建设，保障困难群体的基本生活。加快保障性住房建设。新开工建设保障性住房5万套以上、竣工2.9万套。制定完善保障性住房分配、管理、退出等办法，确保公平分配。加快教育事业发展。实施优质教育资源促进计划，市区新增优质中小学招生学位2.36万个。市区新建、改扩建中小学校30所，六县（市）城区新建、改扩建中小学校10所以上。全市新建、改扩建幼儿园84所，扶持200所民办幼儿园达标升级，为符合条件的适龄幼儿发放学前教育补贴。深化学区制改革，推进多样化特色办学模式，促进义务教育均衡发展。加快市区职业教育资源整合重组，推动宜居职教城建设。大力发展民办教育，促进民办教育和公办教育协调发展。重视高等教育发展，提升郑州师范学院本科办学水平，力争郑州幼师升专工作取得实质性突破，加快郑州职业技术学院新校区等项目建设。不断提高人民群众健康水平。加快市三院北区医院、市儿童医院东区医院和宜居健康城项目建设进度。深化医疗卫生体制改革，实施优质医疗资源促进计划，建设区域性医疗中心。新农合人均筹资标准提高到290元，住院补偿封顶线由10万元提高到15万元。实施乡镇卫生院“温暖工程”。规范城市社区卫生服务机构和农村公共卫生管理服务中心建设，完善公共卫生服务体系。积极开展爱国卫生运动。大力发展妇女儿童事业、老龄事业和残疾人事业，制定实施新十年《郑州妇女发展规划》和《郑州儿童发展规划》。开展全民健身运动，不断增强群众身体素质。做好人口和计划生育工作，提高出生人口素质，促进人的全面发展。

（九）加强和创新社会管理，提升郑州都市区和谐水平

健全党委领导、政府负责、社会协同、公众参与的社会管理格局，在服务中实施管理，在管理中体现服务，全面提高社会管理科学化水平。健全源头预防的矛盾排查化解体系。完善社情民意调查分析机制，畅通群众诉求渠道，了解民情民意。落实社会稳定风险评估机制，完善“大调解”工作机制，认真解决好土地征用、城市建设拆迁、企业改制、涉法涉诉等领域的突出问题。规范担保公司运营，妥善化解金融风险。大力开展法律援助活动，扩大法律援助覆盖面，努力做到“应援尽援”。加大社会管理综合治理力度。健全社会管理组织机构，完善社会管理体制机制。推进平安郑州建设，依法打击黑恶势力、严重暴力和多发性侵财犯罪。加强社会管理治安防控体系建设，形成责任明确、程序规范、反应迅速的群防群治体系。进一步加大技防建设力度，努力实现技防全覆盖。完善应急管理体制，提高预知、预防、应急处置能力。支持新郑市开展全国社会管理创新综合试点工作。加强重点人群的管理服务。完善流动人口服务管理机制，逐步实现公共服务由户籍人口向常住人口扩展。着力解决流动人口在劳动就业、社会保障、子女入学、医疗卫生等方面存在的问题。鼓励支持公办养老机构对社会开放，引导社会力量参与养老事业，探索医养结合养老新模式，有效解决空巢老人独居问题。关注关爱留守流动儿童，新建“留守流动儿童之家”40个。全面提升社区建设和服务水平。加强社区服务中心建设，推行县（市）区直管社区体制试点，完善社区服务功能。深化“社区服务年”活动，统筹推进社区综合创建。拓展物业管理服务功能，实施老旧小区物业基础设施改造工程，健全物业公司信用评价、服务质量评价和末位淘汰机制，积极推进物业服务向新型农村社区延伸，逐步提升物

业服务水平。完善社会安全体系建设。把安全放在发展的首位，推行安全生产"一岗双责"制，认真落实政府安全监管责任，强化企业主体责任，切实解决煤矿、非煤矿山、危险化学品、消防、道路交通等重点领域存在的突出问题。加强校车安全管理，全面落实校车安全责任制。加强综合协调能力建设，构建政府监管、行业自律、社会监督相统一的食品安全监管体系。开展规模以上餐饮服务企业信用达标升级活动。加强网络虚拟社会管理，持续净化网络环境。

继续做好国防动员、人民防空工作，加强全民国防教育和民兵预备役建设，深入开展双拥共建活动，促进军民融合式发展。巩固平等、团结、互助、和谐的社会主义民族关系，发挥宗教界人士和信教群众在促进经济社会发展中的积极作用。充分发挥工会、共青团、妇联等人民团体的桥梁纽带作用。扎实做好统计、审计、外事、侨务、对台事务、社科研究、地方志、档案和地震监测等工作。继续做好对口支援新疆哈密工作。

各位代表！

《中原经济区郑州都市区建设纲要（草案）》《郑州市2012年民生"十大实事"（草案）》已印发会议，请予审议。

四、努力建设服务型政府

面对新的形势和任务，我们必须坚持用领导方式转变加快发展方式转变，更加注重政府自身建设，更加注重提高主动服务意识，更加注重提升政府公信力和执行力，积极作为，务实重干，奋发有为，努力建设服务型政府。

（一）转变职能，提高效率

围绕服务企业、服务群众、服务基层，加快政府职能转变，切实提高行政效率。推进政企、政事、政府与市场中介组织分开，履行经济调节和市场监管职能，为各类市场主体提供优质服务。强化社会管理和公共服务职能，维护社会公平正义。加大政务公开力度，积极推进财政预决算公开；加快建设政府信息公开网站，及时充实和更新信息发布内容，维护群众的知情权。充分发挥网络便捷高效优势，积极推进网络行政。深入推进"两转两提"，持续开展公务员培训和职业道德建设，积极开展争做"人民满意公务员"活动，努力建设一支政治坚定、业务精湛、作风过硬、人民满意的公务员队伍；切实提高行政决策效率、协调效率和执行效率，营造良好发展服务环境。深化行政审批制度改革，建立规范高效的审批运行机制，减少审批环节，压缩审批时间，优化审批流程，推动政府工作有序高效运转。

（二）依法行政，科学决策

严格依照法定权限和程序行使权力、履行职责，带头维护宪法和法律的权威。严格执行人大及其常委会的决议决定，依法接受其法律监督和工作监督，主动接受人民政协的民主监督，认真办理人大代表建议和政协委员提案，广泛听取各民主党派的意见。健全行政监督体系，强化责任追究制度，加强审计监督、行政监察和行政层级监督，严格行政问责。坚持开门立法，提高政府立法质量和水平。完善行政执法程序，规范行政执法行为。加强行政复议工作，强化行政执法责任和过错追究。建立健全政府决策机制，进一步提高依法决策、科学决策和民主决策水平。

（三）强化责任，务实重干

强化政府工作责任，全面推行岗位责任制、服务承诺制和限时办结制，狠抓各项工作落实，形成一级抓一级、层层抓落实的责任体系。完善重大事项和重点工作跟踪落实机制，确保政令畅通、令行禁止，提高政府执行力。坚持把务实重干贯穿于政府工作之中，大兴务实之风，落实"三具两基一抓手"，说实话、办实事、重实绩、求实效，责随职走、心随责走，力戒官僚主义、形式主义。改进工作方式方法，注重科学运作、有效运作。精简会议和文件，减少迎来送往，严格控制和规范各种检查、评比、达标活动。以务实重干求发展，以务实重干谋跨越，以务实重干求突破。

（四）勤政为民，廉洁从政

深入贯彻中纪委十七届七次全会精神，牢记"两个务必"，坚持以人为本、执政为民，不遗余力为百姓办实事。认真落实党风廉政建设目标责任制，严格执行廉洁从政各项规定，着力完善教育、制度、监督、问责并重的惩治和预防腐败体系，不断拓展从源头上预防腐败工作领域，强化对权力运行的制约和监督。加强政府公共资源管理，建设郑州公共资源交易中心。加大纠风和专项治理力度，切实解决损害群众利益的突出问题，确保人民赋予的权力真正为人民谋利益。严格控制行政经费等一般性支出，控制楼堂馆所建设。依法惩处各类违法违纪行为，营造风清气正、廉洁高效的政务环境。

各位代表！

郑州都市区建设的美好前景激励着我们，人民群众的热切期盼鼓舞着我们。让我们紧密团结在以胡锦涛同志为总书记的党中央周围，高举中国特色社会主义伟大旗帜，深入贯彻落实科学发展观，在省委、省政府和市委的正确领导下，抢抓机遇，开拓创新，紧紧依靠全市人民，以坚定不移的信念、勤政务实的作风、埋头苦干的精神，努力开创郑州都市区建设新局面，以优异的成绩迎接党的十八大胜利召开！

第二篇 大事记

2011年郑州大事记

1月

1日

△由国家旅游局、河南省政府主办，省旅游局、郑州市政府、登封市政府承办的“2011中华文化游”启动仪式在少林寺山门前举行。国家旅游局副局长祝善忠，省委常委、宣传部部长、副省长孔玉芳，省旅游局局长范修芳，市长赵建才等出席启动仪式。

4日

△河南省副省长张大卫带领省直有关部门负责人调研郑州航空城富士康IT产业园。

5日

△即日起，郑州市将全面实施商品住房限购令，人口过密区限购1套房。无法提供在本市1年以上纳税证明或社会保险缴纳证明的非本市户籍居民家庭暂停在人口过密区域购房，只能在其他区域新购1套商品住房。能提供在本市1年以上纳税证明或社会保险缴纳证明的非本市户籍居民家庭，在人口过密区域或其他区域暂定只能新购1套商品住房。本市户籍居民家庭在人口过密区域暂定只能新购1套商品住房。

△河南省副省长刘满仓到郑州市两家农业产业化龙头企业——郑州统一企业有限公司、河南雏鹰集团进行调研。

6日

△全国绿化委员会作出决定，授予河南省绿化委员会、省林业厅、郑州市政府和郑州市林业局“第二届中国绿化博览会特别贡献奖”。

△郑州市市长赵建才会见曙光信息产业有限公司总裁历军一行，就郑州市筹建云计算中心等事项进行磋商。

9日

△在著名华商机构世界品牌组织、美中经贸投资总商会、欧美亚工商界合作联盟等联办的“2010世界著名品牌大会第七届年会”上，“2010年度中国最具投资潜力城市五十强”名单公布，在两岸三地城市的大角逐中，郑州市榜上有名，位居第23位。

10日

△南方医科大学附属郑州人民医院揭牌仪式在郑州人民医院举行。中科院院士姚开泰、南方医科大学副校长周增桓、副市长刘东等出席揭牌仪式。这是郑州市首家成为省外医科大学非直属附属医院的医疗机构。

△作为全省唯一入选全国35个社会管理创新试点城市，新郑市召开动员大会，号召全市各界行动起来，争创全国社会管理创新示范城市。副省长、省综治委副主任秦玉海，中央综治办协调室主任陈显辉，郑州市委常委、政法委书记高建慧等出席。

11日

△依据《河南省排污费征收使用管理办法》及省环境保护厅《河南省建筑扬尘排污量抽样测算办法》要求，即日起，郑州市全面启动扬尘排污量核定及排污费征收工作。这也是郑州市首次启动经济杠杆，加强对拆迁施工、建筑施工工地、装卸场所扬尘等进行监管。

△国家文物局局长单霁翔考察郑州片区大遗址保护工作。

△投资40亿元的郑州二七万达广场奠基。市领导白红战、李秀奇等出席奠基仪式。

△河南省新能源产业基金在经开区揭牌，这标志着河南省新能源产业资本与金融资本深度融合迈出实质性步伐。省政协主席王全书、省人大常委会副主任王菊梅、副省长张大卫出席揭牌仪式。

12日

△郑州市与华润河南医药有限公司在黄河迎宾馆正式签约，合作建设现代医药物流中心。市领导李柳身、刘东，华润集团董事、总经理乔世波，华润集团副总经理、华润医药集团总裁李福祚等出席签约仪式。

△由郑州市卫生局、郑州慈善总会主办，郑州市第二人民医院承办的卫生部“脑卒中筛查与防控工程”项目郑州市大型慈善活动启动仪式暨健康知识讲座开幕。卫生部原副部长、中国工程院院士、中华预防医学会会长王陇德，河南省慈

善总会会长李志斌，广东省卫生厅副厅长耿庆山，河南省卫生厅副厅长夏祖昌等出席启动仪式。

△国家工商总局副局长钟攸平一行到郑州市，就食品安全专项整治工作进行督查调研。

△7台由宇通自主研发的ZK6140BD机场摆渡车正式交付中国国际航空股份有限公司。这是中国最大国有航空运输企业——国航首次采购国内自主品牌的机场摆渡车，也是宇通单批交付机场摆渡车最多的一次。

△司法部部长吴爱英考察郑州市律师服务、人民调解和基层司法所建设等工作。

13日

△全国总工会副主席、书记处书记张鸣起率全国总工会慰问团，到郑州市困难企业看望慰问劳动模范、困难职工。

14日

△河南省委常委、纪委书记尹晋华到郑州市调研党风廉政建设工作。

△我国高铁动车组司机“第一人”李东晓同志先进事迹报告会在市青少年宫举行。河南省委常委、宣传部部长、副省长孔玉芳会见李东晓及报告团成员。

18日

△全市安全生产工作汇报会召开，听取安全生产“大检查、大整治、大督查”活动和煤矿集中整治行动开展情况汇报。市委书记连维良、副市长王跃华等参加会议。

19日

△由环保部环境规划院院长洪亚雄带队的2010年度及“十一五”污染减排核查组到郑州市检查减排工作。

△市政府与神州数码控股有限公司签署战略合作协议。这标志着郑州市与神州数码战略合作正式启动。市长赵建才、神州数码集团总裁林杨等出席签约仪式。

20日

△郑州铁路局、安钢集团、河南物资集团正式签约，联合出资成立圃田现代钢铁综合物流园。河南省副省长史济春参加签约仪式。圃田现代钢铁综合物流园地处经开区的国际物流区中心地带，占地37.87公顷。

21日

△“第九届台湾高校杰出青年赴大陆参访团”一行35人到少林寺参观访问。此项活动由民革中央组织，参访团由台湾重点高校学生会及学生社团负责人组成。

△全市工业和信息化工作会议召开。市长赵建才要求，全市上下要明确任务，做好产业结构调整、扩大开放及招商引资、产业集聚区建设和技术创新四项重点工作，实现工业经济转型升级、提速、提质、提效。

△河南上上投资集团有限公司与二七区举行签约仪式，投资40亿元的上上财富广场项目落户二七区。

24日

△河南省首家疼痛治疗中心——郑州市骨科医院疼痛治疗中心开诊。这是我国最大的以中医疗法为主的骨科疼痛治疗中心，填补了国内空白。省卫生厅副厅长夏祖昌，市领导贾记鑫、刘东等出席开诊仪式。

25日

△郑州市被确定为全国人口和计划生育综合改革示范市。

26日

△河南省副省长张大卫调研航空港区富士康生活区和生产区建设进展情况。

27日

△中午13时40分，由福州飞往郑州的CZ3826航班降落在新郑机场，138名在福州务工的河南籍农民工第一次乘坐“农民工包机”回家过年。此次“农民工包机”是福州市总工会和郑州市总工会联合组织的两地爱心接力行动，乘坐专机的均为河南在福州各地务工的优秀农民工。

29日

△第二届中国绿化博览会郑州市总结表彰暨2011年度省会义务植树造林绿化动员大会召开。全国绿化委员会委员、国家林业局原副局长、第二届绿博会组委会副主任李育材，全国绿化委员会办公室常务副秘书长向可文等出席大会。

2月

7日

△河南省副省长刘满仓到郑州市督导抗旱浇麦工作。省农开办主任井剑国、副主任黄幸福，副市长王哲等参加活动。

9日

△巩义市恒星科技光伏项目开工。郑州市委书记连维良，郑州市委常委、巩义市委书记李公乐等参加开工典礼。由河南恒兴光伏科技有限公司投建的光伏项目是国家新能源产业规划项目，也是郑州市“十二五”规划的新能源项目之一。

10日

△中共郑州市第九届纪律检查委员会第六次全会召开。市委副书记、市长赵建才主持，市委常委、市纪委书记王璋作工作报告，市委书记连维良作重要讲话。

△市委党务工作会议召开。市委党务工作会议是由纪检监察、组织、宣传、政法、统战、机关党建、党委办公厅（室）工作和政策研究等七个方面的会议合并一次性召开的。市委副书记、市长赵建才主持，市委书记连维良作重要讲话。

11-15日

△中国人民政治协商会议郑州市第十二届委员会第三次会议在市青少年宫举行。王建平、王济昌当

选为政协郑州市第十二届委员会常务委员。

△郑州市第十三届人民代表大会第三次会议在市青少年宫举行。大会通过了七项决议：关于郑州市人民《政府工作报告》的决议、关于郑州市国民经济和社会发展第十二个五年规划纲要的决议、关于郑州市2010年国民经济和社会发展计划执行情况与2011年计划及其报告的决议、关于郑州市2010年财政预算执行情况和2011年财政预算及其报告的决议、关于郑州市人民代表大会常务委员会工作报告的决议、关于郑州市中级人民法院工作报告的决议、关于郑州市人民检察院工作报告的决议。

14日

△农业部副部长张桃林到郑州市就农业技术推广区域中心站建设情况进行调研。

△市委书记连维良会见东风汽车公司党委书记、董事长徐平一行。徐平在郑期间还分别到郑州日产和郑州日产第二工厂进行了调研。

△交通运输部党组书记、部长李盛霖一行到郑州市调研抗旱浇麦工作。

17日

△由河南省副省长张大卫带队的第四观摩点评组到郑州市高新区及新郑市新港产业集聚区项目建设工地，观摩考察项目建设和产业集聚区发展情况。

19日

△由财政部农业司副司长张岩松、国家防汛抗旱督察专员带领的财政部、国家防总调研组莅临郑州市，就黄河滩区洪水淹没补偿政策和当前旱情进行调研。

21日

△全国国防动员建设2010年度人物颁奖仪式在京举行。郑州市市长、市国动委主任赵建才作为全国国防动员建设2010年度人物出席会议，并受到国家国防动员委员会专门通报嘉奖。

△河南省副省长张大卫带领省政府研究室、省发改委、省财政厅、省工信厅、省口岸办、省审建办、郑州海关等相关部门负责人，现场查看郑州新郑综合保税区建设情况，并召开现场办公会，协调解决项目建设中存在的问题。

22日

△由北京大学环境科学与工程学院编制的《惠济区国家级生态区建设规划》通过专家组初步评审，成为河南省首个国家级生态区建设规划。

24日

△国土资源系统河南抗旱找水打井行动在荥阳市正式启动。国土资源部副部长汪民，河南省副省长陈雪枫、省国土资源厅厅长张启生，郑州市市长赵建才等出席启动仪式。

25日

△由香港锦艺集团投资50亿元打造的国际化纺织品集中交易市场——锦艺国际轻纺城，在中原区郑州纺织产业园开工建设。市领导赵建才、刘全心等出席奠基仪式。项目一期占地27.07公顷，总建筑面积90万平方米，可容纳商户6000多个。

26日

△中国500强企业江苏阳光集团携手世界知名酒店集团——洲际酒店集团入驻郑州市。由江苏阳光集团联盟河南康利达集团公司组建的河南雅宝地产有限公司，在郑州国际会展中心轩辕堂举行华贸国际中心、东方国际广场项目签约启动仪式。河南省人大常委会党组副书记、副主任王文超，副省长张大卫，省政协副主席梁静，市领导连维良、赵建才等参加启动仪式。

△郑州宜居健康城战略咨询方案评审会在黄河饭店举行。中国人民大学中国市场营销研究中心副主任刘彦平、中国社科院财贸研究所副研究员依绍华等9位国内知名专家应邀对方案进行评审。市领导连维良、胡荃等参加评审会。

27-28日

△菏泽市委书记、市人大常委会主任赵润田，市委副书记、市长刘士合率党政考察团莅临郑州市，考察城市建设和产业集聚区发展情况。考察期间，郑州市领导连维良、赵建才等分别会见或陪同考察。

3月

3日

△郑州市新限购令“郑十五条”出台。市政府颁布进一步加强房地产市场宏观调控工作的通知，即日起市内五区、郑东新区内全面限购两套房，高新区和经开区不在限购范围。

4日

△市委书记连维良会见大商集团董事局主席牛钢一行。

5-6日

△司法部法律援助司副司长王军益在省司法厅、省法律援助中心有关人员陪同下到郑州市调研法律援助工作。

△中央综治委副主任、中央政法委副秘书长、中央综治办主任陈冀平一行莅临郑州市，深入基层调研社会管理创新工作。陈冀平一行先后到新郑市新华路街道办事处便民服务大厅、新郑市人民法院立案审判大厅、新郑市和庄镇综治工作中心、郑东新区等地进行了查看。

7日

△浙江中南集团与惠济区政府就“中南文化创意产业园项目”签订正式合作协议。该项目计划投资80亿元，占地146.67公顷。

8日

△河南省副省长、省移民安置指挥部指挥长刘满仓带领有关人员，到新郑、中牟两地移民新村建设工地进行暗访，督导各地加大力

度、加快进度，确保移民迁安任务圆满完成。

△河南省委常委、省纪委书记尹晋华到惠济区，就郑州市农村基层党风廉政建设工作进行调研。

9日

△由郑州歌舞剧院创作的舞剧新作《水月洛神》在北京保利剧院为全国“两会”献礼演出，获得圆满成功。

15日

△河南陆军预备役高炮师党委全体（扩大）会议在郑州召开。河南省委常委、郑州市委书记、预备役高炮师第一政委连维良出席会议并讲话。会议由师党委副书记、师长陈志伟主持。

16日

△郑州市规模最大的钢铁物流园——河南紫东钢铁企业园建成并投入使用。省政协副主席、省工商联主席梁静，市委常委、统战部部长王林贺出席开园仪式。该项目位于管城区金岱工业园内，总投资超过8亿元，占地面积37.87公顷。

17-18日

△以市长赵建才为团长的郑州市党政考察团到鹤壁、安阳、濮阳等地，观摩重点项目和先进产业集聚区建设情况，学习成功经验，探讨合作机会。

19日

△全市对外开放暨重点项目和产业集聚区建设工作会议召开。各县（市）区、市有关委局和单位向市委、市政府递交了2011年度重点项目建设目标责任书和对外开放工作目标责任书。市委书记连维良、市长赵建才分别讲话。

△宁夏·河南（郑州）经贸合作推介会在郑州市举行。

20日

△河南省副省长张大卫对郑州市公共租赁住房建设情况进行调研。

21日

△省文物局在郑州市召开报告会，揭晓“2010年度河南省五大考古新发现”评选结果。郑州市的新郑望京楼夏商遗址、荥阳官庄周代遗址两个考古项目入选。

△市政府召开富士康项目推进工作领导小组会议。富士康郑州项目协调推进领导小组组长、市长赵建才召集郑州新区、航空港区等相关单位负责人，全面听取富士康郑州项目进展情况，部署下一步推进工作。

22日

△市长赵建才带领市商务局、市工信委、经开区有关负责人到青岛海尔集团工业园参观考察，并与海尔集团董事局主席张瑞敏进行座谈，双方就海尔集团在郑投资建设海尔（郑州）市场创新产业园签订了框架协议。

24日

△河南省委副书记、省长郭庚茂在新郑市和鲁山县调研移民安置和南水北调工程建设情况。郭庚茂一行首先到新郑市郭店乡岗时移民新村考察，仔细了解工程进展、房屋质量、学校和卫生院建设等情况。在南水北调沙河大渡槽工程现场，查看了渡槽槽身预制现场和已预制完工的渡槽槽身，以及渡槽工程的施工情况。

25日

△市十三届人大常委会举行第十八次会议。会议决定任命陈新为郑州市城乡建设委员会主任，任命姜现钊为郑州市林业局局长。

27日

△上午8时整，一架波音757-800型飞机满载旅客，从郑州新郑国际机场平稳起飞，这是郑州直飞新加坡首航，是河南历史上第一条直飞新加坡的航线，由厦门航空执飞。河南省副省长张大卫，省长助理、省政府秘书长安惠元，副市长、郑州新区管委会主任赵瑞东等出席首航仪式。

△2011年中国郑开国际马拉松赛在郑开大道和郑东新区举行。国家体育总局副局长、中国田径协会主席段世杰，河南省委常委、宣传部部长、副省长孔玉芳，国家体育总局田径运动管理中心副主任沈纯德等参加起跑仪式。来自30多个国家和地区的26153名专业运动员和路跑爱好者参加了比赛。

28日

△今天是第16个全国中小学生安全教育日，河南省首家学校红十字救护站在金水区庙李小学成立。

△市长赵建才主持召开市政府第51次常务会议，审议并原则通过《郑州市蔬菜流通建设工作方案》。

28-29日

△河南省委副书记、省长郭庚茂到郑州市调查研究、指导工作。先后考察了郑州安耐克实业有限公司、格力电器郑州产业园、富士康科技园、锦绣枣园员工宿舍、郑州新郑综合保税区、新密产业集聚区等重点项目。

30日

△教育部副部长刘利民一行到郑州师范学院，考察该校参加教育部“国培计划——中小学骨干教师培训项目”实施情况。

4月

2日

△郑州市召开严厉查处违法建设工作会，今后郑州市将固化城市违法建设现状，对违法建设实施动态网格化管理。市委常委、市纪委书记王璋，副市长张建慧出席会议。

3日

△中国岩画艺术图片展暨回归岩画作品展在新郑市博物馆开幕。展览共展出400余幅来自全国各地的岩画图片和摹本。这是河南省首次举办大规模的岩画图片展。

△第五届黄帝文化国际论坛在

新郑开幕，来自国内外百余名专家学者、社会名流参会。中华炎黄文化研究会常务副会长赵德润致开幕词。

△20时，市长赵建才、副市长王跃华分别带队对郑州市煤矿安全生产进行暗访检查。针对暗访检查发现的隐患，赵建才责令当地政府和有关部门要督促其整改到位。

△河南省副省长刘满仓一行到新郑、荥阳和中牟，调研郑州市南水北调丹江口库区社区移民安置工作。

5日

△辛卯年黄帝故里拜祖大典在新郑市举行。来自省内外、海内外的各界嘉宾2万余人亲临现场，共拜人文始祖，祈福民族昌盛、祖国繁荣、世界和平。出席拜祖大典的主要领导和嘉宾有全国人大常委会副委员长、农工党中央主席桑国卫，全国政协副主席、民革中央常务副主席厉无畏，十届全国人大常委会副委员长、中华炎黄文化研究会会长许嘉璐；中国侨联副主席李祖沛，全国台联会长梁国扬，中华炎黄文化研究会常务副会长赵德润等主办单位领导；中共中央、国务院台湾事务办公室副主任叶克冬等中央和国家机关部委领导；中国入世首席谈判代表、原外经贸部副部长龙永图；台湾亲民党副主席张昭雄，全国政协委员、香港金利来集团有限公司总裁曾智明，澳门世界华商总会会长、华盈环球有限公司董事长林健生等台港澳同胞，美国美中经济贸易促进会执行主席、世界华商联合会理事长乌巴特尔，以及来自美国、英国、法国、德国、新加坡等19个国家和地区的近千位海外侨胞。

△辛卯年黄帝故里拜祖大典郑州市情说明暨项目签约仪式在郑州国际会展中心举行。来自海内外的华人、华侨朋友及华人企业家代表参加市情说明会，27个投资项目现场签约，投资总额193.2亿元。此次签约是历届黄帝故里拜祖大典经贸活动中签约项目最多、投资金额最大的一次。

△由市委统战部、世界华商联合会主办的郑州都市区建设华人华商论坛在郑州国际会展中心轩辕堂举行。世界华人华商领袖、港澳台及海外知名人士、国内外500强企业负责人、工商界重要团组及商协会负责人等约500人参会。市领导连维良、赵建才等出席论坛。

6日

△由河南省委宣传部主办的首届中原经济区论坛在郑东新区轩辕堂举行。论坛由中国入世首席谈判代表、原国家外经贸部副部长龙永图主持，第十届全国人大常委会副委员长许嘉璐，省领导卢展工、郭庚茂、李克、孔玉芳、刘春良、连维良等出席论坛。

7日

△郑州2011年爱心企业捐赠公交车仪式在绿城广场举行，郑州宇通客车股份有限公司等28家爱心企业捐赠326台公交车，折合人民币2.1亿元。市委书记连维良为捐赠企业颁发证书和纪念杯。

△中原区检察院女检察官蒙凡被最高人民检察院授予全国“模范检察官”荣誉称号，成为2011年河南省唯一获此殊荣的检察官。

△国家发改委副主任、国务院医改办主任孙志刚一行莅临郑州，视察河南省基层医疗卫生机构基本药物采购和郑州市基层卫生机构建设工作。

△由河南省委宣传部、省委政研室、省科技厅、人民日报社河南分社等单位组织召开的“科技创新与中原经济区建设”座谈会在郑州举行。省委常委、宣传部部长、副省长孔玉芳出席座谈会并讲话。

△全国政协副主席、中共中央统战部部长杜青林到郑州市调研宗教工作。

8日

△河南省委常委、郑州市委书记连维良会见香港《文汇报》董事、总经理欧阳晓晴先生一行。

△省科技厅、市政府和经开区共同举行河南省科技创新孵化基地签约仪式，在经开区建设河南省最大的科技创新孵化基地。市领导赵建才、王跃华出席签约仪式。该项目规划选址位于经开区滨水新区，一期项目用地6.67公顷，二期预留用地20公顷，总投资5亿元。

9日

△首届“全国广播媒体看中原”大型采访活动在郑州启动。来自中央人民广播电台等中央媒体和全国各地近40家省级广播及网站的近50名记者汇聚河南省，开始对中原经济区建设进行集中采访报道。省委常委、宣传部部长、副省长孔玉芳，中央人民广播电台分党组书记、副台长赵子忠，中国国际广播电台分党组书记、副台长王明华，省广电局局长赵景春等出席启动仪式。活动由省委宣传部、省广电总局主办，河南人民广播电台承办。

△22时19分，郑州市中州大道跨京广铁路大桥南端两个承重梁被两辆超载货车轧断，未造成人员伤亡。受此影响，京广铁路一度限速行驶，中州大道自十八里河转盘至南三环双向禁行。事故发生后，市领导第一时间赶赴现场，指挥铁路、公安、消防、安监、交通等部门紧急抢险。至10日14时15分，肇事的一辆运载工业用盐货车已被吊离现场；14时48分，另外一辆运载煤炭的拖挂大货车也被吊离现场。清理完毕后，京广铁路恢复双向正常运行。

12日

△由中央宣传部、国家发改委共同主办，新华社承办的“辉煌‘十一五’”大型图片展在河南博物院开幕。省委常委、宣传部部长、副省长孔玉芳出席开幕式，并

为展览剪彩。

13日

△内蒙古自治区政府副主席、包头市委书记郭启俊率领党政考察团，到郑州市考察城市建设情况。郑州市委常务副书记李柳身等陪同考察。

△郑州市举办的以领导方式转变加快发展方式转变暨都市区建设研讨班在郑州国际会展中心开班。市委书记连维良、市长赵建才分别作主题报告。

15日

△国务院南水北调办主任鄂竟平带领考察组一行莅临郑州，考察郑州市南水北调干渠工程建设和丹江口库区移民安置情况。

16日

△河南省中医院新病房楼正式启用。省人大常委会副主任李柏拴，省政协副主席、省人口计生委主任高体健，国家中医药管理局副局长马建中等出席启用仪式。

18日

△市委书记连维良会见来郑作巡回报告的李文祥同志先进事迹报告团一行。

19日

△全国十四城区人大工作研讨会第37次会议在中原区召开。市人大常委会主任、党组书记白红战出席。

20日

△大型系列动画片《河南“三平”精神》在郑开机。该片由河南文化强省建设和文化体制改革工作领导小组办公室、省动漫协会和郑州小樱桃卡通有限公司联合出品。这是首部反映河南“三平”精神的动画作品，也是河南省委、省政府作出建设中原经济区战略决策后启动的第一部动画精品项目。

△河南省知识产权宣传周活动在省人民会堂广场启幕。副省长徐济超、副市长王跃华出席宣传周开幕式。

21日

△投资25亿元的河南益丰光伏科技股份有限公司1000兆瓦太阳能电池片及组件项目奠基，市长赵建才，市委常委、巩义市委书记李公乐参加奠基仪式。

△郑州市2011年度爱国卫生工作会议召开，省卫生厅副厅长、省爱卫办主任黄玮把国家卫生城市的牌子再次授予郑州市。市领导丁世显、周长松等出席会议。

△民政部副部长窦玉沛、民政部社会福利和慈善事业促进司司长陆颖一行考察调研荥阳市全民慈善工作。

△国务院南水北调工程建设委员会办公室副主任蒋旭光一行，到正在建设中的新郑市郭店镇南街移民安置点和荥阳市广武镇前袁垌移民安置点，调研郑州市丹江口库区第二批移民安置工作。

22日

△由河南省红十字会、郑州市红十字会及市教育系统捐款428.996万元重建的江油市攀长钢技工学校新教学楼——博爱楼正式竣工投用。

△河南郑州·2011侵权盗版及非法出版物集中销毁活动在市科技馆启动。市领导丁世显、王旭彤等出席启动仪式。

23日

△西安市副市长黄海清带领世界园艺博览会执委会、西安市旅游局有关负责人到郑东新区举办以“看世界园艺，游华夏古都”为主题的全国城市巡回路演活动。郑州市副市长王跃华参加启动仪式。

△2011年郑州市高校毕业生创业服务启动仪式在百姓广场举行。市委常委、常务副市长胡荃参加启动仪式。

25日

△由河南省委宣传部等部门共同召开的“建设中原经济区关键在做——把握战略定位打造区域特色”座谈会在郑州举行。省委常委、常务副省长李克，省委常委、宣传部部长、副省长孔玉芳等参会。

△中原报业传媒集团揭牌成立。

△郑州供电区“十二五”电网发展规划汇报会举行。市长赵建才要求，电网建设要合理规划，适度超前，加大投入，为郑州都市区建设和全市“十二五”经济社会发展提供坚实保障。

△中华全国供销合作总社党组书记、理事会主任李成玉到郑州市调研重点工程建设和职业教育工作。

25–26日

△全国政协副主席、农工党中央常务副主席陈宗兴率队就“加强和统筹城乡流动人口及其计划生育服务管理”这一主题到郑州市调研。

26日

△河南省委常委、组织部部长邓凯到郑州市调研。

26–27日

△郑州市人大常委会主任白红战带领专题招商小分队到广州市，全面展开以现代物流业为重点的招商引资活动。

28–29日

△郑州市委常委、统战部部长王林贺带领由市商务、工信等部门及有关县（市）区负责人组成的专题招商小分队赴福建泉州，开展纺织服装产业招商活动。

29日

△为期两天的市十三届人大常委会第十九次会议结束。会议决定任命扎吐·沙衣热木为郑州市人民政府副市长。

5月

4日

△市长赵建才查看“畅通郑州”工程积水点改造项目进展情

况，并召集市长办公会研究解决“畅通郑州”相关问题。

△郑州市召开城中村改造工作会议。市长赵建才要求，各级各部门要总结经验，正视问题，克服薄弱环节，推进城中村改造又好又快发展。

5日

△市长赵建才会见招商银行总行监事会主席韩明智带领的招商银行投资考察团一行。

△市人大常委会主任白红战带领部分市人大代表对郑州市《食品安全法》实施情况进行执法检查。

6日

△市委书记连维良主持召开九届市委第144次常委会议，研究并原则通过了《关于严禁公职人员回（到）村享受村民福利待遇的暂行规定》。

△由全国人大常委会副委员长、九三学社中央主席韩启德率领的九三学社中央常委考察团莅临郑州市，就城市规划建设等情况进行考察调研。

9日

△郑州市人大常委会主任白红战率领专题招商小分队再赴广东，进行二次对接招商。

10日

△全国政协副秘书长、致公党中央常务副主席王钦敏和原信息产业部部长、中国电子学会理事长吴基传率领国家“信息化科学发展”专题调研组到郑州市调研。

11日

△河南保税物流中心正式开关运行暨经开区海关EDI（电子数据交换）综合楼奠基仪式在航海东路与经开区第九大街交叉口举行。副省长、市长赵建才，郑州海关关长栗洪显，省国资委主任肖新明，副市长、郑州新区管委会主任赵瑞东等出席。

△河南省副省长刘满仓到郑州市调研南水北调丹江口库区社区移民安置工作进展情况。

13日

△河南省副省长秦玉海、郑州市副市长黄保卫一行到郑州市青龙山启智托养中心看望残疾人，并为他们带去3万元慰问金和价值1.5万元的慰问品。

18日

△郑州新区国家税务局正式成立，省国税局局长范立新，市委常务副书记、郑州新区党工委书记李柳身出席仪式并揭牌。

19日

“法治与责任——全国检察机关惩治和预防渎职侵权犯罪展览河南巡展”在郑州国际会展中心举行。河南省委书记、省人大常委会主任卢展工观看巡展。

21日

△第四届中国EMBA年度观点大会在北京中国大饭店举行，经过组委会评定和网络投票评选，郑州市被授予“中国2010年EMBA最具投资价值城市”称号。

22日

△由河南国控宇飞电子玻璃有限公司承建的我国第一条触摸屏盖板玻璃项目在经开区开工奠基，标志着郑州乃至全省将由传统电子玻璃制造基地向高端玻璃制造基地进军。副省长陈雪枫宣布项目开工。副市长王跃华出席奠基仪式。

24日

△工信部正式发函，批复郑州市为第二批“国家级信息化和工业化融合试验区”。

△市政府召开全市严厉打击食品非法添加专项行动紧急会议。市长赵建才强调，全市各级各部门一定要下更大的决心，采取更有力的措施，依法加大监管力度，切实保障人民群众食品安全。

25日

△河南省委常委、常务副省长李克到郑州市调研食品安全工作，并就专项整治行动开展情况进行重点督查。

△河南省委常委、宣传部部长、副省长孔玉芳到中原文化艺术学院现场办公，研究学院建设工作。中原文化艺术学院是河南省第一所公办独立本科艺术院校，爱国爱乡华侨黄如论先生捐资3亿元帮助建设。

△市委书记连维良主持召开市重点城建工程协调会，听取京沙快速通道工程建设情况汇报，协调解决制约工程进度的有关问题，研究加快工程进度的具体措施。郑州铁路局总工程师李会林、市人大常委会副主任王旭彤、副市长张建慧等出席会议。

26日

△全国人大常委会副委员长陈至立到二七区嵩山路街道亚星社区，考察郑州市妇女工作开展情况。全国妇联副主席陈秀榕，全国妇联儿童部部长邓丽，全国妇联办公厅副主任刘亚玫一同考察。

△郑州国际邮件互换局成立并正式运行。此举开辟了河南省国际邮件进出口新通道，加快了国际邮件传递速度。副省长史济春、张大卫出席成立揭牌仪式。

△由法制日报社主办、郑州市中原区人民检察院承办的“强化检察机关法律监督职能·实践与探索”座谈会在郑州市召开。法制日报社总编辑雷晓路、最高人民检察院研究室主任陈国庆、河南省委政法委副书记杨国文等参加座谈会。

28日

△市委召开全市领导干部会议，传达省委关于市政府主要领导调整的决定。省委组织部副部长马新华宣读了省委关于赵建才、吴天君职务任免的决定：吴天君任中共郑州市委委员、常委、副书记，提名为郑州市人民政府市长候选人，免去其新乡市委书记、常委、委员职务；赵建才不再担任郑州市委副书记、常委、委员，郑州市人民政府市长职务。

31日

△2011豫沪经济合作交流会"中原经济区投资说明会"在郑州国际会展中心举行。河南省领导卢展工、叶冬松、李克、孔玉芳、刘春良、刘怀廉、连维良等出席说明会。省长郭庚茂致辞，副省长史济春主持说明会。

△市十三届人大常委会第二十次会议举行全体会议。会议通过了人事任免案，接受赵建才辞去郑州市人民政府市长职务，任命吴天君为郑州市人民政府副市长、代理市长职务。

6月

1日

△由中央和各省重点新闻网站、知名商业网站的50家网络媒体组成的第十届"网上看河南"记者团到郑州市，进行实地采风。市委常委、宣传部部长丁世显介绍了郑州市情。

7日

△市领导在港拜访企业。市委副书记、代市长吴天君拜访了部分香港金融机构，还拜访了嘉里大埔物流中心。副市长薛云伟拜访了香港机场货站和香港机场超级货站，并做客香港亚视接受专访。

9日

△作为2011年河南—港澳经贸交流活动主体活动之一，郑州市在香港举行了市情说明暨国际物流园区推介会。港澳知名品牌和具有国际竞争力的现代物流企业及配套服务机构代表200多人参加活动。省市领导赵建才、吴天君、薛云伟参加推介会。

11日

△市委、市政府召开会议，专题听取省老促会对郑州市老区建设的调研情况通报和意见反馈。河南省老促会副会长马宪章、吴全智，市委书记连维良，副市长王哲等出席会议。

△市委副书记、代市长吴天君在市政府会见东风日产乘用车有限公司总经理松元史明、副总经理任勇一行。

12日

△全市煤炭企业兼并重组暨安全生产督查会议召开。市委副书记、代市长吴天君强调，要充分认识煤炭企业兼并重组工作的严肃性、紧迫性，健全效能监察机制，建立安全监管长效机制，确保全市安全形势平稳，确保人民生命财产安全。

△国家林业局副局长张建龙一行视察郑州绿博园。

13日

△由国土资源部规划司副司长鞠建华带领的中原经济区建设国家部委联合调研组第四组莅临郑州，考察调研郑州市经济社会发展情况。

13–14日

△中共中央政治局常委、中央政法委书记周永康到河南新郑市调研。深入农村、社区、企业和基层政法单位，就社会管理创新和"发扬传统、坚定信念、执法为民"主题教育实践活动深入调研。中央政法委秘书长周本顺、司法部部长吴爱英、公安部副部长李东生、最高人民法院副院长江必新、最高人民检察院副检察长孙谦随同调研。

14日

△由中央文明办和中国文联主办，中国曲艺家协会、河南省委宣传部、河南省文明办、河南省文联和郑州市委、市政府承办的全国"道德模范故事汇"基层巡演活动河南郑州专场在黄河科技学院音乐厅举行。

14–21日

△河南省政府在台湾举办"中原经济区合作之旅——走进台湾"经贸交流活动。市委副书记、代市长吴天君，副市长薛云伟带领郑州市代表团赴台参加此次活动，走访台湾知名企业，推介郑州投资环境，进行项目对接合作。

15日

△全市社会管理创新工作会议在郑州国际会展中心召开。市委书记连维良出席会议并讲话。

16日

△全国道德模范与身边好人现场交流活动在郑州举行。中央文明办秘书组组长蒋希伟、河南省文明办专职副主任郭守占，市委书记连维良出席交流活动并致辞。

△市委书记连维良在索菲特国际饭店会见日产汽车公司首席运营官志贺俊之一行。

△由中共中央宣传部、国家安全生产监督管理总局、公安部、国家广播电影电视总局、全国总工会、共青团中央、全国妇联和河南省人民政府共同组织的全国"安全生产万里行"活动在郑州举行出发仪式。国务院安委会副主任、国家安全生产监督管理总局局长骆琳宣布全国安全生产万里行活动出发并讲话，河南省委副书记、省长郭庚茂出席仪式并致辞。

17日

△河南省纪委、省委组织部换届督导组对郑州市开展的市、县党委换届工作进行督导。市换届工作领导小组组长、市委书记连维良介绍了市、县党委换届工作情况。

△国家安全生产监督管理总局宣教中心主任裴文田、中华全国总工会劳动保护部副部长廖志刚带领2011全国"安全生产万里行"采访团在郑州市进企业、入社区开展采访活动，全方位、多层次了解郑州市安全生产情况。

18日

△河南省副省长刘满仓到荥阳市广武镇丹阳移民新村，看望刚刚乔迁新居的第二批丹江口库区移民群众。

19日

△河南省军区政治部副主任刘春辉带领考评组莅临郑州，对郑州

市争创全国双拥模范城“六连冠”工作进行检查考评。

20日

△郑州市召开创建全国文明城市专项整治指挥部指挥长工作会议。市委书记连维良出席会议并讲话。连维良指出，坚持标本兼治，突出重点，建立强力高效的工作机制，切实体现创建为民。

21日

△郑州都市区环城苗木花卉产业发展规划和森林公园体系总体规划评审会召开。清华大学教授李树华、北京市植物园园长赵世伟等专家参加评审。市委书记连维良出席会议并讲话。

26日

△郑州市纪念中国共产党成立90周年暨“七一”表彰大会举行。市委书记连维良出席大会并作重要讲话。大会由市委副书记、代市长吴天君主持。市委常务副书记李柳身宣读表彰决定。

28日

△中国（河南）—东盟合作交流洽谈会在郑州举行。省委副书记、省长郭庚茂出席并宣布大会开幕。省委副书记、省政协主席叶冬松，省委常委、郑州市委书记连维良等出席。省委常委、常务副省长李克致欢迎词。开幕式由副省长史济春主持。

△河南（郑州）新加坡国际物流产业园正式揭牌成立。省领导郭庚茂、叶冬松、李克等，东盟国家代表、东盟秘书处代表以及中国物流与采购联合会负责人共同出席揭牌仪式。省委常委、郑州市委书记连维良，新加坡国际企业发展局副局长尤善钡为物流产业园揭牌。揭牌仪式由副省长史济春主持。

△河南省委常委、市委书记连维良，市委副书记、代市长吴天君会见前来参加中国（河南）—东盟合作交流洽谈会的新加坡国际企业发展局副局长尤善钡、副司长周佳穗和部分与会嘉宾。

△市委书记连维良主持召开全市高效率工作推进机制座谈会，听取日例会承办单位关于日例会运行情况的汇报，对进一步加强和改进定期例会机制进行安排部署。

30日

△全市安全生产委员会（扩大）会议暨煤炭企业兼并重组工作会议召开。市委副书记、代市长吴天君强调，要确立安全生产在全市经济社会发展中的首要地位，加快健全安全生产目标责任体系、行政效能监察体系和标准化控制体系，确保全市安全生产大局持续稳定。

7月

2日

△市委下发《关于学习贯彻〈胡锦涛总书记在庆祝中国共产党成立90周年大会上的讲话〉的实施意见》，要求全市各级党组织和广大党员干部全面落实中央和省委通知要求，结合实际认真学习贯彻讲话精神，加快建设郑州都市区，持续推进郑州市经济社会跨越式发展。

8日

△在收听收看中央、省水利工作电视电话会议后，郑州市立即召开会议，对贯彻落实中央和省电视电话会议精神、做好郑州市水利改革和防汛工作进行安排部署。市委书记连维良、副市长王哲出席会议。

△“公益慈善与城市社会管理创新工作交流会”在荥阳召开。会上，中民慈善捐助信息中心首次公布了“中国城市公益慈善指数”的“政府支持”单项指数，荥阳市居全国第三位。民政部社会福利和慈善事业促进司巡视员姚显会、民政部中民慈善捐助信息中心主任彭建梅、河南省慈善总会常务副会长杨德恭等出席交流会。

12日

△市政协主席李秀奇带领部分市政协委员到许昌市考察郑许产业对接相关项目进展情况和许昌特色产业发展情况。

△市政协召开“为创建全国文明城市作贡献活动”暗访情况汇报会。市政协主席李秀奇、副主席岳喜忠等出席会议。

16日

△《郑州黄河湿地自然保护区详细规划》正式通过专家组评审。

△中原EMBA联盟成立庆典暨中原经济区发展论坛在郑州举行。省委常委、市委书记连维良为中原EMBA联盟揭牌并为首届理事会成员颁发证书。

17日

△郑州市委、市政府媒体网络事项督办中心——ZZIC（Zhengzhou Information Center）正式揭牌成立。

18日

△大韩贸易投资振兴公社郑州贸易馆举行开馆仪式。这标志着韩国与郑州乃至河南在资源、农产品等方面的贸易合作将进一步加强。河南省副省长史济春出席开馆仪式，郑州市委副书记、代市长吴天君出席并致辞。

△市委、市政府召开全市创新社会管理工作汇报会，听取相关部门和部分县（市）区工作汇报，研究部署郑州市全面加强和创新社会管理工作。市领导连维良、高建慧、孙金献等出席会议。

△全国人大环资委副主任委员王鸿举带领全国人大环资委调研组到郑州，对河南省环境保护工作情况及郑州市企业环境保护工作进行实地考察调研。

19日

△以约旦国家预防腐败委员会主席萨密·摩萨·尤尼·比诺和菲律宾公民服务委员会主席弗朗西斯科·杜克为首的第四届发展中国家预防腐败研讨班成员一行莅临郑州

市调研。

△郑州黄河滨河公园概念性总体规划方案评审会召开。

20日

△宇通客车节能与新能源基地在郑州国际物流园区奠基。河南省委副书记、省长郭庚茂，副省长陈雪枫等出席奠基仪式。宇通客车新基地总投资24.35亿元，厂区占地面积近千亩。

△为期4天的第四十七届海内外基础教育研讨会在郑州师范学院开幕。海内外知名专家将以短期密集的培训方式，进行海内外教育教学经验的交流和研讨。河南省人大常委会副主任蒋笃运、国家教育发展研究中心主任张力等出席开幕式。

△河南省副省长张大卫带领省口岸办、申建办、郑州海关等相关部门负责人，现场查看郑州新郑综合保税区迎接国家正式验收准备工作情况，并召开现场办公会协调解决存在的问题。

△第八期非洲国家政府官员新闻研修班成员一行莅临郑州市参观考察。国务院新闻办公室干部培训中心主任胡伟平等陪同参观考察。

22日

△民政部优抚安置局副巡视员张俊华、解放军总后勤部政治部副秘书长戴新桥率领全国双拥模范城检查考评组到郑州，对郑州市创建全国双拥模范城工作进行实地检查考核。

23日

△由市政府和《中国会展》杂志社联办的第七届中国国际会展文化节在郑州开幕。国际展览局名誉主席吴建民，中国国际经济交流中心秘书长、商务部原副部长魏建国，国家发改委国际合作中心主任曹文炼，国际展览业协会当选主席陈先进,中国会展理事会理事长刘海莹等出席开幕式。

△“会展人郑州之夜”暨中国会展金海豚大奖颁奖晚会在郑州国际会展中心举行。郑州、成都、杭州等10个城市荣获“中国品牌会展城市”，郑州市副市长薛云伟入选“中国会展十大新闻人物”，郑州国际会展中心入选“中国品牌会展场馆”。

25日

△卫生部大型公益项目、郑州市惠民工程——“健康快车”郑州行项目正式启动。卫生部国际合作司副司长王立基，河南省十届人大常委会副主任、省助残济困总会主席张世军，省慈善总会常务副会长杨德恭，省残疾人联合会常务副理事长李国成等出席启动仪式。

26日

△河南省省长郭庚茂到省气象局、郑州黄河花园口马渡控导工程现场、中牟县小清河瓦灰郭段治理工地等检查防汛工作，并听取了全省防汛抗旱工作汇报。

△市委书记连维良、代市长吴天君与郑州海关领导共同召开海关建设座谈会，双方就郑州海关驻郑州经济技术开发区、出口加工区、综合保税区办事处筹建工作进行了充分沟通，并达成一致意见。

△22时到次日凌晨2时，市委副书记、代市长吴天君，副市长王跃华分别带领有关人员，对郑州市部分复工复产煤矿进行突击暗访检查。

30日

△扬子江快运航空有限公司“上海—郑州—卢森堡—布拉格—上海”货运航线成功首航。这是郑州第一条直达欧洲的国际货运定期航线。该货运航班由扬子江快运的波音747-400SF型飞机执行。

8月

1日

△卫生部副部长刘谦带领全国“两纲”终期评估检查组莅临郑州，检查、指导郑州市妇女儿童工作。

2日

△市委、市政府向全市发出通知，要求各县（市）区、市直有关部门立即进行危房排查，重点排查原有危房、因持续降雨新形成的危房隐患等。市委书记连维良、代市长吴天君分别带领市直有关部门负责人冒雨到城区内部分危旧房集中区域，现场察看了解危旧房在汛期安全情况，研究临时性防护措施和改造方案。

3日

△郑州新郑综合保税区顺利通过由海关总署、国家发改委、财政部等十部委（局）组成的国家联合验收组正式验收。联合验收组组长、海关总署加工贸易司司长张皖生和河南省副省长史济春共同签署《郑州新郑综合保税区（一期）验收纪要》，并为郑州新郑综合保税区揭牌。

4日

△河南省委书记、省人大常委会主任卢展工到郑州市调研。深入在郑的省重点项目建设现场，详细了解重点项目建设和郑州市经济社会发展情况，并在随后召开的省重点项目建设座谈会上发表重要讲话。

5日

△第四届“新医改、新实践”高层论坛在郑州市开幕。来自哈佛大学公共卫生学院中国项目部高级顾问、清华大学卫生与发展研究中心研究员刘庭芳，上海财经大学卫生政策与管理研究中心主任俞卫等20多名专家莅临郑州市，共同探讨交流“片医负责制”郑州模式的实践意义。

△郑州宜居职教城总体规划整合方案专家评审会在黄河饭店召开，会议顺利通过了郑州宜居职教城总体规划。

8日

△河南省人大常委会副主任

刘新民带领省人大常委会调研检查组，到中牟县、新郑市调研县域经济发展情况，并对郑州市关于《河南省信息化条例》的贯彻执行情况进行执法检查。

10日

△国务院南水北调办公室副主任蒋旭光到中牟县移民新村进行调研。

△河南省委常委、政法委书记李新民到金水区检察院调研督导“发扬传统、坚定信念、执法为民”主题教育实践活动。

14日

△莫桑比克总统格布扎在郑州市考察。在省市领导史济春、薛云伟的陪同下，格布扎一行到少林寺、郑东新区进行了参观。

15日

△国家林业局党组书记、局长贾治邦调研郑州市林业生态建设情况。

16日

△全国人大常委会副委员长路甬祥带领全国人大常委会《中华人民共和国劳动合同法》执法检查组到河南省进行执法检查。检查组在郑州召开座谈会，听取贯彻实施劳动合同法的情况汇报。

△最高人民检察院党组成员、纪检组组长莫文秀专程到其联系点金水区人民检察院进行“关于解决群众反映强烈问题的几点思考”专题辅导。

17日

△河南省人大常委会党组书记、副主任曹维新率领部分驻豫全国人大代表到郑州市调研保障性住房建设管理情况。

19日

△最高人民检察院党组成员、纪检组组长莫文秀对郑州市基层检察院廉政建设进行调研，并给予高度评价。

△郑州市召开富士康项目推进暨航空枢纽建设工作会议。市委副书记、代市长吴天君出席会议并作重要讲话。

20日

△郑州市召开安全生产委员会全体（扩大）会议。市委副书记、代市长吴天君强调，要提高站位，强化安全生产在发展全局中首要地位的理念，强化责任，严格督查，确保郑州市安全生产形势持续稳定好转。

21日

△市委书记连维良，市委副书记、代市长吴天君率领郑州市党政考察团赴新乡学习考察新型农村社区规划建设和新型城镇化工作。

22日

△国家文物局发布《国家文物博物馆事业发展“十二五”规划》，郑州市被确立为“十二五”期间国家重点支持的六大遗址片区之一。

22-23日

△国务院南水北调办公室副主任张野在郑州市调研南水北调中线工程建设情况。

23日

△广东省惠州市委书记、市人大常委会主任黄业斌，代市长陈奕威率领惠州市党政考察团来郑州市考察。郑州市领导连维良、吴天君等会见代表团一行。

24日

△郑州慈善总会举办2011年“牵手工程”暨阳光助学活动启动仪式，为全市300名贫困学子资助善款150万元，用于他们大学一年级的费用。市委常务副书记、郑州新区党工委书记李柳身，市政协副主席李新有出席捐赠活动。

25日

△豫粤经贸合作交流见面会在郑州国际会展中心轩辕堂举行。河南省委副书记、省长郭庚茂出席见面会并发表讲话。

△为期两天的市十三届人大常委会第二十二次会议结束。会议表决通过了有关报告、条例及人事任免案。任命马健、张学军为郑州市人民政府副市长，任命文广轩为郑州市农业农村工作委员会主任；决定免去韩绍林郑州市农业农村工作委员会主任职务。

26日

△“2011年河南省承接产业和技术转移合作交流洽谈会”在郑州国际会展中心开幕。全国政协副主席、全国工商联主席黄孟复宣布大会开幕。省委书记、省人大常委会主任卢展工出席开幕式。省委副书记、省长郭庚茂，商务部副部长蒋耀平分别致辞。

△“加快加工贸易发展促进中原经济区建设论坛”举行，商务部副部长蒋耀平、海关总署副署长孙毅彪，河南省副省长史济春出席论坛。市委副书记、代市长吴天君受邀作题为“大力发展加工贸易全力打造中原经济区核心增长区”的演讲。

△郑州市与来郑参加“2011年河南省承接产业和技术转移合作交流洽谈会”的跨国公司代表团举行集体见面会。中国外商投资企业协会副会长邵祥林、中国美国商会副会长王晓平、法国威立雅税务集团副总裁黄晓军、泰国万蒲集团高级顾问汪洁等29家跨国公司代表出席见面会。市委书记连维良与代表团成员见面并讲话。

△郑州都市区建设暨国际物流园区推介会在郑州会展中心举行。省委常委、常务副省长李克，市委书记连维良，市委副书记、代市长吴天君等出席会议。

△市委副书记、代市长吴天君会见参加“2011年河南省承接产业和技术转移合作交流洽谈会”的部分重要客商。

28日

△宇通重工·宇通环保新工业园区奠基仪式在郑州国际物流园区举行。新工业园区规划总占地133.33公顷。河南省副省长史济春、陈雪枫等出席奠基仪式。

29日

△中国共产党郑州市第十次代表大会在市青少年宫开幕。市委书记连维良代表中共郑州市第九届委员会向大会作了题为“全面提高党的建设科学化水平，为加快建设郑州都市区、打造中原经济区核心增长区而努力奋斗”的报告。

31日

△市委副书记、代市长吴天君到停靠在郑州市的“健康快车”火车医院，看望“健康快车”郑州行项目医疗专家和白内障患者。

9月

1日

△历时4天的中国共产党郑州市第十次代表大会闭幕。大会通过了《关于中共郑州市第九届委员会工作报告的决议》《关于中共郑州市纪律检查委员会工作报告的决议》《关于〈中原经济区郑州都市区建设纲要（2011-2020年）〉的决议》。

△中国共产党郑州市第十届委员会第一次全体会议召开，连维良当选为市委书记，吴天君、李柳身当选为市委副书记；连维良、吴天君、李柳身、王璋、胡荃、舒庆、赵瑞东、高建慧、孙金献、刘贵新、王哲、薛云伟、王跃华、黄保卫当选为市委常委。

△中国共产党郑州市第十届纪律检查委员会举行第一次全体会议，选举产生了新一届市纪委常务委员会委员、书记和副书记，新当选的市委常委、市纪委书记王璋在会上讲话。

△主题为“谨防网络欺诈销售假药”的“全国安全用药月”河南省暨省会（郑州）启动仪式在绿城广场举行。省人大常委会副主任王文超、副省长赵建才、省政协副主席靳绥东等参加启动仪式。

△河南省质量宣传月活动在绿城广场启动，副省长赵建才发布启动令。

3日

△河南文化产业大厦奠基，省首家以文化产业为主导的商务综合体正式启动。全国人大常委会农村与农业委员会委员王明义等出席启动仪式。项目位于东风东路与商鼎路交会处。总建筑面积15.5万平方米，总投资约5亿元。

△中国企业联合会、中国企业家协会发布2011中国企业500强名单。河南省14家企业上榜，其中总部在郑州的企业为5家。

3-4日

△由郑州市第一人民医院承办的“2011全国严重烧伤早期综合防治研讨会”在郑州市举行。

9日

△解放军总政治部办公厅第二秘书局副局长王文明、司法部法律援助司副司长王军益带领调研组到郑州市，视察涉军法律援助工作。

△107国道新郑境改建工程开工建设。市领导白红战、王旭彤、张建慧参加开工仪式。

△市委副书记、代市长吴天君会见微软大中华区副总裁曾良一行。

△市委副书记、代市长吴天君会见国家开发银行河南省分行行长王卫军一行，双方就进一步深化合作进行了深入交流、探讨。

14日

△四川省委副书记、省长蒋巨峰带领四川党政代表团莅临郑州市考察。

△市委、市政府召开安全生产工作紧急会议，传达贯彻河南省委书记卢展工在省防汛抗旱指挥部调研时的重要讲话精神，安排部署安全生产、食品安全、社会治安、信访稳定、市场监管等工作。市委书记连维良、代市长吴天君分别讲话。

15日

△河南省文化产业的基础性、标志性重点工程——河南出版产业基地三期工程，在郑东新区中国河南出版产业园正式开工建设。省市领导孔玉芳、陈雪枫、李公乐等出席开工仪式。整个工程项目总规划用地16.87公顷，总建筑面积62万平方米，分三期建设。

△香港商报中原新闻中心揭牌仪式在郑州国际会展中心轩辕堂举行。河南省委常委、宣传部部长、副省长孔玉芳和《香港商报》总编辑陈锡添共同为中心揭牌。

16日

△为期3天的第十七届郑州全国商品交易会暨日用消费品博览会在郑州国际会展中心开幕。本届郑交会由河南省政府主办，郑州市政府、省商务厅承办。副省长赵建才，省商务厅厅长李清树，市委副书记、代市长吴天君出席开幕式。

17日

△第二届中国豫剧节开幕式暨戏曲晚会在河南艺术中心大剧院举行。中共中央政治局委员、全国政协副主席王刚，原中共中央政治局委员、中央军委副主席、国防部部长曹刚川致信祝贺。十届全国政协副主席张思卿宣布“第二届中国豫剧节开幕”。省领导卢展工、郭庚茂、叶冬松、李克、刘春良、连维良等出席开幕式并观看演出。

22日

△全国人大教科文卫委员会副主任委员刘永治到郑州市调研郑州新区规划建设情况。

△郑州市召开加强和提升城市管理工作专题会议。会议强调，要明确重点，创新举措，持续实施城市管理综合提升工程。市委书记连维良，市委副书记、代市长吴天君出席会议并分别讲话。

24日

△由中国社会科学院中国城市发展研究会主持的中国城市创新能力科学评价课题研究成果《2011年中国城市创新报告》正式发布。

在中国城市创新能力综合测评排名中，郑州市名列全国省辖市级城市第9位，是唯一进入前10名的中部地区省辖市级城市。

25日

△华北水利水电学院举行60周年校庆典礼。水利部部长陈雷，南水北调办公室主任鄂竟平，水利部副部长矫勇、李国英，河南省副省长徐济超、刘满仓等出席庆祝大会。

△市委书记连维良主持召开交通综合整治领导小组工作会议，听取各成员单位汇报，查找交通拥堵症结，安排部署下一阶段交通综合整治工作。

△河南省公共卫生临床救治中心在郑州大学第一附属医院揭牌成立。

26日

△中央纪委驻质检总局纪检组组长王炜带领中央加快转变经济发展方式检查组到郑州，就郑州市水利改革发展和保障性安居工程建设政策落实情况进行检查。

27日

△郑州市邀请西安交通大学马克思主义学院院长、博士生导师王宏波教授在市委党校作加强和创新社会管理专题讲座。市领导连维良、胡荃、黄保卫等出席报告会。

29日

△中华医学会临床药学分会在郑州市成立。河南省著名临床药学专家、郑州大学副校长、郑大一附院院长、博士生导师阚全程教授当选为中华医学会临床药学分会第一届主任委员。这是河南省医学发展史上零的突破，也是河南省医学界自新中国成立以来唯一的国家专业委员会主任委员。

10月

4日

△市委、市政府召开全市政法工作座谈会，全面深入了解郑州市政法工作面临的困难和问题，认真听取全市政法稳定系统围绕工作改进提出的意见和建议，安排部署政法工作。市委书记连维良出席会议并讲话。

6日

△市委、市政府召开县（市）区主要负责人座谈会，听取城市组团发展、城郊村合村并城、城乡社区建设等工作推进中存在的问题、下一步打算及工作建议，研究部署省会安全稳定、加快都市区建设、提升城市规划建设管理水平等工作。市委书记连维良，市委副书记、代市长吴天君出席会议并分别讲话。

8日

△市委、市政府召开专题会议，传达学习《国务院关于支持河南省加快建设中原经济区的指导意见》，市委书记连维良结合郑州市实际，提出十条贯彻落实措施。

10日

△由河南省委办公厅、省委组织部、省委宣传部、省委省直工委、省委老干部局等部门组织的“用领导方式转变加快发展方式转变”首场专题报告会在市青少年宫举行。全国人大农业与农村委员会委员、省人大常委会原副主任王明义，省政协原副主席胡悌云，省人大常委会原副主任贾连朝，省政协原副主席郭国三，省政协原副主席陈义初等5位省级老同志作专题报告。市委书记连维良主持报告会。

△郑州新区白沙组团、绿博组团（中牟新城）核心区城市设计方案国际征集说明会举行。市领导胡荃、赵瑞东、李公乐等出席。

11日

△以国家煤矿安全监察局行管司司长曹安雅为组长的国务院安委办第二督导组到郑州，督促检查郑州市安全生产工作。

△由郑州市创作演出的舞剧《水月洛神》和豫剧《斗笠县令》被确定为第十三届中国上海国际艺术节的正式参演剧目，《水月洛神》更被中国上海国际艺术节确定为开幕式演出剧目。河南省委常委、常务副省长李克接见《水月洛神》和《斗笠县令》主创和演职人员。

12日

△2011年中国糖酒食品博览会暨国际糖酒商品交易会在郑州国际会展中心开幕。该博览会由商务部流通产业促进中心支持，中国副食流通协会、中国对外经济贸易咨询公司主办，郑州市政府承办。这是郑州市首次联合中国副食流通协会等单位举办该博览会。原国内贸易部副部长、中国商业联合会名誉会长何济海，中国商业联合会副会长安惠民，中国副食流通协会会长何继红，中国乳制品工业协会理事长宋昆冈等出席开幕式。

13日

△河南省省长郭庚茂在郑州考察中原福塔、河南日报报业集团印务中心、郑州华强文化科技产业基地、国家动漫产业发展基地（河南基地）、河南电子音像出版社数字出版等文化产业项目。

△全市村级组织换届选举暨社区建设和帮扶工作会议召开。市委书记连维良作重要讲话。

△新华社播发长篇通讯《中国特色网络文化与时俱进蓬勃发展——党的十七大以来我国网络文化建设综述》，报道郑州ZZIC（郑州市媒体网络事项督办中心）网络问政创新之举。

14日

△济南军区副司令员刘沈扬到郑州视察警备区新营区规划建设情况。

△全市安全生产委员会全体（扩大）会议暨煤炭企业兼并重组工作会议召开。市委副书记、代市长吴天君出席会议并作重要讲话。

18日

△全国个体工商户、私营企业“光彩服务日”在绿城广场举行启动仪式。国家工商总局副局长钟攸平、中国个体劳动者协会会长甘国屏、中国个体劳动者协会秘书长柳文福等出席。

△河南省副省长张大卫带领省环保厅、住房和建设厅等有关部门负责人到中牟对白沙组团污水处理厂、明山庙村生活污水处理示范项目进行调研。

△市委书记连维良主持召开房地产开发重点企业座谈会，研究房地产企业在发展中面临的问题及应对举措。

19日

△随着省长郭庚茂的宣布令，河南（郑州）新加坡国际物流产业园正式奠基，首批5个入驻项目开工建设。郭庚茂，省委常委、郑州市委书记连维良，副省长赵建才，新加坡国际企业发展局中国司司长、新加坡驻华大使商务参赞林瑞光等共同为河南（郑州）新加坡国际物流产业园培土奠基。

△全市水利工作会议召开。会议传达贯彻中央一号文件《中共中央国务院关于加快水利改革发展的决定》和中央、省委水利工作会议精神。市委书记连维良出席会议并作重要讲话，市委副书记、代市长吴天君主持会议。

△由省旅游局、河南日报报业集团、郑州市政府主办的中原经济区区域旅游合作交流会议、沿黄九省区黄河之旅旅游联盟第一次会议在郑州举行。河南省副省长赵建才、国家旅游局规划财务司司长张吉林、省旅游局局长范修芳等，市委副书记、代市长吴天君参加会议。

20日

△参加“2011豫台经贸洽谈会暨台商中原行”活动的台湾驻港金融联谊会一行10余人莅郑考察，宾主双方就豫台金融交流进行座谈。中央政府驻港澳联络办台湾事务部处长胡相国、省台办副巡视员郭俊虎等，市委常委、郑州新区党工委书记赵瑞东出席。

23-24日

△全国政协副主席陈奎元莅临巩义市竹林镇视察，并出席竹林长寿山第四届红叶节开幕式。

24日

△东风日产郑州60万台发动机工厂奠基、20万产能扩建完成暨第10万辆整车下线仪式在国家郑州经济技术开发区举行。河南省委副书记、省长郭庚茂，东风汽车公司董事长、党委书记徐平出席仪式，共同为60万台发动机工厂培土奠基，并为第10万辆整车下线揭幕。

△中央电视台河南记者站在郑州成立。省委常委、宣传部部长、副省长孔玉芳，中央电视台总工程师丁文华出席成立仪式并为记者站揭牌。

27日

△首届网络问政与社会管理创新研讨会暨2011中原网盟年会举行，郑州市网络问政全媒体平台同时开通。这标志着郑州市网络问政进入一个新阶段。

28日

△万达集团布局郑州的首个项目——投资50亿元的郑州中原万达广场开业。开业典礼上，万达集团向郑州慈善总会捐款50万元，用于扶贫济困。

△为期两天的市十三届人大常委会第二十三次会议结束。会议表决通过了《郑州市人民代表大会常务委员会关于加快中原经济区郑州都市区建设的决定》，决定任命李公乐为市人民政府副市长。

31日

△郑州市委托商业保险机构开展新农合经办服务启动。这标志着郑州市新农合“管办分离”新机制正式建立，同时开创了省会城市委托商业保险机构开展经办服务体制改革的先河。卫生部副部长刘谦，市委副书记、代市长吴天君等出席启动仪式。

11月

1日

△交通运输部部长李盛霖到郑州市调研交通重点项目建设情况。河南省委副书记、省长郭庚茂，副省长张大卫等陪同调研。

△河南省人民政府与交通运输部《贯彻落实国务院〈关于支持河南省加快建设中原经济区的指导意见〉加快推进交通运输发展会谈纪要》签字仪式在郑州举行。省委书记、省人大常委会主任卢展工出席签字仪式，省委副书记、省长郭庚茂和交通运输部部长李盛霖分别代表河南省政府和交通运输部在《会谈纪要》上签字。

△凌晨5时58分，中国“长征二号F”遥八运载火箭在酒泉卫星发射中心载人航天发射场点火起飞，将“神舟八号”飞船成功送入太空，来自黄帝故里——新郑的红枣种子有幸搭乘“神八”一起遨游太空。

1-2日

△中央政法委副秘书长王其江带领调研组莅临新郑，调研社会管理创新工作和“发扬传统、坚定信念、执法为民”主题教育实践活动，并征求意见、建议。

2日

△市交通枢纽工程指挥部决战四季度动员大会召开。郑州市首次提出要建设交通绿道，10条市域快速道将率先实施。市人大常委会主任、市交通枢纽工程指挥部指挥长白红战参加会议。

2-3日

△河南省政协主席叶冬松带领省政协视察团，就民生工作到郑州视察。

3日

△河南省人民政府、国家烟草专卖局共建郑州轻工业学院签字仪式举行。郑州轻工业学院1980年就设立了国内第一个烟草科学与工程本科专业，是国家级特色专业、省名牌专业、省级重点学科。

4日

△建设银行河南省分行与市政府举行战略合作框架协议签字仪式。省委常委、代市长吴天君，建设银行河南省分行党委书记、行长石亭峰分别代表郑州市政府和建行河南省分行在协议书上签字。

△郑州新郑综合保税区封关运行。郑州综合保税区海关开关、郑州综合保税区出入境检验检疫局开检仪式，在郑州新郑综合保税区主卡口外举行。河南省委副书记、省长郭庚茂，海关总署署长于广洲、副署长孙毅彪，国家质检总局副局长魏传忠，富士康科技集团总裁郭台铭、副总裁黄秋莲，以及省委常委、郑州市委书记连维良，省委常委、副省长史济春，省委常委、郑州市代市长吴天君，副省长赵建才出席仪式。

5日

△郑州市通过国家节水型城市专家组复查验收。中国城镇供水排水协会副秘书长丁五禾、河南省住房和城乡建设厅副厅长王国清等参加复审汇报会和反馈会。

6日

△由阳城集团出资6.67亿元、按照卫生部三级甲等医院标准建设的重大民生工程——河南阳城医院在登封市正式开工。省人大常委会副主任王文超等参加奠基仪式。

7日

△市委、市政府举行庆功宴会，迎接第七届全国城运会郑州市代表团凯旋。市委副书记、代市长吴天君在庆功宴会前接见郑州代表团体育健儿。在第七届城运会上，郑州市夺得11枚金牌、12枚银牌、14枚铜牌，创造历次参会最佳成绩。

△河南省副省长赵建才到郑州调研轨道交通建设情况。

△由中国广播电视协会电视剧编剧工作委员会、河南省委宣传部主办，河南省广电局、河南电视台承办的“中国电视剧编剧首届（郑州）论坛”在郑州市开幕。省委常委、常务副省长李克出席开幕式并致辞。中国广播电视协会电视剧编剧工作委员会是我国第一个国家级电视剧编剧组织，此次论坛是其成立后举办的首个论坛。

8日

△河南省委常委、省纪委书记尹晋华一行到郑州综合交通枢纽郑州东站及公路客运站项目建设现场进行调研。

9日

△全国工会工资集体协商经验交流会在郑州举行。全国总工会党组书记、副主席、书记处第一书记王玉普出席会议并讲话。全国总工会党组副书记、副主席、书记处书记张鸣起主持会议。河南省委副书记、组织部部长邓凯致辞。

11日

△工业和信息化部部长苗圩莅临郑州市，到部分工业企业进行调研。

12日

△由工业和信息化部、河南省政府共同主办的第二届中国郑州产业转移系列对接活动在郑东新区国际会展中心轩辕堂开幕。河南省省长郭庚茂、工业和信息化部部长苗圩共同启动开幕装置。工业和信息化部党组成员、总工程师朱宏任，国务院参事、中国有色金属工业协会会长陈全训等出席开幕式。

△工业和信息化部部长苗圩到郑州经济技术开发区调研，视察了郑州日产第二工厂。

14日

△郑州汽车城总体规划（2011-2030年）评审论证会举行。河南省委常委、市委副书记、代市长吴天君出席会议并讲话。省工信厅副厅长杨新方出席会议。

15日

△市委副书记、代市长吴天君主持召开全市新型城镇化重点工作推进会。安排部署以城中村改造、旧城改造、合村并城、新型农村社区、产业集聚区建设等为主要内容的推进郑州都市区新型城镇化各项工作。

△河南省副省长赵建才到郑州铁路局调研铁路棚户区改造情况，要求各相关部门和单位通力合作，加快实施改造建设项目。

16日

△市委书记连维良主持召开郑州市第二次加强和创新社会管理工作推进会，听取全市创新社会管理工作进展和新郑市推进全国社会管理创新综合试点工作情况汇报，研究部署郑州市社会管理创新重点工作。

17日

△全市依法行政工作会议召开。省委常委、市委副书记、代市长吴天君出席会议并作重要讲话。

△省委常委、市委副书记、代市长吴天君在市政府会见由日本埼玉市市长清水勇人率领的埼玉市政府代表团、议会代表团一行。

△河南省委常委、市委副书记、代市长吴天君带领驻郑省人大视察团，赴开封就新区建设及文化旅游产业发展进行视察。

△首届郑州嫘祖文化国际学术研讨会在郑州市举行。中宣部原常务副部长、全国政协常委龚心瀚，河南省九届政协副主席毛增华以及来自海内外的专家学者参会。本次研讨会由省委宣传部主办，省创意产业协会、省文化强省建设协会、省炎黄文化研究会、中原报业传媒集团协办。

△河南省人大常委会副主任铁

代生带领省人大调研组到郑州市调研水产工作。

18日

△位于花园路与国基路交叉口的郑州市人才交流中心（北区）人才市场正式启动运行。

△学习贯彻省第九次党代会精神省委宣讲团一行莅临郑州市，在市青少年宫进行首场报告会。省委副秘书长、省委办公厅主任、省委政研室主任白建国同志作宣讲报告。市委书记连维良主持报告会。

18-19日

△国务委员、公安部部长孟建柱到河南省调研。孟建柱一行深入郑州、新乡、焦作、洛阳等地，进机关、入学校、下社区，与基层公安干警和人民群众亲切交流，对河南经济社会发展和河南公安工作取得的显著成绩给予充分肯定，对做好下一步的工作给予明确指示。省委副书记、省长郭庚茂，公安部副部长黄明，省领导连维良、毛万春、李新民、秦玉海等陪同调研。在郑期间，孟建柱先后到郑州市紫云社区、升龙社区，对社区民警从小事、小处做起，具有人文关怀的举措非常赞赏，并考察了社区消防网格化管理工作。调研期间，孟建柱还考察了铁道警官高等专科学校的教育教学工作。

22日

△2011郑州小微企业融资洽谈会召开。省委常委、市委副书记、代市长吴天君出席洽谈会开幕式并讲话，市委常委、统战部部长、副市长王跃华主持开幕式。

23日

△由中央政法委、中央综治委联合组织的“走基层——见证社会管理创新”集中采访团莅临郑州市，对郑州市社会管理创新工作进行专题采访。采访团由《人民日报》《光明日报》《法制日报》等12家中央媒体组成。

△郑州市召开食品安全暨“地沟油”专项整治工作会议，进一步部署全市食品安全工作。市委常委、常务副市长胡荃，市委常委、副市长薛云伟，副市长刘东出席会议。会议指出，2011年年底前，各县（市）区要调整成立食品安全委员会，同时组建县（市）区食安办，市政府办公厅将组织督导检查，对不执行者启动问责机制，在全市通报，并在年底食品安全绩效考核中实施一票否决。

24日

△有中国创意产业“奥斯卡”美誉的第六届中国创意产业年度大奖在京揭晓，位于郑州高新区的国家动漫产业发展基地（河南基地）荣获“最佳园区奖”。这是全国唯一跻身最佳园区的动漫创意发展基地，也是高新区全力打造的千亿级新兴主导产业结下的又一硕果。

24-25日

△以国家知识产权局副局长贺化为组长的考察组莅临郑州市，就河南省、郑州市申请在郑共建国家知识产权局专利审查协作（河南）中心有关事宜进行考察。

25日

△中科院院士曾毅实验室在市疾控中心挂牌成立。

26日

△由省政府和韩国驻中国大使馆共同主办的2011年中国（河南）—韩国合作交流洽谈会开幕式暨项目签约仪式在郑州国际会展中心举行。省长郭庚茂宣布开幕，韩国驻华大使李揆亨，省委常委、常务副省长李克分别致辞。省委常委、副省长史济春主持开幕式。

△郑州人民医院脑科医院正式开业应诊。市政协主席李秀奇、省卫生厅副厅长夏祖昌、市人大常委会副主任王旭彤等出席开诊仪式。

△市卫生监督局揭牌成立。市领导李秀奇等出席揭牌仪式。

△由市检察院和二七区检察院联合主办的“坚持正确执法理念、努力提升办案质量”主题研讨会在郑州市举行。中国政法大学教授樊崇义、卞建林，中国人民大学法学院教授陈卫东，北京师范大学法学院教授宋英辉等参加研讨会。

26-27日

△省委常委、市委副书记、代市长吴天君率领市直相关部门、各县（市）区及开发区管委会负责人一行50余人组成的党政代表团赴武汉考察。考察期间，武汉市委副书记、市长唐良智会见了考察团一行。

28日

△郑州CSD国际时尚商贸中心项目签约仪式在郑举行。河南省委常委、市委书记连维良，省委常委、市委副书记、代市长吴天君，省文化强省建设和文化体制改革工作领导小组副组长、中原文化艺术学院（筹建）院长卢大伟等出席签约仪式。项目投资方负责人世纪金源投资集团有限公司董事会主席黄如论、合展（集团）有限公司董事局主席田伟、百荣投资控股集团有限公司董事长蒋柏荣等出席签约仪式。该项目位于二七新城大学路以东、南四环以南、京广（郑平）路以西，涉及二七区、管城回族区，总占地面积约200公顷，总投资约260亿元，建设周期约为6年。

△郑州市举行座谈会，欢迎世界银行中国郑州城市轨道项目预鉴别团一行莅临郑州市考察。省委常委、市委副书记、代市长吴天君，市委常委、常务副市长胡荃，副市长张建慧出席座谈会。郑州轨道交通3号线一期工程项目已被列入国家利用世行贷款2012-2014财年规划备选项目，拟贷款额2.5亿美元。由世行专家欧杰带领的包括城市基础设施、交通运输、社会发展及环境等方面的专家组成的预鉴别专家团一行莅临郑州市，开始对郑州市世行贷款轨道交通3号线一期工程项目进行预

鉴别。

29-30日

△河南特色“三化”协调科学发展之路高层论坛在新密市举办。全国政协副主席、民盟中央第一副主席张梅颖出席论坛开幕式并作重要讲话。省委统战部部长刘怀廉，省委常委、市委书记连维良分别致辞。

30日

△郑州国家高新技术产业开发区首家综合性医院——郑州市中心医院信息工程大学分院暨高新区医院开诊。解放军信息工程大学副校长王亚弟少将、河南省卫生厅副厅长夏祖昌、副市长刘东等出席开诊仪式。

△107辅道道路及下穿隧道工程正式竣工。工程同时创下全省首个超千米城市隧道、郑州市政建设首次引入BT投资模式以及郑州新东站配套工程中首个完工项目三项第一。

△东风日产发动机郑州铸造工厂奠基暨万泰铝业入驻仪式在中牟汽车产业集聚区举行。副市长、郑州新区管委会主任李公乐出席仪式。该项目计划总投资约30亿元，占地约17.33公顷。

△市轨道交通1号线一期工程的会展中心主变电站开工建设。这标志着郑州市地铁建设从土建工程进入机电安装新阶段。

12月

3日

△华夏历史文明传承创新区与“天地之中”学术研讨会在郑州举行。研讨会由郑州中华之源与嵩山文明研究会主办，郑州市文物局、郑州嵩山文明研究院承办。河南省人大常委会副主任、研究会名誉会长王文超等出席。

△连霍高速公路郑州至洛阳段改扩建工程新建路段通车仪式在荥阳举行。省、市领导张大卫、白红战、张建慧等出席仪式。该工程全长106.391公里，其中郑州市境内长51.4公里，洛阳市境内长55公里。

4日

△纪念毛泽东同志诞辰118周年暨河南省毛体书法研究会成立大会在郑州市举行。全国政协教科文卫委员会副主任、原省政协主席王全书，省人大常委会副主任张程锋等出席大会。

5日

△市委、市政府召开“畅通郑州”交通综合整治专题会议，听取“畅通郑州”成员单位关于交通整治、市区停车场建设、快速公交二期拓展等情况汇报。市领导连维良、吴天君等出席会议。

6日

△郑州市举行省平安建设检查考核反馈会。市委书记连维良主持反馈会。

8日

△中国工程院公布2011年新增选的54名院士名单，河南省2名学者上榜，其中谢剑平为郑州烟草研究院研究员。

△2011年全国地市级药品不良反应监测工作推进会（中部地区）在郑州市召开。国家药品不良反应监测中心副主任张承绪，河南省食品药品监督管理局局长李广胜，市委常委、副市长薛云伟参加会议。

△郑州旅游说明会在韩国首尔格兰特·国宾酒店举行。国家旅游局驻首尔办事处主任刘志江、副主任刘海生，大韩航空客运事业部中国航线主管、航线Team长朴耀翰、韩进观光出境部部长赵相俊等出席会议。

9日

△郑州市召开驻郑银行贯彻央行下调存款准备金率精神座谈会。省委常委、市委副书记、代市长吴天君强调，市政府相关部门要与各驻郑金融机构建立信息沟通机制，建立工作合作例会制度，推进驻郑金融机构和地方合作共赢。

△郑州市国家级信息化和工业化融合试验区授牌仪式举行。工业和信息化部副部长杨学山向郑州市授牌并讲话，工业和信息化部信息化推进司副司长董宝青、河南省副省长陈雪枫等参加授牌仪式。

△郑州旅游职业学院新校区（郑州市职业教育园区）奠基仪式在中牟产业园区现代教育园区举行。河南省政协副主席龚立群、省教育厅副厅长崔炳建、市人大常委会副主任雷志、副市长刘东等参加仪式。该项目占地69.07公顷，建筑面积43万多平方米，设计规模1.8万人，总投资近10亿元，是郑州市教育局投资体量最大的建设项目。

△中国科学院公布2011年中科院院士增选结果，郑州大学国际磷化学实验室主任弗朗斯瓦·马蒂（Francois Mathey）成为河南省首位获得中国科学院外籍院士称号的“洋专家”。

△国家安全生产监督管理总局统计司司长彭玉敬带领调研工作组到郑州市，就安全生产工作情况进行检查。

△中央纪委驻国家民委纪检组组长李小满率中央纪委第六督导检查组莅临郑州市，对《廉政准则》贯彻执行情况开展督导检查工作。

10日

△农业部产业政策与法规司副司长黄延信率领国务院督导组莅郑，检查、指导郑州市农民工工作。

△郑州市在现场举行项目开工仪式，同步启动中原西路与西南绕城高速公路互通式立交等10个重点项目建设。河南省委常委、副省长史济春，省发改委副主任王红等，市领导连维良、吴天君等参加开工仪式。10个项目分别是中原西路与西南绕城高速公路互通式立交、刘湾水厂供水工程、中国龙工中原工

程机械生产基地、鑫泰铝业铝精深加工、中国巩义万洋国际商城、河南花花牛生物科技有限公司40万吨乳制品、中原区罗庄城中村改造、郑登快速通道（新密段）工程、郑东新区商鼎路及莲湖路东延工程、郑东新区超达国际广场项目，总投资超过200亿元。

13日

△由中华慈善总会、河南省慈善总会、郑州慈善总会三级慈善组织联合开展的“慈善情暖万家”活动在郑州市正式启动。中华慈善总会会长范宝俊一行先后到荥阳市、登封市，看望慰问困难群众。

△2011年中国郑州市旅游说明会在日本东京举行。中国驻日本国大使馆参事官兼总领事刘亚明，日本市原市日中友好推进协议会涉外理事小川三郎等应邀出席会议。

△中州大学综合实训基地（金河校区）举行奠基仪式。河南省政协副主席龚立群出席奠基仪式。该项目位于惠济区北大学城，总占地面积25.8公顷。

15日

△郑州市首个由企业捐资援建的红十字应急救护培训站在登封市卫生学校正式揭牌成立。中国红十字总会事业开发部部长牛田雄、省红十字会专职副会长何传军、副市长刘东出席揭牌仪式。

16日

△“河南省冬春农业科技大培训行动”在中牟县姚家乡罗宋村正式启动。农业部科教司副司长潘海平、河南省副省长刘满仓、省政府副秘书长程志明等参加启动仪式。

17日

△第三次全国文化馆评估结果公布，郑州市18个文化馆进入“国家级”。其中，国家一级文化馆3个（郑州市群众艺术馆、巩义市文化馆、新密市文化馆），国家二级文化馆5个，国家三级文化馆5个。

△文化部命名2011-2013年度“中国民间文化艺术之乡”，巩义市鲁庄镇、新密市超化镇榜上有名。

△郑州市举行项目开工仪式，同步启动三环快速化暨三环高架工程、郑州滨黄河森林公园示范园等5个重点项目建设。市领导连维良、王璋等出席开工仪式。

△郑州黄河滨河公园概念性总体规划成果汇报会举行。市领导连维良、王林贺出席会议。

18日

△郑州大学MBA教育10周年庆典举行。河南省副省长陈雪枫、国家发展和改革委员会宏观经济研究院副院长陈东琪、全国MBA教育指导委员会副主任委员赵纯均出席庆典仪式。

△郑州职业技术学院新校区奠基开工。这也是郑州宜居职教城的首个入驻学校。河南省政协副主席张亚忠、省教育厅副厅长贾修国、市领导李秀奇等参加奠基仪式。

19日

△山东省菏泽市委书记赵润田，菏泽市委副书记、代市长孙爱军带领菏泽市党政考察团到郑州市考察。

△郑州市中级人民法院拖欠农民工工资案件执行款集中发放仪式在郑州市总工会举行，3家建筑企业和10余名农民工代表领到了2300万元工程款和农民工工资。河南省高级人民法院院长张立勇，省总工会副主席王永领，市委常委、政法委书记、市公安局局长黄保卫等出席发放仪式。

△作为郑东新区拓展区，郑州新区白沙—绿博组团城市设计国际征集方案评审会在郑州举行。省环境保护厅副厅长陈新贵、省水利厅副厅长王国栋等，市领导胡荃、赵瑞东等出席评审会。

20日

△“心系新生命——问候生命”科学育儿家庭教育工程2012年全国启动仪式暨“心系妇女儿童”郑州市新年慰问活动启动。十届全国人大常委会副委员长、中国关心下一代工作委员会主任、全国心系系列活动组委会名誉顾问顾秀莲，国务院妇女儿童工作委员会办公室原常务副主任、中国关心下一代工作委员会副秘书长、全国心系系列活动组委会副主任李启民等参加仪式。

△第三届全国文明城市评选结果揭晓，郑州市被中央文明委授予“全国文明城市”称号。河南省委常委、市委书记连维良赴京参加颁奖大会。

△省社会科学研究基地开工奠基仪式在郑州新区中牟产业园白沙组团工地举行。河南省委常委、省纪委书记尹晋华，省人大常委会副主任张程锋，副省长赵建才等出席奠基仪式。

△第三批全国文明村镇、文明单位评选结果公布，郑州市金水区庙李镇和5家单位（郑州市财政局、郑州市国家税务局(机关)、中国移动通信集团河南有限公司郑州分公司、郑州市人民检察院、郑州市金水区直属机关事务管理局）榜上有名。

23日

△市委副书记、代市长吴天君会见正在河南省进行非正式访问的澳大利亚新南威尔士州怀昂郡郡长道格·依顿先生一行。

△雏鹰农牧15万吨冷鲜肉暨40万吨饲料加工项目在新郑开工。省重点项目办副主任石新宽，省畜牧局副局长杨文明，市领导胡荃、王哲出席开工仪式。

△市政府印发通知，公布《投资建设公共停车场优惠政策实施细则》，积极推进郑州市停车基础设施建设，有效缓解停车难问题。

24日

△在第八届“荷花奖”舞剧·舞蹈诗比赛揭晓奖项中，由郑

州歌舞剧院打造的大型原创舞剧《水月洛神》摘得大赛含金量最高的奖项——金奖第一名，并一举夺得编导奖第一名、最佳舞台设计等5个单项奖。

26日

△16时05分，伴随着CZ3972航班顺利降落，郑州机场迎来2011年运送的第1000万名旅客，年旅客吞吐量一举突破千万人次大关，正式跨入全国“千万级”大型机场行列。

△郑州市创建国家公共文化服务体系示范区动员部署会召开，各责任单位递交了目标责任书。市领导丁世显主持会议。

27日

△市委召开市级领导干部会议，传达省委关于市政府主要领导调整的决定。省委组织部常务副部长王保存受省委委托作重要讲话。省委组织部地方干部处处长杨韫宣读了省委关于吴天君、马懿、岳文海职务任免的决定：马懿任中共郑州市委委员、常委、副书记，提名为郑州市人民政府市长候选人，吴天君不再担任郑州市委副书记、常委、委员；岳文海不再兼任中共郑州市委副书记、常委、委员，不再担任郑州新郑综合保税区党工委书记。

△郑州市群众艺术馆被国家文化部命名为“一级文化馆”，河南省文化厅副厅长崔为工，市委常委、宣传部部长王哲出席揭牌仪式。

29日

△郑开大道与京港澳高速公路互通式立交建成通车。至此，郑州绕城高速公路出入口增加到11个。

30日

△汇聚郑州市各级党政机关和职能部门的互动网络平台“心通桥”微博发布厅正式上线。这是郑州市首次，也是全国规模最大的地方政府微博集体开通。

△郑州市志愿者联合会召开成立大会。市委常委、宣传部部长王哲出席。

△郑州市举行新任领导干部廉政谈话会暨“清风绿城、祥和新春”廉政教育月活动启动仪式。河南省纪委副书记米剑峰，市委副书记、市纪委书记王璋等出席会议。

△市十三届人大常委会第二十五次会议举行，通过了关于接受吴天君辞去郑州市人民政府副市长、代理市长职务的决定，以及关于任命马懿为郑州市人民政府副市长、代理市长职务的决定。

第三篇 特色郑州

郑州都市区建设

【概况】 2011年9月1日，中国共产党郑州市第十次代表大会审议通过《中原经济区郑州都市区建设纲要（2011-2020年）（草案）》。郑州都市区是以主城区为核心，以发达的交通通道为依托，以一体化的规划为指导，以组团发展、产城互动、复合型、生态型为发展路径，辐射带动其他区域快速发展，促进各功能区间相互联系与协作，构筑功能布局合理、空间利用高效、承载能力强劲、产业特色突出、社会和谐友好、人民富裕文明的现代化都市区。

郑州都市区建设坚持组团发展、产城互动、复合型和生态型的发展理念，按照“核心、组团、多点”布局，建设以郑州新区和中心城区为核心，以便捷交通为纽带，以绿色生态为基础，实现生活空间与生产空间、空间开发与产业布局、城市建设与生态环境相协调的发展格局，全面推进全域城市化。

各组团以建设都市区城市功能组团为目标，区分产业差异，明确发展定位，突出比较优势，彰显城市特色，以快速便捷的立体交通为纽带，把县城特别是县城新区作为融城先导区，推动组团与中心城区一体化发展。

【郑州都市区建设总体思路】 郑州都市区建设的总体思路是：高举中国特色社会主义伟大旗帜，以邓小平理论和“三个代表”重要思想为指导，深入贯彻落实科学发展观，坚持“四个重在”实践要领，深化落实跨越式发展战略，以建设郑州都市区为载体，以加快转变经济发展方式为主线，以富民强市为中心任务，以打造中原经济区核心增长区和全国重要的区域性中心城市为目标，建设全国综合交通枢纽城市、先进制造业基地、现代服务业中心、现代农业示范区，大力推进产业结构调整，大力推进新型城镇化，大力推进文化建设，大力推进改革开放，大力推进民生改善和社会管理创新，大力推进党的建设，在中原经济区建设中发挥好龙头作用、重心作用和示范作用，全面建成现代化的郑州都市区。

加快郑州新区建设，打造郑州都市区核心增长极，充分发挥其在郑州都市区建设中的龙头、带动、示范作用，是郑州新区建设的重点和核心。

以打造郑州都市区核心增长极为目标，以城市功能区、产业集聚区和专业园区为载体，重点推进“两轴两带六廊七组团”建设，努力建成现代产业集聚区、现代复合型城区、城乡统筹示范区、对外开放示范区、环境优美宜居区和区域服务中心。到2020年，建成区面积达到400平方公里左右，人口达到400万左右，GDP占全市比重达到30%以上。

【郑州都市区建设重点】 郑州都市区建设重点之一：加快中央商务区建设。强化CBD(中央商务区)的金融服务、企业总部集聚和高级商务办公等功能，进一步提升中央商务区的服务、管理水平。积极吸引国内外区域性金融总部及其功能性中心、证券市场、期货市场等进驻，推动商品交易所技术中心、百瑞国际金融大厦、民生金融大厦、金融后台服务区等项目建设，推进金融机构集聚。加快会展宾馆、CBD环形步行街、宝龙国际广场、温哥华时代广场等商贸设施建设。大力引进跨国公司、世界500强企业、国内名企和上市公司等大企业集团和行业协会组织的地区总部或总部型分支机构入驻，增强总部经济的辐射带动作用。积极为省级行政中心做好服务。到2020年，实现入驻世界500强企业100家，国内500强企业100家，各类金融机构达到150家，建成国家区域性金融服务中心、总部经济中心、高端商业中心、旅游集散中心和综合会展服务中心。

建设重点之二：加快推进龙湖区域开发建设。按照“一心（CBD副中心）、一轴（商业休闲服务轴）、两环（生态旅游休闲环和生活居住服务环）、四片（四个以居住功能为主的城市片区）”的空间布局，统一规划建设商务休闲、旅游度假及餐饮娱乐、森林公园、滨水绿地和高档住宅等设施。构建以龙湖为核心，连接金水河、熊儿河、贾鲁河、东风渠、魏河的生态水系和生态景观走廊。加快运河两侧商业、现代服务业以及公共服务设施建设，把CBD副中心区域打造成高档商务休闲区。积极推进省人民医院、郑大一附院等综合性医院建设，建成面向全省的高层次医疗服务区。高标准建设龙湖CBD副中心高品质商务办公区和高档住宅区。建成配套设施完善、生态环境宜人、富于水景特色的新城区。到2020年，入住人口40万人，入驻企业总部50家。

建设重点之三：加快郑州东站地区建设。围绕“一心（客站枢纽地区交通功能核心）、四轴（中央景观轴、南北和东西走向两条商务办公轴、商业物流轴）”的总体功能布局，加快高铁综合交通枢纽站、综合交通枢纽公路客运站和公交出租车场站、轨道交通1号和5号线等场站建设，实现高速铁路、高速公路、公交、城际铁路、地铁（轻轨）、出租车等多种交通工具零换乘，建成全国高速铁路核心枢纽和客流集散中心。加快国家干线公路物流港、中南邮政物流集散中心、宇鑫物流、郑州风神领航汽车物流园等重大项目建设，不断完善周边基础设施，推动商住物流园区行政办公、人居和物流企业集聚。不断完善综合交通枢纽东西站前广场配套工程，加快推进以绿地中央广场双子塔项目为代表的集国际甲级办公、高端商业、文化娱乐等业态为一体的现代服务业综合体建设，借机发展高端服务业，打造商贸服务业高地，建成郑州都市区的城市新名片。

建设重点之四：加快国际物流园区建设。以国际陆港体系建设为先导，以聚集国际知名物流服务品牌为手段，以提升都市区物流业服务水平为目的，科学规划，积极实践“以产为基、产流互动、产城一体”的组团发展模式，打造以先进制造业、现代物流产业为支柱产业，集国际物流、区域分拨、城市配送功能于一体的现代物流产业示范区。大力发展制造业物流和商贸物流，培育一批具有知名品牌和国际竞争力的现代物流企业，重点引进区域分拨、生产性物流企业和承担多式联运、国际物流职能的战略合作伙伴，创建高端物流产业链。积极吸引物流高级人才，加快信息系统建设，提升物流网络的科技信息化水平，搭建综合服务平台。坚持“政府推动、企业（项目）先行、市场运作、多元开放”，加快建设河南（郑州）新加坡国际物流产业园。做好基础配套建设，完善内陆口岸、货物集散、配送、流通加工、商品检验、运输、综合商贸等功能，完成南三环东延、航海路东延、国道新107和国道310工程等骨干道路建设，构建“内集外输、外进内疏”的物流大循环系统。到2020年，入驻知名物流企业200家，物流业增加值达到600亿元。

建设重点之五：加快龙子湖高校园区建设。推动龙子湖高校园区入驻高校软硬件设施、高层次人才公寓、培训中心等建设，扩大入住师生规模，规划建设新就业人员培训园区，强化就业培训和创业；重点推进河南农业大学、华北水利水电学院、河南警察学院、河南财经政法大学、河南中医学院等新校区建设项目。启动龙子湖湖心岛建设，尽快建成学术交流中心、图文信息中心、商场、酒店、体育馆等公共服务设施，实现资源共享；引进一批科研院所，规划建设科技孵化园，发挥高校科研、人才优势，促进科技成果就地快速转化。完善商务休闲与产业服务功能，加快建设创新产业基地，打造高品质生活居住区与创意产业区。到2020年，建成高等院校15所，在校生规模达到24万人。

建设重点之六：加快白沙-绿博园建设。按照“两带、两组团、一区”空间结构，重点做好郑开大道、郑汴物流通道、绿博园等周边区域城市设计，打造高品质生活居住区与创意产业区，完善居住、服务功能，兼具商务休闲与产业服务功能。沿郑开大道、华强文化科技产业基地等打造人文生态和旅游文化景观带。以白沙组团为依托，重点发展职业教育，加快中原文化艺术学院、河南理工大学万方科技学院、河南省信息管理学校、郑州铁路职业技术学院等22所职业院校新校区建设。推进校企合作，科学设置专业，建设职业教育实训基地。完善教职工生活配套设施，加快公共图书馆、体育场馆、高科技企业孵化器等建设，实现共建共享。做好绿博园周边区域的控制与开发，编制完成各类规划，启动基础设施建设，大力发展创意产业和文化休闲旅游业，规划建设行政服务区和国际会议中心。推动华强文化科技产业基地、河南天乐动画产业园开发。形成与郑东新区协调发展、功能完备、特色鲜明的新城区，到2020年，建成区规模达到40平方公里，人口达到50万人。

加快经开区、航空港区、中牟城区等建设。加快经济技术开发区建设，提升城区服务功能，建成郑州东南部功能完善的新城区；积极实施航空城总体规划，把郑州航空港区建成全国重要的国际航空物流中心和现代化宜居航空城；按照城市功能区的规划建设标准，改造、完善中牟城区城市设施，吸引产业和人口向城区集聚，提升管理水平，打造综合性新城区；加快实施都市型现代农业发展战略，建设郑州新区都市型现代农业示范区，着力打造“两区一城”，即北部旅游观光农业示范区、南部现代生态农业示范区和河南万邦国际农产品物流城，建成国家级现代农业示范区。

【郑州都市区建设基本原则】 组团发展、产城互动原则。统筹谋划产业布局，合理调整区划功能，构建集生产、居住、服务于一体的宜居复合型园区。

宜居宜业、宜商宜游原则。加强都市区基础设施和公共服务体系建设，增强城市组团和产业集聚区的吸引力和创新能力，建设以宜业宜商宜游为主的城市功能宜居区。

集约节约、合理用地原则。坚持集约节约合理高效用地，坚持土地指标向产业集聚区和城市组团集中，最大限度提高土地的空间利用率。

生态优先、绿色发展原则。以巩固提升国家环保模范城市创建成果、争创生态城市为载体，深入开展环境综合整治活动。

规划先行、注重统筹原则。坚持规划的刚性与动态性相统一，既要充分发挥规划对都市区发展的先导作用和统筹作用，又要进一步提高规划的经济效益、社会效益和生态效益。

合理分工、优势互补原则。根据各县（市）区和城市组团的区位特点、资源禀赋和产业基础，建立健全都市区建设利益共享和补偿机制，促进县（市）区城市组团间生产要素的科学有序流转和利益的合理再分配。

【郑州都市区建设战略定位】 郑州都市区建设战略定位包括以下几方面内容：最佳人居城市。郑州都市区是推动全域城市化的实践载体，建设都市区是打造最佳人居环境城市、最佳创业环境城市、最佳投资环境城市、最佳旅游环境城市的有效途径。

中原经济区的核心增长区。郑州必须率先崛起、强力引领，建设以全域城市化、生态和环保共同推进的“三化”协调、科学发展的先行示范区，建设华夏文明的重要传承区，进一步增强承载力、辐射力和整合力。

全国重要的区域性中心城市。巩固和提升郑州作为全国综合交通枢纽的地位，建设全国先进制造业基地，建成全国现代服务业中心，建成现代农业示范区，建成国家区域性创新中心，构建中西部地区对外开放的高地和国际陆港，建设具有世界影响的国际旅游城市和历史文化名城。

【郑州都市区建设城市化目标】 郑州都市区建设城市化目标：建设空间布局合理、功能分工有序、资源配置优化、经济持续发展、社会和谐安定、环境优美舒适的现代化开放宜居型都市区。到2020年，总人口达到1500万以上，占全省1/5左右；建成区面积达到1000平方公里以上，其中主城区建成区面积达到800平方公里左右；城镇化率达到80%。万人拥有公共交通车辆20标台，公共交通分担率达到35%，城市人均道路铺装面积10平方米，建成区人均公园绿地面积12平方米，人均拥有停车位面积1平方米；城市燃气普及率达到95%以上，污水处理率达到95%以上，集中供热普及率达到40%；全年空气质量Ⅱ级以上天数保持320天以上。

【郑州都市区建设首位度目标】 郑州都市区建设首位度目标：综合经济实力显著增强，经济结构战略性调整取得明显成效，经济发展方式实现根本性转变，现代产业体系更加完善，经济质量和效益得到显著提高。到2020年，全市生产总值达到2万亿元左右，占全省1/4以上，人均GDP达到14万元左右，在全国35个大中城市排名前移1至2位；财政总收入达到2600亿元以上，地方财政一般预算收入1600亿元以上，均占全省1/3以上；全社会固定资产投资当年达到1.5万亿元；社会消费品零售总额7000亿元；规模以上工业增加值总量达到9000亿元，战略支撑产业增加值占GDP比重达到60%左右，战略新兴产业增加值占规模以上工业增加值比重达到20%以上，畜牧业产值占农业增加值的40%左右。服务业增加值占GDP比重达到50%左右；金融、物流、文化、旅游、会展业增加值占GDP比重分别达到10%、10%、10%、7%和3%；R＆D（科学研究与试验发展）经费支出占GDP比重达到3%以上，高新技术产业增加值占规模以上工业增加值的50%以上，万人拥有专利授权量10件。

【郑州都市区建设区域中心城市目标】 郑州都市区建设区域中心城市目标：到2020年，实现通达北京、上海、武汉、西安、南京的3小时铁路客运交通圈，形成“四纵三横”的高速公路网骨架，形成以郑州为核心“30、60、120、150”分钟的中原经济区交通辐射圈，形成直飞世界部分主要城市、营运业务覆盖国内主要城市的现代化国际空港，全国综合交通枢纽地位进一步得到提升。客运周转量达到1000亿人公里，货运周转量达到1500亿吨公里；航空客运量达到4060万人次以上，货邮吞吐量达到50万吨。进出口总额达到500亿美元以上，世界500强跨国公司在郑设立分支机构增至100家、国内大型企业集团来郑设立总部及分支机构100家，实际利用外资超过100亿美元。形成多层次的旅游产业体系，接待国际旅游人数和国内旅游人数分别突破100万人次和2亿人次。建成全国物流商贸中心、金融中心、会展中心、信息中心、创新中心、服务外包基地、装备制造基地、电子信息基地、汽车生产基地、国际陆港和国内外有较大影响的旅游目的地城市。

【郑州都市区建设民生目标】 郑州都市区建设民生目标：保障和改善民生，构建广覆盖、高标准的公共服务体系，建成人民富裕、和谐文明的现代化都市区。到2020年，在岗职工平均工资突破10万元；城镇居民人均可支配收入达到6万元；农民人均纯收入达到3万元左右；基尼系数控制在0.4左右；恩格尔系数控制在30%左右，旅游支出占收入的10%以上；城市居民人均住房建筑面积达到35平方米；农村居民人均住房面积达到50平方米；每万人大学以上学历人数达到3000人以上；每年新增城镇就业人数13万人左右；基本社会保险覆盖率达到95%以上；最低生活保障标准1000元左右；万人拥有医疗床位60张左右；平均预期寿命77岁左右；每千名老人拥有养老床位40张左右；每2万人拥有1个公共图书馆（室），人均藏书2册；人均体育场地面积1.1平方米。

【郑州都市区建设保障措施】 郑州都市区建设重点要在土地、环境、规划、资金、项目、机制等方面做好保障。

土地保障：科学制定郑州都市区土地利用规划，提高土地利用效益。

环境保障：科学测算环境容量基数，最大限度争取和优先保障重大项目环境总量指标。

规划保障：以建设纲要为指导，各组团和宜居城市组团加快编制近期建设规划和各项专项规划。

资金保障：成立都市区建设资金保障领导小组，构建全方位、多层次的投融资体系。

项目保障：实施项目带动战略，完善项目推进机制，打造最佳的项目建设环境。

机制保障：成立高规格的郑州都市区建设协调领导机构，建立协调推进例会制度。

【郑州都市区建设九大支撑体系】《中原经济区郑州都市区建设纲要》（2011-2020年）提出郑州都市区建设九大支撑体系。

支撑体系之一：综合交通。航空方面，构建以新郑机场为中心的环形放射状综合交通枢纽。铁路方面，打造郑州至北京、上海的3小时客运交通圈。建成“双十字”铁路客运枢纽和“米”字形客运专线网络。公路方面，加快完善市域内高速公路路网，形成“四纵三横”高速公路骨干网。轨道交通方面，重点建设“三横两纵一环”地铁线路。城市交通方面，到2020年，郑州市建成区公共交通出行分担率达到35%，万人拥有公共交通车辆20标台，人均拥有停车位面积1平方米。团-城立体交通方面，到2020年，打造出10分钟团-城通勤圈。

支撑体系之二：现代产业。汽车和装备制造业。到2020年，汽车和装备制造业销售收入突破1万亿元。电子信息产业。承接产业转移，引进龙头企业。物流商贸业。到2020年，物流业增加值达到2000亿元，社会消费品零售总额达到7000亿元。文化创意旅游业。到2020年，文化产业和旅游产业增加值分别达到2000亿元和1400亿元。新能源产业。重点发展光伏能源，大力发展薄膜、晶硅太阳能电池等终端产品，拉长光伏产业链。新能源汽车产业。建成国内重要的新能源汽车制造基地。提升改造传统产业。

支撑体系之三：生态环境。加强生态建设。加大生态环境的保护和修复力度，提高环境综合承载能力。发展循环经济。建成全国工农业复合型循环经济示范区。加强环境保护。逐步实现污染防治由末端治理向全程控制转变，提高环境综合承载力。

支撑体系之四：基础设施和能源。基础设施建设。建设适度超前的城市供排水系统。改善城市环境卫生。适度超前建设污水处理、中水回用和污泥综合处置设施，推动城区污水基础设施建设向周边覆盖。提高城市电气暖保障力。到2020年，装机容量达到1500万千瓦以上，城市集中供热普及率达到40%，天然气入户率达到95%以上。加强城市园林绿化。到2020年，建成区人均公园绿地面积达到12平方米，绿化覆盖率达到42%。集约利用土地资源。坚持建设占用耕地与补充耕地数量与质量占补平衡。

支撑体系之五：科技和信息。培育自主创新主体。强化企业在技术创新体系中的主体地位。发展自主创新载体。加快建设一批高水平的企业研发中心。加强关键产业自主创新。集中力量开发、推广应用重大关键、核心技术，形成竞争优势。完善创新体制机制。建立健全创新激励机制、创新成果转化机制和创新资源整合配置机制。数字城市建设。整合各领域信息资源，建立宏观经济、资源环境、城市管理部件及设施等共享数据源。推进无线城市建设。到2020年，建设成为政务应用最广泛、商务服务最快捷、民生服务最便利的无线都市区。

支撑体系之六：人力资源。着力提高现代化教育水平，重视学前教育。提高基础教育水平。高水平、高质量普及九年义务教育。大力发展职业教育。加大对其财政保障力度。优化发展高等教育。大力提高教育质量和大众化水平。完善继续教育体系。构建学历与非学历教育并重，社会化、多元化、开放式继续教育体系。实施人才强市战略。适应现代产业体系和建设创新城市的需要，加大重点领域急需紧缺专门人才开发力度。

支撑体系之七：文化。加强公民思想道德建设。以社会主义核心价值体系引领社会思潮，把社会主义核心价值体系要求纳入社会治理结构，形成具有法律约束力的社会群体道德评价、奖惩体系。大力发展文化产业。重点发展文化休闲旅游、广播影视、新闻出版等优势产业，大力发展文化创意、动漫游戏、文化会展等新兴产业，积极发展演艺娱乐、艺术品和工艺美术业等传统产业。实施文化资源保护。传承弘扬黄河文化、黄帝文化、嵩山文化、商都文化。做好大运河申遗工作，世界文化遗产和非物质文化遗产的保护、传承，大河村遗址、荥阳故城等重大文化遗址的规划、保护工作。创建文明郑州。弘扬优秀文化，大力发展舞台剧目，形成具有地方特色的城市文化。

支撑体系之八：改革开放。深化行政体制改革。按照建立法治政府和服务型政府的要求，加快政府职能转变。深化经济体制改革。增强国有经济在相关行业和领域的控制力和影响力。加大招商引资力度。鼓励外资投向先进制造业、高新技术产业、现代农业及物流等服务业产业。努力扩大对外贸易。重点支持高新技术产品、机电产品出口，扩大劳动密集型产品、优势特色农产品的出口。实施“走出去”战略。创新境外投资和经济合作方式，增强利用海外资源、市场和先进技术的能力。

支撑体系之九：创新社会管理。千方百计扩大就业。大力发展服务业、劳动密集型产业，支持中小企业和非公有制经济发展。完善社会保障体系。健全包括社会保险、社会救助、社会福利在内的社会保障体系，逐步实现社会保障全覆盖。加快医疗卫生事业改革发展。把基本医疗卫生制度作为公共产品向全民提供，实施优质医疗资源倍增计划。全面做好人口和计划生育工作。坚持计划生育基本国策，稳定低生育水平。创新社会管理体制，健全党委领导、政府负责、社会协同、公众参与的社会管理格局，提高社会管理水平。加强反腐倡廉建设。以完善惩治和预防腐败体系为重点，加强反腐倡廉建设。

【郑州都市区建设九大工作任务】郑州都市区建设确定的九大工作任务，一是发挥新型城镇化引领作用，提升郑州都市区建设发展水平。坚持组团发展的理念，按照“城乡统筹、城乡一体、产城互动、节约集约、生态宜居、和谐发展”的要求，以新型城镇化为引领，以交通道路和生态廊道建设为切入点，以新型农村社区为战略基点，统筹推进“两核六城十组团”规划建设，构建郑州都市区空间发展格局。坚持规划先行，实现都市区规划全覆盖，突出中心城区和郑州新区核心带动作用，加快推进“六城”向中心城区融城发展，加快“十组团”建设，加快中心城区连接“六城十组团”的快速通道建设，有序开展城中村改造和旧城改造，实施城郊村合村并城，积极稳妥地推进新型农村社区建设。

二是强化新型工业化主导地位，提升郑州都市区产业支撑能力。按照“科技含量高、信息化涵盖广、经济效益好、资源消耗低、环境污染少、人力资源优势得到充分发挥”的标准，牢牢把握实体经济这一基础，坚持做大总量和优化结构并重，强化新型工业化主导地位，为郑州都市区建设提供产业支撑。加快汽车、装备制造和电子信息等战略性支撑产业发展，力争全市汽车产量达到50万辆，销售收入达到800亿元，装备制造业销售收入突破1800亿元，电子信息产业销售收入突破1000亿元。加快战略性新兴产业发展，推动郑州国家生物产业基地建设，引导光伏产业有序发展。加快传统优势产业改造提升，力争建材耐材产业销售收入突破2000亿元、煤电能源产业销售收入达到1200亿元。加快产业集聚发展，力争销售收入超200亿元的产业集聚区达到10个，其中超500亿元达到3个。

三是加快推进现代服务业，提升郑州都市区发展活力。坚持服务业优先理念，在薄弱环节上求突破，在发展方式上求创新，在规模总量上求扩张，积极培育现代服务业，提升郑州都市区产业发展层次。不断优化服务业发展布局。加大政策扶持力度，用足用活服务业发展引导资金，支持服务业关键领域、薄弱环节发展和品牌建设，提升综合服务功能。加快推进国际物流中心建设。支持新加坡国际物流产业园和华南城物流园等重大物流项目建设，优化物流功能区布局。大力促进商贸业发展。以开拓市场、丰富业态、扩大消费为主线，促进商贸业发展。加快区域性金融中心建设。推进郑东新区金融集聚核心功能区建设，打造金融总部、财富管理机构、金融后台服务和金融服务外包集聚区。加快会展和旅游业发展。开发高档次的精品展和特色展，提高旅游产业发展质量和水平，建设一批国际国内知名的旅游集聚区。促进房地产业健康发展。

四是大力发展都市型现代农业，提升郑州都市区发展基础地位。积极发展高产、优质、高效、生态、安全的都市型现代农业，夯实郑州都市区发展的基础。加快农业结构调整。重点扶持蔬菜、水果、花卉等作物设施化生产，推进现代农业示范区建设。增强农业综合生产能力。加大农业综合开发力度，改造中低产田20万亩，治理水土流失面积80平方公里，认真落实强农惠农政策，财政支出重点向农业农村倾斜。改善农村生产生活条件。加强农村水、电、路等基础设施建设，推进城乡公共服务均等化。加强农业科技创新。建立新品种、新技术示范田，积极发展现代种业。加强农业科技成果转化、科技企业孵化等工作。

五是加强城市建设和管理，提升郑州都市区综合承载能力。加快推进郑州新区建设。重点推进龙湖、龙子湖、综合交通枢纽等重点区域开发建设。加强基础设施建设，开工建设项目143项，完成投资110亿元。加快新力热电厂等热源项目建设，新增供热面积100万平方米。新建、改造市区燃气管网60公里，新增居民用户8万户。加强现代综合交通枢纽建设。力争石武客专郑州段上半年建成投用、郑徐客专开工建设，积极推进郑渝铁路、郑济铁路前期工作，争取完成郑开、郑焦城际铁路线下工程，加快郑州至机场城际铁路施工建设。坚持公交优先，推进“公交都市”建设，开辟公交线路10条以上，新购置公交车500辆。强力推进“两环十五放射”道路建设，加快城市出入市口互通立交等重点工程建设，加快轨道交通1号线一期、2号线一期建设，开工建设1号线二期和4号线部分工程。优化城市路网结构，解决金水路、花园路等城市主干道的拥堵问题，优化连接中心城区、郑州新区的支线路网，推进道路微循环和路口渠化工作，新增停车泊位5万个。改善城市生态环境。推进常西湖生态公园、滨黄河森林公园、南水北调带状公园建设，规划建设郑州第二植物园、第二动物园等大型公园绿地，市区新增绿地700万平方米，新植乔木50万株。启动国家森林城市创建工作，加强造林绿化工作，完成造林1.27万公顷，创建6个林业生态乡（镇）和100个林业生态村。加强空气质量和水环境治理，城区空气质量优良天数达到310天以上，城市集中饮用水源地水质达标率达到98%以上。

六是继续推进改革开放，提升郑州都市区建设原动力。加快政府融资平台整合步伐，重点培育2至3家大型投融资企业集团；鼓励大型企业和城投企业发行债券，支持信托融资，积极发展融资租赁、股权投资和风险投资。深化行政管理体制改革，开展城市组团、产业集聚区和经济发达镇管理体制改革试点。深化农村改革，推动集体建设用地有序流转，引导促进农村土地承包经营权流转，开展农村集体林权、农村房屋抵押贷款试点，推进农业政策性保险工作。充分发挥综合保税区、保税物流中心、出口加工区 “三大平台”和航空、铁路、公路“三大口岸”的作用，高标准规划建设郑州国际陆港，打造内陆开放高地。积极承接国内外产业转移，深度参与国内外产业链分工调整。围绕重大产业项目、企业总部、高端人才、研发检测平台等方面，按照产业发展规划，策划开展一系列招商活动，引进一批重大项目。重点做好280个在建、签约、在谈项目的推进落实工作，提升招商引资工作实效。加强科技创新服务体系建设，力争全市专利授权量突破8000件，高新技术产业产值达到3300亿元，科技进步贡献率达到57%。

七是切实加强文化建设，提升郑州都市区软实力。发挥古都优势，加快建设华夏历史文明传承创新核心区，提升城市文化软实力。实施城市公共文明指数测评，不断创新内容、创新载体、创新机制，推动郑州向更高水平的文明城市迈进。加快各级各类文化基础设施建设，建成郑州市图书馆新馆，推进郑州群艺馆东区新馆等重点项目建设。实施文化精品创作工程，推出一批在全国有较强影响力的精品力作。加快发展文化产业。实施项目、科技和品牌带动，扶持影视动漫、演艺娱乐、出版发行等文化产业。规划建设一批文化产业园区、特色文化街区，加快郑州华强文化科技产业基地、国家动漫产业发展基地（河南基地）等文化产业集聚区建设。扶持小樱桃、小小说等优势品牌加快发展。编制《大遗址郑州片区建设总体规划》，加快建设郑州大河村遗址、郑韩故城、西山古城等一批大遗址公园，加快建设郑州商都遗址博物院、郑州博物馆新馆等一批博物馆。

八是着力民生事业发展，提升郑州都市区保障能力。千方百计扩大就业。发放小额担保贷款16亿元，促进以创业带动就业。新增农村劳动力转移就业10万人、城镇就业再就业13万人，城镇“零就业家庭”动态为零。大力开发劳动就业岗位，帮助高校毕业生、失业人员、进城务工人员等重点群体实现就业再就业。落实最低工资标准，做好工资集体协商工作，促进职工收入与企业收入同步增长。完善基本养老金、城乡居民低保标准正常调整机制。推进残疾人保障体系和服务体系建设，保障困难群体的基本生活。加快保障性住房建设。新开工建设保障性住房5万套以上、竣工2.9万套。制定完善保障性住房分配、管理、退出等办法，确保公平分配。加快教育事业发展。实施优质教育资源促进计划，市区新增优质中小学招生学位2.36万个。市区新建、改扩建中小学校30所，全市新建、改扩建幼儿园84所，扶持200所民办幼儿园达标升级。重视高等教育发展，提升郑州师范学院本科办学水平，加快郑州职业技术学院新校区等项目建设。新农合人均筹资标准提高到290元，住院补偿封顶线由10万元提高到15万元。

九是加强和创新社会管理，提升郑州都市区和谐水平。健全党委领导、政府负责、社会协同、公众参与的社会管理格局，全面提高社会管理科学化水平。健全源头预防的矛盾排查化解体系。完善社情民意调查分析机制。落实社会稳定风险评估机制，完善“大调解”工作机制，认真解决好土地征用、城市建设拆迁、企业改制、涉法涉诉等领域的突出问题。推进平安郑州建设，依法打击黑恶势力、严重暴力和多发性侵财犯罪。加强重点人群的管理服务。完善流动人口服务管理机制，逐步实现公共服务由户籍人口向常住人口扩展。鼓励支持公办养老机构对社会开放，引导社会力量参与养老事业，探索医养结合养老新模式，有效解决空巢老人独居问题。关注关爱留守流动儿童，新建“留守流动儿童之家”40个。加强社区服务中心建设，推行县（市）区直管社区体制试点，完善社区服务功能。深化“社区服务年”活动，统筹推进社区综合创建。拓展物业管理服务功能，实施老旧小区物业基础设施改造工程，健全物业公司信用评价、服务质量评价和末位淘汰机制。全面落实校车安全责任制。

【航空城建设规划】 航空城北起南水北调渠南侧，南至南水北调渠北侧，西起京广铁路，东至规划中的国道新107线，规划面积189平方公里。

按照“一核两翼”的空间布局，建设机场功能区，北翼科技产业新区、综合保税区、东北部航空物流园区和南翼临空产业新区。加快国际机场和综合保税区建设，着力培育电子信息、航空物流和高端商务三大主导产业，把航空城打造成郑州都市区的新兴产业高地。依托富士康等项目，把航空城打造成亚洲最大的智能手机生产基地、中西部地区重要的消费电子生产基地、中原地区重要数字医疗生产基地、全国重要的电动汽车基地、飞机维修基地。建成郑州国内大型航空枢纽、临港型新兴产业园区，郑州都市区发展的先行区。到2020年，建成区面积达到67平方公里，人口达到100万人左右，生产总值达到1500亿元左右。

【新郑新城建设规划】 新郑新城包括老城区和新城区两个部分，总面积48.26平方公里。

新城区位于新郑市中心城区北部，南起郑韩故城，北至南水北调总干渠，东起京广铁路，西至郑新快速通道，规划面积22平方公里，规划总人口18万人。到2020年，建成区面积达到48平方公里，人口达到40万人，生产总值达到1400亿元。

【中牟新城建设规划】 中牟新城由老县城和新城区两部分组成，新城区规划为绿博组团及绿博园和华强文化科技产业园在内的36平方公里区域，即豫兴大道以南，贾鲁河以北，万三路以东，广惠街以西区域，其中规划建设用地规模25平方公里。

到2020年，建成区面积达到66平方公里，人口达到60万人，生产总值达到1200亿元，其中新城区建成区面积达到36平方公里，人口达到30万人以上。

【巩义新城建设规划】 巩义新城由老城区、新城区两部分组成，规划面积140平方公里，建设用地面积70平方公里。

以石河道生态轴线为界，老城区面积30平方公里，人口28万人；新城区北至邙山南麓，东至豫联产业集聚区，南至青龙山，面积40平方公里，人口32万人。到2020年，建成区面积达到42平方公里，人口达到38万人，生产总值达到1500亿元，其中新城区建成区面积达到22平方公里，人口达到15万人。

【新密（曲梁）新城建设规划】 新密新城由老城区、新区、曲梁宜居服装城三部分组成，总面积78.22平方公里。新区北起郑少高速，南到洧水路，西起荥密路，东到平安路，规划面积25平方公里，规划人口10万人。曲梁宜居服装城规划面积10平方公里左右。到2020年，建成区面积达到60平方公里，人口达到55万人，生产总值达到1400亿元。

【登封新城建设规划】 登封新城由中心城区、新区和天中旅游新城三部分组成，总面积60.3平方公里。

登封新区和天中旅游新城规划面积37.9平方公里，规划总人口17.7万人。登封新区着力发展产业集聚区、登封新区商住区、中岳文化苑三大板块。天中旅游新城建设以少林禅武文化为主题的文化产业和旅游服务集聚区。到2020年，建成区面积达到56平方公里，人口达到40万人，生产总值达到1300亿元，其中新城区建成区面积达到26.5平方公里，人口达到13.5万人。

【宜居教育城建设规划】 宜居教育城位于西南绕城高速、南水北调渠以南，京广铁路以西，郑少高速机场联络线、机场东出口联络线以北，郑尧高速公路以东，规划总面积138平方公里。加快郑州一中、郑州外国语学校、郑州回中、郑州十一中建设，建成集教育培训、商业服务、现代工业、休闲居住为一体的宜居教育城。到2020年，入驻院校达到13所，在校生规模18万人，建成区面积达到50平方公里，城区人口达到38万人。

【宜居健康城建设规划】 宜居健康城东至郑州绕城高速，南至现状马米公路及崔庙镇、贾峪镇镇区规划建设用地范围线，西至现状省道

S232，北至中原西路，规划面积约117平方公里。

通过CBD核心区、医疗健康区、医疗科技研发区、文化旅游区和健康低碳主题居住区5个功能区进行规划布局。到2020年，入驻医院15家，床位达到1万张以上，建成区面积达到15平方公里，城区人口达到20万人。

【宜居职教城建设规划】 宜居职教城北起丹江南路，南至郑上快速通道，西至汜水河花卉产业集聚区，东到上街区界附近，总规划面积约30平方公里。到2020年，职教学校达到20所，在校生规模达到20万人，建成区面积达到30平方公里，城区人口达到40万人。

【新商城建设规划】 新商城东至中州大道，西至京广路，南至南三环，北至金水路，包括大商城遗址板块规划区和商都新区两大板块，面积约为116平方公里。

其中，商都新区76平方公里，建设发展金岱宇通工业片区、十八里河功能区、水岸沿线功能区、商都物流园功能区、南曹商贸功能区、潮湖休闲功能区。加快银基商贸城、航东商圈等五大商圈建设。到2020年，建成区面积达到100平方公里，城区人口达到70万人，生产总值达到530亿元。

【中原宜居商贸城建设规划】 中原宜居商贸城位于西四环以西，绕城高速以东，杜英街以南，郑西高铁连接线以北区域，规划面积约45平方公里。积极推进中国家居CBD郑州产业园、锦艺国际轻纺城、中国中部国际汽车贸易城等重大项目建设，打造纺织服装批发、仓储物流、配套居住为一体的综合性商贸物流中心。到2020年，建成区面积达到30平方公里，城区人口达到40万人，生产总值达到350亿元左右。

【金水科教新城建设规划】 金水科教新城西起中州大道，东至国道新107线，南起连霍高速公路，北至黄河南岸，规划面积约118平方公里。重点发展科技研发、高新技术及产品、商务服务、教育服务、服务外包、电子信息、楼宇工业和现代物流、生态文化旅游等产业。到2020年，建成区面积达到60平方公里，城区人口达到20万人，生产总值达到330亿元。

【惠济高端服务业新城建设规划】 惠济高端服务业新城以北四环为中轴，南北两侧各1公里，介于黄河生态绿带与贾鲁河绿化廊道之间的区域，规划面积72平方公里。

重点建设沿黄文化旅游生态产业带、综合行政商务中心和花园口、大河路、古荥、长兴路4个组团，重点发展文化创意旅游、会议会展、信息技术、物流、服务外包、金融业和高端房地产等产业。到2020年，建成区面积达到60平方公里以上，城区常住人口达到50万人，服务业增加值达到180亿元。

【二七生态文化新城建设规划】 二七生态文化新城北起南三环、南水北调干渠、西四环沿线，南至绕城高速，东至二七区界，西至郑少高速，规划面积约75平方公里。

围绕运河新区和龙西湖生态文化区两大板块，打造总部经济区、商务办公区、生态宜居区、现代服务业集聚区、高端商贸物流区、文博产业区、文化创意区、科普体验区、健康养生区、休闲度假区十大功能片区，打造郑州都市区核心增长区和现代服务业基地。到2020年，建成区面积达到60平方公里，城区人口达到50万人，生产总值达到500亿元。

【先进制造业新城建设规划】 先进制造业新城位于陇海铁路以南，机场高速以东，郑民高速以北，前程路、经开第二十五大街以西，规划总面积86.7平方公里。

重点发展汽车及装备制造、食品加工及生物医药产业，全力培育海马汽车工业园、日产汽车工业园、中烟工业园、装备制造工业园、食品加工工业园、电子信息产业园、保税物流产业园和医药物流产业园等八大销售收入超百亿元产业集群。到2020年，建成区面积达到83平方公里，城区人口达到50万人，生产总值达到2000亿元左右。

【高新城建设规划】 高新城规划建设面积70平方公里，其中高新新城位于西四环以西、杜英街以北、西南绕城高速以东、连霍高速以南区域，规划面积33平方公里。

做强做大电子信息产业，扶持培育数字信息、智能仪器仪表、物联网信息技术、电子电器、文化创意、新能源与节能环保6个产业集群；加快建设电子电器产业园、河南省国家大学科技园等十大园区。到2020年，建成区面积达到70平方公里，城区人口达到80万人，高新技术产业增加值达到500亿元，新增高新技术企业600家，生产总值达到1000亿元以上。

【合村并城建设规划】 合村并城工作坚持试点先行、逐步推开的原则，研究出台适用于合村并城工作的政策，科学指导合村并城规划建设，高标准推进“城郊村”合村并城工作。

在借鉴外地市新型农村社区建设经验的基础上，郑州将推进运用集体土地解决“城郊村”合村并城所需土地问题，待集体建设用地可变更为国有建设用地时，再通过村改居的办法，把集体产权房变更为商品房。与此同时，按照城市社区的标准推进“城郊村”合村并城，高标准配套建设学校等公益性设施。

到2020年，中心城区规划的1100.2平方公里内（含上街）的“城郊村”统一并入城区，6县（市）规划面积内的行政村全部纳入县（市）城，统一规划、统一建设。郑州都市区总人口将达到1500万人以上，占全省的1/5左右；建成区面积达到1000平方公里以上，其中主城区建成区面积达到800平方公里左右；城镇化率达到80%。万人拥有公共交通车辆20标台，公共交通分担率达到35%，城市人均道路铺装面积10平方米，建成区人均公园绿地面积12平方米，人均拥有停车位面积1平方米；城市燃气普及率达到95%以上，污水处理率达到95%以上，集中供热普及率达到40%；全年空气质量Ⅱ级以上天数保持320天以上。

【新型城镇化建设规划】 郑州都市区建设将坚持把新型农村社区建设作为推进城乡一体化的切入点、统筹城乡发展结合点、促进农村发展增长点，遵循“规划先行、规模开发、集约用地、政府统筹、农民自愿、市场运作、多元投入”的原则，以城镇化建设为导向，以新型农村社区建设为抓手，因地制宜，分类指导，稳步推进合村并城、合村并镇、合村并点建设，鼓励农民向重点镇、建制镇集中。

郑州市将按照城市建设标准，重点推进国家级、省级、市级重点镇向小城市方向发展，大力发展特色产业，走“一镇一品”的差异化、生态化发展模式。对城市、乡镇所在地、产业园区的周边农村，调整优化城乡用地结构，实现人口向城镇集中、土地向规模经营集中、产业向集聚区集中。对中心村、经济强村、大企业所在地的周边村庄和因地质灾害威胁等实施整村搬迁的村庄，科学规划，统一组织建设集中居住区，配套建设基础设施和公共服务设施，同步解决居民的就业增收问题。积极采取“多村一社区”“村庄合并社区”“一村一社区”等有效模式，建设集办公、警务、居住、教育、医疗为一体的标准化社区。探索实行市管镇改革的管理模式，增强村镇发展的活力和动力。

【城乡服务建设规划】 郑州都市区建设将坚持城乡服务均等化，公共服务倾斜农村，城乡共享公共设施。对明确保留的具有特殊地形地貌、拥有历史文化遗存和富有乡村旅游发展前景的村庄，有计划、分步骤进行就地保护和低强度开发，建设具有地方特色、环境整洁、布局合理、设施完善、生态良好、生活便利、群众安居乐业的新农村。对尚不具备实施合村并城、合村并镇条件的农村，重点开展村容村貌、路容路貌综合整治工作。

加强农村基础设施建设，实现公路、公交、广播电视村村通、户户通，保障安全饮用水，实现自来水全覆盖。积极推动城乡公共服务均等化，努力谋求基本公共服务资源向农村倾斜，引导城市资金、技术、信息等要素向农村流动，加快城市公交、供水、燃气、污水处理、垃圾处理等基础设施向周边村镇延伸，提高城乡公共设施共享水平。

在不改变资金用途和管理渠道的前提下，按照“投资不变、渠道不乱、用途不改、形成合力”的原则，结合自身实际，市直部门将制定涉农项目的具体扶持政策，同步推进，配套跟进。保障和改善民生，构建广覆盖、高标准的公共服务体系，建成人民富裕、和谐文明的现代化都市区。

按照中原经济区郑州都市区建设纲要，到2020年郑州市城镇居民人均可支配收入将达到6万元；农民人均纯收入达到3万元左右；基尼系数控制在0.4左右；恩格尔系数控制在30%左右，旅游支出占收入的10%以上；农村居民人均住房面积达到50平方米；每万人大学以上学历人数达到3000人以上；每年新增城镇就业人数13万人左右；基本社会保险覆盖率达到95%以上；最低生活保障标准1000元左右；万人拥有医疗床位60张左右；平均预期寿命77岁左右；每千名老人拥有养老床位40张左右；每2万人拥有1个公共图书馆（室），人均藏书2册；人均体育场地面积1.1平方米。

【产业集聚区建设规划】 产业集聚融入城市组团，产城互动，协调发展。按照“四集一转”的要求，郑州市将加快产业集聚区建设，主动承接产业转移，破解土地瓶颈制约，实现产城互动发展，为郑州都市区建设创造和拓展空间。

产业集聚区根据资源禀赋、发展基础和区位条件，确定主导产业，延伸产业链条，搞好产业配套，按照省政府的统一部署，每个产业集聚区确定一至两个重点扶持产业。

同时，以产业集聚区的理念和机制推进城市组团发展，使城市组团享受产业集聚区的有关政策，实现产业集聚区与新的城市组团互动融合，以宜居的理念加强产业集聚区的基础设施和公共服务体系建设，增强产业集聚区的吸引力和创新力，建设宜居宜业宜商宜游的城市新组团。

郑州市将推动郑州纺织产业园、马寨工业园、金岱工业园、上街装备产业集聚区等产业集聚区（产业园区）融入中心城区；中牟汽车工业园、巩义豫联产业集聚区、新密市生物环保科技产业园、登封市产业集聚区等产业集聚区融入组团。

到2020年，郑州将形成销售收入超千亿元产业集聚区10个、超500亿元产业集聚区10个、超百亿元产业集聚区20个。

【郑州都市区空间发展战略规划评审会】 2011年11月3日，为期两天的郑州都市区空间发展战略规划征集方案评审会召开。本次规划编制范围为郑州市行政辖区，总面积7446.2平方公里。规划编制重点包括提升郑州都市区综合竞争力的总体战略、强化枢纽地位为目的的区域综合交通发展战略、彰显地域文化的都市区发展战略等12个方面。12名国内城乡规划、交通规划、区域经济等领域知名专家、学者组成专家评审委员会，北京大学城市与环境学院、广州城市规划勘测设计研究院、郑州市规划勘测设计研究院等3家编制机构，受邀参加方案征集，从不同侧面提出对郑州都市区空间发展战略规划的设想。

郑州都市区范围。方案一提出，郑州都市区主导发展方向为向东、向南发展，与开封市区、开封县、尉氏县共同构成郑汴都市区发展空间，通过郑汴一体化空间格局的构建，推进基础设施共建共享，产业协调发展，提升郑汴都市区综合竞争力。方案二提出，通过行政区划调整，将外围的上街、荥阳、新密、新郑、中牟纳入都市区发展腹地，作为都市区的核心区；将巩义、登封纳入都市区，在市域层面对都市区空间进行重组与优化。此外，为了发挥主城区辐射带动作用，建议将上街区、荥阳市、白沙镇及绿博园组团纳入主城区范围，进一步扩大主城区的规模。方案三提出，郑州都市区的核心区在中心城区和郑州新区，其中中心城区包含荥阳和上街。

优先发展重点地区。方案二提出，将新郑州站周边地区和航空城北部片区作为重点地区。其中，新郑州站周边地区由龙湖综合区、CBD、龙子湖高校园区、郑州东站周边金融商务区、国际物流园区等多个重点发展片区组成；航空城北部片区由科技产业新区、综合服务区、临空产业园、新郑国际机场、机场功能区等多个发展片区组成。

建立支撑保障体系。为了适应郑州都市区的发展，三个方案都提出要建立支撑保障体系。方案三更是从交通空间布局、公共服务保障、基础设施建设等方面提出了较为具体的意见。如在供水方面，方案三提出在保留石佛水厂、东周水厂等5座水厂的基础上，新建刘湾水厂、龙湖水厂、须水水厂、桥南水厂等4座大型水厂；雨水工程设施方面，依托金水河、熊儿河等现状水系，规划开建新开明渠、九龙明渠等。

提升郑州枢纽地位。方案一建议，郑州都市区可申请设立国家“三化”协调科学发展综合配套改革试验区，申请设立国家新能源示范发展区。为了促进郑州都市区发展，方案三提出，近期要启动实施四大工程。一是“三化”协调发展示范区建设工程，将郑州市域全部或现状都市区范围内的县级单位纳入示范区，实现高效集约土地综合开发利用；二是枢纽地位提升工程，通过实施畅通工程、推进郑州机场第二跑道、完成郑州火车站升级改造等措施巩固交通枢纽优势；三是中原文化弘扬与展示工程，开展中原文化发展研讨会，建设特色文化展示馆；四是优势产业集群培育工程，培育以富士康为核心的电子信息产业集群、以宇通客车为核心的制造业产业集群、以煤电联动为核心的循环经济产业集群、以黄帝拜祖大典为代表的文化旅游产业集群。

（辑 录）

创建全国文明城市

【概况】 郑州市创建全国文明城市（简称“创文”）工作始于2000年，2002年首次被评为全国创建文明城市工作先进城市。2004年，郑州市确立创建全国文明城市、国家卫生城市、国家园林城市和国家环保模范城市“四城联创”工作思路，并于2005年、2008年两次被评为创建全国文明城市先进城市。之后，郑州市在差距中求突破，除加大完成规定动作的力度外，还不断创造具有郑州特色的创建亮点。2011年是全国文明城市考评验收年，郑州市按照《全国文明城市测评体系》和《全国未成年人思想道德建设工作测评体系》内容和标准，扎实开展工作，全民参与、共建共享，未成年人思想道德建设稳步提高，传统节日宣传教育形式多样，道德模范评选宣传深入人心，社会志愿服务工作全面深化，社会主义核心价值体系建设扎实推进，公民文明素质和社会文明程度明显提升。

2011年，郑州市坚持“以创建促全局、以创建惠民生”，把群众满意作为衡量创建成效的首要标准。实施积极的就业政策，实现“零就业家庭”动态为零的目标，实现养老保险制度的全民覆盖，城乡低保标准逐年提高。努力解决上学难问题。全年新建或改扩建城区近40所中小学，投资近5亿元改善农村中小学办学条件，职业教育在校生人数达到30.3万人，全部免除农村义务教育阶段学杂费和城市义务教育阶段杂费，全市义务教育阶段进城务工人员子女入学率保持在99.8%以上。努力解决看病难问题。不断加大对医疗卫生事业的投入，实施乡镇卫生院改造工程和农村标准卫生室建设工程；在社区卫生服务中心推行“片医”负责制试点工作，建成覆盖229万人口的15分钟城市社区卫生服务圈；新型农村合作医疗报销比例逐年提高，参合率达到98.08%。努力解决住房难问题。高度关注和关心低收入家庭的住房问题，建立以廉租住房制度为重点、多渠道解决城市低收入家庭住房困难的政策体系，市区“双困家庭”廉租住房覆盖率达到100%，全市近6万户低收入家庭圆了住房梦。努力解决出行难问题。组织实施“畅通郑州”工程，一批重点工程相继完工并投入使用；出台规范公职人员和公务车辆交通行为等政策措施，提高道路通畅保障能力，市区交通拥堵得到进一步缓解。大力开展“城市管理提升年”活动，深入推进“净、绿、亮、美、畅”工程，不断加强道路交通、夜景照明、园林绿化和公共服务设施建设，城市配套基础设施日益成熟，市容市貌得到较大改善，城市功能不断完善，为广大市民提供了安居乐业的生活环境。

2011年12月，郑州市以省会、副省级城市组第六名的位次获得“全国文明城市”称号，同时，还被评为“全国未成年人思想道德建设先进城市”。全市5个县（区）被评为省级文明县（区）、2个村镇被评为全国文明村镇、7个单位被评为全国文明单位。市文明办被授予“全国未成年人思想道德建设先进单位”称号。

郑州市获得全国文明城市称号

【“创文”组织保障】 2011年，郑州市委、市政府把创建全国文明城市工作列入重要议事日程，建立“党委、政府统一领导，文明委组织协调，党政部门各负其责，人大、政协视察监督指导，群众组织密切配合”的领导机制。组建省会创建全国文明城市领导小组，市委书记亲自挂帅；成立由市领导担任指挥长的十大指挥部。各区、各部门参照市里“创文”架构，成立相应机构，全市上下牢固树立“一盘棋”思想，做到既各司其职、各负其责，又协同作战、合力攻坚，为“创文”攻坚战打下良好的基础。市委书记连维良明确要求“以文明创建促全局、以文明创建惠民生”。实行市领导分包责任制，将“创文”130项目标任务细化分解，由市长与市直、各区主要负责人签订目标责任书。市人大、市政协发出决议和倡议，人大代表、政协委员适时对创建工作进行视察。各指挥部采取分组督导、交叉督导和对重点区域及重点问题重点督导等多种督导形式，高密度地督促检查，及时协调解决重点、难点问题；创文办各督导组不间断进行检查。全市形成主要领导亲自抓、四大班子合力抓、条块结合共同抓、专门机构具体抓的工作格局。

【营造“创文”氛围】 2011年，市文明办策划并组织各指挥部有关领导、市文明办主任和各区宣传部部长做客郑州电台《与文明有约》在线直播节目23场次，报社专访17次。通过移动公司和联通公司编发公益短信300万条，组织大型广场文化活动20多场，制作“创文”宣传（书籍、折页）50多万册，发放“创文”宣传互动小礼品16.7万个，制作播发公益广告1.7万条。举办《与文明相约》电视晚会，组织“文明赞歌”——郑州市创建文明城市激情广场文艺演出活动400场，编发《省会创建全国文明城市工作简报》270期。市内各区、市直各单位充分利用网络、LED显示屏、文化墙、大型公益广告、宣传栏、宣传页和宣传品及板报等宣传形式，营造浓厚的宣传氛围。

【“创文”长效机制建设】 2011年，郑州市在“创文”过程中狠抓机制建设，实现创建全国文明城市的长效管理。实行创建督查周报制度。创建全国文明城市各督导组、各指挥部严格对照《全国文明城市测评体系》和《全国未成年人思想道德建设测评体系》，实施不间断的检查。对整改未果事项、反弹事项，以创建全国文明城市督查通知书、督查周报、督查专报、媒体播报等形式进行曝光，并向市委、市政府上报，全年共下发各类督查通知书286份，98%得到及时整改；全年共上报各类日报、周报、专报368次，有效地促进了各类问题的整改落实。实行文明创建“月点评”工作制度。每月召开创建全国文明城市工作推进例会，研究解决文明创建工作中的疑难问题。由市委、市政府、市文明委主要领导根据督查出的问题整改情况进行现场点评，表扬先进，督促落后，推动工作落实。开展文明创建“评优评差”活动。采取日常检查与抽查相结合、自查与互查相结合、国家统计局郑州调查队抽样调查等办法，综合创文指挥部、创文督查组、新闻媒体等各方面汇总的督查测评结果，进行综合评定，每月对市直各单位、各县（市）区进行综合排名，评优评差。

【专项整治工作】 2011年，郑州市在“创文”过程中抓弱项，专项整治工作成效显著。针对全市老城区面积大、城市基础设施严重老化、城市功能不完善等情况，各指挥部、各区自加压力，强力推进专项整治工作，解决了一大批与创建指标体系不相符的顽症、硬伤和薄弱环节。一是加大窗口行业整治力度。全年共对全市1200多个窗口单位开展拉网式排查3次、专项检查评比16次，下发督查通知书近2400份，督促整改重大问题680多个，窗口单位达标率大幅度提升。二是加大“五小”门店整治力度。建立整改工作台账，实行达标销号制。将“五小”门店整治工作和干部考核相结合，通过示范引路，以点带面，整体推进，全市29732家“五小”门店绝大多数整改达标。三是加大文化环境整治力度。全市文化场所的硬件设施达到设备齐全、功能完备，校园周边环境达到规范有序，网吧市场经营秩序明显好转，“黑网吧”整治成效显著，市民对公益性文化设施和爱国主义教育示范基地满意度明显提升。四是加大建设工地整治力度。对全市所有在建工地、装饰装修工程工地进行集中整治，全年共督导建设工地237家、监理单位133家，规范食堂、宿舍、厕所238处，全市在建工地务工人员的生活条件和工作环境明显改观。五是加大商场及主要商业大街整治力度。积极开展“百城万店无假货”活动，逐一整改商场基础设施、商业大街无障碍设施、盲道修补和交通秩序管理等涉及多部门职能的问题，集中清理占道经营等不文明现象，增设多处公益性道德建设广告，不断优化商场和商业大街的消费环境。六是加大集贸市场整治力度。以场容场貌为重点，采取先易后难和先硬件达标、后软件达标两步走的措施，市场场容场貌发生显著变化。七是加大城市交通整治力度。着力纠正各类违反交通法规的现象，大力开展重点交通违法行为专项整治、道路交通事故黑点排查整治及事故预防、停车场秩序整顿活动，使市民文明交通意识明显增强，交通事故明显减少，交通秩序得到明显改善。八是加大公共场所整治力度。加强辖区内公园、广场、游园的苗木管理，加大园区内基础设施改造力度，加大对公共场所乱贴乱画小广告、违规占道经营等问题的检查清理力度，加大对公园游园吸烟、赤膊、随地吐痰、乱扔杂物等不文明行为的劝阻力度。2011年5-9月，全市共清理户外广告横幅1215条、小广告10万余条,清理流动商贩摊点、门头广告3500多处，全市公共场所环境明显改观。九是加大生活环境整治力度。针对公用电话、邮箱、报栏、座椅、窨井盖等公共设施老化损坏问题，主、次道路破损，街道、河道、铁路沿线环境问题，占道和突出门店经营等问题，大力开展整治，全年完成80条迎检道路和其他主要道路的路面、人行道、盲道的修补，以及相关设施的维修维护等多项“创文”整治任务，共计更换检查窨井盖、雨水井箅子378套，修补路面破损及沥青铺装2076处、4.9万多平方米，道板铺装14400平方米，更换隔离墩25个，整治、清掏雨污水井1988座，补植补栽树木130余株，修剪绿化带18万余平方米，修剪行道树3300余株，修补安装灯座门1000个，更换道路标志牌、路名牌108个，维修交通信号灯45处，维修公交站亭190个，全市生活环境大有改观。

【群众性精神文明创建活动】 2011年，郑州市以持续深化求突破，群众性精神文明创建活动扎实开展。

深化开展人居环境整治工作。以整治无主管楼院、破产企业楼院、三类小区楼院为重点，以提高居民生活质量、促进社会和谐进步为目的，市内各区（管委会）和市直有关单位，坚持“以人为本”的原则，采取层层召开动员会、悬挂宣传条幅、制作宣传展板、发放宣传材料等多种形式，在居民区和人流集中的地方进行广泛宣传。全市三类小区、无主管楼院、破产

文明交通志愿者在街头义务执勤

单位楼院以“路平、灯明、水通、卫生、安全”为标准，采取“拆、刷、植、建”等方法，严格落实督查制度、明察暗访制度、创建办联查制度、工作简报制度、奖补制度，狠抓主要问题的解决，多方筹措资金，对重点部位和重点问题进行集中整治。2011年，全市对1107处楼院粉刷美化墙体208.8387万平方米、铺路修路19.8万平方米、整修下水管网4.6万米、绿化面积3万多平方米，市民居住环境明显改善。

大力推进文明单位创建活动。认真执行国家、省、市文明单位管理条例，加大对文明单位的评选和管理力度，全年全市推荐的7个单位被评为国家级文明单位,94个单位被评为省级文明单位，101个单位被评为市级文明单位。加强文明单位的动态管理和日常管理。及时查处3个单位违背一票否决规定的问题，撤销其文明单位称号。开展文明单位结对帮扶工作，印发《文明单位结对帮扶补充通知》，把新命名表彰的省、市级文明单位重新进行结对。建立文明单位参加“文明交通”机制，各级文明单位积极实施“小红帽在行动”，充分发挥各级文明单位的示范表率作用。

开展争创文明景区、文明社区活动。制定《郑州市2011年文明景区创建方案》，深入推进文明景区创建活动。积极参与“提升郑州旅游形象”工作，郑州黄河风景名胜区等7个景区被评为省、市级文明景区。号召各文明景区以提高旅游服务质量为目标，积极推行文明开发、文明经营、文明服务、文明管理，努力把旅游景区建成展示文明形象的窗口。同时狠抓文明社区创建工作，全市先后涌现出鑫苑名家等100多个省、市级文明社区。

【农村精神文明建设】 2011年，郑州市以乡风文明为重点，农村精神文明建设不断深化。

广泛开展争创文明村镇、文明集市活动。按照《郑州市文明村镇评选管理办法》，把全市文明村镇纳入财政奖励范围,进一步调动各县（市）区参与文明村镇创建活动的积极性。大力开展道德评议、婚育新风进万家、关爱女孩、阳光计生等活动，破除陈规陋习，加强环境保护，倡导健康文明生活方式，推动乡风文明的形成。大力开展以“四化两场一畅通”为主要内容的文明集市创建活动，创建一批硬化、净化、绿化、亮化，建有综合市场和垃圾处理场以及道路畅通的文明集市。全年共评选出11个省级文明村镇。

“清洁家园行动”扎实有效。以加强农村环境卫生综合整治和建立卫生制度、建设卫生设施、健全卫生保洁队伍为重点，与社会主义新农村建设和农村爱国卫生工作有机结合，在抓好一、二类村巩固提高的基础上，着力向三类村延伸辐射。先后两次组织全市“清洁家园行动”巡回观摩活动，通过互评互查，促进农村“清洁家园”行动的健康发展。利用集体学习日、广播站等形式和途径，加强党的政策、法律、卫生、文明礼仪、文明交通等知识的学习，提高农民文明素质和卫生意识。抓好清洁卫生，不断改善农村卫生条件和人居环境。广泛开展文明卫生村、卫生户和好婆婆、好媳妇、好妯娌等评选表彰活动，树立一大批先进典型，激发农民群众参与“清洁家园行动”的积极性，推动整体工作上台阶。采取结对帮扶办法推动城市现代文明加快向农村传播，推动现代文明生活方式向农村辐射。组织和动员各级文明单位，帮助农村治理村容村貌、建设文化设施、开展教育培训，提高农村整体文明程度。督促各县（市）区建立健全卫生保洁制度，加强日常卫生管理，探索多元投入机制，逐步实行“户投、村收、乡运、县处理”垃圾处理模式，减少环境污染和“五乱”现象，切实改善农村环境面貌。初步建立起覆盖全市保洁的基本机制和体系。全年规范垃圾处理填埋场568个，共投资1017万元；建设垃圾中转站718个，投资7370万元；购置配备垃圾清运车3353辆，投资3495万元；建立18720人组成的环卫清扫清运队伍。对城乡环境卫生管理工作进行评优评差。市文明办联合市爱卫办和城市管理局等单位，以“脏、乱、差”治理为切入点，以实现“一有”“三无”（有农村生活垃圾处置模式，无暴露垃圾、无卫生死角、无乱堆乱放）为目标，在全市开展评优评差活动，定期对村容村貌进行督查，综合排名，评出十优十差，全年共下发督查通知书16份，发现和解决问题60余个，农村环境面貌得到显著改善。10月，河南省农村“清洁家园行动”活动巡查观摩现场会在荥阳市高山镇高山村、冢岗村召开，郑州市的做法得到与会人员的高度评价和充分肯定。

扎实开展“城乡共建”结对帮扶工作。实施“城市带动农村”行动，组织创建工作先进单位深入开展文明单位与农村精神文明建设试点村结对帮扶工作，采取“一帮一”或“多帮一”的方式，农村整体面貌得到一定程度的改善，村民文明素质和社会现代文明程度得到不同程度的提高。

【道德典型学习宣传】 2011年，郑州市以引导社会风尚为目标，道德典型学习宣传成绩显著。

举办全国“道德模范故事汇”巡演及座谈活动、全国道德模范与身边好人郑州现场交流活动。为推广郑州市道德典型学习宣传方面的经验，6月14日，中央文明办“道德模范故事汇”基层巡演在郑州市举办专场演出；6月16日，由中宣

全市积极开展道德讲堂活动

部、中央文明办主办，郑州市承办的“道德的传承——全国道德模范与身边好人（河南郑州）现场交流活动”在郑州青少年宫举行。新华社、《光明日报》《河南日报》、中国文明网等中央、省级媒体对活动进行重点报道。郑州市抽调文艺工作者，在全市组织“道德模范故事汇”巡演8场。

组织全国、全省道德模范推荐评选工作。市文明办印发《关于评选、推荐全国、全省道德模范的通知》，设立接受群众和组织推荐的专用电子邮箱和联系电话。在全市广大干部群众广泛评选、层层推荐的基础上，抽调4人负责，对各部门、各单位和群众推荐的候选人人选进行条件和资格审核，并征求纪检、计生、综治办等部门的意见，按照评选标准和要求，对推荐的好人好事和投票进行严格的核实。2011年，郑州市推荐的胡大白被评为“第二届河南省道德模范”，樊海风获得“第二届河南省道德模范”提名奖，沈战东获得“第三届全国道德模范”提名奖。

继续开展“我推荐、我评议身边好人”和月评文明市民活动。加大“月评文明市民”和“身边好人”宣传力度，全年共评出郑州市文明市民116个。同时开展“年评文明市民标兵”活动。向中央文明办“我推荐、我评议身边好人”活动推荐“身边好人”候选对象37个，16名候选人入选“中国好人榜”，名列全省第一。

深入开展“道德讲堂”活动。为宣传道德模范事迹，培育优良的社会公德、职业道德、家庭美德、个人品德，在学习常州“道德讲堂”的基础上，结合郑州市实际，每月举办两次道德讲堂，用基层发现的身边好人好事来充实“道德讲堂”内容，让活动真正贴近基层、贴近群众、贴近生活，扩大“道德风尚”的社会影响力和感召力。中央文明办专职副主任王世明先后3次对郑州市的“道德讲堂”作出批示，予以肯定。

【未成年人思想道德建设】 2011年，郑州市以教育引导为基础，未成年人思想道德建设稳步推进。

理想信念教育不断加强。坚持把加强未成年人理想信念教育放在未成年人思想道德建设的首位。以建党90周年、“五四”运动92周年为契机，在广大未成年人中大力开展爱国主义和集体主义教育。一是深入开展“社会主义核心价值体系巡讲进校园”活动。坚持以理想信念和社会主义荣辱观教育为核心，全年举办巡讲活动129场。二是深入开展“绿城美德少年”评选表彰活动。印发《关于在全市开展“绿城美德少年”评选表彰活动的通知》，评选表彰全面发展、道德高尚的“绿城美德少年”100名，郑州市推荐的2名未成年人获得“全国美德少年”称号。三是开展“青少年健康成长指导巡回报告进校园”系列活动。全年举办专题讲座57场，切实解决一些未成年人成长过程中遇到的困惑和难题。

未成年人道德教育和实践活动。以《全国未成年人思想道德建设工作测评体系》为抓手，深化“做一个有道德的人”主题活动。以“童心向党”歌咏活动、“小手拉大手，文明每一天”“优秀童谣传唱”“民族精神代代传”“争做美德少年”“经典诵读”、爱国主义读书活动、“家乡发展我成长”等主题实践活动为载体，引导广大未成年人争做文明小公民、共创文明城市。“做一个有道德的人”主题征文活动收到征文3983篇，评选出获奖作品151篇。全年共组织“法制教育校园行”宣讲活动357场、警示教育活动62次、“法制教育进社区巡展”122场次，组织政教老师法制培训8次。组织“爱国主义读书、中华经典诵读展示月”活动，举办2000名小学生参加的郑州市经典诵读展示大会。开展近13万名未成年人参加的“传唱优秀童谣、做有道德的人”网上签名寄语活动，组织“中华经典诵读”暨“传唱优秀童谣”摄影摄像作品大赛，收集、出版《郑州市优秀童谣集》。

着力开展净化社会文化环境工作。先后印发《2011年郑州市净化社会文化环境工作实施方案》《关于暑假期间开展文化市场集中整治的通知》《关于在全市广泛开展“文明上网、文明办网”活动的通知》，积极协调公安、工商、文化等有关部门认真落实净化社会文化环境工作的要求。每季度协调相关部门对都市村庄、城乡接合部、学校周围，以及县（市）城区、农村乡镇等重点部位，进行彻底排查。特别在寒假期间，始终保持对文化市场违法违规的高压态势，确保对文化市场各种违法违规行为及时发现，及时查处。注重总结集中整治工作经验，不断推动净化工作制度化、规范化。加大对互联网运营商的监管力度，建立约谈网络运营商负责人制度，组织相关单位签订对"黑网吧"不予接入网络信号承诺书；将已查处取缔的"黑网吧"名单，以行政文件形式通知运营商，终止其互联网接入服务。多次组织新闻媒体及时报道净化工作的新进展、新成效，曝光存在黑网吧的办事处。督促新华书店、科技馆、青少年宫、点点动漫城为未成年人提供优秀文化产品和优质文化，不断满足全市未成年人的精神文化需求，丰富未成年人的精神文化生活。

加大心理健康辅导站和农村未成年人校外活动场所建设力度。印发《郑州市未成年人心理健康辅导站建设实施意见》《郑州市"乡村学校少年宫"建设实施意见》。依托乡村中心学校、乡镇文化站、农村文化大院等场所，组建"乡村学校少年宫"，利用有效载体开展经常性的校外活动，促进农村未成年人教育工作深入开展。2011年，全市建成"乡村学校少年宫"126个、市级示范"心理健康辅导中心"13个，服务未成年人5万人次。市财政奖补市级示范"乡村学校少年宫"和市级示范"未成年人心理健康辅导站"资金280万元。郑州市未成年人心理健康辅导中心被河南省文明办评为"省级未成年人心理健康辅导中心示范点"。

【志愿服务工作】 2011年，郑州市以传递温暖为核心，志愿服务工作成效显著。

志愿服务围绕"创文"工作深入开展。2011年3月，市编办批复同意郑州市文明办增设文明传播志愿服务处。结合全市实际，郑州市志愿服务工作确立以服务创建全国文明城市等中心工作为重点，组织动员社会各界积极参与志愿服务活动，引导人们以志愿服务形式普及文明新风的工作思路。5月初，各区全部组建志愿服务队伍，并结合创建工作开展扎实的志愿服务活动。二七区"携手百万二七人、共创全国文明城"，中原区"小手拉大手，共创文明城"，金水区"每天奉献一小时、共创全国文明城"等志愿者服务活动，有声有色，扎实有效。2011年4-12月，全市群众自发组建的文明志愿服务队达156支，人数超过50万人，累计开展劝阻不文明行为、文明帮扶行为100万余次。

文明创建志愿服务活动丰富多彩。印发《关于在全市开展"四项关爱"志愿服务行动的工作方案》，全面启动关爱空巢老人、关爱农民工、关爱留守儿童和进城务工人员子女、关爱残疾人"四项关爱"志愿服务活动。郑州市文明办联合郑州市红十字会成立郑州市"爱心不找零"聋哑儿童救助基金，用于帮助0-14岁的贫困聋哑儿童走出无声世界。2011年5月16日，市文明办牵头举行"郑州市关爱农民工志愿服务行动"启动仪式，活动现场收到郑州市总工会、郑州市慈善总会、中国移动河南公司郑州分公司等单位和企业捐款100万元。中原区在全区启动"文明创建，志愿先行"志愿服务活动；上街区开展"践行交通文明、告别交通陋习、促进交通和谐"志愿者协助交警维持交通秩序活动；二七区以创建文明城市为主题，开展"文明我先行"志愿活动，每周五在全区开展"清洁家园、美化二七、共创文明城市"市容环境集中整治万名志愿者行动活动。省级文明单位中州大学举行"创建文明城市志愿者活动"出征仪式，倡导大学生广泛参与社会实践活动，增强大学生及市民创建文明城市的意识；省级文明单位河南省女子劳教所管教人员组成志愿者服务队，赴中建五局郑东新区建筑工地，为农民工兄弟提供免费体检、健康咨询、急救基本技能培训等服务。

率先开展网络文明传播志愿服务工作。2011年3月，中央文明办正式把郑州确定为网络文明传播志愿服务工作试点城市。市文明办组织召开由有关部门、专家学者、网民代表参加的专题研究网络文明传

郑州市获得全国未成年人思想道德建设先进城市称号

播志愿服务工作的会议，并组织力量通过网络调查、基层调研等形式了解掌握本市网络文明传播工作现状，印发了《关于组建、规范“网络文明传播志愿者队伍”和推动网上文明传播活动的通知》，对全市开展网络文明传播志愿服务工作作出具体的安排部署，在全市范围开展网络文明传播志愿者推荐、选拔工作，招募到网络文明传播志愿者800余名。组织召开“首批郑州市网络文明传播志愿者座谈暨培训会”。先后组织开展网络文明传播博客大赛、建党90周年博客征文、诚信主题大讨论等主题活动，在全市掀起开展网络文明传播志愿服务的热潮。

【群众文化活动】 2011年，郑州市公共文化服务有力，群众文化活动丰富多彩。

“我们的节日”主题活动丰富多彩。以春节、清明节、端午节、中秋节为活动载体，组织春节“红红火火过大年”志愿服务，清明节祭奠缅怀革命先烈、端午节宣传爱国诗人屈原及中华民族优秀代表人物的事迹、中秋节开展中华经典诵读等活动，并首次在未成年人中开展“我们的节日”主题活动，将节日民俗与爱国主义教育、未成年人思想道德建设、经典诵读、群众文化、全民健身、爱国卫生、送温暖和关爱空巢老人等系列活动相结合，推动社会主义核心价值体系建设。

深入开展“三下乡”活动。从丰富农民精神文化生活入手，搭建农民群众乐于参与、便于参与的平台和载体，大力开展“三下乡”活动，继续推进文化信息资源共享、社区和乡镇综合文化站、农村电影放映、农村书屋等重点文化惠民工程建设，进一步提高公共文化服务能力和水平。年初，在新密市超化镇黄固寺村举办郑州市2011年度“文化、科技、卫生”三下乡集中示范活动，组织农业科技专家、医疗卫生专家、心理教育专家、书画家及法律、文艺、新闻工作者100余人，送科技、文艺、医疗、计生下乡，并捐赠物品总价值达28万元，收到良好的效果。

群众文化、体育活动蓬勃开展。为了活跃全市干部群众的体育生活，满足广大群众体育健身需求，春节、中秋节等时间节点，六县（市）和市内各区在广场、公园、社区等场所，先后组织开展特色民间表演、猜谜和灯展活动，展示舞龙、舞狮、高跷、秧歌、旱船、盘鼓等民间绝技，表演曲艺、戏曲等。在绿城广场举行的郑州市元旦万人长跑活动，吸引社会各界1.5万余名爱好者参加。

【文明网站建设】 2011年，郑州市文明网站建设力度加大，教育宣传平台进一步完善。

加大投入力度。2011年，按照中央文明办组建中国文明网联盟的有关工作要求，郑州市文明办专门申请专项资金20余万元，对郑州文明网工作环境进行改善，对网站设备再次进行更新换代，为开展网络宣传提供有力保障，为郑州文明网成功加入中国文明网联盟奠定物质基础。

精心设计版面。按照中国文明网联盟的具体要求，郑州文明网在结合本地实际的基础上，历时近3个月时间完成郑州文明网改版和网站信息内容的添加。新建的郑州文明网（中国文明网联盟郑州站）由33个栏目组成，除按照中国文明网联盟总站要求设置必要的栏目外，还保留、增设“文明博览”“文明创建动态管理系统”“改善人居环境”“文明市民”“精彩视频”等地方特色栏目。成功加入中国文明网联盟后，郑州文明网积极借助郑州市人民政府网、中国郑州网、中原网、大河网等本地知名网络，大力宣传推介中国文明网联盟网站，提高了中国文明网联盟的影响力。

积极开展活动。一是积极开展系列主题宣传活动。按照中央文明办要求，郑州文明网及时推出“名博解读文明城市——郑州篇”“网上革命纪念馆——二七革命纪念馆”“网上文明中华——郑州篇”等主题活动，在联盟总站相关页面进行宣传展示。配合中国文明网联盟总站开展“我们的节日”主题活动，收到良好效果。2011年11月，郑州市积极学习借鉴常州“道德讲堂”的成功做法，举办郑州市“道德讲堂”首场讲座暨启动仪式，郑州文明网联络QQ传媒，进行现场直播，通过网络与广大网友积极互动，效果良好。二是积极参与各类网络评选评议活动。积极组织各类人群登陆中国文明网联盟总站，参与清明节网上祭先烈、第三届全国道德模范评选、“我推荐我评议身边好人”活动、全国优秀志愿者和优秀志愿服务组织网上推荐活动等。三是积极组织开展网络文明传播志愿服务工作。2011年被中央文明办确定为网络文明传播志愿服务工作试点城市后，郑州市市委、市政府专门为市文明办增设文明传播志愿服务处，增加行政编制3名，指导协调全市志愿服务工作。市文明办迅速组织召开有关部门、专家学者、网民代表参加的研讨会，印发《关于组建、规范“网络文明传播志愿者队伍”和推动网上文明传播活动的通知》，及时开展网络文明传播志愿者招募、组建、培训工作，先后组织“网络文明传播志愿者在行动”主题征文、“网络文明传播博客大赛”、建党90周年感言、诚信主题大讨论等活动，有力引领了网络文明新风尚。

狠抓信息宣传。郑州文明网作为中国文明网联盟的一员，坚持把信息宣传作为开展网络宣传的重要内容，及时建立由所辖县（市）区文明办工作人员、市文明委成员单位工作人员和各级文明单位联络员组成的信息员队伍，建立相应的考核激励机制，利用QQ群网络平台，提高信息传送效率，不断提高郑州文明网信息宣传的质量。截至年底，郑州文明网共向中国文明网联盟总站、河南文明网报送工作信息800余条，其中被中国文明网联盟总站转发信息180余篇（条）。

（汤理科）

辛卯年黄帝故里拜祖大典

【概况】 2011年4月5日（农历三月初三）上午，辛卯年黄帝故里拜祖大典在新郑隆重举行。此次大典由政协河南省委员会、中华炎黄文化研究会、中华全国归国华侨联合会和中华全国台湾同胞联谊会主办，郑州市人民政府、郑州市政协和新郑市人民政府承办，主题延续保持为“同根同祖同源，和平和睦和谐”。全国人大常委会副委员长、农工党中央主席桑国卫，全国政协副主席、民革中央常务副主席厉无畏，十届全国人大常委会副委员长许嘉璐等国家领导人，中国侨联副主席李祖沛，全国台联会长梁国扬，中华炎黄文化研究会常务副会长赵德润等主办单位领导，中共中央、国务院台湾事务办公室副主任叶克冬、全国政协教科文卫体委员会副主任王全书等中央和国家机关部委领导；中国入世首席谈判代表、原国家外经贸部副部长龙永图及浙江、江苏、新疆等省（自治区、直辖市）领导；亲民党副主席张昭雄，全国政协委员、香港金利来集团有限公司总裁曾智明，澳门世界华商总会会长、华盈环球有限公司董事长林健生等台港澳同胞，美国美中经济贸易促进会执行主席、世界华商联合会理事长乌巴特尔，以及来自美国、英国、法国、德国、澳大利亚、新加坡等19个国家和地区的近千位海外侨胞；河南省委书记卢展工、省长郭庚茂、省政协主席叶冬松等河南省四大班子领导，郑州市委书记连维良、市长赵建才、市人大常委会主任白红战、市政协主席李秀奇等郑州市四大班子领导，以及各界群众代表1万余人参加大典。河南省委副书记、省政协主席叶冬松致欢迎词，全国台联会长梁国扬担任大典主司仪，十届全国人大常委会副委员长、中华炎黄文化研究会会长许嘉璐担任主拜人。

【大典仪程】 辛卯年黄帝故里拜祖大典拜祖仪式延承规制，分为“盛世礼炮、敬献花篮、净手上香、行施拜礼、恭读拜文、高唱颂歌、乐舞敬拜、祈福中华、天地人和”9项仪程。9时55分，大典主司仪梁国扬宣布辛卯年黄帝故里拜祖大典开始，全场肃立，鸣21响礼炮。鸣礼炮后，各级领导人和嘉宾先后敬献花篮，鞠躬致敬。“敬献花篮”仪程中，桑国卫、厉无畏、许嘉璐、卢展工、郭庚茂、叶克冬、李祖沛、连维良、赵建才等，分3组向黄帝像敬献了花篮；“净手上香”仪程，分别代表台湾、香港、澳门及海外侨胞的台湾亲民党副主席张昭雄、香港金利来集团有限公司总裁曾智明、澳门世界华商总会副会长王琦、美国美中经济贸易促进会执行主席乌巴特尔，郑州宇通客车企业集团总裁汤玉祥、中国五粮液进出口公司董事长刘中国、美国腾尔投资集团有限公司总裁翟金城、思八达集团董事局主席刘一秒、河南省金城投资担保有限公司董事长杨军民等9人，分3组向黄帝像敬香。“祈福中华”仪程中，刘少奇长女刘爱琴，新中国第一位电视播音员、电视主持人沈力，中国音乐家协会副主席、歌唱家李谷一，中央民族歌舞团艺委会副主任、歌唱家胡松华，中国音乐家协会副主席、中国音乐学院院长金铁霖，中国音乐家协会常务理事、钢琴演奏家刘诗昆，全国“五一”劳动奖章获得者黄久生，感动中国年度人物、全国十大灭火救援尖兵李隆，感动中国年度人物、周口淮阳许湾乡希望小学校长李灵，国际软件屋公司董事长、清华大学名誉校董廖凯原，美国中华总商会主席、美国美孚国际集团董事长陈清泉，澳门世界华商总会会长、华盈环球有限公司董事长林健生，世农泰运集团总裁杨智为，广州亚运会3枚金牌获得者张国龙，以及为弘扬黄帝文化作出突出贡献的小浪底水利枢纽建设管理局党委书记张善臣、郑州银行董事长王天宇、郑州布瑞克房地产开发有限公司董事长卢天明、拜祖文书法长卷书写人柳国庆等18位海内外代表，在祈福树上挂祈福牌，并登上

嘉宾入场

敬献花篮

高唱颂歌

拜祖台在9.5米的拜祖文长卷上落款用印，表达对祖国民富、国强、文明、和谐的衷心祝愿。

【大典《拜祖文》】 十届全国人大常委会副委员长、中华炎黄文化研究会会长许嘉璐辛卯年黄帝故里拜祖大典恭读《拜祖文》：惠风和煦，万物复萌。河洛浩浩，溱洧清清。豫州亿众，意气腾腾。小康既现，黾勉攀登。南联鄂皖，陕鲁西东。并肩挽臂，七省齐兴。仰望具茨，郁郁葱葱。圣迹犹在，追远慎终。盛世怀祖，感恩圣功。忆昔往古，天下鸿蒙。吾祖率民，肇始文明。钻木阳燧，民远膻腥。岐伯尝药，百世所凭。仓颉创字，古今遵行。嫘祖植桑，民以御冬。民娱天道，查乎民情。广寻智者，竭尽聪明。教民稼穑，企盼丰登。采铜铸造，未必不经。伟在吾祖，德如峻峰。垂裳而治，穆穆春风。德义教化，息忿止争。百官不私，法简律明。以战止战，东巡西征。不暇席暖，迁徙无恒。忙辞俱劳，尽瘁鞠躬。民讳狙落，姑言仙升。咸池断竹，代以今声。遐而在迩，永纪圣踪。噫嘻吾祖，视今何世。环球播荡，时乱时凶。烽火连绵，饥馑频仍。投薪止火，扰扰纷争。唯我华夏，和乐融融。百业俱举，各尽所能。屡灾屡奋，日夜兼程。倏尔卅载，日益繁荣。大爱遍在，保障民生。正义弘扬，文化复兴。噫嘻吾祖，观彼海涛。美哉荡荡，涛息风平。两岸手足，路畅心通。古训是式，存异求同。既爱且让，互信日增。今兹圣诞，齐禀元宗。前路尚遥，唯赖精诚。振兴中华，重担共承。贡献世界，天下为公。嗟我列祖，佑我功成。肃此敬告，伏惟尚飨。

【大典宣传报道】 辛卯年黄帝故里拜祖大典期间，《人民日报》、新华社、中央人民广播电台、中国国际广播电台、中央电视台等中央媒体，人民网、新华网、新浪、搜狐、腾讯、网易等国家重点新闻网站和知名商业网站，香港《大公报》、香港《文汇报》《香港商报》、香港凤凰卫视、台湾《新闻报》、马来西亚988电台等国家和地区的媒体，《河南日报》、河南人民广播电台、河南电视台、《郑州日报》、郑州人民广播电台、郑州电视台、大河网、中原网、商都网等省市媒体，共计150余家，现场采访报道拜祖大典。包括12家中央重点新闻网站、6家境外网站的180多家知名网站网络视频直播拜祖大典。27家重点手机报播发新闻，河南省联通公司向全国5000多万手机用户发送短信。腾讯网通过QQ弹出窗口和迷你首页重点推介大典，影响人群超过1亿人。大典当日，经谷歌搜索，网上新增相关新闻1640篇、网页105万个，大典也被自动聚合为当天百度焦点新闻头条和图片新闻头条，成为媒体和网民最为关注的事件。在第二届中国节庆创新论坛暨2011中国品牌节会颁奖盛典上，黄帝故里拜祖大典荣膺“中国最具影响力公祭（拜祖）大典”。

【中原文化活动周】 中原文化活动周由河南省委宣传部主办，于4月1-7日期间举行，主要有4项内容：一是4月1-5日的河南省精品剧目展演，主要剧目有现代豫剧《常香玉》、越调历史剧《老子》、现代豫剧《铡刀下的红梅》；二是4月1-6日在河南省美术馆举办的河南省书画美术摄影展，共展出各类作品180余件；三是4月4-7日在河南省新华书店、中原图书大厦、郑州购书中心等地举办的河南省精品图书展销活动，共展销3000多个品种8万余册图书。四是4月6日举办的中原经济区论坛，该论坛由龙永图主持，主题为“从中原到中原崛起”，邀请许嘉璐、郑新立、孙震、葛剑雄等众多领导、专家和学者演讲。

【黄帝文化论坛】 第五届黄帝文化论坛由河南省政协、中华炎黄文化研究会、郑州市人民政府、中国中外名人文化研究会主办，新郑市人民政府、河南省黄帝故里文化研究会承办，4月3-4日在新郑市西亚斯国际学院举行。论坛由北京电视台主持人春妮主持。台湾大学教授傅佩荣，中国人民大学教授、博士生导师顾海兵，美国加州州立大学研究员钟茂森，首都师范大学教授房宁，北京大学教授张颐武等学者及知名人士围绕“黄帝文化与当代中国人价值观”，进行了深入的理论探讨和思想碰撞。

【中原民间传统文化展演】 4月4-6日，中原民间传统文化展演在郑州市绿城广场举办。来自全省各地的民间艺术家、民间艺术团、非物质文化遗产传承人轮番登场，分动态和静态两个部分展示民间传统文化。动态部分有南狮表演、大鼓表演、北狮表演、方阵盘鼓表演等，参加展演的队伍有20多支，演出人数近千人；静态部分有近百名民间手工艺艺人展示民间手工艺项目50余种，既有剪纸、糖人等广受老百姓喜爱的民间技艺，又有泥咕咕、蛋雕、影雕等精巧独特、平时难得一见的技艺。

【专题文艺晚会】 4月4日晚，大典期间专题文艺晚会在河南省艺术中心举行，由郑州歌舞剧院表演大型原创舞剧《水月洛神》。该剧是郑州市继《风中少林》之后又一部立足中原文化的大型舞剧，它巧妙地将“诗、书、礼、乐、舞”融会一堂，故事情节极富戏剧张力，舞蹈古典淡雅，舞美梦幻唯美。

【郑州都市区建设华人华商论坛暨项目签约仪式】 4月5日，郑州都市区建设华人华商论坛暨项目签约仪式在郑州国际会展中心举行，世界华人华商领袖、港澳台及海外知名人士、国内外500强企业负责人、工商界重要团组及商协会负责人约500人参加。会议前半程为论坛，以“发挥华人华商作用，为郑州都市区建设献计出力”为主题，10名知名华商演讲。后半程为市情说明暨项目签约仪式，郑州市集中推介200多个优质储备项目，签约27个项目，涵盖文化产业、金融业、服务业等，投资总额193.2亿元，其中仅10亿元以上项目就达8个。

（杨春元 杨 晋 彭 力 戴烁琪 王永强）

网络行政

【市媒体网络事项督办中心（ZZIC）建立】 2010年7月17日，郑州市委、市政府网络新闻发言人ZZIC正式登录网络，ZZIC分别在郑州市政府网站、大河网、中原网、商都网专门开设网络民意直通车——“绿城快递”板块，受理网民诉求，广泛收集民意，24小时关注网络信息，实行无缝隙链接，及时收集和办理媒体网络反映问题，办理民生事项，成为市委、市政府同网民沟通交流的平台，成为受理群众反映问题的媒介。

2011年7月17日，郑州市委、市政府的网络新闻发言人ZZIC,在运行一年后,正式更名为“郑州市委、市政府媒体网络事项督办中心(ZZIC)”，ZZIC从“网络新闻发言人”转变为“督办中心”,完成从稍显虚拟到更为具化的重大改变,以“网力”助政、以“网力”为民成为媒体网络事项督办中心的原则和日常工作方针。7月23日，《光明日报》刊发文章《郑州创网络事项督办机构》作了报道。

郑州市委、市政府媒体网络事项督办中心（ZZIC），隶属于市政府办公厅，受市委办公厅、市政府办公厅双重领导。设置2个内设机构，分别是督办科、舆情调研科。主要职责是负责全市网络舆情协调引导、网民诉求办理和舆情处置工作；召议、协调、督办相关部门及时解决所发现问题；开展网络舆情研究，为领导决策提供服务；组织开展网络宣传活动。

【24小时在线网络问政平台建设】 郑州市委、市政府媒体网络事项督办中心（ZZIC）在网络问政平台建设方面，一是整合资源，组建覆盖全市的网络问政平台。市委、市政府要求全市各县（市）区、市直各部门切实加强组织领导，确定专门的媒体网络事项办理工作人员，明确分管领导，建立系统的媒体网络事项办理机制，使各县（市）区、政府各个职能部门形成办理、督办的有效联动机制，进一步提升为民服务意识，在每一个环节上都明确督办责任，形成办理媒体网络事项的合力，更好地为民服务。截至2011年底，各县（市）区、市直

郑州市媒体网络事项督办中心（ZZIC）揭牌成立

各单位ZZIC网络问政平台垂直办理人员达160多人。二是搭建现代化24小时网络民意直通车。郑州市网上诉求政务服务系统（http://www.zzic.gov.cn/），经过近一年的试运行后，2011年9月通过工信部审核批准（豫ICP备10026919号-2），作为正式的网络系统运行。该系统具有对公众网上诉求信息采集与分析，进行交办、回复、处理的时效监督及考评等功能。ZZIC通过网络终端，实现对各县（市）区、各部门、岗位之间信息资源共享，24小时关注网络信息，实行无缝隙链接，及时收集和办理媒体网络反映事项。对于受理的每一个网络诉求，都可通过该系统，在第一时间交由垂直办理员进行处理，并利用手机短信发送提示信息。三是加强领导，落实保障措施。市委、市政府制定和下发《郑州市党政机关网上事项办理工作绩效考核办法》，规范全市网络问政工作。

【问题办理机制建设】 郑州市委、市政府媒体网络事项督办中心（ZZIC）不断完善办理机制，突出落实结果。建立完善见情即办、日夜不辍的问题办理机制。ZZIC时刻关注媒体网络信息，及时对群众反映问题进行梳理归类，做到有诉必接、有接必查、有查必果。对于网民诉求合理、有条件立即解决的，当日予以受理解决；对于应当受理、一时不具备解决条件的，积极主动协调，力求尽快解决；对于不符合政策法规要求的，做好宣传教育和思想疏导工作，真正做到让网民满意。建立有权威、有协调、有效率、有问责的跟踪督查机制。ZZIC广泛采取现场督办、暗访督办、回访督办、联合督办等形式，督促相关单位及时有效解决群众反映的问题，确保事事有落实、件件有回音。编制日常工作周报，对列入周报事项跟踪落实有结果。定期开设“网评窗口”接受公开评议。自2010年11月开始，ZZIC每月初在郑州市政府网站、大河网、中原网、商都网开通“网评窗口”，将上个月所有单位的媒体网络事项办理回复进行汇总分类，请广大网民根据回帖质量对各职能部门的工作进行公开评议。网评活动结束后，ZZIC再结合网友跟帖反映情况进行自查自纠，对网友反映的、办理不扎实的、遗漏的、未能及时回复的问题进行全面排查，而后公开挂牌督办，直至问题得以有效解决。9月，经工信部审核批准，ZZIC研发的郑州市网络问政平台——网上诉求政务服务系统正式运行。郑州ZZIC、网络舆情处置联席会议、中原网“心通桥”等三大网络民意诉求新渠道，形成受理、跟踪、督办三位一体的“网络行政”新格局。郑州市政府发布《郑州市2011年政府信息公开工作年度报告》显示，郑州网络问政满意率达97%。ZZIC成为郑州市委、市政府倾听社情民意，依靠群众推动工作落实，解决民生实际问题的一张“城市名片”。

【网友旁听“两会”】 2011年2月郑州市“两会”期间，ZZIC组织4名本地知名网友旁听“两会”。4名网民和代表、委员一起聆听工作报告、参加分组讨论，通过草根视角解读“两会”，还通过网络收集网民意见和建议，传递网民声音上达“两会”，进一步拓宽市民参政议政的广度和深度，提升“两会”开放度。

【市民座谈会】 2011年，ZZIC每季度组织召开一次市民座谈会，并形成制度。全年组织召开“畅通郑州工程”“优化经济社会发展环境”“我为郑州都市区建设建言献策”“倾听社情民意构建和谐郑州”4次市民专题座谈会，进一步拓宽了党委、政府倾听民情民意的渠道，使更多的市民能够参与郑州市的城市建设和发展。

1月27日，ZZIC组织在郑州日报社四楼会议室召开郑州市委、市政府第一季度市民座谈会，主题为“我为畅通郑州建设支儿招”。胡荃、黄保卫、张建慧等市领导参加座谈会。座谈会上还宣布以后每季度召开一次市民座谈会，并形成

市委书记连维良参加第三季度市民座谈会

市委副书记、代市长吴天君参加第四季度市民座谈会

组织网友探访南水北调穿黄隧洞

制度。

4月28日，ZZIC在商都网会议室组织召开郑州市委、市政府第二季度市民座谈会，主题为“优化经济社会发展环境”，市委常委、市委副书记王璋等市领导参加座谈会，市领导对市民提出的建议和意见给予充分肯定，并表示在全力打造中原经济区核心增长区，加快郑州都市区建设过程中，广大市民应同心协力，积极建言献策，为促进郑州市经济社会又好又快发展作出应有贡献。

7月17日，ZZIC组织召开郑州市委、市政府第三季度市民座谈会，主题是“我为郑州都市区建设建言献策”，省委常委、市委书记连维良，市委常委、市委秘书长孙金献，郑州市政府副市长、秘书长张学军，河南省委宣传部网络宣传处处长刘国明，大河网主任田建光等有关领导参加本次座谈会，与市民、网友代表就郑州都市区建设以及发展方面的问题进行互动、交流。

12月20日，ZZIC组织召开郑州市委、市政府第四季度市民座谈会，主题是“倾听社情民意，构建和谐郑州”。省委常委、代市长吴天君，副市长张学军等市领导以及市直相关委局负责人参加会议。参加此次座谈会的市民为基层人大代表、政协委员、机关工作人员、基层社区工作者、国企员工、私企职员、公交车司机、进城务工人员、网友代表等。会上，11名市民代表围绕此次会议主题就2012年市委、市政府拟办理的民生实事进行坦诚交流，吴天君在认真听取每位市民代表的发言后指出，郑州市委、市政府主办的市民座谈会已成为市民参政议政的重要途径，通过这一制度化的座谈，有效促进了郑州市各项民生项目的发展建设。要继续充分发挥这一平台的积极作用，进一步密切党委、政府与广大群众的充分沟通与有效联系，努力做到“下情上知，上情下达，携手共进，共创和谐”。

【“河南网友郑东行”活动】 2011年3月2-4日，ZZIC组织网友参加由郑东新区主办的“河南网友郑东行”活动。来自河南省各地的50多名网友汇聚郑州市郑东新区，实地参观郑州国际会展中心、河南省艺术中心、如意湖等，用他们的笔和镜头见证郑东新区的发展和无限魅力。

【新华社、《人民日报》报道郑州网络行政】 2011年10月13日，新华社播发长篇报道《网络文化蓬勃发展互联网成通达政情民意新渠道——党的十七大以来我国网络文化建设综述》，报道中写道：从“网络问政”到“网络行政”，积极利用网络平台，开展舆论监督，提升执政能力，日益成为政府部门的创新之举。今年，郑州市政府媒体网络事项督办中心正式成立，分别在市政府网站、大河网、中原网、商都网开设网络民意直通车，受理网民诉求，传播政府声音，有效提升了社会管理的成效。报道称“郑州市从‘网络问政’到‘网络行政’，成全国典范”。

2011年12月7日，《人民日报》刊发报道文章《郑州“网络行政”新格局形成——从“网络问政”到“网络行政”》，报道指出：“网络问政”是收集、了解网民诉求，“网络行政”则是网下抓落实，全程接受网民监督。ZZIC由“网络发言人”变身为“事项督办员”，这一务实的转身标志着社会管理的又一次创新：从“网络问政”转变到“网络行政”。

【网络行政获得的荣誉】 2010年12月25日，ZZIC获大河论坛2010年度“金牌网友”称号。2011年3月26日，在广西南宁举行的首届网络问政高峰论坛上，郑州市委、市政府被人民网授予“2010年网络舆情监测建设奖”，首获网络问政大奖。2011年6月8日，郑州市委办公厅、市政府办公厅下发“郑办文〔2011〕67号”文件，对ZZIC团队进行通报表扬。2011年7月26日，郑州市委办公厅、市政府办公厅下发“郑办文〔2011〕88号”文件，对ZZIC再次通报表扬。2011年12月25日，在全省2011年网友年会上，ZZIC被网友授予“最佳社会责任奖”。同时，ZZIC向由网友投票产生的10位“金牌网友”颁发奖杯和证书。

（李 龙　孟 旭　王笑飞）

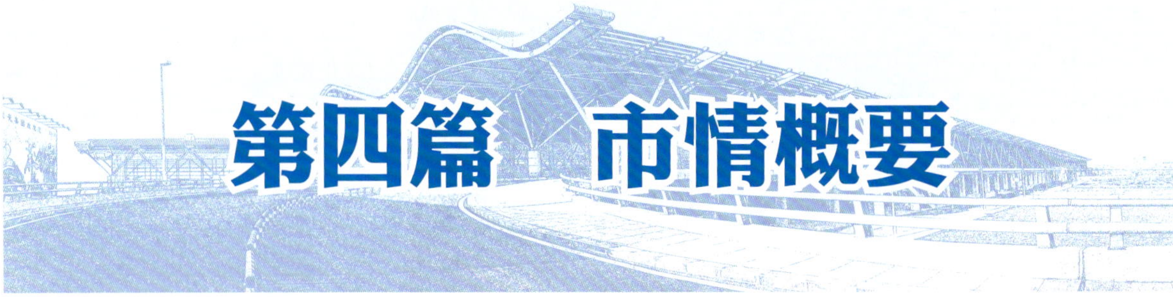

第四篇 市情概要

自然环境

【地理位置】 郑州市地处黄河中下游和伏牛山脉东北翼向黄淮平原过渡的交接地带，地理坐标为东经112° 42'-114° 14'、北纬34° 16'-34° 58'。郑州市是河南省省会，位居河南省中部偏北，东接开封，西依洛阳，北临黄河与新乡、焦作相望，南部与许昌、平顶山接壤，辖区东西长135-143公里，南北宽70-78公里，面积7446.2平方公里，占全省总面积的4.5%。

【地质地貌】 郑州地区地质构造复杂，西部为嵩山、箕山隆起区，东部为开封、大金店凹陷区。地壳发展的5个历史时期形成的地层单元在郑州地区均有出露，有“五世同堂”美称的中岳嵩山已被命名为世界地质公园。

郑州地区现代地貌结构的基本轮廓是西部多山地丘陵，占总面积的2/3弱；东部多平原，占总面积的1/3强。基本地势由西南向东北倾斜，呈阶梯状降低，山地、丘陵、平原分界明显。在总土地面积中，山地2377平方公里，占31.9%；丘陵2255平方公里，占30.3%；平原2815平方公里，占37.8%。

【山脉水系】 郑州市境内的山脉多分布在京广铁路线以西，交结于登封、巩义、荥阳、新密、新郑5市边界一带。主要山脉有嵩山、箕山、邙山、具茨山、五指山等；著名山峰有少室山主峰连天峰、太室山主峰峻极峰、箕山老婆寨、五指岭鸡鸣峰、始祖山风后岭等。

郑州市地跨黄河、淮河两大流域。黄河流域面积1830平方公里，占全市总面积的24.6%；淮河流域面积5616.2平方公里，占全市总面积的75.4%。境内有大小河流124条，流域面积较大的河流有29条，其中黄河流域6条，淮河流域23条。过境河流有黄河、伊洛河，其中黄河在郑州市境内河长160公里，堤防71.42公里。

【矿产资源】 郑州市矿产资源种类丰富，已发现各类矿产36种，占全省的1/3。探明储量的16个矿种分别为煤、铝土矿、铁矿、硫铁矿、熔剂灰岩、耐火黏土、冶金用石英岩、水泥配料用灰岩、水泥配料用砂岩、天然油石、锂、镓、陶瓷土、水泥配料用黏土、水泥配料用黄土、冶金用白云岩等。全市有大型矿床11处，中型矿床69处，小型矿床120处。全市矿产资源探明保有储量潜在价值为3010.64亿元，单位国土面积（每平方公里）矿产资源潜在价值为4043.19万元。

郑州市矿产资源储量巨大，煤矿累计探明储量55.26亿吨，保有储量50.66亿吨，探明储量位居全省第一。铝土矿累计探明储量14209.7万吨，保有储量12825.6万吨，储量位居全省第一。耐火黏土矿累计探明储量12080.1万吨，保有储量11504.1万吨，储量位居全省第一。溶剂用灰岩累计探明储量13429万吨，保有储量12168.9万吨。金属锂累计探明储量和保有储量均为5617吨；金属镓累计探明储量和保有储量均为6932吨。

【气候气象】 郑州市地处中原腹地，属北温带大陆性季风气候，冷暖气团交替频繁，春夏秋冬四季分明。冬季漫长而干冷，雨雪稀少；春季干燥少雨多春旱，冷暖多变大风多；夏季比较炎热，降水高度集中；秋季气候凉爽，时间短促。全年平均气温15.6℃；8月份最热，月平均气温25.9℃；1月份最冷,月平均气温2.15℃。全年平均降水量542.15毫米，无霜期209天。全年日照时间约1869.7小时。

（玉 生）

行政区划

【建置沿革】 1948年10月郑州解放，人民政府实行市县分设政策，在郑县城区设立郑州市，下辖第一、第二、第三区，面积5.23平方公里，人口16.4万人。

1949年12月，郑县的104个自然村、3.6万人划归郑州市管辖，在原设3个区的基础上，郑州市新设第四、第五区。1950年4月，为统一领导四郊的工作，郑州市撤销第四、第五区，设立郊区。1953年1月，为贯彻民族区域自治政策，郑州市设立回族自治区；同年3月，为适应大规模城市建设需要，经政务院批准，原郑县大部和荥阳县、成皋县一部划归郑州市管辖。

1954年10月，河南省会由开封迁到郑州，郑州市遂成为全省政治、经济、文化中心。1955年10月，郑州市城区行政区划调整，将第一、第二、第三区分别更名为陇海区、二七区、建设区。1956年，郑州市将回族自治区更名为金水回族区。1958年4月，为大力发展工业，将荥阳县马固镇和巩县小关一带的河南铝业公司采矿区划归郑州市管辖，并在此处设立郑州市上街区；同年8月，郑州市将金水回族区与陇海区合并为管城区；同年12月，经国务院批准，开封专区西部的荥阳县、巩县、登封县、密县、新郑县划归郑州市管辖。1960年6月，郑州市撤销建设区，新设中原区、金水区。1961年12月，荥阳县、巩县、登封县、密县、新郑县复归开封专区管辖。1966年，郑州市管城区更名为向阳区。1971年11月，荥阳县划归郑州市管辖。至此，郑州市共辖6个区、1个县，即二七区、金水区、中原区、向阳区、郊区、上街区和荥阳县。

1981年11月，郑州市向阳区更名为向阳回族区。1982年1月，为解决城市蔬菜供应问题，郑州市设立金海区。1982年12月，为加强矿区开发与管理，郑州市在密县境内设立新密区。1983年7月，郑州市向阳回族区更名为管城回族区。1983年8月，为实行市带县体制，将开封地区所辖的巩县、登封县、密县、新郑县、中牟县划归郑州市。至此，郑州市共辖中原区、二七区、金水区、管城回族区、郊区、上街区、金海区、新密区8个区和荥阳县、巩县、登封县、密县、新郑县、中牟县6个县。

1987年2月，郑州市撤销郊区、金海区、新密区，新设邙山区。1991年6月，经国务院批准，撤销巩县，设立巩义市（县级）。1994年4月，经国务院批准，撤销荥阳县、密县，设立荥阳市（县级）、新密市（县级）。1994年5月，经国务院批准，撤销新郑县、登封县，设立新郑市（县级）、登封市（县级）。2004年5月，郑州市邙山区更名为惠济区。至2011年底，郑州市共辖金水区、二七区、管城回族区、中原区、惠济区、上街区6个区和巩义市、新密市、登封市、新郑市、荥阳市、中牟县5市1县，总面积7446.2平方公里，人口885.7万人。

（玉　生）

【区划调整】 2011年，郑州市有1个市辖区和1个县进行了乡级行政区划调整，共撤销建制镇2个、建制乡2个，设立建制镇2个、街道 3个。

金水区：撤销庙李镇、柳林镇，设立丰庆路、国基路、杨金路3个街道 。

中牟县：撤销三官庙乡、姚家乡，设立三官庙镇、姚家镇。

【区划现状】 2011年，郑州市共辖12个县（市）区，其中，县级市5个、县1个、市辖区6个；另有2个经济开发区。全市共有83个街道办事处、74个镇、16个乡、690个社区、2270个村委会。2011年底，各县（市）区所属乡、镇、街道情况如下；

中原区共辖1个乡，1个镇，12个街道。分别是：沟赵乡，石佛镇，桐柏路街道、绿东村街道、棉纺路街道、三官庙街道、汝河路街道、秦岭路街道、林山寨街道、建设路街道、中原西路街道、航海西路街道、须水街道、西流湖街道。

二七区共辖1个乡，1个镇，13个街道。分别是：侯寨乡，马寨镇，五里堡街道、蜜蜂张街道、大学路街道、建中街街道、淮河路街道、福华街街道、一马路街道、铭功路街道、解放路街道、德化街街道、长江路街道、京广路街道、嵩山路街道。

管城回族区共辖2个乡，1个镇，9个街道。分别是：南曹乡、圃田乡，十八里河镇，北下街街道、南关街道、陇海马路街道、二里岗街道、城东路街道、西大街街道、东大街街道、紫荆山南路街道、航海东路街道。

金水区共辖19个街道。分别是：文化路街道、东风路街道、南阳新村街道、南阳路街道、大石桥街道、经八路街道、花园路街道、人民路街道、未来路街道、北林路街道、丰产路街道、杜岭街道、龙子湖街道、祭城路街道、凤凰台街道、兴达路街道、丰庆路街道、国基路街道、杨金路街道处。

上街区共辖1个镇，5个街道。分别是：峡窝镇，济源路街道、新安路街道、中心路街道、工业路街道、矿山街道。

惠济区共辖2个镇，6个街道。分别是：花园口镇、古荥镇，刘寨街道、老鸦陈街道、长兴路街道、迎宾路街道、新城街道、大河路街道。

中牟县共辖1个乡，15个镇，3个街道。分别是：刁家乡，韩寺镇、白沙镇、官渡镇、狼城岗镇、万滩镇、张庄镇、大孟镇、九龙镇、黄店镇、郑庵镇、雁鸣湖镇、八岗镇、姚家镇、刘集镇、三官庙镇，东风路街道、青年路街道、广惠街街道。

巩义市共辖15个镇，5个街道。分别是：米河镇、新中镇、小关镇、竹林镇、大峪沟镇、站街镇、康店镇、北山口镇、西村镇、芝田镇、回郭镇、鲁庄镇、夹津口镇、涉村镇、河洛镇，新华街道、孝义街道、永安街道、杜甫街道、紫荆街道。

2011年末郑州市行政区划情况

县（市）区	街道	乡	镇	村委会	村民小组
中原区	12	1	1	46	243
二七区	13	1	1	53	364
管城回族区	9	2	1	30	156
金水区	19	0	0	45	208
上街区	5	0	1	28	189
惠济区	6	0	2	54	406
中牟县	3	1	15	418	2190
巩义市	5	0	15	289	2813
荥阳市	2	3	9	287	2300
新密市	3	1	12	303	2912
新郑市	3	3	9	293	2168
登封市	3	4	8	298	2484
合计	83	16	74	2270	17098

荥阳市共辖3个乡，9个镇，2个街道。分别是：城关乡、高村乡、金寨回族乡，乔楼镇、豫龙镇、广武镇、王村镇、汜水镇、高山镇、刘河镇、崔庙镇、贾峪镇，索河街道、京城路街道。

新密市共辖1个乡，12个镇，3个街道。分别是：袁庄乡，牛店镇、平陌镇、超化镇、大隗镇、苟堂镇、刘寨镇、白寨镇、岳村镇、来集镇、城关镇、米村镇、曲梁镇，西大街街道、青屏街街道、新华路街道。

新郑市共辖3个乡，9个镇，3个街道。分别是：城关乡、八千乡、龙王乡，辛店镇、观音寺镇、梨河镇、和庄镇、薛店镇、孟庄镇、龙湖镇、郭店镇、新村镇，新建路街道、新烟街道、新华路街道。

登封市共辖4个乡，8个镇，3个街道。分别是：君召乡、石道乡、白坪乡、唐庄乡，颍阳镇、大金店镇、卢店镇、告成镇、大冶镇、宣化镇、东华镇、徐庄镇，嵩阳街道、少林街道、中岳街道。

（秦培丰）

人口状况

【人口总量】 2011年底，郑州市常住人口885.7万人，比2010年增加19.7万人，增长率2.3%。在全省18个省辖市中仅低于南阳市（1012万人）、周口市（895万人），居第三位。常住人口中市区人口437.4万人，较上年增长2.1%。城镇人口574.1万人，非农业人口347.8万人。全市人口出生率9.4‰，死亡率4.1‰，人口自然增长率5.3‰。

按县（市）区分：中原区71.3万人、二七区73万人、管城区51.4万人、金水区139.9万人、上街区13.4万人、惠济区27.4万人，中牟县70.9万人、巩义市81万人、荥阳市61.4万人、新密市80万人、新郑市68.7万人、登封市67.3万人，郑州经济技术开发区11.2万人、郑州高新技术开发区21.5万人、郑东新区28.5万人、郑州航空港区18.9万人。

【人口构成】 按性别分，2011年郑州市男性人口456.4万人，比2010年的444万人增加12.4万人，占总人口的51.53%；女性人口429.3万人，比2010年的 422.1万人增加7.2万人，占总人口的48.47%，性别比为106.3，比2010年提高了1.1个百分点，处于正常范围。

按城乡分，2011年郑州市城镇人口574.1万人，比2010年增加23.1万人，城镇化率（占总人口的比重）64.82%；乡村人口311.6万人，比2010年减少3.5万人，占总人口的35.18%。城镇化率比全省平均水平高24.25个百分点。

2011年末郑州市人口基本情况

县（市）区	总户数（户）	总人口（人）			
		合 计	#女 性	#非农业人口	城镇人口
郑州市	2650843	8857385	4293256	3476698	5741357
中原区	237508	712525	349850	570020	634860
二七区	249101	729865	357829	448721	638632
管城区	170070	513621	250339	261279	426305
金水区	485618	1398579	671318	825162	1265713
上街区	44562	133563	67209	83878	119138
惠济区	91039	274028	139268	65766	184969
中牟县	174262	709268	348605	113447	256046
巩义市	228881	810240	397666	153718	375141
荥阳市	174505	614124	272990	131845	280041
新密市	213590	799802	389835	225085	369429
新郑市	163644	687305	347883	157207	316985
登封市	176583	673191	319441	203587	299983
经济开发区	40313	112158	53387	22611	90848
高新开发区	75245	214986	96236	111793	171989
郑东新区	71183	284733	139239	73913	176534
航空港区	54739	189397	92161	28666	145021

2011年末郑州市人口自然变动情况

县（市）区	年末平均人口（人）	出生人口（人）	死亡人口（人）	出生率（‰）	死亡率（‰）	自然增长率（‰）
郑州市	8759087	81897	35562	9.35	4.06	5.29
中原区	707986	6082	2138	8.59	3.02	5.57
二七区	722424	6271	2687	8.68	3.72	4.96
管城区	510455	4186	1361	8.20	2.67	5.53
金水区	1397345	11357	3348	8.13	2.40	5.73
上街区	133077	944	650	7.09	4.88	2.21
惠济区	272982	2825	1094	10.35	4.01	6.34
中牟县	708937	7128	4156	10.05	5.86	4.19
巩义市	809240	7866	4443	9.72	5.49	4.23
荥阳市	613991	6096	2996	9.93	4.88	5.05
新密市	798590	7387	4959	9.25	6.21	3.04
新郑市	697900	6839	3210	9.80	4.60	5.20
登封市	671174	6631	3235	9.88	4.82	5.06
经济开发区	108818	1005	207	9.24	1.90	7.34
高新开发区	211477	1607	400	7.60	1.89	5.71
郑东新区	264498	4187	524	15.83	1.98	13.85
航空港区	130197	1569	457	12.05	3.51	8.54

（黄 飞）

发展综述

【经济总量及结构】 2011年，郑州市完成生产总值4912.7亿元，比上年增长13.2%；人均生产总值56086元，比上年增长9.7%。其中，第一产业增加值131.7亿元，增长3.7%；第二产业增加值2898.4亿元，增长17.1%；第三产业增加值1882.6亿元，增长8.5%。三次产业结构由上年的3.1：56.2：40.7调整为2.7：59.0：38.3。非公有制经济完成增加值2991.1亿元，增长14.2%，占生产总值的比重为60.9%，比上年提高0.7个百分点。年末全市城镇化率达到64.82%。

【劳动就业状况】 至2011年末，郑州市从业人员514.3万人，比上年增长9.6%。其中，城镇从业人员235.6万人，增长18.9%；乡村从业人员278.8万人,增长2.8%。分三次产业看，第一产业从业人员100.8万人，下降0.2%；第二产业从业人员163.1万人，增长2.7%；第三产业从业人员250.4万人,增长19.5%；三次产业从业人员结构为19.6：31.7：48.7。全年城镇新增就业人员13.8万人，增长3.2%；农村劳动力转移就业人数12.6万人，增长12.3%。年末城镇登记失业率2%。

【农业与农村经济】 2011年，郑州市完成农林牧渔业增加值131.7亿元，比上年增长3.7%。粮食总产量166.7万吨，比上年略有增长。其中，夏粮总产量79.9万吨，与上年持平；秋粮总产量86.8万吨，增长0.1%。全年棉花总产量0.4万吨，下降9.2%；油料总产量18.6万吨，下降2.3%；蔬菜总产量293.4万吨，增长3.6%；水果总产量30.7万吨，增长2.3%。肉、蛋和水产品产量分别为24.1万吨、21.5万吨和14.4万吨，分别增长1.6%、2.7%和7%，奶产品产量50.3万吨，增长8.2%。

全年农作物播种面积509.8千公顷，与上年基本持平。其中粮食作物种植面积363.4千公顷，比上年增长0.4%；蔬菜种植面积77.2千公顷，增长1.5%；油料种植面积51.8千公顷，下降3%；棉花种植面积4.1千公顷，下降12.3%。

全年完成林业育苗面积2.5千公顷，比上年下降12.2%；幼林抚育面积16.9千公顷，下降56.2%；成林抚育面积30.5千公顷，增长32.4%；造林面积12.9千公顷，增长10.3%；四旁植树661.5万株，增长0.5%。

全年农田新增有效灌溉面积6千公顷；新增节水灌溉面积9千公顷，比上年增长19.6%。年末全市农业机械总动力521.2万千瓦，比上年末增长3.3%。农用拖拉机12.7万台，比上年增长1.8%，农用运输车11.7万辆，比上年下降0.8%。全年农村用电量38.3亿千瓦时，比上年下降5.9%。化肥施用量（折纯）23.6万吨，比上年增长3.9%。

【工业和建筑业】 2011年，郑州市全部工业完成增加值2590.3亿元，比上年增长19.1%。其中，规模以上工业企业完成增加值2340.2亿元，增长22%；非公有制工业完成增加值1590.4亿元，增长23.2%；高技术产业完成增加值175亿元，增长278.7%；工业新产品产值165.3亿元，增长5.9%。

分经济类型看，国有企业完成增加值554.6亿元，比上年增长15.4%；集体企业完成增加值29.5亿元，下降0.2%；股份制企业完成增加值1002.3亿元，增长12.4%；股份合作企业完成增加值8亿元，增长10%；外商及港澳台商投资企业完成增加值314.7亿元，增长108.6%；私营及其他经济类型企业完成增加值431.1亿元，增长15.2%。分轻重

2011年分月工业增加值增速图

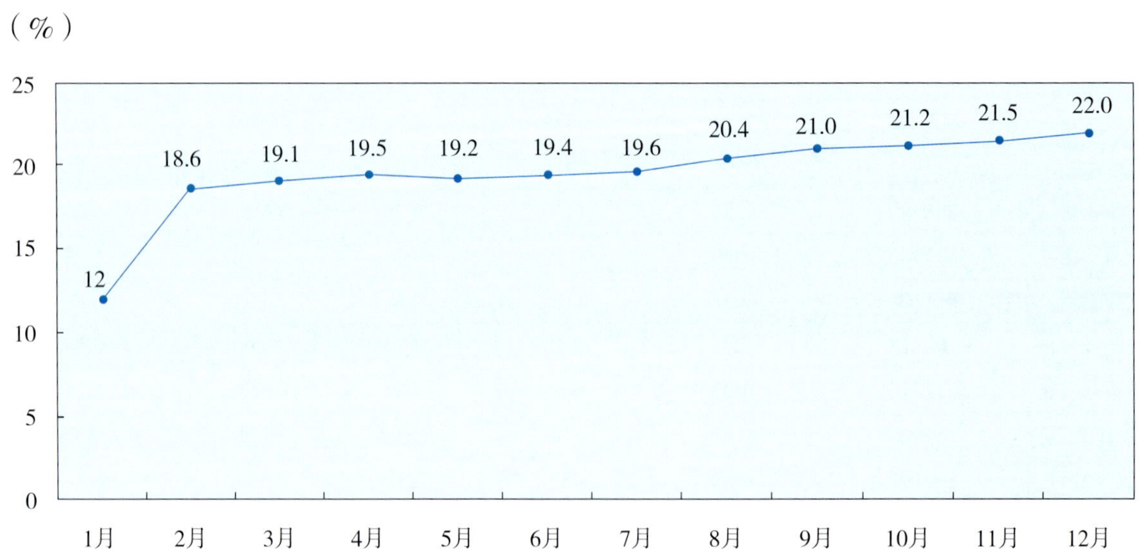

2011年分月固定资产投资增速图

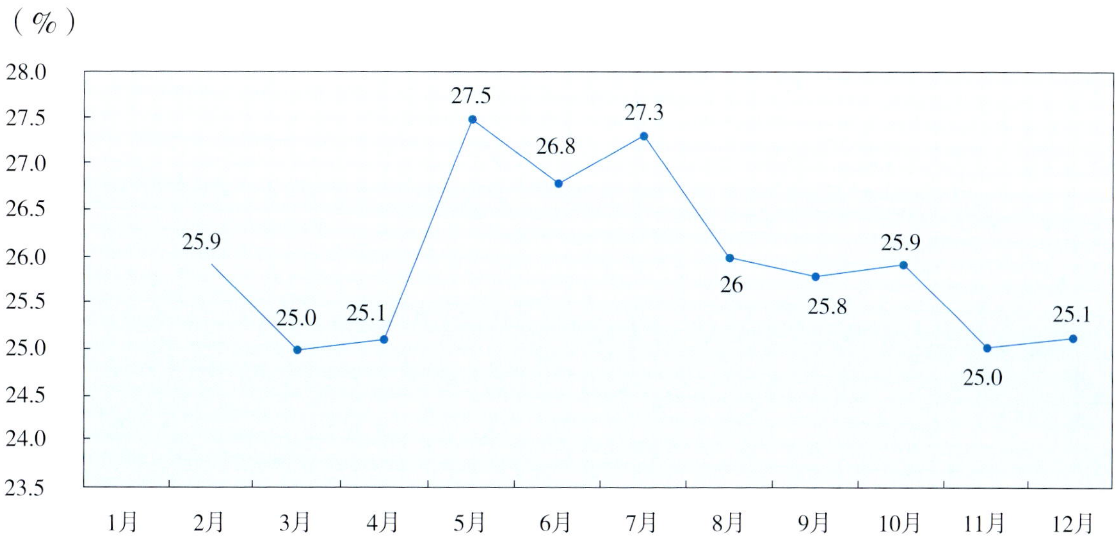

工业看，轻工业完成增加值548.2亿元，比上年增长6.9%；重工业完成增加值1792亿元，增长26.2%。

主要行业完成情况为：交通运输设备制造业完成增加值125亿元，比上年增长39.4%；煤炭开采和洗选业完成增加值236.2亿元，增长25.5%；有色金属冶炼及压延加工业完成增加值123.6亿元，增长17%；非金属矿物制品业完成增加值533.5亿元，比上年增长13.8%；食品制造业完成增加值62.3亿元，增长12.3%；电力、热力生产和供应业完成增加值203.1亿元，增长12.1%；专用设备制造业完成增加值119.2亿元，增长11.9%；黑色金属冶炼及压延加工业完成增加值49.3亿元，增长3.2%。

主要工业产品产量多数快速增长，其中汽车产量35.5万辆，比上年增长57.6%；发电量386.3亿千瓦时，增长30.2%；钢材产量424.7万吨，增长30%；速冻米面食品产量125.3万吨，增长24.8%；耐火材料制品产量2080.6万吨，增长18.7%；原煤产量6913.7万吨，增长18.5%；服装产量11707.7万件，增长14.2%；水泥产量2152.8万吨，增长12.2%；软饮料产量236.3万吨，增长11.1%；卷烟1676.1亿支，增长1.6%。

全年规模以上工业企业完成主营业务收入8140.2亿元，比上年增长40%；实现利税1306.9亿元，增长32.1%；实现利润899亿元，增长35.9%；产销率达到97.9%，比上年下降0.1个百分点。

全市建筑业完成增加值308.1亿元，比上年增长2.3%。

【固定资产投资】 2011年，郑州市全社会固定资产投资完成3002.5亿元，比上年增长24.3%。其中，固定资产投资完成2900.1亿元，比上年增长25.1%。固定资产投资中，国有及国有控股单位完成投资581.8亿元，增长14.1%；民间投资完成2133.6亿元，增长28.2%。第一产业完成投资53.8亿元，增长30%。第二产业完成投资1164.5亿元，增长35.3%。工业投资完成1158亿元，增长34.8%。其中，采矿业投资完成132亿元，增长79.5%；制造业投资完成950.8亿元，增长31.2%；电力、燃气及水的生产和供应业投资完成75.2亿元，增长23.4%。第三产业完成投资1681.8亿元，增长18.7%。

全年固定资产施工项目3803个，计划总投资5654.5亿元，比上年增长53.8%；新开工项目3133个，计划总投资3145.4亿元，比上年增长42.7%。

全年房地产开发投资完成923.6亿元，比上年增长19.2%。其中，住宅投资627.4亿元，增长12.9%。商品房屋施工面积7425.8万平方米，比上年增长18.7%。其中，住宅施工5338.4万平方米，增长16.5%。商品房新开工面积1790.7万平方米，下降1.2%。商品房屋竣工面积1486万平方米，增长57.3%。商品房屋销售面积1556.7万平方米，下降0.1%；销售金额888亿元，增长14.9%。

【国内贸易】 2011年，郑州市完成社会消费品零售总额1987.1亿元，比上年增长18.4%。分城乡看，城镇消费品零售额1821亿元，增长18.5%；乡村消费品零售额166.1亿元，增长17.4%。分行业看，批零贸易业零售额1668.9亿元，增长18.5%；住宿餐饮业零售额318.2亿元，增长17.7%。

年末全市共有批零贸易住宿餐饮业网点21.4 万个，比上年增长1.4%。亿元以上商品交易市场60个。

全年批零贸易企业完成商品

2011年分月社会消费品零售总额增速图

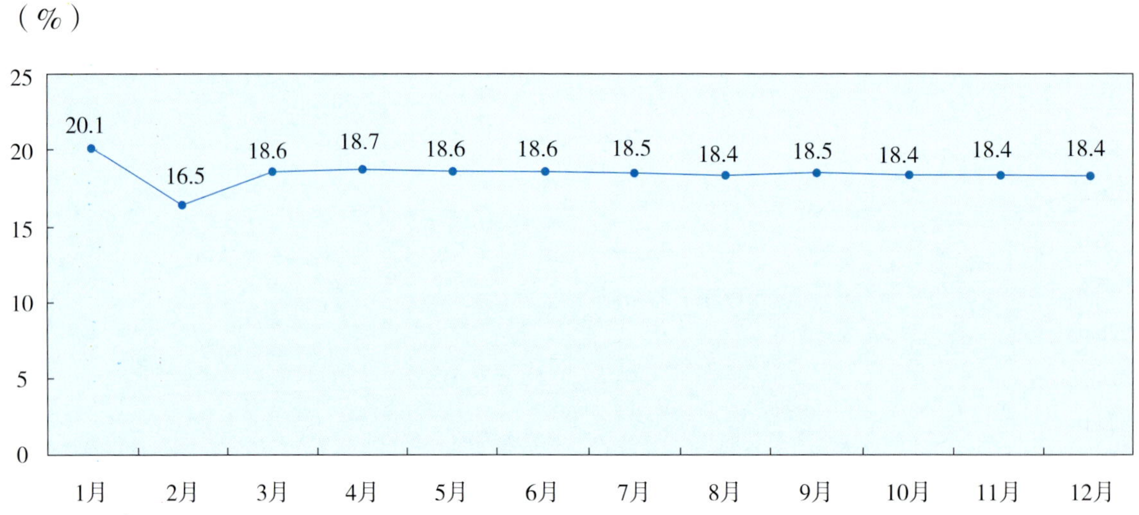

销售总额2800.4 亿元，比上年增长27%。其中，批发总额1970.2 亿元，增长29.6 %。

在限额以上批发和零售业零售额中，金银珠宝类增长35.9%，食品、饮料、烟酒类增长30%，服装类增长29.1%，石油及制品类增长28.9%，通信器材类增长28.3%，家用电器和音像器材类增长26.6%，化妆品类增长21.1%，汽车类增长18.9%。

【对外经济】 2011年，郑州市直接进出口总额160亿美元，比上年增长210.1%。其中，进口63.6亿美元，增长273.8%；出口96.4亿美元，增长178.8%。市属及以下企业直接进出口总额153.6亿美元，比上年增长239.5%。其中，进口59.5亿美元，增长388%；出口94.1亿美元，增长182.9%。一般贸易出口41.3亿美元，增长41.2%；加工贸易出口52.2亿美元，增长2519.1%。

全年新批外资企业102个，比上年增长12.1%。合同利用外资额23.8亿美元，增长24.3%；实际利用外商直接投资31亿美元，增长63.1%。

全年国外经济合作合同额11.3亿美元，比上年增长65.4%；国外经济合作营业额10.3亿美元，增长28.4%。

【交通、邮电和旅游】 2011年，郑州市交通运输业各种运输方式完成货运周转量564.1亿吨公里，比上年增长17.6%。其中，铁路210.2亿吨公里，增长5.4%；公路353.3亿吨公里，增长26.2%；航空0.6亿吨公里，增长1.8%。完成客运周转量325.6亿人公里，比上年增长8%。其中，铁路111.2亿人公里，下降2.4%；公路161.1亿人公里，增长17%；航空53.3亿人公里，增长7.1%。

全年完成邮电业务总量116.8

2011年分月进出口总值增速图

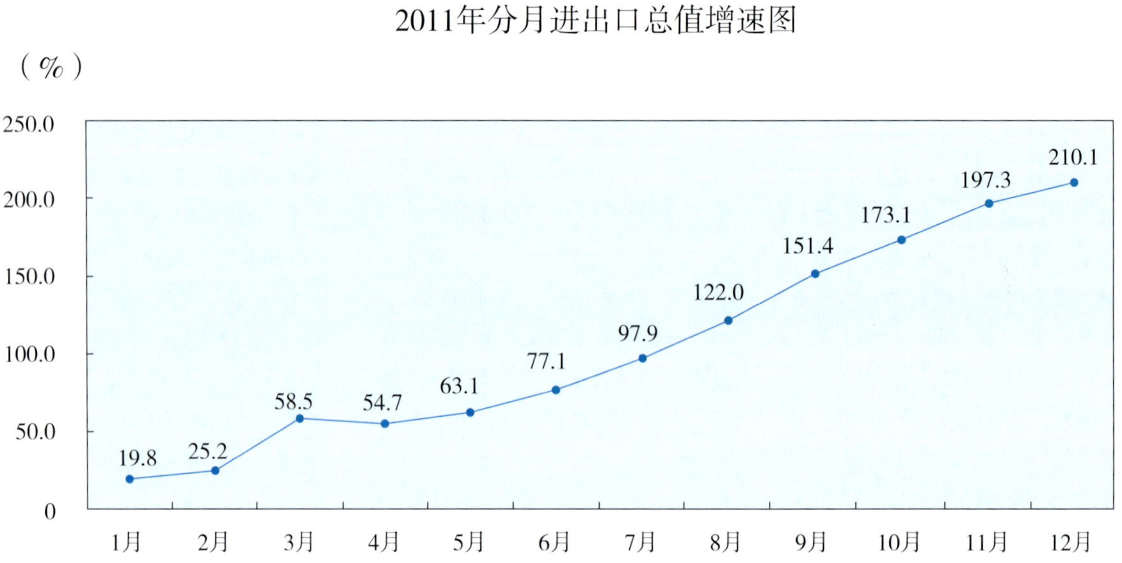

亿元（按2010年不变价计算），比上年增长18.1%。其中，邮政业务总量6亿元，增长14.9%；电信业务总量110.8亿元，增长18.3%。移动电话用户年末达到 928.3万户，增长6.4 %，其中本年新增用户55.8 万户。本地电话用户年末达到250.3 万户，比上年下降5.5 %。计算机互联网宽带接入用户172.3 万户，增长19.3 %。

年末全市民用车辆拥有量达到195.7万辆，比上年增长29.9%。在民用车辆拥有量中，汽车124万辆，增长28.8%。其中，个人拥有量103.3万辆，增长32.8%。在汽车拥有量中，轿车60.2万辆，增长30%。其中，个人拥有量53.7万辆，增长33.4 %。

全年实现旅游总收入589.9亿元，比上年增长15.7%。其中，国内旅游收入580.3亿元，增长15.9%；旅游外汇收入1.5亿美元，增长10.3%。接待国际旅游人数38.4万人次，比上年增长10%。其中，接待港澳台同胞16.9万人次，增长12.9%。接待国内旅游人数5425.7万人次，增长13.1%。年末共有国际国内旅行社220家，星级宾馆99个。

【财政、金融和保险】 2011年，郑州市完成地方财政总收入820.1亿元，比上年增长27.6%；地方财政一般预算收入502.3亿元，增长29.9%。其中，市本级收入208.8亿元，增长33.6%。在一般预算收入中，个人所得税19.1亿元，增长27.3%；企业所得税59.1亿元，增长26.4%；增值税38.6亿元，增长21.7%；营业税144.7亿元，增长21.3%。全年地方财政一般预算支出565.3亿元，比上年增长32.4%。其中，节能环保支出13.3亿元，增长55.8%；教育经费支出92.1亿元，增长36.9%；农林水事务支出40亿元，增长31.9%；医疗卫生支出35.3亿元，增长28.1%；一般公共服务支出68.6亿元，增长25.1%；社会保障与就业支出49亿元，增长12.4%；公共安全支出28亿元，增长10.9%。

年末全市金融机构各项存款余额8964.9亿元，比年初增加1071.5亿元，增长13.6%。其中，城乡居民储蓄存款余额3252.1亿元，比年初增加360.8亿元，增长12.5%。金融机构各项贷款余额6112.8亿元，比年初增加499.3亿元，增长8.9%。其中，短期贷款2230.3亿元，比年初增加461.4亿元；中长期贷款3667.5亿元，比年初增加301.4亿元；票据融资210.9亿元，比年初减少265.2亿元。

全年有6家企业在境内外首发上市，其中，境内上市公司5家，境外1 家。全年首次发行和再融资募集资金80亿元，其中通过境内市场募集资金76.75亿元。截至2011年底，全市已有35家境内外上市公司，发行股票35只，其中，境内发行股票21只，境外14只。

全年全市保费收入159亿元，比上年增长5.1%。其中，财产险收入52亿元，增长33.3%；人寿险收入96.6亿元，下降6.2%；健康险和意外伤害险收入10.5亿元，增长10.5%。全年赔付额39.6亿元，比上年增长37.4%。其中，财产险赔付额23.1亿元，增长48%；人寿险赔付额10.7亿元，增长19%；健康险和意外伤害险赔付额5.8亿元，增长37.4%。

【科学技术和教育】 2011年，郑州市共组织实施科技项目1214项，比上年增长45%。其中，省级以上项目285项，增长33.8%；市级项目929项，增长48.9%。全年完成重大科技成果213项，增长7.6%。专利申请量达到10997件，增长34.1%；授权量6141件，增长8.2%。全年共签订技术合同5187份，增长12.6%；技术合同成交金额达50亿元，增长16.3%。

2011年分月地方财政一般预算收入增速图

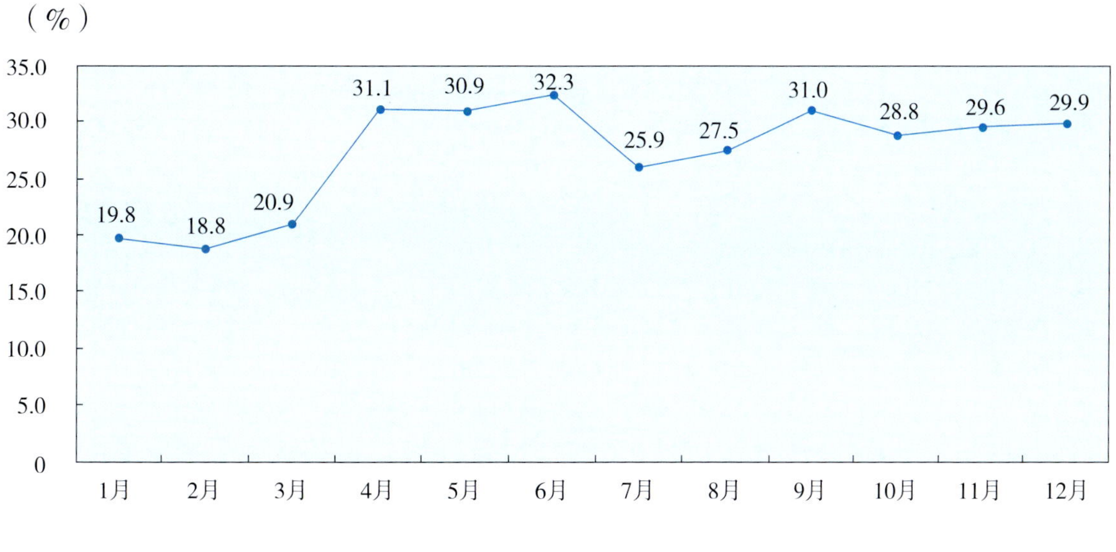

年末全市共有研究生培养单位11个，招生6340人，比上年增长4.2%；在校研究生17983人，增长7.1%；毕业5071人，增长9.1%。全市普通本专科学校51所，招生21.2万人，比上年增长3%；在校学生66.5万人，增长2.4%；毕业20.3万人，增长15.6%。中等职业技术教育学校128所，在校学生29.7万人，下降2%；毕业10.3万人，增长2.9%。普通高中104所，招生5.6万人，增长0.7%；在校学生16.7万人，下降1.7%；毕业5.8万人，下降5.8%。普通初中261所，招生9.6万人，比上年增长3.1%；在校学生27.4万人，增长1.9%；毕业8.8万人，下降6.9%。普通小学1016所，招生12.1万人，比上年增长7.1%；在校学生64.2万人，增长5.2%；毕业9.4万人，增长2.6%；小学适龄儿童入学率达100%。幼儿园在园幼儿26.5万人，比上年增长19.2%。全市共有专任教师12.7万人，比上年增长3.8%。其中，普通本专科学校3.4万人，增长5.5%；普通中等职业学校1.1万人，下降3.9%；普通中学3.1万人，增长1.2%；小学3.3万人，增长2.6%。

【文化、卫生和体育】 至2011年末，郑州市共有公共图书馆13个，群众艺术馆、文化馆12个，博物馆11个，综合档案馆14个，艺术表演团体19个。广播电台2座，电视台2座。全市广播和电视综合覆盖率达100%。

年末全市共有卫生机构1337个，比上年下降0.7%；床位52754张，增长12%。卫生技术人员56891人，增长14.9%。其中，执业医师、执业助理医师21566人，增长10.6%；注册护士24205人，增长24.5%。疾病预防控制中心、防疫站16个，卫生技术人员1304人；妇幼卫生机构14个，卫生技术人员2973人。专科疾病防治医院2个，卫生监督检验机构11个。乡镇卫生院103个，卫生技术人员4164人，床位4156张。

全年共获得世界冠军1个、亚洲冠军3个、全国冠军18个，获得金牌（全国以上）22块。

【城市建设和环境】 至2011年末，全市建成区面积354.7平方公里（含上街区26.6平方公里）。市区全年新铺设城市自来水供水管道150.7公里,新铺设城市排水管道108.2公里，新扩建城市道路52.6公里，面积205.2万平方米。全年全社会用电量456亿千瓦时，比上年增长11.2%。其中，工业用电量325.9亿千瓦时，增长11.2%；城乡居民生活用电量57.4亿千瓦时，增长12.7%。供水总量达3.6亿立方米，日供水能力124.4万立方米。城市居民燃气化率达90.1%。

全年新开公交线路27条，更新、增加公交车辆953辆，年末实有公交汽（电）车5271 辆，比上年增长10.1%；城市公交客运量达9.1亿人次，增长10.4%。市区主、次干道路路通公交，便利了居民出行。

全年新增绿地647万平方米；建成区人均公共绿地10.8平方米，建成区绿化覆盖率35.1%。公园达到59个，公厕945座。

全市烟尘控制区36个，面积409.7平方公里；环境噪声达标区65个，达标区面积299.5平方公里；城市集中式饮用水源地水质达标率100%。全年完成环境污染限期治理项目42个。全年市区环境空气质量达到一（优）、二（良）级天数为318天，占全年总天数的87.1%。

【人民生活和社会保障】 2011年，郑州市城镇居民人均可支配收入21612元，扣除价格因素，比上年实际增长9%；人均消费性支出14500元，比上年实际增长8.1%。其中，市区城镇居民人均可支配收入22477元，比上年实际增长10.6%；人均消费性支出14605元，比上年实际增长10.6%。农村居民人均纯收入11050元，比上年实际增长13.5%；人均生活消费支出7622元，比上年实际增长15.5%。

2011年城镇居民消费价格比上年上涨4.9%。食品价格上涨11.2%。其中，肉禽及其制品类上涨26.8%、蛋类上涨16.7%、菜类上涨1.9%；居住价格上涨6.3%；烟酒及用品价格上涨2.8%；医疗保健及个人用品价格上涨1.6%；家庭设备用品及维修服务价格上涨1.6%；交通和通信价格上涨0.9%；娱乐教育文化用品及服务价格上涨0.6%；衣着价格上涨0.4%。

2011年，城镇人均住房面积29.5平方米，比上年增加0.5平方米。农村居民人均住房面积54.9平方米，比上年增加2.9平方米。

全年发放城镇居民最低生活保障金1.2亿元。比上年增长23.5%；发放农村居民最低生活保障金1.9亿元，增长48.8%。城市居民最低生活保障人数4.3万人，比上年下降4.7%；农村居民最低生活保障人数12.4万人，下降3%。全市参加失业保险的职工92.7万人，比上年增长3.3%；年平均领取失业保险金者1.3万人。参加基本养老保险总人数为172.1万人，比上年增长29.8%。其中，职工145.9万人，增长35.7%。参加医疗保险总人数为116.4万人，比上年增长29.6%。其中，职工90.5万人，增长37.3%。

年末全市各类福利院床位数1.8万张，比上年增长15.1%；各类收养性福利单位收养1.1万人，增长5.9%。建立各种城镇社区服务设施559处。全年社会销售福利彩票11.0亿元，募集社会福利资金0.5亿元，接受社会捐赠77.6万元。

2011年，全市民生福利总指数为108.75%，比上年提高8.75个百分点，民生得到进一步改善。

2011年郑州市城镇居民消费价格指数
（以上年平均价格为100，单位：%）

指标	以上年同月为100	环比	累计比
居民消费价格总指数	104.2	100.7	104.9
食品	110.6	101.8	111.2
#肉禽及其制品	125.1	100.3	126.8
蛋	98.4	99.3	116.7
菜	115.0	116.7	101.9
烟酒	104.0	100.0	102.8
衣着	100.9	99.9	100.4
家庭设备用品及维修服务	102.3	100.0	101.6
医疗保健和个人用品	100.7	99.8	101.6
交通和通信	101.1	100.0	100.9
娱乐教育文化用品及服务	100.5	100.0	100.6
居住	102.8	100.8	106.3

2011年郑州市主要农业产品产量

产品名称	产品产量（万吨）	比上年增减（%）
粮食	166.7	0.0
#夏粮	79.9	0.0
秋粮	86.8	0.1
油料	18.6	-2.3
#油菜子	1.4	-6.8
花生	17.0	-1.8
芝麻	0.2	-10.5
棉花	0.4	-9.2
烟叶	0.2	-9.5
蔬菜	293.4	3.6
水果	30.7	2.3
肉类	24.2	2.0
#猪牛羊肉	18.6	2.1
禽蛋	21.5	2.7
奶类总产量	50.3	8.3
#牛奶产量	46.7	10.4

2011年郑州市主要工业产品产量

产品名称	计量单位	产品产量	比上年增减（%）
原煤	万吨	6913.7	18.5
发电量	万千瓦时	386.3	30.2
供热量*	万百万千焦	3464.1	16.4
自来水生产量	万立方米	26900.0	3.3
小麦粉	万吨	162.0	-3.6
饲料	万吨	178.4	28.3
精制食用植物油	万吨	36.6	4.1
速冻米面食品	吨	125.3	24.8
方便面	万吨	28.2	-36.6
啤酒	万千升	48.4	5
软饮料	万吨	236.3	11.1
卷烟	万支	1676.1	1.6
纱	万吨	4.5	21.1
布	万米	75968.2	-5.4
服装	万件	11707.7	14.2
机制纸及纸板(外购原纸加工除外)	万吨	275.1	9.2
纸制品	万吨	100.2	57.1
碳化钙（电石，折300升／千克）	万吨	72.3	28.2
塑料制品	万吨	17.6	7.3
水泥	万吨	2152.8	12.2
耐火材料制品	万吨	2080.6	18.7
石墨及碳素制品	万吨	439.7	43.7
磨具	万吨	14.6	67
粗钢	万吨	4.8	245.1
钢材	万吨	424.7	30
氧化铝	万吨	246.0	10.9
原铝（电解铝)	万吨	56.8	-2.7
铝材	万吨	249.1	35.9
阀门	万吨	102.5	24.9
矿山专用设备	万吨	75.6	16.9
棉纺织设备*	万吨	13.2	56
收获机械	万台	34573.0	26.8
汽车	万辆	35.5	57.6
改装汽车	辆	18691	5.0
变压器	万千伏安	357.9	44.7
电线	万千米	135.2	-4.8
电力电缆	万千米	29.6	144.1
太阳能电池	千瓦	13818.8	—
移动通信手持机（手机）	万台	2445.3	—

（统计公报）

组织机构

中共郑州市委

书 记 连维良
副书记 马 懿 王 璋
常 委 连维良 马 懿 王 璋 胡 荃 舒 庆 赵瑞东 高建慧（女） 孙金献 刘贵新 王 哲 薛云伟 王跃华 黄保卫
秘书长 孙金献
常务副秘书长 李玉辉
副秘书长 谢建国 郑冠勤 刘旭光 宋建国 袁巧珠（女） 吴志强 刘啸峰

·市委工作部门·

组织部

部 长 高建慧
常务副部长 张进峰
副部长 张 亮 白 云 周春辉 吴晓君

宣传部

部 长 王 哲
常务副部长 张晓圻
副部长 李宪敏 李淑荣（女） 潘新红（女） 常绪东 宋建国 李 平 董建山
文明办主任 常绪东
文明办副主任 邓智柏 薛士岭 姬月莲 马 雷 尚 杰 黄红雨（女）

统战部

部 长 王跃华
常务副部长 李俊超
副部长 倪启明 刘卫光 李元中 王志坚 白宇宙

政法委（综治委办公室）

书 记 黄保卫
常务副书记 付为民
副书记 孙桂林 牛扶劳 吴卫平 李华云

政研室

主 任 吴志强
副主任 李洪太 汤清典 左巧銮（女） 李书英

机构编制委员会办公室

主 任 吴晓君
副主任 王学军 王晓燕 王信军 王曙光

·市委派出机构·

市直属机关工委

书 记 刘旭光
常务副书记 王合生（女）
副书记 张铁军 陈官信 王永福
委 员 王 东 牛宏浩

·部门管理机构·

老干部局

局 长 周 英
副局长 蔡宗泽 战文胜 邢万顺

保密委办公室（国家保密局）

主 任（局 长） 张淑娥
副主任（副局长） 尹宏府 杜建强 李春鑫

机要局

局 长 陈 杰
副局长 朱培龙 魏来圈 李红轩

·市委直属事业单位·

市委党校

校 长 马 懿（兼）
书记、常务副校长 何建生
副校长 赵建春（女） 肖 玲（女） 李国成 裘保顺

郑州日报社

书记、社长、董事长 宋建国
总编辑 石大东
郑州日报报刊社总编辑 杨玉玺
副社长 王天亮 张子明
中原报业网络中心总编辑 徐秀丽

·办公厅领导的事业单位·

档案局

局 长 徐宏杰
副局长 贾欣营 李永强 靳林中

党史研究室

主 任 薛稳定
副主任 王宗民 李红霞（女） 杨洪良 孙红旗

中共郑州市纪委

书 记 王 璋
副书记 姚芸来 李国辉（女） 岳希荣 李树生
常 委 高希浩 赵国锋 刘进国 高建中 冯忠信

（郑继孝）

郑州市十三届人大常委会

市人大常务委员会

主 任 白红战
副主任 王旭彤 栗培青（女） 王 平（女） 赵明恩 雷 志 刘全心 贾记鑫 李元法 周长松
秘书长 刘焕成
副秘书长 任广林 沈丕黎（女） 常宗贤（1月免） 李金鹏 司久贵 张 辉 张江涛（10月任） 姜朝红（女，10月任）

市人大法制委员会
主任委员　刘金柱
副主任委员　赵烈江　曲盘根　司久贵
委　员　郭在州　王瑞新　刘桉银　郭锦艳（女）　任慧军（女）

·市人大常委会工作机构·
办公厅
主　任　李金鹏
副主任　姜朝红（女，10月免）　李永茂（10月任）　龚华章（10月任）

内务司法工作委员会
主　任　许福亮
副主任　王保仁

经济工作委员会
主　任　贺广勋
副主任　李永祥

教育科学文化卫生工作委员会
主　任　许抗美（女）
副主任　寇　仲

城乡建设环境保护工作委员会
主　任　张文田
副主任　曹进元

选举任免代表联络工作委员会
主　任　柴国合
副主任　张国强

农村工作委员会
主　任　王瑞桐
副主任　刘　华（女）

民族侨务外事工作委员会
主　任　岳德常
副主任　王子勋

预算工作委员会
主　任　张正平
副主任　贾庆贤　何绵忠

高新技术开发区人大工作委员会
主　任　余　健

经济技术开发区人大工作委员会
主　任　柴清玉

研究室
主　任　张江涛
副主任　张国宏

法制室
主　任　李　艳（女）
副主任　罗　丽（女）

信访室
主　任　刘桉银
副主任　张文随

（龚华章　牛志熳）

郑州市人民政府

市　长　马　懿（代）
常务副市长　胡　荃
副市长　马　懿　李公乐　薛云伟　张建慧　刘　东（女）　马　健　张学军　朱是西
市长助理　赵武安
秘书长　吴忠华
常务副秘书长　李喜安
副秘书长　冯卫平　张　吉　商建东　李　杰　杨东方　王霄鹏（女）　赵红军　王鸿勋　谢霜云　李金勇　翟晓滨　潘　冰

·市政府组成部门·

发展和改革委员会
主　任　史占勇
副主任　饶卫军　夏　扬　李福科　刘志敏　于　雷　刘建武　魏　东　范建华　李建伟

建设委员会
主　任　陈　新
副主任　潘开名　王　凯　王立新　苏建设　梁远森　杨　琦　曲　标

工业和信息化委员会
主　任　李书峰
副主任　韩先敏　张玉聚　印　龙　刘有群　巫怀民　邢冬原　杜设亮　张士成

教育局
局　长　毛　杰（女）
常务副局长　刘鹏利
副局长　葛　飞　田保华　张大龙　曾昭传　卢欣华

科学技术局
局　长　苗晋琦
副局长　赵学庆　乔英奎　石桂林　杨长松　顾建广　任　灿

公安局
局　长　黄保卫（兼）
常务副局长　杨玉章
副局长　张书军　李　珂　陈友军　罗永生　常志军　李奎业　周廷欣　张武清

监察局
局　长　姚芸来
副局长　李留宪

民政局
局　长　李建民
副局长　刘鲁豫　杨杭军　王万民　袁　杰　李淑萍（女）　张铁山

审计局
局　长　李连渠
常务副局长　李忠仁
副局长　徐　平（女）　马志峰　桑富强　于世营

司法局
局　长　郑友军

副局长　席现军　乔　俐（女）
王长义　王东风　申德礼
李献民　刘国胜

财政局
局　长　王春山
常务副局长　刘　睿
副局长　郝　伟　刘　健　石　歆
丁二勇　张予红

交通运输委员会
主　任　范　强
常务副主任　赵亚峰
副主任　武伟邦　曹培林
陆秀玲（女）　赵治业
施笃铮　魏　予　姚明辉
李　刚

城乡规划局
局　长　张京祖（女）
常务副局长　张　伟
副局长　逯　军　周定友　金建新
高　峰　张　凯　许　振
张新兴　李成祥

环境保护局
局　长　蔡玉奇
常务副局长　刘建武
副局长　王舟山　李俊杰　杨照建
李　保　翟巧枝（女）
李春德　王　利（女）
韩松涛

农业农村工作委员会
局　长　文广轩
副局长　李新有　董　锐　马占军
刘同德　王小红
宋俊英（女）　吴　蒙
曹东坡

水务局
局　长　陈松林
常务副局长　史传春
副局长　孙　黎　张中锋　孙书河
卢守富　高国振　刘德坡

林业局
局　长　崔正明
常务副局长　王凤枝（女）
副局长　周　铭　冯长有
曹　萍（女）　贾体铭
张卫东　宋万党
牛培玲（女）　李佳刚

文化广电新闻出版局
局　长　李宪敏
常务副局长　徐凤鸣
副局长　舒安娜（女）　朱晓东
丁春萍（女）
董　娣（女）　张晓明
吴安德　宋庆海　吴玉琦
张文书　范守艾　宁凤丽

卫生局
局　长　顾建钦
副局长　武亚东（女）
张金花（女）　原学岭
许迎喜

人力资源和社会保障局
局　长　戴春枝
副局长　崔　鸿（女）　王连伟
徐翠萍（女）　娄渊胜
王翠玲（女）　张　伟
卞　薇（女）　王松亭

人口和计划生育委员会
主　任　杨传文
常务副主任　宋书杰
副主任　兰维娜（女）　李长友
段新国

商务局
局　长　朱河顺
副局长　于思忠　张福清　张海亮
林继民　刘天启

统计局
局　长　李德耀
副局长　韩彦北　赵广程　祝遵刚
江　滨

民族事务委员会
主　任　杨郑安
副主任　刘佩伦　王保敬　雷建生

城市管理局
局　长　葛震远
副局长　刘光访　司同义　徐建军
李　峰　张醒民　魏天亮
郭克河　翟月修

住房保障和房地产管理局
局　长　王万鹏
副局长　高胜利　李全云（女）
梁裕民　冯德平　贺明理
王修安　周书臣

外事侨务办公室
主　任　李陶然
副主任　刘培林　张树忱　王留钦
黄改玲（女）
吕　剑（女）

·市政府直属机构·

国有资产管理委员会
主　任　余遂盈
副主任　李中正　黄名坤
曹苏菲（女）　岳启明
郭耀伟　刘学银

粮食局
局　长　王顺生
副局长　张新华　井喜亮　郑伟业
王　黎（女）　高　杰
张旭东　董新河　张世然

信访局
局　长　周顺杰
副局长　李应旺　冯　明
杨爱玲（女）　赵向东
王随府　田书黎　金爱江

物价局
局　长　陈军安
常务副局长　朱巨亚
副局长　王文强　韦泽建　王宏元

郑德邦　朱孝忠　王志昂
王为民　王丽英（女）
王新田

文物局

局　长　阎铁成
常务副局长　任　伟
副局长　黄　静（女）　王　杰
汪文道　任晓红　闫凤岗

体育局

局　长　李庆山
副局长　赵国强　李伟建　赵俊峰
张国防　周朝晖　张家富

旅游局

局　长　龙同胜
常务副局长　张　杰
副局长　何宏波　方建华　刘根成
薛宝霞（女）　李明伟
胡家安

法制办公室

主　任　万建中
常务副主任　李文德
副主任　吴运浦　李庆伟　李建超
李惟锋

安全生产监督管理局

局　长　李刚良
副局长　柴栓庆　潘建华　王彦华
朱永红　朱建勋　丁清卫
郭项峰

台湾事务办公室

主　任　李元中
副主任　李秀文　欧阳军
曹东梅（女）　赵旭昌

煤炭管理局

局　长　路红卫
副局长　张信磊　徐建林　王少宗
王国占　王志远　师志刚
黄保臣　丁振庆

（郑继孝）

·省市双重管理机构·

国土资源局

局　长　赵建国
副局长　刘玉凤（女）　李俊宇
徐铭杰　吕安民
邱应厚　崔留森　陈思格
总工程师　陈永灿
局长助理　王　敏

工商行政管理局

局　长　赵中祥
副局长　潘公社　王锡建　普亚飞
赵小林

国家税务局

局　长　李和圈
副局长　常　磊　周明山　马松伟
赵　东
总会计师　任闽涛

地方税务局

局　长　李新峰
副局长　王　钢　裴国庆　孙武江
总经济师　陈庆大
总会计师　韩培鸿

烟草专卖局（分公司）

局　长（经理）　徐鸿飞
副经理　李新民　王茂欣
副局长　张俊生
副经理　施鹏跃

邮政局

局　长　庞殿超
副局长　张文静（女）
李　平（女）

供电公司

总经理　王政涛
副总经理　付迎拴　陈希正
吴加新　刘发展
杜利民
总会计师　雷　平

（范鹏飞　贾建英　刘　恒）

·市政府直属事业单位·

地震局

局　长　王红梅（女）
副局长　高　峰　赵景尧　侯清卫
苏海敏

接待办公室

主　任　范建勋
副主任　彭起信　宋林杰　陈培民
白建军

仲裁委员会办公室

主　任　张灵芝（女）
副主任　梁立群　柴　青　谷　青

地产集团

总经理　李俊宇
副总经理　索　虎　聂继勇
李发灿　李静波

中小企业局

局　长　杨虎臣
副局长　郜献民　张建洲　侯国强
李聚云　袁留增　李清田

园林局

局　长　邢建新
常务副局长　崔正明
副局长　姚喜民　牛振民　薛永卿
陈平山　许学清

畜牧局

局　长　蔡仲友
副局长　李文波　郑保华　朱纯良
张军峰　徐宝龙

地方史志办公室

主　任　马斐颖（女）
常务副主任　李志刚
副主任　梁豫生　时春红（女）

市场发展局

局　长　田跃平
副局长　唐文革　李学文

建设投资总公司

总经理　陈　新

副总经理　秦广远　沈建焜　刘增学　付立文

供销社

主　任　郑福有

常务副主任　郭　良

副主任　贾耀刚　丁庆彪　常建青　杨燕青　苏现民　赵文生

市直机关事务管理局

局　长　王　微

副局长　魏诗昌　姚希岗　韩　勇　常　利　王敬安　李洪建

住房公积金管理中心

主　任　朱蜀辽

副主任　薛佩玲（女）　李力刚　罗　鸣

·议事协调机构的办事机构·

人民防空办公室

主　任　张德印

副主任　万社芬（女）　于　明　袁世臣　许晓常　秦　勇　刘和平　项忠阳

农业综合开发领导小组（扶贫开发领导小组）办公室

主　任　王孝光

副主任　马学艺　郑深怀　张振祥　徐军安　王景平　姜献勇

爱国卫生运动委员会办公室

主　任　侯保卫

副主任　许付华　张中建　吴孔宝　薛铁山　张士东

（郑继孝）

·市政府派出机构·

郑州新区管委会

主　任　李公乐（兼）

副主任　王广灿　崔　凡　崔绍营（兼）　杨福平（兼）

郑东新区管委会

主　任　吴福民

常务副主任　赵新民

副主任　胡文杰　张子亮　张良才　周定友　张胜利　李华军　席　挺　杨　光　孟祥岭　苏西刚

主任助理　张予西　魏宁娣（女）　李　晗（女）

郑州高新技术产业开发区管委会

主　任　张建国

常务副主任　周春辉　樊福太

副主任　贺炳岱　吴永昭　穆　勇　郝军峰　时连渠　周军营　贾有林　宋旭光

郑州经济技术开发区管委会

主　任　王贵欣

副主任　李东明　时云辉　赵长根　黄　楠　李国立　王义民　孙　兵

郑州出口加工区管委会

主　任　张延明（兼）

常务副主任　赵长根

副主任　师淑君　任永桥　张保成　梁安东

郑州火车站地区管委会

主　任　刘国正

副主任　郝国军　李国献　冯现朝　韩道俊　李雪林　王　伟　侯哲峰

郑州航空港区管委会

主　任　张延明

常务副主任　张胜利

副主任　孙　兵　杨玉光　马安庄　丁建国　荆　姣（女）　杨买军　汤晓义　周海涛

（李晓黎）

·市政府驻外办事机构·

市政府驻北京联络处

主　任　张管城

副主任　张党权　常宏瑞

市政府驻广州办事处

主　任　张春喜

副主任　张责宏　刘　刚　王忠文

市政府驻上海联络处

主　任　王　强

副主任　阴建国

（周遂鹏）

政协郑州市第十二届委员会

主　席　李秀奇

副主席　岳喜忠　王　薇（女）　朱专兴　舒安娜（女，土家族）　牛西岭　陈西川　党普选　张冬平　李新有　张民服

秘书长　张桂兰（女）

副秘书长　谭　哲　张文定　朱润生　汤　燕（女）　李献峰　陈　斌　王松涛　李海铁

常务委员（110人，按姓氏笔画排）：

马金营　马新海　文广轩　毛鸿雁（女）　牛培玲（女）　王　健　王　锋　王水龙（6月撤销常务委员资格）　王志民　王志坚　王秀荣（女）　王秀霞（女）　王进平　王明德　王杰民　王松涛　王济昌　王源海　冯德平　史根周　石聚彬　刘　林　刘五一　刘花明（女）　刘宝琦（回族）　刘献志　孙　黎（女）　孙东辉　朱建国　朱润生　汤　燕（女）　纪东平（女）　闫玉明　吴予红（女）　吴爱芬（女）　吴营昌　宋丰强　张　英　张之鹏　张文定　张玉笋

张全利　张自福　张志华
张松正　张艳华（女）　张铁秀
张慧云（女）　李　伟
李　倩（女）　李　琳　李　群
李大文　李发臣　李刚毅
李利英（女）　李国庆
李建云（女，回族）　李宪召
李政军　李树生　李顺兴
李海波　李海铁　李留宪
李祥钟　李素坤（女）
李富玲（女）　李献峰
李蝴蝶（女）　杨　娜（女）
杨郑安（回族）　杨保成
杨海平　杨惠岭（女）　陈　斌
陈观壤　周可义　周晓光（女）
周雅洲　虎云峰（回族）
郑金泉　胡华敏（女）
胡桂平（女）
赵文瑛（女）　赵学庆　钟　波
倪启明　唐　海　徐　平（女）
徐鸿飞　袁小杰　高方斌
崔　平（女）　康玛水　曹冬冰
曹建华　阎书刚　黄海碧
龚首鹏　傅建军　曾　平
温荣丽（女）　谢建国
谢淑芳（女）　韩纪中　雷从芳
廖义芝（女）　翟明玉　谭　哲

·市政协工作机构·

办公厅

主　任　谭　哲

调研室

主　任　张　英
副主任　邢　进

提案委员会

主　任　李素坤（女）
副主任　李建云（女）　张沄龙
　　　　谢建国（兼）
　　　　李宪召（兼）
　　　　邢建新（兼）

经济委员会

主　任　王济昌
副主任　朱　庆　李　杰（兼）
　　　　王源海（兼）
　　　　李　刚（兼）
　　　　李福科（兼）

农业委员会

主　任　周可义
副主任　鹿社先（9月免）
　　　　史广敏（兼）
　　　　张建玉（女，兼）
　　　　栗进朝（兼）
　　　　贾　莉（女，兼）

人口资源环境委员会

主　任　吴爱芬（女）
副主任　杨合法
　　　　兰维娜（女，兼）
　　　　吕安民（兼）
　　　　杨照建（兼）
　　　　秦文理（兼）

教科文卫体委员会

主　任　史根周
副主任　蔡爱芬（女，9月免）
　　　　文广轩（兼）
　　　　王霄鹂（女，兼）
　　　　赵学庆（兼）
　　　　吴予红（女，兼）
　　　　黄海碧（兼）

社会和法制委员会

主　任　周雅洲
副主任　侯艳芳（女）
　　　　李建云（女，兼）
　　　　王志民（兼）
　　　　崔　鸿（女，兼）
　　　　张艳华（女，兼）

民族和宗教委员会

主　任　郑金泉
副主任　杨国怀　刘佩伦（兼）
　　　　帖增敏（兼）
　　　　马培明（兼）

文史资料委员会

主　任　韩纪中
副主任　孙春杰（9月免）
　　　　安惠萍（女，兼）
　　　　任　伟（兼）
　　　　张松林（兼）

港澳台侨和外事委员会

主　任　周晓光（女）
副主任　牛文广　李元中（兼）
　　　　杜雪萍（女，兼）
　　　　方建华（兼）

委员管理联络委员会

主　任　崔　平（女）
副主任　赵先玲（女）
　　　　王杰民（兼）
　　　　刘建峰（兼）
　　　　马新海（兼）

城市建设委员会

主　任　朱建国
副主任　王重建　赵亚峰（兼）
　　　　张　伟（兼）
　　　　张运通（兼）
　　　　李国庆（兼）

（朱选举）

民主党派与工商联

民革郑州市第十一届委员会

名誉主委　张世诚
主任委员　刘　东（女，兼）
副主任委员　林功顺　张自福
　　　　　　牛培玲（女）
秘书长　张　路

民盟郑州市第十一届委员会

主任委员　朱专兴
副主任委员　王志昂　白金尧
　　　　　　李蝴蝶（女）
　　　　　　张帅旗
秘书长　张洛通

民建郑州市第十三届委员会

主任委员　张冬平
副主任委员　王明德
　　　　　　孙　黎（女）

崔豫琳（女）
刘忠明
秘书长　崔豫琳（女，兼）

民进郑州市第三届委员会

主任委员　张民服
副主任委员　王中朝
孟　蕊（女）
徐　平（女）
谢淑芳（女）
赵学庆
秘书长　孟　蕊（女，兼）

农工党郑州市第五届委员会

主任委员　李新有
副主任委员　沈世鹏
吴予红（女）
李顺兴　孙中党
秘书长　纪东平（女）

九三学社郑州市第四届委员会

主任委员　舒安娜（女）
副主任委员　郑高飞
王秀霞（女）
李　琳
秘书长　郑高飞（兼）

（杨飞雁）

郑州市工商联第十六届执行委员会

主　席　王　平（女，兼）
副主席　李祥钟（兼）　闫玉明
郭留章　李清四　肖前诗
薛景霞（女）　李　伟
蒋继明　王凤山　周聚民
徐顺卿　张全利　张歌伟
张学溥　王源海　付俊杰
雒新代　袁小杰　陈　南
陈中有　温荣丽　张淑云
王海民　肖存兴　王清祥
秘书长　王清祥

（高明灿）

郑州市中级人民法院

院　长　王新生
常务副院长　谢红星
副院长　李广湖　王志民　刘玉华
李玉杰　段占青　李保甫
赵永纯
院长助理　刘祖一

（杨静波　田东兴）

郑州市人民检察院

检察长　杨祖伟
常务副检察长　张战军
副检察长　朱专兴　尚清霞（女）
宋　楠（女）　范　俊
宋　超　苏志广
检察长助理　张惠云

（陆一凡　李　丹）

郑州市群众团体组织

总工会

主　席　李元法
常务副主席　陈观壤
副主席　李建霞（女）　施　展
陈明洋　张建涛　林增志
赵志新

共青团郑州市委员会

书　记　刘建武
副书记　张艳华（女）　陈　定
李　磊　任　莉

妇女联合会

主　席　徐惠俐（女）
副主席　于素云（女）
侯淑玲（女）
刘　宇（女）

科学技术协会

主　席　吴予红
副主席　马国明　崔光伟　王世珍
霍梅旭

文学艺术界联合会

主　席　钟海涛
副主席　姜　阳（女）
马素芳（女）

社会科学界联合会

主　席　赵　君
副主席　宫银峰　许颖杰

归国华侨联合会

主　席　赵思群

残疾人联合会

理事长　杨惠春
常务副理事长　程广平
副理事长　周长信
陈　卓（女）

红十字会

会　长　刘　东（女，兼）
常务副会长　张春香（女）
副会长　韩孝坤

（郑继孝）

驻郑部属及省属单位

·交通通信机构·

郑州铁路办事处

主　任　杨学禹
副主任　徐自臣　吕恩平　彭和平
田维勤　崔德志

郑州车站

站　长　马锡忠
副站长　王跃虎　于佩离　杨　光
王予刚　黄培源
赵立炜　彭　辉

中国联合网络通信有限公司郑州市分公司

总经理　王宜科
副总经理　耿保刚　陈健敏
李　钢　朱建勇
王跃武　谢敬国
张卫华　吴振魁

·金融机构·

人民银行郑州中心支行

行　长　计承江

副行长　邵延进　庞贞燕　周　波
　　王深德　朱培玉

中国工商银行河南省分行营业部

总经理　许　杰
副总经理　夏宗福　姜　林
　　雷晓峰　史卫红
　　荣卫民　徐　斌
　　买艳芳　刘建民

中国农业银行河南省分行郑州营业部

总经理　周贵恒
副总经理　杜红兵　海军干
　　魏少华

·保险机构·

中国人寿保险股份有限公司郑州市分公司

总经理　杜　强
副总经理　李新生　刘浩燕
　　李冰川　李　兵

中国太平洋人寿保险股份有限公司河南分公司

总经理　周晓楠
副总经理　丰慧琴（女）
　　徐　静（女）

总经理助理　陈力钧　陈　林

·其他单位·

郑州市黄河河务局

局　长　刘培中
副局长　朱松立　王庆伟
　　马水庆　崔景霞（女）
　　申家全　蔡长治
总工程师　余孝志

郑州银行股份有限公司（市属）

董事长　王天宇
行　长　申学清
监事长　范大路
副董事长　张荣顺
副行长　夏　华　乔均安
　　赵丽娟（女）　白效锋
行长助理　孙海刚　郭志彬
　　张文建
总会计师　毛月珍

（范鹏飞　贾建英　刘　恒）

中国人民解放军郑州警备区

司令员　李恕海　大校（12月免）
　　尚守道　大校（12月任）
政治委员　刘贵新　大校
副司令员　王金宇　大校
　　韩世联　大校
副政委　司马武当　大校
　　苏理明　大校（2月任）
参谋长　姚　健　上校（4月免）
　　李国记　大校（4月任）
政治部主任　史安平　大校
后勤部长　李成先　上校（4月免）
　　祁贵云　上校（4月任）

（灏　森）

中国人民武装警察部队郑州市支队

支队长　孙海涛　大校（4月免）
　　李　斌　大校（4月任）
第一政治委员　黄保卫（兼）
政治委员　冯元喜　大校（10月免）
　　黄延平　大校（10月任）
副支队长　王润洲　上校
　　张智军　上校
　　郭忠源　中校（8月任）
　　张　明　中校（3月任）
　　刘松林　上校（3月任）
副政治委员　张明俊　上校
　　李　浩　上校（8月任）
参　谋　张培杰　上校
政治部主任　杨　威　上校
后勤部部长　苑志明　中校

（王　森）

第五篇 中国共产党

市委全局工作

【概况】 2011年，中共郑州市委紧紧抓住中原经济区上升为国家战略的重大历史机遇，以领导方式转变加快发展方式转变，以郑州都市区建设统揽全局，以项目建设为抓手，全面加强经济建设、政治建设、文化建设、社会建设及生态文明建设和党的建设，实现了“十二五”发展和郑州都市区建设的良好开局。全年全市实现生产总值4912.7亿元，增长13.2%；地方财政总收入完成820亿元，增长27.6%；地方财政一般预算收入达到502亿元，增长30%；全社会固定资产投资完成3000亿元，增长24.2%；社会消费品零售总额完成1987亿元，增长18.4%；城镇居民人均可支配收入达到21612元，增长9%；农民人均纯收入达到11050元，实现增长13.5%，均实现历史性突破。郑州市成功跨入全国文明城市行列，被授予国家首批电子商务示范城市、国家级“两化”融合试验区、国家农产品流通综合试点城市、国家标准化菜市场建设试点城市、中国2010年EMBA最具投资价值城市，入选全国首批创建国家公共文化服务体系示范区申报城市，连续第三次荣获全国“五五”普法先进城市称号，连续第五次荣获“全国科技进步先进市”称号，城市知名度、美誉度进一步提升。

2011年，中共郑州市委认真贯彻落实《国务院关于支持河南省加快建设中原经济区的指导意见》（简称《指导意见》）精神，对《指导意见》中涉及郑州的90多项工作进行责任分解，督促有关部门加强与上级有关部门对接，争取财税、金融、投资、产业、土地等支持政策。认真贯彻省第九次党代会精神，在“三化”协调发展上着力先行，在新型城镇化引领上着力提升，在经济转型升级上着力提速，在协调统筹上着力民生，在转变领导方式上着力务实，努力发挥郑州在中原经济区建设中的龙头作用、重心作用和示范带动作用。广泛开展纪念中国共产党成立90周年活动，深入学习胡锦涛总书记“七一”重要讲话精神，举行理论研讨会，举办大型广场文化活动400余场，在全市唱响了共产党好、社会主义好、改革开放好、伟大祖国好的时代主旋律。

围绕“三化”协调发展，加快新型城镇化进程。加快郑州都市区发展规划编制，编制完成《中原经济区郑州都市区建设纲要》《郑州都市区空间发展战略规划》等。加快推进郑州新区建设，完成重点基础设施建设项目52个，总投资160.8亿元。加快中心城区改造提升，京沙快速通道基本完工，轨道交通1号线一期顺利铺轨、2号线一期开工建设，京沙快速通道部分路段、郑民高速郑州段建成通车。加快推进“六城十组团”规划建设，完成固定资产投资950亿元。加快推进合村并城和新型农村社区建设，完成合村并城试点建设项目131个。一批重大交通基础设施项目持续推进，郑州综合交通枢纽工程加快建设，郑州至开封等3条城际轨道交通建设相继开工，郑州黄河公铁两用桥主体、火车站西广场等重点工程基本完工，郑州机场二期扩建工程获国家批准。

围绕提高发展质量和效益，促进经济平稳较快增长。围绕转变发展方式，加快推进高成长性产业、高成长性企业、高成长性区域发展。规模以上工业完成增加值2340亿元，增长22%。万元生产总值能耗下降3.7%，年度节能减排目标顺利完成。坚持项目投资双带动战略，全年在建投资额10亿元以上项目115个，谋划“四进”项目679个。富士康郑州项目、格力电器产业园、东风日产20万辆产能扩建项目、郑州宇通新能源客车生产基地、河南龙工工业园等一批重大项目相继开工或建成投产。新建国家级研发中心7家、省级研发中心57家，专利授权量6300件，高新技术产业产值达到2806.7亿元，增长33.9%。文化创意旅游业发展迅速，国家动漫产业发展基地（河南基地）、郑州信息创意产业园等项目建设进展顺利，全市实现旅游总收入590亿元，增长15.7%。战略性新兴产业粗具规模。新一代信息技术、生物医药、节能环保和新能源客车等产业加快发展，战略性新兴产业产值突破1000亿元，成为新的经济增长点。全市产业集聚区营业收入完成5150亿元，增长40%。河南中烟、郑煤集团、富士康郑州公司等3家企业年销售收入超过300亿元，销售收入超100亿元企业集团达到9家，上市企业达到36家。

围绕增强发展活力，强力推进改革开放。对外开放水平迈上新台阶，全年实际利用外商直接投资31亿美元，增长63%；引进内资、外资941.6亿元，增长30.5%；市属及以下出口额94.1亿美元，增长182.9%。积极承接产业转移，新开工外来投资项目152个，投资总额1454亿元。郑州新郑综合保税区成为中国中部地区第一个封关运行的综合保税区。郑州机场旅客吞吐量突破1000万人次，进入国家一级机场序列。成功举办郑州商品交易会等大型会展141个。各项改革进一步深化。国有企业改制工作稳步推进，战略重组工作取得实质性进展。郑州银行、百瑞信托实现增资扩股。行政审批制度改革加快，企业投资项目备案权限下放到所有县（市）区和省级产业集聚区。政府机构改革顺利完成，事业单位分类改革有序展开，文化、教育、科技等领域改革继续深化。认真落实鼓励、支持和引导非公有制经济发展的政策措施，民营经济规模不断壮大。

围绕都市农业发展，推进农村经济稳步发展。粮食总产量达到166.7万吨，连续9年获得丰收。加快环城及城市组团蔬菜、苗木、畜牧、水产等高效农业和设施农业发展。加快推进农业组织化和规模化，新建农民专业合作社300个，新增市级以上农业产业化重点龙头企业26家。实施异地扶贫搬迁和整村推进扶贫，1.67万人实现脱贫。实施自来水“村村通”工程，解决43.9万人农村饮水安全问题。改造中低产田1.33余万公顷，升级改造农田灌溉机井8700眼。新建、改造农村道路578公里，新建镇、村地埋式垃圾中转站611座，农村生产生活条件持续改善。

围绕幸福郑州建设，着力保障和改善民生。省、市十大实事基本完成。持续推进优质教育资源倍增工程，幼儿园建设项目开工119个、中小学建设项目开工33个。持续推进优质医疗资源倍增工程，市属医疗机构新增床位2070个，新农合“管办分离”模式受到中央领导同志充分肯定。大力实施“菜篮子”工程，新增设施生产面积600多公顷，开发建设新菜田近2427公顷。持续推进就业再就业工程，新增城镇就业13.8万人，农村劳动力转移就业12.6万人，发放小额担保贷款15.5亿元。持续推进保障性住房建设，开工建设保障性住房5.57万套。加快推进生态环境建设，市区新建绿地622万平方米，完成造林1.58万公顷。规划城市周边32个森林公园，常西湖公园、龙西湖公园、南水北调带状公园、滨黄河森林公园等重点生态示范工程开工建设。

【城市建设和管理】 郑州新区建设进一步加快，郑州新东站综合交通枢纽工程加快建设，郑州新郑综合保税区热源厂一期工程投入运营，龙湖引黄调蓄工程全面启动。“畅通郑州”工程扎实推进，规划新增16座绕城高速互通式立交已开工7座，出入市口互通立交、三环快速化工程、南水北调跨线桥梁等一批重大项目开工建设。新增公共停车泊位2.5万个，新购置公交车953辆，郑州绕城高速实现免费通行。深入开展占道经营、交通秩序等专项整治活动，城市管理取得明显成效。城市承载能力不断增强。刘湾水厂开工建设，实施五龙口、马头岗污水处理厂升级改造，城市供热、供气、供水等公共管网进一步完善。加快推进“数字郑州”建设，城市基础地理信息数据库基本建成。生态环境明显改善，常西湖生态公园等项目顺利实施，人民广场建成开园，市区新建绿地622万平方米，完成造林1.58万公顷，新建林业生态乡（镇）8个、林业生态村100个。扎实开展截污攻坚工作，实施东风渠上游、潮河上游等河道治理工程，河道水质明显改善。节能减排力度加大。全年单位生产总值能耗下降3.7%，二氧化硫排放量和化学需氧量分别控制在10.18万吨和10.62万吨以下。加快推进东风渠、潮河等河道治理工程，推进城市生态水系建设。城市集中饮用水源地水质达标率为100%。全年城区空气质量优良天数达到318天。

【民主法治建设】 2011年，中共郑州市委努力维护社会公平正义。支持市人大及其常委会正确行使立法权、监督权、任免权和对重大事项决定权。审议通过3部地方性法规，《郑州市医疗卫生设施规划建设管理条例》在全国属首例。支持市政协围绕“民主、团结”两大主题履行职能，完善民主监督机制，提高参政议政实效。做好新形势下的统一战线工作，加强民族、宗教、对台、侨联、侨务等工作。扎实推进依法治市工作，持续开展严格执法、文明执法专项整治行动和弘扬社会公德、劝阻违法行为活动。支持工会、共青团、妇联等人民团体依照法律和各自章程开展工作。加强国防教育和国防后备力量建设，深入开展“双拥”工作，不断巩固军政军民团结和谐局面。认真贯彻“负责必稳、预防必安、为民必和”理念，加强和创新社会管理。新郑市创新社会管理试点经验得到中央政法委主要领导高度评价。深化“四严一创”“清网行动”等专项行动，坚持信访稳定“日碰头”

制度，中央、省交办信访案件按期办结率100%。持续开展安全生产大检查和食品药品专项整治，全年无食品药品安全事故发生。

【精神文明建设】 2011年，中共郑州市委以创建全国文明城市为总抓手，精神文明建设各项工作深入推进，未成年人思想道德建设稳步提高，传统节日宣传教育形式多样，道德模范评选宣传深入人心，社会志愿服务工作全面深化，社会主义核心价值体系建设扎实推进，公民文明素质和社会文明程度明显提升。全市上下始终坚持“以创建全国文明城市促全局，以创建全国文明城市惠民生”，围绕抓领导、抓载体、抓硬件、抓民生、抓弱项、抓机制、抓队伍，全面展开创建工作，以优异成绩夺得“全国文明城市”桂冠。大力开展社会主义核心价值体系学习宣传，开展市民文明礼仪教育、爱国主义教育和爱家乡教育，开展全民阅读活动和文明交通行动，公民道德素质不断提高。大力开展群众性精神文明创建活动，全市有5个县（区）被评为省级文明（县）区，2个村镇被评为全国文明村镇，7个单位被评为全国文明单位，鑫苑名家等100多个社区被评为省、市级文明社区，黄河风景名胜区等7个景区被评为省、市级文明景区。大力加强农村精神文明建设，深入开展以“四化两场一畅通”为主要内容的文明集市创建活动，大力开展“清洁家园行动”，扎实开展“城乡共建”结对帮扶工作，农村整体面貌得到进一步改善，村民文明素质和农村文明程度得到进一步提高。大力开展道德模范学习宣传活动，成功举办了全国“道德模范故事汇”巡演和座谈活动，以及全国道德模范与身边好人郑州现场交流活动，组织开展了全国、全省道德模范推荐评选工作，继续开展“我推荐、我评议身边好人”“道德讲堂”和月评文明市民活动，全市有2个集体、21名个人入选“中国好人榜”，评出郑州市文明市民116个。大力加强未成年人思想道德建设，荣获“全国未成年人思想道德建设先进城市”荣誉称号，市文明办被授予“全国未成年人思想道德建设先进单位”称号，市未成年人心理健康辅导中心被河南省文明办评为“省级未成年人心理健康辅导中心示范点”。大力开展社会志愿服务，全面启动了关爱空巢老人、关爱农民工、关爱留守儿童和进城务工人员子女、关爱残疾人“四项关爱”志愿服务活动，率先开展网络文明传播志愿服务工作，充分发挥市民文明巡防团的作用，引导人们以志愿服务形式普及文明新风。大力加强公共文化服务，深入开展“我们的节日”主题活动和“三下乡”活动，大力实施文艺精品工程和文化惠民工程，《水月洛神》荣获第八届中国舞蹈艺术最高奖“荷花奖”金奖第一名，《斗笠县令》获得中国戏剧节最高奖项。辛卯年黄帝故里拜祖大典获评“全国最具影响力公祭大典”，新郑望京楼夏商城址入选全国十大考古新发现。新建改建100个社区文化活动中心、200个农村文化大院、750个农家书屋；送舞台艺术进乡村（社区），演出1000场。

【和谐社会建设】 持续加大民生领域投入，2011年全市财政用于改善民生的总投入370亿元，增长38%，占一般预算支出的65%。建立完善就业再就业和社会保障体系。实施积极的就业政策，实现了“零就业家庭”动态为零的目标；建立城乡居民养老保险制度，实现了养老保险制度全民覆盖；积极完善社会保障性住房政策体系，市区“双困家庭”廉租住房覆盖率达到100%。坚持优先发展教育事业。全部免除农村义务教育阶段学杂费和城市义务教育阶段杂费，全市义务教育阶段进城务工人员子女入学率保持在99.8%以上；实施优质教育资源倍增工程，2011年新增优质学位2.09万个；全面构筑公共卫生服务体系。实施优质医疗资源倍增工程，在社区卫生服务中心推行“片医”负责制试点工作，建成15分钟城市社区卫生服务圈；全面推进新型农村合作医疗制度，全市参合农民达到417.4万人，参合率98.3%。大力推进平安郑州建设。完善落实信访联席会议、信访稳定评估、矛盾纠纷排查和责任追究等机制，深入推进社会管理创新，公众安全感指数逐年提高，2011年达到95.32%。被中科院、民政部等单位联合评定为“全国十佳和谐可持续发展城市”。

【党的建设】 2011年，中共郑州市委大力加强党的执政能力和先进性建设，着力提升党的建设科学化水平，为经济社会跨越式发展提供了坚强的政治和组织保障。紧紧围绕服务大局，扎实做好省第九次党代会、市第十次党代会选举工作，圆满完成了县、乡党委和村级组织换届工作。深入推进创先争优活动，15个基层党组织、19名党员受到省创先争优办表彰。采用“一评三考”竞争方式选拔24名正县级领导干部，得到中组部好评。加强常委会自身建设。坚持市委中心组集中学习制度，提高常委班子的政治素养和理论水平；认真贯彻民主集中制，完善常委会议事规则，建立领导、专家、群众相结合的决策咨询机制，提高了决策科学化、民主化水平。加强领导班子和干部队伍建设，做好县（市）区委、乡镇党委和村级组织换届工作，制定政府部门职责和职能“十定”方案，推进政府职能管理细化、量化、标准化。积极推进干部人事制度改革，建立以绩效考核为基础、以工作业绩为优先条件的干部选拔任用模式。认真贯彻执行《干部任用条例》等政策法规，共研究调整干部613人，其中，提拔265人、交流轮岗348人。选派312名优秀年轻干部到克难攻坚一线挂职锻炼。创新军转干部安置办法，制定《郑州市团职军队转业干部功绩制量化积分考核办法》，将团职军转干部的任职年限、军龄、学历、功绩等进行量化，正团职军转干部按照功绩量化排名自主选岗，搭建公平竞争、择优选岗、人岗相适的平台，妥善安置团职军转干部130名。加强基层党组织和党员队伍建设，广泛开展三级党组织书记履行党建工作责任双向述职评议，扎实开展"党建实践活动月"活动。进一步深化社区党建"三有一化"，不断扩大党组织覆盖面和工作覆盖面。深化"创先争优"活动，开展"双百夺旗争星"评比竞赛、党员志愿者服务活动，推进窗口单位和服务行业创先争优。加强党员干部作风建设，坚持完善政务日例会、评优评差、限时办结、首问负责等制度，建立发现问题、反映问题、解决问题长效机制，持续改善党政服务环境。深入开展市直机关干部"六联系"（联系农村、社区、企业、项目、交通路口、养老机构）活动，为基层和群众解决了一批困难和问题。认真落实任前公示、离任检查、任中审计和离任审计制度，对286名新调整县处级领导干部进行了任前公示，对8名市直机关党组（党委）书记进行履行干部选拔任用工作职责检查，委托市审计局对58名市直单位正职进行了任中和离任审计。坚持"标本兼治、综合治理、惩防并举、注重预防"战略方针，深入开展反腐倡廉建设。认真落实领导干部个人事项报告制度，全年共有2888名领导干部主动如实报告个人有关重要事项。认真落实领导干部"四会一课"廉政教育制度，"清风茶社"约谈县处级领导干部87人次，廉政"581"账户收到主动上缴违纪款1037.3万元，比上年增长近200%。成立28个首席服务官小组，进驻企业和在建项目，保障了重点工程顺利推进。严肃党委换届工作纪律，开展任前廉政谈话1477人次，诫勉谈话109人次，函询40人次，领导干部述职述廉8667人次，一次当选率达100%。严肃案件查处，保持惩治腐败高压态势。全市纪检监察机关共初核案件线索976件，立案1218件，党政纪处分1342人，挽回经济损失6000多万元。

【市级领导班子联席（扩大）会议】 2011年3月31日下午，市委、市政府召开市级领导班子联席（扩大）会议，学习传达贯彻省委副书记、省长郭庚茂在郑州调研工作时的重要讲话精神。市长赵建才传达了郭庚茂省长到郑州市调研工作时的重要讲话精神，市委书记连维良主持会议并就贯彻郭庚茂省长讲话精神提出具体要求，对第二季度重点工作进行安排部署。

会议强调，要认真落实郭庚茂省长重要讲话精神，深入认识在产业集聚区建设方面的有利条件，进一步增强机遇意识和危机意识，振作精神，奋发图强，加快发展。努力做好五个方面的工作：一是建立项目科学评审机制，努力提高项目运筹管理水平。二是加快产业集聚区建设。三是加强要素保障机制创新。四是不断探索完善管理体制问题。五是加快推进郑州都市区建设。大力发展城市组团，加快卫星城融城发展。

会议对第二季度重点工作进行安排部署。一是下大力气筹措资金，着力解决好重点项目拆迁和阻工问题，完善项目评审机制、联审联批机制和服务督办机制，全力推进"十百千"跨越支撑工程。二是抓好产业集聚区发展及各城市组团发展规划编制工作。三是加大招商引资力度，完善招商引资业绩考核办法。四是做好文明城市创建工作，建立评优评差等促进落实的体制机制。五是做好关系民生的基础工作。六是做好稳定房价工作。七是认真做好税源建设和税收征缴工作。八是做好西流湖流域综合治理和生态水系建设工作，实施严厉的有偿清理制度。九是做好信访稳定和安全生产工作。十是认真做好治理违法建设工作，持续开展好劝阻违法行为活动。十一是认真做好文明执法的教育和管理工作，提高文明执法水平。十二是切实做好提高办事效率工作，推动各项工作提速提效。

会议还对加快推进富士康项目建设、筹备好辛卯年黄帝故里拜祖大典等工作进行了安排部署。

【第一季度经济形势讲评暨优化经济发展环境工作会议】 2011年4月27日，市委、市政府召开第一季度经济形势讲评暨优化经济发展环境工作会议。会议分析了当前的经济形势，表彰了全市优化经济发展环境先进单位，安排部署了今后一个时期全市经济工作和优化经济发展环境工作。

会议通报了郑州市第一季度主要经济指标及其在全省、中部、全国省会城市和全国大中城市中的排序，各县（市）区和开发区主要经济增速指标排序，全市产业集聚区任务指标完成情况排序。

市长赵建才对全市第一季度经济运行进行了讲评。他指出，面对复杂形势和严峻挑战，2011年以来，全市上下克难攻坚，各项工作开局良好，经济社会发展继续保持了较好态势。但经济运行中也存在着结构性矛盾仍然突出、资源约束日趋增强、区域竞争压力加大、各县（市）区发展不平衡等问题，必须采取针对性措施，认真加以研究解决。

赵建才要求，要深入贯彻中央和省委、省政府的各项决策部署，充分利用全市经济社会发展中的有利条件和比较优势，以改革创新破解发展瓶颈，以提升组织运作水平增强保障能力，以郑州都市区规划建设为主线，重点抓好招商引资、重大项目和产业集聚区建设三件大事，突出抓好结构调整、城乡建设和民生改善三件要事，切实抓好创建全国文明城市、环境优化和对上衔接三件急事，全力抓好要素保障、安全生产和征地拆迁三件难事。

常务副市长胡荃对全市优化经济发展环境工作进行安排部署。一是要提升党政服务水平，创建最佳环境。二是要规范行政行为，优化政务环境。三是要推行绩效考核，加大行政问责。

市委书记连维良指出，必须深入研究和切实抓好经济运行，充分认识各种不利因素，积极把握国内外产业梯次转移、中原经济区建设和综合保税区建设等机遇，把第二季度经济工作的重点放在提速上，下大力气抓好八项具体工作：一是以多开工项目求提速，切实抓好新开工项目；二是以多引进项目求提速，切实抓好招商引资；三是以集聚发展求提速，切实抓好产业集聚区建设；四是以开辟新的增长领域求提速，切实抓好城乡建设各项工作；五是以顺应调控求提速，切实增加住房建设和供应；六是以缓解瓶颈制约求提速，切实抓好土地争取和资金争取；七是以加强税收管理求提速，切实抓好财政增收工作；八是以体制机制创新求提速，切实加快和深化改革。

连维良要求，要通过努力加快发展方式转变，切实提高发展质量。要以认真负责的态度，切实抓好煤矿安全生产、建筑消防安全和食品安全；纠正违法建设；抓好节能减排，落实工作措施建设保护好生态水系；抓好项目评审，严格评审土地占用量大的项目，防止变相圈地行为；抓好审批事项的争取工作；做好统计工作，严防弄虚作假。

连维良强调，要严格恪守发展为民，切实办好为民实事。在讲到经济发展与环境优化的关系时，连维良指出，必须全面提高党政效能，切实优化发展环境。要注重提高决策效率、协调效率和执行效率，注重完善“七个机制”，注重建设机关文化、建立干部导向、强化严格执法和文明执法，注重干部关爱和严格要求，建立敢于反映问题和宽容对待反映问题的机制，以实际行动优化环境提速经济。

【省会创建全国文明城市工作部署会议】 2011年4月29日，市委、市政府召开省会创建全国文明城市工作部署会议，对创建全国文明城市工作进行总结分析和动员部署。会议要求，要瞄准目标，突出重点，注重运作，力戒偏差，强化保障，确保创建全国文明城市各项工作在3个月内达标，力争郑州市2011年跻身全国文明城市行列。

市委常委、宣传部部长丁世显简要总结了郑州市创建全国文明城市工作的情况，系统分析了存在的差距和薄弱环节，分别是：社区活动中心建设等部分硬件指标未达标；县（市）乡村学校、少年宫、未成年人心理健康指导中心等建设不达标；公共场所公共设施不全；沿街门店出店经营多，小广告泛滥；出入市口、铁路沿线脏乱差、垃圾成堆、黄土裸露；占道经营严重；出租车等窗口行业管理混乱；电缆电线乱扯乱挂；公厕管理不规范；户外广告杂乱，公益广告少；交通拥堵未根本解决；市民文明素质有待提高；网吧管理不到位；荧屏声屏有待进一步净化；部分无主管社区环境脏乱差等15个方面。

丁世显要求，各级各部门要突出未成年人思想道德建设这个前提，抓住不断提高市民文明素质这个核心，把握材料收集、网络调查和特色创建等三个关键，抓好实地考察项目落实，搞好市容环境卫生、“五小”门店、文化市场、社会治安、城市生态环境、交通、窗口行业等七项综合整治，确保各项指标任务顺利达标。

省委常委、市委书记连维良指出，距离全国考评组检查验收仅有3个月的时间，要着重围绕“五要”，认真落实好各项工作部署。一要瞄准目标。要全力以赴创建全国文明城市，以文明创建促全局，以文明创建惠民生。二要突出重点。围绕标准、围绕问题、围绕环境、围绕民生、围绕重点、围绕长效、围绕特色搞创建。三要注重运作。采取评优评差、部门分包、公开承诺、绩效考核、干部优先条件和诫勉谈话、成立临时工作组专项治理、开展重点督查、开展经常性暗访、媒体监督和网络监督、搞好单位文明创建等方法，推进创建工作扎实、有序进行。四要力戒偏差。力戒形式主义，避免用不文明的方式开展创建工作；力戒扰民，不要打乱人民群众正常生活秩序；力戒执法不作为、不文明；根除一切不廉洁行为。五要强化保障。要向创建工作倾斜人力、物力、资金等，全力推进创建全国文明城市工作。

【九届市委二十一次全体（扩大）会议】 2011年5月16日，中国共产党郑州市第九届委员会第二十一次全体（扩大）会议举行。会议听取并讨论了市委常务副书记、郑州新区党工委书记李柳身代表市委常委会向全会所作的《关于召开中国共产党郑州市第十次代表大会的决议（草案）的说明》，市委常委、组织部部长姚待献所作的《关于县（市）区委换届有关情况的报告》。

会议表决通过了《关于召开中国共产党郑州市第十次代表大会的决议（草案）》《关于县（市）区委换届有关情况的报告》。决定于2011年8月召开中共郑州市第十次党代会，并确定了大会的指导思想、主要议程和代表名额分配原则、产生办法。

围绕做好党代会筹备和当前各项重点工作，连维良提出三项具体要求：

第一，风清气正抓好党委换届。要通过完善干部选拔任用机制，量化标准，硬化条件，积极引导，精心组织，严厉杜绝选人用人上的不正之风。

第二，凝心聚力促进科学发展。一要加快重大项目建设推进力度，认真解决资金、土地、阻工、项目手续办理迟缓等瓶颈问题；二要扎实做好招商引资工作，善于利用现成项目、现成标准厂房、已审批土地招商引资，用产业集聚区招商引资，用合同规避招商风险；三要切实抓好产业集聚区建设，各级领导都要投入更多精力，精心组织，强力推动，尽快扭转产业集聚区建设工作的不利局面；四要加快新规划城市组团建设，高标准做好规划编制和城市设计，加快推进产业集聚区、城市新组团中的合村并城和城中村改造工作；五要加快民生实事的办理步伐。对于年初确定的十大实事52个民生专项工程，分包领导和分管领导要认真研究，积极协调，尽快落实项目资金，组织召开专项联审联批会议，切实办好民生实事。

针对当前工作中存在的部分问题，全市上下必须统筹协调，下大力气做好七项工作：一是认真做好加快施工进度与确保施工安全、施工质量工作；二是认真做好畅通流通渠道与严格食品安全监管工作；三是切实做好加快供地和依法用地工作；四是努力做好依法拆迁、和谐拆迁工作；五是认真做好严格执法和文明执法工作；六是切实做好积水点改造和“畅通郑州”建设工作；七是认真落实第一时间到现场的工作制度。

第三，建好导向，营造换届和发展的良好环境。工作导向要靠干部导向来营造，干部导向要强调德才兼备，以德为先；要注重业绩，主要通过以优先条件为主要内容的业绩量化评价来体现；要注重群众公认度，通过正式推荐、社会评议、平时考察等多种方式来体现；要注重知识，具备必需的应知应会知识；要注重实际工作能力，有胜任岗位的工作能力和丰富的任职阅历，参与市委、市政府中心工作阅历和急难险重岗位历练。

【全市领导干部会议】 2011年5月28日，市委召开全市领导干部会议，传达省委关于市政府主要领导调整的决定。会议由市委书记连维良主持。

河南省委组织部副部长马新华首先宣读了省委关于赵建才、吴天君同志职务任免的决定：吴天君同志任中共郑州市委委员、常委、副书记，提名为郑州市人民政府市长候选人，免去其新乡市委书记、常委、委员职务；赵建才同志不再担任郑州市委副书记、常委、委员，郑州市人民政府市长职务。

马新华高度评价了赵建才同志在郑州市工作的8年时间里，政治立场坚定、思维敏捷、坚持民主集中制原则，勤于学习和思考，务实创新，关心民生，促进全市经济社会发展所取得的成绩，以及待人诚恳、严格要求自己，在干部群众中树立起的较高威信和结下的深厚感情。简要介绍了吴天君同志的经历，指出吴天君同志领导经验丰富，思想解放，工作作风深入，联系群众，推进工作力度大，驾驭全局能力强，善于处理复杂疑难问题。省委提名吴天君同志为郑州市市长候选人，符合郑州市领导班子实际和郑州市改革发展稳定的要求。

马新华代表省委对郑州市领导班子提出了四点希望：一要按照卢展工书记提出的“用领导方式转变加快发展方式转变”的要求，加快转变。二要求实求效，坚持在“做”上下功夫，着力破解发展难题，着力办好民生实事。三要维护团结。要互相信任、互相支持、互相补台、互相谅解，不计较个人恩怨得失。四要严格自律。要正确对待权力和名利，切实做到慎权、慎独、慎微、慎友。

马新华还对市、县（市）区换届工作提出了要求：一是要谋划好发展。引导广大干部把主要精力用在研究工作、谋划工作，破解难题、推动发展上。二是要选配好班子。把坚持党管干部原则、树立正确用人导向与改进干部考核评价办法有机结合起来。三是要匡正好风气。严肃换届纪律，努力营造风清气正的换届环境。

吴天君在讲话中表示，到郑州工作，会坚持“四个重在”，按照“四个围绕”（围绕市委的决策部署、围绕市委市政府确定的中心工作、围绕重大项目、围绕民生）做好政府工作。要向历届市委、市政府领导学习好的方法和作风，向同志们学习，向实践学习；要维护班子和整个队伍的团结，使团结发挥出最大合力；要持续举措，按照“三具两基一抓手”工作要求，按照“抓基层、打基础、项目推动发展”的理念，持续市委、市政府的决策部署、工作举措，狠抓工作落实，在提高执行力、行政效率和实际工作效果上下功夫；要廉洁自律，严格要求自己，做到在每一个人面前、每一件事情面前都有发言权。

市委书记连维良表示郑州市委、市人大、市政府、市政协、郑州警备区五个班子和郑州市广大干部完全拥护和服从省委的决定，发扬好赵建才同志在郑州建立的好传统、好作风，以实际行动支持好市长吴天君的工作。他要求，全市各级领导干部要自觉把思想和认识统一到省委的决定上来，全力支持配合吴天君同志的工作。

连维良还对重点工作做了部署。一是全力做好“三夏”工作。各县（市）区和农业部门要加强组织协调，全方位搞好服务。二是做好食品安全工作。各级党委、政府尤其是各职能部门要重视源头治理，加强监督，加大对食品安全违法事件的打击力度，切实保障好群众的饮食安全。三是抓好煤矿安全生产和建筑安全工作。要高度重视、周密安排、加强督查，确保不发生任何安全生产事故。四是抓好重点项目建设，确保工程进度。要采取措施，克服“三夏”期间农民工返乡等问题，做到重大项目不停工、保持进度。五是全力保障电力供应。要采取措施，最大限度争取供电负荷指标。要帮助电力生产企业做好煤炭交通运输的组织工作。六是抓好文明城市创建的各项工作。对存在的薄弱环节和突出问题进行点评，加强督导检查。要加大工作力度，树立样本点，培育典型，以点带面，促进工作的顺利开展和各项薄弱环节逐步达标。

【省老促会调研反馈会】 2011年6月11日，市委、市政府召开会议，专题听取省老区建设促进会（简称省老促会）对郑州市老区建设的调研情况通报和意见反馈。

郑州市革命老区是豫西抗日根据地的重要组成部分，包括登封市全境和巩义市、新密市、荥阳市、新郑市、上街区的大部分丘陵山区的847个行政村。“十一五”期间，郑州市共向老区建设倾斜资金12566万元，比“十五”期间增长了11.94倍。根据全国老促会的统一部署，为真实全面地反映全省老区建设现状，有针对性地提出改进工作的意见和建议，省老促会组织调研组深入老区，通过下乡进村入户访谈、分片召开座谈会、专题调研、实地调查等形式，在郑州市开展了为期10天的调查研究。

反馈会上，省老促会副会长马宪章首先通报了此次调研的基本情况。他指出，郑州市老区各项建设成效显著，群众生活水平进一步提高，并积累了许多有益经验，主要体现在始终重视贯彻“老区优先、重点倾斜”的原则，以及重视主导产业的发展、扶贫搬迁的实施、对口帮扶的落实、发挥典型的作用、基层组织建设的加强等方面。同时，也存在部分问题，如老区农民人均纯收入增幅缓慢，农民之间纯收入不平衡，发展的基础条件仍然较差，发展思想观念还有待提高，集体经济力量薄弱等。为此，调研组建议，郑州市要善于用自身经验解决老区建设问题，持续做好群众满意度高的搬迁扶贫等工作，在完善中创新，在创新中发展；对有些初见成效的做法，要进一步加大倾斜力度，使之成效明显；要高度重视老区产业发展，帮助老区走上良性发展之路；要继续加大对口帮扶力度，动员和组织社会各界关心、支持老区建设。

市委书记连维良就如何做好今后一个时期的老区建设和扶贫开发工作提出了六点要求。一要强化市级领导、市直部门联系老区贫困村工作。所有市级领导和市直部门要与市扶贫办、老促会做好工作对接，要带着感情联系帮扶贫困村，重点解决影响发展的突出问题，全力做好日常帮扶工作。二要强化扶贫项目的安排和产业扶持工作。要加大现有帮扶渠道、资金和项目的倾斜力度，丰富老促会直接扶持的手段，研究项目扶持的决策程序，完善项目扶持的运行机制，保证扶持项目选得准、上得快、效益好。三要强化搬迁扶贫工作。结合全市正在积极推进的合村并城、合村并镇工作，充分尊重老区群众意愿，创新工作模式，出台灵活政策，做好搬迁扶贫工作，使老区贫困村和低收入群众搬得出、稳得住、能致富。四要强化老区的新农村建设工作。对暂不具备整体搬迁和城镇化条件的老区贫困村，要通过强化新农村建设，完善基础设施，增强服务功能，不断改善当地发展环境。五要强化老区的基层组织建设。要选强配好老区农村“两委”班子，根据工作需要，在有条件的地方选派优秀干部担任老区贫困村的第一书记，切实增强贫困村党支部的凝聚力和战斗力。努力实现扶贫资金切实产生效益，扶持项目如期实现增收，新建设施有效发挥作用，确保各级政府的扶持政策真正落到实处。六要强化解决老区建设工作中的实际问题。要围绕省老促会反馈的问题和意见，分门别类研究解决措施，健全老区建设工作领导小组，想方设法增加老区扶贫专项资金，注重实效扶持规范农村扶贫互助组织，确保老区建设和扶贫开发工作再上新台阶。

【创建全国文明城市专项整治指挥部指挥长工作会议】 2011年6月20日，市委、市政府召开创建全国文明城市专项整治指挥部指挥长工作会议，听取近一段时期郑州市创建全国文明城市工作进展情况、十个专项整治指挥部工作情况和国家统计局郑州城调队暗访反馈情况汇报，研究部署冲刺全国文明城市工作。

会议由市委常委、宣传部部

长丁世显主持，市委书记连维良出席会议并讲话，市领导白红战、李秀奇、王璋、姚待献、胡荃、高建慧、李恕海、王哲、刘东、张建慧等出席会议并先后发言。

连维良指出，郑州市创建全国文明城市工作已进入关键阶段，时间十分紧迫，还有不少问题没有解决，要进一步营造浓厚氛围，加大推进力度，全力做好创建全国文明城市工作。各位市领导、各专项整治指挥部、各县（市）区和市直各部门要把创建全国文明城市工作放在当前全局工作的重要位置，坚持标本兼治，长短结合，突出重点，建立强力高效的工作机制，抓好突出问题和薄弱环节的整改提升。要尊重群众意愿，关心百姓生活，把人民群众满意不满意作为创建工作的出发点和落脚点，切实体现创建为民。文明城市创建指导部门要敢于动真碰硬，对工作不力的县（市）区和责任单位，敢于通过严管重罚、加强问责来推动工作，力求在较短时期内取得明显成效。

连维良强调，在创建冲刺阶段，要坚持对工作不力的责任单位实行严厉的责任追究。创建指导部门和督查部门要不分昼夜明察暗访，对创建工作实行“日报周点评”制度，加大对工作落后单位的点评和处罚力度。同时，城管执法人员要文明执法、文明管理，用文明手段创建文明城市，严防出现不应有的偏差。

市委、市政府对于此次国家统计局城调队测评得分低于70的县（市）区和责任单位，将暂停发放文明奖；在规定时间内整改仍不达标的，停发文明奖；严重影响创建文明城市工作的，取消文明奖，直至撤销文明单位称号；得分低于60的单位，要建立每日晚例会制度，逐项落实工作措施，切实解决存在的问题。市人大、市政协将在全市范围内开展创建专项工作视察、调研。组织部门将定期派出考察组，对部门单位开展创建工作情况进行考察，考察结果作为干部绩效考核的重要依据。

【纪念中国共产党成立90周年暨“七一”表彰大会】 2011年6月26日，郑州市纪念中国共产党成立90周年暨“七一”表彰大会在郑州青少年宫隆重举行。

大会对新密市、荥阳市、巩义市、金水区、管城回族区、惠济区等6个基层组织建设先进县（市）区，非公经济组织党建先进县（市）登封市，党员教育先进县（市）新郑市，农村基层民主建设先进县（市）中牟县，城市社区区域化党建先进区二七区、中原区，党员志愿者服务先进区上街区，巩义市鲁庄镇党委等500个先进基层党组织，牛志国等300名优秀共产党员和张金保等200名优秀党务工作者进行了表彰。

连维良在讲话中回顾了中国共产党90年的光辉历程，总结了郑州人民投身社会主义革命和建设事业的光辉历程以及取得的巨大成就。要求面对新形势下的严峻挑战和发展重任，必须进一步加强和改进党的建设。一是要进一步坚定理想信念。市委决定，在全市公务员队伍中开展“发扬传统、坚定信念、执政为民”主题教育实践活动。二是要进一步强化党的宗旨意识。必须坚持廉洁为民、勤政为民、务实为民、文明为民、依法为民、高效为民，坚持问政于民、问需于民、问计于民，为民服务、受民监督。三是要进一步强化党的廉政建设。每个党员干部都要筑牢拒腐防变的心理防线，筑牢保住清白的现实防线，力戒“索贿”主动腐败，力戒“受贿”“沾光”等被动腐败，始终保持清正廉洁的品行和操守。四是要进一步加强党的作风建设。每个党员干部都要牢记责任，崇尚奉献，杜绝一切懈怠；要勤政高效，消除一切迟延；要求真务实，摒弃一切形式主义。五是要进一步加强党的基层组织建设。要加强农村基层党组织建设和社区、“两新”组织、机关党建工作。六是要进一步加强党的领导干部队伍建设。全市上下要深入开展创先争优活动，着力提升党员领导干部的先进性；各级党员领导干部和广大共产党员要带头转变作风、解决问题，多为群众办实事、办好事；要继续推行公开承诺机制，重点围绕“畅通郑州”工程、平安建设、创建文明城市、重大项目建设等中心任务，保证承诺事项看得见、定得实、做得到。七是要扎扎实实做好本职工作。

连维良强调指出，面对中原经济区建设的历史性发展机遇，肩负郑州都市区建设的重大责任，关键在“做”。重做，关键在求实，根本在求效，落脚在为民。要养成“郑州作风”，提升“郑州效率”，建立选人用人的“郑州机制”，建设宜投宜业宜居宜游的“郑州环境”。要以改善民生赢得民心，以民心凝聚合力，以合力推动发展。同时，围绕以重做铸重心提出四个方面的明确要求：第一，重“做”，就要扎扎实实做好关系全局的中心工作。第二，重“做”，就要扎扎实实做好关系民生的具体工作。第三，重“做”，就要扎扎实实做好关系长远的基础工作。第四，重“做”，就要扎扎实实做好关系社会和谐、郑州形象的紧迫工作。

在郑州的副市级以上领导同志，各县（市）区、市直各部门、郑东新区、高新区、经开区、中牟产业园区、航空港区、国际物流园区、火车站地区管委会党政主要负责人，市管国有企业、市属高校、市属中学、驻郑单位负责人，受表彰的部门代表和优秀共产党员、优秀党务工作者约1000人参加大会。

【全市上半年经济形势分析会】 2011年7月13日上午，市委书记连维良主持召开全市上半年经济形势分析会，重点听取市直有关职能部门上半年各项经济指标完成情况汇报，研究下半年经济工作。

连维良指出，上半年全市经济运行总体保持了平稳较快增长的态势，质量效益稳步提高。下半年要围绕提速度、破瓶颈、转方式、重质量，全力做好各项工作。

一要提速度。各级党委政府、市直各部门要创新工作机制，提升工作效率，促进各项工作提质提速。要建立定期深入了解影响企业发展问题的长效机制，及时发现企业在发展中需要地方党委、政府协调解决的困难和问题，积极主动搞好服务，争取一批项目早日开工、生产企业负荷运行，推动全市经济持续提速发展。

二要破瓶颈。切实破解土地瓶颈，充分利用好有限的用地指标，重点做好土地增减挂钩和土地性质存量调整工作。切实破解房地产业发展瓶颈，增加住宅用地供应，优化住宅用地结构，加快推进保障房建设。各县（市）区要承诺确保列入2011年建设计划的保障房项目，在8月底前全部开工建设。对8月份没有开工的，要建立日例会制度，进一步提高工作推进效率。切实破解资金瓶颈，通过BT（建设—移交）模式，债券、信托等融资模式拓宽融资渠道，解决投融资问题。

三要转方式。切实做好违法煤矿安全生产综合治理，按时、保质、保量完成煤炭企业兼并重组工作任务；切实排查安全生产隐患，主动消除安全隐患，对违法违规生产问题要做到一事一报，发现解决不了的问题要及时上报市委、市政府主要领导。做好市容市貌、路容路貌、村容村貌综合整治，不断提升城乡管理工作规范化、精细化水平。全面建立信访预警制度、安全隐患预警制度、重点工作和重点工程推进缓慢报告制度，全面提升党政机关工作效率和社会管理水平。

四要重质量。要以“三具两基一抓手”“两转两提”为指导，切实做到规划、建设、管理、服务、政务工作上档次，提升工作质量和发展质量。采取得力措施，提升市直部门反映问题、解决问题的能力和水平。在全市持续开展“弘扬社会公德、劝阻违法行为”活动，切实加强违章建设、食品安全、药品安全监管及黑网吧治理工作。要突出重点，统筹兼顾，突出民生，标本兼治，下力气搞好城乡接合部专项治理、城中村综合治理，构建和谐社会，提升郑州形象。

【全市创新社会管理工作汇报会】 2011年7月18日，市委、市政府召开全市创新社会管理工作汇报会，听取了全市上下认真贯彻落实中共中央政治局常委、中央政法委书记周永康6月13日至14日在新郑调研时的重要讲话精神，贯彻落实省委书记卢展工在调研座谈会上的讲话精神，从安全生产、食品安全、保障房建设、基础教育、养老等十个重点领域入手，逐一分解责任，落实工作举措，积极推进社会管理创新，不断提高社会管理水平的情况汇报，并研究部署全面加强和创新社会管理工作。

市委书记连维良在会上强调，必须按照中央和省委有关指示精神，紧密结合郑州市经济社会发展实际，从五个方面寻求突破，解决突出问题。

一是落实要有深度，要具体。要把中央政法委书记周永康在新郑调研时提出的五项具体要求、省委书记卢展工关于提升和完善“六大员”工作机制的要求，落实到创新社会管理的每个环节、每个领域；要充分研究、及时总结、大力推广郑州市创新社会管理的新经验、新做法，尽快完善并下发郑州市《关于加强和创新社会管理全面推进社会建设的实施意见》，增强意见的指导性、针对性和操作性。

二是落实要有重点，要细化。切实把中央和省委关于社会管理工作的新要求、中央政法委明确的43项社会管理创新项目作为工作重点，细化工作内容，逐项分解目标，明确工作重点，努力实现学校服务与管理、城乡公共服务均等化、社会防范机制、矛盾排查机制、非公有制经济服务与管理等方面的新突破。

三是落实要有特色，要管用。要突出地方特色，重点针对安全生产、食品安全等十个领域，解决实际问题，解决突出问题。一要把帮扶联系社区、加强社区建设作为郑州特色来抓，加强城乡社区党组织、社区服务中心和社区居委会建设，全面开展星级社区创建活动。二要定期轮换巡查对象和巡查人员，坚决查处违法建设。三要抓紧落实和完善“六大员”制度，使之充分发挥作用。四要创新工程质量监管机制，全面整治行政执法不作为、慢作为、乱作为行为。五要加强社会治安防控体系建设，实现技防全覆盖和技防网络一体化。六要抓紧出台促进养老事业和养老产业发展的政策，切实加强对民办养老机构的服务与监管，完善市直部门联系养老机构机制。七要针对市第三季度市民座谈会网民提出的问题，抓紧时间分解任务、落实办理。八要抓紧落实好已经承诺事项，切实做好优质教育资源倍增工程、优质医疗资源倍增工程、保障性住房建设和“菜篮子”工程等民生事项。九要建立组织大型活动的安全稳定保障机制，全面落实安全责任。十要建立市容市貌及安全稳定每日巡查制度，全天候发现问题，快速解决问题。

四是落实要有试点，要创新。要尽快确定一批社会管理创新试点单位，推广一批创新社会管理工作的先进典型，以点带面，分步推进，全面提升全市社会管理科学化水平。

五是落实要有制度，要长效。要坚持每周召开一次创新社会管理重点工作协调推进会，每月召开一次工作汇报会，建立长效工作机制，全面推进全市社会管理创新。

会议决定，全市将举办创新社会管理研讨班，对领导干部实施集中培训。会议还研究确定了实施市容市貌及安全稳定每日巡查制度的具体办法。

【全市经济形势讲评会暨市委市政府工作会议】 2011年7月30日，全市经济形势讲评会暨市委市政府工作会议召开，传达学习贯彻省委书记卢展工在省委常委会听取上半年经济形势汇报时的重要讲话精神、省长郭庚茂在全省经济运行工作电视电话会议上的重要讲话精神，对郑州市上半年的工作进行系统总结，对下半年的工作进行安排部署。会议分析了当前经济工作中存在的突出问题和应对策略，研究了如何进一步加强和改进下半年经济工作的主要措施，要求要牢固树立务实重做的理念，坚持务实重做的作风，掌握务实重做的方法，以清醒、转变、运作求持续促跨越，确保完成全年各项目标任务，努力实现"十二五"良好开局。

代市长吴天君指出，既要充分肯定成绩，坚定完成全年任务的信心和决心，又必须保持清醒认识，切实增强加快发展的责任感和紧迫感。要认真解决经济运行中存在的困难和问题，切实增强城市建设和产业发展中的群众观念，进一步提高招商引资和项目的站位、标准，努力转变城市规划建设和管理的理念，不断加强社会管理的基层基础工作，下大力气解决影响社会稳定的突出问题，优化环境，加快发展。要以郑州都市区建设统揽全局，提高站位，突出重点，扎实做好下半年各项工作。

市委书记连维良指出，要充分认识到经济运行中存在的主要指标增速同比有所回落、服务业发展明显滞后、各县（市）区和开发区发展不平衡等问题，紧紧抓住中原经济区建设、产业转移、中央加快水利设施建设、新型城镇化、现代畜牧业发展、房地产市场发展，以及省决定近期筹措资金深入推进"八策并举"的重大机遇，全面推进各项工作。

连维良强调，要破瓶颈，千方百计破解严重制约经济社会发展的各类因素。切实破解土地、住房供需结构和资金瓶颈，全面化解和清除各种不利因素。要提速度，以抓好项目落地、招商引资、财政增收求持续提速，以突破薄弱环节、体制机制创新求持续提速，及时发现和解决项目推进、企业发展中遇到的困难和问题，主动而为，搞好服务。要抓统筹，全力做好关系全局的中心工作、关系民生的具体工作、关系长远的基础工作和关系社会和谐、郑州形象的紧迫工作。一要抓好民生实事的落实工作；二要高度重视和做好城中村改造、合村并城工作；三要高度重视和做好秋季新生入学工作；四要高度重视和做好防汛工作；五要高度重视和做好安全生产工作；六要高度重视工程质量问题，迅速无遗漏落实工程质量公示牌制度；七要高度重视和做好信访稳定工作；八要高度重视和做好媒体网络工作；九要坚决抓好食品药品安全，各级要迅速成立食品安全办公室，选派优秀干部从事监管工作；十要硬起手腕抓黑网吧治理。

要上档次，进一步提升各项工作标准，体现示范带动。正在全力推进的郑州都市区，要按照现代化大都市的标准，运用现代规划理念，建成"三化"协调科学发展的先行区。第一，城市规划必须上档次，要加快编制郑州都市区总体规划，完善城市管理专业规划，更加注重城市设计；第二，城市建设必须上档次，要严格工程质量控制，做到文明施工，减少占道和污染；第三，城市管理必须上档次，着力解决影响市容市貌的突出问题，用科学机制完善市政设施，增强公共产品供给能力；第四，园林绿化必须上档次，要开展园林绿化专项综合整治，进一步理顺园林绿化建设管理体制，落实绿色图章制度，实施精细化管养；第五，政务服务必须上档次，要坚持和完善向市委、市政府反映问题的机制；第六，工作方法必须上档次，创新工作方法，切实维护群众合法权益。

连维良指出，全市上下要着力营造干事创业的良好氛围，围绕道德建设、诚信建设、法制建设、文明建设等方面，下大气力抓好文明城市创建工作，通过专项社会教育活动，营造良好的社会导向，全面提升城市形象。全市上下下半年要着力做好六个方面的工作：一是开展重点项目观摩活动；二是建立重点工作专题述职报告制度；三是对重点工作组织开展评优评差；四是通过干部平时考察推动工作；五是建立落后指标和落后工作月通报制度和部门负责人或主管市领导陈述制度；六要注重经济运行讲评工作。

会议对谢保军等10位全市优秀民营企业家、登封市嵩基（集团）有限公司等20家全市优秀民营企业和河南新天科技股份有限公司等20家全市高成长型民营企业进行了表彰。

【全市领导干部会议】 2011年8月4日，郑州市召开全市领导干部会议，传达学习省委书记、省人大常委会主任卢展工在郑州调研时的重要讲话精神，并研究部署具体的落实措施。会议要求，要在加快新型城镇化、提升郑州都市区建设管理水平、推进重点项目建设、加快畅通郑州建设、努力实现发展为民等五个方面抓落实、求突破，持续推进全市经济社会跨越式发展。

市委书记连维良对郑州下一步发展提出了更加明确的指导意见和更新更高的要求，为郑州市下一步的工作理清了思路、明确了重点、指明了方向和路径，对加快郑州都市区建设具有很强的指导意义。

围绕如何贯彻落实卢展工书记调研时的重要讲话精神，连维良指出，要紧密结合全市实际，重点围绕五个方面的工作抓落实、求突破。

（一）在新型城镇化上郑州要着力先行。要持续探索走一条不以牺牲农业和粮食、生态和环境为代价的，以新型城镇化为引领的“三化”协调科学发展的路子；加快城中村改造步伐和城郊村合村并城、新型农村社区建设步伐。

（二）在都市区建设上郑州要着力提升。第一，要提升理念。要以更新的理念、更高的标准，加快推进区划调整工作，统筹考虑各个城市组团的功能定位。第二，要提升城市规划建设档次。坚持概念性规划、区域性详规和局部城市设计“三规”并行，加快郑州新区的城市设计，确保城市建设有特色、有品位、整体协调、富有文化和现代气息；建立都市区建设规划的联审联批日例会制度和规划联合选址制度。第三，要提升规划建设水平。坚持用全域的、前瞻的、统筹的、复合的理念指导和推进都市区建设。

（三）在重点项目建设上郑州要着力统筹。要努力破解重点项目建设中的土地和资金瓶颈，重点做好三个方面的工作：第一，要做好重点项目产业链的统筹。第二，要做好重点项目和配套产业周边环境的统筹。第三，要做好重点项目和农村拆迁、农民就业增收的统筹。

（四）在推进畅通交通建设上郑州要着力持续。按照卢展工书记指出的“畅通郑州”应包括两个概念，一是郑州作为中原都市核心区，要增强立足于为全局为周边服务的意识。二是要有综合措施，为解决市区拥堵服务。全市要持续提升管理水平，加大设施建设；持续倡导全民参与，以开展文明志愿者活动为载体，发动文明出行，绿色出行；持续发挥媒体和网络作用，营造浓厚的社会氛围。

（五）在各项工作推进中郑州要着力为民。要始终坚持执政为民、重在为民的执政理念。一是统筹为民，从满足群众各种需求出发，统筹各项事业发展，提高公共服务能力。二是持续为民，做好就业创业、社会保障、社区服务、保障性住房、稳定物价等工作，持续改善群众生活。三是提升为民，提升为民的能力和水平。

【九届市委第二十二次全体（扩大）会议】 2011年8月27日，中共郑州市第九届委员会第二十二次全体（扩大）会议召开。会议审议通过了中共郑州市第十次代表大会议程（草案），九届市委工作报告(讨论稿)，市纪委工作报告（讨论稿），中原经济区郑州都市区建设纲要（草案），十届市委委员、候补委员和市纪委委员候选人预备人选建议名单及中共郑州市第十次代表大会主席团成员建议名单，圈选确定了郑州市出席中共河南省第九次代表大会代表候选人预备人选。会议决定，中共郑州市第十次代表大会将于8月29日开幕。

连维良指出，市十次党代会是郑州市在全面落实科学发展观、加快推进郑州都市区建设关键阶段召开的一次重要会议，对加强市委领导班子建设和全市各级党组织建设、建设郑州都市区、打造中原经济区核心增长区有着重大意义和深远影响。他要求，一要充分认识开好市十次党代会的重要意义，站在讲政治的高度，切实把思想认识统一到确保市十次党代会胜利召开上来；二要明确党代会的主要任务，并围绕主要任务，团结带领全市各级党组织、广大党员干部和人民群众为加快建设郑州都市区、打造中原经济区核心增长区而努力奋斗；三要切实加强对大会的领导，严格遵守大会各项规定，切实加强组织纪律，努力为大会的顺利召开创造良好的社会舆论氛围。

就如何持续做好全市的各项重点工作，连维良从七个方面提出具体要求：一是持续抓好破瓶颈、提速度的各项工作，把解决项目用地、资金短缺问题作为关系发展全局的大事来抓；二是持续深化都市区建设的各项工作，尽快拿到一部分能启动的项目和土地，抓紧时间做好起步区的城市设计，积极谋划市域快速通道建设，抓好市域生态廊道建设；三是持续提速新型城镇化建设的各项工作，加强领导，搞好规划，优化路网，政策引导，走出一条符合郑州实际的新型农村社区建设新路子；四是持续加强重大项目谋划和建设工作，抓好项目进上级规划工作，明确抓项目建设的主体责任；五是持续落实民生实事办理的各项工作，重点围绕进展缓慢的民生项目把工作目标定细，把推进措施做实；六是持续攻坚文明城市创建工作，建立每日评差机制，狠抓交通环境治理，优化城乡交通环境；七是持续做好保持社会安全稳定的各项工作，着力研究化解各种社会风险的对策措施。

【中国共产党郑州市第十次代表大会开幕式】 2011年8月29日上午，中国共产党郑州市第十次代表大会在市青少年宫隆重开幕。大会的主题是：高举中国特色社会主义伟大旗帜，以邓小平理论和“三个代表”重要思想为指导，深入贯彻落实科学发展观，全面总结市九次党代会以来的工作，确定今后5年乃至未来10年的主要任务，团结带领全市各级党组织、广大党员和人民群众，为加快建设郑州都市区、打造中原经济区核心增长区而努力奋斗。市委书记连维良代表中共郑州市第九届委员会向大会作了《全面提高党的建设科学化水平，为加快建设郑州都市区、打造中原经济区核心增长区而努力奋斗》的报告。

连维良在报告中强调，中原经济区上升为国家战略，是河南发展的重大机遇。郑州作为省会城市，必须全力加快郑州都市区建设，率先走出一条以新型城镇化为引领的“三化”协调科学发展之路。要加强与中原城市群各城市的合作，加快推进郑汴一体化进程，实现互动互补发展。要把握“一区两城”的战略定位，着力打造中原经济区核心增长区、建设全国重要的区域性中心城市和最佳人居环境城市。要构筑“两核六城十组团”的发展格局，以中心城区和郑州新区为核心，以周边卫星城六个新城和城市区十个组团为支撑，以新型农村社区为基础，实现新型城镇化先行突破。要坚持组团发展、产城互动的发展理念，以便捷的交通为纽带，统筹规划建设城乡一体的大郑州都市区。要高标准谋划和推进综合交通、现代产业、生态环境、基础设施和能源资源等支撑体系建设，更好地发挥省会城市的辐射带动作用。要调动各级各部门和社会各界的积极性，形成推动郑州都市区建设的强大合力。

连维良在报告中着重阐述了全面推进郑州都市区建设的十个方面的工作重点和举措。

（一）着力促进产业升级，大幅度提升城市综合竞争力。着力推进高成长性产业、高成长性区域、高成长性企业优先发展，大力实施工业强市、服务业优先、都市农业提升的产业优化升级战略。加强科技人才队伍建设，健全科技成果转化体系和机制，形成一批拥有自主知识产权的创新成果。

（二）着力推进组团发展，全面加快新型城镇化进程。要按照“两核六城十组团”的格局，坚持规划先行，加快郑州新区建设、中心城区保护改造提升、周边卫星城新城建设和城镇融城发展、宜居城市组团建设、产业集聚区建设，以及城郊村合村并城和新型农村社区建设。要强化综合交通通信枢纽体系建设，牢固树立建管并重的城市发展理念，加强城市精细化管理，提升城市综合保障能力。

（三）着力承接产业转移，更加积极地推进对外开放。必须更加积极地实施开放带动主战略，把承接产业转移与调整结构、培育集群、构建现代产业体系相结合，大招商、招大商。坚持“走出去”战略，积极参与国际市场合作竞争，加快培育外向型优势企业和国际知名品牌。

（四）着力增强文化软实力，促进文化大发展大繁荣。要坚持社会主义先进文化前进方向，发挥中原文化独特优势，使郑州成为传承华夏文明的重要核心区。要扎实推进社会主义核心价值体系建设，大力弘扬郑州城市精神和“三平”精神，大力彰显“八种”河南人形象，不断完善城乡公共文化服务体系，积极创建国家公共文化服务示范区，提高全社会的文明程度。

（五）着力保障和改善民生，全面推进幸福郑州建设。必须持续办好民生实事，强力推进重大民生工程建设，让郑州成为民生优先的幸福郑州。要大力发展养老事业，加大对革命老区和贫困村的扶持力度，深化收入分配制度改革，不断提高人民群众生活水平。

（六）着力推进社会管理创新，巩固社会和谐稳定基础。要建立健全党委领导、政府负责、社会协同、公众参与的社会管理格局；加强党委、政府主导的维护群众权益机制建设，强化基层基础建设，全面提升社区建设和服务水平；加强和完善对非公有制经济组织和社会组织的管理服务；加强网络建设和规范管理，大力推进平安郑州建设。

（七）着力推进体制机制创新，增强经济社会发展活力。要大力推进国有企业改革和发展，毫不动摇地支持非公有制经济发展；深化投融资体制改革，以政府投资激活和带动社会投资；加快公益性事业发展，稳妥推进事业单位改革，增强政府提供公共服务能力范围；深化产权制度、土地流转、户籍管理等综合配套改革，加快资源要素优化配置和合理流转。

（八）着力提高发展质量，实现可持续健康发展。要坚持节约发展、清洁发展、安全发展，依法严厉打击一切违法违规生产和经营行为，确保让人民群众喝上干净水，吃上放心食品，呼吸到新鲜空气，享受到安全保障。

（九）着力优化发展环境，增强区域发展新优势。要围绕打造“最佳投资环境、最佳就业创业环境、最佳人居环境、最佳旅游环境”城市，加强服务型政府建设，提高政务服务质量和效率；加快推进诚信郑州建设，提高公信力；加快生态环境工程和城市水系建设，把郑州建设成为生态城市。

（十）着力推进民主政治建设，维护社会公平正义。要坚持和完善人民代表大会制度，坚持和完善共产党领导的多党合作和政治协商制度，巩固和发展新时期最广泛的爱国统一战线；扩大基层民主和政务公开。深入推进依法治市，不断增强全社会的法治意识；加强和改进党对工会、共青团、妇联等群团组织的领导，深入开展双拥共建活动。

连维良强调，完成今后5年的工作任务，关键在于加强党的领导，不断提高党的建设科学化水平。要把党的政治优势和组织优势转化为推动郑州都市区建设的强大动力。一要坚持学习型党组织建设，提高党员干部思想政治水平。二要坚持全覆盖、新跃升，加强党的基层组织建设。三要坚持正确的用人导向，加强领导班子和干部队伍建设。四要坚持健全工作机制，加强党的作风建设。五要坚持完善惩防体系，加强反腐倡廉建设。

大会以书面形式印发了市纪委工作报告和市委组织、宣传、统战、政法工作报告，以及中原经济区郑州都市区建设纲要（草案），提请各代表团讨论审议。会议还印发了《郑州未来发展需着力研究的若干建设布局和重大项目问题》《幸福郑州建设应当着力研究解决的民生问题》等参阅材料。

【中国共产党郑州市第十次代表大会闭幕式】 历时4天的中国共产党郑州市第十次代表大会在圆满完成各项任务后，于2011年9月1日在郑州市青少年宫胜利闭幕。会议应到代表493人，实到477 人，符合规定人数。会议以举手表决的方式，通过了《关于中共郑州市第九届委员会工作报告的决议》《关于中共郑州市纪律检查委员会工作报告的决议》《关于〈中原经济区郑州都市区建设纲要（2011-2020年）〉的决议》。

大会认为，九届市委工作报告全面总结了九届市委的工作，分析了存在问题、经验体会和发展形势，明确提出了今后5年工作的指导思想、目标任务，主题鲜明，目标明确，重点突出，振奋人心，符合中央、省委精神和郑州实际，反映了时代要求和全市人民的意愿，是指导郑州今后一个时期经济社会发展的纲领性文件，大会同意报告对今后5年主要工作任务的部署。大会强调，要把思想统一到中央对党的建设形势的判断上来，落实党要管党、从严治党的政治责任，全面加强党的思想建设、组织建设、制度建设、作风建设和反腐倡廉建设，努力建设一支“爱党、爱国、爱民”和“奉公、奉献、奉法”的党员干部队伍，充分发挥党员领导干部的示范表率作用和共产党员的先锋模范作用。

大会充分肯定市第九次党代会以来中共郑州市纪律检查委员会的工作，并要求全市各级纪律检查委员会要坚持标本兼治、综合治理、惩防并举、注重预防的反腐倡廉战略方针，健全完善惩治和预防腐败体系，坚持“突出站位全局、突出执纪为民、突出统筹推进、突出改革创新、突出项目带动、突出绩效求实”的工作思路，扎实推进“八个为重”，为全市改革发展稳定大局服务。大会强调，各级党委要严格按照中央和省委关于反腐倡廉建设的决策部署，继续加强对纪律检查工作的领导，坚定不移地落实好反腐倡廉建设的各项任务，不断把党风廉政建设和反腐败斗争引向深入。

大会认为，建设郑州都市区是市委、市政府贯彻落实科学发展观、加快转变发展方式的重大实践，是贯彻落实中原经济区发展战略的重大举措。《中原经济区郑州都市区建设纲要（2011-2020年）》明确提出了郑州都市区建设的总体思路、战略定位和战略目标，符合郑州实际和发展要求。

大会完成各项议程后，市委书记连维良发表重要讲话。他强调，唯有持之以恒抓好落实，方能持续成就发展大业。全市各级领导干部抓落实，需要责任心、工作激情和明确的目标任务，同时也十分需要方法。一要用抓具体的方法抓落实。各级领导干部都要成为抓具体的行家里手，善于运用日询问、周报、日例会、周例会等已被实践证明的好办法抓具体。二要用创新的机制抓落实。要进行制度创新和机制再造，围绕非常态工作，发挥好常态机构的作用，建立必要的非常态机构，以适应阶段性重点工作要求。三要用正确的导向抓落实。强化以抓落实的绩效为基础、以优先条件为重要依据的干部选拔任用办法，格外关注长期在艰苦地区、克难攻坚一线和长期加班加点岗位上工作的同志。要围绕抓落实的业绩来设计优先条件，防止低标准设计和弄虚作假申报。四要用团结协作的合力抓落实。所有干部都应强化大局意识，以积极的态度、合拍的行动抓落实。五要用抓不落实的策略抓落实。对有原则不坚持、有规定不照办、人民有期望却不认真做、职责有要求却不认真履职的责任人，要严厉问责。六要用低成本的举措抓落实。尽量少开会议、少开大会，多合开会议；尽量少搞活动、少搞形式，注重实效。七要用从我做起的示范作用抓落实。从每位公务员做起，尤其从领导干部做起，以领导干部的表率作用促落实。

大会在雄壮的《国际歌》声中胜利闭幕。

【中国共产党郑州市第十届委员会第一次全体会议】 中国共产党郑州市第十届委员会第一次全体会议于2011年9月1日举行。会议选举产生了新一届市委领导班子。

连维良受中国共产党郑州市第十次代表大会主席团的委托主持会议。第十届市委委员、候补委员出席会议。会议应到市委委员62

名，实到61名，符合规定人数。按照选举办法规定，委员们差额选举出了14名十届市委常务委员会委员，等额选举出了市委书记、副书记。

新当选的十届市委常委是：连维良、吴天君、李柳身、王璋、胡荃、舒庆、赵瑞东、高建慧、孙金献、刘贵新、王哲、薛云伟、王跃华、黄保卫。连维良当选为市委书记。吴天君、李柳身当选为市委副书记。

选举结束后，会议通过了中国共产党郑州市纪律检查委员会第一次全体会议选举结果的报告，新当选的市纪委委员列席会议。

新当选的市委书记连维良发表了重要讲话。他指出，新当选的市委领导班子必须担当重任，科学执政、民主执政、依法执政，团结和带领全市各级党组织、广大党员和干部群众，解放思想，与时俱进，真抓实干，为郑州经济社会跨越式发展作出积极贡献。

第一，要以示范为纲做好表率。每一位市委委员特别是常委都要在五个方面为全市党员干部树立表率：一要做勤奋学习的表率，二要做务实重干的表率，三要做公道用人的表率，四要做勤政廉政的表率，五要做团结协作的表率。

第二，要以效率为先优化环境。首先，要改进决策机制，做到决策要快。其次，要改进协调机制，做到协调要快。最后，要改进执行机制，做到执行要快。

第三，要以提速为要持续跨越。要以招商引资求提速，以多上项目求提速，以落实建设用地求提速，以推进新型城镇化、加快组团建设求提速，以持续创新求提速，以奋发有为的精神状态求提速。

第四，要以提升为重转型发展。要把提升作为贯穿今后工作的一条主线，以提升求突破、促跨越、促转型。要提升发展理念，找准郑州都市区建设的科学路径；要提升城市品位，推进城市精细化管理；要提升工作标准，让各项工作向更高水平看齐，向更高目标迈进；要提升市民素质，提升全社会的文明程度。

第五，要以服务为基凝聚合力。要强化为基层服务的理念，各级领导干部特别是市委委员要经常深入基层；要强化为群众服务的理念，解决好人民群众最关心、最直接、最现实的利益问题；要强化为全省服务的理念，积极主动为全省工作大局服务。

第六，要以民生为本，执政为民。每位常委和委员以及全市党员干部都要强化责任意识，把“为民”作为重大历史使命，下大气力解决群众反映强烈的突出问题。

【中共郑州十届市委第一次常委（扩大）会议】 2011年9月1日下午，市委书记连维良主持召开中共郑州十届市委第一次常委（扩大）会议。会议明确了新一届市委常委会组成人员分工，并对常委会工作提出新的要求。

连维良要求新一届市委常委会成员要按照市十次党代会明确的目标任务，全力做好本职工作，加快推进郑州都市区建设。一要注意当好表率。要做勤奋学习、务实重干、公道用人、勤政廉政的表率。二要注意高效决策。市党政班子组成人员要主动成为科学决策、高效决策的典范。三要注意及时协调。党政班子的每位领导都要带头落实好见请即办、立即开会、日夜不辍的协调机制，让立即召开协调会成为常态方法，让项目推进周例会、政务日例会成为常态机制。四要注意快速执行。要善于运用递交承诺书、评优评差、经常性暗访、联系基层、问责、重点工作专题述职等方法抓落实，切实提高执行效率。五要注意督办和反馈。要建立完善的长效机制，强化工作纪律约束，善于运用日询问、周询问和日报、周报的方式督查督办，带动养成及时落实、及时反馈、多次反馈的良好工作习惯。六要注意协作配合。每位同志要切实维护好班子的团结，通过合作协作、反复协调，维护良好的工作秩序，合心、合力、合拍推进发展。七要注意加强与省直等上级部门的沟通，保持良好的工作关系。八要经常深入基层。把乘坐公交车作为硬任务，经常到分包联系点、基层、企业和项目，经常走访困难群众，帮助解决实际问题，巩固党的执政基础。

连维良强调，一是第一时间到现场。领导干部要确保在第一时间掌握民众的诉求和心声，发现矛盾的问题，并用具体的行动妥善解决处理好问题。二是不能缺席省委、省政府召开的各种会议，参加不了必须报告。三是不得违反党纪、政纪和市委、市政府的各项规定。

会议还对维护信访稳定、创建文明城市、破解土地制约瓶颈、确保安全生产等重点工作进行了研究部署。

【全市安全生产工作紧急会议】 2011年9月14日，市委、市政府召开安全生产工作紧急会议，传达贯彻省委书记卢展工在省防汛抗旱指挥部调研时的重要讲话精神，安排部署安全生产、食品安全、社会治安、信访稳定、市场监管等工作。会议要求，全市各级各部门要迅速行动和部署，扎实做好全市防汛和安全生产的各项工作。

9月13日省委书记卢展工在省防汛抗旱指挥部调研时，就做好防汛工作提出明确要求：高度警惕、密切关注，科学应对、有所作为，确保民生、确保民安。

市委书记连维良就贯彻卢展工书记的讲话精神，做好全市的防汛工作和当前的各项安全生产工作进行了安排部署。一要切实加强各种隐患的排查，落实责任，完善预案，明确重点，各负其责，及时治理。对所有山区的危旧窑洞、所有的危房、水库、工地基坑、可能塌方或引发泥石流的区域都要立即进行全面排查。二要切实加强社会治安综合治理工作。全面构筑人防、物防、技防三位一体的防控体系，提升市民幸福指数。要尽快完善技防措施，加强社区治安建设，认真落实巡防制度，防止刑事案件发生。三要切实加强对特殊人群的管理。重点加强对精神病患者等高危人群的监控，及时提供必要的医疗服务。四要高度重视信访稳定工作。认真落实“不允许发现不了问题、不允许发现问题解决不了又不报告”工作制度，遇到重大不稳定问题，领导要在第一时间签批、第一时间到现场、第一时间研究解决并处理到位。五要高度重视社会用工的规范管理工作。强化政府监管，加强道德、法制、制度建设，加强对社会用工的管理，加大日常巡视力度，切实维护务工人员的合法权益。六要严厉打击“地沟油”的生产和销售。持续开展集中整治行动，切实加强对“地沟油”全环节的监管，尽快建设餐厨垃圾集中无害化处理设施。加强行业管理和监管，建立有奖举报制度，加大责任追究力度。七要切实加强对工程质量的监管。全方位对建筑行业进行监管，大力整顿规范建筑材料市场，积极推进安全生产长效机制建设。

就如何进一步强化工作责任，确保各项措施落到实处，连维良强调，要始终把安全生产摆上科学发展的首要位置，认真落实好五项制度：一是认真落实领导责任制，二是落实即时报告制度，三是第一时间到现场，四是认真关注和接受媒体网络监督，五是建立严格的问责制度。

代市长吴天君指出，要强化政府职能，抓好工作落实。一要举一反三，深挖根源，切实增强履行政府职责的责任感、紧迫感。认真解决“思想认识不到位、基层基础不牢、体制机制不健全、工作作风不扎实”等方面问题。二要着眼基层基础，健全体制机制，切实提高履行政府职责的能力和水平。要以郑州都市区建设为载体统揽工作全局，突出经济调节、市场监管、社会管理、公共服务职能。要建立健全完善体制机制，坚持抓基层、打基础、项目推进发展的工作理念，认真排查、整改隐患和基层基础存在的问题。切实转变工作作风，始终坚持求实求效，深入基层和实际，抓具体、具体抓。始终坚持实干为先，敢于承担责任。三要突出重点，狠抓落实，确保社会大局稳定有序。要切实抓好食品药品安全、社会治安、安全生产、城市建设与管理、信访稳定等工作，切实履行职责，解决突出问题，推动各项工作上台阶。

【全市加强和提升城市管理工作专题会议】 2011年9月22日，郑州市召开加强和提升城市管理工作专题会议。听取了各县（市）区、部分市直部门关于加强城市管理工作的情况汇报、对城市管理工作意见和建议，分析了当前城市管理中存在的突出问题，深入研究了加强和提升城市管理工作的政策措施。

会议强调，要进一步提高认识，明确重点，创新举措，完善机制，全面提高全市城市管理的精细化、专业化、规范化、科学化水平。会议决定，尽快修订下发《市委市政府关于全面加强和提升省会郑州城市管理工作的若干意见》，从即日起在全市集中组织开展为期4个月的城市管理专项整治活动，持续实施城市管理综合提升工程。

市委书记连维良在讲话中指出，提升城市管理水平，必须抓重点、抓关键，着眼于硬件和软件同步建设，着力于设施与环境同步跃升。从硬件方面讲，要重点抓好市区停车场、支线路网、公共绿地、亮化工程、“两店”进社区、技防全覆盖和技防网络一体化建设；从软件方面讲，要全面抓好小广告和户外广告、路面维修、占道经营、通往社区和单位的门户小道、窨井盖、空中线缆、河渠水系排污口、河道水系景观设施、书报亭电话亭候车亭阅报栏、收废拾荒人员等十个方面的专项治理工作。

连维良强调，解决城市管理难题，要创新工作方法，促进城市管理水平持续提升。一要全面建立“早修早养、小修小养、勤修勤养、精修精养”的城市基础设施养护维修工作机制，做到“勤小修、免大修、不断行”。二要向市属全供事业单位有选择地落实城市管理责任，明确业绩考核样本点，进一步凝聚城市管理合力。三要合理确定政府购买服务项目，探索向自收自支事业单位购买服务方式，增强城市管理和养护力量。四要积极同企业单位开展共建活动，保护和引导企业参与城市管理各项事业发展的积极性。五要加快生态污水处理场建设，同时继续严格落实污水有偿排放和治理制度。六要规范垃圾回收队伍管理，建立郊区垃圾分拣站，实现对垃圾回收人员的统一规范管理。七要坚持开展最差门店评比活动，将其与创建文明城市、环境综合整治相结合，推动市容环境再上新台阶。八要建立完善志愿服务支持、招募、培训、激励机制，广泛组织文明城管、文明交通志愿者参与城市管理。九要设立绩效考核样本点、文明城市创建申报点和卫生城市创建复检点，明确目标责任，促进工作改进。

连维良指出，全面加强和提升城市管理水平，关键是措施要得力。一要建立起针对城市管理工作干部的专业考核评价和干部激励机制，充分调动城市管理干部工作积极性。二要运用评优评差机制，解决好城市管理的效能问题。三要建立严管重罚、与日加重的城市管理机制，解决好违法现象屡屡反弹的问题。四要增加党政班子力量，解决好城管领导力量薄弱的问题。五要建立巡查长效机制，解决好如何提升城市管理水平的问题。六要大力引进城市管理专业人才，解决好城市管理专业队伍的建设问题。

代市长吴天君对城市管理整治提升活动进行了动员部署。他指出，一要统一思想，提高站位，充分认识加强城市管理的重要性和必要性。要从改善民生、提高地方政府管治能力和行政水平、提升城市文明程度的角度看待和认识城市管理，用3年时间完成郑州市城市管理整治提升工作任务，全面构建生态宜居、繁荣现代、畅通有序的省会城市形态。二要坚持长短结合，从群众反映强烈的热点、难点和急迫问题入手，着力打造畅通、整洁、有序的主城区形象。要科学谋划产业发展和环境建设，加快编制郑州都市区空间发展战略规划；要坚持政府主导、规划引领、交通先导、安置优先的原则，全面加快郑州都市区“两核六城十组团”建设；要充分下放城市管理权限，建立起高效有序的管理体制和运行机制。三要坚持集中整治与理顺体制、完善机制相结合，着眼基层基础，建立健全城市管理的长效机制。要理顺市直部门主管与协管的主责关系，理顺市、区两级的工作职责和工作关系，突出城市管理局在城市管理中的主导地位，强化城市区政府在城市管理中的主体地位；要建立以绩效考核奖惩为核心的大城管工作推进机制，推行网格化管理；要健全城市管理的保障机制，强化财政奖补，加大问责力度，严管重罚；要加强组织领导，健全例会制度，推动集中活动长效机制的建立，确保活动取得实效。

【前三季度经济形势分析会】 2011年10月12日，市委书记连维良主持召开前三季度经济形势分析会，听取前三季度经济运行情况汇报，安排部署当前重点工作。

连维良指出，前三季度全市主要经济指标保持了较高增速，为做好四季度经济工作和完成年度工作目标任务奠定了坚实基础。就如何做好第四季度工作，连维良强调要着力抓好九项工作。一要抢抓《国务院关于支持河南省加快建设中原经济区的指导意见》（以下简称《意见》）出台的大好机遇，强力推进项目“四进”工作，精心策划项目，争取支持资金，争取短期内在项目谋划和运作上取得明显成效。二要全力以赴抓投资，克难攻坚保增长。各地、各有关部门要努力破解资金和土地瓶颈，做好项目引进和落地工作。要充分挖掘增收潜力，做好建筑业营业税征收工作。三要加强分类指导，促进服务业提速增长。有关部门要分行业对服务业发展状况做深入调查研究，采取有力措施，加快服务业发展。四要积极顺应宏观调控政策，保持新增银行贷款规模适度增长。各有关部门和各县（市）区要进一步加强与各商业银行的沟通对接，争取金融单位更多的资金支持。五要认真研究政策，促进房地产业健康发展。要严格落实保障房建设任务，把支持房地产企业发展同加快城中村改造和合村并城工作有机结合，加快房地产业健康发展。六要抓好抢收抢种，切实做好“三农”工作。要切实做好秸秆禁烧工作，制定绩效考核和严格奖惩的具体办法，力争使秸秆利用率达到100%。要充分利用好《意见》关于支持农业发展的有关政策，积极争取农业项目，为都市农业健康发展提供有力保障。七要加强经济运行协调，重点做好“保热保电度冬”工作。有关部门要提前储备煤炭，维护管网设施，加强市政管理，确保市民冬季用电供暖不受影响。八要做好各种风险防范工作，确保经济安全健康稳定运行。当前要突出抓好金融风险防控、高成长性领域风险防范和煤矿等领域的安全生产工作。九要加强财税征管，千方百计增收节支。努力增收税收，优化支出结构，进一步增强财政保障能力。

【全市村级组织换届选举暨社区建设和帮扶工作会议】 2011年10月13日，全市村级组织换届选举暨社区建设和帮扶工作会议召开。会议传达贯彻了中央、省委和市委的有关文件精神，要求统一思想、明确任务，确保郑州市村级组织换届选举工作顺利进行，确保社区建设和帮扶工作再上新台阶。

市委书记连维良指出，村级组织换届选举是全市广大农村党员干部群众政治生活中的一件大事，更是加强基层组织建设的关键工作。要按照省委要求，落实好“坚持党的领导、坚持发展为先、坚持发扬民主、坚持依法依规、坚持突出重点、坚持优化班子”六项原则，从七个方面入手，全力做好换届选举工作。一要切实选好村级组织带头人、配强村“两委”班子。鼓励农村致富能手、复转军人、外出务工经商返乡农民、回乡大中专毕业生、大学生村干部、县乡机关和企事业单位提前离岗或退休干部职工通过法定程序积极参与村级组织换届选举。二要认真做好村“两委”班子建设的总结、反思和谋划工作。要让村“两委”的换届选举过程成为制定发展规划、明确奋斗目标、落实发展项目和措施的过程，确保农村未来3年有较大的发展。三要加强村级组织换届选举舆论引导，引导党员群众提高参与选举的主动性和自觉性，把注意力从“选什么人任职”转向“选什么人干事”上来。四要加强对换届选举工作的组织领导。充分发挥村党组织在村委会和其他村级组织换届选举中的领导核心作用，把党的领导贯穿换届选举工作的全过程。五要加强对换届选举工作的督查指导。建立健全换届选举重要问题报告、重要信息报送和情况通报等制度，深入基层指导督查，及时发现解决影响换届的问题。六要严肃换届选举的工作纪律。严肃政治纪律、组织纪律、财经纪律、工作纪律，建立县（市）区及乡镇换届选举风气监督承诺制、候选人依法依规承诺制。七要配套搞好农村社会治安综合治理、农村基层党风廉政建设专项检查、农村帮扶和集中下访工作，确保换届选举工作顺利进行。

关于社区建设与创新社区管理工作，连维良结合郑州市实际，从九个方面提出要求：一要加强社区党组织建设，要以“三有一化”（有人理事、有钱办事、有场所议事，推进城市基层党建区域化建设）为重点，广泛开展党员设岗定责、依岗承诺、创先争优、帮扶困难群众等活动，构筑社区党员联系和服务居民的网络。二要搞好社区工作站试点工作，进一步理顺社区的工作体制。三要依法加强社区居委会建设，健全社区党组织领导的充满活力的社区居民自治机制。四要切实加强社区警务室建设，把社区警务室建成公安机关联系、组织、宣传、发动群众的基地和开展群众工作的第一线。五要抓好社区服务中心建设，以社区全体居民、驻社区单位为对象，以公共服务、志愿互助服务、便民利民服务为主要内容，实现满足社区居民生产生活需求、提高社区居民生活质量的目标。六要做好“十星社区”创建工作，进一步改善社区面貌和居住环境，提高社区居民文明程度。七要积极推进社区社会组织发展，按照“统一登记、各司其职、协调配合、分级负责、依法监管”的要求，积极开展社会组织等级评估工作，对社会组织进行点对点的全程督导。八要加强社区信息化建设工作，建设集社区管理、党委政府政策信息、社会事务、便民服务为一体的社区信息服务网络，提高社区居民信息技术运用能力，推进全市社区管理电子化。九要解决好社区综合用房，确保每个新、老社区都要有足够的办公服务活动场所。

连维良指出，当前社区建设和创新社区管理要着力做好以下十项重点工作。一是搞好社区志愿者活动。二是搞好困难群众的认定和帮扶。三是通过组织开展各种活动，搞好社会公德的弘扬和传播。四是搞好社区物业和社区服务业的发展、监督和协调。五是搞好文明交通理念的教育和文明交通志愿者的组织。六是搞好违法建设的劝阻、制止和及时报告工作。七是搞好社区社会治安的群防群治，加强技防措施的全覆盖、网络化。八是切实做好与社区的上级机关、垂直单位共建工作。九是切实加强流动人口的服务与管理。十是切实加强社区特殊群体的服务和监督管理。

【郑州都市区新型城镇化重点工作推进会】 2011年11月8日，市委、市政府召开郑州都市区新型城镇化重点工作推进会，安排部署全市城中村改造、旧城改造、合村并城、新型农村社区建设及今冬明春道路、水利、林业建设等工作。会议要求，各县（市）区、市直各单位要认真贯彻落实省九次党代会精神，务实重做，以推进新型城镇化建设为切入点和突破口，全面掀起郑州都市区建设热潮。

市委常委、统战部部长王林贺及副市长张建慧、张学军分别就生态林业建设、水利建设、城中村改造、旧城改造、合村并城、新型农村社区建设，以及郑州都市区骨干路网和城市出入市口整治提升建设工作进行了安排部署；管城区、二七区、惠济区、新密市、新郑市、中牟县和登封市分别作了典型发言。

市委书记连维良指出，省九次党代会把郑州都市区建设写入了省委工作报告，标志着郑州都市区建设已经上升为省委、省政府推进中原经济区建设的战略举措，当务之急是要抓住机遇，迅速落实，善于落实。一是站位要高，认识要到位。要准确把握推进郑州都市区建设的重大意义、基本内涵和方法途径，进一步深化认识，加强对空间布局、项目支撑、机制保障等工作的深度研究。二是科学规划，规划要高水平。各县（市）区党政主要领导同志要直接参与规划的研究和制定，加强与规划设计部门的结合，既要保证规划的高水平，又要保证规划对当前建设的现实指导性，并在建设中不断完善规划。三是突出重点，抓住关键环节。要以路、水、林及其他配套基础设施建设和城中村改造、旧城改造、合村并城、新型农村社区建设为重点，同步规划、实施和推进。善于落实，重点要做好五个方面的工作：一要注重研究和运作，科学配置用地指标；二要处理好基础设施先进建设与分期建设的关系；三要积极探索多种土地储备方式；四要善于用人，组建专业性、阶段性的以专业人员、后备干部为基础的工作队伍，加强机构建设和领导力量；五要善于做好群众工作，切实保障群众利益。

代市长吴天君要求：一要统一思想，明确责任。要将思想统一到建设郑州都市区就必须走以新型城镇化为引领的“三化”协调发展的路子上来，统一到以推进新型城镇化为切入点和突破口上来，统一到充分认识其必要性、紧迫性、艰巨性上来。做好以骨干路网及城市出入市口整治提升为重点的交通道路建设工作、以生态廊道景观绿化为重点的林业生态工作、以道路沿线生态景观生态水系建设为重点的生态水利建设工作，以及以城中村改造、旧城改造、合村并城、新型农村社区建设为重点的城乡基础建设工作，抢抓机遇，积极谋划，勇于承担责任，勇挑大梁，勇走前头。二要充分利用政策、市场的作用，解决好工作推进中的资金、土地等问题。三要健全工作推进机制，对各项工作的进展情况实行综合效能监察，确保各项工作健康顺利开展。

【全市“六五”普法和依法治理工作电视电话会议】 2011年11月10日，郑州市召开“六五”普法和依法治理工作电视电话会议。会议要求，要以大力营造良好法制环境为基础，以深入开展违法行为集中治理为重点，加强执法队伍建设，提高执法人员素质，强化监督，加强领导，努力开创全市法治宣传教育和依法治理工作的新局面。

会议传达了第七次全国法制教育宣传工作会议、全省法制宣传教育和依法治理工作会议精神，全面总结了郑州市“五五”普法宣传教育和依法治理工作，通报了前三季度文明执法情况，安排部署了全市“六五”普法宣传教育和依法治理工作，并对荣获“五五”普法宣传教育和依法治理工作先进称号的单位和个人进行了表彰。

市委常委、市委政法委书记黄保卫指出，郑州市“五五”普法宣传教育和依法治理工作获得了全国先进单位等荣誉，取得显著成效。但面对经济社会发展中出现的新问题，必须开拓创新，求实求效，切实加强对“六五”法治宣传教育和执法治理工作的领导，努力把全市“六五”普法和依法治理工作规划确定的各项任务落到实处，深化法律“六进”活动，大力抓好法治郑州的建设，努力开创郑州市法治宣传教育和依法治理的新局面。

市委书记连维良指出，全面落实好“六五”普法和依法治理工作任务，首先必须大力营造良好的法制环境，筑牢依法治市的基石。要通过深入开展违法行为集中治理，在全市营造良好的法制环境。

连维良强调，加强执法队伍建设，提高执法人员素质，要重点做好八个方面的工作。一要加强对执法机构和执法人员的培训教育，切实提高执法人员的执法能力、执法素质。二要在充分论证的基础上下放执法权，做大、做强、做优执法队伍；同时，对不文明执法行为实行严格的追责机制。三要研究建立联合执法机制和协同执法机制。四要结合事业单位结构改革，加强执法队伍建设。五要狠抓执法机构的绩效考核，广泛推行对执法机构的评优评差和与执法绩效挂钩的干部政策、经济政策、机构编制政策。六要在实施法律知识培训的基础上，切实加强对执法机构和执法人员的资格管理。七要进一步规范执法机构和执法人员的执法行为，坚决杜绝不文明执法、粗暴执法和知法犯法。八要高度关注媒体网络，充分发挥媒体网络的积极作用。执法机构、执法人员要严于律己，经得起社会各界监督。

连维良强调，要坚持强化各类监督，注重监督实效，加强组织领导，确保工作落实。要充分发挥人大、政协机关和人大代表、政协委员、媒体网络、人民群众的作用，让公共权力在社会监督下高效运行。各级领导要从思想和行动上高度重视，抓住关键，研究方法措施，为普法和依法治理工作创造良好的社会氛围、经费保障、机制保障和人员保障。

【全市新型城镇化重点工作推进会】 2011年11月15日，市委副书记、代市长吴天君主持召开全市新型城镇化重点工作推进会，安排部署以城中村改造、旧城改造、合村并城、新型农村社区、产业集聚区建设等为主要内容的郑州都市区新型城镇化各项工作。会议要求，要明确当前需要重点推进的工作，加强领导，健全机制，推进郑州都市区新型城镇化健康快速发展。

吴天君指出，建设郑州都市区，打造中原经济区核心增长区，必须坚定不移地走一条不以牺牲农业和粮食、生态和环境为代价的，以新型城镇化为引领的“三化”协调发展的路子，发展以城乡统筹、城乡一体、产城互动、节约集约、生态宜居、和谐发展为基本特征的城镇化，以大中小城市、小城镇、新型农村社区协调发展、互促共进的城镇化，着力增强中心城市辐射带动作用、县域城镇承载承接作用、新型农村社区战略基点作用，努力构建城乡一体化发展新格局。全市上下必须将思想和认识统一到省九次党代会精神上来，深刻理解、正确把握新型城镇化建设的内涵和特点，早谋划、早部署、早动手，发挥主动性、积极性，确保郑州都市区建设取得良好开局。

吴天君要求，要打造好一个主体、两个载体，形成四个“合理”。一个主体，就是中心城市。要将中心城市打造成为城乡一体化、统筹城乡发展、以城带乡的主体。两个载体，就是产业集聚区和新型农村社区。要依托县城和镇区，依托原有产业布局和产业基础，规划建设产业集聚区和农民创业园，将其打造成为农民就近就业和自主创业的载体、沿海发达地区和城市产业转移的载体、城市生产要素向农村流动的载体；把各类新型农村社区打造成为实现城乡公共服务均等化的载体。在一个主体、两个载体的基础上，逐步形成合理的城镇体系、人口布局、产业布局和就业结构，最终实现全市农民的居住环境、公共服务、就业结构和消费方式城市化。要准确把握新型城镇化与城市化、新型农村社区建设与新农村建设的关系，突出新型城镇化建设从农村切入这个特点，明确新型城镇化是把大量的农民转移到新型农村社区、镇区和县城居住就业的城镇化，而不是让所有农民拥入大城市的城镇化。

吴天君强调，要明确郑州都市区新型城镇化的切入点，扎实做好当前需要重点推进的工作。一要以交通道路建设、生态廊道建设、新型社区建设、城市组团起步区建设、中心城区功能提升、产业集聚区建设等六项工作为切入点，推进郑州都市区新型城镇化建设。二要编制好规划，以县（市）区为单位编制辖区《新"三化"协调发展的空间布局规划》；围绕《新"三化"协调发展的空间布局规划》进一步修订土地利用规划；组织编制新型社区的修建性详规和建筑设计。三要尽快制定和完善相关政策。四要加快推进10条快速通道和两环十五放射等交通道路建设，城市综合管理集中整治活动，城中村和旧城改造、合村并城和新型农村社区四类社区的建设，中心城区"三横四纵"城市景观道路延伸区域的旧城改造等四项重点工作。

【全市第二次加强和创新社会管理工作推进会】 2011年11月16日，市委书记连维良主持召开郑州市第二次加强和创新社会管理工作推进会，听取全市创新社会管理工作进展和新郑市推进全国社会管理创新综合试点工作情况汇报，研究部署近期社会管理创新重点工作。

连维良指出，近期以来，全市加强和创新社会管理取得了阶段性成效。下一步，各级各部门要深入学习贯彻中央政法委书记周永康视察郑州时的重要讲话、全国创新社会管理电视电话会议和省市有关会议精神，着力民生民心，立足为民惠民，强化服务管理，抓好工作落实。

连维良强调，持续做好社会管理创新工作，要着力从六个方面抓落实、谋突破。一要在全市范围内认真总结推广新郑市"十个所有惠民生""十类人员重服务"、搭建"一办十中心"服务平台等先进经验，解决好关系人民群众切身利益的现实问题，加强对重点人群的服务和管理，积极搭建社会管理创新平台，切实体现惠民利民的要求。二要进一步探索符合实际的社会管理模式。按照中央提出的"党委领导、政府负责、社会协同、全民参与"的指导思想，明确各职能部门职责，充分发挥社会组织和志愿者的示范带动作用，健全完善社会自我管理、自我服务机制。三要在统筹城乡社会管理上取得新突破。把新型城镇化引领作为创新社会管理的重点工作，不断优化社会管理环境，努力改善城乡公共服务，通过推进新型城镇化打造郑州社会管理特色；进一步扩大公交服务范围，提升公交服务水平；抓好周末蔬菜超市和"两店进社区"便民工程建设；强力推进市区停车场规划建设；切实提升学前教育水平，以加强社会管理惠民生。四要在创新和提升社会服务上实现新突破。尽快研究出台相关规定，健全机构，落实人员，深化对流动人口和特殊人群的服务管理，加强对高校和中小学的服务协调，深入落实首席服务官制度，强化对新型非公有制经济组织和新型社会组织的服务管理。五要切实提高社会管理的科学化水平。全面推进"十个违法行为"专项集中整治活动，提高社会依法管理水平；以深化完善一系列工作日例会为重点，提高社会应急管理水平。六要切实加强社区基层基础建设。大力实施城市社区服务中心提升建设，确保每个社区拥有足够规模的社区服务中心；切实抓好社区工作站建设；以分流、转岗等形式增加社区工作人员；以便民利民为目的，抓好社区物业服务提升；采取高效、管用、低成本的办法，以"自行申报、系统认定、社会公示、个别抽查、案例否决、作假重罚"为原则，统筹推进社区综合创建活动和评优评差；完善城乡社区帮扶长效机制，强化服务平台建设，推动相关工作深入开展。

【市委市政府"畅通郑州"交通综合整治专题会议】 2011年12月5日晚，市委、市政府召开"畅通郑州"交通综合整治专题会议，听取"畅通郑州"成员单位关于近期交通整治、市区停车场建设、快速公交二期拓展等情况汇报，研究环城高速路免费通行方案和金水路、花园路改造提升方案，并对下一阶段交通综合整治工作进行安排部署。

代市长吴天君强调了三点意见：一要把规范市区交通秩序作为城市管理提升的标志性工作，长期坚持下去。要坚决治理机动车乱停乱放，取缔三环以内的三轮车，禁止拖拉机、畜力车、套牌车、无牌车辆进入市区。二要明确区级政府责任，建立长效机制，确保市区交通有序。以辖区为单位，实行区政府和辖区派出所、交巡警、协管员共同负责，鼓励各城区围绕规范交通秩序创新工作举措。三要加强组织领导，严格考核奖惩，确保各级政府和有关单位履职尽责。坚持工程措施与管理措施相结合，近期措施和远期措施相结合，研究制定交通综合整治效能督查方案；进一步细化考核办法，明确责任主体、考核对象、考评内容，加强行政问责，确保年底前交通秩序有明显改观。

市委书记连维良指出，各相关部门和各城区要坚持“以人为本、标本兼治、科学布局、长效管理”，强化道路管控，加大交通基础设施建设力度，积极探索建立交通科学管理新机制，全面提升“畅通郑州”长效化、精细化、法制化水平，确保省会交通秩序持续好转。

就如何做好当前交通综合整治工作，连维良强调，一要持续抓好已有措施落实。要着力提高管理水平，坚决取消占道经营；尽快研究出台扶持立体停车场、停车塔建设的有关政策，加快停车场建设步伐；全面恢复挪用的停车场的功能，对违法主体和辖区政府实施严管重罚；坚持实施市直部门联系交通路口制度，持续开展文明交通志愿者活动；优化交巡警配置，进一步提高交通疏导能力和水平；着力加快项目建设，科学设计施工时序。二要突破重点、难点。切实做好重点路段车辆特别是机动车辆、外地车辆的远程分流；下决心打通与金水路并行的支线路网。三要研究出台新的举措。通过积极发挥环城高速分流作用、投放新公交车、拓展快速公交线路等措施，让市民切实感受到“畅通郑州”建设的实效。四要深化对策研究。学习借鉴外地先进经验，不断探索保畅通新措施，严格限制危险品和污染物运输车辆进入城市主干道。五要加强工作力量。要进一步整合资源，增加警力，坚持“畅通郑州”日例会、周例会等制度。六要加大宣传力度。及时通报治堵措施，争取公众理解支持，引导市民有序出行。七要加大评优评差力度。树立先进典型，推动“畅通郑州”工作持续深入开展。

【政府主导投资企业工作汇报会】 2011年12月14日，市委书记连维良主持召开政府主导投资企业工作汇报会，研究市属国有控股实体企业、地产公司、投融资平台公司、市属公用企业等政府主导投资企业的改革和发展问题，探讨如何进一步发挥政府主导投资企业在城市建设、民生改善等方面的作用，让政府主导投资企业在中原经济区郑州都市区建设中担当重任。

汇报会上，郑州市建设投资集团有限公司等5家投融资企业、郑州燃气房地产开发有限公司等4家市属国有及国有控股地产公司、市属公用企业汇报了各自的工作开展情况。连维良充分肯定了各企业在体制机制改革、优化资产布局、提高资产质量、优化组织结构等方面所作的积极探索，并就如何进一步办好政府主导投资企业进行了安排部署。

（一）要把握政府主导投资企业发展的着力点。依托政府公共资源，围绕履行政府职责和服务民生完善职责，以资产经营为纽带，以市场运作为导向，进一步发挥政府主导投资企业在民生领域、资源配置、政府公益性项目建设等方面的主渠道作用。

（二）要建立政府主导投资企业高效运行机制。通过建立现代企业制度，完善法人治理机构，让政府主导投资企业体制机制与市场机制接轨，高效运行。

（三）要建立政府主导投资企业规范化、制度化的重大决策机制。要做好政府性投资决策的审查工作，科学决策，高效决策，适度引入竞争机制，增强企业内部活力。

（四）要制定和建立科学的干部任用管理政策和干部使用导向机制。要规范绩效考核办法，进一步激发政府主导投资企业干部队伍的动力和活力，为政府主导投资企业提供组织和人才保障。

（五）要加强政府主导投资企业员工管理。做好政府主导投资企业的用工编制的核定和招录员工办法审批工作，对政府主导投资企业的用工进行规范化管理。

（六）要把握政府主导投资企业当前机遇和工作重点。政府主导投资企业要积极把握国家宏观调控的机遇，不断扩大投资规模，提高资产增值能力；要积极在都市区外围组团规划建设优质项目和在“六城十组团”建设中主动作为；要抓住南水北调带状公园、滨黄河公园、周边森林公园建设机遇，加大资源综合开发力度；要抓住政府公益性设施外迁的机遇，积极运作项目和资金进行综合开发；要抓住限价房、保障房建设机遇，积极探索多种开发模式；要紧紧抓住合村并城、新型农村社区建设的机遇，加大新型城镇化建设力度。

（七）要规范政府主导投资企业竞争机制。研究建立政府主导投资企业自律协会等竞争规范机构，促进政府主导投资企业良性、有序竞争。

（八）要探索建立政府主导投资企业制度化重组整合机制。通过评优评差、绩效考核，对业绩不达标的企业进行重组，促进政府优势资源向优秀企业倾斜。

【全市经济形势分析会】 2011年12月15日，市委书记连维良主持召开全市经济形势分析会，听取有关部门全市经济运行情况汇报，并对下一步工作进行安排部署。

连维良指出，各级各部门要认真贯彻落实中央经济工作会议精神，按照市委、市政府年度工作计划安排，对照全年目标任务，查找薄弱环节，狠抓工作落实，全力冲刺保增长，圆满完成年度各项目标任务；认真谋划好2012年各项工作，善于发现和抓住新的政策机遇和市场机遇，促进2012年经济社会更好更快发展。

就如何做好年底前的各项工作任务，连维良强调要着力抓好六个方面的工作：一要认真研究经济运行的新变化，深入贯彻中央经济工作会议精神。特别要紧紧抓住中央实施积极的财政政策和稳健货币政策的机遇，积极顺应经济发展走势和宏观调控趋势，发现和运用好市场机遇和政策机遇。二要抢抓国家积极财政政策的机遇，全力争取资金和项目。要按照中央经济工作会议精神，抓住中央宏观调控政策的机遇，积极向上争取项目和资金支持，努力实现固定资产投资快速增长。三要抢抓中央实施稳健货币政策的机遇，争取银行贷款规模大幅度增长。要进一步加强与各商业银行的沟通对接，争取金融单位更多的资金支持。四要抓住当前生产要素成本相对偏低的机遇，加大改善民生工作力度。特别要加大城市建设和就业、社会保障、教育、卫生、“菜篮子”工程、社区建设等民生领域投入力度，同时大力支持房地产业持续健康发展。五要加强对财税政策、税源建设和总部经济的研究，努力增加财税收入，不断开创税源建设新局面。六要认真研究解决生产要素供应中的新情况、新问题，加强经济运行调节，切实做好煤、电、油、气、暖等供给工作，确保人民群众正常生产生活秩序。

【第四季度市民代表座谈会】 2011年12月20日，市委、市政府2011年第四季度市民座谈会举行，市委副书记、代市长吴天君与11名市民代表坦诚交流、共话郑州和谐发展。

座谈会上，进城务工人员代表、郑州市保安公司副总经理陈传军，网友代表孟繁聪，惠济区政府工作人员王继良，政协委员代表、金水区社保中心主治医师杨曙洁，市文广新局工作人员李蔚然，郑州钢力物业管理公司职工李维华，人大代表、郑州华联商厦有限公司党委书记、董事长张淑云，白鸽集团职工刘明，现役军人申运喜，郑州公交公司205路车长徐亚平，河南某房地产评估咨询有限公司职工齐伟源等11位来自基层单位的市民代表，围绕农民工权益保障、城市公共基础设施建设、午托机构及早市的规范管理、交通及都市村庄综合治理、地铁及城市快速通道和停车场建设、增开夜班公交等问题，畅所欲言，从不同侧面、不同角度提出了具有建设性的意见和建议。

吴天君表示，听了各位代表的发言很受教育和启发，也感受到了广大市民对郑州市的热爱和对市委、市政府的信任、期望与重托，深感身上的责任重大。他指出，各级领导干部和整个公务员队伍，要进一步增强群众观念，坚持群众路线，相信群众、依靠群众，发展成果由人民群众共享。

吴天君强调，要进一步畅通群众诉求的渠道。ZZIC要进一步发挥职能作用，更好地服务市民，解决广大市民通过各种形式反映的问题；各级领导干部要深入基层倾听民意，加深与人民群众的沟通；相关部门要积极回应群众诉求，将人民群众通过多种渠道反映的问题、意见、建议进行梳理，及时反馈、处理和改进。他同时希望广大市民在关注当前紧迫的民生问题、反映群众生产生活迫切诉求的同时，更加关注郑州的战略规划和长远发展，共同为郑州的发展出谋划策。

吴天君要求，要进一步转变工作作风，接受群众监督。进一步深化行政管理体制改革，切实优化提升政务环境，简化群众办事程序，构建以社区、村、企业为基本单位和核心的政府服务网络体系，更好地为群众服务，更及时地听取群众的意见、建议，接受人民群众的监督。相关部门要将市民代表的意见、建议进行归纳、梳理，进一步明确责任，转交相关部门予以落实。要坚持“以人为本、服务为先”的执政理念，与全市人民一起，共同促进郑州和谐发展。

已经连续举办了3次的市民座谈会，已成为省会市民参政议政的重要渠道。座谈会议不仅为市委、市政府持续了解社情民意搭建了一个有效平台，同时也为市委、市政府的决策部署开拓了更加广阔的渠道。

【市级领导干部会议】 2011年12月27日下午，市委召开市级领导干部会议，传达省委关于市政府主要领导调整的决定。

会上宣读了省委关于吴天君、马懿、岳文海同志职务任免的决定：马懿同志任中共郑州市委委员、常委、副书记，提名为郑州市人民政府市长候选人，吴天君同志不再担任郑州市委副书记、常委、委员；岳文海不再兼任中共郑州市委副书记、常委、委员，不再担任郑州新郑综合保税区党工委书记。

省委组织部常务副部长王保存在讲话中肯定了郑州市在中原经济区郑州都市区建设中取得的新成效、新突破和新发展。同时，高度评价吴天君同志在郑州市工作期间认真履行职责，锐意开拓进取，为保持郑州经济社会持续快速健康发展的良好态势作出了积极贡献。简要介绍了马懿同志的经历，指出马懿同志政治立场坚定、组织领导和综合协调能力强、务实重干、谦虚谨慎，作为郑州市市长人选是合适的。简要介绍了岳文海同志的经历，赞扬岳文海同志在郑州机场工作期间为河南航空港建设、交通枢纽建设作出了重要贡献。

王保存对进一步加强郑州市领导班子建设提出三点希望：一要深入学习贯彻省九次党代会和省委经济工作会议精神，奋力开创科学发展新局面。二要着力提升推动科学发展、促进社会和谐的能力，树立领导干部对人民负责、推动工作、清正廉洁的“三种形象”。三要更加重视民主集中制建设，构建团结和谐新集体。

吴天君在讲话中对省委的决定表示坚决拥护，并深深感谢郑州人民的关心、厚爱和支持、帮助。衷心期望郑州市一如既往地奋力拼搏、跨越发展，实现建设中原经济区核心增长区、建设全国重要的区域性中心城市和最佳宜居环境城市的目标，承担起中原经济区建设中“挑大梁，走前头”的历史重任。

马懿在会上发表重要讲话。他表示，对于重新回到郑州工作，既有压力，也充满了信心和动力。在今后工作中，一要认真学习，向老领导学习，向基层干部学习，向实践学习。要抓紧对重要工作、急迫的事情进行调研，了解情况，尽快进入角色。二要务实工作，珍惜岗位，踏踏实实工作，努力把工作做好。三要清正廉洁，严格要求自己，做一个干净的干部，接受同志们的监督。

岳文海在讲话中表示，坚决拥护省委的决定，衷心感谢郑州市各级领导干部的关心支持，一定会把郑州精神带到新的工作岗位上，同时继续关注郑州的发展，继续为郑州发展提供服务保障。

市委书记连维良表示，省委决定对郑州市政府主要领导进行调整，充分体现了省委对郑州市工作的高度重视和充分肯定，坚决拥护和服从省委的决定。同时，要求全市广大党员干部要迅速把思想和行动统一到省委的决定上来，讲政治，顾大局，守纪律，团结一致，把郑州的各项工作做好，让省委放心，让全市人民群众放心。

就如何做好当前重点工作，连维良提出六点具体要求。一要切实做好稳定工作，建立市级领导每天接访制。二要高度重视煤矿安全生产工作，确保煤炭生产供应。三要认真谋划2012年经济工作，认真落实好各项工作部署。四要提升城市管理水平，切实抓好畅通工程、春节亮化工程、生态水系治理工程。五要高度重视民生工作，做好民生实事，认真安排好困难群众生产生活及节日期间慰问工作。六要做好重大项目开工建设工作，加大固定资产投资力度，为2012年经济发展奠定坚实基础。

【市党政联席会议】 2011年12月27日，市委书记连维良主持召开党政联席会议，传达学习省委经济工作会议、省委扶贫开发工作会议和全省对外开放工作会议精神，研究全市2012年经济工作及对外开放、扶贫开发、“四个最佳环境城市”建设等工作。

会议指出，建设“四个最佳环境城市”（最佳旅游环境城市、最佳投资环境城市、最佳人居环境城市、最佳就业创业环境城市）是郑州市优化发展环境、增强发展软实力的工作重点。全市上下要把“四个最佳环境城市”建设作为2012年工作的重中之重，进一步加大力度，完善机制，确保取得实效。要进一步完成景区服务管理机制，各县（市）区和市直相关部门主要负责同志要承担景区服务管理水平提升的主要责任；要建立景区服务管理水平下降的惩罚制度，建立旅游基础设施不达标财政扣款制度，提升硬件设施的建设和管理水平；要出台优秀导游员、优秀文物讲解员的星级认定办法，培养“郑州全通、服务全能”的导游员，提升郑州旅游服务的形象；要加强和提升旅游酒店等配套设施的管理，完善旅游服务功能。要认真落实审批项目代办制度，提高行政办事效率，提高政府工作效能；要建立制度化的上门征求意见机制，加强沟通、分清门类，主动上门征求意见，营造“亲商、安商、扶商、富商”的良好氛围，塑造“效能郑州”的良好形象。要进一步提升物业服务水平，出台具体的、易操作的、可考核的管理标准，实现物业管理的全覆盖；要加强社区工作站建设，完成社区服务功能，积极开展好“十星社区”创建活动。要进一步实施积极的就业政策，增加小额担保贷款发放额度，鼓励发展一批经营较为成熟、社会责任感强、运作合法规范的企业作为见习基地，为创业者提供创业实践，加大扶持力度。

【市委经济工作会议】 2011年12月28日，市委经济工作会议在郑州国际会展中心召开。会议传达学习了中央经济工作会议、省委经济工作会议、省委九届二次全会、省委扶贫开发工作会议、全省对外开放工作会议精神，回顾全年经济工作，深入分析当前经济形势，安排部署2012年经济工作，动员全市上下全面加快郑州都市区建设，努力在中原经济区建设中挑大梁、走前头，以优异成绩迎接党的十八大胜利召开。

会议全面总结了全市2011年度经济工作。指出郑州市强化薄弱环节，创新工作措施，实现了经济持续健康快速发展，在主要经济指标、重点项目建设、民生实事办理、城市形象提升、改革创新、发展谋划等六大方面实现了新突破。同时，明确了2012年全市经济工作的总体要求是：抢抓机遇，持续求进，突出提升，务实发展，创新惠民，积极作为。

会议要求，2012年经济工作要突出一个中心词、一个关键词，努力做好三篇文章。一个中心词：中原经济区郑州都市区建设。一个关键词：投资。做好三篇文章：做好新型城镇化引领这篇文章，在合村并城、新型农村社区建设上实现重大突破；做好房地产发展这篇文章，在调控中实现健康快速发展；

做好都市区组团建设和产业集聚区建设这篇文章，在城市扩张与优化、土地争取与增效、规划布局与提升上实现重大突破。

市委书记连维良在讲话中指出，郑州市自身还存在着服务业发展慢，自主创新能力弱，农业底子薄，公共服务保障能力差，党政机关服务意识、服务效率、服务质量不高等问题，一定要高度重视，从严峻形势中发现机遇、运用机遇。一要善于发现和用好国家宏观调控的政策机遇。要紧紧抓住争取中央财政资金、争取银行贷款、扩大消费需求、加快农业发展、加快中小企业发展、开展各种试点、加快教育事业和文化发展、改善民生等政策机遇，分析研究，用足用好。二要善于发现和用好市场机遇。包括人民币升值、承接产业转移、郑州优势产业开拓市场、国家开展PM2.5监测、房地产业发展、加快新能源产业发展、加快旅游业发展、谋划建设航空大都市/航空经济示范区、综合保税区封关运营、富士康项目建设等带来的市场机遇。三要善于发现和用好中原经济区建设的机遇。认真研究和落实《国务院关于支持河南省加快建设中原经济区的指导意见》涉及郑州市的支持政策。“三农”方面，支持郑州商品交易所增加期货品种，建成全国农产品期货交易中心、价格中心和信息中心。工业方面，加快建设汽车制造基地、电子信息产业基地、生物产业基地、现代装备制造基地、精品原材料基地和战略性新兴产业示范基地。城镇化建设方面，深入实施城乡建设三年大提升行动计划，全面推进城市新区、中心城区和县域城镇基础设施建设，加快集中连片棚户区改造，加快组团与中心城市之间快速通道建设，积极稳妥地开展新型农村社区建设，在市区规划建设一批特色商务区，支持大型房地产企业在城市新区、城市组团和城市中心商务区（街）开发商业地产和城市综合体。交通建设方面，加快打造全国重要的现代综合交通枢纽和物流中心。科技创新和信息化建设方面，推动郑州成为具有重要影响力的产业创新中心，进一步提升郑州信息集散中心和通信网络交换枢纽地位。产业集聚区建设方面，重点建设“两区一基地”，即支持设立承接产业转移示范区，支持符合条件的省级开发区升级为国家级开发区，建设一批国家新型工业化产业示范基地。

连维良表示，郑州要充分利用先行先试权，积极探索建立工农城乡利益协调机制、土地节约集约利用机制、农村人口有序转移机制，在投融资体制、流动人口管理机制、行政管理体制、资源型产品价格改革等方面大胆创新，制定具体改革方案加以推进。

连维良强调，围绕全市2012年经济工作的总体要求和发展目标，要全力以赴抓好九个方面的重点工作：（1）要牢牢抓住项目投资这个总牵引、总抓手、总动力，确保固定资产投资大幅度增长。（2）要牢牢把握新型城镇化引领这一路径，全面加快郑州都市区建设。（3）要牢牢把握高成长性区域、高成长性产业、高成长性企业的“三高”带动，加快壮大和提升以工业经济为重点的实体经济。（4）要着力突破服务业薄弱环节，大力发展服务业，建设“四中心一名城”（国际物流中心、全国重要的现代商贸中心、中部会展中心城市、区域性金融中心和国际旅游名城。（5）要牢牢抓住中原经济区建设、产业转移的机遇，高层次招商引资，高水平承接产业转移。（6）要牢牢把握民生需求，抓住当前生产要素成本相对偏低的机遇，加大改善民生工作力度。（7）要着力突破土地及生产要素发展瓶颈，抓好生产要素的稳定供应和安全保障，强化经济运行调节。（8）要深入研究财税政策、税源建设、总部经济和政府主导投资企业发展，努力增加财税收入。（9）要深入研究社会管理创新，强化基层基础建设，确保社会大局和谐稳定。

连维良强调，实现2012年经济工作的各项目标，各级领导干部必须务实重做。一要研究干部资源、人力资源配置工作，让重点工作有人做、有高素质的人做、有高素质的人带着激情做。要在推进工作中选拔干部，用选拔干部的过程推进工作。二要研究规划运作、土地运作、项目运作,切实提高运作水平和效果。三要研究如何提升。着力提升项目报批、联审联批和组织规划编制、论证、实施、变更、管理、动态调整的水平，提升城市建设和管理的水平。四要研究如何解难题、破瓶颈。要建立一套常态化的工作推进机制，解决好土地、资金、环保容量等瓶颈问题。五要研究如何凝聚合力。切实加强领导班子和干部队伍建设。六要研究如何健全和坚持长效、管用、低成本的机制。持续落实和健全工作提速提效、城市管理、改善民生和督查工作机制，全面推进各项工作。七要研究如何统筹。要始终把加强法制、道德、廉政、诚信建设贯彻到各个领域，把安全生产、社会稳定、质量保证、民生保障作为坚守的底线，把防范和纠正偏差作为工作的基本原则。

在郑的副市级以上领导，市直单位、各县（市）区、各开发区主要负责人、分管对外开放和扶贫工作的负责人，乡镇（街道）党委书记，中央、省属驻郑企业，科研院所、大专院校、金融机构，省新闻单位，部分大中小企业主要负责人等800多人参加了会议。

（程嵩峰 祖武斌 李松贵 刘跃亭 司现仓 郑宏杰 樊效恺 郭 翌）

纪检监察工作

【概况】 2011年，全市纪检监察工作以惩防体系建设为抓手，按照整体工作以大局为重、教育以信念为重、制度以落实为重、监督以实效为重、纠风以民利为重、改革以治本为重、惩处以公平办案为重、自身建设以素质为重等“八个为重”的工作思路，深入推进惩治和预防腐败各项工作，全市党风廉政建设和反腐败整体工作保持了良好的发展态势，在全省的首位度地位更加稳固。

【服务保障中心工作】 2011年，全市纪检监察机关始终把服务保障郑州都市区建设作为核心工作，牢固树立大局意识，重点在落实首席服务官制度、构建长效机制、效能监察和问责问效等方面开展了卓有成效的工作。下发了《关于纪检监察机关服务保障郑州都市区建设的若干意见》《郑州市消防安全问责办法》《行政执法部门及其工作人员因作风问题影响企业发展的责任追究办法》等规范性文件，为发挥纪检监察职能作用、促进经济社会发展构建了长效保障机制。结合服务郑州都市区建设需要和企业实际困难，组成了28个企业首席服务官小组，进驻全市房地产、汽车制造等119家企业和项目，解决问题212个，推动企业健康发展和项目顺利落地。会同市重点项目办对连霍高速郑州至洛阳段改扩建、焦桐高速巩义至登封段建设等重点工程进行86次现场巡查督查，解决问题163个，有力保障了重点工程的施工进度。加强对社会热点敏感问题的监督问责，对群众和媒体关注的热点敏感问题进行监督问责，确保社会热点问题处理的公开透明，赢得了广大群众的信任；严肃查处影响“两转两提”、经济发展环境、服务意识淡薄和工作效率低下的违规违纪行为，为企业挽回损失1156万元，净化了都市区建设的软环境。

大型现代豫剧《清风茶社》在省人民会堂公演

【监督检查】 2011年，全市各级纪检监察机关紧紧围绕中央、省委和市委的重大决策部署，全面履行自身职能，严明党的纪律，落实重大决策部署，提高政策的执行力。对全市6650宗土地开发情况进行排查，督促有关部门重点查处闲置土地、囤地炒地、哄抬房价及供地环节的违规行为，对涉嫌闲置的19宗土地进行认定和处置，维护了国家土地政策的严肃性。督促县（市）区政府及有关部门认真履行安全生产监管职责，继续参加煤炭资源整合和兼并重组督查工作，会同有关部门对23起安全事故进行了调查处理。强化节能减排目标责任制，重点核查工作不力、目标任务未完成，特别是不执行国家产业政策、违规审批或核准立项等问题；会同环境保护等部门继续深入开展整治违法排污企业保障群众健康环保专项行动，对监管不力的责任人员进行了处理，确保全市节能减排和环境保护工作目标的完成。始终把维护党委换届纪律作为重中之重，开展任前廉政谈话1477人次、诫勉谈话109人次、函询40人次，确保了换届工作的风清气正。

【教育预防】 2011年，全市纪检监察机关以落实和深化“四会一课”廉政教育制度为重点，着力提升反腐倡廉宣传教育工作实效。开展“四会一课”廉政教育提升年活动；市委主要领导带头在重大节假日前进行廉政谈话；“清风茶社”约谈县处级领导干部87人次，受到省委常委、省纪委书记尹晋华的充分肯定，广大党员干部的思想防线更加牢固。廉政账户收到主动上缴款项1037.3万元，教育预防的效果进一步显现。组织全市党员干部参加全国反腐倡廉知识竞赛，在春节前夕认真开展廉政教育月活动；郑州市原创大型现代豫剧《清风茶社》在全省巡演40多场，反腐倡廉的教育形式更加丰富。注重廉政建设热点、难点问题研究，《权钱色——三权交易轨迹与防控探究》一书由方正出版社出版发行，得到领导和群众的关注。开展“廉政建设郑州行”宣传报道活动，300多篇稿件和调研文章在国家级媒体上发表；充分发挥“郑州廉政网”的窗口作用，广泛宣传全市反腐倡廉建设取得的成果。大力开展廉政文化“六进”活动，二七区佛岗社区等示范点得到中纪委和省纪委的肯定。开展廉政公益广告展播活动，营造了浓厚的廉政建设氛围。

【案件查办】 2011年，全市纪检监察机关突出办案重点，严肃查处了经济适用房系列案等一批有影响的大案要案，取得了良好的法纪和社会效果；坚持案件线索统一归口管理制度、案件线索集体排查制度、案件线索部门移交制度，案件线索利用质量和效率进一步提高；加强机关各工作部门之间的联系协调，充分发挥反腐败协调小组的作用，加大与公安、检察、法院、审计、土地、规划等部门的协调力度，形成反腐败工作的整体合力；认真落实查办案件工作跟踪监督台账制度，严格程序备案、办案措施使用和涉案财物管理，确保依纪依法安全文明办案；强化审理和复查复议环节的监督作用，既注重维护党纪政纪的严肃性，又注重保障当事人的合法权益，正确地把改革发展中的失误与渎职失职、违法违纪区分开来，正确把握，区别对待，确保处分结果的公平公正。全市纪检监察机关全年共初核案件线索976件，立案1218件，党政纪处分1342人，其中县处级干部51人、乡科级136人，通过案件查办收缴违纪款6000多万元。

【规范权力运行】 2011年，全市纪检监察机关着力加强反腐倡廉工作的改革创新，不断健全完善权力运行监督机制。积极改革反腐倡廉考核机制，认真贯彻执行《郑州市反腐倡廉建设工作检查考核评价细则（试行）》，突出体现了反腐倡廉建设检查考核的日常性，有力推动了惩防体系建设。先后组织了百家新注册企业、百家纳税大户、百家运输物流企业、百家宾馆饭店和百家外来投资企业负责人民主评议政风行风活动；开发的“郑州市政风行风电子评议系统”作为创新性工作经验被省政府纠风办在全省推广，真正促进了机关和行业的作风建设。成立了郑州市行政效能电子监察中心，行政审批电子监察系统建成并投入运行，对近500项审批项目进行了清理审核，系统配置385项行政审批事项、601个子项，在市、县、乡三级179个办事服务大厅（中心）安装视频监控摄像头737个，全部接入电子监察指挥中心大屏，办理219155件次审批事项，有效提高了全市行政效能监察能力和科学化水平。对全市的党务政务公开工作进行统一指导和协调，全面推行党的基层组织实行党务公开，在惠济区、登封市分别开展区委权力公开透明运行和党的地方组织实行党务公开试点工作，积极推行公务消费和财政预算公开，使公开透明成为促进监督实效提升的重要手段。

【专项治理】 2011年，全市纪检监察机关以专项治理为抓手，坚持把解决反腐倡廉建设中人民群众反映强烈的突出问题作为工作重点，取得了阶段性成效。加大违法建设查处情况专项督查工作力度，督促有关部门拆除新增违法建设1324处88万平方米，对监管不力的机关和人员进行问责，遏制了违法建设多发易发的势头。加大工程建设领域突出问题专项治理工作力度，排查政府投资和使用国有资金项目505个，整改问题25个；检查新增建设项目169个，整改问题80个。加大煤炭资源领域腐败问题专项治理工作力度，会同有关部门开展了打击煤矿“三非十六违”专项行动、隐患排查活动和煤矿超层越界专项行动。加大创建窗口行业专项整治工作力度，针对存在的重点、难点、薄弱点和反弹点实行明察暗访，在郑州市成功创建全国文明城市过程中起到了重要作用。加大保障城市管理整治提升专项活动工作力度，对活动中效能低下的单位和人员严肃处理。加大公务用车专项治理工作力度，在规定的时间内完成了全市115家单位20514台车辆的登记、统计、核实工作，对超编制、超标准配备公务用车进行全面排查和集中清理；对公车私用、公务车辆交通违法行为严格查处，共没收单车违反交通法规的公务用车46辆。加大“小金库”和“商业贿赂”专项治理工作力度，认真处理举报线索，对发现的“小金库”问题进行核查，会同有关部门立案查处商业贿赂犯罪案件13件16人，涉案金额4900余万元，进一步从源头上治理了腐败。

【执纪为民】 2011年，全市纪检监察机关牢固树立以人为本的工作理念，把人民群众的诉求和呼声作为履行职责的方向标。全年共受理群众信访举报4572件次，信访举报件的办结率达到100%，做到了“件件有着落、案案有结果”，重信重访率控制在省定的15%以内，人民群众表达意愿的渠道更加畅通。集中查处了一批群众反映强烈的农村涉财信访举报突出问题，查结涉财信访举报案件81起，解决纠正群众反映的突出问题92个，化解集体访11起，完善村报账员职责等11项制度，切实维护农民群众合法权益，将大量的信访举报问题化解在了基层。重点开展了保障性住房、违法违规征地拆迁、庆典论坛研讨会清理、教育收费、医疗卫生收费、公路“三乱”、食品药品安全、农民负担等问题的专项检查工作，取消1128名不符合经济适用房申购条件者的申购资格，取消2967名不符合廉租房申请条件者的申请资格；取消庆典、研讨会、论坛6个，节约财政资金650余万元；协调食品安全监督管理部门排查餐饮服务企业10965家，发现问题并整改4604家；对食品添加剂、“地沟油”、火锅底料、问题豆芽、彩色馒头和

中共郑州市第十届纪律检查委员会第一次全体会议

瘦肉精等食品安全问题进行了专项整治，解决了一批反映强烈的民生问题。继续深化《村情民意》小报工作，着力提高小报入户发放率，2174个村的小报发放入户，入户率达95.2%；完善“四议两公开两服务一监督”、农村集体“三资”委托代理服务、村务监督委员会等制度；积极开展农村低保政策执行情况专项检查，全市共核查低保对象83214户136523人，清退5159户10895人。

【队伍建设】 2011年，全市纪检监察机关坚持以“队伍建设年”活动为载体，深入推进“五型机关”建设，纪检监察队伍建设进一步加强。把抓好市、县、乡三级纪委换届工作作为工作重点，郑州市第十次党代会上选举产生了新一届纪委委员；市纪委十届一次全会上选举产生了新一届的纪委常委会，王璋当选为市纪委书记；在县、乡两级纪委换届工作中，一批求真务实、开拓创新、勤政廉政、团结协作、奋发有为的领导干部充实到纪检监察机关的领导班子中，优化了领导班子的知识结构和年龄结构。深入开展“队伍建设年”活动，坚持把活动与服务保障都市区建设结合起来，分批次抽调组织年轻优秀干部到“急难险重”一线进行锻炼，组织开展了纪检监察系统“两深三同四个一”活动，巩固“岗位大练兵、业务大竞赛、争当权威人”成果。继续运用“三票制”选用纪检监察干部的成功做法，通过“三票制”新提拔厅室主任（电教中心副主任）5名、厅室副主任10名，达到了组织认可、群众公认、个人满意的效果。

（翟开宾）

组织工作

【概况】 2011年，全市各级组织部门以创先争优活动为重点，强力服务郑州都市区建设大局，围绕基层组织换届等中心工作，抓大事，抓创新、落实，较好地完成了各项任务，得到上级机关和群众的好评。同时，全市老干部工作水平显著提升，市老干部活动中心改扩建一期工程开工建设，以争创“四有两好”示范社区推进“四就近”工作等得到省委老干部局的充分肯定。

【创先争优活动】 2011年，郑州市各级组织部门扎实推进创先争优活动，取得了新的突破。以庆祝建党90周年为契机，表彰了500个先进基层党组织、300名优秀共产党员和200名优秀党务工作者。以窗口单位和服务行业为重点，坚持为民服务创先争优。深入开展双百夺旗争星、党建实践活动月、党员志愿者服务等活动，全市党员领导干部下基层调研5300余人次，解决实际问题1506件，15个基层党组织、19名党员受到省创先争优办表彰。

【服务中心全局工作】 2011年，全市组织部门采取有力措施，服务大局卓有成效。一是服务重要会议。围绕开好省九次党代会、市十次党代会，扎实做好党代表推选、人事考察、大会选举等工作，确保了会议圆满成功。二是服务重大任务。围绕创建全国文明城市，抓好2.2万家“五小”门店的综合整治，顺利通过了国家文明委检查验收，市委组织部被市委记集体二等功。围绕提高社会管理水平，选派5100余名干部，深入全市616个社区、2297个行政村开展对口帮扶，解决了一大批群众关心的突出问题。三是服务重点工作。围绕推动招商引资、“六联系”等工作，选派600余名干部参与具体工作和督导指导，加快了工作进程。四是服务重点项目。围绕加快富士康、轨道交通等项目建设，探索开展党建帮扶，整顿软弱涣散基层党组织，加强群众工作，有力推进了项目建设。

【基层组织换届工作】 2011年，郑州市委组织部紧紧围绕市委提出的“好报告、好班子、好风气”三好目标，认真落实“发扬民主、推进改革、严肃纪律”三项举措，抓方向引导、用人导向和换届风气，圆满完成12个县（市）区、88个乡（镇）党委换届任务。换届后，县乡党委班子的结构更加合理，精神状态更加饱满。同时，扎实做好村级组织换届选举工作，选出了一批素质优良、干事创业、群众公认的党员干部，进一步巩固了党的执政基础。

【干部人事制度改革】 2011年，郑州市干部人事制度改革实现突破。全面推行目标、业绩、过错、样本点“四位一体”的绩效考核；采用“一评三考”竞争性方式，选拔了24名正县级干部，倡树了重工作实绩、重实际能力、重群众公认的用人导向，得到中组部好评。

【干部教育培训】 2011年，郑州市干部教育培训水平大幅提高。实施基层干部科学发展主题培训行动计划，加强重要岗位、关键岗位干部教育培训，全年举办各级各类培训班390余期，培训干部2.4万人次。举办领导干部素质跃升高端讲座16场，培训干部2250人次。深化读书竞赛活动，进一步完善了读书学习的长效机制。

【人才队伍建设】 2011年，郑州市人才队伍建设取得新进展。指导各县（市）区做好人才规划编制工作，在全省率先完成人才规划体系建设。搭建培育人才的载体平台，建立院士工作站48个，柔性引进院士79名，集聚了一批高层次、创新型科技人才。实施重大人才工程，产业集聚区人才支撑工程等取得初步成效。

【基层组织和队伍建设】 2011年，全市组织部门基层组织和队伍建设水平显著提升。一是基层组织建设水平提升。广泛开展县乡村三级党组织书记履行党建工作责任双向述职评议，选派792名专职党建指导员，建立52个律师行业党组织，农村、社区、机关和国企等各领域党建工作统筹推进。二是党员队伍建设水平提升。开展以“设岗定责、依岗承诺”为主要内容的党员先锋岗活动。下拨党费500余万元，用于党员激励关怀。积极推进远程教育上互联网、上手机、上电视、进广场，取得较好效果。三是年轻干部队伍建设水平提升。选派100名市直单位年轻干部到县（市）区锻炼，选派98名年轻干部到市直机关挂职，公选114名35岁左右的年轻干部到克难攻坚一线重点岗位历练，增强了年轻干部的实践能力。

【干部监督工作】 2011年，郑州市大力加强干部监督工作。开展《干部任用条例》检查、用人不正之风集中整治，推行干部选拔任用“一报告两评议”。市委组织部全年对8名市直机关党组（党委）书记进行了履行干部选拔任用工作职责检查，委托市审计局对58名市直单位正职进行了任中和离任审计。

（曹　勇）

宣传工作

【概况】 2011年，郑州市宣传思想文化战线按照“高举旗帜、围绕大局、服务人民、改革创新”的总要求，坚持贴近实际、贴近生活、贴近群众，紧紧围绕科学发展主题、加快转变经济发展方式主线，以及建设郑州都市区总体战略，在服务全市工作大局、推进社会主义核心价值体系建设、加快文化繁荣发展、提高宣传思想文化工作科学化水平上求实效，为庆祝中国共产党成立90周年营造了浓厚氛围，为加快建设中原经济区郑州都市区提供了强大的思想保证、舆论支持、精神动力和文化条件。积极推进文化体制改革。整合传媒资源，成立中原报业传媒集团；加大了市新华书店、市杂技团转企改制后续工作力度；各县（市）区文化市场综合执法改革加快进行。

【纪念中国共产党成立90周年系列活动】 2011年，郑州市卓有成效地组织开展了系列纪念活动，在全市唱响了共产党好、社会主义好、改革开放好、伟大祖国好、各族人民好的时代主旋律。组织市属媒体全面回顾郑州市经济、政治、文化、社会发展和党的建设取得的伟大成就，重点报道中央、省委和市委庆祝建党90周年各项纪念活动。举办纪念建党90周年理论研讨会，制作播放6集纪录片《红色郑州》，先后开展了学习胡锦涛总书记“七一”重要讲话精神、国庆集中升挂国旗、郑州市党史知识竞赛、爱国主义教育基地“红色主题教育年”“党在我心中红色主题竞赛”“我的红色记忆——纪念建党90周年征文”等活动，数十万人参与。围绕庆祝建党90周年，全市安排大型广场文化活动400余场次，“郑州市红色经典文艺周”“在灿烂的阳光下——郑州市庆祝建党90周年红色经典演唱会”“唱响中原——郑州市庆祝中国共产党成立90周年合唱活动”等，参与人数多，影响范围大，教育效果好。

【文化环境整治】 2011年，在郑州市创建全国文明城市工作中，市委宣传部牵头的文化环境整治指挥部根据承担的75项工作任务，依照《测评体系》制定具体工作方案，加强协调督导，严格落实日巡查、日报告、周例会、评优评差等各项工作制度，坚持用高密度、全覆盖的督导，及时发现问题、解决问题，在全市营造了良好的文化市场环境。其中网吧整治工作，全年组织检查1200余次，取缔黑网吧366家，查处违法违规网吧89家，扣缴经营性电脑2100余台。工作中进行明察暗访，并组织市内5区和5个市政府派出机构管委会之间每周进行互查互访，针对发现的问题，及时下发督查通报，督促问题的解决。市委宣传部和市文明办在创建全国文明城市工作中成绩突出，被市

中原报业传媒集团揭牌

委、市政府通报表彰并记功。

【政治理论学习】 2011年，郑州市以加强学习型党组织建设为龙头，推动中国特色社会主义理论体系深入人心。开展“六个一”活动、读书征文活动等形式多样的“争创学习型党组织、争当学习型党员”活动，扎实推进学习型党组织建设。加强党委（党组）中心组理论学习，做好市委中心组理论学习的服务工作，加强对县处级党委（党组）中心组学习的指导；进一步完善述学考核制度，认真组织县处级党委（党组）中心组理论学习考核工作。编撰出版《理论学习热点·2011》，从中原经济区建设、加快经济发展方式转变、学习型党组织建设、社会主义民主法治建设、行政执行力的提升和媒介素养的提升等方面，对全市广大干部群众普遍关心的热点问题进行了深入浅出的阐释。通过组织专家座谈会、举办理论骨干培训班、在新闻媒体开辟专栏、举办宣讲报告会等形式，广泛宣传党的十七届六中全会、省九次党代会、市十次党代会和《国务院关于支持河南省加快建设中原经济区的指导意见》精神。基层党校建设成效突出，全市有24所党校获省先进基层党校称号。大力开展“积极推进郑州都市区建设”主题党课活动，领导干部带头讲党课，全市各级共讲党课4200余场，参与活动党员干部20余万人次，被省委宣传部评为主题党课活动组织工作先进单位。

【理论研究】 2011年，郑州市社科调研课题立项数量达到720项，《郑州市学习型党组织建设的有效载体和长效机制研究》荣获省社会科学优秀成果奖。在全市范围内开展“加快推进郑州都市区建设，打造中原经济区核心增长区”专题调研活动，形成调研成果196项。编撰完成《郑州都市区建设专题调研文集》，为领导提供决策参考，有力地服务了郑州都市区建设。

【对外宣传工作】 2011年，郑州市精心策划组织外宣活动，利用重大经贸、文化活动全面展示郑州市的经济文化发展优势和建设新成就。在“2011郑州-港澳经贸交流活动”“郑州文化产业港澳推介会”等招商和文化交流活动中，加强与经贸、文化、旅游等部门的联系配合，形成对外宣传整体合力，提升了活动的影响力。组团参加“感知中国·印尼行”对外文化交流活动，提高了郑州市在海外的知名度。加强郑州城市形象对外宣传工作力度。拍摄制作了30分钟的郑州城市形象宣传片和广告片，创办了《郑州印象》直投杂志，举办了“2011我心中的郑州市十大城市品牌评选活动”，全方位展示郑州特色，增强了市民对城市的认同感、归属感、荣誉感和自豪感，进一步提升了郑州市的知名度和美誉度。健全党委新闻发言人制度，组建郑州市党委新闻发言人队伍。郑州市外宣办与清华大学联合举办郑州市新闻发言人培训班，对全市党政机关、企事业单位的358名新闻发言人进行培训。坚持每月编印一期《郑州市新闻发言人知识卡片》，及时普及、补充新闻发布知识。指导、协助市房管局、教育局、农委、煤炭局等单位，先后召开7场新闻发布会，及时客观地对外展示了郑州经济社会发展的最新成果，树立了郑州良好的城市形象。进一步充实完善郑州图片库，全年共制作发放《中国郑州2011》等各类外宣品3万余份。中央外宣办《对外宣传通讯》编发信息，对郑州市创办《郑州印象》直投杂志和联合清华大学举办全市新闻发言人培训班进行了报道。

【新闻宣传工作】 2011年，郑州市新闻宣传工作紧紧围绕全市中心工作，创新媒体应用，强化舆论引导，扎实推进媒体助政。紧扣市委、市政府决策部署组织主题宣传，策划开展郑东新区系列宣传报道，市属媒体统一行动、集中发稿，通过10篇文章，对郑东新区的规划、建设及发展情况进行了集中、全面、深入的报道。开展“走出郑州看全国”系列采访活动，组织市属新闻媒体先后对天津、深圳、武汉、长沙等12个先进城市在文明创建、发展方式转变、工业园区建设、城市规划、文化旅游产业发展等方面的好思路、好做法和取得的成就进行深度报道，为加快经济发展方式转变、推动郑州都市区建设提供了有益的参考和借鉴。《人民日报》、新华社、《光明日报》《经济日报》、中央电视台等中央主要媒体全年刊发（播）郑州市正面报道140余篇。《人民日报》头版头条推出了郑东新区规划建设长篇纪实报道《昂起中原崛起的龙头》；在头版以《郑州两千干部进社区》为题，报道了郑州市转变干部作风、关心民生、创新社会管理的做法。

组织市属媒体开展舆论监督，对各县（市）区和市直有关单位进行评优评差，先后对食品卫生、安居工程、文明城市建设、生态水系建设、西流湖周边垃圾堆积、城区主要路段和区域脏乱差等情况进行暗访调查，通过科学、建设性的监督，促进了问题的整改。加强对突发性事件新闻报道的引导，强化舆论调控。在须水镇在建民房倒塌砸死工人、大货车压断中州大道上跨京广铁路桥梁等重大突发事件宣传报道中，反应迅速，应对得当，创造了良好的外部环境。组织开展“杜绝虚假报道、增强社会责任、加强新闻职业道德建设”专项教育活动，引导编辑、记者增强坚持新闻真实性原则、维护媒体公信力的自觉性。圆满完成市记协换届工作，组织开展郑州市好新闻奖评选工作，制定《郑州市好新闻奖评选规则》，明确了郑州市好新闻奖的评选依据和办法。认真开展“走基层、转作风、改文风”活动，进一步密切了新闻媒体同人民群众的联系，增强了新闻报道的亲和力、吸引力和感染力。

【社会宣传工作】 2011年，郑州市社会宣传工作以社会主义核心价值体系建设为重点，引领社会风尚，市民道德素质显著提升，郑州市成为国内捐献造血干细胞100例的第一个省会城市。扎实开展“弘扬雷锋精神，推动文明城市建设”系列活动，大力弘扬雷锋精神。广泛开展第七届邻居节活动，共举办各类活动330余场次，社区居民参与人数达10万余人次。坚持开展“百城万店无假货”活动，扎实推进郑州市商业企业诚信建设，最大限度地保障市民食品卫生及饮食安全。广泛开展“新市民·新生活”主题教育活动，培育新市民群体城市精神。将“我们的节日”活动与群众性精神文明创建活动相结合，加强对市民的传统文化教育。认真抓好典型宣传，举办了“全国道德模范故事汇（郑州）巡演”和“道德的传承——全国道德模范与身边好人（河南郑州）现场交流活动”，充分展示近年来郑州市精神文明建设和公民道德教育的显著成果。开展向李文祥同志学习活动，举办了李文祥先进事迹报告会。在全市范围内组织开展了“三平”精神先进典型推荐工作和2011年度职业道德建设“双十佳”、公民道德建设“双十优”评选活动，树立了市民身边的先进典型。继续开展“我推荐、我评议身边好人”活动，郑州市有21名个人和2个集体入选“中国好人榜”。

大力开展形势政策宣传教育，进一步完善形势政策报告会制度。开展了“我看郑州新变化”形势政策主题教育活动，大力宣传党的十七届五中、六中全会和省九次党代会、市十次党代会精神，以及郑州市在“十一五”期间社会经济发展取得的伟大成就和“十二五”期间经济社会发展的指导思想、目标任务。

【网络建设与管理】 2011年，郑州市切实加强互联网建设、运用和管理，大力发挥网络在创新社会管理中的独特作用，探索形成了一套富有郑州特色的网络问政、网络行政体制机制，中宣部、国务院新闻办向全国推广郑州经验，《人民日报》、新华社、中央电视台等中央各大媒体连续报道，全国多个城市前来学习经验。举办了“全国知名网络媒体看郑州”和“省会网络媒体看郑州”集中采访活动，在网上掀起了宣传郑州的热潮，其中《网上看郑州——聚焦郑州都市区建设》报道文集被市委作为重点参考材料在市十次党代会上向全体代表发放。建立网络新闻发言人制度，全市网络新闻发言人队伍由193人扩充到300余人。网络新闻发言人队伍在敏感信息监测、敏感问题线下处置、网上正面宣传报道等方面发挥了积极作用。创新工作思维，破解管理难题，建立“心通桥”郑州市网络问政全媒体平台，收到各类网民诉求4879条，及时回应4182条，强化了各级社会管理部门的网络行政责任意识。积极发挥网络舆情处置联席会议的作用，先后对467个敏感突出问题进行了分析、研判和交办、督查、落实。累计组织开展了62次不同类型的全市性集中清理整治行动，编发新闻通稿428篇、新闻评论266篇，组织评论员发帖2800多条。提出54条社会管理长效机制建议。网络舆情处置联席会议被市委、市政府定义为郑州市应解决事项的交办会和督查反馈会，受到了充分肯定；中宣部、国务院新闻办、新华社称赞郑州市网络舆情处置联席会议是“社会管理制度创新的一次成功实践”。

全年共发现敏感信息10802条，通报核实9337条，市互联网信息办公室本级累计处置2592条。针对重大敏感信息，及时下发《郑州市互联网舆情提示函》，累计对778个敏感信息进行了有效引导。及时有效处置了222起突发事件和网上热点，协调相关部门对论坛中7145条网民反映问题进行了跟帖回应，删除封堵不良信息884条，成功协调国家互联网信息办公室发布4次管理指令。累计向市主要领导报送网络舆情信息6300余篇（条），每天以手机短信形式报送《郑州市互联网信息办公室舆情日报、晚报、速报（手机版）》和《网络舆情问题周点评通报》，为市主要领导提供了重要的决策参考。先后开展了整治网上虚假新闻信息、违规登载新闻专项活动和打击网络传销、网络欺诈、网络性感营销专项活动，累计向地域内网站发布管理指令636条，删除各类违法信息857篇，关闭严重违规网站11家、论坛3家、微博2家，并对9家网站进行了整改。网络管理机构进一步健全，市互联网信息办公室内设的3个科室全部升格为正科级，有10个县（市）区建立起专门的互联网宣传管理机构，另外两个县（市）区也分别明确了兼管机构。网络文化建设取得新突破。在第二届河南省优秀网络评论文章评选中，郑州市获得一等奖1篇、二等奖3篇、三等奖3篇，市委宣传部被评为先进单位；在全省中原经济区建设网络作品大赛活动中，郑州市获得一等奖6篇、二等奖2篇、三等奖2篇，市委宣传部再次被授予“先进单位”称号。两次评奖中，郑州市所获得奖项的层次和数量在全省各省辖市中均位列第一名。

【文化产业发展】 2011年，郑州市以重点文化建设项目为抓手，不断加快郑州市文化产业发展。加大文化项目招商引资力度。组织全市文化企业参加第七届中国（杭州）国际动漫节、第七届中国（深圳）国际文化产业博览交易会、豫港文化产业项目签约及合作交流活动、第三届中国（芜湖）国际动漫创意产业交易会，签约项目13个，合同金额达90.15亿元。文化项目计划完成投资12.4亿元，实际完成投资22.82亿元，超额完成了原定目标任务。加快文化产业项目建设。国家动漫产业发展基地（河南基地）已入驻动漫企业68家，郑州市动漫产业基地竣工投入使用，华强科技文化园项目50多个建筑单体主体全部完工。动漫行业快速发展，全市动漫企业达81家，取得制作许可证的动画片产量达到38部22778分钟，实现年度营业总额17223.55万元，位列中部地区省会城市第一名。加大文化产业宣传推介力度。建立“郑州文化产业网”，涉及文化产业发展的各项政策、项目动态都能在网上查询，使社会各界更便捷地了解有关政策、掌握有关信息。与6家媒体合作，积极构建文化产业宣传平台，为文化消费者和企业提供方便快捷的信息交流渠道。在郑州电视台创办《郑州最新鲜》栏目，在郑州人民广播电台创办《文化郑州》栏目，在《郑州晚报》《中原手机报》创办《文化产业周刊》和《文化速递》，直邮杂志《郑州文化产业》正式投放，人民网河南频道即时播报郑州市文化产业信息。积极组织开展推动文化产业发展的各项活动。组织开展“优秀文化企业”“文化企业带头人”评选活动和“郑州市文化产业示范基地”评选命名活动，评出6家“优秀文化企业”、6名“文化企业带头人”和30个“文化产业示范基地”，有效发挥了先进典型示范带动作用。积极组织全市文化单位及其负责人申报2010年度河南省文化产业领军人物和文化产业示范项目，有2名企业家、3个项目荣获奖励。举办了“2011动漫一夏欢乐汇”“2011中原动漫嘉年华”“2011中国·郑州绿博园休闲书博会”等文化活动，进一步刺激和扩大了市民文化消费。

【文化精品创作】 2011年，郑州市坚持文艺创新提升、文化普及惠民两手抓，充分发挥文化引领风尚、教育人民、服务社会、推动发展的作用。文化精品异彩纷呈。2011年3月，由郑州市打造的大型舞剧《水月洛神》作为河南省的献礼剧目，在北京保利剧院为全国“两会”代表连演3场，受到与会代表和各界人士的一致好评。《人民日报》《中国文化报》、中央电视台、北京电视台等媒体及各大网站专题报道了演出盛况。全国众多艺术大家盛赞《水月洛神》艺术一流、制作一流、表现一流，是表现中原历史文化的烫金名片，是中国当代舞蹈创作中一部具有标志意义的作品。国家文化部领导对郑州歌舞剧院给予

《斗笠县令》剧照

了“地方院团、国家水准”的高度评价。该剧先后荣获河南省第十二届戏剧大赛文华大奖、河南省第九届精神文明建设“五个一工程”奖和第八届“荷花奖”舞剧·舞蹈诗比赛金奖第一名。大型豫剧《斗笠县令》连获殊荣，先后荣获河南省第十二届戏剧大赛文华大奖、河南省第九届精神文明建设“五个一工程”入选作品奖、第二届中国豫剧节一等奖、第十二届中国戏剧节优秀剧目奖，并与《水月洛神》一起作为第十三届中国上海国际艺术节展演剧目盛装亮相。大型现代豫剧《清风茶社》在省人民会堂演出，生动展现了郑州市“清风茶社”在廉政教育方面的创新及成效，被确定为“中原清风杯”全省优秀廉政戏剧双季巡演活动重点剧目，参加全省巡演。积极推进电视剧《河洛康家》的播出工作，电视纪录片《发现豫商》在河南电视台公共频道播出。在河南省第九届精神文明建设“五个一工程”奖评选中，郑州市有9件文艺作品获奖，获奖作品数量在全省名列第一，荣获全省优秀组织工作第一名。《快乐星球》电影版在国家广电总局完成备案。

【文化资源保护与开发】 2011年，新郑望京楼夏商城址入选全国十大考古新发现。编制公布《郑州市大运河遗产保护规划（2011—2030）》，大运河保护和申遗进入实质性实施阶段。完成巩义宋陵、新密古城寨、郑州商代都城遗址的中国世界遗产预备名单相关材料的组织和申报工作。整理发布第三次全国文物普查资料，启动《郑州市文物地图集》编辑工作。顺利完成商城遗址公园一期绿化和城垣本体保护南顺城街段工程、荥阳故城西城墙中段维修工程、二七纪念馆基础设施改造工程。正式启动郑州西山、小双桥等一批遗址保护规划编制工作和刘振华庄园等一批文物遗存的维护整修工程。

2011绿城广场春节文化活动

【未成年人思想道德建设】 2011年，郑州市开展了社会主义核心价值体系巡讲进校园、学“三理”知识做美德少年、青少年健康成长指导巡回报告进校园、迎“七一”童心向党歌咏比赛和中华经典诵读大赛等活动，培养全市广大青少年爱党、爱祖国、爱人民的精神情怀，以及传承发扬中华优秀文化的自信心和责任心。在全省迎“七一”童心向党歌咏比赛和全省中华经典诵读大赛中，郑州市分获一、二等奖。认真开展未成年人法制教育宣传活动，大力宣传与未成年人密切相关的法律法规，引导未成年人知法、懂法、守法。郑州市未成年人健康成长指导中心被省文明办评为“省级未成年人心理健康辅导中心示范点”。加快推进农村未成年人校外活动场所建设和心理健康辅导站建设，全市共建成“乡村学校少年宫”48个、“心理健康辅导中心”17个。加大对网吧特别是黑网吧的治理力度，保持对网吧经营市场的常态监控和集中整治，净化未成年人健康成长的社会环境。因未成年人思想道德建设各项工作扎实推进，效果良好，郑州市获得“全国未成年人思想道德建设工作先进城市”荣誉称号。

【志愿服务工作】 2011年，郑州市文明办增设文明传播志愿服务处，以整合社会志愿服务力量，统一管理全市志愿者队伍，指导协调全市志愿服务工作。广泛开展文明创建志愿服务活动，先后开展了“红灯！止步！”“台上候车、排队上车”文明交通志愿服务活动，关爱空巢老人、关爱农民工、关爱留守儿童和进城务工人员子女、关爱残疾人“四项关爱”志愿服务活动，设立了“爱心不找零”聋哑儿童救助基金。在全国率先开展网络文明传播志愿服务，招募网络文明传播志愿者800余名，组织召开首批郑州市网络文明传播志愿者座谈暨培训会，向35名志愿者代表颁发了“郑州市首批网络文明志愿者聘书”。

【文化活动】 2011年，郑州市专业文化活动硕果累累。以“和谐家园”为主题的2011年郑州市迎新春电视文艺晚会，深受领导和观众好评。“写郑州、唱郑州、咏商都”活动进一步深化，出版《写郑州》优秀作品集12部300余万字。成功举办“书画郑州”活动及获奖作品展。全面启动郑州市专业文化工作者进社区活动，不断提高社区文化活动水平和文化品位。成功举办了中国郑州·第四届小小说节。

群众文化活动丰富多彩。2011

年元旦和春节期间，全市共组织开展各类群众性文艺活动6000余场次。举办“情暖新春”专场文艺演出16场，重点慰问下岗职工、低保户、困难户和重点建设工程的一线职工。开展民间文艺展演活动，充分展示了中原传统民间文艺特点和中原文化的博大精深。积极组织开展“欢乐中原·魅力郑州”群众文化活动，荣获全省2011年“欢乐中原”群众文化活动优秀组织工作奖第一名。

强力推进文化惠民工程。圆满完成市政府年初下达的新建改建100个社区文化活动中心、200个农村文化大院、750个农家书屋和培训1000名基层文化骨干、组织1000场“舞台艺术进乡村、进社区”惠民演出、放映27264场公益性电影等六项政府文化实事任务。实现全市“三馆一站”（文化馆、图书馆、美术馆和乡镇文化站）无障碍、零门槛免费开放。稳步推进公共文化服务设施建设。郑州市图书馆新馆、档案馆新馆、购书中心改扩建工程主体全部完成，图书馆新馆、档案馆新馆内外装饰工程即将完成，郑州市图书馆石佛劳教所分馆正式开馆。新建乡镇（街道）文化站35个。东方红、中原影剧院拆迁改造快速推进。

【舆情信息和调研工作】 2011年，郑州市编发《郑州宣传信息》129期、《舆情摘报》35期。上报信息被中宣部综合采用1522条，被《河南宣传信息》采用147条。《郑州市网络问政行动特色明显》《河南省郑州市建立网络舆情处置联席会议制度》等18条舆情信息被中宣部单独采用。郑州市的做法得到中宣部的肯定，并在中宣部舆情信息工作培训班作了经验介绍。

围绕宣传思想文化工作中的重点和难点，扎实组织开展调查研究，共形成有价值的调研报告60余篇，调研成果《郑州都市区文化建设研究》获2011年郑州市社科优秀调研成果一等奖。由郑州市委宣传部主办的河南省连续性内部资料《郑州宣传》影响力进一步扩大，蝉联“全国城市优秀宣传刊物”荣誉称号，并在全国城市宣传刊物研究会第22届年会上作典型发言。

【队伍建设】 2011年，郑州市委宣传部对郑州日报报刊社、郑州晚报社、中原报业网络中心、郑州嵩山文明研究院、文物考古研究院等15个单位的领导班子进行调整，并对新配备的领导班子进行了运行情况跟踪。与中国人民大学联合举办全市宣传思想文化系统领导干部培训班，对各县（市）区党委宣传部及宣传思想文化系统一级单位的主要领导干部进行了培训。与厦门大学联合举办了全市“四个一批”人才培训班，对全市58名“四个一批”人才进行了考核，5人入选全省第三批“四个一批”人才，1人被选为省“四个一批”人才资助扶持对象。

（杨春元 杨 晋 彭 力 戴烁琪 王永强）

统战工作

【服务经济社会发展大局】 2011年，全市各级统战部门和广大统一战线成员牢牢把握“团结和谐保稳定、招商引资促发展”工作要求，切实将思想和行动统一到服务中原经济区、郑州都市区建设上来，充分发挥统一战线的优势和作用，深入实施“同心”工程，积极开展“同心同力建中原”活动。

（一）积极为郑州都市区建设引进资金和项目。一是积极配合省市重大活动邀商。利用辛卯年黄帝故里拜祖大典活动、2011河南省承接产业和技术转移合作交流洽谈会、第二届中国郑州产业转移系列对接活动和2011年豫台经贸洽谈会暨台商中原行等活动，共邀请110多个团队、3100多名嘉宾到郑参观考察、洽谈项目，扩大了郑州对外合作领域，提高了郑州影响力。二是“以商招商”成效显著。在以“百商（会）活郑州、百企进郑州、招商引资100亿”为主要内容的“三百工程”活动中，充分依托商会组织，发挥商会桥梁纽带作用，4月下旬，组织招商小分队赴泉州、晋江、杭州、海宁、宁波、宁海等城市，举办招商引资市情说明会和推介会，拜访著名企业，开展了全方位、多渠道、宽领域的招商引资活动。12月6日，举办“温商百家名企进中原研讨会”，200位来自全国各

郑州市委统战部与世界华商联合会共同举办“郑州都市区建设华人华商论坛”

地的温州知名企业家及温州商会会长齐聚郑州，共商中原发展大计，拟投资200亿元建温商产业集聚区。截至年底，共引进企业81个，投资项目81个，拟投入资金人民币388亿元、美元5000万元，已投资金额人民币89亿元、美元2000万元。三是“以台引台”不断扩大。通过整合优势资源、创新招商思路，利用丹尼斯百货、晶诚科技等一批具有较强影响力的台资企业，吸引和带动了更多的台商落户郑州。全年全市新增台资企业30家，总投资20亿美元，到位资金7.4亿美元，台资企业和台商工业园区的项目带动能力和产业聚集效应进一步增强。

（二）积极为郑州都市区建设建言献策。全市各级统战部门充分利用统一战线成员人才荟萃、智力密集的特点，动员各民主党派、工商联、无党派代表人士及海内外知名人士围绕中原经济区、郑州都市区建设建诤言、献良策。4月5日举办了郑州都市区建设华人华商论坛，10名嘉宾围绕郑州都市区建设提出了发展区域经济、打造城市名片、发展文博产业等建议，对加快郑州都市区建设具有非常宝贵的借鉴意义。各民主党派、无党派人士围绕经济发展、社会管理等热点、难点问题，确定了“关于充分利用资本市场，积极推动企业上市的调研”“关于郑州市组团发展战略及政策取向的调研”等十几个重点调研课题，明确了课题负责人，组织专家队伍，深入开展专项调研。各民主党派积极参与郑州都市区建设规划的制定工作，提出了《加快合村并镇、合村并城、合村并点步伐，积极推进郑州都市区建设》《郑州都市区建设中职业教育与就业问题的建议》《关于合理开发城市地下空间，加快郑州都市区建设的调查》等一系列具有较强针对性、可操作性的意见建议，得到了市委、市政府的高度重视。

（三）积极为郑州都市区建设优化发展环境。为促进非公经济、台资、侨资等企业发展，全市各级统战部门开展了“大走访”“大调研”等活动，进一步营造良好的发展环境。市工商联先后走访了建材商会、泉州商会等行业（异地）商会25家和会员企业50余家，加强与会员企业的联系，帮助他们解决实际问题30多个。对全市中小企业发展情况进行了调研，撰写了《郑州市中小企业综合情况调研报告》，针对如何为中小企业发展营造良好环境提出了许多很好的建议。11月14日，市工商联举行银企座谈会，积极缓解全市中小微型企业资金短缺问题。市台办在走访中始终坚持“下实劲、察实情、办实事、见实效”，掌握台资企业生产、经营状况和台胞台属台商生活情况，及时帮助他们解决影响和制约台资企业发展及对台招商引资中遇到的困难和问题。11月29日，省委常委、副省长史济春在调研郑州市台资企业发展情况时，对服务台企工作给予了充分肯定。

【促进多党合作与政治协商】 2011年，郑州市各级统战部门围绕纪念中国共产党成立90周年和辛亥革命100周年，深入开展了“同心同行”主题教育活动，不断推进多党合作制度化、规范化建设，更好地引导民主党派和无党派人士与中国共产党思想上同心同德、目标上同心同向、行动上同心同行。

（一）开展“重温历史、同心同行”教育活动，巩固和发展统一战线共同的思想政治基础。举办了郑州市统一战线知名书画家“纪念中国共产党成立90周年、辛亥革命100周年”采风笔会、郑州市统一战线庆祝中国共产党成立90周年书画展等活动，以艺术的形式热情讴歌中国共产党领导中国革命、建设和改革的丰功伟绩，进一步坚定了各民主党派成员走中国特色政治发展道路的信心和决心。组织各民主党派负责人和无党派代表人士赴遵义、重庆、信阳新县等革命圣地接受教育，回顾了各民主党派和中国共产党肝胆相照、携手共进的光辉历程。

（二）不断完善政治协商工作机制和保障制度，进一步提高党外人士的合作共事水平。市委办公厅下发《关于进一步完善市级以上党员领导同志与党外代表人士联系交友制度的通知》，转发《2011年各民主党派重点调研课题的通知》，增进党员领导同志与党外代表人士的沟通了解，有力地支持了各民主党派履行职责为党委、政府的中心工作服务。市委、市政府召开全市社会经济发展和党风廉政建设情况通报会、市十次党代会报告征求意见座谈会、市委换届人事安排协商会等，充分听取各民主党派和无党派人士的意见和建议，促进重大问题的科学决策、民主决策。与组织部沟通协商，全年共提拔交流县处级党外干部5名，其中2人任党外正职，更好地为党外人士参政议政、履行职责提供了平台。

（三）协助民主党派做好换届工作和思想、组织建设，进一步提高政治把握能力和参政议政水平。全年共协助召开4次各民主党派、工商联负责人和无党派代表人士联合中心组学习活动，围绕树立和践行社会主义核心价值体系、同心同力建中原等进行深入的学习讨论，增强了政治把握能力。积极协助民主党派做好换届工作，按照民主推荐、充分协商等原则，严格换届程序，确保政治任务顺利交接。

【推动工商联工作】 2011年，郑州市各级统战部门认真落实《中共中央、国务院关于加强和改进新形势下工商联工作的意见》，深入基层和会员企业开展调查研究，充分发挥工商联作为党和政府联系非公有制经济人士的桥梁和纽带作用，促进非公有制经济健康发展和非公有制经济人士健康成长。

（一）扎实开展非公企业创先争优活动。在创先争优活动中，按照“服务郑州都市区建设、服务企业、服务职工、服务客户、服务党员、服务社会”的总体要求，突出抓好“三个结合”（与发展商会经济相结合、与促进“两个健康”发展相结合、与创建“五好商会”相结合），做到“四个促进”（促进会员企业科学发展、促进党员作用发挥、促进企业文化建设、促进非公有制经济人士素质提升）。中央统战部副部长、全国工商联党组书记全哲珠在调研好想你枣业有限公司、河南鑫山实业发展有限公司创先争优活动开展情况时，对郑州市非公有制经济组织创先争优指导工作给予了高度称赞。

（二）大力开展“感恩行动”。在全市非公经济人士和商会组织中开展以“百千万集中帮扶”活动（百企帮百村、帮扶千名贫困学子、促进万人就业）为主要内容的“感恩行动”。在“百企帮百村”活动中，共有190家非公企业帮扶146个村，帮扶项目187个。在帮扶千名贫困学子活动中，通过“爱心包裹邮寄”行动，共发放爱心包裹2000余件，总价值20余万元，帮扶贫困学生1519人。在促进万人就业活动中，通过开展“民营企业招聘周”活动，组织了82家企业进行招聘，提供就业岗位12064个。同时，各级工商联组织和会员积极开展扶贫助残、关爱老人等光彩活动，为残疾人、贫困家庭等弱势群体捐款捐物，奉献爱心。

（三）不断加强各级工商联组织和商会组织建设。对各县（市）区工商联换届工作进行认真指导，推荐了一批社会上有影响、经济上有实力、行业中有代表性并热心工商联工作的非公有制经济代表人士充实到工商联组织中来，壮大会员队伍，改善会员结构，增强了商会工作的活力和凝聚力。在商会组织建设上，新成立了花卉业、美容业、工程机械3个行业商会和舞阳企业家商会1家异地商会，新发展市直会员30名，市工商联泉州商会跨入了百亿元商会的行列。

【民族宗教与社会稳定】 2011年，郑州市以实施“和谐工程”为载体，大力宣传党的民族宗教政策，依法加强对民族宗教事务的管理，着力解决民族宗教领域重点、难点问题，进一步巩固了全市民族和睦、宗教和顺、社会和谐的良好局面。

（一）不断推进民族团结进步工作。召开了全市第九次民族团结进步表彰大会，对全市民族团结进步事业中涌现出来的30个先进集体和60个先进个人进行了隆重表彰。继续在全市深入开展“三进六争创”活动，加强了对各县（市）区的督导检查。积极扶持少数民族和民族聚居地区发展，帮助民族聚居地区解决交通、饮水、教育等难题，完善了少数民族聚居地区基础设施。对外来少数民族流动人员进行动态管理，教育引导来郑务工经商少数民族人员合法经营。

（二）切实加强新形势下的宗教工作。深入开展“和谐寺观教堂”创建活动，加强对创建活动的督导。全市备案登记的499处宗教活动场所中，有346处达到“和谐寺观教堂”创建标准，占总数的70%。加强了清真寺管理工作，依法进行规范整顿。每季度组织一次与宗教界上层人士座谈，定期与宗教界人士进行餐叙，帮助他们解决困难和问题，加强了与宗教界人士的感情联系。依法管理宗教事务，坚决抵御境外宗教渗透。4月6日，全国政协副主席、中央统战部部长杜青林到郑州市调研宗教工作，并给予高度评价。

全国政协副主席、中央统战部部长杜青林在郑州调研宗教工作

【对台工作及海外交流合作】 2011年，全市各级统战部门充分利用“根文化”等资源优势，加强同海内外客商和知名人士的沟通联络，进一步扩大了郑州对外合作交流，港澳台和海外统战工作更加活跃。

（一）发挥“根文化”优势，以“根”为媒，打好“亲情牌”“友情牌”。用情感召，吸引海内外姓氏宗亲团体和知名人士到郑寻根拜祖、旅游考察、投资兴业。在辛卯年黄帝故里拜祖大典活动中，邀请19个国家和地区的近千位海外侨胞参加并开展经贸洽谈、考察活动。组织百名归侨侨眷到管城区开展“中原经济区、郑州都市区学习宣传联谊活动”，鼓励广大归侨侨眷发挥与海外联系的优势，宣传中原经济区、郑州都市区建设，动员海外亲人来郑投资发展。

（二）扩大对台宣传。邀请台湾海基会媒体采访团、“聚焦中原经济区——河南行”两岸记者采访团、“记者进台企”采访团、“豫台经贸洽谈会暨台商中原行”记者团等两岸三地媒体10批120余人，进行集中采访、规模报道，提高了郑州美誉度和影响力。

（三）深化郑台合作交流。郑台交流实现多层次、多领域的发展，全年共进行了171个交流项目，直接参加2449人。其中，郑州市应邀赴台交流项目有经贸、旅游、文化、教育等共70个团、297人；接待了海基会董事长江丙坤、新竹县县长邱镜淳等台湾交流团组101个、2152人。

【参与公益事业】 2011年，全市各级统战部门发挥统一战线优势，全力办好统一战线十件实事，积极参与公益事业。围绕省委统战部关于统一战线“十件实事”的安排部署和市委、市政府工作大局，将统一战线“十件实事”打造成为统一战线务实为民的品牌工程。积极争取民革中央秸秆反应堆技术推广项目等7个党派中央（省委）与郑州市合作产业项目。协调省市有关部门向少数民族地区投入项目建设类资金330万元。组织动员统一战线各界人士开展医疗服务和捐赠捐建活动，各民主党派举办了9次义诊活动，70多名专家参加义诊，800多名群众接受治疗；投资10余万元，购置健身器械，帮助惠济区马庄村建设百姓健身园，丰富当地群众文化体育生活。做好“千里马”新生代农民培训项目工作，培训新生代农民挖掘机操作手50人，免除培训费用20余万元。在“万人培训计划”中，共举办党外干部、民主党派骨干成员、民主党派成员、新社会阶层人士、无党派代表人士、民族界人士、宗教界人士、民族宗教工作人员、新生代农民、非公经济人士等30多个培训班，培训人员13391人。积极发展商会经济和民营企业总部经济，各异地商会和行业商会实力进一步发展壮大。成功举办“郑州都市区建设华人华商论坛”，共签约项目27个，投资总额达193.2亿元。

【统战调研与宣传信息工作】 2011年，郑州市各级统战部门紧跟新时期统战工作的发展形势，加强信息编写、扩大宣传力度、深入展开调研，及时反映全市统一战线动态，大力宣传全市统战工作成果，切实为领导决策服务。郑州市委统战部荣获全省统战信息工作一等奖、全省“根在中原”网站信息工作一等奖、全省统战调研工作优秀组织奖、全省统战宣传工作二等奖。

一是以信息提高工作质量。加强信息的经验性、时效性、研究性、建议性、前瞻性，为领导决策提供高效服务。2011年，《河南统战信息》采用40条，《上报信息》采用140条，省级《两会信息》采用21条，中央《每日汇报》《统战工作》采用30条。全年共编印《郑州统战信息》34期。

二是以宣传扩大统战工作影响力。围绕建党90周年和辛亥革命100周年，开展了书画展、演讲比赛、征文比赛、文艺晚会等活动。在《郑州日报》《郑州晚报》开辟专版报道全市的民族宗教工作。与市委机关刊物《郑州工作》合作，开辟《台商看郑州》专栏，宣传台商投资兴业的风采。与市委宣传部、市委党校联系，将统战理论方针政策列入了党委中心组学习内容和党校教学计划。加强主流新闻媒体宣传，在《人民政协报》《中华工商时报》《中国统一战线》《党的生活》《河南统战工作》等报刊发稿74篇。

三是以调研促工作创新发展。制定下发了《2011年度郑州市统战理论研究课题计划》，积极调动全市统一战线力量，围绕统战工作出现的新情况、新问题开展调查研究，对统一战线领导体制机制创新、服务社会管理创新工作等进行了分析，共撰写《郑州市非公有制经济组织人才队伍建设的实施意见》等调研报告56篇，提出了很多好的意见和建议。其中《关于利用新兴媒体力量提高统战工作影响力的思考》等荣获省委统战部优秀调研文章。共编印《统战调研参考》6期，加强了各县（市）区统战部门之间的工作交流。

四是利用网站扩大统战工作覆盖面。利用互联网对外宣传快捷的特点，及时在“根在中原”网·郑州站发布全市统一战线的工作动态、经验做法，宣传全市统一战线为中原经济区、郑州都市区建设所作出的贡献和广大统一战线成员的风采。为丰富网站内容，加强了郑州历史文化的报道，突出中原文化特色。在全省率先开通县（市）区网站，增强了网站的辐射范围。全年累计更新信息5030余条，被“根在中原”网首页采用908条，被中央统战部网站采用12条。

【统战队伍建设】 2011年，全市各级统战部门强化统战部门自身建设，不断建立健全各项制度，切实增强干部履行职责的能力，进一步推动统战工作科学发展。

在全市统战系统开展了“万人培训计划”，采取邀请专家教授讲座、开办培训班、外出学习考察等形式，使统战干部的整体素质得到了提高。以续创省级文明单位为契机，进一步完善了机关工作制度，增强了干部的创新意识和责任意识。2011年，郑州市委统战部被评为“全省统战工作先进单位”，并获得发展创新、务实为民等专项工作奖励。

进一步加强基层统战部门建设。在6月份县（市）区党委换届中，一批年富力强的干部走上统战部部长领导岗位，呈现出年纪轻、学历层次高的特点。进一步推动了统战部部长交叉任职，密切了统战部门与政府部门的联系。县级统战部门在人员编制、机构建设等方面都有不同程度加强，进一步增强了基层统战工作力量。

（胡晓林）

编制管理

【行政管理体制改革】 2011年，郑州市以转变政府职能、推动科学发展为目标，不断深化行政管理体制改革。

（一）扎实开展政府机构改革评估，巩固深化改革成果。按照省编办的统一部署，4月郑州市编办会同组织、纪检、人事、财政等有关部门组成政府机构改革评估组，对41家市直部门的“三定”执行情况和12个县（市）区的政府机构改革落实情况进行检查评估。通过科学制定评估方案，将评估考核指标逐条细化分解，提高了评估的科学性和可操作性。针对不同对象制作下发了调查问卷，召开了人大代表、政协委员和企业代表座谈会，广泛收集社会各界对改革的评价和建议，对落实不够彻底、职责划转还没有到位的个别单位，提出了整改意见和整改时限。5月郑州市政府机构改革工作顺利通过省编办评估组的检查验收。

（二）深化行政审批制度改革，不断优化经济发展环境。郑州市的行政审批制度改革从2001年开始启动，经过多轮清理，全市行政审批事项从最初的2308项减少到2011年的390项，精简比例达83%。清理过程中，逐一核对审批事项的法律依据，对于法律依据不充分或所依据法律已经废止的审批项目，坚决予以取消。把提高行政效能作为行政审批制度改革的重点，结合郑州市的实际，大力减少审批环节，规范审批程序，优化、再造审批流程，扩大和深化联审联批，对全市行政审批办理时限在现有基础上再压缩了20%-30%。

（三）统筹推进重点领域和关键环节改革。一是积极探索产业集聚区体制机制。从建立精干高效的管理机构和运行机制入手，因地制宜提出郑州新郑综合保税区、宜居健康园区、富士康产业园社区等管理机构的机构编制设置意见，供市委市政府决策。二是配合做好警务体制改革。主动就改革涉及机构编制事宜与市公安局进行沟通，拟定了市公安局派出所（分局）机构设置方案。三是理顺食品药品监管体制。成立市食品安全管理办公室，强化政府对食品安全管理的组织协调、综合监督。强力推动县（市）区药监人员划转工作，不断加强食品安全监管力量。

【事业单位改革】 2011年，郑州市以提供优质公共服务、促进社会和谐为目标，积极稳妥推进事业单位改革。

（一）认真做好事业单位改革各项准备工作。认真学习中央、国务院、中央编办相关文件精神，成立郑州市事业单位改革领导小组，在省编办还没有正式动员部署之前，就以清理规范为重点，先行开展摸底准备,分别对承担行政职能类、公益事业类和生产经营类事业单位进行了数次排查过滤、分类甄别，摸清了底数。起草了分类改革实施意见和清理规范工作方案（草案），制作了清理规范意见表、事业单位分布图、分类改革图解等。通过主动工作，为清理规范和正式启动分类改革做好了充分准备。

（二）深化医药卫生体制改革。一是保障基层卫生事业编制，初步建立起基层医疗卫生机构公益性管理体制和高效规范的运行机制。督促县（市）区将省核定郑州市的5210名乡镇卫生院编制足额分配到各乡镇卫生院。二是完成新农合经办机构设置和人员分流任务，建立了政府主导、管办分离、部门监督、商险补充、高效便捷的新农合运行机制。三是着力创新公立医院体制机制，提高公立医院服务质量和运行效率。联合市卫生局、人社局等部门，在市属公立医院试行风险抵押金制度，并给予其在编制核定、人才引进、人员入编等方面更多自主决策权；为做大做强市属医院，实现强强联合和优质医疗资源倍增，将原属二七区的口腔医院划转至郑州人民医院。

（三）积极推进文化体制改革。一是理顺文化行政管理部门与文化企事业单位的关系。组建郑州日报社（中原报业传媒集团），实行党委会、社委会（董事会）、编委会三个领导机构一套班子的体制，实行采编与经营分开，建立党委领导、政府管理、行业自律、企事业单位依法运营的文化管理体制。二是积极支持文化广电新闻出版事业的发展，建立健全灵活的进人用人机制，牵头拟定了《郑州市文化事业单位人才流动实施意见》。

【机构编制资源配置】 2011年，郑州市编办以服务中心工作、服务和保障民生为重点，不断优化机构编制资源配置。

（一）服务中心工作。围绕抢抓国际航空枢纽战略机遇，完善了郑州市国家航空枢纽建设发展办公室的机构设置；围绕缓解交通拥堵问题，加强郑州市城市综合交通管理办公室的人员力量；围绕创造和谐稳定的社会环境，研究设立郑州市社会管理综合治理委员会办公室；围绕推进城市信息化建设，整合成立市“数字郑州”办公室，设立市媒体网络事项督办中心（ZZIC），增加召议、协调、督办职责，促进党委、政府由网络问政向网络行政转变升华。为进一步提高城市管理水平，学习借鉴上海市闵行区城市管理和应急联动中心的经验做法，提出了《关于创新机制提升社会管理和城市管理服务水平的建议》，受到市委、市政府领导的肯定。

（二）服务保障民生。一是支持优质医疗资源倍增计划。根据基层医疗卫生机构人员编制标准，重新核定了全市乡镇卫生院人员编制5317名；积极探索政事分开、管办分开的实现形式，成立医院管理局，履行政府办公立医院的职能，负责公立医院的资产管理、财务监管、绩效考核和负责人的任用。二是支持优质教育资源倍增计划，先后为市直70多家学校增加教职工编制1207名，成立了郑州市幼教发展中心，统筹制定郑州市幼儿教育发展规划；在市属学校建立了以绩效考核为核心内容的多层次人员流动机制，充分赋予学校选人用人自主权。三是将市民政局承担的农村社会养老保险职责划入市人社局，同时将市农村社会养老保险办公室整体并入市社会保险事业管理局，统筹城乡养老保险事业；整合养老、工伤、医疗、生育、失业等社保经办机构，实行“五险合一”一站式服务，进一步提高行政效能。四是服务保障性住房建设，在全国率先整合成立郑州市保障性住房办公室，统筹承担经适房、廉租房和公共租赁住房的建设管理工作。五是强化政府部门安全监管职能。为市动物卫生监督所、市兽药饲料监察所（市畜产品质量安全监督检验中心）、市农产品质量检测流通中心增加编制，保障人民群众食品安全。成立郑州市食品安全管理办公室，为市（县）药监系统增加了职能，划转了人员编制。增设市建设安全监督站郑州新区分站和市工程质量监督站郑州新区分站，理顺建设安全监管体制，多层面提升安全生产监管力量。

（三）服务领导决策。市编办被列为市委常委会、市委务虚会、重大项目周例会等重要会议固定成员单位，全程参与市委、政府中心工作，并及时提供机构编制保障。先后办理了明确停车场规划建设管理职责、明确超限超载治理工作职责等推诿扯皮事项。至年底，共办理市委、市政府领导交办事项330余件，各类转办件996件，参加各类协调会630多次，做到了件件有回音、事事有落实。

【机构编制管理】 2011年，郑州市以规范进人程序、节约行政成本为目标，不断加强机构编制管理。

（一） 规范机关事业单位进人用编审核程序。2011年9月，由市纪委牵头对县（市）区、开发区机构编制人事管理工作进行了专项检查。通过查看编委会记录、工资基金表、机构编制实名制管理数据库、入编通知单等材料，摸清了各个县（市）区、开发区的机构编制人事管理情况，提出了整改意见，并将开发区机构编制工作纳入统一规范管理，有力地推动了全市机构编制工作规范化建设。

（二）认真做好党政机关消化超编工作。按照中央编办关于在2011年前完成地方党政机关消化超编人员任务的要求，积极制定消化超编人员措施。下发了《关于郑州市党政机关消化超编人员工作实施意见》，明确规定各县（市）区机关事业单位没有空编一律不准进人，已超编的单位实有人员只出不进，逐步控制到编制限额内，严把人员进口关，严控党政机关超编进人和人员增长。建立月报工作制度，要求各县（市）区每月上报一次工作进展情况。至年底，各县（市）区党政机关超编的2100人已经全部消化完毕。

（三）扎实开展事业单位登记管理。认真贯彻落实中央编办《关于加快推进事业单位网上登记管理的通知》和全省网上登记工作会议精神，全面开展全市事业单位网上登记管理工作。购置网上登记钥匙盘750套，举办网上登记管理专办员培训班4期，培训550多人次，指导县（市）区开展培训1000多人次，全面实现事业单位登记管理事项的网上办理。认真组织实施事业单位法人2010年度检验工作。印发了《关于2010年度市直事业单位法人网上年度检验工作有关问题的通知》，明确了事业单位网上年检工作程序，提出了具体要求。市直已登记544家事业单位法人，年检率达100%。

（四）加强全市政务和公益专用中文域名组织推广工作。通过举办中文域名与网上登记操作培训班，对各单位的具体承办人员进行电脑演示培训，提高全体人员的中文域名注册业务能力水平。积极向市财政局申请政务和公益中文域名注册管理专项经费40.11万元，用于市直党政群机关等政务部门和市直事业单位中文域名的注册管理，在全市掀起了中文域名注册热潮。至年底，全市已有注册域名585个，在全省处于领先地位。

【机构编制管理创新】 2011年，郑州市以规范行政行为、提高行政效能为目标，积极探索机构编制管理创新。

（一）探索试行“十定”规定。结合行政管理和运行实际，抓住机构改革的有利时机，将政府各部门定机构、定编制、定职能的“三定”拓展为“十定”，增加了审办事项、联办事项、工作制度、工作目标、工作责任、绩效考核和督导评估等七项内容，推进机构编制管理从构建组织体系的单目标向制定工作流程、工作标准、日常动态跟踪等多目标并行的模式转变，建立完善、科学、高效、规范的行政管理体系和工作运行机制，从而有效解决了工作随意性问题和权责不清、监管不力等问题。

（二）探索试行政府购买服务，缓解机构编制资源有限和各部门实际需求过高的矛盾。积极探索事业编制多元化管理方法，在教育、卫生等领域试行政府购买服务（合同制编制）新模式。在编制使用上采取企业用工模式，由用人单位自主聘用专业技术人员，但不办理入编手续，用人单位与受聘人员签订劳动合同，财政部门依编制部门核定的编制使用限额核拨人员经费的人员编制形式。作为实名制编制的补充，充分赋予了用人单位自主权，用人单位可以根据事业发展需要，面向市场聘用急需的工作人员，灵活调整职工总量和人才结构比例，实现人力资源的合理配置。

（郑编办）

老干部工作

【概况】 2011年，全市老干部工作以“提高老干部工作政治水平、提高老干部对组织工作的满意度”为目标，以“让市委放心、让老干部满意”为标准，以纪念建党90周年为契机，深入开展创先争优活动，认真落实党的老干部政策和老干部的各项待遇，实现了老干部工作和队伍建设新的跃升，市老干部局被评为全省老干部工作先进集体。4月，省委老干部工作检查组对郑州市老干部工作进行全面检查后，给予高度评价。在中组部召开的部分省（区）老干部局局长及省辖市组织部部长、老干部局局长参加的“提高离退休干部对组织工作满意度”座谈会上，郑州市“切实把老干部工作融入组织工作，最大化地满足老干部需求”和“维护好、保护好、服务好广大离退休干部权益、利益和需求”两个发言，得到中组部老干部局的充分肯定。指导新郑市对“创新社会管理、服务好老年人”工作进行探索，中共中央政治局常委、中央政法委书记周永康在视察新郑市老干部活动中心和老干部大学时非常满意。12月20日，十届全国人大常委会副委员长、中国关工委主任顾秀莲在郑州作了“加强和创新社会管理”专题报告，对郑州市老干部关心下一代工作给予充分肯定。

2011年，中共郑州市委高度重视老干部工作，完善了市委书记直接抓、组织部部长具体抓的工作机制，市委书记亲自担任老干部工作领导小组组长。市委专门印发3期《工作部署》，对老干部工作进行安排。市委、市政府一年两次向老干部通报工作，并就市十次党代会报告（征求意见稿）和市委、市政府的工作，征求老干部的意见和建议。从2011年起，市委把离退休干部党组织和党员纳入了全市先进基层党组织和优秀共产党员表彰范围。

各级党委、政府把老干部工作作为事关改革、发展、稳定的大事来抓，坚持以人为本、以老干部为重，列入绩效考核，定期听取汇报、研究部署，召开离退休干部座谈会，对县（市）区、乡镇党代会报告（征求意见稿）征求意见建议。新郑市紧紧抓住社会管理创新试点县（市）的契机，高标准建成了老年人服务中心，为老干部提供一站式服务；惠济区建立了领导联系老干部和老干部信访“三见面”制度，将老干部工作纳入各镇（街道、区直）年度目标管理责任进行考核。市工信委成立了机关离退休干部党委和离退休干部服务中心，加强老干部工作；市检察院创建了老干部手机和网络平台，实现了在职干部与老干部的即时交流；市总工会开展了评选“十佳孝星”活动。市委组织部、老干部局、发改委、民政局、财政局、人社局、卫生局等老干部工作领导小组成员单位，加强指导和协调，保证了各项政策落到实处。

截至2011年底，全市共有离休干部4448人，其中，80（含）岁以上3537人、80岁以下911人，平均年龄83.6岁,年减少6.75%；红军时期9人，副省级16人、副厅级289人、县处级1892人、科级（含科级）以下2251人。退休干部55289人，年增长率3.2%。

【落实老干部政策】 （一）确保离休干部“三个机制”有效运转。市委老干部局联合市财政局、人社局、卫生局印发了《进一步加强离休干部医疗服务管理工作的意见》，对老干部转诊、转院、住院、医药费报销、定点医疗问题，进行了明确和规范。市属离休干部就诊医院由原来的3家扩大到27家，并实现市医疗定点医院联网和IC卡就医；开展“两免八优先”服务试点工作，按规定提高了部分离休干部医疗待遇和医疗费报销标准，离休干部生活补贴发放范围扩大、标准提高，为全市离休干部增发了2011年生活补贴。管城回族区打造“暖风”服务新品牌，设立老干部服务联系电话，发放服务联系卡，以“三送三帮”为载体开展亲情服务。巩义市改进老干部体检工作，及时组织有重大疾病隐患的老同志进行复检，针对老干部慢性病、常见病多发的特点，成立了糖尿病等协会。

（二）做好看望慰问帮扶等工作。“七一”前夕，对全市466名老干部、老党员和22名易地安置离休干部进行了走访慰问；组织2853名老干部开展健康体检，首次将377名无主管困难企业离休干部纳入体检范围。组织80岁以上市级老领导赴南京健康休养；举办健康讲座8场，印发保健手册2.12万本。市干休所和市直机关干休所切实为老干部着想，安装了安全监控设施。市城市管理局关心老干部，为老红军购买了高质量的助听器等。

（三）整合资源推进“四就近”工作。以老干部就近需求为导向，积极推进“四有两好”示范社区创建工作。全年有217个社区积极创建，通过验收首批命名了84个达标社区。全市老干部工作重心下移，为广大老干部提供了更多的服务资源和项目。二七区将老干部工作纳入全区绩效考核体系，将“四就近”工作纳入组织工作同部署同考核，并将考核结果纳入全区绩效考核工作总成绩，成立了“情动二七”老年志愿者服务队98支，3000余人参加志愿服务。登封市先后组织举办了2次培训班、4次经验交流会，联合10个部门出台了实施意见，编印了《工作手册》，有力地推进了老干部“四就近”工作。中原区依托医疗资源，积极与市级、区级、社区医疗服务站联系，为老干部提供就近医疗服务。中牟县采取分片包干的办法，建立了老干部服务网络，全县每个区域都有对应的老干部工作人员负责，使老干部服务工作做到了由点到面全覆盖。《中国老年报》头版头条刊发《“一五一十”深化“四就近”——郑州市离退休干部享福在社区》，报道了全市“四就近”工作的做法和经验。

（四）加强困难企业离退休干部工作。2011年5月，成立了郑州市企业离休干部服务管理中心，重点做好全市106家改制破产困难企业离休干部的服务管理工作。结合老干部居住分散、行动不便、高龄需求不断增加等特点，分别在中原区、二七区、金水区和管城回族区设立了4个服务管理站，全面进行入户走访、征求意见，确立了党建带动、面对面服务的工作理念。

【丰富老干部文化生活】 一是市老干部活动中心改扩建工程顺利推进。按照“整体规划、分期建设”的原则，分两期对市老干部活动中心进行改扩建。一期工程于2011年3月奠基开工，建筑面积3.8万平方米，投资概算1.29亿元，规划学习、文体、保健等50多种学习活动项目。二是创造性地发展老年教育事业。落实市委组织部印发的《关于进一步加强老干部教育工作的意见》，规范全市老干部教育工作的指导思想、基本原则、工作机制、工作目标。市老干部大学设立7所分校、22个教学点，开设10个系、50个专业，共230个班级，招收学员1.3万人次，实现了“百班万人”的目标，引领广大老干部享受“我学习、我快乐、我健康”的生活方式。组织老干部大学艺术团开展“六进三送”（进社区、进学校、进医院、进孤儿院、进敬老院、进劳教所，送文化、送文明、送温暖）慰问活动。金水区东风路街道文北社区与河南财经政法大学联合成立老干部大学教学点，定期邀请专家教授为老干部上课。三是老干部学习活动网络得到健全。全市成立了市级老干部合唱团及诗词、书画等14个协会，发展会员6000余名，在全市构建起“上下联动、覆盖城乡”的活动网络。

【发挥老干部作用】 一是离退休干部创先争优活动扎实推进。全市各级组织部门、老干部工作部门以“服务中心、保持本色”为重点，以“双百夺旗争星”和“公开承诺五带头”等为载体，充分发挥离退休干部党组织的战斗堡垒和党员的先锋模范作用，进一步激发了老同志创先争优的内生动力。全市举办创先争优活动推进会、离退休干部党支部书记培训班等各类理论学习班100余次，就深入开展创先争优活动进行部署，围绕市“十二五”规划、市重点工程规划建设情况等作专题报告。通过集体宣誓、签订承诺书、过政治生日、作巡回报告等形式，引导老干部在思想政治、

全市离退休干部“四就近”工作推进会

道德品行、教育后代和文化活动上创先争优。新密市先后选派100名正副科级协理员或离退休干部担任党务工作者、党建联络员，加强非公企业党建工作。上街区开设“老干部思想政治大讲堂”，建立了老干部管、老干部教、老干部学的管理模式，引导老干部在社会管理中创先争优。全市新增离退休干部党委1个、党支部5个，有94个基层党支部、772名党员受到表彰，有4个离退休干部党组织夺得“郑州市创先争优红旗”，8名离退休干部党员被评为“郑州市创先争优党员之星”。二是老干部发挥作用成效明显。市委老干部局先后组织老干部赴外地参观学习，参加党代会、人代会、政协会等重要会议，考察城中村改造、南水北调工程等重点建设项目，围绕市十次党代会报告、“十二五”规划、城市建设与管理等方面提出建议，其中有27条建议纳入市“十二五”规划、25条建议写入市十次党代会报告、31条建议列入市委《工作部署》。全市组织广大老干部开展法制和文艺宣传活动1.2万余次，调解民事纠纷2560起，扶贫帮困1300次，为群众办实事570件，免费举办各类技术培训班2700余期，受益群众达6.1万人。全市有7200多个关工委组织、186个“五老”报告团，每年作报告近2000场，受教育青少年达100万人次，市关工委连年被评为“全国关心下一代先进集体”。三是纪念建党90周年活动丰富多彩。各级老干部工作部门以“学党史、忆党恩、跟党走”为主题，组织老干部开展了形式多样的活动。根据中组部安排，广大离退休干部积极参加征文活动，共撰写各类征文2000余篇。市委老干部局积极开展征文活动，被省委老干部局评为“优秀组织奖”。市级老领导以“历史的丰碑”诗书画影联展形式，弘扬党的光荣传统，宣传郑州历史文化。市直机关干部休养所邀请驻所老干部撰写回忆录、唱红歌、参加庆“七一”书法笔会。荥阳市拨10万元专款开展征文活动，并创办了《荥阳老年报》，撰写了《荥阳记忆》，协调荥阳人民广播电台每天用1小时的黄金时段专门对老年人广播。

“七一”前夕，全市各级老干部工作部门组织离退休干部开展了声势浩大、形式多样的纪念活动，把庆祝建党90周年活动引向了高潮。市委组织部、宣传部、老干部局联合举办了全市离退休干部纪念建党90周年“永远跟党走”——红歌红舞庆“七一”广场歌舞晚会及“忆党情、颂党恩、跟党走”系列活动，在绿城广场演出7天。精选了6个节目组成郑州代表队，参加全省离退休干部纪念中国共产党成立90周年“永远跟党走”文艺会演，获得金奖，并于7月1日向省委进行了汇报演出。

郑州市老干部大学课堂

【队伍建设】 2011年，郑州市各级老干部工作部门加强教育培训，开展岗位练兵，实施绩效考核，不断提高老干部工作者的政策理论水平和实际工作能力。一是开展“提素质、转作风、促工作”活动得到实效。结合创先争优和“讲、重、做”活动，采取周学、月说、季谈、半年评等方式，引导老干部工作者自觉做到“六比六看”（比学习，看理论水平；比业务，看政策专业；比创新，看思路方法；比作风，看形象素质；比服务，看老干部满意度；比成绩，看工作成效）。二是举办了全市老干部工作人员业务培训班，120多人参加培训。围绕纪念建党90周年，局领导为全体党员干部讲党课和业务知识，举行演讲比赛，扎实开展“党建实践活动月”各项活动。在全国老干部工作“双先”评比中，郑州市有1个老干部工作先进集体受到表彰；在全省老干部工作“双先”评比中，郑州市有6个先进集体和16名先进老干部工作者受到表彰。三是编发《工作简报》32期、制作老干部工作展板15块，编印老干部工作画册，拍摄老干部工作专题片，办好“中共郑州市委老干部局网站”，累计发布、刊登各类信息稿件900多篇、40多万字。《老人春秋》杂志发行量全省第一。

（刘建中　刘满意）

党史工作

【全市党史工作会议】 2011年3月

31日，全市党史工作会议召开，会上认真传达学习全国、全省党史工作会议精神，就加强和改进新形势下党史工作统一了思想，就进一步贯彻落实省九次党代会和市十次党代会精神进行了深入学习。一是增强“小部门大作为”意识，在认真学习领会省九次党代会和市十次党代会精神的基础上，切实把握《国务院关于支持河南省加快建设中原经济区的指导意见》《中共郑州市委、郑州市人民政府关于贯彻落实〈国务院关于支持河南省加快建设中原经济区的指导意见〉实施意见》文件精神，围绕科学发展、和谐发展、跨越发展的主题，找准资政的结合点和切入点，选择有价值、有影响的资政课题，提出具有一定针对性和操作性的意见建议，为市委科学决策服务。二是树立“修史为用”“修用并举”的理念，努力在应用上做文章，在服务上下功夫，通过有效的途径和手段，服务大局、服务中心。三是坚持虚实结合、虚功实做，争取多出成果、出好成果，更好地发挥党史资政育人的作用。四是继续坚持开门办史，善调内力、巧借外力，拓展渠道、搞活研究，努力开创党史工作科学发展新局面。

【庆祝建党90周年活动】 2011年，全市各级党史部门按照市委和上级党史部门的安排，积极发挥职能作用，精心组织开展丰富多彩的庆祝活动。同时，开展专题研究，编辑出版了一批具有重要资政价值的书籍（音像），受到重视和肯定。通过丰富多彩、形象生动的宣传教育活动，大力弘扬了共产党好、社会主义好、改革开放好、伟大祖国好的主旋律，为加快推进中原经济区和郑州都市区建设、凝聚人心、鼓舞人民，提供了理论支撑和智力支持。

（一）协同市委办公厅、市委组织部、市委宣传部于6月摄制完成了纪念建党90周年大型党史文献纪录片《红色郑州》。该片共6集，每集20分钟，总片长120分钟，全面总结回顾了郑州党组织诞生90年来的光辉历程和取得的宝贵经验，讴歌了郑州人民在党的领导下进行革命、建设和改革创造的辉煌成就。荣获第二届中国·西安国际民间影像节“红色经典”主题单元评选活动组委会奖；在河南省社科联组织的“庆祝中国共产党成立90周年理论研讨会”评比活动中，被评为一等奖。“七一”黄金时段在郑州电视台、郑州教育台展播后，在社会上引起强烈反响。《郑州日报》《郑州晚报》等媒体发表新闻评论和观众感言百余篇；百度、新浪、中国网、中国经济网、搜狐等20多个知名网络媒体给予了关注，点击率突破百万次；在中原论坛、大河论坛、商都社区等知名论坛上，网友发布帖子500余篇。巩义、登封、管城区等县（市）区分别拍摄制作了《光辉的历程》《红色登封》《人民不会忘记》和《永远不会忘记》等党史文献纪录片，为扩大党史宣传教育、普及党史知识提供了生动形象的党史教材。

（二）与市委宣传部、市直机关工委联合，在全市机关党员干部中开展纪念建党90周年党史知识学习竞赛活动。编辑完成《建党90周年党史知识学习教材》（约8万字）；编定党史知识问卷2套（AB卷200题），要求全市市直机关3—5月集中学习，6月中旬统一组织答卷，评出优秀奖100名。

（三）与市委组织部、市委宣传部、郑州日报社通过报刊、网络等渠道，在全社会广泛开展纪念祝建党90周年党史知识学习竞赛活动。评比出一等奖10名、二等奖30名、三等奖50名。

（四）6月中旬与市文明办、市教育局、团市委联合，在全市范围内举办“我为党旗添光彩，建功郑州都市区” 演讲比赛。通过比赛，进一步坚定了广大党团员、青少年的理想信念，以及跟党走的信心和决心。

（五）与市委组织部、市委宣传部联合下文，组织全市机关党员干部认真学习《中国共产党历史》（第二卷），并开展了有声势、有深度的宣传，着力营造学习、宣传和研究的良好氛围。

（六）按时完成了省委党史研究室纪念中国共产党成立90周年征文提交工作。郑州市党史研究室撰写的《创先争优与党的先进性建设》和新郑市党史研究室撰写的《务虚务实并重 存史资政育人》等3篇文章，获得优秀奖。

【党史资料征集】 （一）《中共郑州地方历史》（二卷）撰写工作扎实推进。一是广泛征集，深入研究社会主义时期党史专题资料；二是注重筛选，捕捉体现地方性、时代性等特点的资料；三是及时消化吸收业务主管部门最新的科研成果，避免走弯路。至年底，已完成初稿约46万字。全市各县（市）区党史部门，积极开展党史二卷编纂工作，其中11个县（市）区已编辑出了初稿。巩义市委党研室于2011年6月编纂完成了《中共巩义历史》（第二卷），并由河南人民出版社正式出版发行，在“七一”期间举行了首发式。

（二）《郑州党史大事记》完成编写和出版。本着细征、精编的原则，出版了《市委书记2010年工作大事记》《市长2010年工作大事记》《郑州党史2010年大事年编》；完成了2011年书记、市长大事记的收集整理工作。郑州党史大事记做到了按月整理、按月上报，全年上报省委党史研究室近500条，采用120条、3.5万余字。中牟县、新密市、荥阳市、二七区党史大事记收集整理工作成绩突出，已分别出版了2010年大事年编和县（市）区主要领导工作大事记，收集整理了2011年党史大事记。

（三）党史人物研究取得新成果。组织专门人员对郑州早期革命活动领导人李震瀛进行专题研究，并由中共党史出版社出版了《李震瀛传》一书，约26万字，填补了河南省和郑州市党史人物研究的空白。

（四）出版发行《郑州党史纵览》杂志双月刊6期、5000册。及时更新党史网站信息，发布党史信息286条，进一步强化了多形式、立体化的党史宣传教育阵地，扩大了党史宣传教育的覆盖面。

【基层组织建设】 2011年，市委党史研究室深入调研，破解难题，指导基层党史部门开展好工作。从年初开始，市委党史研究室班子成员经常带领有关人员深入到12个县（市）区进行调研，全面掌握基层党史工作开展情况。针对存在的问题和困难，市委党史研究室主任薛稳定以市九次党代会代表提案的形式向市委反映，并积极进行协调沟通，使一些单位长期存在的经费困难、办公条件差、人员少等问题逐步得到解决。至年底，大部分县（市）区已设立机构、配备人员、落实经费。同时，加强业务指导，认真听取汇报，提出建设性意见，并帮助基层搞好业务培训。由于指导有力，2011年，各县（市）区的党史工作都有了新的起色：党史资料征集成绩显著。共征集文字资料397份、289万字，图片220幅，音像19 盘；出版党史图书18种、9.76万册；办党史刊物6种、62期。党史研究成果丰硕。完成上级下达的专题2个、1万字，撰写资政报告3篇、2.5万字，拍摄党史专题片4部、390分钟。党史宣传形式多样。举行党史教育讲座6场次，听众2.7万余人。管城回族区利用自身独特的地理位置，整合党史资源，建立了郑州党史展览馆，分为11个展室，制作宣传展板271块，拍摄党史专题片《永远不会忘记》1部，建成红色教育长廊2个，全市16万群众、党员干部和青少年前往参观学习，接受了党史党性教育。

（任 征）

党校工作

【概况】 2011年，中共郑州市委党校以中国特色社会主义理论为指导，按照《中国共产党党校工作条例》，以及省委、市委相关文件要求，紧紧围绕市委中心工作，积极探索干部成长规律和党校教育规律，各项工作取得了新的进展。

【干部教育培训】 2011年，中共郑州市委党校突出教育培训中心工作，通过深化教学改革，进一步优化课程设置、改进培训方法、提高教学层次、提升教师素质、完善管理机制，开创了教育培训工作的新局面。全年举办了17个主体班次的干部教育培训，共培训各级各类领导干部2693人。

（一）优化课程设置，改进培训方法。在总结项目制教学成功经验和对老项目进行完善的基础上，围绕市委中心工作，确立了“社会管理创新”“公务员应知应会”两个新项目，并作为秋季学期干部教育的培训内容，得到了学员的广泛好评。

在2011年的主体班教学中，以项目教学为依托，不断提高案例式教学、体验式教学的比重，收到了较好的教学效果。在秋季的社会管理创新专题班教学中，组织学员到社会管理创新示范城市新郑、安徽铜陵进行了现场调研和考察；在“区域经济发展与郑州市都市区建设”“党建实务”“党建基本理论”等项目教学中增加了现场教学、案例教学和社会调研的比重，提升了培训效果。

（二）举办高端讲坛、官员讲坛，提高教学层次。在主体班教学中，紧紧围绕提高培训质量、提升学员满意度这一教学目标，以提升高端讲坛、官员讲坛质量为手段，努力打造教学亮点。通过“三个定位”来确保外请教师的高层次：一是主题定位。围绕重大理论和现实问题，党员领导干部关注的热点、难点问题来确定外请教师。二是主讲人定位。聘请具有相当学术地位和学术影响的专家学者开展有影响力的讲座。三是听众定位。把党校主体班的外请报告会与“郑州市跨越式发展与领导干部素质跃升大讲堂”结合起来、与党校教师学习培训结合起来，充分利用了优质教学资源。2011年邀请到了著名的外交专家吴建民，国防大学博士生导师徐焰少将，中国社科院农村发展研究所“社会问题研究中心”主任、著名社会问题专家于建嵘教授，国防大学战略教研部战略研究所孟祥青教授，国家统计局中国经济景气监测中心主任、高级统计师潘建成等多位知名专家、学者来校讲课，在主体班学员乃至全市领导干部中引起了强烈反响。同时，推出了适合党校课堂的官员讲坛，市委组织部副部长张进峰、新郑市委书记吴忠华、市文物局局长阎铁成、市文化广电新闻出版局副局长黄海碧等结合郑州实际所作的专题报告，均受到了主体班学员的热烈欢迎。

（三）加大教师培训力度，提升教师素质。继续采用走出去、请进来相结合的方式，加大教师的培训力度。除推荐骨干教师参加上级党校师资培训外，还通过集体备课、观摩教学、外出考察调研等形式，提升教师素质。

成功举办了两年一度的教学大赛，把教案设计、课件制作列为比赛的重要内容，以全面考查教师的整体素质，使大赛向科学化、规范化方向迈出了一大步。经过教案设计、课件制作和课堂教学三个环节的两次预赛，最终有22位教师参加了总决赛。上街区分校和经济学教研室等9个单位荣获优秀组织奖，评出个人一等奖4名、二等奖8名、三等奖10名。一批优秀青年教师脱颖而出，有力地促进了教师教学素养的普遍提升。

（四）加强教学跟踪管理，提高学员满意度。为使课程设置更贴近学员需求，在学员入学时就开展对培训需求的调查；在学习单元和项目教学结束时，进行详细的质量评估调查，及时把握教学动态；在培训结束时召开学员座谈会，及时掌握反馈意见。通过系统管理，了解学员对课程设置的意见，及时调整教学内容、改进教学方法，不断提高学员的满意度。

【社会培训】 2011年，中共郑州市委党校以进一步统筹教学管理、师资配备、教学考评，进一步深化函授精细化管理考评机制为手段，稳定函授办学规模，搞好函授工作。全年共招收函授生1759人、研究生47人。利用党校办学资源，继续探索社会培训的方式和方法。在建立完善社会培训体制机制的基础上，把社会培训制度化、规范化作为工作的重点。全年共举办社会培训4期，培训各级各类人员445人。

【科研工作】 2011年，中共郑州市委党校通过狠抓管理，充分发挥其党委思想库、参谋部、咨询部作用，科研工作迈上了一个新台阶。

（一）各项科研工作取得新进展。全年公开发表论文80篇，其中国家级和各类核心期刊29篇、省级25篇、地厅级26篇；公开出版著作12部；完成各级各类科研课题68项，申报各级各类科研课题121项，获得各级各类科研奖项38项。各类成果数量均居全省地市级党校之首，走在了全国省会城市党校的前列。校刊《中共郑州市委党校学报》，始终坚持以社会效益为中心的办刊原则，社会影响力不断扩大。课题申报实施“两个聚焦”（聚焦市情热点、聚焦党校教学），加大科研为市委、市政府及党校教学服务的力度；课题立项实施学术委员会评审制度，对课题立项实行严格把关、优胜劣汰，从而进一步规范完善了课题管理办法，加强了课题管理。

（二）咨政服务工作跃上新台阶。采取多种形式引导、支持和鼓励教研人员紧紧围绕市委、市政府的重大决策和工作部署，对郑州市经济社会发展的实际问题进行研究，努力为市委、市政府决策提供参考。全年完成市情重点研究项目11个，其中“关于郑州宜居健康城市建设的调研”项目上报后，受到了市委、市政府的高度重视，市委书记连维良亲自批示，要求有关部门认真研究；“葡萄牙共产党获得合法地位后对社会主义的新探索”研究项目，被中国社会科学院采用。

（三）学术交流有了新拓展。在不断加强与上级党校、兄弟党校、高等院校、科研院所学术交流的同时，抓住庆祝建党90周年的良机，积极开展对外学术交流。与市委宣传部、市委组织部、市社科联联合举办了郑州市庆祝建党90周年理论研讨会，有两篇论文被市委组织部编印的《创新与跃升——庆祝建党90周年征文集》全文收录；组织专家教授参加省委党校、省党建学会、省社科联等单位举办的理论研讨会，有两篇论文分获省社科联和省委党校庆祝建党90周年征文一等奖。

【党校自身建设】 2011年，中共郑州市委党校加强队伍建设和后勤保障，为教学科研工作提供了良好服务。

（一）加强队伍建设，为党校可持续发展提供人才支持。在采取多种方式对教职工进行素质提升的同时，严格按照公开招聘程序，面向社会招聘了9个专业的5位博士研究生、8位硕士研究生，壮大了师资队伍，优化了师资结构。

（二）积极推进县级党校办学质量评估工作。为真正把全市党校办学体制改革工作落到实处，全面推进县级党校的建设和发展，会同有关部门完成了对县级党校的办学质量评估，明确了县级党校下一步努力方向，巩固了分校体制。

（三）加大基础设施投入，优化功能配置。投资8442万元的市委党校二期工程开工兴建；积极筹措资金，对双回路电源、学术报告中心中央空调、餐厅、综合楼、行政办公楼、学员公寓及校园环境绿化等基础设施进行了全面维护改造，进一步改善了党校的教学、科研和学习、生活、工作环境。在搞好门户网站、办公系统、图书管理系统等办公设备日常维护的同时，制作了课程查询显示系统、学员楼宿舍管理系统，开通了数字图书阅读平台和后勤服务网站，进一步提高了办公自动化水平。

（郝宇杰）

第六篇 人民代表大会

人大全会

【市十三届人大三次会议】 2011年2月11—15日，郑州市十三届人大三次会议举行，本次大会实有代表530人，出席会议501人。会议的议程是：听取和审议郑州市人民《政府工作报告》，审查和批准郑州市国民经济和社会发展第十二个五年规划纲要、郑州市2010年国民经济和社会发展计划执行情况的报告与2011年国民经济和社会发展计划、郑州市2010年国民经济和社会发展计划、郑州市2010年财政预算执行情况的报告和2011年财政预算，听取和审议郑州市人大常委会工作报告、郑州市中级人民法院工作报告、郑州市人民检察院工作报告。

大会以举手表决的方式通过了7项决议：关于郑州市人民《政府工作报告》和决议、关于郑州市国民经济和社会发展第十二个五年规划纲要的决议、关于郑州市2010年国民经济和社会发展计划执行情况与2011年计划及其报告的决议、关于郑州市2010年财政预算执行情况和2011年财政预算及其报告的决议、关于郑州市人民代表大会常务委员会工作报告和决议、关于郑州市中级人民法院工作报告的决议、关于郑州市人民检察院工作报告的决议。

（牛志熳）

郑州市第十三届人民代表大会第三次会议在市青少年宫隆重开幕

人大常委会会议

【郑州市十三届人大常委会第十六次会议】 2011年1月27日，市十三届人大常委会举行第十六次会议。会议决定，市十三届人大三次会议将于2月12日召开。

会议由市人大常委会主任白红战主持。

会议分别听取了市政府关于人事任免案的说明；听取市人大常委会关于人事任免案的说明；听取了市十三届人大三次会议筹备工作情况的汇报；听取市十三届人民代表大会代表变动情况的代表资格审查报告。

会议经过认真审议，表决通过了市十三届人大三次会议议程（草案）、市人大常委会工作报告（草案）；通过了市十三届人大三次会议主席团和秘书长名单（草案），市十三届人大三次会议计划、财政预算审查委员会名单（草案），市十三届人大三次会议计划、财政预算审查委员会名单（草案），市十三届人大三次会议议案审查委员会名单（草案），市十三届人大三次会议列席人员名单（草案），关于市十三届人民代表大会代表变动情况的代表资格审查报告；表决通过了人事任免案。

【郑州市十三届人大常委会第十七次会议】 2011年2月9日，市十三届人大常委会举行第十七次会议。会议由市人大常委会主任白红战主持。

会议表决通过了郑州市十三届人民代表大会第三次会议召开时间由2月12日举行改为2月11日下午

举行。

【郑州市十三届人大常委会第十八次会议】 2011年3月25日，市十三届人大常委会举行第十八次会议。会议由市人大常委会主任白红战主持。会议表决通过了“一府两院”人事任免案。

会议传达了十一届全国人大四次会议精神；听取审议了市政府常务副市长胡荃作郑州市人民政府关于2010年度市人大常委会决议、决定和审议意见贯彻落实情况的汇报；听取市政府法制办公室主任万建中作关于《郑州市城市房屋权属登记管理条例（修订草案）》的说明并第一次审议该草案。会议还听取审议了市中级人民法院和市人民检察院作关于2010年度市人大常委会决议、决定和审议意见贯彻落实情况的汇报。

会议审议并表决通过了“一府两院”人事任免案。任命陈新为郑州市城乡建设委员会主任，任命姜现钊为郑州市林业局局长。

【郑州市十三届人大常委会第十九次会议】 2011年4月28-29日，郑州市十三届人大常委会举行第十九次会议。会议由市人大常委会主任白红战主持。

会议分别听取了市政府常务副市长胡荃、市中级人民法院院长王新生关于人事任免案的说明；听取了市政府副秘书长杨东方关于郑州市贯彻实施《中华人民共和国动物防疫法》和《河南省实施〈中华人民共和国动物防疫法〉办法》的情况汇报、市发展和改革委员会主任蔡红关于2010年度政府投资项目计划落实情况及2011年度政府投资项目计划（草案）的报告；听取了市人大常委会内务司法工作委员会主任许福亮关于对《郑州市人民代表大会常务委员会监督市中级人民法院、市人民检察院工作办法（修订草案）》的报告。

会议决定任命扎吐·沙衣热木为郑州市人民政府副市长。

会议表决通过了市政府关于2010年度政府投资项目计划落实情况及2011年度政府投资项目计划的报告；表决通过了《关于批准郑州市2011年度政府投资项目计划的决议》；表决通过了市政府关于《中华人民共和国动物防疫法》和《河南省实施〈中华人民共和国动物防疫法〉办法》实施情况的报告；表决通过了《郑州市人大常委会监督市中级人民法院、市人民检察院工作办法》。

会议表决通过了市中级人民法院的人事任免案。

【郑州市十三届人大常委会第二十次会议】 2011年5月31日，郑州市十三届人大常委会举行第二十次会议。会议由市人大常委会主任白红战主持。

会议表决通过了关于接受赵建才同志辞去郑州市人民政府市长职务的决定；听取市人大常委会副主任刘全心关于人事任命的说明。

会议采用无记名投票方式，全票通过了关于任命吴天君同志为郑州市人民政府副市长、代理市长职务的决定。

【郑州市十三届人大常委会第二十一次会议】 2011年6月28-30日，郑州市十三届人大常委会举行第二十一次会议，会议由市人大常委会主任白红战主持。

会议听取了市政府副市长张建慧关于全市重大项目进“十二五”规划情况的报告、关于郑州市保障性住房建设情况的报告和关于提请任免苗晋琦等7名同志职务议案的说明；听取了市人民检察院检察长杨祖伟关于提请任命赵光南同志检察职务的议案说明。5名拟任命人员分别在会上与市人大常委会组成人员见面，并作任前发言。

会议听取了市人大常委会法制委员会主任委员刘金柱关于《郑州市房屋登记条例（草案）》修改情况的说明；听取了市政府法制办主任万建中关于《郑州市城市市容和环境卫生管理条例（草案）》的说明、关于《郑州市医疗卫生设施规划建设管理条例（草案）》的说明；书面听取市政府关于创建全国文明城市工作情况的报告。

会议听取了市人大常委会法制委员会主任委员刘金柱关于《郑州市房屋登记条例(草案)》审议结果的报告；表决通过了《郑州市房屋登记条例》《郑州市人民代表大会常务委员会关于进一步动员全市人民深入开展创建全国文明城市活动的决议》，以及市政府关于全市保障性住房建设情况的报告。

会议还表决通过了人事任免案，免去余遂盈的市城市管理局局长职务，免去王济昌的市科学技术局局长职务，免去冯留卷的市安全生产监督管理局局长职务，免去秦晓辉的市国有资产监督管理委员会主任职务；任命苗晋琦为市科学技术局局长，任命李刚良为市安全生产监督管理局局长，任命郑灏东为市城市管理局局长，任命余遂盈为市国有资产监督管理委员会主任，任命赵光南为市人民检察院副检察长、检察委员会委员、检察员。

【郑州市十三届人大常委会第二十二次会议】 2011年8月24-25日，郑州市十三届人大常委会举行第二十二次会议。会议由市人大常委会主任白红战主持。

会议听取了市政府常务副市长胡荃关于提请人事任免案的说明；听取了市政府副市长王哲关于郑州市都市农业发展工作情况的报告；听取了市政府副市长刘东关于《中华人民共和国未成年人保护法》和《河南省未成年人保护条例》实

市十三届人大常委会召开第二十二次常委会会议

施情况的报告；听取了市人大法制委员会主任委员刘金柱关于《郑州市医疗卫生设施规划建设管理条例（草案）》和《郑州市城市市容和环境卫生管理条例（草案）》修改情况的说明。

会议还听取了市发展和改革委员会主任蔡红关于郑州市2011年度上半年国民经济和社会发展计划执行情况的报告；听取了市财政局局长王春山关于2010年度财政决算和2011年度上半年市本级预算执行情况的报告；听取了市审计局局长李连渠关于2010年度市本级预算执行及其他财政收支的审计工作报告。

25日的全体会议表决通过了有关报告、条例及人事任免案。任命马健、张学军为郑州市人民政府副市长，任命文广轩为郑州市农业农村工作委员会主任；决定免去韩绍林郑州市农业农村工作委员会主任职务。

会议还听取了市人大法制委员会主任委员刘金柱关于《郑州市医疗卫生设施规划建设管理条例（草案）》和《郑州市城市市容和环境卫生管理条例（草案）》审议结果的报告；表决通过了《郑州市医疗卫生设施规划建设管理条例》《郑州市城市市容和环境卫生管理条例》，表决通过了市政府关于郑州市都市农业发展工作情况的报告，表决通过了市政府关于2011年度上半年国民经济和社会发展计划执行情况的报告，表决通过了《郑州市人大常委会关于批准2010年市本级财政决算的决议》，表决通过了市政府关于2010年度财政决算和2011年度上半年市本级预算执行情况的报告，表决通过了市政府关于2010年度市本级预算执行及其他财政收支的审计工作报告；表决通过了市政府关于《中华人民共和国未成年人保护法》和《河南省未成年人保护条例》实施情况的报告。

【郑州市十三届人大常委会第二十三次会议】 2011年10月27-28日，市十三届人大常委会举行第二十三次会议。会议由市人大常委会主任白红战主持。

会议听取了市政府常务副市长胡荃关于提请人事任免案的说明和市政府关于市十三届人大三次会议《关于尽快修订〈郑州市城市市容管理条例〉》等6项代表议案，以及关于市十三届人大三次会议代表建议、批评、意见办理情况的报告。

会议听取了市人大常委会副主任刘全心关于提请任免张江涛等4名郑州市人大常委会工作人员职务议案的说明、市中级人民法院院长王新生关于提请任免罗保善等33名同志法律职务议案的说明，并组织拟任命人员与常委会组成人员见面。

会议听取了市政府副市长张学军关于促进农民增收工作情况的报告，听取了市政府副秘书长王霄鹂关于《郑州市城市中小学幼儿园规划建设管理条例》和《郑州市市区中小学布局规划》贯彻落实情况的报告、关于郑州市文化遗产保护工作情况的报告，听取了市政府副秘书长赵红军关于贯彻落实《食品安全法》情况的报告。

会议还听取了市发展和改革委员会主任蔡红关于全市重大项目进入国家、部委、省和央企“十二五”规划工作情况的报告，听取了市人大常委会内务司法工作委员会主任许福亮关于对《郑州市人大常委会关于加强全市审判机关行政审判工作的决议（草案）》起草情况的说明，听取了市人大常委会研究室主任张江涛关于《郑州市人民代表大会常务委员会关于促进中原经济区郑州都市区建设的决定（草案）》起草情况的说明。

会议还书面听取了市中级人民法院、市人民检察院、市商务局、市卫生局关于市十三届人大三次会议代表建议、批评和意见办理情况的报告。

28日的全体会议通过了《关于接受赵瑞东辞去市人民政府副市长职务的决定》《关于接受黄保卫辞去市人民政府副市长职务的决定》《关于王二松辞去河南省第十一届人民代表大会代表职务的决定》，通过了市政府关于促进农民增收工作情况的报告、市政府关于《中华人民共和国食品安全法》实施情况的报告、市政府关于《郑州市城市中小学幼儿园规划建设管理条例》和《郑州市市区中小学布局规划》实施情况的报告、市政府关于文化遗产保护工作情况的报告、市政府关于全市重大项目进入国家、部

市十三届人大常委会第二十三次会议上，市人大常委会主任白红战为新任命人员颁发任命书

委、省和央企“十二五”规划工作情况的报告，通过了《郑州市人民代表大会常务委员会关于加快中原经济区郑州都市区建设的决定》，通过了市政府关于市十三届人大三次会议《关于尽快修订〈郑州市城市市容管理条例〉》《关于修订〈郑州市嵩山历史建筑群保护管理条例〉》《关于加强学前教育，加快幼儿园建设，解决入园难》《关于科学规划、合理安排节能减排目标顺利完成》《关于切实将“菜篮子”工程办好》《关于加大我市病险水库加固建设》6项代表议案办理情况的报告；通过了市政府、市中级人民法院、市人民检察院关于市十三届人大三次会议代表建议、批评和意见办理情况的报告。

会议还通过了人事任免案，决定任命李公乐为市人民政府副市长，任命市人大常委会张江涛等4名工作人员的职务、市中级人民法院罗保善等33名工作人员的法律职务。

【郑州市十三届人大常委会第二十四次会议】 2011年12月25-26日，郑州市十三届人大常委会举行第二十四次会议，听取有关报告及人事任免案的说明。会议由市人大常委会主任白红战主持,市人大常委会副主任王旭彤、栗培青、王平、赵明恩、雷志、刘全心、贾记鑫、李元法、周长松出席会议。

25日的全体会议听取了市政府常务副市长胡荃关于提请人事任免案的说明及市政府关于为民办理“十大实事”落实情况的报告，听取了市人大常委会副主任刘全心关于补选郑州市出席河南省十一届人民代表大会代表情况的说明，听取了市政府副秘书长宋柏松关于全市旅游工作情况的报告及关于郑州市与奥地利因斯布鲁克市建立友好城市关系议案的说明，听取了市财政局局长王春山关于全市2011年财政收入预计完成情况及超收安排意见的报告，听取了市审计局局长李连渠关于2010年度市本级预算执行审计工作报告中反映问题整改落实情况的报告。

会议还书面听取了《关于市十三届人民代表大会第四次会议召开时间的决定（草案）》《关于接受王哲、王跃华辞去郑州市人民政府副市长职务的决定（草案）》。

26日的全体会议通过了人事任免案及相关报告，会议决定任命朱是西为市政府副市长。

会议通过了补选郑州市出席河南省十一届人民代表大会的代表及人事任免案，通过了关于接受王跃华、王哲辞去市人民政府副市长职务的决定。

会议还通过了市政府关于为民办理“十大实事”落实情况的报告，通过了市政府关于2011年财政收入预计完成情况及超收安排意见的报告，通过了市政府关于2010年度市本级预算执行审计工作报告中反映问题整改落实情况的报告，通过了市政府关于全市旅游工作情况的报告，通过了市政府关于郑州市与奥地利斯布鲁克市建立友好城市关系的决议，通过了关于市十三届人民代表大会第四次会议召开时间的决定。

会上，新任命的市政府副市长朱是西作表态发言。新任命的市政府秘书长、办公厅主任吴忠华等10名市政府组成人员现场接受任命书，并进行就职宣誓。

市政府常务副市长胡荃、市政协副主席王薇、市中级人民法院院长王新生、市人民检察院检察长杨祖伟，以及9名人大代表列席会议；9名公民旁听会议。

（牛志熳）

人大常委会主任会议

【郑州市十三届人大常委会第二十三次主任会议】 2011年2月25日，市人大常委会主任白红战主持召开市十三届人大常委会主任会议第二十三次会议。

会议听取并同意了关于郑州市人大常委会2011年工作要点（草案）和2011年度郑州市人大常委会会议、主任会议议题安排意见（草案）的汇报，关于2011年市人大常委会主任、副主任接待代表日安排意见的汇报，关于市十三届人大常委会第十八次会议议题安排意见的汇报。

【郑州市十三届人大常委会第二十四次主任会议】 2011年3月18日，市人大常委会主任白红战主持召开市十三届人大常委会主任会议第二十四次会议。

会议听取并同意了关于人事任免情况的说明，关于2011年中小学、幼儿园建设计划安排情况的报告和2011年中小学、幼儿园建设计划安排情况的调研报告，气象预防、减轻和抵御自然灾害情况的报告，气象预防、减轻和抵御自然灾害情况的视察报告，关于市十三届人大三次会议代表方案建议督办和转办工作安排意见的说明，关于市十三届人大常委会第十八次会议议题准备情况的汇报，市十三届人大常委会第十八次会议议程、日程、常委会组成人员编组名单，以及出席、列席人员和旁听人员名单草案。

【郑州市十三届人大常委会第二十五次主任会议】 2011年4月20日，市人大常委会主任白红战主持召开市十三届人大常委会主任会议第二十五次会议。

会议听取并同意了关于人事任免案的说明；关于2010年优秀代表议案、建议表彰意见；关于充分发挥人大代表作用，建立代表闭会期间提建议机制的实施意见的说明；关于市十三届人大常委会第十九次会议议题准备情况的汇报；关于市十三届人大常委会第十九次会议议程、日程、常委会组成人员编组名单，以及出席、列席人员和旁听人员名单（草案）。

【郑州市十三届人大常委会第二十六次主任会议】 2011年5月19日，市人大常委会主任白红战主持召开市十三届人大常委会主任会议第二十六次会议。

会议听取并同意了关于农口、商贸物流口、工业科技口、教育卫生口、城建交运口重大项目进国家、进部委、进央企、进省“十二五”规划工作情况的报告，关于文化遗产保护工作情况的报告和关于文化遗产保护工作情况的视察报告，关于经济犯罪侦查工作情况的报告和关于经济犯罪侦查工作情况的视察报告，关于《郑州市城市市容和环境卫生管理条例（草案）》有关情况的说明。

【郑州市十三届人大常委会第二十八次主任会议】 2011年6月21日，市人大常委会主任白红战主持召开市十三届人大常委会主任会议第二十八次会议。

会议听取并同意了关于人事任免案的说明；关于清真食品管理工作情况的报告和关于清真食品管理工作情况的视察报告；关于市十三届人大常委会第二十一次会议议题准备情况的汇报；市十三届人大常委会第二十一次会议议程、日程、常委会组成人员编组名单，以及出席、列席人员和旁听人员名单草案；《关于市人大常委会会议有关事项进行规范的意见（草案）》起草情况。

【郑州市十三届人大常委会第二十九次主任会议】 2011年7月19日，市人大常委会主任白红战主持召开市十三届人大常委会主任会议第二十九次会议。

会议听取并同意了关于国有资产监督管理工作情况的报告和关于国有资产监督管理工作情况的视察报告，关于劳动用工管理工作情况的报告和关于劳动用工管理工作情况的视察报告，关于市十三届人大常委会第二十二次会议议题安排意见，关于全市人大系统“为创文作贡献”工作意见的报告。

【郑州市十三届人大常委会第三十次主任会议】 2011年8月11日，市人大常委会主任白红战主持召开市十三届人大常委会主任会议第三十次会议。

会议听取并同意了关于人事任免案的说明，关于安全生产工作情况的报告，关于城中村改造工作情况的报告，关于《河南省信息化条例》执法检查情况的报告，关于重新确定县（市）区人大代表名额工作情况的说明，关于市十三届人大常委会第二十二次会议议题准备情况的汇报，关于市十三届人大常委会第二十二次会议议程。

【郑州市十三届人大常委会第三十二次主任会议】 2011年9月22日，市人大常委会主任白红战主持召开市十三届人大常委会主任会议第三十二次会议。

会议听取并同意了关于新农村现代流通服务网络工程建设情况的报告和关于新农村现代流通服务网络工程建设情况的视察报告，关于畅通郑州交通综合整治工作情况的报告和关于畅通郑州交通综合整治工作情况的视察报告，关于积水点和雨污水管网建设工作情况的视察报告，关于对外开放和招商引资工作情况的视察报告，关于行政强制法规清理工作情况的说明，关于市十三届人大常委会第二十三次会议议题安排意见。

【郑州市十三届人大常委会第三十三次主任会议】 2011年10月21日，市人大常委会主任白红战主持召开市十三届人大常委会主任会议第三十三次会议。

会议听取并同意了关于人事任免案的说明，关于西流湖综合整治工作情况的报告，《关于促进中原经济区郑州都市区建设的决定（草案）》起草情况的说明，关于农民增收工作情况的视察报告，关于《中华人民共和国食品安全法》《郑州市中小学校幼儿园规划建设管理条例》和《郑州市中小学专项布局规划》实施情况的执法检查报告，关于文化遗产保护工作情况的视察报告，关于郑州市重大项目进入国家、省、部委、央企“十二五”规划工作情况的视察报告，《关于加强全市审判机关行政审判工作的决议（草案）》情况的报告，关于代表议案、建议办理情况的报告，“关于接受赵瑞东、黄保卫辞去市人民政府副市长职务的决定（草案）”、关于人事任免案和“关于接受王二松辞去河南省第十一届人大代表职务的决定（草案）”的说明，关于市十三届人大常委会第二十三次会议议程、日程及出席、列席人员和旁听人员名单（草案）。

【郑州市十三届人大常委会第三十四次主任会议】 2011年11月18日，市人大常委会主任白红战主持召开市十三届人大常委会主任会议第三十四次会议。

会议听取并同意了关于全市蔬菜流通体系建设工作情况的报告，关于《郑州市城市供水管理条例》实施情况的报告和关于《郑州市城市供水管理条例》实施情况的执法检查报告，关于贯彻落实《市人大常委会关于加强检察机关法律监督工作的决议》情况的报告，关于贯彻落实《市人大常委会关于加强检察机关法律监督工作的决议》情况的执法检查报告，关于全国、省、市三级人大代表集中视察方案和关于郑州市县乡人大换届选举工作安排意见的说明，关于《市人大常委会2012年度地方立法计划（草案）》的说明，关于市十三届人大四次会议筹备工作方案、12月份常委会会议议程安排意见、2012年度市十三届人大常委会分组会议召集人安排意见（草案）。

【郑州市十三届人大常委会第三十五次主任会议】 2011年12月16日，市人大常委会主任白红战主持召开市十三届人大常委会主任会议第三十五次会议。

会议听取并同意了关于人事任免事项的说明；关于市人大常委会批转信访事项办理情况的报告和关于市中级人民法院2011年度办理相关信访事项情况的视察报告；关于税收工作情况的报告，其中郑州新区国税局、地税局还向会议提交了书面报告；关于2011年度主任接待代表日情况的报告；关于市本级2011年度财政收入预计完成情况及超收安排意见的视察报告；关于旅游产业发展规划编制情况的视察报告；关于郑州市与奥地利因斯布鲁克市建立友好城市关系议案的初审报告；关于为民办理“十大实事”落实情况的视察报告；关于市十三届人大常委会第二十四次会议议程、日程、常委会组成人员编组名单。

（牛志熳）

工作及活动

【代表议案和建议办理】 市十三届人大三次会议上，代表向大会提出议案163件，经大会议案审查委员会初审并提请大会主席团审议通过，有7件作为议案处理（12件合并7件），其余151件转作代表建议办理。会议期间代表对全市各方面的工作提出建议439件，作为代表建议处理的共计590件，其中20件被确定为重点建议进行办理。上述议案建议中，转交市人大常委会有关工作部门办理的代表议案1件（4件合并1件），转交市人民政府办理的代表议案6件（8件合并6件）、建议572件，转交市中级人民法院办理的代表建议6件，转交市人民检察院办理的代表建议2件（合办），转交党群社团办理的代表建议12件。

为使议案、建议办理工作提高到一个新的水平，市人大常委会加大了督办力度，改进和创新了督办方法。一是对议案进行专题督办。8月份，市人大常委会选工委、市政府办公厅督查室有关负责同志及议案领衔代表，对市政府负责承办议案的有关委局（市发改委、市财政局、市城市管理局、市法制办、市教育局、市环保局、市商务局、市农委、市水务局、市文物局）办理的6件议案进行逐件检查督办。10月14日，市政府常务会议对6件代表议案办理情况进行了专题研究，通过了办理情况报告，并由市政府主要领导在常委会上进行报告。此外，由市人大常委会有关部门办理的《关于组织动员全市人民同心协力加快郑州都市区建设的议案》，常委会有关部门根据主任会议的要求，组织9个调研组，分别由常委会领导带队，经深入调研，几易其稿，形成了《关于促进中原经济区郑州都市区建设的决定（草案）》，并在常委会第三十三次主任会议上审议通过，提请常委会会议审议。二是对建议件进行集中督办。9月份，市人大常委会负责督办建议的有关工作部门，组织建议的领衔代表，按照各自对口部门，分别对承办单位办理代表建议工作进行了视察，有效促进了办理工作，代表满意率达到98%。三是对不满意件进行重点督办。对于代表不满意的3件建议，市人大常委会选工委会同市政府办公厅督查室，及时与领衔代表联系沟通，由市财政局、市交运委、市卫生局等承办部门主管领导带队登门征求代表意见，进一步与代表沟通，实事求是地把有关政策和客观情况向代表解释清楚，力求得到理解和支持。如韦强启代表提出的《关于尽快打通我市陇海西路至荥阳段的建议》和王武代表提出的《关于增加村医补助，解决乡村医生工作和生活困难问题，以调动村医积极性的议案》，经过重新办理，代表表示满意。

【代表调研及视察活动】 2011年，郑州市十三届人大常委会根据《郑州市人民代表大会代表视察办法》，对2011年人大代表视察题目的选择、视察的准备和组织、视察成果的运用等作出明确规定。围绕市委、市政府工作和人民群众关注的热点问题，组织人大代表开展了视察、调研、执法检查和监督等活动。

1月6日上午，市人大常委会副主任周长松带领城建环保工委有关人员，围绕《郑州市物业管理条例》贯彻执行情况，前往金水区进行调研。市住房保障和房地产管理局局长王万鹏、党委书记樊少楠，副局长李全云及有关物业管理部门负责人陪同调研。

1月14日，市人大常委会内司工委组织部分省、市人大代表，在市人大常委会副主任贾记鑫的带领下，对市公安局监所管理工作进行了视察。

1月21日，市人大常委会副主任刘全心与教科文卫工委主任许抗美、经济工委主任贺广勋，以及10余名市人大代表，在市食品药品监督管理局局长李新章的陪同下，先后实地视察了花之轩酒店、黄河饭店，对餐饮行业卫生情况进行深入了解。

3月2日上午，市人大常委会副主任王旭彤、栗培青、贾记鑫、李元法带领部分省、市人大代表对郑州市气象工作情况进行了视察。市政府副市长王哲、市气象局局长王运行陪同视察。

3月8日上午，在省人大常委会副主任张程峰的带领下，省人大常委会委员、法制委员会主任委员毛引端，省人大常委会委员、法制委员会副主任委员李满圈，省人大常委会委员蔡德龙、董广安、张新中，省人大常委会法制室副主任张学勤、财经工委副主任陈陆浩、环境与资源保护工委副主任邵良，以及省人大常委会有关部门负责人一行16人到郑州市调研地铁建设工作。市人大常委会副主任贾记鑫，市政府副秘书长王鸿勋，市人大法制委员会主任刘金柱、法制室主任李艳、城建工委副主任曹进元陪同调研。

3月15日，市人大常委会农工委组织部分常委会委员，在市人大常委会主任白红战的带领下，对全市蔬菜生产情况进行了视察。

4月7日，市人大常委会主任白红战，副主任王旭彤、栗培青，秘书长刘焕成带领部分人大代表，对郑州市实施《中华人民共和国动物防疫法》和《河南省实施〈中华人民共和国动物防疫法〉办法》情况进行执法检查。

4月7日至8日，省人大法制委及常委会法制室有关人员到郑州市对《郑州市城市公共交通条例》和《郑州市城市道路交通安全管理条例》进行立法质量评估。省人大常委会委员、法制委员会主任委员毛引端，法制委员会副主任委员李满圈、王四川，常委会委员刘建功、卫媛峰、赵忠远、王留柱，省人大常委会法制室副主任谢国生、办公厅信访办主任李建伟、环资工委副主任邵良等人出席了座谈会。市人大常委会副主任贾记鑫，市政府副市长、公安局局长黄保卫，市人大法制委员会主任委员刘金柱、法制室主任李艳，市政府副秘书长李杰等参加了座谈会。会议由省人大常委会法制委员会主任委员毛引端主持。

与会的省、市人大领导及其他参会人员一致认为，在当前省委、市委要求"畅通郑州"的大环境下，省人大及时对这两部条例进行立法质量评估，更加体现了省人大立法为民、关注民生的指导思想和立法宗旨，对于今后进一步提高地方立法质量、促进省会城市的经济发展具有十分重要的现实意义。

4月11日，市人大常委会主任白红战、秘书长刘焕成参加了全国十八城市人大工作研讨会。

4月21日，省人大常委会预算工委对郑州市部门预算制度的建立和执行情况进行视察，市人大常委会副主任王平陪同视察。

4月22日，市人大常委会副主任贾记鑫带领部分常委会委员和三级人大代表，对全市经济犯罪侦查

市人大常委会副主任雷志视察食品安全监管情况

工作进行视察。

5月5日，市人大常委会教科文卫工委组织执法检查组进行执法检查，并召开市政府及相关部门座谈会，听取全市实施《食品安全法》有关情况汇报。市人大常委会主任白红战、副主任雷志、秘书长刘焕成参加执法检查，市政府副市长刘东等陪同。

5月6日，市人大常委会主任白红战、副主任王旭彤、秘书长刘焕成陪同全国人大常委会副委员长、九三学社中央主席韩启德视察郑州都市区建设。

5月12日，在市人大常委会副主任雷志带领下，由委员和代表组成的视察组对全市文物遗产保护工作进行了视察。视察组实地查看了小双桥遗址、隋唐大运河遗址、古荥城隍庙等6处历史建筑、文物及文物发掘现场。之后，视察组听取了市文物局局长阎铁成的工作汇报。

5月17日，市人大常委会副主任周长松对全市保障性住房建设情况进行调研。

5月24日，市人大常委会主任白红战、副主任王旭彤视察郑州市交通枢纽重点工程项目建设情况。

5月24日，市人大常委会副主任王平参加市政协第十二届常委会第十五次会议。

5月26日，市人大常委会副主任王旭彤陪同全国人大常委会副委员长陈至立视察郑州市有关工作。

6月20日，市人大常委会主任白红战、副主任王旭彤对京沙快速通道工程进展情况进行视察。

6月22日，市人大常委会副主任刘全心带领部分市人大常委会组成人员和市人大代表，到郑州市人力资源和社会劳动保障局视察全市劳动用工情况。

6月22日，市人大常委会副主任刘全心带领部分常委会组成人员，对《郑州市劳动用工条例》立法准备情况进行调研。

6月24-25日，省人大常委会委员、环资工委巡视员魏少林带领省人大《中华人民共和国矿产资源法》和《河南省实施〈矿产资源法〉办法》（以下简称“一法一办法”）执法检查组到郑州市检查。市人大常委会副主任周长松，市政府副市长张建慧，市人大常委会秘书长刘焕成、城建环保工委主任张文田，市政府副秘书长王鸿勋及有关部门负责人陪同检查。

执法检查期间，检查组认真听取了郑州市人民政府关于贯彻“一法一办法”工作情况汇报，召开了由有关部门负责人、人大代表、企业负责人和基层群众代表参加的座谈会，广泛听取了各方面的意见和建议，实地察看了荥阳天瑞石灰岩矿和郑煤集团裴沟煤矿，听取了企业情况汇报并提出了建议。

7月5日，市人大常委会主任白红战，副主任王旭彤、刘全心，秘书长刘焕成带领部分常委会组成人员和人大代表对全市国有资产监督管理工作情况进行视察。

7月13日，市人大常委会主任白红战、副主任周长松、秘书长刘焕成带领部分人大代表视察全市城市管理工作情况。

7月18日，全国人大环资委到郑州市调研环保工作，市人大常委会主任白红战、副主任周长松、秘书长刘焕成陪同调研。

7月25日，市人大常委会主任白红战，副主任刘全心、周长松，秘书长刘焕成带领部分常委会组成人员及全国、省、市三级人大代表视察郑州市交通安全管理情况。

8月1日至2日，在省人大常委会内司工委主任郭俊峰的带领下，省人大常委会委员、省人大常委会教科文卫工作委员会巡视员赵忠远，省人大常委会委员、省人大法制委员会委员、郑州大学法学院院长田土城，省人大常委会内司工委副主任史银升，省人大常委会委员、郑州大学新闻与传播学院院长董广安，省高级人民法院党组成员、政治部主任袁永新，省人民检察院党组成员李自民，以及部分省人大代表视察郑州市法院和检察院基层建设工作。市人大常委会副主任王旭彤、市中级人民法院院长王新生、市人民检察院检察长杨祖伟、市人大常委会内司工委主任许福亮陪同视察。

8月2日，市人大常委会主任白红战、副主任栗培青、秘书长刘焕成带领部分常委会组成人员及人大代表，对全市发展都市农业工作情

全国、省、市三级人大代表视察郑州市交通安全管理情况

况进行视察。

8月4日，市人大常委会内司工委组织部分省、市人大代表对郑州市贯彻实施“一法一条例”情况进行执法检查。市人大常委会副主任王旭彤、副主任刘全心参加视察。副市长刘东、团市委书记刘建武陪同视察。

8月8日，省人大常委会副主任刘新民带领检查组到中牟县和新郑市调研县域经济发展情况，并对郑州市贯彻实施《河南省信息化条例》情况进行执法检查。市人大常委会副主任刘全心、副市长王跃华陪同调研检查。

8月16日，省人大常委会副主任曹维新带领部分驻豫全国人大代表到郑州市调研保障性住房建设管理情况。市领导连维良、吴天君、白红战、胡荃、孙金献、王旭彤、刘全心陪同调研。

8月16日，全国人大常委会副委员长路甬祥带领执法检查组，对郑州市贯彻实施《中华人民共和国劳动合同法》情况进行执法检查。市人大常委会主任白红战、副主任刘全心陪同检查。

8月18日，全国人大华侨委员会主任委员高祀仁带领调研组，对郑州市贯彻实施《中华人民共和国归侨侨眷权益保护法》情况进行调研。市人大常委会副主任王旭彤陪同调研。

8月23日上午，市人大常委会副主任周长松带领有关部门对贾鲁河出境断面水质达标情况进行调研。市人大常委会城建环保工委主任张文田、经开区工委主任柴清玉，市环保局副局长杨照建，市城市管理局、市国资委和郑东新区管委会等相关部门负责人陪同调研。

9月8日，市人大常委会教科文卫工委组织部分委员和代表，在市人大常委会副主任雷志的带领下，对《中华人民共和国食品安全法》实施情况开展了执法检查。

9月13日，市人大常委会副主任周长松带领部分人大代表，对郑州市积水点和雨污水管网建设情况进行视察。

9月14日，市人大常委会副主任刘全心带领部分常委会委员和人大代表，对全市对外开放和招商引资工作情况进行视察。

9月22日，市人大常委会主任白红战、秘书长刘焕成陪同全国人大常委会教科文卫委员会副主任委员刘永治到郑州市考察。

9月28日，市人大常委会副主任贾记鑫带领部分常委会委员和三级人大代表，对全市社会治安管理工作进行视察。郑州市公安局常务副局长杨玉章、副局长兼警令部主任周廷欣陪同视察。

视察组一行实地察看了沙门社区、升龙社区和郑东新区派出所，听取关于全市社会治安管理工作情况的汇报。视察组成员还就郑州市社会治安管理的体制规范、管理创新、群防群治、队伍素质等问题广泛发表了意见。

10月10日，市人大常委会主任白红战、副主任栗培青和省会部分水利专家到荥阳市，实地视察了郑州市生态水系西水东引工程。中共郑州市委常委、荥阳市委书记舒庆，郑州市人民政府副市长张学军陪同视察。

市人大常委会主任白红战和专家们冒雨到荥阳牛口峪取水点，视察了工程拟规划建设条件，并召开座谈会，听取了市水务局关于西水东引牛口峪方案及李村方案的有关情况汇报，与会领导、专家和荥阳市有关人员对两个方案提出了很好的意见、建议。经过综合对比分析后，专家们一致认为，牛口峪方案在引水的可靠性、经济性等方面更具优势和可行性；荥阳市参会人员也表示，将全力支持该方案的实施。

10月11日，市人大常委会组织部分市人大代表对全市农民增收工作进行视察。市人大常委会副主任王旭彤、栗培青参加视察。

11月9日，市人大常委会副主任周长松带领部分常委会组成人员和人大代表，对《郑州市城市供水管理条例》贯彻执行情况进行执法检查。

11月10日，市人大常委会副主任刘全心带领部分常委会组成人员和人大代表，对全市蔬菜流通体系建设情况进行视察。

11月11日，市人大常委会副主任贾记鑫带领部分常委会委员和全国、省、市三级人大代表，到市检察院对《郑州市人大常委会关于检察机关法律监督工作的决议》贯彻实施情况进行执法检查。

11月17日，省人大常委会副主任铁代生带领省人大调研组到郑调研水产工作，市人大常委会副主任栗培青、副市长扎吐·沙衣热木陪同调研。

12月7日，市人大常委会主任白红战带领部分常委会组成人员和省、市人大代表，对“十大实事”中涉农工作进展情况进行视察。市政府副市长王哲陪同视察，市人大常委会副主任王旭彤、栗培青参加视察。

12月15日，市人大常委会副主任李元法带领相关人员，对索河、索须河截污治理情况进行督查。

12月20日，市人大常委会主任白红战到荥阳市，对生态宜居健康城建设情况进行调研，市人大常委会副主任王旭彤、王平参加调研。

12月21日，市人大常委会主任白红战到巩义市，对新型城镇化建设情况进行调研。市人大常委会副主任王旭彤、赵明恩、周长松参加调研。

（牛志熳）

第七篇　人民政府

市政府全局工作

【概况】 2011年，郑州市人民政府紧紧抓住中原经济区上升为国家战略的重大机遇，谋划并实施了郑州都市区发展战略，明确了中原经济区核心增长区、全国重要的区域性中心城市和最佳宜居环境城市的战略定位，开启了郑州发展的新篇章。全市上下以郑州都市区建设为载体，按照"提速度、破瓶颈、抓统筹、上档次"的要求，团结拼搏，克难攻坚，顺利完成了市十三届人大三次会议确定的各项目标任务，实现了"十二五"发展的良好开局。全市全年实现生产总值4912.7亿元，增长13.2%。全口径财政收入达到1305亿元，增长32.9%；地方财政总收入完成820亿元，增长27.6%；地方财政一般预算收入达到502亿元，增长30%。规模以上工业增加值完成2340亿元，增长22%。全社会固定资产投资完成3002.5亿元，增长24.3%。社会消费品零售总额完成1987亿元，增长18.4%。城镇居民人均可支配收入达到21612元，增长14.4%；农民人均纯收入达到11050元，增长19.8%。

【郑州都市区建设】 2011年，郑州都市区空间发展战略规划中期成果通过专家评审，土地开发利用、综合交通体系、产业布局等各类专项规划加快编制。制定实施了郑州都市区建设行动计划，郑州新区建设成效显著，中心城区功能得到提升；航空城、新郑新城、中牟新城、巩义新城、新密（曲梁）新城、登封新城融城发展进展顺利；宜居教育城、宜居健康城、宜居职教城等城市组团总体规划方案初步确定，基础设施和部分项目建设开始启动。坚持交通道路建设先行，积极构建郑州都市区路网骨架，中心城区连接"六城十组团"快速通道建设加快实施，完成出入市口征地拆迁110万平方米，绿化251万平方米。"六城十组团"建设完成固定资产投资950亿元。

【产业结构调整】 2011年，郑州市战略性支撑产业持续壮大。汽车及装备制造业快速发展，东风日产郑州60万台发动机工厂、宇通商务车和校车等项目加快推进，全年汽车整车产量达到35.5万辆，郑煤机高端产业园、中铁盾构、新大方重工等项目建设提升了装备制造业的层次和水平。物流商贸业快速发展，新加坡国际物流产业园、郑州新郑综合保税区物流园等物流基础设施项目建设步伐加快，中原万达广场等城市综合体丰富了商贸业态。电子信息产业不断壮大，富士康电子、格力电器等投资规模大、科技含量高的龙头企业带动作用凸显。文化创意旅游业发展迅速，国家动漫产业发展基地（河南基地）、郑州信息创意产业园等项目建设进展顺利，全市实现旅游总收入590亿元，增长15.7%。

战略性新兴产业粗具规模。新一代信息技术、生物医药、节能环保和新能源客车等产业加快发展，战略性新兴产业产值突破1000亿元，成为新的经济增长点。

传统优势产业持续提升。铝及铝加工、纺织服装、食品、建材耐材等产业改造步伐加快，产业技术和产品档次显著提高。

金融、会展、房地产业稳步发展。四方达、好想你、明泰铝业等6家企业顺利上市，全市累计上市企业达到35家。成功引进东亚银行，郑东新区金融集聚核心功能区建设加快推进。全年举办大型展会141场，展览面积达到155.3万平方米。房地产业在调控中健康发展，全市商品房实现销售额887.9亿元，增长14.9%。

产业集聚区加快发展。全市产业集聚区全年营业收入完成 5150亿元，增长40%；固定资产投资完成1033.5亿元，增长62%。

【改革开放与招商引资】 2011年，郑州市各项改革进一步深化。国有企业改制工作稳步推进，战略重组工作取得实质性进展。郑州银行、百瑞信托实现增资扩股。行政审批制度改革加快，企业投资项目备案权限下放到所有县（市）区和省级产业集聚区。政府机构改革顺利完成，事业单位分类改革有序展开，文化、教育、科技等领域改革继续深化。认真落实鼓励、支持和引导非公有制经济发展的政策措施，民营经济规模不断壮大。

招商引资和对外开放成果丰硕。郑州新郑综合保税区、河南保税物流中心和出口加工区等对外开放平台建设取得重大成效。全年实际利用外商直接投资31亿美元，增长63%；引进市外境内资金941.6亿元，增长30.5%。市属及以下进出口总额完成153.6亿美元，增长239.5%，其中出口94.1亿美元，增长182.9%。积极承接产业转移，全年新开工外来投资项目152个，投资总额1454亿元。

【城市建设与管理】 2011年，郑州市成功跨入全国文明城市行列，市民文明素质和城市文明程度得到显著提升，充分展示了新的城市形象。

郑州新区品牌形象凸显。郑州新东站综合交通枢纽工程加快建设，郑州新郑综合保税区热源厂一期工程投入运营，龙湖引黄调蓄工程全面启动。郑州新区完成基础设施投资160亿元，成为展示河南和郑州形象的窗口、承接产业转移的平台和宜居宜业宜商的福地。

"畅通郑州"工程扎实推进。轨道交通1号线一期顺利铺轨，2号线一期开工建设；京沙快速通道部分路段、郑民高速郑州段建成通车。出入市口互通立交、三环快速化工程、南水北调跨线桥梁等一批重大项目开工建设。新增公共停车泊位2.5万个，新购置公交车953辆，郑州绕城高速免费通行。深入开展占道经营、交通秩序等专项整治活动，城市管理取得明显成效。

综合交通枢纽地位不断强化。郑焦、郑汴城际铁路加快建设，郑州黄河公铁两用桥主体、火车站西广场等重点工程基本完工。郑州机场旅客吞吐量突破1000万人次。

城市承载能力不断增强。刘湾水厂开工建设，实施五龙口、马头岗污水处理厂升级改造，城市供热、供气、供水等公共管网进一步完善。加快推进"数字郑州"建设，城市基础地理信息数据库基本建成。生态环境明显改善，常西湖生态公园等项目顺利实施，人民广场建成开园，市区新建绿地622万平方米，完成造林1.58万公顷，新建林业生态乡（镇）8个、林业生态村100个。扎实开展截污攻坚工作，实施东风渠上游、潮河上游等河道治理工程，河道水质明显改善。

节能减排力度加大。全年单位生产总值能耗下降3.7%，二氧化硫排放量和化学需氧量分别控制在10.18万吨和10.62万吨以下。城市集中饮用水源地水质达标率为100%，城区空气质量优良天数达到318天。

【农业和农村发展】 2011年，郑州市农业综合生产水平显著提高。粮食生产连续9年喜获丰收，全年总产量达到166.7万吨。畜牧业综合生产能力持续提高。大力实施"菜篮子"工程，完成新菜田建设2400公顷。

农村生产生活条件持续改善。实施异地扶贫搬迁和整村推进扶贫，1.67万人实现脱贫。实施自来水村村通工程，解决了43.9万人饮水安全问题。改造中低产田1.33万余公顷，升级改造农田灌溉机井8700眼。新建、改造农村道路578公里，新增农村户用沼气1万座，新建镇、村地埋式垃圾中转站611座，实施厕所无害化改造8.6万户。

【民生保障】 2011年，郑州市继续加大财政投入，较好地完成了省、市民生实事，解决了一大批群众关心的热点、难点问题。

就业工作取得明显成效。全年新增城镇就业再就业13.8万人，农村劳动力转移就业12.6万人。发放小额担保贷款15.5亿元，促进了就业和再就业。

社会保障体系不断完善。覆盖城乡的基本养老制度基本建立，城乡居民社会养老保险参保人数达到247万人。城镇居民基本医疗保险参保人数达到262万人，新农合参合人数达到417.4万人，参合率达到98.3%。调高了最低工资标准。物价上涨势头得到初步遏制。

保障性住房建设进展顺利。优先安排土地供应，着力保障资金需求，强力推进项目建设，全年开工保障性住房5.57万套。

【社会事业发展】 2011年，郑州市自主创新能力不断提升。新建各级各类研发中心225家，其中国家级7家、省级57家。高新技术产业产值达到2806.7亿元，增长33.9%；增加值达到859.8亿元，增长29.2%。专利授权量6300件，增长11%；科技进步对经济增长的贡献率达到56%。连续5次荣获"全国科技进步先进城市"称号，建立了首个国家级知识产权创意产业试点园区。

优质教育、医疗资源促进计划扎实推进。新建和改扩建中小学校33所、幼儿园119所，新增优质中小学招生学位2.1万个，为全市所有中小学校开通了现代远程教育"班班通"学习站点。新建和改扩建优质医疗机构10家，新增床位2250个。

文化、体育等事业发展取得新成效。郑州市图书馆新馆、郑州商都遗址公园等项目建设顺利。新建农村文化大院200个、农家书屋750个。《水月洛神》荣获第八届中国舞蹈艺术最高奖"荷花奖"金奖第一名，《斗笠县令》获得中国戏剧节最高奖项。全民健身运动蓬勃发展，竞技体育水平不断提高，在第七届全国城市运动会上再创佳绩。人口和计划生育工作稳步推进，"双提高"工程深入开展，低生育水平持续稳定，荣获“全国人口和计划生育先进单位”称号。妇女儿童事业、老龄事业和残疾人事业取得新进展。

【民主法制和社会管理】 2011年，郑州市人民政府主动接受人大及其常委会监督，支持政协履行职能，加强与各民主党派、工商联和无党派代表人士的联系沟通。办理人大代表建议581件，政协委员提案658件，办结率均为100%，满意率均达到98.5%。积极推进依法治市工作，制定政府规章9件，提请市人大常委会审议地方性法规草案3件。全面实施“六五”法制宣传教育和依法治理工作规划。认真落实党风廉政建设责任制，廉政建设取得新成效。积极推行网络行政，创新了政府管理模式。完善社会管理体制，整合社会管理资源，认真开展“社区建设年”活动，有效解决了影响社会和谐稳定的突出问题。建立健全食品安全监管机制，集中开展食品、药品安全专项整治。深入推进“两基三体系”建设，强化责任落实，安全生产形势总体平稳。加强和创新社会管理，深化“四严一创”“两打一清”等专项行动，深化社会治安综合治理，扎实推进平安郑州建设，社会大局和谐稳定。

国防教育和国防后备力量建设取得新成效。大力支持军队建设，认真落实军队转业干部安置、征兵工作等政策措施，积极推进军民融合式发展，军政军民团结进一步巩固。顺利完成全国第六次人口普查。

【市政府第三次全体会议】 2011年4月1日，郑州市人民政府召开第三次全体会议，主要任务是传达贯彻全国、全省“两会”精神，贯彻落实省委副书记、省长郭庚茂在郑调研时的重要讲话精神，回顾总结全市第一季度的经济工作，并对第二季度工作进行部署。市长赵建才在会上作了重要讲话。

关于第二季度工作，赵建才要求突出抓好六项重点工作。一是突出抓好《郑州都市区发展规划纲要》和《空间发展战略规划》的编制，探索形成促进郑州都市区建设新的体制机制；二是突出抓好结构调整和经济发展方式转变，重点发展汽车及装备制造、物流商贸、文化创意旅游和电子信息产业等四大战略性支撑产业，培育发展新一代信息技术、新能源、生物工程等战略性新兴产业，并大力发展现代服务业，加快推进自主创新；三是突出抓好招商引资、重点项目和产业集聚区建设；四是突出抓好提高行政执行力和加大工作推动力，紧紧抓住当前的有利时机，全面掀起项目建设、招商引资和创建全国文明城市“三个高潮”，进一步强化联审联批、督促查办、领导分包重点项目和重点事项“三项措施”，提高工作效率和行政效能；五是突出抓好服务、保障和安全生产工作；六是突出抓好民生改善，加快安居工程建设，持续推进“畅通郑州”工程建设，提升公共设施保障能力，大力实施“菜篮子”工程，加强物价监测调控，确保市场物价的基本平稳，加大环境保护和治污工作力度。

赵建才还就抓好当前征地拆迁、食品安全、社会管理等工作提出具体要求。

【全市上半年经济形势讲评会暨市委市政府工作会议】 2011年7月30日，市委、市政府召开全市上半年经济形势讲评会暨市委市政府工作会议，传达学习省委书记卢展工在省委常委会听取上半年经济形势汇报时的重要讲话精神，传达贯彻省长郭庚茂在全省经济运行工作电视电话会议上的重要讲话精神，对全市上半年的工作进行系统总结，对下半年的工作进行安排部署。市委副书记、代市长吴天君在会上作了重要讲话。

2011年上半年，郑州市经济呈现出良好发展态势，保持了平稳较快增长：生产总值完成2315亿元，同比增长12.2%；固定资产投资完成1298亿元，同比增长26.8%；实际利用外资13.8亿美元，同比增长40.6%；财政总收入实现442.2亿元，同比增长32.2%。规模以上工业实现增加值1075.29亿元，同比增长19.4%；全市产业集聚区规模以上工业总产值完成1825亿元，同比增长39%；省、市重点项目建设完成投资732.2亿元，同比增长38.4%。

吴天君指出，既要充分肯定成绩，又必须保持清醒认识，要认真解决经济运行中存在的困难和问题，切实增强城市建设和产业发展中的群众观念，进一步提高招商引资和项目的站位、标准，努力转变城市规划建设和管理的理念，不断加强社会管理的基层基础工作，下大力气解决影响社会稳定的突出问题，优化环境，加快发展。

吴天君强调，要以郑州都市区建设统揽全局，提高站位，突出重点，扎实做好下半年各项工作。要实现下半年的工作目标，必须围绕构建中原经济区核心增长区，全面推进郑州都市区建设；要围绕汽车产业、电子信息产业、商贸物流产业、文化创意旅游产业，推进战略支撑产业发展；要围绕打造畅通、整洁、有序的省会形象，加大城市规划建设管理力度；要围绕影响力、辐射力、整合力要求，推进大招商活动；要围绕民生改善，提高社会保障能力；要围绕土地、资金、人力资源和煤电油气运等保障要素，破解发展瓶颈；要围绕防汛、农田水利、安全生产稳定，抓好当前的几项紧迫工作，确保经济发展和大局稳定；要通过转变工作作风，提高经济调节能力、市场监管能力、社会管理能力和公共服务能力，努力打造人民满意的服务型政府。

【加快中原经济区建设动员会暨全市第三季度经济形势讲评会】 2011年10月20日，市委、市政府召开加快中原经济区建设动员会暨全市第三季度经济形势讲评会，传达学习贯彻《国务院关于支持河南省加快建设中原经济区的指导意见》，全面分析总结全市前三季度经济社会发展情况，对第四季度的工作进行安排部署。会议要求，在继续落实好“破瓶颈、提速度、抓统筹、上档次”的基础上，第四季度的工作要努力做到“抓机遇、增投资、保增长、保民生”，确保全年各项目标任务的圆满完成。市委副书记、代市长吴天君出席会议并作重要讲话。

吴天君强调，要通过科学经济调节，力争完成全年各项工作目标。要进一步明确郑州都市区建设的战略定位和发展目标，突出重点，抢抓机遇，全力推进郑州都市区建设，切实发挥好郑州市的龙头作用、重心作用和示范带动作用。要突出建设重点，坚持统筹城乡发展，实施中心城市带动，建设内陆开发开放高地，打造“三化”协调发展先导区，形成中原经济区最具活力的发展区域；要加快现代综合交通体系建设，把郑州建设成为全国重要的现代综合交通枢纽中心；要积极构建现代产业体系，把郑州建设成为汽车制造业基地、电子信息产业基地、生物产业基地、有重要影响力的产业创新中心；要大力发展现代服务业，建设现代物流中心、区域金融中心、文化创意旅游产业基地；要努力健全农业社会化服务体系，建成国家级现代农业示范区；要持续加强资源节约和环境保护，体现生态、节能、低碳和可持续发展理念，打造“绿城郑州”；要深入实施科教兴郑战略，建设创新型城市；要全面提升公共服务水平，建成人民富裕、和谐文明的现代化都市区。要创新完善推进郑州都市区建设的体制机制，站位打造“一区两城”、最终实现现代化的高度，用国际化的视野和胸怀百年、开明开放的气魄，建立健全适应现代化要求的城市规划建设管理机制和责任、有序、高效的工作推进机制。

吴天君要求，要以郑州都市区建设统揽全局，扎实做好四季度各项工作。要切实搞好经济运行调节，破除土地、资金等要素制约；要深入开展大招商活动，引进开工一批“三力”重大项目；要加快产业集聚区建设，推动主导产业发展；要加快产业结构调整，促进产业升级；要坚持规划引领发展，编制完成郑州都市区发展的系列规划；要突出交通、生态、公共服务三大重点，强力推进郑州都市区基础设施建设；要加快推进城中村改造、合村并城、新型农村社区建设和旧城改造的健康发展；要夯实数字城管基础，完善管理机制，开展城市管理集中整治活动；要明确中心城区今后5年分层级改造建设的重点区域和景观道路建设任务；要着力保障和改善民生，确保社会大局和谐稳定。

【全市领导干部会议】 2011年10月31日，市委、市政府召开全市领导干部会议，传达学习省九次党代会精神，安排部署贯彻落实省九次党代会精神的具体措施。会议要求，全市上下要深刻学习领会省九次党代会精神，迅速把思想统一到省委的决策部署上来，抢抓国家支持中原经济区建设的历史机遇，坚持务实重做，以重做铸重心，持续推进全市经济社会跨越式发展，努力在中原经济区建设中挑大梁、走前头，进一步发挥好龙头、重心和示范带动作用。

市委副书记、代市长吴天君作了重要讲话，并对全市当前各项重点工作进行了安排部署。一要抓好经济运行，确保全年目标任务完成。重点做好帮助企业融资、加强市场价格监管，以及加大固定资产投资、财税征收和煤电油气运协调保障等工作，确保完成全年固定资产投资增长30%、地方一般预算收入增长30%以上的目标。二要加快推进郑州都市区建设。要加快编制郑州都市区系列规划；大力推进新型城镇化建设，按照政府主导拆迁安置、市场运作、群众自愿、规划引领、交通先导、双改统筹的原则，加快城中村改造、合村并城、新型农村社区和旧城改造；加快路网、生态环境和公共服务设施三大基础设施的建设进度。三要加大招商引资项目建设力度。通过加大联审联批工作力度、解决项目土地瓶颈、优化施工环境等措施，加快项目落地和施工进度。四要抓好农业生产，重点是小麦播种扫尾和小麦前期管理工作，为2012年丰产丰收奠定坚实基础。五要大力提高安全保障水平。重点抓好安全生产和信访稳定工作。要针对秋冬春特殊时期和容易产生安全事故的领域，开展为期一个月的拉网式普查。六要继续做好民生工作，确保省、市“十大实事”如期完成，确保农民工工资按期支付、困难群体生活稳定。七要认真谋划2012年工作，重点是抓好重大项目“四进”工作，争取有更多项目进入国家和省重点项目规划盘子。

（孙志军　李林晓　王晓东）

【政府信息编发和上报】 2011年，市政府办公厅信息联络处围绕政府工作中心，提升信息质量，落实各项部署，强化目标责任，严格制度落实，积极开展创先争优和“质量提升年”活动，开拓创新，“三个服务”水平不断提升，行政效能显著提高。建立了信息采编日会商制度。制定下发了《郑州市人民政府办公厅关于做好政务信息报送工作的通知》，采取与委局分管信息负责人开展工作交流和建立信息审计制度等方式，进一步加强政务信息主渠道建设。实行了信息工作月通报制度。将省、市信息采用情况逐条公布，使信息工作更加透明、公平，进一步调动各单位报送信息的积极性。加大了信息网络建设力度。完善省、市、县、乡四级政务信息网络报送渠道，信息工作时效性得到极大提升。加强信息队伍建设。采取以会代训、以干代训等方式，全年为20个基层单位200多名信息人员进行授课培训和以干代训，有效提高了基层信息队伍的整体素质和水平。全年共编发信息刊物1005期，其中，编发《政务要闻》239期、《政府工作快报》511期、《信息专报》255期；上报省政府办公厅信息1326条，所编信息被省、市领导批示65条，信息采用量位居全省省辖市前列。参加市委、市政府媒体网络监督事项日例会210次，参与对近500个网络敏感突出问题的分析研判，并及时为领导提供参考信息。参加全市重大项目推进工作周例会62次，编报信息131条。被评为2010年度河南省政务信息工作先进单位、2011年度《郑州工作》宣传报道先进单位。

（巩　煌）

人力资源和社会保障工作

【概况】 2011年，郑州市各级人力资源社会保障部门以“民生为本、人才优先”为工作主线，大力实施人力资源社会保障“211”民生工程，全面推进人力资源和社会保障事业发展，各项工作取得明显成效。

全力做好规划、统计工作。《郑州市人力资源和社会保障事业发展“十二五”规划纲要》经市政府第57次常务会议研究通过并印发。顺利完成了全市人力资源和社会保障统计年报、全市社会保险基金预（决）算草案编制、全市2010年度农村实用人才资源统计调查等工作。认真做好政务公开和信息宣传工作。全年主动公开包括各类政务信息、法规文件等3910条，其他信息9万余条。构建了以市级以上主流媒体为重点、以人社系统宣传平台为主渠道的宣传格局，形成了“新闻报道、理论文章、官方网站、信息简报、咨询电话”为主体的宣传模式，全年共在各级报刊、媒体上发表新闻报道730多篇，在郑州电视台、郑州广播电台、中原网等媒体创办人力资源和社会保障有关栏目，扩大了社会影响力和美誉度。面向社会提供了包括各项保险、公开招聘等9大类24项重要业务的在线查询，年访问量达277万人次。人社局门户网站被评为郑州市政府“十佳网站”之一，并荣获2011年度河南省委宣传部授予的“全省范围百佳网站”荣誉称号。建立并举办“郑州社保稽查论坛”，搭建与用人单位沟通交流社保稽查工作的平台，受到用人单位的一致好评。12333咨询服务系统全年共受理群众来电78万个，开展12333进基层服务活动和局领导接听12333活动25次，利用大型招聘会等有利时机，积极宣传有关政策，受到群众好评。大力开展“业务工作和队伍建设”双跃升活动。加强行政效能电子监察系统建设，开展服务窗口单位为民服务创先争优活动，提高政风行风建设水平。创办了公务员精品读本《公务员月读》和人社系统报纸《人社时讯》，营造“心系民生、乐于奉献、团结互助、勤政廉洁、勇争一流”的人社系统文化氛围。

2011年，郑州市人社局被表彰为全省五好党组织、学习型党组织先进单位，市级先进基层党组织、党建示范点、党内统计工作先进单位，郑州市优化经济发展环境工作先进集体，省级、市级纪检监察系统先进集体，郑州市维护妇女儿童权益暨平安家庭创建工作先进单位，全市老干部工作先进集体。在全省人社系统党风廉政建设会议和服务窗口单位为民服务创先争优活动动员部署视频会上，郑州市人社局作了典型发言。

【公务员管理】 一是完善公务员制度。认真组织《公务员法》执行情况检查，促进《公务员法》及其配套法规的全面落实。试行公务员岗位资格制度，认真做好公务员日常登记、科级职务任免备案、职位审核、提请人大和政府任免、辞职辞退等日常管理工作。印发了《郑州市公安机关执法勤务机构人民警察警员职务套改实施方案》，对全市公安局纳入套改范围的9171名科级以下人员档案进行审核。出台《郑州市公务员证使用管理办法》，完成31个单位1300余名公务员的信息审核和发证工作。指导12个单位对57个科级职位实施竞争上岗。报请省公务员局批准参照管理单位7家。完成公务员日常登记563人，科级职务任免备案650人，提请人大研究任免干部36人，提请政府任免干部229人，受理公务员机关和参照管理单位工作人员辞职辞退备案9人。加强公务员档案管理，全年办理查（借）阅档案、收集补充材料2308人次，新接收公务员档案1620册。二是健全公务员选用机制。加大从具有基层工作经历的人员中选拔公务员的力度，首次开展统一遴选工作，以全市14家单位为试点，面向全省公务员和参照公务员法管理人

郑州市2011年度公务员初任培训班全体学员在巩义市竹林镇进行实践锻炼

员，遴选27名公务员。顺利完成了2011年公安机关考试录用人民警察工作、河南省政法干警招录培养体制改革郑州公安机关、河南统一考试录用公务员工作。三是做好表彰奖励工作。开展了第二届市长质量奖和第四届郑州市科学技术特别贡献奖评选活动。创新开展评优评差活动，公务员绩效考核工作全面实施。认真组织开展全市第三届人民满意公务员和人民满意公务员集体评选活动，接收、审核集体材料89份和个人材料154份。四是开展业务能力提升活动。在深化2010年公务员岗位练兵成果的基础上，大力开展业务提升活动。启动全市公务员培训大讲堂，举办各类高端培训讲座51场，培训公务员1.6万余人次。郑州市培训工作在全省公务员培训工作会议上作了典型发言。积极开展公务员应知应会知识培训，起草《市委办公厅市政府办公厅关于印发〈郑州市公务员应知应会知识学习培训方案〉的通知》，编印《公务员月读》《郑州市公务员学习读本》（第二卷），积极筹备全市公务员应知应会知识考试。

【军转干部安置】 一是扎实做好军转干部及随调家属安置工作。按照科学安置、廉洁安置、阳光安置、公平安置的要求，制定了《2011年郑州市军转干部安置意见》《关于做好2011年营职以下及技术级军转干部择优遴选及安置工作的实施方案》等5个配套文件，以指令性分配计划为基础，遴选考试与功绩制量化积分相结合，试行公开选岗，妥善完成了468名军转干部（其中团职130名）的安置任务。二是积极拓展计划安置军转干部培训工作。按照理论与实践相结合、调研与提高相结合的模式，努力探索“创新机制，拓展内容、规范模式、分段实施”的路子。结合市委、市政府中心工作，组织军转干部参与全市交通畅通工作，帮助军转干部了解和熟悉地方工作特点，尽快适应岗位和角色的转换。三是深入探索和完善自主择业军转干部管理服务工作。全年累计核发退役金4800余万元，为自主择业干部发放医疗保险、住房补贴、自主培训和个性化培训费、独生子女父母奖励费等940余万元，通过手机、网站等先后发送就业岗位信息8000余条。社区管理服务试点工作在全省走在了前列，6月，省人社厅在郑州市召开自主择业军转干部社区管理服务现场会，介绍郑州市的做法和经验，并在全省进行推广。四是全面贯彻落实企业军转干部解困维稳政策。按时足额发放部分困难企业军转干部

2011年末郑州市国家公务员统计表

单位：人

行政机关公务员					
项目	总计	研究生	本科	专科	中专以下
	23625	1635	12535	8007	1448
市	12208	833	6896	3996	483
县（市）	9540	677	4650	3428	785
乡（镇）	1877	125	989	583	180

参照公务员管理事业单位					
项目	总计	研究生	本科	专科	中专以下
	5299	257	3007	1758	277
市	2733	191	1720	696	126
县（市）	2566	66	1287	1062	151

2011年郑州市事业单位管理人员基本情况统计表

项目	序号	合计	女	少数民族	中共党员	博士	硕士	学历					年龄						层次				
								研究生	大学本科	大学专科	中专	高中及以下	35岁及以下	36岁至40岁	41岁至45岁	46岁至50岁	51岁至54岁	55岁及以上	中央	省(区、市)	地(市、州、盟)	县(市、区、旗)	乡(镇)
甲	乙	1	2	3	4	5	6	7	8	9	10	11	12	13	14	15	16	17	18	19	20	21	22
总　计	1	40286	17047	1085	22962	50	622	1236	19912	15567	3172	399	19765	7850	5770	3987	1699	1215	0	0	12602	24866	2818
其中：参照公务员管理人数	2	5056	1765	92	3366	6	100	212	3098	1511	193	42	2014	998	760	688	332	264	0	0	3107	1825	124
一级职员岗位（部级正职）	3	0	0	0	0	0	0	0	0	0	0	0	0	0	0	0	0	0	0	0	0	0	0
二级职员岗位（部级副职）	4	0	0	0	0	0	0	0	0	0	0	0	0	0	0	0	0	0	0	0	0	0	0
三级职员岗位（厅级正职）	5	2	1	0	2	1	0	1	1	0	0	0	0	0	0	0	1	1	0	0	2	0	0
四级职员岗位（厅级副职）	6	6	0	1	6	0	3	3	2	1	0	0	0	0	0	0	2	4	0	0	6	0	0
五级职员岗位（处级正职）	7	207	38	4	200	5	16	49	109	49	0	0	0	3	14	48	33	109	0	0	204	3	0
六级职员岗位（处级副职）	8	781	154	19	739	21	44	133	490	148	10	0	4	45	144	276	170	142	0	0	710	67	4
七级职员岗位（科级正职）	9	3052	747	77	2734	11	99	223	1866	859	82	22	138	489	764	899	426	336	0	0	2188	832	32
八级职员岗位（科级副职）	10	4556	1427	139	3749	8	127	230	2779	1375	139	33	1120	1253	1089	748	200	146	0	0	2284	2082	190
九级职员岗位（科员）	11	28696	13353	779	14754	3	293	526	13633	11739	2477	321	15995	5833	3625	1940	845	458	0	0	6527	19760	2409
十级职员岗位（办事员）	12	2012	908	47	549	0	14	22	560	1012	399	19	1699	181	85	39	4	4	0	0	470	1433	109
其他	13	974	419	19	229	1	26	49	472	384	65	4	809	46	49	37	18	15	0	0	211	689	74

2011年郑州市事业单位专业技术人员基本情况统计表

项目	代码	合计	女	少数民族	中共党员	博士	硕士	港澳台及外籍人士	学历：研究生	学历：大学本科	学历：大学专科	学历：中专	学历：高中及以下	年龄：35岁及以下	年龄：36岁至40岁	年龄：41岁至45岁	年龄：46岁至50岁	年龄：51岁至54岁	年龄：55岁及以上	层次：中央	层次：省（区、市）	层次：地（市、州、盟）	层次：县（市、区、旗）	层次：乡（镇）
甲	乙	1	2	3	4	5	6	7	8	9	10	11	12	13	14	15	16	17	18	19	20	21	22	23
总计	1	90206	55330	1495	27787	91	1933	0	3453	44551	32533	8833	836	37614	17149	14169	10579	6581	4114	0	0	22422	42594	25190
其中：1.在管理岗位工作的	2	1462	571	31	1042	29	73	0	132	1101	196	30	3	68	280	445	436	133	100	0	0	1457	3	2
2.具有职业资格的	3	43836	26013	603	14765	89	1748	0	2642	23412	13135	4084	563	16277	8517	7805	5850	3302	2085	0	0	17019	15717	11100
专业技术岗位 高级岗位 一级	4	0	0	0	0	0	0	0	0	0	0	0	0	0	0	0	0	0	0	0	0	0	0	0
二级	5	0	0	0	0	0	0	0	0	0	0	0	0	0	0	0	0	0	0	0	0	0	0	0
三级	6	128	47	4	91	3	6	0	10	107	8	3	0	0	0	0	49	32	47	0	0	128	0	0
四级	7	420	210	7	227	12	21	0	53	340	19	7	1	0	0	74	238	55	53	0	0	375	45	0
五级	8	1156	459	20	712	2	15	0	59	834	201	46	16	2	19	139	415	324	257	0	0	807	267	82
六级	9	2274	1118	42	1032	13	48	0	131	1708	336	83	16	6	135	817	917	266	133	0	0	1574	509	191
七级	10	7547	3594	128	3383	20	141	0	425	5163	1727	207	25	77	1528	2725	1785	836	596	0	0	2811	3452	1284
中级岗位 八级	11	5561	3157	80	2056	8	50	0	144	2573	2017	762	65	156	989	1438	1422	1000	556	0	0	2457	1491	1613
九级	12	6702	3975	99	2549	8	231	0	326	3334	2401	541	100	862	2333	1737	990	604	176	0	0	2621	1857	2224
十级	13	30331	18357	486	9776	23	489	0	850	12970	12326	3797	388	8474	8035	5405	3569	2900	1948	0	0	4199	16235	9897
初级岗位 十一级	14	6313	4155	112	1770	0	108	0	176	3508	2028	536	65	3572	1207	722	505	209	98	0	0	2480	2022	1811
十二级	15	23112	15604	372	5163	1	677	0	1039	11842	8324	1795	112	18497	2468	959	628	329	231	0	0	3778	13542	5792
十三级	16	5463	3765	130	886	0	77	0	110	1625	2697	985	46	4780	433	148	57	26	19	0	0	895	2793	1775
其他	17	1199	889	15	142	1	70	0	130	547	449	71	2	1188	2	5	4	0	0	0	0	297	381	521
专业类别 1.工程技术人员	18	4613	1824	62	2005	1	35	0	92	1725	2085	643	68	2034	1005	785	477	169	143	0	0	1415	2970	228
2.农业技术人员	19	1328	515	20	643	0	9	0	24	421	587	269	27	355	267	303	220	85	98	0	0	179	946	203
3.科学研究人员	20	156	70	0	103	7	24	0	39	81	29	5	2	55	29	28	28	9	7	0	0	129	27	0
4.卫生技术人员	21	11942	8214	173	3038	37	699	0	847	3547	4639	2746	163	4462	2364	2213	1777	647	479	0	0	4995	5344	1603
5.教学人员	22	67764	42102	1110	19810	45	1111	0	2347	36837	23414	4649	517	29280	12380	9985	7471	5434	3214	0	0	13518	31346	22900
6.经济人员	23	1195	680	24	675	0	11	0	23	558	513	91	10	377	404	228	121	34	31	0	0	423	621	151
7.会计人员	24	1120	804	18	515	0	8	0	15	422	557	115	11	353	313	229	145	49	31	0	0	474	572	74
8.统计人员	25	105	64	0	59	0	0	0	2	44	47	11	1	39	19	19	17	6	5	0	0	27	64	14
9.翻译人员	26	5	5	0	3	0	0	0	0	3	2	0	0	0	0	3	2	0	0	0	0	5	0	0
10.图书档案、文博人员	27	583	402	25	301	1	20	0	42	306	211	24	0	192	95	112	105	47	32	0	0	355	216	12
11.新闻、出版人员	28	471	242	14	254	0	8	0	11	303	125	29	3	155	93	100	62	33	28	0	0	322	148	1
12.律师、公证人员	29	7	4	0	2	0	1	0	1	2	2	2	0	3	2	2	0	0	0	0	0	2	5	0
13.播音人员	30	64	39	6	29	0	0	0	2	39	21	2	0	22	21	12	7	2	0	0	0	45	19	0
14.工艺美术人员	31	23	12	0	8	0	0	0	1	8	13	1	0	9	5	4	1	1	3	0	0	12	10	1
15.体育人员	32	136	57	8	58	0	5	0	2	90	36	7	1	58	21	22	22	9	4	0	0	126	10	0
16.艺术人员	33	434	199	34	95	0	2	0	4	70	106	223	31	168	78	76	65	22	25	0	0	327	107	0
17.政工人员	34	260	97	1	189	0	0	0	1	95	146	16	2	52	53	48	59	34	14	0	0	68	189	3

生活困难补助和个案补助；坚持重大节日慰问、健康体检和报刊征订活动；建立健全了大病医疗救助制度；积极推进企业军转干部基层管理服务工作；创新管理服务办法，充分发挥基层单位的职能作用，建立上下联动、信息共享、密切配合的管理服务体系，确保全市企业军转干部各项工作落到实处。

【引进国外智力】 一是专家与项目管理工作成效显著。全年执行引进国外人才项目70余项，引进外国专家206人次，有2个项目被批准为国家高端引智项目，有2个行政村被命名为河南省“一村一品”引智示范基地，2个乡镇被命名为河南省“一乡一业”引智示范基地。新增19家外国专家聘请资格单位，全市拥有外国专家聘请资格的中等以下教育机构增加到73家。郑州市作为省内唯一试点城市，获得省外专局授权在当地办理外国专家来华许可和外国专家证发放等业务。二是出国（境）培训管理工作顺利实施。全年完成出国（境）培训项目7个，先后选派人员赴英国、德国、西班牙、瑞典、新加坡等国家进行培训，派出培训人员94人次，其中，高层行政管理人员88人次、专业技术人员6人次。完成了2012年度郑州市出国（境）培训项目计划的申报工作。三是外国专家管理与服务工作扎实高效。组织开展郑州市“商都友谊林·外国专家风采”系列活动，顺利完成郑州市国际人才交流协会改选工作。编制完成郑州市“十一五”引智工作成果汇编。推荐的登封电厂铝合金公司聘请的乌克兰专家阿夫恰茹克博士获得2011年国家“友谊奖”。

【人才队伍建设】 一是加强高层次专业人才队伍建设。完成了对全市人才需求调查统计工作，拟定现代物流业专家咨询委员会人员名单和现代物流业专家咨询委员会工作规则，报市政府审定并以市政府名义下发有关单位。推荐郑州市第一人民医院、第三人民医院、第七人民医院、儿童医院和郑州四维机电设备制造有限公司等10家单位作为2011年度博士后研发基地。积极做好郑州市高层次专家决策咨询顾问团工作，全年共引进各类高层次人才463名，会同市委党校赴中央党校、中国人民大学等院校引进博士5名，为畜牧局引进急需专业博士1名，为郑州师范学院引进博士19名，会同市技师学院赴天津职业技术师范大学引进4名优秀毕业生，为95名副高及以上职称人才办理了调配手续。二是大力实施全民技能振兴工程。全年共组织26.11万人参加了各类职业培训，完成目标任务的130%。其中，城乡新生劳动力预备制培训5.06万人，企业职工岗位技能提升培训6.2万人。完成高技能人才培养11334人，完成目标任务的113%。组织7.25万人参加职业技能鉴定。全市技工院校春、秋两季共招生3.1万人，超额完成全年任务。开展了第二届“郑州市突出贡献高技能人才及郑州市优秀技师”评选活动。加大职业教育培训机构基础能力建设，10月10日，郑州市职业技能公共实训基地项目隆重奠基，计划于2013年4月建成启用。积极开展校企合作，全市技工院校与百余家企业建立了多种形式的合作关系。三是积极做好人才服务工作。加大职称政策的宣传力度，创新工作方法，在全省范围内率先开展了非公单位职称评审“绿色通道”，全年接收非公单位职称申报145人，评审通过99人。组织全市5个工种（行业）技能竞赛活动，严格考风考纪，完成全市等级培训考核共计141个工种6603人，各类人事考试21次128575人。四是扎实做好人事代理工作。全年新增代理单位150家，累计达到1080家；新增人事档案57748份，累计达到251070份。围绕人事代理工作，开展了户口挂靠、党组织关系转入转出、经济适用房申请等20余项延伸服务。至年底，户口管理总数达42159人，流动党员总数达23253人，经济适用房申请受理总数为2451份。举办日常招聘会188次，专场招聘会37次。新增人才派遣合作单位17家，累计达到98家；向用人单位派遣员工3921人，累计派遣员工7266人。成功引进各类人才2328名，其中高层次人才152人。成立了北区人才市场。

【就业工作】 一是超额完成城乡就业任务。全市新增城镇就业13.8万人，完成年计划的106%。其中，下岗失业人员4万人、“4050”等就业困难人员1.8万人，分别完成年度目标任务的133%、138%。援助46户“零就业家庭”的62名成员实现就业，城镇“零就业家庭”持续动态为零。城镇登记失业率控制在3%以内。全市农村劳动力转移就业12.6万人，完成年计划的126%。向富士康培训输送员工10.9万人，超额完成了省人社厅下达的4万人任务。二是实施更加积极的就业政策。完善重点建设项目用工信息发布制度，出台《关于进一步发展家庭服务业促进就业的实施意见》，充分发挥服务业吸纳就业的作用，在《2010-2011年中国基本公共服务力评估》报告中，郑州市“社会保障和就业”排名第一。加强就业专项资金使用管理，全年再就业资金使用31776.73万元,享受就业扶持补贴25706人次。三是重点做好高校毕业生就业工作。开展高校毕业生就业服务月活动，组织大学毕业生就业专场招聘会，累计提供就业岗位3.6万余个。开展“送政策、送项目、送培训、送信息、送服务”进校园活动，举办就业创业指导报告会6场，开办创业培训班37期，培训高校应届毕业生1110

郑州市高校毕业生创业服务启动仪式暨全民创业成果展示会

人，按照省人社厅分配名额招募60名大学生参加“三支一扶”。新增见习基地35家，全市见习基地总数达160家，安排3000余名毕业生到基地见习。全年共接收高校毕业生9.4万人，8.1万人实现就业，就业率达86.2%。四是加大对就业困难群体援助力度。举办了“春季就业援助”“迎‘三八’送岗位”等就业援助活动，为就业困难人员提供就业岗位和就业服务。全年共帮助1.8万名就业困难人员实现就业，3万余名就业困难人员享受各类扶持政策。全市共投资4975万元，购买公益性岗位8334个，安置就业困难对象4936人。五是大力实施农村劳动力技能就业计划。建立健全农村劳动力定点培训机构年审制度，加大对农村劳动力定点培训机构的监管。依托74家农村劳动力定点培训机构，按照“1+3”培训模式，采取订单培训、定向培训、校企联合培训等形式，深入开展农村劳动力职业技能培训，提高就业能力。全年开展农村劳动力职业技能培训7.6万人，完成年计划的152%。积极开展“春风行动”等农民工就业援助活动，促进农村劳动力有效、有序转移，组织面向农村劳动者专场招聘洽谈会103场次，提供就业岗位17万余个。六是大力实施创业带动就业战略。将初始高校毕业生创业帮扶补贴标准由1000元提高至2000元。扎实开展创业培训，全市创业培训6992人，培训后1810人成功创业，带动9050人就业。加大小额担保贷款发放力度，全年共发放小额担保贷款15.52亿元，完成目标任务的155.2%。七是加强公共就业服务体系建设。完善就业服务信息管理系统，努力为劳动者和用人单位提供优质高效的就业服务。人力资源东市场进入地下工程建设阶段，创业孵化楼顺利封顶。筹备成立郑州市人力资源服务业协会，充分发挥各民营人力资源服务机构在就业及人才服务方面的优势；举办人力资源服务机构从业人员资格培训班，完成了全市94家人力资源服务机构年度审验工作。

【职称评定】 2011年，郑州市认真贯彻落实全市职称工作会议精神，积极推进全市职称改革，加强职称评定管理工作。

职称评审工作。全市职称工作会议召开后，专门组织召开各县(市)区、市直部分事业单位职称工作座谈会，对各事业单位专业技术人员的情况进行全面摸底和统计分类，在此基础上，按照省人社厅对事业单位专业技术职务（岗位）机构比例新的政策规定，认真研究审核了各单位专业技术人员岗位结构比例，并严格按照此结构比例收取各系列（专业）的申报材料。组织、指导各系列（专业）中级职称任职资格评审工作，于11月中旬完成了全部职称评审工作。

职称考试资格审查工作。全年各类资格考试涉及卫生、工程、律师等多个系列。一是专业技术资格考试报名工作。共审查护师（士）、医师（士）申报人员材料15396份，13745人符合报考条件。二是执业资格考试报名工作。共审查注册安全工程师考试报考人员材料547份，503人符合报考条件；审查质量专业技术人员职业资格考试报考人员材料465份，411人符合报考条件；审查一级建造师考试报考人员材料12383份，8529人符合报考条件；审查二级建造师考试报考人员材料6438份，4586人符合报考条件；审查物业管理师考试报考材料1164份，1032人符合报考条件；审查注册造价工程师考试报考材料873份，742人符合报考条件。审查房地产估价师考试报考材料51份，通过38人；审查房地产经纪人考试报考材料512份，通过471人；审查执业药师考试报考材料267份，通过203人；审查审计专业考试报考材料235份，通过192人；审查企业法律顾问考试报考材料87份，通过60人；审查注册城市规划师考试报考材料36份，通过28人。联合市畜牧局组织完成全国兽医执业资格考试，得到农业部和省人社厅的认可。

文件办理、办证及聘任工作。全年共起草、印发各类文件120多份；打印卫生资格证书6000多本、二级建造师资格证书1570本；办理各类中级任职资格证书3685份；办理全市各系列高级任职资格证书1766本。办理硕士、博士生初聘和调转人员资格确认、事业单位聘用、专业技术资格聘任394人。

信访工作。2011年，郑州市人社局高度重视职称信访工作,自觉接受社会的监督。对信访件进行认真梳理、归类，本着快查快办的原则，按照《信访条例》和职称工作的有关规定逐一落实。采取下基层调研核实和请当事人来人社局调查等方式，对所有信访件中反映的问题进行了认真调查，对确实存在问题的人员，除对单位及本人进行教育外，还报请领导批准取消该人员的任职资格。全年共计查处信访案件34件，涉及39人，经核查研究，取消4人高级任职资格，取消4人中级任职资格。

为适应网评的新形势，在郑州职称网上开通了职称工作建议和意见邮箱（zzsrsjzcc@163.com），指定专人负责收集、汇总、分类、上报各类意见和建议，对需要调查核实的上访信息实行集中调查研究，并及时进行反馈和网上答复，极大地方便了群众投诉和建议。截至年底，共收到建议和意见1200多条，并逐一进行了落实和回复。

【工资福利】（一）积极稳妥推进全市事业单位工资制度改革。

全面落实郑州市公共卫生与基层医疗卫生事业单位实施绩效工资各项政策。完成了2011年度全市公共卫生和基层医疗卫生事业单位绩效工资总量核定和基础性绩效工资审批工作，全年共计核定全市194家单位、7545人，核定全市绩效工资总量1.9亿元。完成了市直公共卫生单位人员绩效工资补发数额审计核算，确定了补发工资数额，并由财政部门组织拨付。会同财政、审计等有关部门针对市直部分公共卫生单位实施绩效工资中存在的问题进行了调研，并提出相关建议报市政府批准后执行。

进一步完善政策，深化义务教育学校绩效工资制度改革。在县（市）提高公务员津补贴水平的同时，相应调整了基础性绩效工资标准，提高了基础性和奖励性绩效工资水平；组织核定2011年度义务教育学校绩效工资总量，全年共计核定全市928所义务教育学校、43089名教师，绩效工资总量11.1亿元。其中，市直39家义务教育学校、4991名教师，绩效工资总量1.59亿元。

稳步推进其他事业单位绩效工资改革。一是积极开展事业单位绩效工资实施前期的调研和政策准备工作，对部分市直及各县（市）区事业单位人员收入情况进行统计调查，并结合调查调研情况，就事业单位绩效工资实施工作向省人社厅提出了意见和建议。二是按照国家和全省统一部署，抽调业务骨干配合省人社厅拟制省、市其他事业单位绩效工资实施办法，并做好相关落实准备工作。

结合事业单位人事制度改革，配合郑州市全面推行的聘用制度和岗位管理制度，研究制定配套的工资管理制度并兑现了工资待遇。制定了事业单位岗位设置后相关工资配套政策，印发了《关于事业单位实施岗位设置管理后工资及退休待遇有关问题的处理意见》。针对事业单位岗位设置后工资待遇问题，组织对现使用的工资办公操作系统进行更新、升级，完善了计算机处理软件程序，为兑现工资待遇提供了技术保障。集中做好审批工作，确保岗位设置后人员工资待遇尽快落实到位，全年共累计完成审批104家单位、4536人。

（二）全力做好特岗津贴的调整兑现工作。

制定了郑州市执行信访岗位津贴处理意见，经市政府常务会议研究批准后，对全市信访工作人员审批发放了信访岗位津贴。同时，按照国家规定，完成了全市纪检、法院、检察院、审计机关工作人员办案津贴的调整工作。

（三）完成了机关事业单位工资统计和调查工作。

2011年，完成了15个工资统计报表的布置、收集、审核、汇总工作，为制定相关政策提供了重要数据支持。同时，按照国家人力资源和社会保障部开展企业薪酬调查和公务员工资水平调查的统一要求，安排部署了全市公务员基本情况和工资水平调查工作，并于12月中旬完成了数据的收集、审核、整理和汇总上报。

（四）认真做好公务员工资晋级晋档及其他日常工资业务工作。

全年直接审批（核）市直机关事业人员工资6.5万余人次。其中，完成了2011年机关事业单位工作人员正常晋级晋档、增加薪级、考核奖审核发放工作，累计审批4.3万余人次；完成计划分配军转干部工资确定工作，累计审批市直机关事业单位253名军转干部工资；做好机关、事业单位工作人员调动、职务（职称）晋升、转正定级、精神文明奖审核发放等日常审批工作，共计审核16859人次；完成事业单位实施岗位设置管理后工资待遇兑现审批，共计104家单位、4536人。对市直机关事业单位年度休假情况进行调查统计，并完成上年度未休假人员工资报酬总量审核工作，共计1092人、629.3万元；在对市直机关生活困难职工进行调查摸底的基础上，对33个行政单位的42名困难职工进行关爱，发放困难补贴8.4万元。

【干部离退休服务】2011年，郑州市完成了机关事业单位退休业务办理工作。共计办理机关事业单位工作人员退休审批、离退休人员福利待遇审核4300余人次。其中，退休（职）手续办理1180人，工龄认定142人，提高退休费计发比例审核审批987人，落实亡故人员一次性抚恤金基数核准等各类待遇247人，遗属生活困难补助金首次审核审批163人，离退休人员护理费增加、调整1620人。

完成全年机关离退休人员财政统发工作。市直机关离退休人员财政统发单位共计125家、5188人，月均核算生活费2100余万元，全年共计核算发放生活费约2.5亿元。

扎实开展市直单位工作人员到龄退休清查工作。全年共计停发47人到龄未退人员的在职工资，其中，县级以上干部29人、科级以下人员（含专业技术人员）18人。

完成全年机关事业单位医务鉴定工作。全年共计鉴定729人。其中，集中组织在职人员病退鉴定2次，346人；结合申报情况，组织专家上门鉴定护理费15批次，383人。

完成市直事业单位部分退休人员增加退休费工作。专门印发了《关于事业单位部分退休人员按年度考核结果增加退休费工作的通知》，就政策依据、材料准备、审批办法等进行了规范和强调，保证退休人员待遇的落实。

积极推进事业单位首次岗位设置后符合条件的退休人员基本退休费调整审批工作。事业单位岗位设置涉及事业单位人事管理制度的重大转变。至年底，完成了增资审批和2012年社保基金调整工作。

完成全市离退休人员年报统计和归档资料整理工作。2011年，全市机关事业单位离退休人员6.2万余人，月生活费平均水平2200余元。整理归档资料20卷1200份。

【人才交流服务】 2011年，郑州市人事代理数量平稳较快增长。全年新增人事档案53062份，档案总计231377份；新增单位人事代理89家，注销14家，总数达1021家；统筹新增及转入1184人，转出及停保576人,统筹在保总数6701人；户口转入4683人，转出3692人，户口总数40773人，办理第二代身份证4356人，申请户口准迁证1686人，借用户口手续12981人次；新增流动党员5038人，转出1937人，转正996人，党员总数为21951人；办理职称初定手续890人，办理中级职称初定131人，中级职称申报377人，高级职称申报85人，初级职称领证1077人，中级职称领证415人；经济适用房申请人数1198人，申请总数为2512人；为合同丢失人员补办合同1575份，开具了各类人事证明5096份；电话咨询约2.6万人次，在线留言回复1.35万条，现场政策咨询约15万人次。充分利用互联网优势，在郑州人才网上及时公示人事代理相关事项的办理结果，并对服务对象提供关爱式服务；积极与各高校联系，通过参加省教育厅组织的河南省大中专毕业生档案服务座谈会、走进高校等方式做好人事代理政策的宣传工作。

科学管理档案，开展档案标准化建设。新接收学生档案和录入信息5.58万人，人事档案调出办理转正定级、工资调整、年度考核11023人，学生档案办理改派5921人，办理流动人员婚育证327人，出具各类人事档案证明4984人，办理离退休手续29人，合并人事档案43571人，补办人事代理合同1903人次，办理阅档政审1600余人次，档案材料借还、档案材料整理合计38627次。

组织各类人才招聘会，为企业及个人搭建就业平台，并提供中高级人才推荐业务，不断扩展职能服务范围。全年共召开日常招聘会166次，参会单位9859家，提供岗位197180个。4月份起，每周四推出专场招聘会活动，并安排专人进行数据统计分析、对企业和个人进行调研回访。全年共召开行业类别专场招聘会35次，参会单位1510家，提供岗位3.02万个；郑东新区和沃尔玛等企业类别专场招聘会4次，提供就业岗位3980个，初步达成就业意向1470人次；电子屏办理36家，信息栏办理20家；积极配合做好“2011年郑州市高校毕业生就业服务月启动仪式暨大型招聘会”活动，组织单位100家，提供就业岗位2000多个，全年共接待求职者约49万人次。积极做好富士康招聘工作。

全年共受理非普通高校毕业生办理就业手续523人，办结628人。同时，在网上及时对办理情况进行公示。

加强人才中介与人才市场的规范管理。配合做好人力资源中介机构从业人员培训工作，培训人数124人；6月底前完成了所有中介机构新证发放工作，取缔1家中介机构；管理中介被举报事件9起；新审批人才中介机构1家，受理8家人才中介机构变更；清理马路非法招聘单位70多家；网上咨询87起，全部进行了及时回复；完成人才学会的年检工作；尝试省外劳务输出，已成功向无锡健鼎公司输送近百人。

加强人才网站建设。参加“2011年全国高校毕业生就业服务联盟夏季联合招聘周”大会，提供招聘单位102家；参加“2011年全国高校毕业生就业网络联盟招聘周”大会，提供招聘职位519个，其间新增个人简历261份；配合“2011年全国人力资源市场高校毕业生就业服务周活动”，对招聘信息采集整理并汇总上报；完善了人才库信息的收集整理。

认真开展人才派遣工作。全年共新增合作单位16家，累计合作单位97家；办理员工入职3695人、离职7926人，派遣员工累计7116人；累计发放工资76998730.56元，发放工资29952人次；为85家客户单位办理2010年度社保基数申报事宜，共10978人申报了新基数；在全省建立了人才派遣体系。

加强东区人才市场建设。全年新增人事档案6848份，调出人事档案146份，至年底人事档案总数为10715份；党员转入223人，至年底党员总数为413人；养老保险办理39人次；职称办理56人次；人才引进145人；户口挂靠395人，至年底户口挂靠总数为793人；非普通派遣84人。

【劳动人事关系建设】 一是扎实做好《郑州市劳动用工条例》立法工作。《郑州市劳动用工条例》列入了2011年立法调研计划和2012年立法计划。二是完善劳动保障监察工作制度。全面建立劳动用工备案制度，大力推广劳动用工管理系统。全市劳动用工管理系统共注册用人单位19190家，录入在职职工信息83.71万人。巩固完善劳动合同和集体合同制度。全市各类企业签订劳动合同118.9万人，签订率达99.8%，其中农民工签订劳动合同36.9万份。企业集体合同签订9556份，涉及企业7584家，职工935025名。三是加大劳动保障监察执法力度。继续完善“两网化”管理工作的各项管理职能，全市共检查用人单位4709家，涉及劳动者17.32万人；查处举报案件79件，投诉立案562件，结案率100%。为2.91万名农民工追发工资3134.92万元；取缔非法职业中介机构19户，清退童工4人。开展打击非法职业介绍、非法用工、农民工工资支付等专项检查10余次，其中开展了为期5个月的打击非法职介和非法用工专项行动，取得了明显成效，有效维护了全市人力资源市场秩序和劳动关系的和谐。四是做好劳动争议案件的调解仲裁工作。各县（市）区仲裁机构实体化建设工作任务基本完成，基层调解组织网络建设稳步推进，调解仲裁人员法律素养明显提高。全年全市共受理案件3262件，结案3350件（含上年结余115件），年末结案率为99.2%。

【社会保险工作】 （一）社会保险覆盖范围日益扩大，待遇水平稳步提高。全市城镇职工基本养老保险、城镇职工基本医疗保险、城镇居民医疗保险、失业保险、工伤保险、生育保险参保人数（职工）分别达到145.9万人、115.9万人、151万人、92.7万人、79.2万人、56.5万人，分别完成全年任务的120%、115%、104%、102%、116%和128%;机关事业单位养老保险参保职工达到19.95万人。

顺利完成2011年企业退休人员基本养老金待遇调整工作，24.64万名退休人员月人均增加养老金198.28元，调整后全市平均月养老金1577.5元，养老金按时足额发放率达100%。城镇居民医疗保险范围内住院报销比例达到70%，职工和居民医保统筹基金最高支付限额分别达到当地职工平均工资和当地居民可支配收入的6倍以上，且不低于5万元。7月1日起，全市领取失业保险金人员开始依照国家、省、市相关法规政策参加职工基本医疗保险，失业人员的医疗保障水平得到提高。市本级全年共为9472名领取失业保险金人员办理城镇职工基本医疗保险，累计为参加职工基本医疗保险的失业人员交纳基本医疗保险费738.85万元。

完成了全市失业保险金标准调整发放工作。市本级、市辖区、巩义市、新密市、荥阳市、新郑市、登封市失业保险金由640元/月调整为864元/月，增幅35%；中牟县由560元/月调整为864元/月，增幅54%。此次调整使全市1.4万名失业人员受益。根据领取失业金人员价格临时补贴发放标准，为应对物价上涨给失业人员带来的生活困难，从8月起为失业人员发放物价补贴。截至年底为符合条件的失业人员累计发放价格临时补贴296.08万元。实施领取失业保险金人员价格临时补贴发放标准，按照价格临时补贴发放当月统筹地区现行失业保险金标准的10%进行确定，并对8-10月需要补发的人群进行及时补发。

调整工伤保险待遇水平，调整后全市1-4级工伤人员平均伤残津贴达1200元/月。做好工伤保险费率浮动工作，工伤保险费率平均下浮0.06%，预计少征缴工伤保险费3000万元，惠及1633家用人单位。全市国有、集体企业老工伤人员纳入基金管理1.48万人，解决老工伤问题取得实质性进展。

（二）社会保障制度进一步完善。出台了《郑州市城镇居民基本医疗保险门诊统筹暂行办法》《郑州市城镇基本医疗保险和生育保险市级统筹实施办法》《郑州市城镇基本医疗保险定点医疗机构分级管

河南省城乡居民社会养老保险集中宣传暨首批养老金发放仪式

理实施办法》，全市医疗保险政策更加完善，医疗保障水平和医疗保障管理服务水平进一步提高。制定并出台了《郑州市事业单位等组织参加工伤保险工作的意见》，全市事业单位等组织参加工伤保险工作进展顺利，全市登记参保事业单位达473家，登记参保人员达到9万余人。

（三）城乡居民基本养老保险、新型农村社会养老保险试点和被征地农民社会保障工作成绩突出。全市城乡居民养老保险参保人数达246.9万人，享受养老待遇62.5万人，其中纳入国家第一、二批新农保试点的荥阳市、登封市、中牟县3县（市）2011年新增参保人数67.59万人，其他非试点单位城乡居民基本养老保险新增参保人数72.26万人，完成年度任务的372%。巩义市、新密市、新郑市被批准为国家第三批新农保试点;荥阳市、登封市、中牟县、巩义市、新密市、新郑市被批准为国家城镇居民养老保险试点。全市新农保试点、城镇居民养老保险试点各6个，每年中央、省两级财政转移资金2.96亿元，惠及居民200多万人。全市被征地农民社会保障工作稳步推进，各县（市）区及时出台被征地农民社会保障工作实施细则，全市已纳入到被征地农民社会保障人数达67575人。研究制定富士康公司参加郑州市养老保险相关政策，解决了参保地、缴费基数、网上申报等实际问题，正常缴费人数突破13万人；规范退休审核程序，全市新增退休人员1.6万人，研究解决原“五七工”“家属工”等大龄超龄城镇居民纳入城镇企业职工基本养老保险办法，截至12月底审核大龄、超龄人员档案2.6万人；进一步做好养老保险关系跨省转移接续工作，共开出《参保缴费凭证》7070人次，转出3976人次，转入8368人次。规范年金方案备案审核程序，指导和推动具备条件的66家企业建立了企业年金。

（四）高标准、高质量做好工伤认定和劳动能力鉴定工作。继续坚持农民工工伤认定“绿色通道”，建立健全典型案例研讨和行政调解机制，推动工伤认定工作创新发展。市本级受理工伤认定申请1987件，认定工伤（含视同工伤）1977人，法定时间内认定结案率100%。建立劳动能力鉴定上门服务制度，进一步完善劳动能力鉴定医疗机构工作机制。受理各项劳动能力鉴定申请2183人，工伤致残劳动能力鉴定1575人，离休人员护理依赖程度鉴定60人。法定时限内作出鉴定结论率达100%。

（五）社会保险基金监督水平进一步提高。按照全国统一行动，完成了全市失业保险基金专项检查和城镇职工基本医疗保险基金专项检查“回头看”，巩固了专项治理工作成果。加大对基金收入、管理、支出等环节的监督检查力度，积极做好社会保险反欺诈工作，结合贯彻落实《社会保险法》，出台了《郑州市社会保险基金行政监督办法》，加大社会保险稽查力度，全市共稽查各险种缴费单位49042户，其中，书面稽查40401户、实地稽查8641户，涉及各险种参保人数18931682人次；共查出各险种少报漏报人数160220人，少报漏报缴费基数217315.07万元，少缴各项社会保险费17582.18万元。稽查新增参保106496人，核查享受待遇人数130681人。稽查补缴及追缴各项社会保险欠费1.63亿元。增加各险种当年度应征额4655.67万元。通过社会保险举报投诉中心查处案件97起，使15189名职工参加各项社保，补缴社保费575.33万元。

（六）“五险合一”市级统筹工作取得积极进展。“五险合一”市级统筹方案于6月12日经郑州市人民政府第56次常务会议研究通过，社会保障局主要职责、内设机构和人员编制规定已经市编办批准。社会保险大厦拆迁改建工程稳步推进。

【事业单位改革】 一是积极推进事业单位岗位设置管理实施工作。全年共核准单位4118家，核准岗位170650个。已实施认定3123家,认定聘任岗位120764个。郑州市人社局被评为全省事业单位岗位设置管理工作先进单位。二是协调解决前期已改制单位的遗留问题。妥善解决了郑州市路桥集团公司和郑州市路通集团公司到达退休年龄人员退休手续办理问题、现代农业科技服务中心部分人员重新安置和提高工资待遇问题、市杂技团职工2010年度工资晋档问题。三是确保事业单位公开招聘工作顺利进行。进一步严格事业单位公开招聘计划方案核准制度，规范运作，全年累计组织考官赴外地市、县(区)执行面试任务500余人次，组织公开招聘事业单位工作人员2179人。其中，市直事业单位招聘247人，区、县事业单位招聘613人，区、县所属学校招聘教师1319人。四是强化事业单位聘后管理和年度考核工作。规范了聘用合同内容及中层竞争上岗、任职备案、解聘、辞聘等事项。认真做好事业单位年度考核工作，全市事业单位共备案近4000家，考核备案15万余人。加强事业单位信息化建设，推广使用“河南省事业单位人事管理系统”，建立了事业单位人员数据库。五是积极稳妥推进工资收入分配制度改革。全面落实公共卫生与基层医疗卫生事业单位实施绩效工资各项政策，完成了2011年度全市公共卫生和基层医疗卫生事业单位绩效工资总量核定、基础性绩效工资审批和市直公共卫生单位人员绩效工资补发数额审计核算工作。进一步完善政策，深化义务教育学校绩效工资制度改革，郑州市机关事业单位离退休工作经验做法在全省人力资源和社会保障工作总结会议上得到交流推广。顺利完成纪检、法院、检察院、审计机关、信访等特岗津贴调整放发工作。全面推进企业工资集体协商工作。全市85%的规模以上企业建立了工资集体协商制度。健全工资增长指导线、人力资源市场工资指导价位、企业人工成本信息等制度，指导企业合理确定工资水平。严格实行最低工资制度，从2011年10月1日起调整最低工资标准，郑州市区（含上街区）、巩义市、新密市、新郑市、荥阳市、登封市、中牟县最低工资标准调整为1080元/月、10.2元/小时。

【信息化建设】 2011年，郑州市人社系统组织软件开发人员、信息化工作人员、业务经办人员对五险统一应用软件进行全方位测试，积极做好统一应用软件上线前的各项准备工作。开发社会保障卡管理软件、银行接口软件，制定社会保障卡管理制度。联合郑州银行、中国工商银行河南省分行营业部、交通银行河南省分行、中国银行郑州花园支行、河南新郑农村合作银行等5家银行发放社会保障卡65万余张。郑州市城乡居民基本养老保险信息系统正式上线，就业系统升级改造进展顺利，就失业登记证管理功能投入使用，郑州市网上申报业务系统开发完成并试运行，情况良好。10月21日，数据管理中心交换区部署的交换数据库正式与人社部联通，在全国85个试点中第一家完成此项工作。完成了数据容灾备份中心二期工程开工前的准备工作。

【信访稳定工作】 2011年，郑州市人社系统建立信访稳定排查预案制度，完善突发事件、群体性事件应急处置机制和联合接访机制，大力开展“社会矛盾大排查、大调处、大防范”活动，进一步畅通信访渠道。全年共接待职工群众来访3831批5443人次，其中集体来访87批1056人次，处理职工群众来信231封（含网上来信），做到了件件有着落、事事有回音。受理信访案件182起，法定期限内办结率达到100%。郑州市人社局信访维稳工作的先进经验受到人社部、省人社厅的充分肯定。

（支晶晶）

外事侨务工作

【礼宾接待】 2011年，郑州市共接待来访96批2895人次，其中重要的团组有：莫桑比克总统格布扎一行，几内亚总统孔戴一行,澳大利亚驻华大使芮捷锐一行，韩国驻武汉总领事严基成一行，俄罗斯国家杜马副主席茹罗娃一行，莫桑比克驻华大使安东尼奥一行，俄罗斯科斯特罗马州州长斯留尼亚耶夫一行，UPS亚太区总裁德瑞克一行，日本埼玉市市长清水勇人一行等。

【因公出国（境）审批】 2011年，郑州市在因公出国（境）管理工作中坚持管理与服务相结合，严控党政干部因公出国（境）的总量和人数。全年审批因公出国（境）团组人数共计538人次，因公出国（境）人数和出访经费均在计划控制内。

【涉外管理】 2011年初，突尼斯、埃及等中东国家政局动荡，引发了“茉莉花革命”。为妥善应对和有效化解境外记者非法采访可能引发的非法聚集活动，郑州市外侨办迅速协调市国家安全局、公安局、维稳办、外宣办等相关部门，召开了境外记者管理工作协调会，通报情况、分析形势、明确分工、出台预案。在相关部门的通力合作下，依法、积极、妥善地处置了境外记者的非法采访活动，确保了敏感时期全市社会大局稳定。全年共依法妥善处置涉外事件22起。

【领事保护】 2011年2月，郑州市外侨办积极配合上级部门，认真做好从利比亚撤回中国公民和工作机构的有关工作。3月日本大地震后，郑州市外侨办第一时间在《郑州晚报》及网站上公布救助电话，积极承担起留日河南籍侨民的援助工作，共受理、处理全省求助电话219起，为维护中国在外人员生命和财产安全提供了有效保护，受到了海内外广大侨胞的好评。

【友好城市】 2011年，郑州市积极与国际友好城市开展友好互访和交流活动，增进了彼此间了解和友谊。6月和8月，韩国晋州市政府企划预算科系长金龙奎、晋州市厅经济通商系企业育成担当李龙浩先生先后率团来郑访问，并在教育文化方面进行了深入交流，晋州中学的学生与郑州五十七中学生进行一对一交流，并住在学生家中体验生活。8月，以郑州市政协副主席王薇为团长的政府代表团一行6人出访巴西若茵维莱市，并就两市交流学生工作做了进一步磋商。11月初，以郑州市文联主席钟海涛为团长的书画艺术家代表团一行18人，赴韩国晋州进行书法美术交流，晋州市市长李昌熙先生出席“第二届中国郑州·韩国晋州书画交流展”开幕式并致辞，韩国美术协会晋州支部会长许星接待代表团一行。在韩期间，代表团参观了晋州城、巨济岛、现代汽车工厂等。11月中旬，日本埼玉市市长清水勇人率政府代表团、议会代表团、市民代表团一行33人来郑访问，参观了中州大学、郑东新区、河南博物院，签订了《两市缔结友好城市30周年备忘录》，庆祝两市结为友好城市30周年。

5月，郑州市副市长刘东率团赴

奥地利访问因斯布鲁克市，就该市与郑州市缔结友好城市进行磋商，达成了初步计划。郑州市与奥地利因斯布鲁克市建立友好城市关系的议题，经市政府常务会议研究通过和市人大常委会审议通过，正在全国友协待批。郑州市还与美国的堪萨斯城和萨奇维克郡签署了友好交流城市协议书。此外，比利时那慕尔市、荷兰马斯特里赫特市、澳大利亚卧伦岗市、加拿大烈治文山市均与郑州市开始初步交流。

【对外宣传】 2011年，郑州市制作了推介郑州发展的英语宣传片；通过互联网站向社会公开发布工作信息154条（向省外侨办上报信息77条，采纳56条；向市政府上报信息71条，采纳29条；国侨办采用1条；其他网站采用19条）。稳妥安排了8个国家的新闻媒体对郑州进行采访报道，如太平洋岛国联合新闻团对宇通公司、登封少林寺进行了采访报道，英国《金融时报》驻华记者对富太华精密仪器公司及薛云伟副市长进行了采访，等等，为郑州的发展营造了良好的舆论氛围，也进一步扩大了郑州的国际影响力。向河南省推荐了2名“黄河友谊奖”候选人，其中1人当选。

【邀请函电】 2011年，市外侨办在外国人入境上严格把关，特别是对来自热点国家和地区的人员进行严格审查，确保不把不安定因素带进国内，促进郑州市各项工作的有序开展。全年共签发外国人入境邀请函48批63人次。

【为侨服务】 2011年，郑州市外侨部门按照“带着感情做深侨务工作、解放思想做新侨务工作、整合资源做大侨务工作、围绕大局做实侨务工作”的思路和要求，落实温暖工程，搭建联络桥梁。在国内侨务工作中，突出以服务暖侨心，认真落实各项惠侨政策，使广大归侨侨眷共享郑州市经济发展成果，先后发放困难归侨生活补助金30多万元，老归侨退休生活补贴8万多元；办理归侨、侨眷证71个，认证归侨侨眷考生身份53人。为缓解困难归侨侨眷看病难问题，成功举办了“河南省2011年侨爱工程郑州义诊活动”，发放免费体检卡50张。10月，在管城区紫荆山南路街道紫光社区建设了全市第四个由国务院侨办授牌的“侨法宣传角”，该社区被国务院侨务办公室授予“全国侨法宣传明星社区”荣誉称号。

【海外华侨华人交往】 2011年，郑州市在国外侨务工作中突出以联谊聚侨力。坚持定期向海外华侨华人、重点人士寄送外宣资料和招商项目册，及时介绍家乡的变化、招商引资政策等；坚持在元旦、春节、中秋节、端午节等传统节日到来时，向海外寄发贺卡、信件，为海外侨胞送上节日的祝福；坚持以活动为平台，加强沟通联谊；坚持以接待为契机，不断增进友谊。全年热情接待了以第八届世界华裔杰出青年华夏行河南参访团为代表的一系列重要海外侨团，有效丰富和涵养了海外华侨华人资源。同时，还积极为侨资企业的发展壮大创造条件，2011年为郑州市百事特化工技术有限公司申请到了河南省第一笔30万元的华侨华人创业扶持基金。

借助大型活动和接待任务，广泛引智引资。在辛卯年黄帝故里拜祖大典、河南省承接产业转移对接会议、河南省第二届产业转移系列对接活动、世界华裔华商国庆观礼代表团寻根行等大型活动和接待任务中，及时主动捕捉各类经贸合作信息，积极牵线搭桥，全年共争取到海外华人对郑州市公益事业捐赠捐助、科技项目扶持等资金7批100多万元，达成投资意向和协议2个，涉及投资金额14亿元。

大力挖掘侨商企业在郑州市的发展潜力。对华侨华人在郑投资的近3000家企业进行摸底调查，了解企业的发展状况及遇到的困难，及时帮助他们反映情况、排忧解难。对发展势头良好的近300家企业，进行重点排队，推荐进河南省拟成立的侨商会入选单位。

积极争取海外华侨华人捐助项目。为新密市袁庄乡中心小学争取到位20万元无偿援助资金，为巩义市新欣学校争取侨资捐助人民币2万元，为郑州市派出的海外华文教师及学校申领补助金36万元。

【服务企业】 2011年，郑州市外侨部门先后为河南明泰铝业股份有限公司、正星科技股份有限公司等14家企业主要负责人申办了APEC商务旅行卡，大力服务企业“走出去”，确保对外经贸活动的顺利完成。组建优秀团队，先后完成了美国苹果公司全球高级运营副总裁杰夫·威廉姆斯、富士康集团董事局主席郭台铭先生多次来郑的接待工作。为了配合富士康优化物流方案，5月，郑州市外侨办工作人员陪同郑州市副市长薛云伟专程赴美国UPS亚特兰大总部，拜访了其高层领导，并先后3次接待了UPS全球货运代理总裁史蒂夫·菲劳尔、国际总裁丹尼尔·布鲁托和亚太区总裁瑞克·伍德沃德等来郑考察。在富士康入驻和后续的投产、运营中，郑州市外侨部门积极为其提供全方位的优质服务，在资料准备、联络沟通、全程翻译、礼宾把关等方面做了大量工作。此外，还积极为驻郑的外资银行提供优质服务。在引进汇丰银行入驻郑州后，积极跟进，为其提供了全方位的后续服务。按照郑州市统一安排，帮助对口联系的东亚银行解决了运营中的实际问题，使外资银行更好地服务于郑州市经济社会发展大局。

（侯翊佳）

对台工作

【概况】 2011年，郑州市对台工作中全面贯彻落实中央和省委对台工作会议的部署和要求，牢牢把握两岸关系和平发展主题，紧紧围绕加快郑州都市区建设中心，创新思路和载体，拓宽方式与渠道，在全市范围内组织开展了“大宣传、大招商、大交流、大服务、大走访、大调研、大学习”等系列活动，各项工作取得了新的突破和进展。

【对台经贸合作】 2011年，郑州市对台经贸合作工作中始终坚持“大招商、招大商”，积极实施项目引资双带动战略，着力扩大郑台经贸合作规模，提升郑台经贸合作质量和水平。全年全市新增台资企业30家，总投资20亿美元，到位资金7.4亿美元，台资企业和台商工业园区的项目带动能力和产业聚集效应进一步增强。其中富士康科技集团郑州分公司（鸿富锦精密电子郑州有限公司）完成投资5.45亿美元，其重点项目包括航空港区富士康科技园、中牟县白沙镇及河南郑州出口加工区IT零部件生产项目等。2011年，该企业以年内投产销售业绩355.6亿元的业绩，一举跨入郑州市百亿企业俱乐部，并受到市政府的通报表彰。巩义市宏全(太原)食品包装有限公司投资2000万美元、成功学院增资1538万美元兴建“广亚会馆”；荥阳市引进的河南海峡服装有限公司，总投资2.069亿美元，已开工建设；新郑市吸纳郑州正隆包装制品有限公司、郑州利鑫农业科技有限公司等4家台资企业，总投资3480万美元；管城区引进的郑州润瑞商业有限公司投资420万美元、两岸早教增资100万美元的项目均已开业；“登封市中岳文化苑”产业园总投资5.47亿美元，已奠基；河南布谷之春绿色农业有限公司（台湾农友公司）、郑州绿园美景服务有限公司、郑州崇文纺织有限公司3家企业实现投资2690万美元。同时，由台湾企业家来郑以内资注册的12家商业企业，总投资2400万美元，已全部开业。实现签约项目的有3个，即蓝王电脑集团龙湖副CBD项目、百乐门郑东新区新东站项目和世农公司郑州国际台湾物流园区项目，总投资30亿美元。还有一批拟建台资项目进入实地考察、评估运作阶段。

在招商活动中，郑州市对台工作部门通过研究台湾经济发展方向和台资投向的新变化、新趋势，结合郑州市“两核六城十组团”都市区建设和现代化产业体系需求、引资目标和台商工业园区功能定位，制定科学的可持续发展规划，建立引资项目库，使招商活动有的放矢。同时，积极配合省市重大活动，广泛联系并邀请海内外知名台商台企，参与了辛卯年黄帝故里拜祖大典系列活动、2011河南省承接产业和技术转移合作交流洽谈会、第二届中国郑州产业转移系列对接活动；邀请台湾驻港金融界高管和台湾金融行业代表访问郑东新区，巩固深化了郑台金融合作成果；认真筹备“2011年豫台经贸洽谈会暨台商中原行”活动，组织安佑科技、金汇农业、益辉食品等23家台资企业，代表郑州市在展会上精彩亮相；12月初组织全市对台系统深入岛内，回访在郑台商台企，拜会岛内知名台企，广泛联络对接意向、投资项目，巩固了郑州市招商成果，为吸引更多的企业入驻奠定基础。根据区位态势及工作基础，为县（市）区招商引资、定目标，通过定期通报会、招商引资讲评会、绩效考核等手段，引导和动员县（市）区对台系统整合资源，以宣传促招商，以服务促招商，形成了上下联动共谋发展的良好局面。

【郑台交流】 2011年，郑州市对台工作部门按照“巩固、规范、提高”的工作思路，组织进行了171个交流项目，直接参加人数达2449人。其中，郑州市应邀赴台交流项目团（组）70个、297人，接待了台湾交流团（组）101个、2152人。

一是依托拜祖大典等精品项目交流。在辛卯年黄帝故里拜祖大典活动中，邀请并接待7个台商团队、40余人参加。其间，省委书记卢展工，省委常委、市委书记连维良等会见了参加拜祖大典的知名台商。同时，积极配合市委统战部“郑州都市区建设华人华商论坛”，邀请台商参加，世农泰运集团总裁杨智为、晶诚科技有限公司董事长陈泽亚分别代表台商在论坛上作了精彩发言，为郑州都市区建设建言献策。

二是进一步加强对台交流管理工作。举办交流工作专题培训，规范赴台报批程序，扎实有效地做好材料报批、行前教育、行程管理、归后总结等每一个环节，确保交流效果。引入竞争激励机制，动员和指导各县（市）区、各开发区、市直有关部门及各社会团体有目的、有针对性地开展对台交流工作，使郑台两地交流进一步朝着多层次、多形式、宽领域的方向发展。

三是扎实开展基层乡（镇）交流活动。在“中原经济区合作之旅——走进台湾”活动中，巩义市河洛镇与台湾屏东县高树乡缔结为友好乡镇，建立了互访制度，并就特色农产品、文化旅游等方面达成合作意向，开启了郑州市与台湾基层乡（镇）交流合作的先河。

四是服务高层交往，持续开创多领域、全方位交流局面。2011年，积极促成省委常委、代市长吴天君，市政协主席李秀奇，市委常委、副市长薛云伟，市人大常委会副主任王平、赵明恩，市政协副主席舒安娜、岳喜忠等市领导分别率团赴台进行经贸活动和专项交流活动，提升了郑州市对台交流的层次，巩固了全市的台商资源，先后接待了海基会董事长江丙坤、亲民党副主席张昭雄、中国国民党中评委主席团主席徐立德、新竹县县长邱镜淳、台东县县长黄健庭等台湾高层及台湾驻港澳等政商界知名人士，扩大了郑州在岛内的美誉度和影响力。

【对台宣传】 2011年，郑州市各级对台工作部门坚持“三贴近”（贴近发展需求、贴近两岸民众需求、贴近郑州都市区建设需求）原则，着力做好对台宣传工作，积极探索新的宣传模式，开拓新的宣传渠道，努力营造大对台宣传格局。

一是做好信息工作，主动宣传。通过建立信息报送机制、季度通报制度和积分考核制度，主动挖掘信息，积极撰写信息。截至年底，共编辑《对台信息》53期，纳入稿件265条，其中《郑州市召开富士康项目推进暨航空枢纽建设工作会议》《河南省委书记卢展工到富士康科技园调研》等4篇文章被国台办门户网采用，《省对台工作信息》采用96条，“豫台视窗”网站采用119条。

二是善借媒体为我宣传。加强与各类涉台新闻媒体和岛内新闻同业公会的沟通与联络，借用岛内外媒体采访报道为我宣传；积极邀请、接待涉台媒体来郑采访，主动向他们提供有关情况，做到“正面宣导、于我有利、为我所用”；分别制作开通华夏经纬网和市政府门户网台办网页，利用互联网阵地，延伸空间、扩大受众，实现对台宣传快速便捷化。2011年，邀请并接待两岸三地媒体10批、120余人。其中仅台湾海基会媒体采访团、“聚焦中原经济区——河南行”两岸记者采访团、“记者进台企”采访团、“豫台经贸洽谈会暨台商中原行”记者团4个团组，就汇聚了两岸三地20余家媒体80余人，集中采访、规模报道，对扩大郑州美誉度和影响力起到了重要作用。与市委机关刊物《郑州工作》合作，开辟《台商看郑州》专栏，刊登了晶诚、畅泰、友旺、丹尼斯等多家台企的创业故事，广泛宣传郑州市台商投资兴业的风采。

三是搭建新平台宣传。深入开展涉台教育“五进”活动，充分依托各种资源、宣传阵地，构筑起面向辖区居民、学生、机关干部、企业等多层次的宣传教育网络体系，力求覆盖基层的每个角落；组织开展各种丰富多彩、市民喜闻乐见、台胞热心参与的活动，让市民和台胞在活动中了解和宣传党和政府的对台政策；牢固树立“每位涉台干部都是宣传员、每位台胞都是宣传对象、每接待一个台湾交流团组都是一次对台宣传”的理念，融大宣传于各项工作中。

【对台服务】 2011年，郑州市各级对台工作部门以“台商台胞台属服务年”为主题，开展系列活动，着力营造温馨台胞家园。一是开展了形式多样的“送政策、送法律、送服务、送温暖”活动。通过组织迎双节、端午节、中秋节联谊，多次举办台商座谈会、台胞联谊会、郑州都市区建设研讨会，引导广大在郑台商增强增资扩产的信心，鼓励他们积极牵线搭桥，以台引台、以商招商。二是开展了台商投资企业分包联系活动，着力做好现有在郑台企服务工作，使其不断做优做强。市台办工作组分别走访了椿长仪器仪表有限公司、安佑生物科技有限公司、荥阳生物科技产业园、友旺科技产业园等企业和园区，了解、解决企业存在的困难和问题，并集中力量重点对新入驻科技类企业、教育类企业及台商工业园区企业进行了走访和调研。三是做好在建项目、签约项目和意向投资项目的跟进服务工作，为项目尽快报批、落地、投产提供全程服务。四是开展台商投诉无积案活动，做好涉台矛盾和纠纷的调处工作，依法维护台湾同胞的合法权益，确保涉台工作大局稳定。至年底，共受理台商投诉案件23起，其中国台办转办案件8起、省台办转办案件6起，均已办结。

【走访调研】 2011年，郑州市各级对台工作部门多次开展以“送政策、送法律、送温暖”和“安全督导”为主题的“大走访、大调研”活动，坚持“下实劲、察实情、办实事、见实效”的思路，全面掌握郑州市台资企业生产、经营状况和台胞台属台商生活情况，帮助他们解决居家生活、生产经营中遇到的难题，赢得了台胞台属、台商台企的广泛赞誉。

在“台企大普查”活动中，先由各县（市）区、各开发区组织各乡镇（街道）深入企业逐一走访，汇总上报；市台办综合市工商局、市商务局、市台协和各县（市）区四个渠道数据后，将漏报企业信息反馈至各县（市）区，由其再次进行针对性走访；建立完善台资企业台账，形成企业电子档案；对上报数据里“老面孔”中的重点企业和“新面孔”全面走访，确保了普查工作深入扎实、真实全面。

全年相继在“豫台视窗”网站、《郑州工作》等发表《凝心聚力谋合作 招商引资促发展》《以重做铸重心，开创郑州对台工作新局面》《正确的办学理念使贝斯特教育大放异彩》《创文化品牌促郑台交流》等多篇文章，既全面、清晰地展示了郑州市对台工作的形势和现状，又为市委、市政府提供了开展对台工作决策参考的依据。

省、市各级领导高度重视大走访、大调研活动，11月29日，省委常委、副省长史济春率省直相关部门负责人到丹尼斯物流配送中心、晶诚（郑州）科技有限公司进行调研，并召开台商代表座谈会，协调解决台资企业发展中遇到的困难和问题。郑州市台办于12月集中半个月，再次开展了以查找、发展、解决台商台企生活生产中存在的困难和问题为内容的专题性调研走访活动。

【台资企业协会】 2011年，郑州市充分发挥台资企业协会涉及领域宽、联系广泛的优势，“以台引台”“以商引商”，推进郑台两地经贸交流与合作深化。

一是搭建平台，密切郑台交流交往。2011年，市台协邀请并接待台湾台商联合服务中心、前台湾“经济部”次长黄重球等及全国各地友协经贸考察、旅游参访团（组）31个、500余人次。

二是拓展渠道，提升服务水平。全年共帮助来郑台商对接考察项目、协调各种涉台纠纷、办理证照、解决台商子女升学就业等问题20余件；先后邀请台湾中原大学林震岩博士和台湾生产力中心郭守轩、李溓玟教授来郑为会员进行“ECFA及‘十二五规划’对大陆台商经营模式影响”“企业创新经营及人力资源管理”等方面的培训，提升企业经营管理水平。

三是严把关口，打造服务台商精品工程。严格按照市委关于建设台商大厦“高标准、高质量、高品质”的要求，健全完善人防、规划、城建等各项手续，精心编制工程进度和施工方案，科学管理项目招标和施工人员，精确控制施工进度，严格监督项目进展的各个环节。2011年，圆满完成了该项目的地质勘探、文物勘探、挖土打桩等基建工作，为打造精品工程奠定了良好基础。

四是丰富载体，增强协会凝聚力。一方面吸引和动员更多的在郑台企和台商入会，壮大协会力量。2011年，新增13家台资企业会员。同时，充分利用春节、端午节、中秋节等传统佳节，通过举办联谊会、消夏出游、团拜会等各种形式的联谊活动，凝心聚力。另一方面，加强与友协联系与沟通。2011年，受杭州、厦门、大连、马鞍山、嘉兴、东莞、武汉、营口、昆山等城市友协邀请，分别前往当地参加庆典及经贸交流活动，扩大了相互间联系，提升了郑州市台协的知名度和影响力。

五是热心公益，积极回馈社会。在企业不断发展壮大的同时，在郑台企通过各种方式支持郑州市教育、医疗、基础设施建设等各项事业的发展。2011年，在郑台商共捐款捐物折合人民币达1128.6万余元。其中，郑州丹尼斯百货有限公司向郑州慈善总会捐款650万元，用于改善城市公共交通；向省关工委捐款400万元，共计1050万元。台胞王广亚为巩义市海上桥村修建卫生所、道路等，投入资金49万元；河南典洋生物科技有限公司捐赠登封市希望文武学校食品价值7万元，向驻马店艾滋病村希望小学捐衣服、书籍价值10万元，捐助孤儿玩具价值5000元；郑州新亚复合超硬材料有限公司向郑州慈善总会捐款10万元。

（张　晖）

信访工作

【概况】 2011年，全市各级群众和信访工作部门认真贯彻落实中央和省关于信访工作的决策部署，扎实推进领导干部接访、信访积案化解、体制机制创新等重点工作，在畅通渠道、源头治理、解决问题、双向规范和评优评差等方面狠下功夫，确保了在全国、全省信访总量快速反弹的情况下，郑州市信访工作各项指标有所下降，信访形势总体平稳可控，有力地服务了中心和大局，维护了群众的合法权益，郑州市被省委信访工作领导小组表彰为“2011年度信访工作优秀省辖市”；新郑市、惠济区、金水区被省委、省政府表彰为“2011年度信访工作先进县（市）区”；巩义市、登封市、新密市、管城区、二七区、上街区被省委信访工作领导小组表彰为“2011年度信访工作优秀县（市）区”；郑州市的信访宣传、统计分析工作分别被省信访局表彰为“先进单位”。

群众来信情况：全年受理群众向中央、省、市三级来信6781案8552件，同比分别上升30.3%和28.5%，重信率20.7%。县（市）区受理群众来信529件，同比下降74%。

个人上访情况：全年共发生来市个人上访859次、1276人，同比分别下降34.4%和28%。县（市）区本级接待个人上访4797批（次）、7387人次，同比分别下降32%和35%。

集体上访情况：全年共发生来市集体上访603批、14350人，同比批数下降4%、人数上升0.3%，重访率为32.7%。县（市）区本级接待集体上访1532批（次）、23041人次，同比分别下降10%和22%。

信访案件办理情况：中央和省、市交办信访案件885件，到期应结530件，按期结案率96%，息访息诉率83%。通过督查督办，共为群众解决工程款、事故赔偿款等各类款项715万余元。

案件复查复核情况：全年共接待申请复查复核信访事项440起，经审查受理146起，其中复查17起、复核129起；已经复查复核结案102起，其中复查13起、复核91起。经审议，直接更正9起；因事实不清、依据不充分，发回重新办理31起。另有294起经做解释工作息访或通过其他途径处理解决。从复查复核的事项看，信访人大多对复查复核意见基本满意，不再上访，稳定率在98%以上，在全省信访事项复查复核工作中名列前茅。

群众信访反映的问题主要集中在四个方面：一是企业改制和职工生活保障问题；二是城镇拆迁、土地征用问题，特别是城中村改造引发的问题；三是违规经营担保公司引发的问题；四是村“两委”换届方面的问题。

【领导责任制落实】 2011年，全市各级领导干部认真落实信访工作责任制，亲自阅批群众来信，并分包疑难信访案件，公开接访，主动下访和约访，及时开会研究解决信访问题，有效化解了一大批不稳定因素和矛盾纠纷。省委常委、市委书记连维良，省委常委、市委副书记、代市长吴天君等，多次召集联席会议、信访稳定日例会，研究解决信访问题，带头深入到矛盾问题突出的地区和部门察民情、听民声、解民忧，其他市领导也主动到基层倾听群众诉求，协调解决信访问题。

巩义市定期对未结和不稳定的信访问题进行排查、筛选、归纳、分类，提供给有关市领导，提高了问题解决的针对性和效率。新郑市把信访工作与下派村（社区）党支部第一书记工作相结合，全市323名正科级以上党员干部定点到各村（社区）任党支部第一书记，使信访工作常态化、制度化。登封市实行乡镇（街道）书记每周五公开大接访，将接访触角向基层一线延伸，增强了源头化解矛盾纠纷和防范风险的能力，大量群众反映比较突出的问题在基层得到有效解决。中牟县开展县党政领导联合大接访，根据党政领导的不同分工，分类接待处理群众诉求，建立了群众有人接、诉求有人听、问题有人解的一站式领导干部接待处理模式。

【信访积案化解】 一是认真贯彻落实中央和省化解积案的决策部署，对中央和省两批交办的57起积案逐一办理、报结。二是开展集中化解信访积案专项活动。省党代会和“十一”期间，对49起信访突出问题进行了集中交办，对其中44起时间跨度长、处理难度大、案情复杂、久拖未决的信访积案，实行“三联动”领导包案工作机制，做到问题不解决包案责任不解除、群众不稳定包案责任不解除。三是加强巡视督查力度。2011年全市先后组织7次专项信访督查活动。12月21日，市委、市政府组织开展了为期一个月的信访稳定巡视督查活动，分赴25个责任单位对排查出的38起重点信访案件全面开展督查，有力推动了问题的解决。四是充分利用信访救助专项资金处理信访积案。市本级财政拿出500万元专款，设立信访救助基金，专门用于解决全市疑难信访案件。在专项资金的使用上，坚持“一次性救助”“有限救助”“个案救助”的原则，确保资金切实用在疑难信访案件处理上，妥善处置了一批“法度之外、情理之中”的信访积案。

各级各部门加大了交办、督办和多部门联合会办工作力度。管城区对区领导的签批件和涉及群众切身利益的突出信访问题，一律发函交办，限时办结。金水区成立了由区委督查室、区政府督查室、区效能办、区信访局等单位组成的联合督查组，联合区人劳局、建设局等相关部门对在建项目的工资支付情况进行全面排查，同时设立工资专项基金，用于解决拖欠工资的疑难复杂案件。上街区建立县处级领导包案签批制度，每周区信访局将本周内发生的信访事项分类汇总，呈送区有关领导签批交办，督导责任单位解决案件。

【信访体制机制建设】 一是健全日例会工作机制。2011年，郑州市在信访工作中建立信访稳定日例会制度，在重要敏感时期，由厅、处级领导轮流主持召开日例会，分析研判信访形势，研究解决当天排查出的重大不稳定因素和信访突出问题。推动建立涉军、融资担保、民工工资等专项信访稳定日例会制度，解决不同重点时期集中出现的信访稳定突出问题，实现日常与重点的有机结合。全年共召开日例会237次，研究重大信访事项和不稳定因素387批，促进了矛盾纠纷的日议、日决、日清。二是完善联席会议制度。建立分管市领导、常务副市长和市委政法委书记、市委书记和市长三级党政联席会议制度，将长时间解决不了的、涉及多个部门和地区的、单纯依靠一两个单位做工作难以奏效的问题，及时提交不同层面联席会议研究。2011年，市、县两级共召开联席会议178次，研究疑难复杂案件245起，有力促进了问题解决，减少了重复上访问题发生。三是实施日短信通报制度。每个工作日以短信的方式向市分管领导、市直有关单位负责人、市信访局班子成员和有关县（市）区党政正职、分管领导、群工部部长、信访局局长，通报赴京到省来市上访情况，重点通报省委、省政府门口和市委、市政府门口上访情况，增强了赴京到省来市上访群众的劝返工作力度，有效减少了群众越级上访的次数和规模。四是做好联系提醒包案市领导工作。针对市领导包案的信访积案，建立市信访局班子成员联系市领导制度，根据案件办理进度，及时提醒包案市领导参与问题研究解决，大大提高了问题解决的效率。五是进一步规范信访工作。市委、市政府针对全市信访工作中存在的问题，积极研究意见，相继出台了《关于进一步加强信访工作的意见》《郑州市赴京到省来市集体上访处置办法》《关于在信访接待和劝返工作中严格依法文明善待上访人的通知》等文件，明确了日常工作和突发情况的领导责任，强化了各级各部门领导做好信访工作的责任意识。

（刘文石）

机关事务工作

【概况】 2011年，郑州市市直机关事务管理局以服务全市中心工作为宗旨，以项目建设为重点，坚持服务第一，强化管理职能，提升经营水平，形成运作机制，实现了服务有力、管理有序。郑州市市直机关事务管理局荣获河南省“五一”劳动奖状。

【重点项目建设】 2011年，市委、市政府南、北院供热计量改造试点工程基本完成，实现供热（供冷）管理动态化、信息化、智能化，节能效果明显，省政府专门发文通报、全省推广。淮河路53号院办公区机关食堂建成投入运营，解决了该院办公区6家单位350余名公职人员就餐难问题。市委、市政府北院地坑式立体停车场建设进展顺利，市民服务中心（行政审批大厅）项目建设进行了项目立项、报批。淮河路67号院办公区完成了房屋管理使用权移交，整修方案进入财政预算评审阶段。全面完成了市人大办公楼网络升级改造，市委、市政府南院3号楼整修，市委、市政府南、北院4部电梯更新，市档案馆新楼物业管理公司选聘等项目的预算编制、公开招投标及组织实施工作。

【国有资产管理】 2011年，郑州市市直机关事务管理局坚持“租、调、建、买”原则，按政策配置办公用房资源。全年共收回5处办公用房14588.61平方米；调整6家、外

市委、市政府北院地坑式立体停车场施工现场

租7家单位办公用房9210.3平方米；维修36家单位办公用房5572.75平方米。完成了《市直机关房地产专项治理工作方案（初稿）》，与市财政局联合下发了《郑州市市直机关租用临时办公用房管理办法》，对提高办公用房和土地资源配置使用效益进行了有益探索。

【公共机构节能监管】 2011年，郑州市机关事务管理局制定下发了《郑州市公共机构“十二五”节能规划》《郑州市公共机构合同能源管理办法》；组织召开全市公共机构节能工作会议，与各县（市）区、市直单位签订目标责任书；开展“节能宣传月”活动，举办节能知识竞赛；建立全市公共机构既有建筑基本信息、供热现状信息档案；完善全市公共机构能源资源统计数据库、公共机构名录，圆满完成了全市公共机构年度单位能耗同比下降4%的目标。

【精神文明建设】 2011年，郑州市市直机关精神文明建设成效显著。一是以“三争一创”活动为载体，坚持“四个文明”一起抓，深入推进“学习型、节约型、创新型、和谐型”机关建设，全面提高了干部职工素质和机关文明程度。二是市直机关事务管理局认真履行市直机关精神文明建设指导协调职能，协助完成3家国家级、48家省级、15家市级文明单位年度复查，以及17家新申报省、市级文明单位的考评验收，为郑州市创建全国文明城市作出了积极贡献。

【机关安全工作】 2011年，郑州市市直机关安全工作多策并举，实现了“三零”目标。突出安保日常管理。坚持综合治理、群防群治、以防为主方针，严格落实消防月查制度、隐患单位通报制度等，与市直单位签订消防安全责任书，落实消防安全责任制。坚持人防、技防结合，突出抓好重点区域、重点部位、重点对象、重点阶段的治安防范，确保领导机关和各级领导驻地安全有序。严格实施车辆准入，完成市直机关车辆通行证办理，协助接待群众上访。突出车辆安全管理。坚持以“管理规范、服务优质、安全行驶”为目标，加强安全教育，健全用车派车制度，全年安全行驶65万公里。

【机关服务保障工作】 2011年，郑州市市直机关事务管理局膳食服

务围绕“卫生、可口、实惠、多样”目标，突出食品安全，加强后厨管理，注重开源节流，合理安排饮食，全年共保障领导和机关干部职工用餐72万人次，确保了餐饮卫生安全。通信服务围绕“优质、文明”目标，保证了统管办公区、家属区电话、有线电视畅通；完成市人大办公楼网络升级改造，提高了信息化水平。综合服务围绕“快速、热情、细致、周到”目标，全年完成日常维修、设备维护保养、花卉维护近1.2万次，完成日常保洁5.7万平方米。完成《市级财政全供单位办公区域物业项目情况调查报告》和《市直机关编制外临时用工情况调研报告》。高标准实施了汝河路6号院供暖设施和市委、市政府北院1号楼整修工作。会议服务围绕“规范、标准、精细、温馨”目标，实行首席责任制，制定《会议服务质量考核细则》，全年接待与会人员138857人次，实现服务零差错、零投诉。

同时，经营保障支撑能力进一步增强。郑州市市直机关服务中心及中心酒店全年营业收入同比增长32.52%，净利润同比增长24.56%。府润食府试营业后整体经营势头良好，初步实现了年内开业和自负盈亏、良性运转双向目标。

【机关事务工作交流】 2011年，郑州市市直机关事务管理局圆满完成全国机关事务系统郑州培训班的承办任务，得到全国机关事务工作协会的充分肯定和230位参训同行的高度评价；参加了全国机关事务工作协会四届二次理事会等全国性的会议交流活动；召开了郑州市机关事务工作协会宣传工作会议；组织协会会员单位赴昆明考察学习。同时，先后在《郑州日报》《郑州工作》《中国机关后勤》等报纸杂志发表稿件20多篇，编印《郑州机关后勤》6期、《机关事务工作动态》12期，较好地宣传了郑州和郑州市机关事务管理工作。

【公务用车问题专项治理】 2011年，郑州市市直机关事务管理局认真履行公务用车问题专项治理领导小组办公室职责，完成了动员部署、登记自查、审查核实等任务，摸清了全市公务用车底数，查处了相关违规违纪问题、纠正处理了一批违规车辆、制定了相关制度规定，为全市公务用车管理长效机制建立奠定了基础。

【“能源紧缺体验日”活动】 2011年6月14日，郑州市市直机关事务管理局在全市公共机构中组织开展了“能源紧缺体验日”活动。活动当天，市领导以身作则，分别采取步行、乘坐公交车等形式上下班。各市直单位通过在办公区域张贴节能宣传画和温馨提示、悬挂条幅、制作宣传板报、利用网站等不同形式，宣传“能源紧缺体验日”活动和资源节约的重要意义。同时，各市直单位停用公务车辆，6楼以下电梯全部停开，办公区域的空调停开，办公区不开或少开照明灯，为“能源紧缺体验日”活动的开展作出了表率。市公共机构节能办组成督导组会同有关媒体，对市直机关部分单位开展“能源紧缺体验日”活动的情况进行了督导检查。通过活动使全市公共机构干部职工进一步增强了资源节约意识和忧患意识，并引导全市人民树立起自觉节能的意识。

【“无车日”活动】 2011年9月18日，郑州市市直机关事务管理局以“绿色交通、机关先行”为主题，组织市直机关开展“无车日”活动。号召全市市直机关除留10%的应急车辆外，其余公务用车全部封存；倡导机关公职人员私家车停开一天，采取步行、乘坐公交车、骑自行车等绿色方式出行。同时，市直机关“无车日”活动领导小组派出4个督导组对各单位活动开展情况进行了全面督导。活动得到了全市79家市直机关和全体公职人员的积极响应，当日市直机关共封存公务用车2056辆，为全市“无车日”活动开展起到了示范带头作用。

【消防知识培训与演练】 2011年5月28日，郑州市市直机关事务管理局组织开展市直机关夏季消防演练。演练内容包括消防知识培训、火场烟感体验、火场逃生技能训练和灭火器使用等，市直机关46个委、局分管安全工作的负责人及办公室、财务、文印和档案室等消防重点部位负责人300多人参加了演练。通过演练，进一步增强了消防安全意识，掌握了火场逃生的基本技能和各类灭火器的使用方法。

9月24日，郑州市事管局围绕消防安全不留死角、确保全年消防无事故，专门组织机关保安、消防监控、地下停车场等多个岗位工作人员进行了消防知识培训，并围绕消火栓、消防水带、灭火器等各种消防器材使用进行了综合演练，对提高安保队伍素质起到积极的推动和促进作用。

（闫　鹏）

投资促进工作

【概况】 2011年，郑州市投资促进服务中心以投资促进和对外联络服务为工作重点，紧紧围绕市委、市政府中心工作，进一步加强陆桥沿线城市、国内友好城市交流与合作、招商引资服务和驻郑单位联络服务三项重点工作，并积极开展以“招商引资”“商务礼仪”“压力与时间管理”为主题的专题培训和拓展训练活动，圆满完成各项工作任务。

【新亚欧大陆桥区域经济联络】 2011年，郑州市积极加强新亚欧大陆桥区域经济及陆桥沿线城市联络与服务工作。（1）积极关注、收集和交流新亚欧大陆桥区域经济发展信息，做好与新亚欧大陆桥及陇兰经济促进会文件收发工作。指定专人负责，密切关注大陆桥网站信息；每月及时收发《大陆桥视野》杂志，收集、整理有价值的经济信息。（2）积极组织、参加新欧亚大陆桥区域经济联络各项会议。3月6日，参加了在北京举办的陆桥沿线部分城市联络员会议，会议研究了沿桥城市提交第九次联谊会联合签署的议案和建议，并商讨了第九次联谊会备忘录。3月8日，协调薛云伟副市长参加陆桥部分城市领导第九次联谊活动，会议围绕"共享蓝色机遇，发展陆桥经济"的主题开展对话交流，联合签署了向十一届全国人大四次会议提交的议案和建议。5月12-14日，参加了在汉中举办的陇海兰新经济促进会2011年主任办公会，会议交流讨论了陆桥经济发展的有关课题，研究成立了陇海兰新物流联合会，安排部署了陇海兰新经济促进会第13次年会和陆桥沿线部分城市第10次领导联谊活动相关事宜。5月19日，确定并上报了郑州市陇海兰新经济促进会理事会换届推荐人选名单。9月份，参加在嘉峪关市举办的陆桥沿线部分城市领导联谊活动联络员会议和在杭州市举办的第八届全国大中城市国内合作交流工作研讨会，认真听取各城市在区域经济和城市间合作交流工作的新思路，并在会上积极和广州、温州、青岛等友好城市联系，邀请参加河南省产业转移推介会。

【友好城市交流与合作】 2011年，郑州市投资促进服务中心不断加强与国内友好城市、友好合作城市的交流与合作。3月17-21日，参加了银川市经济合作局在郑举办的经贸合作推介会，并做好相关人员的接待工作。6-9月，认真完成郑州商品交易会的邀商工作，向国内友好城市及友好合作城市发出邀请函，共邀请国内友好城市及友好合作城市21个。8月中旬，组成以市人大常委会副主任李元法为团长的友好城市走访代表团，先后走访调研了东北友好城市长春、伊春、鹤岗和友好合作城市哈尔滨，郑州日报社派出记者进行报道，通过走访，宣传和推介了郑州，推动了郑州市与友好城市、友好合作城市间的交流合作。

【招商引资项目跟踪服务】 2011年，郑州市投资促进服务中心积极参与省、市重大招商活动，并进行跟踪服务，推动了重大招商引资项目的顺利实施。3月下旬至4月上旬，在辛卯年黄帝拜祖大典活动中，为保障郑州市举办的推介会和市委统战部系统论坛的顺利进行，积极和大会组委会及各邀商单位进行联络，做好证件发放、重点客商统计、项目收集等各项工作；参与了郑州都市区建设华人华商论坛暨项目签约仪式的相关工作。3-6月，先后3次接待浩长实业投资公司在郑投资事宜，为该企业联系相关单位、提供有关信息，并对该公司的投资方向给予了合理建议。4-7月，按照上级统一工作安排，参加市工信委牵头的招商小分队并做好浙江地区招商的联络协调工作。7-8月，做好2011年河南省承接产业和技术转移合作交流洽谈会的邀请客商和联络接待等工作，共邀请浙江国祥制冷工业有限公司、广州立白企业集团有限公司等8家江浙地区知名企业驻郑机构参加了洽谈会。10-11月，抽调部分同志参加河南省政府举办的中韩经济合作交流洽谈会，并参与赴江浙地区邀商工作。11月12-14日，参与在郑州举办的第二届中国郑州产业转移系列对接活动，根据活动方案，负责国内友好城市的客商邀请和项目对接工作，经过与友好城市对口部门和有关单位的联系，共邀请华为公司、广州利海集团、广州风神集团、安利（中国）日用品公司、仙妮蕾德（中国）公司5家单位参会，并积极做好客商的会议报到和各项活动的服务工作。12月起，负责五洲国际集团郑州工业品博览城项目对接工作。

【驻郑单位联络服务】 2011年，郑州市投资促进服务中心积极服务于外地驻郑办事机构。做好日常业务咨询、人员接待、业务受理及证件办理工作。全年共接受电话咨询约6500次，接待办证人员约1200人次，新登记外地驻郑办事机构180家,换证388家，注销证件12家，查询档案3家。至年底，在郑州市备案登记的外地驻郑办事机构合计1780家，正常开展工作的有1200家，外地市、县级政府设立办事机构的有25家；国内500强8家、上市公司34家；三资企业126家；注册资金在亿元以上的企业有156家。

4-5月，协助中共郑州市委发布了《关于进一步加强和改进对驻郑单位服务工作的若干意见》，起草了《郑州市外地驻郑办事机构备案登记与综合协调服务办法》，为成立郑州市对外联络服务办公室积极做好筹备工作。6-12月，走访了深圳科源科技工程发展有限公司、广东盈佳科技工程发展有限公司等12家外地驻郑办事机构。

（陈　丹）

第八篇 人民政协

政协全会

【市政协十二届三次会议】 2011年2月11-15日，政协郑州市第十二届委员会第三次会议在郑州召开。

2月11日上午，市政协十二届三次会议在市青少年宫隆重开幕。大会由市政协副主席岳喜忠主持。大会审议通过了市政协十二届三次会议议程和日程。市政协主席李秀奇代表政协郑州市第十二届委员会常务委员会作常委会工作报告，市政协副主席牛西岭作关于十二届二次会议以来提案工作情况的报告。

市委常委、统战部部长、市政协党组副书记王林贺，市政协副主席王薇，党组副书记王建平，副主席朱专兴、舒安娜、牛西岭、陈西川、党普选、张冬平、李新有、张民服，秘书长张桂兰和副秘书长谭哲、张文定、朱润生、汤燕、李献峰、陈斌、王松涛、李海铁参加会议。市党政军领导连维良、赵建才、白红战、李柳身、王璋、姚待献、丁世显、胡荃、赵瑞东、高建慧、李公乐、孙金献、刘贵新、舒庆、乔新国、李恕海、王旭彤、栗培青、王平、雷志、刘全心、贾记鑫、李元法、周长松、王哲、薛云伟、王跃华、黄保卫、刘东、张建慧，市中级人民法院院长王新生、市人民检察院检察长杨祖伟及其他市级领导在主席台就座。岳修武、郝建生、祖松臣、杨惠琴也在主席台就座。往届市人大、市政协老领导应邀出席会议。

2月11日下午，出席市政协十二届三次会议的委员列席了市人大十三届三次会议开幕会，听取了市长赵建才代表市政府向大会作的《政府工作报告》。市政协主席李秀奇，副主席岳喜忠、王薇，党组副书记王建平，副主席朱专兴、舒安娜、牛西岭、陈西川、党普选、张冬平、李新有、张民服，秘书长张桂兰和副秘书长谭哲、张文定、朱润生、汤燕、李献峰、陈斌、王松涛、李海铁列席了会议。

2月12日，出席市政协十二届三次会议的委员分组讨论了《政府工作报告》和《“十二五”规划纲要（草案）》，分组审议政协常委会工作报告和提案工作报告，市政协领导李秀奇、岳喜忠、王薇、王建平、朱专兴、舒安娜、牛西岭、陈西川、党普选、张冬平、李新有、张民服、张桂兰、谭哲、张文定、朱润生、汤燕、李献峰、陈斌、王松涛、李海铁参加了分组审议，认真听取大家的意见、建议。此外，2月12日上午，召开了政协郑州市第十二届委员会第三次会议公民代表座谈会，41名代表就人民群众关心的热点、难点问题进行了热烈讨论，还就全市经济社会发展过程中存在的问题提出了一些意见和建议。市政协副主席岳喜忠、秘书长张桂兰参加了座谈会。

市政协十二届三次会议开幕式

2月13日上午，省委常委、市委书记连维良参加了政协委员联组讨论，悉心听取委员们的发言，并对委员们的发言给予了高度评价；同时，针对大家提出的问题作了一一解答，要求有关部门认真梳理委员们的建议后，落实到今后的工作中，并欢迎政协委员一如既往地关心关注市委、市政府工作，积极反映问题。市委副书记、市长赵建才与经济界别的70名政协委员一起讨论了《政府工作报告》。市领导李柳身、丁世显、胡荃、赵瑞东、高建慧、王林贺、孙金献、刘贵新、舒庆、王哲、王跃华、刘东也参加了委员小组的讨论。市政协领导分别进入政协委员联组，参与讨论《政府工作报告》和《“十二五”规划纲要（草案）》。

2月13日下午，出席市政协十二届三次会议的政协委员列席了市人大十三届三次会议第二次全体会议，听取了市人大常委会主任白红战作的市人大常委会工作报告、市中级人民法院院长王新生作的市中级人民法院工作报告、市人民检察院检察长杨祖伟作的市人民检察院工作报告。市政协领导列席了会议。

2月14日上午，市政协十二届三次会议召开表彰大会，对“创建委员之家，树立委员形象”活动中涌现出来的先进集体、先进个人，以及2010年度优秀提案和先进承办单位进行表彰。会议由市政协主席李秀奇主持，市政协其他领导出席会议。

2月14日上午，市政协十二届三次会议举行第二次全体会议。会议由市政协副主席舒安娜主持。市委常委、常务副市长胡荃应邀到会听取了委员们的发言。会上，雷从芳等6位委员分别代表党派、专委会进行大会发言。市政协领导参加会议。

2月14日下午，市政协主席李秀奇主持召开十二届二十八次主席会议。会议听取了市委组织部关于增选政协常务委员情况的说明和大会秘书长关于小组讨论情况的汇报，审议了市政协十二届十二次常委会议有关事宜。市政协领导列席会议。

2月14日下午，市政协主席李秀奇主持召开十二届十二次常委会议。会议审议通过了市政协十二届十二次常委会议议程，听取了市委组织部关于增选政协常务委员情况的说明和大会秘书长关于小组讨论情况的汇报，审议并原则通过了有关选举和人事安排事项，以及政协郑州市第十二届委员会第二次会议有关决议（草案）和报告（草案）。市政协领导出席会议。

2月15日上午，市政协十二届三次会议举行第三次全体会议，增选政协郑州市第十二届委员会常务委员。会议由市政协副主席岳喜忠主持。市政协主席李秀奇，副主席王薇，党组副书记王建平，副主席朱专兴、舒安娜、牛西岭、陈西川、党普选、张冬平、李新有、张民服，秘书长张桂兰在主席台就座，副秘书长谭哲、张文定、朱润生、汤燕、李献峰、陈斌、王松涛、李海铁出席会议。

2月15日上午，市政协召开十二届十三次常委会议，听取市政协十二届三次会议选举大会选举情况报告。市政协主席李秀奇，副主席岳喜忠、王薇、朱专兴、舒安娜、牛西岭、陈西川、党普选、张冬平、李新有、张民服，秘书长张桂兰和副秘书长谭哲、张文定、朱润生、汤燕、李献峰、陈斌、王松涛、李海铁参加了会议，市政协党组副书记王建平列席会议。

2月15日上午，市政协十二届三次会议胜利闭幕。闭幕大会由市政协主席李秀奇主持。大会首先公布了增选政协郑州市第十二届委员会常务委员计票结果，王建平、王济昌当选为政协郑州市第十二届委员会常务委员。大会通过了政协郑州市第十二届委员会第三次会议政治决议、政协郑州市第十二届委员会第三次会议关于常务委员会工作报告的决议、政协郑州市第十二届委员会第三次会议关于政协十二届二次会议以来提案工作情况报告的决议和政协郑州市第十二届委员会提案审查委员会关于十二届三次会议提案审查情况的报告。市政协副主席岳喜忠、王薇、朱专兴、舒安娜、牛西岭、党普选、张冬平、李新有，秘书长张桂兰和副秘书长谭哲、张文定、朱润生、汤燕、李献峰、陈斌、王松涛、李海铁参加了会议。市党政军领导连维良、白红战、王璋、姚待献、丁世显、李公乐、孙金献、刘贵新、舒庆、乔新国、王旭彤、栗培青、王平、赵明恩、雷志、刘全心、贾记鑫、周长松、王哲、薛云伟、王跃华、张建慧，市中级人民法院院长王新生、市人民检察院检察长杨祖伟等副市级领导在主席台就座。岳修武、郝建生、祖松臣、杨惠琴也在主席台就座。往届市人大、市政协老领导应邀出席会议。

（朱选举）

政协常委会议

【市政协十二届十一次常委会议】

2011年1月22日，市政协召开了十二届十一次常委会议。会议听取了市政协关于十二届三次会议筹备情况的汇报、市委组织部关于有关人事情况的说明、市委统战部关于增补政协委员情况的说明、市政府关于《政府工作报告》起草情况的说明。审议通过了关于召开市政协十二届三次会议的决定和市政协十二届三次会议议程（草案）、日程，审议并原则通过了政协郑州市第十二届委员会常务委员会工作报告及报告人的决定、政协郑州市第十二届委员会常务委员会关于十二届二次会议以来提案工作情况报告及报告人的决定，审议通过了委员分组办法等有关事项和有关人事任免事项，增补了王建平等11名市政协委员，讨论了《政府工作报告（征求意见稿）》。

会议决定，市政协十二届三次会议于2月10-15日召开。会议的建议议程是听取和审议政协郑州市第十二届委员会常务委员会工作报告、政协郑州市第十二届委员会常务委员会关于十二届二次会议以来提案工作情况的报告；列席市十三届人大三次会议，听取并讨论《政府工作报告》及其他有关报告，讨论《郑州市国民经济和社会发展第十二个五年规划纲要（草案）》；审议通过市政协十二届三次会议政治决议、市政协十二届三次会议关于常务委员会工作报告的决议、市政协十二届三次会议关于十二届二次会议以来提案工作情况报告的决议、政协郑州市第十二届委员会提案委员会关于市政协十二届三次会议提案审查情况的报告。

市政协主席李秀奇要求，全市各级政协组织和广大政协委员在新的一年里，要牢牢把握团结和民主两大主题，认真履行三项职能，更加自觉地围绕市委、市政府决策部署谋划工作，更加主动地围绕中心履职建言，更加积极地围绕构建和谐郑州凝心聚力，更加努力地围绕改善民生献计出力，更加扎实地围绕加强自身建设开拓创新，为建设郑州都市区、打造中原经济区核心增长极、建设国家区域性中心城市作出新贡献。

市政协副主席岳喜忠、王薇、朱专兴、舒安娜、牛西岭、党普选、张冬平、李新有、张民服，秘书长张桂兰参加了会议；市政协党组副书记王建平列席会议。

【市政协十二届十四次常委会议】

2011年3月23日，市政协召开了十二届十四次常委会议。会议由市政协主席李秀奇主持。会议听取了全国政协委员、市政协副主席、市九三学社主委舒安娜和全国政协委员王超斌传达的十一届全国人大四次会议和十一届全国政协四次会议精神，听取了郑州市副市长刘东通报的郑州市优质教育资源倍增工程、优质医疗资源倍增工程和妇女儿童权益保障情况。

常委们围绕学习贯彻全国“两会”精神和郑州市优质教育资源倍增工程、优质医疗资源倍增工程和妇女儿童权益保障情况进行了认真讨论，提出了有价值的意见和建议。常委们一致认为，这次全国“两会” 全面回顾总结了“十一五”辉煌成就，科学谋划了“十二五”发展规划，全面部署了2011年工作任务，是一次民主团结、求真务实、催人奋进的大会。会后一定要学习好、宣传好、贯彻好“两会”精神，认真履行政协职能，用实际行动为加快郑州都市区建设和郑州科学发展、和谐发展、跨越发展作出新的贡献。关于郑州市优质教育资源倍增工程情况，常委们建议要进一步加大对学前教育的财政投入，建立和健全进城务工人员子女受教育的工作机制，加快推进教育均衡，合理配置城乡公共教育资源。关于优质医疗资源倍增工程情况，常委们建议要进一步规范现有医院的服务程序，提高服务水平；对全市医院分布建设要科学规划，合理布局；鼓励创办涉外医院；进一步加大对农村医疗机构的财政投入；在鼓励支持民营专科医院参与优质医疗资源倍增工程的同时，政府要加强管理；通过各项优惠政策保证高层次医疗人才的引进培养；在资源数量倍增的同时也要保证质量。关于妇女儿童权益保障情况，常委们建议建立健全救助体系和法律援助体系，切实维护贫困妇女儿童的发展权益，加大打击拐卖妇女儿童犯罪行为的力度，加强对未成年人的教育和保护，加强校园及其周边环境的综合整治，努力形成未成年人健康成长的社会环境。

市政协主席李秀奇在会议闭幕时作了重要讲话。他指出，全市各级政协组织和政协委员要把学习贯彻“两会”精神作为一项统领全局、带动全局、推进全局的重要工作，摆在突出位置，进一步增强做好政协工作的责任感和使命感。要以全国“两会”精神为指导，统一大家的思想认识，围绕党委、政府中心工作建言献策，落实市委工作部署，更好地发挥人民政协在促进经济社会发展中的重要作用。

针对2011年的政协工作，李秀奇强调，要积极服从和服务于全市工作大局，按照市政协十二届三次会议的部署要求，牢牢把握“积极作为、科学务实”的工作基调，联系好政协工作实际，把握好政协工作重点，完成好全年工作目标。最后，李秀奇希望要切实增强政治意识、大局意识、责任意识和忧患意识，着力提高以科学发展观统领政协工作的自觉性和坚定性，强化履职素质、增强履职本领，在人民政协这个平台上，以更加饱满的热情、更加振奋的精神状态，做好参政议政的各项工作，全面提高自己的政治理论水平、思想认识水平和开展政协工作的水平。

市政协副主席岳喜忠、王薇、朱专兴、舒安娜、党普选、张冬平、李新有、张民服，秘书长张桂兰出席会议。市人大常委会副主任王平应邀出席会议。市政府办公厅、市妇联、市教育局、市卫生局等部门主要负责人，各县（市）区政协主席、市政协机关副县级以上干部列席了会议。

【市政协十二届十五次常委会议】

2011年5月24日，市政协召开了十二届十五次常委会议，主要议题是围绕“加快郑州都市区建设”进行专题议政。常委们在会上讨论了《中原经济区郑州都市区建设纲

市政协十二届十五次常委会议

要》和《郑州都市区空间发展战略规划》，并围绕中原经济区经济一体化对郑州都市区建设的影响，以及郑州都市区建设中面临的土地利用、投融资、基础设施建设、水环境治理、都市型现代高效农业发展、高端服务业发展、地下空间开发、失地农民社会保障和就业培训等方面的问题，提出了意见建议，形成了一批高质量的参政议政成果。市政协经济委员会、九三学社郑州市委、农工党郑州市委、民革郑州市委、民建郑州市委、民进郑州市委、市工商联等14个单位作了大会发言和书面发言。

市政协主席李秀奇在讲话中阐述了建设郑州都市区的重大意义，并强调建设郑州都市区是一项长期的战略任务，更是广大政协委员干事创业的重要机遇和广阔平台。要把推进都市区建设贯穿于履行职能的全过程，落实到政协工作的各个方面，主动融入、积极作为。要发挥协商议政作用，为都市区建设建言献策；要发挥参与发展作用，为都市区建设添砖加瓦；要发挥民主监督作用，为都市区建设保驾护航；要把凝聚人心、凝聚智慧、凝聚力量的工作摆上更加重要的位置，团结一切可以团结的力量，调动一切可以调动的积极因素，为推动郑州都市区建设凝心聚力。

市政协副主席岳喜忠、王薇、朱专兴、舒安娜、牛西岭、陈西川、党普选、李新有、张民服，市政协党组副书记王建平，秘书长张桂兰出席会议。市人大常委会副主任王平，市长助理、市政府秘书长张学军应邀出席会议。市政府办公厅、市发改委、市工信委、市财政局、市人力资源和社会保障局、市国土资源局、市城乡建设委员会、市规划局、市交通委、市环保局、市农业农村委员会、市商务局等单位主要负责人，各县（市）区政协主席、市政协机关副县级以上干部列席了会议。

【市政协十二届十六次常委会议】

2011年9月28–29日，市政协在新郑市召开了十二届十六次常委会议，主要议题是围绕“加强和创新社会管理”进行专题议政。为确保此次会议开出成效，市政协将会议地点放在了全国社会管理创新综合试点城市新郑。会前，常委们参观了新郑市“110”服务中心、新郑市老年人服务中心和薛店镇为民服务中心，实地了解新郑市在创新社会管理方面的做法和经验。会议期间，常委们听取了市委常委、常务副市长胡荃关于全市加强和创新社会管理情况的通报、新郑市委书记吴忠华关于新郑市社会管理创新工作的经验介绍。市政协社会法制委员会、文史资料委员会、教科文卫体委员会、民族和宗教委员会，市各民主党派、工商联等单位分别围绕加强和创新社会管理作了大会发言。围绕会议主题，常委们进行了热烈的讨论，提出了许多富有建设性的意见建议，形成了一批高质量的参政议政成果：一是关于市场中介组织，建议加强行业协会建设，充分发挥行业协会在社会管理中的作用。二是关于社会大众心态，建议做好社会心态调适，充分发挥健康的社会心态对经济社会发展的促进作用。三是关于精神文化需求，建议加强文化市场管理，促进文化市场的繁荣与发展。四是关于特殊社会群体，建议创新流动人口计划生育服务管理，积极探索民族宗教工作新途径，妥善安置刑释解教人员，促进社会和谐稳定。五是关于化解社会矛盾，建议完善人民调解工作，健全社会矛盾调节机制。六是深化安全生产专项整治，加快构建长效监管体系。

市政协主席李秀奇作了重要讲话。他指出，加强和创新社会管理，是适应国内外形势新变化的迫切需要，是解决全市社会管理领域中突出问题的现实需求，是维护全市人民群众根本利益的重要举措。希望政府及有关部门立足实际，加强实践探索，研究和破解社会管理中的突出问题，在具体工作实践中，要特别突出抓好基层基础这个关键、群众工作这个法宝、源头预防这个重点、改革创新这个保障，进一步提高社会管理科学化水平。他强调，全市各级政协要在工作思路上更加关注民生，在工作方法上更加深入群众，在工作机制上更加规范有序，在工作平台上更加注重创新。要积极探索，锐意进取，扎实工作，为开创全市社会建设与社会管理工作新局面作出新的更大的贡献。

市政协副主席岳喜忠、王薇、朱专兴、舒安娜、牛西岭、陈西川、张冬平、李新有、张民服，市政协党组副书记王建平，秘书长张桂兰出席会议。郑州新郑综合保税区（郑州航空港区）管委会主任张延明，市人大常委会副主任王平应邀参加会议。市政府办公厅、各县（市）区政协主席、市政协机关副县级以上干部列席了会议。

（马　丽）

郑州市政协都市区专题议政报告会

工作及活动

【履行政协职能】 2011年市政协坚持把助推科学发展作为履行政协职能的第一要务，紧紧围绕事关全市经济社会发展的全局性、战略性和前瞻性问题协商议政，积极为全市科学发展献计出力。

（一）建言都市区建设。市政协把加快推进郑州都市区建设作为十二届十五次常委会议的中心议题进行专题议政。组织委员针对破解土地瓶颈、投融资、基础设施建设、合理开发地下空间、失地农民社会保障和就业培训、水环境治理、发展都市型现代高效农业和现代服务业等重大问题，深入开展调查研究，形成了加快推进都市区建设的15个方面的意见建议。常委们还围绕《中原经济区郑州都市区建设纲要（初稿）》和《郑州都市区空间发展战略规划（初稿）》进行了认真讨论，提出了20多条修改意见。省委常委、市委书记连维良对常委会议《情况报告》作出重要批示，要求市发改委认真研究吸纳。

（二）献计社会管理创新。为把加强和创新社会管理这项具有重大变革意义的工作做深、做细、做实，市政协十二届十六次常委会议围绕加强和创新社会管理进行了专题议政。提出了加强行业协会建设、做好社会心态调适、加强文化市场管理、创新流动人口计划生育服务管理、妥善安置刑释解教人员、完善人民调解工作、深化安全生产专项整治7个方面的意见和建议。省委常委、市委书记连维良高度重视，要求市创新办分解落实。

（三）助力创建文明城市。为更好地协助党委、政府做好创文工作，市政协在全市各级政协组织和广大政协委员中开展了声势浩大的“为创建全国文明城市做贡献”活动。组织委员分10路对创建工作中的基础设施建设、商业区环境卫生、交通违章等突出问题明察暗访，归纳整理出200多条意见和建议，以《市政协委员视察暗访创建文明城市的情况汇报》的形式报送市委、市政府主要领导。委员们进机关、进街道、进社区、进企业、进家庭，充分发挥建言献策、民主监督、宣传鼓动、模范带头作用，有力推动了创文工作，为郑州市荣膺“全国文明城市”称号作出了积极贡献。

（四）服务中小企业发展。为摸清民营中小企业发展现状，制定有效措施，加大对中小企业的扶持力度，受市委委托，市政协组成10个调研组，选择具有代表性的120家民营中小企业进行了深入调研，向市委、市政府提交了《关于对我市民营中小企业的调查与建议》，提出了多措并举缓解融资难、强化政策支持、加强自身管理、加快自主创新、创造优良环境等一揽子意见建议，得到省委常委、市委书记连维良的充分肯定。

（五）积极参与重点工作。政协领导按照分工，围绕跨越式发展中的科技自主创新工程、扶优扶强工程、文化建设工程、产业园区建设工程、新农村建设工程、生态建设工程、城市建设管理工程、交通枢纽和物流工程建设，深入开展调查研究，及时协调解决实际问题。此外，市政协围绕全市生态水系建设，组成多个督导小组，对水系截污治理工作进行明察暗访。抽调精兵强将，积极参与富士康项目服务、重点社区帮扶、交通综合整治、新农村建设、食品企业监管和担保行业规范整顿等工作，得到市委、市政府领导的充分肯定。

【凝聚社会力量】 2011年，市政协牢牢把握团结和民主两大主题，充分发挥人民政协作为最广泛的爱国统一战线组织的优势，密切联系各界，加强沟通协调，扩大交流联谊，为实现共同奋斗目标而不懈努力。

（一）发挥党派作用。积极促进参加人民政协的各民主党派、工商联和无党派人士的团结合作，在政协的各种会议上，努力营造民主和谐、合作共事的政治氛围，为各民主党派、工商联和无党派人士发表意见主张创造条件。坚持定期向他们通报工作，主动征求他们对政协工作的意见和建议，及时帮助他们协调和解决工作中的困难与问题。重大专题议政、重要调研视察、重点提案督办等都邀请各民主党派、工商联和无党派人士参加，对提交的集体提案和调研报告重点报送、及时办理，为他们知情明政、议政建言搭建平台。

（二）加强团结联谊。加强与少数民族和宗教界代表人士的联系，主动参加少数民族和宗教界的重大节日及活动，利用传统节日走访民族宗教界政协委员和知名人士，积极宣传党和政府的民族宗教政策，认真听取他们的意见和要求，帮助他们解决实际困难。积极配合全国、省政协围绕宗教活动场所管理和落实教职人员社会保障工作进行调研视察，为促进民族团结、宗教和睦发挥积极作用。高度重视与港澳台侨界委员的联系，增进感情、加深友谊。积极协助省政协和市委、市政府办好辛卯年黄帝故里拜祖大典活动，为增强中华民族凝聚力、扩大郑州对外开放、促进祖国和平统一贡献力量。

（三）扩大对外交往。充分利用政协组织联系广泛、代表性强的优势，组织委员赴台湾进行经贸考察，大力宣传郑州的投资环境，与台湾工商界进行广泛交流，促成合作意向。受市委委托，率团赴新疆哈密开展郑哈产业对接和文化旅游交流活动，并看望了郑州市援疆干部。抓住省政协视察郑州市民生工作的契机，建立了与省政协的工作对接机制，积极争取省政协对郑州发展的关心与支持。配合省政协承办了全国政协第81期干部培训班、中南六省(区)政协提案工作座谈会和后勤工作座谈会。主动邀请县（市）区政协参与市政协的各种例会、调研、视察活动，加强工作协作，形成履职合力。全年共接待全国政协副主席陈奎元、厉无畏、陈宗兴等领导及全国政协视察团，各省、自治区、直辖市政协考察团，省政协视察团和兄弟城市政协考察团263批、4328人次。

（四）营造和谐氛围。坚持“广征博采、存真求实”的方针，编辑出版了文史资料第32辑——《郑州古镇》，较好地发挥了文史工作“存史、资政、团结、育人”的社会功能。联合省政协举办纪念辛亥革命100周年书画展，取得了良好的展出效果和社会反响。成立市政协艺术团，精心组织举办了“迎七一、情系地铁”书画笔会、庆“八一”拥军笔会、“贯彻落实省九次党代会精神，加快中原经济区建设暨推进郑州都市区建设”名家书画笔会、“和谐之声”国庆歌会和新年联欢会等一系列文化活动，积极服务全市文化建设，为建设郑州都市区凝心聚力，营造和谐奋进的发展环境。

市政协主席李秀奇率团赴新疆开展交流活动

【服务改善民生】 2011年，市政协坚持以人为本、关注民生、履职为民，积极协助党委、政府解决好人民群众最关心、最直接、最现实的利益问题，积极促进社会的和谐稳定。

（一）围绕保障民生抓好调研视察。组织委员对学前教育、职业教育、“菜篮子”工程、社会养老、食品安全监管、人行天桥项目建设等民生工作，开展调研视察48次，形成报告36份，提出意见、建议300多条。其中《市政协关于推进我市“菜篮子”工程的报告》《关于人行天桥项目建设情况的报告》和《关于魏河排污问题的报告》得到省委常委、市委书记连维良重要批示，要求有关方面予以认真采纳。以主席会议建议案形式报送的《关于加快发展我市生物柴油产业的调查与建议》，市委主要领导给予了充分肯定，并以中共郑州市委《工作快报》的形式下发政府有关部门逐条落实，《郑州市生物柴油产业规划暨生物质资源产业园区建设规划》编制完成。年底前，又组织驻郑的全国、省和市三级政协委员对2011年市政府为民办理“十大实事”工作进行了集中视察，形成了《市政协组织三级委员视察2011年为民办理十大实事落实情况的报告》，提出了6个方面的意见和建议，向市政府及相关部门进行了情况反馈，有力推动了相关工作的开展。

（二）围绕改善民生反映社情民意。市政协把了解和反映社情民意作为畅通渠道、协调关系、改善民生的重要形式和载体，通过政协例会、委员信箱、委员之家、政协网站和群众来信来访等多种渠道，广泛倾听群众呼声，密切关注社会舆情，积极反映社情民意，将更多具有前瞻性、警示性、苗头性的新情况、新问题，及时归纳整理后报送上级政协和市委、市政府主要领导，为党政领导分析判断形势、制定相应政策、解决有关问题提供决策参考。全年共编发《政协信息》86期、《社情民意快报》6期、《建言献策》3期，真实地反映了民思、民智、民愿、民盼，促成了一批民生问题的妥善解决。

【加强提案办理】 2011年，广大政协委员、政协各参加单位和政协专门委员会深入调查研究，积极建言献策，提出了许多具有前瞻性、科学性、可行性的意见和建议，全年共提交提案753件，经审查，立案625件，作为委员来信转送有关部门研究处理的120件，经与提案者协商后并案、撤案的8件。其中，委员提案601件，各民主党派、工商联、政协专门委员会提案24件。按类别分，经济城建方面提案368件、教科文卫体方面提案155件、政法统战劳动人事等方面提案102件。提案内容丰富，针对性强，绝大多数提案选题准确，建议具体，格式规范，体现了政协特色和时代特点。提案送交75个承办单位办理，成效显著。

（一）拓宽提案线索的征集渠道。为使政协提案更符合郑州经济社会发展实际，使提案者撰写提案时更加贴近民生、反映民意、汇集民智，市政协在十二届三次全会前召开新闻发布会，通过媒体开展了向市民公开征集提案线索的活动,得到了广大市民的积极响应，通过电话、信函、电子邮件等形式共征集到提案线索500余条。在认真分析的基础上，归纳整理出35条参考选题，及时发至全体委员和政协各参加单位、政协专门委员会，供其参考和调研，使提案更具科学性、针对性和可操作性。有些意见和建议经委员采纳后直接转化成了提案，部分提案还被列为重点提案进行督办，更好地发挥了提案在政协履行职能中的重要作用。

（二）认真做好提案征集、审查立案工作。首先，市政协提案委员会在十二届三次全会召开前，选择了部分选题贴切、分析透彻、建议可行的提案作为范文，印发征集提案通知，发布撰写提案9个方面75条参考目录，加强与政协委员、政协各参加单位和专门委员会的联系，强化提案征集工作，引导提案者撰写高质量、高水平的提案。其次，全会召开期间，进一步健全了提案审查立案的工作机制，实行“三审立案”制度(值班的提案委委员对提案进行审查，然后由组长把关，最后召开提案委全体会议，审查不予立案的提案)，对提案认真梳理分类，严格审查，准确立案。从实际出发，既不轻易否定一份提案，又严格标准，保证提案质量。

（三）注重优秀提案的表彰和激励。在全会前开展了上一年优秀提案评选活动，按照调研基础、问题深度、解决方案、办理情况等标准，评选出了35件优秀提案，并在全会期间进行了表彰。通过典型带动，调动了提案者和承办单位的积极性，提高了委员撰写提案的水平。

（四）切实加强提案办理工作。按照市政协党组工作安排，经主席会议研究，围绕着经济建设和社会热点、难点等民生方面，遴选出18件提案作为年度重点提案，由市政协各位主席带队分别进行重点督办。市政协领导亲自带领相关委员深入承办单位了解办理情况，结合视察调研、座谈讨论等形式，现场听取办理意见，督促承办单位结合工作实际研究出具体的办法和时间表，切实抓好重点提案的办理落实，以重点提案的督办推动整个提案办理工作的落实。全年共开展6次重点提案督办活动，委员参加80余人次，实地察看了11个相关单位和企业，召开了6次座谈会，委员提出有针对性的意见和建议30余条。截至9月份，重点提案督办全部进行完毕，达到了以点带面、整体推进提案办理工作的目的。根据提案办理进展和落实情况，采取走访委员等方式，及时了解提案办理情况，反映提案人的意见、建议，协调解决办理过程中遇到的困难和问题。同时，健全完善“提”“办”“督”三方的协商沟通机制，加强协作互动，督促承办单位加强提案的办理落实，确保了提案办理工作的顺利进行和按时完成。

【政协自身建设】 2011年，市政协认真贯彻落实中共中央办公厅转发《中共政协全国委员会党组关于〈中共中央关于加强人民政协工作的意见〉贯彻落实情况的报告》的通知精神，结合新情况，把握新要求，全面加强自身建设，为人民政协事业健康发展奠定了坚实基础。

（一）注重理论学习。坚持把思想理论建设摆在突出位置，充分运用学习报告会、常委培训班、印发学习材料等形式，认真组织各级政协组织、政协各参加单位、广大委员和机关干部，深入学习胡锦涛总书记在庆祝建党90周年和纪念辛亥革命100周年大会上的重要讲话，深入学习国务院《关于支持河南省加快建设中原经济区的指导意见》和省第九次、市第十次党代会精

郑州市政协举办“创建委员之家，树立委员形象”活动报告会

神，进一步加深对政协工作面临新形势、新任务、新要求的认识，不断增强政协围绕中心、服务大局的责任感和使命感，努力把中国共产党的主张变为广大政协委员和各族各界人士的广泛共识、共同意志和自觉行动，切实做到与党委思想上同心、目标上同向、行动上同步。

（二）注重载体推动。开展“政协组织为委员，政协委员为社会双服务”活动，从活动内容、活动措施等方面详细制定了政协组织为委员、政协委员为社会双服务的实施办法。市政协机关县级干部分包联系、定期走访，了解委员的工作、生活和社会活动情况，帮助协调解决遇到的困难和问题，进一步增强了政协组织的凝聚力和向心力，激发了广大委员服务群众、奉献社会的责任感和使命感。继续深化“创建委员之家，树立委员形象”活动，在进一步规范建家标准、完善管理制度、发挥委员作用、增强活动效果上下功夫。为更好地展示创树活动成果，在市青少年宫隆重举办了“创建委员之家，树立委员形象”活动报告会，从全市3000余名四级政协委员中遴选出的24名报告团成员，以自己生动的事例，向社会展现了政协委员围绕中心、服务大局，忠诚履职、服务群众，扶危济困、奉献社会，立足本职、建功立业的时代风采。报告团先后应邀到县（市）区、市直机关、大专院校等12个单位进行了巡回报告，在社会上引起强烈反响。

（三）注重机关建设。以构建“学习型、服务型、创新型、和谐型”机关为抓手，倡导树立六种意识（核心意识、中心意识、团结意识、勤政意识、服务意识、学习意识），积极开展六项活动（机关创建活动、视察活动、调研活动、谈心交心活动、文体活动、联谊交友活动），政协机关干部的服务能力和工作水平进一步提高。围绕庆祝建党90周年，深入开展创先争优活动，机关广大党员干部的党性修养、整体素质有了明显提升，党组织的凝聚力、战斗力得到了进一步增强。加大干部培养、选拔、轮岗力度，进一步优化了干部队伍结构。注重加强机关精神文明建设，在创建省级文明单位复审活动中，综合考核成绩位居前列。

（四）注重舆论宣传。2011年，市政协结合中心工作，加强宣传策划，积极协调中央和地方新闻媒体，采取新闻报道、专题节目、开辟专版、人物访谈等多种形式，对全市政协工作进行深入全面报道，进一步扩大了政协组织的影响。全年在国家和省、市级新闻媒体上发稿400余篇，被省政协评为宣传工作先进单位。充分发挥《郑州政协》作为政协重要舆论阵地的优势，为全市各级政协组织、广大政协委员、政协工作者交流工作经验、开展理论研究搭建平台。高度重视政协网站建设，充分发挥网站在政协宣传工作中的作用。编辑出版《郑州政协年鉴》，为社会了解郑州政协提供了丰富翔实的地情资料。

（马　丽　沙等然）

第九篇　民主党派与工商联

综　述

【概况】 2011年，全市各民主党派在中共郑州市委和市委统战部的领导下，坚持以邓小平理论和“三个代表”重要思想为指导，以爱国主义和社会主义为主线，深入学习实践科学发展观，全面贯彻落实党的十七届五中全会、全国统战部部长会议、全省和全市统战工作会议精神，紧紧围绕全市统战工作要点、统一战线“十件实事”和绩效考核工作目标，结合全省统战工作综合评价体系，在政治协商、思想建设、参政议政、队伍建设、组织建设等方面取得了新的成绩和突破。

【政治协商活动】 2011年，郑州市坚持各种形式的政治协商活动，进一步促进科学决策、民主决策。把政治协商纳入决策程序，就重大问题在决策前和决策执行过程中进行协商，协助市委举办了各种形式的政治协商活动。

（一）举办情况通报会。1月29日上午，市委、市政府召开党外人士情况通报会，市委常委、统战部部长王林贺主持会议。市委常委、常务副市长胡荃首先通报了2010年全市社会经济发展情况。市委常委、纪委书记王璋通报了郑州市2010年度党风廉政建设情况。各民主党派就如何提升城市建设水平、扩内需保增长、道路通畅、助推文化发展等方面发表了意见和建议。

（二）举办座谈会。7月19日下午，市委向各民主党派、工商联、无党派人士征求《全面提高党的建设科学化水平，为加快建设郑州都市区、打造中原经济区核心增长区而努力奋斗——在中国共产党郑州市第十次代表大会上的报告（征求意见稿）》意见，市委秘书长孙金献主持会议。与会的各民主党派、工商联负责人和无党派代表人士对报告内容充分肯定，同时对“三农”工作、党建工作和社会管理创新、弱势群体、社区管理等问题提出了修改的意见和建议。

（三）举办民主协商会。8月27日下午，市委向各民主党派、工商联负责人和非中共党员的市级领导通报市委换届人事安排工作的指导思想及原则、“两委”人事安排方案的产生过程、“两委”组成人员候选人预备人选构成等情况，听取党外人士意见和建议。与会人员表示，坚决拥护中共郑州市委九届二十二次全体（扩大）会议决定，完全赞同人事安排。

【思想政治建设】 2011年，全市各民主党派围绕纪念中国共产党成立90周年和辛亥革命100周年，开展了以“重温历史、同心同行”为主题的系列教育活动，巩固和发展统一战线共同的思想政治基础。

在全市各民主党派开展“纪念建党90周年征文活动”，共收到党派成员创作的散文、诗歌、回忆录、感想、亲历、亲闻等稿件50余篇。这些作品热情讴歌了党领导中国革命、建设和改革的丰功伟绩，

各民主党派、工商联和无党派代表人士联合中心组学习

全面展示了各民主党派和中国共产党肝胆相照、携手共进的光辉业绩，进一步坚定了广大党派成员走中国特色政治发展道路的信心和决心。7月25-31日，中共郑州市委组织各民主党派主委和无党派代表人士赴遵义、重庆等地参观学习。此次活动由中共郑州市委常委、统战部部长王林贺带队，回顾了中国革命从南昌起义、秋收起义、百色起义到长征遵义会议的光辉历史，深刻理解了遵义会议确立以毛泽东为领导核心的重大历史意义。在重庆中国民主党派历史陈列馆，通过实物和图片展览，重温了中国8个民主党派的发展历程，以及与中国共产党同舟共济的优良传统，也更清醒地认识到中国共产党领导的多党合作和政治协商制度是中国共产党和中国人民政治智慧的结晶。

各民主党派积极组织书画展、参观革命老区等活动，纪念建党90周年和辛亥革命100周年。5月18-20日，由农工党郑州市委承办的郑州市统一战线知名书画家“纪念中国共产党成立90周年、辛亥革命100周年”采风笔会活动在巩义市举行。书画家们参观了石窟寺、康百万庄园、慈云寺，并以饱满的政治热情，创作出一批时代特征鲜明、艺术魅力强烈、境界昂扬向上的文化艺术作品。5月26-27日，由九三学社郑州市委承办的第二十二次联合中心组学习暨“参观革命圣地 接受红色教育”主题活动在信阳市新县举行。与会人员参观了鄂豫皖苏区首府烈士陵园、鄂豫皖苏区首府博物馆和许世友将军故居，并举办了学习座谈会，畅谈参观体会，进一步认识了中国共产党成功执政的历史必然性。6月22日，由民盟郑州市委承办的“郑州市统一战线庆祝中国共产党成立90周年书画展”在郑州市博物馆举行。展出的120多幅作品格调高雅、气韵生动，具有强烈的艺术魅力和鲜明的时代特征。6月24日、25日，省委常委、市委书记连维良，副市长、代市长吴天君分别参观了书画展，并与各民主党派主委、工商联主席和无党派代表人士进行了座谈。8月26日上午，由民革中央办公厅主办，民革河南省委员会、中共郑州市委统战部承办，民革郑州市委员会协办的“纪念辛亥革命100周年全国书画作品展”郑州巡展在郑州市博物馆举行，展出了民革中央在全国著名书画家大量优秀作品中精心挑选的90多幅作品。这些作品描绘了辛亥革命的英雄人物和事件，以及祖国山水、风土人情，以艺术的形式表达了书画家们对辛亥革命伟大历史意义的深刻认识、对辛亥革命前辈的怀念敬仰、对祖国繁荣发展的热情讴歌、对祖国和平统一的强烈愿望。

【发挥民主党派作用】 2011年，中共郑州市委统战部积极引导统一战线成员树立和践行社会主义核心价值体系，充分发挥民主党派参政议政、服务社会的作用，使社会主义核心价值体系内化为价值取向、外化为行为准则。

组织党派成员围绕“十二五”规划主题主线，着力郑州都市区建设、组团发展、民生倍增工程中的关键问题，确定重点调研课题，开展调查研究。4月20日，市委下发了《市委办公厅转发2011年各民主党派重点调研课题的通知》，为党派调研创造了良好的条件。中共郑州市委统战部在全市统一战线组织开展“同心同行建中原”活动，举办了全市统一战线 “同心同行建中原”座谈会、汇报会等活动。各民主党派、工商联积极响应，纷纷通过理思路、找抓手、参与具体规划、带动项目发展等形式，充分发挥各自优势，建睿智之言、献务实之策。省委常委、市委副书记、代市长吴天君对活动给予充分肯定，并要求政府有关部门研究采纳。

借助党派中央（省委）项目优势，服务地方经济发展。2月，协调市发改委，对全市产业发展状况进行摸底，了解了郑州市的传统产业、支柱产业、新兴产业和高新区、经开区、航空港区等3个产业集聚区的建设情况，在此基础上对党派开展项目合作进行指导。积极协助党派中央（省委）来郑州市考察调研，主要有：4月3-4日，全国政协常委、民革中央副主席何丕洁到郑东新区、郑州国家高新技术产业开发区考察调研； 4月25-26日，全国政协副主席、农工党中央常务副主席程宗兴率调研组一行到惠济区、管城区、金水区调研；5月5-10日，九三学社中央常务委员会在郑州考察调研。主要项目有3个：民革中央的秸秆反应堆技术推广项目。5月28日，邀请了秸秆生物反应堆技术发明人张世明教授到郑州市管城区南曹乡大湖村，对70余位草莓和蔬菜种植户进行技术培训，引起村民们的极大兴趣，取得良好效果，在该村的5个草莓种植大棚进行了试点试验。民建中央企工委与国家工信部中小企业司联合在全国推进的“育林计划”项目。民建郑州市委组织20多位企业家会员参加了该项目，并积极邀请育林计划工作人员深入20余家会员企业了解企业管理情况，针对企业存在的问题，帮助企业实现精细化管理，提升企业管理水平，降低企业管理成本，提高企业的抗风险能力。在北京举行的“育林计划总结表彰大会”上，民建郑州市委被评为“最佳协作单位奖”。农工省委的“百千万农村健康行动计划”项目。4月，农工党郑州市委建立了86名具有副高以上（含副高）职称的在岗卫生专业技术人员组成的专家数据库，帮扶各县（市）区900名农村卫生技术人员。市级专家对与其结对子的农村基层卫生技术人员进行相关专业知识、技术方面的指导和培训，形成了省-市-县-乡-村卫生技术人员定向、定点帮扶网络，确保帮扶农村基层卫生技术人员提高医疗卫生服务能力和水平。

按照市委继续开展新农村建设驻村帮扶工作的要求，郑州市委统战部驻村工作队到马庄村开展帮扶工作，并把帮助村里建设健身园列入了统战部“十件实事”之一。各民主党派、工商联积极参与，捐资10余万元，建成了2000多平方米的健身园，为广大村民提供了一个休闲、健身的活动场所，丰富了当地群众的文化体育生活。

【加强党派自身建设】 2011年，按照实施“万人培训计划”的要求，中共郑州市委统战部加大对党派成员的培训力度，分类制订了培训计划，组织开展学习培训、专题研讨、考察调研、参观走访等活动，进一步提高党派成员的综合素质和能力，加强民主党派后备队伍建设。6月14日，在惠济区举办郑州市民主党派、无党派人士培训班。42名各民主党派和无党派后备干部参加了培训，为加紧发现、培养、锻炼党派后备干部，做好换届工作聚焦人选。9月14-30日，在市社会主义学院举办“2011年党外骨干成员培训班”，40名各民主党派、工商联和无党派骨干成员参加了全日制培训和研讨，并组织了外出学习考察。此外，3月，协助农工党郑州市委举办“农工党史”和“树立和践行社会主义核心价值体系”主题教育培训班，338名农工党员参加了培训；协助九三学社郑州市委举办“中青年干部培训班”和“入社积极分子培训班”，100名九三社员参加了培训。4月7-11日，协助民革郑州市委赴广州举办“骨干党员培训班”，40名民革党员参加了培训；4月23-24日，协助民盟郑州市委赴信阳革命老区举办“骨干盟员学习班”，80名民盟盟员参加了培训。

协助各民主党派把换届作为进一步深化政治交接、坚定政治共识，明确目标任务、更好发挥作用，加强自身建设、提高参政党水平的重要契机。按照换届的程序，协助各民主党派基本完成了换届的主要工作，全面推进了政治交接，提高了参政党建设水平。

统一思想、提高认识。一是及时向市委领导汇报了换届的主要精神、具体政策、初步打算等有关问题。二是通过适当的方式与各民主党派市委领导班子分别进行了沟通。市委常委、市委统战部部长王跃华上任伊始，就邀请各民主党派主委餐叙，深入分析情况、交换意见、提前聚焦、科学谋划。三是积极引导民主党派成员特别是班子成员和骨干成员，深入学习《各民主党派省委关于做好换届工作座谈会纪要》精神；协助各民主党派陆续召开了市委会或市委扩大会，学习传达了党派省委的换届精神，进一步准确理解政策意图，全面把握工作要求。

民主推荐、酝酿人选。一是举办暑期恳谈会，恳谈期间与各位主委朝夕相处，沟通换届的各项工作安排。二是协助党派进行民主推荐，酝酿初步人选。

充分协商、听取意见。就初步人选名单专程到相关党派省委听取了意见，至年底，换届候选人建议名单基本达成一致。

（杨飞雁）

民革郑州市委员会

【思想建设】 2011年，民革郑州市委员会通过组织党员参加学习培训、召开座谈会、参加演讲比赛、征文比赛、观看电影等多种形式对党员进行思想教育，组织广大党员深入学习了邓小平理论、“三个代表”重要思想、科学发展观、社会主义核心价值体系、“同心”工程等理论知识，不断提高党员政治思想水平；为进一步提高参政议政水平，组织党员学习了《国务院关于支持河南省加快建设中原经济区的指导意见》精神，以及河南省九次党代会、郑州市十次党代会会议精神；广大党员通过支部生活会学习和自学，以及阅读《团结报》《郑州民革》等报纸杂志，对多党合作事业有了更加深入的了解和认识，履行参政党职能、发挥参政党作用的积极性和主动性进一步提高。

市委会响应民革中央号召，积极开展“观故居、走多党合作之路”活动，4月7日-11日，组织党员中的省、市级人大代表和政协委员、市委委员、各支部（支部筹备组）负责人一行近40人到广州、中山市进行为期5天的学习考察活动。为纪念辛亥革命100周年，8月26日，市委会成功承办了民革中央举办的“纪念辛亥革命100周年全国书画巡展”郑州站的展览，共展出优秀作品90余幅，深受各界人士喜爱，反响强烈。此外，市委会还邀请武汉民革副主委李雨青为部分党员作“辛亥革命先辈先进事迹”报告，组织全体党员观看电影《建党伟业》和《辛亥革命》；各专委会和各支部也根据自身特点和优势开展了内容丰富、形式多样的活动。

2011年，市委会积极组织党员参与了民革中央和省民革、市政协举办的征文、合唱、演讲等其他活动。张万一、岳俊敏等在省民革征文活动中获奖，齐林、王玲等在市政协“创建委员之家，树立委员形象”活动巡回报告会中获奖。同时，民革市委会坚持正确的舆论导向，共编印《郑州民革》6期，集中宣传报道市民革一年来的各项活动和思想理论。市委会的稿件被《团结报》刊登15篇、《人民政协报》刊登3篇、《协商论坛》刊登4篇，有力地扩大了市民革的影响。

2011年，市委会被民革中央授予“学习践行社会主义核心价值体系先进组织”和“地市级组织思想宣传工作先进集体”。

【组织建设】 2011年，民革郑州市委员会领导班子坚持中心组学习制度，并积极参加郑州市各民主党派、工商联、无党派代表人士联合中心组学习。9月，民革郑州市委主委刘东在北京参加了中央社会主义学院举办的为期1个月的培训班。为充实市委会领导班子力量，11月27日，市委会召开十一届十六次委员会议，增选刘五一为副主委。基层组织建设方面，先后于4月25日成立了金水二支部，11月23日成立了民革郑州市直属第一支部，12月31日成立了惠济一支部。

为加强后备干部队伍建设，2011年，市委会共选送8名党员参加了市委统战部举办的培训班，选送2名党员参加了省委统战部举办的民主党派干部培训班。在各级人大、政协的政治安排及各级领导干部的安排上，市委会积极向有关方面推荐，努力为民革党员干部在全市经济建设中发挥更大作用搭建平台。

2011年，民革郑州市委共发展党员29人，其中，大学本科以上学历26人、中级以上职称14人，平均年龄36岁，进一步改善了全市民革党员的年龄结构和知识结构。截至年底，全市共有民革党员477人，党员平均年龄53岁，郑州市民革组织在优势上不断加强，结构上得到改善，源头上更有活力。

注重加强学习、制度建设和作风建设，通过建立科学的管理机制和正确的用人导向，增强为党员服务意识、团结奉献意识和民革大局意识。在组织参加书画展、征文比赛、演讲比赛等活动中多次被上级民革、市政协、市委统战部评为优秀组织奖。党员张路被评为“民革全国机关工作先进个人”。

【参政议政】 2011年，市民革在参政议政工作中取得了良好的成绩，市委会被民革中央评为“民革全国参政议政工作先进集体”。

（一）“两会”期间，民革界别的政协委员共提交政协提案90件，其中有8件为集体提案；人大代表提交建议6份。在提交的提案中，民革郑州市委员会《关于科学规划碧沙岗公园等近现代革命遗址，打造我市爱国主义教育和海峡两岸交流基地的建议》，以及汪得勇《关于如何促进我市中小企业发展战略新兴产业，助力节能减排的建议》、雷从芳《关于办好“两店进社区”的建议》、李迎霞《尽快在我市落实义务教育“两免一补”政策的建议》4件提案被选为重点提案，由市政协领导带队进行重点督办。在市政协表彰的优秀提案中，民革郑州市委集体提案及委员个人提案有6件受到表彰：民革郑州市委《关于科学规划碧沙岗公园等近现代革命遗址，打造我市爱国主义教育和海峡两岸交流基地的建议》获优秀集体提案；汪得勇《关于如何促进我市中小企业发展战略新兴产业，助力节能减排的建议》、张新旗《关于大力扶持发展清洁能源、节能减排技术的建议》、雷从芳《关于办好“两店进社区”的建议》、李迎霞《尽快在我市落实义务教育“两免一补”政策的建议》、刘五一《关于进一步保护知识产权，实施商标战略的建议》荣获优秀委员提案。

（二）在市委统战部调研活动中，市民革提交的《加快企业上市步伐，提高区域竞争力，助推中部崛起》《利用性保护传承工业文明，构建完整的历史文化体系——关于加强郑州近现代工业遗产保护的建议》引起了市领导的重视。

【社会服务工作】 2011年，市委会继续推进秸秆反应堆试点技术，选取管城区南曹乡作为试点，对当地农民进行了技术培训和大棚种植试验；7月23日，管城二支部党员到上蔡县，对5名艾滋病家庭的大学生进行资助，捐助1万元现金；8月1日，在中国人民解放军建军84周年之际，市委会组织中山书画研究会到郑州警备区进行慰问，书画家们现场为官兵创作了20余幅书画作品；在10月16日第四个“郑州慈善日”，党员焦大宏捐款100万元，支持郑州慈善事业发展。

【和平统一工作】 2011年，市委会进一步加强对台交流。1月21日，市委会在登封盛情接待了“第九届台湾高校杰出青年赴大陆参访团”一行35人，带领参访团到少林寺参观，向每位成员赠送礼品；9月23日，对外联系委员会开展座谈交流，进一步强化与台湾亲友的联系交流，为两岸和平统一尽一份力量；市委会机关多位同志在2011年赴台参加了经贸、文化交流活动。

此外，按照惯例，春节前市委会为有台湾和海外关系的党员向海外寄送贺卡40余份。

（张　路　林晓敏）

民盟郑州市委员会

【思想建设】 2011年，民盟郑州市委员会牢牢把握学习这一抓手，以深化树立和践行社会主义核心价值体系为重点，深入贯彻多党合作同心思想，努力提升盟组织自身能力和水平，积极参与郑州都市区建设。

坚持用邓小平理论、“三个代表”重要思想和科学发展观武装广大盟员的头脑，通过主委会、市委全会、骨干盟员学习报告会、机关例会、支部盟员生活会、入盟积极分子暨新盟员培训班，以及举办辅导报告会、形势报告会、经验交流会和座谈会等形式，组织广大盟员学习中共十七届五中、六中全会，民盟十届四中、五中全会和省九次党代会、市十次党代会精神，提高政治理论水平和准确把握时代脉搏的能力。转发了《民盟中央关于认真学习胡锦涛同志在庆祝中国共产党成立90周年大会上的重要讲话精神的通知》，并制定了《同心同行建中原实施方案》《树立和践行社会主义核心价值体系实施方案》，组织全市各级盟组织和广大盟员认真学习胡锦涛总书记的讲话精神，始终做到在思想上同心同德、在目标上同心同向、在行动上同心同行，4月23-24日，民盟郑州市委组织盟市委委员、市级人大代表、政协委员、各基层支部负责人等80位骨干盟员在信阳革命老区进行骨干盟员培训。民盟郑州市委主委朱专兴围绕树立和践行社会主义核心价值体系、深入学习实践科学发展观作了辅导讲话，用历史案例和现实实例生动讲解了省委书记卢展工提出的“四个重在”，并要求广大盟员政治上保持清醒，坚持和谐发展，积极参政议政。

【组织建设】 2011年，民盟郑州市委继续推进“人才强盟”战略，进一步打牢组织工作基础。盟市委被民盟中央评为“纪念民盟成立70周年先进集体”，被民盟河南省委授予“参政议政工作先进集体”称号。

盟市委把人才发展作为组织建设的第一要务，新发展了40名政治素质好、业务能力强、有代表性的知识分子，为盟组织注入了新的活力。

深入中原工学院、郑州师专、科技、二中、外语中学、郑州四中、市直支部和新郑总支、荥阳总支、上街总支等30个基层组织，了解支部情况，听取意见，指导基层支部开展活动，组织基层支部加强社会主义核心价值观的学习，开展创建活力支部活动，探索新形式下基层活动的方式进行了“先进支部”和“优秀盟员”评选活动，对管城等16个先进支部和刘昌东等68名优秀盟员进行表彰。

初高中、高校作为民盟后备干部重要来源的地位得到进一步加强。逐步建立健全一套发现选拔、培养锻炼、管理考核、推荐使用、跟踪监督的良性工作机制；坚持走群众路线，从参政议政工作、机关和基层工作取得成绩的盟员中发现人才，切实建立起一支高素质的后备干部队伍。

举办民盟郑州市委新盟员和骨干盟员学习班，共培训盟员80余人。组织推荐盟的骨干成员30余人次参加由省社院、省民盟、市委统战部等举办的培训学习班，提高了广大盟员干部的思想素质。

【履行参政党职责】 2011年，民盟郑州市委坚持把履行参政党职能的重点放在市委、市政府的工作大局之中，在事关全局和民生的重大问题上，提出具有综合性、全局性、前瞻性的意见和建议，为促进经济平稳较快发展、维护社会和谐稳定作出了积极贡献。

盟市委充分发挥人才荟萃、智力密集的优势，围绕市委、市政府的中心工作，认真履行参政党职能。郑州市“两会”期间，盟员中的政协委员、人大代表紧紧围绕郑州都市区建设和新型城镇化建设，就广大群众普遍关心的热点问题，提出了40余件有针对性的高水平提案、议案和建议。同时，加大调研力度，多次组织盟员中的人大代表、政协委员就大学生就业、深化农村改革等问题到教育局、农委、财政局等单位调研，撰写的《关于推进我市充分就业的几点建议》《关于加大对“4050”失业群体帮扶的建议》《关于加强小区公共健身器材管理维护的建议》《关于取消出租车“专营”的建议》等提案被评为市政协优秀提案。

【社会服务活动】 2011年，民盟郑州市委团结带领全市广大盟员，努力服务社会和谐稳定大局，积极投身社会公益活动，各项工作取得了新成绩。

为庆祝中共建党90周年和纪念辛亥革命100周年，由中共郑州市委统战部主办，民盟郑州市委承办了“郑州市统一战线庆祝中国共产党建党90周年和纪念辛亥革命100周

市委副书记、代市长吴天君参观郑州市统一战线庆祝中国共产党成立90周年和纪念辛亥革命100周年书画展

年书画展”活动。6月22日上午，书画展开幕式在郑州市博物馆举行，河南省人大副主任、民盟河南省委主委储亚平，中共郑州市委常委、统战部部长王林贺等省市领导出席开幕式并参观了书画展。书画展展出了全市统一战线知名书画家精品力作120多幅，吸引了上千名群众参观。此次书画展也得到了省委常委、中共郑州市委书记连维良，省委常委、代市长吴天君的关注，6月24日、25日分别到场参观并给予高度评价。盟市委还投资10余万元出版了《郑州市统战系统庆祝中国共产党成立90周年和纪念辛亥革命100周年书画作品集》。

8月30日，民盟郑州市委倡导的“豫、桂、湘、滇省会城市庆祝中共建党90周年和纪念辛亥革命100周年、民盟成立70周年”书画巡展活动在郑州隆重开幕。全国人大法律委员会副主任委员、民盟中央副主席李重庵，河南省人大常委会副主任、民盟河南省委主委储亚平，民盟河南省委名誉主委冯宏顺，郑州市政协主席李秀奇，原中共郑州市委常委、统战部部长王林贺，郑州市政协副主席王薇，南宁市政协副主席、民盟南宁市委主委崔建国，中共郑州市委统战部常务副部长李俊超、副部长倪启明，民盟长沙市委副主委郑宏旺，民盟昆明市委副主委武新文等出席了开幕式。原中共郑州市委常委、统战部部长王林贺致开幕词，民盟中央副主席李重庵致贺词。展出的160多幅精品展现了郑州、南宁、长沙、昆明等省会盟员积极向上的精神风貌。

（朱姗姗）

民建郑州市委员会

【思想建设】 2011年，民建郑州市委团结带领全市广大会员，以庆祝中国共产党成立90周年和树立社会主义核心价值体系为契机，进一步传承多党合作的优良传统，认真学习中共十七届五中、六中全会精神、省第九次党代会和郑州市第十次党代会精神，围绕市委、市政府的中心工作，结合自身特点，发挥自身优势，切实履行参政党职能。

为把践行社会主义核心价值体系活动推向深入，市委会倡导组织了“创新支部生活，践行社会主义核心价值体系”大型主题活动。3月22日，由民建会员和会员企业员工共200余人组成的义务植树队来到新密市岳村镇煤矿沉陷区开展植树活动，为绿化环境、美化家园献一份爱心。按照中共郑州市委统战部的统一部署，5-7月，民建郑州市委在全市会员中开展了“同心同行建中原”活动。市委会要求各支部组织会员，认真学习省委常委、统战部部长刘怀廉和市委常委、市委统战部部长王林贺分别在全省、全市统一战线“同心同行建中原”座谈会上的讲话精神，引导广大会员充分认识“同心同行建中原”活动的时代背景及重大意义，激发广大会员积极投身活动，以实际行动推动中原经济区、郑州都市区建设。同时，要求各支部组织会员座谈、撰写心得体会等，不断把活动推向深入。

举行庆祝中国共产党成立90周年系列庆祝活动。6月30日，民建郑州市委举行庆祝中国共产党成立90周年演讲比赛，共有10个支部推荐了11名选手参加。选手们以生动的语言和感人的事例，深情回顾了多党合作的光辉历史，反映了中国共产党成立90周年来的光辉历程、伟大成就、优秀人物，以及新时期民建会员热爱祖国、奋发进取的精神风貌。经过激烈角逐，共评出一等奖支部1个、二等奖支部2个、三等奖支部7个。市委会广泛发动各支部会员参加“纪念建党90周年征文”活动，向省民建、市委统战部报送征文20篇。为纪念辛亥革命100周年，组织开展“重温历史、同心同行”活动。9月17-18日，民建郑州市委组织市委委员、在职支部主任、市级人大代表、政协委员等30余人前往辛亥革命的首义地——武汉，重温辛亥革命的历史过程和深远影响，缅怀民主革命先行者孙中山先生，以及为中华民族独立和解放而献身的仁人志士，颂扬中国共产党领导的中国革命和改革开放的辉煌业绩。

开展理论研究工作。4月17日，民建全省理论研究工作座谈会在信阳市召开，民建郑州市委作了《适应形势发展需要，不断开创郑州民建理论研究工作新局面》的发言，介绍了民建郑州市委换届以来开展理论研究工作的主要做法、经验体会等，得到与会领导和同志的一致好评。市委会荣获2010年度理论研究工作优秀组织奖。按照《民建中央关于做好2011年重点理论研究课题工作的通知》精神，市委会组织各支部会员围绕民建成员如何树立和践行社会主义核心价值体系，以及实现途径等问题开展理论研究，向省民建报送理论文章3篇。

【组织建设】 自2010年下半年开始对全市基层组织进行换届，2011年4月20日，二七一支部拆分成立二七一、二支部；6月10日，原金水一、二支部拆分为金水一、二、三、四支部；6月28日，原管城一、二支部拆分成立管城一、二、三支部。至此，全市在职支部换届工作基本上圆满完成。至年底，全市共有总支2个，支部27个，其中，在职支部19个、退休支部4个、老年支部4个。

加强会员培训工作。4月，市委会推荐3名会员参加民建河南省委举办的中青年干部培训班。5月，选派2名骨干会员参加由中共河南省委统战部举办的民主党派干部培训班。

9月，选派5名会员参加由中共郑州市委统战部举办的2011年郑州市党外骨干成员培训班，选派1名会员参加2011年郑州市党外青年干部培训班。9月，市委会举办了骨干会员学习班。

积极稳妥地做好组织发展工作。坚持“高学历、高职称、高职务、影响大、贡献大”的原则，注重改善年龄结构，全年发展新会员24人，其中，本科15人、硕士研究生以上5人。截至年底，全市共有会员514人，其中，男会员338人，占66%；女会员176人，占34%；在职会员382人，占74%；退休会员132人，占26%；平均年龄53岁；大专以上文化程度者423人，占82%；有各级技术职称者348人，占68%。

【参政议政】 2011年，民建郑州市委参政议政、民主监督工作稳步推进。

（一）立足“两会”，建言献策。“两会”期间，民建会员中的8名人大代表、26名政协委员分别就食品安全、大学生就业、保障性住房建设、城市公共供水管理、教育、医保、慈善福利事业、低碳经济发展等方面提出建议、提案44件，以市委会名义提交集体提案1件，其中提案《关于切实解决污水中污泥治理》被列为2011年重点提案。《郑州日报》、郑州电台、郑州电视台等新闻媒体对民建部分人大代表和政协委员进行了专访。在2011年初市政协全会联组讨论会上，民建界别委员建议政府做好规划，增加投资，多建群众性文化体育广场和游园，为群众提供休闲活动场所，参加联组讨论的中共郑州市委书记连维良当即表示，郑州市在今后的规划中一定要将这个因素考虑进去。年底，位于郑州市人民路与金水路交叉口的郑州市人民广场的落成，是郑州市采纳民建委员建议，增建群众休闲活动场所的一项成果。

（二）参与政治协商、民主监督。市委会领导积极参加中共郑州市委、市政府、市政协、市委统战部举行的情况通报会、征求意见会、协商会、座谈会等，并综合会员意见就全市的一些重要决策，认真坦诚地提出意见和建议。6月，2名会员被郑州市人民检察院聘为特约监督员，11名会员被金水区政府部门聘为特约监督员，他们在做好本职工作的同时，积极参加社会活动，通过开展明察暗访活动，以多种形式提出批评和建议，较好地发挥了民主监督的作用。

（三）组织民建界别的政协委员为创卫工作献计出力。7月6-8日，民建界别政协委员组成3个暗访小组，深入金水区、二七区、中原区，对影响郑州市创卫工作中的交通、公共场所秩序等问题进行了暗访，并针对暗访发现的问题提出了切实可行的建议，为创卫工作建言献策。

（四）积极开展重点课题调研。4月，市委会确定了2011年的重点调研课题，即“完善职业教育管理体制，支持驻郑企业做大做强”和“关于加快餐厨垃圾处理，促进我市生物柴油产业发展的建议”。5月10-12日，主委张冬平带领调研委的部分会员深入会员企业黄河科技学院和郑州理工职业学院，就郑州都市区建设中职业教育与就业的现状、存在问题进行调研，撰写了《郑州都市区建设中职业教育与就业问题的建议》，作为市政协二季度常委会的大会发言，供各级部门决策参考。8月，市委会组织调研委深入市文化局等单位进行调研，撰写了《完善网上公共文化服务，提升郑州百姓人文素质》的调研报告，作为市政协三季度常委会的大会发言。

（五）参与市政协“创建委员之家，树立委员形象”活动。民建郑州市委积极响应活动号召，组织民建界别政协委员广泛参与，委员焦晗韶代表民建郑州市委参加“创建委员之家，树立委员形象”演讲比赛，荣获“突出贡献奖”。11月31日，市政协对“创建委员之家，树立委员形象”活动巡回报告会中涌现出来的优秀组织单位和优秀政协委员进行了表彰和奖励，民建郑州市委被评为“优秀组织奖”，是全市6个民主党派中唯一获此殊荣的党派；民建会员钟波、孙广林代表中原区政协参加演讲比赛，分别荣获一等奖和二等奖。

【社会服务工作】 2011年，民建郑州市委注重实效，组织广大会员积极开展社会服务活动，截至年底，捐资助学152.03万元，开展科技扶贫859人次、“三下乡”活动6次，就业扶贫1100人次，为会员搭桥、促进合作交流产生的经济效益361万元，投入扶贫资金101.2万元。

（一）为企业会员服务。6月，市委会组织企业界会员4人参加“2011中国风险论坛”，为企业界会员构筑了交流经验、沟通信息、合作经营的平台。5-7月，主委张冬平带领副主委和企工委部分委员先后深入会员企业郑州管城区天使言语康教园、郑州贝龙液压技术公司、河南一建商品混凝土有限责任公司、华寰建筑工程有限责任公司、郑州四通铁路养路机械公司、郑州甲鑫磨料磨具公司、豫炉热轧带钢有限公司、中国元通纺织城、郑州神阳科技有限公司、郑州华实果蔬种植科技有限公司等10家企业进行调研。通过调研，了解了企业的经营现状和发展过程中遇到的困难，以及在经济增速趋缓的大背景下民建会员企业面临的新变化、新机遇、新挑战，帮助企业分析情况，为企业出主意想办法。

（二）开展儿童节献爱心活动。5月27日，民建河南省委、民建郑州市委“‘六一’儿童节助学献爱心”活动在巩义市大峪沟镇民权村举行，民建郑州市委捐献了价值1万余元的书籍。

（三）捐赠健身器材。8月17日，郑州市惠济区马庄村百姓健身园落成，总建筑面积1200多平方米，其中，范庄健身园700余平方米、马庄健身园500余平方米，园内设有乒乓球台、篮球架等各类健身器材40余件。该健身园由全市统战系统捐赠10余万元建成，其中民建郑州市委捐赠1.5万元。

（四）为“中华同心温暖工程”基金会捐款。12月6日，组织民建的企业家会员为基金会捐款47.7万元，用于定向资助郑州地区城市和农村贫困家庭学生参加培训，并引导就业。

（百金丽）

民进郑州市委员会

【思想建设】 2011年，民进郑州市委在民进河南省委和中共郑州市委的正确领导下，带领全市民进会员认真学习中共十七届六中全会精神，深入贯彻落实科学发展观，坚持树立和践行社会主义核心价值体系，以政治交接作为加强思想建设的主线，通过开展系列政治交接学习教育活动，把全市各级组织的思想建设水平推向新高度。4-6月，市委会组织全体会员参与民进中央举办的《中华人民共和国国民经济和社会发展第十二个五年规划纲要》有奖征答活动，并荣获优秀组织单位奖。5月，市委会组织会员参与民进河南省委开展的纪念中国共产党成立90周年书画作品征集活动，被评为优秀组织单位。6月，市委会组队参加民进河南省委主办的“庆祝建党90周年演讲大赛”，会员刘雁华荣获二等奖。8月，按照中共郑州市委统战部部署，组织会员学习“加快领导方式转变，推进中原经济区建设”新十八谈——同心篇。会员们通过报纸、电视、网络等不同方式进行了学习，一致认为每一个民主党派成员都应把自己融入建设中原经济区之中，才能更深刻地体会新时期统一战线的意义所在，这也是作为一名党派成员的光荣职责和神圣使命。

【组织建设】 2011年，民进郑州市委高度重视组织建设工作。首先加强领导班子建设，坚持每季度召开主委会的会议制度，利用主委会议开展学习讨论、信息交流，主委和各位副主委主动到基层支部参加组织活动，听取会员意见，使领导班子的决策水平得到进一步提高。二是继续把“人才强会”作为组织建设的出发点和落脚点，注重发展会员的素质、层次要求，截至2011年底，全市共有会员410人，其中，女会员235人、男会员175人；平均年龄51岁；本科以上文化程度者379人，占全体会员总数的92%；具有中高级职称者390人，占全体会员总数的95%。三是重视骨干成员的培养，8月份，推荐5名会员参加了中共郑州市委统战部举办的郑州市党外骨干成员培训班；组织机关全体同志参加了民进河南省委组织的全省民进专职干部培训班，民进中央副主席朱永新亲自授课。在市委会年初的迎春联欢会暨表彰会上，10个基层支部被评为先进集体，37名会员被评为优秀会员。

【参政议政】 2011年，民进郑州市委充分发挥参政党职能，在郑州市“两会”期间，民进界别的人大代表、政协委员共提交议案、建议、提案47件，其中，集体提案《与时俱进，机制创新，大力发展我市职业教育》和民进界别的市政协委员张强撰写的《关于进一步促进农民专业合作组织发展的建议》、马喆撰写的《关于我市在城市建设中加强城市规划跟踪管理工作的建议》，被市政协评为2011年度优秀提案。5月，民进郑州市委响应号召，积极参加省、市统战部举行的“四同”活动，投身中原经济区和郑州都市区建设，就如何加快郑州市工业产业结构优化升级这一课题开展调研，撰写了《关于加快郑州市工业产业结构优化升级的建议》的调研报告，提交市政协第二季度常委会，作为大会发言并转有关部门，为郑州都市区建设和郑州市工业产业结构优化升级发挥了积极作用。7月，积极参加市政协组织的“创建郑州文明城市”活动，就行人闯红灯现象进行实地调查，写出调研报告，提出改进意见，得到市政协领导的表扬。8月，民进郑州市委召开“同心同力建中原”工作会议，与会的市委委员、支部负责人和三级人大代表、政协委员进行交流学习，并就下一步工作提出合理化建议。在民进河南省委开展的“我为中原经济区建设献良策”活动中，积极组织会员进行调查研究，撰写调研报告，马喆、赵学庆撰写的《关于在我省推广CL建筑体系的建议》被民进省委评为优秀调研成果一等奖。民进郑州市委在市政协开展的“创政协之家，树委员形象”活动中，积极组织，成绩优异，其中市政协委员张强、郝宏伟被评为“创树活动”先进委员。在市政协2011年度表彰评比活动中，赵学庆、张强、许睿、马喆被评为优秀政协委员。

【社会服务工作】 2011年，民进郑州市委继续发扬“量力而行，尽力而为”的原则开展社会服务工作。8月份，市委会积极响应中共郑州市委统战部的号召，向市委统战部帮扶对口单位惠济区马庄村捐款1.42万元，购置健身器材，用于改善村民体育锻炼条件。

（李　艳）

农工党郑州市委员会

【思想建设】 根据农工党中央树立和践行社会主义核心价值体系三年工作规划，2011年为整体推进年，农工党郑州市委员会以学习型参政党建设为主线，以学习先进典型为重点，深入学习贯彻科学发展观，树立和践行社会主义核心价值体系，切实推进思想理论建设，团结带领全市农工党员自觉接受中国共产党的领导，坚定走中国特色社会主义政治发展道路的信念。

坚持“同心”思想，积极开展政治思想建设。为庆祝中国共产党建党90周年，市委会积极组织党员参加农工党河南省委和中共郑州市委统战部举办的庆祝中国共产党建党90周年“同心同行”系列活动。5月18-20日，组织承办了郑州市统一战线知名书画家“纪念中国共产党成立90周年、辛亥革命100周年采风笔会”。7月中旬，组织全体党员学习胡锦涛总书记“七一”讲话精神，与省直农工党员同台高唱《没有共产党就没有新中国》《中国，中国，鲜红的太阳永不落》等歌曲，组织党员参加中共郑州市委统战部举办的庆祝建党90周年征文活动和书画展。

继续推进树立和践行社会主义核心价值体系活动。3月，市委会下发了《关于继续推进树立和践行社会主义核心价值体系活动的通知》，对活动进行安排；4月，组织成员观看《中国农工民主党建党80周年党史》，重温农工党党史；5月，为纪念农工党创始人邓演达殉难80周年，组织全体农工党员观看电影故事片《铁血丹心邓演达》。组织各支部参加由中央统战部举办的杨佳同志先进事迹巡回报告会，并发放《身边的榜样——树立和践行社会主义核心价值体系先进事迹报告会》光碟，组织“树立和践行社会主义核心价值体系”征文比赛，举行经验交流会、现场学习会；推荐党员参加郑州市政协组织的“创建委员之家，树立委员形象”宣讲会。2011年，市委会被农工党中央评为“树立和践行社会主义核心价值体系先进市级组织”。

【组织建设】 2011年，市委会以换届工作为重点，积极开展“组织建设年”活动，组织建设工作继续推进。

以市委会换届工作为重点，进一步加强基层组织建设。2011年，农工党郑州市委紧紧围绕巩固发展和谐政党关系这一主题，突出政治交接这一重点，开展了一系列以坚持走中国特色社会主义政治发展道路为主题的政治交接教育活动。举办了两次骨干成员、新党员培训班，组织市委委员、支部主任赴湖南参观毛泽东故居，召开领导班子谈心会、骨干成员座谈会，广泛征求广大农工党员的意见和建议，交流思想，查找差距。为切实做好市委会换届工作，市委会成立了换届领导小组及筹备工作组，制定相关文件，明确工作程序，有计划、有步骤地按程序开展换届工作。

不断加强后备干部队伍建设。全年共选送50余人次到省、市社会主义学院及各类培训班学习，帮助他们提高政治素质，坚定理想信念。加强对后备干部的管理，建立后备干部档案，实行动态管理。同时，把后备干部队伍建设和组织发展、履行职能结合起来，充实和完善后备干部人才库，夯实建设高素质参政党的人才基础。

稳步推进基层组织建设。按照参政党建设目标和原则，继续实行了领导班子成员联系基层支部制度，主委和每个副主委按照分工，定期不定期的到各自联系的支部（小组）了解情况、参与活动，解决工作中存在的实际问题，加强市委会领导与基层支部的联系与沟通，把工作的重心向基层组织转移，增强了基层组织活力。9月28日，市直四支部正式成立。全年共发展党员30人，截至年底全市共有农工党员498人。

广大党员爱岗敬业，在不同领域取得了新的成绩，获得了多项奖励和荣誉。在2011年中央统战部开展的“全国各民主党派工商联无党派人士为全面建设小康社会作贡献”评选表彰活动中，农工党郑州市委副主委孙中党被评为全国先进个人。副主委李顺兴在首届“郑州慈善大奖”中被评为最具影响力的爱心个人，李现杰获郑州市“五一”劳动奖章，王岩青被评为郑州市“三八”红旗手，穆强、夏熙双的科研成果获得郑州市科学技术进步奖二等奖。

各支部小组十分重视《前进论坛》的征订工作，在职党员订阅率达100%，市委会荣获农工党中央2010年度《前进论坛》发行工作先进单位。

【参政议政】 2011年，农工党郑州市委围绕郑州都市区建设，积极参政议政，建言献策。

积极参与政治协商。参加中共郑州市委统战部组织的有关“关于加快推进中原经济区建设”“郑州市‘十二五’规划和郑州都市区建设”“同心同行建中原”等问题征集意见会，以及郑州市“2010年全市经济社会发展和反腐倡廉工作通报会”“郑州市交通状况及建设”和“郑州都市区新型城镇化重点工作推进”等情况通报会；在2月召开的党外人士座谈会上，主委李新有代表农工党郑州市委就加快推进郑州都市型现代农业建设，转变农业发展方式，拓展农业生产、生态功能，满足都市区居民不断增长的对农产品消费和休闲生活需求，以及优化生态环境等方面，提出意见和建议。在8月中旬召开的“同心同行建中原”座谈会上，作了《构建中原靠同心，推进和谐靠同力》的发言。在参加9月中旬的中心组学习时作了《始终坚持中国共产党的领导，凝聚智慧，奋发有为》的书面发言。

专题调研取得新成果。4月25-28日，全国政协副主席、农工党中央常务副主席陈宗兴带领农工党中央调研组来郑，就“加强和统筹城乡流动人口及其计划生育服务管理工作”展开专题调研。市委会主要领导陪同调研组深入惠济区和管城区街道社区、计划生育服务机构、流动人口协会、农村卫生室、职教单位，实地考察基层计生工作和流动人口服务管理情况。7月，市委会参政议政委员会副主任陈飞带领15名党员深入惠济区、管城区，了解流动人口计划生育服务管理工作，撰写出《创新流动人口计划生育服务管理的建议》，参政议政委员会主任李凤芝在郑州市政协第三季度常委会上以此作了书面发言。此次调研，针对进一步健全体制机制，使全省人口计生工作逐渐步入良性发展轨道，构建人口均衡型、资源节约型和环境友好型社会，提出了具有一定可操作性的建议。

在“两会”上积极建言。在市政协十二届三次全会上，提出了《县（市）食品安全监管存在问题及建议》《关于加快转变农业发展方式，全面推进都市型现代化农业发展的建议》等7件集体提案和45件个人提案，其中，集体提案《关于加快转变农业发展方式，全面推进都市型现代化农业发展的建议》和赵京辉的《关于切实解决污水中污泥治理的建议》、翟明玉的《就医参保人员住院前检查也应列入报销范畴》等被市政协评为优秀提案。刘建勋的《关于加强我市食品安全监管工作的建议》、翟明玉的《就医参保人员住院前检查也应列入报销范畴》被市政协列为2011年重点提案。农工党会员、市人大代表周淑鲜提出的《关于加大管理培训力度，提高管理技能和水平，壮大农民专业合作社队伍，充分发挥农民专业合作社作用的议案》、宋建利的《关于在郑州北部引进重大旅游项目的建议》等13件议案和建议被评为2011重点办理议案（建议）、优秀议案（建议）。

2011年，农工党郑州市委被郑州市政协评为“创建委员之家，树委员形象”活动巡回报告会组织奖，党员李凤芝在“创建委员之家，树委员形象”活动中被评为先进个人；刘建勋、孙中党、纪东平、吴建忠等11位农工党员被评为优秀政协委员。

【社会服务工作】 2011年，农工党郑州市委围绕改善民生主题，积极开展社会服务工作。

实施“百千万”农村健康行动计划。4月，根据农工党河南省委文件精神，按照农工党河南省委“百千万”农村健康行动计划，市委会建立152名在岗人员专家数据库，与各县（市）区900名农村卫生技术人员结对子开展帮扶活动。全年专家帮扶组对8个乡镇卫生院、85个村卫生室、900名农村卫生技术人员进行帮扶、培训、健康教育，提高了全市农村居民健康水平。

围绕定点帮扶和专题活动开展社会服务。6月3日上午，由省环保厅和农工党河南省委、农工党郑州市委在绿城广场联合举办第四届“中国环境与健康宣传周”活动启动仪式和广场大型义诊活动，并在义诊现场免费为前来咨询的市民发放药品。安排在基层办事处担任负责人的农工党员将宣传画发放到所辖社区，张贴到居民大院，让“保护环境，建设绿色人居”的环保知识广泛传播。11月，市委会积极响应市委统战部号召，出资2万元对惠济区马庄村进行帮扶，捐建马庄村老年活动中心。

积极开展义诊和社会公益活动。3月，疾控中心支部组织成员邢焕琴等到中牟县武警礼堂，为富士康项目拆迁居民进行“生活方式与健康”讲座。市直一支部、郑州市二院支部分别组织内科、外科等党员专家，到中牟县官渡镇敬老院、二七区马寨镇为广大农民群众开展慰问义诊活动。2011年3月24日是第16个世界结核病防治日，中医院支部在绿都城社区开展以“遏制结核 共享健康”为主题的义诊宣传活动。5月，妇幼小组组织党员制作展板50余块，带领耳鼻喉科、内分泌科、口腔科等10余名专家前往巩义、新郑、新密等地农村开展庆“六一”关注儿童健康活动，为当地儿童免费发放了价值3000余元的常用药品，并提供免费诊疗服务，帮助养成预防保健、转变卫生观念的好习惯。10月，中原三支部在“中国环境与健康和平周”期间，无偿向社会捐赠图书500本、药品600盒，价值2.93万元。2011年，农工党郑州市委各基层支部共组织义诊、健康讲座、社区慰问20余次，得到社会各界的高度评价。

（张亚平）

九三学社郑州市委员会

【思想建设】 2011年，九三学社郑州市委在九三学社河南省委和中共郑州市委的领导下，在中共郑州市委统战部的具体指导和帮助下，团结带领全市社员，坚持以邓小平理论和“三个代表”重要思想为指导，全面贯彻落实科学发展观，坚持思想建设为核心，全市社员思想认识进一步提高，政治信念进一步坚定。加强班子成员理论学习和思想交流，始终把学习放在第一位。为把学习和践行社会主义核心价值体系活动推向新高潮，社市委开展了学习杨佳精神活动，不断提高全体社员的政治理论水平和思想觉悟。在纪念中国共产党成立90周年和辛亥革命100周年之际，组织全体社员观看电影《建国大业》，参加社中央举办的知识竞赛，使社员再一次接受了九三学社与中共团结奋斗的优良传统的教育。

【组织建设】 2011年，九三学社郑州市委以班子建设为引领、制度建设为保障、机关建设为纽带，全面加强组织建设，提高整体素质，社员结构进一步优化，社组织的凝聚力进一步增强。

（一）抓好领导班子建设，努力提高各级组织负责人和骨干成员的综合素质。一是认真贯彻《九三学社中央关于加强地方组织领导班子建设的意见》精神，建立健全领导班子议事决策机制，重要社务工作由主委会或全委会集体研究决定。二是坚持社市委领导班子成员深入基层、联系社员制度。社市委主委带领机关和基层组织负责人先后走访了郑州蔬菜研究所、郑州市人防办等社员所在单位，主动争取单位领导对组织和社员的关心支持，尽力帮助社员协调解决工作、学习和生活中的实际困难和问题，为社员做好推荐服务工作。

（二）加强组织建设，确保九三组织健康稳步发展。社市委认真贯彻《九三学社中央关于加强组织建设的若干规定》精神，着力在提高社员的整体素质、推进基层组织建设、加强后备干部队伍建设、增强组织功能方面下功夫。严把入社关，组织发展不断添活力。社市委突出党派特点，在保持科技、教育、医药卫生界别为主体的前提下，积极稳妥地发展新社员。全年举办2期申请入社积极分子培训班，31人参加培训；发展新社员8名，其中，具有高级职称者2人、中级职称者6人。进一步健全基层组织。新成立了市直综合二支社，使社的组织结构和成员分布更有利于社务活动的开展。至年底，全市共有4个九三学社基层委员会、21个支社。

社市委和各基层组织经常组织以学习为主要内容的交流、联谊等活动，使社市委更有凝聚力。各专委会根据自身特色，开展丰富多彩的活动。老龄工作委员会在重阳节组织老社员参观中原福塔，进一步丰富了离退休老社员的生活；妇女工作委员会通过组织女社员参观河南博物院，为女社员联谊搭建了平台；农业、科技工作委员会赴荥阳市、郑州蔬菜所等地开展调研；医药卫生、教育工作委员会开展了送科技下乡等活动。对青年骨干社员，社市委则采取了培训学习和考察相结合的方式，加强队伍建设。

（三）积极筹备社市委换届工作。社市委召开了四届十次委员会议，传达了《九三学社河南省委关于2011年市级组织换届工作的意见》精神，安排了市委委员的履职情况工作。在四届十一次委员（扩大）会议上，对市委委员的书面履职报告进行了民意测评，并民主推荐了新一届市委委员候选人。四届十二次委员（扩大）会议通过了《九三学社郑州市第五次代表大会代表名额分配及产生办法》和《九三学社郑州市委换届工作方案》。

【参政议政】 2011年，九三学社郑州市委以《九三学社中央关于进一步加强参政议政工作的若干意见》精神为指导，紧紧围绕全市经济社会发展的中心工作，做好调查研究，收集社情民意，进一步提高了参政议政水平。

（一）围绕全市中心工作选准课题，积极开展专题调研。社市委主委舒安娜撰写了《合理开发地下空间、加快郑州都市区建设的调查和对策》；社市委副主委郑高飞执笔撰写了《关于加大郑州市病险水库加固建设》，被列为2011年市人大议案。社市委多篇建言献策材料受到中共郑州市委、市人民政府的重视，其中提出的意见和建议被采纳。

（二）协商座谈建净言，合作共事献良策。社市委主要负责人、班子成员认真出席和参加市委、市人大、市政府、市政协中心组学习会和市委统战部举办的党外干部暑期学习会，全年参加各种情况通报会、协商座谈会和建言献策会等10余次。社市委有关领导参与了政府工作报告、党委工作报告等重要决策、重要文稿的意见征询和重要人事安排的协商。

（三）提案建议质量显著提高，建言献策成果丰富。社市委在市政协会上提交集体提案1件，全会和常委会的大会发言材料3 件，个人提案和议案、建议共计46件。在全国政协会上，主委舒安娜的《关于对老年事业发展的建议》个人提案和代表社省委的集体提案获好评，被列为重点提案。副主委郑高飞提交的《关于加大我市食品安全管理的议案》被市人大评为2010年度优秀代表议案，由他执笔的集体提案《关于提升科技创新能力　发展民营企业经济的建议》和委员徐滟的个人提案《关于加强停车场规划和建设的提案》被市政协评为2010年度优秀提案。

（四）搞好信息宣传，扩大社会影响。2011年，全市九三学社社员在《郑州日报》《河南九三》《郑州政协》发表20余篇稿件，中央电视台、河南电视台、郑州电视台等多家媒体报道了九三学社成员的事迹和参政议政活动情况，扩大了对外宣传。全年印发《郑州九三简讯》3期，编印《郑州九三社讯》2期，并开通了网站。

【社会服务工作】 2011年，社市委努力发挥社员智力优势，在社会服务工作中大胆创新，内容充实，成效显著。

（一）坚持开展“百名专家进百村”活动。为充分发挥社员中农业专家的作用，在第二十三届国际科学与和平周期间，社市委组织社内农业、科技专家，到上街区进行科技下乡服务，针对生产中存在的问题，重点讲述花卉栽培技术，受到所在地领导和群众的好评。

（二）立足本职，勤奋奉献。2011年，全市各条战线的九三社员在各自岗位上取得了突出成就，全市社员承担国家“863”计划项目、河南省科技重大攻关项目及地方科技项目等20余项，发表论文32篇，主编或参加编写著作19本。1人获河南省科技进步一等奖，3人获郑州市科技进步二等奖。1人获郑州市“五一”劳动奖章，2人获“郑州市专业技术拔尖人才”称号。

（尚秋霞）

工商联

【概况】 2011年，郑州市工商联认真履行商会职能，推动全市非公有制经济健康快速发展。先后荣获“全市统战工作先进单位”“辛卯年黄帝故里拜祖大典优秀单位”“郑州新区招商引资优秀单位”“河南省工商联调研成果二等奖”等多项荣誉。

突出重点，着力夯实商会组织基础。通过前期积极调研、联络和协商，2011年，在条件相对成熟的花卉、美容、工程机械等3个行业组建了商会；全年新发展市直会员30名。全力以赴，扎实做好两级工商联换届工作。对各县（市）区工商联换届工作进行认真指导，力争推荐一批社会上有影响、经济上有实力、行业中有代表性并热心工商联工作的非公有制经济代表人士充实到工商联组织中来，不断壮大会员队伍，改善会员结构，增强了商会工作的活力和凝聚力，树立了商会组织的新形象。

【思想政治工作】 （一）认真学习贯彻中央文件精神，推动工商联事业蓬勃发展。《中共中央、国务院关于加强和改进新形势下工商联工作的意见》（以下简称《意见》），是党中央、国务院加强和改进新形势下工商联工作的一项重大举措。2011年，市工商联认真抓好《意见》精神的学习贯彻。一是切实加强学习贯彻《意见》精神的组织领导。召开专门会议，研究制定学习贯彻《意见》精神的工作方案。二是组织开展《意见》专题学习活动。市委统战部、市工商联联合召开各县（市）区统战部部长、工商联主席和党组书记、市属各行业和异地商会会长座谈会，市委常委、统战部部长王林贺和市人大副主任、市工商联主席王平分别对学习贯彻《意见》精神提出了要求。三是组织力量开展专项调研，认真查找和梳理需要解决的突出问题，提出了有针对性的对策和措施，形成了向市委关于学习贯彻落实《意见》精神的情况汇报，省委常委、市委书记连维良作出重要批示。四是起草了《中共郑州市委、市政府关于贯彻落实〈中共中央、国务院关于加强和改进新形势下工商联工作的意见〉的实施意见（讨论稿）》，经多次修改，已上报市委统战部。

（二）以创先争优促“同心同行”，引导会员企业科学发展。第一，深入开展“六有六服务”创建活动。按照“有标准的党员活动室、有规范的工作制度、有坚强的领导班子、有充满活力的党员队伍、有鲜明的活动载体、有常规的工作经费保障”和“服务郑州都市区建设、服务企业、服务职工、服务客户、服务党员、服务社会”的总体要求，以点带面，积极开展创建活动。第二，突出抓好“三个结合”。即把开展创先争优活动与发展商会经济相结合、与促进“两个健康”发展相结合、与创建“五好商会”（商会班子好、组织制度好、开展活动好、服务会员好、工作业绩好）相结合。第三，做到“四个促进”。一是促进会员企业科学发展。上街区工商联在创先争优活动中采取“明晰点评内容，抓住工作重点”的方式，对企业党组织及其负责人以“三查两看一评”的方法开展点评活动，“三查”即

郑州市工商联召开十六届十次常委会

查思想认识是否到位、承诺事项是否具体、目标任务是否与时间同步，“两看”即看是否有责任人、是否有完成时限，“一评”即通过领导点评对党员目标任务完成和承诺事项落实情况作出总体评价。郑蝶阀门有限公司20多名党员分成技术骨干小组和技术攻关小组，在开展党员点评创先争优活动中，解决生产中的技术难题，为公司创利100多万元。二是促进党员作用发挥。荥阳市工商联在创先争优活动中，把非公企业党组织创先争优活动与企业生产经营相结合，通过“强基础、抓规范，创特色、树典型”等方式，全面激活非公企业党员的积极性。三是促进企业文化建设。管城区工商联会员企业把开展创先争优活动与开展企业文化建设相结合，通过组织企业党员、职工开展健康有益、积极向上的文体活动，充分调动广大员工的主人翁意识，引导企业构建符合企业实际的企业文化。如河南圆方公司为增强企业员工凝聚力，在创先争优活动中把党的建设和先进企业文化建设有机融合，提出了“讲团结、讲奉献、讲原则；不讲名利、不计地位、不怕得罪人、不怕受苦受累”的“三讲四不”工作原则，通过开展“党员先锋岗”“三学一比”和“党员之星”评选等活动，以及创办企业内刊《圆方文化》等方式，展示员工的风采，在企业内部建立起团结、沟通、理解、互助的良好氛围。四是促进非公有制经济人士素质提升。新郑市工商联、金水区工商联利用新闻媒体、网络等形式，把宣传非公有制经济代表人士的创业精神、典型事例与创先争优相结合，提高非公有制经济人士的知名度，提升了非公有制经济人士素质。中央统战部副部长、全国工商联党组书记全哲洙在好想你股份有限公司和鑫山实业有限公司调研非公有制经济组织创先争优活动开展情况时，对新郑市、金水区工商联好的做法给予了充分的肯定。

郑州市委统战部部务委员、市工商联党组副书记、副主席闫玉明赴高新区信息港调研

（三）搭建平台，积极开展建党90周年庆祝活动。一是组织钢铁贸易商会、小商品行业商会参加了全市统一战线“纪念中国共产党成立90周年征文活动”。二是组织本界别政协委员河南邦成担保公司总经理李文凡参加了市政协“创建委员之家，树立委员形象”活动巡回报告团，展示政协委员勤奋学习、开拓创新的良好形象。三是积极推荐会员企业参加全国工商联组织的“树立宣传非公有制经济领域先进典型”工作，推荐石聚彬、薛景霞、赵孙立、武耀光、陈南、朱铁方等非公有制经济代表人士参加评选，全国工商联考察组还到娅丽达公司进行了实地考察。四是组织福州、平江、许昌、莆田、茶叶等商会30余名会员参加了市委统战部举办的“风雨同舟　肝胆相照——庆祝中国共产党成立90周年、纪念辛亥革命100周年书画展”活动，回顾党的历史，感悟伟大历程。

【参政议政】 一是起草了关于加强对“天地之中”历史建筑群宣传的建议等3篇集体提案；在市政协十二届三次会议上，汇总上报了32件个人提案，提交了关于建立郑州钢铁贸易物流体系的建议等4件集体提案，受到大会重视和一致好评。二是按照全国和省工商联的要求，就全市中小企业综合情况进行了调研。市工商联党组副书记闫玉明、副主席肖前诗陪同省工商联副主席赵太安等领导深入辉煌科技、静美科技、亚龙公司、中牟汽车工业园、玉笋置业等企业进行调研，发放调查问卷100份、走访企业11家、召开座谈会6场，掌握了全市中小企业发展现状的第一手资料，撰写了《郑州市中小企业综合情况调研报告》，并及时上报省工商联。三是对全国工商联开展的树立宣传非公有制经济领域先进典型工作进行调研。市工商联党组副书记闫玉明、副主席肖前诗陪同全国工商联宣教部副部长刘檀、省工商联副主席赵太安等领导到会员企业娅丽达服饰有限公司进行了调研和考察，并将典型材料上报全国工商联。四是根据市政协的安排，市工商联党组副书记闫玉明与机关有关同志参加了由市政协主席李秀奇担任组长的“中原经济区背景下河南闽商与郑州都市区建设研究”课题组，依托福州、泉州、莆田等闽籍商会，了解在郑闽商的发展情况，掌握闽商对郑州投资环境的诉求。五是受市委统战部的委托，针对郑州市非公有制经济组织发展迅速的情况，对全市非公有制经济组织人才队伍建设现状进行了认真细致的调研，起草了《郑州市非公有制经济组织人才队伍建设的实施意见》，提出了具有前瞻性、战略性、可操作性的意见和建议，被市委组织部采纳。

【经济服务工作】（一）全力进行招商引资。按照市委、市政府工作安排，市工商联采取专业招商、驻地招商等形式，招商引资初战告捷。自2011年4月21日起，由统战部副部长、时任市工商联党组副书记白宇宙，统战部部务委员、工商联党组副书记、副主席闫玉明及驻会副主席分别带领泉州、宁波、服装等商会赴泉州、杭州、海宁、宁波、宁海等地承接产业转移。各招商小分队及时与当地工商联对接，并依托异地和服装商会，先后拜访了匹克体育用品有限公司、特步（中国）有限公司、九牧王股份有限公司、石狮服装城、杭州爱唯服饰有限公司、秋水伊人服饰有限公司、江南布衣服饰有限公司、中国-海宁皮革城、红光控股集团、宁海文具协会、得力集团，江苏斯可馨家具股份有限公司等企业。同时，市委统战部副部长白宇宙和驻会副主席还参加了市政府组织的赴浙江招商考察团，安排参观考察了国内知名品牌企业庄吉集团、红蜻蜓时尚集团、报喜鸟集团、东磁集团、传化物流、海峡服饰有限公司、浙大网新、万事利集团、格力空调配套顿安集团、海量科技股份公司、多园集团、罗蒙集团等企业和杭州民营经济协会等，推介了郑州的招商引资政策和发展创业环境。通过拜访、座谈，了解了企业的规模、投资意向，为承接产业转移奠定了良好基础。4月29日，市委常委、统战部部长王林贺代表郑州市委、市政府在福建晋江举办了市情说明会及签约仪式，二七区、荥阳市、中原区分别与宝龙集团、泉州商会、福建省正泰建设工程公司、福建百祥车饰有限公司和泉州市圣吉奥服饰有限公司等企业签约5个项目，达成投资意向共计57亿元。在赴浙江杭州、宁波的招商引资中，杭州爱唯服饰有限公司等企业计划在郑州服装工业园投资约7亿元，宁波光伏实业有限公司、文具协会初步达成的投资意向有：郑州宁波总部经济大厦项目，计划投资10亿元，占地2公顷；中国中原文具产业园（基地）项目，项目计划投资50-60亿元，占地130余公顷；罗浮宫家具大卖场及物流中心项目，计划投资10亿元；商城遗址改造项目，计划投资300亿元。红蜻蜓时尚集团、万事利集团、红光控股集团、源彬蜂业发展公司等企业分别到郑州市进行了实地考察，洽谈有关投资事宜。

（二）加强对外联络与交流。一是以经济文化交流活动为中心，促进全市经济发展。3月份以辛卯年黄帝故里拜祖大典为契机，邀请了全国42位民营企业家到郑州市参观考察，其中全国500强企业家5位，通过参观考察，了解了郑州。活动期间签订项目6个，达成总投资额34亿元的投资意向。二是加强与商会及会员企业的联谊。年初工商联把走访商会和会员企业列入绩效考核中，全年共走访了泉州商会、温州商会、台州商会、建材商会、服装商会、灯饰商会、钢材商会等行业（异地）商会25家；走访金泰成灯饰、辉煌科技、永和制药、神阳科技等会员企业15家。在走访商会的过程中，了解到台州商会会长洪明春拟和凤凰台办事处签约投资10亿元建立“凤凰城商业开发”意向，市委统战部副部长、市工商联党组书记白宇宙给予了指导和大力的支持。三是加强城市间商会的相互交流与合作。2011年，市工商联先后走访了杭州市、宁波市、泉州市等地工商联，接待了太原市、南京市、贵阳市、济南市、吉林市等地工商联来郑访问、考察；组织总商部分副会长赴台湾进行经贸考察，参加了在贵州省安顺市举行的第八届城市友好商会会长会议理事会；受金水区政府的邀请，积极协助金水区政府赴大连开展招商引资活动，在大连市工商联的大力支持下，有关项目的对接工作进展顺利；同时，先后组织会员及会员企业参加了“福布斯经济高峰论坛”“青海重大项目投资洽谈会”“富士康周边项目开发推介会”“中国（河南）—东盟合作交流洽谈会”等活动，为进一步增进商会之间、会员企业之间的友谊与合作打下了坚实的基础。

【三百工程】 2011年，郑州市工商联“百企进郑州”活动引进企业81个，投资项目81个，拟投资金额人民币388亿元、美元5000万元,已投资金额人民币89亿元、美元2000万元。如二七区工商联引进项目10个，累计投入资金10亿余元；惠济区工商联在“百企进郑州”活动中积极作为，引进企业8个，已投资金7600余万元。在“百商活郑州”活动中，引进投资项目14个，投资额53亿元；花卉、美容、工程机械等3个行业组建了商会。在“打造百亿元商会”活动中，通过组织一系列活动，各行业商会、异地商会进行了“赶、学、比、超”活动，形成了争做百亿元商会的氛围，有2-3家商会跨入百亿元商会的行列。

【百千万活动】 2011年，郑州市工商联把“百千万活动”（百企帮百村、帮扶千名贫困学子、促进万人就业）作为创新工作载体的一项重要内容来抓，成绩突出。全年参与“百企帮百村”活动的民营企业共计190家，帮扶村146个，帮扶项目187个。二七区围绕产业延伸、连锁经营、资源开发、基础建设和劳动力转移等5个重点，与联点乡村采取“一联一”“一联多”“多联一”等合作形式，促进11家帮扶企业与帮扶村对接，投资总额达49万余元；中原区与企业结为帮扶对子的有4个村，帮扶项目4个，累计投入资金25万余元；新密市共有8家企业与帮扶村结对共建，实施帮扶项目8个，整修学校4所，扩充农村图书室6个。在“帮扶千名贫困学子”活动中，与市邮政局等单位联合举办了“爱心包裹邮寄”行动，截至年底，全市共发放爱心包裹2000余件，总价值20余万元，帮扶贫困学生1519人。其中，登封市会员企业阳城集团在活动中捐赠爱心包裹100多个，帮扶贫困学生100多名；市工商联副主席、河南金犁投资管理有限公司董事长王源海捐资达10万余元，资助贫困学生1000多名，营造了民营经济参与捐资助学、积极奉献爱心的良好社会风气。在“促进万人就业”活动中，与市人力资源和社会保障局、市总工会、市教育局联合开展了“民营企业招聘周”活动，通过制定措施、建立长效服务机制、推出再就业“绿色通道”，扩大了高校应届毕业生、下岗失业人员、农村富余劳动力等就业和再就业。在此次招聘活动中，市工商联还针对服装企业招聘初级劳动力、高新技术产业招聘专业人才难的特点，组织了82家企业进行招聘，提供就业岗位12064个。

【光彩事业】 2011年，郑州市各级工商联扶贫助残、关爱老人等光彩活动稳步发展。一是开展宣传光彩事业的评比表彰活动。3月，由巩义市委统战部、市工商联联合主办的2010年度“蓝天之春”——“光彩杯”颁奖晚会隆重举行。全国工商联原副主席、中国民营经济研究会会长保育钧，省委统战部副部长、省工商联党组书记孟令峰，郑州市委常委、统战部部长王林贺，郑州市人大副主任、市工商联主席王平等出席了颁奖晚会。二是牵手助残，促进就业。管城回族区工商联在“全国助残日”期间，联合区残联举办了以“加强残疾人就业工作，实现残疾人平等参与”为主题的残疾人就业现场招聘会，白象集团、河南省国美电器有限公司、河南圆方物业管理有限公司、郑州红星美凯龙全球家居广场、郑州市彤彤纸品有限公司等15家有实力、有信誉的企业参加招聘。各企业从实际出发，提供了适合肢体、言语、听力等残疾人就业的13个工种45个岗位，130余名残疾人参加了招聘会，共有55名残疾人与用工单位达成就业意向。二七区组织区民营企业家在“全国助残日”活动中，为贫困残疾学生捐款1.9万元，捐赠轮椅275辆、方便面200箱、面粉100袋、食用油100桶。三是关爱老人，感恩行动落到实处。3月，登封市工商联大力开展了以非公经济人士感恩奉献及践行社会主义核心价值体系为主要内容的感恩行动。会员单位扬州商务会馆举行了为期1个月的“献爱心社区行，关爱老人健康”公益活动，在全社会营造了“温暖夕阳、关爱老年人健康”的浓厚氛围。在2011年春节前夕，中牟县工商联积极组织30多名会员开展扶贫济困活动，发动会员捐款捐物价值8万余元，为贫困群众送去了被褥、面粉、大米、食用油等生活必需品。高新区工商联积极组织郑州永和制药有限公司、郑州静美健康科技有限公司、河南亚龙金刚石制品有限公司、河南辉煌科技有限公司、郑州华晶金刚石有限公司、河南广安生物科技有限公司、郑州金水电缆集团有限公司、郑州新开普电子股份有限公司、河南新合鑫置业有限公司、河南省生物工程技术研究中心等会员企业为石佛村、沟赵村等贫困家庭送去价值10余万元的款物，保证了贫困群众过上一个温暖祥和的春节。

【队伍建设】 2011年，郑州市工商联创新宣传、教育培训工作载体，努力增强教育培训实效。5月12日组织310名会员参加了河南省非公经济界庆祝建党90周年暨“学党史、知党情、跟党走”主题报告会。重庆力帆集团董事长尹明善就坚信改革开放不动摇、省委党校教授赵士红就中国共产党90年奋斗历程与基本经验分别作演讲报告。5月24日，组织50名会员参加了中欧工商管理学院在郑举办的“企业用人之道”培训报告会。5月27日，市委统战部副部长白宇宙带领200余名会员参加了由清华大学经济管理学院和省工商联主办的“清华EMBA名师管理论坛”，知名经济学家、清华大学教授李稻葵作主题报告，分析世界经济发展现状、中国经济现在发展形势和未来发展趋势，并对中国未来宏观调控政策和中原经济区建设新机遇进行了解读。

（高明灿）

第十篇 群众团体

工会工作

【概况】 2011年，郑州市各级工会认真落实“两个普遍”（推动企业普遍建立工会组织、普遍开展工资集体协商），广泛开展社会主义劳动竞赛，大力发展和谐劳动关系，切实维护职工合法权益，以组织形式、服务方式的转变推动经济发展方式的转变，团结动员全市职工为中原经济区郑州都市区建设建功立业，在促进经济发展、社会和谐中作出了积极贡献。一是参与社会管理创新，在贯彻落实全市阶段性中心工作任务中发挥工人阶级主力军作用。二是广泛开展群众性建功立业活动，组织职工为中原经济区郑州都市区建设作出新贡献。三是深入推进“两个普遍”，努力推动职工群众共建共享经济社会发展成果。四是大力发展和谐劳动关系，切实维护职工群众合法权益。五是深化工会帮扶体系建设，努力为困难职工排忧解难。六是全面加强工会自身建设，推动各项工作统筹发展。

2011年2月26日，市委常委会议专题听取工会工作汇报，并研究部署了2011年度的工会工作。省委常委、市委书记连维良指出，新时期的工会工作面临着许多挑战和发展机遇，需要不断探索和创新。他要求，全市各级工会要审时度势，主动融入发展大局，在加快郑州都市区建设中找准着力点。一是在郑州都市区建设中建功立业，二是在发展和谐劳动关系中有所作为，三是在创建全国文明城市活动中发挥示范带动作用，四是在“畅通郑州”工程建设中助推给力，五是在加强和改进中实现党对工会工作的领导。

【推进“两个普遍”】 一是依法推动企业普遍建立工会组织。2011年，郑州市各级工会深入推进“广普查、深组建、全覆盖”集中行动，推动实现全覆盖。富士康科技集团郑州科技园工会正式成立，7万多名员工加入工会组织，开创了郑州市特大型非公企业工会组织建设的新模式。全年全市新建基层工会组织3206家，基层工会涵盖单位净增6087家，工会会员净增162957人，超额完成省总工会下达的任务。截至年底，全市基层工会组织总计近2.02万家，基层工会涵盖单位3.18万家，工会会员达到158.2万人。二是依法推动企业普遍开展工资集体协商。2011年，郑州市各级工会推动各级政府把工资集体协商工作纳入全市改善和保障民生工作目标进行考核。建立了由工会、工商局、税务局、人社局、建委、国资委、工信委和企业家协会等部门组成的工资集体协商联席会议制度，完善了分包负责、捆绑考核、专项奖励、一票否决、联系服务点等项制度，分阶段强力推动工资集体协商推进年、工资集体协商要约活动月、百日要约行动，形成了全员参与、全程跟进、全面服务、全力推进工资集体协商工作格局。截至年底，全市已有12279家各类企业

富士康郑州科技园工会成立暨第一次会员代表大会

建立了工资集体协商制度，覆盖职工84.2万人，其中建立工会组织的企业建制率达到100%。2011年郑州市职工平均工资、年工资总额都有较大幅度增长。

【和谐劳动关系建设】 一是深入开展劳动关系和谐企业与产业集聚区创建活动。推动市政府办公厅下发了开展创建劳动关系和谐企业活动的相关文件，加强对创建活动的领导，完善创建内容和考核办法，积极与相关部门联动，创建活动进一步向产业集聚园区，以及乡镇、街道和村、社区拓展延伸。全市开展劳动关系和谐企业创建工作的企业比例达到85%，工业园区比例达到90%。二是建立完善职代会、厂务公开等民主管理制度体系。各级工会以开展职代会工作先进单位创建活动为抓手，推动企业强化民主管理，完善职代会、厂务公开、平等协商、职工董事监事等制度，进一步提高厂务公开民主管理运行质量和实效。截至年底，有14912个企事业单位建立了职代会（职工大会）制度，建制率达到74%；实行厂务公开的有14879个，建制率达到73.7%；开展民主评议企事业领导干部的企业有11701个。三是加强职工权益维护和工会系统平安建设，维护职工队伍稳定。加大工会参与劳动监察执法检查力度，加强对中小型非公企业劳动法律监督检查。积极做好劳动人事争议调处和法律援助工作，推动劳动争议预警机制建设。市总工会与有关单位构建农民工维权联动机制，与福州市总工会联合开展农民工平安返乡包机活动，社会反响良好。发挥“12351”职工维权热线作用，完善领导干部定期接待群众来访工作机制，做好职工信访工作。全年工会系统共接待处理职工来访、来信、来电共6495起，涉及职工3.3万人，结案率达到97%。四是加强职工劳动保护，保障职工生命健康权益和女职工特殊权益。深入开展“安康杯”竞赛，全面推广“一法三卡”“白国周班组管理法”，在安全生产重点行业深入开展“十个一”活动，督促各类企业认真落实安全生产各项措施、劳动保护制度。“安康杯”竞赛报名参赛单位达到7960家，参赛职工达到94万人。女职工专项集体合同覆盖率达98%。

【群众性劳动竞赛活动】 一是深入开展“当好主力军、建功‘十二五’”主题劳动竞赛。全市重点工程建设项目“五比一创”劳动竞赛、示范性劳动竞赛广泛开展，共有400余项省、市重点建设项目组织参建单位参赛，覆盖参建职工60余万人。各级工会深入开展“三比双降”节能减排竞赛活动，共有3865家单位参赛，覆盖职工50.4万人。郑州市第八届“大商杯”职工技术运动会设置竞赛工种179个，涉及40多个行业，吸引35万名职工广泛参与。“工人先锋号”和“五一文明岗（号）”创建活动共有4220家基层单位参与，覆盖6万个（车间）班组、42.8万名职工。二是持续深化职工素质提升工程，推进企业文化、职工文化建设，大力弘扬劳模精神。全年创建“职工书屋”示范点全国级3家、省级8家、市级30家；表彰郑州市学习型标兵单位5个、学习型标兵班组5个，知识型职工标兵10名、先进单位20个、先进班组20个、先进个人25名；组织开展各类教育活动163场，参与人数12万余人次。2011年度全市2个先进集体和6名先进个人荣获全国“五一”劳动奖状、“五一”劳动奖章，9个先进集体和25名先进个人荣获省“五一”劳动奖状、“五一”劳动奖章，92个先进集体和290名先进个人荣获市“五一”劳动奖状、“五一”劳动奖章。成立郑州市职工文化体育协会，进一步整合了职工文体资源，推动了职工文体活动的蓬勃开展。

【帮扶体系建设】 一是积极推动保障和改善民生政策的落实。以推动建立职工工资决定机制、正常增长机制和支付保障机制为重点，积极参与相关政策的制定，充分反映职工的意愿和要求，大力推动政策的落实。围绕河南省最低工资标准规定的制定出台和职工收入分配问题进行广泛调研。与劳动部门密切配合，联合推动郑州市最低工资标准的进一步提高。二是宣传贯彻《社会保险法》，督促非公企业及其职工参加社会保险，积极推进职工医

郑州市总工会组织开展“盛夏送清凉”活动，慰问高阳桥施工项目一线员工

疗互助活动。截至年底，全市城镇职工基本养老保险覆盖135.2万人、基本医疗保险覆盖108.59万人、失业保险覆盖92.12 万人、工伤保险覆盖72.68万人、生育保险覆盖52.56万人。三是加强工会帮扶工作。市、县、乡镇三级工会帮扶网络进一步规范完善。元旦、春节期间，全市各级工会共筹集送温暖资金总额1538.74万元，发放慰问款物1320.95万元，走访了461家困难企业，慰问困难职工、劳动模范、农民工和节日期间坚守工作岗位的一线职工2万余人，为1.89万户困难职工家庭提供生活救助或医疗救助。为500多名单亲女职工免费进行了“两癌”检查。向782名各级劳模发放中央、省、市帮扶救助资金157.61万元。“金秋爱心助学活动”共筹集助学资金1152万元，救助困难学生5520人。四是以技能培训和创业服务为重点，促进就业再就业工作。继续实施“家政服务工程”和“阳光就业行动”，开展“民营企业招聘周”活动，积极推动国家就业政策的贯彻落实。进一步规范全市工会就业培训基地和就业再就业基地建设，积极开展“技能培训促就业”活动。全年各级工会通过多种形式培训下岗失业人员、困难职工、农民工4.65万人，发放小额借款426万元，帮助1.82万人实现创业或就业。

【参与社会管理创新】 2011年，郑州市各级工会在参与社会建设管理、表达维护职工权益、着力推动民生改善、促进社会和谐稳定中展现作为，进一步拓展了工会参与社会管理创新的渠道，推动了与党委、政府互联互补互动的社会管理网络和社会管理人人参与、和谐社会人人共享的良好局面的形成。市工会先后参与或独立承担了等10多项民生热点事项的调研督导、检查评议工作。截至年底，每周上报民生热点问题数量累计达到265个；每月暗访评议医院车站活动集中开展11次，涉及全市16家市级医院、13家区属医院、43家民营医院、48家社区卫生服务中心和10个长途汽车站，工会干部参与1000多人次；每季度对公交服务进行评议排序活动，涉及市内主城区230多条公交线路，工会干部参与1500多人次，向职工群众发放调查问卷16万多份，向市委提出改善公交设施及服务等建议19条。“畅通郑州、文明出行”职工志愿者服务活动开展1000多批次，参与职工15.5万人次。

对工会参与社会管理创新工作，市委主要领导先后10次予以批示肯定，全国总工会副主席王玉普和省总工会主席刘新民、常务副主席桑金科在郑州调研工会工作时，也给予充分肯定。

【系统自身建设】 一是继续深入开展工会系统创先争优活动。在全市工会系统广泛开展读书竞赛活动，以及“讲文明、树新风、促和谐”学习实践活动、机关“双三好”评选活动、“以服务求地位、树形象、促发展”活动，进一步加强队伍建设和作风建设。二是加强调查研究和干部培训工作，提升工会干部整体素质。对工会干部特别是非公有制企业工会干部培训力度加大。各级工会和市总工会干校组织工会干部培训83期，培训工会干部4300多人次。市总工会女职工培训学校被全国总工会命名为“女职工示范培训学校”。三是各项工作统筹兼顾，稳步推进。各产业工会围绕经济转型升级强化源头参与产业政策调整，强力推进行业工资集体协商，大力发展和谐劳动关系，在推动本行业发展和维护职工权益中彰显特色和作为。

【市总工会十三届三次全委会议】 2011年3月30日，郑州市总工会十三届三次全委会议举行。市总工会常务副主席陈观壤代表市总工会常委会作工作报告，报告认真总结了2010年工会工作成绩，明确了2011年工会工作思路和总体要求。会议确定了2011年工会重点工作，并通过了《郑州市总工会关于团结动员全市职工为全面实施“十二五”规划、加快郑州都市区建设建功立业的决议》，以及市总工会十三届委员会委员和经审委员增替补名单。全市各县（市）区、产业工会、直属基层工会的市总工会第十三届委员会委员、市总工会第十三届经费审查委员会委员及列席人员150多人参加了会议。市人大常委会副主任、市总工会主席李元法参加会议并作重要讲话。

【市总工会十三届四次全委会议】 2011年7月28日，郑州市总工会十三届四次全委会议举行。会上认真学习了中共中央总书记胡锦涛在建党90周年庆祝大会上的重要讲话精神和全省安全生产群众监督工作电视电话会议精神，回顾总结了2011年上半年的主要工作，研究部署了下半年工会工作的主要任务。市人大常委会副主任、市总工会主席李元法代表市总工会常委会作了《抓重点 求突破 讲实效 促全局 推动工会工作创新发展》的工作报告，报告要求各级工会要做好6个方面的工作：一是以促进作用发挥为重点，在加强组织建设上下功夫；二是以推进工资集体协商为重点，在构建和谐劳动关系上下功夫；三是以抓好建功立业竞赛为重点，在发挥工人阶级主力军作用上下功夫；四是以建设企业文化为重点，在提升职工素质上下功夫；五是以助学就业为重点，在提高保障帮扶水平上下功夫；六是以提高履职能力为重点，在加强自身建设上下功夫。会议通过了市总工会十三届委员会委员增替补名单，选举赵志新为郑州市总工会副主席。

（张昌付）

共青团工作

【概况】 2011年，全市各级团组织以“青春奉献‘十二五’、建功郑州都市区”为主题，围绕“融入大局求作为、着眼青年重服务、强基固本抓实效、突出重点创特色”的工作思路，各项目标任务均超额完成，产生了广泛的社会影响。其中，青年党员志愿服务、非公团建、党建带团建、志愿者和农村共青团工作先后受到上级表彰。一年来，团市委分别荣获河南省驻外团工委建设先进单位、河南省非公团建工作先进单位、河南省预防青少年违法犯罪工作先进单位、河南省大中学生暑期“三下乡”和“四个一”社会实践先进单位等10余项荣誉，其中青年志愿者、“十八岁成人节”、文明交通服务等工作得到市委、市政府主要领导的19次批示。四川、江苏、陕西和宁夏石嘴山等省、市团组织分别来郑考察交流。郑州市团的工作被主流新闻媒体刊发报道241篇，其中，国家级媒体 8篇、省级媒体88篇。

【青少年思想教育】 一是以理想信念凝聚青少年。2011年，围绕建党90周年，郑州市各级团组织广泛开展“党在我心中”“我与祖国共奋进”“十八而志　责任以行”成人仪式等主题教育活动，通过主题团日活动、演讲比赛、优秀青年先进事迹报告会等活动，增强广大青年对社会主义核心价值体系的思想认同。郑州市第八届“十八岁成人节”期间，市委、市政府主要领导向全市即将步入成年的青年寄语。二是以道德实践培育青少年。切实加强未成年人思想道德建设，全市共开展“红领巾心向党”主题队会活动700余场，举行全市性少年国旗护卫队升旗仪式8次，全市各级少先队组织每月开展一次“党的历史我知道”“红色故事我来讲”“党员故事我来找”活动，帮助广大青少年了解党的光辉历程，培养少年儿童对党和社会主义祖国的朴素感情。三是以先进文化培育青少年。以“党旗引领成长　红色点亮青春”为主题，举办了郑州市大中学生庆祝建党90周年文艺会演活动，全市60多所大中学校团组织相继开展红色文艺会演70余场。全市团干部集中开通微博，通过搭建共青团组织引导青年的新平台，开辟团员青年与团组织加强沟通交流的新渠道。

【助推经济社会发展】 一是服务依法治市，劝阻违法行为。2011年，郑州市共青团系统组织5000余名志愿者，对全市主要街道（路口）违法建设、违法经营、违法广告、违法占道等行为进行劝阻。积极参与市容市貌评议、公交评议、户外广告评优评差、分包路段调研反馈、“两店”建设督导等市委、市政府交办的工作。8月9日、10月28日的《人民日报》刊登的综述河南发展的文章中，分别从不同角度对共青团郑州市委健全工作机制、倾力服务民生的做法进行了报道。二是服务畅通建设，营造社会氛围。以“大拇指”活动为标志，全年举办万人誓师大会、服务高考、引导文明候车等志愿服务活动60多次，累计参与10万人次，服务时间近30万小时。省九次党代会期间，3万名交通志愿者参与畅通志愿服务，在市内30多个主要路口进行交通疏导。三是服务文明创建，改善市容市貌。以“文明创建　青年当先”为主题，动员全市大中专院校的青年学生、“青年文明号”集体、青联委员开展整治公共卫生、清理非法小广告、倡导文明行为等活动。全市800家“青年文明号”集体在市内100余个主要路口开展“365天天有我”劝导活动。在保护母亲河行动中，组织青年6.5万人次，植树12万株。四是服务民生改善，参与社区建设。开展爱心传递服务进社区活动，成立15支社区青年帮扶服务队，深入全市28个社区，为社区老弱病残等特殊群体提供“六送”服务（送粮、送菜、送医疗、送法律、送维修、送心理疏导）。截至年底，服务队已帮助500余户家庭解决了生活中的实际困难。定期走进爱馨滨河老年公寓开展“送温暖献爱心”活动，并组织老人到宇通公司和郑东新区参观游览，被市委办公厅、市政府办公厅通报表彰。五是服务项目建设，解决实际问题。积极开展“青”字号品牌活动，以“百支青年突击队服务项目建设”为主题，在省会轨道交通1号线、京沙快速通道等重点工程项目开展“保质量、保进度、保安全”竞赛活动，积极服务富士康项目建设，由领导班子带队，抽调机关14名中层干部到富士康项目开展驻村帮扶工作，组织青联委员、高校兴趣社团在富士康郑州工业园区举办大型文艺活动3场，向大老营村小学捐赠价值7万余元的图书、体育器材、电脑等用品。

【服务青少年成长成才】 一是持续推进青年就业创业工作。2011年，郑州市各级共青团组织将青年就业创业见习基地建设作为当前青年工作的重中之重，全力推进。工作中采取“领导机制‘新’、挖掘岗位‘广’、服务工作‘实’、结合中心‘紧’”的具体做法，开展“精品见习”“导师带教”“青春闪光见习岗位”“一对一传帮带”等品牌活动。全市共建立中央级、市级青年就业创业见习基地142个，提供就业见习岗位1.1万余个，特别是重点为富士康建设项目拆迁安置工作提供3000多个岗位，得到很高评价。二是扎实推进青工技能振兴计划。以举办共青团系统专场职业技能鉴定为重点，以实施青工技能大赛为突破，营造广大青年职工立足岗位学习新知识、掌握新技能、创造新业绩的良好氛围，在基层单位广泛开展技能培训、岗位练兵、导师带徒、技术比武等活动，引导和激励青年技术工人以市场需求为导向学习新技术、提高技能水平。组织郑州轨道公司等企业28人参加省青工技能大赛。结合全国安全生产月及节能减排月，在中信中原实业有限公司、黄河饭店、郑州日产汽车有限公司、中国长铝有限公司等企业举办电工、焊工、调酒等12个工种青工技能大赛。同时，以大赛为依托，与郑州市人社局联合对所有参赛选手进行了共青团系统专场职业技能鉴定，300余名选手拿到了高级工职业资格证书，560名选手被评为郑州市“青年岗位能手”，激发了企业青年苦练技能、提高水平的热情。三是规范“青年文明号”创建。通过丰富创建内涵、拓展创建空间、规范管理服务、弘扬诚实守信的行业新风，在全市广大青年中营造出积极创建、人人参与的良好氛围。注重质量管理。修订出台了新的《郑州市“青年文明号”星级管理办法》，创新出台“青年文明号”星级管理办法，实行挂星、摘星、摘牌，全年全市1112个“青年文明号”单位中383个被摘牌，总数减至729个，确保了全市“青年文明号”品牌的含金量，有效克服了“只挂牌不摘牌、重创建轻管理”的现象，《人民日报》对此进行了报道。与此同时，充分发挥全市“青年文明号”集体及成员的先进性、积极性，扎实开展爱心传递服务进社区活动、“青年文明号”畅通工程服务竞赛活动及爱老敬老帮扶活动。四是大力开展青年突击队建设活动。下发了《关于在郑州市轨道交通建设中开展青年突击队建功竞赛活动的通知》《关于在全市交通重点工程建设中开展青年突击队建功竞赛活动的通知》。联合市轨道交通有限公司在轨道交通1号线06标段举办了省会轨道交通工程青年突击队誓师大会，动员工程建设者和青年突击队员发扬不怕吃苦、勇于奋斗的精神，精细施工、建造精品工程。共青团河南省委副书记贾宏宇、郑州市人大常委会副主任贾记鑫等为郑州市轨道交通有限公司新成立的22支青年突击队授了队旗。

【维护青少年合法权益】 （一）帮助农村小学改善办学条件。2011年，团市委组织开展“温暖冬天·希望工程爱心大动员”活动，帮助希望小学学生和贫困农民工子女温暖过冬。活动共募集款物206万元，结对农民工子女5814名，位居全省第一。联合英国民间社团开展“爱心无国界，助学见真情”活动，向登封市井湾市政希望小学捐赠（建）书屋和体育室各1套（座）。联合河南求知书刊有限公司、郑州中科教育文化传播有限公司等单位，募集价值10万元的科普图书，发放给全市10余所农民工子弟小学和希望小学。开展“5·19”希望工程助学公益日活动，为管城区站马屯小学捐赠1套希望音乐室及价值8000元的青少年科普读物。开展“爱心助飞翔 暖心助成长”活动，为港区小学捐助2座希望书屋和价值3000元的体育器材，为富士康项目的顺利推进作出了贡献。2011年，郑州市希望工程办公室为改善农村中小学的教学条件，共援建希望书屋12个、希望体育室3个、希望音乐室3个，募集新郑香港资讯科技界希望小学建校款22万元，募集科普图书、凉席、蚊帐等各类爱心助学款物共计52万元。其中，在建新密海尔希望小学1所，募集款项为30万元。

（二）广泛开展未成年人法制宣传教育。团市委以宣传《中华人民共和国未成年人保护法》和《河南省未成年人保护条例》为重点，开展“青春校园行”——郑州市法律与心理咨询进校园系列法制宣传教育和“郑州共青团法律与心理咨询进社区”活动，邀请河南规范律师事务所、河南言东方律师事务所等单位的著名律师先后走进郑大体院、郑州市商业技师学院等50余所学校和社区，通过真实案例演绎、自编自导广播剧、权益维护讲座等形式大力宣传与青少年相关的法律法规，积极发放《青少年自我保护掌中宝》及《河南省未成年人保护条例》2万余份。

（三）切实维护未成年人合法权益。郑州12355青少年维权及心理咨询中心注册成为具有独立法人资格的民办非企业性质单位，并更名为“郑州12355青少年服务中心”，成为全国第三家、河南省首家12355青少年服务中心民办非企业单位。

以“传递关怀、护航心灵”为主题，开展12355心理服务进校园、进社区、进企业“三进”系列帮扶活动。通过成立校园“心灵成长基地”、社区心理服务站，以及企业员工心理支持等形式，呼吁社会各界共同关注农民工及其子女、社区弱势群体、企业员工在特殊环境中的生存现状和心理问题，营造健康、温馨的居住、工作和公共环境。截至年底，已在邱砦小学、五里堡小学等22所学校中建立12355“心灵成长基地”，在桃源路社区、建华社区中成立社区心理服务站，与富士康（郑州）科技工业园团委共同签署青年员工维权及心理支持共建协议。针对中高考前学生和家长压力大的情况，于4月份开通中高考减压热线，并举办“轻松备考 12355与你同行”——中高考减压讲座，成功为200余名高考学子和家长进行了现场减压调适，在一定程度上减轻了其考前心理压力和焦虑情绪。

同时，团市委组织人员撰写了《郑州市外来务工人员子女心理状况调查》《郑州市青少年心理适应性调查》《郑州市新生代农民工心理状况调查》等调研报告3篇，为更好地服务青少年健康成长提供了客观依据。

（四）开展市人大对“一法一条例”的执法检查工作。2011年8月4日，市人大常委会副主任王旭彤、刘全心带领部分市人大常委会委员和人大代表对郑州市“一法一条例”贯彻落实情况进行了执法检查。检查过程中，实地察看了郑州市二七区人民法院、郑州市青少年宫和河南省未成年劳动教养人员管理所等3家单位，并听取了市人民政府副市长刘东关于全市未成年人保护工作的情况汇报，与公安、检察、司法等未成年人保护委员会成员单位负责人进行了座谈。8月25日，市十三届人大常委会第二十二次会议通过了《关于我市贯彻实施〈中华人民共和国未成年人保护法〉和〈河南省未成年人保护条例〉情况的报告》。通过此次执法检查，“一法一条例”在全市得到了认真贯彻实施，未成年人成长的校园内外环境、社会文化环境有所改善，对有不良或犯罪行为的未成年人的教育、挽救、矫治工作有所加强，保护和预防工作取得了一定成效。

（五）开展“共青团与人大代表、政协委员面对面”活动。团市委在郑州市长通物流有限公司组织召开“走进新生代农民工——‘共青团与人大代表、政协委员面对面’系列活动”座谈会，邀请部分人大代表、政协委员及相关部门负责人，就新生代农民工融入城市的各种障碍和实际困难等问题进行了讨论和研究，形成具有广泛共识的对策措施，进一步畅通了广大新生代农民工反映自身利益诉求的渠道，形成《关于加强在郑教育阶段农民工子女心理教育的提案》一份。同时，实现“面对面”活动12个县（市）区全覆盖，借助互联网、飞信、QQ群、手机报等新兴通信手段联系更多的新生代农民工，开展形式多样的宣传活动，让广大务工青年切实感受党团组织的温暖。

（六）推进重点青少年群体帮教工作。团市委专门下发了《关于印发〈郑州市重点青少年群体教育、服务、管理工作实施方案〉的通知》，同时开展了形式多样的帮扶活动。针对闲散青少年，联系扶贫办、千里马职业技能培训学校等单位为他们开展职业技能培训，帮助他们掌握一技之长，创造就业条件。针对不良行为青少年、严重不良行为青少年，联合市中级人民法院未成年人案件综合审判庭走进市工读学校，开展法律进校园活动。通过旁听模拟法庭审理，有效预防和控制青少年违法犯罪。积极探索重点青少年群体帮教县级试点工作。新密市利用《河南省未成年人保护条例》实施的有效节点，邀请新密市“普法讲师团”的有关律师和警官走进126所乡镇中小学，开展了普法教育课程，受教育人数达3万余人；在英华中学建立了新密市青少年法制教育基地。

（七）开展社区“青少年维权岗在行动”活动。组织市公安局刑侦支队打拐办公室、河南言东方律师事务所等单位的司法专职工作人员建立社区维权青年志愿服务队，重点为社区未成年人和青年弱势群体提供法律咨询、法律援助、法律讲座等服务活动。在建华社区、桃源路社区等设立心理健康服务站，建立青少年心声交流室，设置社区投诉求助箱，明确专人定期收集整理社区青少年诉求，并积极协助反映问题及反馈落实情况。

【团的自身建设】 一是大力开展非公团建工作。2011年，团市委坚持抓基层、打基础、管长远的工作思路，全年新建富士康科技集团（郑州）工业园团委等非公团组织662家，建立标准化团室212个，新成立青年农民专业合作社460家。10月31日的《中国青年报》头版对郑州市高校社团激活非公企业团建工作经验进行了报道。二是建立健全团内督导机制。出台《共青团郑州市委重点工作日询问制度》《共青团郑州市委重点工作联合督查督办机制》等。4月15日的《人民日报》报道了郑州市创新“青年文明号”星级的管理办法。积极开展“一融三同”活动，团市委机关调研队伍走进基层、走进青年，与团员青年同劳动、同生活、同学习，培养朴素感情，体验真情，了解实情。三是全面推进组织格局创新。联合市委组织部出台《关于开展乡镇（街道）团的组织格局创新工作实施意见》，在全市87 个乡镇、80个街道开展团的组织格局创新工作，选配乡镇（街道）团工委书记、副书记474人，把有能力、有想法、有影响的团员青年吸收进乡镇（街道）团委班子，基层团组织活力不断迸发。

（董克伟）

妇联工作

【概况】 2011年，全市各级妇联组织紧紧依托“五大工程”“三个重点”，积极参与市委、市政府中心工作和社会管理创新，各项工作取得了新进展。全国人大常委会副委员长、全国妇联主席陈至立5月来郑调研时，对郑州积极开展妇女工作、为妇女事业繁荣发展创造良好环境予以充分肯定。郑州市妇联被评为“全国妇联系统先进集体”，全年共获得全国、省、市级荣誉42项，在各级媒体宣传报道妇联工作500余条次。在妇联的努力下，全市全年新建40所留守流动儿童之家，免费开展“两癌”筛查各15万人次，妇女孕前及孕早期免费补服叶酸等建议被列入郑州市2012年民生“十大实事”；“制定和实施新十年郑州市妇女儿童发展规划”写入《政府工作报告》；制定郑州市妇女权益保障规定的议案被市人大列入2012年立法计划，充分发挥了妇联组织参政议政的作用。

【妇女教育培训】 按照2009年郑州市妇女第十五次代表大会提出的5年内对全市150万妇女轮训一遍的任务要求，2011年，全市各级妇联组织有计划、有针对性地开展了多层次、全方位的教育培训活动，提升妇女综合素质。面向有创业就业意愿的城乡妇女，在农村实施“巾帼科技星火工程”，举办农村妇女创业培训班，培育有文化、懂技术、会经营的新型女农民；在城镇实施“妇女创业促进行动”，市妇联举办4期免费的月嫂培训班，各级妇联举办了微机操作、育婴师、家政服务、芳疗师、月嫂等系列培训。面向妇女干部，着力提升其素质能力和参政水平，先后举办郑州市妇联干部培训班、清华大学妇联执委培训班、女大学生村干部示范培训班。配合组织、民政部门，做好换届前现任妇代会主任、妇女骨干培训，举办社区党支部书记（居委会主任）培训班。面向广大妇女群众，积极开展100场女性素质教育流动课堂进机关、进学校、进社区、进村镇活动，利用电视、网络、远程教育等平台，对广大妇女群众进行健康、心理、法律等培训。全市全年共培训妇女干部3000余人次，培训妇女群众30余万人次。

【妇女投身郑州都市区建设】 2011年，郑州市各级妇联按照统筹城乡发展的要求，组织发动“巾帼文明岗”和“巾帼示范村”（或贫困村）结对帮扶，开展“岗村联动，姐妹牵手”活动，促进城乡妇女共同发展。在窗口单位、服务行业深入开展“服务创一流、巾帼展风采”活动，与相关部门联合举办郑州市十大科技女杰、巾帼科技带头人评选，组织女企业家参加“豫商·她世界年会”，开展回馈社会走访慰问活动，引导广大女职工、女知识分子、女科技人员、女企业家立足岗位、建功立业；培树家政行业典型，提升郑州家政服务业在全国的影响力，选送的圆方雪绒花代表队在全国家庭服务职业风采大赛电视总决赛中荣获亚军。全市联动开展“春风行动”、举办庆“三八”女性专场招聘会等，全年各级妇联组织共向妇女群众发放政策、用工信息等宣传资料2万余份，为2万余名妇女免费开展创业就业技能培训；共组织招聘会152次，提供就业岗位4万余个，受益妇女7万余名，达成就业意向1.7万多人。扎实推进妇女小额担保贷款工作，通过会议推动、部门联动、申贷互动、全程服务，切实帮助妇女解决创业资金瓶颈问题，全年共为3028名妇女发放小额担保贴息贷款38116万元。组织动员妇女奋战“三夏”，共组建581支巾帼帮扶队，5435名巾帼志愿者帮助10985户抢收抢种粮食2302.87公顷。

【妇女助推文明城市创建工作】

2011年，郑州市各级妇联创新思想道德教育方法和载体，发挥妇联优势，突出家庭特色，组织健康向上、具有亲和力的群众性文化创建活动，引导妇女自觉成为社会主义核心价值体系的传播者和践行者，助推文明城市创建工作。开展文明家庭、学习型家庭、廉洁型家庭、慈善型家庭、环保节能型家庭、平安型家庭等特色家庭创建和“百万家庭创文明、百万家庭扬美德”集中活动月活动，举办家庭文化艺术节、邻居节、绿城读书节、家庭美德知识竞赛，以及“和谐郑州，孝老爱亲”主题报告会、以文明家庭创建为主题的第五届妇女发展论坛、“和谐家庭，魅力女性”研修班、家庭美德“进社区、进家庭”——巾帼志愿者在行动等多项主题鲜明、立意深刻的文明家庭创建活动，吸引30余万市民积极参与。对20多万户市级文明家庭进行重新认定和动态管理。广泛开展“感动郑州慈孝人物”“三八”红旗手（集体）、“十佳母亲”等评选活动。加强未成年人思想道德建设工作，开展系列教育活动，配合市文明办做好未成年人思想道德测评工作。完成了区级以上文明家庭户数20%以上、家庭美德知晓率80%以上的创建要求，圆满完成了妇联组织在文明城市创建工作中承担的29项内容、54项指标任务。

【妇女参与社会管理创新工作】

2011年，郑州市各级妇联认真贯彻全国妇联“六个创新”的工作举措，因地制宜、突出重点，参与社会管理创新工作稳步推进。推动将“郑州市家庭教育暨女子继续教育培训学校建设项目”列入郑州市“十二五”规划纲要，将12338妇女维权平台建设项目列入市委、市政府“加强和创新社会化管理”第一批试点。大力实施社区巾帼志愿服务行动计划，组建郑州市妇联巾帼志愿者服务团和13个分团，发展实名制登记的巾帼志愿者7069人，打造巾帼志愿服务活动品牌。开展“关爱农民工志愿服务行动”、义务植树等巾帼志愿服务活动，促使巾帼志愿者队伍成为妇联组织参与社会协同、构建新型社会管理格局的重要手段。积极参与综合治理收容教育场所安全管理工作，在女干警和女性学员集中的收容教育场所挂牌成立“妇女之家”。开展家庭教育指导与服务，完成了郑州市家庭教育“十一五”规划终期评估工作。

【维护妇女儿童合法权益】 2011年，郑州市各级妇联积极参与“平安郑州”建设，多措并举，完善社会化维权机制，加强维权服务工作力度。开展维权调研，对全市留守妇女儿童生活与发展状况、妇女维权合议庭、《反家庭暴力法》立法和儿童权益受侵害案件等进行了专项调研。召开维护妇女儿童权益暨“平安家庭”创建工作会议，进一步完善信访工作制度，畅通信访渠道，健全“平安家庭”创建内容和维权工作机制，在县级以上妇联组织全部设立妇女儿童法律援助受理点，依托乡镇（街道）综治工作中心建立妇女儿童维权站，在社区（村）创建一站式妇女维权服务站（点），推动形成多部门协调合作的基层妇女儿童维权社会化工作格局。全市各级共建有妇联法律援助受理点13个、基层妇女维权站490个。深化维权活动，通过举办社区防艾能力建设骨干培训，开展“三八”维权周、平安建设宣传月、“不让毒品进我家”、暑期反拐宣传、看守所及收容教育所帮教等活动，主动融入社会稳定工作大局。推进维权服务，以送法服务、信访服务、调解服务、咨询服务、特色服务推动妇女儿童权益落实。编制实施妇联系统“六五”普法规划，组建“普法讲师团”开展巡回讲法活动，在郑州人民广播电台《我爱我家》《法律在身边》《城市深呼吸》等栏目播出普法节目500余期。开展形式多样的法制宣传活动，各级妇联发放宣传资料10万余份。发挥法律志愿者和12338妇女维权热线的作用，市、县（市）区两级妇联组织全年共受理群众来信来访来电1426件1600余人次，结案率98%以上，化解了一大批矛盾纠纷。

【关爱妇女儿童系列活动】 2011年，郑州市各级妇联强化项目运作，切实为妇女儿童办实事、做好事。实现把“两癌”检查纳入政府“十件实事”。对142938人进行了乳腺癌筛查，对169661人进行了宫颈癌筛查。联合市慈善总会、市三院共同开展“关爱女性”——“两癌”慈善救助活动，全年共发放救助资金50万元。认真做好“母亲健康快车”的项目管理工作，全市7辆“母亲健康快车”全年共开展义诊咨询9523人次、健康普查16113人次，发放药品价值总计69255元。协调市慈善总会出资100余万元，圆满完成了13所“留守流动儿童之家”筹建和展评工作，2万多名留守流动儿童从中受益。认真实施“利海春雨助学行动”“民政福彩资助春蕾女童活动”等助学项目，全年新资助953名女高中生，共发放各类助学金221万元，80%的“民政福彩资助春蕾女童活动”中资助的女高中生考上了大学。

【重大节庆活动】 2011年，郑州市各级妇联围绕“三八”“六一”等节日，面向基层妇女群众，开展了各具特色的庆祝活动。举办了郑州市第五届“百万妇女健身活动”展示大赛、“梅兰竹菊”——省会女子书画展、“三八”维权周、“关爱女性万名医护送健康”义诊活动，以及庆“三八”女杰、女状元、女企业家座谈会等，策划播出了以“建设郑州都市区，巾帼建功展风采”为主题的《周末面对面》“三八”节特别节目。“六一”儿童节期间，开展了以未成年人思想道德建设为主题的儿童红歌与经典诗词唱诵活动，举办了“阳光乐章”——庆“六一”电视文艺晚会。开展儿童工作先进典型评选活动，评选出的“十佳父母”“十佳儿童”先进事迹在《郑州日报》进行了专版刊登，营造了“争做合格家长、培养合格人才”的浓厚社会氛围。“七一”建党节期间，以红色教育为主题，组织开展了农村妇女“红歌大家唱”、女领导干部“热爱生活·崇尚自然”摄影展等活动。

【“两规划”实施工作】 2011年，郑州市各级妇联充分发挥妇儿工委成员单位及其办公室的作用，及时召开“两规划”终期监测自查和评估培训会，安排部署“两规划”终期评估工作，推动“两规划”全面达标。建立统计监测评估制度和未达标指标书面督促制度，组织36家妇儿工委成员单位开展“两规划”自查自评工作，确保“两规划”82项考察指标全面落实、如期达标，圆满完成“两规划”终期监测评估任务。顺利通过全国“两纲”及河南省“两纲”“两规划”督导组的督导检查，并被评为河南省实施妇女儿童发展规划先进集体。初步完成了新一轮妇女儿童发展规划（草案）的编制工作。

【妇联组织服务中心工作】 一是调研评议，服务民生事项。对市委交办的调研出租车行业问题、搜集社情民意、人行天桥和地下通道评优评差、市容市貌暗访检查、“菜篮子”工程等多项民生工作，各级妇联精心组织实施。全年收集社情民意2877条次。二是广泛参与，服务“畅通郑州”工程。通过报纸、网络等媒体，发出《从我做起，从家开始——争做文明交通人，共建畅通郑州城》的倡议书。市直妇委会及市内5区妇联主动承担交通安全教育“进社区、进机关”百场讲座活动。公交、出租车和交通协管等行业认真开展“为畅通工程作贡献，争创巾帼文明岗”活动。巾帼志愿者及先进妇女典型走上街头，以实际行动践行“文明出行，从我做起”“争做文明出行表率”。三是驻村（社区）帮扶，服务项目建设与社区和谐。抽调干部进驻航空港区4个重点村，通过化解矛盾、开展群众性文明创建活动、为村民办实事等举措，服务富士康项目。社区帮扶工作中，在航海中路社区建成留守流动儿童之家和科技书屋，协调资金200余万元使亚细亚小区179户居民用上了自来水、为淮南社区385户居民安装了天然气。

【妇联组织自身建设】 2011年，郑州市各级妇联抓住“党群共建创先争优”契机，将“党建带妇建同步规划、同步实施、同步检查、同步考核”纳入基层党建考核目标。召开妇联基层组织建设推进会、“妇女之家”建设推进会，全面落实“三个一”工作，切实做到基层妇联组织“有人办事、有钱做事、有阵地干事”。全市2287个村、616个社区实现“妇女之家”全覆盖，涌现出登封市大冶镇周山村等一批“妇女之家”示范点。抓住市、县、乡、村四级党委换届契机，配合组织部门做好妇女参政议政工作，实现县（市）区党委换届中女干部配备率达到100%和全市所有的村“两委”中至少有1名女性的目标，全市村“两委”女干部总数比上一届有较大提高。全面消除基层妇联组织建设空白点，县、乡、村妇女组织组建率达到100%，市直妇委会组建率达到94%。全年新建非公有制经济及新社会组织妇委会180个。市直妇委会和妇联执委调研、交流与联络工作进一步加强。妇联团体会员发展工作取得新进展，郑州律师协会女律师工作委员会、郑州市育婴协会等团体会员的加入，延伸了妇联工作的臂膀。

（焦欣园）

第十一篇 人民武装

郑州警备区

【概况】 2011年，郑州警备区认真贯彻主题主线重大战略思想，以助推郑州都市区建设“五项行动”为载体，积极参与平安郑州、和谐郑州、幸福郑州建设，积极承担急难险重任务，军政军民关系更加融洽，郑州市第六次被评为“全国双拥模范城”。进一步完善抗震救灾、抗洪抢险、森林防火、处置群体性事件等9类应急预案，为提高警备区应急水平奠定了基础。

【思想政治建设】 2011年，郑州警备区抓好中国特色社会主义理论体系武装，组织党委中心组理论学习、干部集中轮训和基层理论学习，围绕助推郑州都市区建设、建立安全稳定长效机制等问题组织专题座谈研讨。开展“坚定理想信念、忠实履行使命”主题教育活动，学习李文祥、杨强、房萍等先进事迹，当代革命军人核心价值观培育持续深化。结合中东、北非国际局势和国内安全形势变化，组织形势政策教育，开展“唱红歌、读红书、看红剧”活动，官兵高举旗帜、听党指挥、履行使命的思想根基进一步巩固。学习贯彻《民兵政治工作规定》《预备役部队政治工作规定》，各级依据法规开展工作的能力不断增强。积极开展新闻报道工作，全年围绕工作和重大任务开展新闻报道，共在军内外媒体刊发稿件366篇（幅），其中，中央级媒体76篇（幅）、省级媒体155篇（幅）、市级媒体87篇（幅），新闻报道工作连续7年在省军区师级单位中名列第一名。

【军事斗争准备】 2011年，郑州警备区狠抓“五支队伍”集训比武，在省军区比武考核中取得较好成绩。参加济南军区“前卫-211”信息化集训，通过战争动员、防卫作战、支援保障、后续动员、战平转换等5个内容的演练，首长机关组织指挥能力和信息化素质大幅提升。参加全军信息化知识网上学习竞答，获得省军区第一名。修订完善国防动员预案，狠抓成建制成系统动员试点，组织民兵应急分队实兵实装拉动点验，细化量化民兵整组工作，国防动员基础建设更加巩固。5月，以“3+2”任务体系为牵引，组织对本级及人武部两级战备方案（计划）进行修订完善，初步形成平战衔接、上下配套、实在管用的战备方案体系。组织民兵重点分队训练，战备和训练工作得到落实。联合郑州市委、市政府，出台了《关于加强郑州市军事设施保护与促进经济建设协调发展若干问题的规定》，投入170余万元用于军事设施保护，郑州警备区被总参谋部表彰为“全军军事设施保护先进单位”。针对“当兵冷、征兵难”问题，联合郑州市委、市政府出台《关于进一步做好新形势下征兵工作的实施意见》，对强化依法服兵役意识、建立义务兵最低优抚金制度、加大退役士兵安置力度、营造拥军优属氛围等作了明确规定，确

郑州警备区参加“前卫-211”信息化平台演练

保了年度征兵任务的顺利完成。

【组织建设】 2011年，郑州警备区开展“加强党性修养，锤炼思想作风”教育整顿活动，坚持“四真”（明确标准真对照、触动思想真剖析、沉入一线真帮带、盯着问题真整改）做法，被省军区转发。针对师团两级党委班子调整变动大的实际，组织团级单位党委书记、副书记培训，学习中央军委印发的《军队党员领导干部廉洁从政若干规定》《军队纪委工作条例》，组织“强党性纯洁官德人品，严党纪纯正党风军风”专题教育和“三查三评一改”活动。坚持民主集中制原则，民兵训练基地管理、空余房产租赁等重难点问题得到解决，完成了8名退休干部的移交工作。

【基层建设】 2011年，郑州警备区贯彻落实《河南省县（市、区）人武部工作规范》《河南省民兵预备役部队应急队伍建设规范》，完成省军区赋予的观摩交流任务。升级改造人武部基础设施，配套完善民兵应急分队装备器材。全年出动民兵应急分队3200余人次，遂行各类急难险重任务6次，锻炼提高了应急处突能力。加强民兵武器装备仓库规范化建设，参加济南军区组织的紧急拉动，受到好评。

【安全稳定工作】 2011年，郑州警备区深化条令法规学习，坚持节日战备和经常性安全教育，官兵安全意识明显增强。6月10日，警备区组织17个单位和各县（市）区政府分管领导共70余人，召开安全稳定专题座谈会，围绕枪弹、车辆、人员、信息安全等10项管理工作重点进行了座谈。开展重大安全隐患排查整治活动，建成车辆GPS定位监控、重要目标信息管理、战备值班信息化管理系统，解决了动态管控难题。

【流动民兵管理模式创新】 2011年，郑州警备区针对外来务工民兵教育训练管理难的实际，采取组建流动民兵营（连）的办法，把训练内容与企业生产活动相结合，创建了流动民兵管理新模式。在各县（市）区成立由县（市）区委、政府办公室和人武部、工商局、税务局、纪检委、审计局、建委、公安局等10个执法部门组成的流动民兵管理办公室，具体负责各项工作落实。制作发放《流动民兵管理卡》，对外来务工民兵暂住地址、工作单位、联系方式等个人信息进行登记；开通各种平台，建立与民兵的联系网络，确保流动民兵“流”而不散。针对流动民兵管理的热点、难点问题，警备区提出民兵管理以输入地为主、输出地为辅；民兵实力统计以输出地为主、输入地为辅；民兵教育训练以营（连）为主，输出地、输入地共同监督；训练经费以企业为主，输出地、输入地共同负担的原则，解决了流动民兵管理、训练和教育中的难题。各人武部在企业和社区中开展“组织找民兵、民兵亮身份”活动，鼓励流动民兵主动亮明身份，并帮助民兵解决实际困难。

【民兵组织整顿】 2011年1-4月，郑州警备区采取分类指导、观摩交流、拉动验收等方式进行民兵组织整顿。对组织领导、理论考核、整组准备、调整编组、配备干部、健全制度、集中点验、机构设置等8类26项165个方面进行标准的细化量化，为各级组织整顿检查验收提供基本依据。按照“编精、编实、编强”要求，对全市198个民兵应急分队建设情况逐个进行研究论证，取消7家破产企业编组任务，压缩19家亏损企业编组规模，在35家新兴企（事）业、科研院所新建民兵组织，提高民兵应急分队科技含量，促进军地双方优势互补。分析研究民兵组织建设中的新情况、新问题，解决了“一兵多职”“有兵无编”“编兵不实”等矛盾问题。4月22-23日，省军区副司令员罗爱国少将带领工作组对郑州警备区民兵整组工作进行检查验收，给予较高评价。

【安全隐患排查整治】 2011年4月，郑州警备区以检查民兵组织整顿进展情况为契机，由警备区首长带队成立联合检查组，采取“不打招呼查、不定时间查、不拘形式查”的方式，两次深入所属各团级单位和直属单位，重点围绕车辆安全管理、信息安全保密、公勤人员管理、办公秩序规范、武器弹药管理等5个方面17项内容，逐项进行排查，查处安全隐患13个。针对存在问题，要求各单位及时制定措施，限期整改，确保了部队安全稳定。

【民兵武器装备仓库规范化管理】

2011年，郑州警备区投资70余万元维修仓库基础设施，对监控防护系统进行升级改造，安装16台云台控制红外夜摄像机、12台移动物体侦测仪、16台红外微波双鉴探测器，实现库房内部及库区周边全天候、全自动可视监控。采取一个库房一个库房过、一项制度一项制度查和逐箱逐枪逐弹进行点验的方式，对封存的武器和留用的轻武器进行检查，对包装完好的按10%比例开箱检查，对零箱弹药和包装破损的弹药逐个开箱，逐发核查，消除安全隐患。针对仓库周边民社情复杂、看管力量相对薄弱等实际情况，坚持每季度召开一次碰头会，组织辖区人武部、公安部门有关人员通报情况，交换信息，明确防范重点；每月联合派出所对周边居民排查一遍，强化库区周边民社情监管力度，增强安全预警和应急处突能力。指定郑州市民兵重点应急营一连和二七区民兵应急连作为仓库安全防护应急机动力量，每季度组织一次以应急救援、卡口堵控为背景的应急集结拉动，提高了仓库安全预警和应急处突能力。

【年度兵役工作】 2011年，郑州警备区指导各县（市）区人武部协调公安机关，参照户籍登记情况，摸清辖区适龄青年底数。在全市设立400余个固定兵役登记站；选派500余名专武干部和民兵骨干，深入全市218所各级各类院校设立兵役登记点；派出180余个流动登记组，采取入户上门的形式对未能主动进行登记或外出就学、务工人员，逐一进行核实登记。全年全市共有336876名适龄青年进行了兵役登记，登记率达到98.9%。

10月10-14日，郑州警备区组织郑州大学、解放军信息工程大学、防空兵指挥学院等高校学生和驻郑部队青年官兵，成立“献身国防，固我长城”演讲团，深入各高校和社会团体开展巡回演讲活动，共演讲8场，在全社会特别是高等院校营造了关心支持国防和军队建设的浓厚氛围，鼓励更多的优秀大学生报名参军。

【实弹射击保障】 2011年，郑州警备区针对年度比武竞赛多，实弹射击保障任务重，民兵武器装备动用频率高、数量大，使用人员成分复杂的实际情况，加强枪弹动态管控，坚持仓库“靶场供弹”、机关“现场监管”制度，把每一支枪、每一发弹都落实到具体人。全年先后保障警备区本级实弹射击训练任务51次，收发各类武器588支，消耗各类枪弹30961发（枚）；保障省军区教导大队、预备役高炮师训练9次，收发枪支373支、枪弹8630发，实现零隐患、零失误目标。

【信息网络学习训练平台建设】

2011年，郑州警备区司令部先后投入经费20余万元，建成首长机关信息化学习室，满足网上教学、网上研讨观摩、网上指挥演练等多种需要。依托作战指挥网、军事综合信息网和地方政务网，构建上下贯通、军地衔接、安全实用的“应急指挥网络平台”，并以此为依托，建成郑州市国防动员指挥网和信息报知网，实现快速高效的信息流动和资源共享。同时，进一步修改完善《首长机关训练考核平台》，内容涵盖司令部、政治部、后勤部平战时业务共21大类58项17840余组数据，为进一步提高警备区首长机关信息化水平打下了基础。

郑州市2011年度征兵工作会议

【军事训练】 2011年，郑州警备区把训练成绩纳入指挥军官考评机制，作为晋职晋衔考察的一条硬指标，年度奖励指标60%用于军事训练，对军事训练成绩优异、在大型活动中有突出表现的单位和个人给予记功和嘉奖，并规定了奖励标准。同时，实行“军事训练一票否决制”，对年度军事训练考核成绩不合格的单位，年终不得参与先进单位评比，单位领导不得参加评功评奖。年度训练展开后，警备区党委采取分批办班、逐步集成的方法，优化培训内容。组织教员开展战法研究，并邀请专家现场授课。通过科学组训，警备区91%以上的教练员会利用电教设备、模拟器材组织教学和训练，86%以上的专武干部达到了“四会”教练员标准。

4月20-29日，郑州警备区组织民兵高炮、通信、防化、应急维稳等4类重点分队专业教练员48人就基础理论、编写教案、“四会”教学法和体能等内容进行了学习和训练。6月1日至7月中旬，组织各县（市）区人武部主官和部分机关干部12人，对基础理论、基本技能、指挥技能和体能等进行了学习训练。8月，警备区参加省军区“人武部（预备役团）主官比武”，获得单位综合成绩第一名、轻武器射击单位综合成绩第三名；巩义市人武部政委扈明华获得个人手枪射击第一名，金水区人武部政委李继东、登封市人武部部长严书伟分别获得个人综合成绩第二名、第十名。9月15-16日，警备区组织民兵重点应急队伍干部骨干198人，就基础知识、组织指挥、“四会”教学和基础体能等内容进行6个课目的考核比武，优良率达90%。

【抢险救灾】 组织积水点改造工地塌方事故抢险救灾。5月10日16时，郑州市金水路与合作路附近的纱厂明沟积水点改造施工现场发生护坡塌方事故，宽15米、深7米的排污渠内积水迅速上涨，距此不到10米的2幢21层住宅楼面临塌陷的危险。郑州警备区迅速启动抢险救灾紧急预案，与市委、市政府领导组成联合指挥部，将各类人员、车辆、大型工程机械编成3个梯队，针对抢险救灾行动涉及军警民多支力量、保障难度大的实际情况，采取军地一体的多元化保障模式，确保抢险行动顺利进行。经过15个小时的连续奋战，圆满完成塌方抢险任务。此次抢险救灾共协调组织武警部队和驻军官兵1500余人次、民兵应急分队400余人次、公安干警200余人次，动用大型工程机械20余台、运输车100余台、抽水泵5台，使用编织袋1.8万余条，回填砂石土1万余立方米，疏散群众300余户。

组织参与建筑工地塌方事故抢险救援。9月14日3时，郑州市铭功路和西陈庄街附近一处建筑工地基坑护坡发生大面积塌方，严重威胁郑州市楠华小区2幢居民楼的安全。郑州警备区立即启动抢险救灾应急预案，与郑州市委、市政府成立联合指挥部，协调军警民展开抢险行动。先后协调组织防空兵指挥学院、解放军信息工程大学测绘学院、武警郑州市支队官兵800余人、民兵应急分队400余人、公安干警和机关干部150余人，动用大型工程机械10余台、运输车200余台、抽水泵7台，使用编织袋1万余条，回填砂石土1万余立方米，紧急疏散群众100余户，圆满完成抢险任务。

积水漫延威胁居民楼房安全，官兵奋勇抢险

【防汛演练】 2011年7月15日，郑州警备区组织800名民兵、预备役人员和专业抢险人员在黄河中牟段赵口控导工程12号坝头进行黄河防汛演练。参演人员主要进行兵员集结、堤坝抢险、迁安救护、疫情防控等课目的演练，进一步提高了民兵分队应急能力和防汛技能。

7月24日，郑州警备区组织对机关、县（市）区人武部应急指挥组成员及民兵应急分队进行实兵实装拉动。采取不打招呼、随机导调的方法，进一步强化各级的责任意识，规范应急指挥程序。

【助推中原经济区建设“五项行动”座谈会】 2011年4月13日，郑州警备区召开了助推中原经济区建设“五项行动”座谈会，筹划开展新一轮参建援建活动。会议围绕如何发挥自身优势助推中原经济区建设和参与郑州都市区建设问题，组织与会人员谈计划、提建议。会议要求，各级要贯彻落实省委提出的争创“五好”村党支部的目标要求和省军区实施助推中原经济区建设“五项行动”决策部署，开展“一联两帮三提高”工作，要定点扶持1个粮食高产示范点或特色高效农产品生产示范点；要围绕郑州市生态建设规划，采取成建制用兵、集中会战的办法参与郑州市生态建设，每年建成1-2个有规模效益、社会效益的民兵预备役生态林、生态区、生态工程；要围绕打造郑州红色文化品牌，配合地方党委、政府和有关部门挖掘、保护、整合、开发各地红色历史文化资源；在完成应急维稳、抢险救灾等急难险重任务的基础上，积极参加“畅通郑州”等社会和谐稳定工作。会议强调，各级要深化认识，加强组织领导，按计划科学实施，确保“五项行动”扎实开展，健康发展，稳步推进。

【参与“畅通郑州”工程】 2011年1月7日至2月6日，郑州警备区组织58个民兵维护社会治安分队参加郑州市“保道路畅通，促社会稳定”活动，确保春节期间社会安全稳定。积极与交警部门沟通协调，将400余名民兵分成34个保畅通分队，在郑州市区20个主要路口、路段，以及上街区和6个县（市）共14个重要路口执勤，协助交巡警纠正、制止行人和自行（电动）车违反交通规则、机动车乱停乱放等行为，处理交通治安案件，劝阻摆摊设点等占道经营现象。全市参与执勤的民兵平均每天制止车辆和行人违章739起。同时，组织240名民兵成立24个治安巡逻小分队，在郑州市人员集中、民社情复杂、已发生事故案件的24个重点区域和路段巡逻，制止打架斗殴、酗酒滋事等违法行为，并帮助过往群众解决力所能及的事情，确保辖区安全稳定。

3月5日至4月28日，郑州警备区向驻郑部队官兵和广大民兵预备役人员发出“畅通郑州我有责、郑州畅通我受益”的倡议，积极协调开展“军地携手保畅通”活动。组织驾驶员开展了以听一堂交通法规常识课、体验一次交警值勤生活、举行一次“树形象、保畅通”宣誓，以及签订一份遵章守纪、安全行车保证书为主要内容的“四个一”活动。协调建立军、警、民联合执勤点，在交通状况复杂的街道、路口维护交通秩序。组织全体官兵到郑州市交通博物馆参观，进一步增强了活动教育效果。

【二七区人武部参与“中国最具爱心城区”创建活动】 2011年，郑州市二七区在全国范围内率先开展“中国最具爱心城区”创建活动。区人武部积极参与创建工作，对社会困难弱势群体实施形式多样的解难帮困献爱心活动。5名班子成员和113名专武干部、民兵干部每人认助一个军烈属户、伤病残复退军人、孤寡老人或贫困大学生，建立长期的帮扶关系。在生活和医疗上对33位孤寡老人给予重点帮扶；对26户军烈属在资金和技术上进行扶持；协调为28名伤病残军人提供福利性谋生岗位；帮助31名贫困大学生解决学费、生活费困难问题，并跟踪做好思想工作。发出“捐一元钱，献一滴爱；出一份力，暖一片心”的倡议，在二七区慈善总会设立民兵爱心基金，采取集中定向救助的方式，专门救助生活困难的军烈属、伤病残复退军人、孤寡老人和贫困大学生。在人武部开通民兵爱心救助热线电话，通过区政府网页向社会公布，24小时接受困难群众求助，受到群众赞誉。

【登封市人武部举办“勿忘国耻、紧跟党走”国防教育展】 2011年7月1-7日，登封市人武部协调登封市日军侵华罪行展览馆，在嵩山广场举办“勿忘国耻、紧跟党走”国防教育展。展览内容分“开国将帅风采”“登封革命老区将士风采”“日军侵华罪证”三部分，共展出展板100块、日军侵华罪证物品320件，发放传单2万余份，日参观人数达3万余人。中央电视台军事频道、河南电视台和《中国国防报》《黄河民兵》等对此进行了报道。

（灏 森）

武警郑州市支队

【概况】 2011年，武警郑州市支队各级坚持主题主线重大战略思想，围绕建设现代化武警和“四个一流”目标，圆满完成以执勤处突反恐为中心的各项任务。一大队、五大队被总队表彰为基层建设先进大队；三中队、巩义中队被总队表彰为基层建设标兵中队；一中队、四中队、新郑中队、九中队、十一中队、十五中队、十七中队被总队表彰为基层建设先进中队；3个部门被总队评为先进机关。

【思想政治建设】 2011年，武警郑州市支队严格中心组和机关基层理论学习制度，突出十七届六中全会、胡锦涛主席“七一”讲话和总部、总队党代会精神学习，不断加深对主题主线的理解和运用。全年有10余篇理论研究成果被军内外报刊媒体登载。持续深入开展“培育当代革命军人核心价值观，争做党和人民忠诚卫士”主题教育，紧贴“两会”“双节”“3·14”和“7·5”等敏感时期和国内外重大事件，及时开展爱国主义、战斗精神、形势任务等教育，官兵思想纯洁可靠。坚持每季度下发《经常性思想工作和心理工作指导意见》，充分发挥“三互”“三位一体”“双四一”载体功能，严格落实谈心、思想排查、形势分析、“七类人员”零报告等制度，准确掌握官兵思想动态。组建军乐队、锣鼓队，组织文化大篷车下基层，开办周末大讲堂，开展庆祝建党90周年系列文化活动，丰富官兵文化生活。组织“警示”“四反”教育，严格心理测查和重大勤务人员政治考核，妥善处理涉法问题6起。以“卫士-11”“11-雄狮行动”为契机，坚持实战化演练、任务中检验，遂行任务中政治工作水平得到进一步提升。

【党委机关建设】 2011年，武警郑州市支队突出加强能力和先进性建设，认真贯彻《党委工作条例》和新颁发的规定、细则等，在研究干部转业调整、重大经费开支和“四防一体化”建设等重大事项上，坚持科学民主依法决策。扎实开展“加强党性修养、锤炼思想作风”教育整顿活动，制定《七个方面重点问题治理整改措施》，下大力气治理超编干部、超占兵员和外借车牌号等问题。广泛开展“遵章守纪、践行宗旨、弘扬正气”和“六倡六治”系列教育，党委机关作风更加务实，部队风气更加纯正。

【执勤处突与军事训练】 2011年，武警郑州市支队深入贯彻全省“四防一体化”建设推进会精神，建立常委包队责任制，每周听取进度汇报，定期研究协调部署。严格落实执勤八项制度，严密组织新兵上哨考核、省政府勤务随迁、“两规”勤务接收和两处执勤点撤勤任务，突出强化“三人应急小组”能力建设，认真吸取河北深州、新乡豫北监狱犯人脱逃教训，执勤环境不断改善。按照“下好先手棋、打好主动仗”要求，严格战备值班、教育、演练制度，部队始终处于良好的机动状态。全年共出动兵力2万余人次，圆满完成中央首长专机警卫、省党代会、高招评卷点安全保卫，中超足球联赛备勤，“5·10”“9·14”透水坍塌抢险救援，以及押运、押解、城市武装巡逻等重大临时勤务160余起，军内外媒体广泛报道，提升了部队形象。突出加强首长机关和特战分队训练，严密组织专勤专训和勤训轮换，重点抓好人装结合与应急处突综合演练，部队整体训练水平得到提高。新兵教育训练被总队评为优秀；总队特战分队获单位综合考核第二名；总队“十佳教练员”考评中，武警郑州市支队有3人进入前十名；总队参谋业务培训获单位综合考评第一名；“卫士-11”演习多次受到总队表扬；“四支队伍”训练成果汇报表演圆满成功。十一中队代理排长罗兴在武警部队反恐专业比武中取得个人综合成绩第六名，被授予“勇士勋章”；三中队副中队长董旭辉被总部评为“标兵教练员”，记个人二等功。

【部队正规化建设】 2011年，武警郑州市支队扎实开展“条令法规学习月”活动，严密组织“转变工作作风、密切内部关系”暨士官教育整顿活动，严格新兵“第二适应期”“两会”“节日长假”等重点部位、重要时段、重点人员管控，严格落实机关、基层《正规化管理规定》，通过严格营门纠察、每周检查讲评、召开基层正规化管理试点观摩会等措施，支队正规化程度明显提升。突出15个方面的防范重点，每月开展安全防范教育，每季度组织安全工作讲评，及时转发和传达事故案件通报，扎实开展“查隐患、定措施、保安全”教育整顿活动，认真抓好“三查一除”“百日安全竞赛”和外借车牌号、手机、印章、失泄密等专项治理，修订完善《支队安全工作奖惩实施办法》，紧跟季节变化抓好自然灾害防范，有效防止问题发生，实现了全年安全稳定。

【基层武警建设】 2011年，武警郑州市支队认真抓好总队三级主官培训成果转化，深入开展干部岗位练兵活动，修订完善《落实〈纲要〉考评实施办法》和《优秀士兵评比实施细则》，严格每季度到中队考核和双向讲评，有效激发了各级按纲抓建热情。认真落实总部《党委、支部考察帮建意见》，5个连续多年未达先中队跨入先进行列。深入开展创先争优活动，组织开展“一诺三评”，支部战斗堡垒和党员先锋模范作用得到充分发挥，活动做法被《武警报》头版头条刊登报道。修订《干部日常管理若干规定》，坚持实地查、网络控、电话点和周通报、季讲评制度，保证干部的在位率。下发《干部系列教育实施方案》，制定干部《创先争优评比实施细则》，促进了各级干部思想和工作作风转变。

【后勤综合保障】 2011年，武警郑州市支队修订完善各类后勤应急保障预案，规范后勤应急指挥机构编成、职责和程序，圆满完成两次实兵拉动演习和两次抢险救援后勤保障任务。深入推进基层“四项设施”建设，加强达标中队精细化管理，推进未达标中队建设，官兵学习、工作生活、环境明显改善。坚持党委集体理财，严格经费审批，实行大宗物资“阳光采购”，被总队评为“四类经费”管理工作先进单位。严把食物采购、验收、制作关，深入推进自助餐和小作坊建设，官兵伙食满意率达98%以上。支队被总部评为“健康警营”达标单位。广泛开展专业技能练兵活动，在总队后勤专业比武中获得团体第二名。

（王　森）

人民防空

【概况】 2011年，郑州市人防工作中大力推进人防投融资、产权、管理体制“三项改革”，把人防建设与国防建设、经济建设、城市建设、社会发展紧密结合，全面超额完成了全年各项责任目标和工作任务。郑州市人防办被国家人防办表彰为全国人民防空综合防护体系建设和管理先进单位、2011年度通讯报道先进单位，被济南军区和河南省政府联合表彰为人民防空先进集体，被省人社厅和省人防办表彰为全省人防系统先进集体。

【地下空间开发】 2011年，郑州市地下空间开发走在了全国前列。一是市政府将开发利用地下空间作为专题，列入国民经济和社会发展第十二个五年规划，先后出台《郑州市地下空间开发利用管理暂行办法》和《郑州市城市地下空间开发利用项目办理程序》，首次明确市人防办为全市地下空间开发利用工作的政府主管部门，有效解决了地下空间开发的土地使用权、产权、经营权和管理权等相关问题。这些举措为全国首创，中央电视台综合频道对此进行了专题报道。二是以社会化投资为主体的地下空间开发利用工作成效初显。人防办积极探索人防融合式发展模式，市动物园地下停车场项目由丹尼斯公司投资建设，走出了一条集建设、经营、移交为一体的BOT模式；二七区德化街地下空间项目建设土地使用权由市政府划拨给二七区政府，走出了一条以国有土地划拨方式开发利用的模式；华润集团开发建设数码公园地下空间项目，走出了一条国有企业上市公司以国有土地出让方式开发利用地下空间的模式；鹏润集团开发燕风路、青年路地下空间项目，走出了一条民营企业以国有土地出让方式开发利用地下空间的模式。全市地下空间开发呈现出投融资渠道多元化、建设主体社会化、开发利用模式市场化的强劲态势。在11月召开的全国人防系统主任会议（首次扩大到省会城市人防办主任）上，国家人防办领导多次提到郑州市地下空间开发的先进做法，郑州市作了交流发言。三是地下空间开发步入快车道。2011年全市审批地下空间面积595万平方米，建成后将提供7万个地下停车泊位，成为“畅通郑州”地下停车场建设的主力军，审批地下空间面积为“十一五”5年的总和；竣工人防工程面积和市本级收取人防易地建设费总额分别占全省的1/3。地下空间开发出现三大转变，即由商业开发为主向商业开发和停车场建设并重转变，由个体规模较小、空间布局分散向规模大型、互联互通转变，由配建开发向单体独立开发转变。

【人防工程建设】 2011年，郑州市审批结建人防工程面积超额完成省定目标任务的50%，新建工程平战转换预案率达100%。一是加强结建防空地下室审批管理。进一步完善人防工程建设审批委员会集体研究审批制度，集体决策，严格把关，规范审批，依法强化结建管理工作。二是落实人防建设专项规划编制工作。修订了《郑州市中心城区地下空间专项规划》，编制了《郑州都市区地下空间专项规划》。三是深入开展人防工程建设质量效益年活动。成立了5个执法小组，对违规违法项目，分片包干，通过下达整改通知书、补缴人防易地建设费通知书、行政处罚通知书等程序，依法进行处罚和整改。截至年底，完成行政处罚的项目25个，正在行政执法之中的项目3个，有25个项目单位补缴了人防易地建设费，补建人防工程4.9万平方米。

【人防工程管理】 2011年，郑州市人防工程管理突出关注民生，心系群众。一是开放人防工程供市民纳凉。针对2011年高温天气来临早、恰逢高考的实际情况，全市提前开放40处人防工程纳凉点，纳凉空间近21万平方米，受到广大群众的一致好评，新浪网、大河网、河南电视台、郑州电视台、《大河报》《东方今报》等新闻媒体给予了大量报道。其中金水区人防办的纳凉工作经验被省人防办推广；时任郑州市委副书记、代市长吴天君视察大同路人防工程纳凉点，并给予高度评价。二是加强人防工程防汛工作。在进一步健全和完善防汛战备值班机制、隐患排查机制、汛情预警机制、专家论证机制、快速应急机制、防汛督查机制的基础上，市与各区、各区与工程管理使用单位逐级逐层签订人防防汛责任书，严格落实防汛责任，先后迅速有效地处置了管城区平等街、布厂街、北庆里、商城路28号和上街区许昌街、二七区五里堡68号院、惠济区郑州粮机股份有限公司等人防工程防汛险情。特别是9月5日国棉四厂防汛抢险中，中原区政府、市人防办、市建委、市城市管理局等单位领导、专家和技术人员现场成立“9·5”防汛抢险工程指挥部，市人防工程抢险队30余名队员连夜按抢险方案全力组织实施，奋战6个多小时，注浆混凝土30余车，排除了险情。市内各区不断加强对早期人防工程的维护管理，险工险段及时得到加固处理，报废处理手续齐全，保持了已建工程良好的使用功能。金水区人防办对早期人防险危采取的“夏病冬治”工作经验被省人防办推广。三是加强人防工程维护管理。2011年，郑州市在人防工程维护管理体制和管理模式上取得突破，全市推广人防工程挂牌公示制度，由单一工程管理转变为市、区两级分级管理，市人防办面向全市各县（市）区督促检查、宏观指导。至年底，已挂牌人防工程560余个，其中金水区人防办完成挂牌312个，金水区、上街区实现了全区人防工程公示挂牌全覆盖，走在了全市前列。市本级重点抓好“7401工程”、火车站人防工程、“2001工程”的维护管理工作。“2001工程”管理所推行大物业管理，效果比较明显，节约了大量的人力、财力和能源。

【人防行政执法】 一是建立依法行政工作领导小组，积极开展普法宣传，创造良好的知法学法用法环境。11月，河南振宇置业有限公司不服人防办行政处罚，向法院提起行政诉讼，市人防办法人代表出庭应诉，一审以人防办胜诉结束。此案为“一把手”亲自应诉，在社会上引起极大的反响和关注，12月14日，《郑州日报》以《“告官不见官”将成为历史》为题，报道了

郑州市开放人防工程，免费供市民休闲纳凉

市人防办积极带头落实《郑州市人大常委会关于加强全市审判机关工作的决议》的典型事例。国家高级法官荆战武对此给予高度评价。二是不断提高依法行政能力。建立主任办公会议学法制度，增强学法的机动性和灵活性。从重大决策的立项、听证，到召开办公会进行研究，法制机构要全程参与，并提出法律意见，重大决策要与省人防办、市政府法制办、法律顾问及相关部门进行充分沟通讨论，确保了每项决策依法作出、作出的每项决策合法合理。三是加强人防行政执法工作。成立人防违法案件查处工作领导小组，建立并落实领导小组工作制度。编印了《市人防办行政执法文书样本汇编》，规范了50余种执法文书，提高了行政执法和卷宗归档质量；加强执法培训，邀请法学专家、法律顾问开展行政法专题讲座，执法人员执法素养和执法经验普遍提高。四是加强法制教育。采取法律顾问讲课、专家授课、参加上级培训等方式，对一线执法人员进行了培训。结合全市人防系统业务培训，对全市人防干部进行人防法制教育，促进了各层面学法用法工作的整体推进。

【人防指挥通信】 2011年，郑州市人防指挥通信建设中充分发挥军地双重领导优势，与郑州警备区、河南预备役高炮师、71834部队、武警郑州市支队、消防支队等单位进行训练演练实践，平战结合，资源共享，取得新发展。一是全面整组训练人防专业队伍。4月份，人防指挥信息保障中心全员参加预备役高炮师集结点验，同时完成了7000人的人防专业队整组任务；5月中旬和6月上旬，联合郑州警备区对110名人防专业队骨干人员分两期进行了疏散、隐蔽、防护和山地行军等科目训练。二是完成“两防一体化”综合信息系统。初步实现了工程建设、工程管理、组织指挥、通信警报、专业队建设等人防诸要素的综合集成、动态管理。三是稳步推进“三网合一”信息系统建设。与市政府第一套视频会议系统相结合，采取以奖代补措施，指导各区建设人防“三网合一”信息系统，为全市应急救援、抢险救灾服务。四是完成重要经济目标防护演练。积极协调应急办、消防支队、公安局、卫生局、化工公司及人防志愿者队伍，采取随机导调的方式，完成了重要目标防空防灾应急演练。五是开展移动指挥通信车训练演练，圆满完成了济南军区人民防空会议保障和各项演练、集训任务。六是完成了全年30台警报器安装任务，并于国防教育日顺利组织警报鸣放活动。

【人防机关建设】 2011年，郑州市人防机关转变职能，提高效率，“准军事化”建设水平进一步提升。一是为适应新时期全市人防融合式发展需要，进一步推进管理体制改革，转变直属单位部分职能。市人防平战结合研究所转变职能更名为“郑州市人防工程质量监督站”，制约全市人防工程建设质量监督的工作瓶颈被打破；市人防物资供应站更名为“郑州市人防特种救援中心”，为确保全市人防事业融合式发展增强了组织和机制保障。“2001工程”管理所被省人防办和省人社厅表彰为“全省人防系统先进集体”。二是主动参与全市中心工作。积极主动融入“畅通郑州”建设，指导建设单位修建大型地下停车场，缓解和疏导静态交通压力；深化与轨道交通管理、建设单位的合作，搞好协调服务，确保轨道交通全面兼顾人防建设；认真做好“六联系”工作，解决了一大批关系群众切身利益的热点、难点问题，赢得广泛好评。市委办公厅、市政府办公厅对人防办派出的华润停车场建设首席服务官和市房地产企业首席服务官给予表彰；市内多家新闻媒体对人防办副主任万社芬的先进帮扶事迹进行专题刊载。

【领导视察活动】 2011年2月25日，济南军区作战部副部长杨积浒赴郑州市调研人防工作，视察了郑州市国防会务中心和郑州市人防“2001工程”管理所。

3月4日，市政协副主席党普选、市政协办公厅副秘书长汤燕等政协领导和政协委员视察地下空间开发利用工作。各位政协委员实地察看了动物园地下空间项目建设，并组织了座谈。市人防办、市园林局、市轨道公司等单位先后汇报地下空间项目进展情况。

6月21日，市委副书记、代市长吴天君带领市直有关部门负责人调研全市防汛工作时，视察大同路人防工程防汛工作，并实地察看人防工程的纳凉情况。

10月9日，郑州市副市长扎吐·沙衣热木视察郑州火车站地面喷泉改造项目，在听取喷泉改造工作情况汇报、观看喷泉喷射效果后，高度评价了市人防办工作，指出改造工程亮化了郑州市的窗口形象，美化了郑州的“城市名片”。

（王　玮　马睿丰）

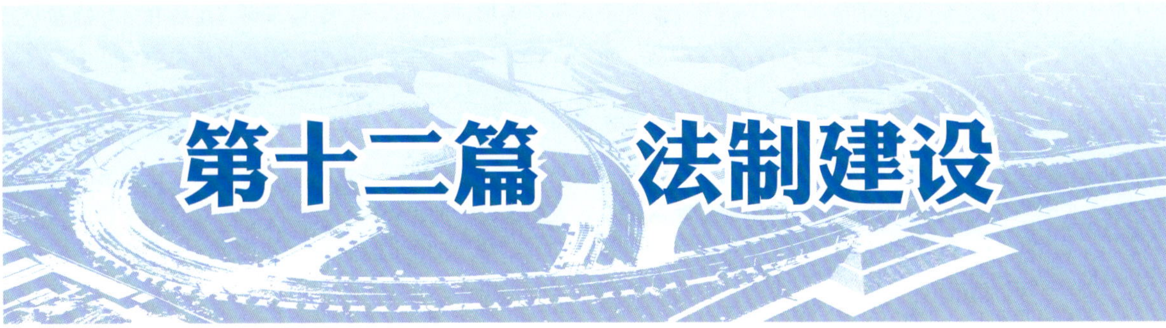

第十二篇　法制建设

政法工作

【概况】 2011年，全市政法部门紧紧围绕中心工作，以深入推进社会矛盾化解、社会管理创新、公正廉洁执法三项重点工作为载体，以打造“务实政法”为统领，积极化解社会矛盾纠纷，切实强化治安防控能力，不断深化平安郑州创建，有力维护了社会稳定和公平正义，为郑州都市区建设创造了良好社会环境。中共中央政治局常委、中央政法委书记周永康在新郑视察指导时，对郑州市加强创新社会管理和平安郑州建设工作取得的成效给予了充分肯定。

【社会管理创新】 2011年，郑州市政法部门完善机制，实施项目带动，社会管理创新扎实推进。以中共中央政治局常委、中央政法委书记周永康在新郑市视察期间重要讲话精神为指导，市委、市政府多次召开市委常委会听取加强和创新社会管理工作，市委书记连维良多次讲话部署、作出批示、提出具体指导意见，有力推动了社会管理创新工作开展。

一是加强领导，形成社会管理创新推进格局。市社会治安综合治理委员会正式更名为“社会管理综合治理委员会”，市委书记连维良任综治委主任，增加了成员单位，扩充了市社会管理综合治理委员会办公室机构编制，新增处室2个、行政编制10人，为工作开展提供了强大组织保障。以市委、市政府名义出台了《郑州市加强和创新社会管理　全面推进社会建设的实施意见》，将加强和创新社会管理工作任务细化为13个方面62项具体任务，制定了70个社会管理创新项目，实行项目化运作，逐一明确责任领导、牵头单位，强化督查检查，实行评优评差，社会管理创新项目有序推进。认真落实周推进会制度，抓紧办好社会管理半月报，形成了工作推进有力的良好态势。

二是突出重点，社会管理创新关键领域取得突破。从群众最期盼、问题最集中的领域入手，积极探索创新，推动问题解决。在统筹城乡发展和服务管理方面，各县（市）区积极稳妥推进“合村并城、合村并镇、合村并点”，有效改善群众居住和生产条件，提高了城乡社会保障服务均等化水平；在加强社会管理联动机制方面，各地区积极整合基层社会资源，建立完善了网格化社会管理模式；在非公有制经济组织服务管理方面，以“抓党建、服务民营促发展”为突破口，创新了非公有制企业党建工作；在加强高等院校服务管理方面，探索建立了由驻地政府和高校共同承担起对学生服务管理的机制；在提高科学管理水平方面，全市坚持落实信访稳定、舆情监测、联审联批、土地拆迁等4项日例会制度，社会管理应急水平明显提升。

三是强化指导，新郑全国综合试点取得优异成绩。加强对新郑市全国社会管理创新试点的指导，新郑市“十个所有惠民生”、加强“十类人员”服务管理、建立“一办十中心”服务平台的做法，受到了中央政法委书记周永康的充分肯定，并先后3次对新郑综合试点工作作出重要批示。市委、市政府在全市积极推广学习新郑经验，并建立了39个社会管理创新试点，形成了层层有试点、突出抓重点，以试点效应带全面工作开展的良好工作局面。

【社会矛盾化解】 2011年，郑州市按照“负责必稳、防范必安、为民必和”的信访稳定工作理念，畅通群众信访渠道，严格落实责任和各项维稳措施，加强源头治理，集中解决人民内部矛盾和突出信访问题，有效预防并妥善处理重大突发事件和群体性事件，实现了全市政治社会持续和谐稳定。

一是着力化解社会矛盾。省委常委、市委书记连维良对维护稳定工作高度重视，指导建立了信访稳定“日例会”等制度，多次将重大不稳定问题的化解列入日询问，全年市主要领导对维稳工作的批示达150余件，具体开会研究协调解决重大不稳定问题50余次。坚持信访稳定“日碰头”制度，全年共召开“碰头会”219次，研究协调解决信访问题和不稳定因素358批，有效提升了信访应急处置能力。深入开展社会矛盾“大排查、大调处、大防范”活动，对重大不稳定问题坚持集中交办，并由市领导分工包案，采取“日询问、周报告”的形式督查落实，截至11月底全市共排查矛盾纠纷1.22万件，化解1.18万件，化解率达97%；化解处置重大不稳定问题81起，把大量矛盾纠纷化解在了基层，消除在了萌芽状态。深入推进“三调联动”工作，截至11月底，全市共建立调委会2968个，调解民间纠纷51975件，调解成50824件，调解成功率97%。

二是着力畅通信访渠道。认真抓好矛盾纠纷排查化解工作，通过五级6529名信访信息员组成的矛盾纠纷排查调处队伍，对矛盾纠纷做到了早发现、早处理、早稳控。进一步规范信访评估工作，建立了由市委群众工作部门牵头，市发改委、建委、规划局等部门参加的评估联席会议制度，对拟出台实施的重大决策项目，坚持按程序实施评估，全年全市共实行社会稳定风险评估89项，完成评估79项，未发生涉及已评估项目的信访事项。加强领导干部定期接访，主动下访，统一印制《郑州市领导干部接访工作手册》，认真落实首问负责制和督查机制，畅通了群众信访渠道。加大信访积案化解力度，市本级坚持三个层次的联席会议制度，在省、市党代会等重大政治活动期间，分管市领导每天、常务副市长和市委政法委书记每月、市委书记和市长随时召开信访联席会议，研究解决重大疑难信访案件和群众工作推进过程中的重大问题，有力促进了问题的解决。在全国、全省信访总量快速反弹情况下，郑州市信访总量呈现出平稳下降态势。1-11月，全市实际发生群众赴京集访23批1510人，同比批数下降54.9%，人数上升159.5%；到省集访303批7213人，同比下降25.7%和37%；发生来市集访484批11276人，同比下降14%和10.3%。特别是省党代会期间首次实现了重大活动和重要政治敏感期，郑州市群众到省以上“零”集访。

三是着力维护政治稳定。全市各级、各有关部门对各类群体性事件，均制定了详细的处置工作预案。积极应对国外局势动荡产生的社会影响，成立“2·19”专项工作组，切实做好信息监控、人员管控，认真开展巡逻巡查、现场处置，有效预防和处置了敌对势力煽动的非法聚集活动。进一步加大对“法轮功”等邪教组织的深挖打击、防范控制和警示教育力度，共破获“法轮功”案件42起，打掉地下组织团伙12个，捣毁地下窝点33处，抓获违法犯罪分子86人，收缴各类反动宣传品5200余份，2011年需攻坚转化的16名“法轮功”人员全部转化，重点需巩固的154名“法轮功”人员思想稳定，超额完成了省委防范办下达的转化任务。

【执法规范化建设】 2011年，全市政法部门切实加强执法规范化建设，积极化解涉法涉诉信访案件，建立健全案件评查长效机制，加强督查，公正廉洁执法实现突破。

一是积极化解涉法涉诉信访案件。按照“化解积案，源头预防，切实减少赴省进京信访量”的涉法涉诉信访工作目标，切实加大涉法涉诉信访案件办理力度，截至12月6日，共处理进京赴省来市涉法涉诉案件687件，办结息诉664件，息诉率达96.6%。高度重视初信初访，对涉法涉诉窗口接访案件实行当天交办甄别、3日内约谈反映人、1个月内反馈进展、2个月内结案的“快捷办理”机制，有效减少了赴省进京访量。集中开展涉法涉诉积案清理活动，通过一把手包案、周排名通报、严格查究等措施，省执法检查组交办的355起案件，办结349起，结案率达98.3%，受到了省委政法委领导好评。强力推进中央、省委领导批示案件的办理，改进督查方式，注重督查实效，对未结案件的单位逐一发出《催办通知》，提出办理时限，限期结案，对案件较多的单位采取现场办公的方式，加快案件办理进度，全年共受理上级领导批示交办案件120件，到期应办结的117件全部办结。

二是切实抓好案件评查工作。制定了《郑州市案件评查工作规定》，建立了登记、承办、审批等工作程序。从全市政法部门遴选业务骨干，并特聘人大代表、政协委员、法律专家、技术专家、律师等社会各界人士，建立了郑州市案件评查人员档案库，确保了评查队伍稳定和评查工作质量。由市案件评查办公室统一制作了评查文书，规范了评查工作台账。全年市、县两级政法部门共评查案件1619件，发现存在问题案件254件，已处理175件，提出责任查究意见案件114件，追究责任干警113人。

三是推进法官绩效考核和执法规范化建设。把法官绩效考评工作列入执法监督的日常督查范围，组织两级法院采取动态考评，实行一月一考评一通报制度，加大涉法涉诉信访工作的考评权重，建立完善法官业绩档案，并将考评工作纳入部门绩效考核工作范围，促进法官绩效考评工作。全市法官人均结案率同比上升5%，调撤率同比上升1.3%；市中院结案率同比上升11.6%，调撤率同比上升7%；基层法院上诉案件发还改判数同比下降9.6%，发还改判率同比下降1.3%，案件办理质量不断提高。成立了郑州市政法纪工委，加强对政法干警违法违纪问题的查处，扎实推进政法干警执法档案建设工作，有力促进了执法规范化建设。

【政法队伍建设】 2011年，郑州市政法部门以主题实践教育活动为主线，以打造“务实政法”为统领，着力解决政法队伍在理想信念、宗旨意识、执法司法、纪律作风等方面存在的突出问题，有效提升了政法队伍整体素质。

深入开展“发扬传统、坚定信念、执法为民”主题教育实践活动，建立了“一把手”负责的工作机制。全面加强政法干警教育培训，在全体政法干警中组织开展了光荣传统教育、理想信念教育、群众观点教育、警示教育等四项教育，突出抓好基层一线科、所、庭、队长的集中轮训，提高了政法干警运用法律政策做好群众工作、化解矛盾、应对和处置突发事件的能力和水平。坚持把服务群众理念贯穿于执法工作全过程，扎实推进政法部门公开服务承诺、政法机关干警下基层、为企业提供法律服务等专项工作，增进与群众的感情，提升了政法工作满意度。

【基层基础建设】 2011年，郑州市政法部门以社区建设为载体，进一步整合社区资源，探索建立以社区警务室为主导，警务室与社区居委会密切结合，各种综治力量协同配合的地域全覆盖、时间全覆盖群防群治机制，发挥整体合力服务群众，提升了群众的安全感和满意度。完善市、县、乡、村四级法律援助网络，全市共设立法律援助受理点（站）207个，构筑起了“城区半小时、乡村一小时”法律援助服务圈，初步实现法律援助全覆盖。积极开展“法律六进”活动，以“普法讲师团”为依托，举办了百场万人法制报告会，累计授课1600余场次，受教育群众达20余万人。对全市乡镇（街道）平安建设工作实行三级动态考评管理，市综治办对全市177个乡镇（街道）组织开展公众安全感和群众满意度调查，对群众安全感指数位居全市后30位的乡镇（街道），实施一票否决警示和平安建设重点管理，切实提高了基层工作的积极性和主动性。

（艾　庆）

公安工作

【概况】 2011年，郑州市公安系统以“四个满意”为目标，以“四严一创”为载体，以社区警务为主线，以“实打实”工作作风为引领，真抓实干，为建设郑州都市区、打造中原经济区核心增长极创造了良好的社会环境。国务委员、公安部部长孟建柱指出“郑州持续平稳，来之不易，充分说明郑州公安工作十分扎实”，并在11月18日视察郑州公安工作时给予高度评价。河南省委书记卢展工，省长郭庚茂，省委常委、市委书记连维良，省委常委、代市长吴天君也先后对郑州公安工作给予了高度评价。

【维护社会稳定】 2011年，郑州市公安局坚持境内与境外统筹考虑、网上与网下有效对接，严密防范，严厉打击境内外敌对势力和敌对分子的捣乱破坏活动，维稳能力实现突破，全年没有发生在全省、全国造成重大社会影响的群体性事件。一是维稳工作成绩显著。“2·19”处置工作受到省委、省政府高度评价，在全省维稳会议上作了典型发言。12月5日，成功举行“使命-2011”反暴力抢劫实战演练，进一步检验了全市公安机关维护社会治安大局的能力和快速反应、多警联动、设卡盘查、协同作战的水平。二是网上处置工作亮点纷呈。全年对部、省下发的本地网上有害信息处置率达100%，全省排名第一。利用自行研发的“重点人管控系统”，成功侦办公安部督办的“4·12”网络销售盗窃机动车案，抓获犯罪嫌疑人100余人，带破刑事案件200余起，追回大量被盗车辆，公安部副部长张新枫作出批示予以肯定，并在郑州市公安局公安干校举办了全国现场会推广经验。推行的“网监警务室”管理模式，将现实警务管理机制成功引入虚拟社会，大大提升了本地有害信息的巡查处置能力，市公安局被公安部、省公安厅定为“虚拟社会现实化管理”的试点单位。三是信访工作处置有序。按照“案结事了、息诉罢访、群众满意”的工作标准，坚持每月两次的局长接待制度，信访案件全部按期办结并录入信访信息管理系统，到期办结率达100%。坚持排查调处工作机制，每月安排部

郑州市公安局组织代号为“使命-2011”的反暴力抢劫实战演练

署矛盾纠纷排查工作，制定解决措施，努力维护全市信访大局稳定。

【打击防范工作】 2011年，全市公安机关坚持专项整治与治安防控相结合，创新打击防范工作机制，确保了社会治安大局持续稳定。一是先后开展了“破命案、促打击、降发案”集中行动、深化“四严一创”和“两打一清”百日行动、“清网”行动等一系列专项行动，重拳出击，快侦快破，全市全年共破获各类案件12491起，打击处理违法犯罪嫌疑人12752 人。二是先后开展了“亮剑”“旋风”“猎手行动郑州闪电战”等一系列专项行动，严厉打击食品药品、非法集资、涉税、传销、侵犯知识产权、商业贿赂、证券犯罪、银行卡犯罪、网络传销犯罪等各种经济犯罪活动。其中“亮剑”行动成绩在全省排名第一，受到公安部、省公安厅领导的充分肯定。2011年，全市共受理各类经济案件806起，立案864起，破案836起，处理嫌疑人1265名，起诉509人，抓获经侦网上逃犯386名；百万元以上案件立案27起，破案23起；挽回经济损失近15亿元。三是强力开展打击非法小广告专项行动。全年依法治安拘留违法人员1835名，对127名违法犯罪嫌疑分子采取了刑事强制措施，打掉利用小广告制假、诈骗团伙32个，批评教育2296人，街头小广告泛滥现象得到了有效遏制，传播小广告行为明显减少。四是“清网”行动成绩喜人。从5月份开始，对历年来上网的2107名逃犯开展强力追捕。全年共抓获1898名，落网率90.08%，在全国省会城市中处于领先水平。全国“清网”行动推进会在河南召开，郑州市公安局作了典型发言。五是打黑除恶成效显著。全市全年共立案侦办涉黑案件9起，全部侦查终结移送起诉，打掉涉恶团伙56个，判决346人。打掉涉黑团伙数、涉恶团伙数均在全省领先。全国打黑除恶办公室转发了打黑除恶“郑州经验”。六是打击“两抢一盗”犯罪成绩突出。组建了100多人参加的打击“两抢一盗”专业队，配备最好的装备、最精干的人员，对全市“两抢一盗”案件进行专业化打击，全市入室盗窃发案量总体下降。至年底，全市公安机关共刑事拘留入室盗窃犯罪嫌疑人950人，打掉团伙60个，破获各类案件4082起，其中5起以上系列案件110起。

【社会治安管理】 2011年，郑州市社会治安管理成效显著,社区和农村警务建设、“三基”工程建设成为全省公安工作的新亮点、全国公安工作的聚焦点。探索建立以社区警务室为主导，警务室与社区居委会密切结合，各种综治力量协同配合的地域全覆盖、时间全覆盖群防群治机制。通过首席社区民警兼任社区（村）党支部副书记、居委会与社区警务室合署办公等形式，进一步整合社区资源，发挥整体合力，最大限度地增加社会和谐因素、减少社会不和谐因素，持续不断地提升群众的安全感和满意度。探索建立“一网四级，一级多格，一格多点”社会治安防控体系。按照“全面设防、一体运作、精确指导、有效管控”的要求，建立起点、线、面相结合，人防、物防、技防相结合，专群结合的全天候、全方位、立体化的治安防控体系，形成了“一网四级、一级多格、一格多点”的运行模式和“一部五队、分级管理、注重实战”的组织架构。

【交通管理工作】 2011年，全市共处理各类道路交通事故135161起，其中，适用一般程序处理道路交通事故566起，死亡83人，受伤687人，直接经济损失190.3万元，分别比上年同期下降17.73%、21.7%、20.21%和23.38%；适用简易程序处理事故104220起，比上年同期增长52.75%；通过交通事故快速理赔中心处理事故30375起，比上年同期增长3.15%。2011年以来，交警部门与相关部门密切配合，大力开展“畅通郑州”交通综合整治，进一步规范道路通行秩序。

以“畅通郑州”和“文明交通行动计划”活动为载体，以“保安全、保畅通、防事故”为中心任务，着力营造“行有序、路畅通、人平安”的交通环境。根据区域、时段不同特点，坚持每周一个整治重点、每周掀起一个整治高潮，对重点交通违法行为进行集中整治。尤其是与市文明办、市监察局、市财政局联合治理公车交通违法行为，实行交通违法通报和车辆没收制度，并把交通文明情况纳入文明单位的考核内容，由交警部门进行评定，在行政机关内部和社会各界引起强烈反响，收到了良好的社会效果。全年共处罚95.3万余起交通违法行为，其中，机动车73万余起，非机动车、行人22.3万余起；行政拘留1178人，其中，无证驾驶766人、肇事逃逸85人、酒后驾驶309人、使用伪造号牌18人。

有序推进智能交通系统建设，进一步提升了科技应用水平。市政府投资开展的智能交通一期工程“一个中心、两个平台”及交通信号控制、交通视频监控、交通信息采集、交通诱导、车辆智能监测记录、交通违法监测等6个系统建设完成。联网信号机增加至495处，新建视频监控600余处，基本实现对市区主干道无缝隙覆盖。按照“争分夺秒、寸土必争”的原则，科学组织交通，实施精细化管理，路口渠化率达到95%以上。对市区68条道路实施单行，对170个路口实行分时段或全天禁左措施，区域内交通形成了良性循环。智能交通建设和管理模式被省公安厅交警总队在全省推广。

2011年，郑州市交警部门先后荣获全省交通事故肇事逃逸案件侦逃专项行动第一名、全省公安交警系统大练兵比武竞赛活动第一名，在全省文明交通示范公路创建活动中处于领先位置。

【消防安全管理】 2011年，全市各级消防队共出警4950次，其中扑救火灾2119起、参加抢险救援2831起，抢救遇险人员1150人，保护财产价值3亿多元。严格规范执法监督工作，消防监督执法综合效益大幅提升，全年开展各种专项治理20余次，共检查单位15万余个次，发现隐患21万余处，督促整改隐患20余万处，下发责令改正通知书7.5万份，责令“三停”单位350家，整改销案三级挂牌督办的重大火灾隐患单位176家。完成了50家单位“星级评定”，128家人员密集场所建立“防消联勤”队伍，373家市级重点单位“四个能力”建设全部达标。在全市153个社区增设500个消防器材存放点，极大提升了初期火灾处置能力。全市基层防控力量检查巡查单位3.7万余家，整改消除火灾隐患2439处，发放各类消防宣传品6万余份，处置各类险情160起，扑救初起火灾216起。对警务机制改革后城区派出所消防工作进行了明确规范，派出所共检查单位近5.7万家，督促整改火灾隐患1.5万处，下发处罚决定书3.7万余份，依法拘留1920人，罚款510万元。

在全省率先对消防宣传教育工作实施立法，出台了《郑州市社会消防宣传教育规定》；在全国地级市中首次将消防宣传培训列入政府为民“十大实事”，首次以八局委名义下发了《全民消防安全宣传教育纲要》5年工作方案，推动消防宣传工作从政府层面上落实。持续开展“五进”宣传活动，其中错时宣传1.3万余场，宣传队演出200余场，宣讲团义务培训授课2516场，发生火灾跟踪宣传257场，重大活动、重大节日专题宣传41场，举办消防控制室管理人员、消防安全巡逻人员、危险物品监督员等职业技能培训班21期，在全市主要社区、繁华街道设置固定宣传牌（栏）、橱窗和瓷砖1.7万余块，在居民楼院、单元式住宅设置提示牌4.5万余处，利用50余万块楼宇电视、户外显示屏等每天滚动播放消防常识，组织疏散演练600余场，受教育群众达百万人。

【公安信息化建设】 2011年，郑州市公安局确定了实战、实用、实效的推进战略，以警务综合平台、大情报平台、警用地理信息平台、视频监控平台等四大平台为基础，以深入推进大情报系统建设为抓手，强化基础信息采集录入，深化部门警种资源整合，创新工作体制机制，全市公安信息化建设扎实推进，有力地服务了实战。警用地理信息平台建设在全省率先通过公安部评审验收。大情报系统建设水平全国领先，公安部先后5次编发简报，推广“郑州经验”，并多次在全国大情报建设应用推进会上作典型发言。公安部副部长张新枫、刘金国先后批示，予以肯定。3月1日，全省公安机关深度应用“整体作战法”现场会暨2010年度“中原卫士杯”竞赛总结表彰会在登封召开，在全省总结推广了登封信息化工作经验。为全市公安民警配发了新型警务通，民警可以随时随地采集信息，进行录入、查询和比对，进一步提升了掌控违法犯罪的能力。为有效提升全警信息化应用水平，市公安局于10月19日至12月2日组织开展了为期一个半月的警务信息化应用技能比武竞赛，公安部科技信息化局和省公安厅领导现场观摩了竞赛决赛，并给予高度评价。

【公安队伍建设】 2011年，郑州市公安系统加强队伍建设，公安队伍形象持续提升。先后有技侦支队等一批单位，常献忠、杨华民等一批民警荣获全国级荣誉表彰；有134个集体、631名个人受到上级表彰，其中，4人荣立个人一等功、35人荣立个人二等功、327人荣立个人三等功，138人受到省厅和市局嘉奖。不断加强教育整顿。全年共举办各类培训班44期，培训民警2561人。特别是为了提高公安队伍的凝聚力、战斗力，在全市公安机关开展了为期1个月的纪律作风教育全警轮训，通过培训，着力提升了民警7个方面的能力（领导表率能力、履职尽

市公安局组织全省第一次执法资格考试

责能力、业务工作能力、管理队伍能力、思想政治工作能力、发现问题和解决问题能力、应对突发性事件能力）。不断加强执法规范化建设。从2010年10月至2011年9月，市公安局共受理行政复议案件103起，无一起败诉，无一起引起当事人上访。2011年10月，公安部检查组对郑州市公安机关执法规范化建设进行全面检查验收，并给予了充分肯定。

（李淑贞　王　静）

检察工作

【概况】 2011年，全市检察机关认真履行法律监督职责，业务建设、队伍建设和事务管理等各项检察工作都取得了很大进展，社会形象持续提升。落实宽严相济工作在全省领先，自侦案件大案比例、实刑判决率位居全省第一，各类案件办案质量名列前茅，案件管理、“两法衔接”、公诉引导“命案”侦查、对民事案件公告送达的监督等多项工作，被高检院领导批示向全国推广。2011年确定的“四个领先、四个不能发生”的工作目标总体实现。

【刑事检察工作】 2011年，全市检察系统共批准逮捕各类犯罪嫌疑人6804人，同比上升0.15%；提起公诉10262人，同比下降18.2%。严重刑事犯罪多发势头得到有效遏制。一是依法从重从严打击严重刑事犯罪。共批捕此类犯罪嫌疑人3926人，提起公诉5065人，增强了群众安全感。从快批捕“瘦肉精”“地沟油”“注水肉”和制假售假等涉案犯罪嫌疑人156人，提起公诉274人，有力地维护了食品安全和市场秩序。二是依法从宽处理轻微刑事犯罪。推行取保直诉备案制度，对6843名轻微刑事犯罪嫌疑人实行非羁押诉讼，占刑事犯罪总数的近一半。捕后轻刑判决率为19.9%，诉后轻刑判决率为22.2%。新郑市检察院具有创新性的附条件不起诉做法，得到中央政治局常委、中央政法委书记周永康的充分肯定。登封市检察院建立“法制副校长工作机制”，协调有关部门加强校园食品安全监管的做法受到最高人民检察院检察长曹建明的批示肯定。三是积极化解社会矛盾。始终坚持群众路线，把执法过程变成服务群众的过程，依法解决群众合理诉求。坚持检察长接待日制度，基层检察院实行点名接访制度。全年共接待群众来访4565人次，为生活确有困难的刑事被害人协调救助资金70余万元，办结信访案件353件，全部实现了息诉罢访。

【查办和预防职务犯罪工作】 2011年，全市检察系统按照“稳定数量、提高质量”的要求，坚持惩治和预防两手抓、两手硬。

（一）查办大案比例高，办案效果好。反贪工作全年共立案侦查155件208人，其中大案148件，大案率为95.5%，高出全省22个百分点；百万元以上大案28件，同比上升40%；大案率和百万元以上大案数均排名全省第一。如中原区检察院查办的二七区原区委常委、统战部部长曲连文受贿1000多万元案，高新区检察院查办的河南省地质勘查开发局第二地质队先后两任队长王兴民、肖汉甫等6人私分国有资产数千万元案等。郑州市检察院查办的中国银河证券股份有限公司原总经理肖时庆受贿1546万元、内幕交易获利1.03亿元案，系全国查办证券行业内幕交易第一案；审查起诉上级交办的深圳市原市长许宗衡受贿3300多万元案，社会反响强烈，展示了郑州市检察系统办理大要案的能力，得到中纪委、高检院的充分肯定。反渎工作共立案侦查54件111人，其中重特大案件44件，重特大案件率为81.5%，高出全省1个百分点。中央媒体和群众高度关注的京沙快速路安置房“豆腐渣”工程、京广铁路立交桥压塌事件发生后，市检察院反渎局和金水区检察院、管城区检察院迅速行动，依法对13名涉案人员追究刑事责任，取得了良好的社会效果。

（二）办案质量和办案效果明显提升。全市全年贪污贿赂案件实刑判决率为84.5%，高出全省45.1个百分点，居全省第一；通过办案为国家挽回直接经济损失1.5亿元，同比大幅度增加。渎职侵权案件实刑判决率42.9%，高出全省30个百分点，居全省第一；结合办案，追缴人防建设领域违规资金1.8亿元。

（三）预防职务犯罪工作积极扎实。积极开展个案预防、专项预防、系统预防“三防并举”，开展预防调查70次，发出预防检察建议94份，开展警示教育155次。对重大项目建设开展同步预防，完善行贿犯罪档案查询系统，接受社会查询15538次，16个有行贿记录的单位被限制投标。结合查办经适房建设领域职务犯罪案件，向有关部门发出检察建议28份，引起市委、市政府高度重视。向郑东新区、经济技术开发区、航空港区派驻检察处；向重点民生工程，如郑州地铁派驻检察特派员，把预防工作延伸到经济建设最前沿，保障国家公共投资安全。金水区检察院提出规范完善农村资产的检察建议，二七区检察院对武今明受贿260多万元、巨额财产来源不明案的案例分析，入选高检院预防职务犯罪案例分析“双十佳”。市检察院成功承办了“全国惩治与预防渎职侵权犯罪河南巡展”，全省2万多名干部接受教育，受到了省、市领导的赞扬。

【诉讼监督工作】 一是强化对刑事诉讼活动的监督。2011年，郑州市检察系统把有案不立、有罪不究、违法办案作为监督重点，监督公安机关立案80人，追捕140人，追诉196人；提出刑事抗诉59件，法院采纳率84.8%；纠正违法减刑、假释、暂予监外执行21件；对监管活动中的违法行为提出书面纠正意见33件，有效维护了监管场所的秩序。二是强化对民事审判和行政诉讼的监督。全年共提出民事、行政抗诉121件，抗诉改变率为100%。在加强抗诉工作的同时，积极探索纠正违法、检察建议等多种监督手段，加大民事行政检察工作的力度。

【检察队伍建设】 2011年，全市检察系统坚定不移地贯彻从严治检方针，抓教育未雨绸缪，抓苗头防微杜渐。开展涉车、涉枪、涉酒、办案安全专项督察51次，查纠问题16项。纪检监察部门建立违法违纪快速查纠机制，发现问题从严查处。反映干警违法违纪的举报信访逐年减少，全年调查处理22件，同比下降44%，没有发现严重违纪现象。

【接受领导和监督】 一是贯彻市人大常委会《关于加强检察机关法律监督工作的决议》（以下简称《决议》），认真办好人大代表议案和建议。与公安机关会签文件，规范重死刑案件证据标准，严格落实首次讯问同步录音录像制度，要求把每一起“命案”都办成“铁案”；与全市23个行政执法机关建立移送涉罪案件的工作机制，启动“行政执法与刑事司法信息共享网络平台”建设，最高人民检察院副检察长朱孝清对此作出批示，并要求在全国检察机关总结推广；根据《决议》要求，制定《对全市司法、执法情况综合评价办法》，共同解决司法执法中的突出问题。市人大常委会检查组对市检察院贯彻落实《决议》自觉报告工作，全年就7项重要工作向市人大常委会及其工作委员会作专题报告。切实抓好代表审议检察工作报告意见的落实，针对代表们提出的“服务都市区建设”“服务保障民生”等6大类19件重要建议，专题研究，及时办结。二是拓宽外部监督渠道。2011年新选任66名人民监督员，具有广泛的行业代表性，重点对查办职务犯罪案件中的“七种情形”进行监督。聘请并向630名人大代表、政协委员发放《特别监督证》，为代表、委员全方位监督检察工作提供便利。通过检察开放日、结对联络、座谈、函询等方式，走访代表委员729人，邀请视察500余人次。政协委员提出的提案，实现了办结率、见面率、问题解决率、满意率“四个百分之百”。三是让“阳光检察”真正走近群众。郑州市检察院率先在全省将检察人员职责、案件办理程序和4362份起诉书在互联网上公开发布，利用知名网站，开设“郑州检察”微博，回应社会关注，与网民互动，实施“阳光检察”。

（陆一凡　李　丹）

法院工作

【概况】 2011年，全市法院坚持为大局服务、为人民司法，抓党建带队建促审判，全力服务郑州都市区建设。全市法院共受理各类案件97633件，审（执）结92991件；市中院受理各类案件17830件，审（执）结15722件。

【刑事审判】 2011年，全市法院共审结各类刑事案件（含自诉）8550件，判处犯罪分子10970人。始终坚持对严重、多发刑事犯罪的高压态势，审结杀人、抢劫、盗窃等暴力、侵财犯罪案件6145件，判处犯罪分子7367人，切实增强了人民群众的安全感。深入开展“打黑除恶”专项斗争，共审结于立平、马二旺等重大涉黑案件16件，判处犯罪分子196人，切实维护了全市社会治安持续稳定。依法审结职务犯罪案件267件，从重判处中国银河证券股份有限公司原总经理肖时庆、深圳市原市长许宗衡等犯罪分子338人，深入推动了反腐败斗争开展。严厉惩治生产销售“地沟油”“注水肉”有毒有害食品和制假售假等严重危害食品安全的犯罪行为，审结破坏市场经济秩序犯罪案件440件。适时开展“打击食品安全及相关职务犯罪”专项活动。市中院专门成立活动领导小组，并向全市法院下发《关于严惩危害食品安全及相关职务犯罪的通知》，通过专项打击活动，及时阻截了食品安全犯罪在郑州市的蔓延态势，有效震慑了潜在犯罪分子，收到良好的社会效果。在案件审理中，坚持教育、感化、挽救方针，依法从轻判处情节较轻、社会危害性小的初犯、偶犯和老年犯1409人。对未成年人犯罪案件的审理，坚持“教育为主，惩罚为辅”的原则和“教育、感化、挽救”的方针，从维护未成年人合法权益出发，结合未成年人的心理、生理特征，做到法律效果、社会效果的有机统一；通过开展大量的社会调查、跟踪回访等延伸拓展工作，确立了对缓刑少年犯跟踪回访机制，建立帮教回访信息档案，每一位法官与情况特殊少年犯成立“临时家庭”，实行一对一的帮教，传递司法温暖；市中院少年审判庭积极与河南省未成年人劳动教养管理所、河南省郑州未成年犯管理所、郑州工读学校联系沟通，建立了预防青少年犯罪的合作机制、未成年犯帮教跟踪回访合作机制及问题少年教育改造合作机制。

【民事审判】 2011年，全市法院共受理各类民事纠纷案件55410件，审结54475件。及时审结婚姻家庭、劳

郑州市中级人民法院开展“送法进军营”活动

动争议、医疗纠纷等案件20364件，依法维护了群众切实利益。审结农村土地承包、农副产品购销等涉农案件2876件，切实保护了农民合法权益。继续开展“送法进军营活动”，审结涉军案件52件，依法维护了国防利益和军人、军属权益。连续3年开展“维护进城务工人员权益”专项活动，全市法官深入基层和工地，现场调解，现场执行，共为2693名进城务工人员追回劳动报酬7502万元，标的额占全省法院的60%。依法调节经济关系，审结买卖、租赁、物流等合同纠纷案件15464件，保护了公平交易。准确把握国家房地产调控政策，及时出台审理房屋纠纷案件指导意见，审结此类案件965件，维护了房地产市场交易秩序。坚持平等保护原则，审结涉外、涉港澳台案件80件，优化了郑州市投资环境。为加大金融安全司法保护力度，市中院在全省率先成立金融审判庭，实行金融案件集中管辖，全年共审结此类案件1768件，涉案标的额110亿元。针对民间借贷异常活跃形势，建立金融大要案和敏感案件审判预警机制，保障了金融市场健康发展。省高级人民法院在全省推广了郑州市金融审判工作经验。全市法院积极助推企业发展，开展“访企业、送服务”活动，全年走访企业326家，了解法律需求，努力实现依法办案与促进企业发展有机统一。改进办案方法，实行查封、扣押、冻结报备制度，慎用强制措施，保障了企业正常经营。加大对关键技术、知名品牌的保护力度，全年依法审结恒昊玻璃专利权、“铁棍”山药商标权等知识产权案件1182件，制裁了侵权行为，保护了自主创新。此外，全年妥善审理河南航空公司、安飞公司等企业破产、产权转让、股权配置案件47件，积极为企业重整、产业升级创造了条件。

【诉讼调解】 2011年，全市法院坚持把案件调解作为结案的首选方式，贯穿于审判执行的全过程。全年调解、和解案件52494件，其中民事案件调撤率达73%。全市法院在大力加强调解工作的同时，充分发挥社会法庭优势，全年全市2068名社会法官立足乡情、民情，深入乡镇、村庄，主动调处婚姻、邻里纠纷3573起，将纠纷消化在了基层。进一步加强诉讼调解与人民调解、行政调解、行业调解等非诉解决方式的协作配合，将大量纠纷化解在了诉前。建立专业审判与社会调解对接机制。加强与劳动、交警、人民调解等部门的协作配合，全市共成立专业巡回审判点227个，在13个基层法院建立诉调对接中心，构建法院与社会法庭、人民调解组织的沟通平台。法官根据纠纷性质和当事人选择，自行或委托人民调解组织对纠纷进行调解，并根据当事人要求，对达成的调解协议进行司法确认，全年将3029起纠纷简便高效地化解在立案前，降低了当事人的诉讼成本。中共中央政治局常委、中央政法委书记周永康在视察新郑市法院诉讼调解对接中心时给予了充分肯定。继续延伸人民法庭职能，建立法官与辖区党委、政府、社区、企业及人大代表、政协委员等结对联络沟通制度，定期走访联络对象，定期向辖区党委汇报工作，借助党委、政府支持，有效地化解了社会矛盾。

【行政审判与国家赔偿】 2011年，全市法院共受理各类行政案件2956件，审结2868件。坚持发展需求与权益保护相统一，妥善审理涉及拆迁安置、市政管理、畅通工程等行政案件，促进依法行政。积极发挥行政诉讼协调机制作用，全年共促使723件行政纠纷达成和解，增进了群众与政府的相互理解。加强与行政机关沟通，通过联合召开研讨会、发布行政案件司法审查报告等方式，共同提高了行政审判和行政执法水平。为进一步优化行政审判外部环境、争取权力机关的强力支持、提升行政审判水平，市中院积极配合并促成市人大出台《关于加强全市审判机关行政审判工作的决议》，认可并进一步细化了行政审判白皮书、涉诉行政争议协调委员会及近年来已建立推行的行政审判改革措施，明确了审判机关、检察机关、行政机关在行政审判工作中各自的权利、义务和责任。市人大出台加强行政审判工作的决议，在河南尚属首次，是郑州市行政审判工作的里程碑和新起点。最高法院副院长江必新、省法院院长张立勇先后对此作出批示。

进一步加强和完善国家赔偿案件的审理机制，有效监督赔偿确认案件审理程序，及时督促义务机关履行赔偿义务，妥善化解矛盾冲突。全年共审结国家赔偿案件10件，赔偿金额50万元。

【审判监督和管理】 2011年，全市法院狠抓审判流程精细化管理，积极推进减刑假释信息化建设，依法纠正错案，维护司法公正。全年审结刑事、民事、行政再审案件364件。在审判监督工作中，全市各级法院加强对老人、妇女、儿童及农民工、下岗职工等弱势群体的保护，加大对追索赡养费、抚育费及工资报酬、保险金等再审案件的办案力度，特别是对一些多次进入再审的案件，坚持在法律允许的范围内快审快结，尽量减少当事人的诉讼负担。同时，在审判监督环节积极落实诉讼风险告知、诉讼引导等便民措施，认真做好判前释法和判后答疑工作，尽可能地为当事人提供优质的司法服务。市中院积极推动减刑假释案件改革和信息化平台建设，进一步实现减刑假释“阳光审判”。减刑假释案件协同平台初步建成，对提高审理效率和质量具有重大意义。逐步扩大减刑假释开庭审理范围，丰富开庭形式，探索减刑假释案件庭审模式改革。坚持狱内开庭与狱外开庭相结合、庭审网络直播与邀请各界人士旁听相结合、法官与人民陪审员组成合议庭相结合，逐步增强了审理减刑假释案件的透明度，取得了良好的社会反响。

市中院审判管理办公室坚持“服务审判”工作宗旨，全年先后配合省法院司法巡查组完成了“五类”案件集中清理活动，配合市政法委开展万起案件评查活动，在全市开展1年以上未结诉讼案件集中清理活动。同时，强力推动案件流程管理工作，实现了网络案件、司法统计案件与实际办理案件“三同步”，彻底杜绝了“抽屉案”。为从根本上提升案件质量，审判管理办公室注重对影响审判质量的深层次问题进行调查研究，每月对市中院发还改判案件进行通报，并在深入调研发还改判案件的基础上，撰写了《关于全市法院发还改判案件情况的分析报告》，对全市2009年以来发改案件现状进行深入分析，对比全国水平，总结全市法院发改案件工作上下互动取得的成绩和存在的问题，并提出了改进工作的意见和建议。在此基础上，起草了《关于法律文书审核、签发权限的暂行规定》，为进一步提升案件质量打下了坚实基础。

全市法院进一步加大司法民主公开力度，着力保障群众司法参与权、监督权。2011年，选任了689名人民陪审员，参与审理案件5398件；从7万余名群众代表中随机抽取人员列席庭审，评议案件521件；全面落实公民自由旁听庭审、公众开放日制度，有力促进了司法民主。网上公布裁判文书18347份，网络直播案件庭审1500件，网上浏览达60万人次；开通法院微博，主动发布工作信息1139条，及时回复网民意见600余条，有力促进了司法公正。

【立案和信访工作】 2011年，全市法院着力完善司法便民举措。推广二七法院“党委领导，法院搭台，多方参与”的诉讼服务大厅建设经验，实现进门有人引导、材料有人收转、约见有人安排、风险有人提示、疑问有人解答。全市法院诉讼服务大厅全年接待群众立案、提供法律咨询、判后答疑近20万人次。在全市16个人民法庭推行远程立案、电子签章，减轻老百姓的奔波之苦。加大对特困当事人救助力度，依法缓、减、免收诉讼费692万元，发放救助金189万元，充分体现了司法人文关怀。全面加强“立案信访窗口”建设，开展“立案信访窗口”标准化、规范化建设，基本实现了“制度健全、功能完善、设施齐备、服务到位”的总体目标。“立案信访窗口”采用“窗口式”开放办公方式，充分体现“为民、便民、利民”的司法原则。

实行案件信访评估，对诉讼案件逐案评估信访风险等级，制定预案，预防和减少涉诉信访的发生。优化涉诉信访接访模式，进一步完善院长接访机制，实行院领导归口接访与预约接访相结合，全年共接访、下访群众4035人次。扎实开展信访积案清理活动，有效化解信访积案378件。郑州涉诉进京上访量连续3年退出全国前50名，基层法院连续3年全部退出全国前100名。

【执行工作】 2011年，全市法院以认真开展执行专项活动为契机，全年共执结各类案件17278件，执结标的额38亿元。一是严密组织，积极开展“反规避执行专项活动”，全市法院执行系统实行领导分包责任制，并专门抽出骨干力量，加大对被执行人及其财产的调查、罚款、司法拘留等力度，敦促被执行人履行义务。截至11月，118件规避执行案件全部执结。二是集中力量，扎实开展“执行攻坚月”活动。9月份起，3个月时间内执结案件3900余件。三是加大力度，集中清理拖欠农民工工资执行案件。对排查出的52件拖欠农民工工资等涉及民生执行案件，执结48件，执行标的额2100余万元，涉及农民工等1100余人。四是成立金融执行庭，积极开展“企业服务月”活动。市中院执行局于7月29日成立金融执行庭，专门负责执行涉及金融企业案件，至年底已执结金融企业案件370件，为稳定金融市场秩序作出了贡献。在全市法院开展的“企业服务月”活

入开展公职人员学法用法工作的通知》等文件，法制宣传教育和依法治市工作更加深入、具体和扎实有效。围绕创建全国文明城市，认真开展劝阻违法行为活动，突出抓好社区居民、外来务工人员和农村村民的法制宣传教育。创新举措，服务大局，在航空港区富士康项目维稳、火车站地区综合整治、村级组织换届选举、小岗刘城中村改造维稳等重点工作中，开展了一系列主题宣传活动。全年各级普法讲师团共举办法制报告会1600场。新郑市开展“法律明白人”培训工程，以法制宣传助推社会管理创新。加强法治文化建设，全市行政村、社区建设法制宣传栏3000余个，在公园、广场、主要街道打造“法制宣传一条街”，设立法制文化长廊，广泛开展送法下乡、法治文艺广场演出活动，进一步提高了普法针对性、渗透力和实效性。登封市积极创作群众喜闻乐见的法制文艺节目，送法进基层，不断满足群众法治文化需求。

【监狱劳教工作】 2011年，郑州市在监狱劳教工作中组织开展了百日安全竞赛活动、文明执法教育活动、规范化管理年活动、“大商杯”教育改造能手技能竞赛活动、处置突发事件预案演练等专项活动。进一步细化完善三大现场管理制度和警察直接管理制度，严格督促检查，对发现的问题及时进行整改和通报。市监狱通过灵活的奖惩措施促进罪犯伏法改造，减少了违规率。齐礼阎劳教所加强督察考核及奖惩体系建设，切实提高干警执法执纪水平。不断加强安全防范设施建设，各狱所安装了门禁系统、红外报警和触发式报警装置，建立了二级视频监控网络，场所物防技防设施进一步完善。教育矫治水平不断提高，保质保量完成了政治、文化、技术课教育，市监狱全年共完成“三课教育”593个课时，3个劳教所全年共完成5357个课时。进一步加强服刑人员、劳教人员职业技术培训，全年有388人获得国家相关技能等级证书。切实加强心理咨询工作，建立了心理矫治中心、心理健康档案，开展了心理健康教育。白庙劳教所积极开展心理危机干预，实施科学化教育。认真抓好安全监管责任体系建设，加强对生产重点部位、重点环节、重要时段的管理。认真开展“安全生产月”活动，“三大现场”环境卫生达标。石佛劳教所积极做好卫生防疫工作，被司法部评为“部级生活卫生达标单位”。研究开发劳教人员教育矫治管理软件，初步实现了精细化管理。探索涉法涉诉服刑人员、劳教学员管理办法，用“悉、管、疏、帮”工作法实现息诉罢访。市监狱连续18年、齐礼阎劳教所和白庙劳教所连续19年、石佛劳教所连续15年实现“安全四无”目标。

【法律服务工作】 2011年，郑州市出台了《关于律师服务郑州都市区建设的意见》和10项具体服务措施，提升了律师服务的深度和效果。广泛开展“律师进企业”活动，着力为重点领域提供专项法律服务。扎实开展“律师进社区、进乡村”和“律师工作下基层，法律服务为民生”主题活动，组织律师参与涉法涉诉信访、人民调解、司法调解、行政调解、法律援助等，发挥了在党委政府主导下的维护群众权益机制中的独特作用。2011年，全市律师担任政府法律顾问124家，企事业单位、社会团体1776家；调解各类纠纷2071件，息访和防止群体性事件190件。首次以市委、市政府名义，出台了《关于进一步加强和改进律师工作的意见》，大力加强律师党建工作，确保律师工作的社会主义正确方向。探索实行市直律师事务所星级评定办法，推进市直律师事务所规范化、规模化、专业化、品牌化建设。全年律师共办理各类法律事务6.6万起，较上年同期提高了10%。充分发挥公证工作预防和服务功能，全年共办理各类公证11.5万件，有力促进了经济社会平稳较快发展。积极完善司法鉴定管理机制，大力推进诚信执业，全年共受理司法鉴定6769起。创新国家司法考试举措，严格程序、严密组织，年度内两次司法考试平稳顺利，圆满完成6484名考生的考试考务工作。

【法律援助工作】 2011年，郑州市司法局积极推动法律援助列入郑州市“十二五”规划和市委、市政府平安郑州建设纲要。着力完善市、县（市）区、乡镇（街道）和村（社区）四级法律援助网络。建立了郑州市法律援助服务大厅；对12348法律援助咨询热线进行升级改造，延长了咨询时间；各县（市）区建立了标准化接待室，在全市法院、交警部门、看守所设立了法律援助值班律师办公室，在基层司法所、律师事务所、工青妇等部门设立了207个法律援助受理点（工作站）。加大法律援助工作宣传力度，进一步提高了法律援助办案补贴。构筑起“城区半小时、乡村一小时”郑州法律援助服务圈，基本实现了法律援助全覆盖。

扎实承诺践诺，诚信为民，2011年公开承诺的八件实事全部完成。全年共办理法律援助案件4728件，为受援人挽回经济损失或取得利益共计1027万元。强化律师对未成年人权益保护，全市律师事务所共为542名未成年人免费提供法律服务，减半收费代理起诉256起。建立公证办理“绿色通道”，为年老、残疾等当事人预约或上门办理各类公证近2000件，提供法律援助828

件，涉及金额186万元。司法鉴定方面，为残疾人、农民工、下岗职工减免司法鉴定事项费用73.68万元。广泛开展法制宣传教育，全年发放宣传资料120万份，受教育农民工、社区居民20余万人次。继续完善监狱长、劳教所长接待日制度，全年共受理解答服刑人员和劳教学员家属反映问题200余个。

【基层司法行政工作】 2011年，郑州市司法行政系统认真贯彻实施《人民调解法》，加强人民调解组织、人民调解队伍建设，全市专职人民调解员发展到8954人，成立调委会2993个。进一步完善"三调联动"工作机制，召开了"三调联动"工作领导小组成员会议，制定了《关于加强行政调解工作的意见》，出台了《关于在公安法院设立人民调解室有关问题的通知》，确立在全市人民法院、派出所设立人民调解室，选聘专职人民调解员464名。成立了河南电视台公共频道人民调解委员会。认真开展"人民调解质量年"活动，积极组织人民调解能手评选、精品案例评选、业务技能竞赛和卷宗质量评查等活动，极大提高了人民调解员化解矛盾纠纷的能力和水平。深入开展社会矛盾纠纷"大排查、大调处、大防范"活动，形成了一级抓一级、层层抓落实的矛盾纠纷排查调处机制。全年调解矛盾纠纷6.5万件，其中接受公检法委托案件3108件；共调解成功6.3万起，调解成功率达97%，基本上把矛盾纠纷化解在了基层，消灭在了萌芽状态。市医疗纠纷人民调解委员会调解了大量的医患纠纷，全年共受理医患纠纷65起，要求索赔2400多万元，经调解成功赔偿600多万元。2011年，金水区司法局统一规范人民调解各种档案，软件建设得到进一步加强。登封市在实践中总结出10种调解法，并在郑州市全市进行推广。惠济区司法局开展"三个深入"活动，化解矛盾，提升群众对司法行政工作的满意度。

深化安置帮教工作，加强对服刑在教人员的信息核查，实行信息核查月通报制度，全市信息核查率达到95%以上。全年共接受刑释解教人员1397人，安置帮教1365名，安置帮教率为97%。全市刑释解教人员中未发生严重危害社会稳定、造成恶劣社会影响的重大刑事案件。新郑市加大对安置帮教基地重点设施的投资力度，成立了特殊群体帮教中心，并设立了法制宣传室、心理咨询室、帮扶教育工作站等5个办公室，对刑释解教人员进行心理疏导、心理矫正、法律宣传及技术培训，还为"三无"人员准备了临时宿舍，收到较好效果。惠济区加强对服刑在教人员的信息核查，全区信息核查率达到99%以上。

【基层基础设施建设】 2011年，郑州市狠抓司法所基础设施建设，国债资金建设项目全部落实到位。全市172家司法所办公面积共计21439平方米，平均每所面积127平方米。除国债资金外，各县（市）区司法局还自筹资金500多万元用于司法所建设，办公设备基本齐全。司法所组织和队伍建设得到加强。全市司法所全部立户列编，核定人员53名，比上年新增43名，平均每个所3名工作人员，司法所长按副科级配备到位。高质量完成全市司法行政系统"十二五"规划项目申报工作，1个市本级、9个县（市）区司法局、4个狱所、3个司法所共17个项目列入国家政法基础设施"十二五"规划，争取国家、省和本级建设资金1.6亿元，建成后将新增监管、办公场所面积6.5万平方米。2011年，市本级已将市监狱、石佛劳教所等4个项目列入建设计划。

【司法行政队伍建设】 2011年，郑州市司法行政系统坚持以理论武装为首要任务，广泛开展形式多样的庆祝建党90周年、"发扬传统、坚定信念、执法为民"、创先争优等主题教育实践和学习活动。创新队伍业绩考评办法，建立健全司法行政系统年度绩效考核体系，完善评优评差机制。组织200多名领导干部参加了市委政法委、市委组织部等举办的各类培训班，组织狱所干警、公证人员和人民调解员参加了全市技术大比武，15人荣获"郑州市技术能手"称号。

狠抓政风行风建设，综合排名继续保持全市先进行列。扎实开展行政效能、监所公正执法、法律服务诚信执业等专项治理，建立监狱劳教执法档案，加强警务督察，大力开展廉政文化建设，公正文明廉洁执法执业水平显著提升。

（楚丽源）

仲裁工作

【概况】 2011年，郑州仲裁委全年受理案件2126件，比上年增长34%；涉案标的额13.3亿元，比上年增长12%。与河南省高级人民法院合作探索出了仲裁与诉讼相衔接机制的经验，并促成省高院下发了《审理民商事仲裁司法审查案件若干问题的暂行规定》，为全国仲裁界创新多元纠纷解决机制提供了宝贵经验，受到国务院法制办和仲裁界的广泛好评；研究制定了郑州仲裁委员会2010-2015年服务中原经济区建设五年规划，为郑州仲裁事业描绘出发展蓝图，指明了发展方向；与郑州大学法学院合作，成立了郑州大学研究生创新培养基地，推动了郑州仲裁智力资源、宣传推广及理论研讨方面的发展。

郑州仲裁工作得到了国务院法制办的认可，在全国200多家仲裁机构中，被确定为未来5年全国仲裁机构发展的5家红旗示范单位之一，通过3-5年的培养和发展，成为红旗示范典型，引领全国仲裁事业新发展。

【仲裁宣传推行】 2011年，郑州仲裁委按照“推行仲裁法律制度是根本，融入市场经济是关键”的工作思路，强力开展宣传推行工作，切实夯实仲裁发展基础。一是补充修订了《宣传推行工作实施方案》。通过细化目标、定岗定位、定职定责，层层签订目标责任书，使宣传推行工作实现了制度化、责任化、常态化、规范化。二是多种载体并用，形成立体宣传效应。先后与省、市电视台及数家网站、报刊等媒体建立长效联系机制，适时发表和刊登仲裁信息，并通过郑州仲裁委网站与各家媒体在宣传工作上的互动，使宣传推行工作实现了全方位、全覆盖。三是创新宣传推行方式方法，确保工作见实效。采取召开座谈会、组织实地考察、岗前培训等方式，把宣传推行工作落到实处。先后与省市律师协会联合举办“加强合作，共促发展”座谈会、“创新发展，服务中原经济区建设”座谈会，参加律师岗前培训，讲解仲裁法律知识，建立律师档案和沟通联系工作机制等，促进仲裁机构与律师界的交流与合作，增强律师参与仲裁、支持仲裁、推行宣传仲裁的主动性和积极性。组织邀请工商银行、农业银行、中国银行、建设银行、交通银行等7家银行的法务负责人赴深圳仲裁委调研考察，全面了解仲裁化解金融风险的特点和优势。通过学习考察活动，推动省银行业协会下发了《关于选择郑州仲裁委员会解决银行法律服务的通知》，省工商银行在本系统下发了《关于充分利用仲裁机制解决客户法律纠纷的通知》，中信银行、郑州银行等也采取有效措施贯彻落实《通知》精神，使仲裁工作

郑州仲裁委与外来投资企业座谈会

在银行业呈现良好的发展开端，银行业仲裁案件逐步成为仲裁委重要案件来源之一。

【仲裁调解】 2011年，郑州仲裁委共审理案件705件，其中，新受理案件596件、上年结转107件、法院裁定重新仲裁2件。审结421件，审结率占60%；调解和解172件，调解和解率占40%；当事人自动履行187件，占已审结案件的44%；简易案件平均审结期限46天，普通案件平均审结期限79天，远低于仲裁规则规定的2个月和4个月期限，充分体现了仲裁公平、公正、快捷、高效的优势和特点。

为提高办案质量，郑州仲裁委采取了积极措施。一是制定了《提高仲裁“三率”的实施意见》《关于报请指定仲裁案件仲裁员工作的若干意见》《简易案件文书样本》等，实现仲裁案件的标准化操作。二是继续采取在审案件月报制度和个案流程安排计划书制度，使仲裁秘书对手中案件进行整体把握。三是加强仲裁秘书对仲裁裁决的初步审查及互审工作，降低或避免仲裁文书的文字、计算错误，保证了仲裁裁决的规范性。对实体裁决部分中明显的漏裁、超裁和错裁，适时与仲裁庭沟通进行补正，全面保障当事人的合法权益。四是针对一些复杂疑难案件，组织专家进行论证，保证了法律适用和社会效果的统一。五是坚持开展案件评查，对案件进行分析，书写仲裁案件分析报告，及时总结有关经验教训，不断提高庭审能力和裁决书制作水平。六是定期开展仲裁监督工作，对发现办案较为拖拉的仲裁员督促催办。严格审查仲裁员的回避申请，减少案件超期，杜绝违反仲裁纪律的现象发生。

【创新调解机制】 2011年，郑州仲裁委实施和坚持“四调对接连动”，健全和发展多元纠纷解决机制针对市场主体了解仲裁调解不深的问题，加大了仲裁调解的推行宣传工作。先后与省工商联联合，借助商会、行业协会、重点部门的力量，深入到河南豫东商会、古玩商会、汽车用品商会等的100多家企业进行10多次联合调研座谈。与外商投资协会、中国国际商会郑州商会、郑州市外商投诉中心联合，邀请外商投资企业、港澳台投资企业和外来投资企业召开了“迎中秋、促服务、谋发展”座谈会。认真开展筹备成立民商事调解中心工作，并召开了“第一届郑州民商事调解中心第一次理事会会议”。深入房

管部门联合办理纠纷案件等，把仲裁调解延伸到社会热点和企业第一线，增强市场主体对仲裁的认知度和积极参与仲裁的信心。为广泛普及仲裁调解知识，在立足重点部位宣传推行工作的同时，与市直多家部门进行耐心细致的协调沟通，将仲裁调解纳入了“十二五”规划和郑州市“三调联动”内容，郑州仲裁委成为“三调联动”成员单位，《仲裁法》被列入“六五”普法内容。

【创新仲裁服务】 2011年，郑州仲裁委为增强仲裁工作的深度和广度，破解多年来仲裁未能进入市场经济主战场的瓶颈，积极开展了多领域、多层次的仲裁服务工作。一是组织开展了建设工程争议评审机制的研究。起草了《建设工程争议评审规则》《评审专家守则》《建设工程争议评审收费办法》，制定了相应格式文书，筹备了建设工程争议评审委员会等，为仲裁工作顺利进入建设领域、全方位服务重点项目建设奠定了良好基础。二是为银行业仲裁设置绿色快速通道，加快了银行业矛盾纠纷的处理。三是与法学会、高校等合作开展共建活动。先后与郑州大学、河南财经政法大学等4所高等院校和科研单位联合建立了培训、实习基地，为长期开展学术交流、培养人才、仲裁宣传和研究仲裁重大问题搭建了良好的平台。四是深入市场主体和市场经济的主战场、最前沿，掌握市场规律，提升服务品质，规范合同文本等，为仲裁工作的深层次、多元化发展奠定了扎实基础。

【优化仲裁环境】 2011年，郑州仲裁委通过多种途径，全力做好与法院的衔接工作，加快仲裁与诉讼相衔接的步伐，进一步优化了发展环境。一是协调省高院出台了《河南省高级人民法院审理民商事仲裁司法审查案件若干问题的暂行规定》，并为全国司法部门、仲裁机构探索多元纠纷解决机制起到了示范效应。二是加强沟通与协调，畅通衔接渠道。长期坚持与市中院民三庭、执行庭进行协调沟通，召开疑难案件座谈会，为法院审理或执行提供便利和支持等，畅通了仲裁与诉讼具体衔接的工作渠道。三是邀请法官参加仲裁工作会议，加深法官对仲裁的认识和把握。邀请省、市两级法院商事审判的法官及相关领导参加了中南片区仲裁株洲经验交流会、河南省仲裁工作首次年会等，增强了法院领导和法官对仲裁工作的整体认识，促进了仲裁与诉讼相衔接机制的有效推进。“重在支持，适度监督”的司法理念基本形成。

【仲裁庭信息化建设】 2011年，郑州仲裁委安排专项资金进行了仲裁庭信息化建设。一是经与市政府电子政务中心协商，为仲裁委专门铺设了移动、联通双光纤，为仲裁庭信息化建设奠定了网络通信基础。二是安装了专门的投影设备与配套的计算机。随着庭审的进行，仲裁秘书的庭审笔录、双方当事人的质证意见等庭审活动在投影幕布上同步显示，基本实现开庭审理案件的无纸化，大大提高了庭审效率。

【河南省仲裁工作第一次年会】 2011年11月1日，河南省仲裁工作第一次年会在郑州召开，省内10家仲裁机构和18家政府法制机构负责仲裁工作的领导参加年会。

郑州仲裁委员会副主任、秘书长兼办公室主任张灵芝作了《创建全国一流仲裁机构，助推中原经济区建设》的主题发言，洛阳、平顶山、焦作、三门峡、漯河和信阳仲裁委员会分别结合自身实际进行了发言。河南省高级人民法院民三庭庭长刘冠华就《审理民商事仲裁司法审查案件若干问题的暂行规定》出台背景、主要内容及如何指导仲裁实践进行了详细解读，并就仲裁与诉讼相衔接工作中遇到的问题及建议，同参会人员进行了互动交流。

会议探讨了在中原经济区上升为国家战略的新形势下，推进仲裁工作的新举措；同时，研究了仲裁与司法机制相衔接的有效做法。会议要求，各仲裁机构要建立长效机制，努力营造仲裁事业发展的良好环境。要加强仲裁机构间的联系与交流，今后每年召开一次全省仲裁工作年会，研究探讨仲裁工作有关问题，并由各仲裁机构轮流主办，作为分享仲裁工作经验的一个交流平台和长效工作机制。

会议决定，河南省仲裁工作第二次年会在洛阳召开。

【第三届郑州仲裁委员会第五次会议】 2011年8月23日，第三届郑州仲裁委员会第五次会议召开。

会议由郑州仲裁委员会副主任许和主持。会上，先后听取并讨论了委员会副主任兼秘书长张灵芝《关于拟接受闫建民请辞委员和拟聘林少蓉为委员的报告》《第三届郑州仲裁委员会第五次会议工作报告》，仲裁办副主任梁立群《关于成立“郑州民商事调解中心”的报告》，仲裁办副主任柴青《关于设立郑州仲裁委员会建设工程争议评审委员会的报告》和《郑州仲裁委员会建设工程争议评审规则（送审稿）》。向林少蓉颁发了政府聘书。

【仲裁执行工作座谈会】 2011年9月2日，仲裁执行工作座谈会召开。会议由郑州市中级人民法院执行局和郑州仲裁委员会办公室联合举办，围绕民商事仲裁裁决的可执行及进一步增强仲裁与执行工作的相衔接问题，仲裁员与执行法官展开了充分的互动交流，分别从各自的

仲裁员沙龙

角度对仲裁执行工作提出了意见和建议，在不予执行程序中吸收仲裁员参与听证、阅卷调方面进行配合等方面达成了多项共识。市中院副院长王胜利、仲裁办主任张灵芝、市中院执行局局长赵培伟分别作了讲话。

会后，经郑州仲裁委与郑州市中级人民法院商定，类似的主题座谈会将作为长效机制定期举行。

【仲裁服务外来投资企业座谈会】 2011年9月6日，郑州仲裁委与郑州外商投资企业协会、中国国际商会郑州商会、郑州市外商投诉中心联合举办了“迎中秋、促服务、谋发展——郑州仲裁服务外来投资企业座谈会”，邀请了80多位外来投资企业代表参加会议。

市政府副秘书长李杰在致辞中希望企业界为仲裁工作献计献策，对郑州市及郑州仲裁的发展给予关注和支持。郑州仲裁委员会副主任、秘书长张灵芝作《发挥仲裁优势，服务外来投资企业》的主题报告，介绍了仲裁的全球化趋势及处理民商事纠纷的独特优势，以及郑州仲裁委为外来投资企业提供高效、贴心、优质的仲裁法律服务的多项措施。郑州太古可口可乐饮料有限公司、郑州华润燃气有限公司和永通特钢公司代表分别谈了对仲裁的认识及公司参与仲裁案件的切身体会。河南财经政法大学教授、郑州仲裁委员会资深仲裁员刘彤针对企业如何运用仲裁法律制度防范和应对法律风险作了专题报告。

【仲裁员沙龙】 为规范仲裁秘书和仲裁员合法搜集证据，促进仲裁员在民商事仲裁活动中合理利用证据规则进行证据认定，加强在仲裁裁决书中对证据利用的说理，保障仲裁裁决公正，2011年5月23日，郑州仲裁委办公室举行了主题为“仲裁程序中的证据问题”的仲裁员沙龙活动。仲裁委副主任、秘书长张灵芝，仲裁委办公室副主任谷青参加，清华大学法学院博士生导师、中国法学会诉讼法研究会代理会长张卫平教授出席，部分仲裁员、调解员、河南省其他仲裁机构代表、省律师协会代表、省内部分高校法律专业研究教学人员参加。

参加活动的仲裁员、调解员及仲裁机构工作人员结合仲裁实践，同全国知名专家教授展开互动，收到了预期效果。

（董曙雯　范炎昌　董建峰　姚　红）

政法大事及典型案例

【平安郑州建设】 2011年，郑州市健全完善社会治安防控体系，严厉打击违法犯罪活动，深入开展重点地区排查整治，着力解决突出治安问题，社会治安秩序始终保持良好，人民群众安全感进一步提升。在全省组织的群众安全感调查中，郑州市人民群众安全感达到95.35%，在全省继续排名第五。

一是严厉打击犯罪活动。全市始终保持对刑事犯罪活动的高压态势，先后组织开展了“破命案、促打击、降发案”集中行动、深化“四严一创”“两打一清”百日行动、“清网”行动等一系列专项行动，严厉打击影响群众安全感的杀人、爆炸等严重暴力犯罪和“两抢一盗”等多发性侵财犯罪。全市加大破积案、打流窜、抓团伙、追逃犯、端窝点工作力度，依法严惩一批严重违法犯罪分子。全年公安机关共破获各类案件11894起，打击处理违法刑事犯罪嫌疑人13951人；全年共发命案111起，侦破104起，破案率达93.75%；抓获网上逃犯1713名，抓捕落网率达81.3%，在全国省会城市中保持领先。全市立案侦办涉黑案件9起，打掉涉恶团伙56个，判决346人。

二是严密构筑防范网络。探索建立了“一网四级，一级多格，一格多点”社会治安防控体系，充分整合人防、物防、技防资源，壮大群防群治力量，形成了全天候、全方位、立体化的治安防控网络。加大技防建设力度，市政府出资5500万元，县（市）区政府计划投入6700万元，重点用于加强公共场所、公交站点、背街小巷和小散远居民区技防建设。至年底，全市共建监控平台6467个，主城区安装视频92725个，6县（市）及上街区安装视频监控探头48652个，全市城市视频监控等技防设施安装覆盖率达到95%，农户实用技防设施安装接入率达到90%。全市每个社区组建了不少于9人、每个乡镇组建了不少于15人的专职治安巡防队，全市专职治安巡防队达到591支7332人。全市由财政出资招聘了2413名暂住人口协管员和1200名交通协管员，切实加强了流动人口信息管理和交通秩序治理，使基层社会防控能力明显提升。国务委员、公安部部长孟建柱视察郑州市公安工作时，高度称赞“郑州公安到处都是经验，值得宣传学习”。

三是深化社会治安综合整治。组织开展了“十万警民大清查”和网格化清理清查专项行动，对27个社会治安重点地区实施了挂牌整治，对28个治安比较突出的问题进行了限期整改，对1个单位实行了平安建设黄牌警告，对6个单位实行了平安建设重点管理，切实扭转了部分地区社会治安混乱的局面。始终把校园及周边安全工作作为社会治安综合整治重点，完成了市属学校的监控设施项目工程。加强区属中小学幼儿园技防建设，市教育局直属的63所学校（幼儿园）已全部聘用专业保安，各县（市）区所属的1841所（其中民办719所）学校（幼儿园）中，已配备专兼职治安保卫人员的1687所；上下学高峰时段，交巡警、巡防队员在每个小学及幼儿园门口巡逻，疏导交通，维持秩序，加强治安管理。

（艾 庆）

【侦破花二军涉黑案】 花二军，中共党员，1993年起担任金水区柳林镇马头岗村支部书记、村委会主任，其间先后获得河南省十大杰出青年、河南省劳动模范、“感动中原”60年60人等荣誉称号，是河南省第十一届人大代表。在获得众多荣誉的同时，花二军当政期间村委会背负了巨额外债，特别是花二军家族在马头岗及周边地区大肆占用农用地开发别墅，更是多次引发村民大规模上访活动。马头岗村的社会稳定问题成为省、市领导关注的焦点。

2009年打黑除恶专项斗争期间，公安机关接到大量群众举报，反映花二军涉嫌黑恶犯罪、贪污、贿选等违法犯罪问题。副省长、公安厅厅长秦玉海，时任郑州市副市长、公安局局长黄保卫先后指示市公安局刑侦支队打黑队全面展开调查。经查明：自1994年以来，花二军网罗花三军、李玉军、乔聚才、马发财等“两劳”释放和社会闲散人员，通过暴力、威胁等手段，欺压群众，横行乡里，大肆实施绑架、故意伤害、强迫交易等违法犯罪行为，逐步形成对郑州北郊渔场鱼饲料供应、建筑工地建筑材料供应、柳林水产市场活鱼销售渠道、陈寨蔬菜市场的控制，对郑州北郊及周边地区群众形成极强的心理威慑。

在掌握花二军等人的确凿犯罪证据后，郑州市公安局于2010年7月从全市抽调民警40余人成立专案组，历时1年，将花二军团伙骨干成员一网打尽，经省人大常委会研究许可,花二军因涉嫌组织、领导黑社会性质组织罪、绑架罪被执行逮捕，其河南省人大代表资格被依法罢免。2011年9月2日，新密市法院一审判决花二军犯组织、领导黑社会性质组织和绑架、强迫交易、寻衅滋事、破坏生产经营、非法占用农用地、挪用资金、重婚等8项罪名，合并执行有期徒刑20年，包括存款、房产、轿车在内总值近3000万元的涉黑资产被依法追缴。其他23名团伙成员分别被判处20年以下有期徒刑或拘役。

【侦破姚江伟特大系列抢劫强奸盗窃案】 2011年2月27日、3月7日、3月9日，巩义市接连发生3起针对单身驾车女性的抢劫案件，几名头戴马虎帽的犯罪嫌疑人驾驶一辆黑色轿车，尾随跟踪受害人至其居住的小区或偏僻路段后，强行将受害人挟持到车上，采取背戴手铐，持板刀、电警棍威逼，拍裸照胁迫等方式，获取被害人随身携带的银行卡密码，挟持其赴异地多个地点取款。

案件发生后，巩义市公安局立即成立专案指挥部，抽调精干警力全力侦破。经深入分析，3起案件并案侦查。之后，经过网上串并，又将省公安厅督办的三门峡“2011·2·23”系列盗抢案与巩义“2·27”系列抢劫案并案侦查，与平顶山“2010·4·9”特大抢劫案串案侦查。

3月10日晚，巩义市公安局以无牌轿车尤其是黑色无牌现代轿车为重点，在全市范围内开展地毯式清理清查、设卡盘查集中行动。23时许，嫌疑车辆被围堵在巩义市米河镇草店村附近，嫌疑人弃车逃窜。

郑州市公安局刑侦支队从涉案车辆内提取到了板刀、马虎帽、汽车解码器、万能钥匙等作案工具，并从车内提取到了多枚指纹和4名男性DNA。通过网上核查，查明涉案车辆系3月8日晚山西晋城被盗的黑色现代索纳塔轿车。经过到晋城调查和线索分析，专案民警判断犯罪团伙应系驾驶黑色现代伊兰特轿车流窜山西晋城作案，抢劫得手后，又盗窃了一辆现代索纳塔轿车，推断其返回时两辆现代系列轿车同行的可能性较大。

随即，专案组将侦查重点放在查找两辆相伴而行的黑色现代系列轿车的行驶轨迹上，最终将侦查范围锁定在了平顶山市郏县渣元乡一带，并成功抓获了犯罪嫌疑人张利杰。在他和同伙赵军刚驾驶的捷达轿车后备箱内，提取了马虎帽、手铐、电警棒等与“2·27”

案件类似的作案工具。经过对张利杰、赵军刚进行全面突审，犯罪嫌疑人张利杰、赵军刚如实供述了在巩义、登封、新密、新郑等地砸汽车玻璃盗窃车内物品及盗车的犯罪事实，同时还反映薛店镇肖庄村姚江伟（男，32岁）、姚永刚（男，30岁）、靳锋权（男，33岁）曾于2010年上半年，在平顶山做过一起大案。

4月3日7时许，犯罪嫌疑人姚永刚被抓获。经DNA技术比对，认定姚永刚为“2·27”系列抢劫案件犯罪嫌疑人。4月5日上午11时许，犯罪嫌疑人姚江伟在汝州纸坊乡赵落村被抓获。

经审讯，姚江伟、姚永刚如实供述了伙同崔顺利（在押）、靳锋权（在逃）等人于2011年2月27日、3月7日、3月9日在巩义市实施抢劫的犯罪事实，姚江伟特大系列抢劫强奸盗窃团伙被成功打掉。同时，也破获了省公安厅督办的平顶山“2010·4·9”特大抢劫案、三门峡“2011·2·23”系列抢劫案，以及该团伙流窜湖北、河南、山西3省16地市，跨省系列抢劫、强奸、盗窃案件100余起，涉案金额数百万元。

【侦破“2011·6·21”案件】 2011年6月21日8时30分，1名河道清理工在清理郑州市惠济区贾鲁河桥下河道时，发现一黑色塑料袋，内装被刀剔过的骨头，疑是人骨，遂报案。侦查员和技术人员经现场勘查，骨头为人体的下肢和上肢骨骼，现场除留下一根索尼爱立信手机数据传输线外，其他没有留下任何对案件侦破有价值的东西。案件的发生引起了市公安局领导的高度重视，立即成立专案组，对案情进行了分析研判，将现场的骨头进行死亡时间、骨龄、性别、DNA鉴定。

6月26日，侦查员在郑州市东风路派出所庙李警务室查找失踪人员信息时，发现一位名叫闫红岩（女，28岁，河南省睢县涧岗乡土楼西村人）的失踪人员与被害人的特征十分吻合。在对闫红岩的家人进行走访过程中，侦查员得知闫红岩在2个月前购买了一部索尼爱立信手机，与现场遗留下的索尼爱立信手机数据传输线相吻合，死者为闫红岩的可能性极大，DNA鉴定结果证实了死者就是闫红岩。通过侦查，侦查员了解到闫红岩失踪前与鲍振勤（别名鲍磊，男，34岁，安徽界首市人，已婚）有不正常的男女关系。鲍振勤在郑州市纬三路水产市场做食用菌生意，侦查员以客户的身份前往其店中购买食用菌，食用菌包装袋与案发现场的塑料袋为同一种类型；后侦查员在侦查中发现闫红岩失踪前仍与鲍振勤保持联系，鲍振勤具有重大作案嫌疑。于是，专案组迅速出击，在金水区庙李村将鲍振勤成功抓获。

经讯问，犯罪嫌疑人鲍振勤供述了在郑州市中建七局家属院1号楼3单元2楼东户杀死闫红岩，并肢解尸体；在山西晋城丹河大桥将作案工具扔到河内；在郑州市惠济区贾鲁河桥西大堤前岸埋尸块、后将未埋完的尸块扔到贾鲁河内的整个犯罪过程。

（李淑贞　王　静）

第十三篇　非公有制经济

综　述

【民营经济主要指标完成情况】

2011年，郑州市认真贯彻和落实国家出台的各项宏观调控措施，着力深化改革、完善机制、优化结构、加快转变民营经济发展方式，同时突出招商引资、重大项目带动等重点措施，大力发展民营经济。全市民营经济实现平稳健康快速增长，并呈现出“总量扩大、运行稳定、结构趋优、贡献加大”的良好局面，成为支撑郑州市国民经济持续发展的中坚力量。到2011年底，全市民营经济累计完成增加值3530亿元,同比增长20.6%，约占GDP比重72%；规模以上工业完成增加值1810亿元,同比增长25%；累计完成税收530亿元，同比增长28%，占全市入库税金总额的78%，其中，上缴国税290亿元，同比增长27%，占国税入库税金的74%，上缴地税240亿元，同比增长30%，占地税入库税金的84%；民间投资完成2310亿元,同比增长25%;完成出口65亿美元，占全市出口总额的76%；社会消费品零售额完成1690亿元，同比增长19%。民营企业总数达80736家，从业人员185万人。

2011年民营经济主要指标完成情况

单位：亿元

指标	2010年	2011年	同比（%）
增加值	2832	3530	20.6
其中：规模工业增加值	1245	1810	25
完成出口（亿美元）	21.9	65	300
上缴税金	413	530	28
民间投资	1847	2310	25
社会消费品零售额	1406	1690	19
企业数	78721	80736	2.6

【民营经济总量继续快速增长】

2011年，郑州市民营经济投资、消费、出口继续保持快速增长，拉动民营经济增加值总量快速增长。全年累计完成增加值3530亿元，同比增长20.6%，约占GDP比重72%。其中，第一产业完成70亿元；第二产业完成增加值2090亿元，同比增长26%；第三产业完成增加值1370亿元，同比增长20%，民营经济继续发挥国民经济主力军作用。

2011年民营经济增加值第一、二、三产业构成情况

单位：亿元

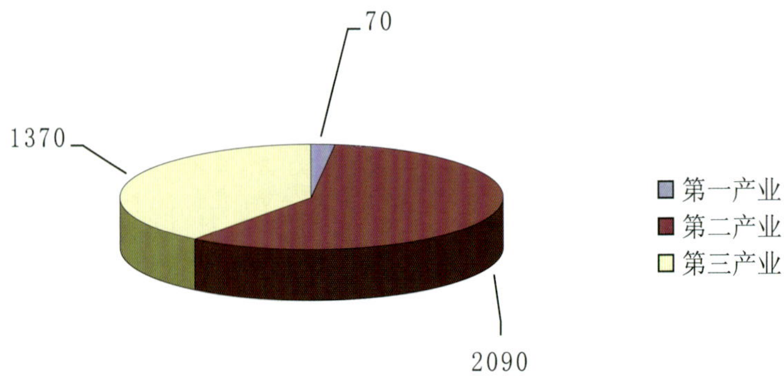

【工业经济平稳快速增长】 截至2011年底,规模以上工业完成增加值1810亿元，同比增长26.3%，占全市规模以上工业增加值总量的77%，完成产值5150亿元，同比增长26%，实现销售收入4880亿元，同比增长27%，实现利润590亿元，同比增长28%，继续支撑全市规模以上工业经济快速增长。在郑州市优化工业产业结构，同时不断引进新型、高附加值产业，提高技术水平、装备水平的带动下，企业自身实力增强，推动民营工业经济保持快速发展。

【民间投资与出口规模进一步扩大】 截至2011年底，郑州市民间投资累计完成2310亿元，同比增长26%，占全市城镇固定资产投资总额的76%，继续推动郑州都市区建设快速发展。出口继续保持高速增长，民营经济完成出口65亿美元，占全市出口总量的76%。

【民营经济税收总量高速增长】 2011年，民营经济累计完成税收530亿元，同比增长28%，占全市入库税金总额的78%，是公有制经济的3.54倍。其中，上缴国税290亿元，同比增长27%，占国税入库税金的74%，是公有制经济的2.85倍；上缴地税240亿元，同比增长30%，占地税入库税金的84%，是公有制经济的5.25倍。民营经济税收总量高速增长，成为郑州市财政收入快速增长的主要保证，为郑州市经济、社会的发展提供保障。

【消费品市场平稳发展】 2011年，郑州市居民消费价格指数处于高位，对消费品市场产生影响较大。民营经济社会消费品零售额完成1690亿元，同比增长19%，占全市社会消费品零售总额的85%。

【民营经济组织数量与就业规模加大】 2011年，郑州市民营经济逐步走出危机阴影，步入较快发展通道，带动创业环境及就业环境不断优化。截至年底，全市民营企业总数达80736家，注册资金总额接近千亿元。民营经济组织数量的稳步增加，尤其是大企业的快速入驻，为郑州市扩大就业创造良好的条件。截至年底，民营经济从业人员总数达到185万人，民营经济已成为大学生就业、农民工进城务工及安置国有企业下岗职工就业的主渠道，对解决就业压力和维护社会稳定起着越来越重要的作用。

（耿朝阳）

非公经济管理

【民营经济运行监测】 2011年，宏观经济形势复杂，国家强力淘汰落后产能、多次提高金融机构存款准备金率，不断压缩信贷规模，广大中小企业资金来源紧张，对民营经济发展影响较为突出。在对全市民营经济发展状况进行深入调查研究的基础上，市中小企业局积极采取应对措施，根据经济发展新形势，科学、合理确定2011年全市及各县（市）区民营经济发展目标。同时，坚持民营经济运行动态监测，及时准确把握企业现状，逐月统计企业运行情况，定期召开经济运行分析会，发现问题及时协调解决，确保圆满完成全年既定发展目标。

【拓宽中小企业融资渠道】 2011年，市中小企业局下发《关于推荐民营企业中小企业贷款项目的通知》，征集、整理民营企业、中小企业贷款项目近200个，积极向驻豫金融机构联系推荐，搭建银行、担保机构和中小企业合作交流平台，缓解中小企业融资难、担保难问题。11月22日，市中小企业局与金融部门联合举办“2011年小微企业融资洽谈会”，组织500多家小型、微型企业与20多家驻郑金融机构进行交流对接。为落实10月12日国务院制定的支持小型和微型企业的政策，郑州市下发《郑州市人民政府关于支持小型和微型企业发展的意见》（郑政〔2011〕106号），落实国家税收优惠政策，加大小型微型企业财税支持力度，加强服务体系建设。同时，与中信银行沟通对接，探索在郑州市发行中小企业集合票据，开拓中小企业融资新渠道。

市委、市政府召开工作会议表彰优秀民营企业家和高成长型中小企业

【专项资金管理】 2011年，市中小企业局按照《郑州市中小企业发展专项资金管理办法》规定，管好用好专项资金，加大扶持力度，引导中小企业发展走“专、精、特、新”之路，增强核心竞争力。做好2011年中小企业发展专项资金的申报、评审、拨付工作，科学合理安排资金扶持项目，帮助企业实现快速发展。经过企业申报、专家评审等程序，共对郑州新大方重工科技公司的“年产20台轮胎式动臂高空救援装备项目”、河南汉威电子公司“热释电红外敏感原件及检测仪表产业化项目”等61个中小企业发展项目进行资金扶持，共补助资金2940万元。

【中小企业数据库建设】 2011年，市中小企业局先后3次召开民营企业信息采编培训会议，对各县（市）区中小企业工作部门负责人、部分重点民营企业信息采编员近400人进行培训。截至年底，已经完成百家重点民营企业、百家高成长型企业和50家诚信民营企业、50家高科技民营企业等500多家规模以上民营企业的数据录入。民营企业数据库系统收集郑州市中小企业的基本信息和运行数据，及时汇总、整理全市中小企业运行情况，录入全市中小企业基本情况信息和运行动态数据，及时发现中小企业运行中存在的困难和问题，帮助政府及时准确掌握中小企业的发展状况，为市委、市政府科学决策提供参考。

【担保机构风险防范】 2011年，郑州市加强服务引导，做好担保机构风险防范工作。一是按照国家七部委《融资性担保公司管理办法》（2010第3号令）和《郑州市中小企业信用担保机构管理暂行办法》（郑政〔2010〕27号）等文件要求，建立全市担保行业监管和统计制度，开展有关报表和业务信息报送工作。制定完善《担保机构档案管理办法》，建立全市担保机构台账制度，要求全市489家担保公司按照下发的《基本情况表》上报信息档案，整理、完善和规范有关文档资料，共整理、设立、变更档案352件，备案档案322件。二是结合郑州市实际情况，从2010年10月开始，提高担保行业准入门槛，要求冠名“河南省”或“河南”的信用担保机构，注册资本不得低于1亿元；冠名“郑州市”或“郑州”的信用担保机构，注册资本不得低于5000万元。制定《担保行业风险处理预案》，认真做好风险防范工作。三是收集国家和省、市关于鼓励、规范信用担保行业发展的相关法律法规、政策文件，印制《担保行业法律法规政策汇编》2000余册，下发至各担保机构，并要求担保机构严格按照《担保行业法律法规政策汇编》核查自身业务，不断自我完善，远离政策红线，实现健康发展。

【申报《融资性担保机构经营许可证》】 2011年，郑州市按照省工信厅《河南省中小企业信用担保机构经营资格认定工作资料报送说明》和《关于做好首批融资性担保机构资格认定工作的说明》的要求，做好申报换证工作。各县（市）区对本辖区内担保公司申报资料进行初审，市中小企业局复审后报省工信厅。截至年底，郑州市上报省厅110家担保机构，经省厅初审合格104家，78家获经营许可证。为落实国家、省、市关于加强中小企业信用担保行业管理的一系列政策措施，有效提升全市中小企业信用担保机构从业人员整体素质，切实防范化解担保行业风险，郑州市先后举办3期担保机构法律法规知识培训班，对全市已获得和拟申报《融资性担保机构经营许可证》的担保机构法人代表、总经理和各县（市）区主管部门负责人进行培训。特邀郑州大学法学院教研室主任赵可星、法学博士张付成和市公安局经侦支队经济案件专家对《合同法》《担保法》《公司法》等有关法律法规和担保行业有关案例进行专题讲解和专业知识培训，对担保机构可能出现的违法经营行为进行警示教育。

【担保行业规范整顿】 按照中国银监会、国家发展改革委、工业和信息化部、财政部、商务部、中国人民银行和国家工商总局联合发布的《融资性担保公司管理暂行办法》（2010年第3号）、《河南省人民政府办公厅关于开展全省中小企业信用担保机构规范整顿工作的通知》等有关文件要求，市政府成立郑州市担保机构规范整顿工作领导小组，领导小组办公室设在市中小企业局，开展信用担保机构规范整顿工作。领导小组办公室抽调人员脱离原单位工作，坚持集中办公。制定24小时通信畅通制度、第一时间到达现场制度、日例会、日报等制度，每天收集汇总有关情况，及时上报有关工作进展和存在的问题，确保各项工作有序推进。及时与省担保机构规范整顿工作领导小组办公室取得联系，向重点县（市）区、高风险担保公司派驻工作组，深入了解情况，建立沟通联络机制。编制《全市担保机构情况表》《高风险担保机构情况表》和《高风险担保机构处置情况日报表》，并下发各有关县（市）区，逐日汇总有关情况，编发工作进展情况简报，发挥综合沟通协调作用，确保规范整顿工作顺利开展。

【小额贷款公司管理】 根据《河南省小额贷款公司试点管理暂行办法》的规定，按照“统一组织、积极稳妥、规范管理、健康发展”的总体要求,郑州市严格规范小额贷款公司设立申报程序，把好准入门槛，建立月报制度、行业年审制度、现场检查制度、风险防范制度，加强对小额贷款公司运营情况的监测。为提高小额贷款公司综合素质，组织全市小额贷款公司的董事长、总经理70余人参加小额贷款公司高管人员培训班，取得良好效果。截至年底，郑州市有36家小额贷款公司获得省工信厅批准设立，29家小额贷款公司开业，注册资金17.1亿元，从银行融入资金9500万元，运营资金18.65亿元，为1446家企业发放1756笔小额贷款，累计贷款额27.57亿元。

省工信厅领导调研郑州市中小企业工作

【教育培训】 2011年，市中小企业局继续开展各种培训活动，加大对民营企业的人才支持力度。联合浙江大学、清华大学，分别在杭州和北京举办“浙江大学·郑州市精英企业总裁工商管理高级研修班”“郑州市企业家经营与领导战略高级研修班”，郑州市近百家民营企业的董事长、总经理及部分县（市）区民营经济管理人员参加培训。结合经济形势及企业需要设置财务管理、人力资源管理战略营销、宏观经济形势分析、资本运作、高效团队建设、私募股权投资、主板与创业板上市等有针对性的课程，由知名专家、教授进行授课，对民营企业在发展过程中遇到的发展战略、人才结构、财务状况、投融资体系等现实问题，结合经典案例进行通俗易懂的讲解与剖析，使参与培训的企业家在经营管理、战略谋划、资本运作等方面得到启示。

（耿朝阳）

非公经济发展

【中小企业信息服务网络平台启动】 4月12日，投资600万元建设的中小企业信息服务网络平台启动仪式举行，市政府副市长王跃华出席启动仪式。平台以服务中小企业为宗旨，以先进的信息技术为手段，充分整合各种资源，向中小企业提供政策法规、经济运行、产业导向、行业动态、市场需求、技术项目、电子商务、网上展厅、人才招聘、网上咨询、SaaS软件租用等全方位信息服务，帮助广大中小企业降低运营成本，提高管理水平和信息化应用水平，提升中小企业的市场竞争力和整体素质。

【参加第八届中国国际中小企业博览会】 9月22–25日，第八届中国国际中小企业博览会暨中泰中小企业博览会在广州举办。本届中博会由工业和信息化部、广东省人民政府和泰国工业部等部门共同主办，共有3000多家中小企业和机构参展，参会客商近9万人。

郑州市有好想你枣业股份有限公司、河南金豆豆业有限公司等7家企业参展。参展企业充分利用中博会“展示、交易、交流、合作”这一平台，在食品等领域集中展示企业的名优特新产品，积极与中外客商进行现场洽谈和对接，展示郑州民营企业的良好形象，拓展产品销售渠道，促进对外交流，收到了良好的效果。其中河南金豆豆业有限公司与1家广东采购商签订意向协议，金额2200万元。

【命名“双百民营企业、科技民营企业和诚信民营企业”】 按照《国务院关于进一步促进中小企业发展的若干意见》（国发〔2009〕36号）和《郑州市人民政府关于促进中小企业发展的意见》（郑政〔2009〕47号）文件精神，郑州市组织开展2011年度“郑州市百强民营企业”“郑州市百家成长型民营企业”和“郑州市重点科技民营企业”评选活动。在企业自愿申报、县（市）区民营经济主管部门推荐的基础上，经过评比认定，命名郑州新大方重工科技有限责任公司等100家符合国家产业政策、规模大、社会贡献突出的企业为“郑州市百强民营企业”；河南金鹏实业有限公司等100家发展速度快、成长性好、自主创新能力强的企业为“郑州市百家成长型民营企业”；河南桑达能源环保有限公司等50家科技含量高、发展前景广阔、综合效益好的企业为“郑州市重点科技民营企业”；郑州三中收获实业有限公司等38家信用良好的企业为“郑州市诚信民营企业”。

【全市民营企业表彰大会召开】 7月30日，按照中共郑州市委《关于进一步促进非公有制经济发展的决定》（郑发〔2003〕11号）“每两年举行一次表彰奖励”的要求，市委、市政府在河南省人民会堂召开工作会议，对为郑州市经济发展作出突出贡献的优秀民营企业家、优秀民营企业和高成长型民营企业进行表彰奖励。市委书记连维良，市委副书记、代市长吴天君出席会议并作重要讲话。市委常委、统战部部长王林贺宣读《中共郑州市委郑州市人民政府关于表彰优秀民营企业家、优秀民营企业和高成长型民营企业的决定》，授予河南恒星科技股份有限公司董事长谢保军等10名企业家“郑州市优秀民营企业家”称号；授予登封市嵩基（集团）有限公司等20家企业“郑州市优秀民营企业”称号；授予河南新天科技股份有限公司等20家企业“郑州市高成长型民营企业”称号，同时对受表彰的优秀民营企业家、优秀民营企业和高成长型民营企业各奖励郑州日产御轩汽车一辆。

【王永连在郑调研担保行业整顿情况】 3月14日，河南省工业和信息化厅中小企业局局长王永连在郑调研担保行业规范整顿情况。市中小企业局局长杨虎臣就郑州市担保行业发展情况和规范整顿工作开展情况作专题汇报。截至2011年2月底，郑州市经省工信厅审批设立的各类信用担保机构共489家；经县（市）区、市、省三级备案的担保机构共322家。根据省厅统一要求，郑州市分4个阶段推进担保行业规范整顿工作，第三阶段工作正有序进行。

市政协主席李秀奇调研郑州市民营企业

【牛成立在郑调研担保行业规范整顿情况】 5月12日，国家银监会融资担保部主任牛成立一行7人，到河南农开投资担保股份有限公司和郑州中小企业担保有限公司检查指导工作，并同公司人员座谈。省工信厅中小企业服务局局长沈超、市中小企业服务局局长杨虎臣和相关人员参加座谈会。

座谈会上，河南农开投资担保股份有限公司总经理李建国汇报了公司的经营情况，以及在发展中存在的问题和建议。郑州中小企业担保有限公司副董事长卢伟林重点从公司概况、业务发展创新、银保合作、风险管理等方面进行详细汇报。

【李秀奇调研督办中小企业重点提案办理情况】 8月24日，市政协主席李秀奇带领部分市政协委员，对市中小企业局承办的“关于如何促进中小企业发展战略新兴产业助力节能减排的建议”等重点提案进行督办。市中小企业局局长杨虎臣和相关部门负责人陪同调研并作汇报。

结合提案内容，李秀奇一行先后到河南生茂光电有限公司、河南汉威电子股份有限公司进行实地走访调研，参观产品展示厅、生产线，详细了解企业主要产品的优势和发展现状。他对两家企业的高效节能、绿色环保特性及所取得的成绩给予肯定，同时对企业加强市场开发和营销策略等方面提出指导性建议。

（耿朝阳）

第十四篇 农业、水利

农业综述

【概况】 2011年，郑州市各级农业部门开拓创新，攻坚克难，紧紧抓住中原经济区上升为国家战略的重大机遇，围绕中原经济区核心增长区和郑州都市区建设，大力发展现都市型现代农业，扎实推进新型农村社区建设，千方百计促进农民增收，积极推进农村改革创新，全市“三农”工作呈现出良好的发展态势。2011年全市农林牧渔业增加值达到131.6亿元，同比增长3.7%。农民人均纯收入首次突破万元大关，达到11050元，同比增长19.8%。全年粮食总产连续9年丰收，达到166.7万吨，与上年持平略增。蔬菜、水果等经济作物产量稳定增长，增幅分别为1.4%和3.4%。水产品总产量14万吨，增长3.7%。畜牧业发展势头平稳，肉、蛋、奶总产量分别达到24.2万吨、21.5万吨和46.7万吨，同比增长2%、2.7%和10.4%。

农业现代化建设方面。加快推进农业结构调整，实施了设施农业、新菜田开发、农产品标准化示范基地等一系列重点项目建设，2011年，全市新增设施农业生产面积833公顷，开发建设新菜田面积2.43千公顷，新认定省级农产品标准化示范基地面积2.27千公顷。农业产业化步伐进一步加快，市级以上农业产业化龙头企业达到362家，其中，国家级13家、省级52家；全年农产品加工型龙头企业销售收入达到410亿元，同比增长14%。农民专业合作社发展到1406家，辐射带动农户24.67万户。农产品质量安全检测、检验体系进一步完善，农产品质量安全监测合格率继续位居全国前列。农业科研和物质装备进一步提高，农业耕种收综合机械化水平达74%，高于全国平均水平19.5个百分点。农业气象服务体系和农村气象灾害防御体系逐步健全。

生态环境建设方面。林业生态城建设成效明显，圆满完成绿化造林15.77千公顷任务，建成林业生态乡镇8个、林业生态村100个。生态水系建设全面提升，东风渠上游、潮河上游等河道治理工程全面实施，水系运行管理机制基本建立。截污、治污工作成效显著，排污口由原来的331个缩减为38个，生态水系水质大为改观。南水北调中线郑州段工程进展顺利，丹江口库区移民安置工作和谐高效，郑州市被评为“河南省南水北调丹江口库区移民迁安工作先进省辖市”。

农业农村基础设施建设方面。进一步加大农业综合开发和水利设施建设力度，全年完成中低产田改造13.3千公顷；新建小型水源工程5000个，完成小型水库除险加固19座，解决农村饮水安全43.9万人。推进农村沼气建设新增农村户用沼气1万户、新建大中型沼气工程60处、乡村沼气服务网点30个。新网工程扎实推进，新发展村级综合服务社859个，改扩建再生资源回收站1062个。农村交通、电力、通信、

国务院总理温家宝视察郑州农副产品市场

广播电视等基础设施明显改善，计划生育、科技、教育、卫生、文化、体育等社会事业全面发展，农村基层组织建设和社会管理全面加强，党群、干群关系进一步密切，农村社会和谐稳定。

新型农村社区建设方面。2011年，全市以新型城镇化为引领，按照“科学规划、统筹布局，因地制宜、分类指导，规范操作、有序推进”的原则，采取“合村并城、合村并镇、合村并点”三种模式，条件成熟一批改造一批，有序地推进新型农村社区建设。全年共完成建设项目131个，新建住房26880户，改造住房7331户，拉动社会各类投资55.5亿元，有效拉动了农村内需。社区内水、电、路、气等基础设施配套完善，健身广场、园林景观、绿化亮化等公共设施一应俱全，农民的居住环境和生活条件得到明显改善。

涉农诸项改革方面。农村集体产权制度改革工作稳步推进，市农委先后制定并下发《郑州市农村集体经济组织产权制度改革工作方案（试行）》《关于对郑州市农村股份经济合作社进行工商登记有关问题的通知》等文件，为农村集体经济组织产权制度和股份合作制改革提供了政策依据。农村土地流转和规模经营模式不断创新，郑州市成立了市一级“农村土地承包仲裁委员会”，土地承包纠纷调解仲裁机构得到进一步完善。集体林权制度主体改革任务圆满完成，农村金融体系建设进一步加强，一事一议筹资、筹劳工作健康有序开展。供销社、水利等其他改革改革顺利推进。

（安建新）

【农村土地承包与流转管理】 2011年，郑州市下发了《关于促进土地集中连片流转大力发展农业适度规模经营的通知》（郑农〔2011〕72号），以促进各县（市）区土地集中连片流转，提高农业的规模化和集约化经营水平。为了全面掌握全市土地流转服务体系建设工作整体情况，郑州市对各县（市）区土地流转服务体系建设整体工作进行了检查，随机抽取了23个乡（镇）、街道，对土地流转服务体系建设，奖补资金拨付使用管理情况、土地流转电子备案制度落实等情况进行了全面检查，对发现的问题及时纠正，促进了全市土地流转工作健康有序发展。为了迎接全国人大常委会和省人大对《农村土地承包法》《农村土地承包经营纠纷调解仲裁法》贯彻实施情况的检查，由郑州市人大农工委带领市农委有关人员组成检查组，对郑州市城区、中牟县和新郑市“两法”的贯彻情况进行了检查。这次检查对“两法”在全市的贯彻实施，切实维护农民的合法权益起到了很大的促进作用。为认真贯彻落实《中华人民共和国农村土地承包经营纠纷调解仲裁法》，完善土地承包纠纷调解仲裁机构，依法全面开展农村土地承包经营纠纷调解仲裁工作。郑州市正式成立了市一级“农村土地承包仲裁委员会”（郑政文〔2011〕282号）。全市市辖各区的土地承包经营纠纷调解仲裁工作将在市一级仲裁机构调解仲裁，为切实保障农民的合法权益打下良好基础。

截至2011年底，郑州市家庭承包耕地总面积为237.33千公顷，家庭承包耕地流转面积达到18.53千公顷，占家庭承包耕地总面积的7.8%。耕地流转后规模经营1.3公顷以上的面积共16.73千公顷，开展规模经营达到13.3公顷以上的有13千公顷。2011年新增家庭承包耕地流转面积4.4千公顷，其中耕地流转后进行规模经营达到66.67公顷至100公顷的共计0.73千公顷，100.07公顷以上的共计0.15千公顷。

（冀 彬）

【农村财务管理】 开展农村集体产权制度改革工作。为贯彻落实中共十七届三中全会提出的“推进农业经营体制、机制创新，加快农业经营方式转变”的精神，依照《农业部关于稳步推进农村集体经济组织产权制度改革试点的指导意见》（农经发〔2007〕22号）的规定，2011年3月14日，郑州市农委制定并下发《郑州市农村集体经济组织产权制度改革工作方案（试行）》（郑农〔2011〕35号），6月8日，印发了《股份经济合作社示范章程》（郑农办〔2011〕62号），明确了农村集体经济组织的管理决策机制、收益机制，健全了保护农村集体经济组织和成员利益的长效机制，构建了完善的农村集体经济组织现代产权运行体制。

出台郑州市农村股份经济合作社工商登记的相关政策。市农委和市工商局对农村股份经济合作社进行工商登记及相关的具体问题进行多次沟通，形成了对郑州市农村股份经济合作社工商登记的初步意见。4月27日，市政府专门组织召开了由市农委、市工商局、金水区政府、金水区农委、金水区工商局相关负责人参加的关于农村集体股份合作社工商登记问题的协调会。4月28日，市农委和市工商局协调沟通后联合下发了《关于对郑州市农村股份经济合作社进行工商登记有关问题的通知》（郑工商〔2011〕22号），解决了郑州市农村股份经济合作社的工商登记问题，确立了成立的农村集体经济股份合作社的法人地位，为农村集体经济股份合作制改革提供了政策依据。不仅推动了郑州市农村集体经济组织产权制度改革和农村经济的健康发展，也是全省农村集体经济组织产权制度改革工作的创新。

开展农村集体财务审计工作。2011年10月13日市农委下发了《关于开展全市农民负担 集体财务审计和土地流转工作检查的通知》（郑农办〔2011〕110号）。市农经站按文件要求抽调各县（市）区农经业务人员组成4个检查组，于10月17-21日在全市开展了农村集体财务审计工作，检查组随机抽取了23个乡（镇）街道的68个行政村进行审计检查。审计资产总额19822.06万元，查出违纪资金205.85万元，占审计资金总额的1.04%。其中，违反财务开支审批制度、程序支出104.55万元，占违纪资金总额的50.8%；白条列支44.17万元，占违纪资金总额的21.5%；违规发放干部补助福利等12.49万元，占违纪资金总额的6.1%；招待费列支10.58万元，占违纪资金总额的5.1%；报刊超标6.22万元，占违纪资金总额的3%；违规购建固定资产6.07万元，占违纪资金总额的2.9%；乱收押金、费用等3.89万元，占违纪资金总额的1.9%；违规借款2.8万元，占违纪资金总额的1.4%；固定资产账实不符2.39万元，占违纪资金总额的1.2%；其他违规资金12.7万元。

（宿志鹏）

【农村经济与农民收入】 2011年，郑州市所辖各县（市）区共有162个乡（镇）、街道，2320个行政村，17228个村民组，114.5万农户，439万农业人口，257.6万个农村劳动力，242.67千公顷耕地。全市农村集体经济组织共有资产116亿元，负债36亿元，所有者权益80亿元。全年总收入28.3亿元，总支出21.4亿元，本年收益6.9亿元。全市农民共获得各项政府补贴7.2亿元。农户共上缴集体各种款项4028万元，农业生产性收费4365.7万元，行政事业性收费1026万元，农民政策性负担得到减轻，获得政府扶持力度进一步加大。

（马　良）

【农民负担管理】 2011年，郑州市农民负担工作总体情况良好，全市没有发生涉及农民负担的恶性案件、严重群体性事件或其他涉农重大案（事）件，各项惠农政策得到有效落实，共发放种粮直补5055.46万元，农资综合补贴30020.35万元，良种补贴6347.6万元，家电下乡补贴4410万元。全面落实农民负担监督卡制度，组织开展全市农民负担监督卡专项检查活动，全年共发放110.7万份监督卡，入户率达98%。健全农民负担信访体系，完善农民负担信访接待和案件查处定期报告制度，开通信访电话，保证农民负担信息反馈渠道的畅通，市、县（市、区）两级农监部门共受理群众信访50件，经市农监办查实符合立案条件的13件，结案率100%。农民负担信访案件处理重访率为零。对处理完毕的案件做好回访工作，切实解决农民反映的问题，真正做到让群众满意。将明察暗访特别是暗访作为农民负担监督管理的常规手段，全年共组织明察暗访25次，其中市纠风办、市农监办联合检查5次，涉及50多个乡镇、80多个行政村、500多家农户。把专项审计作为农民负担监督管理的一项基本制度长期坚持，市农监办于2011年10月在各县（市）区自查自纠的基础上组织开展了全市农民负担检查和审计工作。对全市14个县（市）区的22个乡（镇）、街道的40个行政村进行了检查和审计。通过专项审计，郑州市村级转移支付资金已全部拨付到位，各项减轻农民负担政策得到了较好落实。通过开展农民负担专项治理，对农村义务教育、农民建房、土地、计划生育、户籍和身份证办理、报刊订阅、殡葬、用水用电等方面进行专项整治，涉农乱收费、乱罚款现象明显减少。扎实推进一事一议筹资筹劳财政奖补工作，促进村内公益事业建设。2011年全市共申报1710个村级公益事业建设一事一议筹资筹劳项目，在全省排名第二。村民筹资额6401万元，筹劳折资额20422.8万元；申请财政奖补资金10685万元（不含巩义市），其中，中央和省级财政7479万元（含中央缺口资金1428万元）、市级财政2137万元、县（市）区财政1069万元；集体投资、社会捐资7766.9万元。截至2011年底，已开工2011年项目1710个，占项目总数的100%；已完工2010年项目1409个，占项目总数的82.4%。为进一步强化农民负担监督管理工作责任，全面评价各县（市）区减轻农民负担工作的成效，成立郑州市减轻农民负担工作考核领导小组，开展对各县（市）区政府农民负担管理工作的专项考核，提高了各级政府对减轻农民负担工作的重视，确保了各项减负惠农政策的全面落实，切实维护农民合法权益，促进了农村社会和谐发展。

（赵大国）

【农业科技服务】 2011年，郑州市大力实施“万名科技人员包万村”活动，抽调770名农业技术人员，分包全市2147个行政村，深入田间地头指导农业生产，开展技术培训，确保各项技术措施落实到位。积极开展粮食高产创建活动，全市建立粮油万亩示范方21个、千亩示范方54个；大力推广科学施肥技术，全年推广测土配方施肥面积368千公顷，施配方肥面积132千公顷，促进了农业生产节本增效。建立了2个精准施肥示范村试点，开展精准施肥1.6千公顷；设立了3个有机质提升试点；建立农作物种子品种的示范、展示基地3.73公顷，建立小麦良种基地16.67千公顷；积极实施农作物病虫害统防统治，全市组建99个专业化农作物病虫害防治队，全年开展专业化统防统治面积35.47千公顷。建设4个小麦病虫害综合防治示范区，示范面积0.8千公顷。推进农村沼气建设，利用亚洲银行、国债项目、社会多方面的资金用于沼气建设，全年新增农村户用沼气设施1万户，新建大中型沼气工程60处、乡村沼气服务网点30个。

农技服务区域中心站建设是郑州市推进基层农业技术推广体系改革的一项创新性工作，是创新农业技术推广体制机制，整合农业技术推广服务资源，服务现代农业发展的一项重要举措。2009年度第一批15个区域中心站建设项目已经完成主体建设并投入运行；2010年度第二批10个区域中心站建设项目已陆续开工，正在加紧建设中；通过区域中心站建设，搭建起农技服务新平台，构建起农业技术推广完整网络，使技术人员"下得去、能干事"，直接面向广大农民提供技术服务，解决了农业技术推广"最后一公里"的问题。

郑州市农业科研和技术推广部门认真实施农业科技攻关计划，取得丰硕成果。获得省、市科技成果奖16项，市蔬菜所"圆春甘蓝的选育及应用研究"、市农科所"优质抗虫棉郑杂棉3号选育与应用"分别获得郑州市科技进步一等奖、二等奖。审定农作物新品种4个，选育蔬菜新品系10个，申报农技专利2个，获得首届河南省自然科学学术奖13项，引进蔬菜优良品种261个，引进示范旱作新品种21个，示范推广旱作新技术9项；出版农业专著3部，发表农技论文74篇。

（黄俊峰）

【农民培训教育】 2011年，郑州市继续实施新型农民培训、绿色证书、农村实用人才培训和农村劳"动力阳光工程"培训等培训项目，共培训农民8万余人次，其中新型农民培训3万人次，绿色证书2万人次、农村实用人才培训1万人次，农村劳"动力阳光工程"培训2万余人。

2011年农村劳动力阳光工程培训，由市农委和市财政局共同组织实施，主要围绕农业发展方式转变和新农村建设的需要，面向农业产前、产中、产后服务和农村社会管理领域的从业人员开展短期技能培训。全年认定培训基地29家，共培训从业农民2.02万人，圆满完成了省下达的1.99万人的培训任务，其中病虫害防治员1000人，蔬菜园艺工6650人，果桑茶园艺工400人，畜禽繁殖员200人，畜禽养殖技术员850人，渔业船员200人，水产养殖技术员300人，村级动物防疫员250人，兽医经销员400人，农技操作员3900人，农机维修员500人，农民专业合作社管理人员500人，沼气工700人，农村经纪人550人，农村社会管理员100人，农产品加工企业技术工人2600人，乡村旅游服务员800人，农民创业人员300人。

（韩凤彬）

【农业产业化经营】 2011年，全市市级以上农业产业化经营重点龙头企业达到362家，其中省级企业52家，国家级企业11家，上市企业5家。按生产经营类型划分，加工型125家、养殖型109家、种植型57家、流通型43家、综合型20家和市场带动型8家。加工型龙头企业全年实现销售收入410亿元，比2010年增长13.9%。2011年，郑州市有10家龙头企业入围省级农业产业化龙头企业行业十强评选，占全省入选企业总数的18%。全市农业产业化龙头企业共建立各类农产品生产基地110千公顷，其中无公害种植基地面积90.67千公顷，直接带动本地98万户农户增收。

（胡丹华）

【农业对外开放及创汇农业】 2011年，郑州市新增农产品出口创汇企业3家，总数达到33家。新增农产品出口生产基地133.33公顷，总面积达到133.33千公顷。形成了以中牟大蒜、新郑红枣、速冻食品、芦笋罐头、生猪、蔬菜、啤酒、蜂产品、双孢菇和鸵鸟制品等为特色的农产品出口格局。据郑州海关统计，2011年全市完成农产品出口创汇额19100万美元，同比下降11.1%，占全省农产品出口总量的17.8%，排名第二。

（梅　琍）

【农民专业合作社】 2011年，全市农民专业合作社总数达到1406个，比上年增加306个，增加27.8%；成员数量达到12.33万家,成员占全市农户总数的比重为11%。带动农户24.67万户。全市农民专业合作社建设进入了新的发展阶段。一是农民专业合作社健康稳步地快速发展。广大干部群众对农民专业合作社的认识进一步提高，发展合作社的热情高涨，合作社总数、成员数量迅速增加，发展势头迅猛。二是合作社发展层次不断提高。农民专业合作社正在逐步摆脱初始的发展模式，积极适应市场经济发展要求，不断调整产品结构，积极开展农产品加工，开拓市场，向规范化、规模化的高层次、高标准合作社发展。三是联合发展的势头逐步增强。不断创新发展模式，积极引导合作社与合作社、合作社与龙头企业、合作社与科研推广等部门开展联合，组建新的联合体，以合作社为主体，以关联产业为纽带的合作社联合体发展已渐显雏形，全市已建立6家农民专业社联合社。四是农民专业合作社规范化建设取得新进展。按照"发展、规范、巩固、提高"的发展思路，坚持发展与规范并重，边发展、边完善、边提高。全市有2家合作社被评为河南省优秀农民专业合作社，有39家合作社被省农业厅评定命名为省级示范社，培育评定了311家市级示范社和县级示范社。五是农民专业合作社的投资热情较高。各合作社纷纷加大投资，扩大生产规模，提高市场竞争力。

（赵大国）

【农产品质量安全整治】 2011年，按照省农业厅和市委、市政府的部署，郑州市农委在全市范围内开展严厉打击食品添加剂非法添加行为和深化农产品质量安全专项整治活动。全年抽检蔬菜138.2万批次，合格率为99.86%；抽检水果13.6万批次，合格率为99.92%；抽检水产品3.34万批次，合格率为99.56%；抽检食用菌2057批次，合格率100%。全年无重大农产品质量安全事件。4次农产品质量安全例行监测结果表明，郑州市蔬菜质量安全合格率名列全国第一，水果、水产品质量安全合格率位居全国前列。

（王喜穗）

【农产品标准化生产】 2011年，全市新认定省级农业标准化生产示范基地面积2.27千公顷；制定、修订3个无公害水产品操作技术规程，累计制定无公害农产品生产技术规程总数达到113项；进一步规范了郑州市渔业生产，提高了水产品市场竞争力，对于促进整体优质高产，增加生产效益，推动沿黄特色渔业经济发展有着重大意义。2011年，全市新认定无公害农产品生产基地29个，面积1.87千公顷，累计总数达到265个，面积148.67千公顷;新认证“三品”163个，其中，无公害产品110个、绿色食品31个、有机食品12个，使无公害产品、绿色食品和有机食品累计总数分别达到491个、119个和34个，农产品“地理标志”保护登记10个，“三品一标”认证登记数量位列全省第一位。

（王喜穗）

【新农村建设】 2011年，郑州市按照“一化带三化”要求，以城镇化建设为导向，以新型农村社区建设为抓手，共实施合村并城、合村并镇、合村并点、开发保护、移民搬迁和农村污水处理试点等131个项目，涉及256个行政村，项目总投资55.5亿元，新建住房28470户、改造住房7331户，新修村内道路92.9万平方米、排水沟15.7万平方米，完成墙面粉刷改造77.89万平方米、改院6377户、改厕6515户、改厨6268户、改圈371户，新增绿化面积83.6万平方米，新装路灯8171盏，新建公厕97个，新增垃圾箱4110个、垃圾车112辆、垃圾站109个，新建文化体育活动场所13.06万平方米、学校及幼儿园7.84万平方米，新打机井47眼，培训农民30708人。新建4个农村污水处理项目,日处理能力达1800余吨。全市新农村建设成效显著。拉动农村内需方面。郑州市市级财政投入新农村建设专项资金2亿元，共拉动社会各类投资55.5亿元，直接扩大了农村基础设施投资需求和建房需求，带动了水泥、钢材、电力、交通等多个行业的发展；同时刺激了农村居民消费升级，撬动了农村需求市场。农民居住条件改善方面。农村居住环境从自然松、散、乱的形态向科学规划布局转变，社区内水、电、路、气等基础设施配套完善，健身广场、园林景观、绿化亮化等公共设施一应俱全，改善了农村人居环境，提升农民生活质量和水平。土地节约集约利用方面。开展新型农村社区建设，引导农民集中建房、集中居住，统筹安排居住区、基础设施、公益事业和第二、三产业发展用地，促进了农村土地集约利用。全市新农村建设新建项目实施村新建社区占地总面积407公顷，较原村庄占地951公顷，节约土地544公顷。拓宽农民增收渠道方面。在开展新型农村社区建设的同时，对区域内耕地实行承包经营权有偿流转或利用节余建设用地出租、入股，大力发展现代农业或非农产业，实现农民就地转移就业和创业，使其在获得稳步的股金或租金收入的同时，获得工 资性收入或经营性收入。

（王俊杰）

【农业综合开发】 2011年，郑州市完成农业综合开发项目总投资29285.26万元，其中，中央财政资金5411万元，省财政资金1478.2万元，市财政资金15193.18万元，县级财政配套2823.88万元，自筹4379万元。共完成改造中低产田13.33千公顷，其中新菜田2.43千公顷，扶持产业化经营财政补助项目9个，扶持产业化经营贷款贴息助项目16个。新建拦河坝2座，新建排灌站29座，新打配机电井1335眼，修复配套机电井639眼，输变电线路配套454.926公里，开挖疏浚渠道168.817公里，衬砌渠道8.3公里，埋设管道867.4公里，建渠系建筑物1040座，喷灌26.67公顷，小型蓄排水工程26座，改良土壤2.42千公顷，新修、整修机耕道路495.885公里，造林0.5千公顷，培训农村技术员和农民2700人次，推广农业新品种、新技术，示范推广面积0.76千公顷。新增和改善有效灌溉面积9.21千公顷，新增和改善除涝面积1.8千公顷，新增节水灌溉面积5.37千公顷，年节约水量537.13万立方米，增加农用林网防护面积4.61千公顷，增加机耕面积0.96千公顷，扩大良种种植面积0.72千公顷，控制沙化土地面积33.3公顷，控制水土流失面积10.2平方公里。扶持农技服务站5个，完善农产品质量检测体系1个，提高优质农产品种植面积5.05千公顷。农业综合开发项目区全年新增粮食2469.55万公斤，棉花0.2万公斤，油料91.46万公斤，蔬菜1478万公斤，其他农产品334万公斤；新增种植业总产值10356.12万元，项目区农民收入增加总额

12316“三农”热线

6133.3万元。

（虎春光）

【农业信息化建设】 2011年，郑州市农委加快推进农村综合信息服务站建设，依托农技推广区域中心站建设10个农村综合信息服务站，设立农村大喇叭，加强防灾减灾的信息预报。完善农业信息综合服务平台建设，整合农业信息资源，不断增强涉农信息服务能力。扩展12316“三农”热线系统功能，2011年，12316“三农”热线共受理全市农业投诉、举报和咨询类电话2.3万多起，发送“三夏”“三秋”、农业知识、病虫害防治技术、供求等方面短信785万多条，编发农业手机报192期。印发《郑州农业农村信息》3万多份，外出拍摄活动94次，拍摄照片2.4万多张，视频资料900多分钟。

（陈 阳）

扶贫开发

【概况】 2011年，郑州市累计投入财政扶贫资金1.41亿元，其中省财政2077万元、市财政7920万元、县配套4141.5万元，圆满完成了年度扶贫开发目标任务。通过实施整村推进扶贫、移民搬迁扶贫、科技产业化扶贫、劳动力转移就业扶贫等重点扶贫工程，累计完成脱贫1.67万人，超出省定目标任务的10%。

【整村推进扶贫】 按照新农村建设标准，加大整村推进扶贫工作力度。重点是实施“五化一健全”工程，“五化”即硬化、绿化、美化、净化、产业化；“一健全”即社会化服务组织健全。全年完成整村推进重点村24个，超出省定目标任务的140%。

【易地搬迁扶贫】 坚持搬迁与开发并举、安置与增收同步的原则，确保搬迁户搬得出、稳得住、能发展、可致富。全年完成18个搬迁安置点的建设工作，安置搬迁户2149户、8159人，比省定目标任务多出349户、1659人。

【“雨露计划”培训】 2011年郑州市“雨露计划”培训工作共完成扶贫培训4675人，占省扶贫办下达4080人培训目标的114.6%。其中，就近就地转移培训完成2398人，占计划的119.9%；职业技能培训完成2277人,占计划的107.1%。

【产业扶贫】 2011年，郑州市农村产业扶贫工作按照扶持和引导贫困地区建设种养专业村、旅游专业村和资源开发专业村，努力实现一村一品的原则，着力打造适宜贫困地区的特色产业。全年完成17个市本级产业化经营项目、5个贷款贴息项目，辐射带动贫困人口2000人。

【科技扶贫】 2011年，郑州市加大农村科技扶贫工作力度，提高农业科技含量。加快扶贫龙头企业发展，积极帮助扶贫龙头企业在贫困地区建立生产基地，推进农业产业化经营。大力培育农民专业合作经济组织，提高农民组织化程度，增强应对市场风险能力。全年共完成科技扶贫项目10个，其中省级科技扶贫项目7个、市本级科技扶贫项目3个，推广优良新品种、新技术10个，带动贫困人口脱贫730人。

【社会化扶贫】 按照中央扶贫开发工作会议和《中国农村扶贫开发纲要（2011-2020年）》的要求，扶贫开发工作要坚持专项扶贫、行业扶贫、社会扶贫相结合，构建三位一体的大扶贫工作格局。要动员和整合社会各方面的资源和力量参与扶贫。 建立完善市领导联系贫困村、市直机关和城市骨干企业帮扶贫困村、市直机关干部到贫困村任职锻炼的长效机制；筹建成立扶贫开发协会；倡导扶贫志愿者行动，构建郑州市扶贫开发自愿者服务网络。

（谢鸿利）

种植业

【概况】 2011年，全市农作物播种总面积509.82千公顷，全年粮食平均亩产305.84公斤，比上年的307.15公斤减少1.31公斤。全年粮食作物播种面积363.37千公顷，比上年的

361.8千公顷增加1.57千公顷，其中夏粮176千公顷，秋粮187.37千公顷。全年粮食总产166.7万吨，比上年增加0.01万吨，其中夏粮产量79.91万吨，秋粮产量86.79万吨。全年油料作物播种面积51.78千公顷，总产18.58万吨；棉花面积4.12千公顷，产量0.37万吨；蔬菜播种面积77.24千公顷，总产293.44万吨。

（常国胜）

【夏粮生产】 2011年，全市夏粮面积为176千公顷，较上年减少0.38千公顷，总产为79.91万吨，比上年减少0.02万吨，增幅-0.03%；平均单产302.7公斤，比上年增加0.6公斤，增幅0.2%。从产量构成因素看，全市各类型麦区平均亩成穗31.5万穗，较上年增加0.5万穗。其中，水浇地平均亩成穗34.8万穗，较上年增加1万穗；旱地平均亩成穗28.2万穗，较上年减少0.1万穗（干旱所至）。全市平均穗粒数29.4粒，较上年减少0.4粒。其中，水浇地平均穗粒数32.2粒，较上年减少0.3粒；旱地平均穗粒数26.6粒，较上年减少0.5粒。小麦平均千粒重38.5克，与常年基本持平。

气象条件对小麦生产的影响。一是底墒充足，郑州市9月降水141.3毫米，较常年同期多66.2毫米，较上年同期多60.9毫米。良好的底墒使全市小麦播种基础明显好于往年，播种期适宜，缺苗断垄少，冬前苗情好。二是冬前积温偏高、冬季旱寒叠加，部分群体大的麦田叶片遭到不同程度冻害，特别是播量大、播种早的麦田冻害较重。据统计，10月中旬至12月中旬积温为766.8℃，较常年同期多175.8℃，较上年同期多169.℃。1月中下旬郑州日平均气温为-0.7℃，较常年同期-0.1℃低0.6℃，较上年同期2.6℃低3.3℃。加上干旱不断加重，小麦返青、拔节均比常年偏晚5-7天。三是冬春连旱，自小麦播种到起身期，连续140多天无有效降水，旱情从11月一直延续到2月中旬，尽管2月中旬出现了15毫米左右的降水过程，缓解了旱情，但并未彻底解除旱情。小麦拔节之后随着气温的升高和小麦需水量的增加，旱情再次出现，造成2011年小麦叶片小，植株较常年偏低5厘米左右，并且对小麦扬花灌浆十分不利。据4月28日全市不同类型麦田测墒结果，旱地0-20厘米土壤平均含水量9.3%，适宜墒情占调查点的15%，水浇地0-20厘米平均含水量12.1%，适宜墒情占调查点的50%。四是小麦灌浆期普降喜雨，降水量15-30毫米，对小麦灌浆有利。

夏粮生产采取的主要措施。领导重视，组织得力。为了搞好夏粮生产，市委、市政府紧紧围绕农业增效、农民增收、农村社会全面发展的整体目标，以提高夏粮综合生产能力为重点，按照现代农业发展的要求，面向国内外市场，因地制宜，发展不同用途的优质专用品种，大力推广增效、节本技术。在夏粮生产过程中，针对近年来全市夏粮生产中的经验、教训，市委、市政府及时召开电视、电话会议进行部署。特别是在2011年春季抗旱春管中，郑州市委、市政府及时下发了《关于进一步做好抗旱浇麦工作的紧急通知》。市委书记连维良亲自过问旱情并作出批示。市长赵建才要求各级要密切关注旱情，积极组织开展抗旱工作。市农委在抗旱保春管工作中，及时启动了24小时应急值守和抗旱灾情日报告制度，随时掌握当前旱情、苗情和雨情的发展变化。按照省农业厅“万名科技人员包万村行动计划”，抽调666名农业技术人员，分包全市2115个村，开展技术培训和技术宣传工作，深入田间地头指导生产，确保各项技术措施的落实。 开展小麦高产创建，提升夏粮生产科技水平。郑州市农委高度重视，及早安排部署，做到了各示范方有专人负责、有实施方案、有田间档案，在麦播工作中发挥了明显的示范带动作用。积极开展高产创建活动。完成万亩高产创建示范方11个，平均单产538.3公斤/亩，较前3年平均产量增产10.1%。其中，荥阳市广武镇739.2公顷豫麦49-198、周麦16等示范方平均亩产592公斤；新郑市梨河镇700公顷矮抗58，平均亩产554.4公斤。完成千亩高产创建示范方25个，平均单产549.5公斤/亩。较前3年平均产量增产10.5%。其中，荥阳市高村乡吴村134.4公顷郑麦7698，平均亩产612公斤；巩义市站

副省长刘满仓视察小麦旱情

街镇仓西村72公顷矮抗58平均亩产609公斤；新郑市城关乡68.67公顷周麦16，平均亩产565.5公斤。因地制宜，推广优良品种。郑州市地处豫西丘陵向豫东平原过渡地带、小麦生态环境差异较大，郑州市农技推广部门根据多年来的试验示范和专家论证，特别是针对近年来的气候特点，采取了因地制宜、合理布局的方针，全年推广优良品种面积达179.33千公顷。推广优质小麦种植面积105千公顷，较上年增加3.4千公顷，占麦播总面积的96.2%。其中，推广豫麦49-198：52.53千公顷，矮抗58：25.07千公顷，周麦16：16.8千公顷，周麦18 ：15.27千公顷，郑农17：10千公顷，丰舞981：9.07千公顷，周麦22：8.73千公顷，郑麦9694：8.47千公顷，豫麦58（温麦8号）：8千公顷，郑366:3.6千公顷，周麦20 ：2.67千公顷，郑麦9023：2.6千公顷，温19：2.53千公顷。采取应变措施，新技术得到了较好落实。为了做好2011年的小麦播种工作，市农委及时下发了《郑州市2010-2011年夏粮生产方案》《2010-2011年郑州市小麦高产创建实施方案》《2010-2011年郑州市小麦测土配方施肥意见》《郑州市2010年麦播期病虫草害防治工作意见》《郑州市冬季麦田管理意见》《郑州市春季麦田管理意见》等一系列技术指导意见。并组织专家到各县（市）区指导夏粮生产。2011年，全市共举办各类技术培训班372期，培训农民32.5万人次，印发技术资料36.8万余份，小麦适用技术得到了较好的落实。适期播种面积159.27千公顷，占麦播面积的85.4%。统一供种面积114.8千公顷、种子包衣60.33千公顷、药剂拌种110千公顷，土壤处理70.8千公顷。分别较上年减少29.93千公顷、减少0.47千公顷、增加1.07千公顷、增加5.4千公顷；机耕167.93千公顷，其中深耕135.33千公顷，分别较上年增加3千公顷、减少2.47千公顷；精量半精量播种152.53千公顷，较上年增加9.33千公顷。配方施肥164千公顷，较上年增加15.8千公顷，其中测土配方施肥151.4千公顷，较上年增加,16.47千公顷；化肥深施164千公顷，较上年增加6.73千公顷；秸秆还田136.27千公顷，较上年增加12.93千公顷；推广旱作农业技术46千公顷，较上年增加6.6千公顷。平均亩施有机肥1.5立方米/亩，较上年减少0.1立方米；畦田面积109.93千公顷、预留行面积10.8千公顷，分别较上年增加7.53千公顷、1.8千公顷。全市小麦病虫害共发生332.67千公顷次，达标132千公顷次，防治218.67千公顷次。其中，蚜虫发生109.33千公顷次，达标43.67千公顷次，防治76千公顷次；红蜘蛛发生61.87千公顷次，达标31.67千公顷次，防治51.67千公顷次；白粉病发生37.4千公顷次，达标14.53千公顷次，防治24.33千公顷次；纹枯病发生76千公顷次，达标25千公顷次，防治40.67千公顷次。

（徐红丽）

【秋粮生产】 2011年，全市秋季粮食作物播种面积191.27千公顷，较上年增加1.78千公顷，总产为91.22万吨，较上年减少3.69万吨，平均单产318.18公斤，较上年减15.99公斤。其中，玉米177.35千公顷，较上年增加3.84千公顷，平均单产322.49公斤，较上年减19.21公斤；红薯10.31千公顷，较上年减少1.03千公顷，平均单产372.07公斤，较上年增14.21公斤；大豆3.55千公顷，较上年减少1.89千公顷，平均单产105.54公斤，较上年减16.52公斤；水稻0.73千公顷，较上年增加13.33公顷，平均单产401公斤，较上年减29公斤；杂粮3.19千公顷，较上年的增加0.85千公顷，平均单产127.94公斤，较上年减11.59公斤。

气象条件极为不利。秋作物播种期干旱少雨。5月22日至7月2日40天内只有3次降雨过程，共降水3.6毫米，致使33.33千公顷旱地延误播种，直到7月3日再次降雨后秋作物播种基本结束。秋作物生长前期高温酷热。6月上旬至7月下旬，全市出现了大范围、持续性的高温酷热天气，截至7月20日全市秋作物受旱面积达36.4千公顷，其中严重受旱6.33千公顷。经8月1-3日的降雨过程后全市旱情才基本解除。由于降雨分布不均，新密、荥阳基本没有有效降雨，造成两县（市）近6.67千公顷旱地不能播种，近13.33千公顷旱地因干旱基本绝收。其他县（市）旱地因干旱缺苗断垄造成减产，据调查，旱地玉米密度3293.45株/亩，较水浇地的3648.3株/亩少354.85株/亩。秋作物生长后期低温寡照。9月4日至9月18日全市阴雨连绵，气温偏低，16天中共降水217.9毫米，日平均气温18.1℃，日照时数只有8小时。长期阴雨致使玉米早衰，光照不足影响玉米灌浆，气温偏低导致作物积温不足致使作物成熟收获期推迟，截至10月15日，全市有近6.67千公顷玉米没有收获。连续的低温寡照对玉米、大豆等作物造成了不同程度的减产。

新品种新技术大面积推广应用。新品种新技术大面积推广应用面积进一步扩大，对全市在极端不利的气候条件下秋粮仍取得较好的收成起到了重要作用。秋作物主导品种明确，优良品种推广面积大。玉米主导品种：郑单958推广46.72千公顷，浚单20推广25.61千公顷，中科11推广8.32千公顷，安玉12推广3.33千公顷，先玉335推广5.33千公顷，这5个品种占玉米总种植面积的近50%，专用玉米推广面积27.93千公顷，优质玉米种植面积达90%以上；红薯主导品种：徐薯18推广1.55千公顷，商薯19推广0.83千公顷，秦薯4号、5号、6号推广面积0.95千公顷；大豆主导品种：豫豆10号推广1.03千公顷，豫豆14、15、22推广1.09千公顷。主推技术大面积推广应用。推广玉米“一密四改”栽培技术100千公顷，配方施肥114.93千公顷；水稻节水栽培推广面积4.53千公顷，配方施肥0.67千公顷；大豆配方施肥2.43千公顷；脱毒红薯8千公顷，红薯配方施肥8.47千公顷；各种秋粮作物地膜覆盖面积10千公顷。

高产创建活动发挥了明显的示范作用。玉米优质高产创建活动共安排8个万亩方，23个千亩方。8个万亩方分别设在新郑市2个，巩义市2个，荥阳市、登封市、中牟市、新密市各1个。在13个县（市）区共安排玉米高产创建千亩方23个，其中新郑3个，荥阳、中牟、巩义各2个，登封、新密各1个，中原、二七、管城、金水、惠济、上街6区各2个。经组织各县（市）专家测产验收。中牟县万亩方平均单产643.9公斤，较大田玉米增155公斤/亩。新密市万亩方平均单产461.8公斤，较大田水浇地玉米增36.2公斤/亩。新郑市2个万亩方，城关镇万亩方平均单产615.65公斤，较大田水浇地玉米增130.9公斤/亩；观音寺万亩方平均单产610.19公斤，较大田水浇地玉米增125.44公斤/亩。巩义市2个万亩方，鲁庄镇万亩方平均单产642公斤，较大田水浇地玉米增222公斤/亩；西村镇万亩方平均单产629公斤，较大田水浇地玉米增209公斤/亩。荥阳市万亩方平均单产614公斤，较大田水浇地玉米增185.2公斤/亩。登封市万亩方平均单产498公斤，较大田水浇地玉米增89公斤/亩。全市8个万亩示范方平均亩产589.3公斤，较水浇地玉米平均单产亩增196.34公斤，增50%。高产创建对全市大灾之年秋粮仍获得较好收成起到了关键性的作用。

玉米新品种百亩示范方

秋作物生产主要措施。（1）针对异常的气候条件，加强科学应变管理。2011年夏季气候异常，郑州市农委在组织有关专家和技术人员深入各县（市）区，对作物长势和受灾情况进行摸底和评估的基础上，针对秋作物生长前期的持续干旱，及时下发了以抗旱为中心任务的秋田管理意见，7月底8月初降雨后，针对当时秋作物生长情况下发了根据作物不同生长情况分类管理抗旱防涝并重的紧急通知。通过广播、电视、报纸等新闻媒体广泛宣传关键措施和主要技术要点，印发100万份麦田管理明白纸，分发到农户。结合“万名科技人员包万村”活动，全市抽调了666名农业技术人员，分包全市2115个村，开展面对面的现场技术指导，确保各项技术措施的落实。（2）大力开展秋粮高产创建，提升粮食生产科技水平。根据农业部和省农业厅关于开展粮食高产创建活动的有关精神，按照市农委目标管理要求，郑州市农技站在全市开展了玉米高产创建活动。为做好高产创建工作，市农技站下发了《玉米高产创建方案》，对各县（市）区高产创建活动提出3项要求。一是实行四级联创，调动各方面的积极性。实行市、县、乡、村四级联创，以县为主体。在市领导小组和技术专家组指导下，县、乡、村也相应成立创建领导小组，加强对创建工作的领导。在玉米生育的不同时期，组织乡村干部及科技示范户现场观摩、培训。二是严格管理，规范运作。严格按照专家组制定的玉米高产创建标准与操作规程，从田块选择、创建标准、技术方案等方面制定高产示范区建设操作规程，规范操作要求。同时，制定玉米高产创建活动管理办法、考核评估办法和测产验收办法，明确组织管理、目标任务、责任分工、督查制度、考核细则、奖励办法等具体要求，促进玉米高产创建活动有序开展。三是集约资源，合力推进。集约重大项目资源，与良种推广补贴、科技入户、测土配方施肥、新型农民培训等重大项目紧密结合，保证高产创建示范区建设上的资金优势，推进高产创建工作。（3）积极做好秋粮新品种的引进、试验、示范与推广。为进一步提高郑州市秋粮的综合生产能力，充分发挥良种在农业生产中的增产作用，市农技站在认真筛选本地优良品种的同时，加大了秋粮作物的新品种引进和试验、示范与推广力度。在全省征集了应用于生产的121个玉米品种，在惠济区的河南庆发种业有限公司蔬菜研究基地安排了评比试验，同时选定了郑单035、浚单20、豫单998、郑农7278、郑单958等30个玉米新品种，在中牟县狼城岗区域中心站安排了示范、展示田。选定郑红20、郑红22、商薯19、浙紫1号、浙紫2号、6025、红心431、秦薯4号、秦薯5号、秦薯6号等10个红薯品种在荥阳市王村镇安排了示范、展示田。选定豫谷10号、豫谷12号、豫谷15号、冀谷19号、冀谷26号、冀谷31号等6个谷子品种在荥阳市刘河、崔庙、高山3个乡（镇）安排了3个百亩展示田。通过新品种示范、展示和对比，筛选出适合全市种植推广的优良品种，研究适合不同品种的栽培管理技术措施，为领导决策及大面积推广提供科学依据，同时引导群众使用良种，做到良种、良法配套。

（徐国强　赵郑华）

【花生生产】 2011年，全市花生种植面积41.4千公顷,较上年40.9千公顷增加0.5千公顷；总产15.5万吨,较上年17.3万吨减少1.8万吨；单产271公斤/亩，较上年281.3公斤/亩减产10.3公斤/亩，减产3.7%。

花生高产创建项目。根据农业部和省花生高产创建项目的要求，全市的花生高产创建万亩示范片安排在花生种植面积大，且连片成方，相对集中，群众常年有种植花生的习惯，农户管理水平较高，示范效果明显的是中牟县和荥阳市。项目区土壤大部分属于沙壤土，且土地平整，浇灌方便，非常适合花生的种植，所产花生皮白、果饱，含油率高，增产潜力很大，适合开展万亩花生高产创建。中牟县项目区在刁家乡沃孙、藕池任、豆腐刘、石灰窑、府李庄5个行政村。项目区推广品种为花育19，实施面积0.79千公顷，涉及农户2847户。荥阳市项目区在的汜水镇、王村镇，该区包括虎牢关、赵村、口子村、汜水村、司村、薛村共6个行政村，实施面积0.78千公顷，涉及农户2816户。中牟县和荥阳市在项目区中各建立2个千亩高产典型示范方和2个百亩高产攻关田。

（易国强）

【蔬菜生产】 2011年，全市蔬菜生产面积基本稳定，产量稳步提高，保护地栽培面积、比重略有扩大，蔬菜品种和质量进一步优化，种植方式不断创新，蔬菜标准园创建和集约化育苗点建设顺利开展。全年完成蔬菜播种面积82.11千公顷，总产量270.3万吨，与2010年相比增加1.9%。其中中牟、荥阳、新郑、惠济、新密共完成蔬菜产量250.86万吨，占全市总产量的92.81%。生产面积较大的蔬菜品种主要有大蒜24.15千公顷、大白菜5.17千公顷、大葱4.52千公顷、萝卜4.19千公顷、胡萝卜3.94千公顷、番茄3.35千公顷、黄瓜3.25千公顷，与上年相比，萝卜、胡萝卜、大葱、豇豆等生产面积增幅较大，芹菜生产面积有所减少。

（赵建波）

【水果生产】 2011年，郑州市继续推广与普及无公害水果标准化生产技术，水果品质、产量、效益持续稳定发展。全市水果生产面积18.33千公顷，总产量30.3万吨。其中，苹果1.87千公顷，产量4.16万吨；桃3.45千公顷，产量5.14万吨；梨2.29千公顷，产量5.22万吨；葡萄1.57千公顷,产量3.26万吨；杏2.08千公顷，产量3.84万吨；石榴2.6千公顷，产量3.77万吨；樱桃1.89千公顷，产量1.10万吨。

（安　冕）

【花卉生产】 2011年，全市花卉苗木种植总面积4.93千公顷，销售总额6亿元。其中,鲜切花生产面积0.86千公顷，年销售额3400多万元；盆栽花卉生产面积0.15千公顷，年销售额1.5亿多元；观赏苗木生产面积2.47千公顷，年销售额3.1亿多元；食用与药用花卉生产面积2.13千公顷，年销售额9200多万元；草坪生产面积0.03千公顷，年销售额200多万元。郑州市花卉产业结构进一步得到优化，名优高档花卉生产规模

葡萄新品种观摩会

蝴蝶兰成果

增长较快，尤其是蝴蝶兰生产，截至2011年底，全市具备一定规模的蝴蝶兰种植企业有12家，约占河南省蝴蝶兰生产企业的1/3。年产量达385万株，上市量93.7万株，销售总额1900多万元。

（王 峰）

【设施农业】 2011年，市委、市政府高度重视设施农业建设工作，整合3亿元农业产业引导资金，重点支持设施农业建设与发展。把设施农业建设列入市委、市政府“十大实事”，并作为民心工程来抓。为确保设施农业项目建设的顺利实施，市政府出台了《关于整合农业产业发展引导资金的意见》《关于印发郑州市农业产业发展引导资金管理暂行办法的通知》，市农委、市财政局及时制定《2011年郑州市设施农业建设项目奖励办法》，用于规范资金的使用与管理。在各县（市）区上报的设施农业建设项目基础上，经过专家组初步筛选、现场答辩，集体评议、实地查勘和形成结论，共下达4批设施农业和“菜篮子”工程建设项目153个，计划投资总额550359万元，建设温室大棚等设施约1.37千公顷。

（赵建波）

【农作物病虫草害】 2011年，全市农作物主要病虫草鼠害为中度发生年份，发生面积1040.34千公顷次，开展防治面积982.14千公顷次，占发生面积的94.41%，挽回粮食损失12613.7万公斤，挽回油料损失875.4万公斤，挽回棉花损失62.77万公斤，挽回蔬菜损失7257.6万公斤，挽回水果损失1805.94万公斤。主要农作物病虫草害发生情况：（1）小麦病虫草害为中度发生年份，略轻于常年，发生面积448.69千公顷次。其中，麦蚜发生面积126.33千公顷次，秋季苗蚜中偏轻发生，局部偏重，重于常年，春季苗蚜轻发生，接近常年；麦穗蚜中度发生，局部偏重发生，轻于常年。麦蜘蛛发生面积88.13千公顷，中度发生，局部偏重发生，略重于常年。小麦纹枯病发生面积47.84千公顷，中度偏轻发生，局部偏重发生，轻于常年。小麦白粉病发生面积29.67千公顷，中度偏轻发生，局部中度发生，略轻于常年；其他病虫害轻发生。（2）玉米病虫草害中度偏轻发生，发生面积260.46千公顷次。其中，玉米蓟马中度发生，局部偏重；玉米螟中偏轻发生，局部中度；其他病虫害轻发生。（3）水稻病虫草害中度偏轻发生，发生面积1.54千公顷次。其中水稻纹枯病、稻瘟病中度偏轻发生；其他病虫轻发生。（4）花生病虫草害中度发生，发生面积123.15千公顷次。其中，花生叶斑病中度发生，局部偏重；花生蚜虫、叶螨、地下害虫中偏轻发生，其他病虫害轻发生；（5）大豆病虫草害轻发生，发生面积3.66千公顷次。其中大豆田地下害虫中偏轻发生，其他病虫害轻发生。（6）棉花病虫草害轻发生，发生面积10.34千公顷次。（7）蔬菜病虫草害中度发生，略轻于常年，发生面积132.17千公顷次。其中，病害中度发生，黄瓜霜霉病、露地番茄晚疫病中度发生；番茄早疫病、多种蔬菜病毒病、辣椒疫病、白菜霜霉病、根结线虫病中度偏轻发生；保护地蔬菜灰霉病、番茄早疫病、晚疫病、辣椒疫病、根结线虫病、病毒病中度偏轻发生，其他病害轻发生。虫害中度发生，蚜虫、小菜蛾、烟粉虱、美洲斑潜蝇中度发生，局部重发生；菜青虫、甜菜夜蛾、棉铃虫、叶螨中度偏轻发生；其他害虫轻发生。（8）果树病虫草害中度发生，发生面积25.68千公顷次。其中，苹果炭疽病、葡萄霜霉病、葡萄炭疽病、桃蚜中度发生；苹果腐烂病、苹果斑点落叶病、苹果褐斑病、山楂叶螨、桃小食心虫、苹果黄蚜、梨黑星病、梨蚜、桃蛀螟中偏轻发生；其他病虫轻发生。

【农作物病虫草害防治】 2011年全市农作物病虫草害发生面积1040.34千公顷次，开展防治面积982.14千公顷次，占发生面积的94.41%，通过防治有效地控制了病虫危害。

领导重视，组织得力。2011年小麦病虫害防治工作受到各级政府的高度重视，得到了有力支持，早春省、市政府分别召开了春季麦田管理电视电话会议，会议要求各级政府要提高对小麦病虫害防治工作的认识，要高度重视小麦病虫害的防治，实行责任制，强化督查，狠抓落实，搞好防治。郑州市实施“万名科技人员包万村”活动，全市植保科技人员分包到村，开展技术服务，加强春季麦田管理工作。在病虫害防治关键时期，市植保站技术骨干组成专家组先后到新郑、新密、荥阳等地指导大面积防治工作。在各级政府的高度重视下，各地精心组织，狠抓落实，确保全市小麦病虫害防治的顺利进行。

搞好技术宣传，普及防治技术。在农作物病虫草害防治关键时期，市植保站积极组织开展病虫草害防治技术培训，并通过广播、电视等新闻媒体，普及病虫害防治技术，市植保站与省电视台新农村频道联合制作病虫害防治知识宣传节目8期，荥阳、新郑、登封、巩义等（县）市在当地电视台、广播电台多次播出小麦病虫害防治技术培训节目。2011年全市各级植保站利用广播、电视、报纸宣传病虫害防治知识50余次，举办县、乡、村各级小麦病虫害防治技术培训90余次，培训农民28万余人次，印发技术资料38万余份。

召开防治现场会，推动防治工作的开展。各县（市）在农作物病虫害防治关键时期积极召开小麦病虫害防治现场会，带动防治工作的开展，全市共召开90余场次。

科学开展防治，搞好麦播期病虫害防治。根据地下害虫虫口密度和小麦根部病害的分布制定防治对策，大力推广种子包衣和药剂拌种技术，切实做好麦播期病虫害的防治，保证一播全苗。认真做好麦播期疫情控制，市农委下发了《关于进一步做好小麦全蚀病疫情控制工作的通知》（郑农办〔2011〕99号），要求各地要高度重视，重点控制小麦制种田，加强小麦种子繁育田全蚀病的防治，并根据大田全蚀病的发生情况，有针对性地推广了咯菌腈、苯醚甲环唑拌种防治小麦全蚀病技术，全市共防治14.8千公顷次，有效控制了疫情蔓延，取得了良好效果。分类指导，科学防治。在准确搞好病虫害中长期预测预报的基础上，结合“万名科技人员包万村”活动，及时制定病虫防治预案，下乡指导农民适时开展防治。针对2011年玉米蓟马、二点委夜蛾、花生叶斑病在局部地区偏重发生的情况，各级植保站抽调技术骨干深入田间指导农民科学防治，有效地控制了其为害。切实抓好秋作物病虫害防治。根据秋作物病虫害发生动态，在搞好技术培训、技术宣传等基础上科学指导群众开展防治，及时有效控制病虫危害。

【东亚飞蝗综合治理】 2011年，夏秋蝗中度发生，发生面积32千公顷，达到防治指标面积19.4千公顷，开展防治18.87千公顷。

蝗虫防治工作措施：（1）进一步落实治蝗领导责任制。郑州市成立了以副市长王哲为指挥长的蝗虫防治指挥部，根据人员变化情况，各蝗区县（市）区及时调整了治蝗领导组织，明确任务，责任到人，使治蝗工作有组织、有计划地开展。（2）强化了蝗情监测工作。各蝗区县（市）区固定24个测报点、24名蝗虫侦察员，系统开展了越冬蝗卵、蝗蝻出土情况、蝗蝻发育进度调查及蝗蝻“拉网”普查，澄清了蝗虫分布情况，及时发出治蝗简报，并根据夏蝗发生情况，制定了防控预案。（3）准备充分，防控到位。按照治蝗经费实行分级负担制的原则，积极筹措资金，确保治蝗经费及时到位，并加强资金管理，提高使用效率。（4）进行技术培训，做好蝗虫防治工作。全市共培训治蝗人员680人次，印发资料5040份，出动治蝗人员508人次，出动车辆28台次，出动机动弥雾机195部次，使用农药19.5吨。组织开展飞机防治6千公顷，人工防治12.87千公顷，夏秋蝗防治面积共计18.87千公顷，占达标面积的97.25%，防治效果达85%以上，有效地控制了蝗虫为害，达到了“不起飞、不成灾”的目标。

【植物检疫】 对专职检疫员进行培训。为确保郑州市植物检疫事业的发展，提高执法人员的业务素质，在市农委的统一组织下，邀请有关专家对专职植物检疫员进行了培训，并进行了相关知识测试，以保证培训效果，进一步加强了郑州市植物检疫队伍建设。宣传植物检疫法规，搞好检疫备案。全市共进行植物检疫宣传培训64次，发放植物检疫法规宣传页6万份。按照《河南省农业植物检疫备案办法》的规定，市植保站对郑州市种子生产、加工、经营单位进行了认真的审查核实，对符合规定条件的核发《植物检疫备案证》和《植物检疫报检员证》，市植保站共发放两证150套。认真开展产地检疫和调运检疫。全市小麦产检面积11.25千公顷，为报检面积的100%，产检合格面积7.75千公顷，生产合格种子4615万公斤。2011年全市申报小麦制种田6.88千公顷，全部要求采用有效药剂进行除害处理。签发省间调运检疫证书1610批次，省内调运检疫证书1043批次，共调运检疫合格种子420.4902万公斤，分别为小麦种96.915万公斤，玉米种318.2531万公斤，棉花种5.2713万公斤，其他作物种子0.0508万公斤，花卉苗木704.7096万株。通过检疫有效地防止了危险性病虫杂草的传播蔓延，保证了农业生产安全。加强检疫执法，严格市场管理。为加强市场管理，规范农作物种子市场经营行为，3月中旬到4月中旬和9月中旬到10月上旬，对郑州市农作物种子经营单位进行检查，共检查经营户240多户。

【农作物病虫害统防统治】 2011年，郑州市争取到专业化统防统治专项资金75万元，其中市站争取专项资金50万元，荥阳市植保植检站争取专项资金20万元，巩义市植保植检站到争取专项资金5万元。通过政府采购的形式购置了一批新式植保机械，用于武装基层病虫害专业化防治队伍。随着投入的增加和培训宣传力度的加大，郑州市植保专业化防治队伍得到了进一步的稳定和壮大，全市植保机械专业化统一防治组织达到99个，机防队员1125人，全年开展专业化统防统治面积35.47千公顷。

（吴营昌）

【培肥地力】 2011年，全市共完成麦秸麦糠覆盖、小麦高留茬153.33千公顷，玉米秸秆还田113.33千公顷，有机肥积造1300万方。耕地理化性状得到改善，土壤肥力稳中有升，有机质提升试点区域有机质含量呈逐年递增趋势。2011年，市植保站在新郑市、荥阳市和新密市设立了3个有机质提升试点。通过实施小麦、玉米等作物秸秆还田、增施商品有机肥等措施，使3个提升试点区域土壤有机质含量提高了0.1—0.2克/千克，土壤容重降低了0.05—0.15克/立方厘米，孔隙增加2—6个百分点，土壤持水量提高了3个百分点左右，减少钾肥使用量10%，亩节本增效30元以上，耕地地力与耕地环境质量显著提高。

【测土配方施肥】 2011年，全市推广测土配方施肥面积348千公顷，其中，玉米120千公顷，冬小麦170千公顷，大蒜20千公顷，花生23千公顷，蔬菜、瓜果等其他作物15千公顷。设计小麦施肥配方 16个、玉米施肥配方 13个、大蒜配方1个，生产配方肥 9万吨，配方肥施用面积132千公顷。采集土壤样品5100个，化验土样3.9万项次，分析植株样品360个。完成秋季作物肥料试验21个、三区校正试验65个，安排小麦、大蒜、蔬菜等跨年度肥料试验21个。通过实施测土配方施肥，粮食作物单产水平提高十分明显，经济效益可观，测土配方施肥项目区内小麦平均每亩增产21.5公斤，节约化肥1.52公斤（折纯），每亩可节本增效46元；玉米平均每亩增产26.2公斤，节肥1.6公斤(折纯)，亩节本增效56元；花生平均每亩增产16.2公斤，节肥1.5公斤(折纯)，亩节本增效70元左右。郑州市仅实施测土配方施肥一项就可为农民增加收入接近2亿元。测土配方施肥实施区施肥上出现了“氮减磷稳钾增”的明显变化，施肥结构得到进一步优化，氮、磷、钾比例趋于合理，避免和减轻因施肥不科学带来的肥料资源浪费和环境污染，有效地保护了生态环境，年减少化肥施用量6400余吨（折纯）。

（郭长江）

【休闲农业】 2011年，受市场拉动效应的影响，观光休闲农业项目的区域化特点日趋明显，形成了一批集中发展区，如惠济区，充分利用黄河资源，大力发展现代农业和观光休闲农业，在黄河大堤两侧形成了一条观光休闲农业的黄金产业带。该区被命名为全国休闲农业与乡村旅游示范县，年接待游客400多万人次。二七区的樱桃沟，经过连续3年的资源整合、提升建设，已建成樱桃基地万余亩，形成了方圆7平方公里的樱桃沟观光休闲景区，年接待游客约50万人次。截至2011年底，全市有休闲农业园区（农庄）104个，特色村23个，农家乐（饭店）305个；带动农民就业1.85万人；年综合收入8.5亿元；年接待人数1346万人（次）。

（宋爱平）

水产业

【概况】 2011年，郑州市水产养殖面积9.4千公顷，比2010年增加0.4千公顷，增长4.4%；水产品产量达到14.4万吨，比2010年增加9000吨，增长6.7%。水产养殖面积位居全省第七，水产品产量位居全省第二。2011年全市新开挖鱼塘面积0.43千公顷，其中惠济区新开挖鱼塘0.06千公顷，荥阳市新开挖0.3千公顷，中牟县新开挖0.07千公顷，超额完成省水产办下达计划的30.4%。在农业部、省农业厅组织的水产品产地抽检中，郑州市产地水产品合格率达到100%。渔业安全生产形势保持稳定，全年没有重大安全事故发生。

【沿黄滩区开发】 2011年，郑州市加快渔业聚集区建设，大力调整产业结构。重点建设荥阳市、惠济区、中牟县3个沿黄现代渔业聚集区。各渔业聚集区抓住国家实施新一轮“菜篮子”工程和加强农业生产能力建设的有利时机，多渠道争取资金投入，大力推进养殖池塘标准化改造和黄河滩区新池塘开发，全年新开挖鱼塘总面积0.33千公顷。荥阳市编制了《荥阳市沿黄现代渔业聚集区发展规划》，提出了“一区、三组团、十五园”的布局，池塘面积将在“十二五”期间由0.1千公顷发展到0.2千公顷。沿黄各水产生产加工企业大力推广新品种，提高养殖档次、增加优良品种。以黄河鲤鱼、雁鸣湖大闸蟹、黄河甲鱼、南美白对虾、美国鮰鱼等名优良种为主导的特色渔业发展迅速。名特优新水产品养殖面积及产量均占到全市总面积和总产量的70%。

【水产品质量安全管理】 高度重视水产品质量安全。一是搞好健康

荥阳王村万亩水产基地

养殖基地建设，从源头上把好质量安全关。切实抓好农业部水产健康养殖示范场建设及无公害水产品生产基地认定工作，按照“生态、健康、循环、集约”的科学发展思路，完善内部质量安全管理机制，做好对投入品采购、苗种放养、生产、用药、培训、销售等工作的各项记录，建立完善生产档案，发挥示范引领作用，推动水产健康养殖向深度和广度发展。二是按照《农产品质量安全法》及国家和省水产局的要求，加强对水产品生产过程的执法监管。要求苗种生产企业必须持有《苗种生产许可证》，无公害养殖基地、规模化养殖场和专业合作社的生产、购销过程要有完整记录，不得使用禁用药物。市水产局对水产品质量安全问题深入开展调研活动，了解郑州市水产品安全的基本状况，科学分析评价各县（市）区开展水产品安全整顿和监管的工作成效，查摆工作中存在的漏洞，做到防患于未然。三是创新无公害水产品标准化示范基地管理模式，实施产地准出试点。水产品质量安全工作的重点在基地，企业是责任主体、追溯是自律动力、监管是制度保障。只有企业切实落实质量安全责任，加强行业自律，水产品质量安全工作才有了坚实的基础。2011年市水产局选择条件较好的荥阳市王村万亩水产基地，试行管理部门监督下的基地自检准出制。

【渔政执法】 做好渔政管理工作，严格实施依法治渔。郑州市水产局在全市组织开展了春季禁渔专项整治、非法捕捞作业专项整治、大型节假日的专项检查行动等专项治理活动。重点对春季禁渔期间违法捕捞情况进行检查纠错。加强水生野生动物的驯养、捕捞、运输和经营利用管理，处理好保护与利用的关系。2011年共为7家野生动物驯养企业办理水生野生动物驯养繁殖许可证，10家饭店、展馆办理经营利用许可证。认真开展全国水生野生动物保护科普宣传月活动，配合省、市相关部门在郑州市海洋馆成功举办了宣传月启动仪式，提高市民渔业资源保护意识，有力地促进了水生野生动物保护工作。遵循《物权法》，扎实推进和完善水域滩涂养殖证制度，使这一渔业基本制度成为渔业有序规范管理的基础，成为渔业生产者的“护身符”。 为了较好完成省农业厅下达的关于推进和完善水域滩涂养殖证制度责任目标，市水产局及时编制发布养殖水域滩涂规划，确定可以用于水产养殖业的水域滩涂区域范围。按照《农业部关于稳定水域滩涂养殖使用权推进水域滩涂养殖发证登记工作的意见》的要求，指导中牟县、荥阳市两个水产养殖重点县（市）完成了养殖水域滩涂规划编制工作，明确当地可以用于养殖业的水域滩涂区域范围、类型、期限以及允许采用的养殖方式、开发规模、产业布局等。认真做好水域滩涂养殖发证登记工作。坚决贯彻执行中央1号文件精神，加强对工作人员的法律法规和发证登记业务培训，要求工作人员熟悉发证登记程序和要求，提高业务能力和办事效率。积极主动向水域滩涂养殖权人宣讲发证登记程序和要求，宣传发证登记对养殖权人自身权益保障的重要作用，调动水域滩涂养殖权人主动申请发证登记的积极性。截至2011年底，中牟县发证水面2.7千公顷，占全县水产养殖面积3.30千公顷的81.7%；荥阳市发证水面1千公顷，占全市水产养殖水面1千公顷的94.1%。

（胡全文）

畜牧业

【概况】 2011年，郑州市畜牧工作在市委、市政府领导下，呈现出了科学发展、健康发展、快速发展的良好态势，较好地实现了保供给、保安全、促增收的基本目标，为农业农村经济发展作出了突出贡献。2011年，全市肉、蛋、奶产量分别达到24.25万吨、21.47万吨和46.7万吨，郑州市牛奶总产量和人均牛奶产量全省排名第一。畜牧业实现产值82亿元，占农林牧渔业总产值的比重达到42.5%,畜牧业已成为农村经济发展、农业增效、农民增收的支柱产业。

产业规模快速扩张。2011年，全市有畜禽标准化规模养殖场1410个，存栏200头以上的规模奶牛养殖场（小区）86个；全市奶牛、家禽和生猪规模养殖比例分别达到83%、96%和69%，已初步形成了中牟奶牛养殖，荥阳和登封蛋、肉鸡养殖，新郑种猪、种禽繁育等优势产业基地，其中，新郑是全国最大的肉种禽繁育基地，中牟是全省最大的奶牛养殖基地，荥阳和登封是全省重要的蛋、肉鸡养殖基地。畜牧业作为中轴产业，其承上启下的带动力不断增强，饲料、兽药、畜产品加工等相关产业发展迅速。2011年全市饲料生产企业达到289家，占全省饲料生产企业的35%；饲料产量达到350万吨，占全省饲料总产量的40%；已通过兽药GMP（《药品生产质量规范》）认证的兽药生产企业124家，占全省的56%。“郑州市桑园兽药饲料批发市场”年经营额达到10亿元，已成为全国最大的兽药、饲料专业批发市场。

产业化经营加快推进。以畜牧龙头企业和各类畜牧合作组织为主体的产业化经营模式不断涌现，畜牧产业化水平不断提高。2011年，全市市级以上畜牧产业化龙头企业达到134个，占全市畜牧产业化龙头企业总数的37%。畜牧业农民专业合作组织有285家，带动农户3万余户；郑州市宝融养殖有限公司、新郑雏鹰15万头生猪出口创汇示范园、登封书青38万套肉种鸡场、中牟万滩3000头标准化高产奶牛养殖示范园等一批高标准、大规模集约化养殖企业竞相发展，形势喜人。

畜牧科技含量明显提高。畜牧业科技进步对全市畜牧业发展的贡献率达到54%，比全国统标高出2个百分点。2011年，全市标准化基层改良站点有168个，奶牛养殖场机械挤奶普及率达到100%，秸秆青贮氨化技术在全市奶牛生产中全面普及，奶牛年平均单产已从2005年的5吨提高到2011年的6吨，比全国奶牛年平均单产5.5吨高出0.5吨。

（蔡仲友　马朝阳）

【现代畜牧业发展】 2011年，郑州市加大现代畜牧业发展政策扶持力度，《郑州市现代畜牧业发展规划》顺利实施。《郑州市现代畜牧业发展规划》的推出和实施是市委、市政府“十一五”期间支持和发展畜牧业的重要举措，是统筹城乡经济发展,实现牧业增效、农民增收,加快发展现代农业，推进新农村建设的新战略。2011年，市畜牧局坚持把此项工作作为全年的重点工作和重要任务，先后投入资金5.3亿元，扶持建设项目97个，年新增产值13.6亿元，收到了良好的经济效益和社会效益。

畜牧产业投资体制得到创新发展。为切实发挥政府财政资金的示范作用，进一步增加对畜牧业的投入，市畜牧局根据市政府的统一安排部署，探索实行了财政资金贴息贷款的投资体制。主要方法就是以贴息贷款的形式，对符合扶持范围标准的农业龙头企业、农民专业合作社、农村集体经济组织、养殖大户实行财政贴息。2011年共有3批116家企业申报贷款贴息，申请贷款金额123151万元，拟财政贴息金额1628.24万元。这一措施的实施，不但扩大了产业扶持范围，把财政资金的使用方向从单纯的对养殖场（户）实行奖励补助，扩展到引导和支持现代农业示范区、畜产品优势集聚区、畜产品加工企业的建设之上，还显著增加了全社会对畜牧业的投入，充分发挥了政府专项资金的引导作用、杠杆作用和激励作用，为全市畜牧业标准化规模发展和畜牧业产业结构转型升级提供了有力的资金支持。

（张军峰　周永利）

【畜产品生产】 积极做好畜禽养殖标准化示范创建工作。为进一步加快推动畜牧业发展方式转变，促进全市标准化规模养殖的发展，根据《河南省畜牧局关于印发〈河南省2011年畜禽养殖标准化示范创建工作方案〉的通知》要求，经过现场培训、逐级推荐、督查整改、现场验收，郑州市申报的3个生猪规模养殖场项目已全部通过上级验收，并颁发了“农业部畜禽养殖标准化示范场”标牌。

积极扶持“菜篮子”产品生产畜牧项目。为推进农业结构调整，促进畜牧业可持续发展，努力做好郑州市2011年“菜篮子”产品畜牧项目申报工作，根据河南省畜牧局、河南省财政厅印发的《河南省2011年扶持“菜篮子”产品生产畜牧项目实施方案》要求，按照以畜禽良种化、养殖设施化、生产规范化、防疫制度化、粪污无害化为主要内容的“五化”标准，对项目上报单位进行初步验收，提出整改意见，通过项目申报单位和市、县两级畜牧部门的共同努力，2011年郑州市扶持“菜篮子”产品生产畜牧项目全部通过上级验收，其中生猪场2个、蛋鸡场4个、肉鸡场1个。

积极做好中央投资生猪标准化规模养殖场（小区）建设项目。为大力推进生猪标准化规模养殖，加快畜牧业生产方式转变，根据省发改委、省畜牧局《关于下达2012年各市农口投资规模及有关注意事项的通知》《关于抓紧上报生猪标准化规模养殖场2011年新增项目和2012年计划项目投资计划及实施方案的通知》《关于补充上报生猪标准化规模养殖场2012年项目实施方案和奶牛标准化规模养殖场2012年项目批复文件的通知》要求，郑州市在各县（市）推荐建设项目的基础上，严格把关，认真筛选符合创建条件的养殖场（小区），并按要求编制了2012年郑州市生猪标准化规模养殖场建设项目实施方案。2011年中央投资生猪标准化规模养殖场（小区）和郑州市第一批建设项目正在实施当中，部分企业已完成项目内容；2012年中央投资生猪标准化规模养殖场（小区）建设项目，已完成项目调整。

积极做好能繁母猪补贴。为促进生猪产业健康持续发展，保证生猪市场供应，根据河南省财政厅、河南省畜牧局《关于印发〈河南省2011年能繁母猪补贴实施方案〉的通知》要求，开展了全市能繁母猪调查工作，全市共核准符合补贴条件的养殖场（户）19347户，能繁母猪165465头。按照河南省财政厅、河南省畜牧局《关于下达2011年能繁母猪补贴资金的通知》要求，完成了市级能繁母猪配套补贴资金的预拨工作，合计下拨国家、省、市，三级能繁母猪配套补贴资金9484352元。

（朱纯良 李章群 刘宏亮）

【奶业生产】 2011年，全市存栏200头以上的奶牛规模养殖场（小区）共有93个，生鲜乳收购站86个，其中规模奶牛场27个，小区59个。全市奶牛存栏9.18万头，牛奶产量46.7万吨，分别比2006年奶牛存栏5.83万头、牛奶产量25.8万吨增长57.5%和81.01%。

奶牛小区（场）标准化示范创建工作。集合良种、饲草饲料、人才等各种资源，整合国家奶牛标准化规模养殖场（小区）建设资金、省畜牧业发展专项资金、市财政奶业发展专项资金1200多万元，强力推进现有奶牛小区（场）升级改造步伐，积极培育和发展新建奶牛规模养殖场，着力培育存栏奶牛500头以上规模养殖场，引导现有的奶牛养殖场（小区）扩大养殖规模。

生鲜乳质量安全监管。根据《国务院办公厅关于进一步加强问题乳粉查处工作的紧急通知》和河南省畜牧局关于生鲜乳质量安全监管工作要求，制定下发了《郑州市生鲜乳违禁物质专项整治方案》，集中力量和时间，对全市符合条件的86个生鲜乳收购站进行了拉网式排查和专项整治。通过生鲜乳收购站专项整治行动，进一步健全了生鲜乳质量安全监管机制、完善了生鲜乳质量安全责任体系、落实了生鲜乳质量安全监管责任、加大了生鲜乳质量安全监管力度、规范了生鲜乳生产经营行为、增强了行业自律意识。2011年全市所有的奶牛养殖场和生鲜乳收购站均达到了4个百分之百，即建立规章制度和生产记录百分之百，生鲜乳收购站许可证持证率达到百分之百，生鲜乳车辆准运证明和生鲜乳交接单使用率达到百分之百，生鲜乳中三聚氰胺等违禁物质检验合格率达到100%。

河南省世行贷款项目实施工作。河南省世行生态畜牧业建设项目于2010年开始实施，共安排建设项目50个。项目涉及郑州市中牟县、荥阳市、新郑市和惠济区，项目利用世行贷款1183.67万美元。国内配套资金10157.65万元，其中省级配套资金298.46万元、市级配套资金265.59万元、县级配套资金299.61万元、项目养殖场（小区）配套资金9294万元。2011年，郑州市列入世行投资计划建设项目17个。

（郑保华 马淑玲）

【动物疫病防控】 组织实施春秋两季集中免疫。按照免疫计划，积极组织疫苗供应，全市共发放口蹄疫疫苗903.3万毫升、高致病性禽流感疫苗3036万毫升、高致病性猪蓝耳病疫苗469.4万头份、猪瘟疫苗528.6万头份，应免猪、牛、羊、禽免疫率均达到100%。做好动物疫病监测。全年共监测高致病性禽流感11482份、高致病性猪蓝耳病9664份、猪瘟9690份、口蹄疫17459份、新城疫11964份，免疫抗体合格率均维持在70%以上。强化应急管理。建立健全动物疫病防控应急管理体制和工作机制，做到组织健全、人员到位、统一指挥、行动迅速。加大动物检疫力度。严格执行主动申报、现场检疫、验证查物、市场监管和无害化处理制度，做到了染疫动物不出产地、病害产品不流入市场，共检疫生猪250.1万头、牛16.1万头、羊28.3万只、禽5998.3万羽，较好地确保了公共卫生安全。扎实做好兽医医政工作。成功组织了执业兽医资格考试，共有955人参加考试。

（李文波 刘 炜）

【动物卫生监督管理】 加强动物卫生监管执法队伍建设。开展多层次、全方位培训。3月16日举办了全市动物标识移动智能识读器培训班，全市各个县（市）区动物卫生监督所负责人及追溯体系师资人员40余人参加了培训；5月，开展动物卫生监督信息化建设暨电子出具动物检疫证培训等各类培训班30余次，累计培训1200人次；11月，组织对全市各县（市）区2009年后进入动物卫生监督机构的83名新招录人员进行了为期4天的全封闭培训，培训内容涵盖动物卫生监督概论、产地检疫、屠宰检疫、行政法规、专业法规、追溯体系建设、电子出证等内容，进一步提高了新招录人员的实际操作技能。

规范动物产地检疫行为。严格出证条件，坚持到场、到户现场检疫，坚决杜绝只出证不检疫、只收费不检疫的现象发生。抓好“瘦肉精”的源头监管，要求全市动物出栏必须进行“瘦肉精”检测，检测呈阳性的养殖企业将严格依照《河南省畜产品质量安全管理办法》实施处罚，把“瘦肉精”检测是阴性作为出具产地检疫证明的必要条件，严格落实责任制和责任追究制，谁出问题谁负责，通过该项措施的实施，极大地促进了全市养殖企业违禁药品治理工作。严把生猪屠宰检疫“入门关”，要求入场生猪必须达标，严把产地检疫终端，打击逃避产地检疫的行为。

2011年，全市产地检疫猪199.8564万头、牛16.0736万头、羊28.316万只、禽5062.317万羽、其他动物6.1566万头；屠宰检疫生猪50.2654万头、禽918.9698万羽，抽检车辆13283车次，白条肉529256头，分割猪肉鲜品8963694公斤，猪头冻品29804282公斤，抽检“瘦肉精”批次8650批。市本级出动车辆328车次、人员1232人次，检查商场、超市、连锁店等合计4900次。

推行“风险分级、量化监督、档案管理”监管模式。“风险分级、量化监督、档案管理”是动物卫生监督工作量化管理的具体体现，是全市动物卫生监督工作的一个新的里程碑，该项工作使动物监督工作更加科学化、层次化、制度化、规范化，确保了动物卫生监督工作的重点放在问题突出、安全隐患较大的关键环节上，为进一步推行量化监督工作，郑州市动物卫生监督所设计了养殖场、屠宰场、流通环节、诊疗场所、上级监督检查的专用表格，量化监督工作进一步细化，实现了对内监督和对外监督。

（彭志领　李超雷）

【兽医兽药管理】 强化兽药法律法规知识宣传。市畜牧局通过新闻媒体、出动宣传车、张贴标语、悬挂横幅、举办培训班、下发宣传资料等不同形式，大力宣传《兽药管理条例》《兽药经营质量管理规范》等法律法规知识。2011年，全市出动宣传车辆200台次，张贴标语2000张、悬挂横幅1500幅、举办培训班15期、发放宣传材料3000份；通过兽药法律法规宣传，进一步增强兽药生产、经营和使用者的法律意识。

强化兽药生产、经营环节监督检查。按照全市兽药整治工作安排，郑州市加大对兽药生产、经营环节整治力度。针对兽药生产企业重点检查其是否严格按照《兽药生产质量管理规范》组织生产，各种生产记录、检验记录、销售记录是否规范，产品标签说明书是否符合要求，生产的产品是否已取得农业部核发的产品批准文号，是否有添加违禁药物的违法行为，是否有非法加工兽药的违规行为。对辖区内列入农业部兽药质量通报的假劣兽药生产企业作为生产环节整治的重点，增加检查频次，实施动态监管；对兽药经营环节，重点检查是否违规经营违禁药物、假劣兽药和人用药品。集中整治期间，全市共出动执法人员2000多人次，检查兽药生产企业110个、兽药经营门店700余家。在检查中发现的不规范情况，现场监督企业进行整改，切实抓好兽药源头治理。

建立健全兽药抽检查处监管联动机制。为进一步做好兽药抽检和监管查处工作，市畜牧局建立了兽药抽检查处监管联动机制，在兽药抽检中发现的假兽药问题当场进行调查处理，对抽检检验不合格的兽药产品及时安排查处。整治期间，发布兽药质量情况通报3期，开展兽药查处活动5次。通过加大兽药抽检和跟踪查处工作力度，全市兽药产品质量安全进一步得到巩固和提高。

严厉打击制售假劣兽药行为。为维护兽药市场经营秩序，市、县两级畜牧部门进一步加大了对制假、售假行为的打击力度。一是在兽药生产、经营集中区域设置举报箱，公布举报电话，24小时受理举报线索，共查处举报案件30起，已立案15起，结案15起；二是查处省畜牧局便函督办案件28起，做到件件有落实、件件有回复，全年立案4起，结案4起；三是建立健全联合办案机制，由畜牧、公安、工商等部门共同参与、联合查处兽药制假、售假案件。通过打击制售假劣兽药专项整治活动的开展，进一步规范了兽药市场经营秩序，提高了兽药产品质量。

积极开展兽药经营企业兽药GSP（《兽医兽药经营质量管理规范》）认证。按照省畜牧局兽药GSP认证工作统一安排部署，5月5日，市畜牧局召开了全市兽药GSP标准实施动员会，对全市兽药GSP标准实施工作进行全面安排部署。6月中旬，在新郑市、新密市、荥阳市、金水区等6个县（市）区举办6场兽药GSP培训班，对全市700余家兽药经营企业（门店）负责人和质量管理人员进行培训。全市兽药GSP标准实施工作进行有序，共有5家兽药经营单位通过兽药GSP认证，有7家兽药经营单位待验。

（李　健　梁庆周　周永利）

【畜产品质量安全监管】 2011年，郑州市畜牧局围绕畜产品质量安全工作，狠抓了“三个规范、一个深入”。规范饲料兽药监管。大力开展了兽药、饲料专项整治活动。全年累计检查畜产品生产、经营、使用单位673家，其中生猪养殖场320家，奶站80个，饲料、兽药生产经营企业及其他养殖企业273家，对13家不符合要求的企业下发了限期整改通知书，对4家饲料生产企业产品抽检不合格的产品进行了立案查处，销毁、无害化处理问题饲料1.25吨。规范畜产品生产经营。坚持以规模养殖场、屠宰场、畜产品批发市场、农贸市场、生鲜牛奶收购站等场所为重点整治对象，严格规范畜牧投入品的使用。规范畜产品质量安全监测。市、县（区）两级监测机构强化协作联动，严格技术操作规程，积极开展奶牛养殖场生鲜乳中三聚氰胺和猪、牛尿液中盐酸克仑特罗、莱克多巴胺残留监测，确保了上市畜产品质量安全。全年共开展畜产品质量安全监测13739批次，其中兽药543批次，饲料1059批次，畜产品12137批次。在

2011年农业部对郑州市畜产品质量安全情况进行的6次抽检中，合格率均为100%。深入开展“瘦肉精”专项整治活动。“3·15”事件后，市委、市政府主要领导审时度势，提出了“坚决确保省会郑州不出现‘瘦肉精’”明确要求。全市畜牧系统执法人员迅速行动，连续作战，将“瘦肉精”整治工作向深度和广度强力推进。在圆满完成省政府提出的养殖场和散养户检查和监测比例的基础上，对全市生猪养殖场和散养户逐场逐户开展检查和监测，并把排查和监测范围扩大到肉牛和肉羊养殖场。专项整治活动期间，全市共出动执法人员1.5万多人次，举办严禁使用“瘦肉精”宣讲活动372场，培训人员达23407人，与养殖场户、生猪经纪人等签订承诺书5962份，发放告知书9016份，发放宣传页3.18万份，刷写“添加使用瘦肉精就是犯罪”标语1294条，悬挂条幅185条，悬挂警示牌2433个。发放、粘贴《“瘦肉精”清缴通告》105029份，收回《“瘦肉精”清缴通告送达确认书》32716份，其中养殖场户32495份，生猪经纪人221份；抽检生猪养殖场户12065个，抽检生猪尿样 14576批次，检查肉牛肉羊场142个，抽检尿样175个，有力地保证了人民群众食肉安全。

（徐宝龙　耿　飞　孟韩冰）

【畜禽良种工程】 2011年，郑州市新建和升级改造基层畜禽良种改良站点8个，全市标准化基层改良站点达到168个，占改良站点总数的93.5%。引进奶牛冻精9.12万剂，肉牛冻精5万剂，引进奶牛性控细管4000剂。完成奶牛改良2.3万头，完成肉牛改良14.9万头。新建改建100立方米以上的青贮池102个，完成省定目标任务的102%；青贮农作物秸秆145万吨，完成年度目标任务的102%；氨化微贮秸秆22万吨，完成年度目标任务的104%；人工种草3.53千公顷，完成年度目标任务的102%。举办各类技术培训班23期，培训3600人次。全市推广猪人工授精23.5万头，人工授精率达83%；完成奶牛DHI测定4500头。

落实良种补贴政策，促进畜牧业发展。生猪良种补贴。新郑市、中牟县两个国家生猪良种补贴县（市），完成猪人工授精7.1万头，落实农业部扶持资金284万元。奶牛良种补贴，继续实施国家奶牛良补政策，全市统一供种。良种补贴的实施，加快了良种推广的步伐，提高了畜禽生产水平，增加了农民收入。

强化技术推广，推进科技进步。奶牛DHI（奶牛牛群改良）检测技术。继续推广奶牛DHI检测技术，与省奶牛DHI检测中心密切合作，认真筛选确定15家奶牛场（小区），测定奶牛4500头。DHI检测技术的推广，及时解决了奶牛场诸多问题。据参测牛场统计，奶牛日产奶量由18.8千克增加到22.08千克，乳房炎的发病率由5.6%下降到1.9%，情期受胎率由35%提高到59%，推广效果非常明显。猪人工授精技术。为普及应用猪人工授精技术，积极开展技术培训、专家指导，规范改良站点建设，实施良种补贴政策等措施，充分调动了养猪场户的积极性，促进全市猪人工授精工作顺利开展，推广数量达到23.5万头，比2010年增长5.18%。生态环保养猪技术。2011年，市畜牧局借助郑州市科技民生工程—环保养猪技术示范推广活动，在全市推广生态环保养猪技术。全市已有163家养猪场推广实施该项技术，建成环保猪舍15.5万平方米，存栏生猪13.1万头。TMR（全混合日粮）日粮饲料喂养技术。饲料营养不均衡是长期困扰全市奶牛养殖效益的障碍因素。为促进该问题的解决，在加强TMR日粮饲料喂养技术宣传的基础上，开展多种形式的技术培训，向奶牛小区发放技术资料，推进TMR日粮饲喂技术的推广和普及。2011年全市有13家奶牛场引进了TMR机。奶牛性控繁育技术。奶牛性控繁育技术是近几年来研究成功的一项提高母犊率的新技术，通过 2 年的推广，效果很好。据统计，奶牛母犊率由2009年的48%提高到2010年的93%，进一步提高了奶农使用性控冻精的积极性。2011年全市又引进推广奶牛性控冻精4000支。秸秆青贮氨化技术。青贮氨化饲料是奶牛生产的重要物质基础，秸秆青贮氨化技术的普及推广，特别是大型青贮联合收割机的推广，使郑州市秸秆青贮氨化工作上了一个新台阶。2011年，秸秆青贮氨化技术在全市奶牛生产中基本得到普及。“快乐猪”养殖技术。市畜牧局结合“创先争优”活动，组织相关工作人员到兰考县考察“快乐猪”养殖技术。结合生态环保养猪技术推广，在中牟县石灰窑村建立了“快乐猪”养殖试点。制定饲养规程，建立档案卡，对猪实行“身份证”管理。整个饲养过程采用生态养殖，饲料喂食玉米、麸皮、野草和蔬菜，让猪吃绿色饲料，快乐成长。2011年，该村已有50户多开展“快乐猪”养殖，存栏生猪3000头。

（赵富荣　宋云清）

林　业

【造林绿化】 2011年，郑州市共完成造林面积15.77千公顷，是年度造林面积目标任务14.99千公顷的105%。完成森林抚育7.75千公顷，是年度森林抚育面积目标任务7.75千公顷的100%，创建林业生态村100个，林业生态镇8个，全市以各种形式参加义务植树的公民达到356.28万人次，义务植树1461万

尖岗水库水源涵养林

株，义务植树尽责率达到95.8%，建立各级义务植树基地118个。

【集体林权制度改革】 2011年，市林业局通过召开集体林权改革推进会、局领导班子成员分包县（市）区督导、组织相关人员到林改先进地市学习、在新闻媒体通报工作进度等措施，有力推动了全市集体林权改革工作的开展，主体改革任务圆满完成。全市共完成明晰林地产权任务123.66千公顷，占全市集体林权改革总任务123.66千公顷的100%；发证面积达到123.66千公顷，占总任务量的100%。

【林业发展规划和示范工程】 2011年，市林业局先后编制完成了《郑州都市区环城苗木花卉产业发展规划》《郑州都市区森林公园体系总体规划》《郑州黄河湿地自然保护区详细规划》，并通过专家评审。正在编制《郑州龙西湖文博森林公园规划》。为配合4个规划实施，郑州市于2011年12月17日集中开工了郑州苗木花卉博览园示范工程、郑州滨黄河森林公园示范园、郑州黄河湿地公园示范园和郑州文博公园森林健康步道示范工程等4个示范工程，并计划2012年5月1日前建成对市民开放。

【绿博园管理经营】 2011年，通过制度建设、考察学习、完善设施和规范管理，绿博园管理经营水平逐步提高。结合节假日，开展了郑州绿博园首届端午文化节、河南·郑州首届蝴蝶兰花展览会等丰富多彩的主题活动，丰富了景区内容，增强了绿博园吸引力。通过建立绿博园网站和官方微博，及时发布信息，与游客交流互动，同时加强与新闻媒体的沟通联络，扩大了绿博园知名度。

【森林资源保护】 2011年，全市林业执法机构共查处各类案件556起，收缴野生动物3500余只（头），检查木材运输过境车辆6211台次。市林业局、市林业工作总站、市西黄刘木材检查站被市政府评为行政执法工作先进单位。森林防火工作方面，全市共发生森林火情7起，过火面积22.37公顷，受害林地面积1.2公顷，无人员伤亡，受害率控制在0.1‰以下，远远低于省定1‰的目标。适时组织开展了飞机喷药防治林业有害生物工作，全年共飞防4次，飞行158架次，防治面积13.77千公顷，有效地保护了林业生态建设成果。

【黄河湿地保护工作】 2011年，黄河湿地保护工作进展顺利。市政府成立了郑州黄河湿地保护规划建设领导小组，切实加强了对黄河湿地保护工作的组织领导。继续推进黄河湿地保护性恢复工程，部分县（市）区已完成建设任务。启动了湿地公园修建性详细规划编制和示范段建设工作，加快保护区详细规划修编工作，积极筹备保护区本地资源调查工作。在市科技馆举办了黄河湿地生物多样性专题科普展，参观人数达8万人次，提高了公众对黄河湿地保护工作的认识。

【林业管护机制创新】 2011年，市林业局对城郊生态林保护和开发利用进行了大胆的探索，在广泛搜集各地在生态林管理经营方面的政策、经验并组织有关人员到先进地市进行考察的基础上，组织起草了《关于加强郑州市城郊核心生态林保护和开发利用工作的意见》，并提交市委、市政府研究。组织专家对西南绕城高速路绿化带的保护和管理进行了深入调研，起草了《郑州市西南绕城高速路绿化带保护和开发利用的初步意见》，正在征求有关单位意见。

【林业产业】 以产品升值为突破口，努力培育新的品牌，培植林业产业优秀企业和优秀产品，充分发挥品牌带动作用，郑州市林业产业稳步发展。2011年全市完成林业总产值23.7亿元，其中第一产业完成产值13亿元，第二产业完成产值6亿元，第三产业完成产值4.7亿元。

（陈振武）

农业机械化

【概况】 2011年，郑州市农机工作在市委、市政府的领导下，以提高粮食综合生产能力、增加农民收入、建设现代农业为目标，认真落实农机购置补贴政策，积极组织重要农时机械化生产，大力实施薄弱环节机械化提升行动，强力推进农机专业合作社建设，不断提高农机管理工作水平，圆满完成了各项任务，进一步巩固了农业机械化发展的好势头、好局面。2011年，全市共落实各级财政购机补贴资金6409万元,比上年增加499万元，新增农机具11437台（件）,受益农户6029家，受益合作组织91个；全市耕、种、收综合机械化水平达到74%，做到了应耕尽耕；完成小麦机收面积175.07千公顷，占小麦种植总面积的96.9%，小麦生产过程基本实现机械化，农业生产进入以机械作业为主的新时代。薄弱环节机械化取得重大突破，马铃薯、红薯、花生等根茎类作物机械化收获从无到有，机械作业面积突破总种植面积的20%。农业机械化作业领域由粮食作物向经济作物、由大田农业向设施农业、由种植业向养殖业和农产品加工业全面拓展。玉米机械化收获面积92.37千公顷，机收率达到58.1%，比上年增加10个百分点；机械化秸秆还田面积133.47千公顷，秸秆还田率84%；全年完成农田机械节水灌溉面积44.2千公顷；全市经工商注册的农机专业合作社达到168家，比上年增加20家；机械化保护性耕作实施面积达到40.21千公顷；培训各类农机操作人员30276人次，完成农机“阳光工程”培训任务，培训4400人次；建设国家级农机化示范区2个、全国设施农业装备与技术示范单位2个、保护性耕作示范县3个、实施农机化作业项目1个;农机安全生产保持较好形势，实现了全年农机安全生产。农业机械的效益发挥为发展现代农业、促进新农村建设，全面建设小康社会作出积极贡献。

截至2011年底，全市农业机械原值达到42.41亿元，比上年增加2.24亿元，增长5.56%。全市农机总动力达到521.22万千瓦，比上年增加16.88万千瓦，增长3.35%。其中柴油发动机动力410.15万千瓦，比上年增加13.25万千瓦，增长3.34%，汽油发动机动力3.99万千瓦，比上年增加0.2万千瓦，增长5.28%，电动机动力107.08万千瓦，比上年增长3.52万千瓦，增长3.4%。各种农用拖拉机全面增长，拖拉机拥有量达到12.75万台，比上年增加0.22万台，增长1.76%。大中型拖拉机达到11084台，比上年增加1103台，增长11.05%，其中轮式拖拉机拥有量9874台，比上年增加985台，增长11.08%。小型拖拉机拥有量11.61万台，比上年增加1113台，增长0.97%。拖拉机配套农具20.04万部,其中大中型拖拉机配套农具2.58万部，比上年增加0.29万部，增长12.66%，配套比1：2.3。小型拖拉机配套农具17.46万部，比上年增加0.56万部，增长3.31%，配套比1：1.5。耕整机比上年增加233台（套），总数达到2333台（套）（1.17万千瓦）,机引犁81362台，比上年增加1062台，机引耙72755台，比上年增加355台，旋耕机9151台，比上年增加927台，深松机比上年增加339台，总数达到550台，是2010年的2.6倍。播种机械达到26483台，其中免耕播种机1800台，精少量播种机20800台，化肥深施机2426台，地膜覆盖机1457台。

农用运输车拥有量11.37万台（165.09万千瓦），其中三轮汽车拥有量9.75万台（113.24万千瓦），低速载货汽车拥有量1.62万台（42.74万千瓦）。收获机械化科技含量逐年提高，联合收获机趋向大型化发展速度加快，保有量达5769台，比上年增加564台，增长10.84%。其中自走式稻麦联合收割机4011台，占联合收获机总保有量的69.53%，玉米联合收割机保有量达到1456台,其中自走式1168台,占玉米联合收割机的80.22%。机动脱粒机保有量3.33万台（2.65万千瓦），割晒机保有量0.45万台，机动喷雾（粉）机1.07万台（2.96万千瓦），秸秆粉碎还田机保有量7759台,花生收获机从无到有,保有量达到1205台。农用排灌动力机械保有量9.51万台（74.04万千瓦）；农用水泵、节水灌溉机械保有量分别为10.07万套、0.43万台（套）。设施农业设备有了新的发展且向系统化管理方向迈进，改变了以往只有温室、没有控制设施的局面，温室总面积达到4464.99万平方米，田园管理机保有量450台，滴灌机保有量260台，控温湿机械保有量92台，其他设施农业机械保有量296台，形成了一条龙服务管理模式。农产品加工作业机械已向食品加工及家庭作坊方向延伸，畜牧业机械、林业机械、渔业机械都得到了不同程度的发展。

2011年，全市机耕面积241.29千公顷,占可耕地面积的82.67%，其中小麦机耕面积157.48千公顷；机播面积322.48千公顷，占总播种面积的63.35%，其中小麦机播面积179.39千公顷，玉米机播面积127.05千公顷，花生机播面积5.94千公顷；主要粮食作物机收面积291.56千公顷，占总收获面积的80.54%，其中小麦机收面积175.07千公顷，玉米机收面积92.37千公顷，花生机收面积19.58千公顷；机电灌溉面积223.7千公顷；机械植保面积183.16千公顷；机械脱粒粮食136.6万吨。全年共完成机械深耕面积165.7千公顷，机械深松面积19.17千公顷，机械化免耕播种面积160.47千公顷，比上年增加11.74千公顷，增长7.8%，精少量播种面积151.73千公顷，机械深施化肥面积84.6千公顷，机械铺膜面积7.33千公顷。全年共完成农机跨区作业面积88.79千公顷，其中跨区机耕面积3.13千公顷，跨区机播面积1.26千公顷，跨区机收面积84.4千公顷。全市农机经营总收入18.03亿元，其中农机户经营总收入17.95亿元，占农机经营总收入的99.56%。农机经营纯收入6.5亿元，其中农机户经营纯收入6.47亿元，占农机经营纯收入的99.54%。

【“三夏”机收会战】 2011年

“三夏”，受小麦播种期持续低温和干旱的气候影响，郑州市小麦成熟期推迟，收获期相对集中，各级农机部门及早摸清底数，加强组织协调，认真做好信息、维修、培训、接待、技术、安全、供应、投诉、帮扶、宣传等10项服务。同时加强与公安、交通、气象、石油等相关部门的沟通与协作，为机收会战提供了有力保障。“三夏”期间全市共投入各类农业机械30万台（套）。其中，联合收割机5500台，播种机近2万台。机收小麦面积179.07千公顷，机收率96.9%。机播夏玉米127.05千公顷，机播率77%。参加跨区作业联合收割机1200台，其中，出省567台，跨区作业面积48.13千公顷，其中省内31.87千公顷，省外16.26千公顷。全年没有发生重特大农机事故和农机火灾。全市共检修各类农业机械30万台（套），签订农机作业合同超5万多份，作业面积68千公顷，其中帮扶面积近6.67千公顷。免费发放联合收割机跨区作业证1000个，指挥车服务车证50个。2011年“三夏”尽管小麦开割较往年推迟3天左右，但夏粮收获仍如期完成，“三夏”农机会战取得圆满成功。

领导重视。“三夏”前成立组织，加强督导。4月25日郑州市农机局就出台了郑州市“三夏”农机会战意见和应急预案，成立了以主要领导为指挥长的“三夏”机收会战指挥部，下设综合办公室、技术指导服务组、安全生产组、宣传组，实行了班子成员和处室负责人分片包干，落实责任制。4月28日，召开由各县（市）区农机部门主要领导参加的“三夏”农机会战专题会议，对“三夏”农机会战进行了周密部署和安排，动员全市农机系统干部职工和农机手迅速行动起来，采取措施，全力打好“三夏”农机战役。郑州市农机局专门成立了7个“三夏”督导组，分包各县（市）区，每天下乡督导，了解情况，协调解决问题。“三夏”期间，做好农机具检修和农机手培训。结合拖拉机、联合收割机的年度审验，组织监理人员、农机学校教师和专业技术人员156人，成立50个农机服务小分队，携维修工具深入乡村、田间地头，对大型农机具进行全面检修，确保机械以完好的技术状态投入“三夏”生产；采取灵活多样的方式，加强对拖拉机、联合收割机驾驶人员的操作技能、法律法规、安全生产常识等方面培训，共培训农机手17700人次，提高了农机手的整体素质。

收获机连夜抢收

落实购机补贴资金行动快、效果好。2011年上级购机补贴资金方案出台较晚，为使国家惠农政策尽快落实到位，满足“三夏”农机会战的需要，郑州市农机局加班加点制定补贴方案，并通过《郑州日报》和其他新闻媒体向社会公布，接受社会各界的监督。通过发放明白卡和开通服务热线等形式，广泛宣传农机购置补贴申请办法、补贴机具种类等。短短半个多月时间，第一批农机购置补贴资金3917万元全部补贴到位，新增补贴机具3126台，为“三夏”农机会战提供了新的装备支持。

部门联动，打造农机绿色通道。一是加强同公安交警部门的协调，进一步做好道路保通工作，加大路面管控和巡逻力度，为参加跨区作业的联合收割机保驾护航，确保跨区机收秩序井然。二是加强同交通部门的协调，继续落实联合收割机过桥过路免收通行费，协调处理道路通行过程中的相关问题，保持路况良好畅通。三是加强同中石化、中石油等部门的协调，准备充足的柴油货源，设立农机用油保供站，为联合收割机开辟加油绿色通道，加油车服务到田间，保证油料供应。四是加强同移动公司的协调，继续搭建信息平台，增加信息传送次数，及时发送相关“三夏”信息，提供免费信息服务。五是加强同气象部门的协调，密切关注天气变化，增加预报次数，延长预报时段，使农民抓紧时机及时收种。

落实农机服务措施，打造服务品牌。2011年“三夏”农机会战期间，郑州市农机管理部门通过落实九项服务措施，打造服务品牌。信息服务。利用网络平台和手机短信为跨区作业机手提供作业信息服务、气象服务，引导联合收割机合理有序流动。技术服务。协调农机销售企业、农机生产厂家抽调技术、工作人员，组织阵容强大的“三包”和售后服务队，开展技术巡回指导，构建配件齐全、技术完备、车辆充实、信息畅通、行动迅

农业机械年末拥有量

项目/单位	农业机械总动力（万千瓦）				其中：耕作机械						其中：收获机械					
	合计	柴油发动机动力	汽油发动机动力	电动机动力	大中型拖拉机		其中轮式拖拉机		小型拖拉机		联合收获机		割晒机		机动脱粒机	
					万台	万千瓦	万台	万千瓦	万台	万千瓦	万台	万千瓦	万台	万千瓦	万台	万千瓦
郑州市	521.2221	410.1499	3.9889	107.0834	1.1084	49.8201	0.9874	42.9977	11.6113	112.0823	0.5769	29.1875	0.4532	1.4837	3.3311	2.6488
中原区	2.7837	1.8746	0.0034	0.9057	0.0126	0.4745	0.0126	0.4745	0.0022	0.0257	0.0078	0.3037	0	0.00	0.0075	0.03
二七区	8.8349	6.8944	0.2139	1.7266	0.0091	0.3848	0	0.00	0.04	0.4592	0.004	0.1889	0	0.00	0.0376	0.00
管城区	7.8947	5.6875	0.038	2.1693	0.019	0.7901	0.019	0.7901	0.0382	0.4202	0.0065	0.4225	0.0051	0.0562	0.0053	0.00
金水区	10.31	8.3	0.01	2	0.0128	0.4	0.0128	0.4	0.02	0.14	0.0136	0.61	0	0.00	0.04	0.2
上街区	3.8108	2.8296	0.018	0.9632	0.0276	1.0796	0.0238	0.9694	0.0501	0.5708	0.0048	0.2486	0	0.00	0.01	0.00
惠济区	12.2201	8.4339	0.2616	3.5246	0.0292	1.4787	0.006	0.3968	0.016	0.139	0.0136	0.879	0	0.00	0.0022	0.00
中牟县	101.7461	94.2991	0.0906	7.3564	0.3066	12.8722	0.2517	9.3107	5.1298	46.2651	0.0754	3.2869	0.1861	0.00	0.1332	0.00
巩义市	56.7595	44.537	0.2393	11.9832	0.1533	6.0395	0.1533	6.0395	1.3898	11.4705	0.0607	2.1433	0.0043	0.0448	1.1001	0.00
荥阳市	75.9981	60.4393	0.5068	15.052	0.14	5.0727	0.14	5.0727	0.3368	4.1963	0.0951	4.4155	0.0132	0.0664	0.3092	0.00
新密市	91.3119	56.9532	0.47	33.8887	0.1432	9.0296	0.1432	9.027	0.7258	9.3	0.1251	8.8150	0.0054	0.0663	0.4336	1.3008
新郑市	91.2391	75.7784	1.8669	13.5938	0.1832	8.8021	0.1595	7.4341	1.6003	14.0558	0.1158	5.3570	0.0368	0.00	0.0008	1.118
登封市	58.3132	44.1229	0.2704	13.9199	0.0718	3.3963	0.0655	3.0829	2.2623	25.0397	0.0545	2.5171	0.2023	1.25	1.1406	0.00

农业机械年末作业量

项目 / 单位	机耕面积	机播面积	机械植保面积	机收面积			机械化秸秆还田面积	机械脱粒粮食数量	机械初加工农产品数量	农机运输作业量
				千公顷	其中小麦机收面积	其中玉米机收面积				
	千公顷	千公顷	千公顷		千公顷	千公顷	千公顷	万吨	万吨	亿吨／公里
郑州市	241.287	322.477	138.159	291.562	173.894	96.666	248.125	136.6043	216.8915	19.384
中原区	2.2	2.02	2.943	2.519	1.727	0.792	3.16	1.689	0.0817	0.1859
二七区	1.5	1.4	3.545	1.533	1	0.533	1.5	0.452	1.6327	0.65
管城区	2.017	2.547	2.43	2.684	1.938	0.746	3.882	0.8727	9.3593	0.227
金水区	3.7	4	0.1	2.9	1.8	1.1	3	1.3	0.1	0.26
上街区	1.587	1.464	2.719	2.405	1.353	1.052	1.391	1.04	1.185	0.02
惠济区	4.67	4.546	2.519	4.299	2.54	1.04	3	1.832	1.4836	1.6055
中牟县	63.737	66.7		65.563	29.933	21.12	26.4	14.7786	26.2072	2.0376
巩义市	28	39.35	10.27	33.5	22.87	10.39	37.57	11.31	12.42	3.135
荥阳市	39.68	53.6	21.04	45.95	30.33	15.2	52.4	45.86	87.86	0.57
新密市	22.986	53.63	24.47	42.409	27.333	15.043	40.052	10.85	38.7	0.18
新郑市	43.34	58.53	67.463	54.42	29.79	19.65	56.28	39.18	35.332	4.853
登封市	27.87	34.69	0.66	33.38	23.28	10	19.49	7.44	2.53	5.66

速的服务网。供应服务。全市1310个农机配件零售点投入3500万元资金，购进上百种零配件，确保了“三夏”农机零配件充足供应。接待服务。在主要道路、重要交通要道设立30个跨区接待服务站，标识齐全，外观醒目，服务热情，供应茶水，提供信息，指引路线，安排作业。中介服务。充分发挥农机专业合作社、农机经纪人信息灵、联系广等特点，组织收割机的引进和外出作业，增加机手收入。安全服务。“三夏”农机作业时间紧、任务重、作业机具转移频繁，是农机事故的易发期和高发期。为做好安全生产工作，郑州市农机部门实施随机安全员制度，抽调100名监理员，组成30个安全监理督查小分队，深入生产一线，对机手进行安全生产教育、消除事故隐患，纠正违章作业。帮扶服务。“三夏”期间，郑州市各级农机部门组织农机专业合作社、农机大户组成农机帮扶小分队，为外出务工户、困难户开展优先、优价帮扶服务。市场监管服务。市农机局协同工商管理部门对农机零配件市场进行专项整治，严厉查处假冒伪劣配件，净化农机配件供应市场，维护农机消费者的利益。咨询和投诉服务。落实首问负责制。“三夏”期间，郑州市各级农机部门设立服务热线电话，24小时值守，及时为机手提供咨询和帮助。

科学组织出效益。“三夏”期间，郑州市农机局成立农机“110”指挥中心，县（市）区成立农机“110”指挥分中心，全面组织、指导、协调全市“三夏”机收会战和跨区作业有关事宜。为加快机收进度，各县（市）区根据本地的小麦种植面积、收获时间、联合收割机拥有量、联合收割机的分布情况确定引进农机数量和方向，派人赴外地引进。“三夏”期间共引进收割机1000台，其中外省706台。同时做好引进机车的分配和调度，避免出现机车扎堆、机收死角、机收空挡等现象，以免影响“三夏”机收进程。为加快收获进度，市农机局充分发挥农机专业合作社的主力军作用，通过实施短信平台服务和订单作业等措施，科学引导联合收割机有序流动，避免因盲目流动造成的机车空跑路程，提高联合收割机的作业效率。为加快机收进度，引导联合收割机实行昼夜作业、“一条龙作业”，人歇机不停，成熟一块，收获一块，抢种一块，加快收种进度。

农机专业合作社引领农机会战。2011年的“三夏”农机会战期间，以农机专业合作社为代表的新型农机服务组织充分发挥装备水平高、技术能力强、信息来源广等特点，准备充分、行动迅速、措施得力，成为了“三夏”农机会战的主力军。订单作业助抢收。农机合作社从4月份起，就在当地农机部门的指导下，积极与有关镇、村及种粮大户签订作业合同，推行订单作业，既发挥了机械作用又提高了作业效率。据统计，全市农机合作社共签订作业合同5万份，协议作业面积68千公顷。“一体化”作业促进度。针对“三夏”农时紧迫的特点，各农机专业合作社实行小麦机收、秸秆粉碎还田、玉米免耕直播一条龙作业服务，收种一次性完成。减少了中间环节，拉长了作业链条，提高了作业效率。农机帮扶显真情。各农机专业合作社建立多种形式的“三夏”助收队21个，优先、优价对外出务工人员家属、烈军属和困难户开展帮扶服务。“三夏”期间，共帮扶1.5万多户，帮扶面积7千多公顷。规模化作业出效益。由于开展订单作业、“一条龙”服务和组织跨区作业，农机专业合作社社员单机作业量都在53-67公顷，纯收入在2.5万元左右，比社外机手高两成左右，有效地增加了机手收入，同时吸引了更多的农机手入社。抗灾救灾担主角。针对“三夏”天气多变的特点，制订应急预案，在灾情发生的时候，农机专业合作社机具无条件服务农机部门的指挥和调度，全力抗灾多丰收，力争将灾情损失降到最低。

秸秆综合利用。农作物秸秆是重要的生物质资源。加大农作物秸秆综合利用力度，可以提高秸秆综合利用率，有效减少秸秆焚烧，防止因焚烧秸秆而引起大气污染和水源污染，保护环境，有助于提高秸秆利用价值、发展循环经济。2011年“三夏”期间，郑州市农机部门充分发挥农业机械在秸秆综合利用方面的重要作用，以疏为主，堵、疏结合，用机械手段杜绝秸秆焚烧。全市收割机100%都安装有秸秆粉碎还田装置，外地机车必须安装粉碎装置才能到郑州市作业。麦收期间，通过限制收割机割茬高度和推广小麦机收、秸秆还田、免耕播种玉米“一条龙”的作业模式，从源头上防止焚烧。采取秸秆打捆、秸秆压块等措施，为造纸厂和生物电厂提供原料，变废为宝，增加农民收入。郑州市小麦秸秆还田率达80%以上。

抓好宣传，塑造农机新形象。郑州市农机局主动与新闻媒体密切合作，组织策划重要农时农机会战宣传报道，大力宣传农业机械化在提高农业综合生产能力和防灾、抗灾能力方面的重要作用。“三夏”期间，中央、省、市新闻媒体共对郑州市“三夏”农机生产报道125次，其中郑州电视台新闻播报40余条；郑州日报报道35条；编发农机简报40期。农机部门在“三夏”中的主要工作和突出地位，受到社会各界的广泛关注和称赞，树立了农机人的新形象，充分展示了农机人的风采。

【“三秋”农机战役】2011年，全市农机部门围绕市委、市政府“夏秋并重，稳夏增秋”的要求，早计划、早动员、早部署，集中精力，精心组织40万台套农业机械投入秋收、秋种工作。投入玉米联合收获机械2124台，其中本地玉米收获机械1545台，引进579台；投入秸秆还田机械7434台，深松机械557台，播种机24819台。机械收获玉米面积92.37千公顷，机收率58.1%；秸秆还田面积133.45千公顷，秸秆还田率84%；深松整地19.17千公顷，其中，作业补贴面积14.66千公顷，辐射带动面积4.51千公顷；机械播种小麦175.31千公顷，机播率达到96.8%。全市共检修机械18.6万台，培训各类农机操作手12576人，签订作业协议4.8万份，协议面积74.67千公顷，帮扶面积3.53千公顷。

为充分发挥农业机械在“三秋”生产中的主力军作用，确保“三秋”农机生产顺利进行，郑州市各级农机部门多措并举，做到了八个到位。信息服务到位。全市各级农机部门组织人员深入乡村，对机具保有量、技术状况、分布情况、当地农作物种植区域布局以及适宜机收、机播面积和作业时间等信息进行摸底调查，对各项作业信息进行全面整理汇总，建立了农机户电子档案，并通过农机“110”指挥中心信息发布平台将天气信息、作业信息等传递给农民机手，使他们少跑冤枉路，提高了机械使用率，增加了机手收入。“三秋”期间农机部门共发布信息5万多条，接受群众咨询2100人次。确保物资供应到位。“三秋”期间，郑州市农机局通过协调油料供应部门备足油料，在县城郊区、农村设立了100座“三秋农机油料供应站”，在辖区内所有供应站，张贴“农机专用”标识确保农机就近加油，敞开供应。全市16个农机生产商，139家农机经销商，1302个农机维修网点已备好价值3700万元的各类农机易损零部件和整机，积极开展送机、送件到村、到户、到田头服务，方便农民需求。确保农机技术服务到位。“三秋”前夕，郑州市各级农机部门抽调管理干部、组织技术人员深入到乡村农户，指导农民对参加“三秋”作业的机具状态进行了一次普遍检查、维修和保养，使机械以完好的状态投入“三秋”生产。通过集中辅导和分片定点相结合的方式对机手进行了技术培训。通过协调农机生产企业和销售供应商在搞好“三包”技术服务的基础上，开展上门修理、送修下乡和预约维修服务，备足常用易损维修配件，保证“三包”服务质量。“三秋”期间全市共检修各类农业机械18.6万台，为完成“三秋”生产任务提供了装备保证。确保农机帮扶措施到位。市农机局会同民政部门以乡为单位对军、烈、孤、困、寡、务工缺少劳力家庭进行摸底调查，建立档案，并根据本地区困难扶助对象的情况，制定“三秋”农机帮扶措施，将农机帮扶任务落实到机、责任到人。“三秋”期间，全市共成立农机帮扶队30多个，签订帮扶协议1.78万份，帮扶面积达3.53千公顷。并对特殊的人群实行了优先服务和免、减作业费服务。指挥调度服务到位。郑州市农机部门根据区域内作业时间差做好机械小范围流动作业调度方案和机械流向图，调整机械余缺，保证机械合理运用，保障农机作业秩序和机手效益。农机专业合作社的主力军作用发挥到位。农机合作社、农机大户等社会化服务组织是农业生产的重要力量，各县（市）区充分发挥他们的机具、技术力量、规模等优势，指导他们同周边村组和本村农户签订全程或单项作业协议4.8万份，作业面积达74.67千公顷。鼓励开展玉米机收、秸秆还田、深耕深松、机播等一条龙作业和复式作业，提高作业效率，增加机手收入，减少农户支出，加快作业进度。购机补贴政策落实到位。2011年，郑州市第二批购机补贴资金共计2380万元。为使补贴政策尽快落到实处，全市各级农机部门严格程序、规范操作、精心组织，确保补贴机械投入“三秋”农机生产中。积极引导农机服务组织、农机大户及农民重点购置玉米收获机械，全市新增玉米收获机超150台，强力提升了郑州市玉米机械化收获水平。安全生产措施到位。深入开展“三秋”农机安全生产宣传及安全生产综合整治，是市委、市政府安全生产的工作要求。市农机局结合“三秋”农机生产特点，全面落实农机生产安全责任制，组织人员深入田间地头，排查事故隐患，纠正违章行为，消除农机作业事故隐患，并对机手进行安全生产教育，不搞疲劳驾驶，不违章作业，努力消除一切不安全因素，把机械故障率和机车事故率降到最低限度。“三秋”期间，全市农机部门共成立了26个“三秋”农机安全生产服务站，出动30余部“三秋”安全生产检查督查车，排查违章和事故隐患42起，从源头上预防农机事故发生，确保了“三秋”农机生产安全、顺利进行。

【玉米机械化收获】2011年，市农机局把加快推进玉米生产机械化作为一项重要任务，采取示范带动、扶持推动、点面互动的措施，积极加以落实，取得了明显工作成效。在具体操作中购机补贴适当向玉米收获机械倾斜，提高资金补贴率，扩大玉米收割机试点补贴范围，专门下文明确将自走式玉米联合收获机作为重点中的重点进行重复补贴，促进农民购买使用。全年共推广各类玉米收获机430台，玉米机收率达到58.1%，高出全省水平3个百分点，取得历史性突破。同

2011年郑州市农机购置补贴工作会议

时积极争取地方政府资金支持，对玉米收获机实行累加补贴和作业补贴。选定新密市、新郑市、荥阳市为郑州市玉米机收先行县（市），实行市、县共建，玉米机收率突破70%。大力组织玉米跨区机收，培育玉米机收市场，从普及玉米机播、推行标准化种植入手，为玉米机收创造条件，确保了全市玉米收获机械化取得新突破。

【农机购置补贴】 2011年，上级共下达郑州市中央、省级财政购机补贴资金4989万元，市本级财政安排购机补贴资金1000万元，县级财政安排购机补贴资金420万元。总额6409万元的各级补贴共引导农民投入农机化发展资金超2亿元。全市享受补贴新增农机具11437台（件），91个合作组织6029家农户直接受益。为充分发挥政策导向作用，市、县（市）两级对农业生产薄弱环节所需机械和农业生产急需机械，分别给予10个百分点以内的重复补贴。全市用于玉米收获机的补贴资金为1154万元，占总额的18%，新增大型自走式玉米收获机224台；动力机械补贴资金占总额的40%，其中补贴大型拖拉机814台。为使郑州市农机化健康协调发展，用于补贴“畜、菜、果、渔”各业生产所需机具资金961万元，占资金总额的15%。市、县（市）两级共重复补贴机具2161台次，重补资金785万元，占总额的12.2%。购机补贴政策的实施,掀起了新一轮购机高潮,有力地促进了郑州市农机装备整体水平的提升和优化。

【秸秆综合利用】 2011年，郑州市农机部门高度重视秸秆禁烧工作，以“禁为先、疏为重、用为本”的思路，采取4项措施，从秸秆禁烧源头抓起，打造“生态郑州”，还老百姓蓝天碧水。严格作业规范，限制留茬高度。要求在郑作业的联合收割机，严格按照农业部颁发的技术标准，限制小麦留茬高度。小麦留茬高度不得超过15厘米，从源头上杜绝焚烧现象发生。推广小麦秸秆粉碎抛撒技术。联合收割机安装小麦秸秆粉碎抛撒机，将在收获进程中，将秸秆粉碎直接还田，既有利于环保，又增加土壤有机质含量，一举多得。农机部门引导未安装的联合收割积极配置粉碎抛撒机，2011年安装率达到100%。推广免耕贴茬播种技术。玉米免耕贴茬播种是保护性耕作的重要过程，是现代科学耕作方式。也是防止秸秆禁烧的工作重点。在新郑国际机场附近及高速公路两侧10公里内，实现小麦秸秆综合利用率达100%，全市综合利用水平达98%以上。以服务畜牧业发展秸秆青贮，以服务环保电厂为内容的秸秆压块。充分利用农机补贴政策，大力发展秸秆还田机械，扩大秸秆还田面积，利用机械化技术多渠道、多形式地促进农作物秸秆综合利用。2011年全市共完成秸秆还田面积133.47千公顷，还田率84%。

【农机宣传】 2011年，郑州市的农机工作以宣传作为争取领导重视，赢得社会支持的有力抓手，进一步营造舆论氛围，树立了郑州农机的良好形象。在“三夏”“三秋”期间，郑州市农机部门积极同新闻媒体加强沟通和配合，以跨区机收作业、合作社建设、购机补贴落实、保护性耕作实施、新机具新技术推广演示会为主题展开宣传报道，取得了良好的效果。全年中央、省市新闻媒体共报道郑州市农机生产260余次，在郑州市农机信息网上发布信息近400条。农机的影响力进一步增强，在全社会赢得基层群众的美誉和社会各界的支持。

【农机专业合作社建设】 2011年，郑州市农机局按照省农机局和郑州市政府关于加快农机专业合作社建设的要求，以创建省农机示范合作社为契机，把发展农机专业合作社作为发展农业机械化的主要组织形式和建设农机社会化服务体系的主攻方向，坚持农民自主、因地制宜、政府扶持、示范引导、规范发展的基本原则，多样化创建、规范化运营、市场化服务、产业化经营的发展方向，落实政策措施，积极培育建设，加强指导服务，推动农机专业合作社加快发展。农机专业合作社数量有大幅度增加，发展质量有明显提升，机制更加灵活，制度更加规范，服务领域更加宽广，效益更加明显，社会化服务程度显著提高，在农业机械化发展中的主体作用明显增强，在农业社会化服务中的影响力、带动力充分显现。2011年，全市经工商部门注册的农机专业合作社达到168家，比上年增加20家，新增省农机示范专业合作社11个，累计23个农机专业合作社进入省第一批农机示范合作社行列，有1个农机专业合作社获得农业部农机示范合作社。2011年，全市农机专业合作社社员总数达到2619人，服务农户8.6万户；拥有各类农业机械9649台（套），其中，拖拉机1842台，配套农具6082台（套），收获机械1090台，其他机械635台（套）；资产总额42815万元，其中，农业机械原值28812.2万元；作业服务总面积220.83千公顷，其中跨区作业面积25.47千公顷；服务总收入14236.55万元，其中，田间收入10303.25万元，修理收入512万元，其他收入3421.3万元。

各级政府和农机管理部门高度重视农机专业合作社建设。各级政府和农机管理部门相继出台了关于加快发展农机专业合作社的意见和扶持措施,制定了农机专业合作社发展实施方案和发展目标。积极争取政府财政资金，支持农机专业合作社场库棚建设、购置维修设备、改善信息化办公设施等；农机购置补贴政策资金重点向农机合作社倾斜，并且放开机具台（套）补贴限制，支持发展先进成套农机装备;有关农机化建设项目和新机具、新技术示范推广项目，能够由农机合作社承担的，优先予以安排。协调工商、税务、金融等部门，设立农机合作社注册“绿色通道”，优先提供小额贷款或优惠贷款，简化放贷程序，放宽贷款担保限制，延长还款期限，解决农机合作社自有资金不足的难题。有力地促进了农机专业合作社基础设施建设水平和社会服务能力的提高。

农机专业合作社组建形式多样化。农机户联合型。主要是由具有丰富农机作业、市场经营、技术维修等经验的多家农机户联合牵头，吸收其他农机户参加，成立的农机专业合作社；或由农机专业大户发起，农机手等自愿带 机或带资按股份制原则入社。如登封市宏发农机专业合作社、惠济区保丰农机服务者合作社等。目前有129家。集体组织主导型。乡、村集体经济好的地方，机具由集体出资购买为主，成立的农机专业合作社，或者以村委班子成员牵头，组织农机户参加成立农机合作社。农忙时主要以服务本村本乡农民为主，机具由集体统一管理、统一调度、统一作业，政府买单或只向农户收取作业成本费，解决了外出务工户、无劳力户的担忧。如新郑市临港农机专业合作社、新密郭岗农机专业合作社等。目前有17家。农机企业依托型。主要是农机加工、维修、流通企业利用他们生产、加工、维修、营销、技术、市场、资金等优势，吸收农机户、农户参加，形成“龙头企业+农机合作社+农户”的农机服务产业化链条。如荥阳市农鑫农机合作社、中牟县大丰农机专业合作社等。目前有12家。社会资本带动型。由社会能人牵头，吸引民间资本投资成立农机专业合作社。农忙从事农田作业，农闲开展多种经营，实现了一年四季有活干，提高了场地和设备的利用率，经济效益明显。如新郑市好帮手农机专业合作社、荥阳利民农机专业合作社等。目前有10家。

农机专业合作社经营内容市场化。2011年，全市农机专业合作社经营服务项目达10余项，涉及机械制造、农机销售、农机维修、农田作业、运输、建筑、生物质燃料、农产品加工、园林绿化、养殖、种植等项目。除为农业生产服务之外，大部分农机专业合作社正不断拓宽服务领域，扩大服务内容，提高经营效益，增加农机专业合作社的生命力和发展活力。合作社在不断发展壮大的同时，还积极参与救灾抢险和扶贫济困等社会公益活动，提高农机专业合作社的社会影响力，打造“公益农机”品牌。

农机专业合作社服务模式社会化。开展跨区作业。跨区作业是合作社开展社会化服务的代表模式。当前，跨区作业的范围正由小麦机收向玉米机收、小麦免耕播种拓展，跨区作业模式不断扩大，农机跨区作业品牌的影响力不断增强。实行订单作业。订单作业是目前合作社开展社会化服务的主要方式。合作社通过提前考察作业市场，与用机户签订作业协议或达成口头协议，按照协议开展机械作业服务。开展“一条龙”作业。合作社利用自己装备齐全的优势开展收获、整地、播种、运输“一条龙”作业，拉长服务链条，不但提高了作业效率，经济效益也明显增加。开展农机适度规模经营。合作社通过土地承包、土地流转等方式把分散的地块集中起来，统一供种供肥、统一作业、统一管理服务，实现区域化种植、标准化生产、规模化经营。有效地降低了作业成本，提高了土地产出率。

【农机抗旱】 面对“三夏”旱情，郑州市农机局按照市委市政府的部署，紧急启动了抗旱预案，充分发挥行业优势，组织调动灌溉机械，积极开展抗旱浇麦。全市共投入抗旱农机具14.1万台套，其中拖拉机4.42万台，排灌机具9.6万台。完成抗旱灌溉面积88千公顷，解决群众饮水困难3万人，解决牲畜饮水困难1.5万头（只）。成立24个农机抗旱工作组，抽调474名农机人员深入生产一线，检修抗旱机具数量12.08万台，培训抗旱作业机手2.86万人。发布农机抗旱技术资料、短信等

1.47万份（次）。为夺取夏粮丰收作出了贡献。

【科技创新与农机科普宣传】 为结合新农村建设，积极做好农机科技、科普宣传工作。郑州市各级农机部门围绕农业生产粮食增收，大力推广保护性耕作技术、小麦玉米免耕播种技术、小麦玉米机械化收获技术、农作物植保技术、秸秆还田技术、红薯花生土豆机械化挖掘技术、机械化挖坑技术和设施农业技术。玉米机械收获实现重大突破达到60%，小麦机收达到98%。针对保护性耕作，玉米机收重点项目，加强科普宣传和培训。采用各类电视、报刊和农机信息网宣传。印制保护性耕作知识培训教材、免耕播种机的使用与调整、知识问答、操作规程等书籍和宣传资料4.3万多份，制作VCD光盘3000张。针对项目区重点宣传和培训结合，送教下乡与培训班结合，共办培训班29期。培训农民19510人次，科技人员送教下乡50余次，召开现场演示会19次。郑州市农业机械管理局被评为全国农机科普先进单位标兵，郑州市农机安全监理所、郑州市农机推广站、郑州市农机校、新密市农机局、惠济区农机站、管城区农机站、二七区农机站被评为全国农机科普先进单位。

【保护性耕作】 2011年，郑州市农机局以促进农业增效、农民增收为目标，以带动全市农机新技术发展，保护人类生存环境为核心，认真开展了机械化保护性耕作项目实施工作，取得了显著的社会效益、生态效益和经济效益，有力地促进了农村经济的发展。2011年，郑州市保护性耕作项目在新郑、荥阳、登封等县（市）实施，其中，新郑市承担了农业部保护性耕作示范县项目；荥阳市、登封市等县（市）承担了省农机局保护性耕作项目。全市共完成保护性耕作面积40.8千公顷。新增小麦免耕播种机276台，总数达到1109台，新增玉米免耕机924台，总数达到8060台。

【平安农机】 2011年，郑州市按照《国务院办公厅关于印发安全生产“十二五”规划的通知》（国办发〔2011〕47号）要求，进一步完善农业机械安全监督管理体系，鼓励支持农机安全互助组织有序发展，加强安全社区建设，提升社区安全保障能力和服务水平。推进“平安农机示范县”建设，倡导以人为本、关注安全、关爱生命的安全文化。郑州市农机局面对新形势，积极探索新的创建模式，把农机专业合作组织纳入到“平安农机”创建工作的目标考核体系内。郑州市现有农机合作组织（合作社）近200家，农机合作组织的资源优势明显，各类农业机械保有量大，便于农机安全管理。郑州市农机局根据全市农机工作发展实际，第一时间将农机安全监理工作直指这一新型基层组织，从源头上有力地防止农机事故发生。每个农机专业合作组织除规定的创建标准外，都设立有“安全室”，做到墙上有标语、制度上墙面、办公桌上有台账、拖拉机和联合收割机库房有灭火器等消防设施。并确立安全员负责本组织日常农机安全生产监管、监督工作，定期或不定期为社员宣传教育培训农机法律法规和安全知识。2011年郑州市“平安农机”创建工作围绕国家创建工作的总体要求扎实平稳推进,已建和在建的“平安农机”示范县2个，其中新密市多年保持国家级“平安农机”示范县（市）称号；全市有“平安农机”示范乡(镇) 21个、示范村256个、示范合作社35个、示范户3009户。

【农机教育培训】 2011年，全市农机化科教工作紧紧围绕新农村建设和农机化发展需求，创新工作思路，以发展现代农业、增加农民收入、建设社会主义新农村为目标，以创新农机技术推广机制为突破口，以开展新型农民培训为抓手，全面推进农机化科技进步，为农业和农村发展提供强有力的农机科技和人才支撑，推动了郑州市农业机械化的健康发展。2011年，郑州市农机培训部门进一步健全培训体系，创新培训形式，健全培训机制，开展以农机驾驶操作人员、农

郑州市农机局行政执法人员宣誓仪式

机管理人员、农机科技人员和农村富余劳动力转移培训为主体的各项农机技术培训。全年共举办各类培训班80期，培训各类农机操作人员25392人次，其中培训农机管理人员325人次，科技人员991人次，作业服务人员24076人次。全市建成“阳光工程”培训基地4个，完成农机“阳光工程”培训4400人。

【农机新机具、新技术推广】 2011年，郑州市农机推广部门紧紧围绕粮食增产、农业增效、农民增收的目标，认真策划农机化新技术、新机具与新设备的研制、试验、示范和推广，重点推广玉米机械收获技术、保护性耕作机械技术、秸秆还田机械化技术、生物质燃料模压成型等技术的推广示范，继续开展薯类收获机械化、胡萝卜收获机械化项目技术的试验、示范推广，圆满完成了“三夏”“三秋”农机生产任务，使全市农业机械化装备水平得到全面快速提升，促进了郑州市农机化事业快速发展。

借现场演示会，推广农机新机具，实现郑州市农机增量新突破。现场会是展示、宣传农机新机具、新技术的重要载体，“三夏”“三秋”期间，郑州市农机推广部门成立多支技术服务小分队深入乡村，共召开了113次现场会及技术培训会。借助中央惠农政策的有利时机，大力宣传、推广适应当地主要作物的先进、适用、环保的新型机械，加快农业机械化进程，改善农业基础设施，促进了新农村建设。

重点农机化技术项目推广。机械化保护性耕作项目推广。2011年，机械化保护性耕作技术被列为郑州市重大科技攻关项目，与传统播种模式相比，保护性耕作每亩节约作业费40元；亩平均节约化肥10公斤，每千克化肥按3.2元计算，可节约化肥投入32元；亩平均增产小麦30 公斤，每千克小麦按2元计算，亩增收60元；每亩节约水电费用30元，以上3项亩平均增收节支162元。秸秆还田后小麦免耕播种作业一遍完成，而传统播种耕、耙、播需3遍作业程序，两者相比亩平均节约柴油2升，每升柴油按7元计算，亩节支14元。2011年郑州市共完成保护性耕作面积40.8千公顷，平均每亩增收节支176元，仅此一项，2011年郑州市共增收节支1.077亿元。胡萝卜机械化生产试验基地建设项目。2011年郑州市农机推广站承担了河南省胡萝卜机械化生产试验基地建设项目。为扎实推进郑州市胡萝卜机械化生产试验基地建设项目实施，市农机推广站成立了以站长任组长的“胡萝卜机械化生产试验基地建设”项目实施小组，审定项目实施方案，督促配套资金落实。并以郑州市惠济区保丰农机合作社为依托，实施胡萝卜机械化生产试验基地30亩，配备专人管理，做好数据采集、整理和档案管理。设施农业机械化技术推广。此项技术作为当今世界领先的高新可控农业生产技术，以其先进的设施装备、现代化的工业生产方式、高投入高回报的经济效益，吸引了多家知名企业集团竞相入驻郑州市。带动郑州市由传统农业向都市农业、休闲农业、田园观光农业、生物环保农业靠近。2011年郑州市新增微耕机290台，达到1307台，新增卷帘机314台（套），配套设备达到1153台（套）。积极引进和示范经济作物生产机械化技术。随着农业种植结构的调整，农机化作业正在由单一的粮食作物向多种经济作物扩展，加强农机与农艺的结合，提高经济作物机械作业水平已成为郑州市农机推广工作的重点。花生、大蒜、红薯是郑州市主要经济作物，2011年全市共推广根茎收获机90台，保有量达到1630台，作业面积17.33千公顷，进一步加大了对花生收获、大蒜种植、红薯收获机械化技术的引进、示范工作，以加快花生、大蒜、红薯等经济作物生产的产前、产中、产后机械化步伐。

【农机安全监理】 2011年,郑州市农机安全监理部门以紧紧围绕安全生产年和农机安全监理工作目标为抓手，深入贯彻落实科学发展观，扎实开展“创建平安农机，促进新农村建设”活动、农机隐患排查治理专项整治、农机系统文明执法专项活动等工作，坚持“安全第一、预防为主、综合治理”的方针，以确保安全、促进农民增收为目的，完善优质服务标准，规范服务行为，为维护和提升郑州市农机安全生产形势，促进郑州市农机化实业又好又快发展作出了新的贡献，确保了2011年郑州市农机安全生产。2011年郑州市新入户登记拖拉机1798台、新入户登记联合收割机451台，新考驾驶员证750人。全年未发生一例重特大农机事故。

强化服务意识，努力做好农业机械年度检审验工作。农业机械年度检审验是郑州市农机监理工作重点之一，更是确保全市农机安全生产的关键环节。为扎实有效地做好此项工作，郑州市农机监理部门主要从以下4个方面入手。一是加大宣传力度，提高机手参审意识。二是措施到位，责任到人，确保严格按标准办理，确保检审顺利进行，大大提高了年度检审率。三是充分发挥农机合作组织农业机械保有量较大、资源集中的资源优势，有利于农机检审验工作效率的进一步提高，2011年全市农机合作组织“三率”全部达到100%。四是积极申报河南省农机安全技术检测项目，落实项目资金5万元。通过郑州市农机监理人员的不懈努力，有效地提高郑州市农业机械的技术状况，维护了郑州市农机安全作业环境。

全面开展农机安全生产大检查，办好“农机安全生产年”活

郑州市2011年度农机管理工作会议

动。全市农机监理机构按照“一岗双责”的要求，制订工作方案，确定工作目标，突出工作重点，将任务层层分解,落实了责任、明确了分工；2001年，郑州市农机安全监理所修订了《郑州市农业机械重特大事故应急救援预案》，切实抓好农机安全生产大检查措施的落实，最大限度地减少了农机事故的发生。农机安全生产大检查活动期间，一是组织农机监理人员，按照《农业机械安全监督管理条例》等法律法规的规定，针对存在的突出问题和薄弱环节，深入田间地头、场院等农机作业场所开展安全生产大检查，纠正拖拉机违法载人、超速超载，无牌无证驾驶、疲劳驾驶等违法行为，及时排查事故隐患，降低农村道路交通事故发生。二是加强农机作业网点的安全检查，针对存在的隐患及时提出了整改方案督促其整改，进而消除了安全事故苗头。三是进一步规范牌证管理工作。把好新驾驶员考试关，严格考试程序和内容，严禁托人代考、凭关系免考等违规行为；把好拖拉机的检验关，严格按规定的项目和标准进行检验，强化源头管理，消除事故隐患。

把握全局，高标准做好农忙时节农机安全生产工作。为实现全年粮食的丰产丰收，颗粒归仓，保证全市“三夏”“三秋”农机安全生产，郑州市农机安全监理部门总结往年工作经验，及早制定防范措施，切实保障全市农机生产安全。一是强化组织，适时启动应急预案，采取一把手主抓的办法，把安全生产责任落实到人，成立郑州市农机安全生产督导小组，对全市农机安全进行监督指导。并适时启动年初新修订的《郑州市农业机械重特大事故应急救援预案》，同时督查各县（市）区农机主管部门制定并落实农机安全生产应急预案。二是严格实行24小时值班制度，随时做好信息咨询和突发事件的处理，全面保障农机安全生产信息的上传下达通畅无阻；“三夏”“三秋”等农忙时节每天实行农机事故“零报告”制度，每天汇总全市机收进度以及安全生产动态。三是在各主要交通要道及农业机车过往密集路段建立了30多个农机安全服务固定网点，20多个农机安全服务流动网点，最大限度地向机手提供相应的服务；流动服务车载有农机易损零部件，一旦有机手拨打当地农机安全监理机构便民服务卡上的求助电话，服务车立即赶到，提供全方位的维修服务，解决跨区作业机手的后顾之忧。全市200多名农机安全监理员实行分片包干，落实责任，深入农机安全生产第一线。6月4日，新密市苟堂镇发生了一起收割机伤人逃逸事故，当地农机监理人员接到报案后，第一时间赶到事故现场对事故进行勘查，车主和肇事司机已逃离现场，伤者被送往医院并立即上报给郑州市农机安全监部门，接到报告后，郑州市农机监理所迅速与新乡市原阳县农机部门联系，并通过各种渠道，在电信部门查找到机主所在地址和姓名。然后在公安派出所的协助下，确定了机主家庭人员信息。新密市农机监理站依法实施调查取证，材料审核，对事故责任进行了认定，最后通过各方的努力协调，用最短的时间让双方当事人达成了最满意的赔偿协议，及时化解了矛盾，创造了和谐、稳定的“三夏”农机作业秩序。

不断完善农机行政执法体系，全面提升郑州市农机安全监理人员水平。为全面贯彻《市委办公厅 市政府办公厅关于在全市开展文明执法严格执法专项活动全面提升执法效能的通知》（郑办〔2011〕23号）文件精神，郑州市农机局将完善行政执法工作作为农机工作重点，并研究制定了《郑州市农业机械管理局关于开展农机系统文明执法全面促进行风建设专项活动全面促进行风建设工作实施方案》。以公开、公平、公正执法和文明执法、提高行政执法效能为重点，规范执法行为，强化执法监督，扎实推进依法行政工作，促进党风政风行风建设，维护和提升农机行政执法人员良好形象，为农业机械化又好又快发展提供坚实的法制保障。2011年，郑州市农业机械管理局在第二批法律授权行政执法单位考核测评中受到全市人民的一致好评。一是定期开展了行政执法巡查。各级农机部门开展辖区内农田、场院等道路外农机安全日常巡查，对农机合作组织实施监督管理，督促其建立健全各项安全管理制度。二是深入开展农机安全隐患治理专项执法行动。2011年全市开展执法行动254次，出动行政执法巡逻车2437车次，排查治理隐患单位211家，排查治理安全隐患2401处。三是制定了行政执法监督与责任追究制度。规范执法人员依法行使职权，明确执法责任，维护公民、法人或者其他组织的合法权益。四是加强农机行政许可管理。县（市）区农机部门在办理行政许可事项，严格按照承诺期限或法定期限办理农机业务，并公布许可目录、程序和条件，提高审批效率。

强化农机安全生产宣传教育。一是积极组织，全面开展农机安全生产月宣传教育活动。郑州市农机安全监理部门围绕“保障农机安全生产，促进农机化又好又快发展”的主题，广泛深入地开展了全方位、多层次的农机安全生产宣传教育活动，做到了报纸上有文字、电视上有图像、广播上有声音、网络上有信息、社会上有共鸣。6月12日，郑州市农机安全监理所参加了市政府组织的全市“安全生产月”宣传咨询日活动在活动，开展了农机安全图片展、向群众发放宣传材料、现场解答与服务等活动，并结合宣传内容，向前来检查指导的市有关领导讲解了农机化发展、安全监管、事故警示教育、执法服务等方面的工作情况，受到领导和群众的一致好评。二是深入田间地头，广泛开展宣传农机安全教育。2011年全市出动宣传车20余辆，深入到各村、组、场院、田间地头进行巡回流动宣传，进行农机政策法规宣传、农机安全知识宣传；开展宣传教育活动1601次，受教育人数达10251人次。农机安全生产报道130余篇。发放各类农机安全生产资料8000余册。制作“平安农机”宣传袋5000个，免费发放给农机操作人员。制作农机安全生产横幅、标语500余幅，广泛分布在主要交通要道两旁以及田间场院等农机作业场地。郑州电视台为荥阳市“三夏”工作以安全生产为核心作了专题报道，河南人民广播电台、《郑州日报》等多家新闻媒体对郑州市“三夏”“三秋”农机安全生产工作进行了跟踪报道。

（臧伟锋）

水利建设

【概况】 2011年，郑州市水务部门深入贯彻中央1号文件和中央水利工作会议精神，按照“紧紧抓住国家加快水利改革与发展的重大机遇，着力加强民生水利建设、水利薄弱环节建设和水利基础设施建设，继续强化水资源管理、水利工程管理、水系运行调度管理和干部队伍管理”工作思路，以中原经济区核心增长区和郑州都市区建设为核心，结合“两核六城十组团”基本要求，广泛动员，狠抓落实，圆满完成了全年各项目标任务。全面提升生态水系建设，《生态水系提升规划》编制工作基本完成，生态水系调度运行管理中心开工建设，水系运行管理机制基本建立。全年解决农村居民和农村学校饮水安全人口43.9万人，占年度任务的109.7%；建设小型水源工程5000个，占年度任务的100%；完成19座小型水库除险加固任务，占年度任务的100%；实现新增有效灌溉面积4.64千公顷，占年度任务的232%；改善节水灌溉面积6.93千公顷，占年度任务的148%；治理水土流失面积93平方公里，占年度任务的116%；治理中小河流 7 条，占年度任务的100%；按期完成南水北调第二批9993人移民搬迁任务；连续12年获得省“红旗渠精神杯”。

【防汛抗旱】 2011年，郑州市成功抗御了严重干旱的气候灾害，全市累计投入抗旱资金1.2亿元，日最高投入抗旱劳力12.57万人,抗旱用电4603万度,用油1884.4吨,累计抗旱浇灌面积243.51千公顷次,临时解决4.65万人、0.25万头大型牲畜饮水困难，为农业再获好收成提供了重要保障。针对全市防汛工作特点，市水务局完善了防汛预案，修复了水毁工程，在全市范围内发放了防汛避灾明白卡，向社会公布了全市152座水库、5条主要河道10个河段、9座大中型淤地坝共计182名防汛责任人名单，严格落实防汛责任制，加强值班检查，做到物资、队伍、车辆三落实，确保全市安全度汛。

【农田水利建设】 以小型农田水利重点县、灌区节水改造、节水灌溉、度汛工程和抗旱应急工程等为重点，全力推进农田水利基本建设。其中，小型农田水利设施建设重点县中牟县完成项目投资1786.3万元，改善灌溉面积1.73千公顷，新增节水灌溉面积1.68千公顷。新郑市完成小型农田水利建设项目投资2013万元，改善灌溉面积3.36千公顷，新增节水灌溉面积3.07千公顷；机井升级改造工程完成总投资7707万元，小型农田水利设施“民办公助”项目完成投资987万元，新增有效灌溉面积467公顷，恢复和改善灌溉面积233公顷；杨桥灌区现代灌区示范区工程完成投资3600万元，改善灌溉面积3.33千公顷；三刘寨引黄灌区节水配套改造工程总投资1950.36万元，完成投资900万元；杨桥灌区田间高效节水工程总投资222.62万元，完成投资60万元；引黄提灌大型泵站更新改造工程总投资4229万元，完成投资3800万元。11月24日，全省推进水利建设现场会在中牟县召开，郑州市水利工作继续走在全省前列。

【安全饮水工程】 2011年，全市计划解决农村居民和农村学校饮水安全人口40万人，实际解决43.9万人。建设村村通自来水工程211处，所有工程项目全部完工，累计完成投资2.1546亿元。其中，中央投资5370万元，省投资1966万元，郑州市投资9107万元（含国家项目配套），县（市）区投资2119万元，群众自筹2984万元。

【病险水库除险加固工程】 2010年度专项规划内37座水库除险加固工程建设任务圆满完成，顺利通过竣工验收或主体工程投入运用验收，累计完成投资4.7331亿元。2011年28座小Ⅰ型水库除险加固工程总投资1.4654亿元。5座水库正在进行招投标，23座水库已开工建设，其中19座已完成主体建设任务。同时，完成了41座小Ⅱ型病险水库安全鉴定，初步设计已批复28座。其中，下达投资计划14座，开工建设10座。

【中小河流治理】 郑州市有7条河流10个项目列入近期中小河流治理规划，其中，新密市双洎河南环路—隆盛祥矿治段治理工程已竣工验收并移交，中牟县七里河治理工程已基本完工；中牟县丈八沟、新密市双洎河超化西段、巩义市汜水河等3个项目总投资7953万元，工程正在建设中；上街区汜水河、荥阳市枯河等2个项目已进入招投标阶段；上街区汜水河、荥阳市枯河、新郑市双洎河、荥阳市索河、巩义市坞罗河等5个项目即将下达投资计划，预计总投资9000万元，2012年底前完工。

【水土保持生态建设】 投资76万元的登封逛河坝系冯堂东中型坝建设工程已全部完工，投资218万元的新密大潭嘴水土保持小流域综合治理工程已治理水土流失面积6平方公里，投资116万元的荥阳枯河水土保持小流域综合治理工程已治理水土流失面积3平方公里；投资1667万元的巩义鲁庄坡耕地水土流失综合治理试点工程已治理坡耕地740公顷，水土流失现象得到有效遏制。郑州市邙山水土保持科技示范园先后被水利部、教育部及省水利厅评定为国家级水土保持科技示范园、全国中小学水土保持教育社会实践基地和省级水土保持科技示范园。

【生态水系建设工作】 按照生态水系规划和防汛应急需要，2011年，郑州市主要实施了下列几项工程：东风渠上游治理工程（龙湖项目引水工程）。工程从花园口泵站到魏河口，总投资6400万元，主要包括花园口泵站扩建、河道疏浚10.55公里、沉沙池1座、堤防工程等建设内容，已完成主体工程。潮河拦蓄水建筑物工程。工程从曹古寺水库至京港澳高速路之间，总投资1760万元，主要包括建设4座橡胶坝和1座拦水堰，对上游回水区河道边坡进行局部生态防护，已开工建设，计划2012年汛前完工。潮河上游治理工程。工程从生态水系输水口到曹古寺水库，总投资4309万元，主要包括河道疏浚、堤防工程和岸坡绿化等生态河道建设，已开工建设，计划2012年汛前完工。贾鲁河科学大道立交桥段防汛应急治理工程。工程从孙庄桥至南阳坝，总投资573万元，主要包括疏挖河道1.07公里、清除立交桥处建筑垃圾、拆除南阳坝等建设内容，已完工。魏河下游疏浚防汛应急治理工程。工程从京港澳高速路桥上游到贾鲁河入河口，全长3.2公里，总投资249万元，主要包括河道疏挖、桥梁防护等建设内容，已完工。倾力开展截污治污工作。2011年3月，生态水系截污治污工作全面展开，市委、市政府高度重视，先后多次召开协调会、现场会、动员会，市委主要领导先后作出重要指示，并采取了市领导分包、经济处罚等非常措施。在实际工作中，市水务局积极贯彻落实全市截污治污动员大会精神，建立了排查责任制，进一步加大巡查力度，与沿线各责任单位建立联动机制，截污治污取得明显效果。通过集中整治，排污口由原来的331个缩减为18个，并按要求正在实施截污治污，生态水系水质大为改观。统筹做好生态水系运行管理。2011年，从黄河和尖岗水库调水共计1.03亿立方米。向南部河道累计供水5216万立方米，其中向金水河供水1737万立方米，熊儿河供水1200万立方米，十七里河供水1147万立方米，十八里河供水1132万立方米；向北部河道累计供水5118.5万立方米，其中向东风渠供水2878.9万立方米，索须河1397.6万立方米，贾鲁河340万立方米，魏河502万立方米。同时，引用黄河水5.5亿立方米对贾鲁河水质进行生态改善，使贾鲁河水质达到了省环保厅规定标准。在河道管理中，采取“一河一策”“冬夏有别”“昼夜调节”和“集中冲刷与细水长流相结合”的方法，科学、合理调度水量。同时，加大督查力度，做到“两巡五查三确保”，确保河道健康安全运行。

【水资源管理工作】 2011年，郑州市水务局严格水资源管理制度。全面启动了“三条红线”控制指标编制现状调查工作，下发了《关于落实最严格水资源管理制度的通知》，初步完成了《水资源管理红线控制指标编制工作方案》，全面实施了取水许可、水资源论证和水资源有偿使用、计划用水指标核定以及超计划用水累进加价等水资源管理制度。在取水许可审批环节，重点规范水资源论证报告的审查；在发证环节，重点规范取水工程或设施的验收；在监督管理环节，重点规范计划用水管理和水资源费的征收，对7处取水工程进行了取水许可审批。深入推进节水型社会建设。初步建立了政府引导、市场调节、公众参与的运行机制，树立了141个节水示范典型单位，补助建设了158项各类节水工程，郑州市节水型城市顺利通过了国家组织的第二次复验，达到了国家节水型城市标准。基本完成了《郑州市“十二五”节水型社会规划》，形成了比较完善的水资源规划体系；完成了国控、省控水资源监测点的遴选工作，对30处水功能区进行了数次水量、水质检测；完成了郑州大学中水利用、市区循环水清洗垃圾清运车、街区广场景观雨水收集处理回用等12个节水工程建设，落实项目建设补助资金740万元。加大水资源保护力度。进一步强化城区自备井安全用水监督检查力度，依照“自备井安全使用技术要求”，完成30家自备井标准化改造，实现自备井管理规范化。开展了打击河道非法采砂确保河道安全度汛专项执法检查活动、保护水资源专项整治活动、高耗水服务业用水专项检查行动，依法拆除、封闭取水设施64处，全年累计征收各类规费3132万元,其中地下水资源费2123万元(含南水北调基金564万元)，加价水费409万元，矿产资源补偿费36万元。

【完善水利发展体制机制】 2011年，市水务局转发了《河南省财政厅、水利厅关于贯彻从土地出让收益中计提农田水利建设资金有关事项的通知》，郑州市《关于加快水利改革发展的实施意见》。制定了一系列加大水利投入的政策措施，其中明确规定，从土地出让收益中提取10%的资金用于农田水利建设。2011年，郑州市从土地出让收益中共提取1.06亿元用于全市农田水利建设，市财政共投入水利建设资金6.8亿元，比2010年增加3.22亿元，同比增长89.9%；银行融资3.13亿元，比2010年增加1.1亿元，同比增长55%，吸引社会资金1.85亿元。积极推动小型水利工程管理体制改革。除险加固后的小型水库以县（市）区为单位建立小型水库管理服务组织，统筹管理当地小型水库，县（市）区级财政全额解决人员和工程管养经费。积极探索农村安全饮水工程、中小河流工程及其他公益性和准公益性小型水利工程管理模式，解决小型水利工程管理、养护问题，确保工程安全运行和效益的持续发挥。基层水利服务体系建设取得新突破。按照中央1号文件的要求，计划在一年内，使具备条件的县（市）区建立健全职责明确、管理高效、服务到位、充满活力的基层水利服务体系。2011年，市直管的新郑市、新密市、登封市、中牟县、荥阳市等5县（市）已全部成立了乡镇水利服务组织，机构性质为事业单位，共核定人员编制数量344人。加大“四进工作”力度。及时掌握国家宏观政策走向，超前谋划水利建设项目，抓住国家、省高度重视水利建设的重大机遇，加大前期工作经费投入力度，把各项水利建设规划和项目库做实；积极推进项目前期工作，落实各级配套资金，科学安排投资计划，按时完成各项水利建设任务。2011年，全市重点“四进”水利项目共争取国家和省资金4.4亿元，其中，水库除险加固项目资金1.1亿元，农村饮水安全项目资金7336万元，中小河流治理项目资金1.6亿元，小型农业水利建设重点县项目资金2400万元，灌区改造项目资金4860万元，水土保持综合治理项目资金1365.7万元。扎实做好水利普查工作。水利普查工作时间紧、任务重，工作难度大，涉及范围广。各普查办认真负责，注重质量，稳步推进，完成了县（市）区水利普查培训、台账建设、清查表填报审核、空间数据采集标绘、数据处理和静态数据普查表的填报录入，为全面完成普查工作奠定了坚实基础。同时，迎接了国普办、省普办、黄委会和淮委会对水利普查工作的检查，多次得到上级领导表彰。

【南水北调工作】 南水北调中线工程郑州段进展顺利。征迁工作共完成工程征地4.25千公顷，拆迁各类房屋面积80万平方米，搬迁居民5748人，新建后靠集中安置村9个；拆迁企业、事业单位382家，军事设施29家；迁建通信、电力线路、自来水、燃气、输油、污水等各类管线1038条，郑州市被省政府评为“南水北调中线工程干线征迁工作先进省辖市”。2011年，南水北调中线工程7个设计单元129公里的干线工程已全线开工建设，施工环境良好。积极争取资金新建和改扩建跨渠桥梁48座，最大限度地保障了郑州市经济社会发展需要。丹江口库区移民安置工作和谐高效。郑州市共安置丹江口库区移民18735人，涉及3个县（市）15个乡（镇）、街道，规划22个安置点。2011年，分别于8月、10月完成了9个农村安置点和3个社区安置点共9768人的移民安置工作，顺利实现了省委、省政府提出的“四年任务、两年完成”目标，被省委、省政府评为“河南省南水北调丹江口库区移民迁安工作先进省辖市”，国务院南水北调办主任鄂竟平等领导来郑州调研时，也给予了充分肯定。移民搬迁入住后，整体情况稳定，生产发展态势较好，就业率高，群众满意度高。第二批移民搬迁结束后，各项后续帮扶工作有序展开。截至2011年底，已发放移民后扶资金2.1亿元，近100个后扶项目逐步实施，被省移民工作领导小组评为水库移民工作先进集体。配套工程即将开工建设。郑州市南水北调配套工程涉及郑州市区、新郑、荥阳、中牟、航空港区和上街区，年分配水量5.4亿立方米；输水干管16条，总长约130公里；配套调蓄水库5座，建设提水泵站9座，新建和改造配套水厂11座，总供水能力148万吨/天，预计总投资17亿元（含征迁资金）。

(李　军)

黄河治理

【概况】 2011年，在郑州市委、市政府和河南河务局的正确领导下，郑州河务局圆满完成了上级下达的各项目标任务。确保了郑州黄河安全度汛，完成了东大坝重大险情抢护任务，开展了中牟韦滩河段滩岸应急防护工作，确保了滩区民生安全；按计划完成了金沟控导工程建设任务。截至2011年底，郑州辖区内险工和控导工程累计达23处，坝、垛、护岸计1143个单位工程；狠抓工程管理，完成了“标准化堤防一条线、花园口赵口两个面、四个县局四个点”的管理目标，惠金河务局以全河总成绩第一名的成绩通过国家一级水管单位验收；全面强化黄河水行政管理工作，构建了政府主导、各职能部门分工负责的涉河安全管理机制，配合沿黄各级政府大力开展了黄河沿线“渔家乐”专项治理，取得了阶段性的成果；进一步提高引黄供水保障能力和服务水平，为河南省夏粮丰收、郑州市城市生态建设和经济社会发展作出了应有的贡献；治黄科技管理水平进一步提升，建设完成了防汛信息化管理平台，科技成果、创新成果获奖项目位居河南黄河前列；职工队伍教育培训工作得到深化，圆满完成了年度教育培训工作计划，组织开展了首次户外拓展训练，职工团队意识、协作精神得到提高。2011年郑州河务局荣获河南河务局2011年度综合考核一等奖。

【防汛工作】 2011年，郑州市各级政府高度重视黄河防汛工作，逐级召开会议进行了全面部署和落实。市政府、警备区、河务三方联合，进一步完善了“三位一体”军民联防体系；全面做好了预案编制、料物设备筹备、根石加固和防汛通信设施维护等相关准备工作；强化防汛队伍组织和技能培训，圆满完成了国家防总黄河防汛指挥调度演习任务，郑州河务局被上级评为演习表现突出单位。

郑州河务局圆满完成了汛期调水调沙各项任务；强化涉河安全管理，构建完成了以政府为主导，多职能部门分工负责的联合管理机制，机制构建的主要经验在河南黄河范围内进行了推广；积极开展了韦滩河段不利河势除险加固，遏制了畸形河势的发展，确保了滩区民生安全；全力迎战秋汛，完成了东大坝重大险情抢护任务，确保了黄委会花园口水质监测站和防洪工程

代市长吴天君检查黄河防汛工作

安全；全年共抢险42道坝90次，抢险用石2.9万立方米，确保了郑州黄河安全度汛。郑州河务局荣获河南黄河防汛工作市级河务局先进单位一等奖。

【防汛工程建设】 2011年，郑州河务局严格按照防汛工程基本建设程序和规定，完成了金沟控导工程、巩义及惠金防汛指挥中心、基层单位饮水工程等建设任务；新增征地补偿费实施方案在河南黄河范围内率先获得政府批复，征地补偿投资按要求全部支付到位，受到河南河务局通报表扬。

【防汛工程管理】 2011年，郑州河务局共完成防汛工程日常养护投资1528.53万元，完成防汛工程专项投资1362.23万元。惠金、中牟河务局采取积极措施，确保了堤顶道路“一条线”的完整畅通；加大花园口、赵口“两个面”的建设力度，新建花园口景区停车场1.4万平方米，规范了景区北广场及游乐设施场地，景区面貌明显改观，顺利通过了国家“AAA”级复验；强化管护基地建设与管理，投入“以奖代补”资金30万元，促进了一线职工精神风貌和工作绩效的全面提升。惠金河务局获“国家一级水管单位”称号，并以全河第一名的成绩通过水利部复验。郑州河务局荣获河南黄河工程管理市级河务局先进

单位称号。

【水行政管理】 积极推进政府、河务一体化河道管理制度的形成和落实。进一步强化了河道巡查、联合执法和水行政专项治理工作。共组织河道巡查288次，累计清理违章片林5000平方米、违章建筑1750平方米。清理采淘铁砂船76艘，制止非法采砂行为31起；联合沿黄各级政府开展了“渔家乐”综合治理，取得了阶段性成果；加强河道内建设项目的监督管理，完成了3个河道建设项目的审批和上报备案工作；编制了“六五”普法规划，大力开展了世界水日、中国水周普法宣传活动。在防汛工程管理范围内普遍设置了宣传警示标志，有效提高了沿黄群众安全意识和防洪避险能力。

【水资源管理】 严格水资源管理制度，进一步加大对辖区引水项目的监督管理。组织开展了取水工程计量设施专项检查，更新了赵口闸计量设施，孤柏嘴提水工程纳入了水量调度正常管理；组织开展了水资源专项执法检查、水量调度效果评估、生态用水调研等基础工作；积极服务引黄抗旱，抗旱灌溉用水累计达1.15亿立方米，灌溉面积109.07千公顷。全年累计引水6.71亿立方米。

郑州河务局职工研制的应用技术创新成果接受河南河务局专家组评审

【科技与创新】 2011年，郑州治黄科技管理取得丰硕成果。获得黄委科技进步奖1项、河南河务局科技进步奖4项，通过黄委“三新认定”7项、河南河务局科技项目立项5项，获得河南河务局科技火花奖12项。完成了创新成果申报和评审组织工作，获得黄委会创新成果奖5项、河南河务局创新成果奖48项。郑州河务局荣获河南河务局创新工作组织奖、科技进步组织奖。

（蒋胜军）

第十五篇 工业经济

工业综述

【概况】 2011年，郑州市工业企业总数达到6.6万户，其中，规模以上工业企业2467户。2011年，全市工业增加值完成2590.3亿元，占全市生产总值的52.7%，比上年提高2.8个百分点。规模以上工业企业完成增加值2340.2亿元，比上年增长22%；实现销售收入8140.2亿元，增长40%；完成利税1306.9亿元，增长32.1%，其中利润899亿元，增长35.9%。年销售收入超百亿元企业达到9户，比上年新增2户，其中郑煤集团、河南中烟、富士康等3户企业销售收入首次突破300亿元。

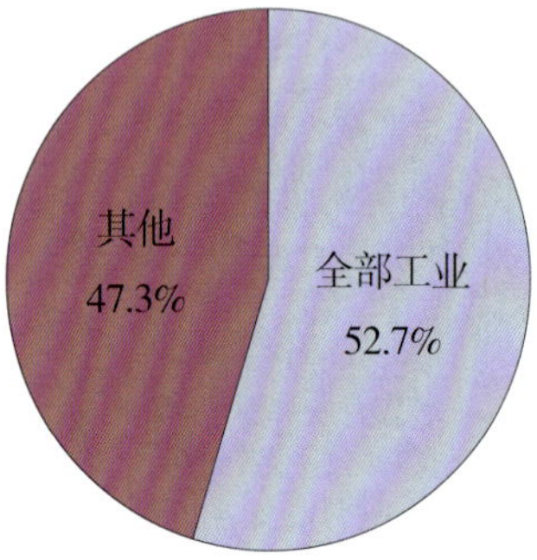

2011年全部工业占GDP的比重

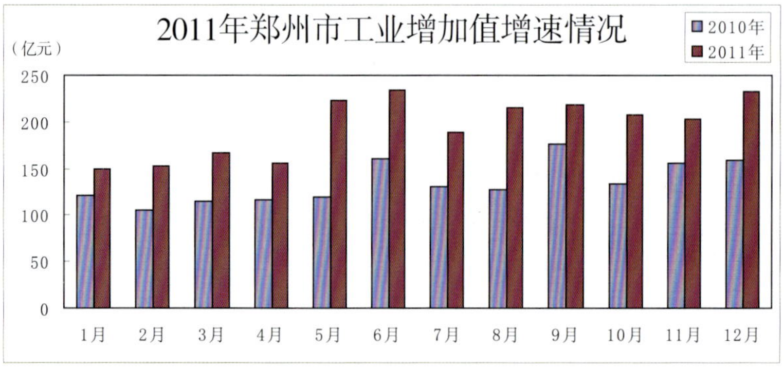

【行业运行特点】 规模以上企业增速位次前移。2011年，全市规模以上企业完成增加值在全国35个大中城市中位居第13位，比2010年排名前移1位，超过杭州的2337.8亿元；在全国27个省会城市中居第5位，比2010年排名前移1位；在中部省会城市中居第2位，与2010年持平。规模以上工业增加值增速在全国35个大中城市居第5位，比2010年前移14位；在全国省会城市中居第4位，比2010年前移9位；在中部省会城市居第2位，比2010年前移3位；在全省居第4位，比2010年前移8位。

工业结构更趋优化。2011年，

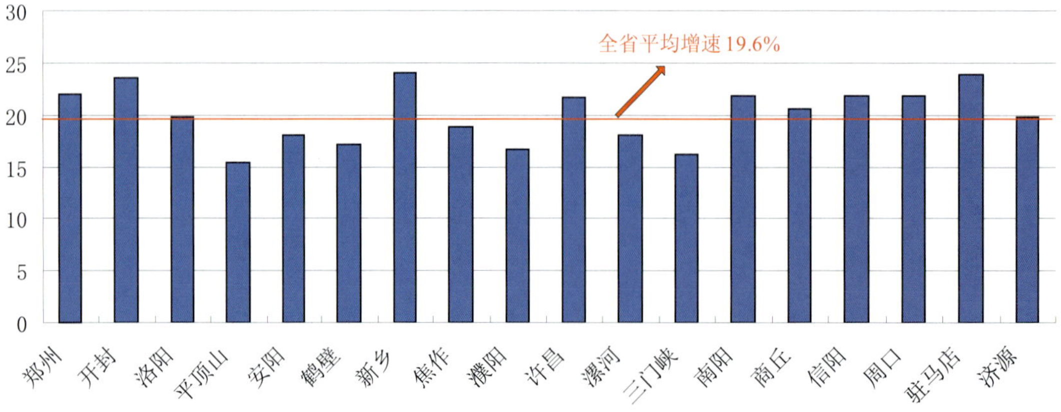

2011年全省省辖市规模以上工业增加值增速情况

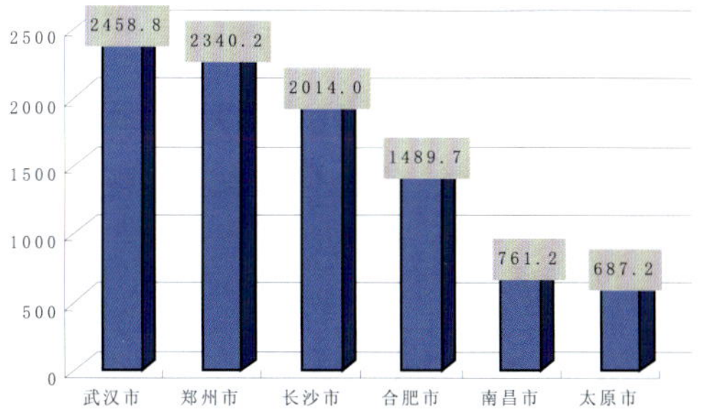

2011年中部六省省会规模以上工业增加值情况

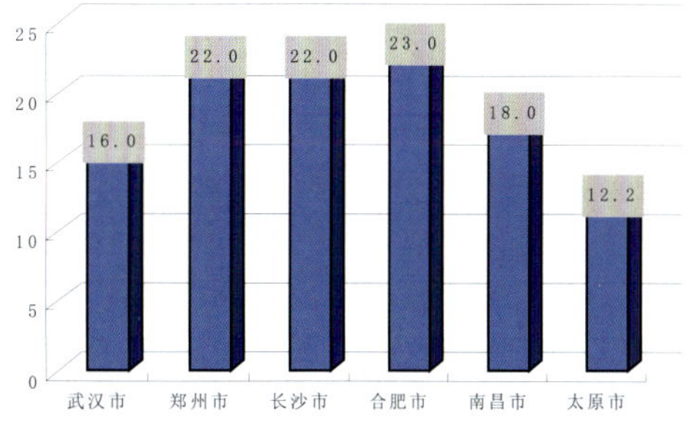

2011年中部六省省会规模以上工业增速情况

工业增加值累计增幅

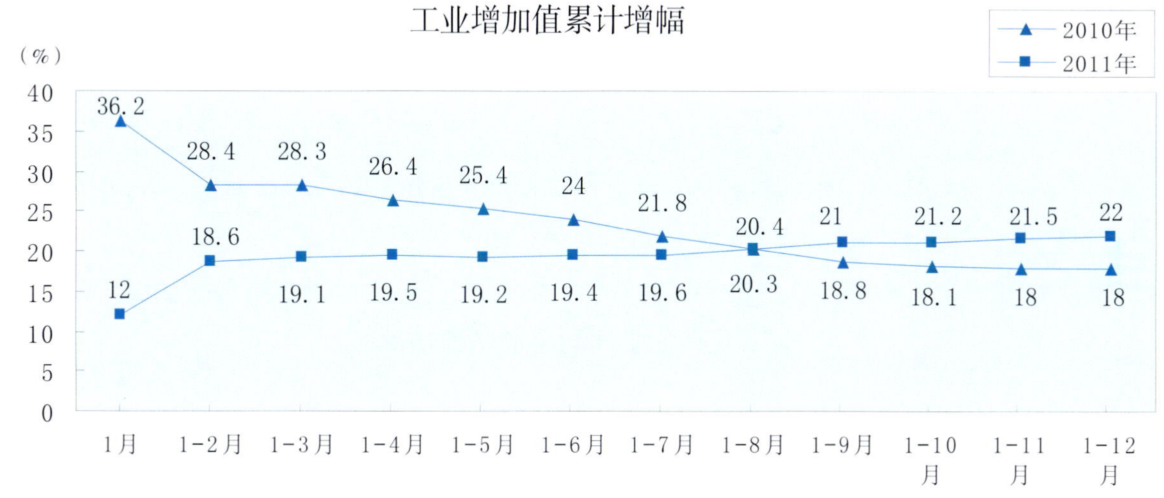

汽车及装备制造业、电子信息等战略支撑产业完成增加值533.8亿元，增长30%以上，占全市工业的比重由2010年的21.5%提高到26%，提高4.5个百分点；高技术产业增加值完成174.96亿元，是2010年的2.8倍，占全市规模以上工业的比重为7.5%，比上年提高了4.8个百分点；煤炭、电力、化工、耐材、建材、铝等六大高载能产业增速放缓，完成增加值增速为15.7%，比全市规模工业平均增速低6.3个百分点。

重工业继续拉动全市工业增长。2011年，郑州市重工业完成增加值1792亿元，同比增长26.2%，高出全市平均增速4.2个百分点。重工业对全市工业增长的贡献率为93.3%，拉动全市工业增长20.5个百分点。

工业企业效益增速显著。2011年，全市工业经济运行质量和效

重工业增速情况

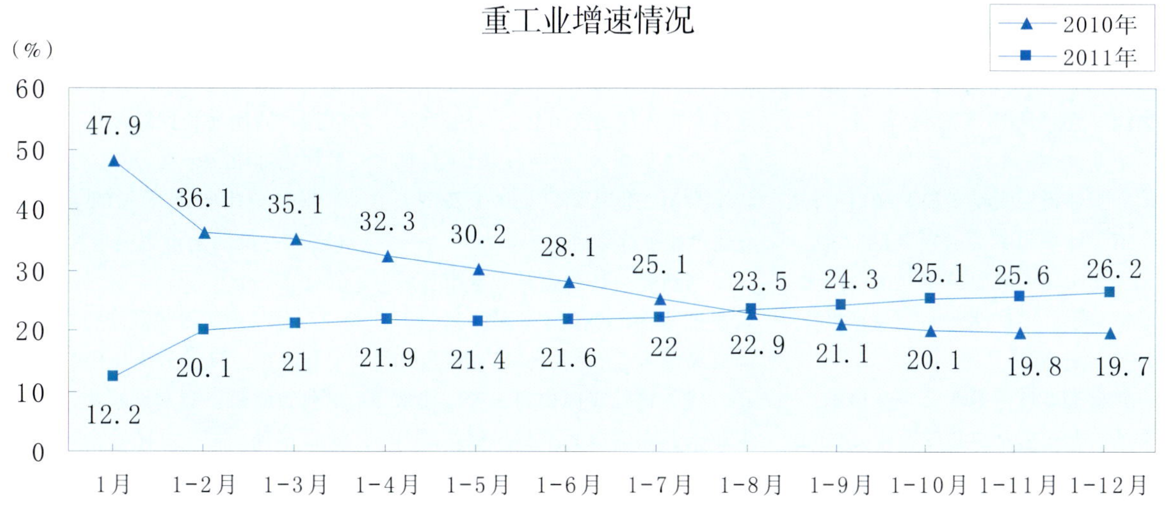

益保持较高水平，呈现出效益增速高于生产增速的良好态势。2011年1-11月，全市规模以上工业累计完成主营业务收入7249.5亿元，同比增长39.2%；实现利税总额1154亿元，同比增长33.2%，其中利润787.2亿元，同比增长36%。

企业实力显著增强。全市销售收入超亿元企业达到1598户，

工业企业主营业务收入增速情况

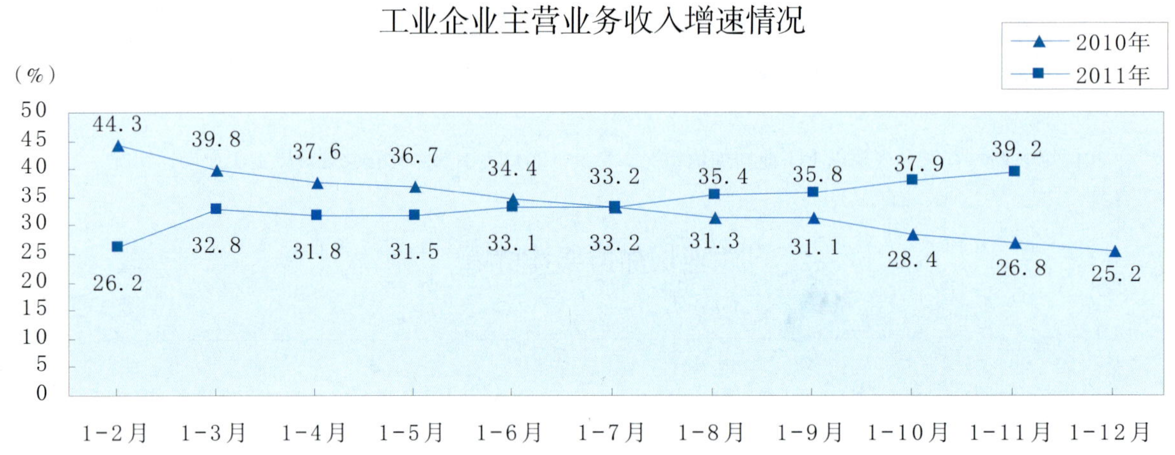

工业企业利润总额增速情况

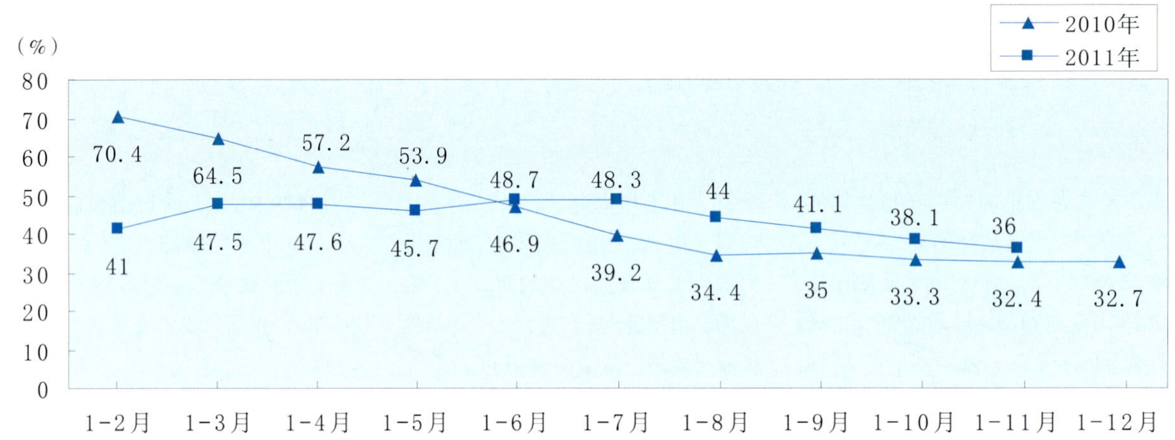

比2010年净增392户；超百亿元企业9户，其中3户企业超过300亿元；河南中烟、郑煤集团、豫联集团、宇通集团等4家企业进入中国企业500强。

工业投资大幅增长。2011年，全市工业项目共完成投资1157.9亿元，比2010年增加298.9亿元，同比增长34.8%，高于社会固定资产投资9.7个百分点。

集聚发展成效明显。2011年，全市产业集聚区完成营业收入5794亿元，增长43.5%，其中经开区和高新区营业收入超过500亿元，分别达到925.9亿元和612亿元；航空港区、巩义产业集聚区等5个产业集聚区营业收入超过200亿元。经开区、巩义产业集聚区分别被国家工信部认定为第二批、第三批国家新型工业化产业示范基地。

创新能力持续提升。全市各级企业技术中心达到428家，其中，国家级13家，省级216家，市级199家。威科姆科等14户列入省高技术工业企业60强。37个技术创新项目获2011年度省工业和信息化科技成果奖。

“三资”工业带动明显。2011年“三资”工业完成增加值314.7亿元，同比增长108.6%，高出全市平均增速86.6个百分点，“三资”工业对全市工业增长的贡献率为44.3%，拉动全市工业增长9.7个百分点。

县（市）区盈利能力增强。16个县（市）区、开发区中有13个实现利润增长，利润增幅超过全市平均水平的有6个，其中经开区增长432.9%，中原区增长88.3%。新密

市利润总额超过150亿元，登封市利润总额超过130亿元，新郑市利润总额均超过120亿元，荥阳市利润总额超过110亿元，巩义市利润总额超过100亿元。单位能耗明显降低。2011年，全市万元工业增加值能耗为1.57吨标准煤，较2010年下降8.7%。

【八大产业】 汽车产业。2011年，全市汽车产量354985辆，同比增长57.6%，改装汽车产量18691辆，同比增长5%。完成增加值125亿元，同比增长39.4%，对全市工业增长的贡献率为9.6%，拉动全市工业增长2.1个百分点，汽车工业占全市工业比重的5.3%。截至2011年底，全市共有整车生产制造企业6家，改装车企业3家，零部件企业110家左右。拥有宇通、日产、海马、少林等知名品牌，形成了高中档客车、高中档皮卡车、高档运动休闲车、轻型载货车、冷藏车等主导产品。宇通是世界规模最大、工艺技术最先进的客车生产企业，国内市场占有率达到25%，位居全国第一；郑州日产是东风、日产双品牌LCV产品的主要发展基地，高档皮卡车市场占有率持续保持在55%以上；东风日产郑州工厂2010年底正式投产，2011年累计产量达到12.7万辆，产值突破170亿元。宇通客车2011年客车完成产量45895辆，同比增长9.6%，完成工业总产值159.3亿元，同比增长18.3%。少林客车2011年客车完成产量2407辆，同比增长18.8%，改装客车产量10916辆，同比增长6%；完成工业总产值20.6亿元，同比增长6.8%。郑州日产2011年汽车完成产量115851辆，同比增长16.9%，完成工业总产值104.3亿元，同比增长4%。海马汽车2011年汽车完成产量72403辆，同比增长3.4%，完成工业总产值19.1亿元，同比下降2.4%。郑州日产乘用车分公司2011年完成汽车产量127709

郑州市工业和信息化工作会议

辆，完成工业总产值170亿元。宇通重工2011年完成专用汽车产量3472台，同比增长6.8%。

装备制造业。2011年，全市装备制造业完成工业增加值408.7亿元，占全市工业比重的17.5%，比2010年提高5.5个百分点。截至2011年底，全市共有规模以上装备制造业企业373户，在纺织机械、煤矿机械、工程机械、水工机械、锅炉、阀门、泵等行业具有明显优势。郑煤机是全国最大的煤炭综采设备生产企业，液压支架和刮板输送机等产品年产能达到1.5万架（台），市场占有率多年位居国内第一。恒天重工的化纤、印染、织造、非织造布、烘燥等大型纺织成套设备占全国产销量的40%。新大方桥梁机、大吨位平板运输车等产品填补国内空白，是全国特种施工装备龙头企业。正星科技有限公司是中国加油机行业的龙头企业，在世界范围内排前5名，国内市场占有率连续8年保持行业第一。荥阳、上街的工业阀门占全国同类产品市场份额的40%以上。

电子信息产业。全市共有电子信息企业4000余家，从业人员10多万人。产品门类主要包括通信设备制造、家电、应用电子、软件和信息服务、信息安全、半导体照明、新型显示、集成电路、太阳能电池等领域。其中，以汉威电子气体传感器为代表的应用电子和信大捷安为代表的信息安全产业在全国具有较强竞争优势。河南生茂光电有限公司LED光电发光产品，河南市场占有率达到70%以上；河南思维自动化设备有限公司、河南辉煌科技股份有限公司研发生产的列车运行监控记录装置、铁路信号监测调度指挥系统等为主的铁路系统测控产品，国内市场占有率分别达到60%、50%以上。2011年，电子信息产业实现销售收入691.7亿元，增长126%，其中，电子信息制造业531.7亿元，软件和信息服务业160亿元。受富士康郑州项目的强力拉动影响，全市规模以上电子信息制造业完成增加值173.5亿元，比上年增长18.2倍，占全市工业比重的7.4%，比2010年提高4.9个百分点。

食品行业。2011年，食品行业完成增加值368.4亿元，比上年增长9.7%，占全市工业比重的15.7%，比2010年降低1.4个百分点。截至2011年底，全市规模以上食品企业总数达到199户。郑州是全国最大的速冻食品生产基地，有三全、思念、笑脸、云鹤、胖哥等生产企业30余家，2011年完成产量125.3万吨，三全、思念等企业的速冻食品在全国的市场占有率超过40%，分居行业第一、第二位。好想你枣业公司是国内最大的红枣深加工企业和第一家枣类上市公司。博大面业的挂面产量居全国第一。拥有金星啤酒等9个“中国名牌”产品，白象等4个“中国驰名商标”。

铝及铝加工。2011年，铝及铝加工业完成增加值123.6亿元，占全市工业比重的5.3%，比2010年略有上升；规模以上铝及铝加工企业生产氧化铝246万吨，占全国氧化铝产量3985万吨的6.2%，占河南氧化铝产量1048万吨的23.5%；电解铝56.8万吨，占全国产量1755万吨的3.2%，占河南产量391万吨的14.5%；铝材249.1万吨，占全国产量2742万吨的9.2%，占河南产量528万吨的47.2%。形成了从矿山开采到氧化铝生产、铝锭冶炼、铝材加工等完整的产业链。截至2011年底，全市共有规模以上铝及铝加工企业50余家，其中代表性的企业有：中国铝业河南分公司、河南豫联能源集团有限公司、登封电厂集团公司、河南明泰铝业有限公司等。巩义市产业集聚区是全国最大的普通铝板带箔加工基地，园区铝板带箔产量占河南省铝板带箔产量的56%，占全国铝板带箔产量的21%。

煤电能源产业。2011年，全市煤炭工业完成增加值236.2亿元，同比增长25.5%，对全市工业增长的贡献率为13%，拉动全市工业增长2.9个百分点，煤炭工业占全市工业比重的10.1%；占全市工业比重为10.1%，比2010年下降0.4个百分点。2011年，全市原煤产量6913.7万吨，比2010年净增950万吨，增长18.5%。郑煤集团是全市最大的煤炭生产企业，2011年原煤产量2254万吨，同比增长2.4%，完成工业总产值143.4亿元，同比增长16.6%，2011年郑煤集团原煤平均价格510.9元/吨，同比上涨9.8%。新登集团2011年原煤产量90.4万吨，同比增长8.5%。全市装机13.5万千瓦以上的电厂有9家，总装机容量616.5万千瓦。2011年，全市发电量386.3亿千瓦时，用电量456亿千瓦时，其中工业用电量326亿千瓦时，增长11.2%，比2010年增速11.7%下降0.5个百分点。2011年电力行业完成增加值203.1亿元，占全市工业比重的8.7%，比2010年提高6.1个百分点。

纺织服装产业。2011年，全市纺织服装企业实现销售收入171.6亿元，同比增长30%，完成工业增加值41.2亿元，同比增长20%。完成规模以上工业增加值35亿元，占全市工业比重的1.5%。截至2011年底，全市共有规模以上纺织服装生产企业92家（含鞋帽生产企业）。行业拥有省著名商标服装企业20家，渡森、梦舒雅、太可思、娅丽达等4个中国驰名商标，中国免检产品1个（纽伦）。2011年，全市女裤产量达到1.6亿条，约占全国同类产品市场的50%，郑州女裤已成为全国女裤的领头羊；生产男裤7000多万条，成为继广东、福建、江浙、东北、石家庄之后的第六大男裤生产基地。以锦艺集团（郑州第一纺织和宏业纺织）为代表的棉纺企业运行良好。

建材耐材行业。2011年，全市建材耐材行业完成工业增加值533.5亿元，同比增长13.8%，对全市工业增长的贡献率为17.5%，拉动全市工业增长3.9个百分点；建材耐材行业在全市工业中的比重为22.8%，比2010年下降3.1个百分点。截至2011年底，全市共有规模以上建材耐材企业754家，主要产品有水泥、高温材料、磨料磨具、陶瓷和玻璃等。2011年，全市水泥产量2152.8万吨（含熟料加工），同比增长12.2%；耐火材料产量2080.6万吨，同比增长18.7%；磨具产量15.6万吨，玻璃产量3.6万吨，陶瓷产量4.7万件。天瑞水泥日产1.2万吨生产线，是亚洲单产最高的生产线。登电集团2011年水泥产量144.7万吨，同比下降3.7%。新登集团2011年水泥产量112.1万吨，同比增长24.1%，完成工业总产值12.4亿元，同比增长42.2%。东方企业集团2011年耐火材料产量12.4万吨，同比增长2.1%，完成工业总产值5亿元，同比增长3%。

【战略支撑产业】 （一）汽车产业增势强劲。2011年，郑州市工信委组织制定汽车城发展总体规划并通过专家论证。实施汽车行业重大项目核准、备案，帮助宇通新能源客车项目和客车专用车项目在国家工信部获得立项批复，帮助郑州日产研发中心项目等10余个项目在省工信厅获得备案资质。研究制定加快汽车产业基地建设的意见，加强汽车和重大装备零部件配套体系建设，组织开展2011郑州承接浙江地区汽车零部件产业对接活动。以市政府文件形式出台《关于支持新能源汽车产业发展的意见》，推进新能源汽车研发、生产和市场营运，纯电动公交车在85路公交线开始示范运营。

（二）装备制造业快速发展。市工信委积极推进装备制造业重大项目建设，郑州煤机综机公司荥阳基地年产4400架液压支架项目等项目顺利竣工投产，投资100亿元中国龙工中原工程机械生产基地项目、投资30亿元宇通重工整体搬迁项目等一批重大项目开工建设。积极对接央企合作项目，推进中国北方机车车辆工业集团公司和中国机械工业集团公司合作项目签署战略合作框架协议前期工作，中国航天科工集团新型工业基础件郑州产业基地项目开工建设。编制完成装备制造业发展规划，并正式印发，起草加快装备制造业发展意见。帮助郑州机械研究院、郑州磨料磨具磨削研究所申报“2010年度高档数控机床和基础装备制造”重大专项，已取得工信部备案。

（三）电子信息产业蓬勃发展。市工信委深入调查研究，积极谋划行业发展思路，完成《郑州市电子电器产业发展情况报告》。扎实做好产业基础数据统计、企业信息台账、项目库等基础工作，修订、完善电子信息产业发展规划，组织编制《郑州市软件和信息服务业发展规划》，制定《关于加快郑州电子信息产业基地的实施意见》。加大对电子信息产业重点项目监测、协调、服务工作力度，推进富士康、格力电器郑州产业园项目、友旺科技股份有限公司3G手机项目等重大项目建设。加强项目审核备案，为日立信、市公交公司等27家物联网企业办理项目备案。强化项目服务，建立了“电子电器情况反映”和“电子电器产业项目问题周报”制度，协调解决了富士康集团搬迁补偿费用、旭飞光电土地证办理等企业问题。开展与央企对接工作，推动组建河南中电科有限责任公司工作。开展承接产业转移工作，推进专业化招商，引进投资13.46亿元的中兴通讯、投资5亿美元的神州数码等一批重大电子信息项目。组织开展电子信息行业协作，帮助企业企业技术成果产业化和开拓市场。

【战略性新兴产业】 战略性新兴产业规划、政策制定情况。市工信委以市政府文件形式印发郑州市新材料产业规划纲要，编制完成《郑州市生物柴油产业发展规划规划》。积极制定新兴产业发展扶持政策，起草《关于促进新材料产业发展的实施意见》和《关于促进软件和信息服务业发展的实施意见》。完成郑州市与国家新材料产业“十二五”规划对接工作。依据郑州市新材料产业基础、资源、技术、人才条件，组织全市11家企业21种新材料产品进行对接。重大项目建设。高新区IT产业园规划及一期入驻项目、榕基软件入豫项目、恒星科技100兆瓦太阳能硅片项目、华晶高品级金刚石项目、中铝研究院惰性电极项目、安图生物体外诊断产业园等重大项目进展顺利。优秀企业表彰。开展2011年度优秀软件企业、优秀软件产品暨计算机信息系统集成优质工程、典型系统解决方案推荐评选工作，共计25家企业、42件产品及方案入围。

【传统优势产业】 努力提高铝精深加工能力，加快铝工业转型升级。市工信委研究出台《郑州市促进铝工业健康发展的实施意见》，加强政策扶持引导。召开铝工业重点企业座谈会，制定铝加工行业外出招商方案，跟踪富士康配套项目等重大项目进展情况，协调重大问题。食品工业保持平稳健康发展。思念、正龙等9家企业入选年度重点培育的河南食品工业50强企业，国华食品、天地人面粉等8家企业入选年度重点培育的河南省食品工业50家高成长企业。开展乳制品产业政策监督检查，以市政府文件形式印发食品行业发展纲要，起草食品工业年度行动计划。加强食品安全生产管理，配合相关部门开展对食用油生产加工企业的监督检查，起草《郑州市建设千亿级食品产业基地实施方案》，认真落实扶持政策，对三全、思念、花花牛等6家落实广告宣传、监测设备补贴资金。组织企业参加第三届中国（沈阳）食品博览会、2011年全国（驻马店）农产品加工业投资贸易洽谈会等展会，协调三全公司新基地二期项目用地问题等。加快纺织服装产业品牌化发展。组织召开郑州市轻纺行业重点企业座谈会，安排部署行业发展工作。加强对重点行业、重点企业监测，扶持龙头企业发展。确定30户轻工、纺织、服装等企业为重点监测和服务企业，领秀服饰等重点企业迅速发展。积极参与2011承接产业转移系列对接活动，加强与国内大型企业和知名民营企业的战略合作。积极搭建平台，扩大企业知名度。组织8家服装企业参加第十九届中国国际服装服饰博览会（CHIC2011），提升郑州“纺织服装名城”和“中国裤业之都”知名度，开展郑州市十佳服装设计师评选工作。

【县（市）区工业结构调整】 新密市采取提高装备水平、提高产品技术含量和引导企业兼并重组等措施，促进全市煤炭、造纸、耐材、电力等行业整合升级。耐材行业实施工业节能技改和集约发展，造纸行业大力淘汰落后产能，关闭91条生产线，建材行业大力发展新型墙体材料和高档水泥生产项目，重点培育和信建材等8家新型墙体材料企业和龙力水泥等5家水泥企业产能达200万吨的优势骨干企业，煤炭行业通过兼并重组，规划实施了一批洁净煤、煤化工等煤电冶一体化项目，拉长了产业链条。电力行业通过改造提升，发电机组达到270万千瓦时。新郑市以项目建设为抓手推进工业转型升级，先后引进中储粮、中建材、中石油、郑煤集团、香港锦艺集团、加加集团、福建达利集团等609个知名企业或项目，建成了宏业纺织、郑州一棉等一批重大工业项目，全市竞争优势突出、特色鲜明的区域工业体系初步形成。经开区重点发展汽车及零部件、装备制造、电子信息三大主导产业，着力打造日产、海马汽车工业园，装备制造工业园，电子信息产业园等超百亿产业园区，一方面突出龙头带动，大力引进龙头企业和龙头项目，以龙头带配套、促集群；另一方面突出配套带动，吸引产业链条整体转移和关联产业协同转移，以产业链式延伸推动产业集群发展。2011年，全区汽车及零配件、装备制造、通信电子设备等主导产业完成增加值占全部规上工业企业增加值的80%以上，主导产业支撑作用显现。中牟县坚持以产业聚集区为平台，以引进重大项目和培育企业集团为抓手，着力构建以汽车及零部件、新型机械装备制造、电子信息和农副产品深加工为支撑的现代工业产业体系。积极推进汽车产业聚集区、中小企业创业园内的大项目建设，加快河南盛达、郑州东工、郑州日产第二车间、河南绿城研发中心、鑫都实业有色地矿中心等大项目建设速度。出口加工区出口产品中高新技术产品、机电产品占全区出口额的比重由2007年的19%、27%上升为2011年的78%、81%，出口产品结构不断优化。

【重点工业项目建设】 2011年，市工信委加强项目管理和协调服务。推荐富士康IT产业园及配套工程等39个项目进入全省14个工业重点产业2011年度行动计划，确定218个总投资超千万元项目作为2011年郑州市第一批重点工业项目。对河南邦得化工有限责任公司酚醛树脂技改等153个项目进行了备案复核。完善项目"监测通报、协调服务"等工作机制，落实重大项目周报、首席服务官等工作制度，坚持宇通项目日例会、汽车项目日例会等制度，协调解决了宇通专用车项目、海马轿车公司零部件工业园（一期）用电问题、郑州日产产能提升项目新增用地、中电科27所土地证办理等项目推进中的"瓶颈"难题。新郑市对重点项目全面实行分包督导项目制度，确保每个重大项目都有1名市级领导负责督导协调，同时，相关职能部门、各项目所在地政府按照"一个项目一套协调机构"的要求，明确一名班子成员为该机构的总协调人，确保各重点项目顺利施工。荥阳市认真落实项目建设领导分包责任制，建立项目建设联席会，现场办公会等制度，积极协调解决项目建设中土地、资金、环境等问题。经开区采用一个项目、一套班子、一抓到底的工作机制，建立了领导分包制和部门负责制，建立台账、倒排工期，强力推进项目建设。同时，采取项目建设周例会制度和项目联审联批周例会制度，加快项目推进速度。

加快重大项目推进实施。东风日产发动机中牟工厂项目、宇通新能源客车项目、郑州日产18万辆汽车技改项目等一批重大项目开工建设，格力电器郑州产业园项目、河南明泰铝业有限公司年产15万吨铝深加工项目等一批重大项目竣工投产，富士康科技集团郑州投资项目、中国恒天集团郑州载货汽车项目一期、郑州旭飞光电科技有限公司TFT玻璃基板、郑州纺织机械股份有限公司新纺机等一批重大项目进展顺利。

推进项目"四进"。收集整理"十二五"期间规划项目，争取纳入国家、部委、央企和省工业"十二五"规划。全市拟争取纳入国家"十二五"规划的工业和信息化项目5个，总投资141.7亿；拟进入部委"十二五"规划工业和信息化项目13个，总投资52.9亿元；拟进入央企"十二五"规划工业和信息化项目10个，总投资415亿元以上；拟进入省"十二五"规划的工业和信息化项目80个，总投资1129.6亿元。

落实项目政策扶持资金。为河南汉威电子高精度气体传感器技术改造及产业化等7个项目申请国家重点产业振兴和技术改造专项资金3255万元。为郑州钻石精密制造公司等落实第一批市本级财政贴息资金2914.6万元。为少林汽车整车电泳等3个项目落实年度省技术改造项目资金216万元。第二批市本级财政贴息资金6056万元已通过审核，上报市政府待批。

【自主创新】 加快企业技术中心建设。2011年，新认定郑州市企业技术中心62家，落实补助资金1860万元。截至2011年底，全市共有各级企业技术中心428家，其中国家级13家，省级216家，市级199家。积极支持企业申报国家省市技术创新项目。帮助汉威电子、金惠计算机公司申报2011年度国家电子信息产业发展基金支持，共获国家补助资金1200万元。支持企业开展自主创新，河南庆安化工高科技股份有限公司、郑州威科姆科技等6家企业获得河南省支持企业自主创新和产品结构调整项目资金1115万元。推荐登封电厂集团有限公司等7户企业工业循环经济重大技术示范工程项目上报工信部；推荐索凌电气、宇通重工等企业申报2011年国家重大科技成果转化项目等。积极搭建企业技术创新平台。组织郑州威科姆科技股份有限公司等45户企业参加河南省高技术工业企业60强评选，入选14家。组织企业参加2011河南省工业设计大赛、2011年度科技活动周和全市"讲科学、讲创新、讲道德、比贡献"等活动，取得良好的社会效果。郑州威科姆科技股份有限公司等25家企业的37个项目获2011年度河南省工业和信息化科技成果奖，占全省获奖总数的25%。

【大企业大集团培育】 重点企业培育工作取得新进展。41家企业进入省"百高""百强"企业，其中生茂光电等22户企业进入省"百高"名单，郑州日产等17户企业列入省"百强"企业；宇通重工等49户企业成为省重点行业培育企业。管城区紧紧围绕郑州宇通企业集团、金星啤酒集团、金马物流园等重点企业和项目建设做好协调服务工作。登封市选择登电、新登、登峰熔料等30家重点骨干企业和行业龙头企业作为扶优扶强对象，市政府拿出1200万元对十强、十优、项目建设先进、科技创新先进等企业给予表彰和奖励。新密市积极实施大企业带动战略，确定200家企业作为重点扶持企业，实行领导联系、部门分包，完善重点企业的培育成长机制，促进企业做大做强。新郑市积极引导锦艺集团、天津药业、瑞泰科技等重点企业增投入、扩规模、优结构，促进发展壮大。

【承接产业转移工作】 2011年，郑州市承接产业转移工作取得显著成效。市工信委到北京、广东、浙江、福建、江苏、上海等地开展宣传推介、项目对接、引资洽谈等活动。突出重点区域和产业招商。2011年上半年，瞄准广州、福建、浙江、江苏等重点区域，围绕轻纺服装、汽配电子、农产品、铝深加工等重点产业实行招商。5月，赴浙江的杭州、温州、宁波、绍兴等地，与杭州万事利集团、宁波罗蒙集团、温州庄吉集团、报喜鸟集团等企业对接，达成投资意向200多亿元。6月，在杭州举办“郑州承接浙江地区汽车零部件产业对接活动”，吸引浙江57家零部件企业积极参与。中牟县和兰溪市联盛汽车公司、浙江飞鹏公司签署战略合作框架协议，经开区和宁波长华公司、敏实集团达成投资协议。宇通客车、东风日产、海马郑州、少林客车等整车企业与浙江汽车零部件企业签订9个供货合同,合同金额达到20亿元。积极参与第二届中国郑州产业转移系列对接活动。邀请客商400名，其中国500强及世界500强企业客商26人。全市签约重点项目45个，其中工业和信息化项目42个。签约项目总投资498.43亿元，位列全省第一。经开区按照“引进大项目—延长产业链—聚集产业群—打造产业基地”的发展模式，瞄准世界500强和中国500强企业，重点引进关联度高、辐射力大、带动力强的龙头型、基地型项目，成功签约项目27个，协议投资总额310亿元；洽谈跟踪项目100多个，拟投资总额近500亿元。高新区围绕打造千亿级电子信息主导产业的目标，引进了总投资30亿元的郑州华强电子高端服务业基地、总投资46亿元的中国联通集团中原数据基地、总投资20亿元的微软教育云计算产业园等一批重大项目。登封市积极开展承接产业转移活动，组织市产业集聚区、登电集团等25家单位、邀请重庆百佳吉发动机有限公司等10家客商参加了省技术转移洽谈会和第二届中国郑州承接产业转移对接活动。先后赴“长三角”“珠三角”围绕铝精深加工、光电等产业有针对性的开展项目对接活动，实现总投资131亿元的河南良基集团通用航空、总投资50亿元的大唐新能源发电、总投资60亿元的中科东晶光电产业园等一批重大项目成功签约。出口加工区在引进配套项目锜昌科技、官田电子、优鼎材料、瞻航物流、润丰物流的同时，引进了年产1600吨新型二次电池用球形纳米级多元素活性物质的科隆实业项目、年产10亿克拉微米及纳米细颗粒金刚石的豫星华晶微钻项目等重点项目。

【产业集聚区建设】 2011年，郑州市加快产业集聚发展。编制完成《郑州市产业集聚区发展规划纲要（2011-2020）》并通过专家论证。加大招商引资和项目建设力度。引导产业集聚区根据主导产业定位，发布招商引资项目指南，有针对性地组织定向招商活动。在产业集聚区建立世界500强、中国500强、央企和行业龙头企业档案信息，完善产业集聚区客商资源库。组织产业集聚区开展专项招商活动。高新区引进了格力电器等项目，巩义市产业集聚区积极推进集聚区企业与行业龙头企业进行战略重组，该区铝板带箔年加工能力达到120万吨，成为亚洲最大的铝板带箔加工基地。经开区和郑州纺织产业园被省工信厅确定为全省承接产业转移示范区试点。推进新型工业化产业示范基地创建。在成功创建1个国家级、3个省级、6个市级新型工业化产业示范基地的基础上，积极协助巩义市产业集聚区申报国家级新型工业化产业示范基地，郑州航空港区等5个产业集聚区成为2011年河南省新型工业化产业示范基地重点培育对象。加强基础设施建和公共服务平台建设。积极推进新密产业集聚区日处理污水2000吨污水处理厂、管城金岱工业园1300亩土地征迁、新郑医药化工产业园和新密产业集聚区标准化厂房等基础设施建设。推进重点产业集聚区投融资平台建设。完善落实扶持政策。以市政府办公厅文件印发《关于加快创建数字化示范集聚区的实施意见》，引导产业集聚区提升信息化水平。分两批落实超规模、特色品牌、公共标准化厂房、投融资公司建设等产业集聚区奖补资金共计9522.12万元。

【工业企业节能降耗和淘汰落后产能】 工业节能监测与节能产品认定取得新进展。对全市57户重点用能企业进行节能监测，共监测各种耗能设备294台（套），为企业提出节能整改建议197条。对52户重点用能企业进行执法监察，下达整改通知书44份。加大节能宣传力度，开展工业企业节能宣传月活动，对重点耗能企业和资源综合利用企业人员进行培训。开展工业节能产品认定工作，全市装备制造、汽车制造等行业12户企业的20个产品通过省工信厅节能产品认定，占全省通过认

代市长吴天君在工业企业调研

定的总数的30%。对全市28个企业的29个项目落实节能技改项目财政补贴资金2028万元，项目实施后预计可实现年节能量11万吨标准煤。资源综合利用工作取得新成效。完成20户资源综合利用认定初审工作，全市认定资源综合利用企业达到53户，全年利用粉煤灰、煤矸石等各种废渣达570万吨左右。组织开展了“三比两降”（比管理创新、比技术进步、比职工行动，降能耗、降排放）节能减排竞赛、2011年“中原环保世纪行”宣传、“两化融合促进节能减排”重点项目推荐活动。积极推进清洁生产工作，组织郑州拓洋实业有限公司等4家企业申报国家清洁生产专项资金。二七区对区内12家耗能量在2000吨标煤以上的重点耗能企业实施严密监控，制定全区节能目标预警调控方案。中原区以节能新技术、新工艺的引进推广为重点，严格目标责任管理，强化全民节能意识，推进全区节能降耗工作。荥阳市对全市2010年统计综合能源消费量在2000吨标准煤以上重点耗能企业进行能源核查，逐一填写能源核查表格，汇总上报，强化监管，引导企业开展技术改造，采用新工艺、新设备节能降耗。

淘汰落后产能方面。市工信委成立郑州市淘汰落后产能工作协调小组，积极贯彻落实相关政策措施，2011年为企业争取各项淘汰落后产能整改奖励资金925万元。深入现场督促淘汰企业在规定期限内拆除生产设备，基本完成郑州市50.6万吨淘汰落后产能工作目标，其中，水泥行业淘汰落后产能40万吨，造纸行业淘汰落后产能10.6万吨。新密市对列入国家淘汰落后产能政策项目的5家企业23条生产线进行了淘汰。造纸行业已有35家企业91条生产线完成淘汰任务。

【行业运行监测】 市工信委坚持月、旬经济运行分析例会制度，发挥工业经济运行监测分析小组作用，强化信息发布，密切关注国家经济政策、市场形势变化、生产要素供求等经济运行趋势变化，做好工业经济运行预测、预警，及时协调解决运行中的突出问题。确保电煤供应，做好迎峰度夏和度冬保电、保热工作。在2011年全省电煤合同衔接会上，郑州市共签订新增重点电煤供应合同167万吨，占全省新增总量的55.7%。协调郑煤集团和义马集团对郑州市电煤的供应。协调使用市财政工业经济运行调节资金1亿元，支持市区3家热电企业增加电煤库存。为上网电厂争取财政补贴资金1.4亿元，用于电煤存储。全市电网实现高负荷平稳运行。1-11月份，郑州市全社会用电量374.28亿千瓦时，同比增长14.63%。保障重点企业铁路运输。截至2011年底，全市重点工业企业铁路运输请车满足率达到85%以上，基本缓解企业铁路运输紧张问题。各县（市）、区积极探索经济运行监测的有效方法。惠济区构建规模工业经济运行监测网络，完善工业经济运行和规模工业企业运行监测、分析、预警体系，为全区32家规模工业企业建立“运行档案”，对企业运营状况实行全程监控。登封市注重对重点行业、重点企业、重点产品进行了跟踪监测分析，统筹安排市内电煤对口保供计划，保证电煤供应，确保发电企业正常生产。荥阳市围绕年度工业发展主要目标任务，强化对314家规模企业跟踪服务。建立全市规模企业台账，坚持月通报和季分析，每月编印工业经济运行分析报告，为领导决策提供参考。

【安全生产】 郑州市工信系统安全生产形势实现持续稳定。市工信委落实安全生产目标责任，完善“三级主体，五级网络”安全责任体系，在全系统内层层签订安全生产目标责任书，各级责任书签订率达100%。建立安全生产周询报制度。全力推进全市工信系统企业安全生产标准化建设工作，实施安全郑州创建2011年工业和信息化行业行动计划。持续开展安全班组创建工作，加强现场管理，在全系统推广以“整理、整顿、清洁、清扫、素养、安全”为主要内容的“6S管理模式”。强化企业安全监督员队伍建设，做好应急预案备案及演练工作。开展安全生产诚信企业活动，工信系统5家企业通过市里诚信企业评级验收。积极开展“安全生产月”活动，发放宣传资料1.5万余

2011年郑州市37个工业大类主要指标情况

工业行业类别 \ 主要指标	增加值（亿元）	比重（%）	增速（%）	贡献率（%）	拉动率（%）
煤炭开采和洗选业	236.18	10.09	25.5	12.98	2.86
黑色金属矿采选业	0.89	0.04	-24.3	-0.08	-0.02
有色金属矿采选业	10.00	0.43	-4.9	-0.14	-0.03
非金属矿采选业	17.37	0.74	24.4	0.92	0.20
农副食品加工业	44.91	1.92	0.5	0.06	0.01
食品制造业	62.34	2.66	12.3	1.85	0.41
饮料制造业	19.96	0.85	-0.2	-0.01	0.00
烟草制品业	241.20	10.31	16.3	3.10	0.68
纺织业	12.88	0.55	-3.5	-0.13	-0.03
纺织服装、鞋、帽制造业	21.09	0.90	13.8	0.69	0.15
皮革、毛皮、羽毛(绒)及其制品业	1.23	0.05	9.2	0.03	0.01
木材加工及木、竹、藤、棕、草制品业	6.88	0.29	8	0.14	0.03
家具制造业	8.62	0.37	5.2	0.12	0.03
造纸及纸制品业	48.10	2.06	-0.3	-0.04	-0.01
印刷业和记录媒介的复制	15.23	0.65	11.4	0.42	0.09
文教体育用品制造业	1.71	0.07	8.7	0.04	0.01
石油加工、炼焦及核燃料加工业	3.73	0.16	19.9	0.17	0.04
化学原料及化学制品制造业	67.12	2.87	11	1.80	0.40
医药制造业	30.51	1.30	-2.4	-0.20	-0.04
化学纤维制造业	1.98	0.08	6.5	0.03	0.01
橡胶制品业	4.60	0.20	-0.7	-0.01	0.00
塑料制品业	19.47	0.83	17.1	0.77	0.17
非金属矿物制品业	533.52	22.80	13.8	17.50	3.85
黑色金属冶炼及压延加工业	49.30	2.11	3.2	0.41	0.09
有色金属冶炼及压延加工业	123.60	5.28	17	4.86	1.07
金属制品业	34.55	1.48	-1.2	-0.11	-0.02
通用设备制造业	81.48	3.48	7.7	1.58	0.35
专用设备制造业	119.25	5.10	11.9	3.43	0.75
交通运输设备制造业	124.97	5.34	39.4	9.55	2.10
电气机械及器材制造业	35.24	1.51	16.1	1.32	0.29
通信设备、计算机及其他电子设备制造业	133.23	5.69	1823	34.16	7.52
仪器仪表及文化、办公用机械制造业	5.00	0.21	10.7	0.13	0.03
工艺品及其他制造业	12.31	0.53	6.8	0.21	0.05
废弃资源和废旧材料回收加工业	0.17	0.01	0.9	0.00	0.00
电力、热力的生产和供应业	203.07	8.68	12.1	2.13	0.47
燃气生产和供应业	5.76	0.25	257.8	1.12	0.25
水的生产和供应业	2.27	0.10	0.3	0.00	0.00

2011年中部六省省会规模以上工业增加值及增速情况

城市	规模以上工业增加值（亿元）	排名	规模以上工业增加值增速（%）	排名
武汉	2458.8	1	16	5
郑州	2340.2	2	22	2
长沙	2014	3	22	2
合肥	1489.7	4	23	1
南昌	761.2	5	18	4
太原	687.2	6	12.2	6

2011年分县（市）区规模以上工业增加值及增速情况

县（市、区）	规模以上工业增加值（亿元）	规模以上工业增加值增速（%）
中原区	68.65	17.0
二七区	40.59	17.2
管城区	83.82	17.7
金水区	24.69	1.0
上街区	66.65	18.3
惠济区	19.38	18.0
中牟县	135.97	20.0
巩义市	299.84	17.9
荥阳市	249.99	18.6
新密市	294.41	20.1
新郑市	263.38	18.4
登封市	268.17	18.1
经济区	72.88	138.2
高新区	62.54	22.0
郑东新区	0.14	–68.3
航空港区	95.00	158.0

2011年全省省辖市规模以上工业增加值增速情况

城市	规模以上工业增加值增速（%）	排名
全省平均	19.6	
郑　州	22.0	4
开　封	23.6	3
洛　阳	19.8	10
平顶山	15.4	18
安　阳	18.0	14
鹤　壁	17.1	15
新　乡	24.0	1
焦　作	18.9	12
濮　阳	16.6	16
许　昌	21.7	8
漯　河	18.1	13
三门峡	16.1	17
南　阳	21.8	6
商　丘	20.5	9
信　阳	21.8	6
周　口	21.9	5
驻马店	23.9	2
济　源	19.8	10

份。开展大检查大整治大督查活动和“双节两会”“五一”等5次大型安全生产大检查。全年排查各类事故隐患2035条，已整改1978条，事故隐患整改率达到97.2%，控制率100%。截至2011年底，市工信系统发生死亡事故3起，死亡3人，重伤2起，伤2人，死亡人数占年度控制指标的75%，没有发生较大及以上事故。连续8年被评为全市安全生产先进单位。

【工业化和信息化“两化”融合】

2011年，郑州市成功申报成为国家级“两化”融合试验区。为进一步推进国家级信息化和工业化融合试验区建设。市工信委成立郑州市信息化与工业化融合工作领导小组，出台《郑州市国家级信息化和工业化融合试验区建设实施方案》，着力推进传统优势产业改造提升工程、信息产业跨越工程等八大工程。在全市汽车、装备制造、电子信息等行业和生产型服务业积极推广信息化应用，认定25家企业为“两化”融合示范企业。积极推进企业电子商务发展。加快企业十大电子商务平台建设，启动泵阀、食品、纺织服装等3个电子商务平台建设。认定郑州宇通客车股份有限公司等15家企业为郑州市电子商务重点示范企业。积极推动电子商务组织体系建设。做好全国电子商务示范城市申报工作，郑州市获批成为国家电子商务示范城市。积极争取国家和省信息化专项资金支持，全年落实国家物联网发展资金1000万元，落实省信息化专项资金733万

2011年完成投资超10亿元的项目

序号	企业名称	项目名称及建设规模	所属行业	计划总投资（亿元）	2011年计划投资	2011年累计完成（亿元）
1	河南中孚实业股份有限公司	年产30万吨高性能铝合金特种铝材项目	有色	33.8	15.66	11.45
2	华润电力登封有限公司	二期1×60万千瓦机组	能源	25		15
3	郑州裕中电力有限责任公司	2×100万千瓦发电机组	能源	83	30	33.65
4	河南盛世宏达投资有限公司	中国（郑州）国际汽车后市场产业园一期建设项目	汽车	100	30	29.1
5	郑州日产汽车有限公司	18万辆汽车技改项目	汽车	14	14	13.1
6	郑州富士康有限公司	中牟电子项目	电子	20	20	20.5
7	格力电器（郑州）有限公司	格力电器郑州产业园项目	电子电器	30	5	23
8	郑州旭飞光电科技有限公司	TFT玻璃基板	电子	25	15	15
9	鸿富锦精密电子（郑州）有限公司	富士康IT产业园及基础设施配套工程	电子	105	20	40
10	郑州宇通集团有限公司宇通专用车（前期）	年产5000台（辆）房车、救援指挥车、机场摆渡车、校车、医疗车等客车底盘专用车辆	汽车	17	4.4	10

2011年郑州市第一批重点工业项目申报表

单位：万元

序号	企业名称	项目名称	建设规模及主要内容	所属行业	开工日期	投产日期	总投资	资金来源		截至2010年底累计完成投资	2011年计划投资	预计新增经济效益		备注
								银行贷款	自筹			销售收入	利税	
	合计185个项目						15892732			1551568.6	4920784	16151998	2226611.5	
	巩义市													
1	河南万达铝业有限公司	年产15万吨热连轧铝加工扩建项目	年产15万吨热连轧	有色	2010.2	2012.12	100000		100000		55000	360000	24000	
2	河南明泰铝业有限公司	年产10万吨铝深加工项目	年产合金板2万吨、复合带箔1万吨、电子箔1万吨、包装箔1万吨、印刷用CTP版基5万吨	有色	2010.1	2012.12	70290		70290		50000	250000	18000	
3	河南中孚实业股份有限公司	年产30万吨高性能铝合金特种铝材项目	年产30万吨高性能铝合金特种铝材	有色	2010.1	2012.12	338199	240000	98199	50000	100000	812750	120000	

续表1

序号	企业名称	项目名称	建设规模及主要内容	所属行业	开工日期	投产日期	总投资	资金来源		截至2010年底累计完成投资	2011年计划投资	预计新增经济效益		备注
								银行贷款	自筹			销售收入	利税	
4	河南鑫泰铝业有限公司	铝深加工项目	年产型材20万吨，PS版5万吨，彩涂卷5万吨	有色	2011.5	2013.12	150000		150000		50000	600000	60000	
5	巩义市顺祥耐材公司	储铁式铁沟浇注料自动化生产线项目	年产5万吨储铁式铁沟浇注料自动化生产线	耐材	2010.1	2011.12	10500		10500		10000	30000	6000	
6	河南省艾米克特种陶瓷有限公司	年产15万吨中铝瓷球生产线项目	年产15万吨中铝瓷球生产线	耐材	2010.3	2011.8	12573		12573		2573	18000	800	
7	河南卓利瓷业有限公司	年产10万吨中铝瓷球及均化料	年产10万吨中铝瓷球及均化料	耐材	2010.3	2011.8	13000		13000		8000	18550	4400	
8	河南恒星科技股份公司	年产2万吨超精细钢丝、年产100兆瓦太阳能电池硅片项目	年产2万吨超精细钢丝、年产100兆瓦太阳能电池硅片	新材料	2010.11	2012.5	124000		124000		100000	200000	60000	

续表2

序号	企业名称	项目名称	建设规模及主要内容	所属行业	开工日期	投产日期	总投资	资金来源		截至2010年底累计完成投资	2011年计划投资	预计新增经济效益		备注
								银行贷款	自筹			销售收入	利税	
9	河南义鑫威新能源科技有限公司	晶体硅太阳能电池片项目	年产100兆瓦晶体硅太阳能电池片	新材料	2010.5	2013.12	30000	15000	15000		20000	100000	12500	
10	大唐巩义发电有限责任公司	大唐巩义2×600兆瓦机组项目	2×600兆瓦机组	能源	2011.1	2013.12	407779		407779		1000	300000	90000	
	登封市													
11	郑州市嵩阳煤机制造有限公司	煤矿综采设备生产项目		装备制造	2010.7	2012.7	25000	10000	15000	13000	10000	40000	4000	
12	郑州河顺自动化设备有限公司	母猪智能饲喂系统项目	年产8000套母猪智能饲喂系统	装备制造	2010.1	2011.6	13000		13000	5000	7000	53000	21000	
13	登封市嵩基集团有限公司	煤机制造及配件项目		装备制造	2010.11	2012.1	23000	5000	18000	8000	5000	30000	6200	

续表3

序号	企业名称	项目名称	建设规模及主要内容	所属行业	开工日期	投产日期	总投资	资金来源		截至2010年底累计完成投资	2011年计划投资	预计新增经济效益		备注
								银行贷款	自筹			销售收入	利税	
14	河南欣博矿山装备技术有限公司	煤矿井下救生舱及安全设备产业化项目	年产500台套生产线	装备制造	2010.11	2012.3	28000	8000	20000	13000	20000	50000	15000	
15	河南天地之中福德汽车零部件有限公司	整厂建设项目	年产10万台	汽车及零部件	2010.1	2012.09	83000	30000	53000	30000	22000	300000	33000	
16	登封银河铝箔有限公司	高精铝箔生产线项目	年产3万吨高精铝箔生产线	有色	2010.01	2015.4	18000	5000	13000	5000	2000	55680	6680	
17	登封电厂集团有限公司	年产15万吨高档节能铝型材加工项目	年产高档节能铝合金型材15万吨	有色	2011.06	2014.05	118000	80000	38000		30000	350000	35000	
18	河南省嵩山生物科技有限公司	何首乌深加工	系列产品生产线	食品	2010.11	2012.3	30000	5000	15000	8000	15000	200000	23000	
19	河南谷源农业发展公司	投资3.4亿 元的小麦高蛋白项目	建筑面积34000平方米	食品	2011.01	2011.11	34000		34000	6000		28000		

续表4

序号	企业名称	项目名称	建设规模及主要内容	所属行业	开工日期	投产日期	总投资	资金来源		截至2010年底累计完成投资	2011年计划投资	预计新增经济效益		备注
								银行贷款	自筹			销售收入	利税	
20	河南新亚钢构工程有限公司	整厂扩建项目	年产5万平方米	建材	2010.11	2012.1	12000	3000	9000	10000	6000	12000	1000	
21	登封市宏基混凝土有限公司	年产50万吨干粉砂浆生产线	项目占地30亩，建设干粉砂浆生产线2条，实现年产50万吨干粉砂浆	建材	2011.01	2011.12	2000		2000		2000	10000	900	
22	登封市宏昌水泥有限公司	银铃环保石灰窑	占地5亩，建筑面积120平方米，建环保石灰窑一座	建材	2011.01	2011.03	2000	1000	1000		2000	4000	800	
23	洛玻硅石加工生产基地	硅石加工	年产硅石40万吨	建材	2011.04	2011.05	6000		6000		6000	15000	3500	
24	河南宝德投资有限公司	彩印外包装	1.2亿平方米包装箱	耐材	2010.11	2012.3	18000	10000	8000	5000	13000	16800	4600	
25	郑州新登集团	电热陶瓷生产项目	年产2000万片	新材料	2010.11	2012.1	18000	7200	10800	6500	10000	25900	5000	
26	登封市中岳新能源科技有限公司	碳复合材料高新技术产业化项目	年产800套汽车车身部件	新材料	2010.11	2012.12	25000		25000	10000	9100	40000	12000	

续表5

序号	企业名称	项目名称	建设规模及主要内容	所属行业	开工日期	投产日期	总投资	资金来源		截至2010年底累计完成投资	2011年计划投资	预计新增经济效益		备注
								银行贷款	自筹			销售收入	利税	
27	郑州威尔特材有限公司	年产550吨NdFeB磁粉及550吨粘结磁体项目	项目占地150余亩，生产钕铁硼高效磁性材料所需的机器设备安装、生产车间、办公设施等有关的基础设施建设	新材料	2011.01	2012.04	8000		8000		6000	15000	3300	
28	和丰泰达新型材料有限公司	LED背光板（PMMA高新纳米导光材料）	项目占地100余亩，引进2条先进的背光板、亚克力板生产线和有机玻璃循环利用制造设备	新材料	2011.05	2012	30000		30000		7800	18500	10000	
29	郑州建业高温材料有限公司	新建	中型	新材料	2011.3	2011.3	5000		5000		5000	2500		
30	龙祥生物发电	新建	中型	能源	2011.5	2011.12	18000		18000		18000	10000		
31	京煤煤业有限公司	技改	年产30万吨的煤炭生产项目	能源	2011.03	2011.04	5000		5000		5000	20000	3000	

续表6

序号	企业名称	项目名称	建设规模及主要内容	所属行业	开工日期	投产日期	总投资	资金来源		截至2010年底累计完成投资	2011年计划投资	预计新增经济效益		备注
								银行贷款	自筹			销售收入	利税	
32	华中煤业有限公司	技改	年产30万吨的煤炭生产项目	能源	2011.04	2011.05	6000	4000	2000		6000	10000	2000	
33	东升煤业有限公司	技改	年产30万吨的煤炭生产项目	能源	2011.05	2011.06	5000	2000	3000		5000	10000	1500	
34	登封电厂集团有限公司	登封电厂集团第一煤矿有限公司马鸣寺煤矿	年产原煤45万吨	能源	2009.09	2014.12	53000		53000	7500	13000	17100	7000	
35	集华嵘昌	洗煤厂	年洗煤200万吨	能源	2011.03	2011.12	8000		8000		8000			
36	登封市金星煤业有限公司	年产90万吨技改矿井	主副井装备	能源	2009.1	2012.04	65000		65000	23000	42000	39000	15000	
37	华润电力登封有限公司	2×60万千瓦机组项目	2×60万千瓦机组	能源	2009	2011	440523		440523	250000	180000			
	新郑市													
38	山东龙泉管道工程有限公司河南分公司	预应力管道项目	年产120公里管道项目（预应力管道）	装备制造	2010.7	2011.11	30000		30000	500	29500	150000	3000	
39	中储粮河南公司	大豆油储运及加工项目	30万吨大豆油储运及加工	食品	2009.9	2011.12	136000	136000		11800	130000	300000	20000	
40	郑州达利食品有限公司	食品生产		食品	2010.8	2011.8	50000		50000		50000	150000	3000	

续表7

序号	企业名称	项目名称	建设规模及主要内容	所属行业	开工日期	投产日期	总投资	资金来源		截至2010年底累计完成投资	2011年计划投资	预计新增经济效益		备注
								银行贷款	自筹			销售收入	利税	
41	河南省金昌润建筑工程有限公司	新型节能保温墙体材料生产	10万平方米新型节能保温墙体材料生产	建材	2011.4	2011.11	3000		3000		3000	10000	300	
42	河南瑞泰耐火材料有限公司	三期	三期15万吨耐火材料生产	耐材			18000		18000		18000			
43	郑州和瑞包装有限公司	食品、包装研发		耐材	2011.4	2011.9	10000		10000		10000	30000	500	
44	郑州众和投资有限公司	石材加工		耐材			150000		150000		120000	300000	15000	
45	河南桑乐数字化太阳能有限公司	数字化太阳能项目	100万套数字化太阳能	耐材	2011.4	2011.12	30000		30000		30000	150000	2000	
	新密市													
46	郑州豫密药业股份有限公司	年产2000万瓶解郁丸及品牌OTC市场开发建设	年产2000万瓶解郁丸及品牌OTC市场开发建设	化工医药	2009.5	2011.11	55000		55000	10000	10000	100000	6000	
47	郑州市建文特材科技有限公司	郑州市建文特材科技有限公司高性能混凝土膨胀剂生产线	建设年产20万吨高性能混凝土膨胀剂	建材	2010.10	2011.8	10000		10000		10000	30000	3000	

续表8

序号	企业名称	项目名称	建设规模及主要内容	所属行业	开工日期	投产日期	总投资	资金来源		截至2010年底累计完成投资	2011年计划投资	预计新增经济效益		备注
								银行贷款	自筹			销售收入	利税	
48	郑州远东耐火材料有限公司	郑州远东耐火材料有限公司电熔锆钢玉砖生产线节能技术改造项目	年产12000吨电熔锆刚玉生产线	耐材	2010.10	2011.12	16000		16000		5000	11000	1900	
49	郑州汇特耐火材料有限公司	年产10万吨镁质砖，再利用废镁路砖2万吨生产线建设（二期）	年产10万吨镁质砖，再利用废镁路砖2万吨生产线建设	耐材	2009.1	2011.12	15000		15000	10000	10000	40000	7000	
50	郑州裕中电力有限公司	2×100万千瓦发电机组	2×100万千瓦发电机组	能源	2009.9	2012.9	830000		830000	190000	250000	80000	5000	
51	河南省电力公司河南输变电试验高压工区	建筑面积28642平方米	建筑面积28642平方米	能源	2010.9	2011.10	15000		15000	7000	6000			
52	新密市恒业煤矿有限公司和成煤矿	建成年产45万吨原煤矿井和附属设施	建成年产45万吨原煤矿井和附属设施	能源	2006.1	2011.3	42000		42000	16000	10000	20000	5000	
53	新密市超化煤矿有限公司大磨岭煤矿	完成原煤井巷工程及配套设施，年产60万吨原煤	完成原煤井巷工程及配套设施，年产60万吨原煤	能源	2006.3	2012.1	55000		55000	5000	15000	24000	4000	

续表9

序号	企业名称	项目名称	建设规模及主要内容	所属行业	开工日期	投产日期	总投资	资金来源		截至2010年底累计完成投资	2011年计划投资	预计新增经济效益		备注
								银行贷款	自筹			销售收入	利税	
54	新密市港华燃气有限公司	建设一个气源站及配套设施，完成部分管网工程建设	建设一个气源站及配套设施，完成部分管网工程建设	能源	2009.10	2011.10	20000		20000	11000	9000			
55	河南亚乐生物科技	苦参碱项目	年产1.5万吨苦参碱	生物			20000		20000		10000			
	荥阳市													
56	郑州四维机电设备制造有限公司	荥阳制造基地及企业总部建设项目	年产矿用液压支架5万吨	装备制造	2007.05	2015.12	100000	20000	80000	70000	30000	320000	23697	
57	郑州煤机综机设备有限公司	郑州煤机综采设备生产基地建设项目	年产4万吨铸锻件生产线	装备制造	2011.1	2013.12	50000	30000	20000	6000	50000	60000	7000	
58	郑州煤机综机设备有限公司铸锻公司	郑州煤机综机设备有限公司铸锻公司	占地420亩，建筑面积5万平方米，年产4万吨	装备制造	2011.1	2013.12	35000		35000	5000	12000	20000	6000	
59	郑州中联收获机械有限公司	年产自走式玉米联合收割机5000台项目	5000台玉米系列收割机项目	装备制造	2011.1	2012.4	18000	6000	5000	2000	6000	120000	10000	
60	河南源泰重工有限公司	年产精密变速机系列产品3万台建设项目	占地 65亩，总建筑面积35500平方米，年生产能力3万台	装备制造	2011.1	2012.12	8000		8000	1000	5000	12000	500	

续表10

序号	企业名称	项目名称	建设规模及主要内容	所属行业	开工日期	投产日期	总投资	资金来源		截至2010年底累计完成投资	2011年计划投资	预计新增经济效益		备注
								银行贷款	自筹			销售收入	利税	
61	郑州市工大重工机器有限公司	矿山机械生产线	占地46亩，主要建设：生产车间、办公楼、宿舍，总建筑面积2.3万平方米	装备制造	2011.3	2012.5	13000		13000		8000	40000	4000	
62	郑州四维粮油工程技术有限公司	粮油机械生产项目	占地73亩，主要建设：厂房、仓库、办公、职工宿舍等，总建筑面积3万平方米	装备制造	2011.5	2013.12	8000		8000		3000	8000	300	
63	荥阳同兴钢结构有限公司	年加工2万吨钢结构生产线	占地40亩，主要建设：加工车间，总建筑面积1.5万平方米，年加工2万吨钢结构	装备制造	2011.1	2011.12	5000		5000		5000	11000	1600	

续表11

序号	企业名称	项目名称	建设规模及主要内容	所属行业	开工日期	投产日期	总投资	资金来源		截至2010年底累计完成投资	2011年计划投资	预计新增经济效益		备注
								银行贷款	自筹			销售收入	利税	
64	郑州雷鸣发电设备制造有限公司	年产8000台套发电设备	总建筑面积1.5万平方米，年生产能力 8000台（套）	装备制造	2010.6	2013	5000		5000	210	3000	12000	1000	
65	郑州亚飞机械制造有限公司	年产800套矿山设备	总建筑面积1.2万 平方米	装备制造	2011	2013	5000		5000	176	1500	16000	1500	
66	河南江河中起重工有限公司	起重机设备生产线	2万平方米车间宿舍	装备制造	2011.1	2012	16000		16000	100	8000	8000	500	
67	郑州德盛祥电机制造有限公司	年产10万台节能电机生产线	占地60亩，车间及流水线，年生产能力10万台	装备制造	2010.11	2012	5200	1200	4000	2000	3200	3900	1200	
68	河南少林汽车股份有限公司	少林汽车检测中心项目	汽车检测中心	汽车及零部件	2011.1	2011.12	5000	4000	1000		5000			
69	河南少林汽车股份有限公司	年产1.5万台少林系列客车产能提升项目	年产1.5万台少林系列客车产能提升	汽车及零部件	2011.1	2012.12	70000	50000	20000		30000	588000	59000	
70	郑州市金根汽车零部件有限公司	年产50万套乘用车仪表台和保险杠项目	年产50万套乘用车仪表台和保险杠	汽车及零部件	2011.3	2012.12	15000	5000	10000		6000	60000	10000	
71	郑州市金根汽车零部件有限公司	年产100万套汽车灯具项目	年产100万套汽车灯具	汽车及零部件	2011.3	2012.12	50000	40000	10000		10000	300000	30000	

续表12

序号	企业名称	项目名称	建设规模及主要内容	所属行业	开工日期	投产日期	总投资	资金来源		截至2010年底累计完成投资	2011年计划投资	预计新增经济效益		备注
								银行贷款	自筹			销售收入	利税	
72	河南嘉骏汽车零部件有限公司	年产290万平方汽车夹璃和340万平方钢化玻璃生产线	年产290万平方米汽车夹层璃，340万平方米钢化玻璃	汽车及零部件	2011	2015	32000	20000	12000	400	6000	69000	5600	
73	郑州西部汽车城	郑州西部汽车城建设项目	汽车销售、仓储物流，年销售汽车8000辆	汽车及零部件	2011.3	2011.12	9500		9500	3000	6500	5000	2000	
74	郑州沃原化工股份有限公司	碳酸氢铵改产尿素工程建设项目	占地 11亩,年产尿素20万吨	化工医药	2011.1	2011.12	18000	8000	10000	500	17500	3000	4000	
75	郑州阿波罗肥业有限公司	年产 30万吨缓空肥和科研项目	年产 30万吨缓空肥	化工医药	2011.1	2012.11	12000		12000	2000	10000	50000	5000	
76	郑州永昌化工有限公司	年产1万吨活性氧化锌	占地40亩，防腐工程，年产能力1万吨	化工医药	2010.8	2011.12	5150	1000	4150	1100	4050	5000	1500	
77	力同铝业(河南）有限公司	1850冷轧机生产线建设	1850冷轧机、拉弯矫、清洗线、退火炉4台等	有色	2010.1	2011.1	7500	2500	5000	3150	4350	40000	1200	
78	河南希格玛科技发展有限公司	希格玛科技产业基地王老吉饮料生产线建设项目	建设年产4500万箱王老吉饮料生产线	食品	2011.3	2012.12	110000		110000		20000	300000	30000	

续表13

序号	企业名称	项目名称	建设规模及主要内容	所属行业	开工日期	投产日期	总投资	资金来源		截至2010年底累计完成投资	2011年计划投资	预计新增经济效益		备注
								银行贷款	自筹			销售收入	利税	
79	河南新海粮油有限公司	年压榨、分装2.4万吨食用油	总建筑面积1.2万平方米	食品	2011	2013	5000		5000	210	3000	20000	500	
80	郑州天地人面粉实业有限公司	年产8万吨冷冻、冷鲜面制食品生产线	建设小麦制品研发中心，年产8万吨冷冻、冷鲜面制食品生产线	食品	2011	2012	15000	5000	10000	1000	8000	30000	2000	
81	郑州盛世联合实业投资有限公司	服装标准化厂房建设项目	总建筑面积120万平方米，建设集创意、研发、设计、生产服务为一体的服装标准化厂房	纺织	2010.3	2012.12	100000		100000	10000	5000	300000	26000	
82	河南逸阳服饰有限公司	逸阳服饰工业园	建设生产90万套精品服装项目	纺织	2011.5	2012.12	26872	10000	16872			50100	6760	
83	河南鼎新石材有限公司	年产500万吨建筑石材生产线	一期年产300万吨建筑石材生产线1条，二期年产200万吨石材生产线2条	建材	2010.8	2011.12	10000		10000	5000	5000	12000	3000	

续表14

序号	企业名称	项目名称	建设规模及主要内容	所属行业	开工日期	投产日期	总投资	资金来源		截至2010年底累计完成投资	2011年计划投资	预计新增经济效益		备注
								银行贷款	自筹			销售收入	利税	
84	河南兴都矿业有限公司	年产200万吨建筑石料生产线项目	年产200万吨建筑石料生产线2条	建材	2010.1	2011.12	5000		5000	1000	4000	8000	2000	
85	郑州聚鑫新型炉料有限公司	6万吨不定型耐火材料	2个焙烧窑，2个双段煤气发生炉，设备及其他	耐材	2011.1	2011.3	2000		2000	10	1990	5000	450	
86	郑州天能炭素有限公司	扩建项目	总占地25亩，主要建设：年产5万吨压型生产线1条、年产3万吨煅后焦生产线1条，总建筑面积1300平方米	耐材	2010.12	2011.06	3000		3000	500	2500	9000	600	
87	荥阳市昊峰净水材料有限公司	年产净水材料3.5万吨生产线	年产净水材料3.5万吨	新材料	2010.1	2011.12	6000		3000	3000	3000	4300	600	
88	河南雅利安特种陶瓷有限公司	年产9万套新型机械密封件和高性能陶瓷密封环项目	占地39.2亩办公楼1栋高等级厂房4栋，总建筑面积16380平方米	新材料	2011.2	2011.11	5000		5000		5000	15000	900	

续表15

序号	企业名称	项目名称	建设规模及主要内容	所属行业	开工日期	投产日期	总投资	资金来源		截至2010年底累计完成投资	2011年计划投资	预计新增经济效益		备注
								银行贷款	自筹			销售收入	利税	
89	郑州麦克豪尔陶瓷科技有限公司	年回收1万吨多晶硅太阳能硅片切割刃料项目	总建筑面积2.38万平方米	新材料	2011	2013	6000		6000	500	5000	11000	3600	
90	郑州民安粉煤灰利用科技有限公司	年产20万方ALC板材和年产2000万平方高档纸面石膏板生产线	年产20万方ALC板材和年产2000万平方高档纸面石膏板	新材料	2011.1	2012.12	22800	10000	12800		6000	20000	2100	
91	力同铝业（河南）有限公司	11万伏变电站	11万伏变电站	能源	2011.1	2011.8	2500	1000	1500		2500			
92	郑州煤矿机械集团股份有限公司	郑煤机荥阳基地项目	年产4400架液压支架	装备制造	2010.1	2011.09	50000		50000	10000	40000			
	中牟县													
93	郑州东工实业有限公司	东工四期建设项目	年产6万台整车生产线	汽车及零部件	2010.11	3011.12	50000		50000	23700	30000	60000	10000	
94	郑州宇通企业集团	零部件产业基地	汽车零部件生产	汽车及零部件	2010.10	2011.10	80000		80000	1800	75000	100000	15000	
95	河南盛世宏达投资有限公司	中国（郑州）国际汽车后市场产业园建设项目	总建筑面积100万平方米	汽车及零部件	2010.07	2015.07	1000000		1000000	4000	100000	1200000	130000	

续表16

序号	企业名称	项目名称	建设规模及主要内容	所属行业	开工日期	投产日期	总投资	资金来源		截至2010年底累计完成投资	2011年计划投资	预计新增经济效益		备注
								银行贷款	自筹			销售收入	利税	
96	台湾丹肯汽车组建有限公司	汽车零部件生产项目	年产25万件汽车零部件生产项目	汽车及零部件	2010.05	2011.11	20000		20000	12000	8000	22000	3000	
97	上海派斯汽车车身模具有限公司	汽车车身模具建设项目	建设生产车间钢架结构，购置设备	汽车及零部件	2010.09	2011.08	15000		15000	1800	14000	15000	1800	
98	郑州江东汽车零部件有限公司	年产20万台（套）汽车车桥和车架建设项目	汽车零部件生产	汽车及零部件	2010.09	2011.07	11600		11600	5300	6000	13000	1500	
99	中牟县汽车工业园	汽车工业园标准化厂房建设项目	计划占地500亩，主要承接投资1000万以下的中小型汽车零部件项目	汽车及零部件	2011.03	2014.12	50000		50000		20000	60000	8000	
100	中国汽车零部件（郑州）产业基地	中国汽车零部件（郑州）产业基地	计划占地2000亩	汽车及零部件	2011.06	2015.12	300000		30000		100000	350000	40000	
101	郑州泰新汽车内饰件有限公司	80万台套整车座椅及200万套汽车座椅布套出口项目	年产80万台套整车座椅及200万套汽车座椅布套，占地约100亩	汽车及零部件	2011.03	2012.12	18000		18000		15000	20000	4000	

续表17

序号	企业名称	项目名称	建设规模及主要内容	所属行业	开工日期	投产日期	总投资	资金来源		截至2010年底累计完成投资	2011年计划投资	预计新增经济效益		备注
								银行贷款	自筹			销售收入	利税	
102	河南红宇企业集团	红宇专用汽车扩大产能项目	产能扩大至8000台，占地约300亩	汽车及零部件	2011.07	2013.12	15000		15000		10000	20000	4000	
103	郑州诚致汽配有限公司	年产50万辆电动车建设项目	建设生产车间、组装车间、办公楼和职工宿舍楼等	汽车及零部件	2010.10	2011.12	17245		17245		17245	20000	4000	
104	郑州市帅龙红枣食品有限公司	年产1万吨果蔬系列产品及营养粉深加工	年产1万吨果蔬系列产品及营养粉深加工	食品	2010.07	2011.12	17000		17000	3000	14000	25000	5000	
105	郑州宏田置业有限公司	宏田置业标准化厂房建设项目	容纳50家小型加工企业	建材	2011.03	2012.10	36000		36000		20000	40000	2500	
106	河南金博士种业有限公司	河南金博士种业建设项目	年加工5万吨种子、年产40万吨种子专用肥	耐材	2010.06	2011.12	30000		30000	5000	29000	35000	8000	
107	河南新亚实业有限公司	钢铁物流加工项目	年加工钢材60万吨	耐材	2009.09	2012.12	41000		41000	20000	21000	50000	7000	
108	郑州华丰钢铁有限公司	郑州市华丰钢铁物流园建设项目	建筑面积70万平方米	耐材	2011.30	2012.12	140000		140000		30000	150000	15000	

续表18

序号	企业名称	项目名称	建设规模及主要内容	所属行业	开工日期	投产日期	总投资	资金来源		截至2010年底累计完成投资	2011年计划投资	预计新增经济效益		备注
								银行贷款	自筹			销售收入	利税	
	中原区													
109	恒天重工	郑纺机	503亩，总投资9.2亿，项目建成年产2.2万台纺织机械设备	装备制造	2010.12		92000		92000		10000	300000	30000	
110	郑州铝业	铝加工项目	建设3条1600毫米带箔生产线，配套建设一座10千伏配电站、压缩空气站及循环水泵站，以及辅助工艺设备	有色			30000		30000		10000	70000	10000	
111	泰阳纺织	纺织项目	年产各类高档棉纱1.65万吨，各类高档特宽装饰面料、高档色织面料9800万米	纺织			100000		100000		10000	184000	35000	

续表19

序号	企业名称	项目名称	建设规模及主要内容	所属行业	开工日期	投产日期	总投资	资金来源		截至2010年底累计完成投资	2011年计划投资	预计新增经济效益		备注
								银行贷款	自筹			销售收入	利税	
112	郑州纺织机械股份有限公司	千吨级碳纤维成套设备产业化	进行千吨级碳纤维成套设备的研发攻关及产业化，购置设备	装备制造	2010.3	2011.12	10343		10343		6143	40000	4000	
	二七区													
113	河南省郑起起重设备有限公司	年产各种双梁、抓斗、门吊500余台，单梁600多台及电动葫芦1000台生产设备项目	各种双梁、抓斗、门吊500余台，单梁600多台及电动葫芦1000台。产值5.3亿元	装备制造	2011.12	2013.12	38000		38000			40000	2780	
114	河南天地和投资集团	天地和节能电器生产线项目（续建）	总建筑面积89686.12平方米，项目共分三期	装备制造		2011.12	52000		52000		2000			
115	郑州新大方重工科技有限公司	造船用动力平板运输装备项目	年产100台造船用动力平板运输装备项目，在厂区西南部预留空地上本项目新建生产车间19926平方米	装备制造		2011.8	12000		12000		6000	22000	4500	

续表20

序号	企业名称	项目名称	建设规模及主要内容	所属行业	开工日期	投产日期	总投资	资金来源		截至2010年底累计完成投资	2011年计划投资	预计新增经济效益		备注
								银行贷款	自筹			销售收入	利税	
116	郑州京华制管有限公司	郑州京华制管有限公司项目（续建）	购置国内先进的直缝焊管机组、螺旋焊管机组生产及配套设备50台（套）	装备制造		2011.12	20000		20000		20000			
117	郑州雨润集团有限公司	郑州福润肉类加工有限公司年屠宰200万头生猪初加工项目	项目占地面积12万平方米，总建筑面积120630平方米	食品	2011.6	2012.12	40000		40000		30000	260000	4000	
118	郑州雨润集团有限公司	郑州雨润食品有限公司5万吨中高档低温肉制品深加工项目	项目占地面积8万平方米（120亩），总建筑面积83730平方米	食品	2011.6	2012.12	45000		45000		10000	140000	21000	
119	郑州宴酒坊酒业有限公司	年产3万吨白酒项目（续建）	生产线、办公楼、宿舍楼及实验楼	食品		2011.12	10800		10800		5000			
120	河南城开集团	河南城开集团·马寨食品工业园项目（二期续建）	园区涵盖标准化厂房区，研发中心区、总部经济区	食品		2011	40000		40000		2000	60000		

续表21

序号	企业名称	项目名称	建设规模及主要内容	所属行业	开工日期	投产日期	总投资	资金来源		截至2010年底累计完成投资	2011年计划投资	预计新增经济效益		备注
								银行贷款	自筹			销售收入	利税	
121	郑州同位素研究所有限公司	新型自动化辐照加工装置示范项目	辐照加工	耐材	2011.4	2012.4	5800		5800		4500	5500	2400	
122	程炉村标准化厂房建设项目	程炉村标准化厂房建设项目		耐材			40000		40000					
	金水区													
123	索凌电气有限公司	电气化铁路无功谐波混合补偿装置产业化项目	年产200套电气化铁路无功谐波混合补偿装置产业化项目	装备制造	2010.6	2013.6	7000		7000		5000			
124	索凌电气有限公司	年产100台智能化变电站	项目主要建设用于智能化变电站的永磁真空开关生产线，用于智能化变电站的电流传感器生产线，真空开关在线监测系统生产线	装备制造	2010.01	2011.6	12000		12000		4000	36000		

续表22

序号	企业名称	项目名称	建设规模及主要内容	所属行业	开工日期	投产日期	总投资	资金来源		截至2010年底累计完成投资	2011年计划投资	预计新增经济效益		备注
								银行贷款	自筹			销售收入	利税	
125	郑州思念食品有限公司	年产1万吨面点系列生产线扩建项目	该项目占地15亩，主要产品为花包、寿桃、花卷、馒头四大类面点	食品	2010.1	2011.1	3000		3000		3000	4500	433	
126	河南好年景生物发展有限公司	年产20万吨0.5%辛硫磷微胶囊缓释药肥颗粒建设项目	年产20万吨0.5%辛硫磷微胶囊缓释药肥颗粒	化工医药	2010.12	2011.12	20000		20000		20000	60000	4200	
	惠济区													
127	郑州源纺机械制造有限公司	郑州源纺机械制造有限公司	项目占地22.73亩，总建筑面积4000平方米，主要设备有数控转塔冲、数控折弯机、等离子切割机、激光切割机等数控设备	装备制造	2010.5	2011.12	1000		1000	621	400	3000	151.5	
128	郑州郑控电气有限公司	郑州郑控电气有限公司	年产5000台套电气设备	装备制造	2010.2	2011.6	3060		3060	1760	1300			

续表23

序号	企业名称	项目名称	建设规模及主要内容	所属行业	开工日期	投产日期	总投资	资金来源		截至2010年底累计完成投资	2011年计划投资	预计新增经济效益		备注
								银行贷款	自筹			销售收入	利税	
129	河南天河建设投资有限公司	建设郑州印刷包装产业园	标准化厂房占地51.9亩，建筑面积17800平方米	装备制造	2009.1		2700		2700	2350	350			
130	三全食品	三全食品综合基地工程	年产11.7万吨速冻食品生产车间及配套设施	食品	2007		35000		35000	47018.6	20000			
131	思念食品	思念食品工业园项目	新工业园二期年产50万吨速冻食品	食品	2009		58000		58000	36000	20000			
	管城区													
132	宇通集团	宇通2万台扩建技改	总投资12亿元，预计年产2万辆节能客车	汽车及零部件	2011	2013	519080		519080		200000	560000	53000	
	上街区													
133	郑州华力电缆有限公	110千伏交联电缆项目	新建厂房6000平方米，新上110千伏交联生产线及配套设备	装备制造	2010.12	2011.12	5730		5730		5730	42000	5000	
134	郑州天马	微粉电子行业特种氧化铝扩建项目	年产1.25万吨特种氧化铝和4.5万吨石英生产线	有色	2011.1	2012	18000		18000		8800	32000	5000	

续表24

序号	企业名称	项目名称	建设规模及主要内容	所属行业	开工日期	投产日期	总投资	资金来源		截至2010年底累计完成投资	2011年计划投资	预计新增经济效益		备注
								银行贷款	自筹			销售收入	利税	
135	向日葵新能源有限公司	锂离子电池关键材料生产项目	年产3000吨锂离子动力电池关键材料-磷酸铁锂正极材料	新材料	2010.12	2011.12	15000		15000	2000	13000	20000		
136	中铝河南分公司	第五赤泥堆场项目	新建1座湿法堆存赤泥库，有效库容3730万立方米	有色	2009	2011	72407		72407	50000	20000			
	高新区													
137	郑州四维机电设备制造有限公司	研发中心及高端电液自动化控制阀类加工中心生产基地	总建筑面积87401平方米。主要包括总部大楼、研发中心和高端支架等生产基地	装备制造	2011.5	2013.2	80000		80000		10000	250000	60000	
138	郑州金泰制罐有限公司	年产4亿只印铁制罐项目	综合楼、综合加工车间	装备制造	2010.8	2012.5	20000	2000	18000	5500	5000	22000	1800	
139	格力电器（郑州）公司	格力电器郑州产业园项目	建设年产家用空调600万套，压缩机600万台	装备制造	2010.10	2011.10	300000		300000		50000	1200000	140000	

续表25

序号	企业名称	项目名称	建设规模及主要内容	所属行业	开工日期	投产日期	总投资	资金来源		截至2010年底累计完成投资	2011年计划投资	预计新增经济效益		备注
								银行贷款	自筹			销售收入	利税	
140	中国船舶重工集团公司第713研究院	713研究所高科技产业园项目	智能屏蔽门及电梯生产开发。项目计划用地130亩（净地）；年产6000套，总建筑面积14万平方米	装备制造	2009.9	2012.12	31000	6000	25000	11100		50000	15000	
141	郑州科菲达机器有限公司	电力环保脱硫系统精制粉系统机械装备制造	项目计划生产厂房约2.5万平方米，研发中心、办公场所约2万平方米；生产工艺以大、重型机械的研发和组装为主	装备制造	2009.6	2011.12	26700		26700	13421	7000	95000	20000	
142	中钢集团郑州金属制品研究院有限公司	10万吨实心焊丝项目	3万平方厂房、一幢12层办公楼，28层科技大楼，建成后达到年产10万吨焊丝项目的生产规模	装备制造	2011	2013	38000		38000		4200	85000	4500	

续表26

序号	企业名称	项目名称	建设规模及主要内容	所属行业	开工日期	投产日期	总投资	资金来源		截至2010年底累计完成投资	2011年计划投资	预计新增经济效益		备注
								银行贷款	自筹			销售收入	利税	
143	河南汉威电子股份有限公司	河南物联网科技产业园	主要研发和生产：压力传感器及相关应用产品等；建设河南省物联网工程中心；建设辐射全国营销平台	电子信息	2011	2013	200000	20000	180000		20000		52800	
144	河南新天科技股份有限公司	智能能源仪表产业园项目	总建筑面积9万平方米，包括企业技术中心大楼、产业化基地、行政办公用区、物流仓库等	电子信息	2011.1	2013.12	35000	2000	33000		15000	106000	20500	
145	郑州欧丽信大电子信息股份有限公司	建设人防通信、警报研发及生产基地项目	实现年产警报系统5000套生产能力	电子信息	2011.6	2012.12	10000		10000		5000	20000	7000	

续表27

序号	企业名称	项目名称	建设规模及主要内容	所属行业	开工日期	投产日期	总投资	资金来源		截至2010年底累计完成投资	2011年计划投资	预计新增经济效益		备注
								银行贷款	自筹			销售收入	利税	
146	河南省日立信股份有限公司	智能仪器仪表工业园项目	本项目总投资2.5亿元，占地2.8万平方米，建设规模53834.4平方米。建成包括3个厂房和一个科研实验楼	电子信息	2010.5	2012.9	25000	8000	17000	9200	10500	42000	17000	
147	友旺科技股份有限公司	台湾手机科技产业基地项目	一是友旺科技手机产业园研发和生产场地建设工程；二是友旺科技大厦建设工程	电子信息	2010.9	2014.9	200000		200000	10000	10000	500000	100000	
148	生茂固态照明科技股份有限公司	郑州市固态照明产业化应用示范基地	年产LED路灯80万套、LED照明光源3000万只，年封装大功率LED器件5亿只、标准高亮LED器件18亿只，年产大功率芯片5亿粒、标准高亮芯片52亿粒	电子信息	2009.10	2012.12	201021	100000	101020	72092	60000	838400	200000	

续表28

序号	企业名称	项目名称	建设规模及主要内容	所属行业	开工日期	投产日期	总投资	资金来源		截至2010年底累计完成投资	2011年计划投资	预计新增经济效益		备注
								银行贷款	自筹			销售收入	利税	
149	河南汉威电子股份有限公司	汉威国际传感器产业园项目	年产8万支红外气体传感器及7.5万台红外气体检测仪器仪表；年产25万台电化学气体检测仪器仪表；新增客户营销服务网络	电子信息	2010.9	2012.8	18000		18000	6750	6000			
150	河南广安生物科技股份有限公司	中草药饲料生物技术研发及产业化基地项目	产业化生产标准厂房、技术研发培训中心及生产配套服务附属设施等	生物	2010.5	2011.12	12860	7800	5060	6500	5000	60000	15000	
151	郑州华晶金刚石股份有限公司	年产3.4亿克拉高品级金刚石项目	改建厂房1190平方米，新建年产3.4亿克拉高品级金刚石生产线	新材料	2010.10	2012.9	17403		17403	5000	12403	13644	11111	

续表29

序号	企业名称	项目名称	建设规模及主要内容	所属行业	开工日期	投产日期	总投资	资金来源		截至2010年底累计完成投资	2011年计划投资	预计新增经济效益		备注
								银行贷款	自筹			销售收入	利税	
152	郑州新亚复合超硬材料有限公司	超深井油田钻井用金刚石复合片产业化项目	形成年产超深井油田钻探用金刚石复合片130万片的生产能力	新材料	2011.5	2012.12	20000	4000	16000		6000	28000	12000	
153	郑州乐彩科技股份有限公司	数码宽幅打印机研发及产业化建设项目	总建筑面积3.45万平方米.包括研发中心、办公大楼、生产车间、仓库及辅助大楼	高新技术	2011.5	2013.5	18000	5000	13000		5000	20000	7499	
154	郑州新世纪广告设备有限公司	高端数码宽幅打印设备研发中心及生产基地项目	建筑面积5.5万平方米。包括研发中心、生产厂房、办公大楼、配套楼等设施	高新技术	2011.4	2012.8	17027	1880	15147		5000	49000	26950	
155	河南中国保绿能源有限公司	非晶硅薄膜太阳能电池项目(500兆瓦)	500兆瓦非晶硅薄膜太阳能电池	高新技术	2010.3	2011	400000	35000	365000	80000	80000	500000	100000	

续表30

序号	企业名称	项目名称	建设规模及主要内容	所属行业	开工日期	投产日期	总投资	资金来源		截至2010年底累计完成投资	2011年计划投资	预计新增经济效益		备注
								银行贷款	自筹			销售收入	利税	
156	河南君阳电力有限公司	20兆瓦屋顶太阳能光伏电站项目	新建20兆瓦屋顶太阳能光伏电站	高新技术	2011	2012	29600		29600					
157	郑州泰祥热电股份有限公司	2×300兆瓦机组扩建工程	扩建2×300兆瓦热电联产机组	能源	2011	2013	240000	12000	120000					
158	郑州威科姆科技股份有限公司	郑州威科姆国际软件生态园项目	建设郑州威科姆国际软件生态园，总建筑面积12.8万平方米	高新技术	2010	2011	46000		46000		10000			
	经开区													
159	中国龙工控股有限公司	河南龙工工业园项目	征地1058亩地，建设38万平方米厂房，分5期建设，项目全部建成后将实现年产值超过200亿元的工程机械制造基地	装备制造	2011.6	2015.12	1000000		1000000		200000			

续表31

序号	企业名称	项目名称	建设规模及主要内容	所属行业	开工日期	投产日期	总投资	资金来源		截至2010年底累计完成投资	2011年计划投资	预计新增经济效益		备注
								银行贷款	自筹			销售收入	利税	
160	郑州宇通重工有限公司	宇通重工年产3万 台新建工业园项目	年产3万台大型工程机械	装备制造	2011.3	2013.12	450000		450000		150000			
161	河南航天工业总公司	中国航天科工集团公司新型工业基础件郑州产业基地项目	建设总部、生产车间、液压气动技术中心和检测中心等共计约10.5万平方米	装备制造	2011.4	2013.4	80000		80000		30000			
162	恒天重工股份有限公司	中国恒天集团重型机械项目	该项目建成年产合格铸件2万吨、年产通用机械零部件8621台（套）	装备制造	2010.4	2012.12	65000		65000		30000			
163	郑州宇通客车股份有限公司	宇通年产5000台客车专用车产能提升项目	2011年10月建成年产2500台客车专用车能力，2014年10月建成年产5000台客车专用车能力	汽车及零部件	2010.12	2014.12	169720	114500	55220		31650			

续表32

序号	企业名称	项目名称	建设规模及主要内容	所属行业	开工日期	投产日期	总投资	资金来源		截至2010年底累计完成投资	2011年计划投资	预计新增经济效益		备注
								银行贷款	自筹			销售收入	利税	
164	海马商务汽车有限公司	海马商务汽车有限公司15万辆汽车技术改造项目	生产微客、微卡共15万辆，发动机15万台	汽车及零部件	2011.1	2012.12	230000		230000		72000			
165	海马（郑州）汽车有限公司	年产15万台节能高效发动机项目	项目建成后达到年产15万台发动机	汽车及零部件	2009.6	2011.12	60000		60000		20000			
166	河南煤业化工集团有限责任公司	河南煤业化工集团高新技术产业园基地项目	生产改性聚甲醛4万吨、汽车配件20万台套，252千伏超高压组合电器GIS项目年生产能力为300个间隔	汽车及零部件	2011.3	2012.9	175000	112500	62500		175000			
167	郑州宇通客车股份有限公司	宇通1万台新能源客车及客车零部件项目	2013年建成年产5000辆新能源客车及客车零部件能力，2015年扩产到1万辆生产能力	汽车及零部件	2011.3	2015.12	400000		400000		80000			

续表33

序号	企业名称	项目名称	建设规模及主要内容	所属行业	开工日期	投产日期	总投资	资金来源		截至2010年底累计完成投资	2011年计划投资	预计新增经济效益		备注
								银行贷款	自筹			销售收入	利税	
168	东风日产有限公司	郑州日产汽车零部件园项目	10家左右汽车零部件企业	汽车及零部件	2011.8	2012.8	100000		100000		45000			
169	郑州宏达汽车工业有限公司	郑州宏达汽车工业有限公司扩建1.5万台专用车项目	建设年产1.5万吨专用汽车生产线、生产车间、购置生产设备、建设生产必需的基础设施和附属设施	汽车及零部件	2010.1	2013.1	106040		106040		25000			
170	郑州恒天车辆有限公司	中国恒天集团郑州载货汽车项目	建成年产3万套驾驶室零部件及3万套车架零部件	汽车及零部件	2010.8	2013.8	328610		328610		100000			
171	东风汽车有限公司	东风日产郑州工厂能力扩建	年产28万台整车（含现有能力10万台/年）	汽车及零部件	2010.12	2013.12	407400		407400		120000			
172	东风汽车有限公司	东风日产郑州发动机工厂建设项目	年产48万台发动机	汽车及零部件	2011.6	2013.12	306700		306700		70000			
173	国药控股股份有限公司	国药控股河南物流中心项目	主要建设2.4万平方米物流中心	化工医药	2010.4	2011.11	20000	12000	8000		15000			

续表34

序号	企业名称	项目名称	建设规模及主要内容	所属行业	开工日期	投产日期	总投资	资金来源		截至2010年底累计完成投资	2011年计划投资	预计新增经济效益		备注
								银行贷款	自筹			销售收入	利税	
174	郑州双汇食品有限公司	郑州双汇食品工业园项目	年200万头生猪屠宰、26万吨肉制品、3万吨面制品生产线，现代化冷链物流配送中心，以及配套的研发检测中心、骨素、肠衣加工等	食品	2010.6	2011.9	156000	106000	50000		106000			
175	中粮（郑州）粮油工业有限公司	中粮（郑州）产业园	日处理小麦2400吨及20万吨的收储仓容、年产挂面5万吨、年加工饲料30万吨	食品	2010.11	2012.6	101000	37000	64000		85000			
176	郑州露露饮料有限公司	郑州露露饮料有限公司年产10万吨露露系列饮料项目	该项目主要建设年产10万吨杏仁露系列饮料。建成投产后3年内，达到年产5万吨的生产规模	食品	2010.12	2011.12	35000		35000		35000			

续表35

序号	企业名称	项目名称	建设规模及主要内容	所属行业	开工日期	投产日期	总投资	资金来源		截至2010年底累计完成投资	2011年计划投资	预计新增经济效益		备注
								银行贷款	自筹			销售收入	利税	
177	河南牧鹤实业集团	河南牧鹤饲料公司建设高端饲料生产基地项目	年总产能120万吨饲料、20万-30万吨原料存储及牧鹤专用铁路线	耐材	2010.12	2014.12	45000	25000	20000		10000			
178	河南煤业化工集团有限责任公司	河南煤业化工集团物资交易中心、商务中心	占地104亩，项目总建筑面积约259118平方米	耐材	2011.1	2012.1	100000		100000		100000			
179	郑州中兴通讯技术有限责任公司	中兴通讯技术有限责任公司中兴产业园项目	预计年产3G直放站10万台	电子信息	2011.3	2014.5	136300		136300					
180	郑州旭飞光电科技有限公司	液晶玻璃基板项目	二期年产220万平方米液晶玻璃基板	电子信息	2010.9	2011.12	250000		250000		150000			
181	郑州煤矿机械集团股份有限公司	高端液压支架生产基地项目	煤矿用高端液压电液控制液压支架及相关配套产品的生产、研发、试验及检测	装备制造	2009.03	2012.12	153200		153200	96500	30000			

续表36

序号	企业名称	项目名称	建设规模及主要内容	所属行业	开工日期	投产日期	总投资	资金来源		截至2010年底累计完成投资	2011年计划投资	预计新增经济效益		备注
								银行贷款	自筹			销售收入	利税	
	航空港区													
182	中航电动汽车（郑州）有限公司	郑飞高技术产业园中航电动汽车动力总成系统（一期）项目	占地650亩，总建筑面17.5万平方米，建设年产电动汽车动力总成系统1万台（套）	汽车及零部件	2009.12	2012.12	100000		100000	30000	40000	200000	29000	
183	联保作物科技有限公司	年产8000吨水基化液体制剂农药产品开发和产业化	年产3000吨1.8%的阿维菌素水乳剂及其他	化工医药	2011.5	2014.6	5000	1000	3000		1500	61874	7200	
184	鸿富锦精密电子（郑州）有限公司	富士康IT产业园及基础设施配套工程	日产手机、MP4等IT产品30万台套及9.5平方公里基础配套工程建设	电子信息	2010.8	2013.12	1050000		1050000	150000				
185	河南省亚源生物科技股份有限公司	生物制剂建设项目	年产7.5万吨苦参碱生物制剂	生物	2010.8	2011	100000		100000		5000			

元。加快全市社会领域信息化工程的推进。开展“数字医院”和“数字社区”的专项调研，组织实施全市社区信息化和医疗信息化试点评选，初步选定了5家社区和6家医院为信息化试点。

县（市）区“两化”融合工作。巩义市围绕建设“河南省信息化与工业化融合试点城市”，开展信息化与工业化融合试点示范工程，引导企业应用信息技术。截至2011年底，巩义市企业上网率达到90%以上，部分企业组建了局域网，IPC备案企业网站总数达4500家，部分重点、规模企业实现了生产过程自动化、控制智能化和管理信息化。荥阳市出台全市信息化与工业化融合实施方案，设立总数100万元的年度信息化发展专项资金。金水区形成了以电子信息产品聚集销售为特色的信息产业集群。河南科技园区被中国电子商会授予“中国中部电子信息产业核心商务区”，被工信部授予“中国中部电子信息产品与技术贸易中心”。上街区积极推进信息化与制造业的融合，在阀门、铝及铝加工、建材等行业推进信息技术运用，加快中小企业公共信息服务平台建设。经开区以申报河南省“两化”融合试验区为契机，大力推进信息化建设，1500余家企业实现宽带接入，工业企业上网率达100%。以政府门户网站、中小企业网为载体，积极开展公共信息服务、电子商务、企业信息化管理应用等3大服务功能，引导区内企业建立应用信息化服务平台。郑煤机、日产等高新技术企业在计算机辅助设计、生产过程控制、电子营销等环节广泛应用信息技术。新密市设立信息化发展专项资金200万元，争取郑州信息化项目配套资金260万元。积极开展“数字企业”建设活动，加快振东、汇特、青屏等信息化专项资金项目建设，建成了一批以“新密可购网”“新密在线”为代表具有地域特色的网络商务平台，全市重点企业信息化应用率达到35%。管城区加快信息技术在汽车、物流、食品、服装加工等行业的应用，加快区内物流园区信息化建设,实施货物存储、管理、提取的智能化，建立电子商务与现代物流交互的公共信息平台。中牟县推进建立行业公共产品设计研发平台，加强生产装备与过程控制的信息技术和自动化技术的推广应用，已创建4个信息服务平台。

【工业扶持政策】 2011年，市工信委制定并以市政府文件形式出台了《郑州市人民政府关于促进铝加工业健康发展的实施意见》《郑州市人民政府关于支持新能源汽车产业发展的意见》《关于加快创建数字化示范集聚区的实施意见》等多项工业扶持政策。高新区下发《关于印发进一步支持企业发展促进产业结构调整若干政策（暂行）的通知》，进一步支持企业做强做大，促进产业结构调整，加快郑州“高新城”建设。新郑市出台《关于进一步促进工业企业加快发展的意见》等多项扶持政策，积极落实3000万元工业经济专项调节基金、1000万元中小企业发展基金，加大工业扶持力度。荥阳市出台《关于支持工业企业做大做强的实施意见》，设立工业企业发展专项资金1000万元以上，支持工业企业做大做强。

2011年销售收入超百亿元的企业

1.河南煤业化工集团有限责任公司

2.河南中烟工业有限责任公司

3.郑州煤炭工业（集团）有限责任公司

4.郑州宇通集团有限公司

5.郑州供电公司

6.登封电厂集团有限公司

7.河南豫联能源集团有限责任公司

8.郑州日产汽车有限公司

9.鸿富锦精密电子郑州有限公司

2011年销售收入超百亿的重点产业园区

1.郑州高新技术产业集聚区

2.郑州经济技术产业集聚区

3.郑州航空港产业集聚区

4.郑州中牟汽车产业集聚区

5.郑州马寨产业集聚区

6.巩义市产业集聚区

7.巩义市豫联产业集聚区

8.新郑新港产业集聚区

9.新密市产业集聚区

10.荥阳市产业集聚区

11.河南惠济经济开发区

12.新密大隗清洁生产循环经济产业园

13.新密超化耐火材料工业集中区

14.新郑市辛店煤炭循环经济产业园

15.新郑市中原食品工业园

16.管城宇通工业园区

17.登封循环经济工业园

（牛志勇　屈本礼　李　定）

电力工业

【供电概况】 2011年，郑州供电公司主要指标完成情况：供电量完成403.09亿千瓦时，同比增长9.59%;售电量完成390.35亿千瓦时，同比增长9.64%。供电线损率3.16%，与计划指标持平。局供最大负荷702.7万千瓦，较上年最大负荷增长13.2%;城市综合电压合格率99.830%，高出年计划指标0.238个百分点，其中A类99.906%;城市供电可靠率RS-1为99.9584%，RS-3为99.959%，均同比提高0.003个百分点。2011年电费回收率100%；全面实现电费回收“双结零”。六县（市）电业局完成供电量132.62亿千瓦时，同比增长9.27%；售电量126.17亿千瓦时，同比增长9.32%。

【电网建设与改造】 2011年，郑州供电公司积极服务郑州都市区建设，完成电网建设投资29.1亿元，投产110千伏及以上输变电工程22项，新增变电容量224.5万千伏安，线路183.9公里，完成配网项目142项，有效满足了省会经济社会发展的用电需求。着力提升省会电网智能化水平，积极争取到国家电网公司第二批19个配电自动化试点项目之一落户郑州；适应郑州新区作为中原经济区建设核心的电力保障需要，投资近3亿元，建设了“郑州新区城乡一体化营配协同综合示范工程”，将充分发挥示范效应，有效带动全省电网智能化发展。

倾力服务重点工程，保障富士康项目用电

高效服务富士康、石武高铁等重点工程，投运110千伏康贵变和220千伏航空变，完成郑州东、新郑东牵引站配套供电工程。积极推进南水北调工程供电配套工程，投资8446万元，完成涉及郑州市6区、县的168项10千伏及以上线路迁改工程。为丹江口移民安置区新建10千伏线路26.5公里，台区37个，低压线路38公里，保障了4335户、近2万移民的可靠供电。全力服务“畅通郑州”工程，完成地铁一号线等重点工程涉及的36项电力设施建设改造。投资近6000万元，完成了京沙快速通道电力设施改造任务。

（施顺玉）

全社会用电量构成表

单位：万千瓦时

指标名称	累计	上年同期	同比增长	比重
全社会用电总计	4559910.00	4100912.00	11.19	100.00
A.全行业用电合计	3985708.00	3591504.00	10.98	87.41
第一产业	87242.00	70501.00	23.75	1.91
第二产业	3280229.00	2952832.00	11.09	71.94
工业	3259462.00	2931038.00	11.21	71.48
第三产业	618237.00	568171.00	8.81	13.56
B.城乡居民生活用电合计	574202.00	509408.00	12.72	12.59
城镇居民	330118.00	301016.00	9.67	7.24
乡村居民	244083.00	208392.00	17.13	5.35

【郑州地区全社会供用电情况】 2011年，郑州地区全社会用电量455.99亿千瓦时，同比提高11.19%，增速低于全省平均水平1.77个百分点，增速位居全省第14位。其中第一产业累计用电量8.72亿千瓦时，同比增长23.75%；第二产业累计用电量328.03亿千瓦时，占全社会用电量比重的72%，同比增长11.09%，其中工业用电量325.958亿千瓦时，同比增长11.21%；第三产业用电量累计用电量61.82亿千瓦时，同比增长8.81%；全市城乡居民生活用电量57.42亿千瓦时，同比增长12.72%。

最近五年售电量及增长率对比

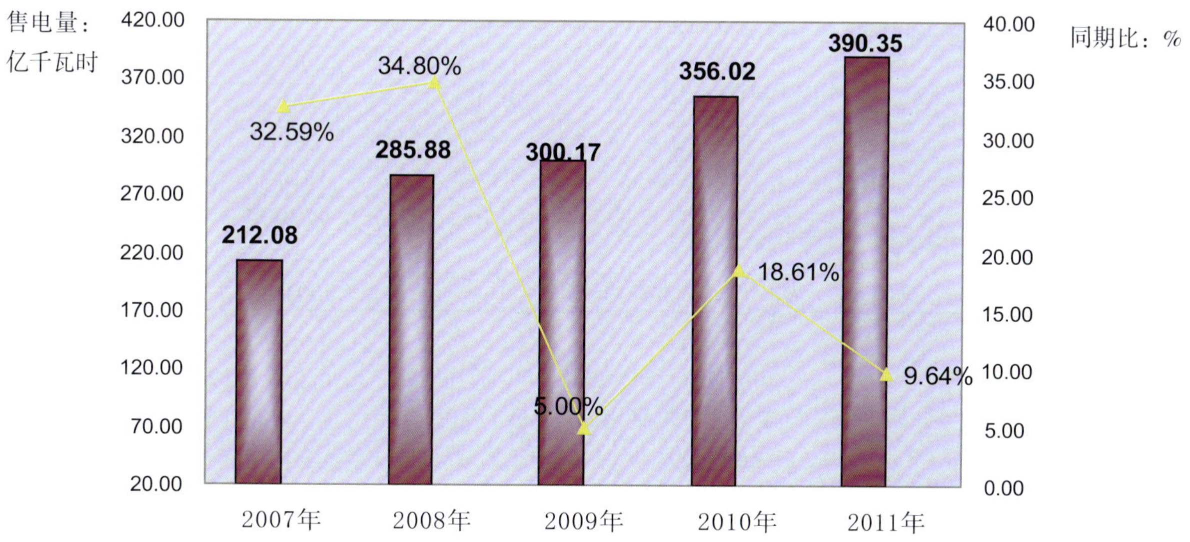

【郑州供电区供用电情况】 2011年，郑州供电公司累计完成售电量390.35亿千瓦时，同比增加34.33亿千瓦时，增幅为9.64%。

2011年，郑州供电区局供最高负荷达702.7万千瓦，比2010年最大620.9万千瓦万增长13.17%，网供最大负荷622.2万千瓦，比2010年同期551.1万千瓦增长12.86%，市区最大负荷325.3万千瓦，超过上年市区最大负荷（287.3万千瓦）38万千瓦，增长13.23%。供电区日最大用电量14385亿千瓦时，同比增长11.18%。作为省会城市，商业、居民负荷发展迅猛，空调负荷受季节和温度影响显著。

成功应对702.7万千瓦的大负荷考验，充足电力扮靓郑东新区

2011年供电负荷状况对比

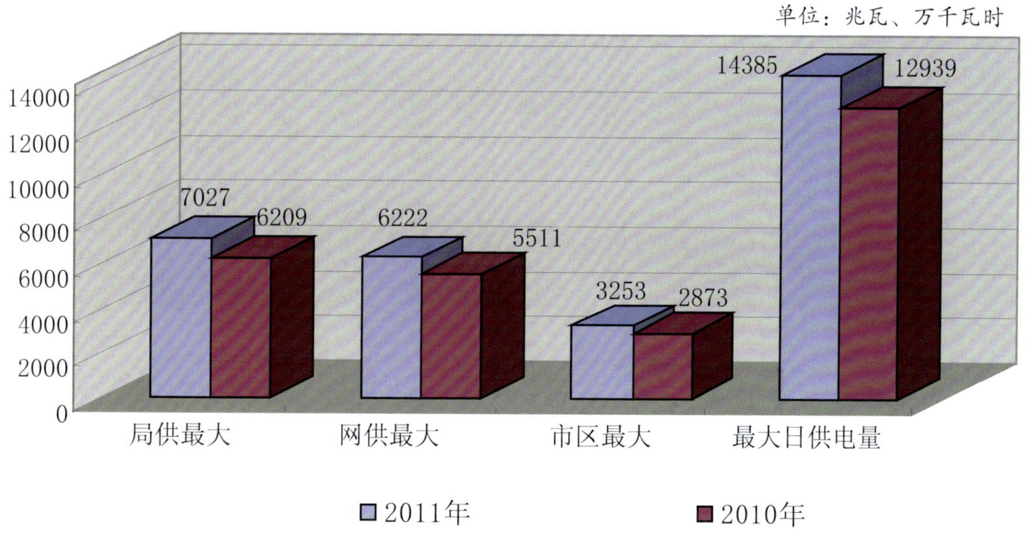

2011年供电负荷状况对比表

项目	1月至12月				
	2011年（万千瓦时）	同期增加（万千瓦时）	同期比	贡献率	结构
一、工业用电	1611701	142969	9.73%	41.64%	41.29%
直售电解铝	965655	29100	3.11%	8.48%	24.74%
其他大工业	646045	113869	21.40%	33.17%	16.55%
二、非普工业	185042	4441	2.46%	1.29%	4.74%
三、农业用电	35617	4767	15.45%	1.39%	0.91%
四、居民生活	381975	33809	9.71%	9.85%	9.79%
五、非居民照明	140644	9992	7.65%	2.91%	3.60%
六、商业	222291	34369	18.29%	10.01%	5.69%
七、直售合计	2577269	230347	9.81%	67.10%	66.02%
八、六县合计	1326245	112960	9.31%	32.90%	33.98%
九、总计	3903514	343307	9.64%	100.00%	100.00%

【2011年电量增长特点】 2011年，市供电公司累计完成售电量390.35亿千瓦时，同比增加34.33亿千瓦时，同比提高9.64%。全年电量增长呈现以下特点：2011年4月份以后，电解铝产能全面恢复并保持满负荷生产，全年直供电解铝用电量96.56亿千瓦时，同比增长8.48%；随着省会经济的快速发展，其他大工业用电量累计同比增长21.40%，全年工业累计电量达161.17亿千瓦时，同比增长9.73%，占电量增加总量的41.61%，为全年电量增长奠定了基础。2011年，商业电量增长显著，累计电量22.23亿千瓦时，同比增长18.29%，占售电贡献率的10.01%，已超过居民成为除工业、趸售外最大的电量增长点；居民生活用电量增长减缓，增速同比下降5.29个百分点；农业电量增长显著，累计增幅达到15.45%；受钢铁、冶炼行业四季度生产明显下滑及气温偏高等综合因素影响，6县趸用电量累计购电量同比仅增长9.31%，增速较2010年同比下降10.51个百分点。

2011年各月售电量及增长比走势图

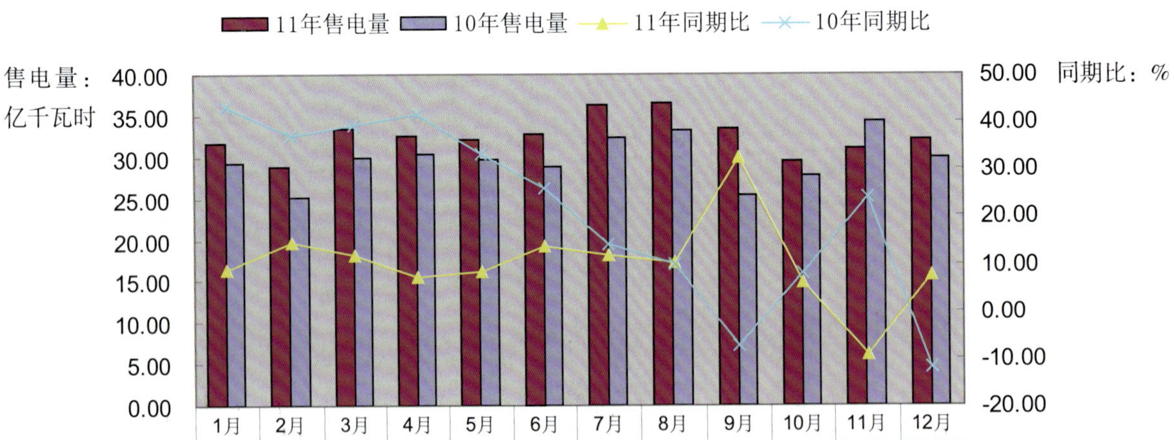

	1月	2月	3月	4月	5月	6月	7月	8月	9月	10月	11月	12月
11年售电量	31.76	28.85	33.53	32.48	32.12	32.70	36.20	36.59	33.47	29.44	31.09	32.12
10年售电量	29.24	25.24	30.00	30.32	29.69	28.76	32.36	33.17	25.29	27.74	34.30	29.91
11年同期比	8.62%	14.31	11.78	7.12%	8.19%	13.69	11.85	10.32	32.38	6.13%	-9.37%	7.37%
10年同期比	42.97	37.10	39.20	41.53	32.99	25.74	13.97	9.95%	-7.38%	8.05%	23.99	-11.85

【行业用电量状况】（一）大工业用电量：2011年，大工业电量达161.17亿千瓦时，较上年同期增加14.3亿千瓦时，同比增长9.73%，占年度电量增长的41.64%，拉动电量增长4.01个百分点，工业所占售电结构（41.29%）较上年同期增加0.03个百分点。

（二）非普工业用电量：1-12月，非普工业电量累计电量18.5亿千瓦时，同比提高2.46%，占售电比重的4.74%，增速较上年同期降低11.33个百分点。

（三）居民生活用电量：1-12月，居民生活累计电量38.2亿千瓦时，占售电结构的9.79%，同比提高9.71%，增速较上年同期下降5.29个百分点。

2011年1-12月累计售电结构图

单位：万千瓦时，%

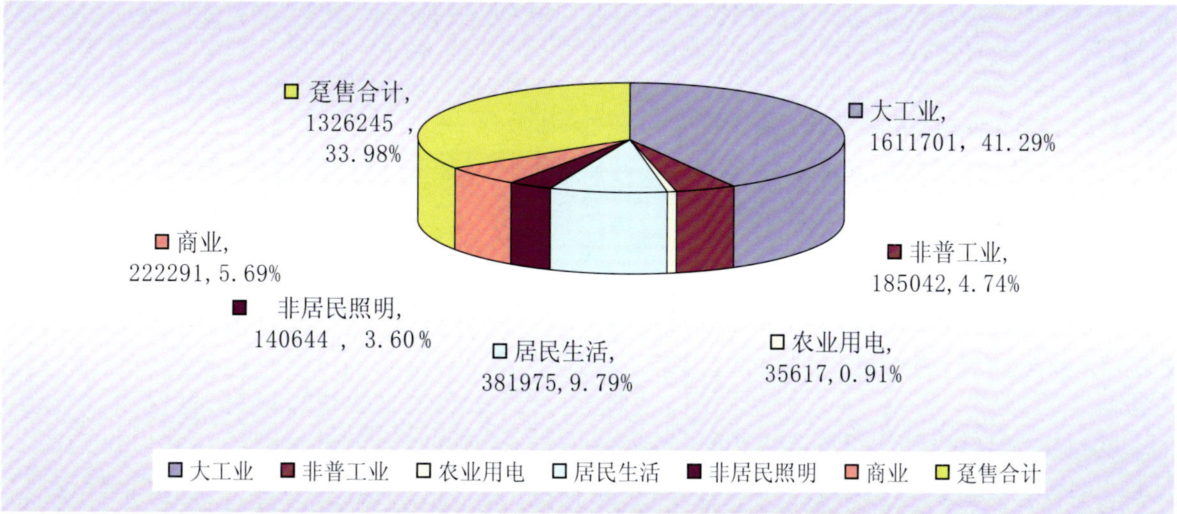

（四）商业电量：2011年商业用电量累计22.23亿千瓦时，同比提高18.29%，增速较上年同期下降1.59个百分点，商业电量增长贡献率达到10.01%，已超过居民生活，成为除工业、趸售外，最大的电量增长点，年度商业用电结构整体增加0.42个百分点。

（五）农业用电量：农业电量增长显著，2011年全年用电量累计3.56亿千瓦时，同比增长15.45%。

（六）趸售电量：2011年六县趸售电量呈现持续下滑趋势，趸售电量累计完成132.62亿千瓦时，占售电结构的33.98%，同比增长9.27%，增速较上年同期减少10.93个百分点。

六县（市）局用电量累计完成情况

县局	2011年累计（万千瓦时）	2010年累计（万千瓦时）	增减电量(%)	同比增长(%)
荥阳	210812	210681	131	0.06
中牟	102824	81571	21253	26.05
新郑	256515	219978	36537	16.61
登封	205564	223015	-17451	-7.83
新密	195113	176180	18933	10.75
巩义	355419	302271	53148	17.58
合计	1326247	1213696	112551	9.27

【县域电量】 电量增长较快县（市）。县域电量的主要增长点集中在中牟县、新郑市和巩义市3个县（市），行业增长主要分布于巩义市的电解铝和铝制品深加工行业、新郑保税区新增项目建设以及中牟富士康、大学城项目的陆续开工。（1）中牟县累计完成10.28亿千瓦时，增幅达26.05%，随着郑州新区建设的不断深入，富士康、中牟大学城、特色农业养殖等用电负荷增速较快。（2）新郑市累计完成25.65亿千瓦时，增幅达16.61%，随着郑州新郑综合保税区的成立，国内知名企业纷纷入驻，新建、在建项目电量负荷增加较多。（3）巩义市累计完成35.54亿万千瓦时，增幅达17.58%，增长点主要在电解铝和铝制品深加工行业，规模以上大工业较上年增加8万千瓦，占总增长负荷的60%。

电量增幅缓慢县（市）。登封市、荥阳市和新密市电量增长缓慢，甚至出现负增长，原因主要是2011年下半年，受经济形势影响，铁合金市场萎缩，造成钢铁、冶炼生产大幅下降；造纸、耐火材料等污染行业受调控政策影响，生产也出现不同程度下降；受煤矿治理整顿政策影响，煤矿企业基本处于停产整合状态，导致工业电量增速放缓。（1）登封市。铁合金产品市场萎缩，冶炼企业基本处于停产状态，负荷下降较大，较同期相比下降12.16%，电量出现负增长。（2）荥阳市。天瑞水泥余热自备电厂发电投运后,电网电量减少9058.18万千瓦时,降幅32.63%；沃原化工受技改、检修限制，用电量减少7490.52万千瓦时,降幅达71.27%；另有8家企业自愿转由上街供电部供电，总容量为15430千伏安,县域电量减少约6500万千瓦时。（3）新密市。受煤炭重组因素影响，影响电量约5650万千瓦时；水泥、造纸行业受环保治理因素影响，影响电量1470万千瓦时。

（张 巍）

【安全生产】 扎实开展“三个百日”安全专项行动，大力宣贯《电力安全事故应急处置和调查处理条例》。强化“两抓一建”安全风险管控，加强电网安全性评价和重点设备运行监控，排查并消除安全隐患17项。加强电铁、煤矿等高危用户安全管理，完善了103家非双电源煤矿企业的供电规划。建立输电线路隐患“一患一档”解决机制，电力设施保护力度进一步加大，公司荣获“打击三电犯罪电力设施保护工作先进集体”称号。坚持“一变一策”“一线一策”，强化部门协同、深挖供电潜力，有效缓解了负荷高峰期的供电矛盾。完善应急预案管理体系，强化应急队伍建设和应急演练，电网经受住了702.7万千瓦的大负荷考验，供电公司迎峰度夏工作受到市政府充分肯定。

【电力营销和优质服务】 创新服务举措，实施供电优质服务提升工程，完善“岗位责任挂牌”“六个五分钟”服务机制和监督体系，积极推行大客户标准化、规范化管理，郑州供电公司行风建设位居全市公共服务行业前列。制定实施了《增供扩销十二条措施》，全面加强电量、电价、电费管理，全年新装、增容12.25万户，新增容量307.29万千伏安。严格执行电价和各类收费政策，积极引导电费预存，主动防范高耗能和中小企业欠费风险。拓展缴费渠道，新增社会化缴费网点146个，开通了“支付宝”缴费业务。加大反窃电力度，全年追收电费1770万元。

深入推进“为民服务创先争优”活动，认真宣贯新“三个十条”，组织开展“六走进”活动，走访各类客户9300余户；积极开展供电服务进社区活动，帮助困难用户解决用电问题1423件，用实际行动践行了“你用电、我用心”的服务承诺。积极服务“三农”，投入抗旱资金245.4万元，完成了两轮“抗旱浇麦保供电”工作，建立207支服务小分队，解决用电问题864项，为夏粮丰收打下了良好基础。积极履行社会责任，圆满完成了拜祖大典、高招考试、省市“两会”等重要社会活动和政治会议的保电任务。

【农电工作】 深入实施“新农村、新电力、新服务”战略，切实加强

积极主动服务“三农”，全力投入抗旱浇麦

农电企业与直属企业一体化管理。务实推进农网改造升级“惠农惠民”工程，2010年郑州农网改造升级工程计划投资2.8亿元已全部完成；2011年农网改造升级工程全面启动，正在加紧推进。提前完成郑州农村“低电压”专项治理行动，消除低电压用户4.7万户。全面推进新农村电气化建设，建成47个乡（镇、街道）、810个新农村电气化村。

【科技创新】 全面加强科技创新，公司3项科研成果获省部级科技进步奖。群众性创新取得新进展，获得授权及受理专利405项，较上年增长73%。在四大检索源刊、中文核心期刊发表论文78篇，同比增长74%。公司3项QC成果获国优称号。深化标准体系建设与应用，郑州供电公司“三标”管理体系通过摩迪英联认证公司认证审核。积极推进信息系统深化应用，公司荣获“国家电网公司2010年度信息化深化应用实用化先进集体”称号。

（施顺玉）

【发电概况】 2011年，郑州新力电力有限公司（以下简称郑新公司）上下秉持“节约每一分钱”的理念，对内深入挖潜降成本，狠抓节能降耗促生产，努力实现减亏增效；对外创新管理拓市场，充分发挥并利用人力资源和技术资源优势创效益。克服煤价持续上涨、煤电与煤热成本严重倒挂、还贷压力重、融资艰难等巨大的经营困难，扎实有效地做好5台机组的经济运行和节能调度，不断提升基础管理工作水平，在机组安全经济运行、外部营销、资金筹措、燃煤管理、“上大压小”工作等方面取得较大进步。全年累计完成发电量54.2亿千瓦时，供热量完成830万吉焦，供热量较上年增加13.69%,创下历史新高。2011年郑新公司荣获“省级园林单位”称号。

【安全生产】 2011年，郑新公司充分发挥安全监督和安全保障管理体系作用，强化安全监督和技术支撑，加强安全技术培训，加大反习惯性违章考核力度，提高员工综合素质，实施了以开展安全措施落实情况专项检查活动；监督、检查落实现场4种人，即工作负责人、工作票签发人、工作许可人、工作监护人安全职责到位情况；重点落实外委工程持票施工情况、安全监护人到位情况、每天开工前是否进行安全情况交底等措施；监督、检查民工安全管理措施落实情况等为主要内容的安全生产“五项措施”，有效遏制了因人员因素导致不安全事件的抬头趋势。

截至2011年12月31日，郑新公司连续安全生产1053天。全年非停次数显著下降、取得了单机组3个百天长周期连续运转和安全生产记录突破1000天大关的好成绩。1号机组实现了安全运行342天的佳绩，创造了集团电力板块2011年的安全运行新记录。安全指标全面完成，无人身重伤及以上伤亡事故，无重大及以上设备事故，无因本单位责任引起的重大电网事故，无负同等及以上责任的重大交通事故，无重大火灾事故以及重大环境污染事故发生。

【设备运行管理】 2011年，郑新公司进一步深化机组经济运行管理，成立了经济运行工作组，将发电运行的经济性与燃料采购的低成本有机结合，公司上下齐抓共管，通过日成本分析和管理，实现公司效益的最大化。郑新公司针对机组经济运行动态开展一系列的管理活动，坚持开展小指标竞赛、节油竞赛活动，坚持加强经济指标的定标、定量、分析工作，根据公司设备的实际情况，以大幅提高机组负荷率策略，制定了机组启停级别有效措施，优先考虑能耗较高的3号、4号、5号机组停运备用，优先提高1号、2号机组负荷率，最大限度地提高机组效率，降低全厂能耗，提高郑新公司整体运营的经济性。截至12月底，集团电厂平均负荷率达到了80.06%，同比升高3%。最高月负荷率85.08%，最低月负荷率也达到76.82%，均远高于2010年同期水平，也是近年来的最佳水平。随着机组负荷率的提高，发电厂用电率同比降低了0.19%。反映在供电煤耗上，尤其是在“迎峰度夏”时期，6-9月的机组负荷率分别达到了79.98%、85.08%、76.82%、

发电组

81.93%，同比分别提高了14.06%、9.57%、8.5%、12.56%，供电煤耗同比分别降低了19.19克/千瓦时、8.99克/千瓦时、12.4克/千瓦时和19.8克/千瓦时。仅此一项为郑新公司创造效益2000多万元。郑新公司综合厂用电率完成10.22%，比年度计划10.5%降低0.28%；供电标准煤耗率完成348.15克/千瓦时，比年度计划减少1.85克/千瓦时；生产用水量1595.1万吨，较上年同期减少218.7万吨,比年度目标值降低344.85吨；全年耗油量为355.15吨，较上年同期减少271.29吨，比年度计划减少344.85吨。

【设备检修管理】 2011年，郑新公司检修部在保证5台机组大小修、维护等正常工作的前提下，坚持“走出去”拓展对外市场思路，创新理念，规范管理，制定并发布了《郑新公司对外承包检修工程管理办法（暂行）》，激励职工工作热情，这是郑新公司检修历史上的一次创举。该办法自8月正式实施起，郑新公司先后成功中标内蒙古东华电厂、新乡多宝山电厂、驻马店热电有限公司、华润登封电力有限公司等企业的电厂检修项目，其中华润登封电力有限公司60万主机维护项目合同的签订，是市场对郑新公司检修品牌最大的信任和肯定。

【营销管理】 2011年，郑新公司充分利用政府扶持政策，加大沟通、汇报请示力度，争取政府各类补贴取得显著成绩。一是积极申请调升热价和给予供热亏损补贴。二是努力争取发电奖励资金。在资金短缺、煤源紧张、亏损严重、经营艰难的情况下，郑新公司“迎峰度夏”3个月共发电12.8亿千瓦时，很好地完成了省电力公司下达的发电计划，有力地支持了省、市“迎峰度夏”工作，郑新公司因此获得河南省发电奖励1938万元，在集团所属发电企业中排名第一。三是积极研究相关税收优惠政策，利用居民供暖免缴增值税政策，为郑新公司增加净收益约600万元。四是争取污水处理费早日返还。五是针对生产经营困境，及早准备，提请市政府超前运作，出台特别政策，确保“度冬保电、保供热”任务顺利完成。

郑新公司根据国家节能减排和淘汰落后产能政策，为满足城市高速增长的供热需求，研究决定拆除投产已达到20年左右的3号、4号、5号机组，异地建设2×600兆瓦供热机组。该项目在郑州市人民政府、荥阳市人民政府、投资集团的大力支持下，以及相关职能部门的配合下已取得实质性进展，项目选址方案已于3月20日在“郑州市控制性详细规划联审联批会议”上通过。

机组检修

【节能环保】 2011年，郑新公司未发生环境污染事故和环保处罚事件，顺利通过国家环境规划院、环保部监测司、华北督察中心、环境规划院、河南省环保厅、郑州市环保局等上级领导、专家多次对公司环保及节能减排工作的检查。脱硫设施平均投运率达到97.46%，较2010年同期提高3.15%,确保二氧化硫（6000吨/年）及COD（80吨/年）排放总量的完成。经省、市环保局批复，挽回脱硫设施达标运行时间349小时，为郑新公司赢得相应时间段内的脱硫电价，有效地提高了公司效益。

2011年，1号炉除尘器改造通过了市环保局及市财政局联合验收，烟尘排放浓度由改造前350 毫克/立方米左右降低到了50毫克/立方米以下，达到了环保排放要求，郑新公司被郑州市环保局评为2010年度“污染减排明星”。

【燃料管理】 2011年，面对燃料市场供应持续紧张、煤炭价格不断上涨的不利局面，郑新公司进一步推行标准化管理，不断规范采制化工作,最大限度控降成本。在坚持燃料核心领导小组集体定价原则的基础上，创新管理，成立了经济运行小组，将发电运行的经济性与燃料采购的低成本有机结合起来，通过日成本分析，及时调整燃料采购策略，坚定“算账过日子”“算账发电、算账买煤”的理念，统一合同煤炭基价，将煤价与供煤量挂钩，积极拓宽进煤渠道,优化燃料采购资源,使燃料管理水平再上新台阶。一是进一步加强内外沟通、协调力度，通过紧盯大矿合同，提高燃料发运率。全年郑煤共发运151万吨，重点合同兑现率100%；义煤发运58.8万吨，重点合同兑现率98%。二是加强高硫煤掺（配）烧管理力度，根据机组设备、调度负荷情况，合理、科学掺烧高硫煤，达到提高经济效益的目的。三是严格控制燃煤4项摊耗，完成全年≤0.8%的预定目标。四是坚持质价索赔，维护公司利益。全年通过质价索赔金额共计345万元。五是坚持共同采制样原则，缩小厂矿热值差异。2011年郑煤、义煤厂矿热值差较2010年降低了104千卡/千克，为公司挽回损失800余万元。实现热值差累计完成-4千卡/千克，进厂煤标煤单价（含税）979元/吨，在集团公司下属发电企业中排名第一的好成绩。

（陈新景）

食品工业

【概况】2011年，全市规模以上食品工业完成增加值368.4亿元，同比增长11.82%。占全市规模以上工业增加值的15.74%。对全市工业增长的贡献率为5%，拉动全市工业增长1.1个百分点。其中，农副产品加工业完成44.91亿元，同比增长0.5%，食品制造业完成62.34亿元，同比增长12.3%，饮料制造业完成19.96亿元，同比负增长0.2%，烟草制造业完成241.2亿元，同比增长16.3%。

规模以上食品企业完成销售收入672.7亿元，同比增长23.2%，占全市规模以上工业企业销售收入的8.27%。其中，农副产品加工业完成211.79亿元，同比增长13.56 %，食品制造业完成270.15亿元，同比增长32.83%，饮料制造业完成75.15亿元，同比增长13.55 %，烟草制造业完成112.77亿元，同比增长13.61 %。

规模以上食品企业实现利税总额156.2亿元，同比增长22.3%；实现利润总额67.4亿元，同比增长17.62%。

主要产品产量：小麦粉完成161.98万吨，同比下降3.6%；饲料完成178.42万吨，同比增长28.3%；精制食用植物油完成36.65万吨，同比增长4.1%；速冻米面食品完成125.3万吨，同比增长24.8%；方便面完成28.2万吨，同比下降36.6%；啤酒完成48.37万升，同比增长5%；软饮料完成236.26万吨，同比增长11.1%；卷烟完成1676.15亿支，同比增长1.6%。

【行业运行特点】（1）规模以上食品工业企业总量快速提升。2006—2011年间郑州市规模以上食品工业企业增加64家。实现的工业增加值由70.9亿元，提高到368.4亿元，销售收入由216亿元，提高到672.7亿元。“十一五”期间全市食品工业增加值、销售收入年平均增长率分别为20.9%、26.5%。（2）部分行业优势显著。2011年，农副产品加工业完成销售收入214.7亿元，占全省农副产品加工业销售收入的5.3%；居全省首位。食品制造业完成销售收入270.2亿元，占全省的18.5%，速冻食品在国内市场占有率已超过40%，枣类加工制品规模在全国排名第一。饮料制造业完成销售收入75.2 亿元，占全省的8.6%；烟草行业完成销售收入112.8亿元，占全省的33%。（3）骨干企业不断壮大。2011年199家规模以上食品生产企业中，年销售收入3亿元以上企业，由24家增加到40家。其中，5亿元以上26家；10亿元以上15家；20亿元以上5家，50亿元以上2家。河南中烟集团首次突破100亿。三全食品、思念食品、阳光油脂、白象食品、金星啤酒五大食品集团2011年实现销售收入合计超200亿元。（4）产品结构不断优化。重点企业加大结构调整力度，向多元化、优质化、功能化方向发展，白象集团、兴泰科技集团实施主食工业化项目；三全食品、河南云鹤食品研发的冷冻熟面，一生缘食品有限公司的台湾手抓饼，郑州万家、郑州天方等推出多种特色方便“烩面”；郑州朴素堂食品股份公司新研发的果蔬汁饮料等，一批新产品的上市，助推了郑州市食品工业的快速发展。

【重点项目建设】2011年，食品工业投资超亿元的重点项目总数达到20个。包括:农副产品加工业5个；食品制造业7个；饮料制造业 7 个；烟草行业1个。其中，投资5亿元以下的项目有10个；5亿元到10亿元的项目有3个；10亿元到30亿元的项目有5个；30亿以上的有2个。截至2011年底，已完成重点项目投资36.39亿元，占计划总投资额171.68亿元的21.2%。（1）河南双汇集团（郑州）双汇食品工业园项目。总投资15.6亿元，规划占地57.33公顷。2011年完成投资9亿元。一期已完工投产。正在抓紧二期办理土地手续及路网建设等相关工作。（2）中央储备粮油分公司大豆油生产基地项目。总投资13.6亿，规划占地33.33公顷，分三期建设。2011年完成投资2.2亿，仓储、办公楼、6栋钢结构厂房已基本完工。（3）郑州思念新工业园项目。总投资8.1亿元，占地38.67公顷，冷链物流配送中心已投入使用。年产3.5吨调理面制品及冷冻菜肴建设项目和年产2万吨速冻面点系列生产线项目已基本完工。（4）河南花花牛生物科技有限公司年产40万吨乳制品建设项目。总投资10.5亿元，项目占地23.67公顷。2011年12月10日举行了奠基仪式。（5）郑州达利食品有限公司系列饮料全自动生产线及配套设备项目。总投资7亿元，项目占地17.33公顷。2011年完成投资3.5亿元，一期主体工程及配套设施已调试，即将试生产。（6）河南中烟工业公司新建卷烟厂年产130万箱及配套设施项目。总投资32.7亿元，建筑用地46.6公顷。2011年完成投资3.538亿元，基桩工程已开始施工。

【企业集聚效应凸显】 2011年，郑州市继续加大对食品工业集聚区建设的政策支持力度。随着郑州三全食品公司新生产基地和郑州创新思念食品有限公司的投产，进一步稳固了郑州市速冻食品行业在全国的领先地位。新郑中原食品工业园区、马寨食品园区等食品工业园区，积极推进资源整合。郑州经济开发区的优良环境，吸引了郑州双汇、郑州露露、中粮（郑州）产业园等一批大型食品生产项目入驻，食品工业支柱框架已初步形成，提升了郑州市食品工业的竞争力。全市以食品生产加工企业为主的产业集聚区，根据各自的特点，加大宣传、招商力度，知名度不断提高，集聚效应凸显，带动了郑州市食品工业的快速发展。

【品牌建设】 截至2011年底，全市共有7个企业的9个产品荣获“中国名牌”称号，11个企业的13个产品荣获“河南省第一品牌产品”称号，15个产品荣获“河南省著名商标”。其中，好想你枣业拥有“好想你”“枣博士”2个中国驰名商标。

【食品安全体系建设】 2011年，郑州市加强食品安全管理，加大源头治理力度，规范行业行为，并严格实行市场准入制度，逐步推行标准化生产、规范化经营。进一步制定和完善食品安全法规和标准，建立以企业自检、行业自律和政府监管相结合的食品检验、检测、监督体系。认真贯彻《国务院办公厅关于进一步加强乳制作品质量安全工作的通知》（国办发〔2010〕42号）和《乳制品工业产业政策（2009年修订）》的要求，切实加强行业管理，保障乳制品质量安全和行业健康发展，在全市开展乳制品产业政策监督检查工作，经省主管部门对郑州市乳制品企业产业政策监督检查抽查，郑州市6家乳制品企业均符合国家产业政策要求，占全省39家企业的15%。

积极应对食品安全危机，加强食品安全生产管理。双汇“瘦肉精”问题猪肉事件发生后，市食品办积极配合有关部门，在生鲜肉加工原材料源头、生产、储存、流通等各环节，强化检验，严格管理，确保食品安全。发放张贴《关于严厉打击食品非法添加行为，严格规范食品添加剂生产经营使用的公告》500份。加强食品安全流通网络建设，帮助企业建立危机应急快速反应机制，积极参与思念、三全速冻水饺金黄色球菌突发事件处置。配合相关部门积极开展对食用油生产加工企业的监督检查，并对食品生产加工企业所用食用油质量和进货渠道进行了监督检查，强化企业的自律意识和责任意识。鼓励和支持企业积极研发和发展无污染、安全优质的无公害绿色食品。

【食品协会工作】 食品工业协会是食品企业合作交流的重要平台，2011年多次召开食品行业协调会，加大了信息服务量，促进企业的发展。加大宣传力度，积极扩大影响。组织10余家食品生产企业参加了“第五届中国（呼和浩特）民族商品交易会”“第三届中国（沈阳）食品博览会”“2011年全国（驻马店）农产品加工业投资贸易洽谈会”“2011年第六届中国（永成）面粉食品博览会”、第十二届（武汉）中国食品博览会等一系列展会进一步扩大了郑州市食品工业的影响。积极参与组织第二届中国郑州产业转移食品专题及哈尔滨市招商团食品企业对接交流活动，对承接食品产业转移，加快郑州市食品工业发展具有重大的意义。加强食品行业诚信体系建设，积极宣传、指导食品生产企业开展诚信体系建设，完善企业内部规章制度。

（薛　建）

煤炭工业

【概况】 2011年，全市煤炭系统在市委、市政府领导下，按照省委、省政府对煤矿安全生产“零死亡”“零容忍”，兼并重组必须实现“三真”的新理念、新要求，扎实工作，克难攻坚，以落实“两个主体责任”为主线，以夯实基层基础为根本，以建立健全监管机制和制度为保障，加强安全监管，强力推进煤炭企业兼并重组，严厉打击非法、违法行为，全市地方煤矿安全生产形势稳定，持续好转。截至2011年底，全市保留煤矿222家，年设计生产能力6666万吨。其中，地方煤矿62家，设计年生产能力1854万吨；省骨干煤炭企业所属煤矿160家，设计年生产能力4812万吨，包括直属煤矿35家，设计年生产能力2508万吨，兼并重组煤矿125家，设计年生产能力2304万吨。全年，全市煤矿共生产原煤6913万吨，同比增长15.6%；实现产值约498亿元，同比增长23%。其中地方煤矿生产原煤4660万吨，实现产值约335亿元，同比增长34%。

【煤炭企业兼并重组】 2011年，郑州市委、市政府按照省政府“三真”“三到位”的要求，强力推进煤炭企业兼并重组工作。成立了以市委常委、常务副市长胡荃为组长，市发改、煤炭、国土等20个市直部门为成员的兼并重组工作领导小组和兼并重组工作指导督查小组。市委常委会、市政府常务会多次专题研究，制定工作措施，研究

郑州市煤炭企业兼并重组暨打非治违紧急会议

推进方案，部署整体工作。省委常委、市委书记连维良，代市长吴天君对兼并重组工作亲自安排部署，逐矿关注进度，亲自督导检查。河南煤化集团、郑煤集团、神火集团、省煤层气公司等主体企业，各产煤县（市）区政府，均成立了以主要负责人任组长的领导小组，党、政主要负责人亲自挂帅、靠前指挥，把煤炭企业兼并重组工作作为政治任务，强力推进。

健全机制，强化服务。市政府建立了“三组会商、四方联动”工作机制。市重组办建立了日报告、周例会、月推进会工作制度。按照特事特办、急事快办的原则，对兼并重组工作中涉及的证照变更、过户手续，实行联审联批。针对被兼并煤矿遗留、疑难问题，市政府从市监察局、法院、检察院、煤炭局、国土局等部门抽调副科级以上干部成立遗留、疑难问题处置工作组，对疑难问题进行集中会诊解决，有力地推进了兼并重组工作的顺利实施。在完成省政府规定的7家退出关闭矿井基础上，又劝退小煤矿41家，占全省劝退煤矿总数的23%，为全市煤矿的安全生产解除了一大批安全隐患。

加强督导，严格考核。市政府成立由市政府主要领导任组长，相关单位正县级干部分别作为常务副组长的督导组，进驻各产煤县（市）区，督促协调各县（市）区及小煤矿兼并重组工作进度，协调解决存在的实际问题。制定了兼并重组任务考核和责任追究办法，实施严厉的责任追究制度，确保兼并重组任务的圆满完成。全市兼并重组工作实施以来，市政府各有关部门，各产煤矿县（市）区党委、政府，兼并重组主体企业，被兼并重组煤矿四方联动，群策群力，为完成兼并重组目标任务，作出了大量艰苦卓绝的工作，为全省完成兼并重组任务奠定了坚实基础。截至2011年底，全市168家兼并重组煤矿中，除1家存严重法律纠纷、暂时无法推进，43家煤矿退出关闭外，其余124家已完成资产评估、工商营业执照、采矿证办理工作。在省政府规定的时间节点内，郑州市圆满完成兼并重组目标任务。全市没有发生因兼并重组赴省、赴京上访事件，社会大局稳定。

【煤矿安全监管】 2011年，市煤炭局创新煤矿安全监管方式、方法，按照“两基”“三体系”的建设要求，在全市地方煤矿建立安全生产综合评价体系。对全市地方煤矿按照一类、二类、三类、四类进行分类管理，对三类以下矿井实施停产整顿处罚。同时，建立了“安全红线”管理制度、安全隐患分级管理制度和安全生产约谈等3个制度。通过安全评价，促进了煤矿企业对安全生产自我控制、自我整改、自我完善、自我提高。市政府出台了《郑州市煤矿安全监管奖惩激励机制的意见》，加强对煤矿安全生产工作成绩突出的给予奖励，形成了责、权、利相统一的监管机制，极大地调动了煤矿安全监管人员的工作积极性。进一步落实完善市领导分包各产煤县（市）、县（市）领

郑州市代市长吴天君到新密市永祥煤矿调研

导分包煤矿，乡镇局委干部驻矿，煤矿配备一线监督员的四级监管体系。调整完善了驻矿人员结构，登封市、新密市在地方煤矿建立驻矿监督站，强化对生产矿井的现场管理。健全完善社会监督机制，动员全社会力量，保障煤矿安全生产。4月12日，市煤炭局在市政府召开新闻发布会，对外公布煤矿基本情况、管理类型、地址及包矿驻矿领导等信息。对全市辖区内所有煤矿，以及已关煤矿的生产能力、管理类型、位置、行车路线、举报电话等信息在媒体每月公示1次。在煤矿显著位置，设立公示牌，标明矿井基本情况，接受社会和媒体监督。2011年，共接受各类举报30多起，核查结案率达100%。对举报核实的举报人给予了10万元的奖励。强化督查、夜查、暗访，及时掌控煤矿安全生产的动态情况。市政府委托市煤炭局抽调72名工程技术人员和执法人员，成立9个督查组，不间断地对全市煤矿进行督查、夜查、暗访。同时，还在重大节日、重点时段、重点区域，临时抽调执法人员组成督查组，突击督查、夜查、暗访，发现违法违规行为，严厉惩处。2011年，市督查组共督查煤矿2000余矿次，临时突击夜查、暗访煤矿500余矿次。按照省政府的安排部署，深入开展“打非治违”专项活动。全年，共勘查建筑物13万余户，实地排查发现废弃窑洞坑井1592处，偷采点6个，捣毁拆除118处隐患点，有力打击了私挖滥采等非法违法行为。

【瓦斯和水害治理】 突出做好瓦斯和水害治理，防止重特大事故的发生。2011年，郑州市所有高瓦斯、煤与瓦斯突出矿井均安装了瓦斯抽放系统，初步形成了多层次的瓦斯抽放格局。市煤炭局出台了《郑州市煤与瓦斯突出矿井安全技术标准(试行)》。与中国矿业大学合作，先后指导新丰煤矿和登电德鑫煤业编制完成了《新丰矿井瓦斯地质图》和《郑州登电德鑫煤业有限公司瓦斯地质图》，对全市高瓦斯、煤与瓦斯突出矿井的管理起到了积极的推动作用，提高了突出危险预测预报的可靠性。组织瓦斯治理方面专家分别对全市4家煤与瓦斯突出矿井和7家高瓦斯矿井进行了1次瓦斯治理专项“会诊”活动，拟定了《郑州市地方煤炭主体企业所属矿井瓦斯抽放管理办法》，从抽放系统设计、参数测定、抽放方法、工艺与监测、安全措施、抽采利用等方面作了详细要求。针对第三季度水害事故和瓦斯事故多发的特点，在全市煤矿开展了水害防治和瓦斯治理专项整治工作。防治水害方面。市煤炭局认真落实“预测预报、有疑必探、先探后掘、先治后采”的防治水规定，督促煤矿企业进行水文地质补充探测。强化煤矿防治水队伍建设，地方煤矿全部建立了专业的防治水队伍和探放水队伍。

【煤矿事故】 2011年，全市地方煤矿发生生产安全事故1起，死亡1人，百万吨死亡率0.02。同比，事故起数减少5起，死亡人数减少32人；百万吨死亡率下降97.7%。

【从业人员教育培训】 全市煤矿企业共完成煤矿新工人培训6300余人次、老工人复训53486人次。审查批准特殊工种培训班72期，培训特种作业培训人员5708人次。培训“五职”矿长137人，安全管理人员648人。积极有序开展煤矿从业人员职业技能鉴定工作，完成鉴定考核1206人。对全市煤矿“五职”矿长、安全管理人员任职资格进行审查，解决了以往煤矿企业“五职”矿长、安全管理人员培训绕开市煤炭局、具体情况难以掌握的现象。全年共进行资格审查“五职”矿长229人，安全管理人员730人。在全市正常生产煤矿企业全面推广实施“手指口述”培训法，开展专业学历教育，推动四级培训机构建设，积极开展教育培训专项检查，确保各项培训工作落实。

【煤炭运销】 2011年，市煤炭局继续加强电煤销售管理，积极引导督促煤炭生产、经营企业从大局出发，优先保障省内电煤供应。制定了郑州市2011年迎峰度夏、度冬保电电煤应急保障方案，全年，郑州市通过铁路运输供应河南电煤42.8万吨。严格执行煤炭运输计划申报制度，全年经过平衡审核汇总，上报煤炭运输计划1195.8万吨，其中上报河南电煤运输计划430.9万吨，省外电煤运输计划730万吨，满足了企业对煤炭运输计划的需求。开展全市煤炭经营企业经营资格证年度全面检查工作，对全市388家具有煤炭经营资格的企业严格按照要求和程序进行了全面检查，经过初审最后认定合格企业294家，基本合格企业48家，不合格企业31家。严格审批程序，依法整顿煤炭经营秩序，对16家申请办理《煤炭经营资格证》的企业申请材料进行了严格审查和现场复核，核准上报16家，省煤炭厅批准15家。加强煤炭质量管理，在全市范围内开展煤炭质量专项检查，委托有资质的煤炭质量检验机构现场取样抽检，对存在煤炭质量问题的煤炭经营企将依据有关规定予以严肃处理。

(李世伟)

烟草工业

【卷烟销售】 2011年，郑州烟草局主要经济指标再创新高，实现利税总额17.81亿元，同比增长30.8 %；利润9.93亿元，同比增长34.1%。“两烟”经营再上新台阶。坚持把稳增销量作为首要任务，加强货源组织，确保有效供应，全年购进卷烟361875箱，同比增长6.3%。推行“135”工作法，开展培育知名品牌“建功立业”活动，实施中华、黄鹤楼、黄金叶等品牌精准营销方案，建成黄金叶品牌10万箱全国性标杆市场。抓好重点品牌、重点市场、重点季节销售，突出高端引领、节日带动，推进“四转三”“三进二”工作，实现一、二类烟规模上量。全年销售卷烟35.76万箱，同比增长5.3%；一、二类烟比重达21.9%，同比提高6.78个百分点；三类烟比重达40.5%，同比提高6.5个百分点；四类烟比重达29.4%，同比减少8.5个百分点，提前一年实现省烟草局提出的卷烟销售“2332”目标；单箱销售收入（不含税）达到20247元，同比增加3040元，增幅17.7%。与上年相比，销量和结构在36个重点城市的位次分别由第16位、19位前移到第14位、17位。创新物流管理，提升运行水平，物流可视化管理系统和物联网智能管理系统2个项目经专家评审达到国内领先水平。推进“三网”工作，网上订货率达到48.4%。

【专卖管理】 2011年，市烟草局市场监管能力显著增强。推行“计划性”市场监管方式，开展精品示范街创建活动，集中治理整顿市场，加强对互联网涉烟活动的监管，严厉打击网上违法售烟行为。落实联合打假机制，突出抓好重点

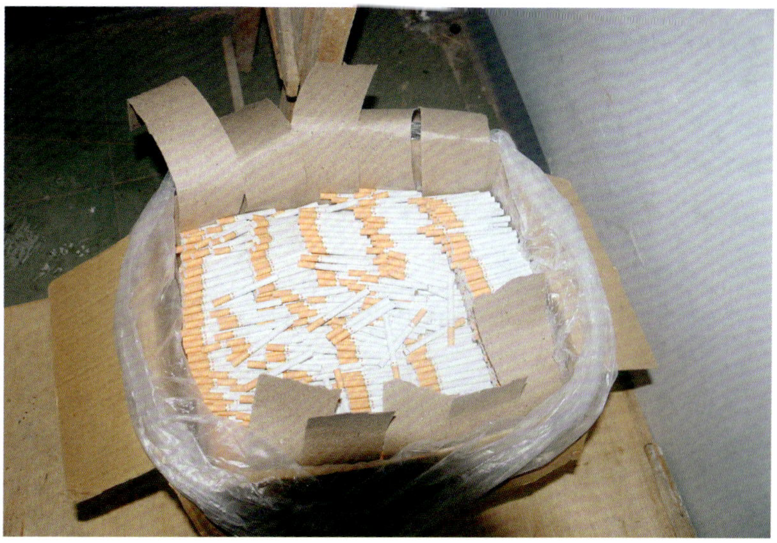

中牟县烟草专卖局查处一起无证运输非法卷烟案件，查获半成品的假冒哈德门161.88万支，涉案金额32万余元

部位治理，卷烟打假再立新功，办结了中牟“5·9”部级督办和南城“5·16”、北城“11·9”、西城“12·16”、新郑“9·11”等省级督办网络案件。全年共查处烟草违法案件1536起，查获违法卷烟3421件，拘留53人，逮捕28人，判刑21人。

【烟叶生产】 开展标准化烟站建设，加强基础管理，提高服务水平。注重科技创新，推进现代烟草农业，加大生产投入，提高生产水平，全年种植烟叶0.67千公顷，收购烟叶2.8万担。

【企业管理】 2011年，市烟草局加强对标管理，提升质量管理体系运行水平。强化“三委会”职能，严格预算管理，降低运行成本,费用率保持在7.5 %，同比下降8.9%。开展基层创优工作，10个县级局在省烟草局开展的“回头看”活动中全部达标。加快数据中心建设，完善生产、经营、管理、决策系统功能，提升信息化管理水平。落实安全责任，层层签订目标，强化安全文化建设，完善安全基础设施，注重隐患排查治理，实现全年安全生产无事故。加强内部监管，推进“两项工作”，企业生产经营更加规范。进一步加强审计监督，高标准、严要求进行自查、复查，积极主动抓好整改。全年开展经济责任、工程投资和日常审计项目87个，促进增收节支108万元。

（唐加强）

第十六篇　商贸流通

商业贸易

建立招商引资长效机制暨针对四大产业开展小分队招商活动动员会

【招商引资】　2011年，郑州市把“大招商、招大商”作为全局性和战略性工作来抓，以“汽车和装备制造、电子信息、物流商贸和文化创意旅游”四大战略支撑产业为重点，通过产业链招商、重点区域招商、大项目招商、港澳台境外招商、产业集聚区招商、小分队驻地招商、以商招商和经贸活动招商等多种方式，引进了一批“在国际上有影响力、在国内有辐射力、对国内外资源有整合力”的大项目、好项目。招商引资呈现出重点项目多、投资额度大、投资领域广、科技含量高四大特点，有力推动了郑州市产业结构战略性调整和优化升级。全年全市新签约项目158个，签约总额2606亿元，其中10亿元以上项目61个，签约总额2323亿元；新洽谈意向项目资源71个，意向总投资1321.8亿元。全市新开工项目152个，投资总额1454亿元，其中10亿元以上项目39个，投资总额1132亿元。在郑投资的世界500强企业34家，投资项目46个，投资总额17.7亿美元；国内500强企业在郑投资项目111个，投资总额1719.2亿元。全年合同外资金额23.81亿美元，同比增长24.3%；实际利用外资31亿美元，完成目标的133.6%，同比增长63.1%。引进市外境内资金941.58亿元，增长30.5%，完成目标的113.4%，其中省外资金641.64亿元，增长39.8%，完成目标的121.6%。利用外资与引进域外境内资金合计折合人民币1136.91亿元，占固定资产投资比重的38%。

【对外贸易】　2011年，郑州市对外贸易工作实施“招大、扶优、创新”，外贸出口提前3个月完成全年目标，全年进出口规模取得历史性突破。一是市委、市政府加强对外贸工作的领导，强化目标管理，落实外贸政策；二是各县（市）区认真落实科学发展观，坚持实施“开放带动主战略”和“市场多元化战略”，大力转变贸易增长方式，加大对外贸项目的引进工作，积极为出口企业搞好服务，有效推动了外贸进出口的快速增长；三是国际市场需求的持续增长带动了郑州市外贸出口；四是郑州市外贸企业积极主动开拓国际市场，优化出口商品结构，不断提高出口产品附加值，市场份额持续提高；五是产业转移初见成效，以富士康为首的一批企业出口带动效果显现。

面对新的国际形势，郑州市加大对优势产业的扶持力度，大力引进出口型企业，巩固传统市场，开拓新兴市场，龙头企业带动作用更加明显，出口商品结构进一步优化。全年外贸进出口总额153.59亿美元，其中进口59.45亿美元，增长388%；出口94.14亿美元，增长182.9%，完成目标的227.3%。全市有出口业绩企业1242家，其中超百万美元以上企业441家，超千万美元以上企业87家。全市一般贸易出口41.31亿美元，增长41.2%；加工贸易出口52.23亿美元，增长

2519.1%。

【对外经济技术合作】 2011年，日本大地震，非洲局势动荡，国外经济技术合作面临较大困难，郑州市始终把引导企业"走出去"作为对外开放的一项重要工作，积极实施"走出去"战略，对外经济技术合作水平全面提升，境外投资提前5个月完成全年目标。为加快"走出去"步伐，郑州市商务局进一步加大支持力度，帮助企业争取和用好国家、省、市鼓励和扶持企业对外投资的各项优惠政策，认真落实郑州市加快外经贸发展的意见，帮助企业加强与金融和保险机构的交流合作，为企业"走出去"提供资金与保险支持。先后组织企业参加中国（河南）-东盟合作交流洽谈会河南企业走进东盟恳谈会、"走出去"国际合作项目恳谈会、加拿大西部三省经贸投资推介会、埃塞俄比亚经贸机遇推介会、非洲暨南非投资合作说明会等涉外活动等，为企业搭建了与国外交流沟通、了解国际市场信息的平台。2011年境外投资呈现出投资大项目增多，民营企业占据境外投资半壁江山，投资数量、规模、知名度和影响力不断提升，在欧美等发达地区投资增长明显等主要特点。全年新签外经合同额11.29亿美元，增长65.4%，完成目标的141.1%；完成营业额10.26亿美元，增长28.4%，完成目标的108%；派出人数1.2万人次，增长30.3%，完成目标的105.6%；境外投资5.3亿美元，增长324%，完成目标的132.7%，四项指标均居全省第一。承包工程前五位企业是中铁七局、省水利勘测设计研究公司、中机新能源、中成机电、中国机械工业机械工程公司，涉及路桥、电力、建筑、市政等领域，遍布阿尔及利亚、坦桑尼亚、越南、新加坡等38个国家和地区。境外投资前五位企业是中非同力、豫矿国际、国基实业、恒天重工、中成机电，投资领域涉及矿产、钢铁、水泥、贸易、房地产、基础设施建设等，投资区域分布于德国、美国、法国、俄罗斯、新加坡、印尼等40多个国家和地区。

【消费品市场建设与发展】 2011年，郑州市全年社会消费品零售总额1987.1亿元，同比增长18.4%。其中，城镇消费品零售总额1821亿元，乡村消费品零售总额166亿元；批发业完成200亿元，零售业完成1468亿元，住宿业完成21.8亿元，餐饮业完成296亿元。一是农村流通网络进一步健全。深入实施"万村千乡"市场工程，新建农家店90个，新增营业面积7200平方米，新增就业300多人。圆满完成"家电下乡"工作，累计销售家电下乡产品132.4万台（部），销售金额29.93亿元；补贴家电下乡产品120.63万台（部），补贴金额3.36亿元。其中，2011年销售家电下乡产品51.98万台（部），销售金额13.2亿元；补贴43.9万台（部），兑付补贴资金1.33亿元。积极开展新农村商网建设，成功申报国家农产品现代流通综合试点城市，争取中央财政支持资金2650万元。二是蔬菜流通体系建设取得较好成效。按照"定性、定量、定位"的要求和"每10人1平方米，市民出门500米内可基本解决就餐、购菜需求"的标准，新建社区便利店266家，蔬菜批发市场3个，农贸市场15家，蔬菜早市23个，完成流动早餐车布点735个。组织7次周末蔬菜直销市场，销售蔬菜品种20个，总量约260吨，销售价格低于周边市场20%左右。成功申报国家标准化菜市场试点城市，争取中央财政支持资金2000万元。三是民生工程建设顺利推进。实施第二批735个餐车网点布设，加快"社区快餐店"建设，早餐工程发展良好。圆满完成家电以旧换新工作，全市累计销售家电以旧换新产品91.48万台，销售金额33.2亿元，回收旧家电97.35万台，回收金额1621.77万元；其中2011年销售以旧换新产品76.96万台，销售金额27.74亿元，回收旧家电82.25万台，回收金额1340万元，提前3个月完成年度目标。圆满完成汽车以旧换新工作，审核符合汽车以旧换新补贴范围车辆2144辆，新车购置金额2.29亿元，发放补贴资金2482.2万元。四是培育和引进大型商贸流通项目。培育本地商贸流通项目，全市有批发零售住宿餐饮网点21.1万个，其中，零售企业5000多家，营业面积300多万平方米，大型商场、超市50多家，营业面积102万平方米，经营品种10多万种，日均商品零售额3.4亿元。尤其是丹尼斯、大商、永乐、国美、世纪联华等零售企业，年销售额均在10亿元以上，其中丹尼斯达90亿元。积极引进世界500强、著名外资零售企业和国内大型商业企业，在谈和在建项目有华润万象城、澳门名嘉、恒隆广场、香格里拉等10多个超10万平方米大型商业综合体，未来3-5年内将再形成300万平方米商业面积。五是扩大批发市场规模。培育规模化、专业化、现代化龙头市场，优化布局，加快市区大型专业批发市场向三环外迁移。全市有交易市场359家，形成九大专业批发市场聚集区，市场规模居中部六省省会城市前列，交易范围覆盖全国。六是实施家政服务体系建设。培训家政服务人员1602人，获得中央财政补助资金208.3万元。成功申报国家家政服务体系建设试点城市，居民家庭服务网络中心功能扩展项目、阳光家政等5家企业发展100个连锁店项目、家政服务系统管理软件开发和职业教育项目获国家补助资金1500万元。七是加强流通业行业管理。加强生猪定点屠宰场病害猪无害化处理监管，严厉打击私屠滥宰及制售注水肉、“瘦肉精”、病害肉等不法行为，全年定点屠宰场屠宰生猪90万头，定点屠宰率96.3%，县城以上进点屠宰率100%；检疫检验率100%，病死、病害猪无害化处理率100%。全市未发现擅自宰杀含“瘦肉精”生猪和含“瘦肉精”生猪产品出厂现象。规范特种行业管理，加强对成品油市场、典当、拍卖、二手车交易市场和报废汽车回收拆解企业的监督管理。全年销售各类成品油188.3万吨，典当总额21.9亿元，拍卖成交额100亿元，二手车交易车辆7.6万辆，回收拆解报废车辆9.4万辆。加强酒类、民用煤市场监管，强化市场运行监测，做好市场储备、节假日市场供应应急保障工作。

【现代物流业】 2011年，郑州市不断推进现代物流业项目建设，提升郑州物流枢纽地位。继续实施国际物流园区、航空港物流区、郑州国家干线公路物流港、新加坡国际物流产业园、郑州国际物流园等一批物流基础设施建设项目。新加坡国际物流园揭牌成立，丰树物流、普洛斯物流、招商局物流、宜多果蔬冷链物流、嘉里物流、安得物流、宝供物流、华南日通物流、中原金属交易中心9个高端物流项目确定入驻园区，总投资达81亿元。加快推进综合保税区、河南保税物流中心、郑州铁路集装箱中心站一类口岸联检大楼等项目建设，积极与沿海港口合作，着力打造内陆“无水港”。保税物流中心开关运作，已入驻企业4家，富士康开展“就地出口复进口”业务，带动了DHL、苹果等世界500强IT业和物流业巨头来郑发展。引进国际知名物流、航空企业落户郑州，UPS郑州分公司8月份注册开业，俄罗斯空桥、扬子江已开通国际航线，中远物流、辛克物流等国内外知名企业已在郑州设立分公司，开展业务。2011年，新三年跨越式发展物流商贸项目进展顺利，全年完成投资72.25亿元。

【会展业】 2011年，郑州市强化会展业管理，展会规模进一步扩大。全年举办展览141场，增长38%，展览面积155.3万平方米，增长17.5%，带动全市经济效益130亿元。郑州市依托区位及产业优势，以规模化、品牌化、国际化为导向，大力培育特色会展业。近年来郑州会展业不断壮大，展览数量、规模和层次等综合实力居全国二线城市前列，中部地区首位，会展业已成为郑州名片和走向世界的窗口，中部会展之都地位确立。

【春节黄金周消费市场】 2011年春节黄金周期间，郑州市天气晴好，气温持续上升，市场节日气氛浓厚，商品市场繁荣旺盛，生活必需品供需两旺，餐饮业继续红火，供应基本平稳。据市商务局监测，郑州市7家大型商业企业共实现销售额2.6亿元，同比增长11%。肉类、蔬菜、米、面、油、蛋等生活必需品价格基本稳定。

【“十一”黄金周消费市场】 2011年“十一”黄金周期间，郑州市市场商品充足、繁荣活跃，价格总体稳定，消费热点突出，节日气氛浓烈。据监测，“十一”黄金周，郑州市11家大型商业企业共实现销售额7.5亿元，同比增长24%。肉类、蔬菜、米、面、油、蛋等生活必需品价格基本稳定。

【汽车以旧换新工作结束】 郑州市汽车以旧换新工作自2009年9月开始，至2011年2月28日结束，通过郑州市汽车以旧换新联合服务窗口共为2215辆汽车报废车主发放国家、省、市补贴资金2682.7万元，换购新车金额15800.5万元。其中老旧汽车以旧换新1010辆，补贴资金957.3万元，换购新车金额8169.3万元；黄标车以旧换新1134辆，补贴资金1655.4万元，换购新车金额14732.7万元；老旧汽车报废更新车辆71辆，补贴资金70万元，换购新车金额194万元。以旧换新车辆中，换购省内汽车生产企业生产的汽车348辆，发放省补贴资金51.1万元，换购新车金额6132.4万元，其中换购郑州市汽车生产企业生产的汽车324辆，发放市补贴资金79.4万元，换购新车金额347.2万元。

【报废汽车回收拆解企业整合升级】 2011年，在省市商务部门的指导、协调下，经过企业之间近一年的磋商、谈判，由河南省金回物资再生利用有限公司和郑州市中原商再生资源有限公司整合其原有的报废汽车回收拆解业务并共同出资，组建郑州三联报废汽车回收拆解有限公司，专业从事报废汽车回收拆解业务，公司注册资金1500万元。河南省金回物资再生利用有限公司占总股本的51%，郑州市中原商再生资源有限公司占总股本的49%。6月29日，郑州三联报废汽车回收拆解有限公司首次股东会、董事会在该公司会议室召开，标志着郑州市报废汽车回收拆解企业整合升级迈出了坚实的一步。

【老旧汽车报废更新补贴】 2011年，根据《商务部办公厅 财政部办公厅关于2011年老旧汽车报废更新补贴资金发放有关事项的通知》和省商务厅、财政厅文件精神，市商务局和财政局联合设立郑州市老旧汽车报废更新补贴服务联合窗口，于8月1日集中联合办公，为老旧汽车报废更新车主申请领取国家补贴提供一站式服务。为使广大车主了解政策，明确申办程序，充分享受国家政策带来的实惠，市商务局和财政局还印制宣传册，通过局域网站、报废汽车回收拆解企业等途径进行广泛宣传，宣传财政部、商务部2011年第28号公告精神，公告联合服务窗口地址、联系电话、办公时间等，为车主提供优质服务。

联合服务窗口专门负责补贴资金申请的受理、审核和资金拨付工作。凡符合财政部、商务部2011年第28号公告规定的老旧汽车报废更新补贴申请条件的车主，只要将国家要求的车辆报废和更新的相关证明申请材料提交到联合服务窗口，经过商务、财政部门工作人员审查合格，补贴资金（每辆车1.1万元-1.8万元）将直接拨付到车主的郑州银行账户。

【家电下乡防骗补检查】 5月1日至7月30日，郑州市开展了为期2个月的家电下乡销售网点专项检查活动，进一步规范、净化了家电下乡市场，有效消除了销售网点骗补、倒卖标识卡等隐患，切实维护好国家资金安全，维护了正常的市场秩序，创造了良好的消费环境，确保了家电下乡惠民政策落实到位。

通过对家电下乡销售网点集中检查，郑州市共下发整改通知书33份，关停销售网点68家。其中，巩义市关停10家，整改5家；新密市关停16家；新郑市关停15家，下发整改通知书17份；荥阳市关停6家，整改3家；登封市关停12家；中牟县关停2家，整改2家；管城区关停2家，整改6家；惠济区关停2家；上街区关停3家。

【家电以旧换新专项检查】 从9月23日开始，郑州市家电以旧换新领导小组办公室组织在全市范围内开展了为期一周的家电以旧换新专项工作检查，进一步加强郑州市家电以旧换新工作的监管，确保中标企业（网点）规范操作，切实保护消费者合法权益，

此次检查，共对全市14个商务主管部门、399个中标家电以旧换新企业网点进行“推磨式”检查。重点检查了各县（市）区对家电以旧换新工作的监管，包括宣传培训、新网点发展、单据审核、销售回访、督导检查以及资金拨付等情况；按照每个县（市）区不低于3个单位的要求，随机抽查了各企业家电以旧换新的实施情况、政策宣传、人员培训、规范操作情况，包括销售人员对家电以旧换新政策流程的掌握情况、凭证管理和台账建立情况、旧家电管理以及送交拆解情况、日常监管及投诉处理情况等。

【周末直销菜市场】 为进一步完善鲜活农产品零售网络，缓解城市“卖菜难、买菜贵”问题，促进蔬菜便利进城、安全消费，按照国家、省文件要求和市委书记连维良批示，郑州市开展了周末蔬菜直销市场建设工作，10月29日，首批5家试点菜市场建成开业，蔬菜销售量超出预期。

从全市情况看，本次周末蔬菜直销呈现以下特点：一是销售品种全。各市场供应蔬菜品种全部在10种以上，其中毛庄绿园在中原区启福花园的销售点供应品种达到30种。二是价格低。河南天邦农产品开发有限公司管城区销售点每公斤蔬菜价格为：芹菜0.8元、上海青1.4元、生菜1.4元、黄瓜1.6元、西红柿1.8元，明显低于周围超市、农贸市场价格，其他直销市场菜价也比周边低20%左右。三是销售量大，据统计，5家蔬菜直销市场29日共计销售蔬菜26473公斤，好于预期。四是普遍得到居民的欢迎。市民对周末直销菜市场表现出极大热情，管城区试点附近居民排起了长队，有人为买上便宜菜排队1小时；金水区的菜摊前人头攒动；河南布谷之春有限公司为郑东新区居民准备的3500公斤蔬菜被抢购一空。有网友在新浪微博发出周末直销菜市场开张的消息，不少居住在周边的居民纷纷顶贴，也有很多人表示遗憾，希望周末菜市场能设在自家门口。

【储备蔬菜保春节供应】 为确保2012年春节期间蔬菜供应，稳定城市居民菜价预期，郑州市商务局全力做好储备蔬菜的投放前期工作。春节期间可以正常投放储备蔬菜总量为3000-4000吨；品种为白菜、冬瓜、土豆、白萝卜、胡萝卜、洋葱、圆白菜、西红柿、黄瓜、辣椒、豆角、芹菜12个品种，每种蔬菜投放量200-300吨。投放地点以郑州市确定的5家大型连锁超市郑州丹尼斯百货有限公司、郑州正道花园百货有限公司、郑州北京华联综合超市、河南华润万家生活超市、郑州大商新玛特超市为主要投放地点。

【肉品安全监管】 2011年，食品安全工作形势复杂严峻，“瘦肉精”“地沟油”、麻辣小食品等事件相继发生。尤其是“瘦肉精”事件为生猪屠宰管理工作敲响了警钟。市商务局按照市委、市政府的要求，深入开展专项整治活动，先后开展了生猪定点屠宰场含“瘦肉精”生猪排查、生猪屠宰管理集中整治以及畜禽屠宰环节打击非法添加和滥用食品添加剂专项整治等食品安全专项治理活动。整治期间，全市商务部门共出动执法人员4228人次，执法车辆1216台次，排查生猪定点屠宰企业76家、2347次，整治重点区域5个，开展夜间生猪静养检查26次。下达整改通知书19份，责令企业停业整顿3家，拟撤销合并2家乡镇屠宰场；查处私屠滥宰和生猪注水案件17起，罚没金额14924元，罚没问题肉品147公斤，移送司法机关追究刑事责任3人。全市生猪进点屠宰率96.3%以上，县城以上

城区生猪进点屠宰率100%。

【生猪屠宰管理】 2011年，市商务局加强监管工作力度，抓好生猪屠宰管理工作。一是完善监管机制。建立举报制度；建立健全部门联席办公和联合检查制度，避免因部门分段管理所产生的监管漏洞。二是继续加强对生猪定点屠宰场监管。创新监管手段,搭建远程监控平台,在全市定点屠宰场安装远程监控设备,实时监控生猪屠宰关键环节。三是积极开展打击私屠滥宰,强化肉品卫生安全专项治理行动。按照商务部等国家六部委的要求，从2011年11月开始，在全市深入开展打击私屠滥宰专项治理行动，净化屠宰市场秩序，强化肉品卫生安全。积极与畜牧、工商、公安等部门配合，加强对外埠肉、商场、超市肉品的监管，提高查验率，杜绝加工生产注水肉、“瘦肉精”肉等违法行为发生。四是加强生猪屠宰行业监管。推进全市生猪屠宰行业食品安全信用体系建设，提升肉品卫生质量安全水平。五是继续开展猪肉水分检测工作。委托河南出入境检验检疫局对郑州市市场销售的鲜猪肉进行水分检测，检测结果适时在媒体上公布，作为消费者的参考依据，遏制制售注水肉的不法行为。六是加大肉品安全知识宣传力度。让消费者更加全面地了解掌握猪肉品质鉴定知识，提高自我保护意识。

【开展企业治乱减负工作】 郑州市商务局根据上级的指示和要求，从实际情况出发，采取一系列切实可行的措施和办法，开展企业治乱减负工作。一是加强组织领导。成立了企业治乱减负工作领导小组，局长宋加利为组长，负责对治乱减负工作的指导和协调。二是积极开展治“乱”工作。首先，明确要求局机关各处室和全体机关干部严禁利用职权对企业乱检查、乱摊派、乱收费、乱罚款，违者视情节给予通报批评、诫勉谈话或党政纪处分。其次是加强监督。局纪委监察室组织力量深入到基层企业和服务对象，对机关各处室及党员干部履行职能情况进行明察暗访，同时设立举报电话和举报箱，接受社会监督。局机关没有发现“四乱”现象。三是切实减轻企业负担。规定凡是到企业工作一律做到“三不准”，即不准让企业派车、不准在企业就餐、不准接受企业的礼品和物品。四是压缩会议和文件。坚持“一般不开会、不开一般的会”的原则，不经批准，任何部门和个人不得向企业发文。能口头或电话说明问题的就不发文，可发可不发的坚决不发。尽量少让企业上报文件及材料。五是坚持对企业只服务不收费。六是为企业排忧解难。每年通过各种渠道为企业争取各种资金数千万元，支持企业发展。积极开展帮扶企业特困职工活动。每位局领导和各处处长都有帮扶对象，定期走访，帮助就业，捐款捐物，解决其生活困难，维护企业稳定。七是规范行政审批，坚持“三公开”。将每项行政审批的程序、标准要求、制度规定上网上墙，公开透明，接受监督。由于领导重视，措施得力，成效明显，市商务局被评为郑州市企业治乱减负工作先进单位。

【郑州市小分队招商活动】 2011年4月20日，全市小分队招商活动动员会之后，各项筹备工作全面展开。

首先，制定方案，明确任务。根据市动员会精神和市长赵建才的要求，市商务局制定全市小分队招商活动实施方案。招商主要针对广东、福建、浙江、上海和江苏4个区域，每队均由市领导带队，相关部门牵头负责。赴广东招商小分队由市人大常委会主任白红战，郑州新区管委会副主任、郑州国际物流园区管委会主任马健带队，市服务业发展局牵头负责；赴福建招商小分队由市委常委、市委统战部长王林贺，市人大常委会副主任王平带队，市委统战部牵头负责；赴上海、江苏招商小分队由副市长薛云伟带队，市商务局牵头负责；赴浙江招商小分队由副市长王跃华带队，市工信委牵头负责。小分队招商的目标任务是：4个区域招商小分队力争各新引进10家以上行业前100强企业，原则上每个县（市）区、开发区至少新引进2-3家行业前100强企业。小分队招商活动从4月下旬开始，分三个阶段逐步深入，有序开展，第一阶段各县（市）区、开发区先遣小分队开展前期走访和项目对接洽谈；第二阶段小分队驻地招商和市领导拜访重点客商；第三阶段成果总结。

其次，周密部署，迅速行动。招商活动总体方案确定后，市领导、县（市）区及相关部门领导立即进行全方位、多层次的安排部署。4月22日，市商务局召集4个区域招商小分队牵头部门人员会议，进一步明确招商活动有关事项，协调有关问题，统一思想认识。4月23日，市商务局召集各县（市）区、开发区商务（招商）部门负责人会议，听取各单位小分队招商活动筹备进展情况，对小分队招商活动进行再部署、再动员。各县（市）区、开发区立即组建了高规格、能力强、专业化的招商小分队。4月24日起，市商务局、市工信委、市服务业发展局、郑州新区、郑东新区、经开区、高新区、航空港区、国际物流园区、中牟产业园招商小分队陆续前往上海、广东等地开展前期对接活动。

最后，建立机制，保证实效。市商务局针对小分队招商活动建立三项推动机制：一是实行日报告制度。各县（市）区、开发区招商小分队每日上报工作开展情况，包括拜访客商情况、项目对接洽谈情况、投资线索情况、拟签约项目情况和自办活动情况等。二是实行周通报制度。市商务局每周对各小分队活动开展情况进行梳理汇总，形成周小结，报送市四大班子有关领导、市对外开放招商引资工作领导小组成员、各县（市）区、开发区主要领导及各小分队负责人。同时上报省商务厅、省开放办。三是实行周例会制度。各区域小分队牵头单位每周召开一次工作例会，听取各成员单位小分队招商情况汇报，研究问题，部署工作。

【市直单位开展招商引资】 5月2日，郑州市出台《关于建立招商引资长效机制的方案》（郑办文〔2011〕55号），文件下发后，市直有关单位高度重视，主要领导主持召开专题会议，研究部署本单位招商引资工作。市交通委组成招商小分队赴上海拜访邦德物流股份有限公司，经过深入对接，邦德物流拟在二七区建设区域总部，开展综合物流业务。市国资委以郑州市国有企业为载体，采用以商招商、合作办厂的模式开展招商工作。市人防办在摸清可开发利用的地下空间的基础上，建立利用地下空间招商项目库，加大对台商、港商、闽商、浙商的招商力度，开发利用郑州市地下空间，有效解决土地资源瓶颈。团市委与清华大学河南校友会企业家同学会签署战略合作协议，整合优化资源，搭建信息交流平台，服务郑州都市区建设。各单位充分挖掘招商引资的优势资源，突出自身特点，强化部门联动。市商务局牵头组织，市工信委、市工商联、市国资委、市交通委、市建委、市房管局、市物价局、市水务局、市文广新局、市旅游局、市体育局、市人防办、市妇联、团市委等单位加大了对口招商力度；市国土局、市规划局、市环保局、市工商局等单位进一步提高了服务招商引资工作的积极性和主动性，加强与县（市）区、开发区和项目单位之间的合作，进一步提高办事效率，形成招商合力。

【调研市内六区招商引资项目】 根据市领导要求，市商务局组成招商引资项目工作组，赴各县（市）区、开发区进行实地考察和调研，全面了解和摸底各县（市）区、开发区2011年度招商引资在建项目、签约项目和在谈项目情况及存在问题的项目。

12月1–9日，调研工作组先后到金水区、上街区、管城区、惠济区、二七区、中原区进行调研，对2011年新开工项目进行实地考察。工作组先后实地考察了希尔顿酒店项目、艾美酒店项目、金水文化创意园项目二期项目、北京华星废旧电器电子回收处置项目、华泰特种电缆二期项目、向日葵新能源项目、浙江中厦农贸市场升级改造项目、福耀玻璃郑州生产基地项目、香港新世界百货项目、大润发超市项目、格力电器仓储建设项目、郑州绿源山水农业生态园项目、郑州大型花卉苗木物流博览园项目、二七万达广场项目、上上财富广场项目、恒天重工新纺机项目、标准置业广场项目、锦艺商业广场项目二期等市内六区的31个项目。

工作组还专门对金水区科教新城、上街区宜居职教城、惠济区高端服务业新城、管城区新商城、二七区生态文化新城、中原区宜居商贸城的规划、功能、建设及招商方向、入驻项目进行深入了解。其中，二七区的生态文化新城已有红星美凯龙第八代家居广场项目、绿地滨湖国际产业园项目、上海世茂城市综合体项目、郑州市电信枢纽项目、郑州奥马投资大厦项目、百荣金源城市综合体项目、恒大城项目、总部经济产业园等13个项目确定入驻，并签订了正式协议，总投资额1047亿元，其中红星美凯龙第八代家居广场项目已开工建设。中原区的宜居商贸城在积极借鉴外地产业组团前期运作模式的基础上，结合自身实际，确立了“区委总揽、政府负责、园区为主、街道协作”的四位一体运作模式，制定了“三年出形象、五年成规模”的工作目标。依托中原宜居商贸城“四区一中心”，积极打造承接平台，同时围绕重点项目建设，有重点、有计划推进合村并城工作。同时，随着郑州市区的发展建设，市内因城市规划、土地等因素制约，可利用招商引资的地块已趋于饱和，市内六区下一步的招商引资工作重心将由绿地招商向二次招商、楼宇经济招商和总部经济招商转型。

通过调研，招商引资项目工作组对市内各区的招商引资项目有了较为清晰的了解，并及时更新市招商引资项目库；掌握各区一批在谈项目，为郑州市谋划2012年重点招商引资项目奠定基础；收集关于“六城十组团”详尽的基础材料，明确郑州市下一步的招商载体和引资方向。

【举办国际电子商务应用平台培训班】 5月24日，郑州市举办河南省国际电子商务应用平台培训班。各县（市）区商务局以及200多家外贸企业相关负责人参加培训班。

“河南省国际电子商务应用平台”是利用先进的软硬件网络环境，为广大外贸企业提供针对性的贸易服务及全方位的电子商务服务，支持河南省进出口企业拓宽贸易渠道、提升国际竞争力的有力渠道。郑州市有200多家企业入驻该平台，并签订服务协议。培训班上，中国国际电子商务中心河南代表处专职培训师对郑州市外贸企业参训人员从应用平台的功能、服务模式、使用操作等方面进行全面的讲解与演示，并详细解答企业提出的相关问题。

【为小型出口企业办理出口信保全风险覆盖业务】 2011年，郑州市政府联合中国出口信用保险公司（以下简称中国信保），为郑州市小型出口企业提供免费试用的出口信用保险产品服务。此次由市政府统筹安排的出口信用保险投保，是以市商务局为投保人，被保险人涵盖2010年出口额在300万美元以下的860家市属出口企业。在中国信保出口信用保险的保障下，由买方所在国家的政治风险和买方自身商业风险所造成的应收账款损失，中国信保在国外买家的赔偿限额范围内，对被保险企业进行快速的现金赔付。出口信用保险的保障，可使小型出口企业摆脱规模和能力的束缚，投入外贸经营中去，以更灵活的结算方式，接纳更多的外贸订单，丰富国外客户结构，培育有潜力的买家共同发展，把外贸业务做大做强。同时对于稳定郑州市外贸经营者基础、扩大税收和就业具有积极作用。

【全市商务运行分析会召开】 4月20日，郑州市2011年一季度商务运行分析会在登封市召开。会议通报了一季度郑州市及各县（市）区商务指标完成情况；部分县（市）区商务（招商）部门负责人分别就本地区第一季度商务运行中存在的问题、发展潜力及下阶段工作措施作了汇报发言。市商务局副局长赵新民就全市商务工作作总体点评，对下一步全市商务工作提出了明确要求：一是继续开展“大招商、招大商”活动。充分利用产业聚集区作为招商载体；了解辖区内现有企业的需要，对其进行发掘、包装和利用；灵活运用现有政策，区别不同产业，重点对省外企业进行招商。二是推动对外贸易实现新跨越。加大对出口型项目的引进工作；培育一批具有国际竞争力的龙头企业和产业集群，创建一批优势特色出口名牌企业和名牌产品，形成一批具有相当经济规模的出口名牌产品生产企业集团和企业群体；积极申报全国服务外包基地示范城市。三是进一步扩大对外经济技术合作。推动郑州市企业通过新建、收购、参股等形式加快走出去步伐，提升境外投资规模和水平；推进境外投资成功企业与有意向到境外投资企业的互动交流，带动更多企业“走出去”。四是加快推进蔬菜流通体系建设工作。

7月22日，郑州市2011年上半年商务运行分析会在管城回族区召开。会议通报了上半年郑州市及各县（市）区商务指标完成情况，分析了全市商务运行的特点和存在的主要问题。各县（市）区主管商务工作的领导就本地区上半年商务运行中存在的问题、发展潜力及下阶段的工作计划作汇报发言。最后，副市长薛云伟对下一步全市商务工作提出了明确要求：第一，正确认识当前的发展阶段。一是要结合职责，认清形势，把握时机；二是推动城市化进程，提升城市的服务功能，为民众生活提供便利；三是促进产业转移，提高城市竞争力。第二，创新商务工作模式。一是转变以土地换项目的现状，灵活利用现有的土地和资源嫁接项目；二是立足于城市区建设，着力于谋划，从提升郑州品牌和影响力的角度加大招商力度；三是立足于提升城市的服务功能，改善民生。第三，对下一步如何做好工作进行安排部署。一是下半年完成各项目标；二是招商引资方面谋划“三力型”项目，打造区域中心，重在项目落实；三是抓紧推进并落实蔬菜市场“两店进社区”工作；四是打造全国性的批发市场和物流中心；五是结合时间节点规划，谋划和打造区域商圈；六是高度重视食品安全和市场监督，杜绝食品恶性事件发生，严查郑州市餐饮业的后厨和卫生间，切实提高城市服务水平。

10月18日，郑州市2011年前三季度商务运行分析会在郑州市经济技术开发区召开。会议通报了前三季度郑州市及各县（市）区商务指标完成情况；各县（市）区商务（招商）部门负责人就郑州市商务工作情况进行了座谈。最后，市商务局局长宋加利对下一步全市商务工作提出了明确要求：一是坚持全面超额完成目标任务不动摇。二是进一步提升招商引资的质量和水平。全面清理筛选已签约项目；跟踪一批有线索的好项目、大项目，谋划一批新项目，在年内开展一次有针对性的小分队招商活动；加强督导项目落地；研究制定进一步加快对外开放的文件；规范招商引资程序。按照市政府要求，在项目总体要求、选址、洽谈、审核、合同签署、项目落实等方面明确出规范性、可操作性意见。三是加快外经贸发展，培育引进出口型企业，积极开拓国际市场。四是加快推进蔬菜流通体系和两店建设工作；推进三环以内批发市场外迁工作。

【郑州市家政服务体系建设工作座谈会】 9月27日，市商务局召开郑州市家政服务体系建设工作座谈会。郑州市家庭服务业协会、阳光家政、圆方公司、大豫家政、共青家政和冯特社区育婴指导站等6家家政服务体系建设试点项目承建单位负责人参加了会议。会议逐项听取了各家政服务体系建设项目的运营情况、存在的问题及下一步的打算和建议，并对下一步工作进行了安排部署。

郑州市作为家政服务体系建设试点城市，已确定建设居民家庭服务网络中心功能扩展、5家骨干家政服务企业发展100个标准化连锁门店、家政服务系统管理软件开发和职业教育等7个方面的项目。项目于2011年2月建成，5月进行验收。其中，居民家庭服务网络中心签订加盟各类服务企业近2000家，采集2万多家家庭服务企业信息，诚信度排名靠前的加盟企业效益增长达40%以上。阳光好管家项目安置下岗职工、农民工1500余人次，营业额增至近100万元/月。家庭专业保洁项目安排就业1500余人次，年均服务客户20万人次，营业能力增1.5倍。星级饭店式产后护理项目已基本形成月子休养、月嫂、育婴等家政服务链。冯特社区育婴指导站项目正式运营4个多月，发展会员760余名，月均营业收入达30多万元。职业教育项目累计培训人员3557人，职业鉴定1621人。但各项目运营也存在一些突出问题：一是用工难，满足不了市场需求；二是管理难，从业人员素质不高；三是融资难，家政企业投入大，利润率低，融资渠道不畅等；四是部分项目还未达到预期目标。

【全省周末蔬菜直销市场建设现场会议在郑召开】 11月5日，全省周末蔬菜直销市场建设现场会议在郑州市召开。省商务厅副厅长魏国庭、郑州市政府副秘书长宋柏松出席，全省18个直辖市和10个财政直管县的商务部门主管领导参加会议。

与会人员首先实地观摩了郑州市周末蔬菜直销市场销售情况，随后，在嵩山饭店召开了全省周末蔬菜直销工作推进会议。会议传达了《商务部关于推进周末车载蔬菜市场建设的通知》，介绍了郑州市周末直销菜市场的开展情况及主要做法。

【举办蔬菜购销对接会】 12月14日，市商务局在中牟县举办了“郑州商贸企业-中牟县蔬菜购销对接会”。郑州市34家商贸企业、中牟县6个胡萝卜主产乡（镇）负责人参加了对接会。

会上，郑州市14家商贸企业与中牟县6个主产乡（镇）签订1755吨胡萝卜购销意向。其中，刘庄蔬菜批发市场、北京华联、丹尼斯分别签订1000吨、200吨、150吨胡萝卜购销意向。

会议要求，一是各企业要落实好签订的购销意向，并以零利润销售采购蔬菜，做到让利于民；二是商务部门要进一步加快蔬菜流通体系建设，有效减少蔬菜流通中间环节，进一步稳定菜价；三是要充分利用新农村商网信息平台，积极发布农产品供应信息，不断拓宽农产品销售渠道。

【服务外包CMMI认证高级研讨会】 1月6日，郑州市商务局和北京景丹科技发展有限公司联合召开CMMI（能力及成熟度模型集成）认证高级研讨会议。会议聘请北京景丹科技发展有限公司高级咨询师王宇谦教授讲解CMMI认证的有关内容。CMMI（能力及成熟度模型集成）是美国软件工程研究所在原来CMM体系标准的基础上形成的升级版本，该认证分为5个等级，有效期3年。王宇谦还介绍了服务外包企业实施CMMI认证的意义和具体操作程序，CMMI认证的评估标准及评估方法，通过CMMI认证的实施如何提高服务外包企业管理水平，并分别介绍了ISO27001认证和ISO20000认证。各县（市）区主管服务外包工作的负责人以及相关企业负责人等约60人参加了研讨会。

【全市出口信用保险及海关政策宣讲大会】 5月18日，郑州市商务局联合中国出口信保河南分公司、郑州海关召开了全市出口信用保险及海关政策宣讲大会，指导全市外贸企业充分利用出口信保防范风险、便利融资功能，学习和了解海关通关便利优惠政策，进一步促进郑州市外向型经济发展。中国出口信保河南分公司、郑州海关的有关领导出席会议并讲话，各县（市）区商务局以及536家外贸企业相关负责人参加了会议。

会上，中信保河南分公司结合外贸企业面临的中东局势和典型案例，深入浅出地宣传中信保有关政策、出口信用保险操作流程以及中信保河南分公司为应对因政局动荡引发贸易风险采取的措施，如及时为企业开展风险警示工作，启动应急处理机制，开辟理赔绿色通道，保障了郑州市外贸企业尤其是与中东地区有贸易往来企业的利益。海关负责人详细介绍了A类、AA类企业可享受的优惠政策，以及申请A类、AA类企业的具体流程。通过海关A类、AA类企业申报，即可享受优先办理货物申报、查验和放行，优先安排在非工作日时间和节假日办理预约通关手续，还可享受通关现场保持较低查验率，专人负责协调解决企业在办理海关事务中的疑难问题等优惠政策。

【拜祖大典经贸活动动员会暨招商引资工作会议召开】 3月2日，郑州市商务局组织召开“辛卯年黄帝故里拜祖大典经贸活动动员会暨2011年全市招商引资工作会议”，市商务局常务副局长赵新民、郑州新区招商促进局副局长石海林以及各县（市）区、郑州新区、高新区商务局（招商局）负责人30余人参加会议。会议通报了拜祖大典筹备情况，安排部署拜祖大典经贸活动，下达客商邀请和签约项目工作任务。市商务局经协处、招商处、外资处负责人对2011年引进内资、外资工作目标任务分解原则进行说明，并就项目跟踪落实上报、统计工作、经贸活动等具体工作做出安排。

【对外开放暨重点项目和产业集聚区建设工作会召开】 3月19日上午，郑州市对外开放暨重点项目和产业集聚区建设工作会议在市青少年宫召开。市委书记连维良、市长赵建才出席会议并作重要讲话，市领导白红战、李秀奇、王璋、姚待献、胡荃、赵瑞东、高建慧、王林贺、李公乐、孙金献、舒庆及市发改委、市重点项目办、市工信委、市商务局等市直单位党政主要负责人，各县（市）区党政主要负责人，各产业集聚区主要负责人，省、市重点项目参建单位主要领导，龙头企业代表参加会议。

会议下达2011年郑州市第一批重点建设项目、对外开放工作责任目标；出台《郑州市2011年对外开放和招商引资计划》《关于加强联审联批提高审批效率的意见》等政策措施；表彰2010年度全市重点项目建设先进集体和先进个人、全市产业集聚区发展先进单位、全市对外开放工作先进单位。各县（市）区、市有关委局和单位向市委、市政府递交2011年度重点项目建设目标责任书和对外开放工作目标责任书。

【河南省与外商驻京机构联谊会暨郑州市情推介会】 3月30日，河南省与外商驻京机构联谊会年会暨郑州市情推介会在北京国际饭店会议中心国际厅召开。此次年会由河南省政府主办，河南省商务厅和郑州市人民政府承办。会议邀请中国美国商会主席委员会主席卫兴华、UPS联合包裹运送服务公司中国总部亚太区副总裁相峰、美国通用(中国)有限公司副总裁梁毅强、戴尔（中国）有限公司大中国区执行董事刘彤、沃尔玛中国有限公司中央政府总监周伟萍、大和证券SMBC株

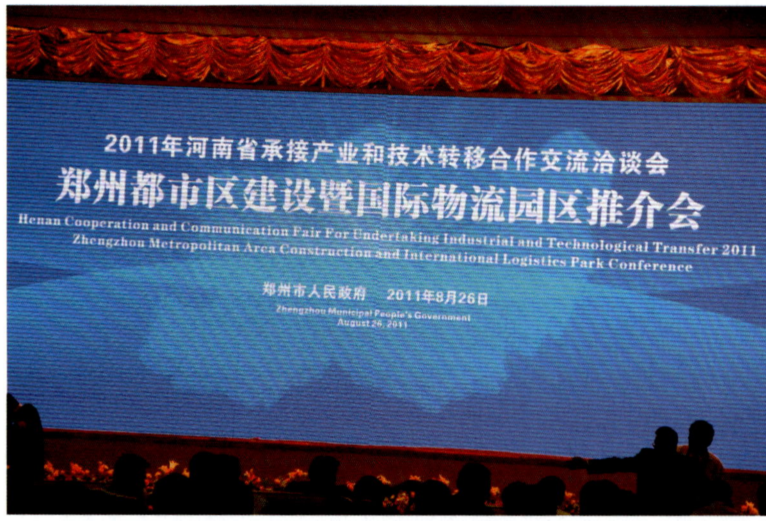

郑州都市区建设暨国际物流园区推介会

式会社副首席代表蜂谷龙彦、伟创力（中国）公司总监江小平、万达集团副总经理乔铁强、中国通用技术集团控股有限责任公司副总裁韩本毅、中国船舶重工集团公司总工程师孙建科等140多名世界500强企业和国内知名企业高管参会。

会议由省商务厅副厅长宋国卿主持，河南省政府副省长史济春致辞、商务部外事司司长刘殿勋分别致辞，卫兴华和相峰代表联谊会会员单位发言，最后郑州市政府副市长王哲就郑州市的区位交通优势、综合资源优势、商贸物流优势、产业基础优势及广阔的市场空间作重点推介，并与到会的知名企业家进行广泛交流和深入洽谈，诚挚邀请与会客商到郑州参观考察、投资兴业。

【郑州都市区建设华人华商论坛暨项目签约仪式】 4月5日，郑州都市区建设华人华商论坛暨项目签约仪式在郑州国际会展中心轩辕堂举行。该活动以郑州都市区建设为契机，借助辛卯年黄帝故里拜祖大典平台，推介郑州投资发展优势，加强郑州与港澳台及海外知名人士的合作，推进郑州市汽车和装备制造、电子信息、物流商贸、文化创意旅游等战略支撑产业及其他传统优势产业的招商引资，鼓励华人华商在郑州上项目、引资金、传技术，参与都市区建设并建言献策。

河南省委常委、郑州市委书记连维良，河南省副省长、郑州市市长赵建才，市人大常委会主任白红战，市政协主席李秀奇，市委常委、常务副市长胡荃，市委常委、统战部部长王林贺，副市长薛云伟、王跃华等省、市领导参加会议。参会嘉宾有世界华人华商领袖、港澳台及海外知名人士、国内外500强企业负责人、工商界重要团组及商协会负责人、项目签约双方代表和各县（市）区商务、旅游、统战部门负责人等约500人。

活动分两个阶段进行。第一阶段是“郑州都市区建设华人华商论坛”，由郑州市委统战部、世界华商联合会主办，郑州市海外联谊会、郑州市商务局承办，市台办、外侨办、侨联、工商联协办。王林贺主持论坛。连维良发表致辞，提出郑州都市区建设的战略定位和发展规划，表示郑州的发展离不开华人华商的共同参与，愿与各商业组织和团体开展合作，形成良性互动、实现互利共赢。美国财富集团董事长乌巴特尔、加州对外友谊发展委员会主席谢汉屏、中国CI工程发展中心主任贺懋华、世农泰运集

团总裁杨智为、美国华人社团联合总会主席陈清泉、俄罗斯中国总商会副会长林澍德、加拿大河南同乡联谊会副会长薛宝玉、晶诚（郑州）科技有限公司董事长陈泽亚、全息健康公司董事长伏羲玉兰、世界华商联合会常务理事印友海等10名嘉宾围绕郑州都市区建设发表演讲，为郑州着力打造中原经济区核心增长极建言献策。

活动第二阶段是“郑州市情说明暨项目签约仪式”，由市政府主办，市商务局、市旅游局、市海外联谊会承办。副市长薛云伟主持会议，河南省副省长、郑州市市长赵建才推介郑州市情，介绍郑州投资发展优势。签约仪式上共签约项目27个，投资总额193.2亿元人民币，其中，外资项目4个，投资额38亿元；内资项目23个，投资额155.2亿元；10亿元以上项目8个，总投资132亿元。按照投资领域和行业分，工业项目16个，总投资63.4亿元；商业服务业项目7个，总投资74.8亿元；文化产业项目3个，总投资50亿元；金融中心项目1个，总投资5亿元。活动主要呈现以下几个特点：一是项目多、额度大、区域范围广。此次签约是历届黄帝故里拜祖大典经贸活动中签约项目最多、投资金额最大的一次。投资区域来自美国、新西兰、利比亚、西班牙、马来西亚5个国家和北京、上海、广东、浙江、福建、安徽、四川、山西、台湾9个省市，投资领域以工业、商业和服务业项目居多，质量明显提高。二是承接产业转移类项目增多。27个项目中，来自东南沿海的产业转移项目12个，投资总额68.1亿元，涉及服装加工、印刷包装、建筑材料、家电生产等9个行业。三是朝阳产业项目增多。有投资2亿元的工程微藻类生物柴油研发生产项目、投资8.2亿元的BOPP新材料制模生产线项目等。四是服务业项目增多。有投资25亿元的万客隆（国际）家具展销中心改扩建项目，投资20亿元的红星美凯龙项目，投资15亿元的枣乡文化旅游综合开发项目和投资5亿元的农贸市场升级改造项目等。

【举办中国郑州第十八届中原广告展览会】 2月19日，2011春季中国郑州第十八届中原广告展览会开幕式在郑州国际会展中心广场举行。本届展会展览面积2.25万平方米，展品涉及LED照明的外延材料到照明灯具的全产业链条，为LED照明企业选择和采购零部件提供了更广阔的平台。展会吸引来自全国各地的近600家企业参展，参会观众5万人次左右。

【举办中国国际汽车后市场博览会暨第八届中国汽车用品（郑州）交易会】 6月26日，由中国汽车用品联合会、中国汽车维修行业协会、郑州市人民政府联合主办，宏达国际汽车用品城、郑州鑫达实业有限公司承办的中国国际汽车后市场博览会暨第八届中国汽车用品（郑州）交易会在郑州国际会展中心开幕，郑州市政府副市长薛云伟出席开幕式并致辞。

中国国际汽车后市场博览会暨中国汽车用品交易会是郑州市自主品牌展会中规模最大、影响力最广泛的展会，7年之间完成七级跳，从2005年108个展位，发展到2011年的6800个展位，形成国内首创的中国国际汽车后市场博览会、宏达国际汽车用品城、中国汽车后市场产业园产业链经营模式。本届展会分上、下半场，历时7天。上半场为汽车电子、改装、美容、养护、太阳膜等；下半场为汽车坐垫、精品等。上半场时间为6月26–28日，下半场为6月30日至7月2日。展览总规模14万平方米、6800个展位，3500多家参展商，专业观众17万人次。展会期间，举办了汽车贴膜技能大赛、汽车改装魅力秀、汽车美容大赛、汽车音响改装大赛等活动及中国汽车后市场战略与营销创新高峰论坛等多个行业专题会议。

【举办第三届中国国际发制品展览会】 9月26日，由中国轻工工艺品进出口商会、郑州市人民政府、许昌市人民政府共同主办的第三届中国国际发制品展览会在郑州国际会展中心举办。商务部原副部长王文东、中国轻工工艺品进出口商会会长王忠奇、河南省商务厅副厅长戴松军、郑州市副市长马健等领导以及喀麦隆、尼日利亚等国家的驻华使馆大使出席开幕式。

第三届中国国际发制品展览会展览面积6000平方米，共有来自日

中原经济区投资说明暨合作项目洽谈会

本、韩国等国内外100多家企业参展，吸引了美国、英国、韩国、日本、埃及等10多个国家的100多名专业买家到会，参观总人数2万人次。该展会是郑州市结合河南省发制品产业优势打造的自主品牌展会，本届展会将许昌的发制品产业优势和郑州的会展业优势相结合，实现了会展产业和优势产业相辅相成，相互促进，共同发展。

【参加豫沪经济合作交流会】 5月30-31日，河南省人民政府主办的豫沪经济合作交流会在郑州国际会展中心举行。省委书记、省人大常委会主任卢展工，省长郭庚茂，省政协主席叶冬松等省委、省人大、省政府、省政协领导以及省委常委、郑州市委书记连维良，郑州市委副书记吴天君出席豫沪经济合作交流会见面会和省政府欢迎宴会，与上海与会客商商谈合作大计。

5月31日，豫沪经济合作交流会中原经济区投资说明会暨项目签约仪式在郑州国际会展中心举行，省委常委、郑州市委书记连维良，郑州市政府副市长扎吐•沙衣热木出席活动。此次项目签约仪式上，郑州市共邀请上海“长三角”地区客商40余人，其中世界500强企业负责人2名，国内500强企业负责人3名。全省共签约130个项目，投资总额752.1亿元，郑州市签约项目13个，总投资金额236亿元，占全省签约额的31%，项目涵盖先进制造业、现代服务业、高新技术产业等多个领域，对接洽谈项目19个，意向金额约300亿元。

【参加中国（河南）-东盟合作交流洽谈会】 6月28日，中国（河南）-东盟合作交流洽谈会在郑州国际会展中心开幕，700多位政要和客商齐聚河南寻找商机和合作机会。

省领导郭庚茂、叶冬松、李克、连维良、徐济超、赵建才等出席洽谈会，省长郭庚茂宣布洽谈会开幕，常务副省长李克致辞，副省长史济春主持开幕式。郑州市领导吴天君、李柳身、赵瑞东、孙金献、薛云伟、马健参加洽谈会。开幕式上，东盟秘书处东盟经济共同体总代表狄塔帕、新加坡国际企业发展局副局长尤善钡、菲律宾华商联总会理事长庄前进、泰中商务委员会主席李绍祝分别致辞。省委常委、郑州市委书记连维良，省商务厅厅长李清树与新加坡国际企业发展局副局长尤善钡、新加坡国际企业发展局中国司华北区副司长周佳穗共同为河南（郑州）新加坡国际物流产业园揭牌。

在中国（河南）-东盟合作交流洽谈会合作项目签约仪式上，全省共有127个项目签约，合同总额52亿美元，约合人民币340亿元。郑州市共签下13个项目，总投资达6.53亿美元，居全省首位。其中，外资项目10个，总投资5.1亿美元；内资项目3个，总投资1.43亿美元。项目主要投资地集中在新加坡、印尼、马来西亚和日本等国家。投资项目由过去占投资份额最多的房地产业项目向工业类项目和现代服务业项目转变。郑州市签约的13个项目中10个是物流产业，其中，芜湖安得物流股份有限公司与郑州国际物流园区管委会签订安得物流现代综合物流园项目，总投资1.5亿美元；普洛斯（中国）投资有限公司与郑州国际物流园区管委会签订普洛斯物流园项目，总投资1.23亿美元。

【参加河南省承接产业和技术转移合作交流洽谈会】 8月26日，2011年河南省承接产业和技术转移合作交流洽谈会在郑州国际会展中心开幕。全国政协副主席、全国工商联主席黄孟复宣布大会开幕。省委书记、省人大常委会主任卢展工出席。省委副书记、省长郭庚茂，商务部副部长蒋耀平分别致辞。此次洽谈会由河南省人民政府与商务部、科技部、住房和城乡建设部、国务院侨办、海关总署、全国工商联、中国科学院、中国贸促会共同主办，旨在为国际国内产业和技术转移，参与中原经济区建设、共享发展机遇搭建合作平台。

科技部副部长王伟中，住房和城乡建设部副部长齐骥，国务院侨务办公室副主任任启亮，中国侨联副主席王成云，中国科学院党组成员、秘书长邓麦村，联合国工业发展组织中国投资促进办事处首席代表胡援东，委内瑞拉玻利瓦尔州州长弗兰西斯科•兰赫尔•戈麦斯，智利伊基克自由贸易区董事局代董事长费利佩•佩雷斯•瓦尔克，博茨瓦纳东南大区主席安娜•约伯特，重庆市人大常委会副主任王洪华，江苏省政协副主席包国新，贵州省政协副主席陈海峰，广东省十届人大常委会副主任侣志广等出席开幕式。

美国、加拿大、丹麦、巴西、日本、韩国、新加坡等28个国家、地区及国际组织政府官员、驻华使节，黑龙江、浙江、福建等13个兄弟省、自治区、直辖市代表团团长，中国外商投资企业协会、中国美国商会、全国台企联等70多家境内外知名商协会负责人，来自60多个国家和地区的104家世界500强和知名跨国公司高管和代表，20多个省、自治区、直辖市的136家国内500强企业及工商界嘉宾共1.5万人参加开幕式。开幕式由省委常委、常务副省长李克主持。省领导孔玉芳、邓凯、刘春良、刘怀廉、连维良、颜纪雄、尹晋华、王菊梅、史济春、秦玉海、徐济超、陈雪枫、赵建才、梁静等出席开幕式。郑州市领导吴天君、薛云伟出席开幕式。

在中原经济区投资说明会暨合作项目签约仪式上，郑州市成功签下23个项目，签约总额逾260亿元，

2011年河南省承接产业和技术转移合作交流洽谈会项目对接会

单个项目最大投资额达50亿元，涵盖先进制造、物流、服装、高新技术、旅游、餐饮等诸多领域。其中有14个内资项目，签约额207.05亿元人民币，9个外资项目，签约额9.07亿美元，呈现规模大、前景好、领域广、质量高、产业集中度高的特点。

8月26日，郑州都市区建设暨国际物流园区推介会在郑州会展中心举行。省委常委、常务副省长李克，省委常委、市委书记连维良，市委副书记、代市长吴天君，市委常委、常务副市长胡荃，副市长薛云伟、马健、张学军等出席会议。

李克致辞，胡荃从建设郑州都市区的现实基础与重要意义、郑州都市区建设的总体思路和战略目标、布局与重点任务、支撑体系、保障措施等五个方面对郑州都市区建设作推介。马健介绍国际物流园区规划及营运情况。北京大学城市与环境学院教授、城市与区域规划专家董黎明就城市发展作演讲。来自68家世界500强企业、92家国内500强企业、57家国内行业龙头企业和31家商协会的客商等800余人参加会议。

【参加河南省与央企合作重点项目签约仪式】 6月3日上午，河南省2011年与中央企业合作重点项目签约仪式在北京人民大会堂举行，现场签署130个合作项目，总投资2898亿元，其中郑州市签署一个百亿元项目。6月3日下午，郑州市与中央企业合作项目签约仪式在北京河南大厦举行，郑州市又签署20个项目。21个项目总投资715.8亿元，涉及工业、城市基础设施建设和高新技术等行业。其中，工业类项目4个，总投资139.96亿元；城市基础设施建设项目1个，总投资80亿元；高新技术类项目3个，总投资55.1亿元；能源类项目8个，总投资396.6亿元；服务业项目5个，总投资44.17亿元。所签协议中包括东风汽车有限公司在经开区投资100亿元，建设东风汽车生产基地；国电河南电力有限公司投资135亿元，建设郑州风力、太阳能、垃圾发电及城市中水综合利用项目；中国恒天集团在经开区投资32.9亿元，打造恒天载货汽车项目等。

【参加豫京津经济技术合作洽谈会】 为承接京津地区产业转移，深化豫京津经贸合作，省政府于2011年5月6日在北京举办豫京津经济技术合作洽谈会。郑州市副市长薛云伟带队，组织市商务局、12个县（市）区政府及其商务局（招商局）共50余人参加此次洽谈会。

郑州市共上会签约项目4个，签约金额共64.9亿元。洽谈会期间，各县（市）区成立小分队，组织开展拜会客商、项目对接等活动。

5月6日，薛云伟会见中国国电集团龙源电力股份有限公司副总经理黄群，大唐新能源股份有限公司总经理胡国栋等9家企业负责人并与嘉宾进行座谈。薛云伟向嘉宾介绍了郑州的发展和投资优势，邀请他们到郑州考察投资。

【参加第109届中国进出口商品交易会】 4月15日至5月5日，第109届中国进出口商品交易会在广州琶洲展馆举行。本届广交会到会采购商和出口成交额均比上届有所增长。

郑州市参加本届广交会主要特点：一是参展企业和展位有所增加。由于世界经济形势持续向好，郑州市对外贸易活跃，继上届广交会后，本届广交会郑州市外贸企业参展积极性继续高涨。郑州市参展企业146家，展位292个，分别占全省参展企业和展位数的46.8%和40.1%；参会企业包括郑州宇通客车、郑州日产汽车、中磨进出口公司、郑州思念食品等郑州市知名外贸企业。二是特装展位充分展示企业形象。为推进郑州市品牌建设，扶持企业自主创新，不断优化参展产品结构，郑州市积极协调有关部门，为参展企业争得36个特装160个展位，使郑州市特装参展企业达到36家。郑州鸿宾木艺有限公司和河南安华玻璃制品有限公司展区，布展设计独特，产品展示新颖，细节间尽显精致，清新亮丽的形象受到与会客户的青睐，采购商纷至沓来，成为展会的亮点。三是参展商品品种多，成交额较上届增加。本届广交会郑州市参展商品共15大类近2000余种产品，主要有磨料磨具、食品机械、纺织服装、化工医药、工艺礼品、玻璃器皿、家具家纺和汽（客）车车辆等。出口成交额1.1亿美元，较上届增长15.1%，达成出口意向4.3亿美元。

【参加第十三届海峡两岸经贸交易会】 5月18日，第十三届海峡两岸经贸交易会在福州海峡国际会展中心开幕。应福州市政府邀请，郑州市以市政府副秘书长宋柏松为团长，市政府办公厅、市商务局、郑州新区等单位和10多家郑州名优产品生产企业组成郑州代表团赴福州参会。

第十三届海峡两岸经贸交易会由国台办、中国国际贸促会、海关总署、福建省人民政府主办，交易会设台湾馆、ECFA产品展、版权（创意）产业精品展、海峡西岸经济区展和装备、出口、消费品等16个展区。展会期间，宋柏松同参会的美国中华总商会常务副主席郑勤连，荷兰中国商会副会长潘凤飞等企业家进行会谈。郑州代表团一行考察福建群升国际商业集团并同集团总经理肖斌就到郑州市投资项目进行洽谈。

交易会上，郑州市开展了对第十七届郑交会的招商活动，邀请福州、温州、广州、哈尔滨、深圳、南昌、徐州、九江等城市政府代表团参加郑交会，并同海交会组委会和荷美会展公司就组织福建企业参加郑交会达成初步协议。展会期间，郑州市形象展区共接待闽商、台商等境内外2000多人次参观、咨询，通过图片展示、发放宣传招商资料、播放推介片等方式，达到宣传郑州、加强两地经贸交流与合作的目的。

【参加第十九届昆交会暨第四届南亚国家商品展】 6月6日，由商务部和云南省、重庆市、四川省、贵州省、广西壮族自治区、西藏自治区及成都市人民政府共同主办的第十九届中国昆明进出口商品交易会暨第四届南亚国家商品展在昆明国际会展中心开幕。国务委员戴秉国及南亚部分国家领导人出席开幕式。

本届昆交会面向东南亚和南亚的市场定位和区域特色更加鲜明。设置4个商品专业馆、2个专题馆和2个展示区。其中，商品专业馆包括机电馆、生物资源馆、化工矿业馆和家居建材馆；专题馆包括东盟馆和投资促进馆；展示区包括斯里兰卡主题国展示区（室外）和大型工程机械展区（室外）。展会共设室内标准展位2485个，其中，昆交会设1983个标准展位，南亚国家商品展设置502个标准展位。东南亚、南亚各个国家均有代表团参展。郑州乐彩科技股份有限公司等7家企业参加展会。郑州乐彩公司是国内首家自主设计、研发、生产、销售并拥有自主核心知识产权的数码宽幅打印机及相关耗材的制造企业，开幕日当天，即有客商签订购买意向。郑州市其他参展企业开幕当日都有不同程度的收获。

【参加河南-港澳经贸交流活动】 6月6-10日，省政府在港澳举办2011年河南-港澳经贸交流活动，进一步促进豫港、豫澳在经贸方面更深层次、更广领域、更高水平的交流与合作。郑州市政府代市长吴天君和副市长薛云伟带队，市商务局牵头，市外侨办、外宣办、金融办等市直机关，以及各县（市）区、开发区和新闻媒体等单位组成郑州市代表团全程参加交流活动。

活动期间，郑州市代表团参加了由省政府主办的中原经济区建设投资说明会暨合作项目签约仪式、豫港经贸合作项目对接会、香港福建社团联会座谈会、中原经济区建设投资说明暨合作项目洽谈会等一系列经贸洽谈活动。会上，郑州市共签约14个项目，总投资27.1亿美元，折合人民币176亿元，签约项目总投资额排名全省首位。其中，超亿美元的项目有8个，投资总额达25.42亿美元，占总投资额的94%。高端商贸、现代物流、文化旅游等现代服务业作为港澳地区的优势产业，成为此次签约项目的重点。

6月9日，郑州市在香港君悦酒店自主举办“郑州市情说明暨国际物流园区推介会”，宣传推介郑州发展现代物流产业的功能定位和规划布局。中央人民政府驻香港特别行政区联络办公室经济部部长王丙新、香港中华总商会副会长袁武以及香港太古集团、嘉里物流、招商局物流、香港超级货站、UPS、TNT、DHL、翡翠航空、苹果物流、顺丰速运等国内外知名物流企业高管130多人参加会议。会议在推介郑州发展现代物流优势的同时，把国际物流园区作为承载主体，介绍了郑州国际物流产业园的功能定位和规划发展情况。会议还首次引入互动环节，郑州市领导与参会嘉宾就郑州发展航空物流、冷链物流、快件物流及第三方物流等4个专题展开互动对话。

在港澳期间，吴天君和薛云伟重点拜访了摩根大通集团、香港东亚银行、香港永隆银行等金融机构和新濠国际、澳门新大信等当地知名企业；参观了嘉里大埔物流中心和香港超级货站；回访了香港恒隆地产、华润集团、嘉里集团、港中旅等在郑有投资项目的企业。

【参加第二十二届中国哈尔滨国际经济贸易洽谈会】 6月15-19日，第二十二届中国哈尔滨国际经济贸易洽谈会（简称哈洽会）在哈尔滨市举办。本届哈洽会由中华人民共和国商务部、国家发展和改革委员会、中国国际贸易促进委员会、黑龙江省人民政府、浙江省人民政府和哈尔滨市人民政府共同主办，协办单位有俄罗斯联邦经济发展部、日本国际贸易促进协会等10多个国外的政府部门与贸易促进机构。哈洽会是经商务部批准举办的国家级、国际性大型经贸展览会，是连接东北亚经济贸易的纽带，是开拓俄罗斯、独联体以及世界各国市场的窗口和桥梁。

郑州市组团参加本届哈洽会，市商务局、市会展办等单位参加相关活动，并进行交流、招商、洽谈。大会期间，拜访了哈尔滨市商务局及境内外组展单位，推介了第十七届郑州全国商品交易会，经过沟通与洽谈，哈尔滨市初步确定组团参加郑交会。

【参加第九届中国国际软件和信息服务交易会】 6月16-19日，第九届中国国际软件和信息服务交易会在大连举办，郑州市部分县（市）区商务主管部门及20多家软件和服务外包企业组成40多人的代表团参加交易会。本届软交会以“绿色IT,智能应用”为主题，重点关注全球IT产业的绿色发展，以及软件技术的智能化应用和信息服务业的升级转型。英特尔、SAP、微软、思科、IBM、日立等30多家跨国公司，东软、用友、海辉、中软、华信、中科红旗等国内重点企业，中国移动、中国联通、中国电信三大电信运营商参会。

会上，郑州经济技术开发区、高新技术产业开发区、惠济区借助软交会搭建的平台广泛地宣传了郑州的投资环境以及郑州发展软件和服务外包产业的独特优势。郑州市参会和参展企业积极参与合作洽谈，河南省863软件孵化器有限公司、河南辉煌科技股份有限公司、向心力通信技术有限公司、河南芝麻开门数码商务有限公司、河南约克信息技术有限公司等企业主动出击，强力推介各自的新产品、新技术，与国内外客商广泛交流，初步达成一批合作意向。

【参加福建（泉州）河南省承接产业转移恳谈会】 6月20-23日，河南省商务厅在福建省泉州、晋江、石狮等地举办承接产业转移，引进出口型项目活动。省商务厅组织郑州市、安阳市、漯河市等8个地市及服装、鞋帽、纺织产业集聚区负责人参加“福建（泉州）河南省承接产业转移恳谈会”。郑州市商务局、荥阳市商务局、新密市产业集聚区主管人员参加恳谈会。

6月22日，郑州市参加了在泉州市世贸中心酒店举办的河南省承接产业转移恳谈会，泉州市社会外商投资企业协会、纺织服装协会、鞋业协会和箱包协会等70余家相关单位出席恳谈会，河南省8个地市及相关集聚区进行市情推介。福建凤竹纺织科技股份有限公司董事长助理叶炜刚、坤跃（福建）集团（环保）副董事长欧跃腾、达狮雄（福建）集团有限公司（服装）总经理柯文宣等3家企业高管先后表示，公司有意向把产业向河南转移，并初步与新密市产业集聚区就交流、沟通与合作等事宜交换意见。晋江市和美服装织造有限公司、石狮市雄伟服饰有限公司、泉州斯得仕服饰织造有限公司、福建盛博服装有限公司对郑州市服装产业转移基地及丰富的劳动力资源产生浓厚兴趣，并达成初步意向。

在泉州市期间，郑州市代表团随同省商务厅参观考察了九牧王股份有限公司、福建宏远集团和特步（中国）有限公司，重点与泉州市外商投资企业协会秘书长蒋英璠、福建宏远集团副总裁陈苍松就产业政策、产业配套、人力资源和资源信息共享等方面进行了深入沟通与交流。

【参加首届中国-亚欧博览会】 9月1-5日，由新疆维吾尔自治区、新疆建设兵团、商务部、外交部等27个部委和单位联合主办，上海合作组织秘书处、联合国贸易与发展会议等14个国际组织共同协办的首届中国-亚欧博览会在乌鲁木齐市举行。中共中央政治局常委、国务院副总理李克强出席并宣布博览会开幕。巴基斯坦总统、吉尔吉斯斯坦总统、联合国工业发展组织执行干事、上海合作组织秘书长以及香港、澳门特别行政区行政长官等政要出席本届博览会。郑州市由市商务局有关领导带队，郑州日产汽车有限公司、河南黎明重工科技股份有限公司等14家企业组成的郑州市经贸代表团一行32人参加了首届亚欧博览会。

首届中国-亚欧博览会是连续举办19届的乌鲁木齐对外贸易洽谈会的继承和升华，会展面积是2010年乌洽会的2.3倍，规模和层次远远超过往届乌洽会。博览会邀请300多位中外省部级高官、工商团体和商协会领导、国际组织代表、外国驻华使节及我驻外使节、世界500强企业高管等重量级嘉宾，专业采购商及国内知名大企业参会参展。参会的国家和地区包括俄罗斯、哈萨克斯坦、吉尔吉斯斯坦、乌兹别克斯坦、土耳其、巴基斯坦、日本、澳大利亚、香港、澳门等亚欧33个国家和地区；国内30个省、区、直辖市及5个计划单列市组团参展。到会嘉宾及客商达5万人。展会以一流的展览设施、现代化的商际网络和内容丰富多彩的经贸、文化活动，为参展企业和客商搭建了交流沟通合作的平台。展会上，郑州市参会的县（市）区和企业代表与到会的海内外客商进行了广泛接触和洽谈，发放各种资料5000余份，签订合作意向13项，贸易额达3000多万美元，并收集了大量资料信息，与许多客商、商会建立了联系，为以后合作打下了坚实的基础。会展期间，郑州市展团的部分成员还参加了包括中国-亚欧经济发展合作论坛、上海合作组织商务日、中国亚欧合作与开发、农业合作开发、金融合作科技交流等论坛，中外文化展示周活动及形式多样的贸易洽谈活动。

【参加第六届中国中部投资贸易博览会】 9月26–28日，副市长薛云伟、李公乐率领郑州市代表团参加在太原举办的第六届中国中部投资贸易博览会。中博会期间，薛云伟先后参加了中博会开幕式、高峰论坛2011、中部六省与跨国公司代表恳谈会、中原经济区战略支撑产业推介会及2011市长与跨国公司对话会，并陪同河南省省长郭庚茂考察富士康太原工业园。李公乐率市直有关负责人参观了太原智奇铁路设备有限公司。

在2011市长与跨国公司对话会上，来自郑州、武汉、合肥、太原、南昌、长沙的6位市领导，与英国商务中心执行总经理罗瑞福、可口可乐大中华区副总裁白长波等嘉宾，围绕中部城市经济转型等话题进行深入对话。

本届中博会，中原区在太原成功签约方圆经纬花园和盛豪帝湖国际广场两个大项目，签约总额达70亿元人民币。

【参加第110届中国进出口商品交易会】 10月15日至11月4日，第110届中国进出口商品交易会在广州琶洲展馆举行。本届广交会到会采购商和出口成交额均比上届有所增长，郑州市参展企业踊跃，成交有所增长。

郑州市参加本届广交会主要特点：一是参展企业踊跃，展位有所增加。本届广交会郑州市外贸企业参展积极性继续高涨，参展企业197家，展位数421个，分别占全省参展企业和展位数的62.3%和58.9%；参会企业包括郑州宇通客车、郑州日产汽车、中磨进出口公司、郑州思念食品等郑州市知名外贸企业。二是特装展位增加，充分展示郑州市企业形象。为推进郑州市品牌建设，扶持企业自主创新，不断优化参展产品结构，郑州市积极协调有关部门，为参展企业争得44个特装165个展位，使郑州市特装参展企业达到44家，品牌展11家。郑州鸿宾木艺有限公司和河南安华玻璃制品有限公司的展区，布展设计独特，成为展会的亮点。三是参展商品品种多，成交额较上届增加。本届广交会郑州市参展商品共15大类2000余种产品，主要有磨料磨具、食品机械、纺织服装、化工医药、工艺礼品、玻璃器皿、家具家纺和汽（客）车车辆等。出口成交额1.23亿美元，较上届增长11.82%，达成出口意向4.8亿美元；新产品较上届也有所增加，特别是郑州傲世实业有限公司的一款交互式多点触控电子白板吸引了众多采购商的眼球，该产品采用中大尺寸触摸屏的先进影像技术，许多采购商对该产品表现出极大兴趣，纷纷签订采购意向。

【参加中国西部国际博览会】 10月17–21日，第十二届中国西部国际博览会在成都举办，郑州新区管委会副主任崔凡、郑州市商务局局长宋加利带领郑州代表团参加开幕式以及相关专项活动。会议期间考察了新都区家居生产、批发市场、成都市商业特色街建设等，还与当地商务部门进行了广泛而深入的交流，邀请参加郑州全国商品交易会，进一步增强了两地合作，促进共同发展。

郑州市河南华润万家生活超市有限公司、郑州丹尼斯百货有限公司等企业代表参加了中国采购商大会，充分利用大会平台，与相关企业积极对接，寻求商机。

【参加中国（河南）–韩国合作交流洽谈会】 11月26–28日，由省政府和韩国驻中国大使馆共同主办的2011年中国（河南）–韩国合作交流洽谈会在郑州市举行。本次洽谈会以加强豫韩经贸合作、扩大利用外资、承接产业转移为主线，包括6项主要活动及有关省辖市推介会和一系列考察活动。洽谈会期间，郑州市政府副市长薛云伟出席了韩国–中国（河南省）友好周活动启动仪式、豫韩交流洽谈会开幕式及合作项目签约仪式。

在合作项目签约仪式上，郑州市成功签约3个外资项目和4个外贸项目。3个外资项目签约投资总额1.492亿美元，合同外资总额1.46亿美元，分别为青岛乐天超市有限

海尔（郑州）市场创新基地项目签约仪式

公司与二七区签订的韩国乐天超市项目、韩国乐天集团与金水区瀚海置业签订的购物超市项目、现代汽车投资有限公司与中原区签订的韩国品牌汽车4S店项目。4个外贸项目的进出口合同及意向合同总额达21.4亿美元，涉及出口铝深加工产品、玻壳、架桥机及进口手机配件等业务。

本次洽谈会，郑州市搜集10个对接项目吸引韩国客商投资，涉及现代服务业、先进制造业、电子信息业等行业。11月26日，韩国贸易馆考察团一行19人到郑州经济技术开发区考察了中铁盾构机，沿途参观了开发区工业走廊及中国烟草、日产、海马、百事等企业。

【上海会展协会率展览机构考察郑州会展市场】 2011年3月30日，作为2010年郑州市在上海举办的会展推介会的延续，上海会展行业协会组织法兰克福展览(上海)有限公司、上海工业商务展览有限公司、科隆展览中国有限公司上海分公司等拥有40多个展会项目的10多家知名展览公司，在郑州市考察会展业发展情况。考察团对郑州市的办展环境和硬件设施给予高度评价，法兰克福展览(上海)有限公司期望与郑州市展览公司合作办展，上海工业商务展览有限公司、上海上玩玩具展览有限公司、上海现代国际展览有限公司有意在郑州市举办展览项目。

考察期间举办了座谈会，市会展办推介郑州市会展业发展环境，并阐述“十二五”期间郑州市发展会展业的思路。郑州香港会展管理公司介绍了郑州国际会展中心的国际化管理情况。郑州市规模最大的自主品牌展会主办方-郑州鑫达实业有限公司介绍了如何依托郑州会展业的优势，将中国国际汽车后市场博览会做大做强的案例。

【新疆生产建设兵团商务考察团在郑考察】 4月7日，新疆生产建设兵团农十三师总经济师马济宇、兵团农十三师商务局局长李坤率商务考察团在郑州市考察红枣加工及纺织企业情况，考察团分别到好想你枣业股份有限公司和郑州宏业纺织有限公司参观、座谈和交流。考察团来郑州市主要是结合各自地区资源优势寻求经贸合作，搭建平台。河南省商务厅、省援疆办、郑州市商务局领导陪同考察。

【上海市企业家投资考察团在郑考察洽谈项目】 6月30日，以上海市政府合作交流委员会副书记鹿金东为团长的上海企业家考察团一行18人在郑州市考察投资项目。这是在5月30日豫沪经济合作交流会项目对接会的基础上，上海市企业家进一步与郑州市对接实地考察投资项目。市委副书记、代市长吴天君，市政府副秘书长宋柏松，市商务局局长宋加利会见上海企业家考察团一行，吴天君介绍了郑州市情及投资项目情况，希望郑州市与上海市加强交流，欢迎上海企业家来郑州投资兴业。

考察团先后在荥阳市考察洽谈建设大型商业综合体项目，在郑州新区考察洽谈建设水游城项目和金融物流项目，在郑州高铁客运车站、华强文化产业基地和项目投资地块进行考察，在管城回族区考察旧城改造项目，上海鹏欣集团、上海月星集团、上海辉映投资有限公司等均计划进行项目投资。

【哈尔滨市政府代表团在郑考察】

8月16日，哈尔滨市政府代表团一行11人抵达郑州，对郑州市进行为期两天的考察。哈尔滨市政府副市长焦远超带领哈尔滨市投资促进局、经济技术开发区、双城市、方正县政府领导拜会郑州市政府副市长薛云伟、副市长扎吐•沙依热木，双方进行交流，表示要进一步加强经济技术合作，拓宽合作领域。

8月17日，哈尔滨市在嵩山饭店召开食品产业发展推介座谈会。哈尔滨市领导和相关单位分别推介哈尔滨市食品发展优势，郑州市三全食品、思念食品、天方集团、海嘉食品、花花牛乳业等10余家企业参加，双方就合作方式进行磋商。

【华南城控股董事局主席郑松兴在郑考察】 8月22日，中国国际商会副会长、中国物流与采购联合会副会长、华南城控股董事局主席郑松兴和全国政协委员、中国光彩事业促进会副会长、香港豪德集团董事局主席王再兴一行12人，在郑州市政府副秘书长宋柏松、市商务局副局长张福清等陪同下，分别到新郑市、中牟县、金水区等地就华南城项目建设进行实地考察。郑州市政府代市长吴天君、副市长薛云伟会见考察团一行并就项目建设情况进一步商谈。吴天君对郑松兴一行来郑州投资考察表示热烈欢迎，同时介绍郑州都市区建设规划和郑州在区域、交通、资源等方面的独特优势。最后，吴天君对项目建设及下步工作提出明确要求。他指出，在河南建设中原经济区之际，华南城项目投资郑州，不但是契合，更是正确的选择。项目建成后，必须要达到“在国际上有影响力、在国内有辐射力、对国内资源有整合力”的“三力”标准；要在业态、观念上有新的提升，要与郑州建设区域性中心城市相契合；要成为全国生活资料和生产资料新产品研发、发布、展示、定价中心。华南城项目需尽快选址，尽早落地，双方可成立相应的对接班子，市政府将对项目建设提供足够的发展空间并给予大力支持。郑松兴、王再兴对郑州市政府的热情接待和对企业的高度重视深表感谢，表示公司已将郑州作为战略发展要地，华南城集团与香港豪德集团实行强强联合，将在郑州建设一个国内档次最高、规模最大的商贸物流城。

8月23日，河南省委常委、常务副省长李克会见郑松兴一行，并就其在郑投资建设现代商贸物流城进行广泛深入交流。郑州市代市长吴天君，副市长、郑州新区管委会主任赵瑞东，郑州新区管委会副主任、国际物流园区副主任马建，市政府副秘书长宋柏松，新郑市市长王广国陪同会见。

【薛云伟考察南宁华南城项目】 10月21日，郑州市委常委、副市长薛云伟带领市商务局、发改委、财政局、国土局、规划局、环保局、市场发展局、工商局等有关部门负责人和新郑市领导到南宁考察南宁华南城项目，并参加中国-东盟博览会轻工展开幕式和中国-东盟商品交易中心启动仪式。

薛云伟与华南城控股有限公司联席主席、董事长郑松兴等高管就郑州华南城项目推进工作进行座谈。双方在此前多次接触形成共识的基础上，重申郑州作为全国重要节点城市的地位和作用以及华南城入驻郑州的重大意义，对郑州项目的总体要求及启动谈判、开工准备的时间节点及推进方式达成共识。双方达成年底前郑州华南城项目签约动工，2012年6月底全面开工建设的意向。

薛云伟强调，一是立即启动谈判工作，尽快实现项目签约；二是积极向上争取土地指标，确保一期工程开工需要；三是尽快完成郑州华南城项目省级重点项目的申报工作；四是双方建立工作机制，促进工作快速推进。

郑松兴表示，一是尽快召开董事会，确定郑州华南城项目；二是华南城方面明确专人负责与郑州方面对接，尽快拿出项目方案和协议草案；三是尽快进入实质性谈判阶段。

10月22日，在南宁市政府会议室，薛云伟一行与南宁市副市长杨民及南宁市商务局、发改委、财政局、规划局、环保局、工商局、投资促进局、土地储备中心和江南区相关负责人进行座谈，详细了解南宁市在华南城项目谈判、推进、落地过程中的经验，双方就引进华南城项目所涉及的土地、规划、财政政策、交通配套、工作机构、会展政策、项目审批服务等方面进行交流。

【市人大代表视察蔬菜流通体系建设】 11月10日，市人大常委会副主任刘全心带领部分常委会组成人员和人大代表对全市蔬菜流通体系建设情况进行考察,市政府副秘书长宋柏松陪同。

人大代表先后到中原新城社区便利店、交通路农贸市场、金城街农贸市场、富田社区便利店进行考察，考察过程中，代表们仔细询问了萝卜、西红柿、大白菜等蔬菜的价格，就蔬菜供应和经营情况向商户和居民征求意见和建议。

【郑州市被命名为省铝深加工产品出口基地】 铝及铝深加工产业作为郑州市的战略支撑产业，铝深加工企业迅速发展壮大，铝及铝深加工产品出口大幅提高。2008年，郑州市铝及铝产品出口28725万美元，同比增长44.4%；2009年受国际金融危机影响，铝及铝产品出口有所下降；2010年，随着国际市场的复苏，郑州市铝及铝产品出口28005万美元，同比增长239.0%。同时形成一批以明泰铝业、万达铝业、郑州铝业和中铝河南分公司为代表的铝深加工骨干出口企业。为发挥郑州市铝深加工企业集聚带动作用，充分利用省、市有关政策的扶持作用，2011年上半年，郑州市向省政府申报铝深加工产品出口基地。9月初，河南省人民政府发文（豫政文〔2011〕169号）正式批复郑州市成为河南省铝深加工产品出口基地。

(倪 永 赵晓丽)

供销合作

【概况】 2011年，全市供销系统全面贯彻落实市政府123号文件，坚持“保稳定、抓改制、促发展”，狠抓新网工程不动摇这一主线，实现“十二五”良好开局。全年全系统商品销售总额完成177亿元，较上年增长46%。连续3年实现两位数增长。全年销售化肥56万吨，较上年增长38.68%。全系统共完成利润总额4462万元，较上年增长38.67%；基层社实现利润1123万元，较上年增长37.79%；所有者权益达到4.48亿元，较上年增长22.32%；资产

市人大代表视察指导郑州市新网工程建设工作

副市长马健在郑州市供销社、郑州财经技师学院指导工作并参加送温暖活动

总额达到18.95万元，较上年增长12.74%。

【新网工程建设】 2011年，新网工程建设总投资达到2.3亿元，发展乡镇级超市51个，村级综合服务社650个，结合合村并镇、合村并点的城市规划，发展城市社区农产品生鲜超市124个，服务领域在城市和乡村同步发展。网点建设质量较上年有明显提高，龙头企业引领带动作用有一定的体现，新网工程在有条件的乡镇村庄实现全覆盖，一批与新网工程有关的项目建设完成，多数已投入使用，基本实现5年任务3年完成的预期目标。全系统不断强化项目意识，项目库共储备项目316件，列入2012年项目计划的有72件。

曾为新网工程建设短腿的再生资源体系建设在2011年取得长足发展。全市新建或改造回收站亭1062个，并按"六统一"标准进行规范。整合流动三轮车1000多辆。计划建设的7个分拣中心进展情况良好，多数通过上级有关部门验收。国家财政3800万元扶持资金基本拨付到位。

【社属企业改革】 2011年，郑州市供销系统企业改制工作有新进展。纳入年度改制工作重点的卷闸门窗厂、物资调剂公司、三得利商场改制和人员分流安置工作，取得实质性进展。企业和市供销社所做基础性工作基本就绪。三得利商场、物资调剂公司成本核算已经完成，为下一步工作推进奠定了坚实基础。

【安全生产】 2011年，郑州市供销系统坚持几年来维护大局稳定的有效做法，按照市委、市政府的要求和部署，结合自身情况，积极主动做好工作，在平时和各个敏感时期，化解不稳定因素，全年越级访、规模访较上年下降81%，到省规模访较上年下降100%，来市到社重复访较上年下降53%。在"两代会""党代会""七一""八一"等时期，未出现来自市供销系统的负面影响。在做好稳定工作的同时，安全生产工作延续往年的良好局面，全系统没有发生有影响的安全责任事故。

【农村合作经济组织建设】 2011年，郑州市供销合作社不断强化农村合作经济组织建设，始终把为农服务放在第一位，积极领办各类协会和专业合作社，推进网点进村组、进社区、进学校、进工厂，不仅带动了生产，有效地改善了广大农村的消费环境，改变了农民的消费习惯，而且让市民不出社区就能买到放心的农产品，受到城乡居民的欢迎。

（贾耀刚　李　培）

粮油购销

【概况】 2011年，全市主要粮食工作目标完成情况是：粮食收购量责任目标41710万公斤，完成142647.9万公斤，占全年任务的342%；粮食销售量责任目标33480万公斤，完成200457.9万公斤，占全年任务的599%；国有粮食购销企业净资产收益率完成≥0的目标；招商引资项目责任目标2个、招商引资金额责任目标5800万元，实际完成12个、引进资金4.23亿元，分别占全年任务的600%和729%；城镇连锁经营及农村服务网点增加量责任目标30个，完成270个，占全年任务的900%；"四无"粮油率责任目标95%，完成100%，超全年目标5个百分点。确保了全市粮油储备数量真实、质量完好、储存安全。在推进依法行政、执行粮食政策，党风建设和政风行风建设，平安建设和信访稳定，遏制重大、特大安全事故，完成上级交办的工作任务等定性目标方面整体运行良好。超额完成省、市下达的各项目标任务，未出现任何一票否决的情况，整体工作走在全省乃至全国前列。

【夏粮收购】 2011年，粮食收购价格首次突破2元/公斤，市场价高于最低收购价，郑州市未启动小麦最低收购价执行预案。面对新形势，市粮食局组织各类粮食购销企业认真分析粮食市场形势，指导全市粮食企业自筹资金积极收购，确保农民交售的粮食应收尽收。2011年，全市夏粮按市场价收购小麦62.3万吨，平均收购价格为2.02元/公斤。

夏粮收购

每公斤比上年增加0.14元，农民共增加收入8700万元，保护了种粮农民的利益，不仅充实了郑州库存、增加了社会总供给，也为市场供应奠定了良好的基础。

【军粮供应】 2011年，郑州市军粮供应中心优化服务方式，主动服务，坚持实行电话预约、免费装卸、义务送粮、24小时全天候供应等服务措施，做到有求必应；切实做好品种串换，根据部队需求，组织采购质量好的多种小杂粮，以保本为原则，进行品种串换，优惠供应驻郑部队；积极争创全国“百强军粮供应站”，8月，顺利通过全国“百强军粮供应站”验收；定期走访慰问部队，春节及“八一”建军节前夕，市粮食局领导带队，及时走访慰问驻郑部队，听取广大官兵的意见和建议。

【依法治粮】 2011年，重点完善提高粮食执法体系，维护粮食流通秩序，创造良好的法制环境。一是《郑州市粮食流通管理条例》经过5年的充分酝酿，已经成熟，争取列入2012年郑州市正式立法项目，各项工作在推进中。二是完善工作机制。全面推行行政执法工作责任制，制定《郑州市粮食行业行政处罚自由裁量权实施办法》，上报市政府法制局。三是加强宣传，以《粮食流通管理条例》颁布7周年和粮食日为契机，开展形式多样的宣传活动，共发放粮食法规和宣传资料500余份，接待咨询200余人，进一步增强了粮食经营者和消费者的法律意识。四是加强制度建设，制定《郑州市粮食局行政执法程序制度》等11项制度，编印《郑州市粮食依法行政工作手册》，规范执法工作。五是强化人员培训，全年组织法治培训150人次，组织参加各项法律竞赛活动500人次。六是抓好执法硬件建设，将执法经费列入财政预算，不断充实人员，增加设施。

【市场监管】 2011年，郑州市强化粮食市场及库存的安全监管。一是加强日常监管，及时组织对粮食出入库、统计制度执行情况、政策性粮食出库和供应等方面的检查监督，确保各项政策制度的有效落实。二是组织开展全国性食用植物油库存检查。郑州市是河南省存油大市，经检查，全市库存油脂质量良好、储存安全。三是继续做好粮食清仓查库工作。通过检查，全市检查时点库存的各种性质粮食账实相符，质量符合国家标准。四是加大对涉粮案件的查处力度，设置专门电话和信箱，关注网络等媒体舆情，认真做好举报、投诉的受理和处理工作。有效消除各类安全隐患，取得良好成效。一年来，全市未发生一起坏粮事故，粮食品质符合国家标准。

【设施建设】 2011年，郑州市粮食产业集聚区建设各项工作上了新的台阶。一是郑州市建立郑州粮食物流园区的退城进郊、发展粮食物流产业的设想，得到国家局领导的支持，项目前期工作正顺利推进。二是积极配合中粮(郑州)产业园建设，施工顺利，计划2012年完工。三是推进物流设施建设。中原国家粮食储备库，自筹资金新建3.3万吨仓容，主体已完工，其物流项目申请国家配套资金已到位，项目开展顺利；郑州粮食科学研究所申请财政资金，购置精密粮食检测仪器；登封市粮食局自筹资金建成县级粮食化验室。郑州市粮食局局属企业、各县（市）区也积极进行粮食物流设施建设、改造仓房、增添设备。各类项目建设的推进，提升了全市粮食物流水平。

【质量安全】 2011年，郑州市粮食局全面落实粮油食品安全管理责任制，将粮油质量安全作为“保民生”的重要任务来抓。一是不断完善粮食质量监管制度，加强制度建设，完善检测手段，加强宣传和行业培训，提高全社会、全行业对粮油质量安全的认知度和关注度。二是加强对粮食收获质量调查、品质测报，指导粮食经营企业收购、引导消费。三是加强粮食出入库检查，指导各类粮食企业建立粮食出入库检查制度，执行国家标准，提高检测能力；加强对政策性粮食的出入库质量检测，组织有资质机构进行复查，从而在“入口”和“出口”两个方面确保粮食质量安全。

四是加强粮食存储的一切的质量监管，组织开展定期或不定期的质量抽验，组织开展专项检查，确保存储的粮食品质符合国家标准。

【推进主食产业化】 “主食产业化”为郑州市首次在全国提出，市粮食部门积极开展主食产业化理论研究，受到国家粮食局和省、市的高度重视。为推进主食产业化进程，市粮食局组织对全市48家粮食加工企业进行详细调研，并在全市范围内发放调查问卷1200余份，分别对不同的企业、消费群体进行详实的调研。掌握了郑州市粮油食品产业基本情况，认真分析了郑州市粮油食品产业的特点，主要产品生产能力及发展趋势，初步制定了郑州市食品工业产业聚集区建设的总体布局和发展目标，为主食产业化的建设和发展打下了良好的基础。

【安全稳定】 2011年，郑州市粮食局始终把维护行业安全稳定放在第一位，扎实开展信访维稳工作，做好信访安全日常工作。一是建立健全责任制。制定年度工作方案，层层签订责任目标保证书、明确“一把手负责”和“一岗双责”。二是强化宣传。以全国第10个“安全生产月”活动为平台，共制作展板20余块、悬挂横幅50余条。举办应急演练4场，职工受教育面95%以上。三是实行防汛工作分片包干，建立防汛抢险队15个，防汛抢险人员300余人，预备麻袋10万条、篷布10块、防汛工具90件，做到防汛组织、物资器材、抢险队伍“三到位”。四是加强检查、强化追究。强化安全生产监管机制，对重点企业，安全生产检查每季度不少于一次，强化安全隐患治理结果反馈制度，认真回查整改落实情况。五是做好信访稳定工作。认真排查、关口前移，及时化解矛盾；全年共接待职工群众来访29批次106人，比上年下降60%。由于责任到位，措施到位、落实到位，全年安全生产无事故，未出现任何安全事故和越级上访及不稳定事件。

实施助农科学储粮工程

【指导农户科学储粮】 2011年，郑州市粮食部门通过调查了解农民储粮现状，指导农民开展科学储粮，以提高农民科学储粮水平，减少农民储粮损失，增加农民收入，保障国家粮食安全。按照国家、省粮食局下达5万户的小粮仓计划，郑州市粮食局及时向市政府汇报，协调市财政安排2011年度地方配套资金1295万元。各项工作按计划推进，计划在2012年6月前完成。

【行业管理】 郑州市粮食局将管理和服务紧密结合，通过服务提高管理水平。一是加强粮食仓储管理。全市粮油库存常年保持在100万吨左右，特点是量大、点多、仓储条件差别较大。全市粮食部门层层签订储粮安全责任书，严格保管员、化验员持证上岗制度；严格“一、三、七”粮情检测制度、粮情分析制度；积极推行“四项科学保粮技术”，积极探索绿色储粮，确保粮食储存安全。二是加强轮换管理。年初下达计划，安排地方储备粮按照25%左右的比例、市级储备油按规定进行轮换。督促承储企业做好资金准备和备仓工作，在轮换过程中严把质量关。三是大力发展粮食产业。加强沟通、强化服务，帮助企业分析形势、理清思路，指导企业加强管理，做大做强。四是扎实做好粮食统计工作，建立全社会统计网络，保证各项统计数据及时、全面、完整。

（吴　晓）

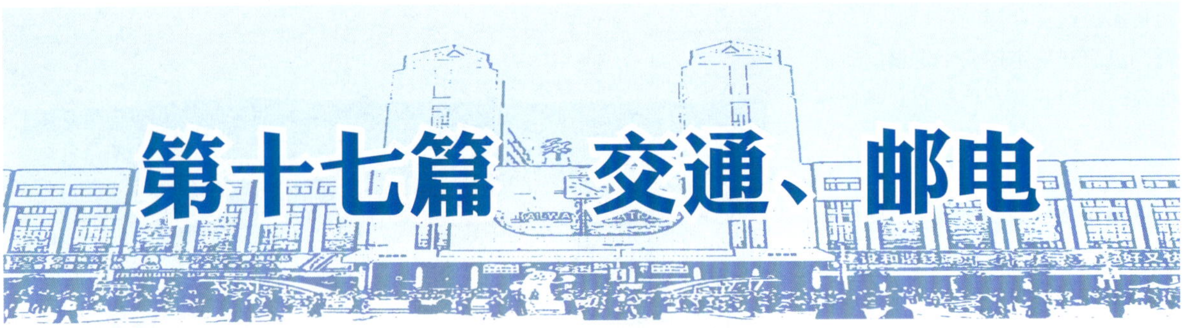

第十七篇 交通、邮电

铁 路

郑州铁路局

【概况】 郑州铁路局承东启西，连接南北，是重要的铁路枢纽，被誉为“中国铁路心脏”。京广、陇海、京九三大干线在此交会，管辖线路横跨河南、山西、山东三省，通过15个分界口，与周边北京、太原、济南、上海、西安、武汉等6个铁路局交界，形成集京广、京九、太焦、焦柳、陇海、侯月、新月、新菏、宁西及郑西高铁等多条铁路干线于一体的铁路运输网络。

2011年，郑州铁路局牢固树立服务地方经济发展意识，围绕科学发展观主题和加快转变发展方式主线，进一步强化铁路运输安全管理，优化运输组织，挖掘运输潜力，加速铁路建设，圆满完成了各项运输经营、安全生产和铁路建设任务，为中原经济区的建设提供强有力的运力保障，为河南省、郑州市地方经济发展和社会进步作出了积极贡献。全年货物发送量累计完成17847万吨，同比增运240.9万吨，增幅1.4%。其中，河南省货物发送量累计完成8923.5万吨，占全局货物发送量的50%。全年发送旅客7580万人，同比增加417万人，增幅5.82%。其中，河南省境内郑州局管各站发送旅客7332万人，同比增加411万人，增幅5.93%。

年末，郑州铁路局线路管辖范围：京广线北于柏庄、安阳间485.800公里处与北京局分界，南于小商桥、孟庙间807.000公里处与武汉局分界；陇海线东于虞城县、张阁庄间354.000公里处与上海局分界，西于太要、潼关间935.500公里处与西安局分界；焦柳线南于耿坡、部营间474.099公里处与武汉局分界；新兖线东于算王庄、菏泽南间148.000公里处与济南局分界；京九线北于曹县、梁堤头间650.273公里处与济南局分界，南于木兰、王楼间718.300公里处与上海局分界；太焦线北于夏店、大平间190.682公里处与太原局分界；邯长线东于长治北、北舍间215.491公里处与北京局分界；侯月线北于嘉峰、端氏间147.273公里处与太原局分界；宁西线西于商南、富水间248.285公里处与西安局分界，东于李家湾、小林间563.600公里处与武汉局分界；孟宝线东于平顶山西、余官营间98.000公里处与武汉局分界；郑西高铁西于灵宝西、华山北间950.627公里处与西安局分界。其他线路都在局管范围内。

全局管辖营业线路14条，运营线路营业长度2369公里，总延展长6916.091公里。其中，正线延展长4440.516公里，比2010年增加9.505公里，站段岔特线延展长2475.575公里，比2010年增加4.411公里；正线60千克/米钢轨4299.313公里，占正线总延展长的96.8%，正线无缝线路延展长3743.617公里，占正线总延展长的84.3%；双线及以上区段1890.8公里，占营业长度的79.8%；道岔8483组，其中正线道岔3223组；正线曲线2991条1274.066公里；道口261处，其中有人看守道口21处。

全局运营线路共有桥梁3042座183841米。其中，特大桥43座，大桥239座。隧道156座100746米，其中3公里以上的长隧道5座。涵渠6800座179931米。桥隧总换算长222355米。

全局合资铁路共5条（分别为新密、安李、石林、郑西高铁、郑西高铁郑州联络线），线路营业里程469.5公里；线路总延展长872.603公里，其中，正线延展长768.866公里，站段岔特线延展长103.737公里；道口63处，其中有人看守道口11处。

管内郑西高铁线路延展长671.539公里，其中正线延展长640.840公里；道岔95组，正线54组，正线曲线92条、延展长279.836公里；郑西高铁郑州联络线正线延展长37.952公里，正线道岔17组，正线曲线23条延展13.831公里；郑西高铁及联络线桥梁128座175829米，隧道36座77021米，涵洞75座1778米。

全局有车站232个。其中，特等站3个，一等站20个，二等站25个，三等站71个，四等站82个，五等站31个。

2011年末，按照铁道部确定的机构编制口径，郑州铁路局设置行政限额内职能机构24个，限额外职能机构5个，派出机构2个，学、协会办事机构3个，部控附属机构40个，其他附属机构12个。全局有各类基层单位63个，其中运输站段33个，运输辅助等单位18个，非运输企业12个。

全局职工年末人数117894人（含郑西客专43人，不含公安局4229人、京广客专41人），其中，在岗职工107310人，非在岗职工10584人。较2010年末同口径的119284人减少1390人。在岗职工年末人数中，生产人员85573人，管理人员12095人，服务人员8770人，其他人员872人；女职工20098人，占在岗职工人数的18.72%。

【机构改革】 2011年1月12日，成立"郑州铁路客户服务中心"，为铁路局行政附属机构，由局客运处归口管理，业务上接受北京铁路客户服务中心指导。

5月17日，成立"郑州铁路局建设工程招标投标管理办公室"，为铁路局行政其他附属机构，由局建设管理处归口管理，主要承担铁路局有形建设市场管理和交易中心的监管工作。

7月1日，成立"郑州铁路局郑州建筑段""郑州铁路局郑州北建筑段""郑州铁路局洛阳建筑段"，为铁路局直接管理的运输辅助单位。

7月18日，成立"郑州铁路高速铁路管理委员会办公室"，比照铁路局机关行政职能部门管理，主要负责高铁介入、验收、调试和开通运营等有关组织协调工作。

8月10日，成立"郑州铁路局供电处"，为铁路局行政职能机构。

11月22日，分别成立"郑州铁路局新乡供电段""郑州铁路局新乡电务段"和"郑州铁路局焦作车辆段"，均为铁路局直接管理的运输站段。同日，分别成立"郑州铁路安全监督管理办公室驻新乡供电段验收室"和"郑州铁路安全监督管理办公室驻焦作车辆段验收室"，均为铁路局行政附属机构，由郑州铁路安全监督管理办公室机车车辆验收室归口管理。

12月12日，成立"郑州铁路局焦作车务段"，为铁路局直接管理的运输站段。同日，撤销"郑州铁路局月山车站"站段级建制及其内设管理机构，原月山车站承担的工作任务及管辖范围纳入焦作车务段管辖；"郑州铁路局济源车务段"易名为"郑州铁路局龙门车务段"，同时迁址洛阳。

【国务院高铁安全检查组肯定路局高铁安全运营管理】 8月26日，国务院高速铁路安全大检查第三小组小结会在郑州召开，检查组组长、工业和信息化部副部长苏波通报了检查情况。路局局长张军邦、局党委书记杨建祥、河南省安监局副巡视员宋新丽，局领导班子成员，郑西客运专线公司、河南城际铁路有限公司主要负责人，局机关处室负责人参加会议。为深刻汲取"7•23"甬温线特别重大铁路交通事故教训，促进高速铁路安全，国务院决定开展高速铁路安全大检查。苏波指出，通过10天的检查，检查组一致认为，郑州铁路局在位置重要、线况复杂、地理特殊、任务繁重的情况下，高度重视安全工作，狠抓安全管理，持之以恒夯实安全基础，增强管理效能，严格重点卡控，取得了安全生产的良好业绩。尤其在郑西高铁安全管理上，郑州铁路局从提早介入、提高工作标准、推进精细管理、盯住问题整治、保持坚强定力、锤炼过硬队伍、关爱高铁职工、发挥主观作用等八个方面入手，探索出一条高铁安全运营管理的新路子。在肯定成绩的同时，苏波从检查组工作情况、郑州铁路局安全工作中的主要做法、检查发现的问题及原因分析等方面通报检查情况，对进一步做好高铁安全管理工作提出殷切希望。

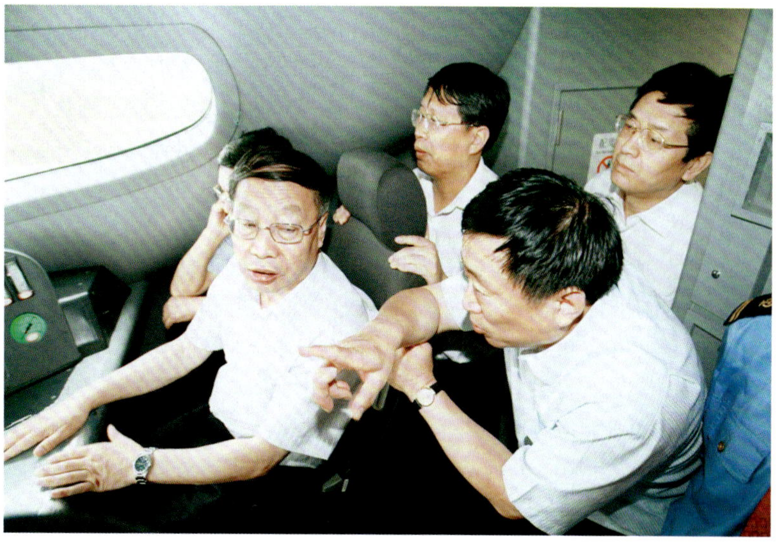

国务院高铁安全检查组组长苏波在副省长张大卫及路局领导陪同下，添乘郑西高铁G2001次动车组检查工作

【周长奎视察青年文明号】 5月12日，团中央书记处书记周长奎在团河南省委书记侯红，局党委副书记、纪委书记宋强太，局团委书记

李思博的陪同下，视察了路局青年文明号郑州客运段动车车队D132次列车。在了解CRH5型动车组设备设施，体验动车组的各项服务，听取路局团委对路局概况、一流铁路局建设、动车组开行及全局共青团工作的简要汇报后，周长奎对路局共青团工作给予肯定。他强调，要善于把分类引导青年工作和共青团的各项工作相融合，把做好青年思想工作与解决青年实际问题相结合，提高工作的针对性和实效性；要加强青年志愿者品牌和自身建设，立足经济社会发展需求，提升青年志愿工作的社会影响；要不断深化青年文明号创建活动，发挥好“青年文明号”展示铁路青年良好精神风貌的窗口作用，推动团组织的建设。

【卢展工、李盛霖视察石武客专郑州东站】 8月3日，河南省委书记卢展工，省委常委、秘书长刘春良，省委常委、郑州市委书记连维良，副省长张大卫带领河南省、郑州市有关部门负责人，在郑州铁路局局长张军邦，河南省城际铁路有限公司总经理杨树新、总工程师李会林陪同下，到石武客专郑州东站和河南城际开封制梁场工地调研考察。卢展工希望把石武客专郑州东站建设成郑东新区地标性建筑，在河南交通发展和工程建设领域发挥示范引领作用。

11月1日，交通部部长李盛霖一行在河南省省长郭庚茂，河南省委常委、郑州市委书记连维良，河南省委常委、郑州市市长吴天君，河南省副省长张大卫等领导和郑州铁路局局长张军邦陪同下，到石武客专郑州东站建设工地考察工程建设情况。李盛霖一行先后参观郑州东站工程建设模型，了解工程建设整体概况，并到郑州东站站房高架候车层实地察看工程建设进展情况，详细询问站台层、出站层和轨道层的设计、钢结构施工要点情况，并对郑州东站建设完工后达到铁路、轻轨、公交、出租等交通工具实现零换乘予以好评。

交通运输部部长李盛霖视察石武客专郑州东站工程

【全路职业技能竞赛在郑州闭幕】 12月5日，历时4个月的第三届全国铁道行业职业技能竞赛在郑州铁路局文化宫闭幕。河南省副省长赵建才，大赛组委会主任、铁道部副部长彭开宙，人力资源和社会保障部职业能力建设司副司长刘丹、铁道部劳动和卫生司、铁道部运输局、人才服务中心、中华全国铁路总工会、全国铁道团委、河南省人力资源和社会保障厅等领导出席闭幕式。路局领导班子成员及来自全路18个铁路局的746名选手参加闭幕式。铁道部劳动卫生司司长张志农主持闭幕式。第三届全国铁道行业职业技能竞赛由铁道部、人力资源和社会保障部共同组织举办，设车站值班员、动车组司机、动车组机械师、接触网工、铁路线路工、信号工、铁路通信工等7个参赛工种。竞赛历经预赛和决赛两个阶段，决赛从11月8日开始，相继在武汉、株洲、贵阳、北京、天津、苏州、洛阳、郑州等8个城市举行。35名选手被人力资源和社会保障部授予“全国技术能手”称号，300名选手受到通报表彰。郑州铁路局获得团体一等奖，郑州局职工张生周、史国民、齐超杰、邹鹏4名选手被授予“全国技术能手”称号。

【实现安全生产1000天】 截至3月15日18时，路局实现连续安全生产1000天。2008年以来，全局干部职工坚持“安全第一、预防为主、综合治理”方针，抓安全教育，在理念导向和规范上出政策，全局形成“安全大如天、万事排在先”的理念；抓制度完善，在过程控制和考核上做文章，出台高铁技术规章93项；抓硬件投入，在设备安全和强化上下功夫，对机车、车辆等重点移动设备和线路、接触网等固定设备，投入巨资更新改造；抓专项整治，在管理补强和提高上补短板，自上而下建立纵向到底的专项整治体系，相继开展施工安全防护等专项整治；抓高铁安全，在队伍培养和锻炼上求实效，开展适应性培训33913人次，举办岗位练功比武7843场；抓典型引路，在弘扬精神和激励上要动力，开展安全功臣、服务明星、业务状元评选活动，激发斗志，鼓舞士气，推动了安全、经营、稳定各项工作的全面发展。继3月15日实现安全生产1000天后，至年末全局消灭影响安全行车的事故，顺利实现安全年。

【春运工作】 2011年春运自1月19日至2月27日，为期40天，其中节前15天，节后25天。针对重点线路通过能力紧张、运用客车严重不足的实际，路局采取加强图定和临客列车车底套用，大力挖掘车辆潜力，合理安排机车，扩大旅客列车编组，合理确定旅客列车超员率，实施车种替代等措施，确保了春运各项任务的完成。春运期间，路局加开临客81对，其中节前加开64对，节后加开76对。节前值乘的临客12对，其中，洛阳-广州东2对，郑州-上海4对，郑州-杭州2对，郑州-东莞东1对，洛阳-宁波1对，郑州-北京西2对；节后值乘27对，其中，

春运工作

郑州-上海6对，郑州-北京西4对，郑州-杭州2对，郑州-广州1对，郑州-东莞东5对，郑州-乌鲁木齐2对，郑州-太原1对，洛阳-广州东2对，洛阳-广州西1对，洛阳-宁波1对，洛阳-北京西2对。至2月27日春运结束，全局客票收入累计完成76533万元，同比增收7129万元，增长10.3%；旅客发送量累计完成882万人，同比多发送4.1万人，增长0.5%。2月19日，全局发送旅客34.8万人，创全局春运单日发送量最高纪录。

【列车运行图调整】 1月11日，全路实行新的列车运行图。调图后，郑州局呈现郑西高铁动车加密，部分干线客车减量，客运产品优化拓展，货运能力显著提高，车流径路更趋合理，编组计划布局优化等六大变化。郑西高铁增开动车组13对；新增直通旅客列车3对，其中，安阳-上海K1101/2次、南阳-上海K1108/7次列车分别于新图首日首发，结束了两市没有始发直达上海列车的历史；安阳（新乡）-西安2611/2次改为郑州-银川间运行；北京西-西安Z19/20次等13对旅客列车改变径路，不再经由郑州局。

7月1日，全路再次调整列车运行图，新图体现了“三个速度等级、三种混合运行”的列车开行新模式。调整后，郑州局郑西高铁列车开行方案进一步优化。郑西高铁开行动车组列车22对，初期日常开行15对，其中时速300公里郑州-西安北动车组列车7对；时速250公里动车组列车8对，分别为郑州-西安北5对，洛阳龙门-西安北2对，郑州-洛阳龙门1对。新增直通旅客列车3对，提高旅客列车等级5对，部分旅客列车改变经由。

8月28日，全国铁路实施第二阶段调图。新图实施后，郑州局开行客车总数调整为225.5对。这次调图动车组列车调整变化较大。其中，京广线郑州-北京西间动车组列车由200公里/小时调整至160公里/小时，运行时分调整为5:02:25，增加33分25秒；陇海线郑州-徐州间动车组由200公里/小时调整至160公里/小时，运行时分调整为2:16:40，增加25分59秒。

【举办路局首届安全论坛】 6月20日，“郑州铁路局首届安全论坛”在郑州举办，旨在总结推广先进的安全管理经验，探索新形势下搞好安全管理的新思路和新方法。安全论坛以“安全千天与安全管理创新发展”为主题，收到论文100余篇，择优编辑出版《基石》一书，新乡机务段、郑州北站、局调度所等12个单位和部门分别从安全管理经验、安全文化建设、高铁安全探讨、安全基础建设、安全难点攻关、安全专题研究等6个板块，在论坛上发布论文。河南省安全生产监督管理局、中国企业文化研究会有关负责人对12篇论文逐一现场点评，给予高度评价。局管各站段、中原铁道报社、局有线电视台等单位近200名代表参加论坛。《中国安全生产报》《工人日报》、中新社、中央人民广播电台、新华网、人民网、大河网等中央和地方新闻媒体对活动进行了报道。郑铁在线进行了现场网络直播。

【实行动车购票实名制】 6月1日起，全局动车组列车实行购票实名制。范围包括“D”（普通动车）、“G”（高速铁路）、“C”（城际列车）字头车次的列车及其营业办理站。凡乘坐动车组列车的旅客须凭本人有效身份证件购买车票并进站乘车，免费乘车的儿童及持儿童票的儿童除外。动车实名制

购票的有效身份证件包括：居民身份证、临时身份证、户口簿、中国人民解放军军人保障卡、军官证、武警警官证、士兵证、军队学员证、军队文职干部证、军队离退休干部证、护照、港澳居民来往内地通行证、中华人民共和国来往港澳通行证、台湾居民来往大陆通行证、大陆居民往来台湾通行证、外国人居留证、外国人出入境证、外交官证、领事馆证、海员证、外交部开具的外国人身份证明、地方公安机关出入境管理部门开具的护照报失证明、铁路公安部门填发的乘坐旅客列车临时身份证明等23种。1.5米以上16岁以下未成年人有效身份证件还包括学生证。一张有效身份证件同一乘车日期同一车次同一乘车站（含同城车站）只能购买一张动车实名制车票。

【职工保障性住房建设】 按照“目标合理、标准适度、统筹规划、分步实施”的原则，充分利用河南省政府给予路局保障性住房建设的优惠政策，制定《郑州铁路局2011-2015年职工保障性住房建设规划》，把加快铁路棚户区改造作为职工保障性住房建设的主攻方向，确定五年建设职工保障性住房33967户344万平方米的工作目标，其中铁路棚户区改造建房29967户304.2万平方米，公租房建设指标按年度进行分解。2011年，全局职工保障性住房建设竣工7个项目2338户26.04万平方米，开工在建22个项目12517户127.29万平方米。其中，河南省铁路棚户区改造建设项目——新乡铁道新苑小区，1月9日奠基，规划建筑面积32.25万平方米，规划户数2352户，共建18栋高层住宅；新乡铁路装机厂住宅项目，3月29日开工奠基，占地面积0.86公顷（8640平方米），拟建2栋18层高层住宅，总户数270户；长治铁道佳苑住宅项目，10月12日奠基，计划建设4栋高层住宅楼，总建筑面积76694.74平方米，共764户；郑州铁路局物资供应总段棚户区改造项目，工程指挥部11月18日成立，该项目利用路局物资供应总段的20公顷土地资源，在该段原址上建设保障性住房，是路局占地面积最大的棚户区改造项目。

【全局首席技师评选揭晓】 全局首席技师评选按照《郑州铁路局首席技师培养选拔管理实施办法》规定，从运输站段中具有高级技师职业资格（未设高级技师职业资格等级的工种为具有技师职业资格），聘期满1年以上，从事本工种技能操作、技术指导、职工教育等工作的优秀技能人才中选拔。评选历时4个月，经过单位推荐、综合评审等环节，最终61人当选。4月1日，路局下发通知，授予郑州北站调车长陈旗等61人“郑州铁路局首席技师”称号，任期3年，任期内享受每人每月500元局首席技师津贴。

【“2010•群星璀璨”颁奖盛典】 1月15日，“2010•群星璀璨”颁奖盛典在郑州举行。河南省副省长张大卫，共青团河南省委书记侯红，河南省总工会副主席马露霞，中华全国铁路总工会组织部部长刘崇民，河南省安监局副巡视员宋新丽，郑州铁路局局长张军邦、党委书记杨建祥，河南城际铁路有限公司总经理杨树新，以及路局有关领导班子成员出席盛典，并先后为31名“2010•安全功臣、服务明星、业务状元”颁奖。颁奖盛典由央视节目主持人崔永元，河南电视台节目主持人关枫、陈琨主持，并在新华网、路局有线电视台进行了同步直播。

【“郑铁在线”开通】 4月27日，郑州铁路局互联网门户网站“郑铁在线”正式开通。郑州铁路局党委书记杨建祥、河南省委宣传部副部长赖谦进，以及铁道部政治部宣传部、河南省委宣传部，中央驻豫及河南省、郑州市35家主要新闻媒体，路局机关有关人员参加开通仪式。“郑铁在线”网站域名为www.zztlj.com（http://www.郑州铁路局.com），开设服务导航、信息发布、企业文化等重点板块，包含路局资讯、重点工程、车票查询、客票代售点查询、铁路专题、铁路百科、铁路视频、铁路旅游等46个重点栏目，为社会各界了解铁路、熟悉郑州铁路局、获得铁路各种快捷服务创造了条件，其中路局管内客票代售点查询及导航功能为全国同行业网站首创。

【路局官方微博入选“十大党政机构微博”】 3月26日，人民网舆情监测室首次评出互联网“十大党政机构微博”，郑州铁路局在腾讯网的官方微博作为全路数十家官方微博代表成功入选，并被人民网作为党政机构微博的上乘之作加以推荐。截至3月26日18时，路局官方微博分别发布相关信息1071条，回复网民留言及咨询9000余人次。路局通过微博，增进了与旅客、货主的沟通，加强了与社会各界的互动，为铁路各项工作顺利开展营造了良好的舆论氛围。7月7日，应人民网之邀，“郑州铁路局”官方微博在人民网正式开通，成为路局继腾讯网、新浪网之后开通的第三个官方微博。

【圃田现代钢铁综合物流园建设签约】 1月20日，路局与河南物资集团公司、安钢集团公司举行战略合作签约仪式，共同出资打造圃田现代钢铁综合物流园。河南省副省长史济春，省国资委主任肖新明，郑州铁路局领导张军邦、杨建祥、杨伟军，河南物资集团董事长张翔，安钢集团公司董事长王子亮、党委

郑州铁路局、河南物资集团、安钢集团圃田现代钢铁综合物流园签约

书记吴长顺等出席签约仪式。圃田现代钢铁综合物流园是依托中原铁道物流公司先期建设的圃田物流基地，按照《公司法》和现代企业制度，三方出资共同建设，以钢材为主，包括建材、粮食、化肥等大宗货物交易，仓储、装卸运输、加工配送、中转分拨、信息服务和物流金融为主的现代钢铁综合物流园。园区位于郑州经济技术开发区国际物流区中心地段，占地37.87公顷。

【高阳桥大修完工通车】 高阳桥建于1959年，横跨京广、陇海上下行货连线，是连接郑州市东西城区、“四桥一路”的咽喉要道，原设计使用年限50年，属超期服役。6月，郑州市政府组织专家进行论证，决定委托郑州铁路局对高阳桥实施维修加固。这是路局首次承担大型市政建设项目。7月6日正式动工，计划工期150天。为减少施工对城市交通的影响，保证施工质量，加快施工进度，路局在运能紧张的情况下，牺牲企业利益，延长线路封锁时间，最大限度满足施工要点需求，从日常每周4天，每天1次封锁点，调整为每周7天，每天2次封锁点。经过大修，高阳桥使用年限延长至100年，承重量由原来的15吨提高到55吨，达到一级公路标准。10月10日，由郑州铁路局承修的高阳桥大修工程提前53天顺利完工并正式通车，郑州市委、市政府发贺电，感谢路局为郑州市经济社会建设作出的重大贡献。

【首次货车废钢铁网上竞卖成功】 8月11日，路局首次货车废钢铁网上竞卖5676吨，实现变价收入2069万元，增值461万元，增值幅度29%。局党委副书记、纪委书记宋强太，副局长杨贵钧现场观摩了网上竞卖。在历时5个小时的网上竞卖中，共有24个厂家参加复合投标，其中12个厂家获得全部32个标段的中标资格，最低中标价为每吨2650元，最高中标价为每吨4170元。

（张　蕾）

郑州铁路办事处

【概况】 2011年，郑州铁路办事处安全检查监督职能区域为京广线安阳北K485+800至小商桥南K807，陇海线张阁庄东K354公里至铁炉南K583，焦柳线月山站中心K0至九府坟西K4+635，太焦线夏店北K190+682至月山K381+616，新焦线新乡南203号岔尖至月山K76+710，安李线安阳133号岔尖至李珍K33+119，石林线石涧12号岔尖至林县K21+095，汤鹤线汤阴101号岔尖至鹤壁北K19+075，新密线新郑53号岔尖至密县西K40+756，新兖线新乡南206号岔前至算王庄东K148+241，京九线曹县南K650+273至木兰南K718+186，邯长线长治北J1号岔尖至长治北东K215+490，朱李矿线朱村1号岔尖至分支岔线分界点K3+363。办事处负责对辖区各基层单位的行车安全、施工安全、设备安全、职工人身安全以及路外安全进行监督检查，并负责行车单位的事故救援演练及培训工作。郑州铁路办事处机关位于郑州市和平新村38号，邮政编码450052。

办事处设综合办公室、党群工作办公室、安全监察室、社会保险办公室、财务室、离退休管理办公室（老干部部）。直管机构：服务所。

至2011年末，职工总数为322人（调研员115人，内设机构132人，直管机构73人，劳务输出及退养2人）。其中，干部116人（不含调研员），工人91人。干部文化程度，本科42人，大专51人，中专（中技）6人，高中14人，初中及其以下3人。技术职务高级13人（政工7人），中级51人（政工15人），初级29人（政工4人）。工程技术人员54人，经济管理人员5人，会计7人，图书档案文博管理人员1人，政工专业职务24人。工人文化程度，大学1人，大专9人，中专（中技）6人，高中及以下75人。

【安全督查工作】 立标明责，加压驱动激活力。实行“安全责任同负、安全问题同抓、安全生产同保”，对辖区各单位开展检查监督。以“明查看管理、暗查摸实情、抽查抓关键、细查强基础、严查促提高、复查盯落实”为手段，立标明责，实行监察绩效挂钩考核，把安全生产的过程监督落实到人。2011年，有42名监察人员获得竞赛优胜奖。

优化方法，全面检查强控制。在坚持“计划式、蹲点式、暗访式、追踪式”四种检查方法的同时，结合运输安全新形势、新设备、新技术，加大检查频次，提高检查覆盖面，做到“两个全覆盖、三个延伸、四个不漏”。即安全包保重点站区全覆盖，高速、提速、普速线路全覆盖；客车检查延伸至列车终到站，添乘检查延伸至外局折返点，事故及故障原因和教训的追踪检查延伸至路内外所有责任单位；动车添乘检查每3天不漏趟，高铁和提速线路添乘检查每天不漏线，主要行车工种关键时段关键作业抽查每周不漏次，主要行车设备检修养护质量检查每周不漏项。通过优化检查方式方法，实现对辖区运输安全全方位、全天候、不间断的检查监督。2011年，检查发现各类安全问题和隐患5895件。

提升标准，强化内功促提高。每月组织一次业务培训，将新技术、新设备运用情况纳入监察每月必检的内容，严格考核。引导和督促监察对新知识在理论上学深学透，在工作中转化为检查发现问题的能力，做到规章制度一口清、监督检查一眼明、事故调查一手精。在日常检查中，突出“五多五高”。即深入现场发现安全问题多，质量高；发现隐患下发《通知书》多，标准高；撰写调研报告多，水平高；帮助站段协调解决接合部有难度的问题多，服务高；问题整改复查多，整改率高。2011年，下发《安全监察通知书》1450份，撰写调研报告125篇，追踪复查问题1524件。

【安全监察效能】 完善整改落实机制。针对安全突出问题整改落实上存在的重视不够、组织不力、程序不规范、方案不完善、整改措施不具体、责任不落实等问题，制定《安全调研报告揭示问题追踪复查办法》，规范安全调研突出问题整改落实程序，并组成18个复查组，对2010年下半年调研报告揭示的安全突出问题全部追踪复查，并在《周安全简报》上通报结果，实现了安全问题检查发现与整改销号的闭环控制。

实行包保帮促制度。制定《郑州办事处安监室监察安全包保帮促实施办法》，明确包保三项目标、八项保证措施、三项考核标准，提出三条具体要求和确定包保单位的三项原则。与安全管理相对薄弱和阶段安全不稳定的5个单位签订包保责任书，定期组织安全检查会诊和教育培训，开展检查评估。2011年，5个单位安全基础工作得到有效加强，杜绝了责任一般D类及其以上事故的发生。

建立安全预警预报制度。为实现对安全重大问题和隐患的动态管理控制，在《周安全简报》上设立安全预警台，及时通报检查发现的突出问题和重大安全隐患，提醒并督促责任单位和部门及时采取措施，抓好问题和隐患的整改落实，警示辖区各单位结合实际，举一反三，制定防范措施。2011年，发布《工务线路及道岔的检查维修存在死角危及安全》《地方居民在新菏线安全保护区内使用机械拓展耕地挖断电缆危及安全》等预警信息20余条。路局领导多次作出批示，使危及安全的问题及时得到整改落实，有效提高了辖区安全保障能力。

深化安全检查调研。针对不同阶段安全生产中的倾向性、关键性问题，每月研究确定调研课题，每季度组织调研成果发布。2011年组织专题调研72次，向局安委会提出处理意见和建议300余条。在《周安全简报》编发《西阳村站41/43、55/57道岔长期钉固渡线部分不能使用影响调车危及安全》等专题调研报告66篇，多次得到路局主要领导批示。

发挥协调作用。坚持把协调解决安全难点问题作为加强安全监察工作的重要方法，凡是辖区共性的、特别是涉及接合部的安全问题，牵头协调、组织召开调研问题整改落实协调会、现场会8次。特别是利用陇海线实施集中修的有利时机，提出东陇海整治正线渡线道岔病害开“垂直天窗”的新举措，不仅避免了集中修“天窗”资源的浪费，而且较好解决了正线渡线道岔因“垂直天窗”时间短、病害长期得不到及时整治的难题。

【安全检查攻坚活动】 专项检查常态化，掌控季节性安全关键。针对“春检”和“秋检”、暑期和汛期等运输安全季节性特点，组织开展行车设备设施质量、防洪防汛和雨天行车措施、冬季客车采暖和站车防火防爆、换季时期工务防“三折”和接触网防“雾闪”及“冰闪”等专项检查。采取专人专项记名、定人定岗包保、分时分段追踪等多种方法，盯死控牢，并督促各单位做到每个岗位、每个环节人员到位，工作到位，责任到位，使季节安全关键始终处于受控状态。

突击活动经常化，把住关键时期的安全。冬春运、“两会”运输、黄金周、运行图调整等关键时期，及时组成联合检查组，包系统、包区段、包设备，进行拉网式检查，面对面指导；查现场、看管理、盯关键、抓倾向，严防死守，确保安全万无一失。设立专项奖对安全检查信息、《安全监察通知书》、安全调研报告、事故调查报告进行评比考核，对业绩优秀者给予奖励。以“轰动一条线、调动一大片”的高压态势，强化安全检查监督，涌现出了徐彦州、陈元伟、樊淳杰等及时发现并排除断轨重大安全隐患的先进典型，为春运安全和全局安全生产1000天的实现作出了突出的贡献。局党委书记杨建祥在办事处《周安全简报》上批示：“郑州办事处安监室全体同志在‘确保安全，实现千天’中功绩卓著，贡献很大，应予充分肯定。”

开展攻坚全员化，确保关键任务的完成。在安全大检查活动中，采取明查与暗查、查资料与看现场、看设备与盯管理、分析原因与落实整改相结合的办法，对辖区安全生产实行点、线、面全覆盖的包保盯控，查出安全隐患1844件，复查整改问题544件。为确保施工安全，组织人员对三级施工抽查、二级施工全程盯查、一级施工协助检查均达到100%。针对施工安全的薄弱环节，细化工务20项、电务13项、车务13项、供电14项施工盯控检查内容，制作检查表，逐项检查卡控，严格把关，使施工安全牢牢处于受控状态，这一做法得到局领导充分肯定。

【管理工作】（一）干部管理。制定下发郑州办事处《关于做好2010年度干部考核工作的通知》，成立干部考核工作领导小组，经过个人总结、述职测评、组织评价、领导评鉴、综合评定、结果运用、总结上报等工作，97名干部均被评定为优秀干部，并推选出25名优秀干部报局表彰。坚持任人唯贤、民主公开、客观公正、群众公认等基本原则，开展干部选拔任用工作，完成3名副处级以上同志试用期满考核工作，以及7名干部级别提升及6名同志专业技术职务申报和专业职务任职资格评审工作。

（二）劳资管理。根据路局《关于下达郑州铁路局2011年各单位工资总额计划的通知》精神，及时对办事处2011年工资总额收支倒排计划进行预测，严格遵循路局关于工资总额管理的“双控”和严禁超能力和超计划支出工资的原则，做到量入为出、统筹安排、有序可控。认真坚持工资基金收支核对制度，定期与财务工资基金收支情况核对，做到了月月有统计、季季有分析。对各类单项奖、一次性奖及路局下拨的各类奖励、罚款，进行分类分项登记、汇总，实行动态考核，及时兑现奖罚。集中对“铁路劳动工资管理信息系统”进行维护，做到信息系统的人员和工资数据与报告期劳动统计报表的相关数据一致。

（三)社保管理。做好社保信息日常维护，认真审核养老保险、补充养老保险、医疗保险、失业保险、工伤保险数据信息。核准年度职工工资收入，由职工签字后向路局申报，并对局返回的职工工资收入申报数据进行核对，按时对照各项保险调整比例对全员进行了交费调整。组织办事处全体职工进行年度身体检查，并安排80名职工参加了健康疗养。核对完善退休职工养老金发放库信息，更正退休人员姓名身份证号码及养老金发放地址11人；对军转退休人员档案信息进行核实申报，办理离退休军转干部审核认定11人；办理退休28人，离退休职工死亡待遇申报结算25人；办理调转人员社保转移手续10人。全年挂失补办医疗卡21人，职工外诊就医报销36人次。核实发放路局审批下拨的各项费用，包括医疗费报销、离休医疗费、离退休社会养老相关费用、遗属补助及丧葬费、补充养老保险退保、工伤费等。完成职工家属死亡待遇及遗属生活费待遇申报10人，对省核查信息有问题暂停发放遗属待遇的7名遗属，进行认真审核并向铁路局说明了情况。办理家属医疗保险100余人。

(四)财务管理。加强制度建设，深入推进全面预算管理。通过严格执行计划支出、月度分析、季度考核、大额资金使用联签等工作制度，认真核算、确定各科目支出预算，形成逐级负责，层层把关的预算控制体系。强化成本管理控制，通过强化对差旅费、交通费、办公费等项目的控制，各项成本支出均控制在路局下达的财务预算之内。认真落实大额资金联签、个人款项支付和银行账户管理等各项资金管理工作规范，大力推行大额资金、大项资金集中支付，及时清理债权债务，充分利用内源性资金，提高资金使用效率。加强财务管理，完善内部管理制度和工作程序，深化责任追究，确保各项财经制度得到有效执行。严格执行国家统一会计制度和部、局要求，认真按实际发生的交易事项为依据进行会计核算，及时、准确报送财务会计报告。加强会计档案管理，做到分类整理、粘贴，装订成册，完善档案调阅、检查、保管专项制度。

(五)离退休工作。郑州办事处离退休管理办公室（老干部部）直接管理原郑州及新乡分局机关离退休干部职工973人，其中离休干部88人、新中国成立前退休干部25人、建国后退休副处级干部（含高职、副团职）172人，担负郑州老协支会日常工作机构和58名老战士的服务工作，同时负责郑州新乡2个活动中心、4个活动室以及老年大学的日常管理服务工作。落实好政治待遇。坚持每月支部书记会，定期召开离退休老同志座谈会和通气会，组织老同志开展观看专家领导专题讲座、政策形势通报会、“老领导、老干部、老劳模”乘高铁看发展等一系列教育活动。落实好生活待遇。组织专人对生活困难、住房紧张、因病因灾致困的老同志进行普查，争取资金和政策进行救济帮扶。按照《关于提高离休干部生活补贴标准和扩大发放范围的通知》文件要求，及时准确地答复老同志的问询。做好老同志医疗二次报销、住院探视等工作，落实好节日福利待遇，组织对老战士、老领导、老干部、长病老同志、特困老党员进行走访慰问、救济和探视。注重发挥各老年协会的作用，2011年组织书画、诗词活动25次，组织采风、展览11次，78幅书画摄影作品在国家、省、市和路局展览并获奖。参加局老年诗研会成立20周年纪念大会和书研会在南阳举办的年会，12首诗入选诗集《轮轨撷韵》，16位书研和诗研会员受到路局表彰。

（王和平）

郑州车站

【概况】 郑州车站中心里程为京广线K 676 +153，技术性质为区段站，业务性质为客运站。管辖范围包括郑州客站和11个中间站，管理跨度126.5公里，均为全路重要提速区段。其中，特等站1个（郑州客站），一等站1个（许昌站），二等站1个（新郑站），三等站5个（长葛、临颍、小李庄、薛店、郑州南站），四等站4个（谢庄、苏桥、官亭、小商桥站）。许昌、长葛、临颍3个站为客货运兼办营业站，新郑、小李庄、薛店、郑州南站4个站为货运营业站。郑州车站机关位于郑州市二马路82号，邮政编码450000。

车站设行政科室9个，即办公室、计财科、劳人科、安全科、技术设备科、客运科、货运科、收入科、教育科；二级机构5个，即路风办、综治办、离退办、电算站、服务中心。郑州客站设生产车间5个，即运转车间、客运车间、售票车间、供水车间、设备车间，有生产班组72个。经营实体6个，即郑州车站实业总公司、许昌实业总公司、河南中原铁道物流有限公司郑州分公司、河南中原铁道物流有限公司许昌分公司、郑州劳动服务公司（集经）、许昌劳动服务公司（集经）。另有装卸作业管理所。

党群组织设党委、纪委、工会、团委，党委下设党群工作室。党委下属党（总）支部19个（其中，党总支12个，党支部7个），班组党支部50个，党小组94个。工会下属车间工会16个，工会小组74个。团委下属团总支1个，团支部12个。

至2011年底，职工总数为3641人。其中，干部349人，工人3292人；党员1495人（其中在岗1267人），团员109人。干部技术职务中，高级9人，中级52人，初级137人。干部文化程度，研究生6人，本科150人，专科156人，中专18人，高中及其以下19人。工人技术等级中，工人技师63人，高级工517人，中级工1484人，初级工585人。

【主要技术设备】 郑州客站有候车厅13个。其中，普通候车厅8个，软席母婴军人候车厅1个，贵宾候车厅1个，豪华休息厅1个，旅行休闲厅2个。客站站区有客车到发线13条，站台7座，道岔223组（其中，南岔区113组，融雪道岔53组；北岔区110组，融雪道岔56组），零星车存车线5条，机车走行线2条。双头上水栓48个，单头上水栓24个。售票窗口72个，其中东站房40个窗口、西站房32个窗口；客票代售点159个，其中郑州客站联网152个、许昌车站联网7个。售票大厅面积5012.8平方米，三品检查仪19台。郑州客整所场区（一场）有到发线11条，道岔29组。

郑州客站为站机合一单位，有DF7型调车机4台。制冷机房1920平方米，有电制冷机4台、溴化锂制冷机3台、400千瓦变压器6台、热交换器8台、热力交换泵11台、风柜43台、水泵38台以及水、热力管网系统。车站有微机自动化办公系统、售票系统、电话问讯订票系统、安全监控系统、客运导向系统、消防监控系统各1套。安全监控系统由行车安全监控系统和客运安全监控系统两大部分组成，其中行车监控部分分布于郑州客站和所管辖的其余11个中间站，监控面积覆盖12个行车室、外勤和部分中间站的咽喉区。

【运输安全】 至2011年末，郑州车站实现安全生产6656天，连续5年被路局命名为“安全生产标杆”单位。超前防范，实现安全工作源头控制。下发《郑州车站台式录音区长台设备管理办法》《郑州车站调车语音记录监听考核办法》，配备新型“调车语音记录监听”设备，运用“一收、二听、三析、四纠”工作法对调车作业情况实时录音，堵塞安全管理漏洞。实行《安全管理月度调研制度》，开展“三标对规”活动，设置“安全高压线”，出台阶段性红线管理办法，全年发现各类管理问题768件。实施“联责”管理，建立“同岗同责、同班同责、干群同责”的关联岗位连带追究机制，实施安全问题“三级联考责任交班”措施。

科学管理，提升安全工作管理水平。围绕高铁动车安全，制定《郑州车站郑西客运专线动车组列车大面积晚点应急预案》《郑州车站郑西客运专线应急预案》等，明确规定预防预警及处置要点。开展高铁“三防一杜绝”活动，对高铁乘降进行不定期检查，监控中心对每一趟车的运行信息进行写实。为保证站台施工安全，建立“日碰头、周总结和现场巡检制度”“现场巡检和股道、站台开通签认制度”，制定“一个计划、一个揭挂、一本台账”安全措施，逐步增加直通旅客列车客运停时，增加有客运业务的中间站技术停点。卡控集中修安全关键点，制作“集中修施工关键卡控揭示板”，严格执行30字令，保证了全年管内464场集中修施工顺利进行。实施“闭环”管理，采取 “一日四收集、两催办、一写实”的办法，对检查、监督到的信息做到“次次反馈有记录、件件落实有登记、分析查找有档案”。对局域网督查督办专栏的重点问题进行网上实时公示、流转、回复，全年督办解决各类问题

230项。

科技保安，实现安全工作的实时控制。整合远程监控、TDCS、DMIS等12个系统，全力打造“安全监控应急指挥中心”。在原有远程监控网络“单层盯控”的基础上引入视频音频办公系统，实现车站领导、职能科室、监控中心的“三级盯控”，用远程视频监控干部到岗情况，用直通电话对话监控状态，用声像代替传统的管理写实。为确保微机联锁换装施工顺利进行，车站下发了《关于印发〈郑州站信号楼搬迁及微机联锁换装施工整体推进方案〉的通知》，制定换装施工推进计划及细化措施，与第三方公司开发并完善一套机车换挂安全标识系统，提前对运转车间职工进行培训。10月25日、26日，先后两次对运转职工进行道岔手摇和人工加锁培训。

深入开展安全大检查活动。成立安全大检查领导小组，车站党政正职24小时轮流在岗值守，包保干部实行全面安全责任包保。截至9月30日，累计深入中间站、车间612人次，添乘检查195次，调车语音监听513批，固态录音监听1270趟列车接发情况，发现问题1186件，下发《安全监察通知书》327份。清理规章123项，下发《郑州车站雨天行车组织措施》《关于加强近期动车组应急处置确保客运安全的通知》等一系列补充安全措施。编发《安全大检查专题通报》16期，下发《督查专辑》60期，督办各类安全问题82件。全站包片站领导、包保干部、各检查组共发现和解决各类问题1215件。安全大检查活动期间，发现并防止事故5起。

【运输生产】 2011年，车站完成运输收入37.2亿元，同比增长8.2%；发送旅客3436.8万人，同比增长7.7%；发送货物663.2万吨，同比减少1.1%。

2011年春运40天，车站共发送旅客362.1万人，同比增长0.4%。2月8-18日，连续11天日运送旅客超过10万人次，单日最高旅客达12.7万人。“五一”长假期间，针对西安“世园会”及洛阳牡丹花会增开郑西高铁、赏花专列，动态调整西安、洛阳方向车次票额，分时段设置赏花售票专口和高铁专口。抽调技术力量组成16个督导组，采取“跟班走”的方式进行7×24小时驻站包保。4月29日至5月2日，郑州车站累计发送旅客5.3万人，同比增长7.4%。暑运（7月1日至8月31日）期间，车站针对“7•1”调图后郑西客运专线由原有单一高铁运行改为高铁、动车混跑模式这一有利契机，做好营销宣传，郑西段动车组列车共发送旅客39万余人，日均发送旅客6147人，综合上座率91.7%。全站客票进款56369万元，同比增长4.1%；发送旅客630.8万人，同比增长6.2%。其中，客站发送学生旅客23.9万余人。7月12日，车站连续12天运送旅客超过10万人次，刷新历年暑运旅客运送纪录。“十一”黄金周，客流组成集中为探亲流、旅游流、学生流，方向主要为北京、上海、广州、西安、青岛、长春等旅游城市。车站加开9趟省内短途临客，开满站内60个售票窗口。所有G、D、C字头的动车组列车全部实行网上售票服务，在西售票大厅启用10台自动售票取票机。市区代售点增开到145个，并延长部分代售点的售票时间。“十一”黄金周期间，共发送旅客85.7万人，同比增长2.7%。其中，10月1日发送旅客17.7万人，成为黄金周第一个客流高峰。

【营销服务】 灵活运用“一网一圈”，提前“分流”。一网即通过媒体、网络、公告、人工宣传4种传播途径引导旅客到代售点及车站西票厅购票。在客流高峰前，引导购买3-10张车票的旅客采取西口购票或电话、代售点购票的方法提前购票；绘制郑州市区、郊县代售点示意图，通过车站互联网予以公布，锁定本市范围人气较高的各大论坛，指派人员固定间隔时间发布帖子，提供便捷购票小窍门；在车站东、西售票厅制作宣传展板，在各代售点张贴揭示揭挂，宣传代售点分布，并利用东、西进站大屏，滚动播放95105105电话订票信息、西票厅购票信息和代售点购票信息。在春运、“黄金周”期间，印制带有代售点分布图、地址等信息的临客时刻表，选取节前客流返程高峰日期在出站口派专人免费向旅客发放，为旅客返程购票提供引导。一圈即15分钟快速购票圈，采取“增开代售网点、延长售票时间、提升服务水平”等一系列措施，使广大旅客不论身在市区任何地点、选择何种交通工具，在15分钟之内，就能看到客票代售点，实现社会效益与经济效益的双丰收。

应对客流高峰，灵活“消流”。固定东票厅1、4、17、20共4个窗口为弹性专口，客流高峰时段，东西南北4个方向各开一个专口，各窗口在当日售票高峰，分别选择1-2趟列车进行集中售票。将东售票厅33、34、35号窗口、西售票厅15、19号窗口固定为互联网换票和电话订票取票专口，增开5台自动售票机供互联网取票，并利用电子显示屏显示相关信息，方便旅客换票取票。实时监控票厅内客流变化情况，利用广播引导旅客均衡购票，动态宣传列车剩余票额情况，避免无效排队。针对终到和中转旅客较多的情况，在南地道广播引导旅客到西票厅购票、改签。在节假日等大客流期间，增派日勤人员到票厅轮流替换窗口售票员吃饭，保证票厅所有售票窗口不间断进行售票；机关成立售票突击队，分为2班，每班10人，在节假日等客流高峰时上岗售票。

科学决策，深入挖潜，有序“控流”。制作下发《应急预案执行程序》500余份，并组织现场演练；全方位盯控27趟重点列车的旅客组织及站台乘降，卡控高站台乘降安全关键；制定《郑州车站旅客人身伤害事故定责范围及奖惩考核实施细则》，明确五大关键区域的作业卡控措施，实现旅客人身伤害的预防和控制。根据现场实际需要，增设“不要脚踏黄线牌”“防撞反光条”“小心坡道”等安全提示130余处。针对进口客流易积压，特别是东进站口4号、5号三品检查仪共用一个通道情况，出台《开辟出双进站通道方案》，并在东进站口设置引导栏杆，清理、更换标识提示146处，增设安全提示132处。针对旅客经南地道从东、西出口出站时存在的对流现象，在调图后车站重排车次和客流规律，制定《终到大车防止对流措施》和《郑州车站动车实名制客流聚集应急预案》，并悬挂《郑州车站换乘交通信息图》，引导旅客经由地道正确出站。

同时，制定《郑州车站客车上水管理考核办法》，发放“郑州车站供水质量联系卡”400份，开通15137121236给水信息平台，提高列车给水率和上水质量。制定涵盖9个岗位的服务标准和工作流程，制作7块揭示揭挂并利用电子显示屏在候车厅、售票厅等公共场所向社会进行公布。制作印有姓名、职务、工号、服务承诺和服务格言的服务卡235个，在客运、售票服务窗口摆放，接受旅客监督。

【多元经营】 积极探索多元经营与运输服务的共赢渠道，以“站场变商场”的经营方针着力构建“车站商圈”，利用原售票二厅等闲置场所进行商业开发,引进资金2700余万元，对西站房进行商业开发，建成4300平方米集餐饮、娱乐、休闲、候车于一体的综合商业区。对原中通廊的所有办公场所进行全面搬迁、整体开发，打造“中通廊商业一条街”。按照“招标确定、选择最优；对方投资、双方收益；设定年限、期满收权；规避风险、实现双赢”的经营开发模式，形成以“两房一廊”（即东、西站房和候车厅中通廊）经营开发为龙头的“24小时品牌商业圈”。2011年，郑州车站实业总公司商业收入完成2594.66万元，同比增加461.25万元。

【职工教育培训】 修订《郑州车站职工教育培训三级网络工作规范》和《郑州车站职工日常技术业务培训管理办法》,采取“统一部署集中学、多种途径补强学、改进方法互动学”的培训方式，打造以资格性脱产培训、适应性业余培训、实作技能演练为主的车站、车间（中间站）、班组三级教育网。印制《郑州车站2011春运知识手册》，编发《郑州车站非正常接发列车演练题目》，每月组织自然班组模拟演练。2011年，先后组织了防洪防汛知识、劳动安全知识、第二阶段调图暨暑运知识、机车乘务员资格证年审、非正常情况下应急知识补强等适应性培训。4月、7月、9月，分别举办了调车、接发列车及客货3个专业的兼职教师技能竞赛。16个参赛队、146名干部职工参加竞赛，首次采用笔试、实作演练、机考、现场答辩结合的形式，使职工素质得到检验。在9月举办的全局职业技能竞赛中，郑州车站夺得客运团体第一、个人默画全国铁路接算站示意图单项第一、车站客运值班员单项第二、接发列车比赛团体第二、助理值班员个人第一、车站值班员个人第二、教师理论授课个人第二的优异成绩。2011年，郑州车站举办各类培训23期，培训职工18790人次。

【路风建设】 强化组织领导。成立路风建设领导小组，升格路风办为正科级科室，增设副主任定编。印发《售票岗位服务质量监督考核办法》和《关于组织全站售票人员签订严肃售票纪律、提升服务质量保证书》，提高自律自控意识。严肃售票纪律。制定联防联控工作推进方案，提高对经营收费网点的巡视频率，每月跟车开展一次票源调查。在春运、“黄金周”等非常时期，每天随机挑选10个市区、5个郊县代售点的发售记录，组织专人核对，查处问题。每天早8点前，记录重点窗口开窗后发售的第一名旅客购票去向，发现抢打车票问题严肃处理。2011年，检查客票代售点340余个（次），跟车开展票源调查5趟，保持了监察监督的高压态势。

规范经营行为。重点对站内经营收费行为、货运站及物流公司营业部收费、红帽子搬运队服务及收费、郑州车站实业总公司和许昌站豪华休闲厅收费及服务等关键环节进行明察暗访，整顿处罚不规范经营行为，确保旅客权益不受侵犯。畅通联系渠道。为路风办及外勤值班站长配备录音留言电话，安排专人24小时接听投诉电话。每天早晚两次查看铁行网“站长信箱”，针对旅客投诉在第一时间进行回帖，避免旅客投诉升级现象的发生。至2011年末，实现了“两杜绝、一减少、两提高”目标，杜绝了路风事件的发生，部、局转批评投诉件数卡控在全站职工总数的0.09‰以内，被评为路局2011年度路风建设先进单位。

【实行车票实名制】 郑西高铁列车实行车票实名制。1月10日8时起，乘坐郑西高铁的旅客须凭本人有效身份证件购买车票。为做好实名制车票发售工作，郑州车站组织干部职工学习郑西高铁车票实名制管理办法，熟练掌握郑西高铁车票实名制相关知识、业务流程、作业标准等内容。以实名制车票试打、办理临时身份证明、抽检票面与身份证明信息等为重点，与驻站公安部门联合举办多场协同演练。通过站前LED电子屏、铁行网、公告栏等宣传阵地，第一时间向公众发布郑西高铁车票实名制公告信息，将实名制购票进站流程、有效身份证件种类、临时身份证明办理、旅客乘车注意事项等内容，及时向中央、省、市各大媒体发布。严格按照部、局有关文件要求，执行身份证件检验、身份信息录入、实名制客票制售、进站抽查检验等程序，对未持有规定的25种有效身份证件的旅客，讲清铁路规定，引导旅客在公安制证口办理临时身份证明。利用客票5.2系统功能，整合售票厅90个售票窗口、10台自助售票机、156个代售点和2条订票热线的渠道优势，加强均衡组织，倡导自助服务，确保高铁实名制营销取得实效。

动车组列车实行车票实名制。6月1日起，全路所有动车组列车（C、D、G字头列车）实行实名制售票。旅客可凭借身份证、临时身份证、户口簿、军官证等23种有效证件购票乘车。

电话订票实行车票实名制。12月29日起，旅客通过电话订票需提供身份证件号码。郑州车站自此可以提供网上订票、电话订票、车站窗口、代售点、自动售票机5种售票方式。

（杨 瑛）

郑州东站

【概况】郑州东站是全路综合型特等货运站和国家内陆铁路货运一类口岸。主要担负整车、拼车拼箱、国际集装箱货物发送、到达及郑州铁路局货车的洗刷、除污任务，是郑州铁路枢纽的重要组成部分。12月15日，郑州东站业务办理改为圃田西站。郑州东站机关位于郑州市货栈街142号，邮政编码450004。

郑州东站设行政科室7个，即办公室、安全科、货运科（统计科）、财务科（含计划、收入）、技术信息科、劳动人事科（党委干部科）、职工教育科；生产车间2个，即运转车间、货运车间；经营实体3个，即中原物流第一分公司、劳动服务公司、储运贸易公司；中间站3个，即中牟车站、圃田车站、占杨车站，共有班组22个。党群组织设党委、纪委、工会、团委。党委设党群办公室，下属党总支4个、党支部28个、党小组57个。工会下属工支会8个、工会小组36个。团委下属团总支1个、团支部3个。

2011年末，郑州东站职工总数为1539人。其中，女职工463人；干部209人；共产党员686人，共青团员36人。文化程度中，大专及其以上422人（其中干部156人），中专243人（其中干部15人），高中及其以下874人（其中干部38人）。干部技术职务中，高级5人，中级32人，初级73人。工人技术等级中，高级工324人，中级工445人，初级工150人，工人技师42人，其中高级技师1人。

【主要技术设备】截至2011年末，郑州东站站场有股道50条（包括3个中间站）。其中，到发线19条，调车线16条，专用线15家。配有东风7型内燃机4台。有旅客候车室1座，行包房1座，售票厅1座，旅客站台2座，地道1座。货运设施有货场4个，货物仓库16个，货物雨棚4座，货运营业大厅2座。有小型计算机1套，微机服务器13台，终端2台，货票传输机1台，路由器5台，交换机28台。

【运输安全】查找安全隐患，认真开展安全大检查活动。郑州东站制定下发了《关于开展安全大检查活动的通知》（郑东站办〔2011〕75号）文件，坚持安全生产逐级负责、分工负责，加强全过程安全写实，注重发现问题、解决问题、追踪整改。成立8个专业督导组和划片包保组，对运转车间及3个中间站派出专业技术人员进行24小时不间断包保。建立问题日常反馈机制，对发现问题按专业分类纳入日常问题库。安全大检查期间，全站组织专项检查206人次，发现并解决安全隐患489件。其中，占杨货场照明改造等一批影响作业安全的问题得到解决。

完善规章制度，细化安全卡控措施。结合提速后新技术、新设备大量运用以及车站运输生产调整、现场设备变化等情况，重新修订《郑州东站接发列车作业标准及有关补充规定的细化措施》《郑州东站联控实施细则》《关于规范小运转机车作业管理的通知》和《郑州东站防止电力机车进入停电区或无接触网线路细化措施》等相关规章制度，严把列车阶段计划、列车车次、方向提示、调度命令传送等关键。完善接发列车安全措施，严格非正常情况下干部上岗监护制度，加强重点列车的全过程盯控。

把握现场规律，强化安全管理。重新公布《郑州东车站安全生产责任制考核办法》，突出专业管理，抽调专业技术人员成立安全检查督导小组，重点对现场作业纪律、作业制度落实等进行监督指导。利用现场监控、远程网络监控等手段，对干部夜查、夜巡和盯岗情况进行抽查，对关键时间、关键岗位、关键问题进行汇总，制定整改措施，明确分工落实。加大安全岗效考核力度，按照“三对照”（自验表、干部生产指导本、违章违纪通知书）要求，对干部下现场发现、解决问题质量进行严格考核。考核制度实施以来，干部夜查比例由50%提升到90%以上，无效问题数量由60%降至10%以下，所有安全信息件件有整改，事事有追踪。至2011年底，郑州东站实现连续安全生产 1770天；无货运重大事故12267天、无责任机械大事故12418天，无责任火灾事故10917天。

【运输生产】 2011年，郑州东站完成装车66775车，超年计划17.3%，同比增加10323车，增长18.3%；货物发送量完成325.5万吨，超年计划12.2%，同比增加38.5万吨，增长13.4%；运输收入完成51540.8万元，超年计划10.9%，同比增加7366.8万元，增长16.7%；分别提前56天、42天、34天完成了全年生产任务。

推进“支点东移”。随着中原经济区建设逐步实施，郑汴一体化的进程加快，所辖圃田、中牟、占杨3个中间站的区位优势逐渐显现，郑州东站实施“支点东移”战略决策，推出“主动抢占先机，打造区位优势”的一体化经营思路，以汽运、仓储、货运快递、运输代理为突破点，完善服务措施，提高服务质量，从安全管理、运输组织和经营战略上向东倾斜。同时，积极向路局申请，由郑州东站调车机代替本务机车承担中间站调车作业，提高运输效率。经营部门在中间站设立经营网点，开发货运市场。前10个月，圃田、占杨、中牟3个中间站装车数、发送吨、运输收入3项主要生产指标分别比上年同期增长132.2%、108.1%和131.8%。

整合业务重点。根据运输市场需求调整业务重点，对车站货场功能布局进行调整，在巩固整车和国际集装箱运输优势的同时，推出混装货物运输。随着集装箱中心站、中铁特货和物流基地的开通，圃田车站作业量猛增，出台了《郑州东站中区调车机担当圃田车站调车作业办法》等规章制度，加大对圃田车站管理力度，优化人员配置。

开展重点营销。完善《郑州东站营销考核办法》，将任务指标量化分劈到车间班组，形成全员营销的氛围。坚持“抓大揽小”、紧盯到达市场的策略，全面调查车站货源吸引区企业、公司等情况，建立稳定的客户群。对进出口企业、高附加值产品企业等高附加值货物给予倾斜。拓宽运能渠道，在向路局申请空车去向的同时，积极向兄弟站段营销空车、空箱，为增运增收提供了保障。

【成本管理】 2011年，郑州东站对运输成本费用实行预算管理，下发了《关于实行成本预算动态管理的通知》（郑东站财〔2011〕105 号），采取上下结合、纵横互控的方式，重新核定各生产办公处所水、电、煤等能源消耗定额，全面实行包干负责制。严格落实车辆使用审批制度，大力压缩能源成本支出。逐项分劈各部门生产支出成本费用。细化成本支出推进计划，对直接生产费用按超、节额的20%，间接管理费按超、节额的30%进行奖、罚，做到旬通报、月考核。2011年，路局下达预算1316万元，有权支出1415万元，实际支出1415万元，保证了运输成本不超有权支出。

【高铁介入】 2011年，郑州东站积极引导职工解放思想、转变认识，聚全站之力做好高铁介入工作。采取“走出去”的学习方式，抽调业务骨干30余人次参加部、局级客专培训班，系统学习运营业务、站房和客服系统专业知识，编写了20余万字的郑州东站高铁管理制度。同时，先后派出130余人次前往洛阳龙门、三门峡南、西安北、上海虹桥、南京南等高铁站参观学习；派出60余人次到郑州站、龙门站，跟班实习车站值班员、客运值班员、售票、客服等岗位的工作标准、作业流程、管理制度、应急处置等。充分利用既有培训资源，加快对主要行车工种和管理干部、专业技术人员的转型培训，并将转型培训与职工竞岗、干部使用紧密挂钩，建立培训考核与使用待遇一体化政策，为做好高铁开通运营打下了基础。

【自控型班组建设】 2011年，重新公布《郑州东站自控型班组一体化考评办法》，从职工两违、业务技能、岗位管理、职责作用等方面，每月由车站主管领导带领考评检查组对全站95个班组进行量化考核，并通报结果，对连续垫底班组提出指导建议。提高奖金兑现数额至200-300元，对全年被评为“自控型班组”累计达8次以上或“精品班组”累计3次以上的班组长进行重奖。同时，把“班组一体化”考核同社会主义劳动竞赛相结合，采取重奖重罚，激励职工的工作积极性和主动性。

【职工培训】 开展“安全生产每月一讲”活动，组织专兼职教师针对惯性问题、新技术新设备应用、典型案例、安全管理创新成果等内容选取课题，拍摄实作视频、制作课件，并进行现场授课。开发《郑州东站规章提问软件》单机版，建立行车、调车、机务、客运、货运等工种规章题库。组织各工种业务骨干进行示范，制作《分路不良区段车站接发列车及调车作业》《轮重测试仪的使用》、货运装载加固、篷布装卸作业、运统-46登销记等培训课件，开展互动式、示范式教学。

加强车间级职教基地建设。为圃田车站新增接发列车模拟演练厅和网络教室，配备微机联锁模拟仿真系统1套；为货运职工学习室配置桌椅25套和多媒体教学设施1套；为运转车间行车模拟演练厅配置微机联锁模拟仿真设备1套，制作了车站接发列车安全控制图。建立《车间、中间站职工教育月报》制度，并纳入职教季度、年终考核。每季度对各车间、中间站职工培训工作进行一次检查评估，将结果在车站局域网进行公示，年终进行综合评价，并兑现考核奖惩措施。

2011年，完成班组长轮训26期、54人，完成中间站站长、运转车间主任培训4人；完成车站值班员、调车长、助理值班员等送外培训48期、107人。鼓励24名职工参加技师、高级技师的报名、培训、考试，12人被聘为工人技师。根据车站生产实际，组织春运培训192人，1号文件学习培训785人，雨季行车人员培训311人，暑期安全知识培训784人，调图培训（二次）940人，运统-46培训263人，雾天行车作业办法培训320人，防寒过冬安全培训1380人。

【民生工作】 2011年，坚持“民生大如天”的理念，将提供暑期午餐补助、每年全站职工进行一次免费体检、发放干洗票、为调车组职工购买人身保险等“十件实事”写入集体合同并全部兑现，实现职工收入同比增长25%。先后对货运车间整车综合楼及学习室、货运车间国际箱办公楼、圃田车站信号楼和办公楼等6处设施进行了搬迁改造。为一线班组配备小药箱56套，心脑血管疾病宣传册1559份、光盘152盘，并根据季节变化春秋两季更新药品18种。落实“三不让”帮扶救助工作，全年投入资金61万余元，救助困难职工860余人次。

（卢　光）

郑州北站

【概况】 郑州北站位于京广、陇海两大干线的交会处，在河南省省会郑州市西北部，是贯通我国北方、华东、华南、西北和西南的主要铁路交通枢纽之一，是郑州铁路局管内唯一的路网性编组站。郑州北站下辖10个站区，站区南北长6.63千米，东西宽0.8千米，下行驼峰位于京广线K669+526以西710米，陇海线（陇客高线）K574+625以北2.4千米。按技术作业性质分为编组站，按业务性质分为货运站，按业务量分为特等站，站型为双向纵列式三级八场。有各种线路228条。其中，到发线61条，调车线91条，联络线及段管线76条。线路总延长390公里。主要担负着南北京广、东西陇海4个方向行包列车、军用列车和货物列车的中转及货运检查作业，各专用线、段管线的取送和装卸作业，检修车的取送作业，机械保温车的加油作业，超限货物车辆的复检作业，货物的整理换装作业。其主要特点为点多、线长、面大、调度指挥集中、车场分工明确、进路布置灵活、解编流水作业、有调比重大、折角车流多、作业复杂及综合自动化程度高等。另外，还管辖京广、陇海以及郑州西北环线上的9个中间站。其中，三等站4个（郑州西、海棠寺、南阳寨、铁炉），四等站4个（广武、东双桥、马寨和黄河南岸车站），五等站为欢河车站。按作业性质分，有货运站5个（郑州西、海棠寺、南阳寨、铁炉和广武车站），多口站6个（郑州西、铁炉、海棠寺、东双桥、马寨和欢河车站）。其中，东双桥和欢河车站分别担当着西北环线不经郑州车站运行的直特快客车接发任务。郑州北站机关位于郑州市金水区沙口路44号，邮政编码450053。

行政科室有9个，即技术科、货运科、收入统计科、劳人科、计财科、安全科、教育科、信息科、车站办公室。下辖中间站9个，即马寨、郑州西、铁炉、海棠寺、南阳寨、东双桥、广武、黄河南岸、欢河车站;生产车间5个，即上行运转车间、下行运转车间、调度、货运、货检车间;设备管理车间1个，即信息设备车间。共有79个生产班组。

党群组织设有党委、纪委、工会、团委。党委设党群办公室。下属党总支10个、车间党支部9个、班组（科室）党支部49个、党小组105个，在职党员888人。工会下属工支会18个、工会小组79个。团委下属团支部13个。

至2011年末，郑州北站在职职工总数为2364人（含非运输企业）。其中，女职工331人；干部231人（包括多元经营管理中心干部）；共产党员917人，共青团员92人。文化程度为大专及其以上612人，中专及技校325人，高中及其以下1427人。干部技术职务中，高级8人，中级65人，初级112人。工人技术等级中，高级技师1人，技师99人，高级工481人，中级工713人，初级工301人。主要工种有调度员37人，值班员124人，调车区长（含助理调度员）67人，助理值班员148人，调车长164人，连接员267人，车号员22人，货检员239人，货运员126人。

【主要技术设备】 截至2011年底，郑州北站有电子计算机服务器10台，生产微机328台；自动化驼峰2座，非机械化驼峰1座；内燃调车机14台；道岔1026组，信号机835架；TDJ-302减速顶12076台；无能源液压停车器 201台；挡车器11台；站场工业电视监视系统4套；各种线路228条，总延展长约390公里。

【安全生产】 抓问题整改，打造“人人保安”环境。印发近万份宣传资料和明白卡，记名式传达至每名干部职工。加大对作风不实干部的处罚力度，加大对管理人员序列的班组长考核力度，每周定期下发《干部作风检查情况通报》，并在车站“局域网”进行公布。启动“追踪复查程序”，下发“复查单”，并在网上予以公示。复查科室现场确认后报安全科，形成问题发现、整改、销号的闭环控制。2011年，检查纠正各类问题926件。应用科技优势，发挥“科技保安”作用。搭建完善的数字化综合管理平台，对信号楼、咽喉区等岗点进行实时监控，突出高铁、动车、正线、客车安全。运用货检安全集中监控系统，实现“列车进站预检、站内作业跟踪、出发列车监控”闭环控制。依托局域网和生产网，完善“专业管理”规章电子平台，联通全站10个站区300多台终端，实现对现场作业的实时指导。强化现场控制，突出“互控保安”特色。将大的“行政班组”细分为143个“自然班组”进行单独考核，提升班组长管理能力和综合素质，实施班组安全生产、任务指标、岗位管理等与班组长津贴直接挂钩，使班组长有权有责。2011年，班组长纠正问题10773件。至年末，郑州北站实现安全生产1644天，被路局授予“安全生产优质标杆单位”荣誉称号。

【运输生产】 面对持续增长的运输任务指标压力，制定实施增运增收一揽子计划。（1）用好运输能力。主动适应铁路建设的新形势，适应大运量、高品质的新要求，立足自我，挖潜提效，用大视野组织大运输，以大协作组织大产出，不断强化运输组织，增强车流调控能力，积极组织编开高质量列车，办理量和办理效率继续引领全路。（2）加强营销组织。充分发挥“编组站带中间站”的优势，提供充足的动力、空车、运输资源，增强货运营销实力。科学制定营销组织方案，完善货源调查、分析预测、客户沟通协调等工作机制，稳定既有货源。加强高附加值、高运价号、长运距货物的装车组织，提高货收率。（3）提升服务质量。规范服务内容，提高服务技能，推行服务过程标准化，并加大货场硬件投入。同时，加大路风监察力度，杜绝了路风事件和严重不良反映。2011年，郑州北站日均办理24014辆，比上年同期日均增加1337辆；中时7.9小时，比上年延长了0.6小时；运输收入完成49858.68万元，按日历进度超4803.68万元；日均装车153车，超计划26车；完成发送吨345.2万吨，超日历进度65.2万吨；完成保价收入272.09万元，超日历进度42.09万元；静载重61.7吨/车，与计划比超1.3吨/车，提前42天完成了运输进款任务。

【职工培训】 加强主要行车工种队伍建设，不断探索适应现场实际的职教管理机制和培训方式。职工培训重心下移，强化车间班组培训，提高职工在非正常情况下处理问题的水平和应变能力。完善并实施“天天学、月月评、季度打擂台、年度大比武”的业务技能培训模式，调动了广大职工学技练功的积极性。在2011年全局车务系统接发列车技能竞赛中，郑州北站获得全局“双线自动闭塞”组团体第一名，助理值班员个人第一名。全站职业技能竞赛历时一个月，参赛班组133个，参赛队员673人，涉及调度、行车、调车、货运、货检、设备维修六大工种。经过激烈角逐，集体项目产生8个一等奖，个人项目产生24个职名的一、二、三名，评出优秀组织奖3个。举办主要行车工种模拟演练擂台挑战赛，产生19个擂主，奖励金额5.5万元；技能竞赛奖励金额从2008年的4.7万余元跃升至40余万元，2011年郑州北站共投入技能竞赛奖励金额45万余元。

【自控型班组建设】 继续深化自控型班组创建活动，加大动态管理力度，提高生产岗位自控、互控、他控能力。2011年，郑州北站被路局评为“自控型班组建设先进单位”，上行运转车间一班调速组被评为铁路局“标杆班组”；下行运转车间二班调速组等18个班组被评为路局“精品班组”。货检车间一班上到组等8个班组被评为郑州北站“标杆班组”，调度车间王新伟等21人被评为郑州北站“优秀班组长”。对于获奖集体和个人，郑州北站分别给予了奖励，累计奖励金额80万元。

【再次蝉联“全国文明单位”称号】 12月20日，全国精神文明建设工作表彰大会在北京举行，郑州北站再次蝉联“全国文明单位”称号。这是继2005年、2008年获得“全国文明单位”称号后，郑州北站实现的“全国文明单位”三连冠，郑州北站也成为全国唯一获此殊荣的铁路编组站。在创建全国文明单位的过程中，郑州北站始终把共享文明创建成果，作为打造职工幸福生活、幸福北站的宗旨，以共建实现共享、以共享带动共建。与此同时，在巩固前两个《三年发展规划》成果的基础上，适应铁路转变发展方式需要和职工需求，围绕“车站整体工作文明程度更高、职工生产生活幸福感觉更好”两大核心要素，以提升一流创建标准，建设发展科学、品质卓越人文北站为规划目标，制定了《郑州北站三年发展规划（2012-2014）》。

【安全警示教育厅建成】 2011年6月15日，郑州北站安全警示教育厅建成。警示厅占地750平方米，分为展示区、测试区、放映区3个功能区域。情景再现的安全教育片《沉痛回眸》，通过声、光、电的完美结合，让参观者受到一次精神和视觉的强烈冲击，达到了警钟长鸣的效果。安全教育警示厅的建成，实现了北站安全教育理念从无形到有形的转变，在全站形成了一致的安全价值观，培养了职工的安全自觉性，安全文化在企业文化中的龙头作用更加凸显。2011年，郑州北站不仅获得了“河南省安全文化建设示范企业”的荣誉称号，更以“第一名”的顺位被河南省推荐为“全国安全文化建设示范企业”候选单位，成为铁路单位参评全国安全文化示范企业的首例。

【“全国安全生产万里行”采访团到郑州北站采访】 6月17日，由中共中央宣传部、国家安全生产监督管理总局、公安部、国家广播电影电视总局、中华全国总工会、共青团中央、全国妇联联合组织的2011“全国安全生产万里行”采访团到郑州北站，采访郑州局的安全管理、安全文化建设等工作。采访团一行60余人，先后参观了郑州北站安全警示教育厅、下驼提钩房、下驼作业楼和运输指挥中心大楼，观摩了行车、调车、货检等工作的模拟演练。全国“安全生产万里行”采访团总指挥长裴文田用五句话概括了郑州北站抓安全生产取得的宝贵经验：一是用安全理念塑造安全，二是用系统管理保证安全，三是用科技手段强化安全，四是用人才培训引领安全，五是用优良作风凝聚安全。

【技术设备升级改造】 2011年，郑州北站对SMIS2.4系统进行了软硬件技术升级，使SMIS系统始终保持在全路最高水平。上下行场停车器原液压型YT 2C型全部更新为电动DT3型，编组场溜放车辆的安全系数大大提高。全站共组织施工549次，完成了上到场信号设备换装、上行编组场驼峰成组更换道岔及交叉渡线、上发场机待线扩能改造、郑州西站列控软件升级施工和对车站管内7台超偏载仪的年度检定施工。大量先进技术装备的应用和既有设备的补强，为增强车站综合实力提供了强有力的技术支撑。

【党群工作】 郑州北站进一步深化创先争优、“三无一创”活动，在机制引领、品牌带动、有形化展示上取得了明显成效。货检车间党总支等4个总支（支部）被命名为路局“四强党支部”，调度车间党总支被命名为“三无标杆党支部”，货检车间“点式评价”和下行运转车间“成长6+1”品牌分别被评为“党建优秀品牌”和“全局优秀党建工作品牌”。为庆祝建党90周年，郑州北站开展了“党的光辉照我心”征文、“红色记忆”专题党课、“辉煌九十年，颂歌献给党”职工合唱节和党史、党章、党建知识竞赛等活动。2011年，郑州北站连续第三次被中央文明委授予“全国文明单位”称号，连续第五年被评为“全国‘安康杯’竞赛优胜单位”。

（张怡晨）

郑州客运段

【概况】 郑州客运段是担当客运乘务和运转乘务的综合段，担当东到上海、厦门、福州、杭州、宁波、青岛，西至乌鲁木齐、成都、重庆、银川、太原，北抵北京、哈尔滨，南达广州、深圳、湛江、昆明等方向的53对特快、快速各等级旅客列车及郑州至北京西、上海虹桥、西安北、太原、济南等方向7对动车组的乘务工作任务。担当的60对旅客列车，形成了连接东西、贯通南北的旅客运输网络，乘务区段纵横4个直辖市、20个省、1个自治区，固定乘务里程110818公里，年运输能力约5600万人，运转乘务里程3297公里，旅客运输规模和能力居全国铁路前列。郑州客运段机关位于郑州市二马路80号，下属各客运车队分别在郑州五里堡客整场（邮政编码450000）、洛阳市西工区史家屯客技站（邮政编码471000）和新乡市卫滨区铁西路14号（邮政编码453000）。

郑州客运段设行政科室10个，即办公室、安全科、乘务科、路风监察科、职工教育科、信息技术科、收入统计科、财务科、劳动人事科(党委干部科)、武装保卫科。下属客运车队23个，即动车车队、北京一队、北京二队、北京三队、京九车队、上海车队、沪杭车队、广州一队、广州二队、昆明车队、哈尔滨车队、湛江车队、乌特车队、乌快车队、成都车队、深圳车队、青成车队、福州车队、银川车队、太原车队、杭合车队、重庆车队、沪宁车队；车间5个，即郑州运转车间、洛阳运转车间、后勤供应车间、旅行服务车间、洗涤车间；公司1个，即劳动服务公司（集体经济管理办公室）。设置班组273个，其中客运乘务211个、运转乘务21个、车下班组41个。

2011年7月，原重庆车队易名为成都车队，原成都车队易名为青成车队。2011年10月，洛阳地区增设沪宁车队，新乡地区增设重庆车队。

党群组织设党委、纪委、工会、团委，下设党群工作室。党委下属党总支30个，党支部215个，值乘党支部177个，党小组3个。工会下属工支会29个，工会小组232个。团委下属团总支10个，团支部44个。

2011年末，郑州客运段职工总数为8290人。其中，男职工5264人，女职工3026人；干部368人，列车长421人；共产党员3012人，共青团员256人。文化程度为研究生7

人，本科373人，大专1667人，中专及技校966人，高中3874人，初中及其以下1403人。干部技术职务中，高级7人，中级44人，初级118人。职工技术等级中，高级工795人，中级工4462人，初级工1455人，技师24人，高级技师1人。年末，另有其他从业人员（集体工）1110人。

【客运乘务】 牢固树立“以服务为宗旨，待旅客如亲人”的理念，突出“优化服务环境，改进服务态度，提高服务质量”三大内容，切实把“人民群众满意”作为日常乘务工作的评价标尺。（1）提前预想，做好3次调图工作。“1•11”“7•1”“8•28”新图实施前，成立调图工作领导小组，负责对调图前后列车乘务工作进行指挥，确保每次调图过渡期不出现问题。（2）强化组织，积极做好假日运输。清明小长假、洛阳牡丹花会期间，顺利开行临客列车8对，旅游专列3对；“五一”小长假期间，加开直通列车2对，管内增开6对（其中4对为套跑），延长2对，增开旅游专列1对。（3）夯实基础，抓好“服务旅客创先争优”活动。开展以安全工作、服务质量、路风工作、整备工作、餐营供应、党群工作等6项内容为重点的“服务旅客创先争优”活动，针对旅客最关切、最期盼、最不满意的突出问题，从规范作业标准、整治列车卫生、更换卧具备品等基础工作入手，解决旅客关注的难点、热点问题。规范了《七项重点服务标准》。提高服务技能，做到“一举一动，训练有素”，实现“让标准成为习惯，使习惯符合标准，让习惯成为自然”，做到“想旅客之所想、急旅客之所急、帮旅客之所需”。（4）推行出库卫生质量鉴定制度。在郑州、洛阳、新乡三地成立列车出库卫生整备鉴定组，严把列车出库卫生整备质量关，下发《郑州客运段旅客列车保洁整备质量监督管理办法（征求意见稿）》，对客车保洁整备工作实行三级管理监督。（5）打造中原动车组新形象。动车队是郑州局唯一承担动车组客运服务的部门，每年担负着近百次专运任务和旅客运输任务。动车组乘务员服务礼仪更加优雅，服务品位更具特色，打造了中原动车组新形象。11月16日，铁道部人事司组织处处长于平一行添乘动车组，给予了充分肯定。

【客运收入】 2011年，郑州客运段抓住春运、“五一”、端午、中秋小长假、“十一”黄金周等有利时机，开展争当2011年度路局“营销状元”“收入卫士”收入竞赛百日活动，形成了全员增运增收的氛围。加强对棉农列车、儿童票、超重票的查验，坚决杜绝无票运输和收入违纪现象的发生，确保运输收入任务的完成。春运期间临客编组硬卧代散过程中，积极发售中上铺，同比增加收入500万元。2011年，完成车补收入22495 万元，完成运输收入24310万元，是全年计划的108.06%，比年计划增加1815万元，提前43天完成了全年路局下达的堵漏保收计划。

【客运安全】 坚持“安全第一”的思想不动摇，围绕安全管理机制建设，从加强现场添乘管理、夯实干部作风、提高管理控制力入手，在动态卡控的管理效率上深耕细作，着力解决安全突出问题。实行客车分线检查考核办法，由机关干部和领导班子组成4个分线检查组和流动组，对全段60对客车、东西南北4个线进行全覆盖检查，每周均衡添乘，每月换线循环，实现了“精兵强将保一线、专业负责下一线、业务干部管一线”的安全管理新格局。同时，每月拿出35万元（全年420万），兑现干部责任制考核奖惩措施，全年处分管理失职、作风不实和工作质量不高干部累计30人次。围绕“管好炉子、控制吸烟、清净油垢、管住电器、清除杂物”5个关键不放松，在“两炉”（燃煤炉、茶炉）管理方面，盯住常识培训、实作考核、交接验收、途中管理、库内看管和干部抽查等环节，做到环环紧扣；对餐车油垢采取“定时间、定标准、定责任、严考核”的措施；在客车电器防火方面，注重抓源头治理，杜绝违章操作；在车内禁烟方面，做到乘务员全程禁烟，对旅客吸烟勤宣传、多劝阻、盯清理，把握安全规律，抓好冬春运、暑期、小长假安全生产。在此基础上，开展“春运工作经验教训得失谈”征文,组织干部进行“严作风保安全承诺书”和职工“卡控安全关键保安全承诺书”签字活动，开展以“心中有旅客，安全有保证”为主题的大宣讲、大谈心活动，不断增强干部职工的安全生产责任意识。

【卧具洗涤】 郑州客运段洗涤车间下辖郑州、洛阳、新乡3个洗涤厂，厂房总面积3800平方米。2011年，洗涤卧具3680万件（标准件），洗涤清算收入1288.13万元。9月，进行司炉工、压力容器操作培训，15人参加学习并取得了操作证。围绕洗涤质量开展科技攻关，进行探索和尝试，推出“创新节能洗涤法”，挑拣茶渍、血渍、地渍、脚印渍等污染卧具进行重点处理，熨烫人员及时挑出未处理干净的污渍卧具，交机投按数量比例，加普粉、强力、氯漂等洗涤配料，用70摄氏度温水进行二次洗涤。对于重复使用、脏垢严重的卧具，如乌快、南阳、福州列车，枕套相对较脏，加大投料力度，相应增加洗涤时间，确保节能有效。

【职工培训】 2011年，郑州客运

段举办列车员周期性脱产培训班133期、4513人，运转车长培训班34期、500人，餐营各工种培训班28期、513人。自办广播员周期性脱产培训班11期、299人，列车长培训班14期、424人。围绕安全、路风、乘务质量、收入管理、服务礼仪等方面，每月一个主题组织集中授课，教案由职教科长、主管副段长、段长层层审核。段长、主管段长、业务科室科长亲自授课，原汁原味传递最新工作思路、工作要求和工作标准。组织专职教师以列车员、运转车长为重点，编写岗位培训教材并制作课件，为下一步开展网络培训、远程教育打下了基础。6月、7月，组织开展了年度列车长职业技能竞赛。为200个班组配备了平板电脑，制作安装了电子规章程序、“便民软件”，方便职工学习、服务旅客。同时，强化餐营人员培训，2011年开展岗前培训餐营人员(派遣工、委外人员) 531人次，脱产培训餐车前台、后台人员490人次。每月9 日、19日 、29日组织餐车长、领班进行餐营文件和专业知识学习，每月8日、18日、28日开展委外餐车餐服员培训，每月3日、5日对动车餐服员进行业务学习培训。

【旅行服务】 紧盯食品安全。卡控食品源头安全，对食品仓库、加工厂的索证及食品、餐料的进货、验收、储存、发放进行严格检查，严禁餐车私上餐料，确保了食品、餐料上车前的安全。实行餐料、食品生熟分开存放，避免交叉污染，严禁销售变质、隔夜饭菜。对餐具卫生进行严查，做到消毒合格、定位放置、标注标记清楚，并及时销毁剩余餐料。深挖经营潜力。在整个餐饮市场不景气的情况下，对部分餐车及地面配送业务实行委外承包。争取路局支持，收回了10对动车的餐饮经营权。其中，4对外包经营，6对自主经营。丰富菜品，满足婴儿、老人、病人及少数民族地区旅客餐饮需求，并开展订餐到铺到座服务，体现服务人性化。打造动车餐饮品牌。以提供营养均衡、色香味美的饭菜，细心周到、体贴入微的服务，温馨宜人、安全舒适的就餐环境为标准，投入26万元为动车餐服人员购置服装和手拉提包，投入19万元为动车添置了微波炉、保温箱和售卖车。投资2万余元，新增动车食品仓库，保证动车食品的正常供应。针对动车旅客消费层次高的特点，采购超市及食品生产企业的高端产品，种类已达110余种。

（郭玲玲）

公　路

综　述

【概况】 2011年，按照“交通先导、生态优先，公共服务全覆盖”的城市发展理念，认真谋划并实施了郑州市“十二五”交通运输发展规划，明确了以巩固和强化全国综合性交通枢纽城市为目标，以服务郑州都市区建设为重点的交通运输发展战略，全市交通运输系统广大干部职工锐意进取、克难攻坚，实现了“十二五”时期的良好开局。财务管理不断加强，岗位练兵深入开展，综合治理扎实有效，后勤服务不断提升，在安全生产、路政管理、交通法制、海事管理、治理公路“三乱”、政行风建设、党建和精神文明建设等各方面取得了显著成绩。

2011年，全市交通基础设施建设累计完成投资170亿元，市本级完成建设投资60亿元，为市政府下达年度目标任务的125%。各县（市）、区高度重视交通运输工作，积极筹措资金，全年累计投入交通建设资金近8亿元。交通运输事业在加快发展的同时，带动了全市经济的较快增长，在扩内需、保增长、惠民生中发挥了重要作用。

在交通建设受土地、资金等因素制约的情况下，坚决贯彻市委、市政府决策部署，采取利用BT模式、争取国家、省支持等措施，积极运作13个BT项目，投资规模达62.4亿元，保障了在建项目顺利推进，以及G107辅道与连霍高速等5座新增环城高速互通式立交和4座跨南水北调干渠桥梁等项目按时开工。同时，与省、市有关部门加强沟通对接，完善项目前期工作推进机制，10余个项目的前期工作正在加快推进。

运输生产呈现快速增长势头，运输服务能力和水平大幅提升。2011年，公路运输完成客运量3.02亿人次，客运周转量161.1亿人公里，货运量2.09亿吨，货运周转量353.3亿吨公里，比2010年分别增长13%、17%、19%、26%，客货运输生产保持持续增长势头，圆满完成了公路春运、“五一”“十一”等重点时段的运输保障任务。

同时，郑州市交通战备工作水平不断提高，国防交通专业保障队伍建设水平和保障能力全面提升。2011年，为驻郑部队修建道路9条，出动车辆180余台次、人员800余人次，为部队战备训练等多样化任务提供交通保障30余次，圆满完成了任务。

【安全生产】 2011年，紧紧围绕交通运输这个中心安排工作，把安全生产作为首要任务，以道路运输和交通基础建筑施工安全为重点，抓基层、打基础，广泛开展宣传教育，严格落实各项责任，深化安全专项整治，切实加强技术防范，努力消除各类隐患，事故指标创新低，交通运输安全生产处于历史最好时期。

强化“三个落实”，确保重点时段交通运输安全。组织召开全系统年度安全应急工作会议，制定下发《安全行动方案》，成立安全创建工作组织，落实领导责任。层层签订安全责任书，逐级分解安全生产责任目标，加强目标管理，落实目标责任。坚持召开专项工作例会，落实各项制度。

开展“三大活动”，扎实排查治理各类隐患。在全系统组织开展“大检查大整治大督查”活动，突出“五个方面”，扎实开展隐患排查整治。组织排查道路运输企业701次、危化品运输企业90次、船舶320艘次、船员180人次、建筑施工场所80次、公路设施71次。多次组织对车站等人员密集场所进行消防设施大排查。共发现一般隐患6676处，已整改6674处。实行重大安全生产隐患领导包案督办，11处重大隐患已有8处销案。9月23日，在交通运输部安全生产检查组开展的安全隐患专项检查中得到表扬。

深入专项整治，全力遏制重特大事故发生。先后组织开展了“查处打击非法违法行为”“道路客运安全生产专项整治”“公路桥梁隐患排查整治”、建设施工领域预防坍塌事故、为期5个月的“三超一疲劳”专项整治等活动，保证了交通基础设施施工、水上交通、消防安全零亡人，道路交通运输无重大责任事故发生。

修订完善预案，科学应对各类突发事件。修订郑州市交通运输应急救援总预案和10个分预案，建立专家库，成立5支应急救援专业队伍，完善了应急物资储备制度。组织危化品运输、公交消防、干线公路防汛、农村公路桥梁抢险、水上搜救、城际公交救援等演练50余场次，共1200余人参加。应急指挥中心坚持24小时值班和领导带班制度，10月22日和12月18日及时启动应急预案，成功排除了中原西路庙王村化工厂爆炸和南四环甲醇车追尾两起重大事故危险，全年有效处理道路运输、水上交通、公路桥梁险情10多起。

强化培训宣传，营造安全运输文化氛围。积极开展“安全生产月”等多种形式的宣传活动，在全市安全摄影比赛中被评为优秀单位。积极组织委系统1600名干部职工参加“安全河南杯”安全生产知识竞赛。举办了全系统121人参加的安全生产知识竞赛。组织开展全系统60名安全生产领导干部参加的培训班，全系统共组织近9000人参加了各级安全生产班组长培训。

【交通信息化建设】 坚持把信息化建设作为推进行业管理转型升级的重要抓手，借鉴先进经验，实施创新改造，进一步对行业信息资源进行了系统升级和集成，将交通运输行业16项信息资源整合为一体，构建了资源共享、优势互补的大信息资源格局，建成了全省第一、全国领先的郑州市交通运输信息中心，基本实现了对多种运输方式的协同调度和行业管理的全覆盖，为提升行业管理水平和服务人民群众安全便捷出行提供了技术支撑。同时，通过积极争取，郑州市出租汽车服务管理信息系统、公共交通运营监管信息服务平台被正式列入交通运输部试点工程项目，行业信息化建设将会得到国家交通运输部的有力支持。积极申报项目，交通运输科技取得新进展。《基于RFID技术的智能道路客运管理系统研究》和《交通建筑由“单一型”向“枢纽型”发展中的标识引导系统研究》两个项目获得省厅立项；组织开展《新建高速出入市口互通立交方案优化》研究，获郑州市重大科技专项成果奖。协调公交总公司和宇通公司将公交信息化技术应用到新能源客车的开发和研制过程，建立了信息反馈系统，为开展低碳交通奠定了基础。

【市交通运输信息中心成立】 2011年12月28日，郑州市交通运输信息中心揭牌仪式举行，标志着郑州交通信息化工作将迈上一个新的台阶。郑州市交通运输信息中心依托交通运输部“郑州市出租汽车服务管理信息系统试点工程”建设，由数据资源中心、监控指挥中心和热线服务中心组成，通过整合已有的16项、在建的4项、待建的9项信息化子系统和共享数字城管、公安、民航、铁路的信息资源，拓展全市交通运输行业各个层面的信息化应用，将实现多种运输方式的协同调度、交通运输应急指挥、交通基础设施建设工程监管、交通运输行业管理、智能交通诱导和交通物流信息服务等六大主要功能，形成协调统一的交通运输管理和信息服务平台，实现全行业跨部门协同应用一体化、政府决策的科学化、面向百姓信息服务的人性化，通过部、省、市、县多级联网成为全国交通综合运输体系区域枢纽联网中心，为全国交通运输主管机关提供中部地区的交通运输信息，为中原经济区的发展和郑州都市区的建设提供科学、智慧、高效的交通运输服务。信息中心的建成，在提高交通运输经济运行质量、行业监管效力、应急处置能力、公众服务水平、智能交通诱导、畅通城市建设等方面将发挥明显的实效，在交通运输和城市现代化进程中发挥显著的推动作用。

【党建和行业文明创建】 加强班子建设和干部队伍建设，认真落实党风廉政建设责任制，坚持“四会一课”制度，坚持在重大节日前召开廉政谈话会、组织廉政党课教育、编发廉政提醒短信，开展廉政文化“进基层、进工地”活动，健全完善了廉政防范长效机制。坚持开展工程建设领域突出问题专项治理和问题排查，加强重点工程廉政建设督导和招投标现场监管，建立了郑州交通运输招标投标中心，实现了交通工程纪检监察全覆盖。开展“小金库”专项治理，加强工程项目资金审计和委属国有企业审计工作，强化监督管理，确保各项资金安全高效使用。坚持把创先争优活动与交通建设相结合、与优质服务年活动相结合、与争创人民满意公务员相结合、与岗位练兵活动相结合，积极推进行业党建和文明创建工作，交通委被市委、市政府记创建全国文明城市“集体三等功”。成立道路货运行业联合党委，深化出租车行业“红色的士家园”建设成果，基层党组织建设不断升级。在新浪网开通了全国首家交通行政机关官方微博，网络宣传有声有色，成效明显，郑州交通官方微博被评为2011年度河南十大政务微博。郑州市交通委推行公务自行车的做法在全国产生了重要影响，树立了郑州交通形象。深入开展“优质服务年”主题活动，深化行业文明创建工作，全系统各单位结合自身特点，分类设计载体，广泛开展文明服务品牌创建活动，营造了创先争优、勇争一流的浓厚氛围。

【交通战备】 2011年，郑州市交通战备工作按照济南军区、省交战办的部署和要求，以应急作战交通保障需求为牵引，全力做好部队应急作战和突发事件交通保障的各项工作，始终树立“抓好一支队伍、强化一种意识、注重一个实效”的理念，大力加强交通战备正规化建设，努力提高快速反应、快速抢修、快速机动的能力。先后为部队军事演习提供交通保障30次，出动交通保障车辆92台次、交通保障人员310人次，协调出动警车88台次、交警680人次，圆满完成了各项交通保障任务。

组建“预备役汽车连”参加省预备役实装拉动点验工作。按照河南省军区《关于民兵预备役部队整组工作检查验收的通知》要求，由郑州市交通战备办公室负责组建“预备役汽车连”，参加了河南省预备役高射炮兵师组织的预备役汽车营、通信营、筑城营等成建制实兵实装拉动点验。

完成国防交通专业保障队伍的整训工作。根据市国动委通知要求，市交战办完成了《郑州市交通运输动员预案》的拟制工作，对全市4支国防交通战备专业保障队伍（即郑州市应急公路运输大队、郑州市应急重装备公路运输大队、郑州市应急公路工程抢修大队和郑州市公路工程抢修中队）进行了整组。根据各相关单位人员变动情况和装备更新情况，重新进行了登记、编组。并组织编组后的专业队骨干成员参加了由市国动委组织的集中军事培训。通过培训,专业队骨干成员的军事素质、组织能力、协调能力和团队精神都得到了进一步提高，为专业队培养了高质量的干部队伍，为把交通运输专业队建成一支战时应战、急时应急的保障队伍打下了良好的基础。

完成郑州市人民防空运输专业队伍整顿工作。4月，按照市国动委关于《做好2011年郑州市人民防空专业队伍组织整顿工作的通知》要求，交战办迅速组织郑州交运集团和市公交总公司召开动员会，按照任务分工，对已组建的郑州市人民防空运输专业大队第一分队和第二分队进行重新整编，指导各类表格的登记填写工作，在规定时间内，完成了运输专业大队的整顿、登记、上报工作。5月18-20日，组织专业大队骨干成员参加了市国动委组织的集中军事培训。

组织国防交通干部专项集训和专项演练。按照国家交通战备办公室《2011年国防交通干部及保障队伍专业训练计划》要求，交战办及时制定了《郑州市公路工程保障大队交通抢修专项演练实施方案》，演练分干部专项集训和应急抢险专业保障队伍演练两个内容。按照《方案》要求，郑州市交通战备办公室于2011年10月26-28日，组织郑州市公路局、各县（市）区交战办等单位的国防交通干部共计100余人进行了专项集训。此次集训，邀请驻郑军事院校的教员和专家为集训干部讲授当前国内外政治、军事形势，并对学员进行了军事队列训练。通过集训，全市国防交通干部进一步明确了在当前国内外形势下国防交通战备的职责和使命，提升了国防交通干部的专业素养。

完成2011年部队进出道路项目申报工作。根据省交通战备办公室通知要求，市交战办认真做好2011年部队进出道路建设项目申报工作。始终把解决部队出行难题作为重点工作。2011年，市交战办在深入勘察部队道路、汇总本地区驻军的进出道路建设需求、区分轻重缓急的基础上，拟定了4条部队进出道路建设项目，明确了建设性质、建设规模和资金筹措办法，由市发改、交通、交战部门联合行文申报了2011年部队进出道路拟建项目。

强力推进马头岗军用机场进出场道路建设。市交战办多次组织召开由金水区交通局、柳林镇政府和公路设计人员参加的马头岗机场进出场道路工作协调会，对道路筹建情况进行沟通协调，通过招投标程序确定了施工单位和监理单位。工程自8月开工以来，遭遇了征迁和天气异常、阴雨不断等众多阻力，市交战办领导多方协调，逐一化解矛盾，强力推进工程建设。

按照市国动委下发的《关于拟制修订国防动员专项预案的通知》要求，市交战办迅速组织委属相关单位人员，集中时间和精力，严格按照上级明确的格式要求，结合全市交通运输工作实际，认真拟制了《郑州市交通运输动员预案》，在规定的时间内上报市国动委。在夏季汛期来临之前，市交战办对黄河惠武浮桥、伊洛河大桥、双泊河大桥、登封告成桥等国防交通战备重点防护目标加强防护，切实做好汛期的抢险救灾交通战备工作。进一步补充、完善国防交通战备重点目标防护方案，将涉及地方的医疗救护、安全消防、迂回路线的选定等纳入防护方案中，做好新的国防交通战备重点目标防护方案的编制工作。

【交通企业】（1）宇通集团。2011年，宇通集团销售大中型客车、工程机械、专用车达到51806台，比上年46866台增长4940台，增幅10.5%；实现营业额244亿元，同比增幅17.3%。其中，客车工业园销售客车整车46058台，比上年41169台增长4889台，同比增长11.9%；工程机械工业园销售工程机械5748台，比上年5697台增长51台，同比增长0.9%。（2）交运集团。2011年，市交运集团实现收入19亿元、利润2460万元，分别为年度目标任务的113%、123%。（3）交运集团投资建设总公司（交建投公司）。2011年，市交建投公司紧紧围绕交通基础设施建设中心工作，审时度势，开拓创新，努力推动公司在发展中实现转型，在转型中寻求新的突破，发展实力不断增强。截至12月底，公司资产总额为58亿元，净资产总额为19亿元，落实银行贷款1.64亿元，完成交通基础设施投资4.1亿元，获得市级文明单位和市级优秀基层党组织等荣誉称号。（4）交通设计院。2011年，市交通设计院积极推行人才强院战略，不断提升技术服务能力，全年经营开发合同额首次突破亿元，完成1.02亿元，为年度目标任务的102%。（5）路桥集团。2011年，路桥集团充分发挥融资平台作用，积极服务交通重点建设，完成产值12.6亿元，实现利润5600万元，分别为年度目标任务的126%、112%。

（宋立新　闫从明　陈振坤）

交通基础设施建设

【概况】 2011年，郑州交通运输系统紧紧围绕“畅通郑州”大局，以“两环畅通、十线放射、五站并进”为重点，积极应对在建项目多、投资规模大、资金筹措难等严峻考验，全力推进交通基础设施建设。全市累计完成交通建设投资170亿元，其中市本级完成60亿元，为市政府下达年度目标任务的125%。同时，各县（市）区党委、政府高度重视交通运输工作，积极筹措资金，全年累计投入交通建设资金7.04亿元。截至2011年底，南三环东段、南三环与机场高速互通式立交、郑汴物流通道新建工程、石武客专匝道桥等一批在建项目即将完工投用；郑州综合交通枢纽公路客运站、郑新快速通道、郑少高速市区至航海路连接线等项目进展顺利；G107线郑州段改建工程等项目已具备通车条件，郑开大道与京港澳高速互通式立交建成投用；通过争取国、省支持，干线公路升级改造积极推进，G107新郑境改建工程正式启动，拉开了国、省干线公路升级改造序幕。继续把农村公路建设列入政府为民办理的“十大实事”之一，完成新改建农村公路500公里。

【交通重点工程建设】 2011年，全市累计完成交通建设投资170亿元，其中市本级完成60亿元，为市政府下达年度目标任务的125%。

4座环城高速互通式立交项目。6月16日，作为全市16个环城高速互通式立交的重要组成部分，市交通委在G107新线与航海东路交叉口处举行了G107辅道与连霍高速互通式立交、文化路与连霍高速互通式立交、航海东路与京港澳高速互通式立交、南三环东段与京港澳高速互通式立交4个项目的集中开工仪式。此次新开工的4座环城高速互通式立交，是继郑开大道与京港澳高速互通式立交、花园路与连霍高速互通式立交之后，郑州市又一批开工建设的高速公路出入市口项目。这4个项目均采用BT模式进行建设，项目工期均为18个月，4个项目的总概算投资为6.65亿元。这些项目建成后，“畅通郑州”工程将取得重大进展，和城市三环快速化、四环立交化等重大措施一起，将形成便捷、高效的崭新的郑州都市区交通格局。

中原西路与西南绕城高速互通式立交。12月10日，中原西路与西南绕城高速互通式立交开工仪式在郑州市中原区与荥阳市交界处举行。中原西路与西南绕城高速互通式立交项目是市委、市政府确定的16个新增环城高速出入市口之一，采用双喇叭互通式立交方案，新建匝道3.59公里，改建西南绕城高速公路0.95公里，改建中原西路0.76公里。其中，新建匝道桥2座，涵洞3道，新建三进五出匝道收费站1处。工程总占地约25.6公顷，概算总投资约1.35亿元，定额工期18个月。该项目的建成，将有效缓解城区西部主干道与绕城高速之间连接不畅的问题，大幅提高城区对外通行能力，对进一步完善郑州西部区域路网结构，改善郑州出入市口形象，实现市区主干道与环城高速的快速连接，缓解市区交通拥堵，带动荥阳市、高新区和中原区等周边产业聚集区的经济发展具有重要意义。

郑州市跨南水北调总干渠桥梁工程。12月31日，郑州市跨南水北调总干渠桥梁新建工程开工建设。这不仅是保证南水北调总干渠工程顺利实施的需要，也是完善郑州市道路运输网络布局的需要，同时也是带动其他产业发展，保持经济稳步增长的需要。此次郑州市共有11座跨南水北调桥梁新建工程开工。其中，交通系统承建的郑上路、郑密公路、G107辅道、西四环4座新建桥梁均采用二级以上公路标准设计，设计车速80公里/小时，路面面层采用沥青混凝土结构，施工里程全长共1879米，项目投资估算总额1.8亿元。工期为10个月，预计2012年年底全部竣工。

郑开大道与京港澳高速公路互通式立交新建工程。12月29日，郑开大道与京港澳高速公路互通立交建成通车。该项目也是郑州市畅通工程环城高速新增16个出入市口中第一个建成通车的项目。该项目位于京港澳高速与郑开大道交会处，是郑州市综合交通规划的重要组成部分，为郑州交通枢纽工程。项目总投资3.48亿元，立交采用半定向型+单喇叭型形式，主线改建长度2公里，匝道全长6303米，主线桥、匝道桥4座。共有匝道7条，两次下穿京港澳高速公路。该项目于2010年8月30日开工。郑开大道与京港澳高速互通式立交的建成通车，对分流郑东新区和郑开大道车辆，缓解郑州市区交通压力，加快郑州新区基础设施建设，完善郑州环城高速出入市口设置，推动郑州畅通工程，发挥郑州区位优势和拉动中原经济区建设等，均起到十分重要的作用。

【高速公路建设】 2011年，郑州市高速公路建设工作积极整合资源，克服困难，快速推进。连霍高速郑洛段改扩建工程新建路段通车，郑民高速公路郑州段竣工通车，全市新增高速公路通车里程32.3公里，通车里程达到451.3公里，路网密度达到每百平方公里6.06公里，高速公路通车里程和路网密度均处于全国领先水平。2011年，高速公路重点工程项目有5个（其中，高速公路改扩建项目2个，高速公路新建项目3个），总里程180公里，涉及3个县（区）、14个乡（镇），总投资150亿元。其中，连霍改建郑州段项目完成土方100%，水稳99%，桥梁预制99%，完成投资3.9亿元；桃花峪黄河大桥完成土方72%，涵洞88%，基桩97.5%，完成投资4.7亿元；郑民高速完成土方99.67%，梁板预制、涵洞通道100%，桥梁完成98%；连霍高速中牟段完成土方18.8%，桥梁26%，涵洞50%，完成投资9414万元。

连霍高速公路郑州至洛阳段改扩建工程建成通车。12月3日，连霍高速公路郑州至洛阳段改扩建工程新建路段建成通车，该路段由4车道变为8车道，对缓解连霍高速公路通行压力，提升河南高速公路路网服务能力，促进中原经济区战略实施均具有十分重要的意义。该项目东起郑州荥阳市广武镇，接连霍郑州段改扩建工程的终点，经荥阳市、上街区、巩义市、偃师市、孟津县、洛阳老城区，止于洛阳市任庄互通式立交，与洛阳至三门峡高速公路和洛阳西南绕城高速公路连接，全长106.391公里。该项目建成后，郑州至洛阳段原来的双向4车道均改为从东往西单向行驶，而新改建的南半幅4车道改为从西向东单向行驶，日通行能力将可达到8万-10万辆。该项目的建成通车，对于提高河南沿黄经济区公路交通服务水平，增强沿黄城市群的辐射作用，改善河南省东西交通运输大动脉通行条件，完善全省综合运输体系，加快郑州、洛阳两市经济社会发展均具有十分重要的意义。

郑州至民权高速公路一期工程建成通车。12月29日，河南省第一条交通战备高速公路项目-郑州至民权高速公路一期工程暨“国家517战备工程”建成通车。至此，全省高速公路通车总里程达5142公里，继续位居全国前茅。郑州至民权高速公路一期工程西起中牟县九龙镇，接京港澳高速公路和西南绕城高速公路互通式立交，向东止于兰考至南阳高速公路，2009年6月开工建设。全线长72.661公里（郑州境段32.728公里，开封境段39.933公里），设计速度120公里/小时，双向4车道，设郑庵、姚家、杏花营、南苑4个出入口，和中牟南、开封金明2个服务区，1个开封南停车区。郑州至民权高速公路是河南省规划的“686”高速公路网中的6条区间通道之一，是河南省高速公路网规划的重要组成部分，也是全省第一条交通战备高速公路项目。一期工程的建成通车，对完善战场交通网络建设，提高现代战争海陆空协同作战能力，提升交通运输应急保障能力均具有十分重要的意义。同时，该项目连接郑州西南绕城高速公路，与连霍高速公路共同构成了河南省中部地区东西方向上的两条高速交通大动脉，将有力助推中原经济区建设，进一步加快郑汴一体化发展步伐。随着郑民高速公路一期工程通车，从开封到新郑国际机场的时间缩短至30分钟。

【干线公路建设】 2011年，郑州市干线公路建设按照“整体规划、分步实施、统筹安排、一步到位”的原则，全面启动“六路升级、五路改造、构建大五环”工作，同时抓好项目储备、报批立项工作。既定项目顺利开工。备受各界关注的被市委、市政府列为“十大民生实事”之一的G107新郑境改建项目，9月9日开工，揭开了“十二五”干线公路建设帷幕。跨南水北调郑上路、郑密公路、G107辅道大桥新建项目在时间紧、任务重的情况下，于12月31日实现开工，有效保证了南水北调总干渠的顺利实施。部分项目开工在望。S316（郑登快速通道）、S223已完成既定工可报批任务，初步设计批复后即启动监理、施工招投标工作，即将开工建设。截至12月底，全年完成建设投资5677万元，工程质量优良率100%，实现了施工安全零事故，市公路局被省公路局评为2011年度“全省干线公路工程建设管理先进单位”。

【农村公路建设】 2011年，郑州市农村公路建设共完成投资5.1亿元，新改建农村公路500.8公里。为落实年度目标责任，把握施工有利时机，全力推进工程进度，确保全市年度农村公路建设任务的完成，在全市开展了农村公路建设“大干100天”劳动竞赛活动。成立领导小组，设立相应的工作机构，明确责任部门，建立健全了劳动竞赛活动的工作机制、激励机制和考核机制。多次召开郑州市农村公路建设计划项目推进会，安排部署工作活动的开展，充分调动了全市农村公路系统广大干部职工的积极性，迅速掀起了农村公路建设施工高潮，为完成2011年全市农村公路建设任务，实现“十二五”农村公路建设发展良好开局奠定了坚实的基础。

【场站建设】 2011年，交通场站项目主要涉及5个一级长途客运站、3个长途客运卫星站、8个公交场站、10个出租车服务区选址，以及其他场站工作。场站建设工作重视规划布局，突出政府导向机制和公共民生利益，积极稳妥地推进项目建设进度。截至年底，已完工2个项目（客运南站、1个卫星站），开工在建5个项目（3个公交站、1个综合枢纽站、巩义长途站）。其中，长途综合枢纽站的形象进度已经进入装修阶段。

客运场站等级和服务能力进一步增强。（1）长途客运北站。位于花园路与连霍高速公路交会处东南角,总建筑面积28870平方米，总投资27095万元，已完成选址11.27公顷，并完成了场地拆迁。2011年完成投资1000万元。（2）长途客运西站。位于郑上路北西南绕城高速公路东，总投资约2亿元，已完成选址约18.87公顷，正在办理选址意见书。（3）卫星站。郑州中州大道北环客运卫星站，位于中州大道北环交叉口南300米，征地0.8公顷，投资200多万元，2011年12月30日投入运营；郑密站，正在进入设计阶段。（4）客运东站。正在就用地问题进行协商。（5）巩义客运总站。总建筑面积8912平方米，征地3.37公顷，规划、消防抗震等手续正在申报中。（6）新郑综合保税区客运站。拟征地7.2公顷，正在按要求编制控规、交通影响分析等报告。（7）郑州市高铁新客站公交综合枢纽站。新建工程总建筑面积3.07公顷，总投资约6亿元，已完成土地定界、工可、环评等工作。（8）郑州市花园口互通式立交桥下公交停车场。总建筑面积1.4公顷，总投资约450万元，已开工建设。（9）经开区航海东路停车场。占地约1.33公顷，已完成施工图设计，围墙正在修建中。（10）郑州市西三环与长江西路交叉口出租汽车综合服务区。占地3422平方米，12月30日正式投入运营。中州大道与东风渠交叉口、北环路与金杯路交叉口综合服务区正在上报选址意见。

（宋立新　闰从明　陈振坤）

公路养护

【干线公路养护】 2011年，郑州市干线公路养护工作以精修细养为基础，以大中修、危桥改造为重点，以“畅、安、舒、美”为目标，养护管理工作扎实推进。全年共完成6项大中修、12座危桥改造、2项安保及1项灾害防治工程，总投资1.5亿元，工程合格率100%，优良路率80.1%，居全省前列。

在养护工作中，牢固树立“公路养护是发展，而且是最直接、最现实的发展”的理念，将养护管理工作放在更加突出的位置，坚持养护与建设并举，管理与服务并举，日常与预防并举，制度与创新并举。（1）修订完善了《郑州市公路小修保养管理考核办法》，积极开展路容路貌评优评差工作，加大巡查监督考核力度，日常养护工作基本实现了“路面平整清洁，路基坚固顺适，标志齐全醒目，绿化协调美观，行车安全畅通，服务全面提升”的目标。（2）加强桥梁管理，组织专业检测机构对全市桥梁进行了定期检查，评定桥梁技术状况，提出养护对策，做到桥梁技术状况及时跟踪，适时更新。同时，对全市重点危桥实施改造，S316线侯寨大桥于9月25日实现了提前通车。（3）及时组织水毁应急抢险工作，保障了G107线郑州小刘桥段、S316线郑州台郭段、S314线荥阳境、G310线荥阳与上街境的安全、畅通。（4）做好江山路京广铁路立交桥段、G107线梁湖段、小刘桥段3处积水点改造工作，并提前完工，经受了几场大雨的考验。（5）加大出入市口环境整改力度，重点做好G107辅道、G310、S103、S316、郑少高速、高速公路樱桃沟收费站等出入市口重点路段、重点部位的综合整治。路容路貌评优评差工作及出入市口环境整治工作受到了市委督查室的通报表彰，为全市创建全国文明城市作出了贡献。

【农村公路养护】 2011年，完成农村公路大中修工程项目126个，投资5000万元。另外，全市县道小修保养累计完成投资1576万元；整修路肩边坡297.51万平方米，整治平面交叉21处，疏通边沟172.3万公里，处理坑槽3.25万平方米，处理翻浆3.92万平方米，处理沉陷4.34万平方米，巡路保洁4.87万公里。重点对宜林路段缺株少苗进行了补植、补栽，种植乔木18万株、灌木46万栋，累计完成投资1030万元。累计投资865万元，修复水毁253处；投资357万元，完善了道路标志、标线；完成了583公里的农村公路评定试点工作；累计投入3000万元，对22座危险桥梁进行了维修加固和改造。同时，创建文明示范路102公里、安保工程51公里。8月，组织开展了全市农村公路养护技能竞赛活动，在全市农村公路系统掀起了养护职工学技术、练技能的高潮。

（宋立新　闫从明　陈振坤）

道路运输

【道路客货运输】 2011年，坚持以服务方式转变促进保障能力提升，在全国原创了长途客运场站前移和长途客运卫星站，为市民群众提供了优质的个性化运输服务，打造了新的服务品牌。全国首座长途客运卫星站建成投用，开创了道路客运先河。积极推进城市公交、城际公交、都市区公交、旅游公交、长途班线无缝衔接，城乡一体化运输取得新进展。积极改善农村群众出行条件，新建农村客运招呼站200个。组织开展甩挂运输试点调研摸底，有效引导运输市场健康发展，运输服务的时效性、便捷性显著提升。截至2011年底，全市营运车辆达128176辆，比上年增长7%，营运货车和客车分别为123118辆、5058辆。公路运输完成客运量3.02亿人次，客运周转量161.1亿人公里，货运量2.09亿吨，货运周转量353.3亿吨公里，分别比上年增长13%、17%、19%、26%。客货运输生产保持持续增长势头，完成了公路春运、“五一”“十一”等重点时段的运输保障任务。加强国防交通专业保障队伍演练，完成了各项交通战备运输保障任务。

坚持走绿色交通发展之路，积极推进低碳运输体系建设。积极争取近400万元交通运输部节能减排项目资金支持，郑州市出租车服务管理信息系统、甩挂运输、长途客车燃气技术研究被列入全省首批行业节能减排示范项目。鼓励发展低耗、高效、环保运输装备，全年更新淘汰老旧运输车辆3188台，全面完成了市政府下达的年度环保目标。

持续稳定发展客运，保持增强持续盈利能力。（1）加强站运协调，抓好春运和“五一”、清明、端午、“十一”等假日运输组织工作。（2）加强周边客运市场资源整合，重点推进荥阳、上街、中牟、新郑、新密5县（市）区客运市场整合工作。同时，完成了驻马店、淅川、镇平、内乡等线路资源整合优化工作。（3）积极开发线路，增加线路资源。完成了郑州至保德等多条跨省线路的审批工作。开通了郑州至温县、张家界客运班线，以及郑州至开封旅游直达车。（4）在南阳地区线路公司化改造的基础上，积极推进平顶山、驻马店线路公司化改造和客运市场治理工作。（5）积极扩展售票平台，与中国邮政合作，开通了联网售票窗口。（6）积极配合政府部门，加强客运市场治理，开展交通文明建设和城市管理整治提升活动，提升了郑州交通文明和城市形象。

推进物流结构调整和大项目运作，提高物流发展水平。（1）将基层单位资源整合，提高了资源管理水平和效益。（2）扩大大宗货源开发，获得了青年汽车代理权，与深圳赤湾东方物流、郑州运输公司达成了合作意向。（3）抓好大项目运作，承揽了洛阳鑫迪电气运输、郑州电缆厂运输等大项目，开发了宇通客车配套沙发等产品工位配套业务。（4）积极开展甩挂运输业务和试点单位后续管理工作。（5）加大商品车运输网络和保税物流业务管理和开发，实现了保税物流的强力介入，提高了资源利用效率。（6）加强物流品牌建设，成功取得河南省首批5A级物流企业资质。

【长途客运场站前移】 长途客运场站前移是郑州交通原创概念，指长途客运企业和运管部门创新运营模式，在“十一”“黄金周”和春运等特殊时段，为满足集中出行需求，在事先调研和衔接的基础上，在大学园区、大型厂矿企业、大型建设工地等靠前开设临时场站，现场售票，现场安检，现场上客，现场发车，便民惠民，解决出行难问题。截至2011年底，场站前移共发送班车9112班次，发送旅客41万人次，为群众提供了更便捷的运输服务，进一步方便了群众出行，充分体现了长途客运“门到门”服务优势。

【长途客运卫星站正式启用】 长途客运卫星站是郑州交通原创概念，指除在城区各方位按规划建设长途客运枢纽外，在城区边缘租用土地建设长途卫星站（用地规模0.2-0.33公顷），依托主站管理，形成有售票服务有候车环境有安全检查的上客站点，同时和公交无缝对接，方便市民出行，有效遏制长途班线站外拉客的不良倾向，打击黑车经营。2011年12月30日，中州大道北环客运卫星站正式启用，标志着郑州交通在全国首创的客运卫星站的设想成为现实，开创了全国道路客运的先河。客运卫星站的建设运营，对缓解郑州市内交通压力，方便群众出行，促进郑州经济社会发展具有十分重要的意义。截至2011年底，卫星站共发送班车6.38万班次，发送旅客108.78万人次。

【春运工作】 按照交通运输部、省交通运输厅和省春运办的安排部署，市交通运输委员会按照“科学组织、安全第一、以客为主、优质服务”的原则，早安排、早部署、早落实，认真扎实地做好2011年春运各项工作，实现了安全无事故、旅客无滞留、服务无投诉的目标。1月19日至2月11日，春运24天时间，全市交通系统共投入运力14.85万台次，发送班车34.28万班次，比上年同期增长9.2%；完成旅客发送量779.71万人次，比上年同期增长2.3%。其中，加班车3835班次，比上年同期增长42.8%。节前公路客流高峰出现在1月30日（腊月二十七），当日完成客运量41.7万人次，比上年同期增长9.7%；节后公路客流高峰出现在2月8日（正月初六），当日完成客运量28.54万人次，比上年同期增长3.4%。

（宋立新　闫从明　陈振坤）

城市公共交通

【公交概况】 2011年，郑州市公交总公司新购公交车953台，新开公交线路27条，优化公交线路56条，进一步提高了公交覆盖率和准点率。截至年底，全市拥有公交车总数5271台，公交线路238条，总长度3721公里，日运营里程67万公里，日客运量250万人次，52%的公交线路延伸到了三环以外。在中心城区，主干线路公交平均发车间隔为3-5分钟，市内一般不超过500米就能坐上公交车。快速公交BRT“一主十一支”日均客运量达到40多万人次。2011年，城市公交完成客运量9.1亿人次，同比增长10.4%，在缓解城市交通拥堵和方便市民出行上发挥了重要作用。

优化公交线网布局。根据市政新修道路、断头路打通情况，结合产业集聚区发展，进一步对现有公交线网进行优化调整，着力提高公共交通覆盖率和线网密度。截至12月底，共新开线路27条，优化调整线路56条。

增加公交车辆。2011年，由市财政投资、社会各界捐赠及企业自筹资金共购置公交车辆953台。随着这些新购车辆相继投入运营，车辆整体状况和市民出行条件得到明显改善。

公交场站规划建设。完成航空港停车场、京沙快速公交港湾场站、花园口立交桥下停车场、航海东路停车场前期准备工作；配合做好市综合交通枢纽（高客站项目）公交场站建设。截至2011年底，公交场站建设工程站房下公交与出租车停发区、商都路电动车停车场建设、郑州师范学院停车场等项目已进入具体施工阶段。高客站项目建设工可已编制完成，正在按照相关部门要求完成修编，设计招标工作已完成，正在配合各中标单位加快工程初步设计。

【规范公交运营】 以“畅通郑州”和创建文明城市活动为载体，针对复杂多变的道路运营环境和群众多元化出行需求，采取多种方式组织运营生产，全力保障群众出行需求。（1）建立公交服务保障快速联动机制。根据线路客流和道路通行情况，积极实施大站快车、普快结合、分段运营、跨线运营等灵活作业模式，科学调度运力，切实保证乘客出行需求。（2）继续坚持让惠于民。自2010年8月1日起，公交车空调车票价和四环以内1.5元票价线路按政府要求统一下调为1元。在此基础上，原公交IC卡各种折扣、60岁以上老年人、盲人、伤残军警免费、快速公交主支线同站台免费换乘等各种优惠政策不变。公交票价最低降至0.25元/人次。同时，老年公交卡办理在每年4月集中办理一次的基础上，又增加了6月、9月、12月3次办理时间，方便老年人出行。（3）规范运营秩序。围绕创建全国文明城市活动，开展优质服务活动，以杜绝违章违纪、规范运营秩序为着力点，不断加大管理力度。开展“文明安全行车竞赛”“违法行车专项整治”“基层管理人员下站点现场劝阻违章行为”等一系列活动，在客流密集站点组织人员高峰时段上站点疏导乘客，维持秩序。

【强化公交内部管理】 积极开展“星级服务评比”“精品线路”“品牌车组”“三无线路（无违章、无曝光、无投诉）”争创评优活动，提高了车长遵章意识和服务意识。同时，加强安全教育，坚持教育职工牢固树立“安全第一”的思想，克服麻痹和厌倦情绪，始终做到“思想不松、要求不变、标准不降”，做到规范行车、文明行车，打造安全、规范、有序、畅通的交通环境。截至2011年底，共有品牌站台8个，品牌车组43个，精品线路23条，“三无”线路154条，“共产党员示范岗”49个。制定、修订了《招投标管理规定》《合同管理规定》《外派董事、监事、高级管理人员管理规定》等规章制度，起草并印发了《郑州市公共交通总公司劳动管理制度》《郑州市公共交通总公司工资集体协商实施办法》《郑州市公共交通总公司劳动合同管理办法》《职工劳动防护用品管理规定及发放标准》《郑州市公交总公司交通违法、违章行为管理办法》等文件，进一步完善了规章制度。

【加强公交职工培训】 以提高职工队伍的整体服务意识、服务质量为切入点，坚持把提高职工业务技能、思想素质作为紧迫任务，有针对性地开展培训工作。2011年，共举办驾驶员客运服务资格培训班21期，参培人员2639人次。开办初级驾驶员培训班4期、初级修理工培训班2期、中级驾驶员培训班1期、高级驾驶员培训班1期、高级修理工培训班1期、驾驶及修理技师培训班各1期、岗前培训7期，共参培人员1476人次。举办企业文化专题培训班，进行企业理念和岗位规范的学习培训，不断提升广大职工的整体素质。

【公交定制服务】 公交定制服务是郑州交通原创概念，即公交运营企业为满足不同企事业单位、城市社区和不同社会经济活动的交通需求而设计的个性化的公交服务产品。在协商基础上与用户签立合约，约定车型、发车时间、发车间隔、行车线路和其他服务内容和服务标准。由客户承担或部分承担运营费用，形成公交发展助动力。2011年，先后为省直机关、大中专院校、863工业园、三全食品厂等企业开通了专线服务。随着郑州都市区建设的发展，公交总公司克服困难新开通了航空港区至市区的600路公交专线和621、622、623三条港区内线路，进一步密切了港区同中心城区的联系，方便了富士康员工及周边群众的出行。

【出租汽车概况】 2011年，通过积极改善出租车营运服务设施，建成投用首个出租车综合服务区，取消“时距并计”中前5分钟免费等待和执行16年的“运六歇一”制度，行业发展环境不断改善。2011年，全市出租车辆总数为10607辆，全年客运量为31195.32万人次，比上年增长14.99%；全年客运里程为90917.45万公里，比上年增长14.99%；全年营运收入为103028.7万元，比上年增长24.11%。

出租汽车行业管理。2011年，共检查营运车辆4万余台次，现场整顿营运车辆近5000台次，纠正车容车貌等违章现象1万余台次，处理各类违章3455起，违章培训人员1924人次。为进一步完善出租汽车行业法律法规规章体系，为行业服务管理工作提供有效的法律支撑，妥善解决困扰行业稳定和健康发展的突出问题，在深入调研的基础上，充分吸纳借鉴外地经验，8月完成了《郑州市客运出租汽车运营管理办法》起草工作。2011年初，在充分调研的基础上，结合全市出租车行业发展实际，启动了《郑州市客运出租汽车管理条例》修订工作。完成以“知法度、知礼仪、知郑州”为主要内容的出租车驾驶员在岗培训66期、24052人次，服务质量得到不断提升。建立打击拒载行为专报制度，将重点打击非法营运车辆、出租汽车拒载作为工作重点。针对市场管理难度大、违章现象较为隐蔽、取证难等情况，执法人员利用现有的摄像、录音设备，采取定点守候与重点地区巡逻相结合的方式，进行不间断打击。通过治理活动，有效地维护了正常的客运市场秩序，保护了正常出租汽车的合法权益。2011年，共打击查处非法营运车辆245台次，拒载262台次，异地营运50台次，车辆转借990台次，不计价126台次，注销服务资格证6人，维护了良好的市场运营秩序。

“文明的士之星”评选活动。6月，启动了出租汽车行业首届“文明的士之星”评选活动，旨在进一步提高出租车驾驶员素质和文明服务质量。采取网络、电话、短信等投票方式，至年底已组织开展评选活动5期。经部分人大代表、政协委员、市民代表的共同打分，评选出月度“优秀的士之星”994名和“文明的士之星”年度候选人75名，树立了一批以周和房、李津、赵丙辰、卢海莉等为代表的行业模范，有效激励了从业人员创先争优的积极性。

【出租汽车综合服务区建设】 12月30日，郑州市首座出租汽车综合服务区启用。服务区位于郑州市西三环与长江西路交叉口向北200米路西处，占地3422平方米，配有压缩机2台，16水溶立方储气井4口，4机8枪加气机能同时容纳8辆燃气汽车加气，设计日均销量2万立方米，是集红色的士家园、加气站、餐饮、休息娱乐、修车、购物、座套更换、免费饮水、换零等功能为一体的综合服务区域。站内设置洗车区，安装有太阳能热水器，在冬季为驾驶员洗车提供温水服务；同时，设有医疗室、休息室、座套换洗及宽敞的餐饮厅，为出租车驾驶员提供多种便利服务。

（宋立新　闫从明　陈振坤）

行业管理

【概况】 2011年，积极推进交通运输行业法规体系建设，启动实施了《郑州市客运出租汽车管理条例》和《郑州市城市公共交通条例》修订工作。加大交通运输行政执法监督力度，完善行政执法评议考核机制，得到省交通运输厅行政执法评议考核组的充分肯定。推进行政执法队伍规范化建设和执法形象建设，“六五”普法暨行政执法“四统一”活动扎实开展。把行业管理与城市管理整治提升相结合，在道路客运、城市公交、出租车、汽车维修等领域集中开展专项整治活动，严厉打击非法营运、宰客、甩客、倒客，以及“黑车”、违法驾驶员培训点、机动车维修点等扰乱运输市场秩序的行为。多措并举，超限治理工作取得成效显著成效。建立违规企业和营运车辆“黑名单”制、抄告制，道路运输环境得到不断改善。

【路政管理】 2011年，按照多方合作、把住源头、严管重罚、标本兼治、长效治理的总体要求，通过依法行政，路政管理工作再上新台阶。

开展《公路安全保护条例》宣传贯彻工作。为深入做好《条例》

宣传普及工作，从6月上旬开始，利用电台、电视台、报刊、网络等各类新闻媒介进行集中宣传。在收费站、道班（工区）、高速公路服务区、超限检测站、公路两侧、政务审批窗口、办案大厅、货物站场、主要桥梁等地，以及公路沿线电子显示屏、社区宣传栏、行政村公开栏等公共宣传载体上，发布、张贴、悬挂宣传标语口号，发放宣传手册；在报纸杂志开设专栏、专版，有针对性地开展现场咨询活动，讲解公路安全保护法律法规。宣传活动期间，不定期组织人员对宣传贯彻实施工作进行指导、督促和检查，同时利用《交通路政信息》刊物对各单位宣传活动动态进行及时通报。

重点工程保通和路政许可工作。围绕交通重点工程建设项目，积极与省厅、市交警支队等部门协调，与各项目单位密切配合，认真做好郑新快速通道、郑开大道、石武客专匝道桥工程等东南部项目保通工作。全市路政管理机构加大巡查力度，及时实施救援服务，清除路面障碍物，最大限度地保障了路产设施的完好和道路的安全畅通，为重点工程的建设起到了积极的推动作用。同时，协助做好郑开大道与京港澳高速公路互通式立交、花园路与连霍高速公路互通式立交等新建项目的路政审批工作。

强化路政管理队伍建设。按照《河南省交通路政管理人员教育培训方案》（豫交路管〔2009〕51号文件）要求，全市各级路政机构都制定了科学的学习制度和学习计划，《河南省公路路政管理执法手册》和《治超手册》每位路政队员人手一本。3月，组织新进路政人员到中牟武警学院进行了岗位培训；4月，组织新进路政人员参加了省执法局组织的执法证培训考试。同时，加强政风行风教育，自觉接受新闻媒体的监督，每位执法队员都能做到廉洁奉公，规范执法，全市路政执法队伍素质高、作风硬，在路政治超管理工作中发挥了重要作用。

公路路容路貌评优评差工作。5月，按照市委有关工作要求，制定下发了《郑州市公路路容路貌评优评差工作方案》（郑交路政〔2011〕185号），相继开展了干线公路、农村公路路容路貌评优评差工作，协助开展了高速公路上下口及引线评优评差工作。市公路局、地管处高度重视，主动作为，全市公路路容路貌得到改善，为行业的健康持续发展奠定了坚实基础。高速公路、干线公路、农村公路等评优评差项目连续被评为优秀项目，并受到市委督查室通报表彰。

绕城高速公路分流工作。5月，经过多次与省交通运输厅进行磋商，达成一致意见，签订了《关于郑州籍小型客车行驶郑州绕城高速公路通行费缴纳问题的合作协议》，并及时发布了《关于对郑州籍小型客车行驶郑州绕城高速公路实施通行费优惠的通告》。优惠统缴政策实施后，减轻了市民的出行成本，达到了即解决拥堵，又提升绕城高速通行率和利民惠民的“三赢”目的。双节期间，及时就绕城高速公路保通工作与省交通运输厅、省高速公路运营单位和高速交警部门进行沟通，认真研究制定工作预案，委主要领导和路政保通人员放弃节假日休息时间，积极参与绕城高速公路保通工作，确保了绕城高速公路通行顺畅。

收费公路专项清理工作。10月，按照省政府办公厅《关于转发河南省收费公路专项清理工作实施方案的通知》精神，积极配合市公路局，以市清理领导小组办公室名义，依法委托河南振山律师事务所和金毅会计师事务所对河南富原公路发展有限公司经营的G310中牟堤刘收费站进行了法律及财务监审。监审组自10月20日进驻企业，至11月9日完成监审工作任务。监审过程中，领导小组各成员单位通力协作，各司其职，多次召开会议听取汇报，进行监督指导，保证了监审工作的顺利进行。

【超限超载治理】 2011年，全市治超成员单位及相关部门密切配合，综合运用行政、法律、经济、科技等手段，坚持“依法严管、标本兼治、立足源头、长效治理”的总体思路，在“政府主抓、部门联动、属地管理”的治超格局下,认真扎实地开展工作，治超工作取得了阶段性成果。

路面治理工作成效明显。全市7个超限超载检测站进行24小时严防死守，严格按照规定对超限超载车辆进行检测、卸货、处罚等，取得了明显成效。与2010同期相比，超限超载车辆下降了33%，超限超载率由治超前的19%下降到3.5%。为打击绕站超限超载车辆，各流动治超大队加强治理力度，24小时不间断对超限超载车辆进行治理，在重点时间段和重点路线设卡，对绕站行驶的超限超载车辆进行严厉打击，使超限超载车辆绕站行驶现象得到有效遏制。6月，农村公路流动治超工作全面启动，及时有效地治理了超限超载车辆行驶农村公路，确保了农村公路技术状况良好。积极与省厅、周边地市联系，采取省、市、县三级联合的方式，开展了7地市联合行动、全市专项整治、5县1区联合治理3次联合治超专项行动，重点整治绕站行驶的超限超载车辆和聚众闯岗超限超载车辆。2011年，共检查载货车辆31.4万辆，查处超限超载车辆7.4万辆，累计卸货12.7万余吨，有效遏制了超限超载现象，保护了公路基础设施，极大提高了公路通行能力，营造了良好的公路运输安全环境。

经济挂钩工作作用突出。治

超督查室严格按照《郑州市人民政府关于进一步加强车辆超限超载治理工作的实施意见》（郑政文〔2011〕117号）文件精神，6-9月认定符合经济挂钩工作超限超载车辆139辆，按照每辆车3万元的标准，共计划转各县（市）区财政资金417万元。截至年底，已有319辆超限超载车辆被列入"黑名单"，5辆超限超载车辆被注销道路运输经营许可证及运输证。在经济挂钩的有力促进下，各县（市）区纷纷出台治超方案，狠抓治超工作，初步形成了政府主导的治超格局。

治超督查工作强力实施。由交通、公安、纠风3个部门人员组成的郑州市治超工作督查室，采取全时段、全天候、对固定治超和流动治超执法单位进行不定期暗访，对工作不力的单位进行通报。5-11月，治超督查室共进行35次督查。在治超督查室的强力督查下，各治超单位认真做好内部管理和规范执法。以罚代卸、以罚代管现象得到彻底根治，治超督查有效促进了全市治超工作的健康有序开展。

强化治超工作舆论氛围。通过深入开展治超专项整治活动，广泛邀请新闻媒体进行跟踪报道，强化舆论氛围，营造治超环境，威慑违法行为。2010年，共有包括中央电视台在内的20多家新闻媒体对郑州市治超工作进行了80余次报道。治超工作《实施意见》出台后，市治超办及时召开郑州市车辆超限超载治理工作媒体通气会，对《实施意见》具体内容进行解读，并就新闻媒体关心的问题进行了答复。在《郑州日报》刊登各县（市）区人民政府（管委会）签订的《郑州市车辆超限超载治理工作承诺书》；7月、8月、11月，市治超办分别在《郑州日报》上公示了"郑州市违法超限超载车辆经济挂钩及处理情况通报"，有效营造了浓厚的治超舆论氛围。

【道路运输市场管理】 2011年，分别开展了劝阻营运车辆违法占道经营活动、客运隐患整治专项行动、旅游客运市场专项治理活动、危险品运输企业专项检查治理活动等9项道路运输市场专项治理活动，共出动执法人员1.3万多人次，出动车辆4000多台次，检查车辆6万多台次，查处违章车辆1179台次。其中，劝阻车辆730台次，暂扣营运证件357本，暂扣违法营运车辆92台。取缔非法培训点23处，取消无证驾校3所，查处非法培训点查扣教练车27辆，保护了合法驾校的正当权益。

开展企业车辆年审和质量考核工作，促进了行业服务水平和质量信誉的提高。加强对营运车辆超载超限治理力度，对超限超载车辆进行登记，建立了超限车辆"黑名单"制、车辆违法行为抄告制和运输车辆信誉档案，保障和维护了全市正常的经济社会秩序。

开展道路客运隐患整治活动和旅游客运专项治理活动。针对无牌无证、假牌假证、未经许可非法从事道路客运的车辆、超范围经营、不依线经营的客运车辆，5月1日至6月30日，在全市开展了道路客运隐患专项治理行动。此次专项治理行动，以客运企业、客运车辆、客运驾驶员和客运站等为整治重点。通过专项治理，做到了"五个百分之百"，即对客运企业、客运站安生生产条件审查达到100%、对营运客车驾驶员审查达到100%、对违章违规营运驾驶员的处理达到100%、对营运驾驶员安全宣传教育达到100%、客运企业安全隐患整改达到100%。为解决全市旅游客运市场中存在的异地驻点经营、旅游客车擅自从事班车客运或擅自承接包车业务、无序竞争、服务质量低劣、"黑车"经营旅游客运等问题，预防旅游安全事故的发生，2011年9月21-30日，开展了为期10天的旅游客运市场专项治理活动。对分布在宾馆、游客集散地、城郊、车站、旅游景区（点）等地非法从事旅游客运的车辆进行了严厉查处。全年共检查客运车辆4682台，排查隐患24件，整改24件，整改率达100%，有效地维护全市客运市场经营秩序。

为积极配合郑州市争创全国文明城市工作，以"创建文明执法环境、打造运管崭新形象"为工作重点，精心组织，周密安排，先后开展了劝阻营运车辆违法占道活动等道路运输市场专项治理活动，市场秩序明显好转。（1）目标责任到位。将市区各地区重点路段、重点时段、重点目标进行细化分解，明确目标，落实责任。（2）全员参与市场治理。克服人员少、伤病人员多、执法难度大等困难，动员全体人员参与市场治理活动，全力保障道路运输市场治理工作顺利开展。（3）调整工作时间。根据违规车辆经营易存在的区域和活动规律，及时调整工作时间，实行早6:30至晚7：00工作制度，在重点路段、重点路口做到定人、定岗、定责、定时，确保人员不出现误岗、漏岗、脱岗现象，消除监管工作中的死角和盲区。（4）开展拉网式排查。积极协调公安、交运集团客运公司对市区客运站、货运集散地、出入市口和市区重点路段等进行拉网式排查，发现一起查处一起，举报一起查处一起。（5）落实督查制度。坚持做到"每天有督查、天天有汇报、每周有讲评、每半月有分析"的工作制度，及时发现问题，随时整改。

始终以建立安全监管长效机制为目标，开展了安全生产大检查大整治大督查活动等4项活动，以及危险化学品安全隐患专项治理等4项专项治理活动，以活动促进安全工作制度的落实，不断推进安全监管工作向规范化、经常化、制度化转变。（1）明确运输企业安全主体责任。督导企业提高安全意识，落实安全生产制度，加强从业人员教育、培训和管理。（2）认真把好源头监管。积极履行"两关一监督"职责，认真落实"六本台账"制度，严格审核经营手续、营运证、从业资格证、报班卡、安全记录、经营情况等，把好年审、审验、换证关，切实把安全隐患堵在站内，消灭在车下。（3）落实安全监督责任制。全面落实"一岗双责"制，将安全责任作为指标和任务，细化分解到每一个层面、每一个环节、每一个岗位，市局与局属各单位、各运输企业签订安全生产目标管理责任书148份，形成了人人有责任、层层抓落实的工作局面。（4）积极营造舆论氛围。主动在车站、货物集散地、办公区域等处悬挂、张贴安全标语，充分利用广播、电视、报纸、网络、电子屏、黑板报、简报等媒体进行广泛宣传，组织安全生产咨询日、安全知识竞赛、安全知识答题等，与群众进行互动，收到了明显效果。2011年，共发放宣传资料5000份，悬挂横幅12余条，制作宣传展板5块。排查治理隐患企业478家，查处一般隐患231项，已整改231项，整改率达到100%。

【修配市场管理】 2011年，以促进全市机动车维修行业健康发展为中心，以"定目标、打基础、抓队伍、强管理、树形象、优环境"为主线，牢固树立为车主和维修行业提供优质服务的理念，突出重点，克服难点，打造亮点，较好地完成了年度各项工作任务。

机动车维修行政许可工作。把好维修市场准入关，坚持实行"服务大厅受理、执法人员现场勘验、业务科长初审、处领导审批、业务传递单监督"的五级行政许可责任制，严格按照国家有关法规和技术标准规定的开业条件、许可时限开展许可工作，不合格的一律要求进行整改，整改不合格的不予许可。2011年，共受理并通过审核各类变更申请103家；受理新开业户403家，按照相关标准勘验合格401家；换发到期经营许可证61家。截至年底，全市共有维修业户4000余家。其中，一类191家，二类612家，三类3157家，其他业户120家。一、二类企业中，有4S店173家。

维修质量监管。采取"突出重点、统筹兼顾"的办法，以质量信誉考核为抓手，通过科学量化的考核标准对维修企业的场地、设施、人员、服务进行年度考核，对行业优秀企业进行大力表彰，引导企业诚信守法经营。同时，在加强日常人工动态巡查监管的基础上，建设完善二级维护网络视频监控平台，借助先进的科技手段，加强对维修企业作业质量的监督，提高了管理工作效率，防范了维修业户不按规定维护作业、倒卖竣工出厂合格证等违规现象的发生。2011年，共对各类维修企业发放考核表3000余份，全市共评选出AAA级企业45家，AA级企业127家，A级企业2827家，新办企业524家，不合格业户300余家。

维修市场经营秩序管理工作。实行"四定三包"管理机制，把市区维修业户分为4个片区，对4个执法大队实行定区域、定任务、定时间、定责任，各大队对自己的队员实行包区域、包路段、包业户，形成一级抓一级、责任到人的工作机制，从而有效地加大了市场巡查监管力度，促进了行业秩序的进一步规范。对市区机动车维修市场实行分区管理，加大日常巡查工作力度；对重点路段、重点区域实施重点监管。2011年，共出动执法人员1852人次，出动执法车辆526台次；检查违规经营业户531家次，下发告知书336份，责令整改通知书127份，督促办证117家，调查取证26家。

维修从业人员管理工作。建立业务传递单制度，各部门相互监督，共同把关，把从业人员培训、持证率作为维修业户开业许可的前置条件和质量信誉考核的重要指标之一。对新开业户凡是达不到规定人数的，不予受理许可申请;对已取得许可的，凡从业人员持证上岗率达不到规定的，限期整改达标，否则予以降级处理。同时，把从业人员持证情况列入日常检查项目，加大检查执法力度。另一方面，通过校企合作、联合办学、上门培训等形式，积极拓宽培训渠道，多管齐下，维修企业和从业人员持证上岗率有了显著提高，行业从业人员素质得到进一步提升。采取集中培训、上门培训考试等形式，共举办技术负责人、质量检验员、机修人员等培训班21期，培训合格人员3100余人。

车辆技术管理工作。对客运、旅游、危险品运输企业进行多次拉网式排查，重点监督，落实企业的车辆技术管理责任，做到早检查、早处理、早预防；对违规营运车辆坚持实行通报制度，定期利用管理系统排查到期或违规营运车辆名单，及时上报给上级主管部门，并通报给相关企业，形成了上下齐抓共管的良好局面；对全市汽车综合性能检测站加强业务指导和监督，主管领导带领相关部门负责人每半年至少进行一次全面巡查，发现问题及时督促整改，帮助培训技术骨干，促进了县区车辆综合性能检测水平的提高，有效保障了营运车辆技术安全。2011年，共办理评定备案36493台次，二级维护备案 69659台次，新增车辆备案9261台；完成客车类型等级复核3168台次，其中高级车2336台次、中级车759台次、普通车73台次；处罚违规车辆575台次。

【海事管理】 2011年，郑州市水上交通安全继续保持"零事故"，辖区水域通航秩序保持良好态势。共完成水路货运量12.33万吨，货物周转量4192万吨公里，同比增长3%；辖区旅游船舶完成水路客运量5万人，旅客周转量80万人公里，同比增长15%。超额完成海事行政规费征收，省海事局年初下达征收计划9万元，截至12月底，完成征收10.5万元，超额完成16%；完成水上交通安全基础设施建设投资87万元。

水上交通安全监管工作。深入贯彻《国务院关于进一步加强企业安全生产工作的通知》（国发〔2010〕23号）文件精神，继续深入开展“安全生产年”活动，严格责任落实，坚持依法监管，继续保持全市水上交通安全无事故。严格落实安全生产两个主体责任。首先，落实企业的安全生产主体责任。加大对水运企业的安全督查力度，以水运企业安全生产标准化体系为抓手，严格落实一岗双责，建立健全企业负责人、安全经理、船长和船舶驾驶员的安全生产责任链；指导企业进一步完善安全管理制度，加大安全生产投入；敦促企业负责人积极参加市安监局举办的安全管理培训班，强化安全生产的危机意识和责任意识。其次，落实交通和海事管理部门的监管责任。年初，以签订目标责任书的形式，落实各县（市）区海事及其他水上交通安全机构的水上安全监管责任，各县（市）区海事机构再将安全责任承包到人和船，建立横到边竖到底的安全监管格局。

严把水上安全“三关”和“一排查”。2011年，开展水上交通安全检查73次，检查船舶720艘次，严把船舶适航关，确保了船舶航行安全。积极开展辖区船员安全培训、船员注册和换发证工作，确保辖区船员持证上岗率达100%。督查跨入郑州市的黄河浮桥24座次。对辖区营运船舶实施定期签证，船舶签证率100%，有效杜绝了船舶“带病”航行。加大对花园口、郑东新区等水域安全隐患的整治力度，采取多种措施督促整改。2011年，查处一般水上安全隐患13项，全部得到了有效整改。

做好“四个重点”工作。在法定节假日、黄河调水调沙和汛期，加大水上安全现场监管和巡查力度。节假日派海事执法人员驻守码头，实施船舶航次登记；黄河调水调沙期间，严格实施禁航指令，确保黄河水上交通安全；汛期加大安全保障力度，时刻关注黄河汛情变化，及时发出航行警告。在端午节龙舟赛场上，海事执法人员全员上岗，对赛场安全和秩序实施保障。对问题较多的花园口黄河快艇，市、县两级海事机构联合整治，进一步规范水上运输行为，杜绝非法载客。

积极开展“双基”建设活动。首先，加强对县区海事基层工作的指导和培训。在多方努力下，新郑市和金水区两家海事基层机构获得批准，海事力量进一步增强。为做好水上交通安全工作，在9月召开了县区海事负责人专题工作会议，对各县区存在的水上安全问题进行了研讨。交通委主管领导和海事局领导、业务负责人多次下基层指导工作，起到有效的促进作用。金水区财政为海事处下拨10万元水上应急专项资金，登封海事所增添了一艘海事巡航艇，惠济区花园口快艇非法营运问题得到解决。其次，加大对辖区水上安全基础设施建设的支持力度，其中向惠济区海事处直接拨付8万元专项建设资金，用于建设花园口库区码头斜坡道，为争创全省水上安全监管示范库区创造条件。加大对荥阳两处黄河渡口改造的督导力度，投资已经基本完成，项目进入竣工验收阶段。随着荥阳渡口标准化改造的完成，将进一步改善当地人民群众水上出行的安全条件。

【水运管理】 2011年，严把水运市场准入关，强化经营资质动态监管，加大打击非法从事水路运输经营行为的执法力度，积极配合上级机关做好水运统计和交通战备工作，促进了全市水运市场的良性发展。

严格水运经营许可和审核制度，规范水运市场经营行为。由于历史原因，郑东新区如意湖游艇经营单位和花园口快艇一直未纳入水路运输管理范畴。2011年，市海事局一方面加强和郑东新区相关部门的沟通，另一方面加大对船舶经营人的宣传和引导。随着郑东新区游船经营单位企业改制工作的完成，新成立的郑东旅游投资有限公司和花园口鸿发快艇公司通过资质审核，正式获得水路运输许可，全市水运市场得到进一步规范。在按上级要求开展的每年两次的水运企业年审工作中，周密组织，从严把关，经过对郑州所辖6家水运企业经营资质的认真核查，基本满足国家规定的要求，共计换发船舶营业运输证60本。

认真做好水路运输统计工作。经统计，纳入水路运输统计管理的有省际运输公司2家、市内水运公司6家，合计拥有持证船舶60余艘。其中，货船总载重量4050吨，与上年同期相比货船数量和总载重量没有增长。客船55艘，总载客量400人，比上年增长19%。2011年，完成货运量约12.33万吨，周转量约4192万吨公里，比上年同期货运量增长3%。客运量5万人，旅客周转量80万人公里，比上年同期客运量增长15%。除此之外，郑州市有农村交通渡口6道，标准化渡船2艘，2011年实现渡运量2000余人次；公园景区非机动船舶近500艘，据估计全年载客量约10万人次。渡运量和公园景区非机动船舶载客量与上年基本持平。

（宋立新　闰从明　陈振坤）

民 航

新郑国际机场

【运输生产与市场开发】 2011年是郑州机场发展历史上具有里程碑意义的一年。在省委、省政府的正确领导和有关部门的大力支持下，实现了旅客吞吐量突破1000万人次和货邮吞吐量突破10万吨的目标，成功跻身大型机场行列。

郑州新郑国际机场全年完成旅客吞吐量1015万人次，同比增长16.56%；完成货邮吞吐量10.28万吨，同比增长19.82%。其中，国际和地区业务增长尤为突出，国际和地区旅客吞吐量31.59万人次，同比增长34.75%；国际和地区货邮吞吐量1.13万吨，同比增长167.51%。积极引进西藏航空、奥凯航空两家新公司进入河南市场运营，在郑运营的客运航空公司已达20家，开通航线92条，通航城市62个。精心设计培育"经郑飞"中转产品，提高中转便捷性，吸引了大量旅客经郑中转；深入开展系列"飞"品牌，组织开展了各种市场营销活动，并到河南省内偏远城市及周边安徽、山东等城市进行宣传推介，扩大了活动影响范围，挖掘增量客源，提高了市场开发的针对性。切实加快航空物流发展，俄罗斯空桥、香港航空、中国邮政航空、顺丰航空、扬子江快运等多家货运航空公司已开通郑州航线，货运航班直达国内和国际部分地区，Schenker（德国辛克物流）、UPS等国际货代企业计划进驻郑州机场。

【安全生产与服务保障】 2011年，郑州新郑国际机场严格落实安全生产主体责任，强化安全运行管理，全年共安全保障航班9.3万架次，同比增长10.49%。推行"一线工作法"，及时在一线发现、处理和整改影响安全生产的各类问题，加固安全防线。积极组织开展安全管理知识培训，定期开展安全教育，增强了员工的安全意识和工作技能。进一步加强与省、市、军方等相关单位的沟通交流，完善联动协调机制，认真组织应急演练，有效提高了应急救援能力。2011年，被民航中南地区管理局评为航空安全责任考核达标单位，被省政府授予"河南省安全生产先进单位"荣誉称号。规范服务标准，拓宽服务领域，优化服务流程，健全不正常航班保障体系，有效提高了服务质量和旅客满意度。推出值机起立式服务、首乘旅客一站式服务、无陪儿童全程陪伴服务等新的服务项目，打响了"轩辕行""中原礼"等服务品牌。优化机场服务环境，改善卫生保洁工作，精心完善中转流程，拓展了中转业务。做好不正常航班保障工作，与驻场各单位建立长效协调机制，加强航班保障过程中的协作配合，并全力做好滞留旅客的解释、安置等工作，确保了旅客满意度稳步提高。2011年，顺利通过了"全国文明机场"和"全国文明单位"复验。

【战略规划与工程建设】 2011年，郑州新郑国际机场积极开展项目合作。与香港怡中、新加坡新翔集团公司（SATS）、新加坡机场、金鹿公务机公司、俄罗斯空桥货运公司等企业进行沟通合作，取得了显著成果。配合省发改委完成了《航空城规划》《航空物流规划》《土地利用规划》与《郑州机场总体规划》的四规套合工作。进一步深化和完善机场核心区规划，对机场核心区新建、扩建项目进行了严格的审核控制。

加快推进二期工程建设，11月21日，国家发改委正式下发了《关于郑州新郑国际机场二期扩建工程项目建议书的批复》，预可研工作全面完成。工程设计全面启动，飞行区、T2航站楼及GTC工程设计同步推进。

军民航协调工作取得重大成果，协调空军及民航空管部门全面优化了郑州地区航路航线。征地拆迁方面，同相关部门签订了委托协议。筹融资工作初见成效，会同省国土开发中心、河南交投集团、郑州地产集团等单位，组建成立了项目法人公司并已挂牌运营，公司注册资本金由1亿元增加至3亿元。大力推进军民融合发展战略。经多方努力争取，促成了省政府与总后勤部关于应急运输与物流军民融合式发展的战略合作协议。总后勤部投资10亿元，在郑州航空港区建设了13万平方米的郑州应急投送保障基地。军地双方全方位、深层次的融合发展，对郑州机场优化空域资源，实现天空开放，完善航空枢纽功能等都将起到重要的促进作用。

场道迁建工程等重点配套项目顺利完成；许昌异地候机楼主体工程基本完工。为实现综合保税区与机场的无缝衔接，满足综合保税区的货物"一次查验、一次报关、一次放行"的需要，全面启动、快速推进综合保税区"区港联动"项目，以最大限度地提高物流和通关时效，机场国内货站贴建办公楼已进入设施设备安装阶段，货站库区钢结构已完成，综保区出港货站贴建办公楼土建已基本完工，预计2012年上半年主体工程完工。

（郭智杰 刘 辉）

南航河南分公司

【概况】 2011年，南航河南分公司紧紧围绕南航集团和南航股份工作会议精神，紧扣"安全、效益、服务、转型、稳定"大局，按照分公司年初工作会确定的"开拓创新、巩固完善、培训提高"的十二字方针，完善措施，落实责任，开拓进取，全面完成了年度各项工作目标。全年实现运输飞行37076架次、71752小时，旅客运输量434.27万人，货邮运输量4.47万吨，完成运输总周转量5.31亿吨公里；正班载运率77.7%，正班客座率83.1%，同比分别增加2.4和3.3个百分点，保证了飞行、空防及地面安全，实现了第19个安全年。

【安全管理】 2011年，南航河南分公司始终坚持"安全第一、预防为主、综合治理"的方针，注重安全风险管理体系建设和安全文化建设，强化运行监察和不安全事件的调查分析，深入开展多项安全主题活动，竭力做好各项管理工作，不断夯实安全基础，安全形势总体较为平稳。一是强化安全责任落实，提升安全主体意识；二是强化飞行、维修两个队伍建设，确保安全基础牢固；三是强化安全管理体系应用，提升风险管控能力；四是强化安全监督检查，提升运行安全品质；五是强化安全教育培训，提升全员安全素质；六是强化安全主题活动，提升安全文化氛围；七是强化应急管理，提高应急处置能力。

【生产经营】 2011年，我国经济继续保持较快增长。南航河南分公司顺应市场需求，多方举措，迎来了一个又一个的生产高峰。

（一）完善航线网络。国内方面，结合历史数据与市场预测，积极调整、优化航线航班；通过依托主干航线经郑州向外延伸的办法，增开新航点，逐步扩大市场辐射度。此外，深化与省政府的合作，加大本地市场运力投入，大幅增加了郑州进出港航班量，为新郑机场吞吐量突破1000万人次提供了强有力的保证。2011年，飞机日利用率达到10.3小时，比上年同期提高0.8小时。国际方面，把握市场热点，紧抓市场监控，积极加强新开国际航线销售。7月、8月，美加航线销量比上年同期增长455%。1-12月，国际销售贡献、国际枢纽贡献比上年同期分别增长37.88 %和46.46%。

（二）创新营销手段。根据市场需求，不断设计新产品。为满足河南当地公商务、探亲及旅游客源，在新开航线上特别设计了多次往返套票、家庭套票、行李额优惠等一系列特色优惠产品。大力推介新开航线，不断加强产品宣传。年内成功举办了"2011南航夏秋换季国际航线与产品推介会""国际航班山西晋城推介会""（贵宾）客户高尔夫联谊会""冬春航线产品推介会""2011南航'明珠杯'高球邀请赛及客户答谢会"，高密度、全方位地宣传南航新开国际国内航线，扩大新开航线的市场知名度。把握关键节点，提高销售能力，提升经营品质。从运价协调、舱位控制、团队管理等多方面入手，加强航班监控。成立中转保障小组，增加运力投入，加大中转座位投放。有效增加了中转销售机会。加大产品宣传报道，提升南航品牌形象。1-12月，发布各类宣传稿件100余篇，内容涉及澳洲新西兰国际产品、高端经济舱、新开航线等，重点集中在A380、奥克兰、珀斯国际中转产品和航班换季产品宣传上，涉及省内各大主流媒体。

（三）全力服从服务于南航的战略转型。积极优化航班时刻，有效增加枢纽中转机会，提高了中转销售收入贡献。

【服务质量管理】 2011年，南航河南分公司以"品牌服务创新年"活动为契机，认真贯彻"两一"服务理念，加强运行管理，推进品牌服务，公司品牌形象进一步得到提升。

加强航班正常性管理。运指部强化安全管理，加强指挥协调，严把放行关口，自觉行使现场运行总调度的龙头职责。开展"优化飞行环境、提升服务飞行水平"活动，服务保障能力得到提升。2011年，共保障航班37050班，正常性71.16%，出港航班19462班，正常性72.28%；发布快速过站272班，成功率94.12%，优于上年同期。7月、8月、9月，"运行正常性综合完成比例"在各分子公司中并列排名第一。

重点部门加强基础和服务管理，收效明显。客舱部对标五星级服务标准，发挥全国青年文明号"牡丹组"的标杆作用，落实服务行为的整改，实现乘务长五星达标率63%，高出系统平均达标率13个百分点。地服部积极改善硬件配置和软性服务，探索达标"五星"的途径和技巧，细化工作流程和职责。在班组管理上，创新实施"Super Team"考评办法，以"五比"为导向，积极开展全岗位业务竞赛。市销部以检查促服务，以服务促销售，通过不断完善服务激励机制，加大业务培训投入，全面提高员工服务技能，客户活跃度和忠诚度明显提升。2011年，发展常客有效会员8.09万人。各服务单位通过向内挖潜、因地制宜，硬件升级更加精细化；加强监督、营造氛围，做到软性服务常态化，超额完成了年初制定的服务质量综合排名"保五争四"的目标，问鼎三甲，实现了河南分公司服务工作的历史性突破。

积极履行央企社会责任。安全高效地完成了公司承担的VVIP航班、"两会"运输、省政府重要包机、深圳大运会等重大运输任务。顺利执行4批苏丹维和包机保障、3班泰国、柬埔寨紧急救灾包机、4班运兵等军事保障任务，以及空降兵第15军43师组织的部队航空输送规范化训练演练军事运输任务，受到总部及军方好评。

【企业内部管理】 2011年，南航河南分公司以安全运行、经营服务等业绩作为检验“创先争优”活动成效的标尺，结合中心工作、重点任务以及各单位具体工作内容，通过强化组织机构建设、内部业务培训等措施，整章建制，基础管理水平不断提高。（1）完善考核办法，积极实施全员激励机制。增设绩效工资的分配系数，使激励机制作用于基层管理人员（如班组长）和一线员工；降低部门岗位倾斜，设置增长激励机制，使业绩成为评判团队中成员考核差异的唯一标准；对于中层管理人员的评价，以团队业绩为导向，以业绩论英雄，扩大了业绩的激励力度。多点结合，将公司各项管理纳入了制度化、规范化轨道。（2）加强人力资源管理，不断优化人力资源配置，为安全生产提供人力保证。组织管理人员培训班，鼓励“一专多能”“一岗多用”，不断提升干部人才管理水平；规范用工，合法用工，建立稳定和谐的劳动关系。实行公开选调办法，以人为本，确保了人才流动的公平合理。（3）深化财务全面预算管理，巩固基础，强化规范，细化管理，提升服务，做到质、量并举。在深入理解成本矩阵式管理实质内涵的基础上，制定实施《河南分公司2011年度成本控制措施》，严控成本费用支出。通过事前审核、事中跟踪、事后考核、反馈等，实现全程控制，经营效益明显提高。（4）信息化建设稳步推进，为安全生产提供了技术支持。信息部及时监控网络安全，不断研究网络基础薄弱环节，堵塞漏洞，保障了网络和通信安全；深入开展项目研发，提高了业务部门管理水平。在南阳机场离岗值机项目基础上，开发研制了南阳机场安检项目信息系统，并不断修改完善。为地服部、运行安全技术管理部开发了业务管理系统。为普及IT应用技术，进行了20场次信息技术培训，进一步推动了公司信息化的发展。（5）企业改革和发展工作稳步推进。基本建设工作进展顺利，2011年完成技改项目投资600万元。投资5.1亿元的南阳机场扩建工程，自2010年10月全面开工以来，至2011年11月底已累计完成投资3.28亿元，占工程概算的64%，预计2012年6月完成并全面投入使用。（6）围绕中心工作加强党建和企业文化建设，全力营造和谐稳定的企业氛围。扎实推进惩防体系建设，为安全生产提供纪律保证。充分发挥工会的桥梁纽带作用，创造了和谐向上的发展环境。

（刘海英）

华南蓝天航空油料有限公司河南分公司

【概况】 2011年，蓝天河南分公司以创先争优活动为龙头，以三基工作和班组建设为主线，以和谐稳定为基础，以安全生产为核心，以发挥管理人员主观能动性为重点，强化岗位职责，共同创造分公司科学发展、持续安全新局面，认真开展各项工作，较好地履行业绩合同，各项业绩指标均在合理进度。公司整体安全形势平稳，安全指标完成情况较好“一票否决”10项指标全部杜绝，万吨油差错率控制为零，设备完好率为100%，责任航班延误率为零。全年共为飞机加油24.1392吨，保证航班46654架次，比2010年分别增长了17%和10%，均创历史新高。2011年，蓝天河南分公司被河南省总工会和河南省安全生产监督管理局授予“2010年度河南省安康杯竞赛优胜单位”称号，获得郑州市航空港区管理委员会“2010年度纳税先进企业”荣誉称号，被评为“河南省2011年春运先进单位”；分公司航空加油站党支部获得蓝天公司“先进基层党支部”荣誉称号。

【安全管理】 （一）继续贯彻和落实安全责任制。认真落实总部下发的《分公司领导落实安全管理责任十项要求》，以身作则，履行安全管理责任。细化、分解化安全考核指标。坚持和严格执行“四级”安全检查制度，并在检查中加强对员工行为的关注。对各级安全检查中所发现的问题与隐患，先提出风险控制措施，然后及时改进；事后从管理方面对问题与隐患进行分析、反馈、分享，形成了动态、校正、闭合式的管理方式，实现了安全责任的事前、事中、事后全过程的落实。此外，坚持召开月安全经营分析会及季度安全分析会，系统分析和掌控分公司的安全形势，部署阶段性安全工作，制定相应的措施。

（二）预防与应急并重，做好风险管控工作 。蓝天河南分公司一贯重视对风险的管控工作，以预防和应急为两个抓手，做好隐患排查、作业安全分析、异常或未遂不安全事件的分析共享、安全快讯的学习。对应急预案进行完善，并通过实战演练进行检验。2011年，河南分公司共提交各类安全隐患86条。为鼓励员工上报安全隐患，分公司分别在年初和年中两次对前半年上报的安全隐患进行了汇总，评选出“最具价值安全隐患”，并对人均上报数量第一的单位进行了奖励。

（三）持续开展“三违”治理。成立治理领导小组，下发文件，制订计划，加强对人员行为的关注及安全生产过程中人为因素的分析。采取明察暗访等监督检查形式，推进人员行为量化管理，杜绝“三违”现象。分公司多次召开“三违”治理专项会议，对各现场“三违”现象进行分类，分析原因和治理的难点，制定整治措施，“三违”治理取得了一定成效。

（四）继续开展“安康杯”和“安全生产月”活动，适时组织安全教育和“安全大讨论”活动，增强全员安全意识。2011年“安康杯”活动的主题是“加强班组安全建设，强化一线教育管理”。6月，开展了“安全生产月”活动。各单位对内通过板报、条幅、会议等形式进行宣传教育，张贴反“三违”宣传挂图，使员工直观了解反“三违”的方法和重点；对外开展输油管道安全宣传，印制了输油管道保护手册发放给沿线居民，使其了解管道保护的要求、出现意外时的紧急处置、与蓝天河南分公司的联系方式、相关法律条文等。

（五）夯实设备根基，完善基础设施。2011年，分公司各现场完成了多个基础项目改造，夯实了设备根基，减少了设备运行风险。如为消除夜间作业灯光照度不够这一隐患，对卸油站栈桥灯光进行了改造；为消除油品检查桶溢油风险，在各现场的检查桶上安装了高液位报警器。

（六）保证地面交通安全，全年安全行驶134121公里。认真落实车辆管理规定，持续改善分公司地面交通安全管理，通过严格每月底的车辆安全检查及季度司机培训和驾驶行为观察卡的填写，进一步夯实了地面交通安全管理基础。严格履行派车单制度，并在日常推行减少不必要出车、合并派车的措施。持续关注经常行驶的道路风险变化，对因修路等临时原因造成的风险点的变化，及时采取公告、邮件、短信、培训等方式，对分公司所有行政车驾驶员进行温馨提示。同时，对恶劣天气下的用车及时提醒，发挥GPS系统对车辆动态管理的作用。

【“三基”工作】 2011年，河南分公司认真贯彻落实中国航油“三基”工作经验交流会议精神，全面落实集团公司、航油公司和蓝天公司下发的《三基工作管理办法》文件精神，制定了《河南分公司2011年度三基工作计划》。以分公司获得2009年度分机场达标四类机场第一为契机，找准标杆，深入分析查找短板，通过对标达标活动深挖潜能创建标杆，使三基工作上水平、更规范、更精准，使分公司管理水平更上一个新台阶。制定了《河南分公司班组达标创优实施方案》，成立班组建设领导小组，加强对班组建设达标工作的领导。深入开展对标达标工作。通过努力，2011年河南分公司位列全系统2010年度四类机场第三名，各项指标均同比提升。2010年度在四类机场分项排名为人均作业量排名第二、成本费用利润率排名第四、吨油其他费用排名第四、万元固定资产销量排名第十、吨油能源费用排名第三。规范理顺班组建设。2011年，河南分公司积极理顺基层班组架构，加大培训力度，大力建设学习型班组、培养知识型员工，创建“五型”班组。按蓝天公司要求，对分公司规范化管理内容进行梳理，制定了分公司证照使用办法。

【打造“航油铁军”活动】 打造“航油铁军”是集团公司增强核心竞争力的长期战略性基础工作。通过活动的开展，旨在建立思想过硬、作风过硬、素质过硬、管理过硬的队伍。2011年，分公司强力推进此项工作向纵深发展，取得了明显实效，员工思想进一步统一，飞机加油标准化作业已深入人心。

认真学习蓝天公司党委《关于印发〈华南蓝天航空油料有限公司开展打造“航油铁军”活动实施方案〉的通知》，成立了河南分公司打造“航油铁军”活动工作领导小组，加强对打造“航油铁军”活动工作的领导。

将打造“航油铁军”活动与开展“什么是幸福”讨论活动有机结合起来。通过讨论，全站员工振奋了精神，统一了思想认识，增强了信心，为进一步打造“航油铁军”工作奠定了思想认知基础。

制作了《科学发展，做强做优，打造国际一流航油公司，进入世界500强》和《科学发展，以人为本，在“关爱”的阳光下建功立业》主题展板，张贴到分公司各个现场，并组织员工认真学习展板内容，使员工思想统一到集团公司的战略目标上来。

河南分公司以飞机加油员标准化作业为重点，积极开展打造航油“铁军”工作。对飞机加油员进行了标准化作业培训。8月17日、18日，华北公司北京航空加油部的3位培训教官专程到郑州航空加油站，对飞机加油员进行了为期两天的标准化作业培训。蓝天公司对整个培训过程进行了督导。实施班内培训，每个班组利用视频录像资料对加油员进行飞机加油标准化作业再培训。再培训在班内进行，由现场主任负责组织，从8月10日开始，在日常加油作业操作中实施标准化作业。

制定了航空加油站各个岗位行为规范并加以推行。开展户外拓展训练。与拓展公司教官共同对飞机加油标准化作业的动作进行研究，规范动作。利用班前会，熟练加油规范用语，点评标准化作业及注意事项。录制加油规范用语英文版MP3，由航加站所有人员参考练习。走出去学习外单位好的经验、做法。9月、11月，分公司分两批前往石家庄和北京，学习兄弟公司在飞机加油标准化作业工作好的做法与经验。学习归来后，立即组织召开经验分享会，前往学习的6名员工介绍了各自的感受与体会，与各现场员工交流了自己的想法。

为检验培训效果，8月30日-11月30日，航空加油站开展了为期3

个月的飞机加油作业标准化劳动竞赛。10月26-27日，进行了飞机加油标准化作业技能比武，包括理论和实际操作；24名加油员全部参加了比赛，对综合成绩前3名给予了奖励。

【加强绩效过程管理】 2011年，分公司改变了以往单一注重绩效考核目标的分解，更加侧重绩效的过程管理。通过细化、量化考核办法，把分公司业绩合同分解成可以操作、执行的各个工作项目，融入日常工作中。同时，建立这些项目的反馈机制，不断推进项目的落实。在实际运行时，强化这种为实现绩效目标而开展的过程的沟通和监控，分公司绩效管理工作取得了明显的效果。另外，严格落实绩效考评的及时性，要求各单位在绩效结果考评周期完毕后的次月工资中兑现员工的考核结果，较好地发挥了绩效考评结果的激励作用，激发了员工的工作热情。

【财务基础管理工作】 加大对经营数据的分析力度，认真对分公司月、季度的短期数据进行分析，尤其是对成本费用进行控制分析，增强对"不正常数据"的敏感性，并制定了降本增效的措施与办法。将有关费用进行分解，进行分级管理，将相关吨油维修费等指标写入库站绩效合同，推动库站成本核算工作，提高了全员效益意识。制定了《河南分公司2011年度预算费用执行管理规定》，按三级管理的模式，将预算指标按管理职能进行分解，并将预算细化至成本中心。强化各职能部门相关责任意识，通过对月度、季度及半年费用执行情况进行分析，保证了分公司考核费用按照预算进度完成。

加大了土地证核减及补偿工作力度。已对前3次的补偿面积进行核查，对由于测量仪器等原因造成的实际占用面积与土地补偿面积的差异，通过沟通协调同意再补偿约11万元，现款已到账。国储油及保税油库工作取得进展，已完成前期调研及保税油库建设前期准备阶段相关资料的搜集和整理工作。

(马晓祎)

邮 政

综 述

【概况】 截至2011年底，全市共有邮政局所267处、邮政储蓄网点165处（其中企业储蓄网点126个），ATM自动柜员机155台，邮资机122台，信箱信筒623个，邮政车辆397辆，邮路总长6332公里，市区共设投递段道644条，零售报刊亭197个。年末，邮政企业从业人员4507人，在岗职工1409人，其他用工3098人；大专以上学历2208人，拥有专业技术职称人员326人。服务面积7446平方公里，服务人口863万人。全年实现业务总量6.03亿元，比上年增长14.9%，继续保持了良好的发展势头。

2011年，郑州市邮政局被集团公司评为"2010年度全国邮政用户满意企业"。郑州市邮政局、紫荆山路邮政营业处、行政区局邮政营业员荆韵秋分别被国家邮政工会评为职工素质工程"优秀组织单位""学习型标兵支局（班组）"和"知识型职工标兵"。紫荆山路邮政营业处被评为"全国五一巾帼标兵岗"。荥阳局邮政营业厅、二七区局正兴街营业处被评为"2011年度河南省群众满意基层站所"。郑州邮政大厦被评为省住房和城乡建设"十一五成就"十佳建筑。郑州市邮政局、新密市邮政局和市邮政发行局被省公司、省邮政工会评为"安康杯"竞赛优胜单位。市邮政局工会被省国防邮电工会评为"工会工作先进单位"。

【基础管理】 （一）财务管理。进一步规范财务管理基础工作，促进了企业合规经营。强化审计监督管理，完成经济责任审计6个，工程项目审计65个，有效遏制和规避了经营风险。彻底取消手工发票，全面提高了企业发票管理水平。

（二）人力资源管理。积极开展"三工转换"工作，58名劳务工转为聘用工，33名聘用工转为在岗职工。全区符合条件的劳务用工、合同用工全部同企业签订了劳动合同。进一步完善县（市）区局、专业局、支撑专业局以及市区网点负责人的绩效考核办法，实现了对岗位履职考核工作的细化管理。

（三）服务质量管理。积极开展邮政文明示范窗口"双百佳"、县局基础管理"二十佳"和群众满意的基层站所创建活动，形成了典型带动、争创一流服务的良好氛围。组织开展了"规格时限整改提高月"、信箱（筒）、"录取通知书"等专项检查活动，加大问题整改力度，全区邮件时限综合准时率达到99.98%。深入开展"合规执行年"和规范化服务活动，全面提升了金融网点合规执行能力，邮政服务得到社会各界认可。

（四）安全管理。建立了安全责任明确、规章制度完善、检查标准统一、考评办法健全的安全管理体系。全年新建、改建金融网点安防工程16个，开工建设了远程报警监控系统，有效防范了金融风险，杜绝了重大安全责任事故。

【邮政形象不断提升】 2011年，郑州邮政工作受到了各级党委、政府和社会各界的充分肯定。交通运输部党组书记、部长李盛霖视察邮政万亩示范方抗旱工作时，赞扬邮政是老百姓认可的品牌，为确保河南夏粮生产稳定作出了贡献。原信息产业部党组成员、国家邮政局局长刘立清，原邮电部副部长、中华集邮联合会会长杨贤足，中组部副巡视员刘素利等领导相继到郑州邮政局调研指导，高度赞赏郑州邮政深化改革、创新服务的做法。省委常委、宣传部部长、副省长孔玉芳出席了该局《河南人图谱》邮政贺卡首发仪式。集团公司总经理李国华、党组书记张亚非、副总经理刘明光等也多次到郑州邮政调研指导工作。郑邮艺术团先后参加由中央电视台星光大道和江西卫视联合举办的红歌会全国巡演等各类演出活动80余场。

市邮政局还积极参与社会活动，赢得了社会各界的广泛好评。2011年5月20日，由省扶贫开发办公室、省工商业联合会、省邮政公司共同主办的河南省“真情报党恩”系列活动之“爱心包裹”项目2011年向贫困地区及革命老区学生关爱行动启动仪式举行。省政协副主席、省工商联主席梁静，省扶贫办副主任冯建平，省工商联副主席李振，集团公司邮政业务局处长韦书胜，省公司副总经理徐茂君，郑州市邮政局局长庞殿超、邮储银行郑州市分行行长贾群生、郑州市速递分公司总经理范卫东等出席了启动仪式。市邮政局、邮储银行市分行、市速递分公司干部职工共捐赠33.83万元，带动社会各界捐赠“爱心包裹”共计132.44万元。6月1日，市邮政局和登封市政府在登封市颍阳镇第二小学联合举办了爱心包裹发放仪式，为709名小学生送去一份特殊的“六一”礼物，以更直接的方式帮助更多贫困孩子快乐成长。

邮政职工义举拯救白血病女孩。11月14日，郑州市邮政局农业路收投分局职工任帅在连续6年献血4800毫升后，再次捐献216毫升造血干细胞，义举救助江苏一位素不相识的17岁白血病女孩，成为河南邮政系统两次配型成功的第一人。

郑州邮政的发展成就得到了新闻媒体的广泛关注。省会主流媒体正面宣传报道郑州邮政的稿件近500篇，大大提升了郑州邮政的社会美誉度和影响力，为企业改革发展营造了良好的舆论氛围。

（彭文杰）

河南省“真情报党恩”系列活动之“爱心包裹”项目2011年向贫困地区及革命老区学生关爱行动启动仪式

邮政基础设施建设

【基础设施建设】 2011年，在省邮政公司的整体安排下，郑州市邮政局进一步加大农村支局所、城市金融网点、物流仓储配送中心、村邮站和经营能力建设。全年投入5000多万元，用于城市网点和农村支局所建设。新购置城市邮政网点5处，改建城市金融网点13处，建成精品网点3处，建成农村支局所12处，在建5处。邮政物流仓储配送中心建设稳步推进，新郑局、中牟局已开工建设。同时，市邮政局还改造了电教室、屋顶花园和六楼办公场地，对火车站邮政大楼外墙进行重新装修，外观形象焕然一新。编制报送了郑州市基础设施“六线”邮政配套专项规划，把邮政网点规划扩大到城乡接合部乡镇区域。

【网络支撑能力建设】 2011年，郑州市邮政局进一步加大网络支撑能力建设力度，网点网络设施不断完善。全年新增ATM设备36台，更新营业设备73台，为县（市）区局新增放映设备56套；全市72家邮政报刊亭全部更新到位，46家社会报刊亭也与邮政签订了业务合作协议。完成了全省邮政LED显示屏联网、函投两网合并、骨干网络扩容等8项工程。在“两网”合并中，改造投递场地11处，更新、增加生产运输车辆73台、设备108台，新增、调整邮路33条。通过优化邮运计划，增加作业班次，加快了党报党刊和各类邮件的传递速度，网运终端投递和邮件传递能力显著提升。

研发创新能力不断提升。自主研发的“速递物流货运管理系统”获全省邮政科技项目三等奖，有3个科技项目被省公司立项。发票管理、人事管理、交通告知短信系统等7个项目成功上线运行，其中2个项目已在全省推广应用。

【社会综合服务平台建设】 2011年，市邮政局按照省邮政公司党组提出的由注重经营业务向注重经营服务转变，由注重经营产品向注重经营质量转变，由经营产品和业务向经营平台和网络转变的要求，积极推进村邮站、连锁超市、社区便民服务站等基础能力建设，全力打造社会综合服务平台。截至年底，累计建成村邮站1834个、连锁超市1249个、“百全连锁超市”7个、邮政社区便民服务站492个，叠加了邮政基本业务、代收话费、代售机票、客票等多项业务，极大方便了城乡居民的生活。全年累计实现农资配送、生活消费品销售额5478万元，代缴代收各类资金4009万元。立足服务“三农”，先后建成6块“万亩示范方”、1块“千亩示范田”、2块“百亩示范田”，示范田内5206.67公顷小麦、玉米全年累计增产473.94万公斤。

【邮政万亩示范方建设】 2011年，新郑市邮政局积极与当地气象部门联系沟通，共同推进农业气象服务体系和农村气象灾害防御体系建设，安装高科技气象设施。在新郑市龙王乡邮政万亩示范方安装了自动气象站、自动土壤水分仪等气象设备，在龙王乡政府建设乡村气象信息站，在龙王乡各行政村建设气象喇叭预警信息系统。通过与当地气象局电脑联网，农技人员能够准确掌握气象信息，及时了解农情，指导田间管理，让农户实时了解农业信息和气象信息，实现科学种田，科学防灾减灾，促进农业增效、粮食增产。

【信报箱成为房地产开发项目交付使用验收必备条件】 2011年10月12日，郑州市人民政府下发《郑州市房地产开发项目交付使用管理办法》，并开始实施。该办法设定16项房屋交付使用条件，其中第10项明确要求：住宅项目信报箱安装数量达到一户一箱的标准，技术规格符合国家住宅信报箱标准的相关要求，取得邮政部门出具的验收合格证明文件，方可交付试用。郑州市邮政局已按照市政府要求，制定了信报箱验收合格证明文件，并报市政府备案。

（彭文杰）

邮政经营发展

【业务发展】 2011年，郑州邮政积极践行“三个转变”发展理念，着力转变发展方式，加快推进企业创新转型，全面完成了各项任务，继续保持又好又快发展势头。函件交警账单业务发展迅猛，同比增长240%；加快推进新媒体业务，累计建成户外媒体1041处；与市政府合作，创办了《郑州印象》DM杂志，显示出良好的发展前景。电子商务专业销售航空机票4.79万张，位居全省第一；积极拓展自邮一族业务范围，开发了交通告知短信服务，成为电子商务专业新的增长点。发行专业强化项目运作，积极运作图书教辅、形象期刊、文化礼品等项目，强力拓展市场。集邮专业围绕重大节日、主题活动和地方节会，做好文化礼品开发和大项目运作，其中春季生肖邮品系列营销项目比上年增长225%，中秋礼品项目比上年增长267%。分销物流专业充分利用村邮站、连锁超市等连锁平台，积极拓展城乡流通市场，不断做大商品配送规模，收入增幅43.4%。邮政金融类业务加强能力建设，调整业务结构，规范经营服务，实现了规模与效益的同步增长。截至年底，代理金融专业净增余额15.48亿元，累计余额规模达到128.36亿元，活期余额比重达到43%。代理保险专业创新业务宣传，强化市场拓展力度，市场占有率比上年增长14.9%，稳居郑州地区银保市场首位。

【区局体制改革】 2011年，郑州市邮政局针对农村支局发展好于县局、县局发展好于区局的状况进行调研、探讨，在省邮政公司指导下，模拟县局组织架构，对区局经营管理模式进行了探索改革。（1）理顺管理体制。将各专业及营销人员下沉到区局，合理划分区局与市局各专业公司（局）之间的经营职责，进一步强化了区局对专业的管理，促使区局由经营型逐步向经营管理型转变。（2）完善经营机制。积极探索以区局为经营实体的财务核算模式，推动区局向市场经营主体逐步转变。赋予区局更大的经营管理权限，使区局在经营发展、人员管理、成本管控等方面拥有较大空间，提升了自我发展、自我管理的能力。（3）合理引导竞争。遵循市场规律，鼓励区局在市局政策框架内自主制定业务激励政策，开展营销活动，引导区局竞相发展。通过探索，区局实现了由被动发展向主动发展的转变，各项工作呈现出良好的发展态势。

【郑州国际邮件互换局成立】 2011年5月26日，郑州国际邮件互换局成立暨揭牌仪式在郑州举行，河南省副省长史济春、张大卫出席仪式，并共同为郑州国际邮件互换局成立揭牌。郑州国际邮件互换局的成立，标志着河南省对外开放工作又迈上了一个新台阶，同时也给世界了解河南、河南走向世界提供了一个更为广阔的交流平台。郑州国际邮件互换局将建立起郑州对美国、日本、法国、澳大利亚、韩国、英国、加拿大、俄罗斯、台湾、香港等10个主要流量国家和地区的国际邮件总包直封关系，经河南邮政出口的邮件传递时间将比以往加快1-3个工作日，极大提高了国际邮件的通关速度，进一步加强了河南省与相关国家和地区的国际联系，也为来河南投资经商的国际友人提供了方便。

【郑州纳入EMS“全夜航”集散网络】 6月10日凌晨2时05分，一架

郑州国际邮件互换局成立暨揭牌仪式

垂直尾翼上标有EMS的中国邮政航空公司波音737飞机安全飞抵河南郑州新郑国际机场，这标志着郑州纳入EMS“全夜航”集散网络，河南本省出口EMS时限将缩短半天至一天。河南省副省长张大卫、中国邮政集团副总经理李国华和省邮政公司总经理杨海福共同为中国邮政航空西安-郑州-南京邮货快递航线开通暨开航纪念封首发启动“光电球”。郑州纳入“全夜航”集散网络后，郑州与北京、上海、天津、广州、南京、深圳、福州、厦门、成都、西安、武汉、长沙、济南、潍坊、石家庄、沈阳、长春等全国邮政航空通航城市建立起邮政速递进出口邮件直达业务，使河南省发往全国省会城市和重点地级城市的速递邮件实现了“次晨达”和“次日递”。

【新邮品发行】 发行辛卯年生肖邮票暨“快乐童年”邮票。2011年1月5日，郑州市邮政局举办了辛卯年生肖邮票暨“快乐童年”邮票首发式。市委常委、宣传部部长丁世显，市政协副主席、市集邮协会名誉会长党普选等出席首发式。市教育局局长翟幸福和市文广新局副局长宋庆海共同为兔年生肖邮票揭幕。宣传部部长丁世显和省邮政公司资深经理郭洪杰共同为“快乐童年”邮票揭幕。辛卯年生肖兔邮票是我国发行的第三套生肖系列邮票的重要部分，是邮政媒体与生肖文化艺术的完美结合。

发行辛卯年黄帝故里拜祖大典系列邮品。2011年3月30日上午，郑州市邮政局举办“辛卯年黄帝故里拜祖大典”系列邮品首发仪式。河南博物院副院长、民盟河南省文化专业委员会副主任李宏等出席首发仪式。该邮品一套10枚，主图为“和谐”，附图内容为轩辕黄帝像及9项拜祖仪程，在古风古韵中彰显黄帝文化的悠远与厚重，体现了黄帝文化是中华民族重要主体文化、源头文化的根脉、核心。仪式上，还同步发行了《方寸映中原》《根在中原》等邮品，是一部认识河南、了解河南、图说河南、宣传河南的文化典藏。

发行《中国古代书法——草书》邮票。2011年4月15日上午，郑州市邮政局举办了《中国古代书法—草书》邮票暨《中国古代书法邮票全集》首发仪式。省社科联副主席、省书法家协会副主席、省妇女书画家协会主席杨杰，省邮政工会副主席王英旗等出席仪式。《河南日报》、河南电视台、《大河报》《郑州日报》等媒体记者参加了活动。《中国古代书法——草书》特种邮票暨《中国古代书法邮票全集》首发式在郑州举行，对宣传河南悠久的历史文化、促进郑州经济社会发展具有积极的促进作用。

发行《中国共产党成立九十周年》邮票。6月22日上午，《中国共产党成立九十周年》邮票首发仪式在郑州邮政紫荆山路旗舰店举行。省集邮公司副经理廖保江、市邮政局副局长张文静、革命老战士毕连华、省劳模马娟等出席仪式。河南电视台、《河南日报》《郑州日报》等近20家省市新闻媒体记者进行了现场报道。《中国共产党成立九十周年》纪念邮票一套6枚，小型张1枚。整套邮票纵向回顾，展现成就，憧憬未来，充分展现了建党90年来的光辉历史进程。

发行《河南人图谱》邮政贺卡。10月9日上午，由省邮政公司、省文联共同主办的《河南人图谱》邮政贺卡首发仪式在郑州市邮政局举行。省委常委、宣传部部长、副省长孔玉芳，中国邮政广告公司总经理高山，省文联党组书记吴长忠，省邮政公司总经理杨海福，省文联副主席何白鸥、郑彦英，省社会科学院副院长刘道兴等出席首发仪式。《河南人图谱》贺卡一套8枚，以省委书记卢展工提炼的河南人精神为素材，是河南邮政发挥邮政行业独有载体的宣传优势，积极推动中原文化“走出去”的又一创新之举，也是首次用邮政贺卡的形式集中宣传河南人形象。

【河南邮政、郑州交运集团长途汽车客票合作项目】 6月23日上午，河南邮政、郑州交运集团长途汽车客票合作项目签约暨启动仪式在郑州邮政大厦四楼多功能厅举行。省交通厅副厅长刘兴彬、省邮政公司副总经理徐茂君分别致辞。郑州交运集团董事长赵军伟、省邮政电子商务局局长李艳红代表合作双方共同签署了合作协议。市人大常委会主任白红战、省交通厅副厅长刘兴彬、市政协副主席党普选、省邮政公司副总经理徐茂君、省交通厅道路运输局局长吕全德、市交通运输委员会主任范强、市邮政局局长庞殿超共同启动水晶球，开启河南邮政、郑州交运集团长途汽车客票合作项目。此次合作，为人民群众提供了更加便捷的购票服务，是河南邮政和交通事业发展中的一个创新举措，也是一件利民惠民的好事。

【《郑州印象》DM杂志创刊】 8月11日上午，由郑州市委宣传部主管，市政府新闻办公室主办，市邮政局承办的《郑州印象》DM杂志创刊首发仪式在郑州邮政大厦四楼VIP会所举行。省邮政公司副总经理徐茂君，郑州市委宣传部副部长、市文明办主任常绪东，市委宣传部副部长李平，市委外宣办主任王丽艳，市委党史研究室主任薛稳定，市外专局局长曹金兰，郑州市邮政局局长庞殿超，省邮政函件局局长曹建申，郑州市邮政局副局长张文静等出席首发仪式。《郑州印象》DM杂志承载着郑州的政治、经济、民生、文化、旅游等方面，真正实现了独特高效的媒体价值。在刊物投放上，利用邮政的数据库和网络资源，通过精准高效的邮政投递网络送达到在郑工作的外籍人士手里，摆放到星级酒店的大堂，全方位向社会各界人士展示郑州政治经济生活、民生文化，以及文化事业大发展、大繁荣等成果。

【开通警邮合作交通告知短信服务】 11月22日，郑州邮政利用邮政短信平台与郑州交警支队联合开发的交通告知短信服务系统，经测试成功正式上线。该业务进一步提升了邮政便民、利民的服务形象，并成为县（市）区局电子商务专业高效快速发展新的增长点。交通告知信息系统具备实时性、完整性特点，与交警队数据同步通过手机信息告知车主，使车主及时完整的了解自己的违章情况，避免因重复违章或延期缴纳违章罚款引起的滞纳金而造成不必要的个人损失。

【超大规格明信片全国创先】 11月23日，新密市邮政局与新密市委宣传部签约，公开发行《中国新密》风光明信片。这套明信片开全国同类邮品之先河，创新设计为超大规格，是普通明信片的两倍。封面彩图为“轩辕圣境黄帝文化产业园”风景图，封二印有宣传语“为把新密建设成为干净整洁、结构优良、富足文明、风清气正的现代化宜居宜业城市而奋斗”，封三为祝贺语，封底彩图为新密市风景鸟瞰图。整套明信片采用中英文对照，在方寸之间折射出新密悠久的历史和深邃的人文精神，展示了新密“最具经济活力城市”的精彩一面。

（彭文杰）

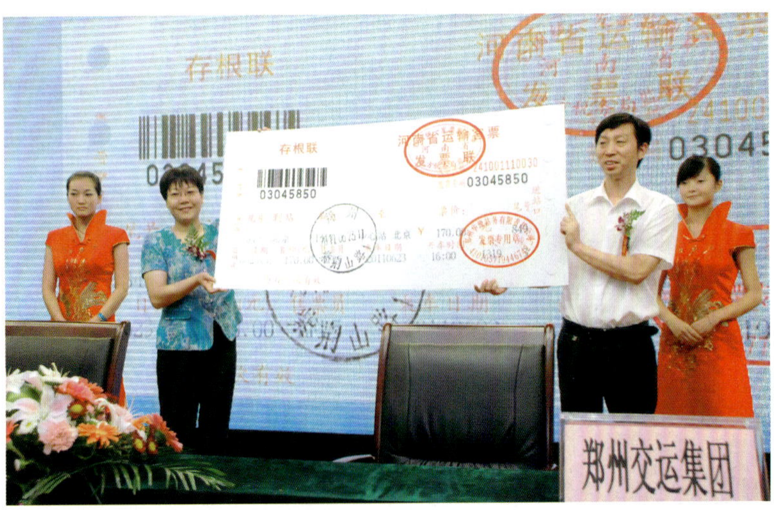

河南邮政、郑州交运集团长途汽车客票合作项目签约暨启动仪式

电 信

郑州移动公司

【概况】 中国移动通信集团河南有限公司郑州分公司是外商投资企业,下辖郑州5市1县1区。郑州移动公司于1999年9月8日成立，截至2011年底，客户规模由成立初期的30多万户发展到770多万户，增长了20多倍。网络规模实现跨越式发展，交换机容量由分营初期的45万户发展到1300万户，增长了26倍，基站数量从160个增加到1万多个，增长了近70倍，实现了郑州市所有县、乡、村、交通干线和主要旅游景点的无缝覆盖，与全国及世界72个国家和地区的240家运营商开通了国际漫游业务。运营收入实现快速增长，10多年来累计完成运营收入300多亿元，累计向国家上缴各类税金60多亿元，运营收入约占郑州市GDP总量的1.4%,占通信行业的55%以上。以“追求客户满意服务”为企业宗旨，不断完善社会服务体系，电子渠道实现了足不出户网上办理业务，自助服务尽显客户自我需求，全球通俱乐部彰显了VIP尊贵形象。200多家自建营业厅，4000多家社会合作店，使郑州移动服务无处不在、无所不能。

改进质量，服务满意度持续提升。深入贯彻“客户为根、服务为本”的服务理念，强化协同管理，狠抓短板，窗口服务营销效率得到提升。截至2011年底，营业厅排队等候超时率降至3.31%，营业厅电子渠道正常缴费占比达到99.13%，比年初提高12.14%。着力提升现场管理驱动能力、运营支撑能力、人员服务能力，窗口服务质量关键点的闭环管理机制更加完善，整体服务水平得到提升。以“一个降低、两个提升”为目标，优化投诉处理机制，深入推进投诉透明化管理，投诉处理能力得到增强，客户满意度得到有效提升。积极开展精神文明创建活动，大力弘扬企业文化，实现了三个文明的协调发展，郑州移动公司连续多年被郑州市人民政府评为“政风行风建设先进单位”。

【企业运营效益】 2011年度，郑州移动公司坚持以科学发展观统揽全局，紧紧围绕“双引擎”成长战略和“一三五五”整体工作思路，以提升价值和效益为目标，以“质量、服务、创新”为关键着力点，充分发挥企业综合优势，各项工作取得了新进展，企业综合实力大幅提升。

深入挖潜，企业效益持续增长。郑州移动坚持高效低成本运营，加强资源整合与科学配置，调整运营收入结构，在大力拓展客户规模促进收入增长的同时，持续加大数据业务营销、信息化业务开发和流量业务推广，挖掘新的收入增长点，实现了企业运营效益的持续增长。2011年，实现运营收入53.8亿元，为郑州市的经济建设作出了积极贡献。

全业务运营显成效。2011年是国家“十二五”规划深入推进实施的重要一年，是河南省着力打造中原经济区建设的启动之年，也是全业务和移动互联网业务提速发展的转型攻坚年。身处中原经济区重中之重的郑州移动加快精细化运营转型，大众市场重点推广数据流量业务，深入拓展传统短信业务，收入型增值业务稳步发展。集团市场高度关注政府、金融、卫生、税务、工商等重点行业和重点项目，智慧竞争、精准拓展，实现了市政务外网、新农合、地税专网和固话等项目的新突破。加快家庭客户规模拓展，提升活跃家庭产品普及率，积极拓宽终端营销渠道，全业务运营初显成效。

【市场营销】 精准营销，客户规模有效拓展。坚持以势赢市、适度把控的经营思路，抓住重点，细分市场，精准营销，存量市场保持稳定，新增市场大力拓展。通过产品资费优化促进3G发展，通过优化社会渠道分层分级管理架构，末梢渠道覆盖率得到提升，渠道建设与转型步伐加快，社会渠道掌控力得到增强。积极打造高校市场维稳体系，探索开展富士康等项目市场合作模式的创新之路。2011年，净增客户达到56万户。

专项优化，网络比较优势得到巩固。围绕“一个提升、两个确保、四个着力点”的工作思路，结合短板指标，积极实施新功能的试验和引入，深入开展网络质量劳动竞赛和专项优化，加快解决网络质量突出问题，网络质量得到有效提升，语音质量明显改善，集团自动路测指标全部达标，掉话率、接通率和呼叫全程成功率均优于竞争对手，郑州本地网线路故障次数、故障历时同比下降显著。围绕市场发展和客户需求，加快工程建设进度，提前完成了各项重点工程建设目标。

【基础管理】 2011年，郑州移动公司持续完善财务基础管理和全面预算管理，认真履行审计监督职能，强化萨班斯内控体系和法律风险管理，企业风险防范能力得到增强。严格绩效考核透明制度，优化人力资源配置效率，加强人才队伍建设，内部管理效能得到有效提升。转变宣传思路，创新宣传模式，利用多种渠道大力宣传企业文化，彰显企业社会责任，企业影响力进一步扩大。切实完善和落实安全生产长效机制，为生产经营提供了安全保障。创新廉洁教育形式，廉洁文化氛围日趋浓厚。以落实管理制度和贯彻“三重一大”决策为切入点，着力加强生产经营关键环节的监督。深入扎实开展创先争优活动，积极推进企业党团建设、企业文化建设、精神文明建设和班组建设，发挥工会协调作用，积极引导全体员工开展创新活动。2011年，申报创新提案517项，申报创新推广38项，申报创新类成果19项，申报专利技术3项。有多个集体和个人受到表彰。1人被评为集团公司劳动模范，3人被评为集团公司优秀班组长，1人被授予河南省“五一”劳动奖章，5人被授予郑州市“五一”劳动奖章。公司先后荣获职工素质工程建设先进单位等称号，公司党委被授予河南省先进基层党组织称号，公司创建全国文明单位获得成功。

（关媛媛）

郑州市联通公司

【概况】 2011年，郑州市联通公司紧盯移动互联网发展脉搏，依托第三代移动通信网络中技术最领先、应用最广泛、终端最丰富的WCDMA 3G网络，坚持科学发展观，以客户为中心，以市场为导向，转变经营发展方式，创新责任管理体系，强力推进以3G为龙头的全业务协调快速发展。上市公司营业收入完成全年预算的104%，通信服务收入完成全年预算的101%，迈入北方本地网六强。公司主营收入同比增幅16 %，客户数量、通信能力、服务质量均空前提升，企业发展呈现出好的态势。

在“3G领先与一体化创新战略”的引领下，郑州市联通公司充分发挥全业务优势，不断提升品牌形象和服务质量，为消费者带来前所未有的新感知，引领通信消费新时尚，满足了客户的个性化需求。2011年，公司加力推进信息化建设，多领域推进战略合作，进一步提升了郑州市信息化服务水平；圆满促成中原数据基地落户郑州，规划了将郑州打造成为中部地区信息交换、数据存储、数据灾备、云计算等高端信息多元化数据枢纽基地，提升郑州信息集散中心和通信网络交换枢纽地位的新蓝图。2011年10月，国务院出台了《关于支持河南省加快建设中原经济区的指导意见》，“中原数据基地”正式写入国家战略。

郑州市联通公司始终坚持诚信经营，积极倡导精神文明建设，弘扬企业文化，强化岗位创新，一批先进集体先后荣获国家级“青年文明号”“全国质量信得过班组”“全国优秀QC小组”称号等；在河南联通2011年度表彰大会上，郑州联通公司获“河南联通先进单位”称号。郑州市联通公司机场VIP俱乐部被共青团中央授予“青年文明号”荣誉称号，成为河南省中央企业唯一获国家级“青年文明号”单位；共青团河南省委授予郑州市联通公司中牟县青年路营业厅和郑州市人民路营业厅河南省“青年文明号”荣誉称号。

【通信业务经营】 2011年，聚焦客户的多样化需求，郑州市联通公司开展了3G双倍增、融合业务倍增、集团“三个一批”攻坚战等主题营销活动，初步实现了提速发展、规模效益。主营收入同比增幅在集团公司名列前茅，利润同比增长位居北方107个本地网榜首，综合业绩考评排名河南联通首位。3G业务成为推动发展的第一驱动力，用户规模快速增长，排名北方105个市级本地网首位；以沃•家庭为核心的融合业务用户大幅提升；集团业务拓展取得积极成效，与郑州大学等26家知名企事业单位签订了通信战略合作协议。强化渠道“运营”，渠道销售能力明显提升，与郑州前20名主流渠道实现成功合作。全面实施营业厅向体验营销转型，电子渠道交易额有较大增长。

同时，公司积极开展校园市场营销，培育新生潜力市场，新客户数净增居全省第一。2011年10月，郑州市联通公司调整BAS设备相关数据的配置，优化认证方式，在校园网原有网络结构不变的基础上，同时使用电脑PPPOE拨号和手机WEB两种认证方式，通过技术攻关实现了校园WLAN电脑和手机同时上网。

2011年，郑州市联通公司针对上网需求灵活的用户，推出了“宽带手机一号通”业务。手机号码即是宽带账号，用户可享受合账缴费、宽带按天计费、短信开通、报停宽带等优惠服务。

2011年3月6日，郑州市联通公司枣园营业厅正式成立，成为首个在港区设立的通信营业厅。枣园营业厅为全业务营业厅，位于富士康园区的员工居住地枣园小区，为富士康员工及周边居民办理各种联通业务提供了方便，同时也为公司更加优质快捷地为园区用户服务提供了平台。

【通信网络发展】 2011年，郑州市联通公司围绕市场打造精品网络，新建3G基站、室内覆盖站点、WLAN热点千余个，WCDMA网络县乡级以上实现100%覆盖，网络测试获“理想城市”称号；新增驻地网和宽带端口大幅增加，IDC出口带宽实施了扩容，8M以上端口比年初提高了13个百分点，公司通信能力有了大幅度的提升。建立重点客户重点保障体系，实现了分等分级管理，集团客户故障率、宽带质量类投诉率比年初均有明显下降。同时，公司深化了建设维护一体化改革，降低了维修工费，推进了节能降耗。

【通信服务】 2011年，郑州市联通公司积极推进“为民服务创先争优”活动，经营理念、服务方式不断创新。开展了“提升3G满意度”等专项活动，全网投诉率同比下降19%，3G投诉率同比下降30%；固话、宽带修障及时率达到100%。举办各类技能大赛，全面提升员工服务技能；进一步完善“标准+等级+特色”的服务体系和投诉管控体系，重新界定VIP分级标准，开展特色会员活动。进一步优化架构梳理流程，建立了10010“服务+营销”的新型服务平台，在线营销发展占比持续保持全省第一。公司全力提升客户感知，网上营业厅实现了足不出户网上业务办理，自助服务方便快捷，体验互动式销售更新了营销方式，满足了客户需求。

2011年4月5日(农历三月初三)，辛卯年黄帝故里拜祖大典在新郑市黄帝故里举行，来自海内外19个国家和地区的万余名炎黄子孙共同祭拜中华民族的人文始祖轩辕黄帝。中央电视台、美国时代华语广播、新浪网等280余家新闻媒体对拜祖大典盛况及黄帝文化国际论坛进行了全方位报道。郑州市联通公司全程护航，为拜祖活动提供了现场通信语音、视频及互联网传送等各项通信保障服务。

【完成河南省政府通信机房搬迁】 2011年3月，郑州市联通公司在相关单位配合下，完成了河南省政府办公厅通信机房搬迁（迁至郑东新区）割接工作。此次割接工期紧、任务重，涉及国家、河南省电子政务网络，需建立宽带IP电路、数字中继和应急保障，涵盖固定电话、数据宽带、移动网络及电视电话会议系统等业务。郑州市联通公司精心组织，专门选派优秀工程技术人员，制定了详细的搬迁割接方案，不断加快施工进度。在各方的共同努力下，顺利完成了割接工作，搬迁后的省政府通信机房已投入使用。

郑州联通总经理王宜科为一线员工送去清凉

【宽带接入设备告警系统获省通信学会科技进步三等奖】 8月，由郑州市联通公司研发的“宽带接入设备告警系统”项目荣获“2011年河南省通信学会科技进步三等奖”。该项目成功填补了宽带接入设备长期无统一监控系统管理的空白。宽带接入设备告警系统将网络设备作为一个有机整体进行科学化统筹管理，实现对设备自动监测，对故障实时告警和短信通知，系统提升了设备的响应速度，缩短了设备故障离网时长和故障历时。

（曹兴建）

郑州市电信分公司

【概况】 2011年，郑州电信秉承“全面创新，求真务实，以人为本，共创价值”的企业核心价值观，以客户价值为中心，不断更新业务结构，丰富通信产品，让客户尽情享受信息新生活。为积极适应企业内外部环境的变化，努力满足用户全方位的通信需求，郑州电信按照集团公司提出的，要做“智能管道的主导者、综合平台的提供者、内容和应用的参与者”这一战略转型定位，深入推进业务与服务、网络与技术、组织与人力资源等方面的转型，致力于为用户提供综合信息应用解决方案，努力实现零距离贴近客户、零中断优质保障、零时延快速响应、零偏差规范服务，全面帮助客户提升价值。通过不断的努力，郑州电信的天翼3G产品为郑州地区的信息化发展增添了新的活力。公司相继推出的天翼空间、爱音乐、天翼live等种类丰富的增值业务、3G业务和行业应用产品等，已经成为传递信息生活概念、塑造信息服务新形象的重要工具。

【信息化创新工作】 2011年以来，郑州电信与市信息化工作领导小组办公室联合开展了数字企业建设活动。通过“数字企业三年提速工程”的实施，全市传统产业应用信息技术改造取得新突破，优势产业应用信息技术提升取得新进展，信息资源开发利用水平大幅提高，基本实现了研发设计数字化、生产自动化、产品智能化、管理网络化和商务电子化。拟定实现的目标是，到2015年，全市企业互联网普及率达到100%，电子商务应用率达到50%，全市重点产业信息化率达到30%以上。郑州电信通过开展一系列“数字企业”巡展推介活动，全面展示了信息化建设标杆企业解决方案，其中以“天翼管家”“企业翼机通”“外勤e通”“协同通信”“天翼对讲”“全球眼”六大行业应用为重点，充分发挥移动终端延伸应用的特点。通过数字企业的建设，全面打造“两化融合”标准模式，从而有效提高中小企业信息化的管理水平，降低其生产运营成本，提升办公效率和经济效益。

【网络建设】 从2010年开始，郑州电信全面推进光网络部署，大力开展光网建设，构建“百兆进户、千兆进楼、T级出口”的宽带网络能力，打造绿色高性能光通信网络。预计将用3-5年时间实现全市所有城市光纤化，核心城区全部实现光纤接入。在3G网络建设方面，公司不断加大投入，优化网络运行，立足客户需求，不断提升网络承载能力，3G网络覆盖率比上年提升了7.9个百分点，极大地改善了用户的感知。此外，郑州电信还不断创新手段，优化网络运行，降低了网络故障率。

【客户服务工作】 2011年，郑州电信不断秉承“用户至上，用心服务”的经营理念，创新服务思路，提升产品研发和服务水平。在具体工作中，坚持以客户为中心，加强内部管理，创新服务手段，提高服务标准，完善服务流程，健全规章制度，强化服务监督，重视客户投诉，改进服务短板，加强业务培训，提升员工素质，改善营业环境，统一服务形象，全面促进企业整体服务质量的不断提升。此外，郑州电信还将牢牢把握中原经济区建设这一重要历史机遇，开拓思路，不断创新，科学部署在新形势下的通信保障和客户服务工作中，以客户为导向，提升10000号服务能力，做好差异化服务工作，提高客户响应水平，为用户打造出更加省心、舒心、贴心和放心的四“心”级服务，将“足不出户尽享服务”的理念诠释到底。

（张雨薇）

第十八篇 银行、保险

人民银行

【金融运行状况】 2011年信贷投放环境趋紧，郑州市存款、贷款增速持续回落，金融机构积极调整信贷结构，不断加大对中小企业及涉农领域的信贷投入，较好地促进了郑州市的经济发展。截至2011年12月末，郑州市各项存款余额8964.9亿元，同比增长13.6%，较上年同期回落8.6个百分点；较年初增加854亿元，同比少增708.9亿元。各项贷款余额为6112.8亿元，同比增长7%，较上年同期回落9.2个百分点；较年初增加499.3亿元，同比少增233.3亿元；扣除票据融资后，一般性贷款较年初增加764.5亿元，同比少增219.7亿元。从与全省比较看，贷款余额占全省的比重为34.9%，新增额占全省新增额的比重为27.7%；贷款余额增速低于全省平均水平4.4个百分点。

【存款情况】 2011年，郑州市前三季度存款增速持续回落，第四季度逐步反弹。截至2011年12月末，郑州市各项存款余额8964.9亿元，同比增长13.6%，较上年同期回落8.6个百分点；较年初增加854亿元，同比少增708.9亿元。前三季度，各项存款同比增速一直处于下降通道，9月末降至两年以来的最低点8.4%。进入第四季度，增速逐步反弹，10月末、11月末、12月末分别为9.9%、10.1%、13.6%。从与全省比较来看，存款余额占全省的比重为33.6%，新增额占全省新增额的比重为23.8%；存款增速低于全省平均水平2%。

储蓄存款增速有所反弹。截至2011年12月末，郑州市储蓄存款余额为3252.1亿元，同比增长11.7%，增幅较上年同期回落4.2个百分点；较年初增加360.8亿元，同比少增23.7亿元。2011年以来，储蓄存款增速不断下降，第三季度末降至8%。进入第四季度，储蓄存款增速有所反弹，10月末、11月末、12月末分别为9.5%、9.4%、11.5%，其主要原因：一是受股市持续低迷及个别担保公司案件的影响，部分投资者出于资金安全的考虑，将资金重新存入银行。二是以往惯例，每逢春节前后资金呈回笼态势，直接带动储蓄存款增加。三是年底各金融机构加大揽储力度，使储蓄存款保持增加的势头。

单位存款同比少增较多。截至2011年12月末，单位存款余额为5091.5亿元，较年初增加546.4亿元，同比少增263.8亿元。分结构看，单位定期存款较年初增加232.4亿元，单位活期存款较年初增加172.3亿元，保证金存款较年初增加190.4亿元，通知存款较年初减少23亿元。单位存款增势放缓的主要原因，一是生产经营的恢复增长带动企业资金需求增强；二是贷款增势放缓、银监会“三个办法、一个指引”的实施等因素导致派生存款增幅放慢；三是借贷成本不断提高，而存款利率依然偏低，企业加大资金运营核算和管理，存款意愿不高。

财政性存款少量增加。截至2011年12月末，财政性存款余额为278.3亿元，较年初增加46亿元，同比少增52.5亿元。第一季度财政支出增加较多，财政存款比年初减少16.4亿元；第二季度，财政存款稳步增长，比年初增加273亿元；进入第三季度以来，财政存款持续减少，致使全年仅增加46亿元。

【贷款情况】 2011年，郑州市贷款增速持续减缓，信贷结构调整明显。截至2011年12月末，各项贷款余额为6112.8亿元，同比增长7%，较上年同期回落9.2个百分点；较年初增加499.3亿元，同比少增233.3亿元；扣除票据融资后，一般性贷款较年初增加764.5亿元，同比少增219.7亿元。从与全省比较看，贷款余额占全省的比重为34.9 %，新增额占全省新增额的比重为27.7%；贷款余额增速低于全省平均水平4.4个百分点。

短期贷款快速增长，中长期贷款增速持续回落，票据贴现继续减少。受信贷政策调整的影响，各金融机构主动调整贷款期限。与全省情况相似，进入2011年以来，郑州市短期贷款快速增长，中长期贷款增速持续回落，票据贴现继续减少。截至2011年12月末，短期贷款余额为2230.3亿元，同比增长26%，较上年同期提高17.3个百分点，为两年来的最高水平；较年初增加461.4亿元，同比多增317.4亿元。中长期贷款增速自2010年3月以来逐月下滑，截至2011年12月末，其贷款余额为3667.5亿元，同比增长8.9%，较上年同期大幅回落24.5个百分点，为两年来的最低水平；较年初增加301.4亿元，同比少增540亿元。票据融资余额为210.9亿元，同比下降55.7%；比年初减少265.2亿元，同比多减14亿元。

省委书记卢展工、省长郭庚茂会见在河南调研的中国人民银行行长周小川一行

个人贷款、单位贷款较快增长。截至2011年12月末，个人贷款及透支余额为1422.4亿元，同比增长19%，高出各项贷款增速12个百分点；较年初增加224.1亿元，同比少增167.7亿元。其中，个人消费贷款较年初增加128.1亿元，同比少增173.1亿元。单位贷款及透支余额为4173.4亿元，同比增长12.5%，高于各项贷款增速5.5个百分点；较年初增加466.4亿元，同比少增5亿元。其中，单位经营贷款较年初增加376.8亿元，同比多增25亿元；单位固定资产贷款较年初增加948.2亿元，同比少增30亿元。银团贷款余额为203.3亿元，较年初增加56.7亿元，同比少增24亿元。贸易融资余额为90亿元，较年初减少0.6亿元，同比少增25亿元。

贷款行业投向调整明显。大多数金融机构在流动性趋紧、信贷规模减少的背景下，加强信贷结构调整力度。2011年，全市新增贷款（不含票据贴现）重点投向个人、制造业、批发零售业，这3个行业新增贷款占比分别为30%、21%、14.8%，合计达到65.8%，其中，批发零售业、制造业新增贷款占比较上年同期分别提高11.6和8.9个百分点，个人新增贷款占比较上年同期回落10.4个百分点。

全国性金融机构新增贷款占比下降，地方法人金融机构新增贷款占比提高。截至2011年12月末，全国性大型银行贷款比年初增加175.9亿元，同比少增209.1亿元，占各项贷款增量的35.2%，同比回落13.2个百分点；全国性中小型银行贷款比年初增加100.3亿元，同比少增27.9亿元，占各项贷款增量的20.1%，同比上升4个百分点；地方法人金融机构贷款比年初增加121亿元，同比少增10.9亿元，占各项贷款增量的24.2%，同比上升7.6个百分点。

中小企业贷款快速增长。顺应国家信贷政策调控要求和方向，各金融机构不断加强对中小企业的资金支持力度。12月末，郑州市中小企业贷款余额为1710.7亿元，同比增长26.1%，高出各项贷款平均增速15.6个百分点；比年初增加372.5亿元，同比多增138.3亿元。其中，小企业贷款余额为619亿元，同比增长45.8%，高出各项贷款平均增速35.3个百分点；比年初增加175.4亿元，同比多增77.5亿元。

外汇存款有所增加，外汇贷款略有减少。截至2011年12月末，外汇存款余额为9.8亿美元，较年初增加2.2亿美元，同比多增2.3亿美元；外汇贷款余额为7亿美元，较年初减少0.7亿美元，同比少增1.5亿美元。

【货币信贷管理】 2011年，人民银行郑州中心支行继续坚持“监测、分析、引导、管理和服务”的工作思路，认真贯彻落实稳健的货币政策，强化信贷产品和管理方法创新，推进融资方式多样化，强化对“三农”、中小企业、民生、产业结构调整的金融支持，引导信贷资金更多投入实体经济，促进经济平稳较快发展。

（一）认真贯彻稳健的货币政策，引导货币信贷合理均衡增长。一是通过省、市各类会议、政府在线等新闻媒体和区域金融运行报告等宣传平台，加强对货币政策由适度宽松向稳健转变必要性的宣传解释，强调社会融资总量概念，高度重视直接融资，拓宽企业融资渠道。二是按季组织召开金融形势分析会及窗口指导会，引导金融机构围绕中原经济区建设重点，加大对产业集聚区、重点项目、“三农”、中小企业等的支持，认真贯彻稳健货币政策，合理把握信贷投放的力度和节奏，保持信贷总量适度稳定增长，不断优化信贷结构。三是着力推动银行间市场直接融资。向省政府报送《关于在全省加快推动银行间市场直接债务融资破解企业融资困难的报告》，会同省财政厅制定《河南省直接债务融资

中国人民银行行长周小川在人民银行郑州中心支行听取工作汇报

激励引导办法》，充分调动参与主体的积极性，促成省政府、银行间市场交易商协会和人民银行郑州中心支行的合作，为河南省企业直接债务融资、特别是通过区域集优模式为中小企业融资拓展更大的空间。四是联合省政府金融办、河南银监局、河南证监局、河南保监局等部门联合制定《河南省金融生态环境建设评价办法》，联合省政府金融办对全省各县（市）的金融生态环境状况进行评估，将评价结果对外公布，全省金融生态环境进一步改善。

（二）用好差别准备金动态调整工具，指导地方法人金融机构合理把握贷款投放总量、节奏。一是精心部署全年地方法人金融机构信贷调控工作。制定下发《河南省关于用好差别准备金动态调整工具 加强货币信贷调控的指导意见》，确定"全省测算、动态监测、灵活调剂、差别调控"的总原则，召开专题会议，对全年河南省地方法人金融机构信贷调控工作作出全面部署。二是准确测算法人机构年度贷款合意新增额，为准确核定年度信贷规划和科学调控打下良好基础。三是建立法人金融机构贷款投放日报制度。按日监测法人贷款进度，并根据需要随时开展指导，确保全省法人金融机构每月贷款新增额与总行规定进度保持一致。四是加强与地方法人金融机构的双向沟通。对全省各城商行、财务公司、信托公司和省联社逐家约见谈话，不定期召开形势分析会，了解各地方法人金融机构贷款需求和投放中面临的困难，引导其在把好流动性闸门、引导优化资金结构投向、有效防范系统性风险的基础上，用好贷款规划。五是加强对地方法人金融机构信贷规划的动态调整。针对农村信用社票据业务停办、信贷规划大量闲置的情况，调剂50亿元贷款规划给资本实力强、贷款合意新增额较高的城市商业银行、村镇银行、财务公司使用。进入四季度后，多次对其他法人金融机构调增规划。

（三）管理与运用好货币政策工具，切实发挥货币政策工具的调控和引导作用。

（1）加强再贷款业务管理。一是灵活调剂使用再贷款、再贴现限额。在充分考虑各地特点和各类限额使用管理情况下灵活调剂各地限额，全年总调剂支农再贷款限额44亿元，再贴现限额9亿元，满足了对支农再贷款和再贴现资金的需求。二是用好再贷款和再贴现，充分发挥货币政策工具的引导作用。在保证资金安全的前提下，重点向涉农贷款比例较高、经营稳健的县域内存款类法人金融机构发放支农再贷款。三是加强支农再贷款使用管理。对存在支农再贷款偿付风险的信用社，在其关键监测考核指标达标之前，停止发放支农再贷款，确保对其已发放的支农再贷款到期收回。

（2）加强存款准备金管理。一是加强存款准备金率调整后动态监测，及时向总行报告存款准备金政策实施效应，按季上报辖内存款准备金管理情况报告。二是加强存款准备金政策执行情况监督检查。下发《关于组织开展存款准备金管理情况执法检查的通知》，组织对法人金融机构存款准备金款管理情况的检查。对检查中发现的问题，及时督促相关金融机构认真整改。三是严格执法，维护存款准备金制度的严肃性。全年共对省内65次欠缴存款准备金的行为进行处罚，处罚金融机构40家，处罚金额34万元。对部分欠缴存款准备金数额较大或时间较长的金融机构负责人进行约见谈话。

（3）加强利率监测、宣传和管理。一是认真开展利率日常监测，及时反馈利率政策执行情况；平稳完成民间借贷监测频率由季度变月度的调整工作，对民间借贷监测过程中发现的问题及时进行分析上报；配合总行参事室完成民间借贷调研任务，受到总行参事室书面感谢。二是加强对利率政策执行情况和利率热点问题的调研。先后上报《对当前河南省民间借贷情况的调查》《关于河南省票据市场利率变动情况的调查》等20余篇调查报告，受到总行领导高度评价。三是加强对地方金融机构内部计结息操作规则及利息计算的辅导工作，引导地方金融机构不断完善内部计结息操作规则及利息计算方法，在全省范围内推广先进机构的先进做法。四是制定实施《河南省地方法人金融机构风险定价能力评估方案》和《法人金融机构利率市场化微观机制建设情况备案制度》，指导金融机构不断提高定价能力。五是加强对利率政策的宣传。制定

《2011年度河南省利率政策宣传方案》，组织全省各级人民银行及辖内各金融机构开展形式多样的利率政策宣传活动。六是与省民委联合制定《河南省民族贸易和民族特需商品生产贷款优惠利率管理实施细则》，进一步规范全省贴息工作。全年共为全省民族、民贸企业办理贷款贴息15911.1万元，同比多增1378万元。

（四）实施千家“小巨人”企业信贷培育计划，着力缓解中小企业融资难。一是会同省工信厅联合下发《关于实施千家“小巨人”企业信贷培育计划 支持中原经济区建设的意见》《关于印发〈2011年度河南省“小巨人”企业信贷培育计划实施方案〉的通知》，通过建立企业名录制度、开展企业财务辅导、实施信用培植、设计综合融资方案、优化信贷审批流程、完善贷款利率风险定价机制、提供全方位金融服务等一系列具体措施，增强“小巨人”企业获得银行信贷资金、上市融资和发行直接债务融资工具的能力，促进中小企业快速成长、梯度发展和做大做强。二是加强工作动员部署。成立以人民银行、工信厅、省技术产权交易所、各家银行省级分行为成员单位的领导小组。以专报件形式向省市政府报送人民银行开展“小巨人”企业信贷培育工作的目的、意义、具体措施和工作进展。7月初召开全省“小巨人”企业信贷培育工作动员大会暨现场签约仪式。三是认真组织企业筛选。经省辖市人民银行和工信局（委）推荐，各家银行省级分行筛选，最终确定1100家“小巨人”企业名单并对外正式公布。四是强化督促落实，将此项工作纳入人民银行中小企业信贷政策导向效果评估的考核内容，中小企业贷款得到较快增长。

（五）深入推动农村金融创新，改善农村金融服务。结合中原经济区、粮食生产核心区建设实际，细化落实政策，深入推动农村金融产品和服务方式创新。一是明确重点产品和服务模式加以复制推广。总结全省经验，筛选典型涉农信贷产品和服务模式，在全省范围内复制推广。制定下发《关于做好重点农村金融创新产品和服务方式推广工作的通知》，复制推广农民专业合作社贷款、农民贷款担保协会贷款等8种涉农信贷产品和中小企业金融超市、金融辅导员制度等4种金融服务模式。二是继续做好大学生“村官”创业富民金融支持。协调配合完善相应管理制度，督促引导金融机构改进完善担保模式和授信流程，降低贷款门槛，提高贷款额度，切实加大对大学生“村官”创业富民的信贷支持。

国家外汇管理局局长易纲在河南省分局行政审批服务大厅现场调研

（六）加大政策宣传和培训力度，稳步推进跨境人民币业务。人民银行郑州中心支行提请省政府建立了河南省跨境人民币业务联席会议制度，制定印发《河南省跨境人民币业务操作指引》，为全省银行、企业办理跨境人民币业务搭建制度框架。举办人民银行、金融机构及大型进出口企业等多层次的培训班，开展全省跨境人民币业务宣传月活动，充分利用平面媒体、网络、报刊宣传跨境人民币业务政策，发挥金融机构网点分布广、直接面对企业客户优势，大力推介跨境人民币业务。配合省商务厅筛选出口试点企业名单。目前全省六成以上具备国际结算能力的银行均开办了跨境人民币业务。跨境人民业务工作的顺利开展，规避了涉外企业汇率风险、减少了企业汇兑成本，有力地促进了涉外经济的平稳、较快发展。

（七）做好民生领域金融服务，扶持弱势群体安居乐业。一是推动发放小额担保贷款，支持全民创业促就业。严格执行小额担保贷款业务备案制度，督促新开办金融机构履行备案程序，推动业务规范发展。推动各经办金融机构加强授信模式创新，降低贷款反担保门槛，加大信贷投放，大力支持全面创业促就业。二是落实完善妇女小额担保贷款政策，促进城镇及乡村妇女创业。积极配合省妇联做好妇女小额担保贷款工作经验交流、数据库筹建工作。在总行金融市场司信贷政策专题座谈会上，就河南省妇女小额担保贷款工作情况作经验介绍。三是落实国家助学贷款政策，推动贷款覆盖范围不断扩大。四是加强房地产金融管理与监测，制定保障性住房融资工作方案，完善保障性住房的融资机制，有效落实差别化住房信贷政策，协调做好保障性住房金融支持。

【农村信用社改革】 加强专项票据兑付后监测管理，促进农村信用社增强支农服务功能。一是制定下发《河南省农村信用社改革试点专项中央银行票据兑付后续监测考核实施细则（试行）》，组织对河南省143家法人农村信用社（行）及经营一年以上的5家村镇银行经营财务状况进行监测考核，提出初步考核意见，经总行审定，全省达到一级标准的农村信用社44家；达到二级标准的农村信用社88家；达到三级标准的农村信用社11家。二是切实落实农村信用社兑付后续考核激励约束措施。对经总行考核同时达到将新增存款一定比例用于当地贷款考核和专项票据兑付后续监测考核标准的农村信用社、村镇银行，安排增加支农再贷款限额17.4亿元，对126家达标机构实行较低的存款准备金率。三是下发《关于开展2011年上半年农村信用社专项央行票据兑付后续现场监测考核的通知》，组织各市中心支行、辖区支行按每季10%的比例，对当地农村信用社实施现场监测考核。四是督促全省农村信用社对现场监测考核中发现的突出问题认真进行整改。向河南省农村信用社联合社下发通知，要求其积极督促有关农村信用社（行）对2010年考核存在的问题限期整改到位；要求各市中心支行对关键性经营财务指标恶化、特别是资本充足率和不良贷款比例未同时达到考核标准的农村信用社（行）作为工作重点，认真组织开展2011年度监测考核工作；对在2011年现场监测考核中发现的问题，及时向有关机构下发整改意见，并切实加强督促。

【金融稳定】 积极开展“两管理、两综合”工作，切实维护全省金融稳定。一是依据《中国人民银行法》赋予的法定职责，郑州中心支行积极探索对金融机构的管理方式，创新履职方法，加强对金融机构的监管，经广泛征求意见和建议正式出台《河南省新设金融机构金融管理与服务指引》，下放部分审批权限，调整部分申报事项和适用对象，规范内部流转程序，增设金融机构高管人员考试制度，进一步提高管理效率。人民银行总行对郑州中心支行探索“管理权限合理分配、强化基层央行职责”的做法给予肯定。二是探索开展金融稳健性现场评估工作，制定《河南省银行业金融机构现场评估工作规程》，对4家城市商业银行开展现场评估，全面了解评估对象的经营发展和风险状况。三是继续实施河南省银行业金融机构重大事项报告制度，及时掌握辖区银行业金融机构重大异常情况，加强金融风险预警工作。截至2011年末，郑州中心支行共收到金融机构重大事项报告11起，全部得到妥善处置。加强对担保公司、小额贷款公司的风险监测，有效维护区域金融稳定。

中国人民银行分支行行长座谈会在郑州召开，常务副省长李克出席会议并讲话

【金融服务】 2011年，人民银行郑州中心支行紧紧围绕人民银行总行和省委省政府的决策部署，以加大中原经济区建设支持力度为重点，多策并举，深入开展企业服务活动，着力做好金融服务，优化金融生态环境，金融服务水平稳步提升，有力地支持了全省经济平稳较快发展。

【金融统计】 深入开展调查统计，提高数据利用效率。在完成全省人民银行系统和金融机构日、旬、月、季报表的基础上，组织召开全省部分金融机构形势分析座谈会，就经济运行相关数据和形势进行深入分析，为上级行和省委、省政府决策提供依据。紧紧围绕经济金融运行中的热点、难点问题，开展快速调查和专题调查，完成《今年首次上调存款准备金率的快速调查》《对河南省民间融资快速扩张的调查》等多项调查报告。2011年，人民银行郑州中心支行被河南省统计局评为省级部门统计先进单位。

【支付清算】 2011年，全省支付清算系统运行平稳，业务量稳步增长，全年支付系统安全运行率达到100%，有效提高了社会资金周转速度。组织开展全省银行业金融机构支付结算大检查和多用途预付卡专项检查，促进支付结算工作由“服务型管理”向“监管型服务”转变。依法审慎开展对非金融机构支付服务业务监管，制定印发《河南省非金融机构支付业务许可初审操作规程》，对初审工作进行规范，审慎出具初审意见。加快推广银行卡助农取款服务，全面推进农村支付服务环境建设。继续加大农民工银行卡特色服务业务推广力度，方便外出务工人员异地取款。2011年河南省农民工银行卡特色服务交易195万笔、金额28.5亿元，同比分别增长10%、25%，连续4年稳居全国首位。

【反洗钱】 深化风险为本的反洗钱监管，开展反洗钱工作评价，加强对金融机构“一对一”辅导，推动金融机构一线人员对可疑交易资金的监测和分析，提高监测水平。通过金融机构可疑交易报告制度，充分发挥反洗钱工作机制作用，成功堵截一起涉嫌金融诈骗洗钱案件。协助公安机关成功破获安阳特大贩卖运输毒品案、缴获新型毒品2.8吨，毒资1亿多元。探索完善反恐融资防范工作机制与模式，科学设立反恐融资监测点，构筑全方位立体化反恐融资机制，通过反恐融资监测点分析甄别出一条有价值的线索，并及时移交当地公安反恐部门，成功抓捕涉嫌恐怖活动的犯罪嫌疑人1名。

【人民币管理】 科学合理调拨发行基金，确保全省现金充足供应。加强人民币流通管理，开展“金桥工程”和“百县定投”活动，搭建了银行间、企业间纵、横向零钞调剂渠道，有效满足市场对零钞的需求，优化券别结构，提高流通中人民币的整洁度。加强反假货币宣传、培训工作，建立全省反假货币机具数据库，稳步推进人民币反假“安检行动”，筑牢反假货币“人防”“机防”防线，维护人民币信誉。开展加强制度执行力建设活动，组织开展库款零差错、操作零违规、会计核算业务零冲账、复点销毁前再抽查零差错的“四零目标”竞赛活动，提高货币发行工作质量。开展发行库出入库业务流程再造，减少发行基金实物流转环节，工作效率进一步提升。创新清分工作模式，钞票处理清分量和联机销毁量继续位居全国前列，残损人民币实现100%机械销毁。

【国库工作】 进一步加强财税库银横向联网系统推广工作，全省地税系统全部纳入财税库银横向联网系统运行。进一步推动国库集中支付改革，扎实开展国库监管，完善覆盖全省国库、代理国库业务金融机构的风险防控机制。不断推动国库直接支付业务的常态化、制度化，共有许昌、安阳、洛阳3个市中心支库本级、10个县（市）支库开展了直接支付业务，努力为政府公共资金提供快速清算服务。进一步做好“国债下乡”工作，全省共发行国债19期，金额64.85亿元。积极参与无记名国债兑付工作，做好国债本息兑付，全年共兑付国债本息23.47万元。

【信用体系建设】 整合信息资源和各项支持政策，扎实推进中小企业信用体系试验区建设，推动信用建设与各项支持中小企业和“三农”发展的政策措施有效结合，支持中小企业融资和农户小额信用贷款。截至2011年末，全省已建立农户信用档案594万户，评定信用农户370万户，将92392户中小企业纳入档案库，其中7015户中小企业获得银行授信意向。与团省委密切配合，开展农村青年信用示范户试点工作，培训农村青年1.5万人，发放信用贷款7639万元。组织对全省县（市）金融生态环境建设进行综合评价，密切配合河南省金融生态环境建设评价工作。组织公安、质检、环保、商务、统计等部门及金融监管部门从行政服务环境、经济信用环境、金融运行质量和金融运行安全环境等四个方面，推动地方金融生态环境建设和社会信用体系建设。协同开展河南省大学生诚信校园行“诚信自强之星”评选活动，开展诚信宣传教育，增强社会信用意识。

【调查研究】 2011年，人民银行郑州中心支行一是继续在全行推行“研究立行”的工作思路，大力开展调查研究工作。2011年，全省人民银行系统开展34项重点课题研究，为上级行、地方政府决策提供参考。二是坚持行级领导金融业务联系点制度，郑州中心支行领导带头深入基层调研，不断加强对全省经济金融热点的分析研究，先后形成多篇针对性较强的调研报告。《人民币升值对河南省涉外经济影响深远》《弘扬央行文化，提高履职能力》《关于以社会融资总量作为货币政策中间目标的思考》等调研报告被总行《分支行行长调研报告》采用，并被总行领导批示，多篇调研文章分别被中办、国办、总行和河南省委、省政府采用。《“开仓借粮”政策实施后相关遗留问题有待妥善解决》调研信息得到国家领导人的批示，《保障性住房调查报告》等调研报告得到总行领导批示并被总行有关刊物登载。三是加强中原经济区建设金融支持政策研究及与总行的沟通，从建立全国涉农金融改革试验区，开展农村金融综合改革创新试点、支持郑州区域性金融中心建设、开展跨境贸易人民币结算试点、开展科技金融和文化金融试点等多个方面，提出河南省应向国家争取的支持政策，并就其中涉及人民银行的内容与总行相关司局进行沟通衔接。参与起草《河南省金融业发展规划

（2010-2015）》，组织调研并完成《河南省金融改革与发展情况及相关建议》等文章，积极为地方经济建设建言献策。

【外汇管理】 改进外汇管理，支持河南涉外经济发展。一是完善中国进出口银行外债转贷款外汇管理方式，积极支持河南省境外上市企业的岗位股权激励机制。二是推广落实出口收入存放境外工作，减少企业外汇资金跨境划转费用及汇兑成本，便利省内企业进行跨境资金运作。三是积极为保税监管区域发展争取政策支持，为方便区内企业和区外企业结算，经国家外汇管理局总局同意，从4月开始在区内企业和境内区外企业之间实行进出口收付汇人民币计价结算，大大方便了区内和区外企业的货物贸易，解决了用人民币计价结算的问题，降低了企业的结售汇成本。四是适应形势变化，有效提高国际收支业务水平。充分利用国际收支统计间接申报核查制度修订发布的契机，加大对各市中心支局和外汇指定银行的指导、培训和宣传力度，创新核查手段和方式，提升核查工作效率和质量，提高了跨境资金数据的完整性和准确性。继续开展国际收支统计申报“零差错”竞赛活动。在业务量大幅增长的情况下，使国际收支间接申报差错率逐季度下降，由一季度的0.06%下降为三季度的0.04%。五是加大外汇查处力度，外汇市场秩序进一步规范。2011年在全辖范围内积极开展打击跨境资金违规流动和地下钱庄专项行动，共立案49件，收缴罚没款227.6万元，进一步规范了外汇市场秩序。

（蒋靖亚）

工商银行

【概况】 2011年，中国工商银行河南省分行营业部认真贯彻“实施提升工程、构建优秀分行”的发展战略，紧紧围绕“同业第一、系统进位”的发展目标，全面落实“五争三保”的发展要求，加快结构优化和经营转型步伐，竞争发展能力和可持续盈利能力不断增强，核心业务继续保持同业领先优势。

2011年末，营业部在保持各项存、贷款余额同业第一的同时，各项存款新增额、储蓄存款新增额、各项贷款新增额等主要业务指标保持或夺取市场第一。其中，各项存款新增97.2亿元，储蓄存款新增57.7亿元；各项贷款新增71.8亿元，个人贷款新增30.9亿元。实现中间业务收入10.01亿元，同比增加2.95亿元，保持同业第一。

【新兴业务】 全年销售各类理财产品2227.65亿元。其中，销售个人理财产品663.46亿元、公司理财产品828.4亿元。实现销售基金、代理保险等主要指标同业第一。贵金属业务交易量达到222.4万公斤，同比多增202.7万公斤。新增信用卡发卡18.9万张，同业第一；实现信用卡消费额148亿元，同比增加63亿元。新增企业电子银行客户8618户，总量达到3.14万户，同业第一。实现电子银行交易额4.36万亿元，同比增加4453亿元，同业第一。国际结算37.6亿美元，同比增加31亿美元，结售汇5.9亿美元，同比增加2.2亿美元，国际贸易融资累放3亿美元，同比增加1.86亿美元。

【经营结构】 法人客户增加258户，增幅73%，总量达610户；对公结算账户净增9524户，总量达到47058户，居同业第一。资产5万元以上个人优质客户净增3.5万户，增幅达12.6%，客户结构得到优化。小企业贷款余额占全部公司贷款的比率由上年的2.19%提高到4.34%；个人贷款余额占全部贷款的比率由年初的26.2%上升到27.9%，资产结构得到改善。中间业务净收入占营业净收入的23.03%，同比提高3.82个百分点，收入结构得到优化。

【经营效益】 2011年，营业部人均存、贷款分别为2995万元和2131万元，同比分别增加182万元和159万元；网均存、贷款分别为66126万元和47054万元，同比分别增加496万元和1036万元；人均中间业务收入28万元，网均中间业务收入625万元，同比分别增加8万元和149万元。成本收入比23.5%，同比下降

工行总行董事长姜建清、省工行行长刘卫星在工行营业部视察指导工作

工行河南分行营业部与郑州市人力资源与社会保障局签订“市民卡”合作协议

0.46个百分点。

【风险防控】 2011年末，业务风险率0.99/10000、风险度6.16、风险暴露水平6.09/10000，三项指标均控制在全省工行系统平均水平以下，其中可控风险率、风险暴露水平两项指标位于全省工行系统第一位，运行质量进一步提升。认真组织开展依法合规大检查活动，对存在的问题有效落实整改，整改率达到100%。全年接受信贷业务专项检查等内外部各类审计10次。安全保卫、内控管理、账务核查及制度检查人员认真履行岗位职责，切实加强安全防范和检查监督，为系统的正常运行提供了有力支撑，内控管理水平持续提升，连续4年保持工行总行一级水平。

【渠道建设】 2011年新建网点12个，启用待用证照网点1个，网点总数达到160个；新增、改建自助银行44间，总量达到181间；新增、更新自助设备151台，总量达到936台。二级支行由年初的85家增加到123家。全年实现自助服务交易量8357万笔，交易金额715.07亿元，较上年分别增长1695万笔和235.32亿元；单机日均交易量和交易金额分别达423笔和34.8万元，较上年分别增加62笔和9.8万元，在业务分流、产品分销、缓解柜面压力等方面发挥了较好作用。同时，通过优化岗位结构，压缩二线中后台人员253名，新增客户经理148名，总数达776名，占全行人数的21.96%，较年初提高3.77个百分点；全年共接收大学毕业生108人，柜员合同工87人，全部充实到一线，提高了营销服务能力。服务工作在全省工行系统年度综合考评第一，客户满意度同业排名连续4个季度保持第一。

【管理效能】 2011年，营业部通过深化“更新理念，转变作风”大讨论活动和开展“合规执行年”“规范行为，廉洁从业”主题教育活动，员工经营理念实现新转变，工作作风得到新改进，行为方式发生新改善，运行机制进行新优化。安全保卫部门集中组织开展安全防范技能培训，对全辖所有营业网点、自助银行、ATM机和金库进行安全评估检查验收，综合评估等级为优秀，位列郑州市金融系统同业第一。案件防范方面保持零发案，被工行总行纪委授予“纪检监察机构先进集体”称号。

（江 湛 庞海洲 席新权）

农业银行

【概况】 2011年，农业银行河南省分行营业部围绕省分行“1213”发展战略、“三争两提高”奋斗目标，以科学发展为指导，以价值创造为目标，以结构调整为抓手，以机制创新为动力，扎实开展“三比”活动，切实转变思想观念，努力转变发展方式，各项业务实现快速发展，经营效益稳步增长，管理水平持续提升。面对复杂多变的经济环境和日益激烈的同业竞争，全行核心业务取得显著成效。一是负债业务稳步发展。至年末，营业部各项存款余额522.1亿元，较年初净增71.6亿元，同比多增19亿元。四大行增量占比27%，较年初提高9.7百分点，居第二位，较年初提升一个位次。二是贷款业务持续增长。至年末，各项贷款余额263亿元，较年初下降23.7亿元（其中贴现净下降65.5亿元），实体贷款较年初净增41.8亿元，系统内增量占比24.4%，居全省首位；四大行增量占比16.6%，较年初提高4.3个百分点，居第四位。三是中间业务收入提速增长。至年末，全行实现中间业务收入2.8亿元，同比多收7702万元，增幅35.9%，完成省分行年度计划的109.3%，系统内占比17.7%，较年初提高0.6个百分点。四是“三农”业务平稳推进。惠农卡发卡总量36.4万张，较年初净增15万张，完成省分行年度计划的251%，居全省首位。所辖6个县域支行全部成功代理新农保，2个县域支行代理新农合。五是不良资产清收效果显著。全辖清收委托不良资产1.3亿元，同比多收155万元，完成省分行年度计划的115.6%；清收自营不良资产1.6亿元，同比多收0.8亿元，完成省分行年度计划的121.3%。实现拨备前利润11.4亿元，同比增盈2.2亿元，完成省分行年度计划的116.5%；实现拨备后利润11.9亿元，同比增盈4亿元，完成省分行年度计划的129.6%。

【提升发展质量】 在全力推动业务

快速发展的同时，营业部积极转变发展思路，创新经营机制，调整优化结构，夯实发展基础，实现发展质量的持续提升。一是负债业务集约经营度不断提高。至年末，营业部各项存款人均存量2050万元、人均增量281万元，居全省首位，同比分别提高16万元、7万元；点均存量3.4亿元、点均增量4622万元，居全省首位，同比分别提高4574万元、48万元。二是资产结构持续优化。至年末，累计投放AA+级及以上客户贷款51.1亿元，占贷款投放总额的69.4%，同比上升33.4个百分点；累计投放短期贷款66.1亿元，占贷款投放总额的68.1%，同比上升2.1个百分点；累计投放个人贷款36.3亿元，占比33.1%，同比增加5.9亿元。三是收入渠道明显拓宽。中间业务收入占营业净收入的16.5%，同比提高1.1个百分点，人民币结算、代理保险、信用卡等传统业务收入快速提升，投资银行、电子银行、代客理财、国际业务等新兴业务贡献度不断扩大，收入渠道进一步多元化。四是客户结构不断改善。至年末，营业部个人贵宾客户达8.2万户，较年初净增2.4万户，其中钻石卡客户净增45户，白金卡客户净增692户，金卡客户净增2.1万户。

【风险管控】 营业部把风险控制、合规管理作为第一责任，持续加强内控基础建设。6月，在全省农行率先实现“授权中心、后督中心、作业中心”上线运行，构建柜面业务集中管理、集中作业、集中监控的现代化运营体系，内部运营效率不断提高。开展“三化三铁”创建活动，提高前后台精细管理水平，运营基础管理不断夯实；持续强化信贷基础管理，认真执行“贷款新规”，“贷款新规”走款率达到规定水平，政府融资平台、房地产及“两高一剩”行业贷款风险得到有效释放，未受融资性投资担保公司违规经营风险波及；在全辖大力倡导合规文化建设，开展大内控集中检查、员工行为排查，消除案件风险隐患，实现安全合规经营。

【客户管理】 2011年，营业部强化客户管理，推进零售板块有效发展。一是推进储蓄存款稳步发展。制定《营业部贵宾客户营销管理指导意见》，加大对个人高端客户的营销与维护，对高端客户完善档案，细化分类，分级管理，增强对高端客户的维护、挖潜力度，促进储蓄存款的快速增长。至年末，营业部储蓄存款净增39.3亿元，四大行市场占比29.2%，同比提高8个百分点，排名第二位，同比上升一个位次。二是大力推进理财业务发展。营业部以“本利丰、安心得利、安心快线、汇利丰”系列理财产品为重点，提高产品计价标准，组织开展理财产品营销擂台赛活动，引导员工积极营销个人理财产品，以理财产品稳定高端客户，锁定客户资金。2011年，营业部累计销售个人自主理财产品153.2亿元，实现中间业务收入506万元。三是不断加强公私联动营销。营业部制定《2011年零售业务指导意见》，要求加强联动营销，在营销客户时做到“五个必须”，即：打破部门分割营销的局面，零售部门必须做好与公司、机构部门的联动营销、跟进营销；对于存量资产类客户、尤其是小企业，必须逐一实施零售产品的营销，对新增资产业务，必须向其高管及中层营销零售产品；对于与营业部合作的供应商（包括办公用品、汽车修理厂、加油站、印刷厂、设备供应等）及装修施工企业，必须向其高管及财务人员营销零售产品，账务结算必须使用农行的产品；对于与营业部合作的保险公司，必须做到向其高管及中层营销零售产品，并尽量覆盖其所有正式员工；对新发放的个贷，必须附加4种以上零售产品，并通过定期回访，不断开展新型理财产品等零售业务的持续营销。四是拓宽零售业务产品分销渠道。营业部在加大POS、转账电话等在线终端机具营销的同时，把业务分流率作为考核大堂经理的核心指标，引导客户将转账结算、小额存取、日常查询、改密等交易分流到在线终端设备和自助机具上办理。2011年，营业部电子渠道分流率达61.3%，同比提高11.5个百分点，有效缓解了网点柜面压力，提高了网点的服务质量和营销效率。五是有效提升网点服务能力。在全辖强力推行《营业部星级柜员考评办法》《营业部星级大堂经理考评办法》《营业部星级网点主任考评办法》3个考评办法，全年拿出1000万元专项绩效工资，对柜员、大堂经理、网点主任进行考评，并根据考评结果，划分星级，匹配不同的星级绩效工资，激发网点主任、大堂经理、柜员的“保星、创星”热情，促进基层网点服务水平和营销能力的不断提升。

【对公业务】 2011年，营业部强化资本约束，努力促进对公业务快速发展。一是细化营销策略，促进对公存款有效增长。制定《营业部对公客户‘四专’管理实施意见》，对优势行业、重点客户实行“专人维护、专项费用、专门考核、专户监测”，按月考核，奖优罚劣，实现重点客户存款的大幅增长。至年末，营业部“四专”对公客户同比增加45户，存款余额同比净增30.5亿元，占全部对公存款增量的94.4%。二是明确营销重点，提高营销效率。落实国家宏观调控政策，围绕中原经济区建设、中西部产业承接、郑州新区规划等项目，筛选优质客户，建立营销目录，充分调动机关、支行、网点三级营销平台的积极性，营销富士康、格力电器等一批高端客户。三是紧抓重点产品，推动国际业务持续向好发展。充分利用海外代付、远期结售汇和融汇通等外汇组合产品，强攻国际贸易大户，成功营销中平能化、富士康等企业的国际结算业务。至年末，营业部国际业务结算量达10.3亿美元，同比多增6.6亿美元，完成省分行全年计划的152%；实现外汇中间业务收入1057万元，同比增加674万元，完成省分行全年计划的156%。四是主动调整结构，提高价值创造能力。组织人员对存量贷款的经济资本占用和经济增加值进行测算，确定全年退出客户名单，腾出规模，释放经济资本占用，优先满足高信用等级、低经济资本占用客户的信贷需求。2011年，营业部共退出高资本占用、低经济增加值客户8家，贷款金额15.6亿元，贷款存量结构优化，价值创造能力提高。

【中间业务】 2011年，营业部优化收入结构，大力推进中间业务提速发展。一是加强对产品营销“五个必须”执行情况的考核，强化部门联动，实行交叉营销，实现以资产、负债业务带动产品营销，以产品锁定客户资金、增加业务收入的良性循环。二是借助信贷规模趋紧时机，充分利用贷款定价杠杆，加强与存量资产客户、新增资产客户的沟通与协商，积极营销代客理财、代收代付、企业网银等业务，提高资产客户的综合价值回报。三是以每月的产品与客户分析为指导，全面把握重点客户的产品覆盖情况、产品价值创造情况，引导员工营销综合收益高、市场潜力大、客户认同度高的产品，促进中间业务均衡有效发展。

【创新经营机制】 2011年，营业部创新经营机制，激发经营活力。一是创新任务分配方式。打破以往按照网点数、人数确定任务指标的方式，根据支行业务基础、区域资源、班子能力、员工素质，差异化分配任务，引导各支行发挥优势，做大做强特色业务。二是创新资源配置方式，建立“两稳定一浮动”分配机制，保持存款、中间业务等基础性业务和个贷、贵宾卡、网上银行等战略产品资源配置的相对稳定；其余业务、产品根据经济增加值创造能力以及任务完成情况实行动态浮动，引导支行优先发展、有效发展、持续发展。三是完善考核激励机制，制定《支行高管收入分配办法》，以贡献大小确定支行高管工资，大幅拉开支行班子间的工资收入差距。制定《支行高管及重要岗位人员营销排队及考核办法》，对支行班子、中层、营业室主任等重要岗位人员每月公开“晒业绩”，提升不同层面干部员工的营销积极性。四是创新业务分析方式，在以往业务经营分析的基础上，增加对客户与产品的精细化分析。通过营业部层面所掌握的数据，从零售、对公和“三农”等三个板块，分别对重点客户、重点产品等进行精细的分析，帮助基层行找出业务短板，厘清发展思路，制定发展措施，提升发展质量。五是创新存款督导方式，每月1日召开未完成存款进度计划支行行长汇报会，按月召开“四专”客户管理和个人贵宾客户营销管理工作专题会议，采取“红、蓝旗”方式，表扬先进，警示后进，有效推进存款业务发展。

【精细化管理】 2011年，营业部继续推进精细化管理，夯实发展基础。营业部新一届党委成立以来，建立了辐射全行各层面的业绩考核体系，严格考核，强化执行，改善了机关工作作风，提高了各级干部的履职履责能力和经营管理水平。一是严肃干部履职考核。认真推行《营业部机关部门正、副经理履职考核办法》和《营业部支行领导班子履职考核办法》，加强对领导干部管理能力和履职能力的考核，对个别控制力较弱、业绩落后的干部给予调整，形成“能上能下”的干部调配机制。坚持“重人品、重业绩”的选人、用人导向，以经营业绩为主要依据，通过公开竞聘，从基层选拔6名能力强、业绩优的职工担任支行副行长，在机关选拔5名科级后备干部和10名副科级后备干部，下派到困难行、困难网点任职，增强中层干部的执行力和战斗力。二是强化机关作风建设。严格落实机关出入管理、人像签到、部室分包支行等制度，有效提升了职工纪律观念和执行意识，进一步增强了机关服务基层的积极性和主动性。在机关开展“一月一主题”营销活动，拉开机关员工收入差距，激发机关人员关心、关注业务发展的奉献热情。至2011年底，机关人员累计营销存款17.5亿元（12月底存款余额达4.6亿元）、代理寿险217万元、车辆保险48万元、白金贷记卡1262张、基金927万元、第三方存管683户、对公结算账户329户。三是强化风险防控。把风险控制、合规管理作为第一责任，持续加强内控基础建设。加强运营基础管理，6月，顺利实现全辖155个网点“授权中心、后督中心”和市区85个网点的“作业中心”上线运行，构建了现代化运营体系。授权中心日均授权7000多笔，监控中心日均扫描业务9.5万份，作业中心日均办理业务1800多笔，提高了业务效率，降低了业务风险；加强信贷基础管理，严格按照信贷管理要求，加强对政府融资平台、房地产开发贷款、“两高一剩”和落后产能行业等重点领域贷款风险管控，认真做好贷款的贷前调查、贷款审查、审批和贷后管理，有效提升了信贷基础管理水平。至2011年底，营业部不良贷款2.5亿元（其中审慎不良2亿元），占全部贷款的0.96%，同比下降0.86个百分点（剔除审慎不良因素，不良贷款占比0.19%，同比下降1.62个百分点），到期贷款综合收回率、货币收回率均达99.7%；完善内控基础管理，大力倡导合规文化建设，制作发放“合规明白卡”，逐层级、逐岗位签订“岗位合规责任与承诺书”，开展大内控集中检查、安全保卫专项检查，员工行为排查等，消除案件风险隐患，实现安全合规经营。

（申爱洁）

建设银行

【概况】 2011年，建设银行郑州金水支行秉承“以客户为中心”的经营理念，坚持“加快经营转型”工作主线和“项目带动、产品带动”经营思路，深入推进合规执行年、党团主题实践、全员客户大营销和“学南昌、赶南环”等活动，深化序列化管理，加强网点建设，全力提升市场竞争能力、系统贡献能力和价值创造能力。全年关键业绩（KPI）指标考核得分系统排名第八，同比提升6个位次；存款、经济增加值、考核利润、中间业务收入、战略性业务等主要指标超额完成省分行下达计划；理财产品销售、结算通发卡、富士康发卡、汽车分期、造价咨询、国内保理收入等指标系统内稳居第一，保险销量、基金销售收入位居同业第一；实现无重大违规、无案件，创建平安年的目标。

【业务经营】 2011年，建设银行郑州金水支行经营效益超额完成计划，实现考核利润8.49亿元，经济增加值4.13亿元。

存贷款业务平稳增长。全口径存款余额552亿元，时点新增67亿元。其中，一般性存款余额533亿元，时点新增55亿元；企业存款余额229亿元，时点新增34亿元；个人存款余额304亿元，时点新增21亿元；同业存款余额19亿元，时点新增13亿元。各项贷款余额267亿元，新增20亿元。其中，公司类贷款176亿元，较年初新增6亿元；个人类贷款余额92亿元，较年初新增15亿元；个人住房贷款余额84亿元，较年初新增11亿元。

中间业务收入创历史新高。实现中间业务收入3.88亿元，净收入3.72亿元，较上年增长17%，高于全省平均完成率2.5个百分点。其中银行卡业务实现收入1.2亿元，增幅30%；基金业务实现收入3896万元，四大行占比46.9%，销量稳居同业第一；代理寿险销量8亿元，实现收入2800万元，系统及四大行销量第一。

资产质量继续向好。不良贷款率0.3%，较年初下降0.15个百分点。不良贷款余额2759万元，较年初下降738万元。不良贷款率考核得分系统内位居第一。

服务能力稳步提升。在郑州市年度政风行风评议中获得满分，航海东路支行、冉屯北路支行被评为群众满意基层站所。自助设备开机率98.73%、分流率73.64%，超额完成省分行计划，省行自助设备账务性交易比考核系统排名第一。

【战略发展】 2011年，建设银行郑州金水支行战略性业务保持快速增长。电子银行业务实现收入3093万元，较上年增长22.74%。企业网银客户新增1909户，个人网银盾客户新增22.8万户，电子银行渠道分流率68%，电子银行账务性交易量占全省68.5%。国际业务实现国际结算量8.55亿美元，国际结售汇5.07亿美元。信用卡业务客户净新增5万户，账户活动率58%。其中，汽车卡净新增9800张，新增发卡系统排名第一。信用卡中间业务收入4000万元，较上年增加1282万元，增幅47%。机构业务的机构类存款时点余额72.4亿元，较年初新增22.6亿元；日均余额63.1亿元，较年初新增13.3亿元，时点、日均新增系统内均排名第一。机构类贷款余额39.9亿元，较年初新增3.5亿元。实现中间业务收入2062万元，客户新增151户。与社保数据中心签订《关于联合发行郑州社会保障—市民卡框架协议》，开辟社会保障—市民卡业务新领域。小企业业务累计投放贷款8.8亿元，较年初新增3.2亿元，增长58.2%。小企业信贷基本户101户，较年初新增28户。

【项目与产品】 2011年，建设银行郑州金水支行坚持项目与产品带动，组建富士康、结算通卡、宇通中期票据、欧凯龙、银基商贸城、正道花园等任务型团队，积极拼抢市场。

强化物流、批发零售商户结算通卡拓展，累计发卡超11万张，新增发卡系统内占比42%,卡内存款时点余额5.26亿元。

组建富士康项目团队，实现公积金独家发卡，新增发卡20.38万余张，代发工资新增9.3万户，月代发工资2.1亿元。

对郑州市污水净化有限公司马头岗污水处理厂二期工程项目、郑州宇通集团有限公司项目、中国建筑第七工程局有限公司项目等累计投放贷款61.34亿元。

紧抓银基商贸城和欧凯龙家具广场等专业市场助业贷款项目营销，全年累计投放贷款5.67亿元，新增3.13亿元。

正道花园项目实现整体突破，在建行开立对公结算户，并代发工资2100户，理财卡、高端理财等均取得突破性进展。

对公理财产品销售时点余额5.6亿元，系统占比34.8%；日均余额

3.3亿元，系统占比28.5%；对公理财客户417户，系统占比41.7%，三项指标均位居系统第一。

理财产品累计销售41.8亿元，其中代理基金销售79.33亿元；黄金销售25.6亿元（其中实物金销售1.18亿元）。

资金结算业务快速发展。对公一户通客户新增497户；支付密码器签约1763户；省行级现金管理系统签约237户；总行级现金管理系统签约5户；单位结算卡发卡2679户。

汽车分期业务全省系统内率先突破亿元大关，实现交易额1.45亿元，实现中间业务收入1259万元。

为郑州宇通集团有限公司发行中期票据10亿元，为全省第一单，并为该公司发行两期信托受益权转让型理财产品，金额共计10亿元。

为中铁七局集团有限公司办理全省系统内首笔境外分离式保函业务，打破中国银行长期垄断局面。成功办理310万元人民币的境外履约保函和620万元人民币的境外预收（付）款退款保函业务，实现全省系统内跨境人民币保函业务首次突破。成功为香港宇通国际有限公司办理福费廷转卖业务买断资金738.11万欧元，实现福费廷业务首笔突破。

【合规服务】 2011年，建设银行郑州金水支行合规执行年活动扎实推进。召开全员动员大会，落实合规执行年各项工作，组织签署承诺书，开展学习及专项检查活动，通过部署准备、学习培训、自查整改、持续提高及总结等五个阶段，推进员工合规行为、风险防控和员工职业道德建设。全年整体稽核问题率为0.155/10000，优于上年同期水平。全行非现场检查结果位居全省前列。

严格落实风险排查整改工作。深入开展“八大突出案件风险”专项治理、印章风险排查、防范信贷业务内外勾结、外部欺诈、基层岗位操作性排查等专项活动。加大员工行为管理力度，组织开展5次员工行为集中排查活动和召开“员工家属大家谈”座谈会，延伸风险排查形式。深化落实轻微违规积分管理，并探索推进正向激励制度，全年内外部监督检查发现轻微违规问题781个，513名个人违规行为积分1128分。

服务能力稳步提升。认真开展行风政风评议工作，在郑州市年度政风行风评议中获得满分。做好“对照职能，贴近民生，努力为群众办实事办好事”主题实践活动，冉屯北路支行、航海东路支行被评为群众满意基层站所。全年省分行标准化服务检查平均得分90.54分，全省排名第七位。

（张新乔　程宇洁）

中国银行

【概况】 2011年，中国银行股份有限公司郑州城区各直属支行全面贯彻落实总、分行发展战略，采取有效措施，应对复杂多变的国内外经济形势和经营管理形势，坚持科学发展观，大力推进创新发展、转型发展、跨境发展，以转变发展方式为主线，以“扩客户、拓存款、重创新、夯基础”为抓手，开拓创新，真抓实干，苦练内功，加大贷款投放，全力支持郑州地区经济建设，各项业务取得良好成效。

负债业务：截至2011年底，郑州城区支行人民币各项存款余额632.88亿元，较上年末增长50.72亿元，增幅为8.71%。其中，储蓄存款余额228.89亿元，较上年末增长9.89亿元，增幅为4.52%；公司存款余额403.99亿元，较上年新增40.82亿元，增幅为11.24%；人民币金融机构存款余额181.89亿元，较上年末增长40.67亿元，增幅为28.80%。

资产业务：截至2011年底，郑州城区支行人民币各项贷款余额523.23亿元，比上年末增长68.35亿元，增幅为15.03%。其中，人民币公司贷款余额392.61亿元，比上年末增加70.35亿元，增幅为21.83%；人民币零售贷款余额110.83亿元，比上年末增14.11亿元，增幅为14.59%；全年票据融资量19.79亿元，较上年末下降16.12亿元。

中间业务：2011年，郑州城区支行继续完善机制建设，以“标杆超越、份额提升、计划完成”作为评价维度，建立对板块、条线、机构管理层中间业务考核评价办法。改进专项激励机制，分总量奖励费用和增长奖励费用两种，重点提升对增量部分激励力度，实施市场竞争力、收入贡献度费用浮动机制。从“创新产品数量、创新产品推广、创新产品收入”三个维度制定年度量化目标。截至年末，中行郑州地区支行实现中间业务净收入39604万元，在郑州地区同业市场份额为17.1%，较2010年末提升1.97个百分点，居同业第三位。

资产质量：2011年，郑州城区各支行累计清收化解不良贷款本金1.54亿元，其中，公司贷款0.7亿元，零售贷款0.84亿元，进一步优化了资产质量。

【改革创新】 2011年，省中行产品创新始终坚持以扩客户、拓存款、增效益为导向，始终坚持做好产品、打响品牌的战略。加快产品创新步伐，制定量化目标。大力创新企业短融、代发债等投行业务及信托、租赁等不占用信贷规模的企业直接、间接融资产品。加强信托受益权、权益类资产投资，积极推动委托贷款、直接投资模式的理财产品创新。围绕客户资金流创新产品，加大与保险公司、信托公司、证券公司、金融租赁公司等金融机构的合作。创新供应链产品及小企业融资产品，吸引集团客户、产业集群客户，锁定企业上下游资金。全年自主开发新产品42项，实现收益3.24亿元，吸收存款57亿元，带动发卡16万张。2011年，中行河南省分行被河南省科学技术协会、共青团河南省委、河南省科学院、河南省农业科学院联合评选为“河南省十大最具科技创新力单位”第一名。

【信贷投放】 2011年，中国银行本着战略共赢的目标，加大对郑州经济建设信贷投放力度，积极支持地方经济发展。加强与郑州市委、市政府及有关部门的联系，多途径获取客户授信需求与项目信息，确保重大项目建设资金需要。城区支行先后向裕中能源、郑西铁路、京广铁路及南水北调等基础设施项目投放贷款16亿元，支持郑州煤炭、公路工程局、中原高速、河南建业、万达广场、鑫苑置业等重点项目共计49.41亿元；河南煤化工集团、郑州铁路局及中孚实业信贷投放共计23.6亿元；郑州大学西亚斯学院、郑州轻工业学院及郑州人民医院等公益项目信贷投放共计3.17亿元。截至2011年底，郑州城区支行人民币公司贷款余额358.95亿元，较年初增加54.33亿元，增幅17.83%。主要信贷投放行业占比：交通运输业49.23亿元、占比30.55%，采矿业28.5亿元、占比17.69%，制造业20.22亿元、占比12.55%，电力18.71亿元、占比11.61%，建筑业16.3亿元、占比10.11%。五大行业合计投放132.96亿元，占全年信贷投放161.15亿元的82.5%。

【扶持企业】 2011年，省中行着眼“中原崛起、河南振兴”的大局，深化“两转两提”，迎难而上，开拓创新，进一步完善“六项机制”，积极开展“双百双千”“小巨人”活动，加大支持小微企业发展工作力度，中小企业业务快速发展。一是加大产品创新力度。针对小微企业融资难、担保难等共性问题，省中行加大产品创新力度，创新研发“易贷通”“市场通”“保联通宝”等系列服务小微企业产品。二是搭建各类服务平台。针对小微企业集群性、同质性的特点，省中行继续深入推进“批量营销、批发叙做”的业务开发模式。与行业协会、政府部门、产业集聚区、专业市场、担保集团等联系沟通，搭建服务小微企业的平台。三是强化风险管理工作力度。针对小微企业波动大、分散化的特点，省中行创新研发“贷后管理新模式”，通过录入“易贷通”系统贷后现场与非现场检查和预警管理等信息，实现贷后管理工作的定量化、制度化、标准化和规范化，进一步加强风险控制。

2011年，省中行中小微企业客户新增697户，增幅为151.52%；授信余额新增65.13亿元，增幅为316.93%。全年对中小企业共放款2409笔，金额707529.1万元，放款审核笔数增加157.6%，放款金额增长117.2%。

【风险管理】 2011年，中行郑州各城区支行不断加大风险管理工作力度，资产质量得到提升，完成不良贷款余额、不良率“双降”工作目标。一是密切跟踪国家、区域产业政策，推动授信结构优化调整。通过加强政策引导，做大做强能源、电网等优势行业，加大对节能减排、农业产业化、战略性新兴行业的支持力度。加强环保审查，加大对实体经济、小微企业的支持力度，通过组合管理对公路、平台、高耗能和高排放等企业实行刚性限额控制，坚持高准入标准，严格新增贷款条件，对行业内盈利能力弱、经营风险大的授信客户加强研判并执行及时退出机制。二是抓好重点领域风险防控，确保资产质量稳定。做好地方政府融资平台风险管控，严防贷款逾期和下迁风险；严密盯防房地产贷款风险，严防行业风险；防范产能过剩行业风险；积极防控民间借贷传染风险，防范授信客户因涉及民间借贷导致资金链断裂风险。三是密切关注风险监控预警机制建设，强化风险预警化解能力。以资产盘存、压力测试、系统监控、押品价值评估四大预警工具为抓手，做实风险预警。四是进一步推进全面风险管理。严格执行个人授信、中小企业、贸易融资及保函、票据融资、金融机构代理业务等风险管理办法，实时监控条线资产质量，全力支持条线业务快速健康发展。五是不断强化风险条线管理。强化绩效过程管理，按季开展绩效辅导；推进建立风险激励约束机制。

【内控管理】 2011年，中行郑州城区支行始终坚持依法合规经营，结合“合规执行年”活动工作部署，以“合规执行年”活动贯穿合规建设始终，大力夯实内控案防基础，不断提高内控防案水平。一是结合总、分行内控管理工作要求及本行工作实际，研究制定《2011年操作风险管理工作要点》和《2011年操作风险工作检查计划》。二是及时通报全行内控工作存在的问题，协调条线部门及时解决，对发现问题的整改情况及时跟进和后评价，确保问题得到彻底整改。三是分条线分岗位签订承诺书，明确每名员工的合规职责，覆盖面达100%。四是积极开展自查自纠活动，对于发现的问题及时采取有效措施进行整改。对条线检查、稽核检查中发现屡查屡犯问题加大对责任人的问责力度。五是组织“一把手”宣讲，重点加强对应知应会内容的学习培训，普遍提升基层员工适岗能力。六是依据核准业务数据、异常账户及异常交易清单，加强非现场监控，加强对基层机构风险预警。七是按照省行统一部署，组织开展自查、抽查及整改活动，扎实做好条线业务检查工作，发挥条线监督职能。八是组织开展基层营业机构员工代客保管、代客交易问题专项治理，进一步提升内控有效性、针对性。九是开展新资本协议学习，以操作风险三大工具（RACA、KRI、LDC）管控操作风险工作。十是以"合规执行年"为契机，进一步建立健全各项管理制度及防范措施，特别重点完善和加强贷款"三办法一指引"、贷后管理、票据审查、理财业务、账户管理、轮岗轮调、强制休假等制度约束，及时纠正网银诈骗、ATM机和银行卡等新型案件所暴露出的内控管理偏差。十一是加强思想道德建设，深入开展党风党纪教育和廉政文化建设，筑牢思想道德防线，贯穿层次管理，严防道德风险发生。十二是进一步强化网点应急预案演练，重点做好重大时期、重要场所、重要部位的安全检查，及时消除隐患，确保安全。

（刘京新）

郑州银行

【概况】 2011年，郑州银行圆满完成增资扩股工作，彻底甩脱历史包袱；在中牟设立第6家县域支行，网点完全覆盖郑州六县（市）；在中牟郑银村镇银行基础上，又相继发起设立新密、鄢陵郑银村镇银行；理财产品日益丰富，网上银行、VIP卡、社保市民卡功能不断完善；成立首家小企业专营支行——正光路支行，进一步巩固在中小企业融资和商贸物流领域的全省优势地位。

截至2011年末，郑州银行共有67家分支行，其中60家市区支行，6家县域支行，1家异地分行；在职员工1940人；资产总额724.57亿元，较2010年底576.61亿元增长147.96亿元，增幅25.66%；资本充足率18.4%，较2010年底11.53%增长6.87个百分点；不良贷款率0.44%，较2010年底0.51%下降0.07个百分点；拨备覆盖率416.18%，较2010年底425.29%下降9.11个百分点；各项存款余额553.78亿元（不含同业10.11亿元），较2010年底452.11亿元（不含同业5.60亿元）增长101.67亿元，增幅22.49%；各项贷款余额374.93亿元，较2010年底268.43亿元增长106.49亿元，增幅39.67%；实现利润总额13.31亿元，较2010年9.3亿元增长4.01亿元，增幅43.12%。

【金融改革】 2011年，郑州银行圆满完成增资扩股工作，彻底甩掉历史包袱，股权结构进一步优化，各项经营效能不断提升。面对宏观经济环境较差，增发数量多、募集金额大、历史包袱重、增发价格高等诸多困难，郑州银行借助中信证券、正信嘉华等中介机构，通过主动邀请、登门拜访、参与河南银监局引进投资者推介会等形式，圆满完成增资扩股工作。以每股2.72元价格增发新股25.08亿股，募集资金68.22亿元，总股本达39.42亿股，资本实力大幅提升，郑州银行资本补充及历史置换资产处置工作告一段落，为下一步跨区域发展和实现上市打下坚实的基础。

【理财创新】 截至2011年末，郑州银行累计发行自营理财产品22支，规模近20亿元。到期兑付产品16支，规模14.3亿元，到期产品帮助客户实现收益944.78万元,超同期存款收益541.88万元;存续产品6支，规模3.3亿元，产品全部到期可实现中间业务收入206.34万元，存续期产品经风险监测均运作正常。

2011年，郑州银行持续优化VIP卡，发行生肖卡、分支机构特色卡、出租汽车专用油补卡，丰富银行卡品种,提升美誉度。完善银行卡管理平台电子化操作，提供个性化、多元化服务，完成银行卡管理系统、报表系统的改造，为特色支行维护高端客户以及VIP卡增值服务工作提供平台。截至2011年底，郑州银行发卡量148.63万张，较2010年底增加18.12万张，增长率为13.88%。卡内存款余额49.85亿元，较2010年底增加16.70亿元，增长率为33.5%。

【资产风险管理】 2011年，郑州银行共投放一般性贷款282.93亿元，较2010年增加投放96.25亿元，增幅51.56%；各项贷款余额达到374.93亿元，较2010年底增长106.49亿元，增幅39.67%，新增贷款首超百亿，新增贷款在全市各家银行中排名第一位。其中，累计向中小企

全省首家小企业专营支行正光路支行开业

业投放贷款194.8亿元，占一般性贷款的68.85%。小企业贷款增速达到70.87%，“三农”贷款增速达到86.62%，分别超过各项贷款增速的31.2个百分点、46.95个百分点，符合“三农”和小企业贷款增速不能低于各项贷款平均增速的监管要求。十大贷款户余额24.51亿元，较2010年底增加4.09亿元，贷款集中度为33.4%，较2010年底下降20.93个百分点；最大十家集团授信集中度为39.92%，较2010年底下降31.26个百分点；最大单一客户贷款比例为4.51%，较2010年底下降4.31个百分点，最大单一集团客户授信集中度为4.77%，较2010年底下降4.05个百分点。集中度三项指标全面达标。

2011年，郑州银行通过严格落实风险预警机制，及时制定全行信贷指导意见，修订完善有关信贷业务风险管理政策，强化事前防范和事中控制，建立逐笔信贷业务贷后监测报告制度，组织开展信贷业务专项检查，细化贷款风险分类等举措，资产质量进一步优化。截至2011年末，郑州银行不良贷款余额16526.52万元，较2010年底上升2859.98万元，不良贷款率0.44%，较2010年底下降0.07个百分点，共清收化解不良贷款1874.1万元，其中收回次级类贷款8笔223.87万元、可疑类贷款10笔1623.27万元、次级类上调关注类贷款2笔26.96万元。

郑州银行首家异地村镇银行鄢陵村镇银行开业

【经营管理】 2011年，郑州银行增资扩股圆满完成，资本实力大幅提升；存、贷款实现双百亿增长，发展步伐稳健有序；资产质量持续优化，盈利水平再创新高。一是存、贷款实现双百亿增长。截至2011年末，郑州银行存款达553.78亿元（不含同业），较2010年底增长101.67亿元；贷款达374.93亿元，较2010年底增长106.50亿元。存、贷款均较2010年底增长100亿元以上，增量在郑州市金融机构中位居第一，存、贷款市场份额在郑州市银行业均排名第六位，实现持续、稳健、快速发展。二是稳步推进跨区域发展进程。在村镇银行设立方面，继中牟郑银村镇银行后，郑州银行又在新密设立第二家村镇银行，并在许昌鄢陵发起成立首家异地村镇银行，制定《郑州银行股份有限公司村镇银行管理暂行办法》和统一的村镇银行行徽。县域支行方面，完成中牟支行的设立，实现郑州周边县域网点全覆盖。二级行设立方面，南阳分行二级支行独山大道支行经河南银监局批准筹建，巩义回郭镇和登封少林大道支行的筹建申请材料完成上报，待监管部门批复同意后即可进行筹建。三是激励考核机制日益完善。建立领导班子成员责任包干制，制定《2011年度领导班子成员绩效考核办法（试行）》，明确班子成员年度考核目标，初步建立高管层及以上人员基于岗位职责的绩效考核体系。制定《2011年分、支行副行长目标与绩效考核实施细则》，完成2010年度和2011年前三季度支行和总行经营部门目标与绩效考核工作，完成支行行长星级评定工作。按照资产负债和资本管理的要求，科学发挥内部资金转移定价功能，以模拟利润考核为中心，采用梯度日均存款费用率，使目标管理与绩效考核机制更加强化和完善。

郑州银行首家省内异地分行南阳分行开业

【科技工作】 2011年，郑州银行进一步加大科技投入，各项工作有了全面提高。一是顺利上线办公自动化系统、现金岛系统、项目管理系统、银企对账系统、银联无卡支付系统和网银二期与呼叫中心二期；开发完成小企业信贷系统、验印系统、身份证联网核查系统、基金代销系统、股权管理系统和资金交易及市场风险管理系统。二是完成生产中心核心业务、外围前置、行内前置、大小额等4套重要系统的双机自动切换系统建设，同城灾备体系建设基本完成。三是搭建银银科技合作平台。组织召开第六届全省城商行科技联席会议，探索全省城商行通过科技合作实现共同发展之路。四是完成村镇银行核心业务、财务、信贷、报表等四套系统的开发和上线工作，为郑州银行异地村镇银行的设立提供强有力的科技支撑。

（甄鹏举）

中国人寿财产保险

【概况】 2011年，中国人寿财产保险股份有限公司郑州市中心支公司紧紧围绕“效益经营、依法合规、提升能力、加快发展”的经营方针，充分利用经济发展和行业发展的大好形势，讲政治、顾大局，乘势而上、抢抓机遇，公司持续呈现保费规模较快增长，经营效益持续良好，各项工作有序推进，发展活力不断增强的良好局面。郑州市中心支公司成立4年以来，在不断变化着的经营环境和经营实践中，确立了科学发展、理性竞争的经营理念，没有大起大落、没有大进大出、规模效益逐年提升，成为行业和系统内的楷模，公司的行业地位和话语权以及市场美誉度逐步提升，走出一条具有国寿财险郑州特色的经营和发展道路，也为构建和完善郑州市金融服务体系作出应有的贡献。2011年，郑州市中心支公司持续保持规模效益双优发展，在全国系统中支公司继续排名首位，并入选2011年中国人寿财险系统三级机构50强。郑州中支公司党委被中国人寿（集团）公司党委评为中国人寿创先争优先进基层党组织，郑州中支公司被中华全国总工会和中国金融工会分别授予全国“五一”劳动奖状和全国金融“五一”劳动奖状，郑州中支公司是2011年全国保险业和河南省金融行业唯一获得全国“五一”劳动奖状的保险企业。

【客户服务】 郑州中支在经营中始终把提高消费者的满意度作为公司可持续发展的基础。在经营中树立“全员客服”理念，实现与客户同忧乐的企业价值观。践行“稳健经营，诚信服务”的企业宗旨，始终坚持“优质、方便、规范、真诚”的客户服务方针，不断建立和完善承保和理赔服务制度，建立与业务发展基本匹配的理赔服务队伍和运行体系，不断加强各项服务措施，规范员工服务行为，提升服务品质。中国人寿95519（财险）客户服务中心依托中国人寿（集团）公司3000家客户服务中心及先进的95519服务平台搭建，全年365天为客户提供全面周到及时的服务。公司引进最新短信平台系统，为客户提供报案通知短信、送修维修短信、节日祝福、天气提示等类短信服务，为客户提供更加细致、贴心的深度服务；依托中国人寿服务热线4008695519，设立客户投诉回访专线，公司在查勘定损完成后的24小时内完成80%以上的客户回访；通过GPS移动调度定损系统实现利用手机终端进行现场查勘和定损，以及现场影像资料的收集，有效地缩短客户在现场的等待时间；推出交通高峰期利用电动车进行查勘、在理赔大厅设置叫号机等个性化服务，为客户提供及时高效、方便快捷的理赔服务；公司围绕“速度”与“规范”，广泛开展以规范服务为核心的“学规范、强意识、比技能”主题活动，将标准化服务行为、流程、方式落实到一线服务人员，促进自觉、自动服务意识的形成，让规范服务成为习惯。聘请专业机构定期对公司进行服务品质暗访检查，实地了解客户感受，通过发放“服务监督卡”、日常回访、客户投诉改进、服务整改意见书等举措，使客户反馈意见和解决问题渠道进一步畅通，服务监督实现常态化。中国人寿财险公司遍及全国的医疗救援服务网络和覆盖全国95%县城的道路救援服务网络全面投入运行，可以为客户提供包括紧急拖车及故障车辆现场修理、紧急医疗转运等服务。公司将救援服务纳入保险产品，将“事后理赔”前置为“事中关怀”，使客户真正感受到人本理念和人文特色。

【依法合规经营】 郑州中支始终将依法合规经营作为公司运营发展的生命线，引导各营销服务部切实树立“内控促进发展、规范保障发展”的意识，不断提高依法合规经营的主动性和自觉性。2011年，公司成立专门的内控合规部，全面系统地完善内控合规制度体系。强化内控合规意识宣导，组织反洗钱等知识培训，配合上级公司开展财务业务数据真实性检查、中介业务合规检查和“小金库”专项检查等工作。为确保依法合规经营，根据不同经营时期的不同特点，公司适时调整经营策略，切实做到认识统一，行动一致，狠抓落实，风险可控。不断完善风险管理体系，通过严格单证管理、机关部门包片督导、重要岗位权限上收、不断开展业务自查整改等措施，抓好风险分析、风险调控、风险监测、风险处理四个关键环节。突出防控重点，做好纳税、反洗钱、赔款、退保、费用结算等情况的监控，坚持不懈地做好打击“三假”和私设“小金库”等工作，增强意识，提高能力，加强防范，确保公司规模效益双优发展的良好局面。

【服务地方社会经济建设】 中国人寿财险郑州中支经过不断努力，积极开拓，业务份额逐年扩大，风险保障和经济补偿能力不断增强。截至2011年12月底，郑州中支公司业务规模稳居全国国寿财险系统省会城市首位，累计承保888227单，承担社会经济责任2017亿元，累计赔款件数172492件，累计赔款金额5.1亿元，缴纳地方各种税金8518.21万元，各项指标在郑州市财险市场占据重要位置。郑州中支公司连续为河南网通、郑州机场、郑州地铁、嵩阳高速、安新高速、大厂高速、连霍高速改扩建工程等一系列重点工程项目提供强有力的保险支持，同时，为中烟集团、天方药业等企业提供优质保险服务，为服务中原经济区建设、维护社会稳定和保障人民生产生活起到积极作用，为郑州市的经济发展作出了有力贡献。

（卢志娟　王　燕）

太平洋人寿保险

【概况】 2011年，中国太平洋人寿保险股份有限公司河南分公司贯彻落实“推动和实现价值持续增长”的发展理念和“以客户需求为导向”的转型发展战略，紧密结合河南实际，坚持“一手抓业务发展、一手抓风险防范，一手抓业务结构调整、一手抓发展方式转变，一手抓转型发展、一手抓党风廉政建设”,提出“突破瓶颈、聚焦营销、改革创新、客户为先”的年度工作指导思想和“重在持续、重在提升”的工作要求。着力突破制约业务发展的瓶颈问题、推动业务持续快速发展；着力聚焦营销、聚焦期缴业务、加快核心业务发展；着力推动销售模式和管理体制转型创新、努力提升销售能力；着力推动人力健康发展和绩优人力占比、持续提升产能；着力强化客户导向、完善集约化营运服务体系、支持业务发展；着力提升合规内控和风险防范水平、以合规经营保障发展，实现“规模增长、结构优化、核心业务提高、内涵价值增长、风险防范能力增强、品牌形象提升”的经营结果。公司品牌形象、美誉度持续提升，被有关部门、媒体评为年度最佳客户服务保险公司、年度绿色金融服务机构、河南最具责任金融机构等称号。公司连续5年综合经营等级位居系统第一名；连续5年被省委、省政府授予完成责任目标先进单位称号，再次被确定为河南省重点扶持的服务业50强企业。

【业务发展】 截至2011年底，分公司共实现各类保费收入90.21亿元，同比增长10%；实现标准保费69.27亿元，同比增长17%。缴纳税金1.2亿元，理赔结案16816件，赔付1.796亿元。系统内，分公司总体规保、标保、个险规保、标保、新保期缴均在系统内排第一位；银保新保总量排名第一位、标保总量排名第三位、期缴排名第二位；团险标保总量排名第十一位，意外险保费收入在系统内排第八位；续期保费13个月和25个月保费继续率在同类公司中名列前茅。

整体业务跨越发展、市场竞争力稳步提升。分公司规保增速为10%，标保增速为17%，均高于全国平均水平7个百分点，高于同业市场6家主要寿险公司平均增速6个百分点；分公司规保市场份额为13%，与上年基本持平，位居第三位；个险新保期缴稳居第二位。

业务结构持续优化、转型发展成效显著。整体标保增速高于规保增速7个百分点；核心业务保费16.22亿元，占新保比例为34%，同比增长7%。其中，营销期缴同比增长20%，增速高于同业市场6家主要寿险公司平均增速12个百分点；个险期缴业务市场份额18.52%，较2010年底上升1.2个百分点，位居第二位；银邮期缴增速高于全国平均增速19个百分点，高于同业市场6家主要寿险公司4个百分点；银保期缴市场份额18%，同比增长1个百分点。

四个条线齐头并进、协调发展。个险条线通过分阶段追踪、节点推动、产品运作、绩优推动、提高人均产能等措施，加快业务发展速度，不断提升增长幅度和增幅排名，保持在系统内的绝对优势。新保期缴总量超过10亿元，领先系统内第二名公司2.3亿元；总体标保领先系统内第二名公司11亿元，系统贡献率超过10%。核心业务市场份额位居同业市场第二位。银保条线在严峻的市场环境下，以跑赢大盘、聚焦期缴为目标，通过加强渠道建设、加快销售模式转型、树立各层级标杆、加强标准业务部建设等措施，强力开拓期缴市场，提升期缴业务总量，在与同业对标中努力实现超越。期缴和总保费对标市场均跑赢市场大盘，并领先太保系统整体水平；新保系统排位达到历史最好水平，四项KPI及续期指标全面优于系统整体水平，大幅领先、优势突出。团险条线以项目制费用管理为基础，以意外险发展为重点，突出主渠道安贷宝、乘意险、建工险业务平台的提升，抓好队伍建设、夯实发展基础，对标市场、对标系统内增幅，不断提升总量及系统内外排名。在经营管理模式逐步优化、职团开拓启动的基础上，整体业务超时间、超计划进度达成，核心业务意外险首次突破亿元大关，实现历史性突破。续收条线在做好续收模式转型的基础上，做到改革发展两不误，以13个月、25个月保费继续率、业务达成率为重点，加强督导、确保“颗粒归仓”，超额完成收入预算，核心业务指标持续优化，累计13个月保费继续率同比大幅度提升，在省会型分公司中名列第二、同类大公司中名列第一，当地市场同业排名第一。累计银行转账率及银行代扣率均维持较高水平；新保拓展迈出实质性步伐。

新渠道业务表现突出，价值贡献显著。区拓共实现期缴保费1812万元，同比增长超过50%。电销共实现年化新保3200万元，年度达成率120%；实现年化标保2.02亿元，年度达成率113%，实现落地业务服务有保障、外包拓展有项目的年初规划，充分显现电销业务发展速度快、成本低、见效快的特点，在销售模式创新上做出有效尝试。

【城区拓展】 2011年，分公司城区拓展初见成效。坚持城乡两轮驱动战略，在稳步提升县域业务的基础上，积极拓展城区业务，提出“城乡业务平分秋色、共同发展”的奋斗目标；分公司提出以郑州和洛阳为龙头，以6家地市为试点，辐射带动全省城区业务发展；在全国率先设立城区业务督导部，在试点地市设立城区业务总监；从组织架构、人员编制、功能完善、硬件投入、职场租赁装修、基本法衔接等方面开绿灯、给政策、给投入，创造条件、放手放心放权让各级机构推动城区业务的发展。

（何志勇）

泰康人寿保险

【概况】 2011年，泰康人寿保险股份有限公司河南分公司在系统内，经营品质稳步提高，各项经营指标均处在系统前列，在保单继续率、队伍定着率、理赔时效、保单差错率等品质指标上处于领先位置；在同业市场上，在竞争主体不断增加的情况下，依然保持稳定的市场份额，各项业务齐头并进、协调发展，逐步建立了稳定的业务平台。

2011年，泰康人寿河南分公司共达成总规模保费94.7亿元，同比增长5.5%，继续保持系统第一、市场第二；新单价值2.77亿元，同比增长6.7%，位居系统第三。营销、收展、银保规模、FIC、电销等各项业务均实现同比正增长。

【经营管理】 2011年，泰康人寿河南分公司以价值为导向，不断加强管理，规范流程，提高效率，完善考核评价机制。

经营效益稳步提升，价值导向成果显著。公司全年达成新单价值2.77亿元，同比增长6.7%，系统第三；银保和电销达成全年新单价值目标；产品结构调整效果显现，进一步推动以价值为导向的产品转型。个险高价值产品占比达65%以上，万能险同比下降13个百分点；银保分红险占比达到99%以上。

基础管理不断夯实，经营指标位居前列。全面推动“3521”工程，新人、主管等各层级培训有效开展。

业务品质不断改善，品质指标持续提升。个险13个月继续率90.38%，银保13个月继续率94.03%；个险电话回访成功率达到100%，银保达到98.91%；财务综合转账率96.98%，同比提升1.84个百分点，零现金率100%。

运营整合持续推进，组织活动有效开展。在运营体系建设上，一方面进一步推进四级机构服务前置，前置率达到75%，缓解了县域内外部客户的服务需求；另一方面推进运营整合与流程再造，通过前后台分离，提升“综合服务与综合作业”能力，改善客户感受，提高作业效率，提升服务满意度。

文化建设逐步显现成效，干部培养持续跟进。在文化建设上，初步建立“诚实、进取、学习、和谐”的团队文化,形成积极正面的销售氛围，统一价值观，规范行为准则，使员工得到成长，同时为公司培养并输送一批优秀的中、高级人才。

【团险业务】 2011年，泰康人寿河南分公司的法人业务在利润上实现历史性突破，利润超千万，排名系统第二。其中，非健康险达成率为100%，同比增长38%，系统排名第四位。年金单一计划中标舞钢受托及投资计划。

贯彻执行公司战略，全面关注价值管理。2011年，泰康人寿河南分公司法人业务系列坚持以价值为导向，以客户为中心，加强基础管理、基础建设和专业化经营。员福非健康险实现快速增长，系统内排名稳中有升。以渠道建设为基础，以组织发展为重点，坚持推进组织发展和业务结构调整，提升经营效益，较好实现各项经营目标。

坚持合规经营，确保业务品质持续提升。贯彻落实合规经营理念，实施“合规经营一票否决”制，完善内控制度和流程，建立起风险评估和应急管理机制，健全风险管控体系，确保业务品质的持续提升。

加强机构管理，合理规划积极整改。统筹协调，加强管理,机构建设稳步推进，渠道逐步成熟，四条业务线稳步发展。实行分渠道经营，强化战略渠道建设，狠抓队伍建设，扩大持续利润池，队伍建设有长足发展。

多措并举，深度挖掘队伍潜力，提升全员素质。立足基础管理，通过过程管理，实现团队的价值提升，开展“以会代训”会议制度，建立严格考勤制度，帮助团队养成良好的工作习惯，搭建良好的激励体系，实现团队稳步成长。

抓好关键环节，提供全面运营保障。继续实行“一站式”服务，适应市场发展需求，提高业务时效；完善销售支持体系，组建技术支持团队，为团险业务开拓提供更为完善的后援支持体系。大力加强运营团队建设，引进中高端人才、强化专业培训，运营时效和服务水平不断提高。在公司后援管理上细化业务进程中各环节的响应职责，加强分公司各环节业务流程管理。

【个险业务】 2011年，泰康人寿河南分公司个险营销实现成功转型，营销业务同比增长3.8%，标保总量排名系统第三。基础管理初见成效，核心营销指标系统领先。业务结构得到进一步优化，队伍建设得到进一步强化。团队自主经营能力得到提升，整体投入产出比增强。

【理赔业务】 2011年，泰康人寿河南分公司理赔业务一是完善运营管理体系，加强队伍建设，提升运营管理水平。二是完善指标考核体系，树立业务竞争意识。三是加强培训管理，提升中支人员的业务技能和服务水平。启动调查队伍建设，整合调查资源和职能，把理赔调查、生存调查、承保后出险前调查统一由调查岗来处理，保证调查质量和调查时效，提升工作效率、客户满意度和品质管理的力度。

大力推广“健保通”服务，比“医保通”服务更为先进，实现理赔服务“免申请，零等待”，彻底打破传统健康险理赔模式，有效地提高了理赔客户感受度、满意度和忠诚度。截至11月，全省共开通健保通医院37家。

10月，河南分公司成为总公司3G移动理赔试点机构。2011年，公司5日结案率达94.29%，排名系统前列。

7-9月，公司在全省范围内开展第四届理赔服务节活动。举办多场次不同规模的理赔现场会，创新各种服务手段，同时，联合网站、电视台、报纸等媒体进行全方位的理赔服务宣传。

【中介业务】 2011年，泰康人寿河南分公司中介业务共实现银行保险业务规模保费71.95亿元；专职FIC实现规模保费收入998万元，位居系统第一。银保规模、期交新契约市场排名第二，专职FIC市场排名第一，市场地位进一步巩固，连续4年保持系统第一、市场第二。

【内控建设】 2011年，泰康人寿河南分公司加强运营品质管理，做好风险管控。一是建立会议制度，打造一流会议服务平台。二是创新客户增值服务，增强品质管理力度。在基础回访竞赛方案开展的同时，创新的导入对客户的增值服务，提升泰康服务品牌，阶段性公示竞赛结果，提升回访问题件责任人关注度，保证回访指标的实现，增强品质管理力度。三是严控权限审批关。结合《2010年权限管理办法》，制定权限管理制度，从源头把控权限申请关，并对调岗、离岗人员的权限进行清理，防止风险发生。四是针对大额退费类业务，制定大额回访制度。依据风险点制定回访办法，对大额代办业务实行100%电话回访，防范风险发生，确保客户利益不受损害。五是加强核保业务品质管理，执行精英代理人管理办法。六是建立品质管理风险台账，对承保管理过程中发现的品质风险进行登记，定期汇总反馈。七是推进公检法合作，打击保险欺诈。对保险欺诈行为采取更为严厉的打击措施，进一步与公检法合作，取得良好的效果。利用公检法资源查处的保险欺诈案件相比上年度有所增加，理赔诉讼胜诉案件也在增长，对业务品质的规范作用日渐突出。

【客户服务】 2011年，泰康人寿河南分公司以全面提升客户满意度为核心目标，以夯实基础服务和丰富增值服务为抓手，取得一定成效。一是调整电话中心结构，优化资源配置，实现电话回访指标的新突破。召开全省专项网络会议，对客户多次拨打95522所产生工单的处理流程及时作出统一要求，全面提升各责任人关注度、提升客户满意度。二是优化保全问题件上报流程，制定并下发《保全个案管理办法》，明确个案上报途径和人员职责，提高处理时效，提升基层管理人员的风险管控能力。三是全面梳理高端贵宾客户，提供VIP客户专项讲座等系列服务，开通绿色通道，提升高端客户服务感受。四是开展客户大回访，从单一服务发展为“套餐式”服务。拓宽活动宽度，借助“E站到家”推广平台，全力推进大回访工作；丰富大回访工具，给业务伙伴创造接触客户的平台，提升客户参与度；借助泰康人寿河南分公司10年司庆，推出“欢乐幸福嘉年华”——泰康电影节客服活动。五是服务前置，推动运营整合。推进“综合服务+综合作业”的前后台服务整合。通过对四级机构服务人员的持续培训，全省共实现92家服务部个险保全业务二期项目前置，前置率75%。六是成功举办第十一届客户服务节活动。历时3个月，通过“泰康十五年，真情大回馈”新老客户大回访主题活动、新生活讲堂、“中国达人秀”第三季前期招募赛——泰康人寿才艺大赛等特色活动以及“满意在泰康，服务新体验”服务大升级专项活动，积累盘活客户资源，提升客户满意度，全面提升泰康人寿的核心竞争力，树立公司服务品牌。

（王若谷）

第十九篇 旅游业

旅游管理

【概况】2011年，郑州市旅游局坚持以项目建设为抓手，把完善基础设施建设，强化综合服务功能，提升游客满意度作为首要任务，把引进国内外知名新兴旅游业态项目，推动产业结构优化作为旅游业发展的重要举措，真抓实干，不断创新，全市旅游经济保持平稳较快增长。全年共接待国内游客5425.7万人次，比上年增长13.1%；国内旅游收入580.28亿元人民币，比上年增长15.9%。接待入境游客38.4万人次，比上年增长10.03%；外汇收入1.476亿美元，比上年增长10.3%。全年实现旅游总收入589.88亿元，比上年增长15.7%。游客投诉率低于0.5‰，无重大安全事故发生。

（一）规划建设扎实推进。《郑州市"十二五"旅游产业发展规划》等两个总体规划和10个景区规划编制完成；《郑州旅游产业发展规划》《郑州黄河滨河公园概念性总体规划》编制有序推进。12301旅游服务热线投入运行，郑州旅游多语种网站建成开通，多数县（市）区旅游网站（网页）实现升级，郑州市旅游信息统计、旅游网站建设位居全省首位。2011年，共争取上级各类资金340万元。36个在建重点旅游项目稳步推进，全年累计完成投资33.38亿元，计划投资35亿元的中岳文化苑项目成功签约。项目"四进"成效明显，1个进部委规划的项目已得到国家旅游局认可；7个项目进入省级规划；1个项目进入央企规划，另1个正与央企积极商谈。康百万庄园栈房项目、黄河谷马拉湾扩建项目、世纪欢乐园续建项目、伏羲山文化旅游产业项目、《禅宗少林·音乐大典》游客中心等基本完成。郑州华强文化旅游项目、绿源山水温泉度假区、张祜庄园等项目升级改造进展顺利。

（二）宣传营销持续加强。牵头成立中原经济区城市旅游联盟，组织"郑汴洛焦"旅游推广联盟赴珠三角促销，区域旅游合作向深度进军。参加中国国际、国内、北方旅游交易会以及台北旅展等展会，业界合作不断深入。邀请香港、台湾、韩国、欧美等旅行商到郑州市考察踩线，首次单独组团赴日韩开展旅游促销，境外市场持续拓展。拍摄制作郑州旅游形象宣传片和广告片，开展郑州旅游标识及宣传口号征集活动，营销基础逐步夯实。成功举办全国"中华文化游"启动仪式，积极参与香港旅游业界"认知中华从河南开始"、中原经济区旅游交流大会、沿黄九省（区）黄河之旅旅游联盟会议，城市影响力不断提高。策划组织2011"家园郑州·快乐旅游""旅游进社区""5·19"中国旅游日、"9·27"世界旅游日等宣传活动，旅游惠民深受欢迎。2011年，市旅游局被评为"全市外宣工作先进集体"。

（三）城乡旅游协调发展。康百万庄园、黄河生态旅游风景区、黄帝故里创建5A级景区工作扎实推进，锦鹏生态园、奥帕拉拉冒险岛、中原福塔等建成开放。"百村万户"旅游富民工程成效明显，巩义竹园村、荥阳桃花峪村入选省重点旅游特色村，惠济区被评为全国休闲农业与乡村旅游示范县（区）。巩义南部山区旅游通道一期工程竣工通车，五云山、桃花峪、具茨山等景区道路改扩建完毕，旅游通达性进一步提高。全市新建（或改建）53座星级旅游厕所，二七区完成19个旅游农家乐交通标识建设，在火车站、机场等区域设置了旅游宣传品免费取阅架，配套设施更加完善。积极发展红色旅游，二七纪念堂（塔）入围"全国100个经典红色旅游景区"。

（四）行业秩序日益规范。旅游属地管理全面铺开，旅行社申报、分支机构备案、统计调查等6项管理职能全面下放。集中开展一日游、旅行社质保金、责任险、旅游合同、车辆等专项检查，一些违规问题得到遏制。进一步规范旅游招徕授权书、委托合同文本，旅行社管理有序开展。严格旅行社设立初审工作，全市新增经营国内和入境旅游业务旅行社11家，经营出入境和国内旅游业务旅行社1家。按新标准完成28家星级酒店的复评工作，对4家酒店给予取消星级资格处理。联合工商、安监、卫生等部门开展联合执法，严厉打击发布虚假广告、超范围经营、低价恶性竞争等违规行为，对10家旅行社给予注销旅行社业务经营许可证处理。加强旅游安全管理，对发现的30余起旅游安全隐患全部限期整改完毕。全年共处理旅游投诉182起，结案率100%，无重大恶性旅游投诉发生。

（五）重点工作成效明显。深入开展满意度模拟评价及整改督导，一些影响全市旅游形象的突出问题得到有效治理，郑州市游客满意度得分及排名均明显上升，国家旅游局给予充分肯定，被中国旅游研究院总结为“郑州经验”。全年完成政务讲解接待任务33批次，累计上团91天，市导服中心被评为省旅游系统先进集体,导游员杨军被国家旅游局、人力资源和社会保障部授予“全国旅游系统劳动模范”称号。积极参与创建全国文明城市工作，被授予省“五一”劳动奖状。积极参与筹备辛卯年黄帝故里拜祖大典，被组委会评为先进集体。

【旅游属地化管理工作培训】 8月15-17日，郑州市旅游行业落实旅游属地化管理工作培训会在鹰城饭店举办，15个县（市）区旅游主管部门近70余人参加了培训。落实旅游属地化管理工作，是适应旅游经济快速发展形式，提高市旅游局工作效率，调动和发挥基层工作积极性，健全旅游行业监管体系，提升行业管理服务水平的重要举措，得到了各县（市）区旅游管理部门的大力支持和配合。各县（市）区旅游管理部门高度重视，积极参训。在培训班开训动员会上，市旅游局副局长方建华对培训活动提出了具体工作要求，局机关各相关处室和局质监所领导及业务骨干分别就委托属地管理内容，从法律法规、技术操作、管理经验等层面作了细致深入的讲解传授。通过培训，参训人员提高了对属地化管理工作重要性的认识，增强了做好行业监管服务工作的信心和技能，为扎实推进全市属地化管理工作打下了良好基础。

【雨季安全隐患排查治理工作】 2011年9月中旬，郑州市连续降雨，给游客的生命财产安全带来重大安全隐患。根据市委书记连维良的指示精神和市安委会的通知要求，市旅游局迅速行动，启动三级旅游监管机制，认真安排部署旅游安全隐患排查与治理工作，实现了旅游市场的安全平稳。

（一）领导重视。局党组书记龙同胜及时传达了上级有关会议精神，亲自对雨季旅游安全工作进行安排部署。严格按照连书记指示和市政府明电要求，以旅游景区、旅行社为重点，在全市旅游行业大力开展旅游安全隐患排查与治理工作，预防遏制山体滑坡、落石、崩塌、泥石流等地质灾害及水上重大旅游安全事故的发生，确保广大游客的生命财产安全。

（二）启动三级旅游监管机制。及时启动旅游企业自查、县(市)区旅游行政管理部门巡查和市旅游局督查的三级监管机制。向行业印发了关于在全市旅游行业大力开展雨季塌方安全隐患排查治理的紧急通知，要求各县（市）区旅游行政管理部门加强组织领导，细化工作方案，采取有效措施，对旅游企业雨季安全检查的组织机构、应急预案、隐患排查及整改情况进行督导检查。各旅游企业牢固树立主体责任意识，对事故易发区域进行全面排查与治理，及时掌控和汇报旅游团队的安全状况，并做好相关信息的统计和报送工作，扎实推进隐患排查治理活动的开展。

（三）各单位高度重视，行动迅速。二七区樱桃沟、蝴蝶岛和凤凰岛景区对景区进行了全面排查，对存在安全隐患的悬崖、峭壁等危险地带增设了安全防护措施。上街区加强对五云山景区道路状况、山体加固情况的实地检查，落实了景区负责人安全目标管理。荥阳市开展了汛期安全隐患治理大检查，为环翠峪和三皇山桃花峪景区增设了警示标示和防护桩。金水区、中原区和登封市对旅行社外出旅游团队情况进行认真统计，加强了安全警示教育。中牟县、新郑市、惠济区、巩义市、新密市对辖区旅游企业进行了认真排查。市旅游局对始祖山等重点景区安全生产进行了督查。全市各级旅游行政管理部门检查重点旅游景区30余家次，排查及治理安全隐患24起，统计全市旅行社组团未归团队31个共1174人，未发生旅游安全事故。

【多措并举保国庆安全】 “十一”国庆长假是市民户外旅游休闲的高峰期。为坚决预防、遏制重大旅游安全事故的发生，积极营造文明、安全、祥和的节日氛围，郑州市旅游局多措并举，在全市旅游行业大力开展旅游安全大检查活动，确保了国庆假日期间全市旅游安全形势平稳和旅游市场秩序井然。

（一）预防在先，大力开展节前旅游安全大检查活动。节前，认真落实省、市安全电视电话会议暨全市安全生产会议精神，市旅游局党组书记龙同胜陪同市政府副秘书长宋柏松及假日办成员单位领导，对郑州市旅游安全工作进行了检查。联合市安监局组成督查组，在全市范围内大力开展“十一”黄金周旅游安全大检查大督查大整治活动。共检查企业23家，发现安全隐患13处，现场整改10处，限期整改3处。

按照《郑州市旅游局2011年国庆假日旅游工作方案》中“五项制度，五项服务” 要求，安全工作实行局领导分工负责制，国庆前一周，由各副局长带队，到各分包县（市）区开展节前安全大督查活动。督查组每到一处，都认真负责，主要采取座谈、查档案、深入一线企业实地检查的方法开展工作，为有效消除隐患，确保国庆期间全市旅游市场的安全稳定工作打好基础。

（二）多措并举，确保假日安全。市旅游局全局动员，认真备战，全力确保假日安全。国庆放假前，向全市旅游行业印发了《郑州市旅游局关于加强国庆旅游安全工作的通知》，要求各单位强化措施，落实责任，加大安全监察力度，每天及时报送辖区安全信息。在局系统印发了《关于加强国庆期间旅游安全信息报送的通知》，要求值班员及时收集整理各县（市）区每天的旅游安全动态，并做好向市政府和市安委会办公室的信息报送工作。节前、节中以飞信的形式给各旅行社发布安全警示提示，提醒假日期间旅行社组团旅游注意事项。实行重点景区8小时值守制度，加强对旅游景区的安全检查和问题协调，保证了景区秩序和游客安全。实行机关值班、旅游咨询、旅游投诉24小时值班制度和全局同志通信工具24小时保证开机制度，确保了节日期间信息畅通和及时处理相关事宜。

（三）属地管理，强化责任到人。旅游安全工作坚持“谁主管、谁负责”“谁经营、谁负责”的原则，以“属地管理”为主，保障旅游者的生命安全。国庆期间，各县（市）区旅游行政管理部门都按照属地管理的原则，结合本地实际，加大旅游安全检查力度，消除安全事故隐患，强化值班值守制度，并及时向市旅游局报送每天旅游安全动态，确保了节日期间各辖区旅游市场的安全稳定。

（四）完善预案，提高应急处置能力。节前，市旅游局进一步修订完善了《郑州市旅游突发公共事件应急预案》，加强应急工作组织领导，明确应急救援级别，规范应急处置程序，提升应急救援处置能力，健全全市应急救援工作体系。各县（市）区和重点旅游企业积极参与，结合本地实际，建立健全应急预案并加强演练，努力提高应对旅游突发事件的能力。

【暗访检查旅游星级饭店】 2011年10月22日-11月10日，郑州市旅游局星评委委托9名星级检查员，分成3个小组，按照《饭店星级的划分与评定》（GB/T14308-2010）和《星级饭店访查规范》（LB/T006-2007），对市辖18家星级饭店进行了暗访检查。主要落实新版国家标准，对必备项目、设施设备、餐饮卫生、食品消防安全、服务质量、节能减排、饭店运营状况等进行重点访查，以群众满意度为突破口，注重树立旅游饭店业的良好形象，规范星级饭店健康协调发展，进一步促进全市旅游饭店质量的提升，做好监管工作。

这次暗访，聘请了河南财经政法大学旅游研究院教授、郑州市旅游职业学院讲师和部分旅游星级饭店负责人参加。采取不通知不告知的方式，检查人员以客人身份自行登记入住。总体上看，暗访的18家星级饭店呈现出稳步协调，特色发展的良好势头，基本做到了管理工作规范，科学运作能力有新的提高；基础设施设备齐全，部分饭店维修改造力度大；服务质量有明显改观，组织员工培训成效明显；清洁卫生和节能环保工作有新的突破，制度落实比较到位；高度重视食品和消防安全，责任制比较明确。

这次暗访检查中，也暴露出郑州市旅游星级饭店存在的薄弱环节和突出问题。（1）科技手段滞后。所有星级饭店无独立网站，不能提供网上预订服务，外包网上订客房业务不准确，给客人带来不方便。（2）改造升级滞后。部分星级饭店开业时间较长，设施设备老化严重，管道破损，墙壁渗水，壁纸污损，布草陈旧，舒适度不够，维修保养不及时。（3）对国家新标准的学习理解不深。星级饭店组织员工对新国标学习不透，理论联系实际缺乏有效性和针对性，有的没有按照标准配备项目，不统一、不规范、不配套。（4）少数星级饭店管理工作不到位、不细致。责任制不够明确，管理方式方法不够科学，对照星级标准有明显差距。（5）星级饭店普遍存在卫生死角。客房走廊、餐厅后厨、公用卫生间和公共场所卫生打扫保持不好，有的地方有脏乱差现象，餐具消毒、食品抽样制度坚持不够，存在安全隐患。

暗访检查结束后，星级检查小组逐家汇总结果，在每家星级饭店中层以上会议反馈意见和建议，并提出了整改措施及时限。

【郑州6家旅行社被注销许可资质】 2011年，河南省旅游局发布公告，河南省江河旅行社、新郑市飞雁旅行社有限公司、河南省鸿运旅行社有限公司、河南晖达旅行社有限公司、河南省和平假日旅行社有限公司、河南全球通旅行社有限公司等6家旅行社被注销旅行社业务经营许可证，不能再从事旅行社经营业务。

此次注销6家旅行社，是郑州市开展旅游市场治理整顿活动取得的重要成效。2011年，为加强旅游市场监管，规范旅行社经营行为，保障游客合法权益，根据国家和省旅游局的有关工作部署，郑州市旅游局认真开展旅游市场治理整顿和服务质量提升工作，重点对涉及游客合法权益的旅行社质量保证金和旅行社责任保险进行专项检查，对未能按照有关规定足额缴纳旅行社质量保证金和投保旅行社责任保险的单位进行了相应处罚，并上报省旅游局注销其业务经营许可证。

此次被注销的6家旅行社中，河南省江河旅行社因企业改制、新郑市飞雁旅行社有限公司因经营不善主动提出注销申请；河南省鸿运旅行社有限公司等4家旅行社因未能按照有关规定足额缴纳旅行社质量保证金和投保旅行社责任保险被依规注销。郑州市旅游局按照规定函告当地工商部门注销上述旅行社的营业执照，收回《国内和入境游旅行社业务经营许可证》，并将办理结果以书面形式报省旅游局监督管理处。

（刘晓飞）

旅游活动

【郑汴洛焦旅游推广联盟赴广东促销】 为扩大郑汴洛焦旅游的影响力，进一步促进与广东旅游业界的交流和合作，2011年1月4-10日，郑汴洛焦旅游推广联盟赴广东省广州、深圳、珠海三地开展了形式多样、内容丰富的系列促销活动。省旅游局高度重视，范修芳局长、何琳副局长亲自带队，郑汴洛焦四市旅游局局长及分管营销工作的副局长，少林寺、龙门石窟、云台山、清明上河园等主要景区，以及旅行社、新闻媒体和表演人员共计100余人参加了此次活动。此次南下，共成功举办了4场大的旅游推介活动；邀请到包括广州广之旅、南湖国旅、深圳国旅、宝中国旅等国内百强旅行社在内的近500家旅行社负责人，以及《广东时报》《广州日报》《羊城晚报》《南方都市报》《深圳特区报》《珠江晚报》等近200名新闻媒体和旅游专刊（栏）记者参加。与此同时，在组织的业界交流会上，共签订了7个合作协议，并计划开行深圳至郑汴洛焦的旅游专列，向广深珠三地旅行社和新闻媒体发放各类宣传资料4万多份；广州中华广场推广活动吸引了近万名市民前来咨询报名，现场报名1053人。促销活动在当地反响强烈，受到了当地主流媒体的高度关注，得到了河南省旅游局的充分肯定和汴洛焦兄弟城市旅游局的高度评价，在广东客源地形成一股强劲的旅游冲击波。

（一）本次促销活动扩大了郑汴洛焦旅游在广东一带的影响力。为进一步提高促销活动的系统性、实效性，真正做到有声势、有品位、有效益，本次促销活动从推广形式、推介内容上都作了新的尝试。针对广深珠客源市场特点，郑州市旅游局整合了四地旅游资源，设计编排了王朝街道古都游、壮美中原山水游、大河上下风光游、少林太极功夫游等精品旅游线路。这些线路既包括四市的传统经典景区，又推出了一些新的景点和产品。促销期间，不仅组织了面对旅游业界的高品位的推介会，还安排了面向普通游客的热闹精彩的广场推广活动。同时，在《广州日报》《羊城地铁报》等广州主流媒体投放大篇幅广场活动广告，并通过中国移动短信平台发送5万条相关活动信息，吸引了更多市民关注。为保证推介活动真正取得实效，大规模的推广活动之后，又在广之旅21家门店联动开展了“中原旅游推广主题周”活动，推出中原旅游特惠线路、优惠报价及报名抽奖活动等，以门店联动的方式共同促销中原冬游线路，使中原旅游产品成为广东游客首选的旅游产品，让促销成果转化为源源不断的客源。

（二）本次促销活动加强了与广东地区的业界联系。活动期间，广深珠三地旅游局从对当地旅行社的通知、主流媒体的邀请，到现场氛围的营造，都给予了强有力的支持，从而使4场推介活动一场比一场更精彩。同时，在以往友好合作的基础上，与广东省旅游局以及深圳、珠海、广州各地旅游局进行了广泛深入地交流，并与广深珠旅游联合体共同发表了关于进一步加深区域互动的联合宣言。此外，河南省旅游局领导率郑汴洛焦四市旅游局，先后拜访了深圳华侨城集团、广州长隆集团等知名旅游企业和广之旅、南湖国旅、深航国旅等广东最具实力的旅行社，进一步加深了与广深珠旅游企业的深度交流与合作。他们纷纷表示，要加大中原旅游产品的推广力度，不少旅游企业还表示在充分调研的前提下，寻求商机准备投资中原旅游市场，并开始着手探讨郑州至广州高铁开通后，两地旅游业界加强合作的方式和内容。

（三）本次促销活动开创了河南省联合促销的新模式。由于各种条件的限制，以往的促销模式不能完全按照市场的规律和游客的需求开展促销活动。这次四市联手到省外促销，是自2010年7月郑汴洛焦旅游推广联盟成立以来，四城市首次对外开展的联合促销活动，也是河南省首次开展的区域联合促销活动。活动按照“统一思想观念、统一整体形象、统一产品线路、统一促销行动”的四统一指导思想，切实做到了四个“一体化”（即一体化的组织协调、一体化的讲解展示、一体化的产品推广、一体化的交流合作）。在河南省旅游局大力支持下，这种联合促销模式不仅为郑汴洛焦旅游推广联盟今后的发展奠定了好的基础，实践出了一个较为成熟的“1+1+1+1>4”工作模式，也为郑州市旅游局今后按照市场规律开展旅游区域合作与促销摸索出了一条新路子。

（四）本次促销活动锻炼了宣传促销队伍。联盟首次组织开展区域联合促销活动，从活动筹划到组织实施，对于郑州市旅游局的宣传促销人员来讲，都是一次全新的考验和一次难得的锻炼。此次活动的筹划，从形式到内容，从主题到口号，从手提袋、幻灯片设计到制作，都要从头再来、反复推敲。同时，参与活动的单位多、人员多，变数大，协调难度大。本次促销，共有包括河南省旅游局和4个地市旅游局在内的39家单位100多人参与。在满足各自促销目的的同时，还要兼顾到联盟的统一，确保对外的整体形象。活动时间紧、环节多，组织难度大。为节约经费，有效利用时间，本次促销行程安排得非常紧，内容也比较丰富，4天时间里连续举行了3场业界推介会和一场广场推介活动，还安排了若干个拜会活动。通过本次促销活动，郑州市旅游局宣传促销队伍在筹划、协调、组织、推介、团队协作等各个方面得到了一次强化训练。

【“魅力郑州畅冬游”活动】 为落实“旅游惠及民生”工作要求，将“魅力郑州畅冬游”惠民旅游系列活动引向深入，2011年1月25日，由市政府主办、市旅游局承办的“交巡警、出租车司机、公交车司机、环卫工人、小记者免费游郑州”活动在绿城广场举行了发车仪式。市政府副秘书长宋柏松出席仪式，市旅游局局长岳俊华介绍了活动情况，市公安局、市交通运输委、市城市管理局等相关单位的领导参加了发车仪式。

本次活动，组织了长期服务在城市一线，擦亮城市文明窗口的交巡警、出租车司机、公交车司机、环卫工人共500多人畅游郑州，感受郑州新变化，表达对他们辛勤工作的敬意，也使更多市民关注城市建设，支持郑州旅游发展。此次活动，得到了相关单位的积极响应，他们有来自郑州市公安局交巡警支队的“四严一创”先进个人、业务能手，有2010年出租汽车行业优质服务竞赛中获奖的优秀司机、共产党员司机，有郑州市公交总公司评选出的2010年度先进个人，有郑州市城市管理局推荐的2010年度环卫工作先进个人、城市美容师，还有来自《青年导报》少先队专刊推荐的优秀小记者。

为更好地组织开展好本次活动，市旅游局精心编排了5条线路。它们分别是百名交巡警嵩山滑雪场挑战之旅，百名出租车司机少林寺、嵩阳书院、观星台等世界文化遗产寻梦之旅，百名公交司机世纪欢乐园、金鹭鸵鸟园欢乐之旅，百名环卫工人黄河风景名胜区、江南春温泉会所休闲之旅，百名小记者绿博园、金鹭鸵鸟园开心之旅。活动中，大家纷纷表示感谢市政府给予基层工作者的免费游新春礼物，在新的一年里将加倍努力工作，为郑州创建文明城市作出应有的贡献。

【春节黄金周旅游】 2011年春节黄金周，郑州市以充分活跃节日旅游市场为出发点，采取多项措施，丰富节日旅游内容，为市民提供丰富多彩的旅游产品。市假日领导机构和旅游经营单位扎实推进春节黄金周各项工作，确保了旅游市场各环节、各要素平稳有序地开展，实现了“安全、秩序、质量、效益”四统一的目标。

（一）景区景点普遍升温，名优景点异常火爆。2011年春节黄金周，郑州市根据节日特点，增加了多种文化旅游产品，推出了多项优惠促销活动，繁荣了春节旅游市场。嵩山少林、黄帝故里、绿博园、康百万庄园等品牌景区接待量增幅较大，有效拉动了春节旅游市场，实现了旅游接待人数和收入的稳步增长。据重点统计和抽样调查测算，春节黄金周期间，郑州市共接待游客215.92万人次，同比增长28.6%；实现旅游收入11.51亿元人民币，同比增长26.3%。其中，嵩山少林景区接待游客10.77万人次，同比增长33.24%，门票收入590.45万元，同比增长211.23%；康百万庄园接待游客5.19万人次，同比增长19.83%，门票收入91.03万元，同比增长19.97%；黄河生态旅游风景区接待游客1.34万人次，同比增长38.39%，门票收入79.07万元，同比增长63.26%。纳入全市统计信息预报的14个重点景区，共接待旅游者76.25万人次，同比增长75.62%；门票收入1291.54万元，同比增长69.18%。

（二）近郊游、短线游、自驾游增长迅猛，低碳旅游成为新的出游方式。随着市民私家车拥有量的大幅增长，春节黄金周期间，短线游、自驾游增长迅猛。同时，选择自行车等低碳环保的出游方式也逐渐受到人们的青睐。嵩山少林、黄帝故里、绿博园、康百万庄园、郑州文庙、商城庙会等景区出现了不同程度的汽车拥堵现象。据抽样调查显示，省内游客短线自驾游的比重占全市接待总量的70%以上。省内客源地前10位依次为郑州、开封、洛阳、许昌、新乡、焦作、安阳、漯河、平顶山、南阳。随着私家车数量大幅增加，自驾游比例大幅度上升，游客比例达到85%，比上年同期增加了9个百分点；自助游游客比例达到65%，比上年同期增加3个百分点。在自驾游增长的同时，低碳出游也开始受到关注，亲朋好友一起骑自行车进行近郊旅游，既低碳环保，又锻炼了身体，低碳出游的人数比往年大幅增加。

（三）“民俗文化”成为春节旅游市场的主旋律，参与性项目备受欢迎。春节期间，全市各景区纷纷推出丰富多彩的民俗文化活动与游客分享，吸引了大批游客，取得了良好效果。郑州绿博园举办了“2011年迎新春大型灯会”活动；港中旅（登封）嵩山少林文化旅游公司推出了“游天地之中、品嵩山文化、寻嵩山宝物、中新春大奖”活动；康百万庄园为广大游客创新升级了进“财”门、祈福树、拜“财”神等祈福游和“兔年好运来、属你最有‘财’”活动；浮戏山景区推出了“趣味猜谜，喜迎新春”“同撞新年福钟”等敬香撞钟祈福活动；金鹭鸵鸟游乐园的“门票送惊喜、恐龙送祝福”等活动受到了游客喜爱；绿博园里过大年活动受到市民的追捧，正月初一入园人数2.3万人、初二1.5万人、初三1.8万人。大众生态健身园举办的商都民俗庙会、郑州城隍庙-文庙举办的新春文化庙会，深受广大市民和游客喜爱。商都民俗庙会的全国鼓王邀请赛，吸引了省内30支鼓队参赛，苗族、彝族、朝鲜族风采展示，民间绝活、民俗体育等，让游客增长了见识；郑州文庙举办了走灯节、民间风情花会、春节相亲大会、趣味运动会等。据统计，郑州城隍庙—文庙每天的游客接待量超过万人，同比增长10%以上。

（四）节日休闲度假、广场街区文化等新兴旅游产品走俏。假日期间，郑州市乡村游、节日休闲度假、茶城、古玩城、花木城、高尔夫球场、广场文化、街区文化、小型演艺等新兴旅游产品走俏。旅游者对原汁原味的乡村游、乡情游以及个性化、精品化的休闲度假产品更加关注，温泉、滑雪、赏花、品茶、康体、运动等都已成为广大游客的主要休闲方式。节日期间，江南春温泉度假区、丰乐农庄、黄河大观四季温泉度假区、嵩山滑雪场、国香茶城等城郊乡村度假地，吸引了大量市民和游客前去休闲度假，景区游客接待量再创新高。丰乐农庄游客接待量比上年增长20%以上，江南春温泉游客接待量比上年增长30%以上,国香茶城、花木城、古玩城、二七广场—德化步行街、绿城广场等接待游客量增幅达到15%以上。

郑州市乡村旅游发展迅速，随着接待服务质量逐年提升，春节旅游市场农家乐接待人数增长明显。以中原区咱家小院、生态特味村、四季同达生态园为代表的农家乐餐馆同比增长18%。

（五）高铁旅游时代走进百姓生活。随着郑州到西安高铁的通车，从西安到郑州只需2个小时，“早出晚归”“两地互游”非常方便，高铁旅游时代已经走进百姓生活。据统计，少林寺、郑州世纪欢乐园、康百万庄园等景区接待游客中来自高铁沿线的游客占将近15%。春节黄金周期间，郑州各景区的优惠措施和丰富的节日文化活动，吸引了广大高铁沿线的游客，逛庙会、品地方风味小吃，高铁沿线的游客春节出游大幅增长。据抽样调查，西安、三门峡、洛阳等高铁沿线城市的来郑游客比上年同期增长20%以上。

（六）旅游市场安全有序，旅游质量明显提高。春节黄金周期间，郑州市旅游安全形势平稳，旅游市场秩序井然。节前景区对安全工作高度重视，对各种安全隐患进行了大检查，提前消除安全隐患，充分保障节日期间游客安全。假日期间，全市没有发生一起旅游安全事故。春节黄金周期间，市旅游质监所共接到各类咨询电话130余个，受理旅游投诉3个，无一起正式立案投诉。据抽样调查，游客对郑州市旅游服务的满意率达到98%。

【郑州城市游暨黄河生态文化旅游宣传推广活动启动】 为进一步推动郑州市都市化建设步伐，促进旅游从观光型向观光、休闲、度假复合型的转变，2011年3月26日，由郑州市人民政府主办，郑州市旅游局、惠济区人民政府承办的“家园郑州·快乐悠游”郑州城市游暨黄河生态文化旅游宣传推广活动启动仪式在丰乐农庄景区举行。河南省政府参事赵国成、刘勇，郑州市人民政府副秘书长宋柏松，郑州市旅游局局长岳俊华，郑州市黄河河务局局长刘培中，惠济区区委副书记、区长常继红等出席了启动仪式。

本次活动，市旅游局向市民推出了全新编排的黄河风光休闲游、古都文化游、新区观光游、欢乐亲子游、科普修学游、郑州工业游、都市赏春游、温泉度假游等8条郑州城市游线路和二七区樱桃沟樱桃节、嵩山红叶节、环翠峪桃花节等12个不同特色、丰富多彩的节庆活动。同时，编印了郑州城市游折页、地图和黄河生态文化旅游地图，在活动现场免费向市民发放。

启动仪式上，市旅游局局长、党组书记岳俊华介绍了活动情况。随着城市建设的快速发展和市民出游休闲方式的转变，城市游工作的重要性进一步凸显。为使城市游工作全面、深入、持久地开展起来，市旅游局将通过旅游信息咨询网站发布、主流新闻媒体深入报道、市区公共场所投放公益广告、设计印制并发放各种宣传品等4种渠道对城市游进行大力宣传和推广。市政府副秘书长宋柏松在启动仪式上强调，各级各部门要围绕建设宜居、宜游城市这个目标，规划本地区、本部门的建设项目；各级旅游主管部门及旅游企业要围绕城市旅游发展开展资源开发、产品打造、宣传包装等工作；社会各界都要关注、支持、帮助郑州城市旅游的发展，尤其是新闻媒体，更要在舆论引导上全面造势、在品牌形象上大力宣传、在旅游资源特色上深入开掘。

仪式结束后，参加活动的领导与来自郑州单车联盟和老年骑协的200多名骑友们一起进行了骑游活动。通过这种骑游方式，倡导广大市民在休闲度假时树立“绿色环保、低碳出游”观念。新郑、巩义、新密、荥阳、中牟、金水、上街以及郑东新区等8个县（市）区旅游局及丰乐农庄、黄河风景名胜区、康百万庄园、世纪欢乐园等21家景区负责人参加了当天的活动，并在现场展台前进行咨询服务、发放宣传品。

【郑东都市风情游全面启动】 为进一步深化和推动郑州城市游发展，为广大市民和游客提供特色鲜明、丰富多彩的城市游产品，丰富市民“五一”假期旅游活动，2011年4月29日，由郑州市政府主办，郑州市旅游局、郑东新区管委会承办的“家园郑州·快乐悠游”郑州城市游之郑东都市风情游活动在郑东新区艺术中心广场举办了启动仪式。河南省旅游局副局长张风有，郑州市旅游局局长岳俊华，郑东新区管委会党委副书记、主任李春才，以及团市委、大河报社、省直工会等单位领导出席了本次活动。100名郑州市劳动模范代表、200名河南省直机关工会组织的鹊桥会青年、60名郑东—黄河旅游直通车首发体验团的郑州市民、30名韩国游客以及省自行车运动管理中心的专业运动员、省登山协会健步走爱好者、郑州市老年骑协骑友等，近千名游客参加了启动仪式。活动现场，郑州市各县（市）区旅游局的领导和19个景区的负责人作为郑州城市旅游推广的志愿者，纷纷走进市民和游客中间，现场宣传郑州城市旅游，接受市民和游客的咨询，在现场进行旅游宣传、宣传品发放和免费门票赠送等。仪式结束后，游客们分别体验了郑东水上观光、巴士观光、自行车观光等旅游项目，部分游客还参观了黄河风景名胜区。

在随后的“五一”小长假期间，郑东新区成为郑州城市游的最大热点，CBD文化广场、红白花公园、郑州之林等景点人气猛增，游客量接近饱和。

【珠三角旅行商郑汴洛焦考察踩线活动】 2011年4月25-29日，以深圳深航国旅、广东南湖国旅等旅行社为代表的珠三角地区全国百强旅行社踩线团一行30余人，应郑汴洛焦旅游推广联盟邀请，分别对郑州、洛阳、焦作、开封进行了为期5天的考察踩线活动。本次踩线活动，是在河南省旅游局的具体指导下进行的，也是2011年年初联盟在河南省旅游局领导带领下赴珠三角推介活动的继续。联盟各地市旅游局高度重视，安排专人负责本次活动的衔接、协调工作，整个活动行程做到了时间节点控制到位、景区考察协调到位、全程陪同服务到位。考察期间，郑州市旅游局局长岳俊华、副局长何宏波，焦作市旅游局局长赵卫星、副局长李建阳，开封市旅游局副局长李红宁，洛阳市旅游局副局长林基建等，分别会见了珠三角旅行商考察团，并与考察团进行了座谈交流。座谈中，旅行商纷纷表示要通过各种渠道，采取多种方式对郑汴洛焦的旅游资源进行全新包装，有针对性地进行产品线路设计，年内将实现一定数量、一定比例的游客输送。

本次踩线活动，郑汴洛焦旅游推广联盟向广东市场推出了新的产品线路。考察踩线行程安排，是针对珠三角地区游客需求，并结合联盟四市推广重点进行的全新的线路设计。考察行程中，不仅有少林寺、牡丹园、云台山、清明上河园等传统经典景区，而且穿插安排了洛阳新博物馆、巩义康百万庄园、焦作神农山等一批新兴的景区（点）。这些新兴景区（点）的安排，得到了考察踩线团各旅行商的广泛赞誉，表示出极大的兴趣。

本次踩线活动，是郑汴洛焦旅游推广联盟继年初赴广东珠三角地区开展大型联合促销活动后，再次联手开展的大型宣传推广活动。不仅巩固了年初联合促销活动效果，还增进了郑汴洛焦旅游推广联盟与珠三角地区旅行商的深度合作交流，也为郑汴洛焦旅游推广联盟下一阶段的市场营销工作奠定了良好的基础。

【“五一”假日旅游】 2011年，中原经济区上升为国家战略，郑州市作为省会城市，必将在未来的城市发展中承担更大的责任。为此，郑州市不断优化旅游发展环境，提升城市旅游形象，努力推动旅游产业转型升级，带动全市旅游经济快速发展，为加快建设郑州都市区做贡献。2011年“五一”假日期间，天气以晴朗为主，为市民创造了有利的出游条件。

（一）全市旅游接待人数稳中有升，重点景区客流平稳。随着生活水平的提高，生活节奏的加快，外出旅游已成为广大市民休闲度假、舒缓压力、加深亲情友情的重要方式。“五一”假日期间，全市旅游接待人数持续增长，重点景区客流平稳。据重点统计和抽样调查测算，3天假期全市共接待游客354.79万人次，同比增长1.2%；实现旅游收入21.24亿元人民币，同比增长0.5%。纳入全市统计信息预报的14个重点景区，共接待游客74.353万人次，同比下降2.7 %；实现门票收入1673.62万元，同比增长15.56%。其中，嵩山少林景区接待游客7.067万人次，门票收入573.183万元；黄河风景名胜区接待游客4.785万人次，门票收入245.367万元；黄帝故里接待游客6.12万人次；康百万庄园接待游客3.41万人次，同比增长15.56%,门票收入86.9万元，同比增长9.24%；郑州世纪欢乐园共接待游客7.1万人次，同比增长20.34%，门票收入315万元，同比增长24.02%。

（二）旅游消费更加理性，城市休闲游成为新亮点。从“五一”旅游消费情况看，游客的旅游消费更加理性化，不再拘泥于传统的组团旅游，不再集中在部分旅游热点景区，而是更注重从自身的旅游需求及个性化需要出发，选择旅游休闲方式。“五一”期间，郑东新区、河南博物院、河南地质博物馆、郑州市博物馆、郑州城隍庙、碧沙岗公园、人民公园、月季公园等特色鲜明的城市旅游产品，以其浓郁的文化氛围和良好的自然环境，吸引了大量市民和游客旅游观光。从传统的景区观光旅游走向以欣赏、体验和品味为主的城市旅游，是近年来国内旅游发展的新兴业态。郑州正着力打造休闲宜游城市，发展城市旅游已经引起社会各界的关注，塑造有个性特色的城市风貌，营造宜居宜乐的休闲城市环境，成为相关城市建设和管理部门的一个重要目标。在郑东新区举办的“家园郑州·快乐悠游”郑州城市游之郑东都市风情游活动，进一步深化和推动了郑州城市游的发展。

郑州城市游的发展，在一定程度上缓解了假日期间热点景区旅游资源的紧张状况，也是市民旅游消费日渐成熟和理性的表现，同时，对提升郑州城市旅游形象，凸显郑州作为省会城市在全省旅游行业的带头和示范作用，具有十分重要的意义。

（三）省内短线游受青睐，出游方式灵活多样。“五一”期间，许多游客选择和亲朋好友一起出游，在享受美景美食的同时，尽享天伦之乐。由于“五一”假期时间较短，省内短线游成为首选。从出行方式上看，随着私家车拥有量的不断增多和全省高速公路网的日趋完善，游客更倾向于具有充分灵活自主权的自助游或者自驾游。2011年“五一”假日，短线游、阖家游、自助游和自驾游延续了上年的升温态势。据抽样调查测算，假日期间，全市阖家出游比例达到55%以上。游客自驾车比例占58%，比上年同期增加1个百分点；自助游游客比例达到67%，比上年同期增加2个百分点。据抽样调查，短途旅游快速增长，省内游客比重占全市接待总量的80%以上。省内客源地前10位依次为郑州、开封、洛阳、许昌、南阳、新乡、焦作、平顶山、漯河、商丘。环城游憩带景区亦成为郑州市假日旅游的首选，游客比例达到50%以上。假日期间，河南金鹭鸵鸟游乐园接待游客12.9万人次，同比增长23.8%，门票收入125.12万元，同比增长27.31%；浮戏山雪花洞接待游客7.19万人次，同比增长18.72%，门票收入68.8万元，同比增长1.71%；郑州海洋馆接待游客2.24万人次，同比增长4.67%，门票收入201.5万元，同比增长26.17%。

（四）假日旅游活动丰富多彩，充分满足游客需求。“五一”期间，嵩山少林景区以“武”与“舞”为主题，推出了游客互动体验项目，邀请国内街舞第一品牌嘻哈帮的一线街舞演员和少林俗家弟子同台献艺，每天上午在少林景区游客中心广场举行迎宾仪式，“武”风“舞”韵、同台竞技，为游客提供视觉盛宴；河南金鹭鸵鸟园举办了金鹭槐花节和丰合草莓节，并开展槐花、草莓系列美食制作品尝、“我和恐龙、鸵鸟有个约会”、踩鸵鸟蛋比赛等精彩活动，受到小朋友们及家长的欢迎；康百万庄园推出了“梨园春”擂主坐镇康百万庄园、河洛大鼓专家倾情表演等活动，让戏迷朋友和醉心于中国传统文化的游客流连忘返；郑州海洋馆在悠悠剧场放映最具动感的4D电影，让小朋友感受了4D电影的神奇魅力；新郑黄帝故里每天9：50和15：50举行拜祖仪式；郑州丰乐农庄黄河谷·马拉湾海浪浴场于“五一”开门迎客，吸引了众多游客前往体验惊险刺激的冲浪感受；《禅宗少林·音乐大典》大型实景演出备受游客青睐，场场爆满，游客好评如潮。

（五）乡村旅游继续升温。“五一”期间，乡村旅游景区深度挖掘游览内容，开展了丰富多彩的活动。由于地处近郊，交通便捷，吸引了大批游客参观游览。中原区组织市民赏牡丹芍药花，观热带植物展，走进咱家小院，品尝生态美食；丰乐农庄推出了拓展营训练、科普踏青游等多个颇具特色的主题旅游活动；黄河花园口旅游区举办了以“品特色美食赏黄河风光”为主题的特色美食展销会——海峡两岸美食节，展销20多个地区的特色美食；杨树沟举办了第四届乡村旅游节，吸引了八方游客；二七区樱桃沟举办了“我为樱桃狂”主题活动等。这些独具特色的乡村旅游产品及活动，让厌倦了城市喧嚣的人们得到了放松，也获得了可观的经济效益。惠济区、二七区、中原区等地星级农家乐生意异常火爆。3天假日，四季同达接待游客9000多人次，收入达54万元；黄河人家、咱家小院、生态特味村、豫王富苑等知名星级农家乐接待量均大幅增长。

（六）旅游咨询增多，游客满意度稳步提升。“五一”期间，12301旅游服务热线接到旅游各类咨询电话30余个，郑州市旅游质监所接到各类咨询电话90余个，无正式立案旅游投诉；共检查导游15名，查处资格证带团导游4名，对8名违反《导游人员管理条例》的导游进行了扣分处理。旅游者提出的问题涉及到交通秩序、安全、景区交通、收费及提供服务价格、旅游接待单位服务质量、社会治安等。旅游咨询和要求帮助问题的增多和内容范围的扩大，说明旅游消费者的维权意识在不断增强，对假日办的信任度也在逐步提高。各级假日办及成员单位值岗人员认真对待和及时处理游客的咨询和投诉，大多问题都得到了及时反馈和妥善解决。

【郑州与哈密旅游合作不断深入】 自2010年新疆哈密地区成为河南省对口援助单位以来，郑州市积极贯彻中央、省援疆工作指示精神，与新疆哈密地区的旅游合作不断深入。2011年4月，新疆哈密地区政协工委主任魏天哲率团到郑州市进行旅游推介，哈密地区旅游局与郑州市旅游局就旅游合作达成了初步意向。6月，郑州市旅游局组织全市主要组团社赴哈密考察当地旅游资源，并组织全市200名游客首发赴哈密旅游观光，双边合作逐步深入。

7月20-24日，应新疆哈密·哈密瓜节组委会邀请，市旅游局党组书记龙同胜率郑州市由主要旅行社、媒体组成的代表团，参加了第八届哈密瓜节，并就今后旅游合作问题进行了深入交流。在哈密期间，郑州市旅行商与当地旅行社进行了充分接触，在共同开发包装哈密旅游产品方面达成了广泛共识。中央电视台、河南电视台、《郑州日报》、郑州广播电台、《大河报》、哈密地区电视台等多家媒体对活动进行了宣传报道。

【赴京津地区开展促销活动】 为预热"十一"黄金周旅游市场，吸引更多的京津地区游客到郑州市旅游，2011年8月29日-9月3日，在河南省旅游局领导下，郑汴洛焦旅游推广联盟在北京、天津两地开展了形式多样、内容丰富的系列促销活动。郑州市旅游局由何宏波副局长带队，组织登封港中旅文化旅游有限公司、黄河风景名胜区、康百万庄园、绿博园等重点旅游企业参加了此次促销活动。

8月30日上午，推介团在北京河南大厦举办了"文化圣地、山水中原"郑汴洛焦旅游推广座谈会。国旅总社、中青旅、中旅总社、北京神舟国旅等20余家北京主要组团旅行社负责人，以及《新京报》《京华时报》、人民网、新浪网等近20家首都媒体记者参会。会上，郑州市旅游局重点推介了世界文化遗产——登封天地之中历史建筑群、康百万庄园、绿博园等新的旅游产品和线路，并介绍了郑州市组团输送游客的优惠及奖励政策和措施。与会各家旅行社及媒体对郑州市旅游产品线路纷纷看好，表现出较高的积极性。此外，他们还就围绕提高郑州市旅游竞争力提出了建议。一是如何将郑州旅游产品与郑州市周边旅游景区（点）整合，推出系列产品线路，充分发挥郑州市旅游集散中心作用；二是大力发展郑州会展、商务等高端旅游产品及自驾游、考古游等专题旅游产品。

8月31日上午，在天津万达广场面向普通游客举行了精彩纷呈的广场推广活动。70余家天津旅行商及10余家媒体记者参加了广场活动，广大天津市民也积极参与并与推介人员进行了有奖问答互动活动。活动中，少林功夫再次成为推广活动的重头戏，象形拳、头开钢板等系列功夫节目使整个活动高潮迭起，掌声不断。通过系列节目表演及互动活动，天津市民对郑州市及周边城市旅游的认知度有了很大提高。

活动期间，郑州市旅游局还参加了在天津举办的中国旅游产业节暨北方旅游交易会、"9+10"区域旅游合作会议、中国旅游产业发展高峰论坛等系列活动。发放旅游宣传资料3000余份，郑州市旅游企业和部门营销负责人还与广大旅行商开展了深度洽谈交流，达成合作意向10余份。

此次京津促销活动，是继年初赴广东开展联合促销活动之后的又一次强强联合，更是"十一"黄金周之前郑州市抢占旅游市场的重要举措。通过本次系列促销活动，郑汴洛焦旅游推广联盟的合作基础得到进一步巩固，联盟的合作机制进一步完善，联盟四市旅游资源得到进一步共享。活动中，在河南省旅游局倡导下，安阳、新乡两市也加入了联合促销队伍，进一步印证了联合促销的新路子迎合了旅游发展的新趋势。

【参加第七届海峡旅游博览会】 9月6-11日，备受两岸业界瞩目的第七届海峡旅游博览会在厦门市国际会展中心举行。本届旅博会秉承"海峡旅游，合作共赢"的主题，参展人数超过3000人，创历年之最；接待境内外客商和游客5.3万多人次，现场实施展销合一，现场旅游产品购买总人数达6400人；签订旅游投资合同22个，总投资335.35亿元。参会嘉宾有旅行商代表和旅游产业及相关产业代表。在河南省旅游局的领导下，郑州市应邀作为参展代表参加了此次活动，积极推介郑州旅游。

在本届旅博会上，郑州市共发放旅游招商手册、形象宣传片、景区宣传册、旅游产品、旅游地图等3000多份，并携巩义市旅游局重点推介了河洛康家——康百万庄园、浮戏山雪花洞、石窟寺、青龙山慈云寺、竹林、杨树沟等重点A级景区。通过向参观者展示旅游产品，介绍郑州市情和旅游发展情况，推介郑州市优秀的旅游资源和厚重的文化底蕴，吸引了许多旅行社代表。他们表示将进一步开拓郑州旅游市场，让更多的游客感受少林功夫的神秘、黄帝文化的神圣和河洛康家的财富神话。

9月6日，河南省旅游局副局长张凤有带领相关部门负责人到郑州展台察看了布展情况。此次旅博会对进一步提高郑州的知名度和美誉度，预热"十一"黄金周旅游市场起到积极的推动作用。

【世界旅游日宣传活动】 为提前预热"十一"黄金周旅游市场，倡导文明旅游，2011年9月27日上午，郑州市旅游局在绿城广场举办了“9·27”世界旅游日暨“家园郑州·快乐旅游”宣传活动启动仪式。河南省旅游局副局长何琳，郑州市领导丁世显、市人大民族侨务外事工作委员会主任岳德常、市政协港澳台侨和外事委员会主任周晓光、郑州市旅游局党组书记龙同胜和局领导班子成员参加了当天的活动。

本次活动由郑州市人民政府主办、郑州市旅游局承办，旨在向广大市民宣传郑州市旅游，介绍旅游常识，解答旅游咨询，接受维权投诉。全市12个县（市）区旅游局以及经开区的旅游管理部门和35家旅游景区（点）、11家旅行社、4家星级酒店工作人员接受了市民咨询。郑州市旅游局在现场共设立文明旅游及旅游咨询宣传展板16幅，搭建旅游咨询台40个。

在活动现场，郑州市旅游局印制的《文明旅游理性消费品质旅游出行提示》《十一黄金周郑州旅游景区出游信息》《郑州旅游地图》《郑州旅游指南》等宣传资料，深受市民欢迎。郑州市旅游景区（点）、旅行社、星级酒店积极响应，充分利用这一良好平台，发放宣传资料、旅游纪念品，精心推出各具特色的黄金周旅游大餐。据统计，活动期间共发放各类宣传资料约38万余份，接待咨询上千人次。

本次活动在“十一”黄金周前举行，有效地预热了黄金周旅游市场，激发了市民“十一”期间出游热情。

【“十一”黄金周旅游】 2011年“十一”黄金周，秋高气爽、风和日丽，为游客提供了一个舒适的出游环境。郑州市传统热点景区接待量增长平稳，公共开放型景点游人如织，新兴业态景点备受青睐，黄金周旅游市场顺利实现了“安全、秩序、质量、效益”四统一的目标。

（一）旅游接待人数和经济效益大幅增长，再创新高。2011年“十一”期间，各种出游条件良好，国庆节、重阳节汇聚，多种旅游意愿得到集中释放。据重点统计和抽样调查测算，“十一”黄金周期间，全市共接待游客820.23万人次，同比增长7.5%。其中，过夜旅游者196.47万人次，同比增长15.99%；一日游游客623.76万人次，同比增长5.08%。旅游收入28.34亿元人民币，同比增长8.3%。纳入全市统计信息预报的15个重点景区，7天共接待游客155.98万人次，同比增长6.8%；实现门票收入3036.28万元，同比增长9.21%。

（二）龙头品牌景区引领市场，新景区和公共开放型景点人气骤增。“十一”黄金周期间，郑州市重点景区特别是大部分4A级以上品牌景区，游客接待量稳步上升。其中，嵩山少林景区接待游客16.93万人次，同比增长1.47%，门票收入1209.85万元，同比增长2.8%；郑州黄河风景名胜区接待游客5.22万人次，同比增长22.15%，门票收入278.21万元，同比增长23.79%；巩义康百万庄园接待游客6.55万人次，同比增长13.18%，门票收入131.67万元，同比增长18.71%；郑州世纪欢乐园接待游客9.16万人次，同比增长11.44%，门票收入522.38万元，同比增长23.39%。

“十一”期间，郑州市部分新景区和环境优美的城市公园、功能齐全的城郊休闲度假地、特色鲜明的人文历史景点等免费景区，成为市场新热点。中原福塔景区客流剧增，日均接待游客达到2000人左右；芭迪动漫体验馆“十一”试营业期间经营火爆，日均接待游客400人左右。黄帝故里、城隍庙—文庙、河南博物院、郑州博物馆、河南省地质博物馆等人文类景点，以浓郁的文化氛围，让游客在游玩的同时增长了知识。其中，黄帝故里接待游客12.13万人次，同比增长4.79%；郑州植物园景区吸引了众多游客，前5天接待游客3.3万人次。紫荆山公园、碧沙岗公园、古树苑、思念果岭山水、黄河旅游带等自然类免费景区（点），以清新的空气、优美的环境，吸引了大量市民和游客游览、休闲。

（三）中短线旅游仍为假日市场主体，长线游客稳中有升。近两年郑州市对周边省市旅游市场的重点开拓，使郑州市中短途旅游市场迅猛攀升。据抽样调查，500公里半径范围内，已经成为郑州市主要的假日旅游客源市场。环城游憩带上景区景点游客比例达到40%以上，一日游游客比例达到77%，省内游客比重占全市接待总量的80%以上。省内客源地前5位依次为郑州、开封、新乡、洛阳、焦作。假日期间，郑州市长线游客接待量比上年同期增长一成，主要客源地集中在与河南省交界的山东、山西、安徽、陕西等周边省份及上海、北京、江苏等经济发达地区。

（四）城乡休闲度假旅游成为时尚，个性化、自驾游趋势更加明显。“十一”假日期间，城乡休闲度假旅游成为郑州市旅游的一大亮点。城市购物、乡村采摘、森林探幽、高山览胜、运动健身、野营等，已成为广大旅游者的主要选择方式。“十一”假日期间，郑州市郑东新区和城市公园内游客如织。郑东新区中央商务区7天接待人数突破15万人次；浮戏山雪花洞接待游客 7.77万人次，同比增长26.55%，门票收入89.9万元，同比增8.39%；雁鸣湖景区接待游客14.36万人次，同比增长38.34%；黄河花园口景区接待游客21.45万人次，同比增长6.19%。花园口景区的免收门票措施，使沿黄旅游带交通线路顺畅，极大地方便了沿线农家乐、渔家乐的旅游经营，接待人数大幅增长。惠济区黄河人家、二七区樱桃沟、巩义杨树沟、中牟雁鸣湖等农家乐生意红火。据统计，惠济区大年农庄日均接待游客700多人次，南裹头老徐渔家乐日均接待游客500多人次。

随着高铁动车、高速公路的增加，城际游、周边游的范围不断扩大，居民对假日旅游的需求更加注重个性化和多样化，以自驾车旅游为代表的自助游比例逐年上升。据抽样调查，游客自驾车比例占76%，同比增长8%；自助游游客比例达85%，同比增长6%；阖家出游的比例达到58%，同比增长5%。

（五）旅游部门、旅游企业准备充分，假日旅游市场丰富多彩。9月27日是世界旅游日，又是假日前夕，为了庆祝世界旅游日，并为市民提供丰富多彩的“十一”假期出游资讯，由郑州市人民政府主办、郑州市旅游局承办的“9·27”世界旅游日暨“家园郑州·快乐旅游”宣传活动启动仪式在绿城广场举行。在活动现场，工作人员向市民、游客现场提供旅游咨询服务，并发布了“十一”黄金周郑州旅游景区活动指南，引导广大游客文明旅游、低碳旅游、理性消费、安全出行。

各大景区也策划推出了一批适合不同消费需求的旅游活动，大大提高了对游客的吸引力。黄帝故里景区每天举行专场拜祖仪式，荥阳市举办了第七届河阴石榴文化节，嵩山少林景区每天在游客中心举行大型武术迎宾活动，河洛康家——康百万庄园景区举办了第二届民俗文化节，青龙山慈云寺景区举办了礼佛祈平安活动。郑州海洋馆举办了海洋主题宣传月认养活动，花园口景区举办了“海峡两岸美食汇”活动，郑州黄河风景名胜区每天在炎黄广场举行大型拜祖仪式表演，金鹭鸵鸟园举办了“金秋十月——相约恐龙鸵鸟园”活动，郑东新区在CBD文化广场举办了中原动漫嘉年华、“郑东旅游中原技巧摩托车精英赛”等活动。

（六）餐饮、住宿和购物营业收入大幅攀升。“十一”黄金周期间，郑州市各星级饭店纷纷推出促销措施，加大营销力度，取得了良好效果。多家饭店举行了不同主题的美食节和主题营销活动，黄金周旅游产品更加丰富多彩。据抽样调查，星级饭店平均客房入住率达70%左右，比上年同期上升2个百分点。热点景区所在的宾馆饭店入住率较高，登封市星级饭店入住率达到98%以上。婚宴、亲朋好友聚会，使餐饮市场生意红火，特色餐饮企业生意兴隆，酒吧等娱乐场所也异常火爆。中原区咱家小院、特味村、四季同达生态园日均接待人数分别达到5000人次、6000人次和1.8万人次左右。强烈的假日消费欲望，带动了郑州市各大商场的人气，全市各大商场、超市人气兴旺，营业额均大幅增长。

（七）旅游市场安全有序，旅游质量显著提高。“十一”黄金周前夕，省、市假日办组织召开了“十一”黄金周旅游工作电视电话会议，对黄金周的各项工作进行了安排部署。假日前夕和节日期间，市假日办各成员单位密切配合，全力协调解决出现的各种问题。“十一”黄金周期间，郑州市旅游安全形势平稳，旅游市场秩序井然，没有发生重大旅游安全事故。假日期间，郑州市旅游质监所共接到各类旅游咨询电话300多个，处理旅游纠纷6起（涉及旅行社2 起，涉及景区4起），均已快速圆满解决。绝大部分游客对郑州市的旅游产品、旅游设施、旅游服务等较为满意，游客满意率为95%。

【参加中国国际旅游交易会】 2011年10月27-30日，由中国国家旅游局、云南省人民政府和中国民用航空局共同主办的2011中国国际旅游交易会在昆明国际会展中心举行。郑州市旅游局组织了港中旅（登封）嵩山少林文化旅游有限公司、黄河风景名胜区、郑州绿博园景区、郑州海外国际旅行社等主要旅游经营单位参加了会议。中国国际旅游交易会已连续举办了12届，是亚太地区规模最大、影响最广泛的综合性旅游展会之一。本届交易会共设展位2233个，参展国家及地区达95个，创昆明国际旅交会历史之最。旅交会期间，郑州市代表团成员积极主动与业内同行进行广泛接触交流，推介郑州旅游资源。据统计，3天时间，有近万名旅游从业者和游客在郑州展区进行咨询和洽谈；共发放旅游宣传品、旅游纪念品1.5万余份，与30多家旅行社签订了意向组团协议，达到了展示城市形象、推介旅游资源、引进旅游客源的目的。

旅交会期间，郑州市旅游局副局长何宏波参加了河南省旅游局举办的与国家旅游局驻外办事处主任的合作联谊会，与出席嘉宾进行了交流与接触，希望通过国家旅游局驻外办事处这一平台，进一步加强与境外旅行商的交流合作，以吸引和组织更多的境外游客到郑州旅游观光。

【开展“旅游进社区”活动】 为深入贯彻落实国务院“把旅游业发展成为人民群众更加满意的现代服务业”的指示精神，按照郑州市政府“对照职能，贴近民生，努力为群众办实事办好事”主题实践活动要求，11月19日上午，由郑州市旅游局主办、二七区文化旅游局承办的“旅游进社区”主题活动在二七区亚星盛世家园社区举行。郑州市旅游局党组书记龙同胜，二七区政府副区长于珊，市旅游副局长何宏波、薛宝霞参加了此次活动。

本次活动，是郑州市旅游局“旅游进社区” 主题活动的首场活动。市旅游局精心准备，有针对性地推出了冬游郑州、郑州城市游、农家乐等多类旅游产品，提供了丰富的旅游知识、旅游提示、文明旅游倡议等旅游资讯；市旅游质监所、市旅游信息咨询服务中心、二七区文化旅游局工作人员现场接受群众咨询和投诉，向市民发放了《文明旅游理性消费品质旅游出行提示》《旅游维权手册》《郑州旅游地图》《郑州旅游指南》等宣传资料。全市42家旅游企业参加了此次活动。少林寺、黄帝故里、康百万庄园等重点旅游景区，以及旅行社、酒店、农家乐等旅游企业为社区居民带来了精心设计的冬季旅游产品，并推出了多项优惠活动。整个活动现场气氛热烈，社区内许多居民前来咨询。据不完全统计，活动现场发放各类宣传资料158种共计1万余份，发放各类旅游纪念品1600余个，接待社区居民咨询约2600余人次。

【赴韩日开展旅游促销】 2011年12月7-16日，郑州市旅游局组团赴韩国、日本开展了旅游促销活动。旅游促销团由郑州市旅游局副局长何宏波带队，港中旅（登封）嵩山少林文化旅游公司、黄河风景名胜区管委会、河南旅游集团等相关企业参加了促销活动。这是郑州市首次单独组团举行境外旅游推广活动。

促销团先后在首尔、釜山、东京、大阪举办了4场旅游说明会，采用不同以往的电子书形式，向当地重要旅行商和媒体推介了郑州旅游新形象和以郑州为中心的中原旅游产品。中国驻日本大使馆总领事刘亚明、驻大阪总领馆领事殷达奇分别出席了在东京、大阪的旅游说明会。国家旅游局驻首尔办事处主任刘志江、驻大阪办事处主任郑保垒分别出席了在首尔、大阪的旅游说明会。亚太城市旅游振兴机构（TPO）秘书长周焕明、釜山市政厅观光课课长姜熙天、釜山观光协会会长李根厚出席了在釜山的旅游说明会。当地旅游界、航空界和新闻界人士参加了说明会。

此次促销活动在当地产生了较大反响。以韩国旅游文化业界的领军企业——韩进观光公司、大韩航空公司、日本著名旅行机构日本旅行株式会社、ANA航空公司和日本航空公司等为代表的知名旅行企业，以及当地主要经营组团来华业务的旅行企业，对郑州市旅游产品产生了浓厚兴趣。韩国交通观光新闻、观光报社、亚洲经济报社、交通情报新闻、日本观光经济新闻、东京新闻、静冈新闻社、航空新闻社等韩日媒体对促销活动进行了积极的宣传报道。

在韩日期间，促销团分别拜会了国家旅游局驻首尔、东京、大阪办事处、大韩航空公司总部、JR西日本株式会社等，就双边合作达成了共识。大韩航空公司表示，正积极筹划增加郑州—首尔的航班密度，力争尽快将客运航线由每周3班增至7班，同时随着郑州对外贸易额度的不断增加，将积极考虑开通郑州—首尔的货运航线。TPO秘书长周焕明表示，将努力推动该机构于2012年对郑州市申请加入TPO进行表决。釜山市政厅观光振兴课课长姜熙天表示，希望能与郑州市共同争取开通釜山—郑州航线。国家旅游局驻首尔、东京、大阪办事处均表示，今后将加大对郑州市在韩日市场开发工作的支持力度，并利用自身的渠道优势将郑州的旅游资源介绍给韩日游客。JR西日本株式会社表示，将充分发挥其成熟的营销网络优势，积极宣传推广郑州旅游，并将努力开发包机市场，为中日邦交40周年献礼。

此次宣传促销，还是一次客源市场调研过程。促销团通过多种形式，积极与韩日业界人士接洽，取得了许多市场资料。韩日旅游业界人士普遍认为，郑州旅游资源优势非常突出，在韩日市场的潜力巨大，只要针对当地市场特征，发挥好自身优势，有针对性地开发包装文化旅游、休闲度假等特色产品，采取计划性强的推广战略，通过持续科学地营销，郑州的韩日游客定会稳步提升。此次促销活动，既宣传了郑州市的旅游产品，提升了郑州在韩日业界的知名度和影响力，又在韩日业界建立了营销渠道，为今后深入开拓两国市场奠定了扎实基础。

（刘晓飞）

第二十篇　城乡建设与管理

建设行业管理

城建综述

【市政工程建设】 2011年，郑州市建设行业按照“畅通郑州”建设的部署要求，坚持对工程项目实行领导班子成员责任制，严格项目管理，创新推进机制，在确保工程质量安全的前提下，采取倒排工期、节点控制、月计划、周安排、日落实、“三班倒”和“施工劳动竞赛”等措施，加大检查和督导力度，并发扬“抗震救灾”和“特别能吃苦、特别能战斗、特别能受委屈”的精神，在保证工程质量的前提下抢工期、抢进度，加快工程建设步伐，强力推进市政工程建设。全年承担43.37亿元城建投资计划，共99个工程建设项目，其中包括京广路—沙口路快速通道一期工程、高阳桥大修工程、107辅道道路及下穿隧道工程、黄河路下穿铁路编组站、北三环下穿铁路编组站工程和42条支线路网打通等工程。高阳桥大修抢险工程比预定工期提前53天完工，保证了市区东西方向的安全通行；107辅道下穿隧道工程于2011年11月30日如期竣工，成为首个在河南省范围内具备通车条件的超千米的城区隧道，也是第一个按市委、市政府确定目标完成的郑州新东站配套工程；京广路—沙口路快速通道一期工程完成总投资95%以上；被市委、市政府列为2011年为民办理“十大实事”之一的金基南路（农科路—金基路）、文博西路（白庙路—东风路）、宏达东路（渠东路—花园路）、金基路（文博西路—花园路）神驰路（嵩岳路—桐柏路）、长柳路（江山路—长兴路）、腾飞路（航海路—尚庄路）、寒山路（大学南路—郑平公路）、银莺路（航海路—紫东路）、建安路（西三环—环翠路）、小铺北路（银河路—国基路）、俭学街（文化路—文博西路）、经二路（丰产路—红专路）、文博东路（农科路—东风路）、政通路（兴华南街—郑密路）、宋寨南街（天明路—丰庆路）、七里河路（中州大道—机场高速）、冯庄东路（寒山东路—佛岗东路）、燕航路（民航路—黑庄路）、郑航北路（代庄街—大学路）、南湾路（郑航北路—中秋路）、张魏寨北路（工人路—嵩山路）、鸿基路（恒安路—滨河路）、嵩岳路（棉纺西路—神驰路）、沈庄北路（燕凤路—未来路）、魏庄西街（紫东路—航海路）26条支线路网（断头路）工程年内如期全部完工；中州大道北段3座人行天桥（京水湾天桥、滨河路天桥、腾飞路天桥）顺利完工；投资近百亿元的三环快速化工程于2011年12月17日正式动工；北三环和黄河路下穿铁路编组站工程加快推进；陇海路高架、农业路高架工程前期工作已经展开。

【房屋征收工作】 2011年，郑州市认真贯彻国务院《国有土地上房屋征收与补偿条例》（简称《征收条例》），对各县（市）区拆迁办下发通知，要求采取多种形式，加强学习宣传，把《征收条例》学习好、贯彻好、落实好，尽快转变工作方式，并结合郑州市的征收工作实际，提出新的工作思路。分批到北京参加住房和城乡建设部主办的《征收条例》宣贯培训班的学习，对《征收条例》的立法背景、适用范围及主要内容解读等进行学习和讨论。5月12日、9月5日，市政府先后批准实施《郑州市国有土地上房屋征收与补偿工作暂行办法》（郑政〔2011〕31号）和《郑州市国有土地上房屋征收与补偿工作的实施意见》（郑政〔2011〕85号）文件。明确郑州市国有土地上房屋征收管理模式，将“郑州市人民政府城市建设拆迁管理办公室”更名为“郑州市房屋征收办公室”，并对其职责进行明确，规定了房屋征收的主体、征收的程序，规定市房屋征收部门应当加强对区级房屋征收部门在征收计划、法规政策、征收补偿方案、补偿资金使用等方面进行监督，确保全市房屋征收工作有序进行。拟定相关配套文件报市政府待批，即《郑州市国有土地上房屋征收与补偿工作流程》《关于加强国有土地上房屋征收与补偿工作监督指导的通知》《郑州市国有土地上房屋征收补偿费用管理暂行办法》《郑州市国有土地上房屋征收（拆迁）强制搬迁报告制度》，分别对征收工作的程序、征收计划的编制、征收补偿方案的审批、对各县（市、区）的监管、资金的监管方式、征收补偿费用的使用和如何进行强制搬迁等几个方面进行了规范。通过文件的制定，规范了征收程序、监管程序，确保征收补偿费用足额到位、专款专用，加大了征收工作的可操作性，规范了强制搬迁的程序，确保征收项目依法有序进行。

支持省、市重点工程建设，对中心城区综合整治工作，尤其是对三环快速化工程、南水北调中线工程、陇海路跨南水北调桥梁工程和棚户区改造等项目的征迁工作做到专人对接，责任落实到人。落实拆迁项目跟踪管理制度，发现问题及时纠正、改进，排除拆迁工作隐患，全年跟踪服务项目48次，解决问题13个,有效减少现有拆迁项目进行中的不稳定因素。制定拆迁工地环境综合治理方案、治理措施和环境综合治理达标责任书。对城市规划区内国有土地上拆迁工地进行拉网式检查，对黄河路下穿北编组站、京广路—沙口路快速通道、河医商圈旧改、时代广场、天荣服装城升级改造、嵩山路煤田局旧改项目等不符合要求工地的责任单位下达了“责令限期整改通知书”，针对普遍存在的降尘措施不到位，警戒、警示标牌不全和个别项目垃圾清运不及时、围挡不全等问题要求责任单位限期进行整改。同时坚持日检查周汇报制度，发现不足，立即限期整改，确保拆除施工工地的安全和整洁。全年市房屋征收工作涉及被拆迁人127户，拆迁面积19760.8平方米（均为国有土地已发拆迁许可证的拆迁项目统计数据）。共办理拆迁期限延期7项；拆迁范围内暂停事项延期批准7项；为被拆迁人办理契税确认手续426户；监管拆迁补偿安置资金5000万元，返还拆迁安置补偿资金2020万元。

【村镇建设】 村镇建设取得新突破。2011年39个重点乡（镇）按计划完成基础设施建设174项、17.6亿元,实际完成投资近20亿元,完成136.36%。39个重点乡（镇）的镇区面积由2010年的205.26平方公里，增加到2011年的226.1平方公里，增长8.45%；城镇化率由2010年的48.4%增加到2011年的49.94%，提高1.54个百分;国内生产总值达到1230.81亿元，比2010年增加189.88亿元，增长18.24%；镇区居民人均可支配收入达到12116元，增长11.69%;基础设施投资总额达到25.77亿元，增长26.45%；财政收入完成30.66亿元，增长24.79%（其中财政收入超过2亿元的有4个镇，超过1亿元的有9个镇，超过5000万元的有22个镇）；绿化覆盖率达到38.86%，增加1.61个百分点。15个试点镇开展“三化”协调发展试点工作，在建设成为特色经济发展的集聚区、体制机制创新的先行者、统筹城乡发展和新型城镇化的示范镇方面进行了先行先试。全市89个乡（镇）已经全部完成规划编制任务，90%的乡（镇）完成了规划的修编任务，绝大多数乡（镇）按照“五个一”的标准进行建设，小区规划与功能区建设有了一定的进展，形成了一批规划较为科学合理、社会服务体系较为齐全的住宅小区和专业商贸区，使小城镇建设步入了科学规划、规范建设、严格管理的良性发展轨道，小城镇建设品位不断提高。随着小城镇基础设施建设步伐的加快，城镇综合服务功能逐步完善，发展环境明显改善，聚集功能不断增强，带动了乡镇企业、主导产业的迅速发展，为拉动经济快速增长和加快镇区人口聚集起到了关键性作用，同时也拉动了整个县域经济的发展，形成各具特色的产业，如巩义市的新型工业、新密市的耐材业、惠济区的无公害蔬菜业、二七区的食品加工业、新郑市和登封市的观光旅游业、中牟县的高效农业及农副产品加工等，促进了全市产业结构的调整。

大力推进农村危房改造工作。2011年郑州市首次被列入国家农村危房改造试点范围，市政府成立了郑州市农村危房改造工作领导小组办公室，明确了农村危房改造工作组织机构。市建委在借鉴外地经验的基础上开拓创新，探寻符合郑州

省委常委、代市长吴天君参加畅通工程工作会议

实际的危房改造路子，与发改委、财政局联合出台了《郑州市2011年农村危房改造工作实施方案》（郑建文〔2011〕93号），明确了指导思想、目标任务和基本原则，确定了各项管理措施和危房改造程序，为全市开展农村危房改造工作提供基本依据。深入乡（镇）、村以及危房农户家进行调研，掌握农村危房现状，发现在农村危房改造工作推进过程中的困难和问题，并形成调研报告上报市政府，向政府建议解决方案。市政府决定在中央给予每户6000元补助资金的基础上再给予每户配套500元的资金补助。制定《农村危房改造工作制度》，建立周汇报、月例会、季评比和现场督导的工作制度，加大对各县（市）工作人员现场指导，帮助完善各类资料，进行信息录入系统的现场培训，并鼓励县（市）积极创新思路、总结经验，推进农村危房改造工作。全年共投入1400万元，按期完成2150户农村危房改造任务。在省组织的危房改造验收考核中，登封市等四（县）市分别获得二、三等奖，获得省奖励资金合计115万元。

建制镇生活垃圾中转站稳定正常运行。根据《郑州市人民政府办公厅关于加强全市乡镇生活垃圾中转站运行监管的实施意见》的要求，积极推进“村收集、乡运输、县（市）处理”的生活垃圾收集处理体系建设管理工作，加大对建制镇生活垃圾中转站运行管理的监管督查力度，继续坚持对74个生活垃圾中转站和37辆后装式垃圾压缩车运行情况的督查和暗访制度。通过每月暗访督导、每季通报讲评和重点镇的“一票否决”制等方式的强力推进，全市乡镇的74座生活垃圾中转站和37辆后装式垃圾压缩车实现正常运行，收到较好的社会效益。

进一步理顺城市建设体制，积极开展集体土地上建设行为监管调研工作，印发《郑州市人民政府关于加强集体土地上房屋建筑活动管理的通知》，并于年底出台了实施细则和考核办法，填补了长期以来集体土地房屋建设管理空白。强化区级建设行政主管部门的职责职能，理顺了市区两级城市建设体制，为新型城镇化建设提供了保障。

【行业执法监察】 2011年，郑州市加大建设行业行政执法工作力度。按照市委办公厅、市政府办公厅《关于加强违法建设查处相关工作的通知》（郑办文〔2010〕45号文）和市政府办公厅《关于加强违法建设查处相关工作的通知》（郑政文〔2010〕246文）要求，坚持实行“网格化”管理，实行现场与市场联动，通过落实责任、加大巡查频次、下达停工通知书、现场值守、领导约谈、要求相关责任方写出书面停工承诺书、对设备贴封条、启动相关联动机制，协调规划局、房管局、大项办、各区政府等单位共同参与建筑活动管理，有效遏制违法建设活动，维护了建筑市场秩序。全年共查处违法建设325项，立案325件，下达处罚决定262件，查处违法面积826万平方米，罚款4377万元。认真开展行政执法观摩交流，深化“执法队伍年”活动，提高行政执法能力。全面开展查处建筑企业无证无照违法建设工作，共排查185家施工企业和19家检测企业。

（王正田　秦法广）

建筑业管理

【概况】 2011年，郑州市建筑业管理以《郑州市建筑业2011年工作要点》和建筑业管理目标为主线，本着“优化环境、完善服务、加强管理、扶优助强”的原则，以治理建设领域突出问题为契机，整顿和规范建筑市场秩序；以继续优化产业结构为主线，提升行业竞争力；以整顿建筑劳务企业为突破口，规范企业劳务用工制度；以健全建筑市场信用体系为手段，加强市场监管，促进建筑行业稳步健康发展。创新管理模式，规范建筑劳务市场，规范企业用工行为，提升建筑业管理水平。健全资质管理制度，严格建筑市场准入与清出，加强管理，保障工程建设质量。全市建筑业企业全年完成建筑业生产总值823亿元，同比增长22%。累计施工工程4872个，累计施工面积11203万平方米，累计竣工工程2448个，累计竣工面积3318万平方米。

【企业服务活动】 2011年，郑州市对重点工程施工许可的办理，在办理程序、条件要求、办理时限等方面均做出明确时间规定。对国家、省、市重点工程和上级交办的加急事项，打破常规，简化办事程序，实行“绿色通道”，做到施工许可证的即时办结，特别是对于廉租房、经济适用房等保障性住房项目遵循倒排工作日的要求，提高办事效率。

举办郑州市装饰装修职业技能竞赛，对1700多名一级建造师进行电子标书和计算机辅助评标系统培训，提高职工自身能力素养。先后3次组织68家企业在河南建筑职业技术学院、郑州商业技术学校举办双选招聘会，与1000多名毕业生签订就业协议，实现用人单位、学生、学校三满意。以帮助企业破解发展中的难题为根本，以优质服务助推企业健康发展，用科学理念引导企业做大做强。邀请中建协和工商银行专家、领导分别就建筑企业发展和融资政策等问题为部分企业作专题讲座。围绕6家特级企业资质就位，进行模拟考评，促进企业提高准备工作标准。抓好农民工业校培训工作，为企业免费培训50名通用工种教师，帮助企业做好人员培训。

【企业信用体系建设】 2011年，按照信用体系建设的工作要求，在郑州工程建设信息网上开通了《工程建设项目信息和信用信息公开共享专栏》。按照统一的诚信信息平台、统一的诚信评价标准、统一的诚信法规体系、统一的诚信奖惩机制的标准，先后出台《郑州市建筑市场信用管理办法》《郑州市施工企业项目经理诚信行为管理办法》等文件。以郑州建设工程信息网为依托，通过企业资质上报，年度核查与考核等手段，不断建立完善和更新企业建筑业基本信息，包括企业和从业人员的工程业绩、工程拖欠等信息，以提高企业诚信经营的意识。

【建筑市场秩序整顿】 2011年，郑州市坚持把整顿劳务市场、规范劳务用工作为建筑业及市场管理方面的一项重要工作。先后印发了《建立郑州市建筑劳务市场工作实施方案》《加大扶优扶强力度，整合建筑劳务资源的通知》等一系列文件。设立劳务管理中心，开设劳务用工信息管理平台，在新开工工程中实行劳务合同备案，并推行施工现场实名制和工资卡制度。加强企业资质管理，2011年年初和年末，分别对上年度和本年度核查中不符合要求的241家企业、72家企业在网上进行了通报公示，取消或建议省住建厅取消其资质，落实了准入与清出制度，有效地维护了建筑市场的有序健康发展。

强化建造师管理，认真落实建造师注册和注册变更有关规定。全年受理建造师注册及变更6批，共计2401人，其中初始注册1747人，增项注册43人，变更注册654人，资料审核合格率达到98%以上。

在坚持“公开、公平、公正、廉洁、高效”原则的基础上，积极探索完善招投标监管制度，深化监管工作的细节，整顿招投标市场秩序，规范招投标监管工作程序，提高监管工作效率，不断推动招投标监管工作发展。全面推广实行2010版《行业标准文件》，对全市建设系统涉及招投标业务的招标人技术人员、招标代理机构从业人员、投标人（施工企业）的经营负责人、招投标业务经办人、评标专家等2000余人分期分批组织建设工程电子标书和计算机辅助评标业务知识培训。进一步加强国有资金投资或国有资金投资占控股或者主导地位的工程项目招投标监管，要求国有投资工程的施工招标一律采用电子标书和计算机辅助评标系统，并在国有投资工程项目招投标过程中全面实行网上报名、资格后审、无招标人评标等制度。针对保障性安居工程工期紧、任务重、要求高的实际情况，招标处采取“提前介入、全面监管、全程服务”等手段，为保障性安居工程建设项目的招投标活动提供了优质高效的监管服务。全年累计完成建设工程招投标项监管406项,建筑面积627.4万平方米，工程造价共100.23亿元。

【清欠工作】 2011年，郑州市清欠工作注重建立完善长效机制。一是将清欠工作与资质管理相结合，完善参建主体信用档案。二是在施工许可发放环节加强对项目资金审核，消除因资金不足造成拖欠工程款隐患。三是加强劳务用工管理，规范劳务用工，以设立劳务中心和开设劳务信息平台为依托，支持管理规范和信用好的劳务企业的发展，以劳务合同备案，工地实名制和工资卡制为手段，维护企业和农民工合法权益。四是推动工程担保制度和农民工工资保障金动态化管理与差别化管理制度，用经济手段和激励措施遏制拖欠问题的发生；完善投诉受理机制，畅通投诉渠道，特别是在易发投诉和出现社会不稳定的时段，抽调人员加大工作力度，及时受理和解决拖欠问题，并对恶意讨薪、聚众闹访和管理不善造成社会不稳定现象的拖欠单位进行公开曝光。全年共处理涉及工程款和民工工资事件128起，14起涉及工程款18980万元，114起涉及农民工工资3950万元，其中处理突发事件33起。

【工程质量安全管理】 2011年，按照“安全生产年”活动要求，全年有效监管建设工程690项、单体2415项（其中，市政立交6项、一号二号地铁12项、市政道路131项），建筑面积约3000万平方米。下发整改通知书3785份，整改率100%，查处各类事故隐患及文明施工问题19285条，下达停工整改指令268项，通报批评8次涉及300余项工程。约谈安全生产较差企业负责人26次近300人次。上报省住建厅暂扣安全生产许可证36家、安全生产考核合格证58人。对300余家存在问题的项目和单位在新闻媒体上进行公开曝光，同时记入不良行为记录和诚信档案，立案处理84项。下发创建文件5份，向市文明办、市创建指挥部上报创建简报33期，在《郑州日报》《郑州晚报》等新闻媒体曝光200余家施工企业的施工项目，对建筑工地环境卫生综合整治较差的24家单位进行了通报。按照《关于印发郑州市2011年创建全国文明城市建筑工地环境卫生综合整治和建筑施工及消防安全隐患大排查大整治工作方案的通知》，对全市建筑工地连续开展安全生产、文明施工大检查共15次，安全生产专项整治活动6次；组织全市生产安全事故应急救援示范演练5次，全市建设工程安全生产形势稳定好转。全年创中州“平安杯”工程17项，省级文明工地82项，市级安全文明标准化工程198项，安全生产标准化示范工程35项，超额完成年度工作目标。持续开展建筑施工安全专项整治及隐患排查治理，按照郑州市城乡建设委员会《关于开展建设工程消防安全及各类坍塌、起重机械伤害安全生产专项整治工作的通知》（郑建办〔2011〕14号）、《关于印发郑州市建设工程施工现场临时建筑设施建设管理规定的通知》（郑建文〔2011〕47号）、《关于印发2011年市政和轨道交通工程防汛专项方案的通知》（郑建文〔2011〕91号）、《郑州市城市管理综合整治建筑工地环境卫生治理工作方案》（郑建文〔2011〕103号）等文件要求，对建设施工现场进行了专项检查，要求相关责任人登记隐患情况，研究解决方案，安全监督部门定期对施工现场检查，及时下发隐患整改通知书，责令限期整改到位。为进一步加强基坑和基坑周边建筑物的安全管理，市委办公厅、市政府办公厅联合下发《关于加强基坑和基坑周边建筑物安全的紧急通知》，市建委成立7个检查组，深入开展全市基坑和基坑周边建筑物安全隐患排查，明确12个方面的排查重点，全面排查、登记、监管工程深基坑详细情况，并要求做到随时更新登记台账，全部深基坑项目责任单位与市建委包干领导签订承诺书200份。对排查出来的各类安全隐患，要求相关单位抓紧时间进行梳理、分类和治理整改，明确整改责任，制定整改措施，落实整改资金，确保整改到位，重大隐患实行挂牌督办。全年在建筑工地开办农民工夜校382所，培训农民工10万余人。发生一般生产安全事故4起，死亡4人，未发生3人以上较大生产安全事故，事故发生率和死亡率比上年均下降33%，事故起数和死亡人数较好地控制在市政府下达的年度控制指标之内。市建委监管的市政基础设施和轨道交通工程全年无事故，其中轨道交通工程实现开工三年以来零事故、零伤亡、零损失，安全生产达到国内先进水平。编制的《郑州市建设工程安全质量标准化实施指南》被省住建厅升格为《河南省建设工程施工现场安全生产标准化实施指南》，拟纳入全省培训教材，并以此为基础编制河南省行业标准，在全省推广。

【工程质量日常监管】 2011年，郑州市严格日常监管，确保工程质量。以工程质量为核心，组巡、科巡、站巡“三管齐下”，抓两头、促过程，实现全过程质量控制。一是强化监督交底。变单次监督交底为多次监督交底，除首次进场综合交底外，在重要的节点工期增加专项技术交底，如节能工程、分户验收、竣工验收前，使企业少走弯路。二是严格过程监管。从施工现场建筑材料质量抓起，严格地基基础、主体结构和影响使用安全及使用功能的关键部位质量监管，强化检测手段，确保工程质量。三是把好竣工验收关。对工程竣工验收申请加大审查力度，以技术资料和实物质量为重点，不符合竣工验收条件的坚决不予安排。四是加强监理、检测行业管理。充分发挥质量监督“两条腿”的作用，完善检测行业管理制度，重点加强检测报告的抽查和对检测现场行为的监管；认真落实关键工序、关键部位旁站监理制度，督促监理机构及时有效地发现和制止工程中出现的不规范行为，有效保证了工程质量。五是开展专项检查。先后开展了钢筋外加工、排烟道、深基坑、施工现场建筑材料等专项检查，抽检建筑钢材187组，住宅排烟道36组，发现问题及时下发整改通知书责令整改，情节严重的依法查处，将质量隐患、质量事故苗头消灭在萌芽状态。六是积极迎接各项检查。认真准备，迎接了河南省住建厅建筑工程质量安全及建筑市场执法检查、高层混凝土工程执行建设强制性标准情况专项检查、住建部保障房质量安全检查、住建部建设工程质量安全和执法检查等多项检查。由于基础工作扎实，监督到位，郑州市工程质量得到检查组肯定。

【工程质量监管三项工作】 2011年，郑州市全力推进工程质量安全管理三项工作：一是加大分户验收检查力度，使分户验收制度得到有效落实。针对投诉反映集中的质量

市城乡建设委员会主任陈新在郑州新闻广播“政风行风热线”栏目直播现场

问题，重点检查把关，把质量投诉常见问题解决于分户验收中。二是认真落实建筑节能，抓住施工图设计审查、质量行为和质量责任三个重点，开展节能专项检查和专项验收，加大执法力度，使全市建筑节能落实情况明显提高。三是狠抓通病防治。对工程质量通病问题进行分类汇总，要求施工单位在工程开工前制定工程质量通病控制措施，监理单位对质量通病进行控制。在监督抽查中重点检查各责任主体对质量通病控制措施的落实，减少了质量通病。

【重点工程质量监管】 2011年，郑州市在保障重点工程质量方面，一是按照市委、市政府要求，以保障性住房、城中村改造和中小学校舍工程为重点，加大监管力度，全面排查，分类处理，动态监管，确保工程质量处于受控状态。二是对地铁工程实施差别化监督，提高监督频次，加大监管力度，使轨道交通工程质量始终处于受控状态。三是服务于郑州新东站高铁建设工程，针对新东站建设步伐加快、市政基础设施建设任务陡增的情况，抓龙头，树样板，以点带面，多措并举，在有限的工期内，保质保量完成建设任务。四是根据上级部门要求，对富士康项目进行全面质量监管，所监督区域的质量水平有较大提高，基本步入正轨。

【工程质量监管站巡机制建设】 2011年，郑州市不断强化站巡机制，提升监督效能。针对工程质量监管的新问题、新情况，以巡检为抓手，变日常站巡为阶段性站巡，全方位站巡为分主题推进，突出其引路作用、调研功能、报警功能，实现了对工程质量的宏观掌控和动态管理。一是结合国家建设管理新规定、城市建设中心工作和工程质量突出问题，制定站巡主题，提高站巡的针对性。先后开展了住宅工程质量分户验收、保障性住房、城中村改造工程、竣工待验工程等主题检查，结合实际提出建议，提升了监督工作品位。二是创新站巡方式，站领导带队，抽调监督、检测业务骨干携带检测仪器深入现场巡查，增加抽查比例，及时发现和反馈问题，增强了站巡的影响力和权威性。三是认真考核和督查业务科室及监督人员的工作行为，及时通报，促进监督工作，增强监督合力。全年在建高层砼结构工程执行工程建设强制性标准情况专项检查工程7项，建筑面积17.48万平方米；工程质量安全及建筑市场监督执法专项检查工程19项，建筑面积40.8万平方米；竣工待验工程专项巡查工程122项，建筑面积150万平方米。针对检查发现的问题，巡查组要求现场全面排查，相关责任单位限期整改，书面回复。

【培育精品工程】 2011年，郑州市注重培育精品工程，提升建设品位。一是改革市结构“商鼎杯”工程评审机制，建立监督机构、评审部门、社会专家共同参与的评审机制。二是严把入门和终评两个关口。严格把关，杜绝不符合申报条件的工程参与评审。对符合申报条件的，分组把关、集体讨论，并将执法和投诉情况作为参评条件，不符合要求的坚决予以淘汰。三是做好过程服务。结合郑州市创优工程实例，指导企业开展创优工作，使参建各方在市结构“商鼎杯”的申报过程中目标明确，创优工作进展顺利。四是注重收集工程实体照片、关键环节录像，全过程审查，全面掌握质量状况，确保获奖工程质量过硬。全年创市结构“商鼎杯”工程94项、“商鼎杯”工程32项，省结构“中州杯”68项、“中州杯”17项，创国家“鲁班奖”2项，超额完成年度工作目标。

【工程质量监督执法】 2011年，郑州市加强工程质量执法工作的“制度化、规范化、动态化”建设。一是组织业务骨干对工程质量监督执法所依据的法律、法规、规章和标准规范进行全面梳理，分类汇总，编制《郑州市工程质量监督站行政执法工作制度》，为规范执法监督提供了依据。二是健全工程质量执法监督工作台账，制定专用表格，以工程为单位，对执法检查及时登记，对执法情况进行记录，定期汇总，动态管理，形成了监督信息的快速反馈机制，体现了监督工作的严谨、规范、客观。三是实行监督、执法联动，以监督促执法。四是进一步规范执法档案管理，确保执法案卷归档及时，规范、整洁。2011年，市质监站行政执法案卷被省、市法制办和省建设厅行政执法检查3次，均获得检查组好评。行政执法立案108起，结案105起，结案率97%，圆满完成年度行政执法目标任务。

【监管服务】 2011年，郑州市不断加强工程质量监管服务意识，化解社会矛盾。一是完善基础工作。编印《质量投诉手册》，明确投诉处理程序，完善日常投诉台账，规范投诉处理工作。二是建立督查机制，实行周报、月报制度，提高结案率。三是建立工程质量回访制度，要求施工单位在工程交付使用后，实行使用人工程质量回访，及时妥善解决好使用过程中出现的质量问题。四是对政府网络舆情（ZZIC）、网上回帖等及时处理。全年工程质量投诉249起，答复率100%。其中，来人来电来函107起，网上投诉55起，各类上级转办87起。立案109起，结案99起，结案率90%。

【规范检测市场】 2011年，郑州市根据各专项检测工作的特点，建立了监督抽查、网络监管和比对考核相结合的多层面、立体化的监管模式，规范了检测市场秩序。日常监督抽查242次，下发《整改通知书》240份，下发《暂停检测通知书》8份，通报批评5家，提请行政执法19项。一是完成各类资质申请初审22项，通过率100%；受理检测机构资质延期申请40项；对65家预拌商品混凝土、混凝土预制构件企业进行了资质动态核查。二是加大比对考核力度。开展了水泥、室内环境、地基基础等专项的检测比对及有关上岗人员的能力验证考核，促使企业自身加强技术业务培训，提高了检测水平，保证了检测质量。三是实施地基基础检测现场监督抽查和检测数据即时监控，有效保证了检测数据的真实性。四是高标准建立地基基础考核基地。

【服务重点市政工程建设】 2011年共监督市政工程147个（含上年未完工程）。其中，道路工程83项，污水工程88项，雨水工程108项，给水工程2项，桥梁、隧道工程12项，人行天桥18座。在监督过程中下发质量问题整改通知单115份，一般问题整改通知单61份，质量通报7份,提请立案7起。及时督促建设单位组织竣工验收，对中州大道综合整治工程等28个工程进行了验收备案，验收合格率达100%。未发生一起质量事故。

【工程造价管理】 2011年，郑州市以轨道交通定额测算为重点，为重点工程建设提供优质高效服务。发布《郑州市城市轨道交通工程单位估价表》，填补河南省在轨道交通方面无定额的空白；创新劳保费管理工作，对社会保障费实行专户管理，共收缴建设劳保费用4.12亿元，同比增长7.3%；敦促108家施工企业在银行设立了建设劳保费专用账户；全年共督促本市施工企业增加养老保险802人，增加医疗保险549人，增加失业保险469人。清理自1998年以来在财政节余的资金，共对252家企业共计4.5亿元的资金进行了清理，对首批47家企业共计1.3亿元资金进行了拨付。对保障性住房、旧城改造和城中村改造项目，延缓缴纳建设劳保费用，减轻企业资金压力，支持了保障性住房建设工作顺利实施。出台《关于加强郑州市建筑工程竣工结算备案工作的通知》，加强对建筑工程竣工结算计价行为的监督管理，为维护承发包方的合法权益提供了依据，将逐步减少拖欠工程款情况的发生，也为郑州市建设经济指标数据库的建立奠定了基础，全年共办理工程竣工结算备案462项。做好安全文明施工措施费的现场考证及测算工作，完成造价在5000万元以上的工程跟踪服务110余项，并对郑州期货大厦、美景鸿城一期一标段项目工程等数十项工程的现场考评费进行了审核批复。深入多家企业，对其项目经理、造价员、安全员等进行现场安全文明施工措施费考评费政策文件的宣传，共培训人员230余人，安排人员下工地100余次。全程跟踪，为重点工程提供优质服务。为富士康、京沙快速路、三环快速路等重点工程进行造价分析，填补定额缺项，保证重点工程的顺利实施。全年共发布定额解释“案例”71项，发布4期住宅、办公楼、超市、医院等12种不同类型的建筑工程造价指标，并在《郑州日报》、网站和《工程造价动态》上进行公开发布。在市政指标方面，选取60米、50米、40米、30米、20米宽的5种道路综合指标，根据材料价格的变化进行测算和发布，为政府工程的投资决策提供了较有价值的参考。在材料价格信息的测算方面，全年共发布建设材料基准价格信息季度价4期，月价共计12期，涉及建设工程材料8000余种，为企业提供价格信息方面的服务，为政府投资决策提供了价格依据。

（王正田 秦法广）

建筑节能

【概况】 2011年，全市新型墙材总产量56亿块标砖，完成年度计划总产量的101%，新型墙材生产比例和城区新材应用比例98%以上。全市全年建筑节能节约标准煤21万吨，综合考评全省排名第一。对102个民用建筑规划设计方案进行节能专项评审，完成1325.74万平方米新建建筑的施工图设计文件审查，全市新建建筑节能标准执行率继续保持100%。

发布《郑州市建筑节能“十二五”规划》和《郑州市墙材革新“十二五”规划》。投入70万元科研经费，设立《河南省CL结构体系施工技术规程》等4个科研课题，促进了地方标准体系的不断完善。共完成318栋国家机关办公建筑、76栋大型公共建筑和3个锅炉房的建筑能耗信息统计。组织申报2项总装机容量1000千瓦的太阳能光电建筑应用示范项目，并通过现场会、推介会等方式将示范成果广泛推广，在二七区、管城区和上街区等地区的农村设立3个太阳能热水系统试点示范村，总安装面积46.35万平方米，并给予55万元的资金补贴。

优化墙改基金返退和建筑节能专项验收备案流程，将墙改基金返退放置在建筑节能专项验收备案后进行，不符合建筑节能要求的工程不予返退墙改基金，墙改基金与建筑节能挂钩，有效提高节能标准实施率。认真落实民用建筑能效测评标识制度，确定河南省建科院为郑州市建筑能效测评机构，下发《郑州市城乡建设委员会关于开展民用建筑能效测评标识工作的通知》，积极开展民用建筑能效测评标识工作，重点对使用财政资金进行节能改造、省级以上示范工程等进行强制性的能效测评标识。郑州市牧业专科学校新校区和慧城小区的民用建筑能效测评工作已经完成，郑州明远物业住宅小区的民用建筑能效测评工作正在开展。

【建筑节能监管】 2011年，郑州市将年度目标任务向县（市）区分解，制定考核办法，年底组织设计、质监、建筑节能管理机构等部门和技术专家，通过听取汇报、抽查设计审查文件、抽检施工和竣工验收资料、查看工程现场等方法，分组对全市建筑节能与墙材革新工作进行综合检查，通报检查情况，对检查和督导中发现的违法违规行为，按照有关规定予以处理，全年共下达72份行政处罚和限期整改通知书，并监督进行整改。扩大可再生能源在建筑中的应用规模，加强对12层以下新建建筑太阳能建筑应用的监管，继续组织实施可再生能源建筑应用示范和太阳能屋顶计划，扩大光伏建筑一体化示范规模，引导和推进以市场机制为主导的可再生能源建筑应用推广模式。继续落实民用建筑能耗统计报表制度、国家机关办公建筑和大型公共建筑分项用电量报送制度和公共建筑室内温度控制监察制度，充分发挥机关办公建筑和大型公共建筑能耗监测网络的作用，探索并推进既有机关办公建筑和大型公共建筑的节能诊断及改造。积极推进绿色建筑发展，引导建设单位、房地产开发单位树立绿色、低碳消费理念，继续组织绿色低能耗建筑试点示范。加强农村建筑节能与墙材革新工作，在农村地区积极推进节能型住宅建设，积极利用可再生能源解决农村用能问题，并以乡镇“禁实”为契机，推动农村住宅积极应用新型墙材。严格落实新型墙材产品确认、产品标识和远程监控等制度，加强确认产品的管理，积极培育新型墙材骨干企业，重点发展自保温新型墙材、结构与节能一体化配套产品，促进新型墙材产业结构调整和产品升级。

【新型墙材确认管理】 2011年，郑州市认真开展新型墙材产品质量年活动，经省住建厅产品质量抽查，抽查产品的合格率达到100%。开展烧结类确认产品质量隐患排查活动，通过企业自查、县（市）区排查和郑州市组织检查的方式，增强了生产企业的产品质量意识和产品质量管理能力，促进了全市烧结类确认产品质量的大幅提升。重点发展自保温加气混凝土砌块，郑州市首条年产30万立方米B05级蒸压加气混凝土砌块生产线正在建设。认真落实新型墙材产品标识制度，要求新型墙材生产企业以文字、符号、图案等形式，采用模压、喷涂等方式，在新型墙材产品上进行标识标注，用以识别本企业产品的“身份”，没有产品标识的新型墙材，不予申报产品确认，不得在工程中使用，全市69家获得确认的新型墙材产品全部进行了产品标识。

【新型墙材专项基金管理】 按照市区新型墙体材料专项基金征收率85%以上、县（市）和上街区新型墙体材料专项基金征收率65%以上、新型墙体材料专项基金解缴率100%的目标，2011年郑州市区新型墙材专项基金征收额达1.18亿元，基金征收率99.98%，县（市）基金征收额为2505.54万元，全市基金解缴率100%。新型墙材专项基金征管实现三个延伸：一是向各开发区延伸；二是向集体土地上房屋建筑活动延伸；三是向管理的细节化延伸。全年新型墙材专项基金额共计591万元，其中省级75万元，市级516万元。在对扶持项目全面监管的同时，注重对项目的跟踪问效，重点跟踪项目的实施情况，追问项目的落实成效，并对跟踪问效的资料收集整理，做到资料齐全、真实、准确。

【“禁黏”和“禁实”工作】 2011年，郑州市出台了《关于进一步贯彻落实〈郑州市发展应用新型墙体材料管理办法（市政府第191号令）的通知〉》（郑政明电〔2011〕73号），要求各县（市）区突出抓好以“禁实”“禁黏”为重点的各项工作。10月下旬，在县（市）、上街区自查的基础上，组织检查组对县（市）、上街区“禁黏”工作进行验收，郑州市所辖6个县（市）、上街区城区“禁黏”全部通过验收，对照省住建厅公布的“十二五”“禁黏”城市时限，登封市提前1年、新密市和荥阳市提前2年、新郑市和中牟县提前3年完成“十二五”“禁黏”任务。作为全省乡镇“禁黏”试点，登封市所辖11个乡镇全部通过“禁黏”验收，提前1年完成了“十二五”乡镇试点“禁黏”任务；7个乡镇的“禁实”工作通过验收，圆满完成了年度目标任务。

【散装水泥推广】 2011年，郑州市初步建立散装水泥、预拌混凝土和预拌砂浆“三位一体”的发展模式。全年推广使用散装水泥913万吨、预拌混凝土865万立方米、预拌砂浆34万吨。较上年分别提高3.04%、8.09%和60.34%。实现市区禁止现场搅拌混凝土90%以上的目标。节约资源和保护环境创综合效益4.1亿元，其中节约标煤21万吨，减少粉尘污染9.2万吨，减少CO_2排放55万吨。散装量在全国中西部城市中位居第一，在全国省会以上城市位居第六。积极协调科研单位对预拌砂浆生产企业进行产品研发，成功研发轻质加气混凝土材料抹灰砂浆、低碱高柔抗裂砂浆、高速公路快速修补材料等一批国内领先的科研产品，其中，郑州筑邦建材有限公司实验室被郑州市科技局授予“郑州市预拌干粉建筑材料工程技术研究中心”。加大对企业的扶持力度，采取“生产企业重点扶持、科研项目重点研发、技术人员重点培训”的办法，用有限的资金帮助企业解决设备、研发和人员培训的困难。2011年，对河南宏光建材有限公司、河南隆鑫水泥有限责任公司等6家生产企业进行设备和资金扶持，帮助企业进行技术改造，共计补贴200万元。

【节能科技进步】 2011年，郑州市树立“围绕城建抓科技，抓好科技促城建”的理念，安排建筑节能专项资金预算221万元，主要用于建筑节能科研和示范项目。组织有关专家和企业赴天津学习考察“自保温蒸压加气混凝土砌块生产技术和工程应用”，积极推动蒸压加气混凝土砌块自保温体系的发展，并确立“建筑垃圾在新型墙材应用”“蒸压灰砂加气混凝土砌块应用”等科研项目，带动墙材革新产业的技术进步。全年获河南省建设科技进步一等奖3项、二等奖1项、三等奖1项，获中国市政工程协会及中国市政工程协会市政科技专业委员会颁发的市政工程科学技术三等奖1项。平煤建工集团有限公司申报的“御鑫城8号楼及地下车库工程”和河南省第一建筑工程集团有限责任公司申报的“宋庆龄雕塑及活动中心工程”成为“河南省建设科技试点示范工程”。

（王正田 秦法广）

勘察设计业管理

【概况】 2011年，郑州市勘察设计企业面对激烈的市场竞争，积极转变经营思路，一方面深化企业内部改革，改善经营管理，一方面“走出去”，开辟外地市场，扩内需保增长，取得了良好业绩。全年完成工程勘察合同金额5.7亿元，工程设计合同金额25亿元，完成营业收入39.6亿元，三项指标均比上年增长13%。纳入郑州市属地化管理的勘察设计企业共有242家，其中甲级资质企业68家、乙级134家、丙级40家；施工图设计文件审查机构7家，其中一类审查机构4家、二类审查机构3家。共有从业人员2.35万人，各类注册人员3000多人。

【规范勘察设计市场秩序】 开展2010年度企业资质动态考核工作，对10家考核结论为基本合格的企业，列入行业重点监管对象；对5家考核不合格企业的资质予以撤销。对24家被评为2010年度全省工程勘察设计行业先进单位企业的资质免考核。加强资质和从业人员的资格管理，完成76家勘察设计企业的资质审核上报工作,其中，新申请企业48家、资质增项21家、资质升级2家、资质延续5家。根据省住建厅工作安排，完成1440名注册建筑师、勘察设计注册工程师考试报名、注册延续工作。根据省住建厅印发的《河南省建筑边坡与深基坑工程管理规定（试行）》和《河南省建筑边坡与深基坑工程设计方案评审办法》的通知，要求各建设单位提高安全生产及质量意识，切实把建筑边坡与深基坑工程方案评审工作纳入正常管理轨道，加强对建筑边坡与深基坑工程的管理。开展全市高层混凝土工程执行强制性标准情况检查和全市工程勘察质量监督执法专项检查，并做好迎接住建部、省住建厅专项检查工作。针对全国建设工程质量安全及建筑市场检查中发现的郑州市正大美丽泉经济适用房1号楼、郑州铁路局石化路凤凰家园二期住宅1号楼、郑州铁路局经济开发集团住宅1号楼存在的设计问题，跟踪督导负有责任的设计企业逐项逐条进行整改落实，严格规范勘察设计市场秩序。

【施工图审查】 严格要求设计企业、施工图审查机构认真执行河南省居住建筑节能65%、公共建筑节能50%的标准，并通过工程方案的节能评审及施工图审查对实施节能标准进行监管。2011年，共备案住宅工程760项，节能建筑面积853万平方米；公共建筑358项，节能建筑面积515万平方米。全年全市7家施工图审查机构共审查建筑工程项目1350项，建筑面积1594万平方米，总投资额201亿元；市政工程项目129项，总投资额19.2亿元。

（王正田 秦法广）

城乡规划与管理

城乡规划设计

【郑州都市区空间战略规划】 2011年2月24日，郑州都市区空间发展战略规划方案国际征集活动在嵩山饭店启动。11月3日，郑州都市区空间发展战略规划征集方案评审会召开，北京大学城市与环境学院、广州城市规划勘测设计研究院、郑州市规划勘测设计研究院等3家编制机构参加评审，由郑州市规划勘测设计研究院制定的一号方案取得优胜。规划范围：郑州行政辖区内的各县（市）区、开发区。包括中原区、二七区、金水区、管城区、惠济区和上街区以及郑州高新技术产业开发区、郑州经济技术开发区，巩义市、荥阳市、新密市、新郑市、登封市、中牟县，总面积7446.2平方公里。该规划确定了郑州市组团式发展、城乡统筹、产城融合的发展框架。

【“六城十组团”规划】 “六城”规划：航空城、新郑新城、中牟新城、巩义新城、新密新城、登封新城等“六城”规划基本编制完成，经济发展需要部分还在修编；在编制郑州航空城总体规划并完成报批的基础上，初步完成了航空城总规与航空物流规划、机场规划的整合，对富士康项目和机场二期扩建开工起到了规划引领作用。“十组团”规划：已完成郑州宜居健康城、宜居职教城总体规划，已完成宜居教育城总体规划征集方案征集，并整合华南城项目进行最终方案整合。中原宜居商贸城（须水镇总规修编）已通过市政府审批，新商城、金水科教新城、惠济高端服务业新城、二七生态文化新城等4个组团已完成初步规划方案，高新城、先进制造业新城等2个组团已基本完成各层次规划。

【城市总体规划】 2011年，郑州市为更好地实施城市总体规划，衔接“十二五”国民经济与社会发展规划，按照国务院已批的《郑州市城市总体规划（2010-2020年）》和《郑州都市区空间发展战略规划》，编制完成了《郑州市近期建设规划（2011-2015年）》，并通过专家评审；结合“六城十组团”规划建设进程，为“六城十组团”规划建设提供技术支撑，编制完成中心城区《南部片区概念性总体规划》和《北部片区概念性总体规划》，经市规委会通过。

【控制性规划】 2011年，郑州市中心城区20个片区的“控规”导则基本编制完成。龙湖地区和滨水区控制性详细规划编制完成，高新区控制性详细规划全覆盖工作编制完成，150多项街坊“控规”编制完成。中牟、登封、巩义、新郑、上街编制完成中心城区控制性详细规划，实现全覆盖。

【城市设计】 2011年已完成和确定中心城区3个区域的城市设计方案，即金水路沿线、河医—碧沙岗周边地区和商城遗址周边地区；完成4条快速通道沿线的城市设计中期方案，即郑州市三环路、农业路、陇海路、科学大道；完成新城区6个区域的城市设计，即龙湖中环路城市设计、CBD副中心如意湖地区城市设计、郑东新区龙湖地区沿湖城市设计、郑东新区交通枢纽核心区城市设计和高新新城核心区城市设计、高新区西四环沿线区域城市设计；完成机场高速、107辅道和航海路的景观绿化设计工作。

【交通规划】 2011年，郑州市规划部门加强交通系统性、前瞻性研究，提升郑州市在国家综合交通运输网的地位，大力推进航空港二期、铁路客运专线、新客站和郑州至开封、至机场、至焦作城际铁路建设。在都市区规划形成“四纵三横”的高速公路网络，并加强快速通道的放射规划。大力开展“畅通郑州”综合整治工程，通过完善主城区道路交通体系，做到主城区快速路与外围高速公路有效衔接，实现30分钟市区交通圈的规划目标。推进“两环十五放射”和10条快速通道的规划工作。围绕“畅通郑州”交通综合整治工作规划方案，大力开展交通微循环的建设，完成100条支线路网打通工程规划，规划完成22处人行天桥、40余处路口渠化和公交港湾的节点交通完善工程；结合停车场规划，推进公共停车场的规划建设，并大力开展交通枢纽地区、城市出入市口、内环地区的交通完善工作。加强以轨道交通、快速公交为主体的公交优先体系的建设，完成《郑州市轨道交通线网规划修编》和公共交通专项规划。

【市政设施规划】 2011年，郑州市规划部门组织完成204条市政道路管线综合规划编制工作，完成《魏河截污工程完善规划》《贾鲁河及西流湖地区截污规划方案》《郑州市中心城区排水明沟（渠）现状调查及初步规划方案》；完成《中心城区市政专项规划》《外围都市区市政专项规划》（初步成果）等10多项专项规划，正在组织编制《四环内架空线入地规划》等专项规划。督促编制了中心城区给水、排水、再生水利用、雨水利用、电力、燃气、热力等专项规划。

【中心城区改造规划】 城中村改造方面，2011年5月，成立了城中村改造及合村并城规划编制办公室，加大对城中村改造规划编制的推进力度。编制完成31个新编村组“控规”方案，集中人力物力及时完成15个城中村“控规”方案编制及报批工作。经市政府批准改造的117个城中村改造任务中，69个已实施拆迁的城中村，除3个因违法建设和调整《总规》绿地暂停进行城中村改造外，66个村的“控规”已编制完成，市政府批准59个，45个已完成“修规”方案。在30个未实施拆迁的城中村中，已全部完成“控规”编制方案，“控规”经市政府批准的8个，6个已完成“修规”方案。18个政府主导的村组中，7个已编制完成“控规”，经市政府批准“控规”的村（组）有4个。合村并城方面，编制《合村并城规划编制导则》，并按照《郑州市人民政府关于合村并城工作的指导意见》下发。配合市合村并城工作办公室，在各区申报的基础上确定了21个合村并城试点项目，其中“修规”和“控规”已完成的有4个；“修规”已经完成，“控规”正在编制的有3个；“控规”已经完成，“修规”正在编制的有7个；“修规”和“控规”正在编制的有7个。同时，加强对县（市）区合村并城工作的指导，向各县（市）区下发了编制新型城镇化空间布局规划和合村并城及新型农村社区空间布局规划的通知，并建立了月报制度以跟踪督促编制工作。

【民生工程】 2011年，郑州市规划部门对民生工程特事特办，开通“绿色通道”，加快规划审批。完成了《郑州市保障性住房用地布局规划（2011-2015）》，完成13个经适房项目、19个棚户区改造项目的“控规”编制审查和报批工作。完成了市内5区行政综合服务中心选址工作，完成市内5区社区“两店”选址214个，完成全市报刊亭选址工作，16个加油加气站和市区外围通道周边的规划选址工作初步方案已完成，制定10多处出租车司机休息点初步方案。

【郑州城乡规划展览馆建设】 2011年，规划展览馆完成建筑设计方案征集及网络评选，确定建筑设计最终方案，发放项目选址意见书，完成施工现场拆迁及土地清表工作。展览馆建设工程项目建议书、环境影响评价报告和工程项目可行性研究报告均已完成。

【县（市）区规划】 一是坚持用规划引导县域发展。各县（市）区在《郑州都市区发展战略规划》指导下，在加快推进郑州市确定的组团规划编制的同时，立足各地实际，科学编制各层次规划，建立了覆盖城乡的规划体系。新密市完成了《新密市总体规划》的修编工作；荥阳市在编制宜居健康城规划的同时，完成了《荥阳组团发展战略规划》，进一步完善了产业集聚区基础设施规划。各县（市）区按照年度目标责任，完成了所有中心村规划编制工作。中牟、登封、巩义、新郑、上街已编制完成县城中心城区“控规”全覆盖。同时，以规划为引领，加快合村并城、合村并镇、合村并点规划编制，着力推进新型农村社区建设。

省委常委、代市长吴天君调研三环快速化建设工程

二是坚持科学管理规划。各县（市）区认真贯彻《城乡规划法》和《郑州市城乡规划管理条例》，建立了有效的规划审批机制，严厉打击违法建设，维护了规划的严肃性。同时，坚持以人为本，重视基础设施和公共服务设施的布局，为城乡建设的又好又快发展提供了科学的规划保障。

（李同现）

城乡规划管理

【规划建章立制】 2011年，郑州市在规划建章立制方面，建立和完善了《郑州市五级规划审批制度》，制定了《郑州市集体土地上村民住宅建设规划管理暂行办法》《郑州市集体土地上建设项目规划许可证发放管理办法》《郑州市交通影响分析（评价）编制管理暂行办法》等规章并发布实施，《郑州市城乡规划管理技术规定》进入立法程序的前期准备工作已基本进行完毕。

【提高规划审批效率】 一是对重点、重大项目开设规划“绿色通道”，在符合法律法规的前提下，对一些重大项目在用地和“控规”方面，经市政府同意进行“路条制”等服务。二是对符合城市规划要求的规划项目，继续推进办卷审批限时制。三是建立网上督办，将项目审批过程定时间、定标准、定责任，强化工作人员和主管领导的工作质量和工作效率。四是改进工作方法，由原来的项目催人办理，变为工作人员盯着项目走、催着甲方办理。

【规划批后管理】 2011年，郑州市规划部门依照《城乡规划法》开展了规划核实工作。一是按照退线要求，做好工程出地面时的验线工作；二是做好工程竣工后的规划核实，防止工程“长高长胖”；三是对工程竣工后的中小学、幼儿园等民生工程进行规划核实。全年共办理规划核实项目181项，其中组织验线172项，组织竣工核实9项，对在规划核实中发现问题的项目及时提出整改要求，切实维护了城市规划的严肃性。

【违法建设治理】 自开展违法建设专项整治活动以来，郑州市规划部门履行职责，积极有效地推进整治活动的开展。一是制定出台相关文件，进一步完善行政执法程序。代市政府起草了《郑州市集体土地上村民住宅建设规划管理暂行办法》《郑州市违法建设查处网格化管理办法》《郑州市违法建设查处工作措施》《市违法建设查处工作评优评差实施方案》《市违法建设查处评分细则》等文件，对加强市区集体土地上村民住宅建设的规划管理，规范村民住宅建设及执法部门的行政执法程序，加强对执法部门的监督等进行了明确，为规划管理工作的顺利开展进一步提供了依据。二是组织开展违法建设集中整治专项活动。根据市委、市政府的工作部署，按照郑州市城市管理整治提升和十大违法领域整治活动的要求，在全市范围内开展了《郑州市村民宅基地新建扩建房屋专项整治活动》和为期两年半的《市违法建设集中整治活动》。同时，结合实际及时制定实施方案下发各县（市）区，并督促落实。定期组织召开违法建设联席会，及时传达市委、市政府指示精神，积极有效地推进整治活动的开展。三是加强对全市规划执法部门的监督检查。为推动《城乡规划法》等法律法规和“郑办文〔2010〕45号”文件的贯彻落实，增强各执法单位的责任感和使命感，确保违法建设查处工作的稳步推进，郑州市规划部门坚持向市政府日报周报、督促落实等制度，并在11月组成3个巡查组，通过拍照、录像等形式，对全市违法建设现状进行巡查、暗访，重点对城市主要出入口、主次干道、新修道路两侧、背街小巷、城中村和已建成住宅小区进行巡查，及时将巡查结果反馈到各单位，提出整改要求。四是开展违法建设绩效考核工作。根据市绩效办的工作部署，依据《市违法建设查处工作评优评差实施方案》和《市违法建设查处评分细则》，协调相关部门对全市违法建设查处工作进行季度考评，并将考评结果及排名情况报市绩效办在全市通报。通过检查考核，切实加大了对违法建设的查处力度，形成各执法部门和相关职能部门的工作合力，确保违法建设查处工作取得实效。五是开展宣传活动，营造打击违法建设的舆论氛围。积极与相关媒体对接，充分发挥《郑州日报》《郑州晚报》、政府网站和新闻媒体作用，对“郑办文〔2010〕45号”文件、《郑州市违法建设查处工作措施》等文件进行宣传。代市政府草拟了加大违法建设查处力度的公告，又与市建委、房管局等8个市直单位联合起草发布了查处违法建设的通告，在《郑州日报》每半月刊登一次，并设置违法建设曝光台，及时报道新增违法建设及查处情况，使广大群众知晓政府整治违法建设的决心，形成全民联合整治违法建设，共同维护城乡建设秩序，创造良好生活环境的局面。

市规划局举行郑州都市区空间发展战略规划方案评审会

【违法建设查处】 2011年，郑州市规划部门进一步完善了行政处罚制度和裁量标准，联合市国土资源局、住房保障和房地产管理局、财政局和市直机关事务管理局出台了《对违法建设的建筑物及其他设施依法没收后的移交处置意见》，对无法实施拆除的违章建筑提供了行政处罚的可操作依据；参与河南省建设厅《行政处罚自由裁量权》的修订，使处罚依据更加明确、处罚标准更加量化。市规划监察支队充分发挥郑州市违法建设查处主力军作用，对正在建设的违法建筑做到快速行动，发现一起拆除一起，有效遏制了新增违法建设。2011年共下达行政处罚告知书260份，责令改正通知书198份，行政处罚决定书71份，罚款处罚决定书161份，申请政府实施强制拆除60项，审核并办结违法建设案卷100多件，共上缴罚没款9700余万元，拆除违法建设14万多平方米。

【地下管网规划管理】 2011年，郑州市规划部门启动地下管线普查工作，起草《郑州市城市地下管线管理办法》，编制《郑州市地下管线普查与信息化建设工作方案》，完成项目招标工作。开展地下管线工程的验线和规划核实，拟定验线程序和技术规程，并及时向各报建单位下达《郑州市城乡规划局地下管线工程验线、规划核实和竣工验收资料报送通知书》，共完成100余项工程项目的验线工作。实施管线审查，制定《市政管线联合审查工作程序》，每周召开市政工程建设中心、市交通枢纽建设中心和各管线单位参加的工作例会和联合审查会，协调解决各类地下管线施工中存在的管位调整、高程衔接等问题，力争做好地下管线与道路、桥隧工程同步规划、同步建设，有效控制“天天挖沟”现象。

【规划管理信息化建设】 2011年，郑州市规划局完成局中心机房建设，达到国家B级机房标准；完成覆盖各分局、监察支队的规划信息局域网建设；完成覆盖全局的电子政务内网、外网工作；完成局机关、档案馆大楼互联网无线信号全覆盖。完成了局系统VPN系统及移动介质管理，保障了网络安全。所有公文、通知、公告、简报等均通过局内网信息系统平台流转、办理、下发，无纸化办公迈出实质性步伐。开展各类历史存档电子化及入库工作，实现档案电子化查询。完成历史规划编制成果和全市基础地理空间数据入库工作。通过系统的自动校核、冲突检测等功能辅助决策，实现规划编制、审批的智能化。

【规划政务公开】 2011年，在规划政务公开方面，一是建立规划信息公开制度。市规划部门将组织编制的各类城乡规划及时向社会公布，接受社会各界的意见和建议，并邀请公众代表参加规划评审；对依法批准的各类城乡规划，及时向社会公布接受监督。二是实行行政许可公开制度。所有城市规划和“一书三证”的审批，除涉密外，其他的都通过现场、网络或报纸等进行批前公示和批后公告。三是坚持城建许可档案公开。建立完善的城建档案查询制度，接受社会各界人士的查询。

（李同现）

市政建设与管理

综 述

【建立城市管理长效机制】 2011年，郑州市城市管理部门始终坚持服务郑州都市区建设、服务和改善民生的指导思想，按照管理抓提升、建设抓重点、基层强机构、基础完功能的工作要求，不断探索新的城市管理体制和运行机制，深入推进以“畅通、整洁、有序”为目标的城市管理整治提升活动，城市精细化管理水平逐步提高，城市功能逐步增强。郑州市先后出台《市委、市政府关于全面加强和提升省会城市管理的若干意见》《郑州市城乡综合管理考核实施方案》等一系列政策性文件，从理顺管理体制、完善工作机制、加大资金投入、充实管理力量等方面，为提升城市管理水平提供了政策保障。

按照重心下移、责权一致和讲求实效的要求，将临时占用道路、道路附属设施建设、环卫设施建设、户外广告设置等事项的管理权限下放到各区，确立城区政府在城市管理中的主体地位，逐步形成“决策考核以市为主，组织实施以区为主，日常检查以街道为主，市民动员以社区为主”的城市运行管理体制。

实行城市管理问题有偿整改制度。对环境卫生、户外广告、占道经营、建筑垃圾、市政设施、城市河渠等方面的问题，实行有偿整改，加大责任单位不作为、慢作为的成本。建立霓虹灯管理、河道管理评优评差制度，对各区、有关部门城市管理任务落实情况在新闻媒体上公布，增强全社会共同做好城市管理工作的责任感和紧迫感。

建立城市管理应急服务处置机制。坚持每天对全市市容环境卫生、道路、路灯、河道进行巡视检查，按照先进行处置、后区分责任的要求，及时处理群众反映的各类突发问题。全年城市管理“立刻办”热线受理市民来电85.1万个，解决了大量事关群众切身利益的热点难点问题。

建立城市管理工作奖惩机制。依托数字城管平台，完善城市管理考评体系，细化考评标准，将各级、各部门的数字化城市管理考核情况、重点工作开展情况、媒体和公众监督情况、政风行风评议情况、财政投入情况、基础设施建设情况、技术装备提升情况纳入城市管理综合考评范围。市政府设立每年不低于6000万元的城市管理基金，全额用于综合考评。同时还安排专项资金对各区环卫设施建设升级改造、清扫保洁作业等项工作进行奖补。安排城市管理应急资金，用于市容环境综合整治、城市防汛、冬季除雪、应急抢险和各类应急性、指令性工作任务，为提升城市管理水平提供了强大的资金保障。

【公用事业】 2011年，郑州市公用事业各企业坚持以确保公共产品优质、安全供应为中心，大力推进技术更新改造和工程项目建设，全面加强安全生产和规范服务，公共服务水平持续提升。

城市供水。完成供水量2.57亿立方米，售水量2.18亿立方米，管网水质合格率99.59%，管网修漏及时率100%。完善供水布局，刘湾水厂工程于12月10日举行开工奠基仪式，航空港区引水工程、马寨园区供水工程前期工作积极推进。深入开展供水管网安全隐患排查、整改活动，对超期服役、严重老化的供水管网逐步进行更新改造，新增管网89.45公里，其中新建管网39.9公里、改造管网12.5公里，供水管网长度达到2528.06公里。筹措资金推进一户一表改造，办理开工报告162项54577户，在建工程88项38643户，完成20213户，其中验收5621户。

燃气供应。加大气源协调力度，千方百计争取更多气源指标，全年外购天然气6.32亿立方米，销售天然气6.04亿立方米，发展民用户14.4万户，全市天然气用户达110.6万户。积极完善燃气输配系统，与道路同步建设109条路段管网113.572公里；四维机电工程通气，工程燃气管道是郑汴长输管线建成后20多年来第一次按照长输管线模式建设；北四环1200米管径Φ813天然气管道天河路定向钻穿越工程顺利完工，创造了城市管网建设中穿越工程新的高度和纪录；西北四环管线全线贯通通气，完善了北部区域管网，对解决北部乃至郑州市冬季用气紧张、均衡管网供气具有重大意义；四港联动大道贯通通气，管道天然气开始输入航空港区，结束了航空港区依靠槽车运送CNG（压缩天然气）的历史。

集中供热。南郊热源厂、航空港区热源厂两个集中供热项目按计划稳步推进，项目建设规模、建设速度均实现历史性突破，航空港区热源厂一期2011年11月正式投入运行，保证了富士康园区供热需求。加快供热管网建设，新建改造供热管网36公里，新增供热面积410万平方米。为最大限度发挥热源热网的综合效能，市热力总公司投资2000多万元建设了调度中心，供热管理模式开始由粗放型向集约型转变，初步实现了对整个供热系统的“大调度”；中原环保股份有限公司投资300万元在60余座热力站内安装热网自动监控系统，提高了供热管网的自动监控能力。积极推进供热计量改革，完成了紫荆山百货大楼、省新华书店等9家大型公共建筑共计38.98万平方米的供热计量改造工作；完成了省新闻出版局家属院等3个居住小区、郑东新区管理服务中心等3个大型公共建筑供热计量抄表试验工作。

【市政建设】 2011年，火车站西广场建设稳步推进，轨道交通以南广场及地下停车场主体工程全部完成，广场投入使用，地下停车场附属工程全部完成，与地铁交叉施工部分于4月腾出场地并复工，累计完成投资计划的82%。完成石化路与中州大道交叉口、科学大道下穿陇海铁路立交、国基路等积水点改造53项，城区汛期积水状况得到较大改善。积极推进人行天桥（地道）建设，16座人行天桥主体完工并投入使用。金水河上游综合整治一期工程完成98%，下游景观工程完成92%。贾鲁河、十八里河（刘湾水库—绕城高速）截污工程分别完成92%和85%。五龙口污水处理厂（一期）、马头岗污水处理厂升级改造工程完工并通过环保验收。污泥处置利用工程基本完工，污泥处置能力达到600吨/日。

刘湾水厂开工奠基仪式

【环境卫生管理】 2011年，郑州市环境卫生管理工作落实延时保洁制度和四类地区分类管理标准，成立专职督查队伍，对城区内的道路清扫保洁和设施管理实施全方位、全时段督查，提高道路清扫保洁质量。积极开展“清洁家园”竞赛活动，加强对县（市）环卫工作的行业管理，全面提升各县（市）市容环卫管理水平。加大环卫设施建设，新建公厕100座,改造和新建垃圾中转站44座,增设公厕导示牌2500个,更新果皮箱1万个，购置机械化清扫车39台。餐厨废弃物资源化利用和无害化处理试点实施方案经国家发改委批准，餐厨垃圾处理场项目可研编制基本完成。加大有偿清运力度，组织清运积存垃圾3780车2.53万立方米，督促责任单位清理170.5万立方米，核减责任单位经费2372万元。创新洒水作业方式，将洒水降尘改为高压冲洗车和洗扫车联合作业，既有效地提高了清扫保洁质量，又避免了影响交通和市民出行的问题。严格执行垃圾进场双向登记制度，共处理生活垃圾110.7万吨。

【城市管理行政执法】 郑州市城市管理行政执法实行分区域巡查和街长制度，建立问题跟踪整改机制，及时协调、督促各区强化市容环境管理。全年累计出动执法人员17.13万人次、执法车辆5.88万台次，下达责令改正通知书7万余份，清理取缔违章占道行为36.4万起，拆除违法户外广告1830处9.72万平方米，清理软体条幅1.64万条，清除小广告23.8万处，更换、整修、清洗门头牌匾1.7万处，查处违规建筑垃圾运输车3700台。积极推进有证报刊亭更换、无证报刊亭拆除工作，完成有证报刊亭更换106个，拆除无证报刊亭45个。全天候接受群众举报，协调各区查处收缴违规犬只，违法养犬现象得到有效遏制。

【城市管理整治提升活动】 市委、市政府决定从2011年至2013年开展城市管理整治提升活动，力争通过3年时间，实现城市环境畅通、整洁、有序的目标。2011年6月，市委、市政府开始对开展城市管理整治提升活动进行调研、研究方案，先后下发了《中共郑州市委、郑州市人民政府关于全面加强和提升省会城市管理的若干意见》《郑州市人民政府关于印发郑州市城市管理整治提升活动实施方案的通知》等文件，成立了市长任组长的城市管理整治提升活动领导小组，每月召开一次工作例会，综合运用现场督导、会议讲评、评比排名等形式，对各责任单位的工作开展情况进行督促、检查。市政府设立不低于6000万元的城市管理基金用于城市综合管理考评奖励。同时，出台了《郑州市城市管理综合考评实施方案》《郑州市城市管理整治提升活动督导办法》和《郑州市城市管理整治提升活动定量考核与评分办法》。2011年底前主要针对交通拥堵、机动车乱停乱放、占道经营、环卫保洁不到位、破损路面的修复、户外广告设置不规范等严重影响城市形象和市民生活的24项突出问题，集中力量，重点突破，整治提升活动成效初步显现。

【市政设施管理】 2011年，郑州市围绕城市管理整治提升活动，实施市政设施精细化养护维修，切实提高市政设施养护、维修、管理水平，为避免传统的道路维修与城市交通之间的矛盾，按照“勤小修、免大修、不断行”的要求，推行夜间施工不断行的养护维修模式，晚20时封闭、早6时放行，集中力量分段进行快速施工，完成一处、转场一处，有效降低了对群众生活的影响。对大学路、陇海路等路段进行了大修、复浇，完成车行道维修48.92万平方米，人行道维修6.83万平方米，市区10条精品街、主要干道车行道完好状况基本实现“零病害”的养护工作目标。完成雨水管道疏挖1606公里，完成检查井和进水井疏挖14.6万座，泵站污雨水抽升完成905万吨。完成“四桥一路”清洗、涂刷51.92万平方米。继续实施中心城区雨污水管网改造工程，铺设雨污水管道51公里，城市道路汛期防汛抗灾能力显著提高。加强破路和占道施工管理，对市内五区（四环以内）和高新区、经开区范围内的道路掘动，实行统一审批和修复，建立严格的联审联批、管线综合审查、快速施工、提前公示等制度，全年共办理破路手续106份、占道手续1342份。对420条道路的架空通信线缆进行归拢、绑扎整治，清理废弃线杆800余根，治理线缆乱点263处，对549处占道线杆实施移位改造。

组织开展路灯设施百日综合整治活动，共计巡查路灯23万余盏，查出各类设施病害579处，维修路灯16500余盏，设施整修25556余处，处理故障1750余处，补装井盖1150余块，主要道路明灯率达98.98%以上，综合明灯率达到98.60%以上，设施安好率达到92.59%以上。开展霓虹灯评优评差活动，建立日督查、周通报、月考核评比、年奖惩的工作机制，对霓虹灯进行全面持续整治，全市霓虹灯完好率98%以上。积极营造春节喜庆氛围，在公园、广场、车站、立交桥、城市出入口等重点区域悬挂灯笼36590盏，设置庆新春灯杆公益广告1500余杆，设置节日问候大型公益广告12块，在9块大型电子显示屏滚动播出庆祝春节的宣传标语和插片公益广告，展示了省会城市良好形象。

进一步完善河区景观，补充乔灌木1.65万株，更新、改造草坪4.06万平方米，补栽草坪斑秃3.2万平方米，重大节日在滨河公园重要桥头、景区摆放、栽植时令草花17.05万株，形成了滨河公园独具特色的绿化风格；加大清扫保洁力度，延长重点地段保洁时间，确保了园容园貌干净有序；做好河区设施完善和养护工作，在河区建设公厕5座、垃圾中转站2座，增设座椅157个；对城区河道污水源进行全面排查，将污水口、污染源排放情况纳入河道日常动态管理，记录在案，全年共查报污水口62处。

切实抓好城市防汛工作，针对建设项目多、对排水管网干扰严

省委常委、市委书记连维良在大学路与淮河路交叉口积水点现场检查协调工作

重的实际情况，对各类施工现场排水设施损害现状和薄弱环节进行拉网式排查。建立全市重要道路、重点部位积水点责任人制度，明确积水点和收水口的管护责任人；改变以前遇中雨才启动预案的做法，提前了解天气状况，凡遇降雨，立即要求所有人员和移动泵车提前上岗到位，开展防汛抢险工作。建立城市防汛社会监督机制，将市区积水点位置及应急措施、责任人情况，防汛重点部位责任单位及责任人情况，移动泵车防汛值守情况，通过新闻媒体向全市人民公布，及时处理群众反映的问题，自觉接受广大市民监督。进入汛期后，市、区城市防指全员在岗到位，坚持24小时值班和领导带班制度，实施有效的指挥调度，及时抢险排险，确保城区安全度汛。

【数字化城市管理】 2011年，郑州市对三环以内地理信息数据进行了维护更新，完成了四环以内数据建设项目，标志着郑州市数字化城市管理系统实现四环以内全覆盖。对《数字化城市管理考评办法》《数字化城市管理信息采集工作考核办法》进行修订完善，制定《数字化城市管理行政效能责任追究办法》，建立日检查、周通报、月排名、季初评、年总评的考评工作机制。每月依据考核、检查和整改情况，量化成考评分值，排出名次，兑现奖惩措施。当月考核成绩由考核领导小组集体审核后向社会公布，并作为年终考评的依据。全年数字城管系统共受理案件47.4万件，协调派遣率保持100%，结案率平稳升至86.01%，成功协调处理媒体转报疑难案件497件。充分发挥数字城管系统覆盖面广、效率高的优势，完成了路面病害、占道经营、广告条幅、破路占道、线杆安全隐患等多项普查统计和分析工作，为改进城市管理工作提供了依据。

省委常委、代市长吴天君视察航空港区热源厂工程建设情况

【城乡管理综合考评工作】 2011年底，郑州市启动城乡管理综合考评工作，成立郑州市城乡管理综合考评委员会，在市城市管理局下设办公室，具体负责考评标准的制订和考评工作的组织实施。为增强综合考评的科学性、有效性，按照统一标准、分类考评的原则，将考评对象分为县（市）区组、市直局委组、公共服务组，按照文明城市、卫生城市、园林城市的管理标准实施考评。考评内容除工作职能履行情况外，增加了城乡管理年度目标完成情况、经费投入情况、队伍建设情况、解决热点难点问题和媒体曝光、市民反映问题的处置工作情况等，既发挥了综合考评的宏观指导作用，又具有较强的操作性。健全考评办法，采取日监测、周通报、月排名、季初评、年总评的方法，进行综合检查和考评。日监测、周通报，通过数字城管系统实行每日在线监测，每周汇总一次成绩，按分组在媒体公布排名。月排名，数字化城市指挥中心汇总当月日监测的成绩，占总分值的70%；日常检查成绩占总分值的30%。季初评，本季度3个月的累计成绩占70%；其他项目成绩占30%，包括年度目标完成情况、经费投入情况、队伍建设情况、媒体曝光和市民反映问题的处置情况。年总评，由市城乡管理综合考评委员会组织实施，对日监测、月考评、季初评成绩进行汇总，得出全年总成绩。市政府设立6000万元城乡管理奖励基金用于考评奖励，月考评只罚不奖，每月在媒体上公布排名，对排名末位的进行处罚；季度考评只奖不罚，每季度对排名前3名的实施奖励；年度考评只奖不罚，按综合排名进行奖励；考评结果定期上报市委、市政府，由市委组织部、市监察局进行备案，作为对单位进行目标责任考核、评比表彰的重要依据，并向社会公布。

(赵　杰　秦永纪)

市政设施养护

【概况】 2011年，郑州市市政工程养护管理坚持以科学发展观为指导，牢固树立以人为本和可持续发展的城市建设管理理念，坚持以社会效益为工作第一要务，紧紧围绕“敢抓敢管、严抓严管、善抓善管”主题教育实践活动和“城市管理整治提升”活动，认真开展精细化养护维修，切实提高市政设施养护、维修、管理水平。市市政工程管理处全年完成总产值2.496亿元。其中，养护维修产值0.696亿元，建安工程产值1.80亿元。

【市政设施养护维修】 道路养护方面，完成车行道维修48.92万平方米，人行道维修6.83万平方米，市区10条精品街、主要干道车行道基本实现主要路病“零病害”的养护工作目标。桥梁维护方面，完成桥梁涂刷9.62万平方米，桥梁桥体保洁清洗42万平方米，维修更换桥梁护栏578米、桥梁伸缩缝13米，并对42座6年以上的桥梁进行了检测。排水设施养护方面，完成排水疏挖1606公里，检查井和进水井疏挖14.6万座，泵站污雨水抽升完成905万吨。道路掘动管理方面，全年办理破路手续106份，破路面积1.8437万平方米；审批办理占道证1342份，面积3.07万平方米。窗口服务及为民服务方面，全年市市政管理处“立刻办”系统共受理社会各界来电、来访反映各类问题3964件，属该处职责范围内问题1535件全部办结；受理市数字化管理中心下达的城市管理相关案件15882起，属该处管辖范围的8263起全部办结。

【市政设施防汛】 2011年，郑州市市政设施防汛工作继续实行以行政首长负责制为核心的各级防汛责任制，立足于防大汛、抢大险、抗大灾，进一步完善了市政设施应急处置预案，加大了防灾、减灾、救灾专业队伍建设力度，着力为实施桥梁突出事故、污水干管事故、泵站事故等应急处置提供人员和物资保障，确保市政设施安全运行。2011年汛期，郑州市区共出现7次强降雨过程，市政管理处共出动抢险人员4000余人次，抢险车辆900台次，把暴雨对市民生活和出行的影响降到最低，中心城区市政设施实现安全度汛。

【城市道路大修改造（复浇）】 2011年，市市政工程管理处对市区部分道路（路段）进行了大修复浇，完成道路大修复浇44.2万平方米。在施工中，该处认真贯彻ISO9001质量体系标准，严格执行施工技术规范，确定创优目标，从工程开工准备到工程竣工验收，密切监控、严格管理，对工程施工进行事前、事中、事后质量控制，全年工程交验合格率100%，优良品率达50%。主要工程为：

（1）大学路道路大修工程（河医立交至航海路）。该工程于2009年11月1日开工，2011年11月24日竣工。完成沥青路面复浇31580平方米。2011年完成施工产值338.52万元，累计完成施工产值593.69万元。

（2）西站路道路整修工程（桐柏路至嵩山路）。该工程于2010年4月1日开工。完成沥青路面复浇21840平方米。2011年完成施工产值74.41万元，累计完成施工产值330.22万元。

（3）迎宾路道路整修工程（黄河迎宾馆至中州大道）。该工程于2010年10月25日开工。共铺设人行道6578平方米，完成路面大修复浇74444平方米，安装侧平石3459米，铺装人行道板6578平方米，更换树池石178套。2011年完成施工产值276.28万元，累计完成施工产值1638.41万元。

（4）中原立交等30座泵站大修改造工程。该工程于2011年3月15日开工，10月31日竣工。完成施工产值999万元。

（5）市区69座桥梁清洗粉刷工程。该工程于2011年3月24日开工，4月23日竣工。桥梁清洗面积55234.4平方米，粉刷面积88384.83平方米。完成施工产值119.93万元。

（6）中原区百花路、互助路道路改造工程。该工程于2011年4月20日开工，5月25日竣工。完成道路路面破除及恢复4080平方米。完成施工产值50.22万元。

（7）郑上路出入市口综合整治道路工程（西南绕城高速至西三环）。该工程于2011年5月15日开工，9月15日竣工。完成沥青路面复浇62849平方米，人行道板铺设47321平方米，侧石安装8582米，升降窨井136座。完成施工产值1479.33万元。

（8）陇海路道路大修工程（东明路至西三环）。该工程于2011年7月14日开工，11月15日竣工。完成沥青路面复浇60215平方米，人行道板铺装8606平方米。完成施工产值651.41万元。

（9）金水西路综合整治工程（文化路至河医立交）。该工程于2011年7月26日开工。铺设花岗岩道板1018平方米，安装侧石1092米，乳化沥青粘层油路面复浇31665平方米。完成施工产值655.88万元。

（10）紫荆山立交一层限高标准安装工程。该工程于2011年9月6日开工。完成桥梁限高标志牌安装36块。完成施工产值84.27万元。

（11）中原路道路大修工程（嵩山路至百花路）。该工程于2011年9月19开工，9月21日竣工。完成沥青路面复浇3485平方米。完成施工产值43.11万元。

（12）江山路道路桥面铺装工程。该工程于2011年10月10日开工，10月11日竣工。铺装沥青砼道路1824平方米（厚度0.06米）。完成施工产值16.66万元。

（13）人民路道路大修工程（金水河桥至太康路）。该工程于2011年10月16日开工，10月24日竣工。完成沥青路面复浇17299.8平方米。完成施工产值139.04万元。

（14）文化宫路、洛河路道路

整治工程。该工程于2010年11月开工，2011年1月竣工。完成沥青路面复浇2960平方米，安装侧石834米，铣刨、新建沥青路面1532平方米。完成施工产值80.26万元。

【市政排水管网改造】 2011年，郑州市中心城区雨污水管网改造工程继续实施，全年共计铺设雨污水管道51公里，完成投资5.758亿元。完成改造的积水点汛期排水效果明显，部分原来积水严重的区域，在几次较大降雨中没有发生严重积水，多数区域以往汛期交通"大下大堵、小下小堵"的情况有所改观，城区积水问题得到较大改善。主要工程为：

（1）二环支路积水点，该工程于2010年8月11日开工，2011年9月5日竣工。主要工程量：方涵2093米，D500-D3000管道386米，明沟护砌1332米。完成投资3718.89万元。

（2）北三环路与中州大道交叉口积水点，该工程于2010年9月16日开工，2011年7月10日竣工。主要工程量：方涵1889米，D1000-D2800管道3962米。完成投资2740.97万元。

（3）开元路、花园路交叉口积水点，该工程于2011年3月15日开工，9月7日竣工。主要工程量：方涵1952米，D500管道3010米，片石护砌2483米。完成投资5201.12万元。

（4）天河路北段积水点，该工程于2011年4月5日开工，7月10日竣工。主要工程量：方涵874米，D500管道1573米，片石护砌1135米。完成投资2507万元。

（5）陇海路与京广路交叉口积水点，该工程于2010年12月23日开工，2011年7月26日竣工。主要工程量：方涵1958米，D600-D1000管道1846米。完成投资3136.62万元。

（6）城东路铁路立交积水点，该工程于2010年9月19日开工，2011年7月1日竣工。主要工程量：方涵1678米。完成投资2589.87万元。

（7）商城路管城区委积水点，该工程于2010年8月28日开工，2011年6月12日竣工。主要工程量：方涵1471米，D700-D1200管道847米。完成投资701.77万元。

（8）嵩山路立交积水点，该工程于2011年3月23日开工，9月8日竣工。主要工程量：D900-D1500管道508米。完成投资250.8万元。

（9）航海路立交积水点，该工程于2011年5月1日开工，7月1日竣工。主要工程量：方涵1393米，D500管道2108米，片石护砌130米。完成投资4525.17万元。

（10）农业路与丰庆路交叉口积水点，该工程于2011年3月28日开工，7月30日竣工。主要工程量：方涵1118米。完成投资1263万元。

（11）陇海路铁路立交积水点，该工程于2011年4月10日开工，7月3日竣工。主要工程量：D800-D1000管道581米。完成投资235万元。

（12）铭功路积水点改造工程，该工程于2010年9月8日开工，2011年6月30日竣工。主要工程量：方涵270米，D1400管道781米。完成投资419万元。

（13）五龙口明沟（桐柏北路至五龙口）改造工程，该工程于2009年8月1日开工，2011年7月9日竣工。主要工程量：明沟护砌3890米。完成投资2875万元。

（14）航海路石柱路积水区改造工程，该工程于2011年5月15日开工，9月8日竣工。主要工程量：方涵1692米，截污管道2108米，片石护砌130米。完成投资4525万元。

（15）化工路下穿陇海铁路立交积水区改造工程，该工程于2011年3月26日开工，6月21日竣工。主要工程量：D300至D800管道245米。完成投资100.58万元。

（16）凤台西街下穿铁路涵洞积水点，该工程于2011年3月27日开工，6月14日竣工。主要工程量：D500-D900管道618米。完成投资280米。

（17）丰乐路雨污水工程（天明路至丰庆路），该工程于2010年12月26日开工，2011年5月4日竣工。主要工程量：D600-D700管道1061米。完成投资250.13万元。

（18）政六街雨污水工程，该工程于2010年12月26日开工，2011年4月28日竣工。主要工程量：D500-D600管道1049米。完成投资162.92万元。

（19）华山路污水改造工程，该工程于2011年1月2日开工，4月5日竣工。主要工程量：D500管道773米。完成投资140.91万元。

（20）卫生路雨污水工程（优胜北路至红旗路），该工程于2010年12月26日开工，2011年6月15日竣工。主要工程量：D500-D800管道2032米。完成投资340.6万元。

（21）银河路污水工程（江山路至长虹路），该工程于2011年3月30日开工，6月20日竣工。主要工程量：D500管道984米。完成投资179.22万元。

(22)航海路十八里河截污工程，该工程于2011年10月10日开工，10月28日竣工。主要工程量：管道100米。完成投资40万元。

【城市照明设施】 2011年，郑州照明灯饰管理处共巡查路灯23万余盏，查出各类设施病害579处（不包括灯座门），拆除和清理各类违规违章广告及悬挂物1209处，处理因施工造成的高低压线路故障85处，维修路灯16500余盏项，设施整修25556余处，主要道明灯率达98.98%以上，综合明灯率达到98.6%以上，设施安好率达到92.59%以上。

建立城市照明长效管理机制。突出路灯管理养护这一主题，强化工作绩效检查考核，推行责、权、利明晰的管理机制，全面提升路灯管养的科学化、标准化、长效化、精细化水平。建立路灯管理目标责任体系，按照“责、权、利”相一致的原则，将路灯养护日常事务交由管理所自行解决，机关职能科室主要做好对外协调和服务工作。建立路灯管养经济目标责任制，按照“总额包干、超支不补、结余奖励”的原则，实行经济目标责任制。实行差异化管理，建立分区分类管理模式，加强重点地区、重要路段路灯设施管理养护，保持一般地区的可控状态。

扎实开展路灯设施百日综合整治活动。以迎接黄帝故里拜祖大典和创建全国文明城市工作为核心，以“创先争优”活动为载体，以确保全市照明设施正常运行为重点，认真组织开展路灯设施百日综合整治活动，共整治道路460余条，更换、补装灯具270余套，校正灯杆、灯具930余基（套），清井1179处，清理杂物1380余处，整修设施5760余处，整治高压设施476处。

城市照明节能管理得到加强。为进一步做好城市照明节能减排工作，根据省节能办《关于加强节能目标预警调控工作的通知》精神，认真落实城市照明节能调控措施，除重要节假日和重大活动期间外，全市公共设施景观灯、已纳入管理的社会楼体景观灯不再开启；加大路灯管理和设施监控力度，科学制定启闭灯时间，杜绝白天亮现象；大力推广使用节能新产品、新技术，优先选择通过节能认证的高效节能产品，确保“十一五”节能减排目标的完成。

【城区河道管理】 2011年，市城区河道管理处认真开展城市河渠整治提升活动，进一步完善各种规章制度，提高管养标准，园林绿化、河道防汛、河道打捞和河岸保洁、河区设施管养维修等各项管理水平得到较大幅度的提高。

加强河区园林绿化建设与管理。对金水河、熊儿河、东风渠“两河一渠”缺失的苗木进行补植，种植乔木2820株、灌木13648株，清除河区死树枯枝13250株。为迎接拜祖大典，在滨河公园及景区摆放、栽植时令草花17.05万株。加强草坪的养护管理，共改造草坪40585平方米，补栽斑秃31989平方米。适时对乔灌木、模纹图案、草坪等整形修剪，保持植物外形整齐美观；开展病虫害防治工作，病虫害防治率达到100%。

全力做好城市防汛工作。城区河道管理处进一步明确“安全第一，常备不懈，以防为主，全力抢险”的防汛指导思想，制定防汛工作方案，落实防汛责任制，建立完善的防汛机构，组建起近200人的防汛抢险队伍。对沿河闸坝等防汛设施进行全面检修，闸坝操作落实到人，确保闸坝启闭自如、起落有序。积极筹措资金对河道进行清淤，确保雨季排水畅通。汛期实行24小时值班制度，时刻监视汛情，确保河道安全度汛。

认真做好环境卫生整治工作。加强河道水面管理，及时打捞漂浮物，保持水面清洁，做到随脏随捞。对污水排放实施动态管理；对河水污染情况全面排查，将污水口、污染源排放情况纳入河道日常动态管理，记录在案，全年共查报污水口62处。加大清扫保洁力度，实施延时保洁，垃圾日产日清，全年清运垃圾13009立方米。进一步完善河区设施，建设公厕5座，垃圾中转站2座，增设座椅157个，对金水河沿线路灯进行改造。加强河区设施养护管理，尤其是在城市管理整治提升活动开展以来，采取“责任到人，分段管理，定岗定责”的措施，建立督查监督机制及奖惩激励机制，保证“两河一渠”设施运转正常，共检修供水设施125处次、供电设施1157处次，检修橡胶坝等相关设施1277处次，确保了沿河设施常年完好率达到98%以上，明灯率达到100%。

（秦东凯　李　妍　所建明）

市容环境卫生

【市容管理】 2011年，郑州市结合全国文明城市创建和城市管理整治提升活动要求，全面推进执法工作开展。市市政管理行政执法监察支队全年共出动执法人员52760人次、车辆1.93万台次，受理交办(举报)件381起，回复率100%；受理市数字化管理中心下达的案件272起，办结率98%；下达责令改正通知书2685份，立案420起，结案333起，执罚170余万元。

户外广告治理成效显著。共普查全市四环以内83条道路沿线户外广告975处，面积174682平方米，普查机场和京港澳高速及航空港区户外广告458处。在普查的基础上，制定周密计划，对违章广告实施依法拆除，全年共拆除违章广告2222处、98527平方米，清理条幅5365条。特别是整治提升活动开始以来，共拆除违章广告739处、48726平方米。

燃气管理秩序明显好转。积极开展管道燃气、液化气专项整治，加强大型液化气经营企业的监管检查；制定燃气巡查制度，建立燃气巡查台账，签订安全生产承诺书。全年共检查经营站点462处，签订安全生产承诺书235份，立案6起，结案6起，暂扣不合格钢瓶212个。

渣土管理力度明显加大。认真落实市委、市政府建筑垃圾运输行业综合治理工作要求，坚持以打击无证营运、私拉乱倒、沿途遗撒等行为为重点，以规范运输市场秩序、建立长效管理机制为目标，通过采取打击非法清运行为，查处违章作业工地，加强督导检查等有效措施，不断规范建筑垃圾清运管理秩序。一年来，共督导检查清运车辆和建筑工地5589台（处），暂扣违章车辆139台，立案119起，结案124起（包括往年积案）。

协调各区做好市容管理工作。开展春节烟花爆竹专项整治，共暂扣违法经营烟花爆竹30余箱、超规格鞭炮1200余个。配合航空港区开展综合整治，共拆除违章建筑50余处、劝导占道经营1300起。配合各区引导瓜车1020台次，清理占道经营4322起、突出店外经营2543起、占道促销1987起、私搭乱建186处。组织开展丹尼斯周边等重点区域市容集中整治15次。

【环境卫生管理】 2011年，郑州市环境卫生处开始负责全市环境卫生、公厕和垃圾中转站管理等工作质量的日常考评、检查督导工作。环卫处不断加大督导督查力度和检查范围，并积极配合城市考评委考核、常西湖流域集中治理和重大活动路线巡查等任务。全年共检查道路7202条（段），公厕3941座次，垃圾中转站1148座次，城中村及出入市口420处次，发现、督促各责任部门解决整改问题13280处。

深入开展常西湖区域整治。为加强常西湖区域的环境卫生管理，根据市政府综合整治要求，成立3个检查组，对常西湖区域垃圾积存现状进行摸底排查，下发整改通知书50份，督促责任城区清理积存垃圾66万立方米，督导各区因地制宜，科学选址，按需建设垃圾收集房57个。将常西湖区域内22个村庄及村域范围均纳入环卫作业管理范围，按照城市道路四类区域质量标准实施清扫保洁作业，按照劳动定额配备人员，核拨环卫作业经费，建立环卫作业长效管理机制。制定了《西流湖区域环境卫生质量标准》，为常西湖环卫的长效化、制度化、规范化管理提供了政策依据。

实行积存垃圾有偿清运。为解决市区范围内及城市周边积存垃圾多，清运不及时，严重影响市容环境卫生等问题，市政府下发了《关于对积存垃圾实行有偿清运的通知》《关于对积存垃圾实施有偿清运工作的意见》。环卫处会同各区及有关单位采取互查、自查、抽查等方式对积存垃圾进行拉网式排查，对垃圾积存问题设定整改时限，建立问责机制；建立局领导班子包区域，处室包片的督查机制，建立日查、日报制度，每天对各区垃圾积存情况进行督察；利用新闻媒体及时公布垃圾有偿清运情况；加大对市区道路、广场、居民楼院、城乡接合部、城郊村、农村的积存垃圾的有偿清运力度，发现积存垃圾立即组织清理。一年来共有偿清运积存垃圾4159车、27315立方米，督促责任单位清理170.5万立方米，市财政核减责任单位清运经费2828.4万元，市区环境卫生状况得到显著改善。

夜间冲洗作业

【垃圾收集处理】 为加强城市垃圾管理，提高城市生活垃圾无害化处理水平，在坚持定时、上门收集沿街单位（门店）垃圾的同时，加强对生活垃圾源头的管理。各区与产生垃圾的单位签订目标责任书，督促生活垃圾全部进入中转站，然后统一实行全密闭运输转运，有效解决了私拉乱倒问题，生活垃圾二次污染明显减少。对市区内垃圾中转站进行全面排查，分批将吊装式中转站进行压缩式改造。严格按照操作规范作业，无害化处理水平不断提高，管理工作逐渐步入制度化、规范化的轨道。市综合垃圾处理场和荥阳垃圾发电厂严格执行垃圾进场双向登记制度，全年共处理生活垃圾110.7万吨。

【环卫设施建设】 2011年，市委、市政府在政策上对环卫设施建设给予倾斜，在经费上给予支持并优先安排，市、区两级政府不断加大投入力度。市财政专门安排环卫清扫保洁奖补经费、环卫设施建设奖补经费、城市管理奖补资金，各区（管委会）也都安排专项资金用于环卫设施建设。2011年，新建公厕100座,改造和新建垃圾中转站44座,增设公厕导示牌2500个,更新果皮箱1万个，购置机械化清扫车39台。

餐厨废弃物资源化利用和无害化处理试点实施方案已经国家发改委批准，餐厨垃圾处理场项目可研编制基本完成。

【环境卫生综合整治】 按照郑州市迎接全国文明城市考核验收工作的要求，郑州市成立了市容环境卫生整治指挥部，印发了《市容环境卫生综合整治方案》。成立环卫专职督查队伍，对城区内的道路清扫保洁和设施管理实施全方位、全时段督查，并会同各区，采取明查、暗查、互查等多种形式，对各区及局属单位的市容环境卫生管理情况进行全面检查，定期排名评比，对突出问题挂牌督办、现场督促整改，全面提升了城市管理水平。

（李松茂　李　刚　潘春瑞）

数字化城市管理

【规范化管理】 为充分发挥数字城管的作用，落实管理责任，郑州市把与城市管理有关的部门和单位一律纳入数字化城市管理在线实时监测系统。2011年，对《数字化城市管理考评办法》《数字化城市管理信息采集工作考核办法》进行了修订完善，制定了《数字化城市管理行政效能责任追究办法》，建立了日检查、周通报、月排名、季初评、年总评的考评工作机制。每月依据考核、检查和整改情况，量化成考评分值，排出名次，兑现奖惩措施。当月考核成绩由考核领导小组集体审核后向社会公布，并作为年终考评的依据，有效地增强了各方面加强城市管理的紧迫感和责任感。

【监督考评】 2011年，数字化城市管理监督中心从郑州市城市管理的实际出发，建立数字化城市管理的长效机制，深化、细化《郑州市数字化城市管理考评办法》及其细则，进一步完善考评制度、考评内容、考评办法，实现了日量化统计，周汇总情况，月综合考评，建立起更加科学、合理的数字化城市管理考评工作规范。一年来，共上报《郑州数字城管》考评通报55期，10月开始每天将案件情况上报市纪委督查室。为进一步优化街面秩序，全面提升城市形象，按照市委、市政府对街头小广告进行专项治理的要求，从2011年2月开始对小广告情况进行专项统计，每天将小广告相关数据发送有关部门，每周对小广告整治情况进行统计排名并报送相关部门，为小广告专项治理提供了可靠的数字依据。加强与市有关部门的联系与合作，将数字城管考评结果与相关部门的考核相结合，进一步扩大数字化城市管理考评工作的影响。

【呼叫中心建设】 数字城管信息平台及12319热线秉承第一时间受理、第一时间派遣、第一时间催办、第一时间反馈的工作要求，及时做好各类上报信息的核实、问题的立案、任务派遣协调、案卷审核立案等各项基本工作。认真做好各项转交工作的协调、跟踪、督办、落实工作。一年来，共受理城市管理类案件515018件,立案427833件，立案率95.13%，共派遣461970件，派遣率94.29%。其中12319全年共受理51480件，办结50961件，办结率98.99%，反馈率100%。

【信息采集】 郑州市数字化信息采集工作积极探索市场化运作模式，通过政府采购招标，确定3家公司负责全市的信息采集工作。中标公司面向社会招聘625名信息采集员具体实施信息采集。为加强对信息采集工作的管理，市数字化城管中心相继出台了《郑州市数字化城市管理信息采集考核办法》《郑州市数字化城市管理信息采集员工作规范简明手册》《郑州市数字化城市管理信息采集监督员证使用管理规定》等规章，逐步建立一套规范的数字化城市管理信息采集管理制度，明确信息采集的相关标准，深化对信息采集公司和信息采集员的绩效管理。指导并督促进一步做好信息采集员的培训，先后分5批对625名采集员和公司管理人员进行了业务技能培训。举办信息采集岗位练兵暨经验交流会，组织对各公司优秀信息采集监督员进行技能培训，提高了监督员队伍整体能力和素质。根据市政府要求，完成路面明显病害普查统计、郑州市沿路占道夜市小吃摊统计、窨井盖普查统计等多项专项普查工作，为市政府决策提供第一手资料。

【数字城管应用系统建设】 郑州市数字化城管系统建于2006年，随着城市管理内容的不断增加、管理标准的日益提升，原来的软件系统已不适应当前实际工作。经过广泛听取专家意见，组织技术人员研究攻关，完成了12319服务热线软件系统升级、市政基础设施专项普查子系统升级，并对考评统计案卷反查功能、问题类型趋势分析功能等软件进行了优化，对网络系统安全维护、视频监控及呼叫系统维护进行了升级。对三环以内地理信息数据进行了维护更新，完成了四环以内数据建设项目，数字化城市管理系统实现四环以内全覆盖。

（朱桥斌）

城市供水

【概况】 2011年是郑州自来水投资控股有限公司转制运营后的起步之年，公司以“保障供水、提高水质、提升服务”为工作目标，以“十抓好、十提升、十保障”为主要措施，积极抓好生产经营、工程建设和供水服务等各项工作，全年完成供水量25773.26万立方米，售水量21859.31万立方米,水费回收率98.94%，管网水水质合格率99.59%，管网修漏及时率100%；新增管网54.4公里，其中新建管网39.9公里，累计供水管网长度达到2528.06公里。

【供水安全】 2011年，郑州自来水公司强化安全责任落实，深入开展“安全生产年”活动，深化主体责任落实，强化安全管理监督，加强专项整治，进一步加强源头治理，有效防范和坚决遏制重特大事故发生，全年未发生重大安全责任事故，供水形势平稳。加大对原水供应设施的维护力度，提高供水安全管理水平。加强与黄委会、尖岗水库、生态水系、常庄水库等水源管理单位之间的沟通协调，建立协调机制，掌握各水源地水位、库容变化动态信息，对原水进行合理调度，同时加大对水源井的维护监管力度，最大限度地挖掘水源井供水能力，从源头把关，确保城市供水供应保障。加强协作，以突发事故演练为切入点，开展应急演练月活动，完善应急预案，提升事故应对和处置能力，及时解决各类突发及疑难事件。加强管网基础管理，完成一级干管安全标识安装，做好GIS数据录入，充分发挥GIS系统功能，主动预防查找漏点，及时维修。全年共安装标识贴346个、标识桩178个，完成管网抢修3540处，检修阀门1976台，更换加装排气阀90台，维修补装消火栓零配件105台，更换和补装消火栓125台，新装消防水鹤10台，整治病害供水闸阀井586处、表井设施201处，有效提高了管网节点设施安全度。认真贯彻《郑州市城市供水管理条例》，严厉打击盗用水行为，积极协调处理占压供水设施、市政施工危害管道、损坏管道等问题，共落实举报540起，立案7起，办结6起，行政拘留7人。

【供水工程建设】 2011年，郑州自来水公司积极推进航空港区引水工程、马寨园区供水工程建设，实施柿园水厂、东周水厂、石佛水厂和中法原水有限公司水厂进行深度处理改造项目。配合市政重点工程建设，推进南三环东延给水管道工程、京广路沙口路给水改造工程、地铁一号线给水改迁工程、积水点改造给水管线改迁工程建设。结合城市供水管网安全隐患排查，完成柿园水厂、白庙水厂出厂干管改造。积极完善城市供水布局，12月10日，总投资10.7亿元的刘湾水厂举行开工奠基仪式。加快推进一户一表改造，办理工程开工报告162项、54577户，在建工程88项、38643户，共完成20213户。

【供水服务】 2011年，郑州自来水公司着力构建精细化营销管理模式，投资300多万元对收费系统进行改造，缓解了用户缴费难的问题。加强报装工程管理，全年受理各类用户报装工程804项，处理来信、来访、来电25万余件，按时办结率100%。集中解决部分区域水压低问题，采取调整管网压力、用户回访、加快管网抢修速度、送水车送水等措施满足用户用水需求。通过ZZIC、心通桥等系统平台，加强与用户沟通联络，解决市民群众关心的用水热点难点问题。积极开展第十八届“供水服务春暖万家”活动，派出27支应急抢修服务分队，深入用户中间，进行防寒抗冻知识宣传和供水设施冻裂、爆管等的维护抢修，增强广大职工服务意识、提升服务水平。利用政府在线访谈平台，与网民互动交流，听取网民建议，使广大市民感受供水职工贴心为民的服务态度和服务水平。

（朱 林）

城市燃气

【概况】 2011年，郑州华润燃气有限公司通过内抓管理，外谋发展，面对经济发展放缓、市场竞争激烈、政策形势复杂多变，以及价格长期调整不到位等诸多考验，继续保持快速发展的良好势头。全年实现总体营业收入18.2亿元，较2010年增长18%；全年累计外购天然气6.32亿立方米，比2010年增加1.1亿立方米，增长21.07%；累计销售天然气6.04亿立方米，比2010年增长22.3%。积极争取气源保障，5月22日，在河南省西气东输用户座谈会上，公司得到中石油增加供气量的承诺并签订书面协议，2015年最大供气量由原来的6.5亿立方米调整为7.6亿立方米。2011年，公司新增燃气用户144362户，其中，民用户户数达到110.6万户，同比增长10.6%；工商业户数达到3167户，同比增长13.92%；“百尊”牌燃气具销售2万台，在集团排名第二位。公司被国务院国资委评为中央企业职工技能竞赛先进单位，被郑州市评为2011年度先进基层党组织、郑州市公共产品供应单位效能优质企业；郑汴路客户服务中心获“全国工人先锋号”称号。

【管网建设】 2011年8月，四维机电工程通气，工程燃气管道是郑汴长输管线建成后20多年来第一次按照长输管线模式建设；10月，郑州市北四环1200米管径Φ813天然气管道天河路定向钻穿越工程顺利完工，创造了城市管网建设中穿越工程新的高度和纪录。西北四环管线全线贯通通气，北部区域管网得到完善，对解决北部乃至郑州市冬季用气紧张、均衡管网供气具有重大意义；四港联动大道贯通通气，管道天然气开始输入航空港区，结束了航空港区依靠槽车运送CNG的历史；与道路同步建设109条路段管网，累计113.572公里。

【安全管理】 2011年2月，郑州市委、市政府下发《中共郑州市委、市政府关于开展打击盗窃天然气行为专项治理的工作部署》。4月，市中级人民法院、人民检察院、公安局、司法局、城市管理局、质量技术监督局六部门联合下发《郑州市关于打击破坏燃气设施及燃气违法犯罪行为的若干规定》，对破坏燃气设施、盗窃燃气行为、窃气数额的认定以及处罚做出明确规定。9月，郑州华润燃气与市公安局联合起草发布《关于联合开展打击破坏燃气设施盗窃燃气违法犯罪活动工作方案》，建立日常协作与检查机制。11月28日至12月9日，郑州华润燃气与市公安局联合进行冬季打击盗窃天然气行为专项治理活动，重点针对民用IC卡取暖用户开展联合入户检查。全年累计查处盗窃燃气用户501户。

【规范服务】 2011年，郑州华润燃气公司进一步完善服务标准，将运行两年的《服务督查细则》细化为《服务承诺考核细则》《日常服务督查管理考核细则》和《年度优质服务责任目标考核细则》，日常服务督查形成服务督查组织与职责、服务目标与管理、服务督查管理、仪容仪表、服务环境、语言规范、行为规范、关键体验环节、内部服务及其他等9个模块的具体考核标准，为规范和指导客户服务提供了有效的工具标准。完成呼叫中心与用户服务信息系统全面升级，增加热线座席，同时加强服务人员技能培训，培育内部讲师队伍，提高前台员工服务技能。创新“市民看燃气”活动，将活动与实际业务结合，变成倾听客户意见的平台，发现服务问题的平台。6月举办的第一期“市民看燃气”活动，有针对性地邀请公司大客户参观公司天然气输配设施和服务窗口，并与客户座谈，为公司提供延伸服务、提升服务水平打下良好基础。11月举办的第二期“市民看燃气”活动，邀请对公司有抱怨的16位客户代表抒发真实感受，倾听真实意见。通过座谈，共收集到客户亟待解决的问题11件、不规范现象反映7类、管理建议14条，为整改提供了方向。建立立体督查模式，创新性引入“神秘访客”暗访检查方式，通过第三方观察，及时发现服务问题。深入开展牛师傅进社区等惠民服务活动，全年开展牛师傅进社区服务141次，覆盖用户范围119146户，入户安检4767次，接待客户咨询21898户，发放宣传资料27212份。

【运营管理】 2011年9月22-23日，国家标准委组织对郑州华润燃气股份有限公司进行标准化良好行为企业确认，最终公司以总分455分的成绩，顺利成为国家AAAA级标准化良好行为企业，也是郑州市第4家通过确认的国家AAAA级标准化良好行为企业。10月26-28日，河南省质量技术监督局计量检测体系评审组按照JJF1112-2003《计量检测体系确认规范》的要求，对公司计量检测体系进行现场评审，确认公司计量检测体系基本符合要求，体系运行基本正常、有效，同意通过现场审核。

【价格调整】 2011年12月，河南省发改委发布《关于我省管道天然气价格有关问题的通知》（豫发改价管〔2011〕2200号），对河南省天然气价格进行调整。按此通知，郑州市民用管道天然气销售价格第一阶梯价格（每户每月50立方米及以下气量）为2.25元/立方米，第二阶梯价格（每户每月50立方米以上气量）为2.93元/立方米。自2011年12月10日起，抄见气量以新价格执行。此次价格调整中，河南省还建立了天然气价格联动机制，即国家调整天然气上游价格时，河南省的民用天然气终端销售价格同步、同向调整。

（栗晓峰）

集中供热

【概况】 2011年，郑州市热力总公司全力构建“大热源、大联网、大调度、大客服、大维护”的供热格局，集中供热主业实现跨越式大发展，在新增供热面积、扩大银行代收费规模、热网综合调度、统一抢险维护和基础设施建设等各个方面都取得了新突破。全年完成供热量828.3万吉焦，同比增长38%，完成供热销售收入3.86亿元，新增供热面积350万平方米，实现供热总面积2000万平方米（不含中原环保），新建、改造供热管网36公里，提前一年完成集中供热跨越式发展三年滚动目标。室温合格率99.4%，设备完好率99.9%，抢修及时率100%，服务热线回复率100%、办结率100%。中原环保股份有限公司供热面积达到794万平方米，较上年增加60万平方米。2011年，郑州市热力总公司荣获全国总工会“五一”巾帼标兵岗、中国海员建设工会全国委员会全国交通建设系统工人先锋号、河南省节能减排竞赛先进单位、省建设职工职业技能竞赛团体第一名、“安康杯”竞赛优胜企业、全省工业生产者价格统计调查工作先进单位、省级企业档案工作目标管理达标先进单位等33项荣誉称号。

【供热生产】 2011年，市热力总公司在煤炭价格大幅上涨、热源紧张、持续低温等多种不利因素并存的严峻形势下，精心组织供热生产服务，对供热生产调度与抢险模式进行革新，确保供热生产大局稳定有序，提前一年完成集中供热跨越式发展三年滚动目标。全年无重大责任事故，无责任投诉和重大媒体曝光事件，超额完成上级下达的各项运行指标。

为缓解热源不足的问题，郑州热力投资783.36万元重启东明路锅炉房，新增供热能力120万平方米。为最大限度地发挥热源热网的综合效能，2011年冬，投资2000多万元打造的调度中心首度投入运行，并制定了全局性调度方案和统一的供热运行方案，供热管理模式开始由粗放型向集约型转变，初步实现对整个供热系统的"大调度"。面对煤炭价格大幅上涨且供应十分紧张的严峻形势，郑州热力筹措资金提前储存高发热量煤炭7.5万吨，组织协调地矿煤及时调拨运送，在冬季严寒早、持续久的情况下，保证了正常生产用煤。为了提高设备效能，确保供热质量，全年共投资901.92万元，完成69项大修技改项目，内容涵盖管网、阀门、锅炉、辅机及附属设施；投资700多万元，接收改造老换热站73座，公司直管换热站总数达199座。通过多种有效措施，各类供热设施运行状况良好、无重大故障，设备完好率达99.9%（计划目标92%以上）。为提升一线员工的专业技术水平，组织各分公司基层工作人员到技师学院进行专业培训，做好管道工等特殊工种和特殊岗位人员的取证培训等工作，使一线职工的操作水平大大提高。

为提升抢险手段，郑州热力积极创新机制，提升抢险装备，组建了专业化的管网运行维护公司，对主干热网实行统一调节、统一维护与抢修。新组建的管网运行维护公司，继续扩大带压堵漏技术的应用，在不放水、不停热的状态下力争在最短时间内完成抢修，把管网故障造成的影响降到最低，显著提升了事故预警和快速反应能力。供热前，制定统一的安全生产事故总体应急预案和重、特大供热突发事件应急预案，并进行多次演练，抢险队伍能够按要求处理各级投诉、咨询电话和上级的抢险抢修指令，抢修及时率达100%。2011至2012采暖期供热严格执行用户室温18正负2摄氏度的行业标准，室温合格率99.4%（计划目标95%以上），整体运行平稳。

【规范服务】 2011年，市热力总公司整合热线资源着力建设"大客服"，对客服中心进行扩容，热线座席由6个增加到18个，供热运行前期，根据政府和用户的要求，及时增加10条应急服务热线。升级客服系统，新增热线电话拥堵时遗失电话回拨、用户短信回复、录音留言等服务功能，显著提高了服务质量与办事效率。全年共接听客户来电50772个，均能够按照首问负责制、限时办结制、回访反馈制的要求及时办理，回复率、办结率均为100%。建立三大平台，在热线平台扩容的基础上，又增加了短信和公共邮箱两大平台，在供暖前向用户发送试压提醒短信，告知用户试压时间，大大减少了因试压漏水造成的损失，全年共向7万户用户发送了多条供热常识短信；设置公共邮箱，由专人负责实时为用户答疑解惑，共收到用户邮件133封，均及时进行了回复。完善供热服务制度体系，制定《客户服务管理制度》《供热常识200问》等规章制度，供热服务实现专业化与规范化。从继续丰富"阳光服务"品牌的内涵入手，提出"方便、快捷、规范、精细"的服务准则，建立了"组织科学化、管理规范化、程序简便化、工作标准化"的阳光服务模式。为提高"阳光服务"品牌建设的行动力，组建阳光服务小分队26支，有阳光服务专管员189名，冬季供热运行以来，公司机关以支部为单位组织5支服务队，深入基层为用户提供全方位的供热服务，使"阳光服务"品牌形象更加丰满。

【工程建设】 2011年，市热力总公司按照上级要求投资建设的南郊热源厂、航空港区热源厂两个集中供热项目按计划稳步推进，项目建设规模、建设速度均实现历史性突破；同时，按照年度城建计划，管网建设规模再上新台阶。

航空港区热源厂集中供热工程：建设地点位于四港联动大道以西，盛祥路以北，西临航城环路（规划道路），总占地面积7.265公顷，规划总容量380吨/小时（4×20吨/小时+4×75吨/小时）。主要为郑州航空港区IT产业园生产区及配套生活区供热，以富士康生产区及配套生活区为主，一期工程热源规模80吨/小时。一期工程3台20吨/小时和1台10吨/小时蒸汽锅炉于2011年11月正式投入运行，开始向富士康IT园区供热。

南郊热源厂集中供热工程：工程估算总投资20361.99万元，建设地点为：市南郊绕城公路以南，郑石高速路以东，建设用地5.33公顷。一期工程建设规模为2×116兆瓦循环硫化床锅炉，供热能力232兆瓦，建成后可解决郑州市西南地区航海路以南、绕城公路（南四环）以北、机场高速公路以西约37平方公里的城市供热，可供采暖面积515万平方米。该工程2009年10月10日开工建设，截至2011年底，主厂房土建工程已完工，2台116兆瓦循环硫化床锅炉安装完成，脱硫除尘系统安装完成，辅机安装及动力管道工程收尾工作完成，配套隔压站土建基础工程完工，主要设备招标与合同签订工作完成，南区供热分公司员工培训和制度建立工作已完成。厂内已具备运行条件，但因道路建设问题致使南郊热源厂供热管网无法连通，2011年冬未对外供热。

供热管网建设：2011年，市热

力总公司加快实施建成区集中供热管网全覆盖工程的建设，以三环快速路的升级改造为契机，积极构建全新的城市热网大动脉，促进现有热网系统的快速升级，以高质量、高标准进行管网建设工程，加快实现“大联网”。全年完成投资3.24亿元，新建改造供热管网32个路段36公里。

【业务发展】 2011年，市热力总公司紧紧围绕“五大格局”，坚持管理创新和技术进步，抢抓机遇、开拓市场，大力发展供热面积，现有热源基本实现满负荷运行。公司进一步扩大银企联网、银行代收热费的规模与范围，在原有交通银行和中信银行代收的基础上，新增郑州银行、邮政储蓄和豫安公司3家代收机构，增加173个柜台网点、188个自助银行，约150个小区、超过13万户居民实现收费到户。郑州热力工业供热再添新军，11月，航空港区热源厂一期工程完工，并开始为富士康正式供热。经开区热源厂新增郑煤机等用户，生产规模进一步扩大。

【供热计量改革】 市热力总公司一方面下大力气推进供热计量工作的实质性进展，另一方面，加大调研力度，学习全国供热计量经验，扩大供热计量成果。2011年，完成紫荆山百货大楼、省新华书店等9家大型公共建筑共计38.98万平方米的供热计量改造，所装热表均已通过热表检定机构首次强制检定；组织完成省新闻出版局家属院等3个居住小区、郑东新区管理服务中心等3个大型公共建筑供热计量抄表试验工作；对供热计量项目的热计量系统施工、热量表安装、验收、核实、热费结算等各个环节进行过程跟踪。为扩大供热计量成果，加大调研力度，对石家庄、西宁等14个北方采暖地区省会城市和唐山、承德2个供热计量示范城市的供热计量情况进行专项调查，编制了《全国供热计量工作开展情况调查报告》《郑州市热力总公司用户供热计量管理办法（试行）》《用户供热计量工程技术标准》等文件，为继续扩大供热计量成果提供了技术依据。

【科技创新】 2011年8月，市热力总公司组建了技术研发中心，负责全公司的技术进步、科技创新与研发等工作。正式投用热网中心调度监控系统，该系统集自动化、无线通信、计算机、智能仪表等技术于一体，可科学调度、合理分配各热源和热网的流量、温度等供热参数。继续为热力站加装远程监测设备、电动调节阀、变频调速等自动化调控设备，已建成可远程监测热力站405个、可远程控制热力站112个。组建专业化的信息计量中心，加快信息化网络技术与供热生产管理的紧密结合，2011年在对原有的客服系统、经营收费系统以及银企联网体系进行升级扩容的基础上，又开发了地理信息系统、水力平衡系统等，开始构建数字化供热管理信息平台。积极进行科研项目储备并做好计划内科研项目的结题工作，其中《实施供热计量应具备的技术条件分析与研究》科技攻关项目研究报告编制工作已完成，并进入结题阶段。储备了《无人值守站技术的研究与应用》等4项科研项目，将适时组织申报。

【节能减排】 2011年，市热力总公司继续开展“挖潜增效”竞赛活动，依靠科技进步落实节能减排工作。在锅炉使用上，注重新工艺、新材料和新技术的推广应用，积极推广循环硫化床锅炉、DCS控制系统、高效布袋除尘器及循环硫化床湿法脱硫等技术，在管网工程中大量应用无补偿、无固定墩直埋等先进减排技术。枣庄供热分公司锅炉使用新型分层给煤装置并喷涂“杰能王”高温远红外节能涂料，锅炉燃烧效率提高3%以上；对常年运行的二马路供热分公司的污水泵进行变频改造，新建热源和换热站均采用先进的变频装置，电耗明显降低；通过增加大量的分段阀、下线阀、流量调节装置等，进一步丰富调节手段，强化了对管网的控制能力；对多条供热主干管网、热力站进行升级改造和优化，有效地克服了管网瓶颈问题，显著提升了热源热效率、管网输送效率和生产运行的安全保障率，进一步降低了供热成本，促进了节能减排。

（王力艰）

污水处理

【五龙口污水处理厂二期扩建工程】 五龙口污水处理厂于2008年4月确定进行二期扩建，设计建设规模10万立方米/日，出水水质执行国家GB18918-2002一级A排放标准。至2011年底，五龙口污水处理厂二期扩建工程已完成各单项验收，待审计局出具审计报告。

【污泥处理处置项目】 污泥处置利用工程建设总规模为日处理污泥600吨，生产辅助设施按总规模一次建设，生产线分步实施。该项工程基本完工，进行调试运行。

【马头岗污水处理厂二期工程】 该项目位于马头岗污水处理厂东侧、贾鲁河南岸，服务面积124平方公里，所征用金水区、惠济区土地共计37公顷，设计规模污水处理30万吨/日（含60万吨/日污水的污泥消化工程、300吨/日污泥干化工程），出水水质达一级A标准。截至2011年底，二期工程基本完成项目前期工作，用地卷宗上报省国土厅审批，设计单位按要求对项目可研进行修改。

【五龙口、马头岗污水处理厂完成升级改造】 五龙口污水处理厂（一期）升级改造工程完成环保设施验收，进行工程决算；马头岗污水处理厂升级改造工程完成环保设施验收，进行工程决算。

【南三环污水处理厂工程】 该项目位于管城区中州大道、紫荆山路、南三环交会处，服务面积16平方公里，征用管城区土地约10.5公顷，采用半地下式建设，建设规模污水处理10万吨/日，出水水质达一级A标准。工程前期工作基本结束，用地卷宗上报市国土局审核。

【生产经营】 2011年，共处理城市污水35361.82万立方米、生产回用水1989.26万吨，削减BOD538285.54吨、COD70341.86吨、SS78982.61吨。王新庄、马头岗、五龙口污水处理厂安全稳定运行，出水水质稳定达标。八岗污泥处置厂全年共处置污泥73643.16吨，桥南新区污水泵站稳定运行，全年提升污水165.7万吨。在2011年度全省城镇污水处理运行绩效考核中，马头岗污水处理厂获得第一名。王新庄污水处理厂污泥厌氧消化系统及沼气利用项目被国家环境保护技术管理和评估工程技术中心评为2011年度污泥处理处置十大推荐案例。马头岗污水处理厂、五龙口污水处理厂、王新庄污水处理厂被评为河南省城镇污水处理运营管理先进单位。

（李建超 刘翠翠）

城市环境雕塑建设

【城市雕塑创作】 2011年，郑州市环境雕塑建设研究所以雕塑科研创作为基础，推动城市雕塑发展，全年完成雕塑创作作品6件。《如意》《少林小子》《炎黄二帝》《山水意向》雕塑被省住房和城乡建设厅评为十佳城市雕塑；《和谐之林》雕塑被全国城市雕塑建设指导委员会评为优秀奖。

【城市雕塑科研】 2011年，郑州市环境雕塑建设研究所加强科研工作，立项“金属焊接艺术研究及在城市公共艺术中的应用”研究课题。针对城市雕塑管理，开展了不同材质城市雕塑维护技术的研究实验，对金属雕塑防锈、除锈、石材雕塑保养、修补、涂鸦颜色清除复原等进行相关试验，初步掌握了维护不同材质雕塑的工艺技术。

【城市雕塑管理】 2011年，郑州市环境雕塑建设研究所开始正式负责郑州城区88座城市雕塑的管理维护，城市雕塑管理步入规范管理轨道。该所抽调专业人员成立雕塑管理科，组建专业管理维护队伍，采取城市雕塑专人分区每日巡视维护、每日工作记录、发现问题立即汇报处理、限时维修等措施和手段，坚持无节假日全天候的巡视维护。一年来，维护城市雕塑5000余件次，维修城市雕塑50余件次，及时对管理的88座城市雕塑存在的乱贴乱画、脏污、破损等情况进行维护治理，改变了城市雕塑过去的脏、旧、破的形象。

【城市雕塑建设成果展】 2011年12月，郑州市环境雕塑建设研究所与河南省美术家协会联合举办“郑州市城市雕塑建设成果展”，精心组织110件精品雕塑，设计制作了共计300平方米的图文版面，展示了郑州市60年代以来的城市雕塑发展历程和不同时期的雕塑建设成果，以及对未来城市雕塑发展的展望。河南省文联主席、河南省美术家协会主席马国强、河南省美术家协会副主席刘杰、河南省雕塑艺术委员会名誉主任吴树华、河南省美术家协会副主席、河南省雕塑艺术委员会主任李学峰以及省市部分雕塑家、200余位市民参加了开幕活动。

（周宏昶）

火车站地区管理

【文明创建】 2011年，火车站地区党工委、管委会以打造全国一流站区为目标，以创建全国文明城市为抓手，以创建促全局、以创建惠民生，先后整改解决问题70余项，站区综合管理取得显著成绩。一是多措并举，文明创建扎实有力。围绕创建全国文明城市测评体系，实施“条块”结合机制（即纵向的指挥长负责制与横向的领导分片包干责任制）、24小时“白+黑”工作制、督查巡查制，深入开展文明义务监督活动、文明交通志愿者服务活动和文明出行白色面具活动等，深化“四项秩序”综合整治，优化创建环境。二是突出重点，合力攻坚，窗口面貌发生巨大变化。加大整改力度，投资100万元更换东广场南北出站口2部电梯，免费开放东西广场6座公厕，设置东西广场便民服务亭，修复东广场及周边39处照明灯，开放广场喷泉。投资120万元对22家“五小”门店进行改造，拆除整治东广场出租车港湾遮阳伞和盛和针织城、天隆服装城、人防工程出口处低档次广告。加强西广场管理，开通16条公交线路、50个长途客运班次，方便市民出行。三是宣传引导，营造氛围，提升文明素质。通过安装广播设备，组装宣传车，利用广播、电子屏幕、公益广告、宣传栏、出租车载LED、公交站牌等手段营造创建氛围，加强文明知识普及教育，使文明创建深入人心。共发放宣传材料1.2万份，张贴标语4000条，制作展板69块，设置公益广告8处，更换广场灯杆广告112条，发放小扇子1万把，编印简报78期，媒体报道121次。四是周密部署，全力以赴，确保迎检冲刺大考胜利过关。迅速建立迎检应急机制，启动迎检应急预案，健全情报通报机制，实行“早7晚12”工作制，全员到一线搞创建，24小时不断档控制整体秩序，确保站区在验收期间没有出现任何问题，得到市委、市政府主要领导和中央文明委考核组的肯定和好评，荣立郑州市创建全国文明城市集体二等功。

【“四项秩序”综合整治】 2011年，火车站地区党工委、管委会深化“四项秩序”综合整治，不断巩固综合整治成效，完善督查考评、联合执法机制，统筹直管区、监管区40多个职能部门、管理单位的执法力量，创新执法手段，强化执法效能，加大治理力度，“四项秩序”持续优化，火车站地区的区域化管理格局进一步提升。

交通环境持续优化，站区道路畅通有序。重拳整治机动三轮车、摩的非法营运和乱停乱放，坚持法制教育和打击处罚并重，实施“人车双重处罚”和联签处理制度，杜绝人情车、关系车，优化交通环境，实现“非法营运车辆禁驶区”建设，确保全年核心区域的道路畅通无阻。全年共查处机动车违章37590起，查扣非法营运摩的1323辆、机电三轮车631辆、大巴250辆，清理非机动车乱停乱放14910辆。

治安环境逐步改善，群众安全感持续提升。创新社会管理，落实警民联建机制和民警责任区制，深入开展“四严一创”“十万警民大清查”和“网格式清查”活动，高压打击叫客拉客、职业乞讨、盗窃、诈骗等违法犯罪行为和黑恶势力犯罪，发挥24小时实时监控和语音警示系统作用，打防并举，站区治安状况明显改观，实现案事件明显下降、综合打击效能明显提升、群众安全感和满意度明显提升“一降两升”的目标。全年共处理治安案件70起，抓获犯罪嫌疑人140人，采取强制措施23人，劳动教养2人；清理叫客拉客200人、行政拘留59人，清理护送盲流、乞讨人员3350人。

市容市貌规范有序，城市环境整洁靓丽。持续开展突出门外经营、占道经营、非法小广告、户外广告专项治理，强制清理大同东路夜市，遏制“黑三角”、南乾元街占道经营反弹。落实24小时保洁制，实现365天管理无盲时、全天24小时保洁无盲点。全年共清理违章经营12880起、流动摊贩5460起，暂扣违规经营物品1420件，清理非法小广告、软体条幅、电子灯箱、霓虹灯3593处，清理乱贴乱挂415处；运送生活垃圾865吨；清洗广场3.6万平方米，更换道板180平方米。

假冒伪劣有效遏制，市场经济秩序持续好转。坚持网格化管理和联合执法，以伪劣食品、假烟、假饮料为监管重点，加大食品安全监管和商品质量监管力度，创新厂家现场指导稽查、设置投诉牌办法，站区市场经济秩序持续好转。全年共查扣假烟7.4万（盒），案值165万元，过期假冒食品2720件；处理违法案件43起，案值17万元，处罚金额15万元；查处价格违法行为3起，受理举报案件48起，处罚金额1500元；受理消费者投诉126件，为消费者挽回经济损失2.1万元，办结率达100%。

【城市管理整治】 2011年，火车站地区党工委、管委创新城市管理责任区制，城市管理整治提升见成效。坚持“严抓严管、善抓善管、敢抓敢管”，创新城市管理责任区制，实行划片而治、综合管理，争创郑州市城市管理示范区。二马路采取硬隔离措施，使公交车和社会车辆各行其道，规范行车秩序，解决路边乱停乱放顽症。一马路取缔积水点工程设置的占压道路长达4个多月的非法停车场，畅通火车站南出口。南乾元街物流大车占道和站区突出门外经营、占道经营行为得到遏制。打造东西广场精品街区，清理盲流和流动兜售行为，整治公交港湾脏乱差，广场秩序进一步优化。在实施城市管理责任区制基础上，不断创新站区城市管理模式和城市管理行政执法机制，成立城市管理机动执法大队、东西广场女子执法中队，实行24小时巡查治理机制，不断提高城市管理效能，有效巩固“五抓一树”和区域综合整治成效。

【基础设施建设】 2011年，火车站地区基础设施建设有序推进，窗口景观显著提升。一是楼体立面升级改造工程见成效、出形象，通过政府补贴和产权单位自筹资金形式，长途汽车中心站、中原大厦、大同宾馆、格林兰大酒店、郑州国际小商品城、金鑫宾馆、中州商场、金阳光大酒店、红珊瑚酒店、郑州大酒店、郑州车站、二马路热力公司三厂、市邮政局14家单位累计投资5548万元实施“换脸”工程，改造楼体2.6万平方米，清洗楼体、广场5万平方米。二是交通设施建设有序推进，兴隆街、大同路、一马路3座人行天桥完成建设前期设计方案，计划2012年5月底前建成使用，将改善站区交通环境。三是采取硬隔离措施，投资17万元对东西广场进行不锈钢围栏封闭，实现“广场步行区”建设。

【举办全国站前管理机构经验交流会】 2011年10月，为期5天的第二十二届全国大中城市火车站地区综合管理经验交流会在郑州市召开，郑州市四大班子领导、全国42家站前管理机构领导和中央、省、市媒体200多人应邀出席。高规格的接待、精心的会务组织、热情周到的服务、新颖的经验介绍，扩大了郑州站区在全国站前管理机构中的影响。

（王建创）

园林绿化建设与管理

【概况】 2011年，郑州市园林绿化工作以建设生态文明和谐社会总要求为动力，以建设生态郑州、宜居郑州和创建国家生态园林城市为目标，以完善绿地系统生态功能为主线，以公园绿地建设为载体，以规范化、数字化、精细化管理为手段，创新发展理念，圆满完成全年各项工作任务，城市园林绿化建设管理水平进一步提高，景观品位和人居环境质量显著改善。2011年,市区共新建绿地622万平方米，其中，公园绿地315万平方米，附属绿地307万平方米；新植乔木58.6万株、月季105万株，新建公园3个、游园14个；完成立体绿化23万株，基础栽植5万平方米。市区建成区绿化覆盖率、绿地率和人均公共绿地面积分别达到36.2%、32%和10.2平方米，全市新创建市级园林单位、园林小区67个。

【公园绿地建设】 2011年，市委、市政府向市民群众承诺办理的“十大实事”之一是“市区新建绿地500万平方米，新植乔木50万株；在原省博物馆原址（人民路金水路交叉口）规划建设绿地公园；加快推进常（庄）西（流）湖生态公园建设”。市园林部门成立工作领导小组，制定切实可行的工作计划，通过实行目标责任与奖补机制相结合、督促进度与业务指导相结合、组织协调与跟踪服务相结合等有效措施，促进各项目标任务的有效落实。

人民广场（原省博物馆空地）景观绿化建设项目。人民广场位于省博物馆旧址，省博物馆搬迁后，曾规划为商业建设用地，后调整规划，建设绿色休闲广场。2011年1月，市园林部门聘请北京、上海等全国知名景观设计单位进行规划设计；3月10-17日，在省会多家媒体上开展广泛的绿地规划方案和名称意见征集活动，最终选定上海方案和“人民广场”的名称。广场总体设计坚持“保护为主，生态优先”的理念，突出纪念性、保护性、休憩性的平衡统一。人民广场规划建设面积2.3万平方米，其中，绿地占70%，道路广场铺装占18%，文物展示和设施占12%。5月20日，建设工程进场施工，共拆除旧围墙256米、破除原有广场1260平方米、清运垃圾9400立方米，回填土方1.2万立方米，平整场地2.48万平方米，塑造地形6处，新建公厕和配电房各1座，安装花岗岩条石座椅13个、塑木座椅16个，栽植乔木822株、花灌木2500株、竹子322平方米、地被植物12445平方米、草花128平方米。完成商城城墙遗址保护工程地下考古发掘540平方米，地上保护房建设635.5平方米，地上城墙保护面积1417.5平方米。10月22日，项目全部完工，并向市民开放。

常（庄）西（流）湖城市生态公园建设项目。该项目是郑州市重点工程项目，2011年进行北区建设。常西湖城市生态公园（北区）位于化工路以南、郑上路以北、西三环以西、湖西路以东，占地面积148公顷。工程按照生态性、艺术性原则，分为林路景观带、临水景观带、特色景观带、生态景观带四类景观带。工程建设包括场地建设工程、园林绿化工程、道路工程、给排水工程、照明工程、一桥一坝工程、清淤工程等。工程（化工路以南、郑上路以北、西三环以西、湖西路以东）分两阶段完成，第一阶段为化工路以南、陇海铁路桥以北，建设用地为81公顷，第二阶段为陇海铁路桥以南至郑上路以北，建设用地为67公顷。截至年底，完成工程第一阶段可施工范围内的基础建设任务，共栽植乔木5071株、花灌木23746株、地被124967平方米，在可施工范围内完成绿化和基础设施建设总工程量的90%以上。工程子项目雕塑园一期雕塑艺术馆主体框架建设全部完工。

金中绿地绿化建设项目。金中绿地位于中州大道和金水东路交叉口西北角，占地3万平方米，原属中州大道2005年一期绿化项目，由于土地权属问题（燕庄村民一组要求土地补偿金）未能解决而搁置，造成多年来该处垃圾堆积成山、荒草丛生。在2011年省会创建全国文明城市动员大会上，市委、市政府将其列为重点整治项目，下决心彻底改变此地段状况。市园林部门按照市委、市政府的要求，4月8日，成立金中绿地建设项目部，召集金水区政府、未来路办事处、设计单位等相关单位和部门召开现场协调会。4月14日，设计方案报市政府并通过；5月10日，进行公开招标，5月16日，正式开工建设。工程共完成现场转运土方8500立方米，清运垃圾1.45万立方米，整理绿化用地2.68万平方米，栽植乔木1225株、花灌木10.68万株，播种草坪6400平方米，栽植地被麦冬1.8万平方米，其他地被3270平方米。工程铺设水管630米，提升各类井20余个；动用大型机械126台次，投入人工2132人次，新增绿地2.68万平方米。

【各区公园游园绿地建设】 2011年，郑州市各区、各开发区以及黄河游览区在抓好公园游园建设任务的同时，充分调动市民群众建绿、植绿的积极性，单位、居住区附属绿地建设成效明显。各区已建成公园2个，改建公园2个，在建公园3个，选址公园3个；新建游园11个，在建游园4个，选址游园1个；新增绿地599.22万平方米；完成立体绿化19.535万株；完成屋顶绿化1.911

万平方米。其中，中原区新增绿地57.1万平方米，新植乔木5.03万余株、月季1.6万株、其他花灌木40.6万余株，完成立体绿化0.35万余株、屋顶绿化1500平方米，规划新建公园1个（中原西路与西流湖桥交叉口西南角），选址游园1个（郑上路与西四环交叉口西北角，面积5000平方米）；二七区新建绿地55.01万平方米，新植乔木10万株、月季7.37万株、其他花灌木17.56万株，完成立体绿化5.88万株、屋顶绿化5500平方米，选址公园1个（郑尧高速出入口路东侧），在建游园2个（寒山路与郑密路东北角，面积9200平方米；解放路立交转体区，面积4000平方米）；金水区新建绿地49.7万平方米，新植乔木5.07万株、月季10.75万株、花灌木46.8591万株，完成立体绿化3.14万株，新建公园1个（文化路与新柳路交叉口东北角），新建游园1个（花园路与连霍高速交叉口以南东侧，面积1.2万平方米）；管城回族区新增绿地45.1万平方米,新植乔木5万株、月季1.5万株，选址公园1个（十八里河站马屯村的站马遗址公园，面积30万平方米），新建游园1个（熊儿河旁，面积1400平方米）；惠济区新增绿地面积68.81万平方米，新植乔木7.38万株，月季3.5万株，完成立体绿化1.86万株、屋顶绿化2210平方米，改建公园1个（黄河大堤牛庄段的林间郊野公园，面积6.28万平方米），新建游园3个（北四环宋庄段，面积1.35万平方米；北四环与清华园路西南角，面积4200平方米；北四环与江山路西北角，面积6000平方米）；上街区新增绿地45.02万平方米，新增乔木5.04万株、月季12.25万株，完成立体绿化5.19万株、屋顶绿化2000平方米，新建公园1个（西入市口三角公园，面积2万平方米），新建游园2个（玉发大道与310国道交叉口，面积1万平方米；金屏路与310国道交叉口，面积1万平方米）；郑东新区新增绿地153.8万平方米，新植乔木8万株、月季107万株，完成立体绿化4200平方米，新建公园2个（东风渠滨河公园，面积19万平方米；七里河城市广场位于七里河北路与客文一街之间，面积6万平方米），新建游园1个（四五街内外环之间，面积21万平方米）；郑州高新区新建绿地35.1万平方米，新植乔木5.06万株、月季5万株，改建公园1个（西四环连霍高速出入口，面积2.24万平方米），新建游园1个（翠竹街B区游园，位于翠竹街郑大生活区南门，面积1.032万平方米）；郑州经济开发区新建绿地34.5万平方米，新植乔木5万株、月季1万株，新建游园1处（第三大街游园，面积3万平方米）；郑州航空港区新建绿地54.71万平方米，新植乔木2.06万株、月季22.4万株，在建游园1个（四港联动大道秋实路东南角，面积4300平方米）；黄河游览区新建绿地3700平方米，新植乔木0.28万株，新植月季0.25万株。

【道路绿化建设】 2011年，郑州市持续加大道路建设改造力度，通过扩大树穴面积、增加根系生长空间和拆除树下嵌草砖、栽植黄杨等方法，对嵩山路、大学路、伏牛路、农业路、桐柏路、文化路、金水路等路段的1500多棵大法桐实施复壮保护，改善大法桐的生存环境。对市区金水立交、紫荆山立交和中原路、金水路、嵩山路、农业路、桐柏路、黄河路、未来路下穿铁路立交等17座立交桥实施立体绿化，营造良好的桥体垂直绿化景观。景观绿化规划面积约148万平方米的中州大道北段景观绿化工程，可施工区域3月底前全部完工。嵩山南路绿化改造面积21.7万平方米，5月底前全部完工，共栽植乔木5311株、大灌木7138株、草坪地被植物11.98万平方米。市区12条林荫道路全部建设改造完成。特别是五龙口南路栽植的法桐选用苗木规格大、质量好，栽植效果好。

【单位及居住区绿化建设】 2011年，郑州市继续巩固国家园林城市建设成果，组织市区单位及居住区进行绿化达标升级，开展省、市级园林单位、园林小区创建工作。全市新创建市级园林单位39个：郑州市中原区绿都城小学、中国石化集团华北石油局井下作业公司、郑州市二七区京广路街道办事处、河南省财经学校、河南商业高等专科学校、河南省劳动干部学校、郑州丰乐农庄有限公司、中国移动通信

人民广场建成仪式

集团河南有限公司郑州市上街分公司、河南黎明西芝重工有限公司、海文实验幼儿园、郑州高新科技创业发展有限公司、邦和药业股份有限公司、郑州思维物业管理有限公司、郑州航空港区实验小学、巩义市米河镇东竹园村民委员会、巩义市竹林镇初级中学、巩义市人口和计划生育委员会、中国人民武装警察8680部队后勤部、巩义市芝田镇计划生育服务中心、巩义市小关镇楼子沟村委、巩义市大峪沟镇康乐养老院、巩义市住房保障和房产管理中心、登封市嵩阳中学、荥阳市工商行政管理局高山工商所、郑州市烟草公司荥阳市分公司、郑州海龙实业集团、郑州海龙大酒店有限公司、新密市岳村镇人民政府、新密市矿区办事处、郑州市财政干部学校、郑州煤电股份有限公司米村煤矿、郑州大学西亚斯国际学院、河南省新郑市第一中学分校、新郑市中等专业学校、河南省中牟县地方税务局郑庵中心税务所、郑州明珠食品有限公司、河南省中牟县地方税务局、中牟县地方税务局白沙税务所、中牟县新圃街小学。新创建市级园林小区28个：物华城上城（小区）、新园小区、九龙城·龙栖尚都（小区）、昆仑华府（小区）、阳光花苑（小区）、龙源世纪家园（小区）、橄榄城·柏林印象（小区）、升龙世纪花园贰区（小区）、隆福国际（小区）、玫瑰花园（小区）、文苑骏景（小区）、博瑞花园（小区）、亚新美好时光（小区）、汉飞·金沙国际（小区）、德亿时代城（小区）、正弘旗（小区）、发展南郡（小区）、东方首府（未来城）小区、紫荆尚都（小区）、天伦·庄园（小区）、理想名家（小区）、亚星·江南小镇（小区）、华北水利水电学院家属院、东瑞园（小区）、巩义市紫荆花苑（小区）、新郑市领秀城小区、新郑市丽水华庭小区、中牟县金程·名湖山庄（小区）。

【县（市）园林绿化建设】 2011年，郑州市各县（市）进一步加强园林绿化工作，大力开展园林城市创建活动，抓好公园游园等公共绿地建设，改善城区景观环境。全年六县（市）共新建公园5个、游园8个，新增绿地640万平方米，新植乔木57万株、花灌木341万株。

中牟县以全面提升园林绿化管理水平，树立良好对外形象，服务经济建设为中心，全年投资9500多万元，新建游园1个，新绿化道路3条（段），改造完善广场、游园4个，完成城区现管绿地、道路的补植补栽，新建绿地495.5万平方米，新植乔木40万株、花灌木85万株；巩义市紧紧围绕创建国家生态园林城市目标和年度工作任务，大力开展园林绿化建管工作，全年共投资609.47多万元，新建游园1个、改造建设观花公园游园6个，新建绿地8.64万平方米，新植乔木8810株、花灌木147.84万株；荥阳市以创建国家级园林城市为目标，以建设郑州市新城区和“西花园”为定位，新建游园1个，高标准实施对高速引线（石化路段）、郑上路（三公像至荥泽大道）北侧、荥泽大道北侧、科学大道市区段三路段的绿化工作，新建绿地26.6万平方米，新植乔木11.23万株、花灌木14.5万株；登封市以“建设生态园林城市”为目标，以棋盘山公园建设为中心，全年新建绿地31.8万平方米，新植乔木3534株、花灌木12.60万株；新密市紧紧围绕“增绿扩绿奠基础，完善提升上水平”的工作方针，以实施新建系列绿化工程为突破口，全面提升规范化、机械化、科学化管理水平，全年投资4550万元，新建3个游园，新建绿地面积33.4万平方米，新植乔木3.56万株、花灌木40.2万株；新郑市以打造黄帝故里靓丽景观为目标，全年新建游园1个，新绿化道路5条（段），新建绿地53万平方米，新植乔木724株、花灌木40.77万株。

第十二届中国风景园林规划设计交流会在郑召开

【城区美化】 2011年，郑州市进一步加大城市绿化美化建设力度，注重挖掘花卉的文化内涵，推进以市花月季为主的系列花展活动向深层次发展。市园林部门先后在碧沙岗公园举行郑州市第三届海棠文化节，在紫荆山公园举行2011郑州市紫荆花展，在人民公园举办郑州市第十四届郁金香展，在月季公园举办郑州市第十七届月季花展，在绿城广场举办郑州市第三届鸢尾花展，在植物园举办郑州市第二届牡丹芍药展，在三苗圃举办宿根花卉品种及应用展示会，宣扬园林花卉文化，普及养花知识。

在辛卯年黄帝故里拜祖大典、国家卫生城市复审等重要活动和“五一”“十一”等重大节日期间，市园林部门组织在全市各公园、广场、游园和主要道路及节点累计摆放鲜花655多万盆（株）、制作立体花坛和景观小品70多个，悬挂灯笼2万多盏，营造良好的节日景观氛围。

【园林绿化整治】 2011年，郑州市园林部门对市区各公园、广场、游园、道路绿化、街头绿地、出入市口绿地内的病残植物、黄土裸露、缺株断垄、设施损毁等进行集中清理和整治。年初，市园林绿化各专业单位抓住冬春季节绿化的大好时机，对市区各公园、广场、游园、道路绿化带内存在的植物病残、黄土裸露、缺株断垄、设施损毁等进行集中整治，共栽植各类乔木4.5万株、花灌木20.8万株、藤本植物1.6万株、地被植物10.5万平方米，基本消除道路行道树缺株、绿篱断垄、死树枯枝等现象。各公园、广场、主要道路及重要节点共新植乔木7000株、树状月季617株、花灌木8.7万株、藤本植物26.7万株、地被植物24.5万平方米，安装喷灌设施2300米、围栏670米、灯具163套、树穴箅子1.48万平方米、铁艺和塑钢围栏2.73万平方米，铺透水砖9700平方米，城区绿化景观得到进一步优化提升。

市园林部门对嵩山路、大学路、伏牛路、农业路、桐柏路、文化路、金水路等路段的1500棵大龄法桐实施复壮保护。大学路扩大树穴面积，增加根系生长空间；伏牛路、秦岭路拆除树下嵌草砖，栽植黄杨9780平方米，既改善了大法桐生存环境，又改善了道路景观。组织工程队伍对市区金水立交、紫荆山立交2座立交桥和中原路下穿京广路立交、陇海路下穿京广路立交、未来路下穿铁路立交等15座下穿铁路立交实施立体绿化，营造良好的城市景观。

【园林绿化执法与监督】 2011年，市园林绿化执法队开展文明执法专项活动，加大执法巡查力度，对擅自砍伐、违法占用绿地等行为进行查处，执法成效明显。全年共勘验现场21次199处，复查现场137处，复查许可证185份。共受理群众举报件、转办件77起，回复77起，回复率、满意率为100%。下达责令改正通知书141份，立案104起，结案97起，移交公安机关案件3起，纠章5626起，罚款38.2元，挽回经济损失900余万元。

第三届海棠文化节开幕式

【园林绿化规划设计与监理】 2011年，市园林局完成郑州市西流湖生态公园方案及施工图设计、金水路人民广场绿地方案及施工图设计、郑州市中心城区外围绿地系统规划及郑州市绿地系统规划编制、第八届中国国际园林花卉博览会郑州园方案及施工图设计、郑州市南环公园（原青铜器公园）设计方案、郑州市市政道路（42条）绿化工程施工图、郑州市碧沙岗公园改造施工图设计、郑州市常西湖土地效益分析报告、郑州市三环内十字路口改造拆迁绿地规划编制工作、南水北调带状公园建设前期工作方案设计、汇报材料整理及修改、赵坡村游园方案设计、郑上路立交毁坏绿地恢复绿化施工图设计、京沙快速绿化带改造方案、PPT及施工图设计、金水河分水口公园方案及汇报、第九届中国国际园林花卉博览会郑州园方案设计及文本制作、二七广场三角绿地三个方案设计及文本制作、中州大道3号、4号、5号天桥周边绿化设计施工图设计、第十届中国国际园林花卉博览会选址规划方案设计及文本制作，完成第二植物园、动物园选址汇报稿、郑州市园林局植绿大行动文字稿、南三环污水处理厂方案设计、省政府门前绿地绿化方案、解放路京广铁路社区游园2个方案设计及鸟瞰效果图2张、北三环道路景观规划设计；完成2010年冬季至2011年春季景观提升改造工程监理、郑州人民广场景观工程监理、金中绿地工程监理、郑州市背街小巷畅通工程19条道路绿化监理、河医积水点改造工程监理、建设路综合整治工程一期嵩山路口沥青铺设工程监理、动物园猩猩馆及景观监理、索道站房监理、动物园食堂及兽医院监理、第八届中国国际园林花卉博览会郑州园建设工程监理，配合完成江连绿地项目部工程、中州大道景观工程。

【植物病虫害防治】 2011年5月，市园林部门召开市内各区（管委会）园林绿化主管部门和局属单位业务负责人参加的园林植物病虫害防治工作座谈会，研究全年植保药品肥料需求情况，制定政府采购计划，结合各单位具体情况和特点做好指导工作。6月上旬，市园林部门组织植保专业人员对市内部分道路、游园园林植物的养护管理、病虫害防治等进行检查。10月，组织园林系统内园林植保专业技术员，对植物园温室和中州大道（陇海铁路—黄河路）分车绿化带的植物病虫害发生情况进行查看，现场对管理单位的植保人员讲解病因及防治措施，进行技术指导和答疑。

【动物管养与繁育】 2011年，市园林部门紧扣现代动物园肩负的四大职能，围绕增强动物园可持续发展能力这个中心，牢固树立游客至上的理念，以建设生态精品文化园区为载体，认真做好动物的日常饲养、管理、防暑降温、保暖避寒、饲草购置及谱系信息处理等工作。全年累计引进斑马、羊驼等野生动物7个品种15头（只），繁殖动物36个品种270头（只），其中长颈鹿、河马、东北虎、非洲狮等国家一级保护动物8个品种27头（只），二级保护动物15种149头（只），一般保护动物13种94头（只）。

（强文科）

住房保障和房地产管理

【落实宏观调控政策】 2011年，郑州市认真落实宏观调控政策，在改善住房供求关系上取得新突破。一是制订商品住房限购政策。2011年，按照国家宏观调控政策的要求，市政府出台“郑政〔2011〕13号”和“郑政〔2011〕16号”文件，实施切合郑州市实际的商品住房限购措施，抑制投机和投资性需求；加大用地供应、加快住房项目审批，推进保障性住房和中小套型普通商品住房建设，改善市场供求结构及关系，有效遏制房价过快上涨。

二是明确新建住房价格控制目标。“郑政〔2011〕16号”确定2011年郑州市新建住房价格控制目标为：同比价格指数涨幅不高于年度经济发展和人均可支配收入增长速度。国家统计局数据显示，2011年度郑州市新建住房同比价格指数累计涨幅为6.35%，郑州市圆满完成年度新建住房价格控制目标。

三是增加中小套型普通商品住房供应，全年规划住宅建筑面积688.95万平方米，90平方米以下的占53.1%。

四是依据郑州市2010年居民住房现状和需求调查以及房地产开发企业调查结果，编制《郑州市“十二五”房地产业发展规划》和《郑州市“十二五”保障性住房建设规划》。

【保障性住房建设】 2011年，郑州市在完善住房保障体系上取得新突破。一是落实建设任务。2011年，省政府向郑州市下达54429套保障性住房建设任务，占全省任务的12.9%。截至2011年底，郑州市72个项目55716套保障性住房全部开工建设，占省定任务的102.4%。其中，经济适用住房28307套，公共租赁住房23580套，廉租住房2856套，棚户区改造973套，新增廉租住房租赁补贴户数2836户。

二是完善保障政策。为进一步加强保障性住房建设与管理，市政府出台“郑政〔2011〕28号”“郑政〔2011〕41号”文件，制定《关于贯彻落实国办发〔2011〕45号文件精神加强保障性住房建设和管理的意见》和《郑州市限价商品住房建设管理暂行实施办法》。

三是强化工作责任。2月28日，在全市住房保障和房地产工作会议上，各县（市）区政府向市政府递交住房保障目标责任书，明确了责任人；同时，印发“郑房规〔2011〕27号”文件，建立市房管局领导分包制度，明确了分包单位。

四是建立推进机制。市房管部门在市委、市政府的领导下，建立了保障性安居工程周报告、专项督查、每月评优评差和工作绩效考核制度，开辟了审批“绿色通道”，

商品住房限购新闻发布会

2011年度郑州市房地产主要业务指标

项 目	郑 州	
	数据	同比增长
房地产业投资额（亿元）	923.6	19.2%
商品房批准预销售面积（万平方米）	1324.13	-7.41%
其中：住宅	997.73	-14.34%
商品房合同备案面积（万平方米）	924.93	-39.69%
其中：住宅	736.66	-44.49%
商品房合同备案销售额（亿元）	612.40	-24.69%
其中：住宅	394.02	-37.80%
商品房均价（元/平方米）	6621	24.86%
商品住宅均价（元/平方米）	5349	12.04%
商品房新开工面积（万平方米）	1790.7	-1.2%
商品房竣工面积（万平方米）	1485.9	57.3%
市区房地产抵押贷款金额（亿元）	467.73	-9.8%
市区房地产抵押面积（万平方米）	1058.47	-26.9%
经济适用房新开工面积（万平方米）	264.4	59%
经济适用房竣工面积（万平方米）	124.1	10.7%
经济适用房完成投资（亿元）	22.31	59.35%
存量房交易金额（亿元）	109.03	-15.76%
其中：住宅	101.18	-17.29%
存量房交易面积（万平方米）	272.24	-26.60%
其中：住宅	261.64	-25.92%
存量房交易套数（套）	27524	-26.71%
其中：住宅	26536	-27.14%
存量房交易均价（元/平方米）	4005	14.78%
其中：住宅	3867	11.64%

实现了联审联批，改进了工作流程，加快了手续办理，缩短了办事时限。

五是健全工作机构。经市政府批准，市保障性住房办公室成立，各类保障性住房实行统一审核、管理和供应，促进了各类住房保障政策的有效衔接和住房保障资源的有效整合。

六是编制建设规划。市房管部门配合规划部门完成了《郑州市“十二五”保障性安居工程建设用地专项规划》编制工作，对新增保障性住房建设用地统一纳入政府储备，实现了提前规划、提前选址、提前储备。同时，编制完成了《郑州市“十二五”住房保障规划》，明确“十二五”期间保障性住房建设目标任务。

七是加强项目储备。为确保2012年保障性住房建设任务顺利完成，会同有关部门严格按照《郑州市保障性住房用地布局规划（2011-2015）》，提前进行项目选址，核发用地选址意见书，强力推行控规、修规并联审批，加速土地手续的办理。

【房地产市场监管】 2011年，郑州市严格落实交易资金监管制度，在规范房地产市场行为上取得新突破。一是建立健全市场监管机制。先后印发了《关于报送商品房项目预（销）售计划有关事项的通知》《关于规范商品房合同备案信息注销工作的通知》《关于进一步规范商品房买卖合同签约行为的通知》和《关于进一步加强商品预（销）售管理的通知》等文件，完善了商品房预（销）售制度，建立了商品房买卖合同查验留存制度和企业“双约谈”机制，明确了商品房超建面积处理办法，规范了商品房交易行为。

二是开展房地产市场秩序检查。2月，对全市104个预售项目和部分待售项目执行住房限购政策、明码标价、合同备案信息注销等政策情况进行专项联合检查；5-6月，开展了全市房地产经纪行为专项检查活动；8-9月，组织开展了全市房地产估价机构专项检查，重点抽查了40家房地产经纪机构。根据检查情况，要求违规企业和中介限期整改、记入信用档案并通过媒体曝光，有力维护了房地产市场秩序，净化了市场环境。

三是加强市场监测和舆论引导。与国家统计局郑州调查队建立会商机制，认真做好郑州住房价格指数分析与发布；定期召集房地产业界专家及企业代表，召开市场形势报告分析会；定期召集省、市媒体召开新闻通气会，及时公布市场运行情况，正确引导舆论、稳定市场心理预期。

四是信息化建设工作稳步开展。各县（市）区和开发区全部采用了与市房管局统一的业务办公平台，历史房产档案数字化和房产信息数据整理正在加快进行，全市房产信息联网，一体化工作格局初步形成。个人住房信息系统和房产地理信息系统稳步推进，在进行软件开发。

【物业管理】 2011年，郑州市在城区落实物业管理全覆盖目标，工作运行机制建设取得新突破。一是不断完善物业管理配套政策。市政府出台了《郑州市物业管理纳入社区建设工作意见》《郑州市老旧小区物业基础设施整治改造和物业管理覆盖工作计划》和《郑州市支持物业管理行业持续健康发展的意见》等相关文件，为规范物业服务、促进行业健康发展奠定了基础。

二是推进物业管理纳入社区建设工作。推进物业管理与社区管理的“一体化”建设,建立市、区、街道（乡镇）“三级联动”工作机制和社区居委会、业主委员会、物业服务企业“三位一体”工作平台。推进老旧小区物业基础设施改造，全年共对227个老旧小区的物业基础设施进行改造，为提升物业覆盖范围创造了有利条件。

三是切实规范物业管理市场秩序。认真贯彻《郑州市物业管理招标投标管理办法》，强化物业管理的监督和管理，促进了行业公平竞争，规范了市场秩序。

四是加强维修资金缴存和使用管理。全年共缴存维修资金6.12亿元；维修房屋770幢，受益人数达2.77多万人；维修资金催缴户数1.43万户，催缴到账金额9000多万元。

五是高度重视房屋安全管理工作。成立6支防汛抢险队，严格落实24小时值班和领导带班制度，确保防汛工作“六落实”；开展房屋安全专项检查，对存在安全隐患的房屋及时抢修加固；全年完成房屋安全鉴定42件、近21万平方米；开展住宅小区装饰装修室内环境专项治理，严格落实装饰装修申报登记制度。

【权属登记管理】 2011年，郑州市认真落实房屋登记办法，在集体土地房屋权属登记上取得新突破。11月25日，新修订的《郑州市房屋登记条例》经省人大委员会审议通过，为规范郑州市房屋登记行为奠定了法制基础；市政府出台《郑州市集体土地上房屋登记暂行办法》，制定了《郑州市集体土地上房屋登记暂行办法实施细则》，加强集体土地上建成房屋的登记与管理，规范集体土地上房屋建设行为，促进城乡经济社会快速发展，试点工作顺利推进。认真落实《郑州市人民政府关于处理国有土地上房屋权属登记中历史遗留问题的补充意见》（郑政〔2009〕52号）文件要求，切实维护广大群众的切身利益，解决房地产业在快速发展中造成的房屋登记遗留问题，全年共办结房屋登记遗留问题2786件。

【房地产开发管理】 2011年，郑州市严格落实房地产开发经营管理条例，在规范新建商品房项目交付使用行为上取得新突破。市政府

全国人大代表郑州专题调研座谈会

出台《郑州市房地产开发项目交付使用管理办法》（郑政〔2011〕96号），建立了房地产项目交付使用的统一标准，设定了绿化、供水、供电等16项交付使用条件，以解决房地产开发项目交付使用过程中出现的矛盾；市房管部门代政府草拟了《郑州市房地产开发企业信用分级评定管理办法（试行）》并上报市法制办审核，出台后将对开发企业诚信体系建设发挥积极作用；全年共受理拖欠工程款项目28个，拖欠资金约1.6亿元，解决工程款1.52亿元；加强开发企业资质动态管理，经审核，有1040家企业开发资质得以延续，有6家企业被限制开发新的房地产项目，有4家企业给予降级处理，有8家企业不予换发新的资质证书，有1家企业被责令限期整改；不断加大“问题楼盘”协调、处置力度，截至年底，全市29个“问题楼盘”中有26个项目的问题最终得到妥善解决。

【房改工作】 2011年，郑州市在房改工作中落实棚改和企业集资建房政策，深化住房制度改革取得新突破。出台《关于住房困难企业集资建房有关问题的通知》，积极推进住房困难企业的集资建房工作。市房管部门与规划部门对企业集资建房和旧城改造项目相关程序多次沟通，初步达成一致意见。提请市政府第38次常务会议研究决定，一次性安排住房货币化补贴资金1.77亿元。截至年底，已审核通过6628人，发放1.4亿元。完成公有住房出售审批4777套，建筑面积36.94万平方米。

【法制建设】 2011年，郑州市房管部门严格落实依法行政要求，在强化房地产执法监察上取得新突破。一是积极推进立法工作。市房管部门配合省、市人大和相关部门出台了《郑州市房屋登记条例》，起草修订了《郑州市房屋安全管理办法》《郑州市房地产抵押管理办法》和《郑州市个人住房置业担保办法》。

二是坚持依法行政。继续强化行政执法制度建设，建立了重大行政决策等6项制度。

三是强化法治队伍自身建设。深入开展行政执法评议、行政执法案卷评查活动，加强整治5种不文明执法行为，层层签订《文明执法承诺书》。积极开展法律知识培训、法制专题讲座等活动，组织执法人员分3期参加省、市组织的《行政强制法》培训。

四是扎实做好普法工作。积极做好省、市“五五”普法考评验收工作，及时印发市局“六五”普法规划，积极营造良好的学法、用法氛围，进一步提升全局普法水平和效果。

五是加大执法监察力度。全年共出动执法人员600余人次，对200余家房地产开发企业、物业服务企业和中介服务机构的开发经营项目及经营行为进行监督检查，有效规范了房地产市场秩序。

【信访工作】 2011年，市房管部门认真落实信访责任制，在解决热点难点问题上取得新突破。一是全面排查不安定因素。在重要活动和节假日期间专门组织排查不稳定因素，全年共排查出不稳定因素32起，群体案件26起，成功疏散组织集体上访12起。

二是坚持局领导信访接待制度。全年局长接待日共接待441起信访事项，积极化解社会矛盾，减少非正常上访。

三是畅通信访渠道。健全热线服务制度，拓展网络服务平台，通过ZZIC、“心通桥”、市长信箱、部门信箱、政务微博等网络平台，及时回复、解决群众诉求，重访、缠访问题得到控制。全年共接收ZZIC交办事项1357件、“心通桥”200件、市长电话203次，各类信箱接收意见建议13934条，接听热线电话83321次。

四是加强制度建设。先后印发《信访预警机制实施办法》（郑房〔2011〕47号）、《信访工作问责办法》（郑房〔2011〕48号）和《关于进一步完善行政审批事项信访和社会稳定风险评估工作的意见》（郑房〔2011〕93号），强化信访工作责任意识，从源头上预防和减少信访问题的发生。

【效能督查】 2011年，郑州市房管部门认真落实效能督查，在服务

省委常委、市委书记连维良调研湖光新苑廉租房项目

经济社会发展和提高自身建设水平上取得新突破。出台了《行政审批（许可）过错责任追究制度》《督查工作制度》，规范了行政行为，提高了工作效率；全年共完成2批12个单位2000件业务件审核，促进了重点工作落实和业务办理的质量。对项目投资在5000万元以上的97家开发企业和捐赠公交车辆的68家开发企业设立了首席服务官，全力为企业提供及时、有效、方便、快捷的服务，共收集企业反映的具体问题103个，96%的问题已解决。成立房地产涉电问题首席服务官工作小组，为企业使用施工用电的项目服务，成立房地产综合类问题首席服务官工作小组，为全市所有房地产企业提供服务。积极组织开发企业参与公益性事业活动，全年开发企业共捐公交车辆474台，总价值达3亿多元人民币。认真开展“联系农村、联系社区、联系企业、联系项目、联系交通路口、联系养老机构”工作；围绕群众关心的热点难点问题，确定并全面完成为民办理的十件实事；不断加大便民服务力度，实行7天工作制，开通双休日便民服务“直通车”70多次，开展便民服务46次。

（文保成）

国土资源管理

【概况】 2011年，郑州市国土资源管理以“保增长、保红线”为工作重心，按照“依法依规、突出重点、节约集约、优质高效”的原则，牢固树立“积极主动作为、打造服务品牌”工作理念，采取有效措施，积极主动服务，严格规范管理，确保各项工作稳步推进。耕地特别是基本农田得到有效保护，连续13年保持耕地的占补平衡；不断优化用地报批程序，实行服务承诺，一大批国家、省、市重点项目用地得到较好保障；积极构建土地执法长效机制，加大日常监管力度，全市违法占用耕地的面积占新增建设用地占用耕地总面积的比例为6.09%，较上年下降3.49个百分点；矿政管理不断加强，矿产资源开发秩序进一步规范；信访稳定、平安建设、地质灾害防治工作成效显著，多次受到上级表彰；土地收购储备、市场交易、地籍测绘管理、各级党组织和干部队伍建设、党风廉政建设等各项基础工作圆满完成目标和任务，实现“十二五”开门红。市国土资源局先后被国土资源部评为全国矿业权实地核查工作先进集体；被省厅评为完成责任目标优秀单位、党风廉政建设先进单位、廉政文化建设达标先进单位、政务信息公开示范单位、信访稳定先进集体；被市政府评为优化经济发展环境工作先进集体、招商引资先进集体等。

【重点建设项目用地保障】 2011年，郑州市按照“有限指标保重点，一般项目靠挖潜”和“区别对待、有保有压”的原则，统筹安排新增建设用地计划，优先保障国家、省级重点项目用地。成立重点项目用地保障推进办公室，实行服务承诺制，加快土地审批速度。在用地供需矛盾极其突出的情况下，积极向省厅申请土地利用计划指标，经过多方努力，郑州市获得国务院和省政府批准建设用地共125个批次，面积6326.67公顷，同比增加4.83%。其中，郑州市中心城区获得国务院审批用地规模900公顷，位居中部省会城市前列。全市2779个新上的国家和省市重点项目、民生、重要基础设施等项目用地得到保障，在年内相继开工建设。市国土资源局通过开展“双千”活动，采取优化办事流程、简化审批程序、作出服务承诺、派驻首席服务官等措施，使土地审批时间整体上压缩1/3，加快了重点项目落地速度，受到市委、市政府多次表彰和高度评价，2名服务官获通报嘉奖。

【保障性住房供地】 2011年，郑州市认真落实房地产调控政策，结合实际，编制2011年住房供地计划，加大住房供地尤其是保障性住房供地力度，切实加强房地产土地供应管理，进一步强化政府对地价的宏观调控，抑制地价上涨，促进地产市场健康持续发展。全市全年住房供地计划超额完成，总供地273.3公

保障重点工程建设用地

顷，完成率278%。

【节约集约用地】 2011年，郑州市采取多项措施节约集约利用用地。一是严格建设项目用地预审，控制建设用地规模。依据国家《促进产业结构调整暂行规定》和有关用地标准、用地控制指标，严格建设项目用地预审。对于新上项目，按照国家产业政策、环保政策和土地供应政策，从供地总量、结构、布局和时序上把好土地供应关，对受理的每宗用地进行综合审核，有效控制用地规模，实现节约集约用地。全年共受理建设项目用地预审172宗，通过预审165宗，退卷7宗。二是加大存量土地盘活力度。为做好节约集约利用土地，盘活存量建设用地，缓解建设用地供应趋紧的局面，保障重点项目建设用地，全面开展了对批而未征、征而未供、供而未用土地清查处置工作，征收率和供应率得到较大幅度提高，供而未用和低效利用的闲置土地得到有效处置。三是以开展国土资源节约集约模范县（市）创建活动为契机，推进节约集约用地。在创建活动中，坚持把清查批而未供、闲置土地行动有机结合起来，把供地率和闲置土地处理情况列入考核指标，实行奖优罚劣。大力推广标准厂房，严格限制单层厂房，鼓励建造多层、高层厂房。四是积极推进城乡建设用地增减挂钩工作。共上报26批增减挂钩项目，批准9个批次，涉及建新区面积213.3公顷，涉及拆旧区面积200公顷，有力支持了重点项目落地和经济社会发展。

【国土资源市场建设】 2011年，郑州市加大土地收购、储备力度，完成土地储备2226.7公顷，其中，市本级完成土地储备393.3公顷。全市土地出让3053.3公顷，出让金收入259.71亿元，其中城区出让土地1360公顷，出让金收入177.88亿元。

基本农田保护

【耕地和基本农田保护】 2011年，郑州市严格落实省政府与市政府签订的耕地保护目标责任，层层分解耕地保护目标任务，适时开展检查考核。认真落实基本农田补划制度，并按规定进行听证和补划，确保全市基本农田数量不减少，质量不降低。全市耕地保护面积稳定在32.61万公顷、基本农田面积稳定在27.54万公顷，耕地保有量和基本农田保护面积不低于省政府下达的耕地保护责任目标，顺利通过了国家、省政府对“十一五”期间耕地保护责任目标履行情况的检查。积极开展永久基本农田核查和划定工作，全面开展耕地后备资源大调查，加大土地整理复垦开发力度。认真落实耕地占补平衡制度，全市建设用地报批共占用耕地面积3844.7公顷，完成补充耕地面积3846公顷，其中自行补耕1522.7公顷，易地补充耕地2323.3公顷，连续13年实现耕地占补平衡。

【矿产资源管理】 2011年，郑州市完成了砂矿秩序专项治理任务，查明砂资源量7.55亿吨，登封市、中牟县治理工作成效明显。认真开展煤矿超层越界开采自查复查工作，纠正解决18个越界矿。积极开展矿业权实地核查工作，全面完成全市46个探矿权、689个采矿权核查任务，登封市被评为全国矿业权实地核查工作先进集体。积极推进矿产资源开发整合工作，全市398家水泥灰岩、建筑石料用灰岩矿山，整合保留125家矿山，数量减少68%，新密市、荥阳市措施得力、工作成效明显。积极配合做好煤矿企业兼并重组工作，完成8家退出煤矿采矿权价款评估初审上报工作，完成了145家兼并重组煤矿五项证明出具和40家关闭（退出）小煤矿的验收工作。持续开展矿山储量动态监测工作，动检率达到99.7%；完成年度矿业权人年检工作，年检率达到100%；矿产资源补偿费应收尽收，全市共征收补偿费1.17亿元，同比增加25.5%；受理办结23宗建设项目压覆矿产资源储量初审工作；地质勘查成效明显，全年提交勘查报告5个、储量核实报告31个；深入推进规范化矿政管理国土资源所建设活动，达标率70%以上；顺利通过省人大对郑州市《矿产资源法》执行情况检查，并获好评。

【国土资源执法监察】 2011年，郑州市集中开展了非煤矿产资源开发秩序综合治理，严厉打击了各类矿业违法违规行为，较好地维护了全市矿业秩序基本稳定和有序发展的良好局面。出台《中共郑州市委 郑州市人民政府关于进一步落实耕地保护责任 严格土地执法监管的意见》，积极构建国土资源执法监察长效机制，郑州市首家国土资源警察大队在巩义市成立。全面开展土地矿产卫片执法检查，顺利通过国土资源部和济南督察局的检查验收。全市违法占用耕地的面积占新增建设用地占用耕地总面积的比例为6.09%，较上年下降3.49个百分点，金水、上街、经开区等地违法占地比例下降较大。加大违法用地、违法采矿的查处力度，共立案查处各类土地违法案件629宗，拆除违法建筑物48.65万平方米，没收违法建筑物159.5万平方米，收缴罚款4323万元，追究党政纪处分44人，追究刑事责任8人。立案查处矿业违法案件8宗。全年累计受理市长电话室、ZZIC、市网管办和省厅批转及群众举报的国土资源违法线索246件，按时办结率100%。

【土地变更调查】 2011年，郑州市全面启动集体土地所有权和使用权确权登记发证工作，共核发国有土地使用证512本、土地他项权利证书459本，办理土地抵押权注销登记507宗，各项土地登记查询1003宗。

【地质灾害防治工作】 2011年，郑州市开展了汛期地质灾害预报预警工作，建立手机短信平台，对极端天气可能引发的地质灾害进行预警，全年共发布三级以上预警预报信息6次，43名群众成功避险。不断完善地质灾害防治应急体系，成立汛期地质灾害防治应急分队。积极配合抗旱找水打井行动，历时3个月成功打井71眼。

【平安建设和信访稳定工作】 2011年，郑州市国土资源管理部门紧紧围绕“建设平安郑州、创建和谐国土”这条主线，坚持把平安建设作为建设和谐社会的一项重要内容纳入党组议事日程，从加强组织领导、严格落实工作责任制、经常督促检查等方面入手,扎实推进平安建设工作。全年受理来访、来信、来电共210余件，信访案件按期办结率100%，全系统没有发生恶性上访事件。

（姜海涛）

城乡环境保护

【概况】 2011年，郑州市环保工作紧紧围绕年度目标任务，以创建国家环保模范城市和生态城市为载体，以推进污染减排为主线，深入开展环境综合整治，着力解决危害群众健康和影响可持续发展的突出环境问题，圆满完成了各项年度目标任务，全市环境质量得到持续改善，环境安全得到有效保障，实现了“十二五”环保工作的良好开局。城区环境空气质量优良天数达到318天，达标率为87.1%；4个省控河流断面COD、氨氮综合达标率分别为78.9%和83.3%；全市集中式饮用水源地水质达标率保持100%；郑州市“城考”工作连续17年稳居全省首位；郑州市环保局再次被人力资源社会保障部和环境保护部联合授予全国环境保护系统先进集体称号。

【主要污染物减排】 2011年，郑州市深挖工程减排、结构减排、管理减排潜力，有限环境容量优先支持重点项目建设，努力服务郑州都市区发展，在全市经济保持较快增长的情况下，主要污染物排放总量基本得到控制。五龙口二期、新郑龙湖等污水处理厂和河南中孚电力3×30万千瓦机组、荥阳国电2×60万千瓦机组脱硫工程相继投运，王新庄污水处理厂增加处理量，马头岗污水处理厂完成提标改造。严格新建项目总量审批，共受理审批申请总量指标的建设项目99家。全面推进机动车污染防治工作，严格落实环保年检制度，共检测车辆59.3万台次，达标率为89.5%；积极推进国四机动车排放标准的实施，强化机动车污染源头管理。根据全市减排工程建设及减排设施运行情况，确保完成年度减排目标任务。

【环境综合整治】 2011年，郑州市以“两个重心、两个重点、两个强化、两个突出”为主要内容开展综合整治。以贾鲁河、双洎河流域综合治理为重点，强力推进全市水环境质量进一步改善，贾鲁河、双洎河流域15项治理工程均完成年度建设任务。切实加强饮用水源地保护工作，全市共整治违法建设项目239个。巩义市芝田镇环境综合整治顺利完成。建成区拆除和改造10蒸吨以下燃煤锅炉37台；10家10蒸吨以上燃煤锅炉烟尘完成治理任务；36家规模以上餐饮单位完成油烟治理；新建无燃煤区8.5平方公里；积极开展建筑工地扬尘治理，有效改善了城市环境质量。

【工业污染防治】 2011年，郑州市对全市合成氨、造纸、淀粉行业开展排查整治，51家企业完成治理工作，新密市淘汰1万吨以下造纸生产线91条；登封华润电力有限公司二期工程烟气脱硝工程完成80%，3家钢铁企业均完成脱硫工程方案编制。畅通环评审批“绿色通道”，强化重大项目全过程服务和管理，审批项目2406家，全部执行环评制度；验收项目714家，全部执行“三同时”制度；经开区省级环境友好型示范产业集聚区创建工作扎实推进。完成省、市清洁生产审核企业46家。

【农村环境保护】 2011年，郑州市大力推进农村环境连片整治工作，涉及郑州市的47个省农村环境连片综合整治项目全部开工，4个已建成，全省农村环境连片综合整治现场会在新密市召开，新密市政府作经验介绍并在全省推广。12个省级生态乡镇、39个省级生态村、50个市级生态村通过验收，《郑州市生态市创建规划》初稿编制完成，登封市被命名为“国家级生态示范区”，惠济区省级生态区创建规划通过国家评审。完成43家禁养区畜禽养殖企业关闭搬迁工作。建成9处新农村(社区)人工湿地及污水处理工程，6处投运；建成9家乡镇污水处理厂，8家投运。圆满完成夏秋两季农作物秸秆禁烧和综合利用工作，郑州市受到省政府通报表扬。

【危险废物和辐射环境管理】 2011年，郑州市全年集中处置医疗废物5600余吨，无害化处置率达100%；安全转移危险废物3000余吨。收贮废旧放射源74枚，放射性废物526公斤，废旧放射源和放射性废物安全处置率均达100%；辐射安全工作实现事故零发生率。辐射实验室顺利通过国家计量认证中期评审。新密、巩义两处遗留铬渣无害化处置工作全部完成。危险废物处置中心项目工程已建成。

【环境信访和法制建设】 2011年，郑州市环保部门坚持把平安建设和环保业务结合起来，认真解决影响群众健康的突出环境问题。市本级共受理群众来信来访及上级交办件198件，领导阅批率、到期办结率、按时回复率均为100%，全市环境信访形势平稳，受到省环保厅通报表彰。全年受理网络舆情95件，均按时办结，受到ZZIC通报表扬。办理人大建议和政协、党代会提案22件，代表、委员满意率为100%。加快推进环保法制建设，《郑州市机动车污染防治办法》列入2012年立法规划，《郑州市环境噪声污染防治办法》正在进行立法后评估，市环保局被市委、市政府表彰为2006-2010年法制宣传教育和依法治理工作先进单位。

市环保局对须水镇桐树王村一台0.75蒸吨压力锅炉实施拆除

【环保能力建设】 2011年，郑州市着力加强环保能力建设，郑州、新密通过环境监察标准化建设中部一级验收，其余各县（市）通过中部二级验收；全市环境监测站均达到国家标准化建设要求；市危废中心辐射实验室顺利通过国家计量认证中期评审；市环境宣传教育中心达到国家宣教机构规范化建设标准。圆满完成环境质量监测、污染源监测、监督性监测和应急监测等各项监测任务。以环保专项行动为抓手，严肃查处各类环境违法行为，切实维护人民群众环境权益。全市共出动执法人员6.35万人次，检查企业3.35万家次，市本级立案查处环境违法行为115起；“12369”受理电话1.6万个，受理率、查处率、回访率和结案率均为100%。

【环保宣传教育】 2011年，郑州市全方位、多层面地开展环保宣传教育活动，在《中国环境报》《郑州日报》等主要媒体开设专栏，刊发新闻报道400余篇（条）；坚持环境新闻发布会制度，充分保障公众环境知情权；以“6·5”世界环境日为主题，开展了“共建生态文明，共享绿色未来”宣传月活动；持续开展环保世纪行活动，宣传先进典型，曝光不法行为；深入开展环境大接访活动，与广大市民实现零距离沟通，广泛倾听民意；公开招聘环保义务监督员近3000人，基本覆盖了城市的每个社区和农村的每个自然村；开设环保官方微博，被新浪和大河网评为河南省十大政务微博。

【环境安全】 2011年，郑州市强化环境风险源头管理，组织开展了全市重金属环境安全隐患排查整治工作。对409家风险源企业、50家重点源企业、17家重金属企业及各县（市）区环保局，开展了环境应急预案的制定、修订、评估及备案工作。积极开展环境应急演练，承办河南省环境应急监测演练，检验了全市突发环境事件指挥协调和快速反应能力，在全国环境应急监测演练活动评比中名列前茅，市环保局也受到省厅的通报表彰。

尾气遥感检测车正在路检

【其他重点环保工作】 2011年，其他重点环保工作稳步推进，完成13大项22小项全国文明城市创建指标资料的上报工作，为成功创建全国文明城市作出了应有的贡献。开展枯河污染治理，枯河及唐岗水库水质得到明显改善。严格西流湖区域环境管理，强力推进常西湖环境综合整治。强化生态水系排污治理，不断加大督查力度，积极推进生态水系建设。完成“十二五”环保规划编制工作，并通过专家评审，市环保局被市政府评为“十二五”规划编制工作先进单位。积极推进项目“四进”工作，52个项目计划纳入国家环保部淮河、黄河流域和省“十二五”环保规划，其中，荥阳市“四库一河”项目争取资金3216万元，航空港区第一污水处理厂二期项目争取资金1256万元。认真做好上级领导和部门交办的各项工作，70余件交办件的办理工作均按时高标准完成。

【环保工作组织保障】 2011年，市委、市政府切实加强对环保工作的组织和领导。一是加强组织领导。市委、市政府始终把环境保护作为加快发展方式转变的重要抓手，不断加强对环保工作的组织和领导，分别成立了以市长、分管领导为组长的节能减排和综合整治工作领导小组，有计划、有步骤地全面推进环保工作。市政府先后召开了全市环境保护暨节能减排和生态环境工程建设、环保专项行动、环境综合整治、农村环境连片综合整治等工作会议，印发了《郑州市推进空气质量持续改善暨大气污染联防联控工作实施方案》《2011年郑州市环境综合整治实施方案》等文件，对环保工作进行全面安排和部署。市委书记连维良、市长吴天君对环保工作提出了更高的标准和要求，批示各项环保工作90余件，交办各类环保问题70余件。

郑州市环保局对新密市101家落后工艺的耐火材料企业实行关闭

二是树牢环保理念。在谋划和推进社会经济发展过程中，市委、市政府始终坚持环境优先的发展理念，把环保工作列入重要议事日程，坚持环境保护与经济发展统筹考虑、统一安排、同时部署，市委、市政府召开的重大项目周例会、日例会和控制性规划联审联批会，环保部门必参会、必发言，充分发挥环保综合决策的作用。

三是加强部门联动。郑州市把环保工作纳入政府目标管理体系，市政府年初与各县（市）区政府和有关部门签订环保目标责任书，明确任务和责任，做到年初签订、每季度考核通报、年终全面考核总结；充分发挥郑州市环境保护委员会职能作用，各县（市）区政府建立联动机制，环保、发改、财政、城管、农业、水务等部门建立协作

引黄河水为郑州市生态水系工程注水

机制，定期召开联席会议，及时研究和部署环保工作，齐抓共管的“大环保”格局日益完善。

【完善环保工作机制】 2011年，郑州市坚持把完善环保机制体制作为加强环境管理的重要抓手和突破口。一是完善机制体制。市政府印发《关于进一步加强环境管理的实施意见》等文件，进一步明确各部门的环境管理任务与责任，使全市环境管理工作更加规范有序。认真落实环境形势分析会制度，加强对环境形势的分析和预警预测，促进部门之间的信息交流，及时研究解决存在的问题。为有效解决农村环境监察不及时、不到位的问题，在郑州市所辖县（市）乡镇派驻69个环境监察中队，由县（市）环保部门直接管理，使监管阵地前移，真正做到了环境执法的“迅速、到位、有力、准确”。

二是强化督查督办。针对污染减排、综合整治、生态水系和重点工程建设等重点工作，实行领导分包制，每周督查一次、每月综合分析、每季核查评比、半年总结通报，并编印了污染物减排、环境综合整治和重点环保问题等工作简报，对督查中发现的问题，致函各县（市）区党委和政府，及时通报情况，督促工作进度。市环保局成立由纪检监察室牵头的重点环保问题督查办公室，每月向市委、市政府报告一次督查情况；对于重大或难以解决的环保问题，由市委督查室和市政府督查室协助督查。

三是创新环境管理措施。市委、市政府对污染生态水系行为提出了严厉的惩罚措施，对生态水系内河道排污口未治理到位的责任单位实施财政扣款，每个排污口扣款100万元；对工业企业生产废水超标直接排入生态水系的，对辖区政府或管委会给予一例一次1000万元的财政扣款。在全省率先开征扬尘排污费，充分发挥排污收费的经济调节作用，促进排污企业加强管理，全年征收扬尘排污费209万元。

【政风行风建设】 2011年，郑州市环保局大力推进政风行风建设。出台了《关于完善机制体制，提高效能效率，服务郑州都市区建设的若干意见》，建立了机关效能责任追究办法、政风行风建设考评等制度，通过明确化、具体化、定量化和定性化的措施和办法，进一步健全抓具体、抓落实的机制和制度，有力有效地推动各项目标任务的落实。开展了“百名人大代表政协委员信函调查”“百家环保服务对象问卷调查”和“百家企业评议基层环保部门”调查活动，对提出的问题和建议及时梳理和解决；以深入开展“企业服务年”活动为契机，推出了联审联批、简化程序、下放权限、限时办结、效能监察等多项措施，全心全意为企业搞好服务；开通了行政效能电子监察系统，与市纪委效能办实现对接，利用现代化信息技术加强行政监察。

提高为民服务意识。组织开展了“以服务求地位，以运作求提升”专题讨论，开展了以“对照职能，贴近民生，努力为群众办实事办好事”为主题的实践活动。公开承诺做好五件实事好事，即环保审批事项做到“五个一律”，落实首问负责制和限时办结制，实行受理案件限时结案制度，加快城区大气环境综合整治，严肃查处突出环境问题。建立服务承诺制，完善“绿色通道”审批，压缩行政审批时间，报告书、报告表、登记表项目由法定的60日、30日和15日，分别缩短为10日、7日和5日（除法定的公告期外）；办事大厅实行每周7天工作制，严格落实一次性告知制度，公开办事程序，实现全天候、无缝隙服务。

（蒋国良）

第二十一篇 经济监督与管理

发展计划管理

【国民经济和社会发展情况】2011年，郑州市严格执行国家宏观调控政策，按照“四个重在”要求，认真实施市第十三届人大三次会议批准的国民经济和社会发展计划，多措并举，奋力拼搏，克难攻坚，发展方式不断转变，产业结构日趋合理，改革开放深入推进，社会民生显著改善，经济社会保持平稳较快发展态势，有力确保“十二五”开端目标任务顺利完成。全市生产总值达到4912.7亿元，增长13.2%，较好完成年初确定的主要目标任务，计划执行情况总体上是好的。

（一）新型工业化步伐加快，产业结构实现新优化。全年第二产业增加值达到2900亿元，增长17.3%，其中规模以上工业完成增加值2340亿元，增长22%。工业用电量达到325.9亿千瓦时，增长11.2%。装备制造业增加值达到500亿元以上，增长超过23%。全市电子信息产业实现销售收入600亿元以上，增长超过100%。全市销售收入超100亿元企业达到9家，其中富士康、河南中烟和郑煤集团3家销售收入超过300亿元。全市产业集聚区完成固定资产投资1033.5亿元，增长62%，其中省级产业集聚区完成660亿元，增长78%。

（二）试点工作扎实推进，现代服务业发展迈出新步伐。全市全年第三产业增加值完成1881.7亿元，增长8.5%。社会消费品零售总额完成1987亿元，增长18.4%。城镇居民消费价格指数上涨4.9%。全年物流业增加值完成230亿元，增长13%。郑州新郑综合保税区正式封关运营，航空物流园区、新加坡国际物流产业园等一批重点物流项目进展顺利，郑州国际物流中心地位稳固提升。全年举办大型会展141个，展览面积达到155.3万平方米。全年接待国内外游客5464.1万人次，增长13.1%，实现旅游总收入590亿元，增长15.7%。

（三）统筹抓好“三农”工作，新农村建设呈现新气象。全年粮食总产量166.7万吨，连续9年实现丰收。新增市级以上重点龙头企业30家，总数达到364家。新增农民专业合作社300个，总数达到1400个。解决农村饮水安全人口43.9万人，新增农村户用沼气1万座，新改建农村公路578公里，完成造林1.58万公顷，建成200个农村文化大院、750个农家书屋。全市完成合村并城、合村并镇、合村并点、开发保护、移民搬迁和农村污水处理试点等项目131个。

（四）创新机制扩大投资，城镇建设掀起新高潮。全年全社会固定资产投资完成3000亿元，增长24.2%。省、市重点项目建设完成投资1650亿元，增长26.2%。其中，省重点在郑项目完成投资1107亿元，增长23.7%；市重点项目年度投资目标为402.8亿元，完成投资521.3亿元，增长29%。全年争取上级各类资金10亿元，其中中央预算内资金8.4亿元。“畅通郑州”工程实施顺利，综合交通枢纽、嵩山路下穿铁路箱涵、文博西路等26条支路线网打通等项目顺利完工，京广路—沙口路快速路部分路段、107辅道下穿隧道等项目基本建成，22个道路交叉口渠化和20个拥堵路口整治工程投入使用。五龙口和马头岗污水处理厂（一期）升级改造等工程顺利完工，新建垃圾中转站26座、改造28座。城中村改造不断加快，开工建设总面积达到3049万平方米。其中，开工建设安置房1404万平方米，交付26412套、283万平方米；配套建设商品房1628万平方米，竣工355万平方米；医院、学校等非营利性用房开工17.1万平方米，竣工9.5万平方米。高速公路、铁路、航空港建设步伐加快，新郑机场全年旅客吞吐量突破1000万人次，货邮吞吐量突破10万吨，正式跻身国家一类空港行列。

（五）节能减排力度加大，生态环境不断改善。全年单位生产总值能耗下降3.7%，二氧化硫和化学需氧量排放分别控制在10.18万吨和10.62万吨以下，氨氮、氮氧化物等主要污染物排放量持续削减，完成本年度节能减排目标。生态环境明显改善，常西湖生态公园等项目顺利实施，人民广场建成开园，市区新建绿地622万平方米，完成造林1.58万公顷，新建林业生态乡（镇）8个、林业生态村100个。扎实开展截污攻坚工作，实施东风渠上游、潮河上游等河道治理工程，河道水质明显改善。城市集中饮用水源地水质达标率为100%，市区空气质量优良天数达到318天，生态环境明显改善。

（六）财税收支快速增长，金融行业稳健运行。全市全口径财政收入达到1305亿元，增长32.9%；地方财政总收入完成820亿元，增长27.6%；地方财政一般预算收入突破500亿元，达到502亿元，增长30%。规模以上企业利税总额完成1200亿元，其中利润总额完成800亿元，两项指标增速均接近40%。财政总收入820.1亿元，比上年增长27.6%；一般预算收入502.3亿元，增长29.9%。一般预算支出565.3亿元，比上年增长32.4%。金融业增加值完成300亿元，增长6%。金融机构存款余额8964.9亿元，增长13.6%；贷款余额6112.8亿元，增长8.9%。

（七）重点领域改革稳步推进，对外开放步伐不断加快。郑州新郑综合保税区2011年11月4日正式封关运行。在郑投资世界500强企业34家，设立项目或办事机构46个，投资总额17.7亿美元。市属及以下进出口总值153.6亿美元，增长239.5%，其中出口总值94.1亿美元，增长182.9%。全市实际利用外商直接投资31亿美元，增长63%。

（八）郑州新区建设步伐加快，产业集聚效应凸显。大力推进龙湖地区、高校和职教园区、航空港区、汽车及装备制造产业园区等重点区域开发建设，在重大项目布局、基础设施配套、土地征用等方面取得新突破。加快新区基础设施配套建设，各组团基础支撑与保障能力不断增强。全市产业集聚区累计入驻企业近7000家，其中省级产业集聚区近5000家。全市产业集聚区营业收入完成5150亿元，增长40%，其中省级产业集聚区完成3133亿元，增长47%。全年营业收入超百亿元的达到15家，其中郑州经济技术产业集聚区、郑州高新技术产业集聚区、巩义市产业集聚区超过300亿元。

（九）以人为本改善民生，和谐社会建设取得新成效。全年全市共投入财政资金72.8亿元，用于省“十项民生工程”和市“十大实事”涉及的98个民生项目。中小学远程教育“班班通”工程全部完工。新建、改扩建市区中小学校项目开工建设33所，新建、改扩建城乡幼儿园项目开工建设119所。新增优质中小学招生学位2.1万个。城镇居民基本医疗保险参保人数262万人，新农合参合率98.3%。城镇居民医保和新农合政府补助标准从120元提高到200元。郑州市图书馆新馆、郑州市档案馆新馆等项目进展顺利。城镇新增就业人口13.8万人，实现农村劳动力转移就业12.6万人，帮助1.65万名就业困难人员实现就业。全市城镇职工基本养老保险、城镇职工基本医疗保险、失业保险参保人数分别为167万人、93.3万人、90.4万人，分别增长6.3%、3.9%、0.78%。全市保障性住房开工建设5.57万套，其中，经济适用住房28307套、公共租赁住房23580套、廉租住房2856套、棚户区改造973套。2011年，郑州市获全国文明城市称号。

（仝坤强　段广宇）

【产业集聚区建设】 2011年，结合省委、省政府和省发改委的系列文件精神和郑州市产业集聚区建设的实际，市委、市政府制定《关于明确产业集聚区市级政府重点扶持产业推动产业集聚区发展的意见》《2011年郑州市加快产业集聚区建设工作方案》等文件，市发改委出台《关于我市加快产业集聚区“飞地经济”发展的意见》，制定并下达《郑州市产业集聚区（专业园区）2011年主要发展目标》，建立《产业集聚区工作推进机制》《产业集聚区建设市发改委领导分包制度》，配合市绩效考核办对全市产业集聚区进行一季度、半年和前三季度绩效考核工作，督促指导产业集聚区完善机构组织、建立健全融资平台、加快基础设施和标准化厂房建设，产业集聚区保持良好的发展势头。一是集聚效应开始显现。全市产业集聚区入驻企业近7000家，其中省级产业集聚区入驻企业近5000家。全市产业集聚区营业收入完成5150亿元，同比增长40%，其中省级产业集聚区营业收入完成3133亿元，同比增长47%。营业收入完成超百亿元的达到15家。二是企业投资积极性高涨。全市产业集聚区共完成资产投资1000亿元，同比增长62%，其中省级产业集聚区固定资产投资完成660亿元，同比增长78%。三是基础设施日臻完备。年底前道路建设总长达872公里，管网建设总长达738.5公里，完成标准化厂房建设249万平方米，其中三层以上160万平方米。建设职工住房面积达186万平方米。

（刘绪宝）

【产业集聚区建设管理】 加强领导，强化考核和督导。一是完善产业集聚区领导分包制度。明确各县（市）区主要负责人作为产业集聚区建设的第一责任人，制定主要领导分包产业集聚区制度。二是组织召开全市产业集聚区建设工作会议，部署2011年度产业集聚区建设工作并提出具体工作目标，评出“五强”“五快”产业集聚区进行表彰奖励。三是完善考核评价体系，建立产业集聚区持续督导机制。对产业集聚区每月进行监测分析，每季度进行绩效考核，评优评差，半年对全省排名后30位的集聚区进行督导。同时把产业集聚区建设与发展情况纳入干部考核体系，作为组织、人事部门考核干部的重要依据。

完善政策，营造发展氛围。一是制定《2011年郑州市加快产业集聚区建设工作方案》，并以市政府文件“郑政〔2011〕50号”下发，将22项工作分解到各个局委，每季度督导一次。二是推动产业集聚区飞地经济发展，印发《关于加快飞地经济发展的意见》，建立产业集聚区税收分成、统计考核指标分享制度，推动高新区和经开区设立“产业飞地区”，带动新郑新港、荥阳市等产业集聚区实现均衡发展。三是组织开展全市市直各有关部门和产业集聚区赴先进产业集聚区学习观摩活动。

加快主导产业发展，推动产业集聚。一是出台政策，积极支持主导产业发展。以市委、市政府文件下发《关于明确产业集聚区市级政府重点扶持产业推动产业集聚区发展的意见》（郑发〔2011〕6号），提出每个产业集聚区重点扶持一个产业，通过政策扶持推动全市产业集聚区产业集聚程度的提升。二是建立产业集群培育机制。制定加快推进产业集聚区产业集群培育方案并组织实施，加快培育形成汽车、装备制造、电子信息等超千亿元产业集群。三是将集聚区内亿元以上新开工项目全部纳入市重点项目管理，实行联审联批。四是研究制定产业集聚区扶持产业发展政策，在对各单位反馈意见研究吸收，修改完善后出台。

【组团建设管理】 成立机构，完善制度。根据《关于市发改委增设组团发展和产业集聚区建设办公室的批复》（郑编〔2011〕69号）要求，市发改委选调人员组建办公室，建立内部分工联系制度、问题台账制度、项目建设情况通报制度、月度快报工作制度、动态信息上报制度等各项工作制度，明确分工、落实责任、对工作开展进行全面规范。

加强组织，强化协调。市发改委牵头做好全市第二次组团观摩活动，对所负责的“各新城、组团功能定位、产业发展方向和重大项目建设展评工作”进行专门安排，并组织各新城、组团进行内部学习评比，为组团规划展评顺利开展打下坚实基础。对上街宜居职教城、金水科教新城等组团在建设过程中存在问题，多次组织相关部门召开协调会，加大协调推进力度。

出台政策，制定措施。为加快新城组团建设步伐，市委、市政府下发《关于贯彻落实〈国务院关于支持河南省加快建设中原经济区的指导意见〉的实施意见》《关于明确国发〔2011〕32号文件重点工作任务责任单位的通知》《深入贯彻落实〈关于支持河南省加快建设中原经济区的指导意见〉加快郑州都市区建设的行动计划（2012-2013）》《关于加快推进郑州都市区城团建设的意见》和《关于扶持组团产业发展的若干意见》等10个政策文件，为组团建设提供强力的政策保障。

（白东战）

【日常工业项目备案复核】 2011年，市发改委办理工业企业投资备案复核项目超过1500个，无一差错。同时完成新型墙材核准项目15个，产能近13亿块标砖。

【争取国家和省支持资金】 2011年，市发改委共争取国家和省工业项目扶持资金6794万元，其中，国家重点产业振兴和中小企业技术改造资金3255万元，省工调和自主创新资金3539万元。完成2012年国家重点产业振兴和中小企业技术改造资金项目申报工作。同时对2008年、2009年豫联、少林、思念等8家企业使用省工调资金的项目进行验收。

【省重点项目日常监控和行业调研】 2011年，市发改委加强对省重点工业项目和亿元以上转型升级工业项目的日常监控，每月向省发改委上报一次进度。截至年底，郑州市的省重点工业项目23个，总投资423.3亿元，年度计划投资68.9亿元,已累计完成投资73.9亿元，有5个项目竣工投产;亿元以上转型升级项目91个，总投资829.4亿元，年度计划投资198.5亿元，已累计完成投资190.8亿元，有20个项目竣工投产。加强与工信、统计、国土、规划及县（市）区发改部门的沟通，开展行业调研，把握行业态势，为领导决策提供依据。

【制定产业发展政策措施】 2011年，郑州市10个重大工业项目以及“十百千”项目库中的工业项目确定。市发改委按照省发改委的要求，完成老工业基地调研任务，编写完成《郑州市老工业基地改造规划》；完成《郑州市中心城区企业“退二进三”工作推进方案》前期调研和方案制定；编写完成《郑州市产业集聚区建设“十二五”专项规划》和《郑州市“十二五”现代产业体系发展规划》；广泛征求县（市）区政府、开发区管委会和有关委局意见，拟定《关于进一步优化产业布局促进主导产业发展的指导意见》并上报市政府办公厅；配合市国土资源局、市建委完成对黏土砖瓦窑场治理等工作任务；参与《郑州市“十二五”规划》和《都市区纲要》的修订。

（刘绪宝）

【服务业重点行业发展概况】 2011年，郑州市大力发展物流、商贸、文化旅游、金融、会展等现代服务业，开展服务业综合改革试点工作，开展服务业招商，推进服务业重大项目建设，全市服务业发展保持稳定增长态势。全年全市服务业增加值2000亿元，占生产总值比重达到40%。

物流业。构建物流业与其他产业联动发展机制，全力推进郑州国际物流中心建设，逐步提升郑州在全国物流格局中的枢纽功能和地位，建设郑州国际陆港，编制《郑州国际物流园区产业规划》等一系列规划，进一步明确产业布局及节点任务。2011年物流业增加值230亿元，同比增长20%。

金融业。编制完成《郑州区域性金融中心建设规划（2011-2015年）》，出台《郑州市人民政府关于鼓励金融机构入驻郑州的意见（试行）》（郑政〔2011〕56号），强力推动郑东新区金融CBD集聚发展。截至11月底，全市银行类金融机构达到28家，四方达、好想你、明泰铝业等6家企业成功上市，首发融资33.03亿元，全市上市企业累计达到35家。郑州期货大厦项目进展顺利，期货交易回归理性，全国中心地位有所加强，截止12月底，郑州商品交易所累计成交量4.06亿手，累计成交额334185.15亿元，分别占全国市场的38.55%和24.30%。

会展业。一是加强与主办方联系合作，创新流动展办展机制，成功申办第二十届中国国际五金博览会、2011全国农机产品订货交易会等展会。与中国副食流通协会合作，共同创办中国糖酒食品博览会暨国际糖酒商品交易会。全年举办全国性流动展会8个，展览总面积31.45万平方米。二是加大对自主品牌展会的培育力度，对符合产业发展方向、发展潜力大的第八届中国国际汽车后市场博览会、第二十三届河南家禽交易会等10个自主品牌展会作为重点支持展会，通过资金补助等方式扶持展会做大做强。三是加强与行业商协会联系，积极培育新展，吸引符合郑州市产业优势的展会项目落地郑州。截至年底，郑州市新增展会项目12个。全年共举办展会141个，展览总面积155万平方米，同比分别增长38.2%和17.6%。

商贸流通业。一是深入实施“万村千乡”市场工程，新建成农家店90个，新增农家店营业面积7200平方米，新增就业300多人。开展农家店信息网络系统建设，增强企业配送能力，商品统一配送率超过60%，达到国家规定的配送率标准。二是继续强化“家电下乡”工作，截至11月底，该项工作按政策要求圆满完成，全市累计销售家电下乡产品132.4万台（部），累计新补贴家电下乡产品120.63万台（部），补贴金额3.36亿元。三是继续实施蔬菜流通体系建设，建成社区便利店266家、蔬菜批发市场3个、农贸市场15家、蔬菜早市23个。新建和改造社区便利店239家，年底前全面完成蔬菜流通体系建设任务。四是早餐工程深入推进，全市布设735个餐车网点的同时，加快“社区快餐店”建设。五是支持商贸流通企业发展电子商务，以二七区为试点，展开电子商务推广工作，全力推进区域电子商务发展。2011年全社会消费品销售总额突破2000亿元，增长18%以上。

旅游业。一是实施“旅游强市”战略，编制完成《郑州市“十二五”旅游产业发展规划》，《郑州市旅游产业发展规划》完成规划初稿。二是加强旅游推广宣传，发挥“郑汴洛焦”旅游推广联盟的聚合优势开展联合促销，推动业界交流与务实合作。三是推进景区精品化建设，巩义康百万庄园、黄河生态风景区、新郑黄帝故里创建国家5A级景区工作进展顺利。四是加大重大旅游设施项目建设力度，2011年，全市在建重大旅游项目36个，计划投资总额1119亿元，全年累计完成投资33.38亿元。全年接待国内游客5420万人次，同比增长13%；国内旅游收入577亿元，同比增长15.3%；接待入境游客38.5万人次，同比增长10.3%；外汇收入1.475亿美元，同比增长10.2%；实现旅游总收入586.44亿元，同比增长15%。

文化产业。坚持政策、项目、基地园区、品牌等“四个带动”，加快推进文化创意产业规模化、集聚化发展。一是做好文化产业园区基地创建工作，探索推广文化创意产业集聚区建设模式。推荐命名省级文化产业示范基地4个，命名市级文化产业示范基地20个（待定），市级文化产业特色乡村10个（待定）。二是实施动漫精品工程计划，依据郑州市政府《关于扶持动漫产业发展的若干意见》和《郑州市动漫产业发展实施细则（试行）》，加快动漫产业快速发展，入驻郑州市并登记在案的动漫企业由2008年的8家发展到2011年的80家，占全省的95%以上。三是推进产业项目建设，国家动漫产业发展基地（河南基地）各项工程按计划推进；郑州动漫产业基地基本建设完成，动漫企业陆续入驻。2011年文化产业增加值达到184亿元，增长15%。

房地产业。2011年，郑州市限购、限贷等一系列调控政策对房地产市场调控成效逐步显现。与省内其他省辖市相比，随着限购政策出台，房地产发展向省内二、三线城市转移，郑州市房地产业增速降低。全市商品房销售面积为707.59万平方米，同比下降35.84%，其中市区商品房销售面积为497.65平方米，同比下降40.32%。前三季度，全市房地产业完成增加值151.6亿元，同比仅增长4%。全年房地产业完成增加值200亿元，同比增长5%。

【改善服务业发展环境】 健全组织机构。在原有郑州市服务业发展工作领导小组的基础上，完善组织、提高规格，成立郑州市服务业综合改革试点工作领导小组。组长由郑州市市长担任，副组长由常务副书记、常务副市长及相关副市长担任。成员单位由市发改委、商务局、交运委、工信委等26家单位组成。

完善政策体系。2011年，郑州市陆续出台《关于开展服务业综合改革试点工作的实施意见》《关于郑州市加快推进建设国际物流中心建设的意见》《关于鼓励金融机构入驻郑州的意见（试行）》《关于文化创意产业项目用地的实施意见》等促进服务业发展的政策文件，奠定郑州市现代服务业发展的坚实基础。

强化规划引导。按照建设区域性现代服务业中心的发展思路，编制《郑州市商业空间发展布局规划》《郑州区域性金融中心建设规划（2011-2015年）》《郑州市旅游产业发展规划》等服务业行业规划，并根据《郑州国际物流中心战略暨规划布局》编制国际物流中心等控制性详细规划。正在编制《郑州市物流业发展“十二五”规划》，计划编制《郑州市服务业发展规划（2012-2020）》。

综合改革取得突破。11月4日，郑州新郑综合保税区作为中部六省唯一一个综合保税区正式封关运营。市政府下发《关于开展服务业综合改革试点工作实施意见》，对试点任务进行分解，服务业综合改革试点工作稳步推进。申报省服务业特色园区，上报服务业特色园区10个，省批准7个。

（王礼光）

【设计审批管理】 2011年，项目设计审批工作以初步设计审批和管理为抓手，严把技术和概算关，较好地完成了全年各项工作任务。在项目审批工作中，管理部门规范审批程序、提高办事效率，积极协调解决项目在审批过程中出现的相关问题和困难，为项目单位提供优质服务。全年共组织召开项目初步设计审查会议74次，项目设计批复完成71项，其中，初步设计51项、实施方案2项、设计变更11项、调整概算3项、竣工验收4项，共批复项目概算106.35亿元。

上报省发改委批复的建设项目15项。包括郑州市万洪公路新建工程初步设计、东南四环连接线（国道107辅道至四港联动大道）新建工程初步设计、南三环与京港澳高速公路互通式立交工程初步设计、郑州市中州大道与郑新快速通道立交工程初步设计、郑州市航海东路与京港澳高速公路互通式立交工程初步设计、郑州市G107辅道与连霍高速公路互通式立交新建工程初步设计、郑州综合交通枢纽公路客运站公铁换乘区初步设计、郑州市文化路与连霍高速公路互通式立交工程初步设计、科学大道与西南绕城高速公路互通式立交工程初步设计、中原西路与西南绕城高速公路互通式立交工程初步设计、郑新快速通道与西南绕城高速公路互通式立交工程初步设计、郑州市铁魏公路改建工程初步设计、G107郑州境改线工程孟庄至龙湖连接线两阶段初步设计、国道107线郑州段改建工程与郑汴路互通式立交新建工程初步设计以及郑州市轨道交通1号线一期工程东明路站设计变更等，上报总概算约43亿元。

批复市本级投资项目初步设计和方案设计53项。包括郑州市老干部活动中心综合活动楼、第七中学扩建新疆部餐厅、新建学生公寓、第十一中学扩建新疆部餐厅、学生宿舍、郑州外国语学校新建教学楼及学生宿舍、京广路—沙口路快速通道工程（南四环—南三环）、中共郑州市委党校二期工程、郑州市第一〇三中学综合楼、郑州市实验高级中学、石家庄至武汉高速铁路客运专线郑州站站房高架匝道（桥）、郑州市107辅道道路（商都路—七里河南路）及下穿隧道工程、郑州市花园路与连霍高速公路互通式立交新建工程、郑州市第一〇一中学新校区、登封市聋哑学校教学综合楼、郑州财经技师学院校舍安全工程、郑州市人力资源和社会保障数据容灾备份中心二期工程、郑州市西绕城公路下穿陇海铁路改造工程、郑州市房产档案馆建设工程、郑州市第二十六中学体育训练馆、郑州市职业技能公共实训基地、中牟县城毛庄污水处理工程、巩义市三合苑廉租住房小区建设项目、巩义市污水处理二期工程、郑州市元通大道跨南水北调总干渠桥梁工程、航空港区引水工程、郑州综合交通枢纽配套市政工程郑州市轨道交通5号线市域线新郑州站站、郑州市商业技师学院（郑州市商业高级技工学校）二期工程1号实训楼、郑州市第五中学综合实践楼、郑州市第五中学综合实践楼、长江路跨南水北调总干渠桥梁工程、郑州市第十四中学整体改造、陇海路高架快速通道跨南水北调中线总干渠特大桥工程、郑州师范学院（河南省特殊教育示范学校）特殊教育教学实验楼、中州大道跨南水北调总干渠桥梁工程、G107郑州段改造工程—金水东路立交工程、白松路跨南水北调总干渠桥梁工程、红松路跨南水北调总干渠桥梁工程、潮河上游综合治理工程、马头岗污水处理厂二期工程、南四环桥（G107辅道十八里河南水北调大桥）新建工程、郑上路上跨南水北调总干渠桥梁新建工程、郑密公路桥（S316线黄冈寺南水北调大桥）新建工程、南三环污水处理厂工程、柿园水厂和白庙水厂改造工程、西四环上跨南水北调总干渠桥梁新建工程、东周水厂改造工程、航海路—西三环立交工程、中州大学二期工程综合实训基地建设项目、大河村遗址博物馆二期工程、郑州市监狱警示教育综合楼项目、上街区第二污水处理厂工程、郑州旅游职业学院新校区（郑州市职业教育园区）建设项目、郑州市疾病预防控制中心、市委党校供电工程方案等，累计概算投资约105.33亿元。

审查批复项目重大设计变更11项。包括郑州市儿童医院（东区）建设项目、马头岗污水处理厂升级改造工程、郑州幼师新校区建设项目、郑州市污泥处置利用工程、郑州市生态水系输水工程、郑州师范学院学生宿舍楼、郑州市第九人民医院老年关爱病房楼、中共郑州市委党校二期工程、第五中学综合实践楼、郑州市档案馆建设项目、第五十一中学综合教学楼等。

项目竣工验收批复4项。包括郑州市蔬菜研究发展中心项目科研综合楼（代建部分）、郑州市石佛劳教所劳教学员监舍综合楼、马头岗污水泵站及干管工程、王新庄污水处理厂改造工程。

【设计招标投标管理】 2011年，市发改委依据《中华人民共和国招标投标法》和《河南省实施〈中华人民共和国招标投标法〉办法》等法律法规，在市政府投资建设项目招标投标监督管理工作中结合项目批复实际情况和项目单位的使用要求，建设项目基础设施条件、场地现状、规划条件、周边环境、布局特点、交通组织、景观绿化、节能减排、环境保护等要素，对建设项目勘察设计招标文件、评标办法以及相关的合同条款等提供指导，提出注意事项，对勘察设计招标投标全过程依法实施严格管理和监督，最大限度维护建设单位利益，保证政府投资项目的勘察设计招标投标工作规范、健康、有序进行。全年共对政府投资建设项目勘察设计招标活动实施监督51次，核准不招标1项。

（王　利）

财政管理

【概况】 2011年，郑州市财政收支双双突破500亿元。全市财政总收入完成820亿元，同比增长27.6%，增收177.2亿元；一般预算收入完成502.3亿元，同比增长30%，增收115.5亿元；一般预算支出完成565.6亿元，同比增长32.5%，增支138.8亿元，再创历史新高。

财政促发展、惠民生作用充分发挥。抓住国家继续实施积极财政政策的有利时机，争取上级资金112.4亿元，争取地方政府债券资金9.5亿元，新增融资60亿元，实施一大批基础设施和民生工程项目。全年拨付各类产业引导资金31.3亿元，促进全市经济转型和结构调整。财政支出向民生领域倾斜，全市财政民生支出370亿元，占财政支出的65%，同比增长38%，其中，为民办理“十大实事”支出49.3亿元，有效推进“幸福郑州”建设。建立健全“三农”投入稳定增长机制和强农惠农政策支持体系，全市“三农”支出104亿元，占财政支出的18%，同比增长29%，有效保障了农业生产、农民增收和农村经济社会事业全面发展。完善城建资金投入机制，累计投入资金318亿元，保障郑州市道路桥梁、园林绿化、生态水系等630项新建及续建城建项目正常进行。

【财政体制改革】 2011年，郑州市对影响财政改革发展的突出矛盾和问题，坚持事不避难，难中求进，用改革创新的办法解决一批多年积累下来的难题，进一步构建有利于财政事业科学发展的体制机制。调整郑州新区财政管理体制。出台《郑州市人民政府关于进一步完善郑州新区财政体制的通知》（郑政文〔2011〕71号），对郑州市本级与郑州新区财政管理体制进行调整完善，明确郑州新区收入范围，核定郑州新区体制基数。建立财政资金投入补偿机制。印发《郑州市人民政府关于建立财政资金投入补偿机制的通知》（郑政文〔2011〕159号），按照“财权与事权相统一”原则，建立招商引资项目市级财政资金投入补偿机制。支持飞地经济发展。制定《郑州市人民政府关于我市加快飞地经济发展的意见》

全市财政局长工作座谈会

全市政府采购工作会议

（郑政〔2011〕38号），按照互利互惠原则，明确“飞地经济”模式项目引资的税收收入分成比例。制定总部经济发展办法。下发《中共郑州市委 郑州市人民政府关于加快我市总部经济发展的意见》（郑发〔2011〕35号）和《郑州市人民政府关于印发郑州市加快总部经济发展激励暂行办法的通知》（郑政〔2011〕109号），作为郑州市发展总部经济的指导性文件；同时印发《成立总部经济发展领导小组的通知》《成立首席服务官的通知》《制定分行业总部经济发展实施细则的通知》等一系列配套文件。调整城镇土地等级范围。联合地税、规划、国土等部门成立城镇土地使用税调整工作组，出台《郑州市人民政府关于调整（登封、荥阳、新密、中牟、新郑、上街）城镇土地使用税土地等级范围的通知》（郑政文〔2011〕163号）和《郑州市人民政府关于调整城镇土地使用税土地等级范围和税额标准的批复》，将市内原有4个土地等级类别范围中的二级地段调为一级地段，三级地段调为二级地段，四级地段调为三级地段并适当保留四级地段，调整前一级至四级土地等级面积约为1∶1∶5∶3，调整后约为2∶2∶3∶3。7月1日，全市调整城镇土地等级范围，并按调整后土地等级范围征税。

【财政监督】 2011年，郑州市财政“大监督”格局初步形成。建立完善工作机制，制定印发《郑州市财政局关于建立财政“大监督”格局工作机制的实施意见的通知》《郑州市财政局内部监督检查办法》《财政监督检查工作制度》《财政监督检查上缴违规资金管理办法》等系列文件，进一步明确财政日常监督管理职责，规范监督检查工作程序，初步建立“全员参与、全程控制、全面覆盖、全部关联”的财政“大监督”工作机制。2011年，重点开展财政内部、“十大实事”重点项目资金、预算单位会计信息质量的监督检查和全市“小金库”治理复查，撤并财政专户22个，查出并纠正不规范资金21283万元，收回财政资金1337.6万元。

【预算公开】 2011年，郑州市财政预算公开实现新突破。在全省率先将报送市人大审议通过的市级财政总预算在财政信息网向社会公布，指导督促市中级法院、市人民检察院和政府组成部门等39家预算单位全部在各单位门户网站上公布部门预算，更加完整地反映市级财政收支的总体情况。编制2012年部门预算时新增“三公”预算明细表，明确“三公经费”和会议费支出的填报范围和口径。

【“一卡（折）通”改革】 2011年，郑州市财政惠民补贴资金“一卡（折）通”改革进展顺利。建立“一卡通”信息管理系统，对各项财政惠民补贴资金进行整合，实行“一个漏斗向下”的管理方式，统一由财政部门通过代理金融机构，将补贴资金直接发放到补贴对象的“一卡通”卡（存折），最大限度地减少资金发放的中间环节，切实保证广大群众的利益。

【村级公益事业建设】 2011年，郑州市围绕农民群众要求最迫切、利益最直接、见效最快的公益事业项目，开展村级公益事业建设一事一议筹资筹劳及财政奖补工作，引导群众积极参与农村公益事业建设。全市申报村级公益事业建设一事一议筹资筹劳项目1298个，村民筹资人数326.7万人，筹资筹劳总额26823.8万元，集体投资、社会捐资7766.9万元，申报财政奖补资金10685万元。

【税源建设】 2011年，郑州市税源建设取得新成效。完善税源建设例会制度，使税源建设例会成为加强综合治税，促进部门协调，解决税收征管突出问题，增加财政收入的重要手段。加强股权转让税收的环节控管，协调工商部门向税务部门提供21万条股权变更信息，全市查补各项税款共计27292.12万元。争取农发行继续维持现有税收征收模式，确保郑州市既得利益3.4亿元。

【规范车船税征管模式】 2011年，郑州市车船税征管模式进一步规范。财政、公安、地税、国税等相关部门联合，成立车船税征管领导小组，加强车船税征管工作，协调公安机关实行先税后检，一定程度防止了车船税流失。

【会计集中核算向国库集中支付转轨】 2011年，郑州市会计集中核算向国库集中支付转轨进展顺利。全市93%预算单位实现转轨，实行会计集中核算的预算单位年初2079家，年底减至145家。

【公务卡改革】 2011年，郑州市公务卡改革工作积极推进。全市共有1201家预算单位实行公务卡改革，办理银行卡26824张，公务卡消费金额11204万元，较上年提高40%。其中，荥阳市、新密市、登封市、上街区、郑州新区等10个县（市）区和开发区开展公务卡改革，公务卡消费金额2063万元。

【政府采购电子化建设】 2011年，郑州市政府采购电子化建设逐步推广。全市两级财政部门推广和实施应用电子化政府采购系统，形成全市统一开放的网上政府采购市场。市本级全部政府采购项目均实现在网上申报审批；六县（市）六区均实现政府采购网信息更新、信息发布；六个县（市）区作为试点，安装了专用电话与语音抽取专家系统，实现省、市、县区专家信息库共享，采购项目网上申报、网上审批、网上备案。

【政府性债务管理】 2011年，郑州市政府性债务管理取得新进展。理顺地方政府性债务管理体制，政府性债务统一归口政府债务管理办公室管理，成立筹资理财改制领导小组，及时解决筹融资问题。全年新增国外贷款16亿元，偿还到期债务4830万元。利用外国政府贷款5400万欧元支持卫生事业发展；利用亚行贷款46万美元支持农村能源项目建设；推进清洁发展委托贷款业务支持节能减排工作；利用世行贷款2.5亿美元支持轨道交通项目建设。

（王五星）

国税管理

【组织收入】 2011年，郑州市国税收入共完成351亿元，为年计划301.2亿元的116.53%，超收49.8亿元，同比增长25.86%，同比增收72.11亿元，税收增幅高于全省4.86个百分点，在全省排名第五位，同比提升六位，在中部省会城市税收收入进度排序第一位。其中，完成地方级收入83.03亿元，为年初计划75亿元的110.71%，同比增长23.23%，同比增收15.65亿元。税收总量占全省税收的比重为26.48%，同比提高1.02个百分点，占GDP的比重同比提高0.28个百分点。

郑州市税源经济体系建设工作例会

【税收征管】 2011年，郑州市国税部门转变观念，创新管理，税收专业化改革获得新进展，征管质效进一步提高。大力实行机构扁平化管理。按照“科学分类、整合资源、转变职能、加强管理”十六字方针，以信息管税、风险管理为导向，大力推行县区局机关实体化。积极探索重点税源集中管理、中小税源分类管理、个体税源社会化管理的新模式。全市一般申报入库率为95.56%，高于全省92.71%的平均入库率，位列全省第六名；小规模企业零低申报率19.86%，位列全省第二名；个体税收完成7.7亿元，其中一般申报完成5.9亿元，同比增长21.39%；所得税汇算申报比例达97.6%，高于全省汇算面0.3个百分点，汇算入库税款16.66亿元，占全省汇算入库38.54亿元的43.23%，同比增长1.48亿元，增幅9.75%；全市正常管理各类纳税人16.11万户，同比增加5580户，增长3.58%。

【纳税服务】 2011年，郑州市国税部门发挥职能，主动作为，服务经济发展、服务纳税人。稳步推进业务集中审批进大厅。按照“窗口受理、内部流转、限时办结、窗口出件”的要求，积极推进业务集中审批进大厅。征管部门牵头，各业务部门配合，通过业务梳理，共规范税务事项6类135项，进一步明确各事项最新要求，与08版《税收征管规程》相比，此次业务规范内容变化涉及84项业务，更新比例达65%，办税大厅逐步实体化，实现“一口进、一口出”，方便纳税人办事。用足用活税收优惠政策,全力支持和服务企业发展，全年共为各类企业办理减免抵退税款84.37亿元，其中，办理出口退税24.29亿元，同比增长63%；固定资产抵扣进项税16.54亿元，同比增长30.52%；所得税减免19.37亿元。

【政风行风建设】 2011年，郑州市国税部门层层签订党风廉政建设责任书，认真执行党风廉政建设责任制。大力加强政风行风建设。印发《关于认真做好政风行风评议工作的实施意见》；召开4次行风评议工作推进会，重点围绕全省30万份满意率测评问卷、市纠风办“五个一百”专场评议、“群众满意基层站所”创建活动等开展工作；开展一线执法人员向纳税人述职述廉活动；13个分局（大厅）被省纠风办授予全省群众满意基层站所称号，创历史最多。全力打造国税特色廉政文化氛围，5个基层单位被市纪委命名为廉政文化进机关示范点,新建郑州市国税系统廉政文化教育基地，中纪委考察团给予高度评价。

（朱利民）

地税管理

【概况】 2011年，郑州市地税系统紧紧抓住郑州市建设大都市区、打造中原经济区核心增长极的快速发展有利时机，以组织收入为中心，贯彻落实“收好税、带好队、定好位”的总体要求，聚焦定位、团结奋进、务实创新，征管质量、依法行政、纳税服务、队伍建设和党风廉政建设、文明单位创建等工作在高起点上取得新成效。全年共组织入库各项收入253亿元，同比增长27.5%。其中，税收完成207亿元，同比增长25.9%；地方级税收完成166亿元，同比增长25.9%，增收34.05亿元。

【依法行政】 2011年，郑州市地税系统全面推进依法行政，积极防范执法风险，依法行政水平进一步提升。组织召开文明执法誓师大会，签订文明执法承诺书，营造文明执法好环境。规范税务行政裁量权预先审核，对1304起行政处罚进行预先法律审核，防范潜在税务执法风险。开展优秀行政处罚案卷、稽查案卷、执法督查案卷评比等活动，有效提升依法行政能力。郑州市地税局获全省地税系统依法行政工作先进单位、全省2006-2010年法制宣传教育和依法治理工作先进单位称号。

【税收征管】 2011年，面对房地产宏观调控、节能减排、煤炭资源整合、税收政策调整等诸多税收不利因素，全市地税系统遵循税收不同阶段的客观规律，分行业、分税种制定行之有效的应对措施。

基础性管理进一步夯实。严格税源清查，最大限度提高税务登记比率，全市共清理漏征漏管5800余户，纳税户登记比上年增长21053户，增长幅度11.3%。引入公安系统公民身份信息查询系统，对全市法人身份证件信息进行验证，发现虚假身份证件信息425条，有效预防涉税案件的发生。根据行业特点在全市范围内开展纳税评估活动，提升评估质效，共评估户数16956户，评估税款6.09亿元。借助新系统加强委托代征管理，进一步澄清委托代征对象，提高委托代征效率，完善票证管理，节省税收资源，实现在线代征、在线开票、在线报解、在线入库，方便了征纳双方，全年共签订委托代征协议146份，维护代征对象15547户，代征税款3316万元。全力做好省局新系统上线工作，以迁移数据量最大、实现功能最多、完成任务时间最短的成绩按时上线，顺利实现新旧系统平稳过渡和新系统的稳定运行，为省局实现大集中目标作出决定性贡献，被省局授予集体三等功。

强化重点税源管理。对全市房地产业、建筑业、邮电通信、电力、住宿餐饮业、批发和零售业、交通运输业和煤炭采矿业等主体行业纳税大户进行重点监控，有针对性地加强对重点行业、重点企业的跟踪管理及预测分析，时刻关注税源变化，采取应对措施，实现全年省级以上重点税源累计入库地方级税收84亿元，占全市地方级税收的51%。以地籍台账管理为抓手，引入GPS测量技术，以三维图像等科技手段作支撑，建立城镇土地使用税分级电子台账，核实无证土地和有争议地块实际应税面积，促进等级范围调整后土地使用税的稳步增长。

【流转税管理】 2011年，郑州市科学调整城镇土地使用税等级范围和计税标准，全市地税系统增收2.15亿元，增长30%；开展股权转让税收清查，入库税款7824万元；应用房地产评估技术加强存量房交易税收管理，采集各类存量房信息105万余条，相关数据资料导入评估系统，并进行试运行。加强房地产业土地增值税预征管理，将项目立项、房屋销售、发票开具等环节纳入过程监控范围，实现土地增值税入库税款1.8亿元。及时研究解决“两税”划转过程中出现的新情况、新问题，成功实现“两税”划转后平稳过渡，全年耕地占用税完成7.04亿元，同比增长4.7%，增收0.31亿元。契税完成24.29亿元，同比增长17.9%，增收3.69亿元。

【所得税管理】 2011年，郑州市地税系统全面推行年收入12万元以上个人所得税自行申报，强化高收入个人所得税征管，全市共受理高收入个人申报10667人，申报人数、所纳税额均居全省第一位。做好2010

年度所得税汇算清缴，发放所得税政策汇编2000余册，先后多次开展内外部人员培训，培训500多人次，对2.4万户企业进行汇算清缴，实际应缴所得税18.47亿元，税收调整净额为22.98亿元，同比增加9.8亿元，增长74.1%。

【落实税收优惠政策】 2011年，郑州市地税系统做好营业税起征点上调和个人所得税法修改后的各项征管工作，使广大纳税人能及时、准确地享受到减税的好处。为高新技术企业、节能减排企业、小微企业等符合条件的纳税人减免税款4.5亿元，为近5000名下岗再就业纳税人员减免税款1886万元，较好地发挥了税收政策的扶持作用。

【纳税服务】 2011年，郑州市地税系统在全省率先推行自缴核销申报扣款业务，在各办税服务厅安装325台POS机，增添24小时自助办税终端50台，切实增强财税库银横向联网系统的稳定性。高标准建设省会12366纳税服务热线指挥中心，为纳税人提供更为直接、迅速、准确的语音服务。以税收宣传月活动为载体，对年度地方税收诚信纳税、代扣代缴先进单位、先进个人公开表彰，两个项目获国家税务总局优秀创新项目称号。

【信息管税】 2011年，郑州市地税系统扎实开展全市网络改造，更新全市17个市区级节点、73个税务所级节点设备，共配置33台核心交换机设备，33台核心路由器设备，73台接入交换机。对全市系统IP地址重新分配，安装IP电话1615部，实现系统内通话无话费目标，全系统减少通信话费40%。拓展网络发票使用范围，12个行业开具发票743.5万份。开通网络发票在线查询功能，接受发票真伪查询390余万次。拓展财税库银横向联网系统应用，发生业务178万笔，金额194.68亿元。全市各征收网点安装POS机325台，普及率达到100%，增添24小时自助办税终端50台，实现业务92万笔，征收税款68.8亿元，占全部现金税款的92%。

【发票管理】 2011年，郑州市地税系统周密组织两次发票“双奖”活动，投放摇奖金额366万元，刮刮有奖兑付奖金296.28万余元，发放宣传资料3万余份，在广大纳税人和社会各界引起强烈反响，提高了消费者索取发票积极性。交通运输业、代理咨询业、旅店业、旅游业、租赁业、广告业、饮食业、仓储业、文化体育业、其他服务业、建筑安装、销售不动产等12大行业推行网络发票，开具发票743.5万份，金额928.66亿元。加大打击发票违法犯罪力度，共查处发票违法案件95起，缴获非法发票303万份，捣毁制假窝点3个，抓获非法出售发票犯罪嫌疑人9名，移送起诉1起。成立快反队伍，24小时现场打击发票违法违章行为，维护消费者合法权益，共接听投诉及咨询电话940人次，转办案件376件，现场取证209次（属郑州市地税局受理范围），通过处罚、调整月定税额等手段，有力打击了发票违法违章行为。

【税务稽查】 2011年，郑州市地税系统通过政府主导，建立公安、土地、规划、工商、房管等部门联动，有较强约束力的税源共享综合治税机制，营造良好的税收法制环境。市区7个基层局的稽查力量从编制上划归市稽查局统一管理，将管理和稽查彻底分开，提升稽查办案的独立性，增强稽查战斗力。全年共检查纳税人239户，查补税款、滞纳金、罚款合计6791万元，企业自查税款9513万元，合计1.53亿元。受理税收违法举报案件359起，查处336起，查补入库税款、滞纳金、罚款合计4215.26万元，有效遏止涉税犯罪发生。

【税收宣传】 2011年，郑州市地税系统深入开展税收宣传活动，全年共组织发表新闻稿件2800余篇，在各级党委、政府及省局网站刊发信息3200余条，编印发放各种税收宣传资料10余万份。开展“一把手”专题访谈9次，在《郑州日报》“挑大梁、走前头”、人民网“走基层”“高端访谈”等栏目进行集中宣传，全面反映地税工作、地税人风采，赢得社会各界的理解和支持。

（王全堂）

工商行政管理

【食品安全监管】 2011年，郑州市工商管理部门进一步强化责任意识，创新监管模式，不断完善和建立健全食品质量安全监管制度，深入开展食品安全专项整治活动，特别是深入开展对不合格奶粉及奶制品、“地沟油”、非法添加非食用物质和滥用食品添加剂的专项整治工作，严厉打击销售假冒伪劣食品的违法行为，积极引导开展行业自律，推进监管工作实现“纵到底、横到边、全覆盖”目标，努力营造消费者购物放心、销售者经营规范有序、食品市场运营秩序良好的氛围，全市流通环节食品质量状况不断好转，消费者食品安全信心进一步增强。

突出食品安全重点工作，深入开展流通环节食品安全整顿。按照《国务院办公厅关于印发2011年食品安全重点工作安排的通知》、国家工商总局《2011年流通环节食品安全整顿工作方案》、省工商局《转发〈河南省人民政府办公厅关于印发2011年食品安全重点工作实施方案的通知〉的通知》等相关文件要求，郑州市工商局深入开展流通环节食品安全整顿工作，向全系统印发《郑州市工商行政管理局2011年流通环节食品安全整顿工作方案》，对全年流通环节监管工作进行安排部署；印发《郑州市工商行政管理局2011年商品质量监测工作计划》，对流通环节年度食品安全检测工作进行安排。全年开展流通环节食品安全专项整治20余次，重点开展节日性、季节性食品市场专项整治；学校周边及城乡接合部、农村食品市场等重点区域食品市场专项整治；葡萄酒、涉嫌地沟油、不合格萨其马食品、不合格燕窝、假冒侵权酒类产品、台湾问题产品、乳制品市场、不合格调味面制食品、“瘦肉精”等重点品种专项整治。2011年共处置问题面条、“地沟油”、邻苯二甲酸酯类物质、调味面制食品、麻辣食品、问题奶粉、河北昌黎葡萄酒、“瘦肉精”等突发事件10余起。共出动执法人员154812人次，检查流通环节各类食品经营者451568户次，检查批发市场、集贸市场等各类市场6766个次，取缔无照经营者860户，查获各类假冒伪劣食品24321.8公斤，查处食品违法案件1370件，涉案总货值304.7044万元。截至年底，郑州市流通环节有食品经营者30082户，其中经营企业3860户，个体工商户26220户，流通环节食品经营农民专业合作社2户，集贸市场76个，食品批发（零售）市场10个。经过规范清理，郑州市流通环节有乳粉经营者（含婴幼儿配方乳粉经营者）378户，食品添加剂经营者265户,食用油经营者6282户。

【农村食品质量监管】 2011年，郑州市严厉打击流通环节农村食品市场各类违法行为，切实保障广大农村消费者身体健康和生命安全。一是依法规范农村市场食品主体准入，严把食品经营主体准入关，重点检查农村食品经营者的资质情况，严厉打击无证经营行为。二是严查农村市场食品经营者履行法定义务情况，重点检查经营者进货查验制度落实情况，严厉打击销售无合法来源食品的违法行为，确保经营者销售的食品有源可查。三是加强重点节点食品安全检查，以城乡接合部、旅游景区、车站、庙会、乡(村)镇等为重点区域，以食品批发市场、食品商场、超市、集贸市场等为重点场所，以肉制品、饮料、乳制品、矿泉水、膨化食品、调味品、烘焙类食品、食用油、酒类等为重点食品，开展农村市场食品专项整治行动。同时，重点查看销售食品的标签、标识、质量等是否符合食品安全标准，严厉打击从非法渠道进货和销售假冒他人注册商标、仿冒知名食品特有的名称、包装、装潢以及“三无”、过期、变质等不合格食品的违法违规行为。四是按照“六查六看”要求，突出日常巡查、专项检查、重点检查等工作，对发现的各类违法违规行为及时依法处理。在农村食品市场专项整治行动中，共出动执法人员6155人次，检查经营者13950户次，检查批发市场、集贸市场等各类市场121个次，取缔无照经营88户，捣毁售假窝点1个，查处仿冒知名商品特有名称、包装装潢“傍名牌”食品案件1个，查处商标侵权食品案件6件，查处其他食品违法案件83件，罚没金额17.72万元，移送司法机关案件1起。

省政协主席叶冬松视察黄河食品城

【乳制品质量安全监管】 2011年，郑州市进一步强化流通环节乳制品质量安全监管工作。一是多次组织学习国务院、国家工商总局、省工商局相关文件，增强食品安全监管人员的执法能力。同时，加大对乳制品经营者宣传教育的力度，印发张贴国务院办公厅《关于进一步加强乳品质量安全工作的通知》等相关材料3万余份，进一步强化乳制品经营者的诚信守法意识，提高质量安全管理水平。二是对全市流通环节乳制品经营者进行全面排查清理，进一步规范乳制品经营行为，严厉打击销售问题乳粉等违法行为。严把乳制品市场主体准入关，进一步明确对乳制品经营单位的资质要求；将乳制品列为食品流通许可项目核定类别单独审核，严格按照许可项目登记营业执照的经营范围；加大对乳制品市场巡查和检查，加强对乳制品销售的监管，督促经营者填写《流通环节乳制品经营者查验和记录供货者资质情况登记表》《流通环节乳制品经营者进货台账登记表》《流通环节乳制品批发企业销售台账登记表》，并留存备查；加大惩处力度，严厉打击违法经营乳制品行为。三是加大流通环节乳制品抽检范围和频次。全年共抽检乳制品样品1094个批次，其中抽检婴幼儿乳粉样品1007个批次，1个批次婴幼儿乳粉样品不合格（不合格项目为菌落总数）。对检测不合格的乳粉，工商管理部门对被抽检人销售不合格乳粉的违法经营行为立案查处，罚没款1.44万元。

【食品添加剂专项整治】 2011年，郑州市严把食品添加剂经营主体市场准入关，进一步强化严厉打击食品非法添加和滥用食品添加剂专项整治工作。一是严格清理规范食品添加剂经营主体资格准入，严把市场准入关。经过清理规范，至年底，郑州市流通环节有食品添加剂经营者265户。二是规范经营行为，严格落实进货查验制度，建立食品添加剂进销货台账，切实保障货源可追溯。三是以食品添加剂质量和食品添加剂标签为监管重点，全面检查食品添加剂标签是否规范、合格证明文件是否齐全。四是食品添加剂经营者进行自查自纠，暂时停业，自我清理规范，达到国务院文件要求后方可二次开业，严禁违规违法销售食品添加剂。五是对食品添加剂质量进行抽样检验，共抽检食品添加剂样品10个批次，全部合格。六是在商场（超市）、食品批发市场、集贸市场及食品添加剂经营单位等显要位置张贴1.95万份《关于严厉打击食品非法添加行为严格规范食品添加剂生产经营使用的公告》，为专项整治活动营造舆论氛围。专项整治行动共出动执法人员77030人次，检查食品经营者204781户次，检查食品添加剂经营者3123户次，查处无照经营者46户，查扣滥用食品添加剂的食品554.28公斤。

进一步做好非法添加邻苯二甲酸酯类物质的食品和食品添加剂市场清查和查处工作。郑州市工商管理部门按照《关于进一步做好非法添加邻苯二甲酸酯类物质的食品和食品添加剂市场清查和查处工作的紧急通知》要求,督促经营者自查，加大市场巡查、排查和处置工作力度，深入开展邻苯二甲酸酯类物质污染食品和食品添加剂市场清查清缴工作，共出动执法人员42418人次，检查食品经营者120586户次，检查批发市场、集贸市场4344个次。

【“地沟油”专项整治】 2011年，郑州市深入开展“地沟油”专项整治工作，坚决打击销售“地沟油”、不合格食用油等违法行为。市工商管理部门按照相关要求，对辖区所有涉及粮油的食品经营户开展拉网式排查，对流通环节食用油市场进行全面整治。一是深入排查，摸清底数。对经营粮油户逐户排查，逐户登记，以工商所为单位，建立食用油经营情况专项信用档案。二是以食用油为重点监管食品，以食品批发（零售）市场及乡镇农贸市场为重点监管场所，以农村地区、城乡接合部、乡（村）镇为重点区域，进行清查，严厉打击销售“地沟油”等违法经营行为。三是严查食用油经营者资质情况和履行法定义务情况，特别是对食用油经营者落实进货查验制度情况及食用油经营企业落实进货查验记录制度情况进行重点检查，坚决查处无证经营、未依法履行食品进货查验及进货查验记录等违法经营行为。对销售来源不明的食用油，追查其来源。四是严查食用油标签、标识、质量等是否符合食品安全标准，对销售假冒伪劣、“三无”、过期、变质等不合格食用油的，从重从严处罚。发现有嫌疑的食用油，依法进行送检。五是严查散装食用油经营者销售的食用油来源、票据证明和质量情况。发现来源不明、质量可疑的散装食用油，依法进行抽检，对违法行为依法严厉打击。截至年底，郑州市共有3个粮油市场，82个内有粮油经营商户的集贸市场，食用油经营者6282户，其中，商场超市703户，食品店4438户，食用油批发企业20户，其他1121户。六是督促每个粮油经营户对工商所写出诚信承诺书，保证其销售的粮油进货渠道合法，质量合格，保证不销售假冒伪劣粮油，特别是不销售“地沟油”。2011年，全系统共出动执法人员42392人次，检查食品经营者149080户次，停业关闭、责令停止销售散装食用油经营户68户，拆除（自行拆除）油罐57个，立案11起，下达整改通知书5份。抽样检验食用植物油和芝麻香油样品65个批次，其中有7个批次芝麻香油样品、2个批次食用植物油样品被判定不合格，工商管理部门对经营者违法行为立案查处，并对全市流通环节进行清查。

【酒类市场专项整治】 2011年，郑州市深入开展酒类市场专项整治，一是检查酒类经营者主体资格，依法取缔无证经营等违法经营者。二是检查酒类经营者依法履行法定义务情况，督促经营者自觉履行食品进货查验制度。三是严厉打击销售假冒伪劣、“三无”、过期、变质酒类的违法行为。四是突出重点节点的检查，以农村、城乡接合部、都市村庄、超市、酒庄、酒类专营店、批发市场等为重点检查区域，以白酒、葡萄酒为重点检查对象，以名称、包装、装潢等为重点检查内容，一旦发现假冒侵权产品，立即查处。2011年，全系统共查扣假冒伪劣酒类10654.75公斤，案件296件，案值118.9803万元。

【食品安全计算机管理】 2011

年，郑州市利用现代科技手段，切实提高食品市场监管效能。以《食品安全法》《关于印发〈食品市场主体准入登记管理制度〉等流通环节食品安全监管八项制度的通知》为依据，以大型食品商场、超市经营企业计算机管理系统为依托，采用先试点、后推广的方式，分层逐步建立郑州市流通环节食品安全计算机管理执法平台，提高流通环节食品安全监管效率，增强监管效能。正道思达、家乐福、麦德龙、丹尼斯等多家大型商场以及食品经营连锁企业、超市都建立了食品进货电子查验系统，初步解决了食品经营企业食品进货查验记录难、查找难、接受检查难的问题，提高了食品安全溯源管理的效率。

【食品抽样检验】 2011年，全市共开展99次食品抽样检验，累计抽取食品样品1968个批次，其中婴幼儿配方乳粉样品1007个批次，合格1779个批次，食品整体抽检合格率为90.4%，189个批次的食品样品被判定为不合格。郑州市工商管理部门对判定为不合格的食品依法进行处理，及时通报相关部门，并要求工商执法人员在全市流通环节对不合格批次的食品进行清查。

【食品安全监管协作】 2011年，郑州市工商管理部门加强系统内部协作，充分发挥各职能处室作用,形成系统内部食品安全监管合力；加强食品安全外部协作，及时通报食品安全信息。全年共收到北京市工商局、南京市工商局等协查函34件，对涉及的不合格食品信息，及时向郑州市食品安全委员会办公室、郑州市质量技术监督局等相关部门通报。对食品抽样检验中发现的不合格食品信息，及时向相关部门和单位进行通报。全年累计邮递送达各种不合格食品信息通报函301件。

【食品安全宣传教育】 2011年“3·15”期间，围绕“消费与民生”年主题，开展声势浩大的广场宣传咨询和真假商品对比展示活动，共发放各种宣传材料33万余份，设置展板262块，悬挂宣传条幅288条，受理咨询6余万人次，报刊、电视、广播等媒体报道167次。深入贯彻《食品安全法》等有关食品安全监管法律、法规，开展多种形式的送法下乡入厂进店活动，并利用“3·15”活动，向中小学生宣讲食品安全知识，促进消费安全意识的提高，形成支持食品安全监管工作的良好社会环境。

郑州市工商局集中销毁不合格食品现场

【12315消费维权】 2011年，郑州市工商局充分发挥12315消费者申诉举报指挥中心相对集中受理、分工协作办理、应急指挥调度、信息汇总分析、进行消费提示五大功能，打击制售假冒伪劣商品行为、对流通领域商品监督管理和受理处理消费者申诉。一是充分发挥12315职能，切实维护消费者的合法权益。2011年，12315指挥中心共受理消费者咨询55380起，占全省咨询总量的42.06%；申诉1262起，占全省申诉总量的7.96%，已处理申诉1231起，处理率97.54%，调解案件1164起，调解率94.56%，为消费者挽回经济损失174.21万元；受理举报571起，占全省举报总量的9.08%，其中涉及执法人员违法违纪举报2起，处理举报512起，处理率89.67%，罚没金额14.85万元。全年共办理市长电话交办件80起，被评为先进市长电话网络成员单位；办理局长信箱案件7起，市互联网信息办公室案件5起，转办黑网吧案件161起，传销案件22起，共转办职业申诉人申诉10起，厂家打假举报4起；“3·15”短信服务平台共受理短信投诉2502起。二是加强重大节假日期间管理工作，12315指挥中心与各处室联动，随时应急处理突发事件。“3·15”国际消费者权益日期间，开展大型广场咨询、现场受理申诉举报活动，开展消费者权益保护宣传活动；3月14日、15日,共接到中央电视台“3·15”晚会热线转办消费申诉案件2起，均在3月15日前处理完毕，为消费者挽回经济损失1.146万元；在省、市主要媒体公布2010年十大消费投诉典型案例，倡导诚实信用，引领行业自律。中秋、国庆期间，郑州市工商局12315指挥中心共接到咨询536起，申诉举报151起，为消费者挽回经济损失25.88万元。

【消费者协会维权工作】 2011年，郑州市消费者协会认真履行《消费者权益保护法》赋予的七项职能，围绕中消协确定的“消费与民生”年主题，以服务中原经济区建设和郑州市都市区建设为中心，以创建和谐消费环境为主线，开展维权工作。（1）围绕“消费与民生”年主题，深入开展宣传活动。一是组织抓好消协的重大宣传工作和日常宣传工作。二是以纪念“3·15”消费者权益保护日为契机，在全市广泛开展宣传、咨询活动，宣传年主题的意义，发放宣传资料，现场接受消费者的咨询和投诉。共发放各种宣传材料33万余份，设置展板256块，悬挂宣传条幅288条，受理咨询6余万人次。省会30多家新闻单位进行全方位、多角度的报道。三是公布十大投诉典型案例，震慑侵权行为。四是与多家新闻媒体联办节目或开辟专栏，宣传“消费与民生”年主题，普及推广《消费者权益保护法》等法律法规。五是推进消费维权工作站“五进”工作。继续深化消费维权工作站进商场（超市）、进市场、进社区、进乡村、进景区“五进”活动。2011年，郑州市设立“两站”2128个，覆盖范围达85%以上，完成省消协规定的80%的工作目标。六是开展“诚信兴商宣传月”活动，引导提供商品或服务的生产经营者，加强自律，诚信守法经营，切实主动维护消费者的合法权益，指导消费者提高消费维权意识、消费安全意识，树立科学、理性、正确的消费理念。（2）加强投诉受理，推动消费者权益保护工作不断深化。2011年，共受理消费者电话、来信、现场咨询48123件，受理消费者投诉1181件，解决1112件，结案率94.24%，为消费者挽回经济损失124.62万元，收到感谢信16封。（3）加强对商品和服务的监督，为消费者提供消费信息，指导消费。一是针对消费者反映强烈的热点、难点问题，及时发布消费警示，使消费者免受劣质商品和不良服务之害。2011年，先后发布《快递服务方便生活 擦亮眼睛防止“陷阱”》《认清霸王条款 维护合法权益》《购买家具防忽悠》《为心爱的车擦亮眼睛 慎购防冻液》等消费警示4篇。二是开展信息咨询服务。市消协进一步完善软、硬件建设，通过热线服务电话，每天200多人次接受消协信息咨询服务。三是开展农村家电消费调查，发调查问卷780份。对农村家电消费进行指导，引导家电商家关注农村家电消费，促进农村家电消费维权工作。四是开展预付式消费课题研究，关注消费热点和维权难点，警示消费陷阱，提高维权意识，促进商品和服务提供者诚信守法经营，改善消费环境。组织协办“全国消协组织投诉咨询信息系统培训班”，全国10省市110人参加，圆满完成培训班接待任务。

【企业登记注册】 2011年，郑州市企业登记注册情况如下：一是内资企业登记注册的情况：全市共注册登记内资企业17668户，注册资本（金）14753698.1万元。其中，国有企业2192户；集体企业3396户；股份合作制企业 496户；有限公司11463户；其他企业121户。全年新开业内资企业1688户，注册资本（金）2220256.66万元；注销企业677户。二是全市私营企业及个体工商户登记注册的情况：全市登记注册私营企业105807户，注册资金32699885.98万元,投资人数241597人,雇工人数505486人。其中全年开业企业20732户，注销企业2507户；个体工商户300869户，其中新开业84036户,从业人员201221人,资金数额341127.37万元；农民专业合作社1817户，注册资金519106.79万元；注销个体工商户46199户。三是外商投资企业登记注册的情况：全市实有外商投资企业1617户；投资总额为963119.05万美元，注册资本为523575.37万美元，外方认缴393334.26万美元。全年共登记外商投资企业165户；投资总额为5.64亿美元，注册资本为2.98亿美元，其中外方认缴出资2.42亿美元。

2011年，全市新登记各类市场主体106621户，占全省新登记总数的近1/5，同比增长28.33%。其中内资企业1688户，占全省总数的27.03%，同比增长7.17%，注册资本总额222亿元，同比增长155.5%；私营企业20732户，占全省总数的30.49%，同比增长22.74%；个体工商户84036户，同比增长30.52%，占全省总数的17.52%；外商投资企业165户，占全省总数的32.2%，同比增长20.25%，投资总额5.64亿美元，同比增长20.25%。截至12月31日，全市共登记各类市场主体427778户，占全省市场主体总数的16.84%。实有内资企业17668户，占全省总数的13.39%；实有私营企业105807户，占全省总数的30.25%；个体工商户300869户，占全省总数的14.94%；外商投资企业1617户，占全省总数的14.75%；农民专业合作社1817户，占全省总数的16.53%。

【红盾护农行动】 2011年，郑州市工商局认真开展红盾护农行动，全面规范农资市场秩序。（1）领导重视，精心组织，层层落实。成立“农资商品市场监管工作领导小组”，市工商局局长赵中祥任组长，为农资打假红盾护农行动的深入开展提供组织保障。为使各项任务落到实处，年初市局和各单位签订《商品交易市场及合同监管工作目标责任书》，进一步确定工作重点，明确工作责任，各单位和工商所、所和专管员、专管员和农资生产经营者也层层签订责任书，明确各自义务，实现农资商品市场监管的无缝链接。（2）落实“双六项”制度，建立农资商品市场监管长效机制。组织执法人员和农资经营者学习《河南省工商系统农资市场监管六项制度》和《河南省农资经营者履行义务六项制度》（简称“双六项”制度），增强经营者自律意识，进一步提升市场监管效能。对制度不健全的责令改正，拒不改正的，依法予以处罚。开展争创农资经营示范店活动，全市共申报126家农资经营户，将选出“农资经营示范店”向省局推荐。（3）加大执法力度，切实维护农资市场秩序稳定。一是严格农资经营主体的市场准入。对辖区农资经营主体进行全面清理排查，建立“经济户口”，严把市场主体准入关。结合企业年检工作，对农资经营者与其“经济户口”进行核对，重点检查农资经营主体是否持照经营、前置审批证件是否齐全有效、登记注册事项与实际情况是否一致等，对未取得前置审批许可和营业执照的坚决予以取缔，从源头上治理和规范农资经营行为。通过清查规范，全市共有农资经营户2326家。二是开展专项执法，严厉查处制售假冒伪劣农资行为。2011年开展了“打假冒，保春耕”专项执法行动、“红盾护农保夏播”行动、秋季农资市场专项整治行动，重点对种子、肥料、农药等农资商品进行监管，严厉打击无证照经营，生产、销售假冒伪劣农资商品等违法经营行为，切实维护农资市场秩序稳定。三是加强对流通环节农资商品质量监测。统一制定全年种子、化肥、农药等主要农资的监测安排，有计划、分步骤、有重点地组织开展定向监测与快速检测相结合的流通领域农资商品质量监管工作。全年共抽检农资商品75批次，其中，抽检肥料50批次，合格35批次，不合格15批次，合格率为70%；抽检农药25批次，合格19批次，不合格6批次，合格率为76%。（4）完善农资市场监管模式，确保监管到位。金水工商分局探索建立农资监管长效机制，试行“索证索票申报制”。“红盾护农”行动期间，全市工商系统共检查经营企业11960个次，整治农资市场291个次，取缔无照经营20户，查处不合格和假冒伪劣农资案件66件，罚没金额25.59万元。

【集贸市场整治】 2011年，郑州市工商管理部门全面落实郑州市创建全国文明城市有关集贸市场整治的工作要求，在全市范围内开展集贸市场整治工作。一是制定《郑州市工商系统落实郑州市创建全国文明城市集贸市场整治工作方案》，明确工作目标、整治范围，突出整治重点。市工商局成立以局长任组长的集贸市场整治领导小组，同时建立督查落实机制，组成3个督查组，5-9月，每周对全市集贸市场整治工作进行督导检查，将检查情况以工作简报形式进行通报，对发现的问题责令相关单位限期整改。市局督察组共检查各类市场177个次，发市场创建工作简报7期。专项整治期间，全市工商系统共检查商户48340户次，检查市场2056个次，取缔无照经营市场1个，取缔无照经营53户，对1171家经营行为不规范的商户进行劝阻并限期整改，查处各类违法经营案件155件，罚款57.3万元。通过整治，有效地规范了市场经营主体资格和经营行为，进一步净化了集贸市场经营秩序，促进了郑州市创建全国文明城市工作。

【猪肉市场专项整治】 3月19日，郑州市工商局接到省局《转发国家工商总局〈关于切实加强猪肉市场监管工作的紧急通知〉的通知》，迅速开展猪肉市场专项整治。5月，制定《郑州市工商行政管理局“瘦肉精”专项整治方案》，方案要求严厉查处和打击经营含有“瘦肉精”等不合格猪肉的违法行为，完善信息上报机制，实行日报与月报相结合的方式，确保整治措施落到实处。6月，开展“注水猪肉”“血脖肉”“瘦肉精羊肉”等为重点检查对象的专项清查行动。整治行动期间，全市工商系统共出动执法人员82756人次，检查农贸市场、批发市场3398个次，检查肉品经营户114928户次，取缔无照经营19户，发放“瘦肉精”专项整治材料12069份。

【军服管理专项执法行动】 郑州市工商局根据省局《转发国家工商总局关于转发中共武汉市纪委〈关于对中央电视台“焦点访谈”报道武汉市场违法违规销售军服警服等问题调查处理情况的通报〉的通知》精神，迅速开展军服管理专项检查工作，确保清查工作落到实处，不留死角。同时认真贯彻《军服管理条例》，加大宣传教育力度，进一步强化和规范军服管理，切实解决非法生产销售、使用军服等问题。

【“黑心棉”市场专项整治】 郑州市工商局按照国家、省局《关于开展“黑心棉”市场专项整治的紧急通知》工作要求，在全市范围内以学校周边、建筑工地、城乡接合部等为重点区域、以销售絮棉制品及床上用品的市场、商店为重点场所、以严厉打击销售“黑心棉”的违法行为为查处重点，积极开展“黑心棉”市场专项整治活动。全市工商系统共出动执法人员3879人次，检查经营户2084户次，取缔无照经营1户，查处不合格絮棉制品及床上用品108件，查处违法案件4件，案值总额0.1978万元。

【合同监管】 3月1日至5月31日，郑州市工商管理部门在全市范围内开展了以打造“信用郑州”为目标，以严厉查处利用合同进行欺诈为重点的合同违法行为专项执法活动。对房屋买卖、房屋装修、房地产、汽车销售、农资等行业的合同进行重点检查，督促经营者按照《合同违法行为监督处理办法》的规定规范使用格式合同，规范格式合同中的“不平等格式条款”。梳理近年来查处的合同违法行为案件，总结开展土地承包经营权流转合同管理服务工作经验，查找工作中存在的漏洞，为下一步合同监管工作打下基础。大力开展合同帮农，服务农业发展。指导全市涉农企业签订小麦收购、农资供销、养殖、蔬菜销售、秸秆收购等各类合同订单1265份，调解涉农合同纠纷12件。全年全市工商系统共出动检查人员4320人次，检查经营单位5588家次，查处合同违法案件7件，受理消费者投诉8起，发放限期整改通知书2份，纠正违法合同条款15条。

【动产抵押登记】 落实《动产抵押登记办法》，开展动产抵押登记，切实帮助企业特别是中小企业解决融资难问题。全年全市工商系统共办理动产抵押登记112份，融资33745.5万元。

【拍卖监管】 针对拍卖业发展现状和特点，创新监管方式，推行信用备案，进一步规范拍卖市场，严厉查处拍卖活动中的串通行为，促进拍卖业健康发展。2011年，市工商局共拍卖备案202次，现场监督41次，拍卖成交金额105254.65万元，查处违法拍卖2次。

【重要商品市场监管】 2011年，郑州市工商管理部门加强汽车、成品油、粮食、旅游等重要商品市场监管。一是对全市43家品牌汽车销售企业进行备案。通过严格市场准入、加强市场巡查、打击虚假宣传、查处合同欺诈等多种方式，切实加强汽车市场监管。严格按照《汽车品牌销售管理实施办法》的规定，规范汽车总经销商、品牌经销商的经营行为。鼓励、支持汽车经销企业开展二手车经营，促进汽车消费。二是开展成品油市场专项整治行动，严厉打击成品油掺杂掺假、以次充好等违法行为，切实规范成品油市场秩序。全市工商系统检查加油站188个次，监测（抽查）成品油23次，查处制售假冒伪劣成品油案件8件，查处经销国家明令淘汰及质量不合格成品油案件17件，罚没金额22.91万元。三是加强粮食市场监管。积极支持国有粮食购销企业在粮食收购中发挥主渠道作用，鼓励和扶持多元化粮食收购主体，切实维护粮食市场秩序。四是开展旅游市场监管。对旅游景区、机场、车站及周边地区的商场、超市、集贸市场、食品批发市场、城乡接合部食品店销售的旅游商品特别是旅游工艺品、纪念品、农副土特产等，实行重点巡查、重点监管，严厉打击制售假冒伪劣商品的违法行为。

【企业年检】 2月，市工商局召开全系统年检工作会议，进行部署，并就年检过程中出现的问题，及时下文予以指导。截至10月底，郑州市年检内资企业82044户，年检率79.5%；年检外资企业1293家，年检率84.5%，年检工作基本结束。（1）认真组织，精心部署，企业年检工作顺利开展。一是精心部署，大力宣传，确保内资企业第一年网上年检工作顺利进行。在《郑州日报》刊登年检通告、设置年检咨询电话、设立企业年检网上办理咨询处、印制张贴《年检须知》等一系列宣传服务措施，详细告知相关年检事项，方便企业年检。二是严把审核关。重点审查有前置许可的重点行业，对年检中发现的个别企业涉嫌虚假出资、抽逃出资行为的，依法进行查处；对主要登记事项发生变化而未在规定期限内变更的，要求企业限期办理变更登记。三是增开年检窗口，4月、5月开设6个窗口，每天受理年检材料400余份，确保企业当天取号当天办结。四是改进作风，强调纪律，严格履行政务服务承诺的各种制度。（2）为企业提供上门年检，把年检工作与服务结合起来，对分支机构较多的大型企业和连锁企业实行上门集中年检。2011年为中国移动、中国联通、交通银行等企业的共1043家分支机构提供上门年检服务。（3）严格审核，做好未检企业吊销工作。分别于8月1日和9月7日在《郑州日报》刊登2次催检公告，并依法向未检企业送达听证告知书和处罚决定书。

【查处取缔无证无照经营】 2011年年初，中央综治办、国家工商总局明确将查处取缔无照经营纳入社会治安综合治理目标考核范围，郑州市迅速建立以副市长薛云伟为召集人，市政府副秘书长宋柏松、市社会治安综合治理委员会办公室主任李华云、市工商局局长赵中祥为副召集人，其他26个职能部门主管领导为成员的郑州市查处取缔无证无照经营工作联席会议制度，将查处取缔无证无照经营工作纳入全市社会治安综合治理目标考评。出台《关于建立查处取缔无证无照经营工作长效机制的意见》《郑州市查处取缔无证无照经营工作责任追究办法（暂行）》和《郑州市查处取缔无证无照经营工作信息通报制度（暂行）》等文件，明确各部门职责分工，建立健全目标管理责任制，并要求各县（市）区建立相应的制度，将无证无照经营查处取缔工作列为部门年度考核内容。实行目标责任制，层层落实工作，将无照经营查处取缔工作纳入年终考评内容，使无照经营治理工作有组织、有步骤地进行。实行网格化监管制度，加强对无照经营行为的日常监管。把全市每个工商所辖区划分成若干个网格，每个网格确定两名以上工作人员为监管责任人，对责任区域实行每天巡查制度，巡查中一旦发现无证无照经营行为，属于工商部门职责范围内的，立即组织力量予以取缔；属于其他部门职责的，及时予以抄告。对群众举报的、相关部门通报的、新闻媒体曝光的无证无照经营行为，快速采取行动，坚决取缔。2011年以来，共查处各类举报无照经营案件586件。

明确重点，组织开展无照经营查处取缔专项行动。一是春节期间，组织全系统开展针对重点行业和重点区域的无照经营查处取缔专项活动。重点查处涉及人身健康、公共安全、安全生产、环境保护以及自然资源开发利用等行业的无照经营行为，包括从事网吧、娱乐服务、食品、出版物、危险化学品、烟花爆竹等生产经营活动的无照经营行为，以及学校及周边、农村乡镇、集贸市场等地的无照经营行为。行动中，查处无证无照经营276户，引导办理营业执照217户，检查已登记的网吧332个，回访已取缔的黑网吧424个，排查涉及安全生产监管户数4304户次，查处涉及安全生产监管无照经营16个，办理涉及安全生产监管案件5件。二是以黑网吧为查处重点，开展4次集中查处行动。年初开展的全市打击“黑网吧”综合整治专项执法行动，共查处取缔黑网吧48家，查扣电脑主机1381台。5月，全市工商系统对辖区内的黑网吧进行拉网式摸底清查，共出动执法人员1697人、车辆375台次，取缔黑网吧48家，断网的黑网吧22家。7月，在全系统开展暑假期间查处取缔黑网吧和整治校园周边环境专项行动，共取缔43家黑网吧，暂扣电脑主机609台。10月28日至12月31日，市工商、公安和文广新局按照职责和分工开展查处取缔黑网吧整治行动。二是开展查处取缔无照经营“惩黑行动”。自10月15日起，市工商局在全市开展为期45天的查处取缔无照经营“惩黑行动”，下发《关于在全市工商系统组织开展查处取缔无照经营“惩黑行动”的通知》，各分局也都成立“惩黑行动”领导机构，公布举报电话，并利用电视、报刊、广播、互联网等媒体进行大量宣传。在对无照经营户进行拉网式普查的基础上，把城乡接合部和都市村庄、农村列为集中清理规范的重点地段，共出动执法人员9830人次，车辆2152台次，查处取缔无照经营户1408家，教育、引导具备条件的经营者办照1574家。在省局组织的检查中，郑州市被抽查的60家商户全部做到有照经营、亮照经营。

开展劝阻违法行为专项行动，分类规范整治无照经营。对危害人体健康、存在重大安全隐患、威胁公共利益和公共安全、破坏环境资源的无照经营行为，坚决依法查处取缔，涉及违法犯罪的移交公安机关严肃处理；对下岗失业人员、残疾人等弱势群体从事个体经营、无严重社会危害的无照经营行为，以教育为主，督促、引导其依法办理相关手续，合法经营；对法律、法规未明确规定应当登记的经营活动，或按政策规定可以免予登记的经营活动，不作为无照经营行为查处。专项行动开展以来，本着“教育为先、规范为本、疏堵结合、以疏为主”的原则，通过灵活运用解释、感化、说服、规劝、警示、劝阻、告诫、训导等各种方式，促进查处违法疏导制的有效运作和落实。行动期间全市共出动执法人员19634人次，出动车辆4974台次，检查企业商户81240户，摸底登记无证无照和其他违法经营户6889户，引导办证3857户，受教育人员达241560人。

【广告监督管理】 2011年，全市共监测主要媒体发布的各类广告209563条，编发违法广告监测通报10期，下发责令停止发布通知书23件，公告典型违法广告16件，查处广告违法案件151件，罚没款117.3872万元；审查办理广告经营资格年度检查71家，广告经营单位变更登记10家，设立登记2家，固定形式印刷品广告延续初审登记9家，登记各类户外广告1206件；接受广告投诉举报629条，广告咨询1596条；答复省、市人大建议、政协提案共6件。

逐步建立和完善广告监测制度，进一步规范广告监测流程，配备专职广告监测人员，对郑州电视台6个频道、郑州人民广播电台7个波段及郑州教育电视台、《郑州日报》《郑州晚报》等市属大众媒体实施24小时全覆盖式广告监测。一旦发现虚假违法广告，立即责令停止发布；问题严重的，限期立案查处。

严厉打击利用互联网、手机等新型媒介发布的非法“性药品”广告和性病治疗广告等违法广告。加大监测力度，重点加强对主要门户网站和医疗保健、药品信息服务等网站的日常监测和巡查，对发布违法广告的，除严厉查处外，建议通信部门予以关闭。1-10月，共监测网站176家、网上广告2450条，其中存在问题网站15家，发现非法“性药品”广告135条，非法性病治疗广告56条，违法药品广告46条，淫秽色情及低俗内容广告43条。共责令停止发布非法涉性广告280条，吊销营业执照、取缔非法经营3家，提请有关部门关闭网站3家，查办网上广告案件11件。

【虚假违法广告专项整治】 根据河南省工商局等12厅（局、委）《关于转发国家工商总局等12部委〈2011年虚假违法广告专项整治工作实施意见〉的通知》的精神，及时与郑州市委宣传部、纠风办、卫生局等八局（委）联合转发该文件，并向各单位传达2011年广告监管工作要点，明确虚假违法广告专项整治工作的目标、总体要求、任务和工作职责，强化工作制度和整治措施，突出重点，全面推进。将严重虚假违法广告作为整治重点，予以严厉打击，使群众反映强烈的虚假违法广告得到有效治理，媒体广告发布活动得到有效规范。2011年，全市各级工商行政管理机关共查处虚假违法广告案件151件，罚没款117.3872万元。

【广告审批管理】 规范行政审批，严把广告市场准入关。一是加强广告经营许可证登记管理。全年共办理广告经营许可证申请登记2件，变更登记10件，广告经营资格年度检查71件。二是进行户外广告登记审批。对不具备广告经营资格的企业和户外广告申请资料不全、广告内容不规范的严格把关审查，避免违法违规广告。1-10月，全市共发放户外广告登记许可证1206个。三是按照省工商局要求，2011年下半年，市工商局新增固定形式印刷品广告延续初审工作，全年为12家固定形式印刷品广告经营单位办理延续初审登记。

【广告职业水平考试资格初审】 6月11日、12日，国家首次举行助理广告师、广告师职业水平考试。市工商局组织各企事业单位和社会团体中符合报考条件的人员参加考试，共审查通过助理广告师报考资格35人，广告师报考资格14人。

【商标监督管理】 2011年，郑州市工商局认真履行商标监管职责，始终坚持"双打"专项整治行动常态化，推进实施商标发展战略，取得显著成效。全年全市共办理商标违法案件771件，案值467.3万元，罚款282.54万元，收缴和消除商标标识3700件，没收侵权商品10470件。

【实施商标战略】 一是组织开展驰名、著名商标申报。贯彻落实《关于开展2011年度河南省著名商标认定和保护工作的通知》精神，帮助企业做好河南省著名商标申报材料的收集和上报工作。截至年底，全市注册商标总数40940件，超出市政府目标22940件，超目标任务382.3%。其中，中国驰名商标26件，与上年相比增长62.5%，超出市政府目标21件，超目标任务700%；河南省著名商标261件，同比增长64.15%，超出市政府目标201件，超目标任务670%。对被认定为驰名商标的企业，市政府分别给予60万元奖励，推动了由"郑州制造"向"郑州创造"的转变。二是开展实施商标发展战略示范县（市）区和示范企业推选活动。引导企业树立品牌竞争意识，发挥重点县（市）区、企业在实施商标战略中的龙头带动作用，紧紧围绕商标注册、运用、保护和管理全面落实商标战略。拟定《关于进一步深入推进商标战略实施的意见》及《郑州市知名商标认定和保护办法》，支持郑州企业创新发展。

【商标市场"双打"整治】 2011年，郑州市工商管理部门强化"双打"整治措施，净化商标市场环境。制定《郑州市工商局打击侵犯知识产权和制售假冒伪劣商品专项行动方案》，明确专项行动时间、步骤、措施和工作要求，细化责任单位和责任人。先后组织开展了保护"好想你"驰名商标专项行动、保护"日丰""云南白药"注册商标专用权行动、眼镜销售行业专项整治行动等。从2010年11月至2011年6月底，全市工商系统累计出动执法人员64047人次，检查各类经营主体52798户，检查批发零售市场、集贸市场等各类市场950个，整治重点区域225处，查处各类商标侵权假冒案件441起，涉案金额515万元，移送司法机关案件3起。

【公平交易执法】 2011年，郑州市工商局以反不正当竞争和打击传销、规范直销为重点，全系统共查处各类公平交易执法案件444起，案值419.59万元，罚没金额221.22万元。其中，商业贿赂案件8起，假冒他人注册商标案件208起，仿冒知名商品特有的名称、包装、装潢案件11起，冒用他人的企业名称或姓名案件38起，虚假表示案件19起，虚假宣传案件42起，不正当有奖销售案件6起，传销案件5起，"傍名牌"案件37起。

深入开展反不正当竞争行为专项行动。根据省局《关于开展打击假冒、仿冒及"傍名牌"等不正当竞争行为专项行动的通知》要求，市工商局组织执法人员开展拉网式检查，加大执法力度，严厉查处假冒他人注册商标、仿冒知名商品特有的名称、包装、装潢和"傍名牌"等不正当竞争行为。共检查市场61个次，检查企业、商户5875户，查处仿冒、假冒服装、箱包、白酒等案件219起，罚款151.76万元，没收侵权服装1950余件，没收侵权白酒437瓶。先后帮助好想你、茅台、泸州老窖、梦特娇、姚氏腻子等企业开展打假维权行动，有效地维护了企业的合法权益。

【打击传销】 加强打击传销工作组织领导。一是调整郑州市打击传销工作领导小组成员，多次组织召开郑州市打击传销工作领导小组会议，要求各成员单位进一步明确责任，积极配合，按照职责分工，分解任务到部门，责任落实到人，确保工作链条不断裂。并及时建立例会制度、信息通报制度、奖惩制度。二是制定修改《郑州市打击传销社会治安综合治理考核评比办法》《郑州市打击传销工作领导小组成员单位主要职责分工》《郑州市打击传销工作领导小组工作制度》《郑州市打击传销举报奖励办法》。三是各县（市）局、区分局向市局递交《打击传销目标责任书》。

加大打击传销宣传力度。一是组织反传销题材电影《黑梦》在郑州航空工业管理学院等33所大、中专院校放映，举办打击传销知识讲座，直接受教育师生达10余万人。二是编辑印刷图文并茂的打击传销书籍1万本，宣传打击传销彩页1万份，宣传打击传销手提袋1万个在社区和学校发放。三是在郑州电视台黄金时段连续播放反传销专题片《美丽的陷阱》,在其所属几个频道，每天6次，每次30秒钟连续播放一个月打击传销公益广告《警惕篇》，同时在郑州教育电视台每天数次播放。四是对在外地从事传销人员进行身份核查和走访教育。在开展核查的同时，做好对参与传销人员的疏导、教育等善后处置工作。

积极查处传销活动。2011年，全市工商管理系统共接到传销举报52起，出动执法人员4838人次，执法车辆769台次，先后组织集中行动5次，查处传销案件5起，其中移送司法部门1起，捣毁传销窝点11个，教育遣散传销人员960余人，开展宣传活动54次，检查重点场所30个、村庄9个、居民户547个。

深入开展“无传销社区”创建活动。出台《深入开展创建无传销社区（村）活动的实施方案》和无传销社区的制度、目标责任书等材料。组织专人对12个县（市）区进行检查、督导，创建“无传销社区（村）”活动已在全市全面深入开展。

远离传销，共建和谐宣传活动

【直销管理】 2011年，郑州市工商局不定期组织对辖区内安利、雅芳、无限极等11家直销和拟从事直销经营的企业进行检查，要求直销企业加强对店铺、服务网点、直销员管理，特别是加强对招募、培训、计酬、退换货等重点环节的有效控制，保证直销市场健康发展。

【公平交易专项整治】 2011年，郑州市工商局进一步加大执法力度，开展专项整治。一是开展短信群发设备专项整治行动。查处两家销售“三无”短信群发设备的商户，暂扣违规设备22件。二是开展查处“露露”侵权商品的专项执法行动。检查市场、企业、商户2014家，查扣涉嫌侵权“露露”28箱。三是组织对销售“儿童版人民币”玩具钞票行为的查处。对学校周边50家文具玩具经营户进行检查，发现存在问题的文具经营户6家，收缴带有人民币图样的玩具7袋（包），收缴用于促销的展板3块。四是组织开展军服管理专项执法行动。清查服装生产企业24家、劳保用品商店22家、服装经营门店、摊点1546家。五是组织开展非法“网络共享”设备产品整治专项行动。检查销售家电产品的商户992家。加大对推销卫星接收设施产品和安装服务广告的查处力度。六是开展“扫黄打非”，组织对政治性非法出版物和其他各类非法出版物整治专项行动。检查出版物经营市场1个，检查出版物经营店档726个、检查印刷复制企业256家。

【依法行政示范单位创建】 2011年，市政府对全市首批依法行政示范单位进行检查验收并命名，郑州市工商局获得依法行政示范单位称号，是郑州市首批获此称号的5个行政单位之一。还被评为郑州市行政执法十佳文明执法单位和依法行政示范单位。一是开展文明执法承诺活动，在对执法行为、仪表、语言及行政执法车辆使用等方面作出明确承诺的基础上，积极开展文明执法教育，使文明执法各项承诺落到实处。二是开展行政执法人员文明执法严格执法专项活动，在全系统全面整治行政执法不作为、慢作为、乱作为、滥作为和不文明执法行为等“五种违法执法行为”。三是编写、印发《行政机关工作人员责任追究材料汇编》，在全系统组织学习。四是在全系统开展文明执法标兵单位和文明执法标兵个人评选工作。五是对行政处罚自由裁量权工作进行专项检查。六是强化责任追究，全面整治违法执法行为。

【规范执法行为】 2011年，郑州市工商局进一步规范行政处罚裁量权，规范执法行为。一是根据省、市政府的要求下发《关于进一步规范行政处罚裁量权工作的通知》，督促各单位认真贯彻落实省局制定的行政处罚案件主办人制度、行政处罚案件核审制度、行政处罚告知制度等一系列行政处罚相关制度，特别强调建立健全罚没物品管理制度，8月，对各单位罚没物品管理制度检查备案。二是8月1-5日，在全系统组织行政处罚案卷评查。根据各单位日常行政执法目录，共抽取66份案卷审阅评查，逐卷反馈评审意见，要求各单位根据评审意见对案卷进行整改。同时针对案卷中普遍存在的5大项18小项问题予以通报，进一步提升全系统行政执法水平。按照《郑州市人民政府办公厅关于进一步开展行政执法依据梳理通知》要求和法律、法规、规章的制定、修改、废止情况，对与工商行政管理职能有关的现行执法依据进行重新梳理，梳理有效法律、法规、规章共计218部，确认执法依据涵盖行政处罚486项、行政许可5项、行政确认1项、行政征收3项、行政裁决1项、行政强制34项、其他具体行政行为8项。梳理结果经市政府法制办审核通过，向社会公示。

【依法参加行政复议】 2011年，新增郑州市工商局作为被申请人的行政复议案件共54件，其中50件为职业投诉人提起的消费投诉类复议案件，省局受理16件，市政府受理38件。复议结果，驳回复议申请5件，维持7件，终止10件，撤销5件，责令履行5件，确认违法7件，其他15件未结。市工商局针对行政复议案件增加以及行政复议中发现的自身问题，督促指导相关单位采取应对和完善措施，提高强化办案人员的工作程序意识、责任意识和败诉风险意识。邀请市中级人民法院行政庭法官举办“处理消费投诉问题专题视频讲座”。及时报送《关于规范执法行为，加强职业投诉处理工作的情况报告》《行政复议意见书落实情况报告》《市工商局举办全系统处理消费投诉问题专题视频讲座》等报告材料，得到市政府法制办的认可和理解。积极协调申请人，使部分案件得到化解，申请人撤回申请。

【依法参加行政诉讼】 2011年，郑州市工商局按照规定及时报送行政应诉案件统计报表，以及应诉事项、主要案情、法院裁判文书。2011年新增一审行政诉讼案件24件、二审上诉案件6件、再审后发回重审案件3件、郑州市人民检察院抗诉案件1件，共计34件。新增一审案件中行政许可类12件，消费投诉类案件10件，其他类型2件。审理结果撤诉12件、驳回诉讼请求5件，责令履行2件，其他未审结。

（李振南）

审计监督

【概况】 2011年，郑州市审计机关共完成审计项目1108个，审计调查项目89个，共查出违规资金47.9亿元，管理不规范资金103.1亿元。经审计处理，促进财政增收节支1.9亿元，核减政府工程投资4.2亿元，移送司法机关、纪检监察等部门处理事项9件，提交的审计工作报告、信息被各级各部门采用230篇。

【预算执行审计】 2011年，郑州市审计机关对24个本级财政、地税及相关预算单位进行审计，同时对耕地占用税、契税、房地产企业税费征管使用情况，“先税后证”等财税政策执行情况，以及省财政下达的新增建设用地有偿使用费、土地出让金、耕地开垦费等财政资金使用情况进行专项审计和调查。查出应缴未缴财政资金3052.9万元，挤占挪用专项资金508.4万元，滞拨专项资金5874万元等典型性问题，提出许多加强预算管理和完善制度等方面的建议。审计结果报告得到市委书记连维良和常务副市长胡荃的批示，审计工作报告在市十三届人大常委会第二十二次会议上得到好评。惠济区审计机关关注财政制度盲区，直接促进政府完善财政管理制度3项，其他县（市）区预算执行审计水平也有新的提升。

【财政决算审计】 2011年，全市审计机关共对41个县乡两级政府进行财政决算审计，查出财政支出核算不实3428万元，违规改变资金用途533万元，其他问题22557万元。市审计局重点对荥阳市和二七区人民政府2010年度财政决算进行审计，提出的改进财政管理的建议得到积极落实。惠济区、新密市、登封市等县（市）区审计局决算审计范围广、力度大、效果好，促进了乡镇财务管理和廉政建设，提高了财政资金的使用效益。

【投资审计】 2011年，全市共审减工程造价，为政府节约财政资金4.2亿元。市审计局完成政府投资工程审计项目9个，审减工程造价2.2亿元，审减率15.3%。新郑市审减工程造价3478.4万元，荥阳市审减工程造价2971万元。二七区、巩义市、新密市投资审计也为地方政府节约了大量建设资金。继续抓好政府投资重、特大工程项目跟踪审计，市局重点对西绕城高速公路和西客站出站口、解放路立交桥等工程项目进行跟踪审计，登封市开展5个项目跟踪审计，并且派员监督招投标和政府采购项目102个。

【重点行业审计】 2011年，全市重点行业审计一是围绕民生问题，

聚精会神，认真审计

组织开展对工伤保险基金市级统筹前结余情况、抗旱应急灌溉工程资金、中小学校舍安全工程资金的专项审计，在查清真实情况的基础上，反映问题，分析原因，提出改进建议，确保资金规范运行。特别是抗旱应急灌溉工程资金的跟踪审计，涉及工程项目36个，审计机关提出审计建议23条。二是围绕防范风险，促进管理。完成市耕地占用税和契税征管使用情况专项审计，揭示两税征管工作存在的薄弱环节，查处有税不征、违规减免等违法违规金额4.5亿元，促进两税征管部门提高依法治税水平。对警务体制改革后市公安系统进行资产清查，坚持监督与服务并举，一审二帮三促有机统一，顺利圆满完成任务。三是围绕规范运用外资，完成亚行贷款旱作可持续农业项目审计、世行贷款中国结核病控制项目审计、亚行贷款农村能源生态建设项目效益审计等6个国外贷款、援款项目审计，取得良好的经济效益、社会效益和生态效益。

【经济责任审计】 2011年，全市审计机关深入学习贯彻两办规定，积极创新审计方式，规范经济责任审计。市审计局对审计进点会流程、领导干部述职报告内容、审计整改情况反馈等制度进行规范，金水区审计局探索党政领导干部同步审计方法，登封市审计局制定《领导干部个人廉政建设调查表》，巩义市审计局采取“一座谈、二收集、三核查”审计方式，管城区审计局建立与纪检监察部门信息资料共享制度，新郑市、二七区、中原区、惠济区等县（市）区审计局充分整合审计资源，提高工作效率。一年来，全市共对250名党政领导干部进行经济责任审计，查出违纪违规资金36.7亿元，管理不规范资金42亿元。市委书记连维良对审计综合报告批示：各单位对审计出的问题要认真纠正，不能纠正或处理纠正不到位的要专题向市委、市政府报告；严重问题被审计对象要主动承担责任，纪检委会同市委组织部根据纠正情况和本人态度提出处理意见。《郑州日报》刊发常务副市长胡荃答记者问专刊，有力提升了经济责任审计社会知晓度。

【专项审计调查】 2011年，全市专项审计调查主要对经济适用房建管用情况、郑州市2008-2010年度农村沼气建设资金管理使用情况、中等职业学校助学金和免学费补助资金等37个项目进行审计调查。全市廉租房审计调查，以扎实的质量，到位的建议被省审计厅评为2011年度优秀审计项目。农家书屋工程建设资金专项审计调查，被省厅通报表扬。自来水公司运营状况暨管网运行情况审计调查和城市基础设施配套费征管用情况专项审计调查被市长吴天君、常务副市长胡荃分别批示，推动了《郑州市城市基础设施配套费征收管理办法》（郑政文〔2007〕170号）的大幅修订。养老保险基金审计调查和住房公积金归集管理和使用情况审计调查，均得到常务副市长胡荃批示，市政府办公厅下发《市政府办公厅关于进一步加强住房公积金归集工作的若干意见》（郑政办〔2011〕69号），促

帮扶村赠送锦旗

进了相关制度的完善。

【地方政府债务审计】 地方政府债务审计是国务院交办的重大审计项目。郑州市审计机关按照上级审计机关统一部署，在市委、市政府高度关注和支持下，举全市审计机关之力，上下联动，步调一致，以“见账、见人、见物，逐笔、逐项审核”为原则，对12个县（市）区、207个政府部门和机构、11家融资平台公司、5021笔政府性债务进行审计，摸清了底数，揭示了问题、提出了建议。新密市审计局获审计署全国地方政府性债务审计工作先进公务员集体称号。

【临时性审计任务】 2011年，市审计局接受市委、市政府交办临时性审计任务7项，先后共派出审计人员百余人次，圆满完成交办任务。为化解不安定因素，维护安全稳定，服务市委、市政府领导决策提供了基础客观、准确具体的参考依据。派出70余人，历时3个多月，完成富士康征地补偿支出审计，向市委、市政府提交了翔实可靠的审计结果。对郑开大道与京港澳高速互通式立交桥建设前期费用审计，省交通厅根据市审计局报告，将长期拖欠郑州市的7000万元建设工程款拨付到位，有效缓解了项目建设过程中遇到的资金困难。

【审计质量建设】 全市审计机关牢固树立成果意识和精品意识，以打造具有较高使用价值的优质审计产品为目标，积极推进审计项目精细化、规范化管理。首先是建立精品工程领导责任制。全市各级审计机关“一把手”、分管审计业务的领导和业务部门都将打造精品项目作为责任目标，注重在“实、高、新、严、细”上下功夫，严格实行审计项目负责制，坚持落实“谁主管谁负责，谁主审谁负责，谁出问题谁负责”的责任追究机制，推动全市审计精品工程建设。2011年，全市涌现精品审计和调查项目15个，其中市审计局的《廉租房审计调查》和惠济区审计局的《政府预算执行审计》获评省厅优秀项目。二是加强以AO系统应用为基础的信息化建设，提高计算机辅助审计能力。将AO应用情况、提交应用实例、专家经验等作为年终考核工作业绩的重要指标，采取上机模拟操作、AO认证考前辅导、不同层面专题培训等方式提高审计人员应用技能，不断扩大计算机审计覆盖面。全市有18篇AO应用实例、9项计算机审计方法被省厅推荐到审计署评比，市审计局和上街区审计局的实例获得审计署通报表彰。三是注重建立健全科学有效的管理制度，逐步形成用制度管权、管人，靠制度办事的管理机制。2011年，市审计局先后就经济责任审计、工程投资决算审计、审计项目质量、队伍专业化建设、系统文明创建等工作，出台20多个指导性意见和办法，进一步加强业务工作指导、领导班子成员协管和队伍专业化建设。

【审计成果管理】 2011年，全市审计机关围绕党委、政府工作中心，关注损害群众利益、影响科学发展以及涉及体制机制的问题，注重增强审计成果的宏观性、前瞻性、针对性和实效性。共提交《审计综合报告》《审计情况反映》《审计信息》等各类领导参阅材料230篇（期）。市审计局《部分农业项目县级配套资金不到位现象应引起重视》《市客运管理处出租车经营权有偿使用费出借挂账问题何时了》《市自来水总公司运营状况暨管网运行情况调查报告》等15篇参阅材料获市委、市政府主要领导批示，直接促进了相关问题的落实处理和整改纠正。住房公积金审计调查，促使市政府办公厅下发《关于进一步加强住房公积金归集工作的若干意见》。新郑市、登封市、中牟县等县（市）区审计局也不断拓宽审计成果的利用渠道，提交的工作信息数量多、层次高。注重提高审计理论研究的深度和质量，全年在各大杂志、报纸发表审计科研论文83篇，其中13篇在省厅科研评比中获奖。

(杨小娜)

郑州市审计局参加“郑州慈善日”捐款活动

物价管理

【概况】 2011年，郑州市价格工作把稳定价格总水平作为首要任务，围绕“促生产、畅流通、增储备、建机制、保民生”这一主线，深入贯彻落实科学发展观，按照“扩内需、保增长、稳物价”的宏观要求，坚持“立足当前、着眼长远，综合施策、重点治理，保障民生、稳定预期”的原则，充分发挥价格杠杆作用，努力为中原经济区核心增长区和郑州都市区建设营造良好的价格环境，促进郑州市经济健康发展与社会和谐稳定。1-12月，郑州市居民消费价格指数（CPI）与上年同期相比累计上涨4.9%。总体呈现两大特点：一是物价总水平持续高位运行，物价涨幅较大；二是以农产品为主的生活必需品涨幅居前，对居民生活影响突出。

【价格调控】 2011年，受国际金融危机后续影响和国内多种因素制约，以农产品为主的生活必需品价格上涨幅度较大，价格总水平持续高位运行。1-12月居民消费价格指数（CPI）与上年同期相比分别上涨4.0%、3.7%、4.6%、4.5%、4.6%、6.1%、6.5%、5.6%、5.5%、5.4%、4.2%、4.2%,累计上涨4.9%。物价部门始终把保持价格总水平基本稳定作为首要任务，多措并举，积极应对，较好地稳定了郑州市价格总水平，居民消费价格指数（CPI）涨幅在全国、全省一直处于中等偏下水平，在全省18个地市中位列第17位，在全国36个大中城市中位列第31位。一是加大价格监测力度，提高分析预警能力。针对2011年物价形势，制定价格监测工作要点，强化重点领域监测，着重开展与群众生产生活关系密切的民生热点价格监测，直接监测品种600多种，监测点62个。完成周、月、季度《郑州价格监测》65期，二季度针对物价总水平持续走高的情况，及时启动价格应急监测日报制度，编写《每日物价》54期，向国家价格监测中心、省发改委、市委、市政府报送有价值分析报告120篇，为政府决策和稳定价格总水平提供翔实可靠的监测数据。对郑州价格信息网进行改版升级，更新各类信息1.2万条，并加强价格信息发布功能。二是积极应对市场价格异常波动。2011年，郑州市先后出现食盐、芹菜、包菜等蔬菜价格异常波动情况。针对食盐抢购，物价管理部门迅速行动，第一时间上报市委、市政府，全市物价系统组织28个工作组200余人，紧急开展食盐市场价格检查，及时平息谣言。针对芹菜、包菜等蔬菜滞销情况，及时到蔬菜产地和市场进行调查，撰写《针对我市蔬菜生产及市场价格监测情况的汇报》《对“巩义包菜丰收遭遇销售难题”报道的情况调查》等多篇专题报告，及时上报市委、市政府，为政府决策提供依据。三是积极开展涉农产品生产情况调查和成本监测，做好定价和调定价成本监审。在完成国家下达的大中城市蔬菜、肉、蛋、奶等13个品种价格调查任务的基础上，重点开展农户存售粮、农资购买、农户种植意向等专项调查和生猪、奶牛、鸡蛋等应急调查，全年共组织专项调查12次、市场成本监测24次，先后组织700余人次到调查点调研，及时收集、汇总、上报成本监测材料，为上级机关和各级领导提供第一手的农副产品全面成本信息。全年共完成监审项目56项，涉及成本总额58.17亿元，核减不合理成本21.76亿元，为科学制定价格和收费标准提供成本依据。

【价格管理】 合理制定热电企业热力出厂价格。按照“合理补偿成本、兼顾用户承受能力”的原则，郑州市物价部门提出热电企业热力出厂价格调整初步意见，上报市政府。通过调整热力出厂价格，热电企业的热力生产亏损由热力生产企业和下游的集中供热企业（其他生产企业）各负担约50%，有效地稳定了发电企业的正常生产。

规范新建住宅小区供配电设施的建设管理，理顺供用电关系。出台《郑州市新建住宅小区供配电设施建设管理办法》，依据该《办法》，经过成本审核，调整了郑州市供配电设施建设成本标准，开拓电力基础设施配套建设新思路，有效地实施城市电力建设规划，保证供配电设施及施工质量，满足居民用电需求，理顺供用电关系。

进一步理顺部分资源性产品价格结构。根据省发改委批复，调整郑州市民用管道天然气阶梯气价格，第一阶梯和第二阶梯气价分别

市物价局局长杨虎臣到基层医疗机构调研

郑州市2011年1—12月居民消费价格指数对比表

名称	1月	2月	3月	4月	5月	6月	7月	8月	9月	10月	11月	12月	全年累计
居民消费价格总指数	104.0	103.7	104.6	104.5	104.6	106.1	106.5	105.6	105.5	105.4	104.2	104.2	104.9
一、食品	107.1	107.7	109.1	108.5	109.6	114.6	116.5	113.6	114.0	113.5	109.6	110.6	111.2
肉禽及其制品	110.4	116.8	118.8	122.8	125.2	134.6	137.5	133.2	134.2	134.3	129.1	125.1	126.8
蛋	131.8	124.5	119.1	120.6	123.4	124.8	123.1	120.6	114.0	110.0	99.6	98.4	116.7
菜	97.0	100.9	107.2	93.9	90.0	113.9	118.9	99.9	102.5	99.0	91.7	115.0	101.9
二、烟酒及用品	102.0	101.6	101.9	102.5	102.4	102.8	102.6	102.7	103.4	103.8	104.3	104.0	102.8
三、衣着	100.4	100.1	99.8	100.3	100.3	100.5	100.2	100.1	100.2	100.6	101.0	100.9	100.4
四、家庭设备用品及维修服务	100.8	100.8	100.8	101.0	101.3	101.4	101.6	102.0	102.1	102.8	102.6	102.3	101.6
五、医疗保健和个人用品	102.3	101.9	102.0	101.3	100.9	101.3	102.0	101.9	102.3	101.3	101.1	100.7	101.6
六、交通和通信	100.3	100.0	100.2	100.7	100.9	101.3	101.4	101.4	101.4	101.3	101.1	101.1	100.9
七、娱乐教育文化用品及服务	101.7	98.6	101.6	101.6	101.8	101.7	100.5	100.2	99.3	99.5	100.5	100.5	100.6
八、居住	107.5	107.5	108.3	108.5	107.4	107.3	107.0	106.0	105.1	105.1	103.9	102.8	106.3

由1.9元/立方米、2.2元/立方米调整为2.25元/立方米、2.93元/立方米，并建立郑州市民用天然气与上游天然气价格调整联动机制。车用天然气销售价格调整方案上报市委、市政府。

推进城市供水价格改革。经过多次调研、协调，制定郑州市城市供水价格改革方案草案，并上报省发改委和市委、市政府，积极推进工商业同价和阶梯水价。

落实国家油气价格调整政策，积极协调长途公路客运和出租汽车行业相关价格政策。将公路客运燃油附加标准由原每人每公里0.04元调整为0.05元，有效缓解长途公路客运企业经营成本上升的压力；召开出租汽车运价调整听证会，为启动出租汽车油价运价联动机制做好充分准备；取消出租汽车前5分钟免费等候的规定，仅此一项，每车每天可增加收入约30元。

开展对社团收费、殡仪（葬）服务收费、农副产品流通销售环节收费等的清理规范。一是整顿规范社团服务收费行为，取消17项社团收费项目，停止征收3项社团收费项目。二是做好殡仪（葬）服务收费管理，落实政府免收市民的810元殡仪（葬）基本服务收费项目。三是对农副产品流通销售环节收费进行清理规范，继续对涉及11个行业或部门的17大类34项收费进行归纳梳理，停止3项行政事业性收费，取消8项行政事业性收费，减少农副产品生产和流通成本，切实减轻农民的负担，维护农民的利益。

加强医疗服务价格管理，进一步规范医疗服务收费行为。一是重新修订下发《关于重申医疗服务特殊材料收费备案管理的通知》，明确备案的范围、程序和要求，全年备案一次性特殊材料67件、4000个品种。二是修订《郑州市物价局关于省会医疗废物集中处置收费标准调整方案》。三是核定医疗单位自制药品价格，共对郑州市人民医院等11家医院的自制药品价格进行了核定。

严格保障性住房价格审批，规范商品住房销售价格行为，努力保持住房价格相对稳定。全年共审核经济适用住房项目9个，总建筑面积106.56万平方米，平均销售基准价格2732元/平方米，为实现住房价格调控目标作出贡献；进一步规范商品住房销售价格行为，落实商品住房明码标价制度；提高廉租住房补贴标准，由6元/月・平方米调整为8元/月・平方米。

推进停车场差别化收费政策，支持社会投资建停车场，促进畅通工程建设。通过征求社会各界意见，开展问卷调查和社会风险评估，修订完善停车场差别化收费方案，市政府下发《郑州市内城区公共停车场机动车存放服务实行差别化收费的通知》；引导和鼓励社会资金投资停车场建设，起草《郑州市物价局关于利用价格政策鼓励社会投资建设公共停车场的意见》，市政府以“郑政办〔2011〕61号”文件下发，就收费减免政策、收费管理形式、核定收费标准的原则、审批程序和时限等作出明确规定。

【价格监督检查】 2011年，郑州市价格监督检查工作紧紧围绕稳定价格总水平、促进中原经济区和郑州都市区建设这一首要任务，结合郑州市实际情况，坚持强化价格监管与优化价格服务并重，全面履行各项价格监督检查职责，先后开展涉农收费、种子价格、节日市场价格、医疗卫生服务价格、教育收费、商品房价格等重点和专项检查，对涉及生产、流通、消费等各个领域的价费进行全面检查，促进全市生产发展和商品流通，切实保障群众合法权益。2011年，全市共查处违法案件155件，实施经济制裁5542.405万元，其中，退还用户3566.626万元，没收违法所得1892.973万元，罚款82.806万元。

【价格专项整治活动】 围绕保障民生，大力开展专项整治活动。2011年，郑州市物价局重点在民生利益保障方面下足功夫，围绕群众关心的热点、难点问题，不断创新监督检查方法，深入监督检查内容，大力推进专项检查行动，着力保障和改善民生。一是创新教育收费检查方法。2011年开展专项检查时，做到监督在先、防范在前、关口前移。在春、秋季开学前，主动服务上门，以《教育收费政策提醒函》方式送达市属120多所学校校长手中，变事后查处为事前提醒；同时明察和暗访相结合，一方面做好外围调查工作，会同市纠风办一起设计涉及纠风和价格的18个专项问题调查表，发放给学生填写，回收统计后掌握第一手资料，从学生问卷调查中分析出违价问题和证据；另一方面对群众反映收费问题较多的学校，坚决做到检查一个、处理一个、服务一个，通过创新措施，提高检查实效性和群众满意度。二是医疗收费检查注重长效管理。近年来医院经过多次检查，收费状况有了一定好转，但由于收费标准多、项目繁杂、收费标准更改较多，并且大多由公开转为隐形，因此群众意见还是较大。为此，在监督检查中要求各医院建立长效内部监管制度，加强诚信建设，促进医患关系和谐发展。特别是在医疗卫生服务价格大检查中，对于农村，重点检查县（乡）卫生所；对于城市，重点检查社区服务站和零售药店，并且对医院、药店、药品流通等各个环节开展拉网式检查。三是房地产检查突出价格服务职能。贯彻落实国家发改委制定并于2011年5月1日施行的《商品房销售明码标价规定》，结合《河南省商品房销售明码标价实施细则》，5月在全市范围安排部署商品房明码标价执行情况专项检查。主要对开发商在商品房交易场所（售楼处）醒目位置是否对每套商品房按一套一标的方式明码标价，是否明确公示代收代办收费和物业服务收费，是否存在标价之外加收未标明的费用等进行检查。5月27日，金水区配合检查工作，举办商品房明码标价现场会，对明码标价工作好的企业公示宣传，对差的企业督促整改，进一步规范开发商的销售行为，维护公开、公正、透明的房地产价格秩序。巩义市和新密市分别召开商品房销售明码标价工作推进会和现场会，通过宣传政策和督促检查，郑州市商品房明码标价基本普及，维护了交易双方合法权益，促进房地产业健康发展。

【市场价格检查】 2011年，郑州市物价部门围绕稳定市场秩序，组织开展市场价格检查。一是加强节日市场价格监管。每逢重大节假日前

市物价局局长杨虎臣调研平价商店建设

夕，都采取有效措施，加强领导，完善预案，精心组织，对节日市场开展拉网式巡查，认真排查市场上存在的各种隐患，切实强化节日期间的市场价格监管。首先是加大商贸流通领域的市场价格巡查力度。针对节日期间居民消费比较集中的实际，全年共组织80余个检查组，出动近千人次，深入各大农贸市场、超市、宾馆开展不间断的市场价格巡查，重点检查各类商品和服务是否做到明码标价，是否存在误导性价格欺诈行为，是否存在哄抬价格、串通涨价等价格违法行为。其次是开展旅游市场价格专项检查。结合节日期间人们外出游玩较多的情况，先后对登封少林寺、巩义康百万庄园、中牟雁鸣湖景区、新郑黄帝故里、郑州黄河风景名胜区等重点旅游景点开展价格检查。重点查看景区门票价格、旅游车辆票价、停车场收费、景区旅游商品价格以及餐饮、住宿价格执行情况。通过检查，规范旅游景区价格秩序，保护广大游客合法权益，遏制旅游市场乱涨价、乱收费行为，为市民营造良好的节日氛围。二是及时有效处置突发事件。3月17日，受日本地震海啸引发的食盐危机影响，全国各地出现食盐抢购风波。郑州市物价局迅速启动应急预案，严厉打击哄抬盐价、囤积居奇等价格违法行为，使涨价风波迅速得到平息，受到市委、市政府领导的高度肯定。三是建立市场检查提醒制和警示制。主动走访商业企业，在各类收费检查及市场检查前，及时进行价格政策宣传提醒，在实施中对已出现的违法苗头予以警示，检查关口前移，变事后监督为事前预防。在重大节假日及价格出现波动时，及时组织召开价格政策提醒会，强调企业的社会责任，强化企业的诚信意识。12月28日，召开由100家商业企业参加的价格政策提醒会。县（市）区物价部门也根据具体实际，通过召开提醒会、座谈会等形式，加大价格政策宣传和服务力度。

市物价局局长杨虎臣看望驻村工作队

【价格调节基金使用管理】 2011年，郑州市充分发挥价格调节基金扶持生产、稳定市场、保障民生等方面的积极作用。全市各级物价部门共使用价格调节基金4500余万元，服务价格调控工作。使用价格调节基金480万元对生猪进行储备；使用3000万元对3家热电企业进行补贴；使用100万元对中牟菜农进行补贴；使用188万元对全市低保困难户进行肉价补贴和水价补贴。

制定《郑州市价格调节基金使用管理办法》，进一步规范价格调节基金的使用和管理；及时对低收入群体进行临时价格补贴，确保低收入群体的生活水平不因物价上涨而降低。10月8日，市政府印发《关于建立郑州市社会救助和保障标准与物价上涨挂钩联动机制的实施意见的通知》(郑政文〔2011〕218号)，郑州市社会救助和保障标准与物价上涨挂钩联动机制正式启动。共动用价格调节基金和其他专项资金250万元，对郑州市区优抚对象、城乡低保对象、农村五保供养对象发放临时价格补贴。

2011年，全市共征收价格调节基金近2.6亿元（其中市本级1.2亿元），圆满完成全年征收目标。

【公交价格管理】 2011年，郑州市继续落实公交优先发展战略和城市公交低票价政策。审批了K217、K816等多条公交线路票价；在听证的基础上，完成600路富士康科技园专线票价制定工作；对四环内执行1.5元票价的7条线路实行降价，城区公交1元票价政策实现，广大市民出行费用降低。

【清理规范收费项目】 审核换发收费许可证，全面清理和规范收费项目。2011年共对教育、卫生、市政等39个部门（系统）的765个《收费许可证》进行年审和换发，对全市近300个行政事业性和经营性收费项目进行清理整顿，对国家和省、市政府明令取消或停止的收费项目予以取消，对不在办证目录的收费项目予以注销。年审共涉及金额40.93亿元，其中行政事业性收费22.34亿元，注销《收费许可证》8个，共取消和停止收费项目7项43个标准，降低8家整改单位的收费标准，涉企收费比上年减少6.44亿元，企业经营环境进一步优化。

【物业服务收费管理】 针对群众

反映强烈的停车收费、水电公摊等物业服务收费热点问题及服务与收费质价不符问题，修订和完善《物业服务收费管理办法》，对收费管理模式进行改革，由“单一等级制”标准管理改为分项组合的“菜单式收费制”标准管理，上报市委、市政府审定。对新申报的物业服务收费小区，严格收费等级标准审批，切实维护业主利益。全年共审批一、二级物业服务收费小区28家，收费公示率100%。

【价格投诉咨询办理】 加强12358价格举报电话、ZZIC等网络舆情办理,及时为群众化解价格矛盾。2011年，价格举报电话共接听投诉、咨询4万余次，接待群众来访800余人次，立案92件，退还金额86651元；办理ZZIC转办件292件，办结率100%；办事大厅共收件689件，发件689件，办结率100%，接受价格咨询1600多人次，发放宣传材料2200多份，受理事项答复率100%，实现“公开、便民、快捷、高效”的工作目标。

【价格服务进万家活动】 2011年，郑州市物价部门创新服务民生载体，开展“价格服务进万家”活动。一是开展“价格服务进企业”活动。走访650家企业，征求意见45条，帮助企业解决实际困难6件。5月27日，在金水区召开郑州市商品房销售明码标价现场会，进一步规范商品房开发商的销售行为，维护房地产市场正常的价格秩序。二是有效推进“价格服务进商场”活动。落实市委宣传部等八部门联合下发的《关于深入开展百城万店无假货活动的通知》，开展价格诚信建设，规范行业明码标价行为，严厉打击各种价格欺诈行为；积极向国家、省发改委汇报和反映企业诉求，国家发改委不再要求开架柜台、自动售货机、自选市场等采取自选方式售货的经营者在每件商品或其包装上使用胶贴价格标签，据企业测算，这一规定实施后，每件商品节约成本约0.18元，每年减少支出约9200万元；5月11日，召开由丹尼斯等8家超市和永乐等4家大型电器商场负责人参加的价格服务进商场工作座谈会，为企业送去价格政策。三是扎实开展“价格服务进农家”活动。制定活动实施方案，编印“涉农价费标准”宣传册4000余本，在各县（市）区向广大农户发放。四是深入开展“价格服务进社区”活动。印制2万份价格宣传手册和3000个便民宣传袋，在全市各大社区发放，对价格政策进行广泛宣传。6月28日建党节前夕，在二七区淮河路办事处，与绿云小区社区共同举办文艺会演，使价格服务进社区活动更加深入人心。五是积极开展“价格服务进学校”活动。制定下发《郑州市物价局关于印发开展“价格服务进学校”活动方案的通知》，明确工作目标、主要任务，对工作提出具体要求；对市属12家公办、10家民办学校进行上门服务，发放“稳物价、保民生、促和谐”和《郑州市物价局政风行风建设工作调查问卷》手册1000多份；为学校配备专兼职物价员，进一步规范学校收费行为，遏制乱收费行为的发生。六是积极推进“价格服务进景区”活动。对登封市旅游套票问题进行纠正和规范，并就登封市旅游资源整合进行前期调研，形成初步方案；对花园口旅游区实施的补贴办法和停车收费等遗留问题进行多次协调，妥善解决了景区免票后的善后问题，在确保景区职工队伍稳定的同时，促进了景区工作的长期良性发展。七是深入推进“价格服务进医院”，强化医疗服务收费的监督工作。制定《郑州市物价局关于开展“价格服务进医院”活动方案的通知》，明确工作目标、主要任务，对工作提出具体要求；对市属14家公办医院逐一上门服务，倾听他们的建议和意见，并将问题归纳、整理。2011年，全市各大医院设置公示牌352块，解答群众咨询2万余人次，配备专兼职物价员96人，对缓解群众看病贵起到了积极作用。

【依法行政】 郑州市物价部门注重加强效能建设，大力推进依法行政。一是根据市委、市政府关于建立“七项机制”的要求，建立提高工作效率的七项工作机制，转变工作作风，强化服务意识，努力提高工作效率。二是健全重大行政决策规则，把公众参与、专家论证、风险评估、合法性审查和集体讨论决定作为重大价格决策的必经程序。先后对出台的停车场差别化收费办法、物业收费管理办法、电厂热力出厂价格、医疗废物集中处置收费等调定价项目进行社会稳定风险评估，被市政法委作为经验在全市推广。三是在全局推行文明执法承诺制，开展文明执法专项治理活动，坚决杜绝不作为、乱作为、慢作为、滥作为和不文明执法行为；四是办理人大建议和政协提案16件，做到按时办结率、见面沟通率、代表委员满意率“三个100%”。五是完成规章制度修订工作，对涉及全局工作的29项规章制度进行修订和完善，编印《郑州市物价局制度汇编》500册，大力推进依法行政。

（汤其涛　王河北）

质量技术监督管理

【概况】 2011年，郑州市质量技术监督局以省局“十二字方针”为指导，以处“首善之地”、创“首善之举”、建“首善之局”为主旋律，围绕“九大工程”建设，力保“食品、特种设备、执法打假”三个安全底线，深入开展创先争优活动，狠抓行风政风和队伍建设，依法履行质量技术监督工作职能，实现“十二五”良好开局。

【质量兴市】 2011年，郑州市3家企业获得省长质量奖称号，总量位居全省省辖市第一。质量兴市被纳入郑州市发展战略研究课题，卓越绩效管理模式在全市各行各业开始推广。名优产品培育工作加快，2011年共推荐上报66家企业69个产品申报省名牌产品，推荐数量居全省省辖市第一。建立和实施质量分析报告制度。推进质量诚信评价体系有效实施，本年度郑州市62家企业参与河南省A等工业企业质量诚信评价，25家企业获得质量信用等级。河南省品牌创建示范区工作启动。郑州纺织产业园区品牌示范区建设试点完成前期创建筹备工作。

【实施标准化战略】 2011年，高新区国家级高新技术产业标准化示范区建设进一步推进，一批国家、国际标准化工作组落户郑州，一批由高新区企业主导制定的国际标准（ISO12030、ISO3550-3、ISO/TC29/SC5）被国际标准化组织立项或发布实施。1家企业获得4A级“标准化良好行为企业”称号，9家企业获得3A级“标准化良好行为企业”称号。新获得地理标志产品1个。新建4个省级农业标准化示范项目。23个单位受到市政府表彰，获得表彰奖励资金460万元。

【计量管理】 2011年,郑州市社会公用计量标准考核复查率达100%，市县两级建立的社会公用计量标准器具按规定周期进行溯源，溯源率达100%。检定纳入强制检定管理的计量器具50.2万台件。1家企业通过国家计量检测体系评定，9家单位通过河南省A级计量合格确认，23家单位通过省B级计量合格确认。建立企业计量器具生产和修理网上审批系统，14家企业获得河南省商业、服务业诚信计量示范单位称号，1家企业获得C标志证书。定量包装商品净含量监督检查合格率为94.8%。产（商）品过度包装专项检查合格率为100%。供热计量取得新突破，市政府投入资金192万元用于热量表检定装置建设，热能表检定站检定热能表4000余台件。

【特种设备安全监管】 2011年，郑州市特种设备安全监管装备条件进一步改善，全年投入10余万元用于装备改善。监管责任进一步落实，基层特种设备监管机制进一步完善。对使用非法锅炉重灾区开展整治，拆除违法锅炉216台。对95家企业在用的1046部自动扶梯和自动人行道进行全面安全普查。蒸汽锅炉加装低水位报警连锁装置试点取得初步成绩，郑州创全国之先，首次提出在全市推广对所有蒸汽锅炉加装低水位报警（或连锁）保护装置（包括在用和新装锅炉）。该项工作的开展，将从技术上有效避免锅炉爆炸事故的发生。开展“5·12”防灾减灾日宣传活动、“电梯移动培训学校”大篷车开进社区大力开展安全宣传活动、“特种设备安全进机关、进企业、进校园、进乡村、进社区、进家庭”活动。

【食品质量安全监管】 2011年，全市发放食品生产许可证245张，完成食品生产企业委托加工备案134家。对火锅底料等19种食品集中整治53次，开展6次食品安全专项检查，检查食品企业3422家次、食品相关产品及化妆品生产企业290家次、食品添加剂生产企业133家次，捣毁制售假冒伪劣食品窝点153个，移交公安机关处理2起，通缉涉嫌构成刑事犯罪人员1人。加大食品质量监督抽查力度，共抽检2039家企业的产品3292批次，产品抽检合格率为92.44%。扎实开展“严厉打击食品非法添加和滥用食品添加剂”专项整治，举办庆祝《食品安全法》实施2周年暨郑州市“食品安全我参与”大型宣传活动，1300多家企业参与现场活动。在全市开展以企业行、机关行、学校行、社区行、乡村行和每周一课讲授食品生产许可知识为主要内容的“五行一课”活动，走访食品生产企业614家，培训企业员工4000多人，培训企业负责人1179人，帮助企业解决问题914条，发放食品安全宣传单6万多份。实行在企业门口悬挂企业注册名称牌，在生产厂区悬挂许可资质信息牌，在原料配料间悬挂合法配料目录牌，在厂长经理室悬挂质量责任承诺牌的“四牌公示”制度，推动企业落实主体责任。妥善处理北京市食安办通报的标称涉及郑州市的调味面制品质量安全事件。第一时间启动应急预案，第一时间向市政府和省局汇报情况，第一时间对所有涉及的企业采取控制措施，及时派工作组赴京与北京市食安办和各级工商局对接，依据举报，联合常熟市、徐州市公安、质监等部门，一举打掉23个制造假冒郑州产品的窝点，为郑州受害企业及时正名。

【重点产品监督管理】 2011年，郑州市质监部门对家具等70余种产品进行定期监督检查，共抽查1462个批次产品，合格1372个批次，合格率93.8%，较2010年提高0.3个百分点。切实加强生产许可证管理，狠抓源头，强化监管，实行分级巡查制度，全年巡查132家企业，覆盖获证企业总数20%以上。全年受理564家企业的年审自查报告，年审覆盖率达99.6%。强化机动车安检机构管理，采取“属地管理，依靠基层、市县联动、增强合力”的原则，实行“定时间、定人员、定内容”的“三定”措施。开展集中整治，规范安检机构行为。7月，郑州市4家已取证的机动车安检机构顺利通过国家质检总局、公安部的检查。集中开展塑化剂、农药行业专项整治。督查六县（市）五区（金水区无相关生产企业）以及郑东新区、高新区、经开区的28家塑化剂、农药生产企业。强化和规范后处理监管工作，对58家不合格的企业和产品，进行整改后处理工作，复查合格率为100%。切实做好产品质量申诉工作，全年受理咨询6起，受理申诉案件3起，结案3起，涉及产品货值金额62万余元，为消费者挽回经济损失56万余元，与上年相比申诉案件数量下降30%。

【质检中心工作】 2011年，郑州市质检中心全年完成质量检验11747个批次，其中，定检4520个批次，委托检验7227个批次；完成计量器具检测109290台件，其中强制检定76150台件；办理代码证书28168份；年检代码证书57598份；条码新申办176家，续展365家。中心被郑州市机关工委评为五好基层党组织，5人被市机关工委、市局机关工委评为优秀党员和优秀党务工作者，代码办事大厅被郑州市机关工委评为共产党员示范岗，被郑州市人民政府授予优秀办事大厅称号。《IC卡节水计时收费器国家规程》制定项目获郑州市政府标准化奖励。

（刘焱中）

安全生产监督管理

【概况】 2011年，郑州市安全生产监督管理工作以“安全郑州”创建活动为主线，加强安全生产基层基础工作，建立安全生产目标责任体系、标准化体系、行政效能监察体系，深入开展安全生产“大检查、大整治、大督查”活动，有效排查治理安全生产隐患，全市安全生产形势总体稳定好转，实现各类生产安全事故起数、死亡人数、受伤人数、经济损失四项安全生产主要指标两位数下降，获得全国安全生产月活动优秀组织奖、全省安全生产工作优秀单位等称号。2011年安全事故有以下几个特点：一是主要事故指标同比实现两位数下降。共发生各类生产安全事故2023起，死亡人数241人，受伤人数1099人，直接经济损失2739.8万元，与上年度相比分别下降30.12%、15.44%、24.21%、23.7%。二是安全生产控制指标完成较好。全市各类事故死亡人数241人，占省定控制指标294人的82%。巩义市、登封市、新郑市、新密市、荥阳市、中牟县、中原区、惠济区、上街区、管城区、高新区、经济开发区、郑东新区、航空港区均未超出死亡人数控制指标。三是煤矿、机械制造等工矿商贸领域状况明显好转。工矿商贸领域事故死亡31人，占省定控制指标57人的54.4%。其中煤矿发生事故1起，死亡1人，同比分别下降83.3%、97%；机械制造行业发生事故2起，死亡2人，同比均下降71.4%。四是非煤矿山、烟花爆竹、市政、商贸、冶金、化工等行业领域未发生安全生产死亡事故。全市较大以上事故明显下降，全年共发生较大事故4起，死亡14人，同比分别下降20%、73.6%。

【安全生产保障机制】 2011年，市委、市政府主要领导10次召开高规格安全生产工作会议，多次对安全生产工作作出重要批示，多次第一时间赶赴安全生产事故抢险现场，安排部署工作并督促落实。全年召开19次安全生产专题会议，研究解决安全生产重大隐患整改工作。出台郑州市安全生产“十二五”发展规划，为安全生产工作提供长远规划。出台《郑州市人民政府关于进一步加强全市安全生产工作的通知》（郑政〔2011〕75号），加强对安全生产工作的领导。市委任命安监局局长为市政府党组成员，任命煤炭局局长为监察局副局长，市安全生产监察大队升格为副处级监察支队，安监部门地位得到显著提高。部分县（市）区调整为常委或常务副县（市）区长分管安全生产，出台一系列加强安全工作的政策措施，安全生产工作的组织领导和保障机制得到全面加强。

【企业安全生产】 2011年，郑州市进一步落实《国务院关于进一步加强企业安全生产工作的通知》精神。一是推进先进适用新装备安装改造。完成涉及有毒有害、易燃易

2011年全国安全生产万里行出发仪式在河南郑州举行

爆场所的102家企业介质泄漏报警仪表安装改造任务。继续推进构成重大危险源的危化企业安装监控预警系统，涉及的64家企业安装改造到位。5家危化企业在涉及液氯、液氨等品种的槽车充装环节安装金属万向充装管道系统。二是开展争创郑州市“安全生产诚信企业”活动。完成15家新上报诚信企业考核验收和2010年10家诚信企业年审工作，推行企业班组安全生产规范化管理，有效促进企业安全生产主体责任的落实。三是加强安全生产许可工作。对办理安全生产许可证的24家非煤矿山企业申报资料进行初步审查，23家企业取得省局颁发的安全生产许可证，全市共有83家非煤矿山企业取得安全生产许可证。共审查危险化学品各类许可或备案100多项，全部按时办结，非药品类易制毒化学品备案率100%。有59家企业在国家安监总局非药品类易制毒化学品综合管理信息系统进行录入、公示。危险化学品登记率保持100%，全市164家需要登记的危险化学品企业全部完成登记手续。扎实开展建设项目安全“三同时”工作，重点对在建交通工程建设项目安全设施与主体工程落实“三同时”制度情况进行督查。完成4家新建项目的安全预评价工作，参与省安监局组织的3家企业现状评价、4家安全预评价、4家竣工验收评价。四是开展分级分类监管工作。制定分级评审百分制考评细则，对冶金、机械等九大工贸行业生产经营单位进行评审定级，根据评定结果将生产经营单位分为A、B、C、D四个安全状况等级，并对生产经营单位实行分级管理、重点监管的安全生产监管模式。各县（市）区完成398家工贸行业单位分级评审工作。五是指导重点行业企业编制本企业落实主体责任实施方案。方案内容包括教育、安全生产标准化实施计划、隐患排查计划等11个方面，方案编成后报县（市）区安监局备案。

国家安全监管总局领导对郑州市安全生产目标绩效考核及建立地方煤矿综合评价指标体系工作进行调研

【安全郑州创建】 一是全面安排部署。市政府成立以主要领导任组长的安全创建领导小组，贯彻落实省政府《安全河南创建纲要》，大力开展安全郑州创建活动，印发《安全郑州创建2011行动计划》《安全郑州创建实施意见》《安全郑州创建2011年行动计划实施方案》《安全郑州创建任务分解方案》和《安全郑州创建2011年行动计划考核办法和细则》等文件，细化创建任务，明确方法、步骤和目标。二是加大创建投入，全市共投入安全创建资金5000多万元。金水区政府筹措1200万元资金用于改善“城中村”消防安全状况，使“城中村”安全状况得到初步改善；新郑市划拨500万元用于安全创建；管城区政府投入近600万元用于安全创建，打造3200米安全宣传长廊、12个宣传阵地。三是加强宣传教育。全市共建成文化长廊2.2万米，设置宣传橱窗、板报3.4万块，发放各类《安全手册》近43万册；在各大商场、车站等人员密集场所定时播出安全创建内容，联通、移动、电信等信息平台定期发送安全常识，共播出安全创建内容1.2万余次，发送短信300余万人次。全市共创建安全和谐型社区90个，创建安全和谐型行政村286个。全面推广“三分六定”网格化管理模式，全市94%的乡镇街道办事处实行网格化管理。确立巩义市、新郑市、金水区、管城区4个创建安全保障型城市试点、28个创建安全和谐型村镇（社区）试点、26个安全发展型试点企业、16所安全和谐型试点学校，试点单位安全生产工作都取得较好成绩。新郑市创建安全保障型城市、管城区创建安全和谐型社区的做法被省安委办推广。

【安全生产监管体系建设】 2011年，郑州市在安全生产监管体系建设方面，一是健全安全生产目标责任体系。重新修订《郑州市安全生产目标考核办法》，做好安全生产责任目标的制定与签订工作，将安全生产责任目标细化分解落实，与各县（市）区政府、开发区管委会、35个市直部门共计51个单位签订安全生产目标责任书。在目标考核中引入评差机制，加强安全生产目标运行监控管理，采取“月考核、季通报、半年督查”的方式，每月对各县（市）区和安委会成员单位创建活动进行考核、通报，对超出事故控制指标或工作进度不到位的县（市）区和部门，以书记、市长的名义，向单位行政“一把手”写信和发出《预警告知书》，提醒就有关问题引起高度重视。全年共发出信件3封、《预警告知书》3份。二是健全安全生产标准化体系。利用3个月时间，集中开展安全生产标准化达标创建工作专项行动，印发《郑州市人民政府安全生产委员会关于全力推进企业安全生产标准化建设工作的通知》，全力推进企业安全生产标准化建设。全面推进危险化学品企业安全生产标准化工作，在全市142家危险化学品生产企业中，有81家化工企业达到标准化三级水平。全面推进工贸企业标准化工作，郑州市确定上报56家工贸企业为试点企业。已开展标准化工作的企业279家，有10家机械制造企业通过复评，达到国家、省级标准，有36家企业与评审机构签订协议。督促协调指导交通、建筑等行业开展标准化工作。建筑行业400个工地开展标准化工地达标活动，通过标准化工地验收120个。交通行业开展企业百分制标准化达标活动，8家委属企业开展达标活动，达标1家。三是建立安全生产行政效能监察体系。市政府出台《郑州市安全生产行政效能监察办法》，强化对日常监管中失职、渎职、不履职等行为的行政问责力度，有效解决责任不落实的问题。10月22日，《中国安全生产报》头版以“河南郑州叠加增加工作法坚守安全红线”为题报道郑州市对从事安全生产工作的单位和个人，既赋之以责，又授之以权，建立健全目标绩效考核和激励约束机制的做法，并向全国推广郑州市的经验。12月9日，国家安全监管总局统计司司长彭玉敬一行4人，对郑州市建立安全生产目标绩效考核、健全安全生产激励约束机制的做法和成效进行专题调研。

【安全生产宣传教育】 2011年，郑州市在安全生产宣传教育方面，一是开展“安全生产月”活动。紧紧围绕“安全责任、重在落实”的活动主题，坚持面向基层、面向企业、面向职工、面向社会，组织开展贴近实际、贴近生活、贴近群众，形式多样、内容丰富的活动。全市各单位、各企业共悬挂（张贴）各类宣传标语7800余幅；各大商场、出租车、公交车站台的电子屏幕和临街建筑物大屏幕，滚动播出安全生产标语口号18万余次；在主要街道绘制安全漫画长廊500多处（近10万米）。扎实开展咨询日活动，市政府在绿城广场设主会场，各县（市）区和大型企业设分会场，开展安全知识谜语有奖竞猜、“平安宝贝”绘画、万人签名活动、安全警示教育展（演）示、安全生产专题摄影比赛、“安康杯”竞赛等。咨询日当天，全市17个会场共组织机关、企事业单位800多家，展出宣传展板9423块，悬挂标语29186幅，设置咨询台1730个，发放各种宣传资料130万份，现场受教育人员达10万人以上。二是配合做好全国安全生产万里行活动。6月16日，“2011全国安全生产万里行活动出发仪式”在郑州举行，中央电视台、中央人民广播电台、新华社等20余家国家级媒体莅郑跟踪采访报道，郑州市抓住有利时机，全方位宣传安全生产先进典型和先进经验，有力促进了安全生产工作深入开展，得到国家安监总局和省政府有关领导的好评，并连续5年被国务院“安全生产月”组委会评为优秀单位。三是加大安全生产教育培训力度。成立10个县（市）区安全生产培训工作站，编发《安全生产技术规范汇编》，在中、小学开设安全课程，在建筑施工单位设立农民工学校。全市共组织培训各类人员74901人，其中，企业负责人和安全管理人员20173人，特种作业人员12232人。

【安全生产大检查】 2011年，郑州市开展多项安全生产大检查活动。一是开展安全生产“大检查、大整治、大督查”活动。2011年，根据市委、市政府主要领导安排部署，郑州市分4批从各局委抽调副县级领导和业务骨干共400多人，聘请专家50多人，组成安全生产“大检查、大整治、大督查”活动督查组，对各县（市）区生产经营单位开展声势浩大的安全生产“三大”

省委常委、代市长吴天君在矿山生产一线了解井下生产情况

活动。“大检查、大整治”的重点是煤矿、非煤矿山、道路交通、建筑施工、公众聚集场所消防、旅游、危险化学品、烟花爆竹、特种设备、地铁及其他地下工程等行业和领域，实现辖区企业全覆盖。“大督查”的重点是各级挂牌督办的重大事故隐患整改情况、其他安全生产政策措施落实情况等。通过开展安全生产“三大”活动，建立了重大事故隐患领导分包制度，对排查确定的重大事故隐患，实行市委、市政府挂牌，市领导包案督办制度，共抽查、检查各类企业（单位）2759家，发现各类安全隐患6742处，督促整改6463处，整改率95.9%，下达督查令298份。市委、市政府挂牌督办重大隐患16处，县（市）区及安委会成员单位挂牌督办重大隐患109处，市安监局共参与荥阳段跨郑西高铁公路桥隐患、郑西高铁须水镇段周边安全隐患、国棉三厂楼房隐患、互助路38号院楼房隐患、东建材消防隐患、中华医学会危楼隐患、中博家具广场危楼等隐患协调会30多次，协调督促隐患整改，全市安全生产形势稳定好转。二是开展特殊时段安全生产大检查。先后组织开展元旦、春节及“两会”“五一”、汛期、“十一”期间等安全生产大检查。全市共成立督查、检查组420个，出动检查人员4100余人次，车辆2040多台次，共排查治理隐患93383条，整改隐患92244条，隐患整改率为98.8%。其中，工矿商贸排查隐患25423条，整改25062条，整改率98.6%；交通运输行业排查隐患67960条，整改67182条，整改率98.9%；查处无证或证照不全、非法建设、非法生产、非法经营行为8000多起，打击取缔“三非”单位600多个。下发《关于切实做好极端天气条件下安全生产工作的通知》《关于进一步做好连续降雨天气塌方隐患的排查与治理工作的紧急通知》，有效提高了重点行业领域应对极端天气应急处置能力。

市安全监管局执法监察人员在加油站进行安全生产执法检查

【安全生产专项检查】 2011年，郑州市开展多项安全生产专项检查。一是开展地铁施工安全专项检查。市安监局联合市建委地铁专业站利用一周时间对1号线、2号线所有站点进行集中检查，组织专家对1号线二七广场站、人民路丹尼斯站、紫荆山站等重点区域、重点部位进行检查。成立由市安监局牵头，市建委、市城管局、市总工会和部分专家参与检查的轨道交通在建工程安全专项检查小组，督促整改隐患93项。二是开展特种设备专项检查。市安监局联合市质监局重点对碧沙岗公园、人民公园、动物园、紫荆山公园、森林公园、鸵鸟园等公园所有大型游乐设施进行逐一检查。10月28日，新密市曲梁乡柿园村魁强制衣厂发生锅炉爆炸事故，造成4人死亡3人受伤。事故发生后，郑州市下发锅炉专项整治通知，11月下旬，市安监局、质监局联合进行督查，确保同类事故不再发生。三是开展消防安全专项检查。市公安消防部门对全市建材市场进行集中检查，重点对三合一、二合一现象进行整治。印发《郑州市政府安委会办公室关于立即开展建设工程消防安全大检查的通知》《关于认真开展消防隐患排查治理的通知》。5月，市安监局联合市消防支队、市城建委、市工商局、市房管局等单位组成4个督察组，对各县（市）区消防安全工作进行督查。7月，市安监局配合公安消防部门集中开展为期3个月的“清缴火患”专项整治活动，重点对城中村、网吧、宾馆、酒店、建材市场、商场、高层建筑等人员密集场所消防安全进行检查。四是开展安全巡查活动。8月，按照郑州市城市管理综合巡查工作方案要求开展安全生产巡查活动。制定下发《郑州市安全生产巡查工作方案》，成立8个巡查组在市区内进行不间断的日常安全生产巡查，实行日报告制度。安全生产巡查组共巡查1400余小时，行程约2000公里，督促指导检查企业524家，发现各类安全生产隐患1765处，上报日巡查隐患820处，下发督查令67份。五是开展其他专项检查。市安监局联合市工信委对全市民用爆炸物品生产经营单位进行重点检查。针对“五一”“十一”长假旅游景区（点）游客增多特点，开展全市旅游景区（点）安全生产大检查。市建委组织开展在建市政工程、地铁工程、在建民用工程、预防坍塌事故、预防高坠事故、隐蔽工程、高层消防等专项检查。市重点办对全市在建重点工程进行专项督查。

【安全生产专项整治】 2011年，郑州市开展多项安全生产专项整治活动。一是督促各重点行业领域开展安全专项整治。下发《郑州市人民政府安全生产委员会关于深入开展2011年安全生产专项整治工作的通知》，专题召开会议布置安排，督促指导煤矿、非煤矿山、道路交通、建筑施工、消防、民爆器材、危险化学品、烟花爆竹、校园、旅游、特种设备、燃气等重点行业和领域开展安全生产专项整治。协调组织开展道路客运企业隐患排查专项整治、人员密集场所消防、水上交通运输、在建工程预防坍塌事故、地铁工程、桥梁隐患排查、校车、民爆器材、特种设备、旅游、城乡接合部等安全专项整治，共排查消除各类事故隐患1.9万多起。二是开展非煤矿山安全专项整治。把井采矿山、资源整合矿山及长期基建矿山确定为安全生产整治的重点。组织两次重点检查，检查矿山58个次，整改问题29处。对12个非法矿点（坑）依法提请当地政府予以关闭，8家企业因产业政策自动退出。加强尾矿库安全监管，督促企业安装检测监控系统，建立和完善24小时巡库制度，实行县（市）、乡（镇）两级政府领导包库制度，把包库领导名单及安全承诺书上报市政府，并在新闻媒体进行公示。开展井采矿山安全避险监测监控系统、压风自救系统、供水施救系统、人员井下定位系统、通信联络系统、紧急避险系统“六大系统”建设。组织市县两级监管人员和井采矿山企业负责人共36人参加业务培训班，学习掌握“六大系统”建设规范以及监督检查要点。组织专家对“六大系统”建设工作进行专项指导，全市井采矿山“六大系统”都按照设计要求进行安装。三是开展危险化学品专项整治。开展乙炔行业专项治理，全面实施生产装置自动化改造，重点治理企业技术落后、安全管理水平低、管理制度不完善及执行不到位等问题，全市10家乙炔企业年底前均达到安全生产标准化三级以上水平。开展重点地区小化工和氯化、氧化等危险工艺企业专项治理，将荥阳市和新郑市列为小化工整治重点市，重点打击无证非法生产经营储存行为。组织开展夏季防雷防汛安全隐患排查治理，重点排查烟花爆竹生产经营企业、加油（气）站和危险化学品生产存储企业，杜绝“违规操作、违章指挥、违反劳动纪律”等“三违”现象发生，确保高温雷雨季节重点企业、重点部位、重点设备安全度夏、度汛。四是开展烟花爆竹安全专项整治。建立郑州市烟花爆竹安全监管联席机构及会议制度，制定下发《郑州市烟花爆竹燃放安全管理规定》（郑安委〔2011〕24号），开展烟花爆竹产销旺季（春节前后）“百日打非”专项行动，重点打击非法无证生产、经营、储存行为，治理“三超一改”、违规储存及生产使用氯酸钾现象。按照《郑州市市区烟花爆竹安全管理条例》要求，采取多种手段做好春节期间烟花爆竹生产、批发企业和零售网点安全监管工作，春节期间全市2家生产企业、14家批发企业、1658家销售网点均未发生安全事故。因燃放烟花爆竹不当造成的受伤人数和火灾起数比上年同期双下降，其中，受伤人数下降17.28%，火灾起数下降22.35%，实现既定工作目标。五是配合做好煤矿兼并重组工作，开展冶金、有色、建材行业安全生产专项整治、预防工贸企业粉尘爆炸事故专项整治、预防铝生产企业爆炸事故专项整治。

【安全生产执法】 2011年，郑州市在安全生产执法方面，一是建立健全依法行政制度。先后制定安全生产行政处罚事前提示制度、事中指导制度等六项制度，为解决行政执法不作为、慢作为、乱作为，提高行政执法效能，提供了制度保障。健全完善安全生产行政处罚裁量标准，完成自由裁量阶次制度建立工作。开展执法依据梳理工作，明确行政执法依据的法律法规及规章共24部，涉及行政许可事项2项，行政处罚事项218项。二是加强执法人员培训。组织2011年度行政执法人员轮训暨执法证件审验培训，对全局57名执法人员进行专业法轮训、考核和换证。开展严格执法文明执法专项活动和文明执法教育活动，组织全局干部职工学习《安全生产法》《行政处罚法》和《行政复议法》等法律法规，签订《郑州市严格执法文明执法责任书》，强化全体执法人员依法行政理念和文明执法意识。三是持续开展安全生产执法行动。组织开展集中打击非法违法生产经营建设行为专项行动、查处取缔非煤矿山、危险化学品和烟花爆竹无证无照生产经营等违法违规行为专项执法行动。全年全市安监系统共检查生产经营单位15006家，行政处罚267家，责令停产停业整顿67家，查出隐患26504起，完成整改25372起，按期整改率96.8%。四是加强执法审核。开展行政执法文书规范和案卷评查，对执法文书的内容、格式进行规范。全年共审核行政处罚案件96起，其中，重大行政处罚案件26件，组织召开案审小组会8次，听证会3次，参加行政复议3起，审核申请法院强制执行案件3件,向市政府法制办报送重大行政处罚备案案件26件。全年未发生一起错案和不文明执法事项，市政府法制办对市安监局的3起行政复议案件均维持原处罚意见。五是按照“四不放过”原则，严肃事故调查工作。共批复11起，待批复9起，正在调查3起。已批复的11起事故，移交司法机关处理4

人，党政纪处理15人，对单位罚款191万元，对个人罚款36万元。

【职业健康监督管理】 2011年，郑州市在职业健康监督管理方面，一是加强职业健康培训。5月，召开由各县（市）区安监部门和市政府安委会相关单位、市属以上企业及县（市）区部分重点企业负责人参加的职业安全健康监督管理工作会议，聘请职业健康专家对作业场所职业危害预防和控制等知识进行辅导，提高职业健康监管人员素质。二是做好备案管理。做好劳动防护用品生产经营单位登记备案，全市有生产企业9家、经营单位29家，共登记备案生产、经营企业15家。督促企业开展职业危害申报工作。2011年，全市申报并完成备案企业542家，申报率33%，超额完成省安监局下达的30%的目标。加强对全市12家职业健康中介机构管理，充分发挥中介机构技术支撑作用。三是开展全市职业安全健康管理员试点工作。印发《郑州市职业健康管理员监督管理办法（试行）》，要求存在职业危害的生产经营单位必须配备专（兼）职职业健康管理人员。四是开展全市粉尘与高毒物品危害治理专项行动。从4月1日起，利用两个月时间，对全市机械加工、制造行业、耐火材料加工和磨料磨具生产企业、石棉制品企业、石英砂加工企业、木制家具制造企业、水泥生产企业进行职业危害专项治理。全年共专项治理企业831家，其中，木质家具制造企业162家，共统计从事有害作业人数970人；水泥生产企业18家，共统计从事有害作业人数835人。6月14-15日，国家安监总局和省安监局就农民工安全生产和职业病防控情况，实地调研新密市和登封市有关企业；9月15-16日，国家安监总局省际互查组广西工作组对管城回族区、航空港区的木质家具制造企业和登封市的石英砂加工企业职业危害专项治理情况进行检查，充分肯定了郑州市在职业危害专项治理工作方面取得的成绩，并对郑州市开展的职业健康管理员试点工作给予高度评价。

【安全生产应急救援】 2011年，郑州市在安全生产应急救援方面，一是加强预案规范化管理。对2007年版郑州市事故灾难应急救援预案进行修订并发布实施。加强应急预案备案工作，164家企业和单位在市安监局备案，其中，非煤矿山50家，危化企业114家。二是参与组织全市安全生产应急演练活动。实行携带装备器材的实地应急演练，达到“每月一小练、每季一大练”的常态化。在安全生产月“应急演练周”期间，全市设置演练科目共36类82项，动用主要装备器材500余台（件、套），直接参加演练人数达1.5万余人。提高了应急救援常识的普及率，扩大了应急管理工作的覆盖面，达到检验预案、磨合机制、锻炼队伍、教育公众的目的。组织3次尾矿库汛期应急演练，提高了应急能力。三是积极参与事故救援工作。坚持“平时多流汗、战时少流血”的思想，始终把应急管理工作作为安全生产的重要环节来抓，把“拉得出、冲得上、打得赢”作为应急管理机构和队伍建设的最基本目标，并经受住实践的检验。四是加强应急装备建设。新购置紧急医疗救护箱、手持扩音器、消防逃生应急箱、多功能手持测距仪、多气体报警仪等救援装备器材，有效地提高了应急救援装备水平，为事故灾难的救援提供有力的保障。

（贾 辉）

国有资产监督管理

【国资国企发展和改革规划】 2011年，郑州市国资委在总结“十一五”专项规划执行情况的基础上,结合郑州市国资国企实际，编制完成《郑州市国资国企发展和改革“十二五”专项规划纲要》。一是在市国资委内部、市管企业中多次广泛征求修订意见，市国资委党委两次召开中层以上人员参加的扩大会议，组织对《规划纲要》进行专题研究和修订。二是与省政府国资委编写的《河南省国资国企“十二五“规划》和《郑州市国民经济和社会发展第十二个五年规划纲要》逐稿对接。三是贯彻省市“三具两基一抓手”的要求，对市管企业“十二五”重大投资项目按照发展行业和领域作出详尽的规划。

经第61次政府常务会议研究通过，市政府8月下发《关于印发郑州市国资国企发展和改革“十二五”专项规划纲要的通知》（郑政〔2011〕69号），作为全市“十二五”规划纲要专项规划，为进一步优化郑州市国有经济布局和结构调整，促进全市国资国企发展改革和市国资委代表政府履行出资人职责提供了重要依据。

【企业发展战略规划审核监管】 2011年，按照国家和河南省的要求，郑州市建立并不断完善市属企业发展规划滚动调整制度，进一步强化工作落实。一是下发《关于开展市属企业2011-2013年发展战略和规划编制工作的通知》（郑国资〔2011〕11号），布置并开展2011-2013年市属企业发展战略和规划编制工作。二是集中对20家重点企业报送的发展战略和规划进行全面审核，并出具审核意见，推动企业持续调整结构，增强核心竞争力。

【重大投资事项审核监管】 2011年，郑州市国资委加强对企业重大投资事项审核监管。一是下发《关于报送“十一五”期间市管企业投

市国资委主任余遂盈作工作报告

资完成情况和2011年度投资计划的通知》（郑国资〔2011〕9号），要求企业总结“十一五”投资完成情况，规划2011年投资情况。14家重点企业上报的年度投资计划共有投资项目60个，其中固定资产投资项目57个；项目总投资额257.1亿元，其中2011年计划完成投资额82.72亿元；股权投资项目3个，总投资额7亿元，计划完成投资额7亿元。2011年企业投资方向主要集中在关系公共利益和城市公用基础设施建设及相关企业的主业。涉及轨道交通、供水、供热、污水及污泥处理、工业企业整体搬迁、技术改造、公共住宅、道路、客运场站、生态水系、文化产业及其他公益事业等项目。二是加强对企业报送投资事项的审核，重大事项报请市政府批准。2011年，市国资委批准企业29个投资事项，累计投资24.54亿元，其中争取市管企业以外资金13.34亿元，市管企业自身投资11.2亿元。新批企业投资事项主要集中在国有资本应保持或控制的关系到公共利益和城市安全运营的领域，涉及民航和交通设施、轨道交通、都市区开发、生态水系、供水及污水处理、金融投资、文化传媒、教育、物流等各方面。（1）新批准市管企业成立15家子公司。包括郑州市地产集团参与组建河南民航机场建设开发管理有限责任公司、河南民航发展投资有限公司、郑州西流湖控股有限公司、郑州商都新区控股有限公司，中原环保公司成立中原环保开封同生工业水务有限公司、中原环保郑州上街水务有限公司，郑州日报社成立郑州中原网络传媒有限公司、郑州中原报业传媒印务有限公司，郑州轨道公司成立郑州市轨道交通设计研究院有限公司、郑州轨道交通学院，郑州城建集团成立郑州城投贸易有限公司，郑州交建投公司成立郑州交投广告有限公司，郑州交运集团成立郑州金象物流有限公司，国谊集团参与成立郑州国谊居燃投资有限公司，郑州投资控股有限公司与中国电科集团公司成立中电科信息产业有限公司等。（2）批准市管企业投资项目12个。包括中原环保公司投资上街第二污水处理厂、晋开污水处理厂项目，投资控股公司增持郑州银行股份、投资汽车尾气检测，水务公司、交通建设公司、控股公司、自来水公司4家企业增加注册资本金，自来水公司实施石佛水厂、东周水厂、柿园水厂改造项目。（3）批准3家企业增加或变更经营范围事项，包括郑州交通运输集团有限责任公司增加三级普通驾驶培训和国际货运代理、开普集团增加经营燃气许可证车用气、城建集团变更经营范围等。

【重点项目建设】 2011年，市国资委对市政府签订《2011年郑州市重点建设项目建设目标责任书》，涉及污水净化、交运集团、交通建投等3家企业的6个重点建设项目，累计总投资26.18亿元，2011年度投资计划2.6亿元，全年完成投资4.38亿元，占年度计划的168%。3家企业9个重点建设项目分别为郑州公路主枢客运南站、郑州公路主枢客运北站、郑州市污泥处置利用工程、郑州市五龙口污水处理厂二期工程、马头岗污水处理厂工程、马头岗污水处理厂一期升级改造工程、五龙口污水处理厂一期升级改造工程、五龙口污水处理厂至新力电力有限公司中水管线工程和郑州综合交通枢纽公路客运站项目。

市国资委采取多项措施，保证9个重点项目的建设顺利实施。一是加强市国资委系统重点建设项目的领导，建立并不断完善工作机制。市国资委成立由常务副主任秦晓辉任组长的市国资系统重点项目推进工作领导小组办公室，同时明确9个重点项目推进工作的责任领导和责任人，进一步加强重点项目推进管理。二是市国资委建立和实行重点建设项目月报制度、季度检查和项目建设重点阶段检查制度、半年小结、全年总结等相关工作制度。帮助相关企业解决资金、进度、征地、道路建设、施工和招投标等多方面的问题。三是在工程建设过程中，市国资委主要领导、分管领导和相关处室人员多次深入施工现场，了解工程进展和资金投入情况，并协调解决工程的用地问题、与周边群众的关系及施工中遇到的困难和难题，确保工程按期完工。

【实施项目带动战略】 2011年，根据省、市政府进一步加强与中央企业合作、实施项目带动战略的要求，更多更好地利用央企的资金、技术、市场、资源等综合优势，促进和加快郑州市经济社会发展，市国资委重点组织实施郑州市与央企合作工作，此项工作先后得到连维良、吴天君、胡荃、王跃华等省、市领导的批示和肯定。成立机构、制订方案、筹划推进工作，落实签约项目任务。市政府下发《郑州市2011年与中央企业合作工作方案》，确定郑州市2011年与央企合作的总体思路、目标任务、职责分工、工作措施。市国资委制定《关于建立与央企合作长效机制的工作意见（征求意见稿）》，建立与中央企业合作的长效机制。建立联席会议制度，明确联席办各成员单位和各县（市）区、开发区的主要任务和职责。3月27日和4月22日分别召开郑州市与央企合作动员会和签约项目推进会，落实签约项目任务。市联席办建立各联席会议成员、各县（市）区主管领导负责制度和联络员制度。在实行落实拟签约项目进展周报告的基础上推行日报告制度，严格责任追究，市联席办汇总每个工作日进展情况、需协调解决的问题，以工作简报形式通报，市政府督查室对全市项目推进情况进行督查，确保签约活动取得较好成果。

6月3日上午，吴天君、胡荃、王跃华等市领导出席在人民大会堂举行的河南省2011年与中央企业合作重点项目推介签约启动仪式，郑州市按照省政府要求邀请的恒天集团、东风汽车集团、航天科技集团、电子科技集团、港中旅集团等5家央企主要负责人同时出席。省政府与郑州市推荐的东风汽车集团签订总投资110亿元的东风汽车生产基地建设项目；市政府与中国建筑总公司签订总投资80亿元的经开区滨水新区核心区综合开发项目。6月3日下午，郑州市在北京河南大厦举办郑州市2011年与中央企业合作项目签约仪式，出席和参加的有赵建才、吴天君、胡荃、王跃华等省市领导及各县（市）区、开发区、郑州市与央企合作联席会议成员单位主要领导和签约项目企业代表、新闻媒体人员共160人。郑州市常务副市长胡荃主持签约仪式，代市长吴天君致辞，副市长王跃华介绍签约项目的整体情况。市政府及各县（市）区、开发区共与16家央企集中签订21个项目，累计总投资715.8亿元，涉及工业、城市基础设施建设和高新技术等行业。

郑州市与央企合作签约项目主要呈现三个特点：一是投资金额大。近一半项目投资金额在30亿元以上。二是行业分布广。所签约项目涵盖工业、商业、服务业、高新技术、能源和城市基础设施等多个领域和行业。三是科技含量高。新能源、新材料等高科技项目明显增多，包括风力发电、垃圾发电、新型钎焊材料、航天液压等。

【组织企业参加产业转移对接】 8月26-28日，2011年河南省承接产业和技术转移合作交流洽谈会在郑举行；11月12-14日，第二届郑州产业转移系列对接活动在郑举行。市国资委按省、市要求，邀请与市属企业有项目和业务合作关系的央企参加，同时面向全国邀请其项目对郑州经济建设有重大牵动作用的企业参会。两次产业转移活动共邀请到中粮集团、中国中铁股份、中国医药集团、港中旅集团、中国远洋集团等18家企业的34位客商，其中，世界500强6家，中国500强8家，超额完成郑州市政府和省政府国资委下达的邀商任务。

【市管企业节能减排和环保】 2011年，市国资委进一步加强了市管企业节能减排和环境保护工作。一是在“十二五”专项规划和企业发展战略规划中安排节能减排工作。二是市国资委与市政府签订《环境保护目标责任书》，承诺“督促郑州市国资企业将固体废物（含危险废物）、电子废物依法交有资质单位处置”。同时，将年度环境保护责任目标列入市管企业目标管理，并与各市管企业签订目标责任书。三是将节能减排工作纳入企业年度目标进行考核，进一步强化节能减排工作的落实。5月24日，市国资委下发《关于开展固体废物（含危险废物）及电子废物集中处置工作的通知》（郑国资〔2011〕123号），要求市管企业进一步明确分管领导、责任处(部)室和责任人，建立健全管理制度，制定事故应急处置预案，完善内部管理台账，确保固体废物（含危险废物）、电子废物管理规范、安全、有序。

（卢 伟）

【国有资产统计分析和市管企业财务预决算】 一是及时召开全市国有资产统计暨企业财务决算工作会议，组织有关单位和企业参加会议。二是安排专门工作人员，解答报表编报过程中的疑难问题。三是想方设法解决报表上报困难问题。四是根据最终审核通过的报表数字，进行分析和研究，完成《2010年度郑州市企业国有资产经营情况分析报告》。统计结果显示，郑州市企业国有资产统计报表2010年汇编国有企业共260户，其中，市本级104户，县（市）区156户；2010年末企业资产总额1686亿元，其中，市本级1459亿元，县（市）区227亿元；负债总额1289亿元，其中，市本级1176亿元，县（市）区113亿元；年末所有者权益总额397亿元，其中，市本级283亿元，县（市）区114亿元。五是在市管企业中全面推行财务预算管理。制定印发《郑州市市属企业财务预算管理暂行办法》,在郑州银行等5家企业开展试点工作的基础上，2011年，在市管企业中全面推行，使企业了解掌握财务预算编报方法，初步建立财务预算制度。

【市管企业目标管理】 一是依据与市管企业签订的2010年度目标管理责任书的内容，于1月5-7日，组成10个考核组，分别对40家市管企业进行年度目标考核。二是根据市管企业2010年度目标考核综合评分情况，评出郑州银行股份有限公司等10家目标管理先进单位，1月20日，召开全市国资监管暨国企党建工作会议，对目标管理先进单位进行表彰。三是贯彻市委、市政府《郑州市县（市）区和市直单位绩效考核暂行办法（2011年）》的精神，对《郑州市市管企业目标管理暂行办法》进行修订，以“郑国资〔2011〕74号”文予以印发。

【市管企业负责人经营业绩考核】 一是依据经审计的年度财务决算数据，按照市管企业2010年度经营业绩考核目标值，对市管企业经营业绩完成情况进行全面考核，根据考核得分情况确定考核等级。考核结果显示，考核等级A级8户，B级11户，C级2户，D级5户,E级2户。二是确定2011年度经营业绩考核目标值。要求企业预报的目标值原则上不低于前三年考核指标实际完成值的平均值或者好于上一年度，并与郑州市“十二五”规划的经济发展速度相适应。对企业提出的预报目标值，市国资委依据掌握的数据和资料进行整理、分类、汇总和审核，并与企业进行充分的沟通，最终以目标管理责任书的形式确定2011年度考核目标值。

【市管企业财务动态监测】 一是设计印发符合新企业会计准则要求的报表，进一步明确财务快报编报范围和级次，统一合并口径和汇总方法。二是加强动态分析和预测工作。以完善企业财务快报体系为切入点，充分挖掘财务数据信息价值，增加分析内容，提高分析深度，每月编写有情况、有问题、有建议的《市管企业财务快报分析》，及时掌握和分析市管企业生产经营状况和财务状况，反映经营中存在的问题，预测生产经营走势,发挥财务动态监测体系的预警作用。

【市属融资平台公司建设】 一是做好郑州市建设投资总公司和郑州市地产集团重组工作。市国资委组织两家单位制定切实可行的重组方案，经市政府常务会议研究通过，市政府以正式文件予以批复。两家企业完成工商注册，基本完成公司组建。二是推动落实“郑政文〔2010〕186号”文件和政府承诺函的相关内容。5月7日，常务副市长胡荃召开会议，研究加强融资平台公司建设有关问题，要求全力落实“郑政文〔2010〕186号”文件和政府承诺函的相关内容，并将该工作列入市政府督查室日询问事项，市国资委及时与市政府督查室对接，推动该项工作顺利开展。经过多方努力，各融资平台公司的平台贷款被银监部门认定划转为一般公司类贷款。三是拟定《关于加强市属融资平台公司建设的意见》，征求相关部门意见后，报市领导审阅。按照市委主要领导指示和市长办公会议精神，市国资委起草《关于组建城市开发、房地产和投资控股三大集团的框架性意见》，经市长办公会议研究通过，待市委常委会进一步研究讨论。

【市管企业负责人经济责任审计】 根据《郑州市市属企业经济责任审计管理暂行办法》和市管企业负责人离任情况，2011年完成对郑州银行股份有限公司、欧丽电子集团股份有限公司、郑州燃气集团有限公司、郑州交通运输集团有限公司、郑州郑荣集团有限公司、郑州污水净化有限公司、河南开普集团有限公司、郑州轨道交通有限公司、百瑞信托有限公司等9家企业离任的企业负责人经济责任审计。该项审计按照规定采取公开选聘的方式聘请社会审计机构组织实施。市国资委制订招标评分标准，并按照《中华人民共和国招投标法》的要求，经过制作选聘文件、发布选聘公告、投标单位验标、公开唱标、评委组封闭评标，最终确定审计机构。随后召开有干部管理、纪检监察部门参加的经济责任审计进点会，正式开展经济责任审计。审计机构独立审计，充分听取被审计对象的意见，完成全部9家企业审计工作。

（张　晟）

【建立国有资本经营预算制度】 2011年5月26日，《郑州市人民政府关于试行国有资本经营预算的意见》（郑政〔2011〕36号）印发实施。《郑州市市属国有企业国有资本收益收取使用管理暂行办法》，待市政府常务会议审定。市国资委组织市管国企试编报2012年度国有资本经营预算方案。

【国企工资分配】 2011年，市国资委指导企业按年度填报国企收入分配情况统计备案表，调查统计2010年度35户市管国企工资总额、班子成员工资发放标准及职工工资分配情况等，并将统计数据整理汇编成册。印发《关于市管国有企业工资分配总体水平指导调控管理的通知》，进一步明确企业工资总额、工资标准、负责人薪酬及内退人员工资等有关政策规定要求。

【国企薪酬管理】 2011年，市国

资委组织市属国企实施年薪管理办法、审算细则及方案、特别奖励办法等。对2010年度已报批实行负责人年薪制的6户企业进行年薪审算兑付。研究拟定《郑州市市属融资平台公司绩效奖励暂行办法》征求市直有关部门及相关企业意见后，已修改完善。对郑州银行特别奖励申请及投资控股公司、轨道公司、交建投公司、地产集团、建投集团工资调整方案等进行审核报批。配合做好解决农民工工资拖欠问题、企业工资集体协商等各项劳动保障工作。

【专项补贴管理】 “双节”补贴。完成对2011年度9个企业主管部门、50户市属国有困难企业的审核报批发放工作，8199名困难职工享受到政府财政“双节”补助金489.144万元。

专项补贴（原地区差）。完成对2011年度市属部分国有、集体困难企业退休人员专项补贴的受理审核报批工作，市属国有、集体困难企业的94239名退休职工享受到财政借款补贴5654.34万元。

医保统筹补贴。完成对2011年度市属国有破产（困难）企业退休人员基本医保统筹（原大病医保统筹）的联合审核工作，122户市属国有破产（困难）企业、4家经办机构共计41216名退休人员享受到财政借款补助10224.04万元，用于参加城镇职工基本医疗保险。完成对2012年度市属困难企业单位离休干部医保统筹审核工作。

国企职教幼教退休教师补贴。市国资委牵头开展郑州市解决国有企业职教幼教退休教师待遇问题实施工作，已完成方案制定、排查摸底、汇总报告、组织协调等项工作。

（王惠琦）

【日常资产管理】 2011年，市国资委共办理核销资产10宗，总价值9094787元；抵押贷款900万元；投入资产51404797.16元；拨付建设补偿资金70万元。

【重大资产处置】 2011年，郑州日报社成立报业集团，市国资委对郑州中原报业传媒印务有限公司以实物资产形式投入固定资产原值43254797.16元进行核实，并及时办理产权变更手续，确保新企业各项经营活动的顺利开展。

郑州大酒店2010年申请处置位于新郑市的3.33公顷土地，市国资委已作批复。由于该宗土地存在诉讼问题，一直未得到妥善处理。经多次协调沟通，并与新郑市土地管理部门协商，该宗资产处置已进入实质性操作，评估工作已经完成，有望进场交易。

【市酿酒厂注销清算遗留问题处理】 2011年，市国资委继续进行郑州市酿酒厂注销清算工作，档案、人事移交郑州市收容教育所代为管理；郑州市酿酒厂、郑州市东湖宾馆全部资产整体移交郑州新区建设投资开发公司，用于东湖宾馆建设开发。同时继续解决郑州市酿酒厂遗留问题。一是协调劳动保障部门对个别职工欠缴统筹进行计算补缴；二是由市政府协调郑州新区建设投资总公司对河南大河实业搬迁补偿尽快落实到位，保障大河实业按时搬迁，解决东湖宾馆建设问题；三是按市国资委的要求，审计机构对郑州市酿酒厂注销清算工作组2008年7月1日至2011年9月30日注销清算期间清算收支情况进行审计，为郑州市酿酒厂清算组终结清算工作提供参考依据；四是协调完成郑州市酿酒厂注销清算工作汇编和大事记编制工作；五是办理郑州市酿酒厂银行账户、工商执照等注销工作。

（邱 林）

【事业资产监管】 2011年，市国资委遵照国有资产处置程序，坚持依法办事的原则，做好国有资产处置审批工作，全年完成郑州市规划勘测设计院等5家单位总价值39.35万元国有资产增减变动审批工作。

【归口单位产权登记审核】 2011年，市国资委完成了郑州卫校出资10万元举办的校办工厂国有产权登记和郑州市人防建筑工程公司1300万元资本公积金转增注册资本工作。

【办理企业医院、学校所有权变更手续】 郑州市共接收企业主辅分离的医院、学校52家，其中，医院3家，学校49所。市国资委拟定《关于企业主辅分离时医院学校产权变更问题的会议纪要》2期和《商请原移交单位协助办理移交手续的函》，明确契税减免、规划手续、土地房产过户费用和与原移交单位协调等4个方面问题的解决意见。分别召开房产、土地过户问题疑难解答会。至2011年底，有30家单位完成土地变更，18家单位完成房产变更。

（宗 杰）

【金融企业股权转让和增资扩股】 2011年，郑州市在金融企业股权转让和增资扩股方面，一是完成郑州银行增资扩股进场交易工作。为彻底解决郑州银行名下的郑州会展中心43.1亿元资产置换问题，优化股权结构，推进异地分支机构设立和新业务发展，郑州银行增资扩股方案经市政府第41次、55次常务会议研究同意后，按照国务院国资委3号令和省政府103号令以及《证券法》等有关规定和市政府（2011）12号会议纪要精神，市国资委在对郑州银行进行审计评估的基础上，委托郑州市产权交易市场公示交易，通过两次挂牌公示，经公开竞价，最终有62家企业报名认购，认购资金约68.22亿元，报名认购股数达到拟增发股份25.08亿股，新进股东资格审核获银行监管部门批准。

二是完成百瑞信托国有股权转让和增资扩股工作。按照市政府与中电投财务有限公司签署的《合作备忘录》，百瑞信托所有股东按持股比例同比例增资，百瑞信托的注册资金由6.05亿元增资至12亿元。为引进战略投资者，百瑞信托转让国有股权19.99%，按照国务院国资委3号令和省政府103号令等有关规定，市国资委委托郑州市产权交易市场公示交易百瑞信托国有股权，经两次公示，受让方确定为摩根大通。

三是完成郑州国富保投资有限公司国有股权转让工作。按照国务院国资委、财政部3号令等有关规定和程序，郑州中小企业担保有限公司持有的郑州国富保投资有限公司40%股权，经审计评估和郑州市产权交易市场挂牌交易，完成转让工作。

【企业改制工作】 2011年，郑州市在企业改制方面，一是完成郑州市百货大楼国有股权转让工作。郑州市百货大楼国有股权转让方案被市改革办批准后，经审计评估，在郑州市产权交易市场公开挂牌交易、拍卖，长春欧亚集团通过竞价拍卖受让郑州市百货大楼国有股权。

二是郑燃集团改制后续工作。2011年主要完成郑燃集团剥离非主业资产有关财务资料移交工作。市国资委对郑燃集团主要负责人进行调整后，郑燃集团有关财务资料按照要求进行移交。郑燃物业有限公司从郑州燃气集团剥离。市政府常务会议明确郑港商务有限公司继续保留，并同意郑燃集团持有的郑港商务股份转由市国资委持有，郑燃集团高管人员代郑燃集团持有的郑港商务股份转由郑州投资控股有限公司持有。市国资委原则同意郑港商务有限公司经营管理方案。

（冯生炬）

【“六五”普法宣传教育和依法治理】 2011年，市国资委结合实际，根据郑州市“六五”普法宣传和依法治理有关精神，制定下发《郑州市国资系统2011年普法依法治理工作要点》《郑州市国资委关于印发2011年度机关领导干部学法计划的通知》和《郑州市国资系统法制宣传教育和依法治理工作第六个五年规划（2011-2015）》，在全系统开展“五五”普法和依法治理工作，并通过全市验收，市国资委被市委、市政府评为2006-2010年全市法制宣传教育和依法治理工作先进单位。

【企业章程及文书合同管理】 2011年，市国资委严格落实法律意见书和涉讼案件备案制度，依法制定或参与制定市管企业章程，共审核郑州地产集团有限公司、郑州市建设投资集团有限公司等5家企业章程，审核白鸽磨料磨具有限公司与日本株式会社则武签订的合作基本意向书，审核《河南金象保税物流公司与交运集团车辆代管合同》等8份合同。对郑州医药股份有限公司产权纠纷进行政策指导。

【机关规范性文件审核备案】 2011年，市国资委共审核《郑州市国资委关于加强市管国有企业招标管理工作的意见》《郑州市市管企业目标管理暂行办法》等4个规范性文件，文件审核率及报备率达到100%。

【县（市）区国有资产监管】 2011年，市国资委依法加强对县（市）区国有资产监管工作的指导与监督。一是将《郑州市国资系统2011年普法依法治理工作要点》下发各县(市)、区实施。二是在组织学习《地方国有资产监管工作指导监督办法》（国务院国资委令第25号）的基础上，采取报送材料和实地调研两种方式对12个县（市）区、郑东新区、高新区和经开区国资监管机构进行调研，并撰写县（市）区国资监管工作调研报告。三是形成《郑州市国资委2011年度指导监督县（市）区国资工作计划（征求意见稿）》。

（郭全红）

【监事会工作】 2011年，监事会工作主要有以下几方面。一是做好监事会行政保障、技术支持和后勤服务等方面的工作，保障监事会工作顺利进行。二是依据企业经营管理情况和检查重点，确定被检查企业并制定《郑州市国有企业监事会2011年度集中检查工作方案》。三是组织企业填报《企业基础材料》，为监事会监督提供参考资料。四是做好监事会监督检查成果的运用工作，促进企业规范管理。五是加强对企业职工代表监事的管理，引导职工代表监事充分发挥作用，探索内外监事会沟通协调机制。六是对监事成员进行为期2天的计算机辅助查账技术培训。通过培训，参训人员视野拓宽，计算机实际操作水平提高，为监事会集中检查打下坚实基础。七是于12月15日印发《关于完善监事会主席联席会议制度的通知》。修改后的监事会主席联席会议制度为监事会与市国资委机关处室搭建起沟通交流的平台，联席会议的任务更加明确、具体。

（王长旗）

【国资系统平安建设】 2011年初，市国资委在机关及市管企业开展“围绕一条主线，实现两大目标，突出三项任务，抓住四个重点，完成五项工作”为核心的平安建设创建工作。一条主线，即紧紧围绕建设“平安郑州”这条主线；两大目标，即确保国资系统大局持续稳定的目标、实现跨入郑州市平安建设先进行列的目标；三项任务，即完成维护国资系统和谐发展、提高治安防控能力、推动“三项重点工作”深入开展；四个重点，即抓好社会治安综合治理基层基础建设、单位内部治安管理、综治工作模式创新和综合治理责任查究工作；五项工作，即预防经济犯罪、保持信访稳定、做好治安防范、抓好安全生产和消防安全。为确保平安建设工作顺利开展，市国资委一是成立以党委书记、主任余遂盈为组长的国资系统平安建设工作领导小组。二是制定年度实施方案，方案分为准备阶段、动员部署、组织实施、经验交流、总结评比五个阶段。三是组织召开郑州市国资系统平安建设暨目标签订动员大会，与39家市管企业签订平安建设目标责任书。

配备人员设施，组织集中宣传。市国资委严格按照有关规定，提取专项资金，明确6人具体负责日常工作，分别设置平安建设办公室、社会矛盾化解办公室、信访工作处、安全生产办公室、创新社会管理办公室，并为工作人员配备电脑等办公用品。根据市综治办要求，市国资委召开国资系统社会治安综合治理和平安建设工作集中宣传活动动员会，3-5月，在机关和市管企业组织开展集中宣传，通过宣传栏、黑板报、宣传画廊、报栏、企业网站等媒体，宣传市管企业参与社会治安综合治理和平安创建工作，营造良好的平安建设氛围。组织领导干部学习平安建设工作相关知识，印发“平安建设工作”试卷，在机关开展两期平安建设知识测试，近200人参加。邀请相关专家对机关干部进行普法教育和信访培训等，提高机关干部平安建设基本知识知晓率和参与率，增强干部职工的法律意识和处置突发事件的能力。

2011年，市国资系统共召开创新社会管理及平安建设工作相关会议2000余次，编印、转发工作简报2600余篇，制作展板1000余块，悬挂条幅800余条，开辟学习园地600多处，开展各类培训100余期，前往社区办事处开展进社区、进万家活动300余次，参加创新社会管理及平安建设基本知识测试5万余人次。

【信访稳定】 2011年，市国资委注重畅通信访渠道，确保大局稳定。坚持县级领导干部定期接待人民群众来访制度，对来访群众反映问题做到有耐心、有恒心、有真心，变信访办理为信访服务，及时解决群众实际困难。全年共接待来访群众93起473人次，来访量比上年下降67.69%，接转省、市信访部门交办信访案件20件，均按期办结，按期办结率100%。深入企业下访，了解企业发展过程中遇到的困难和问题，并积极协调解决。

化解社会矛盾，维护社会稳定。按照上级文件精神，在国资系统集中开展社会矛盾“大排查、大调处、大防范”活动。大排查，采取全面排查与专项排查相结合，定期排查与敏感节点时期排查相结合；大调处，根据矛盾纠纷的不同类型、凸现的程度、解决的难度和后果严重程度等制定相应的调处方案；大防范，把防范各种矛盾贯穿于全年、贯穿于各项具体工作中，贯穿于排查调处的过程中，建立矛盾化解长效机制。全年共组织排查12次，化解社会矛盾50余条，有效解决了影响社会和谐稳定的基础性、源头性、突出性问题。

【安全生产】 2011年，市国资委在市管企业中开展安全生产大检查100余次，督促企业整改事故隐患200余处，为企业生产经营提供健康的发展环境。同时，组织市管企业参加全国第十个安全生产月活动，在活动中，共悬挂宣传标语156条、彩旗和条幅500多条，张贴安全生产宣传挂图800余张，设置安全报栏100个，布置、更新和补充各种安全警示牌1000余个，发放各类宣传资料1.5万余份，4万多人次观看安全生产警示教育片，增强了干部职工关爱生命、关注安全的意识，营造了良好的安全生产氛围。

【企业综治平台建设】 2011年，为扩大综治工作覆盖面，深化平安建设，完善社会体制，进一步整合

郑州市国资委党委召开“学习雷锋见行动、‘三平’之中作贡献”教育实践活动座谈会

企业综治力量，市国资委首批选中10家市管企业为建立企业综治工作站的试点单位，各试点单位按照国资委要求，高标准、严要求，建立起集综治、警务、内保、外管、信访、调处、维稳、平安创建于一体的综治工作站，并作为样板工作站在市国资系统进行推广，截至年底，国资系统规模以上企业全部建立综治工作站。

【创新社会管理】 2011年，市国资委成立创新社会管理领导小组，制订实施方案，认真贯彻中央、省、市创新社会管理精神，组织学习周永康、卢展工和连维良关于社会管理创新工作的讲话精神。各市管企业在创新社会管理方面作出了有益的探索。热力公司投入资金约160万元建设客服中心，简化服务程序，提升服务质量，配备30名专业接线员，解答暖气不热、预约测温、保修、举报、咨询、建议、表扬和其他相关问题，本年度供热以来共计接转热线电话14988通；公交公司把开展创新社会管理工作细化到每个车厢，通过司机语音提醒和滚屏提醒，在车厢播放防盗、和谐社会、文明举止宣传片等方式，营造尊老爱幼、和谐美好的车厢氛围。污水净化公司把开展“市民看市政”活动作为创新社会管理工作的尝试，通过带领市民参观污水、污泥处置流程和工艺，现场介绍解说等方式，使市民切身感受到节能减排与可持续发展的重要性。

（任予东）

【清理整顿小金库专项活动】 2011年，市国资委按照标本兼治，纠建并举的工作原则，从加强教育引导入手，提高教育的制度化，规范化水平，建立健全防治“小金库”教育防范机制。经过梳理，共完善修订13条规定制度，建立健全财务收支监督管理制度，建立完善单位内控制度、国有资产管理办法、招投标工作监督机制等。市管企业共修订完善建立防治小金库长效机制的措施规定190条。

【政风行风建设】 2011年，市国资委不断深化政风行风建设。一是制定机关效能建设制度。有工作落实制度、发现解决报告问题制度、首问负责制度、限时办结制度、办理不间断制度、领导联系企业制度、领导接待来访制度、创先争优点评制度、学习考核制度、问责制度、督查督办制度、反映问题解决问题长效机制、值班制度、会议制度、考勤工作制度等15个制度。二是按照市纪委的统一要求，组织统评处、改革处参加全市重点处室和重点岗位民主评议活动。对这两个处履行职能情况、工作作风情况、服务质量和效率情况、政务公开和廉政情况进行评议。三是开展网上行政审批。市国资委把三项行政审批事项纳入全市网上行政审批系统。

企业基层组织建设年活动座谈会

【国有企业招标管理】 2011年，市国资委加大国有企业招标监督力度，制定下发《关于加强市管国有企业招标管理工作的意见》，明确对市管国有企业工程建设、物资采购和劳务承包招标工作的具体要求和监督管理的程序办法。全年参加轨道公司、自来水公司、污水净化公司等市管国有企业招标活动近百次。

【查办案件】 2011年，市国资委参与、协助市纪委调查处理两起国有企业领导腐败案件，3名企业领导被立案、“两规”。市国资委纪委根据群众反映的线索，调查数起市管国有企业领导违纪案件；交办、督办企业纪委调查处理多起企业中层领导违纪案件。

（薛灵国）

【企业党建】 2011年，市国资系统举办郑州市国有企业庆祝建党90周年“光辉的历程”书画摄影展、“永远跟党走”文艺会演、新党员集中入党宣誓暨“党在我心中”演讲比赛等系列庆典活动。在国有企业党组织和党员中开展争创政治引领星等双“十星”活动、党员志愿者服务活动、“为民服务创先争优”活动、群众评议活动、领导点评活动、创建创先争优示范点活动等，推动创先争优活动深入开展。深入实施党员素质工程等“六大工程”、深入开展党委书记述职党建活动、搭建一个党员手机信息平台等“六个一批”活动、党的三项机制建设、社会主义核心价值体系教育等。集中组织党员培训和党建活动496场次、参加47961人次，全系统巩固和创建区级以上文明单位21个，收到锦旗等1643件，被市级以上新闻媒体报道4666篇次，被市级以上表彰先进单位102个次、先进个人90人次。

（王金奎）

食品药品监督管理

【餐饮服务监管】 2011年，郑州市食品药品监督管理部门全力抓好餐饮环节食品监管。一是对全市餐饮服务单位进行大调查、大摸底。截至年底，全市共有餐饮服务单位17782家，登记造册、建立档案，为监管工作奠定良好基础。二是开展29项餐饮服务食品安全专项整治和专项检查，包括元旦春节期间、“年夜饭”“五一”节期间、春季、高中考期间等重点时段专项整治，“地沟油”“瘦肉精”类兴奋剂、问题面条等食品及食品添加剂专项整治，学校食堂及周边餐饮店、建筑工地食堂、城乡接合部等重点单位、重点区域食品安全专项整治；完成“两会”、黄帝故里拜祖大典等50余次重大活动、会议的餐饮服务食品安全保障。三是探索餐饮服务环节量化分级新措施，为国家局《餐饮服务食品安全监督量化分级管理指南（征求意见稿）》进言献策，要求餐饮单位严格落实索证索票等管理制度。四是扎实推进餐饮服务食品安全“百千万示范工程”创建活动，各县（市）区深入开展餐饮服务食品安全示范县、示范单位创建工作。五是完成餐饮环节食品抽检工作。全年共抽检餐饮服务环节熟肉制品、食用油、生活饮用水、火锅底料等重点品种340份，快速检测3万余份，合格率均达95%以上。

【保健食品、化妆品监管】 2011年，郑州市保健食品、化妆品监管稳步开展。一是组织开展new york痘痘美肤精华液681化妆品专项检查、含邻苯二甲酸酯的“协和”牌灵芝孢子粉片和“美中清素”牌多种氨基酸片专项清查等整治行动。二是对42家保健食品、22家化妆品生产企业加强日常监管，建立监管档案。三是配合省局做好保健食品生产企业良好生产规范、化妆品生产企业卫生许可的资料查阅和现场审查，查找问题、督促整改，做好整改复查验收工作。

【药品安全监管】 2011年，郑州市药品安全监管扎实推进。一是狠抓生产监管。对47家药品生产企业日常监督检查96家次，覆盖率100%；对19家基本药物正常生产企业每季度监督检查1次，全年共76次，覆盖率100%；对6家正常生产的无菌制剂企业全面跟踪检查2次，全年共12次，覆盖率100%；对1家企业的1个高风险品种专项检查、跟踪检查、日常监督检查4次，覆盖率100%；对30家特殊药品生产经营使用单位监督检查120家次，覆盖率100%。开展中药生产专项检查，覆盖率100%。GMP跟踪检查40家次，积极开展新版药品GMP的实施工作。二是狠抓流通监管。开展抗菌药物专项整治、中药材及中药饮片购销专项整治、疫苗质量安全专项整治、打击“两非”专项行动、含麻黄碱类复方制剂专项整治等。对药品经营使用单位监督检查覆盖率100%，其中，对76家药品批发企业检查485家次，对2711家药品零售企业检查5618家次，对76家县级以上医疗机构检查183家次，对存在严重违法违规现象的企业移交案件56起，下达《责令整改通知书》335份，核减经营范围12家，查处取缔无证经营35起（均为黑诊所或无证仓库），查处其他违法违规行为220起。三是完成抽验任务。全年基本药物生产环节抽验331批次，正常生产的基本药物品种抽验覆盖率100%，抽验合格率100%。基本药物流通环节抽验371批次，圆满完成省局下达的360批次抽验任务，其中1个批次不合格，抽验合格率99.7%。

【医疗器械监管】 2011年，郑州市医疗器械监管持续加强。一是加大对15家重点生产企业和309家重点经营企业、13种重点产品的检查力度。共对241家生产企业实施监督检查301家次，其中实施突击检查275家次，对45家县级以上医疗机构实施监督检查51家次,检查覆盖率100%。二是每季度组织召开目标分析会和质量安全分析会，按时上报质量分析报告，确保全年目标任务完成。三是大力开展各种专项检查。先后开展安全套生产企业专项检查、医用分子筛专项检查、高风险生产企业专项检查，共检查相关高风险生产经营企业75家次。四是对25家问题突出的经营企业下达责令改正通知书，移交稽查立案查处3家违规经营企业。对333家涉嫌违法违规的经营企业，按照规定在网上公示，并提出注销《医疗器械经营企业许可证》处理意见。五是开展注册产品专项清理。本着“严格标准、规范管理、促进发展”的原则，严把产品注册关。

【药品不良反应监测】 2011年，郑州市药监部门对药品不良反应监测常抓不懈。一是全年共收集、审核、提交ADR报告9675例，其中新的一般病例2425例，严重病例173例，新的严重的比例为25%；MDR报告353例，药物滥用报告1432份，涉及海洛因、鸦片、吗啡等15种毒品。二是全年未发生突发、严重、群体不良反应事件，辖区内药械安全得到有效监测。三是在全省药品不良反应监测工作会议及全国2011年地市级药品不良反应监测工作推进会上作经验交流。

【依法行政】 2011年，郑州市食品药品监督管理部门不断推进依法行政，规范行政执法。一是制定《2011年依法行政工作安排》和《提高办事效率实施方案》《行政复议办理程序》《行政诉讼应诉程序》《行政执法岗位责任》《规范行政处罚裁量权工作方案》等行政执法相关制度。二是组织法律法规培训4次，召开法制工作座谈会，在全系统开展文明执法严格执法专项学习教育暨整治“五种违法执法行为”活动，编辑印制《餐饮服务监督管理法规文件汇编》和《药品医疗器械监督管理法规文件汇编》。三是加强执法监督。征询管理相对人对执法人员的意见和建议，对全市系统组织执法现场检查和执法案件检查各1次，加强对行政处罚案件、行政许可办理的法制审核。共审核市局行政处罚案卷22件，行政许可案卷1107件，报送备案规范性文件24件，行政执法案件合法率100%，规范性文件备案率、合法率100%。

【“六联系”主题实践活动】 2011年，郑州市食品药品监督管理部门积极创造条件，做好“六联系”工作。一是联系农村。完成巩义市竹林镇孙寨村“村改居”工程；完成144套居民套房安居楼工程；争取到市、县两级20万元帮扶资金；开展“献爱心、送温暖”活动，慰问物品和慰问金合计8万余元；促进当地居民就业和对外交流。二是联系社区。与管城回族区东大街办事处鼎新街社区联合开展“服务城乡、联点共建”活动；与二七区蜜蜂张办事处和平新村社区建立联系，为社区解决实际问题；全年在社区展出食品药品安全知识展板8块，发放安全合理用药宣传页3000余张和餐饮食品与保健食品安全知识手册4000余份；为社区制作展板16块；对和平东村、南村、铁工里及铁工里两侧1万多平方米的墙壁进行粉刷；开展“送温暖，献爱心”活动，向社区12户贫困家庭（计生贫困家庭、低保残疾家庭）赠送春节慰问品；以建党90周年为契机，组织社区老年人开展门球比赛。三是联系交通路口。做好农业路与姚寨路口、姚寨路（农业路至红专路）等分包路口、路段的交通综合整治工作，组织人员维护交通秩序，做好文明交通宣传。

【信访稳定工作】 2011年，郑州市食品药品监督管理部门坚持每月按时上报信访数据统计表，做好来信来访接待、处理工作。明确领导干部信访接待日时间安排，并进行公示。及时回复市政府部门信箱相关信件，以及局机关门户网站“局长信箱”邮件。全年共接到省局交办件4件，市政府部门信箱及“局长信箱”咨询举报件198件，6件在办理中，其余均办理完毕，回复率100%。未发生重访事件和重大上访事项。

【食品药品监督检验中心建设】 市食品药品监督检验中心建设项目原选址于郑东新区心怡路西、万通路南地块，总征地面积1.02公顷，建设用地面积0.65公顷，计划建设面积1.71万平方米。截至2011年10月，完成环境影响评价报告，办理了《建设用地规划许可证》，土地预审已经批复，支付土地款1259.14万元，土地定界、拆迁补偿、文物勘探等工作已经完成，临时围墙、场地平整已经就绪。2011年11月16日，在市级领导班子务虚会上，郑州市委书记连维良作出指示：从拉动城市建设，服务产业发展方面考虑，项目由郑东新区易址到宜居健康城发展。根据这一指示，市食品药品监督检验中心东区建设项目暂停，在宜居健康城另行选址。

【药械市场打假治劣专项行动】 2011年，郑州市药监部门强力推进药械市场打假治劣专项行动。一是受理群众举报投诉287件，核查率100%；收到协查函499件，核查率100%；收到上级转办件445件，核查率100%。符合立案条件的立案率100%；抽验的不合格药品、医疗器械等，立案查处率100%。二是开展代号为“猎豹”的打假治劣专项行动。共查办并移交公安部门大要案54起，移交犯罪嫌疑人204人，涉案金额5030万元。

【富士康园区周边餐饮卫生环境整治】 2011年，郑州市食品药品监管部门大力整治富士康园区周边餐饮卫生环境。一是高度重视，积极部署。成立由局领导带队，15名业务骨干组成的工作队，赴郑州新郑综合保税区（郑州航空港区）开展整治活动。二是调查摸底，掌握情况。综保区建成区内有餐饮单位1202家，包括职工餐厅4家，有固定地点和场所的饭店、食堂115家，临时板房饭店232家，餐饮流动摊贩851家。其中58家持有《餐饮服务许可证》。三是多措并举，注重成效。累计发放宣传手册1200本，招贴画5000张，宣传页10万份；约谈富士康总部管理层，督促其加快职工餐厅建设速度；设置《餐饮服务许可证》申请“绿色通道”，加快审批流程，截至年底，受理申请20家；督促加快疏导点建设，在K区建成2300多平方米的疏导点，规划安置摊位200个，已入驻80多户；建立长效机制，不断提升园区及周边餐饮环境卫生状况。

【餐饮环节“地沟油”清查】 2011年，郑州市持续开展餐饮环节“地沟油”清查工作。一是以小餐馆、餐饮摊点、火锅店和学校食堂、企事业单位食堂、工地食堂等为重点，对全市餐饮单位食用油进行全覆盖检查，全年共出动执法人员6480人次，检查餐饮单位17820家次。二是与餐饮单位签订食用油安全承诺责任书，严查食用油进货查验记录及索证索票制度落实情况，覆盖率达100%。

【餐厨废弃物调研】 2011年11月，按照市委、市政府工作部署，市食品药品监督管理局开展了餐厨废弃物管理调研，通过摸底调查，初步掌握了全市餐厨废弃物基本情况。全市餐饮服务单位日产生餐厨垃圾338.5吨，其中60%由养殖户收购，专业处理所占比重较低，仅为5%；日产生废弃油脂36.3吨，其中20%倒入下水道，20%专业处理，另外60%以其他方式处理。对此，郑州市将全面落实餐饮服务单位餐厨废弃物管理工作。

【落实承诺事项】 2010年10月，市食品药品监督管理局先后向市委、市政府呈报《服务重大项目服务招商引资承诺书》《餐饮服务环节食品安全监管工作承诺书》和《重大紧急信息报送工作承诺书》。截至年底，承诺事项全部完成。

（一）狠抓社会服务，优化经济发展环境。一是利用电视等媒介与群众面对面，公开办事程序，公布举报电话，接受社会监督。二是持续开展“对照职能、贴近民生，努力为群众办好事实事”主题实践活动和“一杯热水相迎、一张笑脸相送”活动。三是规范行政审批行为，减少审批环节，简化审批程序，在全省系统第一家把行政许可办理时限全部缩减为10日内办结。截至年底，依法受理和办理行政许可事项2318件，按时办结率100%。四是局领导多次深入企业调研指导工作，数次召开监管相对人座谈会，听取意见和建议。五是启动“万人培训”工程，截至年底，对拟筹建、变更的企业从业人员进行法律法规、专业知识测试90次，测试人员2000多人次；组织召开全市药品流通监管工作会议；举行药品电子监管业务培训3期，培训从业人员600多人。

（二）狠抓基础和舆论，营造食品安全有利氛围。一是稳步推进体制和职能调整。继续加强城区新组建7个分局的执法力量；组建食品药品监督所；由政府出资为各县（市）区局配备快速检测车、快速检测箱，为学校食堂配备食品留样柜等。二是加强宣传教育，增强安全意识。举办《食品安全法》专题讲座；开展以“人人关心食品安全、家家享受健康生活”为主题的食品安全宣传周活动，共悬挂条幅10条、制作展板50块、发放宣传资料10万余册；张贴食品添加剂宣传彩页1.77万套（每套5张）；发布《中秋节、国庆节餐饮服务食品安全温馨提示》等食品安全消费警示4期；充分利用培训、会议、办证、检查等形式和机会，向餐饮单位宣传《食品安全法》和食品安全知识，有效保证了每家餐饮单位每年至少接受宣传教育2次。

（三）狠抓信息宣传，树立队伍良好形象。一是印发《郑州市食品药品监督管理局信息宣传工作要点》，拓宽渠道，勤于挖掘，注重效果，确保质量完成信息报送。二是按照《紧急信息报送范围》及时报送紧急信息，全年未发生紧急信息漏报事项。三是编写印发《郑州食品药品监督管理信息》93期。全系统上报信息被省局采用31条，其中市局机关报送信息被省局采用5条；被当地党委、政府采用稿件3条；在市级以上报刊发文66篇，全面完成目标任务。

（杨　鑫）

统计工作

【统计改革】 2011年，全市统计系统以科学发展为主题，转变理念，启动统计领域新一轮改革，推进企业一套表改革、实施联网直报。一是政府支持到位。市统计局及时向市政府报送《郑州市统计局关于郑州市全面实施企业一套表试点工作的报告》，得到常务副市长胡荃批示，市财政给予资金支持，用以印刷报表、业务培训。二是组织到位。市县两级成立企业一套表工作领导小组，整合业务骨干组成工作推进组，构建高效顺畅的组织领导机制和工作推进机制。三是宣传到位。广泛宣传指导，采用网络平台、新闻媒体、手机短信等形式，向调查单位宣传一套表改革的目的、意义和有关知识。四是多措并举，初显成效。先后分两期19批次对县级专业进行年报布置和一套表软件的培训。加强名录库建设，对全市专业字典库27634家企业进行比对，有法人单位27525家，产业单位109家，为全省范围的调查单位比对工作提供了参考依据。强化督查，由局领导带队，专业人员共同参与，重点检查督导，及时协调解决困难与问题。录入全市“三上”企业6500多家、报表38772张，上报率93%以上，高质量完成各项任务。新密市、新郑市、上街区、高新区企业一套表各项准备工作完善、措施得力，推进迅速。

【统计制度建设】 2011年，郑州市建立实施产业集聚区季度统计调查制度、工业月度趋势调查统计制度、服务业重点企业景气调查制度、保障性安居工程统计。贸易统计实现法人在地统计。建立保障性安居工程统计部门协作机制，与市发改委等七部门沟通协商，成立工作小组，建立联络员制度和数据提供制度，客观反映保障性安居工程发展的实际。顺利完成统计用区划代码库更新维护和《国民经济行业分类》新旧代码转换工作。

【统计服务】 2011年，郑州市统计部门积极应对复杂多变的经济形势，统计服务更加主动及时高效。一是以服务发展为目标，统计服务突出快捷高效，分析研究水平不断提高。全市统计系统加大经济运行监测和分析研判力度，月度、季度统计信息即出即报，全年市县两级撰写统计分析信息2100多篇，其中市局组织撰写各类统计分析信息研究报告300篇，市委、市政府领导批示15篇，70%以上被新闻媒体采用。新郑市、巩义市、管城区等县（市）区统计部门的多篇分析报告获得本地区主要领导批示。二是满足多元需求，统计服务产品不断丰富，不断丰富完善《郑州经济动态》《郑州工业快报》《郑州统计年鉴》《郑州农村发展报告》《郑州物流业发展报告》《郑州统计概要》等资料，各县（市）区统计部门编辑出版统计年鉴，全面客观反映和记录当地经济社会发展成就。三是提供决策支撑，站位全局，跳出郑州看郑州。主动搜集整理全市及各县（市）区、各省辖市、省会城市、大中城市、中部和周边省会城市等主要经济指标数据，解读数据找差距，为市委经济工作会、市党代会、市人大政协“两会”、季度经济形势讲评会等重要会议提供优质服务。先后荣获2011年郑州市服务“三农”工作、妇女儿童工作、扶贫开发先进单位称号。

【统计监测】 2011年，郑州市统计部门抓住科学发展和调结构转方式的主线，逐步完善适应科学发展需要的各类统计监测评价体系。配合市委、市政府绩效考核，加强数据审核把关，对GDP、固定资产投资、新开工项目、城乡居民收入等进行季度排序考核，确保公平公正。修订完善全市及各县（市）区节能降耗统计监测、民生福利评价、社会主义新农村建设综合监测评价、产业集聚区评价考核等统计监测评价体系。继续开展全面建设小康社会进程监测、乡镇经济社会发展评价监测、城区及街道办事处经济社会发展评价等评价监测。统计监测方法制度进一步完善，利用监测结果进行综合评价，服务领导决策，起到评价发展、引导发展、服务发展的作用。

【人口普查】 2011年，第六次全国人口普查圆满完成。郑州市统计部门如期完成郑州市人口普查数据录入审核、汇总和评估上报工作，按规定发布主要数据公报。全面摸清全市人口状况，为“十二五”规划及相关政策制定提供了重要依据。初步总结普查成果，开展人口普查资料开发应用等工作。对全市人口普查工作先进集体和个人进行表彰奖励。郑州市统计局获全国第六次人口普查先进集体称号。新密市、金水区、管城区3个县（市）区统计局获全国第六次人口普查工作河南省先进集体称号。

【基本统计调查】 2011年，郑州市基本统计调查任务高质量完成。严格执行国家和省统计制度，认真组织实施国民经济核算、农业、工业、建筑业和服务业等行业以及固定资产投资、就业、城乡居民生活、社会科技、能源消费、文化产业等领域的基本统计调查任务。全面客观反映全市经济社会发展态势。郑州市统计局多数专业在全省评比中获得先进称号，其中服务业、核算、能源、工业、法制、设计管理、农业统计等专业在全省名列前茅。

【专项调查】 2011年，郑州市统计部门服务领域不断拓展，调查工作取得新成效。圆满完成第二次全国R＆D资源清查任务，市统计局获全国R＆D资源清查工作先进集体称号，新郑市获第二次全国R&D资源清查省级先进单位称号。统筹安排，围绕民生、民情、民意，开展月度劳动力调查、人口与城镇化抽样调查、境外来中国大陆工作专家统计调查、非公有制企业人才资源状况调查、“瘦肉精”事件对郑州生猪产业影响等专项调查，完成“妇儿两纲两规”终期监测。参与全市和郑州新区“十二五”规划、郑州都市区规划和全市妇女儿童2011-2020“两纲”规划等大型规划的研究制定工作。

【统计基层基础建设】 2011年，郑州市统计系统顺利完成《郑州市2009-2011统计基础建设三年发展规划》目标任务，经过基层自查、县级抽查、市级验收，51个乡镇、街道达到示范单位标准。3年来全市12个县（市）区、175个乡镇、街道，均达到统计基础建设示范单位标准，为各项调查任务顺利开展奠定了坚实基础。统计业务规范化建设向“三区”推进，通过召开专题会议、现场观摩、考核验收，经开区、高新区统计机构充实完善、队伍素质提高、工作流程规范，达到业务规范化示范单位标准。县级统计基础建设成效显著，登封市、新密市、中原区3个县（市）区统计局获2008-2010年全省统计基础建设先进单位称号。

【信息化建设】 2011年，郑州市统计局围绕“四大工程”建设需要，完成市局机房核心设备更新，对互联网线路进行调整，优化网络线路，扩容带宽。购买VPN网关，实现乡级统计机构以VPN方式直接接入统计内网的模式，为乡级统计机构节省了联网费用，同时也解决了统计系统工作人员异地办公问题。启用全新的郑州市统计信息内外网站，界面更加清新、版式更加人性化、内容更加丰富、操作更加简洁，及时反映统计动态和成果，更好地为社会公众提供优质统计信息服务。OA办公自动化系统在市局内部开始试运行。管城区统计局建成标准化机房。

【统计法制建设】 2011年，郑州市统计普法成效明显，统计部门利用法制宣传日、统计开放日、统计从业人员培训、年定报会议等形式，广泛深入开展统计法律、法规和制度等宣传，市统计局获得全国统计“五五”普法先进单位称号，新密市、新郑市、中原区3个县（市）区统计局获全省统计“五五”普法先进单位称号。统计执法深入开展。认真贯彻落实《中共郑州市委郑州市人民政府关于坚持实事求是反对弄虚作假的指示》精神，组织开展统计从业资格认定专项检查、“三上企业”数据质量核查、重点专业统计数据质量检查，查处统计违法行为，全年共对千余家单位进行执法检查，立案查处36起。新郑市统计局、金水区统计局保持执法良好态势。

【部门统计】 2011年，郑州市强化政府统计综合职能，规范部门统计管理，建立并实施月度统计联席例会制度，每月与市直有关部门和行业主管单位密切合作，对各领域经济运行情况深入交流，强化分析，强化全市主要统计指标间的协调、匹配和相互支撑，形成职责分明、分工协作、数据共享、发布有序的政府统计协作机制。巩义市政府建立全市统计联席例会制度。登封市委、市政府完善出台进一步明确部门统计调查任务的通知，建立统计联席例会制度，部门统计工作得到加强。

【统计宣传】 2011年，郑州市统计宣传彰显新理念。一是积极宣传统计成果，增强统计话语权。围绕“十一五“期间全市经济社会运行情况、第六次人口普查等统计调查成果加强宣传，展示全市经济社会发展成就。二是普及统计知识，提高数据解读能力。市局组织编印《领导干部统计知识读本》3000余册，解读统计知识和法规，发送至市四大班子领导、市直各部门领导和县区、乡镇街道有关领导，便于各级领导掌握运用统计数据，关心支持统计工作，取得良好效果。惠济区编印发放了《应知应会知识汇编》。三是加强统计宣传，打造开放统计。采取多种形式庆祝第二个“中国统计开放日”，组织媒体记者深入统计一线报道、感受源头数据生产过程，推进统计工作公开透明。开通了郑州统计官方微博。成功组织了政府统计在线访谈活动，提升政府统计公信力，提高公众对统计的认知水平。

（李 辉）

海关工作

【概况】 2011年，郑州海关围绕“优化监管服务、促进科学发展”，以争创“国门先锋”为载体，深入开展“把好国门，做好服务，防好风险，带好队伍”四好主题实践活动；认真贯彻落实《国务院关于支持河南省加快建设中原经济区的指导意见》和《河南省人民政府 海关总署合作备忘录》，进一步完善海关对外合作，支持河南区域经济协调发展；积极开展全局性、战略性、前瞻性海关政策研究，《中原经济区建设调研报告》得到海关总署署长于广洲、河南省委书记卢展工、省长郭庚茂等领导的批示和肯定；开展对河南省外贸总体发展形势年度和月度监测工作，较好地满足省、市领导对相关市场形势分析的需要；推动加工贸易转型升级，支持符合条件的企业享受加工贸易搬迁企业的优惠政策，支持企业利用河南保税物流中心开展“国货出口复进口”进入加工贸易国内增值链，关区税收、监管货运量等主要业务指标再创历史新高。3月，河南省人民政府下发《河南省人民政府关于给郑州海关记集体一等功的决定》（豫政文〔2011〕36号），对郑州海关予以表彰。2011年，郑州海关连续10年再次被河南省政府评为完成责任目标先进（优秀）单位。

【海关监管】 2011年，郑州海关着力优化海关监管与服务，以创新监管模式为抓手，提升监管效能。深化大监管体系建设，积极推进“三

海关总署署长于广洲、副署长孙毅彪，河南省副省长史济春视察郑州海关

2011年郑州海关主要业务统计指标

序号	业务指标	计量单位	2010年1-12月	2011年1-12月	同比增±%
1	进出口货运量合计	万吨	862.0	1026.0	19.0
2	#1. 进口	万吨	819.0	984.0	20.1
3	2. 出口	万吨	43.0	42.0	-2.0
4	进出口货值合计	亿美元	53.6	126.00	135.0
5	#1. 进口	亿美元	41.4	99.00	140.0
6	2. 出口	亿美元	12.2	27.00	121.0
7	海关税收(实际入库)	亿元	45.88	54.88	19.6
8	#1. 关税	亿元	5.12	5.87	14.6
9	2. 代征税	亿元	40.76	49.01	20.2
10	审批减免税	亿元	5.46	6.82	25.0
11	统计报关单	万份	3.33	6.07	82.0
12	监管集装箱	箱次	47805	53088	11.1
13	集装箱载货量	万吨	67.23	68.92	2.5
14	监管汽车	辆	10722	15107	40.9
15	监管火车	节	37767	29600	-21.6
16	监管飞机	架次	3106	4548	46.4
17	监管进出境人员	万人次	26.1	34.66	32.8
18	备案加工贸易合同数	份	826	947	15.0
19	加工合同备案金额	亿美元	4.44	5.53	25.0
20	缉私局立案走私罪案件数	件	5	2	-150.0
21	缉私局立案走私罪案值	万元	2072.89	12	
22	缉私局结案走私罪案件数	件	5	2	-150.0
23	缉私局结案走私罪案值	万元	2072.89	12	
24	缉私局立案违规案件数	件	34	81	138.0
25	缉私局立案违规案值	万元	4961.49	4889.1	-1.5
26	缉私局结案违规案件数	件	34	81	138.0
27	缉私局结案违规案值	万元	4939.33	5340.47	8.1
28	罚没收入	万元	464	1194	157.3
29	内销征税	万元	6137	22081	259.8

郑州新郑综合保税区正式封关运作

查合一”“三定”等重点工作；加强关区监管场所的监管，以集中清理规范海关监管场所为契机，努力解决郑州铁路东站一类口岸监管区不规范、内陆地区缺少查验场地等历史遗留问题，积极主动跟进郑州圃田铁路集装箱中心站海关监管场所建设项目；全面推广出口分类通关改革，进一步优化各业务现场运行机制，并根据总署统一部署，进行进口分类通关关区试点工作；加强专业审单，综合运用风险手段，优化审单机制，做好报关单批量复审工作，进一步加大审单业务的检查指导力度；支持加快河南省铁路、公路、航空现代物流业发展，积极拓展新航线，促进空港客运、货运发展；积极推动实施“区港联动”“区区联动”监管模式，形成机场口岸和各海关监管区域“无缝对接”，互为支撑、相互促进、联动发展的海关监管格局。2011年，郑州海关共监管进出口货运量1026万吨、进出口货值126亿美元，比上年分别增长19%、135%；监管进出境航班4548架次、人员34.66万人次，比上年分别增长46.4%和32.8%。

【海关税收征管】 2011年，郑州海关继续完善综合治税领导机构的职责和运行机制，强化综合治税。修订和完善减免税、联网监管以及规范政策性退税操作等方面的制度和办法；全方位、多角度开展税收征管质量监控，加强对税收征管过程实时跟踪，规范税单流转程序，及时纠偏，适时反馈，不断提高依法征管、科学征管水平。海关总署税收量化考核结果显示，通过加强监控与核查，郑州海关商品归类差异率指标保持在较低水平，税单的核注、核销状况良好；继续拓展“网上支付”与“网上税费担保”业务。扎实做好减免税审批及监控、加工贸易内销价格监控和指导等工作；加强加工贸易监管、提升关区保税监管质量。2011年，关区“两税”实际入库54.88亿元，增长19.6%，再创历史新高；审批各类减免税2099笔，货值7.34亿美元，增长19%，累计减免税款6.82亿元人民币，增长25%；备案加工贸易合同947份，增长15%，内销征税2.2亿元，增长259.8%。

【海关缉私】 2011年，郑州海关继续保持打击走私高压态势，不断提升缉私能力和执法质量。充分发挥情报先导作用，加强执法联动，发挥打私合力，综合运用刑事、行政、稽查补税三种手段，提高海关执法整体能力；针对重点商品和重点渠道，积极开展打击羊皮走私专项活动，“清网行动”与“海鹰行动”成效显著；进一步深化关警融合，授予洛阳、南阳、周口、郑州机场海关和驻安阳、商丘办事处相应简单案件办理权限；积极发挥海关知识产权保护职能作用，深入开展打击侵犯知识产权和制售假冒伪劣商品专项行动；推进反走私绩效评估，加强执法规范化建设，提升执法质量和执法水平；坚持将反走私与社会综合治理、平安建设相结合，全面深化反走私综合治理工作。全年，郑州海关共立案走私犯罪案件2起，其中走私毒品案件1起，缴获毒品大麻7173.8克；查获走私珍贵动物制品案1起，缴获豹皮2张，价值12万余元。查获古唇鱼化石16件，胡氏贵州龙化石4件，茂名无盾龟化石1件，古钱币60余枚；立案行政案件81起，增长138%，总案值4889.1万元。罚没入库1194万元，增长157.3%。

【海关统计】 2011年，郑州海关狠抓数据质量管理，上报数据保持零差错。截至12月底，共审核各类进出口报关单59898份，上报进出口贸易数据16.99万条、业务统计数据51.2万条，实现上报统计数据102个月无差错；坚持《海关监测预警专报》制度，不断完善常态化进出口监测预警应急机制；组织开展重点课题研究和分析，主动服务河南外向型经济发展，共撰写上报信息、统计分析125篇次，被省委和省政府及新闻媒体广泛采用，监测预警分析文章在总署《海关要情》、中办国办等载体累计采用20篇次。12月，郑州海关参与撰写的2篇文章先后获得总理温家宝和副总理王岐山的批示；开展专项执法评估，认真分析挖掘风险微观数据信息，找出业务“短板”，有效化解执法风险；做好统计咨询服务工作，拓宽咨询领域，发挥海关统计数据信息服务、辅助决策的最大效能。2011年，郑州海关共为外经贸部门提供协议数据48次、约37万条，为关区各单位提供各类统计数据咨询75次、约52万条，为企业提供统计咨询105次、约119万条。

【海关稽查】 2011年，郑州海关以新的海关企业分类管理办法的实施为契机，积极推进关区企业管理工作，对郑州、濮阳、安阳3市的300家进出口企业开展企业分类管理政策宣讲；及时审批企业申请类别，按程序落实企业分类管理工作，全年共审批A类企业112家，AA类企业32家。截至12月底，河南省内A类企业有356家，AA类企业有63家；组织完成2011年度报关员资格全国统一考试河南考区工作，共有3488人通过现场资格确认，2317人参加统一考试；按照“三查合一”工作要求，完善稽查工作机制，明确责任分工，以抓规范、抓重点为突破口，深入开展稽查工作，利用社会中介机构参与关区专项稽查和保税核查业务，丰富拓展稽查手段，有效地解决稽查队伍人力资源不足的矛盾。截至12月底，郑州海关共稽查企业55家，核查企业45家，稽查补税867万元。

【海关风险管理】 2011年，郑州海关进一步发挥风险管理在构建海关大监管体系中的中心环节作用，加强风险信息的应用共享与处置转化，建立起关区上下联动的风险信息报送机制，实现风险信息的集中管理和应用共享；积极开展直属海关风险管理平台的推广应用，风险管理平台的4个子系统均顺利运行，为综合业务平台建设打下良好基础；做好分类通关改革的参数维护和定期监控工作，提高风险布控执行效率，共组织各部门加工风险参数23909条。2011年，郑州关区风险布控率为8.89%，布控有效率为21.55%，实体有效率为2.4%。

【海关特殊监管区建设】 2011年，郑州海关以郑州新郑综合保税区建设为龙头，推动海关特殊监管区域大发展。在郑州新郑综合保税区报批、规划、建设、验收和筹备等阶段，全程参与指导，确保保税区各项建设符合国家要求，顺利通过5月20日预验收和8月3日国家正式验收，11月4日，保税区正式封关运作；支持河南保税物流中心建设和发展，5月11日，河南保税物流中心正式封关运营；推进郑州出口加工区规划调整和洛阳、南阳出口加工区设立申请工作，指导鹤壁市保税仓库建设，打造全方位的保税物流体系；主动沟通河南省邮政速递物流有限公司做好郑州国际邮件互换局和交换站过渡期间的场站改造及新址规划建设，支持建立与美国、日本、法国等10个国家和地区的总包直封关系，5月26日，郑州国际邮件互换局正式揭牌设立；跟进郑州圃田铁路集装箱中心站项目海关监管场所建设项目和铁路东站一类口岸海关监管场所整改项目，铁路东站海关办公场所改造项目进展顺利。

【电子口岸建设】 2011年，郑州海关进一步完善电子口岸全国一体化郑州座席客户服务体系建设，认真执行一体化通用客服标准和流程；扩大与国家数据中心呼叫中心平台的联网应用，为用户提供一站式咨询服务；深化便捷企业通关项目应用，不断改进客户投诉、远程服务和企业自助查询等服务，进一步提升电子口岸本地化服务水平。全年共为1255家进出口企业办理电子口岸入网手续；制发IC卡5007张、IC卡证书更新1972张、解锁403张；为1187家进出口企业办理海关企业备案手续；与12家进出口企业签订网上支付协议18份，关区进出口企业通过电子口岸网上支付系统支付税款13697票，合计金额25.19亿元，占关区入库税款的46%。

【郑州综合保税区海关设立】 7月5日，海关总署下发《海关总署关于设立郑州综合保税区海关的通知》（署人发〔2011〕247号），同意设立郑州综合保税区海关，全称为中华人民共和国郑州综合保税区海关，机构级别为正处级，隶属郑州海关。

【海关总署批复《郑州海关“三定”实施方案》】 12月22日，海关总署印发《海关总署关于郑州海关机构设置主要职责和人员编制的批复》（署人发〔2011〕461号），批复中华人民共和国郑州海关为正厅局级直属海关，负责河南省的各项海关业务。

内设部门。副厅局级内设机构1个（缉私局）；正处级内设机构11个：办公室（内设副处级法规室）、关税处、监管通关处、加工贸易监管处、综合统计处、稽查处、风险管理处、技术处、财务处、关务保障处、人事教育处；其他正处级内部工作机构2个：机关党委办公室（思想政治工作办公室）、监察审计室。

派出机构。正处级隶属海关9个：郑州机场海关、郑州综合保税区海关、洛阳海关、南阳海关、周口海关、焦作海关（筹）、新乡海关（筹）、信阳海关（筹）、三门峡海关（筹）；正处级派驻机构6个：审单处、现场业务处、驻铁路东站办事处、驻安阳办事处、驻商丘办事处、驻经济技术开发区办事处（筹）；副处级派驻机构1个：驻邮局办事处。

（姚长江）

郑州市地方税务局

国家税务总局办公厅主任张捷带领总局"完善税收征管模式专题调研组"深入郑州市地方税务局调研指导工作

全国、省、市三级人大代表在郑州市地税局调研工作

省地税局局长赵亚平在郑州市契税分局大厅与工作人员交谈

省地税局局长赵亚平视察郑州市地税局12366纳税服务热线整合、文明创建等工作

组织参观"法治与责任—全国检察机关惩治和预防渎职侵权犯罪巡回展览·河南巡展"

中国人民大学教授黄卫平在郑州市地税局作经济形势报告

市地税局廉政书法笔会

市地税局机关开展拓展训练

郑州市地方税务局荣膺全国文明单位"三连冠"

郑 州 市 城 乡

主任陈新在郑州新闻广播“政风行风热线”栏目直播现场

市纪委书记郭锝昌视察市建委工作

郑州市三环快速化工程开工仪式

市建委组织全系统党员干部参观河南省纪念中国共产党成立90周年反腐倡廉建设展览

建 设 委 员 会

郑州市107辅道及下穿隧道工程竣工仪式

市建委开展郑州市道德讲堂活动

市建委依法行政观摩交流活动

市建委主要领导参加郑州人民广播电台郑州新闻广播“政风行风热线”在线访谈节目

郑州市城乡建设委员会

市建委“建设美好家园　共筑辉煌明天”文艺晚会

市建委在京广快速路工程施工现场举办文明交通进工地宣传活动

全国省会城市和计划单列市工程质量监督工作会议在郑州召开

京广快速路通车仪式

郑州市城乡建设委员会

市建委参加郑州市第五届市直机关运动会广播体操比赛

郑州铁路局工程进驻郑州市建设工程交易中心签字仪式

市建委开展建委大讲堂活动

京广快速路照明工程全线完成

郑州市公安局

国务委员、公安部部长孟建柱在郑州市公安局视察指导工作

省委书记、省人大常委会主任卢展工视察郑州市公安工作

省委常委、代市长吴天君在郑州市公安局调研

郑州市公安局

郑州市公安局交警支队岗位大练兵活动

社区民警会同消防民警对辖区内商户、店铺进行消防检查

郑州市公安局警用飞机在市区上空巡逻飞行

郑州市公安局开展“清网行动”，抓获公安部B级通缉犯宋建军

郑州市公安局开展清理清查活动，有效地震慑了犯罪，确保了全市社会治安稳定

交通民警在暴雪中执勤，确保交通秩序畅通

郑州市公安局响应公安部提出的『三评三访』活动要求，深入基层开展亲民为民走访活动

郑州市公安局在清查行动中使用移动警用设备核查被检查对象的身份信息

郑州市人民检察院

检察长杨祖伟在郑州市第十三届人民代表大会第二次会议上报告工作

市检察院开展“五进千家行”活动，检察长杨祖伟走访宇通公司

郑州市检察机关开展岗位技能竞赛，检察长杨祖伟接受记者采访

检察长杨祖伟参观反腐倡廉巡展

开展与省人大代表座谈活动

举办检察官大讲堂活动

全市检察机关上半年工作总结会

郑州市检察机关2011年“检察开放日”活动

郑州市检察机关领导管理能力提升论坛

郑州市检察机关2011年全市检察长会议

郑州市中级人民法院

中共中央政治局常委、中央政法委书记周永康在郑州市中级法院视察

院长王新生在郑州市第十三届人民代表大会上作工作报告

市人大常委会主任白红战视察市中级法院“立案服务窗口建设”工作

省人大常委会视察组在市中级法院“清风茶社”考察调研

郑州市法院系统开展“发扬传统、坚定信念、执法为民”主题教育活动

郑州市法院系统开展“法官大讲坛”活动

郑州市中级人民法院

郑州市法院系统开展“维护进城务工人员权益”专项活动

郑州市法院系统开展“我的团队，我的歌”活动

郑州市法院系统深入开展“打黑除恶”专项斗争

市人大为新任法律职务人员颁发任命书

市中级法院成立金融审判庭，加大金融安全司法保护力度

市中级法院开展“送法进军营”活动

市中级法院成立未成年人案件综合审判庭，切实保护未成年人合法权益

市中级法院庆祝中国共产党成立90周年摄影展

郑州市司法局

局　长　郑友军

司法部部长吴爱英视察郑州市司法行政工作

局长郑友军、局党委副书记张予琳深入荥阳市汪沟村，为该村发展出谋划策

民主评议行风，局领导在线解答问题

参观省纪委反腐倡廉成果展

"六五"普法和依法治理工作会议

学习红岩精神

我为党旗添光彩活动

局党委副书记张予琳到登封市双庙村扶贫

副局长乔俐为农民工授课

送法下乡

律师协会入党积极分子培训班

司法局干警开展志愿服务

律师进社区

郑州市职工法律法规知识竞赛

三调联动工作会议

郑州市规范化司法所建设现场会

郑 州 市 城

省长郭庚茂参加航空港规划项目评审

省委常委、市委书记连维良听取规划方案汇报

省委常委、市委书记连维良参加规划展览馆评审会

省委常委、市委书记连维良，富士康总裁郭台铭参加航空港规划项目评审

代市长吴天君现场指导工作

住建部驻郑巡视员视察郑州市规划局项目工作

乡　规　划　局

局长张京祖参观反腐倡廉展览

副市长张建慧参加规划局“畅通郑州”专家座谈会

副市长张学军参观规划成果展

省建设厅副厅长黄旭升检查郑州市规划工作

建设厅检查组在郑检查指导工作

工作人员无偿献血

慈善捐款

节假日植树

郑州市卫生局

国家发改委副主任、国务院医改办主任孙志刚在郑州市调研医改工作

卫生部副部长刘谦出席郑州市委托商业保险机构开展新农合经办服务启动仪式，并视察新农合补助服务中心建设工作

省委常委、市委书记连维良参加郑州市优质医疗卫生资源倍增工程首批入驻宜居健康城“三院一校”项目开工奠基仪式

省委常委、代市长吴天君参加新农合经办服务启动仪式

卫生部大型公益项目、郑州市政府惠民工程“健康快车郑州行”活动启动仪式

副市长刘东视察餐饮企业食品安全工作

卫生部办公厅主任侯岩视察郑州市航海东路社区卫生服务中心

第四届全国“新医改·新实践”高层论坛在郑州市举行

郑州市卫生系统天使赞歌—向建党90周年献礼文艺汇演

郑州市林业局

省委书记卢展工、市委书记连维良、省林业厅厅长王照平参加义务植树

省长郭庚茂、市长赵建才参加义务植树

国家林业局局长贾治邦视察郑州林业工作

省委常委、代市长吴天君，省长助理何东成，省辖市正市长级干部王林贺参观蝴蝶兰展会

市委副书记王璋调研林业工作

郑州市创建国家森林城市动员会

郑州市林业局

尖岗水库水源涵养林

郑州滨黄河森林公园示范园

郑州市义务植树动员大会

郑州滨黄河森林公园示范园开工仪式

郑州中国绿博园首届端午文化节开幕式

郑州中国绿博园开园一周年庆典暨河南郑州首届蝴蝶兰花展览会开幕式

郑州文博森林公园

郑州市水务局

省长郭庚茂视察中牟县堤里小清河治理工程

副省长刘满仓视察南水北调工程项目

副市长朱是西视察生态水系工程建设

水利部巡视组视察郑州市病险水库施工现场

郑州市节水型城市复查会

全市水利工作会议

郑东新区如意湖

梦幻水景

郑 州 市 水 务 局

局长陈松林调研水库除险加固工程建设

郑州市引黄提灌泵站施工现场

生态水系建设成果

金水河分水口

十七里河生态水景

农村自来水厂

东风渠

巩义市后寺河水库

登封市王堂水库

中共郑州市委党校

全国政协外事委员会副主任、外交学院院长吴建民在郑州市委党校讲学

中央社会主义学院党组书记、第一副院长叶小文在郑州市委党校作报告

市委常委、组织部部长高建慧为学员作报告

2011年军转干部培训班开学典礼

党校庆祝建党90周年红歌赛

全省党校系统教学工作研讨会

党校2011年秋季学期开学典礼

党校庆祝中国共产党成立90周年理论研讨会

省委组织部领导与郑州市委党校新疆班学员座谈

郑州市党校系统第六届教学大赛颁奖典礼

开展文明交通志愿服务活动

郑州市地方

副市长刘东在全市地方史志工作会议上讲话

主任马斐颖在全市地方史志工作会议上作工作报告

主任马斐颖、常务副主任李志刚调研驻村帮扶工作

办领导参观省反腐倡廉建设展览

史志工作年中推进会

“郑州市建市时间”论证会

《郑州名典》编纂专家研讨会

史志办公室

“党建实践活动月”动员大会

史志办领导节日期间慰问老干部

在清华大学举办的郑州市史志干部综合素质提升班开学典礼

交通志愿者街头执勤

参观革命圣地延安

第二轮《郑州市志》

市县两级年鉴

郑州市人民

省委常委、市委书记连维良视察中州大道过街通道

代市长吴天君视察大同路人防工程防汛和纳凉工作

市政协主席李秀奇视察森林公园地下通道工程建设工作

市人大代表、市政协委员考察调研人防工程

人防工程抢险

参加省人防协会2011年年会暨七届人民防空理论学术研讨会

防　空　办　公　室

人防办领导慰问万滩镇帮扶村村民

市人防办组织参加“小红帽在行动”文明交通志愿者活动

市人防办在绿城广场开展防灾减灾宣传活动

郑 州 火 车 站 地

省委常委、市委书记连维良视察站区“创文”工作

代市长吴天君一行视察车站西广场

市委常委、市纪委书记、省会创文窗口行业整治指挥部指挥长王璋在省会创文窗口行业整治工作督导现场会上作重要讲话

副市长、市公安局局长黄保卫视察火车站地区综合整治工作

副市长刘东在火车站地区视察工作

郑州火车站地区管委会举办庆七一·党旗指引向前进大型文艺会演

区管理委员会

郑州站区党工委书记、管委会党委书记、主任刘国正在经验交流会上作典型发言

郑州火车站地区管委会书记高水乾带领管委会干部慰问白寨村村民

第22届全国火车站地区综合管理经验交流会在黄河迎宾馆召开

火车站地区开展文明志愿者服务活动

郑州火车站地区管委会开展文明使者行动

火车站地区开展政风行风评议活动

省会创建文明城市窗口行业整治工作督导现场会在站区召开

郑州火车站地区管委会冒雨召开整治提升动员大会

郑州市公安消防支队

营救坍塌建筑中被困民工

发放执法监督和抢险救援车

全面落实基层网格化消防管理
加快构建社会化火灾防控体系

消防战士营救跳桥女子

扑救化学品爆炸引发的火灾

机场高速收费站在建工地坍塌救援

扑救建筑工地火灾

郑州消防志愿者冬季防火百日宣传活动

全市深入推进基层消防网格精细化管理、全面加强“清剿火患”战役工作会议

郑州市高层建筑消防安全专项治理动员大会

消防宣传活动

郑州市消防安全“五大”活动秋季攻坚专项行动启动仪式

重大火灾隐患单位挂牌

乡镇（街道）和社区昼夜开展消防巡逻

郑州市加强消防安全防控 深入开展“清剿火患”战役动员会

组织“十二五”消防工作发展规划会议

郑州市高层建筑消防安全宣传教育

郑州市建筑消防设施专项治理动员部署会

《郑州市消防安全责任制实施办法》宣贯会

全市冬季防火暨深入推进“清剿火患”战役工作会议

全市城中村消防安全专项整治工作推进会

丹尼斯专职消防队员

教育系统组织消防知识培训

全市配备100辆电动消防巡逻车

乡镇（街道）消防器材库

学习自动喷水灭火系统知识

郑州华润燃气

副市长朱是西在郑州华润燃气热线服务大厅视察

华润集团总经理乔世波在郑州华润燃气视察

郑州华润燃气与龙湖镇政府签订特许经营协议

华电华润分布式能源（郑州）有限公司股东协议签约仪式

郑州华润燃气开展抢险演练

郑州华润燃气牛师傅服务队开展“三关爱”志愿服务活动

郑州华润燃气收到市民表扬感谢锦旗

郑州华润燃气召开打击偷盗气专项治理工作动员会

郑州华润燃气西气东输二线施工现场

股份有限公司

郑州华润燃气开展庆祝建党90周年诗歌朗诵会

郑州华润燃气关爱女职工，开展服务礼仪培训讲座

郑州华润燃气召开优秀员工表彰会

郑州华润燃气联合部分华润驻郑企业开展爱心捐助

郑州华润燃气持续组织开展市民看燃气活动

郑州华润燃气员工参加郑州市团市委组织的植树节活动

郑州华润燃气宽敞明亮的“一站式”服务大厅

郑州华润燃气“百尊”牌燃气具体验馆

郑州华润燃气加气站IC卡自助缴费

郑州市教育局

副市长刘东视察郑州市第四十八中学新建项目

副市长刘东察看校车安全情况

河南省中小学教师援疆培训项目郑州市首批援疆支教教师欢送大会

郑州市优质教育资源倍增工程新闻发布会

郑州市第七十八中学等七所学校幼儿园开工仪式

2011年郑州市中小学校幼儿园建设工作会议

郑州旅游职业学院新校区奠基仪式

中原区外国语小学教师节前开展宣誓争做一名好教师活动

郑州市2011年教师节庆祝暨表彰大会

郑州市体育局

团结向上的体育局领导班子

局长李庆山在全民健身活动现场

市体育局向帮扶社区赠送办公机具

郑州市代表团参加第七届城市运动会，金牌奖牌数创历史新高

全民健身活动月活动

少林拳进课堂活动

局长李庆山欢迎亚运会郑州籍获奖运动员凯旋

郑州运动员李昀琦在第七届城市运动会游泳比赛中夺冠

第七届城市运动会开幕式郑州市体育代表团入场

郑州市畜牧局

团结求实、开拓创新的市畜牧局领导班子

副市长朱是西对畜牧业进行调研

郑州市“十二五”现代畜牧业发展规划论证会

畜产品质量安全监督检验中心工作人员进行检验操作

登封宝融养殖有限公司现代化养殖场

黄河滩区放养的黑白花奶牛

高标准养殖小区

第二十二篇　科学技术

科技综述

【概况】2011年，郑州市科技工作按照加快中原经济区、郑州都市区建设的总体要求，紧紧围绕市委、市政府中心工作，以支撑经济发展方式转变为主线，以提高创新能力为核心，着力加强自主创新，推动科技进步，大力发展高新技术产业，强力培育发展战略新兴产业，强化目标管理，取得了明显成效。创新工程62家企业的68个项目完成投资24亿元；3年累计完成投资117.8亿元，占3年总投资计划92.7亿元的127.1%。高新技术产业实现产值2827.3亿元，同比增长34.9%，占全省高新技术产业实现产值总量的33%；实现高新技术工业增加值867.7亿元，同比增长30.4%。全市专利申请量达到10997件，同比增长34%，占全省专利申请总量的1/3；全市专利授权量6141件，同比增长8%，占全省总授权量的1/3。实现技术合同成交额55.02亿元，同比增长16.3%，占全省总成交额的55%。培育创新型试点企业56家，总数达到163家。科技进步对经济增长的贡献率达到56%。

积极创造优秀业绩。（1）郑州市成功荣获“全国科技进步先进市”称号。这是郑州市第五次蝉联此项荣誉。市委书记连维良、代市长吴天君、市委统战部部长王跃华和市科技局局长苗晋琦被评为“2011年全国（县）市科技进步考核先进个人”。郑州市及所辖县（市）区全部通过2009-2010年度全国科技进步考核，其中金水区、二七区、管城回族区和中原区获得“2011年全国县（市）科技进步考核科技进步先进县（市）”荣誉称号。（2）积极创造条件，帮助企业争取到上级非政策性均衡分配科技资金共计19285万元。其中，国家级科技资金8284万元，省级科技资金11001万元。（3）认真落实市委、市政府“四进”工作部署，积极谋划“四进”项目101项。其中，推荐进入国家部委规划项目 47项，已进入36项，成功率为77%；推荐进入省规划项目52项，已进入40项，成功率为77%；谋划央企规划项目2项，已进入规划项目2项，成功率为100%。2011年已开工项目达到42个，完成投资额近90亿元。（4）按照市委书记连维良指示精神，对“三环快速化工程”方案进行优化、提升，节约资金6.1亿元，提高通行能力15%。对郑州市16个新建高速出入市口互通立交方案进行了优化，预期可节约资金1.7亿元，节约土地13.01公顷，提高通行能力30%-40%。（5）加强科技创新和科技项目管理，全面提升自主创新能力。在2011年全省科技系统先进单位考核中，荣获“全省科技系统管理先进单位”称号。（6）市科技局在全市“六联系”工作考核中被评为先进单位。驻郑科研院所首席服务官小组、市科技局驻管城区烟厂后街社区工作组被市委、市政府评为“六联系”工作先进单位。其

郑州市获国家知识产权工作示范城市荣誉称号

中市科技局驻管城区烟厂后街社区工作组六联工作经验得到市委书记连维良两次批示表扬，并在全市进行宣传推广。（7）全市高新技术产业产值和高新技术工业增加值分别居全省18个城市第一位，中部6个省会城市第三位，全国27个省会城市第七位（前移1位），全国35个大中城市第十五位（前移1位），其增速分别高于全市地区生产总值和规模以上工业增加值增速20个百分点和8个百分点，对GDP的贡献显著增强。（8）产学研合作向纵深发展。促成了8家企业与西安交大联合建设研发中心意向，其中，宇通客车、郑煤机、三磨所与西安交大联建的研发中心有望冲击国家级工程技术研究中心和国家级重点实验室；促成了11家企业与西安交大开展产学研项目合作。（9）创新型城市建设取得重要进展。引导创新要素集聚，培育创新型企业和创新型产业集聚区，得到了科技部的高度重视和初步认可。（10）全市专利申请量突破了1万件。国家知识产权局在郑州市建立了全国唯一一家国家级知识产权创意产业试点园区，成为全国知识产权创意产业发展的示范和样板。

【科技规划编制、修订工作】2011年，郑州市科学编制科技规划，强化支撑引领作用。先后出台实施了《郑州市委、郑州市人民政府关于加快发展高新技术产业的若干意见》《郑州市自主创新体系建设与发展规划》《郑州市“十二五”科技发展规划》《郑州市科技人才发展规划（2011-2020）》《郑州市知识产权事业发展“十二五”规划》等一系列科技发展规划；修订了《郑州市科学技术奖励办法》；制定了“推进科技发展先行先试5条措施”。

【实施重大科技专项】2011年，市科技局围绕现代装备制造、信息技术、新能源、新材料、节能环保、都市农业等领域，实施了6个重大科技专项。市本级科技经费投入3200万元，带动项目承担单位近3亿元的创新投入。项目研发成果均具有国内先进水平，部分项目成果达到国际先进水平。已完成新产品、新技术、新工艺开发45项；申报专利230项，其中发明专利15项，授权专利25项；培育创新人才210人；建立生产线10条。

【实施重大科技工程】以实施重大科技工程为引导，培育新的经济增长点。国家“十城千辆”新能源汽车示范应用工程、国家“十城万盏”半导体照明应用试点工程取得重要进展。全市已有546辆新能源汽车在线示范运行，示范车辆累计运行528万公里；已建设纯电动汽车大型充电站1座，安装充电柱（柜）254个；新建大型节能与新能源汽车信息管理服务平台1个。全市已安装应用半导体照明灯具15276盏，已完成投资1.3亿元。截至2011年底，全市半导体照明灯共节电799万度，节约电费559万元，节电率达68%，能够减少温室气体排放约7990吨，同时节约更换及维护费用91万元。2个国家级科技工程的实施，推动了新能源汽车和半导体照明产业的快速发展。截至2011年12月底，全市自主创新工程62家企业的68个项目全部竣工投产，全年实现销售收入突破200亿元。生茂光电、新天科技、好想你枣业等16家企业销售收入同比增长100%以上。2011年有2家自主创新工程企业成功上市。

【创新型城市建设】在省科技厅的大力支持和帮助下，市政府领导亲自带队赴科技部汇报郑州市创新型城市建设工作，得到了科技部主要领导的高度重视和充分肯定。1月17日，全国政协副主席、科技部部长万刚签批郑州市为新一批国家创新型试点城市，标志着郑州市国家创新型试点城市创建工作初获成功。2011年，全市培育创新型试点企业163家，其中省级试点企业46家、省级示范企业31家、国家级创新型企业3家。启动超硬材料产业技术创新联盟和创新型产业集聚区的培育工作，通过创新型企业、产业技术创新联盟和产业集聚区的有机结合和互动发展，全力推进创新型城市建设。

【创新体系建设】2011年，郑州市以研发和服务平台建设为基础，加强创新体系建设。全年新认定

郑州市卫星导航应用工程技术研究中心产品生产线

2011年度郑州市科技进步奖获奖项目目录

一、一等奖

项目名称	主要完成单位	主要完成人
粉状钎料产业化关键技术研究	郑州机械研究所	乔培新 钟素娟 杨继东 裴夤鋆 张 雷 龙伟民 张 强 潘建军 刘文明 于新泉 李 涛 程亚芳 马 力 黄俊兰 丁天然
QLY100型轮胎动臂风电起重机	郑州新大方重工科技有限公司	张志华 黄耀怡 李 纲 王玉青 景海州 严大考 马少群 代 宇 王利英 苏春霞 韩林山 杨汴华 上官林建 刘彦玲 张艳丽
顶燃式热风炉用耐火材料配置及AH系列红柱石砖的研究和应用	郑州安耐克实业有限公司、首钢国际工程技术有限公司、中冶京诚工程技术有限公司、郑州大学	李富朝 李建涛 孙庚辰 张福明 程树森 胡祖瑞 吴启常 姜凤山 叶国田 李素平 贾全利 陈泉峰 王国峰 周国录 闫举欣
基于云计算和SOA架构的科技资源共享平台	中国人民解放军信息工程大学、郑州市科学技术情报研究所、河南山谷创新网络科技有限公司、郑州同诚世纪信息技术有限公司	朱智强 王济昌 尹明理 方振乾 李 峥 唐慧林 温 波 谢 谢 张东巍 吴绍民 汪 洋 陈 喆 刘文超 霍小四 张 丽
VC-7850电力系统同步时钟	郑州威科姆科技股份有限公司、河南省电力勘测设计院	贾小波 吴淑琴 黄殿勋 李海超 李 波 郭 萍 王文瑜 李军华 尤 伟 杨振敏 郭 明 蒲保国 游海港 邹世合 张筱南
D-核糖发酵生产新工艺	郑州拓洋生物工程有限公司	黄惠英 崔凤霞 闫世梁 王敬臣 张生克 徐 琳 史小利 刘银霞 王新华 宋向军 秦天苍 郭金权 李 林 朱腾跃 高 莉
圆春甘蓝的选育及应用研究	郑州市蔬菜研究所、郑州市农林科学研究所、许昌市农业科学研究所、信阳市农业科学研究所、洛阳市农业科学研究院	刘艳波 郭 竞 史小强 杨金兰 宋小南 王金霞 李永辉 龚 攀 周晓明 岳红丽 李玉霞 薛东戈 张春奇 李 静 郑观州

二、二等奖

项目名称	主要完成单位	主要完成人
预焙铝电解电流强化与高效节能综合技术的开发及应用	郑州龙祥铝业有限公司	李 劼 肖胜华 邹 忠 吕晓军 张宏安 丁凤其 丁振涛 谢长春 刘 驰 张文根
速冻调理中式菜肴食品关键技术研究与产业化示范	郑州三全食品股份有限公司、郑州轻工业学院	黄忠民 张 华 王凯旭 艾志录 王 斌
高产稳产广适抗虫棉郑杂棉3号选育与应用	郑州市农林科学研究所	贾新合 刘书梅 郝俊杰 朱卫红 赵国栋 邢彩云 李军岭 李 宾 武素琴 刘依依
负压吸引治疗技术在深度烧伤创面的实验及临床研究	郑州市第一人民医院	魏 莹 赵耀华 牛希华 田社民 李延仓 张业龙 姬 芳 王淑珍 景福琴 简玉洛
基于Internet和无线移动通信技术的蔬菜病虫害防治专家系统	郑州市蔬菜研究所	赵建设 王从亭 冯 晓 孟海利 郭 竞 李文跃 胡 峰 陈卫宏 赵英凯 白 瑞

优质、高产、广适玉米新品种郑韩9号选育及示范推广	河南郑韩种业科技有限公司、新郑市农业农村工作委员会	郭文定 赵亚丽 刘华伟 高丽美 张宪军 高洪涛 孙伟杰 李 威 郭凯勋 贾毓沛
化疗联合细胞因子诱导的杀伤细胞治疗食管癌的分子机制及临床应用研究	郑州人民医院	梅家转 刘桂举 李玉华 栗 敏 李瑞君 林宏伟 冯睿婷
中医"治未病"理论指导下的社区痰湿型体质居民健康管理模式研究	郑州市中医院	徐学功 封银曼 虞 婕 张 燕 王丽萍 白明学 杨晓正 张 宏 刘艳霞
优质高产中熟棉新品种英华1号选育及应用	郑州英华优质棉研究所、中国科学院遗传与发育生物学研究所	刘英华 胡赞民 许喜兰 陈宇红 朱 伟 尹维波 苗友顺 杨建平 白 瑞 刘书梅
优质高产多抗玉米新品种郑农7278选育与应用	郑州市农林科学研究所	张明友 王金召 马巧云 刘劲哲 黄录焕 陈 庆 王 超 王花荣 王 健 别 海
不典型性骨感染与恶性骨肿瘤的影像学鉴别诊断研究	郑州市骨科医院	牛军杰 连鸿凯 刘建惠 王晓燕 岳瑞杰 郭侨阁 王顺利 张建保 赵 兵 丁 力
早熟、高产西瓜新品种"福祺早抗3号"选育和应用	郑州大学、河南省庆发种业有限公司、三门峡市农业技术推广站、河南省农业科学院农业经济与信息研究中心、河南省标准研究院	陈继峰 臧 新 舒海燕 周建方 位 芳 胡安杰 宋淑敏 蔡毓新 宋 铮 田保明
郑州绿色大蒜标准化生产技术规程研究及产业化开发	郑州市植保植检站、河南农业大学植物保护学院、开封市植物保护植物检疫站、中牟县植保植检站、新郑市植保植检站	沙广乐 胡 锐 邢彩云 王振跃 李延伦 吴营昌 李丽霞 杨爱华 柴 升 樊会丽
500目级超微粉碎技术在兽用中药开发中的应用研究	河南省康星药业有限公司	张国祖 李荣誉 马仲彬 于 瑞 刘永录 孔维丽 王海蓝 陈献忠 刘瑞丽 曹凌杰
疮疡灵/明胶海绵复合物的制备及防治干槽症的临床研究	郑州市中心医院	张 瑞 张 朋 陈 卓 闫大勇 谢 冰 赵 曼 金 焰 常凤鸣 刘惠莉 赵少轶
鸡新城疫监测模型的研究与应用	郑州市动物疫病预防控制中心、巩义市动物疫病预防控制中心、荥阳市动物疫病预防控制中心、登封市单位疫病预防控制中心	宋庆华 刘 炜 刘 星 贾松涛 朱凤霞 姚巧转 崔新洪 李丙彦 黄俊克 牛新河
甲基丙二酸半胱氨酸在小儿早期维生素B12缺乏症诊断中的作用	郑州市儿童医院	刘 炜 贾国存 李彦格 毛彦娜 邹旭凤 张红梅 李慧霞 管玉洁 李彩霞 宋继军
猪鸡高效低排放饲料产业化关键技术研究与示范	河南广安生物科技股份有限公司	高天增 李振田 陈行杰 廖 晖 马桂变 焦喜兰 刘金志 程 伟 侯为民 杨天良
家兔品种引进筛选及高效养殖新技术研究	郑州市农林科学研究所	李艳玲 朱松波 王福顺 李 翠 袁春景 杨玉荣 吴任宏 郭志刚 高延玲 栗当苗
酶解-膜分离耦合生产红枣多糖	好想你枣业股份有限公司、郑州轻工业学院	石聚领 石 勇 刘 寅 王 娜 高志松 刘春江 王永斌 丁 璞 王新才 马留照

额肌悬吊术和上睑提肌-额肌吻合术治疗先天性上睑下垂	郑州市第二人民医院	孔　宇　刘建国　梁申芝　刘金荣 袁　军　谢　可　陈　鹏　刘建荣 杨　丽
高效酪酸芽孢杆菌微生态饲料添加剂的研制	河南工业大学、郑州金百合生物工程有限公司	刘来亭　杜灵广　张　勇　蔡凤英 杨国浩　殷海成　王付转　尹艳丽 崔朝霞　赵银丽
便携式单一毒性气体检测仪	河南汉威电子股份有限公司	尚中锋　李志刚　俎伟明　李宇波 李明辉　张崇军　司志高　刘　宁 朱月华　陈存广
等离子电切治疗重度高危前列腺增生临床研究	郑州市第三人民医院	葛永超　冯金顺　袁志浩　张　力 王　鹏　王道协　陈世林　邱晓辉 刘贤良　段　堃
热释电红外传感器	郑州炜盛电子科技有限公司	范子亮　祁明锋　钟克创　张小水 韩　斌　高胜国　古瑞琴　彤建娜 娄巧云　贾欣琦
医用肛周治疗仪	郑州优德实业股份有限公司	牛留栓　陈洪生　黄作辉　彭志超 樊绍立　徐　迪　胡文志　王改丽 杨　静　李国真
霍姆复合溶液在创伤性休克急救中的临床研究	郑州人民医院	张思森　张延军　刘　青　戚文涛 徐彦立　刘洪涛　付晓丽
网络化全自动流水线型智能电能表检定系统	郑州三晖电气股份有限公司	金双寿　余义宙　刘俊忠　刘少广 李　伟　李善生　张爱华　宋鹏立 朱亚珂　张希君
早期运动康复对急性脑梗死血浆BDNF、NGF水平及运动功能影响的研究	郑州人民医院	袁学谦　王　艳　张莉峰　朱太卿 王爱丽　王焕荣　王慧贞　肖悠美 贺春侠　郭延芳
基于省集中模式的电力营销业务应用系统	河南腾龙信息工程有限公司	曹益陆　胡占廷　宋　伟　颜中原 秦　楠　王宏民　杨　琳　华　隽 孙　静　胡宗山
农产品冷藏物流过程品质动态监测与跟踪系统	郑州轻工业学院	甘　勇　张　涛　李娜娜　韩　丽 户　刚
TFZh型铁路灾害综合监控预警系统	河南辉煌科技股份有限公司	谢春生　李劲松　苗卫东　郭治国 冯　勇　程传斌　李轶群　马　剑 何韦华　周天福
白芍总苷加来氟米特治疗类风湿关节炎时肝保护及对炎性因子的影响	郑州人民医院、郑州市妇幼保健院、郑州市儿童医院	史丽璞　朱明慧　马应杰　王大忠 和　雅　崔　晴　郭　凯　杨国强 李晓霞
工业部件气密性能检测仪	郑州斯倍思机电有限公司、郑州轻工业学院	黄军垒　安小宇　郭　瑞　李　杰 赵新辉　史　博　冯巧玲　李银华 楚储朋　冯二英
IGF-1、HMAM在乳腺癌外周血中表达的临床病理研究	郑州大学第一附属医院	李靖若　李孟圈　裴新红　宋一民 杨　振　冯凌飞　付　靖　王富英 刘　艳
ZBW-12/0.4-30-1600箱式变电站	索凌电气有限公司	刘建山　薛　冰　陈新国　王丽莉 厉　雪　施万胜　任怀志　王同涵 李学明　张剑锋
GUS500型电源车发电机组自动电子调速器	郑州金阳电气有限公司	牛星军　王晓鹏　史清晨　刘根成 张宏斌　孙爱民　杜学中　焦慧平 刘建风　崔付军

椎间盘镜下同种异体骨植骨联合自体骨髓移植治疗骨不连的临床研究	郑州市骨科医院	樊 洁 刘 斌 连鸿凯 白 玉 周 萍 沈 燕 郭文琴 陈姿余
政府采购领域企业信用评价体系研究与信息系统开发	郑州市社会信用服务中心、河南英威达科技有限公司	李德耀 祝遵刚 沈立承 金秀珍 芦 珊 张申英 李东豪 丁文方 张艳霞 何 祎
改良激光虹膜成形术在闭角型青光眼治疗中的应用研究	郑州市第二人民医院	钱立峰 孔 宇 王贝贝 李 臻 付俊芝 高雪霞 王 骞 柴 焱 郝燕燕 陈 鹏
智能超声波热量表	河南新天科技股份有限公司	费战波 袁金龙 楚栋庭 关保东 张 毅 李 煊 田明欣 毛柏臣 张俊峰 李桂芬
艾滋病合并结核与CD4细胞的相关性研究	郑州市第六人民医院	孙 燕 赵清霞 何 云 刘宝琴 刘建民 马 超 刘春礼
YGD450型填充值测定仪	郑州嘉德机电科技有限公司	黄卫东 任建军 于永民 牛 罡 常 诚 曾 波 牛润杰 任静霞 孟 科 郝富贵
PTEN、GSK-3β、FAK在星形细胞瘤中的表达及意义	郑州市第二人民医院	夏熙双 黄 黛 杨 涛 余少正 张爱红 李 乐 彭少振 丁攀峰 王晓鸣 满 勇
额定电压0.6/1千伏陶瓷化硅橡胶绝缘防火电力电缆	郑州电缆有限公司	樊 华 温胜军 慕跃军 李红西 卢 宇 安乐民 付建平 代占勇 柴晓东 刘豪杰
电动汽车电源管理系统	河南鸿马实业有限公司	马鸿军 王艳秋 袁洪川 王秋荣 马 芬 万里瑞 王庆民 韩新兵
掌上办税大厅系统	河南航天金穗电子有限公司	陆振华 廖顺秋 李彦伟 杨红建 焦慧平 崔金良 陈会刚 沙立恒 刘 凯
瘤段骨非离体乙醇灭活重建治疗骨干部恶性骨肿瘤临床应用	郑州市骨科医院	连鸿凯 李国艳 海国栋 王顺利 李柘黄 李甲振 王 勤 史迎宾
高压计量培训装置	郑州万特电气有限公司	支长义 董生怀 王占清 刘 沛 张 晓 柴书峰 张军防 袁洪岭 贺东升 张军照
2型糖尿病肌肉萎缩及其罗格列酮对其拮抗机制实验研究	郑州市疾病预防控制中心	胡君平 周英发 孟庆玉 赵亚丽 王晓楠 李肖红 葛少林 王 宁 王松强 常战军
GUS600型电源车发电机组自动同步并车控制器	郑州金阳电气有限公司	王晓鹏 聂水湘 陈俊民 牛星军 韩金涛 朱李云 崔付军 刘根成 刘建风 张宏斌
科普书屋可视化网络管理系统	解放军信息工程大学	耿 卫 马增军 吴绍民 陈恭恩 牛鹏超 田苗青 韩 涛 付永恒 商 煜 尤江东
牙冠延长术联合修复正畸保留残根残冠的临床应用	郑州市口腔医院	孙 予 程 涛 陈 栋 韩 峰 刘党利 宋惠云 宜云州
高端轻型商用卡车研发及应用	郑州日产汽车有限公司	王冬成 李付军 李广府 高 嘉 王 铮 刘 永 赵石鑫 王亚南 梅继华 李永波

4YZ-4W型自走式不对行玉米联合收获机	郑州中联收获机械有限公司	满金海 谢文东 权新涛 王明军 司 毅 赵 升 姚海瑞
经鼻气管插管全麻口咽松解后路钉板固定治疗难复性寰枢关节脱位临床研究	郑州市骨科医院	翟明玉 梅 伟 王祥善 王春萍 樊艳君 朱耀辉 许 路 王春丽 王庆德 王 龙
高分子熔体板式过滤装置	郑州德奥科技有限公司、郑州安吉化工塑料机械厂	殷洪波 杨银良 祁 萌 王振保 谢 君 张晓凯 苟海军 裴靖婕 翟立雷 王东旭
亚临床动脉粥样硬化性疾病的新标志物－单核细胞环氧合酶-2	郑州人民医院、河南省人民医院、河南省职业病防治研究所	朱明慧 王留意 刘旭华 史丽璞 娄 勇 吕玉民 郭 凯 杨 谊 杨 霞
新三王4LZ-2型履带式全喂入油菜联合收获机	郑州三中收获实业有限公司、河南三中通用机械有限公司、郑州丰裕农机装备科技有限公司	李鲁予 刘 博 弓永红 王 勇 刘朝旭 弓金川 弓胜军 赵玉成 郭晓红 宋明亮
轮胎移动式建筑垃圾再生系统集成设备	郑州一帆机械设备有限公司	袁海生 周卫东 赵荣富 蒋继锋 张志业 杨安民 陈 鹤 张 科
严重泌尿生殖系创伤的中西医结合治疗	郑州市第二人民医院	穆 强 张 涛 王炜鹏 刘金荣 王建萍 刘湘玲 司迎朝 苏小凯 王福同 周宏建
YT3621矿用自卸汽车	郑州宇通重工有限公司	任战平 刘 斌 李 滟 张相瑞 郑逢良 向 锋 郭战涛 毛国超 张秀春 李光照
钢丝连续式水浴热处理生产技术开发	中钢集团郑州金属制品研究院有限公司	宋 为 王宝玉 汪 凯 陈红献 曹德付
腹膜后干细胞移植治疗门静脉高压症的临床研究	郑州人民医院	仝现州 陈 涛 李红普 刘凌云 孙智慧 侯国欣 李建军 韩文豪 刘 磊 仝麟龙
硬质合金工具钎焊工艺及材料关键技术的开发	郑州机械研究所	龙伟民 乔培新 朱 坤 裴夤崟 于新泉 张 强 刘文明 钟素娟 张 雷 毛学港
镁铝铬复合尖晶石砖	郑州华威耐火材料股份有限公司	慕松林 郑化轸 王慧洲 王建营 郑宏伟 黄 昕 王新超 姚 峰 聂红强 郑花萍
超大直径切削刀具用聚晶金刚石复合片开发研究	河南四方达超硬材料股份有限公司	方海江 张迎九 付玉霞 杨国栋 杨爱勇 罗宗举 方春凤 贾许民 李宏利 张卫印
低气孔高荷软特种黏土砖	巩义市五耐科技开发有限公司、河南省林州市伟隆硅线石有限公司	林彬荫 郭长江 张新玉 校松波 袁 野 柯元硕 王春生 张灿星 张亚锋 李明欢
模压成型MΦ520高纯石墨型材的研制	河南天利碳素材料有限公司	张全利 韩新威 赵稳成 吴保军 王岭渠 韩金坡 张利明 张文义
发病情景及症状摄像回放对精神分裂症自知力恢复的影响	郑州市第九人民医院、郑州大学应用心理研究所	常国胜 赵山明 赵玉兰 李 杰 李 丽 胡和平 耿耀国 张瑞星 徐 嘉 朱重林
信息管理系统在妇幼保健工作中的应用标准体系研究	郑州市妇幼保健院	郑建梅 冯光荣 杨建萍 杨晓红 赵巧荣 周萌泥 胡忠梅 宫亚红

MF898硅酮耐候密封胶	郑州中原应用技术研究开发有限公司	张德恒 张燕红 张燕青 安 静 李 杨 邵丹丹 姚英燕 王晓红 杨晓菲 张燕玲
基于CIS/2和IFC国际标准的钢结构工程图形数据方法的创新与应用	华北水利水电学院、中国水电顾问集团西北勘测设计研究院、河南奥斯派克科技有限公司、安阳市大正钢板仓有限责任公司、郑州昌煜实业有限公司	魏 群 方寒梅 刘尚蔚 魏鲁双 朱增兵 尹伟波 贾鸿昌 郑振河 袁志刚 王成现
烟草中贮藏害虫的辐射防控技术研究	河南省科学院同位素研究所有限责任公司、天昌国际烟草有限公司、河南省科学院核农学重点实验室、郑州市核农学重点实验室	范家霖 陈云堂 华跃进 袁红星 张建伟 郭东权 杨保安 谢战胜 孔凡彬 杨 楠
组织瓣移植修复肢体创面新术式	中国人民解放军第一五三中心医院	周明武 郑喜灿 沈利群 杨瑞甫 宋 力 吕 青 陈 楠 程正祥 李士民 朱 杰
己二胺工业废液中二元胺的综合回收利用技术研究	郑州大学、河南省天择实业有限责任公司	刘国际 徐 丽 张兴喜 刘松涛 李红萍 孟 洁 王红专 雒廷亮 廉红蕾 宋怀俊
双效加热太阳能空气集热管	河南桑达能源环保有限公司	陈开碇 马俊安 李 峰 贺建彪 郭会娟 张 凯 付帮升 郭建宇 沈富平 侯中兰
Cap43在大肠肿瘤中的表达及与大肠腺瘤癌变的关系	郑州人民医院	马应杰 韩际奥 王敬真 韩 莉 冯军安 王郁杰 杨 丽 秦宝山 王水红
郑州技术转移公共服务体系建设	郑州金桥信息科技有限公司、郑州市人民政府技术市场管理办公室	杨 荃 李 霞 胡警卫 千绍彬 李 强 刘晓雷 崔 鹏 孙 明 李秀琴 彭卫锋
城市道路既有桥梁剩余承载能力及耐久性研究	郑州市西绕城公路建设发展有限公司、重庆交通大学	曾建民 向阳开 王保定 梁乃兴 沈福华 蓝祥雨 刘方明 郭 静 刘 伟 黄显贵
微细旦纤维素大豆蛋白纤维超仿真高档服装面料	中原工学院	朱正锋 宗亚宁 李双燕 章 伟 张瑞杰 徐淑萍 郭兴进 蔡丽丽 齐大鹏
一种专用运动训练飞碟靶	河南省阳光体育器材有限公司	苏 彬 李 倩 乔利稳 陈晓玲 苏 楠 周 锋 田朝翥 杨五申 赫昆峰 刘 伟
CT引导下穿刺定位仪在脊柱病变诊断中的应用研究	郑州市骨科医院	杨 勇 侯颖周 孙宜保 卢中道 陈 爽 马雪梅 鲍朝晖 牛培君 牛俊杰 白 玉
整体移位与基础隔震技术在文物保护中的应用	华北水利水电学院	张新中 唐克东 张宗敏 韩爱红 袁秀霞 武宗良 张龙飞 茹正波 傅 建 李雨阁
黄河中下游城市供水溴酸盐生成控制研究与应用	郑州自来水投资控股有限公司、中国科学院生态环境研究中心	张可欣 于建伟 韩 珀 侯煜堃 徐小兰 李 涛 沙 净 高红涛 许登阁 王永京

2011年郑州市获得河南省科技进步奖项目目录（191项）

一等奖11项

序号	学科组	项目名称	主要完成人	主要完成单位	推荐单位
1	工程技术组	堤坝除险加固高聚物注浆成套技术及装备	王复明 王建武 苏茂林 石明生 谭兴华 李宗坤 冷元宝 车爱兰 李　强 钟燕辉 张　蓓 王小亮 郝　志	郑州大学、水利部黄河水利委员会	省教育厅
2	医疗卫生组	多囊卵巢综合征源性人胚胎干细胞和间充质干细胞的基础及应用研究	阚全程 孙莹璞 王家祥 杨　波 贾延劼 王义生 许予明 董明敏 李建生 鄢文海 万鼎铭 王　芳	郑州大学第一附属医院	省卫生厅
3	农业畜牧组	优质高产强筋小麦新品种郑麦366的选育及其产业化	雷振生 吴政卿 田云峰 杨会民 王美芳 褚宏伟 邱　军 吴长城 王爱玲 宋作实 戴建勋 李宇峰 杨　攀 李生堂 何　宁	河南省农业科学院	省农科院
4	农业畜牧组	转基因抗虫杂交棉品种GS豫杂35、豫杂37的选育及其应用	房卫平 王家典 谢德意 郭三堆 唐中杰 李国海 赵元明 吕淑平 路风银 王亚州 李伶俐 赵文英 焦宏廷 吴长城 马　娜	河南省农业科学院经济作物研究所、中国农业科学院生物技术研究所	省农科院
5	电子信息组	低压电网智能能效管理关键技术研究及应用	赵兰普 刘跃新 宋晓辉 张　萍 牛元立 庄春生 赵海庆 薛允达 杨红旗 乔彦超 付　伟 许长清 张松涛 周光锋 张　鹰	河南省科学院应用物理研究所有限公司、河南省电力公司	省科学院
6	电子信息组	网络化多功能粮情监控集成技术和系统研究开发	张　元 祝玉华 甄　彤 钱向明 徐朝辉 吴建军 张红梅 程凤娟 肖　乐 廉飞宇 尹　辉 丁　伟 马武刚 许德刚	河南工业大学	省教育厅
7	农业畜牧组	四倍体泡桐创制及推广应用	范国强 孙中党 翟晓巧 王安亭 尚忠海 刘荣宁 赵振利 杨朝兴 孔维鹤 段艳芳 杨志清 张晓申 刘本彩 周　青 李建祥	河南农业大学、河南省林业科学研究院	省教育厅
8	工程技术组	受腐蚀混凝土结构计算理论和加固技术的研究与应用	高丹盈 赵顺波 贡金鑫 巴松涛 赵　军 朱海堂 李晓克 高润东 何世钦 徐宏峰 曲福来 潘丽云 张英姿 仲伟秋 王红心	郑州大学、华北水利水电学院	省教育厅
9	工程技术组	千米矿井水灾害抢救关键技术与装备研究	冯立杰 王金凤 杨武洲 李维熙 高传昌 李国景 孙国亮 张家娥 杨　郑 刘新阳 王慧智 刘振锋 马新毅 周宗恒 杨林洲	河南省矿山机电研究院有限公司、郑州大学	省安监局
10	农业畜牧组	杜仲高产胶良种选育及果园化高效集约栽培技术	李芳东 杜红岩 乌云塔娜 杜兰英 杨绍彬 傅建敏 李福海 彭兴龙 朱　琳 段经华 朱景乐 周道顺 薛建林 郭书荣 刘智勇	国家林业局泡桐研究开发中心、中南林业科技大学	省科技厅

11	农业畜牧组	禽用高效浓缩多联疫苗的研制和应用	王泽霖 陈 陆 王新卫 杨 霞 常洪涛 赵 军 王川庆 贺秀媛 姚惠霞 刘红英 李晓峰 周 欣 左新桐 查光明 周 彦	河南农业大学	省教育厅

二等奖 102项

序号	学科组	项目名称	主要完成人	主要完成单位	推荐单位
1	农业畜牧组	禽肉质量安全分析评价关键技术	张改平 邓瑞广 王自良 郭军庆 职爱民 胡骁飞 邢广旭 罗 俊 柴书军 崔玉彬	河南省动物免疫学重点实验室、河南科技学院	省农科院
2	农业畜牧组	豫南黑猪新品种培育及应用	李鹏飞 任广志 李孝法 宋元冬 陈 斌 李灵平 刘宏斌 竹学军 白跃宇 冯卫民	河南省畜禽改良站、河南农业大学	省畜牧局
3	农业畜牧组	硫氧还蛋白(Trx-h)基因调控机理及抗穗发芽小麦的创育	尹 钧 任江萍 李永春 周苏玫 李 磊 牛洪斌 郭红祥 李巧云 牛吉山 李志岗	河南农业大学	省教育厅
4	农业畜牧组	优质、广适油桃新品种中油桃4号、中油桃5号的育成与应用	王志强 牛 良 刘淑娥 鲁振华 宋银花 崔国朝 朱运钦 宗学普 高 昂 刘道伟	中国农业科学院郑州果树研究所	省科技厅
5	农业畜牧组	土-草-饲-畜系统微量元素增益效应及关键技术研究与应用	介晓磊 胡华锋 郭 孝 李 明 刘世亮 化党领 席进华 臧金灿 刘太宇 乔 磊	郑州牧业工程高等专科学校、河南农业大学	省教育厅
6	农业畜牧组	粮经饲兼用型玉米新品种郑黑糯1号选育及产业化	胡学安 周 波 薛华政 魏良明 王子明 赵 霞 吴凤兰 张 慧 李丽华 宋万友	河南省农业科学院粮食作物研究所	省农科院
7	农业畜牧组	河南省中南部小麦大面积中产变高产关键栽培技术集成创新与应用	季书琴 李向东 王汉芳 张德奇 郭 瑞 赵淑章 吕凤荣 谢耀丽 杨新志 杨 皓	河南省农业科学院小麦研究中心	省农科院
8	农业畜牧组	动物性食品中糖皮质激素类药物残留危害控制关键技术	班付国 周红霞 张发旺 贾振民 吴宁鹏 黄京燕 刘金娥 杨 瑞 舒 畅 李华岑	河南省兽药监察所	省畜牧局
9	农业畜牧组	小麦质量监控关键技术研究与示范	贺德先 马新明 王晨阳 冀亚丽 周宏美 乔占民 马冬云 李忠民 李宇峰 宋志均	河南农业大学、河南国家粮食储备库	省教育厅
10	农业畜牧组	沿黄稻区条纹叶枯病及传毒灰飞虱防控关键技术研究与应用	鲁传涛 李 莉 任应党 王锡锋 林克剑 张书杰 张德胜 杨永升 杨桂丽 刘新涛	河南省农业科学院植物保护研究所、中国农业科学院植物保护研究所	省农科院
11	农业畜牧组	蔬菜铅、镉富集特征与控制技术研究	茹广欣 赵 勇 朱秀红 阴三军 张春会 李红娟 刘文霞 舒友菊 陈现臣 黄 萍	河南农业大学、河南省林业调查规划院	省教育厅

12	农业畜牧组	河南省林业生态效益动态变化研究	王照平 王　兵 丁荣耀 李良厚 罗襄生 范定臣 赵义民 王　晶 李云峰 付祥建	河南省林业科学研究院、河南省林业厅	省林业厅
13	农业畜牧组	肉牛绿色健康养殖关键技术	王居强 王越英 王金和 陈付英 孙攀峰 肖　杰 牛　晖 马桂变 何　晖 陈功义	河南省肉牛工程技术研究中心、南乐县洪发肉牛繁育场	省科技厅
14	机械电气组	数字化变电站技术推广应用	王政涛 王　锐 杨成兴 李海星 王正刚 赵仲民 李瑞生 张学深 王忠强 张项安	河南省电力公司、许继集团有限公司	省电力公司
15	机械电气组	网络环境下生产企业制造信息系统集成技术研究	施进发 宗思生 沙全友 孙建华 于永玲 周渝慧 蒋志强 胡中艳 刘　芳 张　霖	郑州航空工业管理学院	省教育厅
16	机械电气组	中小孔精密磨削设备的设计理论及其关键技术研究及应用	沙　杰 吴剑峰 曹志中 蔡　干 吴海宏 李焕锋 陈国防 何文平 李爱民 汪　敏	河南工业大学	省教育厅
17	机械电气组	新型喷涂机械手控制系统开发与研究	华红艳 孙　标 张　臻 张海军 王春彦 余桂霞 曹海旺 赵　成 楚随英 郭荣幸	郑州航空工业管理学院	省教育厅
18	机械电气组	电网设备实时状态监测体系研究及系统实现	王　刚 刘韶林 周　宁 郭志民 王国栋 阎　东 黄文峰 郭祥富 马建伟 李　哲	河南电力试验研究院、河南省电力公司	省电力公司
19	机械电气组	面向低碳经济的电力调度交易理论研究及技术支持系统开发和应用	张晓华 尚金成 赵国喜 王　文 王清敏 程　鹏 宋艳军 何　洋 马　勇 姚　佳	河南省电力公司、中国电力科学研究院	省电力公司
20	机械电气组	高端轻型商用卡车研发及应用	王冬成 李付军 李广府 高　嘉 王　铮 刘　永 赵石鑫 王亚南 卢良清 李永波	郑州日产汽车有限公司	郑州市
21	机械电气组	自走式烟草收获机研制	李　燕 刘　军 李建伟 李慧琴 王秀山 马燕如 黄伟华 王　栋 张秀丽 赵汉雨	河南农业大学、国家烟草栽培生理生化研究基地	省教育厅
22	电子信息组	基于云计算和SOA架构的科技资源共享平台	朱智强 王济昌 尹明理 方振乾 李　峥 唐慧林 温　波 吴绍民 谢　谢 张东巍	中国人民解放军信息工程大学、郑州市科学技术情报研究所	郑州市
23	电子信息组	协同式固件代码逆向分析系统	尹　青 何红旗 舒　辉 董卫宇 刘铁铭 蒋烈辉 郭玉东 谢耀滨 杨　欣 钟武玫	中国人民解放军信息工程大学	郑州市
24	电子信息组	农产品冷藏物流过程品质动态监测与跟踪系统	甘　勇 张　涛 李娜娜 张　萍 韩　丽 金保华 孙　彤 马　婧 高　涵 汪　霞	郑州轻工业学院	省教育厅
25	电子信息组	石油钻井过程异常状态预报算法及应用研究	王　杰 朱晓东 陈树伟 彭金柱 侯艳伟 李　广 安志军 王　茜 刘　琪 刘艳红	郑州大学	省教育厅

26	电子信息组	非色散性智能红外瓦斯检测装置	陈铁军 毛晓波 罗 勇 贾建华 黄俊杰 吴才章 朱志伟 张 赞 李仁玉	郑州大学	省教育厅
27	电子信息组	河南省IIC&S标准系统工程	邬恺夫 张维宁 李红蕾 朱 军 孔红生 赵玉琪 唐 虹 马 钊 张 勇 李彩红	河南省工业情报标准信息中心、河南省发展和改革委员会	省发改委
28	电子信息组	液体静力称量法石油密度计校准装置的研制	朱 茜 孔小平 武本令 李 博 许建军 尚 岚 郭 胜 丁峰元 王 琪 贾 会	河南省计量科学研究院	省质监局
29	电子信息组	大功率LED照明器具自动测量系统	王夏莲 张黎明 冯星辉 孙京红 马桂云 赵志强 谢利涛 刘长庚 刘晓霞 杨林春	河南省电子产品质量监督检验所	省工信厅
30	电子信息组	安全接入平台及移动办公终端的开发与研制	周凤珍 丁文彦 秦 龙 赵建保 智海燕 宋北光 王宏斌 远栋梁 魏国省 葛忠善	河南省电力公司、河南省电子规划研究院有限责任公司	省电力公司
31	电子信息组	用于糖尿病早期诊断与预防的测试仪研制	姜利英 鹿晓力 陈青华 柏祖进 刘红敏 任景英 路立平 郑晓婉	郑州轻工业学院	省教育厅
32	电子信息组	基于XML的密钥管理系统研究与设计	陈 莉 刘 军 张浩军 景 丽 韩 璐 李向东 程 立 陈俊慧 刘 洋 尹 辉	河南财经政法大学、河南工业大学	省教育厅
33	电子信息组	河南省江油援建工程项目监管平台建设	张 达 刘付林 刘宏奎 李新怀 刘志宏 杨晓峰 王 霆 刘新生 王世虎 高贵平	河南省建筑科学研究院有限公司	省住建厅
34	电子信息组	我国公立医院成本控制方法及应用系统研究	赵水长 张军华 韩斌斌 李瑞红 郝红增 杨承君 朱军红 王海峰	河南省人民医院	省卫生厅
35	化工材料组	粉状钎料产业化关键技术研究	乔培新 钟素娟 杨继东 裴夤崟 张 雷 龙伟民 张 强 潘建军 刘文明 于新泉	郑州机械研究所	郑州市
36	化工材料组	速冻调理中式快餐食品关键技术与产业化示范	陈 希 黄忠民 王显伦 张 华 原德树 任顺成 杨立新 谢新华 沈祥坤 马静一	郑州三全食品股份有限公司、河南工业大学	郑州市
37	化工材料组	烟草中贮藏害虫的辐射防控技术研究	范家霖 陈云堂 华跃进 袁红星 张建伟 郭东权 杨保安 谢战胜 孔凡彬 杨 楠	河南省科学院同位素研究所有限责任公司、天昌国际烟草有限公司	省科学院
38	化工材料组	D-核糖发酵生产新工艺	黄惠英 崔凤霞 闫世梁 王敬臣 张生克 徐 琳 史小利 刘银霞 王新华 宋向军	郑州拓洋生物工程有限公司	郑州市
39	化工材料组	新型烟草松散回潮设备的研制与应用	罗登山 李 斌 王道宽 堵劲松 李清华 李善莲 朱文魁 曾 强 陈良元 刘朝贤	中国烟草总公司郑州烟草研究院、福建中烟工业公司	郑州烟草院

40	化工材料组	顶燃式热风炉用耐火材料配置及AH系列红柱石砖的研究与应用	李富朝 李建涛 孙庚辰 张福明 程树森 胡祖瑞 吴启常 姜凤山 叶国田 李素平	郑州安耐克实业有限公司、北京首钢国际工程技术有限公司	郑州市
41	化工材料组	己二胺工业废液中二元胺的综合回收利用技术研究	刘国际 徐 丽 张兴喜 刘松涛 李红萍 孟 洁 王红专 雒廷亮 廉红蕾 宋怀俊	郑州大学、河南省天择实业有限责任公司	省教育厅
42	化工材料组	屏蔽在服装上的研发应用	靳需岭 李营建 朱洪英 张咏梅 靳 楠 魏莉萍	河南省服装研究所有限公司、河南工程学院	省国资委
43	化工材料组	丝瓜籽油的提取与成分分析及丝瓜籽蛋白的提取与功能特性	卢 奎 马 丽 赵东欣 王秀娟 林 强 毕艳兰 吕名秀 曹伟娜 苑立博	河南工业大学、河南工程学院	省教育厅
44	化工材料组	PAMR系列碳化硅质耐火材料、陶瓷用树脂	赵献增 李天佡 王冬梅 张文楠 张永谦 朱 靖 冯智宇 赵 晨 张 培	河南省精细化工重点实验室、河南省凯特化学实业总公司	省科学院
45	工程技术组	拱坝三维可视化仿真设计系统的研发与工程应用	魏 群 张国新 李蒲健 刘尚蔚 朱新民 宗志坚 魏鲁双 孙 凯 尹伟波 姜 华	华北水利水电学院、中国水电顾问集团西北勘测设计研究院	省教育厅
46	工程技术组	小秦岭深部金矿成矿规律与成矿预测	冯建之 岳铮生 孙卫志 王杏村 燕建设 肖荣阁 梁天佑 赵留升 杨守渠 王社全	河南省地质矿产勘查开发局第一地质调查队	省国土厅
47	工程技术组	河南省熊耳山东段金矿成矿规律及成矿预测	许令兵 李建领 滑世权 秦 臻 刘国华 田 磊 郑建州 秦跃海 王红莲 高金民	河南省有色金属地质矿产局第二地质大队	省有色金属局
48	工程技术组	钢丝连续式水浴热处理生产技术开发	宋 为 王宝玉 汪 凯 陈红献 曹德付	中钢集团郑州金属制品研究院有限公司	郑州市
49	工程技术组	生物质平模成型技术及设备研究	岳 峰 白新峰 王志伟 刘军伟 李在峰 岳增合 李宏强 刘 峰 杨树华 朱金陵	河南省科学院能源研究所有限公司、河南省生物质能源重点实验室	省科学院
50	工程技术组	郑州国际会展中心展览中心建设成套技术研究与应用	王文元 李忠卫 韩兴争 陈建设 李培卫 潘玉珀 张志强 李少华 梁 磊 刘永涛	郑州市工程质量监督站、中建八局第二建设有限公司	郑州市
51	工程技术组	预应力混凝土技术在粮食立筒群仓中的应用研究	王录民 黄海荣 张 昊 杨明宇 许启铿 李兴照 金立兵 王振清 王 薇 原 方	河南工业大学	省教育厅

52	工程技术组	黄河流域水资源利用与保护关键技术研究	薛松贵 张会言 张新海 张俊峰 张学成 王 煜 杨立彬 张建军 潘启民 王 敏	黄河勘测规划设计有限公司、水利部黄河水利委员会水文局	黄委会
53	工程技术组	滦河流域水库群联合调度及三维仿真	邱 林 王 浩 陈晓楠 王文川 柴福鑫 严登华 吴庆林 周广刚 和 吉 徐冬梅	华北水利水电学院、中国水利水电科学研究院	省教育厅
54	工程技术组	河南省沿黄地区水资源优化配置与经济社会可持续发展研究	王有振 杨明华 田 华 潘 涛 孙孝波 宋铁岭 胡凤启 王志刚 李永丽 刘晓娜	河南省水文水资源局	省水利厅
55	工程技术组	河南省农村公路建设管理关键技术研究	蒋晓明 朱理平 宋华东 武景顺 程日盛 侯曙光 张长林 苏敬勤 韩军强 陈 宝	河南省交通科学技术研究院有限公司、河南省交通运输厅公路管理局	省交通厅
56	工程技术组	波形钢腹板PC组合箱梁桥成套技术系统研究	常兴文 汤 意 万 水 李明元 戴本良 刘 江 乐 斐 李宏瑾 周艳丽 杜战军	河南省交通规划勘察设计院有限责任公司、东南大学	省交通厅
57	工程技术组	大型电站锅炉受热面管防爆漏专项检验工艺研究	宋崇民 党林贵 刘奎玉 卢允谦 陈国喜 常剑冰 李文广 郭志强 杨孝勇 张文丁	河南省锅炉压力容器安全检测研究院、河南电力试验研究院	省质监局
58	工程技术组	基于移动GIS公路养护即时决策系统的开发研究	王 鹏 郑志超 郭成超 崔 璐 惠 涛 陈忠平 武 舫 靳志堃 杨高旗 樊向阳	郑州大学、温县公路管理局	省教育厅
59	医疗卫生组	组织蛋白酶B与食管癌浸润、转移关系的研究	冯天平 赵景志 高冬玲 冯 若 赵志华 罗 琳 张云汉 庞 超 张凌云 孙 莹	河南省军区直属医院、郑州大学	省卫生厅
60	医疗卫生组	额肌悬吊术和上睑提肌-额肌吻合术治疗先天性上睑下垂	孔 宇 梁申芝 袁 军 陈 鹏 刘建荣 杨 丽	郑州市第二人民医院	郑州市
61	医疗卫生组	控制性促排卵黄体期添加雌激素对子宫内膜容受性影响的实验与临床	张翠莲 谢娟珂 张少娣 殷宝莉 李杭生 李怡君 张凌云 耿嘉瑄 谷保霞 郭海彬	河南省人民医院	省卫生厅
62	医疗卫生组	大鼠异位心脏右肺联合移植建立左室机械辅助减负荷模型	高 夏 袁丽娜 苑 星 王平凡 孙 芳 孟宪慧 张虹妍 朱汝军 梁志强 徐宏耀	河南省胸科医院、河南省疾病预防控制中心	省卫生厅
63	医疗卫生组	外排泵系统在幽门螺杆菌多重耐药中的作用机理研究	郑鹏远 唐芙爱 关方霞 刘志强 卢高峰 张 展 郑云鹏 米 阳 黄 煌 时利可	郑州大学第二附属医院	省卫生厅

64	医疗卫生组	扩大的Hassab手术治疗门脉高压症	薛焕洲 姜青锋 张 晓 申 权 孙兆菲 高春辉 王亚东 李 珂 闫宏宪 卢 冰	河南省人民医院	省卫生厅
65	医疗卫生组	现代冠状动脉搭桥术的引进与改良应用	程兆云 李 立 杨雷一 赵子牛 权晓强 田立群 赵 健 刘富荣 张志东 马会民	河南省人民医院	省卫生厅
66	医疗卫生组	小儿膀胱功能障碍及其尿动力学研究	文建国 王庆伟 文建军 王亚仑 薛 瑞 芦 山 王志敏 张瑞莉 王 焱 陈 燕	郑州大学第一附属医院	省卫生厅
67	医疗卫生组	后腹腔镜低温气腹活体供肾切取术	丁德刚 刘建军 郝建伟 全旭红 张晓利 刘 洁 孔朝辉	河南省人民医院、河南省老干部康复医院	省卫生厅
68	医疗卫生组	经鼻气管插管全麻口咽松解后路钉板固定治疗难复性寰枢关节脱位	翟明玉 梅 伟 王祥善 王春萍 樊艳君 朱耀辉 许 路 王春丽 王庆德 王 龙	郑州市骨科医院	郑州市
69	医疗卫生组	中国人常见遗传性耳聋发病机制的研究	黄 玮 张延平 刘雅莉 孙玉蕊 张宗林 李丽娜	河南省卫生厅、中国人民解放军第309医院	省卫生厅
70	医疗卫生组	清热解毒扶正法治疗老年人肺炎的临床及相关基础研究	李建生 李素云 王明航 余海滨 李 亚 王至婉 段晓颖 余学庆 王海峰 周庆伟	河南中医学院	省教育厅
71	医疗卫生组	补肾调周法治疗多囊卵巢综合征疗效机理研究	李翠萍 申 霞 黄 霞 郝兰枝 贾永艳 张丽霞 郭丽华 罗凤萍 白 蕊 李 焱	河南中医学院、河南省中医药研究院	省教育厅
72	医疗卫生组	通络愈瘫胶囊对缺血性中风气虚血瘀型患者TXB2/6-Keto-PGF1α、TN	马云枝 沈晓明 吕小红 张 铭 秦善文 邵明义 庄志江 兰 瑞 孟 闯	河南中医学院	省教育厅
73	医疗卫生组	玉米须降糖作用研究	苗明三 张志明 代丽萍 张宏志 郭 婧 苗艳艳 李玉芳	河南中医学院、郑州益圣药业有限公司	省教育厅
74	医疗卫生组	熟地黄、百合及其复方抗焦虑作用研究	崔 瑛 靖慧军 冯 静 代永霞 刘 菊 王洁华	河南中医学院	省教育厅
75	医疗卫生组	糖痹通膏穴位贴敷对糖尿病对称性多神经病变影响的研究	冯志海 李士瑾 岳 新 王永山 程旭锋 王 颖 潘 研 燕树勋 张淑香 边爱中	河南中医学院、河南省中医药研究院	省教育厅
76	医疗卫生组	PI3K/Akt/mTOR信号传导通路与食管癌发生发展关系的研究	陈奎生 李晟磊 孙淼淼 王永奎 丰 锐 罗 琳 张 威 周 强 赵志华 陈军宏	郑州大学(河南省肿瘤病理重点实验室)	省教育厅
77	医疗卫生组	儿童癫痫血清及脑脊液s-100β和胶质纤维酸性蛋白的变化及意义	高 丽 刘艳萍 丁瑛雪 许泼实 张豫华 赵素红 王彦利 许淑静	河南省人民医院	省卫生厅

78	医疗卫生组	养阴清热法诱导食管癌细胞凋亡的研究	郑玉玲 王祥麒 王新杰 刘怀民 孙太振 陈素美 郑玉琴 张淑君 李东阳 刘鸿雁	河南中医学院	省教育厅
79	医疗卫生组	葛根素对HCY诱导的血管内皮细胞GRP78基因表达的调控作用	沈晓君 赵君玫 魏群 周俐红 刘磊 徐向宇 孙宁 韩芬 魏晏 高爱社	河南中医学院	省教育厅
80	医疗卫生组	中药汤剂制备方法对煎药质量影响的研究	李学林 陈天朝 钱茜 孙广科 孟菲 刘瑞新 刘培 孟祥乐 唐进法 陶继阳	河南中医学院、北京东华原医疗设备有限责任公司	省教育厅
81	医疗卫生组	广泛性子宫颈切除术加腹膜代阴道延长术治疗早期宫颈癌的临床研究	张菊新 刘广芝 王朕华 李金凤 吴衡慧 岳松芳 凌箫鸣 李华 李伟 闫珺	河南省人民医院	省卫生厅
82	医疗卫生组	DWI和DTI对颅内占位病变的诊断价值研究	程敬亮 王斐斐 杨涛 张勇 白洁 闫晨宇 胡瑛 杨子涛 张焱 高雪梅	郑州大学第一附属医院	省卫生厅
83	医疗卫生组	大肠癌复发转移相关分子标记基础与临床研究	陈小兵 曹新广 李宁 杨铁军 罗素霞 邓文英 陈贝贝 曾军杰 韩黎丽 吕慧芳	河南省肿瘤医院	省卫生厅
84	医疗卫生组	干扰白血病相关基因表达对白血病细胞的抑制作用	孙玲 岳保红 王峰 孙慧 王芳 张洪文 王业生 王琰 姜中兴 马鸿雁	郑州大学第一附属医院	省卫生厅
85	医疗卫生组	艾滋病胸部机会性感染的影像学研究	高剑波 周志刚 郭华 岳松伟 张永高 孟祥 滕录霞 宁培钢 张焱 赵清霞	郑州大学第一附属医院	省卫生厅
86	医疗卫生组	河南省高氟饮水村分布调查	单新国 余波 张莉 王羽 侯国强 刘洋 原春生 李晓红 朱新波	河南省疾病预防控制中心、河南省卫生厅	省卫生厅
87	医疗卫生组	中医药在卒中单元中的应用	崔应麟 王峰 肖亚珍 王自斌 赵彦青 王伟民 高俊英 王松龄 徐里	河南中医学院	省教育厅
88	医疗卫生组	清热止血（血尿停）颗粒治疗小儿紫癜性肾炎血尿的疗效及机制研究	翟文生 丁樱 任献青 郭庆寅 张霞 陈文霞 杨蒙	河南中医学院	省教育厅
89	医疗卫生组	子宫内膜癌中雌激素的非基因转录效应	乔玉环 郭瑞霞 刘艳杰 陈志华	郑州大学第一附属医院	省卫生厅
90	医疗卫生组	PC调控床的研究	雷宏昌 邹凤楼 王建华 吴立军 李定杰 马长征 吕丽红 孟令广 马蕾杰	河南省肿瘤医院	省卫生厅
91	医疗卫生组	劳拉西泮等13种新药的血药浓度分析及在国人体内的药动学研究	乔海灵 郜娜 郭玉忠 田鑫 贾琳静 杨静 高孟哲 王勇 邹丹	郑州大学	省教育厅

92	医疗卫生组	卵巢皮质冷冻保存及其临床应用研究	王兴玲 孙丽君 管一春 王雪梅 娄华 张彩霞 马丽影 郝大勇 李银铃 王丹丹	郑州大学第三附属医院	省卫生厅
93	医疗卫生组	负压吸引治疗技术在深度烧伤创面的实验及临床研究	魏莹 赵耀华 牛希华 田社民 李延仓 张业龙 姬芳 王淑珍 景福琴 简玉洛	郑州市第一人民医院	郑州市
94	医疗卫生组	小柴胡汤调控肝细胞凋亡的机理研究	王付 张五洲 高剑峰 薛玉仙 高德富 刘永 王帮民 张天玲 任西娟 杨洲	河南中医学院	省教育厅
95	软科学组	中部区域旅游合作机制与发展模式研究	林梅英 张立生 周春林 廖晓静 朱青晓 罗颖 娄世娣 刘慧 董海霞 崔宴芳	河南财经政法大学	省教育厅
96	软科学组	推动河南经济发展方式转变政策研究	林宪斋 赵苏阳 完世伟 任晓莉 王新涛 王玲杰 赵西三 孙长青 郭涛 陈萍	河南省社会科学院、北京市社会科学院	省社科院
97	软科学组	河南省产业发展科技需求调查研究	张占仓 刘爱荣 陈峡忠 任杰 张淼 董冰 雷俊峰 卓卫云 邓大军 薛允达	河南省科学院	省科学院
98	软科学组	基于冷链的食品安全与质量追溯系统研究	仝新顺 耿建生 于博 徐健 张玮 王肖芳 张渭育 李秋迪 崔先雨 王庆旻	郑州轻工业学院	省教育厅
99	软科学组	社会化医院科研激励机制研究	胡惠华 贾子豪 李新华 刘恒方 杨建 朱光 赵磊 王宇 甄倩	郑州大学	省教育厅
100	软科学组	河南省循环经济思路与试点实施方案研究	董治堂 钱发军 文春波 徐夏楠 任杰 张中霞 宋立生 李也桃 闫雷 姚梅	河南省科学院地理研究所、河南省工程咨询公司	省科学院
101	软科学组	非营利科研机构财务运行机制	张显华 燕红霞 黄振寰	河南省农业科学院、省科技开发交流中心	省科技厅
102	软科学组	公立医院产权制度改革的理论与应用研究	赵杰 翟运开 闫生方 李静 任明星 王庆祝 李霞 师小琴	郑州大学	省教育厅

三等奖　78项

序号	学科组	项目名称	主要完成人	主要完成单位	推荐单位
1	农业畜牧组	基于模型的冬小麦夏玉米数字化种植设计系统	郑国清 李国强 王素霞 王备战 冯晓 胡峰 刘立娥	河南省农科院农业经济与信息研究中心	省农科院
2	农业畜牧组	圆春甘蓝的选育及应用研究	刘艳波 郭竞 史小强 杨金兰 宋小南 王金霞 李永辉	郑州市蔬菜研究所、郑州市农林科学研究所	郑州市
3	农业畜牧组	小麦-玉米养分资源综合技术及其平衡肥研发	黄绍敏 张水清 吴显东 梁雪杰 许志学 郭斗斗 任静	河南省农业科学院植物营养与资源环境研究所、中国农业大学	省农科院

4	农业畜牧组	鸡新城疫监测模型的研究与应用	宋庆华 刘 炜 刘 星 贾松涛 朱凤霞 姚巧转 崔新洪	郑州市动物疫病预防控制中心、巩义市动物疫病预防控制中心	郑州市
5	农业畜牧组	高产稳产广适抗虫棉郑杂棉3号选育与应用	贾新合 刘书梅 郝俊杰 朱卫红 赵国栋 李军岭 李 宾	郑州市农林科学研究所	郑州市
6	农业畜牧组	优质高产多抗玉米新品种郑农7278选育与应用	张明友 王金召 马巧云 刘劲哲 黄录焕 陈 庆 王 超	郑州市农林科学研究所	郑州市
7	农业畜牧组	多类型水质健康养殖技术集成示范推广	王 飞 张晓影 申玉玲 师建领 焦勇锋 张辉鹏 秦 涛	河南省水产技术推广站、郑州市水产技术推	省农业厅
8	农业畜牧组	优质高产中熟棉新品种英华1号选育及应用	刘英华 胡赞民 许喜兰 陈宇红 朱 伟 尹维波 苗友顺	郑州英华优质棉研究所、中国科学院遗传与发育生物学研究所	郑州市
9	农业畜牧组	欧洲榛子优良品种选育及配套技术研究	王齐瑞 杨海青 张申广 冯俐丽 凌晓明 赵 辉 万 猛	河南省林业科学研究院、河南生态林业工程技术研究中心	省林业厅
10	农业畜牧组	家兔品种引进筛选及高效养殖新技术研究	李艳玲 朱松波 王福顺 李 翠 袁春景 杨玉荣 吴任宏	郑州市农林科学研究所	郑州市
11	农业畜牧组	高效酪酸芽孢杆菌微生态饲料添加剂的研制	刘来亭 杜灵广 张 勇 蔡凤英 杨国浩 殷海成 王付转	河南工业大学、郑州金百合生物工程有限公司	省教育厅
12	机械电气组	4YZ-4W型自走式不对行玉米联合收获机	满金海 谢文东 权新涛 王明军 司 毅 赵 升 姚海瑞	郑州中联收获机械有限公司	郑州市
13	机械电气组	多通道振动数据采集及分析系统的研制	王丽君 乔文生 苗 彬 运红丽 郤金华 艾士娟 尹彦礼	华北水利水电学院、北京京航公司	省教育厅
14	机械电气组	滤棒贮存、发射及接收系统的研究及应用	贾会志 白瑞民 张胜利 毛爱龙 许 佩 高 松 张建勋	河南中烟工业有限责任公司、河南中烟工业有限责任公司郑州卷烟厂	中烟公司
15	机械电气组	电铁集中接入地区电能质量监测系统示范工程	孙新良 余晓鹏 杜习周 李琼林 陈栋新 张晓东 宋晓凯	河南电力试验研究院、珠海泰坦科技股份有限公司	省电力公司

16	机械电气组	新型导线研发与工程应用	魏胜民 庞 可 王中胜 潘少成 朱东坡 张洪涛 刘守明	河南省电力勘测设计院、河南省电力公司	省电力公司
17	机械电气组	HP-9030配网接地及短路故障隔离保护装置222244	杜利民 刘发展 刘树德 吕利敏 杨凤民 陈正鸣 张延辉	郑州海派电气技术有限公司、河南省电力公司郑州供电公司	郑州市
18	机械电气组	植物绝缘油配电变压器研制及运行安全评估	邱武斌 李 剑 韩金华 廖瑞金 王 伟 姚德贵 彭 勇	河南电力试验研究院、重庆大学	省电力公司
19	机械电气组	H型钢截面尺寸的控制研究	冯宪章 冯锡兰 崔艳梅 李法新 张海燕 程俊伟 蒋志强	郑州航空工业管理学院	省教育厅
20	机械电气组	110kV-1000kV交直流复合绝缘子的深化研究及工程应用	付迎拴 张伟政 卢 明 王正刚 闫 东 胡 博 张 烽	河南省电力公司郑州供电公司、河南电力试验研究院	省电力公司
21	机械电气组	继电保护远程校验及状态监测技术的研究	韩 平 赵 勇 包 伟 郝福忠 李瑞生 石 光 王洪涛	河南电力试验研究院、许昌许继软件技术有限	省电力公司
22	电子信息组	基于觉知机制的新型遥感图像解译	李玲玲 金泰松 邝 涛 赵学民 郑小东 金秋春 管 涛	郑州航空工业管理学院、厦门大学	省教育厅
23	电子信息组	分布式实时人脸自动识别系统	闫 镔 张 瑾 刘拥军 李 磊 陈 健 张 峰 杜剑平	中国人民解放军信息工程大学	郑州市
24	电子信息组	大空间高可靠性红外自动寻的火焰探测系统	余仲秋 高俊林 孟 伟 陈启佳 钱兴中 侯德亭 刘 明	解放军信息工程大学	郑州市
25	电子信息组	基于第三代移动通信技术的GPS车辆监控系统的研制	陈雪琳 王 伟 王宏勇 王 珂 金广锋 尹 辉 李国平	河南工业大学	省教育厅
26	电子信息组	基于3S的土壤演变及其驱动因子的空间分析技术研究	赫晓慧 赵彦锋 郭恒亮 武 航 田智慧 周振红 高亚军	郑州大学	省教育厅
27	电子信息组	基于循环自激式涡街检测技术的瓦斯抽采监控系统	赵彤宇 王 凯 王占武 李 波 梁万用 郭晨伟 黎 智	郑州光力科技股份有限公司	郑州市
28	电子信息组	GUS500型电源车发电机组自动电子调速器	牛星军 王晓鹏 史清晨 刘根成 张宏斌 孙爱民 杜学中	郑州金阳电气有限公司	郑州市
29	电子信息组	基于SOA技术的智能远程分布式网络视频监控系统	邓璐娟 王怀山 刘育熙 徐 洁 崔建涛 许 丽 赵晓君	郑州轻工业学院	省教育厅

30	电子信息组	基于笔迹的身份鉴别理论与技术研究	张慧档	河南工业大学	省教育厅
31	电子信息组	基于压力传感器的粮库储粮数量检测技术与系统	张德贤 傅洪亮 杨卫东 王高平 樊 超 梁义涛 王 珂	河南工业大学	省教育厅
32	化工材料组	芝麻木脂素类活性物质制备技术	黄纪念 万景瑞 宋国辉 孙 强 徐占辉 王 宇 詹传保	河南省农科院农副产品加工研究所	省农科院
33	化工材料组	ZC系列反渗透水处理剂的研制及应用	庄玉伟 郭晓战 王 颖 张国宝 褚艳红 王云昌 赵 静	河南省科学院高新技术研究中心、郑州海威高新技术开发公司	省科学院
34	化工材料组	纤维吸附剂对典型有害气体的吸附及示范装置	赵 亮 田振邦 黄做华 黄伟庆 张小转 赵 东 沙保峰	河南省科学院化学研究所有限公司、河南高的环境与化学有限公司	省科学院
35	化工材料组	过热蒸汽节能干燥技术及其在酒精糟饲料生产中的应用	陈俊英 马晓建 曹婉瑜 郭 伟 李洪亮 方书起 吴胜先	郑州大学、河南天冠企业集团有限公司	省教育厅
36	化工材料组	新型含硼有机化合物合成工艺及其在焦炭节能中的应用研究	王留成 赵建宏 郭水满 宋成盈 王建设 张雪娇 申向东	郑州大学、河南省道纯化工技术有限公司	省教育厅
37	化工材料组	高纯度单甘酯GML的合成新工艺研究	王 永 吕 微 尹红娜 翟凤英 董建民 刘鹏涛 刘红伟	河南省商业科学研究所有限责任公司、河南工业大学	省科学院
38	化工材料组	基于非接触测量的动态人体与结构研究及其在功能服装中的应用	陈晓鹏 李晓鲁 马艳锋 汪秀琛 王 净 朱方龙 李克兢	中原工学院	省教育厅
39	化工材料组	纺织厂空调系统优化研究	李 刚 刘扭参 王迎辉 朱进忠 陈爱东 赵红旗 冯荣贞	河南工程学院	省教育厅
40	化工材料组	醇洗大豆浓缩蛋白及改性工业化生产技术开发应用	刘玉兰 汪学德 陈复生 徐兆勇 张百川 马宇翔 谷克仁	河南工业大学、郑州四维粮油工程技术有限公司	省教育厅
41	化工材料组	利用电子鼻技术对国内外不同类别卷烟的判别分析研究	李炎强 朱先约 张建勋 张朝平 马宇平 孙世豪 何保江	中国烟草总公司郑州烟草研究院	郑州烟草院
42	化工材料组	IC硅片高效超精密磨削用金刚石磨具的研究	邱丽花 田书跃 李克华 鲁 涛 赵延军 闫 宁 李学文	郑州磨料磨具磨削研究所	郑州市

43	化工材料组	超高压选育白酒高酯化力红曲霉菌种及其应用	马歌丽 张献敏 张志刚 张 华 何惠昭 魏泉增 高建奇	郑州轻工业学院、汝阳杜康酿酒有限公司	省教育厅
44	工程技术组	河南省土壤水分自动监测仪研制及标定技术研究	冶林茂 吴志刚 陈怀亮 余国河 王艳斌 牛素军 薛龙琴	河南省气象科学研究所、中国电子科技集团公司第二十七研究所	省气象局
45	工程技术组	"三软"构造煤炮放采场支护参数优化研究	崔伏建 高新春 高爱民 郭军杰 王建伟 孙光中 郭 恭	国投煤炭郑州能源开发有限公司、河南工程学	省工信厅
46	工程技术组	超静定结构的弹塑性分析及其应用	李会知 崔 俊 吴义章 陈晓晖 李 阳 李育红 李文胜	郑州大学、郑州东方钢结构装饰有限公司	省教育厅
47	工程技术组	既有公共建筑节能改造工程技术研究	栾景阳 李嵩峰 张德成 杨太文 郝 文 王克强 程昌林	河南省建筑科学研究院有限公司、鹤壁市住房和城乡建设局	省住建厅
48	工程技术组	整体移位与基础隔震技术在文物保护中的应用	张新中 唐克东 张宗敏 韩爱红 袁秀霞 武宗良 张龙飞	华北水利水电学院	省教育厅
49	工程技术组	有缺陷压力钢管稳定性问题仿真分析研究	孟闻远 李秀芹 唐志强 张多新 朱玉玲 杜培荣 孟守卫	华北水利水电学院	省教育厅
50	工程技术组	郑州市贾鲁河流域分布式水文模型研究	刘汉东 欧阳熙 李小根 魏怀斌 刘 颖 丁仁伟 康鸣雷	华北水利水电学院、河南省水利厅	省水利厅
51	工程技术组	河南省农村公路养护工程预算定额及预算编制系统	杨智勇 刘国胜 赵丽敏 王森岭 王春雷 崔润超 张 军	河南省交通工程定额站	省交通厅
52	工程技术组	公路桥梁混凝土耐久性技术及标准研究	田 莉 宋云祥 张 鹏 孟庆贺 张晓军 李禹德 李庭治	河南省交通科学技术研究院有限公司、河南中原高速公路股份有限公	省交通厅
53	工程技术组	重复动载作用下加筋膨胀土动力特性研究	胡霞光 王明伟 李献民 成发科 李禹德 王统宁 刘 江	河南省交通科学技术研究院有限公司	省交通厅
54	工程技术组	钢管混凝土拱桥健康监测与检测关键技术研究	孟建党 胡 锋 何 伟 陈景星 谢亚群 王统宁 王 洁	河南省交通运输厅京珠高速公路新乡至郑州管理处、河南省交通科学技术研究院有限公司	省交通厅

55	工程技术组	城市道路既有桥梁剩余承载能力及耐久性研究	曾建民 向阳开 王保定 梁乃兴 周崇辉 蓝祥雨 姚国宁	郑州市西绕城公路建设发展有限公司、重庆交通大学	郑州市
56	工程技术组	燃煤电厂补充水石灰处理废渣作为脱硫剂的研究与应用	董雪峰 周晓湘 乔永生 陈国利 王志东 陈 崧 田晓峰	河南电力试验研究院、华电新乡发电有限公司	省电力公司
57	工程技术组	河南省流域生态补偿与污染赔偿关键技术研究	于鲁冀 丁卫东 梁亦欣 王燕鹏 赵 颖 章 显 黄健平	郑州大学、河南省环境监测中心	省环保厅
58	工程技术组	大型在役桥梁结构健康诊断与寿命预测技术研究	贾渝新 李清富 李有良 来晓峰 张鹏 王劲松 鲍迎宾	河南省交通基本建设质量检测监督站、郑州大学	省交通厅
59	医疗卫生组	症状性颅内动脉硬化狭窄支架成形术前综合评价	李天晓 王子亮 白卫星 史帅涛 薛绛宇 朱良付	河南省人民医院	省卫生厅
60	医疗卫生组	剖宫产术仰卧位低血压综合征预防托架的研制及临床应用研究	孟凡民 张加强 辛维政 刘 贺 孙 燕 赵 亮 牛全玉	河南省人民医院、郑州市妇幼保健院	省卫生厅
61	医疗卫生组	下斜肌后徙转位术治疗分离性垂直斜视的临床研究	王素萍 田 军 周江莉 刘建国 张五岳 李 乐 代 莹	郑州市第二人民医院	郑州市
62	医疗卫生组	动脉硬化的早期诊断及不同药物干预的临床研究	刘恒亮 刘 洋 刘小如 陈 奇 张颖莹 康秀芬 韩文杰	郑州人民医院	郑州市
63	医疗卫生组	甲氧基异丁基异腈在可手术乳腺癌新辅助化疗疗效的预测研究	崔树德 刘真真 卢振铎 李连方 杨 辉 刘 慧 闫 敏	河南省肿瘤医院	省卫生厅
64	医疗卫生组	全喉切除术后发音重建的研究	秦建武 魏 林 刘善廷 张松涛 杜 伟 翟翼飞 黑 虎	河南省肿瘤医院	省卫生厅
65	医疗卫生组	24小时录像脑电监测对癫痫诊断与治疗撤药的指导价值	彭建伟 王玉斌 魏静雅 杨曼春 宁 群 刘月红 马海涵	解放军第153中心医院、荥阳市中医院	省卫生厅
66	医疗卫生组	胎儿生长受限与TLRs、PLGF、TNF-α的关系及其临床研究	崔世红 程国梅 王富英 刘随成 许雅娟 王晓娟 刘 灵	郑州大学第三附属医院	省卫生厅
67	医疗卫生组	经皮单枚B-Twin腰椎融合术的临床研究	郭 江 李晓予 陈向荣 焦文仓 刘文德 王 燕	解放军第153中心医院	省卫生厅

68	医疗卫生组	PTEN, FHIT基因相关功能在肿瘤发病中的意义	韩双印 周炳喜 张延瑞 李修岭 张 龙 杨 娟 韩 瑜	河南省人民医院	省卫生厅
69	医疗卫生组	化疗联合细胞因子诱导的杀伤细胞治疗食管癌的分子机制及临床应用	梅家转 刘桂举 李玉华 栗 敏 李瑞君 林宏伟 冯睿婷	郑州人民医院	郑州市
70	医疗卫生组	HIV/AIDS生存质量量表的研究	张明利 魏俊英 吴毓敏 郭选贤 屈 冰 张留超 苏芳静	河南省中医药研究院、河南省直属机关第二医	省中管局
71	医疗卫生组	磁敏感加权成像在早期检出急性颈髓损伤出血的应用	王梅云 史大鹏 马保根 韩艳红 李永丽 连建敏 窦社伟	河南省人民医院	省卫生厅
72	医疗卫生组	同种异体骨髓单个核细胞移植对心室重构和心肌细胞凋亡疗效研究	张瑞成 梁 凯 侯剑峰 沙 丽 李红卫 法宪恩 周东鹏	河南省胸科医院、郑州大学第二附属医院	省卫生厅
73	医疗卫生组	疾病预防控制人员应急能力评价及发展对策研究	王重建 梁淑英 聂绍发 李玉倩 茹维平 李琳琳 王玉敬	郑州大学、河南省医学科学院	省教育厅
74	软科学组	河南省“三化”进程中农民利益保障问题研究	蔡世忠 田建民 孟俊杰 路 燕 张 伟 景 丽 王 静	河南省农业科学院农业经济与信息研究中心	省农科院
75	软科学组	我国社会转型时期仇富心态	赵学通 李贵成 吕 晶 张 莉 冯华艳 康绍霞	郑州轻工业学院	省教育厅
76	软科学组	基因芯片技术应用于运动员选材的伦理问题研究	申建勇 付 静 李 科 黄雨春 申健康 罗卫君	河南工业大学	省教育厅
77	软科学组	交通系统职工岗位适任性培训大纲研究	李亚杰 夏连学 华志坚 张 鹏 陈艳琦 于卫雁 张慧颖	河南交通职业技术学院	省交通厅
78	软科学组	社会资本对技术创新成果转化利用的影响研究	苗振青 李雄诒 柴金艳 王小黎 马林卫 王亚鸽 李露亮	中原工学院	省教育厅

市级工程技术研究中心49个，重点实验室13个，院士工作站16个。截至2011年底，全市已建立市级工程技术研究中心227个、重点实验室44个、院士工作站31个；省级工程技术研究中心87个、重点实验室26个、院士工作站40个；国家级工程技术研究中心5个、国家级重点实验室3个；全市科技企业孵化器总数达到31家，其中省级孵化器8家、国家级5家，在孵企业达到2395家；大型科学仪器共享平台入网仪器设备达到1953台（套），比上年增加近500台（套），为企业提供检测试验服务18860次。

【产学研合作及科技成果转化】 2011年，市科技局以深化产学研合作为纽带，促进科技成果转化。全年共组织实施产学研合作项目52项，安排550万元经费与西安交大实施了11个合作项目。引导企业创新投入2亿元，预计产生科技成果68项，新产品102项，实现销售收入4.2亿元。全年共评出市科技进步奖92项，其中，达到国际领先水平2项，国际先进水平8项，国内领先水平67项，国内先进水平15项；向省推荐科技进步奖78项。获得市科技进步一等奖的7个项目成果均已实现产业化，新增销售收入9.42亿元，新增利税1.81亿元。

（肖　建）

科技活动

【科技服务体系建设】 为凝聚高端智力，增强郑州市科技自主创新能力，促进科技成果向现实生产力转化，市科协在郑州市高等院校、科研院所、大中型企业、县（市）区积极推进院士工作站建设工作。2011年，新成立院士工作站7家，总数达到38家，柔性引进院士74名。为进一步推动科技创新，2011年继续在郑州市重点企业开展“院士专家企业行”活动。面向全市大中型企业开展技术难题征集，共征集到各类技术难题300余项，建立完善了“企业难题需求库”。依据技术难题加强与相关院士专家的沟通联系，促进院士专家与企业对接。活动中先后组织7位院士、9位国内著名专家深入郑州市企业开展技术咨询、技术服务、学术交流活动，切实帮助企业解决技术难题，院士专家与郑州市企业共签订合作项目7项，达成合作意向10余项。为进一步提高企业科技工作者的创新能力，不断提高郑州市企业核心竞争力，2011年，市科协在国有大中型企业中大力开展创新方法培训，对创新方法进行普及和推广，提高了广大科技工作者对创新方法的应用水平。

【科技助政决策咨询工作】 2011年市科协积极反映广大科技工作者的意见建议，为郑州都市区建设提供有力的决策咨询服务。围绕郑州市中心工作制定了《郑州市科技工作者建言献策活动》方案，并组织科技工作者深入调查研究，向市委市政府提交了《郑州市全民营养改善工作存在的主要问题及对策措施》《关于建立健全郑州市康复医学体系的建议》等9期专家建议，其中有3期建议得到市委主要领导的批示，纳入市委市政府工作安排之中，受到市委督查室通报表彰。为解决郑州市道路积水问题，市科协举办了“2011年城市道路积水点改造工程专家研讨会”，邀请郑州大学、河南工业大学、郑州交通学院、市政局、规划局、建委等单位的专家学者就郑州市城市规划及道路积水点改造问题开展研讨，提出了专业技术性解决方案。

【技术服务活动】 围绕增强企业自主创新能力，市科协扎实开展了以“讲科学、讲创新、讲道德、比贡献”为内容的“三讲一比”群众性科技创新活动，引导广大科技工作者深入企业开展技术攻关、科技协作、技术咨询等科技创新服务。全年在190家企业的5400多名科技工作者中开展了这项活动，为企业节约资金1.3亿元，增加收入2.7亿元。在活动中共评选出21个“三讲一比”活动先进集体，43个“三讲一比”活动科技标兵，18个“三讲一比”活动优秀组织单位，在全市掀起了新一轮科技创新热潮，进一步激发了企业创新活力。市科协与郑州高新区管委会组织高新区200多家高新技术企业联合举办了推进3个国家重点实验室建设暨第二届产学研合作创新大会。高新区管委会与郑州大学、河南工业大学、郑州轻工业学院、解放军总参谋部郑州创新工作站签署

市科协主席吴予红慰问交通执勤志愿者

了科技合作协议，相关企业与浙江大学、武汉大学、中国科学院理化技术研究所等20多家省内外高校院所、金融机构达成合作意向。

【全民科学素质工作】市科协认真履行全民科学素质工作领导小组办公室职责，印发了《郑州市2011年全民科学素质行动工作意见》。以市政府办公厅名义出台《郑州市全民科学素质行动计划纲要实施方案（2011-2015年）》，规划了郑州市未来5年全民科学素质工作任务。联合市委组织部、市委宣传部、市人社局等9家单位首次表彰了郑州市全民科学素质工作先进集体和个人，并编发了9期工作简报，推动了全民科学素质工作的有效开展。郑州市科协被评为全省唯一一个全国《全民科学素质纲要》实施工作先进集体。荥阳市、巩义市、惠济区、中原区的全民科学素质和科协工作分别纳入了区、县政府目标考核，有效推动了全民科学素质工作的贯彻落实。

【科普示范县创建工作】为广泛动员社会力量，调动一切积极因素，提高公民科学素质，市科协指导各县（市）区积极开展全国和省级科普示范县创建活动，推动形成大联合、大协作的科普工作格局。被命名为全国科普示范县的荥阳市、巩义市、新密市、中牟县、惠济区5个县（市）区人均科普经费达到1.5元，其中惠济区人均科普经费达到3.5元。登封市被命名为河南省科普示范县。通过科普示范县创建活动有力促进了科协基层组织建设。

【科普惠农兴村计划】2011年科普惠农兴村计划首次被纳入河南省“民生工程十大实事”。为全面实施这项工程，市科协制定了详细工作方案，并会同市民政局、市农委印发了《关于进一步加强郑州市农村专业技术协会建设和发展的

积水点改造工程专家研讨会

意见》。明确农村专业技术协会在民政部门注册资金不低于2000元，为郑州市农技协健康发展创造了条件。同时，市科协联合市财政局拨出专款奖励补贴农村专业技术协会、科普示范基地和农村科普带头人。郑州市有4个先进农技协、6个农村科普示范基地、3个农村科普带头人获得河南省科普惠农兴村计划表彰，4个先进农技协、1个农村科普示范基地、1个农村科普带头人获得国家科“普惠农兴村计划”表彰，全市共获得国家和省级奖补资金191万元。登封市将科普惠农专项资金50万元纳入财政预算，奖补本级科普惠农先进集体和个人18个。新郑市依托科普惠农服务站开展农村技术培训111次，培训农民34665人次。通过实施“科普惠农兴村计划”，全市培养出一大批有文化、懂技术、会经营的新型农民，提高了农民科学素质和科技致富能力，市科协先后被评为河南省“三创一带”活动优秀组织单位和河南省农村科普宣传工作先进集体。

【城区科普工作】为探索城市科普工作新途径，市科协积极扩大社区科普大学的覆盖面，指导各区积极创办社区科普大学。2011年全市新命名社区科普大学分校21所，社区科普大学分校总数已达106所，全

院士专家企业行

年共开展科普知识培训2556次，培训学员13840名，其中上街区、惠济区所创办的社区科普大学分校均被评为一类分校。管城区科协依托街道全面推进社区科普大学建设，其中城东路街道创办了5所社区大学分校。为加强社区科普大学管理，保证办学质量，市科协再版印刷社区科普大学教材1.9万册，并继续为居民免费发放。同时面向社会广泛征集评选社区科普大学校歌、校徽，共收到校歌作品87首，校徽设计61个。经过专家初评、网络投票、专家评议、电视终评等程序，最终评选出社区科普大学校歌、校徽。重庆市、呼和浩特市、乐山市等各地科协先后到郑州市学习社区科普大学工作经验。依托社区科普大学，二七区郑飞社区等37个社区创建成为郑州市科普示范社区，金水区德亿社区等12个社区被评为河南省科普示范社区。

荥阳市创建全国科普示范县区汇报会议

【青少年科普活动】 为推进青少年科学素质教育，市科协联合市教育局组织开展了第十七届郑州市青少年科技创新大赛。参加大赛的10万多名学生，获省级一等奖34项，所有高中组参赛项目均获得了“全国高校自主招生推荐奖项”，获奖总数位居全省首位。郑州市14个项目参加全国总决赛并分别获得二等奖5项、三等奖2项、专项奖4项。为激发郑州市中小学生学科学、爱科学的兴趣，培养少年数学人才，市科协举办了第十六届全国“华杯赛”郑州赛区预决赛。全市2万多名中小学生参加了比赛，最终郑州市选拔出的6名中小学生在广东省惠州市举行的全国总决赛中均获得铜牌。由于组织工作出色，市科协先后被评为全国青少年科技创新大赛优秀组织单位和河南省青少年科技教育工作先进单位。

【社会化科普活动】 为进一步发挥科协组织人才荟萃、学科齐全的团体优势，市属各学会广泛开展内容丰富、形式新颖的科普教育活动，取得了良好的社会效果。全市各级科协组织开展科普活动230余场次，参加人数达10万人次，发放科普资料6.2万余册，印发科普挂图30余万份，举办大型科普报告会32场，参加人数达2.4万人次。郑州科技馆充分发挥科普教育主阵地作用，全年共接待观众30万余人（次）。科普大篷车深入企业、农村、社区和学校开展科普活动，接待观众达6.8万余人（次）。市科协依托全市23个科普教育基地开展“科普游”活动，吸引了7000多位市民参与，取得良好效果。围绕“节约能源资源、保护生态环境、保障安全健康、促进创新创造”主题，成功举办了2011年“全国科普日”活动。全市共举办科普知识讲座、技术咨询、科普巡展等活动191项，参与群众达34万人次。共编印科普宣传资料180余种，发放35万余份，张贴科普挂图23446张。被省科协授予河南省“全国科普日”活动先进单位荣誉称号。

郑州科普惠农工作现场会

【科技学术交流活动】 2011年，市科协把开展高质量、高层次的学术交流活动、推动学科发展、促进自主创新作为学会的首要任务。要求各学会充分发挥学会特色和优势，提高学术交流的质量和实效，创建学术交流精品。市科协根据各学会申报的全年学术活动安排，编印了《2011年郑州市学会重点学术活动一览表》，积极搭建了不同形式、不同层次的学术交流平台，指导学会按照计划组织实施。全市各学会、协会、研究会共组织开展各项学术交流活动300余次，参加学术活动的科技工作者达3.04万余人次，交流各类论文510余篇，举办各类业务培训班120期，培训科技人员5.3万余人。

【对外科技交流与合作】 2011年，市科协努力探索拓宽对外民间科技交流与合作的渠道，积极组织开展国际间、地区间学术交流会议。郑州市医学会和郑州市医师协会联合举办了中法康复医学学术交流会，邀请法国物理医学及全法康复联合总会主席佛朗西斯·勒墨安等3位专家作学术报告；市软组织病研究会和郑州市中心医院联合举办了臭氧医学国际学术会议，欧洲臭氧治疗学会副主席、世界著名心脑血管专家瓦瑟博士，南方医科大学中国臭氧疗法之父何晓峰教授分别讲授了臭氧在医学中的广泛应用及发展前景。

【优秀科技工作者宣传表彰工作】 2011年，市科协把宣传表彰作为服务科技工作者的重要手段，努力健全科技工作者表彰奖励体系。先后完成了“年度优秀自然科学论文”的征集评选和“第五届郑州市十大科技女杰及巾帼科技带头人”的评选表彰工作，“河南省青年科技奖”“河南科技创新大事记材料及十佳科技创新单位与个人”“河南省首届自然科学学术成果奖”的评选和申报工作。同时，市科协利用各种媒体，大力宣传科技工作者，弘扬科学精神，营造了尊重知识、尊重人才的社会氛围。

【科协组织建设】 郑州市抗癌协会、郑州市健康教育协会、郑州市质量检验协会和郑州市软组织病研究会完成了换届工作。郑州市餐具消毒协会、郑州市保健养生协会召开了成立大会。批复成立了郑州市康复医学会、郑州市银屑病研究会，批准郑州市高血压学会更名重组为郑州市健康管理学会。2011年全市新增企事业科协组织13个，企事业科协工作得到进一步提升。在15所高校成立了反邪教协会，成为全省首个在高校建立反邪教协会组织的城市。市反邪教协会开展了“郑州市反邪教示范社区”创建活动，评选出15个无邪教示范社区、农村反邪教警示教育先进单位。科协组织的覆盖面和影响力不断扩大。

（李俊峰）

气象服务

【基本气候特征】 2011年,全市年平均气温正常或偏高，其中冬、夏季正常，春季偏高，秋季偏低。全市年降水量正常，但降水时空分布极为不均，冬季正常，春季显著偏少，夏季偏少，秋季显著偏多，其中9月降水量是常年均值的2倍以上，11月降水量是常年均值的3-4倍。全市年日照时数偏少或异常偏少，其中主要是冬季正常或偏少，春季正常或偏多，夏季、秋季显著偏少。年内相继出现了暴雨、高温、干旱、大风、大雾、扬沙、冰雹等灾害性天气。

气温。全市年平均气温14.4-15.5℃，其中荥阳显著偏高，郑州异常偏高，其余县（市）正常。郑州地区2011年冬季平均气温正常或略偏高。季平均气温为2.1（新郑）-2.9℃（郑州）之间，除郑州、荥阳季平均气温较常年同期偏高1.2-1.3℃，属偏高，其他县（市）属正常。春季平均气温登封、新密、新郑正常，巩义、中牟偏高，郑州、荥阳显著偏高。季平均气温15.1-16.5℃，与常年同期均值的相比偏高0.6-1.7℃，其中郑州偏高1.7℃。夏季平均气温25.6-27.5℃，与历年平均值相比属正常或偏高。与历年同期相比，新郑、巩义、新密分别偏高0.0℃、0.5℃、0.4℃，属正常，中牟、荥阳分别偏高0.7℃、1.0℃，属偏高，郑州偏高1.4℃，属明显偏高，登封偏低0.1℃，属正常。秋季平均气温正常。季平均气温14.1-15.1℃之间，较常年郑州、巩义、荥阳和中牟正常，登封、新密、新郑偏低。但季中温度变化剧烈，其中9月异常偏低，郑州显著偏低，10月气温基本正常，郑州偏高，11月郑州显著偏高，荥阳偏高，其他县（市）正常。年内极端最高气温42.5℃，6月8日出现在郑州；极端最低气温为-11.8℃，1月16日出现在中牟。

降水。2011年郑州市年降水量较常年正常。年总降水量为594.3-764.2毫米，其中中牟年降水量594.3毫米，较常年少11.6毫米外，其余县（市）669.8-764.2 毫米，较常年同期偏多67.3-116.0毫米。冬季降水量正常，降水时段分布极为不均，降水基本集中在2月下旬。春季降水量较常年同期巩义和中牟偏少，其他县（市）显著偏少；降水时间分布不均，以3月、4月降水为显著偏少或异常偏少，5月除巩义正常外，其余县（市）为偏少到显著偏少。季总降水量为37.5-69.8毫米，较常年同期偏少37.3-85.9毫米,偏少34.8%-69.6%。夏季降水时空分布不均，季总降水量159.5-258.4毫米，较常年偏少26%-50%，均属偏少或异常偏少。秋季降水量347.2-432.8毫米，较常年异常偏多，但降水时段分布极为不均，其中9月和11月郑州异常偏多，10月正常。11月降水量95-123.9毫米，较常年同期异常偏多。12月降水量2.7-9.2毫米，除新郑、中牟正常外，其余县（市）为偏少或显著偏少。年内一日最大降水量60.8毫米,7月2日出现在新郑；秋季最长连续降水日数9天，过程降水量为189.1毫米，9月11-19日出现在巩义；最长连续无降水日数为98天，日期出现在巩义、荥阳、郑州、中牟的2010年11月3日-2011年2月8日。

日照。全区年日照时数偏少或显著偏少。全年日照总时数为1633.8-2016.8小时，较常年同期偏少179.4-504.3小时。冬季日照时数正常或偏少。季总日照时数为332.2-461.1小时，比常年同期偏少2.1-97.5小时。春季日照时数荥阳、郑州、中牟正常，巩义、新郑偏多，登封显著偏多，新密异常偏多。季日照时数641.2-712.9小时，较常年同期偏多65.5-133.9小时。夏季日照时数370.1-502.5小时，较常年同期偏少114.4-226.3小时，属显著偏少或异常偏少，其中巩义、新郑、登封、新密属于显著偏少，郑州、荥阳、中牟属于异常偏少。秋季日照时数以异常偏少为主。总日照时数为256.0-353.1小时，比常年同期偏少157.5-263.8小时。

【主要灾害性天气】 暴雨。受地面辐合线影响，7月2日新郑出现暴雨天气，日降水量为60.8毫米。受西南暖湿气流和冷空气的共同影响，9月14-15日郑州地区出现暴雨天气过程，其中登封9月14日降水量56.8毫米，新密9月14日降水量52.4毫米，中牟9月14日降水量51.9毫米，新郑9月15日降水量60.6毫米。

干旱。进入2010年9月下旬以来，全市各县（市）基本无有效降水，2010年11月3日-2011年2月8日郑州、荥阳、巩义、中牟连续无降水日数为98天，旱情较为明显。

大雾。2011年2月28日，巩义出现大雾，最小能见度500米。3月2日，郑州出现大雾，最小能见度40米。5月11日，郑州、荥阳、新郑出现大雾，郑州、荥阳最小能见度800米，新郑最小能见度40米。6月11日郑州出现了大雾天气，最小能见度800米。6月24日荥阳、新郑出现了大雾天气，最小能见度荥阳700米、新郑200米。8月5日新郑出现了大雾天气，最小能见度300米。9月5日，新密出现大雾天气，最小能见度700米。9月8日，登封、新密、新郑出现大雾天气，最小能见度登封、新密500米，新郑300米。9月9日，郑州、新郑、中牟出现大雾天气，最小能见度郑州100米、新郑300米、中牟50米。9月10日，郑州、新密出现大雾天气，最小能见度郑州800米，新密400米。9月13日，郑州、新密出现大雾天气，最小能见度郑州200米，新密500米。9月16日，巩义出现大雾天气，最小能见度200米。9月30日，郑州、新郑、中牟出现大雾天气，最小能见度郑州10米、新郑100米、中牟80米。10月7日，中牟出现大雾天气，最小能见度20米。10月8日，中牟出现大雾天气，最小能见度300米。10月9日，巩义、郑州、新密出现大雾天气，最小能见度巩义800米、郑州600米、新密500米。10月10日，郑州、新密出现大雾天气，最小能见度郑州700米、新密500米。10月11日，郑州出现大雾天气，最小能见度600米。10月12日，郑州出现大雾天气，最小能见度200米。10月23日，新密出现大雾天气，最小能见度300米。10月29日，巩义、新郑出现大雾天气，最小能见度巩义30米、新郑100米。10月30日，巩义、荥阳出现大雾天气，最小能见度巩义80米、荥阳100米。10月31日，巩义、郑州、新密出现大雾天气，最小能见度巩义80米、郑州400米、新密500米。11月3日，新密出现大雾天气，最小能见度600米。11月9日，中牟出现大雾天气，最小能见度600米。11月11日，巩义出现大雾天气，最小能见度100米。11月16日，新密出现大雾天气，最小能见度800米。11月17日，登封、新密出现大雾天气，最小能见度登封150米、新密400米。11月18日，新密出现大雾天气，最小能见度400米。11月21日，新郑出现大雾天气，最小能见度100米。11月27日，巩义、新密出现大雾天气，最小能见度巩义30米、新密300米。11月28日，登封、新密出现大雾天气，最小能见度巩义300米、新密600米。

扬沙。2011年2月24日、2月25日，巩义出现扬沙。3月14日、3月18日，郑州出现扬沙。4月1日、4月2日、4月10日，郑州、巩义、新密、新郑、登封、中牟出现扬沙。4月26日，郑州出现扬沙。4月30日，登封出现扬沙。6月7日郑州出现了扬沙天气，其中郑州出现NNE风11.4米/秒。6月24日郑州出现了扬沙天气，其中郑州出现ENE风10.3米/秒。

大风。2011年3月14日，新郑出现23.5米/秒的东北大风、中牟出现17.9米/秒的北东北大风。4月2日，中牟出现17.3米/秒的东北大风。4月10日，新郑出现19.2米/秒的东北大风、中牟出现17.9米/秒的北东北大风。4月26日，登封出现21.7米/秒的北西北大风、新郑出现17.9米/秒的东北大风。7月11日登封出现大风，极大风速NNW风18.7米/秒。7月23日新密出现了大风天气，极大风速S风17.7米/秒。7月26日郑州、新密、中牟出现了大风天气，极大风速分别为W风21.0米/秒、NE风18.8米/秒、WSW风22.5米/秒。10月15日，登封出现大风天气，最大风速为新郑NW风17.5米/秒。10月24日，新郑出现大风天气，极大风速为NE风18.4米/秒。

高温。6月7-8日，全市出现了38℃以上的高温天气，其中郑州6月8日最高气温42.5℃。6月30日，巩义、荥阳、郑州、中牟出现了38.2℃的高温天气。7月8日，巩义、荥阳、郑州、中牟出现了38℃

以上的高温天气。7月25日，巩义、荥阳、郑州、新密、新郑、中牟出现了38℃以上的高温天气。7月26日，郑州、中牟出现了38℃以上的高温天气。

冰雹。7月26日郑州出现了冰雹天气。

【气候影响评价】 气候与农业。2011年冬季的气候条件对农业生产总的来说弊大于利，整个冬季气温基本正常，没有出现对小麦生长造成严重影响的极端天气；日照时数正常或偏少，基本能满足小麦的生长；2010年9月下旬至2011年2月中旬全区无有效降水，对小麦生长造成一定影响。2011年春季冬小麦自返青到扬花、灌浆以后，光、热条件较好，3月初、4月上旬及5月10日前后的降水，对冬小麦生长较为有利。但2011年春季总的降水偏少，干旱较为严重，对冬小麦生长产生较为不利的影响。夏季气候条件对农业生产总的来说气温、光照比较有利，但8月份的阴雨天气影响了玉米后期的灌浆速度。秋季的气候对全市的农业来说有利有弊。9月内阴雨日数较多，日照时数偏少，对秋作物的最后成熟及收获、晾晒较为不利，但充足的降水为小麦播种打下了良好的墒情基础。10月上旬多晴好天气，有利于秋作物的收获晾晒；中旬前期出现了连阴雨天气，延迟了秋作物的收获晾晒及部分地块冬小麦播种，但降水有效地补充了土壤水分，为作物生长积累下充足的底墒；中旬后期及下旬多晴好天气，腾茬较晚的地块冬小麦顺利播种，目前已出苗的冬小麦长势良好。11月份降水量较大，对冬小麦冬前墒情积累非常有利。

气候与健康。2011年冬季前期降水异常偏少，有利细菌繁殖，流感频发。春季平均气温登封、新密、新郑正常，巩义、中牟偏高，郑州、荥阳显著偏高，对人们身体健康有影响。每隔20天左右即有一次较明显的降水过程，虽然降水量偏少，但对净化空气、减少流行疾病有利。夏季的6月上旬、7月上旬和下旬持续的偏高气温，给人们的工作和生活带来不利影响；8月气温较为适宜，酷暑炎热天气较少，有利于人们的工作和生活。秋季气候基本没有对交通造成不利影响。

气候与交通运输及建筑业。2011年2月下旬后期，因降雪和低温出现了道路结冰，对交通造成了一定影响。但2011年冬季整体降水偏少，对交通有利。季内无长连阴雨天气，气候适宜、光热充足，对交通运输业、建筑业、野外施工等行业都比较有利。夏季降水偏少，暴雨日少且强度小，对交通运输业、人们出行影响较小。夏季的气温较为适宜、暴雨日数少且强度小，对建筑施工和野外作业未造成影响。秋季降水量异常偏多且阴雨天日数较多，这对交通运输业、建筑施工、野外作业及人们的日常生活造成不便。

气候与旅游。2011年元旦（2011年1月1-3日）期间，在元旦当天过后，出现了大风降温天气，影响了人们的出游。春节黄金周（2011年2月3-9日）期间，无雨雪天气，但温度较低，对人们的出游热情造成一定影响。清明、"五一"假期期间，以晴好天气为主，气候冷热适中，适合市民外出旅游。"十一"黄金周期间，基本无降水，利于人们外出旅游。

【气象业务建设】 狠抓基础业务管理，全市地面、高空、农气、通信传输等多项业务质量全面达标。43人次连续百班无错情，获得省气象局表彰；8人连续250班无错情，获得中国气象局"质量优秀测报员"称号；1人获得"全国优秀预报员"称号。全年晴雨TS评分、最高、最低气温质量均达到省级考核目标。组织参加了全省气象行业业务技能竞赛，2人次获得表彰。

【气象服务】 全年共发布专题气象服务材料164期，重要天气预报9期，预警信号62次，进行了12次人工影响天气作业，做好了抗旱、汛期、重大节日、重要活动等气象服务工作，为保证全市夏粮丰收、安全度汛、经济和社会发展作出了突出贡献。市气象局先后被评为春运工作先进集体、秸秆禁烧工作先进集体等。特别是2011年冬春连旱，全市气象部门利用多种作业手段，先后3次进行大范围的人工增雨（雪）作业，有效缓解了旱情。中央电视台、中央人民广播电台、河南电视台等多家媒体对郑州市人工增雨（雪）作业进行了现场跟踪采访，社会反响良好；市委、市人大、市政府领导对抗旱气象服务工作给予多次重要批示和表扬奖励。

【气象重点项目建设】 气象服务区域中心站建设。首批建设的25个中心站设备采购到位并建成15个；安装手机大喇叭341套，电子显示屏101个，多媒体气象预警机10台，自动雨量站21个，自动土壤水分站8套，大气电场仪2个，闪电定位仪1个；建成乡镇气象信息服务站51个，农业气象科技示范园8个。

人影工程建设。以登封市少林水库、纸坊水库固定炮站和嵩山碘化银焰炉系统为核心，建成郑州市生态改善型人影基地。安装完成15套碘化银焰炉系统、24个固定炮站，购置人影炮弹防爆运输车1辆。

气象科普苑建设。市政府召开项目协调会，市发改委审定通过项目建议书，中国气象局通过项目评审，设计方案正在完善中，科普墙工程开工建设。

雷达站二期工程建设。完成项目的规划设计，院内围墙开工建设。

乡村气象服务专项建设。中

牟县被省气象局列为2011年全省11个乡村气象服务专项建设试点县之一。中牟县气象局积极落实中央财政和县财政资金，扎实推进专项的软硬件建设，初步形成全市基层气象为农服务的样板。中牟电视台进行了专访报道，节目在中牟电视台、河南九套、河南新闻频道播出，社会反响良好。农业部和中国气象局领导在中牟县考察后，对气象为农业服务给予了高度评价。新郑市气象局落实配套资金、狠抓项目实施，积极配合省气象科研农试站开展气象服务专项建设，取得初步成效。

【《气象为农服务体系建设意见》实施】 2011年5月6日，郑州市人民政府办公厅出台《关于加强气象为农服务体系建设的意见》，提出在全市建成适应农业生产区域性布局的农业气象观测网络系统，初步建立结构科学、布局合理、功能先进的市、县、乡、村四级农业气象服务体系，发展适合郑州市农村实际的气象灾害防御体系，建成覆盖面广的农村气象预警信息发布网络，构建有效联动的农村应急减灾组织体系。实现防御规划到县（市），组织机构、自动观测、精细预报、气象信息服务站到乡镇，应急预案、风险调查、科普宣传、气象信息员、预警信息发布到行政村，使灾害防御责任主体明确，农村气象灾害防御综合能力全面提高。

【《郑州市气象灾害应急预案》出台】 2011年5月11日，郑州市人民政府办公厅印发《郑州市气象灾害应急预案》。规定全面加强应对气象灾害体系建设，很大程度地减少灾害损失。统一领导、分级管理。气象灾害应急工作实行各级政府行政领导负责制。市政府成立郑州市气象灾害应急指挥部，统一领导全市气象灾害的应对工作，各县（市）区政府成立相应的应急指挥部负责组织本辖区气象灾害应对工作。参与应对工作的各有关部门按照职责，分工负责，互相配合，实行资源整合、信息共享，加强部门之间的应急联动，并建立协调配合机制，使气象灾害应对工作更加规范有序，运转协调。强化科技先导、技术支撑。依靠科技进步，全面提高气象灾害应急工作的现代化水平，做到及时发现、及时预警、及时响应、及时处置。

（张遂菊）

地震预防

【概况】 2011年，郑州市防震减灾工作中认真学习贯彻2011年全国地震局长工作会议和河南省2011年防震抗震指挥部会议精神，认真贯彻落实《国务院关于进一步加强防震减灾工作的意见》《河南省政府办公厅转发省地震局关于进一步做好2011年防震减灾工作意见的通知》和《郑州市人民政府关于贯彻国发〔2010〕18号文件的意见》，紧紧围绕市委、市政府工作大局和全省防震减灾2020年目标，大力推进监测预报、震害防御、地震应急三大工作体系建设，着力增强全市防震减灾综合能力，防震减灾工作取得了新的进展，为中原经济区、郑州都市区建设作出了积极的贡献。2011年,郑州市地震局被评为全省防震减灾工作先进单位和震害防御先进单位；二七区、上街区、荥阳市地震局被省地震局评为全省县（市）区防震减灾工作先进单位；新密市、登封市被省地震局和省人社局评为防震减灾先进集体。

【地震监测预报体系建设】 地震监测台网建设。按照《郑州市人民政府关于贯彻国发〔2010〕18号文件的意见》的要求，市地震局制定了《郑州市地震监测台网建设意见》，完成了惠济地震台的二期建设，启动了上街地震台的建设工作，完成了登封地震台的调研、选址和论证等前期建设工作。

地震监测台站管理方面。严格执行地震监测台站的管理制度和运行规范，加强对强震动台站的管理，加强网络巡视和运行维护。组织技术人员对尖山地震台、航海地震台、惠济地震台以及各县（市）的前兆观测仪器和相关设备进行了全面认真的检查和维护，确保了各站台监测系统的正常运行。完成了日常震情监测和异常数据处理工作。依法保护地震监测设施和地震观测环境。2011年，全市台站的监测仪器运转正常，观测环境良好。

密切关注震情，加强震情短临跟踪和地震趋势会商制度。根据全市的震情形势，市地震局部署了震情短临跟踪各项工作，制定下发了《郑州市2011年震情短临跟踪方案》。加强对县（市）区短临跟踪工作的指导和督查力度，确保震情短临跟踪各项工作落到实处。严格执行异常情况日报告、零报告和及时落实异常制度，并将落实结果及时上报。牢固树立震情第一的观念，坚持周、月、季、年度和紧急地震趋势会商制度，及时分析判定震情趋势，并向市委、市政府和省地震局报告会商意见，为政府决策提供依据。

加强宏观观测站的管理和规范运行，做好群测群防工作。强化“三网一员”的岗位职责意识，坚持实行重大宏观异常及时报告和落实制度。定期或不定期对宏观观测站的观测手段、观测环境和观测人员通讯畅通情况进行检查。

认真研判震情和撰写会商报告。参加河南省半年、年度地震趋势会商会，并提交了2篇综合研究报告和4篇专题报告。其中，《郑州市及邻区2012年度地震趋势综合研究报告》获得河南省2012年度地震趋势研究报告评审第二名，2篇专题报告获得河南省2012年度地震趋势研究专题报告评审三等奖。在观测资料评比中，《尖山测震》《航海测震》获全省年度地震观测资料优秀奖；《航海水位》《航海水温》获国家统评优秀奖和全省年度地震观测资料优秀奖。

进一步深化地震联防区的合作与交流。加强与联防城市的合作，参加了在菏泽、鹤壁召开的第42次、43次晋冀鲁豫4省交界区15市地震联防工作会议，通报了震情，实现了资源共享，强化了地震信息沟通和监测预报经验交流，不断提高地震监测分析能力和综合预报水平，为联防区共同应对地震灾害奠定了基础。

2011年郑州市“5·12”防灾减灾宣传周集中宣传活动

【震害防御体系建设】 2011年，市地震局以加大建设工程抗震设防监督管理、编制防震减灾规划、加强防震减灾宣传教育、大力推进农村民居地震安全示范工程和地震安全示范社区建设等工作为重心，积极提升防御地震灾害的综合能力，切实增强震害防御体系建设。

组织编制防震减灾规划和抗震防灾规划，为中原经济区、郑州都市区建设提供防震安全服务和保障。完成了《郑州市防震减灾“十二五”规划》的编制、评审和备案工作；完成了《郑州新区城镇规划建设区域抗震防灾规划（2010-2020年）》的编制、评审工作，该规划已作为城市抗震防灾的依据指导郑州新区的建设；完成了郑州市中心城区450平方公里和郑州市中心城区外围550平方公里范围内的抗震专项规划编制和评审工作。

依法强化对建设工程抗震设防要求的管理，为加快郑州都市区新型城镇化建设提供建设工程抗震安全服务和保障。认真贯彻落实《河南省防震减灾条例》的各项要求，将“郑州市建设工程抗震设防要求审批（确定）”纳入政府基本建设审批程序，对新建重大建设工程、生命线工程和可能产生严重次生灾害的建设工程，依法开展地震安全性评价。2011年，上街区、新郑市、登封市、新密市、荥阳市、郑东新区、经开区和高新区已将建设工程抗震设防要求纳入了本级基本建设审批程序。全年共审批建设工程项目278项，比2010年增加了73.7%。

进一步加大抗震设防执法检查，避免抗震设防违法现象的发生。市地震局按照有关法律法规的规定，依法加强对新建、改建、扩建工程的抗震设防监管，在建设工程规划、选址、设计等环节上严把抗震设防关。2011年，共检查建设工程144个，下发责令整改通知书5份，督促9家建设单位办理了抗震设防备案手续。

在全市范围内开展了建筑安全综合普查工作。全市各县（市）区的普查工作均已完成，市区内共完成了86993栋（户）建筑的安全普查，对于未进行抗震设防审批、又无抗震性能设计、存在安全隐患的建筑，采取了悬挂警示牌的方法进行警示，共对49栋建筑进行了警示，并对个别存在严重安全隐患的建筑责令其进行拆除或加固。市政府拨付建筑安全综合普查工作专项资金30万元，完成了建筑安全普查信息数据库和抗震设防信息化系统的开发建设。

广泛开展防震减灾科普宣传活动，提升全民防震减灾意识和避险自救的能力。市地震局成功承办了郑州市“5·12”防灾减灾宣传周集中宣传活动。活动期间，围绕“防灾减灾从我做起”这一主题，采取多种形式，广泛宣传防震减灾法律、法规和防震减灾知识，并组织全市2000余所中小学校（幼儿园）、122万多名师生开展了以地震为背景的防灾避险演练活动；7月28日，组织各县（市）区开展了“7·28”唐山大地震35周年纪念日宣传活动；坚持开展防震减灾知识进学校、进社区、进农村、进企业、进机关、进家庭的“六进”活动，推进学校和社区防震减灾知识宣传网的建设，深入推进防震减灾知识和法律、法规宣传。上街区、管城区利用远程教育工程，把防震减灾知识和图片制成远程教育节目，通过远程教育设施播出，使群众在家就能够观看学习到防震减灾科普知识。在各项宣传活动中，共制作展板300余块，发放防震减灾知识宣传单及折页3万余份、宣传图书2000余册、防震减灾知识宣传扑克500余副，设立防震减灾知识咨询台18个。

继续推进防震减灾科普示范学校建设。市地震局继续加强与教育、科技等部门结合，按照“防震减灾‘十二五’规划”的安排和部署，结合实际，研究制定科学、可行的实施方案，进一步推进全市防震减灾科普示范学校的创建工作。全年共有8所市级防震减灾科普示范学校通过验收。管城区五里堡小学投资30多万元建成了面积为350平方米的科普实践教育基地，专门设立了防震救灾栏目。

大力推进农村民居地震安全示范工程和地震安全示范社区建设。以建设新农村、移民搬迁和社区帮扶为切入点，市地震局加大对农村民居地震安全工程和地震安全示范社区的服务引导力度，制定了《关于推进农村民居地震安全工程的实施意见》，并结合建筑安全综合普查工作和市长电话进社区活动，开展了针对城中村和社区居民的地震安全宣传教育。截至2011年底，全市共创建农村民居地震安全示范工程2个，地震安全示范社区1个。

省人大代表视察郑州市碧沙岗应急避难场所

【地震应急救援体系建设】 2011年，根据国务院和河南省防震减灾工作会议精神的要求，市地震局下发了《郑州市2011年地震应急准备工作方案》，安排部署全市的地震应急工作。

修订完善地震应急预案。市地震局结合当前震情形势、人事变动、应对突发地震事件和演练等情况，组织修订了《郑州市地震应急预案》及各县（市）区的《地震应急预案》。逐步指导完善了全市乡镇、街道、大型重点企业、学校、医院和可能发生次生灾害的生产经营单位的地震应急预案。利用地震应急预案管理信息系统，加强对应急预案的规范管理、动态管理和分类指导。2011年，郑州市已基本建立起横向到边、纵向到底覆盖全市的地震应急预案体系。

大力推进应急避难场所建设。2011年，郑州市成立了以常务副市长为组长的郑州市应急避难场所建设领导小组，制定并出台了《郑州市应急避难场所建设工作方案》。截至2011年底，全市共建成碧沙岗公园、人民公园、上街区铝城公园等10余处地震应急避难场所。市地震局按照国家发改委《关于部署开展综合防灾减灾能力“十二五”专项建设规划编制工作的通知》要求，指导全市各县（市）区完成了24个应急避难场所的选址及规划工作。

开展地震应急演练和培训。市地震局成功承办了2011年豫北地震应急联队郑州区演练活动。这次演练活动由豫北7个省辖市地震应急分队参加，通过演练活动，进一步增强了各联队之间应对地震突发事件的协同配合能力，锻炼了队伍；完成了市地震局地震现场工作队年度的培训和演练任务；组织了全市防震减灾系统2011年度地震应急演练和培训；参加了河南省地震局组织的地震现场应急演练活动，真实地检验了郑州市应对突发地震事件的快速反应能力、现场处置能力。

加强地震现场工作队建设，进

2011年豫北地震应急联队郑州区演练活动

一步完善和补充现场工作队装备。郑州市地震局地震现场工作队共有工作人员10人，由主管地震应急工作的领导担任队长，由机关各处室和二级机构等有关人员组成，内设监测预报组、震灾调查组、宣传与后勤保障组。为进一步加强现场工作队应对突发地震事件的能力，根据《河南省地震局关于印发〈市县地震现场工作队装备配置意见〉的通知》要求，申请专项资金150余万元，采购了300多个品种、近2000余件的装备物资和1台多功能地震应急指挥通信车。

快速响应，有效应对，妥善处置有感地震和日本大地震对郑州市带来的影响。2011年3月8日，周口市太康县、扶沟县、西华县交界发生里氏4.3级地震，郑州市部分区域有感。2011年10月13日，濮阳市、山东省菏泽市交界发生里氏3.6级地震。地震发生后，市地震局立即启动了地震应急预案，工作人员迅速到岗到位，采取有效措施开展地震应急工作。2011年3月11日，日本大地震引起郑州市领导和群众的高度关注。市地震局及时通过媒体报道、宣讲防震减灾知识讲座等形式进行了防震减灾宣传。

（陈启佳）

社会科学

【重大课题调研】2011年，根据市委、市政府工作总体部署，郑州市社科联确定了“郑州都市区建设推进协调机制研究”等11项2011年重点研究课题，面向社会公开招标。经过专家评审，“城中村违法建设治理对策研究”等4项重点课题和“重点建设阻工原因及对策研究”等4项一般课题中标，已调研制作完毕。经专家跟踪指导，实施严格的初评、中评和终评，截至12月底，中标课题已全部完成结项。这些课题中的一些观点、数据和提出的对策建议，为市委、市政府实施科学决策，提供了理论服务和智力支持。

积极做好国家、省级、市级社科规划课题申报结项工作。积极组织科研力量，认真制作国家、省、市级规划课题。完成了2010年省政府发展研究中心立项的“城乡统筹视野下的新型农村社区建设研究”和“促进河南文化遗产保护利用的对策研究”课题的调研制作工作，并已结项。相继组织申报了“2011年度国家社科基金项目”1项、“河南省社科规划课题”2项、“河南省政府发展研究中心项目”5项、“郑州市软科学研究计划项目”5项共13项课题。“郑州都市区建设问题研究”“河南省创新型产业聚区的培育机制研究”“河南省农田水利建设面临的问题与解决对策”“中原经济区建设中的金融生态环境问题研究”等4项省政府发展研究中心课题中标。

拓展研究领域，整合有效资源，积极开展调研工作。按照市委书记连维良对《地下空间开发工作半月报》第9期的批示，市社科联对地下空间开发利用相关问题进行了近1个月的调研，形成了《郑州市地下空间开发利用问题调研报告》，报送连维良后获肯定。5月12日，接市委办公厅通知，按市领导要求对全市各积水点改造工程项目建设和运行情况进行为期1周的专题调研，经专家论证提出诸多合理化建议并形成调研报告，报市委书记连维良阅。此外，结合郑州市经济社会发展要求，市社科联积极针对郑州市小广告引导问题、宜居职教城组团建设等问题组织了15项临时性课题的调研。并组织科研人员，参与中原经济区郑州都市区建设纲要编写、以“天地之中”为核心的城市整体营销策划、省九次党代会学习辅导读本编写以及“一区两城”课题研究等4项重大课题项目的调研工作，既锻炼了队伍也大大提升了市社科联的知名度。

【社科理论研讨活动】紧密配合形势发展需要，针对广大市民群众普遍关心的社会热点、难点和敏感问题，积极开展理论研讨活动。1月10日，市委宣传部、市社科联邀请10位省会知名专家学者进行座谈，听取他们对郑州都市区建设的意见建议。专家们为郑州都市区的建设“把脉问诊”，针对郑州都市区建设中应注意的科学规划、产业优化升级、现代产业体系建设、郑州如何做大做强等实质性问题提出意见建议，以社科内参的形式及时上报市委领导，得到了省委常委、市委书记连维良的批示肯定。

3月17日，市社科联、郑州日报社联合主办“转变工作作风 提升执

市委常委、宣传部部长王哲在市社科联调研

社科知识大篷车宣讲报告会

行力专家座谈会”，邀请专家学者，围绕“转变工作作风、提升执行力”的主题进行了探讨，专家们从提升政府执行力的定位、瓶颈、路径、推进机制等方面分别提出了意见和建议。4月1日，《郑州日报》第10版以“转变工作作风 提升执行力”为题，登载了专家发言。

为庆祝中国共产党成立90周年，6月28日，市社科联组织了纪念中国共产党成立90周年理论研讨活动，邀请省委党校、武警郑州指挥学院等知名党建党史专家、理论工作者、党务工作者参加研讨会，为全市奏响了共产党好、社会主义好、改革开放好的时代主旋律。

《国务院关于支持河南省加快建设中原经济区的指导意见》正式出台后，9月28日，市委宣传部、市社科联联合举行学习《指导意见》专家座谈会，来自省社会科学院、郑州大学、河南大学等多个单位的众多专家、学者，从不同角度不同层面畅谈学习体会，并就如何贯彻落实《指导意见》加快郑州都市区建设提出真知灼见。会议对全市宣传文化系统如何进一步学习宣传《指导意见》、为郑州都市区建设提供舆论和智力支持工作作了部署。

【社科成果及转化】 2011年，市社科联针对郑州市经济社会发展中遇到的热点、难点和亟待解决的问题，调研编印了“郑州都市区建设的重点、难点与建议”“郑州市生态水系建设存在的问题及对策”“郑州市小广告引导治理对策研究”等16期《社科内参》，把专家学者提出的新思路、新观点、新措施等，及时呈送市领导决策参考，受到了各级领导的关注和好评。其中，1月19日、2月17日、8月23日，市委书记连维良先后对《社科内参》（2011）第1期《省会专家学者对郑州都市区建设的意见建议》、第3期《郑州都市区建设的重点、难点与建议》、第14期《重点项目阻工问题的成因与解决对策》等文章作出批示，要求有关部门加以研究、参阅；7月21日，代市长吴天君对《社科内参》（2011）第12期《“天地之中”申遗成功的效应与利用对策》作出批示，要求有关部门就此问题提出策划方案。全年共有7期内参受到市领导批示，为领导决策提供了有价值的参考依据。

【社科知识普及活动】 为满足广大市民的文化需求，丰富文化生活。市社科联与河南省图书馆共同举办了17场“中原大讲堂·郑州讲堂”。每场都邀请理论素养好、演讲口才佳、热心公益事业的名家名师，就公众关心的热点话题进行讲解，内容涉及人文科学、社会科学等领域，选取如“素质教育与经典阅读”“漫谈音乐欣赏”等既有学术价值，又为大众关心的题目，使人们聆听到各个领域各类学者的研究成果和演说风采，开眼界，长知识，提高市民的科学文化素质。“中原大讲堂·郑州讲堂”形式不拘一格，学理性与实用性并存，权威性与前卫性并重，追求学术创新，鼓励思想个性，强调雅俗共赏，重视传播互动，深受市民欢迎。

2011年9月，郑州大学辛世俊教授以“中国孝文化解读”为题对孝文化进行了解读，拉开了科普大篷车活动的序幕，同时组织社科专家围绕郑州都市区建设、南海局势、文物知识、公共礼仪等方面进行了宣讲。“中原大讲堂、社科普及大篷车”活动，为广大市民群众进行科普知识宣讲、咨询和解答，市民积极参与，社会效果显著。

【社科调研课题征集与评审】 由于市委、市政府高度重视，郑州市社科联对社科调研课题评奖工作认识到位、组织宣传到位，使社科调研课题无论从质上和量上都有了新的跃升。2011年课题申报数量由原来的200项左右增加到1200余项，经专家评审，对720项社会科学调研课题予以立项。2011年共收到2010年度结项申报课题560项，经评审有510项课题结项。经郑州市社会科学优秀成果评奖委员会评定，210项社科调研课题获奖，其中《郑州市循环经济发展模式与战略研究》等39项调研课题获一等奖；《郑州市农民创业问题研究》等75项调研课题获二等奖；《郑州市大学生自主创业问题对策研究》等96项调研课题获三等奖。从评审情况看，调研课题逐步呈现出针对性强、调研深入、理论水平高、可操作性强等特点，为郑州市经济社会发展提供了理论支持和决策参考。

【郑州都市区建设专题调研活动】 为加快推进郑州都市区建设步

伐，促进社会科学研究与郑州市经济社会发展的有效结合，2011年6-11月，郑州市社科联组织在全市范围内开展了以“加快推进郑州都市区建设，打造中原经济区核心增长区”为主题的专题调研活动。主要围绕郑州都市区建设中的重点、难点、“瓶颈”等亟待解决的重大问题，结合本单位、本行业、本地区特点，在深入调研与分析的基础上，提出对策建议，预测发展趋势，推动郑州市实施科学发展和城市转型。全市近百家单位参与了此项活动，共上报调研成果196篇，经专家评定，共评出郑州都市区专题调研成果一等奖12项，二等奖24项，三等奖36项，入选奖57项，同时还对在此次调研活动中工作突出的先进单位予了以表彰。这些调研成果中不乏一些对都市区建设具有针对性、应用性、前瞻性的优秀成果，市社科联对这些调研成果中好的对策建议及观点进行提炼整理，形成成果快报和《郑州都市区建设专题调研文集》报市委、市政府和相关职能部门，为市领导提供决策参考，服务郑州都市区建设。

【社科学会工作】 市社科联把搭建学术活动的公共平台，促进各类学术活动的开展，增强学术团体的活力，营造社会科学的良好氛围，扩大社科联和学会在社会上的影响力，作为重要工作来抓，取得了较为明显的进步。

对郑州市社科先进学会暨社科先进个人进行表彰。为进一步激发全市广大社科工作者的积极性、主动性，表彰先进，鞭策落后，促进我市社会科学事业的进一步繁荣发展，经对各学会考核评比，对郑州市审计学会等15个社科先进学会和杨云香等50名社科工作先进个人给予表彰。

做好学会审批、年检、换届和小金库治理工作，搞好咨询服务。

《中州纵横》杂志

根据各学会的工作开展情况，根据相关程序要求，认真对下属各学会进行了年检。11月，指导郑州市统计学会召开换届大会，按照程序选举产生了新的学会领导班子。按照市小金库治理工作领导小组要求，对下属学会认真开展了小金库专项治理工作。并按照章程和相关规定做好咨询服务工作。

【社科学术活动】 2011年，郑州市社科联所属的郑州市行为科学学会，在郑州大学召开2010年度工作总结及表彰大会；3月12日，郑州市创新教育学会承办为期2天的“第六届中国小学数学风云人物优质课展示暨小学数学精英论坛”隆重开幕，来自全国各地的名师在此次论坛上作了精彩的公开课展示和报告，全国近千名教师代表目睹了名师们的精彩展示；10月19日，在郑州嵩山饭店国际新闻中心隆重举行了郑州老年诗词研究会成立20周年、郑州诗词学会成立15周年庆祝大会。为鼓励先进、树立典型，推动全市企业家群体在郑州都市区建设发展中作出新的更大的贡献，市企业联合会和企业家协会根据中国企联的活动安排，组织开展了“郑州市优秀企业家”评选活动；市纪检、人防、财会、审计、统计等学会均组织开展了课题调研、学术报告、理论讲座、咨询宣传等活动，收到了良好的效果。

【《中州纵横》杂志】 2011年，《中州纵横》杂志进一步拓展工作思路，以提高杂志的质量为中心，把握正确舆论导向，传递社会信息，记述发展成就，发表理论观点，展示时代风貌，务实创新，效果显著。根据办刊宗旨，重新设置了栏目，新增“盘点”“关注”“前沿”和“论坛”4个理论精品栏目，进一步强调栏目设定的专业化与针对性，增强专题栏目文章的理论性、预见性、可读性。在作者队伍建设、刊物编辑、出版发行等方面取得了新的进步，圆满完成了全年6期杂志的编辑发行工作，并实现了编辑工作流程上墙的可视化管理，大大增加了杂志的办刊效率。“论坛”栏目通过“郑州市现代物流体系的构建”等专题的成功策划，共约知名专家学者稿件近30篇，近20万字。为了纪念建党90周年，杂志在第4期及时推出了“辉煌九十年”的专栏，缅怀革命先烈，弘扬革命精神，为巩固党的执政基础建言献策，引起广泛反响。更加关注郑州经济、社会、文化的发展，注重优秀科研成果的推荐和普及，成为郑州市优秀社科成果转化的有效平台。

（张丽新）

第二十三篇　教育事业

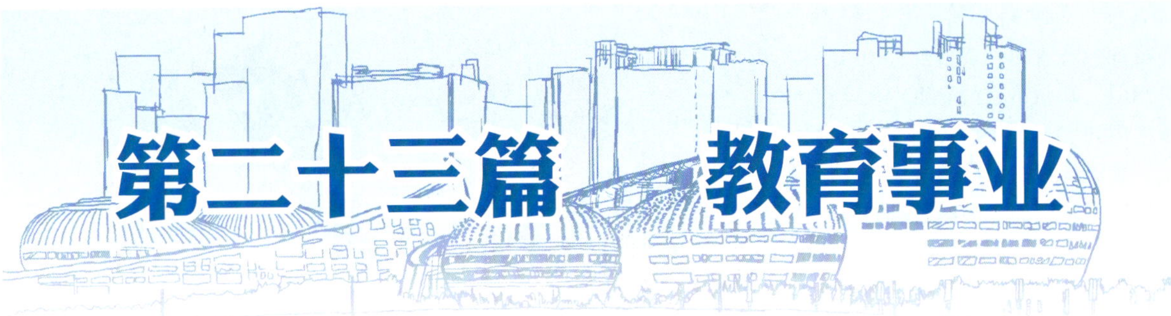

综　述

【概况】2011年，郑州市有地方高等学校16所，高等学历教育在校生144296人。有各级各类中初等教育学校1521所，在校生138.03万人。其中，普通高（完）中104所，在校生166878人；普通初中261所，在校生273813人；中等职业学校128所，在校生296589人，其中全日制在校生283947人；小学1016所，在校生641669人；特殊教育学校11所，在校生1175人；工读学校1所，在校生151人。

全市各级各类中初等教育学校有教职工89313人，其中专任教师75952人。

【教育经费投入与支出】2011年，全市教育部门总投入为881813万元，国家财政性教育经费836775万元，其中，预算内教育经费724714万元（教育事业费594927万元，教育基建31590万元，其他拨款98197万元），各级政府征收用于教育的税费112061万元（城市教育费附加103780万元，地方教育费附加73197万元，地方基金9616万元），预算外事业等经费收入35430万元。总投入比上年的697751万元增长26.37%，国家财政性教育经费比上年的654740万元增长27.8%。其中，预算内教育经费比上年的577421万元增长25.5%，预算内教育事业费比上年的453284万元增长31.24%。

全市教育部门预算内教育经费724714万元，比上年的577421万元增长25.5%；全市经常性财政收入3631672万元，比上年增长20%。预算内教育经费增长比经常性财政收入增长高5.5个百分点。

全市教育部门生均预算内教育事业费为5639.98元，比上年的4340.5元增长29.94%。全市教育部门生均预算内公用经费为2363.94元，比上年的1412.34元增长67.38%。

全市财政性教育经费支出（全口径）919683万元，占GDP的比例为1.87%，比上年财政性教育经费支出所占GDP的比例1.79%提高了0.08个百分点。全市教育部门预算内教育经费支出（全口径，且含城市教育费附加，下同）828494万元，占全市财政支出5655767万元的比例为14.64%，比上年预算内教育经费支出占财政支出的比例14.92%减少0.28个百分点。

（孙　耿）

义务教育

【义务教育规模】全市共有小学1016所，比上年减少11所；毕业生94417人，比上年增加2421人，增长2.63%；招生121385人，比上年增加8006人，增长7.06%；在校生641669人，比上年增加31823人，增长5.22%；小学平均规模631.56人，平均班额47.94人。全市共有普通初中261所，比上年减少1所，毕业生88320人，比上年减少6465人，下降6.82%；招生95938人，比上年增加2954人，增长3.18%；在校生273813人，比上年增加5030人，增长1.87%；普通初中平均规模1049.09人，平均班额54.92人。

【中初等教育水平指标】小学：学龄人口入学率100%，毛入学率103.47%，辍学率-0.79%，5年保留率99.32%，应届毕业班学生毕业率101.51 %。初中：学龄人口入学率99.85%，毛入学率115.43%，辍学率0.99%，3年保留率94.1%，应届毕业班学生毕业率100.75%。

【义务教育经费保障】2011年，郑州市公用经费基准定额按照小学年生均530元、初中年生均730元（含生均30元的专项取暖费资金）。所需资金由中央、省、市级财政按照6：2：2的比例负担。全年共下达中央、省、市级财政公用经费补助资金16345万元。同时，要求各县（市）区必须按照规定用途使用公用经费，不得用于人员经费和偿还债务等，严禁以任何理由、任何方式截留、滞留、挤占、挪用，严禁抵顶应由县级财政安排的寄宿生生活费等教育经费。

继续免除农村义务教育阶段课

本费和作业本费。按照国家对农村义务教育经费免费提供教科书和教科书循环使用的文件要求，对农村义务教育阶段学生免费提供教科书，其中，国家课程由中央财政负担，地方课程由省级财政负担。除免费教科书外，郑州市继续实行免费提供作业本，其费用由县级财政负担。2011年共下达中央、省级教科书资金2913.2万元。同时，要求各县（市）区财政部门结合教科书循环使用的相关政策，按照政府采购确定的结算价格据实结算，直接拨付到教科书供应商账户，确保学生及时用上免费的教科书和作业本。

贫困寄宿生补助标准进一步提高。按照省财政厅、教育厅相关文件精神，2011年，郑州市按小学生3元/天、初中生4元/天的标准对农村义务教育阶段家庭经济困难寄宿生生活费进行补助，按照在校时间250天计算，即小学生750元/年、初中生1000元/年。全年共下达生活费补助资金2831.6万元，全市享受生活费补助政策的贫困寄宿生达到31786人。

【普通中学学区制改革】 为促进郑州市基础教育均衡发展，建立合理的教育资源配置机制，在2010年普通中学学区制工作运行的基础上，进一步加大力度，建立了学业水平考试监控评价体系和以学区为基本单位的考试评价机制，以2011年中招、高招成绩为依据，表彰了郑州市回民中学学区、郑州市第七中学学区、郑州市第九中学学区、郑州市第十九中学学区、郑州市第四十七中学学区等5个先进学区。

【义务教育阶段进城务工人员随迁子女入学】 2011年，郑州市（不含巩义市）义务教育阶段进城务工农民随迁子女在校生数177908人，与2010年相比增加16962人。其中在公办中小学就读160207人（小学122547人，初中37660人）。2011年中招和小升初之前，结合《河南省人民政府关于进一步做好进城务工农民随迁子女义务教育工作的意见》要求，制定郑州市2011年的中招政策和小学毕业生升初中工作以及小学招生工作政策时，进一步明确各学校不得拒收由教育行政部门认定的，符合在郑借读条件的进城务工人员随迁子女，并且不能收取借读费，努力为他们创造良好环境和有利条件，保证其接受义务教育的权利。

（孙　耿）

普通高中教育

【普通高中教育规模】 全市共有普通高（完）中104所，与上年持平；毕业生58311人，比上年减少3563人，下降5.76%；招生56325人，比上年增加397人，增长0.71%；在校生166878人，比上年减少2873人，减少1.69%；普通高中平均规模1604.6人，平均班额57.31人。

【普通高中课程改革】 按照“加强培训、提高素质；确定重点、统一规划；突破难点、深入实施”的思路，2011年市教育局将课堂教学模式改革作为普通高中课程改革的核心进行重点突破。为推动课堂教学改革，2011年，市教育局相继出台了学科教学指导意见、观课议课指导意见、学科组建设意见、导学案编制意见、课程纲要编制意见、作业建设指导意见、道德课堂实践研究课题实施方案、家长会建设指导意见等立体式系列配套措施。

【普通高中招生改革】 2011年，普通高中招生在维持稳定以及保持往年政策的连续性的前提下，广泛听取各方意见，对部分政策进行了完善。中招录取志愿填报中允许在第一批录取学校（省级示范性高中）中设置2个志愿，如考生没有被第一志愿学校录取，还可参加第二志愿学校的录取。这样既避免了高分学生志愿扎堆，又增加了学生选择的机会和被省示范性高中录取的机会，减少高分落榜现象。针对部分外来务工人员子女长期在郑州生活和学习，回原籍报考高中确有困难的情况，本着“以人为本”的原则，允许“户口为郑州市区以外，在郑州市区学校就读，并注册学籍的初中毕业生”选报第一批录取学校中的郑州中学、郑州一〇六中学、郑州一〇一中学天明班、郑州四中天明班、郑州二中信息化教学创新班和郑州九中创新实验班，可以填报第二批、第三批录取学校志愿。

（孙　耿）

职业教育

【中等职业教育规模】 全市共有中等职业学校128所，比上年增加1所；毕业生102893人，比上年增加2859人，增长2.86%，招生112165人，比上年减少2281人，下降1.99%；在校生296589人，比上年减少5967人，下降1.97%。

【职业教育发展】 2011年，郑州市职业教育继续探索学分制教学模式，扩大学分制试点范围，通过进行教育教学制度创新、建立适应新形势下人才培养评价机制，促进了学生个性发展和全面提高，充分调动了学生学习的积极性，以及参与教学活动的主观能动性，进一步提高了职业教育自身活力。试点学校由2010年的7所扩大到18所，涵盖了城乡、公办、民办、行业办学校，使学分制在中等职业学校的推广更有实用价值和实际意义。全面推行校企结合、工学结合的人才培养模式，进一步完善顶岗实习、半工半读制度，开展“订单式培养”，逐步引导企业招聘人才由“被动选择”，转变为“量身打造”，直接介入学校人才培养过程，共同抓好学生实践能力和职业技能培养，努力做到学校教育和就业“零距离”对接。2011年，继续建立校企订单培养合作单位50个，新增校企合作单位10个，订单培养学生占在校生总数的比例达到40%。狠抓技能竞赛，促进教育教学质量的提高。高度重视学生技能竞赛，形成了“校校有比赛、人人都参与”的局面。2011年，在全国职业院校技能大赛中郑州市代表队再一次取得优异成绩，共夺得2个一等奖，3个二等奖，11个三等奖，共16枚奖牌，郑州市教育局被授予“全国职业院校技能大赛先进单位”称号。

【职业教育园区建设】 按照郑州都市区“产城融合、组团发展”的理念，2011年郑州市整合职教资源，贴近产业需求，统筹规划，加快推进园区建设步伐，努力打造核心职业职教教育园区。一是在郑州东部的中牟产业园白沙组团内选址，建设面向服务于高新技术、现代物流、旅游服务、动漫等第三产业的郑州职业教育园区。园区规划总面积0.95千公顷，在校生规模15万人，规划入驻24所职业院校，计划总投资97亿元。二是在郑州西部上街区建设郑州宜居职教城，打造宜居、宜教、宜企、宜游的职业教育园区，建设面向服务于汽车制造、电工电子、数控加工、模料模具、纺织机械等第二产业的职业教育园区。职教城总体规划面积30.42平方公里，建筑面积3700万平方米，可入驻近30所国内外中高等职业教育院校，容纳师生员工20余万人，吸纳5万人就业。

【职业教育基础能力建设】 为改变过去职业学校面积小、条件差、培养能力弱的局面，根据省政府关于全省职业学校布局调整的要求，市教育局下大力气整合全市职业教育资源，优化职业学校布局，提升育人能力。按照《郑州市中等职业学校布局调整方案》要求，对全市中职学校进行了布局调整，在郑州市区内，对地处老城区校园面积小、周边环境差、形不成规模办学、办学效益低的职业学校实施外迁，入驻职业教育园区。为充分发挥高职院校的辐射和带动作用，郑州市财贸学校挂牌中州大学附属中等专业学校。对县（市）职业教育，按照1个县（市）重点办好1-2所规模在3000人左右的中等职业学校的要求进行布局调整。截至2011年底，所有县（市）的职业学校布局调整均已到位，全市共有中等职业学校96所，在校生18万余人。

【职业学校办学条件】 2011年，郑州市职业教育重点学校和重点专业建设成效显著，全市有国家级重点中职学校19所，省级重点中职学校14所。新密市职教中心、郑州市国防科技学校分别被批准为首批和第二批国家中等职业教育改革发展示范学校。抓好重点项目建设，加强校内实训基地建设。先后对郑州市电子信息工程学校、郑州市科技工业学校等6所学校校内实验实训基地进行升级改造，投入专项资金2000余万元，购置先进教学实验仪器设备，改善办学条件。

【职业教育校企合作】 2011年，郑州市委、市政府出台了一系列发展教育的政策规定。其中《郑州市人民政府关于加强职业教育校企合作的若干意见》，明确指出要建立由政府相关职能部门、企业负责人、行业协会和职业学校组成的校企合作指导委员会。进一步强化了政府职能，明确了校企双方责任义务，促进职业教育校企合作全面开展。《意见》中要求一要建立校企互派人员挂职制度；二要实行校企联合办学；三要实行“订单式”人才培养；四要建立校企合作顶岗实习制度；五要校企共建实习实训基地。为切实加强对职业教育校企合作的领导，市政府又出台了《郑州市人民政府关于成立郑州市职业教育校企合作工作指导委员会的通知》，常务副市长胡荃为主任，副市长刘东为常务副主任，政府相关职能部门及部分职业院校校长、企业代表为成员，强化了政府主导，推进校企合作更加深入。2011年8月，组织召开了郑州市职业教育工作会议，省、市领导出席了会议并讲话。同时还举行了职业教育校企合作项目签约仪式、郑州宜居职教城首家入驻院校建设启动仪式、宜居职教城新闻发布会、职业教育专家讲坛。

（孙　耿）

高等教育

【地方高等教育规模】 2011年，郑州市16所地方高校学历教育招生46237人，教职工9950人。高等学历教育高校在校生达到144296人；教学科研仪器设备值81729.49万元，较上年增长9%；一般图书1175.4万册，较上年增长8.3%。

【大学生思想政治教育】 2011年，郑州市继续在地方高校中开展了学生管理示范性建设活动，促进地方高校学生管理工作不断迈上新台阶。加大了对学生的救助，通过捐款、补助等方式资助生活上有困难的学生。同时切实推进维护校园稳定和落实社会综合治理工作，加强安全检查督导工作，督促地方高校全面履行综治职责。6月，成立维护稳定和综合治理检查小组深入地方高校开展安全检查，并针对发现的薄弱环节，提出整改要求，责成学校消除隐患，确保安全。根据社会动态，关注学生所关注的，积极引导学生正确表达爱国情感。从全年情况来看，地方高校维稳和综治工作有效开展，安全方面措施得力，成效明显。

【教育教学质量建设】 2011年，郑州市在高等教育教学中以提高人才培养质量为核心，以实施专业实验室建设、精品课程、教学改革工程立项等工作为抓手，启动优秀教学团队建设工作，着力在内涵发展上下功夫，提高地方高校办学综合实力和竞争力，办人民满意的高等教育。启动了市级优秀教学团队建设项目。择优选出中州大学机电一体化技术等5个立项建设的教学团队和郑州交通职业学院汽车应用电子等8个培育建设的教学团队。其中中州大学机电一体化教学团队被评为河南省优秀教学团队，对提高郑州地方高校教师素质和教学能力具有重大意义。加大了重点（示范）专业、精品课程的建设力度。对重点建设的中州大学应用化工等13个重点（示范）专业、郑州师院的地球科学等5个重点实验室；中州大学旅游管理专业被评为河南省特色专业建设点；郑州旅游职业学院“中国地理”等8个市级精品课程，加大了资金支持，强化了指导与建设力度。完成了郑州地方高校教改及人才培养工程第四批立项项目结项评审和对第五批立项项目评审。“郑州高职院校在加快郑州建设学习型城市进程中的地位、作用及途径”等25个研究项目按时结项；确定了“民办本科高校实施‘产学研’一体化办学模式的研究与实践”等50个项目立项建设。

【外地高校函授站评估】 完成了省外普通高等院校驻郑州函授站的评估工作。为落实《河南省教育厅关于开展普通高校成人高等教育函授教育辅导站评估的通知》精神，受河南省教育厅委托，对46所省外普通高等院校驻郑州函授站进行了实地评估，其中38所合格、1所暂不合格、7所主动申请撤站。

（孙　耿）

成人教育和社区教育

【概况】 2011年，市教育局认真贯彻执行《郑州市成人教育和社区教育发展规划（2009-2012年）》，加大投入力度，巩固成人、社区教育阵地，继续开展规范性乡（镇）成人学校和示范性办事处社区学校评估认定工作。2011年召开了全市职业教育工作会议，对经过评估验收的第二批20所规范性乡（镇）成人学校和示范性办事处社区学校给予挂牌并进行表彰，并给予每所学校5万元奖励。2011年第三批20所规范性乡（镇）成人学校和示范性办事处社区学校已通过评估验收。

（孙　耿）

民办教育

【民办教育规模】 全市共有各级各类民办学校（教育机构）1587所，在校生59万余人，专、兼职教职工35629人，占地面积1700余公顷，校舍建筑面积1045万平方米，图书2119.5万册，拥有固定资产78.8亿元。

【民办学校日常管理】 2011年，市教育局加强民办学校日常管理，建立保障帮扶机制，创新解决民办学校党组织建设新问题，合理解决民办学校教师参保难题，先后起草了《民办学校党建工作解决办法》和《民办学校教师参保办法》，分别报市委组织部和市政府。建立规范管理机制，落实政策规定，加强民办学校财务监管，规范民办教育健康持续发展。经过政府招标的形式，选定了5家会计师事务所，出资64万元，对30%的市管民办学校（50所）进行了会计审计复审，并完善了民办学校财务管理办法。建立交流激励机制，构建民办学校“队伍”成长平台，提高队伍素质。先后举办了民办学历教育学校校长提高培训班和民办幼儿园园长提高培训班，出资83.88万免费为202名校长和297名园长进行了培训。建立为民服务机制，按照市委、市政府的要求，起草了《郑州市午托机构管理办法》，解决“午托机构无人管”的问题。建立公告公示机制，设立民办教育公示公告专项经费7万元，及时对民办教育年检、审批情况进行公告公示。

【民办学校发展】 2011年，民办教育工作认真贯彻落实各级教育工作会精神，坚持“争取政策、营造环境、搞好服务、规范管理”的工作理念，建立“行政专一管理、业务归口管理、办学属地管理、行业自律管理、依法规范管理、活动促进管理”的管理运行机制，以实现优质教育资源倍增为抓手、以提高民办学校教育教学质量为载体、以推动全市民办教育健康持续发展为目的，研究解决民办教育发展中出现的新情况、新问题。建立多元投入机制，整合民办教育资源，吸引民间资本兴办教育，引导公办高中分校健康发展，促进优质资源倍增，全市民办中小学新增优质学位1.33万个。建立办学创新机制，落实教育“十二五”规划，支持2所民办中等专业学校申办高职，支持县、区民办教育集团化发展，先后组建了4个民办教育集团，新审批1所民办中学，全市新增教育资源2亿元。

【民办义务教育阶段免杂费】2011年，郑州市为市管25所义务教育阶段民办学校符合条件的17251名在校生兑付了2011年学杂费250.37万元；并为符合条件的11所义务教育阶段民办学校兑付了216.87万元的生均公用经费。

（孙 耿）

办学条件

【校舍建筑面积】全市中初等教育校舍建筑面积1491.07万平方米。其中，普通中学校舍建筑面积607.1万平方米，中等职业学校校舍建筑面积347.27万平方米，小学校舍建筑面积383.75万平方米，幼儿教育校舍建筑面积148.79万平方米，特殊教育学校校舍建筑面积4.16万平方米。生均校舍建筑面积：普通高中20.04平方米，普通初中9.96平方米，中等职业学校11.71平方米，小学5.98平方米，幼儿园5.62平方米，特殊教育学校35.4平方米。

【图书资料情况】全市中初等学校藏书3137.69万册，其中，普通高中431.13万册，生均25.84册；普通初中647.89万册，生均23.66册；中等职业学校909.06万册，生均30.65册；普通小学1149.61万册，生均17.92册。

【学校基本建设】2011年，郑州市提前3个月完成了市政府承诺的市区25所中小学校和全市97所幼儿园项目年内开工的工作任务。市区32所中小学建设项目、全市115所幼儿园建设项目开工在建。项目2011年秋季投入使用后将增加小学教学班792个、初中教学班238个、幼儿园教学班1341个，共增加中小学学位4.7万个，幼儿园学位4万个学位。

【学校发展规划】市教育局高质量完成了2011年涉及教育的城市发展项目规划的审批工作。按照教育部和省教育厅的统一要求，完成了郑州市“十二五”义务教育学校标准化建设项目、郑州市“十二五”特殊教育学校建设项目和郑州市“十二五”职业教育基础能力建设项目3个摸底规划；与市发改委联合制定了郑州市农村学前教育推进工程建设规划和郑州市边远艰苦地区农村学校教师周转住房建设规划。郑州第十八中学新校址确定、郑州第十七中学顺利移交、郑州第十五中学与中州大学实现实质性合并、中牟荟萃路学校改为郑州幼师附属学校。

【中小学校舍安全工程】郑州市中小学校舍安全工程五年规划的“三年攻坚（2009-2011年）”中规划改造校舍99万平方米，总投资10.91亿元。3年规划已完成总面积（含竣工及在建）92.1万平方米。其中，全市2011年通过新建、加固等形式改造中小学校舍21万平方米，圆满完成市政府确定的新建、加固改造18万平方米中小学校舍的任务。2011年，市政府投资3000万元完成市直6所学校的8栋建筑的加固，加固校舍22208平方米。

【教育事业统计工作】完成了全市基本建设年报统计的工作。在教育事业统计年报汇总、分析的基础上，撰写了2010年郑州市中初等教育统计公报，编制了2010年教育事业统计提要以及2010年教育事业统计资料两本书。组织全市14个县（市）区参加了教育部张家界培训基地举办的新统计软件应用培训班。召开了全市教育系统2011-2012年度学年初教育事业统计布置会。11月初，利用新的统计方法，新的程序，完成了全市教育事业的统计汇总工作。认真贯彻统计法，实事求是，坚持原则，依法开展教育统计工作。通过努力，完成了各项统计任务，确保统计数据的准确真实；对基层单位进行业务指导、监督和培训；为郑州市教育管理工作提供了准确的数据和科学依据。

（孙 耿）

教师队伍

【教职工队伍规模】2011年全市各类中初等教育学校教职工总数89313人，其中专任教师75952人。普通中学教职工36938人，普通高中专任教师11548人，普通初中专任教师19430人。小学教职工35715人，专任教师33200人。中等职业学校教职工16276人，专任教师11445人。特殊教育学校教职工361人，专任教师309人。工读学校教职工23人，专任教师20人。另有幼儿教育教职工26364人，专任教师14723人。

【专任教师学历达标情况】2011年，郑州市专任教师学历达标情况如下：普通高中98.78%，普通初中99.52%，小学100%，幼儿园（含学前班）97.1%，中等职业学校87.65%。普通初中专任教师本科以上的比率为69.17%，小学专任教师专科以上比率为91.43%。

【教育人事制度改革】2011年，市教育局邀请北师大副教授赵德成指导义务教育学校绩效考核工作，督促学校不断完善绩效考核分配方案。完成市政府课题“教师绩效评价与绩效工资分配机制研究”。为5354名义务教育学校人员按月发放基础性绩效工资，按学期2次发放奖励绩效工资，为2956名离退休人员按月发放生活补贴。顺利完成市直75个教育事业单位10270名在职人员的首次岗位聘任工作，并兑现了岗位工资。教师管理将由身份管理变为岗位管理，学校教师由按照职称领取工资改变为按照应聘岗位领取工资。

市教育局、市编委、市人社局、市财政局共同印发《市直学校新进人员管理办法（试行）的通知》，明确了局直属学校在机构编制部门核定的实名制编制和合同制编制（政府购买服务岗位）（以下简称“合同制编制”）范围内空编空岗进人，实行公开招聘。倍增项目学校向托管、联合办学校派出1-5名具有中学一级以上职称的优秀教师，同时每人每月增加补贴300元。针对一校多区、扩建挖潜学校，提出了以增加编制、合同制编制（政府购买服务岗位）的方式解决，为部分倍增项目学校增加实名制编制79个，合同制编制159个。基本上解决了2010年公开招聘的893名教师的入编问题。

【教师资格认定】 2011年，市教育局面向应届师范类毕业生，共审核认定教师资格1597人，其中师范类859人，非师范类738人；面向社会其他类人员进行资格认定，理论考试报名人数达14687人，理论考试合格率达55.57%;受理4029人教师资格申请材料；教育教学技能测试报名4029人，测试合格率达96.23%。

【梯级名师培养工程】 2011年，郑州市进一步加大实施梯级名师培养工程的力度，取得了新成效。实施梯级名师系列高端培训，完成了500名市级骨干教师培训，105名第三届名师（含10名郑州市首届杰出教师）赴澳大利亚培训，204名学校首席教师参加郑州市教育局与美国哈佛大学合作举办的“TFU”课程教师培训。启动了名师工作室建设，把名师工作室定位为培养青年教师、引领教师专业发展的学习型、研究型、合作型组织。2011年首批建设50个名师工作室和25个名师网络工作室，“十二五”期间全市将建设100个名师工作室、50个名师网络工作室。按照规定的程序，郑州市首批50个名师工作室主持人已经产生。

【教师培训模式创新】 2011年，市教育局对一些基础性培训和高端培训的培训模式进行了积极探索和深度改革。

在初中教师岗位培训中，将先进的培训理念和运行规范贯穿于培训过程中。因地制宜，在市区和农村分别采取集中培训和网络培训等不同的培训形式；按学科、分层次开设“菜单自选式课程”，为教师自主发展提供有针对性的培训课程；将多年来的假期集中培训改为平时每月1次的分散培训，尽可能保障教师的合法休假权；50人以内小班教学，使师生充分交流和互动；制定激励教师多学的学分管理制度，取得较高的学分作为评选教师教育先进个人的重要条件。

在双语（英语、汉语）教师培训中，实行了培训周期为1年，采取分层次、小班、全外教上课、全程激励的全新培训模式。组织开展了全市合格、一级和二级幼儿园园长业务提高培训,全市农村合格、一级和二级幼儿园骨干教师培训,市级幼儿骨干教师培训,学科幼儿教师高层次培训。

在“班班通”教学设备应用教师培训中，分层次（分培训者培训、学科骨干教师培训和一般教师培训）、分学科、分步骤实施。市教育局对市直学校及各区中学各学科骨干教师、各县（市）区教师进修学校各学科培训者进行了集中培训，各区组织对小学各学科骨干教师进行了培训。全年参加“班班通”教师培训人数共计6809人。在优质资源倍增工程新增教师培训中，实施分类别专项精品培训。开设了优质资源倍增工程班主任专项培训班、新任教师培训班和英语教师专项培训班。

【队伍提升工程】 依托郑州市教育干部培训中心，2011年举办了中小学校长任职资格培训班2期培训220人、民办学校校长提高培训班2期培训202人，乡镇学校行政干部专题培训班培训160人。依托国家教育行政学院，进行了基础教育动态改革研修培训，市教育局直属和部分县区学校校长65人参加。选调高中校长65人参加了河南师大、河南大学和省教育学院的任职资格和提高培训。在河南省教育干部培训评估中取得了河南“十一五”教育干部培训第一名的好成绩。对机关8名干部、局直属单位7名干部进行职务调整或晋升，对市教育局直属单位51名试用期满干部经考察合格后，予以正式聘任。为郑州市优质教育资源倍增工程做好组织干部保障工作，12所项目学校共配备校长、副校长和中层干部33名。做好干部储备和培养工作，选派12名干部到农村中学挂职锻炼。市教育局有25人被评为郑州市第十批专业技术拔尖人才。

【城乡教育交流工作】 2011年，全市共有721人参加了下乡支教活动；市教育局深入6县区30多所基层学校实地调研指导，先后3次召开座谈会，并专门发文进一步规范了送课下乡活动。局直属学校教师到结对学校上示范课、指导课421次，进行结对指导115人次。全市共评出市级优秀54人、局级先进150人，优秀论文263篇。各县（市）区也分别在本地教育系统内，广泛开展了形式多样的城乡教师交流活动。

（孙　耿）

教育管理

【教育督导与评估】 加强县级政府教育工作督导评估方面。通过“督县”进一步提高县级政府对教育工作基础性、先导性、全局性的认识，促进各县（市）区政府、管委会切实把教育工作放在优先发展的战略地位；重点督查全市15个县（市）区管委会落实《国务院关于进一步加强财政教育投入的意见》的要求，大幅度增加教育投入，严格落实教育经费法定增长要求，确保教育经费实现“三个增长”，确保用于教育的预算内基建投资明显增加，切实提高财政教育支出占公共财政支出的比重；优化教育资源配置，加强中小学布局调整力度，加强对薄弱学校、偏远农村学校建设力度，全面推进义务教育高位均衡发展，满足人民群众对优质教育的需求，办人民满意的教育。中小学教育现代化督导评估方面。不断完善幼儿园自评机制、评估验收机制和动态管理机制。

督学责任区工作方面。一是进一步探索、总结、完善郑州特色的“三进·三联·二化解”督学责任区工作模式。深入开展中小学校规范办学行为的随访督导，确保违规办学行为不反弹，不出现新的违规行为。完善快速咨询、投诉处理机制，实现教育部门管理与服务资源均衡配置。二是创新督学责任区工作机制，深入实施督学责任区督学对口联系制度。坚持评估、检查、指导、服务的原则，责任区督学深入对口联系的县（市）区，参加、指导各县（市）区开展督政、中小学教育现代化督导评估、幼儿园督导评估和督学责任区工作，促进各县（市）区教育督导专业化水平不断提高，进一步增强县（市）区教育督导的服务水平，促进教育事业科学发展。三是组建由责任区督学组成的督导评估组，对优质教育资源倍增工程项目学校开展专项督导。采取过程督导与结果督导相结合的方式，于每季度对优质教育资源倍增工程市属和区属的68个项目学校进行专项督导，对完成优质教育资源倍增工程任务的项目学校进行全面的评估；建立项目推进汇报通报制度，每半年在教育系统内部通报一次项目推进情况，每年向全社会发布一次项目推进情况和教育质量报告。

【教育法制建设】2011年，市教育局制定了《郑州市教育局依法行政责任制实施方案》等文件，将依法行政责任制的各项任务分解到处室，修订评价考核指标体系，有效地使局机关各执法处室责任细化，保障有效。制定领导干部学法计划。安排领导干部集中学法4次，同时按市政府要求配合市法制局做好县处级领导干部的法制学习工作。郑州市教育系统全年共有30余人通过郑州市法制局组织的行政执法人员资格考试，杜绝了无证执法行为的发生。同时对2007年以来行政执法资格证进行了收集整理，建立了行政执法人员信息台账登记册。组织召开了郑州市部分学校法制教育情况座谈会，深入8所学校进行前期调研，掌握了学校普法需求的第一手资料，组织全市30所中小学行政校长参加省教育厅组织的法制培训班，系统学习了《校园意外伤害事故处理办法》等法律知识。

【体育教育工作】中招体育考试。2011年，郑州市中招体育考试更新了体育考试器材，使用“学生卡”，共有32437人参加考试。本次中招体育考试工作改革延续“人性化管理”模式，充分体现了“以人为本”的服务宗旨。免收市区考生中招体育考试考务费，病残免考生不再组织进行复查，允许考生自带部分考试器材，落实“考试改革一定要有利于考生的发挥、有利于考生成绩的提高”的原则。完成高中毕业生体育与健康学业水平考试。根据省教育厅统一部署，郑州市市区2012届高中毕业生26934人顺利完成体育与健康学业水平考试，有108名学生未达到合格标准，合格率为99.6%。完成中招、小升初体育特长生的报名测试工作。2011年共有643名小学应届毕业生、702名初中应届毕业生报名参加体育特长生招生考试。经过中招办组织初试、学校复试、教育信息网公示等环节，最终327名小学特长生、456名初中特长生升入高一级学校。完成阳光体育运动跳绳、定向越野、健身操体育教师培训工作。739名中小学体育教师顺利结业。启动校园体育设施对外开放试点工作。郑州一中等8所学校体育活动场地于2011年10月15日开始实施对外开放试点工作。大力开展阳光体育校园足球活动在郑州市的开展。2010-2011年阳光体育校园足球联赛在郑州市举行，举办了郑州市精英教练员培训班、校长培训班、裁判员培训班，表彰了一批重视校园足球、活动开展得好的学校，为校园足球运动的健康开展打下了坚实的基础。组织开展郑州市中小学生各项竞赛活动。2011年3月，郑州市教育局、郑州市体育局联合下发《2011年郑州市中小学生体育比赛竞赛规程》，达到了体育节“校校重视、班班活动、人人参与”的活动目的。开展每天1小时校园体育活动专项督导检查。保证开展“中小学生每天1小时校园体育活动”，促进学生体质健康水平的提高。

2011年，市教育局组团观摩全国第十一届中学生运动会，组团参加中国“十城市”体育教学观摩研讨会。在2011年河南省第二届中小学体育教师基本功大赛上，郑州市代表队取得中学组和小学组前六名的好成绩；在河南省千万学生阳光体育运动第十二届“晨光”体育夏令营上，郑州市代表团勇夺团体总分一等奖；河南省千万学生阳光体育运动第二十三届中学生田径运动会上，郑州市代表团夺得5项团体总分第一名，创造了河南省中学生田径运动会自举办以来的最佳成绩，继续保持着全省学校体育竞赛领先位置。

【艺术教育工作】 举办了郑州市中小学美术教师书画作品展评活动。从获奖作品中评选出30幅（件）优秀作品参加在洛阳举办的河南省第二届中小学美术教师书画作品展省级比赛，25幅作品获奖。举办郑州市首届中小学生戏剧比赛，共有41个单位79名个人获奖。推荐10个优秀节目参加河南省首届学生戏剧节。郑州市的5支代表队不仅获得本届戏剧节的一等奖，更囊括了最佳编剧、最佳表演奖，同时获得河南省首届学生戏剧节优秀组织奖。举办了主题为“青春校园”的郑州市中小学生动漫比赛。共收集作品千余件，分别评出一等奖108名，二等奖187名，三等奖82名。参加了主题为“唱响校园、放飞理想”的河南省首届学生合唱节。共有160余名中小学生参加了专场演出。郑州市的3支代表队不仅获得本届合唱节的一等奖，还囊括最佳指挥和最佳钢琴伴奏奖。同时获得河南省首届学生合唱节优秀组织奖。举办郑州市中小学音乐、美术骨干教师校园剧、课本剧和写生培训。对郑州市中小学音乐、美术骨干教师进行校园剧、课本剧和写生培训。完成中招、小升初音乐、美术特长生的报名测试工作。共有276名小学应届毕业生、969名初中应届毕业生报名参加了由教育局组织的艺术特长生招生考试。最后确定小升初艺术特长生181人，初升高艺术特长生372人具备特长生资格。

【治理教育乱收费】 2011年，重新建立了由市政府副秘书长牵头，市教育局、纠风办、监察局、物价局、财政局、审计局、新闻出版局等部门负责人参加的郑州市治理教育乱收费工作联席会议，在市教育局设立了办公室，定期召开会议，研究治理工作。制定了《2011年全市规范教育收费治理教育乱收费工作实施意见》，对全市规范教育收费治理教育乱收费工作进行了安排部署。下发了《关于认真做好2011年春季学期开学教育收费检查工作的通知》，市教育局直属各学校、各县（市）区所辖学校都对本校收费工作进行了认真的自查，各县（市）区教育行政部门组织检查组，对所辖学校进行了检查。郑州市纠风办、市教育局牵头，市物价局、市财政局、市审计局等部门参与，组成联合检查组，对6所中小学2011年春季收费情况，以及中原区财政局、教育局等涉教收费情况进行了检查。通过检查，发现各学校办学行为、收费行为基本规范。对存在问题的学校要求限期整改到位。

【安全稳定工作】 2011年，市教育局组织召开了全市教育系统安全稳定工作会，对2011年全年教育系统安全稳定工作做了全面安排部署，下发了《2011年平安建设工作要点》及《2011年学校安全工作要点》，会上签订了《郑州市教育系统平安建设目标责任书》等各类安全目标责任书，强化了学校安全稳定工作目标和责任制。结合“5·12”汶川大地震3周年，开展了全市中小学生（幼儿园）防灾避险演练活动。6月12日，组织10所学校参加市安委会在绿城广场组织的安全生产宣传咨询活动，摆放安全生产法律法规知识和警示教育宣传展板20块，设10个咨询台，发放安全生产宣传材料2500多份。4月，在全市开展为期20天的校园安全隐患排查及周边综合治理专项行动，把排查及治理重点放在了农村及寄宿制各级各类学校，查出了各级各类大小隐患600多个。6-8月，开展了夏季汛期防溺水、防汛、防地质灾害等安全教育及安全检查工作。9月，针对学校秋季入学开展全市学校信访稳定和安全工作大检查。11月，组织开展安全生产大排查活动和学校校车安全检查等活动。

【助学济困工作】 2011年，市教育局大力做好学生资助工程，并规范用好各类奖学金、助学金。一是完善资助政策，确保贫困学生得到救助。市教育局结合郑州市实际情况将普通高中低保、低收入家庭学生统一纳入到国家助学金范畴。按照郑州市《关于建立普通高中家庭经济困难学生国家资助制度的意见》文件要求，从2010年秋季学期起，不再执行《关于印发郑州市低保和低收入家庭人员考取高中高校一次性救助实施方案的通知》中关于考取普通高中学校的低保、低收入家庭实行一次性补助的资助政策，将该部分学生一并纳入国家普通高中助学金制度覆盖范围。资助标准为每生每年1000-3000元。截至2011年底，市直属普通高中学校2010-2011学年的国家助学金已经全部通过学生资助卡集中发放到40832名家庭经济困难学生手中，共计发放助学金3127.79万元。考取大学的低保、低收入家庭学生按照政策继续享受一次性救助，全年共下达救助资金688.4万元，救助学生达929人。二是认真做好中职生资助工作，确保资金安全高效。2011年，国家助学金政策资助中职生64230人，发放资金3766.86万元；国家免学费政策已资助中职生10122人，发放免学费资金919.05万元；郑州市户籍中职学生免学费政策资助中职学生16804 人，发放免学费资金3045.50万元。同时，抽调相关工作人员于9月5-9日，对市属中等职业学校学生资助工作进行全面检查，确保了中职生资助资金发放和使用的安全。

三是认真办好“天明博爱班”。市教育局积极使用好市红十字会天明博爱助学基金，开展爱心助学工作。2011秋季投入50万元（主要用于外聘教师工资、学生学费、生活费资助以及日常教学运转费用等方面），分别在郑州一〇一中学和郑州四中各开办了一个“天明博爱班”，每班50人。同时，积极为郑州市品学兼优、家庭经济困难的普通高中生发放天明博爱奖学金，按照每人每学期2000元的标准，每学期资助200人，2011年两个学期共发放奖学金80万元。

【中小学生社会实践活动】 新辟11个中小学校外教育基地，扩展校外教育平台。截至2011年底，全市累计命名了35个校外教育基地，涵盖至科技、地质、生产、气象、自然、农业、工厂等各个领域。“五一”期间，联合河南省图书馆举办免费世界精品蝴蝶科普展，约3万名中小学生免费参观。联合郑州博物馆举办“丰碑——中国共产党建党90周年红色记忆展”，在郑州市中小学校进行免费巡展活动。暑假期间，联合河南博物院举办主题为“‘文物里的记忆’河南博物院暑期少儿活动节”，让更多的少年儿童在博物馆里参加丰富多彩的实践活动。联合河南奥斯卡电影院线举办郑州市2011年“高中生金秋电影月”活动，免费将64部电影送进9所省级示范性高中。

【文明交通宣传活动】 2011年，市教育局联合公安交警部门，在市区学校开展交通安全知识宣传巡展活动，组织开展“文明交通”巡展活动；开展“小手拉大手，文明交通行”活动；利用暑期开展“文明交通志愿者”活动；组织开展暑期中小学生文明交通志愿者夏令营活动、师生进社区开展文明交通宣传活动、开展“文明出行，我们在行动”等系列活动；以“交通安全、保护生命”为主题，在全市开展“交通安全手抄报”比赛活动；开展“交通安全宣传月”活动。

【爱国卫生工作】 一是加强了学校传染病防控的工作，保障了广大师生的身体健康。二是加强了学校食品卫生安全工作，以食堂等级量化评定为抓手，重点对学校食堂的经营管理状况进行了检查评定。三是加强了学生近视眼等学生常见病的防控工作，召开了全市学校的近视眼防控工作会议。四是加强了学校健康教育工作。坚持强调学校健康教育工作的针对性、连续性，要求学校通过多种方式、多种途径开展健康教育及科普宣传，提高师生的自我保健意识。五是开展城乡环境卫生整洁活动，创建整洁优美的校园环境。六是认真做好爱国卫生月活动，加大宣传力度。七是进一步加强学校健康教育工作。各学校成立了由校长担任组长，主管教学副校长为副组长，教务处、政教处、总务处及各年级长、校医等相关人员为组员的健康教育领导小组，建立完善的健康教育网络。八是保证健康教育课程的开课率。九是做好学生体质监测工作。学校建立了新生入学体检制度和学生健康档案卡，做好档案管理工作，并对学生体质健康信息进行监测，积极做好数据分析。十是积极开展两个创建活动。以创建健康学校、无烟单位为载体，广泛动员广大师生积极参与，多层次、全方位地开展健康知识宣传和控烟工作宣传，在现有的工作基础上，创新工作方法，大力开展爱国卫生工作。

【教育纪检监察】 2011年，市教育局印发了《郑州市教育局党委关于学习贯彻〈中国共产党党员领导干部廉洁从政若干准则〉的通知》。局机关和局直属单位都对《廉政准则》的集中学习活动作出具体安排，局长翟幸福以《认真学习、深刻领会、狠抓落实》为题为全市教育系统党员领导干部上了一堂《廉政准则》辅导党课。制定了《2011年中招工作组织纪律和廉政建设的若干规定》，组织局直属学校向社会作出公开承诺，严格执行各项招生收费政策，并对市区高中录取工作和落实“八公开”的办事制度进行监督，对郑州外语学校保送生资格考试进行全程监督。拓宽信访举报渠道，设专人处理群众来电、来信、来访，对于所有反映的问题，及时调查核实，妥善处理，做到了件件有着落、事事有回音。截至2011年底，有实质性内容的举报线索48件，其中来电26件，来信19件，协查3件，共清退违规乱收费21305元。

（孙　耿）

第二十四篇　文化事业

社会文化

【创建国家公共文化服务体系示范区】 根据国务院的战略部署，文化部、财政部从2011年起，在全国范围内开展国家公共文化服务体系示范区创建工作。2011年7月14日，在北京召开的国家公共文化服务体系示范区创建评审会议上，郑州市示范区创建工作被15位评审专家认可并全票通过，成为“国家公共文化服务体系示范区”创建城市，是河南省唯一入选的城市。市委、市政府高度重视郑州市的“国家公共文化服务体系示范区”创建工作，制定下发了《郑州市创建国家公共文化服务体系示范区建设规划（2011-2012年）》。明确了郑州市创建“国家公共文化服务体系示范区”的总体目标，2013年上半年创建成为国家公共文化服务体系示范区，公共文化服务体系各项指标达到或超过中部地区标准，初步形成独具特色、辐射力强的公共文化服务郑州模式，在全省发挥示范作用。郑州市创建的主要任务是：公共文化设施建设实现全覆盖，公共文化产品生产供给能力全面提高，强力推进公共文化人才队伍建设。

【文化惠民工程】 截至2011年底，市政府年初下达的100个新建改建社区文化活动中心和200个农村文化大院、1000名基层文化骨干培训、1000场“舞台艺术进乡村、进社区”惠民演出、750个农家书屋建设和放映27264场公益性电影等6项政府文化实事任务顺利完成。郑州图书馆新馆（市民文化中心）基建工程基本竣工，已累计完成投资约5.6亿元。与郑州市石佛劳教所联合筹建郑州图书馆郑州市石佛劳教所分馆并正式开馆。中央投资购置设备新建乡镇文化站22个、城市街道办事处文化站13个、社区文化活动中心45个。东方红、中原等影剧院拆迁还建改造加速推进，工程进入实施阶段。广播电视“村村通”工程共发展无线数字用户5000户，超额完成年初确定的“争取发展无线数字用户3000户”的目标。

【群众文化活动】 以服务全市中心工作为轴心，立足服务基层，积极开展形式多样的文化活动，使广大群众共享文化发展成果。市文广新局相继参与或承办了2011年河南省“春满中原”春节系列文化活动启动仪式、“河南省第六届版画展”“新春畅想——2011郑州市迎新春电视文艺晚会”“2011中原动漫嘉年华”等50余场大型文化活动，社会反响良好。全市基层群众文化活动更加丰富多彩。金水区都市舞蹈节，管城区民间文艺展演，惠济区、高新区元宵节民间文艺会演，荥阳市第二届民间文艺大赛，新郑市“周末大家乐”等县（市）区文化活动逐渐形成品牌。郑东新区“2011年河南省端午龙舟挑战赛”规模宏大，场面热烈，中牟县在全国纪念建党90周年党史知识大赛中获得组织奖第一名。全年组织各级各类群众文化活动达4.8万场

市政协委员视察郑州市2011年文化惠民工程工作座谈会

次，受益群众260.5万余人次，群众文化权益得到进一步保障。

【文化艺术创作】2011年，全市文化、广播、新闻出版系统积极创作参演，共获得集体、个人奖项400余个。由艺术创作研究院监制及导演的儿童电影《幸福的白天鹅》，获得了第十六届美国洛杉矶国际家庭电影节入围奖、第八届美国圣地亚哥国际儿童电影节最佳艺术片奖、河南省“五个一工程”奖。市群艺馆创作的《放飞梦想》《1937闹大旱》舞蹈作品在全国最大规模的少儿舞蹈比赛“小荷风采”中，分别荣获最佳编导奖、小荷之星奖、最佳园丁奖、小荷之家奖和优秀编导奖、小荷新星奖，成为本次大赛获得奖项最多的作品。市曲剧团完成大型古装剧目《曹操与杨修》创作排练，组织参加第五届河南省红梅奖大赛，4人获演唱组金奖，其中张娜还在第五届中国戏曲红梅花荟萃评选活动中荣获“红梅金花”称号。郑州人民广播电台改编录制的32集《我的阿波罗》大型小说广播剧取得良好的收听率。荥阳市排演的大型戏曲音乐剧《人民的焦裕禄》收获“第二届全国戏剧文化奖·剧目特别奖”等7个奖项。巩义市创办的双月刊杂志《文化巩义》问世，长篇小说《佛缘》由北京团结出版社出版，填补了河南省没有长篇佛教小说的空白。上街区创作的散文集《心灵驿站》等多部作品入选河南省“农家书屋”配备图书目录；登封创作的歌曲《桐花颂》在第十七届河南省歌曲创作评选中荣获二等奖。全市艺术创作和展演进入历史上最活跃、最繁荣、成果最丰硕的时期。

【《水月洛神》再获殊荣】2011年3月9日，《水月洛神》登陆北京保利剧院，恰逢全国“两会”期间，为“两会”代表委员、首都群众进行演出，得到了一致赞誉。10月18日，《水月洛神》入选第十三届中国上海国际艺术节并在开幕式上演出，12月底，《水月洛神》摘得第八届中国舞蹈“荷花奖”金奖第一名，该剧导演佟睿睿获得编导奖第一名，并获得最佳舞台设计奖，剧中“洛神”扮演者女主角唐诗逸、“曹丕”扮演者李宏钧分获组委会特别奖，男主角“曹植”扮演者汪子涵获评委会特别奖。在“2011年河南省舞台艺术新剧目展演暨河南省第十二届戏剧大赛”上夺得大赛最高奖项——河南省“文华大奖”，并成功入选河南省第九届精神文明建设“五个一工程”优秀作品。

【新编历史豫剧《斗笠县令》】新编历史豫剧《斗笠县令》，先后荣获河南省第十二届戏剧大赛文华大奖、河南省第九届精神文明建设“五个一工程”奖、第二届中国豫剧节一等奖、第十二届中国戏剧节优秀剧目奖，主演刘昌东获得优秀表演奖，并亮相第十三届中国上海国际艺术节，与世界一流文艺大师同台竞技。10月31日，《斗笠县令》荣获第十二届中国（重庆）戏剧节最高荣誉——优秀剧目奖，剧中“县令”的饰演者刘昌东获单项奖的最高荣誉——优秀表演奖，实现了郑州市豫剧院在全国戏剧节最高奖项上的突破。

【“情暖新春”专场文艺活动】2011年1月26日晚，由中共郑州市委、郑州市人民政府主办，市委宣传部、市文化广电新闻出版局承办的2011年“情暖新春”专场文艺演出活动在中州影剧院正式启动。市文化广电新闻出版局局长李宪敏主持启动仪式，市委常委、宣传部部长丁世显出席并宣布活动启动。“情暖新春”专场文艺演出活动从1月26日（腊月二十三）至1月31日（腊月二十八），2月6日（正月初四）至2月15日（正月十三），历时16天。此次活动是将党和政府的关心传递到困难群众，营造节日氛围而举办的一项大型文化惠民活动，共组织包括戏曲专场、综艺晚会在内的16场演出，有2万余人观看了演出，活动的成功举办在社会上引起强烈反响，群众好评如潮。

【2012年新年音乐会】2011年12月23日晚，由郑州市人民政府主办，郑州市文化广电新闻出版局承办的2012年新年音乐会在郑州艺术宫盛装上演。本场音乐会指挥由著名指挥家何建国担纲。市领导胡荃、王哲、栗培青等出席并欣赏了音乐

郑州市举办2012年新年音乐会

市政协委员调研郑州市文化市场管理工作座谈会

会。当晚共演奏了12首曲目，轻松欢快的民族管弦乐《庆典序曲》为音乐会拉开序幕，接着，风格各异的乐曲依次登场，《春江花月夜》展现了琵琶美妙动人的音色；笛子独奏《牧民新歌》、二胡齐奏《赛马》节奏活泼跳动，勾勒出蒙古族人民欢快的生活场景；特别值得一提的是，中央民族乐团特意为郑州市民量身打造了打击乐《少林雄风》和唢呐独奏《谁说女子不如男》，更是赢得了观众强烈的共鸣和喝彩声。演出结束后，观众纷纷上台与演员合影留念，表达对他们的敬意和感谢之情。

【非物质文化遗产保护】 2011年，市文广新局建立健全郑州市非物质文化遗产保护方案和《郑州市非物质文化遗产保护项目逐级申报制度》《郑州市非物质文化遗产分级保护制度》等5项制度，组织评审并向社会公布第三批郑州市市级非物质文化遗产项目名录29个，组织超化吹歌项目参加“中原古韵——河南（淮阳）非物质文化遗产展演”和“中原古韵——中国·淮阳非物质文化遗产展演”活动，市非遗中心获得河南省文化厅颁发的单位组织奖。组织承办的中国第六个“文化遗产日”暨《非物质文化遗产法》系列活动收效明显。郑州市的非物质文化遗产继续走在全省前列。

【文化项目建设】 2011年，郑州市先后储备文化产业及融资项目83个，郑州图书馆新馆、郑州群艺馆新馆和郑州华强文化科技产业基地、国家动漫产业发展基地（河南基地）项目，成功被纳入国家“十二五”地市级三馆专项建设和2011年度省重点建设项目规划，将争取上级扶持专项资金6663万元。国家动漫产业发展基地（河南基地）项目2011年投资1.99亿元，累计投资已实现4.1亿元。郑州动漫产业基地现已竣工并投入使用。

【文化市场管理】 2011年，市文广新局统一规范全市文广新系统23种行政处罚文书，理清并颁布了474项行政审批、强制、处罚事项规定，为文化行政执法提供了法制保障。圆满完成全市1289家互联网上网服务营业场所、娱乐场所经营单位、演出机构、1241家印刷企业、1339家出版物经营单位和72家出版单位的年度审验工作，完善了日常管理制度和措施。先后组织召开全市“扫黄打非”领导小组会和县（市）区“扫黄”办主任会议，明确了年度目标任务，落实了“扫黄打非”责任。成功破获国家“扫黄”办督办案件——锦绣宾戈音像超市销售盗版音像制品案(郑州“1·5”销售非法音像制品案)。先后组织开展春节、“两会”期间网吧市场专项集中整治“春雷”行动、演出娱乐市场专项整治“阳光”行动、“闪电一号”“闪电二号”和非法“网络共享”网站及设备产品专项治理活动等40余次大型（专项）集中行动，以及1次非法出版物及盗版音像制品公开销毁行动，确保了郑州市文化市场健康有序、稳定发展。全年累计出动文化市场行政执法人员9526人次，车辆1287台次，检查各类文化经营场所3551家次，先后查缴非法出版物39.4万册张（盘），取缔出版物市场（摊点）685个，印刷复制企业107个。

【文化体制改革】 2011年，市文广新局成立文化体制改革领导小组，研究制定《关于市属国有文艺院团转企改制实施方案》，市、县院团改革有序推进。妥善解决原改制单位的遗留问题，多次深入市杂技团、凤凰影剧院等单位进行调研，制定了《郑州杂技团转企改制实施方案》等意见、方案，上报市委、市政府。多方筹措资金近100万元，妥善解决职工的生活困难。稳步推进公益性文化单位改革，普遍建立了以全员聘用制、岗位管理为核心的事业单位人事制度，充分调动了干部职工的积极性，公共文化单位服务能力明显提高。

（常东成）

文物管理

【概况】 2011年,在市委、市政府领导下，郑州市各级文物部门紧紧围绕中原经济区建设赋予的任务，市委、市政府中心工作及文物事业发展目标，全面实施大遗址保护战略、项目带动战略、依法提升文物保护效能战略、宣传推介战略，各项工作和建设协调发展，全面推进，文物事业继续保持了好的形势、好的态势。郑州市被列为国家

“十二五”期间重点支持的6个大遗址片区之一，被国家文物局确定为2012年“中国文化遗产日”主场活动城市。李家沟遗址入选国家文物局“第三次全国文物普查百大新发现”；新郑望京楼夏商城址获全国十大考古新发现，郑州市连续4年在全国获此殊荣。因圆满完成登封“天地之中”历史建筑群申遗任务，河南省人民政府给郑州市文物局记集体一等功。郑州市文物局被省文物局授予“2011年度全省文物安全工作先进单位”“2011年度全省文物行政执法工作先进单位”荣誉称号，被市委、市政府表彰为“有突出业绩的市直部门”、联系社区工作优秀单位。郑州市文物局光荣跨入省级文明单位行列。郑州二七纪念馆被省旅游局命名为“全国红色旅游经典景区”，被省党史研究室命名为“河南省中共党史教育基地”。

【世界文化遗产申报及管理】 扎实做好登封“天地之中”历史建筑群保护管理工作，完成了联合国世界遗产中心网站第二轮定期报告178个项目情况的填报工作。进一步勘测、调研、沟通并调整了世界文化遗产的缓冲区范围。完成了《世界文化遗产登封“天地之中”历史建筑群总体保护管理规划》修编工作。积极开展基础研究工作，依托登封“天地之中”历史建筑群建设世界遗产保护研究基地。积极筹备世界文化遗产监测预警体系建设试点的申报工作，争取新的科技攻关项目和平台。全力推进大运河保护及申遗工作，制定了郑州市大运河申遗倒计时工作方案，确保申遗工作科学有序。完成了《郑州市大运河遗产保护规划(2011-2030)》的编制及公布工作。组织开展了考古调查、勘探和发掘工作，进一步廓清了遗产内涵。组织编制了运河沿线环境整治方案，召开郑州市大运河遗产保护和申遗工作推进会，对河道清理、环境整治等进行安排部署，全力推进大运河郑州段的保护和申遗。认真抓好中国世界遗产预备名单申报工作，组织协调巩义宋陵、新密古城寨、郑州商代都城遗址相关保护机构，按照《世界遗产公约》《操作指南》以及国家文物局要求，编制相关基础材料，申报中国世界遗产预备名单。巩义宋陵被河南省文物局初步选入中国世界遗产预备名单。

【文化遗产保护】 积极争取国家和省、市政策支持，郑州与西安、洛阳、荆州、成都、曲阜一起被确立为“十二五”期间国家重点支持的6个大遗址片区，郑州商城、郑韩故城、大河村、宋陵、古城寨、王城岗6处大遗址被列入国家重点保护的150处大遗址。以大遗址保护荆州高峰论坛为契机，争取国家文物局与河南省人民政府签订共建大遗址郑州片区协议。积极争取上级部门的资金支持和业务支持，争取到国家、省专项文物保护资金1.4亿元。完成了2012年72个项目申报中央文物保护资金、57个项目申报省级文物保护资金工作及大运河荥阳故城段抢救性保护设施建设项目申报工作。认真编制文物保护规划，组织开展了荥阳故城、西山古城、娘娘寨遗址、望京楼遗址、李家沟遗址、小双桥遗址等10余处大遗址保护规划和方案的编制工作，完成了《大河村遗址保护规划》《汉霸二王城保护规划》《京城古城址保护方案》《新密古城寨遗址保护规划》等近20项规划或设计方案的报批工作。完成了郑州市中心城区外围文物保护规划的编制工作，对城市“六线”中的“紫线”进行了修订，为大遗址保护工作更好地融入城市规划和经济社会发展提供了保证。在编制完成郑州市地上文物建筑3年保护规划、建立“十二五”文物保护项目数据库的基础上，启动了北大清真寺、古荥纪信庙、郑州城隍庙等一批文物保护单位保护规划和展示方案的编制工作。扎实开展文物本体维修工作，启动了刘镇华庄园、重阳观、郑州城隍庙、崇福宫、寿圣寺双塔、秦氏旧宅、李诫墓等一批文物保护单位本体维修工作，对水月寺、助泉寺两处文物保护单位开展了抢救性维修。

【文物保护基础工作】 科学制定文物事业发展规划，在深入调查研究、广泛征求意见的基础上，制定了《郑州市文物事业“十二五”发展规划纲要》，进一步明确了郑州市文物事业面临的形势和机遇，明确了指导思想、基本原则、发展战略和目标任务，为郑州市文物事业长远发展奠定了基础。继续抓好第三次全国文物普查工作，按时完成了文物普查数据整改工作，郑州市上报文物点10315处，经过国家文物局审核通过不可移动文物8651处，通过数量居全省第二，通过率居全省第一。顺利通过国家文物局第三次全国文物普查实地调查数据误差率抽样检测。完成了《郑州市第三次全国文物普查重要新发现》编辑出版工作、《郑州市第三次全国文物普查工作报告》编制工作和《郑州市第三次全国文物普查不可移动文物名录》公布工作，启动了《郑州市文物地图集》编制工作和“郑州市文物信息综合管理系统”建立工作。

进一步抓好文物保护“四有”工作，2011年8月，市政府公布了全市269处市级文物保护单位的保护范围和建设控制地带。郑州市第五批省级文物保护单位的保护范围和建设控制地带已完成划定并上报省文物局，将由省政府统一公布。投入近100万元，根据国家相关规范标准制作了郑州市文物保护单位标志牌，市区内72处市级文物保护单位保护标志牌已安装完成。组织开展文化遗产保护对社会经济贡献度调研，编制完成了郑州市文化遗产保护对社会经济贡献度调研报告，通过统计和分析，提升文物保护在国民经济发展中的地位，使文物保护成为政府决策的重要工作依据之一。

【文物勘探考古发掘】2011年,市文物局办事大厅正式启用，实行“一条龙”“一站式”办结服务模式，优化经济发展环境。市文物局坚持对每个文物勘探项目都指定专员全程跟踪服务，尤其是对市委、市政府督办的重大项目、难点项目，都及时回应、高效办理，在市政府重点项目联审联批会上多次受到表扬，并得到建设单位肯定。进一步建立健全文物勘探、考古发掘相关制度和规定，完善了工作程序、规范了工作行为。积极为郑州市城市建设和经济社会发展服务，克服重重困难，按时完成富士康二期、光机电产业园、郑煤机、宇通客车、龙工河南工业园、中粮（郑州）产业园、郑州轨道交通、东风日产、四维机电、海尔物流等多个省、市重点工程的文物勘探工作。2011年，共签订文物勘探协议267个，协议面积1146.8万平方米，实际完成勘探项目278个，勘探面积1103.6万平方米，发现各类遗迹1044处。配合城市建设，完成考古发掘项目88个，发掘面积42430平方米，清理各类遗迹1112个、墓葬1061座。正在发掘的项目有5个。在南水北调中线工程郑州段考古发掘工作中，对城李墓群、周庄墓地、铁岭墓地进行了补充发掘，共完成发掘面积近1万平方米。积极推动考古科研，完成了《2010年文物勘探成果报告汇编》《郑州市文物勘探工作手册》编辑工作。

【老奶奶庙旧石器遗址考古发掘】位于郑州市二七区侯寨乡代家门村西，二七区樱桃沟景区内，西邻贾鲁河上游九娘庙河，因遗址临一老奶奶庙，故名。遗址坐落在河旁二级阶地上，地处郑州西南部的低山丘陵区，属嵩山余脉向东延伸地带及晚更新晚期黄土发育地区。

2011年4-8月，郑州市文物考古研究院与北京大学考古文博学院合作对该遗址进行首次发掘，发掘面积达50平方米，发现古人类活动面和灰烬堆积，遗物有石制品和动物化石。比较清楚的活动面有两层，各自揭露出一个以灰烬堆积（火塘）为中心，大量遗物集中密集分布，遗物间散布着大量炭屑的古人类活动面。除了上述两个活动面之外，主要文化层的其他层位有的亦发现有灰堆，总计发现灰堆21处。灰烬堆积（火塘）多呈椭圆形和不规则形，从平面形态和剖面结构上观察，有的灰烬堆积应该是原生的，有的可能是受水流等外力扰动而稍有变化。文化遗物丰富，包括石制品和动物化石，总计1.5万余件。石制品3000余件，动物化石约1.2万件，其中，动物牙齿化石、动物颌骨化石尤为丰富，另有鹿角、羊角等。还有一部分动物肢骨被制作成工具，其表面使用痕迹明显。结合发掘情况和初步整理结果分析，老奶奶庙遗址是一处旧石器时代晚期中心营地遗址，距今3万-5万年，遗址内发现了多层文化遗存堆积的地层，证明这里长时期有人类居住。该遗址处于区域性和时代性非常敏感的节点上，为认识中国与世界史前最核心课题——旧石器时代晚期的人地关系、现代人类起源与发展、现代人智力与技术发展提供了重要依据。

第三次全国文物普查电视电话会议

【大河村遗址考古发掘】大河村遗址位于郑州市金水区柳林镇大河村西南岗地之上，中州大道与连霍高速交叉处东南隅，是一处包含仰韶、龙山、夏、商等延续相承的不同时期遗存的古文化遗址，面积40余万平方米。2001年被公布为全国重点文物保护单位，2011年列入全国优先保护的150处重点大遗址。

为配合大河村遗址博物馆保护房建设项目，2011年6-11月，郑州市文物考古研究院对其进行了发掘，发掘面积950平方米，清理各类遗迹174处，其中重要遗迹有房址、灰坑和墓葬。F51-F53是一座连间排房，墙基宽0.4-0.5米，系用红烧土块和黏土错缝砌筑而成，砌法随意。墙基内有柱洞遗迹，室内地面经过分层铺设，表面经火烧烤，平整光滑。F53房内中间有一柱洞，西南部设有灶台。灰坑H387圆形袋状，口径1米、底径1.3米、深1.1米，弧壁下部外张，平底。灰坑底部南缘俯卧人骨1架，头东面下，下肢折曲，随葬陶钵1件，经鉴定墓主为身高1.59米的中年男性。墓葬多属大河村遗址第四期，竖穴土坑，仰身直肢单人葬，无随葬品。此次发掘，进一步丰富了郑州大河村遗址的文化内涵，为深入研究中原地区仰韶文化向河南龙山文化转变的社会性质和中华文明的起源发展提供了新资料。

【官庄遗址钻探发掘】官庄遗址位于荥阳市官庄村西，北依连霍高速，西邻荥邙公路，南距索河3公里，北距枯河约2.5公里。2011年7月，郑州市文物考古研究院与郑州大学合作，对官庄遗址进行钻探、发掘。截至2011年底，共钻探发现古墓葬64座、灰坑46座、灰沟1条、陶窑4座、灶2处、水井4座，以及内城城墙和城壕。遗址平面略呈东西长方形，重点区域东西长约1300米、南北宽约1000米，面积约130万平方米。小城大致呈方形，由内侧的夯土城墙和外侧的两重环壕构成。其中夯土城墙北、西、南三面长约为260米，东墙长约310米；宽10-12米。内壕宽12米，外壕宽12米。发掘工作自2011年10月底开始，通过发掘可知，官庄遗址文化堆积的厚度在1.2-7.5米间，包含有龙山、两周、唐宋、明清时期的遗存。

【铁岭墓地考古发掘】铁岭墓地考古发掘项目位于新郑市新村镇铁岭村西南台地上。2006-2011年，铁岭墓地考古发掘项目田野工作共发掘面积5万平方米，发掘东周墓葬1300余座，另有灰坑、房基、水井、陶窑等历代遗迹近百个，出土各类遗物数千件，其中2011年发掘面积1万平方米，墓葬339座，出土大小文物近千件，内中不乏珍品，质地有陶、泥、铜、玉、骨、角、蚌等，主要铜礼器有鼎、盘、甗、壶、盏、舟、匜，主要陶器有鬲、罐、盂、鼎、罍、盘、匜等。

【周庄墓地考古发掘】周庄墓地位于新郑市和庄镇周庄村西北约300米的一处高地上，新孟公路从墓地中部穿过。经勘探，南水北调总干渠所占压的周庄墓地高台地为一汉晋时期的大冢（北冢），在其南边约500米处有另一大冢（南冢），分别位于周庄村西边的南北。北冢周边零星分布有商周至唐宋时期各类遗迹。2010年5月至2011年5月，郑州市文物考古研究院对其进行了考古发掘，发掘区分布于郑孟公路两侧。共清理墓葬8座，灰坑23个，陶窑1座，灰沟2条。其中M5、M7、M8位于北冢之下，均为大型砖室墓葬，墓道均为东向，为一个堆土冢下的3座墓葬，时代为汉晋时期，十分罕见。根据地层关系、堆土的连续性、夯层的一致性判断，周庄北冢下3座墓葬应为同一时期埋葬，有可能为迁葬墓。

铁岭墓地遗址

【惠济桥考古发掘】中国大运河申遗项目。2010年底，通济渠荥阳故城段（即丰硕桥至与贾鲁河交汇处的索须河段）列入大运河申遗“立即列入项目”，通济渠荥阳故城段与索须河重合，西自丰硕桥，东至祥云寺村与贾鲁河交汇处，全长约15公里，索须河河道部分河段河面宽达40余米，河堤基宽20余米、顶宽近7米，河床宽200-300米不等。为弄清通济渠出荥阳后从邙山头向东南至荥阳故城段河道的走向，2011年初，经向国家文物局申报通济渠荥阳故城段发掘申请后，郑州市文物考古研究院开始在惠济桥南北两端对该段进行全面的考古调查、勘探和试掘工作。经勘探所知，从黄河南岸大堤至丰硕桥段发现一段隋唐大运河河道，略呈西北至东南走向，在丰硕桥处向东折向索须河，河道宽150-200米，深15米不见底，两侧发现有路堤（河堤），宽4-8米。在惠济桥南侧及南部河道经过试掘，出土有唐、宋、元、明、清时期文化堆积及大量文化遗物。宋元时期，除定窑外其他五大窑系（钧窑、磁州窑、耀州窑、龙泉窑和景德镇窑）的瓷器在此都有发现。经过解剖河道西侧河堤，发现其时代至少可早到唐代，晚至清代。

【文博公共服务】重点推进特色博物馆建设，市政府议定将郑州纺织工业遗址博物馆的相关产权划归文物管理部门，批准将郑州世界客属文化博物馆移交给文物局管理。指导国有博物馆建设和陈列提升，大河村遗址博物馆完成基本陈列大纲编制和初步设计，二七纪念馆完成基本陈列大纲编写、陈列项目立项与设计招标、实施方案编制等工作，新郑车马坑博物馆完成了陈展改造初步设计方案。大力支持民办博物馆发展，郑州市华夏文化艺术博物馆获省文物局批准成立，郑州市华夏石雕博物馆、登封窑古陶瓷博物馆等民办博物馆正在筹建中。多次参与论证龙西湖文博森林公园项目博物馆区建设规划。

进一步推进免费开放工作，全市博物馆累计接待观众80万人次，同比增长18%。2011年10月，郑州博物馆免费开放工作经验在河南省文物工作会议上推广交流。完成了2009-2010年度河南省优秀陈列展览申报工作，“创世王都——郑州”被评为河南省优秀陈列展览。举办了“非洲文物艺术展”“丰碑——中国共产党建党90周年红色记忆展”“珂罗版台北故宫博物院馆藏书画展”“河南著名画家重走二七革命路美术作品展”等27个优秀展览，临时展览同比增长约50%。

按照“三贴近”原则，积极鼓励有条件的展览进社区、进学校，共举办巡展105场。重视馆藏文物征集和保护工作，省文物局批准将省文物考古研究所55件青铜器调拨给郑州博物馆。抓好当代文物征集工作，征集177件套，修复156件套。继续推进博物馆信息系统建设和馆藏文物数据库建设，狠抓了新郑博物馆的试点工作。郑州市文物考古研究院申报可移动文物技术保护设计乙级资质和修复二级资质获国家文物局批准。

【郑州二七纪念馆被评为“全国红色旅游经典景区”】 5月，河南省旅游局、发改委、财政厅联合将郑州二七纪念馆命名为“全国红色旅游经典景区”。省内共10家景区获此殊荣，郑州地区仅郑州二七纪念馆一家。郑州二七纪念馆现由郑州二七大罢工纪念塔、二七纪念堂、郑州铁路职工学校旧址、原日本驻郑州领事馆旧址等4处近现代遗迹组成，是郑州地区唯一一家近现代革命纪念馆。

【二七卧碑揭碑仪式】 为纪念郑州二七纪念塔建塔40周年，二七塔门前新添了两块具有纪念性及观赏性的二七卧碑。2011年9月30日上午，二七纪念馆、二七广场管理处全体员工及周边商场代表在二七广场举行了郑州二七卧碑揭碑仪式。卧碑通体采用汉白玉制作，上面用金色镶嵌文字精雕制作，周边为精刻高浮雕菊花，象征着对二七英烈的祭奠。卧碑用独特的展现形式和崇高的历史形态向人们诉说着二七英烈的丰功伟绩。

【非洲文物艺术展】 “非洲文物艺术展”于1月25日至3月31日期间免费对市民开放。1月25日，展览开幕仪式在郑州博物馆广场隆重举行。肯尼亚大使朱力斯·桑古利阁下、乌干达副大使索罗曼·卢泰嘎阁下及河南省文物局、郑州市委、市政府、市文物局有关领导出席开幕仪式并致辞。本次展览展出非洲雕刻艺术品160件，展品全部来自刚果、喀麦隆、贝宁、坦桑尼亚、科特迪瓦等国家的土著部落，展品类别包括木雕、石雕、骨雕、陶塑人像、面具、手鼓、陶制器皿等。

【台湾女作家参访团参观郑州博物馆】 4月16日，台湾女作家参访团参观了郑州博物馆，省台联会会长郭晴、郑州博物馆馆长张巍陪同参观。该团成员均为台湾岛内文化界、新闻界知名人士，包括TVBS电视台董事、主持人，世界女记者与作家协会总会长李艳秋女士，台湾《新生报》原社长苏玉珍女士等16人。参访团参观了“古都郑州”基本陈列、“古代石刻艺术陈列”专题陈列和“非洲文物艺术展”临时展览。她们被厚重的中原文化深深触动，对“古都郑州”陈列展览给予了高度评价，在博物馆的留言簿上题写了“中原故都风华深，海东文人情意长”的诗句。参访团还与郑州博物馆进行交流座谈，了解古都郑州的历史文化。台湾女作家参访团参观郑州博物馆，对于深化两岸文化交流，促进两岸和平发展有着积极的意义。

“非洲文物艺术展”开幕式在郑州博物馆举行

【唐风一脉——巩义窑陶瓷艺术展在京举办】 2011年6月16日，“唐风一脉——巩义窑陶瓷艺术展”在北京艺术博物馆举办，中国古陶瓷学会会长耿宝昌、北京市文物局副局长刘超英等中外著名专家、学者60余人参加了开幕式。郑州市委常委、巩义市委书记李公乐，巩义市政府领导冯献峰、李刚、贺传伟、肖荣军以及巩义市文物旅游局负责人应邀参加了开幕式。

巩义窑是古代巩义地区窑口的总称，其中以黄冶窑和白河窑最为著名。巩义窑历史悠久，时代绵长，肇始于汉，发展于北魏，成熟于隋，鼎盛于唐。巩义窑以在中国陶瓷史上产品种类众多，名声显赫，占有极其重要的位置，巩义早期青瓷窑炉和早期白瓷的发现，填补了中国陶瓷史上的空白；唐代白瓷、绞胎、颜色釉瓷无不体现高超的工艺技术水平和深厚的文化内涵；唐三彩、唐青花更将中原文明和草原文明、中华文明和世界文明相融，构成中华民族呈献给世界的珍贵历史遗存。此次活动由北京艺术博物馆、河南省文物考古研究所、巩义市文物旅游局、巩义市博物馆联合举办，展出的均为巩义窑出土的青瓷、白瓷、三彩、唐青花等陶瓷精品，共159件，展出2个月。艺术展期间，与会专家就巩义窑考古发掘、烧造工艺以及巩义窑对世界陶瓷发展的影响等课题进行了深入、广泛的交流和讨论。

【传承与创新——中国登封窑复兴成果展】 12月3日，“传承与创新——中国登封窑复兴成果展”在郑州博物馆开展。全国政协委员、国家文物局原副局长张柏，河南省十届人大副主任、省工艺美术协会名誉会长贾连朝，河南省十届人大教科文卫副主任常有功，河南省文物局副局长孙英民，郑州市人大副主任刘全心，郑州市政协副主席陈西川等领导出席了开幕式。

登封窑是中原地区最具代表性的窑口之一，以其浑然天成的神韵和高雅的风采著称于世。因其在河南登封市，故名。始烧于唐代，北宋为其繁盛时期，终于元代。以烧白瓷为主，兼烧黑瓷及三彩陶器，尤以白釉珍珠地划花最具特色。此次展览为期10天，共展出登封窑标本、恢复品和创新水墨瓷237件，展示了登封窑的历史风貌以及在保护与抢救过程中取得的成果和在传统基础上进行的创新探索，意在弘扬嵩山地区优秀的陶瓷历史文化，传承、保护和开发这份珍贵的文化遗产。

【文物重点项目建设】 商城遗址公园一期绿化工程南顺城街段、城垣本体保护工程南顺城街段顺利推进。郑州商都遗址博物院和郑州市文物考古研究院项目，完成建议书编制、选址、环评和可研报告，正在办理土地预审。大河村遗址博物馆二期工程，完成立项、选址、环评和可研报告的编制、论证、审批工作，陈列展览和保护房的初步设计已经完成，已交市重点项目办实行代建。历史文化名城视觉形象展示系统一期工程，李诫纪念碑、商代亳都遗址东城门纪念碑已经完成。荥阳故城西城墙中段维修工程主体已完工。郑州二七纪念馆基础设施改造工程，二七纪念堂本体加固已经完成，二七纪念塔消防、水、电等基础设施改造工程主体已完成，部分消防工程需与陈展提升工程同时对接进行。二七纪念馆基本陈列展览提升工程，陈展方案招标已完成，深化方案已确定。商城东城门节点展示工程，主体工程基本完成，正在进行优化设计和对北广场周边环境进行绿化。

【文物依法行政和文物安全】 强化依法行政工作，加强了对依法行政工作的组织领导，建立健全了依法行政工作制度。完成了《郑州商代遗址保护管理规定》送审稿修订工作，积极推进《郑州市大遗址保护管理条例》立法工作。强化行政执法队伍建设，深入开展文明执法教育活动，从严整治5种违法执法行为，进一步提高了文物行政执法效能。加大文物行政执法力度，以商城遗址保护范围和建设控制地带内文物行政执法为中心，以查处基本建设过程中的违法行为为重点，形成了辐射全市、带动整体的工作局面。积极与公安部门协调配合，查处文物违法案件，打击文物犯罪活动。2011年共受理文物违法案件59起，立案32起，下达责令改正通知书33份、询问通知书28份，办结案件30起，对重大文物违法行为处罚9起，罚没款入库110万元。督查、协助县（市）区执法40余次。全年没有发生不文明执法行为，没有出现行政复议和行政诉讼案件。夯实安全工作基础，成立了安全生产领导小组，修订完善了文物安全管理制度，层层签订了文物安全目标责任书。扎实开展了重大隐患治理和“安全生产月”活动。全面摸排全市国保单位技防、消防、防雷设施建设情况，以田野文物、馆藏文物、古建筑、文物库房、考古发掘工地、项目施工工地等为重点，全面开展日常检查、节假日检查、专项检查，杜绝了事故发生，实现了“文物安全年”。

【豫秦晋蒙四省（区）五市文物行政执法和安全工作座谈会】 2011年9月21日，由郑州市文物稽查大队主办的“豫秦晋蒙四省（区）五市文物行政执法和安全工作座谈会”在郑州市召开。该座谈会由西安市、太原市、郑州市3家文物行政执法机构发起，已成功举办两届。河南省文物局正处级纪检监察员马培良和郑州市文物局副局长汪文道出席座谈会并作了讲话，西安、太原、呼和浩特、晋中和郑州市文物行政执法机构的主要领导以及一线工作人员参加了会议。通过召开座谈会，进一步拓展了4省（区）城市间的工作经验交流和信息互通，达到了相互借鉴、相互学习、共同提高的目的。

【文博研究工作】 注重强化课题意识，主动开展考古发掘和学术研究。新郑望京楼遗址获2010年度河南省五大考古新发现、2010年度全国十大考古新发现，郑州市连续4年在全国获此殊荣。积极开展郑州中华之源与嵩山文明研究，举行了嵩山文明与中国早期文明暨纪念登封“天地之中”历史建筑群申遗成功1周年学术研讨会、华夏历史文明传承创新区与“天地之中”学术讨论会，出版了《嵩山行》《郑州历史地理研究》《中国登封窑》等中华之源与嵩山文明研究系列丛书。出版《古都郑州》4期，进一步扩大了发放范围。抓紧了《郑州文化遗产丛书》的出版工作。

【新郑望京楼夏商城址入选“2010年度全国十大考古新发现”】 2011年6月9日，“2010年度全国十大考古新发现”评选结果在北京揭晓，由郑州市文物考古研究院主持发掘的新郑望京楼夏商城址喜获殊荣。这是郑州市在2007年新郑唐户遗址、2008年荥阳娘娘寨遗址、2009年新密李家沟遗址被列入全国十大考古新发现之后第四次取得考古类最高奖项。

“2010年度全国十大考古新发现”评选是由国家文物局组织专家初评60项入围，然后再进行社会投票、考古学会理事单位投票和评审专家组投票产生25项进行终评，最后产生10项。专家点评说，望京楼遗址夏代城址和商代城址位于同一地点为国内首次发现，对于探讨夏代晚期与商代早期两种文化更替及王朝更迭，对于研究夏代晚期与商代早期的社会政治、经济、文化交流等均具有重要学术意义，是非常重要的考古新发现。望京楼二里头文化城址和二里岗文化城址既是考古新发现，又是夏商考古的新突破，在认识夏商都城军事防御体系、城址布局及中国早期城池建设等方面提出了新问题及新认识。

【嵩山文明与中国早期文明暨纪念“天地之中”历史建筑群申遗成功1周年学术研讨会】 9月24日，由郑州中华之源与嵩山文明研究会主办，登封市人民政府、郑州嵩山文明研究院承办的嵩山文明与中国早期文明暨纪念“天地之中”历史建筑群申遗成功1周年学术研讨会在登封召开。来自北京大学、清华大学、中国科学院、中国社科院考古所、中国国家博物馆、北京故宫博物院、郑州大学、河南省文物考古研究所、河南古代建筑保护研究所、河南中医学院等高等院校、科研院所及古都西安、杭州、安阳、洛阳等地的60余名专家学者参加了此次研讨会。省、市领导王文超、丁世显、张民服等参加了会议。此次会议主要讨论两个主题，一是嵩山文明与中国早期文明的学术研讨；二是纪念“天地之中”历史建筑群申遗成功1周年，并进行学术讨论。会上，近20位专家学者分别对嵩山文明与中国早期文明进行了研讨与交流，大家一致认为，嵩山地区诞生了中国最早的文明。利用嵩山地区丰富而深厚的历史文化资源，挖掘嵩山文明的深刻内涵，推动中华文明起源问题的研究，具有十分重要的意义，也是一项长期而艰巨的工作。会后，根据专家发言整理的《嵩山文明与中国早期文明暨纪念登封“天地之中”历史建筑群申遗成功1周年学术研讨会论文集》，计划于2012年出版。

【郑州文庙成人礼】 2011年3月6日，在郑州文庙举行了中国成人礼仪式。成人礼是为承认年轻人具有进入社会的能力和资格而举行的人生礼仪，是一个人由个体走向社会的一道必不可少的程序，一个人当他经过漫长的文化过程后，逐渐走向成熟脱离了亲人的养育、监护，承当起了所在集团和社会所赋予的权利和义务。在这个时候，人们又要举行一系列的礼仪，来纪念当事

望京楼遗址

郑州文庙祭孔大典

人由不成熟走向成熟的过渡。此次成人礼让广大学生和市民重温了中国古代成人礼仪式，迎宾、祭孔、开礼、梳头、诵经、加笄、加冠、青少年宣誓等，让观众在欣赏成人礼仪式的同时也感受到了中国文化深厚的底蕴。

【郑州文庙祭孔大典】 2011年9月28日，郑州文庙祭孔大典。上午9时28分，郑州文庙传出9声钟响，一声“起户”，庙门徐徐开启，300名胸前披戴着黄色“儒襟”的师生在文庙大成殿前排列整齐，随着赞礼官“正冠肃立”的喊声，庄严肃穆的祭孔仪式正式开始。这次祭孔采用传统仪式,一番致辞后，全场齐声诵读《大学》，琅琅的书声引得文庙的走廊和大门两侧挤满观礼的市民。祭孔的最重要议程是三献礼。所谓三献，分初献、亚献和终献。初献帛爵，帛是白色的丝绸，爵指仿古的酒杯，由正献官将帛爵供奉到香案后，主祭人宣读并供奉祭文。而后全体参祭人员齐诵《孔子赞》。亚献和终献都是献酒，分别由亚献官和终献官将酒供奉在香案上，程序和初献相当。三献礼后是师生对孔子行五拜礼，接着是200学生向至圣先师五拜，名为一拜自强不息、二拜厚德载物、三拜精忠报国、四拜孝亲尊师、五拜共促大同。2011年的祭孔有三大亮点。一是在初献礼之后,敬献乐舞。二是在终献礼后增加了学生献礼,先锋学子捧着鲜花青葱，寓意“青出于蓝而胜于蓝”。先锋学子立志传承中华文明，成为通世大才。三是在祭孔典礼结束后,邀请观礼嘉宾在现场留下观礼感言。

(尚红林)

新闻出版

【概况】 2011年，全市共有公开期刊社7家，从业人员1687人，内部资料单位216家，报纸发行突破230万份，杂志发行163.3万册，收入1.45亿元。全市印刷企业总数达1253家，年总产值55.6亿元，总资产75.7亿元，销售收入51.3亿元，年缴税总额5.3亿元，年利润总额6.7亿元，分别比上年增长10%、13%、10%、11%、10%，印刷企业年总产值和总资产分别占全省的三分之一和四分之一，继续保持全省第一。全市有出版物经营单位1376家，年销售总额33.73亿元，分别占全省出版物发行网点总量和全省出版物销售总量的17%和67%。

【全市政府机关软件正版化工作】 根据国务院办公厅《关于进一步做好政府机关使用正版软件工作的通知》的要求，经市政府批准，成立了以市委常委、宣传部部长丁世显为组长的郑州市推进使用正版软件工作领导小组，印发了《郑州市人民政府关于进一步做好政府机关使用正版软件工作的通知》和《郑州市政府机关推进使用正版软件实施方案》，对郑州市政府系统软件正版化工作进行了具体安排部署。推动全市46个局委完成软件使用情况自查工作。截至2011年底，市级机关软件使用情况已经基本摸清，全市操作系统需求量为6380套，办公软件为6363套，服务器和数据库软件188套。市级政府机关软件正版化工作已经于2011年11月8日采购完毕，全市采购操作系统1300套，办公软件2615套，共计300万元。

【第八届绿城读书节】 2011年7月27日，由中共郑州市委宣传部、市文明办、市文化广电新闻出版局主办的郑州市第八届绿城读书节开幕式在绿城广场隆重举行。开幕式由市委宣传部副部长、市文化广电新闻出版局局长李宪敏主持，市委常委、宣传部部长丁世显讲话并宣布郑州市第八届绿城读书节开幕。省新闻出版局副局长周献忠、市政协副主席王薇出席开幕式。第八届绿城读书节历时3个多月，先后策划组织了流动售书进社区、“天星杯”读书知识竞赛、2011郑州市“十佳书香家庭”评选、诗歌音乐朗诵会、2011郑州图书展销会等19项活动项目，参与活动的各界人士达50万人之众，绿城读书节逐渐成为一项政府倡导、社会支持、群众参与的大型综合性、公益性群众读书文化活动。

【2011郑州图书交易会】 2011年4月25-28日，由市文广新局主办，市书刊发行业协会、河南求知书刊有限公司承办的2011郑州图书交易

郑州市第八届绿城读书节开幕式

会在郑州市商城饭店隆重举行。参展省内外客商共262家，设置展位300个。参展商除河南的出版物发行单位外，还有来自北京、河北、山东、湖北、湖南、陕西、山西等地的客商，参展图书3万多种，涉及类别有文艺、少儿、社科、教辅等几十种，交易额达7200万元，圆满完成了图书交易会的各项任务。

（常东成）

广播电视

【市委、市政府中心工作宣传报道】 2011年，郑州市文广新系统加大对中原经济区、郑州都市区建设的报道力度，推出“瞩目郑州新区”“国家战略——加快中原经济区建设”“走进郑东新区”“挑大梁 走前头”等42个专题栏目，较好完成了省、市“两会”等重要会议和2011（辛卯）年黄帝故里拜祖大典大型直播、创建全国文明城市、庆祝建党90周年等重大活动的宣传报道任务，为郑州都市区建设营造了良好的舆论氛围。

【媒体助政】 郑州人民广播电台、郑州电视台抽调业务骨干人员500多人次组成调查、暗访组，先后完成了煤矿安全、十字路口交通、城市卫生、农村村容村貌、食品卫生、烂尾楼工程、常西湖治理等42个方面问题调查暗访，为市委、市政府的决策提供可靠的依据。郑州人民广播电台行风、政风在线评议活动收到明显效果，获得市领导的充分肯定。该台联合郑州市社区建设服务局，与中原网《心通桥》栏目联动，于12月6日共同推出了“心通桥·社区热线”节目，收到良好的社会效果。郑州电视台策划实施的关注食品安全的系列报道和“我为城市管理提建议”活动，获得市领导肯定和群众好评。

【广播电视创优工作】 2011年，在全省广播电视科技创新奖、电视节目技术质量奖、广播节目技术质量奖评审中，郑州市广播电视系统获奖数量继续位居河南省各地市之首，是近年来获得一等奖最多的一年。在河南省新闻奖评选中，郑州市广播电视共有61件作品获奖，其中，中国新闻奖二等奖1件，特别奖1件，一等奖23件，二等奖18件，三等奖31件，获奖作品数量连续5年位居18个地市之首。郑州人民广播电台创作的广播专题《少林小子展翅“白云之帆”》获得第二十一届中国新闻奖二等奖，戏曲专题《光影之梦》、文学专题《郑州有本小小说》2件作品分别获得了中国广播影视大奖和提名奖，郑州电视台创作的《少林小子撑起“白云之帆”》获“中国广播影视大奖”优秀作品奖。郑州电视台申报的7个项目获得全省电视节目技术质量6个一等奖、1个二等奖，郑州人民广播电台申报的3个项目获得全省广播节目技术质量一等奖，中牟人民广播电台申报的4个项目获1个二等奖、3个三等奖。

【对外宣传工作】 2011年，郑州人民广播电台先后在中央人民广播电台《中国之声》栏目发稿180篇，在中国国际广播电台发稿72篇，位列全国省会城市电台发稿前列。中央电视台播发郑州新闻稿件131条（篇），郑州电视台在河南电视台发稿320条（篇），外宣工作呈现稳步发展的良好态势。

（常东成）

市属媒体

【郑州日报】 2011年，郑州日报认真组织学习贯彻市委关于“强调正气、强调严谨、强调负责、强调示范”的指示精神，围绕中心，服务大局，唱响主旋律，打好主动仗，圆满完成全年宣传报道任务，为全市经济社会发展提供了有力的精神支持和舆论保障，集团各媒体也在积极作为中显示了活力，集团经营收入同比增长20%以上，两报发行量实现历史性突破。

（一）围绕中心、服务大局，舆论引导和媒体助政工作得到新加强。

2011年，郑州日报集团坚持以提升舆论引导能力为根本，围绕加快郑州都市区建设、打造中原经济区核心增长区这一中心工作，统筹集团所属各媒体，充分发挥舆

省委常委、市委书记连维良在郑州日报集团调研

论主阵地作用，策划推出了一批有份量、有深度的系列报道和系列评论，《郑州日报》“关键在做”系列评论受到中央及省、市领导好评，《郑州晚报》推出“郑旗”评论员系列文章，受到市委领导和《河南新闻阅评》肯定。圆满完成省、市“两会”、黄帝故里拜祖大典、庆祝建党90周年和辛亥革命100周年、河南—港澳经贸交流等大型活动的报道，完成《以领导方式转变加快发展方式转变暨郑州都市区建设研讨班》和《中原经济区十八谈》《新十八谈》等报道任务。在重点报道方面，《郑州日报》推出的“镜鉴·聚焦国内主要城市带”大型采写活动，被《河南报刊审读》专题推荐，两报与省会其他媒体同步刊发的《郑东新区建设的思考与展望》系列报道反响强烈。两报一网、中原手机报和《内参》积极参与省会“创文”、整治交通环境、省市重点工程的宣传报道和评优评差工作，切实发挥了媒体助政、网络问政作用，多次得到市领导批示，促进了问题的解决。特别是在“创文”期间，《郑州日报》推出了《10年“创文”矢志不移》《面壁十年图破壁》等系列报道，《郑州晚报》恢复老名牌栏目《瞭望塔》《回音壁》等，记者深入采访一线，对市委关注、市民反映强烈的问题进行监督，引起相关方面重视，推进了问题解决。推出《好人“送水哥”李老发》的报道，在全国引起了强烈反响，新华社、央视等媒体纷纷跟进。可以说郑州市捧回全国文明城市奖牌，集团各媒体功不可没，在春节后召开的全市创建全国文明城市总结表彰暨巩固提升工作会上，郑州日报集团被授予集体二等功，受到市委、市政府隆重表彰。集团各媒体积极开展“走转改”活动，郑州日报的做法得到全国“三教办”好评，活动也给郑州日报带来了喜人变化，各媒体反映基层生活的稿件多了，关注民生的重点报道多了，清新朴实、生动鲜活的新文风在版面上得到了初步体现，采编队伍也得到了锻炼，编辑记者同基层干部群众的联系更密切了，郑州日报队伍的作风和精神境界也得到了新的升华。

（二）认真谋划、扎实运作，重点工作实现新突破。

2011年，郑州日报抓住事业发展中的一些重大项目和重要问题，注重运作，持续求进，各项工作取得新的进展。组建成立中原报业传媒集团。顺应文化体制改革的形势和要求，经市委批复，中原报业传媒集团于2011年4月26日正式揭牌成立。

持续开发建设中原网项目。中原网项目一期工程是郑州市2010年文化建设的一号工程，经过努力，项目已顺利完成，2011年4月通过以中国工程院院士倪光南为组长的验收组初验，运行状态良好。2011年10月27日，开通上线了郑州市网络问政全媒体平台“心通桥”，拓宽政府与群众间的沟通渠道，2011年底又开通“心通桥”政务微博，标志着郑州市网络问政进入了向网络行政演进的新阶段，受到《人民日报》、新华社、人民网、新华网等中央媒体关注，取得了良好的社会效果。

中原微博心通桥微博发布厅上线仪式

强化提升中原手机报工作。中原手机报积极围绕市委、市政府工作大局，及时出版特刊、增刊，对市重点工作进行宣传，向党委和政府反映市民关心的热点、难点问题，努力做好政府与群众沟通的桥梁，2011年全年无停报休刊，手机报总用户数超过22万。

《小樱桃》杂志社和郑报文化传媒公司也取得了不俗的业绩。《小樱桃》杂志社在办好《小樱桃》上半月刊童年漫画的同时，又办了1个下半月刊《好少年》，而且发行量达到近20万册，在全国同行业处于领先水平。郑报文化传媒有限公司自2011年8月份成立后，经过5个多月的运营，已经策划出版了《河南纺织服装产业报告（2012版）》、拍摄制作了郑州市重点项目办公室宣传片《见证》等项目，各项业务开局良好，取得了一定的经济效益。

（三）整合资源、拓宽渠道，经营收入实现新增长。

2011年集团成立后，郑州日报坚持以增加报业收入为主线，不断强化经营管理，努力增加集团的经营收入，经营收入水平比上年有明显提高。郑州日报、郑州晚报、中原网都注重以策划和活动来拉动市场，取得了社会效益和经济效益双丰收，全年广告收入均实现了大幅度增长。印刷厂、物业中心也在市场不利的情况下想方设法增加经营收入。2011年，集团主营业务同比增长20%以上，两报发行工作也都取得历史性突破。

（卢士海）

【郑州广播电视报社】 2011年，郑州广播电视报社积极寻求、探索新的发展思路，对报纸编采、广告经营、报刊发行等方面进行了大胆尝试，进一步提高办报质量。

（一）重大活动宣传报道。

2011年2月，郑州广播电视报社响应市委、市政府的号召，为报道郑州市“两会”专门抽出人员进行“两会”的宣传报道，在读者中引起共鸣。3月，专门成立2011辛卯年黄帝故里拜祖大典报道小组，深入拜祖大典现场及幕后，对此活动进行了大量细致、扎实、深入的采访报道，并且全方位、多角度地为读者提供了丰富的精神大餐,受到读者的好评。

（二）努力提高报纸质量。

在内容方面，郑州广播电视报社始终坚持面向基层、面向群众，贴近生活、贴近实际，始终把为读者服务、为读者着想作为郑州广播电视报社办报的方针，让《郑州广播电视报》成为“三最”，即最独家的娱乐资讯、最权威的收视指南、最实用的生活手册。为使每期内容能够成为精品，报社编辑部发挥编采人员的积极性，群策群力。每周一编辑部都要召开编前会，主要人员对当期选题进行推荐，然后由本版编辑提出自己的建议，最后众策众议确定最恰当的选题。郑州广播电视报社要求编辑所选稿件必须短小精悍，言简意赅，富有新意，力戒空泛冗长。要有可读性，能吸引读者的眼球，读后能产生震撼，能过目不忘。严把编审关。对版面所采用稿件进行层层把关，先由编辑筛选，然后由主任进行把关，最后由总编进行审阅，从文章标题到段落文字，进行字斟句酌地反复修改，直到满意才发稿。严把校对关。对每期稿件都严格按照“三审四校制”认真校对，把差错率降低到最低。严把图片质量关。对每期图片报道，从图片的筛选，到版面的设计、色彩的搭配，都精益求精，细致斟酌，反复修改，力争使每幅图片报道都成精品，给人以美的视觉效果。成立编委会，每周对报纸进行评审，找毛病，找差距，找问题，以期郑州广播电视报社的报纸做得更好。

（三）报业经营。

广告经营方面。郑州广播电视报社经过深入的市场调研，提出了“到有鱼的地方捞、到鱼多的地方捞”的经营策略，广告部重点优化匹配广告客源结构，收到了明显的效果。发行方面。2011年，郑州广播电视报社发行部门在服务意识的提高、发行渠道的开拓、服务手段的多样化等方面下功夫，收到了明显效果。服务意识的提高，就能在急读者所急想读者所想的基础上，开拓更多有效的发行渠道。2011年，在原有的基础上继续开辟和巩固了新密市、中牟县发行工作站，使报纸的发行辐射范围进一步扩大。发行部开发行业高端客户，不断拓宽发行报纸的渠道，开通了短信平台、热线电话、电子邮箱方便读者反馈意见，监督服务质量。这样的渠道具有稳定性高，不受市场因素影响，读者受教育程度高，消费能力强的优点，在稳定和扩大报纸发行量的同时，也为报纸广告受众素质和质量的提升打下一个良好的基础，取得了一举多得的效果，发行总量比2010年增长30%。

（宋庆文）

【郑州人民广播电台】 2011年，郑州人民广播电台按照全市宣传工作会议部署和要求，突出“三贴近”原则，贯彻创新理念，强化品牌建设，深化体制改革，较好地完成了全年各项工作任务。实现了在中央人民广播电台发稿12连冠的目标；在2011年11月召开的第四届中国品牌媒体高峰论坛上，郑州人民广播电台荣获“2010-2011中国品牌媒体百强·广播电台十强”称号；创作的广播专题《少林小子展翅白云之帆》在第二十一届中国新闻奖评选中，获中国新闻奖二等奖；戏曲专题《光影之梦》和文学专题《郑州有本小小说》2件作品分获中国广播影视大奖和提名奖。连续3年荣获全国广播系统技术维护先进单位。在2011年度中国传媒大会上，郑州人民广播电台第三次荣获“全国十大广播电台”称号，取得三连冠，是自2009年以来，唯一一家连续3年在中国传媒大会上获得“全国十大广播电台”称号的广播媒体。2011年，郑州人民广播电台7套频率的综合市场占有率达到了50.49%，在郑州上空22套广播节目中，占据了一半的市场份额。

（一）新闻宣传报道工作。

全年采制、播出新闻稿件1.5万多篇（条）。围绕中心、突出重点，宣传报道工作特色鲜明。针对中原经济区和郑州都市区建设，加大报道力度，先后推出了《瞩目郑州新区》《辉煌“十一五”展望“十二五”》《畅通郑州 我们在行动》《建设中原经济区特别报道》《重大项目直通车》《郑州突出人才专访》等一系列有影响力的新闻专题节目，从不同角度解读了郑州都市区建设的重大意义，展示郑州都市区建设所取得的成绩。组织策划了大型跨地域采访报道活动“红色记忆”，推出了“优秀党员”系列访谈节目和“红歌天天唱”等系列专题栏目，为庆祝建党90周年营造了良好氛围。积极参加市委宣传部组织的“走出郑州看全国”采访活动，详细报道了苏州、天津、深圳、广州、大连、青岛等城市在经济发展、城市建设、创建文明城市等方面的成就，为郑州提供了可借鉴的宝贵经验。

加大“创文”工作报道力度。在新闻节目中推出了《创建文明城市专题报道》，制作播出十集大型系列报道《文明在这里延伸——郑州市创建全国文明城市纪实》，从不同侧面回顾了郑州市十多年坚持创文的艰辛历程，对郑州市创建国家文明城市工作给予了有力的宣传报道。同时，根据市创文工作的要求，利用少儿节目和科普节目的优势，不断丰富节目内容，强化科技知识和未成年人思想道德宣传。充分发挥广播媒体传播快捷的优势，“创文”表彰大会一结束就独家采访了在北京领奖的市有关领导，赶制出录音报道，第一时间在全台7套频率播出，将郑州市创文成功的喜讯传遍千家万户。并精心制作了“热烈祝贺郑州市荣获全国文明城市”的公益公告，在多套频率的黄金时段滚动播出。郑州广播在线网站也及时转发了创文的有关报道，广播媒体“线性传播”的优势并和网络形成互动，营造出立体宣传优势。为郑州市的创文和扩大影响作出了广播媒体应有的贡献。

抽调精干力量，圆满完成市委、市政府交办的各项调研工作。按照市里要求，在人员紧张、宣传任务繁重的情况下，从全台各频率抽调业务骨干人员300多人次组成调查、暗访组，先后完成了煤矿安全、十字路口交通、城市卫生、农村村容村貌、食品卫生、烂尾楼工程、秸秆焚烧和常西湖治理等42个方面问题进行了调查暗访，为市委、市政府的决策提供可靠的依据。全年共编发《郑州广播》95期，及时向上级汇报台里有关情况。根据记者采访得到的线索和本台热线节目中群众的反映，积极组织采写《民声摘报》，全年已经上报49期，有不少内参经领导批转有关部门，较好地发挥了媒体助政的作用。

创新宣传报道形式和手段，强化媒体合作，增强节目吸引力。“两会”报道中，在代表驻地设立直播室、微博大屏幕，充分运用短信、微博等互动形式，让市民关注的民生热点直达“两会”，拉近了“两会”和普通百姓之间的距离。继续利用拜祖大典华语广播联盟的资源，联合数十家华语广播机构对拜祖大典盛况进行国际联播，将黄帝故里的声音传向了世界各地，中央人民广播电台“中国之声”栏目和郑州人民广播电台进行了并机直播，有效扩大了拜祖大典在全国的影响力。与市纠风办联合开展了“政风行风热线访谈”专题节目，邀请37家政府部门的负责人走进直播室，与听众进行直接沟通，并联合河南一百度、郑州广播在线、《郑州广播电视报》、郑州市政府网等媒体进行网络直播和深入解读报道，进一步扩大了节目的影响力，受到了市纪委领导和广大听众的一致好评。

（二）强化品牌建设，提升节目质量，推动创优、外宣继续保持良好发展态势。

品牌建设成效显著。市场调查数据显示，“今夜不寂寞”“549早间新闻”“早餐可乐”“百姓热线”4档品牌节目在省会郑州所有广播节目的市场占有率排名中，稳居前五位。其中“今夜不寂寞”“549早间新闻”“早餐可乐”3档节目牢牢占据着前3名的位次。

创优工作开创历史最好成绩。2011年，郑州人民广播电台创优方面获奖数量多、档次高，都创造了历史最好成绩，全台共有91件作品获得省、市政府奖，广播专题《少林小子展翅“白云之帆”》在第二十一届中国新闻奖评选中，喜获中国新闻奖二等奖；戏曲专题《光影之梦》、文学专题《郑州有本小小说》2件作品分获中国广播影视大奖和提名奖，一年内，3件作品同获全国大奖，在郑州人民广播电台历史上是第一次。技术创优和广播剧制作方面也取得了骄人成绩，连续6年获得河南省技术维护先进集体的荣誉称号，郑州人民广播电台连续3年获得国家广电总局技术维护先进集体荣誉，有3部作品荣获省广电局录音制作一等奖；郑州人民广播电台录制的长篇小说《天国演义》获省广电局录音制作二等奖，广播剧

《画虎村的故事》分获省、市“五个一”工程奖和省广电局录音制作二等奖，《一张借条》获市“五个一”工程奖和中国广播剧研究会二等奖。

外宣工作继续保持良好发展态势。2011年，取得了在中央人民广播电台发稿总分连续12年位居全国省会城市广播电台第一名的好成绩，实现了12连冠。在中国国际广播电台华语台播发专题22期计660分钟，为郑州市树立了良好的海外形象。进一步强化网络宣传，星光网络广播联合各个频率，对“新闻有话说”“代表之声”“政风行风热线访谈”等一批重点栏目进行网络视频同步直播，拓展了广播节目的传播渠道，扩大了节目的影响力，增强了广播节目与听众之间的交流，收到了非常好的效果。星光网络电台开播以来，共制作播出节目200期，共计1.2万分钟，网络广播已经成为郑州人民广播电台对外宣传的窗口。

（三）圆满完成庆祝建台30周年系列活动。

2011年4月1日，是郑州人民广播电台30岁生日。为庆祝建台30周年，组织举办了“声动中原——郑州人民广播电台建台30周年”系列庆典活动。举办了庆祝建台30周年大型庆典晚会等23场活动。孔玉芳、连维良、赵建才、白红战、李秀奇等省、市领导发来了贺信、贺词。中国记者协会、中国广播电视协会、中央人民广播电台、中国国际广播电台、省广电协会、河南人民广播电台以及海峡之声、新加坡传媒电台、香港广播电台等66家新闻媒体以及130多家友好单位发来贺信、贺电。中央人民广播电台中国之声在4月1日当天，滚动播出庆祝郑州人民广播电台建台30周年的宣传片花。白红战、丁世显、刘东、王旭彤、舒安娜等领导出席了郑州人民广播电台台庆系列活动。围绕节目特色开展活动宣传。2011年，郑州人民广播电台以四大品牌活动为龙头，以节目为依托，开展形式多样、内容丰富的活动宣传，收到了显著效果。

四大品牌活动特色鲜明。2011年，“叱咤中原——河南戏曲演员排行榜”新加盟演员21位，加盟演员总数达到213位，这些加盟演员多是省内外院团的主力演员，排行榜颁奖盛典首次设立“最佳新人奖”“宝岛之星奖”“特殊贡献奖”等奖项，第七届十大演员颁奖盛典，规格高、规模大、效果好。并在全省、全国多家媒体和网站转发，进一步扩大排行榜活动在全国的知名度和影响力。成功举办了第四届“仰韶·彩陶坊杯——双十佳”评选活动，这次“双十佳”评选活动，新增加了优秀记者（编辑）的评选，使“双十佳”评选活动覆盖面更广，更加完善。评选出了大飞、田歌、亮语、杨奕、晓彬、佳敏、岳翔、治钢、荻兰、陶真十佳主持人；“新闻有话说”“711工作时间”“叱咤中原——河南戏曲演员排行榜”“小铃铛”“亲子课堂”“交通互联网”“金色方向盘”“音乐方向盘”“欧美音乐之旅”“闲话春秋”十佳栏目；张红雨、朱奕安、蒋凯香、马松林、李昌虎5名优秀记者（编辑）；评选出了苏晴、张明、林夕3名首席主持人和郑州人民广播电台第一位首席记者谢宏亮。成功举办了第十一届校园歌手大赛，本届校园歌手大赛由中共郑州市委宣传部和郑州市文广新局主办，中国移动郑州公司首次冠名赞助，更加凸显了“校园歌手大赛”的品牌效应。同时，还成功举办了第三届“小主持人”大赛，这项赛事活动举办以来，坚持市场化运作模式，吸引了不同的企业参与到活动中来，取得了社会效益和经济效益的双丰收。

【各频率根据节目特色开展活动宣传】 各个频率根据频率定位和节目特色组织开展活动宣传，树立了良好的社会形象，收到了良好的效果。新闻广播积极创新形式，增加文化含量，组织各种类型的活动，扩大广播影响力。与河南省诗歌协会联合组织了“春满中原”大型诗会，和开封、洛阳电台联合组织了“郑汴洛新春诗会”。“五四”青年节组织了“芬芳中原”广播诗会，受到省委宣传部领导的表扬。以新闻广播为主力，汇集全台优秀主持人连续举办9场“广播赞英雄——李文祥之歌诗歌朗诵会”，先后到省消防总队、富士康郑州科技园、郑州大学、管城区委、河南省艺术中心、巩义竹林镇等地演出，积极宣传河南当代道德楷模与英雄精神，受到各级领导与群众好评。以郑州新闻广播为主力，联合全台力量，组织的“郑州市第八届绿城读书节音乐诗歌朗诵会”，邀请童自荣、于同云、吴广林名家与郑州人民广播电台主持人同台演出，举办“刘恒亮诗歌朗诵会”，均获得圆满成功，展现了郑州广播人的能力与才情。

经济广播强化“爱与责任”的理念，推出“711爱心在行动”系列活动，为困难家庭和福利院的孩子们送去关爱和温暖。与郑州市残联联合举办“711爱心在行动——残疾人专场相亲会”，通过活动，营造共同关爱残疾人的社会氛围。以节目为依托，持续开展一些社会公益活动，受到了社会各界一致好评。

文娱广播突出戏曲特色，举办了多场戏曲名家演唱会，丰富了市民的文化生活。以《戏苑漫步》节目为载体的“追寻老艺人”活动，全年挖掘、整理、录制濒临失传的传统唱段500段，采访老艺人20余位，足迹踏遍了洛阳、许昌、平顶山、登封、新郑、嵩县等地。

都市广播突出交通特色，组织开展各类公益活动。春运期间，他们联合交运集团推出“送农民工返乡爱心巴士”公益活动，共开出41辆爱心巴士免费送农民工返乡，让远离家乡的农民工感受到了爱的温暖。高考期间组织“爱心送考”活动，得到社会各界积极响应，参加活动的爱心车辆近万台。成功举办了“温暖冬季 ，爱在西藏”活动，组织爱心车队跋涉数千公里，将热心听众捐献的冬衣和书籍送到了拉萨福利院，为生活在福利院的孩子们送去冬天的温暖。与郑州市文明办、郑州市交通运输委员会、郑州市城市公共交通客运管理处共同举办了“文明的士之星”评选活动，把文明的种子在出租车行业中播撒。成功举办了年度交通观察员表彰大会，使观察员队伍建设更加充满活力。女性时空广播以品牌节目为依托，开展形式多样、丰富多彩的社会活动，与团市委联合主办了“青春校园行”活动，先后走进省会多所高校，普及法律与心理知识，他们注重少儿活动的系列化延展，在小主持人大赛的基础上，还举行了少儿街舞大赛、少儿绘画大赛、少儿轮滑大赛以及“六一”节 “欢乐童年”大型文艺演出等活动。女性时空广播全年共组织开展活动153场，活动密度之大、数量之多、影响之广是前所未有的。

音乐广播把活动和节目有机地结合起来，以音乐为主题，以活动为桥梁，通过活动，凝聚听众，扩大节目影响力。在庆祝建党90周年之际，推出了“红歌大家唱”活动，用歌声庆祝党的生日。还先后推出了“樊凡、李慧珍珍爱非凡演唱会”“中国歌曲排行榜郑州欢唱会”“蔡健雅歌友会”等活动，都收到了良好的效果。

故事广播通过举办场外活动丰富节目内涵和吸引力，提携听众与合作单位参与互动积极性，提高故事广播听众忠诚度，先后举办了听众车友信阳车云山采茶美食自驾游、“浪漫七夕清凉夏日”故事广播听友联谊会、中国达人秀第三季郑州区大歌星招募和海选达人等活动，以郑州市消防支队创作的中篇小说《我的阿波罗》为基础，改编录制了32集同名大型小说广播剧，剧集播出后，受到了听众的广泛好评，取得了极佳收听效果。

【广播广告经营工作】 2011年，是郑州人民广播电台实行广告代理的第一年，也是不断探索改革、不断总结提高的一年。广告经营全面实现代理制后，广告部工作重点开始向服务和监管方面转移，逐步完善了客服、审听、上单、监听等业务流程，重新制定岗位责任制补充条例。强化对广告的监管力度，对114条不合格的广告下发了整改通知书，对22条违规广告下发了停止播出通知书，从源头上避免违规广告的播出。在加强监管的同时，还不断强化服务意识，实现了郑州人民广播电台和广告代理公司双赢的良好局面，广告经营稳步推进，超额完成了全年的广告创收任务，广告收入突破了6000万元。广告结构也得到明显优化，品牌广告在郑州人民广播电台总体广告中所占比重得到大幅提升。

【加大广播资金投入】 2011年，郑州人民广播电台进一步加大事业建设投入力度，为“十二五”期间郑州广播事业的健康发展奠定了坚实的基础。强化技术设备改造更新，实现全年安全播出。先后投入近千万元，对804台损坏严重的地网进行了重新铺设，对发射机房进行了重新改造，新增1套中波发射频率（AM1458），对淮河路调频发射塔进行了维护，更换了两套频率（FM88.9、FM93.1）的发射天线，通过一系列的技术改造，有效提升了发射效果和覆盖范围，实现了全年播出工作安全无事故，技术工作无事故，使台内停播率小于5秒/百小时，圆满完成了全年的安全播出任务。购置的大型直播车正在建造之中。抢抓机遇，推动文化产业发展。抓住国家大力发展文化产业的有利时机，依托郑州市鼓励发展动漫产业的机遇，利用自身优势，成立了郑州翔声传媒有限公司，进行动漫配音和广播节目的开发经营，翔声公司的经营运作形势良好。瑞迪广告公司主动走出去，承接了火车站LED广告屏的经营，取得了初步的成功。郑州人民广播电台投资开播了省内首家、全国第五家网络广播电台——郑州星光网络广播，为网络信息化时代，传统广播媒体与网络有机融合，协调健康发展赢得了先机。

（赵岩军）

【郑州电视台】 2011年，郑州电视台紧紧围绕市委、市政府中心工作，按照年初确定的总体目标，在统一思想、鼓舞干劲、增强实力上下功夫，节目质量、核心竞争力不断得到提升，党组织建设、队伍建设和党风廉政建设进一步加强，安全播出、经营管理等方面工作取得新进展，为加快推进郑州都市区建设、打造中原经济区核心增长营造了良好的舆论氛围。

（一）新闻宣传报道。

按照新闻宣传要服务好市委、市政府中心工作和全市人民，做好全市经济发展、社会管理、文明创建报道工作，注重挖掘省委书记卢展工提出的“三具两基一抓手”工作的先进典型和贯彻落实市委书记连维良讲话精神的好做法并报道好的总体要求，郑州电视台新闻宣传工作重内容、形式新、篇幅大、分量重，为全市中心工作创造了良好舆论氛围，得到了市委、市政府和群众好评。重大主题宣传广泛深入。2011年，郑州电视台各频道、各栏目通力合作，以丰富多彩的节目形态，以20名骨干记者组成的主题报道组为主，紧紧围绕市委、市政府中心工作，先后推出《大招商　大项目　重在做　强力推进郑州都市区建设》《国家战略—加快中原经济区建设》《迎接建党90周年》《向党代会献礼》《基层文化建设巡礼》《提升城市管理 塑造省会形象》《挑大梁　走前头》《交通大整治》等大型系列主题报道，不间断，有气势，有反响，使主题报道的数量、质量、形式、厚度得到了提升，为全市工作大局营造了良好舆论氛围。特别是《领导高度重视是项目发展的重要推手》等6篇新闻述评，分量重，影响大，受到观众、项目单位和市委领导的好评。

重大活动宣传卓有成效。2011年，郑州市重要会议、重大活动接连不断，郑州电视台高度重视，抽调精兵强将，全力保障重大活动的宣传报道，制定详细方案安排报道工作，做到了为重大活动添彩添氛围，先后完成了市十次党代会、市“两会”、辛卯年黄帝故里拜祖大典、豫沪经济合作洽谈会、河南省承接产业和技术转移合作交流洽谈会、郑交会、中国郑州产业转移系列对接会等一系列重要会议、重大活动的报道任务。对周永康、孟建柱、陈至立、陈奎元等中央领导，卢展工、郭庚茂等省领导来郑调研活动进行了报道，对连维良、吴天君等市领导参加的重要调研、会议进行报道，开辟了“贯彻落实市委经济工作会议专题报道”“创先争优活动专题报道”“创建全国文明城市”“聚焦三夏”等专栏，播发各类重大活动相关新闻600余条。

发挥媒体助政优势，为和谐郑州建设营造良好氛围。为配合市委市政府工作，按照市领导要求，加大了对全市在民生建设中所采取的措施和效果进行舆论监督的力度。例如，对向河流排污的连续报道，得到市委书记连维良的表扬；对熊儿河、常庄水库、西流湖的脏乱差现状及治理情况大篇幅的跟踪报道，促使相关部门积极行动进行整改，得到众多市民的关注，市民对这样的报道给予肯定，并对处理结果表示满意；食品安全是2011年上半年公众最为关注的社会话题，郑州电视台从3月份开始策划实施了关注食品安全系列报道，有明察、有暗访、有案例、有分析，多角度、多方位地聚焦百姓身边的食品安全问题，先后播出100多条相关新闻专题，节目贴近百姓、关注民生，有力督促相关部门加大监督查处力度，得到了群众的肯定；系列报道《户外广告：杂乱无章损了形象》的播出，引起了相关部门的高度重视，掀起了全市对市区及周边户外广告的统一清理和整治行动，也引发了市民对环境治理和创建全国文明城市话题的讨论，收到了良好的效果，为全市创建工作营造了良好的舆论氛围；为落实市委书记连维良的指示精神，郑州电视台从9月中旬起开设了“我为城市管理提建议”专栏，针对郑州市在交通拥堵、占道经营、破损路面等城市管理建设方面存在的问题，做深入调查和追踪报道，并开放短信平台和热线电话，让群众反映身边关于城市管理方面的问题，或者提出对城市管理方面的意见和建议，全年播发相关新闻50多条，推动了许多问题的解决；按照市政府代市长吴天君的指示精神，郑州电视台推出系列报道《交通大整治　我们在行动》，经过精心策划、采制播出了《店里食客紧吃　店外交通吃紧》等多篇新闻，从单行道整治、停车管理等方面进行详尽报道，起到了舆论监督作用。

（二）核心竞争力进一步提升。

栏目建设是提高核心竞争力的主要抓手。在竞争日趋激烈的形势下，郑州电视台采取不断调整、改版、创新栏目，同时抓好节目编排、扎实开展节目评审、提高节目包装质量、加强主持人培训等一系列措施，以树立节目品牌形象，提升核心竞争力。

按照市委要求，不断提高市委书记连维良要求开办的“民生政务”“郑州名片”“政务直通车”“项目建设要闻”的采编质量，并根据连书记指示开办了“郑州城事”“质量郑州”类时政栏目，筹备了“郑州最新鲜”文化娱乐新闻栏目；整合郑州电视台新闻综合频道现有资源，加强部门之间协调合作和信息沟通，成立郑州电视台新闻中心，5月1日“郑州新闻”“民生政务”栏目成功实现直播，充分保证了时政新闻的时效性、连续性；第2套节目“商都报道”和五套“法制报道”两个新闻栏目改版，以避免栏目同质化，五套推出新栏目“新闻风云汇”；11月21日，经过精心论证和筹备，郑州电视台3套节目全新改版，重点增加了适合年轻观众喜好的文化娱乐新闻和专题栏目，集中18：15-22：00黄金时段依次播出“奇趣大自然”“每日文娱播报”“电影直通车”以文艺界名人访谈为主的“非常”等系列节目，从以戏曲为主转变为以文化娱乐为主，提高了频道文化品位，使郑州电视台频道整体布局更加合理，是郑州电视台加强频道建设的一个重大举措；经论证，郑州电视台5套节目改版确定，这是着眼2012年和未来一个时期频道建设的一项重要举措，对5套节目进行了充实、调整，计划于2012年1月1日正式推出；为扩大影响力，3月7日郑州电视台1套、6套节目实现24小时播出，6月9日，2套节目实现24小时“全天候”播出，对满足观众多样化收视需求，扩大频道影响力起到了积极作用；加强电视剧购买，对热播剧、优质剧立足于“抢”，对经典二轮剧立足于“多拿”，同时加大推广宣传和编排力度，电视剧收视有亮点；两次邀请中央电视台首席形象设计师徐晶给郑州电视台新老主持人定妆，指导出镜记者完成形象设计工作，并邀请央视和北京电视台专家给主持人授课，提高了郑州电视台主持人、出镜记者的形象和主持人的业务素养。以上措施得力，落实到位，个别栏目收视下滑得到控制并开始呈现上升趋势，一、二、三、六频道广告承载量比上年同期有所增长，有效提升了郑州电视台核心竞争力。

【电视台对外宣传工作】 2011年，郑州电视台不断拓宽外宣渠道，紧紧围绕市委、市政府中心工作，选择打造中原经济区核心增长极、都市区建设、拜祖大典、民生等重大主题、重要活动、重大事件，积极策划，精心选题，先后在中央台多个频道播出新闻、专题131条（篇），在河南电视台新闻中心发稿320条（篇），为扩大郑州市知名度起到了重要作用。

【电视节目及作品创优工作】 2011年，郑州电视台在落实创优工作制度的基础上，加大创优力度，促进了创优工作的扎实开展，取得了显著成效。长消息《少林小子撑起“白云之帆”震撼广州亚运会开幕式》获“中国广播影视大奖”。2010年度河南省广播电视（政府奖）各大类别评选中，郑州电视台共有30件作品分获不同奖项。其中，4件作品获省新闻奖（广播电视部分）一等奖，6件作品获省电视文艺“牡丹奖”和电视剧“大河奖”一等奖，1件作品获省广播电视播音主持奖一等奖，以上获奖总数和一等奖均位居全省地市台第一位。在全省广播电视科技创新和电视节目技术质量奖评选中，共有郑州电视台高清全台网项目、“郑州新闻”等11个项目和作品获一等奖，保持在全省的领先位置。另有3篇论文分获省广播电视论文评选二、三等奖。

【电视广告经营工作】 2011年，在广告商投放策略发生重大变化和政策性限制的情况下，郑州电视台全面提升服务质量和水平，做好对4A公司、省外和本地大客户的服务工作,争取增加和落实广告投放，广告创收任务完成情况较2010年同期有所提高。2011年郑州电视台总体收入达到1.18亿元，经营收入达到9060万元，经营收入较2010年同期增幅为4%。

【电视技术建设工作】 郑州电视台技术工作保证了节目改版、节目生产、重大活动现场直播、重要安全播出期等工作。全年录制、直播和转播各类晚会、大型活动、节目累计259场次，保证了16个栏目的演播室节目生产任务。2011年郑州电视台实现了第二套节目高标清同播改造，年底可以实现播出；完成340平方米综艺演播室建设，10月份投入使用；102台电视信号发射机更新、调试完成，有效扩大了一套节目的覆盖半径；郑州电视台参与的中国城市联合网络电视台（cutv郑州台）处于试运行期；搭建完成7楼虚拟演播室实景区；为了更好地使用现有技术装备，提高技术人员和节目制作人员的技术水平，全年邀请索尼公司、松下公司等单位来郑州电视台进行10多次技术交流和讲座。

（张洪波　海志刚）

文学艺术

【文艺活动】 2011年，郑州市文联在市委、市政府和市委宣传部的领导下，深入学习贯彻党的十七大、十七届五中、六中全会精神，坚持文艺“二为”方向和“双百”方针，围绕市委、市政府的中心工作，带领全市广大文艺工作者，为郑州市的精神文明建设作出了积极贡献。

1月，精心组织好元旦、春节期间的“送欢乐、下基层”慰问活动，市文联、郑州老艺术家协会、市书协组织省会著名书法家在市群艺馆广场为广大市民义写春联。市摄协组织郑州市部分摄影家到帮扶村开展喜迎新春为村民拍照全家福照片活动，受到群众的欢迎和赞赏。

3月，由市文联和郑州市平面艺术设计协会共同主办了“郑州市平面艺术设计协会首届会员作品展”，共有20余位会员的500余件优秀作品参展。此次作品展是郑州平面设计师的一次汇报展，有效增进了郑州市设计人才、设计机构、设计教育机构、协会会员之间的交流沟通，进一步推进了郑州市创意产业、平面设计行业的快速、健康发展。3月8日，市文联、市妇联主办，郑州市女子书画家协会承办了“庆‘三八’——梅兰竹菊省会女子书画展”，充分体现出会员们在执著追求艺术、不断完善自我的过程中陶冶高尚的情操，展现了当代妇女的新面貌。

4月，市摄影家协在新密市举办了“中国新密·伏羲山杏花节国际摄影大赛”暨颁奖典礼，大赛以“杏花”为主题，旨在展现伏羲山优美的自然风光，传播河南旅游文化。参赛人员除来自省内众多摄影爱好者之外，更吸引了来自北京、新加坡、台北等地区和国家的知名摄影团体参加，共收到参赛作品3000余幅，其中有126幅作品获奖。

5月31日，在市文联当代艺术馆隆重举办“流光溢彩三十年——郑州市摄协成立30周年会员摄影作品展”和《流光溢彩三十年》会员作品选集首发活动，此次纪念活动集中展示了30年来郑州市的摄影成就。纪念活动丰富多彩、欢乐祥和，取得圆满成功。

6月24日，由郑州市政府主办，市委宣传部、市文联、百花园杂志社承办的“中国郑州·第四届小小说节开幕式暨颁奖会”在嵩山饭店隆重举行。中宣部出版局、中国作协创研部和省、市相关部门领导以及来自全国各地及海外的著名作家、学者、理论家、评论家、编辑家等200余人莅临了这个中国小小说30年来最为盛大的节日。7月，市曲协在郑州市举办了道德故事会巡回演出活动，整场活动气氛热烈，主旋律鲜明。

7月，市书协举办庆祝建党90周年、纪念辛亥革命100周年郑州市老干部大学书法班部分学员书法作品阶段性汇报展。

8月，登封“天地之中”全国摄影大展在登封启动，来自全国各地的60多位知名摄影家分成历史建筑群组、人文组、自然风光组分别进行采风创作，获奖作品于12月分别在郑州和登封展出。8月23日，在郑州英协剧院举办的第六届河南省少儿曲艺大赛上，由郑州市曲协选送的，协会会员赵宝献创作的曲艺节目山东快书《郭乡长吃了个红苹果》获得大赛一等奖。赵宝献荣获优秀园丁奖，郑州市曲协荣获优秀组织奖。

9月，第二届“建文杯”全国书法篆刻获奖作品展在郑东新区国际会展中心隆重开幕。大展共收到来自全国29个省、自治区、直辖市作者寄送参展作品1000余件。本次活动共评出优秀作品273件，其中特等奖2名，金奖5名，银奖15名，铜奖30名。9月，在郑州当代艺术馆隆重举行“郑州画坛功勋9老美术作品展”开幕式。这9位画家分别是龚柯、唐玉润、禹化兴、王天佑、杨育智、李智、师国栋、潘进武、安庆臻先生，他们是新中国成立以来郑州市美术界老一代画家的杰出代表。此活动是对郑州市绘画界老一辈艺术家多年来创作的优秀作品进行全方位地展示与宣传的系列活动之一。9月27日，由河南省美协、郑州市文联、郑州铁路职工书画院主办的“河南省青年精英山水画展”在郑州商都艺术馆隆重举行开幕式，共展出40余位青年山水画家的百余幅作品。9月29日，由中摄协、市委宣传部主办，中国摄影报社、河南省摄协、市文联联合承办的“文明郑州全国摄影大展”在河南省艺术中心隆重开幕，中摄协、中国摄影报及省市有关领导出席开幕式。共展出获奖作品108幅。“文明郑州全国摄影大展”引起极大反响，《中国艺术报》《中国摄影报》“中新网”“中广网”“人民网”、中国各大摄影网站等国家、省、市级各大新闻媒体及网站均给予宣传报道和高度评价。

10月12日《人民日报》、人民网刊登获奖图片并配发诗词一首赞美郑州；《人民日报（海外版）》以《摄影大展展示文明郑州》为题对该摄影大展进行宣传报道。此次活动由于领导支持、组织得力，社会反响强烈，对全面展示郑州市社会经济发展成果、精神文明建设成就、丰富全市人民群众的精神文化生活，宣传郑州、促进郑州文明和谐发展，提升郑州的文化品位和美誉度，促进郑州市和兄弟省市的文化交流与合作，都起到积极而深远的意义。10月，市文联与省曲协联合主办的尚继业河洛大鼓大赛在巩义市举行，大赛共收到30个参赛曲艺节目和12件应征曲艺作品。经过评委们认真评选，评出一等奖2名，二等奖11名，三等奖13名。会员尚继业培养学生60多名，创作出多篇河洛大鼓并在舞台演出。赵宝献利用业余时间免费招收50多名学生，义务培养曲艺新人，为繁荣郑州市曲艺事业作出了一定贡献。10月24日，由市委宣传部主办、市文联、市书协、市美协承办了2011年“书画郑州”活动获奖作品展。展出作品主题健康向上，以郑州厚重历史、风土人情、人文地理、社会发展成就，人民群众美好的生活和精神风貌为题材，突出了郑州特色，展示了郑州的神、郑州的韵、郑州的美。10月31日，市文联组织“中国郑州·韩国晋州书画艺术交流回访展”，郑州市著名书法家一行15人赴韩国进行交流展出，通过组织一系列的交流互访活动，加强了郑州与韩国晋州的艺术交流活动。

11月，应南宁市文联邀请，郑州市文联组织机关干部和各协会艺术家于11月27日至12月2日赴南宁、北海和靖西等风景名胜区开展交流、考察及采风创作活动。在与南宁市文联的联谊活动中增进了两地艺术家的学习和感情交流。由郑州市文联、市书协、太原市文联、市书协联合主办的“黄河魂·太行情——太原·郑州书法联展”分别于10月、11月在太原、郑州开幕，共展出两地书法家的160余幅作品。这次联合展览，是郑州继与武汉、长沙、南京之后举办的第四次联展，不仅是两地作者对传统文化、现代艺术的解读与展示，更是文化的碰撞与交流，对做好书法艺术的传承发展，促进两市书法艺术创作水平的不断提高，推动两市书法艺术事业和文化建设不断繁荣将起到积极的作用。

【各门类艺术活动】 重点围绕纪念建党90周年以及辛亥革命100周年，发挥各门类艺术的特长，举办形式多样的文艺活动。通过书法、美术、摄影和文学、戏曲、音乐、舞蹈等不同的艺术形式宣传贯彻，歌颂郑州市所取得的瞩目成就，弘扬中华民族优秀传统文化，进一步丰富基层群众的精神生活。服务“党建实践活动月”、喜迎建党90周年，自6月22日至26日，由市委宣传部、市文联主办，市音协、剧协、曲协、杂协和郑州市群艺馆等联合承办了“红色经典文艺周”系列演出活动，赢得广大市民的喜爱和欢迎，得到领导和专家的充分肯定。

音协方面，积极推动郑州市群众性歌咏活动的开展，喜迎建党90周年，大力颂扬党的丰功伟绩，歌唱社会主义祖国繁荣富强。组织协会部分音乐家和老师，自5月中旬开始，先后深入到郑州市一些基层单位开展艺术交流、指导培训以及慰问演出等工作。在省公路工程局、省气象台、市交通轨道有限公司、市疾病防控中心、金水区丰产路办事处、世纪欢乐园等单位,开展“唱红歌”活动，有关专家还应邀为郑煤集团销售公司、市中心医院等单位创作编排了部分企业歌曲。市音协主席朱金键用红色经典歌曲《没有共产党就没有新中国》的原词和主导音乐元素，创作了京剧风格的同名大合唱作品，在全国多个省、市引起强烈反响，为郑州市喜迎建党90周年群众性歌咏活动的积极开展注入了新的内容与活力。同时，市音协合唱团分别与长铝公司维特合唱团、河南大行汽车家园联合举办“演唱会”，在演出及比赛中取得优异成绩。书协方面，为庆祝中国共产党成立90周年，加快郑州都市区建设，弘扬优秀的民族文化，促进和谐社会的构建和推动书法艺术事业的健康发展，市书协与郑州老艺术家协会联办“庆‘七一’书法精品展”。市影协方面，为庆祝中国共产党成立90周年，丰富市民业余文化生活，联合市文联开展“庆祝建党90周年优秀影片主题放映活动”，组织20余部优秀影片（其中包括反映抗战时期及2011年创作的部分优秀影片）深入郑州市各大社区和郊区农村连续放映50余场，受到广大群众的欢迎。

【开展以“新农村”建设、社区帮扶为主题的系列活动】 市文联驻荥阳平庄村工作队依托自身优势，开展一系列帮扶活动。双节之际，邀请省、市20余位书画名家举办驻村帮扶书画笔会；组织戏剧家、书法家、民间艺术家40余人开展“送欢乐、下基层”驻村慰问帮扶活动，对平庄村的12户贫困户进行走访慰问；为村民捐赠由市文联组织出版的优秀书籍5000余册，价值15万元。《河南日报（农村版）》《郑州晚报》《荥阳学习》《荥阳组工信息》、荥阳政府网等媒体对活动进行了报道，并表示了肯定和赞扬。2011年市文联驻村工作队被评为全市新农村建设帮扶工作先进工作队。

【继续开展“送戏曲下基层”“文艺进社区、进校园”活动】 由市委宣传部主办、市文联、市剧协组织承办的“戏剧文化进校园”活动分别走进二七区解放路小学、棉纺路小学，在为师生们带去了丰富多彩的艺术享受的同时，弘扬了传统戏曲文化艺术。市民协组织面塑艺术家到管城区工二村小学开展“民间艺术进校园”活动，受到师生的热烈欢迎，对弘扬优秀民间传统文化，传承保护民间文化遗产起到了推动作用。市曲协方面，陈红旭带领一二一喜剧坊团队到河南高等商业专科学院、郑州大学西亚斯国际学院、农业大学、省艺术中心为大学生、郑州市民公益性演出17场相声剧。

【文艺作品创作】 市影视家协会完成纪录片《商之都》新10集的后期制作；组织郑州市优秀的电视作品参加省影视家协会及中视协的各项比赛并取得优异成绩；联合郑州市人社局完成了劳动保障题材的电影《信念》的策划及拍摄工作。市作协组织郑州作家创作40集电视连续剧《惊蛰》剧本。市曲协常务副主席张守振坚持创作曲艺作品，2011年共创作河南坠子、曲艺说唱、唱词、小品等艺术形式作品10余篇，其中大多搬上舞台演出。

【文学作品创作】 由郑州市文联主席、郑州市书协副主席钟海涛共同编写的《钟海涛章草书法作品》，由河南美术出版社出版发行，此书是河南省第一本章草书法作品集。在庆祝登封“天地之中”历史建筑群申遗成功1周年之际，以“天地之中”历史建筑群申遗为主题的长篇报告文学专著《天地之中》出版发行。由中国摄影家协会会员、郑州市老艺术家协会常务副会长、郑州市摄协名誉主席、原市委宣传部副部长张爱图主编的《嵩山文化丛书》出版发行，该书的出版问世，将把宣传嵩山文化推向一个新的高潮。由市文联精心组织编辑的纪念郑州市文联成立60周年文集《岁月如歌》正式出版。该文集全面介绍了郑州市文联自1950年成立至2010年，60年来的峥嵘历程，为研究郑州文学艺术事业的发展历程留下宝贵资料。为进一步推动老艺术家创作，繁荣郑州文艺事业的“晚霞工程”，由市文联精心组织，郑州老艺术家协会会长岳修武创作的《清逸轩诗稿》由中州古籍出版社正式出版发行。由市文联组织，著名作家邢军纪创作的以反映荥阳市全民慈善活动为主题的长篇报告文学《善莫大焉》由解放军文艺出版社出版发行，这部20余万字的纪实文学作品，开创了我国专以慈善为内容作品的先河。

【民间文化遗产抢救工作】 由巩义市文联、市民协组织编写的《巩义市民俗志》由中州古籍出版社正式出版发行。该著作堪称是一部巩义民俗的百科全书，中原民俗文化的经典之作。新密市民协主席马遂昌组织民间文化工作者完成数十万字专著《新密地名传说故事》，该书由启蒙文化出版社出版发行，为进一步传承民间文化作出了历史性的贡献。

【各协会获奖情况】 市音协选送的《好人歌》《阳光情怀》《思念的河》等5首歌曲在河南省第十八届歌曲创作评选中获得2个一等奖、1个二等奖、2个三等奖的好成绩，并在随后举办的市“五个一工程”评选中入选，作者分别是刘成甲、宋清安、孙树森。

市影视家协会副主席张惠民荣获“第七届全国德艺双馨电视艺术工作者称号”；电视剧《快乐星球》荣获“第十四届中国人口文化奖”广播电视类三等奖；电视动画片《小樱桃》荣获“河南省第九届精神文明建设暨五个一工程奖”；电视片《万山之祖、中岳嵩山》参加“第四届中国旅游电视艺术周”获优秀旅游电视推介景点、景区宣传类优秀奖；在省影视家协会组织的“走进绵山”河南省电视风光片艺术片大赛中，郑州电视台创作的电视片《清凉绵山》获一等奖。

市曲协积极参加国家有关大赛，扩大曲艺影响。由陈红旭编剧、导演的相声剧《请您注意我》在河南省第二十届戏剧大赛中荣获河南省文华剧目奖、文华导演奖、文华表演一等奖；创作、表演的小品《笑比哭难》以及论文《中国曲艺、布莱希特表演体系之比较》成功入选第七届中国曲艺节，分别荣获最高奖；创作的群口评书《危急时刻》荣获河南曲艺最高奖牡丹奖。张守振创作的河洛大鼓《扁担行》获中国曲协建党90周年优秀奖；河南坠子《将军拜坟》入选2011年中国曲艺精品选；河南坠子《撕票子》发表在《中国曲艺》杂志第12期。陈梅生演唱的河南坠子《长江美》获中国曲协、江苏省曲协合办的江南曲艺会演最佳表演奖。会员赵宝献创作的曲艺节目山东快书《郭乡长吃了个红苹果》获得河南省少儿曲艺大赛一等奖。

（陈轶川）

档案工作

【档案馆库建设】 2011年，在各级党委、政府的关心支持和相关单位的大力配合下，全市档案馆库基础和功能建设取得了新的进展。郑州市档案馆新馆工程设备调试基本结束，已完成人员进驻。郑州市档案局在广泛调研的基础上，下发了《关于加强县级档案馆建设的意见》，对县级档案馆的建设目标、建设要求、资金筹措等做了明确要求，进一步加强和规范了县级档案馆建设与管理。荥阳市档案新馆计划于2012年开工建设，管城区档案馆新增馆舍面积2700平方米，新郑市档案新馆建设已列入当地规划。

【档案事业发展环境】 2011年，省委常委、市委书记连维良对于加强都市区建设档案工作作出了专门批示；郑州市政府代市长吴天君对于市档案馆“郑州记忆”展览亲自过问、亲自批示。市委、市政府根据工作需要，先后明确由市委常委、市委秘书长孙金献，副市长刘东、副市长张学军分管档案工作。3位领导亲自到郑州市档案局、市档案新馆工地视察工作，并现场办公，解决了档案部门自身难以企及的一些困难和问题。各县（市）区党委、政府都十分重视档案工作，明确了分管档案工作的领导。新密市组织召开专题常委会，研究部署争创省级新农村建设档案工作示范县（市）工作。新密市委书记王铁良、新密市市长谢霜云到档案馆调研并解决问题。市委、市政府高度重视档案工作，将档案事业发展列入了《郑州市国民经济和社会发展第十二个五年规划纲要》，明确提出“加强对档案的管理和开放利用，实现档案资源共享”。郑州市档案局和郑州市发改委联合印发了《郑州市档案事业发展“十二五”规划》。

【档案资源建设】 全市各级档案馆大力推进不同门类、不同载体档案的征集工作，进一步丰富了馆藏内容，优化了资源结构。郑州市档案馆以“郑州记忆”展览为平台，收集了富士康、郑州日产、海马等企业的照片档案，征集了城中村改造示意图、《郑州市2020年总体规划》和反映1937年在郑日本间谍活动的电子档案，与中央电视台联系并复制了《商战》纪录片等；围绕“三名”档案，征集到包括邓亚萍亲笔信、王百姓排爆工具箱、杨兰春《朝阳沟》手稿在内的名人档案798件；收集并核实了新中国成立以来四大班子主要领导简历、照片等档案资料；主动介入重大活动，及时将拜祖大典、市十次党代会、市人大十三届三次会议、政协十二届三次会议的档案资料接收进馆；接收并抢救性整理了1979－2010年企事业单位招工档案共1220卷13万余页。各县（市）区不断加大档案征集、整合力度。中原区档案局召开了“郑州都市区专题档案建设”暨《中原图志》文献资料征集工作会议，全方位收集整理中原区建区以来发展变迁的各类档案资料；管城区档案局征集到陈子豪剪纸、撕纸艺术8本。

【档案信息化建设】 全市档案网站积极围绕中心工作，关注热点，及时增设了“建党90周年”“都市区专题档案”“涉农服务”等专栏，充分体现了网站的宣教和服务功能。数字档案馆建设稳步推进。市档案局在广泛调研的基础上，制定了《郑州市档案数字化技术标准》，统一了全市电子档案进馆的标准；截至2011年底，郑州市数字档案馆项目实施顺利，硬件设施业安装到位，软件开发进入调试阶段。荥阳市档案局投资50多万元建成了数字化档案馆，与该市各单位档案室实现了档案管理系统无缝对接。档案数据库建设不断加强。市档案馆完成数字化扫描80个全宗，共20749卷（件）、229万余页。登封市档案馆争取资金20余万元，聘请专业人员到馆开展数字化加工，录入婚姻档案16万件（人），扫描土地证档案8万余页，整理会计档案3万余件。金水区档案馆对全区所有文书档案实施了光盘备份，并被评为全省首个档案信息化建设示范单位。

【郑州都市区专题档案建设】 2011年，按照市委书记连维良对郑州都市区专题档案建设的批示精神，市档案局深入调研，统筹规划，组织起草了《郑州都市区专题档案建设方案》，召开了座谈会，对都市区专题档案工作进行了安排部署。市档案馆设立了专门库房，明确专人负责，制定了《郑州都市区建设专题档案库房管理制度》和《郑州都市区建设专题档案查阅制度》。截至2011年底，已摘录相关视频信息50余条，拍摄重大活动、城市建设、都市风貌等照片5000余张，收集并整理出都市区建设专题档案29卷588件（张）。各县（市）区积极行动，主动作为。荥阳市档案局加强了郑州宜居健康城及荥阳产业集聚区的档案管理工作。二七区档案局多次组织人员深入二七生态文化城管委会指导“现代化田园城区”专题档案建设，以两办名义下发了《关于做好“现代化田园城区”专题档案的工作方案》。

【档案法制和宣传工作】 2011年，郑州市档案局梳理更新了行政执法依据，明确了行政执法主体，对行政执法行为进行了详细分类；认真落实全国依法行政工作会议精神，印发了《郑州市档案系统“六五”法制宣传教育规划（2011-2015）》和《2011年度学法计划》；配合全市行政审批制度改革，认真清理和规范了市档案局行政许可事项，明确了审批流程和受理、承办及审核处室；联合市法制办，对市农委、市科技局等6家单位或系统开展了档案行政执法检查；在开展档案备案登记工作和档案行政执法检查的同时，举办了全市档案行政执法培训班，为基层档案法制工作的有效开展打下了良好基础。档案宣传工作方面，市档案局结合全市档案工作会议，邀请郑州电视台等媒体，对全市档案工作进行了全面深入的报道。

【档案服务能力建设】 档案教育功能继续凸显。“郑州记忆”展览受到市领导的高度重视，成立了由市委常委、市委秘书长孙金献为组长，副市长刘东、副市长张学军等为副组长，市直有关单位领导为成员的布展工作领导小组，于5月25日顺利完成展馆设计施工一体化招标。登封市任长霞先进事迹展览作为爱国主义教育基地、未成年人体验教育基地和党员活动基地，全年共接待参观者1万余人次。

政府信息公开查阅中心建设持续推进。郑州市档案局组织人员在深入调研的基础上，制定了《郑州市政府信息公开查阅中心建设实施方案》，以市政府办公厅名义下发了《关于做好向郑州市政府信息公开查阅中心移交政府公开信息的通知》。2011年，共接收市直机关及各县（市）区32家单位的政府信息9112件，并及时向社会各界提供利用。

档案社会服务功能继续加强。郑州市档案馆对馆藏零散档案进行了整理，完成了对1850册图书资料和2593张老照片的整理工作。各县（市）区档案局根据有关政策，义务向退伍老兵提供档案查询。管城区档案馆对馆藏194773卷（件）档案资料进行了系统普查和登记，对破损、蜕变档案进行了复制和修裱。

【档案科研和图书编纂工作】 2011年，郑州市档案局举办了全市档案科研专题工作会，总结了“十一五”期间全市档案科研工作所取得的成绩，对在档案科研战线作出突出贡献的先进单位和先进工作者进行了表彰，并部署了“十二五”期间档案科研工作的目标任务。《郑州解放文献图集》荣获“河南省档案局优秀成果”一等奖，《郑州解放》一书荣获“郑州市社会科学优秀成果”一等奖。市档案馆在编纂《关爱的足迹——党和国家领导人视察郑州纪实》画册过程中，共收集整理了1948年10月至2011年10月党和国家领导人视察郑州的图片2000余张、文字资料7万余字，该书已正式出版。荥阳市档案局在总结多年基层档案工作实践经验和吸收档案学研究成果的基础上，编写了《基层档案工作指南》一书。

【档案规范化管理认证工作】 2011年，全市各级档案部门按照省档案局的统一要求，采用以会代训的方式，对认证工作进行了安排部署，认真组织学习了《河南省企业、科技事业单位档案工作规范化管理认证办法》，稳步推进机关、企事业单位，城市社区和行政村的档案规范化管理认证工作。2011年，全市共有107家机关、企事业单位，59个社区通过了档案规范化管理认证，

2家单位成功创建档案管理最佳系统，1家单位创建成为河南省档案管理示范单位。

【企业和重点建设项目档案工作】 2011年，郑州市档案局组织召开了全市国有企事业单位档案工作研讨会，交流了工作经验，查摆了突出问题，明确了工作重点。全市各级档案行政部门严格执行重大建设项目档案管理登记备案制度，不断加大重大建设项目档案专项验收力度，督促建设单位落实制度、人员、库房、设备四到位。2011年，市档案局对97个在建的市属重大建设项目发放了《重大建设项目档案管理登记表》，对项目单位逐个督办，完成了90%在建重大建设项目的备案登记；对全市2011年竣工的16个重大建设项目下达了《重大建设项目档案专项验收通知书》，对郑州市石佛劳动教养管理所劳教学员监舍综合楼工程等3个项目进行了专项验收。二七区以两办名义下发了《关于加强二七区重点建设项目档案工作的意见》，大力推动了重点建设项目档案工作开展，全年共有57个项目上报了《二七区属重点建设项目档案管理登记表》。

【农业农村档案工作】 郑州市档案局通过抓组织领导，多策并举见成效，形成了市档案局督导、县（市）区档案局落实、相关涉农部门配合的工作格局，新农村档案工作水平不断提高，在农业生产、农民增收、农村稳定等方面发挥了重要作用。与市林业局沟通协调，检查指导各县（市）林权改革档案工作，讲授林改档案整理方法，提高了林改档案管理水平。围绕社会主义新农村建设档案工作争创目标，市档案局印发了《关于开展社会主义新农村建设档案工作示范乡（镇）、村创建活动的通知》，成立了创建活动领导小组，组织人员深入开展检查指导。以新密市档案局为代表的县（市）档案部门不同形式地召开推进会、明确工作职责、制订实施方案，开展乡（镇）、示范村创建活动，积极开展争创活动，收到了良好效果。截至2011年底，中牟县、新郑市、新密市、荥阳市已通过省级新农村建设档案工作示范县（市）考评验收，全市有21个乡（镇）街道办事处和34个村（居委会）分别通过档案工作示范乡（镇）街道和示范村（居委会）验收。

【档案安全体系建设】 2011年，全市档案部门准确把握建立档案安全体系的工作重点，狠抓各项工作措施落实，全面提升档案安全的地位和保障能力。郑州市档案局不断加大档案安全工作巡查力度，利用召开会议、指导工作、基层调研等各种场合，反复强调安全问题，并于6月安排下发了《关于汛期加强档案安全保管的通知》。各县（市）区档案部门、市档案馆积极查漏补缺，添置设备，完善机制，加强基础设施建设，加强安全管理，在保证档案保管环节安全的同时，更加注重利用环节的安全。市档案馆对消防报警设备进行了检修，新配备30台水基灭火器，每个楼层配备防毒面具。登封市档案馆配备了发电机，实现了档案库房24小时不断电，保证了档案数据的安全。

（郑明伟　崔　迎）

地方史志工作

【郑州市二轮修志工作】 2011年，第二轮《郑州市志（1991-2000）》获得河南省史志系统优秀成果一等奖、郑州市社科优秀成果一等奖。全书共计6个分册44卷近500万字，以大16开精装印刷3000套。2011年，在重点做好第二轮《郑州市志（1991—2000）》发行、赠阅和交流工作的基础上，郑州市史志办加强领导和指导全市各县（市）区二轮志书的编修工作。截至2011年底，新修的12部县（市）区志中，已有7部正式出版，3部志书进行了省、市、县三级评审，并通过了省史志办审核批准，即将出版。其他未完成的两部县（市）区志，1部已进行过三级评审正在按评审意见进行修改，1部正在编纂初稿。5部未出版志书计划于2012年内全部出版。

【地方史志库、网、馆项目建设】 2011年，郑州市史志办大力推进

第二轮《郑州市志》

《郑州都市区建设大事月报》

方志馆和地情信息数字化、网络化建设工作。市史志办起草了《关于方志馆建设的意见》《关于加强郑州地情数据库和网站建设，提升地方志系统信息化水平的意见》上报市政府。同时，进一步做好地情数据库和方志馆建设的前期准备工作，全面整合资源，充分开发利用地方史志信息资料，努力为经济建设和社会发展服务。日常工作中及时对市史志办网页进行更新，随时将有关志鉴信息和地情资料在网上发布，实现信息共享，方便社会各界查阅。

【县（市）区综合年鉴编辑工作】 2011年，郑州市地方史志办公室按照省政府办公厅通知精神，采取有效措施,切实抓紧抓好了县级综合年鉴的编纂工作。截至2011年底，全市12个县（市）区已有11个县（市）区编辑出版了地方综合年鉴。其中，新郑市、新密市、巩义市、荥阳市、登封市、金水区、管城区、中原区、二七区、上街区等县（市）区史志办，切实将编辑出版年鉴作为经常性工作来抓，坚持逐年出版、规范出版。

【基层志编修工作】 郑州市史志办着力做好部门志、行业志（专业志）、乡镇志、村志的编修指导工作。2011年，在市史志办的指导下，《郑州军事志》《郑州工会志》《郑煤集团志》《荥阳农业志》《庙李镇志》《马寨镇志》《广武镇志》《雁鸣湖镇志》《雁鸣湖村志》等一批部门志、行业志（专业志）、乡镇志、村志已经修好或正在编修，修志工作领域逐步向社会广泛扩展。

【2011卷《郑州年鉴》出版】 11月，2011卷《郑州年鉴》由中州古籍出版社出版，全书共计150万字，大16开精装印刷，采用条目体和分类编辑法，编辑内容按篇目、类目、条目3个层次排列。全书共设特载、大大事记、市情概要等29篇，除文字内容外还收录了反映领导活动、部门工作、行业发展、城乡新貌、重要成绩等方面的彩色图片。2011卷《郑州年鉴》根据党的十七大、十七届六中全会精神和科学发展观要求，围绕全市中心工作及时调整板块设置，着重增加了民生、构建和谐社会、科学发展、中原都市区建设等方面的内容。

【创刊《郑州都市区建设大事月报》】 经市委、市政府批准，2011年10月18日，由郑州市人民政府主办，郑州市地方史志办公室和郑州市媒体网络事项督办中心(ZZIC)联合承办的专供郑州市、各县（市）区、市直部门主要领导参阅的《郑州都市区建设大事月报》正式出版，市委书记连维良亲自对月报作出批示：“很好，很有新意。”郑州都市区建设是推动郑州市经济社会跨越式发展和城市化进程的重大战略。郑州市史志办以专题大事月报的形式，在宣传、总结、交流、借鉴的层面，推动这项伟大工程的实施，具有积极的现实意义和历史意义。

【创刊《郑州地情活页》】 旨在

《郑州地情活页》

郑州市史志系统工作研讨会

推进郑州市读志用志“六进”活动的《郑州地情活页》于11月出版发行。活页以“传承华夏文明，记录郑州跃升，服务都市建设，走进基层百姓”为办刊宗旨，立足郑州，面向全省，从9月创刊开始，郑州市史志办以季刊的形式，首次面向基层百姓出版发行。该活页融资料性、知识性和趣味性于一体，开设有“文明之根”“百业亮点”“城市名片”“魅力地标”“文化视窗”“图说郑州”等10余个栏目，图文并茂，特色鲜明，出版以来，广受领导和各阶层人士的欢迎。

【创刊《郑州史志通讯》】 以“反映史志动态，交流史志信息，探讨史志业务，服务史志事业”为办刊宗旨的《郑州史志通讯》于7月创刊。创刊以来，连续出版了8期，内容涵盖全市史志工作的方方面面，发挥了互通信息，交流经验，推动工作的作用。

【《郑州名典》编辑出版工作】 为了打造郑州名片，宣传郑州，推介郑州，市史志办及时启动了《郑州名典》的编辑出版工作。市史志办按照既“名”且“典”的要求，整合全市地方史志资源，成立了由市史志办主任马斐颖任编委主任的编辑部，全面推进名典的编辑出版工作。作为第一批启动的名典有《名村》《名镇》《名山》《名水》《名产》《名馆》《名寺》《名庙》《名城》《名景》10册书籍，分别由市史志办和县（市）区有关人员任主编。该套丛书于11月召开了专家论证会，编辑工作正在有条不紊地推进。

【《郑州历史上的今天》出版】 2011年，为了进一步宣传郑州，让郑州人了解郑州，充分开发利用方志资料，有效发挥存史、资治、教化的服务功能，郑州市史志办编纂出版了《郑州历史上的今天》。该书以大量的文字、图片逐月记载1840-2000年，160年间郑州市发生的大事要事。

【史志业务研讨活动】 2011年，先后组织参加了省史志办主办的学习宣传贯彻《河南省地方志工作规定》座谈会、郑州市史志系统新方志编修30周年暨学习宣传贯彻《河南省地方志工作规定》登封座谈会、全国年鉴协会长沙研讨会、郑州建市时间专家论证会、河南省编纂委员会成立30周年座谈会、《郑州名典》专家研讨会和《新郑市志》稿评审会，通过研讨交流，掌握了全国全省史志工作动态，开阔了视野，提升了业务水平，增强了做好史志工作的主动性和自觉性。

【史志宣传工作】 2011年5月12日，河南省省长郭庚茂签发140号省政府令，正式发布《河南省地方志工作规定》，这标志着河南省地方志工作从此步入了法制化轨道。郑州市史志办在积极贯彻国务院《地方志工作条例》的基础上，以市委办公厅、市政府办公厅的名义下发通知，要求全市广泛宣传，认真贯彻落实《河南省地方志工作规定》。全市史志系统把学习宣传贯彻《地方志工作条例》作为一项重要工作内容，采取多种形式、利用多种渠道，扎实做好《地方志工作条例》和《河南省地方志工作规定》的学习宣传和贯彻工作，并不断把学习贯彻活动引向深入。在《地方志工作条例》颁布5周年暨《河南省地方志工作规定》颁布实施之际，市史志办及时在登封举办了全市史志系统学习贯彻《河南省地方志工作规定》座谈会，交流体会，总结经验，推动全市学习贯彻活动深入开展。各县（市）区利用专栏、研讨会、发表专题文章、悬挂横幅、印刷彩页等形式，系统学习宣传《地方志工作条例》《河南省地方志工作规定》，在全系统营造了良好的宣传贯彻氛围。

（刘长春）

图书发行

【概况】 2011年，郑州市新华书店坚持以邓小平理论和“三个代表”重要思想为指导，深入贯彻落实科学发展观和党的十七届五中、六中全会精神，以进一步加快产业结构调整为主线，以科学规划网点布局、扩大网点建设为重点，以加强人才队伍建设、强化内部管理为基础，通过开展纪念中国共产党成立90周年主题教育活动、狠抓购书中心改扩建工程等重点工作，整体销售达到2.37亿元，圆满完成了各项工作任务。截至2011年底，郑州市新华书店共有员工636人，其中在职365人，下设10个职能部门和7个销售部门，主营各类中外文图书、电子音像出版物、文化用品，发行全市中小学生课本、大中专教材以及学生的教辅读物，建店62年来，共计上缴利税2.21亿元。

【郑州购书中心改扩建工程】2011年，市新华书店以郑州购书中心改扩建工程内部设计装修为抓手，组成考察小组，对国内一些超万平方米的大型综合性书城进行考察，详细了解卖场布局、图书分类、多种经营、装修设计等方面的情况，深入研讨改扩建后的郑州购书中心卖场布局和装修设计以及招商工作的具体方案。委托招标公司，在全国范围内筛选，确定了6家国内具有实力、有着大型书城设计装修经验的设计公司参加招标，在招标公司组织、专家评委参与、纪检监察部门监督下，确定中标单位，确保内部装修设计的精细化水平和先进性。改扩建后的郑州购书中心总面积20360平方米，营业面积1.8万余平方米，图书品种达到30万种，成为郑州市乃至河南省经营面积最大、功能最完备的一站式大型文化消费卖场。

【重点图书和教材发行】市新华书店牢固树立高度的政治责任意识，坚持发行工作的宣传导向作用，及时组织并重点做好第十一届全国人民代表大会第四次会议和中国人民政治协商会议第十一届全国委员会第四次会议相关文件、十七届六中全会相关文件、《中国共产党历史》（一、二卷）《中共党史简明读本》《2011年政府工作报告》《用领导方式转变加快发展方式转变》等图书的征订发行工作。同时围绕纪念建党90周年活动，迅速印制书目征订单，深入各单位开展征订和送书上门服务，有效满足了机关团体、企事业单位的学习需求。2011年共发行《用领导方式转变加快发展方式转变》3万余册，《中国共产党历史》4000余套，取得了社会效益和经济效益双丰收。教材发行方面，市新华书店针对中小学教材发行即将实行招标制的严峻形势，从提高服务质量和优化经营环境入手，认真学习领会国家相关政策，严格遵守教材发行纪律，紧紧依靠当地政府，全力以赴协调好各级教育部门和学校关系，争取教育部门和学校的支持与配合，营造宽松政策环境和发行环境，在2011年的春季教材征订发行中，为全市补订高中语文教材1.4万余册，树立新华书店优质服务品牌形象，保持了教材发行逐年上升的良好势头。

【图书营销活动】2011年，市新华书店开展了“星期六故事会”新年特别活动，推出了异形书展示，志愿者们为广大小读者推选、讲解了一些大小不一、内容不同、形状怪异的图书，以游戏形式和小读者进行互动，受到家长们的一致欢迎；同时继续推行“阅读照亮童年—校园行”活动，先后邀请80后著名女作家落落、著名儿童作家晓玲叮当、青年学者张暸原、新生代儿童作家商晓娜走进校园开展专题讲座，扩大学生课外知识，受到了广大师生的热烈欢迎。联合接力出版社邀请犹太人沙拉开展以“特别狠心、特别爱”为主题的教育会，邀请著名儿童作家杨红樱举办新书《淘气包马小跳》系列丛书签售活动，联合北京理工大学出版社开展“第一幅创意油画”现场绘画活动，邀请著名少儿节目主持人、《大风车》执行制片人鞠萍携其新作《成长也可以没有烦恼——鞠萍姐姐和陈群博士对话家庭教育》一书亮相郑州，扩大了书店知名度，丰富了郑州市民的文化生活。

【网点建设】2011年，市新华书店把合理布局网点作为一项紧迫工作，采取多种形式，强力推进网点建设。积极进行网点调研。先后对政通路升龙广场商铺、中原西路万达广场等商铺组织专人进行了多次考察调研，经过反复谈判，购置了中原西路万达广场1100平方米商铺，填补了西区网点建设空白。继续做好网点规划。对花园路商圈、碧沙岗商圈、郑东新区购书中心、物流配送中心等网点进行实地考察，多次到市规划局、市文广新局了解规划要求，配合相关部门拿出网点发展规划意见，拟定网点可行性方案，递交了论证报告，并向市委、市委宣传部等有关领导进行了专题汇报，积极争取上级政府支持。

（李国枝）

第二十五篇 卫生、体育

卫 生

【疾病防控】 全面落实流感、手足口病、布病等重点传染病的防控措施，法定传染病发病率持续维持在较低水平，全年累计报告法定传染病55828例，报告发病率为815.5/10万，较上年下降2.58%，全年无甲类传染病发生。麻疹发病率位居历史最低水平，发病数同比减少83%；巩固无脊髓灰质炎状态，开展强化免疫活动，接种率达97.13%；扩大艾滋病监测、治疗、母婴阻断覆盖面，尝试建立“携手园关爱之家”，完善覆盖全市的MSM防艾网络；落实结防工作DOTS管理，DOTS覆盖率达100%，发现新涂阳肺结核患者1887例，完成了省卫士厅下达任务的101.2%（1887/1865），治愈率达90.3%；实现消除碘缺乏病目标，农村饮水监测覆盖面进一步扩大；加快免疫规划信息化管理步伐，173个乡、镇220个预防接种门诊实现了网络对接；培训基层卫生防疫人员50名，疾病预防控制能力进一步增强。

【新农合实施情况】 全市参合农民达417.4万人，参合率98.3%。人均筹资标准由150元提高到230元，大病补偿封顶线由6万元提高至10万元，基层医疗机构报销比例进一步提高，门诊统筹全部实施。新农合市级定点医疗机构扩增至75家，并实现全市、全省跨区域即时结报。全年累计报销补偿费用8.1亿元，惠及参合农民1134万人次。享受1万元以上的共10138人。全面推行农村患白血病、先天性心脏病儿童重大疾病医疗保障工作，391名患儿得到补偿，累计费用达688.6万元。在全市范围内实施新农合经办机制改革，委托并购买商业保险公司开展审核支付等服务，探索政府主导，管办分离，部门监督，托管服务，商险补充，流程规范，高效便捷的新农合运行新机制，国务院副总理李克强对此高度评价并作出重要批示。

【农村卫生工作】 2011年，郑州市投入5280万元资金，共建设县（市）中医院、120紧急救援中心、卫生监督所和乡镇卫生院项目11个，进一步完善了农村公共卫生、基本医疗和应急保障体系；在1966个行政村实施农村片医服务，采取乡镇卫生院医生包村、村医包户的办法，组建片医小组1966个，开展以健康教育、免疫规划、老人妇幼保健、卫生防疫消杀等“十进农村”服务，做到农民“健康档案有人建，预防保健有人管，得了小病有人看，转诊转治有人办”；积极推行乡村卫生一体化管理，已有83个乡镇卫生院对其所辖村卫生室实行人员、业务指导、药品供应配送、公共卫生监管一体化；建立乡镇公共卫生服务管理中心，落实健康档案、卫生宣教、免疫规划、妇幼保健、信息化等5室布局，重点负责乡镇居民建档、慢病管理、健康教育等公共卫生服务；持续实施

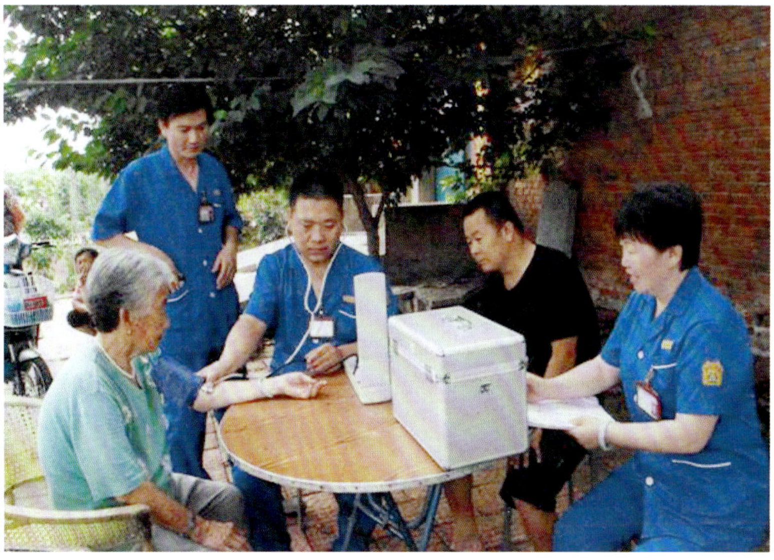

农村片医巡回医疗服务

“健康普（检）查工程”，以儿童、孕产妇、老人、慢性病人为重点开展健康体检，建立规范化电子档案414.8万份，建档率达到96.7%；加大乡镇卫生院综合整治力度，完成对96家乡镇卫生院水冲式厕所改造和院容院貌综合整治；选拔126名高等院校毕业生到基层工作，对口支援9家县级医院、24家乡镇卫生院，推广适宜技术72项，对428名乡镇卫生院妇科、放射、B超诊断人员和1609名村医进行了规范化培训，农村卫生服务能力明显加强。

【城市社区卫生服务】 继续扩大“片医负责制”家庭医生服务模式成果，新增片医负责制单位6家，中心城区基本全覆盖。开展“片医负责制”的单位达到71个，组建了835个片医小组，服务388万名居民。在全市所有社区卫生服务机构实施地图式定位责任服务管理，开通郑州片医网，把每个社区卫生服务中心（站）和片医小组进行网络标注，方便居民及时联系到片医和相关机构。认真贯彻卫生部关于《创建示范社区卫生服务中心活动指导方案》，有组织、有计划、有措施、有步骤地推进创建工作，经卫生部专家组评估，济源路、南阳新村、凤凰台、航海东路等4所中心被评为“全国示范社区卫生服务中心”，占全省国家级示范社区卫生服务中心总数的80%（全省共5家）。市卫生局与《医药卫生报》联合创办发行《社区家庭医生周刊》，每期5万份免费向辖区居民、单位发放，受到居民的广泛欢迎。截至2011年底，各社区卫生服务中心为全市居民建立健康档案335.1万份，建档率达到86.89%。

【卫生健康服务】 “郑州卫生健康大讲堂”是郑州市卫生局多年来承诺为民办“十件实事”之一。

卫生部大型公益项目、郑州市政府惠民工程“健康快车”郑州行活动启动仪式

2011年，市卫生局组建了郑州卫生健康大讲堂讲师团，制定了健康大讲堂讲师团县、区行计划，送健康知识下乡。针对机关干部亚健康状态人群逐年增高的情况，将大讲堂“进机关”作为工作重点。2011年，全市累计开展“卫生健康大讲堂”讲座3608场次，其中，在行政机关开展讲座352场，在社区开展讲座1236场，在学校开展讲座361场，在农村开展讲座850场，在企业开展讲座182场，在卫生系统内部及其他地方开展讲座627场，参与医务人员1.1万余人，发放各类宣传材料约112万份，受众总人数达374541人。

【卫生应急工作】 2011年，市卫生局编制了《郑州市卫生应急预案集》，制定完善应急预案7部；成功举办省会防汛卫生应急演练等各类应急演练33次；圆满完成黄帝故里拜祖大典等重大活动卫生安全保障75次。健全公共卫生、急救、重症救治三位一体的应急保障体系，及时有效处置突发公共卫生事件4起，处置重大事故839起，紧急救治3010人，最大限度地减少了人员伤亡和经济损失。开展应急培训85次，参训人员4115人；发放应急科普宣传资料2.8万余份，现场演示演练100多次，受益群众达10万多人。

【卫生执法监督】 2011年，市卫生局在全系统内推行卫生监督检测信息公示制度，即时向社会发布9大类500余条涉及集中消毒餐具、打击无证行医、医疗美容、游泳池水质等关乎民生的公共卫生服务信息。全面实施医疗机构、公共场所量化分级管理，监督检查医疗机构4440家，量化分级率达98.2%，评定A级单位460家，医疗机构违法违规行为逐年下降；监督检查公共场所4258家，旅店业、游泳场所、沐浴场所量化分级率达100%，美容、美发场所达80%。加大打击无证行医工作力度，全年查处无证诊所1163家（次），向公安机关移交涉嫌非法行医犯罪嫌疑人29 名。着力规范餐（饮）具集中消毒企业，统一建立“十项”制度、“五项”机制，全市有证餐（饮）具集中消毒企业57家，硬件设施达标单位30家。开展职业卫生“三进两服务”“五规范两统一”活动，举办职业卫生健康讲座及培训15场，进企业、进社区、进机关、进劳务市场义诊服务125次，医学随访职业病患者320人。完成市政府承诺为全市7家职业病防治机构统一配发健康检查设备的实事，共配发设备21台。

【卫生信息化建设】 2011年，郑州市卫生局全力推进卫生信息化建设工作，编制完善《郑州市医疗卫生信息化总体建设规划方案》，投资2760余万元，建立市级交换平台、数据中心，全市233家医疗机构接入专网。为农村公共卫生管理服务中心、妇幼保健机构配置电脑1545台（套）、打印设备762台（套），实现村村有电脑、村村信息通；市属6家医疗机构成为第一批创建数字化医院示范单位，提升了医院综合服务效能；对2579名村医和2000多名乡、镇及社区医疗卫生机构人员进行了信息化技能培训。初步建成纵向贯穿市、县（区）、乡、村，横向覆盖卫生主要业务领域的局域网络和中心，为国家在郑州率先推行“居民健康卡”卫生服务制度打下坚实基础。

【医药卫生体制改革】 2011年，11月15日，按照《郑州市非政府办社区卫生服务机构试点实施国家基本药物制度工作方案（试行）》文件要求，25家试点机构启动实施国家基本药物制度。12月1日，按照《河南省人民政府办公厅关于进一步加强乡村医生队伍建设的实施意见》(豫政办〔2011〕129号)文件要求，全市行政村卫生室启动实施国家基本药物制度，实行基本药物零差率销售。

【医疗服务管理】 2011年，郑州市卫生系统参与完成了《郑州市医疗卫生设施规划建设管理条例》的立法工作；出台《关于进一步鼓励和引导社会资本举办医疗机构的意见》，鼓励社会资本办医，逐步形成多元化办医格局；推行预约诊疗、分时段诊疗和优质护理服务，开展临床路径和电子病历试点，畅通预约诊疗绿色通道。28家二级以上医院，1944名副高级以上职称专家进入预约库，涉及专业多达50余个，全年预约挂号24106人次，同比增长142.8%；实施临床路径管理22个专业168个病种，进入路径病例14374例，完成路径病例12761例，患者平均住院日缩短为6.59天。推进按病种付费，初步实现分级诊疗；深入开展“医疗质量万里行”“三好一满意”活动，强化“十大指标”监管，严格控制医疗费用增长，三级医院、二级医院药占比分别下降至40.46%、38.9%；创新并坚持第三方调解医疗纠纷“大会诊”和医疗不良事件、案例分析讲评制度，2011年累计受理纠纷70起，成功调解56起，有效提高了医疗纠纷防范与处置能力，促进了医患和谐；推进“优质护理服务示范工程”活动，全市7家三级医院、23家二级医院共398个病区开展优质护理服务；严把设置审批准入关，对医用氧、血液透析、抗菌药物临床应用等组织专项检查，确保医疗安全。积极开展无偿献血活动，启动省会卫生系统“万人流动血库”，累计献血183478人次，献血量61.15吨，有效缓解了省会用血紧张局面。

【公共卫生资源建设】 郑州市第一人民医院港区医院、市中心医院信息工程大学医院、郑州人民医院脑科医院、市妇幼保健院秦岭路院区、市儿童医院西区医院等13个优质医疗资源倍增项目投入使用，实现扩增床位2250张，超额完成为民办实事中要求的2000张目标任务；加快建设市儿童医院（东区）、市二院眼科病房大楼、市九院老年关爱及精神心理卫生病房楼等重大建设项目；实现市疾控中心顺利搬迁；开工奠基市三院北区医院，宜居健康城郑州人民医院、市妇幼保健院、市骨科医院和郑州市卫生学校项目；市十院、市中心医院高新区医院、市中医院汝河路医院已完成立项；市一院综合保税区医院、市六院肝病防治中心、市颈肩腰腿痛医院东区医院正在做前期准备工作；论证批准设置成立郑州市老年医院、郑州市儿童脑瘫康复医院、郑州市脊柱脊髓病医院、郑州市皮肤病医院、郑州市康复医院等一批具有明确发展方向、学科专业特色、符合郑州实际、竞争优势明显的医疗机构，高远谋划和提升未来郑州医疗服务机构的竞争与发展能力。

【中医药工作】 2011年，郑州市实施中医中药进农村3年行动计划，全年完成投资960万元，为32家乡镇卫生院培训中医师和中药师64名，配备包括中药柜、煎药机、针灸理疗仪等中医药设备26种1504台（套），全部建立中医药综合服务区，中医药人员、中药收入、中医非药物疗法比2010年底分别增加了13%、19.6%、82%，人均门诊费用降低了6%，中医药利用率明显增加。积极开展全国社区中医药工作先进单位创建活动，上街区获此殊荣。编纂《郑州市中医良医、良方手册》，现已完成40余万字的定稿。开展“读经典、背方剂”学习竞赛活动，组织45家医疗机构174名中医药人员参加“郑州市第八届‘大商杯’职工运动会中医药技术竞赛”。市中医院脑病科、市颈肩腰腿痛医院颈肩腰腿痛科、市大肠肛门病医院肛肠科通过国家级重点专科评审验收；市中医院代表河南省参加国家“三级中医医院等级评审”试评，受到充分肯定；成功承办“全国内分泌疾病中医诊治新进展学术会议”“中医医院肛肠科建设与管理培训班”，促进了中医药事业发展。

郑州市优质医疗卫生资源倍增工程首批入驻宜居健康城“三院一校”项目开工奠基仪式

【卫生系统人才培养和引进】 2011年，郑州市卫生系统引进博士及副高级职称以上人才111名（其中博士15名，副高级职称以上96名），硕士528名，4年累计引进博士70名，硕士1826名；3家医院获郑州市科技创新团队，3人获郑州市科技领军人才，431人成为郑州市科技创新骨干，11人获得河南省卫生科技中青年创新人才称号。7家医院院士工作站获得认定批准，9个实验室被批准为市重点实验室。市一院烧伤整形外科被确定为省级临床医学重点学科，有18个学科确定为省级重点培育学科，市一院、市儿童医院、人民医院等正在积极申报国家重点专科。

【科技兴医】 2011年，郑州市卫生系统开展医学科技攻关项目117项，国家自然科学基金项目实现零的突破，获市级以上科技成果奖励60项。“三项专项资金”落实到位，为29项博士创业项目和30名医学高端人才培养项目拨付资金235万元。郑州市的烧伤医学、肝肾器官移植、房颤电生理治疗、儿童脑瘫康复、新生儿急救等技术水平和规模数量达全省第一，名进全国前列。

【卫生文化和行风建设】 2011年，郑州市卫生系统围绕做到“与推动业务发展、与实施便民惠民、与搞好党建实践、与发挥典型作用”4个结合，扎实开展创先争优活动；推进学习型组织建设，开展领导干部“四强化四评比”读书竞赛活动，累计核心管理团队集中学习34次，组织47名单位领导赴清华大学研修培训，50名社区管理干部赴新加坡观摩，16名医疗管理人员赴台湾交流考察，79名护理人员进行英语强化培训；加强干部队伍建设，实施干部动态化管理，对市属19家单位竞争上岗期满1年的681名中层干部进行考核，3名不能胜任岗位人员被免职；加强卫生文化建设，市属各单位精心设计推出了院歌、院训、院徽、院旗、院网、院刊、院花，文化助推产业的作用已经显现；加大宣传工作力度，对医改成效、郑州片医、先进典型进行宣传报道370篇（次），提升郑州卫生品牌形象；加强党风廉政和行风建设，认真落实“四会一课”和“廉政准则”学习教育制度，广泛实施党务政务信息公开，对市属单位“一把手”监督管理制度，从10个方面对“一把手”行使权力进行有效制约和监督；扩大药品集中配送范围，开展医用耗材集中配送试点，强化设备及工程招标多部门全过程监管，确保资金使用效率。全年设备及工程建设招标975项，涉及金额4.3亿元，通过集中招标压减资金1.55亿元，节资率36%；设立郑州卫生网络发言人（ZZWSIC）和“郑州市心理援助热线”，开通“郑州市卫生局微博”，拓展为民服务渠道；坚持依法行政，在52个市本级行政执法部门的依法行政考核中取得第一名，并被评为全市首批依法行政示范单位；创新社会管理，维护系统稳定。市卫生局还喜获“全国卫生系统平安建设先进单位”“创建全国文明城市集体三等功”及省、市多项荣誉称号；六型机关建设、干部保健、工会及妇联工作取得扎实成效。

（姚永成）

体 育

【群众体育活动】 2011年，市体育局认真贯彻落实《全民健身条例》，举办了一系列大型群众体育活动。1月1日，“2011年河南省元旦长跑活动”在绿城广场举行，超过1万名来自各行各业的市民参加了长跑活动。为进一步推动郑州市农村体育的深入持续发展，促进文明、和谐的新农村建设，落实河南省关于开展“河南省万村千乡农民篮球赛”活动的通知要求。郑州市于2010年10月至2011年1月，组织开展了“2010年郑州市各县（市）区农民篮球赛活动”，共有80个乡镇、1480个村22482名运动员参加了比赛。2月10-16日，郑州市共组派10支代表队110人参加了省“促和谐、奔小康”2011年河南省春节期间全民健身活动的健身秧歌、大众广播体操、空竹、羽毛球、篮球、乒乓球、武术等项目比赛，取得了

全民健身活动月

健身秧歌、大众广播体操比赛一等奖，羽毛球比赛团体成绩一等奖、体育道德风尚奖，乒乓球比赛团体二等奖。2月11-14日，由郑州市体育局承办的2011年河南省“促和谐•奔小康”全民健身活动“薰风杯”羽毛球比赛，共有来自全省18个地市19个代表团的190名运动员参加了比赛。3月3-8日，主办了郑州市第五届百万妇女健身展示大赛，设二十四式简式太极拳、健身健美操、跳绳、拔河等8个项目，共有来自各县（市）区、市直机关各局委及企事业单位组成的75个代表团的2100余名运动员参加。4月，在新郑市举办了第22届“黄河杯”全国门球邀请赛；在郑东新区举办了第五届郑开国际马拉松赛，2万多人参加。8月8日上午，郑州市在郑东新区如意湖文化广场举行了“2011年河南省全民健身活动月暨郑州市全民健身活动月”启动仪式。活动月期间共举办各类群众体育活动100项次。

【参加第七届全国城运会】 第七届全国城市城运会于2011年10月16-25日在江西省南昌市举行，总计57个城市参加。本届运动会共设25个大项、301个小项，分预赛和决赛两个阶段进行，个别项目直接进行决赛。作为本次城运会河南省唯一的参赛城市，郑州市共参加了田径、游泳、自行车、摔跤、排球等16个大项，有291名运动员进入决赛阶段的比赛，人数达到历届之最。共夺取11枚金牌、12枚银牌、14枚铜牌，并获得了体育道德风尚奖，取得了运动成绩和精神文明双丰收。金牌总数在全部57个参赛城市中排名第十位，在省会城市中排名第七位；奖牌总数在全部参赛城市中排名第九位，在省会城市中排名第六位。所获金、银、铜牌全部突破两位数，创造了历次参加城运会的最佳成绩。争金夺银项目的厚度显著增加，除金牌外，银牌和铜牌的数目增长更快，还获得7个第四名、12个第五名、6个第六名、6个第七名、8个第八名的好成绩。这其中有很多都是集体项目和团体项目，如男排、游泳、散打、自行车、乒乓球、女足等，说明市体育局已经具备扎实的人才基础和完善的人才梯队，他们也是今后参加全国及世界大赛的主力。优势项目得到保障，基础项目取得突破，夺牌项目遍地开花。优势项目如武术散打，共设男、女团体2枚金牌，市体育局夺取1金1银；男子古典摔跤，夺得总共3枚金牌中的2枚；田径和游泳这两个基础性项目取得的突破最大，游泳获3金、5银、2铜，田径获2金、1银、2铜。一些项目虽然没有夺得金牌，但取得了新的甚至是历史性的突破，如在邓亚萍退役之后一直处于低谷的乒乓球项目，这次女子团体和男子单打都进入了决赛；社会影响力和关注度都很大的网球项目，男子单打和混合双打也都进入四强并最终摘取铜牌。

【参加河南省第五届农民运动会】 河南省第五届农民运动会于2011年10

第七届城市运动会郑州市体育代表团入场

2011年郑州市参加省青少年锦标赛成绩统计表

序号	比赛名称	项目	时间	地点	金牌	银牌	铜牌
1	2011年河南省青少年举重锦标赛	男子举重	6月2-4日	舞钢市	3	1	3
2	2011年河南省青少年举重锦标赛	女子举重	6月2-4日	舞钢市		4	1
3	2011年河南省青少年柔道锦标赛	男子柔道	6月11-15日	三门峡市	2	2	1
4	2011年河南省青少年柔道锦标赛	女子柔道	6月11-15日	三门峡市	1		1
5	2011年河南省青少年拳击锦标赛	女子拳击	7月1-5日	沈丘县	3	1	1
6	2011年河南省青少年拳击锦标赛	男子拳击	7月1-5日	沈丘县	3	1	4
7	2011年河南省青少年拳击锦标赛	男子拳击	7月1-5日	沈丘县	2	1	5
8	2011年河南省青少年射击锦标赛	射击	9月13-22日	洛阳市	8	8	5
9	2011年河南省青少年自行车锦标赛	自行车	8月17-19日场地 8月22-23日公路	省中心 济源市	5	1	1
10	2011年河南省青少年游泳锦标赛	游泳	8月21-27日	漯河市	11	22	36
11	2011年河南省青少年篮球锦标赛	男子组	8月14-24日	新乡市	1		
12	2011年河南省青少年篮球锦标赛	女子组	8月14-24日	新乡市	1		
13	2011年河南省青少年篮球锦标赛	男子甲组	8月14-24日	新乡市		1	
14	2011年河南省青少年篮球锦标赛	男子乙组	8月14-24日	新乡市	1		
15	2011年河南省青少年篮球锦标赛	女子甲组	8月14-24日	新乡市	1		
16	2011年河南省青少年篮球锦标赛	女子乙组	8月14-24日	新乡市		1	

续表

序号	比赛名称	时 间	地点	参加人数	第一名	第二名	第三名	备注
1	河南省青少年跆拳道锦标赛	6月13-19日	安阳	38	5	7	7	
2	河南省青少年跆拳道冠军赛	10月8-14日	三门峡	6	1	2	3	
3	河南省青少年排球锦标赛（甲组）	8月11-17日	球类中心	13	1			
4	河南省青少年排球锦标赛（乙组）	7月25-30日	开封	18	1			
5	河南省青少年排球冠军赛	10月3-7日	开封	26	1		1	

续表

序号	比赛名称	时 间	地点	参加人数	第一名	第二名	第三名	备注
6	河南省青少年乒乓球锦标赛	8月10-15日	省体育局乒乓球培训中心	36	5	1	1	
7	河南省青少年乒乓球冠军赛	10月4-7日	省体育局乒乓球培训中心	26		1		
8	河南省武术套路达标赛	5月27-31日	洛阳	21	4	3	4	
9	河南省青少年武术套路锦标赛	8月26-31日	洛阳	15	3	2	2	
10	河南省青少年田径锦标赛	10月5-8日	新乡	92	8	5	14	
11	河南省青少年体操锦标赛	7月15-18日	体操中心	41	12	15	14	
12	河南省青少年女子足球锦标赛	8月18-23日	洛阳	33	1	1		
13	河南省青少年网球锦标赛	7月26日-8月1日	中州大学		8	5	4	
14	河南省青少年皮划艇锦标赛				6	2	1	
15	河南省青少年男子足球锦标赛				1（乙）	1（甲）		

2011年郑州市参加全国以上比赛成绩统计表

序号	比赛名称	项目	时间	地点	金牌	银牌	铜牌
1	2011年河南省青少年举重锦标赛	男子举重	6月2-4日	舞钢市	3	1	3
2	2011年河南省青少年举重锦标赛	女子举重	6月2-4日	舞钢市		4	1
3	2011年河南省青少年柔道锦标赛	男子柔道	6月11-15日	三门峡市	2	2	1
4	2011年河南省青少年柔道锦标赛	女子柔道	6月11-15日	三门峡市	1		1
5	2011年河南省青少年拳击锦标赛	女子拳击	7月1-5日	沈丘县	3	1	1
6	2011年河南省青少年拳击锦标赛	男子拳击	7月1-5日	沈丘县	3	1	4
7	2011年河南省青少年拳击锦标赛	男子拳击	7月1-5日	沈丘县	2	1	5
8	2011年河南省青少年射击锦标赛	射击	9月13-22日	洛阳市	8	8	5
9	2011年河南省青少年自行车锦标赛	自行车	8月17-19日场地 8月22-23日公路	省中心 济源市	5	1	1

续表

序号	比赛名称	项目	时间	地点	金牌	银牌	铜牌
10	2011年河南省青少年游泳锦标赛	游泳	8月21-27日	漯河市	11	22	36
11	2011年河南省青少年篮球锦标赛	男子组	8月14-24日	新乡市	1		
12	2011年河南省青少年篮球锦标赛	女子组	8月14-24日	新乡市	1		
13	2011年河南省青少年篮球锦标赛	男子甲组	8月14-24日	新乡市		1	
14	2011年河南省青少年篮球锦标赛	男子乙组	8月14-24日	新乡市	1		
15	2011年河南省青少年篮球锦标赛	女子甲组	8月14-24日	新乡市	1		
16	2011年河南省青少年篮球锦标赛	女子乙组	8月14-24日	新乡市		1	

郑州市参加第七届城市运动会比赛成绩统计表

名次	大项	小项	运动员	教练员
第一名	男排乙组	集体项目	杨　凯　张　宁　贾天宇 许文昊　王嘉伟　田晓坤 王　宇　高　毅　靳宝铭 杨学帅　李渊博　秦伟洁 杨师豪　刘羽中	牛　江　王争鸣 于元得　李玉良 赵如意
	游泳	男子400米自由泳	李昀琦	张　鹏
		女子100米蛙泳	樊　茸	张　鹏
		女子4×100米混合泳接力（小团体）	樊　茸　李　爽 李　悦　郭佳睿	张　鹏　陈德明 何跃华　王继中
	散打	散打女子团体（小团体）	李玥瑶　李　燕　肖怡纯	刘海科　温新华 孟　丽
	自行车	场地男子团体竞速赛（小团体）	李　飞　王　飞　王圣崴	高亚辉　李文茂 王　鸽
	田径	女子跳远	李景玉	张利萍
		女子400米栏	耿静静	赵敦福
	国际跤	男子古典跤84公斤级	赵海军	韩洪涛
		男子古典跤96公斤级	佘向奎	韩洪涛

续表1

名次	大项	小项	运动员	教练员
第二名	武术套路	男子刀棍全能	刘杨森	刘海波
	游泳	男子200米自由泳	李昀琦	张　鹏
		女子200米蝶泳	李　爽	陈德明
		1500米自由泳	李昀琦	张　鹏
		男子4×100米混合泳（小团体）	李昀琦　李志超 刘　宇　李宇森	张　鹏　陈德明 洪　霞　张　强
		女子200米蛙泳	樊　茸	张　鹏
	乒乓球	女子团体（小团体）	江　艳　姚俊羽　袁雪娇 郑诗畅　赵　雪	刘新民　王　超 刘金豹　李　凌 张志超
		男子单打	周　雨	王　超
	自行车	公路男子个人赛	赵一鸣	王　鸽
	散打	男子团体（小团体）	安如心　张国辉　杨　光 肖登嵩　李知恒	刘海科　温新华 孟　丽　肖成行 杨恩愿
	田径	男子标枪	郭小东	刘彦红
	射击	男子10米气手枪团体（小团体）	丰富明　韩若雨 刘正扬	宋学林　张瑞敏 张书平
第三名	自行车	男子场地争先赛	王圣崴	高亚辉
	国际跤	古典跤84公斤级	时文豪	韩洪涛
	游泳	男子200米蝶泳	刘　宇	张　鹏
		男子4×200米自由泳接力（小团体）	李昀琦　宋佳明 宋晨睿　李宇森	张　鹏　王继中 陈德明　张　强
	拳击	女子51公斤级	邢亚培	李亮亮
	田径	男子铁饼	莫　柯	杨光辉
		男子110米栏	雷一闻	赵敦福
	举重	男子77公斤级	常学闯	吴鼎峰
		男子+105公斤级	黄喜龙	吴鼎峰

续表2

名次	大项	小项	运动员	教练员
第三名	网球	混合双打	冯　贺　徐颂雅	张　鹏　崔　霏
		男子单打	冯　贺	张　鹏
	跆拳道	男子+80公斤级	时光明	崔沉义
	足球（女乙）	集体项目	崔静雯　崔亚珍　代冰月 董佳宝　蒋亭亭　雷佳慧 李冰冰　李梦雨　李　田 李亚婷　刘　旭　马　丽 王雪婷　王　玉　王　莹 吴陈禹　夏卢玉　于志宇 张　喆　周方方	秦建利　袁志新 段雪强
第四名	游泳	女子100米蛙泳	索　冉	张　鹏
	射击	男子飞碟双多向	刘琦帆	金耀康
	摔跤	男子自由式74公斤级	晏子凌	于　涛
	自行车	女子场地全能赛	赵宝芳	李文茂
		男子场地个人争先赛	魏万鹏	高亚辉
	田径	男子800米	张　奇	李祖根
	男排甲组	集体项目	王毓龙　崔起豪　杜坤宇 杭瑞博　贾天宇　刘逢华 刘　恒　马振东　宋文经 于　硕　张　宁　王文博	于元得 王争鸣 李玉良
第五名	游泳	女子100米自由泳	李　悦	张　鹏
		女子50米自由泳	索　冉	张　鹏
	皮划艇	男子2000米四人划艇	陈鹏程　李韶辉 李　帅　张贺轩	王　博　马可武 崔　波　金洪辉
	柔道	女子-57公斤级	孟艳芳	陈争光
	射击	男子飞碟多向团体（小团体）	陈　嵩　马谞旭 苏永太	宋学林　张瑞敏 张书平
	乒乓球	男子双打	张　成　任　浩	王　超　刘新民
	跆拳道	男子68公斤级	刘　瑞	吴鼎峰
	举重	女子63公斤级	龙丁玲	李雪久

续表3

名次	大项	小项	运动员	教练员
第五名	武术套路	女子剑术、枪术全能一项	张　宁	聂建国
		女子长拳一项	杨珊珊	聂建国
		男子长拳一项	刘杨森	刘海波
	田径	男子1500米	张　奇	李祖根
第六名	游泳	女子100米蝶泳	李　爽	陈德明
	跳水	女子10米跳台	张南橘	李成伟
	乒乓球	男子团体 （小团体）	周　雨　夏易正　郑　璞 张　成　任　浩	王　超　刘新民 刘金豹　李　凌 张志超
	田径	女子跳远	李景玉	张利萍
	女排甲组	集体项目	樊香郴　张玥濛　张　力 张　倩　陈　雪　王　显 张婷婷　董琳菲　孙琼鸽 贺若冰　赵　靓	刘　庆 王行玉 陈永明
	女篮乙组	集体项目	陈　敏　陈潇潇　程　森 刘　肖　刘文进　杨梦然 赵淑慧　郭　嘉　王婉婉 张　莉　徐　昕	郑安南 刘云峰 封丽萍
第七名	女排乙组	集体项目	张睿君　杨丰屹　胡丹丹 张嘉欣　黄瑞蕾　张　丽 仲曼莹　朱　婷　李伟伟 曹紫嫣　李　雪　肖琳月	詹海根　王　琦
	举重	女子+75公斤级	安云默	李雪久
	摔跤	男子自由式55公斤级	买买提卡热·克去肯巴依	于　涛
	田径	男子4×400米接力 （小团体）	林春阳　王　涛 张龙飞　李鹏亮	刘国庆　李祖根 张　鹏　赵敦福
		女子铅球	杨明月	杨光辉
		男子400米栏	王　涛	赵敦福
第八名	游泳	女子100米蝶泳	郭佳鑫	何跃华
		男子100米蛙泳	李志超	张　鹏
	自行车	男子场地全能赛	王丰年	李文茂
		男子公路个人赛	王丰年	李文茂
		女子公路个人赛	赵宝芳	李文茂
	举重	女子75公斤级	李海鸥	李雪久
	田径	女子20公里竞走团体（小团体）	段丹丹　刘丰爽	牛好生　杨光辉
		男子三级跳远	李　阳	刘振海

月18-22日在洛阳举行。自2011年1月份接到《河南省第五届农民运动会竞赛总规程》后，市体育局协同市农委详细商讨有关队员选拔、组队等各有关事宜，科学制订计划，积极开展各项准备工作，切实加强组织领导，周密实施参赛保障。郑州市共派出137名运动员参加了游泳、篮球、田径、自行车载重、乒乓球、健身秧歌、风筝、舞龙舞狮、摔跤、毽球花毽、武术、象棋、钓鱼等全部13个大项的比赛。比赛中，郑州市运动健将们勇于拼搏，奋力争先，共取得了47枚金牌、34枚银牌、19枚铜牌，在参加本届农运会的18个地市中取得了金牌数第一、团体总分第一的优异成绩，同时郑州市代表团还获得了优秀组织奖和体育道德风尚奖，取得了运动成绩、精神文明的双丰收，为郑州市争得了荣誉，圆满完成了郑州市参加本次农运会的目标任务，为深入开展“亿万农民健身活动”，推动全市农民体育事业健康发展作出新的贡献。

【体育依法行政工作】 2011年，市体育局高度重视体育依法行政工作，多层次召开会议，反复统一思想认识；重新调整了依法行政工作领导小组，专门成立了市体育局政策法规处，对原先分散于有关业务处（室）的行政执法工作进行统一整合，并逐级签订了行政执法工作责任书；严格落实学习制度，不断提高局领导依法行政的决策水平和行政执法人员的业务素质，2011年市体育局先后两次邀请有关专家和市法制办的领导进行体育依法行政专题授课，6月，组织有关人员专程到平顶山市和南阳市对体育系统的依法行政工作进行学习考察；狠抓建章立制工作，截至2011年底，市体育局先后出台了《郑州市体育局重大行政决策征求意见制度》《郑州市体育局重大行政决策集体决定制度》《郑州市体育局行政机关合同管理办法》《郑州市体育局依法行政工作巡查方案》等制度性文件近40余个，从根本上夯实了市体育局依法行政工作的根基；突出抓好执法巡查、规范性文件的审查备案、行政执法依据梳理等重点工作的落实，针对市体育局行政执法编制人员少、执法力量相对薄弱的实际，市体育局建立健全了统分结合的体育行政执法巡查制度。即，日常巡查由有关业务处（室）依据职责自行组织，重要时段、重点案例的执法巡查工作由业务处（室）提出申请，报经局领导批准后，由市体育局统一整合协调力量集中实施，逐步加强了对“体育类民办非企业单位、举办全市性体育竞赛、高危险性体育项目、社会团体年度检查、公共文化体育设施”等有关项目的服务监管力度；此外，市体育局还注重从人力、财力、物力上加强对行政执法工作的投入力度，较好地保障了行政执法工作的健康有序开展，使市体育局的依法行政工作较以往有了显著进步。

【圆满完成2011年市委、市政府“十大实事”工作任务】 根据《郑州市人民政府办公厅关于认真抓好市委市政府2011年为民办理“十大实事”各项工作任务落实的通知》要求，2011年，市体育局承担了“继续实施全民健身工程，维修更新健身器材3000件”的任务。为落实好此项工作，市体育局制定下发了《郑州市2011年健身器材维修和更新实施方案》（郑体〔2011〕8号），从指导思想、组织领导、实施范围、实施经费、实施办法、实施计划等方面，提出了具体明确的要求，并扎实加以推进。5月份之前，各县（市）区建立了健身器材管理制度，将工作任务落实到了办事处和社区，建立并上报了维修、更新健身器材的详细档案，使这项工作更加规范化、科学化。同时对2010年维修、更新的器材进行了巡检，发现损坏器材，及时进行维护。6月，召开各县（市）区体育部门负责人会议，明确了下步工作任务及工作重点，并对各县（市）区上报的普查情况进行重新核查，摸清了底子，为下步施工奠定了基础。6月15日，先期将招投标器材各项技术参数，通过“郑州市政府采购网”和“河南招标采购网”进行公示，7月5日发布了招标公告，7月26日开标。各中标单位从8月份开始，对全市范围内所有器材进行全面维修更新。截至8月底，共计维修器材214件，更新器材3094件，圆满完成了任务，在为广大市民创造安全健身环境的同时，也为郑州市“创文”工作作出了应有贡献。

（许晨革）

第二十六篇　社会民生

城乡居民生活

【城镇居民收入】　2011年是全面实施“十二五”规划的开局之年，是郑州都市区建设的起步之年。政府的各项保民生政策对促进居民收入增长起到了积极作用。郑州市1200户城镇居民家庭抽样调查资料显示，2011年城镇居民家庭人均可支配收入为21612元，比上年增长14.4%。

收入持续稳健增长，财产性收入和经营净收入成为城镇居民收入较快增长的亮点。受2011年部分行业从业人员报酬提高、个税办法调整、政府加大转移支付力度等增收因素的带动，郑州市城镇居民工资性收入、经营净收入、财产性收入、转移性收入4项收入全面增长。其中，财产性收入的增幅最高。

（一）工资性收入增长。2011年，各级政府和有关部门采取积极推动稳定就业、增加补贴等方式促进居民增收。从10月份起，河南省最低工资标准从现行的一类行政区域800元、二类行政区域700元、三类行政区域600元分别调整为1080元、950元和820元，最高增幅超过35%。第四季度，部分企事业单位工资的提高和年底奖金的发放，进一步推动了居民工资性收入的增长。2011年，郑州市城镇居民人均工资性收入为12856元，比上年增长7.4%。

（二）经营净收入快速增长。2011年，郑州市大力推进经济结构转型升级，不断优化投资环境，制定并落实一系列扩大就业、再就业的优惠政策，鼓励下岗、失业人员自主创业、自谋职业，促进了城镇居民经营净收入的快速增长。2011年，全市城镇居民人均经营净收入为2992元，比上年增长41.1%。

（三）转移性收入增长。2011年，郑州市城镇居民人均转移性收入为7235元，比上年增长15%。其中，人均养老金或离退休金收入6375元，比上年增长13.3%。

（四）财产性收入大幅增长。2011年，郑州市城镇居民人均财产性收入为477元，比上年增长85.6%。居民财产性收入的增长，主要由出租房屋收入和其他投资收入的快速增长所拉动。随着城镇居民家庭财富的积累、投资领域的拓宽、理财意识的增强和近几年房地产市场的发展，居民家庭拥有的存量住房增加，很多家庭将多余的住房用于出租以获取租金收益。2011年，郑州市被调查的1200户城镇居民家庭中，拥有2套及以上住房的家庭132户，占11%；有房屋出租的家庭108户，占9%。受流动人口增加和楼市限购政策的影响，房屋租赁市场升温，租金不断上涨。在房屋租金提高和出租房屋数量增加的共同推动下，2011年郑州市城镇居民人均出租房屋收入达到312元，比上年增长91.4%。

【城镇居民消费支出】　随着居民收入的快速增长，人们的物质和精神文化生活步入了一个更高的阶段，居民消费理念发生了较大变化，消费质量明显提高。吃的讲究营养搭配，穿的讲究档次个性，住的讲究舒适情趣，行的讲究方便快捷。居民消费从追求数量向讲求质量转变。

2011年，郑州市被调查的1200户城镇居民家庭人均消费支出为14500元，比上年增长13.4%。城镇居民平均消费倾向（即消费支出占可支配收入的比重）为67.1%。城镇居民消费旺盛，消费结构进一步优化。

（一）三大因素推动食品生活消费支出增加。2011年，郑州市城镇居民食品消费支出呈现快速增长势头。人均食品消费支出5158元，比上年增长22.1%。其中，粮油类支出765元，比上年增长13.3%；肉禽蛋水产品类支出1191元，比上年增长26.7%；蔬菜类支出538元，比上年增长9.3%；糖烟酒饮料类支出581元，比上年增长8.4%；在外饮食支出1053元，比上年增长39.5%。

三大因素推动居民食品消费支出增加。一是物价水平的上升，带动了城镇居民食品消费的增长；二是城镇居民饮食结构发生变化，食品消费向高蛋白、低脂肪、绿色无公害发展，营养摄取更加科学均衡；三是消费层次的提升带动了食

2011年郑州市城镇居民消费支出结构表

指 标	金额（元）	同比增速（%）
人均消费性支出	14500	13.4
其中：服务性消费支出	3125	14.7
1.食品	5158	22.1
2.衣着	2290	22.8
3.居住	1046	1.9
4.家庭设备用品及服务	1217	4.6
5.医疗保健	1049	0.3
6.交通和通信	1688	4.1
7.教育文化娱乐服务	1453	10.5
8.其他商品和服务	600	13.6

品支出的增长。

（二）衣着消费日趋高档化、个性化和精品化。收入水平的提高带动了衣着消费的增长，人们对衣着的消费不仅注重美观，更注重消费品位和服饰品牌，日趋高档化、个性化和精品化。2011年，郑州市城镇居民人均衣着支出2290元，比上年增长22.8%。衣着类中，大部分商品的购买数量和消费单价也明显提升。人均购买服装和鞋类的数量分别为9.77件和3.67双，分别比上年增长7.4%和2.2%。服装和鞋类的购买单价分别为171元和145元，分别比上年增长17.9%和7.4%。

（三）居住追求舒适宽敞。随着城镇居民消费水平的提高，改善室内装修和配套设施完善的需要更加强烈，居室的洁净、舒适、美观等成为居民一大追求。2011年，郑州市城镇居民人均居住支出1046元，比上年增长1.9%。其中，人均住房装潢支出179元，比上年增长17.8%;维修用建筑材料支出46元，比上年增长2.2%。住房条件不断改善，城镇居民人均住房建筑面积达到31平方米,比上年增长6.9%。其中，拥有4居室及单栋住宅的家庭占总户数的6.09%，比上年增加2.39个百分点。

（四）交通和通信支出平稳增长。2011年，郑州市城镇居民人均交通通信支出1688元，比上年增长4.1%。其中，人均交通支出993元，同比增长6.3%；车辆用的燃料、零配件支出也随之增多，车辆用的燃料、零配件支出152元，同比增长32.2%。

人均通信工具支出142元，比上年增长27.9%。其中，移动电话支出135元，比上年增长27.3%。随着手机的款式和功能的更新换代，手机已逐渐成为当今的一种时尚，不同的消费群体，选用不同款式和功能的手机，体现消费者与众不同的个性。

（五）教育文化娱乐服务支出稳定上升。居民家庭在生活质量显著提高的同时，更加注重精神文化生活。旅游、健身、娱乐已成为居民家庭业余生活的主流。2011年，郑州市城镇居民人均教育文化娱乐服务支出1453元，比上年增长10.5%。其中，人均文化娱乐服务支出534元，比上年增长41.6%；人均团体旅游支出238元，比上年增长34.5%；人均参观游览支出165元，比上年增长60.2%。为了锻炼身体而进行的游泳、打球、去健身房健身等活动的费用也有所增加，城镇居民人均健身活动支出26元，比上年增长100%。另外，观看各种大中小型演出、参加音乐会、看电影、照相等其他文娱活动的支出也有所增加，人均其他文娱活动费支出100元，比上年增长20%。

校外培训和再教育支出迅速增长。2011年，郑州市城镇居民参加校外培训和再教育以及请家教的支出增长较快。人均培训班费、家教费分别比上年增长20.1%、123.5%。

（六）现代化设备消费需求增加，城镇居民生活现代化程度提高。2011年，家电“以旧换新”政策的继续实施，进一步释放了居民家庭设备更新换代的潜在需求。人均家庭设备用品及服务支出1217元，比上年增长4.6%。

（七）保值性商品受青睐，金银珠宝消费增势强劲。2011年，受通货膨胀因素影响，郑州市城镇居民无论是投资还是消费都更加强调“保值”的理念。一方面，面对步步攀升的物价和不断贬值的货币，居民家庭更加倾向于将手中富余的资金投入到未来能保值增值的商品中，古玩字画等艺术品交易日渐活跃，选择投资金银制品和金条的家庭也不在少数；另一方面，随着国际金价高位运行，国内金银价格也快速上涨，黄金珠宝的消费日趋火热。全市1200户城镇居民家庭抽样调查结果显示，2011年，郑州市城镇居民人均其他商品和服务支出为600元，比上年增长13.6%。其中，购买金银珠宝饰品支出133元，比上年增长31.7%；购买手表支出21

元，比上年增长16.7%。

【农村居民收入】 2011年是“十二五”规划的起始之年，也是国务院支持河南省建设中原经济区的第一年。郑州市市委、市政府围绕“三农”问题，出台了一系列强农惠农政策并积极落实，使农村经济持续向好，农民收入快速增加。抽样调查数据显示，2011年郑州市农村居民人均纯收入突破万元，达到11050元，比上年增加1825元，增长19.8%。

2011年，郑州市农村居民人均纯收入首次突破万元，增速高达19.8%，是15年来最高增速。其中，工资性收入增幅为38.7%，家庭经营纯收入增幅为4.3%，以财产性和转移性收入组成的非经营性纯收入增幅为6.7%。工资性收入成为农民收入增长的最大亮点。

（一）工资性收入成为农民收入最主要的组成部分。农村居民纯收入主要由工资性收入、家庭经营性纯收入、财产性纯收入及转移性纯收入四大部分构成。以往在纯收入中，比重最大的是家庭经营纯收入，其次才是工资性收入，最后是财产性和转移性纯收入。从郑州市近10年农民人均纯收入数据分析，纯收入由2002年的3377元增加到2011年的11050元，增长3.3倍，平均每年递增14.1%。其中，人均工资性收入由1287元增加到5654元，年均递增17.9%，比纯收入增长速度高出3.8个百分点；所占纯收入的比重也由38.1%上升到51.2%。而同期人均家庭经营纯收入从1640元增加到4306元，年均增长11.3%，增长速度低于纯收入2.8个百分点，低于工资性收入6.6个百分点；所占比重则从48.6%下降到39%。工资性收入在农民人均纯收入的构成中，比重逐年提高，并且在2011年首次超越家庭经营纯收入，成为农民人均纯收入中最主要的组成部分。

（二）工资性收入成为农民收入增长的有力支撑。郑州市农民人均纯收入一直保持增长态势，特别是从2004年中央开始关注“三农”问题以来，农民收入增长速度基本都在15%左右。在纯收入中，工资性收入的增长表现最为稳定，一直保持着逐年稳定增长的态势，且增长幅度高于整个纯收入的增长。尤其是在遭受严重自然灾害及农产品价格下跌的年份，工资性收入的增长明显高于其他收入的增长。即便是在2008-2009两年金融危机期间，工资性收入的增幅仍高于纯收入增幅1个多百分点。2011年，郑州市农民工资性收入的增幅为38.7%，高于纯收入增幅18.9个百分点，对农民收入的稳定增长起到了极其重要的作用。

（三）工资性收入成为农民收入增长的强劲动力。工资性收入是对农民人均纯收入增长贡献最大的部分，是农民收入增长最强劲的动力。2002-2011年的10年间，郑州市农民人均纯收入共增加了7673元。其中，工资性收入增加4367元，对农民人均纯收入增长的贡献率为56.9%；家庭经营纯收入增加2666元，对农民人均纯收入增长的贡献率为34.7%；财产性及转移性纯收入增加640元，对农民人均纯收入增长的贡献率为8.4%。

农民工资性收入增长主要来源于两方面。（1）随着郑州市经济的快速发展以及招商引资力度的加大，如中粮集团、富士康、雏鹰农牧等各类国企、外企、本地民企都在健康发展，对农村剩余劳动力的吸纳能力不断增强，为郑州市农民在本地务工提供了大量的就业机会，大量农村剩余劳动力得到了充分就业，且工资水平逐年提高，大大增加了农民工资性收入。2011年，郑州市农民在本乡地域内劳动得到的工资性收入为4137元，比上年增加1053元，增长34.1%，直接拉动农民收入增长11.4个百分点。（2）农民外出务工收入继续保持较快增长。郑州市各级党委政府在努力发展本地经济的同时，也很重视农民外出从业。积极健全劳务输出组织，切实保护农民外出从业的合法权益，加大对农村剩余劳动力的技术培训力度，有效地改善农民外出务工环境。2011年，随着经济的回暖，各地企业用工需求加大，劳动力市场从“找工作难”向“招工难”转变，加上各省相继提高最低工资水平，农民在外工资水平大幅提高。2011年，郑州市农民外出从业得到的工资性收入为1237元，比上年增加515元，增长71.4%，拉动农民收入增长5.6个百分点。

【农村居民消费支出】 2011年，围绕解决“三农”问题，出台了一系列支农政策和措施，全市农村经济快速发展，农民人均纯收入首次突破万元，达到11050元，比上年增长19.8%。在收入较快增长的基础上，农村居民生活水平整体提升，消费水平显著提高。2011年，全市农村居民人均生活消费支出为7622元，比上年增加1368元，增长21.9 %，增幅比上年提高5.5个百分点。

（一）食品消费稳步提高，营养状况不断改善。2011年，全市农村居民人均食品支出2059元，比上年增加169元，增长9.0 %。营养状况得到改善，营养丰富的享受性食物增加。2011年，肉禽蛋奶及制品消费支出为400元，比上年增长10.2%，占食品消费的比重为19.4%，比上年提高0.2个百分点。

（二）衣着消费更加趋向成衣化。衣着是人们提高物质生活和精神生活的共同需要。农村居民的衣着消费已从过去低档、耐用型向高档、时尚、成衣化转变。2011年，全市农村居民人均衣着消费支出574 元，比上年增加148元，增长

34.8%。成衣人均消费为562元，占衣着消费的97.9%。

（三）住房支出平稳增长，居住条件进一步改善。宽敞舒适的住房一直是农民家庭向往的目标，也是生活质量改善的重要标志。近年来，郑州广大农民的住房条件得到明显改善，住房宽敞漂亮，部分率先富裕起来的农户住房已向楼房式、庭院式、花园式发展，房屋内部装饰、布置等一系列配套设施逐步趋向现代化。2011年，农村居民用于居住的人均支出2240元，比上年增长8.4%。住房面积由2010年的人均52.0平方米增加到2011年的54.9平方米，增加2.9平方米；人均新建（购）楼房面积5.6平方米，比上年增加2.2平方米。

（四）家庭设备及用品的消费支出大幅增加。随着农村居民收入的增长，农村消费环境的改善，电冰箱、空调、热水器等耐用消费品大量进入农家，购买各种高档家用物品已成为农民生活质量提高的又一个重要标志。2011年，农村居民用于家庭设备、用品及服务的支出人均544元，比上年增加186元，增长51.8%。每百户农村家庭拥有电冰箱90台、空调88台、热水器54台，分别比上年增长23.3%、25.7%、63.6%。

（五）交通和通信消费支出增长迅猛。交通和通信消费是近年来农民生活消费的一大亮点，也是生活消费八大项中增长最快的。随着市场经济的发展，农民消费领域不断扩大，交通和通信工具迅速进入农村家庭，交通和通信支出大幅增加。2011年，农村居民交通和通信支出人均1000元，比上年增加359元，增长55.9%。每百户农村家庭拥有汽车18辆，比上年增加8辆，增长80%；拥有移动电话246部，比上年增加39部，增长18.8%。

（六）文化教育、娱乐消费支出快速增长。近年来，随着农村经济社会的全面发展，农村居民在满足物质需求后，对提高自身的教育和充实精神文化生活的投入继续加大。2011年，郑州市农村居民人均文化、娱乐消费支出471元，比上年增长23.4%。

（七）医疗保健得到重视。随着全市农村新型合作医疗制度的全面开展以及农民健康、保健意识的增强，农村居民医疗保健消费支出继续增加。2011年，农村居民人均医疗保健支出达到508元，比上年增长39%，高出农民生活消费支出增幅17.1个百分点。

随着农民收入的持续增长和消费水平的不断提升，农民的消费结构发生变化，传统的吃、穿、住为主的温饱型消费比重下降，享受型和发展型消费比重上升。2011年，郑州市农村居民食品、衣着、居住消费支出占生活消费支出的比重为63.9%，比上年下降6.1个百分点。用于家用设备及用品、交通和通信、文化教育和娱乐支出占生活消费支出的比重为26.4%，比上年上升4.3个百分点。这些变化反映出农民在生活水平提高的同时，对精神文化生活和身心娱乐方面提出了更高要求。

（黄　飞）

爱国卫生工作

【城乡环境卫生整洁行动】 2011年，以除脏治乱为重点，大力开展城乡环境卫生整洁行动，改善城乡环境。

（一）开展积存垃圾集中整治。6月20日至7月20日，在全市开展为期一个月的积存垃圾集中整治专项行动。通过采取有偿举报、现场认证和自查自清与有偿清运相结合等有效措施，对市域城乡所有积存的生活垃圾，非拆迁、施工现场积存的建筑垃圾等（1立方米以上）实施集中清理，取得显著成效。共清理积存垃圾811处、67309.47立方米（不含大型建筑垃圾），处罚2269.412万元；接受群众举报657件（其中，经现场认证有效举报314件），发放举报奖金31400元。为巩固效果，集中整治后，持续对全市垃圾积存情况进行督查和清理，9-12月，查处积存垃圾255处共2472立方米。

（二）开展专项治理。牵头组织铁路沿线进行综合整治，配合有关部门积极开展城区黄土裸露专项治理、火车站地区专项整治、二七广场地区综合整治、书报亭专项整治、小广告专项整治、非法营运专项整治、南三环整治等多项活动，治乱治差，以点促面。

（三）创建卫生城（镇、村）和卫生单位。以创建卫生城（镇）、卫生村、卫生先进单位为载体，达到“以城带乡、以城促乡、城乡联动、齐抓共管”的目的。2011年，新创建省级卫生先进单位12个、届满复审21个，新创建省级卫生居民小区8个；新创建市级卫生先进单位44个、市级卫生居民小区23个。新创建省级卫生村64个、复审重新命名21个；新创建市级卫生村126个。新创建省级卫生镇4个、复验重新命名2个；新创建市级卫生镇5个、复审重新命名3个。新郑市、登封市、荥阳市3个国家卫生城市，巩义市北山口镇、竹林镇、小关镇、新郑市薛店镇、二七区马寨镇5个国家卫生城镇，全部通过复审被重新命名。

【禁烟工作】 2011年，围绕创建全国文明城市“所有室内公共场所和工作场所全面禁烟”的目标任务，在全市扎实开展了卓有成效的禁烟工作，为创建文明城市提供了有力支持。

创建良好禁烟环境。市爱卫办及各县（市）区印制、张贴禁烟标志和警示标志30万份；5月31日“世界无烟日”主题宣传活动覆盖全市城乡，共制作宣传板430块，印发宣传彩页2.5万份，劝阻不文明行为1000余起。2011年，全市开展专项集中检查3次，累计检查机场、网吧、医院、超市、饭（酒）店、办事大厅等各类公共场所2448家，下发督办查办通知书9份。

建立禁烟组织网络。建立健全区、街道（乡镇）、社区（村）和公共单位四级禁烟组织网络，加强禁烟管理。进一步充实公共场所吸烟劝阻员队伍，全市共有吸烟劝阻员9万余名，基本保证了“公共场所无吸烟现象”。

创建无烟单位。重点在全市卫生和教育系统开展创建无烟单位活动。2011年，新创建无烟单位108个，全市已创成无烟单位874个。

【巩固创卫成果】 2011年，按照市委、市政府爱国卫生工作要“发现问题、解决问题、汇报问题”的要求，不断创新完善市容环境卫生管理长效机制，巩固国家卫生城市成果。

坚持“日督查、周通报、月排序、季评比”的工作机制。市爱卫办每天分组在一线检查和核查问题，各级、各部门同时开展自查和互查。市爱卫办每周对日常督查情况及解决问题情况汇总通报，每月再根据群众投诉、日常督查、专项评差情况进行排序，每季度评出流动红旗单位，促进了各项工作的落实。2011年，城区共评出季度流动红旗100面，县（市）评出季度流动红旗40面。

评优评差机制。根据各区（管委会）自查、市爱卫办督查以及市民投诉、网评、新闻媒体曝光等情况，每日至少评出市容环境卫生较差部位和项目10个，将名单在媒体上公布。每月开展一次专项评差，对群众多次投诉的问题、整改不到位的问题以及重复反弹的问题进行评差、排序，促进了一批市容卫生老大难问题的整改和解决。2011年，共评差84批次、881个问题，排查出最差路段11条、最差城中村17个、最差楼院2个、最差集贸市场10个。

网络投诉机制。在中原网、大河网、爱卫网同时开通网络投诉平台，接受社会各界关于市容环境卫生方面的投诉、监督和评议。2011年，受理网络投诉2750条、电话投诉93条，办理率100%、整改率95%。

新闻曝光和问责机制。对在重大工作任务中行动迟缓、措施不力，影响工作成效，以及在评优评差中连续评差、解决问题不力的责任单位和责任人，通过媒体进行曝光，并报请市委、市政府追究责任。

【农村环卫基础设施建设】 2011年，围绕统筹城乡发展，坚持把农村爱国卫生工作与城区工作同部署、同落实、同考核，齐头并进。同时，不断加大投入，加强农村环卫基础设施建设，改善农村生产生活条件，努力为农民建设美好家园。

超额完成“为民办十大实事”之一的农村改厕任务。2011年，全市安排农村改厕8.5万户、农村垃圾中转站建设132座，市财政补助专项经费1964万元，县（市）财政落实配套资金2346.85万元，项目覆盖6个县（市）、76个乡（镇、办事处）、293个行政村。实际完成改厕86485户，超额完成1485户；建设垃圾中转站611座，超额完成479座。《郑州日报》、郑州市电视台多次对市爱卫办的农村改厕和农村垃圾中转站建设进行了宣传报道。

建立农村环卫体系。两年投资3769.6万元，为全市建制镇（乡）和有农村的街道配备后装式垃圾压缩车128台，配备由各级财政支付工资的镇村两级清扫保洁人员2.12万人。做到主要道路和村庄有专人保洁，垃圾密闭存放、及时清运，基本实现了“组保洁、村收集、镇运输、县处理”的农村垃圾处理体系。

【病媒生物防治】 2011年，强力推进全市公共环境病媒生物防治市场化服务，全面开展专业防治活动，切实改善人居环境。

开展公共环境病媒生物防治市场化服务。市、区两级财政投入

“世界无烟日”开展控烟宣传活动

近610万元，通过公开招标，将城区106条市管道路、27个公（游）园广场、3条河渠（金水河、东风渠、熊儿河）及全市1552个无主管居民区和部分公共区域的病媒生物防治推向市场，纳入市场化服务范围，使城区公共环境病媒生物防治市场化服务面积达到70平方公里，占建成区面积的23%。另外，“五小”行业市场化服务率达到20%，大中型宾馆、酒店及洗浴场所市场化服务率达到30%，机关企事业单位市场化服务率达到10%，位居全省前列。荥阳市在各县（市）中率先开展了病媒生物防治市场化服务工作。

开展季节性专项集中防治。主要开展了越冬蚊蝇消杀、春冬季灭鼠、蟑螂集中防治、夏秋灭蚊蝇等4次全市性专项防治活动。共投入各类消杀药品78.63吨，配发消杀器械140台，印发各类宣传资料8.5万余份，修补和增设防灭鼠设施2万多处。全市病媒生物得到有效控制，蚊、蝇、鼠、蟑螂密度达到国家卫生城市标准。

【健康教育】 2011年，坚持把健康教育工作作为提高全民素养、促进爱国卫生事业进步和发展的切入点及有效载体，抓实抓好。加强新闻宣传，充分发挥新闻媒介的舆论导向作用，传播知识、宣传先进、倡树新风。2011年，新闻单位报道、发稿14篇。以爱国卫生月、世界卫生日、世界无烟日为依托，开展多形式、多层次的宣传教育活动，促进大众健康知识水平的提高和文明行为习惯的养成。爱国卫生月期间，全市制作展板600块，发放材料22.9万份，清理卫生死角8200处，清理积存垃圾1.52万吨，清理小广告等1.77万处，发放市民健康读本、健康处方、控盐勺、环保袋、扑克牌、纸杯等各类宣传材料45万份，劝阻不文明行为千余人次，受教育群众达万余人次，起到了以月促年的积极作用。为了积极营造健康的支持性环境，新建56处健康教育长廊，在广场、游园、社区、单位内部、居民楼院等场所开设健康教育宣传栏8424个，确保每两个月更新一次内容。巩固健康教育示范亮点，对已命名的12个健康社区（单位、学校、医院）进行复审，坚持创建标准不放松，其中有10个达到相关标准。

（张　媛）

人口和计划生育

【概况】 2011年，全市人口计生工作在上级各部门的正确领导和监督指导下，紧紧围绕建设“人口均衡型、环境友好型、资源节约型”社会和统筹解决人口问题的目标任务，深入贯彻落实科学发展观，认真践行“三个代表”重要思想和“四个重在”基本要求，在工作中更加注重宣传倡导、利益引导、服务关怀、依法行政，积极推进社会创新管理，努力推动人口计生公共服务体系向“三全”（面向全人群，围绕生命全过程，提供计生优生、生殖健康和家庭保健等全方位服务）拓展转型，有力地推动了人口计生工作在新的起点上不断发展。2011年，全市人口出生率为9.4‰，低于省定工作目标，继续保持了低生育水平。金水区、中牟县、惠济区3个县（市）区成功通过了申创国家级计生优质服务先进县（市）区的评估验收，郑州市现已创建成9个国家级、3个省级计生优质服务先进县（市）区，在全省率先实现了计生优质服务先进县（市）区全覆盖，人口和计划生育整体工作取得了显著成效。省委、省政府督查组对郑州市人口计生工作专项督查后给予了充分肯定。2011年，郑州市被评为全国人口和计划生育工作先进集体、全国计划生育协会宣传工作先进单位、全国新闻报道先进单位，并确定为全国创建“幸福家庭”活动试点市。《半月谈》《新华每日电讯》等国家级媒体先后对郑州市人口计生工作进行了宣传报道，兄弟省市多批次到郑州市进行参观学习。在全省人口计生系统政风行风工作会议上，郑州市进行了经验介绍。

【加强组织领导】 2011年，市委、市政府始终坚持把人口计生工作纳入全市经济社会跨越式发展总体规划，加强宏观调控，实施科学决策。先后召开市委常委会和政府常务会议，安排部署人口计生工作。研究解决流动人口服务管理联动机制、授权政府派出机构开展行政执法等问题。确立了“三到位”考核方案和反馈机制、稳定人口计生工作机构和队伍、将流动人口的计划生育信息采集纳入公安部门招录的暂住人口协管员工作职责等重大政策措施。出台了《关于深化“提高出生人口素质、提高家庭发展能力”工程全面加强人口计生工作的指导意见》等政策性文件，将免费开展出生缺陷一级干预服务纳入2011年度全市为民办理“十大实事”项目；成立为民办实事工作领导小组，出台了《郑州市优生促进工程实施方案》，明确了目标任务、工作原则、工作内容、工作程序和各级职责。市委、市政府主要领导和分管领导亲自深入基层调研，帮助解决人口计生工作难题。2011年，市、县、乡三级共投入人口计生事业费3.8亿元。

【为民办实事项目】 郑州市委、市政府将“开展免费优生促进工程”列入郑州市2011年为民办实事项目。为切实把实事办好，市人口计生委成立了以委主要领导为组长的领导小组，实行副县级以上领导分包责任制和月报告制度，层层明确责任，定期组织督查，并纳入年度目标考核内容，有力地推动了为民办理“十件实事”项目的顺利完成。2月、6月、8月，先后召开3次项目推进会，要求县（市）区进一步加大工作力度，提升工作标准，实行常态化服务和集中服务相结合的方式，认真组织开展 “六个一”（即组织计划怀孕夫妇听一次优生知识讲座、读一本优生科普读本、进行一次优生风险评估、开展一次孕前健康检查、接受一次营养素增补、建立一份优生档案）活动，推动“优生促进工程”的深入开展。将优生促进工作经费列入各级财政预算，根据县（市）区预测工作量的多少，全额下拨到县（市）区；并把县（市）区的配套资金是否到位，纳入对县（市）区人口计生“三到位”考核的内容，确保经费落实。2011年，全市各级共投入专项资金2720余万元，开展婚（孕）前培训114909人，孕前优生健康检查78987人，为高风险孕妇提供复合营养素补充61561人，圆满完成了任务。

【深入开展“双提高”工程】 围绕统筹解决人口问题这一中心任务，继续开展“提高出生人口素质，提高家庭发展能力”工程。为深入了解基层情况，组织开展了为期一个月的基层调研，深入社区（乡村），与基层工作人员和百姓面对面进行座谈。在充分掌握基层情况的基础上，制定出台了《关于深化“提高出生人口素质提高家庭发展能力”工程全面做好人口和计划生育工作的指导意见》和《2011年“提高出生人口素质提高家庭发展能力”工程考核办法》（郑人口领〔2011〕10号），在继续深化婚育新风、幸福行动、优质服务、优生优育、优惠政策、生育关怀“六进家庭”活动的基础上，又针对计生家庭实施了创业扶持、教育支持、健康促进、家庭文明、养老优待“五推进”行动，积极创建幸福家庭。

【注重宣传倡导】 围绕构建和谐人口文化，充分发挥阵地优势，不断加大舆论宣传、媒体宣传力度。联合市委宣传部等11个委局下发了《郑州市“十二五期间（2011年-2015年）婚育新风进万家活动实施意见》，并制定了郑州市婚育文明建设“四级联创”标准，为“婚育新风进万家”活动深入推进提供了政策支持。大力加强宣传阵地建设，积极开展人口文化大院“星级创建”活动。已建成文化大院2097个、文化大院宣传队796支、文化广场384个、文化长廊1119个、生育文化苑124个、文化书屋555个、人口学校2484个。组织开展了重大节日宣传和“70亿人的世界”等主题宣传活动，并充分发挥已建成人口文化大院的作用，组织开展经常性的 “教育培训、文化交流、健康服务、健身娱乐、科技传授”等宣传教育活动。全年共开展活动4000余次，发放计生宣传品227万份，慰问计生困难户7185户，发放慰问金及物品445万元；全市各级共在新闻媒体发稿4433篇，健康、文明、和谐的婚育新风尚逐步深入人心。在6月份召开的全省宣传教育培训会上，郑州市介绍了经验。

【强化优质服务】 连续3年在全市人口计生系统大力开展“优质服务年”活动，加大财政投入，强化服务机构基础建设。全市共投入2798万余元，新、改建县级服务站3个，乡级服务中心32个，村级服务室264个。全市共有市级服务中心1个，县级服务站8个，乡级服务中心92个，村级服务室2046个。其中，8个县级服务站均获得了《医疗机构执业许可证》、“新农合”定点单位资格和“城镇职工（居民）医疗保险”定点单位资格；7个县级服务站获得了《母婴保健许可证》；84个乡级服务中心获得了《医疗机构执业许可证》。扎实开展春、秋季生殖健康进家庭优质服务活动和“幸福新婚、健康宝宝、和谐家庭、弱势关怀、亲民维权”五大系列服务，建立了药具发放全市“一卡通”制度，形成了方便、规范的发放网络。组织开展“服务机构示范化创建”活动，实行国家级、省级、市级、县级示范化“分级创建”。制订创建规划，制定下发了“郑州市计划生育优质服务示范乡镇服务中心标准”和“郑州市计划生育优质服务示范村室标准”。综合依法执业、规范管理、服务设施、服务质量和群众满意度等环节，经过综合评估，对2010年示范化创建39个乡所，282个村室进行了表彰。大力开展优生促进工程，在抓好新密、新郑“国家免费孕前优生健康检查项目”试点工作的基础上，注重总结推广先进经验。在全市范围内全面推广“国家免费孕前优生健康检查项目”，把“国家免费孕前优生健康检查项目”与“免费推行出生缺陷一级干预”工作有机结合起来，在全市农业乡镇推行“国家免费孕前优生健康检查”项目，把优生“四项”筛查拓展到19项，有效降低了出生缺陷发生风险。积极开展人口早期教育工作，探索建立了“政府主导、部门协作、社会参与、面向家庭”的工作模式，全省人口早期教育发展工作座谈会先后在郑州市召开，推广了郑州市的做法。

【完善利益导向机制】 2011年，坚持计生就是民生的理念，提出了“长效性、兼容性、多元性”的利益导向机制建设原则，建立完善了15项集“奖、优、免、扶、保、助”六位一体的利益导向政策。围绕计划生育利益导向政策城乡一体化，拟出台郑州市城镇60岁以上独生子女父母奖励扶助政策，并完成了前期调研、资金测算和方案起草修订工作；围绕奖励扶助工作的规范化，开发了计划生育利益导向管理系统，实现了利益导向政策的网上公开和规范化管理，便于各级操作使用；围绕解决计生家庭养老问题，在全省率先实施城乡居民养老保险计划生育补贴制度，全面兑现落实了新农保政策，实现了年龄段全对接、城乡全覆盖。中牟县探索建立了以财政投入为主、社会补充为辅，专业服务与集中供养相结合的计生家庭养老模式，先后制定下发了《关于进一步建立完善人口和计划生育利益导向机制的意见》《中牟县人民政府关于积极做好计划生育家庭养老工作的意见》等一系列政策性文件。规定提高了对农村部分计划生育家庭奖扶、特扶生活补贴标准，由每人每年1000元提高至每人每年1200元。对独生子女伤残的，由每人每年960元提高至每人每年1500元；对独生子女死亡的，由每人每年1200元提高至每人每年1800元。其他各县（市）区也紧密结合实际，积极开展了各具特色的养老优待行动。全市共投入利益导向政策资金2.15亿元，惠及全市99.6万户计生家庭，群众实行计划生育的自觉性不断提高。

【加强流动人口服务管理】 2011年，围绕推进流动人口计划生育“一盘棋”管理和基本公共服务均等化，探索建立了流动人口“46865”服务管理模式。即落实四个及时、六个清楚的日常管理要求，明确8项免费服务，推行六种服务管理模式，组织开展五种类型示范化创建活动。完善了计划生育药具工作新机制，实行药具发放全市“一卡通”，借助流动人口信息平台，及时掌握流动人口使用药具人员的信息，依托社区、楼院的计生工作管理网络，为流动人口提供药具服务。积极推进计划生育基本公共服务向流动人口延伸，召开了郑州市流动人口计划生育“一盘棋”暨均等化服务工作推进会，指导各县（市）区结合本地实际，采取有效措施，积极开展流动人口计划生育均等化服务工作。全年共为流入已婚育龄妇女免费康检15.3万人次，免费妇科病普查7万人次，并实施流动人口新农合同城待遇、全省即时结报。大力推进流动人口信息化管理，全市流动育龄妇女信息入库率、全员流动人口信息入库率及个案信息准确率均达到95%以上。不断巩固城区示范化创建成果，组织对2010年创建的102个单位进行了验收，命名了64个城区示范化单位。全国政协副主席陈宗兴来郑州市调研时称赞郑州市流动人口计划生育工作做得非常好，具有推广和借鉴意义。

【综合治理出生人口性别比偏高问题】 2011年，积极开展“关爱女孩”行动，在农村组织开展了“新农村新家庭新女性”系列先进评选活动，大力宣传广大农村女性自立、自信、自强的先进事迹；在社区举办了“关爱女孩、关注母亲”和“关注女孩，就是关注民族的未来”等文化沙龙、演讲比赛活动，积极扶植民间文艺团体，排演“关爱女孩”的文艺节目深入乡村巡回演出。认真落实二胎孕情全程跟踪监管服务责任制，各级性别比治理办公室将全市所有持2011年二胎生育证育龄妇女纳入了微机管理，对持二孩生育证育龄妇女实施全程跟踪管理服务。一旦发现孕情消失，严格按照倒查规定追究相关人员责任。全面启动集中整治“两非”专项行动，并协调卫生、药监、公安等部门大力开展联合执法督查，取得了显著成效。全面推进出生实名登记管理工作，制定下发了《郑州市人口计生委、郑州市公安局、郑州市卫生局关于加强出生实名登记管理工作的意见》，进一步明确了各部门职责。5月11日，召开了综合治理出生人口性别比偏高问题工作会议暨出生实名登记管理工作现场会。自6月1日起，在全市全面推行出生实名登记工作。通过综合治理，出生人口性别比呈逐年下降趋势。《新华社每日电讯》、新华网等数十家媒体对郑州市的做法进行了报道。在全省宣传教育、性别比治理工作培训暨经验交流会议上，推广了郑州市出生实名制登记管理的做法。

【坚持依法行政】 全面推进依法行政、文明执法工作。组织了依法行政示范化单位创建活动，继续开展基层文明执法专项活动及违法生育“三项治理”。根据人口计生执法实际，细化措施，加强针对性，提高可执行性，制定下发了《郑州市人口和计划生育委员会关于印发郑州市人口和计划生育行政执法相关制度的通知》（郑人口〔2011〕53号），从制度上解决了执法责任不清、执法任务不明、违法行为发现不了、发现违法行为查处不了、查处不了不报告、执法责任不了了之等问题，增强了依法行政工作能力和水平。大力开展化解积案和重要信访问题集中治理活动，2011年郑州市人口和计划生育委员会积极受理群众来信来访，切实维护了群众的合法权益，群众对人口计生工作的满意率达到98%。市人口计生委被评为全市依法行政工作责任目标考核先进单位、法制宣传教育和依法治理工作先进单位。

【推进基层群众自治】 2011年，按照“省规范、市指导、县评估、乡负责、村落实”的工作机制，大力加强乡、村两级计生协会组织建设，广泛深入开展县、乡、村人口计生基层群众自治工作三级联创示范村、合格村活动。截至年底，全市共建立各类企业协会332个，98%的村（社区）建立了计生协会，村级会员之家建设合格率达到85%以上。先后在管城、二七、金水、中原等城市区的流动人口聚集地、工业聚集区、商业聚集区和大型市场，建立了一批流动人口协会示范点，至年底已建立流动人口协会183个。推进基层民主政治建设，加强《村规民约》修订工作，坚持上层推动，强化制度创新，在新修订的《村规民约》中着重体现出对计生家庭的关爱和性别平等。全市已有1714个村重新修订了村规民约，占全市行政村总数的84.9%。基层群众自治工作得到了省人口计生委、省计生协会的肯定。10月10日，在全省基层群众自治工作会上，郑州市、庙李镇、周山村3个单位大会发言，新郑市、惠济区被评为全省县（市）区级先进单位。

【加快信息化建设】 坚持以需求为导向，以应用促发展，不断完善软、硬件设施。按照省计生委要求，统一部署，对全市的身份证信息与公安部门的信息进行比对，共计核对出125万余人身份证信息不准确，于年初及9—10月份分两次进行了重点核实、修正和补录，个人身份证信息准确率从核查前的56.37%提高到94.5%，确保了省MIS库数据信息质量。开发了《郑州市部门人口信息共享平台》软件和《生育证发放管理软件》，综合人口信息平台完成了3个模块的建设，综合人口信息平台基本框架、各种比率统计模块、人口基础信息模块已经完成，正在对全市常住人口数据进行收集汇总。

【加强干部队伍建设】 2011年，以创先争优为抓手，以爱岗位、强素质、作表率、保廉洁为主题，以端正作风、整顿纪律为重点，积极开展了队伍建设年活动。大力开展“强基提质”工程和“争创人民满意公务员”活动，注重抓好干部队伍的政治理论学习和反腐倡廉教育。组织开展经常性的岗位练兵和技术比武活动，鼓励和引导干部职工积极参加在职继续教育、学历教育和新职业培训。认真组织全市2009级、2010级156余名成人中专学员进行学期考试，不断提升综合素质。认真开展公务员绩效考核工作，制定了《郑州市人口计生委公务员绩效考核方案》，考核内容全面细致，考核程序科学合理，在全市绩效考核动员大会上受到公开表扬，并于第三季度在委机关全体人员中正式实施绩效考核，进一步转变了工作作风，提高了行政效能。5月13日，国家人口计生委人事司巡视员李春敏一行在对郑州市“强基提质”工程开展情况进行实地调研后,给予了充分肯定和高度评价。

（信启余　王振宇）

民族与宗教

【概况】 2011年，郑州市民族宗教工作以科学发展观为指导，深入贯彻落实党的十七届五中、六中全会和省、市党代会精神，大力宣传党的民族宗教政策，依法加强对民族宗教事务的管理，着力解决民族宗教领域重点、难点问题，努力维护宗教领域的和谐稳定，圆满完成了各项工作任务，为加快中原经济区、郑州都市区建设作出了积极贡献。

近年来，市民委先后受到中央、省、市各级各部门表彰60多次。其中，2009年被国务院授予第五次全国民族团结进步模范单位称号，2010年被省委、省政府授予省级文明单位称号，连续4年荣获全省民族宗教工作先进单位称号，连续5年荣获全省民族宗教信息工作先进单位称号，荣获全省民族宗教创新工作先进单位、全省民族宗教工作系统先进集体、全省落实统一战线“十件实事”先进单位、全省民族工作先进单位、全省保密工作先进单位、平安建设先进单位、扶贫开发先进单位、信访工作先进单位、依法行政工作先进单位等称号。

【民族宗教政策法规宣传教育】 2011年，以提高各级、各层次民族宗教工作干部和骨干群众思想素

国家五部委调研组到中岳庙调研

质、工作能力为重点，按照“大培训”的工作思路，分级分批、广泛持续地开展民族团结政策法规培训活动。指导各县（市）区以党校、少数民族聚居的乡镇（街道）、民族村、清真寺、民族学校、大中专院校等为宣传主阵地，积极举办民族宗教工作干部政策法规培训、乡镇（街道）统战委员培训、大中专院校民族宗教形势和政策培训、中小学民族常识专题讲座、清真食品生产经营负责人培训等，不断提高广大干部群众的民族团结意识和依法办事能力。着力加强对宗教工作干部、宗教界人士、宗教活动场所管理人员、教职人员和骨干信教群众的教育培训。全年共举办基督教、佛教、伊斯兰教大型宗教政策法规培训班3期，培训人员3000余人次。每次培训，市民委主任、党组书记杨郑安均亲自授课，引导全市信教群众为促进经济社会发展作贡献，取得了良好效果。

积极探索创新民族团结宣教活动载体。2011年3月23日，召开全市第九次民族团结进步表彰大会，对30个先进集体和60个先进个人进行了表彰。结合表彰活动，先后在《郑州日报》《郑州晚报》等主流媒体整版报道了全市民族宗教工作，进一步营造民族团结氛围。积极创新载体，在全市深入开展“三进六争创”活动，推进“民族工作进社区（村）、进企业、进学校，争创民族团结进步模范县（市）区、乡镇（街道）、村（社区）、单位、家庭和个人”，积极组织开展对各县（市）区争创活动的督导工作，指导各地结合自身实际，扎实开展创建活动，夯实团结基础。

认真开展“同心同行”主题爱国主义教育活动。为纪念建党90周年，继承和发扬宗教界爱国爱教优良传统，配合创建“和谐寺观教堂”活动，在全市深入开展“同心同行”主题爱国主义教育活动，积极引导宗教团体、宗教活动场所、宗教界人士和信教群众，采取唱爱国歌曲、办征文比赛、开展慈善活动等形式，践行“同心同行”活动。通过活动的开展，宗教界更加拥护党的领导和社会主义制度，在促进经济社会发展和维护社会和谐方面的自觉性进一步增强，为做好全市的宗教工作奠定了坚实基础。

【促进少数民族经济社会事业全面发展】 加强沟通协调，争取扶持资金。始终把促进少数民族和民族聚居地区经济社会发展作为民族工作的一项中心任务常抓不懈，紧紧围绕“打基础、搞服务、造氛围”三个环节，横向协调，纵向沟通，千方百计为少数民族经济社会发展创造条件，注入活力。2011年，在对全市民族聚居村基础设施情况进行专门调查的基础上，经过实地考察和反复论证，从项目库中筛选出6个扶持项目上报省财政厅和省民委，最终争取到5个项目140万元资金，远超年初制定的100万元目标。市民委本级积极下拨少数民族发展资金180万元，帮助部分民族聚居地区解决了交通、饮水、教育等民生难题。加强与市直相关部门联系，进一步加大扶持力度，努力改善少数民族聚居地区基础设施建设，促进少数民族经济和社会事业发展。

促进民族体育发展。扎实做好全国第九届少数民族传统体育运动会相关工作，认真组织武术表演的先期组队及节目选编，先后多次奔赴登封市塔沟武校，对武术表演项目进行认真观摩和筛选，对节目编排、训练进行具体指导并提出修改意见。在9月举行的全国第九届少数民族传统体育运动会上，郑州市运动员取得表演项目一等奖，6名运动员获得大会体育道德风尚奖。

弘扬民族文化。为迎接全省少数民族文化工作会议的召开，更好地保护和传承少数民族优秀文化，推动社会主义文化发展繁荣，在全市开展民族文化调研工作，搜集民族文化成果，梳理民族文化脉络，总结民族文化成就。积极组织郑州市优秀文艺节目和书画作品参与文艺演出及书画展活动，展示了民族文化的特色魅力，促进了民族文化的发展繁荣。

【民族社会服务与管理】 依法管理清真食品，维护少数民族合法权益。坚持创新思路，健全机制，加强管理，严格执法，力求通过“六个抓”见成效。（1）抓宣传教育，通过举办培训班、展出宣传展板、发放宣传资料等多种形式，加大对省、市清真食品管理办法的宣传力度。（2）抓部门协作，进一步巩固与工商、公安、卫生、食品安全、教育等部门良好的协调工作机制。（3）抓执法检查，2011年，对全市清真食品市场开展了4次全面检查，对重点部位集中整治，有效规范了清真食品市场秩序。（4）抓源头整治，严格清真牌证的发放和管理.（5）抓动态管理，加强对外来少数民族流动人口的服务管理，积极引导来郑务工经商少数民族人员合法经营。（6）抓好内地学校新疆班清真食堂管理工作，督促郑州七中、十一中、黄河科技大学和郑州航院等院校强化新疆班清真食堂管理工作。同时，积极推荐郑州市清真食品企业、品牌餐饮饭店参加全省首届清真食品展评会，进一步提升了参评单位的竞争力。市人大、市政协先后对全市清真食品管理进行了视察、调研，对清真食品管理工作取得的成绩给予了充分肯定。

【设立民族事务服务中心】 创新社会管理方式，打造为民服务平台，设立民族事务服务中心。按照《河南省民委、河南省发改委关于“十一五”期间分批建设市级民族事务服务中心的通知》（豫族

〔2007〕73号）要求，市民委专门成立了民族事务服务中心建设工作领导小组，多次召开专题会议研究，确立了利用少数民族社会资源建设民族事务服务中心的基本思路。经过多方接触、积极洽谈，2010年11月，与郑州市志愿投身民族事业、热心为少数民族群众服务的少数民族企业家达成合作意向，双方共同合作建设郑州市民族事务服务中心。经过近1年的建设，截至2011年底，民族事务服务中心已经建成，内设机构、工作人员已经到位，对外服务的网络窗口“郑州民族网”已开始运行。中心建成后，围绕职业培训、急难救助、法律援助、流动人口管理和服务四大职责为少数民族群众提供全方位、优质化服务。

全国政协副主席、中共中央统战部部长杜青林调研郑州宗教工作

【民族成分变更工作】 牢固树立服务意识，做好民族成分变更工作。2011年，按照有关文件精神，严格规范郑州市公民民族成分变更办理流程。在仔细审核，严把关口的同时，增强为民服务意识，以认真严谨的工作作风、热情周到的服务态度和以人为本的办事理念，随时接待接听前来办理民族成分变更手续和电话咨询的各族群众。对于符合规定可以办理的，认真受理，不出纰漏，及时告知；对于不符合规定的，耐心解释政策，进行说服教育，积极宣传党的民族政策和公民民族成分变更的严肃性。据统计，全年共受理民族成分变更申请并出具《郑州市民族成分变更证明书》107份，受到了服务对象的一致好评。

【构建和谐宗教关系】 2011年，市民委牢固树立和谐理念，深入开展创建“和谐寺观教堂”活动，通过开展创建抓好引导，通过贯彻条例加强管理，努力构建和谐宗教关系。在上年创建活动取得阶段性成果的基础上，及时下发了《关于推进“和谐寺观教堂”创建活动的通知》，积极深入场所，加强对创建活动的督导，及时发现和帮助基层解决创建工作中遇到的困难和问题。督促各创建单位进一步明确任务，落实目标，抓住重点，取得实效，进一步推动创建活动走向深入。2011年，完成创建达标场所181处。

【宗教事务管理】 2011年，市民委进一步加强宗教活动场所财务监管工作。积极宣传、全面贯彻《宗教活动场所财务监督管理办法（试行）》，指导场所依照《办法》规范财务活动。针对个别场所财务管理不够规范的状况，及时下发《关于进一步加强宗教活动场所财务监督管理工作的通知》，对开展财务监管工作提出指导意见，要求各县（市）区严格按照《宗教活动场所财务监督管理实施方案》，切实加强对本辖区宗教活动场所财务状况的监督检查，指导帮助各场所重点做好财务公开、会计委托、对公账户设立等管理工作，积极推进各宗教活动场所财务的规范化管理。

扎实开展宗教教职人员认定备案工作。认真组织学习教职人员认定和备案办法，对各县（市）区参与备案工作的人员进行了4次业务培训，确保吃透文件精神，摸清工作程序和环节，顺利开展教职人员认定备案工作。加强对工作的指导，及时下发文件，指导、督促各县（市）区宗教部门做好宗教教职人员认定备案工作。明确专人，分门别类，对县（市）区上报的6900多份材料逐一进行审核把关，按时完成了全市1378名教职人员的认定备案工作。

加强与宗教界感情联系，积极指导、帮助宗教团体开展工作。认真组织每季度一次的宗教界人士座谈会，定期与宗教界进行餐叙，真心帮助他们解决实际困难和问题，拉近与宗教界人士的距离，更好地发挥宗教团体的桥梁作用。在斋月、开斋节、圣诞节等重要宗教节日期间，积极组织做好安全工作、慰问工作等，与宗教界人士和信教群众共度节日，进一步加强了与宗教界感情联系。

协助中岳庙举办了“全国第三届玄门讲经暨中岳论道”活动。2011年11月15-17日，由中国道协主办、中岳庙承办的“全国第三届玄门讲经暨中岳论道”活动在中岳庙举办，来自全国的道教界人士和专家学者约500人参加活动，国家宗教局局长王作安出席活动并讲话。此次活动的举办，为加强宗教文化研究和建设，进一步弘扬嵩山道教文化，挖掘道教教义中的积极因素服务和谐社会建设起到了积极的促进作用。

（丁红献）

民政工作

【概况】 2011年，郑州市各级民政系统深入贯彻落实科学发展观，圆满完成省、市民生实事任务，全面推进民政项目建设，进一步完善社会救助体系，切实提高社会保障水平，顺利实现各项工作目标，全市民政事业继续保持跨越式发展的良好态势。郑州市被民政部表彰为“全国第二批实施惠民殡葬政策的先行地区”，市社会福利院和救助管理站被国家民政部命名为“全国民政系统行风建设示范单位”，市军队离退休干部第二和第四休养所被国家民政部授予全国“和谐军休家园”称号。郑州市社会组织创先争优经验和做法分别在“全国创先争优宣传工作会议”上和“全省社会组织管理服务暨创先争优工作经验交流会”上进行了大会交流；《中国社会报》以《承诺定责勤落实，作风建设提形象》为题，报道了郑州市民政系统推进为民服务创先争优活动情况。郑州市民政局党委和郑州慈善总会党支部被中共河南省委表彰为“全省先进基层党组织”，局系统先后荣获“河南省思想政治工作先进单位”“全省法制宣传教育和依法治理工作先进集体”“河南省实施妇女儿童发展先进集体”“河南省对口支援江油市恢复重建工作先进单位”等20余项省级以上荣誉。

【落实省市民生实事工作】 2011年，按照省、市有关规定，郑州市民政局进一步修订了省“十项民生工程”和市“十大实事”中的民政工作实施方案，细化工作目标任务，明确责任要求，建立定期检查和半月报告督导机制，确保了民生实事任务的全面完成。

（一）社会救助工作方面。（1）提高了城乡低保标准。在中西部地区建立了首个城乡低保标准与人均消费支出相衔接的自然增长机制，城乡低保对象生活随社会经济发展不断提高。2011年，郑州市第10次提高了城乡低保标准，城市低保标准市区由每人每月300元提高到340元，6县（市）由每人每月245元提高到275元；农村低保标准6县（市）由每人每月140元提高到180元。全市城市低保保障20808户43113人，农村低保保障77690户123640人。全年发放城市低保金1.2122亿元；发放农村低保金1.8648亿元。（2）提高了农村五保对象供养标准。建立五保供养标准与农村低保标准挂钩机制，实行标准分别超过省确定的五保分散、集中供养标准的52.7%和50%，每人每年分别不低于2016元和3360元，农村五保供养工作得到明显加强。全年共有农村五保11677户12049人，发放五保供养资金3924.46万元。（3）出台施行了《郑州市城乡医疗救助实施意见》。实现城乡一体化，扩大了救助范围，探索建立同步结算机制，取消了原医疗费用起付线和病种限制，所有病种都可得到救助，标准由每人每年最高5000元提高到1万元。全年共发放医疗救助金2046万元、救助16447人。其中，发放城市医疗救助金568万元、救助1632人；发放农村医疗救助金1478万元、救助14815人。（4）建立了物价上涨与社会救助标准联动机制。及时为城市低保、农村低保、五保供养、优抚对象等生活困难家庭发放了物价、水费、猪肉、春节生活等补贴补助，累计资金5144.81万元，把物价上涨给困难群众造成的影响降到最低限度。

（二）殡葬惠民、教育资助和心理危机干预方面。（1）殡改惠民政策全面落实。为了体现党和政府的惠民之心、爱民之举，推进精神文明建设，郑州市民政局积极落实市政府实行免除群众基本殡葬费用的决定，范围从6县（市）扩大到全市。免除基本殡葬费的4个项目合计达810元，全年共减免费用775.656万元。其中，1-3月全市共退费2650户、214.65万元，4-12月全市有6926家丧户享受免除基本殡葬费用561万元。（2）积极配合教育部门做好对低保家庭和低收入家庭的子女就学给予教育资助工作。（3）指导市第八人民院开展心理咨询和心理危机干预业务.全年共提供心理门诊咨询1774人次、心理治疗650人次。

（三）防灾救灾方面。及时发放救助款物，提高了困难群众的生活质量。2011年，投入冬春生活救济资金777万元，安排口粮1859吨，救济9.97万人；发放衣被、救济款共34.03万元，安排衣被1.84万件，救济2.7万人；发放伤病救济款80.61万元，救济伤病人口7900人。下拨救灾资金619万元，主要用于因灾倒塌居民住房的恢复重建和过渡性生活补助，完成倒房重建583间，发放棉被1万床。

【民政项目建设】 2011年，全市民政系统共规划建设16个项目。这些民政基础设施建设，是加强服务保障民生和提升人民群众生产生活水平的载体，也是落实科学发展观的具体体现。郑州市民政局按照项目“四进”要求，积极组织、多方协调、全力推进，项目建设进展顺利，为民政事业的发展奠定了坚实基础。2011年，项目完工5个，在建3个，前期准备8个，完成年度投资共计2.1亿元。其中，市殡仪馆迁建作为全市重点建设项目，比设计工期提前一年半时间，比向市委、市政府承诺的时限提前33天完成了整体搬迁任务，受到市政府的通报表扬；烈士陵园、流浪未成年人救助保护设施建设项目、儿童福利院二期工程主体结构已完工；新建农村敬老院5所，改扩建10所；市八院新院建设项目已列入2011年第二批省重点建设项目，市残疾儿童康复中心已列入2011年国家储备项目，老年公寓已完成选址工作，其他重点建设项目正在进行开工前的各项准备工作。

【基层组织建设】 2011年，社区帮扶及村级组织换届选举工作全面开展。社区建设在帮扶中拓展。按照建设和谐社区的目标要求，以《郑州市城区重点社区集中帮扶工作方案》为指导，开展了郑州市“社区建设年”工作，完善管理服务模式，完成了第二批城区重点社区集中帮扶工作，第三批城区重点社区集中帮扶工作已全面展开。

建立社区帮扶长效机制。先后组织5100多名市直、区直部门干部深入全市616个社区，上下联动，走访调研，摸排问题，慰问困难户4688家，化解矛盾纠纷4300余起；建立党员志愿者队伍344支，提出基层党建工作建议529条。

开展帮民解困活动。前两批社区帮扶工作各级共计投入资金1.7亿元，用于解决居民关心的各类问题。共修补破损路面3万余平方米，解决社区办公用房面积1.2万平方米，清运垃圾6990车，拆除违章建筑470多个；帮助居民办理房产证1万余个，修复路灯2216盏，进行水电气改造3万余户。一大批长期困扰、影响居民生活、群众反映强烈的问题得到集中解决，改善了社区环境，提高了居民生活质量。

着重抓好社区干部能力建设。制定了《郑州市社区工作人员绩效考核激励办法》，采取专家授课、先进经验交流、座谈交流等形式，分3期对全市1300余名城市社区党支部书记、居委会主任进行了培训。《中国民政》《中国社会报》《河南日报》、省市电视台等多家媒体对郑州市帮扶工作进行了报道；7月17日，《人民日报》头版刊发了郑州市社区帮扶工作的成功经验和做法。

基层民主政治建设进一步加强。按照省委统一部署，成立郑州市村级组织换届选举协调小组办公室，扎实做好全市第七届村委会换届选举工作及新修订的《村委会组织法》的宣传贯彻工作，不断创新和完善村级民主决策、民主管理、民主监督方式方法，加强全市农村基层党风廉政建设。组织村委会推选出新一届家庭代表、联户代表、村务监督委员会，建立健全家庭联户代表制度，把落实“四议两公开一监督”工作法和村务监督委员会制度，与村委会换届选举工作一并推进。顺利完成了全市第七届村级组织换届选举工作。

【双拥工作】 2011年，郑州市积极组织争创全国双拥模范城“六连冠”。认真落实《创建全国双拥模范城（县）工作目标分解表》，顺利完成了迎接全国双拥工作考评组对郑州市双拥工作以及双拥模范城县（市）创建工作的检查考评。郑州市双拥工作起点高、准备充分、氛围浓厚，取得了明显成效。截至年底，全国双拥工作领导小组办公室已公示“拟命名表彰郑州市为‘全国双拥模范城’”。

广泛开展拥军优属、拥政爱民活动。2011年，走访慰问驻军120余次，参加走访慰问的市级领导42人次，慰问驻军伤病员、优抚对象1.5万余人次；赠送和发放各类慰问品价值600余万元；补发调标资金222万元，发放春节生活补贴292万元、物价补贴169万元；发放驻郑部队未就业随军家属生活困难补助1424人、351.96万元；对全市农村籍退役士兵发放老年生活补助进行了调查、统计和资格审核，享受生活补助12404人。

规范完善优抚对象抚恤补助标准自然增长机制。制定《郑州市优抚对象医疗保障办法》，全面推进优抚对象医疗费“一站式”结算工作。全市2.3万名优抚对象纳入各类基本医疗保险，给予医疗费用减免，实现了医疗救助全覆盖。

郑州市获“双拥模范城”六连冠揭牌仪式

实施退伍军人自谋职业补偿和待分配生活补助制度。调高退伍军人自谋职业一次性补助标准，两年兵补助标准由4.4万元增至4.9万元，递增9.9%，是近年来增幅最大的一年。2011年，全市共接收退役士兵4299人。其中，农村籍1473人，城镇籍2826人；转业士官292人；应安置退役士兵2826人。至年底，已安排就业1009人，办理自谋职业手续1705人，占应安置人数的96%。

全年共接收安置军休干部214人，军休干部政治、生活待遇和各项政策得到全面落实。

肯尼亚副总统夫人参观郑州市民办养老机构并与老人亲切交谈

【社会福利】 2011年，郑州市民政局不断加大民办养老机构、流浪乞讨和孤残人员的服务管理工作，提高了孤儿基本生活最低养育标准，采取多种方式，大力开展福利彩票销售和慈善捐助工作。

为老服务工作更加深入扎实。出台了《郑州市“十二五”基本养老服务业发展规划》《郑州市资助养老服务机构实施办法》，对养老服务机构给予建设和床位运营补贴，发放补贴资金1000万元。新增、扩建敬老院15家。对全市已取得《社会福利机构设置批准证书》的35家民办养老机构，采取市直部门联系分包机制，提高了硬件水平和服务质量。组织开展老年主题活动、重阳节“敬老月”和健康行“义演、义诊、义送、义宣”大型公益系列活动。2011年，为全市200多名百岁以上老人发放高龄补贴40余万元；办理《老年优待证》6万余本；增设民办养老机构4家，扩建8家，增加床位2096张；完成新建社区托老站10个；市区1000多名孤寡、空巢老人享受到了居家养老服务。

提高孤儿基本生活最低养育标准。出台《郑州市人民政府办公厅关于加强孤儿保障工作的意见》，建立经费保障和自然增长机制，拓展了安置渠道。全市城区社会散居孤儿基本生活最低养育标准提高到每人每月不低于850元，六县（市）城镇户籍社会散居孤儿提高到每人每月不低于750元，六县（市）农村户籍社会散居孤儿提高到每人每月不低于650元；机构养育孤儿提高到每人每月不低于1300元。郑州市孤儿生活费保障标准居全省最高。

救助流浪未成年人工作取得重大进展。启动“接送流浪未成年人返乡”专项行动，流浪乞讨人员救助“郑州模式”在全国推广。“类家庭”教育惠及流浪儿童，基本实现了“救助一名流浪儿童，回归主流社会一个人”的目标。2011年，市救助站共救助流浪乞讨人员1.6万余人，进站救助1.4万余人，安置到福利院52人；救治危重病人697人。

全面做好孤残、流浪人员和“三无精神病人”救助工作。市儿童福利院收养弃婴、孤残儿童632人；市社会福利院收养孤老368人；市救助管理站儿保中心（爱童园、类家庭）入住儿童73人，其中，双服刑人员子女48人；市第八人民医院收治“三无精神病人”527人。

福彩销量成效显著。2011年，郑州市福彩销售工作采取科学设置网点，规范行风建设，严格内部管理，加强营销宣传，提升服务质量，强化安全运营等方法，实现了福彩销量的迅猛增长。全年共销售福利彩票11亿元，比上年增加3.44亿元，同比增长45.5%，创郑州市福彩销售总量历史新高，占全省福彩销售总量的1/4，稳居全省18个地级市销量第一名。

积极抓好慈善捐助活动。进一步加大“郑州慈善”活动宣传力度，开展了首届“善行绿城·祈福郑州”慈善大奖颁奖晚会，总结推广了荥阳“全民慈善”、二七区“爱心城区”等成功经验。在市内主要地段投放募捐箱500个，郑州慈善总会筹资1000万元，开展了“慈善惠民病房”“情暖夕阳”等20个慈善项目，数万困难群众从中受益。全年共接收善款2.838亿元，在安老、抚孤、助学等方面实施慈善救助支出 2.762 亿元，救助全市困难群众10万余人次。

【社会事务管理】 2011年，不断加强社会事务管理服务工作，总结社会组织管理工作经验，完善区划、地名工作制度，全面加强婚姻登记和殡葬工作。

社会组织管理正规有序。积极探索社会组织行政审批工作经验，总结的“社会组织督导员制度”全国首创；按照新方法，仅30天就完成了690家社会组织的年检任务。民管办热线电话被中国质量万里行促进会评为A类为民服务热线电话。2011年，共登记社会组织2640家。其中，社会团体700家，民非企业单位1757家，分支机构50家，农村专业经济协会133家。备案社区社会组织6120家。全年共安排下岗失业人员9万余人，其中“4050”人员6.2万人。社区社会组织为群众无偿提供服务33万余人次。《中国社会报》多次报道了郑州市社会组织年检的经验和做法。

行政区划调整审核和地名申报审批制度不断完善。加强撤乡设镇、撤乡镇设办的筹划工作，制定了行政区划调整计划。2011年，共审批居住区、建筑物名称159个，道路91条。编绘印制了《郑州市标准地名图》，更新了全市的行政区划资料。

婚姻登记规范化建设持续开展。在全省率先开展婚检费用政府买单工作，加强婚姻登记信息化建设，实现了全市婚姻登记联网。2011年，全市共办理婚姻登记128390对。其中，结婚93567对，离婚19689对；办理涉港、澳、台婚姻登记56对。办理无婚姻登记记录证明10万余人次；全年审核通过婚介所59家。

殡葬工作有效推进。采取加强领导、健全机构、强化措施、完善预案等方法，开展了“清明节”安全、殡葬系统“行风建设月”活动，共40余万群众参加了祭扫；顺利完成了第四次树葬活动。强化监管措施，对全市23家经营性公墓按照《公墓管理办法》进行了规范。

【社会工作实践】 2011年，郑州市民政局在推进全市社会工作发展方面进行了大胆实践和探索，取得了“四个突破”。（1）政策上的突破。起草完成了《郑州市十二五社会工作人才发展规划》《加强全市社会工作人才队伍建设实施意见》，以及财政支持社会工作等配套政策。（2）社工岗位开发上的突破。利用事业单位岗位设置管理工作，在局属相关单位设置社工岗位74个，举办社会工作知识培训

2011年度郑州市婚姻登记情况统计表

	结婚数			离婚数				单身证明（份）
单位	结婚(对)	补结（对）	小计（对）	离婚（对）	补离（份）	小计（对）	合计（对）	
郑州市	50	2	52	6	0	6	58	
中原区	8304	1566	9870	2385	122	2507	12377	20000
二七区	6379	1428	7807	2265	131	2396	10203	11608
管城区	4277	1070	5347	1296	76	1372	6719	8854
金水区	13500	2167	15676	4025	308	4333	20009	40000
惠济区	2907	568	3475	531	20	551	4026	1809
高新区	1630	213	1843	314	0	314	2157	1300
经开区	863	152	1015	133	8	141	1156	900
上街区	1103	224	1324	341	11	352	1676	1050
航空港区	1199	29	1228	102	0	102	1330	800
郑东新区	1493	237	1730	388	10	398	2128	1000
巩义市	8796	993	9789	1378	1	1378	11167	2000
荥阳市	7079	1749	8828	1069	17	1086	9914	3169
新密市	10106	1251	11357	1807	0	1807	13164	2580
登封市	8238	582	8820	1331	11	1342	10162	1662
新郑市	8427	838	9265	1273	0	1273	10538	2000
中牟县	9216	1345	10561	1045	0	1045	11606	1800
合计	93567	14420	107987	19689	714	20403	128390	100532

班9期。（3）社工机构设立上的突破。在局机关设立社会工作处的基础上，分别在社会福利院、儿童福利院、老年公寓等局属单位成立了社工科，积极开展社工服务活动，并向社会延伸。截至年底，中原区须水镇三十里铺村成立了社工服务站，金水区成立了彩虹社会工作服务中心，中原区成立了民办社工机构龙腾社会工作服务中心。（4）政府购买服务上的突破。购买服务是推动培育社工机构发展的最有效途径，金水区已先行试点，列支110万元，用于社会民间机构购买社工服务。

（司红军）

慈善事业

【概况】 2011年，在市委、市政府的高度重视和亲切关怀下，在省慈善总会和市民政局的正确领导和各位理事的大力支持下，郑州市慈善工作以实施信息公开、打造透明慈善为抓手，强化服务理念，严格制度规范，积极推进募捐、救助、宣传等各项慈善工作，以实际行动，为建设和谐郑州、平安郑州，推进中原经济区建设作出了积极贡献。

2011年慈善捐赠总收入310773877.36元。（1）慈善日捐款14755258.99元，其中定向捐款7250000元；（2）公交车捐款287800000元（定向）；（3）日常捐款8218618.37元，其中定向捐款7969259.70元。（4）政府补助收入55万元。（5）其他收入1121966.36元，主要是利息收入。

2011年，在安老、扶孤、助学、济困、助医等方面捐赠总支出254445199.91元。（1）捐赠舟曲灾区1413547.7元（定向）；（2）送温暖及日常救助19269830.21元，其中定向救助9220869元；（3）捐赠社区帮扶4330272元；（4）捐赠公交车222136200元（定向）；（5）慈善项目7295350元。救助困难群众约10万人次。

【“郑州慈善日”活动】 2007年，郑州市确定每年10月16日为“郑州慈善日”，自2008年开始大型的启动活动。据统计，2008年“郑州慈善日”，全市共募集善款4862万元（郑州慈善总会募集868万元）；2009年“郑州慈善日”系列活动中，全市共募集善款3554万元（总会募集1006万元）；2010年“郑州慈善日”系列活动中，全市共募集善款7595万元（总会募集2196万元）。2011年是“郑州慈善日”活动开展的第四年，主题为“阳光慈善，温暖郑州”，活动时间为9月20日至10月31日。在10月15日举行的慈善日活动仪式上，现场全市共募集善款6847.2699万元。郑州市各县（市）区、市直机关各部门、学校代表、企业代表、部队代表、医护人员代表等160家单位、2500余人参加现场捐赠。其中，捐款超过100万元的企业就有11家，郑州日产汽车有限公司捐款460万元，为2011年捐款最多的企业。郑州第4个慈善日，首次出现形象大使和志愿者队伍。在15日活动仪式上，近1万名慈善志愿者队伍正式成立并宣誓，也是本次“郑州慈善日”活动的亮点之一。这些志愿者来自学校、医院、网络等行业，今后在开展慈善活动时，他们将以志愿者的身份投入工作。郑州慈善总会公开表示，募集的善款将用于安老、抚孤、助残等6个方面，共27个项目。市委副书记、代市长吴天君在慈善日活动仪式致辞中要求，郑州的慈善工作要继续秉承“让每一分钱都用到关键地方”的工作理念，对每笔善款都要规范管理、科学使用、主动公开、接受监督，使支出的每一分钱都要在阳光下运行。他倡议全市人民关心慈善、参与慈善，以实际行动推动慈善事业发展。

【创新募捐方式】 创新募捐方式，不断提升募捐成果。建立“企业冠名基金”的筹募机制。通过探索与爱心企业合作的有效途径，鼓励有实力的中小企业设立多种形式的爱心基金。继郑州日产“牵手工程”“薛景霞教育慈善基金”之后，中晟集团注资1000万元设立“中晟集团爱心企业联盟基金”，该基金将致力于对郑州市贫困学子及弱势群体的资助。

加强对外交流合作，与境外慈善公益组织建立更广泛的联系，引进境外慈善项目和资金。和晨露国际组织开展的首次贫困家庭中学生赴欧洲“梦想之旅”项目，受到了社会各界的关注。

“畅通郑州”活动取得显著成效。自2010年8月落实市委关于解决郑州市交通拥堵、保障畅通的指示精神，郑州市涌现出多家爱心企业捐赠公交车。截至2011年底，在郑州慈善总会的协调下，已有600余辆公交车投入运营，有效缓解了郑州市交通压力大、市民乘车难的问题，为加快郑州都市区建设提供了有力支撑。

【慈善救助项目】 突出救助实效，打造慈善救助品牌项目。（一）精心实施各类慈善项目。（1）慈善助困、助医项目.投入资金600万元，用于“郑州市社区帮扶慈善救助项目”；实施“善行绿城”大病救助项目，救助贫困大病患者500名，投入项目资金100万元；实施“关爱女性——‘两癌’筛查慈善救助”项目，为接受治疗的42名贫困“两癌”妇女发放救助金10万元；为郑州“送水哥”送去了2.5万元的善款；在2011“郑州慈善日”活动仪式上，为20名特困大病患者发放救助金20万元。与中华慈善总会联合开展“慈善情暖万家”活动，范宝俊会长对荥阳全民慈善工作高度赞赏，称荥阳创建全民慈善城市的工作对全国的慈善事业产生了重要影响。（2）慈善助孤、助残项目。联合郑州交通职业学院捐赠10万元，解决了盲聋哑学校残疾学生午餐难问题；捐赠30万元，为郑州市家庭困难的残疾人及革命伤残军人购置2000辆轮椅；向郑州市儿童福利院和社会福利院捐赠50辆儿童轮椅；联合郑州日产汽车有限公司，向郑州市6家社会福利机构捐赠车辆6辆；投入资金20万元，与郑州人民广播电台联合开展“711爱心在行动”。（3）慈善助学项目。联合郑开马拉松赛组委会，为中牟县姚桥乡小学捐赠价值5万多元的爱心物品和体育器材；为郑州市奇色花福利幼儿园捐赠2万元救助金和价值5000多元的米、面、油等生活用品；河南康利达集团资助20万元，编辑出版了《生命之舵》一书2万册，免费向大学生发放；联合郑州日产汽车有限公司开展“阳光助学”活动，资助困难学生1252名，发放助学金210万元，并捐赠大学生心理辅导图书《生命之舵》2000册；与河南师范大学新联学院联合资助85名品学兼优的贫困大学生，发放助学金45万元。（4）慈善救灾项目。7月30日，为舟曲人民送去爱心善款1411885.7元。同时，慰问了当地受灾的贫困户和孤儿，为受灾贫困户送去了粮、油等生活用品；为2名灾后孤儿分别送去了500元的慰问金。（5）慈善助老活动。联合苏宁电器，向郑州市救助保护流浪少年儿童中心、郑州市高新区沟赵敬老院及石佛敬老院、荥阳市慈善总会衣物捐助站、荥阳市社会福利中心等社会福利单位捐赠空调230台。（6）慈善志愿者服务活动。成立慈善志愿者服务队，开展慈善志愿服务进社区、进企业、进学校、进机关活动，开展义诊、心理咨询、交通协管等志愿活动；郑州首支慈善网络志愿者队伍在紫荆山公园和郑东新区会展中心举行两场义卖活动，义卖所得资金全部用于资助郑州市的贫困儿童。

（二）开辟新的救助模式——“慈善周周行”活动。2011年4月12日，由郑州慈善总会策划的“慈善周周行”活动正式拉开帷幕，总会工作人员与《郑州日报》《郑州晚报》等媒体记者深入山村，走访贫困家庭，亲眼看到了许多生活在温饱线上的困难家庭。周周行队伍先后走进北京、舟曲、玉树、新密、新郑、荥阳、中牟、登封等地，走访40余次，涉及贫困户80余户、组织10余家。《郑州日报》《郑州晚报》的记者将采访的信息在《郑州日报》《郑州晚报》共刊登70多个专版，让社会广泛关注，帮助那些需要救助的群体，产生了巨大的社会影响。通过“慈善周周行”活动，郑州慈善总会每天都能接到捐助电话，市民纷纷伸出援助之手，对于报纸上刊登出来的生活特别困难的群众予以帮助。截至2011年12月，总会共接到捐赠意向电话2000余次，定向捐赠款5万余元，以及一些捐赠物资。慈善志愿者服务队每周都开展多项志愿活动。

（三）开发新型慈善项目，充实项目库。2011年，郑州市拿出1000万元对外发布慈善项目20个。其中，“公益技能培训”项目是慈善项目由输血变为造血的尝试；“精神扶贫•赠报济困”项目、“慈善书屋”“慈善文化大院”项目是针对困难群体精神扶贫的新型项目；“爱童行动——关爱服刑人员未成年子女”救助项目、“呵护心灵•一路同行——贫困精神病人救助项目”“圆梦行动——盲人援助项目”“爱的光芒——聋人援助项目”及“慈善绿城•大爱助行——慈善助残项目”等是针对边缘弱势群体专门设计的慈善项目；“关爱学子•相伴成长——青少年心理援助项目”是针对青少年情感、就学、身心健康开展的救助项目。这些慈善项目很多都是关注点比较新的项目，一些慈善项目及运作模式为郑州市乃至全国首创。

2011年底，郑州慈善总会与项目合作单位对已实施的慈善项目进行展评，将项目运行和资金使用情况向社会公布，让社会了解郑州市慈善项目的规范运作、透明运作。同时，郑州慈善总会又对外发布了2012年的慈善项目。拿出1500万元慈善资金与16家单位代表签订了“听障儿童言语康复”慈善救助项目、“情暖夕阳——关爱老年人”慈善项目、“净化生命——低保家庭尿毒症患者透析”慈善援助项目、“快乐成长——关爱进城务工人员子女慈善助学”等26个慈善项目。这是郑州慈善历史上投入最多、涉及范围最广的一次慈善项目。

【建设透明慈善】 实施信息公开，全力建设透明慈善。2011年，由于“郭美美”等一系列事件引发了公众对慈善事业的强烈关注，公众对慈善公开透明的诉求日益强烈。郑州慈善总会把慈善公开透明作为首选之策，深入开展信息公开、打造透明慈善工作。主动晒账，将“慈善账单”完全置于阳光之下，做到了六个公开，即公开捐赠数目、公开捐赠细项、公开捐赠对象（在受益人同意的情况下）、公开救助过程、公开救助金额、公开救助结果。让捐赠者与社会各界都享有对慈善捐款使用情况的知情权，完全透明化，赢得了社会各界的广泛认同和大力支持，助推了慈善工作的全面发展。

（一）充分发挥监事会的职责，履行监事会的责任。郑州慈善总会监事会是在2011年4月8日总会第二届理事会第三次会议上表决通过。为充分发挥监事会的职责，履行监事会的责任，确保慈善工作、慈善资金、慈善项目置于“阳光”下，郑州慈善总会监事会组成人员分别前往郑州市总工会、郑州市残联、郑州市第三人民医院等15家慈善项目合作单位，对发布的20个慈善项目的运行情况、慈善资金的管理使用情况进行严格的督导检查，并由《郑州日报》《郑州晚报》、郑州电视台、郑州人民广播电台四大媒体全程跟踪报道。对出现问题的项目单位，监事们毫不留情一一指出，并下发书面整改通知书，要求立即整改、完善。监事会充分行使其职权，发挥了应有的作用，确保慈善资金合法、安全、有效使用，确保善款不受任何人侵害，为弱势群体办实事，给捐赠者和全市人民一本放心账、明白账，让捐赠者和全市人民放心。

（二）建立信息公开的监督机制。（1）接受民政、审计部门的监督检查，随时接受媒体的采访监督。（2）充分利用监事会的职责，通过对项目的回访、检查，监督慈善救助项目。（3）与媒体建立良好的沟通机制，将郑州市慈善工作动态、募捐救助信息及时通过新闻媒体进行发布，满足社会公众对慈善工作的知情权、参与权和监督权，形成了内部监督、社会监督、媒体监督三位一体的监督机制。

【慈善组织建设】 完善组织建设，提升科学服务水平。（一）召开全市慈善工作会议、全市慈善工作推进会、公益慈善与城市社会管理创新工作交流会。在全国公益慈善城市社会管理创新工作交流会上，《荥阳慈善发展报告》作为中国首份县级城市慈善事业发展状况评估报告进行发布。民政部副部长窦玉沛在2011年调研荥阳全民慈善工作后给予充分肯定和高度评价。

（二）喜获中华慈善奖。2011年7月15日，在第六届中华慈善奖表彰大会上，河南康利达集团董事长薛景霞、荥阳贾峪镇石硼村好人李春风荣获“最具影响力的慈善行为楷模”荣誉称号；荥阳慈善总会的“同在蓝天下•快乐共成长——孤儿帮扶计划”荣获“最具爱心慈善项目”荣誉称号。

（三）总会党支部荣获“全省先进基层党组织”称号。按照上级党组织要求，总会党支部积极开展“党建实践活动月”系列活动。在创先争优、精神文明建设等各项工作中取得了显著成绩。2011年6月，郑州慈善总会党支部被中共河南省委授予“全省先进基层党组织”称号。

（四）拓展慈善资源，不断壮大志愿者队伍。郑州慈善志愿者队伍经过长期的发展，已经建立了医疗、环保、助残、助学、助老、抗癌等服务队20余支，注册志愿者1万多人，流动志愿者3万余人。每周都开展进机关、进社区、进学校、进企业的“四进”服务活动，开展各类助医、助老及环保志愿活动，使慈善志愿行为成为市民随处可见并热衷参与的行为。

（五）评选首届“郑州慈善大奖”。经过广泛征集社会各界的意见和建议，市委宣传部、郑州市人力资源和社会保障局、郑州市民政局、郑州市精神文明建设指导委员会办公室和郑州慈善总会联合评选首届郑州慈善大奖，并对获得首届郑州慈善大奖的爱心单位、爱心个人和慈善项目进行了表彰。2011年12月28日，以“善行绿城祈福郑州”为主题的首届郑州慈善大奖颁奖晚会举行。市领导王璋、白红战、高建慧、刘贵新、王哲、姚待献、贾记鑫、李元法、岳喜忠等出席颁奖仪式。“慈善周周行——慈善济困项目”等10个项目被评为首届“最具影响力的慈善项目”；郑州日产汽车有限公司等10家单位荣获首届“最具影响力的爱心单位”称号；郑州金牛投资有限公司董事长王建强等10人荣获首届“最具影响力的爱心个人”称号。

（赵娅慧）

红十字事业

【概况】 郑州市红十字会成立于20世纪50年代中期，1986年恢复工作，2003年理顺管理体制，机构独立设置，正县级单位，由市政府领导联系。内设办公室、赈济部和宣传部3个职能部门，编制19人，现有工作人员19名，参照公务员管理。郑州市所辖12个县（市）区中，登封市、新郑市、二七区、管城回族区、惠济区已经理顺了管理体制，从卫生局划出，独立设置。

2011年，郑州市红十字会在市委、市政府的正确领导和河南省红十字会的支持指导下，积极应对红十字工作面临的新情况、新问题、新挑战，大力弘扬“人道、博爱、奉献”的红十字精神，创造性开展各项工作，开创了全市红十字事业发展新局面。2011年，郑州市红十字会运作项目10个，其中承办总会项目3个，郑州市造血干细胞捐献成为全国第一个成功突破100例的省会城市。争取到中国红十字会总会项目资金和物资近100万元，募集社会救助款物合计464.69万元，发放救助款821.84万元（含上年结余部分）。郑州市红十字会获得河南省红十字会志愿服务先进集体荣誉称号；综合工作在全省红十字系统排名第一。造血干细胞工作获得郑州市委、市政府通报表彰。

【造血干细胞捐献工作】 市红十字会利用多种渠道，广泛宣传捐献造血干细胞科学常识，充分调动志愿者的积极性，对每一例配型成功人员，实行市、区、乡镇全程陪同服务，定期随访保持密切的联系，及时掌握志愿者身体状况、思想动态，极大地鼓舞了志愿者捐献造血干细胞的热情。

造血干细胞捐献取得重大突破。2011年，共采集造血干细胞血样2775份，成功捐献27人，占全省捐献总数的44%。截至年底，累计成功捐献者人数达到101人，采集造血干细胞血样3万余份，郑州市成为全国第一个捐献人数突破100例的省会城市，连续6年在全国省会城市中排名第一；新郑市造血干细胞捐献者也已达10位，列全国县级城市之首。造血干细胞捐献工作已成为郑州市红十字会的一项品牌。

举办造血干细胞捐献突破100例庆祝活动。2011年12月14日，郑州市红十字会隆重举办造血干细胞捐献突破100例庆祝活动，中华骨髓库造血干细胞捐献中心主任洪俊岭亲临现场，为郑州市红十字会颁奖；郑州市委办公厅、市政府办公厅联合为郑州市红十字会发贺信庆祝；郑州市副市长刘东在会上作重要讲话。中牟县人民医院护士宋彦成为郑州市第100位成功捐献造血干细胞的志愿者。市红十字会募集到体检卡、保险卡、血压计等物品发放给100位成功捐献者。

【红十字救灾、备灾工作】（一）救灾工作。2011年汛期，郑州市区及周边地区出现了不同程度的雨涝灾害，市红十字会根据应急预案，迅速、有序、高效地实施了应急救援，并及时将申请到的中国红十字总会和省红十字会的价值19.7万元共计750套的生活用品包、价值20万元的面粉和价值近9万元的消杀药品、风衣等救灾物资发放到灾区，使数万名灾区群众受益。2011年，郑州市红十字会援建四川省江油市的项目已全部完工并交付使用；玉树灾后重建项目资金已拨付给当地红十字会，援建贵州居民的近100万元饮水工程正在进行中。

省委书记卢展工在郑州市红十字会预防艾滋病宣传活动展台前指导工作

（二）备灾工作。积极争取市财政支持资金40万元，购买帐篷300顶，棉被1000条，生活应急包100个。

（三）应急工作。组织全市广大冬泳爱好者100余人，成立水上应急救援队，组织郑州市红十字志愿者，成立募捐筹资、心理咨询等应急救援队。

【红十字社会救助工作】 助学。成立了全国红十字系统首个以企业冠名的天明博爱助学基金。天明集团5年内向市红十字会捐赠5000万元，设立“天明博爱奖学金”“天明博爱班”和“天明博爱大病互助金”。天明博爱奖学金对2批共400名学生每人每学期发放奖学金2000元，累计发放奖学金80万元。天明博爱班首批102名学生已于2010年秋季入学。天明博爱大病互助基金已救助一名新郑的小学生1万元。全国性公益项目——“百事明天计划”落户惠济区崇信双语学校。项目援建的“百事博爱图书室”已顺利竣工，“百事博爱奖学金”也发放到外来务工子女手中。为登封市石道乡张沟小学争取到中国红十字基金会项目，拨付建校资金30万元。宇通公司红十字会捐赠50万元，资助贫困大一新生100名。奥丝兰黛公司定向救助荥阳市5名贫困女学生，共计2500元。郑州圣玛妇产医院在郑东新区红十字会的组织下，定向捐助郑东新区白佛小学150套、共计7500余元学习用品。

助困。创新实施了“博爱阳光卡”“民生博爱救助卡”“钢哥基金”等34个助困项目，实现了募捐筹资工作的可持续性。开展“红十字博爱送温暖活动”，筹集款物价值20余万元，帮助1500户困难群众欢度春节。举办“爱心宇通、情系英雄、情暖百家”活动，为省内10位平民英雄、10名美德少年和200多户困难家庭送去价值51.3万元的慰问品及慰问金。市儿童医院挂牌成为小天使基金定点医院，共申请成功18人，资助患者54万元。爱心人士蔡兵洪先生定向捐赠华山医院200万元，用于来该院就诊的贫困患者。新郑市红十字会与雏鹰集团联合建立500万元的雏鹰救助基金，定向救助辖区大病患者。金水区红十字会筹集资金50万元，成立了金水李全国中医抗癌救助基金，已救助贫困肿瘤患者110人次，救助金额达11万余元。管城区红十字会在辖区商业企业开展“金拐杖救助计划”，在全区30家爱心商户企业中设置了募捐箱，所收款项在“七一”期间救助辖区4名特困党员家庭。郑东新区红十字会积极筹集社会资金，为200名贫困妇女发放价值200元爱心体检卡；为东区困难家庭发放爱心救助物资共计210份。

助残。创造性地提出“爱心不找零”救助项目，已募集资金12万余元，救助了5名聋哑儿童、金额共计5.8万元。金水区红十字会联合爱心单位筹资8.8万元，在河南电视台8号演播厅举办关爱孤残儿童、庆“六一”爱心专场演出，并为社会孤残儿童等送上爱心体检套餐和T恤衫600余份。

助医。协调九州通医药有限公司定向捐赠河南科技大学第一附属医院100万元，用于购置救护车，提高该院医疗设备水平。

助农。新郑市红十字会继续开展“红十字会参与新农合医疗救助金”发放活动，为172位参合农民大病患者、尿毒症患者、贫困家庭发放医疗救助金12.73万元。这也是新郑市红十字会自2006年列为全国首批红十字会参与新农合试点以来，发放救助金和救助人数最多的一年。

【红十字应急救护培训】 普及群众性卫生救护培训工作，是《中华人民共和国红十字会法》赋予红十字会的一项法定职责。（1）救护知识与师资培训。2011年，累计举办救护知识培训班和讲座18期，6000余名群众和学生掌握了初级卫生救护知识和技能，其中1126名群众取得了救护员资格证。积极承办中国红十字总会“十二五”彩票公益金学校健康安全项目，郑州市是全国5个试点省中唯一一个省会城市试点。已举办师资培训班4期，对河南省140余所初高中校长进行了救护知识培训，并颁发了救护员师资证。本次培训，得到了二七区红十字会全力配合，常务副会长井燕亲自带领4名骨干人员全程参与了整个培训工作。5年内，郑州市将培训600名学校安全辅导员，在50所学校成立志愿服务队，普及教育25万名学生。（2）基地教育。作为全国10个项目城市之一，郑州市成功承办了“老牛基金”项目。在郑州八中教育基地培训中心举办启动仪式，深入开展“老牛生命学堂——自救互救进校园系列活动”，围绕自救互救、避险逃生等校园安全主题，对全市2万名中小学生进行自救互救培训。（3）企业传播。为富士康公司培训救护员300余名，为可口可乐公司、中州皇冠假日酒店等单位举办了救护员初训和复训班，有效提高了广大员工的防灾避险意识和自救互救能力。（4）为民办实事。与企业联合，在全市中小学、社区建立5个应急救护培训站，配备模拟人、急救箱等物品，开展自救互救知识培训，提高了中小学生的自救互救、防灾避险能力。2010年12月15日，登封市应急救护培训站举行了揭牌仪式，总会领导和省市领导出席并讲话。2011年，管城区红十字会筹资164833元，为全区1.2万名中小学生配发了《未成年人防灾避险手册》。二七区红十字会成功申报了《中小学生急救知识调查及培训模式研究》科研项目，这是郑州市唯一一个区级红十字会申请到的科研项目。

【红十字募捐筹资工作】 资金筹集和管理是红十字会的生命线。2011年，郑州市红十字会着眼于建立可持续的筹资机制，加大创新力度，取得了较好的成效。

搭建信息发布平台。为促进捐赠信息的公开、透明，2011年，对原有的郑州市红十字会网站进行升级改进和完善，建立了捐赠信息发布平台。该平台包括社会捐赠总量、收支数据、援助项目、捐赠查询、项目查询、相关资料等栏目，公众可根据捐赠人姓名或捐赠项目名称等查询相关的捐赠信息及善款使用情况。市红十字会及时更新网站内容，每月发布一次捐赠信息。2011年“的士一元捐”“爱心不找零”“天明助学基金”等公益项目的捐赠、使用情况及其他信息，都及时在网站上向社会公众公布。同时，设置了留言栏及公开栏，针对网民留言和ZZIC网络舆情所反映的问题，及时进行回复、公示，提升了红十字会的公信力。

积极申请完善公益项目。2011年成功申请承办了“十二五”彩票

郑州市红十字会志愿者在郑开马拉松大赛期间开展志愿服务活动

公益金学校健康安全和志愿服务项目及老牛生命学堂项目，通过精心策划、成功运作，项目均得以顺利实施，并取得了良好的效果。进一步完善和大力推动实施以往的“探索国际人道法”“叶启恩救助”“钢哥基金”和河南电视台“民生救助”等项目。探索国际人道法项目已在郑州市第四中学等10所试点学校开展了授课活动，在中小学生中积极传播国际人道法和红十字运动；利用叶启恩救助项目，开展了博爱送万家活动，购买米、面、油、棉被等生活用品1500余份，在春节对全市1500余户贫困家庭进行了救助。

探索可持续筹资机制。以红十字文化感染爱心人士和爱心企业主动捐赠，在搭建自觉、自愿、可持续的募捐平台上下功夫。2011年，宇通公司主动向市红十字会捐赠140.15万元，由该公司选择救助对象和救助金额，宇通公司自己发放救助资金，市红十字会做好相关服务工作。企业家蔡兵洪主动捐赠200万元，选派一名专职工作人员常驻市红十字会，自主选择救助对象，对郑州市华山医院就医的部分贫困患者进行了定向救助。二七区红十字会定期召开企业家座谈会，畅谈红十字发展的现状与未来，公布募捐款物的动向。同时，创造性地建立了“爱心不找零”“博爱阳光卡”“大河博爱基金”、网上募捐项目和“天明博爱救助金”等项目。通过在出租车上、网络上、使用银行卡等为广大爱心人士搭建募捐平台，提升了市红十字会的救助实力。

（李祥新）

残疾人事业

【概况】 2011年，郑州市残联以残疾人“两个体系”建设为载体，以扶残助残活动为抓手，以为残疾人办实事办好事为导向，创新工作机制，强化服务职能，大力解决残疾人最关心、最直接、最现实的问题，残疾人“两个体系”建设稳步推进，康复需求得到不同程度满足，培训就业工作有序开展，基础服务设施日臻完善，文化体育活动日趋活跃，扶残助残蔚然成风，顺利完成了全年工作目标。郑州市残疾人工作得到了市委和社会各界的认可，在2011年郑州市争创全国文明城市工作中，市残联被授予郑州市“五一劳动奖状”。

市委、市政府高度重视残疾人工作，将残疾人事业发展纳入全市经济社会发展总体规划，定期听取并研究残疾人工作。市委书记连维良多次过问残疾人工作，要求残联定期开展扶残助残活动并做到日常化、制度化；市委书记连维良还就孤独症儿童救助工作作出具体批示，要求市残联将此项工作列入2011年工作重点，并以市委工作部署名义下发全市。市委、市政府要求市残联定期上报年度、季度、月度工作要点，及时掌握残联工作动态，方便领导决策。市委督查室对市残联年度重点工作给予高度关注，实行跟踪督查，及时帮助解决工作中的困难。市人大、市政协对残疾人工作高度关注，年初“两会”提交多份有关残疾人工作的议案、提案；市人大还就郑州市残疾人事业发展进行专项执法检查，责令落后地区和部门限期整改。领导的关心和支持，极大地调动了全市残疾人工作者的积极性，鼓舞了全市人民关心残疾人、投身残疾人事业的热情。

郑州市残联在认真落实涉及残疾人的普惠政策的基础上，注意针对残疾人的特殊情况和特殊需求，给予政策倾斜，出台了多项特惠政策。在相继出台《郑州市白内障患者免费复明工程实施方案》《郑州市“三无”残疾人生活救助方案》《郑州市低保家庭精神病患者医疗救助方案》《郑州市农村贫困残疾人危房改造方案》等一系列特惠政策的基础上，2011年，在特惠政策的制定上又实现了新突破。先后以市委、市政府名义颁发了《中共郑州市委郑州市人民政府关于加快残疾人事业发展的实施意见》《郑州市残疾人事业“十二五”发展规划》《郑州市人民政府办公厅关于印发加快推进残疾人社会保障体系和服务体系建设实施方案的通知》和《郑州市关爱救助孤独症儿童实施方案》等多项政策，形成了较为完备的政策体系，为建立残疾人事业发展长效机制提供了有力支撑。

建立经费投入递增机制。随着郑州市财力的增长，市财政在残疾人事业发展上的投入也逐年递增。建立白内障患者免费复明工程、“三无”残疾人生活救助、贫困精神病患者医疗救助、孤独症儿童救助等长效机制，规定发现一例救助一例，市财政逐年增加残疾人事业经费投入。《中共郑州市委郑州市人民政府关于加快残疾人事业发展的实施意见》中提出，年度残疾人事业经费预算由辖区人口每人每年1元标准，到2015年提高到每人每年3元标准，将达到2500万元。逐年递增的经费保障，为郑州市残疾人事业的跨越发展提供了有力的资金保障。

组织建设工作。12月1日，郑州市残联第四届主席团第三次全体会议在嵩山饭店召开。会议由市政府副秘书长李杰主持，市残联理事长杨惠春代表主席团作工作报告，市领导姚待献作重要讲话；对全市400多个（名）残疾人工作先进集体（个人）和扶残助残先进集体（个人）进行了表彰。

残疾人综合服务设施建设。2011年，市残疾人综合服务设施建设进一步完善。新密市和新郑市新建的集多种功能为一体的标准化残疾人综合服务中心全面竣工并挂牌投入使用。其中，新密市建设面积达到6000平方米，堪称全国一流残疾人综合服务设施。

【惠民工程】 关爱救助孤独症儿童。按照市政府办公厅下发的《郑州市关爱救助孤独症儿童实施方案》，对确诊的孤独症儿童，在康复训练期间，按照每人每月500元的标准给予补助；对定点医疗机构每诊断1名孤独症儿童补贴500元诊断费，发现一例、诊断一例、救助一例。共筛查出孤独症儿童278名，市财政投入资金180余万元，极大改善了孤独症儿童的医疗状况和孤独症儿童家庭的经济状况。郑州市关爱救助孤独症儿童工作得到了省残联的充分肯定，并在全省范围内进行推广。

实施白内障患者免费复明工程。为巩固争创“白内障无障碍市”的成果，市残联和卫生局联合开展了“百万贫困白内障患者复明工程”和“健康快车”郑州行活动，联合转发了《河南省卫生厅河南省残疾人联合会关于实施2011年“百万贫困白内障患者复明工程”项目的通知》，制定了《2011年健康快车郑州行活动市残联工作方案》。各县（市）区残联通过各种渠道和方式积极开展了宣传、筛查和组织输送等工作。2011年，全市共实施贫困白内障患者免费复明手术5000例，投入资金500万元。实现了“发现一例、手术一例，成功一例、挽救一家”的工作目标。

残疾人康复进社区、进农村工程。2011年，完成了上年底启动的“残疾人康复进社区、进农村工程”。市财政投入资金1268余万元，为全市102个乡镇卫生院、2156个行政村卫生所、71个社区卫生服务中心和197个社区卫生服务站全部免费配备了康复训练器材，惠及全市30多万名有康复需求的残疾人。郑州市残疾人基本实现了不出社区甚至不出家门就能享受到免费康复服务的目标。

【残疾人“两个体系”工作】 2011年，郑州市残联积极推进残疾人社会保障体系和服务体系（以下简称“两个体系”）工作，狠抓以最低生活保障、养老保险、医疗保险、社会救助制度（即“三保一救助”）为主要内容的残疾人“两个体系”的完善和落实，降低残疾人进入“三保一救助”的门槛，努力扩大残疾人社会保障的覆盖面。

最低生活保障。全市近3万名残疾人享受低保政策，基本实现了贫困残疾人家庭应保尽保。在此基础上，对城镇重度残疾人每人每月增发100元的生活补贴；全年投入资金243.49万元，为2126名低保家庭的精神病患者提供了医疗补助。从2009年开始，市政府对无劳动能力、无生活来源、无法定抚养人或赡养人的“三无”残疾人，开始实施救助工程；2011年，市残联加强对“三无残疾人”补助的申请、审批、发放、领取、中止等工作机制的研究，制定了《“三无”残疾人补助细则》，“三无”残疾人在享受低保的基础每人每月领取300元生活补助。全年共补助“三无残疾人”894名，补助资金317.88万元，完成全年任务的176%。

社会养老保险。2011年，认真落实《河南省按比例安排残疾人就业办法》，要求所有使用残疾人的机关、社会团体、企业事业单位在年审时必须提供由劳动部门出具的本单位为残疾职工缴纳社会养老保险金的单据，维护了残疾职工的合法权益，残疾职工养老保险参保率由过去的不足50%提升到90%以上。

社会医疗保险。2011年，对享受最低生活保障的残疾人免缴个人应缴费用,政府全额补助330元；18周岁以下及全日制在校大中专残疾学生,政府补助90元；18周岁及其以上的,政府补助330元。财政补助资金的投入，极大调动了城镇残疾人加入医疗保险的积极性，参保率达到70%。在农村，努力扩大残疾人参加“新农合”的比重，重度残疾人缴纳费用由政府财政负担，其他残疾人给予适当减免。农村残疾人“新农合”参保率达到97%以上。

社会救助。2011年，把残疾人专项救助列为社会保障的重要内容，在确保城乡困难残疾人纳入最低生活保障、医疗救助、大病救助等社会救助的基础上，开展了“低保精神病患者救助”项目。对全市低保家庭的精神病患者在享受低保待遇的同时，为每人每年再提供1200元补助。对残疾人实施集中托养和居家托养，着力改善智力、精神和重度残疾人生活状况。市财政对托养服务机构按每人每年3000元的标准给予补助，对居家托养的残疾人按每人每年1000元的标准给予补助。2011年，共完成机构托养残疾人160人，居家托养800人，核发补助资金64万元。为了保障残疾人“住有所居”，市残联规范了“筛查登记、确定对象、张榜公示、规划设计、组织实施、检查验收”等工作程序。据统计，近年来全市各级残联共计筹措资金1200万元，为915户农村贫困残疾人进行了危房重建和危房改造。各项惠民政策的实施，让广大残疾人得到了更多实惠，极大地改善了他们的生产生活状况。

【残疾人康复工作】 积极推进残疾人“人人享有康复服务”工作进程。根据《河南省关于推进实现残疾人“人人享有康复服务”目标的实施方案》的要求，市残联采取多种措施，扎实推进残疾人“人人享有康复服务”工作进程。积极协调有关部门出台了《转发河南省卫生厅关于将部分医疗康复项目纳入新农合报销范围的通知》和《关于将部分医疗康复项目纳入基本医疗保障范围的通知》，将残疾人康复项目纳入了医疗保障范围。投入资金近40万元，积极推荐各聋儿、智力、孤独症康复机构的骨干教师参加康复技术培训班，共培训社区康复协调员20期1532名。进一步引导、规范康复机构的建设与发展。检查与督导各县（市）区2010年度配发的康复器材使用情况，完善了各种社区康复制度，积极开展社区康复工作。

实施0-6岁贫困残疾儿童抢救性康复项目。在往年工作的基础上，加强了对定点康复机构的管理，指导各定点机构完成了数据库的录入和工作总结。开展全国听力言语康复机构信息管理系统试运行工作，组织6个聋儿定点康复训练机构重新进行了注册。开展2011年度国家以及河南省贫困残疾儿童抢救性康复项目。在全市开展了贫困聋儿、脑瘫儿童摸底调查，筛查出1-5岁需植入人工耳蜗的重度聋儿40多名，脑瘫儿童98名；为25名聋儿免费配发了助听器，为75名聋儿、20名脑瘫儿童提供了每人1万元的康复训练经费。

开展关爱救助孤独症儿童工作。根据市委《关于关爱救助孤独症儿童的工作部署》精神，市残联党组迅速行动，成立了筛查工作领导小组，出台了《郑州市关爱救助孤独症儿童初步筛查工作方案》，召开工作会议，安排部署筛查工作事项。在一周左右的筛查时间内，全市共筛查出0-6岁疑似孤独症患儿278名。在调查摸底的基础上，市残联起草了《郑州市关爱救助孤独症儿童工作实施方案》，并以市政府办公厅名义正式印发。成立了关爱救助孤独症儿童工作领导小组、康复专家技术指导组，制定了《郑州市关爱救助孤独症儿童工作实施细则》，确定了定点诊断及康复训练机构，周密部署受助对象筛选与申报工作。此项工作，郑州市在国家实施抢救性康复项目的基础上，再次加大对孤独症儿童的救助力度，开创了全省先河，走在了全国前列。省残联高度肯定了郑州市的经验，以省残康办的名义转发了郑州市的实施方案，在全省残联系统进行推广。

开展长江新里程普及型假肢免费安装项目。市残联安排各县（市）区对需要装配假肢的残疾人情况进行普查，组织专家、技师赴各县（市）区为缺肢残疾人现场取模、安装，全年共免费为残疾人装配假肢116例。通过各种慈善捐赠活动，为残疾人免费配发了轮椅、盲杖等辅助器具共7700余件，其中国家彩票公益金项目发放580件。

开展康复知识宣传及残疾预防等活动。充分利用“爱耳日”“爱眼日”“防治碘缺乏病日”“世界精神卫生日”等节日，深入开展残疾预防与康复知识宣传教育活动。2011年，郑州市委、市政府将“爱耳日”活动纳入全市活动重点安排部署，专门下发了《全国爱耳日活动安排》。省、市残联在郑州民生耳鼻喉医院广场举行了第十二次全国“爱耳日”省会宣传教育活动暨郑州民生耳鼻喉医院“民生爱耳月”公益活动启动仪式。省、市领导出席启动仪式，并现场向儿童捐赠了6万元的生活用品，发放了免费听力检测卡。开展“预防残疾·共享和谐”残疾预防系列宣传活动，发放了2万份《残疾预防知识手册》宣传画。

2011年，郑州市圆满完成或超额完成了各项康复工作任务。建设乡镇（街道）康复室173个，完成年度任务的151%，建设社区（村）康复站2353个，完成年度任务的131%；完成白内障复明手术5000例，完成年度任务的100%；为700名低视力残疾人配发助视器，完成年度任务的100%；培训低视力儿童家长34名，完成年度任务的100%；盲人定向行走训练700名，完成年度任务的100%；新收训聋儿190多名，完成年度任务的127%；成人听力康复70名，完成年度任务的100%；肢残人康复训练460多名，完成年度任务的153%；智残儿童康复训练170名，完成年度任务的113%；假肢取模、安装116例，完成年度任务的115%；供应用品用具7700余件，完成年度任务的108%；培训社区康复协调员1532名，完成年度任务的139%；在全市所有县（市）区开展了精神病防治工作，使9000多名精神病患者得到了不同程度的康复。

【残疾人教育与就业】 积极推进特殊教育工作，做好交通银行助学款的发放工作。2011年，发放交通银行助学款4万元，补助在校残疾高中生40人。对未入学适龄残疾儿童少年、学前特殊教育机构、高中阶段特殊教育机构及在校生等情况进行了调查统计。协调省残联、省招办，招录残疾人大学生48人，比上年提高了60%。采用多种方式资助残疾学生427名。

稳步开展就业培训工程。将残疾人就业培训工程纳入全市2011年全民技能振兴工程行动计划中，按照“以市场引导培训、以培训促进就业”的原则组织培训，督促指导培训机构严把培训质量。组织残联系统相关人员，参加了中残联和清华大学继续教育学院联合开办的2011年基层残疾人就业指导员远程教育工作。2011年，各级残联共培训残疾人10669名，完成年度任务的115%；新安置残疾人就业8213名，完成年度任务的177%。

【残疾人文化体育】 2011年，开展了郑州市第二届残疾人文化活动周，举办了“残疾人书画、工艺美术、摄影展”，全市100多名残疾人精心创作的170幅（件）作品参展。各县（市）区残联也开展了“唱红歌•庆‘七一’”、诗朗诵、书画展、才艺展、趣味运动会、文艺演出、读书比赛等丰富多彩的活动。文化活动周期间，全市共有近2万名残疾人参与。推荐中牟县聋校学生表演的《放飞梦想》参加中国文联和中国舞蹈家协会共同主办的第六届“小荷风采”全国少儿舞蹈展演，获得最高奖“小荷之星”奖，受到了省、市表彰。参加河南省第二届“曙光杯”残疾人书法、绘画大赛，取得特等奖1名、一等奖2名、二等奖3名。在第八届全国残运会上，郑州市运动员任桂香、张岩顽强拼搏，夺得2枚金牌。郑州市残疾人体育工作受到国家体育局、中残联的表彰，获得全国残疾人体育工作先进单位称号。

【扶残助残活动】 开展助残帮扶“百日行动计划”。2010年11月26日至2011年3月10日，市残联在全市开展了助残帮扶“百日行动”活动。活动按照政府主导、残联牵头、社会参与的原则，在全市范围内掀起了助残帮扶高潮。共为100户残疾人家庭进行了示范性无障碍改造，为2000名聋人免费发放了闪光门铃，为300名盲人免费发放了读屏软件。

开展“全国助残日”活动。5月15日，在第二十一个“全国助残日”当天，省残联、省超越救助基金会、省助残济困总会、省残疾人福利基金会在省人民会堂广场联合举行了“曙光行动——轮椅助行工程”河南省捐赠15万辆轮椅启动仪式暨2011年30200辆轮椅发放仪式。市残联作为承办单位，精心组织，积极协调，保证了活动的顺利举行。共为全市贫困重度下肢残疾人免费发放轮椅300辆。

扎实开展轮椅助行工程。为确保2000辆轮椅发放到最需要的残疾人手中，在全市开展了“轮椅助行工程”摸底调查工作。实名填写《河南省“曙光行动”——轮椅助行工程普查登记表》，做到不虚报、不漏报，并制定了4条发放原则，确保了轮椅发放工作的公开、公正和透明。全年共发放轮椅2400辆，完成年度任务的120%。

【开展“六个一”系列活动】 2011年，组织开展了“六个一”系列活动，进一步营造了关心、关注残疾人事业发展的良好社会环境。（1）“一会”活动。5月6日，残疾人创业故事会在中原工学院报告厅举行，12名残疾人成功人士为大学生们讲述了他们自强自立、艰苦创业的奋斗历程。（2）“一助”活动。5月8日，由河南省圆方公司和河南白象集团主办的“放飞希望、放飞梦想”助残活动在黄河游览区举行，来自市内5区的200多名残疾人和大学生志愿者欢聚母亲河畔，用色彩鲜艳的风筝来传递广大残疾人对美好生活的追求和梦想。（3）“一帮教”活动。5月12日，郑州市残疾人艺术团走进郑州监狱，举办了以“沐浴党的光辉、重塑美好人生”为主题的帮教文艺演出。（4）“一圆梦”活动。5月14日，以“大学圆梦”为主题的残健联谊活动在郑州师范学院举行，市残疾人康复教育中心百名学员做客郑州师范学院，以文艺表演为传媒，同大学生相互交流，增进了解。（5）“一场相亲会”活动。6月11日上午，郑州市肢残人协会举行了“711爱心在行动——残疾人专场相亲会”。共有400多位残疾人和100多位健全人参加了本次相亲会。在活动当天，共有23对残疾人表示互有好感，相互留下了联系方式，愿意进一步加深了解。（6）“一场趣味运动会”。在第五十四届国际聋人节到来前夕，郑州市聋人协会承办的“郑州市聋人趣味运动会”在中州大学、郑州师范学院内成功举办。共有26支队伍300多名聋人大学生参加了“乒乓球反投”“心心相印”“集体跳绳”“三人四足”和“吸乒乓球”等8个项目的比赛。

【残疾人管理服务工作】 残疾人维权信访。市残联信访部门严格执行《信访条例》，坚持热忱为残疾人服务，积极化解社会矛盾，不断加强残疾人信访工作。2011年，共处理残疾人来信来访1500余人次（件），做到事事有答复，件件有回音，对残疾人在生产、生活中遇到的问题给予全力帮助，妥善解决，将矛盾化解在基层。全面排查不稳定因素，做到了零预防。

残疾人证换发工作。全面落实县级残联理事长负责制，严格按照残疾人证核发、管理办法规范办证工作，加快办证进度，确保有要求的残疾人应发尽发。2011年，新办理残疾人证8.8万本，并对新办理残疾人证的卷宗就行了整理归档。

参与文明交通治理工作。2011年，市残联依据中残联和省残联有关文件精神，结合对郑州市残疾人机动轮椅车的摸底调查情况，制定了《2011年郑州市残疾人机动轮椅车燃油补贴工作方案》。为全市符合国家标准的残疾人燃油机动轮椅车车主发放补贴。其中，2009年、2010年每人每年200元，2011年每人每年260元，共计发放1798人次、金额40余万元，惠及了广大残疾人朋友，既为残疾人解决了实际问题，又有利于消除安全隐患。

残疾人协会工作。根据中残联《关于在全国残联专门协会中开展创优争先活动的通知》精神，及时总结全市残疾人专门协会在精神文明建设中的先进经验和做法，根据省残联工作要求，结合郑州市工作实际，市残联积极参与评选并获得了“‘十一五’全国残联专门协会工作优秀奖”。

（毛贻广）

第二十七篇　开发区建设

郑州新区

【概况】 2011年，郑州新区以科学发展为主题，以加快经济发展方式转变为主线，以“复合型城市”为理念，围绕两个重点，完善三大平台，推进六大重点区域开发，持续掀起大开发、大建设、大开放高潮，确保经济社会更好更快发展，努力在中原经济区和郑州都市区建设中发挥更大的示范引领作用。围绕两个重点，即紧紧围绕基础设施配套和产业集聚发展两个重点推动新区开发建设；完善三大平台，即进一步完善投融资、土地和人才三大支撑平台，努力为新区开发建设提供要素保障；推进六大重点区域开发，即推进郑州航空城、龙湖地区、国际物流园区、高校及职教园区、绿博园周边地区、综合交通枢纽地区等重点区域开发，带动整个新区组团式发展。2011年，全区实现地区生产总值631亿元，同比增长23.9%。固定资产投资完成661亿元，同比增长35.2%。规模以上工业增加值完成304亿元，同比增长54.5%。地方财政总收入完成133.4亿元，同比增长54.5%；财政一般预算收入完成77.3亿元，同比增长39%。社会消费品零售总额完成231亿元，同比增长19.5%。实际利用外资完成12.1亿美元，同比增长118.3%；出口总额完成63.3亿美元，同比增长681.4%；引进市外境内资金155.8亿元，同比增长41.4%。

【规划编制】 2011年，郑州新区全面启动了重点区域的控制性详细规划、城市设计及部分专项规划。（1）控规覆盖范围逐步扩大。完成了龙湖地区、龙子湖地区、综合交通枢纽地区、经开区核心区、物流园区、中牟县城区等城市组团控制性详细规划编制工作。（2）城市设计扎实推进。先后开展了CBD副中心如意湖区域、龙湖沿湖地区、综合交通枢纽核心区等重点区域城市设计工作，完成了白沙、绿博组团城市设计国际招标活动。（3）进一步深化专项规划编制工作。组织开展了郑州新区“五线”规划和综合交通规划工作，经开区、航空港区和国际物流园区等市政专项规划工作，以及郑州新区合村并城规划研究、郑州新区生态绿廊规划前期研究等工作。（4）“十二五”规划纲要正式印发。根据省、市统一安排，编制完成了《郑州新区“十二五”国民经济和社会发展规划纲要》，并正式印发。

【重点区域开发】 2011年，郑州新区坚持集聚优势、重点突破、以点带面、协调发展的原则，积极推进龙湖地区、国际物流园区、高校及职教园区、绿博园周边地区、综合交通枢纽地区等重点区域的开发建设。（1）龙湖区域开发有序推进。龙湖工程防渗墙浇筑完成总工程量的94%，湖区开挖全面启动。龙湖工程的配套工程魏河改线工程和两个湖底隧道工程开工建设；龙湖工程涉及的14个自然村全部完成拆迁。（2）国际物流园区建设取得重大进展。新加坡国际物流产业园揭牌，丰树物流、安得物流、宇通等12个项目签约入驻，投资总额达到113亿元。（3）高校及职教园区建设进展顺利。龙子湖高校园区已有12所高校新校区主体或一期工程建成投入使用，入住学生近15万人；白沙职教园区入驻学校22所。（4）绿博园周边地区产业集聚效应初显。华强文化科技产业基地一期工程18个单体已封顶;环球美食城、省图书馆、省博物院、地质博物馆等项目有序推进。（5）综合交通枢纽地区开发建设初具规模。以郑州东站为核心的郑州综合交通枢纽工程进展顺利，郑州东站主体工程已基本完工，周边基础设施配套建设和西广场开发有序推进。

【基础设施建设】 2011年，郑州新区共实施重点基础设施项目52个，累计完成投资160.8亿元。（1）积极配合推进郑州综合交通枢纽项目建设。郑州东站主体工程已基本完工，航空综合交通枢纽建设加快推进。（2）加快城际交通干线建设。郑州至开封、郑州至机场、郑州至焦作轨道交通建设相继开工；107辅道下穿隧道建成通车；郑开大道与京港澳高速互通式立交建成投入使用。（3）不断完善各区域内部基础设施配套建设。重点做好重点区域水、电、气、热等基础配套设施建设，基础支撑保障能力进一步增强。（4）重点抓好引黄灌溉调蓄工程和魏河、潮河治理工程等多项生态水系建设工作，进一步加强新区水资源保障体系建设。

【产业项目建设】 2011年，郑州新区确定重点产业项目190个，完成投资305.5亿元。（1）现代服务业快速提升。金融机构及企业总部集聚效应持续增加。郑东新区新引进中保人寿等各类金融机构19家，累计入驻各类金融机构达112家；新引进企业总部或地区总部5家，在东区设立公司和分支机构的全球500强企业达18家、国内500强企业33家（金融业除外）。（2）汽车及装备制造业发展迅猛。围绕打造“百万辆汽车生产基地”的目标，形成了以经开区、国际物流园区和中牟县为主体的汽车产业集聚区。中牟汽车工业园已被列入省级产业集聚区；东风日产发动机郑州工厂、宇通新能源客车生产线建设项目和宇通重工整体搬迁项目已开工奠基，郑煤机液压支架项目已全面投产。（3）电子信息产业发展步伐加速。富士康科技园一期建成投产，中兴产业园、电子二十七所国防重点工程等一批电子信息项目加快推进。（4）现代物流业发展迅速。以新加坡国际物流园奠基暨首批入驻项目开工仪式的启动为契机，新加坡国际物流园的开发建设已进入实质性阶段。豫鑫物流、中南邮政、长通、国际后市场等一批物流项目稳步推进。（5）都市型现代农业示范区建设进展顺利。以中牟县为主体的都市型现代农业重点打造“两区一城五大产业”，即中牟县北部180平方公里的旅游观光农业示范区，以及万邦国际农产品物流城，南部450平方公里的现代生态农业示范区，包括蔬菜、花卉、渔业、林果、畜牧等五大产业。

【招商引资】 2011年，郑州新区进一步调整招商思路，创新招商模式，努力实现从“招商”向“选商”的转变。一是完善项目前期研判，提高选商工作的针对性；二是实施重点产业和重点区域招商，提升选商工作的有效性；三是制定统一的产业和项目准入标准。根据新区总体规划和产业规划，指导各区县制定各个功能组团的产业和项目准入标准，明确量化指标，加强业态控制。2011年，新签约项目87个，超亿元项目67个。其中，超10亿元项目17个，超50亿元项目3个，超100亿元项目1个。签约总金额760.9亿元。全年实际利用外资12.1亿美元；出口总额63.3亿美元，比上年增长7倍。

【三大平台建设】 （1）完善投融资平台。以郑州新区建设开发投资总公司为依托，做大做强郑州新区本级投融资平台。同时，支持所辖区县投融资平台盘活存量资产。郑东新区整合资源，组建了东龙控股公司，负责整个龙湖地区开发建设的投融资工作；国际物流园区积极组建中新双方合作的投融资平台，统筹园区开发；绿博园周边地区的开发也在新区投融资平台统筹下稳步推进。（2）完善土地平台。成立郑州新区土地储备交易中心，统一负责新区范围内的土地储备交易工作。建立土地供应重大项目专家评估咨询机制等相关工作制度；按照“科学测算、专家评审、适时更新、社会公布、最低限价、刚性标准、阳光运行”的原则，在新区范围内统一推行土地供应区片价格制度，着力推进新区土地市场运作的规范化、程序化，努力实现新区范围内土地交易公平、公开、公正，“同地同价”。（3）完善人才平台。成立郑州新区人才服务中心，采取“政府搭台、校企合作、订单培训、工学交替”模式，开辟引进和培养人才的新途径，为新区范围内的企业提供人才支撑。中心已与多所高校、企业建立了人事代理合作关系，人事代理人员已达6600人。同时，还开通了“郑州新区人才网”，打造了人才信息网上交流互动平台。

（张向辉）

宇通客车节能与新能源基地奠基仪式

郑州新郑综合保税区（郑州航空港区）

【概况】 郑州新郑综合保税区（郑州航空港区）位于郑州市区东南方向约20公里，是围绕郑州新郑综合保税区和新郑国际机场开发建设起来的一个重要的经济发展区域，是郑州都市区建设规划中的宜居航空城组团。现有规划面积138平方公里，代管42个行政村和2个自然村，区内人口约20万人，耕地面积5312.53公顷。

2011年，综保区（航空港区）实现地区生产总值111.49亿元，同比增长89.8%。规模以上工业增加值完成95亿元，同比增长158%。地方财政收入完成10.2亿元，同比增长209.6%。全社会固定资产投资完成80.1亿元，同比增长109.6%。实际利用外商直接投资4.6亿美元，同比增长360%；出口总值49.72亿美元，同比增长47660.2%。民航旅客吞吐量1015.01万人次，同比增长16.6%；民航货邮吞吐量10.28万吨，同比增长19.8%。多项经济指标增速名列全市第一。

【航空经济示范区规划编制】 按照省、市政府要求，航空城规划面积将由138平方公里扩展为189平方公里，远景展望为220平方公里，《郑州航空城总体规划》已经市政府批准实施。由省发改委牵头的郑州航空城总体规划、航空物流规划、土地利用总体规划和机场总体规划四规套合工作已基本完成，重点地区城市设计方案国际征集活动已通过专家评审。综保区（航空港区）产业规划、服务业发展规划、环境影响评价总体规划已编制完成；环卫设施、园林绿化、生态水系、社会公共事业等专项规划已提交初步规划成果，正在修改完善。以“节能、环保、科技、低碳”为理念、以“智慧航空城”为目标、以“一体两翼、两纵三横、一脉两心”为空间布局的航空新城和航空经济示范区的宏图已经绘就。

【产业集聚区建设】 2011年，综保区（航空港区）产业集聚区建设成效显著。郑州富士康项目2010年落地以来，已形成每天21.8万部的手机产能，累计生产整机2445万部，每天的销售收入达4.6亿元，累计完成工业总产值约456亿元。完成进出口总额96亿美元，拉动全省进出口总额增长52.6个百分点。富士康项目具有强大的产业集聚效应和“雁阵效应”，将带动100多个产业、400多个配套企业落户河南，加快了全省工业结构调整升级。伴随着综合保税区封关运行和富士康项目批量投产，郑州新郑综合保税区迅速成为全球瞩目的投资热土。美国华新顿、印尼力宝、日本旗胜等国际知名企业，新加坡、菲律宾、日本等国家及香港、深圳等地多个大型考察团先后到该区调研考察，表达了强烈的投资意愿。截至2011年底，已有22家富士康协理厂商签约，有26家配套企业租用闲置厂房进行生产，有近60家企业表达了可以进驻标准厂房的意向。

【新郑机场旅客吞吐量突破1000万人次】 1997年8月28日，郑州新郑国际机场正式建成通航。2008年，郑州机场被中国民航局确定为全国八大区域性枢纽机场之一。截至2011年底，已经通航国内外67个城市和地区,开通航线90条（其中，国内航线84条，国际和地区航线6条），每天进出航班300多个,成为河南省空中门户、国内干线运输机场和国家一类航空口岸。2011年，机场开通了俄罗斯、卢森堡、阿姆斯特丹航线。12月26日，郑州新郑国际机场年旅客吞吐量突破1000万人次，标志着该机场正式跻身国内大型空港和繁忙机场行列。同时，机场货邮吞吐量突破10万吨。随着二期扩建工程加快推进，郑州机场朝着建设国内大型航空枢纽的目标迈出了坚实一步，这对正在建设的中原经济区、郑州都市区来说，必将为区域经济的发展带来无以限量的拉动和辐射效应。

【富士康郑州科技园建成投产】 富士康项目是河南省、郑州市重大招商引资项目，得到了省委、省政府和市委、市政府主要领导的高度关注和大力支持。经过历时多年的争取，2010年7月，富士康项目正式签约入驻郑州；2010年9月16日，富士康郑州科技园在综保区（航空港区）奠基开工。全区上下抢工期、抓进度，加班加点，日夜奋战，富士康项目建设总体进展顺利，各项工作取得了明显成效。2011年3月14日，富士康郑州科技园第一条手机生产线正式投产。2011年底，富士康科技园手机产能已经达到每天近22万部，累计生产整机2445万部；日销售收入4.6亿元，电子信息产品累计实现销售收入402亿元，占郑州市2011年电子信息产业产值的69.4%，占全省2011年电子信息产业产值的50.2%。实现进出口总额占全省外贸进出口总额的32%，拉动全省进出口总额增长52.6个百分点，带动河南省2011年进出口总额增速位居全国第二。富士康作为投资近百亿美元的产业项目，从洽谈到签约只用了4个月，从签约到开工只用了67天，从开工到投产只用了6个月时间，郑州工厂生产的产品品质比深圳工厂已经生产了5年的产品质量提高了2个百分点。航空港人以真诚、务实、高效，创造了“河南效率”“郑州速度”。

【郑州新郑综合保税区正式封关运行】 2011年11月4日，郑州新郑综合保税区正式封关运行，成为河南省对外开放史上的标志性事件。作为中部地区首个获批的综合保税区，河南从此拥有了接轨世界的桥梁，表明河南已经具备了承接世界知名企业、跨国公司转移的能力。综合保税区是我国开放层次最高、优惠政策最多、功能最齐全、手续最简化的特殊开放区域。2010年初，河南省提出“举全省之力，建保税新区”。2010年10月24日，获得国务院正式批准，上报到获批历时仅仅100天。获批后，7个月时间，在一片沙丘地上完成了基本建设；10个月，全部完成系统集成和建设。2011年8月3日，通过国家验收；11月4日，正式封关运行。这一速度，在我国综保区建设历史上前所未有，被称为“郑州速度”。作为全国第13个综保区，新郑综合保税区是一个没有任何基础、没有任何城市配套、从零建立起来的综保区，所采取的项目引进与综保区和航空城建设相互促进、同步推动的建设模式，被称为“郑州模式”。

【民生工作】 切实保障和改善民生，让人民群众共享发展成果，是综保区（航空港区）工作的出发点和落脚点。扎实做好农民转移就业工作，举办了以“新市民、新观念”为主题的教育培训。通过对被征地农民提供政策咨询、就业培训、职业介绍等，近万名农民实现了在家门口就业的梦想。加大教育投入力度，投资1500万元新建小学1所、幼儿园2所，另有1所高中、1所初中、1所小学、2所幼儿园正在建设。面向全省公开招录小学、幼儿园教师167名，有效解决了教师队伍短缺问题。大力实施优质医疗资源倍增工程，与郑州市第一人民医院签订合作协议，打造10分钟紧急救援医疗圈。不断完善社会保障体系，制定出台了综保区（航空港区）征地补偿、拆迁安置、社会保障等政策措施，切实维护被征地农民的基本权益。全区共有63656名农民参加新型农村合作医疗，参合率达97.8%；有11500名被征地农民享受补贴待遇，新增参加城乡居民养老保险群众6950人，累计发放困难户、低保户补助金265万元。开通机场至郑州、机场至新郑的公交车和2条区内公交线路，解决了群众出行难问题。编制完成了合村并城专项规划，初步规划建设7个集中安置新区，锦绣枣园一期、锦绣绿苑一期已建成，锦绣绿苑二期已开工建设。

【城市管理】 （1）加强重点地区综合整治。集中3个月时间，对富士康厂区和员工居住区开展了环境综合整治活动，从公安、城管、交运、工商、药监等5个市直部门抽调了146名执法人员，切实加大综合执法整治力度，不断提升城市管理水平。富士康周边的摊贩占道经营、车辆非法营运、道路交通拥堵、环境卫生脏乱、治安形势严峻等突出问题得到有效遏制，厂区和生活区周边环境明显改善。（2）创新社会管理，加强富士康员工管理工作。成立了富士康IT产业园社区服务中心，管理重心下移。制定了《关于加强富士康社区管理的实施意见》。指导富士康成立了社区工会、团委，开展丰富多彩的业余文化活动，排解员工心理压力，解决员工实际困难，有效化解了相关社会矛盾，得到省、市领导和富士康科技集团高层的高度肯定。（3）加强社会治安综合治理。投资3000万元，建成了全省一流的交通治安监控系统，强化对社会治安重点地区和重点路段的排查整治，始终保持对严重违法犯罪活动的高压态势，公众安全感稳步提升。（4）严格落实信访稳定和安全生产责任制。加强日常监管，扎实开展执法、治理、宣传教育“三项行动”，深化安全生产“大检查、大整治、大督查”活动和重点行业、重点领域专项整治，全区没有发生一起重大安全生产责任事故。注重从源头上化解内部矛盾、预防安全事故，确保了社会大局和谐稳定。

（王　丹）

郑东新区

【概况】 2011年是全面实施“十二五”规划的开局之年，也是中原经济区、郑州都市区建设的起步之年。郑东新区深入贯彻落实科学发展观，坚持建设、管理与繁荣并重的工作思路，明确目标，拉高坐标，找准定位，开拓创新，实现了经济社会的又好又快发展。全年完成固定资产投资约296亿元，同比增长34.55%，增速位居全市第二。完成全口径财政收入122.6亿元，同比增长20.96%，完成地方财政总收入53.2亿元，同比增长34%，其中一般预算收入完成27.7亿元，同比增长25.7%，收入规模全市排名第二，税收质量排名第一。完成社会消费品零售总额91亿元，同比增长21.6%，增速全市第二。实际利用外资2.99亿美元，同比增长199%；完成外贸出口5.76亿美元，同比增长72.3%；引进省外资金44.37亿元，同比增长16.45%。新开工房屋面积400余万平方米，新竣工房屋面积185万平方米；新入住人口12万人。建区9年来，东区累计完成固定资产投资约1300亿元，建成和在建房屋面积3050万平方米，绿化面积1500万平方米，水域面积300万平方米。截至2011年底，东区辖区面积130平方公里，建成区面积70平方公里，入住人口约70万人。

【形象大幅提升】 2011年，东区形象大幅提升，初步发挥了引领示范作用。2月26日，《人民日报》头版头条刊发长篇报道《昂起中原崛起的龙头》，全面介绍了郑东新区的发展成就，在国内外引起强烈反响。

12月7日，《中国国土资源报》头版头条刊登了《让失地农民生活得更好——郑州市郑东新区解决被征地农民长远生计的探索》一文，对东区的和谐征迁进行了详尽报道。同时，中央各主流媒体也对东区的发展进行了系列报道。在全国国土资源工作会议上，国土资源部部长徐绍史指出，“要特别认真总结包括河南郑东新区‘和谐拆迁’在内的基层实践探索经验，为修改土地管理法和完善配套法规提供经验借鉴。”省委内参、《调研河南》《调查研究》和《省政府工作快报》同时刊文，介绍了东区和谐征迁、土地区片价等开发建设过程中在体制机制等方面的创新经验。《大河报》《郑州日报》《郑州晚报》连续刊载10篇长篇通讯，对郑东新区建设成就和经验进行了报道。2011年，郑东新区管委会被省委、省政府命名为省级文明单位。

【城市建设】（1）项目开工数再创新高。2011年，新开工项目70个，在建项目合计157个，投资额均在亿元以上。其中，5亿元以上项目59个，10亿元以上项目17个，20亿元以上项目10个。（2）龙湖防渗墙工程创世界之最。截至年底，防渗墙工程全部完工，工程总长度23.2公里，施工面积92.8万平方米，两项均创世界之最，正在申报吉尼斯世界纪录。湖底隧道和魏河改线工程同步推进，龙湖开发迈出坚实步伐。（3）完成拆迁任务创历史新高。全年拆除各类建筑物近100万平方米，确保了龙湖工程、石武客专站房、石武客专动车组等重大项目的顺利推进，未发生赴市级以上上访事件。其中，龙湖工程用地涉及拆迁自然村14个，计1488户、8000余人，拆迁面积90余万平方米，创全市特别重大业绩。（4）综合交通枢纽配套建设保障有力。心怡路跨七里河桥等7座桥梁和普惠路、心怡路等2条地下人行通道顺利完工，为亚洲最大高铁站——郑州东站投用打下了坚实的基础。（5）龙子湖高校园区成为全省高校和入住学生最集中的地区。15所高校中14所在建或投入使用，园区累计入住师生达15万人。（6）CBD 7个地下公共停车场全面投入使用，新增车位约5000个，极大地缓解了CBD区域停车难问题，在全市地下公共停车场建设方面超前一步。（7）重点项目建设加快推进。会展宾馆、期货大厦等重大项目相继封顶，绿地中央广场、绿地之窗和升龙站前广场等巨型商业综合体加快建设。（8）建筑质量逐步提升。全年创国家“鲁班奖”工程1项，省“中州杯”、市“商鼎杯”等各类奖近40项，累计获奖400余项，成为中部地区获奖建筑最集中的地区之一。（9）创新规划设计理念。委托世界著名设计大师矶崎新在担纲CBD副中心城市设计的基础上，牵头邀请8个国际一流的设计机构进行CBD副中心单体城市设计，集聚精英智慧，确保CBD副中心城市设计和单体设计的连续性、高水平，得到市委、市政府主要领导的肯定。（10）土地供应率全市最高。全年批回土地861.27公顷，征收集体土地1200公顷，完成国有土地收购约17公顷，累计供地18宗81.2公顷。截至2011年底，东区前9年累计批回土地4880公顷，供应土地3442公顷，供地率70.5%，全市最高。（11）受理审批和服务事项14万余件，创历史新高，均在承诺时限内办结。

副省长赵建才在龙湖施工现场调研

【产业发展】（1）金融机构集聚度持续提升。2011年，新引进中保人寿等各类金融机构19家，累计入驻各类金融机构达112家。驻区6家中外资银行省级分行人民币存款余额10837.84亿元，占全省的40.48%；贷款余额6398.85亿元，占全省的36.26%。11家保险公司省级分公司保费收入384.3亿元，占全省的48.83%。东区成为全省乃至中部地区金融机构、金融业务最集中的地区之一。（2）总部经济加快发展。新引进企业总部或地区总部5家，在东区设立公司和分支机构的全球500强企业达18家、国内500强企业33家（金融业除外）。（3）商贸物流业迅猛发展。保时捷、宾利等超高端汽车品牌先后进驻，丹尼斯百货天地、宏信天下收藏文化街建成开业，绿地•原盛国际、正大集团、王府井百货等商业综合体加快建设，喜来登、万豪等国际酒店一线品牌相继进驻，新开业正方圆、永和铂爵两家五星级酒店，诺富特、雅乐轩两家四星级酒店，开业和在建四星级以上酒店14家，占据全市的半壁江山。华丰钢铁物流园和万通汽贸势头强劲，豫鑫物流、中南邮政物流正式开工。（4）相关产业多元发展。新发展服务企业4家，文化企业20家。促进旅游业发展，努力推动国家4A级景区创建。制定了动漫产业发展政策。

【社会事业】（1）加快教育事业发展。新开工学校8所，昆丽河小学等3个教育项目投入使用。推进优质教育资源倍增计划，新增小学优质学位540个、中学优质学位300个，招聘教师266人。（2）推进优质医疗资源倍增计划。颐和医院、洛阳正骨医院郑州医院等项目加快建设，建成3个社区卫生服务中心和9个农村社区卫生服务站。（3）加强计划生育工作。出台计划生育工作目标管理责任制考核办法，投入经费1100万元，加大对计生家庭的奖励扶助力度，比国家提前15年高额度发放奖励扶助资金。（4）做好民生保障。新增公共租赁住房2084套。新增就业2450人、医保参保61568人，发放最低生活保障金和大病救助金近200万元。向88名创业人员和16家企业发放小额贷款4250万元。对611家餐饮服务单位进行检查，下发监督意见342份。认真做好"瘦肉精"检测工作。发放粮食直补和农资综合补贴资金358万余元。（5）大力发展文化体育事业。建成6个社区文化活动中心、5个农村文化大院，成功举办2011年民间文艺展演等活动。

【城市管理】以创建全国文明城市和城市管理整治提升活动为契机，制订工作方案，建立问题台账，加强督查考核，加大奖惩力度，取得明显成效，为确保郑州市创文成功作出了应有的贡献。（1）CBD静态交通治理初见成效。以7个停车场投用为契机，取消地上车位，新增临时停车场2个、车位1500个。建立联动机制，实施集中治理，车辆违规停放现象显著改观。（2）综合执法成效显著。拆除户外广告4000平方米、软体条幅436条，率先在全市实现无户外广告、无软体条幅目标。规范门头设置1357处，全市门头牌匾整治现场会在东区召开。拆除联盟新城等违法建设近300起、面积30万平方米。（3）"五小门店"整治扎实推进。完善组织领导、考评机制和监督制度，组建整治志愿者队伍，深入开展争创"党员示范店"等活动，1193家"五小门店"全部整治到位，周边环境明显改善。（4）市政设施不断完善。更换平、侧石1000米，铺装人行道板9000平方米，路面沥青铺装546平方米，沥青面层灌缝324米。完成了对6座公厕和7座环卫中转站的选址定界。（5）防汛工作有效开展。统一检查河道雨水出水口，疏通雨水管道14342米、污水管道5032米、雨水收水井4563座，确保安全度汛。（6）景观建设不断优化。开展"绿叶杯"景观绿化竞赛活动，植补绿篱地被12万平方米、乔灌木1700株；新增公共绿化面积91.6万平方米。加强河道治理，清理河道29.9公里，整治污水口35个。（7）数字城管运行良好。建设交警六大队等11个分控中心，安装256个360°旋转高清摄像机和3个道路卡口，系统运行良好。数字城管受理各类案件3967件，结案3966件，结案率99.9%。

【社会管理】（1）社区建设稳步推进。完成了19个农村社区向城市社区的转制；建设了阿卡迪亚和五州汇富两个精品社区。社区信息化建设加快推进。推行"一站一居""站居分设"模式，成立了绿城百合等4个社区居委会和高速奥兰等5个社区工作站。社区办公用房面积在1000平方米以上的社区达到17个，800平方米以上的5个，500平方米以上的13个，社区服务水平逐步提升。（2）确保信访稳定。建立社区信访接待室，落实领导接访、带案下访等制度。2011年，累计接访325批3800多人，化解群体性上访苗头127起；书记、市长信箱收信、网上信访案件办结率100%。（3）安全生产形势稳定。落实"一岗双责""属地管理"责任制，通过排查下发《责令改正通知书》5100余份，督促整改各类隐患16700余处，整改率达到100%。实现了全年安全生产无事故。（4）治安管理不断强化。以"四严一创"活动为主线，以"警务机制改革"为契机，全面提高综合打防能力，强力开展"清网行动"，推进"三项建设"，确保东区秩序稳定，群众安全感明显增强。（5）外来务工人员权益保障有力。建立事前备案制度，把好入口关；建立保障金制度，把好源头关；实行退还公示制度，把好监督关；建立黑名单制度，把好惩戒关。2011年，受理各类投诉420起，处理突发事件36起，为2900余名外来务工者追讨工资1200余万元，切实保障了其合法权益。

（李晓东）

郑州高新技术产业开发区

【概况】2011年，按照建设郑州都市区总要求，紧紧围绕建设"高新城"的目标和"高新城开发年"各项任务，坚定不移地发展高端产业，走自主创新之路，实施产城融合战略，高新城建设取得重要进展。

2011年，高新区生产总值完成120亿元，比上年增长16.4%。地方财政一般预算收入完成12亿元，比上年增长31%。规模以上工业增加值完成62.5亿元，比上年增长22%。实现全社会固定资产投资120亿元，比上年增长35%。利用域外资金57.3亿元，比上年增长31.5%；实际利用外资2亿美元，比上年增长73.7%；实现出口创汇5.6亿美元，比上年增长116.4%。万元GDP能耗下降4%。实现产业集聚区营业收入500亿元，比上年增长20%。高新技术企业、高技术服务业营业收入占营业总收入的比例达58.2%，高新技术产业工业增加值率达到33.7%，明显高于传统产业。格力、联通、华强、微软、腾讯等一批国内外知名企业相继入驻，逐步形成包括研发、生产、服务和物流在内的完整电子信息产业链。

2011年，高新区先后被省科技厅评为河南省创新型产业集聚区第一名，被省政府评为“河南省十强产业集聚区”，被省政府评为“2011年度全省对外开放工作先进单位”，被省财政厅和国土资源厅评为“2011年全省国土资源节约集约模范区”。国家动漫产业发展基地（河南基地）跻身2011年全国10个创意产业最佳园区之列；正星科技有限公司喜获“2011年度省长质量奖”，获奖数量占全市1/3；汉威电子、新天科技获得“2011年度市长质量奖”，获奖数量占全市1/3。

2011年，成功助推新开普、新天科技两家公司上市，实现连续3年每年2家企业成功上市。高新区上市企业达到10家，占全市35家的近1/3。威科姆等10余家企业完成改制；新增场外市场后备企业15家，通过内核的企业达15家，形成了良好的梯次队伍，企业上市工作继续在省、市保持领先。

【基础设施建设】 2011年，高新区成立了城市管理整治提升办公室，制定城市管理整治提升方案，实施“三化一机制”。对建成区道路、人行道沉陷、门户小道整治修复800多平方米，完成人行道铺装2315平方米。投资1600万元，对科学大道及丁香里部分路面进行了全面整治。对科学大道、瑞达路沿街围墙、楼体及科学大道立交桥栏杆进行亮化，安装轮廓景观灯1万米以上。投资约1.2亿元，实施西四环、西四环改线段及其他园林绿化工程，绿化面积94万平方米。在连霍高速沟赵站建设礼仪之门雕塑公园，已完工。完善村级卫生保洁长效机制，对各行政村垃圾中转站内的垃圾进行清运，确保5个管区村容村貌整洁有序。2011年4月30日，彩虹花园重振工程启动，已有8家改造完成，相关配套设施升级工程正在加紧进行。

科学大道沿线的城市规划设计已完成，城市综合体、中油气天山石化、豫元饼干、胖哥食品等项目已进入操作程序。加快推进“烂尾楼”处置工作，在法院调解下，经过长期艰苦工作，11月促成长明中学相关各方达成了和解协议，完成了市政府要求高新区盘活“烂尾楼”工程的任务；民生医院盘活工作正在积极协调推进。通过BT等多种方式破解融资瓶颈，加快供排水、污水、垃圾处理、道路、电网等基础设施建设，全年新增基础设施覆盖面积1平方公里。投资3.6亿元建设的11条道路，年底前基本完工；投资1.86亿元的须水河生态水系建设，预计2012年3月正式输水；投资7700万元的冬青变电站已建成；投资8000万元、全长26公里的热力管网建设已完成；投资6000万元的梧桐水务公司水厂改造项目，将于2012年6月投入使用。供水在全市范围内率先完成“一户一表、计量出户”工作，并实现净利润410万元。投资2300万元，开展生态水系环境综合整治。新修排污管网2800米，完成辖区43个排污口的治理，现已全部纳入市政管网。新开建2个农村污水处理站，规划设计2个小型生活污水处理站，随着其投入运营，农村生产生活环境将进一步改善。

【重大项目建设】 2011年，高新区全力实施项目攻坚，重大项目建设有力推进。总投资40亿元的格力电器郑州产业园完成投资31亿元，第一台空调已成功下线。总投资30亿元、总建筑面积120万平方米的郑州电子电器产业园，14家企业已开工建设；大学科技园西区工程土建部分已全部完工，新增60万平方米高品质孵化基地。大学科技园东区一期企业研发区在建6栋8.1万平方米正式交工，科技企业总部区在建3栋7.5万平方米主体竣工，二期工程已全面开工。动漫基地临科学大道5栋17万平方米已全部封顶，新入驻企业20家，现有动漫企业70家，约占全省动漫企业总数的80%。总投资20亿元的汉威物联网科技园、联强国际项目、总投资8亿元的四维研发中心及高端加工中心项目、总投资3亿元的全数字大型医疗器械生产项目，均已开工建设。项目引进突出高端、突出新兴主导产业，引进了一批对全市产业结构调整具有重要意义的项目。全年共签约项目37个，计划总投资额274亿元。重点项目中，总投资46亿元的中国联通中原数据基地项目，平面设计已完成，环评正在进行，控规已进行公示；总投资20亿元的微软教育云计算产业园项目，已完成新注册公司核名、编写可行性调研报告、立项等工作，正在进行平面设计；总投资30亿元的郑州华强电子高端服务业基地项目已立项，土地报征手续已完成；总投资350亿元的IT（软件）产业园项目，已签约11家企业；总投资118亿元、河南报业集团与腾讯集团合作的“腾讯•大豫网项目”落户高新区，8月26日上线，至年底，QQ在线用户已达3000多万户，居河南同类网站第一位；总投资50亿元的中国移动数据中心园区项目正在洽谈中。

【新型城市化建设】 按照"先急后缓、先易后难、先近后远，成熟一个、改造一个，有计划有步骤、分期分批改造"的原则，2011年相继成立了石佛村改造指挥部等11个项目指挥部，基本完成了洼刘村、郭庄自然村、付庄自然村等3个村（组）的拆迁工作；共计拆迁1200余户、4100余人，拆迁面积60余万平方米。3个被确定为政府主导改造模式的试点村庄，均已按市政府要求的工作节点完成任务。为加快合村并城工作，成立了合村并城工作指挥部，并抽调专人开展工作。确定了19个行政村、46个自然村实施合村并城，建设11个新型社区。2011年10月，完成了《郑州高新区合村并城与城中村改造专项规划》的编制。选报3个试点项目申请列入郑州市合村并城试点计划，已通过了市合村办组织的专家评审。由政府主导的从事合村并城的高新实业有限公司，注册资本5亿元，实收资本2.248亿元已到位，并与银行就融资事宜达成意向。

【科技创新】 2011年，中铁隧道盾构及掘进技术、郑州机械研究所新型钎焊材料、中棉所棉花转基因等3家国家重点实验室已启动建设，实现了郑州市国家重点实验室"零"的突破。郑州烟草研究院副院长谢剑平、中棉所所长喻树迅新当选为中国工程院院士。郑州市省院合作的5个项目全部落户高新区。全年共新认定高新技术企业16家，通过高新技术企业复审认定企业70家，新增市级以上工程技术研究中心19家；全年累计专利申请量达到1760件，授权专利1045件，其中发明专利175件。在火炬中心对全国57个高新区的评价中，郑州高新区的知识创造与孕育创新能力跃升至第六名。共有226个项目获得资金支持，共计8691万元，完成全年计划的108.6%。其中，124个市级科技计划项目，获得资金5371万元；25个国家创新基金项目，获得资金 1580万元；77个省科技计划项目，获得资金1740万元。同时，重大科技专项取得新进展，机械所"高等数控机床用铸铁床身精度技术项目"和"三峡升船机铸造齿条项目"已通过国家工信委、科技部、财政部的评审，有望获得3000余万元资金支持；三磨所"航空发动机盘轴叶片类零件高效精密磨削砂轮项目"已通过国家技术评审，有望获得1200万元资金支持；中帅科技"酸右哌甲酯缓释胶囊项目"获得国家重大科技专项资金600万元；辉煌科技"智能化地铁信号系统关键技术研究与应用"项目，使该企业成为郑州市2011年唯一成功列入省重大科技专项的企业。

公共服务平台建设加快。继"郑州高新信息港"、动漫公共技术平台及软件公共技术服务平台投入使用后，物联网安全生产监管平台已建成，生物医药中试公共服务平台正在建设。截至年底，建成区及"高新城"区域地下通信管网已建成28.5公里，无线网络覆盖达10平方公里，建设无线宽带网二期及城域网优化工程正在进行设备调试，建成后全区无线网络覆盖面积将达到33平方公里。

【社会事业】 2011年，实施优质教育资源倍增计划，实现新增优质学位 1875个，比计划新增375个。郑州大学实验小学项目、立才实验小学新校区项目，部分已投入使用。郑州中学三、四附小项目已经开工建设，长椿路小学已经实质开工建设。翠竹街"教育精品一条街"初具规模。郑州市中心医院信息工程大学分院已开业，郑州市中心医院高新医院项目正在办理立项审批手续。高新区妇幼保健所正式挂牌成立。严格执行计划生育各项政策，完善利益导向机制，对纳入高新区"农村部分享受国家奖励扶助政策"的计生困难家庭老人实行免费集中供养。社会保障体系不断完善，全年共建保障性住房5040套，超额完成2639套的目标任务。完成廉租住房租赁补贴93户，实物配租保障3户。认真落实自然灾害救助、失地农民保障等各项社会保障政策。建立长效管理机制，确保食品安全。成立食品安全委员会，组织开展严厉查处食品非法添加和滥用食品添加剂整治行动、"瘦肉精"监管专项整治行动等，加大食品安全投入力度。郑州市"十件实事"涉及高新区的目标和任务，已经全部完成。

（刘　洁）

郑州经济技术开发区

【概况】 2011年，郑州经济技术开发区以"大建设、大转型、大跨越"为主题，以加快转变经济发展方式为主线，大力实施"一大战略、双轮驱动、四个突破、五项建设"，加快建设郑州都市区先进制造业新城，经济社会持续呈现快速健康发展的良好态势，实现了"十二五"规划的良好开局。

2011年，全区完成地区生产总值118.3亿元，比上年增长61.1%。其中，第二产业增加值完成93.9亿元，增长81.8%；第三产业增加值完成23.7亿元，增长12.3%。三次产业比调整为0.6∶79.3∶20.1。完成全社会固定资产投资112.7亿元，比上年增长33%。完成规模以上工业总产值319.8亿元，比上年增长146.1%；完成规模以上工业增加值72.9亿元，比上年增长140%。完成财政总收入41.3亿元，比上年增长78%；一般预算收入9.93亿元，比上年增长34.2%。完成社会消费品零售总额49.4亿元，比上年增长17.4%。产业集聚区主营业务收入列全省第一。

【项目建设】 2011年是经开区连续第六个“项目建设年”，计划新开工和续建重大项目60个，总投资730亿元。以项目建设为核心，以打造8个超百亿产业园区为目标，严格落实重点项目协调推进机制，全力抓好项目落地开工、建成投产。2011年新开工项目25个，主要有东风日产郑州60万台发动机项目、龙工中原生产基地项目、国控宇飞触摸屏盖板玻璃原片生产线项目、雅士利豆奶粉及液态奶生产项目、路畅电子高端车用GPS导航产品生产项目、富士康二期标准厂房建设项目、富士康职工公寓项目等。郑煤机长壁煤矿装备生产扩能项目、郑煤机高端液压支架电液控项目、中铁盾构设备基地项目、郑州双汇食品工业园项目、宇通5000台客车专用车产能提升项目（一期）、海马年产15万台发动机项目等13个重点项目已竣工投产。项目建设整体呈现大、好、快、优等特点，工业龙头地位进一步凸显。

【主导产业】 2011年，坚持“大项目—产业链—产业集群—产业基地”的思路，培育壮大汽车及零部件、装备制造、电子信息、食品医药、现代物流五大主导产业。汽车产业龙头地位凸显，东风日产继上年实现销售收入26亿元后，2011年单厂计划突破150亿元，“十二五”末将达到500亿元。全区汽车产量达到14.8万辆，同比增长371.4%。装备制造业已经形成了以龙工、海尔、郑煤机等企业为核心的产业集群，“十二五”末产值可超千亿，将整体提升郑州市装备制造业水平。富士康项目的引进，带动形成了以安飞、旭飞、宇飞为龙头的电子信息产业快速发展，工业增加值比上年增长150%。食品工业园吸引了中粮、益海嘉里、百事可乐、杜邦等世界500强企业和跨国公司入驻；医药物流业汇集了国药、华润、九州通三大行业巨头。重大项目向第三产业进一步延伸，标准厂房及总部经济需求强劲。以滨水新区综合开发引领的基础设施建设项目将快速提升区域城市化水平，由产业园区向产城融合的先进制造业新城迈进。

【招商引资】 2011年，在加快项目开工建设的同时，通过积极参加省市各类招商活动，自行组织招商小分队和邀请跨国公司、国内知名企业来参观考察等形式，成功签约项目29个，协议投资总额312亿元。签约项目包括东风日产、华润集团、日立化成工业株式会社、中国建筑股份有限公司、新加坡丰益-益海嘉里、伊藤忠丸红铁钢株式会社等6个世界500强企业项目，外资项目11个，承接产业转移项目17个。洽谈跟踪项目100多个，拟投资总额近500亿元，为全区未来发展储备了一批投资大、效益好、市场前景广阔的优良项目。其中，五大主导产业类项目约占80%，总部经济项目23个。

【出口贸易】 在2011年度全省对外开放工作会议和全省商务工作会上，经开区被授予“全省对外开放工作先进开发区”“河南省招商引资特色产业园”等荣誉称号。2011年，全区完成进出口总额15.9亿美元，比上年增长200%；实际利用外资3.46亿美元，比上年增长22.3%。出口加工区充分利用自身平台优势，围绕富士康二期项目、B区开发建设、保税物流产业发展等中心任务，大力发展外向型经济，全力推进重点项目。全年实现进出口总额14.5亿美元，比上年增长258%。其中，进口总额9.4亿美元，比上年增长502%；出口总额（含深加工结转）5.1亿美元，比上年增长105%。富士康二期32万平方米标准厂房及50万平方米职工公寓建设项目全面启动，申请设立加工区B区顺利进入海关总署、国土资源部、住建部等国家九部委的联合会签程序。郑州集装箱中心站项目一期工程、河南保税物流中心先后正式建成运行。其中，保税物流中心开关运行当月就入驻企业9家，办理进出口报单130票，缴纳税款72万元，创全国保税物流中心开关运营首月最好水平。

【科技创新】 在搭建创新平台上做文章，与省科技厅合作共建全省规模最大的科技创新孵化基地，极大地调动了区内企业科技创新的积极性。始终把增强自主创新能力作为科技发展的战略基点和调整科技产业结构、转变增长方式的中心环节来抓，研究出台了《郑州经济技术开发区关于加大知识产权扶持力度实施方案》，加强科技创新研发平台建设。2011年，组织区内企业经申报获得省重点科技攻关、省中小企业创新资金、市技术研究与开发等项目111项，完成年度目标的350%。获得国家、省、市资金扶持3800万元，完成年度目标的105%，同比增长50%，为企业的科技创新提供了有利的资金保证。组织企业申报市级各类科技项目共35项，申报专利257件，9家企业申报成为市级以上企业工程技术研究中心，4家企业申报成为高新技术企业。全区高新技术企业总产值同比增长83%。企业上市工作取得新突破，四方达公司在创业板上市发行，金博士种业等4家企业被省金融办列为首发上市重点后备企业。

【城区建设与管理】 2011年，把城市建设放在与经济发展同样的地位，继续加大基础设施投入力度。投资2.9亿元，开工建设经南八路北二路、第二十三大街、经南三路、107国道东辅道等道路42条，总长27.8公里，已完工道路20条。完成了滨水新区20平方公里控制性详细规划全覆盖编制工作和滨水地区人工湖经管方案终审工作，全面完成了综合交通体系专项规划和供水、通信、电力等基础设施专项规划。着力实施城市绿化美化工程，投资787余万元，种植行道树5841棵，完成绿化面积3万平方米。投资6289.5万元，完成了航海东路、广场北路、第八大街等7处4.8公里道路的积水点改造工程，对区内所有雨水、污水管道进行了疏浚清淤。切实强化城市管理，实行常态化“三区”管理模式。建立市政管理范围内小广告清理长效机制，开展各类市政设施不间断巡查、维护。依法拆除各类违章建筑约16万平方米，修补破损路面1万多平方米。出台了《垃圾收集清运长效管理暂行规定》，为全区各行政村配备专用垃圾收集车31台，保证了辖区生活垃圾全部纳入集中清运。

【社会事业】 2011年，继续加大民生方面的投入，区财政安排教育、文化、体育、社保、医疗卫生、农林水等民生保障性支出16782万元，比上年增长210.53%。大力实施优质教育资源倍增工程，完成了第二中学与郑州一中合作办学、扩建实验小学、实验小学托管梁湖小学、朝凤路小学与外国语小学联合办学等项目。大力发展城乡文化事业，区图书馆和群艺中心主体建筑已经建成完工。面向社会免费开放八十五中等学校体育场馆，为广大群众提供了设施优良的健身场所。就业再就业工作扎实推进，制定和完善留学人员、大学生、失地农民等创业优惠政策，以创业带动社会就业。2011年，全区新增城镇就业1860人，完成年度目标的116%；农村劳动力转移就业750人，完成年度目标的188%。加强社会保障体系建设，新型农村合作医疗新增参保3065人，完成年度目标的102.2%；城镇居民医疗保险参保缴费达到12162人，完成年度目标的121.6%，参保续费率达77.31%，居全市第一。

（雷彦林）

河南郑州出口加工区

【概况】 2011年，河南郑州出口加工区管委会全力推进重点项目建设，不断提升园区承载能力。加快B区申报和建设步伐，积极拓展发展空间。加大招商引资力度，坚持项目带动发展战略，区域经济运行保持了较快增长态势。2011年，全区进出口总额首次突破10亿美元，连续5年位列中部出口加工区第一，实现了“十二五”规划的良好开局。

2011年，出口加工区实现进出口总额14.5亿美元，同比增长258%。其中，进口总额9.4亿美元，出口总额（含深加工结转）5.1亿美元，同比增长105%。完成工业总产值28亿元，同比增长153%；完成工业增加值7.6亿元，同比增长149%。完成固定资产投资12亿元。其中，基础设施投资0.32亿元，企业固定资产投资11.7亿元。合同利用外资0.19亿美元，实际利用外资2.12亿美元。

【富士康二期项目建设】 2011年，全面启动富士康二期45万平方米标准厂房及50万平方米配套职工公寓建设项目。（1）成立了由管委会主要领导担任组长的富士康项目建设工作组，加强对项目建设的组织领导，形成了一个窗口对外、一条号令执行、一条龙干到底的工作机制。（2）建立“日询问、周例会”的工作制度，及时解决项目建设中存在的有关问题。（3）全体人员进入临战会战阶段，加班加点，夜以继日，认真筛选开发商，赴深圳、重庆等多地实地考察，积极组织规划、建设、土地等手续的报批工作，项目建设顺利启动。2011年，富士康二期项目实现投资14亿元，6栋标准厂房已基本完成主体施工，5个蓝领公寓项目均已进入主体施工阶段。

【B区开发建设】 2011年，出口加工区管委会紧密跟踪B区批复进度，会同省、市相关部门多次赴京，与国土资源部、住房和建设部、海关总署等部委进行沟通，与相关部委建立了良好的联系渠道，申请设立B区请示顺利进入海关总署、国土资源部、住建部等国家九部委的联合会签程序。启动了B区控规的编制工作，按照国土部门的要求及时补充上报B区土地有关资料，完成了B区项目库的编制，为申报工作提供了重要支撑。

【招商引资】 2011年，该区积极抢抓东南沿海产业转移的机遇，克服政策变化等不利因素影响，围绕产业发展，大力实施“走出去”“请进来”的招商战略，拓宽招商渠道，加大招商力度，不断扩大招商成果，加速产业结构调整。2011年，全区共引进项目10个，项目总投资10亿元。投资3亿元、占地3.33公顷的中外运空运郑州物流中心项目落地，锜昌科技、官田电子、优鼎材料、瞻航物流、润丰物流等富士康项目上下游配套企业纷纷入区，科隆实业年产1600吨新型二次电池用球形纳米级多元素活性物质项目、豫星华晶微钻年产10亿克拉微米及纳米细颗粒金刚石项目、一期投资2.2亿元的华晶精密光伏专用微米钻石线生产项目等新兴产业项目相继投产。

【优化企业发展环境】 2011年，出口加工区管委会一方面紧紧围绕富士康等重点项目，集中人力、物力，完善企业配套设施建设；另一方面加大对中小企业的扶持力度，支持中小企业走上良性发展道路，为区内企业创造了优良的发展环境。（1）不断优化企业通关环境。提高富士康项目业务审批办理速度，实行业务办理A、B角，保证了富士康项目及其相关企业加工贸易审批业务随到随办结。积极协调驻区海关、商检，争取政策支持，重点解决了富士康与配套企业之间的商品流转问题，以及中小企业料件产品核销、废料出区、料件外发等问题。（2）不断完善园区基础设施配套建设。投入资金先后完成了区内自来水供水管网改造工程及热力管网安装工程，满足了区内企业对供水、供热的需求。同时，进一步理顺了区内供水、供热管理体制，为区内企业提供了安全、稳定的生产环境。（3）着力改善企业员工生活环境。按照“领导分包、局办联系、工作人员驻区服务”的原则，组织开展了“机关人员派驻企业生活区”活动，着力提高企业生活区物业服务水平，协调卫生、教育等部门，解决了企业员工就医、子女上学等问题，并重点开展了员工心理疏导、消防安全检查等工作，贴心的物业服务使企业员工的生活更加舒心，幸福感不断增强。

（张 辉）

郑州国际物流园区

【概况】 郑州国际物流园区是郑州市15个省级重点产业集聚区之一，规划范围为京港澳高速公路以东、万三公路（新107国道）以西、陇海铁路以南、郑民高速公路以北所围合的区域，规划面积约86平方公里（建设用地面积约55平方公里），是以现代物流业和汽车及装备制造业为支柱产业，集国际物流、区域分拨、城市配送等功能于一体的现代物流产业示范区。园区规划范围内涉及中牟县九龙镇、白沙镇、郑庵镇，郑州经济开发区潮河办事处、京航办事处，共29个行政村、44个自然村、4.8万人。

2010年9月，经市委、市政府研究，决定成立郑州国际物流园区管委会，为市政府派出机构，隶属郑州新区。园区管委会成立后，按照“筹备、运行”双推进的原则，建立完善各项工作机制，同步推进园区开发建设各项工作，并按照“产流互动、产城互融”的理念规划设计这一现代产业集聚区，着力将其打造成为郑州国际物流中心的核心区。

新加坡国际物流产业园奠基暨首批入驻项目开工仪式

2011年，郑州国际物流园区以“突出一个重点，培育两大产业，实现三大突破，加快四项工作”为工作思路。“突出一个重点”即突出新加坡国际物流产业园这一重点，作为园区开发建设的核心区和一切工作的重中之重，力争取得实质性进展。“培育两大产业”即努力培育现代物流业和汽车及装备制造业两大产业集群。“实现三大突破”即在园区起步区（物流大道即南三环东延线两侧区域）建设、基础设施建设、解决土地供需矛盾上取得突破。“加快四项工作”即加快各项规划编制工作，加快招商引资进度，加快投融资平台建设，加快理顺各项体制机制。

2011年，郑州国际物流园区实现招商引资签约亿元以上项目15个，新开工亿元以上项目8个，合同利用外资4440万美元，实际利用外资235万美元。规模工业主营业务收入完成87亿元，固定资产投资累计完成33.5亿元，税收收入完成1亿元。全年土地报批完成468.33公顷，开工建设道路21公里，新增建成区面积达到4平方公里。

【新加坡国际物流产业园】 新加坡国际物流产业园正式启动。新加坡国际物流产业园选址于郑州国际物流园区东北部，规划面积约10平方公里，是由河南省政府与新加坡贸工部共同推动，按照“政府推动、企业先行、市场运作、多元开放”的总体思路，在现代物流领域开展国际间交流合作的重要项目，被列入中新两国联合理事会第七次会议议程。2010年11月，省政府成立了由郭庚茂省长担任组长的“河南（郑州）新加坡国际物流产业园筹备工作领导小组”，双方政府间的合作进入实质性推进阶段。2011年1月中旬，史济春副省长带队赴新加坡访问，并在新加坡成功举办了“郑州国际物流园区暨河南（郑州）新加坡国际物流产业园推介会”。3月8日，郭庚茂省长会见新加坡淡马锡中国区总裁丁玮先生，双方就通过公司化运作模式，共同开发建设新加坡国际物流产业园事宜进行了深入商谈，目前园区正与淡马锡共同进行开展合作的技术及财务可行性分析。6月28日，在“中国（河南）-东盟合作交流洽谈会”上，作为河南省与东盟合作交流的重要成果和承接东盟物流产业转移的主平台，新加坡国际物流产业园正式挂牌，第一批9个项目也正式签约入驻，总投资达到81亿元。10月19日，新加坡国际物流产业园奠基暨首批入驻项目开工仪式成功举办，新加坡丰树物流、安得物流、嘉里物流、日通物流、招商局物流等首批5个项目正式开工建设，配套基础设施同步推进，新加坡国际物流产业园开发建设正式启动。

【规划工作】 2011年，郑州国际物流园规划工作取得阶段性成果。委托新加坡邦城规划顾问有限公司编制了控制性详细规划导则、委托郑州规划勘测设计研究院编制了市政基础设施布局专项规划。2月，两项规划通过专家评审，完成最终成果。7月，委托上海大学、河南工业大学分别编制，由上海大学整合完成的园区产业发展规划正式编制完成。在此基础上，按照郑州市委书记连维良5月到园区调研的指示精神，进一步有序开展系列规划的编制工作，深化完善规划体系。截至2011年底，园区合村并城规划已完成前期研究成果，安置区选址已制定初步方案，对相应用地进行了前瞻性规划控制。结合项目入驻和重点区域开发建设，有序开展用地控规的编制工作，编制完成了新加坡国际物流产业园第一批入驻项目、宇通重工及环保科技项目、宇通新能源客车项目、西贾村安置区项目等用地控规；编制完成了原中牟县中小企业创业园遗留项目安置1.8平方公里区域用地控规中期成果；同时，编制完成了14条道路、总长33公里的道路管线综合规划。

【招商引资】 招商引资势头良好。紧紧围绕园区功能定位，瞄准国内外高端物流业态、领先物流企业、高成长物流领域和物流亲和型产业，采取小分队招商、驻地招商、专题推介、主题招商等形式，大力开展招商活动。截至2011年底，园区已签约入驻物流项目12个、工业项目3个，协议投资总额达到130亿元。签约项目中，世界500强投资背景项目5个，分别是丰树物流、宜多果蔬冷链物流、安得物流、日通物流、嘉里物流；央企投资背景项目2个，分别是招商局物流、华丰中原金属物流。此外，亚洲最大的物流地产服务商普洛斯物流、国内领先的第三方物流企业宝供物流、全球第二大物流及工业地产开发商澳大利亚嘉民集团、国内领先的快递公司申通速递、知名运动品牌鸿星尔克、宇通重工及环保科技、宇通新能源客车等也签订了入区协议。

同时，采取有效措施，加大项目储备，为园区发展提供后续保障。建立跟踪意向项目近60个，意向投资总额近400亿元；与伊藤忠物流、顶通物流、国美集团、中集车辆集团、河南省煤业化工集团国龙物流、丹尼斯物流、公路物流港集团、富士康物流等国内外知名企业达成了初步投资意向，正在开展深入洽谈。按照产业相对集聚的要求，积极策划以细分物流产业为核心的产业招商园区，一是与河南省邮政管理局合作，规划建设“电子商务物流园”，天地华宇（TNT）、顺丰速运、申通速递等10多家国内领先速递企业意向入驻；二是规划建设食品及冷链物流园，众品、美冷、普菲斯、香港蔡氏等企业申请入驻。

【基础设施建设】 基础设施建设稳步推进。（1）主动协调推进南三环东延工程，争取尽早实现园区内贯通；积极争取将航海路东延工程列入市政府投资计划；积极配合郑州新区，规划实施前程大街下穿陇海铁路及扩宽改造工程，实现园区与外围交通的快捷联系。（2）全力服务重点项目建设，有序开展园区路网和地下管网建设前期工作。12月，新加坡国际物流产业园近期配套道路工程施工招标已经完成，喜达路、义通街等相关道路及配套雨污水管网建设全面铺开。宇通工业园周边通达路、荣达路等道路工程设计招标已结束，正在按照市委、市政府确定的资金来源和投资方式加快推进。（3）积极配合，主动对接，做好园区其他配套基础设施建设的相关工作。园区内程庄110千伏变电站和中油110千伏变电站已开工建设；供水、污水处理、供气、供热等设施配套建设方案也正在市委、市政府和郑州新区统筹下，具体对接，深入推进。（4）5月中旬，正式成立了园区建设投资有限公司，注册资金1亿元，作为项目法人对区本级投资基础设施项目进行统筹管理。积极开展建投公司人员招聘、部门架构、建章立制等工作，并以建投公司为主体，成功争取到财政部服务业发展专项资金800万元，为园区建设提供了资金支持。

（朱翠娇）

郑州市白沙园区

【概况】 2006年，省委、省政府规划建设郑汴产业带；2007年8月，成立郑汴产业带管委会。2009年10月，郑汴产业带更名为郑州市中牟产业园区，成为郑州新区下辖5区之一，重点建设白沙组团、绿博组团和官渡工业城，并承担中牟产业集聚区开发管理任务。2011年10月，按照郑编〔2011〕119号文件精神，中牟产业园区管委会更名为郑州市白沙园区管委会，顺延承接郑州市中牟产业园区开发建设任务。根据中牟县委、县政府与管委会研究意见，中牟新城与白沙-绿博组团实行叠加开发，白沙园区、中牟产业集聚区、中牟新城开发建设统一由郑州市白沙园区管委会负责实施。

该区域区位优势明显，是郑州新区的核心增长区，支撑郑汴一体化的主要空间。瞄准郑东新区拓展区的定位，按照郑州主城区标准规划建设白沙-绿博组团，打造郑州都市区城市建设新高地。加强要素保障，搭建三大政府平台。一是努力用好土地等优势资源，继续扩大土地收储，积极开展银行直接融资，运用BT、BOT方式灵活开展间接融资，强化政府融资平台。二是加快政府性企业建设，充实专业技能人才，拓宽经营渠道，进一步做实做大建投公司，打造经营平台。三是强化项目推进周例会制度、项目分包制度，推进网上政务公开，建立人才服务机构，加快人才流动聚集，建设优质服务平台。

2011年，白沙园区管委会认真借鉴国内外和省内外成功建设经验，进一步明确文化产业主导地位，扎实推进规划编制、招商引资项目建设、基础设施建设、合村并城、优化环境等工作，实现了新突破。截至2011年底，现代教育园区基本成型，入驻院校22所，开工建设14所，建成招生3所，入住师生2.2万人，教育资源共享特色鲜明。文化产业主导地位初步显现，郑州华强、绿博园、中原文化艺术学院、建业环球美食城、省博物院二期、省图书馆等骨干项目支撑有力。重点区域加速推进，滨河商务区、现代教育园区、绿博生态廊道等区域初具形象。合村并城扎实推动，完成了945户群众拆迁工作，两处安置小区建设全面展开。

2011年，园区开建基础设施项目27个，完工16个，新增建成道路6条9.2公里、110千伏变电站1座，白沙污水处理厂4万吨一期工程投入使用。扎实推进官渡供水厂、雁鸣路跨河桥梁、华强配套管网项目建设。新引进总部、央企和文化产业项目4个，协议资金35亿元，申报省重点项目22个；累计招引项目达82个，协议资金620亿元。新开工招商引资项目18个，实际到位资金约100亿元；累计完成1030户群众过渡拆迁安置工作，拆迁房屋建筑面积44万平方米，开工建设30万平方米。白沙、刘集02号安置小区，组卷上报土地553.53公顷，获批 362.07公顷，供出368.53公顷。新增BT、BOT融资2.8亿元，基本办理完毕银行融资手续7亿元，累计融资规模达到20亿元。

【园区发展定位】 抢抓中原经济区建设重大机遇，打造郑州都市区建设新亮点。为深入贯彻省委书记卢展工8月3日视察指示精神，抢抓“国发〔2011〕32号”文件的发展机遇，加快打造郑州都市区重要城市组团，全力服务中原经济区建设，白沙园区立足当前发展实际，借鉴发达地区经验，确立了更高的城市定位和发展目标。园区的发展定位是：重点建设4个“新城”，即建设文化主导、现代服务业发达的高端产业新城，规划一流、现代气息浓郁的建筑博览新城，环境优越、生态优势突出的绿色文化新城，配套完善、以人为本的宜居幸福新城。发展目标是以规划和城市设计为根本引领，以集约节约利用土地为基本方法，高标准推进规划建设管理，突出郑州都市区发展方向，部分领域实现重大创新突破，努力打造融标志性业态、标志性景观、标志性建筑于一体的郑州都市区建设新样本。

【培育六大产业集群】 突出文化产业主导地位，培育六大产业集群。根据郑州都市区生产力总体布

省长郭庚茂出席华强文化科技产业基地奠基仪式

局，抢抓文化产业大发展、大繁荣机遇，结合园区现有项目实际，剖析发展文化产业基础优势，确立了培育文化主导产业，打造国家级文化产业示范区的总体发展战略。发挥华强文化科技产业基地、郑州绿博园、建业环球美食城、中原文化艺术学院、西海岸文化乐园、现代教育园区22所院校、河南省社科研究基地等重大项目带动作用，积极引进河南省图书馆、河南博物院（二期）、河南广电城，规划建设文化中心区、文化创意产业园两大产业载体，加快打造文化理论创新集群、科技文化产业集群、文化旅游项目集群、文化展演博览集群、文化产品流通交易集群、宜居文化集群六大文化产业集群，打造郑州都市区文化产业集聚区。

【完善提升规划体系】 开展重点区域城市设计方案国际征集活动，完善提升规划体系。2011年10月，按照郑州市及郑州新区统一部署，启动白沙-绿博组团城市设计方案国际征集活动，全面提升城市建设品质，吸引美国SOM、日本矶崎新等8家国际知名设计事务所参与，成功举行了方案评审会，进入方案优化提升阶段。加快白沙-绿博组团控制性详细规划、市政基础设施布局专项规划编制工作。完成中期成果汇报，编制完成了《郑开大道沿线立交规划》，并顺利通过评审。启动了编制生态水系、综合交通、拆迁安置专项规划工作。实施精细化规划管理，重点区域城市设计、重大城市景观设计提交市委研究决策，重点区域修建性详规及单体设计由郑州新区决策。严格按照区域性修建详规，实行建设过程合同化管理。规范项目建设，2011年为29个项目办理了用地规划许可，为26个项目办理了建设工程规划许可，完成了6个项目修建性详细规划评审工作。

【新型城镇化建设】 加快合村并城，争创全省新型城镇化典范工程。积极探索合村并城新路，力争2015年前建设安置小区7处，安置住房360万平方米，完成建设用地范围内47个自然村5.6万名群众的整合安置，妥善解决群众就业和社会保障，实现居住、就业和消费城市化，树立全省新型城镇化典范。2011年，重点推进五项工作。（1）完善合村并城政策体系。制订《合村并城总体规划》，出台《郑州市白沙—绿博组团合村并城工作方案》，加快配套政策体系建设，着力实施“阳光拆迁”，维护了群众利益。（2）高标准建设安置小区。按照中高档城市社区的标准，开工建设30万平方米白沙、刘集02号安置小区，扎实开展刘集01号、绿博01号安置小区前期工作，力促2012年开工建设，2015年前完成高标准配置医院、中小学、市场等公共设施。（3）全面启动村庄拆迁工作。服务重点项目建设，先期完成了刘集镇小冉庄243户整村搬迁、白沙镇岗李村230户搬迁及小南岗村59户整村搬迁工作；累计过渡安置群众1030户，拆迁房屋建筑面积44万平方米。（4）扎实做好群众工作。配合中牟县政府出台了《被征地农民就业培训和社会保障办法实施细则》（牟政〔2011〕32号），开展临时安置点社区化管理，督促白沙、刘集两镇加快成立劳务公司，推进群众就业试点工作。（5）大张旗鼓地开展违法建设治理工作。联合中牟县委、县政府掀起了治理违法建设热潮，逐步形成对违建行为的高压态势，初步遏制了违建蔓延势头。

【新型现代教育园区建设】 突出资源共享特色，加快打造创新型现代教育园区。抢抓国家推动职教改革机遇，突出资源共享理念，创新人才培养模式，打造国家中西部现代职业教育综合试验区和中原经济区创新型人才培养基地。一是服务设施在共享区集中建设；二是共享体育设施在各院校分布；三是构筑支撑体系，建立实训基地、技术孵化器，促进产学研结合，建设人才服务平台；四是提升公共服务，分3处建设教职工住房95万平方米，完善公共设施配套建设，营造宜教宜居的舒适环境。

2011年，重点扩大入驻院校开工规模，新开工院校9所（主要有郑州幼师、河南交通职业技术学院、郑州市教育局所属5所学校等），累计开工院校14所。其中，中原文化艺术学院一期22万平方米主体已全部封顶，二期19万平方米进展顺利；省委党校一期12万平方米基本建成，已具备投用条件；河南理工大学一期已建成，二期工程也全面开工建设，入住新生1万人；河师大新联学院二期图书馆与行政办公楼已封顶。已建成河南财专、河南理工大学万方科技学院、河师大新联学院3所院校；继续扩大招生规模，园区累计入住师生2.2万人。

【加快编制空间布局和产业规划】 2011年，园区加快编制空间布局和产业规划，推动区域整体开发。借鉴上海、苏州等地经验，启动园区空间布局和产业发展规划编制工作，进一步明确功能分区和产业布局，打造品牌区域。重点建设“一轴四带八区”。“一轴”即贾鲁河两侧城市风貌轴；“四带”即郑开大道、中央大道、前程路、文通路景观带；“八区”即滨河商务区、行政中心区、文化中心区、文化创意产业园区、总部研发区、现代教育园区共享区、高铁次中心服务区、官渡工业城。同时，紧密结合城市设计方案国际征集成果，严格按照控制性详细规划要求，加速编制区域修建性详细规划，实现区域整体开发。

（王国平）

第二十八篇 县(市)区概况

巩义市

【概况】 2010年，巩义市总面积1041平方公里。辖15个镇、5个街道、2个园区管委会，26个居民委员会，289个村民委员会。总人口810240人。2011年末，全市总户数228881户，城镇人口375141人，城镇化率达到46.3%。人口出生率为9.72‰，死亡率为5.49‰，自然增长率为4.23‰。

2011年，巩义市生产总值完成481.3亿元，比上年增长13.7%。其中，第一产业增加值完成8.8亿元，增长3.8%；第二产业增加值完成359.4亿元，增长15.1%；第三产业增加值完成113.1亿元，增长9.8%。人均生产总值完成59473元，比上年增长14%。三次产业结构比重为1.8：74.7：23.5。

2011年，地方财政一般预算收入完成22.3亿元，比上年增长23.4%；一般预算支出完成33.6亿元，比上年增长22.3%。年末金融机构各项存款余额228.9亿元，比年初增加24.8亿元，增长12.1%；各项贷款余额135.1亿元，比年初增加13.6亿元，增长11.2%；城乡居民储蓄存款余额147亿元，比年初增加13.9亿元，增长10.5%。全市建筑业完成增加值15.8亿元,比上年增长1.5%。全社会固定资产投资完成257.4亿元，比上年增长22.5%。其中，500万元以上项目投资完成206.9亿元，增长18.1%；房地产开发投资完成39.8亿元，比上年增长58.8%；农户投资完成10.8亿元，比上年增长9.1%。在固定资产投资（不含农户投资）中，第一产业投资占0.7%，第二产业投资全部为工业投资、占69.5%，第三产业投资占29.8%。坚持项目带动战略，500万元以上在建项目达到493项。其中，超亿元项目91项，超亿元工业项目70项，省重点项目15项，为历年来最多。随着总投资378亿元的义鑫威光伏、恒星光伏、益丰光伏等一批重大项目的签约入驻，推动了新能源产业发展实现新的突破。

2011年，社会消费品零售总额完成145.5亿元，比上年增长17.7%。青龙温泉大酒店、华丰园大酒店创成三星级饭店，朗曼假日广场、华裕建国酒店、新龙苑大酒店开业运营，为全市消费品市场注入了新活力。

2011年，全市继续开展大招商活动，积极承接产业转移，促成了万洋国际商城、北八道铁路物流中心、国电龙源风电、佛山特高特陶瓷等一批项目落户巩义。全市引进内资67.4亿元，实际利用外资完成1.6亿美元，比上年增长0.9%。明泰铝业在国内主板成功上市，成为巩义市第七家上市公司，首发募集资金12亿元。

【机构与领导】 中共巩义市市委：书记李公乐（8月离）、舒庆（8月任）；副书记张春阳、李国强；市委常委：李公乐（8月离）、舒庆（8月任）、张春阳、李国强、乔耸（5月离）、杨彦峰、赵惠玲（5月离）、武拥军、冯献峰、朱军、周国堂（4月离）、卢书选（5月离）、谈得胜、扈明华（5月任）、李刚（5月任）、景雪平（5月任）。

市委工作部门：市委办公室主任武拥军（5月离）、朱军（5月任）；组织部部长冯献峰；宣传部部长朱军（5月离）、景雪平（5月任）；统战部部长谈得胜（5月离）、李刚（5月任）；政法委书记卢书选（5月离）、谈得胜（5月任）；市直工委书记袁现桃（2月离）、张坤霞（2月任）；群工部部长孙现升（5月离）、王向阳（5月任）；党史办主任刘翠霞；老干部局局长徐彦龙；新闻宣传中心主任范谡进；党校常务副校长田本学；档案局局长李县令；目标考评办主任吴建禄（2月离）、赵雨（2月任）。

市四届人大常委会：主任李明桢；副主任王香典、吴松福（1月离）、薄长水、申新中、闫红涛、范志武、钟西军（1月任）。

市人大常委会工作部门：市人大常委会办公室主任张东杰（2月离）、韩利敏（2月任）；选工委主任吴喜玲（女，2月离）、冯晓慈（女，2月任）；财经工委主任马克霞（1月任）；法工委主任曲富卷；教科文卫工委主任刘俊山（2月离）、吴喜玲（女，2月任）；农工委主任张文超；来信来访办主任刘文勇。

市人民政府：市长张春阳；副市长乔耸（5月离）、武拥军（5月任）、杨彦峰（5月离）、杨朝阳、梁险峰、李刚（5月离）、贺传伟、肖荣军、李凤芝、袁斌、赵培丰（1月任）、孙现升（5月任）、史建伟（5月任）。

市政府工作部门：市政府办公室主任王向阳；发改委主任崔志强；统计局局长周占龙；人力资源和社保局局长钟西军（1月离）、吴建禄（1月任）；财政局局长王政；审计局局长张全忠；国税局局长曹永桢；地税局局长李明珠；工商局局长张红旗；质监局局长祖世泉；监察局局长郑占国；审批中心主任刘秦峰（2月离）、王建设（2月任）；农委主任祖振坤；林业局局长张清海；水务局局长张世欣；烟草局局长曹占岭；气象局局长杜光伟（3月任）；住建局局长韩建鹏（2月离）、李太平（2月任）；国土局局长马振杰；执法局局长张丰海；交通局局长乔万章；环保局局长马学红（2月离）、赵寿涛（2月任）；电业局局长张建波；园林绿化中心主任王元茂（1月离）、贺芳清（1月任）；教体局局长常成军；人口计生委主任李钦周（1月离）、崔国强（1月任）；卫生局局长韩石曾；药监局局长周国生（3月离）、马占福（3月任）；史志办主任郅笃威；爱卫办主任梁广旭；科工信委主任王向党；城集联社主任杨武宪；安监局局长白利亚；煤炭局局长崔俊理；文化广电新闻局局长逯熙鹏；商务局局长王保康；供销社主任魏建中；盐业局局长张鹏飞；文物旅游局局长赵新海；公安局局长刘耀增；司法局局长贾孟杰；民政局局长张亚晓；信访局局长孙现升（6月离）、王向阳（6月任）；机关事务局局长崔国强（2月离）、段志斌（2月任）；邮政局局长梅建宏。

政协市四届委员会：主席王双圈；副主席王志恩（1月离）、徐鸿钊、焦天伟、冯元光、王红生、焦振福、曹克强（1月任）。

市政协工作部门：市政协办公室主任李继锋（2月离）、马学红（2月任）；经济科技委主任任幸福；提案委主任王同欣；社会法制委主任夏文英（女，2月任）；文教卫生委主任张相忠；文史委主任曲复振。

中共市纪律检查委员会书记：赵惠玲（女，5月离）、杨彦峰（5月任）。

市人民武装部部长：杨旗；政委：周国堂（4月离）、扈明华（5月任）。

市人民法院院长：王季。

市人民检察院检察长：耿红（女）。

市群团组织：工会主席孙国世；妇联主席张文红（女）；团市委书记焦成举（2月离）、李明刚（2月任）；科协主席杨秀芬（女）；文联主席王建设（2月离）、邵玉龙（2月任）；工商联会长王少辉；残联理事长孙占国。

街道、镇机关：新华街道党工委书记李立新，办事处主任马海山；孝义街道党工委书记焦平安，办事处主任王震平；永安街道党工委书记马录克，办事处主任许学辉；杜甫街道党工委书记韩利敏（2月离）、庞国栋（2月任），办事处主任庞国栋（2月离）、曹明勋（2月任）；紫荆街道党工委书记魏文红，办事处主任贾国庆；米河镇党委书记陈晓辉，镇长陈晓辉（2月离）、杨晓贤（2月任）；新中镇党委书记张庆福（2月离）、景秀香（女，2月任），镇长景秀香（女，2月离）、康新伟（2月任）；小关镇党委书记李太平（2月离）、袁海昌（2月任），镇长袁海昌（2月离）、白东升（2月任）；竹林镇党委书记赵明恩，镇长李书转（女）；大峪沟镇党委书记刘冠勋，镇长柴春晓（女）；河洛镇党委书记赵现才，镇长逯雨林；站街镇党委书记王继锋，镇长闫龙涛；康店镇党委书记赵寿涛（2月离）、王延涛（2月任），镇长王延涛（2月离）、赵静波（2月任）；北山口镇党委书记王元洪（2月离）、陈冠彬（2月任），镇长陈冠彬（2月离）、张东杰（2月任）；西村镇党委书记肖现军，镇长席新渠；芝田镇党委书记范钦伟，镇长王耀伟；回郭镇党委书记张会录，镇长庞冠峰；鲁庄镇党委书记姜占元，镇长王乾玺；夹津口镇党委书记李易（女），镇长王国锋；涉村镇党委书记雷俊卿（2月离）、杨红伟（2月任），镇长杨红伟（2月离）、李继锋（2月任）；豫联工业园区管委会主任兼党委书记：牛自力。

【农业与农村经济】 2011年，全市农业增加值完成8.8亿元，比上年增长3.8%。全年粮食总产量15.3万吨，比上年下降2.5%。其中，夏粮产量7.9万吨，与上年持平；秋粮产量7.3万吨，比上年下降5.5%。水果、蔬菜等经济作物生产进一步发展。水果产量25392吨，比上年增长4%。蔬菜总产量48628吨，比上年增长5.3%。油料产量4865吨，比上年下降1.9%。棉花产量428吨，比上年下降7.2%。

继续落实强农惠农政策，加强农业基础设施建设，大力推进农业产业化经营，农业龙头企业发展到76家。其中，郑州市级11家。2家农业企业进入省级农业龙头企业行列。截至2011年底，全市有省级示范合作社5个，郑州市级示范合作社15个。2011年新申报省级示范合作社5个、郑州市级示范合作社15个。农民专业合作社达到122个。

造林绿化有序进行。全年成片造林面积727公顷，比上年下降69.6%；成林抚育面积6429.8公顷，比上年下降2.5%；幼林抚育作业面积5742.1公顷/次；当年新育苗面积116公顷，四旁植树78.4万株。

畜牧业平衡发展。全年肉类产量23227吨，比上年增长0.5%。其中，猪牛羊禽肉类总产量22621吨，比上年增长2.2%。禽蛋产量9615吨，比上年增长2.7%。奶类总产量5061吨，比上年增长0.8%。水产品产量1350吨，比上年增长37.8%。

农业生产条件进一步改善。年末全市农业机械总动力56.8万千瓦，比上年增长2.5%。农用拖拉机达到15431台，比上年增长1.4%；农用运输车达到5467辆，与上年持平。全年农村用电量13万千瓦时，比上年下降2.2%。

2011年，经郑州市核查、评比和验收，巩义市新增2个林业生态镇和16个林业生态村。根据郑州市“每个林业生态镇以奖代补60万元、每个林业生态村以奖代补30万元”的奖励政策，巩义市获奖补资金600万元。

【工业经济】 2011年，全市完成工业增加值343.6亿元，比上年增长15.8%。规模以上工业企业完成工业增加值299.8亿元，比上年增长17.9%。其中，轻工业完成13亿元，比上年增长17.1%；重工业完成286.9亿元，比上年增长17.9%。轻、重工业比例为4.3∶95.7。分行业看，非金属矿物制品业完成126.9亿元，比上年增长20.5%；有色金属冶炼及压延加工业完成68.1亿元，比上年增长17.1%；金属制品业完成12.7亿元，比上年增长1%；专用设备制造业完成14.4亿元，比上年增长23%；电气机械及器材制造业完成12.2亿元，比上年增长28.1%。

全市规模以上工业企业实现产品销售收入1252亿元，比上年增长31.9%；实现利税总额160亿元，比上年增长36.1%。工业产品产销率达96.8%。全市规模工业企业应收账款净额43.5亿元，比上年增长28.4%。受各种因素影响，亏损企业8家，亏损面为2.4%；亏损企业亏损额4.03亿元，比上年增加2.13亿元。

【第三产业】 （一）交通运输业。2011年完成旅客运输量1541万人，比上年增长16.5%；完成货物运输量2621万吨，比上年增长18.5%。全年共完成旅客周转量74173万人公里，比上年增长18.2%；完成货物周转量483444万吨公里，比上年增长22.2%。

（二）邮电通信业。全年共完成邮电业务总量53439.3万元（按2010年部门可比价计算），比上年增长14.9%。其中，邮政业务总量4923.4万元，比上年增长21.9%；电信业务总量48515.9万元，比上年增长14.2%。本地电话用户期末数142639户，比上年下降1.3%；移动电话用户达到65.32万户，比上年增长12.4%；互联网用户达到97883户，比上年增长21%。全市电话普及率为98.2部/百人。

（三）旅游业。深入实施旅游业发展新三年行动计划，继续加大旅游基础设施建设力度。投资3300万元的南部山区旅游通道一期工程建成通车，浮戏山旅游综合开发、嵩顶国际文化园、河洛康家、杜甫故里等旅游重点工程顺利推进。5家3A级景区通过复审验收，旅游接待能力持续提升。在河南省旅游局、大河报社主办的2011中国旅游品牌总评榜·河南分评榜颁奖活动中，巩义市获得河南旅游强市荣誉称号，河洛康家·康百万庄园景区荣获河南游客口碑最佳景区称号。11月23日，中国建筑摄影研究会河南分会摄影基地在巩义青龙山慈云寺景区挂牌。2011年，全市共有旅游景点15个，风景名胜区1个。景区景点共接待游客306万人次，比上年增长31%；旅游收入2.6亿元，比上年增长30%。

【社会事业】 科技事业进一步发展。2011年末，全市企事业单位共有各类专业技术人员24657人，全年科学技术费用支出4006万元，比上年增长24.7%。2011年取得郑州市科技进步二等奖2项。全年共实施科技攻关计划项目32项。其中，国家级4项，省级6项，郑州市级22项。2011年末，有国家级高新技术企业12家。2011年申请专利技术329项。其中，发明专利60项，实用新型专利209项，外观设计专利60项。2011年底，全市技术监督系统共有102人，行政机关（巩义市质量技术监督局）1个，事业单位（巩义市质量技术监督检验测试中心）1个，全年共监督抽查各类产品920批次。

坚持优先发展教育事业。总投资1.2亿元的中小学校舍安全工程扎实推进，已完成投资8625万元，竣工项目165个。教育教学质量进一步提高，2011年全市普通高招本科上线人数达到2789人，被重点大学录取339人。其中，清华大学1人，北京大学2人。2011年全市共有高中（含职专）13所，在校学生20059人；初中32所，在校学生23504人；小学81所，在校学生50323人。小学和初中入学率均达100%。教职工人数达到10578人，其中专任教师9297人。幼儿园有在园幼儿24209人。职业技能培训发展迅速，全市共有17个镇（街道）农村劳动力实用技术培训基地，289个农村劳动力定点培训机构，2011年有70166人参加了农村劳动力实用技术培训。

推进文化基础设施建设。继续实施达标文化站、文化大院创建工程，全市达标文化站达到17个，达标文化大院达到262个。巩义单体面积最大的公共建筑——市民文化艺术中心暨图书馆工程通过竣工验收，正式投入使用。该项目总占地面积4.4万平方米、总建筑面积5万平方米，总投资2亿元。2011年末，全市共有艺术表演团体1个，博物馆1个，文化馆1个，公共图书馆1个。共有广播电台1座，电视台1座，有线电视台1座，有线电视用户达到8万户。群众文艺活动更加活跃，全年文艺广场共举办活动104场次，观众达10万人次。档案事业进一步发展，市档案馆年末存放各类档案资料达173364卷（册、件、盒、张）。2011年，巩义市文物和旅游局对建设工地进行文物钻探和发掘时，清理发现了汉代时期古墓19座，唐代古墓葬2座。此次发掘的21座墓虽一部分被盗过，但仍出土了许多随葬品，有汉代的青铜灯台、青瓷罐，唐代的三彩碗、彩绘陶俑、带盖白瓷罐等珍贵文物，为研究巩义汉唐两代的政治、经济、文化提供了依据。

2011年，全市共有医疗卫生机构125个（包含社区服务站及诊所）。其中，二级医院2个，卫生院17个，社区卫生服务中心4个，疾病预防控制机构1个，妇幼保健院1个，卫生监督机构1个，急救指挥中心1个，医学在职培训机构1个。卫生机构有床位数2402张，卫生技术人员3246人。全年改造镇卫生院1所。坚持不懈抓好人口和计生工作，成功创建国家计划生育优质服务先进市。2011年，全市共组织群体性体育竞赛活动12次，其中大型比赛3次。全民健身活动蓬勃开展，学校体育更加活跃，有92%以上的在校学生达到了国家体质健康标准。

【城市建设与管理】 中心城区建设全面加快。2011年，进一步加大中心城区建设力度，实施城镇建设项目113个，完成投资17.4亿元。市民文化艺术中心暨图书馆、老城区供热管网改造、巩义南站进站道路等项目顺利竣工，石河路改建、人民广场工程有序推进。城市基础设施进一步完善，辐射带动能力稳步提升。建成区绿化覆盖率、绿地率、人均公园绿地面积分别达到42.6%、39.1%和15.9平方米，石河道公园入选河南省十佳城市滨河景观。

环保工作快速发展。2011年末，全市环保系统共有人员280人，环境监测站1个，环境监察大队1个，危险废物和辐射管理中心1个，污水处理厂1个。环保法制建设继续加强，执法力度不断加大。全市共完成限期治理污染企业743家，至2011年底有995家企业实现达标排放。全市有烟控区1个、面积19.3平方公里，噪声达标区15.7平方公里。

【人民生活】 城乡居民生活水平继续提高。2011年，全市城镇居民人均可支配收入18230元，比上年增长14.7%（未扣除物价因素）；城镇居民人均消费支出10427元，比上年增长13.4%（未扣除物价因素）；城镇居民恩格尔系数达到33%。全市农村居民人均纯收入11392元，比上年增长19.7%；农村居民人均消费支出5735元，比上年增长11.8%；农村居民恩格尔系数达到32%。居民居住条件有所改善。2011年，城镇居民人均住房建筑面积37.28平方米,比上年增加0.88平方米。农村居民人均住房使用面积44.64平方米，比上年增加0.66平方米。

【社会保障】 社会保障体系不断完善。企业职工基本养老保险、医疗保险、失业保险和工伤保险深入推进。城镇居民基本医疗保险和城乡居民基本养老保险覆盖面不断扩大。2011年，全市城乡居民基本养老保险参保总人数达到37.2万人，企业职工参保57043人，机关事业单位人员参保18510人。离退休人员社会统筹人数中，企业离退休人员达到13985人，机关事业单位离退休人员达到5861人。全市失业保险参保人数中，企业单位参保42458人，机关事业单位参保16544人。职工医疗保险参保人数达到63198人；城镇居民基本医疗保险制度全面启动，参保人数达到74918人，参保率达到100%；新型农村合作医疗制度更加深入推进，门诊补偿比例和住院补偿比例继续提高，全年补偿金额12935.5万元，农民参保率达到96.5%，比上年提高1.4个百分点。

2011年，全市共有福利院20个、床位970张，收养人数达到585人。全市各种救济对象得到国家救济30.8万人次；全市进入城镇低保达到1759户，总计4110人；农村低保达到9682户，总计22199人。

【“小相菊花”成为国家地理标志农产品】 巩义市“小相菊花”经过一年的地域确定、产地化验、品质鉴定等程序，2011年正式通过国家评审。这标志着“小相菊花”成为巩义市第一个获得国家地理标志登记的农产品，其名称将受到法律保护。“小相菊花”生长在巩义市鲁庄镇小相村。有一条河沟横穿小相境内，沟内的野菊花清香可口，能食用、茶用、药用，而沟外的野菊花却苦涩异常。“小相菊花”金黄色、粒小味清香、带甘苦，富含氨基酸、黄酮类、维生素、钙、镁等微量元素。根据《中华人民共和国农产品地理标志产品品质检测报告》显示，该菊花蒙花苷含量达到1.24%，高于一般菊花，在抗衰老、抗疲劳方面有独特效果。因此，巩义市政府因势利导，成立了巩义市鲁庄镇小相嵇含园野菊花种植合作社。野菊花摘下之后，经过淘洗、蒸制等10多道工序

制成茶叶。小相野菊花曾获“河南省最具发展潜力品牌”和“河南‘十二五’重点保护培育品牌”等荣誉。（曲玉霞 魏小艳）

新密市

【概况】 2011年，新密市总面积1001平方公里，其中耕地面积46642.7公顷。辖13个乡镇、4个街道、1个风景区管委会、1个产业集聚区，303个行政村，46个居委会。总人口79.98万人。人口出生率为9.25‰，死亡率为6.21‰，自然增长率为3.04‰。

2011年，全市完成生产总值478.5亿元，比上年增长15.2%。其中，第一产业增加值14亿元，比上年增长4.3%;第二产业增加值346.1亿元，比上年增长16.6%；第三产业增加值118.4亿元，比上年增长12.8%。规模工业增加值累计完成330.8亿元，同比增长17.2%。规模工业产品销售收入累计完成1063.2亿元，同比增长38.7%。财政总收入完成36.1亿元，同比增长21%。地方财政一般预算收入完成20.1亿元，同比增长33.4%。税收收入完成12.7亿元，同比增长18.1%。全社会固定资产投资完成263.5亿元，同比增长23.6%。社会消费品零售总额累计完成133.2亿元，同比增长18%。金融机构存款余额218.5亿元，比上年增长6.6% 。金融机构贷款余额93.3亿元，比上年增长19.9%。城乡居民储蓄存款余额178.7亿元，比上年增长6%。城镇居民人均可支配收入18274元，同比增长15%。农民人均纯收入10835元，同比增长20.3%。直接出口总值12707万美元，同比增长137%。实际利用外资13402万美元，同比增长50.8%。

【机构与领导】 中共新密市市委：书记王铁良，副书记谢霜云（12月免）、蒿铁群（5月免，12月任）、张红伟（5月任）；市委常委：王铁良、谢霜云（12月免）、蒿铁群（5月免，12月任）、薛晓军、朱河顺（5月免）、刘超峰、李金勇（5月免）、付建峰、刘月楼（女）、袁加军、张红伟、桑萌莉（女）、连书平、姚志伟（5月任）。

市委工作部门：市委办公室主任李金勇（6月免）、刘月楼（女，6月任）；组织部部长张红伟（5月免）、翟国防（5月任）；宣传部部长付建峰；政法委书记连书平（5月免）、姚志伟（5月任）；统战部部长刘月楼（5月免）、刘超峰（5月任）；群工部部长马建松；监察局局长李福安；编办主任宋照；督查室主任梁书灿；史志办主任王西林；外宣办主任李绍光；党校常务副校长王宗福；老干部局局长杨彦秋；档案局局长周建军；优化局局长张超峰；保密局局长赵清江；机要局局长李三妹（女）。

市三届人大常委会：主任王玉枝；副主任程新建、张玉娇（女）、梁建忠、许东凡、郭占鳌、徐培林、曹智富（1月免）。

市人大常委会工作部门：市人大常委会办公室主任陈国敏；代表联络工委主任秦红霞（女）；法工委主任范超峰；教工委主任侯丽君（女）；农工委主任刘群岭；财工委主任马爱荣（女）；城工委主任周晓丹。

市人民政府：市长谢霜云（12月免）；代市长蒿铁群（12月任）；副市长连书平（5月任）、徐操志、秦耀堂、王建峰、王彦国、张元明（5月任）、史启新（5月任）、虎荣鑫（5月任）、朱河顺（5月免）、王明安（5月免）、赵高翔（5月免）、桑萌莉（女，5月免）、姚志伟（5月免）。

市政府工作部门：市政府办公室主任闫长松；发改委主任王钊铭；科技和工信局局长陈贺平；爱卫办创建办主任杨兴顺；接待办主任寇海荣；工农办主任杨书军（6月免）、杨春杰（6月任）；机关事务管理局局长梁宏彬；人防办主任朱青见；文化广电旅游局局长张银灿；农工委主任李毅敏；行政服务中心主任王建华；教体局局长李霞（女）；公安局局长张元明；民政局局长冯伟东；司法局局长裴矿成；财政局局长刘发来；人力资源和社保局局长苏建忠；社会保险管理局局长王建彬；国土局局长张志强；煤炭局局长杨建敏；安监局局长刘进宝；住房和城建局局长丁国仁；房地产中心主任王树森；园林局局长张海俊；城乡规划局局长宋卫敏；拆迁办主任李天星；交通运输局局长尚建华；环保局局长徐桂林；林业局局长魏映洋；水务局局长徐绍敏；畜牧局局长赵天龙；气象局局长郭世民；卫生局局长魏金山；审计局局长刘建军；人口计生委主任冯嵩懿；统计局局长田建勋；行政执法局局长谷宝山；商务局局长张超峰；盐业局局长张春旺；物价局局长刘海法；农机局局长郑路明；粮食局局长吴欣甫；国资中心主任王冰；民族宗教局局长郭福珍（女）；台办主任理建中；质监局局长丁福星；食品药品监管局局长左献荣；供销社主任张建军；烟草专卖局(分公司) 局长（经理）刘志伟；国税局局长李宏德；地税局局长刘志松；工商局局长付智敏（3月免）、任丙坤（3月任）；电业局局长李新有；邮政局局长刘剑锋。

政协市三届委员会：主席卢国旗；副主席杨元朝、王敬梅（女）、刘春喜、刘保立、高永森、岳慧玲（女）、李松涛。

市政协工作部门：市政协办公室主任赵明晓；提案联络委主任王浩洲；社会法制委主任吴俊武；教

科文卫委主任孟晓红（女）；经济委主任郭俊涛（1月免）、李现民（1月任）；学习文史委主任于祥萍；农村工作委主任樊建松。

中共市纪律检查委员会书记:朱河顺（1月免）、薛晓军（1月任）。

市人民武装部部长：王彦国（4月免）、吴明勇（4月任）；政委：袁加军。

市人民法院院长：杨相峰（1月免）、刘文斌（1月任）。

市人民检察院检察长：王青（女）。

市群团组织：总工会主席申惠萍（女）；团市委书记张丽祥（女）；妇联主席张艳艳（女）；科协主席刘广军；工商联主席陈中建；文联主席王镜宾；残联理事长许天祥；侨联主席刘大军。

街道、乡镇、管委会机关：西大街街道党工委书记魏建朝，办事处主任刘彦伟；青屏街道党工委书记任莉（女，6月免）、申宏恩（9月任），办事处主任牛新灿；新华路街道党工委书记卢长水，办事处主任李春阳；矿区街道党工委书记孙宏伟（女），办事处主任李鹏；袁庄乡党委书记郑二卿，乡长刘振敏；米村镇党委书记虎伟东，镇长陈俊强；牛店镇党委书记王旭康，镇长裴晨翔；平陌镇党委书记马卫东，镇长李晓峰；超化镇党委书记屈国强，镇长袁金伟；大隗镇党委书记周建凯，镇长朱丽华（女）；苟堂镇党委书记李宏伟，镇长李雅（女）；刘寨镇党委书记申宏恩（6月免）、张成斌（6月任），镇长陈钊利；曲梁镇党委书记尤国军（11月免）、杨书军（11月任），镇长刘军；白寨镇党委书记尚学振（6月免）、陈志刚（6月任），镇长陈志刚（6月免）、段留战（6月任）；岳村镇党委书记杜怀峰，镇长杨志强；来集镇党委书记桑洪涛（6月免）、陈晓伟（6月任），镇长陈晓伟（6月免）、王淑慧（6月任）；城关镇党委书记祖君（女，9月免）、冯玉玺（9月任），镇长冯玉玺（9月免）、冯俊亚（9月任）；尖山风景区管委会书记尚文法，主任李忠敏；城市西区管委会书记秦耀堂（6月兼），主任孙新定（兼）；古城（县衙）开发建设管委会书记高永森（兼），主任刘金法；曲梁产业集聚区管委会书记杨天俊，主任尤国军；黄帝宫景区管委会书记丁长有，主任申宏恩（兼，6月免）。

【工业经济】 2011年，全市规模工业增加值完成294.4亿元，比上年增长20.1%；规模工业销售收入完成1063.2亿元，比上年增长38.7%；规模工业实现利润180.1亿元，比上年增长35.1%，利税额完成237亿元，比上年增长31.7%。规模工业产品销售率为99.7%。全市工业投入资金完成193.3亿元。全市规模工业综合能源消费为297.5万吨标准煤，规模工业增加值能耗降低率为18.88%，列6县市第一。

2011年，设立新密市信息化发展专项资金200万元，争取郑州市信息化项目配套资金260万元，开展“数字企业”建设活动。全市重点行业规模企业中，70%以上建成企业网站，80%企业应用OA办公系统，并设立专门的信息化部门。振东耐磨、安耐克等一批骨干企业应用ERP管理系统，全市重点企业信息化应用率达到35%。

耐材行业实施工业节能技改和集约发展，技术装备水平、产品研发得到明显提升，企业规模不断壮大。造纸行业通过淘汰落后产能，关闭91条生产线，提升了产品档次和装备水平。建材行业大力发展新型墙体材料和高档水泥生产项目，重点培育产能达200万吨的优势骨干企业（和信建材等8家新型墙体材料企业、龙力水泥等5家水泥企业）。煤炭行业通过兼并重组，规划实施了一批洁净煤、煤化工等煤电冶一体化项目，拉长了产业链条。

通过实施新技术、新工艺、新产品，服装行业由原来的80多家发展到100家以上，产业集聚效应更加明显。食品行业由原来的5家发展到10家以上，医药行业由原来的3家发展到8家，化工行业由原来的3家发展到7家，电子行业由原来的2家发展到4家，机械行业由原来的4家发展到8家。形成了华昌科技、拜纳佛生物工程、鲲鹏电子、康祺医药、渡森服装、裕中电力、金鑫机械制造等一批具有较强竞争力和影响力的骨干企业。

【项目建设】 2011年，列入新密市重点推进工业项目167个，总投资363.8亿元，年度计划投资150亿元，实际完成投资140亿元，占年度目标的93.3%。其中，列入郑州市重点推进工程项目10个，总投资107.8亿元，年度计划投资38亿元，实际完成投资45.1亿元，占年度目标的118.7%；列入郑州市扶优扶强工程项目5个，总投资106.3亿元，年度计划投资32.6亿元，实际完成投资37.6亿元，占年度目标的115.3%。新密电厂二期2×100万千瓦机组扩建工程累计投资60.9亿元，主厂房和3号机组基本完工，4号机组正在安装；港华燃气项目已对38家耐材企业正式供气；输变电高中压试验基地、中原环保城市供热、曲梁锦荣服装城等项目进展顺利。

全年实施科技项目32项。其中，国家级项目1项，省级项目7项，郑州市级项目24项。有29项获郑州市级2200万元技术研究与开发经费支持；建成郑州市企业（工程）技术（研究）中心9家，转化重大科技成果3项，申报专利495件，培育省高新技术企业3家。

【农业与农村经济】 2011年，全

第二十八篇 县（市）区概况

巩义市

市粮食种植面积5.53万公顷，比上年减少239公顷。油料种植面积3797公顷，比上年下降0.3%。蔬菜种植面积4951公顷，比上年增长0.4%。果园种植面积1319公顷，比上年增长13.4%。粮食总产量19.9万吨，比上年下降4.3%。其中，夏粮产量10.1万吨，与上年持平；秋粮产量9.8万吨，比上年下降8.4%。油料产量1.05万吨，比上年增长1.6%。蔬菜产量22.4吨，比上年增长8.8%。水果总产量18716吨，比上年增长10%。

全年肉类总产量19058吨，比上年增长0.6%。其中，猪牛羊肉产量13129吨，增长1.4%。禽蛋产量26176吨，比上年增长2.8%。牛奶产量25269吨，比上年增长10.6%。水产品养殖面积409.3公顷，比上年增长0.3%；水产品产量850吨，比上年增长4%。木材产量5897立方米，比上年下降52.7%。全年实现农林牧渔业增加值140284万元，比上年增长4.3%。2011年，农田有效灌溉面积达到20580公顷。新增有效灌溉面积533.3公顷，新增节水灌溉面积226.7公顷。全市农业机械总动力达到91.3万千瓦，比上年增长4.9%。农用拖拉机8690台，农用运输车12534台，综合机械化水平达到76%。农村用电量37318万千瓦时，化肥使用量26875吨。

2011年，全市新农村建设28个项目村累计完成投资13.2亿元，共建成农民新居9237户，新修道路130公里，铺设排水管网18.8万米，建造游园绿地29.5万平方米，完成农户“四改”3424户，全市28个项目村全部通过郑州市检查验收。

建设中的溱水路大桥

【城市建设与管理】 2011年，累计投资8000余万元，续建了溱水路东段路桥工程、青屏街东段升级改造工程，新修了青屏山山顶道路、青嵩路，完成了新密市产业集聚区天安街、地安街、兴业路、创业路、风尚街等5条道路建设及雨污水管道安装工程。据统计，全年新修道路6638米，改造道路1390米。实行道路分片包干制，加大了对市政设施的监管力度。全年累计投入800余万元，维修道路坑槽、网裂、沉陷、人行道花砖3.15万平方米，更换雨污水井盖、箅子418个（套），排水管网清淤2167立方米，对七里岗老街、平安路北段等路段进行了改造，确保了市政道路等设施正常运行，给市民提供了便利的出行环境。

城市集中供热工程。2011年1月15日，实现首批用户供暖，打破了新密市多年来没有城市集中供热设施的局面。2011年，安装供热管网12公里，新建换热站18个，实现供热面积25万平方米。同时，进一步完善了热源厂内基础设施建设，截止到2011年底，城市集中供热工程共完成投资1.9亿元。

天然气管网工程。2011年，天然气工程总投资1.39亿元，新铺设天然气管道133公里，年供气5000万立方米。其中，城区铺设管网23公里，新增用户2000户，年供气2000万立方米，开工建设了西气东输门站及加气站工程，完成投资1865万元；乡镇铺设管网110公里，发展用户28户，年供气3000万立方米，完成投资1.2亿元。

为改善市民的居住环境，打造绿色生态新密，2011年累计投入4550万元，城区新建绿地面积33.4万平方米。其中，新建公园2个，面积23.5万平方米；新建广场1个，面积5万平方米；新建游园3个，面积3.6万平方米；新建道路绿地面积1.3万平方米;新栽（补种）乔木3.9万棵，各类花灌木40.2万余株。

【第三产业】 2011年，公路运输完成货物运输量1935万吨，比上年增长17.4%；完成货物周转量348677万吨公里，比上年增长24.6%。公路运输完成旅客运输量3583万人，比上年增长5.7%；完成旅客周转量185757万人公里，比上年增长9.5%。年末，全市民用机动车拥有量180163辆，比上年新增9497辆。其中，轿车65974辆，摩托车87478辆，货车及农用车25497辆，其他车辆1214辆。年末，全市实有公交汽车790辆，其中城市拥有公交车辆364台，城市公交客运量达到1.15亿人次。

2011年，完成邮电业务总量137812.2万元，比上年增长13.6%。其中，邮政业务总量8860万元，增长8.1%；电信业务总量128952.2万元，增长15.3%。全市有邮政局(所)24个，邮路总长270公里。全年累计订销报纸1254.9万份、杂志28.7万本。2011年末，邮政储蓄余额达到25.7亿元。

2011年末，移动电话用户达到69.9万户，比上年增长33.3%。2011年新增用户12.5万户，其中3G移动电话用户为7.5万户。2011年末，固定电话用户达到125930户。计算机互联网宽带接入用户92923户，比上年增长35.3%。新增光缆线路736公里。

2011年，全市共接待国内外旅游者88.5万人次，比上年增长18.0%；旅游总收入达到14808.1万元，比上年增长18.5%。年末，全市共有旅游景区景点10家，其中3A级旅游景区1处；全市共有星级酒店3家，国内旅行社14家。

【社会事业】 2011年，新密市大力改善办学条件，建成乡镇公办幼儿园22所，市直金凤路初中、小学土地征用和设计工作已完成。投资9000余万元，新建农村中小学校舍2.6万平方米，对全市118所学校配备电子白板1872块，为全市中小学教师配备笔记本电脑7000台。义务教育发展取得新突破，荣获河南省第二批义务教育均衡发展先进县(市)称号；狠抓教育教学质量，2011年高考成绩荣获郑州6县(市)第二名。

加快推进卫生事业发展，完成了三年医改任务。规范新型农村合作医疗工作，人均筹资标准提高到每人每年230元，封顶线达到10万元，参合率达到95.5%。扎实开展健康普查工程，建立居民健康档案79.9万份，建档率99.5%；免费开展农村妇女“两癌”检查7.2万人。

2011年，新密市不断加快保障性住房建设，位于青屏街办事处青峰路社区的第二个保障性住房项目（美景山城）已全部完工，完成总投资8000余万元。第三个保障性住房项目（即惠安家园），总占地6.24公顷，计划总规模12万平方米，分三期实施；一期共654户（其中廉租住房84户），2011年10月开工建设，至年底，已开工建设11栋楼，完成建筑面积2.1万平方米，完成投资2000余万元。

形成了城乡低保对象有进有出，保障标准逐步提高，动态管理，应保尽保的保障体系。2011年，共审批保障城市低保对象1446户、3774人，农村低保对象16325户、23535人。建立了城乡低保标准与物价波动联动机制，城市低保标准由每人每月245元提高到275元，月人均补差183元；农村低保标准由每人每月140元提高到180元，月人均补差102元。发放城市低保金851.6万元，农村低保金3093.8万元。

投入资金1500多万元，新建敬老院3所、扩建1所、配套2所，新增建筑面积1.1万平方米，新增床位350张。全市五保对象在院集中供养1550人，集中供养率达到60.5%，分散供养1010人，占五保对象的39.5%，在郑州市处于前列。五保对象分散供养标准由每人每年1872元提高到2016元，集中供养标准由每人每年3120元提高到3360元，高于全省标准；年发放五保供养资金730万元。

出台了《新密市城乡医疗救助办法实施细则》，城乡医疗救助工作纳入了制度化、规范化、程序化管理轨道。将城市低收入家庭中重病患者、重度残疾人、60周岁以上老年人、贫困大学生纳入医疗救助范围，扩大了城市医疗救助覆盖面。提高救助比例和救助限额，城乡低保对象医疗救助比例达到50%，集中供养五保对象救助比例达到100%，五保分散供养对象、孤儿救助比例达到80%，城市低收入家庭中的重病患者、重度残疾人、60周岁以上的老年人、贫困大学生救助比例达到25%，年个人累计救助最高限额提高到1万元。在实施参保参合救助、大病住院救助的基础上，对不适合住院或无力住院但需长期药物维持治疗的重病患者实施了门诊救助，年累计救助各类大病患者4670人次，发放医疗救助金470万元。

【农机推广】 2011年，全市有各种型号拖拉机8527台，联合收割机达1126台，配套农具5万多台（件）。全年完成小麦机收2.73万公顷，机收率达到97.2%，机耕率98.5%，机播率98.9%；玉米机收率达到61.3%。农机化耕种收综合机械化水平达到78%，位居郑州6县（市）前列。继续保持全国“平安农机”示范县（市）称号，荣获“全国农机化示范县（市）”“全国农机科技科普示范县（市）”和“省级文明单位”等称号。

2011年，全市新建农机专业合作社4个，经工商部门登记注册总量达38个，注册资金6939.746万元，入社社员680人，入社农户4391户，托管流转土地2133.33公顷。全年完成农机田间作业4万公顷，跨区作业6666.67公顷。合作社建设总占地面积15.83公顷，建设车库（棚）650余间、2.8万多平方米；合作社拥有大型动力机械840多台，各种配套农机具2055多台（套），机械原值达8200多万元，总资产2亿多元。建成全国农机合作社示范点1个，新创省级示范合作社8个。

2011年，共争取各级财政农机购置补贴资金1161万元，补贴农机具1695台，惠及农户1219户，惠及合作社38个。承担实施了农业部“生物质燃料模压成型技术示范项目”，共完成总投资1730万元（其中，2010年900万元，2011年830万元），建设生物质燃料加工点50

个，新增铡草机100台，秸秆压块机100台。建成全程农机化示范区1个，建设面积766.67公顷；实施机械化生产作业面积1.71万公顷，完成投资1850万元。实施郑州农机检测中心重建项目，投入资金520万元，完成了主体楼和检测线用房建安工程。

【生态新密建设】 为改善市民的居住环境，打造绿色生态新密，2011年累计投入4550万元，城区新建绿地面积33.4万平方米。其中，新建公园2个，面积23.5万平方米；新建广场1个，面积5万平方米；新建游园3个，面积3.6万平方米；新建道路绿地面积1.3万平方米;新栽（补种）乔木3.9万棵，各类花灌木40.2万余株。

2011年，新密市全面启动农村环境连片整治工作，计划投资1.8亿元，利用3年时间对全市85个行政村进行环境连片综合整治。按照因地制宜、强者为先，抓点带面、着眼长远的思路，在郑州市12个县（市）区中率先建设农村污水处理人工湿地，建成来集镇郭岗村和王堂村2个村级生活污水处理设施，已成为郑州地区新型农村社区环保示范工程，形成了县、乡、村污水处理三级网络。2011年，新密市投资1800万元的10个农村连片整治示范工程已全部建成。10个项目分别为：来集镇王堂中心村500吨/日人工湿地，牛店高村400吨/日人工湿地，刘寨新型社区500吨/日人工湿地，白寨镇白寨村500吨/日人工湿地，超化镇李坡中心村500吨/日人工湿地，大隗镇大隗村生活污水管网，平陌镇平陌中心村污水管网，城关镇东街村生活垃圾综合治理项目，大隗镇双楼村畜禽粪便综合治理项目，尖山风景区管委会神仙洞村畜禽粪便综合治理项目。新密市农村环境连片整治工作推进迅速、效果明显，受到郑州市通报表扬，郑州市人大、市政协领导视察后予以充分肯定。12月，全省农村环保现场会在新密市召开，河南省18个地市、10个省管县（市）、郑州各县（市）环保局领导及《河南日报》等11家省市媒体共150余人参加会议，农村环境连片综合整治“新密模式”在全省推广。

【新型城镇化建设】 2011年，新密市启动城乡总体规划修编工作，“三化”协调科学发展空间布局规划已完成，规划全市303个行政村中73个并入城区、81个并入镇区、149个通过合村并点建成44个新型社区。曲梁新城建设推进步伐加快，规划用地面积30平方公里，规划人口20万人。合村并城及城中村改造按计划扎实推进。新型农村社区建设成效明显，累计完成投资9.3亿元，建成农民新居8668户，新修道路26公里，铺设排水管网8.2万米，建造游园绿地8万平方米。2011年11月28-30日，河南特色“三化”协调科学发展之路高层论坛在新密市举行，与会领导和专家学者对新密市新型农村社区建设给予了充分肯定和高度评价。

（朱中华）

登封市

【概况】 2011年，登封市总面积1217平方公里，其中耕地面积46462公顷。辖4个乡、8个镇、3个街道、1个工业区和1个矿区管委会，303个行政村，20个居民委员会，2532个村民小组。总人口67.3191万人，其中农业人口46.9604万人。人口出生率为9.88‰，死亡率为 4.82‰，自然增长率为5.06‰。

2011年，登封市生产总值完成 385.56亿元，比上年增长14.9%。地方财政收入完成24.36亿元，比上年增长17.6%。全社会固定资产投资完成223.57亿元，比上年增长23.5%；社会消费品零售总额103.13亿元，比上年增长18%。金融机构各项存款余额189.45亿元，比上年增长15.9%。城镇居民人均可支配收入17565元，比上年增长14.3%；农民人均纯收入9788元，比上年增长20.3 %。万元生产总值能耗比上年下降7%。

【机构与领导】 中共登封市市委：书记王福松（12月离）、郑福林（12月任）；副书记乔耸（12月任）、杨昆峰；市委常委：郑福林、乔耸、杨昆峰、董焕德、孟永瑞、魏诗礼、彭立（5月任）、饶泽寿、赵华敏、李诺民、杨成超、王升建（5月任）、杨洁（5月任）、马素华（5月任）。

市委工作部门：市委办公室主任彭立（5月任）；宣传部部长马素华（5月任）；统战部部长杨洁（5月任）、王书军（5月离）；政法委书记李长义、白宇宙；群工部部长刘爱芳；信访局局长崔东飞；机关事务局局长郑凤鸣；党校常务副校长郭年凯；市直工委书记杨军辉；老干部局局长王玉存；档案局局长范涛。

市二届人大常委会：主任董焕德；副主任谢奇、王书军（5月任）、阎新生、范全生、吴万通、曼国永、杨建勋（1月任）、董喜年（1月任）。

市人大常委会工作部门：市人大常委会办公室主任张克彬；财经工委主任孙晓玲；农工委主任尚学阁；人事任免工委主任杨意华；代表联络信访工委主任王淑新；法工委主任吴彦军。

市人民政府：市长郑福林（12月离）；代市长乔耸（12月任）；副市长翟晓宾（5月离）、赵华敏、李诺民、杨成超、杨洁、李伟光、朱耀辉、黄卫东、马宏伟、张治怀、陈治龙、李献武。

市政府工作部门：市政府办公室主任李献武；嵩管委主任乔耸（12月任）；监察局局长岳耀争；人防办主任卢祚乔；法制局局长席遂兴；市志办主任吕宏军；外侨办主任孙书峰；扶贫办主任袁松乾；发展计划委主任顾建党（11月离）；物价局局长刘效克；粮食局局长徐臣义；科工信委主任任永立；安监局局长高建森；计生委主任马炎治；财政局局长王建永；公安局局长张遂旺；民政局局长范新杰；人事劳动和社保局局长冯玉安；住建局局长高宏伟；环保局局长郭更森；农工委主任段国群；林业局局长宋银涛；水务局局长刘超杰；国土资源局局长韩志刚；煤炭局局长胡彦敏（7月任）；交通局局长甄少杰；教体局局长李成林；文物局局长吕伟（4月任）；卫生局局长景淑真；爱卫办主任吴进卿；统计局局长张健（4月任）；审计局局长冯迎灿（4月任）；司法局局长何延木；文广新局局长王彩虹（6月任）；宗教局局长白金永；旅游局局长钱桂玲；少林管理局局长王少锋；林管分局局长王亚飞；农机局局长吴英敏；商务局局长赵应杰；供销社主任陈兰宏；医药公司经理冉永套。

政协市二届委员会：主席吴聚财（1月离）、孟永瑞（1月任）；副主席吴顺卿（1月离）、王章武、张书凯、常兴文、刘白雪（1月任）、孟占江（1月任）、释永信。

市政协工作部门：市政协办公室主任董辉；提案委主任刘春萍；经济科技委主任赵占敏；文教卫体委主任孙建敏；台港澳侨联络委主任王丽。

中共市纪律检查委员会书记：魏诗礼。

市人民武装部部长：杨国强；政委：饶泽寿。

市人民法院院长：李新。

市人民检察院检察长：马玉东。

市群团组织：总工会主席张书凯；团市委书记宋少丹；妇联主席吴桂荣；侨联主席赵爱娟；文联主席钟清敏（1月任）；工商联主席王文浩；科协主席燕英超。

乡镇、街道、区工委机关：颍阳镇党委书记焦春生、镇长吴建伟；君召乡党委书记王向民、乡长马宗仁；石道乡党委书记陈再文、乡长杨飞剑；大金店镇党委书记李发敏、镇长郭建刚；东华镇党委书记荣二平、镇长申卫保；白坪乡党委书记程彦宏、乡长李俊峰；卢店镇党委书记曹红斌、镇长周华芳；唐庄乡党委书记李剑玮、乡长段世民；告成镇党委书记郭朝宏、镇长何聪道；徐庄镇党委书记宋剑、镇长董剑飞；大冶镇党委书记郑振武、镇长王志斌；宣化镇党委书记李云峰、镇长薛少龙；嵩阳街道党工委书记王学杰、办事处主任孙玉生；少林街道党工委书记王红伟、办事处主任孙利峰；中岳街道党工委书记袁鹏飞、办事处主任赵春营；阳城区书记李云敬、主任孙卫杰；送表矿区管委会书记阎文定，办事处主任李金成。

【工业经济】 2011年，登封市坚持主导产业高端化、新兴产业基地化、产业发展集群化，加快推进经济发展方式转变。（1）重点抓好产业集聚区建设。按照“四集一转”的发展思路，加强科学规划引导，完善配套服务功能，狠抓项目招商入驻，增强产业集聚效应.完成固定资产投资1.8亿元，规模以上工业增加值268亿元，工业企业销售收入880亿元，年销售收入超亿元企业达到150家，发电总装机容量达243万千瓦，入驻企业15家，计划总投资114亿元，其中7家产品已上市销售。（2）坚持抓好重点项目建设。河南恒美铝业5万吨铝型材、天地之中福德汽车零部件等一大批重大项目先后建成投产，23个河南省、郑州市重点项目完成投资23亿元，占年计划的108%；市本级117个重点项目完成投资76亿元，占年计划的111%。（3）切实抓好招商引资工作。全市共引进投资60亿元的中科东晶登封光电产业园、投资12.8亿元的百佳吉三轮摩托车项目、投资13亿元的华润电力煤炭资源整合项目、投资5.8亿元的嵩山爱诺丁国家极限运动休闲基地、江西正邦集团年产100万头商品猪生产基地等重大项目16个，总投资360亿元人民币。2011年，实际利用外资1.4亿美元，实际利用域外境内资金50.7亿元。（4）突出抓好企业扶优扶强。全市新增郑州市级企业技术中心6家、郑州市级工程技术研究中心1家，1家企业被认定为国家高新技术企业，2家企业被认定为郑州市创新型试点企业，2家 企业被认定为郑州市知识产权优势企业。（5）着力抓好节能减排工作。对超标排放的33家企业实施限期和停产治理，8家高铝黏土熟料加工企业完成技术升级改造任务并通过郑州市验收；推广使用节能灯54.1万只，登封市被国家发改委确定为全国唯一绿色照明示范城市。

【农业与农业经济】 2011年，全面落实支农惠农政策，加快农民素质提升，加速农业提质增效。（1）大力发展特色种植业。全年新增核桃种植面积2333.33公顷，全市核桃种植总面积达到4573.33公顷；新增设施蔬菜生产面积33.33公顷；建立大马士革玫瑰种植基地33.33公顷；实现林下套种金银花133.33公顷；完成各项林业工程总面积7800公顷。（2）加快推进农业产业化进程。制定出台了《关于促进农业产业化龙头企业快速发展的意见》和《关于支持登封市名优农副产品发展的意见》，共签订农业产业化发展项目投资协议22亿元，已完成投资5亿元；完成农业扶贫开发投资6085万元；新培育龙头企业4家，新发展农民专业合作社21家。（3）加强农业基础设施建设。投资2616万元，完成5座水库的除险加固工程；投资4230万元，完成两批农村饮水安全工程，受益农民8.34万人；完成农业综合开发中低产田改造面积2000公顷；发放水库直补资金1624万元，直补水库移民2.7万人；新增农村土地流转面积509.13公顷。（4）积极开展农业综合服务。新认证有机食品9个，认证绿色食品12个，认证无公害基地13个；建立嵩山核桃网，开通了技术咨询热线；开展各类农业技术培训44次，培训农民1.09万人次。

【文化旅游产业】 2011年，按照“保护大嵩山、发展大旅游、形成大产业”的发展思路，加快文化旅游产业发展。（1）加强文化旅游基础工作。编制完成了《嵩山文化产业园区总体发展规划（2010-2020）》等规划；完成了第三次文物普查工作，登封市入围不可移动文物点1531处，位居郑州市第一位。（2）加快文化旅游项目建设。总投资15亿元的旅游小镇项目一期已经开工建设；《禅宗少林·音乐大典》二期、孔子学院等重点项目正在加紧建设；12月，总投资3亿元的锦鹏生态酒店正式营业；嵩山国家地质博物院等项目前期准备工作正在加紧进行。（3）推进文化旅游体制改革。出台了《关于扶持文化旅游产业发展的若干规定》，市财政每年列支3000-5000万元作为专项引导资金，扶持文化旅游产业发展。（4）加强文化旅游宣传营销。策划举办了庆祝“天地之中”历史建筑群申遗成功1周年、“2011中华文化游”启动仪式、第十届“网上看河南”等系列活动；组织参加“2011中国国内旅游交易会”“国际旅行商采购大会”等节会，进一步提高了登封的对外知名度。2011年，全市共接待游客766.8万人次，同比增长8.1%；门票直接收入2.86亿元，同比增长12.9%；实现旅游总收入50亿元，同比增长18%。

【新型城镇化建设】 2011年，紧紧围绕打造“国际文化旅游名城”的目标，确立了“一城三区四组团、七个特色镇”的城乡发展新格局。（1）加快规划编制步伐。编制完成《登封市城乡总体规划（2010-2030）》《登封市土地利用总体规划》《登封市产业布局规划》等总体性规划和“一城三区”11个控制性详细规划、12个乡（镇）区总体规划、201个村庄规划等专项规划，建成了登封新区规划展示馆，为引领城乡发展提供了科学依据。（2）加快城市组团建设。加快登封新区建设，商住区龙腾大道、登封新区中强学校、河南阳城医院、工人文化宫等重点项目已开工建设，疾控中心、康复中心、中岳示范性卫生院等重点工程即将投用，中岳文化苑板块与台商三圆集团签订了35亿元的战略合作框架协议。产业集聚区板块完成了总长12.1公里的路网建设，总投资2.2亿元的水电工程已经开工建设，投资2.3亿元建设标准化厂房11万平方米。加快推进中心城区建设，制定出台《登封市旧城改造及合村并城若干规定》，总投资3亿元的登封市场馆项目已完成拆迁4.1万平方米；总投资1.1亿元的棋盘山公园已完成投资4472万元。加强城市精细化管理，广泛开展城市文明卫生活动，顺利通过国家卫生城市复验。（3）加快新农村建设。全年共建成新农村项目点11个，完成投资4.26亿元，新建房屋面积33.2万平方米，新修村内道路25.7万平方米；村容村貌、镇容镇貌整治累计投入1.4亿元，硬化村内道路152公里，建设垃圾中转站161个，改建卫生厕所9384个；完成贫困村改造项目6个，搬迁扶贫542户、2054人，建设水泥路32公里，有效改善了农村生产生活条件。

【社会事业】 2011年，完善社会管理，发展社会事业，不断满足人民群众的公共服务需求。（1）认真抓好城乡就业再就业工作。组织开展“春风行动”“就业援助月”等活动，新增就业再就业4550人，实现农村劳动力转移就业1.36万人，城镇登记失业率控制在3.9%。（2）大力实施文化惠民工程。建成农家书屋182家、文化大院50家、文化站3个、社区文化活动中心3个，组织《天中艺苑》戏曲擂台赛11期、“舞台艺术送农民”演出48场、农村公益数字电影放映3588场，群众文化生活得到充实提高。（3）积极推进教育优先发展战略。落实各类教育资金1.9亿元，新建公办幼儿园13所，滨河路小学扩建二期工程进展顺利。实施素质教育推进工程，2011年高考登封市普通类万人本科率为42.57，居郑州6县（市）第三位。（4）着力提高群众健康水平。全面推行“新农合一卡通”，为65周岁以上老人每年补贴100元进行健康体检。实施国家基本药物制度，让利患者125.4万元；开展片医负责制工作；完成“两癌”筛查任务2万多人，为全市6209对已婚待孕或已孕夫妇提供免费出生缺陷一级干预服务。（5）扩大社会保险覆盖面。五大社会保险累计参保20.39万人次，新农保试点工作顺利通过河南省、郑州市验收。调高企业离退休人员养老待遇，人均月增资192.64元；稳妥解决未参保集体企业退休人员的养老保险问题。（6）加快发展社会福利事业。累计发放城乡医疗救助金5739万元、低保金4170万元、抚恤补助金992.7万元、五保资金676万元，救助流浪乞讨人员470人次，办理老年优待证1360件；成立老年福利服务中心，慈善工作获得河南省、郑州市高度评价。

【18个重大项目被列入省市重点项目】 2010年，登封市13个项目被列入河南省、郑州市重点项目，总投资48.17亿元，年计划完成投资14.66亿元，年终实际完成19.96亿元，占年计划的136%。

2011年，登封市辖区有18个项目被列入河南省、郑州市重点建设项目，总投资621.4亿元，2011年计划完成投资124亿元。在18项省、郑州市重点建设项目中，有9个点状项目纳入年终考核，分别是嵩山少林武术职业学院暨国家汉语国际推广少林武术基地、中铝集团节能铝型材加工项目、“天地之中”文化旅游产业园一期工程、华润登封电厂二期1×60万千瓦工程、华润登封上大压小第二台1×60万千瓦工程、郑煤告成煤矿产业升级项目、登电集团马鸣寺煤矿建设、《禅宗少林·音乐大典》二期项目、占地11.87公顷的民生医院项目。2011年，登封市本级第一批重点建设项目拟列113项，总投资441.7亿元，年计划完成投资77.7亿元。其中，前期项目26项，总投资225.5亿元；其他项目87项，总投资216.2亿元，当年计划完成投资77.7亿元。

（吕宏军）

新郑市

【概况】 2011年，新郑市总面积873平方公里，其中耕地面积48371.79公顷。辖3个街道、9个镇、3个乡、3个管委会，293个行政村，33个居民委员会。总人口64.85万人，其中乡村人口53.27万人。人口自然增长率为5.1‰。

2011年，全市完成地区生产总值439.6亿元，同比增长13.8%。其中，第一产业增加值17.6亿元，同比增长3.9%；第二产业增加值321.6亿元，同比增长15.4%；第三产业增加值100.4亿元，同比增长11.1%。主要工业增加值完成263.4亿元，比上年增长18.4%。财政一般预算收入21.6亿元，财政一般预算支出29.96亿元。全社会固定资产投资完成233.8亿元。社会消费品零售总额完成124.6亿元。实际利用外资1.77亿美元。商品出口总额2760万美元。城镇居民人均可支配收入达到18276元，人均消费支出15181元。农村居民人均纯收入达到11344元，人均生活消费支出7890元。城乡居民年末储蓄存款余额103.7亿元。县域经济社会发展综合排序位居全省第三位，连续5年跻身全国中小城市综合实力百强、县域经济基本竞争力百强县（市）行列。新郑市政府网站——“黄帝故里·中国新郑”首次跻身全国县区级政府网站前10名，荣获2011年度“中国政府网站领先奖”。

【机构与领导】 中共新郑市市委：书记吴忠华；副书记王广国、刘仲利、张国宏（6月任）；市委常委：吴忠华、王广国、刘仲利、张国宏、王俊杰、孙淑芳（女）、李占龙、付桂荣（女）、刘德金、李志强、杨流、汤晓义（5月任）。

市委工作部门：市委办公室主任汤晓义；组织部部长刘德金；宣传部部长付桂荣（女）；统战部部长李占龙（6月免）、李志强（6月任）；政法委书记孙淑芳（5月免）、李占龙（5月任）；老干部局局长刘德铭；信访局局长赵志健；档案局局长秦成伟；党常务副校长王向阳。

市三届人大常委会：主任高林华（女）；副主任冯西乾、孙阔、王军生、彭德成、郭明熙（1月任）、王金灿（1月任）、左建新（1月任）。

市人大常委会工作部门：市人大常委会办公室主任王金灿（3月免）、白春芳（3月任）；法工委主任周宏伟；农工委主任李俊卿；代表工委主任歹华民；老干部科长冯丽娜（女）；教科文工委主任刘宏战；人事任免科长白春芳（女，3月免）、张新志（5月任）；信访室主任歹银花（女）；财经委主任贺立军。

市人民政府：市长王广国；副市长张国宏（6月免、12月任）、孙淑芳（女，5月任）、李志强、刘五一、马少军（5月免）、李颖军、景雪萍（女，5月免）、王保军、赵建武、关民安、缑云峰、康红阳（5月任）、秦彩霞（女，5月任）。

市政府工作部门：市政府办公室主任张书谦（6月免）、李俊鹏（7月任）；监察局局长敬跃离；机关事务局局长鲁鹏程；市志办主任马红军；法制办主任张建鸿；技术监督局局长宋雪峰；住房和城建局局长邱学峰；交通运输局局长赵金离（12月免）、贾桂芬（女，12月任）；农业农村工委主任杨献珍；林业局局长贾桂芬（女，12月免）、戴金平（12月任）；水务局局长赵富贵；商贸公司总经理赵锋申；粮食局局长李书灿；财政局局长张全民（3月免）、貊海森（3月任）；工商局局长郭建军；审计局局长周宏超；供销社主任王墨松；人口和计生委主任唐宏伟；文广电新闻出版局局长刘学敏；环保局局长岳新峰（12月免）、苗松发（12月任）；卫生局局长李长法；旅游文物局局长张向东；发改委主任刘红军；商务局局长韩东伟；统计局局长刘德智；国土局局长赵海峰；人力资源和社保局局长贾俊峰；社会保险管理局局长赵明；编办主任郭建岭；公安局局长赵建武；司法局局长朱秋国；民政局局长赵子剑；科技和工信委主任付建峰；气象局局长闫伟杰；邮政局局长冯珂；烟草局局长王保军；安监局局长王国良；轻工公司经理毛红军；供电公司经理滑道衡；食品药品监管局局长张五超；物资公司经理石贵现；城乡规划和城管局局长王忠贺；黄帝故里景区管委会主任秦洪源；具茨山国家级森林公园管委会主任贾桂芬（女，12月免）；中心城区新区建设管委会主任关民安。

政协市三届委员会：主席陈莉（女）；副主席戴宇林、苏铁林、王海民、李中俊、李建国、张全民（1月任）。

市政协工作部门：市政协办公室主任安义刚；科教文卫委主任李富湛；经济委主任王学敏（4月免）、白宵德（女，5月任）；文史委主任马林清；老干部科长白宵德（女，5月免）、史新军（5月任）；社会法制委主任苏留欣；港澳台侨委主任王艳；农委主任贾连卿；提案委主任吕宪宝。

中共市纪律检查委员会书记：王俊杰。

市人民武装部部长：王海亮；政委：杨流。

市人民法院院长：靳四梅（女）。

市人民检察院检察长：翁波。

市群团组织：工会主席赵志新（5月免）；妇联主席郑彩霞；团市委书记张磊；工商联会长王海民。

街道、乡镇机关：新建路街道党工委书记王宏坤（3月免）、闫建军（3月任），办事处主任闫建军（3月免）、赵敏祥（4月任）；新烟街道党工委书记胡凯军，办事处主任敬伟民；新华路街道党工委书记连合群，办事处主任李宗元；城关乡党委书记赵根旺（12月免），乡长许林山；辛店镇党委书记周书明，镇长戴茂松；观音寺镇党委书记李俊鹏（7月免）、田延辉（9月任），镇长田延辉；梨河镇党委书记贾晓建，镇长刘奎志；和庄镇党委书记乔建伟，镇长齐光辉；八千乡党委书记林俊伟（3月免）、周树军（3月任），乡长周树军（4月免）、曾海林（4月任）；龙王乡党委书记吴顺祥，乡长左超伟；薛店镇党委书记郭伟斌、镇长赵东伟；孟庄镇党委书记马书强，镇长靳大勇；龙湖镇党委书记杨春峰，镇长李炎宏；郭店镇党委书记沈宝峰，镇长高宏伟；新村镇党委书记荆新发，镇长赵淑梅（女）。

【工业经济】 2011年，全市规模以上工业企业达到295家，主要工业增加值完成263.4亿元，比上年增长18.4%。其中，年销售收入超10亿元企业达到13家，超5亿元企业达到42家，新郑卷烟厂年销售收入达到56.9亿元。重大项目建设步伐加快，鸽瑞二期、华驰薄板二期等76个工业项目建成投产，中储粮油脂仓储加工、达利食品等一批在建项目顺利推进。好想你枣业在深交所成功上市，募集资金8.5亿元，成为中国红枣第一股。深入开展“定区域、定协会（商会）、定人员、定企业”专业招商活动，新招项目80个，总投资307亿元，亿元以上项目48个，招商引资到位资金69.3亿元，实现外贸出口2820万美元。强力推进产业集聚区建设，严格按照“四集一转”要求，加快产业集聚区基础设施建设，产业集聚度不断提升，新港产业集聚区被评为河南省最具产业竞争力集聚区。

【农业与农村经济】 2011年，粮食生产能力不断提高，年总产达到5.7亿斤。农业结构持续优化，全市大枣、蔬菜等无公害农产品生产基地达到2.43万公顷，畜牧业增加值占第一产业的比重达到45%。全市农民专业合作社达到187家，农业产业化龙头企业达到68家，无公害农产品达到48个，荣获2011年度河南省农业综合开发先进县（市）称号。持续加强农田水利基本建设，新打配机井540眼，综合配套升级改造农用机井3146眼，连续15年夺得河南省农田水利基本建设“红旗渠精神杯”，连续16年夺得郑州市农田水利基本建设“中州杯”。加强古枣树保护，制定出台了鼓励大枣产业发展的意见，加强与新疆哈密、若羌等地的合作联系，规划建设国家级红枣质量检测中心及红枣基地，培育年产值百万元以上的大枣加工企业36家，逐步实现“龙头在新郑，基地在全国，市场在世界”的目标。

【城乡建设与管理】 2011年，全面实施道路升级改造工程，对南入市口、茨山路东段、中华南路等城市主次干道进行了高标准改造，郑新快速通道顺利推进，107国道新郑段改造拆迁工作已完成。新郑新城建设日新月异，解放北路、学院路、沿河路等道路建成通车，人民医院迁建、一中新校区、第一新型社区、轩辕湖景观生态水系等重点工程顺利推进。龙湖新城建设卓有成效，新建、改造道路14条，建成广场游园17处，郑州一中龙湖校区开工建设，郑州外国语学校、郑州六中、郑州十一中的修建性详规编制完成。新型社区建设加快，薛店常刘、辛店阳光花园等21个新型社区建设进展迅速，新建房屋21万平方米。深入开展乡镇综合实力“争强晋位”活动，辛店、龙湖财政收入超2亿元，新华路办事处财政收入超亿元，薛店、新村等6个乡（镇）进入全省综合经济实力百强乡（镇）行列，新村、辛店等4个乡（镇）进入郑州市综合经济实力20强行列。

【第三产业】 2011年，文化产业繁荣发展。成功举办了辛卯年黄帝故里拜祖大典和第五届黄帝文化国际论坛，进一步扩大了黄帝文化的知名度和影响力；郑韩故城、裴李岗遗址等7处遗址保护规划（工程）被列入全国文物重大重点项目库；望京楼夏商时期城址被评为全国十大考古发现之首。大力发展文化旅游业。启动了黄帝故里扩建工程一期项目规划和郑韩故城国家级考古遗址公园规划及前期工作，完成了具茨山国家森林公园登山步道建设工程，对郑王陵博物馆进行了升级改造，进一步增强了旅游吸引力和竞争力。2011年，全年接待外地游客300多万人次，实现旅游收入6亿多元。房地产业稳步发展，全年竣工商品房69.3万平方米。商贸物流业发展迅速，引进了丹尼斯、乐谷假日酒店等商贸项目，积极推进延长集团、郑州国际石材工业园、六盛钢材交易市场等重大物流项目建设。2011年，完成第三产业增加值100.4亿元，占经济总量的22.8%。

【社会事业】 2011年，深入实施“十个所有惠民生”工程，认真办理惠民实事，统筹城乡教育、就业、医疗、住房、养老和社会组织服务管理一体化，民生得到显著改善。全市7.5万名中小学生全部享受到从小学、初中到高中的12年免费教育，高考成绩连续20年位居郑州市六县（市）首位。2011年，实现农村富余劳动力转移就业1.76万人，新增城镇就业岗位9317个。新型农村合作医疗参合率99.67%，实现了城乡医疗服务全覆盖；城乡居民社会养老保险参保人数达34万人，60周岁及其以上老人参保率达到100%。投资4.6亿元的畅馨苑经济适用房小区一期交付使用。新解决5.8万人的饮水安全问题。成功创建省级林业生态县，大气二级标准以上天数达到91.2%以上，城市环境综合整治定量考核连续15年位居全省前列。深入开展群众性精神文明创建活动，全市省级文明单位达到21个。“六五”普法顺利推进，全民法律意识明显增强。建立市信用中心，全面推行诚信示范企业评定制度，诚实守信蔚然成风。扎实推进社会管理创新综合试点工作，积极探索城乡一体化的社会管理新模式。城乡群众安全感指数位居全省首位，获得“中原平安杯”，被授予全国“平安建设先进县市”称号。

【社会管理创新工作】 2010年12月，新郑市被中央政法委确定为全国社会管理创新综合试点城市。该市认真贯彻落实上级关于创新社会管理各项政策措施，坚持“民生为本、服务为先、产业为基、法制为纲、文化为本、统筹为要”，积极探索社会管理创新新机制，高度重视流动人口、特殊人群、网络、“两新”组织、群众矛盾纠纷、机关为民办事效率等社会问题，创新性地加强市级“一办十中心”、乡镇（街道）综治中心、便民服务中心和村（社区）“一站二委三员六护员”机构建设，努力为广大人民群众提供专业服务、高效服务、高质服务，最大限度地激发社会活力、最大限度地增加和谐因素、最大限度地减少不和谐因素，维护社会大局的和谐稳定。“一办十中心”即市社会管理综合治理委员会办公室；市级110服务中心、矛盾纠纷大调解中心、特殊群体帮教中心、青少年及大学生服务中心、老年人服务中心、“两新”组织服务中心、残疾人服务中心、就业社保服务中心、信访接待服务中心、虚拟网络管理中心。“一站二委三员六护员”即综治工作站；治保委和调解委；信访信息员、法制宣传员、民事调解员；护村庄、护井渠、护道路、护林木、护电力、护土地员。2011年6月，中共中央政治局常委、中央政法委书记周永康专程到新郑市就社会管理创新和主题教育实践活动进行深入调研，先后4次对新郑市社会管理创新工作给予批示，并对该市社会管理创新成果给予充分肯定，社会管理经验在全国推广，新郑市被评为全国社会管理创新典型培育县市。

【成为全省移民工作先进单位】 根据南水北调移民安置工作总体部署，新郑作为丹江口库区移民安置区，共需安置淅川移民1141户、4663人。自移民安置工作启动以来，在郑州市委、市政府的正确领导下，在郑州市移民办的精心指导下，新郑市紧紧围绕“四年任务、两年完成”工作要求，精心组织，积极对接，紧扣节点，严保质量，强力推进，圆满完成了南水北调移民安置任务。2010年8月，第一批2个安置点429户、1701名移民安置任务顺利完成；2011年8月、10月，第二批4个安置点712户、2962名移民安置工作全面完成。2011年，新郑市被评为全省移民工作先进单位。

【成为全国城乡居民社会养老保险试点县（市）】 2011年9月，新郑市被确定为全国城乡居民社会养老保险试点县市。新郑市委、市政府在郑州市委、市政府的正确领导下，带领市人社局、社保局、各乡镇、街道、管委会及有关银行等单位，精心组织，深入宣传，广筹资金，加班加点，扎实推进城乡居民社会养老保险试点各项工作。城乡居民社会养老保险参保工作取得显著效果，城乡居民社会养老保险参保人数达到34.2万人，参保率达99%；60周岁及其以上居民实现100%参保，圆满完成了全国城乡居民社会养老保险试点任务。

（左留根 王昱）

荥阳市

【概况】 2011年，荥阳市总面积908平方公里，其中耕地面积4.14万公顷。辖9个镇、3个乡、2个街道、1个风景名胜区，288个村民委员会，2265个村民组。总人口614124人，其中农业人口482279人。人口出生率为9.93‰，死亡率为4.88‰，自然增长率为5.05‰。

2011年，全市生产总值完成424.7亿元，比上年增长13.8%。其中，第一产业增加值20.3亿元，增长3.9%；第二产业增加值304.5亿元，增长15.5%；第三产业增加值99.8亿元，增长11%。财政收入完成21.9亿元，比上年增长17.2%；财政支出31亿元，比上年增长12.7%。全社会固定资产投资完成256亿元，比上年增长23.4%。年末全市金融机构各项存款余额146.2亿元，比年初增长18%；金融机构各项贷款余额90.2亿元，比年初增长19.1%。城乡居民储蓄存款余额101.2亿元，比年初增长14.7%。社会消费品零售总额118.5亿元，比上年增长17.8%。城镇居民人均可支配收入18260元，比上年增长14.9%。农民人均纯收入10846元，比上年增长19.8%。2011年12月，荥阳市荣获省级文明城市称号。

【机构与领导】 中共荥阳市市委：书记舒庆（12月免）、马锁文（12月任）；副书记袁三军、冯明杰（6月免）、王新亭（6月任）、路红卫（6月任、12月免）；市委常委：舒庆（12月免）、马锁文（12月任）、袁三军、冯明杰（6月免）、王新亭（6月任）、路红卫（12月免）、车建伟、李文岭（6月免）、马炳林、腾飞、康宁、宋建伟、曹广琦、任元仓（6月免）、王殿玉、王素梅（女，6月任）、田富超（6月任）、刘建峰（6月任）。

市委工作部门：市委办公室主任李文岭（6月免）、刘建峰（6月任）；组织部部长马炳林；宣传部部长康宁；文明办主任马柳琴（女）；统战部部长任元仓（6月免）、王素梅（女，6月任）；政法委书记车建伟；群众工作部部长何国玺；老干部局局长楚天遂；市直机关工委书记朱玉霞（女）；党校常务副校长苌松华；档案局局长杨柳（女）；党史研究室主任何醒民；信访局局长田军。

市二届人大常委会：主任张淑霞（女）；副主任张志安、马建克、王海林、宋金贵、许其明、李伟。

市人大常委会工作部门：市人大常委会办公室主任王建周；法工委主任黑东亮；代表联络人事工委主任苏晖；教科文工委主任王向东（11月免）；农工委主任刘仪；财工委主任（无）；城建环保工委主任（无）；信访室主任李凯（女）。

市人民政府：市长袁三军；副市长路红卫（6月免）、腾飞、曹广琦、王素梅（女，7月任）、田富超（3月任）、王和祥、孙建功、刘建峰（6月免）、马军、王春晓（6月免）、王伟（1月任）、王智明（6月任）、方本选（6月任）。

市政府工作部门：市政府办公室主任耿元奇；农开中心主任安保兴；发改委主任陈新力；科技和工信委主任吴仲信；中小企业服务中心主任马绍斌；统计局局长李贵希；交通运输局局长张骅；电业局局长苏合明；轻工联社主任丁铁柱；安监和煤炭管理局局长李建业；财政局局长王友伦；国税局局长任世军；地税局局长张冠军；工商局局长李珉；市场发展服务中心主任李怀根；供销社主任张卫山；商业总公司经理赵宝平（11月免）、李冠顺（11月任）；物资总公司经理帖国录；外贸总公司经理（无）；粮食局局长李彦军；审计局局长吴喜林（11月免）、陈金洲（11月任）；国资中心主任王晓哲；人力资源和社保局局长李为民（11月免）、王文铎（11月任）；编办主任王文铎；住房和城建局局长孙德林；国土资源局局长李伟；城乡规划局局长张保中；城管局局长陈晓瑞（11月免）、车永生（11月任）；住房保障和房地产中心主任孙保国，环保局局长宋秋忠；荥阳建筑总公司董事长张家庭；民族宗教局（归统战部管理）局局长杨凤英（女）；民政局局长杨赵莉（女）；商务局局长王相山（11月免）、王向东（11月任）；旅游和文物局局长常维华；农业农村工委主任李本栋；林业局局长张宗文；水务局局长张振海；畜牧局局长王雨；农机站长王永钦；移民局局长张舒春；气象局局长王玉岗；烟草局局长武延华；河务局局长李长群（3月免）、杨建增（3月任）；科技服务中心主任王志强；质监局局长耿明燕；教体局局长王景战（3月免）、张双利（3月任）；文广电新闻出版局局长王志中；卫生局局长王玉荣（女）；爱卫办主任李向阳；创建办主任徐留柱（11月免）、李向阳（11月兼）；人口计生委主任周红武；新闻中心主任付春明；食品药品监管局局长李福明；盐业局局长徐玛丽（女）；行政审批服务中心主任魏惠英（女）；公安局局长巴西振；司法局局长马新民；监察局局长谢天然；银监局局长荆志松；住房公积金中心主任刘为民（女）；郑氏联谊中心主任郑朝阳；新区管委会主任范胜利；郑州宜居健康城管委会(5月成立)副主任李为民；五龙产业集聚区管委会(3月成立)主任吴潜；荥阳产业集聚区管委会(4月成立)主任朱天柱；郑州宜居健康城索河整治项目指挥部副指挥长时永奇。

政协市二届委员会：主席李建东；副主席阎红举、韦庆华、赵炎利、邓宝山、范胜利、张国增、刘阳。

市政协工作部门：市政协办公室主任张喜成；民主法制委主任马立新；提案委主任石永强；文教卫生委主任陈万卿；经济科技委主任（无）；学习文史委主任杨俊岭；农工委主任郑灵君（女）。

中共市纪律检查委员会书记：

宋建伟。

市人民武装部部长：吕文；政委：王殿玉。

市人民法院院长：余剑锋。

市人民检察院检察长：丁铁梅（女）。

市群团组织：总工会主席王海林；团委书记朱桓霈（女）；妇联主席郭玉霞（女）；文联主席宋新建；科协主席陈天祥；工商联主席周聚民；侨联主席刘阳；残联主席马黎明。

街道、乡镇、管委会机关：索河街道党工委书记吴吉昌（1月免）、李麦玲（女，3月任），办事处主任李麦玲（女，3月免）、王星（3月任）；京城路街道党工委书记许培荣（女，11月免）、陈晓瑞（11月任），办事处主任王锡周（3月免）、张荣耀（3月任）；城关乡党委书记朱天柱（3月免）、付书敏（3月任），乡长黄凯歌（11月免）、郭俊杰（11月任）；乔楼镇党委书记范喜昌，镇长李继锋；豫龙镇党委书记王智明（11月免）、李慧芳（女，11月任），镇长李慧芳（女，11月免）、郭明举（11月任）；广武镇党委书记马朝阳，镇长周培山；高村乡党委书记任宏宙（3月免）、王锡周（3月任），乡长李占国；王村镇党委书记陈玉乐（11月免）、黄凯歌（11月任），镇长许元甲；汜水镇党委书记陈耀宗（11月免）、王凤琴（女，11月任），镇长王凤琴（女，11月免）、吴长勇（11月任）；高山镇党委书记周进良（11月免）、苌廷选（11月任），镇长苌廷选（11月免）、周世军（11月任）；刘河镇党委书记赵国君，镇长方亚平；环翠峪风景名胜区管委会书记樊宏斌（11月免）、金振邦（11月任），主任金振邦（11月免）、车玉峰（11月任）；崔庙镇党委书记任延华，镇长郭明举（11月免）、陈志刚（11月任）；贾峪镇党委书记李武，镇长付书敏（3月免）、孙魁（3月任）；金寨回族乡党委书记李向亭，乡长马占鳌。

【工业经济】 2011年，荥阳市积极推进产业集聚区建设，加快技术创新，工业经济实现了持续健康发展。全部工业增加值达到289.1亿元，比上年增长16.3%。规模以上工业企业318家，完成工业增加值250亿元，比上年增长18.6%；完成销售收入1047亿元，比上年增长32.9%；实现利税163.7亿元，比上年增长16.6%。将原有产业集聚区整合为荥阳、五龙两个产业集聚区，荥阳产业集聚区总体发展规划、五龙产业集聚区总体规划及控制性规划编制完成；基础设施建设趋于完善，建成标准化厂房24.68万平方米，牡丹路等3条雨污水管网铺设完工。全市产业集聚区完成企业营业收入339.11亿元，固定资产投资92.11亿元，新入驻规模以上企业20家。支持企业做大做强,设立工业企业发展专项资金1000余万元，各金融机构为全市企业贷款4.9亿元；少林汽车跻身“中国最具价值品牌500强”行列。

【农业与农村经济】 2011年，荥阳市把“三农”工作摆在重中之重的位置，加大强农惠农力度，实现了农业增效，农民增收。大力发展都市农业，《南水北调干渠生态保护区规划》《现代渔业产业集聚区规划》通过初审。大力发展设施农业，新建农业标准化基地4个，新增设施农业生产面积169.53公顷，新增水产养殖面积333.33公顷。强力推进农业产业化发展，新增龙头企业7家、农民专业合作社22个，培育现代农业示范园2家。新建规模化养殖项目6个，全市肉、蛋、奶总产量分别达到4.8万吨、7.5万吨和14万吨，畜牧业产值占农业总产值比重达55.4%。大力发展现代林业，完成造林总规模3113.33公顷，全市森林覆盖率达到33.5%；集体林权制度改革全面完成。

【第三产业】 2011年，荥阳市文化旅游业立足全市旅游资源，编制了一系列旅游专项规划，经过多次评审、完善，《荥阳旅游产业发展总体规划》《荥阳沿黄旅游产业集聚区总体规划》《南水北调孤柏嘴穿黄旅游区控制性详规》编制完成。加强与国内旅游大集团、大企业的合作，引入社会资本参与旅游开发，环翠峪景区、广武山景区开发项目框架协议已签订；全年接待游客445.9万人次，实现旅游收入5706万元，同比分别增长20.5%、28.8%。发挥区域、交通优势，推动现代物流业发展，总投资40亿元的河南阳光油脂集团物流园落户该市；“万村千乡”工程加快推进，供销网络覆盖全市95%以上行政村。优化金融生态环境，存贷比达61.62%，荣获“全省优秀金融生态县市”称号。

【项目建设与招商引资】 2011年，全市确定的70个重点项目中，55个已开工建设，开工率达80.9%。其中，河南少林汽车整车电泳生产线、中原铝业彩铝生产线等20个项目已竣工，海峡服饰、新大陆西部汽车城等35个项目正在加快推进。列入省、郑州市重点项目19个，完成投资19.98亿元，其中清华城市综合体项目受到省政府通报表彰。

坚持把招商引资作为拉动经济快速发展的最有效途径，新引进郑铝集团年产10万吨铝箔项目、郑州国际泵阀交易中心等27个5000万元以上项目,合同投资额达69.43亿元。其中，超亿元项目17个。2011年，实际利用外资11219万美元,同比增长30.3%；引进域外境内资金55.3亿元,同比增长37.3%；引进省外境内资金31.8亿元，同比增长34.2%。

【城乡建设与管理】 把加快新型城镇化建设与新农村建设紧密结合，统筹城乡规划、产业发展、基础设施建设、公共服务、社会管理等，推进了城乡一体化发展。加大财政投入力度，充分发挥城投、建投公司的作用，多方融资，2011年共投入资金3.4亿元，城市功能日趋完善。市文博中心、热源厂一期工程建成投用；东入市口北侧改造工程及荥泽大道南延、索河路升级改造工程完工；郑西客运专线荥阳站站房项目及禹锡南路、荥运路等4条道路建设工程正在加紧推进。《荥阳市空间发展战略规划（2011-2030年）》编制完成。出台了适合荥阳市市情、广大群众乐于接受的配套文件，为城中村改造、合村并城、新型农村社区建设工作的开展奠定了基础；编制了《新型城镇化社区布局规划（2011-2030年）》，对全市的村庄布局进行了统筹考虑、合理设置。2011年，投入各类资金3.1亿元，蒋砦四村联建等11个项目顺利推进。改善农村基础设施，S232上跨陇海铁路桥改造工程竣工通车，西南绕城高速豫龙镇出入口整治工程完工，改造农村公路122.5公里。维修机井500眼，解决了农村5万人的饮水安全问题，7座中小型水库除险加固工程通过竣工验收；广武110千伏输变电工程完工，新建电气化乡镇1个、电气化村67个。扎实做好移民工作，第二批移民共312户1111人搬迁安置任务全面完成。完善农村垃圾“村收、镇运、集中处理”运转机制，新建垃圾中转站220座，农村改厕1.3万户；创建省级卫生村5个、郑州市卫生村43个，通过了国家卫生城市复审，城乡环境得到明显改善。

【民生工作】 2011年，全市“新农保”参保率99.4%，居全省试点县市前列。全市五保集中供养率达70%，位居全省县市前列。完善全民创业服务体系，全市实现城镇居民就业再就业4859人，实现农村劳动力转移就业1.6万人。解决群众住房难问题，经济适用住房入住313户，731户低收入家庭享受廉租住房租赁补贴；实施农村危旧房改造工程，新建房屋5900平方米。5大类、187项实事工程基本完成。深入开展“四严一创”活动，公众安全感指数保持在95%以上。完善领导干部定期下访、接访、约访和包案责任制，全市赴上三级上访次数、人数分别下降1%和24%。强化安全生产“两基三大体系”建设，全市安全生产形势持续好转。

【社会事业】 2011年，荥阳市创成全国科技进步县（市）、全国科普示范县（市）；建成省、郑州市级各类技术研发中心11家，申请专利340件、实现技术贸易成交额2.5亿元。省级文明城市创建工作通过审核。戏曲音乐剧《人民的焦裕禄》获得7个国家级奖项，建成社区文化活动中心4个、农村文化大院8个、农家书屋120家。市第一幼儿园教学楼主体完工，聋哑学校综合楼投入使用，市一中、一小建设项目正在有序推进。“片医”服务覆盖城乡，市人民医院收归国有，市妇幼保健院改制工作稳步推进，全省医改工作现场会在该市召开。积极开展慈善活动，接收社会各界捐款844万元，受益群众2200人次，荣获“中华慈善奖”。生态环境得到改善，5个省级生态村和7个郑州市级生态村创建工作通过验收，城市环境综合整治定量考核成绩在全省县市中连续两年夺冠。

【郑州宜居健康城项目】 郑州宜居健康城位于郑州市西部，荥阳市东部和南部，总面积117 平方公里，是郑州市“十二五”期间的重点建设项目，也是郑州都市区“六城十组团”的重要组成部分。起步区规划面积14平方公里，规划人口50-75万人，投资200亿元。该项目通过集中优势医疗资源和相关的休闲疗养产业，完善西部新城健康休闲功能，带动郑州西部地区的发展，进而提升郑州都市核心区的综合服务功能。郑州宜居健康城是以现代医疗服务、医学高等教育、健康干预和管理、康复养生、养老护老、中医休闲观光和生物医药研发为核心建设的高端现代化医疗服务业新区，是中西部地区医疗保健基地。已初步确定拟首批进入郑州宜居健康城的医疗机构、研发机构和医学院校共有14家，总投资达147.5亿元，可为患者提供2.6万张床位，相当于省人民医院床位数的8倍多。2011年12月29日，郑州市优质医疗卫生资源倍增工程首批入住郑州宜居健康城“三院一校”项目开工奠基。

为加快郑州宜居健康城建设，荥阳市调入一般农田1700公顷，索河整治工程调入一般农田1200公顷，333.33公顷新增建设用地规模指标调剂至起步区，申请郑州市支持的100公顷用地指标有望获批。与中建七局签订综合开发合作项目框架协议，未来5年中建七局计划投资不低于70亿元。引进了总投资20亿元的万山地质公园项目，确定了首批入驻的郑州人民医院等4家医疗机构和郑州市食品药品检测中心项目，力宝村、河南广播电视城、郑州市卫校与德国IB联盟合作办学等项目正在洽谈中。索河整治一期工程已开工建设，牛口峪支线补源工程前期工作进展顺利；郑西高铁生态廊带绿化工程初步完成，京城南路、织机路等正在加紧建设。豫龙安置区一期安置房已开工建设。《郑州宜居健康城总体规划方案》《索河整治项目总体规划》已完成，核心区城市设计和起步区控制性详细规划正在编制。

【“困难老人帮扶项目”入围中华慈善奖】 长期以来，荥阳市高度重视养老事业的发展，取得了显著成绩。2010年11月16日，荥阳市社会福利中心被国家民政部评为“全国模范敬老院”荣誉称号。2011年9月，荥阳市被河南省民政厅评为“河南省养老服务社会化示范县”。在民政部举办的“中华慈善奖”评选活动中，荥阳市实施的“爱在慈善城情暖夕阳红”——困难老人帮扶项目入围2011年“中华慈善奖”评选活动——最具影响力慈善项目奖项。这是该市继2009年创建慈善城市项目、2010年孤儿帮扶项目和“荥阳好人”李春凤获得“中华慈善奖”后，第三次入围参评“中华慈善奖”。

建立健全养老服务体系。建立以机构养老为骨干、居家养老为基础、社区养老为依托、爱心助老为风向的养老服务体系，通过政府购买服务的形式，为困难家庭老人提供机构养老、居家养老和社区托老服务，倡导和扶持社会力量参与养老事业，充分挖掘各方力量促进养老事业发展。有计划、有目标地组织养老事业人才培训，达到养老事业的专业化、正规化。整合社会人力资源，建立养老服务志愿者队伍，结合老人的实际需求，为困难家庭老人提供一对一帮扶，让困难家庭老人足不出户就能得到及时有效的帮助。

创新养老服务模式。全市有五保对象1650人，集中供养率为70%。2006年，荥阳市率先高标准建设荥阳社会福利中心，总投资6000万元，占地面积9.32公顷，建筑面积3.5万平方米，绿化面积近4公顷，设置床位1000张，入住集中供养的五保对象700多人。市财政按供养人数每人每年拨付经费4800元，政府每年投入资金500万元。鼓励、扶持社会力量兴办养老机构，提高准入门槛，确保养老机构的公益性和慈善性。落实老年人各项福利待遇。市政府对不便集中供养的城市“三无”老人(无生活来源、无劳动能力、无子女照顾)、孤寡老人、农村五保及其他政府特定老人提供免费家庭服务，扩大免费养老服务对象范围。加快推进城乡养老一体化进程，充分发挥公办养老机构免费集中供养职能，除对农村五保、城市“三无”老人和其他政府特定老人实行免费集中供养外，将低保、低收入特困家庭纳入免费集中供养和居家养老范围，让更多的老人能够享受到经济社会发展成果。

全民慈善助力老年服务体系。由荥阳慈善总会牵头，组织志愿助老服务队伍，开展关爱老人行动。开展“关爱老人——大病救助”“阳光携手健康行”“惠老健齿”等慈善救助项目，为患病的老人进行及时救助。荥阳慈善总会积极与慈善超市、慈善药店、慈善医院等合作，使全市老人享受到慈善带来的各项优惠政策。开展“阳光下的温暖”——关爱刑释解教人员及家庭项目，关爱刑释解教人员家里的老人，定期走访，进行帮扶。开展“慈善惠荧屏”活动，为全市200户低保、特困老人免费提供了电视机。

【索河整治项目奠基】 2011年9月26日，荥阳市索河整治项目在该市南距城区5公里的丁店水库边奠基。该项目规划南起三仙庙水库，经丁店水库、楚楼水库，向北至河王水库，沿索河南北全长35公里，又称“四库一河”项目。索河整治项目规划“一带五区”。“一带”指沿索河南北向的生态走廊；“五区”则结合索河流经区域的不同特点，规划了以自然生态特色为主的万山生态旅游区，以休闲度假养生为主的湖滨度假小镇区，以新兴创意研发产业为主的活力新城区，以文化创意旅游为主的文化主城区，以田园风光为特色的郊野田园区。索河整治是荥阳市建设大郑州生态之城、文化之城和郑州新城区、省会西花园的重要举措。一期工程主要服务郑州生态宜居健康城建设，既是健康城的基础性工程，也是其有机组成部分。

【17件实事】 2011年初，荥阳市确定了17件实事工程。至年底，16件已完成或基本完成，1件部分完成。（1）完善城市环境卫生配套设施。新建、改造的8座单体公厕、6座单体垃圾中转站、6座公厕中转站联体已完成投用；在城区41条主、次干道和人民广场、游园等公共场所安装单、双桶果皮箱3650多个。（2）改扩建市第七小学。市七小新建教学综合楼及大门、厕所、围墙、操场等附属工程全部完工投用。（3）建立健全城乡巡防联防体系。组建了市治安消防巡防大队，配备了人员、车辆，制定了绩效考核办法、内容及评分标准等制度。共抓获各类现行违法犯罪嫌疑人188人，参与处置各类突发性群体事件36起，执行勤务238起；协助消防宣传230次、安全检查487次；巡逻中做好事776件；调解各类纠纷105起。（4）加快热源建设，逐步解决市区供热问题。荥阳市坛山热力公司完成了热源厂内的锅炉、煤库、烟囱等工程，铺设主、次管网25800米，检修、新建和改造交换站40余座。11月15日，正式向城区用户供热。（5）加快推进“新农保”试点工作。全市参保缴费309042人，参保率达99.4%，指标居全省前列；全市符合参保条件特殊人员1634人，因客观原因无法参保89人，其余1545人全部参保，参保率100%。（6）更新城乡义务教育阶段学生课桌椅。为11所市直中

小学校更新课桌椅15234套，已全部配备完毕。（7）继续实施农村危房改造工程。完成108户农村危房家庭改造工程，182.5万元补助资金已足额发放给危房改造群众。（8）继续实施中小学校舍维修加固工程。2011年第一批6所学校项目中，除市一中正在主体施工外，5所学校项目完工并通过验收；第二批5所学校6个项目中，汜水中心小学、贾峪王村小学项目正在施工，3所学校4个项目正在招投标。（9）新建公立幼儿园1所。建成市直第三幼儿园（意墅蓝山幼儿园），设18个教学班。（10）实现城乡视频监控全覆盖。全市技防一期、二期工程已完工投用，基本实现了城区全覆盖。技防三期（农村技防工程）除各行政村已安装使用的技防大喇叭外，广武镇等12个乡镇还分别建成了视频监控平台，在镇区或主要行政村安装了视频监控探头。（11）市直科级干部帮扶工作。各包村（社区）科级干部依托单位，积极开展帮扶慰问工作。共走访慰问困难群众和党员5868余户，送现金和慰问物资166万余元；开展支援抗旱浇麦、解决南部山区人畜饮水困难活动；走访群众2000多户，收集建议600多条，现场解决问题200多件。（12）完善或增设主要交通路口、地段交通信号设施。在康泰路与广武路、演武路与广武路、索河路与荥泽大道等12个路口安装交通信号灯，已全部完成并投入使用。（13）升级改造游园14处，共补植雪松、樱花、百日红等树木1490棵，小叶女贞、红叶石楠等270平方米；改造草坪与地被8750平方米，铺装道路广场3800平方米；增加亭子、景墙、花架、雕塑等景观小品24处，摆放景石21块，安装石凳64套、太阳能灯62盏、垃圾桶和健身器材各52个。（14）建立被征地农民就业培训和社会保障机制。下发《荥阳市被征地农民就业培训和社会保障工作实施细则》；征收被征地区片综合地价中的养老保障费4600万元；开展宜居健康城被征地农民就业培训7期、339人次。（15）解决2万人饮水不安全问题。打井36眼（竣工33眼）、建管理房29座（竣工18座）、铺管网19处（竣工9处）、安装压力罐18个，实现通水1.19万余人，具备通水条件9000余人。（16）升级改造农用机井500眼。维修机井396眼、配套水泵432台、实施护井工程760处，共涵盖农用机井790眼。（17）免费开放图书馆和博物馆。图书馆已免费开放，免费开放博物馆工作正在进行中。

荥阳市水上主题公园奥帕拉拉冒险岛水公园

【基层医疗卫生机构综合改革】 近年来，荥阳市在群众医疗卫生保障方面提出了“抓两头、带中间”的卫生事业发展思路，加大财力投入，落实新农合惠民政策，实施公立医院改革，在城乡全面启动片医负责制，深入推进医药卫生体制改革工作，取得了明显效果，为人民卫生健康提供了保障。荥阳市的“财务收支两条线”管理办法和“倒三七”绩效工资分配制度，推进了基层医疗机构综合改革，得到了省、市领导的高度肯定。9月7日，全省推进基层医疗卫生机构体制改革现场会在该市召开。

落实新农合惠民政策。2010年起，全面推行新农合门诊统筹，参合农民在全市各卫生院、村卫生所看病费用均可按照30%的比例报销补偿。2011年，再次将门诊费用报销比例提高到40%。研发了“新农合乡级定点医疗机构门诊费用即时结报系统”，实行普通门诊费用即时结报。2011年，荥阳市新农合农民参合率达到99.4%，筹资标准提高至每人每年230元，大病住院报销补偿封顶线从5万元提高至10万元。将恶性肿瘤、肾功能不全透析治疗等15种（类）慢性病门诊费用的50%纳入报销范围；对农村14周岁以下参合患先天性心脏病、白血病儿童实施大病救助，报销比例达90%。

注重公共卫生服务。建立覆盖城乡的居民健康档案。在全市范围内对个人信息、健康体检、重点人群健康管理记录等进行登记调查，完成家庭档案16万份、个人档案60余万份，实现了城乡居民健康档案的全覆盖。在全市15个乡镇、街道办事处成立公共卫生暨农民健康服务管理中心，完成城乡居民电子健康档案近63万份，可随时为居民的健康状况进行跟踪监测，并提供健康指导和医疗服务。全面实施片医负责制。按照“分片包干、主动服务”的原则，组成638人的片医工作队伍，开展“十进农村、十进社区”活动，为城乡居民提供健康档案建立、村级急诊急救、常见小病诊疗、妇女儿童保健、健康知识宣教、精神卫生指导、中医药应用、老人服务保障、计划免疫管理、卫生防疫消杀“十项”服务。实行乡镇卫生院（社区卫生服务中心）医生包村（社区）、村医（社区服务站医生）包户包人的工作机制，建立“荥阳片医网”，片医负责为辖区居民提供24小时电话咨询，提高了片医为群众服务的能力。

改善医疗条件。在强化市中医院、卫生防疫站等市级公立医疗卫生机构建设与管理的同时，逐步对原来已经改制的市人民医院、妇幼保健院等医疗机构进行收购，重新收归国有，突出公益性，强化市级医疗机构龙头带头作用。将荥阳市第二初级中学所占用土地无偿划拨给荥阳市人民医院，对医院整体发展进行规划，积极向上争取建设项目，计划建设22层病房大楼，实现县级医院优势倍增目标。加快基础医疗机构建设，累计投入资金1000万元，推进基层医疗卫生机构升级改造。先后完成12家乡镇卫生院急救站建设，并配备12辆救护车和36辆急救摩托车；全市287家村卫生所全部实现了标准化建设，为每个卫生所配备了价值2万多元的医疗设备。强化医疗服务水平，市直医疗单位累计投入资金1830余万元，购进了直线加速器、核磁共振成像、四维彩超等大型设备。积极推行医疗卫生信息化工作，全市医疗卫生单位开通专网接入郑州医疗卫生信息平台，开通妇幼保健信息平台、基层医疗综合服务平台。针对乡、镇医疗卫生机构人才不足问题，按照公开、公正、竞争、择优的原则，面向社会公开招录了160名专业技术人员。

强化财政保障。针对实行药品零差率销售后，基层医疗机构运行经费、职工工资等制约基层医改的瓶颈问题，推行以“收入全额上缴，支出足额支付”为核心的“财务收支两条线”管理办法。同时，将医疗卫生机构纳入公共财政补偿体系，建立长效补偿机制，市财政对卫生事业的投入明显增加。为避免改革后可能出现的“大锅饭”现象，探索建立了“双考核、双挂钩，保障基本、体现绩效”的考核新机制，实行全员招聘竞争上岗，调动了广大职工的积极性。

（李建民）

中牟县

【概况】 2011年，中牟县总面积1416.67平方公里，其中耕地面积6.1万公顷。辖2个街道、15个镇、1个乡，418个行政村。总人口70.9万人，其中乡村人口453222人，城镇人口256046人。人口出生率为10.05‰，死亡率为5.86‰，人口自然增长率为4.19‰。

2011年，全县生产总值完成316.8亿元，比上年增长13%。其中，第一产业增加值完成46.4亿元，比上年增长4.2%；第二产业增加值完成187.5亿元，比上年增长14.4%；第三产业增加值完成82.97亿元，比上年增长12.6%。三次产业结构由上年的17.1：56.5：26.4，变为14.6：59.2：26.2。全年居民消费价格总水平比上年上升5.4%。全社会固定资产投资完成269.8亿元，比上年增长36.2%。其中，500万元以上项目固定资产投资完成247.8亿元，比上年增长24.9%。社会消费品零售总额完成88亿元，比上年增长19%。实际利用域外境内资金49.6亿元，实际利用外商直接投资10785万美元，全年出口总值14202万美元，分别比上年增长37.8%、49%、36.3%。2011年，地方财政总收入达到30.4亿元，其中地方公共财政预算收入19.2亿元，比上年增长58%，税收占公共财政预算收入的比重达到71%。财政一般预算支出30.4亿元，比上年增长34.4%。年末，金融机构各项存款余额144.7亿元，其中城乡居民储蓄存款余额90亿元，分别比年初增长21.7%和21.8%；各项贷款余额81.3亿元，比年初增长30.3%。城镇居民人均可支配收入达到16656元，比上年增长16%；人均消费性支出10920元，比上年增长12.9%。农村居民人均纯收入达到10216元，比上年增长15.6%；人均消费支出6855元，比上年增长10.2%。2011年，中牟县被确定为全国人口和计划生育优质服务先进县，还成为全国科技进步县和全国科普示范县。

【机构与领导】 中共中牟县县委：书记杨福平；副书记徐相锋（5月任）、王竹强（6月免，7月任）、李雪生（6月任）、马锁文（12月免）；县委常委：杨福平、徐相锋、王竹强（6月免，7月任）、李雪生、张永宪、楚惠东（6月任）、李文岭（6月任）、张书勤、王兴林、程伟刚、李芳（女，3月任）、李晓亮（6月任）、马锁文（12月免）、李延中（3月免）、李红乐（6月免）、杨金军（6月免）、崔巍（6月免）。

县委工作部门：县委办公室主任张书勤；政法委书记张永宪（3月免）、李晓亮（6月任）；组织部部长徐相锋（5月免）、楚惠东（6月任）；宣传部部长李红乐（3月免）、李芳（女，3月任）；统战部部长王兴林；群工部部长安红山；信访局局长马国昌；机要局局长李其瑞；文明办主任陈德振；台办主任周爱松（女）；老干部局局长岳秋（女）；档案局局长潘海枝

（女）；党校常务副校长李虎群；党史研究室主任孙书杰（4月免）。

县十二届人大常委会：主任刘玉玲（女）；副主任冯政忠、张锡铖、郭礼印、段长兴、李鸿欣、李五群。

县人大常委会工作部门：县人大常委会办公室主任张海军；财工委主任曹顺国（7月免）、张兆琪（7月任）；法工委主任王文胜；农工委主任邵广欣；教工委主任袁瑞霞（女，7月任）；选工委主任吴晓莉（女）；信访室主任朱长珊（4月免）、刘岚（女，7月任）。

县人民政府：县长马锁文（12月免）；代县长徐相锋（12月任）；常务副县长李雪生（6月免）、李文岭（6月任）；副县长杨金军（6月免）、王洪波（女）、任程伟、张建峰、杨书立、李芳（女，3月免）、牛健（3月任）、张胜利（6月任）。

县政府工作部门：县政府办公室主任任卫东；人防办主任张海献；法制办主任苏营周（7月免）、周盾营（7月任）；监察局局长白由祥；发改委主任仇向阳；教体局局长田金锁；科技和工信局局长任文利；公安局局长牛健；民政局局长尚德祥；司法局局长张书增；财政局局长郭连喜（7月免）、张玉国（7月任）；人力资源和社保局局长耿鲜明；城建管理局局长黄德鑫；交通运输局局长李季扬；环保和安全生产管理局局长冉章献；农业农村工委主任曹西平；水务局局长黄刘建；林业局局长姚保林；粮食局局长张书钦；文广电和旅游局局长王玉忠；卫生局局长刘卫国；人口和计生委主任李海；审计局局长陈赞枝（女）；统计局局长李振；民族宗教局局长钱晓坤（回族）；机关事务管理局局长刘须峰；商务局局长魏定奇；城乡规划局局长张伍发；供销社主任肖广奇；畜牧局局长尚会军；农机局局长马建民；接待办主任席俊杰；农场场长张长军；林场场长钱晓林（回族）；市场中心主任荀建军；爱卫办主任段文周；综合执法局局长马合喜；行政审批中心主任王建智；商业总公司总经理蒋新岭；外贸总公司总经理宋君建；雁鸣湖景区管委会主任韩发旺；中小企业创业园管委会主任梁建军；民兵训练基地主任李国强；汽车产业园管委会主任袁志坚（6月免）；气象局局长李敏（女）；电业局局长魏国强；邮政局局长金霞（女）；国税局局长牛鲁珉；地税局局长王大卫；工商局局长孟文建；质监局局长李义柱；烟草局局长阎文瀑；药监局局长张全义；河务局局长张汝印（3月免）；国土局局长陈贵生（2月免）、吴文鑫（2月任）。

政协县八届委员会：主席王根成（3月免）、李延中（3月任）；副主席黄卫中、刘海燕、石小书、朱怀召、王连宇、申宏尧。

县政协工作部门：秘书长于善亮；县政协办公室主任吴杰；文史委主任霍银群；提案委主任王伟；经科委主任马振坤；台港澳委主任李玲玲（女，7月任）；法制委主任王瑞芳（女）；文教卫体委主任杨凯（女）。

中共县纪律检查委员会书记：李延中（3月免）、张永宪（3月任）。

县人民武装部部长：朱清伟（3月免）、付车杰（3月任）；政委：程伟刚。

县人民法院院长:刘宏建。

县人民检察院检察长：张捍卫。

县群团组织：总工会主席孙玉霞（女）；团县委书记李记勤（女）；妇联主席姬素萍（女）；科协主席李春增；残联理事长宋羊群；工商联主席石小书（12月免）、霍新全（12月任）。

乡镇机关：青年路街道党工委书记王国恩，办事处主任宋健；东风路街道党工委书记张明科，办事处主任陈国岭；韩寺镇党委书记乔琳（女，4月免）、董胜军（4月任），镇长董胜军（4月免）、孙书杰（4月任）；官渡镇党委书记姬贤杰，镇长乔进京；狼城岗镇党委书记张胜利（4月免）、马爱国（4月任），镇长马爱国（4月免）、张振中（4月任）；雁鸣湖镇党委书记李晓莉（女，7月免），李绍然（9月任），镇长李绍然；大孟镇书记吕鹏亮（4月免）、张胜利（4月任），镇长罗振华；万滩镇党委书记段连增，镇长於红太；刘集镇党委书记卢志刚，镇长马国彦；白沙镇党委书记朱麦囤（6月免）、闫志强（7月任），镇长闫志强；郑庵镇党委书记魏凤林（4月免）、梁辉（4月任），镇长梁辉（4月免）、蔡跃斌（4月任）；九龙镇党委书记冯炜，镇长孙彦彬；张庄镇党委书记李放，镇长魏木林（4月免）、王进兴（4月任）；八岗镇党委书记李庆中（4月免）、王志强（4月任），镇长王志强（4月免）、朱长珊（4月任）；刁家乡党委书记樊守峰，乡长谷金福；黄店镇党委书记兰伟（回），镇长刘聚宝；三官庙镇（6月撤乡建镇）党委书记梁松周，镇长孙高俊；姚家镇（3月撤乡建镇）党委书记骆照顺（4月任），镇长刘永强（4月任）。

【工业经济】 2011年，工业经济保持较快增长。将产业集聚区作为工业经济发展的主要载体，加快发展汽车及零部件制造、装备制造等高成长性产业。全年全部工业完成增加值167.1亿元，比上年增加16.1%。规模以上工业增加值达到136亿元，比上年增长20%，占生产总值的比重达到43%。新增规模以上工业企业11家，总数达到225家，年产值超亿元企业达到75家。中牟产业园区开建基础设施项目27个，建成道路6条，完成了110千伏变电站1座和白沙污水处理厂等项目；签约引进总部经济、文化产业等重大项目4个，协议资金达到35亿元；新开工项目18个，到位资金100亿元。汽车产业集聚区成功引进投资30亿元的东风日产发动机缸体缸盖项目、投资5亿元的西峡水泵项目等共10个项目，协议资金达到48.2亿元；建设项目开工17个，建成投产5个，完成投资16.5亿元；全年生产整车14.7万台，占全市汽车总产量的41.7%，实现销售收入167亿元。同时，郑州国际物流园区新亚钢铁、大信橱柜等项目建成投产，宇通新能源客车、宇通重工项目已开工建设。

【引资与项目建设】 2011年，深入推进引资和项目“双带动”战略。大力实施开放带动战略，积极参加黄帝故里拜祖大典、长三角和珠三角招商活动等一系列重大经贸活动，签约引进项目20个，协议投资178亿元。其中，万邦物流二期、欧能德信息产业园等3个超10亿元项目落户中牟。同时，加强与大企业、大集团的战略合作，实际利用域外境内资金49.6亿元、外资1亿美元。积极培育壮大骨干出口企业，实现外贸出口1.4亿美元。强力实施项目带动战略，坚持领导分包、重大项目推进例会等制度，加快项目建设，有效扩大投资。县域内65个省、市重点项目完成投资88.2亿元，80个县重点项目完成投资99.9亿元，分别占年度投资计划的154%和102%。其中，盛世宏达、万邦物流、省委党校新校区等3个重点项目单位被评为全省重点项目建设先进单位。

【农业与农村经济】 2011年，加快发展现代农业。都市型现代农业示范区基础设施建设正式启动，成功流转土地800公顷；国诚投资、索克实业等12家企业入驻北部先导区；南部先导区的弘亿国际农业高新产业园、设施蔬菜精品园等项目建设进展顺利；万邦物流一期工程建成投用。都市型现代农业示范区被认定为国家级现代农业示范区，并被列入全省第一批重点项目。农业结构调整成效明显，建成大棚3000座，新认定无公害农产品生产基地200公顷，创建市级农业标准化生产基地4个。2011年，农业生产再创新高。夏粮产量达到18.9万吨。畜禽规模养殖场（户）达到3700家，市级以上畜牧龙头企业达到28家；奶牛存栏3.9万头，水产养殖面积达到3333.33公顷。水产品、肉、蛋、奶产量分别达到7万吨、8.3万吨、4.89万吨和23.5万吨，牛奶产量和水产品产量均居全省第一。农业产业化水平持续提高，培育市级以上龙头企业5家、市级示范合作社6家。新造林面积达到1970公顷，森林覆盖率达到26.9%，成为全市林业生态建设先进单位。新增有效灌溉面积670公顷。农业机械总动力达到101.7万千瓦。

【现代服务业】 2011年，现代服务业繁荣发展。加快发展文化旅游业，雁鸣湖生态文明示范区“一湖两路”工程开工建设，华强文化科技产业基地一期工程进展顺利；农业高新科技园成为国家3A级景区；成功举办了第七届西瓜节和第十一届大闸蟹美食节。2011年，全县共接待游客34597万人次，实现旅游总收入33.5亿元。促进房地产业健康发展，全年房屋交易面积达到50万平方米，同比增长30%。努力扩大消费需求，加大“家电下乡”、汽车和家电以旧换新等工作推进力度，各类补贴投入2229万元。健全农村市场流通体系，新建村级综合服务社145家、乡镇级超市11家。同时，物流、信息、中介、商业保险、社区服务等新兴服务业实现了稳定发展。2011年，社会消费品零售总额完成87.5亿元，同比增长18.4%。

【城乡建设与管理】 2011年，城乡建设管理水平持续提升。加强城乡规划管理。县域村镇体系规划、县域村庄布局规划、县城总体规划、乡镇总体规划修编完成，县城近期建设规划、县城控制性详细规划、白沙—绿博组团城市设计编制工作顺利推进。实行网格化管理模式，严厉打击违法违规用地行为，拆除违法建设10.2万平方米。加快城乡基础设施建设。实施城区绿化

中牟县开展城乡环境卫生大整治活动

全覆盖工程，新增绿地480公顷。完成城区主、次干道改造修复，城市游园升级改造等13项工程，城市功能不断完善。改建农村公路56.8公里，危桥重建9座，新建公交站点60个，进一步改善了群众生产生活条件。完成杨桥灌区3333.33公顷现代灌区建设，打好水利建设“十大战役”，连续21年获得省农田水利基本建设“红旗渠精神杯”。加快电网工程建设，新建110千伏输变电工程2座，创建新农村电气化乡镇1个、电气化村45个，提升了电力保障能力。同时，全力以赴做好移民安置工作，第二批5321名移民顺利搬迁。稳步启动城中村改造、合村并城、新型农村社区建设，试点工作取得初步成效。

【社会事业】 2011年，加快发展社会事业，为全县中小学配备了多媒体教学设备，完成了3所高中和一职高教学楼、餐厅工程续建任务，教学条件不断改善，高考成绩再创佳绩。建成社区文化活动中心2个、农村文化大院63个、农家书屋208个，送戏下乡212场。城区卫生服务“片医”负责制工作正式启动，为60岁以上城乡居民免费进行了一次健康检查。计划生育工作取得新突破，成为全国计划生育优质服务先进县。同时，健全食品安全监管机制，强化安全生产监管，加强社会治安综合治理，及时排查化解矛盾纠纷，依法打击违法犯罪活动，保持了社会大局和谐稳定。

2011年，民生改善力度不断加大。以“十件实事”为重点，统筹推进社会保障、医疗卫生、教育文化等民生事业发展。实施积极的就业政策，新增城镇就业再就业3963人，农村劳动力转移就业1.6万人。完善社会保障体系，城乡基本养老制度基本建立，新农保参保率达到98.6%；城镇基本医疗保险参保人数达到7.3万人，新农合参保率达到97.2%。积极推进保障性住房建设，建成经济适用住房650套、廉租住房190套，发放廉租住房补贴280万元。

【成为全国科技进步县】 2009-2010年，中牟县开展了争创全国科技进步县活动。县委、县政府高度重视此项活动，8次召开会议研究部署有关工作；4次开展农村优秀人才的选拔推荐工作，对22名农业科技人才、农产品经纪人进行了表彰；对节能减排型企业的科研项目优先立项，对节能减排工作成绩显著的单位和个人进行表彰奖励；接收“进社区、服务农村”高校毕业生215名，对科技支农、科技进社区的高校毕业生提供政策、资金和技术等方面的支持。积极落实科技进步目标责任制，规定未完成目标任务的乡镇和县直单位，不能参加评先；科技工作无所作为、经济发展滞后的单位其主要领导3年内不得提拔重用。加大科技经费投入，2009年、2010年本级科学技术支出分别为1360万元和1525万元，占当年本级财政一般预算支出的比重分别为1.29%和1.26%。

充分发挥科技在全县经济社会发展中的作用。实施重大科技项目，促进县主导产业发展。其中，2010年8月树脂成型工艺与材料研究和开发项目正式投产，具备10万台套的汽车保险杠生产能力，形成了模具制造能力及新材料研发平台；中牟汽车零部件特色产业基地建设进展顺利，该基地拥有3家整车骨干企业、4家汽车零部件骨干企业以及30多家中小企业，拥有郑州日产技术中心、郑州红宇技术中心2家科研机构；2009-2010年郑州大蒜工程技术研究中心收集全国各地名优大蒜品种80个，构建了具有本地特色的大蒜种质资源库及开发利用体系。

加大科技促进创业就业和科技服务体系建设。实施科技特派员行动计划，为2家企业引进省市科技特派员，创造经济效益700多万元，增加就业150多个。实施工程技术人员再教育计划，培训计算机操作员1150人。组织开展移民群众科技培训，培训学员818人，安置就业818人，394人取得了职业资格证书。发展各类农民专业合作社180个，入社社员1.2万户，47.4%的行政村拥有农民专业合作社。建立6个跨乡镇农技推广区域中心站，形成了农技与农民零距离的农技推广应用新机制。拥有技术开发和服务机构36家，主要科技创新服务机构3家。其中，郑州市禽药工程技术研究中心承担市产学研项目、攻关项目、省重大项目各1个，2个省级研究成果处于国内领先水平，并获得1项实用新型专利；县技术市场办对技贸机构开展服务，网上合同认定合同额达3.3亿元；县科技服务中心搜集企业技术需求60余条；举办工农业生产管理技术和新农村科技示范乡（村）建设培训班共16期，培训人员1300余人次。

开展产学研联合。组织召开特色蔬菜生产对接会、汽车产业技术对接会、瓜蒜生产观摩及对接会，邀请河南农业大学、上海汽车研发中心等院校、科研院所等及有关乡镇、企业参加，开展技术咨询与引进等活动，签订技术服务合同近100项，签订产学研合作合同项目20项。

加强全县科普工作。组织开展科普书屋建设，建立科普画廊，开展科技活动周、全国科普日等活动，举办两届全县青少年科技创新大赛活动。

2011年7月，中牟县顺利通过科技部组织的考核验收，成为全国科技进步县。

【成为全国科普示范县】 2009年4月，中牟县委、县政府正式向中国科协提出创建全国科普示范县的申请，开始创建全国科普示范县工作。2011年3月，中牟县通过中国科技协会组织的验收，成为全国科普示范县。

加强组织领导。成立以县长马锁文为组长的创建工作领导小组，出台了《中牟县创建全国科普示范县实施方案》。实行创建工作目标管理，将创建工作分解到各乡镇及有关单位；狠抓科普示范村等科普建设工作的落实，使创建工作步入正常化、制度化的轨道。加强农村实用技术培训。实施“农民创业”培训工程，培养农村科技骨干力量。加强农民转移就业培训，2010年完成引导性培训1.5万人，职业技能培训9700人，农村劳动力转移就业2.5万人。加强现代农业生产经营者培训，培训农民经纪人4000余名。强化农村基层干部科普培训，近千名乡村级干部全部轮训了一遍。加大科普宣传力度。抓好科技活动周、全国科普日活动等大型科普宣传活动,并开展群众性科普活动32次。加强科普设施建设，县城建有青少年文化科技活动中心，社区建有科普宣传栏，学校建有科技活动室。每年开展全县性大型科技下乡活动不少于5次。在中牟电台、电视台开设科普专栏，中牟农科网、政府绿海田园网、中牟农技网均建有科普网页。在县城主要街道增设了400多米的科普画廊。

积极组织全县中小学开展科技创新活动。举办青少年科技创新大赛，5万多名师生参与，1118名师生获得各种奖励，346人获得市级以上荣誉。其中，1人获全国一等奖，1人获全国十佳辅导员荣誉称号，3名学生的创新发明成功申请了专利。东关小学等5所学校被命名为省级科普教育基地，县直一小等8所学校被命名为市级科技教育示范学校。

服务经济，科技助推产业水平持续提升。县级科技学会、协会和各级科协，围绕大蒜、西瓜、蔬菜、奶牛、水产养殖等产业，大力开展科技普及推广活动，提高了科技对经济的贡献率。建成西瓜、大蒜、蔬菜、奶牛、水产养殖等十大农副产品生产基地。2.67万公顷无公害作物种植面积、34种无公害农产品通过国家认证，成为全省首批农业标准化示范县。中牟大白蒜、“五洲绿源”牌西瓜、“牟红”牌黄河鲤鱼获省级名牌农产品称号。中牟大白蒜成为全国“三绿”工程蔬菜类十大畅销品牌之一，通过国家地理标志产品保护认证。编制并评审通过的《中牟大白蒜国家标准》填补了国内空白。建成5个农业科技服务区域中心站，农技服务更加直接有效。建成标准化奶牛养殖小区25个，奶牛存栏2.6万头，成为全省畜牧业发展重点县和绿色奶业示范县。中牟县冷藏保鲜协会等3个协会获全国科普惠农先进集体称号，孟庆江名优蔬菜种植基地被中国农技协会命名为科普示范基地。河南农业高新科技园、大孟镇芦岗水产养殖基地协会被评为省科普示范基地。潘书林等3人获全国科普带头人称号。郑庵镇等3个镇获省级示范镇称号。

（徐　园）

金水区

【概况】 2011年，金水区总面积135.3平方公里，其中城区面积70.65平方公里。辖17个街道，169个社区居民委员会，45个村民委员会。常住人口139.8万人。人口出生率为7.34‰，死亡率为3.02‰，自然增长率为4.32‰。

2011年，全区实现地区生产总值658亿元，是2006年的2.2倍，年均增长10.7%。地方财政一般预算收入完成35亿元，是2006年的3.1倍，年均增长25.5%。全社会固定资产投资完成323.8亿元，是2006年的3.5倍，年均增长30.7%。社会消费品零售总额完成493.9亿元，是2006年的2.2倍，年均增长19.7%。城镇居民人均可支配收入达到2.61万元，是2006年的1.8倍，年均增长12.7%；农村居民人均纯收入达到14512元，是2006年的2.1倍，年均增长15.7%。实际利用外资2.7亿美元，是2006年的2.1倍，年均增长15.6%；出口创汇13.4亿美元，是2006年的3.9倍，年均增长31.3%。全区综合经济实力继续位居中部六省城区前列。

顺利创建成为首批河南省文明城区，区机关事务管理局、庙李镇分别荣获“全国文明单位”“全国文明村镇”荣誉称号；全区共获得省部级以上奖励183项、市级以上奖励1045项。

【机构与领导】 中共金水区区委：书记赵新中（12月免）、郑灏东（12月任）；副书记赵书贤（12月免）、陈宏伟（12月任）、王克勤；区委常委：郑灏东、陈宏伟、王克勤、牛晓萌、丁胜全、许广佑、李红乐、翟政、李建国、王爱辉、李继东。

区委工作部门：区委办公室主任丁胜全；宣传部部长李峰（回族，6月免）、李红乐（6月任）；政法委书记翟政；组织部部长李建国；统战部部长李建政（6月免）、王克勤（6月任）；保密局局长高建伟；机要局局长宋陆岩(女，3月免）；督查室主任（空缺）；党校常务副校长葛慧萍；老干部局局长周广平。

区十一届人大常委会：主任薛燕；副主任李贻忠、刘安（1月免）、贾刚（1月免）、鲁老斗（1月免）、吴学军、常新河、孙郑生、许贵舟（1月任）、燕建华（1月任）、刘营敏（1月任）、冯景义（1月任）。

区人大常委会工作部门：区人

大常委会办公室主任冯虎林；联络工委主任刘道俊（3月免）、李慧敏（女，3月任）；法工委主任陈少峰；财经工委主任杨遂辛；城建工委主任李敏（女）；教科工委主任单敬坤；信访办主任王丽（女，1月任）；老干部管理办主任邱媛（女）。

区人民政府：区长赵书贤（12月免）；代区长陈宏伟（12月任）；副区长许广佑、王爱辉（女）、姚方海、张华、樊安民、徐雄、张士先（1月任）。

区政府工作部门：区政府办公室主任方本选（6月免）；区志办主任（空缺）；法制办主任段亚丽（女）；外侨办主任陶建莉（女，回族）；接待办主任赵蔚（女）；电子政务中心主任胡冰（女）；财政局局长竟新宇；人劳局局长鞠卫；监察局局长王双（女）；教体局局长王珂；民政局局长刘健；审计局局长司金涛；发改局局长崔文修；城管局局长刘建伟；国土局局长梁新生；工信委主任胡景帅；农委主任许银欣；科技局局长库晓（女）；计生委主任张沛（女）；建设局局长彭英（女）；环保局局长薛文平；交通局局长王丽（女）；司法局局长常超美；宗教局局长巴姝靖（女）；安监局局长王国安；信访局局长张红梅（女）；房管局局长孙华民；商务局局长刘军；文化旅游局局长吴兆强；物价局局长陈玉清；事管局局长张岚（女）；房屋征收局局长周玉梅（女）；科技园区管委会主任张双喜；爱卫办主任李新田；数字化中心主任周保民；考评办主任钱锐；人防办主任崔兴周；档案局局长王宝昀；项目办主任杨晓学；审批中心主任王红梅（女）；采购中心主任刘琴（女）；楼宇办主任闵武杰；粮食管理中心主任高学峰；投资公司经理袁先锋。

政协区七届委员会：主席刘建峰；副主席王庆豪、孙鲜龙、王居良、赵海叶（女）、宋红霞（女）、张建民。

区政协工作部门：区政协办公室主任张书林；老干部管理办主任连艳丽（女）；经济科技委主任徐工；学习文史提案委主任王彩虹（女）；文教卫生委主任张竹萍（女）；民主法制委主任刘雷立；港澳台侨委主任刘占泉。

中共区纪律检查委员会书记：牛晓萌。

区人民武装部部长：张涛；政委：赵德武（5月免）、李继东（5月任）。

区人民法院院长：孙郑生。

区人民检察院检察长：宁建海。

区群团组织：区工会主席李劲松（女，满族）；区妇联主席马晓宇（女）；团区委书记李迪；残联主席陈玉新。

街道机关：国基路街道党工委书记李政，办事处主任沈建忠；经八路街道党工委书记叶齐科，办事处主任周继斌；文化路街道党工委书记段庆洲，办事处主任王延军；人民路街道党工委书记齐智慧，办事处主任王静（女）；花园路街道党工委书记李婷（女，回族），办事处主任李东；杜岭街道党工委书记郭文博，办事处主任秦历源（女）；南阳路街道党工委书记江涛，办事处主任李俊勇；大石桥街道党工委书记郭峰，办事处主任连卿；南阳新村街道党工委书记刘云泽，办事处主任姚霞（女）；丰产路街道党工委书记杨金泉，办事处主任马爱玲；东风路街道党工委书记史战胜，办事处主任李华（女）；未来路街道党工委书记杨振玉，办事处主任李长虹；北林路街道党工委书记唐成山，办事处主任（空缺）；凤凰台街道党工委书记许忠，办事处主任赵伟峰；兴达路街道党工委书记刘楠，办事处主任李国强；杨金路筹备组街道党工委书记赵长青，办事处主任（空缺）；丰庆路办事处书记毛国安，办事处主任王金城。

【转变经济发展方式】 经济发展方式实现新的转变。2006-2011年，五年来，金水区紧紧依托城中村改造、产业园区建设和发展楼宇商圈特色街区经济，科学应对金融危机影响，着力推动发展方式转变，经济发展实现新的突破。（1）以实施城中村改造为突破口盘活提升。截至2011年底，全区共有14个村完成拆迁并全部开工建设，先后引进沃尔玛、家乐福等一大批国内外知名企业入驻，累计吸引投资380亿元。（2）以建设杨金产业园和金水北区为突破口拓展空间。新建杨金路等市政道路18公里、标准化厂房24万平方米；累计签约项目52家，入驻企业41家，完成投资20亿元。（3）以发展楼宇经济为突破口集约发展。全区商务楼宇面积达到463万平方米，入驻企业1.4万家，年缴纳区级税收突破11亿元。其中，纳税额百万元以上楼宇80幢。（4）以发展特色街区和商圈经济为突破口激活消费。白庙、西关虎屯、曼哈顿和北二七路、紫荆山等五大商圈稳步发展，经营面积达到200万平方米，年营业额突破150亿元；农科路酒吧一条街、健康路体育用品街等一批特色街区建设成效初显，入驻商户3000余家，年缴纳区级税收6500万元。

【产业结构调整】 产业结构调整取得新的成效。五年来，大力实施"现代服务业强区"战略，三次产业结构比从2006年的0.8：15.9：83.3调整为0.3：14.3：85.4，三产主体地位进一步巩固。商贸批发、酒店餐饮等传统优势产业持续提升。2011年，全区酒店餐饮业实现营业额66亿元，年营业额千万元以上企业达到

75家；现代商贸业完成销售额950亿元，交易额亿元以上商贸市场和购物中心增至22个。科技信息、文化创意、金融服务、总部经济等高端服务业粗具规模。全区科技信息企业达到1900余家，实现增加值79亿元；文化产业法人单位3300余家，完成增加值73亿元，其中金水文化创意园入驻企业51家，被评为“2010年中国创意产业最佳园区”；金融服务业单位达到700余家，完成增加值109亿元；在区内纳税的总部企业达到118家。

【改革开放】 改革开放步入新的阶段。五年来，坚持将招商引资作为加快发展的战略举措，取得了“一举应多变”“一招求多效”的综合带动效应。全区实际利用外资累计达到10.2亿美元，出口创汇42.7亿美元，先后引进皇宫大酒店、星巴克等国内外知名企业60余家。坚持将改革创新作为推动发展的不竭动力，率先在全市启动农村集体经济股份合作制改革，大力推行道路清扫保洁市场化运作，积极创新投融资体制，稳步实施新一轮政府机构改革，有效破解了一批制约金水发展的难题。

【城乡建设与管理】 城区功能日益完善。五年来，在经济快速发展的同时，围绕打造“畅通、整洁、有序”的城区形象，不断加大基础设施建设投入。累计投资20.6亿元，新建、改建道路248条（段），改造人行道25万平方米，新（改）建游园（公园）4个、公厕60座、垃圾中转站27个，新增绿地220万平方米。全力配合“畅通郑州”等重大工程建设，出色完成了107国道郑州段改建、郑州动车组运用所、郑汴物流通道、花园路与连霍高速互通式立交、京沙快速通道等工程建设涉及的拆迁任务，有力保障了国家和省、市重点工程的顺利建设。

城市改造深入推进。5年来，坚持将城中村、旧城改造及合村并城作为破解发展空间制约、改善城区形象、培育经济新增长点的重要载体，重点实施，强力推进。截至2011年底，全区共有34个村列入郑州市城中村改造计划，有14个村完成拆迁并实现土地挂牌出让。其中，燕庄、王庄等7个村安置房已交付使用，凤凰台、任砦等3个村正在分房。太康路旧城改造项目开始启动；大贺庄、小贺庄等4个合村并城试点工作进展顺利。5年来，全区累计腾出土地451.53公顷，其中为市政基础设施和公益事业建设无偿提供土地1276公顷，先后打通和拓宽道路40余条。2011年，全区建成区面积达到70.65平方公里，比2006年增加12.65平方公里。

城市管理不断创新。5年来，牢固树立精品化、精细化意识，以城市管理年、城市管理整治提升等活动为载体，深入开展以治理占道经营、乱贴乱画等为重点的集中行动，大力推进市容市貌、出入市口专项整治，城区形象和城市品位得到新的提升。深入开展“我为畅通郑州作贡献”活动，打通支线路网49条，交通拥堵现象得到明显改善。高度重视保护和合理利用土地，认真开展违法建设集中查处活动。加强环境保护和生态建设，积极配合市政府完成了魏河、东风渠等生态水系建设阶段性任务；累计拆改燃煤大锅炉91台，创建省、市级生态村8个，城区环境质量明显提高。深入开展各类文明创建活动，城区形象不断美化，群众文明素质和社会文明程度大幅提高，为郑州市成功创建“国家卫生城市”“国家园林城市”“全国文明城市”作出了重要贡献。

【社会事业】 民生保障能力持续提升。5年来，始终坚持民本为先的发展理念，集中力量兴办了一批惠及民生的实事，使经济发展成果在更广领域、更深层次、更大程度上惠及了辖区群众。积极打造“八大民生保障体系”，率先在全省构建了医疗保障全覆盖体系，开建了全省首个区级廉租住房小区、率先探索了社会化养老服务模式，教育体育、社区建设、卫生服务、人口计生等多项工作获得全国先进。2011年，全区民生领域支出占一般预算支出的比例达到62%，比2006年提高14个百分点。加强就业再就业工

国家发改委副主任、国务院深化医药卫生改革领导小组主任孙志刚在金水区调研医疗设施建设工作

作，累计实现城镇新增就业再就业13.7万人，农村劳动力转移就业1.5万人。不断完善社会保障体系，建立了覆盖城乡的基本养老保险制度，城乡居民基本养老保险参保人数达到2.5万人，城镇居民基本医疗保险参保34万人，“新农合”参保率达到98.4%。为辖区4368户低收入家庭及住房困难户落实了廉租住房政策，开工保障性住房7028套。大力实施“菜篮子”工程，建成标准化菜市场5家、社区便利店40家，设置流动餐车316处。

各项社会事业全面发展。大力实施优质教育资源倍增工程，2006-2011年，新建、改（扩）建中小学校26所、幼儿园4所，新增优质中小学招生学位18435个；率先在全省实行学区化管理、教师交流制度，基础教育课程改革等工作步入全国先进行列。扎实推进优质医疗资源倍增工程，新建、改（扩）建社区卫生服务中心、标准化村卫生室56个；率先在全市启动了“片医负责制”工作，组建片医团队220个，有效缓解了辖区群众“看病难、看病贵”问题，被评为“全国社区卫生服务示范区”。切实加快发展文化体育事业，新建农村文化大院63个、农家书屋40个，成功举办了首届“金水都市舞蹈节”“百姓健康舞”等文体活动。加快推进科技进步，制定了扶持科技产业发展的政策措施；累计申请专利6426件，建成工程技术研究中心38家。积极创新社区管理模式，深入实施“金百合”邻里和谐、“金阳光”志愿者服务、“金拐杖”社会养老等工程，大力开展和谐社区创建活动，先后荣获“全国养老服务示范城区”“全国社会工作人才队伍建设试点示范区”等称号。健全利益导向机制，加强出生人口性别比治理，稳定低生育水平，荣获“全国计划生育优质服务先进区”称号。

社会大局保持安全稳定。深入开展信访稳定和安全生产“大排查大治理大督查”活动，较好解决了一批影响社会和谐稳定的突出问题；累计投资2.3亿元，在辖区重要部位、重点路段和社区楼院安装探头8.5万个，实现了科技防范全覆盖。认真落实领导接访及包案制度，着力解决重大疑难信访问题，化解重大不稳定因素，整治重大安全生产隐患，全区社会大局持续保持安全稳定态势。加强和创新社会管理，深入推进平安金水建设，严厉打击各类违法犯罪活动，辖区居民安全感和满意度明显提升，先后荣获“河南省平安建设先进区”“河南省安全生产工作先进单位”“河南省信访工作先进区”“全国社会治安综合治理先进集体”等称号。

【政府自身建设】 民主法制建设取得新的进步。5年来，先后办理各级人大代表建 议、政协委员提案712件，办结率100%。主动接受社会监督，坚持依法行政。完成了“五五”普法任务，全面启动“六五”普法规划，政府公务人员、辖区群众法律意识明显提高，荣获“全国法治区创建活动先进单位”称号。

机关效能建设取得新进展。深入贯彻“三具两基一抓手”和“两转两提”要求，相继制定了限时办结、首问负责、首席服务官等制度。深入开展区直机关干部“下项目、下企业、下农村、下社区、联系交通路口”活动，通过强化督查督办、制度化暗访等形式，引导各级干部以具体促落实、以具体促发展，促进了机关作风的明显好转。建立了ZZIC督办机制，办结群众反映的热点、难点问题1730件。率先在全省启用网上审批电子监察系统，行政服务效率得到有效提升；深化行政审批制度改革，行政许可事项缩减至135项，其中97项实现网上审批。

健全反腐倡廉制度体系，不断强化对人、财、物等关键环节的监管，有效防止了权力失控、决策失误和行为失范。规范财政资金管理，累计审计政府投资项目407个，节约财政资金1.25亿元。不断加强领导干部经济责任审计和离任审计，加大对重点项目、重点领域的监管力度，进一步防范和规避了经济风险，有效减少了职务犯罪行为。

【项目建设】 2011年，金水科教新城全面启动，首个国家级知识产权创意产业试点园区落户该区，高端服务业发展意见正式出台，城中村、旧城改造及合村并城工作走在全省前列。集中力量推进了一批增强发展后劲的要事。坚持以项目建设为重点扩大投资，5年来共实施区级重点项目357个，累计完成投资385.5亿元。以扩大内需为重点促进消费，先后培育西关虎屯等五大商圈，成功打造农科路酒吧一条街等一批特色街区。以提高经济外向度为重点强化招商，实际利用外资、出口创汇连续多年位居郑州市首位，成为全省首个对外开放重点区。以提高科技对经济增长贡献率为重点加快自主创新，累计完成高新技术产业增加值37.3亿元，连续12年被评为“全国科技进步先进区”。

（赵 阳）

二七区

【概况】 2011年，二七区总面积156.2平方公里，其中城区面积36.25平方公里，耕地面积22.03平方公里。辖13个街道，98个社区居民委员会，39个社区居民管理委员会；1个乡、1个镇，14个行政村，176个自然村。总人口729865人，其中城镇人口638632人。人口出生率为

8.68‰，死亡率为3.72‰，自然增长率为4.96‰。

2011年，全区地区生产总值完成329.4亿元，同比增长8.3%。其中，第一产业总产值1.6亿元，增长1%，产业增加值0.75亿元，增长1%；第二产业增加值72.9亿元，增长10.9%；第三产业增加值255.8亿元，增长7.5%。人均生产总值45138元。非公有制经济完成增加值170.9亿元，比上年增长15.2%，占生产总值的比重为52%。粮食总产量4336吨，比上年下降17.1%；蔬菜总产量1926吨，比上年下降81.6%。

2011年，全区财政总收入完成47.5亿元。全年地方财政收入完成18.73亿元，同比增长20.22%。其中，一般预算收入完成18.71亿元，同比增长20.26%。全年地方财政支出完成26.3亿元，同比增长42.11%。其中，一般预算支出完成17.8亿元，同比增长32.36%。财政收入占全区生产总值的比重达到5.7%，比上年提高0.5个百分点。

2011年，全社会固定资产投资完成189.7亿元,比上年增长28%。社会消费品零售总额完成231.8亿元，同比增长17.6%。全年实现外贸出口总值1.29亿美元，同比增长45.2%；实际利用外商直接投资1.62亿美元，同比增长32.8%。

2011年，城镇居民人均可支配收入达到20955元，比上年增长15.6%；人均消费性支出12434.38元。农村居民人均纯收入达到13523元，比上年增长23.3%；人均生活费支出8788元。城镇居民和农村居民人均可支配收入增速均为11%。全年城镇居民基本医疗保险参保人数达到23.5万人；新农合参保人数达到94213人，参合率达到97%，享受补贴112617人次、共2048.7万元。

全年接待游客344.2万人次，比上年增长141.37%；实现旅游收入1.02亿元，同比增长148.76%。

2011年，全区共有规模以上工业企业95家，全部工业完成增加值43.5亿元，比上年增长16.3%。其中，规模以上工业完成增加值40.6亿元，比上年增长17.2%。全年规模以上工业企业实现产品销售收入156.4亿元，实现利税总额7.7亿元，实现利润总额5.2亿元，产销率达到96.9%，比上年下降0.7个百分点。

2011年，二七区主动融入中原经济区和郑州都市区建设，牢牢把握“落实、完善、提升”的工作基调，深化“一二三四五六”的工作思路，切实推进“十大计划”落实，深耕二七、创优争先，大力推动财富二七、兴业二七、宜居二七、幸福二七建设，全区各项目标任务基本完成，顺利实现了“十二五”良好开局。2011年，二七区先后荣获中国最具爱心城区、中国承接产业转移投资环境十佳县（市）区、全国科技进步先进区、全国法治县（市）区创建活动先进单位、中国绿色名区、河南林业生态县（市）区、河南省可持续发展试验区、河南省信访工作先进县（市）区、郑州市“创文”工作二等功等400余项荣誉。党和国家多位领导人以及省市领导先后多次到该区考察调研，并给予高度关注和充分肯定。

【机构与领导】 中共二七区区委：书记朱是西（12月免）、蔡红（女，12月任）；副书记王鹏、张杰峰；区委常委：朱是西（12月免）、蔡红（女，12月任）、王鹏、张杰峰、杨明军、牛瑞华、王玉红（女）、王鲁明、张全金（5月免）、卢书选（5月任）、张丽英（女，5月免）、丁文霞（女，5月任）、楚惠东（5月免）、赵吉平（5月任）、陈爱萍（5月免）、彭立（5月免）、曲连文（5月免）。

区委工作部门：区委办公室主任楚惠东（5月免）、赵吉平（5月任）；组织部部长张丽英（女，5月免）、丁文霞（女，5月任）；宣传部部长王鲁明；统战部部长曲连文（5月免）、王玉红（女，5月任）；政法委书记张全金（5月免）、卢书选（5月任）；群工部部长曹宪武；机关党工委书记魏素芳（女，3月免）、杨芳（女，8月任）；编办主任董跃武；党校常务副校长冯晶丽（女）；老干部局局长徐建宇（女）；信访局局长周彪（3月免）、曹宪武（3月任）；档案局局长张艳玲（女）。

区十四届人大常委会：主任赵炳林；副主任张丽英（女，5月任）、赵田、李刚、周国建、郭穆顺、柳建华、武志亮、张忠民、靳凤英（女，1月任）。

区人大常委会工作部门：区人大常委会办公室主任冯保强；城建工委主任王云；财经工委主任赵建堂；代表联络工委主任刘德斌；法工委主任李玲（女）；科教文卫工委主任马郑武；信访室主任杨录生。

区人民政府：区长王鹏；副区长牛瑞华、王玉红（女）、姚实、于珊（女）、辛绍河、袁新生（1月任）、刘利（5月任）。

区政府工作部门：区政府办公室主任马世峰；史志办主任郭法章；法制办主任吕锋卫；接待办主任刘长海；人防办主任高发林（3月免）、杨杰（3月任）；民族宗教局局长法建军；监察局局长张军；行政服务中心主任王峰（3月免）、闫东明（3月任）；商务局局长杨杰（3月免）、王晓东（3月任）；工信局局长张建中；人口和计生委主任任书庆；人力资源和社保局局长潘丽霞（女）；社保管理局局长薛燕（女）；财政局局长张建森；发改和统计局局长王永利；教体局局长刘子科；民政局局长苏连成；农业农村工委主任杨东起；粮食局局长付阳光（8月免）、陈庆（8月任）；卫生局局长王章正；审计局局长李新亮；城管执法局局长牛军领；科技局局长田培红（女）；建设局局长秦玉凤（女）；环保局局长徐笑康；司法局局长王淑真（女）；交通局局长张文奇（3月免）、阴小强（3月任）；爱卫办主任张新波（8月任）；土地储备中心主任张超；建设投资公司总经理王晓东（3月免）、崔宗晓（3月任）；数字化城管指挥中心主任陈庆（8月免）、王琳（女，8月任）；投资促进服务中心主任刘丽红（女，4月免）、王晓琳（女，4月任）；文化旅游局局长牛志宏（女）；安监局局长汤孝轩；机关事务管理局局长高武汉；物价局局长刘敬军（女，4月免）、王笑梅（女，4月任）；住房保障中心主任兰海；拆迁办主任徐力夫；南水北调办主任闫宗汉；马寨工业园区管委会主任赵国玺（4月任）；国土局局长王波（女，11月免）、禹秉臻（12月任）；工商分局局长王建修；技监分局局长潘亚力；国税局局长陈鸿俊；地税局局长刘伟红；规划分局局长葛咏（10月免）、王军（10月任）；市场管理处主任房广明。

政协区七届委员会：主席汪爱英（女）；副主席姚友谊、陈爱萍（5月任）、谢林（女）、李琳、吴书文、陈旭儒、李东亮、王同超。

区政协工作部门：区政协办公室主任刘栋（女，8月免）、杜双晶（女，8月任）；秘书长刘栋（女）；老干部科长翟伟峰（3月任）；提案委主任田留锁；联络委主任刘来群；农业委主任鲁香敏（女）；经济科技委主任张福兑；社会和法制委主任牧秋君（女）；城建环保委主任黄晓江；宣教文体卫委主任李银良（8月免）、付阳光（8月任）；文史资料办主任杜双晶（女，8月免）、郭磊（8月任）。

中共区纪律检查委员会书记：张全金（5月任）、陈爱萍（5月免）。

区人民武装部部长：杨明军；政委：周国堂（4月任）、董治会（4月免）。

区人民法院院长：王焰斌。

区人民检察院检察长：梁平。

区群团组织：总工会主席张新云（女）；团区委书记李青青（女，6月任）；妇联主席李素佩（女）；残联主席荆淑增（女）；科协主席粟汾涛（女，3月免）、任随意（3月任）；工商联主席卢学俊。

街道、乡镇机关：铭功路街道党工委书记张伟新，办事处主任王峰（3月任）；一马路街道党工委书记马建，办事处主任徐建；解放路街道党工委书记朱松山，办事处主任李景光；德化街街道党工委书记马遂鑫，办事处主任汪艳玲（女）；五里堡街道党工委书记陈卫东，办事处主任张炜；蜜蜂张街道办事处书记张振国，办事处主任杨志华；大学路街道党工委书记海鸥，办事处主任阴小强（3月免）、周彪（3月任）；建中街街道党工委书记邵剑勇（4月免）、胡爱民（4月任），办事处主任肖锋（3月免）、贾新建（3月任）；福华街街道党工委书记黄新宏，办事处主任南中洋（6月免）、张振威（6月任）；淮河路街道党工委书记李华民，办事处主任赵红林；嵩山路街道党工委书记胡仲泰，办事处主任张勋；长江路街道党工委书记李国立（11月免）、刘敬军（女，11月任），办事处主任党立春（4月免）、梅斌（4月任）；京广路街道党工委书记谭清录，办事处主任鲁林林（女）；侯寨乡党委书记张文奇（6月免）、崔工作（6月任），乡长崔工作（6月免）、南中洋（6月任）；马寨镇党委书记胡爱民（4月免）、赵国玺（4月任），主任梅斌（4月免）、刘丽红（女，4月任）。

【“三农”工作】 2011年，二七区坚持把解决好“三农”问题作为全区工作的重中之重，全年累计发放补贴资金2913万元，扎实推动农业增效、农民增收、农村发展。新建农村安全饮水工程55处，解决了5.8万人安全饮水问题；完成农用机井升级改造240眼，发展节水灌溉面积393.33公顷，农田水利设施不断完善。继续提升农业产业化经营水平，完成土地流转189.93公顷，发展农民专业合作社23个，新增省市级农业龙头企业8家，建立各类农产品生产基地5078.67公顷。同时，大力推动新农村建设工作，建成了樱桃沟、娄河、西胡垌等7个新农村示范村。大力发展近郊旅游业、特色养殖业和精品农家乐，完成了樱桃沟3A级景区创建工作，成功打造了“春季浪漫赏花游”“樱桃节”“葡萄文化节”“娄河油菜花节”“秋季休闲采摘游”等知名旅游节庆品牌。建成了省内首个蝴蝶馆，实现了生物保护利用与旅游有机结合，形成了新的近郊旅游典范。全年共接待游客340万人次，实现旅游收入近1亿元。

【招商引资】 2011年，二七区始终坚持“项目带动”战略，建立健全了区领导“三定四包五个一”等跨越式发展项目推进机制，积极为项目建设搞好服务。全年纳入全区跨越式发展管理的194个项目，已完工50个，在建88个（新开工42个），完成投资157.7亿元；市下达二七区的重点项目已竣工8项，在建25项，完成投资687亿元，占年计划的159%。积极做好项目用地保障工作，组织上报建设用地449公顷，争取新增建设用地指标351.33公顷，协调委托易地占补平衡指标221.6公顷，实现土地征收储备272.07公顷。同时，大力实施选商引资和投资促进计划。全年共签约项目60个，总投资额2120亿元。其中，100亿元以上项目7个，10亿元以上项目23个。引进域外境内资金102亿元，同比增长32.78%；实际利用外资完成1.63亿美元，比上年增长35.9%。

【中心城区升级改造】 2011年，二七区谋划启动了旧城改造项目20个、总占地108.07公顷，城中村改造项目18个、总占地866.67公顷。其中，兰德置地广场、格瑞印象城等10余个商业项目和小李庄、佛岗等4个城中村改造项目已顺利建成，安置房竣工110万平方米，商品房竣工180万平方米，2885户村民喜获回迁。重点运作并启动了华润万象城、二七万达广场、中投汇金城等10余个大型商业项目，累计新增商业面积210万平方米，培育商务楼宇22栋，引进楼宇企业762家，以二七广场和火车站商圈、河医医疗服务商圈等五大商圈为支撑的中心城区商贸业升级步伐不断加快。同时，积极破解项目手续办理瓶颈，全年累计完成控规修规报批39项，旧城和城中村改造土地招拍挂面积达228.07公顷，成功实现了齐礼阎36.6公顷、冯庄19.83公顷、中投汇金城1.53公顷土地的招拍挂，成为郑州市继国家《关于进一步加强房地产用地和建设管理调控的通知》颁布后的破冰之举。注册2亿元，成立了二七区城乡更新建设开发有限公司，率先启动了蜜蜂张等3个城中村改造项目，为郑州市全面铺开政府主导城中村改造探索出了宝贵经验。

【生态文化新城建设】 2011年，二七区将南部区域作为全区发展重点，从"一体两翼"战略格局的提出到二七运河新区、二七生态文化新城的谋划和运作，再到成功列为郑州都市区"六城十组团"之一，该区南部区域的发展正在快速推进。同时，成功举办了二七新城总部经济发展论坛，完成了总部经济产业园规划和侯寨总规修编方案。二七新城正县级的新城管委会和"一办三局"的组织机构已经成立，建投公司也已挂牌运作，土地一级开发整理工作已立项报批，初步实施方案也已编制完成，新城各项工作正在有序高效开展。购买266.67公顷的易地占补平衡用地指标，实现了新城核心区12.1平方公里的建设用地指标全覆盖。坚持招商引资和项目建设"双带动"，已签约项目15个，总投资达925亿元。其中，红星美凯龙、六星级旋宫大酒店等一批重点项目正在有序推进；特别是投资260亿元的金源百荣商贸城已被列入省重点项目，控规、修规均编制完成。在2011年郑州市绩效考评中，二七生态文化新城建设位列"六城十组团"前列。

【马寨产业集聚区开发】 2011年，按照副县级规格配备了马寨产业集聚区的机构和班子，成立了郑州马寨工业园建设开发有限公司，注册资金达到8000万元。11.8平方公里的园区总体规划已获批复，建成区面积扩大至5.8平方公里。累计投资2.45亿元用于集聚区基础设施建设，修建道路28.4公里，建成标准化厂房近17万平方米，园区水电气暖等基础设施和配套设施得到不断完善。规模工业企业已发展到72家，新建续建项目顺利推进。其中，新大方、康师傅、三中收获等龙头企业不断做大做强；投资12亿元的花花牛项目已奠基，投资8亿元的日钢京华焊管项目已正式开工建设。2011年，园区企业营业收入完成137亿元，其中规模以上工业营业收入完成101.8亿元，实现税收2.76亿元，先后被列入省级产业集聚区、郑州市可持续发展示范区、郑州市五强产业集聚区。

【项目建设】 2011年，二七区以发展和升级现代商贸服务业为目标，先后谋划推进了旧城改造项目20个、总占地108.07公顷。其中，金智万博二期、万达广场等4个项目已开工建设，中投汇金城、德化大厦等项目即将进行土地招拍挂，中林国际等9个项目已具备开工条件，郑州中央商务区等项目洽谈正在稳步推进。成功实现了齐礼阎48.27公顷、冯庄11.33公顷等城中村改造项目的土地挂牌工作；积极破解城中村改造手续办理、征地拆迁等瓶颈，顺利完成了齐礼阎、黄岗寺等5个村的拆迁扫尾工作，二七区城中村列入市改造计划、控规等手续办理进度、拆迁面积等稳居全市第一。积极配合做好京沙快速路、轨道交通1号线等省市重点路网项目建设，完成了端午路、汉江路等23条市政道路拆迁工作；争取上级建设资金2.1亿元、奖补资金2480万元，完成了政通路西段、建安路等8条市政道路和樱花路、龙祥路等9条农村道路建设任务；打造了政通路、人和路等一批精品街区。新建、配建停车泊位3452个，完成市下达目标的162%；大学南路两侧绿化带和嵩山南路两侧绿化带拆迁工作顺利完成，新栽乔木10万株，新增绿地55万平方米，全区形象品位得到较大提升。

【城乡建设与管理】 2011年，二七区始终坚持巩固国家卫生城、园林城创建成果，全力做好文明城市创建工作。针对郑州市创建文明城市活动，成立了二七区创建文明城市指挥部和城乡环境综合整治工作组，加强对火车站周边、河医立交周边、城乡接合部等重点区域和建筑工地、"五小"门店等重点行业的规范和治理，二七区获得郑州市创建文明城市最优区荣誉称号和精神文明第一名的优异成绩，荣获郑州市创建文明城市集体二等功，并作为12个县（市）区中唯一一个一等功上报省委、省政府。另一方面，成立了数字化城市管理中心，下放执法人员、执法权限，全区城乡管理体制更加合理。加强城乡环卫力量，完善了24小时城乡环卫保洁和垃圾清扫制度，实现了城乡环境卫生整治长效化、一体化。2011年，全区累计投资1126万元，对52个无主管楼院进行了改造和物业化管理。累计新建公园游园14个，新建改造环卫中转站29个、公厕44座；新栽乔木33万株、花灌木117万株，新增绿地275万平方米，城乡居住环境得到持续改善。

【社会事业】 2011年，二七区积极兑现省、市、区各级为民承诺的实事。九十二中扩建项目、春晖小学扩建项目主体工程已完工，郑州四十八中、王胡寨小学主体工程已封顶。大力开展“学习中华优秀传统文化、做有道德的二七人”教育活动，在全区掀起了浓厚的学习中华优秀传统文化氛围，干部群众文明素质显著提升。投资500万元，建设蔬菜便利店34家、社区快餐店27家，完成进度居全市前列。设立廉租基金2000万元，发放租赁住房补贴3801户、1102万元，开工建设廉租住房1846套、竣工466套，筹集公共租赁住房934套，建设环卫公寓590套。实现了全区农村技防监控全覆盖；解决了2000人的饮水安全问题。建立了41个村级人力资源和社会保障服务站，在市内6区率先实现了城乡就业保障全覆盖，完成城镇新增就业2.3万人、各类城乡劳动力培训5568人；城镇职工基本养老保险、城镇居民基本医疗保险、城乡居民基本养老保险分别新增1万人、6万人、6042人，离退休人员养老金社会化按时足额发放率达到100%。

（胡　雷）

管城回族区

【概况】 2010年，管城回族区总面积112.6平方公里，其中城区面积32.6平方公里。辖9个街道，71个社区居委会；1个镇、2个乡，35个行政村。总人口371137人（含圃田乡），其中回族人口21830人，占全区人口5.9%。人口出生率为13.7‰，死亡率为3.1‰，自然增长率为10.6‰。

2011年，全区实现地区生产总值230.6亿元，是2006年的2.4倍，年均增长12.4%。地方财政收入完成16.9亿元，是2006年的3.2倍，年均增长26.2%。规模以上工业增加值完成83亿元，是2006年的11.2倍，年均增长23.4%。全社会固定资产投资完成158.7亿元，是2006年的4.6倍。社会消费品零售总额完成207.6亿元，是2006年的2.5倍。全社会固定资产投资完成158.7亿元。实际利用外资4.6亿美元。城镇居民人均可支配收入 20052元；农村居民人均纯收入14411元。2011年，管城回族区荣获“全国安全生产监管监察先进单位”称号。

【机构与领导】 中共管城回族区区委：书记法建强（回族）；副书记岳希荣（女，12月免）、高建军（12月任）、徐西平、周顺杰（回族，挂职，6月任，12月免）；区委常委：法建强（回族）、岳希荣（女，12月免）、高建军（12月任）、徐西平、周顺杰（回族，挂职，6月任，12月免）、杜敏生（回族）、王彬彬、张平安、刘同杰、李峰（6月任）、王晓军、魏建国（6月免）、马欢（6月任）、柴丹（女，6月任）。

区委工作部门：区委办公室主任魏建国（6月免）、马欢（6月任）；组织部部长王彬彬；宣传部部长杜敏生（回族，6月免）、柴丹（女，6月任）；统战部部长高天翼（6月免）、张平安（6月任）；政法委书记王晓军；群众工作部部长郭剑锋；机关党工委书记李青（女）；党校常务副校长郭宝生；老干部局局长巴丽霞（女，回族）；档案局局长朱红亚；编办主任李鑫（女，12月任）。

区十四届人大常委会：主任姚辉（1月免）、牛延平（1月任）；副主任杨信梅（女）、姚文学、王宏武、李蝴蝶（女）、闫德本、刘三修、康天果、高和平（3月免）。

区人大常委会工作部门：区人大常委会办公室主任王开凡（2月免）、陈瑞兰（2月任）；教科文卫工委主任王富民（11月免）、朱占通（11月任）；财经工委主任耿新华（女，3月免）、李香梅（女，3月任）；城建农村工委主任李建伟；法工委主任李敬业（12月免）、巴忠义（回族，12月任）；代表民族工委主任孙雪琴（女）；信访工作室主任姚琳（女）。

区人民政府：区长岳希荣（女，12月免）；代区长高建军（12月任）；副区长高建军（常务，6月免）、李峰（常务，6月任）、郭万全、安惠萍（女）、刘守斌、高和平（3月任）、罗国君（3月任）、虎强（回族，6月任）、孙梅（女，6月任）、马欢（6月免）。

区政府工作部门：区政府办公室主任张平（12月免）、闫凯（12月任）；人力资源和社会保障局局长杨国华；财政局局长孙梅（女，6月免）、朱宣合（9月任）；工业和信息化局局长乔希望；农业农村工委主任张海军（11月免）、马万锋（回族，12月任）；人口和计生委主任邢惠君（女）；发展改革和统计局局长冯麟（女）；教文体局局长卢新建；信访局局长单书欣；民政局局长徐长发；民族宗教局局长巴晓娟

（女，回族）；国土资源局局长张有锋；城建和交通运输局局长朱宣合（9月免）、王永善（10月任）；环保局局长张红（女）；卫生局局长赵秋霞（女）；司法局局长周满堂；审计局局长贾宝蕴（女）；城管执法局局长赵晨阳；科技局局长吴俊斐（女）；粮食局局长张志强；机关事务局局长毛松峰；住房保障服务中心主任李行义；商务局局长王芳（女，回族，9月免）、李金平（女，12月任）；安监局局长马晓红（女，回族）；文化旅游新闻出版局局长李静（女）；人防办主任李惠萍（女，回族）；爱卫办主任翟建平；房屋征收与补偿办主任马万锋（回族，12月免）、张献忠（12月任）；南水北调办主任巴忠义（回族，9月免）、郝碧锋（9月任）；建设综合开发总公司总经理周红卫；物资总公司经理李中方；工商局局长沙庆祥杨葆；国税局局长马华庆；地税局局长李志生；质监局局长侯明臻（女，11月免）、杨泽（11月任）；规划分局局长韩杰；食品药品监管分局局长屈新义。

政协区七届委员会：主席郭桂琴（女，2月免）、刘霞（女，2月任）；副主席韩宏伟、陈彦军（回族）、陈兵、李雪宁（女）、杨爱荣（女，回族）、邹鹏飞、雷金亮。

区政协工作部门：区政协办公室主任郑银玲（女，9月免）、陈孝明（9月任）；民族宗教港澳台侨委主任（空缺）；科教文卫委主任张红军；提案委主任冯雅丽（女）；经济委主任刘子明（12月免）、空缺；城建社会法制委主任赵炳贤；学习宣传文史资料委主任陈孝明（9月免）、空缺；农业人口环境资源委主任王平（12月免）、刘子明（12月任）；联络委主任郭海涛。

中共区纪律检查委员会书记：周顺杰（回族，6月免）、杜敏生（回族，6月任）。

区人民武装部部长：史伟（4月免）、谢晓东（4月任）；政委：刘同杰。

区人民法院院长：王耀世。

区人民检察院检察长：吴景禹（满族）。

区群团组织：总工会主席盛伟；团委书记张川（女，回族）；妇联主席魏金英（女，回族，6月免）、海彦玲（女，回族，11月任）；科协主席陈宏安；残联理事长游东梅（女）。街道、乡镇机关：北下街街道党工委书记姚志刚（7月免）、巴姝芳（女，回族，11月任），办事处主任巴姝芳（女，回族，11月免）、滕方炜（11月任）；南关街道党工委书记高建峰，办事处主任秦新东（11月免）、沙建武（11月任）；陇海马路街道党工委书记白刘军，办事处主任孔艳玲（女）；二里岗街道党工委书记闫凯（12月免）、虎金治（回族，12月任），办事处主任滕方炜（11月免）、刘本勇（11月任）；城东路街道党工委书记邵会文，办事处主任王永善（11月免）、刘斌（11月任）；东大街街道党工委书记谷合群，办事处主任曹广凤（女）；西大街街道党工委处书记虎金治（回族,12月免）、张平（12月任），办事处主任侯春雷（11月免）、张海军（11月任）；紫荆山南路街道党工委书记王遂其，办事处主任王立磊；航海东路街道党工委书记那磊（满族，11月免）、唐莉军（女，11月任），办事处主任唐莉军（女，11月免）、秦新东（11月任）；南曹乡党委书记周福利，乡长赵栓来（11月免）、崔永祯（11月任）；圃田乡党委书记虎强（回族,11月免）、赵栓来（11月任），乡长宋春霞（女）；十八里河镇党委书记朱占通（2月免）、李阳东（2月任）、镇长李阳东（11月免）、侯春雷（11月任）。

【园区建设】 金岱工业园区被列入“河南省首批重点产业集聚区”，建成区面积由5平方公里增加到9平方公里，基础设施投入资金2.3亿元，实现了水、电、路、气等“七通一平”；宛西制药、雅宝家具等72个项目先后入驻投产，累计完成投资55亿元。宇通项目一期征迁任务已完成，郑州福耀中原汽车玻璃生产基地顺利开工，商都物流园一期基础设施建设全面启动，汽配物流产业集聚效应蓄势待发。

都市农业快速发展，花楼现代农业科技园、潮湖生态农业观光园、大湖生态采摘园品牌优势不断增强，市级农业产业化龙头企业达9家。全面落实支农惠农政策，累计兑付粮食直补、家电下乡等各项惠农资金5195万元。南水北调中线工程管城段全线开工建设，累计移交土地359.13公顷。新建农村公路14公里，建成农村饮水安全工程37处，解决了5万人的饮水安全问题。打造张华楼、大湖、李马庄等新农村示范村8个，连续4年荣获“郑州市新农村工作先进集体”称号。

【现代服务业】 2011年，商圈经济持续繁荣，丹尼斯百货、香港新世界、台湾大润发等一批知名零售商场相继建成开业，富田太阳城、正商国际广场等一批大型城市综合体成为城区开发的主流。楼宇（总部）经济、特色街区、物流、专业市场四种优势经济不断壮大，辖区各类商务楼宇达47座，入驻企业2600余家，国香茶城成为全国第四大茶叶市场及全市唯一一家3A级旅游商业特色街区。培育4A、5A级大型现代物流企业4家，银基商贸城、天荣服装城等一批专业市场提档升级。2011年，全区完成第三产业增加值126.4亿元，是2006年的2.2倍，年均增长11%；三次产业比重达到

0.3 . 44.9 : 54.8，现代服务业的主导地位进一步确立。

对外交流合作日益扩大，与韩国青松郡建立了友好郡区关系。积极参加"南下北上"大招商、闽商大会、中博会等各类经贸活动，先后举办了河南紫砂艺术节、中西部电动车及自行车博览会、航东商圈发展论坛等一系列招商活动。2011年，累计落地招商项目220个，实际利用外资4.6亿美元，引进境内域外资金182.5亿元，出口创汇8.5亿美元。

【城乡建设与管理】 坚持规划先行，高标准编制城乡总体规划、乡镇总体规划、新一轮土地利用总体规划及历史文化名城保护等专项规划。基础设施不断完善，配合完成了石武客运专线、西绕城公路、轨道交通1号线等省市重点工程征迁任务，完成了腾飞路、银莺路等63条支线路网改造工程。建成区面积从13.8平方公里扩展到32.88平方公里。

城中村改造成效显著，已完成征迁11个村（组）。其中，刘南岗、弓庄等9个村（组）完成了土地招拍挂并已开工建设。累计完成投资80亿元，涉及村民约2万人，整理土地473.33公顷，"芦邢庄模式"成为全市城中村改造的先进典范。旧城改造顺利推进，相继启动了郑州交运集团、水利机械厂等10个旧城改造和棚户区改造项目，总占地面积约89公顷。合村并城稳步启动，苏庄、八郎寨、大王庄3个试点村已通过审批。

以"四城联创"为契机，大力开展城区综合整治。市政基础设施逐步完善，新改建公园、游园14个，公厕59座、垃圾中转站22座，新增绿地170万平方米。街区面貌焕然一新，打造精品示范街6条，整治背街小巷60条。2011年，完成了77条市政道路建设及修复任务，整治面积4.2万平方米。积极实施畅通工程，开放停车位1021个，完成了石化路、城东路、管城西街等5处积水点改造。狠抓资源控制，依法拆除违法建设10万余平方米，制止违法用地785宗、346.67公顷。生态建设不断加强，创建省级生态文明村1个。完成了十七里河、十八里河、熊儿河等生态水系综合整治，工业污染防治、大气污染治理、秸秆禁烧等各项环保指标顺利达标，圆满完成了节能减排任务。

【组团建设】 2011年，管城区高起点编制规划，聘请清华大学及国内知名规划专家担纲编制新商城组团空间战略布局规划、概念性总体规划和重点区域的城市设计。核心区域建设工作顺利推进，商城遗址周边5.6平方公里城市设计已通过专家评审，商城遗址公园一期工程征迁任务圆满完成并顺利回迁，商都博物院片区征迁工作已进入实质性阶段。三环内仓储工业市场用地收储工作全面启动，已经与省公路局郑州仓库等企业签订了收储协议。

【社会事业】 2011年，科教兴区战略取得显著效果，全区高新技术产业增加值达25亿元，连续5次被评为"全国科技进步先进区"。加快实施优质教育资源倍增工程，累计投入2.2亿元，新建、改扩建中小学校33所；发放城乡义务教育阶段学生"两免一补"资金2604.7万元。解决外来务工子女入学18386人，占全区义务教育阶段学生总数的47%。高度重视校车校舍安全，城乡学校实现了数字化监控全覆盖。着力实施优质医疗资源倍增工程，与郑州大学第二附属医院、郑州市第十人民医院签订入驻协议，组建社区卫生中心8个。新改扩建乡镇卫生院3个，新建行政村标准化卫生所20个，新农合参合率达99.9%。计生工作扎实有效，被评为"全国计划生育优质服务先进区"。加快发展残疾人事业，荣获"全国残疾人工作先进区""全国残疾人社区康复示范区""全国白内障无障碍区"等称号。深入开展文化惠民工程，新建乡镇综合文化站4个、农村文化大院29个、农家书屋27家。

坚持不懈地办好为民承诺的"十件实事"，让群众共享改革发展的成果。2011年，城镇居民人均可支配收入和农民人均纯收入分别达到20052元和14411元，分别是2006年的1.8倍和2倍。认真落实就业再就业政策，累计新增就业再就业人员55090人，农村劳动力转移就业9049人，城镇登记失业率控制在3.8%以内。不断完善社会保障体系，最低生活保障标准由200元提高到340元；养老、失业、医疗、工伤、生育五大保险参保人数逐年增加，累计发放各类保险资金2.37亿元。加快保障性住房建设，累计建成保障性住房117.7万平方米。

【构建和谐管城】 2011年，累计争取各类民族资金9674万元，完成了北大清真寺、清真寺街、回族幼儿园和回民二小改造工程。大力扶持民族经济，成功打造了一批以萧记烩面、东方丹妮、紫鼎实业为代表的区域民族品牌。对外交流不断扩大，成功承办了首届全国城市民族区发展论坛，被评为"全国民族团结进步模范单位"。

加强基层民主政治建设，第三届城市社区委员会和第六、第七届村民委员会换届选举工作圆满完成。积极推进社会管理创新工作，新建1000平方米以上社区服务站12个。北下街街道荣获"全国和谐社区建设示范街道"称号，紫光社区荣获"全国侨务工作明星社区"称号，映月路社区社会管理创新经验在省市推广。扎实开展"双拥"共建活动，荣获郑州市"双拥模范城（区）"五连冠。严格落实信访工作责任制，加大矛盾纠纷排查力度，社会大局安定有序。建立健全食品药品安全监管机制，集中开展专项整治活动。稳步推进企业改制，完成了12家企业改制任务。加强安全生产和消防监管，安全形势持续平稳，被评为“全国安全生产监管监察先进单位”。

【政府自身建设】 2011年，自觉接受区人大的法律监督和区政协的民主监督，办理人大代表建议343件、政协委员提案401件，办结率达100%。充分发挥各民主党派、无党派人士、工商联和人民团体的参政议政作用，广泛听取社会各界意见和建议。坚持依法行政，健全完善了政府议事规则，行政效率明显提高。依法治区工作不断加强，被评为“河南省法制宣传教育和依法治理工作先进县区”，陇海司法所荣获“全国模范司法所”称号。认真落实廉政建设“一岗双责”，强化行政监察和审计监督，惩治和预防腐败体系更加完善。

深入开展科学发展观主题教育、“两转两提”和创先争优等活动，政府部门工作作风明显改善。圆满完成政府机构改革，政府职能进一步优化。行政审批制度逐步完善，区行政审批服务大厅被评为“河南省优质服务窗口”。深化部门预算、国库集中收付、政府采购等改革，财政资金的安全性、规范性和有效性进一步提高。成立区国资委、国资办，组建政府融资平台，确保了国有资产保值增值。

【十件实事】 （1）做好就业再就业工作。完成了新增农村劳动力转移就业1000人，城镇就业再就业1.07万人。实现了居民养老新增参保人员1000人，居民医保新增参保人员1000人。（2）优先发展教育事业。持续实施优质教育资源促进计划，市区新增招生学位3000个。新建、改扩建中小学10所。持续实施学前教育三年行动计划，新建幼儿园2所，扶持10所民办幼儿园达标升级。为具有郑州户籍或父母持有郑州居住证、在郑州有就业岗位、在有合法建筑手续的房屋内租住，且在教育、民政部门注册登记的社会办普惠幼儿园入读的年满3周岁幼儿，按照每人300元的标准发放了学前教育补贴。（3）提升城市功能设施和管理水平。升级改造背街小巷5条,新建垃圾中转站3座,新建公厕6座、升级改造公厕6座。环卫工人月工资提高到1150元；为600名优秀一线环卫工人进行了免费体检。完成了区数字化城市管理中心升级改造工作。（4）大力实施畅通工程建设，新增停车泊位7300个。（5）完善农村基础设施。加强节水灌溉工程，实现管道灌溉面积93.33公顷，微灌面积6.67公顷；打配机电井3眼，新建井房10间；新修道路2.5公里，新植树木2500株，疏挖排涝沟1公里。建成了一个乡镇农产品质量安全检测中心。拆除、重建了X012南曹桥，维修了X015郑尚线路面。（6）发展科普文化。新建多功能科技文化活动室5个、社区文化活动中心12个。（7）支持民族宗教事业发展，对北大清真寺进行了修葺完善。（8）加强社区服务管理。实施老旧小区升级改造工程，打造星级达标社区9个。（9）提高社会保障水平。免费为全区60岁以上农村老人进行了体检；为辖区4000名下岗、特困妇女进行了“两癌”筛查。开展“轮椅助行”工程，为辖区200名下肢残疾的贫困人员免费配发了轮椅。（10）加强公共安全管理。加强对辖区幼儿园周边公共安全管理，提升了公共安全满意度。

（王 忠）

中原区

【概况】 2011年，中原区总面积97.1平方公里。辖12个街道，46个行政村，243个村民小组，105个社区。总人口71.25万人。人口出生率为8.59‰，死亡率为3.02‰，自然增长率为5.57‰。

2011年，全区生产总值完成249.9亿元，比上年增长10%。其中第一产业增加值1.2亿元，增长1.6%；第二产业增加值105.8亿元，增长11.6%；第三产业增加值142.9亿元，增长8.8%。规模以上工业增加值完成68.7亿元，比上年增长17%。粮食总产量17372吨。财政一般预算收入完成18.6 亿元，财政一般预算支出完成13.43亿元。全社会固定资产投资完成127.7亿元。社会消费品零售总额完成134.3亿元。商品出口总额完成30748万美元。实际利用外资14090万美元。城镇居民人均可支配收入达到20168元，人均消费性支出12352元；农村居民人均纯收入12598元，人均生活费支出10429元。

【机构与领导】 中共中原区区委：书记王贵欣（12月免）、赵书贤（12 月任）；副书记王东亮、陈纪忠（5月免）、李幸福（5月任）；区委常委：高天翼（5月任）、王正轩、李玉卿（5月免）、陈宏伟（5月免）、李长义（5月任）、袁聚平、吴铁路、赵红军（5月免）、王有社（7月免）、杨洁（女）、陈春梅（女，5月任）、苏进平（6月任）。

区委工作部门：区委办公室主任李玉卿（5月免）、陈春梅（女，5月任）；组织部部长赵红军（5月免）、李长义（5月任）；宣传部部长吴铁路；统战部部长杨洁（女）；政法委书记王正轩；群工部部长徐卫东（5月免）、李卫林（5月任）；信访局局长冯铁生；文明办主任谢辉（1月免）、雷海超（4月任）；老干部局局长王建明；党校常务副校长杨文毅；

机要局局长张勇；区目标考评办主任吴孝刚；档案局局长曹永祥；编办主任宋文广（1月免）、谢辉（1月任）。

区十四届人大常委会：主任贾成义；副主任何进平、张永国、李喜安、庄华（女）、郭明立、靳爱菊（女）、王建业、姚金玉。

区人大常委会工作部门：区人大常委会办公室主任黄涛；法工委主任王卫红（女）；城建工委主任任德福；财经工委主任楚瑞超；代表联络工委主任张学勤；教科文卫工委主任韩宝亮；老干部科长郑秀琴（女）。

区人民政府：区长王东亮；常务副区长陈宏伟（5月免）、袁聚平（5月任）；副区长成小波、王宏军、王泰峰、陈春梅（女，5月免）、徐卫东（5月任）、蒋剑茹（女，5月任）、陈耀宗（5月任）。

区政府工作部门：区政府办公室主任崔浩（4月免）、赵启恒（4月任）；法制办主任樊文立；教体局局长张云峰；民族宗教局局长景明；区直机关事务管理局局长罗云；人力资源和社保局局长宋文广；科技局局长王国民（4月免）、梅琳（4月任）；发改和统计局局长樊志锋；商务局局长郭宏力（3月免）、侯慧芳（女，4月任）；工信局局长王德隆；卫生局局长马德岭；农业农村工委主任刘季科；人防办主任闫荣彦；司法局局长李文智；民政局局长康青山（3月免）、刘专民（4月任）；城管执法局局长杨盘山；行政执法局副局长苏保富（正科级主持工作）；人口和计生委主任邢辉（女）；财政局局长孟金池；审计局局长刘岚（女）；爱卫办(创建办)主任杜虎城（4月免）、毛国友（4月任）；粮食局局长宋鹏飞；监察局局长黑书亮；优化经济发展环境局局长秦文清（4月任）；国土局局长魏瑞民；安监局局长刘志伟；文化旅游局局长徐君伟；城建局局长卢建军（4月免）、张海林（4月任）；环保局局长李海亮；交运局局长乔宏伟（3月免）、杜虎城（4月任）；房管局局长朱永建；物价局局长吴建国（4月免）、高琪（女，4月任）；房屋征收与补偿办主任申红孜（1月免）、苏海涛（1月任）；南水北调中线工程建管局局长闫超群；史志办主任王冬梅（女）；城中村改造领导小组办公室主任雷文（女，4月任）；旧城（棚户区）改造领导小组办公室主任孙建民（4月任）；城区交通管理办主任魏东一（4月任）；合村并城新农村建设领导小组办公室主任王金杰（4月任）。

政协区七届委员会：主席乔秀花（女）；副主席韩根有、张遂亮、韩世昉（女）、苏振文、钟文明、黄乃林、张冠军。

区政协工作部门：区政协办公室主任刘专民（4月免）；社会法制委主任徐进兴（4月免）；经济科技委主任余国成（4月免）；宣教文卫体委主任张红军；提案委主任张丽娜（女）；港澳台侨民族宗教委主任李默涵（4月免）、牛淑君（女，4月任）；委员联络委主任刘专民（4月免）、魏彦娣（女，4月任）。

中共区纪律检查委员会书记：李幸福（5月免）、高天翼（5月任）。

区人民武装部部部长：余泽军；政委：王有社（6月免）、苏进平（6月任）。

区人民法院院长：徐薇（女）。

区人民检察院检察长：李伟杰。

区群团组织：工会主席李艳玲（女）；团区委书记李嵘（女）；妇联主席李建华（女）；科协主席楚菊芬（女）；残联理事长任莉（女）。

街道、管委会机关：须水街道党工委书记康青山（3月任），办事处主任周岭（3月任）；西流湖街道党工委书记乔宏伟（3月任），办事处主任郭宏力（3月任）；航海西路街道党工委书记李卫林，办事处主任李红信；中原西路街道党工委书记王伟宏，办事处主任王新权；林山寨街道党工委书记齐永先，办事处主任王东甫；桐柏路街道党工委书记王海滨，办事处主任韩中亮；绿东村街道党工委书记李景川（4月免）、李平涛（4月任），办事处主任李平涛（4月免）、赵青（女，4月任）；棉纺路街道党工委书记张宏伟（4月免）、崔浩（4月任），办事处主任赵启恒（4月免）、霍小庆（4月任）；三官庙街道党工委书记常建明，办事处主任苏宝民；建设路街道党工委书记焦健，办事处主任程浩；秦岭路街道党工委书记秦云鹏，办事处主任王政英（女）；汝河路街道党工委书记孙玉忠（4月免）、刘淑霞（女，4月任），办事处主任刘淑霞（女，4月免）、宋盼峰（4月任）；郑州纺织产业园管委会书记张智勇（4月免）、刘新生（4月任），主任刘新生(4月免)、李红超（4月任）；郑州机械制造（加工）产业园管委会书记李斌，主任赵保兴。

【工业经济】 中原区把园区建设作为工业立区的重要载体，加快建设郑州纺织产业园、郑州机械制造（加工）产业园。2011年，郑州纺织产业园新入驻企业9家，新开工企业4家；累计入驻企业达41家，投产运营项目27个，完成投入60多亿元，开发面积近5平方公里。梧桐街建成通车，累计建成道路11条，基础配套设施管线与道路同步施工建设，一期路网基本形成。紫竹变电站土建工程完工。国家棉花质检中心综合楼投入使用；恒天重工新纺机土地已挂牌，联合厂房正在加紧建设；锦艺国际轻纺城拆迁基本完成，已开工建设；园区完成销售收入及交易额71.5亿元，固定资产投资10.2亿元，规模以上工业增加值完成2.5亿元。郑州机械制造（加工）产业园调整后的总规得到市政府批准，罗蒙服装生产基地、大中原国际汽贸城、中晟智慧城等项目签约，争取上级扶持资金1291万元。园区完成企业营业收入57.8亿元，规模以上工业销售收入33.7亿元。

加大企业创新。2011年，中原区加大对科技创新的投入，增强主导产业的核心竞争力。充分发挥国家、省市工程技术研发中心的作用，以创建科技特色产业基地为依托，助推产业园区大发展，努力实现科技与经济互动“双赢”，实现科技投入与经济发展同步增长。

【招商引资】 2011年，深入开展“大招商”，进一步充实并更新招商引资项目库，建立专业化的招商引资信息平台，完善招商引资有关优惠政策和奖励办法，充分调动各方面的积极性。开展专项招商、以商招商等多种形式的招商引资活动，积极参加中博会、厦洽会、广博会、东盟合作交流会、豫韩合作交流会、走出去国际合作项目恳谈会等；组织招商小分队前往珠三角地区招商。充分采用“会前走出去，会中展形象，会后请进来”的方式，以会招商，广交朋友。2011年，全区新签约超亿元项目46个，其中超10亿元项目16个，计划总投资980多亿元。全区实际利用外资14090万美元，比上年增长35.9%；外贸出口额完成30748万美元，比上年增长31.8%；国外经济合作合同额完成1.58亿美元，比上年增长339.4%。中原区荣获2011年度全省对外开放工作先进单位称号。

【项目建设】 2011年，强力推进项目建设，开展项目建设“四比两看一落实”（比投资、比进度、比干劲、比服务，看作风、看实效，抓落实）活动，严格落实“5+4”工作机制（一个项目、一位领导、一套班子、一个方案、一抓到底，半月一例会、一季一观摩、半年一小结、年底一总评）。通过项目建设擂台赛、现场观摩、先进经验推广等形式，推动重点项目建设全面提速，保障意向项目抓签约，签约项目抓开工，开工项目抓建设，建设项目抓效益。中原万达广场盛大开业，销售形势火爆，单日最高客流量近40万人次，成为中原区第三产业发展的一座里程碑，显著提升了郑州西部商业档次；啟福尚都项目正在加紧建设；西元国际广场即将开业。

大力优化项目建设环境。对辖区内的中央投资项目、省市重点项目和区级重点项目进行跟踪问效，实行区、街道、村（社区）三级协调分包机制，完善健全了领导干部联系项目制度、解决问题台账制度、项目动态管理制度、督查考核制度等10项制度，确保中央投资项目早签约、签约项目早开工、开工项目早投产、投产项目早见效。整治企业周边治安环境，打击破坏企业生产经营秩序等违法犯罪活动，有效地遏制了企业周边的黑恶势力，实现了秩序好、企业满意的目标。

【商贸流通】 2011年，中原区第三产业增加值完成142.9亿元，同比增长8.8%。坚持围绕“一心四区”的产业布局规划，倾力打造中原宜居商贸城，推进商贸流通发展。依托“三横两纵”（陇海路、中原路、建设路和桐柏路、秦岭路）交通区位优势，积极发展总部经济、楼宇经济。依托布瑞克大厦、凯旋门、绿城数码、科技大厦等楼宇资源，吸引企业总部和金融、保险、信息咨询、创意策划等企业入驻。借助城中村改造，加大招商引资力度，引进商住、餐饮、金融等服务项目。重点推进西元国际广场、宝龙城市广场、中原文化广场、锦艺国际华都、中原新城等项目的建设，促其尽快形成经济效益。培育发展桐柏路、建设路、碧沙岗、秦岭路、中原路、陇海路、帝湖等商圈；发挥大中原果品物流港市场的示范带动作用，大力发展现代物流业。加快锦艺国际轻纺城、中原贸易物流中心、中国家居CBD郑州产业园等重点项目建设，形成了郑上路、西四环物流产业集聚发展的

正在加紧建设的啟福尚都项目

态势。

【中原宜居商贸城建设全面启动】2011年，中原宜居商贸城已完成规划，位置在西四环以西、绕城高速以东、杜英街以南、郑西高铁连接线以北区域，规划面积约45平方公里。坚持“产城融合，组团发展”“一心四区”的产业布局基本确定。“一心”即行政科研商务中心，“四区”即纺织服装产业区、汽贸机械产业区、家居物流商贸区、生态宜居区。近70%的区域完成或正在编制控制性详细规划。中国家居CBD郑州产业园、锦艺国际轻纺城、中机六院、水业总部、国资工业园等项目的控制性详细规划已获得市政府批准，桐树王、三王庄合村并城项目控制性详细规划正在编制中。

【城乡建设与管理】2011年，积极稳妥推进城中村、旧城改造工作，全区17个村庄已纳入市城中村改造计划，完成拆迁并开工建设13个，开工总面积400多万平方米；李江沟、孙庄、闫垌北卧龙岗3个村被确定为政府主导拆迁安置模式的城中村改造试点。中原文化广场旧城改造项目正在完善手续。全区合村并城空间布局规划正在加紧编制，试点项目赵仙垌、桐树王控制性详细规划编制已完成。开展区管道路管养工作，对百花里、颍河路、文化宫路等道路病害进行了专项整治，提高了道路通行能力。全区新增绿地57.1万平方米，新建垃圾中转站4座，新建公厕20座。对50个三类居民楼院进行了集中整治，累计整修路面近3万平方米，硬化面积5万平方米。做好重点工程的征地拆迁和服务工作，完成了南水北调工程、航海路西三环立交征地拆迁等任务，为工程的顺利实施奠定了坚实基础。

城乡管理持续加强。围绕创文迎检和城市管理整治提升活动，加大了对占道经营、违章广告等违章行为的整治力度。加强对碧沙商圈、双河市场、市博物馆等重点地段、窗口地区的市容市貌整治，治理突出门店经营5万余处（次），拆除LED电子灯箱1.5万处。加强户外广告设置管理，拆除违规户外广告近5000平方米。充分利用区数字化管理中心指挥平台，整合城市管理各部门职能，建立了市、区、街道党工委、社区四级管理网络，从根本上改变了传统的城市管理模式。遵守“组织高效、反应及时、行动迅速”的原则，接收和派遣各类城市管理案件4万余件，整改结案率达99%，提高了城市管理效率和精细化管理水平。以城市管理考核为抓手，完善考核工作机制，细化考核标准，完善“日督查、周通报、月评比”制度，实现城市管理上档次、高品位。着力整治交通秩序，加大对各类占道经营的引导、规范和清理力度。同时，采取开辟临时停车场、单位内部停车场错时对外开放、新建停车场等措施，努力缓解“停车难”问题，开辟4个临时停车场、新建9个停车场，停车场建设走在了全市前列。

综合整治助力推进。常西湖区域综合整治成效显著，一期工程征地拆迁工作完成，拆除各类建筑物30万平方米，清理垃圾约50万立方米，拆迁504户苗木；投资5000万元，用于贾鲁河及西流湖区域截污工程，建设排污管网10.3公里、污水提升泵站2座，生态水系截污治理初见成效。开展出入市口及城乡接合部综合整治，累计拆除各类建筑物2万平方米，整治门头牌匾1.6万平方米，清除了常年积存的各种垃圾，出入市口和城乡接合部面貌焕然一新。加大查处违法建设力度，坚决遏制违法建设行为。严格按照市里有关违法建设治理工作的标准和要求，明确责任主体，实行网格化管理，监控重点区域的各类建设行为，大力查处各类违法建设案件。经过共同努力，有效遏制了辖区违法建设势头，维护了城乡建设秩序。加大村容村貌整治力度，首批11个行政村已通过市里验收。

【改善城乡办学条件】2011年，全区新建3所中小学、2所幼儿园。其中，锦艺小学主体已完工；工人路小学正在基础施工；工人路初中的综合楼已完工，体育馆正在施工；中原区实验幼儿园和须水中心幼儿园均已开工建设。投资197.3万元，完成了21所学校的26个暑期维修项目。更新课桌凳近6000套，新建班班通、多媒体教学设备44套，新建计算机教室6个，新建实验室6个、图书阅览室5个，增添设备价值80余万元，为全区学校教室购置安装空调1034台。

【文明城市创建工作】中原区按照《测评体系》（2011版）要求，全力开展各项文明创建和环境整治工作，完成了涉及辖区的创建全国文明城市各项指标任务，顺利通过了中央文明办测评组的检查验收，得到了省会创文办的肯定，为郑州市成功创建全国文明城市作出了突出贡献，被市委、市政府记集体二等功。

（一）多措并举，形成工作合力。（1）坚持加强领导、健全机制.成立创文领导小组，下设10个创文工作指挥部、7个督导组，实行区四大班子领导、区直部门包街道、包社区、包路段的“三包”工作负责制。开展周评流动红黑旗活动，形成了工作合力，在全市2次月评比中取得1次全市第一的好成绩。（2）坚持创新载体，营造浓厚氛围.累计编发简报120期，其中26篇被省会创建全国文明城市工作简报采用刊发，2篇被中国文明网宣传报道，连续两个月取得全市第一的优异成绩；在市级以上媒体刊发创文新闻300余篇。（3）坚持长效机制、狠抓落实.在组织领导、督导检查、统筹协调、全面参与等方面周密部署，全区上下迅速掀起了创建全国文明城市活动的热潮；在迎接中央文明办测评期间，区四大班子领导亲临街道、社区备战督战，各部门通力协作、联合作战，社区群众积极参与，顺利完成了15个实地考察点和4个社区144户入户问卷调查的各项测评工作。

（二）加大投入，确保创文实效。在郑州市第八十中学新建区级未成年人健康成长指导中心，在中原区回民中学、西岗中学、须水八小和闫垌小学新建4个乡村学校少年宫，在各中小学校和社区建立了心理咨询室。投入200多万元，设置大型“创文”公益广告600个、社区精神文明建设宣传展板1500块、宣传长廊20个，发放创建文明城市调查问卷和宣传资料40万份，张贴创建文明城市宣传标语20万张，利用沿街单位200多块LED电子显示屏滚动播出创建文明城市有关内容。投资1700余万元，对辖区50个三类居民区进行升级改造，共整修环卫设施（垃圾收集房）562个，硬化路面5万平方米，修复主干道2.7万平方米，涉及1221栋楼、5.3万户居民，受到了群众欢迎。

（三）突出特色，打造活动亮点。开展“三创一做”等创建活动，评选出1000户特色文明家庭、1万名文明市民，有30家文明单位和30个社区开展结对帮扶活动。在全市率先开展“四项关爱”（关爱空巢老人、关爱农民工、关爱农村留守儿童和进城务工人员子女、关爱残疾人）志愿服务活动，帮助生活困难群体和特殊群体，被郑州市政府网站和郑州文明网宣传报道，并在全市进行推广。在全市率先举行“文明中原大讲堂”讲座，承办“唱响和谐之声”郑州市创建全国文明城市激情广场首场文艺演出活动，并成功举办了中原区创建全国文明城市“百场广场文化活动”、庆祝建党90华诞暨创建全国文明城市“党的光辉照我心”群众大型文艺会演。

（四）夯实基础，提升工作效果。以“做一个有道德的人”为主题，扎实做好未成年人“三理”教育工作，区教育体育局等3家单位被评为市未成年人工作先进集体。加强公民道德建设工作，广泛开展“月评文明市民（我推荐、我评议身边好人）”活动，1人获得中国好人榜提名，4人被评为郑州市文明市民，1人被评为郑州市文明市民标兵；区国税局等11个单位通过省级文明单位验收，区委宣传部、区委组织部被命名为市精神文明建设先进单位。积极踊跃开展志愿服务活动，组建首批12支“网络文明传播志愿者队伍”，并坚持开展“小红帽在行动”文明交通志愿服务活动，辖区36个省市级文明单位在10个主要交通路口开展劝阻不文明交通行为活动，7个省级文明单位在辖区公交站点定期开展“台上候车、排队上车”活动，取得了良好的社会效果。

【十件实事】 （1）拓宽就业渠道，全年新增城镇居民就业再就业21366人，农村劳动力转移就业1029人，均超额完成年度目标任务，“零就业”家庭始终保持动态为零。（2）加大困难群体救助力度，完善城乡社会救助体系，全年为1865户3805名城乡低保对象发放保障金973.2万元，城乡低保对象继续保持动态下的应保尽保；为符合条件的5274户住房困难家庭发放廉租住房补贴1054万元，开工建设保障性住房2100多套；农村五保对象集中供养率100%；为100户困难残疾人家庭进行了无障碍设施的改造。（3）加大教育投入，新建了锦艺小学和工人路小学、中原区实验幼儿园和须水中心幼儿园；繁荣基层文化事业，共为12个街道和13个社区文化活动中心配备了文化信息共享工程设备。（4）加强城市基础设施建设，新建公厕20座，其中水冲式14座、移动环保公厕6座；新建垃圾中转站4座，其中中原万达广场站已投入使用，老郑上路（大厨房后面）站正在进行土建工程招标，纺织产业园站正在进行设备调试，二砂中转站正在进行设备安装。（5）加大对50个三类居民楼院的综合整治，由区财政出资，提高环卫配备率，完善路网，改造灯箱，美化社区环境。共修补破损路面8712平方米，清运垃圾403车，拆处违章建筑39起，购买垃圾桶、修建垃圾池295个。（6）由区政府投资，对富民路分南、中、北三段进行分期施工，2011年对富民路（中原路—防汛路）中段进行了整修，道路全长1.86公里；《中原区农村公路建设及管理养护办法》明确了乡村公路建设管理奖励基金的设立、奖励条件、奖励标准等，对农村公路养护的责任主体、养护资金来源、养护管理标准也进行了规定。（7）建成社区便民快餐店、蔬菜便利店115家，农贸市场5个，蔬菜早市5家，率先在全市启动了周末蔬菜直销进社区工作，方便了群众生活。（8）实施农村安全饮水工程，打配安全饮水井7眼，解决了6000人的饮水安全问题。（9）新型农村合作医疗参合率达99.5%，基本实现了全覆盖；区公共卫生服务中心选址已确定。（10）实施免费出生缺陷干预工程，广泛开展宣传倡导和健康促进，共培训新婚对象4780人次。计划怀孕夫妇优生科学知识知晓率达到95%，计划怀孕夫妇接受规范的优生咨询服务率达到86%；开展网上风险评估，4340名待孕育龄群众接受了孕前风险评估，排查出高危人群277人，并给予了指导意见；为

2334人进行了免费优生四项筛查，未发现阳性人员。开展优生监测人数达到目标人群的71.8%；免费发放叶酸营养素3292人次，免费补充叶酸预防神经管畸形的覆盖率达到90%；针对持成人伤残二孩指标的112人以及病残鉴定的24人，育龄对象持家庭档案到二砂医院免费参加了国家项目的19项优生健康检查。

【社区建设与帮扶工作】 2011年，中原区积极开展"十星"社区创建工作，12个街道各打造1个"十星"社区。改进完善社区管理服务体制，12个街道各选择1个社区进行城区社区"一委、一居、三站"（党支部委员会，居民委员会，社区工作站、社工服务站、义工服务站）试点建设，以"三有一化"（有人管事、有场所议事、有钱办事，构建社区区域化党建新格局）为重点，以开展创先争优活动为载体，积极推进社区党组织建设。高标准建设社区服务场所，推进社区服务中心建设。对社区综合用房面积在500平方米以下的社区，采取由街道出资建设、购买、置换、调剂使用，以及区政府奖补等方式解决，破解了社区居委会"无处议事、办事、服务居民"的难题。全区105个社区中，95个社区的综合服务用房达到400平方米以上。其中，社区综合用房1500平方米以上的3个，1000-1500平方米的9个，500-1000平方米的16个。

社区帮扶工作注重解决群众关心的热点、难点问题。第三批社区帮扶工作按照全覆盖的要求，105个社区中，8个由市直部门派驻工作组帮扶，12个由市直部门联系帮扶，85个由区直部门联系帮扶。采取区主要领导亲自帮扶社区，选派优秀干部深入社区帮扶等形式，加大资金投入，保障帮扶落到实处。实行帮扶人员履职问责制度，强化帮扶实效，梳理、排查、解决问题。综合整治50个二类居民楼院，美化了社区环境。通过机制创新、部门联动、资源整合，推进物业管理与社区管理"一体化"建设，实现物业管理全覆盖。自来水一户一表改造6950户，区级配套资金417万元已划拨到位，改造工作正有序开展。春节期间，区出资111.09万元，对3703户低保户、困难职工、残疾人及大病致困家庭进行了走访慰问。市区两级慰问金额超过240万元，惠及贫困家庭6176户、21616人，群众切实感受到了帮扶工作带来的温暖。中原区社区帮扶工作得到了郑州市委的充分肯定。

【区法院获全国先进】 2011年，中原区法院在"创建全国无执行积案先进法院"活动中，以维护稳定、服务发展、构建和谐为己任，通过规范执行行为，加大执行力度，在解决"执行难"问题上取得了突破性进展，被最高人民法院授予"全国无执行积案先进法院"荣誉称号。

认真部署"反规避执行专项活动"。借助广播电视、报刊等媒体，广泛深入地开展宣传教育活动，积极营造良好的执行氛围。全年执结反规避执行案件60件，典型反规避案件2件，超期未结执行案件62件，结案率为100%，超额完成了省高院要求标准95%。

充分发挥执行联动机制作用。积极争取地方党委、政府支持，主动与金融、工商、房管、国土、交通等职能部门以及其他社会征信部门加强联系，在已有配合的基础上强化协作，努力实现信息对接共享，从外部环境上形成高压态势，震慑并督促被执行人主动配合执行。

进一步规范执行行为。依法公开案件执行的相关信息，增强案件办理的透明度，全力赢得申请人对执行工作的认可。同时，完善执行案件流程管理、执行风险告知、执行进度回告、案件当事人意见卡等制度，确保每一环节、每一步的执行行为都有章可循、有据可依。

坚持和谐执行理念，大力推进执行和解。将和谐司法理念贯彻到执行工作中，以重调解、少强制为原则，进行教育疏导，积极引导当事人自动履行。同时，把案件自动履行率、和解率作为衡量执行效果的重要标准，纳入执行法官绩效档案，全力提高法官做好和解工作的意识和水平。全年有1253起案件通过执行和解结案，执行和解率62.2%。

【中原万达广场】 中原万达广场是大连万达集团在郑州开发的首个万达广场，位于中原路与秦岭路交叉口西南处，总投资70亿元，总建筑面积约53万平方米，包括大型商业中心、商业步行街、精装SOHO、多厅连锁影城、高档住宅等多元业态，能"一站式"满足消费者购物、休闲、餐饮、娱乐等多种需求。2011年10月28日，中原万达广场盛大开业。前3天客流量达到上百万人次，排名位居全国新开业的6个万达广场前列，累计营业额1300多万元，创下了销售额新高纪录。从万达宣布进驻中原区到建成开业，历时15个月，创造了项目建设的"郑州速度"。这标志着中原区第三产业将进入一个新的发展阶段。

（赵志平）

惠济区

【概况】 2011年，惠济区总面积232.8平方公里，其中耕地面积7096公顷。辖6个街道、2个镇，9个社区，54 个行政村。总人口27.4万人。人口出生率为10.35‰，死亡率为4.01‰，自然增长率为6.34‰。

2011年，全区生产总值完成76.4亿元，比上年增长6.9%。其中，第一产业增加值4.9亿元，增长4.1%；第二产业增加值38.4亿元，增长9.3%；第三产业增加值33.2亿元，增长4.7%。工业增加值完成21.3亿元，比上年增长16.7%。粮食总产量完成2.67万吨，比上年增长-1%。财政一般预算收入完成8.97亿元，财政一般预算支出完成9.98亿元。全社会固定资产投资完成88.9亿元。社会消费品零售总额完成63.6亿元。商品出口总额完成6989万美元。实际利用外资16842万美元。城镇居民人均可支配收入完成16957元，人均消费性支出12493元。农村居民人均纯收入完成13945元，人均生活费支出10786元。

在抓好重点项目建设的同时，积极扩大对外开放，强化招商，借力发展。2011年，全区共引进各类投资项目52个，计划总投资404.7亿元，已完成投资34.99亿元。其中，投资亿元以上的规模项目19个。引进境内域外资金55.3亿元，同比增长29.3%，省外资金完成45.4亿元，同比增长32.9%；实际利用外资完成16842万美元，同比增长31.3%。全区完成外贸出口6989万美元，同比增长19.1%。

【机构与领导】 中共惠济区区委：书记张俊峰(12月免)、常继红（女，12月任）；副书记常继红（女，12月免）、蔡玉奇（5月免）、黄钫（12月任）、陈红民（5月任）；区委常委：张俊峰（12月免）、常继红（女）、黄钫（12月任）、陈红民、蔡玉奇（5月免）、肖国俊（5月免）、赵惠玲（女，5月任）、申任玉（5月免）、宋洁（女，5月免）、万永生、李文哲（5月免）、王雅伟、张卫民、崔平、杨林、华新定、王春晓（5月任）。

区委工作部门：区委办公室主任崔平，机要局局长弓海军；组织部部长宋洁（女，7月免）、王雅伟（7月任），机关工委书记王浩瞻；宣传部部长万永生（6月免）、张卫民（6月任），文明办主任丁建国；统战部部长张卫民（6月免）、王春晓（6月任），台办主任高歌（女），宗教局局长侯永革；政法委书记杨林，综治办主任陈学民；编办主任赵会勇，事业局局长张留红（女）；党校校长蔡玉奇（6月免）、陈红民（6月任），常务副校长刘培军；群工部部长贺政华（女）；老干部局局长张惠；档案局局长李彦涛，档案馆馆长崔慧清（女）。

人一届大大常委会：主任禹舜；副主任陈建峰、刘宝庆、梁国强、刘满仓、宋国彦、李清海。

区人大常委会工作部门：区人大办公室主任刘勇；老干部科科长、办公室副主任贾兴起，教科文卫工委主任孙正伟；财经工委主任刘季召；代表联络工委主任师挺；法制工委主任陈英伟。

区人民政府：区长常继红（女，12月免）；代区长黄钫（12月任）；副区长万永生（5月任）、李文哲（5月免）、王雅伟（5月免）、杨智威、高春声、王升建（5月免）、祖应军、赵风军（5月任）、杨勇、李文建、郑方燕（女，5月任）、张艳敏（女，5月任）、戴玉振（12月任）、陈智勇。

区政府工作部门：区政府办公室主任罗黎明，法制办主任宋梅英，人防办主任肖新；发改和统计局局长李睿彬，科技局局长李保国；工信局局长弓永光；人口和计生委主任耿建伟；教体局局长青华山；民政局局长马学才；财政局局长张红（女）；人力资源和社保局局长王卫东；司法局局长宋保平；审计局局长冯艳霞（7月免）；城建局局长王维翔；国土资源局局长唐岩（女）；交通运输局局长何景强；卫生局局长刘博；农业农村工作委员会主任李瑞；城管执法局局长赵鸿年（副县级）；机关事务管理局局长徐麦成；文化旅游局局长胡俊丽；住房保障服务中心主任吴俊杰；商务局局长黄国彦；行政审批服务中心主任张克文；林业局局长温学生（1月免）、王锋（7月任）；安监局局长弓继军；环保局局长李炳发；接待办主任李喜云（女）；社保局局长赵钰锋（女）；红十字会常务副会长王爱菊。

政协区一届委员会：主席梁守海；副主席毛长福、赵景春（女）、李新安、姜玲（女）、宋金堂、谢和平、闫学林、李建国。

区政协工作部门：政协办公室主任孙平安；经济委主任禹金丽（女）；提案委主任魏涛；教文卫体委主任陈百胜；社会和法制委主任李巧平（女）；老干部科科长张新芝（女）。

中共区纪律检查委员会书记：肖国俊(5月免)、赵惠玲（女，5月任）。

区人民法院院长：蔡理亮。

区人民检察院检察长：裴文典。

区群团工作部门：总工会主席劳建新；团区委书记王凯；妇联主席杨敏（女）；科协主席姜玲（女）；工商联主席宋国彦；残联理事长王润香（女）。

街道办事处、镇机关：刘寨街道党工委书记郭佩军（7月免）、牛鸿飞（8月任），办事处主任牛鸿飞（8月免）、李向阳（8月任）；长兴路街道党工委书记赵成群，办事处主任耿志国；老鸦陈街道党工委书记申慧（女），办事处主任付广喜；新城街道党工委书记孙学文，办事处主任朱光明；迎宾路街道党工委书记弓永超（郑州师专副县级调研员、7月免）、杨军（8月任），办事处主任杨军（8月免）、陈晓丽（女、8月任）；桥南新区党委书记弓永超（郑州师专副县级调研员、6月免）、杨军（7月任），管委会主任杨军（7月免）、陈晓丽（女、7月任）；大河路街道党工委书记王国周，办事处主任侯哲峰；古荥镇党委书记李振江，镇长胡斌；花园口镇党委书记郭相洲，镇长王东亮。

【农业与农村经济】 2011年，惠济区完成粮食总产量2.67万吨。全区无公害蔬菜种植面积4466.67公顷，复播面积达到8333.33公顷，全区设施蔬菜种植面积2800公顷。全区花卉（含绿化苗木）种植面积达到1200公顷，全区鲜切花基地和特色花卉种植面积达86.67公顷；以老鸦陈办事处为核心的高档花卉蝴蝶兰生产基地，年生产能力达180万枝，主导郑州市场。全区禽存栏154万羽，生猪存栏2.1万头，奶牛存栏0.9万头。全区水产养殖面积达1060公顷，水产品产量2.38万吨，休闲渔业年收入4800万元，惠济区渔业综合排名居全市第二名。全区农民人均纯收入达13945元，比上年增长23.7%。生态水系建设步伐加快，筹资近5亿元，实施了索须河、金洼干沟和东风渠综合治理工程，显著改善了水系生态和环境。全区建成了观光农业、绿色蔬菜、水产养殖、绿色牧业、循环农业、花木林果等六大产业基地和黄河农牧场设施农业、毛庄绿园供港基地等11家现代农业示范园区；34个农产品通过了无公害、绿色和有机食品认证，天园生态循环农业园在天津股权交易所挂牌，成为国内首家循环有机农业上市企业，惠济农业产业化进程领跑全市。2011年3月，惠济区被农业部、国家旅游局联合命名为“首批全国休闲农业与乡村旅游示范县”。

【城乡建设与管理】 先后投入1500万元，组织编制了“高端服务业新城规划”“三化协调空间规划”“村镇体系规划”“村庄规划”和4个小城镇规划，以及针对城中村改造、合村并城项目的控规、修规等各类规划。1个城中村安置房主体完工，3个村拆迁完毕，进入土地出让程序。3个合村并城试点加快推进。以省会创建国家文明城市为契机，投入资金400余万元，对“五小”门店、27.4公里长的出入市口进行综合整治，城市文明形象得到展现。深入开展城市管理提升活动，以“优美乡村、宜居惠济”创评活动为抓手，投入资金5590万元，大力开展村容村貌、路容路貌综合整治活动，农村环境卫生得到明显改观。加大土地巡查和监管力度，全年拆除违法建设111宗10余万平方米，全市综合排名第二。郑焦城际铁路、京沙快速通道、北三环下穿编组站辅道工程征地、拆迁工作进展顺利；长柳路基本完工，金桥路、花溪路加快建设，银通路、宏达路有望近期开工，区域立体交通路网进一步完善。投资2.6亿元，完成了天河北路、开元东路等处积水点改造工程，全域雨季无积水。

【园区建设】 2011年，河南惠济经开区完成生产总值15.3亿元，比上年增长50.1%；固定资产投资完成26.3亿元，比上年增长19.5%。以郑州信息创意产业园为载体，引进建设了郑州动漫产业基地、麦普软件园、省规划设计研究中心等重大项目，文化创意、软件研发、动漫制作、规划设计等现代服务业发展势头强劲。三全食品综合基地、思念食品新工业园相继建成投产，惠济成为国内最大的速冻食品生产基地。郑州农业高新区完成生产总值1.5亿元，盘活土地71.33公顷。新增蔬菜基地面积133.33公顷，年产值4500余万元。

【生态建设与旅游】 大力实施“绿网工程”，完成生态廊道网络建设66.67公顷，园林绿化苗木花卉种植226.67公顷；新建绿地2.3万平方米。大力实施河网工程，投资1.5亿元，对东风渠上游、贾鲁支河等7条河道进行了综合治理，总长度达26公里。积极推进河道排污综合整治工作，新建污水处理站5个，“水通、水清、水美”的建设目标逐步实现。郑州滨黄河森林公园示范园、郑州黄河国家湿地公园示范园同步开工，对邙岭实施保护性建设和开发，邙山水土保持科技示范园获国家级水土保持科技示范园区称号。

成功举办了2011年“家园郑州•快乐悠游”郑州城市游暨黄河生态文化旅游宣传推广活动启动仪式、“惠济风光美•绿色文明游”惠济区庆祝首届中国旅游日活动、“惠济采摘节”等大型活动。全区接待海内外游客人数597万人，同比增长16.15%；旅游总收入2.1亿，同比增长16.38%；全区旅游投资和旅游招商引资共计完成3.38亿元。

【社会事业】 2011年，完成城镇就业再就业3230人，农村劳动力转移就业2073人，零就业家庭动态为零。大力实施优质教育资源倍增工程，总投资5000万元的区实验小学建成招生，新增优质教育学位1890个；总投资2.4亿元的郑州市实验高中开工建设，不断满足群众对优质教育资源的需求。医疗卫生体系进一步完善，总投资1.1亿元的惠济医院项目开工建设，总投资3.4亿元的郑州市三院项目年底前奠基，村（社区）公共卫生服务实现全覆盖。开工建设经济适用房2104套18.4万平方米，筹集公共租赁房源295套，发放廉租住房补贴187.5万元，受益群众860户。城镇居民医疗保险基本实现全覆盖，农村养老保险全面推行，新农合参合率达到

国家林业局局长贾治邦视察惠济区生态建设

99.9%，被确定为“国家新型农村合作医疗试点区”。总投资7500万元的区养老中心竣工，填补了区内无大型养老院的空白。计生优质服务水平进一步提升，顺利通过“国家级计生优质服务先进区”验收。积极推动文物保护开发工作，黄河澄泥砚、烙画、蛋雕、剪纸等非物质文化遗产得到保护和发掘，大运河申遗、荥阳古城国家考古遗址公园、西山遗址被列入区委区政府重点工作，保护规划编制工作同步启动。社会大局持续安定有序，该区连续3年被省委、省政府授予信访工作先进区称号，连续6年被市委、市政府评为信访稳定工作红旗单位。

【郑州陈寨（双桥）花卉基地】 郑州陈寨（双桥）花卉基地位于郑州市惠济区老鸦陈办事处双桥村，占地26.67公顷，北临北四环，南邻310国道，毗邻江山路与开元路。郑州陈寨（双桥）花卉基地旨在建设一个以花卉生产为依托，集花卉交易与展示、花卉创意及休闲观光、花卉企业总部基地、花卉流通服务体系为一体的花卉生产企业。公司成立于2011年3月，注册资金1100万元。该项目总投资1.8亿元，分三期实施。其中，一期工程投资约8000万元，新建智能温室9万平方米，已完工并投入使用，分为盆花区、鲜花区、园林区。郑州陈寨（双桥）花卉基地的建设，不仅吸引了全国各地商户，并已辐射到山西、内蒙古、陕西、河北等省（区、市），形成了中国古花卉业四方交流的大舞台。吸纳了一些闲散劳动力和下岗职工，还带动了周边各类行业的快速发展。同时，改变了本区域的种植结构，激发了周边地区农户种植花卉的积极性，带动了区域经济的快速发展。

（张路燕　徐玲玲）

上街区

【概况】 2011年，上街区总面积61.73平方公里，其中城区面积26.66平方公里。辖1个镇、5个街道，28个行政村，26个社区。总人口13.2万人，其中农业人口4 .5万人。人口出生率为7.1‰，死亡率为4.6‰，自然增长率为2.21‰。

2011年，全区生产总值完成99.1亿元，比上年增长15.1%。其中，第一产业增加值0.6亿元，增长3.1%；第二产业增加值77.5亿元，增长16.3%；第三产业增加值21亿元，增长10.5%。规模以上工业增加值完成66.65亿元，比上年增长18.3%。粮食总产量1.54万吨。全社会固定资产投资完成66.8亿元，比上年增长29.4%。社会消费品零售总额完成29.2亿元，比上年增长17.5%。商品出口总额2.4亿美元。实际利用外资6130万美元。地方财政一般预算收入完成7.56亿元，比上年增长29.2%；地方财政一般预算支出8.86亿元，比上年增长27.28%。城镇居民人均可支配收入达到25460元，比上年增长14.6%,人均消费性支出15718元；农民人均纯收入达到12464元，比上年增长22.7%，人均生活费支出7159元。城乡居民年末储蓄存款余额50.3亿元。2011年，上街区获得“河南省文明城区”“全国基层中医药工作先进单位”荣誉称号。

2011年，全区新建、续建工业项目19个，超亿元项目14个，总投资31.57亿元，工业销售收入完成220亿元，固定资产投资完成38亿元，税收完成6.5亿元。向日葵锂离子电池正极、天一光电微粉光电应用材料生产线、广源铝业10万吨高精度铝板箔等项目建成投产，林肯电气10万吨焊剂焊丝、多普达80万辆轿车用玻璃、裕丰新材料5万吨冶金辅料等项目投入试运行。

2011年，郑上快速通道完成规划红线放桩和路面附属物登记清理工作。安阳路垃圾中转站异地重建工程完成。投资1260万元，完成了连霍高速出入口上街段、安阳路、昆仑路等绿化改造。投资5000万元，完成了工业路改造工程。第二污水处理厂建设并顺利推进。建成了区地震台。新建310国道、五云山景区入口两个游园。新建绿地16.9万平方米，栽植各类乔灌木6.4万余株，全区人均公共绿地面积达到12平方米。

【机构与领导】 中共上街区区委：

书记黄卿；副书记戴春枝(女，12月免)、宋洁（女，12月任）、李建伟、黄钫（5月任，12月免，挂职）；区委常委：黄卿、戴春枝（女，12月免）、宋洁（女，12月任）、李建伟、黄钫（12月免）、钱世哲、魏建民、周为国（5月免）、王素梅（女，5月免）、崔世英（5月任）、宋双兴、乔德宁、杨金军（5月任）、徐勇（2月任）、翟国防（5月免）、马少军（5月任）。

区委工作部门：区委办公室主任钱世哲（2月免）、徐勇（2月任）；组织部部长魏建民；宣传部部长宋双兴；统战部部长周为国（5月免）、崔世英（5月任）；政法委书记翟国防（5月免）、马少军（5月任）；群工部部长王继正（5月免）；行政效能监察办主任王志君（女）；保密局局长田军宝；机要局局长马风威；督查室主任冯惠强；政研室主任王文豪；档案局局长时永莲（女）；机关工委书记李广久；人才办主任李显发；党史办主任樊向阳；文明办主任杨晓东；外宣办主任郜锋；台办主任胡爱敏（女）；民族宗教局局长虎新伟（回族）；综治办主任张保成（4月免），张霞（女，4月任）；610办主任陈榕（女）；维稳办主任李怀超；群工部副部长、信访局局长张俊超；编办主任张富强；事业单位登记管理局局长蔡文勇；老干部局局长张魁伟；党校常务副校长李杰。

区十一届人大常委会：主任巨宝志；副主任张振威、张旭华、钟明、邢艳丽(女)、李华道、陈炜、王家伦。

区人大常委会工作部门：区人大常委会办公室主任王振宇；法制工委主任魏志强；财经工委主任郭秀萍(女)；城建工委主任安璨；教科文卫工委主任马丽平（女）；代表信访联络工委主任张松茂；人事任免科长张玉红（女）。

区人民政府：区长戴春枝(女，12月辞)；代区长宋洁（女，12月任）；常务副区长黄钫（5月辞），杨金军（5月任）；副区长王素梅（女，5月辞）、崔世英（5月任）、赵风军（5月辞）、赵敏、朱选伟（5月辞）、徐勇（2月辞）、袁春明、杜惠斌（2月任）、王继正（5月任）。

区政府工作部门：区政府办公室主任刘敏(女)；法制办主任张海涛；督查室主任秦永娜（女）；金融办主任刘一江；目标办主任马玉兰（女，回族）；史志办主任朱昌伟；机关事务管理局局长刘毅；外事侨务办主任安宏学；接待办主任祁亚；人防办主任曹铁信；发改委主任林虎；教体局局长刘玉贞（女）；科技局局长韩中秋；工业和信息化局局长张华君；公安局局长杜惠斌；民政局局长姚德欣；司法局局长张富贵；财政局局长牛志甫；人力资源和社会保障局局长宋继宾；国土资源局局长禹秉臻（4月免）、刘铁强（4月任，回族）；安全生产监管局局长赵振乾；住房和城建局局长张振；交通运输管理局局长王胜利；城市管理执法局局长王兢；环保局局长张海涛；商务局局长周伟杰；文广电新闻出版局局长冯立新；卫生局局长石卫军；审计局局长杜爱功；人口和计生委主任何乃玲(女)；房管中心主任吕保良；统计局局长王玉洁（女）；农业开发和扶贫办主任赵阳；投资促进服务中心主任朱志刚；疾控中心主任马景芳（女）；地震局局长赵志强；工业集聚区管委会主任李春发；城乡一体化办公室主任朱书民；服务业集聚区管委会主任孙喜忠；行政服务中心主任许发成；土地储备中心主任刘铁强；爱卫办主任安建华；工商局局长成江北；国税局局长焦豫安；地税局局长王建忠；供电局局长李群才；质监局局长杨泽；药监局局长曹冠伟；烟草局局长邓子阳；邮政局局长冯珂。

政协区七届委员会：主席邓书安；副主席武家寅、卢裕华（女）、薛景霞（女）、李新廷、梁红松、吕现州、岳斌。

区政协工作部门：区政协办公室主任阎光甫；专门委办公室主任杨保军；提案委主任何奇志（女）；经济委主任闫荡西；社会和法制委主任陈俊杰；教科文卫体委主任张保荣（女）；学习文史委主任代振岭；港澳台侨和民族宗教委主任张松国。

中共区纪律检查委员会书记：钱世哲（2月任）。

区人民武装部部长：王振慧；政委：乔德宁。

区人民法院院长：彭连城。

区人民检察院检察长：程振胜。

区群团组织：区总工会主席袁家伟；妇联主席苏建华(女)；团区委书记赵鹏；科协主席王淑勤(女)；侨联主席李长新（俄罗斯族）；工商联主席薛景霞(女)；残联理事长王敬群(女)。

镇、街道机关：峡窝镇党委书记张立宏，镇长赵永军；济源路街道党工委书记李立，办事处主任房玉雯(女)；新安路街道党工委书记乔文轩，办事处主任李超；中心路街道党工委书记李金保，办事处主任秦清宇；工业路街道党工委书记张广舟，办事处主任王百峰(女)；矿山街道党工委书记杨满坡，办事处主任张东辉。

【郑州宜居职教城首批院校奠基】 以“一年成名、三年成形、五年成城”为目标，高起点规划、高品质建设、高端化招商，宜居职教城建设取得了阶段性成效。郑州宜居职教城位于上街区南部的浅山丘陵地带，北起丹江南路，南至郑上快速通道，西临汜水河花卉产业集聚区，东至上街区界附近，总规划面积30.42平方公里。建成后建筑面积将达到3700万平方米，能入驻近30所国内外高等职业教育学院，可容纳师生员工20余万人，吸纳并解决5万人的配套三产服务及就业问题。2011年6月，成立了郑州宜居职教园区管委会。8月，成功组织召开中部地区职教专家讲坛、郑州职业教育工作会议、郑州宜居职教城新闻发布会、郑州宜居职教城建设启动仪式、“对话上街”——郑州都市区“上街组团”发展报告会等5个会议。11月，职教城总体规划方案完成修编。12月9日，首家入驻的郑州铁路技师学院建设项目开工建设；12月18日，郑州职业技术学院奠基。河南动漫学院、河南信息工程专修学院等院校签订了投资意向书。

【郑州通航试验区落户上街】 2011年3月，中国（郑州）通用航空事业暨低空经济科学发展试验区（简称“郑州通航试验区”）落户上街区。试验区是河南省首家通用航空专业园区，位于郑州市上街区西北部，距郑州主城区20公里，总规划面积10平方公里，起步区4.1平方公里。起步区以河南省航空运动管理中心（上街机场）为依托，涵盖航空飞行区、综合保障服务区、休闲体育运动区、研发设计制造区、行政文教商务区五大功能分区。郑州通航试验区将建设成河南省直升机紧急救援基地、河南省公务航空基地、河南省航空体育运动基地、河南省航空实用人才培训基地、河南省航空农林作业基地、中部航空旅游休闲基地、中部FBO固定基地经营者核心基地、中部飞行器制造基地（简称“一区八基地”）。10月3-6日，在上街机场成功举办了河南省“体彩杯”首届动力伞精英邀请赛。11月5-6日，协助河南大陆公务航空有限公司在新郑国际机场举办了河南省首届大陆公务机展。注册成立了河南大陆公务航空有限公司、河南飞天通用航空有限公司等6家通用航空公司；与中电科27所DA42飞机组装项目进行洽谈引进通航零部件企业。

【新型城镇化建设】 以“2013年完成全部合村并城任务，‘十二五’末在全市率先基本实现城乡一元”为目标，全力推进新型城镇化建设各项工作。2011年，完成了郊段、寨沟、左照3个村1151户、4136人的拆迁任务。道北新型社区建设加速推进，上街村搬迁安置区15栋安置楼主体完工，启动了武庄村合村并城工作。总投资6亿元的夏侯旧村改造一期工程动工，二期工程签约。启动了肖洼、东柏社2个村的改造工作。中铝棚户区改造项目完成拆迁4.5万平方米，新开工12.6万平方米。完成了100眼旧机井升级改造和万人农村安全饮水工程，建成了大坡顶、观沟2个大中型沼气工程。

【园区建设】 2011年，园区入驻企业突破160家，其中规模以上企业60家。办理企业备案项目68个，总投资130.58亿元。输配电材料工业园、新型焊材工业园、新能源材料工业园等一批投资10亿元以上的龙头型、基地型企业园已初见规模。标准化厂房建设进展迅速，建成标准化厂房11万平方米。现代服务业园区带动效应增强。投资6亿元的郑州西部农产品物流贸易中心等项目进展顺利，建业四星级酒店投入运营。全年新注册服务业经营单位1013家，营业收入40亿元。生态农业园区新引进花卉企业2家。完成林业生态建设20公顷和水保林种植13.33公顷，实现土地流转105.13公顷。科技创新体系更加完善，全年高技术产业增加值同比增长33.6%，完成专利申请123项。

【社会事业】 2011年，全区拨付“两免一补”资金610万元。投入1963万元，用于校舍安全改造，学前教育三年行动计划全面启动。完成家电以旧换新13734台、发放补贴390.31万元。发放粮食直补和农资综合补贴257.37万元。新增城镇就业2680人，农村劳动力转移就业521人，完成各类职业培训2742人，发放小额担保贷款2420万元，零就业家庭动态继续保持为零。城乡居民养老保险参保人数新增3017人，退休人员基本养老金每月人均增加194元，城市低保标准每人每月提高到340元，新农合人均筹资标准提高到274元，大病补偿封顶线提高了4.3万元。敬老院二期工程完工，廉租房实现了“应保尽保”。济源路社区卫生服务中心通过了国家级示范中心评估验收，国家基本药物制度让利群众109万元。新建社区文化活动中心3个，免费在农村放映电影360场。启动了重阳观维修工程。区图书馆通过了国家二级图书馆验收。成立治安防控网络化队伍近400支。投入1400余万元，建成了覆盖全区所有交通路口及重点部位的智能监控系统。

【十件实事】 2011年末，“十件实事”工程全部完成。（1）新增城镇就业人员2709人，完成目标的104.2%。实现零就业家庭动态为零。完成农村劳动力转移就业前技能培训655人，完成目标的163.4%；转移就业521人，完成目标的104.2%。（2）为全区2192名目标人群进行了优生筛查，其中按国家标准检查450名，孕前优生康检率达到92%；为4400名新婚夫妇进行了免费孕前优生培训，为1594名育龄群众开展优生咨询，为2217名目标人群免费发放了福格森叶酸营养素软胶囊，为2907名育龄群众进行了孕前风险评估，发放出生缺陷干预宣传资料2.26万份，待孕夫妇出生缺陷知识培训率、孕产妇出生缺陷常识普及率、高风险孕妇叶酸营养素增补率达到99%。（3）继续实施粮食直补、农资综合直补和农机具购置补贴。其中，粮食直补519831.63元，每亩19.84元；农资综合直补2053910.77元，每亩78.39元，做到应补尽补，实现了主要粮食作物直补全覆盖。全区玉米良种补贴面积为1740.43公顷，每亩补贴10元，补贴资金为261064.849元，资金已转到各镇（街道）。全区小麦良种补贴面积为1737.24公顷，每亩补贴10元，补贴资金为260586.15元，资金已转到各镇（街道）。全区农机具购置发放补贴资金749682元，受益农户22户。解决农村9200人安全饮水问题。其中，任庄村1237人，西街村1455人，北峡窝村2100人，南峡窝村1520人，冯沟村964人，西林子村424人，上街村1500人。改造中低产田133.33公顷。（4）异地重建安阳路小学工程完工。中小学校舍安全三年工程中，中心路小学工程地基槽已完成，矿山小学南教学楼和北教学楼加固工程完工。（5）实施中医中药进基层工程。利用中医药适宜技术推广基地（区中医院）对基层卫生人员进行了中医药适宜技术相关培训，强化社区中医药工作,为基层医疗机构配备了中医诊疗设备。10月13日-14日，再次对农村卫生人员进行了新一轮的中医药相关知识培训，共培训30人次。村级医疗机构均能为农村居民提供中医药服务。为峡窝镇卫生院配备电视机、VCD、电动车、急救箱、笔记本电脑等健康教育与体检设备,完成了中医科达标建设。（6）为全区行政村每月免费放映1场电影，全年放映360场。（7）成功创建夏侯村、营坡顶村、东林子村3个林业生态村。全年检测办理合格机动车黄绿标志4649辆，尾气排放超标不合格治理600辆，机动车尾气排放达标率为87%。对建城区内的各类建筑施工噪声、工业企业的机械加工、生产设备噪声等进行了检查整治；出动472人次、119车次，检查建筑施工单位、工业企业175家次。同时，畅通12369环保热线，加强现场检查，及时处理群众反映的超标噪声污染问题。全年接噪声污染举报70件，噪声污染查处率100%。全年监测天数365天，其中二级以上优良天数311天，其余天数54天，优良率达85%。（8）区食安办组织区工商、药监等部门完成了第四季度食品安全抽查检验工作。抽查的食品主要是食用油、卤肉、生肉、面粉、速冻面米制品、纯牛奶，共抽取食品样品143批次。检查全区涉药单位185家次，查处违法案件12起，抽验药品18批次，检验结果全部合格。（9）加强全区技防监控体系建设。一期6个出入区口道路卡口系统已完成安装调试。二期道路监控（55套）及电子警察系统（66套）前端设备安装完成。（10）消防大队、各派出所共组织消防主题宣传教育2次，深入社区企事业单位开展消防安全检查宣讲7次。区农委在年初开展了森林防火演练，5月12日在亚星盛世广场及江南小镇进行了森林防火宣传活动，发放宣传资料2000余份。消火栓已全部安装到位。2011年，辖区未发生重大火灾、重特大森林火灾事故。

（朱昌伟 周昱宏）

第二十九篇　荣誉榜

2011年全国“五一劳动奖章”获得者

陈建平，男，汉族，河南南阳人，1977年10月出生，1994年12月参加工作，中共党员，大专文化，河南第一火电建设公司技师。

1994年12月，陈建平到河南第一火电建设公司，成为一名电建工人，从事焊接工作。在焊接实践技能学习中，他刻苦练习，对工作认真负责，踏实肯干，下班后仍在加班练习焊接技术，付出了比别人更多的努力。

陈建平多次参加各个级别的焊接技能竞赛，并取得了优异成绩。2004年9月，参加河南省首届职工技术运动会电焊工比赛，获得第三名(理论98分，技能375分)；2006年8月，参加河南省职工职业技能选拔赛，获得焊工决赛第二名(理论99分，技能387分)；2007年10月，参加河南省第二届职工运动会焊工决赛，获得第四名(理论97分，技能370分)；2009年9月，陈建平代表河南省参加全国第三届焊工职工职业技能决赛，获得个人第十四名(河南省第二名)的好成绩(理论98.5分，技能323分)，河南省取得了团体第四名的成绩，这也是河南省在全国焊工比赛中取得的最好成绩。2011年，陈建平获得全国“五一劳动奖章”。

郑虎，男，陕西榆林人，1979年3月出生，大专文化，高级技师，中国机械工业机械化施工公司质量检验师。

他参加工作后一直在施工一线工作，先后参与了张家港沙钢、澳门东亚运动会体育场、河南安阳安彩制氧站、青岛丽东化工、青岛中海油800吨龙门吊制作安装、青岛中海油镍矿模块制作以及阿曼苏哈尔芳烃项目的施工建设工作；目前正在新喀里多尼亚镍矿融化冶炼厂项目上从事焊接质量检控工作。2007年，他和公司另外4名同行代表中机建设集团参加“全国工程建设第八届焊工技术比赛”，获得优秀奖；2008年，被河南省建设工会授予“技术英杰”称号；2008年度，被中机建设集团列入“关键人才库”；2009年度，被中机建设集团列入“关键人才库”；2010年，代表集团参加“嘉克杯国际焊接技能大赛”，取得总分第一名、

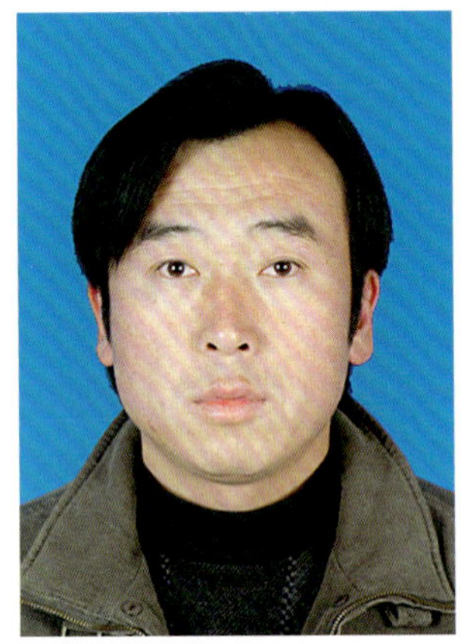

单项第一名的优异成绩。郑虎是新进公司员工学习的标杆和榜样，2011年，郑虎获得全国“五一劳动奖章”。

宋全发，男，汉族，河南郑州人，1972年12月出生，2002年参加工作，中共党员，本科文化，郑州市郑东新区祭城街道党总支书记。

他积极带领失地农民自主创业，使村民逐渐走出了困境。2003

年11月，他带头创建河南神力混凝土有限公司。经过近5年的发展，公司成为中原地区最具规模的商品混凝土企业。公司拥有总资产2.5亿元，年产值3亿元；拥有员工856人，安置残疾员工512人，直接安置东区失地农民283人；拥有9条混凝土生产线，日产量突破2万立方米。公司成立以来，培养工程师6人，助理工程师30余人。

他致富不忘乡亲，积极为失地农民谋福利。在直接安排失地农民283人就业的同时，积极为失地农民想办法、找路子，解决就业问题。其中，由公司提供贷款担保，使其购买各种混凝土泵车、混凝土搅拌运输车就达117部。如按每辆车日夜轮流两个司机来算，仅此一项又安置就业234人。随着企业的快速发展，商品混凝土的供应量骤增，也带动了大批原材料供应商。在这些供应商中，东区失地农民占60%。

他积极回报社会，参与社会公益事业。2005年夏，他个人出资15万元，购买西瓜等降温消暑水果，分发给部分困难户和社区居民；设立祭城村奖学金和助学金，奖励和资助考上大学的和家庭贫困的学生。2008年4月起，资助13岁的商丘贫困学生程留品，并计划资助到她大学毕业为止。2008年5月，宋全发为四川灾区捐款15万元。2011年，宋全发获得全国“五一劳动奖章”。

张云峰，男，汉族，河南新郑人，1966年10月出生，1984年10月参加工作，中共党员，本科文化，郑州市中原区教育体育局局长。

他无论在什么岗位，担当什么职务，都能干一行、爱一行、精一行，踏踏实实地履行工作职责，实实在在地为人民群众服务。任秦岭路街道办事处主任期间，他始终紧紧抓住学习不放松，各项工作都走在全区办事处前列。秦岭路街道办事处连续3年夺得中原区综合工作金杯和第一名。2009年2月，张云峰被任命为中原区教育体育局局长。他深知自己肩上担子的分量，在处理每一件事情时都能做到发扬民主，顾全大局，切实发挥工会联系群众的职能和作用，为教育系统营造了一个良好的工作环境，使广大教育工作者都能够全身心地投入到教育教学的各项工作中去。

为打造教育强区，办人民满意的教育，他深入调研、集思广益，以推进教育强区战略为主线，以推进教育均衡为主题，按照“均衡、优质、和谐、现代”的八字方针，强力推进人事制度改革，采取“送出去、请进来”等各种方法，开展内容丰富、形式多样的师资培训活动，全区教育教学质量再创新高，体卫艺工作成绩斐然，顺利完成了小升初和小学招生工作，教育整体水平和综合实力得到全面提升，尊师重教氛围更加浓厚。中原区教育形象有了一个新的跃升，各项工作得到了区委、区政府和市教育局的充分肯定和认可。

在他的带领下，中原区教育事业屡获殊荣。在2009-2010学年工作中，共获国家级奖项2项、省级3项、市级23项、区级37项。2011年，张云峰获得全国“五一劳动奖章”。

王新，男，汉族，河南南阳人，1963年12月出生，1987年参加工作，农工民主党党员，博士生学历，主任医师，郑州市人民医院眼科主任。

从医20多年来，他一直从事眼科的临床和科研工作，并先后到广州中山医科大学、天津眼科医院和世界人工晶体中心学习进修，具有丰富的临床和手术经验。在临床工作中，他勤奋学习，刻苦钻研，对眼科各种疾病的检查、治疗都积累了丰富的经验，能够熟练开展眼科各种疾病的手术。从1997年开始重点开展白内障手术，是河南省最早开展白内障超声乳化手术的医生之一，现已做白内障手术2万多例。

作为一名医务工作者，王新具有精湛的医疗技术和丰富的临床经验，成功为百岁老人和百天婴儿实施白内障手术，在省内率先掌握运用国际先进的冷超乳技术，使河南省眼科白内障手术技术达到了国际国内先进水平。他每年都和红十字会、残联和新闻媒体联合，通过多种形式积极开展公益活动，先后为6000多名贫困眼病患者减免或免除手术费用，资助金额已达800万元。王新也因此被郑州市卫生局授予“爱心天使”称号，被《河南商报》誉为“光明天使”；在省委宣传部和河南电视台主办的首届“感动中原年度十大人物”评选中，王新成为20名候选人之一。2007年，获得郑州市第五人民医院2005-2006年度“突出贡献奖”，同年获得“2006年度郑州市学术技术带头人”称号；2009年，获得郑州人民医院2007-2008年度“杰出贡献奖”，同年1月，获得“2008年度郑州市卫生系统先进个人”称号；2009年，获得郑州市“医德标兵”称号；2010年，获得郑州人民医院“名医”称号，同年获得郑州市政协“先进个人”称号，并获得河南省“五一劳动奖章”；2011年，获得全国“五一劳动奖章”。

张振香，女，汉族，河南滑县人，1961年9月出生，1981年参加工作，中共党员，硕士研究生学历，郑州大学护理学院院长。

在30年的临床护理和护理管理、护理教学管理职业生涯中，张振香从一名临床护士成长为优秀的护理专家和卓有建树的学术带头人。

她密切关注专业发展动态及趋势，潜心研究护理理论，积极进行实践创新，注重学科建设。近5年来，她先后在国家级以上专业期刊上发表论文40余篇，其中核心期刊19篇、SCIE收录2篇；出版专著4部。主持完成和在研省科技厅、省统计局、省卫生厅、市科技局科研课题10项，获省科学技术进步二等奖4项、国家实用新型专利3项；主要主持在研项目有河南省科技厅重大科技攻关项目1项、郑州市“科技领军人才”项目等。

张振香获得的“头颈部中药熏疗枕”“床上浴气盆”国家实用新型专利，经投产应用，取得了较大的社会经济效益。作为学科带头人，在她的带领和主持下，2010年护理学院的内科护理学课程被评为河南省精品课程，护理专业成为河南省高等学校特色专业建设点，护理实验中心成为“河南省高等学校实验教学示范中心”。

由于成绩突出，她先后被评为“河南省优秀专家”“河南省省管优秀青年科技专家”“河南省优秀护理工作者”“河南省教育厅学术技术带头人”“郑州市优秀教育工作者”、郑州市“十大科技女杰”、郑州市科技领军人才、郑州大学“南丁格尔优秀护士”等，并获得河南省“五一劳动奖章”。2011年，张振香获得全国“五一劳动奖章”。

李建霞，女，汉族，河南登封人，1962年11月出生，1982年8月参加工作，中共党员，大学文化，郑州市总工会副主席。

自2004年分管主抓保障帮扶、职工维权工作以来，她时刻牢记胡锦涛等中央领导关于做好工会帮扶工作的批示、指示精神，时刻牢记一个工会干部肩负的职责，把帮扶当使命，把职工当亲人，把服务当责任，被领导称为群众工作的好干部，被职工称为知冷知热的贴心人，被基层工会称为“铁娘子”。近年来，她本人和她分管主抓的工作，先后获得全国“送温暖工程先进单位”、全国“工会帮扶中心工作先进集体”等荣誉8项，获得河南省“帮扶困难职工活动先进单位”、河南省“模范帮扶中心”等荣誉15项，获得市政府荣誉称号12项；各新闻媒体对她分管主抓的保障帮扶维权工作，先后进行了927次宣传报道。

她抓平台、建网络，抓机制、建格局，抓内涵、增实效，靠创新强功能，促发展，求突破。做大做强技能培训，实施“一条龙”全程跟踪服务，大力促进困难职工创业就业。在她的有力领导和积极运作下，全市在县（市）区、基层单位建立高标准帮扶中心109个、帮扶超市37个，172个乡镇（街道）建立了维权工作站。市总工会的农民工工作部和各级工会帮扶中心均被列入本级编制序列，人员工资实行财政全供。同时，在全市建立了121个助学基金、60多个培训基地。在帮扶工作中，她扑下身子，深入基层，带着保障干部深入走访困难职工家庭5736户，逐户进行登记、调查、造册。她把职工当亲人，亲力亲为，尽责服务。困难职工帮扶工作已成为郑州市工会叫得响、影响大的工作品牌，也是全市各级工会服务大局与服务职工的特色力作。截至2010年底，郑州市累计筹集送温暖活动资金1.37亿元，走访慰问困难企业4261个，慰问困难职工家庭253680次。全市各级帮扶中心帮扶困难职工285384人次、农民工45824人次。

（华　颖）

2011年全国“五一劳动奖状”获得单位

河南省电力公司郑州供电公司 在市委、市政府和省电力公司的正确领导下，郑州供电公司秉承“诚信、责任、创新、奉献”的企业核心价值观，大力弘扬“努力超越、追求卓越”的企业精神，团结拼搏，扎实工作，为郑州经济建设和河南电网建设作出了突出贡献。近年来，公司全面实施供电优质服务提升工程，完善岗位责任挂牌服务机制。2010年，新装、增容用户11.4万户，新增容量273.3万千伏安，较好地满足了城市经济建设和供电需求；新增各类缴费网点、终端252个，把方便居民缴费落在了实处。认真落实政府节能减排和有序用电工作部署，完善了郑州市“电力需求侧客户应急服务系统”，圆满完成了抗冰抗震、奥运世博、省市“两会”等各种重大保电任务206次，连续4年获得郑州市行风评议公共服务类行业第一名。2011年，获得全国“五一劳动奖状”。

河南中烟工业有限公司新郑卷烟厂 该厂积极实现新跨越，紧紧围绕黄金叶品牌生产和全面创优达标工作，强化基础管理，深度推进创新，激发了企业生机与活力，各项工作取得显著成效。2010年，生产卷烟58.008万箱，实现各项税收22.16亿元，同比增长20.39%。生产规模、经济效益双双创历史新高。作为黄金叶（天叶、大金圆）的唯一生产厂家，在生产、装备、工艺、保供等各环节实行了有效的管控模式。黄金叶被国家烟草专卖局列入全国重点骨干品牌，打破了河南中高档卷烟难以出省的局面，为河南卷烟品牌培育和上水平作出了重大贡献。在国家局和省际交叉抽检中，产品质量平均得分全省排名第一；全年卷烟在线质量平均综合得分和单箱烟叶消耗均居全省第一位。连续5年获全国“安康杯”竞赛优胜企业。2011年，获得全国“五一劳动奖状”。

（华　颖）

2011年全国“工人先锋号”获得集体

郑州交通运输集团有限责任公司客运总公司一分公司郑开城际公交班组 郑州—开封城际公交的开通是河南省委、省政府实施中原经济区战略，实现郑州、开封两市一体化发展的重要举措。郑开城际公交开通以来，承担全程服务的郑州交通运输集团客运总公司郑开城际公交班组已累计发班17.2万余个班次，安全运行1200多万公里，安全输送旅客1408.67万人次，保持了优质服务的先进水平。

郑开城际公交班组坚持“以人为本、旅客至上、优质服务、平安和谐”的服务宗旨，努力打造思想素质好、业务技能精、职业道德优、工作作风好、品德形象好的职工队伍。创新“多班次、多站点、高配置、低票价、标准化服务”的新模式，实行“四高五统一”标准化服务新理念（即高起点、高标准、高档次、高质量，统一标识、统一运价、统一车型、统一监督管理、统一服务标准）。通过服务承诺公开化、司乘仪表标准化、服务用语标准化、服务流程规范化、安全管理规范化、投诉处理流程化等一系列配套制度的创新和实施，为人民群众提供了高质量的服务产品，展现了交通运输系统职工的新时代风采。

该班组关注社会，奉献爱心。坚持到敬老院慰问孤寡老人，参加植树节和安全公益宣传，为慈善工程捐款，为农民工发放就业信息卡，为“希望工程”做宣传，参与“雷锋活动月”活动，参加大型广场文化建设活动等。2010年1月12-15日，大雪飞舞、大雾弥漫、冰封难行，大量旅客滞留在郑州机场。接到河南省交通厅紧急疏散命令后，全班组同志连续奋战，出色地完成了机场紧急疏散任务。为了净化环境，造福社会，他们引入混合动力新能源公交车，刻苦学习新技术，提高服务质量。运行近1年已节油近3.1万升，减少污染物排放近20.5万公斤，为节能减排低碳生活作出了新贡献。2011年，郑开城际公交班组被命名为全国“工人先锋号”。

郑州人民医院呼吸内科 该科是一个由73名医护人员组成、拥有81张床位的临床科室。科室人员平均年龄31岁，小于35岁的医护人员有64名，小于28岁的护理人员有48名，青工比例达87.6%。这支年轻的队伍在业务发展、科研能力、科室文化建设、应对突发公共事件等方面表现卓越，受到了各级政府及卫生行政部门的充分肯定。在过去两年中，该科多项科研项目获奖，实现了全年无投诉；科主任于洪涛连续3年荣获医院“突出贡献奖”，带领科室实现了经济效益和社会效益双丰收。该科护理队伍平均年龄27岁，护士长带领大家积极开展优质护理服务，患者满意度达99%以上，全年无护理纠纷。2010年度，荣获医院优质护理服务团队一等奖。2011年，被命名为全国“工人先锋号”。

呼吸科有医生14人，高级职称2人，副高级职称2人，硕士研究生12人；护理人员本科学历7人，其余均为大专以上学历。在日常工作中，坚持两周一次的业务学习和三级查房制度。坚持定时召开科会，不断总结分析问题，医护质量持续提高。2004年和2007年，科室两次被郑州市卫生局和人事局评定为医学重点专科。2010年度，被郑州市卫生局评定为“五一文明岗”。

呼吸科拥有开放床位81张，年收治患者2300余人次，年接受门诊量1万余人次，科室开设病床数、收治患者人数、收治呼吸科病种、开展业务均是河南省最多的呼吸科之一。2008年，率先建立了河南省第一个规范的呼吸危重监护病房（RICU）和自动新风净化系统，设层流病房13张，负压病房2张，有各类呼吸机21台；呼吸机使用率在90%以上，救护成功率在95%以上，是河南省规模最大、最规范，设备、人员配置最合理，抢救能力最强的RICU。在2009年冬季甲型流感防控中，RICU共收治重症甲型H1N1流感并呼吸衰竭使用呼吸机的患者10人，使用有创呼吸机6人中痊愈5例，使用无创呼吸机者4例均痊愈，在全省防控工作中取得了突出成绩。该科还是全省首家开展多导睡眠障碍监测的科室，肺功能、气管镜技术也非常成熟，还引进内科胸腔镜，开展了内科胸腔镜诊疗技术。2010年，获准成立了郑州市呼吸病研究所。

呼吸科一手抓临床，一手抓科研，获批多项科研项目。其中，“Auto-CPAP对OSAHS患者睡眠质量的影响及睡眠呼吸障碍的干预作用”获河南省医药科技进步奖二等奖；“阻塞性睡眠呼吸暂停低通气综合征与高血压关系及控制”获河南省医药科技进步奖三等奖；“呼吸重症监护病房监护及治疗技术”获河南省医学新技术引进奖二等奖。承担的科研项目还有“呼吸机相关性肺炎的危险性因素研究”等。该科每年都有多篇论文发表在国家级及省级期刊上。

郑州市地方税务局宣传教育处 该处坚持以“三个代表”重要思想和党的十七大精神为指导，按照市局“一个中心，实现两大跨越，加强六种能力，实现六个提升”的整体工作目标，以各类培训、竞赛活动为载体，以创新形式的税法宣传为依托，以“全国文明单位”的至高荣誉为动力，以广泛深入的创先争优活动为手段，切实加强精神文明建设和干部思想道德建设，服务服从地税中心工作这一目标，不断提高干部的政治素质和文化素质，全面提升地税队伍整体形象，各项工作均取得了显著成绩。宣教处连续两届被中央文明委命名为“全国文明单位”，下属15个基层征收单位全部跨入“省级文明单位”行列。全市地税系统被郑州市委、市政府命名为“文明系统”；全系统有1个单位被中央文明委命名为“全国创建文明行业先进单位”，1个单位被团中央命名为“全国青年文明号”，2个单位被全国妇联命名为“巾帼建功示范岗”，5个单位被国家税务总局命名为“全国税务系统文明单位”“全国税务系统先进集体”。宣教处连年被授予河南省“五一劳动奖状”。有3个基层局被命名为全国“模范职工之家”，35人分别获得河南省“五一劳动奖章”、被命名为“十大优秀青年卫士”“百名文明优质服务标兵”和郑州市“劳动模范”、获得“五一劳动奖章”等。2011年，宣教处被命名为全国“工人先锋号”。

郑州宇通客车股份有限公司底盘车间 该车间成立于2000年4月，主要担负公司自制底盘的生产装配工作。从成立之初，就以技术为先导，不断改进完善自制底盘的生产工艺，强化员工自身素质，提高业务技能。通过开展创建“工人先锋号”活动，车间员工把创建热情切实转化为工作动力，以出色的工作、优秀的业绩、高效的团队诠释了“工人先锋号”的深刻内涵，出色完成了车间的各项任务。2011年，被命名为全国“工人先锋号”。

以精益管理思想为主导，组建持续改善团队，促进员工参与生产改善的积极性和主动性，真正实现员工由机械型装配向思考型装配的转变。车间结合公司精益学院，对基层管理人员进行《基层管理人员精益五日培训》《工作关系》培训，共培训200人次；车间自主开展《精益入门》《5S推进》《七大浪费》等培训，共培训1300人次。通过员工改善擂台、精益知识园地、改善明星评选等方式，营造了车间全员改善氛围，改善主体转变为一线员工。2010年，车间员工申报的改善提案达685项，为车间的产能、效率提升奠定了坚实的基础。以员工为中心，积极为员工搭建成功成才的平台。建立车间人才ABC库选拔流程和制度，并提供技术和管理两种人才选拔通道。2010年，底盘车间首次人才储备选拔完成，报名人数264人，通过实战测评纳入C库人数48人，纳入B库人数37人，为2011年车间组织结构调整做好了人才储备。

开展素质工程活动，带动员工能力提升。车间广泛开展技术比武、演讲比赛等系列活动，强化标杆管理，引导员工不断提升素质、能力和业绩，加快培养一支具有优秀品质和高超技能的技术员工队伍。提高员工满意度，深入贯彻企业文化理念。车间建立员工沟通会机制，每周组织员工召开座谈会。另外，车间还设立员工热线，在为员工保密的原则上收集员工意见和建议，为员工解决工作和生活中的困难，及时解决员工思想、生活、工作、学习等方面的困惑，使其有一个轻松的心态，主动完成工作任务。同时，车间建立辅导员分层辅导机制，通过分层辅导，使管理工作更细致，全面有效地提升了车间管理工作。

郑州市公共交通总公司快速公交公司 快速公交开通后，日均客运量从开通初期的10万人次稳步上升，已突破40万人次。同时，快速公交的运营生产及服务水平也在探索中不断得到完善和提升，得到了广大市民的一致好评，逐渐成为市民出行之首选。

解放思想，开拓创新，全力为市民提供安全、方便、快捷、舒适的出行服务。快速公交公司突破常规公交运营模式，大胆尝试新型的运营组织模式，采用“三点六向”同时发车、大站快车、区间车等多种模式。同时，采用GPS调度与现场调度合二为一的调度模式，方便运营生产的组织，最大程度地缓解了突发客流的影响。快速公交系统“一主十一支”统一管理，实现主支线车辆最佳配合，方便市民出行，提高了市民乘车的舒适度。通过GPS定位显示屏、LED显示等对车辆进行适时监控，乘客在站台就可以及时了解到车辆的运营情况，方便了乘客根据情况选择乘车线路。

完善制度，规范管理，积极开展文明创建活动，提高行业文明程度。快速公交公司制定各种规范、制度及考核方案，出台各类指导性文件，推行精细化管理。大力开展创先争优活动，进一步提高了职工服务意识和服务水平。积极开展争创“工人先锋号”活动，通过开展服务竞赛、技能比武等一系列活动，不断提高运营服务质量，为广大乘客提供更加方便快捷的出行服务。

快速公交公司始终将社会评价作为企业职工职业道德建设的落脚点。全体职工以拾金不昧、助人为乐、优质服务等诸多实实在在的事例，向社会展示了自身的良好素质。公司已收到总公司客服中心反馈的表扬电话400余件，广播电台表扬数十件，社会综合满意度达到94.64%。近年来，快速公交公司先后被命名为河南省“工人先锋号”，获得郑州市“五一劳动奖状”、郑州市“学习型标兵单位”、郑州市“青年文明号”、郑州市“绿色公交线路”等荣誉。2011年，被命名为全国“工人先锋号”。

（华　颖）

2011年河南省“五一劳动奖章”获得者名单

皇甫立志
大商集团郑州地区集团

张　晨
郑州交通运输集团有限责任公司交通医院

刘建刚
郑州市公安局交警支队一大队

杨新军
郑州煤炭工业(集团)有限责任公司米村煤矿

刘　丽（女）
河南第二火电建设公司

许红申
中国铝业河南分公司计控信息中心

牛军虎
郑州市安全生产监督管理局综合处

盛　伟
郑州市管城回族区总工会

王　宇
郑州市惠济区地方税务局

王　新
郑州市人民政府法制办公室

赵梅玲（女）
登封市总工会

李明珠
巩义市地方税务局

张　文
登封市地方税务局

杨郑安
郑州市民族事务委员会

范卫华
郑州市金水区地方税务局

李宪亭
河南中烟工业有限责任公司新郑卷烟厂

梁远森
郑州市城乡建设委员会

魏　青（女）
郑州市重点建设工程质量监督站

闫新郑
郑州大学第一附属医院

齐　涛
河南送变电建设公司

张　毅
郑州煤炭工业（集团）有限责任公司

巩玉梅（女）
大商集团郑州紫荆山百货商场有限公司

包洪凯
登封市大冶镇工会

田建辉
郑州煤炭工业（集团）有限责任公司白坪煤业公司

孟祥生

郑州日产汽车有限公司

芦　东

中国铝业股份有限公司河南分公司

（华　颖）

2011年河南省“五一劳动奖状”获得单位名单

河南电力工业学校

郑州市市政工程管理处

河南省第五建筑安装工程（集团）有限公司

郑州市国家税务局

郑州市金水区总工会

郑州城建集团投资有限公司

河南少林汽车股份有限公司

河南电力试验研究院

郑州煤炭工业（集团）有限责任公司裴沟煤矿

（华　颖）

2011年河南省“工人先锋号”获得集体名单

新密市电业局米村供电所

中铁四局集团五公司石武客专河南段项目部三分部

郑州市管城回族区住房保障服务中心公有房屋管理所维修组

郑州市中原区人力资源和社会保障局中原区劳动保障监察大队

郑州市惠济区机关事务管理局综合科

河南中烟工业有限责任公司郑州卷烟厂卷包车间技术组

恒天重工股份有限公司机加工一分厂二工部

郑州市计划生育服务中心妇产科

河南省地质矿产勘察开发局地球物理勘察队矿产地质调查分院

郑州领秀服饰有限公司生产二部

（华　颖）

第三十篇 附录

法规

郑州市城市市容和环境卫生管理条例

（2011年8月25日郑州市第十三届人民代表大会常务委员会第二十二次会议通过 2011年11月25日河南省第十一届人民代表大会常务委员会第二十四次会议批准）

第一章 总 则

第一条 为加强城市市容和环境卫生管理，创造整洁、优美、宜居的城市环境，根据国务院《城市市容和环境卫生管理条例》及有关法律、法规，结合本市实际，制定本条例。

第二条 本条例适用于本市市区建成区和县（市）、上街区人民政府所在地建成区及其他实行城市化管理的区域。

实行城市化管理区域的具体范围，由市、县（市）、上街区人民政府划定、公布。

第三条 城市市容和环境卫生管理工作实行统一领导、分级负责、公众参与、社会监督、教育与处罚相结合的原则。

第四条 市市容和环境卫生行政主管部门负责本市城市市容和环境卫生管理工作。

县（市）区市容和环境卫生行政主管部门负责本行政区域内的市容和环境卫生管理工作。

街道办事处、乡（镇）人民政府按照职责分工负责本辖区内城市市容和环境卫生管理工作。

本市其他相关管理部门按照各自职责，协同实施本条例。

第五条 市、县（市）区人民政府应当将市容和环境卫生事业纳入国民经济和社会发展计划，所需建设和管理费用纳入同级政府投资计划和财政预算。

第六条 市、县（市）、上街区市容和环境卫生行政主管部门应当会同城乡规划部门，根据城市总体规划，编制本地区的市容和环境卫生专项规划，报同级人民政府批准后实施。

第七条 鼓励、支持市容和环境卫生的科学技术研究，推广、运用先进技术，提高城市市容和环境卫生水平。

第八条 任何单位和个人都应当自觉维护城市市容和环境卫生整洁，并有权劝阻和控告违反市容和环境卫生管理法律、法规和本条例的行为。

第九条 提倡和鼓励社区居民委员会组织居民制定维护市容和环境卫生公约，动员居民参加市容和环境卫生治理工作，创建整洁、优美、文明社区。

第十条 市、县（市）区市容和环境卫生行政主管部门和文化广播新闻出版、教育、卫生等行政管理部门，以及机场、车站、旅游景点等公共场所的经营或者管理单位，应当加强对市容和环境卫生的宣传教育，增强市民维护市容和环境卫生意识。

本市广播、电视、报刊应当有市容和环境卫生方面的公益性宣传内容。

第二章 市容和环境卫生责任制

第十一条 本市实行市容和环境卫生责任制。责任区和责任人的确定依照下列规定：

（一）城市道路、地下通道、公共广场等城市公共区域，公共厕所、垃圾转运站及其他环境卫生公共设施，由市容和环境卫生专业单位负责；

（二）住宅区、城中村实行物业管理的，由物业服务企业负责；未实行物业管理的，由街道办事处或者乡（镇）人民政府负责；

（三）商场、超市、集贸市场、会展场馆、宾馆、饭店等场所，由其经营、管理单位负责；

（四）机场、车站、停车场等场所，由其经营、管理单位负责；

（五）公路、铁路、桥梁和城市道路附属设施及电力、电信、邮政、供水、供气等公共设施，由其管理单位负责；

（六）河道、沟渠、湖泊等公共水域及沿岸规划范围，由其管理单位负责；

（七）建设工程的施工现场，由施工单位负责；待建工地，由建设单位负责；

（八）公园绿地、景区及文化、体育、娱乐等公共场所，由其管理单位负责；

（九）机关、团体、学校、企事业等单位及周边核定区域，由该单位负责；

（十）其他区域的市容和环境卫生，由街道办事处、乡（镇）人民政府负责。

依照前款规定,所有权人、管理人、使用人之间对市容和环境卫生责任有约定的，从其约定。市容和环境卫生责任区的责任人不明确的，由县（市）区市容和环境卫生行政主管部门确定，并书面通知责任人。

同一行政区域内城乡接合部或者相关行政辖区的接壤地带责任不清的，由县（市）区人民政府确定；跨县（市）区的由市市容和环境卫生行政主管部门确定。

第十二条　市容和环境卫生责任区的责任是：

（一）市容整洁，无乱设摊、乱搭建、乱张贴、乱涂写、乱刻画、乱吊挂、乱拉线、乱堆放、乱停放等情形；

（二）环境卫生清洁，无裸露垃圾、粪便，无污水污迹，无渣土，无杂草，无蚊蝇滋生；

（三）按照规定设置环境卫生设施，并保持其整洁、完好；

（四）遇有降雪、结冰，应当及时清除。

市容和环境卫生责任人应当按照本条例规定履行职责，维护责任区域内的市容和环境卫生，并对责任区内违反市容和环境卫生管理规定的行为予以劝阻；劝阻不听的，依照本条例规定向市容和环境卫生行政主管部门举报。

第十三条　市容和环境卫生行政主管部门应当加强对责任区市容和环境卫生的监督、检查及考核。

第三章　市容管理

第一节　道路容貌管理

第十四条　城市道路及其附属设施应当保持整洁、完好，出现破损、残缺的，产权单位或者有管理维护责任的单位应当及时修复。

城市道路上的行道树、绿篱、花坛、草坪以及公共绿地等应保持整洁、美观。

第十五条　主要道路和重点地区公共场所的上空不得新建架空管线设施，已建架空管线，道路改造建设单位应当逐步进行入地改造。影响市容的废弃杆、管、箱、井等设施，其所有权人或者管理人应当及时清除；不能及时清除的，由市容和环境卫生行政主管部门依法清除，费用由所有权人或者管理人承担。

第十六条　任何单位和个人不得在城市道路和公共场地堆放物料、搭建建（构）筑物或者其他设施。因特殊情况确需在城市道路和公共场地临时堆放物料、搭建临时建（构）筑物或者其他设施的，应当按照有关规定办理审批手续。

施工场地的临街面应当按照规定设置不透视的围挡，并保持环境卫生整洁。

第十七条　因市政工程建设等原因经批准需要挖掘城市道路的，施工单位或者个人应当按照规定的时间和要求施工，并设立明显标志，公布施工期限。因维修管道或者清疏排水管道、沟渠等产生的泥土、污物，应当即时清理，保持路面清洁、畅通。

第十八条　任何单位和个人不得擅自占用城市道路、地下通道、人行天桥及其他公共场所设摊经营、兜售物品。

经批准临时占用街巷及其他场所设摊经营的，应当保持周围市容环境卫生整洁。

道路两侧商场、商店、饭店等不得超出门窗、外墙摆卖物品或者进行其他经营活动。

市、县（市）、上街区人民政府应当统筹安排方便市民生活的蔬菜、水果和饮食服务网点。

第十九条　举办节日庆典、商业宣传、文化娱乐等活动，经批准临时占用城市道路及其他公共场所的，应当保持周围环境卫生整洁，及时清除废弃物和临时设施。

第二十条　在市区行驶的各种机动车辆，应当保持外形完好，车容整洁。

机动车、非机动车停车场地应当设置明显标志，车辆应当摆放整齐。

第二节　临街建（构）筑物容貌管理

第二十一条　临街建（构）筑物应当保持外形完好、整洁。对有碍市容的临街建（构）筑物，所有权人或者管理人应当及时清洗、整修或者拆除。

第二十二条　临街建（构）筑物的外立面、房顶、阳台、平台、外走廊，不得堆放、吊挂有碍市容的物品。

依附临街房屋搭建雨棚、遮阳蓬帐、突出门廊和封闭阳台、平台、外走廊及其他构筑物，应当符合城市容貌标准。

第二十三条　临街建（构）筑物需要与城市道路、广场设置分界的，应当根据城市容貌标准选用透景、半透景的围墙、栅栏或者绿篱、花坛、草坪等作为分界，但需采取特别保卫措施的单位除外。

第三节　标志容貌管理

第二十四条　机关、团体、学

校、企事业单位和其他组织的标志牌，应当规范设置。

禁止在沿街门面、墙体上直接书写（张贴）店名、单位名称、经营商品种类等文字。

第二十五条　在广场、立交桥及沿街设置招贴栏、报栏、画廊、标示牌或者悬挂非广告类宣传品的，应当符合城市规划和容貌标准，依法经有关部门同意后，报市容和环境卫生行政主管部门按照管理权限审批。

第二十六条　设置门头牌匾、电子显示屏、城市景观灯、灯饰、商业橱窗、招贴栏、报栏、画廊、标示牌等，应当设置规范有序、亮化设施完好，安全牢固，内容健康、造型美观、用字规范，标志牌的规格、色彩应当与城市街景相协调，符合城市容貌标准。出现破损的，设置单位应当及时刷新、更换、维修或者拆除。

第二十七条　市、县（市）区人民政府应当根据需要在公共场所设置公共招贴栏。

禁止在城市道路、广场、立交桥、临街建（构）筑物、公用设施以及树木上涂写、刻画、张贴标语、宣传品及小广告等影响市容的行为。

第二十八条　户外广告的管理，按照《郑州市户外广告设置管理条例》执行。设置户外广告不得影响市容市貌。

第四章　环境卫生管理

第一节　公共场所环境卫生管理

第二十九条　禁止下列影响公共场所环境卫生的行为：

（一）随地吐痰、便溺；

（二）乱扔果皮、纸屑、烟蒂、饮料罐、塑料袋、口香糖等废弃物；

（三）乱丢废电池等实行单独收集的特殊废弃物；

（四）乱倒垃圾、污水、粪便，乱扔动物尸体；

（五）在露天场所和垃圾收集容器内焚烧树叶、垃圾或者其他废弃物；

（六）占用城市道路、公共场所冲洗车辆；

（七）向花坛、绿化带、窨井扫入、倾倒废弃物；

（八）其他影响公共场所环境卫生的行为。

第三十条　对城市道路和公共广场的清扫保洁，应当按照规定的时间和标准实施。清扫作业应避开上下班人流高峰时段，并采取措施，提高机械化作业水平。

社会单位管理的公共区域清扫保洁的时间和标准，应当与环境卫生专业单位作业要求相一致。

城市环境卫生专业单位应当根据季节变化及时对城市主、次干道实施洒水降尘。

第三十一条　居民区、沿街门店、集贸市场、商品交易市场等场所应当按照规定设置垃圾容器，责任区域的责任人应当明确专人及时收集和清运垃圾，保持居住区域、经营场所和周围环境卫生整洁。

第三十二条　市区内设置的废旧物品临时回收站（点）不得露天存放物品,并保证周围环境的卫生、整洁,当日回收的物品必须在当日二十时至二十四时内运离回收站(点)。

第三十三条　禁止在市建成区内饲养鸡、鸭、鹅、兔、羊、猪等家禽家畜；因教学、科研以及其他特殊需要饲养的，须经其所在地市容和环境卫生行政主管部门批准。

禁止在居民住宅楼房的阳台外和窗外搭建鸽舍。饲养鸽子应当采取有效措施防止影响市容环境卫生。

对犬类的管理，按照《郑州市城市养犬管理条例》执行。对犬类在道路和其他公共场所产生的粪便，遛犬者应当即时清除。

第二节　废弃物清运和处置

第三十四条　废弃物处置应当遵循减量化、资源化、无害化的原则。鼓励废弃物的回收利用，并采取措施逐步减少废弃物的产生。

第三十五条　生活垃圾应当与建筑垃圾、有毒有害垃圾分类清运。严禁将建筑垃圾、有毒有害垃圾混入生活垃圾。

第三十六条　居民产生的生活垃圾应当按照城市市容和环境卫生行政主管部门规定的时间、地点收集、倾倒，由环境卫生专业单位负责清运。单位及其生活区的垃圾，由本单位负责清运。

第三十七条　处置建筑垃圾应当向市、县（市）、上街区市容和环境卫生行政主管部门提出申请，获得处置核准后，方可处置。

城市建设工程产生的建筑垃圾应当及时清运，防止污染环境。运输建筑垃圾应当随车携带建筑垃圾处置核准文件，并按照规定的路线、时间、地点运输和倾倒。

需要使用建筑垃圾回填施工场地以外坑、洼地的，应当向市、县（市）、上街区市容和环境卫生行政主管部门备案。

第三十八条　单位和饮食业经营者产生的餐厨垃圾、废弃食用油脂应当集中收集、中转和处置，保持其周围环境整洁卫生。具体办法由市人民政府另行制定。

第三十九条　垃圾处置实行收费制度。收费标准由价格行政主管部门会同市容和环境卫生行政主管部门按照规定的权限和程序制定。

产生垃圾的单位和个人，应当按前款规定的收费标准和有关规定缴纳垃圾处置费。

第四十条　医院、疗养院、生物制品厂、化工厂、屠宰场等产生的易燃、有毒、有害和含有放射性物质的废弃物，应当按照国家、省、市有关规定进行收集、运输和无害化处理。

第四十一条 清运垃圾应当遵守下列规定：

（一）当日产生的垃圾当日清运，不得积存；

（二）装运现场必须清除干净；

（三）运输时应当密封、包扎、覆盖；

（四）不得沿途洒漏；

（五）倾倒在市容和环境卫生行政主管部门指定的地点，不得随意倾倒、抛撒。

第四十二条 环境卫生专业单位应当对垃圾收集站（点）和处理场定期灭害消毒，垃圾箱（桶）应当加盖（罩），防止污染环境和蚊蝇滋生。

第三节 环境卫生设施建设与管理

第四十三条 建设、设置环境卫生设施，应当符合城市规划和设置标准。

制定新区开发、旧城改造等地区性综合开发建设规划方案，应当包含设置环境卫生设施的内容，并征求市容和环境卫生行政主管部门的意见。

从事地区性综合开发建设的，应当按照环境卫生设施设置规定和设置标准配套建设环境卫生设施。配套建设的环境卫生设施，应当与主体工程同步设计、同步施工、同步验收。

第四十四条 新建、改建、扩建的城市集贸市场、批发市场、小商品市场及其他商业摊区，应当配套建设公共厕所、垃圾容器等环境卫生设施。

第四十五条 公共厕所应当设置明显标志，专人管理，昼夜开放，按时冲刷、清掏，定期消毒，保持内外整洁。

公共厕所使用人应当自觉维护公共厕所的清洁卫生，爱护公共厕所的设备。

鼓励、支持沿街单位内部厕所对外开放使用。

第四十六条 任何单位和个人不得侵占、损坏和擅自拆除、移动、封闭环境卫生设施。因城市建设需要拆除环境卫生设施的，应当经市、县（市）、上街区市容和环境卫生行政主管部门同意，由建设单位按照先建后拆的原则负责重建。原地重建确有困难需要易地建设的，由建设单位按重置价补偿。

第五章 法律责任

第四十七条 对违反本条例规定的行为，由市、县（市）区市容和环境卫生行政主管部门或者实施城市管理综合执法的部门按照本条例规定予以处罚。

第四十八条 违反本条例规定，有下列行为之一的，责令限期改正；逾期不改正的，按照下列规定处罚：

（一）违反第十五条规定，在主要道路和重点地区公共场所上空新建架空管线设施的，处以五百元以上一千元以下罚款；未及时清除影响市容的废弃杆、管、箱、井等设施的，处以一千元以上五千元以下罚款；

（二）违反第十六条规定，擅自在城市道路和公共场地堆放物料的，处以一百元以上五百元以下罚款；擅自搭建临时建筑物、构筑物或者其他设施影响市容的,处以五百元以上三千元以下罚款；施工场地的临街面未按规定设置不透视的围挡并保持整洁的，处以二百元以上一千元以下罚款；

（三）违反第十七条规定，未公布施工期限、未及时清理泥土、污物的，处以二百元以上二千元以下罚款；

（四）违反第十八条第一款、第二款、第三款，第二十二条第二款规定的，处以五十元以上五百元以下罚款；

（五）违反第十九条规定，未经批准临时占用城市道路及其他公共场所举办节日庆典、商业宣传、文化娱乐等活动的，处以五百元以上二千元以下罚款；

（六）违反第二十二条第一款、第二十四条第二款，第二十九条第（二）、（三）项规定的，处以二十元以上五十元以下罚款；违反第二十九条第（四）、（五）项规定的，对单位处以二百元以上二千元以下罚款，对个人处以五十元以上二百元以下罚款；违反第二十七条第二款、第二十九条第（六）项规定的，处以二百元以上二千元以下罚款；违反第二十九条第（七）项规定的，处以五十元以上五百元以下罚款；

（七）违反第三十二条规定，未按规定存放回收物品或者运离回收站(点)的，处以五十元以上二百元以下罚款；

（八）违反第三十三条第一款、第二款规定，影响市容环境卫生的，处以五十元以上五百元以下罚款；严重影响市容环境卫生和周围居民正常生活的，责令拆除鸽舍；

（九）违反第三十五条规定，将建筑垃圾、有毒有害垃圾混入生活垃圾的，对单位处以五百元以上三千元以下罚款，对个人处以二百元以下罚款；

（十）违反第三十七条第一款规定，未经核准擅自处置建筑垃圾的，对施工单位处以一万元以上十万元以下罚款，对建设单位、运输单位处以五千元以上三万元以下罚款；违反第三十七条第二款规定，施工单位未及时清运建筑垃圾造成环境污染的，处以五千元以上一万元以下罚款；

（十一）违反第三十九条规定，产生垃圾的单位和个人未按规定缴纳垃圾处置费的，对单位可处以应交垃圾处置费三倍以下且不超过三万元的罚款，对个人可处以应交垃圾处置费三倍以下且不超过一千元的罚款；

（十二）违反第四十一条第（三）项规定的，处以五百元以上三千元以下罚款；违反第四十一条第（四）项、第（五）项规定的，对单位处以五千元以上五万元以下罚款，对个人处以二百元以下罚款；

（十三）违反第四十二条、第四十五条第一款规定的，处以一百元以上五百元以下罚款；

（十四）违反第四十三条第三款规定的，处以三千元以上三万元以下罚款；

（十五）违反第四十六条规定，侵占、损坏或者擅自拆除、移动、封闭环境卫生设施的，责令恢复原状或者采取其他补救措施；对生活垃圾处置设施、场所，可处以一万元以上十万元以下罚款，对生活垃圾处置设施以外的其他环境卫生设施，可处以三千元以上一万元以下罚款；造成损失的，依法承担赔偿责任。

第四十九条　违反本条例第二十一条规定，临街建（构）筑物不符合城市容貌标准的，责令限期改造或者拆除。逾期未改造或者未拆除的，依法强制拆除，并可处以一千元以上三千元以下罚款。

第五十条　违反本条例第二十五条、第二十六条规定影响市容的，责令限期改正或者拆除。逾期未改正或者未拆除的，依法强制拆除，并可处以五百元以上二千元以下罚款。

第五十一条　市容和环境卫生管理执法人员有下列行为之一的，由其所在单位或者上级主管机关责令改正，对直接负责的主管人员和其他直接责任人员依法给予行政处分；构成犯罪的，依法追究刑事责任：

（一）违法实施行政许可、行政处罚或者行政强制措施的；

（二）粗暴执法的；

（三）对违法行为不依法制止、处罚的；

（四）有其他玩忽职守、滥用职权、徇私舞弊行为的。

第五十二条　围攻、侮辱、殴打市容和环境卫生工作人员、市容和环境卫生管理执法人员或者妨碍、阻挠其依法执行职务的，破坏、盗窃环境卫生设施的，由公安机关依照《中华人民共和国治安管理处罚法》规定处罚；构成犯罪的，依法追究刑事责任。

第六章　附　则

第五十三条　市、县（市）、上街区市容和环境卫生行政主管部门应当根据国家城市容貌标准，制定本地区城市容貌标准，报同级人民政府批准后实施。

第五十四条　本条例自2012年1月1日起施行。1997年12月26日郑州市第十届人民代表大会常务委员会第三十五次会议通过，1998年7月24日河南省第九届人民代表大会常务委员会第四次会议批准的《郑州市城市市容管理条例》，2005年4月28日郑州市第十二届人民代表大会常务委员会第十次会议通过，2005年9月30日河南省第十届人民代表大会常务委员会第十九次会议批准的《郑州市人民代表大会常务委员会关于修改〈郑州市城市市容管理条例〉的决定》和1993年8月27日郑州市第九届人民代表大会常务委员会第三十四次会议通过，1993年12月21日河南省第八届人民代表大会常务委员会第五次会议批准的《郑州市城市环境卫生管理条例》，2003年6月27日郑州市第十一届人民代表大会常务委员会第三十八次会议通过，2003年8月2日河南省第十届人民代表大会常务委员会第四次会议批准的《郑州市人民代表大会常务委员会关于修改〈郑州市城市环境卫生管理条例〉的决定》同时废止。

郑州市房屋登记条例

（2011年6月30日郑州市第十三届人民代表大会常务委员会第二十一次会议通过　2011年11月25日河南省第十一届人民代表大会常务委员会第二十四次会议批准）

第一章　总　则

第一条　为规范房屋登记行为，保障房屋交易安全，维护房屋权利人的合法权益，根据《中华人民共和国物权法》《中华人民共和国城市房地产管理法》和其他有关法律、法规，结合本市实际，制定本条例。

第二条　本市行政区域国有土地范围内的房屋登记，适用本条例。

第三条　本条例所称房屋登记，是指房屋登记机构依法将房屋权利和其他应当记载的事项在房屋登记簿上予以记载的行为。

房屋登记机构应当公开、便民、规范、高效,建立本行政区域内统一的房屋登记簿。房屋登记簿记载房屋自然状况、权利状况以及其他依法应当登记的事项，是房屋权利归属和内容的根据。

第四条　市房地产管理部门是本市的房屋登记机构，负责本市市区内房屋登记工作。

县（市）、上街区房地产管理部门是本行政区域内的房屋登记机构，负责本辖区内房屋登记工作。

第五条　房屋登记应当遵循房屋所有权与该房屋占用范围内的土

地使用权权利主体一致的原则。

第二章 一般规定

第六条 房屋登记依照下列程序进行：

（一）申请；

（二）受理；

（三）审核；

（四）记载于登记簿；

（五）颁发、换发或者收回房屋权属证书、登记证明。

必要时，房屋登记机构可以就登记事项进行公告；公告期限为三十日。

第七条 房屋登记应当由当事人双方共同申请，但有下列情形之一的，当事人可以单方申请：

（一）因合法建造房屋取得房屋权利的；

（二）因人民法院、仲裁机构的生效法律文书或者人民政府的生效征收决定，导致房屋权利设立、变更、转让或者消灭的；

（三）已办理初始登记的房屋，房地产开发企业未按合同约定办理转移登记，购房人能够提供已按合同约定履行应尽义务的有效证明的；

（四）预售商品房买卖合同签订后，房地产开发企业未按照约定与购房人申请预告登记的；

（五）因继承、受遗赠、协议离婚取得房屋权利的；

（六）权利人的姓名（名称）、房屋坐落的街道或门牌号发生变更的；

（七）房屋灭失的；

（八）法律、法规规定的其他情形。

第八条 共有房屋的登记，由共有人共同申请。

按份共有的房屋，单个按份共有人可以就处分本人所拥有份额房屋的登记单独提出申请。转让房屋的，还应当提供其他按份共有人放弃优先购买权的证明。

第九条 无民事行为能力人、限制民事行为能力人的房屋，应当由其监护人代为申请登记，并提交合法有效的监护关系证明；因处分被监护人房屋申请登记的，还应当提供经过公证的为保障被监护人利益的书面保证。

第十条 有下列情形之一的房屋，由房屋登记机构直接登记：

（一）房地产管理部门直接管理的国有房屋；

（二）人民法院判决收归国家所有的房屋；

（三）无人主张权利的房屋；

（四）法律、法规规定的其他情形。

第十一条 申请登记的房屋有下列情形之一的，不予登记：

（一）属于违法建筑、临时建筑的；

（二）不能提供合法有效的房屋权属证明或者申请登记的房屋权利与房屋权属证明不一致的；

（三）申请登记事项与房屋登记簿记载内容冲突的；

（四）不能特定或者不具有独立利用价值的；

（五）已被依法征收、没收，原权利人申请登记的；

（六）被依法查封或者以其他方式依法被限制处分，权利人申请登记的；

（七）权属争议在诉讼、仲裁或者行政处理中的；

（八）法律、法规规定不予登记的其他情形。

第十二条 申请房屋登记，申请人应当提交登记申请书、身份证明和本条例规定的其他相关材料。申请人应当对申请登记材料的真实性、合法性、有效性负责，不得隐瞒真实情况或者提供虚假材料。

申请登记材料应当提供原件。不能提供原件的，应当提交经有关机关或单位确认与原件一致的复印件。

香港特别行政区、澳门特别行政区、台湾地区和国外的自然人、法人和其他组织申请房屋登记的，应当使用中文名称或者姓名。申请人提交的证明材料原件是外文的，应当提供中文译本。

第十三条 申请人提交的申请登记材料齐全、符合法定形式的，房屋登记机构应当当场受理，并出具书面受理凭证；申请登记材料不齐全或者不符合法定形式的，不予受理，并当场一次性告知需要补正的全部内容。

第十四条 房屋登记机构受理申请时应当查验申请登记材料，并就有关登记事项询问申请人。

房屋登记机构认为申请登记房屋的有关情况需要进一步证明的，可以要求申请人补充材料。

第十五条 办理下列房屋登记，房屋登记机构应当实地查看：

（一）房屋所有权初始登记；

（二）在建工程抵押权登记；

（三）因房屋灭失导致的房屋所有权注销登记；

（四）法律、法规规定的其他情形。

房屋登记机构实地查看时，申请人应当予以配合。

第十六条 房屋登记机构应当自受理申请之日起，于下列期限内将申请登记事项记载于房屋登记簿或者作出不予登记的书面决定：

（一）房屋所有权登记，三十个工作日；

（二）抵押权、地役权登记，十个工作日；

（三）预告登记、更正登记，十个工作日；

（四）异议登记，一个工作日。

除异议登记外，确需延长登记期限的，经房屋登记机构负责人批准，可以延长一次，但延长期限不得超过十个工作日，并告知申请人。

第十七条 房屋应当按照基本

单元进行登记。房屋基本单元是指有固定界限、可以独立使用并且有明确、唯一的地址和编号的房屋或者特定空间。

成套房屋，以套为基本单元进行登记；非成套房屋，以房屋的幢、层、间等有固定界限的部分为基本单元进行登记。

第十八条 房屋登记机构接到司法、行政机关依法作出的查封房屋或者限制房屋权利协助执行文书后，应当按照协助执行文书载明的事项予以协助执行，并将协助执行事项记载于房屋登记簿。

查封房屋或者限制房屋权利期满，房屋权利自然恢复。

第十九条 有下列情形之一的房屋，申请人或者其他利害关系人应当提交由具有房产测绘资格的测绘单位出具的房产测绘成果：

（一）申请房屋初始登记的；

（二）因房屋状况发生变化，申请变更登记的；

（三）因房屋面积发生争议，当事人要求测绘的。

测绘单位对其出具的房产测绘成果的准确性负责。

第二十条 房屋登记机构根据房屋登记簿记载的内容，按下列规定发放房屋权属证书或者登记证明：

（一）房屋所有权初始登记、转移登记、变更登记，发放《房屋所有权证》；申请登记房屋为共有房屋的，房屋登记机构应当在《房屋所有权证》上注明“共有”字样；

（二）房屋抵押权、地役权登记，发放《房屋他项权证》；

（三）在建工程抵押权登记、预告登记、房屋所有权注销登记，发放登记证明。

对建筑区划内归全体业主共有的物业服务用房和共用设施设备用房等登记，房屋登记机构应当在房屋登记簿上记载，并在建筑区划内显著位置公示，不颁发权属证书或登记证明。

第二十一条 房屋权属证书、登记证明是房屋权利人享有相应物权的证明。

房屋权属证书、登记证明记载的事项，应当与房屋登记簿一致；记载不一致的，除有证据证明房屋登记簿确有错误外，以房屋登记簿为准。

第二十二条 房屋登记机构对房屋登记资料，应当统一管理、妥善保存。权利人、利害关系人可以按规定申请查阅、抄录、复制，房屋登记机构应当予以配合，提供便利。

禁止毁损或者擅自修改、销毁房屋登记资料。

第二十三条 申请房屋登记的，申请人应当按照有关规定缴纳登记费用。

价格、财政等部门应当按照职责分工，对登记费用进行管理和监督。

第三章 房屋所有权登记

第二十四条 新建商品房竣工验收合格后，房地产开发企业应当向房屋登记机构申请办理房屋所有权初始登记。

申请新建商品房屋所有权初始登记，应当提交下列材料：

（一）企业法人营业执照和资质证书；

（二）国有土地使用证；

（三）建设工程规划许可证及附图；

（四）房屋竣工验收备案证明；

（五）房屋测绘报告；

（六）法律、法规、规章规定的其他材料。

第二十五条 新建商品房屋初始登记时，根据规划和居住区公建配套标准建设、未计入共用建筑面积进行分摊的房屋，符合登记条件的，登记为房地产开发企业所有；物业服务用房、共有设施设备用房及其他依法属于全体业主共有的房屋，符合登记条件的，登记为全体业主所有。

第二十六条 申请新建非商品房屋所有权初始登记，应当提交下列材料：

（一）合法的国有土地使用证明；

（二）建设工程规划许可证及附图；

（三）房屋竣工验收备案证明；

（四）房屋测绘报告；

（五）法律、法规、规章规定的其他材料。

第二十七条 已依法取得房屋所有权证的房屋因买卖、交换、赠与、继承、受遗赠、作价出资入股、单位合并或隶属关系发生变化，或者因人民法院、仲裁机构的生效法律文书、人民政府的生效征收决定等致使房屋权属发生转移的，应当办理房屋所有权转移登记。

第二十八条 申请房屋所有权转移登记，应当提交下列材料：

（一）房屋所有权证；

（二）与转移事实相关的证明材料；

（三）行政事业单位的房屋，需提交同级财政部门的批准文件；

（四）国有企业已纳入国有资产管理的房屋，需提交国有资产管理部门的批准文件；未纳入的，需提交上级主管部门的批准文件。

抵押人转让抵押房屋的所有权，申请房屋所有权转移登记的，还应当提交抵押权人的身份证明、抵押权人同意抵押房屋转让的书面文件、房屋他项权证。

第二十九条 有下列情形之一的，权利人应当申请房屋所有权变更登记：

（一）权利人的姓名（名称）发生变更的；

（二）房屋坐落的街道或门牌号发生变更的；

（三）共有房屋分割的；

（四）房屋面积发生变化的。

申请房屋所有权变更登记，应当提交下列材料：

（一）房屋所有权证；

（二）房屋测绘平面图；

（三）申请登记事项发生变更的证明文件。

第三十条　房屋因拆除、焚毁、倒塌等原因灭失的，房屋所有权人应当向房屋登记机构申请房屋所有权注销登记。

申请房屋所有权注销登记的，应当提交房屋所有权证和房屋灭失的证明；房屋存在他项权利时，还应当提供他项权人的书面同意文件。

第三十一条　房屋灭失后或因人民法院、仲裁机构的生效法律文书、人民政府的生效征收决定等致使房屋权利消失后，房屋权利人未申请注销登记的，房屋登记机构可以直接代为办理注销登记手续。

按前款规定直接代为办理注销登记的，房屋登记机构应当事先书面告知房屋权利人，并令其限期缴回房屋权属证书；相关权利人未在规定期限内缴回房屋权属证书的，房屋登记机构应当在其网站和当地主要报纸上公告房屋权属证书作废。

第四章　抵押权、地役权登记

第三十二条　申请房屋抵押权登记，应当提交下列材料：

（一）房屋所有权证；

（二）抵押合同；

（三）主债权合同；

（四）法律、法规、规章规定的其他材料。

第三十三条　申请房屋抵押权转移登记，抵押权的转让人和受让人应当提交下列材料：

（一）房屋他项权证或预购商品房抵押权预告登记证明；

（二）房屋抵押权发生转移的证明材料；

（三）抵押权人已通知抵押人的证明材料；

（四）法律、法规、规章规定的其他材料。

第三十四条　申请房屋抵押权变更登记，应当提交下列材料：

（一）房屋他项权证或预购商品房抵押权预告登记证明；

（二）抵押人与抵押权人变更抵押权的书面协议或者其他登记事项发生变更的有关证明文件；

（三）法律、法规、规章规定的其他材料。

因被担保债权的数额、履行债务的期限发生变更申请抵押权变更登记的，还应当提交其他抵押权人的书面同意文件和相关身份证明文件。

第三十五条　申请房屋抵押权注销登记，应当提交下列材料：

（一）房屋他项权证或预购商品房抵押权预告登记证明；

（二）房屋抵押权消灭的证明材料；

（三）法律、法规、规章规定的其他材料。

第三十六条　申请房屋在建工程抵押权登记，应当提交下列材料：

（一）国有土地使用证；

（二）建设工程规划许可证；

（三）抵押合同；

（四）主债权合同；

（五）法律、法规、规章规定的其他材料。

第三十七条　已经登记的房屋在建工程抵押权发生变更、转让或者消灭的，当事人应当申请变更登记、转移登记、注销登记，并提交下列材料：

（一）抵押权登记证明；

（二）抵押权发生变更、转移或者消灭的证明材料；

（三）法律、法规、规章规定的其他材料。

第三十八条　房屋建设工程竣工并进行房屋所有权初始登记后，当事人应当申请将房屋在建工程抵押权登记、预购商品房抵押权预告登记转为房屋抵押权登记。

第三十九条　以房屋、房屋在建工程设定最高额抵押权登记的，当事人应当按照法律、法规、规章规定申请办理。

第四十条　在房屋上设立地役权的，当事人可以申请地役权设立登记。申请地役权设立登记，应当提交下列材料：

（一）地役权合同；

（二）房屋所有权证；

（三）法律、法规、规章规定的其他材料。

第四十一条　已经登记的地役权发生变更、转让或者消灭的，当事人应当申请变更登记、转移登记、注销登记，并提交下列材料：

（一）地役权设立登记证明；

（二）地役权发生变更、转移或者消灭的证明材料；

（三）法律、法规、规章规定的其他材料。

第五章　预告登记

第四十二条　有下列情形之一的，当事人可以申请预告登记：

（一）预购商品房；

（二）以预购商品房设定抵押；

（三）房屋所有权转让、抵押；

（四）法律、法规规定的其他情形。

第四十三条　申请预购商品房预告登记，应当提交下列材料：

（一）已备案的商品房预售合同；

（二）当事人关于预告登记的约定；

（三）法律、法规、规章规定的其他材料。

当事人对预告登记附有条件和期限的，申请人应当提交符合相应条件和期限的证明。

第四十四条 申请预购商品房抵押权预告登记，应当提交下列材料：

（一）抵押合同；

（二）主债权合同；

（三）预购商品房预告登记证明；

（四）当事人关于预告登记的约定；

（五）法律、法规、规章规定的其他材料。

第四十五条 申请房屋所有权转让预告登记，应当提交下列材料：

（一）房屋所有权证；

（二）房屋所有权转让合同；

（三）当事人关于预告登记的约定；

（四）法律、法规、规章规定的其他材料。

第四十六条 申请房屋抵押权预告登记，应当提交下列材料：

（一）抵押合同；

（二）主债权合同；

（三）房屋所有权证；

（四）房屋所有权转让预告登记证明；

（五）当事人关于预告登记的约定；

（六）法律、法规、规章规定的其他材料。

第四十七条 经预告登记的房屋，未经预告登记的权利人书面同意，因转让、抵押该房屋申请登记的，房屋登记机构不予办理。

预告登记后，债权消灭或者自能够进行相应的房屋登记之日起三个月内未申请房屋登记的，预告登记失效。

第六章 其他登记

第四十八条 权利人、利害关系人认为房屋登记簿记载的事项有错误的，可以申请更正登记，并提交房屋登记簿记载错误的证据材料；利害关系人申请的，还应当提供权利人同意更正的书面材料。

房屋登记簿记载确有错误的，房屋登记机构应当进行相应更正；房屋登记簿记载无误的，不予更正，并书面通知申请人。

第四十九条 房屋登记机构发现房屋登记簿的记载错误，不涉及房屋权利归属和内容的，可以直接对房屋登记簿的记载进行相应更正，并书面通知当事人；涉及房屋权利归属和内容的，应当书面通知有关权利人在规定期限内办理更正登记。

办理更正登记期间，房屋登记机构应当中止办理该房屋转让、抵押等登记，并暂缓受理新的相关登记申请。更正登记办理完毕后，房屋登记机构应当恢复办理相关登记。

第五十条 利害关系人认为房屋登记簿记载的事项错误，权利人不同意更正，且利害关系人不能提供司法机关、仲裁机构、行政机关已经发生法律效力的文件证明房屋登记簿记载的权利归属等事项确有错误的，可以持权利归属可能存在错误的有关证据，申请异议登记。

房屋登记机构收到异议登记申请后，应当将异议事项记载于房屋登记簿上，并向申请人出具证明。

第五十一条 申请人在异议登记之日起十五日内未提起诉讼、仲裁或行政处理的，异议登记失效，由房屋登记机构予以注销。

申请人在异议登记之日起十五日内提起诉讼、仲裁或行政处理的，应当向房屋登记机构提交有关受理通知书。诉讼、仲裁程序结束后，有关当事人可以凭生效法律文书申请更正登记或者注销异议登记。

异议登记被注销后，原申请人就同一事项再次申请异议登记的，房屋登记机构不予受理。

第五十二条 房屋登记机构受理异议登记申请后，应当中止办理该房屋转让、抵押等登记，作出中止登记的决定，并暂缓受理新的相关登记申请。

异议登记被注销后，房屋登记机构应当恢复办理相关登记。

第五十三条 有下列情形之一的，房屋登记机构应当撤销房屋登记，但房屋权利已由第三人善意取得的除外：

（一）司法机关、仲裁机构、行政机关发生法律效力的文件证明当事人以隐瞒真实情况或者伪造有关证件、文件等非法手段获取房屋登记的；

（二）当事人提交的权属来源证明文件被依法撤销或确认无效的。

房屋登记机构应当将撤销登记的决定自作出之日起十五日内送达当事人，并收回房屋权属证书、登记证明或者公告作废。

第七章 法律责任

第五十四条 非法印制、伪造、变造房屋权属证书或者登记证明，或者使用非法印制、伪造、变造的房屋权属证书或者登记证明的，由房屋登记机构予以收缴；危害社会治安管理秩序的，由公安机关依据《中华人民共和国治安管理处罚法》进行处罚；构成犯罪的，依法追究刑事责任。

第五十五条 申请人以瞒报、虚报等欺骗手段申请房屋登记，给他人造成损害的，依法承担相应的法律责任。

第五十六条 房屋登记机构工作人员有下列行为之一的，对主管人员和直接责任人员由其所在单位或者上级主管部门视情节轻重，给予行政处分；构成犯罪的，依法追究刑事责任：

（一）违反法定程序或超越法定职权办理登记的；

（二）对不符合登记条件的申请办理登记的；

（三）与他人恶意串通办理登记的；

（四）未按规定查验申请登记材料，导致房屋登记错误的；

（五）对符合登记条件的申请故意拖延或者不予办理的；

（六）擅自涂改、毁损、伪造房屋登记簿的；

（七）法律、法规、规章规定的其他行为。

有前款规定第（一）（二）（三）（四）项行为的，房屋登记机构根据相关权利人的申请或者依据职权，可以撤销房屋登记。

第五十七条 房屋登记机构及其工作人员违反本条例规定办理房屋登记给他人造成损害的，由房屋登记机构承担赔偿责任。房屋登记机构承担赔偿责任后，对因故意或者重大过失造成登记错误的工作人员有权追偿。

第五十八条 房地产开发企业违反本条例规定，不按照规定或者约定办理初始登记的，应当承担法律责任；造成损失的，依法承担赔偿责任。

第八章 附 则

第五十九条 本条例自2012年1月1日起施行。2003年8月29日郑州市第十一届人民代表大会常务委员会第四十次会议审议通过，2003年11月28日河南省第十届人民代表大会常务委员会第六次会议批准的《郑州市城市房屋权属登记管理条例》同时废止。

郑州市医疗卫生设施规划建设管理条例

（2011年8月25日郑州市第十三届人民代表大会常务委员会第二十二次会议通过 2011年9月28日河南省第十一届人民代表大会常务委员会第二十三次会议批准）

第一条 为加强医疗卫生设施的规划和建设管理，均衡配置和有效利用医疗卫生资源，促进医疗卫生事业发展，根据《中华人民共和国城乡规划法》《医疗机构管理条例》等有关法律、法规，结合本市实际，制定本条例。

第二条 本条例所称医疗卫生设施，是指由各级人民政府和社会资本投资建设的，用于诊断、治疗、康复等医疗服务的设施，以及用于疾病预防控制、医疗紧急救援等公共卫生服务的设施。

第三条 本市行政区域内医疗卫生设施的规划和建设管理工作适用本条例。

第四条 市和县（市）区人民政府对本行政区域内医疗卫生设施的规划和建设管理工作实行统一领导。

市和县（市）区卫生行政部门会同有关部门负责本条例的实施。

市和县（市）、上街区城乡规划主管部门负责医疗卫生设施的规划管理。

发展改革、国土资源、财政、建设、环保等有关部门应当在各自职责范围内，共同做好医疗卫生设施的规划和建设管理工作。

第五条 医疗卫生设施的规划和建设应当遵循统筹安排、合理布局、配套建设、方便群众的原则。

第六条 市和县（市）区人民政府应当将医疗卫生设施的规划和建设纳入国民经济和社会发展规划、城乡规划和土地利用总体规划。

第七条 市和县（市）、上街区卫生行政部门应当会同同级城乡规划等有关部门，根据本地国民经济和社会发展规划、城乡规划、土地利用总体规划和卫生事业发展规划，组织编制医疗卫生设施布局专项规划。

第八条 医疗卫生设施布局专项规划报送审批前，组织编制部门应当将规划草案予以公告，并采取论证会、听证会或者其他方式征求专家和公众的意见。公告时间不得少于三十日。

组织编制部门应当充分考虑专家和公众的意见，报送审批时应当附具意见采纳情况及理由。

第九条 医疗卫生设施布局专项规划由本级人民政府提请同级人民代表大会常务委员会批准后公布实施。

经批准的医疗卫生设施布局专项规划应当严格执行，非经原批准程序不得变更。

第十条 城乡规划主管部门应当按照医疗卫生设施布局专项规划，预留医疗卫生设施建设用地。

规划预留的医疗卫生设施建设用地，城乡规划、国土资源行政主管部门应当根据有关规定核定用地位置和界线。

第十一条 任何单位和个人不得侵占医疗卫生设施规划用地，不得擅自改变用地性质。

第十二条 因调整城乡规划或者扩建、搬迁、合并医疗卫生设施等原因，需对原医疗卫生设施用地进行调整的，由市和县（市）、上街区城乡规划、国土资源行政主管部门征求同级卫生行政部门意见后提出调整方案，报同级人民政府批准后实施。

第十三条 各类医疗卫生设施的规划布局、建设规模、用地面积等，应当根据行政区划、城乡发展、人口居住状况等因素按照国家标准确定。

第十四条 社区卫生服务设施应当按照下列标准进行布局：

（一）每三万到五万人口区域内规划预留一处社区卫生服务中心用地，用地面积不少于三千平方米。旧城改造区域内不能预留建设用地的，需征得市、县（市）、上街区卫生行政部门同意，在合适位置提供建筑面积不少于两千平方米的用房；

（二）每一万到一万五千人口区域内提供一处社区卫生服务站用房，建筑面积不少于三百平方米。

第十五条 农村医疗卫生设施应当按照下列标准进行布局：

（一）每个乡、镇由政府设置一所卫生院，建筑面积不少于一千五百平方米；

（二）每个行政村设置一个村卫生室，建筑面积不少于一百二十平方米。

第十六条 因国家、省、市重点工程和城市基础设施建设等公共利益需要，确需征收医疗卫生设施用地的，征收人应当按照医疗卫生设施布局专项规划就近予以安置或者依法给予补偿。安置后的医疗卫生设施用地和建设标准不得低于原用地面积和建设标准。

第十七条 公共医疗卫生是社会公益性事业。市和县（市）区人民政府应当加大对公共卫生和基本医疗卫生设施的投入。专业公共卫生设施建设资金由政府全额安排。

鼓励和支持社会资本投资建设各类医疗设施。

第十八条 社会资本投资建设的非营利性医疗设施可以享受与公立医疗设施相同的土地使用政策。擅自改变用地性质的，依法收回。

第十九条 医疗卫生设施的建设，应当符合国家规定的设计规范和建设标准。

第二十条 城市新区开发、旧城区成片改造或者城市零星开发时，医疗卫生设施应当与开发建设项目同步配套规划。社区卫生服务设施应当与主体工程同步设计、同步建设、同步验收。

第二十一条 医疗卫生设施规划用地上不得建设与医疗卫生无关的永久性建筑物、构筑物和其他设施。

第二十二条 新建、改建、扩建建设工程毗邻已建成医疗卫生设施或者医疗卫生设施规划用地的，应当符合国家规定的消防、安全、环保等要求，不得妨碍医疗卫生设施用房的通风、采光和日照，不得危害医疗卫生设施环境。

第二十三条 医疗卫生设施卫生防护距离内不得规划、建设下列场所：

（一）易燃易爆、剧毒、腐蚀性等危险品生产、储存、使用、经营场所；

（二）畜禽饲养、屠宰场所；

（三）废弃物收集、储存、处理场所；

（四）高污染、高噪音和电磁辐射场所；

（五）其他可能危害医疗卫生设施安全、环境的场所。

医疗卫生设施卫生防护距离的具体标准，按照有关规定执行。

第二十四条 市和县（市）、上街区人民政府应当向本级人民代表大会常务委员会报告医疗卫生设施的规划和建设情况，并接受监督。

市和县（市）、上街区人民政府及其有关部门应当组织落实医疗卫生设施布局专项规划，加强对医疗卫生设施规划和建设情况的监督检查。

公民、法人或者其他组织有权举报或者控告违反医疗卫生设施规划建设的行为。

第二十五条 违反本条例规定，有下列行为之一的，由有关行政主管部门根据有关法律、法规进行处理：

（一）侵占医疗卫生设施规划用地、擅自改变用地性质的；

（二）在医疗卫生设施规划用地上建设与医疗卫生无关的永久性建筑物、构筑物和其他设施的；

（三）在医疗卫生设施卫生防护距离内建设可能危害医疗卫生设施安全、环境的场所的。

第二十六条 卫生行政部门、城乡规划主管部门、其他有关行政主管部门及其工作人员违反本条例规定，有下列行为之一的，对直接负责的主管人员或者其他直接责任人员给予行政处分；构成犯罪的，依法追究刑事责任：

（一）非经法定程序变更医疗卫生设施布局专项规划的；

（二）未按照医疗卫生设施布局专项规划预留医疗卫生设施建设用地的；

（三）擅自同意他人占用医疗卫生设施规划用地的；

（四）擅自批准他人改变医疗卫生设施用地性质的；

（五）其他滥用职权、玩忽职守、徇私舞弊的行为。

第二十七条 本条例自2012年1月1日起施行。

专文

科学谋划 示范引领 努力打造中原经济区核心增长区

2011年是“十二五”规划开局之年，是中原经济区正式上升为国家战略顺势起航之年，也是郑州都市区建设起步之年。郑州市作为中原经济区龙头和重心城市，将以中原经济区发展战略为指导，紧紧围绕中原经济区建设各项要求，立足郑州实际，科学谋划，示范引领，全面推进郑州都市区建设，努力打造中原经济区核心增长区。

(一)深化共识，全力服务中原经济区建设

中原经济区正式上升到国家战略层面，为郑州的跨越式发展带来了难得的历史机遇，也为加快郑州都市区建设提供了更加广阔的平台。郑州都市区是以中心城区、郑州新区为核心，以发达的联系通道为依托，以一体化的规划为指导，以组团发展、产城融合、复合型、生态型为发展路径，吸引带动其他区域快速发展，促进各功能区间相互联系与协作，构筑功能布局合理、空间利用高效、产业特色突出、社会和谐、环境友好、对周边辐射带动作用明显的现代化大都市，打造中原经济区核心增长区和全国区域性中心城市。

（1）郑州都市区建设，是贯彻落实科学发展观、加快经济发展方式转变的战略选择。建设郑州都市区，不是原有发展模式的简单沿袭和重复，而是发展路径上有突破，管理和运行体制机制上有创新，在破解土地指标、环保容量、能源供应、资金供应等发展难题上有改进，在发展环境上有提升，使郑州的发展更加符合科学发展观的要求，更加符合经济发展方式转变的要求。

（2）郑州都市区建设，是呼应和引领中原经济区建设的重要举措。郑州作为人口大省的省会城市，必须充分发挥好省会城市的龙头、重心和示范带动作用，以高度的历史责任感、强烈的发展意识和宽广的全球视野，积极对接、落实好中原经济区建设的发展战略，重新从战略的高度调整发展思路，找准发展定位，拓展发展空间。加快建设郑州都市区，就是持续推进跨越式发展，打造中原经济区核心增长区的重要着力点。

（3）郑州都市区建设，是适应省会城市化快速发展的迫切需要。从城市功能看，都市区建设是大城市快速崛起的重要平台，是城市化最有效率和效益的发展模式。根据世界城市化发展趋势，城市化水平达到30%即进入加速发展阶段，达到50%城市进入集聚时期。郑州目前的城市化水平达到65%，已进入快速集聚时期，建设郑州都市区就是加强与其他城市的相互作用，形成更大范围内的协调。

（4）郑州都市区建设，是加强和改进城市管理工作的内在要求。近年来，郑州随着城市扩张、人口增加和城市功能的扩大，城市承担的管理职能越来越多、越来越复杂，必须从更大空间尺度上来寻求解决问题的办法。加快建设郑州都市区，有利于提升中心城市的辐射带动作用，实现城乡统筹发展，加速区域现代化进程。

(二)强化运作，着力打造中原经济区核心增长区

加快郑州都市区建设，形成中原经济区核心增长区，必须转变发展理念、创新发展思路、提高发展质量，从“十二五”的新形势、新任务出发，在继续坚持科教兴郑、开放带动、可持续发展战略的基础上，着力实施好以下发展战略：

（1）大力实施项目、引资双带动的跨越式发展战略。郑州市委、市政府坚持把项目建设摆在更加突出的地位，积极实施由市委、市政府主要领导联系十大重大项目、市级领导干部联系一百个重大项目、各县(市)区和市直各部门联系一千个重大项目的“十百千”工程以及跨越式发展支撑项目。充分发挥企业在扩张项目中的主体作用，政府在谋划项目中的主导作用，大招商在吸引项目、承接转移中的积极作用。实施项目“六抓”（重视抓项目、善于抓项目、为民抓项目、优质抓项目、高效抓项目、干净抓项目）、重大项目周例会、联审联批等制度，提升推进项目的能力和水平，提高招商引资的落地率。

（2）大力实施工业强市、服务业优先的产业优化升级战略。加快工业强市建设，大力培育战略新兴产业，改造提升传统产业，加快高新技术产业发展，加快工业化与信息化的融合。优先发展服务业，加快国家服务业综合改革试点城市建设，积极培育发展现代物流、商贸、会展、金融、服务外包、文化创意等生产性服务业，加快发展生活性服务业，推动现代服务业水平不断提升。

（3）大力实施组团发展、产城融合的都市区发展战略。把推动组团发展和产城融合作为郑州都市区建设的主要方向。以经营的理念运作新的城市组团，加快宜居教育城、宜居健康城、宜居商贸城、宜居生态城、宜居航空城的规划、设计、运作和建设。以宜居的理念提升产业集聚区，宜业与宜居统筹规划，实现产业与城市的融合发展。

以合村并城的理念提升城市周边的发展。以工业的、景观的、生态的理念发展都市农业，努力走出一条效益农业、观光农业、生态农业共赢的都市型农业发展道路。

（4）大力实施民生优先、环境优先的软实力提升战略。大力实施优质教育资源倍增工程、优质医疗资源倍增工程、就业创业提升工程、安居保障工程、“畅通郑州”工程、文化设施提升工程、市民“菜篮子”工程等重大民生工程，着力改善民生。在优化环境方面，全面提高行政服务效能，努力打造最佳投资环境城市、最佳人居环境城市、最佳创业环境城市和最佳旅游环境城市。

（三）真抓实干，全面推进郑州都市区建设

对于郑州来说，都市区建设是一个全新的课题。全面推进郑州都市区建设，要大胆探索、勇于尝试，扫除阻碍发展的思想障碍，打通影响发展的制度瓶颈，闯出一条具有郑州特色、符合郑州实际的可持续发展之路。

（1）以体制改革创新为平台，建立统一高效的管理新机制。一是完善协调机制。建立由各县（市）区、各组团共同参与的协调机构，加强与中原经济区其他城市的联系与合作。二是完善投融资平台建设。根据都市区建设的新任务，研究投融资平台建设的新模式，把增强融资能力、扩大融资规模作为紧迫的工作抓紧抓好。三是推进行政管理体制改革。打破行政区划的障碍，加快区划调整步伐，为实现一体化建设和管理创造条件。四是完善政策。通过土地、税收、投资等产业优惠政策，重点支持战略支撑产业、战略新兴产业、现代服务业、生态高效农业的发展壮大，加快都市区产业升级。

（2）以八个层面建设为抓手，构筑都市区发展的新引擎。一是加快郑州新区建设。依托郑东新区CBD、CBD副中心，大力发展金融服务业、现代物流业、会展业、总部经济和楼宇经济。以点带面，突出抓好龙湖地区、航空城、国际物流园区、综合交通枢纽地区、高校和职教园区、绿博园周边区域等重点区域的开发和建设。二是加快中心城区提升改造。进一步拓展中心城区发展空间，完善配套设施，提升城市功能，提高城市承载能力。三是加快宜居城市组团建设。合理调整城市空间布局和功能分区，实现宜居宜业宜商的多功能兼顾。四是加快城郊村合村并城。坚持试点先行、逐步推开的原则，按照城市社区的标准推进城郊村合村并城工作。五是加快卫星城融城发展。加强航空城、新郑新城、中牟新城、巩义新城、荥阳新城、郑上新城、新密新城、天中旅游新城与中心城区的空间对接、融合和一体化发展。六是加快产业集聚区建设。努力破解土地瓶颈制约，实现产城融合发展。七是加快合村并镇和新型农村社区建设。以城镇化建设为导向，以新型农村社区建设为抓手，因地制宜，分类指导。八是加快都市农村建设。积极推动基本公共服务资源向农村倾斜，引导城市资金、技术、信息等要素向农村流动，提高城乡公共设施共享水平。

（3）以科学完善的支撑体系为路径，构建都市区一体化的新优势。一是建立综合交通支撑体系。巩固和提升郑州作为全国综合交通枢纽的地位和作用，建成面向国际的大型航空枢纽，全国重要的铁路、公路交通枢纽。二是建立基础设施和资源保障体系。加快城市供水、供电工程建设，改造提升城市管网体系，建设清洁、环保、节能型城市。三是建立科技创新支撑体系。围绕发展高新技术产业，在电子信息、先进制造、新能源、新材料、生物医药、新能源汽车、物联网以及科技自主创新工程等产业领域实施重大科技专项和重大科技工程。四是建立人力资源支撑体系。着力提高现代化教育水平，促进区域内教育资源均衡配置。加强人才、项目、技术、资本有效对接，优化人才发展环境。五是建立社会保障支撑体系。把完善基本养老、基本医疗、最低生活保障制度作为重点，不断提高社会保障水平。六是建立生态环境支撑体系。加强重点领域、重点区域综合治理，实施生态保护重点工程，提高环境综合承载能力。

（4）以加强和创新社会管理为基础，促进都市区社会和谐新发展。一是破解社会矛盾日益复杂的难题。完善诉求表达机制，继续利用好书记市长信箱、热线电话、ZZIC、政务短信等渠道，全天候受理群众反映的问题，建立反映问题和主动发现问题、解决问题的长效机制。二是破解利益主体日益多元化的难题。建立科学有效的利益协调机制，让不同群体、不同阶层的人们在进行利益对话时，享有平等的权利。三是破解寓管理于服务之中的难题。继续开展机关公务人员联系帮扶社区活动，把人力、物力、财力更多地投到基层，帮助基层及时协调解决群众关切的问题，多办群众期盼的实事好事。四是破解依靠公众开展社会管理的难题。充分尊重基层群众的意愿和智慧，发挥市场的调节作用，利用好工会、共青团、妇联等群众团体和各类中介组织在社会管理中的职能和作用。

（5）以转变领导方式为关键，实现加快都市区发展方式转变新跃升。深入贯彻省委卢展工书记提出的“用领导方式转变加快发展方式转变”重要思想，始终坚持“三具两基一抓手”的工作方法，在转变领导方式上创新举措，真转快转。全面推进各领域体制改革，率先在重点领域和关键环节取得突破，不断增强领导干部对经济社会发展的驾驭能力。注意运用管用、长效、低成本、大家易于接受的方式抓具体，以具体求实效，靠具体促落实。善于综合运用现场办公、协调会、周报、日（周）询问和网上行政等方法推动工作。完善社会监督机制，创新督查和绩效考核方式，促进各项工作落实。

中原经济区上升为国家区域发展战略对郑州市发展的机遇研究

在经济全球化深入发展和后国际金融危机时期挑战与机遇并存的环境下，提升区域综合竞争力已经成为促进区域经济可持续发展的必然选择。中原经济区上升为国家层面的优化开发区域，郑州市作为中原经济区建设的龙头，在国家构建高效、协调、可持续的国土空间开发格局中，必将迎来新的更大的发展机遇。

(一)全国主体功能区规划的出台，对于加快郑州都市区建设，打造中原经济区核心增长区提供了大好的政策机遇

推进形成主体功能区，就是要根据不同区域的资源环境承载能力、现有开发强度和发展潜力，统筹谋划人口分布、经济布局、国土利用和城镇化格局，确定不同区域的主体功能，使经济更发达、区域更协调、人民更富裕，社会更和谐。而我们建设郑州都市区的战略构想正好符合全国主体功能区规划的宗旨，这对于推进我市的都市区建设有着很好的促进意义。

（1）工业建设和城市建设空间方面。随着东部部分地区资源环境能力逐步饱和，经济增长加快向中西部适宜开发的区域拓展，《规划》的出台，对继续扩大这些区域的工业建设和城市建设空间提供了良好的发展机遇。它对于有效解决国土空间开发中的突出问题，应对未来诸多挑战，树立了新的开发理念，从而满足了郑州都市区域内人口增加、人民生活改善、经济增长、工业化城镇化发展、基础设施建设等对国土空间的巨大需求。

（2）经济结构调整方面。《规划》把调整空间结构纳入经济结构调整的内涵中，把国土空间开发的着力点从占用土地为主转到调整和优化空间结构、提高空间利用效率上来，这就为我市加快转变经济发展方式提供了良好的机遇。加快转变经济发展方式，是应对国内外诸多挑战、利用好战略机遇期的唯一路径，最为关键的是要在五个方面实现新的突破。要从需求、产业、城乡区域、要素投入等方面，推进取得新突破；要在科技进步和创新上取得新的突破，增强竞争力，抢占制高点；要在经济社会协调发展上取得新突破，让全体百姓更好享受发展成果；要在“两型”社会建设上取得新突破，破解资源环境瓶颈；要在重点领域和关键环节“下猛药”，推进改革开放取得新突破。

（3）县域经济发展方面。发展县域经济是发展区域经济的重要基础和支撑，县域经济强则全市强，全市强则全省强。建设中原经济区，主战场不在大中城市，而是在县域。想要打破城乡二元结构，统筹城乡发展，首先要摆脱传统的发展模式，壮大县域经济。加快发展方式转变，其重点在县域，难点也在县域。《规划》把建设中原经济区上升为国家开发战略，为县域经济超常规的发展提供了可能。作为县域经济仍比较落后的郑州市，我们要紧紧抓住这次全国主体功能区规划的有利时机，认真研究分析本地的资源、环境、区位等条件，因地制宜、扬长避短、积极探索，找准优势，发展特色经济，走一条符合我市实际县域经济特色发展之路。

（4）农村城市化方面。国家主体功能区的划分，把农产品主产区作为限制进行大规模高强度工业化城镇化开发区的区域，使之能集中各种资源发展现代农业，不断提高农业综合生产能力，同时也可以使国家强农惠农的政策更集中地落实到这类区域。郑州作为农业大省的省会，在国家主体功能区建设的过程中，城市化会得到飞速发展。而农业发展是城市化的前提，主体功能区规划有利于我市农业的发展，从而推动我市的农村城市化发展。一是有利于农业资金投入的增加。主体功能区规划使我国各个区域发展环境达到协调，有助于解决像郑州这样以农业为主的欠发达地区的资金短缺问题。二是国家出台全国主体功能区规划会使中国农业和农村的面貌发生重大变化，其中最突出的是会进一步加快农村城市化的进程。

（5）基础设施建设方面。主体功能的划分要求，各个区域内的交通基础设施建设规模、布局、密度等，要与各主体功能区的人口、经济规模和产业结构相协调，城市建设和交通基础设施建设应统筹利用地上空间。由于区域一体化和同城化程度的进一步提高，使郑州都市区内的交通、能源、水利、通信、环保、防灾等基础设施的布局和建设得到提升发展。从而将对我市的综合交通运输体系建设，提高铁路、公路、空运等多种运输方式之间的中转和衔接能力有着很强的促进作用。

（二）国家层面主体功能区建设，对于进一步优化郑州都市区布局，尽快形成中原经济区核心增长区提供了有利条件

中原经济区作为国家层面的重点开发区域，已经具备了较强的

经济基础、一定的科技创新能力和较好的发展潜力。郑州作为中原经济区的中心城市，城镇化体系初步形成，具备经济一体化的条件，也初步具备了一定的辐射带动能力。尤其是郑州都市区战略发展目标的提出，在国家主体功能区建设中，将在推进经济可持续发展、推进新型工业化进程、增强产业聚集能力、壮大城市综合实力、发挥区位优势、加快中原经济区建设进程方面，产生积极的作用。

（1）城乡统筹更趋协调。《规划》明确，要按照人口、经济、资源环境相协调以及统筹城乡发展、统筹区域发展的要求进行开发，从而为我市进一步促进城乡人口、经济和资源环境的空间均衡提供了难得的机遇。规划提出在优化提升东部地区城市群的同时，在中西部地区资源环境承载能力较强的区域，培育形成若干人口和经济密集的城市群，这对于位于这个区域的郑州都市区来说，农村人口将继续向城市有序转移，城乡区域间的公共服务和生活条件的差距逐渐缩小，使我市城乡区域发展更趋协调。

（2）资源利用更趋集约高效。主体功能区的划分，使大部分人口的就业和居住以及经济集聚于大城市群地区和城市化地区，基础设施共享水平显著提高。这将有利于郑州都市区域内尽快形成相对完整的产业体系，市场指向型产品的去路缩短，物流成本降低，低碳技术和循环经济得到广泛推广，将进一步加快资源节约型和环境友好社会初步形成。

（3）空间结构进一步优化。《规划》明确提出要将优化结构作为各个主体功能区开发的首要原则，将国土空间开发从占用土地的外延扩张为主，转向调整优化空间结构为主。从而为我市加快发展方式转变、优化发展结构提供了难得的发展机遇。明确提出要进一步扩大城市居住、公共设施和绿地等空间，进一步增加农村公共设施空间，适度扩大交通设施空间，扩大重点开发区域的城市建设空间，适度扩大先进制造业和服务业空间，等等，这都为我市加快都市区结构调整以及更好地发展循环经济提供了难得的历史性机遇。

（4）城镇布局进一步优化。国家优化开发区域的功能定位是：提升国家竞争力的重要区域，带动全国经济社会发展的龙头，全国重要的创新区域，等等。郑州作为中原经济区的龙头和重心，将会在中原经济区建设中率先加快转变经济发展方式，调整优化经济结构，进一步健全城镇体系，促进城市集约紧凑发展。作为国家区域性中心城市，将进一步在国家层面主体功能区优先开发中，明确城市的功能定位和产业分工，推进中原城市群的功能互补和经济联系，使郑州都市区在区域内的整体竞争力进一步增强。

（5）产业结构进一步优化。中原经济区作为国家层面的优化开发区域，首要的目标是要率先实现经济发展方式的根本性转变。这就为作为中原经济区核心城市的郑州，加快发展方式转变提供了动力和保障。国家主体功能区的划分，将进一步推动郑州都市区域内产业结构向高端、高效、商附加值转变，增强高新技术产业、现代服务业、先进制造业对经济增长的带动作用。将大大加快都市型农业、节水农业和绿色农业的发展，同时，也为节能、节地、环保的先进制造业的发展提供了有利条件。使拥有自主产权的高新技术产业和以服务经济为主的产业得到进一步推动发展，有利于促进区域内加快形成现代产业体系。

（三）中原经济区上升为国家层面重点开发区域，为加快郑州都市区建设提供了动力支持

构建中原经济区，对统筹区域内城乡发展、优化产业结构、形成统一市场、有效利用资源、促进中部崛起，具有重要的战略意义；同时，构建中原经济区，也为郑州都市区加快建设提供了一个难得的发展机遇。郑州必须实现率先发展，充分发挥中心城市的功能整合作用，带头实现经济、社会发展模式深刻调整，引导、培育和促进中原经济区中主导产业、特色产业的形成与发展，促进郑州乃至中原经济区的全面振兴。

一要加快工业化进程，通过加强产业集聚、强化工业主导地位，壮大经济实力。

二要加快城市化进程。进一步强化城市化意识，丰富城市化内涵，拓展城市化思路，提升城市化水平，通过不断加快城市化进程，进一步带动城镇化、城乡一体化，坚持由大中城市到县城到镇到中心村，从上到下不断延伸，带动城乡统筹发展。

三要实施主城区和郑州新区的双核带动战略，培育都市核心和副中心城市，积极发展小城镇，调整各城镇的规模结构、空间结构和功能分工，整合区域资源和经济优势，建成资源共享、生态共建、产业互补、各具特色、协调发展的现代化“大郑州”。

四要强化中心意识、竞争意识、机遇意识和创新意识，充分挖掘经济转型、技术进步、产业结构和消费结构升级中蕴藏的巨大潜能，做到统筹、协调、可持续发展。

五要重视联动效应。积极探索和研究经济区内各大、中、小城市之间的社会化、专业化和体系化的产业结构、产业布局和劳动分工，充分利用经济区内各城市的资源禀赋优势和区位优势，不断培育经济区内各城市的比较经济优势和经济关联性，形成以郑州为中心的产业体系与紧密的经济关系。

关于加快郑州市城区经济发展的调查与研究

城区经济一般指以地级以上城市区级行政区划为地理空间，以区级行政机关为调控主体，以市场为导向，以高效率为特色的地域经济体系。城区经济是城市经济的重要组成部分，其发展的好坏直接关系到一个城市经济发展的速度和质量。近年来，我市城区经济发展保持了平稳较快发展的态势，为提升省会城市核心竞争力奠定了很好的基础。但是也存在一些问题，市委政研室组成相关课题研究组，对国内外城区经济发展情况及我市发展现状进行了专题调研。

（一）国内外城区经济发展基本情况及主要经验

城区经济仍然属于区域经济，所以符合区域经济学的一般规律。但是，城区经济与宏观层面上的区域经济相比，有自己的特色。

（1）国内外城区经济发展的基本情况

20世纪60年代以来，全球呈现出工业型经济向服务型经济转型的大趋势,服务业在就业和国民生产总值中的比重不断加大,2000年全球服务业增长值占GDP比重63%,主要发达国家占到71%。多数国家服务业就业人数已经超过第一、二产业的总和。由于这些现代服务业大都是在城区发展的，已经成为支撑城区经济发展的半壁江山。其发展模式也非常丰富，而且充满活力。有金融业集群模式、创意产业模式、总部经济模式、IT产业集群模式等等。以金融业集群为例，全球最典型的有美国曼哈顿模式、英国伦敦金融城模式、日本东京模式等。

曼哈顿　是美国纽约市的中心区,总面积57.91平方公里，人口150万人。其经济增长量占纽约市总量的82%，地产估价约占纽约市地产估价总额的53%。其中央商务区形成于20世纪70年代，80-90年代达到鼎盛。主要分布在曼哈顿岛上的老城（Downtown）和中城(Midtown)。老城的华尔街金融区，集中了大银行、保险公司、交易所及上百家大公司总部和几十万就业人口，是世界上就业密度最高的地区。金融业高度集中，而且创新性产品特别多，金融衍生品比比皆是，是曼哈顿模式的核心。

伦敦　是全球国际金融中心,其商务区主要集中在伦敦外和内伦敦西区的西敏寺区两个相对独立的中心节点区。大伦敦地区的GDP占英国的1/5，伦敦金融区的GDP占伦敦的1/4,占整个英国GDP的2%,其中伦敦金融和商业服务部门的产出占总产出的40%。伦敦金融服务业集群形成了城市中心、内城区、郊外新兴商务区的多点发展模式。英国共有金融服务企业12228家（1997年）,其中大伦敦金融区就有5430家,占总数的44.4%。

东京　是国际大都市中的后起之秀。东京市中心传统上由千代田区、中央区和港区等都心三区构成,千代田的丸之内是东京的主体,国际金融机构高度集中,用地达到饱和状态。东京中央商务区的发展模式采用了老中心区与多个新中心区分层次并进策略,来适应快速城市化的发展需求。东京商务区是网络结构,现代服务业集群也就具有了网络化的发展模式。

在国内，近年来随着我国城市化进程的不断加快和城市功能的不断完善，城区经济日益得到重视，也日益成为加快经济发展的重点。

辽宁省　把大力发展城区经济上升为引领全省未来经济发展的重大战略，城区经济飞速发展。2010年底，全省城区地区生产总值突破万亿元大关，占全省经济总量的60%以上，已经成为该省经济发展的主要支柱。具体措施：一是管理权限向城区下放。省委、省政府下发了《关于加快城区经济发展的若干意见》《全省城区经济发展考核评价办法》，更多的经济管理权限将被下放到城区。除城市总体规划、基础设施建设、重大项目投资以及法律法规规定的事权由市政府统一管理外，其他涉及经济管理的权限均将被授予城区。地处偏远、相对独立的郊区将被赋予更多的管理权限。二是发展城区经济得到更多的资金支持。省级财政每年安排2.8亿元服务业发展专项资金，对每个城区发展服务业项目给予500万元的专项补助。三是把大力发展服务业作为全省城区经济结构调整、产业升级的首要任务，纳入城市经济发展总体规划，位于优先发展的位置。全省56个城区都重点规划和建设了至少一个服务业集聚区，仅2010年服务业集聚区营业收入达到50亿元的有40个。服务业集聚区和工业产业园区在城区经济发展中起到了强劲的助力作用。四是建立城区经济发展考核评价制度。下发《全省城区经济发展考核评价办法》，重点考核56个城区地区生产总值及增长速度、地方财政总收入及增长速度、城镇固定资产投资及增长速度等主要经济指标。

南京市　随着全市经济的快速发展，南京城区的经济发展以超越全市平均发展速度的趋势迅速起飞，对全市经济发展的贡献程度明显上升。市委、市政府在划分事权财权、分流职能、理顺关系的基础上相继出台了《关于进一步加强城区工作的若干政策措施》《关于进一步推动城区经济快速协调发展的若干意见》等文件，进一步下放了财税、城建、城管、外经贸等方面的权限，随着城市化和工业化的加速推进，南京市城区独特的资源优势不断加速集聚，产业结构特点更加明显。具体措施：一是淡化城郊界限，统筹发展南京大市区。改变长期以来在区划上的习惯定位，淡化城区与郊区的概念，在城市空间区位布局上，将包括郊区在内的“大市区”作为一个整体进行统一规划和管理。二是通过组团式发展，进行资源整合。全市以市辖区为载体，打破各种行政隶属界限，在充分考虑各方利益的前提下，通过资源的整合，走组团式发展的道路，形成既有分工又有联系，优势叠加、劣势互补、产业协调的区域综合经济体，使各利益体成为组团式发展的原动力。三是转变增长方式，突出城区战略特色。随着城区经济密度的不断提高，传统的以高投入、高产出、低效率为特点的城市经济增长方式和“摊大饼”式的平面扩张办法已无法适应新的发展环境和要求。城区从适应经济发展的实际需要出发，实施优先发展现代服务业、优先发展先进制造业的产业政策。突出第二产业与第三产业联动发展，突出第三产业为第二产业服务的力度，在区域的定位、产业的结构、发展的重点等方面都不同程度地进行了相应的整合，形成了城区经济发展的特色。

西安市　围绕加快转变经济发展方式这条主线，瞄准国内一线城市中心城区，借鉴国际化大都市中心城区发展经历，明确自身发展定位，依托中心城区的区位优势，全力推动城区经济产业调整和发展转型，初步形成总部、金融CBD、会展经济聚集效应，树立了城区经济科学发展的新坐标。具体措施：一是推行总部经济。西安市新城区作为其中心城区，拥有丰富的资金流、信息流、物流和人才流等的集聚和流通，对总部经济发展会产生较强的吸引力、集聚力、辐射力和带动力。市委、市政府依托其资源优势，确定了把发展现代服务业作为城区经济产业调整的主导方向，加快形成以服务业为主的经济结构，积极发展金融、电信等高端总部楼宇服务业。二是大力发展金融业。抢抓国家实施《关中—天水经济区规划》的历史性机遇，对全区产业布局科学规划，在“三大板块、六个中心”的布局中，立足新城的金融历史积淀，以新城广场周边金融商务圈为基础，打造西安乃至西北地区商务金融中心。三是加快发展会展经济。出台一系列扶持政策，依托现有的交通、人流、物流优势，充分发挥省政府和各大金融机构总部的政务活动资源优势，大力发展会展经济，以举办大型高端会展为契机，已经成为西部会展经济的新坐标。

（2）国内外城区经济发展的主要特征

国内外实践证明，现代城区高素质人力资源丰富，信息快捷，基础设施保障程度高，非常有利于发展科技含量高、生产效率高、经济效益高的现代服务业。因此，城区经济生命力强，发展潜力大，国内外一些地区城区经济发展的成功经验值得我们高度重视和借鉴。研究分析国内外城区经济发展实践，概括起来有三点主要特征。

第一，城区经济具有较强的服务性特征。除工业区之外，城区产业结构一般以第三产业为主，突出服务性。随着许多城市“退二进三”等措施的出台以及城区环境治理、道路建设等方面的需要，部分工业企业开始迁出城区，城区发展第三产业的功能更强，城区经济的服务性更加突出。在发达国家，城区经济以现代服务业为主，而发展中国家传统服务业占比重较大。

第二，城区经济具有高效性特征。由于城区的经济密度比较高，经济密度指的是每平方公里土地所创造的地区生产总值，从一定意义上说，它代表了一个地区的经济效率。据有关资料显示，很多大城市的商贸区或人才密集区，每年每平方公里创造的GDP高达5亿元以上，是普通中小城镇的5倍以上。国外像纽约、东京、巴黎等国际化大都市，其城区经济的高效性尤为明显。在我国北京、上海以及很多省会城市，已经出现一批每年纳税超过1000万元的单栋写字楼，上海市甚至还出现一批“亿元楼”即入驻写字楼里的企业每年所产生的税收超过了1亿元），经济效率更高。在城区经济发育比较成熟的城市，城区经济的这种高效性还体现在其诸多颇具影响的现代服务业产业集群发展上。如美国曼哈顿的金融业集群、北京中关村的IT产业集群、武汉光谷光电产业集群，等等。城区形成特色产业集群后，吸引相关要素的能力将进一步增强，内在的发展机制将日益完善，经济发展速度将大幅提升。

第三，城区经济具有产业性特征。城区经济和其他区域经济一样，也有着极强的产业特征。一是总部经济集中。全球著名城市的中心商务区，是城区经济发展的重点地域。法国巴黎拉•德方斯10万就业人口中50%从事行政管理工作，集聚了IBM、日立以及法国本国20家最大企业中的14家总部。英国伦敦CBD提供了100万个就业岗位，办公建筑面积占全英国的一半左右。上海浦东已吸引来自98个国家和地区的1万多家外资企业，包括41家跨国公司地区总部、数十家国内大集团总部，180多家世界500强企业。二是金融业繁荣。凡是城区经济发展较快的地区，其服务业对城区经济的贡献率往往也较大，是其城市的支柱产业。美国纽约华尔街在长仅0.54公里、面积不足1平方公里的金融区集中了几十家大银行、保险公司、交易所以及上百家大公司总部和几十万就业人口，成为世界就业密度最高的地区，使得曼哈顿成为世界上著名的金融中心。三是创意产业发达。根据英国政府的官方统计报告，其13项文化创意产业年产值达1000亿英镑以上，占英国GDP的8%左右。香港年创意产业机构数目达30838间,就业人数达到17万人,创意产业的增值额达港币298.5亿元,占本地生产总值的2.5%。

（3）我国城区经济发展的主要经验

国外发达地区城区经济发展的实践证明，城区经济是在具有城市特色、良好的城市现代服务性产业的基础上才能得到快速发展的。在我国，城区经济已经被提上了事关城市健康有序发展的大局来认识，个别省市为增强城区经济的发展活力，推动城区经济快速发展，在改革城区管理体制机制、拓展城区发展空间等方面进行了有益的探索，取得了不少值得借鉴的经验。

一是扩大城区经济管理权限。如辽宁省、黑龙江省从增强城区经济调控能力角度出发，将更多的经济管理权限下放到城区。除城市总体规划、基础设施建设、重大项目投资以及法律法规规定的事权由市政府统一管理外，其他涉及经济管理的权限均将被授予城区。

二是实施财税激励政策。如黑龙江省强调，省直部门在安排专项资金时，向城区相关项目倾斜。完善市区两级分灶吃饭的管理体制，鼓励支持市级财政加大对城区经济发展的投入力度。有条件的市级政府要本着让利于区的原则，逐步将属于市级税收的中小型企业向区级下放；将属于市级税收的区级企业部分小税种下放到区级；完善市区两级财政“核定基数、增量分成”的方法，在科学核定基数的基础上，增加区级财政增量部分的分成比例。

三是优化城区产业结构。把服务业作为城区经济的主导产业，以“做强三产，做精二产”为战略目标，通过产业政策的引导实现城区的产业升级。同时，充分发挥城区的比较优势，大力发展总部经济、楼宇经济、结算经济、园区经济等新型经济业态，一大批新兴产业项目在城区落地生根。

四是组团发展、产城融合。如南京市坚持由“区属经济”向“区域经济”转变的发展战略，通过资源的整合，走组团式发展的道路，在市场选择和统筹规划的基础上，通过不断调整，形成有相应的产业结构和城区形态与之相配套，功能一产业一形态既有差异、又融为一体的组团式城市形态格局，最大限度地避免城市平面、圈形扩张所带来的小而全和产业趋同化等一系列弊端。

五是拓展城区发展空间。近年来，沈阳、长沙、大连、辽阳、抚顺、盘锦等市积极谋求城区区划调整，城区发展空间得到较大拓展。2010年，沈阳规划将中心城区面积由现行规划的1150平方公里调整至1866平方公里，增加716平方公里。辽宁省抚顺市、盘锦市、丹东市城区面积均有所扩大，其中抚顺市扩大了新抚区、顺城区、东洲区的辖区，3个城区面积共增加了665平方公里；盘锦市有两个城区的行政区划得到调整，净增加城区面积130平方公里；丹东市在沿江沿海经济带给各城区划出10平方公里的“飞地”，解决城区发展空间不足的问题。2011年，长沙市望城县撤县建区，原望城县成为长沙市第六区，长沙市城区总面积由954.6平方公里扩大到1923.6平方公里。

（二）郑州城区经济发展现状及存在的主要问题

长期以来，城区作为我市政治、经济、社会、科技、文化中心区域，在全市经济发展中起着至关重要的作用。据统计资料显示，2011年城区的生产总值、地方财政一般预算收入、全社会固定资产投资、社会消费品零售总额、出口总值、实际利用外商直接投资分别为2386.2亿元、384.5亿元、1498.4亿元、1274.6亿元、87.7亿美元、22.7亿美元，占全市相应指标的比重分别为48.6%、76.6%、49.9%、64.1%、93.2%、73.2%。城区第二、三产业增加值分别为769.7亿元和1294.4亿元，分别占全市对应产业的29.7%和68.9%。

（1）我市城区经济发展的主要特点

从近两年的主要经济指标来看，我市城区经济发展保持了平稳较快发展的态势，而且与全市平均水平相比，有五个方面明显特点：

一是经济密度远超全市平均水平。经济密度指的是每平方公里土地所创造的地区生产总值，从一定意义上说，它代表了一个地区的经济效率。长期以来，城区的经济密度一直领先于全市平均水平。2010年，城区单位国土面积创造GDP1.7亿元，为全市单位国土面积创造的GDP的3倍多（2011年相关数据有关部门正在统计）。

二是资源优势突出。城区具有生产要素集聚的优势，市域内的高校、科研院所和研发机构绝大多数位于城区，区域性金融服务机构集中在城区。我市的高校、科研院所和研发机构云集城区，如高新区拥有各类科技人才近4万人，科技人才密度居全省之首；聚集市级以上各类研发机构256家，国家级、部属研发机构约占全省的1/3。

三是产业结构优于全市平均水平。“十一五”以来，城区三、二产业比例基本稳定为66∶33的水平上，优于全市三、二产业比例。城区电子、新材料、高端装备制造业等优势产业增加比重不断提高，现代服务业发展迅猛，物流、会展、文化、旅游、金融等产业呈现强劲的发展势头。郑州城区的这种产业结构符合所处的发展阶段，与建设现代化都市的发展要求也是一致的。

四是服务业带动作用明显。“十一五”以来，城区服务业比重基本稳定在65%左右，最高年份突破70%。城区金融服务便捷，通信网络发达，运输业、物流业、会展业发展迅速，具有独特的资金资源和信息资源优势，仅金水区就有银行、证券、保险和其他金融机构共160个，占全市总量的63.5%。在全市商贸流通业发展中，城区起着主导地位。2011年城区实现的社会消费品零售总额在全市的比重达64.1%，目前已形成了以城区为主体的商贸流通发展格局，吸引着周边城市的消费，物流的集聚度和辐射力全面提升。

五是城区基础设施完备。城区综合服务功能日趋完善，精细化管理水平不断提高，供水、供电质量和燃气、供热普及率、保障率逐年提高，轨道交通等一批重大基础设施项目相继实施，“退二进二”“退二进三”有序推进，建成区人均公共绿地面积达到10平方米，万人拥有公交车辆达到17标台。卫星城与中心城区一体化进程不断加快，“半小时都市圈”基本形成，教育、医疗、卫生等事业蓬勃发展。

（2）我市城区经济发展存在的主要问题

尽管近年来郑州城区经济发展迅速，但优势中存在危机，发展后劲受到挑战。

第一，发展空间制约。随着城区社会经济的发展，各种资源快速向城区集聚，城区扩展空间日益狭窄，逐步成为制约城区发展的瓶颈。建设成本不断提高，资本聚集压力不断增大，融资工作遇得到了前所未有的困难，2011年1-11月仅融资5亿元，全市信贷融资增幅仅6.8%，居全省第15位，新增贷款仅完成全年目标的65.7%。土地制约加剧，建设用地规模指标紧缺，占补平衡困难，土地报批周期长。同时经济发展与生态环境、增长空间等之间的矛盾也越来越突出，制约着城市综合竞争力的提升和可持续发展。

第二，利益格局的制约。经济发展过程中产业链的延伸、产业结构的调整、各种生产要素的优化、规模的扩张、项目的选址等，需要超越地域的界线来进行配置和组合。而城区由于对自身利益的考虑，在一定程度上限制了这种超越地域发展的客观要求。目前城区虽已具备了进一步扩张的条件和实力，但由于利益格局的原因，这种延伸和扩张受到很大的制约。具有鲜明的本位利益色彩的“税源经济”把各区的经济发展和财政收入紧密地联系在一起，利益之争所带来的经济发展之争，也在一定程度上限制了经济的发展，造成收益的损耗，同时也带来了行政效率低，管理成本大，短期行为严重等问题，制约着经济发展和环境的改善。

第三，权责失衡的制约。城区作为郑州的“中心”，在以其区位优势获得诸多利益的同时，也为全市承担了大量的社会责任，并由此在一定程度上制约了城区的发展。如：为企业（单位）的发展提供了大量的服务，如教育、医疗等，但从中得到的收益很小。同时市区二级政府在管理社会经济某些领域中，由于责权界限不明晰，一定程度上助长了有“利”的都管、无“利”的都不管的局面，不利于城区经济的科学发展。

第四，产业趋同的制约。城区的发展过程虽然有着基本相同的途径，但这并不意味着必须完全按照相同的方式去发展。目前我市各城区在经济的发展方式上基本大同小异，普遍是“二产为主，二、三并举”的经济发展大格局，各区之间的发展特色不鲜明，即使有一些“亮点”，尚构不成发展的主流。因此各城区在大的产业发展框架下，产业趋同现象比较明显。产业趋同现象的存在，严重制约城市生产要素资源的有效配置，使得城区难以通过互补而取得发展，影响了经济效益的提高。

由于存在诸多制约因素，导致郑州城区经济发展还存在一系列问题，主要表现在以下几个方面：

一是发展速度相对较慢。2011年，全市实现生产总值4912.7亿元，增长13.2%。与此相比，我市以服务业为主导的城区经济虽然也保持了较高的增长率，但与全市经济增长率相比相对缓慢，占全市经济总量的比重进一步下降。

二是经济影响力还较小。纵向对比，郑州城区经济总量虽然得到了较大的扩张，但与中部地区省会城市横向相比，郑州城区经济影响力还较小。2010年，郑州城区GDP为1727亿元，在中部地区六省会城市中低于武汉和长沙位居第三，但郑州城区经济总量占全市经济总量的比重仅为42.7%，核心地位不突出。而长沙、武汉、南昌、合肥、太原五市城区经济所占比重均达到60%以上，其中长沙为60.7%，武汉更是达到69.6%。（2011年的相关数据尚未公布。）

三是发展不均衡。从各区的发展态势来看，虽然我市城区经济发展总体向好，但各区发展不均衡问题比较突出。2011年城区经济总量虽然以10%以上的速度增长，但管城区、中原区、二七区、惠济区、金水区、郑东新区经济总量增速均低于全市水平，其中二七区、管城区、惠济区、金水区、郑东新区增速降为个位数。航空港区和经开区呈现出高速增长态势，2011年航空港区生产总值、固定资产投资、地方财政收入、地方一般预算收入和出口总值五项主要经济指标增幅均居全市第一。

四是产业结构亟待优化。从各城区的产业结构来看，二产与三产联动发展不强。金水区、二七区、中原区、管城区三产优势凸现。2011年，金水区、二七区、中原区和管城区第三产业占其GDP的比重分别为85.4%、77.7%、57.1%和54.8%。而上街区、经开区、高新区、航空港区则是二产优势明显，2011年四区第二产业增加值占其GDP的比重分别为78.2%、79.4%、67.3%和87%。

（三）郑州城区经济发展的对策和建议

特殊的区域特征，决定了城区的发展战略应与郊县及全市有所区别。城区随着经济密度的不断提高，传统的以高投入、高产出、低效率为特点的城市经济增长方式和“摊大饼”式的平面扩张办法已无法适应新的发展环境和要求。省九次党代会提出：大力发展城区经济，重点发展高端制造业、战略性新兴产业和现代服务业，为加快发展省会城市经济指明了前进的方向。我市城区在今后的发展中，必须走内涵式扩大再生产的道路，要通过优化产业结构，提高土地配置效率，推动经济的新一轮增长。

（1）进一步突出新型城镇化引领城区经济发展

当前，我市的新型城镇化建设已经进入一个新的发展阶段。加快推进新型城镇化，以新型城镇化引领新型工业化和新型农业化发展，对于加快郑州都市区城区经济发展有着十分重要的意义。市委、市政府确定了新型城镇化从中心城区功能提升、城市组团起步区建设等六个方面切入，这既是推进新型城镇化的主要载体和抓手，也是加快城区经济发展必须首先突破的关键环节。

一是加快中心城区功能提升。围绕提升城市功能，完善城市布局，全面提升城市形象，推进“六旧六新”12个重点片区的更新改造和建设，“六旧”，就是在中心城区和高新区改造提升六大片区：内环线区域，包括二七广场商业中心、商城遗址、火车站区域；东风路以南、中州大道以西、金水路以北、文化路以东区域；医学院-碧沙岗区域；西流湖区域；惠济会议休闲中心区域；高新区IT科技产业区。“六新”，就是在郑州新区建设六大片区：龙湖区域、郑东新区综合交通枢纽区域、龙子湖区域、白沙组团区域、航空港区域和经开区行政商贸服务区。加大中心城区基础设施建设力度，提升水电气暖、环境工程等城市发展的服务、保障能力。

二是加快城市组团起步区建设。各城市组团要至少建设3-5平方公里的起步区，重点加快交通道路、自来水、燃气、暖气、通信等基础设施建设；加快公共服务设施建设，规划建设行政中心、便民服务中心、文化教育休闲中心和健身中心，打造郑州市城区经济次中心。按照宜居宜业原则，以高于中心城区的标准建设外围城市组团，吸引中心城区的产业、人员外迁。各城市组团发展城区经济，要着力提高档次、打造精品、作出特色。

三是加快城中村改造建设步伐。要把政府主导试点村改造作为城中村改造着力点，强力推进老城区整街坊连片改造，打造城区经济发展的专业特色街区。加快推进已经市政府批准的99个城中村特别是69个遗留问题城中村改造；要坚持“尊重协议、执行政策、政府适度担责、互谅互让、解决问题”的原则加快推进。合村并城要坚持“典型引路、先抓试点、逐步推开”，凡属城市规划区、组团规划区、产业集聚区周边3公里以内的村庄，都要纳入到合村并城范围着力布局城区经济。2012年要抓好59个合村并城试点。新型农村社区要坚持“分类指导、科学规划、群众自愿、就业为本、量力而行、尽力而为”，积极稳妥地推进30个新型农村社区建设和城区经济发展试点工作，为城市组团和产业集聚区发展拓展空间。

（2）进一步明确城区经济发展重点

城区经济是主导城市综合协调快速发展的领头羊，涵盖经济社会的方方面面。我们要以加快发展高端制造业和高端服务业为重点，大力实施工业强市、服务业优先的产业优化升级战略，把推动服务业大发展作为产业结构优化升级的战略重点，优化产业布局，不断增强产业竞争力。

一是工业产业集群是城区经济的发展引擎和支撑力量。要充分发挥城区现有支柱产业优势，做强做大都市型工业。按照“衔接支柱产业、体现各区特色、建设都市型工业小区（楼宇）、形成产业集群”的原则，大力发展技术密集型产业、高附加值的劳动密集型产业、研究开发型和轻加工型产业。以开发、生产城市产业链中的高端产品为主，立足扩大就业，主要发展食品加工业、工业设计与机械制造业、服装轻纺业、文体用品及钟表眼镜业、包装与广告印刷业、电子信息产品研发和制造业等有技术含量、有就业容量、有经济效益的都市型工业。重点发展以关键技术、高新技术和自主创新技术为主导的先进装备制造业及关联产业集群，培育一批世界级企业和国际品牌，做大做强100个具备自主创新能力、突出优势产业特色、集聚资金技术要素、销售收入超百亿元的新型工业园区。

二是服务业是城区经济的主导产业和战略取向。要充分发挥区位优势，以铁路港、公路港、航空港和信息港“四港”为中心，大力发展现代物流业，把郑州建设成为物流设施集中、物流企业集聚、物流信息汇集、物流市场活跃的全国重要现代物流中心。依托郑州国际会展中心，加快会展相关产业和基础设施的建设，把郑州建成全国中部会展之都、中国会展名城。认真落实《关于鼓励外资金融机构落户郑州的意见》，积极吸引国内外金融机构入驻郑州，鼓励和引导金融机构向郑州新区聚集，提升金融企业的整体竞争力。加快上市企业的培育，增加上市公司数量，提高上市公司质量，促进优势资源向上市公司合理集中。以产业“创意设计”为龙头，重点发展制造业设计创意、数字服务创意、文化传媒创意、建筑设计创意、咨询策划创意和休闲消费创意等新兴服务业。加大服务外包招商力度，培育一批拥有自主知识产权、能承接国内外服务外包业务的自主品牌企业，把郑州经济技术开发区和高新技术产业开发区建设成为中国服务外包示范区。鼓励城区因地制宜培育和发展以楼宇为载体的经济业态，努力争取大型跨国公司将区域性总部及研发中心、结算中心及外省、市上市公司、大型企业将总部迁至郑州，形成企业总部在中心城区的集群布局。

三是大力发展都市型农业。要着重发挥农业和旅游两个行业的优势，通过城乡优势互补、产业相融合，提高农业发展水平。通过完善基础设施和加大科技支撑，提高农业生产的现代化装备水平和产出水平。推进农业产业化经营，建设功能齐备的现代农业示范园区。健全农产品质量安全监管体系，提高农产品质量安全水平。扩大农业对外开放，发展出口创汇农业。进一步发展观光、休闲、体验农业，办好农业节会。结合生态水系、森林生态城市建设，初步建立起涵养能力较强、生态景观优美、空气水源清洁、高效节能节水的农业生态体系。积极发展现代种植园、人工林场、绿色造型公园、生态产业项目，促进都市型农业可持续发展。

（3）进一步创新经济发展方式

省九次党代会和市十次党代会明确把“转变经济发展方式”作为贯穿“十二五”时期经济社会发展的主线，这是符合我市经济建设实际的，也是适应城区经济发展要求的。

一是着力于现代市场体系的构建。围绕完善流通体制改革和市场体系建设，着力改变小市场、小商贸业、小流通的观念。根据市场经济发展的要求和城区经济发展的实际需要，打破条块分割、封闭的局面，规范市场行为和强化市场监管，建设以全国性的市场为龙头，以区域性的市场为骨干、以开发农村市场为补充、以辐射区内外的完善发达的市场运营网络为基础的具有统一、开放、平等竞争和有序的大市场。

二是要以市场为载体、以市场要素的大联合为根本、以业主为市场主体，开展多形式、多层次的经营，推进商贸业沿着社会化、一体化的方向发展，建立以资产联结为核心、以市场为纽带的多种形式并存的大商贸业体系，通过大流通向各行业渗透，建立多层面、全方位、高效益的大流通格局。

三是大力发展公有制经济和社会混合型经济。继续调整所有制结构，鼓励非公有制经济更快发展。除了国家明文规定外，对非公有制经济的投资领域和规模不作限制，切实突破所有制界限，从全社会角度考虑资源的配置。同时，鼓励非公有制经济参股国有经济，大力发展社会混合型经济。

（4）进一步转变城区政府工作职能

要按照市场经济的发展要求和城区经济建设需要，把城区政府的职能转变到宏观调控、社会管理、公共服务和指导协调上来。进一步加强城区经济发展的宏观调控力度，深入开展调研活动，强化对经济运行的分析和监控，及时解决经济发展中带有倾向性、根本性、全局性的矛盾和热点问题，防止和化解经济运行风险，推动城区经济快速、健康发展。

一是要把转变政府职能同城区经济发展要求相结合，特别是要把服务与协调摆在首要位置，做到“四个立足、四个争创”。即立足于创建优良的整体综合环境，面向社会和投资者提供全方位服务，争创环境优势；立足于培育巩固财源，面向纳税人提供优质服务，争创后续财源及发展优势；立足于确保重点项目的顺利实施，面向重点项目做好跟踪服务，争创区域优势；立足于服务群众、造福社会，面向社会进步，优化社区服务，争创社区发展新优势。

二是下放城市管理权限。按照“合理划分事权、强化基层工作、明晰责权配置、事权财权对称、落实城区职责”的原则，赋予城区更多的经济发展管理职权。凡是应由城区管理的权限，应尽快下放到位；凡是能由城区管理的权限，都要从实际出发，因地制宜，逐步下放到位，充分激发城区经济活力，建立更加富有效率和效能的体制机制。建立并形成责权利相协调、管事与管人相衔接的管理体制。特别是对地处偏远、相对独立的郊区，应当赋予其更多的管理权限。

三是适时开展调整区划工作。根据经济社会发展和郑州都市区建设的需要，适时开展区划调整工作，合理区分组团区域，提高集聚能力和水平。重点支持郑州新区实行属地管理，进一步明确各级行政管理权限。启动撤县（市）建区工作，规划、民政及县（市）政府等有关单位要先期开展调研。鼓励区、县联合开发产业聚集区，走产城融合发展道路。科学确定中心镇的功能定位，适当调整城镇布局，形成合理的城镇网络。

（5）进一步拓展城区发展空间

根据实际发展需要，遵循"统筹规划、稳步推进、因地制宜、突出优势"的要求，进一步优化行政区域结构，理顺城区行政管理体制，促进要素资源合理配置，拓展城区经济发展空间，增强城区功能，提升城区竞争实力和可持续发展能力。用主体功能区的理念取代传统的行政区划管理理念，借鉴北京、上海、天津等地行政区划调整的经验，加快撤县（市）改区步伐，拓展城区发展空间。加快推进旧城区和城中村改造，积极盘活闲置和空闲土地，腾出核心地段发展服务业。坚决执行土地闲置超时收回政策，加大存量土地调剂和挖潜利用力度，进一步增强对土地的集中调控能力。强化住宅用地计划管理，编制保障性住房用地规划，确保经济适用住房、廉租住房、公共租赁住房和中小套型普通商品住房用地不低于住房用地总量的70%。坚持土地集约节约利用，扩大产业集聚区多层标准厂房比例。对小而散的商业设施进行改造升级，促其尽快规模化发展。建立健全节约集约用地考核评价机制，支持探索节约集约用地新模式。

（6）进一步完善城区经济管理制度

各城区要根据全市加快城区经济发展的总体要求，把城区经济的又好又快发展作为考核城区工作和评价干部的重要内容，进一步建立健全对加快城区经济发展的绩效考评制、行政问责制和责任追究制，增强责任意识，形成真抓实干的责任导向，不断推进城区经济发展。

一是认真做好城区经济发展规划。市发改委、中小企业发展服务局、商务局等部门要将各城区的城区经济发展重点统筹起来，坚持从实际出发，以发挥比较优势、推进产业集聚、实行错位发展为原则，合理布局，明确各城区的功能定位，避免重复建设和无序竞争，使各城区成为落实城区经济发展战略的有机组成部分，发挥规划的导向和约束作用。

二是要建立定期研究城区经济工作例会制度。每季度召开一次全市城区经济形势分析会，加强项目协调，优化经济布局，避免城区之间出现发展模式雷同、恶性竞争和低水平重复建设。

三是要建立城区经济统计平台和年度考核机制。定期统计、汇总、分析城区经济考评指标，全面衡量城区经济发展成效。城区考评实行半年一排队、半年一公布。对在中部六省会城市辖区综合实力排序位次连续前移的区，市政府应视具体情况给予奖励；对综合排名从上述城市辖区中退出或位次连续后移的区，主要领导要承担相关责任。

（7）进一步加强对城区经济领导

加快城区经济发展是一项紧迫而艰巨的重要任务，各级领导要进一步提升全市对加快城区经济发展的共识，集中精力抓城区经济发展，强化对城区经济发展的组织领导。

一是突出市级政府推进城区经济发展工作的主体地位。市级政府要把加快城区经济发展作为中心工作，深入研究城区经济发展规划和措施，切实抓好各项工作部署的落实；科学划分市级与区级的管理事权，增强区级政府对经济发展的协调能力；合理确定市级与区级的利益分配机制，加大对城区经济发展的投入力度。

二是各城区要细化工作方案。各城区政府要在市城区经济发展领导小组的统一部署下，根据城区经济发展的总体要求和目标，制定相应的工作意见和配套的政策措施，具体细化工作方案，定期研究解决发展中的突出问题，督促、协调、推进有关决策和工作任务的落实。

三是充分发挥领导班子在推进城区经济发展中的关键作用。进一步优化城区政府领导班子结构，提高领导班子中熟悉经济工作的成员比例，加强对区（管委会）党政领导班子和主要领导干部发展城区经济实绩的考察。加强办事处干部队伍建设，适当抽调市直机关及大中型企业优秀年轻干部到办事处挂职锻炼，重点负责招商和项目筹划建设工作，成绩突出的优先选拔重用。

总之，加快城区经济发展是一个战略目标，始终是一个不断探索与研究的课题。只有从多方面入手，采取灵活、有效的符合我市客观实际的对策，才能使我市城区经济发展实现持续求进、完善提升、开创局面。

关于郑州市总部经济税收征管情况的调查报告

（一）总部经济的概念和特点

（1）总部经济的概念。总部经济是指某区域由于特有的优势资源吸引企业总部集群布局，形成总部集聚效应，并通过"总部-制造基地"功能链条辐射带动生产制造基地所在区域发展，由此实现不同区域分工协作、资源优化配置的一种经济形态。企业总部主要分为综合性总部和职能型总部，主要包括企业决策管理中心、科技研发中心、财务结算中心、资本运营中心和市场营销中心等五大中心。总部经济符合城市转型和转变经济发展方式的要求，发展总部经济能够强化中心城市、中心城区的高端服务功能和辐射带动职能，提升影响力和控制力。

（2）总部经济的特点。一是

知识性。企业总部集中了企业价值链中知识含量最高的区段，研发、营销、资本运作、战略管理等，属于高度密集的知识性劳动。二是集约性。企业按照收益最大化原则布局产业空间结构，最大限度取得中心城市服务业发达、智力资源密集的优势，最大限度利用了生产基地土地、劳动力、能源等要素优势，形成产业配套，最大限度地降低了成本。三是层次性。总部经济模式在不同城市、不同区域，其产业、功能、规模都各不相同，具有全球总部、地区总部、国内总部以及行政总部、营销总部、研发总部等多种层次，从而充分发挥不同地区的资源优势，形成不同城市、不同区域之间的合理分工与合作。四是延展性。总部经济形成了第二产业与第三产业之间的经济链条，不但能够实现二产向三产的延展，而且能够实现知识性服务业向一般性服务业的延展。五是辐射性和共赢性。在总部经济这种模式下，可以通过总部加工基地链条实现中心城市的信息、技术、人才等区域资源向欠发达的区域辐射，增强中心城市对周边地区的带动能力。同时，总部经济模式改变了区域之间对同一产业在企业、项目上"非此即彼"的简单争夺，实现不同资源优势的区域之间通过功能链不同区段的再分工进行合作，实现共同发展。

（3）总部经济对区域发展的收益。主要有以下几个方面：

税收贡献效应。包括两个方面:一方面是企业的税收贡献，企业无论采取哪种组织方式，总部如果作为独立的经济实体，都要向总部所在地方上缴一定的税收；另一方面是企业总部员工的个人税收贡献，总部员工丰厚的个人收入，必然要通过个人所得税形式为总部所在区域经济作出贡献。

产业乘数效应。企业总部在中心城市聚集必然带动相关服务业，特别是知识型服务业的发展，形成为企业总部服务的知识型服务业产业链，包括由通信、网络、传媒、咨询等组成的信息服务业，由银行、证券、信托、保险、基金、租赁等组成的金融服务业，由会计、审计、评估、法律服务等中介服务业，由教育培训、会议展览、国际商务、现代物流业等组成的新型服务业，等等。实证研究表明，跨国公司总部向一个区域迁移，会带动几个，甚至是十几个与其有紧密业务关联的知识型服务公司随之迁移。与此同时，总部经济所带动的商务写字楼、房地产等城市投资对中心城市的增长贡献也是很大的。通过总部经济这种乘数效应可以扩大一个区域的经济总量，提升第三产业结构水平和区域经济竞争力。

消费带动效应。包括两个方面:一方面是总部的商务活动、研发活动所带来的各种配套消费;另一方面是总部高级白领的个人生活消费，包括住宅、交通、子女教育、健身、购物，等等，这种消费对于推动区域经济发展具有重要作用。

劳动就业效应。总部经济发展会充分利用所在区域的智力人才资源，带来大量高智力就业岗位。同时，通过产业乘数效应，带动第三产业，包括知识型服务和一般型服务业的发展，提供更多的就业岗位。

社会资本效应。大批国内外企业总部入驻某一个区域，可以提高该区域的知名度、信誉度，促使这个区域的地产升值。同时，总部经济加速知识型人才的培养与聚集，多元文化的融合与互动，加快这个城市的国际化步伐。

（二）总部经济的税源分析

（1）总部经济的主要税种。总部企业对区域发展贡献的主要税种包括增值税、消费税、营业税、城市维护建设税、企业所得税（外商投资企业和外国企业所得税）、个人所得税、房产税、契税、资源税、土地使用税、车船使用税和印花税等。其中，增值税、消费税、营业税和所得税为主要税源。

（2）总部经济的税源特点。在总部经济模式下，总部企业直接和间接创造的税收，由于其自身税源特点不同，有的税种表现出不确定性和流动性，有的税种表现出相对稳定性。

不确定性和流动性的税种主要为增值税、营业税和企业所得税。企业在追求利润最大化的过程中，充分利用会计法则和法律法规的空白，合理避税，将企业税收转移到低税地区，降低企业的整体税负。企业可以将企业创造的大部分税收，主要是指设在总部企业所在区域以外地区的子公司、分公司创造的税收通过转移收入、合并纳税等方式转移至总部企业；也可以将总部企业自身创造的税收，通过资金的控制权、转移定价等方式，从总部企业转移至其他地区的子公司、分公司。这完全取决于企业的整体经营发展战略，但无论哪种方式的选择，都会对总部企业所在区域的税收产生影响。

个人所得税和其他税种，税源具有相对稳定性。总部企业从人员构成来看，主要是由大量的高级管理人员、高级技术人员、高级营销人员等组成，这些高级人才的平均工资水平较高，工资、薪金所得缴纳的个人所得税，对区域税收贡献是较大的。此外，总部企业的一些高管人员的股息、红利所得，由总部企业代扣并向总部企业所在地的税务机关代为缴纳，对区域税收来说是一笔可观的税收收入。总部企业缴纳的房产税、契税、土地使用税、车船使用税和印花税等税种，虽然税额较少，但通常不会受到总部企业经济效益好坏的影响，税源稳定，可以全部表现为对总部企业所在区域税收的贡献。

（3）总部经济的纳税政策。总部企业和分支机构的组织形式基本上有两种：一类是总公司、分公司型，总公司是独立法人，一类是母公司、子公司型，它们分别为独立法人。现行所得税制度实行法人所得税制度，对总分机构实行汇总纳税，由总公司将所属分公司的应纳税所得额全部汇总到总公司，由总公司就全体所得计算纳税。《中华人民共和国企业所得税法》第五十条规定："除税收法律、行政法规另有规定外，居民企业以企业登记注册地为纳税地点。居民企业在中国境内设立不具有法人资格的营业机构的，应当汇总计算并缴纳企业所得税"。《国家税务总局关于印发〈跨地区汇总纳税企业所得税征收管理暂行办法〉的通知》（国税发〔2008〕28号）文件规定：全部总分机构实现应纳企业所得税的50%在各分支机构间分摊预缴，50%由总机构预缴。这意味着即使分支机构是具有高盈利能力的企业，若总部不分配税款，分支机构所在地税务机关仍然"有税源没收入"。此外《中华人民共和国增值税暂行条例》第二十二条"经国务院财政、税务主管部门或者其授权的财政、税务机关批准，可以由总机构汇总向总机构所在地的主管税务机关申报纳税"。上述政策的实行同样会影响到分支机构所在地主管税务机关的收入。

（三）郑州市总部经济发展情况

目前，我市总部企业主要分布在金融、保险、工业、通信等行业。按照注册地在郑州市，本市以外分支结构不少于3家的条件及有关标准，我市共有34家总部企业，其中在市国税局申报纳税的12家、市地税局申报纳税的5家、省地税直属局申报纳税的8家、新区国税局申报纳税的8家、新区地税局申报纳税的1家。以各家国有银行省级分行、保险公司省级分公司、郑州宇通、河南移动等为代表的总部企业（集团）正在不断发展壮大，2010年完成税收107.98亿元，占整体收入比重的38.72%；实现地方级收入23.58亿元，占整体地方级比重的34.99%，总部经济粗具规模。

（1）按总部管辖区域大小划分。全国性总部6个、省级总部28个。全国性总部有郑州宇通集团有限公司、河南豫联能源集团有限责任公司、河南国基建设集团有限公司、河南煤化工集团、中原证券、郑州达喀尔汽车租赁有限公司。省级总部有河南省电力公司、建业住宅集团有限公司等。

（2）按行业划分。商品零售业4个、金融保险业7个、交通物流业4个、食品加工业2个、通信业3个、工业制造业2个、服务业2个、农业1个、采掘业1个、电力能源5个、烟草业1个、建筑业个、旅游业1个。

（3）按纳税方式分。主要有以下几种:一是金融、保险业（广发银行除外）的企业所得税目前一般采取总行（总公司）汇总纳税、省级分行（分公司）分配税款缴纳的方式，营业税在地方缴纳，个人所得税由核发机构代扣代缴。二是跨省经营的总部企业，其缴纳的增值税、企业所得税，一般按照一定比例向总部汇总一部分、就地预缴一部分，但缴纳数额一般受总部影响较大。这些企业主要有：中石油、中石化、联通、电信等。三是企业总部设在郑州的企业主要有三类情况，总部和分支结构均自行纳税的，主要有河南中烟、河南煤化集团、郑州宇通、河南豫联能源集团、河南国美电器、丹尼斯生活广场等；总部汇总企业所得税、增值税和营业税就地缴纳的，主要有丹尼斯百货、郑州太古可口可乐等；全部在总部汇总缴纳，主要有张仲景大药房、河南国基建设集团（省内）等。

（四）总部经济税收征收管理存在的主要问题和薄弱环节

（1）总部企业纳税方式不统一造成大量税收转移到外地。在郑州的总部企业，总部税收占其全部税收的份额较低，税收向总部汇总的集中度较低。我市总部企业中只有中国移动河南分公司全额在郑州汇总纳税，其他如中石油河南分公司、中国联通、中国电信、河南中烟、郑州丹尼斯、河南电力公司、中原证券等，所得税缴税方式不同，预缴比例也不统一，造成许多按政策规定可以在郑州汇总缴纳的税款，转移到外地市缴纳。如河南煤化工集团、平煤神马能化集团、双汇集团等企业总部虽然已入驻郑州，按照规定应在企业总部所在地汇缴的部分税收还依然留在当地，并未形成我市新的税收增长点。河南煤化工集团，占用我市大量社会公共资源，2010年集团总体缴税50亿元，但总部只在郑州缴纳2.92万元税款。

（2）多个税收部门交叉管理容易出现薄弱环节。目前我市有郑州河南省地税局直属分局、郑州地税局、郑州地税局涉外局3家地税部门和郑州国税局、郑州新区国税局2家国税部门，多个税收管理部门相互无法协调统一，给加强总部经济税收管理带来困难。郑州市国税局与郑州新区国税局分设后，全市总部企业中新区有7家，但其主要经营机构均在老城区，总部机构与主要经营机构的分别管理，容易形成管理上的脱节。

（3）税源信息平台建设尚不完善。征纳双方信息不对称，各相关部门不能及时共享税源信息，造成税源管理被动，无法及时掌握总部经济发展情况，而且一些企业多头开户，税务部门又无法掌握其开户信息，造成企业偷逃税款很容易。此外，部分分支机关主管税务机关无法与集团企业主管税务机关做到信息互享，影响分支机构所在地税款征收。

（4）总部企业及分支机构或关联企业跨区域拉税、避税问题。受部分地区税收优惠和激励政策影响，总部企业和分支机构之间会通过财务手段使得税收向分支机构所在地转移，以及总体税收减少等现象，使得总部企业对当地税收的贡献度偏低。此外，总部企业会计核算不规范给税收征管增加难度，总部企业在处理账务时实行粗放性、规避性的核算，给税务管理的日常巡查、评估、检查等工作增加难度，设置障碍。

（5）郑州市获得的省里税收政策支持不够。从外省对省会城市总部经济发展的支持力度看，郑州市获得的省里政策支持远远不够，这与郑州所肩负的发挥省会中心城市的龙头、重心和示范带动作用的要求不符。武汉、长沙都是在省政府的支持下，将优势资源和企业整合到中心城市，加快提升中心城市竞争力。2010年，河南省15家全国500强企业中，总部在郑州的只有8家，远落后中部国税收入总量第一的武汉。长沙就是通过争取湖南省政策支持，使湖南中烟工业公司在长沙统一纳税，税收总量一举超越郑州。

（五）几点建议

（1）提高总部经济郑州汇总纳税力度。一是提高招商引资项目的税收效益。建立招商引资税收效益评估机制，在考虑被招商项目社会效益同时，充分考虑其税收效益，着重引进国际性、全国性和大区域性的企业运营总部或分公司，引导招商企业在郑州设立独立核算的法人企业，不招或少招非独立核算的分支机构或二级机构，并把其在郑州入库税收的多少，作为对其扶持力度的重要参考依据。二是引导企业改变设立方式，引导高盈利企业在郑设立子公司，减少分支机构。对郑州的总部企业，引导其在郑州设立二级分支机构，在外地多设立三级机构。三是确保已在郑州汇总纳税的税款不流失。省国税局拟出台政策，明确总部设立的二级分支机构按一定比例就地预缴企业所得税。以中国移动通信集团河南有限公司为例，2010年实现市本级收入6.45亿元，如执行此政策，仅此一户每年将减少市本级税收3.87亿元。市有关部门应加紧协调上级财税部门维持现有征管模式，防止地方级收入大幅流失。四是谋求调整税收分配级次，壮大郑州地方财力。市财政部门应做好与上级财政部门的沟通协调，把金融、保险等企业的地方级分配级次由省级改为市级，同时合理利用税收返还、财政补贴等措施，激励税收分配级次为全中央的企业设立二级合资企业，通过将税收收入实现在二级合资企业的方式增加地方收入。

（2）加快研究出台支持郑总部经济发展的政策措施。一是加快制定出台全市统一的引进总部企业激励措施办法，明确总部企业申报条件、认定标准、审核程序、落实奖励政策。二是对税收贡献突出的本地总部企业，由市财政按其当年实际入库的市地级税收收入增长部分增长比例分档给予奖励。三是对总部企业办理各项行政审批事宜时设立“绿色通道”，建立各级领导干部联系重点总部企业制度，并定期与各总部企业负责人座谈，想企业之所想，急企业之所急。四是市政府引导金融机构加大对总部企业的信贷投放，协调组织银团贷款。五是市财政对总部企业投入资金巨大的技术改造项目贷款部分按贷款利息和适用比例给予贴息，对自筹资金部分按银行一年期贷款利率和适用比例给予补助奖励。六是税务部门积极落实国家各项税收优惠政策，服务总部经济发展。

（3）破解总部经济税务征收中跨区域拉税、税务部门之间跨部门拉税、省辖市之间征收链条截税等突出问题。一是建立信息共享平台，用足用活税收政策，尽可能把我市总部企业在外地实现应由我市分享的税款及外地总部企业在我市设立的分支机构税款征收到位。二是设立总部企业经营贡献奖，对税收贡献突出的本地总部企业，按其当年实际入库的市地级税收收入增长部分增长比例分档给予奖励。对于总部企业在郑州设立的二级分支机构，比照经营贡献奖给予相应奖励。三是严肃税收纪律。对出现的拉税、逃税问题，政府主管部门应将税收调整到位，同时对相关责任人应给予严肃处理。

（4）协调解决总部企业迁移过程中国税、地税部门之间统一迁移问题。我市老城区大量总部企业迁往新区，严重影响到新老城区间的财政级次划分，对财政入库、数据提取、工作考评将造成影响，也容易形成税收管理上的脱节。应统一协调总部企业在我市不同税收管理部门内的迁移问题，凡需在市域内跨区迁移的总部企业，必须是国税、地税统一迁移，避免造成管理上的混乱局面。对注册地虽发生变更，但实际核算地仍在原区域的企业，或实际生产经营地在老区域，一旦移交将对地方财政产生重大影响的企业原则上不做迁移。

（5）积极争取省对郑州市总部经济发展政策支持。一是市政府及有关部门应向省政府、财税部门争取更多有利的财税政策，借鉴中部其他省会城市做法，协调在郑省内跨地市企业将税收全额汇总到郑州缴纳。二是市财政部门做好与上级财政部门的沟通协调，把交通银行、中国人寿河南分公司等金融、保险企业的地方级分配级次由省级改为市级，壮大地方财力。

实现城市新区建设和自然历史文化遗产的复合共生——郑州航空港区古枣树保护管理经验启示

随着郑州都市区建设的全面推进，我市经济发展不断提速，城镇人口不断增加，城市规模不断扩大，自然历史文化遗产保护与城市新区建设和组团发展之间的矛盾日益突出。如何在促进新区建设和组团发展的同时保护好城区自然历史文化遗产，成为每个城市建设者、管理者必须面对和思考的问题。郑州航空港区以“现代复合型生态城市”建设理念为核心，结合城区定位、产业发展、地理环境、历史文化，切实加强域内古枣树保护管理，弘扬红枣历史文化，科学合理设计城市发展和自然历史文化遗产保护的规划举措，探索出一条城市新区建设和自然历史文化遗产复合共生的新路子。

（一）基本情况

（1）港区发展方向和功能定位。近年来，河南省委、省政府和郑州市委、市政府高度重视航空港区建设，确定了航空港区的发展目标和功能定位，要把航空港区打造成为全国大型复合枢纽机场和国际货运枢纽所在地，以航空客货物流、临空制造业、现代商贸等为主要功能的现代化生态型航空新城。2009年7月，航空港区纳入郑州新区总体规划之中。2010年，郑州市委九届二十次全会提出要加快郑州都市区建设，在郑州都市区建设中又提出建设宜居航空城，明确要按照“现代复合型新区”的理念，突出经济、人居、生态复合功能，把航空城建设成为现代产业集聚、基础设施完善、生态环境优美、科教支撑有力、城市功能健全的国际化、现代化宜居航空城。

（2）港区域内现有古枣树情况。郑州航空港区地处全国文明的“大枣之乡”新郑市域内。目前，港区内约有枣树30万株，树龄100年以上的古枣树2.5万株，大部分古枣树是明清时期留下的，在经济、历史、文化研究和观赏等方面有很高的价值。位于孟庄镇的黄帝古枣园，相传为轩辕黄帝带领群臣栽植枣树的地方，面积约680亩，至今仍有树龄在500年以上枣树568棵，被列入保护的有“枣树王”“枣树二王”“将军树”等稀有珍贵枣树和“黄帝观枣台”等著名景点。

（3）港区建设发展对枣区的影响。港区区域总体规划面积138平方公里，除禁止建设区和限制建设区外，适宜建设面积98.4平方公里，再除去机场核心区48平方公里，港区可开发面积仅50.4平方公里，远远不能满足港区经济建设的飞速发展。目前，富士康、林德物流、台湾统一、奥德超硬材料、中航电动汽车等数百家企业入驻，对港区基础设施建设用地需求急速大幅增加。还有建设中的南水北调工程，需占用孟庄镇4个村庄11万株枣树林地，其中古枣树3600余株。因此，对港区范围内用于开发建设土地上的古枣树进行保护势在必行。

（4）保护古枣树对港区具有重要意义。对于一座城市来讲，自然历史文化遗产就是自己的品牌和个性，就是财富，就是创造与建设现代特色城市的基础。从历史文化角度看，古枣树被称为“活文物”“活化石”，蕴藏着丰富的政治、历史、人文资源，是港区枣文化的标志，保护古枣树就是保护港区的历史传承和特色品牌。从经济角度看，古枣树是港区绿化和旅游的重要资源，也是枣农的“摇钱树”。在科学管理条件下，树龄在500年以上的古枣树仍能年产50-60公斤大枣。“好想你”等枣制品远销东南亚及世界各地，提高了港区知名度。枣区美景与旅游景点的结合，吸引了大量游客，实现了生态旅游业与特色种植业的双赢。因此，做好古枣树的保护开发，对于港区提升城市价值、发展现代文明、改善人居环境具有重大作用。

（二）港区保护古枣树的主要做法

近年来，港区着眼于枣资源的保护开发与永续利用，采取积极有效措施，切实加强古枣树的保护与管理工作，使其与现代城市功能、产业发展、劳动就业、农民增收有机结合。

（1）坚持依法保护。严格按照法律法规规定，开展古枣树的保护管理工作。依据《中华人民共和国森林法》、国务院《城市绿化条例》等法律法规，对古枣树实行政策保护和法律保护。港区制定出台了《郑州航空港区古枣树保护管理办法》和《关于加强古枣树保护开发工作的实施方案》，认真落实各项相关保护措施。加大古枣树保护执法力度，根据规划建设要求确定需砍伐或移栽的枣树，严格按照程序和移栽技术标准，禁止乱砍滥伐，做到执法必严、违法必究，确保古枣树的安全。

（2）科学精细管理。编制和完善了《郑州航空港区古枣树名录档案》，组织专门人员对区域内古枣树进行鉴定、定级、登记、编号，确定一级、二级古枣树的具体位置，为每棵枣树制作名片，明确每棵枣树的科属、树龄、级别、管护责任单位（人），并定期对挂牌保护的古枣树进行检查。对确实需要移栽的古枣树，合理移栽，科学养护。用采挖移植方式进行，精心挑选适合古枣树生长环境的基地，聘请专家、技术人员现场指导，移植后定期对枣树进行浇水、施肥、打药等养护，保证枣树移植成活率，坚决杜绝不科学的管理养护方法。

（3）保护与发展并重。随着港区经济的飞速发展，古枣树保护与城区建设发展之间的矛盾日益突出。港区坚持建设发展与保护利用古枣树并重原则，以产业集聚区建设为载体，在抓好重大项目建设的同时，切实做好古枣树保护工作，正确处理好了保护与发展的关系。按照全区总体规划，提前做好古枣树保护规划。对于产业项目和社会事业项目新建、改建、扩建工程涉及古枣树的，要求建设单位结合古枣树及其周围的生长环境和乡情风貌，及早提出避让和保护方案，并经林业管理部门同意后报管委会批准。建设单位和施工单位必须按照批准的保护方案施工，林业主管部门负责监督检查和管理。

（4）保护与开发并举。在保护中开发，在开发中保护。港区在认真做好古枣树保护的基础上，注重枣文化资源的开发利用，大力发展枣文化产业，加强枣文化的发展和传播。依托“好想你”枣业股份有限公司木本粮项目，发展大枣加工制品，打造“生态枣乡”品牌。开发规模较大的古枣树公园，以古枣树密集区为基地，选取品种多样、形态各异的古枣树进行大面积移栽，增添港区新的旅游亮点。选取古枣树作为港区行道树，挑选外形美观、品质优良的古枣树种植在迎宾大道等道路两侧，作为宣传枣乡文化的活体广告。

（5）保护与生态共进。港区以域内南水北调总干渠、高速公路为生态轴线，以规划的枣树移栽区域为载体，进一步连接城市、近郊、农村、农田、枣林等不同类型的生态单元，建设多层次复合型生态功能区。南水北调总干渠两岸2500-3000米范围内是水源保护区，这一区域是移栽和种植枣树的最佳位置。为保障水质安全，这一区域的枣树主要进行有机管理，以施农家肥、生物防虫等方式建立绿色健康、无公害枣林示范基地。高速公路两侧200米范围内也规划出一定区域用于枣树移栽和种植，既美化绿化了沿线风景，又保护了枣树资源。

（6）保护与惠民双赢。为充分调动枣农和相关单位保护古枣树的积极性，进一步加大古枣树保护工作力度，港区制定了积极的优惠政策，加大财政资金扶持力度，由港区拨付专款对古枣树管护单位（人）进行补助。特色枣园中的古枣树，移栽费用由港区支付，移栽成功后，鼓励农民对公园中的枣树进行承包管理，枣树收益归承包人所有。对零星分布在企事业单位、农户宅基地周围的古枣树，采取就近保护原则，所有权和收益归企业主和农户所有。对港区规划的枣树移栽区域，积极推行林权制度改革，在坚持枣树所有权归港区不变的前提下，与农户签订承包合同，将枣树使用权和收益权赋予农户；农户则要对自己承包的枣树进行认真管理和科学养护。

（三）几点启示

郑州航空港区在城市建设过程中，科学地解决了古枣树这种自然历史文化遗产资源的保护、开发利用与城市现代化建设相融合的问题。从港区的实践中我们可以认识到，城市新区建设和自然历史文化遗产保护并不是对立的、相互分离的关系，而是一种相辅相成，可以协调相融、和谐共生的关系。

（1）牢固树立“现代复合型生态城市”建设理念。城市需要建设，需要发展，需要现代化，但更需要历史和文化的支撑，需要城市与农村、人与自然的和谐共生。自然历史文化遗产保护是城市建设的重要组成部分。由于自然历史文化遗产保护涉及自然山水、人文历史、城市建设、村镇发展、环境保护等多方面，在城市新区规划建设过程中，必须牢固树立“复合城市”的核心理念，解决单纯城市化的问题，把保护自然历史文化遗产同生态环境、经济发展结合起来。要让现代城市融入自然大环境之中，不能以牺牲农业发展空间和生态环境为代价，要保留部分村镇、农田、湿地、树林、草地等，建设城中有乡、乡中有城，农业、工业、服务业等三大产业复合，经济、人居、生态功能复合的现代复合型新区。

（2）科学规划城市功能区域布局。文化是根，文化是魂，文化是力，文化是效。城市的竞争日趋发展将主要是文化的竞争。文化是城市品牌的核心，没有文化作为核心，城市的经济、社会生活等方面的发展将不能持久，城市品牌也不能长期发展。自然历史文化遗产作为城市文化的重要组成部分，在城市发展中有着举足轻重的地位。要制定符合科学发展的城市发展规划和自然历史文化遗产保护规划，深入研究城市的历史、文化、人文、自然和地理资源，对城市的功能区域定位进行调整与部署。城市新区建设也要从规划上着手，在功能区分、产业布局上统筹考虑，合理设计城市传统历史区域和新兴现代区域，统筹安排生产、人居、服务和文化等功能区域。

（3）坚持自然历史文化遗产保护与开发利用并举。合理开发利用自然历史文化遗产资源就是最好的保护。在自然历史文化遗产得到有效保护的前提下，通过合理的开发利用，使自然历史文化遗产资源为城市发展服务。保护自然历史文化遗产资源，要坚持“适度开发、合理利用、加强保护”原则，深入挖掘其潜在的文化内涵、社会价值和对城市发展的积极意义。在城市新区的建设过程中，要严格保护自然资源和生态环境，体现地方特色；在城区的改建中，要保护自然历史文化遗产和传统风貌，注重保持和发扬城市特色；在城乡建设和发展中，可以合理利用风景名胜资源，发展生态旅游，让自然历史文化遗产融入生活、融入社会发展，使保护成果惠及民众。

（4）增强全社会自然历史文化遗产保护意识。国内外经验表明，经济社会发展的“腾飞时期”，也是自然历史文化遗产可能遭到严重破坏的时期，因而也是自然历史文化遗产保护的关键时期。所以，必须充分认识保护自然历史文化遗产的重要历史意义，深切地感受到这种“历史责任”，正确处理建设发展与保护的关系，切不可急功近利，为了眼前的利益，而破坏了珍贵的自然历史文化遗产。要健全自然历史文化遗产保护的法律法规，增强法律观念，加大执法力度。要加强自然历史文化遗产保护的宣传教育，努力提高人民群众的思想认识，让全社会都来关心支持城市的发展建设和自然历史文化遗产保护。

关于郑州市农村村民待遇纠纷问题的调查报告

处理好各类农村村民待遇纠纷问题，事关农民的切身利益和农村的社会稳定。近期，就关于农村村民待遇纠纷问题进行了调研。调查报告如下：

（一）当前我市农村村民待遇涉及权益类型

（1）土地承包经营权。《农村土地承包法》第5条规定：“农村集体组织成员有权依法承包由本集体经济组织发包的农地。任何组织和个人不得剥夺和非法限制农村集体经济组织成员承包土地的权利。”可以说，承包经营本集体经济组织的土地是农村集体经济组织成员权利中最重要、最集中的权利。

（2）征地补偿款分配权。近年来，随着城镇化进程加快和公路、铁路等公共设施的建设，一部分农村集体土地被征占。征地补偿费是国家建设征用土地时，按照被征用土地的原用途给予被征地单位的各项补偿费用，包括土地补偿费、安置补助费、地上附着物和青苗补偿费等。农民依据承包合同对其所承包的土地享有占有、使用、经营和收益的权利。征地补偿费就是征地部门对被征地农民土地承包权益损失的一种价值补偿。

（3）宅基地分配权。按照《土地管理法》《物权法》等有关法律规定，关于农村宅基地使用权的主体，只有集体经济组织的成员才有资格申请。一旦村民通过法定程序取得宅基地，则农民在法律允许的范围内就对宅基地享有占有、使用、收益的权利。在城乡接合部，宅基地是一项重要的福利，包含很大的经济利益。

（4）集体资产（土地）收益分配权。农村集体经济组织可以对集体资产（如村办集体企业）和土地进行折股量化，农村集体经济组织成员持有集体资产股和土地收益股，享有明晰的集体资产、集体土地“按份共有”的产权，并享有集体组织经营性资产收益、集体组织土地租金收益分配权。

（5）集体福利享有权。农村集体经济组织成员在农村集体合作医疗、养老保险、子女入托、入学、五保和扶贫等方面的权利。

（二）关于农村村民待遇纠纷问题的几种情况

（1）“出嫁女”问题。目前此类现象在农村中较为普遍。在广大农村中，妇女结婚后一般都居住到夫家，并把户口迁到夫家所在村。但是近年来一些城郊村和经济条件较好的村，农地因各种原因被大量征用，原来并不明显的农地价值凸显出来，农民的土地利益相当可观。受经济利益的驱动，相对富裕村组的集体经济组织成员在嫁入相对贫困的集体经济组织时，虽然已实际在男方经济组织所在地生产、生活，却往往不将户口迁入。这样就导致相对富裕集体经济组织人口畸形膨胀。如荥阳市广武镇后王村“出嫁女”未迁出户口的有78人，均要求享受村民待遇，村里按照村规民约坚决不同意这部分人的诉求，致使该类信访事件不断发生。

（2）离婚妇女问题。一是本村的姑娘出嫁到外村离婚后又回到本村生活，将户口迁回要求重新享受村民待遇的。受“嫁出去的姑娘，泼出去的水”的传统思想影响，村里一般对这部分人不给予村民待遇。二是外村姑娘嫁入本村的，离婚后其户口未迁出，可继续享受村民待遇；男方再婚后，有的村规定无论户口迁出与否，村里便会停止其继续享受村民待遇。三是男方与配偶离婚后又再婚，原配偶的户口没有迁走的情况下，许多村规定：再婚的配偶要么不准将户口迁入，要么必须保证迁入后不享受本村任何经济利益。这样就引发集体经济组织与少数因婚姻关系产生户口变迁的人之间的经济利益冲突。

（3）“入赘男”问题。按照大部分农村集体经济组织的村规民约，女儿户，则只允许一个女儿上门招亲入户，其他“入赘男”一般不享受村民待遇。一些城郊村和经济富裕的村，很多本村姑娘和外来务工人员结婚，其配偶生产、生活基本都在本村，我国婚姻法也鼓励男方到女方家落户。这部分人要求享受村民待遇，但与村规民约的规定相抵触。

（4）大中专生问题。农村学生进入大中专院校学习，毕业后有少数人因为找不到工作又重新回到农村。绝大多数大学生毕业后已经在城镇取得有固定收入的工作，但户口一直未迁出，依然参与村里承包土地和集体经济收益分配。

（5）独生子女户问题。按照《河南省人口与计划生育条例》第三十五条的规定："凡领取《独生子女父母光荣证》的，农村在调整责任田时，对独生子女父母每人按二人（份）分给；在分配集体经济收入、集体福利时给予优待。"一些独生子女户要求按照管理条例在土地、集体经济利益分配时实行双份待遇，调研中发现此政策在每个村执行情况不一，而大部分村并未执行该政策。

（6）"农转非""占地工"问题。上世纪80、90年代，一些国有、集体企业因征占郊区农村土地，以招收一部分农民为城市工人"农转非"为代价，后来企业大部分效益不好或倒闭破产，使这部分"占地工"失去工作和收入来源，同时又失去农村集体承包土地。如中牟县青年路街道办事处西街村的"占地工"就达500多人，这部分人的待遇问题亟待解决。

（7）"空挂户"问题。"空挂户"是指有关人员将户口迁入或者留在本集体经济组织的目的，并不是要在本集体经济组织生活、生产，而是出于利益驱动和其他原因，需要将户口挂在本集体经济组织的一种现象。"空挂户"主要有以下情况：原村民与他人结婚后将户口迁出，离婚后又将户口迁回；村民违反计划生育政策超生的子女；与本村村民结婚的外来人员带来的与前一配偶所生的子女；与城市居民结婚的妇女未将户口迁出的；便于上学或进城经商的；等等。由于现在户籍管理宽松，许多人为了参与利益分配回迁户口，导致一些经济富裕的村人口急剧膨胀。如中原区航海西路街道办事处的闫垌村实有村民2400多人，"空挂户"就高达3000多人。"空挂户"涉及面广人多，引发的村民待遇纠纷问题复杂尖锐。

（三）我市基层解决村民待遇纠纷问题的主要做法

（1）坚持按村民自治程序办事。目前我市大部分农村地区都是严格按照"4+2"工作法、农村家庭联户代表制度，对涉及村民福利待遇分配、土地承包、宅基地审批、缴纳养老保险等相关问题，通过召开村民代表大会解决。如中牟县白沙镇大雍村在解决"出嫁女"回迁户口后的村民待遇问题上，要求必须经过联户代表集体表决同意后，签订相关不享受村民待遇的协议书后，才能回迁户口。这种方式也存在弊端，一些村（组）在决定利益分配方案时，由于牵涉到大多数村民切身利益，可能表决没有通过，却造成按照相关政策法规应当享受待遇的村民无法享受到相关的村民待遇。

（2）执行相关村规民约。村规民约中规定农村集体组织成员的资格及应当享有的相关村民待遇。但是各地集体经济组织认定村民资格的标准不一，一般有以下几种标准：一种是以户口为依据；一种是以血缘和地缘为基础确定村民资格，即以户口为基础，再加上是否在本集体经济组织所在地长期生活和生产；一种是必须与本集体经济组织形成事实上的权利义务关系的人，才具有本集体经济组织成员的资格。村民资格问题不能得到很好解决，往往导致人口因利益驱动向富裕的集体经济组织迁移，导致富裕地区的人口畸形膨胀，人地关系、人资关系更加紧张，对真正应当享有该集体经济组织成员利益的群众的合法权益造成威胁，导致村民之间的利益冲突。

（3）分类处置协调解决。由于农村各地因历史传统、风俗习惯的差别，村民待遇纠纷面临的具体情况也有各自不同特点。农村基层组织在处理各类纠纷时，从社会和谐稳定大局出发，坚持原则性与灵活性相结合，分类处置解决各类村民待遇纠纷问题。如荥阳市广武镇后王村，由于武陟至西峡高速公路征地影响，在进行承包土地和征地补偿款分配时，针对不同类别人群制定不同标准，对"出嫁女"不分配承包土地，在分配征地补偿款时比其他村民少；对回迁下岗职工，暂时分配承包土地和福利，至领取退休金时停止发放。中原区航海西路街道办事处后河芦村对退休人员、下岗职工、"出嫁女"回迁要求享有村民资格和分配集体利益的，规定必须交纳10万元费用后再享受。中原区须水镇庙王村对回迁的退休人员，可以分配承包土地，但不得参与其他有关的村民待遇分配。

（4）加强纠纷源头预防和事后调解。部分基层政府根据当地实际情况制定了指导性文件，规范农村集体经济组织的经营管理和收益分配等活动，既从源头减少纠纷的发生，也为解决纠纷提供了有效途径和办法。中原区须水镇于2007年出台了《关于村民福利待遇分配问题的意见》，规定可以享受村民福利待遇的人员类型，避免以村规民约、"少数服从多数"为借口，侵犯少数人利益。为妥善解决村民待遇的纠纷问题，须水镇于2009年5月成立了"社会法庭"，镇信访办、派出所、法庭、司法所等部门共同参与，由镇人大在基层群众中选聘30名熟悉法律知识、有一定群众威望、业务素质高的社会法官，结合乡土人情及村规民约，按照"一村一策、一事一策"的原则，积极对纠纷事件进行调解和处置。

（四）引发农村村民待遇纠纷问题的成因分析

（1）农村集体组织成员资格认定无法定标准。引发村民待遇纠纷的主要原因是一部分人的"村民资格"认定问题。如何认定集体组织成员资格，目前法律法规没有统一明确规定。通常认为，集体组织成员资格的取得以该“成员”是否在该集体组织所在地生产、生活并依法登记为常住户口为判断依据。也就是说仅有户口不是认定是否为集体组织成员资格的充分必要条件，有常住户口的人不一定具有该集体组织成员资格。

（2）村规民约与法律和有关政策相矛盾。《村民委员会组织法》第二十条规定：“村民会议可以制定和修改村民自治章程、村规民约。”第二十四条规定：“村民委员会决定问题，采取少数服从多数的原则。”第二十条规定“村民自治章程、村规民约以及村民会议或者村民代表讨论决定的事项不得与宪法、法律、法规和国家的政策相抵触，不得有侵犯村民人身权利、民主权利和合法财产权利的内容。”然而，一些村（组）仍然以村民自治为由，用村规民约代替国家政策，作出“多数村民决定”，忽略“依法”的限制。

（3）解决村民待遇纠纷问题的途径不畅通。农村集体经济组织权益分配纠纷已经成为突出问题，但却难以通过基层自治组织或行政救济、司法救济等途径解决。原因在于：一是一些村（组）分配权益时存在一定的问题，自身因素就是纠纷的起因；二是乡（镇）政府和县以上政府有关部门在缺乏明确授权的情况下，解决纠纷的主动性和积极性不高，大多是采取不激化矛盾的冷处理办法；三是法院由于缺乏法律依据，在受理、裁决和执行上难以处理。即使法院受理依法判决，到村组也执行不了。目前，绝大多数乡镇法庭对这类案件不予受理。

（4）村民对关系自己切身利益问题的重视。一方面，随着农民待遇的提高，随着村民法律意识和男女平等意识的不断增强，部分因各种原因丧失村民待遇的村民要求同等享受土地承包、集体收益分配等待遇。另一方面，村民待遇问题涉及面广，牵动众多村民切身利益。由于农村宗派势力影响、村干部利益驱动和村民追求个人利益最大化等原因，造成部分丧失村民待遇的少数人与村里多数人产生利益冲突，容易激化矛盾。

（五）解决我市农村村民待遇纠纷问题的建议

（1）政府及职能部门要加强政策指导。各县（市）区要根据当地实际情况，依据国家有关法律法规，加快研究制定关于农村集体经济组织收益分配问题的指导性意见，规范收益分配行为，减少集体资产争议纠纷的发生。指导性意见应明确可以参与分配的对象、分配方案的决策程序以及分配纠纷的解决办法等。乡镇政府要把指导、监督村民自治和村级集体经济组织经营管理作为工作重点，农业、民政部门要加强对农村自治和集体资产经营管理活动的管理和指导工作。

（2）进一步规范村民自治制度。郑州市民政部门要根据现有政策和法律，制定一份适合我市农村实际的指导性村民自治章程范本，供各地农村自治组织参照使用。县乡要加强对村民自制章程和村规民约的监督审查，对违反现行法律、法规、政策的章程和村规民约，指导村委会及时修改，并不得有侵犯公民人身权利、民主权利和合法财产权利的内容。农村基层组织要认真贯彻《村民委员会组织法》，严格执行“4+2”工作法和农村家庭联户代表制度，对涉及村民利益的事项必须经村民会议讨论决定。建立村民自治争议解决机制，村民有权对不符法定程序或者违反法律法规的决定和行为提出异议。

（3）健全农村户籍管理制度。长期以来我国一直实行“人户一致”政策，户口既是身份，又与经济利益直接挂钩。在农村，生产资料及各种权利、义务均按本村户口分配，这种做法的“合理性”已为多数人所认同。2001年我国实行户口与粮食关系脱离，户口不再与经济利益直接挂钩，但在农村中多数人仍把户口与村民等同起来。要深化户籍制度改革，理顺户籍与村民资格、集体经济组织成员资格之间的关系。从长远看，要割断户籍与集体经济组织成员以及相应权利之间的联系，实行以经常居住地为户籍所在地、在经常居住地履行当地居民义务、享受当地居民权利的户籍制度。从目前看，要尽快明确农民迁移落户入籍的条件、程序和争议解决机制，从源头上减少因户籍问题而造成的村民待遇纠纷。

（4）构建多途径的村民待遇纠纷解决机制。加强人民调解工作，适当扩大其收案范围，调解范围可扩展至农村集体经济组织收益分配纠纷和群体性纠纷等。建立政府调解和仲裁制度，由政府主管部门及时对农村集体经济组织收益分配纠纷以及农村承包合同纠纷进行调解或仲裁，使该类纠纷最大限度地在本部门、本地区得到及时解决。加强农村地区普法学习和宣传，特别是加强对保护妇女权益方面法律法规的学习和宣传，让广大村民增强法律意识和男女平等意识。加强对农村基层干部法律法规知识培训，使他们能够用法律法规正确处理集体经济组织收益分配纠纷问题。

（市委政研室）

国民经济和社会发展总量及速度指标

指　　标	单位	1990	1995	2000	2005	2009	2010	2011	2011 比 2010 年±%
人口与面积									
人口	万人	557.8	600.3	665.9	716.0	831.5	866.1	885.7	2.3
建城区面积	平方公里	112.0	108.3	133.2	262.0	310.0	316.1	328.1	3.8
就业									
年末从业人员	万人	317.8	309.9	356.4	407.9	445.2	469.3	490.8	4.6
#城镇从业人员	万人	87.3	118.5	112.7	153.4	184.2	198.1	254.5	28.5
宏观经济									
国民经济核算									
地区生产总值	亿元	116.4	386.4	728.4	1660.6	3308.5	4040.9	4979.8	13.8
第一产业	亿元	14.4	28.5	42.4	72.4	103.1	124.6	131.7	3.7
第二产业	亿元	62.5	203.5	343.3	872.8	1786.5	2269.9	2874.2	17.0
第三产业	亿元	39.5	154.3	342.7	715.4	1418.9	1646.4	1974.0	10.2
固定资产投资									
全社会固定资产投资额	亿元	26.9	165.6	258.4	820.0	2289.1	2757.0	3002.5	24.3
固定资产投资	亿元	20.0	132.4	159.4	610.2	2002.2	2432.5	2900.0	25.1
财政									
地方财政一般预算收入	亿元	10.5	17.1	43.6	136.1	301.9	386.8	502.3	29.9
地方财政一般预算支出	亿元	6.5	17.8	49.0	136.7	353.1	426.8	566.6	32.8
价格总指数									
商品零售价格指数	以上年为100	100.8	110.4	99.1	101.2	100.3	102.7	104.9	4.9
居民消费价格指数	以上年为100	101.8	114.5	99.0	102.4	99.8	103.0	104.9	4.9
外商投资									
利用外资									
合同利用外资额	万美元	1132	21086	12860	63766	188896	191632	238133	24.3
实际利用外资额	万美元	768	15020	9211	33549	162400	190015	310000	63.1
产业									
农业									
农林牧渔业总产值	亿元	24.6	51.5	73.2	126.2	184.1	221.4	235.5	3.8
粮食总产量	万吨	154.2	140.1	158.7	153.0	166.1	166.7	166.7	0.0

续表 1

指　　标	单位	1990	1995	2000	2005	2009	2010	2011	2011 比 2010 年±%
工业									
工业总产值	亿元	174.4	647.9	1005.3	2411.5	4395.3	7958.3	8459.7	20.3
工业增加值	亿元	39.8	87.1	187.5	569.7	1298.5	1996.0	2316.0	22.0
规模以上工业									
资产总计	亿元	142.3	470.3	749.8	1473.6	3185.0	3898.8	5173.0	36.0
负债合计	亿元	89.6	328.6	477.5	946.3	1747.9	2134.9	2762.8	32.4
主营业务收入	亿元	104.6	307.8	530.9	1673.0	4726.6	5942.3	8144.4	40.0
利税总额	亿元	18.0	37.9	67.2	230.2	780.4	1058.1	1351.7	32.1
建筑业									
建筑业总产值	亿元	12.7	45.5	106.0	299.4	1126.0	1352.3	1547.6	14.4
施工房屋面积	万平方米	325	805	1217	2937	7106.6	8876.9	10505.5	18.3
竣工房屋面积	万平方米	148	306	440	765	2277.8	2601.7	3403.6	30.8
交通运输									
旅客周转量	亿人公里	69.3	92.0	125.1	189.6	263.4	301.4	325.6	8.0
#铁路	亿人公里	46.0	53.0	60.0	80.0	103.2	113.9	111.2	-2.4
公路	亿人公里	23.3	32.1	56.3	82.7	113.5	137.7	161.1	17.0
航空	亿人公里	1.0	6.8	8.8	26.9	46.7	49.8	53.3	7.0
货物周转量	亿吨公里	196.2	212.9	226.5	287.7	404.2	479.8	564.1	17.6
#铁路	亿吨公里	181.6	181.9	156.2	187.9	192.8	199.4	210.2	5.4
公路	亿吨公里	14.7	30.9	70.1	99.4	210.9	279.8	353.3	26.3
航空	万吨公里	150	574	1281	3385	5034	5641	5744	1.8
邮电通信									
邮电业务总量	万元	1.2	8.5	42	108.2	256.2	296.3	116.8	18.1
国内商业									
社会消费品零售总额	亿元	47.4	164.1	381.8	706.7	1434.8	1702.1	2015.6	18.4
批零贸易企业销售额	亿元	44.9	401.0	437.4	1274.3	2311.7	2339.1	2943.9	25.9
对外贸易和旅游									

续表 2

指 标	单位	1990	1995	2000	2005	2009	2010	2011	2011 比 2010 年±%
直接进出口总值	万美元		16129	19216	110193	297863	452442	1535929	239.5
#直接出口总值	万美元	1119	13072	12313	75659	200166	331272	941400	182.9
旅游外汇收入	万美元			4653	7769	12279	13384	14760	10.3
金融									
金融机构各项存款	亿元	86.3	464.4	1215.4	3116.1	6540.3	7990.9	8964.9	13.6
金融机构各项贷款	亿元	87.0	373.7	881.9	2428.1	4922.2	5717.5	6112.8	8.9
教育									
在校学生数	万人	84.4	114.9	139.7	191.3	217.4	222.3	227.4	2.3
专任教师数	万人	6.2	5.9	7.1	9.4	12.0	12.5	12.9	3.2
人民生活									
市区城镇居民人均可支配收入	元	1496	4535	6458	10977	17417	19376	22477	16.0
农村居民人均纯收入	元	692	1555	2912	4774	8121	9225	11050	19.8
城市居民人均居住建筑面积	平方米			19.8	23.0	26.6	28.2	29.5	4.6
农村居民人均居住面积	平方米	21.5	23.8	35.4	43.7	49.7	52.0	54.9	5.6
城乡居民储蓄余额	亿元	56.1	254.2	565.8	1436.1	2511.2	2911.0	3252.1	12.5
工资									
在岗职工年平均工资	元	2126.0	5226.0	9017	16694	29837	32779	35541	8.4
卫生									
医疗机构数	个	935	879	688	1637	1437	1347	4044	200.0
卫生技术人员	个	28410	30590	31137	33568	47004	49519	56891	14.9
医疗床位数	张	20937	22122	24472	29295	42971	47094	52750	12.0
市政建设									
自来水供水量	万吨	23037	32506	28783	30448	35475	37724	35785	-5.1
城市集中供热面积	万平方米		851	1383	1777	2051	2261	2285	1.1
用气人口	万人	59.5	107.9	149.2	230	386	439	457	4.1
城市道路长度	公里	428	563	684	1131	1304	1338	1390	3.9
公共汽(电)车总数	辆	404	728	1342	3077	4427	4788	5271	10.1

注:1. 1990 年城市居民人均可支配收入以人均生活费收入代替;2. 直接进出口总值、直接出口总值统计范围不包括国家部委及省属进出口公司,1995 年、1990 年为业务统计数,2000 年和 2003 年以来为海关数;3. 2011 年邮电业务总量按 2010 年可比价格计算,2001-2010 年按 2000 年可比价格计算,2000 年以前按 1990 年可比价格计算;4. 固定资产投资 2010 年以前为城镇投资;5. 2010 年以后,工业总产值和增加值包含河南中烟工业公司和河南电力公司

年末人口基本情况

（2011 年底）

县(市)区	总户数(户)	总人口(人)			
		合　计	#女　性	#非农业人口	城镇人口
全市	2650843	8857385	4293256	3476698	5741357
中原区	237508	712525	349850	570020	634860
二七区	249101	729865	357829	448721	638632
管城区	170070	513621	250339	261279	426305
金水区	485618	1398579	671318	825162	1265713
上街区	44562	133563	67209	83878	119138
惠济区	91039	274028	139268	65766	184969
中牟县	174262	709268	348605	113447	256046
巩义市	228881	810240	397666	153718	375141
荥阳市	174505	614124	272990	131845	280041
新密市	213590	799802	389835	225085	369429
新郑市	163644	687305	347883	157207	316985
登封市	176583	673191	319441	203587	299983
经济开发区	40313	112158	53387	22611	90848
高新开发区	75245	214986	96236	111793	171989
郑东新区	71183	284733	139239	73913	176534
航空港区	54739	189397	92161	28666	145021

人口自然变动情况

（2011年）

县(市)区	年平均人口(人)	出生人口(人)	死亡人口(人)	出生率(‰)	死亡率(‰)	自然增长率(‰)
郑州市	8759087	81897	35562	9.35	4.06	5.29
中原区	707986	6082	2138	8.59	3.02	5.57
二七区	722424	6271	2687	8.68	3.72	4.96
管城区	510455	4186	1361	8.20	2.67	5.53
金水区	1397345	11357	3348	8.13	2.40	5.73
上街区	133077	944	650	7.09	4.88	2.21
惠济区	272982	2825	1094	10.35	4.01	6.34
中牟县	708937	7128	4156	10.05	5.86	4.19
巩义市	809240	7866	4443	9.72	5.49	4.23
荥阳市	613991	6096	2996	9.93	4.88	5.05
新密市	798590	7387	4959	9.25	6.21	3.04
新郑市	697900	6839	3210	9.80	4.60	5.20
登封市	671174	6631	3235	9.88	4.82	5.06
经济开发区	108818	1005	207	9.24	1.90	7.34
高新开发区	211477	1607	400	7.60	1.89	5.71
郑东新区	264498	4187	524	15.83	1.98	13.85
航空港区	130197	1569	457	12.05	3.51	8.54

农林牧

（2011年）

指　　标	全市	中原区	二七区	管城区	金水区	上街区	惠济区	中牟县
农林牧渔业总产值	**2354657**	**21126**	**16032**	**13076**	**31079**	**11067**	**92077**	**820048**
农业	**1171043**	**13390**	**6035**	**8121**	**6485**	**5959**	**39601**	**448975**
谷物及其他作物	549991	4069	1177	2960	4359	4655	7109	143585
谷物	307301	2940	807	1946	3971	4159	5304	64464
#小麦	155822	1545	382	1127	2096	1632	2797	29148
稻谷	1874				16		280	1481
玉米	148467	1395	425	819	1859	1667	2227	33835
薯类	31561	10	5	41	7	22	98	9262
油料	105376	884	255	722	56	182	971	55270
#花生	98582	686	142	658		105	914	53855
油菜籽	4820	193	57	40	24	9	28	1371
豆类	12187	28	51	84	55	32	72	3150
棉花	10593					3	274	6008
烟草	3061							
其他农作物	79912	207	59	167	270	257	390	5431
蔬菜园艺作物	453108	8943	154	4008	1845	603	31578	244637
蔬菜（含菜用瓜）	441618	8943	154	3971	1845	596	31520	244508
花卉	4439			37				
水果、坚果、饮料和香料作物	164894	378	4704	1153	281	701	914	60753
水果（含果用瓜）	134732	378	4704	1153	281	701	914	60753
#苹果	17907	19	44	43	8	150	74	4837
梨	3596		100	55	40	194	114	1467
坚果	28518							
香料作物	1644							
中草药材	3050							
林业	**28663**	**807**	**284**	**45**	**820**	**447**	**4065**	**6714**
林木的培育和种植	16834	777	280		820	411	3978	5803
竹木采运	11829	30	4	45		36	87	911
牧业	**1001988**	**6312**	**8970**	**4618**	**13356**	**4661**	**27832**	**295836**
牲畜饲养	292679	2144	1113	700	8728	339	11601	136211
牛的饲养	91546	338	191	139	775	135	937	42310
羊的饲养	44411	84	51	97	153	33	230	28768
其他牲畜饲养	3445							356
奶产品	148637	1722	871	464	7800	171	10434	64777
猪的饲养	365114	2968	2066	2642	4481	953	7052	95644
家禽饲养	237398	1200	5791	1088	147	3369	9157	34570
肉禽	69759	584	958	409	76	136	4425	9985
禽蛋	167639	616	4833	679	71	3233	4732	24585
狩猎和捕捉动物	10108							
其他畜牧业	96689			188			22	29411
渔业	**123518**	**104**	**139**	**116**	**10268**		**20159**	**61244**
鱼类	122303	104	139	116	10268		20159	60491
虾蟹类	151							129
其他	1060							624
农林牧渔服务业	**29445**	**513**	**604**	**176**	**150**		**420**	**7279**

渔业总产值

单位：万元

巩义市	荥阳市	新密市	新郑市	登封市	经济开发区	高新开发区	郑东新区	航空港区
152263	**360926**	**249991**	**320663**	**190250**	**12304**	**12884**	**13778**	**32780**
59448	**155285**	**108569**	**156908**	**84303**	**5145**	**10128**	**8095**	**24260**
39091	81497	51140	79273	49633	3409	7457	7708	13718
29160	63132	38483	49108	27781	2059	6690	3971	5477
15501	32347	19589	27299	13390	1102	3396	2249	2739
	96							
13361	30290	18865	21651	14147	957	3294	1722	2738
1535	4814	2064	2810	9007	190			1479
2879	7387	5673	21908	2329	999	319	18	3769
2328	5846	4469	20938	1719	999	309	16	3769
184	820	866	763	470		10	2	
766	1449	1598	1362	3316			261	48
1233	473	121	132	1253				
				3798				
3518	4242	3201	3953	2149	161	448	3458	2945
9382	58676	35769	39829	14740	130	2564	103	6561
6345	56352	23396	39711	14086	130	1998	103	6561
625	364	714		291				
10639	15112	15987	37806	19930	1606	107	284	3981
8064	8056	6142	37806	6262	1606	107	284	3981
3984	1891	1581	2287	2768	81		100	24
242	462	281	248	310	59			18
2457	7056	8345		13668				
118		1500						
336		5673						
5748	**3313**	**14658**	**7423**	**9147**				
2967	3184	13069	7387	4294				
781	129	949	36	132				
81573	**187636**	**113633**	**152636**	**87793**	**7138**	**2690**	**5683**	**8520**
8401	71372	31191	23464	23214	1409	500	431	535
4266	15264	6650	3867	16375	673	48	104	308
1930	3096	2712	4281	4315	268	46	64	171
288	44	5593	33	760	40			
1584	41972	9054	15258	1558	428	406	263	56
43917	47319	35509	68069	38317	5483	1719	2221	3749
10595	58466	33762	58805	23783	246	471	31	1626
3093	12190	9613	20543	4175	197	425	9	1005
7502	46276	24149	38262	19608	49	46	22	621
	3036	5880						
18660	7443	7291	2298	2479			3000	2610
1394	**10324**	**1203**	**623**	**2507**				
968	10160	776	623	2107				
22		15						
404	164	412		400				
4100	**4368**	**11928**	**3073**	**6500**	**21**	**66**		

农村基本情况及从业人员

（2011 年）

指　　标	单位	总计	中原区	二七区	管城区	金水区	上街区	惠济区	中牟县
农村基层组织情况									
乡镇个数	个	92		2	3	2	1	2	16
#镇个数	个	76		1	1	2	1	2	15
村民委员会个数	个	2212	35	14	29	35	30	54	427
乡村人口从业人员									
乡村户数	万户	106.31	2.27	0.57	1.70	1.71	1.39	3.98	15.61
乡村人口数	万人	410.76	7.90	2.90	6.62	6.72	4.54	14.29	64.60
乡村从业人员数	万人	236.31	3.51	1.77	3.32	3.86	2.37	8.12	40.03
按性别分									
#男劳动力	万人	128.14	1.90	0.95	1.75	1.98	1.20	4.39	20.78
女劳动力	万人	108.18	1.61	0.82	1.57	1.87	1.17	3.73	19.25
按行业分									
农业从业人员	万人	98.65	0.59	0.58	1.47	1.05	0.59	4.56	26.33

注：乡镇数不包括县（市）所在地的城关镇

续表

指　　标	单位	巩义市	荥阳市	新密市	新郑市	登封市	经济开发区	高新开发区	郑东新区	航空港区
农村基层组织情况										
乡镇个数	个	15	12	12	12	13		2		
#镇个数	个	15	9	11	9	9		1		
村民委员会个数	个	289	288	303	294	303	15	39	15	42
乡村人口从业人员										
乡村户数	万户	16.49	13.30	15.80	12.32	14.11	1.22	2.54	1.67	1.62
乡村人口数	万人	64.29	49.10	60.16	46.39	56.65	5.02	9.01	5.68	6.88
乡村从业人员数	万人	32.62	31.40	32.52	29.49	33.59	2.68	4.23	2.89	3.93
按性别分										
#男劳动力	万人	18.59	16.60	17.88	15.59	18.51	1.70	2.30	1.53	2.51
女劳动力	万人	14.02	14.80	14.64	13.91	15.09	0.98	1.94	1.36	1.43
按行业分										
农业从业人员	万人	8.43	11.74	8.54	14.77	14.39	1.22	2.08	1.18	1.13

注：乡镇数不包括县（市）所在地的城关镇

牧业主要产品产量

（2011年）

指　　标	单　位	合　计	中原区	二七区	管城区	金水区	上街区	惠济区	中牟县
猪当年出栏头数	万头	209.97	2.40	1.18	2.30	2.58	0.60	4.13	48.75
牛当年出栏头数	万头	13.91	0.07	0.03	0.06	0.12	0.02	0.32	5.60
羊当年出栏只数	万只	53.58	0.14	0.07	0.31	0.19	0.02	0.30	32.14
禽当年出栏只数	万只	4265.04	42.23	55.62	27.39	4.46	10.25	271.82	753.51
肉类总产量	吨	241480	2282	1660	2044	2025	540	6654	62791
#猪肉产量	吨	158450	1755	904	1599	1785	407	2961	38464
牛肉产量	吨	21096	80	40	84	165	31	421	9395
羊肉产量	吨	6950	17	9	38	21	2	36	4107
禽肉产量	吨	49600	430	705	322	54	100	3230	9460
兔肉产量	吨	2543		2	1			6	563
奶类总产量	吨	503266	5500	2784	1483	24649	670	33337	220891
#牛奶产量	吨	467000	5500	2501	1483	24619	670	33253	220891
山羊毛产量	公斤	60527							
绵羊毛产量	公斤	181809							
蜂蜜产量	公斤	366883							353
禽蛋产量	吨	214717	790	6196	767	62	4310	5904	29462

续表　　（2011年）

指　　标	单位	巩义市	荥阳市	新密市	新郑市	登封市	经济开发区	高新开发区	郑东新区	航空港区
猪当年出栏头数	万头	24.62	39.04	17.12	45.01	18.99	3.05	0.82	1.29	3.10
牛当年出栏头数	万头	0.71	2.60	0.94	0.70	2.48	0.11	0.01	0.02	0.12
羊当年出栏只数	万只	2.21	4.63	2.20	5.28	5.19	0.26	0.04	0.08	0.54
禽当年出栏只数	万只	188.18	778.64	400.52	1391.22	243.93	12.15	12.48	0.54	72.10
肉类总产量	吨	23227	43245	19058	47219	22865	2536	776	1005	3553
#猪肉产量	吨	19059	28833	11760	29603	15219	2200	606	964	2331
牛肉产量	吨	983	3740	1104	997	3695	145	11	24	181
羊肉产量	吨	302	701	265	660	680	32	5	10	65
禽肉产量	吨	2277	9054	4541	15380	2775	145	154	7	966
兔肉产量	吨	150	905	769	88	49				10
奶类总产量	吨	5061	123080	28928	48749	4979	890	1285	800	180
#牛奶产量	吨	5061	90870	25269	48749	4979	890	1285	800	180
山羊毛产量	公斤	6654		32308	5058	16507				
绵羊毛产量	公斤	8428		125532	3830	44019				
蜂蜜产量	公斤	51000	212000	100382	1532	1616				
禽蛋产量	吨	9615	69845	26176	40344	20301	63	59	28	795

林业生产情况

（2011 年）

单位:公顷

县(市)区	当年造林面积	用材林	经济林	四旁植树(万株)	育苗面积	幼林抚育实际面积	成林抚育面积
总计	**12937**	**1011**	**3203**	**661.5**	**2516**	**10921**	**30516**
中原区	13			45			7
二七区				1.5	76		
管城区					13		
金水区					423		283
上街区	20			8	13		
惠济区	79				180	79	
中牟县	1968	713	566	192	780	10842	21546
巩义市	717	298	213		123		1138
荥阳市	1914				252		1005
新密市	2001		173	35	232		4000
新郑市	1355				233		506
登封市	4870		2251	380	191		2031

邮电通信行业基本情况

（2011 年）

指标名称	计量单位	本年实际	指标名称	计量单位	本年实际
局所及通信网络			本地网内区间电话通话量	万次	5870
营业网点	处	267	本地网内区内电话通话量	万次	389900
#邮政局所	处	267	本地网内拨号上网通话量	万次	3788
邮政信筒信箱	个	623	固定传统长途电话通话时长	万分钟	46175
邮路条数	条	109	移动电话通话时长合计（含本地）	万分钟	4555846
邮路总长度	公里	90636	IP 电话通话时长	万分钟	22101
#汽车邮路	公里	38964	移动短信业务量	亿条	80
铁路邮路	公里	9275	移动电话年末用户	万户	928
航空邮路	公里	42397	#3G 移动电话用户	万户	169
农村投递线路总长度	公里	16892	本年移动电话新增用户	万户	296
通信业务量			固定本地电话年末用户	万户	250
邮电业务总量（2010 年不变价）	万元	1168481	#公用电话用户	万户	25
邮政业务总量	万元	60342	城市电话用户	万户	209
电信业务总量	万元	1108139	#住宅电话用户	万户	124
函件	万件	7440	农村电话用户	万户	41
包裹	万件	68	#住宅电话用户	万户	34
汇票	万笔	181	互联网接入用户数	万户	182
快递	万件	118	#互联网宽带接入用户	万户	172
#期刊数	万份	56	光缆线路长度	公里	51416
订销报刊累计数	万份	17376	固定长途电话交换机容量	万门	15
#期刊数	万份	890	局用电话交换机容量	万门	149
纪特邮票	亿枚	1231	移动电话交换机容量	万门	1712

注：邮政业务总量不包括邮政储蓄银行数据

规模以上工业总产值、增加值及销售产值

（2011年）

单位：万元

项　　目	工业总产值	工业增加值	工业销售产值
总　计	**84596764**	**23159871**	**82987934**
按轻重工业分			
轻工业	15060362	5624351	14737728
以农产品为原料	12541229	4919820	12454166
以非农产品为原料	2519133	704531	2283562
重工业	69536401	17535520	68250207
采掘工业	5681078	2803669	5665731
原料工业	24838791	4585130	25202742
加工工业	39016533	10146722	37381734
按登记注册类型分			
国有控股企业	24505155	7106777	24365045
国有企业	17994685	5596565	17883768
集体企业	1046427	299548	1032493
股份合作企业	295184	83212	285635
股份制企业	37171885	10338860	36425871
外商和港澳台商投资企业	11973567	2482650	11589802
其他	16115015	4359036	15770366
按所有制类型分			
公有制	26075482	7555965	25910600
非公有制	58521281	15603906	57077334
按企业规模分			
大型企业	24948292	6896499	24805863
中型企业	19536131	5618221	19212605
小型企业	40112341	10645151	38969467

注：本表工业增加值、总产值、销售产值包含河南中烟工业公司和河南电力公司的全口径统计数据

全社会固定资产投资

（2011 年）

单位：万元、万平方米

指　　标	全社会投资	固定资产投资	房地产开发	农户投资
总　　计	**30025257**	**29000424**	**9236423**	**1024833**
#住宅投资	7286005	6556350	6273682	729655
按经济类型分				
内资	**27779713**	**26754880**	**8454964**	**1024833**
国有经济	4422682	4422682	267508	
集体经济	1464616	1464616		
股份合作	315766	315766	381	
国有联营	11963	11963		
集体联营	1504	1504		
其他联营	40590	40590		
国有独资	293894	293894	76021	
其他有限责任公司	9976987	9976987	5069615	
股份有限公司	2544963	2544963	671769	
私营	5834822	5834822	2294997	
其他内资	1847093	1847093	74673	
港澳台商投资	**1034085**	**1034085**	**254768**	
合资经营	191933	191933	107823	
合作经营	72361	72361	72361	
独　资	354103	354103	74584	
股份有限	415688	415688		
外商投资	**880402**	**880402**	**526691**	
合资经营	358767	358767	127361	
合作经营	10550	10550		
独　资	487342	487342	397587	
股份有限	23743	23743	1743	
个体经营	**1355890**	**331057**		**1024833**
本年新增固定资产	**16230153**	**15185036**	**4060958**	**1045117**
本年施工房屋面积	**20558**	**19066**	**7472**	**1492**
#住宅	12559	11115	5368	1444
本年竣工房屋面积	**3592**	**2247**	**1579**	**1345**
#住宅	3955	2610	1305	1345
本年竣工房屋价值	**5231290**	**4562342**	**3477439**	**668948**
#住宅	3486088	2835631	2766788	650457

城市建设用地情况

指　　标	计量单位	2010 年	2011 年
城市市区面积	平方公里	1010.3	1010.3
建成区面积	平方公里	342.7	354.7
#城市建设用地面积	平方公里	315.7	318.9
#工业	平方公里	35.7	31.2
仓库	平方公里	13.6	13.7
对外交通	平方公里	12.8	16.8
居住	平方公里	79.7	82.4
公共设施	平方公里	55.7	13.3
道路广场	平方公里	39.1	42.1
市政公共设施	平方公里	13.3	13.3
绿地	平方公里	64.1	67.1
特殊用地	平方公里	1.7	1.7
本年征用土地面积	平方公里	19.4	10.2

市政设施及公共交通

指　　标	计量单位	2010 年	2011 年
实有铺装道路长度	公里	1338	1390
实有铺装道路面积	万平方米	3158	3363
人行道面积	万平方米	687	726
实有桥梁数	座	179	191
#立交桥	座	44	45
路灯盏数	盏	64459	69046
排水管道长度	公里	2939	3047
污水年排放量	万立方米	32065	32082
污水处理厂	座	4	4
处理能力	万立方米/日	94	96
污水年处理量	万立方米	31167	31467
防洪堤长度	公里	58	58
公共汽、电车运营车数	辆	4788	5271
标准运营车数	标台	5748	6625.7
运营线路网长度	公里	1305.7	1390.7
全年客运总量	万人次	82610	91192
实有出租汽车数	辆	10607	10607

城市供水、供电情况

指　　标	计量单位	2010 年	2011 年
供　水			
水厂数	个	6	6
自来水综合生产能力	万立方米/日	124	124
#地下水	万立方米/日	51	51
供水管道长度	公里	2568	2719
全年供水总量	万立方米	37724	35785
#生产用水	万立方米	10455	8714
生活用水	万立方米	18965	19371
#家庭用量	万立方米	12971	13382
用水人口	万人	500	516
节约用水			
取水量	万立方米	28356	10312
生产用水重复利用量	万立方米	83600	109995
节约用水量	万立方米	3300	4200
供　电			
公用配电线路长度	公里	13266	13451
全年销售总量	亿千瓦时	356	390
#生活用电	亿千瓦时	32	35
售给居民每千度电售价	元	499.5	501.4

城市燃气及供热

指　　标	计量单位	2010 年	2011 年
液化石油气			
储气能力	吨	970	970
外购气量	吨	65900	65800
供气总量	吨	65700	65800
#家庭用量	吨	47310	47320
用气家庭户数	户	242980	237500
用气人口数	万人	71	85
天然气			
储气能力	万立方米	240	240
供气总量	万立方米	52171	63270
#家庭用量	万立方米	16592	18704
用气家庭户数	户	1000180	1101118
用气人口数	万人	368	372
输送管道长度	公里	3339	3580
供热能力			
蒸汽	吨/小时	868	868
热水	兆瓦	1296	1296
供热总量			
蒸汽	万吉焦	216	216
热水	万吉焦	724	732
管道长度			
蒸汽	公里	199	199
热水	公里	964	1000
集中供热面积	万平方米	2261	2285
#住宅	万平方米	1679	1690

社会消费品零售总额

（2011 年）

单位：万元

指　标	合　计	批发零售住宿餐饮企业	批发零售住宿餐饮个体	其　他
社会消费品零售总额	**20156144**	**11532011**	**8339133**	**285000**
按销售单位所在地分				
城镇	18495432	11256696	6953736	285000
乡村	1660712	275315	1385397	
按行业分				
批发业	2004772	1249825	754947	
零售业	14684371	9494451	5189920	
住宿业	218096	173226	44870	
餐饮业	2963905	614509	2349396	
其他	285000			285000

注：2011 年社会消费品零售总额定报数据为 19871144 万元

对外经济贸易

单位:万美元

项目	2010年	2011年	2011年比2010年±%
全市直接进出口总值(含省直公司)	**515743**	**1599559**	**210.1**
#全市直接进口总值(含省直公司)	170086	635773	273.8
全市直接出口总值(含省直公司)	345657	963786	178.8
市属及以下直接进出口总值	**452442**	**1535929**	**239.5**
#直接进口总值	121170	594529	388.0
直接出口总值	331272	941400	182.9
#国内企业	287126	372916	29.9
外资企业	44146	568484	1187.8
新批外资企业	91	102	12.1
合同外资额	191632	238133	24.3
实际利用外商直接投资	190015	310000	63.1
国外经济合作合同金额	67022	112871	65.4
国外经济合作营业额	79941	102609	28.4
派出人员(人次)	10178	12143	19.3

财 政

（2011 年）

指　　标	郑州市	市本级	中原区	二七区	管城区	金水区	上街区
一般预算收入	**5023175**	**2088362**	**186002**	**187159**	**168981**	**350509**	**75585**
税收收入	**3895780**	**1466831**	**179235**	**172341**	**134587**	**330284**	**64959**
增值税	385658	119268	17532	9722	15589	20523	9785
国内增值税	385658	119268	17532	9722	15589	20523	9785
国有企业增值税	41233	12950	6259	344	163	1067	226
集体企业增值税	6045	1073	172	179	340	238	130
股份制企业增值税	253769	66005	9278	5312	11784	13544	6574
联营企业增值税	34	5			2	3	
港澳台和外商投资企业增值税	45034	24024	1168	2014	747	2345	802
私营企业增值税	6687	505	15	54	24	40	1025
其他增值税	38960	14755	717	2136	1700	4577	980
增值税税款滞纳金、罚款收入	519	84	4	14	12	26	16
福利企业增值税退税	-9202	-1636	-150	-272	-79	-1084	-133
营业税	1446841	657676	61951	64853	34133	130574	16537
金融保险业营业税（地方）	338273	175132	27	25		108	531
一般营业税	1105915	481466	61903	64702	34109	130183	15827
企业所得税	590617	311773	23950	16268	14500	42685	8819
个人所得税（款）	191317	90920	9394	8089	5955	12646	1982
个人所得税（项）	191051	90824	9387	8080	5954	12639	1978
储蓄存款利息所得税	416	316					5
其他个人所得税	190635	90508	9387	8080	5954	12639	1973
资源税	33294			235	1	3	551
城市维护建设税	234756	46610	17795	14437	15096	29552	5316
房产税	85102	10456	5820	14806	9276	19790	2509
印花税	63062	10784	5423	3456	3391	9962	1360
城镇土地使用税	117159	5013	6778	7228	11695	11994	5524
土地增值税	239718	2735	30066	25815	21211	52119	2194
车船税（款）	28250	22474					373
耕地占用税（款）	118690		526	7432	3740	436	4564
契税（款）	360800	189122					5445
烟叶税（款）	516						
非税收入	**1127395**	**621531**	**6767**	**14818**	**34394**	**20225**	**10626**
专项收入	128165	65167		15			3720
排污费收入（项）	9042	2096					360
水资源费收入	6957	2007					951
教育费附加收入（项）	106171	60903					2333
矿产资源专项收入	5809	51		15			

收 入

单位：万元

惠济区	经济开发区	高新开发区	郑东新区	航空港区	中牟县	巩义市	荥阳市	新密市	新郑市	登封市
89748	99332	120215	277745	38966	192177	223216	140843	201294	215666	202267
68640	90239	100404	274462	37108	136011	171636	105819	127270	137589	133313
3623	12110	14567	3059	1347	7970	38958	14643	39215	21060	36687
3623	12110	14567	3059	1347	7970	38958	14643	39215	21060	36687
110	2407	597	4		646	4039	2533	6759	1221	1908
72	24	42	6		21	1055	596	815	362	920
1516	4965	11078	676	311	5597	27000	8764	32821	18437	30107
							8	4		12
1210	1688	2162	383	918	417	2711	1187	563	821	1874
67		10	295		187	4036	123	155	26	125
694	2557	313	1727	118	513	1780	1535	1328	1470	2060
6	3	15	1		8	160	12	63	54	41
-52					-35	-1394	-112	-3091	-804	-360
20252	15994	18788	68950	13632	47165	35817	27554	29274	32589	20441
			190		1297	3700	1992	2037	1616	1591
20221	15991	18787	68731	13632	45747	31999	25534	27234	30880	18580
6575	9431	18149	21200	2207	10924	21595	11394	16051	20407	34689
2160	2490	7292	3665	1282	3507	7783	2759	5286	4854	6862
2146	2489	7289	3663	1282	3485	7755	2757	5282	4840	6862
					9	11	13	30	12	20
2146	2489	7289	3663	1282	3476	7744	2744	5252	4828	6842
			1		909	10472	2824	4467	1832	11999
4774	13093	10937	11200	2521		12699	5020	8601	23046	8413
1897	2037	4013	4852	1268		2090	1127	1513	1852	771
2449	3263	2389	4315	1981		6525	1209	1691	1645	1090
5280	4055	5199	6156	1442		18305	7551	5517	6513	2190
8394	7188	6245	59730	437		4070	4074	2878	5039	1635
						1261	775	1396	483	497
13236	9544	3717	7066	7048		3997	16371	5367	8914	2199
	11034	9108	84268	3943		8064	10518	6014	9355	5324
										516
21108	9093	19811	3283	1858	56166	51580	35024	74024	78077	68954
	4691	4528		1088	4375	9839	3722	9909	12086	9025
					554	1203	701	1794	493	1841
					385	1697	158	769	678	312
	4691	4528		1088	3436	5673	2561	5527	10032	5399
						1266	302	1819	883	1473

续表 1 （2011 年）

指 标	郑州市	市本级	中原区	二七区	管城区	金水区	上街区
行政事业性收费收入	269099	112829	4754	2188	2500	10506	5367
公安行政事业性收费收入	24982	23576					60
法院行政事业性收费收入	11301	4743	47	851	72	1558	73
司法行政事业性收费收入	2337	1032	486		9	185	
财政行政事业性收费收入	1895	1463	47	3	26	84	7
人口和计划生育行政事业性收费收入	11530		231	263	33	1406	4
安全生产行政事业性收费收入	1718						1
档案行政事业性收费收入	458	14		2	370	7	
人防办行政事业性收费收入	46082	36232		17		28	738
文化行政事业性收费收入	42						
教育行政事业性收费收入	30863	6644	1214	328	227	2246	
发展与改革（物价）行政事业性收费收入	15265	3567	6			11	1257
统计行政事业性收费收入	59	46				1	
国土资源行政事业性收费收入	49444	5742		30	1000	50	2016
建设行政事业性收费收入	33413	20226	1348	45	279	1795	911
环保行政事业性收费收入	1115	303					30
交通运输行政事业性收费收入	1168	110				21	5
工业和信息产业行政事业性收费收入	994	399				7	
农业行政事业性收费收入	1106	95		6	28	79	102
林业行政事业性收费收入	1258	796			22		
水利行政事业性收费收入	443						
卫生行政事业性收费收入	17495	610	1053	134	126	684	147
民政行政事业性收费收入	944	224		9	3	113	4
人力资源和社会保障行政事业性收费收入	6849	5947		56	2	130	12
其他行政事业性收费收入	6991		322	430	280	2069	
罚没收入	90859	43456	1783	757	1121	300	804
公安罚没收入	46056	27570					378
检察院罚没收入	3178	150	616	259	700		108
法院罚没收入	1581	33		94	200	36	65
新闻出版罚没收入	21					17	4
海关罚没收入	52	52					
卫生罚没收入	128	30		4	2		
检验检疫罚没收入	24						
交通罚没收入	3423	487				1	40
审计罚没收入	776	1		4			
其他一般罚没收入	33587	13299	1167	365	219	241	208

单位:万元

惠济区	经济开发区	高新开发区	郑东新区	航空港区	中牟县	巩义市	荥阳市	新密市	新郑市	登封市
5012	4015	1262	1015	202	36920	23153	18582	13829	17927	9038
					104	177	77	640	112	236
311	447	862			400	388	252	676	291	330
369					77	67	35	9	43	25
1		1			123	35	12	29	37	27
1180	619	145	552	192	3800	496	498	706	824	581
					3	76	1101	495	42	
8		46				10			1	
	2571	47			1701	359	1677	265	2260	187
							5	35	2	
59			54		2105	6040	4452	4363	1638	1493
					1656	2760	729	1728	2090	1461
									2	10
2899					21992	1676	6260	1077	4237	2465
70	377	146	407	10	970	1079	904	728	3488	630
					125	162	31	261	23	180
					52	709	10	139	51	71
						588				
2					277	77	102	78	174	86
32					105	22	43	150	36	52
					53	5	134	142		109
43					2251	7957	1850	177	2298	165
3	1	1			10	264	121	69	105	17
35			2		86	206	246	24	81	22
		14			993			2038	3	842
925	149	565	1134		4813	4644	10914	7607	6121	5766
					2931	1450	6936	2689	1261	2841
203	3					50	3	796	101	189
40	2	47			25	226	128	290	143	252
6					11	2	49		22	2
							18			6
4					187	1002	144	427	611	520
5					50	36	290	284		106
662	144	518	1134		1548	1878	3346	3026	3982	1850

续表 2

(2011 年)

指　　标	郑州市	市本级	中原区	二七区	管城区	金水区	上街区
国有资本经营收入	443135	376929	14	240		8132	
利润收入	24054					8000	
其他企业利润收入	24054					8000	
股利、股息收入	3423	700					
其他股利、股息收入	3423	700					
产权转让收入	381900	376229					
其他产权转让收入	381900	376229					
其他国有资本经营收入	33758		14	240		132	
国有资源(资产)有偿使用收入	125587	13740	215	9541	30743	987	624
利息收入	9071	1247	215	34	56	84	63
国库存款利息收入	2460	517	62	34	56	79	23
财政专户存款利息收入	2485		58			5	35
其他利息收入	4126	730	95				5
非经营性国有资产收入	26987	6439		7507		903	558
其他国有资源(资产)有偿使用收入	88952	5477		2000	30687		3
其他收入(款)	70550	9410	1	2077	30	300	111
捐赠收入	10176	1817		1046	30	38	
国内捐赠收入	10176	1817		1046	30	38	
其他收入(项)	48082	7593	1	1031		262	111
政府性基金收入	**2160303**	**595968**	**416**	**169**	**172**	**1684**	**42005**
文化事业建设费收入	3871	817	416	167	160	1625	24
残疾人就业保障金收入	7009	4019					199
政府住房基金收入	17465	15047				59	
上缴管理费用	4644	4644					
计提廉租住房资金	12283	10098					
其他政府住房基金收入	537	305				59	
国有土地使用权出让收入	1742921	384736					41216
土地出让价款收入	1496984	399245					45532
补缴的土地价款	184250	64488					
划拨土地收入	116427	6761					
其他土地出让收入	46047	2351					
城市公用事业附加收入	19802	15838					
国有土地收益基金收入	51401	7868					
农业土地开发资金收入	19583						
城市基础设施配套费收入	263000	147921					
育林基金收入	899	28		2	12		
森林植被恢复费	212						
散装水泥专项资金收入	1082	507					27
新型墙体材料专项基金收入	4566	1569					216
其他政府性基金收入	2123						

单位:万元

惠济区	经济开发区	高新开发区	郑东新区	航空港区	中牟县	巩义市	荥阳市	新密市	新郑市	登封市
10710		2473			5	8624	802	4130	14843	16233
										16054
										16054
		2473						250		
		2473						250		
					5	810	797	3880		179
					5	810	797	3880		179
10710						7814	5		14843	
3300	128	10983	1003	568	8439	5083	435	516	20520	18706
90	63	1546	1003	228	2562	736	144	344	197	403
45	63	20	804	69	211	268	32	26	27	68
		16		159	1379	458		75	161	139
45		1510	199		972	10	112	243	9	196
227	65	6237		340				172	4397	142
2983		3200			5877	4347	291		15926	18161
1161	110		131		1614	237	569	38033	6580	10186
524	80				10	237		2499	221	3674
524	80				10	237		2499	221	3674
527	30		131		1604		569	26144	6359	3720
55	**110552**	**73777**	**681356**	**63509**	**278502**	**77208**	**77756**	**50178**	**65622**	**41374**
52	116	104	139		55	49	31	16	35	65
					232	862	190	579	449	479
	100	2085				1		173		
	100	2085								
								173		
	108258	66092	555360	61247	265093	66536	60796	39699	59037	34851
	108058	66092	533849	63314	104479	16219	58809	5561	62926	32900
			5028		67901	46605				228
			15477		86033	551		1278	382	5945
					1564	6053	527	33856	1635	61
						1058	510	860	335	1201
	100		26388	1114	2201	1080	9210	658	2053	729
	100		6917	1003	6940	629	2022	1234		738
	1878	5496	92417	145	1765	4868	3770	3257		1483
3					351	56	112	132	66	137
							27	116	31	38
					132	80	74	103	129	30
			135		422	497	366	420	727	214
					624			1499		

财 政

（2011 年）

指　　标	郑州市	市本级	中原区	二七区	管城区	金水区	上街区
一般预算支出	5665806	2310173	163544	178212	165223	301356	88602
一般公共服务	682961	111474	35207	37914	31781	79140	18377
人大事务	11009	3046	578	555	733	973	492
政协事务	9607	3248	376	773	663	574	513
政府办公厅（室）及相关机构事务	288161	23841	18865	23573	16343	34098	8428
发展与改革事务	14627	6036	184	267	485	222	535
统计信息事务	8472	1977	745	425	458	522	84
财政事务	34665	4130	1538	1328	1562	1981	2366
税收事务	4897	824					394
审计事务	7053	2022	192	588	189	368	132
人力资源事务	13234	4579	566	753	374	1017	46
纪检监察事务	12094	2728	408	694	1120	746	68
人口与计划生育事务	48254	2461	3028	2261	2041	5044	861
商贸事务	25522	5313	323	760	917	495	1835
知识产权事务	251	209					3
工商行政管理事务	2932	1871					15
质量技术监督与检验检疫事务	1242	942					9
民族事务	908	600	55	15	65		19
宗教事务	822	18		103	79	134	8
港澳台侨事务	255	143					28
档案事务	3593	2082	69	124	115	135	73
民主党派及工商联事务	1666	873		73	67	84	57
群众团体事务	11064	4854	324	371	357	1005	233
国防	5534	1942	370		209		
预备役部队（款）	1378	320	45				
民兵（款）	644		209				
国防动员	1236	140	116				
其他国防支出（款）	2276	1482			209		
公共安全	279883	151482	4531	4856	6230	7601	5385
武装警察	11854	7844	178			466	266
公安	171424	106709				1185	3651
国家安全	750	722					28
检察	32562	11480	1416	1524	2401	1721	572
法院	38653	11344	1864	2805	3028	3381	509
司法	15557	4969	1073	527	801	848	344
监狱	3294	3286					
劳教	5128	5128					
其他公共安全支出（款）	661						15

支 出

单位:万元

惠济区	经济开发区	高新开发区	郑东新区	航空港区	中牟县	巩义市	荥阳市	新密市	新郑市	登封市
99831	102599	128964	284019	58023	303832	336199	224610	292135	299665	289029
20335	21181	21368	21932	12267	55537	42990	27841	45430	41225	51308
540					504	677	655	932	764	560
391					512	624	480	519	452	482
8512	15820	8643	17221	3078	27460	16441	11228	18496	13092	18057
134	97	374		411	590	445	715	1149	2091	892
427	694	53	115	75	250	678	560	411	575	423
684	616	664	165	1976	2533	2133	2931	5902	2298	1858
53	537		497	582		15		1995		
186				8	436	288	849	758	639	398
201	92	489	8	528	837	888	155	122	1738	252
652	229	248		145	895	456	1401	678	1056	570
2267	605	888	1428	329	6427	3706	4280	4020	4450	4158
1110	1981	7270	100	117	300	1033	446	449	634	439
						39				
	220		220				290	20		296
15	94						82	10		90
35						10	109			
42		3	6		120	7		55	68	179
						5	54	24	1	
91					110	120	201	146	172	155
64					26	73	51	95	172	31
411	35	57	188	48	878	297	221	562	580	643
384	252		5		265	328	335	627	562	255
202	252				15	78	96	124	151	95
89					155		27	70		94
93			5		85	55	212	433	62	35
					10	195			349	31
3723	4642	2421	2423	1225	13886	14540	13739	12468	16054	14677
105	341		300	407		445	360	359	458	325
182	2082		2103	791	9938	9392	8723	7862	9213	9593
1043	800	958			1365	1234	1730	1637	3166	1515
1390	1336	1463			1710	2120	1815	1859	1935	2094
1003	83			27	820	913	966	751	1282	1150
					8					
			20		45	436	145			

续表 1　　　　(2011 年)

指　　标	郑州市	市本级	中原区	二七区	管城区	金水区	上街区
教育	919539	288160	30311	34719	28240	55564	16888
教育管理事务	10488	3047	216	128	599	479	511
普通教育	643737	155505	27232	21680	24564	49387	8925
学前教育	24656	1644	2867	333	1046	2527	169
小学教育	227364	1658	10974	13736	20191	37213	4422
初中教育	168609	20935	4243	4820	2786	7142	2548
高中教育	106663	56082	678	1594	531	585	1711
高等教育	73970	73466					6
其他普通教育支出	42475	1720	8470	1197	10	1920	69
职业教育	89404	69868		96	367		344
中专教育	39626	32880					198
技校教育	26819	26538					4
职业高中教育	9674	6		96	367		
高等职业教育	9276	8979					
其他职业教育支出	4009	1465					142
成人教育	957	83					
广播电视教育	1032	674					
特殊教育	3717	1465	2	303	263	366	
教师进修及干部继续教育	12954	3779	148	105	20	173	78
教育费附加安排的支出	105806	43168	2617	2407	2427	5060	2433
其他教育支出(款)	51444	10571	96	10000		99	4597
科学技术	101605	36185	2701	3227	3467	6908	1625
科学技术管理事务	3973	946	94	125	254	150	108
基础研究	3551	998					100
应用研究	250	250					
技术研究与开发	55291	15501	2574	3022	3188	6238	340
应用技术研究与开发	12736	6302		456		139	
产业技术研究与开发	13207	3096		230	3178		
科技成果转化与扩散	2623	1815		204			2
其他技术研究与开发支出	26725	4288	2574	2132	10	6099	338
科技条件与服务	933	300					
科技条件专项	878	300					
其他科技条件与服务支出	55						
社会科学	87	80					
科学技术普及	2335	1135	33	78	20	111	7
机构运行	524	171	18	54		48	
科普活动	633	176	5	24		15	7
青少年科技活动	11	10	1				
学术交流活动	30	30					
科技馆站	700	653					
其他科学技术普及支出	437	95	9		20	48	

单位:万元

惠济区	经济开发区	高新开发区	郑东新区	航空港区	中牟县	巩义市	荥阳市	新密市	新郑市	登封市
22171	12005	20318	35564	6445	60903	67834	51374	56948	67006	65089
447	96	350	10		420	311	530	929	988	1427
18700	7219	11077	33050	5227	48755	57881	42385	45338	39861	46951
274	121	20	29	156	2291	3856	1423	1748	1526	4626
10855	4510	5674	10451	1377	21126	20930	16100	13632	15902	18613
5859	2401	5130	21142	3076	15800	22844	12655	12846	11935	12447
1355					8575	8913	8170	4607	6676	7186
			491			7				
357	187	253	937	618	963	1331	4037	12505	3822	4079
591			297		3050	2738	3461	3374	2533	2685
48					20	2736	732		1266	1746
					60				217	
531					2887	2	2233	2165	657	730
			297							
12					83		496	1209	393	209
313						202			359	
							358			
					324	299	153	188	300	54
316		28			4176	545	869	1548	654	515
1602	4690	4573	2137	1218	3896	5713	2811	5541	10032	5481
202		4290	70		282	145	807	30	12279	7976
1586	5315	16978	55	903	3291	5427	2989	3019	4775	3154
121	17	112		61	118	196	181	343	1147	
					30				2423	
1377	4640	2835	55	791	3015	3103	2385	2503	1143	2581
1160	1000				544	10	1886			1239
		2625			1810	1299	290	679		
					160	390		52		
217	3640	210	55	791	501	1404	209	1772	1143	1342
	598				10	10			15	
	578									
	20				10	10			15	
					2			5		
71	13	47		6	104	128	175	137	38	232
					28	68	60	9		68
66	13			6	45	46	90	18	8	114
		47								
5					31	14	25	110	30	50

续表 2 （2011 年）

指　　标	郑州市	市本级	中原区	二七区	管城区	金水区	上街区
其他科学技术支出(款)	35139	16975		2	5	409	1070
其他科学技术支出(项)	34860	16741		2	5	409	1070
文化体育与传媒	86299	39906	576	1056	679	1031	575
文化	44508	20237	230	849	415	743	212
图书馆	11822	11310	16		70	102	23
文化展示及纪念机构	5963	937					
艺术表演场所	834	599					
艺术表演团体	3361	2621					
文化活动	2996	2616			5		11
群众文化	2237	568	113	122	6	4	51
文化创作与保护	644	406					
文化市场管理	1973	1058	1	71		7	118
其他文化支出	11609	122	97	14	67	133	
文物	17830	5749			204		136
文物保护	6892	2039			45		88
博物馆	2924	2574					
体育	4017	2473				20	
体育场馆	1551	962					
群众体育	704	562					
广播影视	7665	2703	85	6	5	170	197
广播	2158	983	68				
电视	2794	1450					2
电影	489		17	6	5	10	6
新闻出版	1871	473	223	20	16	21	4
其他文化体育与传媒支出(款)	10408	8271	38	181	39	77	26
社会保障和就业	491668	233736	16204	21703	13609	21632	7877
人力资源和社会保障管理事务	32303	18376	474	748	2143	1182	1289
综合业务管理	196			26			
劳动保障监察	1696	916		179	371		63
就业管理事务	2475	2321	3	10			61
社会保险业务管理事务	697	688					1
金保工程	370	358					1
社会保险经办机构	8533	3882	348	530	512	519	236
劳动关系和维权	189	174					15
公共就业服务和职业技能鉴定机构	467	427		3			14
其他人力资源和社会保障管理事务支出	7202	3980	81		922	186	646
民政管理事务	19761	5533	1028	1924	1739	2044	583
行政运行	5064	1538	249	87	929	674	123
一般行政管理事务	715	113					100
机关服务	796			221			
拥军优属	1474	582	83	103	76	100	47

单位:万元

惠济区	经济开发区	高新开发区	郑东新区	航空港区	中牟县	巩义市	荥阳市	新密市	新郑市	登封市
17	47	13938		45	12	1990	248	31	9	341
17	47	13938			12	1990	248	31	9	341
624	583	182	5122	60	1513	12733	2935	1819	7707	9198
483	231	102	5064	39	688	7913	1023	498	1679	4102
40					40	51	10	5	114	41
		26	5000							
									235	
					26	95	20	94	420	85
35			11			140	53			125
102		36	20	15	289	419	98	52	172	170
						40	85	1		112
					14	146	162		246	150
45	221	40	33	24	218	6958	98	247	122	3170
	300				143	2921	225	116	4241	3795
	300				116	1915	110	21	864	1394
						188	21		141	
41	18	17			30	120	804	52	218	224
						72	517			
	18	17			15	22	60			10
9	8	9	8	8	353	989	553	857	1129	576
						196	136		664	111
					235	575	168			364
9	8	9	8	8		70	59	131	71	72
8	20	11	50	3	118	348	120	108	120	208
83	6	43		10	181	442	210	188	320	293
10553	851	3728	3195	2666	25743	23182	25683	27457	26575	27274
1128	97	101		175	656	624	1819	1418	729	1344
				170						
26	11				100		18	12		
	30						50			
1							5		2	
										11
141					553	619	104	638	20	431
						5	18			
							316	543	326	202
987	67		733	1	1449	426	1050	681	1001	515
366					312	91	159	86	197	253
452	32							3	15	
							524	51		
98					76	105	60		83	61

续表 3 （2011 年）

指　　标	郑州市	市本级	中原区	二七区	管城区	金水区	上街区
老龄事务	449	200		28	27	33	1
民间组织管理	377	344	12		7	14	
行政区划和地名管理	134	24	5	12	18	40	
基层政权和社区建设	4257	40	573	1413	489	944	18
部队供应	1152	1152					
其他民政管理事务支出	5343	1540	106	60	193	239	294
财政对社会保险基金的补助	103208	43676	1077	1549	2889	3784	683
财政对基本养老保险基金的补助	45993	39575	1077		2658	271	683
财政对失业保险基金的补助	270	1					
财政对基本医疗保险基金的补助	984						
财政对生育保险基金的补助	419						
财政对其他社会保险基金的补助	12640	1902		1549	231	3513	
行政事业单位离退休	149013	70868	10205	12668	2185	7696	4308
企业改革补助	14803	14597					
就业补助	33739	20950	254	219	460	1460	330
扶持公共就业服务	399		60		273		
职业培训补贴	450			219			
职业介绍补贴	23						
社会保险补贴	367	42				110	
公益性岗位补贴	252						
小额担保贷款贴息	10009	8814					
补充小额贷款担保基金	3858						240
其他就业补助支出	18271	12094	194		187	1350	90
抚恤	17022	1702	1063	741	623	1916	278
退役安置	36148	29245	268	648	337	1468	16
社会福利	19903	13851	90	159	49	52	30
残疾人事业	2197	498	138	155	168	172	34
城市居民最低生活保障（款）	11995	317	1314	2325	1020	1017	252
其他城镇社会救济	2538	1474	124	166	168	83	35
自然灾害生活救助	1429	80	8		11	5	
红十字事业	1737	1401		48	93	37	
农村最低生活保障（款）	19017						
其他农村社会救济	8774	485	48	137	111	96	28
其他社会保障和就业支出（款）	17932	10683	113	216	1613	620	11
医疗卫生	350431	134284	8075	10907	8129	14049	3746
医疗卫生管理事务	8993	1091	311	359	1454	645	147
公立医院	46430	36501	15	53	370	40	70
基层医疗卫生机构	27726	4270	1038	1370	288	686	178
公共卫生	57888	19952	1075	2519	1706	4589	773
疾病预防控制机构	12005	5954	170	544	183	674	300
妇幼保健机构	4744	280	208	263	339	441	96

单位:万元

惠济区	经济开发区	高新开发区	郑东新区	航空港区	中牟县	巩义市	荥阳市	新密市	新郑市	登封市
2				1	13	13	26	30		75
					13				10	12
18	11		582			23	68	17	61	
51	24		151		1035	194	213	494	635	114
1484	315	645	1303	1561	7696	6326	7412	6427	7391	8990
44			899	783	3					
77			72		110			10		
14			315	299				356		
54							78	137		150
1295	315	645	17		75		29	3022		47
5876		743	144	263	2851	4233	6206	10447	5428	4892
		103						103		
24	197		213	29	2214	1561	1264	878	2010	1676
15					51					
9	172			16	10			15		9
	5			8				10		
					200			15		
				5	237			10		
					708	437			50	
					948	70		500	1100	1000
	20		213		50	1054	1264	328	760	667
230	31	136	167	143	2208	1839	1140	858	2517	1430
12					160	696	1090	466	1171	571
24				44	1317	641	1116	603	990	937
103	23	19			96	212	103	91	323	62
474		343	166	15	1019	1065	184	659	798	1027
34		3		1	46	47	25	45	177	110
12				33	99	158	278	119	294	332
34	12				11	11	20	32	38	
33	6			258	4188	3730	2577	2757	2172	3296
98	43	114	7	139	1450	662	1173	1252	1440	1491
	60	1521	462	4	134	951	226	621	96	601
9681	1239	3883	998	355	25325	28875	22813	25709	26872	25491
363	15	277	2		705	351	504	179	2100	490
2187					671	197	175	4208	1656	287
584	141	428		38	3864	6094	3318	1585	2734	1110
984	134	276	71	88	4048	7472	2951	3257	3591	4402
168					312	2233	228	609	277	353
183					305	1660	284	5	210	470

续表 4 （2011 年）

指　　标	郑州市	市本级	中原区	二七区	管城区	金水区	上街区
医疗保障	198830	64459	5461	6500	4261	7814	2506
新型农村合作医疗	87918		1635	2382	1653	1848	1133
农村医疗救助	1329		1	1	1		13
中医药	489		18		50	15	40
食品和药品监督管理事务	6267	4874	74	106		185	32
其他医疗卫生支出（款）	3808	3137	83			75	
节能环保	132478	59212	378	1730	543	1198	551
环境保护管理事务	13099	4435	313	198	313	723	210
环境监测与监察	2755	683	52				
污染防治	42909	19018		360	219	261	306
自然生态保护	6815		11	67		96	
退耕还林	6194						35
能源节约利用（款）	34911	26599	2	916			
污染减排	11097	841		183		59	
可再生能源（款）	7083	2206					
资源综合利用（款）	7460	5380					
城乡社区事务	749933	209161	22241	20254	14810	85356	14700
城乡社区管理事务	83610	25988	3846	6742	8161	6285	3862
城乡社区规划与管理（款）	9883	747	523	90	240		251
城乡社区公共设施	410421	21106	937	4442	4180	64254	3262
城乡社区环境卫生（款）	87081	22234	10170	8867	2094	13232	2922
建设市场管理与监督（款）	554			35		280	
其他城乡社区事务支出（款）	158384	139086	6765	78	135	1305	4403
农林水事务	401184	137914	4480	8967	3770	4465	2336
农业	133384	24006	978	3103	1990	2333	1282
技术推广与培训	6321	2082	3	131	8	96	105
病虫害控制	1825	366	14	15	13	34	11
农产品质量安全	2822	1775	12	5	3	137	17
农业结构调整补贴	5422	200		22			120
农业生产资料与技术补贴	10001	1505	50	38	44	32	63
农业生产保险补贴	472	16					
农业组织化与产业化经营	2251	18	10	10	275	230	10
农产品加工与促销	166						
农村公益事业	3986	185		9			240
农业资源保护与利用	438	136					
农村道路建设	8141			1149	238		
对高校毕业生到基层任职补助	3248	132	230		25	36	7
其他农业支出	65634	12456	285	1415	595	344	290
林业	77675	53097	67	187	176	718	43
森林培育	9110	481	12	39	22	18	39
林业技术推广	143	66				7	

单位:万元

	惠济区	经济开发区	高新开发区	郑东新区	航空港区	中牟县	巩义市	荥阳市	新密市	新郑市	登封市
	5490	944	2677	793	229	15865	14668	15692	16317	16440	18714
	3193	944	2251	778	165	13023	12617	10525	12679	10673	12419
			42		64	210	127	117	232	263	258
	15					58		97	30	58	108
	58	5	149	6		76	58	75	101	283	185
			76	126		38	35	1	32	10	195
	773	153	741		8096	5761	11198	11695	13009	7098	10342
	223	82	92		109	132	1165	1438	1535	1017	1114
	15	23			2	458	344	170	460	448	100
	102	24	142		1505	3307	7274	923	2631	2678	4159
	175					240	248	3998	551	435	994
	30					622	890	232	1833	1224	1328
	224	24	80			541	1051	599	3448	206	1221
					2216	461	201	3365	1441	1090	1240
			427		4264						186
								970	1110		
	6921	26912	22088	184689	2527	23003	30450	9282	35917	24368	5370
	3351	611	4618	40	610	1868	2386	4144	2077	6701	2320
	776	1774			17	751	1394	1767	1048		505
	981	21323	14450	182900	492	13325	21349	2058	26430	15212	1836
	1803	3143	1364	1749	1408	3599	4921	1297	5729	2105	444
	10						159				70
		61	1656			3460	241	16	633	350	195
	8956	1185	3106	3587	3909	46454	30281	29244	37319	44374	30837
	5150	214	1555	621	1211	17697	14175	12888	17072	19544	9565
	306	20			65	886	239	943	436	611	390
	104	12	15	108	29	213	159	134	123	278	197
	84		3	7		295	56	118	41	86	183
	970					1580		300	800	1300	130
	152	73	152	11	233	2108	812	1340	508	1765	1115
						100	35	68	153	29	71
	313					383	171	205	21	515	90
	16					150					
	25	88				1963	381	458	63	279	295
	5					166	38	20	13	19	41
			865			250	5369	270			
	221			37	99		521	574	477	250	639
	935	3	520	458	782	7578	4425	6420	11735	12267	5126
	1366	108	155	2686	8	3605	3614	1606	1986	2303	5950
	551		5		1	840	2301	679	41	330	3751
	50										20

续表 5 (2011 年)

指　　标	郑州市	市本级	中原区	二七区	管城区	金水区	上街区
森林生态效益补偿	938	35					
林业自然保护区	46	46					
森林防火	481	116					4
林业有害生物防治	302	134			6		
林业工程与项目管理	170	170					
其他林业支出	54543	48868	54	117	147	428	
水利	82754	17880	1234	993	630	379	687
水利行业业务管理	532	84		10		110	
水利工程建设	13896	1347					9
水利工程运行与维护	5915	4857					
防汛	1841	499	6	92	31	11	20
抗旱	4818	530	30	40	40	90	30
农田水利	23543	1401	21	510	440		35
水资源费安排的支出	4518	2227	30	170	11	2	577
南水北调	47909	34875	442	3166	257		70
扶贫	3941	906		68			30
农业综合开发	5405	134		69	255	234	73
农村综合改革	40650	5	766	907	462	801	151
其他农林水事务支出(款)	9466	7011	993	474			
交通运输	218251	165275	432	1537	1213	1445	1440
公路水路运输	66977	33237	432	1537	1168	1138	983
公路新建	1510			887		359	206
公路改建	11818	7743			50	281	22
公路养护	13172	7749	85	263	81	181	72
公路运输管理	1464	77	102	210		151	
其他公路水路运输支出	28330	12750	81	37	604	64	260
石油价格改革对交通运输的补贴	70552	58702					457
对城市公交的补贴	40142	37847					131
对农村道路客运的补贴	6341	91					77
对出租车的补贴	23853	20752					218
石油价格改革补贴其他支出	216	12					31
其他交通运输支出(款)	47435	46269			45	307	
资源勘探电力信息等事务	541611	376117	25419	3816	977	2696	3143
资源勘探开发和服务支出	12233	1834					
制造业	39632	3837	2855				
建筑业	165	165					
工业和信息产业监管支出	29142	18859	437	504	381	897	311
安全生产监管	12821	3571	543	797	566	654	152

单位:万元

惠济区	经济开发区	高新开发区	郑东新区	航空港区	中牟县	巩义市	荥阳市	新密市	新郑市	登封市
17					14	315	97		39	421
10						115	6	62	55	113
30					27	17	2	5	10	71
121	33	150			2152	177	70	757	1313	156
1095	625	256	203	210	14070	7385	7180	8792	12844	8291
						6		247		75
30					4575	2217	399	2550	1742	1027
50	5					45	65	455	378	60
78	16	1	86	76	53	132	336	13	92	299
62	20	20	20		637	237	715	565	979	803
398	462			5	5150	910	2663	2618	6512	2418
45		20		30	298		248		678	182
				1459	3005		252		4383	
			30		188	274	936	292	133	1084
481	95				351	318	1253	624	1518	
664	143	1140	47	1021	6978	4415	5059	8553	3591	5947
200					560	100	70		58	
806	1016	16			7143	8555	6335	7077	8781	7180
698	16	16			5677	5010	3208	4178	5238	4441
					48	10				
					2413	580	46		204	479
310	16	16			1622	405	887	414	716	355
29					311	221		43		320
27					770	3190	1848	3093	4028	1578
					1287	1993	1628	2531	2229	1725
					379	532	441	481		331
					520	744	767	1538	1663	941
					382	711	414	506	428	442
					6	6	6	6	138	11
					74	282	40		87	331
3548	25564	15908	1694	758	7620	29480	4579	5724	2150	20326
5						1438	1174	4140		3642
	17830					15110				
120	301	1825	358	250	160	2090	1371	230	442	606
499	95	123	20	19	310	1285	1017	401	724	2045

续表 6　　　　(2011 年)

指　　标	郑州市	市本级	中原区	二七区	管城区	金水区	上街区
国有资产监管	8465	7586					
支持中小企业发展和管理支出	44268	7590	636	134		627	1955
其他资源勘探电力信息等事务支出(款)	394845	332645	20948	2381	30	518	725
商业服务业等事务	128855	53157	3403	3406	4302	7448	995
商业流通事务	58886	16812	3292	3371	4282	7103	995
其他商业流通事务支出	57466	16464	3292	3371	4240	7103	995
旅游业管理与服务支出	14162	6074	7	20	20	60	
涉外发展服务支出	7451	6717	13	15		85	
其他商业服务业等事务支出(款)	48356	23554	91			200	
金融监管等事务支出	23912	19428					
粮油物资管理事务	12419	8493	98	143	427	161	90
粮油事务	12278	8491	98	143	382	161	90
物资事务	141	2			45		
国债还本付息支出	203811	176323		33	33	33	152
国内债务付息	191428	172870					
国外债务付息	564	509					
补充还贷准备金	7947						
其他支出(类)	116467	9485	2318	5774	41489	4986	3410
政府性基金支出	**2233237**	**512253**	**4304**	**85180**	**1769**	**99456**	**42753**
文化体育与传媒	3127	583	146	388	208	1495	1
文化事业建设费安排的支出	3127	583	146	388	208	1495	1
社会保障和就业	10209	1896	146	46	74	114	16
残疾人就业保障金支出	4759	1500	89	46	71	114	8
城乡社区事务	2177298	486463	3761	84567	826	97188	42234
政府住房基金支出	12844	12843					
国有土地使用权出让收入安排的支出	1875478	277186	3761	84290	648	97188	42234
城市公用事业附加安排的支出	14634	7120					
国有土地收益基金支出	13163						
农业土地开发资金支出	19405	5040		277	178		
新增建设用地有偿使用费安排的支出	5162	1903					
城市基础设施配套费安排的支出	236612	182371					
农林水事务	14796	8241	21		656	405	
育林基金支出	679	72			2		
中央水利建设基金支出	60						
地方水利建设基金支出	1239	650					
资源勘探电力信息等事务	3028	1248					
散装水泥专项资金支出	692	354					
新型墙体材料专项基金支出	2336	894					
其他支出	15938	9862	230	179	5	254	211
彩票公益金安排的支出	13546	9862	230	179	5	254	211
其他政府性基金支出	2392						

单位:万元

惠济区	经济开发区	高新开发区	郑东新区	航空港区	中牟县	巩义市	荥阳市	新密市	新郑市	登封市
	29				9		182	556		103
2418	610	2172	1226	252	6473	8601	257	237	380	700
506	6699	11788	90	237	668	956	568	160	604	13230
1989	1164	141	23535	980	5424	6532	3006	4037	5409	3127
1050	730	11	600	230	5115	2601	2186	3600	3954	2154
1050	730	11	600	230	5066	2244	1946	3527	3807	1990
574	100		160		70	3908	820		1445	904
15	334				239	23			10	
350		130	22775	750				437		69
					1252	1685	174	70	1036	267
51					547	180	213	536	994	486
51					547	180	213	536	915	471
									79	15
3598		15340			157	230	433	78	7347	54
3509		7393					382		7274	
55										
		7947								
496	141	167	289	6913	9430	12125	7621	4100	292	71
11994	**109215**	**69039**	**614367**	**70469**	**269574**	**86785**	**85612**	**53248**	**69312**	**47907**
55	1		40		2	47	36	40	55	30
55	1		40		2	47	36	40	55	30
35	2		2	2	389	626	1128	1350	947	3436
35	2		2	2	178	231	174	870	490	947
11002	109207	69039	614323	70461	266566	84001	81249	51203	63079	42129
						1				
10300	108057	63543	576995	69202	257585	78289	64309	44190	59463	38238
						4919	500	860	335	900
				1114		138	9206	589	2053	63
702					6498	208	2721	2307	337	1137
					1128	446	784		891	10
	1150	5496	37328	145	1355		3729	3257		1781
758	5				663	82	2034	306	1073	552
3					236		28	136	66	136
							30			30
					271	82	150	6	60	20
					416			37	856	471
					103				129	106
					313			37	727	365
131			2	2	355	844	324	302	2602	635
131			2	2	355	694	324	80	607	610
						150		222	1995	25

金融机构信贷收支

（2011 年底）

单位：万元

项　　目	合计	2011 年比年初	2011年比年初±%	市　区	中牟县	巩义市	荥阳市	新密市	新郑市	登封市	上街区
各项存款	**89648657**	**10715208**	**13.6**	**78708567**	**1446648**	**2288969**	**1462279**	**2184782**	**1662955**	**1894456**	**734767**
单位存款	50915191	5463911	12.0	47731930	534102	769095	434493	356076	590702	498793	229638
#活期存款	23295858	1722717	8.0	21018214	460167	375354	350613	284777	459918	346815	165891
定期存款	10893797	2324045	27.1	10454391	26632	156163	49954	40738	75796	90122	41365
通知存款	1327406	-230192	-14.8	1297806		2500			12000	15100	
保证金存款	10535301	1903564	22.1	10224638	26174	187539	25457	19211	14808	37474	16377
个人存款	33160155	4048595	13.9	25557535	900445	1471042	1013381	1800088	1037204	1380459	504216
储蓄存款	32521450	3607994	12.5	24934225	900445	1469678	1012390	1787061	1037191	1380459	503049
保证金存款	6054	4542	300.2	5718		334	1	1			40
结构性存款	632651	436059	221.8	617592		1030	990	13026	13		1127
财政性存款	2782790	460139	19.8	2698247	7824	42571	7336	8595	15370	2847	640
临时性存款	313733	79145	33.7	276604	4248	1138	5004	4784	19638	2317	240
委托存款	552307	-16358	-2.9	552197		82	28				
其他存款	1924482	679776	54.6	1892055	28	5041	2038	15239	40	10041	33
各项贷款	**61127813**	**4992605**	**8.9**	**55405319**	**813348**	**1351245**	**901581**	**932929**	**981956**	**741435**	**141405**
境内贷款	61122800	4991825	8.9	55400321	813348	1351229	901581	932929	981956	741435	141405
短期贷款	22302977	4614146	26.1	18671485	511070	871597	503034	510084	694256	541452	69167
个人贷款及透支	3818052	1003541	35.7	2776765	262391	70747	172802	179009	193722	162615	13837
#个人消费贷款	1178602	247444	26.6	1133701	3726	2265	3202	7292	19026	9390	803
单位贷款及透支	17543719	3503024	25.0	14987922	248679	779870	328533	325245	498734	374737	51550
#经营贷款	17133314	3499110	25.7	14656259	248679	724895	328533	317677	498734	358537	46600
固定资产贷款	370046	859	0.2	291303		54975		7568		16200	4950
银团贷款	44000	-978	-2.2	44000							
贸易融资	897206	108559	13.8	862798		20980	1698	5830	1800	4100	3780
中长期贷款	36674562	3014070	9.0	34688754	256920	421247	398033	422845	287700	199063	72238
个人贷款	10406076	1237608	13.5	9857812	123829	75708	143626	63548	103387	38166	59279
#个人消费贷款	9041246	1034069	12.9	8566603	108470	63494	125659	49272	93830	33917	56788
单位贷款	24190116	1160702	5.0	22875473	133091	329539	254406	252397	184313	160897	12959
#经营贷款	10397037	268584	2.7	10171239	31911	61409	11457	51655	34653	34713	4059
固定资产贷款	13793080	892118	6.9	12704235	101180	268130	242949	200742	149660	126184	8900
普通并购贷款	87020	55000	171.8	87020							
银团贷款	1988739	568332	40.0	1865839		16000		106900			
贸易融资	2610	-7572	-74.4	2610							
融资租赁	16300	16300		16300							
票据融资	2109289	-2652437	-55.7	2005380	45358	57116	515			920	
#贴现	2109289	-2652437	-55.7	2005380	45358	57116	515			920	
各项垫款	19672	-254	-1.3	18402		1270					
境外贷款	5013	779	18.4	4998		15					

中资全国性四家行信贷收支

（2011年底）

单位:万元

项　目	合　计	市　区	中牟县	巩义市	荥阳市	新密市	新郑市	登封市	上街区
各项存款	**30075783**	**24720609**	**519578**	**1246303**	**700363**	**1201712**	**700343**	**986875**	**463572**
单位存款	13809360	12228961	219989	419255	184763	205805	270392	280195	130402
#活期存款	6635948	5613526	176907	174402	146598	160299	172985	191231	101721
定期存款	3842615	3581647	10586	97106	28795	27208	49114	48159	18006
通知存款	163300	137300					11000	15000	
保证金存款	636246	484286	11367	100208	7802	6949	9113	16523	4671
个人存款	15394717	11686483	295422	821673	508831	977341	410553	694414	332897
储蓄存款	15373406	11666229	295422	820643	508830	977328	410540	694414	332630
保证金存款	155	154			1				39
结构性存款	21156	20100		1030		13	13		227
临时性存款	167253	133139	4139	334	4731	3327	19358	2226	240
其他存款	704453	672026	28	5041	2038	15239	40	10041	33
各项贷款	**21066677**	**18990892**	**159358**	**644986**	**398497**	**412322**	**275586**	**185036**	**49276**
境内贷款	21064578	18988808	159358	644971	398497	412322	275586	185036	49276
短期贷款	3299545	2644871	23004	329301	85308	53120	94811	69131	19758
个人贷款及透支	678579	580856	16574	14085	14170	18017	20945	13932	3538
#个人消费贷款	415970	395978	2943	2225	2478	3777	6961	1608	708
单位普通贷款及透支	2182248	1659507	6430	294235	69638	29273	72066	51099	14220
#经营贷款	2039923	1520182	6430	294235	69638	29273	72066	48099	14220
固定资产贷款	142324	139324						3000	
银团贷款	33000	33000							
贸易融资	405717	371507		20980	1500	5830	1800	4100	2000
中长期贷款	17389700	16002748	136354	282961	312674	359202	180775	114986	29518
个人贷款	4807130	4434440	88854	61561	78804	31614	88575	23282	25618
#个人消费贷款	4614297	4251045	88009	55603	77815	30794	87750	23282	24624
单位普通贷款	11207662	10310301	47500	211400	233869	220688	92200	91704	3900
#经营贷款	3293077	3213107	8500	28100	3110	37440	2600	220	2900
固定资产贷款	7914585	7097194	39000	183300	230759	183248	89600	91484	1000
普通并购贷款	32020	32020							
银团贷款	1342736	1225836		10000		106900			
贸易融资	151	151							
票据融资	369670	335526		32709	515			920	
#贴现	369670	335526		32709	515			920	
各项垫款	5664	5664							
境外贷款	2099	2084		15					

教育事业主要综合指标

（2011年）

单位：所、人

指　　标	数　值	指　　标	数　值
平均每万人拥有各类学校数（个）	**1.83**	**小学五年巩固率（%）**	**99.32**
高等学校	0.07	**小学学生辍学率（%）**	**-0.79**
中等职业学校	0.15	**初中学生毛入学率（%）**	**115.43**
技工学校	0.03	**初中三年巩固率（%）**	**94.1**
普通中学	0.42	**初中学生辍学率（%）**	**0.99**
普通小学	1.16	**初中毕业生升学率（%）**	**156.11**
平均每万人各类学校在校生数（人）	**2596.35**	**平均每万人各类学校教职工数（人）**	**196.71**
高等学校	935.30	#专任教师	147.77
中等职业学校	338.61	#高等学校	41.77
技工学校	85.22	中等职业学校	13.07
普通中学	503.13	技工学校	2.32
普通小学	732.58	普通中学	2.48
小学适龄儿童净入学率（%）	**100.00**	普通小学	35.37

卫生事业基本情况

（2011年）

指标	机构数（个）	实有床位数（个）	人员数（人）	卫生技术人员	执业（助理）医师	执业医师	注册护士	药师（士）	技师（士）	其他	其他技术人员	管理人员	工勤人员
总　计	**4044**	**52750**	**74813**	**56891**	**21566**	**18672**	**24205**	**2728**	**3188**	**5204**	**2637**	**3396**	**5266**
市区	1217	38852	49398	40203	15196	14154	17990	1804	2195	3018	2015	2579	3843
六县（市）	2827	13898	25415	16688	6370	4518	6215	924	993	2186	622	817	1423
中牟县	781	2000	3954	2384	1042	697	748	140	159	295	116	98	195
巩义市	438	2402	4573	3346	1160	856	1394	183	185	424	64	91	346
荥阳市	375	1664	3866	2548	882	582	916	133	133	484	102	120	264
新密市	377	3352	5060	3409	1340	1054	1290	191	201	387	72	221	196
新郑市	324	1742	3224	1978	854	534	684	134	114	192	110	99	237
登封市	532	2738	4738	3023	1092	795	1183	143	201	404	158	188	185
医　院	**162**	**45081**	**49154**	**40669**	**14409**	**13363**	**19171**	**2001**	**2208**	**2880**	**1801**	**2582**	**4102**
综合医院	94	29372	32120	26842	9363	8747	12944	1178	1439	1918	1080	1658	2540
中医医院	31	7903	8759	7175	2864	2594	2813	547	387	564	304	377	903
中西医结合医院	1	65	89	74	39	30	24	6	5		6	6	3
专科医院	36	7741	8186	6578	2143	1992	3390	270	377	398	411	541	656
口腔医院	1	25	171	126	78	69	32	3	2	11	26	9	10
眼科医院	2	140	164	100	31	23	46	9	6	8	27	12	25
肿瘤医院	2	1969	1837	1613	425	425	996	49	62	81	90	59	75
心血管病医院	3	865	1078	878	239	231	483	32	53	71	38	83	79
胸科医院	1	700	860	728	190	190	445	28	28	37	52	34	46
妇产（科）医院	3	97	255	198	70	62	101	10	12	5	16	19	22
儿童医院	2	1345	1103	867	377	369	387	27	76		40	107	89
精神病医院	2	556	316	218	80	61	104	17	17		13	38	47
传染病医院	2	561	633	501	155	151	232	30	51	33	15	74	43
皮肤病医院	1	20	13	10	1	1		1	1	7	1	1	1
骨科医院	6	945	1029	793	310	272	329	36	31	87	51	39	146
康复医院	2	204	262	204	67	45	82	9	12	34	9	15	34
整形外科医院	1	45	80	43	12	10	22	2	3	4	9	14	14
其他专科医院	8	269	385	299	108	83	131	17	23	20	24	37	25
基层医疗卫生机构	**3822**	**5285**	**18718**	**10791**	**5296**	**3671**	**3469**	**526**	**461**	**1039**	**369**	**330**	**605**
社区卫生服务中心（站）	166	720	2459	2129	911	756	882	120	103	113	69	114	147
卫生院	103	4156	4862	4164	1594	783	1238	272	266	794	257	135	306
村卫生室	2707		7698	1075	871	393	204						
门诊部	31	409	927	731	363	338	239	37	61	31	43	81	72
诊所、卫生所、医务室	815		2772	2692	1557	1401	906	97	31	101			80
专业公共卫生机构	**47**	**2384**	**6110**	**4845**	**1673**	**1473**	**1505**	**180**	**499**	**988**	**335**	**436**	**494**
疾病预防控制中心	16		1759	1304	615	516	105	35	279	270	120	176	159
专科疾病防治院（所、站）	2	87	211	149	46	46	9	1	27	66	22	9	31
健康教育所（站、中心）	3		25	10	3	2	3	2		2	2	5	8
妇幼保健院（所、站）	14	2297	3448	2973	1006	908	1355	142	160	310	122	137	216
采供血机构	1		223	111	3	1	33		33	42	29	45	38
卫生监督所（中心）	11		444	298						298	40	64	42
其他卫生机构	**13**		**831**	**586**	**188**	**165**	**60**	**21**	**20**	**297**	**132**	**48**	**65**
医学科学研究机构	5		553	422	124	123		12	13	273	94	14	23
医学在职培训机构	5		179	92	46	33	19	7	6	14	37	19	31
其他卫生机构	3		99	72	18	9	41	2	1	10	1	15	11

注：卫生事业基本情况包含村卫生室

全市及县（市）城镇居民家庭基本情况

（2011 年）

指　　标	单位	全市	市区	中牟县	巩义市	荥阳市	新密市	新郑市	登封市
调查户数	户	1200	400	100	100	100	100	100	100
现住房总建筑面积	平方米/人	30.79	28.63	42.61	37.28	38.34	36.61	50.22	51.29
家庭人口数	**人**	**2.89**	**2.85**	**2.8**	**3**	**3.13**	**3.49**	**3**	**3.53**
有收入者人数	人	2.1	2.08	2.06	2.18	2.14	2.14	2.14	2.08
就业人口数	人	1.42	1.35	1.62	1.91	1.81	1.78	1.75	1.81
国有经济单位职工人数	人	0.67	0.65	0.87	0.69	0.89	0.51	0.35	0.5
城镇集体经济单位职工人数	人	0.07	0.07	0.03	0.12	0.05	0.06	0.1	0.18
其它经济类型单位职工人数	人	0.15	0.14	0.08	0.2	0.21	0.11	0.2	0.13
城镇个体或私营企业主人数	人	0.2	0.18	0.29	0.23	0.23	0.34	0.38	0.39
城镇个体或私营企业被雇人数	人	0.2	0.18	0.1	0.39	0.35	0.37	0.54	0.59
离退休再就业人数	人	0.05	0.06	0.01		0.06	0.04	0.01	
其它就业人数	人	0.08	0.07	0.24	0.28	0.03	0.35	0.17	0.01
离退休人数	人	0.66	0.71	0.29	0.26	0.29	0.32	0.36	0.19
其它有收入者人数	人	0.02	0.02	0.15	0.02	0.04	0.04	0.04	0.08
无收入者人数	人	0.79	0.77	0.74	0.81	0.99	1.35	0.85	1.45
在外就学人数	人	0.03	0.02	0.16	0.11	0.06	0.16	0.07	0.16
非家庭人口在家用餐	人次	1.3	0.81	0.84	1.81	7.04	5.61	1.85	2.16
家庭人口在外用餐	人次	3.68	3.16	1.33	11.74	16.98	6.95	5.8	10.53
家庭总收入	**元**	**23345**	**24058**	**18110**	**19434**	**19667**	**19729**	**19264**	**17770**
#可支配收入	元	21612	22477	16588	18186	18188	18194	18204	17565
家庭总支出	**元**	**17490**	**17493**	**14764**	**13178**	**19512**	**19632**	**17690**	**13646**
消费支出	**元**	**14500**	**14605**	**10920**	**10427**	**13405**	**16541**	**15181**	**11857**
#服务性消费支出	元	3125	3199	2228	2695	3131	4068	2780	2427
通过互联网购买商品或服务支出	元	4.86	2.29	1.22	43.12	14.85	22.31	3.34	
旅游人次	人次	1	1.04	0.02	1.59	2.28	1.61	1.17	0.74
旅游花费总额	元	265.22	268.07	2.2	438.38	407.76	323.24	450.65	265.33
恩格尔系数	**%**	**35.6**	**37.4**	**29.9**	**33.1**	**31.7**	**25.9**	**28.2**	**30.5**

重要文件目录

中共郑州市委文件

中共郑州市委、郑州市人民政府关于进一步深化落实跨越式发展的意见
郑发〔2011〕1号
（2011年2月15日）

中共郑州市委、郑州市人民政府、郑州警备区关于认真做好2011年春节期间拥军优属拥政爱民工作的通知
郑发〔2011〕2号
（2011年1月7日）

中共郑州市委关于印发《尹晋华同志在郑州市调研时的讲话要点》的通知
郑发〔2011〕3号
（2011年1月19日）

中共郑州市委、郑州市人民政府关于在全市机关开展公务员绩效考核的意见
郑发〔2011〕5号
（2011年2月13日）

中共郑州市委、郑州市人民政府关于明确产业集聚区市级政府重点扶持产业推动产业集聚区发展的意见
郑发〔2011〕6号
（2011年2月18日）

中共郑州市委、郑州市人民政府关于建设最佳旅游环境城市的意见
郑发〔2011〕7号
（2011年2月21日）

中共郑州市委、郑州市人民政府关于建设最佳人居环境城市的意见
郑发〔2011〕8号
（2011年2月21日）

中共郑州市委、郑州市人民政府关于建设最佳就业创业环境城市的意见
郑发〔2011〕9号
（2011年3月1日）

中共郑州市委、郑州市人民政府关于建设最佳投资环境城市的意见
郑发〔2011〕12号
（2011年4月18日）

中共郑州市委、郑州市人民政府关于2011年优化经济发展环境工作的意见
郑发〔2011〕14号
（2011年4月26日）

中共郑州市委、郑州市人民政府关于进一步加强和改进对驻郑单位服务工作的若干意见
郑发〔2011〕15号
（2011年4月28日）

中共郑州市委、郑州市人民政府关于进一步加强水系污染防治的若干意见
郑发〔2011〕17号
（2011年5月22日）

中共郑州市委、郑州市人民政府转发《国家文物局局长单霁翔在郑州商城遗址保护工作座谈会上的讲话》的通知
郑发〔2011〕18号
（2011年5月26日）

中共郑州市委、郑州市人民政府关于开展政府采购及政府招投标中突出问题专项治理的意见
郑发〔2011〕19号
（2011年7月1日）

中共郑州市委关于学习贯彻《胡锦涛总书记在庆祝中国共产党成立90周年大会上的讲话》的实施意见
郑发〔2011〕20号
（2011年7月4日）

中共郑州市委、郑州市人民政府关于加快推进残疾人事业发展的实施意见
郑发〔2011〕22号
（2011年8月25日）

中共郑州市委、郑州市人民政府关于做好农村中小学闲置校园校舍处置工作的指导意见
郑发〔2011〕23号
（2011年9月2日）

中共郑州市委关于印发《中共郑州市纪律检查委员会向市第十次党代会的工作报告》的通知
郑发〔2011〕24号
（2011年9月5日）

中共郑州市委、郑州市人民政府关于进一步落实耕地保护责任　严格土地执法监管的意见
郑发〔2011〕25号
（2011年9月7日）

中共郑州市委、郑州市人民政府关于在全市深化法治乡镇（街道办）民主法治村（社区）创建活动的实施意见
郑发〔2011〕27号
（2011年10月8日）

中共郑州市委、郑州市人民政府转发《市委宣传部　市司法局　市依法治市工作领导小组办公室关于法制宣传教育和依法治市工作第六个五年规划（2011-2015年）》的通知
郑发〔2011〕28号
（2011年10月8日）

中共郑州市委、郑州市人民政府郑州警备区关于进一步做好新形势下征兵工作的实施意见
郑发〔2011〕29号
（2011年10月9日）

中共郑州市委、郑州市人民政府关于印发《中原经济区郑州都市区建设纲要（2011-2020年）》的通知
郑发〔2011〕30号
（2011年10月19日）

中共郑州市委关于认真学习贯彻省九次党代会精神的通知
郑发〔2011〕31号
（2011年10月31日）

中共郑州市委、郑州市人民政府关于加快高新技术产业发展的若干意见

郑发〔2011〕32号
（2011年11月1日）

中共郑州市委、郑州市人民政府关于全面加强和提升省会城市管理的若干意见

郑发〔2011〕33号
（2011年11月8日）

中共郑州市委、郑州市人民政府贯彻落实《国务院关于支持河南省加快建设中原经济区的指导意见》的实施意见

郑发〔2011〕34号
（2011年11月10日）

中共郑州市委、郑州市人民政府关于加快我市总部经济发展的意见

郑发〔2011〕35号
（2011年12月2日）

中共郑州市委、郑州市人民政府关于印发《平安郑州建设纲要（2011-2015年）》的通知

郑发〔2011〕37号
（2011年12月22日）

中共郑州市委、郑州市人民政府关于印发《郑州市2012年对外开放工作实施方案》的通知

郑发〔2011〕38号
（2011年12月29日）

中共郑州市委关于印发《省委组织部常务副部长王保存同志在郑州市市级领导干部会议上的讲话》的通知

郑发〔2011〕39号
（2011年12月30日）

中共郑州市委、郑州市人民政府关于郑州市中小学（幼儿园）校车安全管理意见

郑发〔2011〕40号
（2011年12月31日）

中共郑州市委、郑州市人民政府关于创建国家森林城市的决定

郑发〔2011〕41号
（2011年12月31日）

（程嵩峰 祖武斌 李松贵 刘跃亭 司现仓 郑宏杰 樊效恺 郭 翌）

郑州市人大常委会文件

郑州市十三届人大常委会第十五次会议对市政府“关于为民办理‘十大实事’落实情况的报告”的审议意见

郑人常〔2011〕1号
（2010年12月23日）

郑州市十三届人大常委会第十五次会议对市政府“关于郑州新区规划建设情况的报告”的审议意见

郑人常〔2011〕2号
（2010年12月23日）

郑州市十三届人大常委会第十五次会议对“市政府关于跨越式发展‘十大工程’建设情况的报告”的审议意见

郑人常〔2011〕3号
（2010年12月23日）

郑州市人民代表大会常务委员会关于批准郑州市2011年度政府投资项目计划的决议

郑人常〔2011〕9号
（2011年4月29日）

郑州市人民代表大会常务委员会关于接受赵建才辞去郑州市人民政府市长职务的决定

郑人常〔2011〕11号
（2011年5月31日）

郑州市人民代表大会常务委员会关于任命吴天君为郑州市人民政府副市长、代理市长职务的决定

郑人常〔2011〕12号
（2011年5月31日）

郑州市人民代表大会常务委员会关于进一步动员全市人民深入开展创建全国文明城市活动的决议

郑人常〔2011〕14号
（2011年6月30日）

郑州市十三届人大常委会第二十一次会议对市政府《关于我市重大项目进“十二五”规划工作情况的报告》的审议意见

郑人常〔2011〕16号
（2011年6月30日）

郑州市十三届人大常委会第二十一次会议对市政府《关于郑州市保障性住房建设情况的报告》的审议意见

郑人常〔2011〕17号
（2011年6月30日）

郑州市十三届人大常委会第二十二次会议关于市政府《关于郑州市2010年财政决算和2011年1-6月份财政预算执行情况的报告》的审议意见

郑人常〔2011〕22号
（2011年8月25日）

郑州市人民代表大会常务委员会关于批准2010年市级财政决算的决议

郑人常〔2011〕23号
（2011年8月25日）

郑州市十三届人大常委会第二十二次会议对市政府《关于2010年度市本级预算执行及其他财政收支的审计工作报告》的审议意见

郑人常〔2011〕24号
（2011年8月25日）

郑州市十三届人大常委会第二十二次会议对市政府关于发展都市农业工作情况的报告的审议意见

郑人常〔2011〕26号
（2011年8月25日）

郑州市十三届人大常委会第二十二次会议对市政府《关于郑州市2011年上半年国民经济和社会发展计划执行情况的报告》的审议意见

郑人常〔2011〕28号
（2011年8月25日）

郑州市十三届人大常委会第二十二次会议对市政府《关于贯彻实施〈中华人民共和国未成年人保护法〉和〈河南省未成年人保护条例〉情况的报告》的审议意见

郑人常〔2011〕29号
（2011年8月25日）

郑州市十三届人大常委会第二十三次会议对市政府《关于〈郑州市城市中小学校幼儿园规划建设管理条例〉和〈郑州市市区中小学布局规划〉贯彻落实情况的报告》的审议意见

郑人常〔2011〕33号
（2011年10月28日）

郑州市十三届人大常委会第二十三次会议对市政府《关于贯彻落实〈食品安全法〉情况的报告》的审议意见
郑人常〔2011〕34号
（2011年10月28日）

郑州市十三届人大常委会第二十三次会议对市政府《关于郑州市文化遗产保护工作情况的报告》的审议意见
郑人常〔2011〕35号
（2011年10月28日）

郑州市人民代表大会常务委员会关于接受黄保卫辞去郑州市人民政府副市长职务的决定
郑人常〔2011〕37号
（2011年10月28日）

郑州市十三届人大常委会第二十三次会议对市政府关于我市农民增收工作情况的报告的审议意见
郑人常〔2011〕39号
（2011年10月28日）

郑州市十三届人大常委会第二十三次会议对市政府《关于全市重大项目进入国家、部委、省和央企“十二五”规划工作情况的报告》的审议意见
郑人常〔2011〕40号
（2011年10月28日）

郑州市人民代表大会常务委员会关于加强全市审判机关行政审判工作的决议
郑人常〔2011〕41号
（2011年10月27日）

郑州市人民代表大会常务委员会关于加快中原经济区郑州都市区建设的决定
郑人常〔2011〕42号
（2011年10月28日）

郑州市人民代表大会常务委员会关于接受王二松辞去河南省第十一届人民代表大会代表职务的决定
郑人常〔2011〕43号
（2011年10月28日）

郑州市人民代表大会常务委员会关于接受王哲辞去郑州市人民政府副市长职务的决定
郑人常〔2011〕56号
（2011年12月26日）

郑州市人民代表大会常务委员会关于接受王跃华辞去郑州市人民政府副市长职务的决定
郑人常〔2011〕57号
（2011年12月26日）

郑州市人民代表大会常务委员会关于郑州市与奥地利因斯布鲁克市缔结友好城市关系的决议
郑人常〔2011〕60号
（2011年12月26日）

郑州市十三届人大常委会第二十四次会议对市政府《关于郑州市旅游工作情况的报告》的审议意见
郑人常〔2011〕61号
（2011年12月26日）

郑州市十三届人大常委会第二十四次会议对市政府《关于办理“十大实事”落实情况的报告》的审议意见
郑人常〔2011〕62号
（2011年12月26日）

郑州市十三届人大常委会第二十四次会议对市政府《关于2010年度市本级预算执行审计工作报告中反映问题整改落实情况的报告》的审议意见
郑人常〔2011〕63号
（2011年12月26日）

郑州市十三届人大常委会第二十四次会议关于对《郑州市本级2011年财政收入预计完成情况及超收安排意见的报告》的审议意见
郑人常〔2011〕64号
（2011年12月26日）

郑州市人民代表大会常务委员会关于接受吴天君辞去郑州市人民政府副市长、代理市长职务的决定
郑人常〔2011〕65号
（2011年12月30日）

郑州市人民代表大会常务委员会关于任命马懿为郑州市人民政府副市长、代理市长职务的决定
郑人常〔2011〕66号
（2011年12月30日）
（牛志熳）

郑州市人民政府文件

郑州市人民政府关于下达2011年度郑州市第一批重点建设项目的通知
郑政〔2011〕1号
2011年1月1日

郑州市人民政府关于印发2011年郑州市环境综合整治实施方案的通知
郑政〔2011〕2号
2011年1月30日

郑州市人民政府关于印发郑州市耕地和基本农田保护领导干部离任审计制度的通知
郑政〔2011〕3号
2011年1月14日

郑州市人民政府关于优质教育资源倍增工程的实施意见
郑政〔2011〕4号
2011年1月4日

郑州市人民政府关于加强职业教育校企合作的若干意见
郑政〔2011〕5号
2011年1月4日

郑州市人民政府关于加强学前教育发展的若干意见
郑政〔2011〕6号
2011年1月4日

郑州市人民政府关于建立政府部门与驻郑银行对口联系机制的意见
郑政〔2011〕7号
2011年1月6日

郑州市人民政府关于郑州市物业管理纳入社区建设工作的意见
郑政〔2011〕8号
2011年1月13日

郑州市人民政府郑州警备区关于做好2010年冬季退役士兵接收安置工作的通知
郑政〔2011〕9号
2011年1月19日

郑州市人民政府关于转发市绿化委

员会郑州市2011年全民义务植树及造林绿化工作方案的通知

郑政〔2011〕10号

2011年1月21日

郑州市人民政府关于印发郑州市集体土地上村民住宅建设规划管理暂行办法的通知

郑政〔2011〕11号

2011年2月21日

郑州市人民政府关于印发2011年依法行政工作要点的通知

郑政〔2011〕12号

2011年2月28日

郑州市人民政府关于贯彻落实国办发〔2011〕1号文件精神进一步加强房地产市场宏观调控工作的通知

郑政〔2011〕13号

2011年3月2日

郑州市人民政府关于印发郑州市违法建设查处工作措施的通知

郑政〔2011〕14号

2011年3月21日

郑州市人民政府关于2009年底前已下达经济适用住房建设计划的处理意见

郑政〔2011〕15号

2011年3月21日

郑州市人民政府关于进一步稳定我市住房价格的通知

郑政〔2011〕16号

2011年3月25日

郑州市人民政府关于表彰2010年度完成责任目标优秀单位和先进单位的决定

郑政〔2011〕17号

2011年3月30日

郑州市人民政府关于进一步加强公厕建设与管理的通知

郑政〔2011〕18号

2011年3月31日

郑州市人民政府关于鼓励社会投资建设停车场的若干意见

郑政〔2011〕19号

2011年3月31日

郑州市人民政府关于加快电网建设的若干意见

郑政〔2011〕20号

2011年4月4日

郑州市人民政府关于实施惠民殡葬政策免收市区城乡居民基本殡葬服务费的通知

郑政〔2011〕21号

2011年4月7日

郑州市人民政府关于印发郑州市2011年国民经济和社会发展计划的通知

郑政〔2011〕22号

2011年4月13日

郑州市人民政府关于印发郑州市推进空气质量持续改善暨大气污染联防联控工作实施方案和郑州市空气质量持续改善暨大气污染联防联控工作奖惩暂行办法的通知

郑政〔2011〕23号

2011年4月15日

郑州市人民政府关于印发郑州市2011年整治违法排污企业保障群众健康环保专项行动工作方案的通知

郑政〔2011〕24号

2011年4月20日

郑州市人民政府关于印发郑州市村民一事一议筹资筹劳工作实施方案的通知

郑政〔2011〕25号

2011年4月25日

郑州市人民政府关于印发郑州市村级公益事业建设一事一议财政奖补工作方案的通知

郑政〔2011〕26号

2011年4月25日

郑州市人民政府关于进一步加强煤矿安全生产工作的意见

郑政〔2011〕27号

2011年4月27日

郑州市人民政府关于进一步加强保障性住房建设管理的通知

郑政〔2011〕28号

2011年4月29日

郑州市人民政府关于对登封“天地之中”历史建筑群申报世界文化遗产工作先进集体和先进个人表彰的决定

郑政〔2011〕29号

2011年5月3日

郑州市人民政府关于整合农业产业发展引导资金的意见

郑政〔2011〕30号

2011年5月11日

郑州市人民政府关于印发郑州市国有土地上房屋征收与补偿暂行办法的通知

郑政〔2011〕31号

2011年5月12日

郑州市人民政府关于印发郑州市国有土地收购补偿办法的通知

郑政〔2011〕32号

2011年5月12日

郑州市人民政府关于印发郑州市突发事件应急体系建设规划（2011-2015年）的通知

郑政〔2011〕33号

2011年5月17日

郑州市人民政府关于印发郑州市新型农村合作医疗经办机制改革工作实施方案的通知

郑政〔2011〕34号

2011年5月19日

郑州市人民政府关于印发郑州市新建住宅项目供配电设施建设管理办法（试行）的通知

郑政〔2011〕35号

2011年5月20日

郑州市人民政府关于试行国有资本经营预算的意见

郑政〔2011〕36号

2011年5月25日

郑州市人民政府关于促进铝加工业健康发展的实施意见

郑政〔2011〕37号

2011年5月25日

郑州市人民政府关于我市加快飞地经济发展的意见

郑政〔2011〕38号

2011年5月31日

郑州市人民政府关于印发郑州市国民经济和社会发展第十二个五年规划纲要的通知

郑政〔2011〕39号

2011年5月31日
郑州市人民政府关于郑州市保障性住房土地储备的实施意见
郑政〔2011〕40号
2011年6月1日
郑州市人民政府关于印发郑州市商品住房项目配建保障性住房实施办法的通知
郑政〔2011〕41号
2011年6月1日
郑州市人民政府关于印发郑州市新型农村合作医疗管理暂行规定的通知
郑政〔2011〕42号
2011年6月6日
郑州市人民政府关于印发郑州市2011年服务业发展工作要点的通知
郑政〔2011〕43号
2011年6月11日
郑州市人民政府关于印发郑州市2011年全民技能振兴工程行动计划的通知
郑政〔2011〕44号
2011年6月11日
郑州市人民政府关于郑州市加快推进国际物流中心建设的意见
郑政〔2011〕45号
2011年6月11日
郑州市人民政府关于开展服务业综合改革试点工作的实施意见
郑政〔2011〕46号
2011年6月11日
郑州市人民政府关于印发2011年度地质灾害防治方案的通知
郑政〔2011〕47号
2011年6月12日
郑州市人民政府关于进一步加强应急管理工作的意见
郑政〔2011〕48号
2011年6月23日
郑州市人民政府关于印发郑州市安全生产目标考核办法的通知
郑政〔2011〕49号
2011年6月29日
郑州市人民政府关于印发2011年郑州市加快产业集聚区建设工作方案的通知
郑政〔2011〕50号
2011年7月7日
郑州市人民政府关于印发郑州市人力资源和社会保障事业发展“十二五”规划纲要的通知
郑政〔2011〕51号
2011年7月8日
郑州市人民政府关于印发鼓励社会投资建设公共停车场的实施办法的通知
郑政〔2011〕52号
2011年7月13日
郑州市人民政府关于印发郑州市突发性地质灾害应急预案的通知
郑政〔2011〕53号
2011年7月13日
郑州市人民政府关于印发郑州市2011年度政府目标管理工作方案的通知
郑政〔2011〕54号
2011年7月15日
郑州市人民政府关于加快停车场（位）建设的实施意见
郑政〔2011〕55号
2011年7月15日
郑州市人民政府关于鼓励金融机构入驻郑州的意见（试行）
郑政〔2011〕56号
2011年7月16日
郑州市人民政府关于印发郑州市电子信息产业发展规划纲要的通知
郑政〔2011〕57号
2011年7月20日
郑州市人民政府关于印发郑州市食品工业发展规划纲要的通知
郑政〔2011〕58号
2011年7月20日
郑州市人民政府关于印发郑州市铝及铝加工产业发展规划纲要的通知
郑政〔2011〕59号
2011年7月20日
郑州市人民政府关于印发郑州市出租汽车经营权年度有偿配置实施方案的通知
郑政〔2011〕60号
2011年7月25日
郑州市人民政府关于印发老旧小区物业基础设施整治改造和物业管理覆盖工作计划的通知
郑政〔2011〕61号
2011年8月1日
郑州市人民政府关于进一步加强环境管理的实施意见
郑政〔2011〕62号
2011年7月29日
郑州市人民政府关于印发郑州市集体土地上房屋登记暂行办法的通知
郑政〔2011〕63号
2011年8月2日
郑州市人民政府关于加强十二五污染减排工作的意见
郑政〔2011〕64号
2011年8月3日
郑州市人民政府关于优质医疗卫生资源倍增工程的实施意见
郑政〔2011〕65号
2011年8月8日
郑州市人民政府关于加强法制政府建设的实施意见
郑政〔2011〕66号
2011年8月7日
郑州市人民政府关于加快推进全市集体土地确权登记发证工作的通知
郑政〔2011〕67号
2011年8月10日
郑州市人民政府关于进一步发展家庭服务业促进就业的实施意见
郑政〔2011〕68号
2011年8月11日
郑州市人民政府关于印发郑州市国资国企发展和改革“十二五”专项规划纲要的通知
郑政〔2011〕69号
2011年8月11日
郑州市人民政府关于文化创意产业项目用地的实施意见
郑政〔2011〕70号
2011年8月13日
郑州市人民政府关于开展依法行政教育活动的意见
郑政〔2011〕71号

2011年8月11日

郑州市人民政府关于加快推进服务业标准化工作的意见

郑政〔2011〕72号

2011年8月13日

郑州市人民政府关于印发郑州市安全生产行政效能监察办法的通知

郑政〔2011〕73号

2011年8月17日

郑州市人民政府关于印发郑州市煤矿安全监管责任追究办法的通知

郑政〔2011〕74号

2011年8月17日

郑州市人民政府关于进一步加强全市安全生产工作的通知

郑政〔2011〕75号

2011年8月18日

郑州市人民政府关于支持全市物业管理行业持续健康发展的意见

郑政〔2011〕76号

2011年8月20日

郑州市人民政府关于印发郑州市战略性新兴产业发展规划（2011-2015年）的通知

郑政〔2011〕77号

2011年8月23日

郑州市人民政府关于进一步做好城乡居民社会养老保险工作的意见

郑政〔2011〕78号

2011年8月23日

郑州市人民政府关于下达2011年度郑州市第二批重点建设项目的通知

郑政〔2011〕79号

2011年8月25日

郑州市人民政府关于授予焦承尧王冬成两名同志郑州市科学技术特别贡献奖的决定

郑政〔2011〕80号

2011年8月25日

郑州市人民政府关于印发郑州市“十二五”信息化城市建设规划纲要的通知

郑政〔2011〕81号

2011年8月25日

郑州市人民政府关于印发郑州市体育事业发展“十二五”规划纲要的通知

郑政〔2011〕82号

2011年8月26日

郑州市人民政府关于进一步扶持民办教育发展的若干意见

郑政〔2011〕83号

2011年9月1日

郑州市人民政府关于印发郑州市行政机关合同管理办法的通知

郑政〔2011〕84号

2011年9月1日

郑州市人民政府关于国有土地上房屋征收与补偿工作的实施意见

郑政〔2011〕85号

2011年9月2日

郑州市人民政府关于印发郑州市科技人才发展规划的通知

郑政〔2011〕86号

2011年9月3日

郑州市人民政府关于印发郑州市知识产权事业发展“十二五”规划的通知

郑政〔2011〕87号

2011年9月3日

郑州市人民政府关于印发郑州市耕地破坏鉴定暂行办法的通知

郑政〔2011〕88号

2011年9月2日

郑州市人民政府关于印发郑州市“十二五”教育事业发展规划的通知

郑政〔2011〕89号

2011年8月31日

郑州市人民政府关于印发郑州市司法行政工作“十二五”发展规划的通知

郑政〔2011〕90号

2011年9月7日

郑州市人民政府关于进一步加强经济适用住房管理的通知

郑政〔2011〕91号

2011年9月7日

郑州市人民政府关于印发郑州市建设工程施工现场周边环境安全评估管理办法的通知

郑政〔2011〕92号

2011年9月15日

郑州市人民政府关于印发郑州市“十二五”科技发展规划的通知

郑政〔2011〕93号

2011年9月7日

郑州市人民政府关于印发郑州市地方煤矿安全生产综合评价体系（试行）的通知

郑政〔2011〕94号

2011年9月30日

郑州市人民政府关于进一步规范招商引资工作若干问题的意见

郑政〔2011〕95号

2011年9月30日

郑州市人民政府关于印发郑州市房地产开发项目交付使用管理办法的通知

郑政〔2011〕96号

2011年10月11日

郑州市人民政府关于印发郑州市“十二五”数字城市建设发展规划的通知

郑政〔2011〕97号

2011年10月14日

郑州市人民政府关于印发郑州市“十二五”电子政务建设发展规划的通知

郑政〔2011〕98号

2011年10月14日

郑州市人民政府关于印发郑州市城市管理整治提升活动实施方案的通知

郑政〔2011〕99号

2011年10月20日

郑州市人民政府关于印发郑州市城镇基本医疗保险和生育保险市级统筹实施办法的通知

郑政〔2011〕100号

2011年10月27日

郑州市人民政府关于做好2011年普通高校毕业生就业工作的意见

郑政〔2011〕101号

2011年11月7日

郑州市人民政府关于印发郑州市残疾人事业“十二五”发展规划的通知

郑政〔2011〕102号
2011年11月11日

郑州市人民政府关于进一步加强和规范农产品质量安全监督管理工作的意见
郑政〔2011〕103号
2011年11月20日

郑州市人民政府关于印发郑州市新材料产业发展规划纲要的通知
郑政〔2011〕104号
2011年11月18日

郑州市人民政府关于印发郑州市装备制造业发展规划纲要的通知
郑政〔2011〕105号
2011年11月18日

郑州市人民政府关于支持小型和微型企业发展的意见
郑政〔2011〕106号
2011年11月21日

郑州市人民政府郑州警备区关于做好加强退役士兵职业教育和技能培训工作的实施意见
郑政〔2011〕107号
2011年11月26日

郑州市人民政府关于印发郑州市安全生产事故灾难应急预案的通知
郑政〔2011〕108号
2011年12月6日

郑州市人民政府关于印发郑州市加快总部经济发展激励暂行办法的通知
郑政〔2011〕109号
2011年12月2日

郑州市人民政府关于印发郑州市全民健身计划（2011–2015年）的通知
郑政〔2011〕110号
2011年12月20日

郑州市人民政府关于印发郑州市国家公共文化服务体系示范区建设规划（2011–2010年）的通知
郑政〔2011〕111号
2011年12月25日

郑州市人民政府关于印发郑州市“十二五”消防工作发展规划的通知
郑政〔2011〕112号
2011年12月26日

郑州市人民政府关于印发郑州市“十二五”交通运输发展规划的通知
郑政〔2011〕113号
2011年12月28日

郑州市人民政府关于印发郑州市学前教育券发放管理暂行办法的通知
郑政〔2011〕114号
2011年12月19日

（孙志军　李林晓　王晓东）

索引

说明：

本索引为综合性主题索引。索引标目按汉语拼音音序排列。标目后数字为页码，页码后a、b、c分别表示为该页的左、中、右栏。

A

B

C

G

H

2012 鄭州年鑑 索引

N

S

T

W

X

Z

河南黄河河务局
郑州黄河河务局

黄河防总副总指挥、黄委会主任陈小江夜查调水调沙一线值守情况

代市长吴天君检查黄河防汛工作

2011年黄河主汛期，郑州黄河机动抢险队集结待命

郑州河务局2011年工作会议

2011世界水日、中国水周宣传活动

郑州河务局庆祝建党90周年文艺会演

郑州河务局组织机关全体职工开展拓展培训

郑州河务局职工研制的应用技术创新成果接受河南河务局专家组评审

郑州黄河水行政执法人员开展例行河道巡查

中国人寿财产保险股份有

中国金融工会副主席翟晓华视察中国人寿郑州公司

郑州中支2011年度工作总结暨表彰大会

郑州中支2011年庆祝“三八”节文艺会演

郑州中支团委组织到郑州市社会福利院慰问孤寡老人

郑州中支举行庆祝建军84周年复转军人座谈会

郑州中支客户服务

限公司郑州市中心支公司

庆祝建党90周年红歌比赛

中国人寿保险公司开展保险服务进社区活动

郑州中支查勘队伍

中国人寿保险公司爱心送考队伍

举办登山比赛

获2011年度全国金融"五一"劳动奖状

获2011年度全国"五一"劳动奖状

获2011年度中国人寿创先争优先进基层党组织称号

中国移动通信集团河

总经理 殷勇杰

中原报业传媒集团、中国移动郑州分公司合作签约暨移动采编系统启动仪式

中国移动郑州分公司在富士康园区开展李文祥事迹宣传活动

进一步提高服务质量方便客户出行

中国移动郑州分公司承担社会责任，确保政府各类活动的通信保障

南有限公司郑州分公司

加快中原经济区建设打造无线东区

加快我国自主产权TD-CDMA业务的服务发展工作

中国移动郑州分公司开展助学支教活动

郑州地税局、中国移动郑州分公司战略合作框架协议签约仪式

中国移动郑州分公司深入社区、学校开展营销服务

中国电信集团公司河

舒适整洁的营业场所

分公司“八一”节期间组织慰问武警支队官兵

分公司选举人大代表现场

分公司定期组织员工培训

分公司定期组织消防安全培训和学习

分公司组织开展各类技能竞赛，提升员工职业技能

分公司开展纪念建党90周年活动

分公司向交通路小学捐书

南省郑州市电信分公司

分公司积极组织参与志愿服务活动

分公司领导慰问社区困难群众

分公司组织参加二七区唱红歌活动

分公司领导向毛主席铜像敬献花篮

分公司2011年表彰先进颁奖晚会

分公司举办员工篮球比赛，丰富员工业余生活

中国联合网络通信有限公司郑州市分公司

总经理王宜科慰问一线职工

总经理王宜科走进校园调研指导

在郑州联通2011年工作会议暨一届三次职工代表大会上，为先进员工颁奖

郑州联通与河南万里集团签订物流信息化战略合作协议

郑州大学与郑州联通签订校企合作共建协议

庆祝郑州联通成立3周年文艺会演

郑州联通第一届运动会足球赛

河南省电力公司
郑州供电公司

春节期间，省长郭庚茂慰问供电公司一线员工

郑州供电公司开展“电力医生”进企业活动

郑州供电公司成功应对702.7万千瓦的大负荷考验，充足电力扮靓郑东新区

郑州供电公司积极服务市政工程，美化城市景观

郑州供电公司积极主动服务“三农”，全力投入抗旱浇麦

郑州供电公司技术人员精准校验电表，确保计量可靠

郑州供电公司客服部门开展“让声音微笑，用行动说话”活动

为确保夏季高峰期间郑州电网的安全可靠运行，度夏前夕郑州公司对郑州变电站实施了最大规模的集中检修

郑州供电公司开展青春光明行活动

郑州供电公司倾力服务重点工程，保障富士康项目用电

郑州市第十人民医院

团结奋进的新一届领导班子

市卫生局副局长吴予红春节前夕看望工作在病房一线的职工

院领导班子春节慰问住院患者

组织管理团队集中培训

组织职工开展礼仪培训

组织职工为玉树灾区奉献爱心

组织开展片医进社区活动

到物流企业开展义诊活动

组织开展进社区献爱心活动

市第十人民医院代表卫生系统参加郑州市第五届百万妇女健身活动

郑州市市直机关医院

院领导合影

医院全景图

医院服务大厅

贝克曼全自动微粒子化学发光免疫分析系统

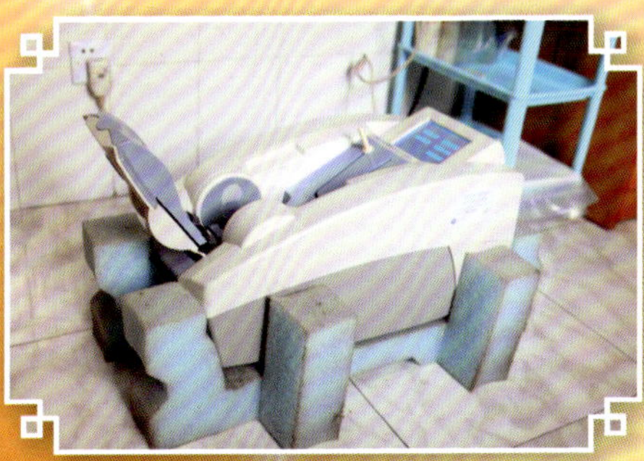

美国GE Achilles Express超声强骨仪

温馨舒适的病房

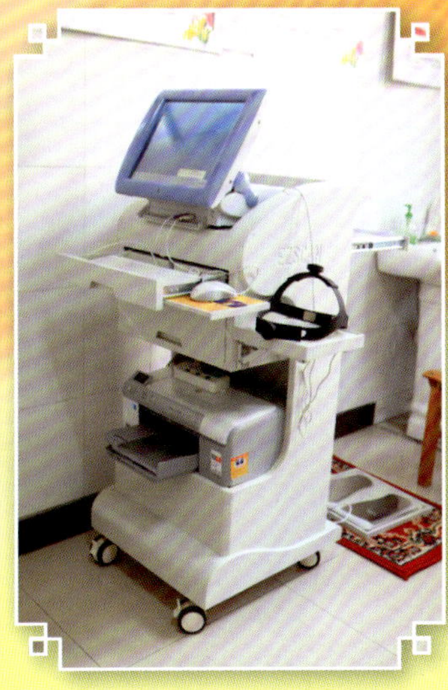

糖尿病预警筛查检测系统

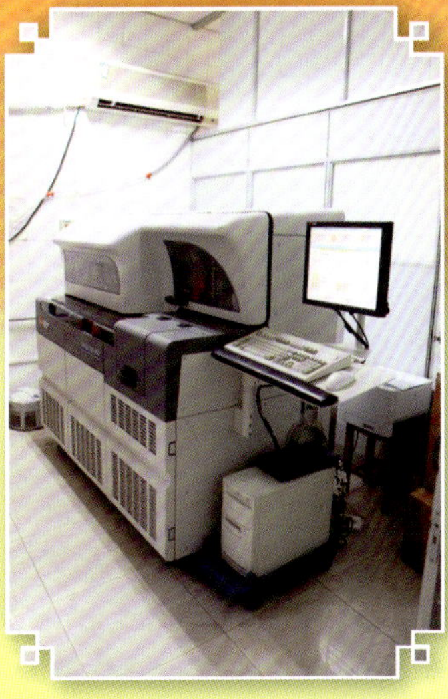

贝克曼全自动生化分析仪

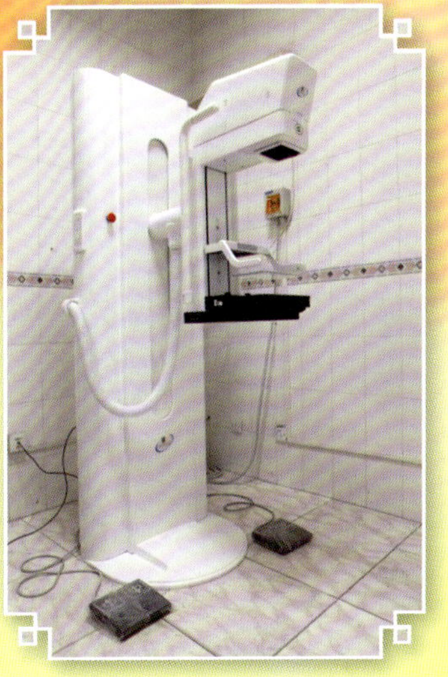

意大利GK乳腺钼靶机

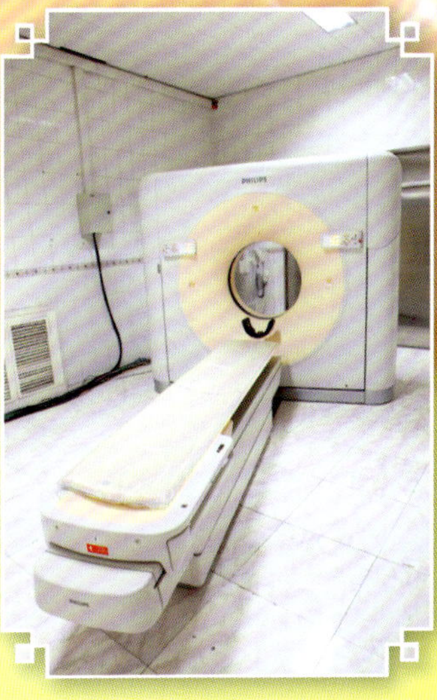

飞利浦螺旋CT

郑州银行股份有限公司

全省首家小企业专营支行—正光路支行开业

2011年3月23日，郑州银行中牟支行开业，标志着郑州银行实现对郑州周边县域的全覆盖

郑州银行首家异地村镇银行—鄢陵村镇银行开业

郑州银行首家省内异地分行—南阳分行开业

郑州银行数据中心

郑州市二七区民政局

局　长　苏连成

深化社会救助工作，对口帮扶国家贫困县云南省西盟县，获得良好社会效益

在陕西榆林召开的中国爱心城市表彰大会上，二七区获“中国爱心城区”荣誉称号

在社会救助工作中，率先建立集物品接收与发放为一体的爱心超市，成为各界人士献爱心的平台

建成规模、档次全省第一的二七区中心敬老院

组织二七区“军民一家亲”庆“八一”双拥联欢晚会，进一步丰富双拥工作内容

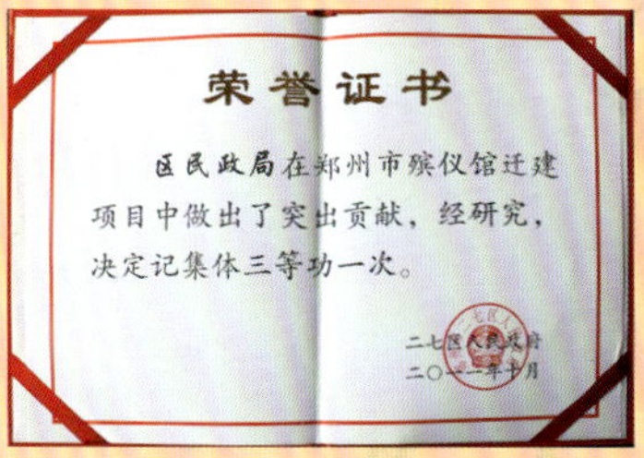

荣誉证书

区民政局在郑州市殡仪馆迁建项目中做出了突出贡献，经研究，决定记集体三等功一次。

2010年度郑州市职业道德建设

十佳单位

中共郑州市委
郑州市人民政府
二〇一一年三月

在郑州市殡仪馆迁建工作中作出突出贡献，被记集体三等功

全局作风建设成效显著，获郑州市职业道德建设十佳单位称号

郑州市二七区

省委常委、代市长吴天君视察新大方工业园项目

省委常委、代市长吴天君在马寨镇规划馆视察

国家发改委经济运行局副局长贾复生一行到马寨产业集聚区新大方调研

省新闻出版局局长詹玉荣视察马寨镇农家书屋建设

市委常委、统战部部长王林贺走访慰问群众

副市长扎吐·沙衣热木视察马寨镇张寨村污水处理站

马寨镇政府

区委书记蔡红视察马寨工业园区重点项目建设情况

市区镇三级人大代表在马寨镇视察在建项目

花花牛项目奠基典礼

娄河村蝴蝶馆开馆仪式

新大方工业园

马寨食品工业园一期鸟瞰图

郑州市管城回族区

镇党委书记、镇长　李阳东

省委常委、市委书记连维良察看宇通扩园进展情况

代市长吴天君在宇通公司调研

郑州市市长级干部乔新国调研立交建设情况

市长助理赵武安实地察看新郑路建设工程进展情况

郑州警备区司令员李恕海在十八里河镇调研

区委书记法建强检查工作

区人大常委会主任牛延平在十八里河镇视察排污口整治工作

区委常委、宣传部部长柴丹在十八里河镇指导文化大院建设工作

十八里河镇人民政府

镇党委书记李阳东参加回族村开斋节

市档案局副局长贾欣营检查验收十八里河镇创建省级档案管理示范镇工作

中国共产党十八里河镇第四次代表大会

十八里河镇人民政府联合河南省中医药研究院开展迎“七一”送健康活动

十八里河镇第三届人代会

十八里河镇平安建设文艺演出

十八里河镇人民政府

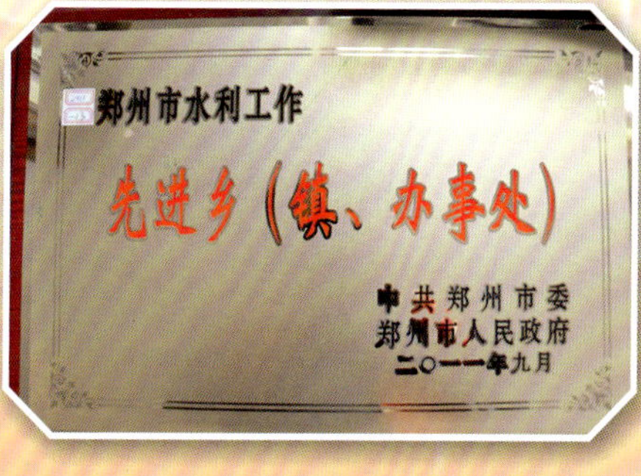

十八里河镇人民政府获郑州市水利工作先进乡（镇、办事处）荣誉称号

十八里河镇人民政府获2010年度郑州市教育工作先进集体荣誉称号

郑州市管城回族区

乡党委书记　赵栓来

乡长　宋春霞

市政协主席李秀奇、区委书记法建强在圃田乡察看排污口治理工作

副市长王哲在圃田乡检查指导防汛工作

市政协副主席舒安娜在圃田乡幸福院慰问

2011·圃田发展论坛，区委常委、组织部部长王彬彬为圃田乡党员作党建知识主题培训

圃田乡人民政府

郑州市管城回族区圃田园区管理委员会“建材市场服务中心”“建材市场安全监督站”揭牌

中共圃田乡第一次全体党员大会

郑州中原陶瓷城市场管委会党支部成立

圃田乡反邪教文艺会演

商都情——志愿者到圃田幸福院慰问演出

圃田乡开展文明交通活动

圃田乡消防队

圃田乡举办列子文化艺术节活动

圃田乡获郑州市乡级政府统计基础建设示范单位荣誉称号

荥阳市城关

乡党委书记　付书敏

副省长刘满仓视察城关乡移民点建设工作

城关乡建筑机械配件批发市场

城关乡获得中国建筑机械之乡称号

城关乡建筑企业形象郑州市森宇公司

乡人民政府

荥阳市丹江口库区社区移民搬迁安置欢迎仪式

2011（荥阳）全国建筑机械秋季展销会开幕式

南阳移民元宵文艺会演

建筑机械企业形象，郑州市昌利机械制造有限公司

新农村建设成果

荥阳市崔庙镇人民政府

副省长赵建才在荥阳市市长袁三军、镇党委书记任延华陪同下调研崔庙镇抗旱工作

镇党委书记任延华与镇十二届人大一次会上新当选的镇长陈志刚、人大主席王新文合影

镇 长　陈志刚

荥阳市委副书记王新亭在煤矿调研

崔庙镇重阳节活动

崔庙镇党章知识竞赛活动

崔庙镇新农村建设掠影

崔庙镇镇区掠影

天瑞集团郑州水泥有限公司

天瑞集团郑州水泥有限公司总经理徐安民

荥阳市委副书记王新亭在天瑞集团郑州水泥有限公司调研

天瑞集团郑州水泥有限公司

荥阳市豫龙

镇党委书记　李慧芳

镇　长　郭明举

省政协副主席邓永俭、省政协副秘书长胡经文等领导在豫龙镇调研科学发展观学习实践活动

郑州市媒体记者采访豫龙镇百强企业

豫龙镇槐西村青年示范林

豫龙镇辖区兴国寺游园

镇人民政府

豫龙镇中心组学习

豫龙镇组织党员干部参观焦裕禄纪念馆

豫龙镇召开会议贯彻落实荥阳市三级干部会议精神

豫龙镇被评为全省先进基层党组织

豫龙镇被评为河南省农家书屋工程建设先进单位

豫龙镇被评为河南省第六次全国人口普查先进集体

豫龙镇荣获荥阳市"五个好"基层党组织称号

豫龙镇荣获荥阳市关心下一代工作先进集体称号

豫龙镇人民政府

豫龙镇辖区企业阿波罗肥业有限公司厂区

新密市来集

镇党委书记　陈晓伟

镇　长　王淑慧

省委统战部部长刘怀廉在来集镇参观指导新农村建设工作

中央有关专家和省市领导在来集镇考察调研新农村建设工作

河南省人大内司委副主任黄青太、省公安厅治安总队调研员王凤春等领导在新密市委常委翟国防陪同下检查来集镇村级组织换届工作

新密市委书记王铁良视察桧树亭新农村建设工作

镇人民政府

“八一”期间，镇长王淑慧慰问老党员

新密市政协领导在来集镇视察新农村建设工作

来集镇人大领导慰问村民

来集镇2011年度工作总结表彰大会

浮山雅居社区

郭岗村文化活动广场

来集镇生态廊道建设

登封市白坪乡人民政府

乡党委书记　程彦宏

乡长　李俊峰

春节期间白坪乡党委开展送温暖活动

白坪煤业集团

白坪乡新区

老区见证

宽、静、亮、美的白坪乡入境公路

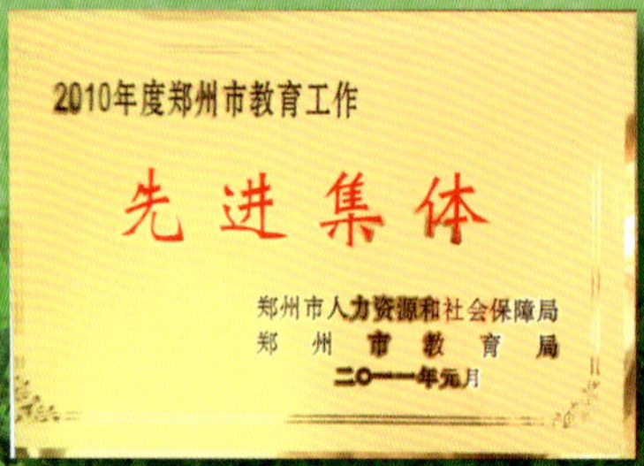

郑州澍青医学高等专科学校

董事长　王左生

校　长　左铁锷

评估专家在郑州澍青医学高等专科学校检查指导工作

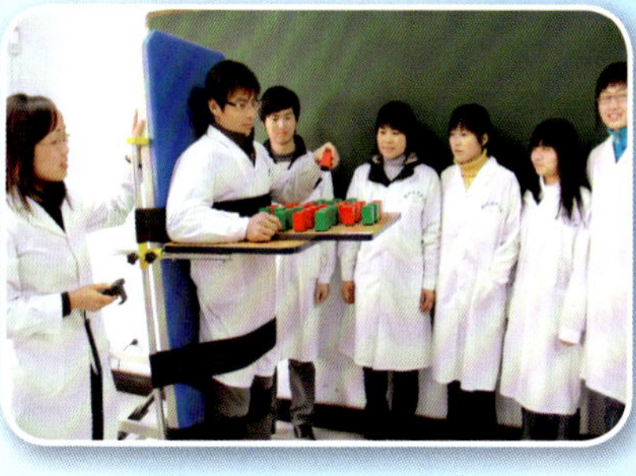

站立与认知功能训练

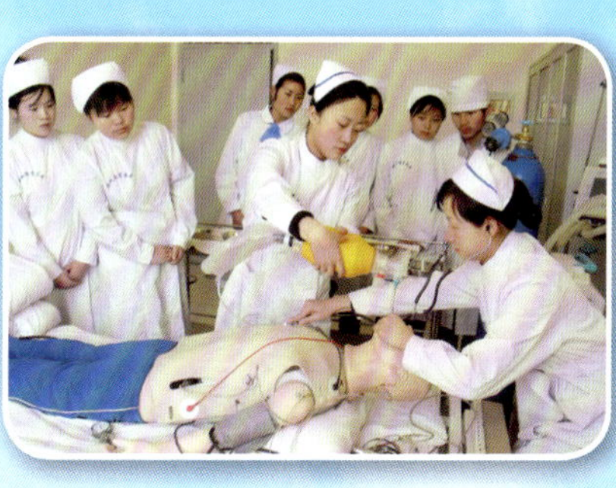

护理急救训练

妇产实训

校领导向学生送温暖

学校医学博物馆

学校荣誉榜

学校体育馆

郑州经纬商品

董事长　黄战中

180站

120站

混凝土有限公司

公司参与建设的工程项目

郑州国际机场候机楼

河南省肿瘤医院

金盾未来花园

和谐小区

汇港新城

金水立交

康桥华城

图书在版编目(CIP)数据

郑州年鉴. 2012 / 郑州市人民政府, 郑州市地方史志办公室编. —郑州:中州古籍出版社, 2012. 12
ISBN 978 - 7 - 5348 - 4100 - 2

Ⅰ. ①郑… Ⅱ. ①郑… Ⅲ. ①郑州市—2012—年鉴 Ⅳ. ①Z526.11

中国版本图书馆CIP数据核字(2012)第303788号

责任编辑： 王小方
责任校对： 孙　波
出 版 社： 中州古籍出版社
（地址：郑州市经五路66号　邮编：450002）
承印单位： 河南省瑞光印务股份有限公司
开　　本： 889mm × 1194mm　1/16
印　　张： 51.25
字　　数： 150千字
印　　数： 1—2 000册
版　　次： 2012年12月第1版
印　　次： 2012年12月第1次印刷
定　　价： 320.00元
